HANS-WERNER ASMUS

Das große cinema

FILM-LEXIKON

Alle Top-Filme von **A** bis **Z**

Band I
von **A** bis **G**

IMPRESSUM

Herausgeber: Dirk Manthey, Jörg Altendorf, Willy Loderhose

Chefredaktion: Willy Loderhose

Koordination: Jens Golombek, Arne Laser

Redaktion: Hans-Werner Asmus, Artur Jung, Michael Schrödner

Schlußredaktion: Meriko Gehrmann

Autoren: Arne Laser, Jens Golombek, Dirc Kalweit, Sönke Krüger, Dirk Hauska, Kuno Nensel,

Archiv: Hans-Werner Asmus, André Bräger, Simone Kröger, Waltraud Bublitz, Dr. Egbert Scheunemann, Conny Köpp, Christine Wedemeyer, Markus Lammersen, Frank Ilgner, Christina Grünfeld

Fotos: Archiv cinema

Umbruch: Karla Böhme

Litho: Repro-Service Dieter Börner, Uetersen

Druck: Druckhaus Ernst Kaufmann GmbH und Co. KG, Lahr

Verlag: Kino Verlag GmbH, Milchstr. 1, 2000 Hamburg 13

Objektleitung: Ursula Schütt-Burmester

1. Auflage: 1991

ISBN 3 - 89324 - 089 - 6

EDITORIAL

Liebe Filmfreundinnen, liebe Filmfreunde,

der große Erfolg des cinema-Starlexikons, das Einzug in viele Fachbibliotheken und auch private Bücherregale gefunden hat, läßt hoffen, daß auch unser Filmlexikon bei Profis und Filmfans gleichermaßen Anklang findet.

Filmverzeichnisse, von denen einige auch Inhaltsangaben, vielleicht sogar ein paar Darsteller nennen, gibt es bereits, was fehlt, ist ein kompetentes Nachschlagewerk, das vor allem auf alle wichtigen Filme der Filmgeschichte ausführlich eingeht.

Alle Filme der Stars, alle Filme, die jemals Oscars gewonnen haben und vor allem alle Filme, die sich durch eine besondere Qualität auszeichnen, finden Sie in diesem Lexikon. Rund 6000 Filme werden hier von mir und meinen Mitarbeitern vorgestellt - wer alle diese Filme sehen wollte, müßte fast zwei Jahre lang ununterbrochen Tag und Nacht im Kinosessel kleben.

Nach fast vierjähriger Vorbereitungszeit erscheinen nun innerhalb eines Jahres die drei Bände meines Filmlexikons.
Band 2 kommt im Juni '92, Band 3 im November '92 heraus. Geplant sind außerdem Ergänzungsbände zu diesem Werk sowie ein großes Lexikon der Filmregisseure - selbstverständlich mit Verweisen auf andere Lexika.

Besonderen Dank schulde ich Jens Golombek und Arne Laser, die nicht nur Tausende von Texten selbst schrieben, sondern auch die Zusammenarbeit mit den anderen Autoren koordinierten.

Ich wünsche mir, daß dieses Lexikon für alle Filminteressierten zum unverzichtbaren Nachschlagewerk werden wird. Da Billy Wilders geniales Filmzitat „Nobody is perfect" (aus „Manche mögen's heiß") auch für uns gilt, erwarten wir Anregungen und Kritiken - die in den Ergänzungsbänden und künftigen Auflagen berücksichtigt werden.

Herzlichst, Ihr

H. W. Asmus

Hans-Werner Asmus

Benutzerhinweise

Abkürzungen:

R = Regie
B = Drehbuch
K = Kamera
M = Musik (nur Originalmusik)
P = Produzent, Produktionsfirma
L = Länge
D = Darsteller
A = Animation

Die alphabetische Einordnung richtet sich nach dem ersten im deutschen Titel auftauchenden Wort, ohne Berücksichtigung der bestimmten und unbestimmten Artikel und ihrer Beugeformen. Falls es sich um einen englischsprachigen Titel handelte (z.B. THE BRONX), wurden die bestimmten und unbestimmten Artikel „the" und „a" ebenfalls nicht berücksichtigt. Bei Filmen mit nicht deutsch- oder englischsprachigen Titeln (z.B. LA STRADA) ist das erste Wort einschließlich der bestimmten und unbestimmten Artikel ausschlaggebend. LA STRADA ist demnach unter L zu finden.

Die Texte beziehen sich generell auf die in den deutschen Kinos (bzw. im Fernsehen oder auf Video) gelaufenen synchronisierten Fassungen der besprochenen Filme. Falls die Originallänge eines Films um mindestens fünf Minuten von der deutschen Fassung abweicht, wird in den Stabangaben darauf hingewiesen.
Filme, die in KAPITALSCHRIFT erscheinen, haben ein eigenes Stichwort. Alle anderen Filmtitel sowie der Titel des jeweils besprochenen Films erscheinen in *Kursivschrift*. Das gilt ebenso für Titel von Büchern, Zeitschriften, Songs etc.

A

Abbott und Costello als Piraten wider Willen

Abbott and Costello Meet Captain Kidd. USA 1952 **R** Charles Lamont **B** Howard Dimsdale, John Grant **K** Stanley Cortez **M** Raoul Kraushaar **P** Warner Brothers **L** 70 Min., s/w **D** Bud Abbott, Lou Costello, Charles Laughton, Hillary Brooks, Leif Erickson

Abbott und Lou Costello traten zu Beginn ihrer Karriere gemeinsam im Varieté auf und wurden vor allem als eine Art Dick-und-Doof-Kopie beim US-Publikum bekannt. Während jedoch die Komik von Laurel & Hardy einen zeitlosen Witz besitzt, zeichnen sich die meisten Abbott & Costello-Filme durch einen eher platten Humor und abgedroschene Gags aus. Nach dem Krieg kamen insgesamt 17 Filme in die deutschen Kinos, von denen hier nur die zwei bekanntesten aufgeführt sein sollen.
Durch einen Zufall geraten die beiden Tolpatsche Abbott und Costello in den Besitz einer Geheimkarte von der Todesinsel. Dies ist der Auftakt zu einer chaotischen Schatzsuche, in der sich der Weg unserer beiden Helden mit dem des düsteren Seeräuberkapitäns Kidd kreuzt.
Eine recht konventionell gestaltete Parodie auf die Piratenfilme der 30er und 40er Jahre, die jedoch mit Charles Laughton einen besonderen Glanzpunkt aufweist und auch nur deswegen erwähnenswert ist. Der Film zitiert Charles Laughtons erste Darstellung als Seeräuberkapitän Kidd in dem klassischen Piratenfilm UNTER SCHWARZER FLAGGE aus dem Jahr 1945. jg

Abbott und Costello treffen Frankenstein

Abbott and Costello Meet Frankenstein. USA 1948 **R** Charles Barton **B** Robert Lees, Fredric I. Rinaldo **K** Charles von Enger **M** Frank Skinner **P** Universal **L** 82 Min., s/w **D** Bud Abbott, Lou Costello, Lon Chaney jr., Bela Lugosi, Glenn Strange

Diese Grusel-Parodie erwies sich als die bei weitem witzigste und originellste Folge in der Serie der Abbott & Costello-Filme und war sogar noch bis in die 70er Jahre hinein als Wiederaufführung in den deutschen Kinos zu sehen. Die zwei Komiker treten hier als Möbelpacker auf, die die beiden Horrorgestalten Dracula und Frankenstein in ein Gruselkabinett liefern sollen. Doch die beiden Schreckensfiguren erheben sich aus ihren Kisten und machen sich aus dem Staub. Das komplette Durcheinander bricht los, als auch noch der Wolfsmensch das Grusel-Trio vervollständigt.
Diese Parodie zieht vor allem ihren Witz aus der Tatsache, daß berühmte Horrorstars wie Bela Lugosi und Lon Chaney jr. in ihren altbekannten Rollen zu sehen sind und sich dabei selbst nicht so ganz ernst nehmen. Lugosi hatte die Rolle des Dracula in der Verfilmung von 1930 übernommen, Chaney spielte 1940 in DER WOLFSMENSCH den unglücklichen Larry Talbot, der sich bei Vollmond in einen Werwolf verwandelt. Regisseur Barton gelang es allerdings nicht, Boris Karloff für die Rolle des Frankenstein-Monsters zu gewinnen. Glenn Strange übernahm diesen Part. Erst ein Jahr später steuerte Karloff mit dem Film *Abbott and Costello Meet the Killer Boris Karloff* seinen Beitrag zur Serie bei. In Deutschland kam diese Folge jedoch nie in die Kinos. jg

Abend der Gaukler

Gyklarnas afton. Schweden 1953 **R** Ingmar Bergman **B** Ingmar Bergman **K** Sven Nykvist **M** Karl-Birger Blomdahl **P** Sandrew **L** 87 Min., s/w **D** Harriet Andersson, Ake Grönberg, Hasse Ekman, Annika Tretow

Ein drittklassiger Zirkus schlägt in einer schwedischen Kleinstadt seine Zelte auf, um dort ein Gastspiel zu geben. Der kurze Aufenthalt wird für die fahrende Truppe zu einer Belastungsprobe, denn die bürgerlich-spießige Welt begegnet den verarmten Artisten mit Spott und Demütigungen.
Abend der Gaukler reihte sich ein in eine Welle existentialistischer Werke, die zu Beginn der 50er Jahre die schwedische Literatur- und Filmszene beeinflußte. Es ging Bergman nicht nur darum, ein Lebensbild ohne Illusionen zu entwerfen; seine Attacken richteten sich gegen das Bürgertum, das auf die Mängel der Außenseiter mit noch größeren Fehlern reagiert. In Schweden fiel der Film bei Kritik und Publikum durch, doch erregte er bei seiner Präsentation im europäischen Ausland großes Aufsehen. Die Begeisterung über die furiose Kraft der Bilder gründete sich vor allem auf die Eingangssequenz am Strand und die formal gewagte Verführungsszene zwischen Hasse Ekmann und Harriet Andersson. Als Neuentdeckung aus Schweden stand Bergman fortan hoch in der Gunst der Kritiker und fand durch *Abend der Gaukler* auch die erste internationale Anerkennung. jg

Ein Abend - ein Zug

Un soir, un train. Frankreich 1968 **R** André Delvaux **B** André Delvaux, nach einem Roman von Johan Daisne **K** Ghislain Cloquet **M** Freddy Devreese **P** Mag Bodard für Parc Film/Fox Europe/ Films du Siecle **L** 89 Min., Farbe **D** Anouk Aimée, Yves Montand, François Beukelaers

Nach dem Erfolg seines Erstlingswerkes *Der Mann, der sich die Haare kurz schneiden ließ* (1965) wurde André Delvaux, ehemals Professor der Filmkunst in Brüssel, als Initiator eines eigenständigen belgischen Kinos gefeiert. Doch bereits sein zweites Werk ist eine französische Produktion, allerdings gezwungenermaßen: Das Thema des Films, der Sprachenstreit zwischen Flamen und Wallonen, gilt in Belgien als Tabu.
Yves Montand spielt einen Universitätsprofessor, der sich aus Rücksicht auf seine flämischen Studenten nicht öffentlich zu seiner französischen Geliebten (Aimée) bekennen will. Zwischen den beiden kommt es deshalb wiederholt zum Streit. Während einer Zugfahrt erinnert sich Montand in Rückblenden an die Anfänge der Liebesbeziehung. Delvaux benutzt dabei die Sprachlosigkeit gegen Ende der Affäre als Metapher für die Kommunikationsunfähigkeit der beiden Sprachengruppen. Als Montand erkennt, wie wichtig ihm die Liebe zu Aimée ist, ist es bereits zu spät: Sie ist bei einem Zugunglück ums Leben gekommen. al

Abendanzug

Tenue de soirée. Frankreich 1986 **R** Bertrand Blier **B** Bertrand Blier **K** Jean Penzer **M** Serge Gainsbourg **P** René Cleitman für Hachette Première/DD Prod./Cine Valse/Philippe Dussart Sarl **L** 84 Min., Farbe **D** Gérard Depardieu, Michel Blanc, Miou-Miou, Bruno Cremer, Jean-Pierre Marielle

Als „Putain de film!" bzw. „Der versaute Film!" wurde Bertrand Bliers Attacke gegen männlich/weibliche Rollenklischees von der Werbung angepriesen. Wie auch in seinen vorangegangenen Erfolgen DIE AUSGEBUFFTEN und FRAU ZU VERSCHENKEN geht es in *Abendanzug* um eine menage à trois, drei Personen, die emotional wie sexuell hoffnungslos miteinander verstrickt sind.
Gérard Depardieu ist der bisexuelle Gauner Bob, der das armselige Pärchen Antoine und Monique durch seine Prahlereien und seine Freigiebigkeit schwer beeindruckt. Fortan zieht das seltsame Trio nächtens einbrechend durch noble Vororte. Monique verliebt sich in Bob, doch Bob hat es auf Antoine abgesehen, welcher sich nur zögernd seinen Avancen gegenüber aufgeschlossen zeigt.
Für Aufregung um diese köstliche und absolut respektlose Tragikomödie sorgte nicht so sehr die homosexuelle Liebesgeschichte,

sondern vielmehr die völlige Abwesenheit jeglicher Moral sowie der derbe, äußerst freizügige Umgangston. Im Kreuzfeuer stand auch die Figur der Monique, die in der schwulen Männerwirtschaft zu einer Art Sklavin degradiert wird.
Ursprünglich hatte Blier die Rolle des Antoine für Patrick Dewaere geschrieben, der an der Seite von Depardieu und Miou-Miou in DIE AUSGEBUFFTEN zum Star geworden war. Sein Selbstmord im Jahre 1982 verhinderte jedoch eine erneute Zusammenarbeit. Michel Blanc erwies sich als mehr denn nur Ersatz: Er gewann 1986 in Cannes den Preis als Bester Darsteller. al

Abenteuer am Mississippi

The Adventures of Huckleberry Finn. USA 1959 **R** Michael Curtiz **B** James Lee, nach der Erzählung von Mark Twain **K** Ted McCord **M** Jerome Moross, Neville Brand, Judy Canova **P** Metro-Goldwyn-Mayer **L** 107 Min., Farbe **D** Tony Randall, Eddie Hogdes, Archie Moore, Mickey Shaughnessy, Patty McCormack, Neville Brand

Mark Twains Geschichten um die beiden Lausbuben Tom Sawyer und Huckleberry Finn wurden bereits 1938 als einer der ersten Farbfilme von David O´Selznick produziert. Die meisten Filmversionen (sogar in der UdSSR nahm man sich Twains Erzählungen an) berücksichtigten jedoch nur die Abenteuer Tom Sawyers, während die im Kontext stehenden Erlebnisse seines Freundes Huckleberry Finn meist vernachlässigt wurden. Dies holte nun Michael Curtiz mit der Filmversion aus dem Jahre 1959, einer seiner letzten Regiearbeiten, nach.
Der in rüden familiären Verhältnissen aufgewachsene Junge Huckleberry Finn (Hodges) entkommt seinem betrunkenen Vater und schließt sich dem entflohenen Negersklaven Jim (Moore) an. Gemeinsam fahren sie auf einem Floß den Mississippi flußabwärts und machen dabei allerlei abenteuerliche Begegnungen mit zwielichtigen Gestalten.
Der damals 13jährige Eddie Hodges wurde von den Studio-Bossen unter rund 1.500 Jungen ausgewählt, die sich für die Rolle beworben hatten. Mit der Verkörperung des Sklaven Jim übernahm der Farbige Archie Moore, Weltmeister im Halbschwergewicht, seine erste Filmrolle. Ein souverän inszenierter Jugendfilm mit farbenprächtigen Außenaufnahmen und gelungenen Dekors, schauspielerisch allerdings etwas farblos. jg

Die Abenteuer des Baron von Münchhausen

The Adventures of Baron Munchhausen. BRD/Großbritannien/Italien 1988 **R** Terry Gilliam **B** Charles McKeown **K** Giuseppe Rotunno **M** Michael Kamen **P** Thomas Schüly für Columbia Pictures/Prominent Features & Laura Film Production/Allied Filmmakers **L** 125 Min., Farbe **D** John Neville, Eric Idle, Sarah Polley, Oliver Reed, Charles McKeown

Terry Gilliam drehte mit *Die Abenteuer des Baron Münchhausen* den letzten Teil seiner Fantasy-Trilogie, die er mit den Werken TIME BANDITS (1981) und BRAZIL (1984) begonnen hatte.
Erzählt wird die Geschichte des Kavalleriekapitäns Münchhausen (Neville), der sich auf der Suche nach seinen vier Freunden befindet. Auf seiner Reise durch Zeiten und Welträume, über den Mond und durch einen Vulkan erlebt Münchhausen die haarsträubendsten Abenteuer.
Die Arbeiten an dem Film waren eine einzige Katastrophe. Zunächst wurden die aufwendigen Ausstattungen von Francesca Lo Schiavo und die Kostüme von Gabriella Pescucci nicht rechtzeitig fertig. Dadurch stiegen die Kosten, insgesamt mußte man das eigentliche Budget von 23,5 Millionen Dollar um 22 Millionen überziehen.
Weiterhin hatte Terry Gilliam ständig Auseinandersetzungen mit den Produzenten, die unzufrieden waren mit seinen Leistungen. Sieben Wochen nach Drehbeginn ließen sie die Aufnahmen für zwei Wochen stoppen, um einen Ersatz für Gilliam zu finden. Im Gespräch waren Richard Fleischer und Gary Nelson. Mit einigen Wochen Verspätung wurde der teuerste europäische Film dann doch noch unter Gilliams Regie zu Ende gedreht, der heute darüber sagt: „Ich habe wirklich nie gedacht, daß ich die Dreharbeiten überleben und den Film beenden würde."
Doch das erhoffte Happy-End blieb aus, *Die Abenteuer des Baron Münchhausen* erwies sich als totaler Kassenflop. nn

Die Abenteuer des Kapitän Grant

In Search of the Castaways. Großbritannien 1962 **R** Robert Stevenson **B** Lowell S. Hawley, nach einem Roman von Jules Verne **K** Paul Beeson **M** William Alwyn **P** Walt Disney Productions **L** 88 Min., Farbe **D** Maurice Chevalier, Hayley Mills,

Keith Hamshere, George Sanders, Wilfrid Hyde-White

Schon 1954 hatten die Walt Disney Studios erfolgreich den Science-fiction-Roman 20.000 MEILEN UNTER DEM MEER von Jules Verne verfilmt. Mit *Die Abenteuer des Kapitän Grant* hoffte man, wieder einen Kassenschlager zu landen. Als Zugpferde wurden diesmal Maurice Chevalier, George Sanders und der Regisseur Robert Stevenson verpflichtet.
Stevenson hatte sich bei den Disney Productions 1957 durch den Hundefilm *Sein Freund Jello* profiliert und in den folgenden Jahren solche Kassenschlager inszeniert wie *Der fliegende Pauker* und die beiden ersten Teile der Filmreihe über den verrückten VW-Käfer Herbie.
In *Die Abenteuer des Kapitän Grant* schildert, zeitlich angesiedelt im Jahre 1858, die atemberaubende Suche der beiden Kinder Robert und Mary nach ihrem verschollenen Vater; Käpt´n Grant ist mit Schiff und Besatzung irgendwo am 37. Breitengrad verschollen. Als einziges Lebenszeichen besitzen die Kinder eine Flaschenpost. Aus den schwer leserlichen Zeilen erfahren die zwei, daß Kapitän Grant in Schwierigkeiten steckt. Gemeinsam machen sie sich auf den Weg, um den Seemann zu finden. Erst nach einer gefährlichen Reise können die Kinder endlich ihren Vater wieder in die Arme schließen. nn

Die Abenteuer des Kardinal Braun

Die Abenteuer des Kardinal Braun. BRD/Italien/Frankreich 1967 **R** Lucio Fulci **B** Ennio de Concini, Paul Hengge, Adrian Baracco **K** Enrico Menczer **P** Roxy/Ultra/Marianne **L** 96 Min., Farbe **D** Heinz Rühmann, Jean-Claude Brialy, Uta Levka, Wolfgang Kieling, Edward G. Robinson

Die Figur des Pater Braun verkörperte Heinz Rühmann zuvor schon in den deutschen Produktionen DAS SCHWARZE SCHAF und ER KANN´S NICHT LASSEN. Mit dieser dritten Folge nahm die Serie auch internationalen Charakter an und wurde als Co-Produktion in den Studios von Cinecittà in Rom gedreht.
Pater Braun, inzwischen im Vatikan zum Kardinal avanciert, bekommt es diesmal mit vier Einbrechern zu tun, die es auf Michelangelos Pietà abgesehen haben. Mit Eifer wendet er sich schnell den weltlichen Dingen der Kriminalistik zu und konkurriert bei

seinen Nachforschungen mit der Polizei. Vom Charme der vorangegangenen Chesterton-Verfilmungen ist nur noch wenig zu spüren. Witz und Originalität werden von billigen Klamaukeffekten verdrängt. Der fünfjährige Abstand zum letzten Teil der Serie verstärkt ferner den Eindruck, die Produzenten hätten versucht, mit einem filmischen Aufguß die Gestalt des Pater Braun wiederzubeleben. Auch die schauspielerischen Kapriolen Heinz Rühmanns sowie die kurzen Auftritte des prädestinierten Hollywood-Bösewichts Edward G. Robinson können daran leider wenig ändern. jg

Die Abenteuer des Marco Polo

The Adventures of Marco Polo. USA 1938 **R** Archie L. Mayo **B** Robert E. Sherwood, nach einer Story von N. A. Pogson **K** Rudolph Mate **M** Hugo Friedhofer **P** Samuel Goldwyn/United Artists **L** 105 Min., s/w **D** Gary Cooper, Sigrid Gurie, Ernest Truex, Binnie Barnes, Basil Rathbone, Alan Hale

Weil Paramout Gary Coopers Vertrag nicht rechtzeitig verlängert hatte, wechselte er zu den Samuel Goldwyn Productions. Paramount war natürlich über den Verlust des Stars verärgert und klagte vor Gericht gegen dessen neuen Vertrag. Aufgrund eines Kompromisses pendelte Cooper in den folgenden drei Jahren dann ständig zwischen den beiden Studios.

Die Abenteuer des Marco Polo ist der erste Film aus der Zusammenarbeit zwischen Cooper und Goldwyn, und gleichzeitig der einzige Streifen dieser Kooperation, denn er fiel sowohl beim Publikum als auch bei der Kritik durch. John Cromwell, der zunächst als Regisseur beauftragt wurde, mußte gefühlt haben, daß der Streifen ein Flop würde. Nach nur fünf Tagen stieg er aus seinem Vertrag aus. Archie L. Mayo sprang für ihn ein und führte die Arbeit zu Ende.

In dem breit angelegten Historienspektakel wird die Geschichte des Kaufmannssohns Marco Polo erzählt, der an den Hof des Kublai Khan in Peking reiste, um Handelsgeschäfte abzuschließen. Dort wird er allerdings in politische Machtkämpfe verwikkelt. Es gelingt Marco Polo, den Thron des Khan zu retten, und als Belohnung gewinnt er die Hand der Prinzessin Kukachin. nn

Die Abenteuer des Nils Holgersson

Nils Holgerssons underbara resa. Schweden 1961 **R** Kenne Fant **B** Tage Aurell, Kathrin Aurell, nach dem Buch von Selma Lagerlöf **K** Max Willen **M** Torbjörn Lundquist **P** AB Svensk Nordisk Tonefilm **L** 97 Min., Farbe **D** Sven Lundberg, Max von Sydow, Annika Tretow, Axel Düberg

Der schwedische Bauernjunge Nils hat nur dumme Streiche im Kopf. Zur Strafe wird er von einem Troll in einen Winzling verwandelt. Auf dem Rücken des Gänserichs Martin fliegt er in weite Ferne und erlebt dabei aufregende Abenteuer. Als der Winter naht, bekommt Nils Heimweh und kehrt zu dem Bauernhof seiner Eltern zurück. Er hat durch seine Abenteuer viel gelernt und nimmt sich vor, in Zukunft ein braver Junge zu sein.

Die Autorin Selma Lagerlöf schrieb diese Geschichte ursprünglich in der Form einer Schullektüre, damit die Kinder in Schweden durch die Reise des kleinen Nils ihre Heimat besser kennenlernen. Das Ergebnis war allerdings ein Roman, der in über 30 Sprachen übersetzt wurde und heute zu den Literaturklassikern zählt.

Das Thema ist besonders als Zeichentrickfilm oder Fernsehserie des öfteren umgesetzt worden. Kenne Fants Version gilt wegen ihrer Breitwand-Farbaufnahmen als besonders gelungen. Die Tricksequenzen präsentieren sich nicht immer durchgehend in gleicher Qualität, doch gehören die Szenen, in denen der kleine Nils auf dem Rücken des Gänserichs in den Sonnenuntergang fliegt, zu den schönsten im Genre des Kinderfilms. nn

Die Abenteuer des Prinzen Achmed

Die Abenteuer des Prinzen Achmed. Deutschland 1926 **R** Lotte Reiniger **B** Lotte Reiniger **K** Lotte Reiniger **M** 1926: Wolfgang Zeller, 1969: Freddy Phillips **SpE** Walter Ruttmann, Berthold Bartosch **Animation** Lotte Reiniger, Carl Koch, Berthold Bartosch, Walter Ruttmann, Alexander Kardan, Walter Türck **L** 71 Min., s/w (Farbige Hintergründe in der Neufassung von 1969)

Lotte Reiniger (1899-1981) gilt als Erfinderin des Silhouettenfilms. Bevor sie mit ihren Experimenten als Trickfilmerin begann, absolvierte sie bei Max Reinhardt eine Schauspielausbildung. Ihre erklärte Vorliebe galt dem Märchen, das sie bald versuchte, als Scherenschnitt filmisch umzusetzen. 1926 entstand *Die Abenteuer des Prinzen Achmed* in liebevoller und mühsamer Schneidearbeit. Die Gestalt des Prinzen wurde zuerst gezeichnet und dann mit Scharnieren und Gelenken ausgestattet, bis sie als Schattenfigur voll bewegt werden konnte. Von den 250.000 Einzelbildern übernahm man schließlich 100.000 in die endgültige Filmfassung. Für ein akustisches Erlebnis sorgte die Filmmusik von Wolfgang Zeller, der durch seinen Soundtrack zu Walter Ruttmanns erstem deutschen Tonfilm *Melodie der Welt* (1929) zum gefragtesten Filmkomponisten der Weimarer Republik geworden war. *Die Abenteuer des Prinzen Achmed*, von Lotte Reiniger in enger Anlehnung an die orientalischen Geschichten aus 1001 Nacht geschrieben, erlebte bei seiner Uraufführung in Berlin enthusiastische Beifallsstürme. Insgesamt 40 Scherenschnittfilme umfaßt das Oevre von Lotte Reiniger, dem man im Ausland eine wesentlich höhere Beachtung schenkte als in Deutschland, das sie 1934 verließ, um sich nach London in die Emigration zu begeben. jg

Die Abenteuer des Rabbi Jacob

Les aventures de Rabbi Jacob. Frankreich/Italien 1973 **R** Gérard Oury **B** Gérard Oury, Daniele Thompson, Robert de Leonardis **K** Henri Decae **M** Vladimir Cosma **P** Bertrand Javal für Films Pomerue (Paris), Horse Films (Rom) **L** 95 Min., Farbe **D** Louis de Funès, Marcel Dalio, Claude Giraud, Henri Guybet, Suzy Delair

Die fünfte Zusammenarbeit von Louis de Funès mit Regisseur Gérard Oury erwies sich als einer seiner größten Erfolge, der bei der Erstaufführung in Paris Kassenrekorde brach.

Der Komiker ist wieder in seiner Paraderolle zu sehen, dem rücksichtslosen, bornierten Wohlstandsbürger, der sich seiner Vorurteile (in diesem Falle rassistischer Art) keinesfalls schämt. Durch einen Zufall gerät er in eine politische Intrige, die den Sturz eines arabischen Staatschefs zum Ziel hat, und sieht sich binnen kurzer Zeit von allen Seiten verfolgt. Seine Verkleidung als orthodoxer Rabbi führt darüber hinaus zu einer Verwechslung, als er von einer jüdischen Familie als der lang erwartete Verwandte aus Amerika begrüßt wird...

Oury inszenierte diese haarsträubende Geschichte als eine atemlose Hetzjagd von einem Gag zum nächsten. Besonders berühmt wurde die Szene, in der De Funès in einer Kaugummifabrik in einen Bottich mit der klebrigen Masse fällt. Doch nicht nur hirnloser, wenn auch spaßiger Klamauk ist dabei herausgekommen, denn der Film ist sich seines brisanten politischen Hintergrundes durchaus bewußt: dem Verhältnis von Juden und Arabern, besonders nach dem Jom-Kippur-Krieg im Jahre 1973. So hat denn auch De Funès als latent rassistischer Franzose den einen oder anderen Sinneswandel auf diesem Gebiet durchzumachen. al

Die Abenteuer des Werner Holt

Die Abenteuer des Werner Holt. DDR 1964 **R** Joachim Kunert **B** Claus Küchenmeister, Joachim Kunert, nach dem Roman von Dieter Noll **K** Rolf Sohre **M** Gerhard Wohlgemuth **P** DEFA **L** 164 Min., s/w **D** Klaus Peter Thiele, Manfred Karge, Arno Wyzniewski, Angelica Domröse

Der zweiteilig konzipierte Roman von Dieter Noll wurde von der DEFA nur zur Hälfte bearbeitet. Es fehlen die ernüchternden Nachkriegserlebnisse des Titelhelden in

Hamburg. Mit seinen über zweieinhalb Stunden Laufzeit und einem großen Aufwand an Statisten und Bauten war *Die Abenteuer des Werner Holt* eine der ambitioniertesten Produktionen des DDR-Films der 60er Jahre.
Der junge Werner Holt, hervorragend dargestellt von Klaus Peter Thiele, erinnert sich in Rückblenden an seine Kindheit und Jugend unter dem Hakenkreuz: Einsatz als Flakhelfer, erste sexuelle Erlebnisse - und die Entdeckung von unvorstellbaren Greueltaten, die im Namen der Nationalsozialisten begangen wurden. Am Ende wird Werner Holt begreifen, wie schändlich man ihn um seine Jugend und seine Ideale betrogen hat. Joachim Kunert ist es mit seinem Film gelungen in überzeugender Weise den Lebensabschnitt eines jungen Menschen im Dritten Reich darzustellen. Bewußt wird der DEFA-typische Held des antifaschistischen Widerstandskämpfers ausgeklammert und kommt lediglich am Ende des Films zur Geltung, als Holt seine Waffe gegen den eigenen Vorgesetzten erhebt. Diesen Entwicklungsweg beschreibt der Film in eindringlicher und logischer Konsequenz. jg

Abenteuer im Gelben Meer

China Seas. USA 1935 **R** Tay Garnett **B** Jules Furthman, James Keven McGuiness, nach einem Roman von Crosbie Garstin **K** Ray June **M** Herbert Stothart **P** Albert Lewin für MGM **L** 85 Min., s/w **D** Clark Gable, Jean Harlow, Wallace Beery, Lewis Stone, Rosalind Russell

Der große Erfolg von DSCHUNGEL IM STURM ermutigte MGM zu einem weiteren Abenteuerfilm dieser Art, und man investierte die für damalige Verhältnisse hohe Summe von 1 Mio. Dollar. Als romantisches Paar wurden wieder Clark Gable und Jean Harlow zusammengespannt, die sich beide auf dem Gipfel ihrer Popularität befanden. Mary Astors Rolle als Dritte im Bunde übernimmt hier Rosalind Russell. Die beiden Damen konkurrieren um die Gunst des smarten Kapitäns Gable, der mit seinem Kahn zwischen Hongkong und Singapur hin- und herschippert. Auf einer aufregenden Seefahrt im südchinesischen Meer wird jedoch nicht nur das Beziehungsgeflecht entwirrt, die Passagiere haben sich außerdem eines Taifuns und einer Horde malaiischer Piraten zu erwehren.
Zwar ist die Geschichte haarsträubend unglaubwürdig, doch die amüsanten Dialoge, das harmonische Spiel der Darsteller sowie der aufwendige Inszenierungsstil lassen dieses Manko vergessen. Dem Publikum war´s ohnehin egal: Es strömte in Scharen in die Kinos. al

Abenteuer in der Südsee

Son of Fury. USA 1942 **R** John Cromwell **B** Philip Dunne, nach der Erzählung *Benjamin Blake* von Edison Marshall **K** Arthur Miller **M** Alfred Newman **P** 20th Century-Fox / Darryl F. Zanuck **L** 98 Min., s/w **D** Tyrone Power, Gene Tierney, George Sanders, Frances Farmer, Roddy McDowall, John Carradine

Benjamin Blake - so hieß der ursprüngliche Titel des Films, der später in *Son of Fury* umbenannt wurde - ist der erste von insgesamt drei Filmen, die Tyrone Power 1942 drehte. Die Dreharbeiten gestalteten sich äußerst schwierig, da einige Sequenzen mit ihm ständig wiederholt werden mußten. Die Produzenten konnten sich nämlich nicht über seine Partnerinnen einigen. Die Rolle der Isabel, Benjamins erste Liebe, spielte zunächst Cobina Wright. Sie wurde, da ihr Aussehen angeblich zu intellektuell war, von Frances Farmer ersetzt. Kay Johnson, die Frau des Regisseurs John Cromwell, übernahm den Part der Helen Blake, die anfangs von Virginia Gilmore, zur damaligen Zeit mit Yul Brynner verheiratet, dargestellt wurde. Virginia war den Produzenten wiederum zu jung.
Erzählt wird die Sage von Benjamin Blake, dessen Titel und Erbe von seinem Onkel Sir Arthur (Sanders) gestohlen wurde. Dieser hält ihn auf seinem Besitz wie einen Gefangenen. Doch Blake gelingt es, zu fliehen. Auf einer Südseeinsel macht er ein Vermögen und kehrt nach England zurück, um seinen rechtmäßigen Besitz vor Gericht einzuklagen. Er gewinnt den Prozeß und vertreibt seinen Peiniger.
Wegen des Krieges hatte das Studio zu wenig Geld, um den Film in Farbe zu drehen. Elf Jahre später holte man das nach, und es entstand in Technicolor ein Remake unter dem Titel *Im Reich des goldenen Condor*. nn

Abenteuer in Panama

Across the Pacific. USA 1942 **R** John Huston **B** Richard Macauly **K** Arthur Edeson **M** Adolph Deutsch **P** Warner Brothers **L** 95 Min., s/w **D** Humphrey Bogart, Mary Astor, John Hamilton, Sydney Greenstreet, Sen Yung, Monte Blue

Der überraschende Erfolg des ein Jahr zuvor entstandenen DIE SPUR DES FALKEN veranlaßte Warner Brothers zur Realisierung eines ähnlichen Nachfolgeprojekts. Die Starbesetzung mit Humphrey Bogart und Mary Astor wurde ebenso übernommen wie der Regisseur John Huston und der Filmkomponist Adolph Deutsch. Daß hochkarätige Namen für die Qualität eines Films jedoch noch lange keine Garantie sind, bewies der Streifen, der dabei herauskam.
Abenteuer in Panama wurde von vielen Kritikern als lieblos zusammengeschusterte Produktion angesehen, deren Grenzen sich sehr schnell in der unglaubwürdigen Handlung zeigten. Humphrey Bogart verkörpert einen designierten Geheimagenten, der sich in japanische Spionagekreise einschleusen läßt, um das geplante Bombardement des Panama-Kanals zu verhindern. Am Ende des Films kann Bogart natürlich die drohende Zerstörung des Bauwerks in einem rasanten Alleingang vereiteln, doch wirkt dieser Schluß unfreiwillig komisch, zumal Bogart für die Rolle des Supermannes denkbar ungeeignet war. John Huston selbst mußte noch vor Beendigung der Dreharbeiten die Filmcrew verlassen und seinerseits den Kriegsbeitrag für das amerikanische Vaterland leisten, so daß mit seiner Abwesenheit nachträglich das unrealistische Ende des Films erklärt wurde. *Abenteuer in Panama* bleibt jedoch dank seiner schauspielerischen Glanzbesetzung ein interessanter Beitrag zum Genre des Spionage-Thrillers vor dem Hintergrund des I. Weltkrieges. jg

Abenteuer in Rio

L´homme de Rio/L´uomo de Rio. Frankreich/Italien 1963 **R** Philippe de Broca **B** Philippe de Broca, Jean-Paul Rappeneau, Ariane Mnouchkine, Daniel Boulanger **K** Edmond Séchan **M** Georges Delerue **P** Les Films Ariane (Paris), Vides (Rom) **L** 120 Min., Farbe **D** Jean-Paul Belmondo, Françoise Dorléac, Jean Servais, Adolfo Celi

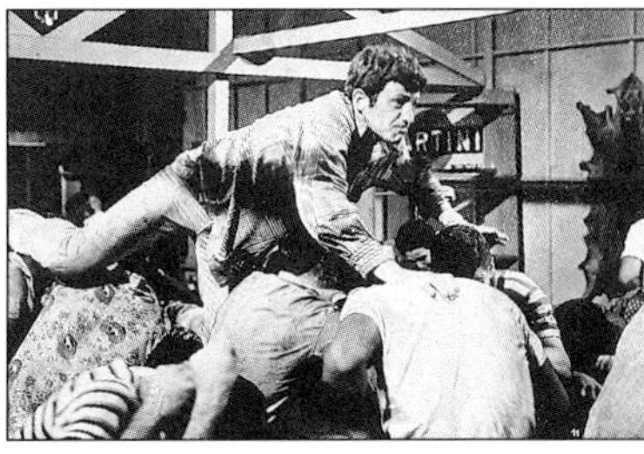

Auf der Suche nach seiner Braut (Dorléac) und einer geheimnisvollen Statue begibt sich Belmondo alias Adrien von Paris über Rio de Janeiro bis nach Brasilia. Dabei sind ihm eine Horde Gangster sowie die Polizei ständig dicht auf den Fersen.
De Broca inszenierte den Film als knallbunten, gleichermaßen witzigen wie spannenden Comic-Strip und fand in „Bebel" den idealen Protagonisten für seine abenteuerliche Story. Der Star lehnte den Einsatz von Stunt-Doubles für seine gefährlichen Szenen ab und stieg dadurch nur noch im Ansehen seines Publikums. Die Angewohnheit, heikle Drehbuch-Passagen selbst zu spielen, hat Belmondo noch bis spät in die 80er Jahre hinein gepflegt, jedoch geriet sie immer mehr zum spektakulären Selbstzweck.
De Broca und sein Team machten ausgiebigen Gebrauch von den malerischen Schauplätzen in Rio, dem Dschungelgebiet des Amazonas und der im Bau befindlichen zukünftigen brasilianischen Hauptstadt Brasilia. Die Reißbrettmetropole bildet auch den atemberaubenden Hintergrund für Belmondos waghalsige Hochhausklettereien. Der Film entwickelte sich zum Kassenknüller, wenn auch viele Kritiker bemängelten, das Drehbuch interessiere sich mehr für die sportlichen Leistungen des Helden als für den Menschen selbst.
Zwei Jahre später versuchte das Duo De Broca/Belmondo mit DIE TOLLEN ABEN-

TEUER DES MONSIEUR L. an diesen Erfolg anzuknüpfen. al

Die Abenteuerin

The Flame of New Orleans. USA 1941 **R** René Clair **B** Norman Krasna **K** Rudolph Maté **M** Frank Skinner **P** Universal/Joe Pasternak **L** 71 Min., s/w **D** Marlene Dietrich, Bruce Cabot, Roland Young, Misha Auer, Andy Devine, Frank Jenks

In die *Die Abenteuerin* spielt Marlene Dietrich eine Heiratsschwindlerin, die sich als Adlige ausgibt, um sich den reichsten Junggesellen der Stadt zu angeln. Kurz vor der Hochzeit trifft sie jedoch ihren einstigen Geliebten wieder und brennt mit ihm durch. Ende der 30er Jahre hatte Marlene Dietrichs Karriere einen toten Punkt erreicht. Filmverleiher nannten sie und andere ihrer Kolleginnen wie Joan Crawford, Mae West und Katharine Hepburn „Gift für die Kinokassen". Paramount zog daraus Konsequenzen und verkündete nach sieben Jahren Zusammenarbeit mit der Filmgöttin: „Es ist ihr freigestellt, woanders zu arbeiten."
Nach dem wenig erbaulichen Lubitsch-Film ENGEL mußte die Dietrich zwei Jahre zwangsweise pausieren, bis ihr endlich in DER GROSSE BLUFF wieder eine neue Rolle angeboten wurde. Nach dem überragenden Erfolg dieser Western-Komödie war auch ihre weitere Karriere gesichert. *Die Abenteuerin* wurde ein Kassenschlager, obwohl die Kritiker sich nur mäßig begeistert zeigten. Es ist zugleich der letzte Film mit der Dietrich, den Pasternak produzierte. 1938 hatte Josef von Sternberg, ihr langjähriger Förderer, sie noch dazu gedrängt, bei Pasternak den Vertrag zu unterschreiben, um ihren weiteren Star-Status in Hollywood zu sichern. nn

Die Abenteurer

Les aventuriers. Frankreich/Italien 1967 **R** Robert Enrico **B** Robert Enrico, José Giovanni, Pierre Pélegri, nach dem Roman von Giovanni **K** Jean Boffety **M** François de Roubaix **P** René Pigneres, Gérard Beytout für S.N.C. (Paris), C.G.F.C. (Rom) **L** 110 Min., Farbe **D** Lino Ventura, Alain Delon, Joanna Shimkus, Serge Reggiani

Zwei Jahre nach DIE GROSSEN SCHNAUZEN fand sich das Trio Ventura (Hauptrolle), Enrico (Regie, Drehbuch) und Giovanni (Romanvorlage, Drehbuch) erneut zusammen, um einen der schönsten Abenteuerfilme der 60er Jahre zu drehen. Wie in dem früheren Film geht es auch hier um eine Männerfreundschaft.
Ein Fluglehrer (Delon) und ein Mechaniker (Ventura) machen sich, begleitet von einer erfolglosen Bildhauerin (Shimkus) und geführt von einem Piloten, auf die Suche nach einem Schatz, der vor der westafrikanischen Küste im Meer verborgen sein soll. Sie werden fündig, doch am Ende sterben Delon und Shimkus durch eine rivalisierende Söldner-Bande.
Enricos melancholische Abenteuer-Ballade hat sich im Laufe der Zeit zu einem regelrechten Kultfilm des Genres entwickelt. Bei einer der vielen Wiederaufführungen schrieb der Regisseur Adolf Winkelmann (*tip*, 1981): „Einer der vielen Filme, die wir damals gesehen haben und einer der wenigen, an die wir uns bis heute erinnern...Der Film ist stilistisch perfekt. Keine Experimente, richtiges Kino!" al

Abenteurer auf der Lucky Lady

Lucky Lady. USA 1975 **R** Stanley Donen **B** Willard Huyck, Gloria Katz **K** Geoffrey Unsworth **M** Ralph Burns **P** Venture/Michael Gruskoff **L** 118 Min., Farbe **D** Gene Hackman, Liza Minnelli, Burt Reynolds, Geoffrey Lewis, John Hillerman, Robby Benson

Die USA zu Beginn der 30er Jahre. Die strengen Gesetze der Prohibition haben den American Way of Life verändert. Fast jeder kennt nur noch eine Beschäftigung: den Alkoholschmuggel. So auch das Trio Kibby (Hackman), Claire (Minnelli) und Walker (Reynolds), die auf ihrer Segelyacht „Lucky Lady" das verbotene Feuerwasser von Mexiko nach Kalifornien schiffen. Während der vielen haarsträubenden Seeschlachten mit Konkurrenten und Zollpatrouillenbooten, wandelt sich die ursprünglich rein geschäftliche Beziehung der drei Abenteurer in ein romantisches Dreiecksverhältnis.
Der Film, im Stil eines Freibeuterabenteuers mit Anklängen an die große Zeit des Musicals konzipiert, besteht zum größten Teil aus Original-Aufnahmen auf hoher See.
Die Natur hielt sich dabei nicht an den Drehplan. Wirbelwinde und Strumfluten legten die Arbeiten für Wochen lahm. Die Schauspieler hatten am Tage mit glühender Hitze und klirrender Kälte bei den Nachtaufnahmen zu kämpfen. Burt Reynolds nahm sich diese Erfahrungen auf hoher See so zu Herzen, daß er seinen Plan, sich nach Dreharbeiten, eine Yacht zu kaufen, schleunigst aufgab: „Ob Hausboot, Segel- oder Ruderboot, ich bin bedient und bleibe auf dem Lande, auf meiner Ranch in Florida." nn

Aber, aber, meine Herren

Signore e signori. Italien/Frankreich 1965 **R** Pietro Germi **B** Pietro Germi, Luciano Vincenzoni, Age, Scarpelli **K** Aiace Parolin **M** Carlo Rustichelli **P** Robert Haggiag, Pietro Germi für Dear Films/ R.P.A. (Rom), Les Films du Siecle (Paris) **L** 115 Min., s/w **D** Virna Lisi, Gaston Moschin, Olga Villi, Nora Ricci, Alberto Lionello

„Eine Komödie in drei Akten" nannte Regisseur Pietro Germi seinen Film, der im Gegensatz zu seinen beiden populären Vorgängern, SCHEIDUNG AUF ITALIENISCH und VERFÜHRUNG AUF ITALIENISCH, nicht auf Sizilien, sondern in einer Kleinstadt im italienischen Norden angesiedelt ist. Treu geblieben ist Germi jedoch seinem satirischen Stil, mit dem er sowohl die zwischenmenschlichen wie auch die zwischengeschlechtlichen Beziehungen des modernen Lebens aufs Korn nimmt. Die von ihm kreierten und inszenierten Charaktere und Situationen erreichen dabei oft die Grenze des Absurden.
Alle drei Episoden des Films handeln von mehr oder weniger etablierten Durchschnittsbürgern, die für eine kurze Zeit aus ihren sozialen Strukturen ausbrechen, und zwar immer aus Gründen, die mit ihren sexuellen Begehrlichkeiten zu tun haben (in den USA lautete der Verleihtitel *The Birds, the Bees and the Italians!*). Doch die Revolte gegen die sie umgebende Verlogenheit kann nicht von Dauer sein, da der Wunsch nach gesellschaftlichem Ansehen stärker ist: Mit Geld werden die Aufmüpfigen schnell wieder in die Gesellschaft eingegliedert.
Germi und seine Co-Autoren machen aus diesen Ereignissen eine sehr witzige, schnelle Farce, die jedoch ihr Thema, die Kritik an Heuchelei und Korruption der bürgerlichen Mittelschicht, nie aus den Augen verliert. Alle Beteiligten liefern hervorragende Leistungen. Der Film wurde dafür mit der Goldenen Palme der Filmfestspiele von Cannes belohnt. al

Aber, Herr Doktor

Doctor in the House. Großbritannien 1954 **R** Ralph Thomas **B** Nicholas Phipps, nach dem Roman von Richard Gordon **K** Ernest Steward **M** Bruce Montgomery **P** Croup **L** 90 Min., Farbe **D** Dirk Bogarde, Muriel Pavlow, Kenneth More, Donald Sinden, Donald Houston

Diese heitere englische Komödie verfolgt den Weg von vier zuweilen recht tölpelhaften Medizinstudenten auf ihrem Weg zum Examen. Dabei bieten die im Krankenhaus spielenden Szenen einige köstliche Slapstickmomente. Für den bis dahin noch unbekannten Dirk Bogarde war der erste Teil der *Doktor*-Serie ein großer Schritt zur weltweiten Popularität, denn nicht nur Großbritannien amüsierte sich über die liebenswürdigen Mißgeschicke der angehenden Ärzte, die Reihe verkaufte sich auch sehr gut in das übrige europäische Ausland.
Aufgrund des großen Erfolges von *Aber, Herr Doktor* entschloß sich die Croup-Produktionsgesellschaft zu einer Fortsetzung des erfolgreichen Debütfilms, wobei sich die weiteren Streifen auf den Werdegang von Dirk Bogarde als Dr. Sperling konzentrierten. Was jedoch im ersten Teil der Serie noch

originell und komisch war, verflachte in den nächsten Folgen zu plattem Humor und Oberflächlichkeit. Die in den Jahren 1955 und 1956 produzierten Filme hießen DOKTOR, AHOI! und HILFE, DER DOKTOR KOMMT. Endgültig dahin war der Schwung der *Doktor*-Serie, als Dirk Bogarde seine Rolle an Michael Craig abgab, der der Popularität seines Vorgängers nicht im entferntesten das Wasser reichen konnte. jg

Die Abfahrer

Die Abfahrer. BRD 1978 **R** Adolf Winkelmann **B** Adolf Winkelmann, Gerd Weiss **K** David Slama **M** Die Schmetterlinge **P** Adolf Winkelmann/WDR **L** 98 Min., Farbe **D** Detlev Quandt, Ludger Schnieder, Anastasios Avgeris, Beate Brockstedt, Josefine Carrée

Drei arbeitslose Jugendliche aus Dortmund borgen sich einen abgestellten Möbelwagen aus und brechen zu einer Spritztour in Richtung Autobahn auf. An einer Raststätte nehmen sie eine junge Anhalterin mit. Ehe der Diebstahl des Wagens entdeckt wird, kehren sie jedoch wieder in die Trostlosigkeit ihres Alltags zurück.
Adolf Winkelmanns Milieustudie überzeugt vor allem durch das frische und unverkrampfte Spiel der jugendlichen Hauptdarsteller, die mit ihren liebenswürdigen Sprüchen, Zoten und Dialogen ein charmantes und unverbindliches Bild vom Ruhrgebiet und seinen Menschen zeichnen. Neben allen komödiantischen Effekten bleibt die Auseinandersetzung mit dem aktuellen Thema der Jugendarbeitslosigkeit keineswegs auf der Strecke, sondern wird wesentlich konkreter und eindringlicher geschildert als in thematisch ähnlich orientierten Streifen, die zur gleichen Zeit entstanden. *Die Abfahrer*, mit einem Minimalbudget von DM 200.000 realisiert, wurde an den Kassen der Programmkinos zu einem großen Erfolg. Winkelmanns nächster Film JEDE MENGE KOHLE (1981) leistete sich bereits den Luxus von Dolby-Stereo-Ton und CinemaScope-Format, ohne jedoch die vorher gesetzten Maßstäbe erreichen zu können. jg

Abgerechnet wird zum Schluß

The Ballad of Cable Hogue. USA 1970 **R** Sam Peckinpah **B** John Crawford, Edmund Penney **K** Lucien Ballard **M** Jerry Goldsmith **P** Sam Peckinpah für Phil Feldman Prod./Warner Bros. **L** 121 Min., Farbe **D** Jason Robards, Stella Stevens, David Warner, Strother Martin, Slim Pickens

Peckinpahs nächster Film nach dem gewaltigen kommerziellen Erfolg von THE WILD BUNCH-SIE KANNTEN KEIN GESETZ ist erneut ein Western, unterscheidet sich aber in mehr als einer Hinsicht von seinem Vorgänger. Die Geschichte wird in einem ruhigen, balladenhaften Stil erzählt, und die Gewaltszenen, für die der Regisseur berühmt-berüchtigt ist und die am vorangegangenen Film heftigst kritisiert wurden, fehlen völlig. Es geht um den Goldsucher Cable Hogue (Robards), der, nachdem er von zwei seiner Kollegen ausgeraubt und in der Wüste Nevadas zurückgelassen wurde, eine Wasserquelle entdeckt. Gemeinsam mit einem Prediger (Warner) und der ehemaligen Prostituierten Hildy (Stella Stevens in einer ihrer besten Rollen) errichtet er eine Raststelle für Postkutschen. Zwischen ihm und dem Mädchen entwickelt sich eine Liebesgeschichte, doch Cable stirbt - buchstäblich von den Zeichen der Zeit überrollt - bei einem Autounfall.
Robards verkörpert hier jene Art Westerner, die zum Aufbau des Landes beitrugen, für die jedoch gegen Ende des letzten Jahrhunderts kein Platz mehr zu sein schien. Die Zeit des „Wilden Westens" war endgültig vorüber.
Obwohl als eine kleine Produktion geplant, wuchs sich *Abgerechnet wird zum Schluß* zu einem kostenträchtigen Unternehmen aus. Sandstürme und Grippewellen beeinträchtigten das Arbeitsklima gleichermaßen. Nur wenige Mitarbeiter waren von Anfang bis Ende am Film beteiligt, die meisten wurden während der Dreharbeiten gefeuert. Dazu kamen Verleih-Schwierigkeiten, für die Peckinpah im nachhinein Warner Bros. die Schuld gab. Die Firma hatte Verleihern den zweieinhalbstündigen Rohschnitt des Films ohne Musik vorgeführt, und so unter deren Vertretern für Verunsicherung und negative Propaganda gesorgt. al

Abgründe der Leidenschaft

Abismos de pasión/Cumbres borrascosas. Mexiko 1953 **R** Luis Buñuel **B** Luis Buñuel, Arduino Maiuri, Julio Alejandro, nach dem Roman *Wuthering Heights* von Emily Brontë **K** Agustín Jiménez **M** Raúl Ravista **P** Oscar Dancigers, Abelardo L. Rodríguez für Prod. Tepeyac S.A. **L** 90 Min., s/w **D** Irasema Dilián, Jorge Mistral, Lilia Prado, Ernesto Alonso

Buñuel hatte Emily Brontës dreibändigen Roman-Klassiker aus dem Jahre 1847 schon 1930 auf die Leinwand bringen wollen, was ihn nach der Fertigstellung des Films 1953 zu der eher geringschätzigen Bemerkung veranlaßte: „Der Film ist so geworden, wie ich ihn mir damals vorgestellt habe. Es ist ein 23 Jahre alter Film."
Der junge Alejandro kehrt in die Landschaft seiner Jugend zurück und findet seine große Liebe Catalina mit einem Gutsbesitzer verheiratet. Beider Leidenschaft füreinander flammt wieder auf, muß aber an den sozialen Umständen scheitern.
Wie in fast allen seinen Filmen beschäftigt sich Buñuel hier mit den gesellschaftlichen, religiösen und moralischen Zwängen, die zur Unterdrückung echter Gefühle führen: Catalina hatte Alejandro damals nicht geheiratet, weil er arm war. Trotzdem steht die melodramatische Liebesgeschichte der beiden Hauptfiguren (im Roman Heathcliff und Cathy) eindeutig im Vordergrund, wie auch in Buñuels vorangegangenem Film ER geht es um eine amour fou.
William Wyler drehte 1939 eine amerikanische Version des Stoffes (STÜRMISCHE HÖHEN), Robert Fuest 1970 eine britische, die jedoch nicht in Deutschland zu sehen war. al

Abrahams Gold

Abrahams Gold. BRD 1990 **R** Jörg Graser **B** Jörg Graser **K** Henning Stegmüller **P** Alena und Herbert Rimbach **L** 96 Min., Farbe **D** Hanna Schygulla, Günther-Maria Halmer, Daniela Schötz, Robert Dietl, Maria Singer

Als offizieller bundesdeutscher Beitrag zu den Filmfestspielen von Cannes 1990 galt *Abrahams Gold* als eine der umstrittensten Präsentationen des Festivals. Einige Kritiker machten Regisseur Graser die angeblich provinziell wirkende Inszenierung zum Vorwurf. Der Film erhielt dennoch den Großen Publikumspreis.
Die Handlung, teilweise an Originalschauplätzen in Auschwitz gedreht, orientiert sich an einem authentischen Ereignis. Ein ehemaliger KZ-Wächter wird von den Schatten der Vergangenheit eingeholt. Das Bekanntwerden seiner Rolle während der Nazi-Diktatur führt zu erbittert ausgetragenen Konflikten.
Regisseur Jörg Graser zu seinem Werk: „Ich wollte keinen Film über das Dritte Reich drehen, sondern über Deutschland heute. Es geht um das verborgene Leben, die verborgene Schuld, die Jahre später auf die Neugeborenen zurückschlägt." Die Frage, ob das Kapitel des Nationalsozialismus in Deutschland je abgeschlossen werden kann, verneint dieser Film eindeutig. Er stellt sich auf die Seite der Opfer, prangert den Faschismus an - nicht zuletzt mit einem Blick auf die heutige Zeit, in der sich rechtsextreme Tendenzen mehren. jg

Die Abrechnung

L´ addition. Frankreich 1984 **R** Denis Amar **B** Denis Amar, Jean-Pierre Bastid, Jean Curtelin **K** Robert Fraisse **M** Jean-Claude Petit **P** Norbert Saada für Swanie Prod./T.F.I. Films/U.G.C./Top No 1 **L** 83 Min., Farbe **D** Richard Berry, Richard Bohringer, Victoria Abril

Schauspieler Bruno (Berry) gerät, als er der attraktiven Ladendiebin Patty (Abril) aus der Patsche helfen will, in die Mühlen der französischen Justiz und findet sich schließlich im Gefängnis wieder. Es kommt noch schlimmer: Wegen eines Ausbruchsversuches von Mithäftlingen angeklagt, wird er zu zwei Jahren Haft verurteilt. Grund zur Freude für den sadistischen Aufseher Lorca (Bohringer), dem nicht nur Bruno selbst, sondern auch dessen aufkeimende Liebesbeziehung zu Patty ein Dorn im Auge ist.
Denis Amars zweite Regie-Arbeit ist fast ausschließlich hinter Gittern angesiedelt. Doch gerade das macht den Reiz dieses Films aus, der kein Gefängnis-Thriller im üblichen Sinne ist. Vielmehr gelingt es dem Regisseur und seinen Drehbuchautoren, diesem Schauplatz ganz neue Aspekte abzugewinnen. Entgegen ursprünglichen Plänen wurden die Zuchthausszenen nicht an realen Schauplätzen, sondern komplett im Studio gedreht, wo man eine fast surrealistisch anmutende Kulisse erstellte, die ausschließlich von Neonlicht beleuchtet wird. Die Originalität der Film-Story wurde von zahlreichen Kritikern, besonders in den USA, auch als die größte Schwäche des Films gewertet: Eine einzige Dose Kaviar, die Patty im Supermarkt klaut, soll eine solche Kette von Zufällen in Gang setzen? Dessen ungeachtet hatte *Die Abrechnung* an den französischen Kinokassen großen Erfolg, und Richard Bohringer erhielt für seine Darstellung den César. al

Abrechnung in San Francisco

Gli esecutori. Italien 1975 **R** Maurizio Lucidi **B** Ernest Tidyman, Gianfranco Bucceri, Nicola Badalucci, Randall Kleiser, Robert Leoni, Maurizio Lucidi **K** Aiace Parolin **M** Luis Enrique Bacalov **P** Aetos Produzioni **L** 102 Min., Farbe **D** Roger Moore, Stacy Keach, Ivo Garrani, Fausto Tozzi

Tief in die Erfolgskiste der Filmgeschichte griffen Regisseur Maurizio Lucidi und seine fünf Drehbuch-Autoren und bedienten sich ausgiebig bei einschlägig bekannten Produktionen des Krimi-Genres. Herausgekommen ist ein lautes, dröhnendes Action-Spektakel - kurzweilig, aber ziemlich hirnlos. Mit Blick auf den internationalen Markt holte man sich Roger Moore (mit frischen Bond-Weihen) und Stacy Keach als Aushängeschilder.
Moore spielt einen San Franciscoer Anwalt, der von seinem italienischen Mafia-Onkel den Auftrag bekommt, das Verschwinden eines Holzkreuzes aufzuklären, welches dieser der Stadt zu schenken gedachte. Natürlich ist dabei auch Rauschgift im Spiel. Gemeinsam mit seinem rennfahrenden Kumpel Keach macht sich Moore an die Arbeit - der Spaß kann beginnen!
Die Story dient nur als Vorwand für ausgiebige Verfolgungsjagden, Karambolagen und Schießereien, bei denen die beiden Protagonisten nach Herzenslust Straßenkreuzer demolieren dürfen. Doch wen interessiert schon Glaubwürdigkeit, wenn Roger Moore als gebürtiger Sizilianer (!) in die Handlung eingeführt wird? al

Abschied

Abschied. Deutschland 1930 **R** Robert Siodmak **B** Billy Wilder, Emmerich Preßburger, Irma von Cubé **K** Eugen Schüfftan **M** Erwin Bootz **P** UFA **L** 73 Min., s/w **D** Brigitte Horney, Aribert Moog, Emilia Unda, Konstantin Mic, Frank Günther

Ein frisch verliebtes Pärchen gehört zu den wenigen glücklichen Bewohnern einer drittklassigen Pension. Als der junge Mann eine lukrative Stellung erhält, schweigt er sich darüber aus, um seine Braut damit zu überraschen. Dies zieht permanente Mißverständnisse nach sich. Am Ende ist es auch mit dem Liebesglück der beiden jungen Menschen vorbei.
Nach dem großen gemeinsamen Erfolg MENSCHEN AM SONNTAG (1929), den Siodmak noch zusammen mit Billy Wilder gedreht hatte, war dies sein erster in Eigenregie entstandener Film, der zugleich auch das Filmdebüt der jungen Brigitte Horney markierte. Beachtenswert bleibt an diesem frühen UFA-Tonfilm des weiteren die Kameraarbeit von Eugen Schüfftan, der vor allem durch seine eigens für METROPOLIS (1926) kreierten Spezialeffekte einen weltweiten Bekanntheitsgrad erlangt hatte. Brigitte Horney war nach einer Schauspielausbildung bei Ilka Grüning in Berlin mit dem Max-Reinhardt-Preis als Beste Nachwuchsschauspielerin ausgezeichnet worden, wodurch die UFA auf sie aufmerksam wurde. *Abschied* mußte innerhalb von zwei Wochen heruntergedreht werden, da Brigitte Horney durch einen Vertrag verpflichtet war, gleich nach Beendigung der Dreharbeiten am Würzburger Stadttheater zu spielen. jg

Abschied in der Dämmerung

Ukigusa. Japan 1959 **R** Yashiro Ozu **B** Yashiro Ozu, Kogo Noda, nach dem Drehbuch für *Ukigusa monogatari* (1934) **K** Kazuo Miyagawa **M** Takanori Saito **L** 110 Min., Farbe **D** Ganjiro Nakamura, Haruko Sugimura, Machiko Kyo, Ayako Wakao

In gewissem Sinne ist Ozus Film ein doppeltes Remake, denn er verfilmte diesen Stoff bereits einmal im Jahre 1934 in einer Stummfilmversion. Diese wiederum basierte auf dem populären amerikanischen Film *The Barker*.
Es geht um eine Schauspieltruppe, deren Ankunft auf einer abgelegenen Insel für Aufregung sorgt, denn ihr männlicher Star hatte vor Jahren eine Affäre mit einer Frau des Dorfes, aus der ein Sohn hervorging. Komplikationen ergeben sich, als das Kind, inzwischen fast erwachsen, sich in eine Schauspielerin der Truppe verliebt und es darüber hinaus zu einer Konfrontation zwischen seiner Mutter und der Geliebten des Vaters - die gleichzeitig seine Bühnenkollegin ist - kommt.
Ozus erster Farbfilm gilt auch als sein visuell eindrucksvollstes Werk, für das er die Mitarbeit eines der berühmtesten Kameramänner Japans, Kazuo Miyagawa, gewinnen konnte, der auch für Kurosawa gearbeitet hat. Bis auf den Einsatz von Ton und Farbe sind beide Versionen fast identisch (einige Einstellungen gleichen sich bis aufs Haar), die zweite kann jedoch als die etwas versöhnlichere, weniger bittere betrachtet werden. al

Abschied in der Nacht

siehe: DAS ALTE GEWEHR

Abschied vom falschen Paradies

Abschied vom falschen Paradies. BRD 1988 **R** Tevfik Baser **B** Tevfik Baser, nach dem Roman *Frauen, die sterben, ohne daß sie gelebt hätten* von Salina Scheinhardt **K** Izzet Akay **M** Claus Bantzer **P** Ottokar Runze/ZDF **L** 96 Min., Farbe **D** Zuhal Olcay, Brigitte Janner, Ruth Olafsdóttir, Barbara Morawiecz, Ayse Altan

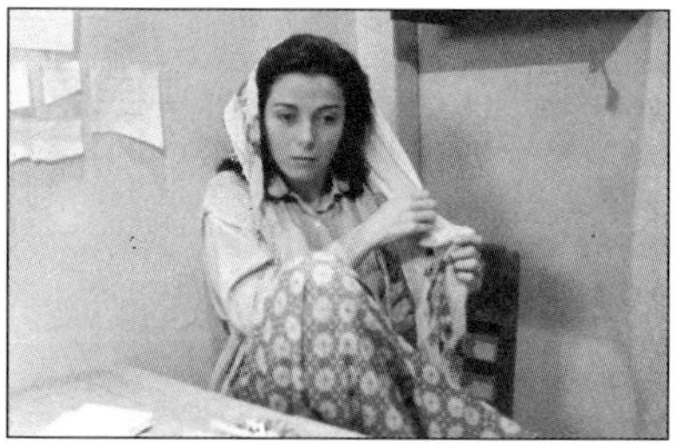

Die Türkin Elif sitzt in einem deutschen Gefängnis. Sie wurde zu sechs Jahren Haft verurteilt, weil sie ihren Ehemann, der sie brutal mißhandelt hatte, mit dem Beil erschlug. Paradoxerweise wird gerade die Zelle für sie zu einem Ort der Freiheit. In ihrem neuen Leben mit den Gefangenen entwickelt sie langsam Selbstbewußtsein und Individualität. Doch dieses neue Leben wird nur von kurzer Dauer für sie sein. Draußen erwartet Elif die Abschiebung in die Türkei, die Verurteilung zur Todesstrafe nach türkischen Gesetzen oder die Blutrache der Verwandten ihres Mannes. Nach 40 QUADRATMETER DEUTSCHLAND realisierte Tevfik Baser einen weiteren einfühlsamen Spielfilm, über eine Türkin, die sich in einem fremden Land zurechtfinden muß. Diesmal gestaltete er den Plot der Handlung jedoch um. War in 40 QUADRATMETER DEUTSCHLAND noch die Wohnung das Gefängnis, so wird in diesem Film die Zelle zum Freiraum. Beeindruckend ist der Film vor allem durch Zuhal Olcay, die einfühlsam die Rolle der Elif spielt. Tevfik Baser hatte die Schauspielerin, die in ihrer türkischen Heimat bereits ein Star ist, auf den Moskauer Filmfestspielen kennengelernt. Obwohl Zuhal kein Wort Deutsch sprach, wollte sie die Rolle unbedingt spielen und lernte parallel zu den Dreharbeiten die Sprache. nn

Abschied von einer Insel

Conrack. USA 1974 **R** Martin Ritt **B** Irving Ravetch, Harriet Frank jr., nach einem Roman von Pat Conroy **K** John Alonzo **M** John Williams **P** 20th Century-Fox **L** 107 Min., Farbe **D** Jon Voight, Paul Winfield, Magde Sinclair, Hume Cronyn, Tina Andrews

Ein junger weißer Lehrer (Voight) wird auf eine ausschließlich von Schwarzen bewohnte Insel vor der Küste von South Carolina versetzt. Mit seinen etwas unkonventionellen Unterrichtsmethoden gewinnt er rasch die Sympathie der Kinder, zieht jedoch damit den Zorn des konservativen Schulinspektors auf sich. Am Ende des Sommers wird er entlassen.
Martin Ritts melancholisch gefärbter Film zeichnet ein trauriges Bild der amerikanischen Gesellschaft, in der die Hautfarbe über Erfolg und Mißerfolg im Leben entscheidet. Von der Handlung her teils etwas klischeehaft angelegt, fesselt der Film dennoch durch das Spiel seines Hauptdarstellers und der vielen, hervorragend agierenden Laien. *Abschied von einer Insel* hinterläßt ein Gefühl der Resignation und Trauer - vielleicht ein zu schwer verdauliches Werk für den weißen Anteil der US-Gesellschaft. In den Vereinigten Staaten strafte man Ritts engagierten Streifen mit Mißachtung; es fand sich auch kein Verleih für das Ausland, so daß der Film im deutschen Fernsehen uraufgeführt wurde. jg

Abschied von gestern

Abschied von gestern. BRD 1966 **R** Alexander Kluge **B** Alexander Kluge, nach seinem Buch *Lebensläufe* **K** Edgar Reitz, Thomas Mauch **P** Kairos/Independent **L** 88 Min., s/w **D** Alexandra Kluge, Günther Mack, Eva Maria Meineke

Die Flucht einer jungen Frau aus der DDR in die Bundesrepublik erweist sich als trügerisches Glück, denn in einer ihr völlig unvertrauten Umgebung wird sie ein leichtes Opfer für karrieresüchtige Vorgesetzte und skrupellose Geschäftemacher. Ihr Weg endet im Gefängnis.
Alexander Kluge, ein Filmemacher, mit dem sich das Kinopublikum im allgemeinen nicht leicht tut, gelang hier ein vielschichtiges Bild der bundesdeutschen Gesellschaft. Obwohl seine Protagonistin mit vielen Makeln behaftet ist, bleibt sie während des ganzen Films in der Rolle der Leidtragenden. In der Unsicherheit und dem Scheitern ihrer Person wird das Gesellschaftssystem der DDR genauso hinterfragt wie das der Bundesrepublik. Beide verbindet die gemeinsame Vergangenheit. „Uns trennt von gestern kein Abgrund, sondern die veränderte Lage", so der Regisseur.
Abschied von gestern war nur einer der vier bundesdeutschen Beiträge, die in Cannes das internationale Renommée des jungen deutschen Films stärkten. Auf den Filmfestspielen in Venedig wurde Alexander Kluges Werk mit neun Auszeichnungen geehrt. Drei Filmbänder für den Besten Film, die Regie und die Darstellerin (Alexandra Kluge, die Schwester des Regisseurs) kamen 1967 bei den Bundesfilmpreisen hinzu. jg

Abschied von Matjora

Proschtschanije s Matjory. UdSSR 1982 **R** Elem Klimov **B** Larissa Schepitko, Rudolf Tjurin, German Klimov, nach der gleichnamigen Novelle von Valentin Rasputin **K** Alexej Rodionov, Juri Schirtladse, Sergej Taraskin **M** A. Artjonow, A. Schnittke **P** Mosfilm Studio **L** 128 Min., Farbe **D** Stefanija Stanjuta, Lew Durow, Alexej Petrenko, Leonid Krjuk, Vadim Jakowenko, Jurij Katin-Jarzew

Abschied von Matjora war einer der Höhepunkte des neuen sowjetischen Kinos, wurde allerdings von der Zensur jahrelang verboten. Erst unter Gorbatschows Perestroika-Bewegung gab man den Film sowohl für den Osten als auch den Westen frei. Von beiden Seiten wurde das poetische Requiem stürmisch gefeiert.
Matjora, ein verschlafenes, traditionsreiches Dorf im Norden Sibiriens, soll dem Bau eines riesigen Staudamms weichen und überflutet werden. Die Menschen, die zufrieden im Einklang mit der Natur gelebt haben, werden in eine anonyme Trabantenstadt umgesiedelt. Die 74jährige Bäuerin Darja, die ihre Heimat und die Gräber ihrer Vorfahren nicht verlassen will, bleibt mit einigen anderen zurück. Vergeblich versucht ihr Sohn Pavel, sie zum Verlassen zu bewegen.
Regisseur Elem Klimov, der unter Gorbatschow zum Ersten Sekretär des Verbandes der sowjetischen Filmschaffenden ernannt wurde, übernahm das Projekt von seiner Frau Larissa Schepitko, die 1977 auf dem Weg zu Dreharbeiten tödlich verunglückt war. Klimov ließ das Drehbuch, das nach einer Novelle des sibirischen Autors Valentin Rasputin entstand, umschreiben, so daß ein vollkommen neuer Film entstand.
Geblieben ist die Poesie von Larissa Schepitko. Der Film fesselt durch eine Flut von metaphorischen Bildern und seine eindringliche Kameraführung, die beinahe zärtlich ein malerisches Porträt von Menschen und Natur zeichnet. nn

Abschiedsblicke

Parting Glances. USA 1985 **R** Bill Sherwood **B** Bill Sherwood **K** Jacek Lascus **P** Yoram Mandel, Arthur Silverman für Rondo Prod. **L** 90 Min., Farbe **D** Richard Ganoung, John Bolger, Steve Buscemi, Adam Nathan, Kathy Kinney

Bill Sherwoods Erstlingsfilm über eine Gruppe schwuler Freunde in Manhattan wurde von der amerikanischen Kritik enthusiastisch aufgenommen. Der ehemalige Musikstudent und Absolvent der Filmhochschule Südkalifornien (USC) hatte das Projekt mit Geld von Freunden und Bekannten auf die Beine gestellt und mit Schauspielschülern realisiert, die für wenig oder gar keine Gage arbeiteten. Trotzdem befindet sich der Film auch technisch auf sehr hohem Niveau.
Erzählt wird von 24 Stunden im Leben von Michael und Robert, einem New Yorker „Yuppie"-Pärchen, dem eine zeitweilige Trennung bevorsteht, weil Robert aus beruflichen Gründen nach Afrika muß. Ihre Beziehung wird kompliziert durch Michaels Zuneigung zu Nick, seinem AIDS-kranken Ex-Lover, um den er sich rührend kümmert und den er im Grunde mehr liebt als Robert. Höhepunkt des Films ist die „Überraschungs-Abschieds-Party" für Robert, die eine Freundin der drei in ihrer Wohnung organisiert hat.

Der Verdienst von Sherwood ist es, daß er nicht versucht, ein Statement abzugeben oder Mitleid zu erwecken, vielmehr wird die Homosexualität der Hauptfiguren als selbstverständlich behandelt. Auch Nicks AIDS-Infektion wird als eine, wenn auch schreckliche, Gegebenheit angesehen. Viele Kritiker waren übrigens der Auffassung, die Nebenfiguren der Story seien allemal interessanter als die Hauptcharaktere, die im Prinzip ein ziemlich etabliertes und biederes Leben führen. Besonders gelobt für seine energievolle Darstellung des Nick wurde Steve Buscemi, ein stadtbekannter New Yorker Komiker.
Die Tatsache, daß *Abschiedsblicke* einer der ersten Filme war, in dem die Krankheit AIDS eine Rolle spielte, hat ihm fälschlicherweise das Prädikat eines AIDS-Filmes eingebracht. Die Immunschwäche steht hier jedoch, wenn sie auch für die Handlung von Bedeutung ist, nicht im Vordergrund. al

Absolute Beginners

Absolute Beginners. Großbritannien 1985 **R** Julian Temple **B** Richard Burridge, Christopher Wicking, Don Macpherson, nach dem gleichnamigen Roman von Colin MacInnes **K** Oliver Stapleton **M** Gil Evans **P** Stephen Woolley, Chris Brown / Virgin, Goldcrest, Palace, **L** 107 Min., Farbe **D** Eddie O´Connell, Patsy Kensit, David Bowie, James Fox, Ray Davies, Eve Ferret, Steven Berkoff

London 1958. Das triste Nachkriegsleben geht seinem Ende entgegen. Die Mädchen tragen Miniröcke, die Jungs kleiden sich als „Mods" und „Teds", tanzen nach den Klängen des Rock´n´Roll, des Cool-Jazz und den Rhythmen der eingewanderten Farbigen. Der Schriftsteller Colin MacInnes (1914-1976) hielt diese Entstehung einer neuen Kultur in seiner Londoner Trilogie *Absolute Beginners*, *City of Spades* und *Mr. Love and Justice* fest. Im Mittelpunkt des Geschehens steht das Teenagerpaar Suzette und Colin. Suzette fühlt sich vernachläßigt und verläßt Colin, um den älteren Modedesigner Henley zu heiraten. Colin, gefördert von Geschäftspartnern Henleys, macht eine Karriere als Modefotograf. Doch als er erfährt, daß Suzettes Mann zu den Baulöwen gehört, die die Schwarzen aus ihrem und seinem Wohnviertel Napoli verdrängen wollen, schlägt er sich auf die Seite der Farbigen. Colin gewinnt den Kampf gegen Henleys faschistische Schlägergang und erobert Suzettes Herz zurück.
Im Gegensatz zu den klassischen amerikanischen Musicals, die mit einer spielerischen Leichtigkeit Tanz, Musik und Spiel miteinander verbinden, verläuft sich Julian Temples Werk in einer hektischen Abfolge von Revue-Nummern. Temple, bekannt durch seinen Sex-Pistols-Film *The Great Rock´n´Roll Swindle* (1979) und den Mick Jagger-Film *Running Out of Luck* (1986), konnte nicht den Abstand zu seinen zahlreichen Videoclip-Produktionen finden. Weniger Form und mehr Inhalt hätten *Absolute Beginners* vielleicht zu einem Kultfilm gemacht. nn

Absolution

Absolution. Großbritannien 1978 **R** Anthony Page **B** Anthony Shaffer **K** John Coquillon **M** Stanley Myers **P** Elliott Kastner, Danny O'Donovan **L** 96 Min., Farbe **D** Richard Burton, Dominic Guard, Dai Bradley, Andrew Keir, Billy Connolly

Richard Burton zeigte sich begeistert von Anthony Shaffers Drehbuch, das angeblich auf einer wahren Begebenheit aus Deutschland basiert. Er verkörpert Pater Goddard, Lateinlehrer an einer katholischen Jungenschule in England. Als Beichtvater seiner Schüler wird er in deren Rivalitäten und schließlich sogar in einen Mord verwickelt. Burtons Figur trägt überdies latent homosexuelle Züge.
Trotz der Qualität von Burtons Darstellung und dem offensichtlichen Talent seiner jugendlichen Mitstreiter konnte das Ergebnis keinen Verleiher begeistern: Der Film verstaubte drei Jahre in den Regalen, bevor er 1981 in Großbritannien herausgebracht wurde. In den USA kam er erst 1988, vier Jahre nach Burtons Tod, in die Kinos. Man versuchte, aus der Not eine Tugend zu machen und kündigte ihn als verlorenes Meisterwerk an, lieferte damit allerdings nur den Kritikern Futter für ihre hämischen Verrisse. al

Abstieg zur Hölle

Descente aux enfers. Frankreich 1986 **R** Francis Girod **B** Jean-Loup Dabadie, Francis Girod, nach einem Roman von David Goodis **K** Charles van Damme **M** Georges Delerue **P** Partner´s Production/La cinq production/Ariel Zeitoun **L** 88 Min., Farbe **D** Claude Brasseur, Sophie Marceau, Betsy Blair, Hippolyte Girardot

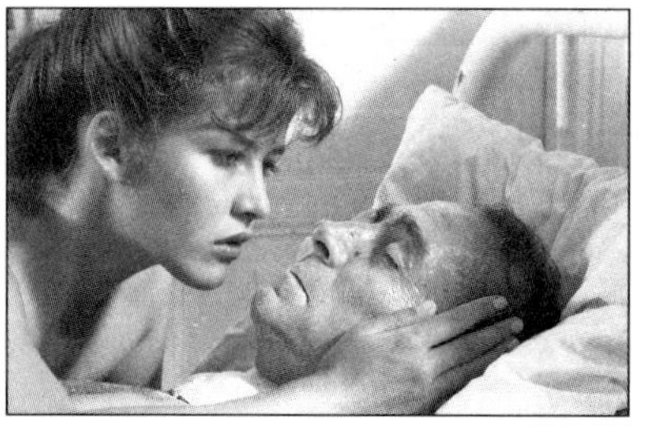

Acht Jahre vor Drehbeginn spielten Claude Brasseur und Sophie Marceau noch Vater und Tochter in den erfolgreichen Teenie-Filmen LA BOUM - DIE FETE und LA BOUM II - DIE FETE GEHT WEITER. Zu einem kleinen Skandal kam es, als die beiden altersbedingt sehr stark divergierenden Schauspieler plötzlich als Liebespaar in äußerst freizügigen Szenen auf der Leinwand zu sehen waren.
In *Abstieg zur Hölle* stellen sie das verheiratete Paar Alan und Lola Kolbert dar, das seine Ehe durch Ferien auf Haiti aus der Krise retten will. Doch die beiden scheinen nicht wieder zueinander zu finden. Alan, der seine viel jüngere Frau abgöttisch liebt, ertränkt seinen Kummer im Alkohol, während Lola einen Hotelgast zu ihrem Liebhaber macht. Betrunken und blind vor Wut, tötet Alan nachts auf dem Heimweg zum Hotel einen schwarzen Einheimischen. Blutüberströmt gesteht er seiner Frau die Tat. Unerwartet verändert sich durch den Mord ihre Beziehung. Lola steht ihrem Mann bei und unternimmt alles, um ihn vor dem Gefängnis zu bewahren.
Die Geschichte entstand nach dem gleichnamigen Roman von David Goodis (1917-1967), der wie Raymond Chandler zu den Schriftstellern der Schwarzen Serie gezählt wird. nn

Abwärts

Abwärts. BRD 1984 **R** Carl Schenkel **B** Carl Schenkel **K** Jacques Steyn **M** Jacques Zwart **P** Laura/Mutoskop/Dieter Geissler **L** 90 Min., Farbe **D** Götz George, Renée Soutendijk, Wolfgang Kieling, Hannes Jaenicke, Klaus Wennemann

In einem Hochhaus bleiben vier Menschen unterschiedlichster Herkunft in einem Fahrstuhl stecken. Noch ehe die Feuerwehr Rettungsmaßnahmen einleiten kann, kommt es zwischen den Eingeschlossenen zu erbitterten Auseinandersetzungen mit tödlichen Konsequenzen.
Der junge Regisseur Carl Schenkel zeigte, daß auch im deutschen Film spannungsgeladene und intelligente Thriller möglich sind. *Abwärts* fasziniert in seiner Machart durch perfekte Ausstattung, Beleuchtung und eine stellenweise kaum erträgliche Atmosphäre der Klaustrophobie und Aggression.

Besonders lobenswert ist die Darstellung Wolfgang Kielings in seiner vorletzten Filmrolle. Er verkörpert einen permanent gedemütigten Buchhalter, der den großen Coup seines Lebens wagt und Firmengelder aus dem Safe stiehlt. Zum Teil fanden die Dreharbeiten in einem Frankfurter Hochhaus statt, wobei die meisten Szenen von Götz George und Hannes Jaenicke bis auf zwei Sturz-Sequenzen ungedoubelt gespielt wurden. In der Nähe von München stand ein ausgedientes Bundeswehr-Gelände für weitere Aufnahmen zur Verfügung. Der Film hatte ein recht drastisches Nachspiel, als nach Beendigung der Dreharbeiten Produktionsleiter Erwin Mäkelburg und sein Kollege Axel Golser tatsächlich in einem Hotel mit der Liftkabine abstürzten und dabei knapp dem Tode entronnen. jg

Abyss

The Abyss. USA 1989 **R** James Cameron **B** James Cameron **K** Mikael Salomon **M** Alan Silvestri **P** Gale Anne Hurd / 20th Century-Fox **L** 140 Min., Farbe **D** Ed Harris, Mary Elizabeth Mastrantonio, Michael Biehn

Ein Team von Tauchern, das in einer Unterwasser-Ölbohrstation arbeitet, wird beauftragt, einer Spezialeinheit der Navy bei der Suche nach einem verschollenen, mit nuklearen Bomben bestückten U-Boot zu helfen. In der klaustrophobischen Tiefe verliert der Einsatzleiter die Nerven und droht, eine Atomkatastrophe auszulösen. Doch freundliche außerirdische Unterwasserwesen können die Mannschaft und die Welt davor bewahren.

40 Millionen Dollar sollte der Streifen eigentlich kosten, aber die strapaziösen Aufnahmen (Ed Harris verweigerte jeden Kommentar zu den angeblich „viehischen" Dreharbeiten) verschlangen weitere Millionen. 95 Prozent der Geschichte spielt unter Wasser. Gedreht wurde unter anderem in zwei Unterwasser-Tanks, die zu einem nie in Betrieb genommenen Atomkraftwerk in North Carolina gehörten. Für die kompliziertesten Unterwasser-Sequenzen engagierte Cameron den Spezialisten Al Giddings, der sich durch den Thriller DIE TIEFE einen Namen gemacht hatte. Das Ergebnis ist ein optisch verblüffend gestaltetes Unterwasser-Epos, das jedoch gegen Ende durch seinen allzu aufgesetzt und kitschig wirkenden Ausklang einen krassen Bruch in der Dramaturgie aufweist und dadurch sowohl Kritik als auch Publikum verärgerte. nn

Acapulco

Fun in Acapulco. USA 1963 **R** Richard Thorpe **B** Allan Weiss **K** Daniel L. Fapp **M** Joseph J. Lilley **P** Hal Wallis Productions (Hollywood) / Paramount **L** 97 Min., Farbe **D** Elvis Presley, Larry Domasin, Ursula Andress, Elsa Cardenas, Alejandro Rey, Teri Hope

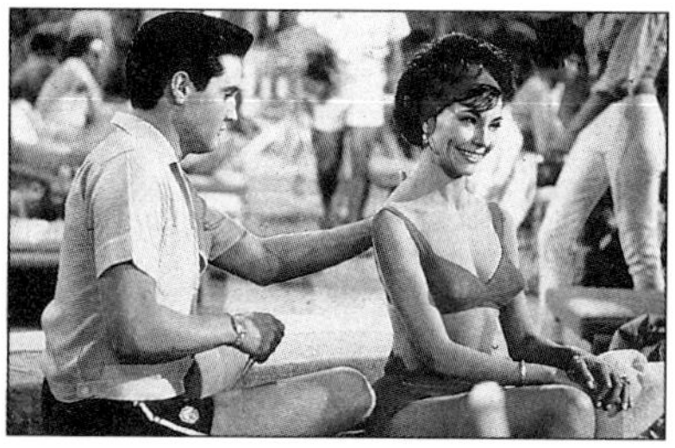

Elvis Presley verkörpert den ehemaligen Trapezkünstler Mike Windgren, der in dem bekannten mexikanischen Badeort Acapulco eine Karriere als Sänger startet und am Ende das Herz der schönen Direktionsassistentin Maggie für sich gewinnt.

Bei den Dreharbeiten in Mexiko war der König des Rock'n'Roll nicht dabei und wurde in einigen Sequenzen von einem Double vertreten. Die mexikanische Regierung hatte damals der Produktionsfirma geschrieben, daß sie es lieber sehen würden, wenn Presley in Hollywood bliebe. Grund für diese Haltung waren die folgenschweren Ausschreitungen anläßlich der Aufführung von CAFE EUROPA, bei denen zahlreiche mexikanische Kinos zerstört wurden. Szenen, in denen Elvis unbedingt erforderlich war, wurden in Hollywood mit Hilfe von Rückprojektionen gedreht.

Wie in fast allen 31 Elvis- Spielfilmen dient die lausige Handlung nur als Aufhänger für die Gesangsnummern. Auch Hollywood-Altmeister Richard Thorpe, der schon 1957 bei Elvis´ drittem Film RHYTHMUS HINTER GITTERN Regie geführt hatte, konnte den Rahmen für die 11 neuen Songs nicht anspruchsvoller gestalten. Elvis´ Manager Colonel Tom Parker war schuld daran, daß der Sänger ab 1962 hauptsächlich in banaler Kinounterhaltung zu sehen war. Parker hatte langfristige Verträge mit den Produktionsfirmen geschlossen, aus denen Elvis, obwohl er es wollte, nicht mehr aussteigen konnte. nn

Accatone - Wer nie sein Brot mit Tränen aß

Accatone. Italien 1961 **R** Pier Paolo Pasolini **B** Pier Paolo Pasolini **K** Tonino Delli Colli **P** Alfredo Bini für Arco/Cino del Duca **L** 115 Min., s/w **D** Franco Citti, Silvana Corsini, Franca Pasut

Die Geschichte des Zuhälters Accatone, der nach mehreren erfolglosen Versuchen, ein „anständiges", bürgerliches Leben zu führen, erneut auf die schiefe Bahn gerät und während der Flucht vor der Polizei bei einem Verkehrsunfall stirbt.

Die erste Regie-Arbeit des italienischen Literaten Pasolini, uraufgeführt 1961 auf den Filmfestspielen von Venedig, war in Italien lange Zeit umstritten, gilt aber heute als eines seiner besten Werke. Der Regisseur beschäftigt sich auch hier mit den Menschen der römischen Vorstädte, dem „sotto proletario" (Subproletariat), dem auch schon in den beiden Romanen *Ragazzi di vita* und *Vita violenta* sowie mehreren Drehbüchern (u.a. für Fellini) seine besondere Aufmerksamkeit galt.

Pasolinis Film ist stilistisch noch sehr dem italienischen Neorealismus verhaftet, was sich unter anderem ausdrückt in der Arbeit mit Laienschauspielern sowie der ausschließlichen Verwendung von Originalschauplätzen, in diesem Falle die trostlosen, heruntergekommenen Trabantenstädte von Rom. Die Musik von Johann Sebastian Bachs *Matthäus-Passion* kontrastiert sehr wirkungsvoll die klaren, harten Bilder des Elends und der Verzweiflung.

Als Regie-Assistent von *Accatone* arbeitete übrigens Bernardo Bertolucci, der ein Jahr später mit LA COMMARE SECCA sein eigenes Regie-Debüt ablieferte - nach einer Kurzgeschichte von Pasolini. al

Accident - Zwischenfall in Oxford

Accident. Großbritannien 1967 **R** Joseph Losey **B** Harold Pinter, nach einem Roman von Nicholas Mosley **K** Gerry Fisher **M** John Dankworth **P** Royal Avenue Chelsea **L** 106 Min., Farbe **D** Dirk Bogarde, Stanley Baker, Jacqueline Sassard, Michael York, Delphine Seyrig

Daß Regisseur Losey und Drehbuchautor Harold Pinter ein produktives Team abgeben, bewiesen sie bereits 1963 mit dem Drama DER DIENER. Auch in *Accident* übernahm Dirk Bogarde wieder die Hauptrolle. Er verkörpert einen reifen Oxford-Professor, der durch eine junge österreichische Studentin und deren Liebeseskapaden in erhebliche Verwirrung gestürzt wird. Ein tödlicher Verkehrsunfall beendet am Ende zwar die unglücklichen Beziehungskonstellationen, doch bleiben tiefe, unsichtbare Narben bei allen Beteiligten zurück.

Die Dialoge dieses Films sind akustisches Beiwerk; Joseph Losey setzt auf die Sprache seiner Bilder, und die ist durchweg unterkühlt und distanziert. Selbst die wunderschön eingefangene Sommeridylle der englischen Universitätsstadt erweist sich als trügerisch. Ein harmonisch begonnener Sonntagnachmittag birgt ein bösartig intrigantes Spiel um berufliche Karriere und sexuellen Erfolg in sich. Faszinierend ist vor allem Dirk Bogardes Darstellung des fürsorglichen Familienvaters, dessen innerer Abstieg sich umso konsequenter vollzieht, je mehr er sich von seiner festgeschriebenen Rolle entfernt. Am Ende des Films wird er sein schönes Haus betreten, um wieder die Rolle des Ehemannes einzunehmen, während aus dem Off noch einmal das schreckliche Geräusch des Verkehrsunfalls ertönt. Die Illusionen, weiterhin ein beschauliches Leben führen zu können, sind auf drastische Weise zerstört worden; auch ist es zu spät, das Geschehene unvergessen zu machen. *Accident* wurde auf den Filmfestspielen von Cannes mit der Goldenen Palme für den Besten Film ausgezeichnet. jg

Ach, diese Frauen

For att inte tala om alla dessa kvinnor. Schweden 1963 **R** Ingmar Bergman **B** Ingmar Bergman, Erland Josephson **K** Sven Nykvist **M** Erik Nordgren **P** Svensk **L** 79 Min., Farbe **D** Bibi Andersson, Harriet Andersson, Eva Dahlbeck, Karin Kavli, Gertrud Fridh, Jan Kulle

Ein gefeierter Cellist hat sich mit sieben schönen Frauen in die Abgeschiedenheit einer extravaganten Villa zurückgezogen, um dort den schönen Dingen des Lebens zu frönen. Er stirbt jedoch bei einem Konzert durch das miserabel komponierte Stück eines Musikkritikers.

Nach 24 Filmen war *Ach, diese Frauen* Ingmar Bergmans erstes Werk, das er in Farbe drehte. Mit dem Ergebnis selbst war er unzufrieden und schob den künstlerischen Mißerfolg auf die unausgeklügelte Farbdramaturgie. Die negativen Erfahrungen mit der für ihn neuen Handhabung des Farbfilms veranlaßten Bergman dazu, erst 1969 mit PASSION wieder einen Film in Farbe zu inszenieren. Angesiedelt ist die Handlung in einer nichtexistenten Wirklichkeit irgendwo zwischen Antibes und Nizza. Als zeitliche Epoche schwebte Bergman eine Periode vor, die in gewisser Weise an die Zeit der „Roaring Twenties" erinnern sollte. Nach der Premiere anläßlich der Filmfestspiele von Venedig wurde der Streifen fälschlicherweise als Attacke gegen den Beruf des Kunstkritikers verstanden. Bergman selbst sah seinen Film als eine zynische Farce über Künstlerkult und Kunstunverständnis an. jg

Ach du lieber Harry

Ach du lieber Harry. BRD 1984 **R** Jean Girault **B** Ralf Gregan, Dieter Hallervorden **K** Hermann Gruber **M** Hermann Weindorf **P** Bavaria Atelier München/Wolfgang Hesse **L** 84 Min., Farbe **D** Dieter Hallervorden, Iris Berben, Jacques Marin, Manfred Lehmann, Lisa Helwig

In seinem ersten Kinofilm spielt Dieter Hallervorden den erfolglosen Privatdetektiv Harry, der mit einer ungewöhnlichen Aufgabe betraut wird: Er soll Mister Theo, das Rassekaninchen von Madame Rose, auf einer Reise nach Lausanne begleiten und vor Dieben schützen. Letztere wollen den Käfig in ihre Gewalt bekommen, da sich in dessen Boden ein gestohlenes Renoir-Gemälde befindet. Doch sie haben nicht mit dem kühnen Harry gerechnet, der in einer großangelegten Aktion die Langfinger verhaften läßt und das Kaninchen sicher in die Schweiz geleitet.

Dieter Hallervorden, der sich bei den Dreharbeiten übrigens nicht doubeln ließ, kam bei einigen Szenen ziemlich ins Schwitzen. Während der Fahrt, die Harry eingegipst in einem motorisierten Rollstuhl macht, hatte das Team vergessen, nach einer Seite hin den Verkehr abzusperren. Hallervorden rammte einige Autos, verletzte sich aber dank des Gipsverbandes nicht. Auf die Frage eines Journalisten, warum er nicht einen Stuntman engagiere, antwortete er: „Ich kann ohne Stuntman auskommen und will mein Publikum ehrlich bedienen, weil ich glaube, daß die Lacher, oder auch die Schadenfreude, dann größer sind." Inszeniert hat die Komödie der französische Komödienspezialist Jean Girault, der auch bei vielen Louis-de-Funès-Filmen Regie führte. nn

Ach, Liebling...nicht hier

Wives and Lovers. USA 1963 **R** John Rich **B** Edward Anhalt, nach dem Bühnenstück *The First Wife* von Jay Presson Allen **K** Lucien Ballard **M** Lyn Murray **P** Hal B. Wallis für Paramount **L** 102 Min., s/w **D** Janet Leigh, Van Johnson, Shelley Winters, Martha Hyer, Ray Walston, Jeremy Slate

Janet Leigh und Van Johnson als ein Ehepaar, dessen Beziehung nach dem kometenhaften Aufstieg des Mannes am Schriftstellerhimmel beinahe in die Brüche geht. Jeder der Partner hat eine Affäre, und man trennt sich, doch steht am Schluß das Eheglück wieder auf sicheren Beinen.

Ach, Liebling...nicht hier hätte mehr sein können als nur eine harmlose Boulevardkomödie. Das Drehbuch von Edward Anhalt enthält sehr witzige, scharfe Dialoge, die von den Schauspielern mit sichtlichem Vergnügen vorgetragen werden, besonders von Shelley Winters als sarkastischer Nachbarin. Doch diese Vorzüge werden durch die Verlogenheit zunichte gemacht, mit denen der Film die außerehelichen Aktivitäten seiner Protagonisten behandelt. Hat Johnson mit Martha Hyer geschlafen? Oder Leigh mit Jeremy Slate? Niemals! So zieht man sich geschickt aus der Affäre (die gar keine war), um der finalen Reunion der Liebenden keine moralischen Knüppel zwischen die Beine zu werfen. Nur der Zuschauer kommt sich angesichts solcher Unglaubwürdigkeit betrogen vor. al

Acht Millionen Wege zu sterben

8 Million Ways to Die. USA 1986 **R** Hal Ashby **B** Oliver Stone, David L. Henry, nach den Romanen von Lawrence Block **K** Stephen H. Burum **M** James Newton Howard **P** PSO Delphi Produktion/Steve Roth **L** 115 Min., Farbe **D** Jeff Bridges, Rosanna Arquette, Alexandra Paul, Randy Brooks, Andy Garcia

Nach MIDNIGHT EXPRESS, SCARFACE und IM JAHR DES DRACHEN war dies der dritte Drehbuchentwurf, den Autor und Regisseur Oliver Stone vor dem Hintergrund der Drogenszene verfaßte. Der Kriminalschriftsteller kreierte mit seiner Figur Matt Scudder bewußt einen Anti-Typ zu den aufrechten, pflichtbewußten Cops altbekannter TV-Serials.

Sein Matt Scudder (dargestellt von Jeff Bridges) ist schon längst aus dem Polizeidienst ausgeschieden und fristet als Alkoholiker ein tristes Dasein. Selbst die kurze Liaison mit einem Callgirl findet ihr schnelles Ende, als bezahlte Killer sie im Auftrag des Kokainhändlers Angel (Garcia) ermorden. Mit Hilfe des Spielclub-Besitzers Chance sowie Sarah, einer Freundin der Toten, gelingt es Scudder, seine Gegner zu fassen.

Hal Ashby hatte mit HAROLD UND MAUDE sowie WILLKOMMEN, MR. CHANCE durchaus feinfühlige und sympathische Streifen gedreht, doch leider ist von dieser Handschrift bei *Acht Millionen Wege zu sterben* nur noch wenig zu sehen. Der Film konzentriert sich auf eine Aneinanderreihung von pyrotechnischen Effekten und brutalenSzenen, die im zunehmenden Maße langweilig werden. Allenfalls die Besetzung mit Jeff Bridges und Andy Garcia lassen ihn aus darstellerischer Sicht interessant erscheinen. nn

Ein achtbarer Mann

Un uomo da rispettare. Italien/BRD 1973 **R** Michele Lupo **B** Mino Roli, Franco Bucceri, Roberto Leoni, Michele Lupo **K** Tonino Delli Colli **M** Ennio Morricone **P** Marina Cicogna für Verona Prod. **L** 112 Min., Farbe **D** Kirk Douglas, Florinda

Bolkan, Giuliano Gemma, René Koldehoff, Wolfgang Preiss

Ein routinierter Action-Film, der das bekannte Thema vom unmöglich scheinenden Banküberfall ein weiteres Mal variiert. Hier geht es um einen gerade aus der Haft entlassenen Gangster (Douglas), der mit Komplizen eine Hamburger Bank um eine stattliche Summe erleichtern will. Der geniale Plan klappt nur teilweise: Zu spät merkt Douglas, daß seine Geliebte (Bolkan) mit seinem Kumpan (Gemma) gemeinsame Sache macht.
Der an Originalschauplätzen in Hamburg und Rom entstandene, leidlich spannende Reißer war für seinen Star Kirk Douglas nur ein gewinnbringender Schritt zu Höherem: Der Schauspieler ging mit eigenen Regieprojekten schwanger, von denen er das erste, den Western SCALAWAG, 1973 verwirklichte. al

Der achte Tag

Der achte Tag. BRD 1990 **R** Reinhard Münster **B** Reinhard Münster **K** Axel Block **M** Günther Fischer **P** Joachim von Vietinghoff Filmproduktion **L** 102 Min., Farbe **D** Katharina Thalbach, Hans-Christian Blech, Hannelore Elsner, Ulrich Pleitgen, Fritz Schediwy

Vera Pukall (Thalbach), eine engagierte Wissenschaftsjournalistin, wittert hinter dem angeblichen Selbstmord eines bekannten Retortenmediziners eine große Story. Auf eigene Faust macht sie sich auf die Suche nach den Schuldigen und stößt schon bald auf skrupellose Machenschaften im Gentechnologie-Bereich. Wissenschaftler führen Geheimtests durch, um die technologische Menschenplanung zu erreichen. Vera verstrickt sich immer mehr in ein lebensgefährliches Komplott. Mit letzter Kraft versucht sie, die Öffentlichkeit von den haarsträubenden Genmanipulationen in Kenntnis zu setzen.
Reinhard Münster begeisterte 1984 das Kinopublikum mit seinem Debüt-Film *Dorado - One Way*. Sieben Jahre ließ er sich Zeit, bevor er sein zweites Werk *Der achte Tag* (das Drehbuch entstand allerdings schon 1987) drehte. Bei dem Filmfest in München im Juni 1990 wurde dieser Streifen zum ersten Mal aufgeführt und gewann den Regie-Förderpreis. In manchen Szenen (insbesondere durch die Verquickung mit der Erscheinung von Alt-Nazis) erinnert der Film an Franklin J. Schaffners THE BOYS FROM BRAZIL, bewegt sich aber auf einem wesentlich realistischerem Niveau.
Mag Katharina Thalbach ihren schauspielerischen Einsatz zwar gelegentlich auch übertreiben, so trägt sie doch den ganzen Film und liefert die eindrucksvolle Charakterstudie einer engagierten, zur Ohnmacht verurteilten Journalistin. nn

Achteinhalb

Otto e mezzo. Italien/Frankreich 1963 **R** Federico Fellini **B** Federico Fellini, Tullio Pinelli, Ennio Flaiano, Brunello Rondi **K** Gianni Di Venanzo **M** Nino Rota **P** Federico Fellini, Angelo Rizzoli für Cineriz (Rom), Francinex (Paris) **L** 138 Min., Farbe **D** Marcello Mastroianni, Anouk Aimée, Sandra Milo, Claudia Cardinale, Mario Pisu, Barbara Steele, Rossella Falk

Der Erfolg von LA DOLCE VITA ermöglichte Fellini erneut eine Großproduktion, obwohl bei Beginn der Dreharbeiten noch nicht einmal ihm selbst klar war, wohin die filmische Reise gehen sollte. Eine der vielen Parallelen zur Hauptfigur von *Achteinhalb*, einem Regisseur (Mastroianni), der sich in einer Art Schaffenskrise befindet. Von Unsicherheit und Selbstzweifeln geplagt, schiebt er den Drehbeginn seines neuen Films immer wieder auf, und der Druck durch die anderen Beteiligten läßt ihn sich schließlich in Kindheitsträume flüchten.
Zweifellos sah Fellini sich selbst in dieser Figur, und der Film stellt eine Art Höhepunkt und Synthese aller autobiographischen Elemente seines bisherigen Werkes dar. Der Titel bezieht sich auf die Anzahl der Filme, die der Regisseur bis dato gedreht hatte (einhalb für die Episode in BOCCACCIO ´70). Ursprünglich war als Titel *La bella confusione (Das schöne Durcheinander)* geplant und dementsprechend waren die Reaktionen nach der Uraufführung: Verunsicherung und Unverständnis hielten sich mit Euphorie und Jubel die Waage. Dino Buzzati nannte das Werk „die Masturbation eines Genies", während Christian Metz schrieb: „Eine mächtig kreative Meditation über das Schaffen..."
Um es dem Publikum etwas leichter zu machen, brachte man für kurze Zeit Kopien in Umlauf, in denen sich die Traumsequenzen durch Einfärbung von der übrigen Handlung abhoben, doch dieses Experiment fand nur wenig Anklang. Allen Widersprüchen zum Trotz wurde *Achteinhalb* mit Preisen nur so überhäuft, so erhielt er u.a. den Hauptpreis des Filmfestivals von Moskau, den New York Film Critics Award, und zwei Oscars des Jahres 1963: Bester fremdsprachiger Film und Beste schwarz-weiß Kostüme (Piero Gherardi). Drei zusätzliche Nominierungen gab es für Regie, Originaldrehbuch und Ausstattung. Mittlerweile gilt *Achteinhalb* nicht nur als einer der schönsten Filme über das Kino und als der gelungenste seines Regisseurs, sondern auch als einer der besten überhaupt: Bei einer Umfrage der „100 besten Filme" unter Filmkritikern und -historikern im Jahre 1982 landete er auf Platz fünf. al

Achterbahn

Rollercoaster. USA 1976 **R** James Goldstone **B** Richard Levinson, William Link **K** David M. Walsh **M** Lalo Schifrin **P** Universal **L** 118 Min., Farbe **D** George Segal, Richard Widmark, Timothy Bottoms, Henry Fonda, Susan Strasberg

Ein wahnsinniger Attentäter (Bottoms) zündet an den Schienen einer Achterbahn eine Bombe und verursacht damit ein entsetzliches Unglück. Dies ist nur der Anfang einer Reihe von Anschlägen auf große Vergnügungsparks, die mit einer Lösegeldforderung von einer Million Dollar verbunden sind. Der CIA wird eingeschaltet, um den Bombenleger an weiteren Terroraktionen zu hindern.
Achterbahn wurde im Sensurround-Tonverfahren aufgenommen, wobei Produzent Jennings Lang darauf Wert legte, daß die akustischen Effekte nicht selbstzweckhaft im Mittelpunkt standen, sondern lediglich als zusätzliches publikumswirksames Element fungieren sollten. Gedreht wurde in drei verschiedenen Vergnügungsparks in den USA. Das Showdown entstand auf der größten Achterbahn der Welt, der „Revolution", in Magic Mountain/Los Angeles. 12 Wochen dauerten die Dreharbeiten, die wegen der großen Massenszenen alle im Herbst abgefilmt werden mußten, als für die Parks schon längst die Saison vorbei war. Für die 3.000 Statisten bedeutete dies, in Sommerkleidung trotz herbstlicher Temperaturen vor den Kameras zu agieren. Ein unterhaltsamer Spannungsstreifen, der sich allerdings nicht recht entscheiden kann, ob er nun ein Katastrophenfilm oder ein Psycho-Thriller mit effektvollem Hintergrund sein soll. jg

38 - Heim ins Reich

38 - Heim ins Reich. BRD/Österreich 1985 **R** Wolfgang Glück **B** Wolfgang Glück, nach dem

Roman *Auch das war Wien* von Friedrich Torberg **K** Gérard Vandenberg **M** Bert Grund **P** Satel/ Almaro/ORF/BR **L** 97 Min., Farbe **D** Tobias Engel, Sunnyi Melles, Heinz Trixner, Lotte Ledl, Ingrid Burkhard

Was sich nach dem mehr oder weniger freudig begrüßten Einmarsch der deutschen Truppen im besetzten Österreich abspielte, blieb lange Zeit ein unbeachtetes Thema. Wolfgang Glücks Film schildert anhand der Liebesbeziehung zwischen einer jungen erfolgreichen Schauspielerin und einem jüdischen Schriftsteller die bedrohlichen Veränderungen in der Alpenrepublik, die die Angliederung der „Ostmark" an das Hitler-Reich nach sich zog.
Nach DER SCHÜLER GERBER war dies die zweite Torberg-Vorlage, der sich Regisseur Wolfgang Glück annahm. Der Film ist der Versuch einer authentischen Nacherzählung der Dinge, die damals passierten. Er ist auch der Versuch, das Phänomen des Faschismus zu erklären und vor allem die Handlungen der Menschen innerhalb eines totalitären Regimes begreiflich zu machen. In jedem Fall dürfte das Ergebnis dieses Filmes für den Zuschauer unbequem sein, denn der Appell an das schlechte Gewissen des einzelnen ist überdeutlich. *38 - Heim ins Reich* versteht sich als eine Anklage gegen Passivität und Ignoranz. Als Bester ausländischer Film wurde Wolfgang Glücks Werk im Jahre 1987 für den Oscar nominiert. jg

18 Stunden bis zur Ewigkeit

Juggernaut. Großbritannien 1974 **R** Richard Lester **B** Richard de Koker **K** Gerry Fisher **M** Ken Thorne **P** Richard Alan Simmons **L** 110 Min., Farbe **D** Richard Harris, Omar Sharif, David Hemmings, Anthony Hopkins, Shirley Knight

Eine englische Schiffsgesellschaft wird von einem Bombenleger erpreßt. Um die Ernsthaftigkeit seiner Forderungen zu demonstrieren, zündet der Wahnsinnige einen von sieben Sprengsätzen, die auf einem vollbesetzten Passagierdampfer versteckt sind. Ein nervenaufreibender Wettkampf gegen die Zeit beginnt.
Eine intelligente und spannende Kinounterhaltung, die den aufregenden Handlungsstoff als eine Mischung aus Thriller und Katastrophenspektakel präsentiert. Vor allem Richard Harris´ Darstellung als abgewrackt-wagemutiger Sprengstoffspezialist Fallon ist besonders glaubwürdig. Zu den Dreharbeiten stand der Passagier-Liner „Britannic" zur Verfügung, auf dem das Drehteam mit über 3.000 Statisten mehrere Monate lang die Weltmeere befuhr, wodurch eine besonders authentische Stimmung eingefangen werden sollte. Die eindrucksvollen pyrotechnischen Effekte entstanden in den Filmstudios von Pinewood. jg

Action Man - Bankraub fast perfekt

Le soleil de voyous/Il piv grande calpo de secolo. Frankreich/ Italien 1967 **R** Jean Delannoy **B** Alphonse Boudard, Jean Delannoy **K** Walter Wottiz **M** Francis Lai **P** Les Films Copernic (Paris), Fida Cinematografica (Rom) **L** 121 Min., Farbe **D** Jean Gabin, Robert Stack, Walter Giller, Margaret Lee

Ein weiterer Beitrag zu den in den 60er Jahren so beliebten Caper Movies, die sich - in der Tradition von RIFIFI - mit der Planung und Durchführung eines Verbrechens (meistens der Überfall auf Bank, Versicherung oder Geldtransport) beschäftigen.
In diesem Falle juckt es einen Meisterdieb im Ruhestand (Gabin) ganz gewaltig in den Fingern, wenn am Ende jeden Monats ein Lohntransporter ein erkleckliches Sümmchen Geld aus einer Bankfiliale abholt, die seinem Café genau gegenüberliegt. Er will es noch einmal wissen! Doch natürlich läuft nicht alles nach Plan, die Komplizin will sich mit dem Geld absetzen, usw...
Das alles ist bekannt, wird aber von Delannoy und seiner internationalen Besetzung, allen voran Jean Gabin, mit viel Charme und Schwung abgeliefert. *Action Man* stellte bereits die sechste Zusammenarbeit des Regisseurs mit Gabin dar: Unter anderem waren sie für die ersten beiden Filme um George Simenons KOMMISSAR MAIGRET verantwortlich. al

Ada Dallas

Ada. USA 1961 **R** Daniel Mann **B** Arthur Sheekman, William Driskill, nach dem Roman von Wirt Williams **K** Joseph Ruttenberg **M** Bronislau Kaper **P** Lawrence Weingarten für MGM **L** 107 Min., Farbe **D** Susan Hayward, Dean Martin, Wilfrid Hyde-White, Ralph Meeker, Martin Balsam

Zwei Jahre nach ihrem Oscar-Sieg für ICH WILL LEBEN! spielt Susan Hayward in Daniel Manns Polit-Melodram erneut eine Prostituierte. Als Ada Dallas heiratet sie gegen den Willen von dessen Beratern einen Gou-verneurs-Kandidaten (Martin), der sich mitten im Wahlkampf befindet. Sie verhilft ihm nicht nur zum Sieg, sondern entlarvt auch noch ihres Mannes Berater (Hyde-White) als hinterfotzigen Betrüger.
Haywards gewohntermaßen energievolle Darstellung trägt den ganzen Film, als Gouverneursgattin zeigt sie wesentlich mehr Kampfgeist als Dean Martin. Den dramatischen Höhepunkt bildet denn auch die Auseinandersetzung zwischen Hayward und Hyde-White im Senat. Bei den Kritikern kam die Schauspielerin recht gut weg, doch Dean Martin fand man als Gitarre spielenden Politiker nicht überzeugend, ebensowenig wie die gesamte Story glaubhaft erschien. Ein Lied darf Dino immerhin singen: *May the Lord Bless You Real God.* al

Adam hatte vier Söhne

Adam Had Four Sons. USA 1941 **R** Gregory Ratoff **B** Michael Blankfort, William Hurlbutt, nach dem Roman *Legacy* von Charles Bonner **K** Peverell Marley **M** W. Franke Harling **P** Columbia **L** 81 Min., s/w **D** Ingrid Bergman, Warner Baxter, Susan Hayward, Fay Wray

Nach der amerikanischen Version ihres schwedischen Filmerfolges INTERMEZZO (1936) war dies für die junge Ingrid Bergman der zweite Auftritt in einer US-Produktion. 1940 kehrte sie zwischenzeitlich für den Streifen *Juninatten* noch einmal in ihre Heimat zurück, um danach bis 1949 nur noch in Hollywood Filme zu drehen. Regie zu *Adam hatte vier Söhne* führte der wenig erfolgreiche Filmemacher Gregory Ratoff, der bereits Ingrid Bergmans USA-Debüt-Remake INTERMEZZO (1939) in Szene gesetzt hatte.
Das wohlhabende Ehepaar Stoddard engagiert zur Betreuung ihrer vier Söhne eine französische Gouvernante (Bergman), die jedoch entlassen werden muß, als sich erhebliche Finanznöte einstellen. Nach Jahren holt der Familienvater (Baxter), unterdessen zum Witwer geworden, die treue Freundin des Hauses wieder heim, wo sie mit den vier inzwischen erwachsenen Söhnen und einer biestigen Schwiegertochter (Hayward) konfrontiert wird. Nach einer Reihe komplizierter Mißverständnisse findet sie ihr Glück an der Seite von Mr. Stoddard.
Die US-Filmkritiker wußten genau zwischen einer billig produzierten Familienschnulze und einer guten schauspielerischen Leistung zu unterscheiden. In diesem Sinne schrieb Howard Barnes auch in der *New York Herald Tribune*: „Ein Talent wie das von Ingrid Bergman verdient eine pfleglichere Behandlung, als sie es bis jetzt von Hollywood erfahren hat." jg

Adam und Evelyn

Adam and Evelyne. Großbritannien 1949 **R** Harold French **B** Noel Langley, Lesley Storm, George Barraud, Nicholas Phipps **K** Guy Green **M** Mischa Spoliansky **P** Rank **L** 94 Min., s/w **D**

Stewart Granger, Jean Simmons, Helen Cherry, Edwin Styles, Beatrice Varley

Harold French, britischer Regisseur und Spezialist für leichte und doch nicht ganz anspruchslose Kinokost, inszenierte mit diesem Film eine rührende Liebesgeschichte und schuf mit der Besetzung von Jean Simmons und Stewart Granger ein neues Traumpaar im englischen Spielfilm.
Granger verkörpert einen reichen Spieler und Playboy, der einem in Armut gestorbenen Freund einen letzten Wunsch erfüllen möchte und dessen Tochter (Simmons) in seine Obhut nimmt. Die Leichtlebigkeit ihres unerwarteten Gönners verschafft dem jungen Mädchen anfangs arge Bedenken. Das Rollenverhältnis zwischen den beiden nimmt eine heitere Wendung an, als sich der leichtfüßige Lebemann in sie verliebt.
Eine charmante Liebesromanze voll kecker und witziger Dialoge. Ganz besonders sehenswert ist die junge Jean Simmons, die ihren Partnern an Überzeugungskraft und Können weit voraus ist.
Stewart Granger und Jean Simmons standen schon 1946 in dem Historienfilm CAESAR UND CLEOPATRA gemeinsam vor der Kamera. Produktionsnotizen zufolge entwickelte sich im Verlauf der Dreharbeiten zu *Adam und Evelyn* ein erotisches Geplänkel, das 1950 zur Heirat der beiden jungen talentierten Schauspieler führte. jg

Adel verpflichtet

Kind Hearts and Coronets. Großbritannien 1949 **R** Robert Hamer **B** Robert Hamer, John Dighton, nach dem Roman *Israel Rank* von Roy Horniman **K** Douglas Slocombe **M** Ernest Irving **P** Ealing Productions/Michael Bacon **L** 106 Min., s/w **D** Alec Guinness, Dennis Price, Joan Greenwood, Valerie Hobson, Audrey Fildes, John Penrose

Louis Mazzini, der zehnte Herzog von Chalfont, soll wegen Mordes an dem Ehemann seiner früheren Geliebten hingerichtet werden. Doch in diesem Falle ist er unschuldig, denn der Mann hat sich selbst das Leben genommen. Aber Louis hat die gesamte Verwandtschaft seiner Mutter ermordet, um sich dafür zu rächen, daß seine Mutter einst von ihrer Familie verstoßen wurde. Die Polizei weiß nichts darüber, und nachdem sich herausstellt hat, daß er unschuldig an dem Tod von Sibillas Mann ist, wird er freigelassen. Doch leider hat er seine Memoiren im Gefängnis vergessen...
Im Gegensatz zu anderen Filmen der Ealing Studios bleibt das Ende diesmal offen. Die Amerikaner waren damit überhaupt nicht einverstanden. Damit die Moral siegt, fügten sie nachträglich noch eine Schlußvariante hinzu: Die Polizei kommt Louis mit Hilfe der Memoiren auf die Spur.
Alec Guinness spielt die acht D´Ascoynes, darunter auch eine Lady. Als Theaterprofi hatte sich Guinness intensiv mit der Charakterzeichnung der einzelnen Figuren auseinandergesetzt. Regisseur Hamer war von der Arbeit seines Darstellers begeistert und meinte: „Ich mußte feststellen, daß er jedesmal, wenn er die Maske wechselte, als eine vollkommen andere Person angesehen werden mußte: respektvoll, wenn er den alten Herzog spielte, und fröhlich, wenn er der junge Stutzer war. Ich ging bald dazu über, in ihm acht verschiedene Schauspieler zu sehen anstatt nur einen, der acht verschiedene Rollen spielt." Alec Guinness selbst war nicht ganz so zufrieden mit sich selbst: „Ich war in ständiger Verwirrung, weil ich keine Rolle kontinuierlich zu Ende spielen konnte. Innerhalb von zwei Tagen mußte ich sechs verschiedene Rollen spielen, und ich fragte mich von Zeit zu Zeit: Wer bin ich eigentlich jetzt gerade?" nn

Adieu, Bulle

Adieu Poulet. Frankreich 1975 **R** Pierre Granier-Deferre **B** Francis Veber, nach dem Roman von Raf Vallet **K** Jean Collomb **M** Philippe Sarde **P** Georges Dancigers, Alexandre Mnouchkine für Les Films Ariane/Mondex Films **L** 95 Min., Farbe **D** Lino Ventura, Patrick Dewaere, Victor Lanoux, Claude Rich, Julien Guiomar

Nach seinen unglücklichen Abstechern in die Komödie (DIE OHRFEIGE) und ins Drama (DER EHEKÄFIG) bewegt sich Lino Ventura in diesem maßgeschneiderten Starvehikel, einem spannenden Polit-Thriller, wieder auf vertrautem Terrain. Er, der im Verlauf seiner Karriere Gangster und Polizisten gleichermaßen glaubhaft verkörpert hat, geht als hartnäckiger, unbeirrbarer Kommissar gemeinsam mit seinem jungen Kollegen (Dewaere) den skrupellosen und kriminellen Machenschaften eines Kleinstadtpolitikers (Lanoux) auf den Grund.
„Ventura in einer Paraderolle" lautete das einstimmige Urteil der Presse. Ihm habe der Film einen Großteil seiner Glaubwürdigkeit zu verdanken. Für das Drehbuch zeichnete Francis Veber verantwortlich, sonst eher als Komödien-Spezialist bekannt (u.a. schrieb er den Ventura-Film DIE FILZLAUS). Der humorige Aspekt liegt hier in der Beziehung der zwei ungleichen Kollegen, dem alten Hasen Ventura und dem Frischling Dewaere, deren amüsante Geplänkel die düstere Story etwas aufhellen. Ventura hatte vor Beginn der Dreharbeiten höchstpersönlich dafür gesorgt, daß seinem Co-Star (damals am Anfang seiner steilen Karriere) eine Nennung über dem Titel zugebilligt wurde. Über seine Rolle als Kommissar bemerkte der Schauspieler: „Es ist eine Gestalt, die mir gefällt, weil sie den Dingen auf den Grund geht." al

Dem Adler gleich

The Wings of Eagles. USA 1957 **R** John Ford **B** Frank Fenton, William Wister Haines **K** Paul C. Vogel **M** Jeff Alexander **P** Metro-Goldwyn-Mayer **L** 108 Min., Farbe **D** John Wayne, Maureen O'Hara, Dan Dailey, Ward Bond, Ken Curtis

Im Gesamtwerk John Fords nimmt *Dem Adler gleich* eine eher unbedeutende Rolle ein. Es ist in erster Linie ein Film, der sich problemlos in die Zeit des Kalten Krieges und der McCarthy-Ära einfügt.
John Wayne verkörpert den amerikanischen Marinepiloten Frank „Spig" Wead, der permanent in Zweifel gestürzt wird, ob es nun besser sei, bei seiner Familie zu bleiben, oder sich an den militärischen Operationen des Zweiten Weltkrieges zu beteiligen. Als treuer Nationalist entscheidet er sich natürlich für das letztere.
John Ford sah in seinem Film eine Hommage an den auch in der Realität existierenden „Spig" Wead, mit dem er selbst eng befreundet war. Der ruppige John Wayne stellte für diese Rolle die Idealbesetzung dar.
Der Streifen bemüht sich um eine pseudodokumentarische Darstellung und verwendet zu diesem Zweck auch Original-Wochenschauaufnahmen vom Kriegsschauplatz im Pazifik. In seiner Thematik ist er zwar sehr auf amerikanische Bedürfnisse zugeschnitten, bietet jedoch dank der attraktiven Hauptdarsteller trotz mancher Handlungsbrüche einigen Anschauungswert. jg

Der Adler ist gelandet

The Eagle Has Landed. Großbritannien 1976 **R** John Sturges **B** Tom Mankiewicz, nach dem gleichnamigen Roman von Jack Higgins **K** Anthony Richmond **M** Lalo Schifrin **P** Sir Lew Grade für Associated General Films/Jack Wiener, David Niven jr. **L** 132 Min., Farbe **D** Michael Caine, Donald Sutherland, Robert Duvall, Jenny Agutter, Donald Pleasence, Anthony Quayle

Am 6. November 1943 erreichte den Reichsführer der SS, Heinrich Himmler, die chiffrierte Nachricht „Der Adler ist gelandet". Diese Parole war das Zeichen dafür, daß 16 deutsche Fallschirmjäger über England abgesprungen waren. Ziel ihres Auftrags war die Entführung des englischen Premierministers Winston Churchill. Trotz des bis aufs kleinste Detail ausgetüftelten Plans scheiterte die Aktion.
Obwohl die Darstellung der Umstände sehr realistisch erscheint, ist der Plan nur ein Phantasieprodukt des unter dem Pseudonym Jack Higgins schreibenden Autors. Action-Spezialist John Sturges (DER LETZTE ZUG VON GUN HILL; DIE GLORREICHEN SIEBEN) gelang eine spannende filmische Adaption des Romans. Dank der großartigen Starbesetzung zeichnet sich der Film durch die unterschiedlichen, fein ausgefeilten Charaktere aus.
Michael Caine, der die Hauptrolle des deutschen Oberleutnants Steiner spielte, war von der Arbeit mit John Sturges begeistert: „Ich habe schon eine Menge erfolgreicher Filme mit amerikanischen Regisseuren gemacht. Mr. Sturges ist einer der schnellsten. Er hat alle Einstellungen vor dem Drehen genau ausgearbeitet, weiß genau das Ergebnis, das er haben will und läßt das durch den Schauspieler ausführen." Bei den Dreharbeiten kam es unter den einzelnen Stars erstaunlicherweise zu keinen Reibereien. Diese gute Atmosphäre innerhalb des Teams hat sich indirekt auch auf den Streifen übertragen, der nach Sturges´ Meinung nicht als reiner Kriegsfilm zu bewerten ist, sondern als ein Abenteuerfilm über die Ideale von Männerfreundschaften. nn

Adoptiertes Glück

Sun Valley Serenade. USA 1942 **R** H. Bruce Humberstone **B** Robert Ellis, Helen Logan **K** Edward Cronjager **M** Emil Newman (Score); Mack Gordon, Harry Warren (Songs) **P** Milton Sperling für 20th Century-Fox **L** 86 Min., s/w **D** Sonja Henie, John Payne, Milton Berle, Glenn Miller

Dieses Musical markierte nicht nur die Rückkehr von Eislaufkönigin Sonja Henie auf die Leinwand nach zweijähriger Abstinenz, sondern ist auch der erste von zwei Filmen mit dem legendären Band-Leader Glenn Miller (neben *Orchestra Wives*).
Wie in vielen Musicals dient die leichtgewichtige Handlung nur als Rahmen für die mit umso mehr Sorgfalt gestalteten Tanz- und Gesangsnummern: Die dreifache Olympia-Siegerin Henie spielt ein norwegisches Flüchtlingsmädchen, das vom Manager einer Jazzband (Payne) adoptiert wird. Gemeinsam mit der Miller-Band reisen sie ins kalifornische Sun Valley, wo Payne nicht nur Henies Eislauftalente, sondern auch seine romantischen Gefühle für sie entdeckt.
Unter den zahlreichen Songs, die es auch in die Hitparaden schafften, sind so bekannte wie *Chattanooga Choo Choo* (u.a. getanzt von Dorothy Dandridge), *It Happened in Sun Valley, The Kiss Polka* und das von Andy Razaf und Joe Garland geschriebene *In the Mood* .
Weil das Budget überzogen worden war, verlangte Fox-Chef Darryl F. Zanuck, daß der Höhepunkt des Films, eine atemberaubend getanzte Nummer auf schwarzem Eis, innerhalb von drei Tagen abzudrehen sei. Am dritten Tag passierte es dann: Henie stürzte und war über und über mit schwarzer Farbe beschmutzt. Gemäß seinen Weisungen genehmigte Zanuck keinen weiteren Tag, so daß die Szene (entgegen dem ursprünglich geplanten Ende) kurz vor dem Sturz ausgeblendet wurde und in eine andere übergeht, in der man Henie und Payne auf Skiern eine von Sun Valleys Abfahrtspisten meistern sieht. al

Adoption

Örökbefogadas. Ungarn 1975 **R** Márta Mészáros **B** Márta Mészáros, Gyula Hernádi **K** Lajos Koltai **M** György Kovács **P** Mafilm/Hunnia Studio **L** 85 Min., s/w **D** Kati Berek, Lászlo Szabó, Gyöngyvér Vigh, Péter Fried, Istvan Szoke

Die ungarische Filmemacherin Márta Meszáros zählt neben István Szabo zu den bekanntesten Regisseuren ihres Landes. Eine beliebte Thematik ihrer Arbeiten ist die menschliche Isolation ihrer Protagonistinnen und deren Versuche, diese Defizite an Wärme und Geborgenheit auszugleichen.
In *Adoption* schildert Márta Meszáros die Geschichte einer 43jährigen Arbeiterin, die sich ein Kind wünscht, von ihrem Ehemann in ihren Bedürfnissen jedoch keine Unterstützung erhält. Erst die Bekanntschaft mit einem jungen Heimzögling bestärkt sie in ihrem Entschluß, ein Kind zu adoptieren.
In oftmals anstrengenden Sequenzen schildert die Filmemacherin fast dokumentarisch das Durchlaufen einer verstrickten Bürokratie, um den Wunsch auf eine Adoption durchsetzen zu können. Das behutsame Annähern von Mutter und Adoptivtochter wird in besinnlichen, gefühlvollen, jedoch nicht platten oder rührseligen Bildern nachvollzogen. Ein sehr ehrlicher und menschlich ansprechender Film, der den Zuschauer durchaus veranlassen kann, sich ein wenig mit osteuropäischer Filmkunst anzufreunden. jg

Adua und ihre Gefährtinnen

Adua e le compagne. Italien 1960 **R** Antonio Pietrangeli **B** Ruggero Maccari, Ettore Scola, Antonio Pietrangeli, Tullio Pinelli **K** Armando Nannuzzi **M** Piero Piccioni **P** Moris Ergas für Zebra Film **L** 108 Min. (Originalfassung 150 Min.), s/w **D** Marcello Mastroianni, Simone Signoret, Sandra Milo, Emmanuelle Riva

Vier Prostituierte unter Führung von Adua (Signoret) eröffnen einen Gasthof, der zur Tarnung ihres bisherigen Gewerbes dienen soll, das sie keineswegs aufgeben wollen. Unter gewissen Bedingungen ist ihnen Ercoli (Mastroianni) dabei behilflich. Die neue Arbeit verändert die Mädchen und weckt in ihnen den Wunsch, ihre soziale Außenseiterstellung aufzugeben. Doch Ercoli macht diese Pläne zunichte.
Das bei den Filmfestspielen von Venedig 1960 vorgestellte Sozialdrama kam bei der Kritik gut an. Man war der Meinung, Pietrangeli hätte das - für damalige Verhältnisse - gewagte Thema mit Geschmack und Stil behandelt. Besonders gelobt wurden die Darsteller, die, natürlich mit Ausnahme von Mastroianni, ihre Rollen mit tiefer Sympathie zeichnen. Unter den Drehbuchautoren befand sich auch Ettore Scola, der später (seit EIFERSUCHT AUF ITALIENISCH, 1970) zu einer Art Leib-und Magenregisseur von Marcello Mastroianni wurde. Er war auch an der Komödie beteiligt, die Mastroianni und Sandra Milo ein Jahr später unter Antonio Pietrangeli drehten: DAS SPUKSCHLOSS IN DER VIA VENETO. al

Die Affäre Aldo Moro

Il caso Moro. Italien 1986 **R** Giuseppe Ferrara **B** Robert Katz, Armenia Balducci, Giuseppe Ferrara, nach dem Buch *Die Tage des Zorns* von Robert Katz **K** Camillo Bazzoni **M** Pino Donaggio **P** Mauro Berardi für Yarno Cinematografica **L** 110 Min., Farbe **D** Gian Maria Volonté, Mattia Sbragia, Margarita Lozano, Bruno Zanin, Consuelo Ferrara

Am 16. März 1978 wurde der Vorsitzende der Christdemokratischen Partei Italiens Aldo Moro von Terroristen der „Roten Brigaden" entführt, 55 Tage später fand man seine Leiche im Kofferraum eines PKWs. Die Täter wollten die Freilassung inhaftierter Gesinnungsgenossen erreichen. Moro hatte als Hoffnungsträger Italiens gegolten, der einen „historischen Kompromiß" mit der Kommunistischen Partei aushandeln wollte. Über diesen Fall, der ganz Italien erschütterte, schrieb der amerikanische Journalist Robert Katz sein Buch *Die Tage des Zorns*, das für den Pulitzer-Preis vorgeschlagen wurde.
Regisseur Giuseppe Ferrara, der mit DIE HUNDERT TAGE VON PALERMO schon die Ermordung des Polizeichefs von Palermo durch die Mafia filmisch aufbereitete, nahm sich unter Mithilfe von Robert Katz dieses Themas an. Nüchtern versucht er, Licht in die Hintergründe des Falles zu bringen, bei dem bis heute viele Fragen offen geblieben sind. Natürlich kann auch der Film diese

nicht restlos klären, doch er stellt die provozierende These auf, Moros Tod sei sowohl seiner eigenen Partei als auch den Kommunisten willkommen gewesen, und die Regierung hätte nicht alles zu seiner Befreiung unternommen. Wie aktuell der Fall Aldo Moro auch heute noch ist, zeigen die vehementen Reaktionen christdemokratischer Politiker, die das Werk als „vor Lügen triefende Infamie" brandmarkten. Bei der linken Presse und in der Filmwelt stieß Ferraras Film jedoch auf Zustimmung und Bewunderung.

Gian Maria Volonté, der Moro bereits 1976 (zwei Jahre vor dessen Tod) in Elio Petris satirischem TODO MODO spielte, erhielt für seine bewegende Darstellung den Silbernen Bären der Filmfestspiele Berlin. al

Affäre Blum

Affäre Blum. Deutschland 1948 **R** Erich Engel **B** Robert A. Stemmle **K** Friedl Behn-Grund, Karl Plintzner **M** Herbert Trantow **P** DEFA **L** 110 Min., s/w **D** Hans-Christian Blech, Gisela Trowe, Arno Paulsen, Maly Delschaft, Blandine Ebinger, Kurt Ehrhardt

Ein jüdischer Fabrikdirektor gerät 1926 in Verdacht, seinen Buchhalter ermordet zu haben. Trotz eindeutiger Indizien, die darauf hindeuten, daß ein anderer die Straftat begangen haben muß, verfolgt ein antisemitisch eingestellter Untersuchungsrichter bewußt die falsche Spur. Erst einem berühmten Kommissar gelingt es, eindeutige Beweise für die Unschuld des jüdischen Industriellen zu erbringen.

Der ambitioniert umgesetzte Film verdankt seine Qualität weniger der Person des Regisseurs Erich Engel, sondern dem kreativen Drehbuchautor und Regisseur Robert A. Stemmle sowie der hervorragenden Schauspielercrew, die mit Hans-Christian Blech und Gisela Trowe überwiegend Künstler aufwies, die den Hang zur Brechtschen Darstellung hatten. *Affäre Blum* war von der neugegründeten Ost-Produktionsgesellschaft DEFA als Vorzeigeobjekt mit Weltniveau konzipiert worden und verschlang für die damalige Zeit entsprechend hohe Kosten. Ein Problem bestand in der Suche nach idealen Drehorten. Im völlig zerbombten Nachkriegs-Berlin gab es nur noch wenige Straßenzüge, die an die Zeit der Weimarer Republik erinnerten. Anläßlich einer Wiederaufführung im Jahre 1975 bemerkte die *Film-Korrespondenz* in Bezug auf die technische Perfektion des Streifens: „Ein Hollywood-Film aus der Trümmerzeit." jg

Die Affäre der Sunny von B.

Reversal of Fortune. USA 1990 **R** Barbet Schroeder **B** Nicholas Kazan, nach dem Buch von Alan Dershowitz **K** Luciano Tovoli **M** Mark Isham **P** Edward R. Pressman **L** 120 Min., Farbe **D** Glenn Close, Jeremy Irons, Ron Silver, Annabella Sciorra, Uta Hagen, Fisher Stevens, Jack Gilpin

Der Fall der Sunny von Bülow war ein gefundenes Fressen für die Regenbogen-Presse in aller Welt. Der deutschstämmige Claus von Bülow wurde angeklagt, seine Frau Martha (genannt Sunny) durch eine Überdosis Insulin in den Zustand des Dauerkomas versetzt zu haben. Nach einem Prozeß, in dessen Verlauf er zu einer 30jährigen Gefängnisstrafe verurteilt worden war, ging von Bülow in die Berufung. Dem ambitionierten Strafverteidiger Alan Dershowitz, der, angeregt durch seine Recherchen und die spätere Gerichtsverhandlung, ein Buch schrieb, gelang es, den Angeklagten freizubekommen. Sunny von Bülow indes schwebt seit 1980 im Koma.

Schroeders Film weiß geschickt die unbequeme Frage zu umgehen, ob von Bülow nun der Täter war oder nicht. Er gibt darauf keine eindeutige Antwort. Glenn Closes Auftritte reduzieren sich auf einige Rückblenden und diejenigen Szenen, die sie vor ihrer Erkrankung zeigen. Getragen von Mark Ishams mysteriös-romantischer Musik gibt sie aus dem Off Stellungnahmen ab, während die Kamera in einem Krankenhauszimmer an ihr entlangtastet. Doch auch durch ihre Kommentare kommt kein Licht in das Dunkel der Geschehnisse.

Bei den Oscar-Feierlichkeiten gewann Jeremy Irons für die Darstellung des snobistischen Claus von Bülow (der allerdings sehr britisch ausfällt) die begehrte Trophäe als Bester männlicher Hauptdarsteller. jg

Die Affäre Dominici

L' affaire Dominici. Frankreich/Italien 1973 **R** Claude-Bernard Aubert **B** Claude-Bernard Aubert, Daniel Boulanger, Louis-Émile Galey **K** Ricardo Aronovitch **M** Alain Goraguer **P** Cofci/SNC/Gafer (Paris), Mondial te-Fi (Rom) **L** 100 Min., Farbe **D** Jean Gabin, Paul Crochet, Daniel Ivernel, Victor Lanoux

Jean Gabin hatte lange gezögert, die Rolle des 1954 zum Tode verurteilten Gaston Dominici anzunehmen, der in den Augen der Öffentlichkeit und auch der Justiz eines furchtbaren Verbrechens schuldig war. Dem alten Mann wurde zur Last gelegt, im Sommer 1952 in der Provence das englische Ehepaar Drummond und dessen kleine Tochter während ihres Camping-Urlaubes ermordet zu haben. Die verhängte Todesstrafe wurde später - aus Altersgründen - in lebenslänglich umgewandelt. Das Interessante an diesem Fall ist, daß Dominici niemals ein Geständnis ablegte und es außerdem an Zeugen und Indizien sowie vor allem an einem Motiv mangelte. Bis heute ist der Fall nicht restlos geklärt.

Claude-Bernard Aubert, bis dato eher für Kriegsfilme bekannt, hatte seinerzeit selbst als Reporter über den Fall berichtet und vermied in seinem Film jede Spekulation. Das Publikum zeigte weniger Interesse an dieser authentischen Geschichte und blieb den Kinos fern, doch die Kritik war begeistert, besonders von Gabin. *L'Express* schrieb: „Um Gaston Dominici wiederauferstehen zu lassen, löscht er sich selber aus. Ein schöner Film, der selbst in Minuten der Stille den Schrei nach Wahrheit hören läßt."

In einer kleinen Nebenrolle ist Gérard Depardieu zu sehen, dem von Gabin eine große Zukunft prophezeit wurde. al

Affäre in Trinidad

Affair in Trinidad. USA 1952 **R** Vincent Sherman **B** Oscar Saul, James Gunn, nach einer Story von Virginia Van Upp und Berne Giller **K** Joseph Walker **M** George Duning **L** 98 Min., s/w **P** Beckworth Corporation Production, Columbia Pictures/Vincent Sherman **D** Rita Hayworth, Glenn Ford, Alexander Scourby, Valerie Bettis, Torin Thatcher, Howard Wendell

Rita Hayworth spielt eine Tänzerin in einem Nachtclub. Als ihr Mann von einer Spionageorganisation ermordet wird, unterstützt sie die Polizei bei der Suche nach den Schuldigen.

Affäre in Trinidad war Rita Hayworths erster Spielfilm nach einer vierjährigen Pause. Nach ihrer Hochzeit mit dem Prinzen Ali Khan hatte sie eigentlich verkündet, daß sie nie wieder einen Film drehen wollte. Doch dann kam die Scheidung, und sie änderte ihre Meinung.

Die Vorbereitungen zu dem Streifen waren chaotisch, da die Schauspielerin ständig etwas am Drehbuch auszusetzen hatte. Vier Tage vor Beginn der Arbeit teilte sie der Produktion mit, daß sie das Script trotz der Änderungen nicht akzeptiere und so lange in Urlaub gehen würde, bis man es vollkommen umgeschrieben habe. Obwohl die Autoren Oscar Saul und James Gunn sich nach ihren Wünschen richteten, war der Film bald als der „Columbia Kompromiß" verschrieen. Während der Dreharbeiten wollte der Star wiederholt aus dem Film aussteigen. Als die Beckworth Production ihr drohte, sie müsse in diesem Fall für alle bisher angefallenen Kosten aufkommen, zog sie es doch vor, den Streifen zu Ende zu drehen. Um so größer war die Überraschung für alle Beteiligten, daß der Film über eine Million Dollar mehr einspielte als der Kassenhit GILDA und sogar eine Oscarnominierung für die Kostüme des Designers Jean Louis erhielt. nn

Affäre Macomber

The Macomber Affair. USA 1947 **R** Zoltan Korda **B** Casey Robinson, Seymour Bennett, nach der Erzählung *The Short Happy Life of Francis Macomber* von Ernest Hemingway **K** Karl Struss **M** Miklos Rozsa **P** United Artists/Casey Robinson **L** 89 Min., s/w **D** Gregory Peck, Joan Bennett, Robert Preston, Reginald Denny, Frederick Worlock, Carl Harbord, Jean Gille

Affäre Macomber war für Gregory Peck wieder eine Möglichkeit, mit Casey Robinson zusammenzuarbeiten, der ihm 1944 den Weg

ins Filmgeschäft geebnet hatte. Peck übernahm die Rolle eines Großwildjägers, der in Ostafrika das Ehepaar Macomber auf eine Safari begleitet. Schon nach wenigen Tagen verliebt sich die Ehefrau in den verwegenen Abenteurer. Ihr Mann, der von ihren Gefühlen weiß, versucht ihr durch besonders tapfere Taten zu imponieren und sie so zurückzugewinnen. Auf der Büffeljagd wird er von einem der Tiere angegriffen. Als seine Frau ihm zu helfen versucht, erschießt sie ihn versehentlich. Von den Behörden wird der Tod als Unfall akzeptiert.
Eigentlich endet die Geschichte von Hemingway ganz anders: Die Frau tötet ihren Mann nicht durch einen dummen Zufall, sondern knallt ihn kaltblütig ab, um mit dem Großwildjäger ein neues Leben zu beginnen. Die damaligen Moralvorstellungen in Amerika ließen ein solches Ende jedoch nicht zu. Außerdem glaubte der Produzent, das Kinopublikum würde eine solch unromantische Wendung wohl kaum akzeptieren. Und so zog man sich geschickt aus der Affäre, indem man den Zuschauer über die wahren Motive der Frau am Ende im Zweifel ließ. nn

Die Affäre Murri

Fatti di gente perbene/La grande bourgeoise. Italien/Frankreich 1974 **R** Mauro Bolognini **B** Sergio Bazzini, Mauro Bolognini **K** Ennio Guarnieri **M** Ennio Morricone **P** Ralph Baum für FILMARPA (Rom), Lira Films (Paris) **L** 110 Min., Farbe **D** Catherine Deneuve, Giancarlo Giannini, Fernando Rey, Tina Aumont

Ein weiteres historisches Drama von Mauro Bolognini, dem „zweiten Visconti" des italienischen Kinos. Wie sein berühmter Kollege schafft es Bolognini, der Anfang der 60er Jahre oft mit Pasolini zusammengearbeitet hat, immer wieder, die Atmosphäre einer ganzen Epoche heraufzubeschwören, ohne dabei die sozialen Umstände zu vergessen. Wie schon METELLO ist *Die Affäre Murri* um die Jahrhundertwende in Italien angesiedelt, genauer gesagt, in Bologna. Das Drehbuch basiert auf Tatsachen, die sich in italienischen Gerichtsakten finden, auf einem Prozeß, der ganz Italien in Aufruhr versetzte und ein tiefes Mißtrauen in die Justiz als ein Instrument politischer Macht schuf.
Tullio Murri (Giannini), Sohn aus wohlhabendem Hause und als Freund sozialistischer Ideen bekannt, tötet seinen Schwager, um seine Schwester (Deneuve) aus ihrer unglücklichen Ehe zu befreien. Der darauffolgende Prozeß, in dem Murri und seine Schwester, deren Geliebter sowie zwei weitere Komplizen zu langen Haftstrafen verurteilt werden, wird von konservativen Politikern beeinflußt und zur Plattform für ihre Attacken gegen politisch Andersdenkende umfunktioniert.
Diese erschütternde Episode italienischer Politik wird von Bolognini und seinem Kameramann Ennio Guarnieri in ein faszinierendes, visuell überwältigendes Zeitdokument verwandelt, das nicht nur hervorragend ausgestattet ist (von Guido Lossia), sondern auch von einer brillanten Besetzung mit Hingabe gespielt wird. Catherine Deneuve ist hier übrigens ausnahmsweise mit ihrer natürlichen braunen Haarfarbe zu sehen. al

Affäre Nabob

Affaire Nabob. Frankreich/BRD 1960 **R** Ralph Habib **B** Jean Bernard Luc, nach einem Stoff von Sascha Guitry **K** Pierre Petit **M** Jean Wiener **P** Neue Emelka/Civa/Record/Del Duca **L** 90 Min., s/w **D** O.E. Hasse, Perrette Pradier, Paul Guers, Gérard Darrieu, George Alban

Regisseur Sascha Guitry, ansonsten Spezialist für ausufernde Historienfilme, lieferte zu dieser Kriminalkomödie die Vorlage ab, deren Dürftigkeit in der Inszenierung von Ralph Habib leider eine weitere Steigerung erfuhr. Bei dem *Nabob* handelt es sich um einen Riesendiamanten, der einem obskuren Aristokraten gehört, der das Juwel am Dekolleté seiner Geliebten zur Schau stellt und sich daher auch nicht zu wundern braucht, daß bald die halbe Unterwelt hinter dem Stein her ist. Es beginnt eine anfangs belustigende, doch sich schnell zur Langeweile entwickelnde Jagd nach dem Diamanten, in deren Verlauf es zu einem einzigartigen Verwirrspiel kommt, das es dem Publikum schwer macht, anhaltende Konzentration oder gar Interesse aufzubringen. Zwar wirken in der Besetzung zwei deutsche Spitzenschauspieler der damaligen Zeit mit (O. E. Hasse und Sonja Ziemann), doch trösten auch deren Beiträge kaum über die ärgerliche Verworrenheit der Handlung hinweg. Liebhaber der markanten Stimme O.E. Hasses werden zudem enttäuscht, denn der Schauspieler hatte darauf verzichtet, sich für die deutsche Kinofassung selbst zu synchronisieren. jg

Affäre Nina B.

L'affaire Nina B. Frankreich 1961 **R** Robert Siodmak **B** Roger Nimier, Robert Siodmak, nach dem Roman von Johannes Mario Simmel **K** Michael Kelber **M** Georges Delerue **P** Ciné Alliance **L** 105 Min., s/w **D** Nadja Tiller, Pierre Brasseur, Walter Giller, Charles Regnier

1960 drehte Robert Siodmak die erste Simmel-Verfilmung MEIN SCHULFREUND mit Heinz Rühmann in der Hauptrolle. Ein Jahr darauf entstand in französischen Ateliers mit überwiegend deutscher Besetzung der düstere Thriller *Affäre Nina B.* Geschildert wird der verzweifelte Kampf eines jungen idealistischen Franzosen gegen eine Gruppe machtbesessener Finanziers, die von ehemaligen Nazi-Verbrechern geleitet wird. Verstrickt in ein Netz von Intrigen und Verbrechen, scheitert er am Ende.
Vielleicht ist es der Simmelschen Vorlage zu verdanken, daß sich der Film wohltuend von den übrigen Kriminalstreifen und Serienproduktionen jener Zeit abhebt. Die routinierte Regie Robert Siodmaks verzichtet vor allem auf eine Schwarz-Weiß-Skizzierung der Charaktere, was die Geschichte daher auch glaubwürdig erscheinen läßt. Etwas mehr Sorgfalt hätte allerdings in die Ausarbeitung des Drehbuches gelegt werden müssen, denn es fällt dem Zuschauer nicht immer leicht, den oft diffusen Handlungssträngen zu folgen. jg

Die Affaire

Chère Louise. Frankreich 1971 **R** Philippe de Broca **B** Jean Loup Dabadie, nach der Novelle *L'ephèbe de Subiaco* von Jean-Louis Curtis **K** Ricardo Aronovitch **M** Georges Delerue **P** Film Ariane PECF **L** 105 Min., Farbe **D** Jeanne Moreau, Julian Negulesco, Didi Perego, Yves Robert, Pipo Starnazzo

Nachdem Jeanne Moreau mit DER BOSS zum Genre des „film policier" zurückgekehrt war, verließ sie für eine Weile das Filmgeschäft. Sie arbeitete mit großem Erfolg bei dem Magazin *Vogue* als Redakteurin und kreierte in eigener Regie eine ganze Ausgabe. Anschließend produzierte sie ihre fünfte Langspielplatte. Erst Philippe de Broca gelang es, sie mit der Hauptrolle der Louise in *Die Affaire* wieder vor die Kamera zu holen. Louise lebt zurückgezogen in Annecy. Ihren Unterhalt verdient sie als Zeichenlehrerin. Ihr eintöniges Leben ändert sich, als sie auf der Straße zufällig die Bekanntschaft des viel jüngeren italienischen Arbeiters Luigi macht. Zwischen den beiden entwickelt sich eine Liebesbeziehung, die jedoch abrupt endet, als eine reiche Amerikanerin Luigi heiraten möchte. Louise bleibt allein zurück und kommt mit der Zeit über die Enttäuschung hinweg.
Es war die erste und einzige Zusammenarbeit Jeanne Moreaus mit Regisseur Philippe de Broca. Im Gegensatz zu anderen Regisseuren, die allein auf Jeanne Moreaus schauspielerisches Können vertrauten, hatte De Broca in seinem Film den Fehler gemacht, Jeannes emotionale Szenen durch Äußerlichkeiten wie Naturstimmungen zu untermalen. Vielleicht ist dies der Grund, warum die Kritiker dem Film trotz der schönen Geschichte wenig Aufmerksamkeit schenkten. Der Streifen verschwand schon nach kurzer Zeit aus den Kinos. nn

Ein Affe im Winter

Un singe en hiver. Frankreich 1962 **R** Henri Verneuil **B** François Boyer, Michel Audiard, nach dem Roman von Antoine Blondin **K** Louis Page **M**

Michel Magne **P** C.I.P.R.A. Cité Films **L** 103 Min., s/w **D** Jean Gabin, Jean-Paul Belmondo, Paul Frankeur, Suzanne Flon

Im französischen Blätterwald wurde viel Aufhebens darum gemacht, daß Jean Gabin und Jean-Paul Belmondo gemeinsam in einem Film auftreten würden. Der junge Star der Nouvelle Vague galt allgemein als Gabins legitimer Nachfolger. Henri Verneuil war mit beiden Schauspielern bestens vertraut: Mit Gabin hatte er bereits zweimal zusammengearbeitet (zwei Filme würden noch folgen), mit Belmondo einmal (es folgten noch sechs gemeinsame Filme). Das Star-Duo verstand sich nicht nur privat hervorragend, sondern lieferte auch ein harmonisches Zusammenspiel vor der Kamera ab.
Es geht um einen Hotelbesitzer (Gabin), der, seit Jahren trocken, durch die Bekanntschaft mit einem Reisenden (Belmondo) wieder zu trinken anfängt. Die beiden erzählen sich ihre Reisegeschichten und stellen in alkoholisiertem Zustand das ganze Städtchen auf den Kopf. Der Titel des Films bezieht sich auf eine Geschichte, die Gabin erzählt. Sie handelt von kleinen Affen in Indien und China, die bei Einbruch des Winters überall „einsam und verloren" auftauchen.
Verneuils Komödie, die in der Umgebung des nordfranzösischen Seebades Deauville entstand, wurde vom Publikum begeistert aufgenommen und von Gabin noch Jahre später als sein Lieblingsfilm bezeichnet, während die Kritik zurückhaltend bis ablehnend reagierte. al

Affentraum

Ciao maschio/Reve de singe. Italien/Frankreich 1978 **R** Marco Ferreri **B** Gérard Brach, Marco Ferreri, Rafael Azcona **K** Luciano Tovoli **M** Philippe Sarde **P** Jacqueline Ferreri, Maurice Bernart für 18 Dicembre (Rom), Prospectacle/ Action Film (Paris) **L** 113 Min., Farbe **D** Gérard Depardieu, Marcello Mastroianni, James Coco, Geraldine Fitzgerald, Mimsy Farmer

Italiens Skandal-Filmer Marco Ferreri nimmt sich hier erneut seines bevorzugten Themas an: Das Ende der bürgerlichen Zivilisation und Kultur.
Gérard Depardieu, schon in Ferreris vorangegangenem DIE LETZTE FRAU dabei, spielt einen in New York lebenden jungen Mann, der sich nur noch pfeifend und grunzend artikulieren kann. Er entwickelt eine intensive, väterliche Beziehung zu einem Schimpansen-Baby, das ein alternder Vagabund (Mastroianni) bei der überdimensionalen Leiche eines Riesenaffen entdeckt, der einige Ähnlichkeit mit King Kong aufweist. Für sein wirkliches Kind, das ihm seine Frau Anjelica (Farmer) mit Hilfe ihrer feministischen Freundinnen per Vergewaltigung abgetrotzt hat, interessiert er sich nicht. Er und das Affenbaby scheinen die einzige Chance für ein Fortbestehen der Menschheit zu sein: die Rückentwicklung zum Affen als einzig möglicher Fortschritt. Am Ende sind es jedoch Anjelica und ihr Kind, die überleben und in paradiesischer Nacktheit am Strand zurückbleiben.
Der Regisseur drehte diese Allegorie um eine Gesellschaft, die sich bereits im Stadium der Auflösung befindet, tatsächlich in New York, und zwar in der trostlosen Gegend vom Battery Park, der auch die erste Station vieler Einwanderer ist. In Ferreris Film wird die Metropole zur unwirtlichen, von Ratten bevölkerten Wüste, in der jeder ums Überleben kämpfen muß.
Der Film wurde auf den Filmfestspielen von Cannes 1978 begeistert aufgenommen und erhielt den Spezial-Preis der Jury. al

African Queen

The African Queen. USA 1951 **R** John Huston **D** James Agee, John Huston, nach dem Roman von C.S. Forester **K** Jack Cardiff **M** Alan Gray **P** S.P.Eagle (Sam Spiegel) für Horizon Pictures **L** 101 Min., Farbe **D** Humphrey Bogart, Katharine Hepburn, Robert Morley, Peter Bull

Auf ihrer Fahrt auf einer alten Barkasse in Deutsch-Ost-Afrika während des I. Weltkrieges müssen ein trinkfester Bootsmann und eine altjüngferliche Missionarstochter nicht nur mit deutschem Militär und den Naturgewalten fertig werden, sondern auch Verständnis und Toleranz für einander entwickeln. Schließlich gelingt es ihnen sogar, ein feindliches Kanonenboot auf dem Victoria-See zu versenken.
African Queen ist einer der schönsten Abenteuerfilme, aber auch eine der schönsten Liebesgeschichten, die je gedreht wurden. Er erwies als ein Höhepunkt der Karrieren aller Beteiligten. Der Film wurde von Sam Spiegel (unter Pseudonym) für die Firma Horizon Pictures produziert, die er 1947 zusammen mit Huston gegründet hatte. Für die Außenaufnahmen begab sich Huston mit den Darstellern und einer vierunddreißigköpfigen Crew in den Kongo, wo sich die Dreharbeiten beinahe so aufregend gestalteten wie die Filmhandlung. Peter Viertel, der am Drehbuch mitgearbeitet hatte und auch in Afrika dabei gewesen war, schrieb (ebenso wie die Hepburn) darüber ein Buch: WEISSER JÄGER, SCHWARZES HERZ (verfilmt 1989).
Der Film wurde für vier Oscars nominiert, Bogart gewann einen für seine Darstellung des Charlie Allnutt. al

Agent Trouble

Agent trouble. Frankreich 1986 **R** Jean-Pierre Mocky **B** Jean-Pierre Mocky, nach dem Roman *The Man Who Liked Zoos* von Malcolm Bosse **K** William Lubtchansky **M** Gabriel Yared **P** Maurice Bernart für AFC/Koala Film/Canal Plus Prods./ FR3 Films Prod. **L** 86 Min., Farbe **D** Catherine Deneuve, Richard Bohringer, Tom Novembre, Dominique Lavanant, Pierre Arditi, Kristin Scott Thomas

In Frankreich zählt Jean-Pierre Mocky zu den bekanntesten Regisseuren, doch in Deutschland waren seine satirischen und zeitweise anarchischen Streifen selten im Kino zu sehen. Auch *Agent Trouble* macht da keine Ausnahme: Trotz der Starbesetzung mit Deneuve und Bohringer und des großen Erfolges in Frankreich kam der Film bei uns nur auf Video heraus.
Schon immer wollte Mocky einen Thriller à la Hitchcock inszenieren und suchte sich als Vorlage einen Roman des amerikanischen Schriftstellers Malcolm Bosse aus. Wie in DER UNSICHTBARE DRITTE gerät ein Durchschnittsbürger (in diesem Falle eine Frau) durch eine Kette von Zufällen mitten in eine Spionageaffäre hinein und muß in zahlreichen Gefahrensituationen über sich selbst hinauswachsen. Catherine Deneuve spielt (mit roter Perücke und Brille) eine für sie absolut ungewöhnliche Rolle als altjüngferliche Bibliothekarin Amanda, die sich auf der Suche nach ihrem Neffen nicht nur von einem gnadenlosen Killer (Bohringer) verfolgt sieht, sondern auch die Hintergründe einer ökologischen Katastrophe aufdeckt. Jean-Pierre Mocky selbst hat einen kleinen Auftritt als Bohringers Kontaktmann. al

Agenten lassen bitten

Masquerade. Großbritannien 1964 **R** Basil Dearden **B** Michael Relph, William Goldman, nach dem Roman *Castle Minerva* von Victor Canning **K** Otto Heller **M** Philip Green **P** Novus Films/ Michael Relph **L** 102 Min., Farbe **D** Cliff

Jets ein heilloses Chaos. Ein verunglücktes Flugzeug, das die Notlandebahn blockiert, und ein heftiger Schneesturm verschlimmern zusätzlich die schwierige Situation.
Arthur Haileys komplexer und spannender 600-Seiten-Bestseller mußte bei der Verfilmung zwangsläufig Federn lassen. Leider gingen dabei auch einige wichtige Personenskizzierungen und Randereignisse verloren. Die Rahmenhandlung konzentriert sich in überlanger Ausuferung auf die Beschreibung persönlicher Schicksale, die jedoch lediglich aus einer Anhäufung von Ehekrisen bestehen und in der Charakterzeichnung Klischees und Oberflächlichkeit nicht vermeiden können. Auch steht die Verfilmung weit hinter der atmosphärischen Dichte der Romanvorlage zurück. Eine exzellente Starbesetzung und die technische Perfektion geben dem Film immerhin einigen Unterhaltungswert. 1970 wurde *Airport* für neun Oscars nominiert. Bei der Verleihung konnte lediglich die betagte Schauspielerin Helen Hayes die Auszeichnung als Beste Nebendarstellerin entgegennehmen. jg

Airport ´80 - Die Concorde

Airport ´80 - The Concorde. USA 1979 **R** David Lowell Rich **B** Eric Roth **K** Philip Lathrop **M** Lalo Schifrin **SpE** Abe Milard **P** Universal **L** 113 Min., Farbe **D** Alain Delon, Susan Blakely, George Kennedy, David Warner, Robert Wagner, Sylvia Kristel, Bibi Andersson

Mit diesem Film endete die erfolgreiche *Airport*-Serie, nachdem die drei vorangegangenen Werke AIRPORT, GIGANTEN AM HIMMEL und VERSCHOLLEN IM BERMUDA-DREIECK weltweit insgesamt 340 Millionen DM erwirtschaftet hatten.
Eine junge Journalistin muß erkennen, daß ihr Geliebter mit großangelegten Waffenschiebereien üble Geschäfte macht. Um sie zum Schweigen zu bringen, hetzt der skrupellose Industrielle zwei Abwehrflugraketen auf die Concorde, in der sich die Reporterin befindet. Für Passagiere und Besatzung wird der Flug zum Alptraum.
Mit den vorhergehenden Filmen der *Airport*-Reihe hat dieses Concorde-Abenteuer nur noch wenig zu tun. Die typische Katastrophenstimmung wird zugunsten breit ausgespielter Thriller-Effekte vernachlässigt. Lediglich die Person des Piloten Joe Patroni (Kennedy) ist auch bei *Airport ´80* wieder anzutreffen. Extra für diesen Film stellten die Air France und der Concorde-Hersteller Aerospatiale ein Überschall-Passagierflugzeug zur Verfügung. Die Trickspezialisten verwendeten für die überzeugend gestalteten Verfolgungssequenzen in der Luft eine computergesteuerte Trickfotografie. Stil und Qualität der Spezialeffekte fielen jedoch höchst unterschiedlich aus. Die Modellaufnahmen von den Notlandungen auf dem Pariser Flughafen und in den österreichischen Alpen sind peinliche Ausrutscher. jg

Akira Kurosawas Träume

Konna Yume Wo Mita/Dreams. USA 1990 **R** Akira Kurosawa **B** Akira Kurosawa **K** Takao Saito **M** Shinichira Ikebe **P** Amblin Entertainment/ Industrial Light and Magic/Lucas Company/ Steven Spielberg **L** 119 Min., Farbe **D** Toshihiko Nakano, Mitsunori Izaki, Akira Terao, Mitsuko Baisho, Martin Scorsese, Misato Tate

„So etwas wie eine Autobiographie", nannte Akira Kurosawa seinen 29. Film, der in acht Episoden Kurosawas Nachtträume erzählt.
In der ersten Geschichte geht es um Akira als fünfjähriges Kind. Im Wald beobachtet er unerlaubt die Hochzeit der Füchse. Die Tiere entdecken ihn und fordern Reue. Der Kleine macht sich auf, sie um Vergebung zu bitten. In dem zweiten Traum erscheinen dem jetzt etwas älteren Jungen die Geister von Pfirsichbäumen. Die nächsten beiden Geschichten handeln vom Tod, dem Akira einmal als Soldat und als Bergsteiger begegnet. Weiter geht die Reise Kurosawas durch die Motive Van Goghs, zu einem explodierenden Atomkraftwerk, zu den überlebenden Toten dieser Katastrophe und schließlich zu dem Dorf der Wassermühlen.
Der Tod ist nicht das Schreckliche am Dasein, sondern der Mensch, der statt mit der Natur in Einklang zu leben, sie zerstört. Das ist Akira Kurosawas Botschaft, die er mit Hilfe des Trick-Spezialisten George Lucas (KRIEG DER STERNE) in technisch perfekte und kraftvolle Bilder umsetzte. Die Kritiker allerdings warfen dem japanischen Regisseur vor, daß er seine Sequenzen durch die Lucas-Technik verkitscht hätte; doch ohne ihn und Spielberg hätte Kurosawa seine Träume nicht verfilmen können. nn

Akkorde der Liebe

Penny Serenade. USA 1941 **R** George Stevens **B** Morrie Ryskind, nach einer Erzählung von Martha Cheavens **K** Joseph Walker **M** M. W. Stoloff **P** Columbia/Fred Guiol **L** 120 Min., s/w **D** Irene Dunne, Cary Grant, Beluah Bondi, Edgar Buchanan, Ann Doran

Die Schallplattenverkäuferin Julie Gardiner (Dunne) hat den jungen Journalisten Roger Admas (Grant) geheiratet. Doch die Ehe steht unter keinem guten Stern. Julie verliert ihr ungeborenes Baby durch ein Erdbeben. Da sie nie wieder eigene Kinder haben kann, adoptiert das Paar ein kleines Mädchen. Im Alter von sechs Jahren stirbt die Kleine. Der Kummer über den Tod scheint Julie und Roger voneinander zu trennen. Erst eine neue Adoption rettet die Ehe.
Cary Grant, der im selben Jahr noch in der vielbeachteten Hitchcock-Produktion VERDACHT die Hauptrolle übernahm, wurde das erste Mal in seiner Karriere für den Oscar nominiert. Dies ist vor allem dem Drehbuchautor Morrie Ryskind zu verdanken, dem es gelang, aus der trivial-sentimentalen Vorlage ein filmgerechtes, geschmackssicheres Melodram zu machen. *Akkorde der Liebe* wurde für alle Beteiligten zu einem großen Erfolg an der Kinokasse, auch wenn die Kritik eher zurückhaltend reagierte.
Vor Beginn der Dreharbeiten hatte unter den Studios ein zäher Kampf um den Star stattgefunden. Grant, der zuvor eine ganze Reihe von Filmen für die MGM gedreht hatte, wurde schließlich von den Columbia-Pictures für den Part in *Penny Serenade* angeworben. nn

Akrobat schöööն

Akrobat schöööն. Deutschland 1943 **R** Wolfgang Staudte **B** Wolfgang Staudte **K** Georg Bruckbauer **M** Friedrich Schröder, Paul Hühn **P** Tobis **L** 85 Min., Farbe **D** Charlie Rivel, Clara Tabody, Karl Schönböck, Käthe Dyckhoff, Hans Junkermann

Wolfgang Staudte, der kurze Zeit später mit DIE MÖRDER SIND UNTER UNS (1946) einen der wichtigsten deutschen Nachkriegsfilme drehen sollte, inszenierte hier mitten in der düsteren Zeit des Zweiten Weltkrieges eine leichte beschwingte Komödie, die ab und an auch nachdenklich stimmende Töne anklingen läßt.
Erzählt wird die Geschichte eines glücklosen Clowns, der sich als schlecht bezahlter Kulissenschieber und Nachtportier durchs Leben schlagen muß, ehe man sein wahres Talent entdeckt.
Akrobat schöööն ist ganz auf die Person des zuweilen an Charlie Chaplin erinnernden Clowns Charlie Rivel angelegt, der während des Films durchgehend in einer stummen Slapstick-Rolle agiert. Staudtes Debütwerk paßt sich dem aufgezwungenen Durchhalteprogramm der Nazis an und versucht krampfhaft, Optimismus und gute Laune auch im Zeichen der Bedrohung auszustrahlen. Am eindrucksvollsten dokumentiert dies ein Lied, das die Ungarin Clara Tabody zum besten gibt: „Mußt´ du heut´ ein bißchen weinen, dann verlier´ nicht gleich den Mut - morgen wird die Sonne wieder scheinen, morgen wird alles wieder gut." jg

Akt der Liebe

Act of Love. USA 1954 **R** Anatole Litvak **B** Irwin Shaw, nach dem Roman *The Girl on the Via Flamina* von Alfred Hayes **K** Armand Thirard **M** Michael Emer, Joe Hajos **P** United Artists/Anatole Litvak **L** 108 Min., Farbe **D** Kirk Douglas, Dany Robin, Barbara Laage, Robert Strauss, Gabrielle Dorziat

Paris 1945. Der amerikanische Besatzungssoldat Robert Teller hat eine Affäre mit der

Französin Lisa. Um Lisa, die weder Papiere noch Geld hat, vor den Behörden zu beschützen, gibt er sie als seine Frau aus. Als die Sittenpolizei den Schwindel aufdeckt, will Robert Lisa heiraten. Aber sein Vorgesetzter verweigert ihm die Erlaubnis und versetzt ihn nach Reims. Robert muß unverzüglich abrücken; ihm bleibt noch nicht einmal mehr Zeit, sich von Lisa zu verabschieden. Lisa glaubt, Robert habe sie verlassen und ertränkt sich in der Seine.
Da Kirk Douglas für seine Rolle ein paar Worte Französisch lernen mußte, engagierte Anatole Litvak Anne Buydens aus Belgien, die dem Schauspieler Privatunterricht geben sollte. Die beiden verliebten sich prompt und heirateten, kurz nachdem Anne von dem Journalisten Albert Buydens geschieden wurde. Kirk Douglas verband mit dieser Produktion daher verständlicherweise überwiegend angenehme Erinnerungen, während der Film von den Kritikern als Mißerfolg bezeichnet wurde. In einer kleinen Rolle ist übrigens die damals noch unbekannte Brigitte Bardot zu sehen. nn

Die Akte Odessa

The Odessa File. Großbritannien/BRD 1974 **R** Ronald Neame **B** Kenneth Ross, George Markstein, nach einem Roman von Frederick Forsyth **K** Oswald Morris **M** Andrew Lloyd Webber **P** Oceanic/Domino **L** 126 Min., Farbe **D** Jon Voight, Maximilian Schell, Mary Tamm, Samuel Rodensky, Maria Schell

Jon Voight spielt in diesem Film einen wagemutigen Journalisten, der sich hartnäckig daran macht, die Identität versteckt lebender Nazis aufzudecken. Unter Mithilfe des israelischen Geheimdienstes kommt er der SS-Hilfsorganisation „Odessa" auf die Spur, die ehemaligen Nazi-Verbrechern wieder ein Leben in Amt und Würden ermöglicht.
Ronald Neame drehte diesen durchaus spannenden Streifen mit gewohnter Routine vor Ort (u.a. auch in Heidelberg), wobei ihm ein interessantes Staraufgebot zur Verfügung stand, in dem Maximilian Schell als ewig uneinsichtiger Hitler-Anhänger besonders brilliert. Die Handlungsstränge wirken allerdings zu einem Großteil kolportagehaft in Szene gesetzt und erinnern in ihrer Oberflächlichkeit an die Qualität einer Illustrierten-Geschichte. Auch wenn Maria Schell zu den ersten Schauspielerinnen gehört, die im Titelvorspann genannt werden, so hat sie hier - ähnlich wie in SUPERMAN - nur einen kleinen Kurzauftritt zu verbuchen. Sie verkörpert Jon Voights Mutter, die während des Frühstücks ihrem Sohn rät, doch endlich die braune Vergangenheit ruhen zu lassen. jg

Al Capone

Al Capone. USA 1959 **R** Richard Wilson **B** Malvin Wald, Henry F. Greenberg **K** Lucien Ballard **M** David Raksin **P** John H. Burrows, Leonard J. Ackerman für Allied Artists **L** 106 Min., s/w **D** Rod Steiger, Fay Spain, James Gregory, Martin Balsam

Al Capone (1899-1947) ist sicher die schillerndste Gangster-Figur des Chicago der 20er Jahre und wurde dementsprechend oft als Filmheld herangezogen. SCARFACE und DER KLEINE CAESAR beispielsweise sind Klassiker des Genres. Zwar gab man den von Paul Muni bzw. Edward G. Robinson gespielten Hauptfiguren andere Namen, doch die Verwandtschaft zu Capone war unübersehbar, nicht zuletzt durch die große Narbe auf der rechten Gesichtshälfte.
Regisseur Richard Wilson, ehemals Assistent bei Orson Welles, hat in dessen Tradition die Hauptfigur als eine Art Verschmelzung mehrerer Shakespeare-Charaktere angelegt (u.a. *Macbeth* und *Richard III.*), und Rod Steigers Interpretation der Rolle kann sich mit denen seiner Vorgänger durchaus messen. *Al Capone* ist erklärtermaßen eine Low-Budget-Produktion, finanziert von einem der rührigsten B-Film-Studios der 50er Jahre, Allied Artists, doch tragen die sparsame, nüchterne Ausstattung und der fast dokumentarische Stil nur noch zur Glaubwürdigkeit dieser Biographie bei.
Der Film verfolgt den kometenhaften Aufstieg Capones, begleitet ihn auf dem Höhepunkt seiner Macht und dokumentiert sein unrühmliches Ende: Wegen Steuerhinterziehung verurteilt mußte er für elf Jahre hinter Gitter. Ohne Capone entschuldigen zu wollen, macht der Film klar, daß sein Aufstieg nur eine Konsequenz damaliger Politik und Polizeimoral war. al

Alamo

The Alamo. USA 1960 **R** John Wayne **B** James Edward Grant **K** William H. Clothier **M** Dimitri Tiomkin **P** Batjac **L** 219 Min., Farbe **D** John Wayne, Laurence Harvey, Richard Widmark, Richard Boone, Frankie Avalon

Als überzeugter amerikanischer Patriot war die heldenmütige Verteidigung von Fort Alamo ein Lieblingsthema John Waynes. Mit einem immensen Aufwand an Material und Statisten wurde der Film vor Ort in Texas in Szene gesetzt. Die Vorbereitungen begannen schon drei Jahre vor den eigentlichen Dreharbeiten, da Wayne auf Detailgenauigkeit größten Wert legte und zu diesem Zweck vorzeitig Sträucher und Buschwerk anpflanzen ließ.
Geschildert wird der verzweifelte Widerstand einer Gruppe tapferer Amerikaner, die 1836 im noch unabhängigen Staate Texas gegen die erdrückende Übermacht des mexikanischen Diktators Santa Anna ankämpfen und allesamt ihren Einsatz mit dem Leben bezahlen müssen.
Trotz Staraufgebot, spannungsgeladener Momente und Dimitri Tiomkins mitreißend komponiertem Score weist der Film erhebliche Mängel auf, die besonders in der Überlänge von fast dreieinhalb Stunden liegen. Bedenklich und unangenehm bleibt auch die Glorifizierung des Heldentodes für nicht näher definierte Ideale. Dennoch wurde *Alamo* insgesamt siebenmal für den Oscar nominiert, u.a. in der Kategorie „Bester Film". Bei der Verleihung berücksichtigte man ihn jedoch nur mit einem Oscar für den Besten Ton. al

Alamo Bay

Alamo Bay. USA 1984 **R** Louis Malle **B** Alice Arlen **K** Curtis Clark **M** Ry Cooder **P** Port Alamo Inc. für Tri-Star/Louis Malle **L** 106 Min., Farbe **D** Amy Madigan, Ed Harris, No Nguyen, Donald Moffat, Truyen V. Tran

Alamo, ein Fischerstädtchen am Golf von Mexiko, Anfang der 80er Jahre: Viele vietnamesische Flüchtlinge haben sich dort angesiedelt und versuchen, als Krabbenfänger ihren Traum vom American Way of Life zu verwirklichen. Die einheimischen Fischer sind wütend über die Konkurrenz und führen mit Hilfe des Ku-Klux-Klan einen Kleinkrieg gegen die Neuankömmlinge. Im Zentrum dieses Geschehens stehen Shang, der rassistische Anführer der Fischer, seine Freundin Glory und der Vietnamese Dinh, der für Glorys Vater arbeitet. Als Shang Dinh erschießen will, greift Glory zur Waffe und tötet Shang.
Alamo Bay ist nach PRETTY BABY, ATLANTIC CITY, MEIN ESSEN MIT ANDRÉ und DIE CHAOTENCLIQUE der fünfte amerikanische Film des Franzosen Louis Malle, der ab 1977 für einige Jahre in den Vereinigten Saaten lebte. Mit den Augen des Europäers schildert Malle dieses düstere Kapitel der amerikanischen Geschichte, wobei ihn in erster Linie die Motive der Hauptfiguren interessierten. Aus diesem Grund nannte Malle *Alamo Bay* seinen „amerikanischen LACOMBE LUCIEN - nach dem Titel seines Films, den er 1973 in Frankreich gedreht hatte. Zu einer Zeit, in der ein großer Teil der Amerikaner der Meinung war, das unverarbeitete Vietnam-Trauma würde von Sylvester Stallone als RAMBO besser vertreten, stieß der Film

natürlich bei einem breiten Publikum auf erdenklich wenig Gegenliebe. nn

Alarm im Weltall

Forbidden Planet. USA 1956 **R** Fred McLeod Wilcox **B** Cyril Hume, nach einer Geschichte von Irving Block und Allen Adler **K** George Folsey **M** Louis und Bebe Barron **SpE** A. Arnold Gillespie, Warren Newcombe, Irving G. Ries, Joshua Meador **P** Metro-Goldwyn-Mayer **L** 99 Min., Farbe **D** Walter Pidgeon, Anne Francis, Leslie Nielsen, Warren Stevens, Jack Kelly, Richard Anderson, Earl Holliman

Im Jahre 2200 landet eine Raumschiff-Crew auf einem spärlich kolonisierten Planeten und wird dort von einem unsichtbaren Energiewesen bedroht. Die durch eine Katastrophe umgekommene Bevölkerung von Altair IV hat eine Maschine erschaffen, die die Ängste und Emotionen der terrestrischen Eindringlinge materialisiert.
Irving Block, der Autor dieser ungewöhnlichen Science-fiction-Geschichte, orientierte sich eng an Shakespeares *Der Sturm*, wobei er den Schauplatz des Stückes in den Weltraum verlegte und aus dem Luftgeist Miranda den Roboter Robby machte. Die Produktionskosten verschlangen über eine Million Dollar für die Spezialeffekte (Oscar-Nominierung 1956!), wobei Metro-Goldwyn-Mayer für die einkopierten Zeichentricksequenzen auch einige Disney-Spezialisten engagierte. Zu den gelungensten Momenten des Films gehören die eindrucksvollen Matte-Painting-Szenen von den unterirdischen Maschinenanlagen des Planeten sowie die Kreation des Roboter-Hausdieners Robby. An der Kinokasse blieb *Alarm im Weltall* der große Erfolg versagt, doch zählt er aufgrund seiner ungewöhnlichen Story zu den Meilensteinen des Science-fiction-Films, auch wenn er aus heutiger Sicht an manchen Stellen unfreiwillig komisch wirkt. jg

Alex im Wunderland

Alex in Wonderland. USA 1970 **R** Paul Mazursky **B** Paul Mazursky, Larry Tucker **K** Laszlo Kovacs **M** Tom O'Horgan **P** Larry Tucker für MGM **L** 110 Min., Farbe **D** Donald Sutherland, Ellen Burstyn, Meg Mazursky, Paul Mazursky

Paul Mazurskys zweiter Spielfilm in eigener Regie ist eine erklärte Hommage an Federico Fellini, dessen biographisch angelegten ACHTEINHALB er praktisch auf seine eigenen Verhältnisse überträgt.
Die Story dreht sich um einen von Donald Sutherland gespielten jungen Regisseur, der sich nach seinem ersten erfolgreichen Film auf der Suche nach einem neuen Stoff befindet und sich dabei von Familienproblemen wie der Erwartungshaltung der Produzenten gleichermaßen behindert sieht. Schließlich flüchtet er in Tagträume, in denen er auch Fellini und Jeanne Moreau begegnet.
Mazursky befand sich zum Zeitpunkt der Dreharbeiten in der gleichen Situation wie sein Held, hatte er doch mit seinem ersten Film BOB&CAROL&TED&ALICE ein kommerziell äußerst erfolgreiches Debüt abgeliefert. Die Kritiker zeigten sich allerdings diesmal nicht so freundlich oder wohlwollend, da halfen auch die Gastauftritte Fellinis und Jeanne Moreaus (die sogar zwei Chansons zum besten gibt) nichts. Mazursky selbst ist in einer kleinen Rolle als fieser Produzent zu sehen.
Seine Bewunderung für das europäische Kino (und zugleich sein Widerwillen gegen das Hollywood-System) werden mehr als deutlich; später sollte er mit WILLIE UND PHIL ein Remake von Truffauts JULES UND JIM drehen. Zugleich bedeutete *Alex im Wunderland* das Ende seiner Partnerschaft mit Larry Tucker, der seit 1959 an allen seinen Projekten beteiligt gewesen war. al

Alexander der Große

Alexander the Great. USA 1956 **R** Robert Rossen **B** Robert Rossen **K** Robert Krasker **M** Mario Nascimbene **P** Robert Rossen **L** 136 Min., Farbe **D** Richard Burton, Fredric March, Claire Bloom, Harry Andrews, Stanley Baker

Dieser opulente Ausstattungsfilm präsentiert in episodenhafter Skizzierung die Feldzüge Alexander des Großen gegen Ägypten, Palästina und Persien, den Verzicht auf seine große Liebe Barsine (Bloom) und seine taktische Heirat mit der persischen Prinzessin Roxane, durch die er ein Weltreich schafft. Alexander stirbt 323 v. Chr. mit 33 Jahren an einem hinterhältigen Fieber.
Der Versuch, das gewaltige historische Thema Alexander des Großen in einen zweistündigen Spielfilm zu packen, ist leider mißlungen, auch wenn weder an Ausstattung noch an Statisten gespart wurde. Die Handlung hangelt sich notdürftig von einem Eckpfeiler der Geschichte zum nächsten, ohne dabei einen tieferen Einblick in die historischen Zusammenhänge zu geben. Anstelle von geschichtlicher Information gibt es ausufernde und zudem wenig fesselnde Schlachtengemälde und etwas dick aufgetragene Liebesszenen. Selbst Richard Burton, der in Monumentalfilmen wie DAS GEWAND oder CLEOPATRA eigentlich recht überzeugende Leistungen bot, wirkt in diesem Film ziemlich lustlos und blaß. jg

Alexander, der Lebenskünstler

Alexandre le bienheureux. Frankreich 1967 **R** Yves Robert **B** Yves Robert, Pierre Levy Corti, nach einer Novelle von Yves Robert **K** René Mathelin **M** Vladimir Cosmar **P** Les productions de la Gueville/Madeleine Films/Les Films de la Colombe **L** 95 Min., Farbe **D** Philippe Noiret, Françoise Brion, Marlène Jobert, Paul le Person, Antoinette Moya, Pierre Richard

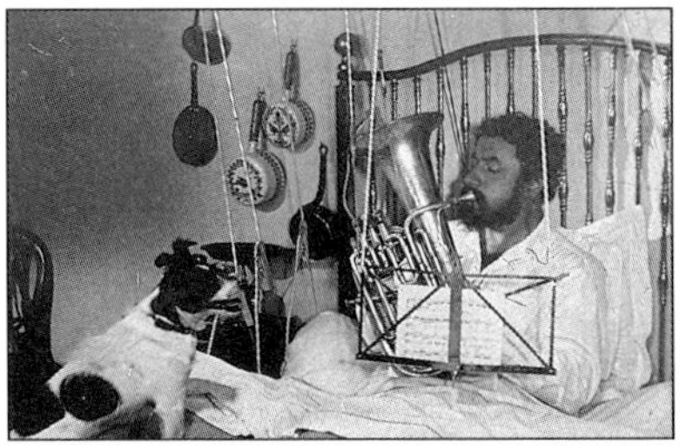

Zehn Jahre lang hat sich der Großbauer Alexandre (Noiret) von seiner Frau schikanieren lassen, die ihn zu ständiger Arbeit antrieb. Als sie bei einem Autounfall ums Leben kommt, fängt für Alexandre das Leben erst richtig an. Er schließt sich in seinem Haus ein, verbringt die ganzen Tage im Bett und tut nichts außer essen, schlafen und ab und zu Posaune spielen. Der Hof vergammelt, die Dorfbewohner sind empört über dieses unmoralische Verhalten. Vergeblich versuchen sie ihn zu bewegen, sein Leben zu ändern. Erst der hübschen Natalie gelingt es, Alexandre aus dem Haus zu locken. Er verliebt sich in das Mädchen und möchte sie heiraten. Doch Gott sei Dank erkennt er rechtzeitig, daß sie eine genauso herrische Sklaventreiberin ist wie seine erste Frau, und er kann im letzten Moment einem erneuten Ehehafen entkommen.
Yves Robert, der seine Karriere mit DER KRIEG DER KNÖPFE begann, schrieb und drehte diese liebenswerte Komödie, die von französischen Kritikern als „ein Beispiel geschmackvoller Unterhaltung" bezeichnet wurde. Die gelungene Inszenierung ist besonders dem Hauptdarsteller Philippe Noiret zu verdanken, der mit einzigartiger skuriller Poesie einen Widerstandskämpfer gegen ein Leben mit Leistungsdruck darstellt. nn

Alexander Newski

Aleksander Newskij. UdSSR 1938 **R** Sergej Michailowitsch Eisenstein **B** S. M. Eisenstein, P. Pawlenko **K** E. Tissé **M** Sergej Prokofjew **P** Mosfilm **L** 100 Min., s/w **D** N. Tscherkassow, A. Abrikossow, D. Orlow

In der Filmgeschichte wird *Alexander Newski* als Propagandastreifen gegen den deutschen Faschismus bezeichnet. Diesen Zweck erfüllte der Film allerdings erst nach dem Ein-

marsch der deutschen Truppen im Jahre 1941. Noch 1939, nach dem deutsch-sowjetischen Nichtangriffspakt, war der Film nicht in die Kinos gekommen.
Der Held der Geschichte ist Fürst Alexander Newski, der im 13. Jahrhundert sein Volk gegen die Deutschen Ordensritter in den Kampf führt. Den Höhepunkt bildet eine 35minütige Schlachtsequenz auf dem vereisten Peipussee, in deren Verlauf die deutschen Ritter in den einbrechenden Eismassen ertrinken.
Es lag dem Film damals fern, Haß gegen den Feind schüren; vielmehr verfolgte er die Absicht, den Mut des Volkes für den Kampf zu stärken. Eisenstein schrieb während der Dreharbeiten: „Das Thema des Patriotismus und des nationalen Widerstandes gegen den Aggressor, das ist das Thema, von dem der Film erfüllt ist.“ Eine symbolische Rolle spielt der Mythos von der Kraft der russischen Erde: Der Eindringling stirbt nicht durch die Waffe, sondern wird vom See verschlungen. Sehr dominant ist an dieser Stelle die Musik des berühmten russischen Komponisten Sergej Prokofjew. nn

Alexandria - Treibhaus der Sünde

Justine. USA 1969 **R** George Cukor **B** Lawrence B. Markus, nach dem Roman *Alexandria Quartett* von Lawrence Durrell **K** Leon Shamroy **M** Jerry Goldsmith **P** Pandro S. Berman für 20th Century-Fox **L** 116 Min., Farbe **D** Anouk Aimée, Dirk Bogarde, Robert Forster, Anna Karina, Philippe Noiret, Michael York, John Vernon

Viele Kritiker waren der Ansicht, daß die Leinwand-Adaption von Lawrence Durrells *Alexandria Quartett* von vornherein zum Scheitern verurteilt war, da die spezielle Erzählstruktur, die einen besonderen Reiz des Werkes ausmacht, zwangsläufig verloren gehen mußte. Es handelt sich um vier Romane (*Justine*, *Balthazar*, *Mountolive* und *Clea*), die dieselben Ereignisse, angesiedelt in der ägyptischen Hafenstadt Alexandria des Jahres 1938, aus verschiedenen Perspektiven betrachten. Entsprechend schwierig ließen sich die Dreharbeiten an, die nach achtjähriger Vorbereitungszeit und unzähligen Drehbuchentwürfen erst beginnen konnten, nachdem der ursprünglich als Regisseur vorgesehene Joseph Strick durch George Cukor ersetzt worden war. Der Veteran hatte seit seinem Erfolg mit MY FAIR LADY keinen Film mehr gemacht. Durrell selbst äußerte die Hoffnung, daß „sie daraus nicht ein *Peyton Place* mit Kamelen machen“. Doch was schließlich auf der Leinwand zu sehen war, sah dann fast danach aus, da man sich notgedrungen auf die vordergründigsten Handlungselemente konzentriert hatte.
Hauptfigur der in Rückblenden (mit Michael York als Erzähler) geschilderten Kino-Version ist Justine (Aimée), die jüdische Frau eines Millionärs. Beide planen Waffenlieferungen nach Palästina, um die jüdischen Siedler gegen die Araber zu unterstützen. Justine setzt skrupellos ihren Körper ein, um sich wichtige Leute gefügig zu machen, darunter einen britischen Staatsbeamten (Bogarde) und einen irischen Lehrer (York). Ihre Rivalität mit Melissa (Karina) um den Lehrer führt schließlich fast zur Aufdeckung des Schmuggelunternehmens.
Diese grobe Zusammenfassung wird der Komplexität der Handlung kaum gerecht (schon gar nicht der des Romans), und das ist auch das Hauptproblem des Films: Zu viele Personen und Nebenhandlungen wurden auf 116 Minuten Zelluloid gepreßt. Dennoch bleibt Cukors Arbeit zumindest ein interessanter Fehlschlag, dank einer denkwürdigen Besetzung, wunderschöner Außenaufnahmen in Tunis und Umgebung und einer stimmungsvollen Musik von Jerry Goldsmith. Daß die Macher, gemäß den damaligen Trends, einen deutlichen Akzent auf Justines erotische Eskapaden legten, wurde vom deutschen Verleih leider als Anlaß für einen scheußlich spekulativen Titel genommen. al

Alexis Sorbas

Zorba, the Greek. Griechenland 1964 **R** Michael Cacoyannis **B** Michael Cacoyannis, nach einem Roman von Nikos Kazantzakis **K** Walter Lassally **M** Mikis Theodorakis **P** Michael Cacoyannis **L** 142 Min., s/w **D** Anthony Quinn, Alan Bates, Irene Papas, Lila Kedrova, George Foundas

Ein junger englischer Schriftsteller (Bates) erbt auf Kreta eine Braunkohlenmiene. Als Kompagnon heuert er einen alteingesessenen Mazedonier (Quinn) an. Die beiden Männer lassen sich in einem Dorf nieder und nehmen schon nach kurzer Zeit an dem Leben in der kleinen Gemeinschaft teil, haben Einblick in die Verhältnisse ihrer Mitmenschen, werden mit Tod und Gewalt konfrontiert.
Der griechische Regisseur Michael Cacoyannis brachte in die zu Beginn der 60er Jahre recht starr gewordene Filmwelt frischen Wind. *Alexis Sorbas* wurde für insgesamt sieben Oscars nominiert - eine ungewöhnlich hohe Anzahl für ein Werk, das nur zu einem geringen Teil unter US-Beteiligung entstand. Mit drei Auszeichnungen ging der Film schließlich aus der Verleihungsveranstaltung hervor, wobei die Preise im einzelnen an Lila Kedrova als Beste weibliche Nebendarstellerin, an Walter Lasally für die Beste Schwarz-Weiß-Kamera und an Vassilis Fotopoulos für die Beste Ausstattung fielen. Schon kurz nach seiner Uraufführung wurde der Film bereits mit Kult-Status gehandelt. Anthony Quinn verkörperte die Figur des Alexis Sorbas derart lebensecht und eindrucksvoll, daß seine Person auch heute noch mit dieser Filmgestalt identifiziert wird. Michael Cacoyannis gelang eine bisweilen merkwürdig anmutende Mischung aus Idylle und Grausamkeit. Sein Inszenierungsstil ist stark vom Neorealismus eines Visconti oder De Sica geprägt, wie die genau skizzierten Beobachtungen des Dorflebens und besonders die erschütternd inszenierte Lynchsequenz an Irene Papas zeigen. Nicht zuletzt aufgrund des legendären Sirtaki-Tanzes, ein gestalterischer und vielzitierter Höhepunkt des Streifens, setzte durch *Alexis Sorbas* unter intellektuellen Filmfreaks ein wahrer Kreta-Boom ein. jg

Alfred der Große - Bezwinger der Wikinger

Alfred the Great. Großbritannien 1968 **R** Clive Donner **B** Ken Taylor, James R. Webb **K** Alex Thomson **M** Raymond Leppard **P** Metro-Goldwyn-Mayer **L** 122 Min., Farbe **D** David Hemmings, Michael York, Prunella Ransome, Colin Blakely, Julian Glover

Wessex im Jahre 871. Nach dem Tode seines Vaters möchte der junge König Alfred eigentlich lieber eine Priesterlaufbahn einschlagen, doch der Ansturm von wilden dänischen Wikingerstämmen zwingt ihn, zur Waffe zu greifen.
Für 1968 war es fast schon etwas altmodisch, einen historischen Monumentalschinken dieser Art zu drehen. Freunden dieses Genres wird allerdings ein farbenprächtiges Epos voller Haß, Liebe, Gewalt und Grausamkeit geboten. Für die Eingangssequenz des dänischen Überfalls auf die britischen Inseln wurden drei Drachenboote nach Originalplänen rekonstruiert. Auch die breit ausgemalten Schlachtszenen mit mehreren tausend Statisten sind recht glaubwürdig gelungen. Neben Raymond Leppards bombastisch/romantischer Filmmusik bietet die Besetzung von David Hemmings als König Alfred und Michael York als sein blondmähniger

Kontrahent einige Attraktionen. Trotz all dieser Schauwerte meinte jedoch ein englischer Kritiker: „Die Besetzung ist hervorragend, hat aber wenig zu tun", und empfand das barbarische Schlachtengemälde als schlichtweg „langweilig". jg

Alfredo, Alfredo

Alfredo, Alfredo. Italien/Frankreich 1972 **R** Pietro Germi **B** Leo Benvenuti, Piero de Bernardi, Tullio Pinelli, Pietro Germi **K** Aiace Parolin **M** Carlo Rustichelli **P** Angelo Rizzoli für RPA-Rizzoli Films (Rom), Francoriz Prod. (Paris) **L** 93 Min. (Originalfassung 110 Min.), Farbe **D** Dustin Hoffman, Stefania Sandrelli, Carla Gravinia, Clara Colosimo

Pietro Germi (1914-1974) beschäftigt sich in seinem letzten Film erneut mit dem Thema seiner Welterfolge SCHEIDUNG AUF ITALIENISCH und VERFÜHRUNG AUF ITALIENISCH - der Institution Ehe.
Dustin Hoffman spielt den schüchternen Bankangestellten Alfredo, der entgegen den eigenen Erwartungen doch noch die vermeintliche Traumfrau (Sandrelli) kennenlernt und vor den Traualtar führt. Doch das gemeinsame Eheleben entpuppt sich für den armen Alfredo als kaum zu bewältigende Last: Nicht nur fordert seine Frau sexuelle Höchstleistungen, sie reißt auch nach kurzer Zeit den gesamten Haushalt an sich. Alfredos Lösung: Scheidung und Heirat mit Traumfrau Nummer zwei (Gravina). Doch mit diesem Schritt gerät er vom Regen in die Traufe...
Germis köstliche und oft boshafte Satire nimmt nicht nur die italienischen Scheidungsgesetze aufs Korn (die übrigens kurz vor der Fertigstellung des Films geändert worden waren, so daß dieser Teil des Angriffs ins Leere ging), sondern den Bund fürs Leben allgemein und alle moralischen Wertvorstellungen, die damit zusammenhängen. Seine Helden sind Figuren in einem Spiel, nach dessen Regeln sie zwar zu handeln versuchen, aber nicht genau wissen, warum.
Das amerikanische Publikum war übrigens schockiert ob der Tatsache, daß Dustin Hoffman mit einer fremden italienischen Stimme zu hören war, da der Film in den Staaten mit englischen Untertiteln gezeigt wurde. al

Alibi

Alibi. BRD 1955 **R** Alfred Weidenmann **B** Herbert Reinecker **K** Helmuth Fischer-Ashley **M** Hans-Martin Majewski **P** Fama **L** 110 Min., s/w **D** O.E. Hasse, Martin Held, Hardy Krüger, Gisela von Collande, Peer Schmidt, Charles Regnier, Ernst Waldow, Jan Hendriks, Helga Roloff

Ein Sensationsreporter entdeckt seine menschliche Seite und engagiert sich für die Rehabilitierung eines fälschlich wegen Totschlags verurteilten Mannes. Geläutert durch dieses Erlebnis, sieht er seinen Beruf plötzlich in einem anderen, zwiespältigen Licht. Einer der wenigen bundesdeutschen Filme der 50er Jahren, der sich mit der Meinungsmache und Berichterstattung der gängigen Revolverblätter auseinandersetzt und dabei den sozialkritischen Hintergrund nicht aus den Augen verliert. Dieser Verdienst dürfte jedoch mehr an der intelligenten Vorlage des Krimi-Spezialisten Herbert Reinecker liegen. Alfred Weidenmanns Regie bleibt bieder und starr, ermöglicht jedoch immerhin solchen Charakterdarstellern wie O.E. Hasse und Martin Held genügend Entfaltungsmöglichkeiten. Das Genre des Kriminalfilms - meist für die Kinobesucher in unattraktivem Schwarzweiß inszeniert - wurde im deutschen Film der 50er Jahre ohnehin stiefmütterlich behandelt und rangierte weit hinter der trügerischen Idylle der Heimatschnulzen. So lief *Alibi* auch dementsprechend schleppend in den Lichtspielhäusern an und lockte trotz Starbesetzung nur wenige Zuschauer vor die Leinwand. jg

Ein Alibi zerbricht

Ein Alibi zerbricht. Österreich 1963 **R** Alfred Vohrer **B** Herbert Reinecker **K** Friedl Behn-Grund **M** Peter Thomas **P** Sascha **L** 97 Min., s/w **D** Ruth Leuwerik, Peter van Eyck, Charles Regnier, Sieghardt Rupp

Als eine erfolgreiche Anwältin die Verteidigung eines Fernfahrers übernimmt, der angeblich Fahrerflucht begangen haben soll, ahnt sie noch nicht, daß bald ihre Ehe in eine bedrohliche Krise schlittern wird. Im Laufe ihrer Recherchen muß sie entsetzt feststellen, daß ihr eigener Mann den Unfall verursacht und das tödlich verletzte Opfer auf der Straße zurückgelassen hat. Schwere Gewissenskonflikte stellen sich ein.
Ein vom Edgar-Wallace-Spezialisten Alfred Vohrer routiniert inszenierter Gerichtsfilm, der dank des glaubwürdigen Drehbuchs von Herbert Reinecker einige Überzeugungskraft besitzt und die Grenzen zwischen Spannungsfilm und Melodram einzuhalten weiß. Bemerkenswert ist die Garde von hochrangigen deutschen Schauspielern, die sich in dieser österreichischen Produktion zusammenfanden. Ruth Leuwerik, die 1962 in Helmut Käutners DIE ROTE eine Tirade bitterböser und hämischer Kritiken über sich ergehen lassen mußte, zog sich mit diesem Film für sieben Jahre von der Leinwand zurück, um erst zu Beginn der 70er Jahre wieder dort aufzutauchen nn

Alice

Alice ou La dernière fouge. Frankreich 1976 **R** Claude Chabrol **B** Claude Chabrol **K** Jean Rabier **M** Pierre Jansen **P** Eugène Lépicier, Patrick Hildebrand, Pierre Gauchet für Filmel/PHPG **L** 93 Min., Farbe **D** Sylvia Kristel, Charles Vanel, André Dussolier

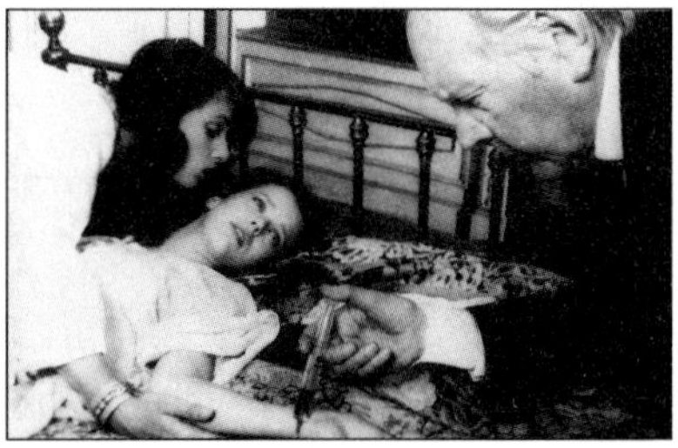

Ein ungewöhnlicher Film von Claude Chabrol, der sonst für das Ausloten bürgerlicher Abgründe zuständig ist, sich hier aber mit dem Traumstadium zwischen Leben und Tod befaßt. Hauptfigur ist Alice (Kristel), die, nachdem sie sich von ihrem Mann getrennt hat, auf einer regennassen Straße mit dem Auto verunglückt. Zuflucht in einem seltsamen Schloß suchend, dessen Hausherr Charles Vanel ist, muß sie bald erkennen, daß sie zur Gefangenen geworden ist: Wohin sie sich auch wendet, überall versperren ihr Mauern den Weg. Die Schlußszene, die das zerschmetterte Auto mit Alices Leiche darin zeigt, macht deutlich, daß sie sich nur in einer Art Zwischenwelt der Sterbenden befunden hat.
Alice Carrol nannte Chabrol seine Heldin in überdeutlicher Anspielung auf Lewis Carrolls *Alice im Wunderland*, doch das ist nicht das einzige Zitat. Es finden sich Anklänge an DER MÜDE TOD von Fritz Lang (dem der Film gewidmet ist), an den Schriftsteller Jorge Luis Borges und an den Maler René Magritte (in der Gartenszene). Ein mysteriöser, poetischer Film, der vor allem mit einer „seriösen" Sylvia Kristel, als EMMANUELLE zu einschlägigem Ruhm gelangt, überrascht. Dem deutschen Publikum traute man einen Umgang damit offenbar nicht zu, denn *Alice* erlebte seine Premiere erst 1982 im TV (ARD). al

Alice

Alice. USA 1990 **R** Woody Allen **B** Woody Allen **K** Dick Mingalone **P** Jack Rollins/Charles H. Joffe **L** 106 Min., Farbe **D** Mia Farrow, Joe Mantegna, Alec Baldwin, William Hurt, Cybill Shepherd, Judy Davis

"*Alice* ist eine moderne Komödie über eine Frau, die an einem kritischen Punkt ihres Lebens einige bemerkenswerte Erfahrungen sammelt." So faßt Regisseur und Drehbuchautor Woody Allen seinen mittlerweile zwanzigsten Film zusammen. Thematisch bleibt sich Allen auch diesmal wieder treu: Vor der Kulisse Manhattans geht es wieder um komplexe Beziehungen verschiedener Menschen untereinander, Frust, Verklemmung und Exzentrik in allen denkbaren Varianten.
Alice, gutaussehend, begütert, gebildet und verheiratet, versucht ihrem eintönigen Upper-Class-Alltag eine Sinn zu geben. Ihrer ganzen Frustration wird sie sich bewußt, als sie sich in einen anderen Mann verliebt. Trotzdem bleibt sie unzufrieden, bis sie eines Tages bei einem Wunderheiler in Chinatown landet, dessen Kräuter, Tees und Sinnsprüche eine verblüffende Wirkung auf sie haben.
„Mit Woody Allen zusammenzuarbeiten ist, als wenn man zu Hause einen Film macht, weil er sich mit Leuten umgibt, mit denen er schon lange arbeitet und die er kennt", sagte Joe Mantegna über die Dreharbeiten. Doch obwohl sich Allen auch diesmal mit einer altbewährten Crew zusammentat, setzte er doch in *Alice* eine Reihe neuer Schauspieler ein, die bisher nicht zu seinem eingespielten Stab gehörten. Die Kritik war sich uneins über Allens Werk. Einerseits wurde seine routinierte Regiearbeit gelobt, andererseits sah man die Gefahr der Selbstnachahmung.
dk

Alice im Wunderland

Alice in Wonderland. USA/Großbritannien 1951 **R** Clyde Geronimi, Hamilton Luske, Wilfred Jackson **B** Winston Hibler, Bill Peet, Joe Rinaldi, Bill Cottrell, Joe Grant, Del Connell, Ted Sears, Erdman Penner, Milt Banta, Dick Kelsey, Dick Huemer, Tom Oreb, John Walbridge, nach dem gleichnamigen Roman von Lewis Carroll **M** Oliver Wallace **P** Walt Disney Studios/Ben Sharpsteen **L** 75 Min., Farbe

Eigentlich war Lewis Carroll gar kein Märchenschriftsteller, sondern der nüchterne Mathematiker Charles Ludwidge Dodgson aus Oxford. Und ursprünglich sollte *Alice im Wunderland* nur eine Gute-Nacht-Geschichte für seine Nichten sein. Aber es kam alles ganz anders. Das Buch wurde veröffentlicht und zählt heute neben *Die Abenteuer des Nils Holgersson* oder *Pippi Langstrumpf* zu den meist verkauften Kinderbüchern der Welt.
Walt Disney beschäftigte sich schon Anfang der 20er Jahre mit einer Verfilmung und drehte 1923 eine Kurzfilmserie mit dem Titel *Alice in Cartoonland.* Doch erst 1951 entstand daraus ein abendfüllender Kinofilm. Das Mädchen Alice schläft bei einer Geschichte, die ihr ihre Schwester vorliest, ein und erwacht in einem verrückten Wunderland. Dort trifft sie drollige Gestalten: Da ist das gehetzte weiße Kaninchen, das nie Zeit hat, die unsympathische Herzkönigin, die ihren Mann beherrscht, der Hutmacher und ein Hase, zwei Bohème-Künstler, und die Zwillinge Dideldumm und Dideldei. Doch leider ist das alles nur ein Traum, und Alices eigener Angstschrei weckt sie aus dem Schlaf auf.
dk

Alice in den Städten

Alice in den Städten. BRD 1973 **R** Wim Wenders **B** Wim Wenders, Veith von Fürstenberg **K** Robby Müller, Martin Schäfer **M** The Can **P** Peter Genée/ Produktion 1 im Filmverlag der Autoren **L** 112 Min., s/w **D** Rüdiger Vogler, Yella Rottländer, Elisabeth Kreuzer, Didi Petrikat, Edda Köchl

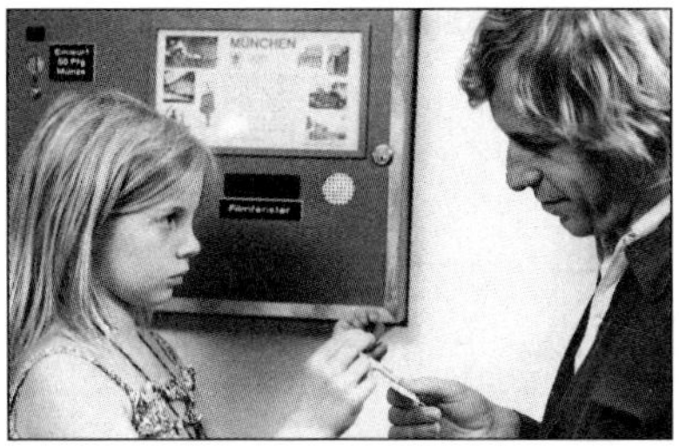

Ein kleines Mädchen macht sich in Begleitung eines erfolglosen Foto-Journalisten auf die Suche nach seiner Großmutter, die irgendwo in Wuppertal leben soll. Während einer ziellosen Odyssee, die von New York ins Ruhrgebiet führt, lernen sich die beiden ungleichen Menschen kennen und achten.
Wim Wenders hatte das Drehbuch zu diesem Film schon fast fertiggestellt, als er Bogdanovichs PAPER MOON sah und deprimiert eine allzu große Übereinstimmung zwischen den beiden Stoffen feststellen mußte, so daß entsprechende Änderungen im Skript nötig wurden. Ähnlich wie in PARIS, TEXAS stellt Wenders auch hier eine zerrüttete Familie vor, die erst durch die Erfahrung einer ungerichteten Queste wieder zusammengeführt wird. *Alice in den Städten* war als Reisefilm gedacht, in dem die Städtelandschaft New Yorks mit der des Ruhrgebiets verglichen werden sollte. Die bundesdeutsche Presse bemerkte dazu voll des Lobes: „Ein kleiner, intimer Film, in 16 mm gedreht; und es ist ein leiser, bei aller Gemächlichkeit enorm konzentrierter Film - einer der besten deutschen Filme seit Jahren." (*Süddeutsche Zeitung*)
jg

Alice lebt hier nicht mehr

Alice Doesn´t Live Here Anymore. USA 1974 **R** Martin Scorsese **B** Robert Getchell **M** Richard LaSalle **P** David Susskind **L** 112 Min., Farbe **D** Ellen Burstyn, Kris Kristofferson, Billy Green Bush, Alfred Lutter, Diane Ladd

Eine amerikanische Hausfrau (Burstyn) sieht sich nach dem plötzlichen Unfalltod ihres Mannes mit einer ungewissen Zukunft konfrontiert. Gemeinsam mit ihrem 12jährigen Sohn bricht sie in Richtung Kalifornien auf. Unterwegs schlägt sie sich als Barsängerin und Kellnerin durch, verliebt sich in einen Rancher (Kristofferson) und versucht mit ihm eine neue Zukunft aufzubauen.
Martin Scroseses liebenswürdiger Film ist eine Liebeserklärung an eine einfache Frau, die trotz vieler Schicksalsschläge nie aufgibt, ihr Leben zu meistern. Er ist auf keinen Fall ein Beitrag zur feministischen Emanzipation, denn Alice findet in ihrer Eigenständigkeit, in die sie unfreiwillig gestoßen wird, keine Erfüllung, sondern strebt nach Sicherheit und Geborgenheit an der Seite eines Mannes. Besonders rührend sind Scorsese die Szenen gelungen, in denen sich Alice das erste Mal als Sängerin vorstellt und dabei eine Folge von Beleidigungen und Demütigungen erfahren muß. Im Rahmen der Oscar-Verleihung nominierte man *Alice lebt hier nicht mehr* für das Beste Drehbuch. Einen persönlichen Triumph erlebte Ellen Burstyn, die den Oscar für die Beste Hauptrolle überreicht bekam.
jg

Alices Restaurant

Alice´s Restaurant. USA 1969 **R** Arthur Penn **B** Venable Herndon, Arthur Penn, nach einem Buch von Arlo Guthrie K Michael Nebbia **P** United Artists/Hillard Elkins, Joe Manduke **M** Arlo Guthrie **L** 110 Min., Farbe **D** Arlo Guthrie, James Broderick, Pete Seeger, Pat Quinn

Alices Restaurant ist keine Kneipe, sondern eine ehemalige Kirche in Massachusetts. Dort treffen sich in den 60er Jahren junge Leute, die in der Gesellschaft keinen Platz gefunden haben. Unter ihnen Arlo (Guthrie), ein begabter Popmusiker, der soeben wegen seiner langen Haare und anarchistischen Bemerkungen das College verlassen mußte. Doch auch bei der gleichgesinnten Gemeinschaft in der Kirche kann er keine Ruhe finden. Ständig hat er Ärger mit den Gesetzeshütern und entgeht nur dank seines Vorstrafenregisters dem Einzugsbefehl nach Vietnam. Durch den Rauschgifttod seines Freundes zerbricht die Gruppe. Und auch Arlo macht sich gemeinsam mit seiner Freundin Mari-Chan auf die Suche nach einem neuen Platz zum Leben.

Mit viel Ironie und Selbstkritik hat Regisseur Arthur Penn (BONNIE UND CLYDE, LITTLE BIG MAN) ein treffendes Stimmungsbild der 60er Jahre gezeichnet. Das Drehbuch entstand nach der Autobiographie *The Alice´s Restaurant Massacre* von Arlo Guthrie. Er schrieb auch die Musik zu dem Film, die dadurch weltberühmt wurde. nn

Alien – Das unheimliche Wesen aus einer fremden Welt

Alien. Großbritannien 1979 **R** Ridley Scott **B** Walter Hill, David Giler, nach einer Story von Dan O´Bannon, Ronald Shusett **K** Derek Vanlint **M** Jerry Goldsmith **P** Gordon Carroll, David Giler, Walter Hill **L** 116 Min., Farbe **D** Tom Skerritt, Sigourney Weaver, Veronica Cartwright, Harry Dean Stanton, John Hurt, Ian Holm, Yaphet Kotto

Alien zählt zu den Höhepunkten des Science-fiction-Kinos. Die Idee zu dem Streifen hatten die beiden Autoren Dan O´Bannon und Ronald Shusett, die ihr Script unter dem ursprünglichen Titel *Starbeast* einfach durch das Fenster des bekannten Drehbuchautors Walter Hill (GETAWAY, DER MACINTOSH MANN) warfen. Für nur 1.000 Dollar erwarb Hill daran die Rechte und schrieb es zusammen mit David Giler vollkommen um. Die Besatzung eines Handelsraumschiffes befindet sich auf dem Rückweg zur Erde, als der Bordcomputer fremde Signale von einem anderen Planeten empfängt, woraufhin man sich zu einer Landung entschließt. In einem außerirdischen Raumschiffwrack entdeckt die Suchmannschaft eine Kammer, in der hunderte von Eiern liegen. Einer der Astronauten dringt weiter in dieses Gebilde ein und wird von einem Embryo angegriffen, der sich auf seinem Gesicht festsetzt. Das Raumschiff verläßt mit dem verletzten Mann den unwirtlichen Planeten. Der Vorfall gerät schon wieder in Vergessenheit, als plötzlich aus dem Brustkorb des Raumfahrers ein kleines Monster hervorbricht, das sich binnen kurzer Zeit zu einem monströsen Ungetüm entwickelt und nach und nach die übrige Besatzung dezimiert.
Ridley Scott eröffnete mit *Alien* dem Science-fiction-Film eine neue Dimension. In seinem Werk ist vieles anders als in den früheren Weltraumabenteuern. Das Raumschiff ist das Gegenteil der sauberen Enterprise und gleicht mehr einer Müllkippe als einem Fahrzeug. Die Mannschaft besteht nicht aus Weltraumhelden wie in KRIEG DER STERNE, sondern aus einer Gruppe frustrierter Techniker, die dem Monster hilflos ausgeliefert ist.
Den eindrucksvollen Ausstattungen des Raumschiffs sowie der Kreation des Alien-Monsters liegen Entwürfe des bekannten Schweizer Künstler H. R. Giger zugrunde, der dafür auch den Oscar erhielt. nn

Aliens - Die Rückkehr

Aliens. USA 1986 **R** James Cameron **B** James Cameron, David Giler, Walter Hill **K** Adrian Biddle **M** James Horner **P** Brandywine/Fox/Gale Anne Hurd **L** 137 Min., Farbe **D** Sigourney Weaver, Larrie Henn, Michael Biehn, Paul Reiser

Ripley (Weaver), die einzige Überlebende des Raumschiffs Nostromo, dessen Besatzung von einem außerirdischen Monster getötet wurde, kehrt mit einer kampferprobten Truppe zu der Brutstätte des Ungeheuers zurück. Diesmal hat sie es aber mit einer ganzen Legion von Aliens zu tun. Am Ende steht sie dem Muttertier in einem erbitterten Zweikampf gegenüber.
In der Vorbereitungsphase zu *Aliens* kam es zwischen den Studiomanagern und dem Regisseur James Cameron zu schweren Auseinandersetzungen. Die beiden Parteien konnten sich nicht darüber einig werden, wer die Hauptrolle spielen sollte. Cameron wollte unbedingt wieder Sigourney Weaver für diesen Part gewinnen. Zweimal verließ er zusammen mit seiner Frau, der Produzentin Gale Anne Hurd, die Produktion, bis 20th Century Fox endlich seinen Wünschen nachgab.
Trotz des technischen Aufwands, brachte es Cameron fertig, das Budget von 18 Millionen Dollar einzuhalten. Und in weniger als einer Woche wurden diese Kosten an der Kinokasse wieder eingespielt.
Im Gegensatz zu ALIEN - DAS UNHEIMLICHE WESEN AUS EINER FREMDEN WELT wurde bei der Fortsetzung erhöhter Wert auf die maskenbildnerischen Effekte gelegt, da man in manchen Sequenzen des ersten Teils hinter der Monstermaskierung ganz klar den Stuntman ausmachen konnte. Wiederum übernahm H. R. Giger die genaue Ausarbeitung und Gestaltung der Schrekkensfiguren, wobei die Animation sich bemühte, die Bewegungsabläufe der Monster gezielt unwirklich und „artfremd" erscheinen zu lassen. *Aliens* beginnt als militärisches Science-fiction-Spektakel, vollzieht aber schnell seine Wandlung zum Grusel-Epos, sobald die ersten Weltraum-Bestien erscheinen. Zu einer zusätzlich beklemmenden und bedrohlichen Atmosphäre tragen die imposanten Kulissen (die labyrinthartigen Gänge einer Raumstation) bei. nn

All meine Sehnsucht

All I Desire. USA 1953 **R** Douglas Sirk **B** James Gunn, Robert Blees, nach einem Roman von Caro Brink **K** Carl Guthrie **M** Joseph Gershenson **P** Universal **L** 72 Min., s/w **D** Barbara Stanwyck, Richard Carlson, Lyle Bettger, Marcia Henderson, Maureen O´Sullivan

Eine drittklassige Schauspielerin kehrt desillusioniert nach Wisconsin in das spießige Nest ihrer Familie zurück, die sie zehn Jahre zuvor verlassen hatte, um ihren Wunsch auf ein eigenes Leben durchzusetzen. Die unerwartete Begegnung mit Ehemann und Kindern beschwört alte Konflikte herauf, die jedoch gegen Ende des Films gelöst werden können.
Douglas Sirk, der Meister des Melodramas, entwirft in bestechend detaillierten Szenen das Bild einer amerikanischen Provinzstadt um 1900. Wie in vielen seiner Filme steht auch hier eine von der Gesellschaft Ausgestoßene im Mittelpunkt der Filmhandlung, wobei Barbara Stanwyck als gescheiterte, leicht verrucht wirkende Schauspielerin, die ideale Besetzung abgibt. Die Reaktionen der bürgerlichen Umwelt auf die Rückkehr der einst rebellierenden Mutter bleiben für Sirk eher nebensächlich. Sein Interesse gilt den innerfamiliären Veränderungen, die durch die Rückkehr der gesellschaftlichen Außenseiterin eintreten und sich in einem Kampf um Liebe, Anerkennung und Machtpositionen widerspiegeln. Über *All meine Sehnsucht* sagte Sirk selbst: „Ich kenne keinen amerikanischen Film, in dem die Familie so offengelegt wird." jg

All meine Söhne

All My Sons. USA 1948 **R** Irving Reis **B** Chester Erskine, nach dem Bühnenstück von Arthur Miller **K** Russell Metty **M** Leith Stevens **P** Chester Erskine für Universal **L** 94 Min., s/w **D** Edward G. Robinson, Burt Lancaster, Mady Christians, Louisa Horton, Howard Duff

Arthur Millers Stück war unter der Regie von Elia Kazan neun Monate sehr erfolgreich am Broadway gelaufen und hatte den Preis der New Yorker Theaterkritiker des Jahres 1947 erhalten. Wie immer geht es dem Autor (*Der Tod eines Handlungsreisenden*) um die Entlarvung des American Dream.
Edward G. Robinson ist als Fabrikbesitzer Joe Keller zu sehen, der während des Krieges indirekt für den Tod mehrerer Piloten verantwortlich war, da er bewußt schadhafte Flugzeugteile lieferte, um wirtschaftlichen Schwierigkeiten aus dem Weg zu gehen. Die ganze Schuld wurde seinem Kompagnon angelastet, der dafür ins Gefängnis wander-

te. Schließlich wird Joe von seinem Sohn (Lancaster), der die üble Geschichte aufdeckt, mit der Wahrheit konfrontiert und begeht Selbstmord.
Burt Lancaster hatte eine niedrige Gage akzeptiert, um neben Robinson die zweite Hauptrolle spielen zu können. Das Ergebnis gab ihm recht: Zwar war *All meine Söhne* kein Kassenerfolg, doch der Film kann sich auch heute noch, dank der sensiblen Behandlung des Themas und der hervorragenden Darsteller, sehen lassen. Seine deutsche Erstaufführung fand allerdings erst 1984 im Fernsehen (ARD) statt. al

Alle Herrlichkeit auf Erden

Love Is a Many Splendored Thing. USA 1955 **R** Henry King **B** John Patrick, nach einem Roman von Han Suyin **K** Leon Shamroy **M** Alfred Newman **P** 20th Century Fox **L** 102 Min., Farbe **D** Jennifer Jones, William Holden, Torin Thatcher, Isobel Elsom, Murray Matheson

In Hongkong lernt ein amerikanischer Auslandskorrespondent eine attraktive Ärztin chinesisch-holländischer Abstammung kennen. Zwischen beiden entwickelt sich eine leidenschaftliche Liebe, die bald durch den Ausbruch des Korea-Krieges überschattet wird.
Eine mitreißende und sehr gefühlvoll inszenierte Liebesgeschichte voll romantischer Szenen und Stimmungen. Gedreht an Original-Schauplätzen, besticht Henry Kings Werk durch seine eindrucksvollen Außenaufnahmen und die fließend eingefangenen Beobachtungen des Alltags im China der 50er Jahre. *Alle Herrlichkeit auf Erden* wurde 1955 für acht Oscars nominiert. Jennifer Jones, von Kameramann Leon Shamroy faszinierend zart und zerbrechlich fotografiert, ging dabei allerdings zur großen Überraschung leer aus. Der Kategorie „Filmmusik" fielen hingegen gleich zwei Oscars zu. Sammy Fain und Paul Francis Webster konnten für den Ohrwurm *Love Is a Many Splendored Thing* als Besten Filmsong und Alfred Newman für den Besten Soundtrack je eine Auszeichnung entgegennehmen. Den dritten Oscar erhielt Charles Le Maire für seine stilsicheren Kostümentwürfe. jg

Alle lieben Pollyanna

Pollyanna. USA 1960 **R** David Swift **B** David Swift, nach dem Roman *Pollyanna* von Eleanor H. Porter **K** Russell Harlan **M** Paul Smith **P** Walt Disney **L** 118 Min., Farbe **D** Hayley Mills, Jane Wyman, Karl Malden, James Drury

Das Mädchen Pollyanna verwandelt durch ihr liebenswertes Wesen alle Menschen in der Kleinstadt Harrington. So werden die Verschlossenen plötzlich offen und herzlich, die Hochmütigen freundlich und die eingebildeten Kranken wieder gesund. Als Pollyanna durch einen tragischen Unfall schwer erkrankt, geben ihr alle Bewohner einen Beweis ihrer Liebe.
Alle lieben Pollyanna entstand nach dem Roman *Pollyanna* von Eleanor H. Porter. 1920 entstand bereits eine Verfilmung mit Mary Pickford in der Titelrolle. Der Streifen wurde so populär, daß man der Figur Pollyanna sogar einen Song widmete.
David Swift gab mit diesem Projekt sein Debüt als Regisseur. Mit den Walt Disney Studios hatte er schon in den 30er Jahren zusammengearbeitet, zunächst als Laufbursche, später als Trickfilmzeichner. Ursprünglich wollte Disney Swift nur als Co-Regisseur für *Pollyanna* engagieren, war aber im Verlaufe der Vorbereitungszeit so angetan von Swifts Ideen, daß er ihm die die ganze Inszenierung überließ. nn

Alle meine Träume

The Best of Everything. USA 1959 **R** Jean Negulesco **B** Edith Sommer, Mann Rubin, nach dem Roman von Rona Jaffe **K** William C. Mellor **M** Alfred Newman **P** Jerry Wald für 20th Century-Fox **L** 121 Min., Farbe **D** Hope Lange, Stephen Boyd, Suzy Parker, Martha Hyer, Diane Baker, Brian Aherne, Louis Jourdan, Joan Crawford

Produzent Jerry Wald trommelte eine ganze Reihe hoffnungsvoller junger Talente zusammen, um Rona Jaffes Roman über drei junge Frauen, die im New Yorker Großstadtdschungel mit der Frage zu kämpfen haben, ob sie sich für die Liebe (und damit die Rolle der Hausfrau) oder die Karriere entscheiden sollen, eindrucksvoll auf die Leinwand zu bringen. Das Ergebnis ist ein aufgeplustertes, recht altmodisches Drama, das sich unter einer weiblichen Berufstätigen anscheinend nur eine frustrierte, alkoholabhängige Karrierefrau vorstellen kann, wie sie von Joan Crawford in einer Gastrolle verkörpert wird. Sie spielt die hartherzige, im Grunde einsame Vorgesetzte der drei Mädels und soll wohl als abschreckendes Beispiel verdeutlichen, was mit allzu ehrgeizigen Frauen zwangsläufig passiert. Trotz ihrer undankbaren Rolle war die Crawford (viele ihrer Szenen sollen aus Zeitgründen geschnitten worden sein) die einzige der Beteiligten, die von der Kritik mit Lob, ja sogar mit Bewunderung bedacht wurde. So schrieb Paul V. Beckley in der *New York Herald Tribune*: „Wenn sie auf der Leinwand erscheint, wacht man auf und fängt an, sich für die Geschehnisse zu interessieren...sie schafft es fast, den Rest des Films wie ein einziges Durcheinander aussehen zu lassen..." al

Alle Menschen werden Brüder

Alle Menschen werden Brüder. BRD 1973 **R** Alfred Vohrer **B** Manfred Purzer, nach dem Roman von Johannes Mario Simmel **K** Charly Steinberger **M** Erich Ferstl **P** Roxy **L** 109 Min., Farbe **D** Harald Leipnitz, Doris Kunstmann, Rainer von Artenfels, Herbert Fleischmann, Elisabeth Volkmann, Roberto Blanco

Nach der Edgar-Wallace-Welle und der Karl-May-Serie wurde zu Beginn der 70er Jahre Bestseller-Autor Johannes Mario Simmel neu für das Kino entdeckt. Der routinierte Regisseur Alfred Vohrer und Autor Manfred Purzer bildeten ein festes Team, das sich zusammen mit dem Filmkomponisten Erich Ferstl insgesamt sechs Romanvorlagen annahm. Die von Kritikern oftmals bemängelte Trivialität der Simmelschen Literatur war für hochrangige Schauspieler kein Hinderungsgrund, in diesen Filmen mitzuwirken.
Alle Menschen werden Brüder erzählt von einer tödlichen Feindschaft zwischen zwei grundverschiedenen Brüdern und bemüht sich vor dem Hintergrund dieses Konflikts die Licht- und Schattenseiten der bundesdeutschen Nachkriegsgesellschaft darzustellen.
Aufwand und Spannung dieser Verfilmung halten sich in Grenzen. Die Inszenierung Vohrers bleibt durchweg hausbacken, daran ändern auch die krampfhaft künstlerischen Kameraeinstellungen wenig. Ein besonderer Gag ist der kurze Auftritt des Schlagerstars Roberto Blanco, der sich in einer Kneipe als Rausschmeißer betätigen darf. jg

Alle Mörder sind schon da

Clue. USA 1985 **R** Jonathan Lynn **B** Jonathan Lynn, nach einer Story von John Landis und Jonathan Lynn **K** Victor Kemoers **M** John Morris **P** Debra Hill / Paramount **L** 87 Min., Farbe **D** Eileen Brennan, Tim Curry, Madeleine Kahn, Christopher Lloyd, Michael McKean, Martin Mull, Lesley Ann Warren

In einem einsamen viktorianischen Landhaus treffen sich sechs Menschen zu einem noblen Diner. Zum Dessert gibt es eine Leiche: Der Gastgeber wird ermordet. Doch bei einem Toten soll es nicht bleiben, es geschehen weitere Morde: Die Köchin wird erstochen, ein herbeigeeilter Polizist erschlagen. „Die Hinterbliebenen“ spielen Detektiv und machen sich auf die Suche nach dem Mörder.
Ursprünglich sollte eigentlich John Landis den Film inszenieren, aber er scheiterte schon beim ersten Script-Entwurf und übertrug diese Aufgabe und die Regie Jonathan Lynn. Fast die gleiche Story war bereits von René Clair nach einer Vorlage von Agatha Christie verfilmt worden. Jonathan Lynn allerdings bekam seine Anregungen von einer ganz anderen Seite, nämlich von dem bekannten Parker-Detektiv-Gesellschaftsspiel *Cluedo* (engl. Clue).
Als Spezialist für den typisch englischen schwarzen Humor (er gewann dreimal den Best Comedy Series Award der Britischen Film- und Fernsehakademie) legte Lynn in seinem Regiedebüt viel Wert auf Dialogwitz und Spannung. Bis zuletzt ist der Zuschauer darüber im Unklaren, wer der wirkliche Mörder ist. Selbst die Darsteller mußten vor Drehbeginn beim Notar unterschreiben, die Lösung nicht preiszugeben.
Gedreht wurde übrigens im selben Atelier, in dem schon Alfred Hitchcock seinen Thriller DAS FENSTER ZUM HOF inszeniert hatte. nn

Allein gegen das Gesetz

Il vero e il falso. Italien 1971 **R** Eriprando Visconti **B** Eriprando Visconti, Enzo Gicca, Luigi Malerba **K** Marcello Gatti **M** Goirgio Gaslini **P** Euro International Films/Explorer Film 58/Esmeraldo Ruspoli, Vittorio Sanipoli **L** 85 Min., Farbe **D** Terence Hill, Martin Balsam, Paola Pitagora, Adalberto Maria Merli, Shirley Corrigan

Eine junge Lehrerin soll die Geliebte ihres Mannes getötet haben. Im Laufe des schlampig geführten Prozesses wird sie zu zehn Jahren Haft verurteilt. Nach sieben Jahren entläßt man sie vorzeitig aus dem Gefängnis. Als sie nach Hause kommt, ertappt sie ihren Mann Claudio, der mit der angeblich Ermordeten seit Jahren zusammenlebt. Diesmal begeht Luisa tatsächlich den Mord und steht erneut vor Gericht. Sie ist davon überzeugt, daß sie für das Verbrechen bereits gebüßt hat. Ihr Anwalt Manin plädiert für Freispruch. Doch das Gericht entscheidet gegen sie.
In Italien steht das Rechtswesen, besonders in Verbindung mit der Mafia, in zahlreichen Filmen im Mittelpunkt. Bekannteste italienische Vertreter des Gerichtsdramas sind Regisseure wie Damiano Damiani, Eliot Petri, Francesco Rosi. Eriprando Visconti, der Neffe von Luchino Visconti, wollte mit seinem Film auf einige fragwürdige Rechtssprechungen in der italienischen Justiz hinweisen. Der Prozeßfall, der diesem Streifen zugrunde liegt, ist dabei authentisch und sorgte seinerzeit in Italien für Aufregung. nn

Allein mit Giorgio

Liza/Melampo. Frankreich/Italien 1972 **R** Marco Ferreri **B** Ennio Flaiano, Marco Ferreri, Jean-Claude Carriere, nach dem Roman *Melampus* von Ennio Flaiano **K** Marco Vulpiani **M** Philippe Sarde **P** Raymond Danon für Lira Films (Paris), Pegaso Films (Rom) **L** 100 Min., Farbe **D** Catherine Deneuve, Marcello Mastroianni, Corinne Marchand, Michel Piccoli

Der erste Film des Gespannes Deneuve/Mastroianni (drei weitere sollten noch folgen), zur damaligen Zeit Lebensgefährten, ist eine von Marco Ferreri mit Lust zur Provokation in Szene gesetzte Liebesgeschichte. Sie handelt von Giorgio (Mastroianni), der als eine Art moderner Robinson auf einer einsamen Mittelmeerinsel (gedreht wurde auf Cavallo) lebt. Seine einzige Gesellschaft sind ein Radio und sein Hund Melampus. Das Auftauchen von Liza (Deneuve) ändert sein Leben schlagartig. Die junge, hübsche Frau bringt aus Eifersucht seinen Hund um und nimmt nach und nach die Stellung des Tieres ein. In ihrer totalen Unterwürfigkeit frißt sie aus einem Napf, trägt ein Halsband usw.
Ferreris Reflexionen über Freiheit und Herrschaftsverhältnisse in einer modernen Welt ließen das Publikum nicht unberührt - schließlich hatte man von der Deneuve (aus ihrem Privatleben) einen anderen Eindruck als den einer Masochistin, die sich in eine Hundfrau verwandelt. So wurde der Film kein kommerzieller Erfolg, ist aber aufgrund des interessanten Themas und Ferreris ganz speziellen Humors (ganz zu schweigen von den Darstellern) immer wieder sehenswert. al

Allein zu zweit

A nous deux. Frankreich/Kanada 1979 **R** Claude Lelouch **B** Claude Lelouch **K** Bernard Zitzerman **M** Francis Lai **P** Claude Lelouch, Denis Héroux, Joseph Bobien für Les Films 13 (Paris)/Cinévidéo (Montreal) **L** 100 Min., Farbe **D** Catherine Deneuve, Jacques Dutronc, Jacques Villeret, Paul Preboist

Eine romantische Gangsterballade von Claude Lelouch, der oft als „Meister der Kolportage“ oder auch „Kitsch-Filmer“ bezeichnet wurde. Was man seinen Filmen auch unterstellen mag, eines sind sie immer: unterhaltsam. *Allein zu zweit* macht da keine Ausnahme. Der Film handelt von zwei grundverschiedenen Charakteren, die trotz ihrer Gegensätze doch noch zueinander finden. Die von Catherine Deneuve gespielte Françoise ist eine professionelle Erpresserin, die sich an der Männerwelt rächen will, seit sie Opfer einer Vergewaltigung wurde. Durch Zufall lernt sie einen Gauner und Einbrecher (Dutronc) kennen, und prompt befinden sich die beiden auf einer langen Flucht vor der Polizei, die von Paris über New York bis nach Kanada führt.
Lelouchs Drehbuch strapaziert das eine ums andere Mal arg die Glaubwürdigkeit und bedient sich großzügig bei BONNIE UND CLYDE, doch wen stört das schon, wenn Bekanntes mit soviel Charme und Humor in Szene gesetzt wird? *France-Soir* jedenfalls schrieb: „Der Gehalt und die Liebe zum Kino machen aus diesem lebendigen, unterhaltenden, manchmal erschütternden, malerischen Film ein ausgezeichnetes Schauspiel...“
Besonders viel Lob erhielt Catherine Deneuve, die, fast ungeschminkt, „von einer durchscheinenden Schönheit“ sei. In einer kurzen Szene ist übrigens ihre Tochter Chiara zu sehen. al

Allen geht´s gut

Stanno tutti bene. Italien/Frankreich 1990 **R** Giuseppe Tornatore **B** Giuseppe Tornatore, Tonino Guerra **K** Blasco Giurato **M** Ennio Morricone **P** Angelo Rizzoli für Erre Prod. (Rom), Les Films Ariane/TF1 Films (Paris) **L** 120 Min., Farbe **D** Marcello Mastroianni, Michèle Morgan, Salvatore „Toto“ Cascio, Marino Cenna

Der Witwer Matteo (Mastroianni), auf Sizilien lebender Standesbeamter im Ruhestand, macht sich auf eine Reise durch Italien, um seine über das ganze Land verstreuten Kinder mit einem Besuch zu überraschen. Auf seiner Fahrt muß er langsam erkennen, daß nichts so ist, wie er es sich vorgestellt und gewünscht hat. Seine Kinder sind keine erfolgverwöhnten Karrieremenschen, sondern

Durchschnittsbürger mit allerhand Sorgen und Nöten. Am meisten aber trifft ihn die Nachricht vom Selbstmord seines ältesten Sohnes.
Nach dem weltweiten Erfolg seines CINEMA PARADISO hat Giuseppe Tornatore mit seinem dritten Film erneut ein sehr melancholisches Werk über die Vergänglichkeit der Werte, den Generationskonflikt und ein im Wandel begriffenes Italien vorgelegt. Das Land, das Mastroianni auf seinen Zugreisen durchquert, ist ein von Arbeitslosigkeit, Umweltverschmutzung und Korruption zerrütteter Industriestaat. Trotzdem ist der Film kein pessimistisches Zeigefingerkino, eher handelt es sich um eine wehmütige Komödie. Eine wichtige Rolle spielt die Musik Ennio Morricones, der hier erneut seine Vielseitigkeit unter Beweis stellt. Der Komponist hat einen kleinen Gastauftritt als Dirigent der Mailänder Scala, von dem sich Mastroianni einen Satz aus *La Traviata* wünscht. al

Alles Glück dieser Erde

International Velvet. Großbritannien 1977 **R** Bryan Forbes **B** Bryan Forbes, nach dem Roman *National Velvet* von Enid Bagnold **K** Tony Imi **M** Francis Lai **P** Bryan Forbes / Metro- Goldwyn-Mayer **L** 116 Min., Farbe **D** Tatum O´Neal, Christopher Plummer, Anthony Hopkins, Nanette Newman

Sarah Brown (O´Neal), die Nichte der ehemals erfolgreichen Reiterin Velvet, ist ein große Pferdenärrin. Sie möchte unbedingt an den Olympischen Spielen teilnehmen und eine Goldmedaille gewinnen. Ihre Freunde und Velvet helfen Sarah, das harte Training durchzustehen und ihren Traum vom großen Sieg zu erfüllen.
Die Idee zum Film stammte von dem damaligen Vizepräsidenten von Metro-Goldwyn-Mayer, Richard Shepherd. Er rief seinen Freund Bryan Forbes eines Tages an, um ihn zu überreden, ein Remake von *National Velvet* zu machen, der schon einmal 1944 mit Elizabeth Taylor in der Hauptrolle gedreht worden war. Da Forbes den „Wiederaufguß" von erfolgreichen Filmen haßte, lehnte er ab und schlug statt dessen vor, eine Fortsetzung zu drehen. Er bemühte sich sehr lange um Elizabeth Taylor, die er unbedingt noch einmal für die Rolle der Velvet engagieren wollte. Doch nach langem Zögern gab sie ihm einen Korb, und so übernahm den Part Forbes Ehefrau Nanette Newmann. Gedreht wurde auf einer Farm in Boston und in England. In Reiterfragen wurde Forbes von dem amerikanischen Goldmedaillengewinner William Steinkraus und dem Briten John Oram fachmännisch beraten. nn

Alles Gold dieser Welt

Tout l´or du monde. Frankreich/Italien 1961 **R** René Clair **B** René Clair **K** Pierre Petit **M** Georges van Parys **P** S.E.C.A. (Paris), Cineriz (Rom) **L** 89 Min., s/w **D** Bourvil, Philippe Noiret, Claude Rich, Annie Fratellin

René Clairs vorletzter Film (rechnet man eine Episode in *Les quatres vérités* , 1962, nicht mit) ist eine amüsante, harmlose kleine Komödie, die vor Einfällen nur so übersprudelt, aber trotzdem nie die Qualität seiner früheren Arbeiten erreicht.
In einem kleinen französischen Dorf soll nach dem Willen des Unternehmers Monsieur Hardy (Noiret) ein mondäner Kurort entstehen. Das einzige Problem: Der Bauer Dumont (Bourvil) sitzt auf dem Grundstück mit der notwendigen Quelle und ist nur unter der Bedingung der Zustimmung seines einfältigen Sohnes (ebenfalls Bourvil) mit einem Verkauf einverstanden. Doch kurz vor Vertragsabschluß stirbt er. Jetzt setzt Hardy dem Sohn zu, doch als der zur Unterschrift bereit ist, erfährt man von der Existenz eines zweiten Sohnes (nochmal Bourvil), der in Südamerika lebt und ebenfalls erbberechtigt ist. Auch diese Hürde schafft Monsieur Hardy noch, dann bricht er tot zusammen: Das Dorf hat seine Ruhe wieder.
Der Film lebt vor allem durch den köstlichen Bourvil, der als die drei Dumonts alle Register seines komödiantischen Könnens ziehen darf. al

Alles in Butter

Tout va bien. Frankreich/Italien 1972 **R** Jean-Luc Godard, Jean-Pierre Gorin **B** Jean-Luc Godard, Jean-Pierre Gorin **K** Armand Marco **P** Jean-Pierre Rassam für Anouchka Films **L** 95 Min., Farbe **D** Yves Montand, Jane Fonda, Vittorio Caprioli, Jean Pignol

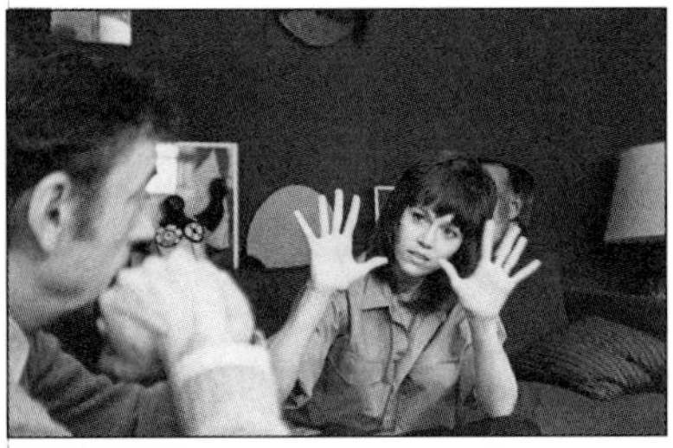

Jean-Luc Godards Rückkehr zum „kommerziellen" Kino war in Frankreich mit Spannung erwartet worden. Schon zwei Monate vor Start des Films erschienen in *Le Monde* ganzseitige Anzeigen, die auf das Ereignis aufmerksam machten. In der Tat hatte Godard seit den Studentenunruhen im Mai ´68 mit seinem Partner Gorin nur noch politische Kurzfilme gedreht, die zumeist von ausländischen TV-Stationen in Auftrag gegeben worden waren. Nun wollten die beiden ihre Überzeugungen einem größeren Publikum präsentieren, und mit Montand und Fonda als Zugpferde stellten sie ein Budget auf die Beine, das laut Godard „höher war als bei jedem meiner bisherigen Filme".
Die beiden Stars stellen ein intellektuelles Paar dar (sie ist Reporterin, er Filmemacher), die von streikenden Arbeitern einer Fabrik derart beeindruckt sind, daß sie ihr gesamtes Leben ändern (sie trennen sich, sie kündigt ihren Job usw.).
Alles in Butter hat eine ganz klare - marxistische - Aussage, doch viele französische Kritiker zeigten sich ob Godards „Zahmheit" enttäuscht. In den Staaten wurde der Film kaum verliehen und allgemein als „non-entertainment" bezeichnet. Für Aufsehen sorgte der Entfremdungsprozeß zwischen dem Regisseur und Jane Fonda, die sich am kreativen Prozeß nicht genügend beteiligt fühlte (immerhin arbeitete sie ohne Gage). Diese Entwicklung gipfelte in einem 53minütigen Film, den Godard und Gorin *Une lettre pour Jane* nannten und in dem sie die Schauspielerin ob ihres Engagements gegen den Vietnam-Krieg heftig attackierten (Fonda hatte im Sommer ´72 Vietnam besucht). Sie warfen ihr vor, als Mitglied des US-Establishments hätte sie kein Recht, sich in die Angelegenheiten des Vietcong einzumischen. In einigen Kinos wurde dieses Werk sogar im Vorprogramm von *Alles in Butter* gezeigt. al

Alles in einer Nacht

All in a Night´s Work. USA 1961 **R** Joseph Anthony **B** Edmund Beloin, Maurice Richlin, Sidney Shelton, nach einer Story von Margit Veszi und einem Stück von Owen Elford **K** Joseph LaShelle **M** André Previn **P** Hal Wallis/ Paramount **L** 94 Min., Farbe **D** Dean Martin, Shirley MacLaine, Cliff Robertson, Charles Ruggles, Norma Crane, Jack Weston, Gale Gordon

Dieser Film führte Shirley MacLaine wieder mit Joseph Anthony zusammen, unter dessen Regie sie schon in VIELE SIND BERUFEN gespielt hatte. *Alles in einer Nacht* gehört zu dem Genre der Sex-and-Big-Business-Comedies. Shirley MacLaine spielt die kleine Angestellte Katie, die sich in ihren millionenschweren, jungen und attraktiven Chef verliebt hat. Nach einigem Hin und Her aufgrund eines einzigen großen Mißverständnisses kann sie diesen Traummann endlich für sich gewinnen.
Shirleys Rolle erinnert an ihren Part der Meg in IMMER DIE VERFLIXTEN FRAUEN. Beide arbeiten in einer großen Firma in Manhattan, sind naiv, jedoch intelligent und bewältigen dank ihres offenen Wesens so manche knifflige Situation. Im Gegensatz zu Meg aber, die den Playboy abweist, wirft sich Katie in dessen Arme.
Kritiker bezeichneten *Alles in einer Nacht* als schwaches Lustspiel, bei dem man schon in den ersten Minuten das Ende voraussehen könne (*Filmkritik*). Gelobt wurde lediglich Shirley MacLaine für ihr komisches Mienenspiel. nn

Alles tanzt nach meiner Pfeife

L´homme orchestre. Frankreich/Italien 1970 **R** Serge Korber **B** Jean Halain, Serge Korber, nach einem Originalstoff von Géza von Radvanyi **K** Jean

Rabier **M** François de Roubaix **P** Alain Poiré für Gaumont International (Paris), Rizzoli Films (Rom) **L** 78 Min., Farbe **D** Louis de Funès, Olivier de Funès, Noëlle Adam, Puck Adams

Louis de Funès als der Leiter, Choreograph, Musiker und Tänzer einer weiblichen Revuetruppe, der schon alle Hände voll zu tun hat, um seine Mädchen vor Verehrern, Playboys und Schlimmerem zu bewahren. Als jedoch ein Baby auftaucht, von dem eigentlich niemand so richtig weiß, wem es gehört, kommt er erst recht ins Schwitzen. Gemeinsam mit seinem Neffen (Olivier de Funès), dem angeblichen Vater des Kleinen, macht er sich auf die Suche nach der Mutter, – doch alles was die beiden finden, ist ein weiteres Baby!
De Funès´ erste Zusammenarbeit mit dem jungen Regisseur Serge Korber erwies sich für beide als Enttäuschung. Zwar war *Alles tanzt nach meiner Pfeife* ein Publikumserfolg, doch aus der witzigen Ausgangssituation und den köstlichen Tanzeinlagen mit De Funès´ Beteiligung entstand nicht der Komödienhit, den man sich erhofft hatte. Von der Kritik wurde außerdem technische Schlamperei bemängelt. Trotzdem ist der Film natürlich für jeden De Funès-Fan ein Fest, und der Komiker ließ es sich nicht nehmen, noch im gleichen Jahr ein weiteres Projekt mit Korber zu realisieren: BALDUIN, DER SONNTAGSFAHRER. al

Alles über Eva

All About Eve. USA 1950 **R** Joseph L. Mankiewicz **B** Joseph L. Mankiewicz **K** Milton Krasner **M** Alfred Newman **P** 20th Century-Fox **L** 137 Min., s/w **D** Bette Davis, Anne Baxter, George Sanders, Thelma Ritter, Marilyn Monroe

Die Oscar-Verleihung im Jahre 1950 wurde ein Triumph für *Alles über Eva*, obgleich die beiden nominierten Darstellerinnen Anne Baxter und Bette Davis leer ausgingen. Dennoch würdigte man den Film mit insgesamt sechs Oscars, die im einzelnen den Sparten „Bester Film“, „Beste Regie“, „Bester männlicher Nebendarsteller“ (George Sanders), „Beste Drehbuch-Adaption“, „Bester Ton“ und „Beste Kostüme“ (Edith Head, Charles LeMaire) zufielen. Unbeachtet blieb noch Marilyn Monroe, die hier eine ihrer ersten Filmrollen hatte, die über einen Kurzauftritt hinausging.
Anne Baxter spielt eine junge Schauspiel-Debütantin, die sich das Vertrauen einer alternden Broadway-Diva (Bette Davis) erschleicht, um mit kaltblütiger Berechnung ihre eigene Bühnenkarriere voranzutreiben. Ein subtil inszeniertes Psycho-Drama über Erfolg und Starruhm, das vor allem durch Bette Davis in ihrer tragischen Altersrolle fesselt. Mankiewicz ist es gelungen, ein treffsicheres Bild der Theater-Szene am Broadway einzufangen, ohne daß sein Film dabei zu einem abgefilmten Bühnenstück verkommt. Die sorgfältig ausgearbeitete Dialogregie der deutschen Fassung übernahm der Schriftsteller und Drehbuchautor Erich Kästner. jg

Alles um Anita

Hollywood or Bust. USA 1956 **R** Frank Tashlin **B** Erna Lazarus **K** Daniel Fapp **M** Walter Scharf **P** Paramount **L** 95 Min., Farbe **D** Dean Martin, Jerry Lewis, Pat Crowley, Anita Ekberg, Maxie Rosenbloom

Mit seinem Autogewinn und in Begleitung eines Glücksspielers reist ein tölpelhafter Filmfan kreuz und quer durch die Vereinigten Staaten, um sein großes Idol, die Diva Anita Ekberg, zu treffen.
Nach über 14 gemeinsamen Auftritten vor der Kamera zogen Dean Martin und Jerry Lewis mit diesem Film einen Schlußstrich unter ihre Karriere als Komikerduo. Martin wandte sich fortan ernsteren Genres wie Kriminalfilmen oder Western zu, während Lewis nach wie vor der Klamauk-Komödie treu blieb und eine respektable Solo-Laufbahn einschlug.
Ein besonderer Höhepunkt dieses Films ist eine glänzend gelungene Stierkampf-Parodie. Ansonsten spielt die Handlung mit den alten Rollenverhältnissen. Lewis verkörpert den ewig vom Pech Verfolgten, der von Martin dabei auch noch kräftig ausgenutzt wird. Für Anita Ekberg war dieser Film die zweite Martin/Lewis-Komödie. Einen kurzen Auftritt hatte sie ein Jahr zuvor neben Shirley MacLaine in DER AGENTENSCHRECK. jg

Allonsanfan

Allonsanfàn. Italien 1974 **R** Paolo und Vittorio Taviani **B** Paolo und Vittorio Taviani **K** Giuseppe Ruzzolini **M** Ennio Morricone **P** Giuliani De Negri für Una Cooperativa Cinematografica **L** 100 Min. (Originalfassung 115 Min.), Farbe **D** Marcello Mastroianni, Léa Massari, Mimsy Farmer, Laura Betti

Nach seiner Entlassung aus dem Gefängnis im Jahre 1816 kehrt der ehemalige Revolutionär Fulvio (Mastroianni) nach Hause zurück. Mit politischem Engagement hat er nichts mehr am Hut, doch so sehr er sich auch bemüht, es gelingt ihm nicht, dem Wirkungskreis seiner ehemaligen Kampfgefährten, die neue Aktionen planen, zu entkommen. Er wird zum Betrüger, Verräter und schließlich sogar zum Mörder.
Allonsanfan, das ist die italienische Aussprache der ersten beiden Wörter der Marseillaise („Allons, enfants...“) und zugleich der Name des jüngsten Mitgliedes der Bruderschaft, der Fulvio einst angehörte. Angesiedelt im Zeitalter der Restauration nach dem Wiener Kongress (1815) und die postnapoleonische Ära beschwörend, beleuchtet der Film ebenso die Zeit, in der er entstand. Die Tavianis beschäftigen sich mit dem Versagen politischer Verbindungen und kommentieren sardonisch die Rolle des Bürgertums in der Revolution. Gekonnt vermischen sie in ihrer Inszenierung Elemente aus Oper und Farce; schon der Titelvorspann, der über einem geschlossenen roten Theatervorhang abläuft, während ein Orchester die Instrumente stimmt, weist auf den starken Bezug zur Bühne hin.
Für die Tavianis stellte *Allonsanfan* das erste Projekt dar, das sie ohne finanzielle Einschränkungen realisieren konnten, und so entstand ihr visuell beeindruckendstes Werk, von dem die *L.A. Times* meinte, es sei „eine lyrische, tragikomische Hommage an eine verlorene Sache in all ihrer Größe und Torheit“. al

Allotria

Allotria. Deutschland 1936 **R** Willi Forst **B** Jochen Huth, Willi Forst **K** Ted Pahle, Werner Bohne **M** Peter Kreuder **P** Ciné Allianz **L** 94 Min., s/w **D** Renate Müller, Jenny Jugo, Heinz Rühmann, Adolf Wohlbrück, Hilde Hildebrand

Zwei junge Liebespaare kämpfen mit den größten Problemen, um endlich glückliche Eheleute zu werden.
Willi Forst hat mit dieser eleganten Komödie einen Film inszeniert, der in seinem Charme, Witz und Zynismus oft an die Hollywood-Werke der versierten Regisseure George Cukor oder Ernst Lubitsch erinnert. Zum durchschlagenden Erfolg trug vor allem auch die geschickte Besetzung mit den Publikumslieblingen Heinz Rühmann und Renate Müller bei. Erwähnenswert bleibt auch die verschwenderische Ausstattung im Art-Deco-Stil, bei der die Innendekorationen von Muschel-Motiven dominiert werden. Ein für die damalige Zeit selten beschwingtes Lustspiel, das mit seiner inszenierten Leichtigkeit auch heute noch zu unterhalten vermag. jg

Alraune

Alraune. Deutschland 1927 **R** Henrik Galeen **B** Henrik Galeen, nach einem Roman von Hanns Heinz Ewers **K** Franz Planer **M** Werner Schmidt-

Boelcke **P** Ama-Film GmbH **L** 98 Min., s/w **D** Brigitte Helm, Paul Wegener, Ivan Petrovich, Mia Pankau, Georg John

Ein wahnsinniger Wissenschaftler befruchtet mit dem Samen eines Gehenkten eine Prostituierte. Es wird das Mädchen Alraune geboren, das seinen Namen nach der Wurzel erhält, die angeblich unter den am Galgen baumelnden Gehenkten wachsen soll. Alraune ist ein Ausbund an Gefühllosigkeit und Kälte. Dennoch liegen ihr die Männer scharenweise zu Füßen. Auch ihr Erfinder wird in ihren mysteriösen Bann gezogen.
Mit seinen Drehbüchern zu den phantastischen Filmen DER GOLEM, WIE ER IN DIE WELT KAM, NOSFERATU oder DAS WACHSFIGURENKABINETT galt Henrik Galeen als Spezialist für subtile Horrorfilme. Seine *Alraune* -Verfilmung konnte jedoch nicht die hohen Erwartungen erfüllen, die in Regisseur und Drehbuchautor gesetzt wurden. Hatte Galeen noch ein Jahr zuvor in DER STUDENT VON PRAG viele expressionistische Stilelemente untergebracht, so suchte man sie bei *Alraune* vergebens. Nur in den Anfangssequenzen ist ein wenig von Bedrohlichkeit und Düsternis zu spüren. Die berühmte Filmtheoretikerin Lotte Eisner meinte denn auch dazu: „Im Jahr 1928 wagen die deutschen Filmschaffenden nicht mehr, sich völlig dem Phantastischen hinzugeben, und die Neue Sachlichkeit schadet der künstlerischen Einheit eines Films wie Galeens *Alraune*." Auch Brigitte Helms Darstellung weicht in diesem Zusammenhang von den alten Vorbildern ab. Sie erscheint nicht als seelenloses Monstrum, sondern verkörpert vielmehr den sehr zeitbezogenen Vamp-Typ der 20er Jahre. jg

Alraune

Alraune. Deutschland 1930 **R** Richard Oswald **B** Charlie Roellinghoff, Richard Weisbach, nach dem Roman von Hanns Heinz Ewers **K** Günther Krampf **M** Bronislaw Kaper **P** UFA **L** 103 Min., s/w **D** Brigitte Helm, Albert Bassermann, Agnes Straub, Käthe Haack, Martin Kosleck

Fand die Stummfilm-Fassung schon drei Jahre zuvor nicht die erwartete Begeisterung, so enttäuschte das erste Remake von Richard Oswald noch mehr. Die Bilder des Films spielten nicht die dominierende Rolle. Ein Jahr zuvor war die Innovation des Tonfilms über die Filmstudios hereingebrochen und in dieser *Alraune*-Fassung reduzieren sich so die Effekte auf das bislang ungewohnte Akustische. Interessant ist daran lediglich die frühe Filmmusik von Bronislaw Kaper, der später seine Glanzzeit als Komponist in Hollywood erlebte. „Wenn der Stummfilm ALRAUNE der *Alraune* von 1930, dem Sprechfilm von Richard Oswald, so sehr überlegen ist, so liegt es nicht nur daran, daß Galeen weit mehr Talent als Oswald besessen hat. Dem Stummfilm ALRAUNE kommt das Schweigen zugute, das die Spannung und Stimmung eines phantastischen Sujets nicht verletzt", bemerkte ebenfalls Lotte Eisner zu dieser Version. jg

Alraune

Alraune. BRD 1952 **R** Arthur Maria Rabenalt **B** Kurt Heuser, nach dem Roman von Hanns Heinz Ewers **K** Friedl Behn-Grund **M** Werner R. Heymann **P** Carlton **L** 92 Min., s/w **D** Hildegard Knef, Erich von Stroheim, Karlheinz Böhm, Rolf Henniger, Harry Meyen

Ein ganz auf sein Staraufgebot ausgerichteter Film, der wohl auch deswegen zu sehr an der Faszination seiner Darsteller klebte und eine attraktive Neuaufbereitung der Handlung sträflich vernachlässigte.
Die dritte *Alraune* -Verfilmung erwies sich rundherum als künstlerische und finanzielle Katastrophe, da konnte auch der extra für diesen Film aus Hollywood angereiste legendäre Erich von Stroheim, der hier seine erste Rolle in einem deutschen Film spielte, wenig ändern.
1950 hatte Willi Forst mit seinem Melodrama DIE SÜNDERIN für den bis dahin größten Skandal im deutschen Nachkriegs-Kino gesorgt, wobei die verdammende Kritik der Katholischen Kirche die Erfolgsquote nur noch gesteigert hatte. Regisseur Arthur Maria Rabenalt (in den 40er und 50er Jahren Garant für Unterhaltungsfilme niedrigeren Niveaus) sah sich an dieses Erfolgsrezept erinnert und versuchte mit Hildegard Knef in der Besetzung der Alraune daran anzuknüpfen. Unter seiner reichlich unbeholfenen Regie agiert die hochkarätige Schauspielergarde erschreckend steif und hölzern. Dazu blubbert eine gar schaurige Untermalungsmusik aus dem Hintergrund hervor und bemüht sich krampfhaft, etwas Grusel zu erzeugen. jg

Als das Licht ausging

Where Were You When the Lights Went Out? USA 1967 **R** Hy Averbeck **B** Everett Freeman, Karl

Tunberg **K** Ellsworth Fredericks **M** Dave Grusin **P** Martin Melcher/Everett Freeman **L** 90 Min., Farbe **D** Doris Day, Robert Morse, Terry Thomas, Patrick O´Neal, Lola Albright

Der New Yorker Stromausfall von 1965 als heiterer Hintergrund für eine Doris-Day-Komödie: Ein gefeierter Broadway-Star überrascht ihren Ehemann bei einem Techtelmechtel mit einer anderen Frau. Wutschnaubend setzt sie sich in ihr Wochenendhaus ab und begegnet bei ihrer Flucht aus dem Moloch New York, in dem gerade die Elektrizitätsversorgung zusammenbricht, einem charmanten Einbrecher. In dem einsamen Landhaus bahnt sich durch das Auftauchen des Ehemannes eine Kette komplizierter Verwicklungen an.
Der schmissige Titelsong *Where Were You When the Lights Went Out* setzt etwas hohe Erwartungen in diesen Film, die sich später leider nicht ganz erfüllen. Für Doris Day war diese Komödie der vorletzte Leinwandauftritt, bevor sie sich ein Jahr später aus dem Filmgeschäft zurückzog. Von Kennern ihrer Filme wird *Als das Licht ausging* auch als einer ihrer schwächsten angesehen, wobei der Grund für dieses Urteil weniger Doris Day anzulasten ist, sondern eher in einem lust- und einfallslos heruntergeschriebenen Drehbuch liegt. Die an sich originelle Idee, eine Komödie vor dem Hintergrund des New Yorker Stromausfalls spielen zu lassen, dient in diesem Fall nur als Vorwand für die üblichen Verwechslungsspielchen und Zoten. jg

Als die Frauen noch Schwänze hatten

Quando le donne avevano la coda. Italien 1970 **R** Pasquale Festa Campanile **B** Lina Wertmüller, Marcello Coscia, Pasquale Festa Campanile, Ottavio Jemma **K** Franco di Giacomo **M** Ennio Morricone **P** Silvio Clementelli für Clesi Cinematografica **L** 95 Min., Farbe **D** Senta Berger, Giuliano Gemma, Frank Wolff

Vor -zig Millionen Jahren, als die Frauen noch Schwänze hatten, war das mit der Liebe auch nicht leichter. Das jedenfalls muß Filli, ein Steinzeitweibchen, erfahren (von Senta Berger mit roter Löwenmähne sehr aufreizend gespielt), nachdem sie ihren männlichen Artgenossen Ulli (Gemma) in die Geheimnisse der körperlichen Liebe eingeweiht hat. Denn natürlich wollen auch seine Kollegen zu ihrem Recht kommen, und da ist es ein Glück, daß Filli noch Artgenossinnen in reicher Zahl hat.

Der Mann entdeckt den Sex. Um nichts weniger (oder mehr) geht es in Campaniles Slapstick-Farce, für deren Drehbuch kurioserweise auch Lina Wertmüller (LIEBE UND ANARCHIE) verantwortlich zeichnet. Folgerichtig ist hier die Frau die Erfahrene, die dem „dummen" Mann den Weg weist. Dieser amüsante Ansatz kann jedoch nicht darüber hinwegtäuschen, daß es sich im großen und ganzen um eine recht derbe, platte und vor allem unwitzige Variation des Themas handelt. Ein Jahr später entstand unter dem Titel *Als die Frauen das Bett erfanden* ein Plagiat (mit anderer Regie und Besetzung), das sich auf gleichem Niveau bewegte, ebenso wie die „offizielle" Fortsetzung *Toll trieben es die alten Germanen* (1973). al

Als Dinosaurier die Erde beherrschten

When Dinosaurs Ruled the Earth. Großbritannien 1970 **R** Val Guest **B** Val Guest, nach einer Erzählung von J.G.Ballard **K** Dick Bush **M** Mario Nascimbene **P** Aida Young für Hammer Films **L** 100 Min., Farbe **D** Victoria Vetri, Robin Hawdon, Patrick Allen

Zu der Zeit, als Dinosaurier die Erde beherrschten, werden eine Frau (Vetri) und ein Mann (Hawdon), die zu gegnerischen Stämmen gehören, durch ihre Liebe zu Ausgestoßenen. Fortan müssen sie gegen ihre eigenen Leute, die Gewalt der Elemente und solch unangenehme Kreaturen wie eine gigantische Schlange, einen menschenfressenden Kaktus und rote Riesenameisen kämpfen, um ihr primitives Leben zu erhalten.
Nach EINE MILLION JAHRE VOR UNSERER ZEIT ist dies der zweite Versuch der britischen Horror- und Billig-Produktionsgesellschaft Hammer, den Kinobesuchern die abenteuerliche Welt unserer Vorfahren anschaulich zu machen. Derartige Bemühungen entlockten manchem Kritiker natürlich nur ein müdes Lächeln, sind aber im Grunde recht unterhaltsam. Dafür sorgen hauptsächlich die von Jim Danforth sehr sorgfältig gestalteten Special-effects sowie die eindrucksvolle Musik des Italieners Mario Nascimbene, der auch schon Raquel Welchs Fellbikini-Auftritte im ersten Film mit dem passenden akustischen Hintergrund versah. al

Als Du Abschied nahmst

Since You Went Away. USA 1944 **R** John Cromwell **B** David O. Selznick, Margaret Buell Wilder, nach dem Roman *Together* von Wilder **K** Stanley Cortez, Lee Garmes, Jack Cosgrove, Clarence Silver **M** Max Steiner **P** David O. Selznick für United Artists **L** 120 Min. (Originalfassung 172 Min.), s/w **D** Claudette Colbert, Jennifer Jones, Shirley Temple, Joseph Cotten, Monty Woolley, Robert Walker, Lionel Barrymore, Hattie McDaniel, Agnes Moorehead, Guy Madison

David O. Selznick, beeindruckt von MRS. MINIVER (dem Schicksal einer englischen Familie während des II. Weltkrieges) und frustriert von seiner eigenen Wehruntauglichkeit, tat alles, um trotzdem seinen Beitrag zu den Kriegsanstrengungen der USA zu leisten. Er wollte die Geschichte einer amerikanischen Familie erzählen, deren Leben durch den Krieg verändert wird. Der Produzent fand seine Story in einem Buch von Margaret Buell Wilder, die ihre Briefe an ihren dienenden Mann in einem Roman verarbeitet hatte, den sie später zu einer Filmstory umschrieb. Selznick verfaßte selbst das Drehbuch und machte daraus eine Produktion der für ihn üblichen Größenordnung. Der Film besitzt keine stringente Handlung, sondern besteht aus vielen, lose miteinander verknüpften Episoden, in deren Mittelpunkt Claudette Colbert als Anne Hilton steht. Sie spielt die alleinstehende Mutter von Jones und Temple - das Familienoberhaupt befindet sich an der Front. Der fast dreistündige Film entwirft ein vielschichtiges, wenn auch aus heutiger Sicht verklärendes, patriotisches Bild von Amerika während des Krieges, doch er ist mit viel Sorgfalt und Mühe gemacht und enthält hervorragende Szenen und Darstellerleistungen. Zu seiner Zeit war er das längste und teuerste Werk der Filmgeschichte seit VOM WINDE VERWEHT, der ebenfalls von Selznick produziert worden war. Das Publikum strömte in die Kinos, und *Als Du Abschied nahmst* ergatterte fünf Oscar-Nominierungen, darunter eine als Bester Film sowie für Kamera und die Schauspieler Colbert, Jones und Wooley. Max Steiner gewann für seinen beeindruckenden Score.
Schon kurz nach der Premiere kürzte Selznick die Laufzeit um 25, später noch einmal um 15 Minuten. In Deutschland erlebte der Film erst 1953 seine Kino-Premiere. al

Als Jim Dolan kam

Rough Night in Jericho. USA 1966 **R** Arnold Laven **B** Sydney Boehm, Marvin H. Albert, nach

einem Roman von Marvin H. Albert **K** Russell Metty **M** Don Costa **P** Universal **L** 103 Min., Farbe **D** Dean Martin, Jean Simmons, George Peppard, John McIntire, Slim Pickens

Mit Mord und Erpressung terrorisiert ein skrupelloser Gangster mit seiner Bande eine Kleinstadt in Utah. Erst der Glücksspieler Jim Dolan (Peppard), ein ehemaliger Sheriff, wagt es, den Kampf gegen die Gesetzesbrecher aufzunehmen.
An neuen Handlungselementen hat dieser Western zwar wenig zu bieten, doch garantiert er unbeschwerte und routiniert inszenierte Kinokost. Den Strömungen des Italo-Western gleicht er sich insofern an, als nur das Showdown aus dem üblichen Pistolen-Duell besteht, ansonsten jedoch im vorherigen Verlauf der Handlung die auftretenden Konflikte mit viel Dynamit gelöst werden. Kinoliebling Dean Martin trat in diesem Western zum Entsetzen seiner Fangemeinde das erste Mal in seiner Laufbahn als übler Bösewicht auf, der noch nicht einmal davor zurückschreckt, wehrlose Frauen brutal zusammenzuschlagen. In der Tat erschreckt die Sequenz, in der Jean Simmons als Eigentümerin der Express-Kutschen-Linie zwischen die Fäuste Dean Martins gerät, durch ihre ungewohnte Härte. Jean Simmons, die bereits in dem Edelwestern WEITES LAND (1958) Erfahrungen in diesem Genre gesammelt hatte, meinte zu ihrem Part: „Meine Rolle faszinierte mich so, wie Dean Martin die seine fasziniert haben muß, denn sonst hätte er, der nicht nur als Gentleman apostrophiert wird, sondern wirklich einer ist, sie ebenfalls nicht spontan akzeptiert. Gerade Dean Martin als brutalem, gewissenlosen Despoten gegenüberzustehen, reizte mich noch mehr, die Mollie Lang zu spielen. Daß wir uns beide nichts geschenkt haben, merken hoffentlich die Zuschauer." jg

Also sprach Bellavista

Il mistero di Bellavista. Italien 1985 **R** Luciano de Crescenzo **B** Luciano de Crescenzo, Riccardo Pazzaglia, nach dem Roman von De Crescenzo **K** Dante Spinotti **M** Claudio Mattone **P** Eidoscope/ Mario Orfini, Emilio Bolles **L** 106 Min., Farbe **D** Luciano de Crescenzo, Renato Scarpa, Isa Daniele, Lorella Morlotti

Zwanzig Jahre lang arbeitete Luciano de Crescenzo als Ingenieur bei IBM, bevor er seinen Job aufgab und als Schriftsteller, Journalist, Philosoph, Drehbuchautor, Photograph, Cartoonist und Regisseur be-

rühmt wurde. Vor allem aber ist er Neopolitaner, und sein zweiter Film in eigener Regie ist zugleich eine Liebeserklärung an seine Heimatstadt. „Es gibt Augenblicke, da denke ich, Neapel könnte vielleicht sogar die letzte Hoffnung sein, die der menschlichen Rasse noch bleibt." (De Crescenzo)
Bellavista (De Crescenzo) ist ein pensionierter Lehrer der Philosophie. Wie einst Sokrates spricht er mit seinen Mitbürgern und Freunden über Politik und Essen, über Anarchie und Faulenzen und über die Selbstsucht der Menschen. In seinem neuen Nachbarn, Dr. Cazzaniga (Scarpa), glaubt Bellavista den geborenen Egoisten zu sehen. Aber am Ende erweist sich dies als reines Vorurteil, denn Cazzaniga rettet Bellavistas zukünftigen Schwiegersohn vor dem finanziellen Ruin.
De Crescenzos sympathische Milieuzeichnung, die vor allem durch spritzige Dialoge brilliert, wurde 1985 auf dem Komödienfestival in Vevey ausgezeichnet und erhielt den Kritiker- und Publikumspreis auf dem Festival in Annecy. nn

Alt Heidelberg

The Student Prince of Old Heidelberg. USA 1927 **R** Ernst Lubitsch **B** Hanns Kräly, nach dem Bühnenstück von Wilhelm Meyer-Förster **K** John Mescall **M** Hans Jönsson **P** Warner Bros. **L** 135 Min., s/w **D** Ramon Novarro, Norma Shearer, Jean Hersholt, Gustav von Seyffertitz, Edgar Norton

Erbprinz Karl Heinrich (Novarro) wird von seinem Vater zum Studieren nach Heidelberg geschickt. Dort verbringt er mehr Zeit mit der hübschen Tochter seiner Wirtsleute als mit seinen Büchern. Als Karl Heinrichs Vater stirbt, muß er Abschied nehmen von seiner Geliebten, den väterlichen Thron besteigen und aus politischen Gründen eine Prinzessin zur Frau nehmen.
Der Drehbuchautor Hanns Kräly folgte seinem Lieblingsregisseur Lubitsch 1924 nach Amerika und nannte sich dort Hans Kraly. Er verwendete für das Script nicht nur Meyer-Försters Bühnenstück, sondern auch Motive aus der erfolgreichen Operette *The Student Prince* von Dorothy Donnelly und Sigmund Romberg.
Lubitsch selbst kümmerte sich um die Ausstattung und schickte seinem früheren Kostümbildner Ali Hubert in Deutschland ein endlos langes Telegramm: „Kaufe Kappen, Bänder, Bierzipfel, Kneipjacken, Cerevise für zweihundertfünfzig Studenten aller Heidelberger Corps....". Mit insgesamt 32 Kisten voller Kostüme und sonstiger Requisiten landete Hubert in Hollywood. Doch als die Aufnahmen im März 1927 abgeschlossen wurden, waren weder das Studio noch Lubitsch von der nachgestellten Heidelberger Atmosphäre überzeugt. Lubitsch beschloß, nach Deutschland zu fahren und vor Ort Nachaufnahmen in Heidelberg zu drehen.
Am Ende kostete der Film insgesamt 1,2 Millionen Dollar. An den Kinokassen war er wenig erfolgreich und konnte nicht einmal die Produktionskosten einspielen. nn

Das alte Gewehr

Le vieux fusil/Das alte Gewehr. Frankreich/BRD 1975 **R** Robert Enrico **B** Pascal Jardin, Robert Enrico, Claude Veillot, nach der Erzählung von Jardin **K** Etienne Becker **M** François de Roubaix **P** Pierre Caro für Mercure Prod./Artistes Associés (Paris), T.I.T. Film (München) **L** 102 Min., Farbe **D** Philippe Noiret, Romy Schneider, Jean Bouise, Madeleine Ozeray, Joachim Hansen, Robert Hoffmann

Während des II. Weltkrieges schickt der angesehene Arzt Julien (Noiret) seine Frau (Schneider) und seine kleine Tochter aus Sorge um ihre Sicherheit auf das Schloß, in dem er seine Kindheit verlebte. Als er nachkommt, muß er entdecken, das die beiden von deutschen Soldaten brutal vergewaltigt und getötet worden sind. Mit einem alten Jagdgewehr bringt Julien, blind vor Schmerz, einen Täter nach dem anderen um.
Robert Enrico vermied in diesem, sicherlich seinem rührendsten Film, der in Frankreich Kassenrekorde brach, jegliche Gewalt um der Gewalt willen. „Ich wollte zeigen, wie ein einmal in Gang gesetzter Mechanismus jeden mitreißt, auch den Sanftesten", sagte der Regisseur. Umso wichtiger war es, die Motivation für Juliens Rachedurst verständlich zu machen, die sich aus der Erinnerung an seine Familie speist. Romy Schneider, die als seine Frau Clara nur kurz am Anfang und später ausschließlich in Rückblenden zu sehen ist, bringt all ihren Charme und ihre Wärme in diese kurze, aber intensive Rolle ein. Die Szene, in der sie von den Deutschen nach der Vergewaltigung mit einem Flammenwerfer verbrannnt wird, gehört zweifellos zu den erschütterndsten ihrer Laufbahn. Der Regisseur meinte dazu: „Ich habe absichtlich den Ton abgeschaltet, um nur das Bild sprechen zu lasen, aber Romys Geheul war erschreckend."
Für ihre Leistung bei Enrico und in NACHTBLENDE wurde die Schauspielerin mit einem César ausgezeichnet. Weitere Césars gingen an Philippe Noiret und François de Roubaix (Musik) sowie an den Produzenten (Bester Film). al

Die alte Jungfer

The Old Maid. USA 1939 **R** Edmund Goulding **B** Casey Robinson, nach einem Bühnenstück von Zoe Atkins und einem Roman von Edith Wharton **K** Tony Gaudio **M** Max Steiner **P** Warner Brothers **L** 90 Min., s/w **D** Bette Davis, Miriam Hopkins, George Brent, Jane Bryan

Die Südstaaten in der Zeit des amerikanischen Bürgerkriegs: Die junge Charlotte (Davis) hat eine leidenschaftliche Liaison mit dem Abenteurer Clem, der bald darauf in den Kriegswirren fällt. Kurze Zeit später bringt Charlotte ein Kind zur Welt und zieht in das Haus ihrer Cousine Delia (Hopkins), wo ihre kleine Tochter als Delias Kind erzogen wird, um sie vor gesellschaftlicher Ächtung zu bewahren. Charlotte muß sich ihrem eigenen Kind gegenüber als bösartige Tante aufspielen, um ihre wahre Identität zu verleugnen.
Nach ihrem Auftritt als verbitterte Königin Elizabeth in GÜNSTLING EINER KÖNIGIN, der im selben Jahr entstand, schlug Bette Davis mit diesem Film verstärkt einen Weg ein, der sie in ihrer Schauspiellaufbahn oft auf die Rolle der unsympathischen Außenseiterin mit tragischem Schicksal festlegen sollte. Die fesselndsten Momente ergeben sich bei diesem Film im Zusammenspiel der beiden konträr gezeichneten Frauenfiguren, wobei Miriam Hopkins´ Verhalten trotz all ihrer aufgesetzten Liebenswürdigkeit eher von Neid und Mißgunst geprägt ist. Die Kritiker überschlugen sich mit Lobeshymnen für die schauspielerischen Leistungen, die sie als „eindringlich und brillant" beschrieben. Bette-Davis-Biograph Jerry Vermilye bemerkte: „Schauspielerinnen, die ihr Handwerk noch lernen, dürften gut beraten sein, sich die Hauptszenen dieses Films noch einmal anzusehen." jg

Der alte Mann und das Meer

The Old Man and the Sea. USA 1958 **R** John Sturges **B** Peter Viertel, nach dem Roman von Ernest Hemingway **K** James Wong Howe **M** Dimitri Tiomkin **P** Warner Brothers **L** 86 Min., Farbe **D** Spencer Tracy, Felipe Pazos jr., Harry Bellaver

Seit dem Tod seiner Frau lebt der alte Fischer Santiago zurückgezogen in seiner Hütte auf Kuba. Sein einziger Freund ist der kleine Junge Manolin. Er begleitet den Fischer auf seinen Fängen, doch kommen beide immer öfter mit leeren Händen zurück. Eines Tages fährt der alte Mann allein aufs Meer hinaus, und diesmal hat er Glück. Ein riesiger Schwertfisch beißt an, aber er kann ihn nicht an Bord ziehen. Zwischen Mensch und Tier

kommt es zu einer Machtprobe. Nach tage- und nächtelanger Fahrt gelingt es dem Fischer, das Tier an Land zu schaffen, doch Haie haben ihn bis aufs Skelett abgefressen. Die Dreharbeiten wurden mehrmals unterbrochen und erst zu einem späteren Zeitpunkt wieder aufgenommen. Das lag vor allem an Spencer Tracy, der die Lust an dem Projekt verloren hatte. Er zweifelte daran, daß die Zuschauer sich einen Film anschauen würden, in dem es nur um einen alten Mann und einen Fisch geht. Unter dem Druck der Produzenten spielte er seine Rolle zu Ende. Seine Befürchtungen waren berechtigt. Nach zwei Jahren war die Produktion abgeschlossen. Die Kosten waren insgesamt auf sechs Millionen Dollar angestiegen. Tracy hatte eine Gewinnbeteiligung von 30 Prozent, doch der Streifen wurde ein absoluter kommerzieller Flop.
Sowohl für Tracy als auch für Kameramann James Wong Howe gab es eine Nominierung. Einen Oscar konnte schließlich Dimitri Tiomkin für seinen hervorragenden Soundtrack entgegennehmen. nn

Altes Herz wird wieder jung

Altes Herz wird wieder jung. Deutschland 1943 **R** Erich Engel **B** Walter Wassermann, C.H. Diller **K** Fritz Arno Wagner **M** Theo Mackeben **P** Tobis **L** 85 Min., s/w **D** Emil Jannings, Maria Landrock, Viktor de Kowa, Will Dohm, Elisabeth Flickenschildt

Ein alternder Fabrikdirektor möchte am liebsten den Kontakt zu seinen Verwandten abbrechen, da er sie allesamt für Erbschleicher hält. Eines Tages erscheint die junge Brigitte, die sich als seine Enkelin vorstellt. Sie gewinnt nicht nur die Sympathie des kauzigen Alten, sondern auch die Liebe eines charmanten Neffen.
Eine flott inszenierte deutsche Komödie, die sich gegenüber den vielen recht bieder und verklemmt gemachten Lustspielen jener Zeit durch eine gewisse Offenheit und Leichtigkeit auszeichnet. Emil Jannings, der vorher in den beiden Propagandafilmen OHM KRÜGER und BISMARCK sein schauspielerisches Können ganz dem Gedankengut des NS-Regimes verschrieben hatte, lieferte mit dieser Komödie den letzten Filmauftritt seiner Karriere ab. Sein in den Jahren 1944/45 teilweise abgedrehter Streifen *Wo ist Herr Belling?* blieb unvollendet und kam nie zur Aufführung. Die schwungvolle Musik zu *Altes Herz wird wieder jung* schrieb der bekannte Filmkomponist Theo Mackeben. Die diversen Opernarien, die in dieser Komödie zu hören sind, werden von Tiana Lemnitz und Max Lorenz gesungen. jg

Das älteste Gewerbe der Welt

Le plus vieux métier du monde. Frankreich/BRD/Italien 1967 **R** Franco Indovina, Mauro Bolognini, Philippe de Broca, Michael Pfleghar, Claude Autant-Lara, Jean-Luc Godard **B** Ennio Flaiano (Episoden 1, 2), Daniel Boulanger (3), Georges und André Tabet, Klaus Munro (4), Jean Aurenche (5), Jean-Luc Godard (6) **K** Heinz Hölscher, Pierre Lhomme **M** Michel Legrand **P** Francoriz/Les Films Gibe (Paris), Rialto Film (Berlin), Rizzoli Films (Rom) **L** 120 Min., Farbe **D** 1. Episode *2000 Jahre vor Christi* : Michèle Mercier, Enrico Salerno, Gabriele Tinti; 2. *Römische Nächte:* Elsa Martinelli, Gaston Moschin; 3. *Mademoiselle Mimi:* Jeanne Moreau, Jean-Claude Brialy; 4. *Fräulein Nini:* Raquel Welch, Martin Held; 5. *Die Amazonen heute:* France Anglade, Nadia Gray; 6. *Ein Wochenende auf der Erde (im Jahr 2000):* Anna Karina, Jacques Charier

Ein sechsteiliger Episodenfilm, der einen Streifzug durch mehrere Jahrtausende (weiblicher) Prostitution unternimmt - mit Ergebnissen, die so unterschiedlich sind wie die verantwortlichen Regisseure. Der Film beginnt in der Steinzeit, schwenkt ins römische Reich zu Caesars Zeiten, läßt auch die französische Revolution und das 18. Jahrhundert nicht aus, macht einen Abstecher ins Paris von heute und landet schließlich im Jahr 2000. Diese letzte Episode wurde von Jean-Luc Godard geschrieben und gedreht und hebt sich nicht nur inhaltlich, sondern auch optisch stark von ihren Vorgängern ab, die allesamt nicht mehr als leichte Unterhaltung oder Klamauk bieten.
Godard entwirft eine bedrückende Zukunftsvision, in der Menschen und Gefühle einer Norm unterworfen sind, die durch das individuelle Verhalten einer Prostituierten und eines „interplanetaren Transitpassagiers" durcheinandergebracht wird. Gedreht wurde in Farbe, der Regisseur ließ jedoch Teile monochrom einfärben (schwarz, rot, blau und gelb), und erst beim Kuß der beiden Protagonisten fließen die natürlichen Farben ein. Kurioserweise erschien vor dieser Episode auf der Leinwand der Hinweis, daß Zuschauer, die mit Godards Art des Filmemachens nichts anfangen könnten, doch lieber das Kino verlassen sollten. Soweit ließen es die Produzenten jedoch nicht kommen: Kurz nach der Premiere wurde Godards Beitrag aus dem Film entfernt. al

Alvarez Kelly

Alvarez Kelly. USA 1966 **R** Edward Dmytryk **B** Franklin Coen, Elliott Arnold **K** Joseph MacDonald **M** John Green **P** Sol C. Siegel **L** 109 Min., Farbe **D** William Holden, Richard Widmark, Janice Rule, Patrick O´Neal, Richard Rust

Der amerikanische Bürgerkrieg als Hintergrund für einen ungewöhnlichen Western: Nachdem der Viehzüchter Alvarez Kelly (Holden) eine Herde von 2.500 Rindern an die Armee der Nordstaaten übergeben hat, gerät er in die Gefangenschaft des Südstaaten-Generals Rossiter (Widmark), der darauf besteht, den Yankeess die Tiere wieder zu stehlen und nach Richmond zu treiben, wo eine Hungersnot bevorsteht. Alvarez Kelly soll ihm bei diesem tollkühnen Unterfangen helfen.
Die Geschichte dieses Kavallerie-und Cowboy-Abenteuers soll auf wahren Ereignissen beruhen und wurde von dem im Western-Genre gut bewanderten Regisseur Edward Dmytryk (DIE GEBROCHENE LANZE, SHALAKO), mit großem Aufwand in Szene gesetzt. Unterstützt von einem Team erfahrener Cowboys wurden extra für die Filmaufnahmen über 2.000 Rinder durch einige texanische Landstriche getrieben. Außerdem errichteten die Filmarchitekten eine komplett im alten Südstaaten-Stil rekonstruierte Farm. Einen besonderen gestalterischen Höhepunkt bildet die Szene, in der William Holden die Tiere auf eine Brücke, die von den Konföderierten besetzt gehalten wird, zustürmen läßt. jg

Always

Always. USA 1989 **R** Steven Spielberg **B** Jerry Belson, nach dem Film *A Guy Named Joe* **K** Mikael Salomon **M** John Williams **P** Steven Spielberg, Frank Marshall, Kathleen Kennedy / Universal Pictures, United Artists **L** 117 Min., Farbe **D** Richard Dreyfuss, Holly Hunter, Brad Johnson, John Goodman, Audrey Hepburn, Robert Blossom

Verfilmt wurde die Story schon 1943 unter dem Titel *A Guy Named Joe* in der Regie von Victor Fleming. Damals spielte Spencer Tracy die Hauptrolle.
Tagtäglich muß Dorinda (Hunter) um das Leben ihres Freundes Pete (Dreyfuss) bangen, der als Pilot Brände aus der Luft bekämpft. Eines Tages kommt Pete bei einem Einsatz ums Leben. Er erwacht allerdings nicht im Jenseits, sondern irgendwo dazwischen. Von einer Frau in Weiß (Audrey Hepburn, die nach acht Jahren für einen Kurzauftritt wieder auf die Leinwand zurückkehrte) wird er gebeten, unsichtbar auf die Erde zurückzukehren und dort seinen Mut an einen jungen Piloten weiterzugeben. Pete erfüllt diese himmlische Bitte und spielt gleichzeitig den Schutzengel für seine Dorinda.

Als besonders schwierig und kostspielig erwiesen sich die Waldbrandsequenzen. Um diese Aufnahmen leichter zu photographieren und gleichzeitig nicht das Team in Gefahr zu bringen, konstruierte der Special-Effect Koordinator Mike Wood mit seinen Mitarbeitern spezielle Bäume, die auf Knopfdruck in Flammen standen. Kein lebender Baum wurde geopfert. In dieses Material montierte man dann Originalaufnahmen von dem verheerenden Brand im Yellowstone National Park. nn

Am Abend des folgenden Tages

The Night of the Following Day. USA 1969 **R** Hubert Cornfield **B** Hubert Cornfield, Robert Phippney, nach dem Roman *The Snatchers* von Lionel White **K** Willi Kurout **M** Stanley Myers **P** Hubert Cornfield für Gina Prod. **L** 92 Min., Farbe **D** Marlon Brando, Richard Boone, Rita Moreno, Pamela Franklin, Jess Hahn

Diese Adaption eines Romans des amerikanischen Krimi-Schriftstellers Lionel White, der schon die Vorlage zu Stanley Kubricks berühmtem DIE RECHNUNG GING NICHT AUF lieferte, erwies sich für alle Beteiligten als herbe Enttäuschung. Es geht um ein junges Mädchen (Franklin), das nach seiner Ankunft auf dem Pariser Flughafen Orly von einer vierköpfigen Entführerbande verschleppt wird, deren Anführer Brando ist. Der reiche Vater des Kindes soll um ein Lösegeld erpresst werden. Am Ende stellt sich die ganze Geschichte dann als Traum heraus.
Die Kritik verriß Cornfields Film fast einhellig und machte für seine mindere Qualität hauptsächlich das Drehbuch verantwortlich: Nicht nur dessen unwahrscheinliche Story und die verächtlichen Charaktere mißfielen, sondern auch der Dialog. Der war so deftig, daß Verleiher Universal vor der Fernsehausstrahlung zwei Jahre später starke Schnitte vornehmen mußte. Nur für die Schauspieler und die Drehorte (Westfrankreich und Paris) hatte man Lob übrig.
Marlon Brando war mit dem Scheitern von *Am Abend des folgenden Tages* am Tiefpunkt seiner Karriere angelangt. Fast alle seine Filme der 60er Jahre hatten sich, zumindest in kommerzieller Hinsicht, als Flops erwiesen. al

Am Anfang war das Feuer

La guerre du feu / Quest for Fire. Frankreich/ Kanada 1981 **R** Jean-Jacques Annaud **B** Gérard Brach, nach dem Roman *La guerre du feu* von J.H. Rosky **K** Claude Agostini **M** Philippe Sarde **Ma** Sarah Monzani, Michèle Burke, Christopher Tucker, Stéphan Dupuis, John Caglione **P** Michael Gruskoff **L** 100 Min., Farbe **D** Everett McGill, Rae Dawn Chong, Ron Per Iman, Nameer El Kadi

Ein Steinzeit-Abenteuer, das sich als erstes seiner Art von der ernsthaften Seite her der Epoche vom Aufbruch der Menschheit nähert. In diesem Film wird man Dialoge der herkömmlichen Art vergeblich suchen. Der Sprachexperte und Science-fiction-Autor Anthony Burgess (UHRWERK ORANGE) entwarf eine aus rund 100 Lauten bestehende Ursprache; Verhaltensforscher Desmond Morris konzipierte eine steinzeitgemäße Körpergestik.
In seinem Film schildert Jean-Jacques Annaud (DER NAME DER ROSE) den Überlebenskampf des Stammes der Ulam, der durch den Überfall einer feindlichen, unterentwickelten Sippe das lebenswichtige Feuer verliert. Drei Stammesangehörige machen sich auf die Suche nach dem Feuer, erleben dabei vielerlei Abenteuer und lernen durch das Mädchen Ika nicht nur die Technik des Feuerentfachens, sondern auch die Vorzüge der Missionarsstellung kennen.
Die wissenschaftliche Akribie hat sich positiv auf die filmische Gestaltung ausgewirkt, so daß die geschilderten Rituale und Verhaltensweisen dank des selbstlosen Einsatzes aller Schauspieler, die sich kreischend, hüpfend und kriechend durch das Bild bewegen, durchaus glaubhaft geraten sind. Allenfalls die ungezwungene und äußerst freizügig gestaltete Serie von steinzeitlichen Paarungsakten besitzt den Hang zum Spekulativen. *Am Anfang war das Feuer* wurde mit einem Budget von 12 Millionen Dollar vor einer grandiosen Naturkulisse in Kanada, Island, Schottland und Kenia gedreht und erhielt 1982 einen Oscar in der Kategorie „Bestes Make-Up", wobei von dieser Ehrung sicherlich die Gestaltung der Mammuts ausgeklammert blieb, denen man die Elefanten im Fellkostüm auf den ersten Blick ansehen konnte. jg

Am Ende aller Wege

Le glaive et la balance. Frankreich/Italien 1962 **R** André Cayatte **B** André Cayatte, Charles Spaak **K** Roger Fellous **M** Louiguy **P** Gaumont/ Trianon Prod. (Paris), Ultra-Film (Rom) **L** 137 Min., s/w **D** Anthony Perkins, Jean-Claude Brialy, Renato Salvatori, Pascale Audret, Michèle Mercier

Ein weiterer Justiz-Film von André Cayatte und seinem langjährigen Drehbuchautor Charles Spaak, die es sich in den 50er Jahren zur Aufgabe gemacht hatten, das französische Rechtssystem auf seine Effektivität hin abzuklopfen und immer wieder auf Problematiken hinweisen. In diesem Falle geht es um den alten Grundsatz „Im Zweifel für den Angeklagten", der die Justiz vor ihren so berüchtigten Irrtümern bewahren soll.
Nach einer Kindesentführung, in deren Verlauf sowohl das Kind als auch ein Polizist getötet wurden, sieht sich das Gericht der schwierigen Aufgabe gegenüber, aus drei Angeklagten die beiden wirklich Schuldigen herauszufinden. Um die Gefahr zu umgehen, einen Unschuldigen zu verurteilen, wählt man „die kleinere Ungerechtigkeit" und entschließt sich zum Freispruch aus Mangel an Beweisen. Doch der Pöbel auf der Straße hat sein Urteil längst gefällt und macht den Dreien den Garaus.
Cayatte, der immer wieder aus seinem reichhaltigen Erfahrungsschatz als ehemaliger Rechtsanwalt schöpft, zeigt hier, auf wie wenig Akzeptanz einer der wichtigsten Grundsätze moderner Rechtssprechung im Ernstfall stößt. Sein Plädoyer ist eindeutig: Noch über dem Schlußbild des brennenden Polizeitransporters, in dem die Leichen der Angeklagten verkohlen, hört man aus dem Off mahnend: „Im Zweifelsfalle für den Angeklagten!" al

Am Galgen hängt die Liebe

Am Galgen hängt die Liebe. BRD 1960 **R** Edwin Zbonek **B** Erna Fentsch, nach Leopold Ahlens Bühnenstück *Philemon und Baucis* **K** Walter Partsch **M** Ernst Roters **P** Rex-Film **L** 93 Min., s/w **D** Carl Wery, Annie Rosar, Sieghardt Rupp, Marisa Mell, Bert Fortell

Griechenland im Zweiten Weltkrieg. In einer einsam gelegenen Hütte gewährt ein altes Ehepaar sowohl deutschen Besatzern als auch griechischen Untergrundkämpfern das Gastrecht. Das ist Grund genug, daß beide von ihren eigenen Landsleuten umgebracht werden.
Edwin Zbonek glückte mit diesem Streifen ein interessantes Erstlingswerk. Die Frage nach einer jeweiligen Schuldzuweisung steht für ihn außerhalb einer Diskussion. Zbonek setzt die stellenweise fast naiv wirkende Menschlichkeit der beiden weltfremden Alten gegen eine Welt des Hasses und der Gewalt, in der Gastfreundschaft, Herzlichkeit und Verständnis keinen Platz mehr ha-

ben. Als literarische Vorlage diente neben Leopold Ahlens Bühnenstück *Philemon und Baucis* die gleichnamige Gedichtmetamorphose des römischen Dichters Ovid. Carl Wery und Annie Rosar, beide vornehmlich aus bundesdeutschen Heimat-schnulzen und harmlosen Hans-Moser-Komödien bekannt, wurden in diesem Film endlich einmal mit einer dankbareren Aufgabe betraut und bewältigten diese Altersrollen mit großem Engagement und Feingefühl. jg

Am goldenen See

On Golden Pond. USA 1981 **R** Mark Rydell **B** Ernest Thompson, nach seinem Bühnenstück **K** Billy Williams **M** Dave Grusin **P** Bruce Gilbert **L** 107 Min., Farbe **D** Henry Fonda, Katharine Hepburn, Jane Fonda, Doug McKeon, Dabney Coleman, William Lanteau, Chris Rydell

Seit 48 Jahren verbringen Norman und Ethel Thayer (Fonda/Hepburn) den Sommerurlaub in ihrem Haus am Golden Pond. Norman möchte dort seinen achtzigsten Geburtstag feiern. Als Überraschungsgeschenk besucht ihn seine Tochter Chelsea (Fonda) zusammen mit ihrem zukünftigen Mann Bill und dessen Sohn Billy. Das Verhältnis zwischen Vater und Tochter ist gespannt. Erst Billy schafft es, daß die beiden sich aussprechen und zueinander finden.

Auch im wirklichen Leben hatte Jane Fonda kein allzu gutes Verhältnis zu ihrem Vater Henry, der als streng und unnachgiebig gegenüber seinen Kindern galt. Nach dem Selbstmord ihrer Mutter wuchs sie bei der Großmutter auf. Ende der 70er Jahre fiel ihr zufällig das Theaterstück *On Golden Pond* in die Hände und sie beschloß, es zusammen mit ihrem Vater zu verfilmen.

Am goldenen See wurde mit drei Oscars geehrt. Henry Fonda und Katharine Hepburn wurden als Beste Hauptdarsteller und Ernest Thompson als Bester Drehbuchautor ausgezeichnet. Für Henry Fonda war es der erste „richtige“ Oscar; ein Jahr zuvor hatte er einen Ehren-Oscar für sein Gesamtwerk erhalten. In diesem Film spielte er zum ersten und letzten Mal auf der Leinwand neben seiner Tochter Jane. Am 12.8.1982 verstarb Henry Fonda im Alter von 77 Jahren. nn

Am großen Weg

Le grand chemin. Frankreich 1987 **R** Jean-Loup Hubert **B** Jean-Loup Hubert **K** Claude Lecomte **M** Georges Granier **P** Pascal Hommais, Jean-François Lepetir / Flach Film, Selenca Audiovisuel, TF1 Films Production **L** 104 Min., Farbe **D** Anémone, Richard Bohringer, Antoine Hubert, Vanessa Guedj, Christine Pascal

Ein kleines Dorf in der Bretagne 1959. Louis, ein neunjähriger Junge aus Paris, verbringt seine Sommerferien bei der Jugendfreundin seiner Mutter Marcelle und deren Mann Pélo. Zunächst wird Louis durch das Landleben mit seinen harten Sitten verunsichert. Das ändert sich schnell, als er Martine kennenlernt. Die Nachbarsgöre nimmt den Großstadtjungen unter ihre Fittiche und heckt mit ihm allerlei Streiche aus. Leider wird die kindliche Freude durch die Krise in der Ehe von Marcelle und Pélo getrübt. Doch Louis gelingt es, die beiden wieder zu vereinen. Am Ende seiner Ferien hat er selbst viel dazugelernt und kehrt zu seinen Eltern nach Paris zurück.

Jean-Loup Hubert verfilmte in *Am großen Weg* seine eigene Kindheit. Die Rolle des jungen Jean (im Film Louis genannt) gab er seinem Sohn Antoine. Das Naturtalent Vanessa, die Darstellerin der Martine, entdeckte Hubert nach unzähligen Probeaufnahmen mit Hunderten von Mädchen. Beide Kinder spielen wunderbar natürlich und passen perfekt in Huberts wehmütige Komödie über einem Sommer auf dem Lande. *Am großen Weg* war 1987 der erfolgreichste französische Film; allein bis zum Juni hatten ihn über 500. 000 Zuschauer in Paris gesehen. Die Kritiker lobten Hubert über alles, und *Variety* verglich seine sensible Inszenierung mit René Clements VERBOTENE SPIELE. nn

Am Rande der Nacht

Tchao Pantin. Frankreich 1983 **R** Claude Berri **B** Claude Berri, Alain Page, nach dem Roman von Page **K** Bruno Nuytten **M** Charlélie Couture **P** Pierre Grunstein für Renn Prod. **L** 94 Min., Farbe **D** Michel Colucci „Coluche“, Richard Anconina, Agnes Soral, Philippe Léotard

Claude Berris französischer *film noir* war der Überraschungserfolg des Jahres 1984 in Paris. Der Regisseur, bisher hauptsächlich als Inszenator harmloser Lustspiele sowie als Produzent in Erscheinung getreten, beeindruckte mit dieser kompromißlosen, aber von tiefer Sympathie getragenen Studie zweier Verlierer.

Starkomiker Coluche spielt, in seiner ersten dramatischen Rolle, den gar nicht komischen Ex-Polizisten Lambert, der sich mittlerweile als Tankwart verdingt. Die Bekanntschaft mit einem jungen Drogendealer (Anconina) läßt in ihm väterliche Gefühle erwachen, war es ihm doch seinerzeit nicht gelungen, den eigenen Sohn aus dem Teufelskreis von Drogen und Kriminalität zu befreien.

Der Beziehung seiner beiden Protagonisten gilt Berris Hauptaugenmerk, und nach Anconinas Tod haben die Rachegedanken seines väterlichen Freundes wenig mit Selbstjustiz à la Charles Bronson zu tun. In einer Atmosphäre, die an die Kriminalfilme Jean-Pierre Melvilles gemahnt, bewegt sich Coluche durch ein schäbiges nächtliches Paris, das von Ausstattungs-Veteran Alexandre Tauner - er arbeitete bereits an HAFEN IM NEBEL und KINDER DES OLYMP - und Kameramann Bruno Nuytten stimmungsvoll in Szene gesetzt wurde. Das Hauptattribut des Films aber sind seine Darsteller, allen voran Coluche, dessen Leistung als „Geburtsstunde eines Schauspielers“ gefeiert und mit dem César geehrt wurde. Weitere Césars gingen an Anconina (Beste Nebenrolle und Bester Nachwuchsschauspieler) und Nuytten. al

Am Rande des Abgrunds

Five Days One Summer. USA/Großbritannien 1982 **R** Fred Zinnemann **B** Michael Austin **K** Giuseppe Rotunno **M** Elmer Bernstein **P** Columbia / EMI / Warner (The Ladd Company)/ Fred Zinnemann **L** 108 Min., Farbe **D** Sean Connery, Betsy Brantley, Lambert Wilson

Fred Zinnemann kehrte nach einer Pause von sechs Jahren mit *Am Rande des Abgrunds* zur Filmregie zurück. Das Drehbuch entstand nach der Kurzgeschichte *Maiden, Maiden* der amerikanischen Autorin Kay Boyle, die Fred Zinnemann vor mehr als 30 Jahren gelesen hatte und die ihn, wie er selbst sagte, seitdem nicht mehr aufgehört hatte zu verfolgen. Aber er hatte die ganze Zeit über Schwierigkeiten, Geldgeber zu finden, die ihm erlaubten, in seiner eigenen österreichischen Heimat zu drehen. So wurde das Projekt immer wieder hinausgeschoben. Erst als Zinnemann die besten Fachleute, darunter Guiseppe Rotunno, den bekannten Licht- und Schattenmaler der Fellini-Filme, gewinnen konnte, beschloß er, selbst die Produktion zu übernehmen.

Der Film spielt in Europa vor dem Krieg. In den Alpen trifft sich ein verheirateter Arzt mit seiner heimlichen Geliebten. Die beiden möchten in der Einsamkeit des Engadins ein

paar schöne Stunden verbringen. Doch die junge Frau verliebt sich in den aparten Bergführer. Auf einer gefährlichen Tour fordern die beiden Rivalen das Schicksal heraus. Trotz seiner Erfahrungen als Kletterer stürzt der Bergführer ab. Die Beziehung des Liebespaares zerbricht.
„Die Story war mir zunächst egal. Es ging mir darum, mit Zinnemann filmen zu können. Der Mann ist ja eine lebende Legende", sagte Sean Connery in einem Interview nach Drehschluß. In der Tat ist es dem routinierten Regisseur Zinnemann gelungen, die sehr simpel aufgebaute Geschichte zu einem packenden Melodrama zu verarbeiten. nn

Am schwarzen Fluß

The Spiral Road. USA 1962 **R** Robert Mulligan **B** Neil Paterson, John Lee Mahin, nach einer Erzählung von Jan de Hartog **K** Russell Harlan **M** Jerry Goldsmith **P** Universal **L** 123 Min., Farbe **D** Rock Hudson, Gena Rowlands, Burl Ives, Geoffrey Keen, Will Kuluva

Der junge Arzt Anton Draeger (Hudson) heiratet in Guinea das Mädchen Els, enttäuscht jedoch seine Frau bereits während der Hochzeitszeremonie, als sich zeigt, wie wenig er von der Religion des Christentums hält. Die einsame Arbeit auf einer Urwald-Station und eine schwere Krankheit läutern Draeger und machen aus ihm einen gläubigen Christen.
1960 hatte Rock Hudson schon einmal unter Robert Mulligans Regie in dessen Film HAPPY-END IM SEPTEMBER gespielt. Handelte es sich dabei noch um eine Komödie, so mußte Rock Hudson in *Am schwarzen Fluß* nach den zahlreichen seichten Darstellungen seiner Karriere eine neue Herausforderung im dramatischen Fach übernehmen. Der Film wurde vom Pressebüro der Universal als Abenteuerstreifen angekündigt, doch liegt sein eigentlicher Schwerpunkt mehr in der verzweifelten Suche des Protagonisten nach einer Gottesexistenz, die freilich durch die Naturkulisse von Java pittoresk untermalt wird. In der Verkörperung des langsam dem Wahnsinn verfallenden Dschungelarztes wies Hudson beachtliche Leistungen auf, die man ihm, gemessen an den vorangegangenen Filmen, kaum zugetraut hätte, so daß das Urteil der Kritiker überwiegend positiv ausfiel. „Wenn es noch eines Beweises für die Wandlungsfähigkeit Rock Hudsons bedurft hätte, hier ist er..." (*Hollywood Reporter*). jg

Am Tag, als der Regen kam

Am Tag, als der Regen kam. BRD 1959 **R** Gerd Oswald **B** Heinz Oskar Wuttig, Gert Oswald, Will Berthold **K** Karl Löb **M** Martin Böttcher **P** Alfa **L** 88 Min., s/w **D** Mario Adorf, Christian Wolff, Corny Collins, Gert Fröbe, Elke Sommer

James Dean und der Klassiker DENN SIE WISSEN NICHT, WAS SIE TUN hinterließen auch im deutschen Film der Adenauer-Ära ihre Spuren. In diesem Streifen geht es um eine Jugendbande, die die Straßen des noch in Trümmern liegenden Berlins unsicher macht. Als ein Mitglied aus der Gang aussteigen will, wird es von seinen Kumpanen umgebracht.
Diesem deutschen Kriminalfilm fehlt erfreulicherweise der permanent erhobene Zeigefinger mit dem Appell an Moral und Anstand, wie er so oft in anderen Produktionen jener Zeit zu finden ist. Statt dessen legt er mehr Wert auf die Skizzierung eines realistischen Umfeldes. Die lebensnahe Schilderung einer Jugendbande, deren Ideale durch Krieg und Arbeitslosigkeit zerstört wurden, bringt eine Portion Sozialkritik in die Handlung ein, ohne daß diese aufgesetzt wirkt. Gerd Oswald, der sich in Hollywood einen Namen als routinierter Regisseur von B-Produktionen gemacht hatte, setzte hier seine Erfahrungen mit dem US-Actionfilm auf das deutsche Kino um. Schnitt, Kameraführung und Handlungsstränge zeichnen sich durch ein bewußt „amerikanisches" Tempo aus und mißfielen daher der deutschen Kritik, die die Maßstäbe des US-Krimis nicht auf die einheimischen Produktionen angewandt sehen wollte. jg

Am Tor zur Freiheit liegt der Totenschein

Embassy. Großbritannien 1971 **R** Gordon Hessler **B** William Fairchild **K** Raoul Coutard **M** Jonathan Hodge **P** Mel Ferrer / Hemdale Films **L** 91 Min., Farbe **D** Richard Roundtree, Broderick Crawford, Max von Sydow, Chuck Connors, Ray Milland, David Bauer, Larry Cross, David Healy

Gorenko (von Sydow), ein sowjetischer Spitzendiplomat, ist in Beirut in die US-Botschaft geflohen und möchte nach Amerika ausreisen. Um dies zu verhindern, schmuggelt der russische Geheimdienst einen ihrer Agenten (Connors) in die Botschaft, mit dem Auftrag, den Überläufer zu töten. Zwischen Gorenko und dem Killer beginnt ein Katz- und Maus-Spiel auf Leben und Tod.
Ungewöhnlich war die Besetzung der Produktion. Mel Ferrer, sonst vornehmlich vor der Kamera beschäftigt, engagierte sich diesmal für die kommerzielle Seite des Films. Der Polit-Thriller bietet einige schöne Aufnahmen, die an Original-Schauplätzen in Beirut und im Libanon entstanden. Interessant sind in diesem Zusammenhang auch einige dokumentarisch eingefangene Aufnahmen von einer Anti-USA-Demonstration.
Dem Schweden Max von Sydow nimmt man jederzeit die Darstellung des russischen Flüchtlings ab, aber noch überzeugender agiert Chuck Connors, der in der Rolle des eiskalten Killers nicht besser hätte besetzt werden können.
Der beziehungsreiche Filmtitelsong *Somebody Stop This Madness* wird von Carl Douglas gesungen. nn

Am Wendepunkt

The Turning Point. USA 1976 **R** Herbert Ross **B** Arthur Laurents **K** Robert Surtees **M** John Lanchbery **P** Herbert Ross, Arthur Laurents /Hera Productions, 20th Century-Fox **L** 115 Min., Farbe **D** Anne Bancroft, Shirley MacLaine, Michail Baryschnikow, Leslie Browne, Tom Skerritt, Martha Scott

Emma (Bancroft) und Deedee (Maclaine), zwei begabte junge Tänzerinnen, sind gute Freundinnen und zugleich Konkurrentinnen. Ihre Wege trennen sich, als Deedee ihre Karriere aufgibt, um zu heiraten. Nach vielen Jahren treffen sich die beiden wieder. Emma ist inzwischen eine gefeierte Primaballerina, Deedee Ehefrau und Mutter. Durch das Wiedersehen kommen in Deedee starke Zweifel auf, ob es richtig war, daß sie damals ihre Karriere für die Ehe opferte. Erst als sie erlebt, wie sehr Emma darunter leidet, keine Familie zu haben, weiß Deedee, daß sie seinerzeit die richtige Entscheidung getroffen hat.
Am Wendepunkt wurde zu einer Zeit inszeniert, in der der Trend wieder dazu überging, große Filmrollen mit Weltstars zu besetzen. Herbert Ross, der jahrelang selbst als Choreograph gearbeitet hatte, konnte für die Tanzszenen Stars des internationalen Balletts wie Marcia Haydée, Suzanne Farrell und Richard Cragun verpflichten. *Am Wendepunkt* wurde mit zwei Golden Globes (Bester Film und Beste Regie) ausgezeichnet und erhielt elf Oscar-Nominierungen u.a. für die beiden Hauptdarstellerinnen Anne

Bancroft und Shirley MacLaine sowie Leslie Browne als Beste weibliche Nebenrolle. nn

Amadeus

Amadeus. USA 1984 **R** Milos Forman **B** Peter Shaffer, nach seinem Bühnenstück **K** Miroslav Ondricek **M** Simon Preston **P** Orion/Saul Zaentz **L** 160 Min., Farbe **D** Tom Hulce, F. Murray Abraham, Elizabeth Berridge, Simon Callow

Zehn Jahre nach seinem großen Erfolg mit EINER FLOG ÜBER DAS KUCKUCKSNEST gelang dem Exil-Tschechen Milos Forman erneut ein Triumph. *Amadeus* war einer der größten Kinohits des Jahres und wurde mit 8 Oscars ausgezeichnet. Als Hauptdarsteller waren sowohl F. Murray Abraham als auch Tom Hulce für seine Darstellung des Mozart nominiert. Den Oscar gewann aber Abraham, der den Ex-Hofkomponisten von Kaiser Joseph II, Antonio Salieri, spielt. Weitere Auszeichnungen gewann *Amadeus* in den Sparten „Bester Film", „Beste Regie", „Bestes Drehbuch", „Beste Ausstattung" (Patrizia von Brandenstein, Karel Cerny), „Bester Ton" (Mark Berger, Tom Scott, Todd Boeckelheide, Chris Newman), „Beste Kostüme" (Theodore Pistek) und „Bestes Make-Up" (Paul Le Blanc, Dick Smith).

Einst gefeiert, nun alt und grau, landet Salieri in der Irrenanstalt. Dort behauptet er genüßlich gegenüber einem Priester, daß er seinen verhaßten Konkurrenten Wolfgang Amadeus Mozart ermordet habe und erzählt ihm von den letzten zehn Jahren (1781-1791) des Musik-Genies.

Schon Peter Shaffers Theaterstück, das 1979 in London uraufgeführt wurde und zwei Jahre später den Broadway erreichte, wurde von der Presse und dem Publikum stürmisch gefeiert. Allein in New York erreichte *Amadeus* einen Umsatz von 26 Millionen Dollar. Milos Forman vertraute auf diese Popularität und konnte den amerikanischen Produzenten Saul Zaentz für das Projekt begeistern, obschon dieser anfangs Zweifel an einer Verfilmung geäußert hatte. Mit einem großen finanziellen Aufwand von 20 Millionen Dollar wurde sechs Monate lang in der Tschechoslowakei gedreht. Prag bot - wie für viele andere Filme mit europäischen Schauplätzen - eine ideale Kulisse für die barocken Theaterbauten. Anregungen für die Innenaufnahmen holte sich Forman bei Stanley Kubricks BARRY LYNDON. nn

Amarcord

Amarcord. Italien/Frankreich 1973 **R** Federico Fellini **B** Federico Fellini, Tonino Guerra **K** Giuseppe Rotunno **M** Nino Rota **P** Franco Cristaldi für F.C. Prod. (Rom), P.E.C.F. (Paris) **L** 123 Min., Farbe **D** Bruno Zanin, Pupella Maggio, Armando Brancia, Nando Orfei

Amarcord bedeutet im Dialekt von Fellinis Heimat, der Umgebung der Küstenstadt Rimini, „Ich erinnere mich". Das Drehbuch, dessen Inhalt schon vor Beginn der Aufnahmen in einem kleinen Bändchen gleichen Titels erschien, erzählt von der Jugend des jungen Titta (Zanin) in einer adriatischen Küstenstadt der 30er Jahre während des aufkommenden Faschismus. Die Figur ist allerdings nur ein roter Faden durch ein Kaleidoskop von Episoden, Figuren und Erinnerungen, durch die der Regisseur in der ihm eigenen Art über Themen wie Sex, Liebe, Religion, Politik und das Erwachsenwerden reflektiert.

Wie üblich wies Fellini alle autobiographischen Bezüge weit von sich, doch gehört *Amarcord* sicher zu seinen persönlichsten Filmen, auch wenn er nicht im strengen Sinne als Autobiografie zu verstehen ist. Geschäftlich bedeutete der Film eine Rückkehr zu den Kassenerfolgen der 60er Jahre, nachdem seine letzten Werke beim Publikum auf kein größeres Interesse gestoßen waren. Die Kritik war - wie üblich - sehr angetan, und Preise gab es auch wieder reichlich, darunter Fellinis dritten Oscar für den „Besten fremdsprachigen Film". al

Amazonen auf dem Mond

Amazon Women on the Moon. USA 1987 **R** Joe Dante, John Landis, Carl Gottlieb, Peter Horton, Robert K. Weiss **B** Michael Barrie, Jim Mulholland **K** Daniel Pearl **P** Universal/ Robert K. Weiss **L** 81 Min., Farbe **D** Steve Allen, Rosanna Arquette, Steve Guttenberg, Lou Jacobi, Sybil Danning, Griffin Dunne, Michelle Pfeiffer

Zehn Jahre nach ihrem großen Erfolg *Kentucky Fried Movie* (1977) inszenierten Robert K. Weiss und John Landis diesen Episodenfilm, mit dem sie die Institution des US-Fernsehens auf die Schippe nehmen.

Drei Astronauten landen mit ihrem Äffchen auf dem Mond und geraten in die Fänge der verführerischen Amazonen. So beginnt ein ganz normaler TV-Film, den der Zuschauer jedoch nicht ohne Unterbrechungen genießen kann. Alle paar Minuten werden sie von lärmenden Werbespots, nervenden Gags oder seltsamen Nachrichtensendungen malträtiert. Man berichtet u.a. über den neuesten Begräbnisservice der USA und über George, der heimlich seine ersten Kondome kaufen möchte, doch durch einen unglücklichen Zufall leider der millionste Kunde ist und von Fernsehkameras gefilmt wird. Ein Journalist fragt, ob nicht Jack the Ripper, sondern das Ungeheuer von Loch Ness an den Morden in London schuld sei usw.

Mit Weiss, Landis, Joe Dante, Carl Gottlieb und Peter Horton waren gleich fünf Regisseure an der Inszenierung beteiligt. Trotz dieser talentierten Filmemacher ist *Amazonen auf dem Mond* gründlich mißlungen. Der Zuschauer muß sich 84 Minuten durch dünne und abgegriffene Unterhaltung quälen. nn

Amber, die große Kurtisane

Forever Amber. USA 1947 **R** Otto Preminger **B** Philip Dunne, Ring Lardner jr., Jerome Candy, nach dem Roman von Kathleen Windsor **K** Leon Shamroy **M** David Raksin **P** William Perlberg für 20th Century-Fox **L** 122 Min., Farbe **D** Linda Darnell, Cornel Wilde, Richard Greene, George Sanders

Kathleen Windsors erotischer Wälzer um die Abenteuer einer leichtlebigen Kurtisane im England des 17. Jahrhunderts geriet nach seiner Veröffentlichung zum Skandal. Wie ihre französische Kollegin ANGÉLIQUE hat Amber (Darnell) zahlreiche Schicksalsschläge zu überwinden, die sie jedoch dank Schönheit und Charme sowie der Mithilfe ihrer zahlreichen Liebhaber immer wieder zu meistern weiß.

Dabei waren Produktion und Vorgeschichte des Films mindestens so aufregend wie das, was sich später auf der Leinwand abspielte. Nachdem bereits 2 Millionen Dollar (für damalige Verhältnisse eine ungeheure Summe) ausgegeben waren, feuerte Fox-Chef Darryl F. Zanuck die noch unbekannte englische Hauptdarstellerin Peggy Cummins sowie Regisseur John M. Stahl, da er mit den bis dato erbrachten Ergebnissen mehr als unzufrieden war. Otto Preminger, damals bei Fox unter Vertrag, übernahm widerwillig die Regie und begann den Film mit neuer Hauptdarstellerin (nachdem man seine Wunschbesetzung Lana Turner abgelehnt hatte) noch einmal. Seine Adaption geriet zum farbenprächtigen, unterhaltsamen Ausstattungsspektakel, einem Gefilde, in dem der Regisseur sich nach eigenen Auskünften unwohl fühlte. *Amber* war nicht der erwartete Riesenerfolg, aber dennoch profitabel.

Komponist David Raksin wurde für seine Bemühungen mit einer Oscar-Nominierung belohnt.
Die um 18 Minuten gekürzte deutsche Fassung gelangte erst 1951 in die Kinos. al

American Diner

Diner. USA 1982 **R** Barry Levinson **B** Barry Levinson **K** Peter Sova **M** Bruce Brody, Ivan Kral **P** Jerry Weintraub / Metro-Goldwyn-Mayer, SLM Entertainment **L** 110 Min., Farbe **D** Steve Guttenberg, Daniel Stern, Mickey Rourke, Kevin Bacon, Timothy Daly

Der Film spielt im Jahre 1959 in Baltimore und erzählt die Geschichte fünf junger Männer, die sich regelmäßig in einer Imbißstube treffen, um dort über Sex, Football und ihre Wehwehchen zu reden.
MGM wollte eigentlich mit *Diner* an die Erfolge solcher Klamauk-Komödien wie *Animal House* oder *Porky´s* anknüpfen. Doch Barry Levinson hatte ganz andere Vorstellungen über den Inhalt seines Films. Ihm ging es um eine ernsthafte Auseinandersetzung mit den Problemen junger Menschen zur Zeit der 50er Jahre. Er setzte seine Idee durch, doch als das Ergebnis von den Studiobossen begutachtet wurde, waren die Produzenten entsetzt und nannten das Werk einen Flop. In nur wenigen Kinos gespielt, verschwand *Diner* bald sang- und klanglos aus den Programmen. Die Kritiker dagegen äußerten sich begeistert über den Film. Besonders lobten sie die schauspielerischen Leistungen von Mickey Rourke, der anfangs gar nicht mitspielen wollte und die Rolle des Boogie nur auf Drängen seines Agenten übernahm.
Heute gilt *Diner* als Kultfilm, der nicht nur Mickey Rourke bekannt machte, sondern auch den Grundstein für die Karrieren von Steven Guttenberg, Kevin Bacon und Ellen Barkin legte. nn

American Graffiti

American Graffiti. USA 1973 **R** George Lucas **B** George Lucas, Gloria Katz, William Huyck **K** Ron Eveslage, Jan D´Alquen **M** Walter Murch **P** Universal **L** 109 Min., Farbe **D** Richard Dreyfuss, Ronny Howard, Paul Le Mat, Charlie Martin Smith, Harrison Ford

Die Handlung dieses zweiten Films von George Lucas spielt sich im Sommer 1962 während einer einzigen Nacht in einer amerikanischen Kleinstadt ab. Eine Gruppe von Jugendlichen kurvt mit ihren Autos durch die nächtlichen Straßen. In ihnen wird das Bild einer Generation deutlich, die sich auf der Schwelle zum Erwachsenwerden befindet, dabei schon melancholisch vergangenen Jugendträumen nachtrauert und bald mit dem Vietnam-Krieg konfrontiert werden soll.
Untermalt von den romantisch/kitschigen Klängen alter Pop-Musik fesselt dieser sympathische Film durch seine dichte, authentisch wirkende Atmosphäre, die zu einem Großteil den Außenaufnahmen in den beiden verschlafenen Kleinstädten San Rafael und Petaluma im kalifornischen Marin County zu verdanken ist. *American Graffiti* wurde für George Lucas zu einem überragenden künstlerischen und finanziellen Erfolg. Dafür sprechen fünf Oscar-Nominierungen und über 120 Millionen Dollar Einspielsumme, die den geringen Produktions-kosten von 1,275 Millionen Dollar gegenüberstanden. Für den bis dahin noch völlig unbedeutenden Harrison Ford, der hier, 30jährig, in kurzen Auftritten einen 21jährigen mimt, bedeutete die Zusammenarbeit mit George Lucas den Einstieg in seine Weltkarriere. Ausgestattet mit genügend Geld, konnte sich Lucas auf die Realisierung seiner Weltraum-Oper KRIEG DER STERNE stürzen, die 1977 bei der Oscar-Verleihung nicht wieder übergangen werden konnte. jg

The American Way

The American Way. Großbritannien 1986 **R** Maurice Phillips **B** Scott Roberts **K** John Metcalfe **M** Brian Bennett **P** Paul Cowan / Tambura Co. Verleih **L** 99 Min., Farbe **D** Dennis Hopper, Michael J. Pollard, Eugene Lipinsky, James Aubrey

Dennis Hopper ist der Chef eines wilden Teams von Vietnam-Veteranen, das mit ihrem technisch ausgebauten B 29-Bomber TV-Stationen umkreist. Ihr eigener Piratensender sorgt dafür, daß die ihrer Meinung nach volksverblödenden Nachrichten und andere Programme gestört werden. Ganz besonders haben sie es auf die Präsidentschaftskandidatin Mrs. Willa Westinghouse abgesehen, die im Falle ihres Sieges, alle Kommunisten aus Mittelamerika herausbomben will. Doch die Piraten rufen zur Schlacht und die Stunden der eisernen Lady sind gezählt.
Maurice Phillips Debüt als Regisseur ging völlig daneben. Was eine witzige Polit-Satire werden sollte, endete als langatmige, peinliche Komödie. Da konnten auch solche Profis wie Dennis Hopper oder Michael J. Pollard nichts mehr retten - im Gegenteil. Ihre Szenen wirken wie ein privates, nostalgisches Meeting ohne Spannung und Power. In Amerika blieb der Streifen erfolglos. Einzig Dennis Hopper äußerte sich positiv in einem Interview: „Es hat Spaß gemacht, diese schwarze Komödie zu drehen, in der mein Part eine Mischung aus Billy in EASY RIDER und meiner Rolle in APOCALYPSE NOW ist.“ nn

American Werewolf

An American Werewolf in London. USA 1981 **R** John Landis **B** John Landis **K** Robert Paynter **M** Elmer Bernstein **P** George Folsey, jr. für Lycanthrope Films **L** 95 Min., Farbe **D** David Naughton, Jenny Agutter, Griffin Dunne

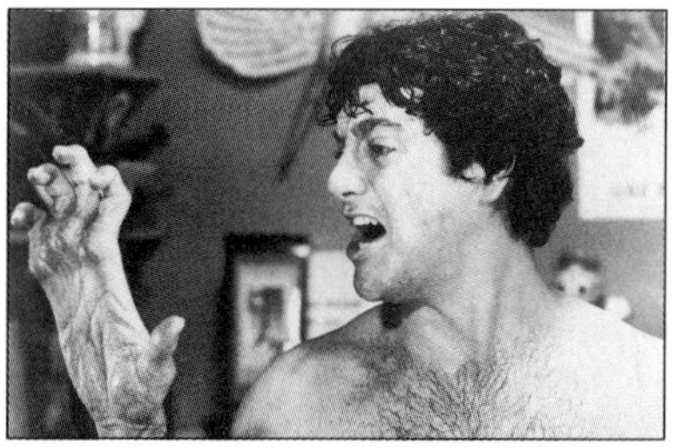

„Endlich können Sie über das lachen, was Sie bisher fürchteten“, versuchte die Werbung die Kino-Besucher auf Plakaten zu beruhigen. Doch tatsächlich handelt es sich bei John Landis´ Film weniger um eine Komödie mit Grusel-Elementen, als vielmehr um einen lupenreinen Horrorfilm, der zufällig einen sehr scharfen Sinn für Humor hat.
Er erzählt von zwei amerikanischen Studenten, die während einer Wanderung im englischen Moor von einem wolfsähnlichen Tier angegriffen werden. Während der eine (Dunne) den Bissen erliegt, überlebt der andere (Naughton) schwer verletzt und findet sich in einem Londoner Krankenhaus wieder, wo niemand seine Geschichte glauben will. Zu seinem Entsetzen muß er feststellen, daß der Biß ihn zu einem Werwolf gemacht hat, in den er sich bei jedem Vollmond verwandelt.
Effektvoll läßt Landis den Zuschauer zwischen Lachen und Schrecken hin-und herschwanken und liefert ganz nebenbei noch eine messerscharfe Satire des modernen England ab. Dabei ist sich der Film durchaus der Tradition klassischer Werwolf-Streifen bewußt, mit deren Versatzstücken der Regisseur souverän spielt. In einer Szene faßt David Naughton sogar den Inhalt des berühmten DER WOLFSMENSCH von 1941 zusammen. Ein Hauptattribut des Films ist die hervorragende Arbeit des Spezial-Maskenbildners Rick Baker, der aus Naughtons Verwandlungsszenen umwerfende Beispiele moderner (Film)-Tricktechnik schuf. In der jungern Kategorie „Bestes Make-up“ wurde er dafür mit einem Oscar geehrt. al

Der Amerikaner

Twinky. Großbritannien 1969 **R** Richard Donner **B** Norman Thaddeus Vane **K** Walter Lassally **M** John Scott **P** Clive Sharp für World Film Services Prod. **L** 98 Min., Farbe **D** Charles Bronson, Susan George, Michael Craig, Honor Blackman

Die sechzehnjährige Twinky (George) beginnt eine Affäre mit einem achtunddreißigjährigen amerikanischen Porno-Autor (Bronson). Nicht nur der Altersunterschied

führt dabei zu Problemen, auch Twinkys Eltern haben andere Vorstellungen von der Zukunft ihrer Tochter. Das Liebespaar „flüchtet" schließlich nach New York, wo sich auch Scotts Eltern als keinesfalls aufgeschlossener erweisen.
Was sich spekulativ und klischeebeladen anhört, wurde von Richard Donner, später für Bombastisches à la SUPERMAN bekannt, recht einfühlsam und geschmackvoll in Szene gesetzt. Für Bronson bot diese ungewöhnliche Liebesgeschichte eine willkommene Gelegenheit, sich nach seinen zahlreichen Action- und Schurkenrollen einmal von der sanften Seite zu zeigen. Wie auch Susan George erhielt er (selten genug) positive Kritiken; am meisten gelobt wurde jedoch Honor Blackman für ihre komische Darbietung als Twinkys Mutter. Leider wurde der Film von seinem amerikanischen Verleiher sehr stiefmütterlich behandelt (in den USA lief er unter dem Namen *Lola*, was wohl an *Lolita* erinnern sollte), und auch in Deutschland gelangte er erst nach Bronsons internationalem Durchbruch Anfang der 70er Jahre in die Kinos (1974). al

Ein Amerikaner in Paris

An American in Paris. USA 1951 **R** Vincente Minnelli **B** Alan Jay Lerner **K** Alfred Gilks, John Alton **M** George Gershwin **P** Arthur Freed / Metro-Goldwyn-Mayer **L** 114 Min., Farbe **D** Gene Kelly, Leslie Caron, Oscar Levant, Georges Guetary, Nina Foch, Eugene Borden

Der amerikanische Maler Jerry Mulligan (Kelly) und der Komponist Adam Cook (Levant) leben in Paris. Jerrys Karriere wird von der Millionärin Milo Roberts (Foch) gefördert, aber er hat nur Augen für die junge Parfümverkäuferin Lise (Caron). Doch Lise will trotz ihrer Liebe zu Jerry den bekannten Sänger Henri aus Dankbarkeit heiraten, da er sie während des Krieges vor den Deutschen gerettet hat. Auf einem Kostümfest nehmen Lise und Jerry zärtlich voneinander Abschied. Henri wird heimlicher Zeuge ihres Gespräches und läßt Lise gehen.
Ein Amerikaner in Paris gilt als eines der schönsten Musicals Hollywoods. Der versierte Komponist George Gershwin schrieb die Musik, sein Bruder Ira die Texte, und der Regiemeister Vincente Minnelli inszenierte die zauberhafte Revue. Für die Rolle der Lise entdeckte Gene Kelly die damals 20jährige Leslie Caron. Wie sie sagte, war die Arbeit mit Kelly „sehr hart". Er ließ Tanzszenen solange wiederholen, bis er sie für perfekt hielt. Doch für Leslie Caron lohnten sich die Anstrengungen. Durch den Film wurde sie über Nacht zum Star.
Für dieses perfekte Zusammenspiel von Musik, Tanz, Darstellung und Regie wurde *Ein Amerikaner in Paris* achtmal für den Oscar nominiert. Bei der Verleihung erhielt der Film sieben der Trophäen, die sich auf die Sparten „Bester Film", „Bestes Original-Drehbuch", „Beste Kamera", „Beste Ausstattung eines Farbfilms" (Gibbons, Ames, Willis, Gleason), „Beste Musik eines Musical" und „Beste Kostüme" (Walter Plunkett, Irene Sharaff) verteilten. Gene Kelly erhielt zusätzlich einen Ehren-Oscar. nn

Der amerikanische Freund

Der amerikanische Freund / L´ami americain. BRD/Frankreich 1977 **R** Wim Wenders **B** Wim Wenders, nach dem Roman *Ripley´s Game* von Patricia Highsmith **K** Robby Müller **M** Jürgen Knieper **P** René Gundlach/Les Films de Losange/ Wim Wenders Produktion/WDR **L** 126 Min., Farbe **D** Bruno Ganz, Dennis Hopper, Lisa Kreuzer, Nicholas Ray, Gérard Blain

Nachdem Wim Wenders seinen vorhergehenden Spielfilm IM LAUF DER ZEIT fast ohne Drehbuch realisiert hatte, wollte er für sein nächstes Projekt wieder eine Romanvorlage verwenden und entschied sich so für Patricia Highsmiths Kriminalwerk *Ripley´s Game*. Während der Dreharbeiten mußte er feststellen, daß er die im Buch sehr festgelegten Charaktere für seinen Film nicht ohne weiteres übernehmen konnte und nahm mit den Figuren einige Veränderungen vor.
Die Handlung des Films pendelt wie seine Protagonisten zwischen den Städten Hamburg, Paris und New York. In Hamburg wird der Restaurator Jonathan Zimmermann von dem Amerikaner Ripley aufgefordert, gegen eine hohe Geldsumme in Paris einen Mord zu begehen. Jonathan, der unheilbar krank ist, willigt ein und tötet auf Befehl einen ihm völlig unbekannten Mann. Dies zieht jedoch nur eine Kette weiterer Mordaufträge nach sich, der sich Jonathan nicht mehr entziehen kann. Seine Zusammenarbeit mit Ripley erweist sich als todbringender Pakt.
Ein beunruhigender, bildlich genial umgesetzter Thriller mit leisen, doch umso eindringlicheren Tönen, dessen Faszination vor allem in den drei verschiedenen Städteporträts liegt, die Kameramann Robby Müller in langen Kamerafahrten durch U-Bahnen, Tunnel, Rolltreppen und Straßenschluchten als einziges urbanes Labyrinth darstellt. Die Rolle des Malers Derwatt übernahm der bereits schwerkranke Regisseur Nicholas Ray (DENN SIE WISSEN NICHT, WAS SIE TUN). Wim Wenders widmete Ray drei Jahre später seinen halbdokumentarischen Streifen *Nick´s Film - Lightning Over Water.* jg

Die amerikanische Nacht

La nuit américaine. Frankreich/Italien 1973 **R** François Truffaut **B** François Truffaut, Jean-Louis Richard, Suzanne Schiffman **K** Pierre-William Glenn **M** Georges Delerue **P** Films du Carosse/ P.E.C.F. (Paris), P. I. C. (Rom) **L** 116 Min., Farbe **D** Jacqueline Bisset, Jean-Pierre Aumont, Jean-Pierre Léaud, Valentina Cortese, François Truffaut, Alexandra Stewart, Nathalie Baye

Als „amerikanische Nacht" wird in Frankreich ein Verfahren bezeichnet, durch das bei Tage mit Spezialfiltern gedrehte Aufnahmen wie Nachtaufnahmen wirken. Schon der Titel verweist damit auf den Blick hinter die Kulissen, den Truffaut seinen Zuschauern gestattet. Die Idee entstand, als er während der Schnittarbeiten zu ZWEI MÄDCHEN AUS WALES UND DIE LIEBE ZUM KONTINENT ständig die gigantischen Kulissen durchqueren mußte, die man für DIE IRRE VON CHAILLOT auf dem Gelände der Victorine Studios in Nizza errichtet hatte. Hier spielen sich auch die Dreharbeiten zu dem fiktiven Spielfilm *Meet Pamela* ab, eine romantische Liebesgeschichte, deren Hauptdarstellerin Julie Baker (Bisset) ist. Truffaut, der den Regisseur Ferrand mimt, entführt den Zuschauer in eine Welt, die von besorgten Produzenten, nervenschwachen Schauspielerinnen, technischen Pannen und widerborstigen Tieren beherrscht wird. Sein Film ist eine Liebeserklärung an das Kino und die Kunst des Filmemachens.
Die amerikanische Nacht, den Schauspielerinnen Dorothy und Lilian Gish gewidmet, wurde überall mit enthusiastischen Kritiken bedacht und war Truffauts größter Publikumserfolg seit JULES UND JIM. Er erhielt u.a. den New York Film Critics Award, den Oscar als „Bester fremdsprachiger Film" und im darauffolgenden Jahr drei weitere Nominierungen für Regie, Original-Drehbuch und Nebendarstellerin (Valentina Cortese). al

Der amerikanische Soldat

Der amerikanische Soldat. BRD 1970 **R** Rainer Werner Fassbinder **B** Rainer Werner Fassbinder **K** Dietrich Lohmann **M** Peer Raben **P** Peer Raben/ antitheater **L** 90 Min., s/w **D** Karl Scheydt, Elga Sorbas, Margarethe von Trotta, Jan George, Hark Bohm

Zehn Jahre nach Jean-Luc Godards AUSSER ATEM (1959) entdeckte auch der Neue Deutsche Film in der Person Rainer Werner Fassbinders die großen Vorbilder des ameri-

kanischen Gangsterfilms und trimmte diese auf europäisches Niveau.
Drei Münchener Polizisten heuern den Amerikaner Ricky als Berufskiller an, der für sie unliebsame Personen aus dem Weg räumen soll, die selbst sie als Vertreter des Gesetzes nicht so ohne weiteres verhaften können. Ricky bringt eine Reihe von Menschen um, um am Ende selbst ein Opfer der Polizisten zu werden.
Fassbinders Film orientiert sich eng an dem berühmten Howard-Hawks-Thriller SCARFACE, wobei er besonders den Auftritt seiner Protagonisten in weißen Anzügen als Stilmittel des US-Gangsterfilms der 30er Jahre übernimmt. *Der amerikanische Soldat* zitiert nicht nur aus Filmen der klassischen Hollywood-Ära, sondern verweist in Anspielungen seinerseits auf andere Fassbinder-Werke. In einem Kurzauftritt wird beispielsweise Margarethe von Trotta als Zimmermädchen gezeigt, die als Vorgriff die Geschichte des Films ANGST ESSEN SEELE AUF erzählt, den Fassbinder vier Jahre später drehen sollte. jg

Eine amerikanische Tragödie

An American Tragedy. USA 1931 **R** Josef von Sternberg **B** Samuel Hoffenstein, Josef von Sternberg, nach dem Roman von Theodore Dreiser **K** Lee Garmes **P** /Paramount **L** 92 Min., s/w **D** Phillips Holmes, Sylvia Sidney, Frances Dee, Irving Pichel

Eigentlich sollte Sergej Eisenstein den 1925 veröffentlichten, aufsehenerregenden Roman von Theodore Dreiser verfilmen. Der weltberühmte sowjetische Regisseur hatte während seines Amerika-Aufenthaltes ein Angebot dazu von Paramount-Chef Jesse Lasky erhalten. Eisenstein schrieb einen Drehbuch-Entwurf, der von Dreiser begeistert aufgenommen wurde - jedoch nicht vom Studio. Damit war eine Zusammenarbeit gescheitert, und die Paramount beauftragte ihren damaligen Erfolgsregisseur Josef von Sternberg mit der Adaption des Romans. Die Geschichte dreht sich um einen jungen Mann (Holmes), der seine schwangere Freundin (Sidney) umbringt, da sie einer Heirat mit einem Mädchen aus der Oberschicht (Dee) im Wege steht, die ihm zum sozialen Aufstieg verhelfen würde.
Nach eigenen Angaben eleminierte von Sternberg die „soziologischen Elemente“ des Films, um sich statt dessen mehr den Gefühlen und Begierden seiner drei Hauptprotagonisten zu widmen. Theodore Dreiser war so entsetzt über das Ergebnis, daß er das Studio auf Schadenersatz verklagte - ohne Erfolg. Auch die Kritik ging nicht gerade freundlich mit dieser Glamour-Version eines gesellschaftskritischen Werkes um. In Großbritannien wurde der Film aus moralischen Gründen von der Zensur verboten. Die deutsche Erstaufführung fand 1970 im Fernsehen (ARD) statt. 1951 drehte George Stevens eine wesentlich populärere (wenn auch nicht unbedingt werkgetreuere) Version des Stoffes unter dem Titel EIN PLATZ AN DER SONNE. al

Amityville Horror

The Amityville Horror. USA 1979 **R** Stuart Rosenberg **B** Sandor Stern, nach einem Roman von Jay Anson **K** Fred I. Koenekamp **M** Lalo Schifrin **P** Ronald Saland, Elliot Geisinger/Cinema 77, Professional, American International Pictures **L** 101 Min., Farbe **D** James Brolin, Margot Kidder, Rod Steiger, Don Stroud, Murray Hamilton

Das Ehepaar George und Kathleen Lutz (Brolin/Kidder) bezieht mit seinen Kindern Matt, Greg und Amy ein hübsches Haus in Amityville. Daß dort vor einem Jahr ein sechsfacher Mord passiert ist, stört die Familie nicht. Doch dann geschehen unheimliche Dinge: rotleuchtende Augen starren durch die Fenster, Blut läuft von den Wänden, und grauenvolle Geräusche dringen aus allen Ekken. Mit knapper Not kann die Familie sich ins Freie retten.
Amityville Horror, der in den USA einer der größten Erfolge der laufenden Kinosaison war, entstand nach einer angeblich wahren Begebenheit. George und Kathleen Lutz nahmen Kontakt zu dem Schriftsteller Jay Anson auf, der gerade an einer Dokumentation über die Dreharbeiten zu DER EXORZIST arbeitete. George Lutz erzählte Anson von den Erlebnissen seiner Familie in der Villa, die sie am 13. November 1974 bezogen hatten, aber wegen unerklärlicher Vorfälle schon nach 28 Tagen wieder verlassen mußten. Nach weiteren Recherchen bei der Polizei und dem Pfarrer in Amityville schrieb Anson das Drehbuch. Was den Wahrheitsgrad der Geschichte angeht, meinte Anson: „Ich weiß nicht, ob die in meinem Buch beschriebenen Ereignisse sich wirklich so zugetragen haben. Ich habe nur so exakt wie möglich das wiedergegeben, was man mir berichtete. Aber ich bin sicher, daß George und Kathy Lutz an das glaubten, was sie mir erzählten.“ nn

Amore

Amore. Italien 1948 **R** Roberto Rossellini **B** Roberto Rossellini, nach Monodramen von Jean Cocteau, Tulio Pinelli, Federico Fellini **K** Aldo Tonti, Robert Juillard **M** Renzo Rossellini **P** Tever **L** 78 Min., s/w **D** Anna Magnani, Federico Fellini

Hinter dem Titel *Amore* des italienischen Neorealismus-Regisseurs Roberto Rossellini verbergen sich zwei Episoden. In *Die menschliche Stimme* hält eine Frau (Magnani) einen Monolog am Telefon, der von ihrem inneren Zusammenbruch handelt. Er entstand nach Jean Cocteaus *Exerzitium der Indiskretion.*
Für den zweiten Film *Das Wunder* schrieb Rossellini zusammen mit Federico Fellini die Vorlage. Geschildert wird die Geschichte einer Außenseiterin, die eines Tages einen stummen Wanderer kennenlernt und von diesem unbemerkt während des Schlafes geschwängert wird. In ihrer Naivität glaubt sie an eine unbefleckte Empfängnis. Vom Dorf verspottet, flüchtet sie in die Berge und bringt dort ihr Kind zur Welt.
Besonders Rossellinis französische Kollegen waren von *Amore* begeistert. Truffaut wurde „bei gewissen Bildern von einem Schwindel erfaßt“; Rohmer fand, „der Film sei von einem anderen Gefühlsraum, einer anderen Ordnung“.
Die Kirche allerdings empörte sich über den angeblich „blasphemischen Streifen“. Anfang des Jahres 1951 wurde *Das Wunder* nach einem Antrag des amerikanischen Kardinals Spellmann zeitweise für den Staat New York verboten. Rossellini selbst konterte und bezeichnete seinen Film als ein „absolut katholisches Werk“. nn

Die amourösen Abenteuer der Moll Flanders

The Amourous Adventures of Moll Flanders. Großbritannien 1965 **R** Terence Young **B** Dennis Cannan, Roland Kibbee, nach dem Roman von Daniel Defoe **K** Ted Moore **M** John Addison **P** Marcel Hellman für Winchester Film/Paramount **L** 123 Min., Farbe **D** Kim Novak, Richard Johnson, Angela Lansbury, Vittorio De Sica, Lilli Palmer, George Sanders, Leo McKern

Angekündigt als ein weiblicher TOM JONES (und eindeutig davon inspiriert), läßt *Moll* einiges vom Stil und Charme des Originals vermissen. Auf einem 1722 veröffentlichten Roman von Daniel Defoe basierend, wird hier die Geschichte eines armen Mädchens aus dem 18. Jahrhundert (Novak) erzählt, deren sehnlichster Wunsch es ist, gesellschaftliche Anerkennung zu erreichen. Dieses Ziel vor Augen, durchlebt sie eine Serie von Affären und Ehen, die fast den gesamten Film in Anspruch nehmen. Unglücklicherweise verliebt sich Moll ausgerechnet in einen Wegelagerer (Johnson), der ihr den reichen Mann vorspielt. Nachdem sie einen

wirklich wohlhabenden Bankier geehelicht hat, der kurz nach der Hochzeit stirbt, ist sie nicht nur die Frau von Welt, sondern außerdem noch frei für ihren gutaussehenden Räuber.
Der Film versucht, die gleiche Atmosphäre aus Farce und Verrücktheit zu kreieren, die TOM JONES zu einem solchen Erfolg machte, ist aber nur eine starbesetzte Balgerei durch Betten und Boudouirs. In einer besonders amüsanten Szene, in der Novak und George Sanders sich auf die gemeinsame Nacht vorbereiten, entkleidet sie sich in Zeitlupe, während er im Zeitraffer gefilmt wurde.
Für *Life* bot Kim Novak „die energievollste, entspannteste und beste Darstellung ihrer Karriere", während einige andere Kritiker der Ansicht waren, die Schauspielerin hätte nicht genug „Biß", um einen solchen Film zu tragen. Privat erlangte *Moll* für Novak einige Bedeutung: Sie verliebte sich in ihren britischen Co-Star Richard Johnson und war eine Zeitlang mit ihm verheiratet. al

Amphitryon

Amphitryon. Deutschland 1935 **R** Reinhold Schünzel **B** Reinhold Schünzel, nach dem Bühnenstück von Heinrich von Kleist **K** Fritz Arno Wagner, Werner Bohne **M** Franz Doelle **P** Universum **L** 103 Min., s/w **D** Willy Fritsch, Käthe Gold, Paul Kemp, Fita Benkhoff, Adele Sandrock

Bevor Reinhold Schünzel 1937 Nazi-Deutschland den Rücken kehrte und mit ihm einer der letzten großen Filmemacher verschwand, drehte der Spezialist für leicht schlüpfrige, erotische Komödien (VIKTOR UND VIKTORIA) noch den Erfolgsfilm *Amphitryon*.
Angesiedelt ist die Geschichte in der griechischen Mythologie. Göttervater Zeus, allzeit bereit für Seitensprünge jeder Art, hat ein Auge auf Alkmene, die Gattin des Amphitryon, geworfen. Da sich der Gemahl gerade im Krieg befindet, schätzt er seine Chancen als günstig ein, doch Alkmene läßt ihn abblitzen. Zeus greift in seine Trickkiste und zieht in Amphitryons Gestalt in die Stadt ein, kommt jedoch infolge übermäßigen Alkoholgenusses auch diesmal nicht zum Zuge. Als der echte Amphitryon unverhofft erscheint, ist das Chaos perfekt. Schließlich muß Göttergattin Juno schlichtend eingreifen.
Bei genauem Betrachten wird deutlich, daß Schünzels Film voller sarkastischer Anspielungen auf die damaligen politischen Verhältnisse in Deutschland steckt und in gekonnter Weise einige Zitate aus Leni Riefenstahls *Triumph des Willens* persifliert. Ein Satz, von Alkmene ausgesprochen, war dabei eindeutig gegen die Schaumschlägerei Hitlers und Goebbels´ gerichtet. „Ach ja, vor so vielen Leuten redet man leicht etwas, was man nachher selbst nicht glaubt." Die Zensurbehörde erhob sofort Einspruch gegen diese Passage und ließ sie aus dem Endschnitt des Films entfernen. jg

An die Freude

Till glädje. Schweden 1949 **R** Ingmar Bergman **B** Ingmar Bergman **K** Gunnar Fischer **P** Svensk Filmindustrie **L** 97 Min., s/w **D** Stig Olin, Maj-Britt Nilsson, Victor Sjöström, Birger Malmsten, John Ekamn, Margit Carlqvist, Sif Ruud, Erland Josephson

Der Film beginnt und endet jeweils mit den Orchesterproben zu Beethovens Hymne *An die Freude*, die diesem Bergman-Werk auch ihren Namen gibt. Der schwedische Regisseur verbrachte seinen Sommerurlaub mit einem befreundeten Schauspieler an der Riviera; in dieser Zeit schrieb er das Manuskript für den Film nieder.
Der Berufsmusiker Eriksson (Olin) wird während seiner Ferien von der Nachricht überrascht, daß seine Frau und eines der Kinder bei einem Unfall ums Leben gekommen sind. In Rückblenden erinnert er sich an das erste Zusammentreffen mit Martha, an ihre gemeinsamen Träume, die Heirat - und auch die Trennung. Gerade als sie den Entschluß gefaßt haben, einen neuen Anfang zu wagen, werden sie für immer durch den Tod auseinandergerissen.
Bergmans Film trägt starke autobiographische Züge. Als er das Manuskript anfertigte, hatte er ebenfalls gerade die Trennung von seiner Frau bewältigt. Im Film bringt Martha Zwillinge zur Welt; auch in seiner Ehe wurden dem Regisseur Zwillinge geboren. Nicht zuletzt ist der Beruf des Protagonisten (Geiger) ein deutlicher Hinweis auf Bergmans eigene Erfahrungen als Theaterchef in Hälsingborg. „Ich wurde etwas sentimental und fing an, an die Zeit in Hälsingborg zu denken, wie schön das damals war, und an das Symphonieorchester, und daß ich keineswegs so genial war, wie ich es mir eingebildet hatte." (Ingmar Bergman) nn

An einem Freitag in Las Vegas

Las Vegas 500 milliones/Les hommes de Las Vegas/An einem Freitag in Las Vegas/Radiografia d´un colpo d´oro. Spanien/ Frankreich/ BRD/Italien 1968 **R** Antonio Isasi **B** Antonio Isasi, Jo Eisinger, Luis Comeron, Jorge Illa, Giovanna Simonelli, nach einem Roman von André Lay **K** Juan Gelpi **M** Georges Garvarentz **P** Nat Wachsberger für Isasi P.C. (Barcelona), Capitole Films (Paris), Eichberg Film (München), Franca Films (Rom) **L** 130 Min., Farbe **D** Gary Lockwood, Elke Sommer, Lee J. Cobb, Jack Palance, Jean Servais, Georges Geret

Tony (Lockwood) plant einen Überfall auf den gepanzerten Geldtransporter des Casino-Besitzers Skorsky (Cobb) und heckt mit Hilfe von dessen Sekretärin (Sommer) einen raffinierten Plan aus, um den Wagen in der Wüste Nevadas verschwinden zu lassen. Nach geglücktem Raubzug müssen die Gangster allerdings feststellen, daß sie nicht nur die Polizei und die Versicherungsagenten am Hals haben, sondern auch das Finanzministerium: Skorsky hatte das Gefährt für illegale Geldgeschäfte mit Mexiko benutzt.
Ein spannendes, clever konstruiertes Caper Movie, dessen Schluß - der Geldtransporter fliegt samt Inhalt in die Luft - an John Hustons DER SCHATZ DER SIERRA MADRE erinnert. Die Vier-Länder-Coproduktion verschlang etliche Monate für Drehzeit und Nachproduktion, bis nach unzähligen Verzögerungen endlich in Madrid und Barcelona Premiere gefeiert werden konnte. Neben unvermeidlichen Außenaufnahmen in Las Vegas selbst entstanden die Wüstenszenen fast ausschließlich in der Umgebung des spanischen Almería, zu jener Zeit auch ein beliebter Schauplatz für Italo-Western.
Ein interessanter stilistischer Aspekt ist die Tatsache, daß Isasi, der als Cutter begann, kein einziges Mal im Film eine Kamerafahrt und auch keine Schwenks einsetzt, vielmehr wird alles von einer starren Position aus gefilmt - Bewegung und Tempo entstehen nur durch den Schnitt. al

An einem heißen Nachmittag

L´homme a femmes. Frankreich 1960 **R** Jacques Gérard Cornu **B** Maurice Clavel, Jacques Gérard Cornu, nach einem Roman von Pierre Quentin **K** Jean Tournier **M** Claude Bolling **P** Films du Cyclope **L** 94 Min., s/w **D** Mel Ferrer, Danielle Darrieux, Claude Rich, Catherine Deneuve, Pierre Brice

Cathérine (Deneuve) und Gabrielle (Darrieux) sind Schwestern, doch zwischen beiden bestehen von Kindheit an feindliche Gefühle, die sich jetzt, da sie erwachsen sind, zu tödlichen Aggressionen aufgestaut haben. Da Cathérine ihr Leben lang zugunsten ihrer älteren Schwester vernachlässigt worden ist, rächt sie sich auf teuflische Weise, indem sie Gabrielle einen Mord in die Schuhe schiebt, den in Wirklichkeit sie begangen hat.
Ein solide inszenierter Psycho-Krimi, der jedoch zu sehr auf die Frage ausgerichtet ist, wer denn nun eigentlich der Mörder ist. Die sich entwickelnde Rivalität der beiden Schwestern wird leider so gut wie gar nicht in die Dramaturgie der Handlung eingebunden, um den überraschenden Plot am Ende des Films nicht vorzeitig zu zerstören. Die beiden Schauspieler Catherine Deneuve (in ihrem vierten Film) und Pierre Brice (diesmal noch ohne Winnetou-Kluft) lassen dem Film aus heutiger Sicht manch sehenswerte Seite abgewinnen. „Die Schauspieler kön-

nen mit den oberflächlich gestalteten Personen dieses Films wenig anfangen. Von technischer Seite her ist er aber ganz anständig gemacht." (*Variety*) jg

An einem heißen Sommermorgen

Par un beau matin d'été. Frankreich /Spanien/ Italien 1964 **R** Jacques Deray **B** Didier Goulard, Maurice Fabre, Georges Bardawill, Jacques Deray, Michel Audiard, nach dem Roman *Kein Tag wie jeder andere* von James Hadley Chase **K** Jean Charvein, G.G. Buena **M** Michel Magne **P** Sud-Pacifique Films/C.I.C.C./Les Films Borderie/Terra Film (Paris), Prod. Benito Perojo (Madrid), Jolly Film (Rom) **L** 98 Min. (Originalfassung 108 Min.), s/w **D** Jean-Paul Belmondo, Geraldine Chaplin, Sophie Daumier, Akim Tamiroff, Gabriele Ferzetti

Die junge Geraldine Chaplin ist das Aufregendste an Jacques Derays mittelmäßiger Adaption eines Romans des amerikanischen Kriminal-Schriftstellers James Hadley Chase. Charlies Tochter ist hier zum ersten Mal, abgesehen von einem Auftritt als Achtjährige in RAMPENLICHT, als Schauspielerin auf der Leinwand zu sehen. Zwar wirkt sie noch unsicher inmitten einer professionellen Besetzung, doch ihre spätere Klasse läßt sich bereits erahnen.
Sie spielt die Tochter eines reichen Unternehmers, die von einem alternden Gangster (Tamiroff) und seinen Komplizen entführt wird. Doch in einem einsam gelegenen Landhaus geraten die Kidnapper aneinander, und das Unternehmen endet blutig.
Belmondo ist eindrucksvoll als ein sich treiben lassender Junggangster, der ein mehr als inniges Verhältnis zu seiner Schwester (Daumier) hat. Eine Inzest-Szene zwischen den beiden wurde aus der deutschen Fassung des Films entfernt. al

An einem Morgen im Mai

Without a Trace. USA 1982/83 **R** Stanley R. Jaffe **B** Beth Gutcheon, nach ihrem Roman *Still Missing* **K** John Bailey **M** Jack Nitzsche **P** Stanley R. Jaffe/

20th Century-Fox **L** 120 Min., Farbe **D** Kate Nelligan, Judd Hirsch, David Dukies, Stockard Channing

An einem Morgen im Mai wird der kleine Alex auf seinem Weg zur Schule entführt. Die Ermittlungen der Polizei bleiben erfolglos, der Fall wird als ungelöst zu den Akten gelegt. Nur Alex' Mutter gibt die Hoffnung nicht auf, ihren Sohn wiederzufinden und macht sich auf die Suche nach ihm.
Without a Trace ist weniger ein Kidnapping-Film, als ein Melodram. Das Leiden von Menschen, die unmittelbar von einer Entführung betroffen sind, steht in Stanley Jaffes Streifen im Mittelpunkt.
Jaffe gab nach 20 Jahren Arbeit im Filmgeschäft (er produzierte unter anderem KRAMER GEGEN KRAMER) mit *An einem Morgen im Mai* sein Regiedebüt. Dem Gros der Kritiker war das Ende zu sentimental. Besonders mit dem aufwendig inszenierten Happy-End drückte Jaffe auf die Tränendrüse. Die schauspielerischen Leistungen der beiden Hauptdarsteller Kate Nelligan und Judd Hirsch sorgen jedoch immerhin für viele glaubhafte Momente. nn

An einem Tag wie jeder andere

The Desperate Hours. USA 1955 **R** William Wyler **B** Joseph Hayes, nach seinem Roman und Bühnenstück **K** Lee Garmes **M** Gail Kubik **P** William Wyler / Paramount **L** 112 Min., s/w **D** Humphrey Bogart, Fredric March, Martha Scott, Robert Middleton, Dewey Martin, Mary Murphy

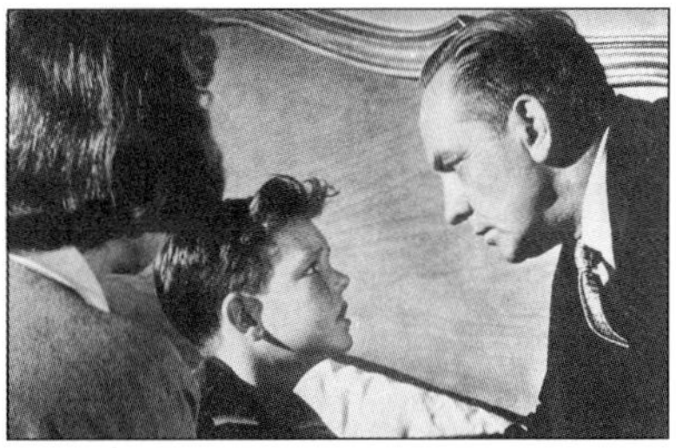

An einem gewöhnlichen Wochentag beginnt für den Personalchef Dan Hilliard und seine Familie ein Alptraum. Nachdem er zur Arbeit gegangen ist, dringen drei ausgebrochene Sträflinge in das Wohnhaus ein und nehmen Ehefrau und Kinder als Geiseln. Sie warten auf eine Geldlieferung, die sie für ihre weitere Flucht dringend benötigen. Erst nach vielen Stunden entdeckt die Polizei den Unterschlupf der Gangster, kann aber nicht eingreifen, ohne das Leben der Geiseln zu gefährden. Ohne Hilfe von außen gelingt es Dan, seine Familie aus den Händen der Killer zu befreien.
Nach der US-Premiere im Oktober 1955 waren die Kritiken zwar positiv, besonders was William Wylers Regieleistung anbelangte, aber bei weitem nicht euphorisch. Oft wurde an seinen Filmen die *Deep-Focus*-Technik bemängelt, die Wyler zusammen mit dem bekannten Kameramann Gregg Toland entwickelt hatte. Ihr Verfahren ermöglicht es, Reaktion und Gegenreaktion in einer Einstellung ohne Schnitt zu zeigen.
1990 drehte Michael Cimino unter dem Titel 24 STUNDEN IN SEINER GEWALT ein Remake dieses Thriller-Klassikers mit Mickey Rourke, Anthony Hopkins und Kelly Lynch in den Hauptrollen. nn

An einem trüben Nachmittag

Séance on a Wet Afternoon. Großbritannien 1964 **R** Bryan Forbes **B** Bryan Forbes, nach einem Roman von Mark McShane **K** Gerry Turpin **M** John Barry **P** Richard Attenborough, Bryan Forbes für Allied Film Makers/Beaver Films **L** 115 Min., s/w **D** Kim Stanley, Richard Attenborough, Mark Eden, Nanette Newman, Patrick Magee, Judith Donner

Bryan Forbes psychologischer Krimi ist einer der wenigen Filmauftritte der wunderbaren Kim Stanley, am besten bekannt durch ihre Darstellung als DIE GÖTTIN.
In ihrer zweiten Filmrolle spielt sie Myra, die als professionelles Medium Kontakt zur „anderen Welt" aufnehmen kann. Aus Frustration und dem Wunsch nach Anerkennung ihrer Fähigkeiten überredet sie ihren schwächlichen Mann Billy (Attenbourough) zu einer Kindesentführung, die ihr die erhoffte Publizität bringen soll. Aus Liebe zu seiner Frau willigt er ein und kidnappt die kleine Amanda (Donner). Myra schlägt wie geplant deren Eltern eine Séance zur Aufklärung des Falles vor. Zunächst verläuft alles glatt, doch plötzlich ist sie davon überzeugt, Kontakt mit ihrem verstorbenen Sohn zu haben, der eine Spielkameradin bräuchte. Billy soll nun die kleine Amanda töten...
Eine ungewöhnliche, sogar unangenehme Geschichte, doch Forbes und seine Schauspieler machen daraus einen überzeugenden, spannenden und faszinierenden Thriller, unterstützt von hervorragenden Schwarzweiß-Aufnahmen Gerry Turpins und einem makabren Score von John Barry. Dabei hatten Forbes und Produzent/Hauptdarsteller Attenborough einige Schwierigkeiten, die geeignete weibliche Besetzung für die Rolle der Myra zu finden. Wunschkandidatin Simone Signoret lehnte ab, weil sie das Thema für geschmacklos hielt, und Margaret Lockwood wurde von den Finanziers als nicht kassenträchtig bezeichnet. Forbes schrieb das Drehbuch sogar für zwei Männer um (im Gespräch waren Alec Guinness und Tom Courtenay), bevor Kim Stanley in Erwägung gezogen wurde. Die Schauspielerin erhielt für ihre Darstellung eine Oscar-Nominierung und den New York Film Critics Award. al

An heiligen Wassern

An heiligen Wassern. Schweiz 1960 **R** Alfred Weidenmann **B** Herbert Reinecker, nach dem Roman von Jacob Christoph Heer **K** Otto Heller **M** Hans Martin Majewski **P** Ciné Custodia **L** 100 Min., Farbe **D** Hansjörg Felmy, Cordula Trantow,

Gisela von Collande, Hanns Lothar, Karl John, Gustav Knuth

Als ein Steinschlag die Wasserleitung eines kleinen Gebirgsdorfes im Schweizer Kanton Wallis zerstört und damit dessen Existenz bedroht, sieht sich der Dorfbewohner Blatter aufgrund finanzieller Nöte gezwungen, die gefährliche Reparatur durchzuführen. Sein Einsatz endet tödlich. Roman, Blatters Sohn, verläßt das Dorf, um sich Jahre später für den Tod seines Vater zu revanchieren.
An dieser Produktion ist eigentlich nur der Schauplatz der Walliser Alpen schweizerischen Ursprungs. Mit dem Regisseur Alfred Weidenmann, dem Drehbuchautor Herbert Reinecker, dem Filmkomponisten Majewski und dem Schauspieler Hanns Lothar wurden vier Bundesfilmpreisträger verpflichtet. Zwar spielt die für den deutsch/österreichisch/schweizer Heimatfilm typische Liebes- und Eifersuchtsgeschichte auch hier eine entscheidende Rolle, doch gibt die ungewöhnliche Rahmenhandlung dem Streifen einen interessanten Hintergrund. So wird die Wahl des Mannes, der in die Felswand klettern soll, um die Wasserleitung zu reparieren, als eine Variante des russischen Roulettes dargestellt, hinter deren Kulissen sich latent bereits ein feiger Kampf um Leben und Überleben abspielt. Die beiden Berliner Hansjörg Felmy und Cordula Trantow geben in diesem Gebirgsdrama im übrigen ein sehr attraktives Filmpaar ab. jg

Anastasia

Anastasia. USA 1956 **R** Anatole Litvak **B** Arthur Laurents, nach einem Bühnenstück von Marcelle Maurette **K** Jack Hildyard **M** Alfred Newman **P** 20th Century-Fox **L** 105 Min., Farbe **D** Ingrid Bergman, Yul Brynner, Helen Hayes, Ivan Desny, Akim Tamiroff

Anastasia gestaltete sich für Ingrid Bergman zu einer triumphalen Rückkehr nach Hollywood. Nach siebenjähriger Leinwand-Abstinenz im amerikanischen Film hatten sich die prüden Wellen der Entrüstung über ihre leidenschaftliche Verbindung mit dem italienischen Regisseur Roberto Rossellini geglättet. Hollywoods großzügige Verzeihung des gesellschaftlichen Ausrutschers der schwedischen Schauspielerin drückte sich vor allem in der Verleihung des Oscars aus, den Ingrid Bergman als Beste Schauspielerin in einer Hauptrolle für diesen Film entgegennehmen durfte.
Geschildert wird das tragische Schicksal der jüngsten Zarentochter Anastasia, die angeblich das Massaker an ihrer Familie in Jekaterinburg überlebt haben soll. Anastasia lernt in Paris den russischen General Bounine kennen, der sie in die Gesellschaft einführt und auch ein Treffen mit der Zaren-Mutter in Kopenhagen arrangiert, die in der unbekannten Frau ihre Enkelin wiedererkennt. Anastasia gesteht ihrer Großmutter, daß sie Bounine liebt, obwohl sie eigentlich dem Prinzen Paul versprochen ist. Die Zaren-Mutter läßt die beiden Liebenden jedoch miteinander glücklich werden.
Ein verschwenderisch ausgestatteter Hollywood-Film, der alle Höhen und Tiefen auf emotionaler Ebene auslotet und seinerzeit an der Kinokasse ein riesiger Erfolg war. Auf einen Realismus-Anspruch sollte man jedoch wenig Wert legen. Interessant ist nur die Liebesgeschichte vor einem melodramatischen Hintergrund; historische Daten bleiben völlig nebensächlich. jg

Anastasia, die letzte Zarentochter

Anastasia, die letzte Zarentochter. BRD 1956 **R** Falk Harnack **B** Herbert Reinecker **K** Friedl Behn-Grund **M** Herbert Trantow **P** Günter Matern/Hansa **L** 107 Min., s/w **D** Lilli Palmer, Ivan Desny, Paul Wagner, Susanne von Almassy, Käthe Braun, Ellen Schwiers

Anders als die Hollywood-Version steht in der deutschen Bearbeitung der Anastasia-Legende keine Liebesromanze im Vordergrund, sondern der verzweifelte Kampf einer Frau um ihre wahre Identität. Falk Harnacks Film wagt zu keiner Zeit eine Konkurrenz mit dem amerikanischen Pendant, dazu ist sein Film zu düster und zu negativ. Kann Litvaks ANASTASIA mit CinemaScope-Format und den schönsten Technicolor-Farben aufwarten, so bleibt die deutsche Version in ihrer strengen Schwarz-Weiß-Dramaturgie bewußt auf ein Kammerspielniveau beschränkt, was insgesamt jedoch wesentlich überzeugender und ehrlicher wirkt.
Die Handlung spielt so auch nicht im eleganten Paris der 20er Jahre, sondern im tristen Berlin der Nachkriegszeit, wo die angebliche Anastasia auch in Wirklichkeit aus dem Landwehrkanal gezogen wurde. Anastasias Existenz wird zum Tauziehen einander verfeindeter Parteien, die alle nur das eine fürchten: Die Zarentochter könnte Anspruch auf das gewaltige Vermögen der Romanows erheben, das auf den Banken des europäischen Auslands deponiert ist.
Dank Lilli Palmer bleibt dieser deutsche Film in seinem Bemühen um Authentizität wesentlich glaubhafter als das US-Melodrama. Anastasia wird am Ende nicht mit ihrem schmucken Geliebten den Schnüffeleien der Sensationspresse entkommen, sondern allein und vergessen in ärmlichen Verhältnissen enden. jg

Anatevka

Fiddler on the Roof. USA 1971 **R** Norman Jewison **B** Joseph Stein, nach seinem Bühnenstück, basierend auf Erzählungen von Sholem Alejchem **K** Oswald Morris **M** Jerry Bock, Sheldon Harnick (Songs); John Williams (Score) **P** Norman Jewison für Mirisch Company/United Artists **L** 138 Min. (Originalfassung 181 Min.), Farbe **D** Chaim Topol, Norma Crane, Leonard Frey, Molly Picon

Anatevka ist eines der am längsten gelaufenen Broadway-Musicals aller Zeiten. Es ist zugleich der Name eines ukrainischen Dorfes, in dem der jüdische Milchmann Tevje (Topol) mit seiner Frau und seinen fünf Töchtern lebt, deren Heiratsabsichten ihn schier um den Verstand bringen. In seiner Zwiesprache mit Gott versucht er, seine Probleme zu bewältigen, die auch von der antijüdischen Politik des Zaren Nikolaus II. bestimmt sind. Produzent/Regisseur Norman Jewison, in seinem ersten Ausflug in die Welt des Musicals, konnte nicht verhindern, daß einiges vom Charme des Originals beim Transfer auf die Leinwand verlorenging. Natürlich mußte die Chagall-inspirierte Ausstattung des Bühnenstücks einer realeren Welt weichen, und auch der Eindruck von Jerome Robbins atemberaubender Choreographie wurde stark beeinträchtigt, besonders durch den unglücklichen Schnitt. Statt Zero Mostel, der die Hauptrolle des Milchmannes Tevje am Broadway gespielt hatte, wurde der wesentlich jüngere Israeli Chaim Topol (Tevje der Londoner Inszenierung) verpflichtet. Die Songs sind dieselben wie auf der Bühne, darunter so bekannte wie *If I Were a Rich Man* und *Sunrise, Sunset*. Das Dorf baute man in den britischen Pinewood Studios auf, Außenaufnahmen entstanden in Jugoslawien.
Trotz der erwähnten Mängel (die deutsche Version leidet noch zusätzlich unter der Synchronisation der Songs) fand *Anatevka* nicht nur sein Publikum an der Kinokasse, sondern erhielt überdies acht Oscar-Nominierungen, darunter für Bester Film, Regie und

Hauptdarsteller. Ausgezeichnet wurden schließlich Oswald Morris (Kamera), Gordon K. McCallum und David Hildyard (Ton) sowie John Williams (Score). al

Anatomie eines Mordes

Anatomy of a Murder. USA 1959 **R** Otto Preminger **B** Wendell Mayes, nach dem Roman von Robert Traver **K** Sam Leavitt **M** Duke Ellington **P** Otto Preminger / Columbia **L** 149 Min., s/w **D** James Stewart, Lee Remick, Ben Gazzara, Arthur O´Connell, Eve Arden

Lieutenant Manion hat den Barbesitzer Quill (Gazzara) ermordet, da dieser angeblich Manions Frau Laura (Remick) vergewaltigt haben soll. Vor Gericht wird er von Rechtsanwalt Paul Biegler (Stewart) verteidigt. Biegler plädiert wegen Unzurechnungsfähigkeit auf Freispruch; sein Mandant hätte angeblich im Affekt gehandelt. Obwohl viele Beweise gegen diese Behauptung sprechen, gelingt es dem ausgekochten Juristen, den Richter auf seine Seite zu ziehen und den Prozeß zu gewinnen.
Der Streifen löste zahlreiche Prosteste aus. Noch nie wurde in der bis heute so prüden US-Filmbranche so offen über das Thema Vergewaltigung geredet. Zum ersten Mal nannte man auch das Bekleidungsstück Damenslip beim Wort und inszenierte extra dafür eine Szene.
Anatomie eines Mordes ist aber vor allem sehenswert aufgrund Otto Premingers stilistischer Methoden. Großaufnahmen der Darsteller werden vermieden; die Figuren sind selten alleine im Bild. Dadurch bleibt der Zuschauer auf Distanz und wird, wie Preminger es ausdrückte, selbst zu einem der Geschworenen.
Der Film erhielt sieben Nominierungen: Bester Film, Hauptdarsteller (Stewart), Nebenrollen (O´Connell, Scott), Beste Drehbuch-Adaption, Kamera und Bester Schnitt. Es blieb bei diesen Anwärter-Posten, denn im selben Jahr war BEN HUR der große Gewinner. nn

Der andalusische Hund

Un chien andalou. Frankreich 1928 **R** Luis Buñuel **B** Luis Buñuel, Salvador Dalí **K** Albert Duverger **P** Luis Buñuel **L** 20 Min., s/w **D** Pierre Batcheff, Simone Maureuil, Salvador Dalí, Jaime Miravilles

Am Anfang von Buñuels erstem Film sieht man eine Wolke sich vor den Mond schieben, dann nähert sich ein Rasiermesser einem weit aufgerissenen weiblichen Auge, das schließlich durchschnitten wird. Priester hängen am Glockenseil, in einem Flügel liegt ein Eselskadaver.
Dieser zwanzigminütige Experimentalfilm, den Luis Buñuel zusammen mit seinem Freund Salvador Dalí realisierte, stellt eine bewußte Attacke auf die Regeln herkömmlicher, bürgerlicher Kunst dar. So gibt es keine Handlung, keine aufeinander aufbauende Schnittfolge, sondern assoziativ zusammenhängende Sequenzen. Ganz dem Surrealismus verhaftet, versucht der Film, das Rationale durch das Irrationale zu ersetzen, an die Stelle der Logik des Realen tritt die Logik des Traumes. Bei der Pariser Uraufführung legte der Regisseur noch selbst die Platten auf (Auszüge aus *Tristan und Isolde*, ein argentinischer Tango), die Tonfassung von 1960 ist von ihm autorisiert und enthält die gleichen Stücke. 1930 entstand mit DAS GOLDENE ZEITALTER ein weiteres surrealistisches Experiment, und auch das restliche Werk des Regisseurs ist von dieser Bewegung beeinflußt, besonders stark kommt das zum Ausdruck in DIE MILCHSTRASSE, DER DISKRETE CHARME DER BOURGEOUSIE und DAS GESPENST DER FREIHEIT. al

Eine andere Frau

Another Woman. USA 1989 **R** Woody Allen **B** Woody Allen **K** Sven Nykvist **P** Robert Greenhut/ Orion Pictures **L** 84 Min., Farbe **D** Gena Rowlands, Mia Farrow, Ian Holm, Gene Hackman, Harris Yulin, Sandy Dennis, Blythe Danner, Martha Plimpton

Marion (Rowlands), eine nach außen hin stark und erfolgreich wirkende Frau, mietet ein kleines Appartement, um in aller Ruhe ein Buch zu schreiben. Eines Abends hört sie zufällig durch den Lüftungsschacht ein Gespräch eines Psychologen mit seiner Patientin. Marion fängt an, sich über ihr Leben Gedanken zu machen und erkennt, daß sie viele ihrer eigenen Probleme verdrängt hat. Am Ende der schmerzhaften Selbstfindung ist Marion eine andere Frau geworden, die ein neues Leben ohne Selbstbetrug beginnen will.
Wie schon INNENLEBEN und SEPTEMBER ist *Eine andere Frau* ein psychologisches Drama, das an die Werke des von Woody Allen so verehrten Ingmar Bergman erinnert. Für die Kameraführung engagierte Woody Allen den Bergman-Kameramann Sven Nykvist. Im Gegensatz zu seinen früheren Filmen arbeitete Allen, mit Ausnahme von Mia Farrow (es ist ihre achte Rolle in einem Woody-Allen-Film), nur mit bekannten Akteuren, die noch nie unter seiner Regie gespielt hatten, wie Gena Row-lands, Gene Hackman und John Houseman. nn

Ein anderer Mann, eine andere Frau

Un autre homme, une autre chance. Frankreich 1977 **R** Claude Lelouch **B** Claude Lelouch **K** Jacques Lefrançois **M** Francis Lai **P** Alexandre Mnouchkine, Claude Lelouch / Les Films Ariane, Les Productions Artistes Associés **L** 129 Min., Farbe **D** James Caan, Geneviève Bujold, Francis Huster, Susan Tyrell, Jennifer Warren

Nach dem deutsch-französischen Krieg 1870 verlassen Jeanne (Bujold) und Francis (Huster) Paris, um in den Vereinigten Staaten ein neues Leben zu beginnen, was allerdings schwerer ist, als sie gedacht haben. Jeanne bekommt ein Kind, das sie von der Nachbarin Alice (Tyrell) großziehen läßt. Als Francis erschossen wird, gerät ihr ganzes Leben durcheinander und sie beschließt, wieder nach Frankreich zurückzukehren, lernt aber vorher noch den attraktiven David (Caan) kennen.
Gedreht in den Bundesstaaten Kalifornien und Arizona, erfüllte sich Claude Lelouch nach langer Zeit endlich den Wunsch, eine Einwanderungsgeschichte zu drehen. Vor ihm hatte bereits der Schwede Jan Troell mit seinen beiden Streifen EMIGRANTEN und DAS NEUE LAND das Thema Auswanderung in herben und nüchternen Bildern festgehalten. Leloch zieht respektvoll vor dem Western-Kino Hollywoods seinen Hut und betonte in seinem Film mehr die romantische Seite. Sozialkritik schien ihm weniger wichtig zu sein.
Die Musik zu *Ein anderer Mann, eine andere Frau* schrieb der versierte Filmkomponist Francis Lai, der damit seinen 15. Score für Lelouch ablieferte. jg

Anders als die anderen

Tea and Sympathy. USA 1956 **R** Vincente Minnelli **B** Robert Anderson, nach seinem Bühnenstück **K** John Alton **M** Adolph Deutsch **P** Pandro S. Berman für MGM **L** 122 Min., Farbe **D** Deborah Kerr, John Kerr, Leif Erickson, Edward Andrews

Robert Andersons Bühnenstück, das mit über 700 Vorstellungen ein gewaltiger Erfolg war, wurde zum Symbol für die Vorstellung, die Liebe einer Frau könne Homosexualität „heilen". Dabei wird oft übersehen, daß sich sowohl das Stück als auch der Film um einen schüchternen Heterosexuellen dreht, der aufgrund seiner „Andersartigkeit" in den Verdacht gerät, schwul zu sein.
John Kerr spielt den jungen Tom Lee, der in seiner Internatsschule zum Außenseiter wird, weil er nicht die Begeisterung seiner Kameraden für sportliche, „männliche" Aktivitäten teilt. Weder sein Vater (Andrews) noch sein Lehrer (Erickson) billigen, daß er lieber liest, sogar nähen kann und die Gesellschaft der Frau seines Lehrers (Kerr), die als einzige für ihn Verständnis zeigt, der seiner Mitschüler vorzieht. Der Druck auf Tom, seine Männlichkeit zu beweisen, wird so stark, daß er sogar den Besuch bei einer Prostituierten in Erwägung zieht. Als dieser „schiefgeht", versucht er sich umzubringen. Deborah Kerr ist es schließlich, die den Jungen in die Geheimnisse der Sexualität einweiht.
Der Film endet nicht, wenn die beiden Kerrs (nicht verwandt oder verschwägert) endlich zueinander finden, sondern teilt in einer Rückblende mit, daß diese Affäre das Leben des Lehrers ruiniert hat und mißbilligt sie damit quasi. Dieses Ende wurde auf Betreiben der Zensoren hin gedreht, unter deren strengen Blicken Anderson die Leinwand-Adaption seines Stückes schrieb. Die katholische *Legion of Decency* wollte ihn sogar dazu bringen, das Wort „Sünde" als Bezeichnung für die Affäre in die Sequenz einzubauen; man einigte sich schließlich auf „es war falsch". Die 50er Jahre-Moral ließ etwas anderes nicht zu.
Anders als die anderen (der deutsche Titel geriet leider in gefährliche Nähe zu Veit Harlans anti-schwulem Hetzfilm ANDERS ALS DU UND ICH) hatte auch als Leinwand-Version Erfolg, nicht zuletzt aufgrund der hervorragenden Darsteller, die alle ihre Bühnenrollen wiederholten. al

Anders als du und ich

Anders als du und ich. BRD 1957 **R** Veit Harlan **B** Felix Lützkendorf **K** Kurt Grigoleit **M** Erwin Halletz **P** Arca **L** 90 Min., s/w **D** Paula Wessely, Paul Dahlke, Christian Wolff, Ingrid Stenn, Hans Nielsen, Friedrich Joloff, Siegfried Schürenberg

Das angesehene Bankiers-Ehepaar Teichmann (Wessely/Dahlke) beschleicht der entsetzliche Verdacht, ihr einziger Sohn Klaus (Wolff) könne homosexuell sein. Klaus ist in der Tat in die Fänge des schwulen Antiquitätenhändlers Winkler (Joloff) geraten, doch bevor dieser bei dem knackigen Jungen richtig zum Zuge kommen kann, gelingt es der beherzten Mutter, ihren Sohn mit der Hausangestellten Gerda Böttcher (Stenn), einem ostpreußischen Flüchtlingsmädchen, zu verkuppeln. Diese Aktion hat jedoch ungeahnte Folgen.
Ausgerechnet Regisseur Veit Harlan, der schon während des Dritten Reiches mit seinem antisemitischen Spielfilm JUD SÜSS die Juden verunglimpft hatte, drehte den ersten deutschen Spielfilm seit 1924, der sich mit der Thematik der Homosexualität beschäftigt. Vor dem Hintergrund der miefigen Adenauer-Ära entstand ein perfides Machwerk voll mehr oder weniger bewußt eingesetzter faschistoider Elemente. So wird Friedrich Joloff als Antiquitätenhändler Winkler von der Kamera in fast dämonenhaft ausgeleuchteten Einstellungen per Untersicht eingefangen. Obendrein beschäftigt sich dieser Winkler mit moderner Kunst und elektronischer Musik, die in Verbindung mit den Ringkämpfen halbnackter Jünglinge als perverse Kakophonie präsentiert werden.
Anders als du und ich wurde nach mehreren Schnittauflagen in zwei verschiedenen Fassungen in den Kinos gezeigt. In der bundesdeutschen Version wird Boris Winkler bei einem Fluchtversuch am Berliner Bahnhof Zoo von der Polizei verhaftet, in der Kopie, die in Österreich anlief, darf er hingegen entkommen. jg

Der Anderson-Clan

The Anderson Tapes. USA 1970 **R** Sidney Lumet **B** Frank R. Pierson, nach einem Roman von Lawrence Sanders **K** Arthur Ornitz **M** Quincy Jones **P** Robert M. Weitman **L** 95 Min., Farbe **D** Sean Connery, Martin Balsam, Dyan Cannon, Alan King

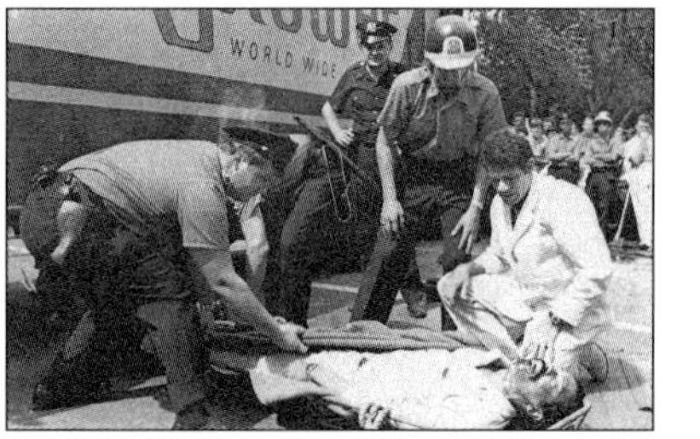

Kaum aus der Haft entlassen, plant der erfolgreiche Safeknacker Duke Anderson einen neuen Coup: einen Überfall auf eines der luxuriösesten New Yorker Appartementhäuser in der Fifth Avenue. Doch er und seine Komplizen werden Opfer der technisch perfekten Überwachungssysteme. Der Raubzug mißlingt.
Der Streifen läßt einen Hauch von George Orwells *1984* aufkommen. Jeder der Beteiligten in Sidney Lumets spannend inszeniertem Thriller wird - nach der Methode *Big Brother Is Watching You* - auf irgendeine Weise bespitzelt. Daher heißt der Film im Original *The Anderson Tapes*. Die Tapes, die Tonbänder, verfolgen Anderson, weil alle seine Leute von Behörden überwacht werden. Und auch sein Bettgeflüster mit seiner früheren Freundin bleibt nicht intim: Eine Abhöranlage, in der Matratze installiert, wird für ihn zur Falle.
Sehenswert ist dieser moderne Kriminalfilm vor allem wegen Sean Connerys nuancierter und einfühlsamer Darstellung des Verbrechers Duke Anderson. Der junge Christopher Walken gab in *Der Anderson-Clan* sein Filmdebüt. nn

Andrej Rubljow

Andrej Rubljow. UdSSR 1966-1969 **R** Andrej Tarkowskij **B** Andrej Michalkow Kotschaloski, Andrej Tarkowskij **K** Wadim Jusow **M** Wjatscheslaw Owtschinnikow **P** Mosfilm **L** 185 Min., s/w **D** Anatolij Solonizyn, Iwan Lapikow, Nikolaj Grinko

In epischen Bildern beschreibt der russische Meisterregisseur Andrej Tarkowskij das auf acht Kapitel angelegte Leben eines Ikonenmalers in der Zeit von 1400 bis 1423. Der Künstler Andrej Rubljow gerät in einen schweren Gewissenskonflikt, als er seine menschlichen Ideale nicht mehr mit der Politik der Herrschenden in Übereinstimmung bringen kann. Er zieht sich aus seinem Beruf zurück, setzt sich mit seiner Stellung als Künstler in Gesellschaft und Politik auseinander. Der brutale Sturm der Tartarenstämme und die Verrohung des Individuums hegen in ihm Zweifel an der Berechtigung der menschlichen Existenz. Erst die Begegnung mit einem jungen Künstler, der den Auftrag erhalten hat, eine Glocke zu gießen, läßt ihn neue Hoffnung schöpfen.
Die beeindruckensten Momente in diesem anspruchsvollen Monumentalfilm sind die Szenen des Tartarenangriffs auf eine georgische Festungsstadt, die mit eindringlichen, realistischen Sequenzen in furiosen Kamerafahrten und faszinierenden Bildern gestaltet sind. Im Vorfeld dieses Filmes gab es zwischen Tarkowskij und der sowjetischen Kulturbehörde eine erbitterte Auseinandersetzung um die Länge des Werkes, das der Filmemacher ursprünglich auf 200 Minuten ansetzen wollte. Nach entsprechenden Kürzungen kam der Film dann erst 1971 in der UdSSR zur Aufführung. jg

Der Android

Android. USA 1982 **R** Aaron Lipstadt **B** James Reigle, Don Opper **K** Tim Suhrstedt **M** Don Preston **P** New World Pictures/Android/Mary Ann Fisher **L** 80 Min., Farbe **D** Klaus Kinski, Don Opper, Norbert Weiser, Kendra Kirchner, Crofton Hardester

Als *Sleeper of the Year* (Geheimtip des Jahres) bezeichnete die britische Presse einstimmig diesen Science-fiction-Film, der mit einem geringen Budget von der Firma des Gruselexperten Roger Corman finanziert wurde.

Auf einer verlassenen Raumstation arbeitet der Forscher Dr. Daniel an einem Experiment - der Konstruktion eines weiblichen Wesens mit dem Namen Cassandra. Ihr Vorgänger ist der Android Max. Eines Tages landen auf der Station drei Sträflinge, unter ihnen auch eine Frau, die sich in Max verliebt. Durch diese erotische Beziehung wird Cassandra zum Leben erweckt. Dr. Daniels Freude über seine neue Kreatur ist nur von kurzer Dauer. Cassandra und Max machen Jagd auf ihren Schöpfer und töten ihn.
Aaron Lipstadt schrieb eine Dissertation über Roger Cormans Produktionsfirma und lernte so den Chef persönlich kennen. Corman war so begeistert von Lipstadt, daß er ihn zu seinem persönlichen Assistenten machte.
Mit *Der Android* gab Lipstadt sein Debüt als Regisseur, mußte allerdings aus finanziellen Gründen auf sonst übliche, genretypische teuere Tricktechnik verzichten. Er bewies jedoch, daß ein Science-fiction-Film auch ohne aufwendige Special-Effects spannende Unterhaltung bieten kann. nn

Androkles und der Löwe

Androcles and the Lion. USA 1953 **R** Chester Erskine **B** Chester Erskine, Ken Englund, nach einer Vorlage von George Bernard Shaw **K** Harry Stradling **M** Frederick Hollander **P** RKO Radio **L** 98 Min., s/w **D** Jean Simmons, Victor Mature, Alan Young, Robert Newton, Maurice Evans

George Bernard Shaws satirische Komödie um die Anfänge des Christentums im alten Rom bezieht ihren Witz ausschließlich aus den Dialogen. Jede optisch reizvolle Verpackung würde ablenken. Genau dies jedoch ist Chester Erskine bei seiner Bearbeitung des Stoffes passiert.
Der griechische Dichter Androkles zieht einem Löwen einen Dorn aus der Pranke und wird von diesem Jahre später verschont, als sich das Tier und sein Retter plötzlich in einer römischen Arena gegenüberstehen, in die Androkles wegen seines christlichen Glaubens geworfen wurde.
Nachdem sich das englische Kino schon mehrerer Shaw-Vorlagen angenommen hatte, war *Androkles und der Löwe* für Hollywood die erste Leinwand-Adaption nach einem Werk des berühmten Dichters. Erskine änderte sein Drehbuch etwas ab und räumte der Liebesromanze zwischen dem Christenmädchen Lavinia (mit Jean Simmons trefflich besetzt) und einem römischen Hauptmann (Mature) entsprechend viel Platz ein.
Auch wenn viel vom Sarkasmus des literarischen Originals zugunsten von Schaueffekten auf der Strecke bleibt, so war *Variety* selbst mit diesen unzufrieden. „Diese Darbietung erreicht keine spektakulären Höhepunkte und gibt einem das beklemmende Gefühl, sehr hausbacken gemacht zu sein.“ jg

Andromeda - Tödlicher Staub aus dem All

The Andromeda Strain. USA 1970 **R** Robert Wise **B** Nelson Gidding, nach einem Roman von Michael Crichton **K** Richard H. Kline **M** Gil Mellé **P** Universal **L** 130 Min., Farbe **D** Arthur Hill, David Wayne, James Olson, Kate Reid, Paula Kelly

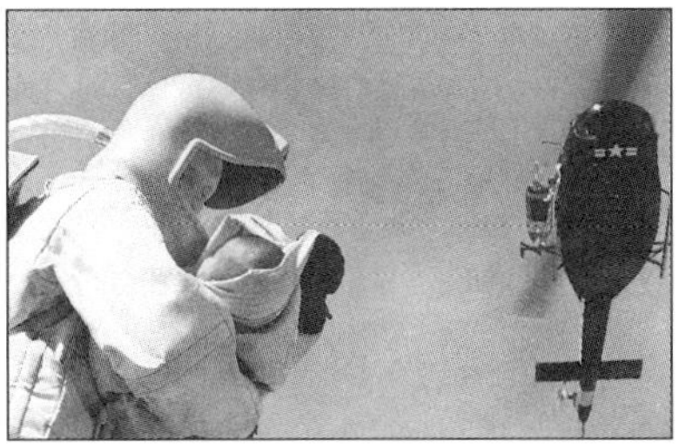

Bei der Suche nach einer abgestürzten NASA-Raumkapsel macht das Bergungsteam eine grauenhafte Entdeckung. Bis auf zwei Ausnahmen sind alle Einwohner einer Kleinstadt, über der der Himmelskörper niedergegangen ist, getötet worden. Ein Spezialistenteam untersucht in einem hermetisch von der Außenwelt abgeschlossenen unterirdischen Labor die Kapsel und stößt dabei auf einen außerirdischen Killer-Virus.
Die Bedrohung von Außerirdischen diesmal nicht in Form von schleimigen Monstern oder grünen Männchen, sondern in der weitaus heimtückischeren Variante eines unsichtbaren Virus. Ein interessanter Beitrag zum Science-fiction-Genre, der durch seine ausgefeilte Schnittechnik und Detailgenauigkeit (Oscar-Nominierungen für Schnitt und Ausstattung) eine packende Atmosphäre beschreibt. Besonders eindrucksvoll sind die stellenweise fast dokumentarisch wirkenden Aufnahmen der verseuchten Kleinstadt sowie die mikroskopische Bildschirm-Suche nach dem Erreger gelungen. In Anlehnung an einen Desinfektions,- Steril,- und Quarantänetrakt der NASA entstand in den Universal-Filmstudios mit einem Aufwand von 300.000 Dollar ein fünfgeschossiges unterirdisches Laboratorium als Dekoration. Parallel dazu wurden die Tricksequenzen für die Schlußszene mit Hilfe eines identischen Modells abgedreht. jg

Andy Warhols Dracula

Dracula vuole vivere: cerca sangue di vergine. Italien 1973 **R** Paul Morrissey **B** Paul Morrissey **K** Luigi Kuveiller **M** Claudio Gizzi **P** Carlo Ponti / Compagnia Cinematografica Champion, Rom **L** 102 Min., Farbe **D** Vittorio De Sica, Joe Dallesandro, Udo Kier, Maxime de la Falaise, Dominique Darel

Graf Dracula hat große Probleme: Er braucht Blut von Jungfrauen. Da es in seiner Heimat keine unberührten Mädchen mehr gibt, macht er sich samt Diener und Sarg auf nach Italien. Dort lernt er den verlotterten Marquese di Fiori und dessen vier Töchter kennen. In der Hoffnung, endlich die begehrten Jungfrauen gefunden zu haben, nascht er durch einen kleinen Biß von dem Blut der Mädchen. Doch leider zeigt diese Blutprobe, daß die Frauen schon Kontakt zu Männern hatten. Und zwar zu dem Diener des Marquese. Dem ist Draculas Verhalten suspekt. Er lockt ihn in eine Falle, schlägt ihn nieder, und bohrt ihm einen Holzpflock ins Herz.
Nach ANDY WARHOLS FRANKENSTEIN ist *Dracula* die zweite Horrorverfilmung von Paul Morrissey. Er begann in Andy Warhols Factory als Produktionsassistent und wurde bald zu Warhols wichtigstem Mitarbeiter. 1969 drehte er seinen ersten Film: *Flesh.* Danach folgten u.a. *Trash* und *Hollywood.*
Morrissey greift in seinem Grusel-Märchen sarkastisch alle gängigen Vampir-Klischees auf, um sie durch Übertreibung zu ironisieren. Doch im Gegensatz zu Roman Polanskis intelligentem Film TANZ DER VAMPIRE - Polanski ist übrigens als Gast in Warhols *Dracula* zu sehen - schneidet Morrisseys Streifen nur als schlampig und billig inszenierte Parodie ab. nn

Andy Warhols Frankenstein

Carne per Frankenstein. Italien 1973 **R** Paul Morrissey **B** Paul Morrissey **K** Juigi Kuveiller **M** Claudio Gizzi **P** Compagnia Cinematografica Champion, Rom/Carlo Ponti **L** 94 Min., Farbe **D** Joe Dallesandro, Udo Kier, Monique van Vooren, Arno Juerging, Fiorella Masselli, Imelde Marani

Baron Frankenstein betreibt auf seinem Schloß brutale Experimente. Er fängt arme

Landbewohner ein und versucht aus ihnen ein ideales Menschenpaar zu basteln. Doch seine Kreaturen ermorden sich gegenseitig; am Ende muß auch ihr Schöpfer dran glauben. Er wird mit einer Lanze aufgespießt.
Produziert wurde *Frankenstein* von Sophia Lorens Mann Carlo Ponti. Er war der einzige von allen italienischen Produzenten, der den Mut hatte, diesen Horror-Streifen zu finanzieren. Alle anderen befürchteten, den Film wegen der greulichen Szenen (an Splatter-Effekten wird nicht gespart) nicht verkaufen zu können. Als kluger Geschäftsmann erwarb Ponti das Recht, den Streifen nicht einfach *Frankenstein,* sondern *Andy Warhols Frankenstein* zu nennen. Doch in Wirklichkeit hatte Warhol mit dem Film nichts zu tun. Sein Name wurde lediglich dazu mißbraucht, mehr Besucher in die Kinos zu locken.
Ponti ließ den Film in dreidimensionaler Technik drehen. Der deutsche Verleih verzichtete bei den Vorführungen wegen des technischen Aufwandes auf diesen Effekt.
nn

Angeklagt

The Accused. USA 1988 **R** Jonathan Kaplan **B** Tom Topor **K** Ralf Bode **M** Brad Fiedel **P** Stanley R. Jaffe, Sherry Lansing für Paramount **L** 110 Min., Farbe **D** Jodie Foster, Kelly McGillis, Bernie Coulson

„Es geht in diesem Film nicht um eine Tat und ihre Bestrafung. Es geht um das Verhalten der Gesellschaft gegenüber den Opfern", sagt Hauptdarstellerin Jodie Foster. Sie spielt Sarah Tobias, eine junge Frau, die in einer schmierigen Vorstadtkneipe von mehreren Männern vergewaltigt wird. Andere Männer sehen zu - statt dem Opfer zu helfen, feuern sie wie bei einer Sportveranstaltung die Täter an. Vor Gericht setzt sich Sarahs Leidensweg fort. Ihr Lebenswandel, ihr Verhalten machen Sarah unglaubwürdig; sie soll die Vergewaltiger provoziert haben. Die Täter kommen mit einer milden Strafe davon, doch Sarah erzwingt eine Wiederaufnahme ihres Falls.
Angeklagt konzentriert sich auf die Stationen der Demütigung des Opfers: Krankenhaus, Polizei, vor allem Gerichtssaal und manipuliert damit geschickt die Sympathien des Publikums. Der eigentliche Tathergang wird - gänzlich unvoyeuristisch - als Rückblende an den Schluß gestellt.
Jonathan Kaplan gelang die schwierige Gratwanderung, dem Thema gerecht zu werden und dennoch ein unterhaltsames Stück Hollywood-Kino zu produzieren. Jodie Fosters darstellerische Leistung allein macht den Film sehenswert. Für ihre Leistung wurde sie mit dem Oscar ausgezeichnet. nn

Angel - Straße ohne Ende

Angel. Irland 1982 **R** Neil Jordan **B** Neil Jordan **K** Chris Menges **M** Paddy Meegan **P** Barry Blackmore / The Motion Picture Company of Ireland, Irish Film Board, Channel 4 **L** 91 Min., Farbe **D** Stephen Rae, Alan Devlin, Veronica Quilligan, Peter Caffrey

Der junge Saxophonist Danny (Rae) wird Zeuge des Mordes an seinem Manager und einem Mädchen, mit dem Danny die Nacht verbringen wollte. Er macht sich auf die Suche nach den Killern und knallt sie aus Rache kaltblütig ab.
Ermöglicht wurde dieser Film durch den bekannten Regisseur John Boorman. Jordan hatte Boorman bei dessen Dreharbeiten zu EXCALIBUR kennengelernt und ihm die Story von seinem geplanten Projekt namens *Angel* erzählt. John war begeistert von der Ähnlichkeit zwischen den beiden Filmen. Er sah in der Rolle des Danny einen modernen Minnesänger, der zum Schwert greift, um gegen Gewalt zu kämpfen, und der im Rausch mordet.
Nach den Dreharbeiten von EXCALIBUR stürzte sich Boorman gleich auf die Vorbereitungen für Jordans Projekt. Er konnte für die Produktion Barry Blackmore gewinnen und übernahm selbst die Rolle des ausführenden Produzenten. In nur sechs Wochen wurde *Angel* abgedreht. Stephen Rea gewann für seine Darstellung den Academy Award '83 der BAFTA (den englischen Oscar). nn

Angel Heart

Angel Heart. USA 1986 **R** Alan Parker **B** Alan Parker, nach einem Roman von William Hjortsberg **K** Michael Seresin **M** Trevor Jones **P** Carolco Pictures **L** 112 Min., Farbe **D** Mickey Rourke, Robert De Niro, Lisa Bonet, Michael Higgins, Charlotte Rampling

New York im Jahre 1955: Der heruntergekommene Privatdetektiv Harry Angel (Rourke) bekommt von einem geheimnisvollen Mann namens Luis Cyphre (De Niro) den Auftrag, den verschwundenen Schlagersänger Johnny Favorite zu suchen. Die Spur führt Angel zunächst nach Harlem, dann nach New Orleans. Doch alle Menschen, die ihm helfen könnten, Johnny aufzuspüren, werden das Opfer von Ritualmorden. Zu spät merkt Angel, daß er nicht Jäger, sondern selbst der Gejagte ist. Seine Seele gehört seinem Auftraggeber Cyphre alias Luzifer, der Angel mit dem Fahrstuhl in die Hölle schickt.
Regisseur Alan Parker hatte große Schwierigkeiten, Produzenten für diesen Film zu finden. In einem Interview meinte er: „Wenn man nach Geld für einen Film Aussschau hält, ist das wie Wasserskifahren auf Sirup. Und alle zwei Jahre fahre ich nach Hollywood und hoffe, mit zwei dicken Koffern voller Dollars wieder nach Hause zu kommen."
Die beiden Magazine *Variety* und *Screen International* waren sich einig, daß dies der beste Film sei, den der Brite Alan Parker bis dahin gedreht hatte. Mit expressionistischen und exzessiven Bildern, so *Variety*, treibt Parker den Film zum Höhepunkt. Wegen einer dieser Sequenzen, eine Bettszene mit Mickey Rourke und Lisa Bonet in der Rolle einer Voodoo-Priesterin, bekam Parker Probleme mit den amerikanischen Zensurbehörden. Um dem Pornofilm-Prädikat „X-rated" zu entgehen, mußten zehn Sekunden geschnitten werden. nn

Angela

Angela. Kanada 1977 **R** Boris Sagal **B** Charles Israel **K** Marc Champion **M** Henry Mancini **P** Julian Melzack, Claude Heroux für Classic/ Canafox **L** 91 Min. (Originalfassung 100 Min.), Farbe **D** Sophia Loren, Steve Railsback, John Vernon, John Huston

Sophia Loren am Tiefpunkt ihrer Karriere: In Boris Sagals Melodram mit Ödipus-Einschlag spielt sie eine ehemalige Prostituierte, deren Mann (Vernon) das gemeinsame Kind von seinem Unterwelt-Boß-Arbeitgeber (Huston) kidnappen läßt, da es ihm bei der Planung seiner Coups die Konzentration raubt. Loren, wissend um die Schuld ihres Mannes am Verschwinden des Kleinen, läßt ihn hochgehen, und er wandert für zwanzig Jahre hinter Gitter. Sie ist inzwischen Besitzerin eines Restaurants und hat sich in einen jugendlichen Lieferanten (Railsback) verliebt, der niemand anderer ist als ihr eigener Sohn. Just zu dieser Zeit wird ihr Mann, nach Rache dürstend, aus dem Gefängnis entlassen, und es kommt zur Katastrophe...
Die Kritik zerfetzte *Angela* förmlich und mutmaßte, daß es sich um eine jener Produktionen handele, bei denen Kanada die Finanzierung unter der Bedingung übernahm, daß

hauptsächlich Kanadier als Mitglieder der Crew beschäftigt werden. al

Angélique

Angélique, Marquise des Anges. Frankreich/Italien/BRD 1964 **R** Bernard Borderie **B** Claude Brulé, Louis Agotay, nach dem Roman von Anne Golon **K** Henri Persin **M** Michel Magne **P** Francis Cosne für Franco Films/C.I.C.C. (Paris), Liber Film (Rom), Gloria Film (München) **L** 119 Min., Farbe **D** Michèle Mercier, Robert Hossein, Charles Regnier, Jean Rochefort, Bernard Wohringer, Robert Hoffmann, Giuliano Gemma

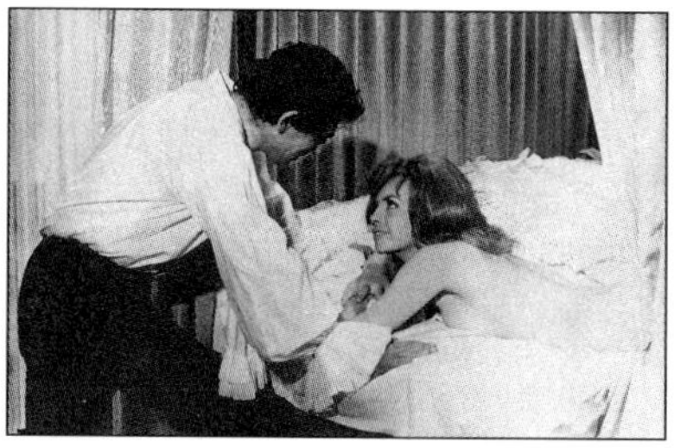

Frankreich zur Zeit Ludwigs XIV.. Angélique (Mercier), wunderschöne Tochter eines verarmten Landadligen, wird von ihrem Vater mit Geoffrey de Peyrac (Hossein) verheiratet, der zwar durch eine Narbe entstellt, dafür aber unsagbar reich ist. Den anfänglichen Widerwillen seiner jungen Frau kann der Graf nach einiger Zeit brechen, doch kaum ist das Eheglück perfekt, wird er von Neidern der Hexerei bezichtigt, verurteilt und landet auf dem Scheiterhaufen. Vergeblich bittet Angélique um Gnade für ihren Gatten und hat noch Glück, nicht selbst den Feuertod sterben zu müssen. Bei ihrem Jugendfreund Nicolas (Gemma), jetzt König der Unterwelt, findet sie vorerst Unterschlupf.
Der erste Roman von Anne Golon und ihrem Mann Serge um die erotischen Abenteuer einer betörenden Frau im 17. Jahrhundert war bei seinem Erscheinen im Jahre 1956 ein so gewaltiger kommerzieller Erfolg, daß weder Roman-Fortsetzungen (bisher gibt es deren elf) noch die Leinwand-Adaption lange auf sich warten ließen. Das Erfolgsrezept war eine Mischung aus gut recherchiertem Zeitkolorit, historisch fundierten Tatsachen und dem knisternden Sex einer strahlenden Heldin. Regisseur Borderie machte daraus ein Ausstattungsspektakel allererster Güte, das programmgemäß an den Kinokassen abräumte und seine Hauptdarstellerin Michèle Mercier zum Star machte. Die Apothekerstochter aus Nizza, bis dato hauptsächlich in unbedeutenden italienischen Produktionen dabei, spielte die Titelrolle in allen vier Folgefilmen, war aber dadurch so festgelegt, daß ihre Karriere mit Einstellung der Serie praktisch beendet war.
Fortsetzung: ANGÉLIQUE, 2.TEIL al

Angélique, 2.Teil

Merveilleuse Angélique. Frankreich/Italien/BRD 1964 **R** Bernard Borderie **B** Claude Brulé, Louis Agotay, nach dem Roman von Anne Golon **K** Henri Persin **M** Michel Magne **P** Francis Cosne für Francos Films/C.I.C.C. (Paris), Liber Film (Rom), Gloria Film (München) **L** 105 Min., Farbe **D** Michèle Mercier, Claude Giraud, Charles Regnier, Jean Rochefort, Ernst Schröder, Robert Hoffmann, Giuliano Gemma, Jean-Louis Trintignant

Angélique, die es nach dem Tod ihres Mannes in die Pariser Unterwelt verschlagen hat, findet auch dort keine Ruhe. Sie betätigt sich als Wirtin und erwirbt schließlich (unerkannt) das königliche Monopol zur Schokoladenherstellung. Außerdem hat sie ein Auge auf ihren adligen Cousin Philippe (Giraud) geworfen, der ihr schließlich einen Heiratsantrag macht.
Zeitgleich mit ANGÉLIQUE entstanden, enthält diese Fortsetzung alle Ingredienzen, die schon den ersten Film zum Erfolg werden ließen: weiche Betten, harte Schlachten und eine bezaubernde Michèle Mercier in der Titelrolle. Fortsetzung: ANGÉLIQUE UND DER KÖNIG al

Angélique und der König

Angélique et le roi. Frankreich/Italien/BRD 1965 **R** Bernard Borderie **B** Bernard Borderie, Pascal Jardin, Louis Agotay, nach dem Roman von Anne Golon **K** Henri Persin **M** Michel Magne **P** Francis Cosne für Francos Films/C.I.C.C./Les Films Borderie (Paris), Fono Roma (Rom), Gloria Film (München) **L** 104 Min., Farbe **D** Michèle Mercier, Robert Hossein, Jean Rochefort, Sami Frey, Claude Giraud, Jacques Toja, Estelle Blain

„Der Wunsch von Millionen wird erfüllt! Der totgeglaubte Peyrac kehrt zurück!", jubelten die Kinoplakate anläßlich dieser Fortsetzung von ANGÉLIQUE, 2. TEIL. Und tatsächlich steht unsere Heldin ihrem totgeglaubten Mann am Ende gegenüber. Doch zuvor muß sie sich eines aufdringlichen persischen Gesandten (Frey) erwehren sowie die Mordversuche der eifersüchtigen Mätresse des Königs (Blain) überstehen, die in unterirdischen Gewölben Schwarze Messen zelebriert.
Diese Teufelsanbetung machte Regisseur Borderie ganz besonderes Kopfzerbrechen, sollte sich doch Estelle Blain komplett ausgezogen auf eine Art Steinaltar legen. Man befürchtete Probleme mit der Zensur, und in der Tat ist in der endgültigen Fassung nur eine entschärfte Version dieser „Schock-Sequenz" zu sehen.
Fortsetzung:UNBEZÄHMBARE ANGÉLIQUE al

Angélique und der Sultan

Angélique et le sultan. Frankreich/Italien/BRD 1967 **R** Bernard Borderie **B** Bernard Borderie, Pascal Jardin, Francis Cosne, nach dem Roman von Anne Golon **K** Henri Persin **M** Michel Magne **P** Francis Cosne für Francos Films/C.I.C.C. (Paris), Fono Roma (Rom), Gloria Film (München) **L** 98 Min., Farbe **D** Michèle Mercier, Robert Hossein, Jean-Claude Pascal, Roger Pigaut, Renato de Carmine

Fünfter und letzter Teil des Abenteuer-und Erotikgarns um die schöne Angélique, die diesmal in einen nordafrikanischen Harem verschleppt wird, wo sie unter der Eifersucht ihrer Haremskolleginnen leidet und sich auch gegen die Begehrlichkeiten des stattlichen Sultans (Pascal) verteidigen muß. Schließlich wird sie von ihrem geliebten Gatten gegen Preisgabe eines Rezeptes zur Goldherstellung eingelöst.
Während die Roman-Serie noch weiterlief, beschlossen die Produzenten das Ende der Leinwand-Serie, da sich die publikumsträchtige Mischung aus Abenteuer und Erotik vor historischer Kulisse allmählich totzulaufen begann. Das hielt Regisseur und Co-Produzent Borderie jedoch nicht davon ab, sich nach einer ähnlichen Heldin umzusehen. Das Ergebnis war CATHÉRINE-EIN LEBEN FÜR DIE LIEBE, nach dem Roman von Juliette Benzoni. al

Angelockt

Lured. USA 1947 **R** Douglas Sirk **B** Leo Rosten, nach den Vorlagen von Jacques Campaneez, Ernst Neuville, Simon Gantillon **K** William Daniels **M** Michel Michelet **P** United Artists **L** 100 Min., s/w **D** George Sanders, Lucille Ball, Charles Coburn, Boris Karloff, Cedric Hartwicke

Die weibliche Bevölkerung Londons gerät um die Jahrhundertwende in große Beunruhigung, als sich die Fälle von mysteriösen Mädchenentführungen häufen. Dank einer beherzten jungen Frau (Ball), die sich als Lockvogel anbietet und dabei sogar in Lebensgefahr gerät, gelingt es der Polizei, den Verbrecher dingfest zu machen.
Douglas Sirk, sonst eigentlich eher im Genre des Melodramas beheimatet, realisierte mit *Angelockt* seinen ersten Kriminalfilm. Dank des großen Vertrauens, das Produzent Hunt Stromberg in ihn setzte, konnte Sirk seinen Film in voller Eigenverantwortung drehen, ohne daß es zu den üblichen Eingriffen von Seiten der Studiobosse kam. Neben dem talentierten Kameramann William Daniels verfügte er über eine hervorragende Schauspielergarde, in der auch der alternde Horrorstar Boris Karloff und Sirks guter Freund George Sanders vertreten waren. Für eine detailbesessene Ausstattung garantierte der Exil-Russe Nikolas Remisoff.
Um Verwechslungen mit Robert Siodmaks französischem Film *Pièges* zu vermeiden, der in England und den USA genau wie Sirks Werk unter dem Titel *Personal Column*

gezeigt wurde, benannte man ihn nach kurzer Anlaufzeit in *Lured* um. Die damit einhergehende Absicht, wortgemäß auch mehr Zuschauer ins Kino zu locken, erfüllte sich allerdings nicht. jg

Angels Over Broadway

Angels Over Broadway. USA 1940 **R** Ben Hecht, Lee Garmes **B** Ben Hecht **K** Lee Garmes **M** George Antheil **P** Ben Hecht für Columbia **L** 80 Min., s/w **D** Douglas Fairbanks, jr., Rita Hayworth, Thomas Mitchell, John Qualen

Ben Hechts ungewöhnliches Stimmungsbild New Yorks ist einer der am wenigsten beworbenen Hollywood-Filme überhaupt. Die Story dreht sich um ein Quartett gestrandeter Charaktere in einer Nacht am Broadway. Ein junger Mann (Qualen) ist drauf und dran Selbstmord zu begehen, nachdem er 3000$ unterschlagen hat, wird jedoch von einem scharfzüngigen, alkoholabhängigen Stückeschreiber (Mitchell) davor bewahrt. Dieser rät ihm, nicht ganz uneigennützig, das Geld beim Kartenspiel einzusetzen. Auch ein Gaunerpärchen (Fairbanks, jr. und Hayworth) hat den Verzweifelten als ein leichtes Opfer ausersehen, das es nach der Pokerrunde auszunehmen gilt. Doch natürlich verläuft nichts wie geplant.
Weil Rita Hayworth, von Columbia-Chef Harry Cohn eigens für Starruhm vorgesehen, eine kleine Rolle erhielt, ließ die Firma Hecht bei der Realisierung des Projektes erstaunlich freie Hand. Das Ergebnis ist ein dialogstarkes (besonders Mitchells Figur betreffend), intelligentes Drama, das seiner Zeit weit voraus war und nicht wenige Kritiker verwirrte. So war es unüblich, die Gedanken des Protagonisten durch seine Stimme aus dem Off auszudrücken. Die Kameraführung von Co-Regisseur Lee Garmes erinnert mit ihrem Einsatz von Licht und Schatten stark an Orson Welles´ CITIZEN KANE. al

Angriff der Killertomaten

Attack of the Killertomatoes. USA 1977 **R** John de Bello **B** Costa Dillon, Steve Peace, John de Bello **K** John K. Culley **M** Gordon Goodwin, Paul Sundfor **P** Nai Entertainment/Steve Peace, John de Bello **L** 87 Min., Farbe **D** David Miller, George Wilson, Sharon Taylor, Jack Riley

Fleischtomaten aller Größen und Güteklassen haben es satt, von den Menschen mißhandelt zu werden, im Salat oder in der Suppe zu landen, und starten eine Revolution. Hausfrauen werden von den roten Biestern angegriffen, Kinder durch die Straßen gehetzt und alte Damen rüpelhaft vom Bürgersteig geschubst. Keiner weiß, wie man die Invasion der Killertomaten stoppen kann. Und auch der CIA muß die Flucht ergreifen. Ein Werbemanager nimmt schließlich den Kampf gegen die Nachtschattengewächse auf und verwandelt sie in Ketchup.
Dieser (unfreiwillig) komische Horror-Film wurde 1979 für den *Golden Turkey* nominiert- ein Preis, der im Gegensatz zum Oscar für den schlechtesten Streifen verliehen wird. Knapp wurde den *Killertomaten* diese negative Auszeichnung vor der Nase weggeschnappt. Unter Cineasten jedoch ist das Gemüse-Inferno längst zu einem kleinen Kultfilm geworden.
Der unerwartete Anklang war Anlaß, ein Nachfolgeprojekt unter dem Titel *Die Rückkehr der Killertomaten* zu produzieren. nn

Der Angriff der leichten Brigade

The Charge of the Light Brigade. Großbritannien 1968 **R** Tony Richardson **B** Charles Wood **K** David Watkin **M** John Addison **P** Neil Hartley für Woodfall/United Artists **L** 112 Min. (Originalfassung 145 Min.), Farbe **D** Trevor Howard, Vanessa Redgrave, John Gielgud, Harry Andrews, David Hemmings, Jill Bennett, Peter Bowles, Mark Burns

Die fünfte filmische Aufarbeitung eines historischen Vorgangs aus dem Krimkrieg (1854-56), in dem sich die Alliierten Großbritannien, Frankreich und die Türkei auf der einen und Rußland auf der anderen Seite gegenüberstanden. Im Jahre 1855 wurde in der Nähe der kleinen Stadt Balaklawa - gelegen auf der Halbinsel Krim - eine britische Brigade von 670 Mann durch russische Kanonen vernichtet. Schuld an diesem militärischen Desaster waren mangelhafte Planung und Ausrüstung sowie Unvermögen und Kommunikationsprobleme unter den verantwortlichen Offizieren.
Dieser tragische Vorfall wurde für die Leinwand bereits in zwei Stummfilmversionen (1903 und 1912) sowie einer britischen Tonfassung von 1930 behandelt, und 1936 machte Michael Curtiz unter dem Titel DER VERRAT DES SURAT KHAN aus dem Stoff ein action-geladenes, doch historisch ungenaues Abenteuerspektakel mit Errol Flynn in der Hauptrolle. Dem Briten Tony Richardson allerdings geht es in seiner hervorragend recherchierten, hauptsächlich in der Türkei gedrehten Version weniger um Schauwerte (obwohl auch die vorhanden sind) als vielmehr um die Abrechnung mit der ebenso skrupellosen wie selbstgefälligen (Militär-) Politik und unsinnigen gesellschaftlichen Konventionen der viktorianischen Epoche. Der Film zeigt die Vorgeschichte und beleuchtet die Hintergründe (z.B. die Rivalitäten unter hohen Offizieren), die letztendlich zur Katastrophe führten. Aus einem, wenn auch berüchtigten, geschichtlichen Randereignis schuf der Regisseur ein kraftvolles Statement gegen den Krieg, die Notwendigkeit blinden Gehorsams und sogenannten Heldenmut. Unterstützt wird er dabei von eingestreuten Zeichentricksequenzen, die von Richard Williams nach dem Vorbild viktorianischer Cartoons kreiert wurden und nicht nur amüsant sind, sondern auch notwendige Hintergrundinformationen liefern. Neben den belegbaren militärischen Abläufen ist noch eine Dreiecksgeschichte in die Handlung eingewebt, die sich zwischen Redgrave und Hemmings (bereits in BLOW UP Partner) sowie Mark Burns abspielt.
Von der ersten Garde britischer Akteure brillant geschauspielert und hervorragend photographiert von David Watkin, ist *Der Angriff der leichten Brigade* ein seltenes Beispiel für die gelungene Bearbeitung eines historischen Stoffes unter modernen Gesichtspunkten, die weder inhaltlich noch formal Kompromisse eingeht. Von der Kritik wurden diese Bemühungen honoriert, an der Kinokasse zahlten sie sich nicht aus. al

Angriff ist die beste Verteidigung

Best Defense. USA 1983 **R** Willard Huyck **B** Gloria Katz, Willard Huyck, nach dem Roman *Easy and Hard Ways Out* von Robert Grossbach **K** Don Peterman **M** Patrick Williams **P** Gloria Katz, Willard Huyck / Paramount **L** 89 Min., Farbe **D** Dudley Moore, Eddie Murphy, Kate Capshaw, George Dzundza, Helen Shaver

Wylie Cooper, ein Elektronik-Ingenieur, ist beruflich ein Versager. Er soll ein eingebautes Raketenabwehrsystem für Panzer erfinden und hat keine Ahnung, wie er das machen soll. Doch das Schicksal kommt ihm zu Hilfe: In einer Manteltasche findet er den passenden Bauplan für seinen Auftrag. Cooper weiß nicht, daß die Skizze eine Fehlkonstruktion abbildet und absichtlich von einem russischen Spion in das Kleidungs-

stück geschmuggelt wurde. Ahnungslos läßt Cooper die Fahrzeuge bauen und verursacht damit ein heilloses Chaos.
Diese Militärklamotte wurde von den Kritikern als geschmacklos bezeichnet. Auch die beiden Hauptdarsteller Dudley Moore und Eddie Murphy fielen bei Presse und Publikum durch. Für das Ehepaar Gloria Katz und Willard Huyck, die ansonsten mit ihren Drehbüchern zu George Lucas AMERICAN GRAFFITI und Steven Spielbergs INDIANA JONES UND DER TEMPEL DES TODES immer erfolgversprechende Arbeiten abgeliefert hatten, war dies das erste künstlerische Fiasko ihrer gemeinsamen Karriere. nn

Angriffsziel Moskau

Fail Safe. USA 1963 **R** Sidney Lumet **B** Walter Bernstein, nach einem Roman von Eugene Burdick und Harvey Wheeler **K** Gerald Hirschfeld **P** Columbia **L** 112 Min., s/w **D** Dan O'Herlihy, Henry Fonda, Walter Matthau, Frank Overton, Fritz Weaver, Larry Hagman

Durch einen Fehlalarm wird eine Staffel von Flugzeugen mit todbringenden Nuklearwaffen in Richtung Sowjetunion losgeschickt. Als sich der Irrtum aufklärt, ist es zu spät, die Maschinen zurückzuholen. Um die atomare Auseinandersetzung in Grenzen zu halten, macht der US-Präsident einen grauenhaften Vorschlag. Da die amerikanischen Flugzeuge vom Abwurf ihrer Bomben über Moskau nicht mehr aufgehalten werden können, bietet er den Russen an, in gleichem Maße New York mit den eigenen Waffen zu zerstören.
„Brillant gemacht, absolut glaubwürdig und sehr bestürzend", urteilte *Films and Filming*. Sidney Lumets Werk ist eine eindringliche Anklage gegen Rüstungswahn und unüberlegte Verinnerlichung ideologischer Phrasen. In logischer und erschütternder Konsequenz zeigt er die Verselbständigung eines unaufhaltsamen Kriegsapparates, der von Menschen geschaffen wurde, von diesen jedoch nicht mehr beherrscht werden kann. Der Zuschauer wird vergeblich auf tricktechnische Show-Effekte warten, denn diese braucht der Film zu keiner Zeit, um seine eindringliche Warnung zu unterstreichen. *Angriffsziel Moskau* endet mit einer Bildsequenz aus dem sommerlichen New York, in dem junge Liebespaare, Spaziergänger und spielende Kinder im Central Park gezeigt werden, bis die eingefangenen Standfotos während eines rasanten Zusammenschnitts in plötzliche Starre verfallen. jg

Angst

Angst / Paura. BRD 1954 **R** Roberto Rossellini **B** Roberto Rossellini, Sergio Amidei, Graf Treuberg, nach dem Roman von Stefan Zweig **K** Heinz Schnackertz, Carlo Carlini **M** Renzo Rossellini **P** Ariston **L** 90 Min., s/w **D** Ingrid Bergman, Mathias Wiemann, Renate Mannhardt, Kurt Kreuger, Elise Aulinger

Nach einer Kette persönlicher Krisen wurde dieser Film gern als Tiefpunkt in den Karrieren von Ingrid Bergman und Roberto Rossellini bezeichnet, obwohl ihm viele Kritiker in den vergangenen Jahren durchaus einige Qualitäten zubilligten.
Basierend auf einem Roman von Stefan Zweig wird die Geschichte einer reichen Industriellengattin geschildert, die von der Freundin ihres Geliebten erpreßt wird. Ein Selbstmordversuch bringt die in die Enge getriebene Frau zur Vernunft. Sie beschließt, sich von ihrem Mann zu trennen und fortan bei ihren Kindern zu leben.
Für Ingrid Bergman war dieser Streifen ihre zweite Begegnung mit dem deutschen Film. Schon 1938 hatte sie neben Hans Söhnker in der UFA-Produktion DIE VIER GESELLEN mitgewirkt. 1954 waren die Dreharbeiten in München jedoch von eher unfreiwilliger Natur, da Rossellini dringend einen Geldgeber zur Finanzierung seines Projekts benötigte und diesen nur noch in Deutschland fand. „Der erste deutsche Ingrid-Bergman-Film seit 16 Jahren ist ziemlich enttäuschend geraten; außer der hervorragenden Leistung von Miss Bergman selbst wartet er mit nichts auf, was besonders neu oder aufregend wäre", meinte *Variety* dazu. jg

Die Angst des Tormanns beim Elfmeter

Die Angst des Tormanns beim Elfmeter. BRD 1971 **R** Wim Wenders **B** Wim Wenders, nach der Erzählung von Peter Handke **K** Robby Müller **M** Jürgen Knieper **P** Thomas Schamoni, Peter Genée/ Produktion 1 im Filmverlag der Autoren/Österreichische Telefilm/WDR **L** 101 Min., Farbe **D** Arthur Brauss, Kai Fischer, Erika Pluhar, Libgart Schwarz, Marie Bardischewski

Als der Torwart Josef Bloch wegen Schiedsrichterbeleidigung vom Platz gestellt wird, gerät sein ganzes Leben durcheinander. Nachdem er mit einer Kinokassiererin die Nacht verbracht hat, bringt er sie um und setzt sich daraufhin zu einer Bekannten in ein kleines Dorf ab, wo er sich in die Rolle eines passiven Beobachters zurückzieht.
Obgleich Wim Wenders 1970 mit SUMMER IN THE CITY im Rahmen seines Studiums an der Filmhochschule von München seinen ersten abendfüllenden Film als Abschlußwerk abgeliefert hatte, bezeichnete er *Die Angst des Tormanns beim Elfmeter* als seinen ersten eigentlichen Spielfilm.
Wenders' kühner Versuch, die literarische Parabel von Peter Handke filmisch umzusetzen, teilte die Schar der Kritiker in zwei unterschiedliche Parteien, wie sich an zwei Rezensionen deutlich ausmachen läßt. „Selten war denn auch eine Literaturverfilmung sinnloser und überflüssiger als jene von Handkes Elfmeterangst..." (*Zoom-Filmberater*). Positiver fiel Siegfried Schobers Urteil in der *Filmkritik* aus: „Wim Wenders' Film braucht nicht mit Handkes Roman, nach dem er gedreht wurde, verglichen zu werden, weil er den Vergleich nicht zu scheuen braucht und weil er eine völlig eigene, unabhängige Sache geworden ist." jg

Angst essen Seele auf

Angst essen Seele auf. BRD 1974 **R** Rainer Werner Fassbinder **B** Rainer Werner Fassbinder **K** Jürgen Jürges **P** Rainer Werner Fassbinder, Michael Fengler/Tango **L** 93 Min., Farbe **D** Brigitte Mira, El Hedi Ben Salem, Barbara Valentin, Marquard Bohm, Irm Hermann

Mit diesem Melodrama zitierte Fassbinder sein großes Vorbild Douglas Sirk und dessen 1956 entstandenen Film WAS DER HIMMEL ERLAUBT. Steht in dem Hollywood-Werk die komplizierte Liebesbeziehung einer älteren Frau zu einem wesentlich jüngeren Hausangestellten im Mittelpunkt, so paßt sich Fassbinders Film den gesellschaftlichen Verhältnissen in der Bundesrepublik an.
Brigitte Mira spielt die 60jährige Putzfrau Emmi, die sich in den marokkanischen Gastarbeiter Ali verliebt, ihn heiratet und damit den Haß ihrer Kinder und Nachbarschaft auf sich zieht. Nach langen, schwierigen Monaten muß Emmi erkennen, daß ihre Ehe in dieser Gesellschaft auf Dauer nicht bestehen kann.
Angst essen Seele auf war der erste Film, in dem Fassbinder bewußt Stars des deutschen Altfilms wie Brigitte Mira, Margit Symo oder Elma Karlowa einsetzte und aus dieser Besetzung eine Art Tradition für seine weiteren Filme machte. „Die sind professionell und haben einen gewissen Glamour, auf den ich achte. Die waren immer gut, die haben nur in schlechten Film gespielt", äußerte er.
Auf den Filmfestspielen von Cannes wurde *Angst essen Seele auf* mit dem Preis der Internationalen Jury ausgezeichnet. Brigitte Mira erhielt 1974 für ihre darstellerische Leistung den Bundesfilmpreis. jg

Angst ist der Schlüssel

Fear Is the Key. Großbritannien 1972 **R** Michael Tuchner **B** Robert Carrington, nach einem Roman

Großaufnahmen und einer ruhigen Kameraeinstellung fing sie deren nonverbal ausgedrückten Emotionen ein.
Margarethe von Trotta ist es zu verdanken, daß von diesem kleinen Meisterwerk auch eine deutsche Fassung entstand. Die Regisseurin war so beeindruckt von *Anne Trister*, daß sie den Ankauf und die deutsche Synchronisation organisierte. nn

Annie

Annie. USA 1982 **R** John Huston **B** Carol Sobieski **K** Richard Moore **M** Ralph Burns **P** Columbia/Ray Stark **L** 122 Min., Farbe **D** Albert Finney, Carol Burnett, Bernadette Peters, Ann Reinking, Tim Curry, Geoffrey Holder

Für umgerechnet 40 Millionen Mark verfilmte John Huston diese rührselige Story des kleinen Waisenmädchens Annie, das mit viel Charme und Witz alle schwierigen Situationen meistert und am Ende ein Zuhause bei einem Millionär findet.
Little Annie war die Schöpfung des US-Cartoonisten Harold Gray (1894-1968) und erschien als Comic-Strip zum ersten Mal im Jahre 1924 in der Zeitung *New York News*. Seitdem zählt *Annie* zu Amerikas erfolgreichsten Comics. 1977 eroberte der rote Lockenkopf als Musical den Broadway, und kurz darauf erwarb Columbia für eine Summe von 10 Millionen Dollar die Filmrechte. Und auch sonst sparten die Produzenten nicht. Die Suche nach einer geeigneten Hauptdarstellerin dauerte sechs Monate und verschlang eine weitere Million. Insgesamt arbeiteten knapp 2.000 Menschen an dem Hollywood-Spektakel mit, ferner wurde ein kompletter Zirkus für die pompöse Schlußszene engagiert.
Doch der Aufwand lohnte sich. Allein in Nordamerika und England spielte *Annie* über 70 Millionen Dollar ein. *Annie*-Spielzeug, -Bücher, - T-Shirts und ähnlicher Schnickschnack brachten Columbia weitere 30 Millionen ein. nn

Annies Männer

Bull Durham. USA 1988 **R** Ron Shelton **B** Ron Shelton **K** Bobby Byrne **M** Michael Convertino **P** Thom Mount, Mark Burg für Mount Company Prod. **L** 108 Min., Farbe **D** Kevin Costner, Susan Sarandon, Tim Robbins

Anders als beispielsweise Barry Levinson in DER UNBEUGSAME beschäftigt sich der ehemalige Drehbuchautor Ron Shelton in seinem Regie-Debüt nicht mit Glanz und Gloria des Baseball-Sports, sondern mit der Alltagswelt einer Zweitliga-Mannschaft: Bei ihm sind die Stadien klein und die Spiele nicht so wichtig.
Crash Davis (Costner) erhält die Aufgabe, das neue Spielertalent der „Durham Bulls" zu coachen. Ebby (Robbins) hat zwar einen harten Schlag, aber nichts im Hirn. Unerwartete Hilfe bekommt Crash von Annie (Sarandon), dem größten Fan der Mannschaft, die es sich zur Aufgabe gemacht hat, jede Saison einen Spieler des Teams unter ihre Fittiche und in ihr Bett zu nehmen, um ihn mit Literatur und Philosophie nicht nur körperlich, sondern auch geistig für die rauhe Sportlerwelt fitzumachen. Dieses Mal ist Ebby dran. Die Lage kompliziert sich, als Crash und Annie ihre Gefühle füreinander entdecken, die sie sich jedoch nicht eingestehen wollen...
Annies Männer ist nicht nur ein Baseballfilm, sondern funktioniert auch als intelligente Komödie und Liebesgeschichte - wobei alle Klischees dieser Genres geschickt vermieden werden. Die amerikanische Kritik war begeistert, und der relativ billig produzierte Film (9 Mio.$) entwickelte sich zum Überraschungs-Kassenschlager des Jahres 1988. al

Another Country

Another Country. Großbritannien 1984 **R** Marek Kanievska **B** Julian Mitchell, nach seinem gleichnamigen Bühnenstück **K** Peter Biziou **M** Michael Storey **P** Goldcrest **L** 91 Min., Farbe **D** Rupert Everett, Colin Firth, Michael Jenn, Robert Addie, Rupert Wainwright

Guy Bennett (Everett), ein englischer Spion, der in den Osten übergelaufen ist, versucht in einem Interview mit einer amerikanischen Journalistin, den Grund für seinen Vaterlandsverrat zu finden. Die Erinnerung Bennetts führen zurück in seine Schulzeit, die er in einem britischen Elite-Internat verbrachte. Dort, wo Drill und Spießrutenlaufen an der Tagesordnung waren, wo homosexuelle Gefühle streng verpönt waren, sieht Bennett die Wurzeln für sein späteres Leben. Zwar wurde diese Geschichte von Julian Mitchell erfunden, doch hat sie sich in ähnlicher Form schon mehrfach abgespielt. Philby, Blunt, MacLean und Burgess sind einige der bekanntesten Namen von britischen Spionen, die eine vergleichbare Vergangenheit wie Guy Bennett hatten.
Kanievskas Spielfilmdebüt leidet darunter, daß der Regisseur sich nicht entscheiden konnte, ob er nun eine homosexuelle Liebesgeschichte oder eine kritische Studie englischer Erziehungsmethoden inszenieren sollte. Doch dank des hervorragenden Schauspielers Rupert Everett kann man über diese Schwachstelle hinwegsehen. nn

Anruf für einen Toten

The Deadly Affair. Großbritannien 1967 **R** Sidney Lumet **B** Paul Dehn, nach dem Roman *Call for the Dead* von John Le Carré **K** Frederick Young **M** Quincy Jones **P** Sidney Lumet für Sidney Lumet Productions **L** 107 Min., Farbe **D** James Mason, Simone Signoret, Maximilian Schell, Harriet Andersson, Harry Andrews, Roy Kinnear, Lynn Redgrave, Corin Redgrave

Lumets erster Ausflug ins Agenten-Genre, nach dem ersten Roman von John Le Carré (*Der Spion, der aus der Kälte kam*), hatte das Pech zu einer Zeit in die Kinos zu kommen, als es von Spionagefilmen nur so wimmelte. Wäre er etwas früher gedreht worden, hätte er sicher mehr Erfolg an der Kasse gehabt, zumal es sich um eine der besten Produktionen auf diesem Gebiet handelt.
James Mason spielt einen Agenten, der den plötzlichen Selbstmord eines ausländischen Diplomaten untersucht. Dessen Witwe (Signoret), eine Überlebende deutscher Konzentrationslager, kann oder will ihm nicht weiterhelfen. Überzeugt davon, daß beim Tod des Mannes etwas nicht mit rechten Dingen zuging, gerät er immer tiefer in eine schmutzige Affäre aus Korruption und Verrat in der zwielichtigen Welt der Geheimdienste.
Le Carrés Helden sind meilenweit von strahlenden, omnipotenten Siegertypen à la James Bond entfernt; vielmehr beschreibt der Autor immer wieder die öde Routine und Alltäglichkeit dieses Geschäfts. Bei der Kritik kam der Film gut an, so nannte ihn beispielsweise der *Daily Express* „einen realistischen und oft witzigen Thriller", und die *Sunday Times* befand: „Der ganze Film ist eine höchst geschickte Organisation von Handlung, Motiven und Charakteren." al

Anruf genügt - Komme ins Haus

Bells Are Ringing. USA 1960 **R** Vincente Minnelli **B** Betty Comden, Adolph Green, nach dem Bühnenstück von Comden, Green und Jule Styne **K** Milton Krasner **M** Jule Styne (Songs); André Previn (Score) **P** Arthur Freed für MGM **L** 126

Min., Farbe **D** Judy Holliday, Dean Martin, Eddie Foy jr., Jean Stapleton, Bernie West

Jerome Robbins´ Broadway-Produktion dieses Comden/Green/Styne-Musicals war bei seiner Erstaufführung ein enormer Erfolg, und so ließ eine Leinwand-Adaption nicht lange auf sich warten. Die Handlung dreht sich um die herzensgute Angestellte eines telephonischen Auftragsdienstes (Holliday), die alles für ihre zahlreichen Kunden tun würde, unter denen auch ein Theater-Autor (Martin) ist. Als dieser eines Morgens einen wichtigen Termin zu verschlafen droht, begibt sich Holliday höchstpersönlich zu seinem Apartment - und verliebt sich prompt. Gegenüber der Broadway-Fassung stellt *Anruf genügt - komme ins Haus* keine sonderliche Verbesserung dar, da es Regisseur Minnelli nicht gelang, Elemente einzubringen, die nicht auch schon auf der Bühne vorhanden gewesen wären. So lebt der Film ganz von Judy Hollidays köstlicher Darbietung, die sie vorher bereits in 924 Vorstellungen gegeben hatte. Martin ist als ihr romantischer Gegenspieler eine Fehlbesetzung, doch Bernie West ist umwerfend als einer ihrer Klienten, ein Zahnarzt mit Songschreiber-Ambitionen. Unter den vielen Songs sind die bekanntesten *The Party´s Over* (Holliday) und *Just in Time* (Holliday, Martin).

André Previns Score erhielt eine Oscar-Nominierung. al

Ansichten eines Clowns

Ansichten eines Clowns. BRD 1975 **R** Vojtech Jasny **B** Vojtech Jasny, nach dem Roman von Heinrich Böll **K** Walter Lasally **M** Eberhard Schoener **P** Heinz Angermayer/Independent, Maximilian Schell/Filmaufbau **L** 111 Min., Farbe **D** Helmut Griem, Hanna Schygulla, Eva Maria Meineke, Hans Christian Blech, Alexander May

Hans Schnier ist zum Zeitpunkt der Handlung, die im Jahre 1960 spielt, 30 Jahre alt und schlägt sich als erfolgloser Pantomime und Clown durchs Leben. In einem Rückblick durchlebt er noch einmal seine Kindheit und Jugend im spießig-katholischen Elternhaus, erinnert sich an die Jahre des Dritten Reiches und muß erkennen, daß es wiederum die Täter von einst sind, die sich in der Epoche des wirtschaftlichen Aufschwungs bereichern konnten, während er hingegen auf der Strecke geblieben ist.

Die große Resonanz auf die Böll-Adaption DIE VERLORENE EHRE DER KATHARINA BLUM war ein positiver Beweis für das gewagte Experiment, die mitunter etwas schwierigen litararischen Vorlagen auch in bildliche Metaphern umzusetzen. 1970 hatte sich der Exil-Tscheche und Wahl-Österreicher Jasny bereits mit der TV-Adaption *Nicht nur zur Weihnachtszeit* eines Böll-Stoffes angenommen und dafür gute Kritiken erhalten. Sein Kinofilm allerdings stieß nicht auf allgemeine Begeisterung. „Jasny hält sich so sklavisch an die literarische Vorlage Heinrich Bölls, daß er nurmehr dem Buchstaben, nicht aber dem Geist des Romans gerecht wird....Der Film erweckt vielmehr den Eindruck einer zwar mit formaler Könnerschaft gestalteten, aber reichlich verspäteten Abrechnung mit den Wunderkindern von damals.“ (*Zoom-Filmberater*) jg

Der Antichrist

L´antichristo. Italien 1974 **R** Alberto de Martino **B** Gianfranco Clerici, Alberto de Martino, Vincenzo Mannino **K** Aristide Massaccesi **M** Ennio Morricone **P** Edmondo Amati für Fida Cinematografica **L** 112 Min., Farbe **D** Carla Gravina, Mel Ferrer, Arthur Kennedy, Alida Valli, George Colouris, Umberto Orsini

Die junge Ippolita (Gravina), seit einem Autounfall gelähmt, leidet unter ihrer Einsamkeit. Nach einer psychiatrischen Behandlung wird sie sich bewußt, vor vielen hundert Jahren schon einmal gelebt zu haben - als Hexe. Erneut kommt es zu einer Verbindung mit teuflischen Mächten, und sie wird zur Besessenen, die nach vielen erfolglosen Versuchen schließlich erst von einem Bettelmönch geheilt werden kann.

DER EXORZIST auf italienisch: Nach dem Riesenerfolg von William Friedkins Schokker ließen Nachahmer-Produkte nicht lange auf sich warten. Und Carla Gravina kann sich in Sachen Obszönität und Scheußlichkeit der Besessenen durchaus mit ihrer amerikanischen Kollegin Linda Blair messen. Die Schnelligkeit der Italiener, die damit bereits ein Jahr nach dem Friedkin-Film herauskamen, zwang übrigens die 20th Century- Fox aus Urheberrechtsgründen zur Umtitelung eines eigenen Okkult-Thriller-Projektes: Aus *The Antichrist* wurde so DAS OMEN. al

Der Antiquitätenjäger

L´homme pressé. Frankreich/Italien 1977 **R** Edouard Molinaro **B** Maurice Rheims, Christopher Frank, nach einem Roman von Paul Morand **K** Jean Charvein **M** Carlo Rustichelli **P** Adel Prod./ Lira Films, (Paris), Irrigazione Fotografica (Rom) **L** 90 Min., Farbe **D** Alain Delon, Mireille Darc, Monica Guerritore, Marie Déa

Alain Delon zur Abwechslung mal in einer Rolle, die vom Typ des ausdruckslosen „eiskalten Engels“ abweicht. Er spielt Monsieur Niox, einen fanatischen Kunstsammler, der atemlos von Ausgrabung zu Versteigerung hetzt, kauft, verkauft, und über all der Aufregung sein Privatleben vergißt. Er hat eine Frau (Darc), die er kaum bemerkt, und als er seinen neugeborenen Sohn im Krankenhaus besuchen will, läßt ihn schon dessen Geschrei auf dem Absatz kehrt machen und das Weite suchen. Umso mehr interessiert ihn eine griechische Vase, in deren Besitz zu gelangen der Höhepunkt seiner Sammlerkarriere wäre. Nachdem er sein Ziel auf einer furios inszenierten Auktion, dem Finale, erreicht hat, ereilt ihn jedoch der unvermeidliche Herzinfarkt.

Von Komödien-Spezialist Edouard Molinaro (DIE FILZLAUS) schwungvoll und elegant inszeniert, ist *Der Antiquitätenjäger* ein unterhaltsames, auf Hochglanz poliertes Starvehikel des Franzosen, das erheblich mehr hintergründige Ironie aufweist als seine sonstigen Leinwand-Abenteuer. al

Antonieta

Antonieta. Frankreich/Mexiko 1982 **R** Carlos Saura **B** Jean-Claude Carrière, Carlos Saura, nach einer Novelle von Andres Henestrosa **K** Teo Escamilla **P** Arnando Soles, Thierry Nahon für Gaumont/FR 3 (Paris), Conacine/Nuevocine (Mexiko) **L** 108 Min., Farbe **D** Isabelle Adjani, Hanna Schygulla, Gonzalo Vega, Carlos Bracho, Elena Rojo

Die Journalistin Anna (Schygulla) arbeitet an einem Buch über Frauenselbstmorde im 20. Jahrhundert. Bei ihren Recherchen stößt sie auf den seltsamen Fall der jungen Mexikanerin Antonieta (Adjani), die sich 1931 in der Pariser Kathedrale Notre Dame erschoß. Fasziniert begibt sich Anna nach Mexiko auf die Spuren dieser jungen Frau, in deren Leben sie immer mehr eintaucht. Antonieta war, aus guten Verhältnissen stammend, in den 20er Jahren eine Institution des gesellschaftlichen Lebens Mexikos, die sich als Mäzenin von Kunst und Kultur betätigte. Als ihr Geliebter (Bracho) für die Präsidentschaft kandidiert, widmet sich Antonieta voller Idealismus dem Wahlkampf. Doch die Wahl geht verloren, und im Pariser Exil sieht sich die junge Frau ohne Lebensaufgabe.

Anhand von Antonietas Lebensweg entfaitet Saura ein Panorama mexikanischer Geschichte des frühen 20. Jahrhunderts, das im Laufschritt durchquert wird. Obwohl der Regisseur geschickt das Problem löst, daß sich die zwei Hauptgestalten niemals wirklich treffen (indem er z. B. Anna in Antonietas Arbeitszimmer eintreten läßt, während diese am Schreibtisch sitzt), sind die intimeren Szenen des Films selten. Eine Fülle an Informationen ist zu vermitteln, und nicht wenige Kritiker bemängelten, dies geschehe zu oft auf verbale Art anstatt in Bildersprache. So stieß *Antonieta*, obwohl ein interessantes Experiment, weitgehend auf Ablehnung. al

Die Antwort kennt nur der Wind

Seul le vent connait la reponse. BRD/Frankreich 1974 **R** Alfred Vohrer **B** Manfred Purzer, nach dem Roman von Johannes Mario Simmel **K** Petrus Schloemp **M** Erich Ferstl **P** Roxy/Paris-Cannes **L** 108 Min., Farbe **D** Marthe Keller, Maurice Ronet, Karin Dor, Raymond Pellegrin, Walter Kohut

Im Rahmen seiner Recherchen um die mysteriöse Explosion einer Luxusyacht gerät ein Versicherungsdetektiv auf die Spur einer Verbrecherorganisation. Um sich mit seiner Geliebten ein sorgenfreies Leben zu gestalten, schreckt er vor Erpressung nicht zurück, scheitert jedoch am Ende an seiner eigenen Vermessenheit und Geldgier.
Eine von Alfred Vohrer geschickt umgesetzte und flott inszenierte Simmel-Vorlage, die so etwas ähnliches wie europäisches Starkino zu sein versucht und ein großer Publikumsrenner wurde. Mit einem für heutige Verhältnisse niedrigen Etat von 2,5 Millionen DM war *Die Antwort kennt nur der Wind* die aufwendigste deutsche Produktion des Jahres 1974. Vor der malerischen Naturkulisse der Cote d´Azur fanden die Dreharbeiten statt; für die Innenaufnahmen wich man in die Filmstudios von Nizza aus. Wie schon für fast alle Simmel-Filme der 70er Jahre hatte auch hier ein Prominenter einen Gastauftritt zu verzeichnen. Diesmal mußte TV-Journalist Friedrich Nowottny herhalten, der in dieser kurzen Gastrolle noch nicht einmal sein Berufsfeld wechseln durfte. jg

Anuschka

Anuschka. Deutschland 1942 **R** Helmut Käutner **B** Axel Eggebrecht, Helmut Käutner **K** Erich Claunigk **M** Bernhard Eichhorn **P** Bavaria **L** 100 Min., s/w **D** Hilde Krahl, Siegfried Breuer, Rolf Wanka, Beppo Schweiger, Friedl Czepa

Die Bauerntochter Anuschka kommt von der Tatra nach Wien, wo sie im Haus eines Chirurgen in Stellung geht. Dort gerät sie in Verdacht, ein goldenes Feuerzeug entwendet zu haben, kann jedoch dieses Mißverständnis aufklären und mit Hilfe ihres Herrn sogar den verschuldeten Bauernhof zurückgewinnen. Ihr Happy-End findet Anuschka an der Seite ihres Jugendfreundes Jaro.
1940 wurde die junge Hilde Krahl durch Gustav Ucickys Puschkin-Verfilmung DER POSTMEISTER über Nacht zu einem neuen Star im deutschen Film. Käutner versuchte in seinem fünften Werk, ihr eine ähnlich angelegte Rolle zu geben. Die beiden französischen Autoren Coutarde und Cadars bezeichneten dieses Unterfangen allerdings wenig schmeichelhaft als „einen POSTMEISTER für verwirrte Ästheten". Der Film sollte ursprünglich in München gedreht werden, doch die Studios von Geiselgasteig waren alle besetzt, also mußte das Team in die Ateliers von Barandov nach Prag ausweichen, um kurz vor Beendigung der Aufnahmen noch einmal nach Rom umzusiedeln. Der permanente Ortswechsel wirkte sich dabei positiv auf die gesamte Crew aus. „Die Schauspieler waren alle etwas lebendiger als sonst, weil sie außerhalb ihrer festgelegten Schablonen spielen durften", erinnert sich Helmut Käutner. jg

Anuschka - Es brennt, mein Schatz

Hori, ma panenko. CSSR 1967 **R** Milos Forman **B** Ivan Passer, Jaroslav Papousek, Milos Forman **K** Miroslav Ondricek **M** Karel Mares **P** Studio Barandov (Prag), Carlo Ponti (Rom) **L** 72 Min., Farbe **D** Jan Vostrcil, Josef Kolb, Josef Svet, Frantisek Debelka, Josef Sebanek

Milos Formans dritter Film war zugleich der letzte, den er in der CSSR drehte. Dort wurde er trotz des gerade herrschenden Prager Frühlings verboten. Der alberne deutsche Titel war ein klug gedachter Marketing-Schachzug des Verleihs, der den Film als Sexklamotte verkaufen wollte. Das mißlang, nach einer Woche war *Anuschka* aus den Kinos verschwunden.
Sex spielt in Formans Geschichte vom Feuerwehrfest in einem tschechischen Dorf kaum eine Rolle, auch wenn bei einer Mißwahl Dorfschönheiten fleischige Hüften zeigen. Die Defekte der Menschen, ihre Engstirnigkeit und Habgier, ihr Egoismus und ihre Eitelkeiten stehen im Mittelpunkt. Wiederentdeckt wurde das Kleinod 1986. Milos Forman war mit Filmen wie EINER FLOG ÜBER DAS KUCKUCKSNEST und AMADEUS zum Regie-Star in Hollywood avanciert und hatte Oscars gesammelt. Das Interesse an seinem tschechischen Frühwerk wuchs, *Anuschka* nahm unter dem sehr viel besseren Titel *Feuerwehrball* einen zweiten Anlauf in den deutschen Kinos, und fand die Achtung, die er verdient. Die Kritik sah jetzt ein satirisches Porträt der sechziger Jahre mit Tatiesker Komik. nn

Die Anwältin

Physical Evidence. USA 1988 **R** Michael Crichton **B** Bill Phillips, nach einer Geschichte von Steve Ransohoff **K** John A. Alonzo **M** Henry Mancini **P** Martin Ransohoff Productions **L** 99 Min., Farbe **D** Theresa Russell, Ned Beatty, Burt Reynolds, Kay Lenz, Tom O´Brien

Einer der bekanntesten Schwerverbrecher von Boston wird ermordet aufgefunden. Die Polizei verdächtigt den versoffenen Ex-Cop Joe Paris (Reynolds), der mehrmals vor Zeugen gedroht hat, den Gangster eines Tages aus dem Weg zu schaffen. Verteidigt wird Paris von der Yuppie-Anwältin Jenny Hudson (Russell). Sie erreicht, daß Joe gegen Kaution freigelassen wird. Gemeinsam stellen sie dem wahren Killer eine Falle.
Inszeniert wurde dieser Thriller von Allroundtalent Michael Crichton, einem bekannten Wissenschaftler und Computer-Experten, dessen Bücher Bestseller wurden. Auch in der Filmbranche zählt Crichton zu einem der publikumswirksamsten Regisseure. Seine Filmographie umfaßt Titel wie WESTWORLD, COMA oder DER ERSTE GROSSE EISENBAHNRAUB.
Die Anwältin allerdings war bei Presse und Publikum weniger erfolgreich als Crichtons frühere Arbeiten. *Variety* z. B kritisierte, daß der Film viel zu langsam inszeniert sei und voller (vor allem juristischer) Ungereimtheiten stecke. Theresa Russell spielte der Meinung des Magazins nach wenig überzeugend, und auch Burt Reynolds Leistungen boten nichts Neues. nn

Apartment Zero

Apartment Zero. Großbritannien 1988 **R** Martin Donovan **B** Martin Donovan **K** Miguel Rodriguez **M** Elia Cmiral **P** Martin Donovan, David Koepp **L** 124 Min., Farbe **D** Hart Bochner, Colin Firth, Dora Bryan, Liz Smith, Fabrizio Bentivoglio, James Telfer

„Apartment Zero ist ein Film über das Verlangen. Jeder im Film sehnt sich nach etwas - nach Liebe, nach Geborgenheit, nach Geld, nach sozialer Gerechtigkeit, nach Unterhaltung oder ganz einfach nach Sex." So formuliert Regisseur Martin Donovan die Aussage seines emotionsgeladenen Dramas. Er erzählt die Geschichte des introvertierten Adrian, der den selbstbewußten Jack in seine Wohnung aufnimmt. Zwischen beiden entwikkelt sich eine Beziehung, die bald die Grenzen einer „normalen" Männerfreundschaft überschreitet. Als in Adrian der Verdacht aufkommt, Jack könne ein bezahlter Killer des CIA sein, gerät er mit seinen Gefühlen in eine existentielle Krise.
Nachdem die großen Produktionsgesellschaften im Drehbuch hinter der Geschichte einen Fall latenter Homosexualität gewittert hatten, machten sie schnell einen Rückzieher, so daß Donovan gezwungen war, den Film

unabhängig zu produzieren. Unter Berufung auf viele berühmte Thriller-Vorgänger wie z. B. Polanskis DER MIETER oder Lynchs BLUE VELVET ist ein aufregender Film voller überraschender Wendungen entstanden, der die Kritiker begeisterte. „Ein herrlich dekadenter Thriller, wie geschaffen für die Anhänger teuflischer Einfälle à la Hitchcock." (Duane Byrge, *The Hollywood Reporter*) jg

Der Apfel ist ab

Der Apfel ist ab. Deutschland 1948 **R** Helmut Käutner **B** Helmut Käutner, Bobby Todd, nach Motiven der gleichnamigen Komödie von Kurt E. Heyne, Käutner, Todd **K** Igor Oberberg **M** Bernhard Eichhorn **P** Camera-Film **L** 102 Min., s/w **D** Bobby Todd, Bettina Moissi, Joana Maria Gorvin, Arno Assmann, Helmut Käutner

Apfelsaftfabrikant Schmidt liebt sowohl Ehefrau Lily als auch Sekretärin Eva. Nach einem Selbstmordversuch pendelt er zwischen Himmel und Hölle und gelangt am Ende seines Deliriums zu der Erkenntnis, daß er sich in seinen Gefühlskonflikten am besten für eine Synthese zwischen beiden Frauen entscheiden sollte.
Käutners witzig gemeinte Gesellschaftssatire fanden zum damaligen Zeitpunkt der Aufführung leider nur die Kritiker komisch. „Pfeile des entfesselten Witzes schwirren nach allen Seiten ab" (*Berliner Tagesspiegel*), „Käutners Film ist eine Mischung von surrealistischem Mysterienspiel, von Kabarett und Komödie" (*Der Spiegel*). Das Publikum blieb aus, und das lag ganz einfach daran, daß sich drei Jahre nach dem Zusammenbruch des Dritten Reiches noch niemand über die Kunstrichtungen des Surrealismus und Existentialismus lustig machen konnte, weil diese nur ungenügend bekannt waren. Obendrein sah sich die Katholische Kirche wieder einmal auf die gemeinste Weise verunglimpft und wetterte in der Gestalt des Münchener Weihbischofs Neuhäusler haßerfüllt von der Kanzel: „Eine unglaubliche Kabarettisierung des biblischen Schöpfungs- und Sündenfallberichts mit einer Darstellung abscheulicher Perversitäten." jg

Apocalypse Now

Apocalypse Now. USA 1979 **R** Francis Ford Coppola **B** John Milius, Francis Ford Coppola, nach Motiven der Novelle „Herz der Finsternis" von Joseph Conrad **K** Vittorio Storaro **M** Carmine Coppola, Francis Ford Coppola **P** Francis Ford Coppola für Omni Zoetrope/Untited Artists **L** 153 Min., Farbe **D** Marlon Brando, Robert Duvall, Martin Sheen, Frederic Forrest, Albert Hall, Dennis Hopper, Harrison Ford, Scott Glenn

„Das ist kein Film, das ist eine Reise", bemerkte Coppola über sein Projekt, das eine Art Drogentrip durch die Hölle des Vietnam-Krieges darstellt. Bereits 1969 schrieb John Milius, der Anekdoten und Berichte über den Krieg gesammelt hatte, ein Drehbuch, und verwendete als Handlungsrahmen Motive aus Joseph Conrads Novelle „Herz der Finsternis". Aus Geldmangel legte man die Sache auf Eis, bis Coppola, den Erfolg seiner *Paten*-Filme im Rücken, sich 1976 an die Realisierung des Projektes machte. Und die wurde zum gerüchte umwitterten Kraftakt, für den der Regisseur schließlich sein gesamtes Privatvermögen verpfändete. Nach dem Theater um die Besetzung der Hauptrollen zogen sich die Außenaufnahmen auf den Philippinen 14 Monate lang hin, begleitet von Kulissen-zerstörenden Taifunen, einem Herzinfarkt Martin Sheens und einer Kostenexplosion von 12 Mio. auf über 31 Mio. Dollar. Am Ende hatte Coppola 500 Kilometer Filmmaterial zu bearbeiten. In einem genialen Publicity-Stunt ließ der Regisseur sein unfertiges Werk bei den Filmfestspielen in Cannes 1979 als „work in progress" aufführen, und die Sensation war perfekt. *Apocalypse Now* erhielt (mit Schlöndorffs DIE BLECHTROMMEL) die Goldene Palme und enthusiastische Kritiken. Die offizielle Premiere fand am 15. 8. desselben Jahres in New York statt - mit leicht geändertem Schluß. Dieser hatte Coppola auch während der Dreharbeiten am meisten Kopfzerbrechen bereitet.
Während des Vietnam-Krieges erhält Captain Willard (Sheen) den Auftrag, den außer Kontrolle geratenen Oberst Kurtz (Brando) aufzuspüren und zu liquidieren. Der offenbar wahnsinnige Offizier hat mitten im Dschungel eine Art Terror-Regime errichtet und ist dem Pentagon ein Dorn im Auge. Mit einem Kanonenboot machen sich Sheen und seine Begleiter auf den Weg durch das vom Krieg verwüstete Land. Am Ende tötet Willard den Oberst, wobei der Mord mit der rituellen Schlachtung eines Ochsen parallel montiert wird.
Coppola gelingen Szenen allerschwärzester Satire, wenn z.B. Duvall als rauhbeiniger Kilgore ein ganzes Dorf mit Hubschraubern, aus denen Wagners *Walkürenritt* dröhnt, angreifen läßt, nur weil er an einem bestimmten Küstenabschnitt seine Jungs surfen sehen will.
Dieser eigenwillige Versuch, dem amerikanischen Vietnam-Trauma auf den Grund zu gehen, ist kein Kriegsfilm im üblichen Sinne, auch kein Anti-Kriegsfilm; er ist der Krieg selbst. Coppola wollte „die Zuschauer an die Hand nehmen...sie an einen Ort bringen, den sie noch niemals aufgesucht haben. Nur wenn man etwas selbst erlebt hat, ist man qualifiziert, dagegen zu sein."
Apocalypse Now war ein gewaltiger kommerzieller Erfolg und erhielt sieben Oscar-Nominierungen, darunter für Bester Film, Regie und Original-Drehbuch. Er gewann für Kamera (Vittorio Storaro) und Ton (Walter Murch, Mark Berger, Richard Beggs, Nat Boxer). *The New York Daily News*: „Ein Film von schmerzlicher Intensität und überwältigender Kraft." al

Apology

Apology. USA/Kanada 1986 **R** Robert Bierman **B** Mark Medoff **K** Phil Meheux **M** Maurice Jarre **P** Peregrine Entertainment **L** 97 Min., Farbe **D** Lesley Ann Warren, Peter Weller, George Loros, John Glover, Jimmie Weeks

Eine New Yorker Künstlerin wagt für ihre Ausstellung ein eigentümliches Experiment. Sie bietet die Gelegenheit an, anonym auf einem Anrufbeantworter nicht geahndete Verbrechen zu beichten. Die Geständnisse sollen eingespielt werden, wenn die Besucher durch das fertige Kunstwerk, eine tunnelartige Röhre, laufen werden. Auf das Band spricht eines Tages auch ein psychopathischer Mörder, der die junge Frau bald in ernsthafte Lebensgefahr bringt.
Ein sich langsam bis zur Unerträglichkeit steigernder Thriller, dessen inhaltliche Komponenten in einem interessanten Milieu angesiedelt sind. Zu den eindrucksvollsten Szenen gehört die Schlußsequenz, in der Lesley Ann Warren von dem unheimlichen Anrufer durch ihr eigenes Kunstwerk gehetzt wird und sich dabei die Sünden einer kranken, menschlich verkorksten Gesellschaft anhören muß. Den nervenaufreibenden Soundtrack schrieb der versierte Filmkomponist Maurice Jarre (LAWRENCE VON ARABIEN, DOKTOR SCHIWAGO), wobei er für seinen Score auf ein großes Studio-Orchester verzichtete und statt dessen die Bilder des Films mit kühlen Synthesizerklängen unterlegte. *Apology* kam trotz seiner formalen und inhaltlichen Qualitäten nicht in die bundesdeutschen Kinos, sondern wurde von den Verleihern lediglich auf Video angeboten. jg

Das Appartement

The Apartment. USA 1960 **R** Billy Wilder **B** Billy Wilder, I.A.L. Diamond **K** Joseph La Shelle **M** Adolph Deutsch **P** Billy Wilder für Mirisch Company/United Artists **L** 125 Min., s/w **D** Jack

Lemmon, Shirley MacLaine, Fred MacMurray, Jack Kruschen, Ray Walston, Eddie Adams

Billy Wilders schwarze Komödie gilt vielen Kritikern als sein bester Film. Das Drehbuch entstand nach einer Idee von Wilder und erzählt von einem New Yorker Versicherungsangestellten (Lemmon), der mit Blick auf etwaige Beförderungen einigen Vorgesetzten seine Wohnung für deren außerehelichen Aktivitäten zur Verfügung stellt. Komplikationen ergeben sich, als der Firmenchef (MacMurray) selbst die Wohnung für ein Schäferstündchen nutzen will, und zwar ausgerechnet mit der Fahrstuhlführerin (MacLaine), in die sich Lemmon just verliebt hat.
Der Film karikiert nicht nur äußerst treffend die Bürohaus-Atmosphäre mit ihrem Duckmäusertum, sondern überzieht auch die moralischen Vorstellungen seiner Figuren mit beißendem Spott. Trotzdem handelt es sich nicht um einen harmlosen Spaß à la MANCHE MÖGEN´S HEISS, vielmehr vollzieht der Film einen Schwenk zur Tragödie (nach ihrer Trennung vom Firmenchef unternimmt das Mädchen im Appartement einen Selbstmordversuch), der auf dieselbe sichere Art gemeistert ist, die Wilders beste Filme auszeichnet. Obwohl einige Rezensenten das Happy-End störte, war *Das Appartement* sowohl bei der Presse als auch beim Publikum ein Bombenerfolg und wurde zudem mit fünf Oscars belohnt: Bester Film, Regie, Original-Drehbuch, Ausstattung (Alexander Trauner und Edward G. Boyle) und Schnitt (Daniel Mandell). Shirley MacLaine erhielt den New York Critics Award und den Goldenen Löwen der Filmfestspiele Venedig. Der Film diente später als Vorlage für ein erfolgreiches Broadway-Musical mit dem Titel *Promises, Promises*. 1963 fand sich das Erfolgsteam vom *Appartement* zu seinem nächsten gemeinsamen Coup zusammen: DAS MÄDCHEN IRMA LA DOUCE. al

Ein Appartement für drei

A Very Special Favor. USA 1965 **R** Michael Gordon **B** Stanley Shapiro, Nate Monaster **K** Leo Tover **M** Vic Mizzy **P** Universal **L** 105 Min., Farbe **D** Rock Hudson, Leslie Caron, Charles Boyer, Walter Slezak, Dick Shawn

Michael Gordon, der 1959 mit Doris Day und Rock Hudson den Welterfolg BETTGEFLÜSTER inszeniert hatte, heuerte noch einmal den Hollywood-Mega-Star der frühen 60er Jahre an, um an seinen Kassenknüller anzuknüpfen. Diesmal spielte der französische Musical-Star Leslie Caron (LILI) die weibliche Hauptrolle.
Ein französischer Rechtsanwalt (Boyer) bittet einen New Yorker Lebemann und Playboy, seine noch jungfräuliche 30jährige Tochter zu verführen. Dieses Unterfangen gestaltet sich jedoch äußerst schwierig und führt zu den üblichen Komplikationen und Mißverständnissen, in deren Verlauf Hudson sogar der Homosexualität (!) verdächtigt wird. Am Ende läuten aber - so wie es sich gehört - die Hochzeitsglocken.
Für die damalige Zeit waren einige Dialoge selten gewagt, so zum Beispiel wenn Hudson zu einem Mädchen meint, das ihm gerade Spiegeleier zubereitet: „Sie sagt, meine Eier werden keine Pfanne außer ihrer berühren." Trotzdem konnten zweideutige Schlüpfrigkeiten dieser Art das Einspielergebnis dieses Films nicht gerade in die Höhe treiben. Das Publikum wollte nach all den braven Sex-Komödien nicht nur mit Worten unterhalten werden, sondern auch endlich einmal etwas für das Auge geboten bekommen. jg

April, April

April, April. Deutschland 1935 **R** Detlef Sierck **B** H.W. Litschke, Rudo Ritter **K** Willy Winterstein **M** Werner Bochmann **P** UFA **L** 82 Min., s/w **D** Carola Höhn, Albrecht Schoenhals, Charlott Daudert, Werner Finck, Lina Carstens

Ein kleiner Bäckergeselle steigt zum Direktor einer Backwaren-Farbrik auf und versucht, seine berufliche Karriere auch auf die gesellschaftliche Ebene auszudehnen. Seine Freunde spielen ihm einen Streich, indem sie einen falschen Aristokraten das Fabrikgelände besichtigen lassen.
Als erstes Filmprojekt seiner Karriere erhielt Detlef Sierck (oder Douglas Sirk, wie er sich später in Hollywood nannte) die Gelegenheit, unter dem Titel *´T was één April* eine kleine Komödie mit einem holländischen Co-Regisseur und holländischen Darstellern zu drehen. Im selben Jahr inszenierte er davon eine deutsche und eine französische Fassung. Der Streifen war - da ja ein junger, unbekannter Filmemacher sein Regiedebüt damit gab - finanziell nur als B-Produktion ausgerüstet worden, verfügte aber dennoch über eine erstaunlich qualifizierte Schauspielergarde. So konnte Sierck den Leipziger Komiker Erhard Siedel und den Schauspieler Albrecht Schönhals, mit denen er vorher bereits am Theater zusammengearbeitet hatte, für die Dreharbeiten gewinnen. Herausgekommen ist dabei „ein Lustspiel, das Tempo, Witz und Schärfe hat, also im deutschen Filmbereich eine selten erreichte Leistung darstellt." (*Frankfurter Rundschau*) jg

April in Paris

April in Paris. USA 1952 **R** David Butler **B** Jack Rose, Melville Shavelson **K** Wilfrid M. Cline **M** Ray Heindorf **P** William Jacobs / Warner Brothers **L** 100 Min., Farbe **D** Doris Day, Ray Bolger, Claude Dauphin, Eve Miller, George Givot

Dieser frühe Doris-Day-Film war der erste von drei Streifen, die David Butler mit der blonden Schauspielerin drehte. Als Partner in *April in Paris* wurde ihr der talentierte, jedoch wenig gutaussehende Tanzstar Ray Bolger an die Seite gestellt, dessen Broadway-Erfolg *Where´s Charley?* Butler ein Jahr zuvor bereits verfilmt hatte.
In dieser musikalischen Verwechslungskomödie geht es um eine New Yorker Revuetänzerin, die irrtümlich als amerikanische Repräsentantin zu einem Theaterfestival nach Paris eingeladen wird. Während der Schiffspassage lernt sie einen überarbeiteten Bürokraten des State Department kennen und heiratet ihn unter chaotischen Umständen noch an Bord. Die Komplikationen verdichten sich, als die Verlobte des frischgebackenen Ehemanns erscheint.
Höhepunkt der hohlen Handlung sind natürlich die Lieder, die von Doris Day in gewohnter Weise sehr einfühlsam dargebracht werden. So singt sie *April in Paris*, den gleichnamigen Titelsong, und tanzt zu den Klängen des Stückes *I´m Gonna Ring the Bell Tonight* zusammen mit Ray Bolger einen ausgelassenen Reigen in den Kulissen der Schiffsküche. „Miss Days gewinnende Persönlichkeit sowie ihr Pfiff unterstützen ihre Darstellung", lobte *Variety* nach der Uraufführung. jg

Arabeske

Arabesque. USA 1966 **R** Stanley Donen **B** Julian Mitchell, Stanley Price, Pierre Martin, nach dem Roman *The Cipher* von Gordon Cotler **K** Christopher Challis **M** Henry Mancini **P** Stanley Donen für Rank Organisation/Universal **L** 105 Min., Farbe **D** Gregory Peck, Sophia Loren, Alan Badel, Kieron Moore

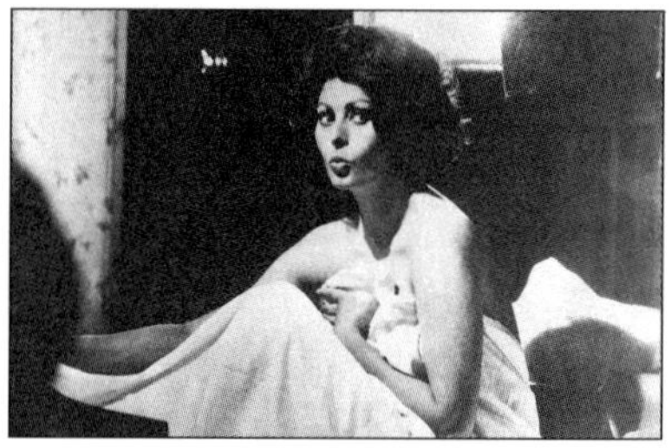

Schon in CHARADE hatte Stanley Donen - ganz à la Hitchcock - eine Liebesgeschichte inmitten einer verzwickten Krimi-Handlung angesiedelt. Doch *Arabeske* ist mehr als die nochmalige Zubereitung eines erfolgreichen Rezeptes. War im ersten Film noch der Mann der undurchsichtige, ständig flunkernde Teil des Paares, drehte der Regisseur nun den Spieß um: Als Araberin Yasmin Azir ist Sophia Loren zwar äußerst verführerisch, doch kann der etwas weltfremd erscheinende Universitätsprofessor (Peck) ihr vertrauen? Bis zum Schluß weiß weder er noch der Zuschauer, auf wessen Seite diese leutselige Dame nun wirklich steht.
Viele Kritiker waren der Meinung, Donen hätte hier eindeutig den Inhalt auf Kosten des Stils geopfert, doch um die komplizierte Story, in der u.a. ein arabischer Premierminister und ein Zettel mit Hieroglyphen wichtige Rollen spielen, geht es dem Regisseur ohnehin erst in zweiter Linie. Schon der Titelvorspann, entworfen von Maurice Binder, weist auf das optische Feuerwerk hin, das der Regisseur und sein Kameramann

Christopher Challis hier abbrennen. Die Story dient nur als Gerüst für eine Serie von brillanten Gags und Szenen, die auf eine Art und Weise gefilmt wurden, die nur als atemberaubend bezeichnet werden kann. Fast ständig ist die Kamera in Bewegung, schaut durch Spiegel, regennasse Fenster, Brillen, Lupen etc. Ein besonders schönes Beispiel für diese Stilisierung ist die Verfolgungsjagd im Aquarium des Zoos. War in CHARADE Paris der fotogene Schauplatz krimineller Intrigen, übernimmt nun London diese Funktion. Das ausgefeilte Drehbuch enthält eine Unzahl von Wendungen im Plot, aber auch köstliche Dialoge, die von den beiden Stars mit sichtlichem Vergnügen vorgetragen werden. In einer seiner seltenen komödiantischen Rollen schlägt sich Peck in Cary Grants Metier wacker, und Sophia Loren - in Kreationen von Christian Dior - war nie schöner. al

Arabische Nächte

Arabische Nächte. BRD 1979 **R** Klaus Lemke **B** Klaus Lemke **K** Rüdiger Meichsner **M** Jürgen Knieper **L** 91 Min., Farbe **D** Wolfgang Fiereck, Cleo Kretschmer, Christina Gianni, Michael Lampert, Zachi Noy

Wolfgang schlägt sich als Auto-Crash-Fahrer in der bayerischen Provinz durchs Leben. Seit sieben Jahren lebt er mit seiner üppigen Freundin Karin zusammen, die sich jedoch von ihm trennt, da Wolfgang sie permanent mit anderen Mädchen betrügt. Karin angelt sich einen Ölscheich, und es bedarf Wolfgangs ganzer Anstrengung, seine Freundin zurückzugewinnen.
Klaus Lemkes Dreharbeiten für diesen Film waren etwas ungewöhnlich, denn meist existierte noch kein Skript, bevor die Kameras und Scheinwerfer in Betrieb gesetzt wurden. Die jeweilig bevorstehenden Szenen wurden oft von einer Sekunde auf die andere improvisiert. „Ich finde diese Art der Dialoge viel ehrlicher und auch realistischer. Wir wissen ja selbst nicht, was in den nächsten Szenen auf uns zukommt“, meinte der Regisseur zu seiner eigenwilligen Arbeitsweise. Mit der Besetzung der beiden Amateure Cleo Kretschmer und Wolfgang Fiereck hatte Lemke einen richtigen Griff getan. *Arabische Nächte* wurde nicht nur in den Münchener Programmkinos zu einem Überraschungserfolg. Als kleines Kuriosum am Rande sei bemerkt, daß die beiden Tony-Curtis-Töchter Allegra und Alexandra in *Arabische Nächte* ihren ersten Filmauftritt hatten. jg

Arachnophobia

Arachnophobia. USA 1990 **R** Frank Marshall **B** Don Jakoby, Wesley Strick, nach einer Erzählung von Jakoby und Al Williams **K** Mikael Salomon **M** Trevor Jones **P** Kathleen Kennedy, Richard Vane **L** 109 Min., Farbe **D** Jeff Daniels, Julian Sands, Harley Jane Kozak, John Goodman

In einer kalifornischen Kleinstadt brechen mehrere Menschen plötzlich tod zusammen. Der junge Arzt Dr. Jennings (Daniels) entdeckt an den Leichen Bisse von Spinnen. Panisch macht er sich auf die Suche nach den achtbeinigen Killern.
Bei den Dreharbeiten bestand das größte Problem darin, die mehr als 200 echten Spinnen unter Kontrolle zu halten. Andauernd mußten die Aufnahmen unterbrochen werden, da einige der Tiere sich selbständig gemacht hatten und alle 85 Teammitglieder panisch auf den Knien rutschten, um die Vermißten wiederzufinden. Für je fünfzehn Spinnen gab es einen eigenen Dompteur. Mit einem chemischen Imprägniermittel und Kaltluft hielten die Fachleute die Spinnen davon ab, in eine falsche Richtung zu laufen. Da nicht alle Szenen mit echten Spinnen gedreht werden konnten, baute der Creature-Experte Chris Walas (DIE FLIEGE) mechanische Spinnen, die sich optisch in nichts von echten unterschieden.
Der erfolgreiche Produzent Frank Marshall (ZURÜCK IN DIE ZUKUNFT), der mit *Arachnophobia* sein Debüt als Regisseur gab, hatte mit den Spinnen keine Probleme: „Bei den Dreharbeiten habe ich die gleiche Erfahrung gemacht wie beim JÄGER DES VERLORENEN SCHATZES mit den Schlangen: Mit der Zeit gewöhnt man sich an die Viecher.“ nn

Das Arche Noah Prinzip

Das Arche Noah Prinzip. BRD 1983 **R** Roland Emmerich **B** Roland Emmerich **K** Egon Werding **M** Hubert Bartholomä **P** Wolfgang Längsfeld, Peter Zenk **L** 100 Min., Farbe **D** Ricky Müller, Franz Buchrieser, Aviva Joel, Matthias Fuchs, Nikolas Lansky

Roland Emmerich lieferte mit diesem Film einen der seltenen bundesdeutschen Beiträge zum Science-fiction-Genre ab. Im Jahre 1997 erforscht ein Astronauten-Team, inwieweit sich das Erdklima durch Bestrahlung aus dem Weltraum verändern läßt. Als einer der Raumfahrer entdeckt, daß die Forschungen für militärische Zwecke mißbraucht werden, beschließt er, das Projekt zu sabotieren.
Authentizität war für Emmerich ein besonders wichtiges Kriterium in seinem Film. Um diesen Eindruck zu erreichen, verwendete er Original-Aufnahmen von Space-Shuttle-Flügen, die von der NASA zur Verfügung gestellt wurden. Die europäische Weltraumorganisation ESA lieferte die eindrucksvollen Wolkenbilder. Die optische Wirkung dieser Bilder sollte sich auf der Leinwand voll entfalten, und so entschloß sich das Team, den Film im Breitwand-Format zu drehen, wobei aus Kostengründen ein Verfahren verwendet wurde, mit dem man das Filmmaterial lediglich durch „Aufblasen“ auf ein 70mm-Format trimmte. Bei der Präsentation während der Berliner Filmfestspiele 1983 zeigten sich Publikum und Kritik von der für einen deutschen Film ungewohnten technischen Raffinesse beeindruckt. „Ein beklemmend realistisches Zukunftsszenario.“ (*Kölner Stadtanzeiger*) jg

Archie und Harry - Sie können's nicht lassen

Tough Guys. USA 1986 **R** Jeff Kanew **B** James Orr, Jim Cruickshank **K** King Baggot **M** James Newton Howard **P** Joe Wizan / Touchstone **L** 96 Min., Farbe **D** Kirk Douglas, Burt Lancaster, Charles Durning, Alexis Smith, Dana Carvey, Darlanne Fluegel

Vor 30 Jahren waren Archie und Harry (Lancaster/Douglas) noch gefürchtete Zugräuber. Heute, frisch aus dem Gefängnis entlassen, werden sie von den Bewährungshelfern zum alten Eisen gezählt. Harry wird verdonnert, den Rest seines Lebens im Altersheim zu verbringen, Archie soll Hackfleischbrötchen verkaufen. Doch die beiden lassen sich das nicht gefallen, und durch einen erneuten Zugüberfall beweisen sie, was noch in ihnen steckt.
Die beiden Autoren Orr und Cruickshank wurden zu ihrem Script inspiriert, als sie das Duo Kirk Douglas und Burt Lancaster bei der Oscarverleihung 1985 zusammen auf der Bühne sahen. Nach erster Drehbuchlektüre sagten die beiden Stars sofort zu. Douglas: „Wenn es jemals einen Stoff gegeben hat, der Burt und mir auf dem Leib geschrieben wurde, dann ist es *Archie und Harry*.“
Kirk Douglas und Burt Lancaster standen schon des öfteren gemeinsam vor der Kamera; so 1947 in Bryon Hoskins VIERZEHN

JAHRE SING SING, in den Klassikern ZWEI RECHNEN AB von John Sturges und SIEBEN TAGE IM MAI von John Frankenheimer. Auf der Bühne spielten sie Huckleberry Finn und Tom Sawyer in dem Stück *The Boys in Autumn.* nn

Ardennen 1944

Attack. USA 1956 **R** Robert Aldrich **B** James Poe, nach dem Bühnenstück *Fragile Fox* von Norman Brooks **K** Joseph Biroc **M** Frank De Vol **P** Robert Aldrich **L** 107 Min., s/w **D** Jack Palance, Eddie Albert, Lee Marvin, Robert Strauß, Richard Jaeckel

Ein feiger Kompaniechef der US-Army verursacht während des Frontkampfes gegen die Waffen-SS in Belgien eine Reihe von militärischen Eklats, wird jedoch durch Vorgesetzte gedeckt. Seine Inkompetenz führt zu einer tödlichen Auseinandersetzung mit der eigenen Truppe.

Ein überaus schonungslos und wirklichkeitsnah gestalteter Kriegsfilm, bei dem die Kampfgefechte eher eine nebensächliche Bedeutung einnehmen und sich der Konflikt auf die konträre Auffassung von Machtprinzipien konzentriert. Ebenso wie seinen vorhergehenden Film HOLLYWOOD-STORY drehte Robert Aldrich dieses Kriegsdrama in eigener Produktion. Zum festen Bestandteil seiner Crew gehörte hier bereits schon Filmkomponist Frank DeVol, der mit seinem martialischen Soundtrack die spannungsreiche Stimmung von *Ardennen 1944* unterstrich. „Der gesamte Film ist geprägt von einem harten Realismus, der sich in bezug auf Handlung und Publikumsattraktivität auszahlen dürfte. Die Kriegsszenen besitzen völlige Realität, Action und Spannung sind nervenzerreißend. Einige Beispiele des typischen G.I.-Humors lockern hier und da das Handlungsgeschehen auf, aber das Grundthema der Todesgefahr im Krieg wird niemals außer Acht gelassen." (*Variety*) jg

Arena der Cowboys

The Lusty Men. USA 1952 **R** Nicholas Ray **B** Horace McCoy, David Dortort **K** Lee Garmes **M** Roy Webb **P** Jerry Wald/RKO Radio **L** 95 Min., s/w **D** Susan Hayward, Robert Mitchum, Arthur Kennedy, Arthur Hunnicutt, Frank Faylen, Walter Coy, Carol Nugent

Einer der ersten Western des Regisseurs Nicholas Ray (WENN FRAUEN HASSEN; DENN SIE WISSEN NICHT, WAS SIE TUN), der allerdings nicht die actionbetonte Seite des Genres anspricht, sondern seine Eindrücke aus den melodramatischen Varianten gewinnt.

Robert Mitchum verkörpert einen zähen Cowboy, der nach unsäglichen Strapazen endlich vor der Karriere eines gefeierten Rodeostars steht. Der tödliche Sturz eines Freundes und die permanenten Bedenken seiner Frau führen jedoch zu seinem Entschluß, dem risikoreichen Beruf zu entsagen und in Zukunft ein unspektakuläres Leben auf einer Farm zu führen.

Ein Western, der besonders durch die Authentizität seiner Schauplätze und Rituale auflebt. Die atemberaubend fotografierten Rodeoszenen bilden einen besonderen Höhepunkt. Robert Mitchums Darstellung eines gebrochenen, all seiner Ideale beraubten Cowboys ist in ihrer Entwicklung nachvollziehbar. Bemerkenswert bleiben ferner Lee Garmes´ einfallsreiche Kameraführung und die symphonische Filmmusik von Roy Webb.

„Der Start, mit dem die beiden Autoren Horace McCoy und David Dortort ihre Handlung und Charaktere einführen, ist langsam, doch später wächst das Interesse am Spiel unter der straffen Regie von Nicholas Ray." (*Variety*) jg

Ärger im Paradies

Trouble in Paradise. USA 1932 **R** Ernst Lubitsch **B** Samson Raphaelson, nach einem Bühnenstück von Laszlo Aladar **K** Victor Milner **M** W. Franke Harling, Leo Robin **P** Ernst Lubitsch / Paramount **L** 79 Min., s/w **D** Miriam Hopkins, Kay Francis, Herbert Marshall, Edward Everett Horton, Charles Ruggles

In dieser frechen Komödie geht es um ein sympathisches Gaunerpärchen, das durch kleine Tricks reiche Leute um ihre Habe bringt.

Im Februar/März 1932 lief der Vertrag von Ernst Lubitsch mit Paramount aus. Columbia und United Artists bemühten sich angestrengt um den genialen Regisseur, doch nach einem kurzen Aufenthalt in New York entschied sich Lubitsch, erneut einen Vertrag mit Paramount abzuschließen.

Sein erster Film in dieser neuen Produktionsphase war *Ärger im Paradies.* Der Streifen hatte insgesamt fünf Arbeitstitel: *The Honest Finder* (Originaltitel des Bühnenstücks), *Finders Keepers* , *Thieves and Lovers*, The *Golden Widow* und *A Very Private Scandal.* Später sagte Lubitsch über diesen Film: „Was seinen Stil angeht, so habe ich wohl nichts Besseres gemacht als *Trouble in Paradise* und auch nichts gleich Gutes." nn

Ärger, nichts als Ärger

A Fine Mess. USA 1986 **R** Blake Edwards **B** Blake Edwards **K** Harry Stradling **M** Henry Mancini **P** Tony Adams Productions/Jonathan D. Krane **L** 97 Min., Farbe **D** Ted Danson, Howie Mandel, Richard Mulligan, Stuart Margolin, Jennifer Edwards

Zufällig schnappt der Kleindarsteller Spence Holden (Danson) in einer Drehpause ein Gespräch über Wettbetrug auf. Zwei Ganoven wollen das Pferd Sorry Sue mit einem Zäpfchen dopen. Holden wird von den beiden entdeckt und kann mit Müh und Not entkommen. Er eilt zu seinem Feund Dennis, um mit ihm zusammen auf Sorry Sue zu setzen. Und tatsächlich gewinnt das Pferd, und die beiden machen 10.000 Dollar Gewinn. Doch die Freude über das Geld ist nur von kurzer Dauer. Denn die beiden Gangster sind ihnen auf den Fersen, und bei der chaotischen Verfolgungsjagd verlieren Spence und Dennis ihr „schwerverdientes" Geld.

Ärger, nichts als Ärger ist eine Hommage an das Slapstickteam Laurel und Hardy, Blake Edwards größte Vorbilder, über die er in einem Interview sagte: „Wenn es jemand gibt, von dem ich mehr als von allen anderen habe, dann sind das Stan Laurel und Oliver Hardy. Wenn eine Situation auftaucht, in der ich eine humorvolle physische Perspektive brauche, komme ich immer wieder auf Stan und Ollie zurück." „Another Fine Mess you´ve Got Me into", pflegte Oliver Hardy immer zu Stan Laurel zu sagen, und so bekam Edwards Komödie in Anlehnung daran auch den Titel *A Fine Mess.* nn

Aria

Aria. Großbritannien 1987 **R** und **B** Nicholas Roeg, Charles Sturridge, Jean-Luc Godard, Julien Temple, Bruce Beresford, Robert Altman, Franc Roddam, Ken Russell, Derek Jarman, Bill Bryden **K** Harvey Harrison, Gale Tattersall, Carolyn Champetier, Pierre Mignot, Oliver Stapleton, Dante Spinotti, Pierre Mignot, Frederick Elmes, Gabriel Beristain, Mike Sonthon, Christopher Hughes, Gabriel Beristain **P** RVP Productions/Virgin Vision/Don Boyd **L** 98 Min., Farbe **D** Theresa Russell, Buck Henry, Anita Morris, Bridget Fonda, John Hurt u.a.

Aria zählt zu einem der außergewöhnlichsten Werke in der Reihe der Episodenfilme. Zehn der bekanntesten Regisseure nahmen Arien von verschiedenen Komponisten (Wagner, Puccini, Verdi...) als Ausgangspunkt für ihren Kurzfilm. Diese Verbindung von Episoden mit klassischer Musik gab es in der Geschichte des Films bisher noch nicht. Lediglich der Disney-Zeichentrickfilm FANTASIA entstand nach einer ähnlichen Idee.

Die einzelnen Segmente, die den Zuschauer von einem Pariser Bodybuildingstudio nach London führen und von der Küste Schottlands in die Wüste Arizonas, wurden mit sehr viel Aufwand gedreht: Insgesamt wirkten an der Produktion 73 Schauspieler und über 300 Statisten mit. nn

Ariane

Ariane. Deutschland 1930 **R** Paul Czinner **B** Paul Czinner, Carl Mayer, nach einem Roman von Claude Anet **K** Adolf Schlasy **M** Richard Strauß **P**

Nero **L** 85 Min., s/w **D** Elisabeth Bergner, Rudolf Forster, Annemarie Steinsieck, Hertha Guthmar

Das Mädchen Ariane kommt nach Berlin, um dort zu studieren. Sie lernt den Lebemann Konstantin kennen und gaukelt ihm die Rolle eines erfahrenen, leicht verdorbenen Mädchens vor, weil sie glaubt, damit seine Idealvorstellungen von einer Frau zu treffen. Nach vielen Komplikationen finden die beiden zueinander.
Um Kosten zu sparen und eine Konkurrenz zu Hollywood zu bilden, wurde dieser Film in Babelsberg in drei Versionen gedreht, wobei Elisabeth Bergner sowohl für die deutsche als auch die englische Fassung die Hauptrolle übernahm. In der französischen Verfilmung spielte Gaby Morlay die Ariane. Gemessen an der politischen Situation in Deutschland vor dem Hintergrund des heraufziehenden Nationalsozialismus wirkte der Film fast unzeitgemäß und auf eine beinahe merkwürdige Weise privat und introvertiert. Die Figur der Ariane sollte für Elisabeth Bergners weitere Laufbahn ein wichtiger Etappenpunkt sein. Nachdem sie und Paul Czinner, den sie 1933 heiratete, nach Hitlers Machtergreifung Deutschland verlassen hatten, drehten beide 1934 noch einmal in England ein Remake des Anet-Stoffes. Weitere Verfilmung: ARIANE - LIEBE AM NACHMITTAG (USA 1957). jg

Ariane - Liebe am Nachmittag

Love in the Afternoon. USA 1956 **R** Billy Wilder **B** Billy Wilder, I.A. L. Diamond, nach einem Roman von Claude Anet **K** William Mellor **M** Franz Waxman **P** Allied Artists **L** 130 Min., s/w **D** Gary Cooper, Audrey Hepburn, Maurice Chevalier, John McGiver, Van Doude

Billy Wilders Remake geht mit der Paul-Czinner-Vorlage etwas freizügig um, behält aber die Personenkonfiguration und Handlungsexposition bei. Aus dem etwas altmodischen Konstantin ist ein viriler amerikanischer Playboy geworden, und statt des kriegsramponierten Berlin glänzt natürlich die pittoreske Kulisse der französischen Hauptstadt als Hintergrund der Handlung. Wilders Version verdankt ihre Pointen vornehmlich der Kontrastierung von amerikanischer und europäischer Lebensauffassung. Am Schluß des Films springt Audrey Hepburn, die personifizierte Unschuld, zu dem gealterten Gary Cooper ohne weitere Erklärung auf den Zug auf - ein Ende, das der prüden amerikanischen Zensurbehörde die Schamesröte ins Gesicht trieb, so daß in den USA im Nachspann eine angeblich in Aussicht stehende Heirat der beiden Protagonisten erwähnt werden mußte.
Billy Wilder erinnerte sich, daß die Dreharbeiten in Paris in einer entspannten und behaglichen Atmosphäre verliefen. Die Abende endeten meist in einer kleinen Kneipe des Viertels, was allerdings sehr auf das Mißfallen von Audrey Hepburns Ehemann Mel Ferrer stieß, der allgemein als Partyschreck galt und eifersüchtig über seine Frau wachte. An der Kinokasse erwies sich der Film schließlich als Flop. Kritiker und Publikum empfanden besonders den Altersunterschied zwischen dem faltigen Gary Cooper und der unverbrauchten Audrey als viel zu krass und unangenehm. jg

Ariel

Ariel. Finnland 1988 **R** Aki Kaurismäki **B** Aki Kaurismäki **K** Timo Salminen **M** Olavi Virta, Rauli Somerjoki, Melrose u.a. **P** Villealfa **L** 74 Min., Farbe **D** Turo Pajala, Susanna Haavisto, Matti Pellonpää, Eatu Hilkamo, Erkki Pajala

„...der Film zeichnet die westliche Zivilisation mit leidenschaftlichen, melancholischen Zügen und bewegt sich stilistisch irgendwo zwischen poetischem Realismus und schwarzer Komödie. Es ist ein Film, dunkel und schön wie ein Septemberabend." Mit diesen Worten stellte Regisseur Kaurismäki *Ariel* nach der Premiere vor. Schön ist an diesem Film eigentlich wenig; es dominiert vielmehr die Beschreibung eines kaputten, hoffnungslosen Gesellschaftsbildes, für das es keine andere Lösung zur Bewältigung gibt als die Flucht - und selbst dabei müssen einige scheitern.
Nach dem Selbstmord seines Vaters fährt ein arbeitsloser Grubenarbeiter nach Helsinki in der Hoffnung, dort eine etwas sinnvollere Existenz zu finden. Nach der Zufallsbekanntschaft mit einer alleinstehenden jungen Frau und ihrem siebenjährigen Sohn landet er allerdings im Gefängnis, kann bald darauf jedoch entkommen und begibt sich mit seiner neuen „Familie" an Bord der *Ariel*, die die drei Menschen in ein neues Glück befördern soll. „Begrabt mein Herz auf der Müllkippe" - das sind die letzten Worten eines Mannes, kurz bevor er stirbt. Banaler und desillusionierender hätte Kaurismäki sein Finnland-Bild in der zu Ende gehenden Dekade der 80er Jahre nicht ausdrücken können. *Ariel* war der insgesamt fünfte Film, mit dem sich der aufstrebende junge Regisseur einen festen Platz in der Riege des international beachteten Nachwuchses sicherte. jg

Arielle – Die Meerjungfrau

The Little Mermaid. USA 1989 **R + B** John Musker, Ron Clements, nach einem Märchen von H. C. Andersen **K** John Cunningham, Ed Austin, Erroll Aubry **M** Alan Menken, Howard Ashman **A** Mark Henn, Glen Keane, Duncan Majoribanks u. a. **P** Buena Vista/Walt Disney Pict. mit Silver Screen Partners IV **L** 82 Min., Farbe

Knapp 40 Jahre nach CINDERELLA verfilmten die Disney-Studios erstmals wieder einen populären Märchenstoff. Angelehnt an Hans Christian Andersens „Die kleine Meerjungfrau" entstand so der insgesamt 28. abendfüllende Zeichentrickfilm aus den Studios des Donald-Duck-Erfinders.
Die Meerjungfrau Arielle verliebt sich unsterblich in den Prinzen Eric. Um ihm ihre Liebe zu zeigen, geht sie einen Pakt mit der Unterwasserhexe Ursula ein: diese verhilft Arielle mittels eines Zauberspruches für drei Tage und Nächte zu menschlichen Beinen und bekommt dafür im Gegenzug Arielles schöne Stimme. Sollte es Arielle jedoch nicht gelingen, innerhalb der ihr gesetzten Frist den Prinzen zu küssen, fällt ihre Seele ebenfalls an die Hexe, die natürlich ihre eigenen finsteren Ziele verfolgt.
Im Gegensatz zu Andersens Märchen gibt es bei *Arielle* natürlich ein Disney-typisches Happy-End. Auch sonst ist die Grundstimmung längst nicht so düster wie bei der Vorlage, dafür sorgte allein schon der bis zu 400 Personen umfassende Stab mit seiner ausgefeilten Zeichen- und Kameratechnik. Trotz seines großen Erfolges reicht *Arielle* nicht an so große Vorgänger wie DAS DSCHUNGELBUCH heran, obwohl auch bei der Rahmenhandlung um die Unterwasserprinzessin mit Musik nicht gespart wurde. Der Titelsong wurde dann auch 1990 mit einem Oscar belohnt, dem sich die deutsche Synchronisation verpflichtet fühlte und Ute Lemper für Arielles Gesangspart gewann. dk

Aristocats

The Aristocats. USA 1970 **R** Wolfgang Reitherman **B** Larry Clemmons, Vance Gerry, Ken Anderson, Frank Thomas, Eric Clewoth, Julius Svendsen, Ralph Wright, Tom Rowe, Tom McGowan **M** George Burns **P** Wolfgang Reitherman, Winston Hilber für Walt Disney Prod. **L** 78 Min., Farbe **D** Stimmen von Eva Gabor (Brigitte Grothum), Phil Harris (Edgar Ott), Dean Clark (Steffen Müller), Gary Dubin (Ralf Richardt)

Walt Disney, der 1966 starb, hatte noch selbst an der Konzeption dieses Zeichentrickfilms mitgewirkt. Der Film verschlang über vier Jahre Vorbereitungszeit und kostete 4 Millionen Dollar. Das Endprodukt ist eine amüsante Mischung aus guter Tricktechnik (die allerdings nie die Qualität früherer Disney-Filme erreicht), witzigen Songs und hervorragenden Stimmen-Interpretationen. Die Story dreht sich um die Katze einer reichen Pariserin und ihre drei Kleinen. Von deren mißgünstigem Butler betäubt und aufs Land verfrachtet, müssen sie sich ihren Weg nach Hause suchen, wobei sie die Bekanntschaft der unterschiedlichsten Tiere machen. Maurice Chevalier kehrte eigens aus seinem Ruhestand zurück, um den Titelsong zu singen. al

Arizona Junior

Raising Arizona. USA 1987 **R** Joel Coen **B** Ethan Coen, Joel Coen **K** Barry Sonnenfeld **M** Carter Burwell **P** Ethan Coen / Circle Films **L** 94 Min., Farbe **D** Nicolas Cage, Holly Hunter, Trey Wilson, John Goodman, William Forsythe, Frances McDormand

Die beiden Brüder Joel und Ethan Coen hatten Lust, nach ihrem blutrünstigen Thriller *Blood Simple* zur Abwechslung einmal eine Komödie zu drehen. *Arizona Junior* ist allerdings nicht eines der üblichen seichten US-Klamauk-Produkte, sondern eine bissige Attacke gegen tumbes Provinz-Kleinbürgertum und finanzielles Machtstreben um jeden Preis.
Das Ehepaar Hi und Ed (Cage/Hunter) ist von dem Wunsch besessen, endlich eigene Kinder zu haben, doch leider geht dieser Traum nicht in Erfüllung, denn für Ed wäre eine Schwangerschaft zu gefährlich, und Hi ist aufgrund seiner kriminellen Vergangeheit die Adoption eines Kindes untersagt. Als die beiden erfahren, daß die Frau eines skrupellosen Millionärs Fünflinge zur Welt gebracht hat, beschließen sie, eines der Babys für sich zu beanspruchen. Die Entführung des Säuglings zieht eine Kette von nervenaufreibenden Situationen nach sich.
Joel Coens Film versteht sich als stark übersteigerte Attacke auf die Normen der amerikanischen Massenkultur. Ganz in diesem Sinne bevölkern Klischee-Figuren wie Hausfrauen mit rosa Lockenwicklern und rüde Motorradfahrer, die einem Endzeit-Spektakel entsprungen zu sein scheinen, die Szenerie. Eine temperamentvoll und respektlos inszenierte Komödie, die gelegentlich die Grenzen des guten Geschmacks überschreitet. jg

Armee im Schatten

L'armée des ombres. Frankreich 1969 **R** Jean-Pierre Melville **B** Jean-Pierre Melville, nach dem Roman von Joseph Kessel **K** Pierre Lhomme **M** Eric Demarsan **P** Robert Dorfman für Les Films Corona (Paris), Fono Roma (Rom) **L** 143 Min., Farbe **D** Lino Ventura, Simone Signoret, Paul Meurisse, Jean-Pierre Cassel, Serge Reggiani

Mit neunjähriger Verspätung kam Jean-Pierre Melvilles erschütternder Film über die französische Résistance im II. Weltkrieg in der Bundesrepublik in die Kinos, auf den Hofer Filmtagen 1978. Zu heikel erschien hiesigen Verleihern offensichtlich die Erinnerung an eine Zeit, die viele am liebsten aus ihrem Gedächtnis drängen würden. Dabei ist Melville gar nicht an einer Anklage der Deutschen interessiert (die ergibt sich auch ganz von selbst), sondern beschäftigt sich vielmehr mit der Struktur, dem Funktionieren und dem Ehrenkodex der Widerstandsbewegung. Der Regisseur, einst selbst Mitglied der Résistance, las Joseph Kessels Roman zum ersten Mal 1943 im Londoner Exil.
Der Film, angesiedelt zwischen Oktober 1942 und Februar 1943, führt zahlreiche Personen in die komplizierte Handlung ein, die oftmals nicht wieder auftauchen, doch die Zentralfiguren sind der Ingenieur Gerbier (Ventura), Jardie (Meurisse), Chef der Bewegung, sein Bruder Jean-François (Cassel) und Mathilde (Signoret), die unermüdliche treibende Kraft und das Herz der Gruppe. Mit Nüchternheit und Zurückhaltung beschreibt der Film ihren Kampf, untersucht ihre persönlichen Motive und Ängste, ohne sie zu glorifizieren. Es wird deutlich, daß sich auch die Résistance der von den Deutschen diktierten Methoden des Kampfes wie Mord und Erpressung bedient - aus der Notwendigkeit heraus, die Gruppe am Leben zu erhalten.
Der Film beginnt mit einer großartigen, gespenstischen Sequenz, in der eine Kolonne deutscher Soldaten im Stechschritt durch den Arc de Triomphe marschiert. Und hier endet er auch, als Mathilde, die durch ihre Tochter erpreßbar geworden ist, von Gerbier aus einem Auto heraus erschossen wird.
Die Zeit: „Sicherlich ein Denkmal für die Résistance, aber eines mit Rissen." al

Das Arrangement

The Arrangement. USA 1969 **R** Elia Kazan **B** Elia Kazan, nach seinem Roman **K** Robert Surtees **M** David Amram **P** Elia Kazan für Athena Films/ Warner Bros. **L** 125 Min., Farbe **D** Kirk Douglas, Faye Dunaway, Deborah Kerr, Richard Boone, Hume Cronyn, Michael Higgins

Der angesehene Werbefachmann Eddie (Douglas) ist angewidert von seinem Leben, das, wie er meint, aus einer Serie von Kompromissen und Arrangements besteht. Kurzerhand versucht er, sich mit einem selbstverschuldeten Autounfall das Leben zu nehmen - erfolglos. Stattdessen ist er nach einer langen Rekonvaleszenz-Phase körperlich, nicht aber geistig voll wiederhergestellt. Sein Leben gerät immer mehr in Unordnung. Sowohl seine Frau (Kerr) als auch seine Geliebte (Dunaway) wenden sich - jede auf ihre Art - von ihm ab, sein Vater (Boone) liegt im Sterben.
Elia Kazans Parabel über das Gefangensein eines modernen, zivilisierten Mannes im Strudel des Erfolges war als Roman ein Bestseller, die Leinwand-Adaption geriet dem Regisseur zum Flop. Trotz der großartigen Besetzung fragt sich der Zuschauer am Ende, warum er sich eigentlich für die Figur des Eddie interessieren soll. Im Prinzip eine altmodische Geschichte, machte Kazan aus *Das Arrangement* ein überlanges, überproduziertes, teures Drama mit allem Schnickschnack moderner Filmtechnik, obwohl der Stoff in bescheidenem Rahmen besser zur Wirkung gekommen wäre.
Mit dieser Rolle beendete Deborah Kerr vorerst ihre Leinwand-Karriere und trat nur noch gelegentlich im Fernsehen auf - erst 1985 kehrte sie zum Film zurück. al

Arrivederci, Baby!

Arrivederci, Baby!. Großbritannien 1966 **R** Ken Hughes **B** Ken Hughes, nach Motiven des Romans *The Careful Man* von Richard Deming **K** Denys Coop **M** Dennis Farnon **P** Ken Hughes für Seven Arts/Ray Stark Prod. **L** 99 Min., Farbe **D** Tony Curtis, Rosanna Schiaffino, Lionel Jeffries, Zsa Zsa Gabor, Nancy Kwan

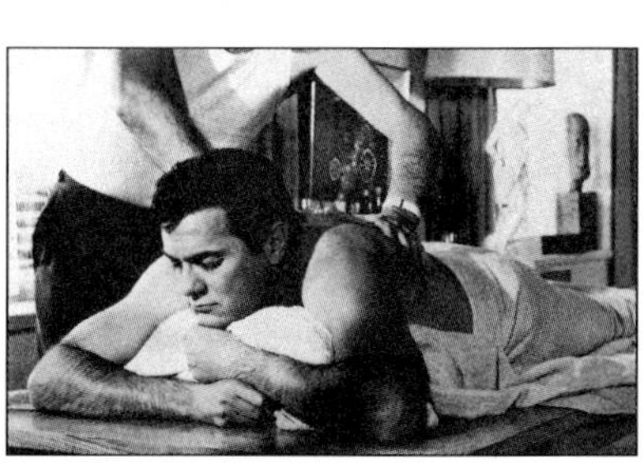

Eine der besseren unter den zahlreichen Tony-Curtis-Komödien der 60er Jahre. Hier gibt er eine Art modernen Blaubart, der sich auf dem schnellsten Wege nach Nizza begibt, als er von dem Tod eines reichen italienischen

Grafen erfährt. Dessen schöne Frau (Schiaffino) will er des Geldes wegen heiraten und um die Ecke bringen. In Rückblenden erfährt man, daß Curtis auf diesem Gebiet eine erstaunliche Karriere hinter sich hat: Diverse Damen haben bereits auf ungalante, aber höchst originelle Weise das Zeitliche gesegnet. So schoß er beispielsweise seine erste Gattin (Gabor) in einer Raumkapsel buchstäblich zum Mond. Doch sein neue Opfer erweist sich als dem geübten Heiratsschwindler durchaus gewachsen...
Diese tiefschwarze, von *Variety* als „ebenso amüsant wie geschmacklos" bezeichnete Farce profitiert nicht nur von Curtis´ gelöster Darstellung, sondern auch von einem witzigen Schnitt, photogenen europäischen Schauplätzen und Rosanna Schiaffino, laut *Variety* „ohne jedes Schauspielvermögen, dafür aber umwerfend aussehend in ihren Balmain-Roben". al

Arsen und Spitzenhäubchen

Arsenic and Old Lace. USA 1941/44 **R** Frank Capra **B** Julius J. und Philip G. Epstein, nach einem Bühnenstück von Joseph Kesselring **K** Sol Polito **M** Max Steiner **P** Frank Capra **L** 115 Min., s/w **D** Cary Grant, Priscilla Lane, Josephine Hull, Raymond Massey, Peter Lorre

Nachdem Frank Capra in New York den Broadway-Renner der Saison gesehen hatte, war er davon so angetan, daß er unbedingt die verrückt-skurrile Geschichte verfilmen wollte.
Angesiedelt in einer Ecke Manhattans, in der die Zeit stehengeblieben zu sein scheint, schildert Kesselrings schwarzhumoriges Bühnenstück die haarsträubenden Verwicklungen um zwei liebenswürdige Tanten, deren Hobby es ist, alleinstehende ältere Herren mit Hilfe eines Gifttrankes um die Ecke zu bringen. Die drei Neffen - ein Geisteskranker, der sich einbildet, Teddy Roosevelt zu sein, ein hysterischer Kritiker (Grant) und ein gesuchter Verbrecher monsterhaften Aussehens (Massey) - tragen ihren Teil zur weiteren Absurdität der Handlung bei.
Die Theaterinszenierung in New York hatte Maßstäbe gesetzt, die vor allem den Schauspielern zu verdanken waren. So übernahm Capra die beiden alten Damen Josephine Hull und Celia Adair für seine Filmversion. Beide reisten extra während ihres saisonbedingten Urlaubs nach Hollywood, um innerhalb von vier Wochen die Dreharbeiten hinter sich zu bringen, da vertraglich die Verpflichtung eingegangen werden mußte, den Erfolg des Stückes durch einen Abzug der Schauspieler nicht zu beeinträchtigen. Ähnliches galt auch für den Zeitpunkt der Aufführung. Der Film - bereits 1941 gedreht - durfte solange nicht in die Kinos kommen, bis das Stück am Braodway abgesetzt wurde. Und das war erst im Jahr 1944 nach über 1.500 ausverkauften Vorstellungen der Fall. jg

Arsène Lupin, der Millionendieb

Les aventures d´Arsène Lupin. Frankreich/Italien 1957 **R** Jacques Becker **B** Jacques Becker, Albert Simonin, nach dem Roman von Maurice Leblanc **K** Edmond Séchan **M** Jean-Jacques Grunenwald **P** Cinéphonic/S.N.E. Gaumont/ Lambor Films (Paris), Costellazione (Rom) **L** 105 Min., Farbe **D** Robert Lamoureux, Liselotte Pulver, O.E. Hasse, Georges Chamarat, Sandra Milo

Der Meisterdieb Arsène Lupin (Lamoureux) treibt 1910 in Paris sein Unwesen und versetzt mit seinen dreisten und intelligent geplanten Aktionen die Presse in Entzücken und die Polizei in Verzweiflung. Seine Talente gedenkt auch der deutsche Kaiser Wilhelm II. (Hasse) für sich zu nutzen und läßt Lupin kurzerhand nach Berlin entführen, wo er die kaiserlichen Tresore auf ihre Zuverlässigkeit hin überprüfen soll.
Die Hauptfigur von Maurice Leblancs Roman hatte bereits zweimal das Licht der Leinwand erblickt, als Jacques Becker sich des Stoffes annahm: 1932 in dem von Jack Conway inszenierten *Arsene Lupin*, und 1938 in *Arsene Lupin Return*. Beckers Version ist eine charmante, federleichte Gaunerkomödie, die ohne jede Bösartigkeit französische wie deutsche Schwächen aufs Korn nimmt und die gängigen Vorurteile ironisch zelebriert. Die *FAZ* lobte: „Es ist, als hätte gallischer Filmesprit die Kaiser-Wilhelm-Karikaturen der eigenen Nationalisten aufgegriffen, entschärft und sie dann noch einmal mit Munterkeit karikiert." al

Arthur - Kein Kind von Traurigkeit

Arthur. USA 1981 **R** Steve Gordon **B** Steve Gordon **K** Fred Schuler **M** Burt Bacharach **P** Robert Greenhut für Rollins, Joffe, Morra, Brezner/ Orion Pictures **L** 97 Min. (Originalfassung 117 Min.), Farbe **D** Dudley Moore, Liza Minnelli, John Gielgud, Geraldine Fitzgerald, Jill Eikenberry

Arthur (Moore), nie erwachsen gewordener und finanziell unabhängiger Millionärssohn, liebt das leichte Leben zwischen Nobelrestaurants und Rennbahnen. Immer ein Glas in der Hand, mogelt er sich, unter der fürsorglichen Aufsicht seines britischen Butlers Hobson (Gielgud), durchs Leben. Doch jetzt verlangt seine Familie eine Entscheidung: Entweder er heiratet ein High-Society-Mädchen (Eikenberry) oder er ist sein 750 Mio.$-Erbe los. Und das ausgerechnet, als sich Arthur in die Kellnerin Linda (Minnelli) verliebt...
Dudley Moore liefert eine komödiantische Glanzleistung als lebenslustiger, ständig betrunkener Arthur, eine Rolle, wie er sie ähnlich bereits in Blake Edwards ZEHN – DIE TRAUMFRAU gespielt hatte. Gordons Film (sein erster und letzter, er starb ein Jahr später) ist eine moderne Screwball Comedy, die in der Tradition ihrer großen Vorgänger der 30er und 40er Jahre mit messerscharfen Dialogen die Welt der Reichen, Beziehungsprobleme und so uramerikanische Heiligtümer wie Erfolg, Fleiß und sozialen Aufstieg aufs Korn nimmt. Besonders die liebevoll-bissigen Geplänkel zwischen Moore und Gielgud, die wunderbar den Kontrast zwischen britischer Zurückhaltung und amerikanischer Ausgelassenheit demonstrieren, zählen zu den komödiantischen Glanzlichtern. Wie erwartet, wurde *Arthur* ein Kassenschlager und ergatterte außerdem vier Oscar-Nominierungen: Moore und das Drehbuch gingen leer aus, doch Gielgud und der von Christopher Cross interpretierte Titelsong *Arthur´s Theme (Best That You Can Do)* siegten in ihren Kategorien.
1988 entstand unter dem Titel ARTHUR 2 - ON THE ROCKS eine Fortsetzung. al

Arthur 2 - On the Rocks

Arthur II - On the Rocks. USA 1988 **R** Bud Yorkin **B** Andy Breckman **K** Stephen H. Burum **M** Burt Bacharach **P** Robert Shapiro für Havlin-Robert Shapiro Prod. **L** 113 Min., Farbe **D** Dudley Moore, Liza Minnelli, John Gielgud, Geraldine Fitzgerald, Paul Benedict, Stephen Elliott, Cynthia Sykes, Kathy Bates

Schwache, überflüssige Fortsetzung des 1981er Komödien-Hits ARTHUR. Wie schon der Titel verrät, hat Arthur (Moore) immer noch ein Alkoholproblem, obwohl er jetzt glücklich verheiratet ist mit Linda (Minnelli). Während sich das Ehepaar gerade mit Adoptionsformalitäten herumschlägt, sorgt Johnson (Elliott) mit einigen Transaktionen dafür, daß die beiden ihr 750 Mio.$-Vermögen verlieren. Er kann Arthur nicht

verzeihen, daß er einst seine Tochter (Sykes) vor dem Traualtar stehenließ. Eine ganz neue Situation für den reichen Nichtsnutz, der sich plötzlich mit Aufgaben wie Kochen und Wäschewaschen betraut sieht.
Abgesehen von der unlogischen und konstruiert wirkenden Story fehlt diesem Sequel vor allem eines: John Gielgud als Butler Hobson - er starb im ersten Film an Krebs. Zwar läßt Regisseur Yorkin ihn als Geist erscheinen, doch diese Rolle ist nicht mehr als ein Cameo-Auftritt. Trotz einiger lustiger Momente ist *Arthur 2 - On the Rocks* nur ein trauriger Abklatsch des Originals, der am Ende auch noch unerträglich sentimental wird. Die amerikanische Kritik verriß den Film und monierte besonders die fortwährende Ausbeutung von Arthurs Trinkerei als Gaglieferant: *Voice* bezeichnete ihn als „großartigen Werbespot für die Anonymen Alkoholiker". al

Die Artisten in der Zirkuskuppel: ratlos

Die Artisten in der Zirkuskuppel: ratlos. BRD 1968 **R** Alexander Kluge **B** Alexander Kluge **K** Günter Hormann, Thomas Mauch **P** Kairos **L** 104 Min., s/w - Farbe **D** Hannelore Hoger, Siegfried Graue, Alfred Edel, Bernd Hoeltz, Eva Oertel

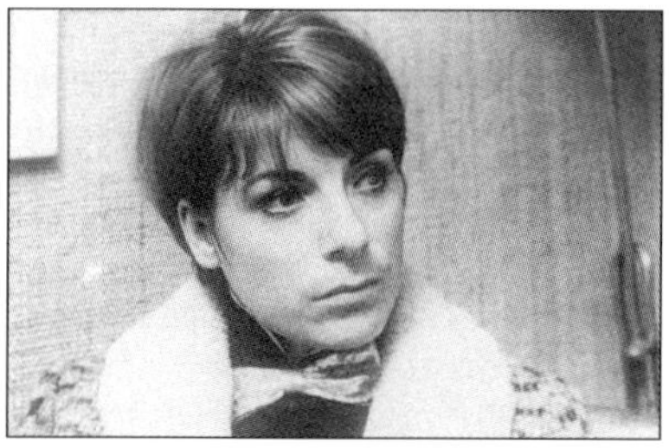

Zwei Jahre nach dem aufsehenerregenden Debütwerk ABSCHIED VON GESTERN kreierte Alexander Kluge mit der Person der Leni Peickert einen neuen interessanten Frauentyp im deutschen Film. Er erzählt die Bemühungen dieser Person, in unabhängiger, kreativer Arbeit eine neue, noch nie dagewesene Sache auf die Beine zu stellen. Für Leni Peickert ist die Kulisse des Zirkus eine Möglichkeit, ihre Träume Wirklichkeit werden zu lassen. Durch eine Erbschaft besitzt sie bald die materiellen Grundlagen, wird jedoch in ihren Ansprüchen mißverstanden und zieht sich mit ihren Mitarbeitern in das Medium des Fernsehens zurück.
Mit *Die Artisten in der Zirkuskuppel: ratlos* verschloß sich Kluge erstmals dem Verständnis seiner Zuschauer. Sein Film wirkt wie ein Kuriosum aus verschachtelten Bildsequenzen und willkürlich zusammengewürfelten Textpassagen, deren Symbolgehalte sich ohne eine erklärende Sekundärliteratur schwer erschließen lassen. „Vom unvorbereiteten Zuschauer wird noch mehr verlangt als vom Leser, Unmögliches schier: Er muß klüger sein als Kluge selbst, am Puzzleteil erkennen, was Kluge selbst nur beim Zusammenfügen der Teile begreifen kann" (*Der Neue Deutsche Film*). Trotz all dieser intellektuellen Rätsel ließ es sich das Gremium der Filmfestspiele von Venedig nicht nehmen, Kluges Werk 1968 mit dem Goldenen Löwen auszuzeichnen. jg

Arzt am Scheidewege

The Doctor's Dilemma. Großbritannien 1958 **R** Anthony Asquith **B** Anatole de Grunwald, nach einer Vorlage von George Bernard Shaw **K** Robert Krasker **M** Joseph Kosma **P** Anatole de Grunwald, Anthony Asquith **L** 100 Min., Farbe **D** Leslie Caron, Dirk Bogarde, John Robinson, Felix Aymler, Robert Morley

Als ein erfolgreicher Wissenschaftler ein Serum erfindet, daß eine tödliche Lungenkrankheit heilen kann, wird er vor die Qual der Wahl gestellt, wen er retten soll: Einen begnadeten Kunstmaler oder einen verarmten Arzt.
Der englische Titel *The Doctor's Dilemma* sollte das Publikum aufhorchen lassen und es sogar in dem Glauben halten, es würde sich bei diesem Film eventuell um eine weitere Fortsetzung der beliebten *Doktor*-Serie handeln, durch die Dirk Bogarde in der Titelrolle so überaus populär geworden war. Tatsächlich jedoch handelt es hier um die Verfilmung einer Satire von George Bernard Shaw. Trotz der glänzenden schauspielerischen Leistungen der beiden Stars Bogarde und Caron, die in diesem Film ein Ehepaar spielen, wirkt der Stoff unter der etwas hölzernen Regie von Anthony Asquith antiquiert. Positive Eindrücke vermitteln weniger Gehalt und Aussage der Shaw-Bearbeitung, sondern die eher oberflächlichen Stilmittel einer hervorragenden Kostümkonzeption und Ausstattung.
„*The Doctor's Dilemma* bleibt nichtsdestotrotz eine fürs Auge gefällige Filmversion eines aus der Zeit gekommenen Stückes." (*Variety*) jg

Arzt und Dämon

Dr. Jekyll and Mr. Hyde. USA 1941 **R** Victor Fleming **B** John Lee Mahin, nach einer Vorlage von Robert Louis Stevenson **K** Joseph Ruttenberg **M** Franz Waxman **P** Metro-Goldwyn-Mayer **L** 127 Min., s/w **D** Spencer Tracy, Ingrid Bergman, Lana Turner, Ian Hunter, Cecil Aubrey Smith

Knapp zehn Jahre nach der wegweisenden Mamoulian-Version DR. JEKYLL UND MR. HYDE entschloß sich Erfolgsregisseur Victor Fleming (VOM WINDE VERWEHT) zu einer Neuverfilmung der Stevenson-Geschichte. Bei der Besetzung gab es anfangs einige Unstimmigkeiten, denn den Erwartungen des Publikums gemäß sollte Ingrid Bergman die Rolle von Jekylls Verlobten bekommen. Auf Bitten der Schauspielerin wurden die Parts getauscht, und Lana Turner übernahm die Figur der braven Beatrix Emery, während Ingrid Bergman ihre Schauspielkunst voll in der Verkörperung des leicht frivol wirkenden Mädchens Ivy entfalten konnte. „Die schwedische Schauspielerin beweist wieder ein strahlendes Talent, das auch über ganz unmöglich geschriebene Rollen triumphiert. Von allen Darstellern geht nur Miss Bergman ruhmreich aus dieser Affäre hervor." (*New York Times*)
Flemings Version hatte das Pech, permanent mit dem Vorbild aus dem Jahr 1932 verglichen zu werden - und dabei schnitt seine Verfilmung leider deutlich schlechter ab. An technischen Überraschungen hat diese Adaption wenig Neues zu bieten. Allenfalls ein paar hübsch fotografierte Bilder aus den nebelumwobenen Straßen Londons sind sehenswert. Der eigentliche Höhepunkt - die Verwandlung Dr. Jekylls in das Monstrum Mr. Hyde - konzentriert sich nicht so sehr auf maskenbildnerische Effekte, sondern auf die Schauspielkunst Spencer Tracys, der hier mit seiner Rolle allerdings deutlich überfordert ist. jg

Der Arzt von Stalingrad

Der Arzt von Stalingrad. BRD 1958 **R** Geza von Radvanyi **B** Werner B. Zibaso, nach dem Roman von Heinz G. Konsalik **K** Georg Krause **M** Siegfried Franz **P** Divina, **L** 110 Min., s/w **D** O. E. Hasse, Eva Bartok, Hannes Messemer, Mario Adorf, Walther Reyer, Vera Tschechowa

Gegen Ende der 50er Jahre entdeckte das deutsche Kino das Kriegsfilm-Genre und nahm sich 1958 gleich mit zwei Produktionen (die eine davon war HUNDE WOLLT IHR EWIG LEBEN) dem militärischen Desaster von Stalingrad an. In Geza von Radvanyis Film ist die heroische Schlacht allerdings schon geschlagen, und die deutschen Soldaten vegetieren in einem russischen Gefangenenlager vor sich hin. Ihr Durchhaltewillen wird von einem entschlossenen Arzt gestärkt, der bei Freund und Feind größte Achtung genießt.
Ursachen, Auswirkungen und Konsequenzen des Zweiten Weltkrieges reduzieren sich auf die oftmals klischeehaften Schilderungen von Einzelschicksalen, bei denen weder

der sadistische Lagerkommandant noch die heißblütige Russin, die sich auch prompt in einen deutschen Landser verliebt, fehlen dürfen. Ein Film, der zwar durch den bewußten Einsatz harter Szenen versucht, Objektivität zu erzeugen, jedoch dabei leider zu oft in fragwürdige Durchhalteparolen abgleitet. Lobenswert bleiben die schauspielerischen Leistungen einer ausgesuchten Garde von deutschen Charakterdarstellern. Die Aufnahmen des Gefangenenlazaretts entstanden in einer halbzerfallenen Dorfkirche, die man in der Nähe von München zu diesem Zweck aufgebaut hatte. jg

Das As der Asse

L´as des as. Frankreich/BRD 1982 **R** Gérard Oury **B** Gérard Oury, Danièle Thompson **K** Xaver Schwarzenberger **M** Vladimir Cosma **P** Alain Poiré, Horst Wendlandt für Gaumont/Cerito Films/ Soprofilms (Paris), Rialto Film (München) **L** 103 Min., Farbe **D** Jean-Paul Belmondo, Frank Hoffmann, Marie-France Pisier, Rachid Ferrache, Günter Meisner, Benno Sterzenbach

Während der olympischen Sommerspiele in Berlin 1936 gelingt es einem draufgängerischen ehemaligen Piloten (Belmondo), jetzt Trainer der französischen Boxmannschaft, eine jüdische Familie vor der Gestapo zu retten und ungestraft sogar dem Führer selbst (Meisner) einen Besuch auf dessen Anwesen auf dem Obersalzberg abzustatten.
Im Verlaufe der 70er Jahre hatte sich, was Belmondo-Filme anging, in Frankreich eine ganz bestimmte Politik entwickelt: Jedes Jahr wurde ein neues Produkt dieser Marke zur Weihnachtszeit in den Kinos plaziert und erfreute sich dort regen Zuschauerzuspruchs, während die Kritik ob der immer seichter und formelhafter werdenden Dramaturgie verzweifelte. *Das As der Asse* brach am Erstaufführungstag Kassenrekorde. Dabei vergreift sich Komödienmeister Oury, der schon mit DIE GROSSE SAUSE der Wehrmacht ein Schnippchen schlug, diesmal des öfteren im Ton. Vor dem Hintergrund des Holocaust eine Komödie zu konstruieren ist schon ziemlich heikel, doch Hitler-Darsteller Meisner in einer Art Travestie-Nummer auch noch als dessen „Schwester Angela" zu präsentieren, ist schlicht geschmacklos. Dementsprechend fiel dann auch das Urteil der deutschen Kritik aus. Die französischen Kollegen gingen noch einen Schritt weiter: In einer Annonce in *Le Monde* vom 17.11.1982 forderte ein Großteil von ihnen das Publikum auf, dem Belmondo-Film fernzubleiben und stattdessen Jacques Demys EIN ZIMMER IN DER STADT anzusehen. Diese Aktion entfachte hitzige Diskussionen, in die sich auch Belmondo und Demy einschalteten. al

Asche und Diamant

Popiol i Diament. Polen 1958 **R** Andrzej Wajda **B** Jerzy Andrzejewski, Andrzej Wajda, nach dem Roman von Andrzejewski **K** Jerzy Wojcik **M** Filip Nowak **P** Zespól Realizatorów Filmowych „Kadr" **L** 103 Min., s/w **D** Zbigniew Cybulski, Ewa Krzyzanowska, Waclaw Zastrzezynski, Adam Pawlikowski, Bogumil Kobiela

Asche und Diamant bildete den letzten Teil einer Trilogie, deren Inhalt die jüngere Vergangenheit Polens ist. Stand in DER KANAL und in *Pokolenie* noch der Weg eines Jugendlichen in den polnischen Widerstand im Vordergrund, so beschäftigt sich *Asche und Diamant* mit den gesellschaftlichen Verhältnissen in Polen nach der Kapitulation des Deutschen Reiches am 8. Mai 1945. Für Deutschland mag der Krieg damit nun vorbei sein, im Osten jedoch brechen erst jetzt die politischen Meinungsverschiedenheiten zwischen überzeugten Nationalisten und Stalinisten offen aus. In diese Auseinandersetzung wird auch der junge Maciek verwickelt, der den Auftrag erhält, einen kommunistischen Bezirkssekretär zu ermorden. Das Attentat scheitert, Maciek stirbt schwerverwundet auf einer Müllhalde.
Wajdas bedeutendes Werk wurde damals in fast ganz Europa als Höhepunkt der Polnischen Schule bezeichnet, wobei Kritik und Publikum den Streifen jedoch eher als Gegenwartsfilm aufnahmen und weniger den historischen Hintergrund der Handlung berücksichtigten. In Deutschland wurde *Asche und Diamant* erst im Jahre 1961 gezeigt, und auch hier erkannte man die politischen Dimensionen nur in Umrissen, da die literarische Vorlage ebenfalls mit Verspätung zu Beginn der 60er Jahre veröffentlicht worden war. jg

Ashanti

Ashanti. USA 1978 **R** Richard Fleischer **B** Stephen Geller, nach dem Roman *Ebano* von Albert Vasquez Figueroa **K** Aldo Tonti **M** Michael Melvoin **P** George-Alain Vuille für Columbia **L** 117 Min., Farbe **D** Michael Caine, Peter Ustinov, Beverly Johnson, Kabir Bedi, Omar Sharif, Rex Harrison, William Holden

„Bringt sie lebend zurück!" flehten die Untertitel auf deutschen Werbeplakaten, auf denen eine mehr aus- als angezogene Beverly Johnson (damals das erste schwarze Top-Model der Welt) in Ketten ihrem Schicksal harrt. Sie spielt die farbige Frau von Dschungel-Arzt Caine, die von den Schergen eines schmierigen Sklavenhändlers (Ustinov) entführt und durch halb Afrika in den Mittleren Osten verschleppt wird, wo sie einem königlichen Scheich (Sharif) zu Willen sein soll. Caine, unterstützt von Abenteurer Harrison und Pilot Holden, ist den Banditen auf einer Jagd quer durch den Kontinent ständig auf den Fersen.
Man war allgemein der Ansicht, daß aus einem so interessanten und aktuellen Thema wie dem modernen Sklavenhandel einiges zu machen gewesen wäre, doch leider konzentriert sich Regisseur Fleischer (der während der Dreharbeiten einen Hitzschlag erlitt) nur auf die action-betonten Elemente der Handlung. So ist *Ashanti* nichts als ein weiterer Starbesetzter Abenteuerfilm, der immerhin die hervorragende, an Originalschauplätzen entstandene Kameraarbeit von Aldo Tonti vorzuweisen hat. Die imposante Darsteller-Riege hat wenig zu tun: Johnson zeigt ihren wohlgeformten Körper, Ustinov wiederholt chargierend seine Oscar-Rolle aus SPARTACUS, und zu Sharif bemerkte ein Kritiker: „Er sieht aus und klingt, als würde er sich nur die Zeit zwischen zwei Bridge-Partien vertreiben." al

Asphalt

Asphalt. Deutschland 1929 **R** Joe May **B** Fred Majo, Hans Szekely, Rolf E. Vanloo **K** Günther Rittau **M** Wilfried Schröpfer **P** Erich Pommer/UFA **L** 90 Min., s/w **D** Albert Steinrück, Else Heller, Gustav Fröhlich, Betty Amann, Hans Adalbert von Schlettow, Hans Albers, Karl Platen

Ein junger Verkehrspolizist verhaftet eine Juwelendiebin, doch anstatt sie zur Polizeiwache zu bringen, erliegt er den Verführungskünsten der schönen Frau. Er bringt ihren Freund um und wird vor Gericht gestellt. Dort stellt sich heraus, daß der Getötete ein lang gesuchter Verbrecher war. Der junge Mann wird freigesprochen, die Frau jedoch kommt ins Gefängnis.
Joe Mays Film reihte sich ein in eine Serie von *Straßenfilmen*, die sich seit Pabsts DIE FREUDLOSE GASSE beim Publikum einer großen Beliebtheit erfreuten. Anders jedoch als die sozialkritischen Produktionen *Jenseits der Straße* oder MUTTER KRAUSENS FAHRT INS GLÜCK, die ungefähr zu selben Zeit entstanden, ist für May der Schauplatz des öffentlichen Lebens ein Ort der Laster und des Verbrechens. So gibt es auch keine dokumentarischen Aufnahmen vom Großstadtgewirr Berlins. Mays Film entstand ausschließlich in den Ateliers der UFA-Stadt Neubabelsberg.
Auch wenn die Aussage des Film zutiefst konservativ ist, - die Problematik bleibt auf

den Konflikt zwischen Gefühl und deutschem Pflichtbewußtsein reduziert - so gehören die hohe technische Perfektion des Regisseurs und Günther Rittaus Lichtgestaltung zu den beispielhaften Einzelleistungen im deutschen Stummfilmschaffen. jg

Asphalt-Blüten

Scarecrow. USA 1972 **R** Jerry Schatzberg **B** Garry Michael White **K** Vilmos Zsigmond **M** Fred Myron **P** Warner Brothers **L** 112 Min., Farbe **D** Gene Hackman, Al Pacino, Dorothy Tristan, Ann Wedgeworth

Anfang der 70er bildeten Gene Hackman und Al Pacino zusammen mit Dustin Hoffman, Robert De Niro und Robert Redford die Garde des „Neuen Hollywood". Sowohl Pacino als auch Hackman feierten in DER PATE bzw. FRENCH CONNECTION im selben Genre große Erfolge, bevor sie sich in *Asphalt-Blüten* einem völlig anderen Thema zuwandten.
Die Tramps Max und Lion begegnen sich zufällig auf der Landstraße. Auf der Suche nach einer bürgerlichen Existenz will Max eine eigene Autowaschanlage aufmachen und bietet Lion eine Partnerschaft an. Der ist eigentlich auf dem Weg zu seiner ehemaligen Freundin, die er vor Jahren schwanger sitzengelassen hat, willigt aber doch in Max Angebot ein. Trotz unterschiedlicher Charaktere werden die ungleichen Partner auf dem Weg zu ihrem Ziel Freunde, obwohl sich ihre Träume zerschlagen.
Regisseur Jerry Schatzbergs dritte Arbeit wurde auf dem Festival in Cannes 1973 mit der Goldenen Palme ausgezeichnet. Trotz dieses Preises und den hervorragenden darstellerischen Leistungen von Gene Hackman als gewalttätigem Max und Al Pacino in der Rolle des clownhaften Lion war dem Film in den deutschen Kinos kein Erfolg beschieden. al

Asphalt-Cowboy

Midnight Cowboy. USA 1968 **R** John Schlesinger **B** Waldo Salt, nach einem Roman von James Leo Herlihy **K** Adam Holender **M** John Barry **P** Jerome Hellman, John Schlesinger **L** 113 Min., Farbe **D** Dustin Hoffman, Jon Voight, Sylvia Miles, John McGiver, Brenda Vaccaro

Bei der Oscar-Verleihung war *Midnight Cowboy* unumstrittener Höhepunkt des Filmjahres 1969. Sowohl Dustin Hoffman als auch Jon Voight wurden für die Beste männliche Hauptrolle nominiert. Weitere Nominierungen gingen an Sylvia Miles für die Beste weibliche Nebenrolle und an Hugh A. Robertson für den Besten Schnitt. Der britische Filmemacher John Schlesinger, der mit diesem Streifen seinen ersten Beitrag für das amerikanische Kino ablieferte, konnte zwei Oscars für die Kategorie „Bester Film" und „Beste Regie" entgegennehmen. Mit der dritten Auszeichnung wurde Waldo Salt für sein Drehbuch geehrt.
In nüchternen Bildern beschreibt Schlesinger das Leben eines texanischen Cowboys in New York, der sich dort der Damenwelt als Callboy zur Verfügung stellt, in seinen Liebesdiensten jedoch nicht die erhoffte Befriedigung findet. Die Freundschaft zu einem kränkelnden Versager aus der Bronx erweist sich als Gegenpol zur Kälte und Kommerzsucht des Molochs New York.
Schlesinger kam während der Dreharbeiten fast völlig ohne Atelieraufnahmen aus und filmte vor Ort in den trostlosen Straßenzügen des berüchtigten Stadtteils Bronx. Kameramann Adam Holender, Absolvent der Warschauer Filmakademie und enger Freund Roman Polanskis, fing dieses Areal in für US-Verhältnisse recht ungewöhnlichen Bildern ein. jg

Asphalt-Dschungel

The Asphalt Jungle. USA 1950 **R** John Huston **B** John Huston, Ben Maddow, nach einem Roman von W.R. Burnett **K** Harold Rosson **M** Miklos Rozsa **P** Arthur Hornblow, jr. für MGM **L** 112 Min., s/w **D** Sterling Hayden, Louis Calhern, Jean Hagen, James Whitmore, Sam Jaffe, Marilyn Monroe

Dieser düstere Kriminalfilm markierte die zweite Zusammenarbeit John Hustons mit dem Schriftsteller und Drehbuchautor William Riley Burnett, der auch schon die Roman-Vorlage für Raoul Walshs ENTSCHEIDUNG IN DER SIERRA geliefert und damals zusammen mit Huston das Script verfaßt hatte. Hier geht es um einen gerade aus der Haft entlassenen Gangster (Jaffe), der hinter Gittern an einem neuen Coup gebastelt hat: dem Überfall auf ein Juweliergeschäft. Mit seiner vier Mann starken Bande plant und begeht Doc den Raub, doch einer der Männer wird angeschossen und stirbt auf der Flucht. Unterdessen hat der korrupte Anwalt Emmerich (Calhern), der die Aktion finanziell unterstützt, alles in die Wege geleitet, um der Bande die Beute abzujagen.
Asphalt Dschungel gilt als Meisterwerk, das mit seinem Realismus und der Konzentration auf die Verbrecher als Individuen Maßstäbe im Krimi-Genre setzte. Zwar scheitern die Gangster auch bei Huston letztendlich, doch werden sie als sehr menschliche, auch verletzliche Charaktere vorgestellt, die ihre eigenen Träume und Wünsche haben. Der Safeknacker (Caruso) ist ein Familienvater, der gewissenhaft seiner „Arbeit" nachgeht, und Doc wird nur deshalb von der Polizei gefaßt, weil er sich auf der Flucht nicht verkneifen kann, einem attraktiven jungen Mädchen bei einem ausgelassenen Jitterbug zuzusehen.
Für Sterling Hayden bedeutete der Film den großen Durchbruch (eine ähnliche, erneut sehr starke Rolle spielte er in DIE RECHNUNG GING NICHT AUF), und Marilyn Monroe fand erstmals Beachtung in einem kurzen Auftritt als Calherns Geliebte. *Asphalt Dschungel* erhielt vier Oscar-Nominierungen: Regie, Drehbuch-Adaption, Nebendarsteller (Jaffe) und Kamera.
Nicht weniger als drei Remakes folgten Hustons Film: GERAUBTES GOLD, *Kairo - Null Uhr* (1962) und *Cool Breeze* (1972). al

Asphalt-Haie

Pixote. Brasilien 1980 **R** Hector Babenco **B** Jorge Duran, Hector Babenco, nach einer Novelle von José Lazeiro **K** Rodolpho Sanchez **M** John Neschling **P** José Pinto, Paulo Francini für Embrafilme **L** 127 Min., Farbe **D** Fernando Ramos da Silva, Marilia Pera, Jorge Juliao, Gilberto Moura

Der dritte Spielfilm des in Brasilien arbeitenden Argentiniers Hector Babenco erregte nicht nur in seinem Ursprungsland großes Aufsehen. „Hauptdarsteller" dieser bewegenden und kompromißlosen Schilderung der Lebensverhältnisse in den „Favelas", den Elendsvierteln von Rio und Sáo Paulo, ist Pixote, ein elternloser Zehnjähriger, der einer gerade verhafteten Jugendgang angehört. Unter unerträglichen Bedingungen des Jugendgefängnisses leidend, gelingt ihm und zwei Freunden die Flucht. Stehlend und bettelnd versuchen sie sich am Leben zu erhalten. Am Ende hat Pixote, fast nebenbei, drei Menschen getötet.
Babencos Film wirkt oft dokumentarisch, und tasächlich suchte und fand der Regisseur seine kleinen Protagonisten unter den „Unberührbaren" der brasilianischen Slums. Bilder von schockierender Grausamkeit und Eindringlichkeit zeigt *Asphalt-Haie* (weder der deutsche Titel noch die Synchronisation befinden sich leider auf dem Niveau des Films), aber auch immer wieder zärtliche Szenen des Zusammenhalts unter den Kindern, ihre Suche nach Geborgenheit. Ein aufrüttelndes, anklagendes Werk, das zwar von den großen Festivals Cannes, Berlin und Venedig abgelehnt wurde, nach dem großen Erfolg in den USA jedoch auch in Europa „Preise sammeln" ging. al

Asphaltrennen

Two-Lane Blacktop. USA 1971 **R** Monte Hellman **B** Rudolph Wurlitzer, Will Corry **K** Jack Deerson **M** Billy James **P** Michael S. Laughlin für Universal **L** 99 Min., Farbe **D** James Taylor, Warren Oates, Laurie Bird, Dennis Wilson

Ein Film mit einer wechselvollen Geschichte: Als er gedreht wurde, war man bei Universal sicher, einen zweiten EASY RIDER zu haben. *Asphaltrennen* wurde von der Werbung hochgejubelt, *Esquire* widmete ihm noch vor der Premiere eine Titelstory und kürte ihn zum „Film des Jahres" - und dann floppte der Film in den US-Kinos total. Das Publikum verstand die Geschichte ganz einfach nicht, fand sie schlicht langweilig. Dabei ist Langeweile das Thema. Sie und die Ziellosigkeit ihres Lebens treibt zwei namenlose Typen, gespielt von den Popmusikern James Taylor und Dennis Wilson, auf den Highway. Hier finden sie Thrill, wenn sie mit ihrem getunten 55er Chevy andere Autofahrer zu illegalen Rennen herausfordern. Als sie G.T.O. (Oates) - so benannt nach seinem Auto, einem brandneuen Pontiac G.T.O. - begegnen, fordert der sie zu einem Rennen quer durch die USA heraus. Der Sieger erhält als Preis das Auto des Verlierers. Mit zunehmender Dauer des Rennens verlieren die Kontrahenten das Interesse an ihm. Langeweile holt sie ein, das Ende bleibt offen.
Monte Hellmans *Asphaltrennen* ist ein kleines Meisterwerk, vielleicht eines der besten Road Movies überhaupt. nn

Assault - Anschlag bei Nacht

Assault on Precinct 13. USA 1977 **R** John Carpenter **B** John Carpenter **K** Douglas Knapp **M** John Carpenter **P** J. S. Kaplan / CKK **L** 91 Min., Farbe **D** Austin Stocker, Darwin Joston, Laurie Zimmer, Martin West, Tony Burton, Charles Cyphers, Nancy Loomis, Marc Ross, Alan Koss, Kim Richards

In einem berüchtigten Vorort von Los Angeles soll ein Polizeirevier aufgelöst werden. Innerhalb einer einzigen Nacht kommt es zu einem fürchterlichen Kampf zwischen der Polizei und einer rebellierenden Jugendgang, in den viele unschuldige Menschen verwickelt werden.
John Carpenters zweiter Kinofilm hat sich unter Filmfreaks mittlerweile einen Kultstatus erobert. In überaus drastischen Bildern der Gewalt und Brutalität wird ein fast endzeitmäßiges Szenarium entworfen, dessen besonderer Reiz vor allem aber in dem Aufgreifen filmischer Zitate aus den Howard-Hawks-Werken der Schwarzen Serie liegt. Carpenter lehnte nach der Fertigstellung des Films jede politische und soziologische Interpretation seines Werks ab. Für ihn war in erster Linie das scheinbar sinnlose brutale Verhalten von Gangs in Los Angeles interessant, deren authentische Gewaltverbrechen ihn zu *Assault* inspirierten. Nach seiner Science-fiction-Parodie DARK STAR war *Assault* ebenfalls eine Produktion, die sich auf dem Low-Budget-Level bewegte, durch die geschickte Verwendung von Geräuscheffekten jedoch nicht minder nachhaltige Eindrücke hinterließ. „Eine beängstigendere, faszinierendere Vision urbaner Gewalt hat es im gewiß nicht gerade gewaltlosen amerikanischen Kino der 70er Jahre nicht gegeben", urteilte *Die Zeit*. jg

Asterix, der Gallier

Asterix, le gaulois. Frankreich/Belgien 1967 **R** René Goscinny, Albert Uderzo **B** Willy Lateste, Laszlo Monar, Jos Marissen, nach dem Comic von René Goscinny und Albert Uderzo **K** Georges Lapeyronnie, Etienne Schurmann, François Leonard **M** Gérard Calvi **A** Willy Lateste, Nic Broca, Eddy Lateste, C. Segers, M. Cnop, C. Vande **P** Dargaud-Film **L** 70 Min., Farbe

Die mittlerweile längst über die Grenzen Frankreichs und Europas hinaus bekannte Comicfigur Asterix erblickte 1959 in der französischen Zeitschrift *Pilote* das Licht der Welt. Zwei Jahre später erschien der erste Sammelband in der noch mickrigen Auflage von 6.000 Exemplaren. Gegen Ende der 60er Jahre jedoch hatten sich die Abenteuer um den kleinen tapferen Gallier und seine Freunde eine millionenfache Fangemeinde erobert, so daß Zeichner Goscinny seine Einwilligung zu einer Verfilmung gab.
Das erste abendfüllende Leinwandabenteuer *Asterix der Gallier* beschreibt die üblichen Querelen des kleinen gallischen Dorfes, das sich gegen die Übermacht der Römer zur Wehr setzt, denen es mit Hilfe eines geheimnisvollen Zaubertrankes - zusammengebraut vom Druiden Miraculix - widerstehen kann. Der Zeichentrickfilm enttäuscht sowohl von technischer als auch von inhaltlicher Seite. Hinter der gewohnten Qualität der Disney-Produktionen steht die Animation weit zurück, zudem hat die deutsche Synchronfassung wirklich alles versucht, den satirischen Witz der Comic-Strips zu untergraben. 1984 wurde der Film noch einmal neu vertont, doch mit den Synchronstimmen eines Frank Zander und Günter Pfitzmann kam es nur noch schlimmer. jg

Asterix und Cleopatra

Asterix et Cleopatra. Frankreich/Belgien 1968 **R + B** René Goscinny, Albert Uderzo **K** François Leonard, Jean Midre, Georges Lapeyronnie **M** Gérard Calvi **A** Vivian Miessen, Nic Broca, Borge Ring, Bjorn Frank Jensen, Per Ulver Lygum, Marcel Colbrant, Lawrence Moorcroft **P** Dargaud-Film, Paris/R. Leblanc/Belvision, Brüssel **L** 74 Min., Farbe

In diesem zweiten, wesentlich besser gelungenen Asterix-Abenteuer, muß der Architekt Numerobis binnen drei Monaten für die ägyptische Königin Cleopatra einen Palast erbauen. Zur Unterstützung heuert er die drei Gallier Asterix, Obelix und Miraculix an, die zwischen Pyramiden und Sphinx alsbald für ein heilloses Durcheinander sorgen.
Für das Drehbuch und die Regie der deutschen Fassung zeichnete Heinrich Riethmüller verantwortlich (bekannt durch seine Auftritte in Hänschen Rosenthals Sendung *Dalli Dalli*). Besonders gelungen ist die Besetzung der Sprechrollen. Siegfried Schürenberg als snobistischer Cäsar, Ursula Herwig als eiskalte Cleopatra oder Walter Bluhm (die Synchronstimme von Stan Laurel und Schweinchen Dick) als tolpatschiger Numerobis verschaffen diesem Zeichentrickfilm ein Quantum an akustischer Qualität, was die Animation im Gegensatz leider wiederum nicht zu bieten hat. Die *Asterix*-Reihe setzte sich in den späteren Jahren fort mit den Filmen *Asterix erobert Rom* (1975), *Asterix bei den Briten* (1986), *Asterix - Sieg über Cäsar* (1987) und *Asterix - Operation Hinkelstein* (1989). jg

Asylum

Asylum. Großbritannien 1972 **R** Roy Ward Baker **B** Robert Bloch **K** Denys Coop **M** Douglas Gamley **L** 78 Min., Farbe **D** Patrick Magee, Barbara Parkins, Richard Todd, Sylvia Syms, Peter Cushing

Der junge Psychiater Dr. Martin beginnt seinen Dienst in einer Irrenanstalt. Um seine fachlichen Qualitäten zu testen, soll er auf Wunsch des gegenwärtigen Anstaltsleiters dessen Vorgänger unter einer Gruppe von Wahnsinnigen herausfinden. Der Mann mußte damals nach einem Anfall selbst zu seinen Insassen gesperrt werden. Vier Patienten erzählen Dr. Martin ihre Geschichten, durch die der junge Arzt in eine Welt des Grauens entführt wird, aus der er nicht mehr entkommt.
Ein souverän und liebenswert altmodisch inszenierter Horrorfilm, der jedoch gerade daraus seine Atmosphäre zieht, so daß die etwas angestaubt wirkenden Themen wie Voodoo-Kult und Zombies immer noch attraktiv erscheinen.
Die episodenhafte Erzählstruktur wird mit einer Rahmenhandlung verknüpft, die sich

jedoch nicht wie in vielen anderen Filmen als überflüssiges Vehikel präsentiert, sondern den Überraschungseffekt am Ende des Films steigert. Das Drehbuch zu *Asylum* schrieb der Krimi- und Horrorautor Robert Bloch, der auch die literarische Vorlage zu Alfred Hitchcocks Kultfilm PSYCHO geliefert hatte. jg

Atemlos

Breathless. USA 1983 **R** Jim McBride **B** L.M. Kit Carson, nach Jean-Luc Godards Drehbuch zu *Außer Atem* **K** Richard H. Kline **M** Jack Nitzsche **P** Martin Ehrlichman für Orion Pictures **L** 100 Min., Farbe **D** Richard Gere, Valerie Kaprisky, Art Metrano, William Tepper, John P. Ryan

Ein weiteres mißratenes Remake eines guten französischen Filmes. Hier trifft es AUSSER ATEM, Jean-Luc Godards Klassiker um einen von Belmondo gespielten, lebenshungrigen Autoknacker, der sich in eine kühle amerikanische Studentin in Paris verliebt. Er gilt als ein Hauptwerk der *Nouvelle Vague*, das stilistisch wie inhaltlich Filmgeschichte schrieb und zum Kultfilm avancierte.
Eine qualitativ ebenbürtige Neuverfilmung schien ausgeschlossen, und so ist Jim McBrides Version nicht mehr als ein grelles, lärmendes Rock ´n´ Roll-Märchen, das mit seinem Vorgänger nur mehr das Handlungsgerüst gemein hat. Aus Paris wurde Los Angeles, aus der Amerikanerin eine Französin usw. Doch diese örtliche und zeitliche Übertragung ist dem Stoff nicht bekommen. Hatte Godards Film das Lebensgefühl einer neuen, im Aufbruch befindlichen Generation zu vermitteln vermocht, so sagt das Remake über den Zeitpunkt seines Entstehens kaum etwas aus. Als Liebespaar zeigen Richard Gere, dessen nervöse Herumtänzelei schon bald ermüdet, und die enttäuschende Newcomerin Valerie Kaprisky zwar viel Haut (aufmerksamen Zuschauern ist sogar ein Blick auf Geres Geschlechtsteil vergönnt) doch, wie *Der Spiegel* bemerkte: „Daß schöne Menschen in gepflegter Umgebung sich heftig suchen und heftig umarmen, macht noch keinen Kultfilm." al

Atemlos nach Florida

The Palm Beach Story. USA 1942 **R** Preston Sturges **B** Preston Sturges **K** Victor Milner **M** Victor Young **P** Paul Jones für Paramount **L** 85 Min. (Originalfassung 90 Min.), s/w **D** Claudette Colbert, Joel McCrea, Mary Astor, Rudy Vallee

Preston Sturges und Joel McCrea, die gerade den wunderbaren SULLIVANS REISEN beendet hatten, fanden sich erneut für diese witzige Satire auf das Streben nach Reichtum zusammen. McCrea und Colbert verkörpern ein Ehepaar, das eigentlich alles hat - außer Geld. Nach einem Ehestreit beschließt Colbert, sich in Palm Beach, Florida, einen neuen, reicheren Mann zu suchen. Der ist schnell gefunden, auch eine männerverschlingende heiratswütige Schwester (Astor) hat er, doch natürlich kommt alles ganz anders.
Sturges´ umwerfend komische Story gehört zu den besten Screwball-Komödien überhaupt, mit den das Genre auszeichnenden messerscharfen Dialogen, dem Krieg der Geschlechter sowie einigen Anzüglichkeiten. Eine besonders schöne Sturges-Erfindung ist der „Ale and Quail Club", auf deren Mitglieder Claudette Colbert im Zug nach Palm Beach trifft: Lachend schießen die übermütigen Männer die Fensterscheiben aus dem Zug. Rudy Vallee gibt eine wunderbare Vorstellung als trotteliger Millionär J.D. Hackensacker III, und stand damit Pate für die Rolle, die Joe E. Brown in MANCHE MÖGEN´S HEISS übernahm. al

Atemlos vor Angst

Sorcerer. USA 1977 **R** William Friedkin **B** Walon Green, nach einem Roman von Georges Arnaud **K** John M. Stephens, Dick Bush **M** Tangerine Dream **P** William Friedkin für Film Properties International **L** 89 Min. (Originalfassung 122/92 Min.), Farbe **D** Roy Scheider, Bruno Cremer, Francisco Rabal, Amidou

Im südamerikanischen Dschungel werden Männer für ein gefährliches Unternehmen gesucht. Um eine brennende entlegene Ölbohrstelle zu löschen, muß hochexplosives Nitroglyzerin 200 km auf Lastwagen durch unwegsames Gelände transportiert werden. Vier Männer unterschiedlicher Herkunft - und aus ebenso verschiedenen Gründen untergetaucht - machen sich auf die mörderische Reise.
William Friedkins Remake von Clouzots Klassiker LOHN DER ANGST wurde von der Kritik peinlich genau mit dem Original verglichen und - unfairerweise - heftigst angegriffen. Besonders die erste Hälfte des Films, in der die Charaktere eingeführt und mit Hintergrund versehen werden, wurde als zu lang bewertet - immerhin vergehen fast 70 Minuten, bevor die Männer die LKWs besteigen. Der Film hat jedoch unbestreitbare Pluspunkte: den ungewöhnlichen Soundtrack der deutschen Elektronik-Band Tangerine Dream, die atemberaubende, in der Dominikanischen Republik entstandene Fotografie sowie diverse nervenaufreibende Spannungssequenzen - am bekanntesten ist die Überquerung einer morschen Hängebrücke. Doch *Atemlos vor Angst* wurde ein Flop: Bei 22 Mio. $ Produktionskosten spielte er nur etwa ein Viertel davon wieder ein. Man brachte noch eine stark gekürzte Version (92 Min.) unter anderem Titel heraus (*Wages of Fear*, unter dem auch das französische Original in den USA lief), doch es half nichts. Friedkins Karriere-Höhenflug war damit, trotz eines unterhaltsamen und intelligenten Filmes, fürs erste beendet. al

Atlantic

Atlantic. Großbritannien/Deutschland 1929 **R** Ewald André Dupont **B** Ewald André Dupont, nach dem Bühnenstück *The Berg* von Ernest Raymond **K** Charles Rosher **M** John Reynders **P** British International Pictures Ltd., London-Berlin **L** 95 Min., s/w **D** Fritz Kortner, Elsa Wagner, Heinrich Schroth, Julia Serda, Lucie Mannheim, Willi Forst, Theodor Lood

In einer deutsch-französisch-englischen Coproduktion realisierte E.A. Dupont in den Londoner Elstree-Studios die Geschichte um den Untergang des Ozeanriesen *Atlantic*. Die Handlung orientiert sich dabei eng an den historischen Fakten der *Titanic*-Katastrophe aus dem Jahre 1912.
„Ich kenne mich mit Schiffsuntergängen nicht aus, aber ich bin fest davon überzeugt, daß weder ich noch irgend jemand, den ich kenne, sich so aufführen würde, wie die Figuren in *Atlantic*." Diese wenig schmeichelhaften Worte sprach Regisseur Dupont persönlich und traf damit auch den Schwachpunkt seines Films, der im Grunde genommen de rFehler der meisten Katastrophenfilme ist. Die gezeigten Figuren wirkten alle nicht sehr überzeugend, und die Dialoge waren holperig gestaltet. Der *Manchester Guardian* entdeckte jedoch auch Unterschiede innerhalb der drei verschiedenen Sprachversionen, die von diesem Film entstanden: „Die deutsche Version war weitaus besser gespielt, und die Sprache kam voll zur Wirkung; da schienen die Figuren wirklich Menschen aus Fleisch und Blut zu sein." Neben den gestalterisch mitreißenden Szenen des Schiffsuntergangs bleiben vor allem die für die damalige Zeit geschickt eingesetzten Geräuscheffekte bemerkenswert. Trotz inhaltlicher Bedenken der Kritiker wurde *Atlantic* an der Kinokasse der erfolgreichste Film in der Saison 1929/30. Weitere Filmversionen des *Titanic*-Unglücks: TITANIC , DER UNTERGANG DER TITANIC und DIE LETZTE NACHT DER TITANIC . jg

Atlantic City, U.S.A.

Atlantic City. Kanada/Frankreich 1980 **R** Louis Malle **B** John Guare **K** Richard Ciupka **M** Michel Legrand **P** Denis Héroux für Ciné Neighbor/International Cinema Corp. (Montreal), Selta Films/ Elie Kfouri/FR 3 (Paris) **L** 105 Min., Farbe **D** Burt Lancaster, Susan Sarandon, Kate Reid, Michel Piccoli, Robert Joy

Die Luxushotels, die zu Beginn von Louis Malles melancholischer Gangster-Ballade gesprengt werden und in Zeitlupe in sich zusammenstürzen, sind Relikte aus vergangenen Tagen, stumme Zeugen glanzvoller Zeiten. Sie weichen neuen Großbauten, denn Atlantic City, in den Vierzigern mondänes Seebad und später arg heruntergekommen, erlebte 1979 einen neuen Boom: Der Staat New Jersey legalisierte das Glücksspiel, und binnen kurzer Zeit entwickelte sich die Stadt zu einem Las Vegas der Ostküste. In diese Zeit fällt Malles Geschichte vom kleinen Gangster Lou (Lancaster), ebenfalls ein Überbleibsel aus alten Zeiten, der sich hier und da als Buchmacher betätigt, ansonsten den Pudel seiner alten Freundin Grace (Reid) spazieren führt. Durch die Bekanntschaft mit der Kellnerin Sally (Sarandon) wird er in eine Drogenaffäre verwickelt, in deren Verlauf Sallys Bruder (Joy) zu Tode kommt, und Lou sich zum erstenmal als wirklich harter Bursche beweisen kann, als er zwei Dealer erschießt, die Sally bedrohen.
Wie PRETTY BABY zeigt auch Malles zweiter in den USA entstandener Spielfilm seine damalige Lebensgefährtin Susan Sarandon in einer Hauptrolle. War im ersten Film das Rotlichtviertel von New Orleans von zentraler Bedeutung, so steht auch hier erneut ein Schauplatz im Vordergrund. Malle erzählt, aus spürbar europäischer Sicht, von einer im Wandel begriffenen Stadt, die die Denkmäler ihrer ruhmreichen Vergangenheit zerstört, um Platz für etwas Neues zu schaffen. *Atlantic City, U.S.A.* wurde auf den Filmfestspielen von Venedig uraufgeführt und von der Kritik gefeiert. So schrieb *Der Spiegel*: „Daß ein Film seine Wirklichkeit vor allem aus filmischen Reminiszenzen zu beziehen und doch ganz realitätsnah zu sein vermag, zeigt der weitaus schönste, unterhaltsamste, harmonischste Film des Festivals, ein Werk, in dem Nostalgie zum Glücksfall wird." Neben dem Hauptpreis des Festivals, dem Goldenen Löwen, erhielt der Film zahlreiche weitere Auszeichnungen, darunter fünf Oscar-Nominierungen: Bester Film, Regie, Drehbuch sowie Lancaster und Sarandon. al

Das Attentat

L´attentat/L´attentato. Frankreich/Italien/BRD 1972 **R** Yves Boisset **B** Jorge Semprún, Ben Barzman, Basilio Franchina **K** Ricardo Aronovitch **M** Ennio Morricone **P** mmm **L** 120 Min., Farbe **D** Jean-Louis Trintignant, Michel Piccoli, Gian Maria Volonté, Jean Seberg, Roy Scheider, Philippe Noiret, François Perrier, Michel Bouquet, Bruno Cremer, Karin Schuberth

Ein herausragender Polit-Thriller in der Tradition des ebenfalls von Jorge Semprún geschriebenen Costa-Gavras-Films Z. Abermals geht es um die auf tatsächlichen Ereignissen beruhende Ermordung eines Politikers, in diesem Falle um das rätselhafte Verschwinden und den Tod des marokkanischen Oppositionsführers Ben Barka, Ende der 60er Jahre in Paris. Dieser ebenso skandalöse wie undurchsichtige Vorgang wurde von Yves Boisset zu einer spannenden, engagierten Anklage gegen Korruption, politische Skrupellosigkeit und die Machenschaften der Geheimdienste verarbeitet. Jean-Louis Trintignant spielt den zweitklassigen Journalisten Darien, einen linken Aktivisten, der von der französischen Geheimpolizei unter Druck gesetzt wird, um seinen Freund Sadiel (Volontè), einen nordafrikanischen Exilpolitiker, aus Genf nach Paris zu locken. Dieser ist der Vorsitzende einer Dritte-Welt-Organisation gegen wirtschaftliche Ausbeutung und soll in einer TV-Sendung interviewt werden. Nach seiner Ankunft in Paris wird Sadiel entführt und in der Villa eines Unterwelt-Bosses gefangengehalten, wo ihn sein Landsmann General Kassar (Piccoli), jetziger Chef einer korrupten Diktatur, foltern und töten läßt, um die Rückkehr Sadiels in seine Heimat zu verhindern. Darien spricht alle diese Vorgänge auf Band, doch wird er, noch bevor er dieses Dokument weitergeben kann, von einem als Journalisten getarnten CIA-Mann (Scheider) erschossen.
Boissets Film ist eindeutig vom Fall Barka inspiriert, erhebt aber nicht den Anspruch einer dokumentarischen Schilderung historischer Ereignisse, sondern spannt auf der Grundlage realer Vorgänge seinen fiktiven Handlungsbogen. Der Name des Herkunftslandes von Volontès und Piccolis Figuren wird beispielsweise nie erwähnt. In der Rolle des schwächlichen Darien überzeugt Trintignant, während fast alle der zahlreichen weiteren Charaktere von einer selten dagewesenen Versammlung französischer (und internationaler) Klassedarstellern gespielt werden. al

Der Attentäter

Suddenly. USA 1954 **R** Lewis Allen **B** Richard Sale **K** Charles G. Clarke **M** David Raksin **P** Robert Bassler für Libra Prod./United Artists **L** 78 Min., s/w **D** Frank Sinatra, Sterling Hayden, James Gleason, Nancy Gates, Kim Charney

Frank Sinatra ließ seiner Oscar-preisgekrönten Darstellung in VERDAMMT IN ALLE EWIGKEIT, die ihm einen enormen Popularitätsaufschwung verschafft hatte, diese Rolle als psychopathischer Killer folgen. Er spielt den Anführer einer dreiköpfigen Bande, die für 500.000 $ zur Ermordung des amerikanischen Präsidenten angeheuert wurde. Dessen Zug soll zu einer bestimmten Zeit am Bahnhof der kleinen Sadt Suddenly eintreffen. Die Gangster dringen in ein Haus ein, von dem sie einen guten Überblick haben, und halten die Familie und den zufällig hereinschauenden Sheriff (Hayden) gefangen.
Obwohl billig gemacht, ist Lewis Allens Gangster-Drama ein spannender Thriller geworden, der besonders von der fesselnden, ungemein bedrohlichen Leistung Sinatras als skrupelloser Verbrecher profitiert. Die Kritik zeigte sich beeindruckt, so schrieb z. B. das Magazin *Cue:* „Sinatra beherrscht die Leinwand mit einer Leichtigkeit, Autorität und Begabung, die ganz offensichtlich das Resultat von Sorgfalt, Arbeit und Intelligenz darstellt."
Nach der Ermordung von Präsident Kennedy im Jahre 1963 versuchte Sinatra übrigens, United Artists zur Herausnahme von *Der Attentäter* und seinem 1962er-Thriller BOTSCHAFTER DER ANGST, der sich ebenfalls mit einem Attentat beschäftigt, aus dem Verleihgeschäft zu bewegen. al

Attila, der Hunnenkönig

Sign of Pagan. USA 1954 **R** Douglas Sirk **B** Oscar Brodney, Barre Lyndon **K** Russell Metty **M** Frank Skinner, Hans J. Salter, Joseph Gershenson **P** Universal **L** 92 Min., Farbe **D** Jeff Chandler, Jack Palance, Ludmilla Tcherina, Rita Gam, Jeff Morrow, George Dolenz, Eduard Franz

Zu Beginn der 50er Jahre sah sich die Universal-Filmgesellschaft in Zugzwang gebracht, ebenfalls einen Monumentalfilm zu produzieren, nachdem bereits 1949 Paramount mit SAMSON UND DELILAH, zwei Jahre darauf MGM mit QUO VADIS? und 1953 die 20th Century-Fox mit DAS GEWAND riesige Kassenerfolge erwirtschaftet hatten. Die gewaltigen Investitionen für das Projekt *Attila, der Hunnenkönig* zahlten sich jedoch nicht aus.
Douglas Sirk beschreibt in seinem ersten CinemaScope und Big-Budget-Film die Geschichte des legendären Hunnenanführers, der mit seinen wilden Stämmen gegen Rom zieht, um sich für die erlittene Schmach (als Kind war er eine römische Geisel) zu rächen. Auf Bitten des Papstes verschont Attila jedoch die Ewige Stadt, was ihn in einen Hinterhalt der römischen Truppen führt, der ihn das Leben kostet.

Anders als in vergleichbaren Werken skizziert Sirk den „grausamsten Eroberer aller Zeiten" nicht als machthungriges Monstrum, sondern nähert sich der historischen Figur Attilas von der menschlichen Seite, indem er in ihm eine Person sieht, die von Melancholie und Selbstzweifeln gequält wird. Neben diesen Aspekten kommen jedoch auch die Schauwerte nicht zu kurz. Für die Koordination der prallen und mitreißend gestalteten Schlachtszenen wurde J. C. Havens als zweiter Regisseur zur Unterstützung der Crew engagiert. jg

Attila, die Geißel Gottes

Attila, flagello di Dio. Italien/Frankreich 1954 **R** Pietro Francisci **B** Ennio de Concini, Primo Zeglio, Claude André Pugett, Frank Gervasi, Ivo Perilli **K** Aldo Tonti, Karl Struss **M** Enzo Masetti **P** Carlo Ponti, Dino de Laurentiis für Lux Films (Rom), Lux France (Paris) **L** 80 Min., Farbe **D** Anthony Quinn, Sophia Loren, Henri Vidal, Irene Papas, Ettore Manni

Die Hunnen unter Führung ihres Königs Attila (Quinn) fallen im Jahre 452 mit unvorstellbarer Grausamkeit und Brutalität in Italien ein und bedrohen Ravenna, Hauptstadt des weströmischen Reiches. Auch des Kaisers intrigante Schwester (Loren), die dem Barbaren sich selbst und ihr halbes Reich anbietet, kann ihn nicht aufhalten. Er läßt sie töten. Sein Marsch auf Rom wird schließlich von Papst Leo I. gestoppt, der mit Gottes Hilfe einen derartigen Sturm entfacht, daß die Hunnen fluchtartig Italien verlassen.
Dieses abenteuerliche Gemisch aus historischen Fakten und Legende wurde in ein farbenprächtiges Ausstattungsspektakel mit wahrhaft internationaler Besetzung verwandelt. Anthony Quinn, der solch denkwürdige Zeilen wie „Heute Rom, morgen die Welt!" zu äußern hat, war einer der ersten Amerikaner, die in Europa drehten; es sollten noch viele folgen. Sophia Loren ist in einer ihrer ersten Hauptrollen zu sehen. Die *New York Times* ließ sich jedoch nicht beeindrucken und nannte das Ganze „einen sinnlosen Quatsch an Brutalität und Frömmigkeit". *Variety* fand immerhin, daß Quinn einen „starken und mächtigen Attila" abgäbe. al

Auch die Kleinen wollen nach oben

The Mouse on the Moon. Großbritannien 1963 **R** Richard Lester **B** Michael Pertwee, nach einem Roman von Leonard Wibberley **K** Wilkie Cooper **M** Ron Grainer **P** Walter Shenson für United Artists **L** 85 Min., Farbe **D** Margaret Rutherford, Ron Moody, Bernard Cribbins, David Kossof, Terry Thomas

Dieses eindeutig schwächere Sequel zu DIE MAUS, DIE BRÜLLTE dreht sich erneut um das Großherzogtum Fenwick (mit der unvergleichlichen Margaret Rutherford als Regentin), einen Zwergstaat, der im ersten Film den Vereinigten Staaten den Krieg erklärte. Dieses Mal versucht man, Geld für ein angebliches Weltraumprogramm von den USA zu erhalten, um die maroden Finanzen aufzubessern. Der Plan ist erfolgreich, doch die Kooperation schürt die Eifersucht der Russen, die dem kleinen Land eine ihrer Raketen schenken. Am Ende ist es Fenwick, das als erstes seine Fahne auf dem Mond plazieren kann.
Lesters Satire kann sich in Witz, Stil und Originalität nicht mit dem Original messen, wäre der frühere Film allerdings nie gemacht worden, könnte *Auch die Kleinen wollen nach oben* durchaus als amüsante Komödie allein bestehen. al

Auch ein Sheriff braucht mal Hilfe

Support Your Local Sheriff. USA 1968 **R** Burt Kennedy **B** William Bowers **K** Harry Stradling **M** Jeff Alexander **P** Cherokee **L** 93 Min., Farbe **D** James Garner, Joan Hackett, Jack Elam, Walter Brennan, Harry Morgan

Eine der ersten Ulk-Western, der die bekannten Vorbilder aus der klassischen Ära des Genres respektlos durch den Kakao zieht und dabei glänzend zu amüsieren versteht.
In eine Goldgräberstadt, in der Mord und Totschlag auf der Tagesordnung stehen, kommt ein Unbekannter, der sich für den Sheriffsposten anheuern läßt und mit seinen ungewohnten Methoden nicht nur die Bürger der Stadt das Staunen lehrt, sondern nebenbei auch noch einer brutalen Familiengang das Handwerk legt.
Der Film bietet in erster Linie Kennern des Western-Genres anderthalb vergnügliche Stunden, denn seine Pointen und seinen Witz schöpft er aus der Parodie von Werken der 40er und 50er Jahre. Zu einer der gelungensten Szenen gehört eine Geschicklichkeitsübung mit dem Gewehr, für die der Schießwettbewerb aus WINCHESTER 73 Pate steht. Gegen die verzagte und zerbrechliche Grace Kelly aus 12 UHR MITTAGS wird Joan Hackett als wild um sich schießende Emanze in Kontrast gesetzt. Und der in die Jahre gekommende Walter Brennan erhält als Gangster-"Pappi" mehrere Male die Gelegenheit, mit seinem Gebiß auf die humorigen Einlagen des Klassikers RED RIVER anzuspielen. jg

Auch eine französische Ehe

La tonnerre de Dieu/Matrimonio alla francese/ Auch eine französische Ehe. Frankreich/Italien/ BRD 1965 **R** Denys de la Patellière **B** Denys de la Patellière, Louis Agotay, Pascal Jardin, nach dem Roman *Qui m'emporte* von Bernard Clavel **K** Walter Wottitz **M** Georges Gavarentz **P** Les Films Copernic (Paris), Fida Cinematografica (Rom), Gloria Film (München) **L** 89 Min., s/w **D** Jean Gabin, Lilli Palmer, Michèle Mercier, Robert Hossein, Georges Geret, Ellen Schwiers

Jean Gabin in einer maßgeschneiderten Rolle als kauziger bretonischer Veterinär, der seit fünfundzwanzig Jahren kinderlos verheiratet ist - mit Lilli Palmer. Als „Ersatz" für eigenen Nachwuchs bringt er immer wieder herrenlose Tiere nach Hause. Eines Tages jedoch kreuzt er mit einer jungen Prostituierten (Mercier) aus der Nachbarstadt auf, die von ihrem Zuhälter übel ausgebeutet wurde. Nach anfänglichem Mißtrauen zeigt seine Frau Verständnis und freundet sich mit dem Mädchen an, das schließlich von den beiden Alten wie eine Tochter aufgenommen und sogar noch standesgemäß unter die Haube gebracht wird.
Regie-Routinier de la Patellière (er und Gabin bringen es auf sechs gemeinsame Filme), verläßt sich bei dieser verhaltenen Komödie voll auf das Quartett seiner Darsteller. Michèle Mercier ist ein weiteres Mal mit ihrem bevorzugten Co-Star Robert Hossein zu sehen, der bereits in ANGÉLIQUE und dessen Fortsetzungen ihr Partner war. Der *Evangelische Filmbeobachter* bemerkte gnädig: „Abgesehen von mehrfach überdeutlich gebrauchten Kraftausdrücken, muß man dem Film einen sympathischen Grundzug zugestehen." al

Auch Helden können weinen

The Proud and the Profane. USA 1956 **R** George Seaton **B** George Seaton, nach dem Roman *The Magnificent Bastards* von Lucy Herndon Crockett **K** John F. Warren **M** Victor Young **P** William Perlberg für Paramount **L** 111 Min., Farbe **D** William Holden, Deborah Kerr, Thelma Ritter, Dewey Martin, William Redfield

Man spekulierte offenbar auf eine Wiederholung des Erfolges von VERDAMMT IN ALLE EWIGKEIT, als man Deborah Kerr erneut in die Südsee zur Zeit des II. Weltkrieges schickte. Diesmal spielt sie eine Krankenschwester, die etwas über die letzten Stunden ihres gefallenen Ehemannes erfahren möchte. Als Mitglied einer Rot-Kreuz-Gruppe, angeführt von Thelma Ritter, lernt sie einen abgebrühten Marineoffizer (Holden) kennen, der sich nicht für ihr Anliegen, dafür umso mehr für ihren Körper interessiert. Schon bald ist sie von ihm schwanger, doch als sie erfährt, daß er verheiratet ist (mit einer Alkoholikerin), unternimmt sie einen Selbstmordversuch. Natürlich finden die beiden am Ende zueinander.
Von seinem großen Vorbild ist *Auch Helden können weinen* meilenweit entfernt. Ein Kritiker schlug als Alternativtitel *The Putrid and the Predictable* vor (etwa: *Das Faule und das Vorhersagbare*). Ein angebliches sexuelles Knistern zwischen Kerr und Holden wurde marktschreierisch angepriesen, doch

auf der Leinwand war davon nichts zu spüren. Trotzdem spielte der Film einiges Geld ein. al

Auch Henker sterben

Hangmen Also Die. USA 1942 **R** Fritz Lang **B** Fritz Lang, Bertolt Brecht, John Wexley, nach einer Story von Lang und Brecht **K** James Wong Howe **M** Hanns Eisler **P** Arnold Production **L** 130 Min., s/w **D** Brian Donlevy, Walter Brennan, Anna Lee, Gene Lockhart, Dennis O´Keefe, Reinhold Schünzel, Alexander Granach

„Jeden Morgen, mein Brot zu verdienen, gehe ich auf den Markt, wo Lügen gekauft werden. Hoffnungsvoll reihe ich mich ein zwischen die Verkäufer." Mit diesen bitteren Worten beschrieb Bertolt Brecht seine Tätigkeit im Hollywood der 40er Jahre. Nach zahlreichen Fehlschlägen, Drehbuchentwürfe an die amerikanischen Produzenten zu verkaufen, fand Brecht endlich in der Zusammenarbeit mit Fritz Lang einen Regisseur, mit dem er ein Sujet ausarbeiten konnte.
Der Film beschreibt das Schicksal einer Gruppe von tschechischen Widerstandskämpfern, die 1942 nach dem erfolgreichen Attentat auf den Reichsprotektor Reinhard Heydrich erbittert von den Nazis gejagt werden.
Die Dreharbeiten gestalteten sich zu einem wahren Emigranten-Treffen, denn Lang engagierte für die deutschen Rollen überwiegend viele seiner Kollegen aus Deutschland, so die Berliner Schauspieler Reinhold Schünzel, Alexander Granach und Hans von Twardowsky. Die Filmmusik schrieb der Musiker Hanns Eisler, der nach dem Krieg die Nationalhymne der DDR komponierte. Lang mußte in dieser Hollywood-Produktion die Politik des Faschismus auf einen amerikanischen Verstandesbegriff zurechtstutzen. „Ein europäisches Publikum würde keinen Film akzeptieren, der einen Supermann leicht über die Kräfte des Faschismus´ triumphieren läßt. Europa weiß es besser", erklärte er damals. jg

Auch Zwerge haben klein angefangen

Auch Zwerge haben klein angefangen. BRD 1969 **R** Werner Herzog **B** Werner Herzog **K** Thomas Mauch **M** Werner Herzog **P** Werner-Herzog-Film **L** 96 Min., s/w **D** Helmut Goring, Gerd Nickel, Gerhard März, Paul Glauer, Gisela Hertwig

„Der Film muß einen anschreien, und deshalb sollte er auch so radikal werden, so nackt im Rausschreien", beschrieb Herzog die Tendenz seines Werkes, das in seiner Konsequenz wirklich den Anspruch auf Radikalität erheben darf. In den Monaten November/Dezember 1969 fuhr Herzog mit seinem Drehteam auf die Vulkaninsel Lanzarote, um dort in der kargen, unwirklich anmutenden Naturkulisse seinen Film zu drehen.
Er siedelte die Handlung in einer Erziehungsanstalt an, die in einem öden, fiktiven Landstrich liegt und von Zwergen behaust wird. Der Direktor ist gerade mit mehreren Zöglingen zu einem Ausflug aufgebrochen und hat aus disziplinären Gründen eine Schar von Zwergen in der Anstalt zurückgelassen. Diese proben nun den Aufstand und verwüsten in einem Akt der Anarchie das Gebäude. Als es einem Erzieher gelingt, sich einem der Rädelsführer zu bemächtigen und diesem Gewalt anzutun, bricht die konfuse Rebellion jäh zusammen.
Auch Zwerge haben klein angefangen ist ein Kuriosum in der Geschichte des Films, denn in ihm agieren ausschließlich kleinwüchsige Menschen vor der Kamera. „Das Liliputanische an sich ist zugleich Gegenstand des Films und auch bloßes Material für eine Parabel, die wie alle guten Parabeln eine zweite mögliche Bedeutung außerhalb der eigentlichen Ebene fast nicht nötig hätte." (*Film*, 1970) jg

Audrey Rose - Das Mädchen aus dem Jenseits

Audrey Rose. USA 1977 **R** Robert Wise **B** Frank De Felitta, nach seinem Roman **K** Victor J. Kemper **P** Joe Wizan für United Artists **L** 113 Min., Farbe **D** Marsha Mason, Anthony Hopkins, John Beck, Susan Swift, John Hillerman

Nach dem gewaltigen Erfolg von DER EXORZIST hatten okkulte Thriller um übernatürlich begabte Kinder Hochkonjunktur. Auch Ivy (Swift) scheint kein gewöhnlicher Teenager zu sein. Denn ein Fremder (Hopkins) erklärt ihren verdutzten Eltern (Mason und Beck), daß ihre geliebte Tochter den wiedergeborenen Geist seines eigenen Mädchens in sich trage, das bei einem Unfall ums Leben kam. Natürlich weisen sie ihn zurück, doch hat sich Ivy in letzter Zeit nicht wirklich etwas sonderbar verhalten? Der furchtbare Verdacht, die Seele der verstorbenen Audrey Rose könne womöglich in Ivys Körper weiterleben, bestätigt sich schließlich durch Hypnose.
Regie-Veteran Robert Wise, der sein Debüt mit dem hervorragenden Horrorfilm *The Curse of the Cat People* (1944) gab und später mit BIS DAS BLUT GEFRIERT einen der stärksten Vertreter dieses Genres inszenierte, ist hier offensichtlich nicht in seinem Element. Der Film enthält zwei starke Darstellungen von Mason und dem lange unterschätzten Briten Anthony Hopkins, doch die vermeintlichen Schockelemente (Alpträume und Teufelsvisionen) sind einfach zu abgedroschen, um zu erschrecken. Ein weiterer Mißerfolg in der an Höhen und Tiefen reichen Karriere des Regisseurs. al

Auf dem Highway ist die Hölle los

Cannonball Run. USA 1980 **R** Hal Needham **B** Brock Yates **K** Michael Butler **M** Al Capps, Snuff Garrett **P** Albert S. Ruddy / Golden Harvest **L** 95 Min., Farbe **D** Burt Reynolds, Roger Moore, Farrah Fawcett-Majors, Dom DeLuise, Dean Martin, Sammy Davis jr., Jack Elam, Adrienne Barbeau, Peter Fonda, Terry Bradshaw, Jackie Chan

Cannonball Run ist die Bezeichnung eines Rennens von der Ost- zur Westküste der Vereinigten Staaten. 1933 bewältigte der Abenteurer Baker diese gewaltige Strecke in 53 Stunden und 30 Minuten. Hinderungsgrund in heutiger Zeit, die Distanz in diesem rasanten Tempo zurückzulegen, ist die Geschwindigkeitsbeschränkung auf den US-Autobahnen, auf denen man umgerechnet höchstens mit 89 Stundenkilometern fahren darf.
Jenes besagte und verbotene Rennen bildet also den Anlaß, einen Haufen skurriler Gestalten auf den weiten Weg nach Osten zu schicken und sie unterwegs die haarsträubendsten Abenteuer erleben zu lassen. Seinen Reiz gewinnt dieser anspruchslose Klamauk vornehmlich aus der Ansammlung der mitwirkenden Stars, von denen besonders Roger Moore durch eine Parodie seiner Bond-Rolle amüsiert. Am Schluß des Films sprengt er sich aus seinem Aston Martin.
Drehbuchautor Brock Yates war 1971 mit einer Anzahl von Freunden das Cannonball-Rennen selbst gefahren. Die 4.654 Kilometer lange Strecke legte er damals in 40 Stunden und 51 Minuten zurück. Den Kontrollen der Polizei entkam er, indem er einen Krankenwagen fuhr, der als Tarnung eine Freundin in der Rolle einer Patientin und einen echten Arzt als Beifahrer an Bord hatte. jg

Auf den Schwingen des Todes

Prayer for the Dying. Großbritannien 1987 **R** Mike Hodges **B** Edmund Ward, nach einer Erzählung von Jack Higgins **K** Mike Garfath **M** Bill Conti **P** Peter Snell / PFD Films, Britannic Film & TV **L** 108 Min., Farbe **D** Mickey Rourke, Alan Bates, Bob Hoskins, Sammi Davis, Alison Doody, Liam Neeson

Mickey Rourke verkörpert einen IRA-Terroristen, der nach einem Attentat, bei dem versehentlich ein vollbesetzter Schulbus in die Luft flog, des Tötens müde ist. Um sich jedoch ins Ausland absetzen zu können, muß er noch einen Mord begehen, wird dabei aber von einem katholischen Geistlichen beobachtet, den er durch das Beichtgeheimnis zum Schweigen verpflichtet. Durch die Begegnung mit dem Priester findet er jedoch zu sich selbst und zu Gott.
Der ziemlich aufgesetzt wirkende religiöse Aspekt reichte kirchlichen Kritikerkreisen schon, um die Thematik dieses Films zu würdigen. Bei einem pyrotechnisch eindrucksvollen und formal wirklich gelungenen Showdown, bei dem eine Kirche völlig ramponiert wird, dominiert allerdings platter Symbolismus. So stürzt Rourke bei einer wilden Klettertour ab und kann sich gerade noch an einer gekreuzigten Christusfigur festhalten. Auch das Element des Beichtgeheimnisses ist nichts Neues, hatte dies doch bereits schon 1952 Altmeister Hitchcock in ICH BEICHTE wesentlich glaubwürdiger thematisiert. Der durchaus effektive Hintergrund des irischen Bürgerkrieges dient leider auch nur als Aufhänger, um die Handlung in Schwung zu bringen.
Nach einer Flut von negativen Kritiken distanzierten sich Regisseur und Hauptdarsteller von ihrem Film und schanzten Produzent Peter Snell die Verantwortung zu. jg

Auf den Straßen von Paris

La fête à Henriette. Frankreich 1953 **R** Julien Duvivier **B** Julien Duvivier und Henri Jeanson **K** Roger Hubert **M** Georges Auric **P** Regina-Filmsonor, Paris **L** 95 Min., s/w **D** Dany Robin, Michel Auclair, Hildegard Knef, Michel Roux

Ähnlich wie bei seinem Werk UNTER DEM HIMMEL VON PARIS, der seinerzeit in Deutschland als Erfolgsfilm gehandelt wurde, inszenierte Julien Duvivier auch diesen Film vor einer typisch französischen Kulisse.
Zwei völlig unterschiedliche Filmautoren haben sich zusammengetan, um ein Filmmanuskript zu schreiben. Genauso unterschiedlich wie ihre Charaktere sind auch die Ideen, die sie entwickeln. Alles, was sie ihrer Sekretärin in die Maschine diktieren, sieht der Zuschauer direkt als Filmhandlung umgesetzt. Die beiden Autoren lassen so in ihrer Phantasie eine junge Verkäuferin und einen Fotoreporter den 14. Juli erleben.
Auf dieser einfachen Basis baute Duvivier einen Film auf, den die zeitgenössische Kritik aufgrund seines Witzes und der virtuosen Erzählweise lobte. Einzig der *Evangelische Filmbeobachter* bemängelte die teilweise „handfeste" Darstellung nackter Tatsachen", die die Knef in der Rolle einer Kunstreiterin für ein „derart eindeutiges Milieu prädestiniert". dk

Auf der Fährte des Adlers

Skyriders. USA 1976 **R** Douglas Hickox **B** Jack DeWitt, Garry Michael White, Stanley Mann **K** Ousama Rawi **M** Lalo Schifrin **P** Sandy Howard, Terry Morse jr. **L** 91 Min., Farbe **D** James Coburn, Susannah York, Robert Culp, Charles Aznavour

Ein Film für Drachenflieger und alle, die von diesem Sport geträumt, sich aber nie getraut haben, ihn auszuüben. Denn die exzellent fotografierten Flugaufnahmen und -szenen sind es, die *Auf der Fährte des Adlers* über den Thriller-Durchschnitt stellen. Die Geschichte ist eher banal: Frau und Kinder eines amerikanischen Industriellen werden in Athen von einer Terroristengruppe entführt. Die griechische Polizei ist hilflos, erst der Abenteurer McCabe (Coburn) findet eine Spur der Entführten. Auf einem Foto, das die Kidnapper als Lebensbeweis schicken, erkennt er ein Fresko, das es nur in einem entlegenen Kloster im Landesinneren gibt. Doch das Kloster ist in einen hohen Felsen gebaut und nur über eine einzige, leicht zu überwachende Brücke zugänglich. McCabe gewinnt die Mithilfe einer Drachenflieger-Truppe. Mit ihr will er im Schutz der Dunkelheit in das Kloster gelangen und die Geiseln befreien.
Douglas Hickox führte bereits 1958 erstmals Regie. Seine besten Filme stammen jedoch aus den siebziger Jahren: BLUTROTER MORGEN, THEATER DES GRAUENS, und BRANNIGAN - EIN MANN AUS STAHL. nn

Auf der Jagd nach dem grünen Diamanten

Romancing the Stone. USA 1984 **R** Robert Zemeckis **B** Diane Thomas **K** Dean Cundey **M** Alan Silvestri **P** Michael Douglas für El Corazón/20th Century-Fox **L** 106 Min., Farbe **D** Michael Douglas, Kathleen Turner, Danny DeVito, Zack Norman

Lange bevor Steven Spielbergs Abenteuerstreifen JÄGER DES VERLORENEN SCHATZES an den Kinokassen Furore machte, hatte die ehemalige Schauspielstudentin Diane Thomas ihr erstes Drehbuch fertiggestellt und es u.a. Michael Douglas gesandt. Der griff sofort zu, dennoch brauchte das Projekt fünf Jahre bis zur Realisierung. Die Erfolgsautorin Joan Wilder (Turner), die gerade ihren neuesten Trivialroman beendet hat, erhält aus Kolumbien den verzweifelten Anruf ihrer Schwester, die in die Hände von Gangstern geraten ist. Um sie auszulösen, soll Joan eine mysteriöse Karte nach Südamerika bringen. Bis zum Flughafen Cartagena schafft die Schriftstellerin es noch, dann steigt sie in den falschen Bus, und das Abenteuer kann beginnen. Allein in der Wildnis, trifft sie gottlob auf den Mann ihrer Träume, den perfekten Helden ihrer Romane: den Globetrotter Jack Colton (Douglas). Zemeckis´ temporeiche Abenteuerkomödie bietet genausoviel haarsträubende, atemlose Action wie Spielbergs INDIANA JONES...-Serie, doch nimmt sich der Film nicht so ernst und legt ein stärkeres Gewicht auf die Parodie gängiger Filmklischees. Außerdem herrscht zwischen beiden Hauptdarstellern ein absolut ausgeglichenens Verhältnis: Kathleen Turner ist nicht nur kreischendes Opfer, sondern kann sich gegen Douglas mehr als behaupten. Sie strich auch das dickste Lob von Kritikerseite ein, die überraschend freundlich mit dem Film umging. Komplettiert wird das Trio durch die umwerfend komische Darstellung Danny DeVitos, der als hektischer Gangster Ralph seine Filmkarriere als Komiker ins Rollen brachte.
Auf der Jagd nach dem grünen Diamanten war ein Riesenerfolg und zog 1985 eine Fortsetzung nach sich: AUF DER JAGD NACH DEM JUWEL VOM NIL. al

Auf der Jagd nach dem Juwel vom Nil

The Jewel of the Nile. USA 1985 **R** Lewis Teague **B** Mark Rosenthal, Mark Konner **K** Jan DeBont **M** Jack Nitzsche **P** Michael Douglas für The Stone Group/20th Century-Fox **L** 104 Min., Farbe **D** Michael Douglas, Kathleen Turner, Danny DeVito, Spiros Focas, Avner Eisenberg

Diese Fortsetzung des äußerst erfolgreichen AUF DER JAGD NACH DEM GRÜNEN DIAMANTEN bringt das Darsteller-Trio des ersten Films wieder zusammen. Die Geschichte beginnt, als sich Joan von einem arabischen Prinzen (Focas) überreden läßt, seine Biographie zu schreiben. Inzwischen haben sich Jack und Ralph, der Entschädigung für den Verlust des grünen Diamanten fordert, wiedergetroffen, doch für Zwistigkeiten bleibt keine Zeit, denn sie erfahren, daß Joan in Nordafrika in großer Gefahr schwebt!
Trotz des gewissen Knisterns zwischen Douglas und Turner und einer erweiterten Rolle für Danny DeVito läßt dieses Sequel

doch einiges von der Frische und Originalität des Originals vermissen, statt dessen spürt man das angestrengte Bemühen der Macher, einen ebenbürtigen Nachfolger zu produzieren. Es gibt wieder reichlich Action und einige amüsante Dialoge, doch die Entwicklung der Charaktere (besonders Turners), die einen großen Reiz des Originals ausmachte, fehlt hier. Trotzdem wurde auch *Auf der Jagd nach dem Juwel vom Nil* ein Kassenerfolg, nicht zuletzt durch die geschickte Promotion mit einem Hit-Soundtrack: In Billy Oceans *When the Going Gets Tough, the Tough Get Going* fungierten die drei Stars als Background-Chor. al

Auf der Suche nach dem goldenen Kind

The Golden Child. USA 1986 **R** Michael Ritchie **B** Dennis Feldman **K** Donald E. Thorin **M** Michel Colombier **P** Edward S. Feldman, Robert D. Wachs/ Paramount **L** 90 Min., Farbe **D** Eddie Murphy, Charles Dance, Charlotte Lewis, James Hong, Victor Wong

Ganz Tibet feiert die Geburt des „Goldenen Kindes". Alle tausend Jahre kommt dieser Junge mit den magischen Kräften auf die Welt. Doch die Freude der Tibetaner über ihren Heiland ist nur von kurzer Dauer. Böse Mächte haben den kleinen Gott entführt. Durch ein Orakel wird der Amerikaner Chandler in Los Angeles auserwählt, das Kind zu befreien.
Dieser exotische Klamaukfilm mit Kung-Fu-Einlagen wurde als eine Parodie auf die Spielberg-Abenteuerfilme JÄGER DES VERLORENEN SCHATZES und INDIANA JONES UND DER TEMPEL DES TODES konzipiert. Wie schon in diesen beiden Streifen sorgten auch in *Auf der Suche nach dem goldenen Kind* die Trick-Spezialisten von Industrial Light and Magic (ILM) für die Special Effects.
Doch leider hat Michael Ritchie, der früher Filme wie *Die Professionals* oder BILL MCKAY - DER KANDIDAT drehte, außer dieser Trickparade keine besonderen Regie-Einfälle zu bieten. Und Eddie Murphy quasselt am laufenden Band, ohne den Humor seiner früheren Filme zu erreichen. nn

Auf der Suche nach Mr. Goodbar

Looking for Mr. Goodbar. USA 1977 **R** Richard Brooks **B** Richard Brooks, nach dem Roman von Judith Rossner **K** William A. Fraker **M** Artie Kane **P** Freddie Fields für Paramount **L** 136 Min., Farbe **D** Diane Keaton, Tuesday Weld, William Atherton, Richard Kiley, Richard Gere, Alan Feinstein, Tom Berenger, Priscilla Pointer

Die junge Taubstummenlehrerin Theresa (Keaton) leidet unter den Zwängen ihres konservativen Elternhauses, das keine Entfaltung ihrer Sexualität zuläßt. Nach ihrer gescheiterten Beziehung zu einem Professor (Feinstein) beginnt sie allmählich ein Doppelleben: Tagsüber geht sie gewissenhaft ihrem Beruf nach, doch nachts zieht sie durch Single-Bars und Kneipen, immer auf der Suche nach „dem Richtigen". Diese Promiskuität wird ihr eines Tages zum Verhängnis.
Viele Regisseure schreckten vor einer Bearbeitung von Judith Rossners Bestseller zurück, und auch Richard Brooks Adaption war umstritten, obwohl er das heikle Thema des Buches mit Geschmack und Zurückhaltung behandelt hatte. Viele waren der Ansicht, der Film erlaube sich ein Statement zum Thema Promiskuität, da die Hauptfigur am Ende ermordet wird (sozusagen als Bestrafung für ihr Lotterleben). In jedem Falle war die mit einem Budget von 2,5 Mio.$ sehr billige Produktion ein enormer kommerzieller Erfolg, wenn sich auch das Kritikerlob hauptsächlich auf Diane Keaton und die wie immer herausragende Tuesday Weld als ihre Schwester bezog. Der englische Titel ist ein Wortspiel und müßte eigentlich *Looking For Mr. Right* (*Auf der Suche nach dem Richtigen*) heißen. „Mr. Goodbar" ist jedoch der Name einer Bar, in der sich Keaton im Film häufig aufhält und in der sie auch ihren Mörder (Berenger) trifft. al

Auf die harte Tour

The Hard Way. USA 1990 **R** John Badham **B** Daniel Pyne, Lem Dobbs **K** Don McAlpine, Robert Primes **M** Arthur B. Rubinstein **P** William Sackheim, Rob Cohen **L** 111 Min., Farbe **D** Michael J. Fox, James Woods, Stephen Lang, Annabella Sciorra

Um sich auf eine kommende Rolle in einem Polizeifilm vorzubereiten, reist ein verwöhnter Hollywood-Jungstar (Fox) nach New York, wo er an der Seite eines rauhbeinigen Cops (Woods) eine Serie aufregender Abenteuer besteht, in deren Verlauf sich die anfangs feindselig gegenüberstehenden Männer zaghaft anfreunden.
John Badham, der schon mit DAS FLIEGENDE AUGE einen Beitrag zum aufwendigen Action-Kino abgeliefert hatte, inszenierte hier mit viel Liebe für pyrotechnische Effekte und haarsträubende Verfolgungsjagden einen Film, der ganz im Sinne der Massenunterhaltung Hollywoods steht. Mehr als einen recht spannenden Zeitvertreib will er dabei auch nicht bieten, doch gelingt es Badham durch eine Vielzahl von Zitaten aus anderen Filmen, sich wohltuend von den gängigen Routine-Streifen abzusetzen. Einen besonderen Höhepunkt bildet die waghalsige Kletter- und Rutschpartie auf einer überdimensionalen Reklamefigur, die den Titelhelden Michael J. Fox als Filmfigur Nick Lang darstellt. Über einen Zeitraum von fast 10 Minuten hält diese Sequenz den Zuschauer in ihrem Bann und verweist dabei mit Freude auf diverse Anleihen, die sie geschmackssicher aus den Vorlagen der beiden Hitchcock-Filme SABOTEURE und DER UNSICHTBARE DRITTE kopiert. jg

Auf eigene Faust

Ride Lonesome. USA 1959 **R** Budd Boetticher **B** Burt Kennedy **K** Charles Lawton **M** Heinz Roemheld **P** Columbia **L** 72 Min., Farbe **D** Randolph Scott, Karen Steele, Pernell Roberts, James Best, Lee van Cleef

Budd Boetticher behielt für diesen Western, der sein vorletztes Werk in der bewährten Zusammenarbeit mit Randolph Scott sein sollte, die Thematik von FAHRKARTE INS JENSEITS bei. Auch in *Ride Lonesome* begibt sich der Held auf die Jagd nach zwei Mördern, die seine Frau vergewaltigt und erhängt haben.
Das logisch kalkulierte Drehbuch schrieb Burt Kennedy, der in den 60er Jahren ebenfalls mit den Filmen DUELL IN DIABLO und DAS WIEGENLIED VOM TOTSCHLAG interessante Beiträge zum Western-Genre ablieferte.
Boettichers Film versteht es ein weiteres Mal, sich der bewährten Stilelemente des epischen Western zu bedienen, ohne daß deren Präsentation abgegriffen wirkt und sich Langeweile breit macht. *Variety* lobte mit einigen Einschränkungen die technische Perfektion des Streifens: „Charles Lawtons Kameraführung, in Eastman Color und CinemaScope, fängt des öfteren in einem ungewöhnlichen Naturlicht berauschend schöne Außenaufnahmen in der Kombination von Wüste und Bergen ein. Jerome Thoms Schnitt ist erstklassig. Lawtons Kameraarbeit findet allerdings weder in der Musikuntermalung (denn die bietet wenig Neues) noch in der holperigen Tonqualität Unterstützung." jg

Auf ein Neues

Starting Over. USA 1979 **R** Alan J. Pakula **B** James L. Brooks, nach dem Roman von Dan Wakefield **K** Sven Nykvist **M** Marvin Hamlisch **P** Alan J. Pakula, James L. Brooks für Paramount

L 106 Min., Farbe **D** Burt Reynolds, Jill Clayburgh, Candice Bergen, Charles Durning, Frances Sternhagen, Wallace Shawn

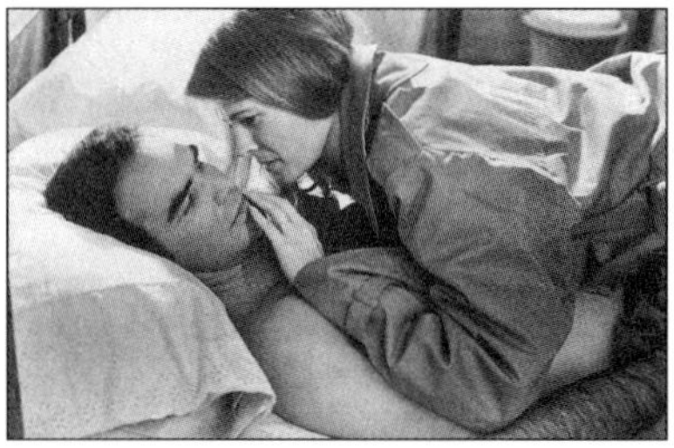

Phil Potter (Reynolds) ist wie vom Donner gerührt, als ihn seine Frau Jessica (Bergen) nach achtjähriger Ehe verlassen will, um „sich selbst zu verwirklichen". Sein Bruder (Durning), ein Psychiater, nimmt sich seiner an, steckt ihn in einen"Workshop für geschiedene Männer" und verkuppelt ihn auch gleich mit der Kindergärtnerin Marilyn (Clayburgh). Obwohl die Scheidung bereits ausgesprochen ist, kann Jessica von ihrem Ex-Mann nicht lassen und löst damit in Phils neuer Beziehung das eine ums andere Mal Krisen aus.
Alan J. Pakulas romantische Komödie löste bei der Kritik Bewunderung und Begeisterung aus - man fühlte sich an die Screwball-Komödien der 30er und 40er Jahre erinnert. Unübersehbar war jedenfalls der Einfluß von Jill Clayburghs Erfolg von 1977, EINE ENTHEIRATETE FRAU, in der es ebenfalls um ein Dreiecksverhältnis geht, allerdings unter umgekehrten geschlechtlichen Vorzeichen.
Für Reynolds und Bergen bedeutete *Auf ein Neues* die lang versagte Anerkennung als „ernsthafte" Schauspieler. Der Super-Macho aus unzähligen Action-Streifen darf sich von einer sensiblen und verletzlichen Seite zeigen, während Candy Bergen, oft als „Nicht-Schauspielerin" bezeichnet, dem Film einige komische Glanzlichter aufsetzt, wenn sie als Möchtegern-Liedermacherin mit quietschender Stimme einige ihrer feministischen Songs zum Besten gibt (Text: Carole Bayer Sager). Sowohl sie als auch Clayburgh wurden für den Oscar nominiert. al

Auf falscher Spur

The Clouded Yellow. Großbritannien 1950 **R** Ralph Thomas **B** Eric Ambler, nach einer Story von Janet Green **K** Geoffrey Unsworth **M** Benjamin Frankel **P** Betty E. Box für Carillon Films **L** 94 Min., s/w **D** Jean Simmons, Trevor Howard, Sonia Dresdel, Barry Jones, Maxwell Reed, Kenneth More

Zu Unrecht eines Mordes beschuldigt, findet sich Sophie (Simmons) eines Tages im Gefängnis wieder, wird aber von einem ehemaligen Agenten des britischen Secret Service (Howard), der fest an ihre Unschuld glaubt, befreit . Es beginnt eine Jagd durch England bis nach Liverpool, wo die beiden ein Schiff nach Mexiko zu besteigen hoffen.
Ein gut gemachter kleiner Thriller, der geschickt Spannung aufbaut, die er während der gesamten, von Geoffrey Unsworth vorzüglich photographierten Verfolgungsjagd zu halten weiß. Gut gezeichnete Charaktere, gute Schauspieler, und Simmons/Howard als ein überzeugendes, sehr gegensätzliches Liebespaar. Der britische Kriminalschriftsteller Eric Ambler (*Topkapi*) schrieb das Drehbuch. al

Auf glühendem Pflaster

Walk on the Wild Side. USA 1961 **R** Edward Dmytryk **B** John Fante, Edmund Morris, nach dem Roman *Wildnis des Lebens* von Nelson Algren **K** Joe MacDonald **M** Elmer Bernstein **P** Famous Artists/Charles K. Feldman **L** 114 Min., s/w **D** Laurence Harvey, Capucine, Jane Fonda, Barbara Stanwyck, Anne Baxter

Der junge Texaner Dave Linkhorn (Harvey) ist auf der Suche nach seiner Verlobten Hallie (Fonda). Er findet sie in New Orleans, wo sie die Attraktion des berüchtigten Bordells „Doll House Café" ist. Daves Bemühungen, Hallie aus dem Milieu zu befreien, scheitern an der Chefin des Etablissements. Diese hetzt einen Killer auf Dave, doch die tödliche Kugel trifft Hallie.
Mit dieser modernen Version der beiden Königskinder, die nicht zueinander finden, konnte Regisseur Edward Dmytryk alias Luciano Sacripanti nicht an seine früheren Erfolge wie DIE CAINE WAR IHR SCHICKSAL oder DIE GEBROCHENE LANZE anknüpfen. Der Streifen rutschte ins Pathetisch-Sentimentale. Beeindruckend sind lediglich Dmytryks suggestive Regie mit ihren bewußt stilisierten Schwarzweißbildern und die schauspielerischen Leistungen von Capucine, Barbara Stanwyck und Laurence Harvey. nn

Auf immer und ewig

Auf immer und ewig. BRD 1985 **R** Christel Buschmann **B** Christel Buschmann **K** Frank

Brühne **M** Chris Rea **P** Rocco-Fiom/Christel Buschmann/ZDF **L** 97 Min., Farbe **D** Eva Mattes, Werner Stocker, Teo Gostischa, Silke Wülfing, August Zirner, Ulrich Wildgruber

Neun Jahre nach ihrer Trennung, in denen sie nicht aufgehört haben sich zu lieben, begegnen sich Mo und Tom wieder. Die Leidenschaft zwischen beiden flammt erneut auf, doch läßt Mo ihren Freund in Unwissenheit darüber, daß sie inzwischen ein Kind hat und außerdem auch noch todkrank ist.
„Mich interessieren Filmfiguren, die mit elementaren existentiellen Erfahrungen konfrontiert werden und wie sie damit umgehen... Ich kann mir nicht vorstellen, einen Film zu machen, in dem Liebe und Tod keine Rolle spielen" (Christel Buschmann). Ein deutsches Melodrama, inszeniert von einer jungen Regisseurin, das versucht, den Kitsch und die Sentimentalität der üblichen Sterbe- und Liebesschnulzen zu vermeiden, in seiner Aussage jedoch an seiner unüberlegten Besetzung scheitert. Die etwas grobschlächtig wirkende Eva Mattes spielt zwar hervorragend, doch nimmt man ihr die Rolle der todkranken Mo leider nicht ab, dazu ist sie in ihrer Person zu wuchtig und dominant. Mehr schaupielerische Eleganz hätte man sich hingegen von Werner Stocker erwartet, dessen makellose Erscheinung bei weitem nicht ausreicht, darstellerische Mängel zu überdecken. jg

Auf kurze Distanz

At Close Range. USA 1985 **R** James Foley **B** Nicholas Kazan **K** Juan Ruiz Anchia **M** Patrick Leonard **P** Elliott Lewitt für Hemdale Film **L** 113 Min., Farbe **D** Sean Penn, Christopher Walken, Mary Stuart Masterson, Christopher Penn, Millie Perkins

Der junge Brad (Penn), aus ärmlichen Verhältnissen stammend, gründet eine eigene Jugend-Bande, um seinem Vater (Walken) nachzueifern, den er kaum sieht und der Chef einer kriminellen Vereinigung ist. Außerhalb dieser Welt liegt seine Romanze mit der scheuen Terry (Masterson). Schon bald geraten die Jugendlichen in den Konflikt zwischen der väterlichen Organisation und der Staatsmacht, der blutig und tragisch endet.
James Foleys Film liegt eine wahre Begebenheit aus dem Jahre 1978 zugrunde. Produzent Elliott Lewitt las in einem Zeitungsartikel von einem Familiendrama, das sich in

Pennsylvania abgespielt hatte. Nach einem Treffen mit der Autorin des Berichts begann er mit eigenen Recherchen und schrieb ein Treatment, das er United Artists anbot. Durch den von HEAVEN´S GATE verursachten Bankrott des Studios gelangte das Projekt schließlich zu Hemdale. Der nachdenkliche, realistische Film bleibt jedoch trotz der guten schauspielerischen Leistungen seltsam unbewegend. al

Auf leisen Sohlen kommt der Tod

Fuzz. USA 1971 **R** Richard A. Colla **B** Evan Hunter, nach einem Roman von Ed McBain **K** Jacques Marquette **M** Dave Grusin **P** Jack Farren **L** 93 Min., Farbe **D** Burt Reynolds, Jack Weston, Yul Brynner, Tom Skeriff, Raquel Welch

Auf einem Polizeirevier von Boston geht ein Telefonanruf ein, in dem ein Unbekannter droht, einen prominenten Bürger der Stadt umzubringen, wenn man ihm nicht ein entsprechendes Lösegeld zahlt. Die Beamten nehmen die Warnung nicht ernst. Erst als das Opfer tatsächlich erschossen wird und weitere Morddrohungen eintreffen, schätzt man die Situation richtig ein.
Ein überaus harter Thriller, der versucht, sowohl bildlich als auch sprachlich seinen Anspruch auf Realität umzusetzen, dabei jedoch mit der Sensationslust des Publikums spekuliert. Der actionbegeisterte Zuschauer wird innerhalb von 90 Minuten bei wilden Schießereien, diversen Morden und Verfolgungsjagden, Raubüberfall, Explosion und Brandstiftung voll auf seine Kosten kommen. In der Besetzung hat *Fuzz* einige Glanzlichter zu bieten. Raquel Welchs imposante Auftritte - u. a. fungiert sie sogar als Lockvogel für einen Sittlichkeitsverbrecher - gefallen, und auch Yul Brynner als diabolischer Gangster verbreitet die nötige Aura des Bösen.
Evan Hunter, der zu solch berühmten Filmen wie DIE SAAT DER GEWALT oder DIE VÖGEL das Drehbuch schrieb, hätte man allerdings ein originelleres Skript zugetraut. jg

Auf Liebe und Tod

Vivement dimanche! Frankreich 1983 **R** François Truffaut **B** François Truffaut, Suzanne Schiffman, Jean Aurel, nach dem Roman *The Long Saturday Night* von Charles Williams **K** Nestor Almendros **M** Georges Delerue **P** Jean-François Lentretien, Jacqueline Oblin für Les Films du Carosse/Films A2/Soprofilms **L** 111 Min., s/w **D** Fanny Ardant, Jean-Louis Trintignant, Philippe Laudenbach, Caroline Sihol

Mit dieser augenzwinkernden Mischung aus Krimi und Liebesgeschichte, dem letzten Film des Regisseurs vor seinem Tode im Jahre 1984, landet Truffaut wieder da, wo er mit SCHIESSEN SIE AUF DEN PIANISTEN! angefangen hatte: bei den Kriminalromanen der *Serie Noire*, für die das französische Kino eine besondere Vorliebe hat und von denen Truffaut im Verlaufe seiner Karriere allein fünf adaptierte. Gedreht in stimmungsvollem Schwarzweiß, befindet sich diese Geschichte einer Amateurdetektivin (Ardant), die ihren Chef (Trintignant) aus Liebe von einem Mordverdacht befreien will, in deutlicher Nähe zum Œuvre Alfred Hitchcocks (dem Truffaut in dem Interview-Buch *Mr. Hitchcock, wie haben Sie das gemacht?* huldigte). Zugleich ist es die zweite Zusammenarbeit des Regisseurs mit Fanny Ardant, die in den Jahren vor seinem Tod seine Lebensgefährtin war und bereits in DIE FRAU NEBENAN eine Hauptrolle spielte. Kritik und Publikum waren von Charme und Eleganz von *Auf Liebe und Tod* gleichermaßen angetan: Er wurde der erfolgreichste Film Truffauts überhaupt. *Liberation* schrieb: „Unterm Strich ist das exzellentes Kino - ein Mordsvergnügen, und das allein zählt." al

Auf Messers Schneide

The Razor´s Edge. USA 1946 **R** Edmund Goulding **B** Lamar Trotti, nach dem Roman von Somerset Maugham **K** Arthur Miller **M** Alfred Newman **P** Darryl F. Zanuck für 20th Century-Fox **L** 105 Min. (Originalfassung 146 Min.), s/w **D** Tyrone Power, Gene Tierney, John Payne, Anne Baxter, Clifton Webb, Herbert Marshall, Lucile Watson, Elsa Lanchester, Fritz Kortner

Fox-Chef Darryl F. Zanuck höchstpersönlich zeichnete verantwortlich für die Leinwand-Adaption von Somerset Maughams 1944 erschienenen Roman um die Sinnsuche eines Kriegsheimkehrers und steckte über vier Millionen Dollar in die verschwenderisch ausgestattete und hochkarätig besetzte Produktion.
Tyrone Power (in seiner ersten Rolle nach Ableistung des Militärdienstes) spielt Larry, der nach seiner Rückkehr aus dem I. Weltkrieg das Leben mit anderen Augen betrachtet und den gutdotierten Posten ablehnt, den ihm seine snobistische Verlobte Isabel (Tierney) zwischenzeitlich organisiert hat. Statt dessen plant er, von Paris aus auf Weltreise zu gehen, um den wirklichen Sinn des Lebens zu finden. Dieser Trip führt ihn bis nach Indien und Nepal, wo er mit hinduistischer Philosophie in Kontakt kommt. Nach über zehn Jahren zurück in Paris, kommt es erneut zu einer Konfrontation mit Isabel, die unterdessen einen Jugendfreund Larrys geehelicht hat. Ihn noch immer liebend, ist es ihr ein Dorn im Auge, daß der einstige Verlobte sich nun hingebungsvoll um eine gestrandete Alkoholikerin (Baxter) bemüht, und sie spinnt ihre Intrigen.
100 Drehtage, für damalige Verhältnisse ungeheuer viel, benötigtedie Produktion, und das Presseheft verkündete stolz, allein eine Liebesszene zwischen Power und Tierney habe 121.000 $ gekostet. So wurde die Ablehnung des Materialistischen, die der Roman und auch das Drehbuch propagieren, durch den enormen Aufwand ziemlich ad absurdum geführt. Trotzdem gilt der Film als die beste Maugham-Adaption überhaupt. Die Figur des Autors, die schon im Roman als ordnender Erzähler die vielen Handlungsfäden in der Hand hält, wird in einer kurzen Szene von Herbert Marshall dargestellt; die meiste Zeit ist nur seine Stimme aus dem Off zu hören. Die gleiche Funktion hatte der Schauspieler bereits in Maughams DER BESESSENE VON TAHITI übernommen.
Auch die anderen Darstellungen sind durchweg Spitzenklasse, besonders fiel jedoch Anne Baxter auf, die einen Oscar als Beste Nebendarstellerin erhielt. Weitere Nominierungen gab es für Bester Film, Nebendarsteller (Webb) und Ausstattung.
In einer kleinen Rolle ist auch der deutsche Schauspieler und Regisseur Fritz Kortner zu sehen, damals im amerikanischen Exil lebend. 1984 unter gleichem Titel nochmals verfilmt. al

Auf Messers Schneide

The Razor´s Edge. USA 1984 **R** John Byrum **B** John Byrum, Bill Murray, nach dem Roman von Somerset Maugham **K** Peter Hannan **M** Jack Nitzsche **P** Robert P. Marcucci, Harry Benn für Columbia **L** 129 Min., Farbe **D** Bill Murray, Theresa Russell, Catherine Hicks, Denholm Elliott

Ambitionierte Neuverfilmung von Somerset Maughams Roman, den Edmund Goulding 1946 bereits zwei Jahre nach dessen Erscheinen aufwendig und erfolgreich in Szene setzte. Bill Murray, bis dato nur als Komiker bekannt, hatte seine Mitwirkung in Columbias GHOSTBUSTERS an die Bedingung geknüpft, daß er und sein Freund John Byrum dieses Projekt realisieren konnten. Entsprechend gespannt war die amerikanische Öffentlichkeit und die Fachwelt auf den ersten Ausflug des Schauspielers ins ernste Fach.
Doch in der Rolle des Larry Darrell, der sich nach seinem Einsatz im Ersten Weltkrieg auf einen Selbstfindungstrip begibt, überzeugte Murray nur wenige. *USA Today* witzelte: „Er spielt Darrell, als ob Darrell *Saturday Night*

Live gucken würde, und das ist gut so. Diese Geschichte braucht komische Auflockerung." Der Schauspieler wirkt viel zu zeitgenössisch für einen 20er-Jahre-Charakter. Der Film bietet einiges an optischen Reizen, inklusive der guten Darstellungen von Elliott und Russell, doch die innere Suche der Hauptfigur, das, was sie antreibt, kommt leider zu kurz. Eine Enttäuschung auf der ganzen Linie und eine persönliche Niederlage für Bill Murray, der ins komische Fach zurückkehrte. al

Auf St. Pauli ist der Teufel los

I magliari. Italien/Frankreich 1960 **R** Francesco Rosi **B** Francesco Rosi, Suso Cecchi d'Amico, Giuseppe Patroni Griffi **K** Gianni di Venanzo **M** Piero Piccioni **P** Franco Cristaldi für Titanus/Vides (Rom), S.G.C. (Paris) **L** 92 Min. (Originalfassung 107 Min.), s/w **D** Alberto Sordi, Renato Salvatori, Belinda Lee, Linda Vandal, Aldo Giuffré

Bei Francesco Rosis zweiter Regiearbeit handelt es sich trotz des haarsträubenden deutschen Verleihtitels nicht um ein derbdeftiges Lustspiel von Hamburgs sündiger Meile, sondern um eine ernsthafte Auseinandersetzung mit der Ausbeutung italienischer Gastarbeiter in der Bundesrepublik.
Der arbeitslose Italiener Mario (Salvatori) lernt in Hannover den Teppich-Schieber Totonno (Sordi) kennen, von dem er in eine Organisation von Kleinverbrechern eingeführt wird, die mit einem deutschen Unternehmer zusammenarbeiten. Während sich die Italiener in Hamburg mit rivalisierenden Polen herumschlagen müssen, vollzieht sich die ausweglose Liebesgeschichte zwischen Mario und der Industriellengattin Paula (Lee), einer ehemaligen Prostituierten. Am Ende kehrt Mario, seiner Träume vom sozialen Aufstieg beraubt, allein in seine Heimat zurück.
Auf St. Pauli ist der Teufel los entstand im Winter '59 an Originalschauplätzen in Norddeutschland, und der Film fasziniert mit seinem detaillierten Stimmungsbild Deutschlands im ausgehenden Wirtschaftswunder. Gianni di Venanzos klare Schwarzweiß-Photographie ist von einer bestechenden Genauigkeit, die selbst in der Nacht noch Szenen von erstaunlicher Authentizität zuläßt. In Rosis Werk einzigartig, zumindest bis CHRONIK EINES ANGEKÜNDIGTEN TODES, ist der starke Akzent auf der melodramatischen Romanze: Frauen kommen in seinen übrigen Filmen nur am Rande vor. al

Auf Teufel komm raus

Running Scared. USA 1980 **R** Paul Glicker **B** David Odell **K** Willy Kurant, Nathaniel Dorsky **M** Roger Kellaway **P** Paul Glicker **L** 96 Min., Farbe **D** Ken Wahl, Judge Reinhold, Annie McEnroe, John Saxon, Bradford Dillman

Durch einen unglücklichen Zufall geraten zwei junge Männer, die gerade aus der US-Army entlassen worden sind, in Spionageverdacht. Kaum auf amerikanischem Boden angelangt, werden die beiden Unschuldigen in einer gnadenlosen Hetzjagd vom CIA verfolgt.
Ein technisch ambitionierter Actionthriller, der allerdings der bewährten Thematik kaum neue Aspekte abgewinnen kann und sich überdeutlich auf bekannte Vorbilder stützt. Das Motiv des unschuldig Verfolgten hatte bereits Alfred Hitchcock wesentlich origineller und aufregender in seinem Meisterwerk DER UNSICHTBARE DRITTE aufgegriffen. Die zahlreichen Verfolgungssequenzen sind allerdings auf ihre typisch amerikanische Art flott und technisch perfekt inszeniert. Wie schon in dem Rock-Hudson-Film NEW YORK EXPRESS oder dem James-Bond-Abenteuer LEBEN UND STERBEN LASSEN gibt auch hier das einzigartige Sumpfgebiet der Everglades eine grandiose Kulisse für die Jagdszenen im motorisierten Flachboot ab.
Ken Wahl erhielt mit *Auf Teufel komm raus* seine erste Hauptrolle. Im selben Jahr sah man ihn desweiteren an der Seite von Paul Newman in Daniel Petries umstrittenen Film THE BRONX. jg

Auf Wiedersehen, Franziska

Auf Wiedersehen, Franziska. Deutschland 1941 **R** Helmut Käutner **B** Helmut Käutner, Curt J. Braun **K** Jan Roth **M** Michael Jary **P** Terra **L** 89 Min., s/w **D** Marianne Hoppe, Hans Söhnker, Hermann Speelmans, Rudolf Fernau, Margot Hielscher

Mit dem vierten Film seiner Regiekarriere gelang es Helmut Käutner diesmal nicht ganz, nationalsozialistisches Gedankengut auszuklammern, obgleich *Auf Wiedersehen, Franziska* gemessen an den zahlreichen anderen Machwerken jener Zeit geradezu harmlos wirkt.
Hans Söhnker spielt einen jungen idealistischen Reporter, der auf der Jagd nach Erfolgsstories um die halbe Welt hetzt und dabei seine Frau (Hoppe) sträflich vernachlässigt. Als er sich endlich entschließt, in Zukunft mehr Zeit seiner Familie zu widmen, bricht der Krieg aus, und er erhält seine Einberufung zu einer Propagandakompanie an die Front.
Das Bild der demütigen Ehefrau, die in Krisenzeiten den Einsatz ihres Mannes für die „Sache" toleriert, ja ihn sogar begrüßt, war eines der Leitthemen der NS-Propagandafilme. Hans Söhnker erinnerte sich, daß Helmut Käutner das Textbuch mit einigen sehr ehrlichen Dialogen versehen hatte, die natürlich alle von der Zensur gestrichen wurden. So sollte er in der Szene, in der er den Einberufungsbescheid erhält, ursprünglich sagen: „Ich will keinen Krieg! Ich bin kein Propagandist!" Dank Käutners Regie, die sich vor allem durch menschliche Aufrichtigkeit auszeichnete, wurde *Auf Wiedersehen, Franziska* auch im besetzten und neutralen Ausland ein großer künstlerischer Erfolg.
Mit Ruth Leuwerik und Carlos Thompson in den Hauptrollen entstand 1957 unter dem Titel FRANZISKA ein Remake. jg

Auf Wiedersehen, Kinder

Au revoir les enfants. Frankreich/BRD 1987 **R** Louis Malle **B** Louis Malle **K** Renato Berta **P** Louis Malle für Nouvelles Editions de Films/M.K. 2 Prod./Centre National du Cinéma/Images Investissements/Sofica Créations (Paris), N.E.F. Film/Stella Film (München) **L** 100 Min., Farbe **D** Gaspard Manesse, Raphael Fejtö, Francine Racette, Philippe Moirier-Genoud

Frankreich 1944. Der kleine Julien (Manesse) kehrt nach den Ferien widerwillig ins Internat zurück, wo sofort eine Veränderung seine Aufmerksamkeit erregt: der neue Mitschüler Bonnet (Fejtö). Die beiden freunden sich an, und schnell kommt Julien hinter das Geheimnis seines Kameraden, der Jude ist und von Pater Jean, dem Schulleiter, zusammen mit zwei anderen Jungs versteckt wird. Eines Morgens kommt tatsächlich die Gestapo in die Schule, und Julien und seine Mitschüler müssen mitansehen, wie der Pater und die drei Jungens abgeführt werden. Am Tor dreht sich der Geistliche noch einmal um und winkt ihnen zu: „Auf Wiedersehen, Kinder." Im Abspann erfährt der Zuschauer, daß Pater Jean und die Kinder in Auschwitz umkamen.
Diese bewegende kleine Geschichte basiert auf einem Kindheitserlebnis des Regisseurs, dem die Figur des Julien nachempfunden ist. Nach über zehnjähriger Abwesenheit, in der er vornehmlich in den USA gearbeitet hatte, bedeutete der Film für Malle eine triumphale Rückkehr nach Frankreich und zugleich die Fortsetzung eines Themas, mit dem er sich bereits in LACOMBE LUCIEN beschäftigt hatte: Faschismus und Kollaboration. Kaum einen anderer Regisseur hat darüber hinaus Kindern und der kindlichen Welt soviel Raum gegeben wie er. *Auf Wiedersehen, Kinder* wurde von der internationalen Kritik als ein Meisterwerk gefeiert und erhielt u. a. den Goldenen Löwen in Venedig und sieben Césars, darunter für Regie und Drehbuch. al

Der Aufenthalt

Der Aufenthalt. DDR 1982 **R** Frank Beyer **B** Wolfgang Kohlhaase, nach einem Roman von Hermann Kant **K** Eberhard Geick **M** Günther Fischer **P** DEFA **L** 98 Min., Farbe **D** Sylvester Groth, Klaus Piontek, Fred Düren, Alexander van Heteren, Zygmunt Maciejewski

Frank Beyer, neben Konrad Wolf einer der profiliertesten Regisseure des DDR-Kinos, erzählt in seinem Film die Erlebnisse eines jungen deutschen Soldaten, der nach dem Zusammenbruch des Dritten Reiches in Polen irrtümlich für einen Mörder gehalten und inhaftiert wird. Der Gefängnisaufenthalt zwingt ihn, seine Situation und deren Ursachen aus einer für ihn neuen Perspektive zu überdenken.
Der Aufenthalt sollte 1983 als offizieller Beitrag der DDR während der Berlinale gezeigt werden, doch zog die DEFA den schon angekündigten Film wieder zurück. Das *Neue Deutschland* hatte ihn vorher als ein „Zeugnis der Freundschaft zwischen Volkspolen und der DDR" bezeichnet, doch zeigten sich bei der Ostberliner Premiere bereits die ersten Verstimmungen. Alle polnischen Schauspieler, die in Beyers Kant-Adaption mitgewirkt hatten, blieben der Veranstaltung fern, worauf man sich entschloß, den Film nicht noch populärer werden zu lassen, um weitere nachbarliche Verstimmungen zu vermeiden. In der DDR selbst wurde der Streifen bereits nach kurzer Zeit aus dem Programm genommen und in der Bundesrepublik leider ebenfalls nur in wenigen Programmkinos zur Aufführung gebracht. „Ich habe diesen Film in Berlin inmitten vieler junger Menschen aus der DDR und dem Ausland erlebt und brauche mich darum nicht nur auf meine subjektive Reaktion zu verlassen, um den Vorwurf für absurd zu halten, durch dieses Werk könnten antipolnische Ressentiments erweckt oder belebt werden." (Oskar Neumann, *Deutsche Volkszeitung*) jg

Auferstehung

Auferstehung. BRD/Italien/Frankreich 1958 **R** Rolf Hansen **B** Renato Castellani, nach dem Roman von Leo Tolstoi **K** Franz Weihmayr **M** Mark Lothar **P** Bavaria/Rizzoli/Francinex **L** 106 Min., Farbe **D** Horst Buchholz, Myriam Bru, Edith Mill, Ruth Niehaus, Robert Freytag, Léa Massari, Günther Lüders

Horst Buchholz als deutscher Jungstar in einer Romanverfilmung von Leo Tolstoi - und das unter der konventionellen Regie eines Rolf Hansen, der mit *Auferstehung* seine vorletzte Arbeit für das deutsche Nachkriegskino abgeben sollte.
Ein russischer Aristokrat (Buchholz) verführt ein junges Mädchen, das durch seine Schuld zur Prostituierten absteigt. Während einer Gerichtsverhandlung begegnen sich beide wieder und die große Läuterung des Fürsten setzt ein: Er teilt sein Gut unter den Armen auf und geht mit dem Mädchen nach Sibirien, denn durch sie hat er die wahre, reine Liebe kennengelernt.
Eine Romanverfilmung, die den Gehalt der Tolstoi-Vorlage völlig mißverstanden hat und ihre Unzulänglichkeit in einem falschen Liebesbegriff ausdrückt. Dem Versuch, eine scheinbar typisch russische Atmosphäre heraufzubeschwören, sind rasch die Grenzen gesetzt. Allzu protzig wirken die Kulissen, und die Rückprospekte sind schlecht gemalt.
„So entstand ein Film, der sich selbst in seinen besten Szenen ein beträchtliches Maß setzt (und schon das ist ja heute zu begrüßen!), der sich aber fort und fort in kläglicher Kinoroutine verfängt. Das traurige alte Lied." (*Evangelischer Filmbeobachter*) jg

Auferstehung

Woskresenje. UdSSR 1961 **R** Michail Schweizer **B** Michael Schweizer, nach dem Roman von Leo Tolstoi **P** Mosfilm **L** 115 Min., s/w **D** Tamara Sjomina, Jewgenij Matwejew, L. Zolutkin, V. Kulakow

Nur ein paar Jahre nach der mißglückten deutschen Verfilmung nahm man sich im Heimatland des Dichters Tolstoi ebenfalls seines Romans an. *Auferstehung* bedeutete für den großen russischen Dichter die Wandlung zweier Menschen durch die Liebe aus dem Geist Christi, die sie geben und empfangen. Gerade diesem religiösen Aspekt konnte jedoch in der filmischen Bearbeitung nicht die gebührende Beachtung geschenkt werden, da dies der Ideologie eines kommunistischen Staates völlig widersprochen hätte. Tolstois Liebesbegriff wird trotzdem nicht ganz außer acht gelassen, sondern findet immerhin eine herkunftsbedingte, reduzierte Berücksichtigung.
Was an der Aussagekraft des Romans in der westeuropäischen Coproduktion noch zugunsten breit ausgespielter Effekthascherei verloren geht, versucht die sowjetische Adaption durch eine sorgfältige Wahrung des äußeren Handlungsablaufes zu retten. Dem Geist der literarischen Vorlage wird man dabei durch die Verwendung von wörtlich übernommen Dialogpassagen gerecht, die stellenweise auch als verbindende Zwischentexte eingesprochen werden. Für die deutsche Fassung wurde der Film, der in der UdSSR eine Länge von zwei Aufführungen umfaßt, grob zusammengeschnitten, ohne dabei jedoch entscheidende Aussagen zu unterschlagen. „Man hat sich Tolstoi untergeordnet und nicht, wie es leider oft geschieht, optischer Raffinessen zuliebe den Autor filmisch vergewaltigt. Cineasten mögen daran Anstoß nehmen, doch das zuerst an Tolstoi interessierte Publikum...wird es dankbar begrüßen." (*Evangelischer Filmbeobachter*) jg

Die Aufsässigen

Teachers. USA 1984 **R** Arthur Hiller **B** W. R. McKinney **K** David M. Walsh **M** Sandy Gibson **P** Aaron Russo / Metro-Goldwyn-Mayer / United Artists **L** 107 Min., Farbe **D** Nick Nolte, JoBeth Williams, Judd Hirsch, Ralph Macchio, Allen Garfield, Lee Grant, Richard Mulligan

Diese stellenweise recht derb gezeichnete Satire schildert in schrillen Episoden den Alltag an einer amerikanischen High School, die mehr einem Tollhaus als einer Bildungsinstitution gleicht. Lehrer erleiden hysterische Zusammenbrüche, Schüler machen aus den Unterrichtsstunden ein perfektes Chaos - wo soll da noch Platz sein für Lehrstoff und Erziehung zur Zivilcourage?
Produzent Aaron Russo sagte über *Teachers*: „Wir wollten einen Film machen, der das Erziehungssystem so darstellt, wie es wirklich ist. Es lag nicht in unserer Absicht, das Thema Schule oberflächlich auszuschlachten, wir wollten einen intelligenten Film vorlegen, der gleichzeitig komisch und realistisch ist." In der Tat hat *Teachers* recht wenig mit der Serie der deutschen *Lümmel*- und *Pauker*-Filme gemein, rückt er doch vielmehr die finanzielle Misere des US-Schulsystems und den daraus resultierenden Bildungsnotstand in den Mittelpunkt des Interesses.
Nachdem die komplette Schauspieler-Crew feststand, galt es noch, ein leerstehendes Schulgebäude in einer amerikanischen Großstadt zu finden. In Columbus im US-Bundesstaat Ohio stieß man schließlich in der stillgelegten Central High School auf die passende Kulisse, die sich als so hervorragend erwies, daß dort sogar die Innenaufnahmen abgedreht werden konnten, die eigentlich in den Studios von Culver City / Kalifornien entstehen sollten. jg

Der Aufstand

Der Aufstand / La insurreccion. BRD 1980 **R** Peter Lilienthal **B** Peter Lilienthal, Antonio

Skármeta **K** Michael Ballhaus **M** Claus Bantzer **P** Independent / Von Vietinghoff / Provobis/ ZDF / Istmo-Film, Costa Rica **L** 96 Min., Farbe **D** Agustin Pereira, Carlos Catania, Maria Lourdes Centano de Zelaya, Oscar Castillo

Am Beispiel einer Familie zeigt Peter Lilienthal die blutigen Auswirkungen des Bürgerkrieges in Nicaragua. Ein junger Soldat wird von seinen Angehörigen überredet, zu desertieren und gegen das Somoza-Regime zu kämpfen.
Nur vier Monate nach dem siegreichen Aufstand vom 19. Juli 1979, in dem die Bevölkerung von Nicaragua den verbrecherischen Diktator entmachtete, reiste Lilienthal mit seinem Team in das krisengeschüttelte Land, um durch die kurze Distanz zu den vorangegangenen Ereignissen eine möglichst authentische Stimmung einzufangen. Unterstützt wurde er in seinen Bemühungen durch die Bürger der Stadt Léon, die ehemalige Stadtguerilla und Einheiten der sandinistischen Befreiungsfront, die in seinem Film mitwirkten. Einen besonderen Bezug zu den Ereignissen in Nicaragua hatte vor allem Drehbuchautor Antonio Skármeta, der 1973 nach dem Umsturz durch Pinochet seine chilenische Heimat verlassen mußte. „Für Lilienthal und mich wurde Nicaragua das Gegengewicht zu soviel schmerzlicher Erfahrung. Eine Tyrannei, wie wir sie in unserem Film beschrieben hatten, wurde schließlich vernichtet dank des Umstands, daß in Nicaragua die bewaffnete Avantgarde zum ersten Mal in Lateinamerika die Unterstützung aller demokratischen Sektoren der Bevölkerung erfahren hatte.“ jg

Ein Aufstand alter Männer

A Gathering of Old Men. USA/BRD 1987 **R** Volker Schlöndorff **B** Charles Fuller, nach einem Roman von Ernest J. Gaines **K** Edward Lachman **M** Ron Carter **P** Consolidated/Jennie & Co./Zenith/ Bioskop **L** 91 Min., Farbe **D** Louis Gossett jr., Richard Widmark, Holly Hunter, Joe Seneca, Will Patton

Wie sehr die Angst vor einer Unterdrückung durch die Weißen noch in der schwarzen Bevölkerung Louisianas steckt, zeigte sich, als Richard Widmark im Sheriff-Auto am Set vorfuhr und die schwarzen Laiendarsteller ihre Flinten wegwarfen und sich in die Zuckerrohrfelder flüchteten.
Volker Schlöndorffs Film entstand nach einer Romanvorlage des Schriftstellers Ernest J. Gaines, die einmal als „Meilenstein zeitgenössischer amerikanischer Literatur“ bezeichnet wurde. Erzählt wird die Geschichte eines ungewöhnlichen Tages. Vor einer ärmlichen Hütte liegt ein toter Weißer. Achtzehn schwarze Landarbeiter schließen sich in gemeinsamer Solidarität zusammen und behaupten, ein jeder hätte den Mord begangen. Für den Sheriff gestalten sich dadurch die Ermittlungen äußerst kompliziert.
Eigentlich wollte sich Richard Widmark nach seinem Auftritt in GEGEN JEDE CHANCE aus dem Filmgeschäft zurückziehen, doch nachdem ihm Schlöndorff das Drehbuch zugeschickt hatte, rief er bereits am nächsten Tag an und wollte die Rolle haben. Er zeigte sich seinem Publikum mit diesem Film in einer seiner besten und anspruchsvollsten Altersrollen.
„Es ist ein *Aufstand alter Männer*, den der Regisseur Schlöndorff voller Liebe und Respekt für Gaines' späte Rebellen inszeniert hat. Die Kamera ist so unprätentiös und konzentriert wie sie ansatzweise schon beim TOD EINES HANDLUNGSREISENDEN, dem vergeblichen Aufstand eines anderen, alten Mannes beobachten konnte.“ (*Frankfurter Rundschau*) jg

Aufstand der Tiere - Animal Farm

Animal Farm. Großbritiannien 1954 **R** John Halas und Joy Batchelor **B** Lothar Wolff, Borden Mace, Philip Stapp, John Halas, Joy Batchelor, nach dem Buch von George Orwell **K** S. G. Griffiths **M** Matyas Seiber **A** John Reed, Eddy Radage, Arthur Humberstone, Ralph Ayres, Harold Whitaker, F. Moysey **P** Halas & Batchelor/Louis de Rochemont **L** 75 Min., Farbe

„Alle Tiere sind gleich, doch einige sind gleicher als die anderen.“ Dieser berühmte Satz aus George Orwells 1944 erschienenen Roman gleichen Titels bildet auch den Schlüssel für die Umkehrung der Verhältnisse auf der Farm der Tiere. Die hatten zu Beginn der Geschichte kurzerhand ihren sadistischen Brotherren von der Farm vertrieben und leiten diese fortan in demokratischer Selbstbestimmung ohne menschliche Vormundschaft. Die Arbeit wird geteilt, Probleme in gemeinsamen Diskussionen besprochen und sogar eine Konterrevulotion der vereinten Bauernschaft abgewehrt. Doch die größte Gefahr kommt von innen. Das Schwein Napoleon reißt die Macht an sich, Gegner auch der eigenen Art werden gnadenlos ausgemerzt, und so kommt es schließlich zur Pervertierung und Aufgabe sämtlicher idealistischer Grundsätze.
Ursprünglich als bitterböse Parabel auf die russische Revolution und die nachfolgende Ära Stalins gedacht, nimmt Orwell in *Animal Farm* viele Grundsatzgedanken seines vier Jahre später veröffentlichten Romans *1984* vorweg. Handwerklich steht der Film denen von Walt Disney in nichts nach. Insgesamt 300.000 Arbeitsstunden mußten die 100 Mitarbeiter des Halas & Batchelor Studios aufbringen, um Orwells Geschichte in 250.000 Phasenzeichnungen und 1.800 Hintergründen auf zwei Tonnen Papier umzusetzen. Allerdings wurde auf die typische Disney´sche Verniedlichung vollständig verzichtet, vielleicht ein Grund dafür, daß der Streifen trotz inhaltlicher und formaler Brillanz nur selten in den Kinos zum Einsatz kam. dk

Aufstand im Morgengrauen

A Terrible Beauty. Großbritannien 1961 **R** Tay Garnett **B** Robert Wright Campbell, nach einem Roman von Arthur Roth **K** Stephen Dade **M** Cedric Thorpe Davi **P** Raymond Stross für DRM/ United Artists **L** 87 Min., s/w **D** Robert Mitchum, Anne Heywood, Dan O´Herlihy, Cyril Cusack, Richard Harris

Thematisch interessanter, wenn auch sehr uneinheitlicher Film über die irische Befreiungsbewegung zur Zeit des Zweiten Weltkrieges.
Held der Geschichte ist Dermot O´Neill (Mitchum), der sich der IRA und ihren Bemühungen, die Engländer aus Nordirland zu vertreiben, zunächst nur widerwillig anschließt. Als sich die Organisation für die Kollaboration mit Nazi-Deutschland entscheidet, sieht er die Werte des Kampfes verraten, verrät seinerseits die Kameraden an die Polizei und setzt sich per Boot nach Liverpool ab.
Mit der Verfilmung von Arthur Roths komplexem Roman, der reich an Handlungssträngen und Figuren ist und sich vor einem nicht minder komplizierten politischen Hintergrund abspielt, hatten Produzent Raymond Stross und Robert Mitchum, dessen Firma DRM co-produzierte, sich offensichtlich übernommen. *Variety* sah die Bemühungen der Adaption denn auch „oft an der Grenze zur unfreiwilligen Komik“. Die Ecken und Kanten des Drehbuches werden jedoch durch die stimmungsvollen, in Irland gedrehten Außenaufnahmen und Mitchums Präsenz als zwischen Überzeugung und Solidarität hin- und hergerissenem IRA-Kämpfer teilweise wieder wettgemacht.
Der amerikanische Verleihtitel lautete *The Night Fighters.* al

Aufstand in Sidi Hakim

Gunga Din. USA 1939 **R** George Stevens **B** Joel Sayre, Fred Guiol, nach einer Geschichte von Ben Hecht, Charles MacArthur, William Faulkner **K** John H. August **M** Alfred Newman **P** Pandro S. Berman für RKO Radio **L** 108 Min. (Originalfassung 117 Min.), s/w **D** Cary Grant, Victor McLaglen, Douglas Fairbanks, jr., Sam Jaffe, Eduardo Cianelli, Joan Fontaine

Ein ebenso aufwendiger wie aufregender Abenteuerfilm, der nach Motiven eines Gedichts von Rudyard Kipling entstand. Das literarische Werk des britischen Schriftstellers (1865-1936) beschäftigt sich hauptsächlich mit Themen der Kolonisation, die er als

Kulturtat begriff, und mit Dschungel-Mythen (*Das Dschungelbuch*) und hat des öfteren als Filmstoff gedient. In diesem Falle sind drei Sergeants (Grant, McLaglen, Fairbanks, jr.) damit beschäftigt, die britische Kolonialordnung gegen die fanatische Sekte der Thugs zu verteidigen.
Eigentlich hatte Howard Hawks diesen Stoff verfilmen sollen, doch die Dreharbeiten zu dessen LEOPARDEN KÜSST MAN NICHT zogen sich derart hin, daß man den relativ unbekannten George Stevens mit der Realisierung des Projektes beauftragte, das bis heute das teuerste in der Geschichte von RKO ist. Die Drehbuchautoren Ben Hecht und Charles MacArthur, von Hawks ins Spiel gebracht, benutzten hier das gleiche Konzept wie schon bei ihrem Erfolgsstück *The Front Page*, vor allem die Bemühungen McLaglens, Fairbanks aus den Fängen von Joan Fontaine zu befreien, um ihn der Armee zu erhalten.
Aufstand in Sidi Hakim, der heute als *der* Abenteuerfilm Hollywoods schlechthin gilt, zog zwei Remakes nach sich: DREI AUF ABENTEUER und DIE SIEGREICHEN DREI . al

Aufstieg des Paten

Corleone. Italien 1977 **R** Pasquale Squitieri **B** Orazio Barrese, Massimo de Rita, Arduino Maiuri, Pasquale Squitieri, nach dem Buch *I complici, gli anni dell'antimafia* von Barrese **K** Eugeni Bentivoglio **M** Ennio Morricone **P** Mario Cecchi Gori für Capital Film **L** 108 Min., Farbe **D** Giuliano Gemma, Claudia Cardinale, Francisco Rabal, Michele Placido, Stefano Satta Flores

Ein hervorragender Mafia-Film von Pasquale Squitieri, der sich mit diesem Thema bereits in DER EISERNE PRÄFEKT, der die Periode von 1900 bis 1930 abdeckte, beschäftigt hatte. Mit den selben Hauptdarstellern - Gemma und Cardinale - untersucht der Regisseur hier die Entwicklung der Mafia seit 1952 von einem rein sizilianischen zum nationalen und schließlich internationalen Phänomen.
Gemma spielt den aus ärmlichen Verhätnissen stammenden Sizilianer Vito, der in die Auseinandersetzungen zwischen Bauern und Großgrundbesitzern gerät. Um aus dem Elend herauszukommen, schlägt er sich auf die Seite der Mächtigen, in deren Auftrag er schließlich sogar einen befreundeten Gewerkschafter tötet. Damit beginnt sein unaufhaltsamer Aufstieg zu einem der gefürchtetesten Mafia-Bosse Siziliens. Nach einer Verhaftung gelingt es politischen Freunden, Vitos Prozeß fünf Jahre herauszuzögern und am Ende gar seine Freilassung zu bewirken, doch auch sie können seine Ermordung durch rivalisierende Clans nicht verhindern.
Der Schauprozeß gegen Vito bildet den erzählerischen Rahmen des Films, von dem aus in Rückblenden seine „Karriere" geschildert wird. Squitieris Lebensgefährtin Claudia Cardinale hat leider, wie schon im *Präfekten*, nur eine kleine Rolle, man hat den Eindruck, der Regisseur habe sie unbedingt unterbringen wollen. Trotzdem liefert sie, wie auch ihr Co-Star, eine vorzügliche Leistung ab. Weitere Pluspunkte sind die Kameraarbeit (besonders die Außenaufnahmen) und Ennio Morricones gewohnt elegischer Score. al

Auftrag Mord

The Brotherhood. USA 1968 **R** Martin Ritt **B** Lewis John Carlino **K** Boris Kaufman **M** Lalo Schifrin **P** Kirk Douglas / The Brotherhood Company **L** 96 Min., Farbe **D** Kirk Douglas, Alex Cord, Irene Papas, Luther Adler, Susan Strasberg, Murray Hamilton

Martin Ritts souverän gestalteter Krimi schildert die Machtkämpfe zweier Brüder, die in verschiedenen Verbrecherorganisationen tätig sind. Um den Tod seines Vaters zu rächen, steigt der ältere der beiden (Douglas) aus der Mafia aus und schließt sich mit seinen Sympathisanten zur Cosa Nostra zusammen. Nach dem Vollzug der Blutrache setzt er sich mit seiner Familie nach Sizilien ab, weiß jedoch um die Tatsache, daß er dort kein friedliches Leben wird führen können. Die Bedrohung naht in Gestalt des eigenen Bruders, mit dem es während eines Dorffestes zum entscheidenden tödlichen Duell kommt.
Neben Mario Puzos literarischer Vorlage gehört mit Sicherheit auch Martin Ritts Mafia-Melodrama zu jenen Werken, die Francis Ford Coppola 1971 zur Entstehung seines Welterfolges DER PATE inspirierte. Die Konstruktion der Handlung, der Wechsel der Schauplätze zwischen den urbanen Metropolen der USA und der trügerischen Idylle Siziliens weisen deutliche Parallelen zu Coppolas drei Jahre später entstandenen Film auf. Eine der besten Leistungen in seiner Karriere bietet Kirk Douglas in der Rolle des Frank Ginetta. „Ein Thriller ohne reißerische Effekte, kühl, sachlich und darum eindrucksvoll inszeniert", urteilten die Kritiker. jg

Das Auge

Mortelle randonnée. Frankreich 1983 **R** Claude Miller **B** Michel Audiard, Jacques Audiard, nach dem Roman *The Eye of the Beholder* von Marc Behm **K** Pierre Lhomme **M** Carla Bley **P** Charles Gassot für Telema/TF1 **L** 126 Min., Farbe **D** Michel Serrault, Isabelle Adjani, Guy Marchand, Stéphane Audran, Geneviève Page, Sami Frey, Macha Meril, Jean-Claude Brialy

Nach DAS VERHÖR, seinem bis dato größten Erfolg, blieb Claude Miller mit der Adaption eines Romans von Marc Behm, einem ehemaligen Drehbuchautor (er schrieb u. a. CHARADE) dem Krimi-Genre treu. Auf das Buch hingewiesen hatte ihn Michel Audiard, Frankreichs Drehbuch-Legende, mit dem Miller bereits im vorherigen Film zusammengearbeitet hatte. Ebenfalls wieder mit dabei war Michel Serrault in der Rolle des Detektivs, genannt „das Auge".
Dieser, ein Sonderling und Einzelgänger, doch bekannt für sein Gespür, verfolgt eine junge, geheimnisvolle Mörderin (Adjani) durch halb Europa. Diese Dame scheint Namen und Identitäten ebenso schnell zu wechseln wie ihre Liebhaber, die allesamt die Liaison nicht überleben. Mit der Zeit entwikkelt sich der Detektiv, ohne daß sie davon weiß, zu ihrem Komplizen, der alles Übel von ihr fernzuhalten sucht und schon mal einen ihrer Flüchtigkeitsfehler ausbügelt. Der Fünfzigjährige identifiziert die junge Frau mit seiner längst verstorbenen Tochter, die er nie sah und von der er nur ein altes Klassenphoto besitzt. Trotzdem sind seine Gefühle nicht nur väterlicher Art.
Millers eigenwilliger, mit Witz und Ironie durchsetzter Thriller orientiert sich zwar an den Gesetzen des film noir, benutzt diese jedoch nur als Gerüst für eine Geschichte, die sich auf eine Reise ins Seelenleben ihrer Protagonisten begibt. Adjanis Motive bleiben etwas im Unklaren (aus enttäuschter Liebe zu ihrem Vater wird sie zur Männerhasserin), doch Miller untersucht sehr detalliert die Motivation des Detektivs, der sich im Verlauf des Films immer mehr von der Realität entfernt, sich dafür aber an das Photo, an die Erinnerung an seine Tochter, annähert. Demzufolge wird Adjanis Figur auch ausschließlich aus seinem Blickwinkel gezeigt. Dem Regisseur ist erneut ein ungewöhnlicher Krimi gelungen, der sich weit über die Grenzen des Genres hinauswagt - mit Erfolg. Großen Anteil daran haben Michel Serrault und Isabelle Adjani, deren Rolle als rätselhafte, psychisch kranke Schöne die Weichen für weitere Darstellungen dieser Art stellte - als nächstes in EIN MÖRDERISCHER SOMMER. Köstlich auch Audran und Marchand als dilettantisches Erpresserpärchen.
Bob Rafelsons DIE SCHWARZE WITWE

von 1986 ist überdeutlich von *Das Auge* inspiriert. al

Das Auge des Bösen

L´œil du malin. Frankreich/Italien 1961 **R** Claude Chabrol **B** Claude Chabrol **K** Jean Rabier **M** Pierre Jansen **P** Georges de Beauregard für Rom-Paris Film (Paris), Lux Film (Rom) **L** 78 Min., s/w **D** Jacques Charrier, Stéphane Audran, Walter Reyer, Daniel Boulanger

Der französische Journalist Mercier (Charrier) lernt im Zuge von Recherchen in Deutschland den erfolgreichen Autor Hartmann (Reyer) und dessen aus Frankreich stammende Gattin Hélène (Audran) kennen, die ein offenbar glückliches Eheleben in ihrem Haus am Starnberger See führen. Voller Neid auf das, was er selbst nicht erreichen konnte, macht sich Mercier daran, das traute Glück zu zerstören. Nachdem seine Annäherungsversuche an Héléne gescheitert sind, versucht er sie mit einem kompromittierenden Photo (sie hat einen Liebhaber) zu erpressen. Als auch das fehlschlägt, zeigt er Hartmann das Bild, der seine Frau auf der Stelle umbringt.
Chabrols sechster Film, der zum großen Teil in der Umgebung von München entstand, kam weder bei der Kritik noch beim Publikum gut an. Zwar beschäftigt sich der Regisseur bereits in diesem frühen Werk mit seinem späteren Lieblingsthema: moralische Verderbtheit unter bürgerlicher Fassade. Doch wie schon der Titel verrät, ist die ganze Geschichte aus dem Blickwinkel Merciers erzählt, der alles andere als ein sympathischer Typ ist. Das macht den Film, nach Meinung Chabrols, „selbst ein bißchen schäbig" und läßt dem Zuschauer keine Identifikationsmöglichkeit. al

Augen der Angst

Peeping Tom. Großbritannien 1959 **R** Michael Powell **B** Leo Marks **K** Otto Heller **M** Brian Easdale **P** Michael Powell **L** 101 Min., Farbe **D** Karlheinz Böhm, Anna Massey, Moira Shearer, Maxine Audley, Esmond Knight

Selten hat ein Film gegen Ende der 50er Jahre die Gemüter so erregt wie *Augen der Angst*. Michael Powells Regie-Karriere kam vorzeitig zum Erliegen, und auch Karlheinz Böhm, der sich eigentlich mit seiner Rolle (ähnlich wie Romy Schneider) eine Abkehr vom Image des Märchenprinzen erhofft hatte, schaufelte sich für seine internationale Laufbahn das eigene Grab.
Peeping Tom ist ein intelligent gemachter, überaus moderner Thriller, der sich in das Filmangebot der 80er Jahre problemlos einfügt, für die miefige Dekade der 50er jedoch wie eine unerhörte Provokation gewirkt haben muß.
Karlheinz Böhm verkörpert einen jungen Filmfreak, der - verkorkst durch die unmenschlichen Verhaltensexperimente seines eigenen Vaters - mit dem dolchartigen Stativ seiner Filmkamera eine Reihe von jungen Mädchen ermordet, wobei er ihren Tod filmisch festhält.
Powell macht bei diesem Film den Zuschauer zum heimlichen Komplizen des Mörders, indem er ihm eine subjektive Kameraführung in der Perspektive des Objektivs aufgezwingt. Genau diese Methode der filmischen Indoktrination verwendete Hitchcock ein Jahr später für sein schauerliches Meisterwerk PSYCHO. Und auch in Hinsicht auf die Besetzungsliste zog der Altmeister manche Anleihe aus *Peeping Tom*. Er erinnerte sich an Anna Massey und gab ihr 1972 eine Hauptrolle in FRENZY. jg

Die Augen der Laura Mars

Eyes of Laura Mars. USA 1978 **R** Irwin Kershner **B** John Carpenter, David Zelag Goodman, nach einem Roman von Carpenter **K** Victor J. Kemper **M** Artie Kane **P** Jon Peters **L** 103 Min., Farbe **D** Faye Dunaway, Tommy Lee Jones, Brad Dourif, René Auberjonois, Raul Julia, Frank Adonis, Darlanne Fluegel

Regisseur Irvin Kershner spekuliert in diesem Psycho-Schocker mit der etwas fragwürdigen Kombination von Glamour und Gewalt. Seine Heldin ist die Modefotografin Laura Mars (Dunaway), die ihre Models mit Vorliebe vor dem Hintergrund qualmender Autowracks ablichtet und bei einer ihrer Sessions erkennen muß, daß sie eine Art „drittes" Auge besitzt. In Visionen sieht Laura brutale Frauenmorde, die sich tatsächlich zur selben Zeit abspielen. Zusammen mit einem Polizisten macht sie sich auf die Jagd nach dem Killer und gerät dabei in höchste Lebensgefahr.
Die Produzenten griffen beim Start des Films auf ein bewährtes Konzept zurück, das auch schon Alfred Hitchcock für seinen Thriller PSYCHO angewendet hatte: Sämtliche Kinobesitzer bekamen die Anordnung, nach dem Beginn des Hauptfilms niemanden mehr einzulassen, um so eine mysteriöse Aura um diesen Film zu schüren. *Die Augen der Laura Mars* zieht seine Faszination vor allem aus der Präsentation zweier völlig unterschiedlicher Einsichten in das Leben der Stadt New York. Dabei werden die unterkühlten, gestylten Glamourbilder des Modefotografen Helmut Newton mit den recht drastischen Gewaltbildern in Kontrast gesetzt. Der Song *Prisoner*, das Liebesthema des Films, wird von Barbra Streisand gesungen. jg

Die Augen des Wolfes

Oviri / Gauguin, le loup dans le soleil. Dänemark/Frankreich 1986 **R** Henning Carlsen **B** Henning Carlsen, Jean-Claude Carrière **K** Mikael Salomon **M** O. Schmidt **P** Dagmar Film/Caméras Continentales/Famous French Film **L** 86 Min., Farbe **D** Donald Sutherland, Valérie, Jean Yanne, Ghita Norby, Sofie Grabol, Max von Sydow

1956 erhielt Anthony Quinn für seine Nebenrolle als Gauguin in VINCENT VAN GOGH - EIN LEBEN IN LEIDENSCHAFT den Oscar. Henning Carlsens Künstlerbiographie ist der erste Film, der sich allein mit diesem Maler und seiner Zeit auseinandersetzt.
Gegen Ende des 19. Jahrhunderts kehrt der Maler Gauguin nach einem längeren Aufenthalt in der Südsee nach Paris zurück. Angeregt durch die Kunst der Eingeborenen, hat er seine Bilder auf die Kraft des Archaischen reduziert, wird in seinem Anliegen jedoch von Kritik und Publikum völlig mißverstanden. Auch sein Zusammenleben mit einer tahitischen Schönheit kann die scheinbar liberale Pariser Bohème nicht akzeptieren.
„Als ich mich vor vielen Jahren mit Gauguin zu beschäftigen begann, beeindruckten mich seine Gemälde nur wenig. Zu seinen Schriften bekam ich ein engeres Verhältnis.., dann machte mich seine Person als Künstler und als Mensch regelrecht besessen." Mit diesen Worten erklärte Henning Carlsen seine persönlichen Ambitionen, einen Film über Gauguin zu drehen. Entstanden ist dabei ein Werk, das dank der schaupielerischen Darbietungen von Donald Sutherland und Max von Sydow (als Dichter Strindberg) sehr deutlich zeigt, wie weit der französische Künstler der eigenen Zeit voraus war und wohl auch deswegen am Unverständnis seiner Epoche scheitern mußte.
Der gering budgetierte Film wurde in Deutschland nur auf Video angeboten. jg

Der Augenblick der Wahrheit

Il momento della verità/El momento de la verdad. Italien/Spanien 1965 **R** Francesco Rosi **B** Francesco Rosi, Pedro Portobella, Ricardo Muñoz Suay, Pedro Beltrán **K** Gianni di Venanzo, Aiace Parolin, Pasqualino de Santis **M** Piero Piccioni **P** Antonio Cervi, Francesco Rosi für Federiz (Rom), A.S. Film (Madrid) **L** 107 Min., Farbe **D** Miguel Mateo Miguelín, José Gómez Sevillano, Pedro Bausari Pedrucho, Linda Christian

Um dem Elend seiner Heimat zu entfliehen, macht sich der andalusische Bauernsohn Miguel (Miguelín) auf den Weg in die Stadt, zunächst nach Barcelona, später nach Madrid, wo er unter der Regie seines Impressario José rasch als Stierkämpfer Karriere macht. Mittlerweile wohlhabend und berühmt, fährt er mit seinem Cabriolet von Corrida zu Corrida und wird auf Schickeria-Parties herumgereicht. Als er das Interesse an seiner Arbeit zu verlieren beginnt, lassen weder die Gesellschaft noch sein Manager einen Ausstieg zu - er muß kämpfen, bis er schließlich in der Arena sirbt.
Für Rosis ersten Farbfilm trifft am ehesten das Attribut zu, das der Regisseur bei allen anderen Filmen immer abgelehnt hat: dokumentarisch. Mit einer kleinen Crew begab er sich unter dem Vorwand ins Land, nur Dokumentarisches filmen zu wollen, da die Drehgenehmigung für einen Spielfilm nicht erteilt worden war. Bis auf eine Ausnahme (die Amerikanerin Linda Christian) sind alle Darsteller Laien. Was die Stierkämpfe anging, sieht sich Rosi in diesem Falle nicht als Befürworter oder Gegner, sondern nur als Beobachter, der die Dinge so zeigt, wie sie sind. „Einen Film über Spanien" habe er drehen wollen, „dieses Land verstehen und in einer zeitlosen Weise zur Sprache bringen als durch Ereignisse der Zeitgeschichte". al

Der Augenzeuge

Eyewitness. USA 1980 **R** Peter Yates **B** Steve Tesich **K** Matthew F. Leonetti **M** Stanley Silverman **P** Peter Yates / 20th Century-Fox **L** 98 Min., Farbe **D** William Hurt, Sigourney Weaver, Christopher Plummer, James Woods, Irene Worth, Pamela Reed, Kenneth McMillan

Wieder einmal mehr gibt das faszinierende Flair der Millionenmetropole New York eine attraktive Kulisse zu diesem Thriller ab. Peter Yates schildert in zum Teil etwas verworrenen Handlungssträngen die Geschichte eines jungen Hausmeisters, der nachts ein riesiges Bürogebäude bewachen muß und sich bei seinem täglichen Fernsehkonsum in eine TV-Reporterin verliebt. Als eines Nachts ein Manager in dem Hochhaus ermordet wird, unterrichtet er die Journalistin, um ihr zu imponieren, worauf beide auf die Abschußliste einer Geheimorganisation geraten.
„Ich bin drei Wochen lang Tag und Nacht mit diversen New Yorker Fernsehteams unterwegs gewesen, zu Mordfällen, Bränden, usw. Das war eine neue, beängstigende Welt für mich", schilderte Sigourney Weaver die Vorbereitungen zu ihrem zweiten Film. Steve Tesich hatte vor seiner Karriere als Drehbuchautor selbst in Chicago als Hausmeister in einem Bürogebäude gearbeitet und kam während seines Jobs auf die Idee, ein Filmskript zu schreiben. In der Tat sind Matthew Leonettis lange Kamerafahrten durch leere Korridore, Büroräume und Fahrstühle von einer beklemmenden Atmosphäre der Bedrohung und Isolation. Peter Yates gelang mit diesem Film ein spannender Beitrag zum Genre des Thrillers, der lediglich durch das Element des ominösen Geheimbundes etwas abstrus wirkt. jg

Aus dem Leben der Marionetten

Aus dem Leben der Marionetten. BRD 1980 **R** Ingmar Bergman **B** Ingmar Bergman **K** Sven Nykvist **M** Rolf Wilhelm **P** Persona/ZDF **L** 103 Min., s/w - Farbe **D** Christine Buchegger, Martin Benrath, Robert Atzorn, Walter Schmidinger, Heinz Bennent

Ein junger Intellektueller ermordet eine Prostituierte und vergeht sich anschließend an ihr. In verschachtelten Rückblenden versuchen er selbst, seine Ehefrau, ein befreundeter Psychiater und Mitglieder seines Freundeskreises die Ungeheuerlichkeit der Tat zu erklären.
Bergman, der seit seinem Film DAS SCHLANGENEI regelmäßig in der Bundesrepublik arbeitete, drehte das erste Mal mit einer ausschließlich deutschen Besetzung, wobei er die Schauspieler aus den Münchener Theatern rekrutierte.
Bergmans Film bietet keine Lösungen und Erklärungen für den Hergang des Geschehens, sondern nur Bestandsaufnahmen, die zuweilen etwas hilflos geraten sind. Wie schon in WIE IN EINEM SPIEGEL oder LICHT IM WINTER entwirft der schwedische Regisseur auch in diesem Werk eine Welt der Hoffnungslosigkeit und Düsternis, in der das Individuum wie eine taten- und willenlose Marionette den Schicksalshaftigkeiten des Lebens ausgesetzt ist, für die es keine Erklärungen und Gesetzmäßigkeiten gibt. Die sonst in früheren Filmen bildlich eingefangene Isolation des Opfers wird hier jedoch mehr in erbittert geführten Dialogen dargestellt, in deren Verlauf sich die sozialen und psychischen Deffekte eines emotional verarmten Menschen in der modernen Gesellschaft zeigen. jg

Aus dem Leben einer Ärztin

Strange Lady in Town. USA 1955 **R** Mervyn Le Roy **B** Frank Butler **K** Harold Rosson **M** Dimitri Tiomkin **P** Warner Brothers **L** 108 Min., Farbe **D** Greer Garson, Dana Andrews, Cameron Mitchell, Lois Smith, Walter Hampden

Die kultivierte Frau aus dem Osten, die es in ein unzivilisiertes Kaff im Wilden Westen verschlägt, ist ein häufig auftretendes Motiv des klassischen Western. In Mervyn Le Roys unterhaltsamen Film verkörpert Greer Garson diese Erscheinung in Gestalt einer engagierten Ärztin, die nach Santa Fé kommt und sich dort durch ihr Durchhaltevermögen einen festen Platz in der Gesellschaft und an der Seite eines Kollegen sichert.
Die Handlung benötigt einen relativ langen Zeitraum, um richtig in Schwung zu kommen, doch werden in dieser Spanne die Protagonisten ausführlich in ihren Charakteren und Beziehungskomplikationen vorgestellt. So bedarf das Verhältnis zwischen der Ärztin Julia und ihrem Bruder, einem herumziehenden Desperado, eines größeren Spielraumes. Spannungsmomente bauen sich auf, wenn die Medizinerin das erste Mal in ihrem Leben mit Indianern konfrontiert wird oder wilde Schießereien ins Haus stehen, denen sie mit zivilisierten Umgangsformen zu begegnen sucht. „Miss Garson erfüllt ihre Aufgabe, die Titelrolle zu verkörpern, zur Genüge. Sie hält während des ganzen Films eine damenhafte Würde aufrecht." (*Variety*) jg

Aus dem Reich der Toten

Vertigo. USA 1958 **R** Alfred Hitchcock **B** Alec Coppel, Samuel Taylor, nach dem Roman *D'entre les morts* von Pierre Boileau und Thomas Narcejac **K** Robert Burks **M** Bernard Herrmann **P** Paramount **L** 130 Min., Farbe **D** James Stewart, Kim Novak, Barbara Bel Geddes, Tom Hermore, Henry Jones, Raymond Baily

Fast 30 Jahre nach seiner Erstaufführung gehörte Alfred Hitchcocks *Vertigo* zu den großen Wiederentdeckungen des Jahres 1984. Für das Publikum der 50er Jahre war dieser Film damals zu schwer und zu melancholisch, um ein großer Kassenerfolg zu werden. „Er hat seine Kosten eingespielt", war Hitchcocks Kommentar dazu, was für ihn einem Mißerfolg gleichkam.
James Stewart verkörpert den Ex-Polizisten Scottie, der die scheinbar selbstmordge-

fährdete Madelaine (Kim Novak) überwachen soll, deren Sturz von einem Kirchturm er aber wegen seiner Höhenangst nicht verhindern kann. Monate später muß er durch die Begegnung mit einer Frau, die der Toten täuschend ähnlich sieht, feststellen, daß er nur das Opfer einer raffiniert eingefädelten Täuschungsaktion war.
Ursprünglich war *Vertigo* ganz auf die Schauspielerin Vera Miles zugeschnitten, die jedoch wegen einer Schwangerschaft von den Dreharbeiten zurücktreten mußte und erst in PSYCHO zum Einsatz kam. So erhielt Kim Novak die Rolle, obgleich Hitchcock des öfteren seine Unzufriedenheit über diese Besetzung ausdrückte. Der Film vereinigt die Stilelemente des okkulten Thrillers mit denen des Melodramas zu einem einzigartigen Spiel um Todessehnsucht und unerfüllte Liebe. Unterstützt wird dies durch Bernard Herrmanns romantischen Soundtrack und die geschickte Wahl der Schauplätze, die sich auf San Francisco und die nähere Umgebung konzentrieren und durch die Verwendung des Weichzeichners in einem fast geisterhaften Licht eingefangen werden. Aus technischer Sicht bleiben ferner die Kameraeffekte bemerkenswert. Robert Burks kombinierte mit dem Zoom und einer gleichzeitigen Rückwärtsfahrt zwei konträre Bewegungen in einer, um so aus subjektiver Sicht das Schwindelgefühl des Protagonisten auf den Zuschauer zu übertragen. *Vertigo* wurde 1958 in den Sparten „Beste Ausstattung“ und „Bester Ton“ für den Oscar nominiert. jg

Aus einem deutschen Leben

Aus einem deutschen Leben. BRD 1977 **R** Theodor Kotulla **B** Theodor Kotulla, nach dem Roman *La mort est mon métier* von Robert Merle **K** Dieter Naujeck **M** Eberhard Weber **P** Nils C. Nilson, Volker Canaris **D** Götz George, Kai Taschner, Elisabeth Schwarz, Hans Korte, Kurt Hübner, Matthias Fuchs, Walter Czaschke, Sigurd Fitzek

Rudolf Höß wählt den Decknamen Franz Lang, als er sich nach Ende des Krieges auf einem Bauernhof in Schleswig-Holstein versteckt. Er wird gefaßt und von den Alliierten an Polen ausgeliefert, wo man ihn 1947 auf dem Gelände des Vernichtungslagers Auschwitz, dessen Kommandant Höß seit 1940 war, hinrichtet.
Kotullas Film ist ein Versuch, das Faszinosum eines Mannes zu ergründen, der einerseits als braver Familienvater galt, andererseits Millionen unschuldiger Frauen und Kinder als Schreibtischtäter in den Tod schickte. Die Wurzeln dieser Schizophrenie liegen nach Ansicht des Regisseurs schon in einer kleinbürgerlichen Erziehung, in den Erfahrungen nach dem I. Weltkrieg. Konsequent entwirft Kotulla den verhängnisvollen Aufstieg eines zuverlässigen, ordentlichen und pflichtbewußten Deutschen während des Dritten Reichs, der gerade durch diese Eigenschaften zum Massenmörder wird. Zu der außergewöhnlichen Besetzung des Rudolf Höß mit der Person von Götz George meinte Kotulla: „Es durfte auf keinen Fall ein Darsteller sein, mit dem das Publikum vom ersten Bild an die Vorstellung eines geborenen Bösewichts verbunden hätte. Höß war kein Krimineller und kein psychisch Kranker...George als Franz Lang wirkt in meinem Film alles andere als unsympathisch.“ *Aus einem deutschen Leben* wurde von der Freiwilligen Selbstkontrolle der Filmwirtschaft mit dem Prädikat „Besonders wertvoll“ ausgezeichnet. jg

Aus einem fernen Land

Da un paese lontando / The Man from a Far Country. Italien/Großbritannien/Polen 1981 **R** Krzysztof Zanussi **B** Andrzej Kijowski, Jan Jozef Szczepanski, Krzysztof Zanussi, David Butler, nach Diego Fabbri **K** Slawomir Idziak **M** Woiciech Kilar **P** Transworld/ITC **L** 140 Min., Farbe **D** Sam Neill, Christopher Cazenove, Lisa Harrow, Jonathan Blake

1978 wurde der polnische Bischof Karol Wojtyla als Johannes Paul II. zum Papst gewählt. Die Lebensgeschiche des nach mehr als 400 Jahren ersten Nicht-Italieners auf dem Heiligen Stuhl zeichnet der polnische Regisseur Krzysztof Zanussi in *Aus einem fernen Land* nach. Die Biografie des Karol Wojtyla steht zwar im Vordergrund, ist aber letztlich nur ein Mittel zur Aufarbeitung von 50 Jahren polnischer Geschichte. Von Kindheitserlebnissen des Sechsjährigen bis zum ersten Papstbesuch in Rom im Jahre 1979 spannt sich der Bogen, den Schwerpunkt setzt Zanussi bei den Jahren der deutschen Besatzung und der Zeit des Stalinismus, in der die traditionell katholische Bevölkerung Polens mit dem staatlich verordneten Atheismus konfrontiert wurde. Zanussi kombinierte Spielszenen mit Dokumentarmaterial und gab seinem Film damit einen Anspruch von Authentizität, der keinesfalls immer gerechtfertigt ist. Gerade die Spielhandlung wirkt oftmals hölzern und konstruiert. Kein durchgehend überzeugender Film, aber unter historischen Aspekten nicht uninteressant. nn

Aus Liebe zu Molly

Lovin´ Molly. USA 1973 **R** Sidney Lumet **B** Stephen Friedman, nach einem Roman von Larry McMurty **K** Edward Brown **M** Fred Hellerman **P** Stephen Friedman **L** 95 Min., Farbe **D** Blythe Danner, Anthony Perkins, Beau Bridges, Susan Sarandon, Edward Binns

Sidney Lumets Film wurde sofort nach den ersten Pressevorführungen ein finanzielles Fiasko prophezeit, so daß *Lovin´Molly* nach dieser stiefmütterlichen Aufnahme in den Staaten erst gar nicht als Kinofilm in Europa in den Verleih kam, sondern gleich von den Fernsehanstalten eingekauft wurde.
Die Handlung spielt sich in dem Zeitraum zwischen 1925 und 1964 ab. Zwei junge Männer verlieben sich in dasselbe Mädchen, können sich aber mit dieser menage à trois aufgrund ihrer konservativen Lebenseinstellung nicht anfreunden.
Im Vorfeld der Entstehung des Films gab es ein langwieriges Hin und Her um den eigentlichen Titel. So waren u. a. *Molly, Gid and Johnny* oder *The Wild and the Sweet* im Gespräch, ehe man sich schließlich auf *Lovin´ Molly* einigte. Lumets Film scheitert vor allem in dem Bemühen, die Zeitspanne von fast 40 Jahren auch optisch glaubhaft auszudrücken. „Das hochentwickelte Make-Up inklusive Gebiß-Arbeit, ist - um es noch höflich auszudrücken - wenig überzeugend. Bridge agiert wie ein Student in einer College-Aufführung, Perkins sieht aus wie ein abgemagerter Gregory Peck und Blythe Danners Darstellung ist der von Mrs. Bates in PSYCHO nicht unähnlich“, urteilte *Variety* voller Mißbilligung. Auch Autor Larry McMurty war von der Verfilmung seines Romans nicht begeistert, da er in keiner Szene den Geist seiner Vorlage wiederentdecken konnte. jg

Aus Mangel an Beweisen

Presumed Innocent. USA 1990 **R** Alan J. Pakula **B** Frank Pierson, Alan J. Pakula, nach dem Roman von Scott Turow **K** Gordon Willis **M** John Williams **P** Sydney Pollack, Mark Rosenberg **L** 127 Min., Farbe **D** Harrison Ford, Brian Dennehy, Raul Julia, Bonnie Bedelia, Greta Scacchi

In dem packend inszenierten Gerichtsdrama erzählt Alan J. Pakula, Spezialist für politisch brisante Stoffe (DIE UNBESTECHLICHEN), die Geschichte eines Mordes. Eine attraktive Anwältin wird tot aufgefunden. Ihr anfänglich auf den Fall angesetzte Kollege gerät im Zuge seiner Ermittlungen schließlich selbst unter Mordverdacht, wobei seine Kollegen alles tun, ihn ans Messer zu liefern. Aufgrund mangelnder Beweise wird er freigesprochen, doch damit ist der Fall noch nicht zu den Akten gelegt.
Der Film ist zweigleisig konzipiert, verliert dabei jedoch niemals die Fragestellung des „whodunit“ aus den Augen, obwohl dieser Aspekt über weite Strecken hinweg unbedeutend bleibt und erst im letzten Drittel wieder aufgegriffen wird. Pakula skizziert ein nicht gerade schmeichelhaftes Bild der amerikanischen Justiz, die - schenkt man dem Werk des Regisseurs Glauben - aus einem durchtriebenen Netz von Intrigen und inneren Machtkämpfen zu bestehen scheint.

Musikalisch wird diese Aussage durch den düsteren Soundtrack von John Williams effektvoll unterstützt. Harrison Ford zeigt sich in diesem Film von der besten Seite und wirkt in seiner unfreiwilligen Wandlung vom Ankläger zum Angeklagten überaus glaubhaft. Ein in Story und Dialogführung einfühlsam gestalteter Film, dessen gut gemeinte Systemkritik jedoch von einer melodramatischen Schlußvariante verdrängt wird. jg

Die Auseinandersetzung

Mass Appeal. USA 1984 **R** Glenn Jordan **B** Bill C. Davis, nach seinem Bühnenstück **K** Don Peterman **M** Bill Conti **P** Lawrence Turman, David Foster für Operation Cork Prod. **L** 100 Min., Farbe **D** Jack Lemmon, Zeljko Ivanek, Charles Durning, Louise Latham

Bill C. Davis´ Adaption seines eigenen, sehr erfolgreichen Broadway-Stückes dreht sich um einen scheinbar unkonventionellen, äußerst beliebten Priester einer amerikanischen Mittelstandsgemeinde (Lemmon), der sich mehr als Unterhalter denn als moralisches Gewissen seiner Schäflein versteht und dem nichts über die Harmonie seiner Gemeinde geht. Von seinem Vorgesetzten Monsignor Burke (Durning) bekommt dieser „komische Heilige" eines Tages ein Kuckucksei ins Nest gelegt, einen jungen Seminaristen (Ivanek), der tief von religiösem Ernst und Eifer durchdrungen ist. Zwischen den beiden kommt es zu einer „Auseinandersetzung" über moralische und ethische Fragen des Priesteramtes, und allmählich lernt man einander zu respektieren. Am Ende wird sogar noch eine Schlacht gegen den Monsignore geschlagen und gewonnen.
Glenn Jordans Film, der mehr vom Show-Business als von modernem Katholizismus handelt, kann seine Bühnenherkunft nicht verhehlen. Zu uninspiriert hat der Regisseur die dialoglastige Vorlage (ursprünglich ein Zwei-Personen-Stück) in Szene gesetzt. Was bleibt, ist ein liebenswerter Schauspielerfilm mit einigen gelungenen, mitreißenden Passagen, der jedoch wirkliche Probleme - wie Frauen im Priesteramt - nur ankratzt. *People* empfahl spöttisch „drei Ave Maria". al

Die Ausgebufften

Les valseuses. Frankreich 1973 **R** Bertrand Blier **B** Bertrand Blier, nach seinem Roman **K** Bruno Nuytten **M** Stéphane Grapelli **P** **L** 116 Min., Farbe **D** Gérard Depardieu, Patrick Dewaere, Miou-Miou, Jeanne Moreau, Isabelle Huppert, Brigitte Fossey

Die beiden Herumtreiber Jean-Claude (Depardieu) und Pierrot (Dewaere) schrekken vor keiner Schandtat zurück. Ob sie nun einem Schulmädchen gemeinschaftlich die Jungfräulichkeit rauben, den „geliehenen" Citroën eines Wohlstandsbürgers zu Schrott fahren oder mit der Orgasmusgestörten Marie-Ange (Miou-Miou) einen Kosmetiksalon ausrauben, immer geht´s den beiden nur um zwei Dinge: Spaß und Sex.
Bliers Regiedebüt schlug in Frankreich wie eine Bombe ein. Derart ungenierte Freizügigkeiten hatte man noch nicht gesehen! Der Schock ob der genüßlich zelebrierten Vulgarität von Handlung und Dialogen (die deutsche Synchronisation kann leider nur als penetrant bezeichnet werden) wich einer allgemeinen Euphorie, und heute haben *Die Ausgebufften* Kultstatus erlangt. Die *New York Times* nannte ihn „eine der ätzendsten Satiren, die je über die rebellierende Jugend gemacht wurden". Der Film machte Depardieu und Dewaere zu Stars und bietet auch in Nebenrollen zahlreiche, später bekannt gewordene Gesichter des französischen Kinos der 70er und 80er Jahre auf. Die beiden Hauptdarsteller wiederholten ihre Tandem-Darstellung in Bliers 1978er FRAU ZU VERSCHENKEN. al

Ausgeflippt

Outrageous. Kanada 1977 **R** Richard Benner **B** Richard Benner, nach einer Geschichte von Margaret Gibson **K** James B. Kelly **M** Paul Hoffert **P** Filmkonsortium of Canada/Canadian Film Development Corporation **L** 96 Min., Farbe **D** Craig Russell, Hollis McLaren, Richard Easley, Allan Moyle, Gerry Salzberg

Während der Berliner Filmfestspiele 1978 wurde Richard Benners feinfühliges Außenseiter-Melodrama sowohl mit dem Preis des Berliner Publikums als auch mit dem Silbernen Bären der Jury ausgezeichnet. „An manchen Tagen denke ich, Robin Turner, das ist Dein Leben - die nächsten vierzig Jahre - ohne Höhepunkte", sagt Craig Russell als homosexueller Friseur, und seine schizophrene Freundin Liza antwortet ihm: „Dann kündige und tu´ was Tolles! Tu´s für uns, Robin. Tu´ es für alle Verrückten dieser Welt." Und Robin geht zusammen mit Liza nach New York, wo er als gefeierter Travestie-Star auftritt.
Der inzwischen verstorbene Craig Russell sah in seiner Rolle eine Art filmische Aufarbeitung des eigenen Lebens. Er selbst wagte als Imitator großer amerikanischer Filmschauspielerinnen seinen ersten Schritt an die Öffentlichkeit, bekannte sich bald darauf zu seiner Homosexualität und wurde binnen kurzer Zeit zum gefragtesten Travestie-Künstler der USA. „Ich habe die Möglichkeit, mich mit künstlerischen Mitteln zu verwandeln - das ist wieder rückgängig zu machen. Aber manchmal weiß ich nicht mehr, was ich eigentlich bin", bemerkte er einmal. Der anhaltende Erfolg von *Outrageous* in den Programmkinos der großen amerikanischen Städte war Anlaß zu der Fortsetzung *Too Outrageous*, die 1987 erstmals aufgeführt wurde. jg

Ein ausgekochtes Schlitzohr

Smokey and the Bandit. USA 1976 **R** Hal Needham **B** James Lee Barret, Charles Shyer, Alan Mandel **K** Bobby Byrne **M** Bill Justis, Jerry Reed **P** Rastar **L** 97 Min., Farbe **D** Burt Reynolds, Sally Field, Jerry Reed, Jackie Gleason

28 Stunden hat der Lastwagenfahrer Bandit Zeit, seine illegale Ladung, bestehend aus 400 Kästen Bier, von Texarkana nach Atlanta zu bringen. Schafft er das, winken ihm 80.000 Dollar Belohnung, der Gegenwert für einen brandneuen Truck. Bandit nimmt die Wette an und macht sich mit seinem alten Kumpel Cledus auf den Weg. Als sie unterwegs eine Tramperin mitnehmen, ahnen sie nicht, das diese gerade den Sohn des örtlichen Sheriffs kurz vor der Hochzeit versetzt hat. Der Gesetzeshüter setzt nun alles daran, den Alkoholschmuggler und „Entführer" seiner Schwiegertochter zu stellen.
Regisseur Hal Needham konnte bei seinem Debütfilm seine reichhaltige Erfahrung, die er bis dahin als Stuntman gesammelt hatte, voll ausnutzen. Die Mischung aus Western, Komödie und Roadmovie, mit etlichen Verfolgungsjagden und Stuntszenen gespickt, ließen seinen Erstling trotz vernichtender Kritiken zu einem Kassenschlager werden. dk

Ein ausgekochtes Schlitzohr ist wieder auf Achse

Smokey and the Bandit Ride Again. USA 1980 **R** Hal Needham **B** Jerry Belson, Brock Yates **K** Michael Butler **M** Snuff Garrett **P** Rastar/Mort Engelbert **L** 97 Min., Farbe **D** Burt Reynolds, Sally Field, Jerry Reed, Jackie Gleason

Altes Team, alte Darsteller, alte Story. Ähnlich wie bei seinem erfolgreichen Vorgänger EIN AUSGEKOCHTES SCHLITZOHR geht es für das Truckergespann Bandit und Cledus auch diesmal wieder um einen illegalen Transport und viel Geld.
Vor dem Hintergrund anstehender Gouverneurswahlen sollen Bandit und Cledus eine schwangere Elefantenkuh von Miami nach Dallas bringen. Obwohl sich das voluminöse Transportgut in Quarantäne befindet, nehmen die zwei den Auftrag an, schließlich winkt eine 400.000-Dollar-Prämie. Komplettiert wird das Gespann duch Carrie, Bandits Ex-Freundin, und gemeinsam sehen sie sich wieder ihrem Erzfeind, Sheriff Justice, gegenüber.
Ganz auf Nummer sicher gehen wollten die Produzenten der Bandit-Fortsetzung, schließlich hatte der erste Teil 40 Millionen Dollar eingespielt. Grundidee und Ausführung sind mit dem Vorgänger fast identisch, nur das Frachtgut hat gewechselt. Neben etlichen Massenkarambolagen und waghalsigen Autostunts bleibt noch der Auftritt von Dom DeLuise als zwangsverpflichteter Elefantendoktor erwähnenswert. dk

Ausgeliefert

You'll Like My Mother. USA 1972 **R** Lamont Johnson **B** Jo Heims, nach einem Roman von Naomi A. Hintze **K** Jack A. Mara **M** Gil Mellé **P** Universal/Bing Crosby Productions **L** 92 Min., Farbe **D** Patty Duke, Rosemary Murphy, Sian Barbara Allen, Richard Thomas, Dennis Rucker

„Du wirst meine Mutter mögen." Mit diesen zuversichtlichen Worten ihres verstorbenen Mannes macht sich eine junge, hochschwangere Frau auf den Weg zu ihrer Schwiegermutter in das eingeschneite Minnesota. In deren einsam gelegenen Landhaus erwartet sie jedoch keineswegs die erhoffte freundliche Aufnahme, sondern ein wahrer Alptraum.
Ein intelligent und atmosphärisch äußerst dichter Psycho-Thriller, der beweist, daß Spannung auch ohne die üblichen Metzel- und Blutorgien erzeugt werden kann. Dem Zuschauer werden bezüglich der Besetzung einige Überraschungen geboten. Ausgerechnet Richard Thomas (populär geworden durch seine Rolle des Sunny-"John-Boy" in der TV-Familienserie *Die Waltons*) verkörpert hier einen geisteskranken Mörder. Trotz seiner deutlichen Anleihen aus PSYCHO und ROSEMARIES BABY gelingt es Lamont Johnson, seinem Schocker durch das Miteinbeziehen der winterlichen Außenaufnahmen eine eigenständige, beklemmende Ausdruckskraft zu verleihen. Der Film wurde vollständig in Minnesota gedreht, wo u. a. auch eine am Ufer des Lake Superior stehende düstere Villa aus dem Jahre 1903 als furchterregende Kulisse fungierte. jg

Ausgelöscht

Extreme Prejudice. USA 1986 **R** Walter Hill **B** Deric Washburn, Harry Kleiner, nach einer Story von John Milius **K** Matthew F. Leonetti **M** Jerry Goldsmith **P** Buzz Feitshans für Carolco Pictures **L** 97 Min., Farbe **D** Nick Nolte, Powers Boothe, Michael Ironside, Maria Conchita Alonso, Rip Torn, Clancy Brown

„Einen modernen Western mit stark melodramatischem Touch und viel Action" nannte Walter Hill seinen Film, wie seine Vorgänger eine Mixtur mehrerer Genres. War es diese Mischung unterschiedlichster Elemente, die Filmen wie STRASSEN IN FLAMMEN oder THE WARRIORS ihren aufregend neuen Charakter gab, so ging dieses Rezept diesmal nicht auf.
Nick Nolte spielt einen gewissenhaften Texas Ranger, der in einem schmuddeligen Städtchen an der mexikanischen Grenze für Ordnung sorgen soll. Nicht einfach, wenn die Farmer sich mit Heroin-Schmuggel ein Zubrot verdienen und Noltes einstiger Jugendfreund (Boothe) jenseits der Grenze mit Privatarmee den Rauschgifthandel kontrolliert. Eine Gruppe von Söldnern, von der Regierung ins Krisengebiet entsandt, sorgt für weitere Spannungen, die sich schließlich Hill-gerecht gewaltsam entladen.
Trotz einiger gelungener Elemente, wie Noltes Charakterisierung des stoischen Sheriffs und Jerry Goldsmiths wie gewohnt treibende Musik, gelingt es dem Regisseuer nicht recht, die Balance zwischen blutspritzender Action und redseligen Passagen zu finden. Der Film gemahnt oftmals an Sam Peckinpah (dessen GETAWAY Hill schrieb), besonders die blutrünstige Schlußszene, die dem „Todesballett" in THE WILD BUNCH-SIE KANNTEN KEIN GESETZ nachempfunden ist. al

Ausgerechnet Wolkenkratzer

Safety Last. USA 1923 **R** Fred Newmeyer, Sam Taylor **B** Hal Roach, Sam Taylor, Tim Whelan **K** Walter Lundin **P** Hal Roach Studios **L** 78 Min., s/w **D** Harold Lloyd, Mildred Davis, Bill Strothers, Noah Young

Einer der besten Langfilme von Harold Lloyd, mit Sicherheit aber der bekannteste. Er erzählt von einem jungen Mann, der sich in die Großstadt begibt, um sein Glück zu machen. Erst dann kann er seine Angebetete (Davis) heiraten. Diese, durch Harolds flunkernde Briefe über seinen Erfolg neugierig geworden, taucht überraschend auf und treibt ihn zu immer weiteren Lügengeschichten, in deren Verlauf er sich schließlich gezwungen sieht, einen Wolkenkratzer zu erklimmen.
Diese Kletterszene ist eine der berühmtesten und waghalsigsten der Filmgeschichte. Sie erhält ihre Wirkung dadurch, daß sie, für den Zuschauer nachvollziehbar, nicht gestellt ist: Lloyd hing tatsächlich, zwölf Stockwerke über dem Boden, am Zeiger einer großen Uhr. Dieser gefährliche Stunt des Komikers war allein durch die vielen Großaufnahmen erforderlich, so daß der eigentliche Fassadenkletterer Bill Strothers nur in einigen Totalen zu sehen ist. Lloyd hatte bereits in drei Komödien versucht, eine derartige Szene in die Handlung zu integrieren, und noch zweimal nach *Ausgerechnet Wolkenkratzer* griff er auf diesen Gag zurück. al

Ausgestoßen

Odd Man Out. Großbritannien 1947 **R** Carol Reed **B** F.L. Green, R.C. Sheriff, nach dem Roman von Green **K** Robert Krasker **M** William Alwyn **P** Carol Reed für Two Cities **L** 116 Min., s/w **D** James Mason, Robert Newton, Kathleen Ryan, Robert Beatty

Zurückblickend auf eine über vierzigjährige Karriere bezeichnete James Mason *Ausgestoßen* als seinen besten Film. Zweifellos ist es auch eine der besten Arbeiten von Carol Reed, der sich mit dieser Geschichte eines irischen Freiheitskämpfers weltweit einen Namen machte.
Mason spielt Johnny, einen entflohenen Sträfling, der sich nach einem mißglückten Überfall verwundet durch die Straßen einer nordirischen Stadt schleppt. Der Film zeigt die letzten acht Stunden seines Lebens und die unterschiedlichen Menschen, die ihm auf seiner Flucht begegnen, darunter einen Maler, der in ihm den lang gesuchten Ausdruck der Verzweiflung entdeckt, und seine Geliebte Kathleen (Ryan), mit der zusammen er im Kugelhagel der Polizei stirbt.
Was zunächst wie ein gewöhnliches Flucht-Abenteuer anmutet, wird in den Händen Reeds zu einem komplexen, vielschichtigen Drama, zu einer Odyssee durch eine Welt ohne Mitleid und Gefühl. Obwohl eindeutig Johnnys Schuld feststeht (er hat bei dem Überfall einen Menschen getötet), wird er mit der Zeit zu einer Art Christusfigur - eine der vielen Parallelen zu Mickey Rourkes Charakter in AUF DEN SCHWINGEN DES TODES. Überhaupt lassen die mythischen und metaphysischen Untertöne des Films die Tür weit auf für jede Art von Interpretation auf diesem Gebiet.

Ausgestoßen war zwar kein Kassenerfolg, erhielt jedoch dickes Kritikerlob und ist heute einer der Klassiker des britischen Films. Reed erhielt den British Academy Award als Bester Regisseur, und Fergus McDonnells Schnitt wurde für den Oscar nominiert. al

Ausgetrickst

A Piece of the Action. USA 1977 **R** Sidney Poitier **B** Charles Blackwell **K** Donald M. Morgan **M** Curtis Mayfield **P** Verdon/First Artists **L** 130 Min. (Originalfassung 135 Min.), Farbe **D** Sidney Poitier, Bill Cosby, James Earl Jones, Denise Nicholas

Der schwarze Schauspieler Sidney Poitier, Oscar- Preisträger von 1963 (LILIEN AUF DEM FELDE), führte ab 1970 bei einer Reihe von Filmen Regie.
Mit *Ausgetrickst* versuchte er den Erfolg seiner Kriminalkomödie DREHN WIR NOCH´N DING von 1975 zu wiederholen. Auch diesmal ist Bill Cosby sein Filmpartner, mit dem er einige erfolgreiche „Dinger" gedreht hatte. Doch eines Tages kommt der pensionierte Polizist Joshua Burke dem Duo auf die Schliche. Er erpreßt es auf höchst originelle Weise. Die beiden Gauner müssen sich, wenn sie nicht ins Gefängnis wollen, einem Resozialisierungsprogramm zur Verfügung stellen, das die Sozialarbeiterin Lila für schwarze Jugendliche ins Leben gerufen hat.
Wie schon bei DREHN WIR NOCH´N DING schrieb auch diesmal Curtis Mayfield die Filmmusik. Der Soulmusiker war ab Mitte der sechziger Jahren für ein Jahrzehnt einer der erfolgreichsten Popstars des schwarzen Amerika und machte zudem immer wieder durch politisches Engagement von sich reden.
Ebenfalls unter dem Titel *Ausgetrickst* ist in deutschen Videotheken eine unbedeutende Kriminalkomödie (Kategorie C-Film) aus dem Jahr 1985 im Umlauf. nn

Das ausschweifende Leben des Marquis de Sade

Das ausschweifende Leben des Marquis de Sade / De Sade. BRD/USA 1969 **R** Cy Endfield **B** Richard Matheson, Peter Berg **K** Richard Angst **M** Billy Strange **P** CCC-Film/Trans Continental/ American International **L** 100 Min., Farbe **D** Keir Dullea, Senta Berger, John Huston, Lilli Palmer, Uta Levka, Sonja Ziemann

Der abstrakte und äußerst einfallsreiche Titelvorspann mit den Entwürfen von Sandy Dvore verspricht bereits einige Sensationen, die allerdings auf einem ganz anderen Gebiet liegen, als man es sich angesichts des verrucht klingenden deutschen Verleihtitels eigentlich vorstellt.
Vor dem Hintergrund üppiger Dekors und prachtvoller Kostüme und unterstützt von Richard Angsts wundervoller Kameraarbeit und einem imposanten Staraufgebot breitet sich die Ära des perversen Marquis vor den Augen des Zuschauers aus. Durch diverse Rückblenden nach Freudschem Muster wird über die wahren Ursachen der Verderbtheit des berüchtigten Aristokraten aufgeklärt. Eine ganz entscheidende Rolle spielt dabei der unselige Einfluß eines Abbés. Diese kurze Rolle übernahm Regisseur John Huston mit sichtlichem Wohlgefallen. Seine Darstellung hielt er selbst für „prunkvoll verschnörkelt"; als „verhaltenes Spiel" bezeichneten sie hingegen die Kritiker. Die Präsentation von erotischen Laszivitäten mußte 1969 trotz der auf vollen Touren laufenden Sexwelle noch innerhalb des guten Geschmacks liegen. So wirken die Szenen sexueller Ausschweifungen verglichen mit heutigen Streifen stellenweise in ihrer Harmlosigkeit wie Reklame für ein Seifenprodukt. „Keine ausgefallenen Foltern, keine Peitschen und Ketten oder Lederstriemen. Echte Sadomasochisten werden enttäuscht, Playboy-Leser jedoch werden mit der Zurschaustellung von nackten Brüsten und Hinterteilen belohnt." (*Variety*) jg

Der Außenseiter

Le marginal. Frankreich 1983 **R** Jacques Deray **B** Jacques Deray, Michel Audiard (Dialoge) **K** Xaver Schwarzenberger **M** Ennio Morricone **P** Dominique Rigaud für Les Films Ariane/Cerito Prod. **L** 98 Min., Farbe **D** Jean-Paul Belmondo, Henry Silva, Carlos Sotto Mayor, Pierre Vernier

Ganz auf Jean-Paul Belmondo zugeschnittener Action-Krimi, der sich überdeutlich an den Erfolg von DER PROFI anzuhängen versucht (nicht zuletzt durch die erneute Verpflichtung von Ennio Morricone). Wieder ist der Star als rauhbeiniger Polizist zu sehen, der sich, immer einen flotten Spruch auf den Lippen, über die Anweisungen seiner lahmarschigen Vorgesetzten hinwegsetzt, um einen kniffligen Fall auf die eigene Art zu lösen. Diesmal ist es Drogenboß Mecacci (Silva), den Belmondo alias Phill Jordan am Ende zur Strecke bringt. Bis dahin hat er reichlich Gelegenheit, sich in athletischer Höchstform zu präsentieren: mal rollt er über ein Auto, mal entert er vom Hubschrauber aus ein Motorboot. Aber auch diese Mätzchen sowie ein spekulativer Ausflug in die schwule Lederszene von Paris können nicht verdecken, daß *Der Außenseiter* ein formelhaftes Mainstream-Produkt der Marke Belmondo ist, dem leider noch viele nach gleichem Muster folgen sollten. Stand auf dem Plakat: „Wer nicht hören will, muß fühlen - hat schon mein Papi gesagt!" al

Die Außenseiterbande

Bande a part. Frankreich 1964 **R** Jean-Luc Godard **B** Jean-Luc Godard, nach einem Roman von Dolores Hitchens **K** Raoul Coutard **M** Michel Legrand **P** Anouchka/Orsay **L** 94 Min., s/w **D** Anna Karina, Sami Frey, Claude Brasseur, Louise Colpeyn

Arthur und Franz lernen in einer Kneipe die Dänin Odile kennen. Odile arbeitet in einer Villa als Dienstmädchen und weiß, daß im Tresor ihrer Arbeitgeber eine große Summe Bargeld aufbewahrt wird. Die drei entschließen sich zum Einbruch, werden von der Frau des Hausherrn erwischt und töten diese versehentlich.
Die Geschichte des Einbruchs interessierte Regisseur Godard herzlich wenig. Seit AUSSER ATEM, seinem ersten Spielfilm von 1959, waren Außenseiter sein Thema. Gangster, Prostituierte, politische Extremisten; Menschen, die ein Leben in Isolation, frei von jeglichen sozialen Bindungen führen. Die Protagonisten der *Außenseiterbande* zählen dazu. Der Schnitt der von Godard mit einer Vielzahl erzählerischer, visueller und akustischer Gags gewürzten Kriminalkomödie erinnert an AUSSER ATEM. Die eindrucksvollen Schwarzweiß-Aufnahmen der tristen Pariser Vororte von Kameramann Raoul Coutard und die darstellerische Leistung Anna Karinas als Odile sind weitere Highlights dieses Films. nn

Außer Atem

A bout de soufflé. Frankreich 1959 **R** Jean-Luc Godard **B** François Truffaut **K** Raoul Coutard **M** Martial Solal **P** Georges de Beauregard **L** 88 Min., s/w **D** Jean-Paul Belmondo, Jean Seberg, Van Doude, Liliane David, Claude Mansart

„*A bout de soufflé* war eine Art Film, in der alles erlaubt ist, das lag in seiner Natur. Was immer die Personen machten, alles ließ sich in den Film integrieren." Jean-Luc Godards Integration ging sogar soweit, zufällig in die Kamera starrende neugierige Passanten ungeschnitten in die Filmhandlung aufzunehmen. In der erstarrten Filmszene der zu Ende gehenden Dekade der 50er Jahre schlug Godards revolutionäres Debütwerk wie eine Bombe ein. Alles an *Außer Atem* war neu und ungewohnt. Die Schnitte wirkten plötzlich, unwillkürlich und hart, die Kamera wackelte wirr und unkontrolliert - die formale Erzählweise des konventionellen Kinos wurde kurzum völlig auf den Kopf gestellt. Godard drehte ohne Drehbuch, ohne Kunstlicht; sein Werk versprühte Aggressivität und Anarchie.
Dabei bietet die Handlung selbst keine großen Überraschungen. Ein kleiner Ganove stiehlt einen Wagen, tötet unterwegs einen Polizisten und verbringt mit seiner Freundin,

einer amerikanischen Studentin, ein paar Tage in Paris. In einem kleinen Hotelzimmer lieben und streiten sie sich. Bei einer anschließenden furiosen Flucht wird er von der Polizei erschossen.
Mit François Truffaut als Drehbuchautor und Claude Chabrol als technischem Berater standen Godard zwei Künstler zur Verfügung, die später selbst eine steile Karriere im Regiefach machten. *Außer Atem* - innerhalb von vier hektischen Wochen in Paris und Umgebung abgedreht - prägte wie kein anderer Film die Laufbahn Godards, brachte Jean-Paul Belmondo über Nacht Starruhm ein und markierte vor allem den Beginn der *Nouvelle Vague* im französischen Film. jg

Außerhalb der Saison

Out of Season. Großbritannien 1975 **R** Alan Bridges **B** Eric Bercovici, Reuben Bercovitch, nach ihrem Bühnenstück *Winter Rates* **K** Arthur Ibbetson **M** John Cameron **P** Eric Bercovici für Lorimar-Robert Enders/Athenaeum-EMI **L** 90 Min., Farbe **D** Vanessa Redgrave, Cliff Robertson, Susan George

Eine kleine Besetzung und der begrenzte örtliche Rahmen lassen dieses Drama genau nach dem aussehen, was es ist: ein für die Leinwand adaptiertes Bühnenstück.
Nach Jahren der Abwesenheit kehrt Cliff Robertson in das kleine englische Küstenstädtchen zurück, in dem Redgrave mit ihrer Tochter George lebt. Sie leitet ein abgelegenes Hotel. Vor Jahren hatten die beiden eine Affäre, doch es wird nicht klar, ob das Mädchen aus dieser Verbindung stammt oder nicht. Die beiden Frauen rivalisieren um Robertsons Gunst, wobei Redgrave die gemeinsame Vergangenheit zu beschwören versucht und George eine Art Lolita-Charme einsetzt, so daß die Möglichkeit eines Inzest impliziert wird. Das Drehbuch geht in seinen Anspielungen sehr zurückhaltend vor und erlaubt dem Zuschauer, seine eigenen Schlüsse zu ziehen, zumal am Ende nicht deutlich wird, welche der Frauen Robertson für sich gewinnt.
Außerhalb der Saison war eine der ersten Spielfilmproduktionen der amerikanischen TV-Firma Lorimar, die zu jener Zeit nach billigen Projekten suchte, um den Sprung auf die Leinwand ohne allzu großes Risiko zu wagen. Das zugrundeliegende Stück *Winter Rates* (zunächst hieß auch der Film so) war lange Zeit unproduziert geblieben und hatte viele Stationen durchwandert, bis es in dieser Form endlich ein (kleines) Publikum erreichte. al

Die Aussteigerin

La dérobade. Frankreich 1979 **R** Daniel Duval **B** Christopher Frank, Daniel Duval, Jeanne Cordelier, nach der Autobiographie *Die Verweigerung* von Cordelier **K** Michel Cenet **M** Vladimir Cosma **P** Bejamin Simon für ATC 3000/Prodis **L** 114 Min., Farbe **D** Miou-Miou, Maria Schneider, Daniel Duval, Regis Porte

Daniel Duvals dritter Spielfilm entstand nach dem autobiographischen Bestseller Jeanne Cordeliers, die fünf Jahre lang als Prostituierte tätig war. Er erzählt von Marie (Miou-Miou), einer neunzehnjährigen Schuhverkäuferin aus einfachen Verhältnissen, die sich in den Zuhälter Gérard (Duval) verliebt, und schon bald für ihn anschaffen geht. Für sie ist es die einzige Möglichkeit, ihre Liebe zu beweisen, und auch Gérard empfindet mehr für sie. Trotzdem versucht Marie nach einiger Zeit, in der sie die schmutzige und grausame Seite ihres Gewerbes kennengelernt hat, auszubrechen und von Gérard freizukommen - zunächst vergeblich.
Miou-Miou, die für ihre Interpretation der Titelrolle mit einem César ausgezeichnet wurde, war die treibende Kraft hinter dem Projekt und schlug Duval die Realisierung vor. Sie hatte die schwierige Aufgabe, eine Frau ohne richtige Bildung oder außergewöhnliche Intelligenz darzustellen, die letzten Endes lernt, für sich selbst zu denken. Maria Schneider ist ebenso eindrucksvoll als Maries Kollegin Maloup. Der Film ist kein Angriff auf die Prostitution, sondern eher eine Schilderung der Prostitution als extremste Form der Ausbeutung von Frauen durch Männer. Sein Hauptelement ist jedoch die außergewöhnliche Liebesgeschichte zwischen Marie und ihrem Zuhälter-Freund, deren Intensität ihr den Ausstieg so schwer macht. al

Austerlitz - Glanz einer Kaiserkrone

Austerlitz. Frankreich 1959/60 **R** Abel Gance **B** Abel Gance **K** Alekan **M** Jean Ldrut **P** Alexander Salkind / Lux **L** 138 Min., Farbe **D** Pierre Mondy, Martine Carol, Vittorio De Sica, Jean Marais, Georges Marchal, Michel Simon, Orson Welles, Jack Palance, Leslie Caron

Hatte Abel Gance mit seinem Stummfilm-Epos NAPOLEON einen Meilenstein in der Filmgeschichte gesetzt, so ging sein Werk über die letzte Schlacht des französischen Usurpators gegen die europäischen Alliierten weit am Interesse der Zuschauer und der Kritik vorbei.
Die enormen Herstellungskosten von über 4 Millionen Dollar stürzten den Produzenten Alexander Salkind um ein Haar in den finanziellen Ruin. Und dabei zahlte sich das riesige Budget in bezug auf die gebotenen Schauwerte noch nicht einmal aus. Die Schlachtszenen vom Gemetzel bei Austerlitz - zweifelhafter Höhepunkt dieses Historiengemäldes - wirken lustlos inszeniert und bleiben ohne weittragende Bedeutung.
„Der 70jährige Gance schlägt die Trommel für die ehemals ruhmvollen Tage Frankreichs etwas zu laut, und beinahe erhält man den Eindruck, militärische Propaganda für einen gemäßigten Diktator vorgesetzt zu bekommen." (*Motion Picture Guide*). Durchaus gut gemeint, jedoch schwer umsetzbar, war weiterhin der Versuch, eine große Anzahl bekannter Schauspieler in die Handlung zu integrieren. So beschränken sich die Auftritte von Orson Welles, Jack Palance und Leslie Caron lediglich auf kurze Gastvisiten, die keinen nachhaltigen Eindruck hinterlassen. jg

Eine auswärtige Affäre

A Foreign Affair. USA 1948 **R** Billy Wilder **B** Charles Brackett, Billy Wilder, Richard L. Breen **K** Charles B. Lang, jr. **M** Friedrich Holländer **P** Charles Brackett für Paramount **L** 115 Min., s/w **D** Jean Arthur, Marlene Dietrich, John Lund, Millard Mitchell, Peter von Zeneck

Billy Wilders rabenschwarze Satire auf das deutsch-amerikanische Verhältnis im Nachkriegs-Berlin enthält erstmals die Ingredienzen, die später zu seinem Markenzeichen wurden: Beißender, oftmals zynischer Humor vor dem Hintergrund einer im Grunde tragischen Situation.
Jean Arthur spielt die spröde US-Kongreßabgeordnete Phoebe Frost, die der bedenklich gesunkenen Moral amerikanischer Besatzungs-soldaten in Berlin auf den Grund gehen soll. Mit dieser ist es auch bei Captain Pringle (Lund) nicht gut bestellt, der eine Affäre mit der Nachtklubsängerin Erika (Dietrich) unterhält - zum gegenseitigen Vorteil. Doch auch von Phoebe ist er recht angetan und kann ihr schließlich Dietrichs Nazi-Vergangenheit nicht länger verheimlichen.
Wilder begab sich im Sommer ´47 zu Außenaufnahmen ins zerbombte Berlin, die das Gefühl vermitteln sollten, der gesamte Film sei dort gedreht worden. Kamera und Drehbuch wurden für den Oscar nominiert. Marlene Dietrich hatte sich zunächst geweigert, eine „Nazi-Rolle" anzunehmen, doch glücklicherweise gelang es Wilder, sie zu überzeugen - indem er ihr Probeaufnahmen einer anderen Schauspielerin vorführte. Mit diesem Film rückte die Dietrich wieder in die

Riege der Spitzenstars auf, nachdem ihre Popularität in den 40ern nachgelassen hatte. Friedrich Holländer, der schon die Lieder für DER BLAUE ENGEL geschrieben hatte, komponierte drei neue Songs für sie: *Black Market*, *Illusions* und *The Ruins of Berlin* wurden von ihm während der Aufnahmen am Klavier begleitet. Marlene spielte später noch zwei Rollen, die mit dieser starke Parallelen aufweisen: abermals für Wilder in ZEUGIN DER ANKLAGE und vor allem in DAS URTEIL VON NÜRNBERG.
Für Jean Arthur, die mit dem *Iowa State Song* ebenfalls ein Lied zum besten gibt, war es der vorletzte Filmauftritt, danach war sie nur noch in MEIN GROSSER FREUND SHANE zu sehen.
Das deutsche Publikum mußte bis 1977 (!) auf den Film warten, der seine Premiere auf dem Bildschirm erlebte (ARD). al

Die Autos, die Paris auffraßen

The Cars That Ate Paris. Australien 1974 **R** Peter Weir **B** Peter Weir **K** John McLean **M** Bruce Smeaton **P** Salt Pan/Australian Film Development Corporation/Royce Smeale **L** 91 Min., Farbe **D** Terry Camillieri, John Meillon, Melissa Jaffa, Kevin Miles

Nicht die Seine-Metropole, sondern eine Kleinstadt gleichen Namens in Südaustralien ist Schauplatz des Frühwerks von Peter Weir (DER EINZIGE ZEUGE). Hier wacht der junge Arthur im Krankenhaus auf und lernt das Geheimnis des scheinbar idyllischen Fleckens kennen. Die Einwohner leben von der Plünderung durchreisender Autofahrer. Sie führen absichtlich Unfälle herbei, überlebende Opfer dienen dem ortsansässigen Chirurgen als Versuchsobjekte für Gehirn-Experimente. Die Straßen von Paris werden von einer Gang jugendlicher Autofreaks beherrscht.
Die makabre Horror-Komödie zeigt eine Zivilisation am Abgrund, die mit viel Mühe ein Bild der Ordnung und Idylle aufrecht zu halten sucht, obwohl unter der Oberfläche das Chaos lauert.
Die Autos, die Paris auffraßen deutet bereits einiges von der Klasse Peter Weirs an. Sie zeigt sich in Kameraführung und Einstellungen, aber auch im dramaturgisch geschickten Einsatz der Musik. nn

Avalanche

Avalanche. USA 1978 **R** Corey Allen, Lewis Teague **B** Claude Pola, Corey Allen, nach einem Roman von Frances Doel **K** Pierre-William Glenn **M** William Kraft **P** Roger Corman/New World Pictures **L** 86 Min., Farbe **D** Rock Hudson, Mia Farrow, Robert Foster, Jeanette Nolan, Rick Moses

Ein weiteres Produkt aus der gegen Ende der 70er Jahre langsam verebbenden Katastrophenfilmwelle Hollywoods. Diesmal rumpelt eine riesige Lawine in einen Wintersportort (gedreht wurde in einem Freizeitzentrum in Colorado), wo sich zuvor in der Kulisse eines noblen Skihotels die üblichen Dramen um gescheiterte Ehen, Existenzkrisen und Krankheiten abgespielt haben. Angesichts der eingetretenen Todesgefahr konzentriert man sich auf wichtigere Dinge.
Typisch für die Kategorie der Desaster-Filme ist auch hier die hochkarätige Besetzung mit Rock Hudson, der in *Avalanche* einen uneinsichtigen Geschäftsmann verkörpert, durch dessen Leichtsinn alle in Gefahr geraten. Mia Farrow, zum zweiten Mal nach HURRICANE das Opfer von Naturgewalten, spielt Hudsons Ehefrau - und das mit sichtlicher Lustlosigkeit und ohne großen Idealismus.
Die Trickaufnahmen der großen Lawine entschädigen dann für manch vorherige langweilige Minute, erreichen aber bei weitem nicht die Qualität der bekannten Vorbilder. Der Film, produziert von Roger Corman, dem König des B-Pictures, muß sich aufgrund des geringen Budgets mit einer harmloseren Schreckensvision begnügen. Verantwortlich für die Spezialeffekte zeichnete Lewis Teague, der später für die Gruselstreifen CUJO und *Der Horror-Alligator* ins Regiefach überwechselte. jg

Avalon

Avalon. USA 1990 **R** Barry Levinson **B** Barry Levinson **K** Allen Daviau **M** Randy Newman **P** Mark Johnson, Barry Levinson für Baltimore Pictures/Tri-Star **L** 128 Min., Farbe **D** Armin Mueller-Stahl, Aidan Quinn, Elizabeth Perkins, Joan Plowright, Lou Jacobi

Wie auch in seinen bisher besten Filmen AMERICAN DINER und TIN MEN spielt sich die Handlung von Barry Levinsons melancholischer Familien-Chronik in Baltimore ab, der Heimatstadt des Regisseurs. Sie basiert auf Erzählungen von Levinsons Großvater Sam Krichinsky, einem russischen Immigranten, der von Armin Mueller-Stahl mit schwerem Akzent verkörpert wird. Im Jahre 1914 betrat er zum ersten Mal amerikanischen Boden und holte später fast die gesamte Familie nach. Die Sippe, längst im Tapeziergeschäft erfolgreich, läßt sich in einer Reihenhaussiedlung nieder, die sie „Avalon" nennt.
Der Name steht für die Erinnerung Sams an die Traditionen, den Zusammenhalt und die Geborgenheit der Großfamilie, aber auch für den Traum von einer neuen, besseren Welt, von dem die Einwanderer beseelt waren. Über drei Generationen beobachtet Levinson, der in Gestalt des kleinen Michael (Wood) auftaucht, die Entwicklung der Familie, die Veränderungen, der sie unterworfen ist. Dabei gelingen ihm Szenen voller Poesie und Zärtlichkeit, doch manche Anekdote wirkt überfrachtet mit sentimentaler Symbolik. Allzu schön und glatt erscheint das Bild der Einwandererfamilie, deren Leben von der Kamera Allen Daviaus in bestechend schönen, gedämpften Farbtönen festgehalten wurde. Randy Newmans elegischer Soundtrack trägt das seine zur Romantisierung einer Epoche bei, die sicher zu den wichtigsten, aber auch schwierigsten Kapiteln amerikanischer Geschichte zählt. Alle Darsteller sind in Topform, besonders Armin Mueller-Stahl in seiner zweiten amerikanischen Starrolle nach MUSIC BOX (diesmal allerdings als positiver Charakter) und Joan Plowright, Witwe Laurence Oliviers, die das grantelige Gegenstück zu Mueller-Stahls ruhiger Autorität verkörpert. al

Avanti, avanti!

Avanti! USA 1972 **R** Billy Wilder **B** Billy Wilder, I. A. L. Diamond, nach einem Bühnenstück von Samuel Taylor **K** Luigi Kuveiller **M** Carlo Rustichelli **P** The Mirish/Phalanx/Jalem **L** 146 Min., Farbe **D** Jack Lemmon, Juliet Mills, Clive Revill, Edward Andrews, Gianfranco Barra

Billy Wilder widmete sich mit dieser liebenswürdigen Komödie wieder einmal seinem Lieblingsthema: der Konfrontation amerikanischer Lebensweisen mit europäischen Traditionen.
Jack Lemmon ist der Industrielle Wendell Armbruster, der überstürzt nach Italien abreisen muß, da sein Vater tödlich verunglückt ist. Zu seinem Entsetzen muß er feststellen, daß Armbruster Senior sich dort regelmäßig mit seiner Geliebten getroffen, hat die ebenfalls bei dem Umfall umgekommen ist. Im Laufe seines Europa-Aufenthalts übernimmt Wendell die erotischen Eskapaden seines Vaters, denn er verliebt sich prompt in die Tochter der verstorbenen Geliebten.
Wilder ist ein Regisseur, der nie die Wurzeln seiner europäischen Lehrjahre negierte, sondern sie vielmehr als bestärkende Metapher in seine Filme einbaute. So präsentiert sich *Avanti, avanti!* in erster Linie als eine Liebeserklärung an das alte Europa, an seine Kultur und Traditionen. Bewußt wird das naßkalte New York in Kontrast zu der Landschaft Siziliens gesetzt. Die Assimilation des eingebildeten Industriebosses hat Wilder geschickt in diversen Kleidungswechseln ausgedrückt. Im letzten Drittel des Films sonnt sich Jack Lemmon splitternackt mit Juliet Mills am Meer - und hat damit endgültig seine amerikanische Hochnäsigkeit und Prüderie abgelegt. jg

Ave Maria

Ave Maria. BRD 1953 **R** Alfred Braun **B** Wolf Neumeister, Hans Wendel **K** Werner Krien **M** Franz Grothe **P** Diana Film **L** 95 Min., s/w **D** Zarah

Leander, Marianne Hold, Hans Stüwe, Hilde Körber, Berta Drews, Carl Wery

Wie in ihrem ersten Nachkriegsfilm GABRIELA spielt Zarah Leander auch in diesem, ganz auf sie zugeschnittenen Starvehikel die Rolle einer aufopferungsvoll liebenden Mutter. Ihre Tochter (Hold), die sie in einer Klosterschule erziehen läßt, glaubt, daß ihre Mutter eine berühmte Konzertsängerin sei, wo sie doch in der örtlichen Klosterkapelle so schön das *Ave Maria* von Bach/Gounod zum besten gibt. Doch Mama ist eine Halbweltdame ersten Ranges, wie sie der Oberin gesteht, der Star eines zwielichtigen Hamburger Revuelokals, und intoniert allabendlich zweideutige Songs! Das kann natürlich der respektierliche Herr nicht wissen, der Madame noch in der Kapelle Avancen macht. Schon bald ist Liebe mit im Spiel, doch wie lange kann Zarah ihr Doppelleben noch aufrecht erhalten? Es liegt noch ein langer Leidensweg vor ihr, bis sie, beim unvermeidlichen Happy-End, erneut das *Ave Maria* schmettern kann.
Ein herzzerreißend altmodisches und nicht minder kitschiges Melodram, das ohne Zarah Leanders unvergleichliche Präsenz (in Wort, Lied und Bild) völlig zu vergessen wäre. Man hatte offenbar ein Comeback der Schwedin im Visier, doch ihre Filmrollen in den 50ern waren rar gesät. Weitere Songs: *Wart´ nicht auf die große Liebe* , *Ich kenn´ den Jimmy aus Havanna*, *Wenn die wilden Rosen blühn*, die alle von Franz Grothe (Musik) und Bruno Balz (Texte) geschrieben wurden. al

Axel Munthe, der Arzt von San Michele

Axel Munthe, der Arzt von San Michele/Donne senza paradiso/Le livre de San Michèle. BRD/ Italien/Frankreich 1962 **R** Rudolf Jugert, Giorgio Capitani **B** Hans Jacoby, Hans G. Petersson, nach dem Roman *Das Buch von San Michele* von Axel Munthe **K** Richard Angst **M** Mario Nascimbene **P** CCC-Film/Cine Italia/Criterion **L** 134 Min., Farbe **D** O.W. Fischer, Rosanna Schiaffano, Valentina Cortese, Sonja Ziemann, Ingeborg Schöner, Heinz Erhardt, Christiane Maybach

Axel Munthes literarisches Werk *Das Buch von San Michele* wurde in 40 Sprachen übersetzt und ist in einer Auflage von ca. 25 Millionen Exemplaren verbreitet. Diesem gewaltigen Bekanntheitsgrad versuchte man in Form einer europäischen Koproduktion gerecht zu werden, wobei dem Regie- und Drehbuchteam von Beginn an klar war, die Vielzahl der geschilderten Erlebnisse und Anekdoten auf ein grobes Gerüst reduzieren zu müssen. Der Film beschreibt in oft allzu rührender und sentimentaler Weise das Leben und Wirken des schwedischen Arztes Axel Munthe, seine Stationen als Arzt, Armenhelfer, Tierfreund, Schriftsteller und Frauenliebling.
Für einen deutschen Alleingang wäre die ausufernde Biographie mit ihren vielen wechselnden Schauplätzen viel zu teuer gewesen, also schlossen sich gleich drei große europäische Filmgesellschaften zusammen, um auch gleichzeitig die völkerübergreifende Botschaft Axel Munthes auf die Leinwand zu bannen. In den deutschen Presseheften wurde durch eine dicke orangefarbene Anzeige verkündet, daß der Streifen unter dem „Protektorat des deutschen Tierschutzbundes" stand.
Axel Munthe, in farbenprächtiger Ausstattung und Breitwand-Format gedreht, entstand an Original-Schauplätzen auf Capri und in Neapel. jg

Ay, Carmela

Ay, Carmela! Spanien/Italien 1990 **R** Carlos Saura **B** Carlos Saura, Rafael Azcona, nach dem Bühnenstück von José Sanchis Sinisterra **K** José Luis Alcaine **M** Alejandro Masso **P** Andres Vincente Gomez für Iberoamericana Films (Madrid), ELLEPI (Rom) **L** 95 Min., Farbe **D** Carmen Maura, Andres Pajares, Gabino Diego, Maurizio di Razza, Miguel A. Rellan

Der spanische Bürgerkrieg und seine Auswirkungen auf die Gesellschaft haben in vielen Filmen Carlos Sauras eine Rolle gespielt, meist in Bezug auf die nachfolgende Phase der Unterdrückung durch die Franco-Diktatur. *Ay, Carmela* ist eine Tragikomödie über dieses schwärzeste Kapitel spanischer Geschichte.
Carmela (Maura) und Paulino (Pajares) unterhalten die republikanischen Frontkämpfer mit einem Gemisch aus Varieté und Tingeltangel, doch davon werden sie nicht satt, und sie machen sich eines Tages auf und davon. Auf dem Weg ins ruhige Valencia werden sie unglücklicherweise von den Faschisten aufgegriffen und können ihr Leben nur dadurch retten, daß sie sich bereiterklären vor den Franco-Truppen aufzutreten. Paulino hat mit diesem Frontwechsel keine Probleme, doch bei Carmela wachsen die Zweifel...
Saura und sein Drehbuchautor Rafael Azcona, der auch schon bei COUSINE ANJELICA mitarbeitete, stellen hier eine eindeutige Frage: Kann ein Künstler in einer politischen Auseinandersetzung neutral bleiben, oder hat er die Pflicht, sich zu äußern? Dieser Konflikt manifestiert sich in der Figur Carmelas, die von Pedro Almodovars langjähriger Lieblingsschauspielerin Carmen Maura humorvoll und mit Wärme verkörpert wird. Ihre Darstellung ist das Herz des Films und liefert ihm seine bewegendsten Momente. Sie erhielt den Europäischen Filmpreis 1990 als Beste Schauspielerin, ihr Partner Andres Pajares bekam das männliche Pendant des Preises. Hervorragend auch Gabino Diego als das fast stumme dritte Mitglied der Truppe: Er schafft es, sowohl komisch als auch anrührend zu sein. al

Ayla und der Clan des Bären

The Clan of the Cave Bears. USA 1985 **R** Michael Chapman **B** John Sayles, nach dem Roman von Jean M. Auel **K** Jan de Bont **M** Alan Silvestri **P** Jozak / Decade Prod. für Guber-Peters Company **L** 98 Min., Farbe **D** Darryl Hannah, Pamela Reed, James Remar, Thomas G. Waites, John Doolittle

Durch Jean-Jacques Annauds kanadisch-französische Co-Produktion AM ANFANG WAR DAS FEUER war Hollywood auf ein neues Subgenre im Fantasy-Film aufmerksam geworden und ließ nun seinerseits einen Steinzeitfilm vom Stapel. Michael Chapman hat die Handlung 35.000 Jahre in der Vergangenheit angesiedelt. Bei einem Erdbeben kommen die Eltern des Cro-Magnon-Mädchens Ayla ums Leben. Das Waisenkind wird vom Nomadenstamm der Neanderthaler aufgenommen und erzogen, ruft jedoch wegen seiner fortgeschritteneren Evolution bald Neid und Ablehnung hervor und wird daher wieder aus der Sippe ausgestoßen.
Auch in diesem prähistorischen Werk gibt es grundsätzlich keine Dialoge der herkömmlichen Art. Als Mittel der Kommunikation dient - wie auch schon in AM ANFANG WAR DAS FEUER - eine Art Laut- und Gebärdensprache, die eigens für diesen Film von der amerikanischen Anthropologin und Archäologin Dr. Deborah LaGorce-Kramer entwickelt wurde. Zu einem großen Problem gestaltete sich die Besetzungsliste, denn sämtliche Schauspieler mußten bedeutend kleiner als Darryl Hannah sein, um das Stadium der unterschiedlichen Entwicklungsstufe deutlich zu machen. Produzent Jerry Isenberg verpflichtete Maskenbildnerin Michelle Burke, die ebenfalls schon in Annauds Film für die glaubwürdige Gestaltung der Steinzeitmenschen verantwortlich gewesen war. Die Dreharbeiten fanden unter teils harten Bedingungen in der unberührten Landschaft Kanadas statt. jg

B

Babette zieht in den Krieg

Babette s´en va-t-en guerre. Frankreich 1959 **R** Christian-Jaque **B** Raoul Lévy, Gérard Oury, Jean Ferry, Jacques Emmanuel, Michel Audiard **K** Armand Thirard, **M** Gilbert Bécaud **P** Raoul Lévy für Iéna/Les Films Ariane **L** 103 Min., Farbe **D** Brigitte Bardot, Jacques Charrier, Hannes Messemer, Yves Vincent, Ronald Howard

Kriegsjahr 1940. Unter den vielen Franzosen, die sich nach der Niederlage der alliierten Truppen vor der drohenden deutschen Besetzung nach England abzusetzen hoffen, ist auch Babette (Bardot), die noch auf dem Schiff einen jungen, idealistischen Offizier (Charrier) kennenlernt. Durch seine Vermittlung erhält sie eine Anstellung im französischen Hauptquartier in London. Aufgrund einer angeblichen Ähnlichkeit zur Geliebten eines deutschen Generals (Messemer), der die deutsche Invasion der britischen Insel vorbereitet, wird Babette als Doppelagentin nach Frankreich eingeschleust.
Ein Brigitte-Bardot-Film ohne die üblichen Nacktszenen? Die Filmwelt war erstaunt, als Produzent Lévy seine Pläne für eine zugeknöpfte Rolle von Frankreichs heißestem Star bekanntgab: Er wollte auch Zuschauer unter 16 Jahren ins Kino locken. Vor allem aber stellte es sich als schwierig heraus, einen männlichen Hauptdarsteller zu finden, denn niemand wollte sein Licht unter den Scheffel von Brigittes strahlendem Ruhm stellen - auch nicht ihr damaliger Lebensgefährte Sacha Distel. BB fand ihren Helden schließlich selbst: Jacques Charrier, ein bis dato unbekannter junger Schauspieler - der binnen sechs Monaten auch ihr erster Ehemann wurde.
Obwohl einige Kritiker die mangelnde Freizügigkeit in Christian-Jaques Satire beklagten, war die allgemeine Ansicht, daß Brigitte auch angezogen einen Film tragen konnte. *The Daily Worker* schrieb: „...sie beweist wieder einmal, daß sie, außer ihren offensichtlicheren Vorzügen, auch ein sicheres Gespür für Komödie besitzt.“ Insgesamt kam diese Parodie auf Spionage-Filme auch beim Publikum gut an. al

Babettes Fest

Babettes gaestebud. Dänemark 1987 **R** Gabriel Axel **B** Gabriel Axel, nach der Novelle *Babettes Gastmahl* von Tania Blixen **K** Henning Kristiansen **M** Per Nörgaard **P** Just Betzer / Bo Christensen **L** 102 Min., Farbe **D** Stéphane Audran, Hanne Stensgaard, Bodil Kjer, Vibeke Hastrup, Brigitte Federspiel, Jean-Philippe Lafont, Bibi Andersson, Bendt Rothe

„Man verläßt den Film mit dem göttlichsten Appetit.“ (*Paesa Sera*). Gabriel Axels Werk kann in der Tat mit dem Prädikat aufwarten, daß in ihm das opulenteste Menü der Filmgeschichte zelebriert wird. Die Zubereitung des Festessens - der grandios inszenierte Höhepunkt des Films - verschlang über 100.000 Dollar. Annähernd zwei Wochen waren der Chef de cuisine und zwei seiner Assistenten aus dem Kopenhagener Feinschmeckerlokal *La Cocotta* mit dem Arrangement der Speisen beschäftigt. Bedingt durch zahlreiche Wiederholungen mußten für eine Szene 148 Wachteln zubereitet werden, um letztendlich nur 12 davon servieren zu können. Der kulinarische Aufwand lohnte sich. Bei der Oscar-Verleihung 1987 ging die begehrte Trophäe an *Babettes Fest* als Bester ausländischer Film. Stéphane Audran sagte nach den Dreharbeiten über Axel: „Er war mit solcher Liebe bei dieser Geschichte, daß es unweigerlich ein großes Vergnügen war mit ihm zusammen zu arbeiten und Babette zum Leben zu erwecken.“ Tania Blixens Novelle erzählt die Geschichte von zwei betagten dänischen Pastorentöchtern, die in ihr bescheidenes Haus in Jütland eine Französin (Audran) aufnehmen, die durch politische Wirrnisse Hab und Gut verloren hat. Als Babette bei einer Lotterie gewinnt, bedankt sie sich bei ihren beiden Gönnerinnen mit einem erlesenen Gastmahl, das alle Beteiligten ihr Leben lang nie vergessen werden. jg

Baby Boom

Baby Boom. USA 1987 **R** Charles Shyer **B** Nancy Meyers, Charles Shyer **K** William A. Fraker **M** Bill Conti **P** Nancy Meyers für MGM/UA **L** 110 Min., Farbe **D** Diane Keaton, Harold Ramis, Sam Wanamaker, James Spader, Pat Hingle, Sam Shepard

Diane Keaton ist in komödiantischer Topform als hart arbeitende New Yorker Karrierefrau J.C. Wiatt, die eines schönen Tages durch den Tod von entfernten Verwandten an ein Baby gerät, mit dem sie so gar nichts anzufangen weiß. Nach einigen Tagen verunglückter Kinderpflege, nebenbei ein kompliziertes Geschäft abwickelnd, gibt sie die kleine Elizabeth (gespielt von den Zwillingen Kristina und Michelle Kennedy) zur Adoption frei. Doch siehe da: Als der Termin heranrückt, mag sie sich von der süßen Kleinen nicht mehr trennen. Statt dessen zieht sie aufs Land, startet von dort aus ein Babynahrungs-Unternehmen und findet beim örtlichen Veterinär (Shepard) die Liebe.
Baby Boom ist kein Film, der vorgibt, die Realität widerzuspiegeln. Der erste Teil, solange bis sich J.C. entschließt, das Kind zu behalten, ist eine messerscharfe Satire, die einige bissige und vor allem witzige Attacken gegen das Yuppietum reitet. Doch dann verwandelt sich der Film in eine harmlose Aussteigerphantasie mit der Botschaft: Kind und Karriere sind miteinander vereinbar. J.C. muß nichts opfern, als sie Karriere gegen Mutterfreuden eintauscht, im Gegenteil - sie wird erst dadurch zur Millionärin. Doch trotz dieser unrealistischen Drehbuchwendungen ist *Baby Boom* eine gelungene Komödie und den zahlreichen anderen Baby-Filmen der 80er Jahre weit überlegen - nicht zuletzt durch Keatons umwerfende Darstellung. al

Baby - Das Geheimnis einer verlorenen Legende

Baby - Secret of Lost Legend. USA 1985 **R** B. W. L. Norton **B** Clifford und Ellen Green **K** John Alcott **M** Jerry Goldsmith **SpE** Roland Tantin, Philip Meador **P** Jonathan T. Taplin / Touchstone **L** 93 Min., Farbe **D** William Katt, Sean Young, Patrick McGoohan, Julian Fellowes, Kyalo Mativo, Olu Jacobs, Eddie Tagoe, Edward Hardwicke

Ein junges Forscherehepaar stößt tief im afrikanischen Dschungel auf ein Brontosaurier-Baby und seine Mutter. Natürlich werden die Überbleibsel aus prähistorischer Zeit nicht in Ruhe gelassen, sondern bald von einem skrupellosen Zoobesitzer und militanten Regierungstruppen drangsaliert.
Nichts war den Produzenten zu teuer, um ihr ambitioniertes Projekt in die Tat umzusetzen. Das gesamte Drehteam reiste zu den Außenaufnahmen in die Republik Elfenbeinküste, wo ganze Eingeborenendörfer nachgebaut und eine 13 Kilometer lange Straße quer durch den Urwald an das Ufer eines Sees geschlagen wurde, um dort die gewünschten Szenen zu drehen. Isidori Raponi, der schon für John Guillermins KING-KONG-Remake den Riesenaffen konstruiert hatte, baute über ein Jahr lang an den Saurier-Modellen. Es entstanden ein 21,5 Meter langes Muttertier und das 3 Meter lange Baby, außerdem noch zahlreiche Miniaturmodelle. Die riesigen Saurier-Konstruktionen wurden mit einer Schaumstoffmuskulatur und einer Haut aus Spezialgummi versehen und konnten durch manuelle Steuerungen insgesamt 15 verschiedene mimische Ausdrücke vollziehen. Die beiden Tonspezialisten Mark Mangini und George Budd mischten 24 Laute aus diversen Tierstimmen zu einem Saurier-Sound zusammen.
Aller Aufwand erwies sich jedoch als ein gigantischer Fehlschlag. Zwar sind die Trickeffekte durchaus sehenswert, doch mit der Handlung hapert es an allen Ecken und Enden. Nach nur wenigen Wochen ver-

gentümerin einer kleinen Bank für Aufsehen, sondern auch durch ihr skandalöses Privatleben. Dieses authentischen Falles nahm sich Regisseur Francis Girod an, der die Epoche der „Wilden Zwanziger“ bereits in TRIO INFERNAL (ebenfalls mit Romy Schneider) und DIE WILDEN MAHLZEITEN hatte wiederaufleben lassen.
In seinem Film ist es Emma Eckhert (Schneider), die über die Erbschaft einer lesbischen Freundin Besitzerin einer Bank wird und schon bald die konservative Finanzwelt durch ihre revolutionäre Geschäftspolitik beunruhigt. So zahlt sie für Spareinlagen 8 Prozent Zinsen, wo bei anderen Instituten nur 1,5 Prozent üblich sind. Besonders dem mächtigen Vannister (Trintignant) ist die rührige Unternehmerin, die auch aus ihrer Bisexualität kein Hehl macht, ein Dorn im Auge, und er erreicht durch eine inszenierte gerichtliche Untersuchung die Schließung ihrer Bank sowie die Verurteilung Emmas zu drei Jahren Gefängnis. Nach der Entlassung ist ihr Kampfwille ungebrochen, doch wird sie auf einer Aktionärsversammlung durch einen von Vannister gedungenen Attentäter erschossen.
Girod und sein Drehbuchautor Georges Conchon erlaubten sich gegenüber den historisch belegten Tatsachen einige Freiheiten, was aber die Wirkung und Qualität des Films nicht mindert - im Gegenteil. So wurde Marthe Hanaus wirklicher Tod (sie nahm sich im Gefängnis das Leben) durch die spektakulärere und melodramatischere Version eines Attentates ersetzt. Mit verschwenderischer Ausstattung und einer denkwürdigen Besetzung bis in die kleinsten Rollen gelingt Girod die Heraufbeschwörung einer Epoche des Umbruchs und der gesellschaftlichen Veränderungen sowie das faszinierende Porträt einer Frau, die ihrer Zeit weit voraus war. Sein Film setzt nicht nur dem Leben Marthe Hanaus ein Denkmal, sondern auch seiner Hauptdarstellerin Romy Schneider, die über ihre Rolle sagte: „Mich fasziniert diese Frau. Sie verachtete Geld und half den Armen. Und sie verachtete alle, für die Geld zum Götzen wurde. Wir haben eine Menge gemeinsam.“ Als *Die Bankiersfrau* gibt sie, mitreißend und anrührend, zerbrechlich und kämpferisch, eine ihrer stärksten Vorstellungen. al

Der Bankraub des Jahrhunderts

The Day They Robbed the Bank of England. Großbritannien 1959 **R** John Guillermin **B** Howard Clewes, nach einer Erzählung von John Brophy **K**

Georges Perinal **M** Edwin Astley **P** Summit Film **L** 85 Min., s/w **D** Aldo Ray, Elizabeth Sellars, Peter O'Toole, Hugh Griffith, Kieron Moore, Albert Sharpe, John Le Mesurier

Im Jahre 1901 entschließt sich eine Gruppe von irischen Patrioten, die Bank von England auszurauben. Ihr Plan wird jedoch von einem wachsamen Gardeoffizier vereitelt.
John Guillermins leiser Krimi orientiert sich in seiner Machart eng an dem französischen Reißer RIFIFI. Minutiös werden auch hier mit dem Anstrich des Dokumentarischen die Vorbereitungen für einen Coup und das Unternehmen selbst geschildert. Eine interessante Darbietung liefert der bis dahin noch weitgehend unbekannte junge Peter O'Toole ab, der mit diesem Streifen seine dritte Filmrolle übernahm. O'Toole spielt den Wachoffizier, der den Einbrechern anfangs ungewollt bei ihrem Unterfangen hilft und sie am Ende stellt.
Die Geschichte des Films soll angeblich auf einem authentischen Vorfall beruhen, doch gelingt es Guillermin nicht, diesen Anspruch auf seine Inszenierung zu übertragen. Die Fiktion der Handlung tritt während der ganzen 85 Minuten nur selten in den Hintergrund. „Etwas mehr Spannung und überraschendere Wendungen, etwas mehr Witz und Tempo hätte diese gute - leider danebengegangene - Idee benötigt, besonders von Seiten der Drehbuchschreiber.“ (*Variety*) jg

Das Banner des Samurai

Samurai banners. Japan 1966 **R** Hiroshi Inagaki **B** Shinobu Hashimoto, nach einem Roman von Yasushi Inoue **K** Kazuo Yamada **M** Masaru Sato **P** Mifune/Toho **L** 126 Min. (Originalfassung 166 Min.), Farbe **D** Toshiro Mifune, Kinnosuke Nakamura, Yoshiko Skuma, Kankuro Nakamura

Japans wohl bekanntester Schauspieler-Export, Toshiro Mifune (DIE SIEBEN SAMURAI), spielt nicht nur die Hauptrolle in diesem Epos, sondern war mit seiner eigenen Produktionsfirma auch maßgeblich an der Finanzierung dieses Filmes beteiligt.
Japan im 16. Jahrhundert. Im Land herrscht Bürgerkrieg, und einzelne Fürsten versuchen in den Kriegswirren ihre Macht auszubauen. Einer dieser Herrscher ist Takeda (Nakamura), der dank seines Samurai Yamamoto (Mifune) seine Position festigen und seinen Einfluß erweitern kann. Doch der Ehrgeiz des Samurai ist groß. Yamamoto schreckt auch vor einem kaltblütigen Mord nicht zurück, um seinen eigenen Besitz zu vergrößern. Doch im Laufe der Kriegsjahre verläßt den Samurai das Glück, bis er schließlich in einer gigantischen Schlacht an der Seite seines Fürsten den Tod findet. dk

Der Bär

L'ours. Frankreich 1988 **R** Jean-Jacques Annaud **B** Gérard Brach, nach dem Buch von James Oliver Curwood **K** Philippe Rousselot **M** Philippe Sarde **P** Claude Berri für Renn Prod. **L** 96 Min., Farbe **D** Tchéky Karyo, Jack Wallace, André Lacombe

Ein filmisches Risiko ging er schon ein, denn ein reiner Tierfilm ist nicht unbedingt auch ein Garant für volle Kinokassen. Doch Jean-Jacques Annaud, bekanntgeworden durch seine Regiearbeit für AM ANFANG WAR DAS FEUER und DER NAME DER ROSE, hatte schon 1981 mit den Vorbereitungen zu diesem Film begonnen und war überzeugt von der Qualität des Stoffes. Annaud sollte recht behalten, denn mit einem Einspielergebnis von über 80 Millionen Franc war *Der Bär* der erfolgreichste französische Film des Jahres 1988. Ein Erfolg, der sich auch in Deutschland fortsetzte, wo der Film über 1,7 Millionen Zuschauer in die Kinos lockte.
Die Geschichte reduziert sich einzig und allein auf zwei Bären und natürlich die phantastische Landschaft; die Arbeit der menschlichen Darsteller beschränkt sich auf wenige Sätze. Ein Bärenjunges verliert durch einen Unfall seine Mutter und muß sich allein in der Wildnis zurechtfinden. Das unerfahrene Jungtier scheint verloren, bis ihm ein riesiger Artgenosse begegnet. Unter der Anleitung des „Adoptivvaters“ lernt der Kleine, wie sich ein richtiger Bär in der Wildnis zu benehmen hat und entkommt dank der Hilfe seines Beschützers manchen tödlichen Gefahren.
Annauds nach eigener Aussage „menschlichster Film“ macht aus den Bären zwei Hauptdarsteller, die auch fast wie Menschen agieren. Der Film wurde dann auch nicht aus den vermeintlich schönsten Szenen zusammengestellt, die sich zufällig ergaben. Vielmehr legte man mit Hilfe eines Storyboards die Handlung vorher genau fest und wartete darauf, daß die Bären sich entsprechend verhielten. Eine Arbeitsweise, die 109 Drehtage und rund 300.000 Meter Film kostete. Viel Geduld erforderte auch das Training der Bären. Für die Rolle des ausgewachsenen Bären wurden vier Jahre lang drei riesige Kodiak-Bären trainiert, den Part seines kleinen Zöglings spielten sechs verschiedene Jung-bären. dk

Barabbas

Barabbas. Schweden 1953 **R** Alf Sjöberg **B** Alf Sjöberg, Pär Lagerkvist, nach dem Roman von Pär Lagerkvist **K** Göran Strindberg, Sven Nykvist **M** Moses Pergament **P** A. B. Sandrew **L** 111 Min., s/w **D** Ulf Palme, Inge Waern, Olof Widgren, Erik Strandmark, Anders Henrikson

Der mit dem Nobelpreis ausgezeichnete Historienroman von Pär Lagerkvist erschien 1950 das erste Mal in Schweden. Kurze Zeit später hatte Olof Molander die Vorlage bereits für das Theater umgeschrieben; dann plante Alf Sjöberg, den Stoff auf die Leinwand zu bringen. Nach dem überragenden Erfolg seines vorherigen Filmes FRÄULEIN JULIE stand ihm ein großer Etat zur Verwirklichung dieses Projekts zur Verfügung. Von Beginn an war klar, daß die Geschichte wegen ihres spektakulären historischen Hintergrundes ein teures Unterfangen wer-

den würde. Lagerkvists Roman erzählt vom Schicksal des Mörders Barabbas, an dessen Stelle Jesus gekreuzigt wird, der in den Bergwerken Siziliens Sklavenarbeit verrichten und später als Gladiator in den römischen Arenen kämpfen muß, um nach dem Brand von Rom ebenfalls am Kreuz zu enden.
Drei Monate dauerten die Dreharbeiten in Italien und Israel. Trotz des Aufwands an Statisten und Bauten stand für Sjöberg stets die religiöse Entwicklung des Titelhelden im Vordergrund. Ulf Palme allerdings konnte sich in dieser Rolle nicht besonders heimisch fühlen. Als *Barabbas* Ende 1953 in die Kinos kam, erwies er sich schon nach kurzer Zeit als ökonomisches Fiasko, obwohl er von Seiten kirchlicher Kritiker durchaus wohlwollende Besprechungen erhielt. jg

Barabbas

Barabba. Italien 1961 **R** Richard Fleischer **B** Christopher Fry, nach dem Roman von Pär Lagerkvist **K** Aldo Tonti **M** Mario Nascimbene **P** Dino de Laurentiis **L** 143 Min., Farbe **D** Anthony Quinn, Silvana Mangano, Arthur Kennedy, Vittorio Gassman, Valentina Cortese, Jack Palance

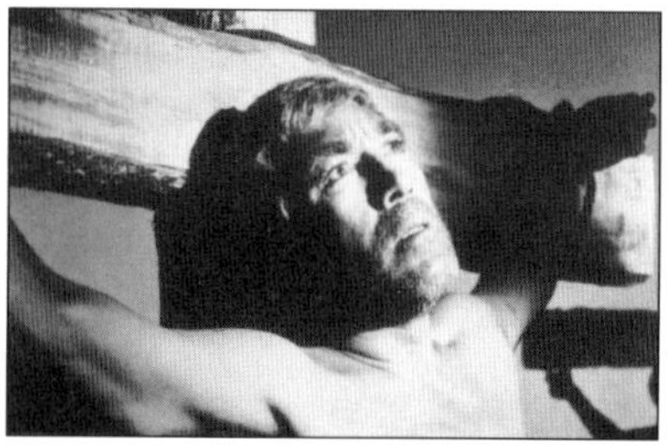

Hatte Alf Sjöberg in seiner Version noch versucht, die innere Wandlung des Romanhelden zum Gegenstand seiner Inszenierung zu machen, so konzentrierte sich Hollywood-Routinier Richard Fleischer ganz auf die imposanten Schauwerte - und in dieser Beziehung wird dem Publikum wirklich einiges geboten.
Die *Barabbas*-Verfilmung aus dem Jahr 1961 galt nicht zuletzt als ein Renommierprojekt des italienischen Sensationskinos, das sich mit diesem Film bewußt von der parallel laufenden Serie billiger Sandalenfilme abgrenzen wollte. Schon die exquisite Besetzung sollte auf die Qualität des Films hinweisen. Mit einem Produktionsetat von über 10 Millionen Dollar und einem Masseneinsatz von 30.000 Komparsen wurde *Barabbas* zu einem der teuersten Werke des italienischen Films. In der Tat gehören die Szenen in den Schwefelgruben Siziliens und die furios inszenierten Kampfsequenzen in der Arena zu den besten, die je im Genre des Monumentalfilms zu sehen waren. Einen weiteren Höhepunkt bildet ferner die Kreuzigung Jesu, die während einer echten Sonnenfinsternis gedreht wurde. Nachteilig war nur die Tatsache, daß Fleischers Version mit der literarischen Vorlage nicht mehr viel gemein-sam hatte. „Die Veränderung der Schlußszene ist exemplarisch für den ganzen Film. Während Barabbas dort im Dunkel endet, ein Einsamer, von den Menschen Verlassener... läßt ihn der Film den Märtyrertod mit der christlichen Gemeinde Roms sterben.“ (*Filmdienst*) jg

Der Barbar und die Geisha

The Barbarian and the Geisha. USA 1958 **R** John Huston **B** Charles Grayson **K** Charles G. Clarke **M** Hugo Friedhofer **P** 20th Century-Fox **L** 106 Min., Farbe **D** John Wayne, Eiko Ando, Sam Jaffe, So Yamamura, Norman Thomson

Die Grundvoraussetzungen für diesen Film waren denkbar schlecht. John Wayne konnte Regisseur John Huston nicht ausstehen. Aufgrund seines Japan-Faibles war dieser auf die Idee gekommen, einen Film zu drehen, in dem sich amerikanische und japanische Ideale verbinden sollten.
Ausgerechnet der etwas grobschlächtige John Wayne sollte nun die Personifizierung Amerikas übernehmen. Wütend erzählte er viele Jahre nach den Dreharbeiten: „Ich wurde zurechtgemacht als Abe Lincoln, wo doch jeder weiß, daß ich John Wayne bin. Huston hätte alles mögliche machen können, um uns als richtige Menschen zu zeigen, aber er war immer nur interessiert an seiner Tapisserie.“
Die Geschichte des Films ist angesiedelt im Jahr 1856. Zwischen den USA und Japan sollen die ersten Handelsbeziehungen geknüpft werden, doch für den verantwortlichen Regierungsvertreter Harris ist dies ein schwe-res Unterfangen. Erst schleppen seine Männer die Cholera in das Land ein, dann wird ein Mordanschlag auf ihn verübt. Dank der Hilfe einer schönen Geisha kann Harris seine Mission jedoch erfüllen.
Der Barbar und die Geisha wurde mit einem Budget von 3,5 Millionen Dollar produziert, wovon allein 700.000 Dollar Gage an John Wayne zufielen. Über drei Monate lang hielt sich das Drehteam zu Außenaufnahmen in Japan auf. Trotz Stars und exotischer Schauplätze wurde der Film an den Kinokassen ein großer Flop. jg

Barbarella

Barbarella. Italien/Frankreich 1967 **R** Roger Vadim **B** Terry Southern, Brian Degas, Claude Brule, Clement Wood, Tudor Gates, Vittorio Bonicelli, Jean-Claude Forest, Roger Vadim, nach dem Comic von Forest **K** Claude Renoir **M** Maurice Jarre **SpE** Augie Lohman **P** Dino de Laurentiis / Marianne **L** 98 Min., Farbe **D** John Philip Law, Jane Fonda, David Hemmings, Milo O´Shea, Ugo Tognazzi, Anita Pallenberg

Die sexbetonte Variante der bekannten Comic-Vorlage fand in der filmischen Bearbeitung die entsprechende Berücksichtigung, und so wurde das an sich recht klinisch-prüde Science-fiction-Genre um die längst fälligen erotischen Attribute bereichert.
Zu den poppigen Klängen von Maurice Jarres Filmmusik entschlüpft Jane Fonda (zum Zeitpunkt der Dreharbeiten noch mit Skandal-Regisseur Roger Vadim verheiratet) als Weltraumagentin Barbarella ihrem Raumanzug. In der fernen Zukunft des Jahres 40.000 soll sie auf einem unbekannten Planeten einem Wissenschaftler eine Geheimwaffe abjagen. Auf ihrem Trip durch das All widerfahren Barbarella zahlreiche aufregende Abenteuer.
Vadims utopisch-frivole Ausstattungsorgie war einer der ersten Science-fiction-Filme, die ein breites Publikum ansprachen, wenngleich der Erfolg des Films überwiegend auf die Zurschaustellung sexueller Abnormitäten zurückzuführen ist. So wird das Schloß der Schwarzen Königin (Pallenberg) als sadomasochistischer Foltergarten präsentiert, und Jane Fonda erhält die Möglichkeit, ihren Körper den Heimsuchungen von pickenden Vögeln und einer tastenden Lustorgel zur Verfügung zu stellen.
Einige Kostüme - besonders ein hautenger Lederdress mit Plastikhalbkugel, hinter der Jane Fondas rechte Brust sichtbar wird - bieten einige optische Reize; von tricktechnischer Seite zeigt sich *Barbarella* allerdings weniger innovativ. Raumschiffmodelle und Kulissen sind von pappmachéehafter Künstlichkeit und wohl gerade deswegen ganz originell. „Der Kampf der Erd-Agentin Barbarella gegen das Schrekkensregime der Schwarzen Königin auf dem Planeten Lytheon erinnert im Trick-Niveau ans ARD-Sandmännchen...“ (*Film*) jg

Die Bären sind los

The Bad News Bears. USA 1975 **R** Michael Ritchie **B** Bill Lancaster **K** John A. Alonzo **M** Jerry Fielding **P** Stanley R. Jaffe für Paramount **L** 102 Min., Farbe **D** Walter Matthau, Tatum O´Neal, Vic Morrow, Joyce Van Patten

Morris Buttermaker (Matthau), einst professioneller Baseballspieler, genießt jetzt nur noch sein Junggesellenleben und reichlich Alkohol. Bis ihm eines Tages Stadtrat

Whitewood, einer seiner Arbeitgeber, einen neuen Job anhängt: Buttermaker soll die örtliche Kinder-Baseballmannschaft trainieren. Eine undankbare Aufgabe, denn die Kleinen erweisen sich als absolut unsportlich und beschränken ihre Anstrengungen allein darauf, ihren Trainer zur Verzweiflung zu bringen. Doch als Buttermaker einen weiblichen Werfer in das Team nimmt, beginnt der Aufstieg der Bären, die plötzlich sogar im Endspiel um die Meisterschaft stehen.
Gleich zwei Oscar-Preisträger standen Regisseur Michael Ritchie für *Die Bären sind los* zur Verfügung. Walter Matthau erhielt die Auszeichnung für DER GLÜCKSPILZ, Tatum O´Neal wurde mit 10 Jahren an der Seite ihres Vaters Ryan in PAPERMOON die jüngste Oscar-Gewinnerin aller Zeiten. Ein weiteres Superlativ fügte sie mit diesem Film hinzu, bei dem sie mit einer Gage von 350.000 Dollar zum höchstbezahlten Kinderstar der Welt avancierte. Das Trio berühmter Namen vervollständigt schließlich Drehbuchautor Bill Lancaster, Burt Lancasters Sohn aus zweiter Ehe. In der Fortsetzung dieses Erfolgsfilmes wurden noch mehrere *Bären*-Filme gedreht, die ausschließlich im Fernsehen gezeigt wurden. dk

Die Bäreninsel in der Hölle der Arktis

Bear Island. Großbritannien 1979 **R** Don Sharp **B** David Butler, Don Sharp, Murray Smith, nach einem Roman von Alistair MacLean **K** Alan Hume **M** Robert Farnon **P** Peter Snell für Bear Island Films **L** 103 Min., Farbe **D** Donald Sutherland, Vanessa Redgrave, Richard Widmark, Christopher Lee, Lloyd Bridges

Als Super-Thriller nach dem Buch *Die Insel* des Bestseller-Autors Alistair MacLean angekündigt, konnte der Film von der versprochenen Spannung nur wenig halten. Auch die hochkarätige Besetzung war für die Kritiker wenig überzeugend, zu überzeichnet sind die Figuren, zu langatmig die Handlung. Die arktische Bäreninsel, im 2. Weltkrieg U-Boot-Stützpunkt der deutschen Marine, wird zum Schauplatz einer gefährlichen Schatzsuche. Nachdem mehrere Wissenschaftler eines UN-Forscherteams durch tödliche Unfälle ums Leben gekommen sind, findet der amerikanische Biologe Frank Lansing (Sutherland) den Schlüssel zu diesen merkwürdigen Zufällen: in einem verlassenen Bunker befinden sich neben den verrosteten Überresten eines deutschen U-Bootes noch Goldbarren der Reichsbank im Wert von mehreren Millionen Dollar. Lansing ist allerdings nicht der einzige, der dem Geheimnis der Insel auf der Spur ist, und auf ihn und den Rest der Forschergruppe setzt ein tödliches Kesseltreiben ein. dk

Barfly

Barfly. USA 1987 **R** Barbet Schroeder **B** Charles Bukowski **K** Robby Müller **P** Barbet Schroeder, Fred Roos, Tom Luddy für The Cannon Group **L** 103 Min., Farbe **D** Mickey Rourke, Faye Dunaway, Alice Krige, Jack Nance, Frank Stallone

Henry Chinaski (Rourke) ist ein Trinker mit dem Hang zur Schriftstellerei. Er ist jedoch an literarischen Erfolgen nicht sonderlich interessiert, sondern engagiert sich lieber beim regelmäßigen Boxkampf mit einem Barkeeper (Stallone), bei dem er ebenso regelmäßig unterliegt. Eines Abends lernt er Wanda (Dunaway) kennen, ebenfalls eine gescheiterte Trinkerexistenz, und zieht mit ihr zusammen. Als die schöne und reiche Magazinherausgeberin Tully (Krige) ihm ein lukratives Angebot für seine Geschichten macht, greift er zu und nimmt sowohl das Geld als auch die ob derartiger Verkommenheit angetörnte Tully. Doch der Verdienst geht schon bald für einige Runden unter Freunden drauf, und Henry landet wieder da, wo er am liebsten ist: bei Wanda, seinen Freunden und dem Schnaps.
Die Figur des Henry stellt eine Art alter ego des Schriftstellers und - in diesem Falle - Drehbuchautors Charles Bukowski dar, der mit autobiographisch getönten Werken wie *Der Mann mit der Ledertasche* das Leben in den Randzonen der amerikanischen Gesellschaft porträtierte. Mickey Rourke spielt diese Rolle, mit Bauchansatz und fettigen Haaren, grandios und absolut überzeugend und erinnert in seiner abstoßenden Äußerlichkeit in nichts mehr an den smarten Verführer des Eroticals NEUNEINHALB WOCHEN. Rourke sorgte persönlich dafür, daß Faye Dunaway seine Partnerin wurde, die seit ihrem Oscar-Gewinn für NETWORK einen beispiellosen, zehnjährigen Karriere-Niedergang erlebt hatte und dringend eine gute Rolle benötigte. Sie nutzte mit einer anrührenden und subtilen Darstellung diese Chance, obwohl ihre Rollen seither wieder von sehr unterschiedlicher Qualität waren.
Trotz der depressiven Umgebung, in der der Film angesiedelt ist, handelt es sich nicht um ein schwermütiges Drama, sondern eher um eine tragikomische Auseinandersetzung mit dem Leben in der Gosse. Bukowskis trokkener Humor und seine ironisch-bissigen Kommentare tauchen oft an den unerwartetsten Stellen auf und sorgen dafür, daß nicht einmal der Verdacht von Selbstmitleid aufkommt. nn

Barfuß durch die Hölle

Ningen no joken. Japan 1958/60 **R** Masaki Kobayashi **B** Zenzo Matsuyama, Koichi Inagaki, nach einem Roman von Jumpei Gomokawa **K** Yoshio Miyajima **M** Chuji Kinoshita **P** Shochiku **L** 157, 115, 143 Min., s/w **D** Tatsuya Nakadai, Michiyo Aratama, Taketoshi Naito, Akira Ishiama, Shinji Nambara, Keiji Sada, Jan Tarara, Keijiro Morozumi, Yusuke Kawazu

Zwölf Jahre nach seiner Rückkehr aus Krieg und sowjetischer Kriegsgefangenschaft realisierte Regisseur Masaki Kobayashi ein fast zehnstündiges Meisterwerk von humanistischem Ethos und nicht nachlassender Spannung. Im Genre Antikriegsfilm gehört *Barfuß durch die Hölle* zu den herausragenden Werken der Filmgeschichte. Selbst in der, von Bernhard Wicki besorgten, stark gekürzten deutschen Synchron-Fassung bewahrt der dreiteilige Film über die Kriegserlebnisse des jungen Japaners Kaji (Nakadai) seine Wirkung.
Im 1. Teil der Trilogie (Barfuß durch die Hölle) wird Kaji mit einem „kriegswichtigen" Auftrag in ein Erzbergwerk in der von Japan okkupierten Mandschurei geschickt. Mit seinem naiven Pazifismus steht er der Brutalität und Korruption der japanischen Aufseher hilflos gegenüber. Die Fronten rücken näher heran und der Held wird immer mehr in den verhaßten Krieg hineingezogen.
Im 2. Teil (Die Straße zur Ewigkeit) wird Kaji nun auch offiziell zum Militär einberufen und zu einem Fronteinsatz an der nordmandschurischen Grenze befohlen. Seine Intelligenz und leidenschaftliche Friedensliebe spiegeln den Wahnsinn des Krieges umso eindringlicher wider.
Der 3. Teil (Und dann kam das Ende) zeichnet Kajis Weg vom resoluten Idealisten zum Soldaten, zum animalischen Wesen im Kampf um das nackte Überleben. Nach der Flucht aus dem sowjetischen Gefangenenlager stirbt der Held vor Erschöpfung im Schnee. dh

Barfuß im Park

Barefoot in the Park. USA 1966 **R** Gene Saks **B** Neil Simon, nach seinem Bühnenstück **K** Joseph La Shelle **M** Neal Hefti **P** Hal Wallis **L** 106 Min., Farbe **D** Robert Redford, Jane Fonda, Charles Boyer, Mildred Natwick

Bei seinem erfolgreichen Regiedebüt konnte der ehemalige Schauspieler Gene Saks (TAU-SEND CLOWNS) auf ein eingespieltes Team zurückgreifen, denn sowohl Robert Redford als auch Mildred Natwick spielten *Barfuß im Park* schon am Broadway. In dieser Verfilmung des gleichnamigen, sehr erfolgreichen Theaterstückes spielen Robert Redford und Jane Fonda ein frisch verheiratetes Ehepaar, daß schon kurz nach den Flitterwochen vom Ehealltag eingeholt wird. Die Wohnung, die das junge Paar bezieht, bietet neben einem kaputten Dach noch etliche weitere Mängel, die Möbellieferung trifft nicht ein und als frischgebackener Rechtsanwalt muß sich der junge Ehemann gezwungenermaßen mehr um seine Klienten als um seine Frau kümmern. Zu allem Überfluß bekommt das Paar auch noch Besuch von der Schwiegermutter und einem etwas exotischen Hausbewohner; und das junge Glück wird auf eine harte Probe gestellt. dk

Die barfüßige Gräfin

The Barefoot Contessa. USA 1954 **R** Joseph L. Mankiewicz **B** Joesph L. Mankiewicz **K** Jack Cardiff **M** Mario Nascimbene **P** Joseph L. Mankiewicz für Figaro Incorporated Prod./United Artists **L** 135 Min., Farbe **D** Humphrey Bogart, Ava Gardner, Edmond O´Brien, Marius Goring, Valentina Cortese, Rossano Brazzi, Elizabeth Sellars

War ALLES ÜBER EVA Mankiewicz´ sarkastischer Blick hinter die Kulissen der Theaterwelt gewesen, so knöpfte er sich nun die Traumfabrik vor. Humphrey Bogart spielt in dieser von Dialogwitz funkelnden Untersuchung Hollywoodscher Erfolgsmechanismen einen Regisseur, der sich anläßlich der Beerdigung der Filmschauspielerin Maria Vargas (Gardner) an deren Karriere erinnert, die eng mit seiner eigenen verknüpft war. Er hatte, auf der Suche nach einem neuen Filmstoff, das Mädchen seinerzeit in einem spanischen Nachtclub entdeckt, wo sie als Tänzerin auftrat. Ihr erster gemeinsamer Film hatte die junge Frau zum begehrten Star gemacht, doch ihr Privatleben verlief unglücklich, am Ende sogar tragisch, als sie von ihrem Mann, einem italienischen Grafen (Brazzi), aus Eifersucht erschossen wurde. Der Film endet, wo er begann - auf dem Friedhof.
Für die Gardner war die Rolle der Maria Vargas die Rolle ihres Lebens - Mankiewicz hatte sie, mit Ava in seiner Vorstellung geschrieben -, mit der sie sich absolut identifizierte und mit der sie auch von der Öffentlichkeit am stärksten identifiziert wurde. Für die Darstellung einer ziellosen, trotz ihres Erfolges unglücklichen und einsamen Frau bekam sie die besten Kritiken ihrer Karriere. Auch der Rest der Besetzung ist erstklassig, allen voran Edmond O´Brien, der für seine Rolle als kriecherischer Presseagent einen Oscar als Bester Nebendarsteller erhielt. Das Drehbuch wurde ebenfalls nominiert, obwohl nicht wenige Kritiker der Meinung waren, Mankiewicz hätte es mit den sarkastischen, oft zynischen Dialogen etwas übertrieben. al

Barocco

siehe: MORD UM MACHT

Barry Lyndon

Barry Lyndon. Großbritannien 1973/75 **R** Stanley Kubrick **B** Stanley Kubrick, nach dem Roman von William Makepeace Thackeray **K** John Alcott **P** Stanley Kubrick **L** 185 Min., Farbe **D** Ryan O´Neal, Marisa Berenson, Hardy Krüger, Patrick Magee, Steven Berkoff, Diana Körner, Gay Hamilton, Murray Melvin, Marie Kean

Stanley Kubricks opulent ausstaffiertes Historiengemälde basiert auf dem Schelmenroman des englischen Romanciers William Makepeace Thakeray. In ihm wird die schicksalshafte Lebensgeschichte des irischen Landadligen Redmond Barry erzählt, der nach seinem Söldnerdienst während des Siebenjährigen Krieges als Falschspieler durch die Fürstentümer Europas reist und dabei die Bekanntschaft von Lady Lyndon macht, die er kurz nach dem Tod ihres Mannes heiratet. Barry steigt in die höchsten Kreise des englischen Adels auf, endet jedoch am Ende durch seine Vermessenheit und Verschwendungssucht als Krüppel im Armenhaus.
Die Dreharbeiten zu *Barry Lyndon* begannen bereits im Frühjahr 1973 und wurden erst kurz vor der Weltpremiere im Dezember 1975 beendet. Der Film besticht durch eine Auswahl erlesener Schauplätze, deren pittoreske Schönheit in beinahe gemäldehaften Bildern eingefangen wird. Drehorte waren u. a. Waterford und Dublin Castle in Südirland, die Schlösser Hackton Castle, Wilton House und Castle Howard in England und Sans-Souci, die Residenz Friedrichs des Großen, in Potsdam. Die irische Armee stellte bis zu 1000 Soldaten für die Inszenierung der Schlachtszenen dem Drehteam zur Verfügung. Sämtliche Kostüme wurden im Laufe monatelanger wissenschaftlicher Recherchen nach Original-Skizzen entworfen. Kubricks Detailbesessenheit ging soweit, daß er für die vielen Szenen, die in den Salons und Schloßsälen bei Kerzenlicht spielen, eine von der NASA entwickelte Speziallinse verwendete, um so bisher noch nie dagewesene Farben und Beleuchtungseffekte zu erhalten. Bei der Oscar-Verleihung wurde *Barry Lyndon* mit vier Auszeichnungen geehrt, die im einzelnen den Sparten „Beste Kamera", „Beste Ausstattung" (Ken Adam, Roy Walker und Vernon Dixon), „Beste Filmmusik" (die traditionellen Stücke von Mozart, Händel und Schumann wurden von Leonard Rosenmann arrangiert) und „Beste Kostüme" (Ulla-Britt Sonderlund, Milena Canonero) zufielen. jg

Basil, der große Mäusedetektiv

Basil, the Great Mouse Detective. USA 1986 **R** John Musker, Dave Michener, Ron Clements, Burny Mattinson **B** Pete Young, Vance Gerry, Steve Hulett, Ron Clements, John Musker, Bruce M. Morris, Matthew O´Callaghan, Burny Mattinson, Dave Michener, Melvin Shaw, nach dem Buch *Basil of Baker Street* von Eve Titus **K** Ed Austin **M** Henry Mancini **A** Matthew O´Callaghan, Mike Gabriel, Ruben A. Aquino, **P** Burny Mattinson für Walt Disney/Silver Screen Partners **L** 70 Min.,Farbe **D** Stimmen von Vincent Price (Edgar Ott), Barry Ingham (Harry Wüstenhagen), Val Bettin (Friedrich Schoenfelder)

Er trägt einen karierten Hut, raucht Pfeife und wohnt in London, Baker Street. Die Rede ist allerdings nicht von Sherlock Holmes, sondern von Basil, der Maus. Basil wohnt quasi zur Untermiete bei seinem Vorbild, und genau wie bei seinem menschlichen Kollegen ist es Basils größte Leidenschaft, mit Hilfe seines Partners Dr. Wasdenn und seiner grauen Zellen knifflige Kriminalfälle zu lösen.
Diesmal hat er es wieder mit seinem Erzfeind Dr. Rattenzahn zu tun. Der hat nämlich einen genialen Spielzeugmacher entführt, mit dessen Hilfe er die Macht über das gesamte Mäusereich erlangen will. Nur dank seiner Kombinationsgabe und natürlich der unvermeidlichen Lupe gelingt es Basil, diesen Plan zu vereiteln.
In ihrem 26. Zeichentrickfilm stießen die Disney-Studios erstmals in neue Dimensionen der Animation vor. Für die Ausarbeitung der Schlußszene, in der Basil im Uhrwerk von Big Ben auf seinen Feind trifft, wurde erstmals ein Computer eingesetzt. Allerdings wurde diese Technologie nur benutzt, um perfekte dreidimensionale Eindrücke zu vermitteln, gemalt wurde wieder in guter alter Disney-Handarbeit. Daß mit dem Film doch ein neues Zeichentrickalter anbrechen sollte, darüber war man sich schon zu Beginn der zweijährigen Produktionszeit klar. Im Zeitalter von Lucas und Spielberg wurde die Story von vornherein etwas actionreicher angelegt, ohne dabei auf humorvolle Seitenhiebe auf die Queen und das Empire zu verzichten. Mit dem Komponisten und vierfachen Oscar-Preisträger Henry Mancini wurde ein Könner verpflichtet, zusätzlich leiht (im amerikanischen Original) der abonnierte Film-Bösewicht Vincent Price Dr. Rattenzahn seine Stimme, und so landeten die Disney-Studios nach einer mehrjährigen Flaute wieder einen vielgelobten Erfolg. dk

Der Bastard

I bastardi. Italien/Frankreich/BRD 1968 **R** Duccio Tessari **B** Ennio de Cocini, Mario di Nardo, Duccio Tessari **K** Carlo Carlini **M** Michel Magne **P** Ultra Film (Rom), P.E.C.F. (Paris), Rhein-Main Film (München) **L** 92 Min., Farbe **D** Giuliano Gemma, Klaus Kinski, Margaret Lee, Serge Marquand, Rita Hayworth

Eine der besseren europäischen Co-Produktionen der 60er Jahre. Giuliano Gemma und Klaus Kinski spielen zwei aus einer Verbrecher-Sippe stammende Brüder, die in brutaler Manier die Familientradition fortsetzen und miteinander rivalisieren. Rita Hayworth tritt als beider trinkende Gangstermutter auf. Nachdem Kinski seinem Bruder eine große Schmuckbeute abgejagt und ihm zusätzlich noch die Hand verstümmelt hat, sinnt Gemma auf Rache. Am Ende findet er ihn unter einem durch ein Erdbeben zerstörtes Haus und buddelt ihn frei - um ihn dann niederzuknallen.

Abgesehen von dem eher traurig stimmenden Auftauchen der Hayworth, der Glamour-Göttin der 40er Jahre, ist Duccio Tessaris Krimi ein gut gemachter und spannender Vertreter seines Genres. Kinski ist wie immer faszinierend als durch und durch rücksichtsloser und zynischer Verbrecher. An den Kassen hatte *Der Bastard* dann auch einigen Erfolg. al

Batallion der Verlorenen

Uomini contro. Italien 1970 **R** Francesco Rosi **B** Francesco Rosi, Tonino Guerra, Raffaele Da Capria, nach dem Roman *Ein Jahr auf der Hochebene* von Emilio Lussù **K** Pasqualino de Santis **M** Piero Piccioni **P** Francesco Rosi, Luciano Perugia für Prima Cinematografica **L** 101 Min., Farbe **D** Mark Frechette, Alain Cuny, Gian Maria Volonté, Giampiero Albertini

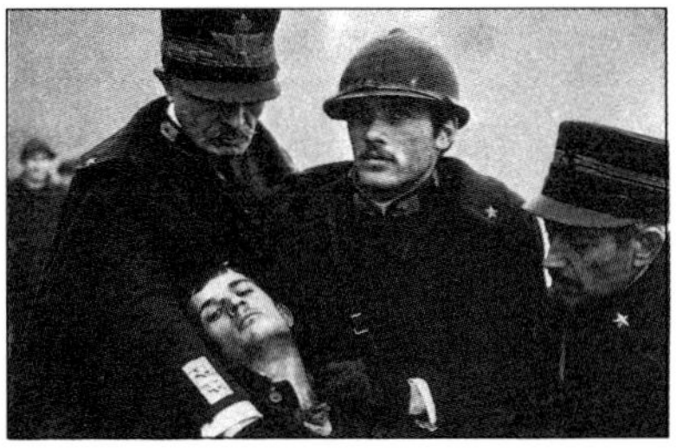

Francesco Rosis erste und einzige Großproduktion, die an Schauplätzen in Jugoslawien entstand, schildert eine Episode aus dem Ersten Weltkrieg, den Stellungskrieg von 1916/17 zwischen italienischen und österreichischen Truppen in den Dolomiten. Doch geht es dem Regisseur weder um die historische Bedeutung (wenn er überhaupt eine hat) dieses Kriegsschauplatzes und auch nicht um abenteuerlich inszeniertes Kampfgetümmel, sondern vielmehr um das Verhältnis von Autorität und Individuum: „Was mich interessierte, war vor allem die klare Abgrenzung zwischen den Männern, die den Krieg beschlossen hatten, und den Männern, die einberufen worden waren, ihn zu führen."

Hauptfiguren des Films sind der Leutnant Ottolenghi (Volonté), Anhänger sozialistischer Ideen, der im Krieg eine Fortsetzung des Klassenkampfes sieht, sein Kamerad Leutnant Sassù (Frechette), der durch die Kriegserlebnisse zu einem Kriegsgegner wird, und General Leone (Cuny), der das Großbürgertum und die Aristokratie verkörpert. Zwischen diesen drei Personen spinnt Rosi seine Erzählung vom zermürbenden täglichen Kampf, von der Ausführung sinnloser Befehle, von der grausamen Aufrechterhaltung der Disziplin.

Das Ergebnis ist ein erschütternder Antikriegsfilm, der, obwohl aufwendig und kostspielig inszeniert, bar jeder Spekulation ist. al

Batman

Batman. USA 1989 **R** Tim Burton **B** Sam Hamm, Warren Skaaren **K** Roger Pratt **M** Danny Elfman (Score), Prince (Songs) **P** Guber-Peters/Warner Bros. **L** 126 Min., Farbe **D** Michael Keaton, Jack Nicholson, Kim Basinger, Robert Wuhl, Pat Hingle, Billy Dee Williams

Die Neuverfilmung von Bob Kanes legendärem Batman-Comic, der in den 30er Jahren Cartoon-Fans entzückte und in den 60ern als Fernsehserie sowie als Leinwandversion BATMAN HÄLT DIE WELT IN ATEM Furore machte, war das Medienereignis 1989. Die Produktionsfirma Warner Bros. verstand es, die Neugierde des Publikums derart zu schüren, daß sie in einer Art von Massenhysterie gipfelte - genannt „Batmania". Niemand blieb von der Welle, die über die ganze Welt schwappte, verschont.

Leider muß man sich fragen, was nun beeindruckender ist: Der Film oder die aufwendige Werbekampagne, die bezeichnenderweise mehr Geld verschlang als die Produktion selbst.

Die Vorankündigungen klangen vielversprechend: Der durch den visuell beeindrukkenden BEETLEJUICE bekannt gewordene Tim Burton auf dem Regiestuhl, Pop-Magier Prince als Song-Lieferant und ein enormes Budget. Als Batman engagierte man, unter den Protesten der Comic-Fans, Michael Keaton, Jack Nicholson mimte dessen Gegenspieler Joker und Kim Basinger ersetzte die durch einen Unfall außer Gefecht gesetzte Sean Young in der Rolle der neugierigen Journalistin Vicky Vale.

Das Endprodukt fiel demgegenüber sehr dürftig aus. Der Film bietet wenig Höhepunkte und wirkt sehr konstruiert; Prince-Fans wurden geradezu verschaukelt - seine Songs tauchen im Film kaum auf - und die Leistung der Darsteller schwankt zwischen Farblosigkeit (Basinger) und hemmungsloser Übertreibung (Nicholson). Das amerikanische Publikum ließ sich den Film nicht vermiesen, sorgte für das bis dato höchste Einspielergebnis am Premierenwochenende und machte *Batman* mit Gesamteinnahmen von 253,4 Mio Dollar (nicht mitgerechnet die Einkünfte zahlreicher Lizenz-Produkte) zu einem der profitabelsten Filme aller Zeiten. In Europa jedoch blieben die Einspielergebnisse stark hinter den Erwartungen zurück. Über die möglichen Gründe wurden viele Spekulationen angestellt, doch die Produzenten konnten sich nicht eingestehen, daß sie nicht den geplanten „Film des Jahrhunderts" erschaffen hatten. nn

Batman hält die Welt in Atem

Batman. USA 1966 **R** Leslie H. Martinson **B** Lorenzo Semple Jr. **K** Howard Schwarz **M** Nelson Riddle **P** William Dozier für Greenlawn Prod. **L** 105 Min., Farbe **D** Adam West, Burt Ward, Lee Meriwether, Cesar Romero, Burgess Meredith

Leinwandversion der populären TV-Serie der 60er Jahre, die auf Bob Kanes Comic-Helden aus dem Jahre 1939 basiert.

Batman, ein zeitlich nicht ausgelasteter Millionär im Fledermauskostüm, muß sich in diesem Film gleich gegen vier Gegner behaupten: Die „Vereinigte Unterwelt", bestehend aus „Catwoman", „Joker", „Pinguin" und „Riddler", macht ihm zu schaffen. Sie haben es sich zum Ziel erklärt, die Weltherrschaft anzutreten. Batman hat seinen jungen Assistenten Robin zur Seite und ein geradezu gewaltiges Potential an technischen Wunderwaffen zur Verfügung.

Der respektlose Stil, der die TV-Serie auszeichnete, wurde beibehalten; ebenso wie die Darsteller, die sich über sich selbst und ihre Rollen lustig machen. Für damalige Verhältnisse ist der Aufwand der Produktion enorm, obwohl die Spezialeffekte heutzutage eine eher erheiternde Wirkung haben. Lorenzo Semple Jr., der schon das Skript des Pilotfilms schrieb, läßt seiner Phantasie auch hier freien Lauf. Batman wird nicht als ernster Retter dargestellt, sondern bleibt eine Witzfigur inmitten obskurer Gestalten. Ein Werbetext versprach: „Batman gibt dem grauen Alltag Farbe und dem täglichen Einerlei die prickelnde Sensation!" nn

Der Bauch des Architekten

The Belly of an Architect. Großbritannien/Italien 1987 **R** Peter Greenaway **B** Peter Greenaway **K** Sacha Vierny **M** Wim Mertens **P** Mondial / Tangram **L** 118 Min., Farbe **D** Brian Dennehy, Lambert Wilson, Chloe Webb, Sergio Fantoni, Stefania Casini

Ein amerikanischer Architekt wird nach Rom zu einer Ausstellung eingeladen. Sein Trip nach Europa gestaltet sich zu einer einzigen Niederlage, in deren Verlauf er sich dem Zusammenbruch seiner Ehe, dem Scheitern beruflicher Ambitionen und der Vergänglichkeit des eigenen Lebens stellen muß.
Peter Greenaway, der Philosoph des britischen Kinos, läßt seine Handlung in einem Zeitraum von neun Monaten spielen - der Zeit einer Schwangerschaft. Er wollte damit seine Vorstellungen verdeutlichen, daß „trotz Schmerzen und Sorgen des Einzelnen die Zivilisation einer Stadt mit tausenden unbedeutenden Gebäuden weitergeht, die in ihrer Entstehungsgeschichte jeden Aspekt des westlichen urbanen Lebens reflektieren." Die Dreharbeiten liefen schon vier Wochen lang in Rom auf vollen Touren, als es dem Produktionsteam endlich gelang, die Genehmigung für Filmaufnahmen im Victor-Emanuel-Gebäude zu bekommen, das mitten im Herzen des ältesten Teils von Rom direkt beim Forum Romanum liegt. Greenaways Parabel verdankt ihre eindrucksvollen Bilder nicht zuletzt den imposanten Bauwerken dieser Stadt, die im Kontext der Handlung nicht nur als optisches Beiwerk zu werten sind. Wegen Brian Dennehys anderweitiger Verpflichtungen mußten die Filmaufnahmen ausgerechnet in die heißen Monate Juli und August verlegt werden, wo der größte Teil der römischen Bevölkerung das Weite sucht. „Die Italiener hielten uns für verrückt", erinnerte sich Produzent Callender. jg

Ein Baum wächst in Brooklyn

A Tree Grows in Brooklyn. USA 1944 **R** Elia Kazan **B** Tess Slesinger, Frank Davis, nach einem Roman von Betty Smith **K** Leon Shamroy **M** Alfred Newman **P** 20th Century-Fox **L** 130 Min., s/w **D** Dorothy McGuire, James Dunn, Peggy Ann Garner, Joan Blondell, Lloyd Nolan

Elia Kazans Regiedebüt kann sicherlich als eines der ehrlichsten und rührendsten Familiendramen seiner Zeit bezeichnet werden. Es ist die Geschichte einer irischen Familie, die Anfang dieses Jahrhunderts in Brooklyn lebt. Die Mutter Katie (McGuire) hält als eine Art Matriarchalin die Gemeinschaft zusammen, versucht ihren Kindern Neely (Donaldson) und Francie (Garner) ein wenigstens halbwegs lebenswertes Zuhause trotz ihrer Armut zu bieten. Der Vater Johnny (Dunn) ist überzeugt, der beste singende Kellner der ganzen Gegend zu sein, macht sich aber keine Illusionen über seine Situation und wird zum Alkoholiker. Francie, aus deren Perspektive die ganze Geschichte erzählt wird, träumt von einem Leben als Schriftstellerin weit weg vom armen Brooklyn.
Kazans Film will nicht, wie so viele andere Erstlingswerke, durch besonders spektakuläre filmische Tricks auffallen, *Ein Baum wächst in Brooklyn* wirkt allein durch die schauspielerischen Leistungen so meisterlich. Besonders hervorzuheben ist James Dunn, bis dahin nur in B-Movies aufgetreten, der tatsächlich lange Jahre ein starker Trinker war, weswegen Kazan auch große Probleme hatte, die Studiobosse der Fox von seiner Besetzung zu überzeugen. Nach der endgültigen Zusage gab Dunn eine Pressekonferenz auf der er bemerkte:"Die brauchten einen Penner, also hat man mich gewählt."
James Dunn bekam den Oscar für die beste Nebenrolle, Peggy Ann Garner eine Auszeichnung Beste Kinderschauspielerin und das Script wurde von der Akademie nominiert. dh

Beau Brummel - Rebell und Verführer

Beau Brummel. USA 1955 **R** Curtis Bernhardt **B** Karl Tunberg, nach einem Bühnenstück von Clyde Fitch **K** Oswald Morris **M** Richard Addinsell **P** Metro-Goldwyn-Mayer **L** 110 Min., Farbe **D** Stewart Granger, Elizabeth Taylor, Peter Ustinov, Robert Morley, James Hayter

Der deutsche Verleihtitel läßt vermuten, es handele sich bei dieser MGM-Produktion um einen der üblichen Mantel- und Degenfilme, die in den 50er Jahren so beliebt waren. *Beau Brummel* kann jedoch nicht mit diesem Prädikat aufwarten. In seinem Film beschreibt Curtis Bernhardt die wenig aufregende Geschichte des verwegenen Bonvivant Beau Brummel, der das Vertrauen des englischen Königs George IV. gewinnt und wieder verliert, in seinen Bemühungen um die schöne Lady Patricia scheitert und schließlich verarmt in Frankreich stirbt.
Gegen die beiden genialen Schauspieler Peter Ustinov und Robert Morley hatte Stewart Granger selbst als Hauptprotagonist der Handlung einen schweren Stand. Er wird von seinen zwei Kollegen schlichtweg an die Wand gespielt. Besonders Peter Ustinov als etwas vertrottelter König George IV. überbietet schon fast seine leistungsstarken Maßstäbe, die er drei Jahre zuvor als Kaiser Nero in QUO VADIS selbst gesetzt hatte.
Beau Brummel wurde zu einem großen Teil vor Ort in typisch englischen Landschaftsregionen abgedreht. Einige Innenaufnahmen entstanden in der Nähe von Windsor Castle auf Ockwell Manor, einem vollständig erhalten gebliebenen Herrensitz aus dem 15. Jahrhundert. 1924 war Clyde Fitchs Theaterstück schon einmal mit John Barrymore in der Titelrolle verfilmt worden. jg

Becket

Becket. Großbritannien 1964 **R** Peter Glenville **B** Edward Anhalt, nach dem Bühnenstück *Becket oder Die Ehre Gottes* von Jean Anouilh **K** Geoffrey Unsworth **M** Laurence Rosenthal **P** Hal B. Wallis für Keep Films/Paramount **L** 148 Min., Farbe **D** Richard Burton, Peter O'Toole, Donald Wolfit, John Gielgud, Martita Hunt, Pamela Brown, Paolo Stoppa, Gino Cervi

Der historische Konflikt zwischen Tomas Becket (1118-1170), Erzbischof von Canterbury, und seinem König, Heinrich II. von England, hat Geschichtswissenschaftler und Literaten gleichermaßen beschäftigt. Der Film hält sich eng an das Bühnenstück von Anouilh, in dessen Londoner Aufführung Laurence Olivier den Becket gespielt hatte. Hier ist es Richard Burton, der als langjähriger Weggefährte des Königs (O'Toole) 1155 zu dessen Kanzler berufen wird. In dieser Position unterstützt er den Regenten auch in seinen Machtkämpfen mit der Kirche.
Im Jahre 1162 wird er vom König persönlich zum Erzbischof von Canterbury und damit zum Oberhaupt der englischen Kirche gemacht, der damit eine Schlüsselposition mit einem „eigenen" Mann besetzten will. Doch jetzt vollzieht sich die ungewöhnliche Wandlung Beckets vom ergebenen Staatsdiener zum selbstständigen, eigensinnigen Kirchenfürsten, der seine Aufgabe ernst nimmt und sich gegen staatliche Übergriffe zur Wehr setzt. Immer häufiger kommt es zum Konflikt mit Heinrich, und Becket muß 1164 nach Frankreich fliehen.
Scheinbar nur das Thema der Trennung von Kirche und Staat behandelnd, hielten sich sowohl Anouilh als auch Drehbuchautor Edward Anhalt genau an die historisch überlieferten Tatsachen, doch nicht, ohne eigene Anspielungen auf die eventuelle Homosexualität der beiden Hauptfiguren einzubauen - freilich so subtil, daß es von den meisten Zuschauern nicht bemerkt wurde.
Becket ist ein bravourös gespieltes, hervorragend photographiertes und vor allem gut geschriebenes historisches Drama - lang, aber nicht langweilig.
Der Film wurde von der Kritik bejubelt und erhielt sieben Oscar-Nominierungen, darunter für Bester Film, Regie und die Hauptdarsteller. Edward Anhalt gewann für sein Drehbuch.
Peter O'Toole wiederholte seine Rolle als Heinich II. vier Jahre später in DER LÖWE IM WINTER. al

Bedelia

Bedelia. Großbritannien 1946 **R** Lance Comfort **B** Herbert Victor, Vera Caspary, Isadore Goldsmith, nach einem Roman von Caspary **K** Frederick A. Young **P** John Corfield für J. Arthur Rank Organisation **L** 90 Min., s/w **D** Margaret Lockwood, Ian Hunter, Barry K. Barnes, Anne Crawford

Die wunderschöne Bedelia (Lockwood) wird bei dem Versuch, ihren Gatten zu vergiften von einem jungen Detektiv (Hunter), der sich - als Porträtmaler getarnt - in ihren Haushalt eingeschlichen hat, auf frischer Tat ertappt und wählt selbst den qualvollen Gifttod. Zuvor hatte sie bereits drei frühere Ehemänner ihres Geldes wegen unter die Erde gebracht.
Margaret Lockwood ist erstklassig als bezaubernd unschuldig wirkende Mörderin in diesem fesselnden, wenn auch nicht unbedingt spannenden Kriminal-Drama vor dem Hintergrund der britischen High Society. Die Schauspielerin, während und nach des Krieges Kassenmagnet in England, liefert eine weitere Variante ihrer zahlreichen Negativ-Rollen, doch diesmal differenzierter gespielt. Das Drehbuch stammt aus der Feder von LAURA-Autorin Vera Caspary. al

Die Bedrohung

siehe: LOHN DER GIGANTEN

Die Beduinen von Paris

L´oeil au beur(re) noir. Frankreich 1988 **R** Serge Meynard **B** Patrick Broude, Jean Paul Lilienfeld **K** Jean Jacques Tarbes **M** François Bernheim **P** Raymond Danon, Jean Nachbaur für Les Films Ariane/Lira/Soffia **L** 92 Min., Farbe **D** Julie Jezequel, Smaïn, Pascal Legitimus, Martin Lamotte, Dominique Lavanant

Gleich mit seinem Debütfilm konnte Regisseur Serge Meynard, der zu Beginn seiner Karriere mit Filmgrößen wie Volker Schlöndorff und Chantal Akerman zusammenarbeitete, einen großen Erfolg verbuchen. *Die Beduinen von Paris* erhielt 1988 den César als Beste Erstlingswerk.
In Paris auf Wohnungssuche zu gehen, ist ein Alptraum für sich, noch dazu wenn man farbig ist. Das müssen auch der junge Araber Rachid und sein Freund, der schwarze Maler Denis, sehr bald feststellen. Nach etlichen Fehlschlägen greifen die zwei auf das altbewährte „System Rachid" zurück, das seinem gleichnamigen Erfinder schon des öfteren ein ausgeglichenes Liebesleben beschert hatte. Zwei weiße Freunde werden als Buhmänner vorgeschickt, um Denis und Rachid durch ihren spektakulären Auftritt als Retter in der Not einen Vorsprung vor der zahllosen Schar der Wohnungssuchenden zu sichern.
Ein Komödie mit ernstem Hintergrund wollte Meynard inszenieren, was ihm auch voll und ganz gelungen ist. Reihenweise witzige Einfälle sowie die komödiantische und manchmal auch sarkastische Behandlung des alltäglichen Rassismus garantieren intelligente Unterhaltung. dk

Beetlejuice

Beetlejuice. USA 1988 **R** Tim Burton **B** Michael McDowell, Warren Skaaren **K** Thomas E. Ackerman **M** Danny Elfman **P** Geffen Film Company **L** 92 Min., Farbe **D** Alec Baldwin, Geena Davis, Michael Keaton, Catherine O´Hara, Jeffrey Jones

Zumindest in groben Zügen dürfte Oscar Wildes berühmte Novelle *Das Gespenst von Canterville* für Tim Burtons respektlose Geister-Satire Pate gestanden haben. Ein junges Pärchen bleibt nach einem tödlichen Verkehrsunfall zwischen Himmel und Hölle hängen und lebt unsichtbar in seinem gemütlichen Landhaus weiter, in das jedoch nach kurzer Zeit eine enerviernde neureiche New Yorker Familie einnistet. Die beiden Geister wagen den Abstieg zur Hölle, wo sie den Bio-Exorzisten Betelgeuse anheuern, der die ungebetenen Eindringlinge vertreiben soll.
Der junge Tim Burton lieferte nach seinem skurrilen Werk *Pee Wees irre Abenteuer* mit diesem Film seine erste Mainstream-Produktion ab. Entstanden ist dabei ein makabres Panoptikum aus surrealistischen Kulissen und aberwitzigen Maskenbildnerkünsten. Die Hölle wird als bürokratisch verstockte Behördeninstitution geschildert, in der Maschinen und Fließbänder lautstark dröhnen und jeder Verstorbenen seinen persönlichen Berater vorfindet. In dem Fall unseres jungen Pärchens handelt es sich dabei um eine ältere Dame, die den Rauch ihrer Zigarette nicht mit dem Mund, sondern durch einen Schlitz am Hals ausatmet. Mit solchen schwarzhumorigen Anekdoten ist *Beetlejuice* von Anfang bis Ende gespickt. Dem tricktechnisch interessierten Zuschauer wird ferner ein wahres Feuerwerk an maskenbildnerischer Qualitätsarbeit geliefert, das jedoch nicht immer appetitlich ist und mit Genuß die Grenzen des guten Geschmacks überschreitet. jg

Der Befehl

Counterpoint. USA 1967 **R** Ralph Nelson **B** James Lee, Joel Oliansky, nach dem Roman *The General* von Alan Sillitoe **K** Russell Metty **M** Bronislau Kaper **P** Richard Berg für Universal **L** 107 Min., Farbe **D** Charlton Heston, Maximilian Schell, Kathryn Hays, Anton Diffring, Leslie Nielsen

Ein ungewöhnliches Rollenstudium mußte Charlton Heston über sich ergehen lassen, ehe er seinen Part in *Der Befehl* perfekt spielen konnte. Sechs Wochen lang lernte der Hollywood-Star beim Dirigenten Leo Damiani, wie man überzeugend den Taktstock schwingt. Die Darstellung des Dirigenten war es, die Heston nach eigenen Worten gereizt hatte; eine Rolle, die sich von seinen bisherigen völlig unterschied.
Lionel Evans (Heston) gerät mit seinem Orchester 1944 in deutsche Kriegsgefangenschaft. Durch die Fürsprache General Schillers (Schell) können die Musiker in letzter Minute ihrer Erschießung entgehen, doch der General verlangt eine Gegenleistung: Evans soll ein Konzert geben. Der Dirigent weigert sich, und zwischen den beiden Männern kommt es zu einer Machtprobe.
Ein schauspielerisches Duell wurde für *Battle Horns* (so lautete der ursprünglich geplante Originaltitel) angekündigt, der Auftritt der beiden Superstars Heston und Schell in eigentlich vertauschten Rollen sollte einen besonderen Reiz ausüben. Ein Wunsch, der sich nicht erfüllen sollte, zu eindimensional und klischeehaft waren die Charaktere. Erwähnenswert: Leslie Nielsen, der erst mehr als zehn Jahre später durch die Komödien der Zucker-Brüder einem größerem Publikum bekannt wurde, spielt die Rolle des 1. Geigers. dk

Befehl des Gewissens

The Fugitive. USA 1947 **R** John Ford **B** Dudley Nichols, nach Motiven des Romans *Die Kraft und die Herrlichkeit* von Graham Greene **K** Gabriel Figueroa **M** Richard Hageman **P** Argosy **L** 100 Min., s/w **D** Henry Fonda, Dolores Del Rio, Pedro Armendariz, Ward Bond, Leo Carrillo

Innerhalb von 47 Tagen drehte John Ford sein Meisterwerk weit abseits vom routinierten Betrieb Hollywoods in den kargen Landstrichen Mexikos und den Churubusco-Studios in Mexico-City. Henry Fonda spielt einen Priester, der nach einer Revolution in einem lateinamerikanischen Land nur allein durch seine religiöse Ausübung zum Verbrecher wird. Eine madonnenhafte Frau und ein amerikanischer Sträfling unterstützen ihn bei seiner Flucht, doch wird er gefangengenommen und hingerichtet.
John Ford selbst bezeichnete *The Fugitive* als seinen einzigen perfekten Film; die Schar seiner Bewunderer hingegen beurteilten ihn als die schlechteste Arbeit in Fords Oevre.

Die ablehnende Haltung begründet sich dabei auf den Vergleich zwischen literarischer Vorlage und filmischer Umsetzung. Die Gestalt des Priesters wird in Graham Greenes Roman viel differenzierter dargestellt. Ford hüllt seinen Hauptdarsteller Fonda in ein beinahe unantastbares gottähnliches Fluidum ein und unterstreicht diese Gestaltung durch entsprechende bildliche Metaphern. Die realisistischen Elemente treten vollständig zugunsten einer extrem gekünstelt wirkenden Kameraführung zurück, die selbst Gewalt, Armut und Kargheit mit dem Hauch tiefgläubiger Würde und Schönheit umgibt und ihre Anleihen deutlich aus den Werken Eisensteins und dem deutschen Stummfilm-Expressionismus zieht. jg

Begegnung

Brief Encounter. Großbritannien 1945 **R** David Lean **B** Noël Coward, David Lean, Anthony Havelock-Allan, nach dem Einakter *Still Life* von Coward **K** Robert Krasker **P** Noël Coward für Cineguild Film **L** 85 Min., s/w **D** Celia Johnson, Trevor Howard, Cyril Raymond, Stanley Holloway, Joyce Carey

Von den zehn Einaktern Noël Cowards, die 1936 unter dem Titel *To-Night at 8:30* produziert wurden, haben bislang sechs das Licht der Leinwand erblickt, am bemerkenswertesten ist David Leans Version von *Still Life*. Der Film stellt bereits die vierte Zusammenarbeit des Regisseurs mit Coward dar, dessen IN WHICH WE SERVE, THIS HAPPY BREED und GEISTERKOMÖDIE er ebenfalls inszenierte.

Laura (Johnson) und Alec (Howard) lernen sich durch Zufall an einer kleinen Bahnstation kennen. Sie ist Hausfrau, er Arzt, und beide sind glücklich verheiratet. Von nun an treffen sie sich jeden Donnerstag im Café des Bahnhofes wieder, um zu plaudern oder ins Kino zu gehen. Jedesmal kommen sie sich näher, erzählen einander von ihrem Leben, und bald ist beiden klar, daß sie mehr als nur Freundschaft füreinander empfinden. Ihre Begegnungen finden jetzt nur noch heimlich statt, und schließlich organisiert Alec sogar die Wohnung eine Freundes für ein Rendezvous. Doch ihre Liebe ist aussichtslos, und sie beschließen das Ende der Affäre.

Diese kleine Liebesgeschichte mag angesichts ihrer moralischen Werte altmodisch erscheinen, und doch bleibt sie, dank der seltenen Harmonie zwischen Regie, Besetzung und Sujet, eine der schönsten Leinwandromanzen überhaupt, ein Klassiker des britischen Kinos. Dennoch war der Film kein Kassenerfolg. Die Kritik jedoch war begeistert, besonders von den Darsteller-Leistungen. Celia Johnson (ihre dritte Arbeit für Coward/Lean) wurde für den Oscar nominiert und erhielt den New York Critics Award. Für Trevor Howard bedeutete *Begegnung* den Karrieredurchbruch. Robert Kraskers Kamera ist eben so auf der Höhe wie Pianistin Eileen Joyce, die Rachmaninovs Klavier-konzert Nr. 2 als romantische musikalische (und seither oft parodierte) Untermalung interpretiert.

Auf den ersten Filmfestspielen in Cannes 1946 erhielt *Begegnung* den „Großen Preis der Kritik".

1974 inszenierte Alan Bridges ein verunglücktes Remake für das amerikanische Fernsehen mit Sophia Loren und Richard Burton in den Hauptrollen. al

Begegnung am Vormittag

Breezy. USA 1973 **R** Clint Eastwood **B** Jo Heims **K** Frank Stanley **M** Michel Legrand **P** Malpaso/Universal **L** 106 Min., Farbe **D** William Holden, Kay Lenz, Roger C. Carmel, Marj Dusay, Joan Hotchkis

Diese dritte Regiearbeit von Clint Eastwood nach SADISTICO und EIN FREMDER OHNE NAMEN, bei der er auch wieder mit seiner eigenen Produktionsfirma beteiligt war, ist gleichzeitig die erste, in dem der Star ausschließlich hinter der Kamera agiert. Damit handelte er entgegen seiner eigenen Maxime, wonach ein Eastwood-Film nur einer sei, bei dem er auch die Hauptrolle inne habe.

Oscar-Preisträger William Holden spielt einen geschiedenen und etwas in die Jahre gekommenen Geschäftsmann, der allein und abgeschieden in seiner luxuriösen Villa lebt. Sein eingefahrenes Leben ändert sich plötzlich, als er dem unkomplizierten Hippiemädchen Breezy (Kay Lenz) begegnet. Zwischen beiden entwickelt sich eine Liebesbeziehung, auf die ihre Umwelt allerdings mit Unverständnis reagiert. dk

Begegnung in Biarritz

Hôtel des Amériques. Frankreich 1982 **R** André Techine **B** André Techine, Gilles Taurand **K** Bruno Nuytten **M** Philippe Sarde **P** Alain Sarde für Sara Films **L** 95 Min., Farbe **D** Catherine Deneuve, Patrick Dewaere, Etienne Chicot, Josiane Balasko, Sabine Haudepin, Dominique Lavanant

André Techines romantischer Liebesfilm, seine erste Regiearbeit seit DIE SCHWESTERN BRONTE (1978), ist ganz auf sein attraktives Hauptdarstellerpärchen zugeschnitten, beider einzige Zusammenkunft auf der Leinwand.

Catherine Deneuve spielt Hélène, eine angesehene Anästhesistin in Biarritz, die eines Tages auf dem Heimweg mit dem Auto einen jungen Mann (Dewaere) anfährt. Dieser stellt sich unbeeindruckt als Gilles vor, und zwischen beiden entspinnt sich eine Liebesgeschichte, bei der Probleme vorprogrammiert sind. Er ist ein herumlungernder Tausendsassa, der ein Zimmer im Hotel seiner Familie bewohnt, sie kann den Tod ihres Geliebten nicht verwinden...

Das Zusammenspiel der beiden Stars hätte einiges erwarten lassen dürfen, doch unglücklicherweise stellt das ermüdende Hin- und Her dieser Romanze nicht das geeignete Material für schauspielerische Höhenflüge dar. Deneuve ist ungewohnt blaß, und Dewaere strapaziert einmal mehr seine patentierte Looser-Rolle. Der Stil und die Eleganz, mit der Bruno Nuytten die Umgebung des Seebades Biarritz einfängt, helfen da auch nicht viel. Etienne Chicot, als Dewaeres hilfloser Kumpel, und Sabine Haudepin als seine versponnene Schwester ziehen sich noch am besten aus der Affäre. al

Begierde

The Hunger. USA 1983 **R** Tony Scott **B** Ivan Davis, Michael Thomas, nach dem Roman von Whitley Strieber **K** Stephen Goldblatt **M** Michel Rubini, Danny Jaeger **P** Richard Shepherd für MGM/UA **L** 97 Min., Farbe **D** Catherine Deneuve, David Bowie, Susan Sarandon, Cliff De Young, Beth Ehlers

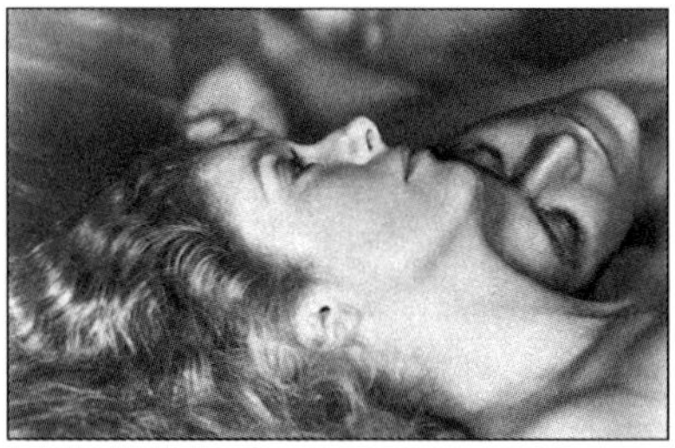

Miriam (Deneuve) ist ein 2000 Jahre alter Vampir, der töten muß, um seine Jugend zu erhalten. Vor zwei Jahrhunderten machte sie John (Bowie), einen britischen Aristokraten, zu ihrem Geliebten, den sie seitdem an ihrer Lebensenergie teilhaben läßt. Zusammen streifen sie durch die Straßen und Diskotheken New Yorks und suchen nach Opfern, die sie in ihr elegantes Appartement entführen, um sich zuerst sexuell an ihnen zu vergehen und dann ihr Blut auszusaugen. Als John merkt, daß er plötzlich zu altern beginnt, wendet er sich hilfesuchend an die Ärztin Sarah (Sarandon). Diese stattet Miriam einen Besuch ab, der darin endet, daß sie zur Geliebten des Vampirs wird und mit dem „Hunger" infiziert wird.

Von nun an muß auch sie mindestens einmal wöchentlich ein Opfer finden, dessen Lebenssaft sie trinken kann. Während John hilflos vor sich hinaltert, kommt es zum Aufstand der Ex-Geliebten Miriams, die sie in Särgen auf dem Dachboden ihres Appartements aufbewahrt hat.

Tony Scotts bizarre Vampirgeschichte ist in visuell opulenten Bildern gestaltet, die deutlich auf die Vergangenheit des Regie-Debütanten als Werbefilmer hinweisen. Zwar triumphiert hier eindeutig Stil über Inhalt, doch das mindert nicht das Vergnügen an Grusel und Faszination, die *Begierde* zu einem der ungewöhnlichsten (und umstrittensten) Filme der 80er Jahre machen. Catherine Deneuve ist mit ihrer scheinbar alterslosen Schönheit ideal besetzt als Miriam, unter deren kühler Fassade Verzweiflung und Todessehnsucht schlummern, und Susan Sarandon bildet mit ihrer aufgeweckten „All

American Girl"- Ausstrahlung einen nicht weniger attraktiven Kontrast dazu. Popmusiker David Bowie, schon häufiger Gast auf der Leinwand, stellt diesmal sein markantes Profil als Tummelplatz für Maskenbildner Dick Smith zur Verfügung, der mit dem Alterungsprozeß um fast zweihundert Jahre in wenigen Stunden ein Meisterstück der Make-Up-Technik ablieferte. Doch eigentlicher und überraschender Höhepunkt ist die ausführliche und eindeutige Sexszene zwischen Deneuve und Sarandon, die in ihrer Unverblümtheit und Ästhetik im US-Mainstream-Kino wohl einmalig sein dürfte. nn

Begierde an schattigen Tagen

In the Cool of the Day. Großbritannien 1963 **R** Robert Stevens **B** Meade Roberts, nach einem Roman von Susan Ertz **K** Peter Newbrook **M** Francis Chagrin **P** John Houseman / Metro-Goldwyn-Mayer **L** 86 Min., Farbe **D** Peter Finch, Jane Fonda, Angela Lansbury, Arthur Hill, Constance Cummings

Sämtliche Schauspieler, die an diesem Film mitwirkten, empfanden *Begierde an schattigen Tagen* noch Jahre später als einen der dunkelsten Punkte im Verlauf ihrer Karriere. Eine farbenfrohe Kulisse (die sonnenumfluteten Trümmer des antiken Griechenlands) und eine Handvoll klingender Namen reichte eben bei weitem nicht aus, um das Publikum bei Laune zu halten.
Zwei Eheleute (Hill und Fonda), deren Verbindung längst inhaltslos geworden ist, wollen durch einen Urlaub in Griechenland noch einmal einen letzten Versuch für ein weiteres Zusammenleben starten. Die Frau erfährt dabei in den pittoresken Ruinen, was wahres Liebesglück bedeutet - allerdings mit einem anderen Mann.
Peter Finch zog später aus seiner Beteiligung an diesem Film ein vernichtendes Resümee: „Ich habe diesen verdammten Film nur gemacht, weil ich das Geld brauchte und sich außerdem die Gelegenheit ergab mit Jane zusammenzuarbeiten und nach Griechenland zu gehen. Ich habe zu hastig angenommen und auf Mr. Housemans guten Geschmack vertraut. Romantische Seifenopern können sich ja manchmal noch in einen guten Schund verwandeln und große Teile des Publikums zufriedenstellen, aber *In the Cool of the Day* war noch nicht einmal ein *guter* Schund." jg

Begierde unter Ulmen

Desire Under the Elms. USA 1958 **R** Delbert Mann **B** Irwin Shaw, nach dem Bühnenstück von Eugene O'Neill **K** Daniel Fapp **M** Elmer Bernstein **P** Don Hartman für Paramount **L** 112 Min., s/w **D** Sophia Loren, Anthony Perkins, Burl Ives, Frank Overton

Eugene O'Neills düsteres Drama stellte wohl kaum den geeigneten Stoff für Sophia Lorens Hollywood-Debüt dar. Die Italienerin war kaum des Englischen mächtig und mußte sich hier nicht nur mit kompetenten Co-Stars messen, sondern bekam es mit einem schwierigen, komplexen Charakter zu tun. Sie spielt Anna, eine zwanzigjährige italienische Immigrantin, die alles tun würde, um im Amerika des Jahres 1840 zu Wohlstand und Sicherheit zu gelangen. Sie verspricht einem tyrannischen Neuengland-Witwer (Ives) einen Erben im Falle der Heirat, obwohl sie auch dessen Sohn (Perkins) gegenüber nicht abgeneigt ist. Dennoch ist das schnell gezeugte Kind nicht vom Vater, sondern vom Sohn, und als der Alte nach der Geburt seine Heiratspläne bekanntgibt, verläßt der junge Mann wutentbrannt die Farm. Anna sieht keinen anderen Weg, ihm ihre Liebe zu zeigen, als das gemeinsame Kind zu ersticken...
Delbert Manns schwerfällige Regie und das schwülstige Drehbuch von Irwin Shaw (der bessere Romane als Scripts schreibt) tun O'Neills vielschichtigem und fesselnden Stück keinen Gefallen, wenn sie alle Aufmerksamkeit auf die Loren lenken, deren Akzent nach Auffassung eines Kritikers so stark war, „daß man nur ein Wort unter zehn versteht". Die verzwickte Beziehung der beiden Männer wird dabei völlig außer Acht gelassen. Perkins liefert eine akzeptable, wenn auch neurotische Vorstellung, während Ives seine „Big Daddy"-Rolle aus DIE KATZE AUF DEM HEISSEN BLECHDACH wiederholt, diesmal allerdings mit Neuengland-Dialekt. Lorens Bemühungen wurden von vielen Kritikern gewürdigt, doch auch sie konnte diese mißratene Adaption nicht retten. al

Begrabt die Wölfe in der Schlucht

Billy Two Hats. USA 1973 **R** Ted Kotcheff **B** Alan Sharp **K** Brian West **P** Norman Jewison, Patrick Palmer / Algonquin **L** 100 Min., Farbe **D** Gregory Peck, Desi Arnaz jr., Jack Warden, David Huddleston, Sian Barbara Allen, John Pearce

Zwei ungleiche Bankräuber (Gregory Peck als alternder Desperado und Desi Arnaz jr. als junges Halbblut) werden von einem Sheriff unerbittlich gehetzt. Die Verfolgungsjagd, in die auch ein Farmer und seine Frau verwickelt werden, mündet in einem Blutbad mit aufgebrachten Indianern.
Norman Jewisons Produktion besitzt nichts mehr von den krampfhaften Versuchen des amerikanischen Kinos, den europäischen Italo-Western zu imitieren, sondern entwikkelt in der Dekade der 70er Jahre einen neuen verhaltenen Inszenierungsstil. Die Personenkonfigurationen bleiben einfach und leicht durchschaubar und beschränken sich auf ein halbes Dutzend Handlungsträger. Die Musik wird spärlich eingesetzt; statt eines großen pompösen Orchesters erklingen nur verstreute Gitarrenklänge. *Begrabt die Wölfe in der Schlucht* ist ein ruhiger, sensibler Western, der in seinen Gewaltszenen erfreulich zurückhaltend bleibt und seine Faszination vor allem aus der Besetzung mit Gregory Peck zieht, der hier die Personifizierung einer zu Ende gehenden Ära einnimmt. Brian Wests Kamera besticht durch hervorragend fotografierte Landschaftsaufnahmen. Ein besonderes Seherlebnis bietet eine Verfolgungsjagd, in der sich die schwarzen Silhouetten der Reiter vor einem Sonnenuntergang abzeichnen, womit fast elegisch-romantische Elemente in diesen Western einfließen. jg

Beherrscher der Meere

John Paul Jones. USA 1959 **R** John Farrow **B** John Farrow, Jesse Lasky jr., nach der Geschichte *Nor'wester* von Clements Ripley **K** Michel Kelber **M** Max Steiner **P** Samuel Bronston für The Samuel Bronston Company/Warner Bros. **L** 112 Min. (Originalfassung 126 Min.), Farbe **D** Robert Stack, Marisa Pavan, Charles Coburn, Erin O'Brien, Bette Davis, Macdonald Carey, Jean-Pierre Aumont

Aufwendiges, aber nicht aufregendes Historienspektakel um das Leben des amerikanischen Seehelden John Paul Jones (Stack), der gegen Ende des 18. Jahrhunderts die Zentralfigur des Unabhängigkeitskrieges zwischen den gerade proklamierten Vereinigten Staaten von Amerika und dem britischen Mutterland war. Nach zahlreichen gewonnenen Schlachten wird der unbequeme Offizier - er fordert lauthals die Beibehaltung einer starken Flotte - nach Rußland geschickt, von wo Zarin Katharina die Große (Davis, in einem überraschenden 60 Sekunden-Cameo-Auftritt) um seine Hilfe beim Aufbau einer Schwarzmeerflotte nachgesucht hatte. Nachdem er für sie weitere Siege zu Wasser errungen hat, kehrt Jones nach Frankreich zurück, das lange seine Heimat war, und stirbt in den Armen einer Adeligen (Pavan).
Samuel Bronston steckte viel Geld in dieses in Spanien gedrehte Schlachtengemälde, und Regisseur John Farrow (traurigerweise war dies sein letzter Film) gab es aus - für die Seekämpfe, die das einzig Ansehnliche der ansonsten hölzernen Biographie sind. Robert Stack ist glaubhaft in der Titelrolle, und Charles Coburn gibt einen mürrischen, aber weisen Benjamin Franklin, doch Marisa Pavan ist als Stacks romantische Gegenspielerin eine Enttäuschung. Ein Kritiker schimpfte: „Eine Katastrophe! Sie kann nicht spielen und was noch schlimmer ist: Sie sieht nicht einmal gut aus." al

John Boormans ungewöhnlicher Ausflug in die wilde Natur des Staates Georgia erhielt trotz einiger höchst umstrittener Szenen für die Kategorien Bester Film und Bester Schnitt eine Oscar-Nominierung. Erzählt werden die Erlebnisse von vier Städtern, die sich zu einem Wochenendtrip in die unberührte Natur aufmachen, um einmal Abenteuerluft zu schnuppern. Was jedoch als feucht-fröhliche Kanutour auf einem reißenden Fluß beginnt, endet als Fahrt ins Grauen.
John Boorman bezeichnete seinen Psycho-Thriller als eine Parabel auf die urbane Überheblichkeit des Stadtmenschen gegenüber der Natur und ihren Gesetzen - eine fatale Einstellung, die grausam bestraft wird. Mag auch die Kontrastierung zweier unterschiedlicher Lebensbereiche etwas symbolüberfrachtet erscheinen (die Waldbewohner der Berge werden durchweg debil und inzestiös kränkelnd dargestellt), so überzeugt Boormans Film vor allem durch seine atmosphärische Dichte und die gelungene Einbeziehung der Natur in den Gesamtkontext der Handlung. Gedreht wurde *Deliverance* vor Ort auf dem Chattooga-Fluß im US-Bundesstaat Georgia. Die deutsche Fassung ist um vier Minuten kürzer als das amerikanische Original, da die Szene, in der Ned Beatty von zwei Jägern vergewaltigt wird, einer drastischen Schnittzensur zum Opfer fiel. jg

Bekenntnisse des Hochstaplers Felix Krull

Bekenntnisse des Hochstaplers Felix Krull. BRD 1957 **R** Kurt Hoffmann **B** Robert Thoeren, Erika Mann, nach dem Roman von Thomas Mann **K** Friedl Behn-Grund **M** Hans-Martin Majewski **P** Filmaufbau **L** 107 Min., s/w **D** Horst Buchholz, Liselotte Pulver, Ingrid Andree, Susi Nicoletti, Paul Dahlke, Werner Hinz, Walter Rilla, Heidi Brühl

Thomas Manns letzter Roman war - nach KÖNIGLICHE HOHEIT (1953) - eine der ersten Verfilmungen, die nach einer literarischen Vorlage des berühmten deutschen Autors entstand. Komödienspezialist Kurt Hoffmann inszenierte mit seinem Gespür für niveauvolle Gesellschaftssatiren in den Hamburger Filmstudios diese charmante Geschichte um den jungen Betrüger Felix Krull. Dank seines Schauspieltalents entkommt dieser der kaiserlichen Musterungskommission und verschafft sich in Paris als Hotelboy den Aufstieg in die illustren internationalen Gesellschaftskreise. Durch seinen unwiderstehlichen Charme gelingt es ihm immer wieder, aus brenzligen Situationen zu entkommen.
Walter Rilla, der während der Nazi-Diktatur Deutschland verlassen hatte und bis zu Manns Tod 1955 freundschaftlich mit ihm verbunden war, empfand es als ein besonderes Erlebnis, in diesem Film mitzuwirken. „Im Atelier war er (Thomas Mann) unsichtbar zugegen, als wir uns bemühten, den Ernst und das Lachen, die Ironie und die Ausgelassenheit seines großartigen Schelmenromans in das lebendige Bild des Films zu übertragen."
Erika Mann, die älteste Tochter des Dichters, wirkte in der Endfassung an der Drehbuchgestaltung mit und trat auch in einer kleinen Nebenrolle auf. jg

Bel ami

Bel ami. Deutschland 1939 **R** Willi Forst **B** Willi Forst, Axel Eggebrecht, nach dem Roman von Guy de Maupassant **K** Ted Pahle **M** Theo Mackeben **P** Willi-Forst-Film **L** 100 Min., s/w **D** Willi Forst, Olga Tschechowa, Ilse Werner, Hilde Hildebrand, Lizzi Waldmüller

In operettenhafter Weise beschreibt Willi Forst das Liebesleben eines Bonvivant im Paris gegen Ende des 19. Jahrhunderts. Nach der Rückkehr aus dem Militärdienst in Afrika erklimmt der Abenteurer Duroy im Zeitungsmilieu mit Hilfe schöner Frauen die Karriereleiter, um am Ende sein Glück bei einem braven Mädchen zu finden.
In einer Zeit, in der Deutschland berauscht vom Wahn des Nationalsozialismus kurz vor der Katastrophe des Krieges stand, war die Verfilmung eines Stoffes des französischen Romanciers Guy de Maupassant ein sehr ungewöhnliches Unterfangen. Willi Forst stand ohnehin nicht gerade in der Gunst von Propagandaminister Goebbels, der angeblich einmal gesagt haben soll: „Wenn der Forst kein Jude ist, fresse ich den Göring!" Forst waren die säbelrasselnden, kriegshuldigenden Propagandamachwerke der Nazis ein Greuel; er liebte den eleganten, bisweilen frivolen Operettenfilm, der von Goebbels mißbilligend als „nicht zeitbezogen" angesehen wurde. Vor dem Hintergrund der politischen Situation mußte Forst an die braune Ideologie doch Zugeständnisse machen. Entgegen der Romanvorlage bleibt der Protagonist Duroy nicht der ewig unverbesserliche Karrierist, sondern ergeht sich an der Seite eines naiven Mädchens in Bescheidenheit. Zu einem Ohrwurm wurde der Schlager *Du hast Glück bei den Frau´n, bel ami*, den Theo Mackeben komponierte. Unter der Regie von Louis Daquin entstand 1954 mit Johannes Heesters in der Titelrolle ein Remake. jg

Bel Antonio

Il bell´Antonio. Italien/Frankreich 1960 **R** Mauro Bolognini **B** Mauro Bolognini, Gino Visentini, Pier Paolo Pasolini, nach einem Roman von Vitaliano Brancati **K** Armando Nannuzzi, Gianni di Venanzo **M** Piero Piccioni **P** Alfredo Bini für Cino Del Duca/Arco Film (Rom), Lyre Cinématographique (Paris) **L** 99 Min., s/w **D** Marcello Mastroianni, Claudia Cardinale, Pierre Brasseur, Rina Morelli, Tomas Milian, Patrizia Bini

Mauro Bologninis dritte Zusammenarbeit mit Pier Paolo Pasolini resultierte in einem seiner besten Filme. Marcello Mastroianni ist der „schöne Antonio", der schon als Kind die Frauen begeisterte. Er ist Sprößling einer angesehenen Familie, eine Karriere bei der Regierung steht in Aussicht, und auch die richtige Frau ist schon gefunden, Notarstochter Barbara (Cardinale). Ihr ist Antonio als erster Frau in aufrichtiger Liebe zugetan und begehrt nicht nur ihren Körper. Doch gerade diese Tatsache macht ihm nach der Heirat das Leben schwer: Er liebt seine Frau zu sehr, kann sie nicht „lieben". Er ist impotent. Zunächst bemerkt Barbara diesen Mangel gar nicht, als die Sache jedoch herauskommt, wird Antonio zum Gespött einer Gesellschaft, die männliche Potenz wie einen Fetisch anbetet. Seine Ehe wird annulliert, und sein Vater versucht, das Ansehen der Familie durch zahllose Liebesabenteuer wiederherzustellen.
Vitaliano Brancatis Roman ist eine genaue Untersuchung der gesellschaftlichen Verhältnisse in seiner Heimat Sizilien, wo Impotenz nicht als bedauerlich, sondern als verächtlich gilt. Mastroianni liefert eine virtuose Vorstellung als der geplagte Antonio, dessen Ehre am Ende nur durch ein Dorfmädchen gerettet wird, die behauptet, er sei ihr Liebhaber. *Bel Antonio* kam erst 1965 in deutsche Kinos, als die beiden Stars schon einen größeren Bekanntheitsgrad erreicht hatten. al

Belizaire der Cajun

Belizaire the Cajun. USA 1985 **R** Glen Pitre **B** Glen Pitre **K** Richard Bowen **M** Michael Doucet **P** Alan L. Durand, Glen Pitre für Cote Blanche

Feature Films **L** 102 Min., Farbe **D** Armand Assante, Gail Youngs, Michael Schoeffling, Will Patton, Robert Duvall

Louisiana in der Zeit vor dem amerikanischen Bürgerkrieg: Belizaire Breaux (Assante) ist ein Cajun, einer jener französischstämmigen Siedler, die bereits vor den Briten den amerikanischen Süden bevölkerten und die sich nach blutigen Auseinandersetzungen mit den Yankees in die Blue Bayous, die Sümpfe um New Orleans, zurückziehen mußten. Der Held der Geschichte ist der Kräuterarzt einer kleinen Cajun-Gemeinde am Mississippi-Delta. Er ist verliebt in Alida Thibodaux (Youngs), eine Cajun, die allerdings zwei Kinder von dem Yankee Matthew Perry (Patton) hat. In dieser Zeit - der Film spielt 1859 - versuchen britische Bürgerwehren immer wieder, die ungeliebten Siedler aus Louisiana zu vertreiben. Auch Perry, Sohn des reichsten Farmers in der Gegend, läßt nichts unversucht, um den Cajuns das Leben zur Hölle zu machen. Als er eines Tages ermordet wird, beginnt eine blutrünstige Jagd auf die Franzosen. Um dem Terror ein Ende zu machen, stellt sich Belizaire den Behörden und behauptet, der Mörder zu sein.

Glen Pitre, selbst ein Cajun, legte mit *Belizaire* seinen ersten Spielfilm vor. Sicherlich ein sehr ambitioniertes Werk, zumal die französischsprachige Minderheit bis dahin, wenn überhaupt, dann nur ausgesprochen negativ gezeichnet im amerikanischen Film auftauchte (zum Beispiel in DIE TODESBUCHT VON LOUISIANA oder in DIE LETZTEN AMERIKANER). Leider treibt Pitres Film die Schwarzweiß-Malerei, wenn auch unter anderen Vorzeichen, fort. Die *Los Angeles Times* schrieb: „Nichts weiter als ein unreflektierter Heimatfilm. Wer mehr über die Hintergründe wissen will, muß ein Geschichtsbuch zu Rate ziehen.“ dh

Bella Donna

Bella Donna. BRD 1982 **R** Peter Keglevic **B** Peter Keglevic **K** Edward Klosinski **M** Brynmor Jones **P** Joachim von Vietinghoff **L** 109 Min., Farbe **D** Friedrich-Karl Praetorius, Krystyna Janda, Brigitte Horney, Erland Josephson

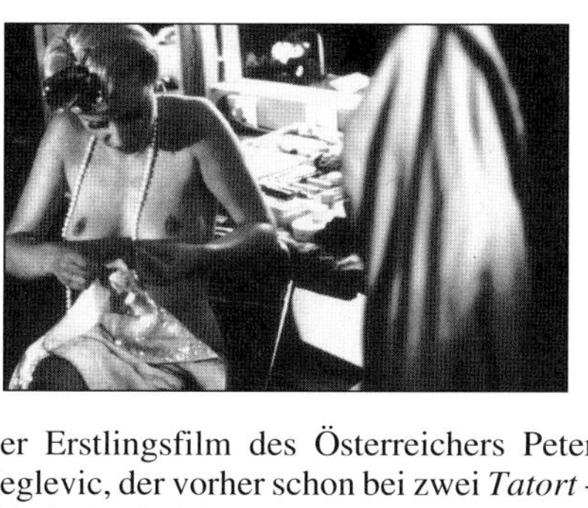

Der Erstlingsfilm des Österreichers Peter Keglevic, der vorher schon bei zwei *Tatort*-Krimis Regie führte, teilte die deutsche Kritik in zwei Lager. Die einen sprachen von einem „spannungsreichen Wechsel zwischen Zärtlichkeit und Wut, Küssen und Schlägen“, die anderen konstatierten eher „handwerk-liche Mängel, einfallslose Kameraführung und mangelndes Gefühl für das richtige Timing“. Ein hohes Ziel hatte sich Keglevic gesteckt, wollte er doch mit diesem Melodram eine „neue Richtung im deutschen Film“ einschlagen. Dieses Ziel vor Augen, gelang es ihm, für sein Debüt mit der Polin Krystyna Janda (MEPHISTO), den Schweden Erland Josephson (SZENEN EINER EHE) und der großen alten Dame des deutschen Films, Brigitte Horney, eine international hoch-karätige Besetzung vor die Kamera zu bringen.

Der Saxophonist Fritz verliebt sich unsterblich in die Sängerin Lena. Die verbringt zwar auch eine Nacht mit ihm, läßt Fritz aber danach mit seinen Gefühlen allein. Fritz´ Versuche, Lena zurückzugewinnen, führen immer wieder zu Begegnungen voller Leidenschaft und Ablehnung. Erschwert wird der Widerstreit ihrer Emotionen zusätzlich noch durch Flo, Lenas krebskranke Freundin, und ihren Ehemann Max, der Lenas Untreue nur scheinbar gelassen hinnimmt. dk

Belle de Jour - Schöne des Tages

Belle de jour. Frankreich 1967 **R** Luis Buñuel **B** Luis Buñuel, Jean-Claude Carrière, nach dem Roman von Joseph Kessel **K** Sacha Vierny **P** Robert und Raymond Hakim für Paris Film (Paris), Five Films (Rom) **L** 100 Min., Farbe **D** Catherine Deneuve, Jean Sorel, Michel Piccoli, Geneviève Page, Francisco Rabal, Pierre Clémenti, Georges Marchal, Françoise Fabian

Sévérine (Deneuve) ist eine scheinbar glücklich verheiratete junge Frau, die sich ohne Wissen ihres Mannes (Sorel) nachmittags in einem Bordell verdingt, um ihre erotischen und masochistischen Zwangsvorstellungen auszuleben. Einer ihrer Kunden (Clémenti) folgt ihr schließlich nach Hause und schießt aus Eifersucht auf ihren Ehemann. Dieser wird, durch die Schüsse blind und gelähmt, von Sévérine gepflegt.

Diese kurze Inhaltsangabe wird der Komplexität von Buñuels Film kaum gerecht, in dem es neben der realen Logik eine andere, surrealistische Logik des Traums gibt, die immer wieder Thema des Regisseurs war - ebenso wie die Demaskierung bourgeoiser Phantasien und Obsessionen. Gleich am Anfang des Films sieht man Sévérine in einer Kutsche fahren, aus der sie von Bediensteten ihres Mannes gezerrt und vergewaltigt wird. Dann hört man die freundliche Stimme ihres Mannes: „Woran denkst Du?“. Jetzt folgt ein Schnitt in ein bürgerliches Schlafzimmer, in dem die Heldin und ihr Mann auf dem Bett liegen. Die Szene war nur ein masochistischer Wunschtraum. Um ihre erotischen Obsessionen loszuwerden, arbeitet Sévérine als Prostituierte, und Buñuel zeigt, daß der Plan funktioniert: Im Verlauf wird das Verhältnis zu ihrem Mann immer gelöster und entspannter, und am Ende sieht man erneut die Kutsche durchs Bild fahren - sie ist leer. Wie hier ist der Zuschauer auch später oft nicht sicher, ob es sich bei dem Gezeigten um Realität oder Phantasie handelt. Die Übergänge sind fließend.

Belle de Jour wurde ein großer Erfolg bei Kritik und Kasse und erhielt 1967 den Goldenen Löwen der Festspiele Venedig. *Pariscope* nannte ihn „ein Meisterwerk an Moral und Ästhetik“, während *Paris Match* schrieb: „Ein Film mit nicht alltäglicher Kraft und Intensität. Alle Schauspieler sind bemerkenswert.“

Für Catherine Deneuve bedeutete diese Rolle ihren bis dato größten Erfolg, aber auch ein Höchstmaß an Festlegung als „kühle Blonde“. Noch 1980 bemerkte die Schauspielerin: „Ich glaube, daß mich das Publikum trotz der unterschiedlichen Filme, die ich bisher gemacht habe, am meisten mit *Belle de jour* identifiziert.“ Zu einer erneuten Zusammenarbeit von Deneuve und Buñuel kam es 1970 bei TRISTANA. al

Bellissima

Bellissima. Italien 1951 **R** Luchino Visconti **B** Suso Cecchi d´Amico, Francesco Rosi, Luchino Visconti, nach einer Erzählung von Cesare Zavattini **K** Piero Portalupi **M** Franco Mannino **P** Film Bellissima **L** 115 Min., s/w **D** Anna Magnani, Walter Chiari, Tina Apicella, Gastone Renzelli, Allessandro Blasetti

Mit *Bellissima* drehte Visconti seinen dritten Film und erhoffte sich durch eine Stoffwahl, die mehr im Bereich des Melodramatischen lag, einen etwas größeren Publikumserfolg als bei OSSESSIONE und DIE ERDE BEBT. Geschildert wird die tragische Geschichte einer Frau, die verzweifelt versucht, ihr Kind für eine Hauptrolle beim Film unterzubringen. Doch der Ausflug von der armseligen Mietskaserne in die Traumwelt der Filmstudios von Cinecittà erweist sich als illusionäre Flucht in eine unerreichbare Utopie.

Viscontis Film spielt mit den Effekten der Kontrastierung, er setzt die armselige Welt des Proletariats mit der Scheinwelt der Filmstudios gegenüber und erreicht damit gleichzeitig eine kritische Hinterfragung des Kinos und seiner Mythen. *Bellissima* bleibt in Viscontis Oevre der einzige Film, der auf der Basis der Improvisation ohne vorherige Vorbereitungen gedreht wurde. „Ich fühlte mich bei Visconti gut aufgehoben, trotz all der Fehler, die er hat, und er hat viele, sehr viele! Er ließ mir die Zügel locker, denn er wußte, daß ich nur so gut spiele", meinte Anna Magnani nach den Dreharbeiten. Auch wenn die Magnani ihrem Regisseur viele Fehler anhängen wollte, so kostete es Visconti ganze Mühe, Distanz zu der rasanten Schauspielerin zu bekommen, denn nach zahlreichen Liebesaffären mit Beleuchtern und anderen Männern des Sets stellte sie auch Visconti nach. jg

Ben

Ben. USA 1971 **R** Phil Karlson **B** Gilbert A. Ralston **K** Russell Metty **M** Walter Scharf **P** Bing Crosby **L** 103 Min., Farbe **D** Lee Harcourt Montgomery, Joseph Campanella, Arthur O´Connell, Rosemary Murphy, Meredith Baxter

Ben beginnt dort, wo der ein Jahr vorher entstandende Horrorstreifen WILLARD endete. Unter Führung des mutierten Rattenmännchens Ben terrorisiert ein Heer von viertausend Ratten einen Vorort der Millionenmetropole Los Angeles. Nur der kleine herzkranke Junge Danny schließt mit dem intelligenten Nagetier Ben Freundschaft und rettet es vor den Zugriffen der Feuerwehr, die mit Flammenwerfern ausrückt, um der Plage Herr zu werden.
Das Ende des Film zielte auf einen dritten Teil ab, der jedoch nicht entstand. *Ben* schöpft seinen Schrecken überwiegend aus den ausufernd gestalteten Ekelszenen, in denen die Ratten über die Stadt und ihre Menschen als Rache der Natur herfallen. Begnügte man sich für WILLARD noch damit, dem Zuschauer lediglich mit einer Anzahl von 500 Nagern zu Leibe zu rücken, so mußte diesmal Tierdompteur Moe Di Sesso 4.000 Ratten unter seine Kontrolle bringen. Um Bisse zu vermeiden, wurden die Stuntmen und Schauspieler mit Erdnußbutter bestrichen, welche Ratten ganz besonders gerne mögen. Konnte WILLARD noch eine gewisse Originalität bieten (obwohl ein Vergleich zu Hitchcocks DIE VÖGEL offensichtlich ist), empfand die Kritik den Film *Ben* als Nachfolgewerk nur noch langweilig. „Die Leitratte Ben erträgt diesen menschlichen Unfug mit geduldig schnuppernden Näschen und toleriert sogar die Zuneigung eines dämlichen kleinen Jungen." (*Horrors from Screen to Scream*) jg

Ben Hur

Ben Hur. USA 1924/26 **R** Fred Niblo **B** Carey Wilson, Bess Meredith, June Mathis, nach dem Roman von Lewis Wallace **K** René Guissart, Karl Struss, Percy Hilburn, Clyde de Vinna **M** David Mendoza, William Axt **SpE** Paul Eagler, Cedric Gibbons, Horace Jackson **P** Metro-Goldwyn-Mayer **L** 151 Min., teils coloriert - s/w **D** Ramon Novarro, Francis X. Bushman, Frank Currier, May McAvoy, Claire McDowell

Lewis Wallaces Roman ist im Jahre 20 n. Chr. angesiedelt und erzählt die bewegte Geschichte des reichen Juden Ben Hur, dessen Lebensweg auf schicksalshafte Weise mit dem Erlöser Jesus von Nazareth und dem römischen Tribun Messala verbunden ist.
Mit einem Budget von über 6 Millionen Dollar war *Ben Hur* die teuerste und zugleich erfolgreichste Produktion der Stummfilmzeit. Sie stellte alles bisher dagewesene an Aufwand und Pomp in den Schatten. Anfänglich wurden die Dreharbeiten in Italien gestartet. Für die große Seeschlacht baute man 100 Galeeren nach und setzte diese dann in Brand; dabei kam es zu einer Reihe von schweren Unglücksfällen. Der immense Kostenanwuchs bewog MGM zu dem Entschluß, die Dreharbeiten doch lieber in Hollywood fortzusetzen. Unbestrittener Höhepunkt dieser ersten *Ben Hur*-Verfilmung war ebenfalls das Wagenrennen in der Arena von Antiochia. Unter der Leitung des Architekten und Archäologen Horace Jackson wurde der Circus Maximus nachgebaut und für die Filmaufnahmen von über 12.000 Komparsen bevölkert. 42 Kameras - die Hälfte davon war auf fahrenden Automobilen angebracht - filmten das waghalsige Pferderennen. Auch der spektakuläre, allerdings unvorhergesehene Sturz eines Gespanns, bei dem alle vier Pferde starben und sich zahlreiche Statisten verletzten, wurde in den Endschnitt aufgenommen. 1982 rekonstruierte das ZDF unter der besonderen Mithilfe von osteuropäischen Filmarchiven die unvollständige Stummfilmfassung und präsentierte erstmals bei seiner Ausstrahlung ein coloriertes Bildmaterial, das auch in der ursprünglichen Fassung gemäß eines farbdramaturgischen Plans mit Blau-, Gelb-, Grün- und Rottönen unterlegt war. jg

Ben Hur

Ben Hur. USA 1959 **R** William Wyler **B** Karl Tunberg, nach dem Roman von Lewis Wallace **K** Robert L. Surtees **M** Miklos Rozsa **SpE** A. Arnold Gillespie, Lee Le Blanc, Robert R. Hoag **P** Metro-Goldwyn-Mayer **L** 213 Min., Farbe **D** Charlton Heston, Stephen Boyd, Jack Hawkins, Haya Harareet, Hugh Griffith, Martha Scott, Cathy O´Donnell, Finlay Currie

Die *Ben Hur*-Verfilmung von 1959 kann sich zu Recht rühmen, seit nunmehr über 30 Jahren den Rekord der meisten Oscar-Auszeichnungen für sich zu beanspruchen. Von insgesamt 12 Nominierungen ging nur Karl Tunberg als Drehbuchautor leer aus, ansonsten verteilten sich die Preise auf folgende Kategorien: „Bester Film", „Beste Regie", „Beste männliche Hauptrolle" (Charlton Heston), „Beste männliche Nebenrolle" (Hugh Griffith als Scheich Ilderim), „Beste Kamera" (Robert L. Surtees), „Beste Ausstattung" (William A. Horning, Edward Carfagno, Hugh Grant), „Bester Ton"(Franklin E. Milton), „Beste Musik" (Miklos Rozsa), „Bester Schnitt" (Ralph E. Winters, John D. Dunning), „Beste Kostüme" (Elizabeth Haffenden) und „Beste Spezialeffekte" (A. Arnold Gillespie, Robert MacDonald, Milo Lory).
Auch die zweite Version protzte mit Monumentalitäten, wie sie vorher noch kein Streifen aus dem Genre des Kolossalfilms geboten hatte. Die Gesamtkosten beliefen sich auf 16, 2 Millionen Dollar; für die Massenszenen wurden über 50.000 Stastisten zusammengetrommelt, 365 Sprechrollen galt es zu verteilen und über 1 Million Requisiten mußten angefertigt werden. Bei allem Aufwand wirkt der Film jedoch aus heutiger Sicht teilweise recht aufgeblasen und pathetisch. Besonders die Anfangsszenen mit dem künstlich blinkenden Stern von Betlehem und den Krippensequenzen besitzen den naiven Charme einer kitschigen Postkarte. Atemberaubend jedoch sind die Szenen der Seeschlacht und natürlich das vielzitierte Wagenrennen, obwohl sie im Vergleich mit der Stummfilmfassung keineswegs mit einer wesentlichen Steigerung von Schaueffekten auftrumpfen können. jg

Bengali

The Lives of a Bengal Lancer. USA 1935 **R** Henry Hathaway **B** Waldemar Young, John L. Balderston, Achmed Abdullah, Grover Jones, William Slavens McNutt, nach dem Roman von Francis Yeats-Brown **K** Charles Lang, Ernest B. Schoedsack **M** Milan Roder **P** Louis D. Lighton für Paramount **L** 108 Min., Farbe **D** Gary Cooper, Franchot Tone, Richard Cromwell, Sir Guy Standing, C. Aubrey Smith, Akim Tamiroff

Paramount hatte das Buch des britischen Majors Yeats-Brown bereits 1930 erworben, doch Henry Hathaway mußte Jahre auf die Verwirklichung des Projektes warten, während der er bei einer Indien-Expedition für ein fehlgeschlagenes Projekt von Ernest B. Schoedsack reichlich Hintergrund-Material filmte. Die Geschichte dreht sich um drei Offiziere (Cooper, Cromwell und Tone) eines britischen Regiments in Nordindien, die eine Verschwörung eines Stammesfürsten gegen die Briten vereiteln, wobei sich alle drei tapfer schlagen und Cooper als Held stirbt.
Abgesehen von den Action-Szenen gilt die Aufmerksamkeit des Drehbuches den kom-

plizierten Beziehungen der Soldaten untereinander. Cooper ist rebellisch und trotzig, Tone kultiviert und intelligent. Der dritte im Bunde ist Cromwell als der Sohn des Colonels, ein junger Mann, der sich erst noch bewähren muß. Er gerät schnell unter Coopers Fittiche, was Tone zu allerlei Spötteleien verleitet.
Bengali wurde ein Riesenerfolg und erhielt dickes Kritikerlob, so schrieb der *London Daily Telegraph*: „Großartig...der beste Armee-Film, der je gemacht wurde." Die authentischen Außenaufnahmen hatte Hathaway so geschickt mit dem Studio-Material zusammengeschnitten, daß ein Unterschied kaum zu merken ist, und die von Hans Dreier und Roland Anderson geschaffenen Kulissen waren so hervorragend gestaltet, daß Cecil B. DeMille beschloß, sie für seinen Monumentalfilm KREUZRITTER RICHARD LÖWENHERZ zu verwenden. Der Film erhielt sechs Oscar-Nominierungen, darunter für Bester Film und Beste Regie und gewann für Beste Regie-Assistenz (Clem Beauchamp und Paul Wing), eine 1938 abgeschaffte Kategorie. al

Benjamin - aus dem Tagebuch einer männlichen Jungfrau

Benjamin ou Les Mémoires d´un puceau. Frankreich 1967 **R** Michel Deville **B** Nina Companeez, Michel Deville **K** Ghislain Cloquet **P** Mag Bodard für Parc Film/Marianne Pod. **L** 105 Min., Farbe **D** Michèle Morgan, Catherine Deneuve, Michel Piccoli, Pierre Clémenti, Francine Bergé, Anna Gael, Catherine Rouvel, Odile Versois

Der junge Benjamin (Clémenti) weiß nichts von der Liebe, als er auf das ländliche Schloß seiner Tante (Morgan) kommt. Deren Galan, Graf Philippe (Piccoli), nimmt den Unschuldigen unter seine Fittiche und weist ihn mit Hilfe zahlreich vorhandener Zofen und Dienstmädchen in die Kunst der Verführung ein. Besonders angetan hat es ihm die schöne Anne (Deneuve), die ihrerseits dem Grafen sehr zugetan ist, bisher aber seinen Avancen gegenüber standhaft blieb.
Michel Deville, bekannt für seine mit leichter Hand inszenierten erotischen Komödien, unternimmt hier einen ebenso witzigen wie frivolen Ausflug in die Rokoko-Zeit des 18. Jahrhunderts. Mit seinen geschliffenen Dialogen, den üppigen Dekors und Ghislain Cloquets stilvoller Kameraführung ist *Benjamin* ein wahres Fest für Ohren und Augen, wenngleich der Film über die Epoche, die er als Hintergrund benutzt, nichts zu sagen hat oder weiß. Devilles eleganter Liebesreigen erhielt 1968 den „Prix Louis Delluc". Das Darsteller-Trio Deneuve, Clémenti und Piccoli war ein Jahr zuvor bereits gemeinsam in Buñuels BELLE DE JOUR zu sehen gewesen. al

Die Benny Goodman Story

The Benny Goodman Story. USA 1955 **R** Valentine Davies **B** Valentine Davies **K** William Daniels **M** Joseph Gershenon **P** Universal **L** 117 Min., Farbe **D** Steve Allen, Donna Reed, Berta Gersten, Herbert Anderson, Sammy Davis jr.

Nach siebzehn Jahren trafen sie sich zum ersten Mal wieder, um die musikalischen Meisterstücke ihrer Glanzzeit erneut lebendig werden zu lassen. Wieder fand sich das Quartett zusammen, wie es Weltberühmtheit erlangt hatte: die Schlagzeuger-Koryphäe Gene Krupa, Lionel Hampton mit seinem Vibraphon, Jazz-Pianist Teddy Wilson und der „King of Swing", Klarinettist Benny Goodman.
Die Biographie des jüdisch-amerikanischen Jazz-Musikers und Bandleaders Benny Goodman gerät unter der Regie von Valentine Davies zu einem glamourösen Herz-Schmerz-Filmchen. Besonders *hörens*wert ist allerdings der Soundtrack mit viel Swingmusik, dargeboten von den Meistern persönlich. Immerhin wurde mit den beiden Hauptdarstellern - Allen, ein Fernsehstar der Fünfziger und Reed, die Oscar-Preisträgerin aus *Verdammt in alle Ewigkeit* - eine Besetzung gewählt, die sowohl dem echten Goodman-Ehepaar als auch dem Kinopublikum gefiel. dh

Der Berg der Versuchung

The Mountain. USA 1956 **R** Edward Dymtryk **B** Ronald McDougal, nach einem Roman von Henry Troyat **K** Franz Planer **M** Daniele Amfitheatrof **P** Paramount **L** 107 Min., Farbe **D** Spencer Tracy, Robert Wagner, Claire Trevor, Anna Kashfi, Barbara Darrow

Als in der Alpengegend des Montblanc ein Flugzeug zerschellt, machen sich zwei völlig unterschiedliche Brüder zu einer Rettungsaktion auf, wobei für den älteren (Tracy) eindeutig die Hilfe für eventuell Überlebende im Vordergrund steht, während der jüngere (Wagner) vielmehr daran denkt, das Flugzeugwrack auszuplündern.
Nach über zwanzigjähriger Tätigkeit für die Studios der Metro-Goldwyn-Mayer drehte Spencer Tracy zum ersten Mal mit einer anderen Produktionsgesellschaft. Es sollte sich als Fehler erweisen, diesen Schritt gerade mit einem Film wie *Berg der Versuchung* zu wagen. Von Beginn an kränkelt die Geschichte an dem enormen Altersunterschied der beiden Brüder, der sich auf 30 Jahre beläuft und auch optisch nicht zu vertuschen war. 1954 hatte Robert Wagner ebenfalls unter Dmytryks Regie noch als Sohn in dem Western DIE GEBROCHENE LANZE an Tracys Seite gestanden und es wäre besser gewesen, den Generationsunterschied in diesem verwandtschaftlichen Verhältnis auszudrücken. Der Film hätte sich eine große Portion Glaubwürdigkeit bewahrt, die er so auf unnötige Weise verspielt. Die Außenaufnahmen entstanden in den französischen Alpen und wurden mit den breit ausgespielten Klettertouren der beiden Protagonisten in diversen Studio-Bergwänden kontrastiert, die von einer einmaligen Künstlichkeit sind. jg

Der Berg ruft

Der Berg ruft. Deutschland 1937 **R** Luis Trenker **B** Luis Trenker, Hanns Sassmann, Richard Billinger, nach dem Roman *Kampf ums Matterhorn* von Carl Haensel **K** Sepp Allgeier, Albert Benitz, Walter Riml, Otto Martini, Klaus von Rautenfeld **M** Giuseppe Becce **P** Luis Trenker **L** 95 Min., s/w **D** Luis Trenker, Heidemarie Hatheyer, Herbert Dirmoser, Peter Elsholtz, Lucie Höflich, Ernst Legal, Blandine Ebinger

In beeindruckenden Aufnahmen schildert Luis Trenker die Ereignisse um die Erstbesteigung des Matterhorns im Jahre 1864. Ein italienischer und ein englischer Bergsteiger treten in Konkurrenz gegeneinander an, begegnen sich jedoch im Zeichen äußerster Gefahr in kameradschaftlichem Einvernehmen, hinter dem jeder persönliche Ehrgeiz zurücksteht.
Trenker hatte schon einmal die Hauptrolle des italienischen Bergsteigers Carrel in dem Film *Der Kampf ums Matterhorn* (1928) übernommen, sagte jedoch zu dieser Versi-

on: „Die stumme Fassung hatte mich nicht befriedigt, sie war zu sehr vom tatsächlichen Geschehen abgewichen, was mir keine Ruhe ließ." Da der Film eine Art nationalen Wettstreit thematisierte, an dem auch ein Engländer beteiligt ist, wurde *Der Berg ruft* in einer deutsch-englischen Koproduktion mit zwei unterschiedlichen Hauptdarstellerinnen gedreht. In der britischen Version übernahm Joan Gardner die Rolle von Heidemarie Hatheyer, die hier ihr Leinwanddebüt gab. Wie alle anderen Regisseure mußte auch Trenker seinen Film der Reichsfilmkammer in Berlin vorlegen, die sich vor allem am internationalen Charakter und dem neutralen Drehort der Handlung störte. jg

Berge in Flammen

Berge in Flammen. Deutschland 1931 **R** Luis Trenker, Karl Hartl **B** Luis Trenker, Karl Hartl **K** Sepp Allgeier, Albert Benitz, Giovanni Vitrotti **M** Giuseppe Becce **P** Marcel Vandal & Charles Delac, Berlin-Paris **L** 110 Min., s/w **D** Luis Trenker, Lissi Arna, Luigi Serventi, Claus Clausen, Erika Dannhoff, Paul Graetz

Ein Tiroler Bergführer und ein italienischer Graf stehen sich durch den Ausbruch des I. Weltkrieges plötzlich auf verfeindeten Seiten gegenüber. Nach gefährlichen Einsätzen als Gebirgsjäger bei ihrer jeweiligen Kompanie treffen sie sich jedoch nach dem Krieg auf einer gemeinsamen Klettertour wieder und setzen ihre Freundschaft fort.
Berge in Flammen war Luis Trenkers erster Film, den er in Eigenverantwortung drehte. Die Realisierung dieses ambitioniert umgesetzten Gebirgsdramas wurde jedoch durch eine Vielzahl von Schwierigkeiten und unvorhergesehenen Ereignissen belastet. Trenker prozessierte gegen den Regisseur Arnold Fanck um die Rechte des Films. Die Dreharbeiten in den Dolomiten mußten heimlich vonstatten gehen, da die italienischen Behörden keine Genehmigung erteilt hatten. Ein tragischer Höhepunkt war der Unfall von Karl Hartl, der durch eine dilettantisch ausgeführte Sprengung ein Auge verlor. Trenker drehte sein Debütwerk mit zum Teil unterschiedlicher Besetzung in einer deutschen und einer englischsprachigen Fassung. Auch wenn er am Ende des Films das völkerverbindende Element betont, so dominieren jedoch die mitunter etwas fragwürdigen Tugenden von Heldenmut und Opferbereitschaft, die sich zur damaligen Zeit gerade in konservativ-nationalistischen Kreisen höchster Beliebtheit erfreuten. jg

Berlin-Alexanderplatz

Berlin-Alexanderplatz. Deutschland 1931 **R** Phil Jutzi **B** Alfred Döblin, Hans Wilhelm, Karl Heinz Martin, nach dem Roman von Alfred Döblin **K** Nikolaus Farkas, Erich Giese **M** Allan Gray, Arthur Guttmann **P** Allianz-Film **L** 88 Min., s/w **D** Heinrich George, Maria Bard, Margarete Schlegel, Bernhard Minetti, Gerhard Bienert, Albert Florath, Käthe Haack

Alfred Döblins berühmter Roman erschien 1929 und wurde in der schnellebigen Zeit der zu Ende gehenden Weimarer Republik bereits zwei Jahre später als Verfilmung in den Kinos gezeigt. Im Vorfeld des heraufziehenden Nationalsozialismus entwirft Phil Jutzi die desillusionierende Lebensgeschichte des Franz Biberkopf, der nach den rauhen Gesetzen der Straße lebt, sich mit Prostituierten und Ganoven einläßt, aber dabei immer versucht, ein guter Mensch zu bleiben. Auf dem Alexanderplatz verkauft er am Ende des Films Stehaufmännchen.
Das Bemühen ums Detail bestimmte von Beginn an die Gestaltung der Dreharbeiten. Jutzi klammerte dabei die politische Entwicklung des Jahres 1931 nicht aus, so daß in einer Szene auch zwei - nicht gerade vorteilhaft präsentierte - SA-Männer erscheinen, die Biberkopf als Sturmtruppe bezeichnet. Der authentischen Milieuskizzierung des Berliner Kiezlebens wird in realitätsnahen Kulissen und Bauten Ausdruck verliehen. Dokumentaraufnahmen vom pulsierenden Leben rund um den Alexanderplatz verstärken diese Intension. Es gelingt jedoch nicht, die Fülle und Intensität des Romans ganz einzufangen, dazu ist die Handlung mit ihren knapp 90 Minuten zu sehr zusammengerafft. Rainer Werner Fassbinder verfilmte den Döblin-Stoff als groß angelegte Serie noch einmal 1980 für das Fernsehen. *Berlin Alexanderplatz* war sowohl für George als auch für Jutzi ein Wendepunkt in deren Karrieren. George paßte sich nach Hitlers Machtergreifung schnell dem neuen System an, Jutzi setzte sich 1933 nach Österreich ab und drehte nach Ende des Krieges nur noch unbedeutende Kurzfilme. jg

Berlin Express

Berlin Express. USA 1948 **R** Jacques Tourneur **B** Harold Medford, nach einer Idee von Curt Siodmak **K** Lucien Ballard **M** Frederick Hollander **P** Bert Granet / RKO Radio **L** 86 Min., s/w **D** Merle Oberon, Robert Ryan, Charles Korvin, Paul Lukas, Robert Coote, Reinhold Schünzel, Fritz Kortner

Wie weit der allgemeine Verdrängungsprozeß zur jüngsten politischen Vergangenheit Deutschlands bereits von oben herab systematisiert worden war, zeigte sich bei *Berlin Express* besonders unverhohlen. In der ursprünglichen amerikanischen Fassung geht es darum, daß eine Schar von unbelehrbaren Nazis noch drei Jahre nach dem Zusammenbruch des Dritten Reiches ihre teuflischen Fäden spinnt, um die politische Souveränität Deutschlands wiederherzustellen. Der deutsche Verleih brachte den Film in einer völlig verdrehten und entstellenden Version in die Kinos. Die Bande der Nazis wurde einfach in einen Schmugglerring umfunktioniert; aus dem prominenten Exil-Deutschen, der mit den alliierten Behörden für die Neugestaltung Deutschlands zusammenarbeitet, wurde ein „politisch neutraler" Kunsthändler.
Berlin Express verdankt seine außerordentliche atmosphärische Dichte vor allem der Wahl seiner authentischen Schauplätze. So entstanden die Außenaufnahmen im völlig zertrümmerten Stadtzentrum von Frankfurt/Main, in Kellern und Katakomben zerbombter Werkshallen und Häuser und in den Ruinenfeldern von Berlin. Als Kontrollgebäude der Alliierten fungierte das unzerstört gebliebene Frankfurter Werk der unseligen Firma IG-Farben. jg

Berliner Ballade

Berliner Ballade. Deutschland 1948 **R** Robert A. Stemmle **B** Günter Neumann **K** Georg Krause **M** Werner Eisbrenner, Günter Neumann **P** Alf Teichs/ Comedia **L** 89 Min., s/w **D** Gerd Fröbe, Aribert Wäscher, Tatjana Sais, Ute Sielisch, O. E. Hasse, Werner Oehlschläger, Hans Deppe, Karl Schönböck, Erik Ode

In dem Kriegsheimkehrer Otto Normalverbraucher, der nach einigen Wirren in seine Heimatstadt Berlin zurückfindet, spiegelt sich die Zerrissenheit Deutschlands zwischen den beiden Militärblöcken sowie die traurige Realität der Nachkriegsjahre wieder. Otto schlägt sich in verschiedenen Berufen durch, leidet Hunger und wird zum Spielball von reaktionären Vertretern aus Ost und West.
Robert A. Stemmles Film, der einen Monat nach der erfolglosen Käutner-Satire DER APFEL IST AB anlief, war der Versuch, das Kabarettprogramm *Schwarzer Jahrmarkt* auf die Leinwand zu bringen und der Situation im zerstörten Deutschland eine halbwegs heitere Seite abzugewinnen, was jedoch nicht immer gelang und manchmal bezüglich der Grundstimmung ins Melancholische umschlug. Der Rolle des Otto Normalverbrauchers, die sein dritter Filmauftritt war, verdankte der hier noch sehr schlacksige Fröbe seine spätere Popularität. Durch die Aufnahmen vom kriegszerstörten Berlin gewinnt der Film darüber hinaus an dokumentarischem Wert. Produziert wurde die Satire übrigens von Heinz Rühmann, dem die Comedia-Filmproduktionsfirma gehörte, die sich allerdings nur über einen Zeitraum von wenigen Jahren halten konnte. 1948 erhielt *Berliner Ballade* im Rahmen der Biennale in Venedig einen Sonderpreis für „die geistvolle Darstellung der Nachkriegsgesellschaft in Deutschland". jg

Berlinger

Berlinger. BRD 1975 **R** Bernhard Sinkel, Alf Brustellin **B** Bernhard Sinkel, Alf Brustellin **K**

Dietrich Lohmann **M** Joe Haider **P** Alf Brustellin, Bernhard Sinkel / Independent (Heinz Angermeyer) **L** 115 Min., Farbe **D** Martin Benrath, Hannelore Elsner, Peter Ehrlich, Tilo Prückner, Lina Carstens, Evelyn Künneke, Elisabeth Volkmann

Lukas Berlinger, Jahrgang 1914, ist Individualist. An dieser Tatsache können auch die Nationalsozialisten nichts ändern, deren Militärwahn er sich immer wieder entziehen kann. Berlingers Leben ist eng verbunden mit der Freundschaft zu Johannes Roeder, der im Dritten Reich innerhalb der Partei und dann im Adenauer-Deutschland als Baulöwe Karriere macht. Als Berlingers Fabrik, in der er ein Luftschiff baut, 1968 von Roeder zerstört wird, ergreift er wiederum die Flucht, die diesmal jedoch tödlich endet.
Brustellin und Sinkel, die ein Jahr zuvor mit LINA BRAAKE ein vielbeachtetes Filmdebüt hatten, machen es dem Publikum nicht immer leicht, dem Verlauf der Handlung zu folgen. Ihr Berlinger ist ein Tausendsassa, der in abenteuerlicher Weise zwischen den Dekaden pendelt. Genauso wird auch der Film in mehreren ineinander verschachtelten Handlungsebenen erzählt. *„Ein deutsches Abenteuer* heißt der Film in seinem Untertitel, und das läßt sich durchaus doppeldeutig verstehen. Denn mit deutscher Wirklichkeit hat *Berlinger* wenig gemein: Sein Held ist eine Kunstfigur. Und sehr deutsch ist auch die Art, wie die beiden Regisseure sich ein abstraktes Problem zum Thema ihres Films gewählt haben." *(Die Welt)* jg

Bernard und Bianca - Die Mäusepolizei

The Rescuers. USA 1976 **R** Wolfgang Reitherman, John Lounsbery, Art Stevens **B** Larry Clemmons, Ken Anderson, Vance Gery u. a., nach Erzählungen von Margery Sharp **M** Artie Butler **A** Olly Johnston, Frank Thomas, Milt Kahl, Don Bluth **P** Wolfgang Reitherman für Walt Disney Prod. **L** 77 Min., Farbe **D** Stimmen (im Original) von Geraldine Page, Bob Newhart, Eva Gabor, Lieder gesungen von Wencke Myhre

Der deutschstämmige Regisseur Wolfgang Reitherman arbeitete schon 1933 in den Disney-Studios und gehörte bald zu Disneys legendärer Zeichner-Garde, den sogenannten „neun alten Männern". Seinen unaufhaltsamen Aufstieg vom Phasenzeichner über die Funktion eines Assistenten und Co-Regisseurs bis zum Regisseur so bedeutender Produktionen wie DSCHUNGELBUCH, ARISTOCATS und SUSI UND STROLCH krönte Reitherman 1967 mit einem Oscar, den er für seine Regiearbeit bei *Winnie, der Bär und das Hundewetter* erhielt. Reitherman galt als Garant dafür, daß auch nach Disneys Tod im Jahre 1966 die grundsätzliche Linie des Zeichentrick-Genies weiterverfolgt wurde.
Bei Bernard und Bianca handelt es sich in bester Disney-Tradition um zwei Mäuse, besser gesagt um eine resolute Mäusedame und ihren etwas gemütlicheren und weit weniger mutigen Begleiter. Beide sollen im Auftrag der „Internationalen Mäuse-Rettungsgesellschaft", einer Art Mäuse-UNO, das Waisenkind Penny aus den Klauen der bösartigen Madame Medusa retten. Die will mit Pennys Hilfe an einen riesigen Diamanten gelangen, ein Vorhaben, das die beiden Mäuse-Delegierten mit Hilfe etlicher Freunde zu verhindern wissen.
Zwei Millionen Kinobesucher allein in Deutschland, ein weltweites Einspielergebnis von über 110 Millionen Dollar und regelmäßige Wiederaufführungen bescherten *Bernard und Bianca* einen Platz unter den fünf erfolgreichsten Disney-Produktionen. Ein Attribut, das verpflichtet - trotzdem ließen sich die Zeichentrick-Spezialisten 13 Jahre Zeit, ehe sie unter dem Originaltitel *The Rescuers Down Under* die Fortsetzung in Angriff nahmen. dk

Berüchtigt

Notorious. USA 1946 **R** Alfred Hitchcock **B** Ben Hecht, nach einem Entwurf von Alfred Hitchcock **K** Ted Tetzlaff **M** Roy Webb **P** Alfred Hitchcock **L** 102 Min., s/w **D** Ingrid Bergman, Cary Grant, Claude Rains, Louis Calhern, Leopoldine Konstantin, Reinhold Schünzel

Hitchcock brauchte für seine Geschichte unbedingt einen *McGuffin* - einen Aufhänger, mit dem die Handlung ins Rollen kommen sollte. Uran in Weinflaschen, das zur Herstellung von Atombomben benötigt wurde, war für ihn genau der richtige Stoff. Ein Jahr vor dem Abwurf der ersten Atombombe auf Hiroshima verwendete der Star-Regisseur dieses bislang streng geheimgehaltene Thema für seinen neuen Film *Notorious* und zog damit das Interesse des FBI auf sich, das ihn wegen Spionageverdachts über drei Monate lang beobachten ließ.
In diesem vortrefflich besetzten Thriller geht es um eine Bande von Nazis, die sich nach dem Krieg in Südamerika zusammengefunden hat. Die Tochter eines deutschen Agenten wird auf diesen Ring angesetzt und entdeckt mit Hilfe eines Regierungsbeamten, daß die Kriegsverbrecher an der Realisierung der Atombombe herumbasteln.
Das Größenverhältnis zwischen Ingrid Bergman und dem kleinen Claude Rains sorgte für einige skurrile Anekdoten während der Dreharbeiten. Um nicht allzusehr gegenüber der schwedischen Schauspielerin abzufallen, mußte sich Rains Holzklötze unter die Füße schieben. *Notorious* wurde für Hitchcock zu einem großen finanziellen Erfolg und spielte allein in den USA 8 Millionen Dollar ein, denen 2 Millionen Dollar Produktionskosten gegenüberstanden. In der kurz nach dem Krieg aufgeführten ersten deutschen Fassung wurde die Synchronisation geschickt verfälscht, so daß es sich letztendlich um eine Rauschgiftbande und nicht um Nazis handelte. 1969 unterlegte das ZDF den Film mit einer neuen Tonspur, die zwar den Gehalt des Originals trifft, jedoch durch die unmöglichen Synchronsprecher (Miss Piggy spricht Ingrid Bergman) verärgert. jg

Beruf: Reporter

Professione: Reporter. Italien/Frankreich/Spanien 1973 **R** Michelangelo Antonioni **B** Mark Peploe, Peter Wollen, Michelangelo Antonioni **K** Luciano Tovoli **P** Carlo Ponti für Compagnia Cinematografica Champion (Rom), Concordia Films (Paris), C.I.P.I. (Madrid) **L** 125 Min., Farbe **D** Jack Nicholson, Maria Schneider, Jenny Runacre, Stephen Berkoff

Nach seinem spektakulären Reinfall mit dem in den USA entstandenen ZABRISKIE POINT kehrte Antonioni nach vierjähriger Abwesenheit mit einer Geschichte auf die Leinwand zurück, die das Thema seines BLOW UP wieder aufnimmt: Die Unmöglichkeit, „objektiv" die Wirklichkeit festzuhalten. Erneut dient eine Krimi-Story als Vehikel.
Der Reporter Locke (Nicholson), ausgebrannt und unzufrieden mit seiner Existenz und seinem Beruf, erkennt seine Chance auszusteigen, als er in einem nordafrikanischen Hotel seinen Zimmernachbarn tot auf dem Bett findet. Kurzentschlossen verlegt er die Leiche in sein eigenes Zimmer, tauscht die Papiere aus, und nimmt die Identität des anderen an. Den Verabredungen in dessen Notizbuch folgend reist Locke nach London, München und Spanien und stellt fest, daß der Tote ein Waffenhändler war, der Geschäfte mit afrikanischen Rebellen machte. Immer mehr läßt sich der Reporter auf diese Geschäfte ein, um ihnen schließlich selbst, in einem schäbigen Hotel, zum Opfer zu fallen. Der visuelle Stil des Films hat viel Bewunderung ausgelöst, besonders die siebenminütige Kamerafahrt am Ende des Films, als Locke, wahrscheinlich von Guerilla-Kämpfern, ermordet wird. Der Regisseur macht zudem ausgiebigen Gebrauch von den diversen Schauplätzen als Metaphern für den Seelenzustand seiner Protagonisten. Und wie un-

terhaltend der Film auf der Ebene eines Krimis auch sein mag, fest steht, das Antonioni anderes im Sinn hatte. Was genau, darüber konnten sich die Kritiker nicht einigen. Während *Der Spiegel* meckerte: „Eine Existenz-Schmonzette... eine hochtrabende Parabel, die Geschichten von Blinden, die sehend unglücklicher sind - und ähnlichen Pseudo-Tiefsinn erzählt. Man rührt einen Handlungsdreck an, um über ihn die Nase zu rümpfen.", lobte *Newsweek*: „Anonionis schönstes filmisches Gemälde und sicherlich eine der atemberaubendsten optischen Reisen, die je gefilmt wurden." al

Berühre nicht die weiße Frau

Touche pas á la femme blanche! Frankreich/Italien 1974 **R** Marco Ferreri **B** Marco Ferreri, Rafael Azcona **K** Etienne Becker **M** Philippe Sarde **P** Jean-Pierre Rassam, Jean Yanne für Mara Films/Les Films 66/ Laser Prod. (Paris), P.E.A. (Rom) **L** 108 Min., Farbe **D** Marcello Mastroianni, Catherine Deneuve, Michel Piccoli, Ugo Tognazzi, Philippe Noiret, Alain Cuny, Serge Reggiani

In dieser absolut ungewöhnlichen Satire auf die Mythen des Western und insbesondere General Custer vereinigte Ferreri erneut sein ausgezeichnetes Darsteller-Quartett aus DAS GROSSE FRESSEN plus weitere bekannte Gesichter des französischen Films, darunter Catherine Deneuve, die hier zum vierten und letzten Mal an der Seite ihres damaligen Lebensgefährten Mastroianni zu sehen ist.
Mit umwerfender Respektlosigkeit siedelt der Regisseur die Ereignisse vor und während der historischen Schlacht am Little Big Horn, bei der das Regiment des General Custer von Indianern vernichtend geschlagen wurde, mitten in der Großstadt Paris an, genauer gesagt, auf der riesigen Ödfläche, die durch den Abriß des alten Marktviertel Les Halles entstand. Dort hausen die Indianer unter der Führung von Sitting Bull (Cuny). In einem Straßencafé beratschlagen führende Generäle die Gefahr eines indianischen Angriffes und beschließen, General Custer zu Hilfe zu rufen, der von Marcello Mastroianni in einer wunderbar komödiantischen Darstellung als eitler Fatzke mit wallender Mähne gespielt wird. Am Ende kommt es erneut zur Schlacht zwischen Custer und den Indianern, und erneut läßt der General sein Leben.
Ferreris Film ist eine boshafte und rabenschwarze Satire auf die Legenden der Pionierzeit und hat haarsträubend komische Einfälle vorzuweisen. So verhökert Ugo Tognazzi als Besitzer eines Souvenir-Ladens u.a. aus Japan importierte Scalps! Michel Piccoli gibt einen latent schwulen Buffalo Bill, der sich nackt in einer Kellerbar produziert und Catherine Deneuves flatterhafte Krankenschwester bewegt sich hart an der Grenze zur Karikatur. Neben der beißenden Komik zeigt der Regisseur den Völkermord an den amerikanischen Ureinwohnern sowie Custers Niederlage in all ihren blutigen Details.

Für die Zuschauer war das Ganze wohl zu überdreht und abgehoben: Der Film wurde ein Mißerfolg, deutsche Kinos erreichte er nie. Doch die Kritik war recht angetan, so schrieb *Il Mondo*: „Eine groteske Fabel, die uns die Eitelkeit der Verfolger sowie die Kraft und den Stolz der Opfer gleichermaßen vor Augen führt." al

Der Besessene

One-Eyed Jacks. USA 1961 **R** Marlon Brando **B** Guy Trosper, Calder Willingham, nach dem Roman *The Authentic Death of Hendry Jones* von Charles Neider **K** Charles Lang, jr. **M** Hugo Friedhofer **P** Frank P. Rosenberg für Pennebaker Prod./Paramount **L** 143 Min., Farbe **D** Marlon Brando, Karl Malden, Pina Pellicer, Katy Jurado, Ben Johnson, Slim Pickens

Schon 1957 ging dieser Western, Marlon Brandos erste und einzige Regie-Arbeit, in Planung, nachdem Produzent Rosenberg sich die Rechte an Charles Neiders gerade erschienenem Roman gesichert hatte. Überraschenderweise interessierte sich Brando für das Projekt, verlangte aber Änderungen im Drehbuch, die schließlich acht Monate Arbeit verschlangen. Er schlug Stanley Kubrick als Regisseur vor, der jedoch nach Differenzen mit dem Star wieder ausstieg. Jetzt wollte Brando die Regie selbst übernehmen, und zögernd stimmte Rosenberg zu, zumal auch Paramount angesichts der bereits ausgegebenen Gelder unruhig wurde. Ende 1958 war Drehbeginn, doch aus geplanten sechs Wochen wurden sechs Monate. Rosenberg: „Brando wägte mögliche Kamera-Positionen ab, während sich 120 Crew-Mitglieder wie kampfesmüde Truppen auf dem Boden rekelten...jeder Satz eines jeden Schauspielers, jeder Knopf an jedem Kleidungsstück fand seine konzentrierte Aufmerksamkeit, bis alles zu seiner vollsten Zufriedenheit war." Als man alle Szenen im Kasten hatte, waren über 75.000 Meter Filmmaterial belichtet (ca. 35 Stunden) - Weltrekord. Das entwickelte Material war dann immer noch 282 Minuten lang, und aus der endgültigen Fassung (143 Min.) hatte man ganze Nebenhandlungen eleminiert. Als *Der Besessene* dann endlich in die Kinos kam, hatte Brando längst schon in einem anderen Film gespielt, der auch bereits angelaufen war: DER MANN IN DER SCHLANGENHAUT.
Dabei ist die Handlung eigentlich ganz simpel: Der Bandit Rio (Brando) reitet mit seiner Bande in das Städtchen Monterey ein, in dem sein ehemaliger Freund und Komplize Dad Longworth (Malden) jetzt Sheriff ist. Longworth, der Rio einst im Stich ließ, fürchtet zu Recht dessen Rache - Rio verführt seine Stieftochter Louisa (Pellicer). Nachdem er außerdem einen Betrunkenen im Saloon getötet hat, sieht der Sheriff seine Chance gekommen: Er läßt Rio auspeitschen und verstümmelt ihm die Hand. Erst nach Wochen kehrt Rio nach Monterey zurück, wird jedoch sofort verhaftet. Louisa verhilft ihm zur Flucht, und jetzt kommt es zum Showdown...
Der Besessene ist einer der interessantesten und ungewöhnlichsten Western, die je gedreht wurden. Er ist zugleich auch einer der visuell beeindruckendsten: Charles Lang, jr. wartet mit atemberaubenden Aufnahmen des Death Valley und der kalifornischen Pazifikküste auf. Die Darstellungen sind durchweg Spitzenklasse, doch insgesamt wirkt der Film uneinheitlich, vermutlich bedingt durch die starken Schnitte. Paramount hatte zudem auf einem positiveren Ende bestanden, und so mußte anderthalb Jahre nach Drehschluß ein weiterer Drehtag angesetzt werden. Ursprünglich stirbt Louisa während des Duells, doch in der neuen Version verabschiedet sich Rio von ihr und verspricht zurückzukehren.
Die Kritik ging nicht allzu freundlich mit Brandos Werk um, und an der Kasse war der Erfolg mäßig. Bei einem Budget von 6 Mio.$ (geplant waren 1,8 Mio.) und einem Einspielergebnis von 4,3 Mio. war er für Paramount ein Verlustgeschäft. Typisch Brando: Er distanzierte sich nachträglich von seinem Debüt und beklagte, keine Kontrolle über den Schnitt gehabt zu haben. al

Ein besonderer Tag

Una giornata particolare/Une journée particulière. Italien/Kanada 1977 **R** Ettore Scola **B** Ruggero Maccari, Ettore Scola, Maurizio Costanzo **K** Pasqualino de Santis **M** Armando Travaioli **P** Carlo Ponti für Compagnia Cinematografica Champion (Rom), Canafox Films (Montreal) **L** 105 Min., Farbe **D** Sophia Loren, Marcello Mastroianni, John Vernon, Françoise Berd

8. Januar 1938. Ein besonderer Tag für Italien: Hitler kommt auf Staatsbesuch. Während ihr Mann (Vernon) mit den Kindern pflichtgemäß zur Parade geht, bleibt Antonietta (Loren) allein in der kleinen Mietshauswohnung zurück. Der einzige weitere im Haus verbliebene Bewohner ist Gabriele

(Mastroianni). Beide spüren, daß sie etwas miteinander verbindet und kommen sich langsam näher. Auf Gabrieles Bekenntnis, er sei homosexuell, reagiert Antonietta zunächst mit Ablehnung; trotzdem kommt es später in ihrer Wohnung zu einer Liebesbegegnung. Als der Tag zuende geht, kehrt Gabriele in seine Wohnung zurück, wo, wie er schon vermutete, zwei Polizisten auf ihn warten, die ihn nach Carbonia deportieren sollen, der Verbannungsinsel für Homosexuelle.
Nachdem ihre letzten gemeinsamen Filme enttäuscht hatten, fand sich hier für Loren und Mastroianni, das Traumpaar des italienischen Films, endlich wieder eine dankbare Aufgabe. Ettore Scolas Film ist ein Kammerspiel der leisen Töne, die von beiden Schauspielern meisterhaft beherrscht werden. Der dritte Hauptdarsteller ist das Radio, das während der Abgeschlossenheit von Antoniettas und Gabrieles Begegnung ständig an die Realität der Außenwelt erinnert. Denn es geht dem Regisseur nicht nur um die sehr persönliche Annäherung zweier Außenseiter, sondern er zeigt, wie in einem autoritären Staatsgefüge der Faschismus bis in die kleinsten Ritzen des Privatlebens dringt, wie der Bürger gelenkt und bevormundet wird und sich aus Angst, „abnorm" zu sein, automatisch an die Masse anpaßt.
Ein besonderer Tag erhielt 1977 den Spezialpreis der Jury in Cannes und Marcello Mastroianni, hier zum vierten mal unter Scolas Regie zu sehen, wurde für den Oscar nominiert. al

Best Seller

Best Seller. USA 1987 **R** John Flynn **B** Larry Cohen **K** Fred Murphy **M** Jay Ferguson **P** Carter de Haven für Hemdale Pictures/Orion Pictures **L** 95 Min., Farbe **D** James Woods, Brian Dennehy, Victoria Tennant, Allison Balson, Paul Shenar

Dennis Meechum (Dennehy), ein erfolgreicher Polizist, schreibt in seiner Freizeit Kriminalgeschichten. Seine Leser verlangen von ihm neue Bücher, doch er ist durch den Tod seiner Frau blockiert. Erst die Bekanntschaft mit einem mysteriösen Fremden liefert ihm neues Material: Cleve (Woods), ein Killer, bietet ihm die Geschichte seiner Verbrecherlaufbahn an. Er hat mit einem seiner ehemaligen Auftraggeber, dem Großindustriellen Madlock, noch eine Rechnung zu begleichen.
Diese durchaus originelle Ausgangssituation erweist sich in der Umsetzung als ein weiteres Buddy Movie nach dem Rezept: Man nehme zwei möglichst unterschiedliche Typen, spanne sie zusammen, lasse sie sich nach anfänglicher Antipathie zusammenraufen - und fertig ist eine echte Männerfreundschaft. Dieses bekannte Muster wird von Regisseur John Flynn, dessen bis dato bekanntester Film DER SERGEANT war, zu einem spannenden, manchmal sogar satirisch-kritischen Thriller verarbeitet, der seine besten Szenen in den verbalen Auseinandersetzungen der Hauptfiguren hat. *Variety* stellte dennoch so große Löcher in der Story fest, daß „Brian Dennehy durch sie hindurch passen würde". nn

Der beste Mann

State of the Union. USA 1948 **R** Frank Capra **B** Anthony Veiller, Myles Connolly, nach dem Bühnenstück von Howard Lindsay und Russell Crouse **K** George G. Falsey **M** Victor Young **P** Frank Capra für Liberty Films/MGM **L** 120 Min., s/w **D** Spencer Tracy, Katharine Hepburn, Van Johnson, Angela Lansbury, Adolphe Menjou

Schon in der Bühnenfassung von Howard Lindsays und Russell Crouses Pulitzerpreisgekröntem Stück um politische und moralische Integrität hätte Katharine Hepburn die weibliche Hauptrolle spielen sollen. Die Schauspielerin lehnte jedoch ab, und die Rolle ging an Ruth Hussey - als Gegenspielerin von Ralph Bellamy. Nachdem Frank Capra Spencer Tracy für seine Leinwand-Adaption gewonnen hatte, verpflichtete man Claudette Colbert als seine Partnerin. Am Vorabend des Produktionsbeginns kam es mit ihr jedoch zu Vertragsschwierigkeiten (die Klausel für ihren üblichen Fünf-Uhr-Arbeitsstopp fehlte) und die Hepburn sprang ein - es wurde der vierte gemeinsame Auftritt der beiden.
Tracy spielt einen liberal gesinnten Industriekapitän, der von den Republikanern zu ihrem Präsidentschaftskandidaten erkoren wird. Um seinen Ruf nicht zu gefährden, bleibt seine Frau (Hepburn) bei ihm, obwohl sie sich längst entfremdet haben. Unterstützt und angetrieben von der Millionärin Kay Thorndyke (Lansbury), die später auch seine Geliebte wird, opfert Tracy auf dem Weg ins Weiße Haus allmählich seine Ideale, bevor er durch einen öffentlichen Auftritt seiner Frau zur Besinnung kommt.
Frank Capras Versuch einer Satire auf politische Machenschaften, die sich seither wohl kaum geändert haben, schwankt etwas unkomfortabel zwischen Salon-Komödie und Drama, wird aber von der vorzüglichen Besetzung mit Anstand über die Runden gebracht. Katharine Hepburns Darstellung löste die üblichen Kontroversen aus; während die *New York Herald Tribune* sie als „zurückhaltend, überzeugend, eindringlich und alles in allem entzückend" beschrieb, bemerkte *Time* boshaft: „Ihre Art, wie eine Frau zu sprechen, die gleichzeitig versucht, ihre lockere Zahnspange zu richten, mindert deutlich ihre Ausdruckskraft." dk

Die Bestechlichen

Les ripoux. Frankreich 1984 **R** Claude Zidi **B** Claude Zidi, Didier Kaminka, nach einer Idee von Simon Mickael **K** Jean-Jacques Tarbes **M** Francis Lay **P** Films 7 **L** 107 Min., Farbe **D** Philippe Noiret, Thierry Lhermitte, Régine, Grace de Capitani, Julien Guiomar

Polizisten sind auch nur Menschen, und immer nur Verbrechern nachzujagen hilft höchstens dem eigenen Ego, nicht aber der Brieftasche. So hat der Pariser Flic René (Noiret) nach zwanzig langen Dienstjahren auch seine eigenen Vorstellungen von Verbrechensbekämpfung. Nach dem Motto „Leben und leben lassen" drückt er schon mal ein Auge zu, wenn die „Kunden" in seinem Bezirk mal wieder über die Stränge schlagen. Man dankt es ihm, ein Gratis-Essen hier, ein Tip fürs Pferderennen dort sind der erkleckliche Lohn für seine väterliche Freundschaft zu all den kleinen Gaunern und Dieben. So könnte es beschaulich weitergehen, wenn ihm der Polizeichef nicht einen neuen Kollegen zur Seite stellen würde. François (Lhermitte) kommt frisch von der Polizeischule und ist völlig beseelt von dem Gedanken, für Recht und Ordnung zu sorgen. So hat René dann auch etliche Schwierigkeiten zu überwinden, bis er seinen neuen Mitstreiter vom wahren „savoir vivre" überzeugen kann.
Regisseur Claude Zidi, sonst eher für seine Louis-de-Funès-Klamotten à la BRUST ODER KEULE bekannt, bekam 1985 für diesen „film policier" nicht nur einen César für die Beste Regiearbeit. Das fünfzehnte Werk des langjährigen Kameramannes von Claude Chabrol erhielt die begehrte Trophäe auch in den Kategorien „Bester Schnitt" und „Bester Film des Jahres 1984". Bei so einem Erfolg darf die Fortsetzung natürlich nicht fehlen, und so brachte dieselbe Mannschaft 1990 GAUNER GEGEN GAUNER in die Kinos. al

Die besten Jahre der Miß Jean Brodie

The Prime of Miss Jean Brodie. Großbritannien 1969 **R** Ronald Neame **B** Jay Presson Allen, nach einem Roman von Muriel Spark **K** Ted Moore **M** Rod McKuen **P** Robert Fryer, James Gesson für 20th Century-Fox London **L** 116 Min., Farbe **D** Maggie Smith, Robert Stephens, Pamela Franklin, Gordon Jackson, Celia Johnson

Muriel Sparks Roman war kein sonderlicher Erfolg, doch Jay Presson Allen machte dar-

aus ein Theaterstück, in dem Vanessa Redgrave in London und Zoe Caldwell in New York auf der Bühne standen.
Jean Brodie (Smith) ist die exzentrische Lehrerin an einem schottischen Mädchenpensionat im Edinburgh des Jahres 1932. Dessen konservativen Regeln hat sie einiges entgegenzusetzen und ist ständig von einer Gruppe sie anhimmelnder Schülerinnen umgeben. Ihnen versucht Jean jedoch nicht nur Musik und Literatur nahezubringen, sondern auch ihre politischen Ansichten: Sie verehrt faschistische Diktatoren wie Mussolini und Franco. Jeans Eigenwilligkeit und ihr übersteigertes Selbstbewußtsein läßt sie immer wieder mit Kollegen und Vorgesetzten zusammenprallen, und führt letzten Endes zu ihrer Isolierung.
Dieses vielschichtige und fesselnde Psychogramm einer starken, aber innerlich unglücklichen Frau gehört voll und ganz Maggie Smith, deren atemberaubende Vorstellung ihr einen Oscar einbrachte. Die Britin, bis dato hauptsächlich in Nebenrollen zu sehen, zeigt eine Bandbreite von Emotionen, wie man sie, so ein Kritiker, „außerhalb eines Hepburn-Filmes selten gesehen hat". Rod McKuens Titelsong *Jean* wurde ebenfalls nominiert.
Später als TV-Mehrteiler nochmals verfilmt.
al

Die besten Jahre unseres Lebens

The Best Years of Our Lives. USA 1946 **R** William Wyler **B** Robert E. Sherwood, nach dem Roman *Glory for Me* von MacKinlay Kantor **K** Gregg Toland **M** Hugo Friedhofer **P** Samuel Goldwyn für The Samuel Goldwyn Company/ RKO Radio **L** 170 Min., s/w **D** Myrna Loy, Fredric March, Dana Andrews, Teresa Wright, Virginia Mayo, Harold Russell, Cathy O'Donnell

„Es ist mir egal, ob dieser Film Geld einbringt, solange jeder in Amerika ihn sich ansieht", bemerkte Produzent Samuel Goldwyn zu *Die besten Jahre unseres Lebens*, der einer der höchstgelobten Filme des amerikanischen Kinos ist. Ein Leitartikel in *Life* hatte Goldwyn auf die Idee gebracht, einen Film über Kriegsheimkehrer zu machen. MacKinlay Kantor, mit einem Drehbuch beauftragt, lieferte statt dessen einen Roman ab, den schließlich Goldwyns enger Freund Robert E. Sherwood für die Leinwand adaptierte.
Erzählt wird von drei Kriegsheimkehrern, die jeder einen Teil der Streitkräfte symbolisieren: March die Armee, Andrews die Luftwaffe und Russell die Navy. March ist ein Familienvater und ehemaliger Banker, der erfahren muß, daß sich seine frühere Umgebung verändert hat. Seine Kinder sind fast erwachsen und in der Bank hat man kein Verständnis für seine Anleihen an heimkehrende GIs. Seine Tochter (Wright) verliebt sich in Andrews, einen verheirateten Piloten, der sich von seiner Frau (Mayo) entfremdet hat, und sich verzweifelt um Arbeit bemüht. Russell schließlich hat beide Hände verloren und fürchtet sich vor der Reaktion seiner Freundin und den Vorurteilen der Gesellschaft.
Wylers Drama fängt hervorragend die Stimmung im Nachkriegs-Amerika ein, beschreibt die Gleichgültigkeit gegenüber den Ex-Soldaten und deren Schwierigkeiten bei der Wiedereingliederung. Man hatte Goldwyn gewarnt, daß dieses Thema bei der kriegsmüden Bevölkerung auf Ablehnung stoßen würde, doch der Film war nicht nur ein Publikumserfolg, sondern erhielt neben enthusiastischen Kritiken auch sieben Oscars, darunter einen als Bester Film. Weitere Auszeichnungen gab es für Regie, Drehbuch nach Vorlage, Musik, Schnitt (Daniel Mandell) sowie für die Darsteller March (sein zweiter Oscar nach DR JEKYLL UND MR. HYDE) und Harold Russell, der tatsächlich beide Hände während des Krieges verloren hatte.
al

Die Bestie

While the City Sleeps. USA 1955 **R** Fritz Lang **B** Casey Robinson, nach dem Roman *The Bloody Spur* von Charles Epstein **K** Ernest Laszlo **M** Herschel Burke Gilbert **P** Bert E. Friedlob / RKO Radio **L** 100 Min., s/w **D** Dana Andrews, Rhonda Fleming, Sally Forrest, Thomas Mitchell, Vincent Price, Howard Duff, Ida Lupino, George Sanders

Die Bestie - Fritz Langs vorletzter amerikanischer Film - wird in Kritikerkreisen als eines der letzten ernstzunehmenden Werke des großen Regisseurs gewertet, bevor Lang zu dem Remake von DAS INDISCHE GRABMAL wieder nach Deutschland zurückkehrte. Innerhalb seiner amerikanischen Filme gilt *While the City Sleeps* trotz freundlicher Kritikeraufnahme jedoch als weniger bedeutend. Lang schildert in diesem Kriminalfilm, wie sich drei Journalisten auf die Jagd nach einem psychopathischen Frauenmörder begeben und dabei jeden moralischen Anstand vor sich selbst und ihren Mitmenschen verlieren.
„Die realistische und anspruchsvolle Dialogführung wird man in dieser Art wohl mehr in einem Theaterstück als in einem Film antreffen. Die exzellente Besetzung und gute Regie halten durchweg den Faden eines gehobenen Unterhaltungsniveaus aufrecht." (*Library Journal*). Während der Dreharbeiten hatte Fritz Lang etwas Ärger mit den Schauspielern Dana Andrews und John Barrymore jr., die ihre Rollen anders interpretieren wollten, als es sich Lang vorgestellt hatte, erinnerte sich Kameramann Ernest Laszlo. Ansonsten gestaltete sich die 5wöchige Drehzeit jedoch angenehm ruhig, da alle Beteiligten mit großer Begeisterung bei der Sache waren, was Lang sehr versöhnlich stimmte.
jg

Die Bestie der Wildnis

Arrowhead. USA 1953 **R** Charles Marquis Warren **B** Charles Marquis Warren, nach einem Roman von W. R. Burnett **K** Ray Rennahan **M** Paul Sawtell **P** Nat Holt / Paramount **L** 105 Min., Farbe **D** Charlton Heston, Jack Palance, Katy Jurado, Brian Keith, Mary Sinclair

Ein Jahr nach dem indianerfreundlichen Streifen DER WEISSE SOHN DER SIOUX ließ die Paramount wiederum mit Charlton Heston in der Hauptrolle einen weiteren Western vom Stapel, der diesmal allerdings ganz andere Töne anschlug.
Heston verkörpert einen Scout der US-Kavallerie, der bei den Indianern aufgewachsen ist und diese leidenschaftlich haßt. Trotz seiner eindringlichen Warnungen erklären sich die Weißen zu Friedensgesprächen bereit und werden prompt von den Apachen niedergemacht. Erst ein letztes entscheidendes Duell zwischen dem Scout und dem rebellischen Häuptling (Palance) bringt die Indianer zur Einsicht, doch besser in die Reservation nach Florida abzuziehen.
Duell- und Massenkampfszenen sind mit der für Hollywood gewohnten Routine inszeniert worden; Heston und Palance geben sich in ihrer Darstellung als tödlich verfeindete Männer alle Mühe, und Kameraführung und Musik hinterlassen einen guten Eindruck - nicht aber die Geschichte. Der Film ist ein verbohrtes Plädoyer für den Vernichtungsfeldzug gegen die indianische Rasse und weiß diese Auffassung mit zahllosen gestalterischen Argumenten zu untermauern. In diesem Sinne hat leider auch Katy Jurado einen unrühmlichen Auftritt zu verzeichnen. Sie muß ein mexikanisch-indianisches Halbblut spielen, das sich selbst richtet, nachdem ihr Mordanschlag auf Heston gescheitert ist.
jg

Bestie in Schwarz

Blackout. USA 1985 **R** Douglas Hickox **B** David Ambrose **K** Tak Fujimoto **M** Laurence Rosenthal **P** Roger Gimbel für Peregrine Entertainment **L** 97 Min., Farbe **D** Richard Widmark, Keith Carradine, Kathleen Quinlan, Michael Beck

Starbesetzung für einen Thriller, der ursprünglich für das amerikanische Fernsehen produziert wurde. Doch während die Kritik in den USA den Film als „durchschnittlich" bewertete, war er im europäischen TV ein Erfolg und zudem ein Video-Top-Hit.
Bei der Suche nach dem Mörder von Lucy Vinson und ihrer drei Kinder stößt der ehemalige Polizeichef Joe Steiner (Widmark) auf die Spur von Allen Devlin (Carradine). Der leidet nach einem schrecklichen Unfall, bei dem er sich schwere Gesichtsverletzungen

zuzog und anschließend eine Gesichtsoperation über sich ergehen lassen mußte, unter Gedächtnisverlust. Trotzdem ist sich Steiner sicher, den Ehemann und mutmaßlichen Mörder Lucy Vinsons vor sich zu haben. Doch Devlin ist inzwischen verheiratet und führt ein bürgerliches Leben. Erst als eine Reihe brutaler Vergewaltigungen die Stadt in Angst und Schrecken versetzen, scheint sich der Kreis zu schließen, denn eine ähnliche Verbrechensserie ereignete sich kurz vor dem Vinson-Mord. dk

Bestie Mensch

La bête humaine. Frankreich 1939 **R** Jean Renoir **B** Jean Renoir, nach dem Roman *Der Totschläger* von Emile Zola **K** Curt Courant **M** Joseph Kosma **P** M.M. Hakim **L** 100 Min., s/w **D** Jean Gabin, Simone Simon, Julien Carette, Fernand Ledoux, Jean Renoir

Lantier (Gabin), ein durch Alkoholismus erblich belasteter Lokomotivführer, hat mit seinen Mordgelüsten zu kämpfen. Er verliebt sich in Séverine (Simon), die gerade überlegt, wie sie ihren Ehemann loswerden kann. Séverine drängt ihren Liebhaber zum Mord, dieser jedoch, gepeinigt von seinen Phantasien, fühlt sich zusehends in die Enge getrieben und erdolcht seine Geliebte. Am nächsten Morgen stürzt er sich aus einer fahrenden Lokomotive in den Tod.
Bestie Mensch ist nach *Nana* (1926), Renoirs zweite Verfilmung eines Romans von Emile Zola und ein klassisches Beispiel für eine Literaturbearbeitung. Die umfangreiche Romanvorlage wurde sehr kunstvoll umgestaltet, so daß vier Hauptcharaktere entstanden. Entgegen dem naturalistischen Werk Zolas konzentriert sich Renoir auf die menschliche Tragödie, in dem ein obskures Schicksal einen möglicherweise guten Menschen zum Mord und zur Selbstzerstörung treibt. Die exzellente Kamera und die herausragenden schauspielerischen Leistungen machen den Film zu einem Meisterwerk des französischen schwarzen Kinos. dh

Die Bestie mit den fünf Fingern

The Beast with Five Fingers. USA 1946 **R** Robert Florey **B** Curt Siodmak, nach einer Erzählung von William Fryer Harvey **K** Wesley Anderson **M** Max Steiner **P** William Jacobs für Warner Bros. **L** 88 Min., s/w **D** Peter Lorre, Robert Alda, Andrea King, Victor Francen, J. Carrol Naish

Die *Bestie mit den fünf Fingern* war in den 40er Jahren die einzige Produktion von Warner im Horror-Genre, galt aber nicht zuletzt aufgrund der Spezialeffekte als eine der besten Gruselfilme dieser Periode.
Als ein reicher Pianist unter mysteriösen Umständen ums Leben kommt, vermacht er sein beträchtliches Vermögen seiner privaten Krankenschwester. Doch schon bald nach der Testamentseröffnung wird die Villa des Verstorbenen von einer unheimlichen Kreatur terrorisiert, einer einzelnen Hand, die anscheinend dem toten Pianisten gehört.
Neben der Regiearbeit übernahm Robert Florey (er war 1931 ursprünglich bei den Universal Studios als Regisseur für FRANKENSTEIN vorgesehen) auch die Leitung der Spezialeffekte, u. a. sind es seine fünf Finger, die scheinbar körperlos umherspuken und Peter Lorre in der Rolle des Privatsekretärs das Leben zur Hölle machen. dk

Der Besuch

Der Besuch/La rancune/La vendetta della signora. BRD/Frankreich/ Italien 1964 **R** Bernhard Wicki **B** Ben Barzman, nach dem Bühnenstück *Der Besuch der alten Dame* von Friedrich Dürrenmatt K Armando Nannuzzi **M** Hans-Martin Majewski **P** Julien Dérode, Anthony Quinn für Deutsche Fox Film (Frankfurt), Les Films du Siècle/P.E.C.F. (Paris), Dear Film (Rom) **L** 100 Min., s/w **D** Ingrid Bergman, Anthony Quinn, Paolo Stoppa, Romolo Valli, Claude Dauphin, Jacques Dufilho, Hans-Christian Blech, Richard Münch, Valentina Cortese, Irina Demick, Eduardo Cianelli

Bernhard Wickis international produzierte Adaption des 1956 uraufgeführten Stückes von Friedrich Dürrenmatt erwies sich als künstlerische und kommerzielle Enttäuschung. Schon die Besetzung der Hauptrollen machte klar, daß man es hier mit der Vorlage nicht so genau nahm. So senkte man das Alter der Hauptfiguren um zwanzig Jahre, verlegte den Handlungsort von der deutsch-schweizerischen Grenze auf den Balkan und dachte sich einen neuen Schluß aus.
Karla Zachanassian (Bergman), „die reichste Frau der Welt", kehrt als Witwe in ihr Heimatstädtchen zurück, von dessen Bürgern sie hoffnungsvoll empfangen wird, denn es herrschen Arbeitslosigkeit und Armut. Aber nicht etwa wirtschaftliche Entwicklungshilfe hat Madame im Sinn, sondern die Rache an einem Mann, Serge Miller (Quinn), einem wohlgelittenen Kaufmann. Sie offeriert der erstaunten Gemeinde die Summe von zwei Millionen Dollar für die Hinrichtung Millers, denn er hat sie in ihrer Jugend geschwängert und sie dann nach einem getürkten Prozeß als Hure gebrandmarkt und aus der Stadt jagen lassen. Zunächst lehnt man dieses ungeheuerliche Ansinnen empört ab, doch als Lastwagen mit Lebensmitteln und Luxusgütern in den Ort einfahren, ist es mit der Moral der Einwohner schon nicht mehr ganz so weit her...
Im Stück muß Miller (eigentlich Ill) sterben, im Film dagegen kommt er durch Karlas Intervention mit dem Leben davon und muß, wie alle anderen Bürger auch, mit seinem schlechten Gewissen weiterleben. Dieser aufgesetzt wirkende Schluß verwässerte in den Augen vieler Kritiker die Vorlage, die eine tragikomische Parabel über menschliche Gier und Korrumpierbarkeit darstellt. Ingrid Bergman ist das charmante Monster in Person, doch viel zu attraktiv für die Rolle der „alten Dame" (deshalb kürzte man wohl auch den Titel). Trotz dieser Schwächen ist Wickis Film, wenn man nicht den direkten Vergleich mit der Vorlage zieht, ein gut gespieltes, hervorragend photographiertes und verschwenderisch ausgestattetes Drama. Ingrid Bergmans Kostüme (René Hubert und Nina Ricci) und ihre Juwelen erreichten einen Gesamtwert von einer Million Dollar und Armando Nannuzzis in Italien entstandene, bestechende Schwarzweiß-Photographie versteht ihre eigenen Akzente zu setzen.
Aus der bunt zusammengewürfelten, insgesamt jedoch harmonisch agierenden Besetzung ragen besonders Hans-Christian Blech als Polizeichef und Ernst Schröder als Bürgermeister heraus. al

Die Besucher

The Visitors. USA 1971 **R** Elia Kazan **B** Chris Kazan **K** Nick Proferes **P** Chris Kazan, Nick Proferes **L** 88 Min., Farbe **D** Patrick McVey, Patricia Joyce, James Woods, Chico Martinez, Steve Railsback

Der zweite, kurz nach *Glory Boy* gedrehte Low-budget-Film brachte Regisseur Kazan beträchtlichen Ärger mit der Schauspielergewerkschaft ein. Von den gesamten Produktionskosten von 150.000 Dollar gingen lächerliche 1.200 Dollar an die gerwerkschaftlich nicht organisierten Schauspieler, was Kazans Film auf die Schwarze Liste der „Screen Actors Guild" brachte. Damit Kazan überhaupt mit dem ihm zur Verfügung stehenden Geld auskam, drehte er mit einer kleinen Crew und einer (kostengünstigen) 16mm-Kamera, ließ seinen Sohn das Drehbuch schreiben und benutzte als einzigen Schauplatz des Filmes sein eigenes Grundstück in Newton, Connecticut. Die amerikanische Kritik bezeichnete *Die Besucher* denn auch als „besseres Heim-Video", erwähnenswert blieb allenfalls noch das Schauspiel-Debüt von James Woods (ES WAR EINMAL IN AMERIKA).
Der Vietnam-Veteran Bill Schmidt (Woods) lebt zufrieden mit seiner Freundin (Joyce) und ihrem gemeinsamen Kind auf dem Land, als ihre Idylle jäh gestört wird. Zwei ehemalige Kriegskameraden Bills, die gerade ihre Strafe für die Vergewaltigung und Ermordung einer Vietnamesin abgesessen haben, besuchen die kleine Familie, um sich an Bill zu rächen. Der hatte nämlich seinerzeit die Beweise für die Verurteilung der beiden Soldaten geliefert, und diese Episode aus seiner Vergangenheit holt Bill nun auf brutalste Weise ein. dk

Betrogen

The Beguiled. USA 1970 **R** Donald Siegel **B** John B. Sherry und Grimes Grice, nach einem Roman von Thomas Cullinan **K** Bruce Surtees **M** Lalo Schifrin **P** Donald Siegel/Malpaso/Universal **L** 104 Min., Farbe **D** Clint Eastwood, Geraldine Page, Elizabeth Hartman, Jo Ann Harris

In *Betrogen* präsentierte sich ein weiteres Mal das Gespann Siegel-Eastwood, deren Zusammenarbeit später mit Filmen wie z. B. DIRTY HARRY sehr erfolgreich verlief und auch Jahre später in FLUCHT VON ALCATRAZ fortgesetzt wurde. Eastwood, der diesen Film mit seiner eigenen Produktionsfirma Malpaso mitfinanzierte, überrascht in der Rolle eines Yankee-Soldaten im amerikanischen Bürgerkrieg. Denn diesmal trifft er nicht im Staubmantel und mit lockerem Colt auf zahllose Widersacher, sondern muß sich meist im Nachthemd dem Kampf der Geschlechter stellen. Auf feindlichem Territorium verwundet, wird er in ein abgelegenes Mädchenpensionat gebracht, wo man ihn pflegt. Als einziger Mann unter zahlreichen Frauen ist er sich seiner eigenen Sexualität durchaus bewußt. Eifersucht macht sich breit unter den Schülerinnen und ihrer Leiterin, und ein makabres Spiel um Gefühle und Enttäuschungen nimmt seinen Lauf - mit bitterbösem Ende.
Sowohl Action-Spezialist Siegel als auch Clint Eastwood betraten mit diesem düsteren Thriller Neuland. Trotz einer von der Kritik bescheinigten exzellenten Inszenierung und einem ungewohnten, aber nicht weniger guten Clint Eastwood konnte der Film nur wenige Besucher in die Kinos locken; zu sehr widersprach er den Erwartungen der Fans. dk

Betrug

Betrayal. Großbritannien 1983 **R** David Jones **B** Harold Pinter, nach seinem Bühnenstück **K** Mike Fash **M** Dominic Muldowney **P** Sam Spiegel für Horizon Pictures **L** 95 Min., Farbe **D** Jeremy Irons, Ben Kingsley, Patricia Hodge, Avril Elgar

Der britische Dramatiker Harold Pinter erzählt in der Adaption seines eigenen, sehr erfolgreichen Bühnenstückes die Geschichte einer menage à trois - was an sich noch nichts besonderes wäre, hätte der Autor sich nicht einen besonderen Kniff ausgedacht, die einer bekannten Figurenkonstellation ganz neue Reize abgewinnt. Denn die Geschichte wird hier nicht chronologisch von Anfang bis Ende, sondern in Rückblenden in umgekehrter Reihenfolge geschildert. Die Beteiligten sind der Verleger Robert (Kingsley), seine Frau Emma (Hodge) sowie beider Freund und Roberts Agent Jerry (Irons). Dieser ist entsetzt, als ihm Emma gesteht, daß ihre Ehe am Ende ist - sie hat Robert tags zuvor ihre zwei Jahre zurückliegende Affäre mit Jerry gebeichtet. Von dieser Szene an führt jede weitere Szene weiter in die Vergangenheit, schildert den Anfang der Affäre, Roberts Umgang damit (er wußte die ganze Zeit Bescheid) und ihr Ende. Der Zuschauer weiß zu jedem Zeitpunkt mehr als die Beteiligten, und sogar deren Freude ist schmerzlich zu sehen.
Die Figuren sind intelligent und kultiviert, und sie reden viel - wenn sie auch nicht immer das sagen, was sie meinen. Pinters pointierte Dialoge sind überaus geistreich, doch sie können ihre Theaterherkunft nicht verhehlen. Die Handlung spielt sich fast ausschließlich in den gepflegten Konversationen zweier der Protagonisten ab. Hier betrügt und belügt jeder jeden, sogar sich selbst, doch niemals verläßt man den Rahmen gesellschaftlicher Konvention.
Betrug erhielt gute Kritiken und war, gemessen an seinem unspektakulären Sujet und seinen niedrigen Kosten, zudem ein Kassenerfolg. al

Der Bettelstudent

Der Bettelstudent. Deutschland 1936 **R** Georg Jacoby **B** Walter Wassermann, C. H. Diller, nach der Operette von Carl Millöcker **K** Ewald Dauber **M** Alois Melichar, Carl Millöcker **P** UFA **L** 95 Min., s/w **D** Marika Rökk, Johannes Heesters, Carola Höhn, Fritz Kampers, Ida Wüst

Mit Hans Heinz Bollmann und Jarmila Novotna hatte Viktor Janson die schwungvolle Operette schon einmal 1931 verfilmt. Die Version aus dem Jahre 1936 gilt jedoch aufgrund der populären Besetzung (Heesters und Rökk) als die bekannteste.
Die Handlung im spielt zu Beginn des 17. Jahrhunderts im von den Deutschen besetzten polnischen Krakau. Nachdem es einem eingebildeten sächsischen Gouverneur mißlungen ist, bei einer polnischen Baronesse zu landen, läßt er diese aus Rache mit einem Bettelstudenten verheiraten, der sich am Ende jedoch als getarnter adeliger Rebell entpuppt. Eine für die Nazi-Zeit überraschend polenfreundliche musikalische Komödie, die geschickt zwischen Gesangs- und Tanzdarbietungen zu wechseln versteht. Der auch in den USA gezeigte Film, veranlaßte die Kritiker der *Variety* zu überaus freundlichen Betrachtungen. „Die Ballettszenen sind - ebenso wie Ton und Fotografie - ganz ausgezeichnet." Besonders angenehm fiel ferner Marika Rökk auf, der man das Zeug zum Hollywood-Star zutraute. 1956 entstand unter der Regie von Werner Jacobs mit Waltraut Haas und Gerhard Riedmann eine dritte Verfilmung - diesmal in CinemaScope und Farbe. jg

Bettgeflüster

Pillow Talk. USA 1959 **R** Michael Gordon **B** Stanley Shapiro, Maurice Richlin **K** Arthur E. Arling **M** Frank De Vol **P** Ross Hunter, Martin Melcher / Universal **L** 104 Min., Farbe **D** Rock Hudson, Doris Day, Tony Randall, Thelma Ritter, Lee Patrick, Nick Adams, Marcel Dalio

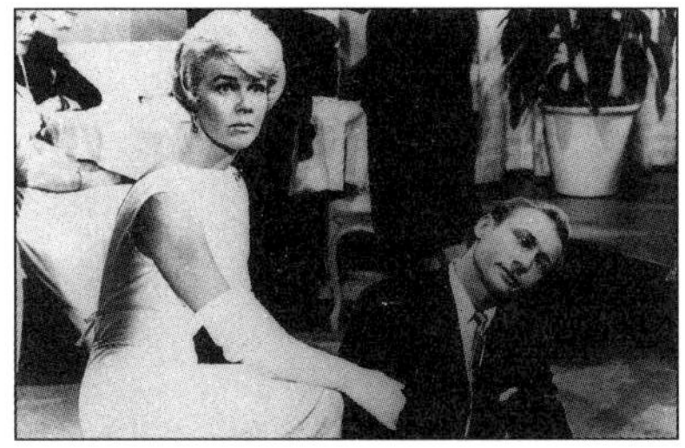

„Wenn die beiden prächtigen Objekte in den Clinch gehen - von der Höhensonne glühend und von Haargel glänzend -, dann sehen sie weniger wie Wesen aus Fleisch und Blut aus, als vielmehr wie ein Paar Cadillacs, die zufällig in zweideutiger Stellung nebeneinander geparkt wurden." Mit diesen wenig freundlichen Worten beschrieb das *Time-Magazine* die Reihe der Sex-Comedies, mit denen Rock Hudson und Doris Day gegen Ende der 50er Jahre zum Inbegriff der hygienischen Erotik wurden.
Bettgeflüster erzählt die amüsante Auseinandersetzung zwischen einem Song-Komponisten und einer Innenarchitektin, die sich einen Telefonanschluß teilen müssen, was zu zahlreichen erbittert ausgefochtenen Gefechten zwischen den Geschlechtern und schließlich zum Happy-End führt.
Doris Day wurde 1959 für ihre Darstellung in der Sparte Beste weibliche Hauptrolle für den Oscar nominiert, weitere Nominierungen gingen an Thelma Ritter für die Beste weibliche Nebenrolle und an Russel A. Gausman und Ruby R. Levitt für die einfallsreiche Ausstattung. Den Oscar konnte schließlich das Autorenteam Shapiro und Richlin für ihr Drehbuch entgegennehmen. Doris Day selbst singt den Titelsong *Pillow Talk*. jg

Die Bettleroper

The Beggar´s Opera. Großbritannien 1952 **R** Peter Brook **B** Dennis Cannan, Christopher Fry, nach der Oper von John Gay **K** Guy Green **M**

Arthur Bliss **P** Imperadio **L** 94 Min., Farbe, **D** Laurence Olivier, Stanley Holloway, Athene Seyler, Dorothy Tutin, Daphne Anderson, George Devine

Ein wegen Bettelei im Gefängnis sitzender verarmter Poet und Musiker will seine gerade fertiggestellte Oper über den berüchtigten Straßenräuber Macheath mit sangeslustigen Mitgefangenen aus der Taufe heben. Als er feststellt, daß der Held seiner Oper, der „Captain“ Macheath (Olivier) im gleichen Gefängnis auf seine Hinrichtung wartet und über eine brauchbare Stimme verfügt, steht der Premiere nichts mehr im Wege. Die Oper selbst ist die turbulente Geschichte von Macheath´ Ehe mit Polly (Tutin), deren eifersüchtigen Vater - der Londoner Gangsterchef Peachum (Devine) - und dessen Versuche, seinen ungeliebten Schwiegersohn an den Galgen zu liefern. Nach einem wilden Katz-und-Maus-Spiel mit diversen Gendarmen, einigen weiteren Mädchen und der Londoner Unterwelt landet der Held schließlich hinter Gittern, um dort auch gleich der Tochter des Gefängnisaufsehers Lockit (Holloway), Lucy (Anderson), einen Heiratsantrag zu machen. Mit deren Hilfe kann er fliehen, gerät allerdings sofort in eine Spielerhölle und wird von den dortigen Damen der Polizei ans Messer geliefert. Schließlich scheint die Hinrichtung unvermeidlich. Der echte Macheath besteht bei der Aufführung vehement auf ein Happy-End, ein furioses Begnadigungsfinale wird inszeniert, in dessen Verlauf der Räuberkönig erneut fliehen kann.
Peter Brook, Jahrgang 1925, gilt über die Grenzen Englands hinweg als ein bedeutender Shakespeare-Regisseur, im Film wie auf der Bühne. Seine Adaption der *Beggar´s Opera* von John Gay übernimmt sehr treffend das karikierende und parodierende Element der Originalvorlage von 1727, übersieht aber leider die, für die Gaysche Ballad Opera so typische Zeitsatire und Sozialkritik.
dh

Betty Blue - 37,2° am Morgen

Betty Blue - 37,2° le matin. Frankreich 1985 **R** Jean-Jacques Beneix **B** Jean-Jacques Beneix, nach dem Roman von Philippe Dijan **K** Jean-François Robin **M** Gabriel Yared **P** Jean-Jacques Beineix, Claudie Ossard für Constellation/Cargo **L** 120 Min., Farbe **D** Béatrice Dalle, Jean-Hugues Anglade, Consuelo de Haviland, Gérard Darmon, Clémentine Celarié

Betty (Dalle) ist eine temperamentvolle und unberechenbare junge Frau, der zehn Jahre ältere Zorg (Anglade) hingegen ist ruhig und genügsam. Trotzdem sind die beiden ein Liebespaar. Nachdem sie von einer Bungalowsiedlung am Meer nach Paris gezogen sind, versucht Betty, Zorg als Schriftsteller bekanntzumachen, da sie das Manuskript seines Romans entdeckt hat. Ihre fanatische Zielstrebigkeit wird von Zorg zunächst mit Gelassenheit verfolgt, doch allmählich beginnt sie sich zu verändern...
Nach dem überraschenden, sensationellen Erfolg seines Erstlingswerkes DIVA teilte Jean-Jacques Beineix das Schicksal vieler Debütanten: Er mußte an den Erfolg anknüpfen, um zu beweisen, daß die Qualität des ersten Streifens kein Zufall war. Prompt ging der nächste Versuch, der komplett im Studio gedrehte DER MOND IN DER GOSSE, in die Hose. Mit der Verfilmung von Philippe Dijans Roman um eine amour fou, die im Wahnsinn endet, stellte sich zumindest der kommerzielle Erfolg wieder ein. Beineix hatte das unveröffentlichte Werk von einem befreundeten Verleger zugesteckt bekommen und gleich mit der Adaption begonnen. Die Geschichte mit ihren ständigen Schauplatzwechseln kommt der Vorliebe des Regisseurs für schwelgerische, malerische Kameraeinstellungen sehr entgegen, und genau diese Tatsache war auch der Hauptkritikpunkt der Presse, die Beineix wieder einmal vorwarf, den Inhalt um der Optik und des Stils willen vernachlässigt zu haben.
Einmütig gefeiert wurden die Darsteller, besonders Debütantin Béatrice Dalle, die Beineix auf einem Zeitschriften-Cover entdeckte, und die nach *Betty Blue* als „neue BB“ gefeiert wurde. Seitdem läuft sie allerdings einem Anschlußerfolg hinterher. nn

Die Beute

La curée. Frankreich/Italien 1966 **R** Roger Vadim **B** Roger Vadim, Jean Cau, nach einem Roman von Emile Zola **K** Claude Renoir **P** Mega/Marceau/Cocinor **L** 100 Min., Farbe **D** Jane Fonda, Peter McEnery, Michel Piccoli, Tina Marquand

In dieser Literaturverfilmung frei nach Emile Zolas Roman *La Curée* verlegte Regisseur Vadim die Handlung kurzerhand in die 60er Jahre, präsentierte oft und gern die Reize seiner obmaligen Ehefrau Jane Fonda - und fiel mit Pauken und Trompeten durch, obwohl der Fonda von einigen Filmkritikern „eine ihrer bis dahin besten Leistungen“ bescheinigt wurde. Doch am kommerziellen Flop konnte auch Jean Cau, Co-Autor und früherer Sekretär Sartres, nichts ändern - zu sehr arbeitete Vadim „mit dem bloßem Effekt“.
Die ursprüngliche Geschichte handelt von der Dreiecksbeziehung zwischen einem reichen Unternehmer, seiner zweiten Frau und dem Sohn aus erster Ehe. Doch im Gegensatz zu Zolas zeitkritischer Anklage setzte Vadim nur das vordergründig-anrüchige dieser Konstellation in Szene und vergaß dabei laut *filmdienst* alle „zeit- und gesellschaftskritischen, politischen und ethischen Bezüge...“
dk

Beverly Hills Cop - Ich lös´ den Fall auf jeden Fall

Beverly Hills Cop. USA 1984 **R** Martin Brest **B** Daniel Petrie jr. **K** Bruce Surtees **M** Harold Faltermeier **P** Paramount/Eddie Murphy Prod. **L** 105 Min., Farbe **D** Eddie Murphy, Lisa Eilbacher, Steven Berkoss, Judge Reinhold, Ronny Cox

Die Geschichte ist wahrlich nicht neu: Der Jugendfreund des Polizisten, ein kleiner Gangster, wird von großen Gangstern umgebracht, der Polizist ist mächtig erbost und beginnt einen Privatkrieg gegen das Imperium des Bösen, die Gefahr seiner Mission ebensowenig achtend wie ihm nur lästig scheinende Dienstvorschriften und Gesetze. Der schwarze Cop Axel Foley (Murphy) macht sich als Detroiter Under-Dog im luxuriösen Kalifornien, dem sozialen Gegenentwurf seiner heruntergekommenen Heimatstadt, auf die Suche nach den Drahtziehern, von seinen Kollegen in Beverly Hills mehr behindert als unterstützt. Wie der deutsche Verleihtitel bereits nahelegt, wird Foley schließlich fündig und sprengt, ganz nebenbei, einen finsteren Mafiosi-Drogenring.
Die flotte amerikanische Komödie, die das altbekannte Strickmuster mit dem enervierend plappernden Murphy, heftigen Action-Szenen und einem poppigen Soundtrack (Singlehit *Axel F.* von Harold Faltermeier) auflockert, wurde 1985 zum US-Kassenschlager mit einem Einspielergebnis von über 200 Millionen Dollar. „Streckenweise wäre man auf Grund einer gefällig-flotten Machart fast versucht, den quirlig aufgekratzten Murphy komisch und den Film für halbwegs kurzweilige und leicht gehobene Dutzendware zu halten, würde da nicht so gedankenlos der fröhlich-unverbindliche Klamauk immer wieder mit doch recht rabiaten Action-Akzenten vermengt und würden da nicht wieder einmal bis zum Überdruß die alten diskriminierenden Homosexuellen-Witze breitgetreten.“ *(filmdienst)* dh

Beverly Hills Cop II

Beverly Hills Cop II. USA 1987 **R** Tony Scott **B** Larry Ferguson, Warren Skaaren **K** Jeffrey L. Kimball **M** Harold Faltermeier **P** Don Simpson,

Jerry Bruckheimer für Eddie Murphy Prod. Inc. **L** 103 Min., Farbe **D** Eddie Murphy, Judge Reinhold, John Ashton, Brigitte Nielsen, Jürgen Prochnow

Der Titel läßt zwar vermuten, daß es sich um ein Sequel handelt, aber *Beverly Hills Cop II* ist ein Remake im besten Sinne. Axel Foley (Murphy) arbeitet immer noch bei der Detroiter Polizei, wieder wird ein Freund von ihm erschossen und wieder führt ihn die heiße Spur ins sonnige Beverly Hills. Hier wartet auch schon ein weiterer Gangster-Clan darauf, vom Helden dingfest gemacht zu werden; diesmal eine Diebes-und Mörderbande um den Waffenschieber Maxwell Dent (Prochnow) und seine schießwütige Komplizin Karla (Nielsen). Axel entgeht einem Attentat der Finsterlinge, kann in den Polizeicomputer eindringen und beginnt mit der Verfolgung, die mit bewährter amerikanischer Lynchjustiz an dem Verbrecherpärchen endet.
Der Film konzentriert sich noch mehr als sein Vorgänger auf den laut, viel und schnell daherredenden Eddy Murphy.
Tony Scott, ehemaliger Werbefilmer und Regisseur von Werken wie *Top Gun,* inszenierte den Aufguß entsprechend rasant; schicke Gegenlichtaufnahmen wechseln sich mit brachial geschnittenen Action-Szenen ab. dh

Bevor das Licht verlöscht

L'imprevisto/L'imprevu. Italien/Frankreich 1960 **R** Alberto Lattuada **B** Edoardo Anton, Noel Caleff, Aldo Buzzi, Ennio de Concini, Claude Brulé, nach einem Bühnenstück von Anton **K** Roberto Gerardi **M** Piero Piccioni **P** Gianni Hecht Lucari für Documento Film (Rom), Orsay Film (Paris) **L** 107 Min., s/w **D** Anouk Aimée, Tomas Milian, Raymond Pellegrin, Jeanne Valerie, Philippe Dumat

Der ambitionierte Lehrer Thomas (Milian) nutzt die Sehnsucht seiner Frau Claire (Aimée) nach einem Kind zu einem teuflischen Plan. Er läßt sie eine Schwangerschaft vortäuschen (Kissen unter dem Pullover, Babyschreie vom Tonband, etc.) und entführt zum richtigen Zeitpunkt das Neugeborene eines reichen Fabrikanten (Pellegrin). Während Claire mit dem Kleinen überglücklich ist, schreibt Thomas Erpresserbriefe und bietet sich dem Vater als Vermittler zwischen ihm und den angeblichen Entführern an. Trotz einiger Zwischenfälle klappt die Sache, doch Claire will das Kind jetzt nicht mehr herausgeben...
Alberto Lattuadas raffiniert konstruierter Krimi mit tragischem Ausgang weist einige Parallelen zu Clouzots DIE TEUFLISCHEN auf. Auch hier ist es ein Lehrer, der gemeinsam mit einer Komplizin ein Verbrechen plant und ausführt, zum Leidwesen seiner Ehefrau. Der Film ist gut gespielt, besonders von Anouk Aimée, und spannend gemacht. al

Bevor der Winter kommt

Before Winter Comes. Großbritannien 1968 **R** J. Lee Thompson **B** Andrew Sinclair, nach einem Roman von Frederick L. Keefe **K** Gilbert Taylor **M** Ron Grainer **P** Windward **L** 103 Min., Farbe **D** David Niven, Haym Topol, Anna Karina, John Hurt, Anthony Quayle

David Niven wieder einmal in der Rolle eines britischen Offiziers. Als Major befehligt er kurz nach Ende des Zweiten Weltkrieges ein Flüchtlingslager an der britisch-sowjetischen Demarkationslinie im besetzten Österreich. Der russische Deserteur Janovic (Topol) wird dank seines Organisationstalentes zum unentbehrlichen Helfer des Majors, verliebt sich in eine Einheimische und wird am Ende aufgrund des Obrigkeitsdenkens des Majors an die Russen ausgeliefert.
Handwerklich routinierter Film, der trotz eines beachtlichen Staraufgebots (John Hurt wurde für seine Rollen in DER ELEFANTENMENSCH und ALIEN mehrfach ausgezeichnet, Anna Karina, Ex-Ehefrau von Jean-Luc Godard, war eine der namhaftesten Schauspielerinnen der Nouvelle Vague) nicht besonders herausragt. dk

Bevor die Nacht anbricht

Home Before Dark. USA 1958 **R** Mervyn LeRoy **B** Robert Bassing, nach einem Roman von Eileen Bassing **K** Joseph F. Biroc **M** Ray Heindorf **P** Mervyn LeRoy für Warner Bros. **L** 111 Min. (Originalfassung 137 Min.), s/w **D** Jean Simmons, Dan O'Herlihy, Rhonda Fleming, Efrem Zimbalist, jr.

Nach einem Aufenthalt in der Nervenheilanstalt wird Charlotte (Simmons) als angeblich geheilt entlassen. Ihr Mißtrauen ihrem Mann (O'Herlihy) und seiner Beziehung zu ihrer Stiefschwester (Fleming) gegenüber hatte die psychische Krise ausgelöst. Wieder daheim, lassen die beiden nichts unversucht, um eine Stabilisierung von Charlottes Zustand zu verhindern, und behandeln sie ganz bewußt wie eine Geisteskranke.
Jean Simmons gibt eine hervorragende, sehr nuancierte Darstellung der unsicheren Charlotte und triumphiert über die gelackte Regie Mervyn LeRoys, der das anspruchsvolle Material im Stil einer Seifenoper umsetzte. Insgesamt ein interessantes, ungewöhnliches Psychodrama. Außenaufnahmen entstanden in Massachussetts. al

Bewegliche Ziele

Targets. USA 1968 **R** Peter Bogdanovich **B** Peter Bogdanovich, nach einer Erzählung von Polly Platt und Bogdanovich **K** Laszlo Kovacs **M** Charles Greene, Brian Stone **P** Peter Bogdanovich **L** 90 Min., Farbe **D** Boris Karloff, Tim O'Kelley, Nancy Hsueh, Peter Bogdanovich, James Brown

Peter Bogdanovichs Regie-Erstling war zugleich der letzte große Film von Hollywoods Horror-Legende Boris Karloff. Ein Jahr vor seinem Tod spielte der berühmte FRANKENSTEIN-Darsteller im Alter von 81 Jahren praktisch sich selbst, einen greisen Horrorstar. Obwohl Karloff in der Folgezeit noch in vier mexikanischen Kleinproduktionen mitwirkte, bezeichnete er *Bewegliche Ziele* als seinen letzten echten Film. Dabei wurde der Altstar quasi ausgeliehen, denn Roger Corman, der hier ausführender Produzent war, besaß noch einen Vertrag mit Karloff über zwei Drehtage aus einem früheren Film. Corman gab seinem ehemaligen Assistenten Bogdanovich die Chance, diese zwei Tage zu nutzen, wobei ursprünglich geplant war, 20 Minuten aus dem Corman/Karloff-Film THE TERROR-SCHLOSS DER SCHRECKENS zu übernehmen. Letztendlich reduzierte Bogdanovich diese Sequenz auf zweieinhalb Minuten zu Beginn seines Filmes und überzeugte Karloff von einer mehrtägigen Zusammenarbeit.
Byron Orlok (Karloff), desillusionierter Star zahlreicher Gruselfilme, erlebt bei der Uraufführung seines letzten Filmes den realen Horror. Ein Massenmörder, der kurz zuvor schon ein Blutbad angerichtet hat, sucht sich nun unter den Besuchern des Filmes seine neuen Ziele. Doch Orlok gelingt es, den Mann zu überwältigen und der Polizei zu übergeben, ehe der Mörder noch mehr Opfer findet.
Grundlage für diesen Film war der Fall des Texaners Charles Whitman, der zwei Jahre vorher seine Mutter und seine Ehefrau erschoß. Danach verbarrikadierte er sich, feuerte weiter auf insgesamt 46 Menschen und tötete 16 von ihnen. Der Zeitpunkt der Veröffentlichung konnte nicht ungünstiger sein, denn kurz nach dem Mord an Senator Kennedy war das Publikum in Bezug auf einen kontrollierten Waffenverkauf sensibilisiert. Paramount vertrieb den Film zuerst mit einen Vorspann, der für mehr Waffenkontrolle eintrat, scheute dann aber jegliche Kontroversen und brachte *Targets* nur sporadisch in die Kinos. dk

Bezaubernde Frau

Tea for Two. USA 1950 **R** David Butler **B** Harry Clork, nach der Operette *No, No, Nanette* **K** Wilfrid M. Cline **M** Ray Heindorf **P** Warner Brothers **L** 97 Min., Farbe **D** Doris Day, Gordon McRae, Gene Nelson, Eve Arden, Billy de Wolfe

Dieser frühe Doris-Day-Film basiert auf dem erfolgreichen Broadway-Musical *No, No, Nanette* aus dem Jahr 1924. Das Skript wurde für die Kinoversion jedoch etwas umgeschrieben und um einige neue Songs ergänzt. Rasch erzählt ist die etwas banale Handlung. Doris Day verkörpert ein bühnenverrücktes Mädchen, das sich einer mittellosen Schauspieltruppe anschließt und ihren vermeintlich reichen Onkel bittet, Geld für die geplante Broadway-Show locker zu machen. Dieser allerdings hat den größten Teil seines Vermögens bei einer Börsenspekulation verloren. Natürlich lösen sich alle Komplikationen in Wohlgefallen auf, und das einstudierte Stück wird am Broadway ein wahrer Renner. Doris Day übernahm mit dem Part der Nanette zum ersten Mal in ihrer Karriere eine Hauptrolle und war auch erstmals tanzend auf der Leinwand zu bewundern. Mit ihrem Partner Gordon McRae arbeitete sie danach noch in drei weiteren Filmen zusammen. Obwohl *No, No, Nanette* bereits schon einmal 1930 und 1940 verfilmt worden war, erwies sich die 50er-Jahre-Version als die gelungenste und erfolgreichste. Doris Day singt mit Gor-don McRae unter anderem die Lieder *I Know That You Know*, *Tea for Two*, *I Want to Be Happy* und *Oh Me, Oh My.* jg

Bezwinger des Todes

Fate is the Hunter. USA 1964 **R** Ralph Nelson **B** Harrold Medford, nach dem Roman *Vom Schicksal gejagt* von Ernest K. Gann **K** Milton Krasner **M** Jerry Goldsmith **P** Arcola Pictures Corp. **L** 106 Min., Farbe **D** Glenn Ford, Nancy Kwan, Rod Taylor, Suzanne Pleshette, Jane Russell

Der Absturz eines zivilen Verkehrsflugzeuges, bei dem bis auf eine Stewardess alle Insassen ums Leben kommen, führt zu einer intensiven Suche nach der Ursache der Katastrophe durch den Flugdirektor McBane (Ford). Schon bald wird der Flugkapitän (Taylor) des Alkoholmißbrauchs verdächtigt, Ereignisse aus seinem Privatleben, die in Rückblenden erzählt werden, zeigen ihn als nicht immer ganz zuverlässigen Draufgänger. Erst die Wiederholung des Unglücksfluges bringt die überraschende Lösung und gleichzeitige Rehabilitation des Piloten. Massenware aus Hollywood, Routinearbeit für die Darsteller. dk

Die Bibel

La bibbia. Italien 1965 **R** John Huston **B** Christopher Fry **K** Giuseppe Rotunno **M** Toshiro Mayazumi **P** Dino de Laurentiis **L** 216 Min., Farbe **D** Michael Parks, Ulla Bergryd, John Huston, George C. Scott, Ava Gardner, Franco Nero, Stephen Boyd, Peter O´Toole

Die Verfilmung der Bibel konzentriert sich in diesem Mammutspektakel auf die Wiedergabe der ersten 22 Kapitel des Buches Genesis, angefangen bei der Schöpfungsgeschichte, über den Sündenfall, die Sintflut, dem Turmbau zu Babel, bis hin zur Opferung Isaaks.
Produzent Dino de Laurentiis war nichts zu teuer, um sein gewagtes Filmprojekt in die Tat umzusetzen. Allein die Errichtung der über 40 Meter hohen Fundamente des Turmes von Babel (der Rest ist Matte-Painting) verschlang eine Summe von 375.000 Dollar. Für die eindrucksvollen Sequenzen zu der Episode der Arche Noah sammelte sich auf dem Studiogelände von Cinecittà ein Privatzoo von über 300 Säugetieren und 1000 Vögeln an. Aus hunderten von Baustämmen wurde die Arche nachgebaut, die bei der Endfertigung eine Länge von fast 70 Metern und eine Breite von 20 Metern aufwies. 200.000 Dollar wurden schließlich noch einmal dafür aufgewendet, am Fuße des Ätnas die Ruinen von Sodom und Gomorrha zu errichten. Aller Pomp war letztendlich aber doch zuviel des Guten. *Die Bibel* bricht förmlich unter ihrer Gigantomanie zusammen; die Zahl der berühmten Schauspieler geht unter zwischen riesigen Kulissen und der Tausendschar der Statisten. Am überzeugendsten wirkt der Film in den mit recht einfachen Mitteln gestalteten Sequenzen von der Erschaffung der Erde. Mit einer parodistischen Note hat Huston erfreulicherweise die Figur des Noah angelegt, wobei er es sich nicht nehmen ließ, diese biblische Gestalt selbst zu verkörpern. An der Kinokasse lief der Film nur schleppend an und markierte durch seinen Mißerfolg auch das sich abzeichnende Ende der großen Monumentalfilme. jg

Der Biberpelz

Der Biberpelz. DDR 1949 **R** Erich Engels **B** Robert A. Stemmle, nach der Komödie von Gerhart Hauptmann **K** Bruno Mondi **M** Ernst Rothers **P** DEFA **L** 96 Min., s/w **D** Fita Benkhoff, Werner Hinz, Käthe Haack, Friedrich Gnass, Ingrid Rentsch

Beachtenswert an diesem frühen DEFA-Film ist das große Aufgebot bekannter Stars aus alter UFA-Zeit, die auch kurz nach der deutschen Teilung immer noch ihr Aufgabengebiet zwischen den Produktionsfirmen im Westteil des Landes und den neugegründeten DEFA-Studios von Neubabelsberg aufteilten. 1937 hatte Jürgen von Alten schon einmal das bekannte Bühnenstück von Gerhart Hauptmann verfilmt, dabei jedoch mehr die komödiantische Variante in den Vordergrund gestellt. Stemmles Version betont hingegen das sozialkritische Element, was auch dem Geist der literarischen Vorlage am nähsten kommt, die Hauptmann auch primär als Satire auf die Verhältnisse im wilhelminischen Deutschland angelegt hatte.
Im Mittelpunkt der Handlung steht die gewiefte Waschfrau Mutter Wolffen, die mit ihrer Lebensweisheit und geradlinigen Art sehr schnell zu erkennen versteht, daß nicht alle angeblich ehrbaren Bürger ihrer Umgebung dem äußeren Erscheinungsbild entsprechen.
Kirchliche Kritikerkreise fühlten sich mal wieder durch die etwas überzeichnete Darstellung eines dickleibigen Pastors und seiner aufgeputzten Gattin verunglimpft, bescheinigten der DEFA jedoch bezüglich ihrer Hauptmann-Verfilmung eine „beachtliche Leistung". jg

Die Bienenkönigin

Una storia moderna: L´ape regina/Le lit conjugal. Italien/Frankreich 1963 **R** Marco Ferreri **B** Goffredo Parise, Rafael Azcona, Marco Ferreri, Pasquale Festa Campanile, Massimo Franciosa, Diego Fabbri **K** Ennio Guarnieri **M** Teo Usuelli **P** Henryk Croscicki, Alfonso Sansone für Sancro Films/Fair Film (Rom), Cocinor/Les Films Marceau (Paris) **L** 90 Min., s/w **D** Marina Vlady, Ugo Tognazzi, Walter Giller, Riccardo Fellini

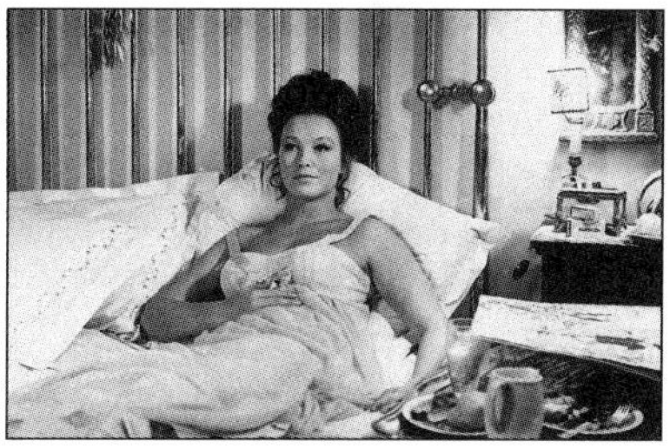

Auf Empfehlung seines Freundes Pater Mariano (Giller) heiratet der Junggeselle Alfonso die unbescholtene Klosterschülerin Regina (Vlady) und findet sich prompt in einer fast ausschließlich aus Frauen bestehenden Familie wieder. Doch den ehelichen Pflichten ist Alfonso nicht gewachsen, da sich Regina in sexueller Hinsicht als unersättlich erweist. Sie kennt nur ein Ziel: Ein Kind zu gebähren, und allein diesem Ziel dient ihre Ehe. Als Alfonso es nach großen Anstrengungen endlich geschafft hat einen Nachkommen zu zeugen, wird er, schon völlig geschwächt, vom Schlaf- ins Dienstbotenzimmer verlegt und fristet bei Fernsehen und Zeitung ein kümmerliches Dasein. Wie immer nimmt Ferreri in dieser boshaften Satire auf die zerbröckelnde Institution der Ehe bürgerliche (und katholische) Werte aufs Korn, die besonders in Italien noch Geltung haben. Er vergleicht die Verbindung von Mann und Frau mit einem Bienenstaat, in dem die Männchen, die Drohnen, nur einen Zweck erfüllen: die Fortpflanzung.
Der religiöse Hintergrund von Regina (was auf italienisch „Königin" bedeutet) und die Figur des Paters, dem Alfonsos voreheliche Amouren ein Dorn im Auge waren, repräsentieren die Kirche als bestimmenden gesellschaftlichen Faktor. Der Film endet mit

der Taufe des Neugeborenen, die Alfonso nicht mehr erlebt: Er stirbt einen Tag vor der Geburt.
Marina Vlady erhielt für ihre Rolle 1963 den Darstellerpreis in Cannes. al

Der Bienenkorb

La colmena. Spanien 1982 **R** Mario Camús **B** José Luis Dibildos, nach dem Roman von Camilo José Cela **K** Hans Burmann **M** Anton Garcia Abril **P** José Luis Dibildos für Agata Films **L** 112 Min., Farbe **D** Victoria Abril, José Sacristan, Francisco Algora, Ana Belen, Francisco Rabal

Der vierte Roman des spanischen Schriftstellers und Nobelpreisträgers Camilo José Cela entwickelte sich nach seinem Erscheinen in Argentinien 1951 (so umging der Autor die spanische Zensur) zum Bestseller, auch in seinem Heimatland. Wie in einem Bienenkorb läßt er etwa zweihundert Personen Revue passieren, deren gemeinsamer Treffpunkt und Anlaufstelle das Kaffeehaus „La delicia" („Das Vergnügen") ist. In dieser Gaststätte treffen sich im kalten Madrider Winter von 1942/43 die unterschiedlichsten Gestalten: Verhinderte Dichter, politisierende Studenten, Penner, Prostituierte, Spieler - sie alle kommen, um sich aufzuwärmen, um sich vielleicht einen Milchkaffee zu schnorren, um zu reden. Das Kaffeehaus dient Cela als Metapher für ein Land, in dem der Faschismus regiert, in dem während der Kriegsjahre Not und Armut herrschen und in dem sich die Menschen, meist jeder für sich, so durchschlagen.
Aus dieser Vorlage hat Mario Camús einen melancholischen, oft komischen Film gemacht, die Momentaufnahme einer Zeit, die unter Franco meist totgeschwiegen wurde. Der Regisseur hielt sich eng an den facettenhaften Aufbau des Romans, reduzierte aber die Zahl der auftretenden Personen auf etwa sechzig. Die bekanntesten Schauspieler Spaniens sind in mitunter winzigen Rollen zu sehen.
Die *Frankfurter Neue Presse* schrieb: „Ein unpathetischer und mitreißend menschlicher Film." *Der Bienenkorb* wurde mit internationalen Auszeichnungen nur so überschüttet, u.a. erhielt er den Goldenen Bären der Filmfestspiele Berlin 1983. al

Der Bienenzüchter

O melissokomos. Griechenland/Frankreich/Italien 1986 **R** Theo Angelopoulos **B** Theo Angelopoulos, Dimitris Nollas, Tonino Guerra **K** Giorgos Arvanitis **M** Hélène Kairandrou **P** Angelopulos für Greek Film Centre (Athen), Martin Karmitz Prod. (Paris), I.C.C./RAI/RAITRE/ERT1 (Rom) **L** 122 Min., Farbe **D** Marcello Mastroianni, Nadia Mourouzi, Serge Reggiani, Jenny Rousseau

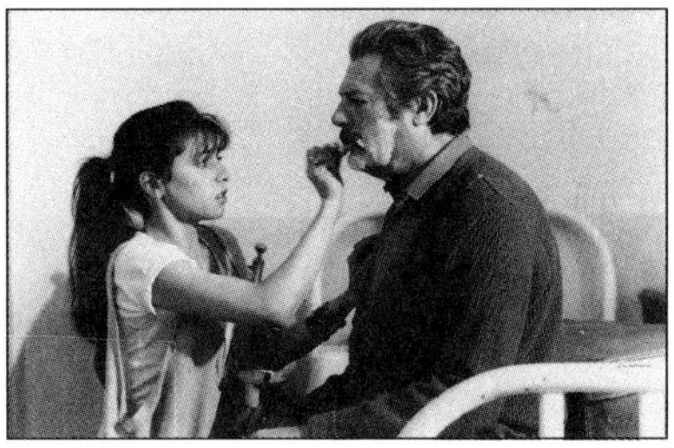

Der griechische Regisseur Theo Angelopoulos, bekannt als engagierter Chronist der Geschichte seines Landes, konzentriert sich hier mehr auf das Schicksal eines Einzelnen, des alten Bienenzüchters Spyros (Mastroianni). Der verläßt nach der Hochzeit seiner Tochter Heim und Familie und fährt mit seinen Bienenkörben gen Süden, wie jedes Jahr. Doch diesmal wird es eine Reise in den Tod. Spyros nimmt Abschied von seiner Heimat, den Stätten seiner Jugend, politischen Freunden. Als sich ihm ein junges Mädchen (Mourouzi) aufdrängt, erwacht in ihm noch einmal so etwas wie Leidenschaft und sie ist eine Zeitlang seine Begleiterin. Doch das Mädchen verläßt ihn wieder. Am Ende stürzt Spyros seine Bienenkörbe um und stirbt an den Stichen der Insekten.
Mit langen Einstellungen und bedächtigem Tempo läßt Angelopoulos das melancholische Porträt eines Mannes entstehen, der in einer modernen Welt keinen Platz für sich sieht. Das Griechenland, das er durchquert, ist düster, verregnet, trostlos - keine Spur von Urlaubsklischees. Mastroianni spielt diesen einsamen Spyros mit anrührender Traurigkeit. *tz*: „Eine elegische Ballade vom Lieben und Sterben... ein sperriges, sprödes Meisterwerk von atemberaubender Schönheit." al

Das Biest muß sterben

Que la bête meure. Frankreich/Italien 1969 **R** Claude Chabrol **B** Paul Gégauff, Claude Chabrol, nach dem Roman *The Beast Must Die* von Nicholas Blake **K** Jean Rabier **M** Pierre Jansen **P** André Génovès für Les Films La Boëtie (Paris), Rizzoli Film (Rom) **L** 112 Min., Farbe **D** Michel Duchaussoy, Caroline Cellier, Jean Yanne, Anouk Ferjac, Maurice Pialat

Charles (Duchaussoy), verwitweter Kinderbuchautor, schwört Rache, als sein neunjähriger Sohn von einem Unbekannten überfahren wird. Durch einen Zufall gerät er auf die Spur von Paul (Yanne), mit dessen Schwägerin Hélène (Cellier) und Sohn Philippe (Marc Di Napoli) er sich anfreundet. Die ganze Familie leidet unter Pauls Tyrannei und wünscht seinen Tod herbei. Doch der kommt Charles´ Plänen auf die Spur...
Chabrols Film ist wie ein Krimi aufgebaut, entzieht sich jedoch den Gesetzen dieses Genres, nicht zuletzt durch den Schluß, der offen läßt, ob Charles oder Philippe Paul getötet hat (er stirbt an Rattengift). Nicht so sehr die Aktionen der Figuren stehen im Mittelpunkt, sondern vielmehr die Reaktionen. Chabrol liefert hier eine detallierte Studie menschlicher, genauer gesagt, bürgerlicher Verhaltensstrukturen, ein Thema, das schon in einigen seiner vorangegangenen Filme wie DIE UNTREUE FRAU auftaucht und fast alle seine folgenden Werke bestimmen sollte.
Eine besondere Rolle in *Das Biest muß sterben* spielt eine Zeile aus Brahms *Vier ernste Gesänge*, denen auch der Titel entnommen ist: „Denn es gehet dem Menschen wie dem Vieh. Wie dies stirbt, so stirbt er auch..." Zu den Klängen dieses Musikstückes begibt sich Charles am Schluß in einem Boot aufs Meer: Er begeht Selbstmord.
Trotz seiner unbestreitbaren Qualität war der Film in der BRD nur im Fernsehen zu sehen. al

Big

Big. USA 1988 **R** Penny Marshall **B** Gary Ross, Anne Spielberg **K** Barry Sonnenfeld **M** Howard Shore **P** James L. Brooks, Robert Greenhut für Gracie Films **L** 102 Min., Farbe **D** Tom Hanks, Elizabeth Perkins, John Heard, Jared Rushton

Endlich groß sein und als Erwachsener alles machen können, was einem als 12jährigem versagt bleibt, das ist der größte Wunsch von Josh. Mit Hilfe einer Wunschmaschine auf dem örtlichen Rummelplatz geht Joshs Traum in Erfüllung: der Dreikäsehoch steckt eines Morgens im Körper eines ausgewachsenen Mannes. Bis auf seinen Schulfreund Billy mag aber niemand an dieses Wunder glauben, selbst die Mutter des Neu-Erwachsenen flieht vor dem vermeintlichen Unhold. Zurückwünschen geht nicht mehr, da der Jahrmarkt inzwischen weitergezogen ist. Bis Josh und Billy den neuen Standort der Wunschmaschine herausgefunden haben, muß sich Josh in seiner Erwachsenen-Haut zurechtfinden - und das tut er sehr erfolgreich.
Die Idee vom „Kind im Manne" wurde von Anne Spielberg (der Schwester von Regisseur Steven Spielberg) und Gary Ross nach ihrem gleichnamigen Fernsehspiel bearbeitet. Obwohl das Thema nicht neu war und ähnlich angesiedelte Filme (ENDLICH WIEDER 18, WIE DER VATER SO DER SOHN) sich kurz vorher am Markt nicht

durchsetzen konnten, übernahm die 20th Century-Fox die Produktion und den Verleih - mit überraschendem Erfolg. *Big* wurde 1988 der zweiterfolgreichste Sommerfilm hinter CROCODILE DUNDEE II und überrundete mit einem Einspielergebnis von über 60 Millionen Dollar in den ersten sechs Wochen sogar noch RAMBO III. dk

Big Boy, jetzt wirst du ein Mann

You're a Big Boy Now. USA 1966 **R** Francis Ford Coppola **B** Francis Ford Coppola, nach einem Roman von David Benedictus **K** Andy Laszlo **M** Bob Prince, The Lovin´ Spoonful **P** Phil Feldman für Seven Arts Prod. **L** 97 Min., Farbe **D** Elizabeth Hartman, Geraldine Page, Julie Harris, Peter Kastner, Rip Torn

Der neunzehnjährige Bernhard Chanticleer (Kastner) arbeitet in der New Yorker Volksbibliothek. Nach Meinung seines Vaters (Torn) ist Bernhard ein glatter Versager; es sei an der Zeit, daß der Junge endlich auf eigenen Füßen stehe. Unter lautstarken Protesten von Bernhards Mutter (Page) quartiert Mr. Chanticleer seinen Sohn in einem Logierhaus ein, das einer gewissen Miss Thing (Harris) gehört. Die Mutter gibt ihrem verhätschelten Sohn beim Abschied noch die strikte Anweisung, weder zu rauchen noch zu trinken und sich ja von den Mädchen fernzuhalten... Es folgt eine „verspielte, temporeich inszenierte Komödie über die Widersprüche zwischen Anpassung und Eigensinn, Realitäts- und Lustprinzip - mit satirischen Seitenhieben auf die Auswüchse des amerikanischen Matriarchats und den verknöcherten Moralismus der älteren Generation.“ *(film-dienst)*
Der siebenundzwanzigjährige Coppola bewies mit seinem Frühwerk nicht nur einen guten Blick für eine ausgezeichnete Besetzung, sondern stellte mit *Big Boy* auch seine imaginative Phantasie und seinen Mut zu formalen Experimenten unter Beweis. Der Film spielt mit visuellen Symbolen, zahlreichen Zitaten aus B-Pictures und Melodramen und vor allen Dingen auf eine bis dahin unbekannte Art und Weise mit den Moralvorstellungen in den USA der sechziger Jahre. dh

Big Jake

Big Jake. USA 1971 **R** George Sherman **B** Harry Julian Fink, R. M. Fink **K** William H. Clothier **M** Elmer Bernstein **P** Michael Wayne / Batjac / 20th Century-Fox **L** 110 Min., Farbe **D** John Wayne, Richard Boone, Maureen O´Hara, Patrick Wayne, Chris Mitchum, Bobby Vinton, Bruce Cabot

1963 hatte John Wayne zuletzt mit seiner bevorzugten Partnerin Maureen O´Hara in dem Western MACLINTOCK vor der Kamera gestanden. in *Big Jake* sollten die beiden das letzte Mal gemeinsam auftreten.
Die Handlung dieses Spätwestern spielt im Jahre 1909 - zu einer Zeit, in der vom legendären Wilden Westen nicht mehr viel übrig geblieben ist. Eine Gangsterbande entführt den Enkel des reichen Ranchers Big Jake, der daraufhin mit seinen zwei Söhnen zu einem Rachefeldzug aufbricht, in dessen Verlauf er sein Enkelkind befreien und die Bande exekutieren kann.
Big Jake könnte man eigentlich als eine Art Familienprojekt der Waynes bezeichnen. Neben ihrem berühmten Vater hatten auch die beiden Söhne Patrick und der kleine John Ethan Wayne (im Film verkörpert er noch Big Jakes Enkel) tragende Rollen übernommen. Für die Produktion zeichnete schließlich als dritter Sohn Michael Wayne verantwortlich.
Big Jake ist eine spannende und zugleich vergnügliche Westernballade, die das Motiv der Kindesentführung aus dem Ford-Klassiker RIO GRANDE aufgreift, die Thematik aber den Strömungen der 70er Jahre angleicht und statt der Indianer eine Gangsterbande als Entführer einsetzt. jg

The Big Red One

The Big Red One. USA 1979 **R** Samuel Fuller **B** Samuel Fuller **K** Adam Greenberg **M** Dana Kaproff **P** Gene Corman für Lorimar **L** 113 Min., Farbe **D** Lee Marvin, Mark Hamill, Robert Carradine, Siegfrid Rauch

Er galt als der König der B-Filme, Jean-Luc Godard gehörte zu seinen Fans, und seine Einstellung zum Filmemachen war eindeutig: „Film ist ein Schlachtfeld, Liebe, Haß, Gewalt, Action, Tod... in einem Wort: Emotion.“ Nach diesem Motto inszenierte Samuel Fuller auch *The Big Red One*, eine Produktion, für den ihm nach zehnjähriger Abwesenheit vom Filmgeschäft ein für damalige Verhältnisse großes Budget zur Verfügung stand.
Fuller greift auf seine eigenen Erfahrungen im 2. Weltkrieg, den er als Soldat und Berichterstatter miterlebte, zurück und erzählt die Geschichte der 1. amerikanischen Infanteriedivision, deren Markenzeichen eine rote Eins war. Unter der Führung eines kriegserfahrenen Sergeanten erleben vier junge Soldaten verschiedene Abschnitte des Krieges, die von Nordafrika, über die Landung in der Normandie, bis zum Kriegsende reichen. Gewalt und Tod kennzeichnen den gesamten Weg der Einheit, auch als der Krieg schon vorbei ist. Die einzelnen Episoden erscheinen ausschließlich aus der Perspektive der fünf Soldaten, ein zusätzlicher Erzähler liefert den historischen Hintergrund.
Genauso monströs wie das Buch war auch die ursprüngliche Fassung des Filmes, der von vier Stunden auf knapp zwei zusammengeschnitten werden mußte. Bei der Aufführung seines Filmes in Cannes stieß Fuller sowohl auf Kritik als auch auf Zustimmung. Angesprochen auf die ihm vorgeworfenen kriegsverherrlichenden Tendenzen verteidigte Fuller *The Big Red One* als den „vielleicht ersten Antikriegs-Film überhaupt“. dk

Big Trouble in Little China

Big Trouble in Little China. USA 1986 **R** John Carpenter **B** Gary Goldman, David Z. Weinstein **K** Dean Cundey **M** John Carpenter, Alan Howarth **P** Larry J. Franco für The Taft Entertainment Co./ 20th Century-Fox **L** 100 Min., Farbe **D** Kurt Russell, Kim Cattrall, Dennis Dun, James Hong, Victor Wong

Der Trucker Jack (Russell) gerät durch Zufall in das unter dem San Franciscoer Chinatown gelegene Imperium eines 2000 Jahre alten chinesischen Geistes (Wong), der unbedingt eine grünäugige Frau heiraten und töten muß, um Sterblichkeit zu erlangen. John Carpenter, der mit Filmen wie HALLOWEEN selbst Maßstäbe setzte, läuft mit diesem verworrenen Abenteuerfilm nun dem Trend hinterher. Offensichtlich inspiriert durch den Erfolg von Steven Spielbergs INDIANA JONES-Streifen führt Carpenter seinen bevorzugten Star Kurt Russell auf eine Achterbahnfahrt durch eine geheimnisvolle Phantasiewelt, begleitet von Kanadas Export Kim Cattrall, deren Figur (sie ist Anwältin) den originellen Namen Gracie Law trägt. Abgesehen von der Formelhaftigkeit des Unternehmens, die ja auch dem Vergnügen an Michael Douglas' AUF DER JAGD NACH DEM GRÜNEN DIAMANTEN keinen Abbruch tat, hat Carpenter keinen einheitlichen Film aus seinen vielen Zutaten gemacht, sondern statt dessen ein unzusammenhängendes Sammelsurium erfolgversprechender Elemente aus Genres wie dem Kung-Fu-, Fantasy- und Horrorfilm sowie der Komödie zusammengewürfelt. Zusätzlich zu den Regie-Schwächen, die in keiner Relation zum Aufwand an Geld, Menschen und Material stehen, von den wirklich gelungenen Special-Effects ganz zu schweigen, mangelt es Hauptdarsteller Kurt Russell an der lakonischen Präsenz eines Harrison Ford, die dieses ebenso atemwie ziellose Spektakel vielleicht zusammengehalten hätte. Die großen Hoffnungen der 20th Century-Fox in einen Kassenerfolg erfüllten sich jedoch nicht, und Carpenter begab sich mit seinem nächsten Werk FÜRSTEN DER DUNKELHEIT wieder auf vertrauteres Terrain. nn

Bigfoot und die Hendersons

Harry and the Hendersons. USA 1987 **R** William Dear **B** William Dear, William E. Martin, Ezra D. Rappaport **K** Allen Daviau **M** Bruce Broughton **P** Richard Vane, William Dear **L** 100 Min., Farbe **D** John Lithgow, Melinda Dillon, Margaret Langrick, Joshua Rudoy, Don Ameche

E. T. einmal anders herum. Diesmal ist der Fremdling, der in die amerikanische Kleinstadt-Idylle einbricht, kein kleinwüchsiger nackter Außerirdischer, sondern ein riesiges, behaartes Ungeheuer aus den Wäldern Nordamerikas. Dieser sogenannte „Bigfoot", das amerikanische Gegenstück zum Yeti, wird von der Familie Henderson bei einem Wochenendtrip angefahren. Die Hendersons nehmen das Ungetüm kurzerhand mit nach Hause, wo es sich bald als tolpatschige, aber gutmütige Spezies entpuppt. Der Bigfoot wird auf den Namen Harry getauft und in die Familie aufgenommen, wo er den Hendersons langsam eine neue Lebenseinstellung vermittelt. Doch als die Anwesenheit des „Monsters" publik wird, machen sich die Medien und Großwildjäger auf die Suche nach Harry. Die Story klingt nicht nur nach Steven Spielberg, sie ist in gewisser Weise auch sein Produkt. Mit seiner Firma „Amblin Entertainment", die so erfolgreiche Filme wie GREMLINS oder ZURÜCK IN DIE ZUKUNFT produzierte, beliefert Spielberg auch das amerikanische Fernsehen. Die TV-Serie *Amazing Stories* gab auch dem bis dahin nur in Werbefilmen erfahrenen William Dear die Chance für eine erste kleinere Regiearbeit. Die von Dear inszenierte Episode war sehr erfolgreich, und mit Spielbergs Hilfe konnte Dear seine Bigfoot-Idee in seinem Debütfilm verwirklichen. Trotz eines hervorragenden Stabes (Allen Daviau saß schon bei E.T. hinter der Kamera), blieb der erhoffte große Kassenerfolg aus, daran konnte auch die routinierte Inszenierung nach Spielberg´schem Vorbild nichts ändern. dk

Bigamie ist kein Vergnügen

Il bigamo. Italien/Frankreich 1956 **R** Luciano Emmer **B** Sergio Amidei, Age, Furio Scarpelli, Francesco Rosi, Vincenzo Talarico **K** Mario Montuori **M** Alessandro Cicognini **P** Royal Film (Rom), Filmel/Alba Film (Paris) **L** 100 Min., s/w **D** Marcello Mastroianni, Franca Valeri, Giovanna Ralli, Vittorio De Sica

Der glücklich verheiratete Handelsvertreter Mario (Mastroianni) gerät in Bedrängnis, als eine junge Frau (Valeri) behauptet, sie habe ihn bereits 1949 geehelicht! Mario, der seine Unschuld beteuert, wird der Bigamie bezichtigt und landet hinter Gittern. Ein schwatzhafter Rechtsanwalt (De Sica) rät ihm sich schuldig zu bekennen, um so Haftverschonung zu erlangen, doch damit sind die Schwierigkeiten noch lange nicht beendet. Luciano Emmer inszenierte ein ebenso amüsantes wie turbulentes Lustspiel um Ehe, Liebe und Eifersucht, in dem besonders Mastroianni als der geplagte Mario und Vittorio De Sica als selbstgefälliger Winkeladvokat, der die Verwirrung immer nur noch steigert, überzeugen. al

Das Bildnis des Dorian Gray

The Picture of Dorian Gray. USA 1945 **R** Albert Lewin **B** Albert Lewin, nach dem Roman von Oscar Wilde **K** Harry Stradling **M** Herbert Stothart **P** Metro-Goldwyn-Mayer **L** 115 Min., s/w **D** George Sanders, Hurd Hatfield, Donna Reed, Angela Lansbury, Peter Lawford

Ein junger schöner Lord ist besessen von dem Wunsch nach ewiger Jugend. Diese Sehnsucht erfüllt sich tatsächlich, und anstelle seines Körpers altert sein Porträt. Im Zuge seiner obsessiven Bemühungen alle Freuden und Laster des Lebens auszukosten, weist das Bildnis nach einiger Zeit entsetzliche Entstellungen auf, die der junge Aristokrat am Ende nicht mehr ertragen kann, so daß er auf das Gemälde einsticht und sich damit selbst umbringt.
Bis zum Jahr 1917 waren bereits in Dänemark, Deutschland, Rußland und England filmische Versuche entstanden, den berühmten Roman von Oscar Wilde für die Leinwand zu adaptieren. In den 30er Jahren, in denen der Trend zum gothischen Horrorfilm mit einer erstaunlich hohen Produktion zum Ausdruck kam, blieb die Geschichte jedoch unbeachtet. Metro-Goldwyn-Mayer verfilmte die Story des schönen Dorian Gray dann nach 25 Jahren erstmalig wieder in der Form eines Melodramas, in dem die Horrorelemente sehr zurückhaltend eingesetzt wurden. Für die Schlußsequenz allerdings ließ sich Regisseur Lewin einen besonderen Effekt einfallen. In dem Moment, als das abstoßende, von Ivan Albright gemalte Bild, enthüllt wird, wechselt der in Schwarzweiß gedrehte Film für ein paar Sekunden in Farbe über. Diese wohl ganz gut gemeinte Spielerei verbreitete allerdings nicht die erwartete grauenhafte Überraschung, die in sie gesetzt wurde. Dennoch erregte der Film wegen seiner schauspielerischen und kameratechnischen Gestaltung Aufsehen. Angela Lansbury wurde für die Kategorie der „Besten weiblichen Nebenrolle" nominiert, ebenso das Team von Cedric Gibbons und Hans Peter für die Ausstattung. Harry Stradlings Kameraarbeit erhielt den Oscar. jg

Das Bildnis des Dorian Gray

Das Bildnis des Dorian Gray. BRD/Italien 1969 **R** Massimo Dallamano **B** Massimo Dallamano, Marcello Coscia, Günter Ebert, nach dem Roman von Oscar Wilde **K** Otello Spila **M** Peppino de Luca, Carlo Pes **P** Terra / Sargon **L** 93 Min., Farbe **D** Helmut Berger, Herbert Lom, Marie Liljedahl, Richard Todd, Maria Rohm

Die zweite populäre Verfilmung des Oscar-Wilde-Romans schwamm - bedingt durch die Ära der zu Ende gehenden 60er Jahre - auf der losbrechenden Sexwelle munter hüpfend mit und war vor allem darauf angelegt, die verruchte Schönheit Helmut Bergers einzufangen. Die Geschichte spielt dementsprechend auch nicht mehr im düsteren viktorianischen England, sondern in der geleckten Welt der oberen Zehntausend. Kunsthändler Wotton will nicht nur ein Bild von Dorian Gray besitzen, sondern auch diesen selbst. Helmut Berger - eine Mischung aus Playboy und Jet-Setter - wird nun ausgiebig Gelegenheit gegeben, zumeist unbekleidet oder mit nacktem Oberkörper, leger mit Halstuch angetan, den vielfältigen Perversionen dieser Welt zu frönen.
Mit Oscar Wildes Vorlage hat diese Verfilmung dabei nur noch wenig gemeinsam. Zu sehr dominieren die spekulativen Sexszenen und der Versuch, das Kinopublikum durch aufdringliche Ausstattungen und Requisiten zu beeindrucken. „Das Ganze wurde in einem Stil verfilmt, der eine Mischung aus Zigarettenreklame, Body-Building, Kolle-Streifen und einem Schuß *Aktenzeichen XY...-ungelöst* darstellt." (*Evangelischer Filmbeobachter*) jg

Bildnis einer Unbekannten

Bildnis einer Unbekannten. BRD 1954 **R** Helmut Käutner **B** Hans Jacoby, Helmut Käutner **K**

Werner Krien **M** Franz Grothe **P** Sirius **L** 100 Min., s/w **D** O. W. Fischer, Ruth Leuwerik, Erika Schellow, Albrecht Schoenhals, Irene von Meyendorff

1937 hatten sich O. W. Fischer und Helmut Käutner an den Münchener Kammerspielen kennengelernt. Die Dreharbeiten zu *Bildnis einer Unbekannten* sollten nicht ohne Spannungen verlaufen. Bereits am zweiten Tag bemerkte Fischer: „Zwei Genies in einem Film - ob das gutgeht?", was Käutner zu der Antwort veranlaßte: „Wieso zwei? Außer mir seh´ ich keines!"
Fischer spielt in dieser gefühlsbetonten Liebesgeschichte einen Maler, der während einer Opernvorführung auf eine schöne Frau (Leuwerik) aufmerksam wird, sie rasch zeichnet und die Skizze später in einem Aktgemälde verwendet, was zu einem gesellschaftlichen Skandal führt, denn die besagte Dame ist die Gattin eines hochrangigen Diplomaten. Um der Karriere ihres Mannes nicht weiter im Wege zu stehen, sagt sich die unschuldig in Verruf Gekommene von ihm los und findet ihr Glück bei dem Maler, der ihre gesellschaftliche Stellung ramponiert hat.
Käutners Film entstand an internationalen Schauplätzen wie Paris, Madrid und Bayreuth und stellte dem Publikum mit O. W. Fischer und Ruth Leuwerik ein neues Traumpaar im deutschen Nachkriegskino vor. Noch im selben Jahr standen die beiden des weiteren in Käutners LUDWIG II. gemeinsam vor der Kamera. jg

Bilitis

Bilitis. Frankreich 1976 **R** David Hamilton **B** Catherine Breillat, Robert Boussinot, Jacques Nahum, nach *Les Chansons de Bilitis* von Pierre Louys **K** Bernard Daillencourt **M** Francis Lai **P** DILM 21/M.I.P. für Ectafilms **L** 95 Min., Farbe **D** Patti d´Arbanville, Mona Kristensen, Bernard Giraudeau, Gilles Kohler, Mathieu Carrière

Das Regie-Debüt vom „König des Weichzeichners" spielt, wie könnte es auch anders sein, in einem Mädcheninternat. Hier hat die Protagonistin Bilitis (d´Arbanville) mit den Irrungen und Wirrungen der Pubertät zu kämpfen. Das wiederholte Auftreten des Fotografen (!) Lucas (Giraudeau) verwirrt das Mädchen aufs äußerste, doch damit nicht genug: die Sommerferien verbringt sie bei einem befreundeten Ehepaar - Nikias und Melissa (Carrière, Kristensen) - in St. Tropez. Die Heranwachsende wird schockierte Zeugin des heterosexuellen Alltags, während sie gleichzeitig versucht, die Freundschaft zu Lucas auf einer möglichst platonischen Ebene zu gestalten. Ihr Zärtlichkeitsbedürfnis wird derweil von Melissa gestillt, zumal deren wenig zärtlicher Gatte gerade in Monte Carlo weilt. Schließlich muß Bilitis noch Lucas an ihre Bettgenossin abtreten und kann nun endlich erwachsen werden.
Die recht substanzlose Geschichte wird auch durch die ambitionierte Kameraarbeit von Bernard Daillencourt, der nichts unversucht läßt, dem fotografischen Schaffen des Regisseurs gleichzukommen, nicht interessanter; es sei denn, man mag „junge Mädchen im Internat: der Charme jungfräulicher Schönheit, der Zauber des Unberührten, das Geheimnis des Unausgesprochenen." (Pressemitteilung) dh

Bill McKay - Der Kandidat

The Candidate. USA 1972 **R** Michael Ritchie **B** Jeremy Larner **K** Victor J. Kemper **M** John Rubinstein **P** Walter Coblenz für Redford-Ritchie-Production **L** 110 Min., Farbe **D** Robert Redford, Peter Boyle, Melvyn Douglas, Don Porter, Allen Garfield

Wahlkampfzeiten sind in der ganzen Welt geprägt von Fernsehterminen, Händeschütteln und immer lächelnden Kandidaten. Doch wohl nirgends wird um die Gunst des Wählers so professionell und showmäßig gekämpft wie in den Vereinigten Staaten. Das muß auch Bill McKay bald erkennen. Als junger, dynamischer und gutaussehender Rechtsanwalt scheint er der ideale Kandidat, um sich an der Spitze der Demokraten um das Amt des Gouverneurs von Kalifornien zu bewerben.
Doch Bills Idealismus, der seine Wähler mit Argumenten anstelle von Emotionen gewinnen will, hält dem Wahlkampfstreß nicht lange Stand. Die bis ins Detail geplante Strategie seiner Manager läßt nicht viel Raum für Ehrlichkeit und Fairneß, und um den Posten des Gouverneurs zu gewinnen, läßt der Rechtsanwalt Stück für Stück seine Prinzipien fallen.
Ein Film, der von seiner Detailtreue, dem Tempo und einem hervorragenden Robert Redford lebt. Drehbuchautor Larner und Regisseur Ritchie sind selbst intime Kenner der Szene: Larner schrieb 1968 Reden für Senator McCarthy, Ritchie inszenierte 1970 Fernseh-Auftritte für einen Anwärter auf das kalifornische Senatorenamt. dk

Billy the Kid - Einer muß dran glauben

The Left Handed Gun. USA 1958 **R** Arthur Penn **B** Leslie Stevens, nach dem Fernsehspiel *The Death of Billy the Kid* von Gore Vidal **K** J. Peverell Marley **M** Alexander Courage **P** Buck Jones für Warner Bros. **L** 102 Min., s/w **D** Paul Newman, Lita Milan, John Dehner, Hurd Hatfield, James Congdon

Schon drei Jahre zuvor inszenierte Arthur Penn den Stoff nach einer Vorlage von Gore Vidal für das amerikanische Fernsehen, bevor er in seiner ersten eigenverantwortlichen Regiearbeit für das Kino den Mythos von Billy the Kid kritisch durchleuchtete.
Paul Newman in der Rolle des Billy (the Kid) Bonney macht sich mit einigen Gefährten daran, den gewaltsamen Tod eines Ranchers zu rächen. Dabei begegnet er dem Sheriff Pat Garrett (Dehner), doch obwohl sich die zwei Männer anfreunden, zwingt sie die immer weiter eskalierende Gewalt dazu, zu Feinden zu werden. Nachdem Billy den letzten Mörder des Ranchers getötet hat, stirbt er selbst durch eine Kugel von Garrett.
Eine eindrucksvolle Darstellung des jungen Paul Newman und zugleich eine schonungslose Abrechnung mit dem verklärten Helden-Status von Billy the Kid. Anstelle des ehrenhaften Rächers spielt Newman einen fast neurotischen kleinen Killer, eine Rolle, für die sogar James Dean im Gespräch war, bevor er bei einem Autounfall ums Leben kam. Die Darstellung des psychopathischen Anti-Helden bescherte Newman sowohl harsche Kritik als auch anerkennendes Lob; an den Kinokassen floppte der Film, zu sehr widersprach er den bis dahin gängigen Western-Idealen. dk

Bird

Bird. USA 1988 **R** Clint Eastwood **B** Joel Oliansky **K** Jack N. Green **P** Clint Eastwood für Malpaso Prod./Warner Bros. **L** 161 Min., Farbe **D** Forest Whitaker, Diane Venora, Michael Zelniker, Samuel E. Wright

Mit schöner Regelmäßigkeit wendet sich Rauhbein und Action-Held Clint Eastwood, der sich in diesem Metier auch Regie-Sporen erworben hat, von seinen Kommerzvehikeln ab und dreht einen „persönlichen" Film.
So auch mit dieser Biographie des legendären Saxophonisten Charlie „Bird" Parker, der Anfang der 40er Jahre die Jazz-Geschichte revolutionierte und einen neuen Sound kreierte - den Bebop. Der Film verfolgt den

Werdegang des jungen Musikers, seine Begegnungen mit Jazz-Größen wie Dizzy Gillespie und seine stürmische Beziehung zu seiner zweiten Frau Chan (Venora). Aufgefächert in eine komplizierte Rückblendenstruktur entsteht ein differenziertes Bild des Künstlers, der 1955 im Alter von erst 34 Jahren starb. Die Konflikte und Tragödien seines kurzen Lebens - Parker war schon mit fünfzehn drogen-und alkoholabhängig - läßt der Film nicht aus, aber er vermeidet alle Klischees vom selbstzerstörerischen, unverstandenen Künstler und liefert eine intelligente, liebevolle Verbeugung vor dem Talent und der Musik eines genialen Musikers.
Der Film wurde von der internationalen Kritik sehr positiv aufgenommen und etablierte Eastwood, laut TIME als „einen der großen amerikanischen Regisseure". Der Regisseur hat übrigens in den 50er Jahren selbst als Jugendlicher in einer Band gespielt (Flügelhorn) und war in Kneipen aufgetreten.
Die Präsentation der Original-Aufnahmen stellte ein besonderes Problem dar, da sie natürlich nicht heutigen Klang-Standards entsprechen. Mit Hilfe einer komplizierten Sample-Technik versuchten der für die Musik-Überwachung zuständige Lennie Niehaus und sein Team, Parkers Instrument aus den alten Aufnahmen herauszufiltern und es dann in einem neu eingespielten Arrangement einzusetzen. Bei diesen Sessions waren Musiker dabei, die dreißig Jahre früher noch selbst mit Parker aufgetreten waren. al

Birdy

Birdy. USA 1985 **R** Alan Parker **B** Sandy Kroopf, Jack Behr, nach einem Roman von William Wharton **K** Michael Seresin **M** Peter Gabriel **P** Tri-Star Delphi 3 **L** 120 Min., Farbe **D** Matthew Modine, Nicolas Cage, John Harkins, Sandy Baron, Karen Young

Alan Parker beschreibt in *Birdy* eine der ehrlichsten und rührendsten Männerfreundschaften, die je im Hollywood-Kino gezeigt wurde. Es ist aber auch die Geschichte des Vietnam-Krieges, der diese Freundschaft beinahe zerstört. In Rückblenden weiht Parker den Zuschauer in die Vergangenheit der beiden Protagonisten ein. Al (Cage), im Fernen Osten zum Krüppel geschossen, besucht Birdy (Modine), der aufgrund seiner Kriegserlebnisse in eine geschlossene Anstalt eingeliefert werden mußte. Beide waren früher miteinander befreundet, wobei sich Birdy etwas von den anderen Jungens unterschied, denn ihn interessierten weder Mädchen noch Autos; er ist vernarrt in Vögel und will auch am liebsten einer sein. Durch seine liebevolle Zuneigung gelingt es Al, Birdy aus der psychischen Isolation zu befreien.
Die wohl packendsten Momente weist der Film in den Szenen auf, in denen Birdy in seinen Visionen zu fliegen beginnt und sich die Kamera aus der Vogelperspektive völlig entfesselt durch das Fenster über die schmutzigen Hinterhöfe und Gärten der trostlosen Vorstadt bewegt. Matthew Modine und Nicolas Cage brillieren durch ihre sensible und anrührende Darstellung. Gefallen besonders die Handlungsstränge, in denen Cage und Modine in skurillen und komischen, später durchweg stillen Szenen eingefangen werden, so stören im Gegenzug die etwas zu aufgesetzt wirkenden Sequenzen aus dem Vietnam-Krieg. „Zurück bliebt ein widersprüchliches Amerika-Bild, gefangen in der Perfektion des Kinos, seiner manchmal exaltierten Erzählform, aber auch im intensiven Ausdruck der hier gefundenen Bilder, die sich nicht erschöpfen, sondern einen ungeklärten Rest lassen." (*Frankfurter Rundschau*) jg

Bis aufs Messer

The Skin Game. Großbritannien 1931 **R** Alfred Hitchcock **B** Alfred Hitchcock, Alma Reville, nach dem Stück von John Galsworthy **K** Jack Cox, Charles Martin **P** John Maxwell / British International Pictures **L** 85 Min., s/w **D** Edmund Gwenn, Jill Esmond, John Longden, C. V. France, Helen Haye, Phyllis Konstam, Frank Lawton

Bis aufs Messer wurde von Hitchcock selbst als eines seiner untypischsten Werke angesehen. „Ich habe mir das Thema nicht ausgesucht, und ich habe auch nichts dazu zu sagen", lautete seine spätere Stellungnahme. Das Stück war bereits 1920 in London zur Aufführung gelangt und schildert den fanatisch ausgefochtenen Kampf zweier Familien (alteingesessener Landadel gegen neureiche Emporkömmlinge) um ein Stück Land. Schon das Drama war überaus dialogreich und wurde wohl auch nur deswegen verfilmt, um mit dem massiven Gebrauch der Sprache die Innovation des Tonfilms zu demonstrieren. Für die von Hitchcock so gern angewandten Kamerakapriolen blieb da wenig Raum. „Man drehte langsamer und dachte mehr an ein internationales Publikum. Oft wurden mehrere Fassungen gedreht. Die Filme waren sehr teuer....Wir drehten mit vier Kameras und einem einzigen Tonband, weil man den Ton noch nicht schneiden konnte", erinnerte er sich. Zu Beginn der Dreharbeiten bekam Hitchcock die Gelegenheit, John Galsworthy, den Autor des Stückes, persönlich kennenzulernen, doch das Wochenende, zu dem ihn der Dichter in sein Landhaus eingeladen hatte, mündete in einem Eklat, da Galsworthy permanent die Gesprächsthemen diktierte, was sich Hitchcock nicht gefallen ließ. jg

Bis das Blut gefriert

The Haunting. USA 1963 **R** Robert Wise **B** Nelson Gidding, nach dem Roman *The Haunting of Hill House* von Shirley Jackson **K** Davis Boulton **M** Humphrey Searle **P** Robert Wise für Argyle Prod./ MGM **L** 112 Min., s/w **D** Julie Harris, Claire Bloom, Richard Johnson, Russ Tamblyn, Lois Maxwell, Fay Compton

Auf dem Anwesen Villa Hill House in Neu-England soll angeblich ein Fluch liegen. Diesen Gerüchten will Anthropologie-Experte Dr. John Markway (Johnson) nachgehen. Unterstützt wird er von zwei Frauen, Eleanor (Harris) und Theodora (Bloom), die Erfahrungen mit übernatürlichen Kräften gesammelt haben. Der zukünftige Erbe des Anwesens (Tamblyn) schließt sich der Gruppe an, da er hofft, das Haus für einen hohen Preis verkaufen zu können. Tatsächlich wird das Quartett mit unerklärlichen Phänomenen konfrontiert.
Nach seinem triumphalen Erfolg mit WEST SIDE STORY kehrte Robert Wise in das Genre zurück, in dem er mit *The Curse of the Cat People* (1944) seinen ersten Gehversuch als Regisseur unternahm: den Horrorfilm. Wie auch der frühere Film ist *Bis das Blut gefriert* ganz vom Atmosphärischen her entwickelt. Obwohl weder Köpfe rollen, noch Blut spritzt und keinerlei Gewalttätigkeiten zu beobachten sind (bis auf den Autounfall am Schluß), schafft Wise ein Klima der ständigen Bedrohung und des Grauens, das den damaligen Kinobesuchern die Haare zu Berge stehen ließ. Dieser Schrecken wird nur durch Kameraeinstellungen, den Schnitt sowie äußerst wirkungsvolle Toneffekte erzielt. Die Darsteller tun ihr übriges, allen voran Julie Harris in ihrer Paraderolle als schüchterner, aber unruhiger Geist, und Claire Bloom als zynische, doch nicht weniger ängstliche Lesbe.
Ein nervenzerrendes Meisterstück von Robert Wise, der sich hiernach leider auf anspruchslose Großproduktionen konzentrierte. nn

Bis die Wolken vorüberzieh´n

Till the Clouds Roll By. USA 1946 **R** Richard Whorf **B** Myles Connolly, Jean Holloway, Guy Bolton, George Wells **K** Harry Stradling, George Folsey **M** Jerome Kern (Songs); Conrad Salinger, Lennie Hayton, Roger Edens (Score) **P** Arthur Freed für MGM **L** 125 Min. (Originalfassung 137 Min.), Farbe **D** Robert Walker, Van Heflin, Lucille Bremer, Dorothy Patrick; als Gäste u.a. Judy Garland, Lena Horne, Kathryn Grayson, Dinah Shore, June Allyson, Frank Sinatra, Angela Lansbury, Cyd Charisse

Eine farbenprächtige Musical-"Biographie" über Jerome Kern, den 1945 verstorbenen legendären Komponisten, die mit der Wirklichkeit etwa soviel zu tun hat wie die Cole-Porter-Biographie TAG UND NACHT DENK ICH AN DICH. Abgesehen davon,

daß Kerns Leben offenbar frei war von jeglichen dramatischen oder tragischen Ereignissen, bietet diese MGM-Glamour-Produktion so ziemlich alles auf, was das amerikanische Show-Business jener Zeit zu bieten hatte.
Der Film beginnt im Jahre 1927, kurz vor der Uraufführung von Jerome Kerns Durchbruch mit *Show Boat*, das als erstes Musical überhaupt gilt. Der Komponist (Walker) erinnert sich in Rückblenden an seine Anfänge als Song-Schreiber, seine ersten Erfolge in England, seine Heirat und seine Rückkehr in die Staaten.
Wichtiger als diese beliebige Story sind die zahlreichen Musiknummern (fast zwei Dutzend) von Kerns berühmtesten Songs, die von Robert Alton und Vincente Minnelli in Szene gesetzt wurden - letzterer war für die drei Nummern seiner damaligen Frau Judy Garland verantwortlich. Musikalische Höhepunkte sind das von Angela Lansbury gesungene *How D'Ya Like to Spoon with Me?*, Lena Hornes *Why Was I Born?* und Garlands *Look for the Silver Lining*. al

Bis unter die Haut

Les parias de la gloire/Disperati della gloria. Frankreich/Italien/Spanien 1963 **R** Henri Decoin **B** Roger Delpey **K** Frédéric G. Larraya **M** Marc Lanjean **P** Paris-France/Marly/Ocean/Sagittario **L** 99 Min., Farbe **D** Curd Jürgens, Maurice Ronet, Folco Lulli, German Cobos, Roland Lesaffre

Der „normannische Kleiderschrank" Curd Jürgens in einer eher durchschnittlichen Produktion, die voll auf Jürgens' Filmimage als deutscher Offizier ausgelegt ist.
Als der Franzose André Ferrier miterleben muß, wie sein Bruder im 2. Weltkrieg von einem Deutschen erschossen wird, entwickelt er einen unbändigen Deutschenhaß. Jahre später begegnet Ferrier in Indochina ausgerechnet dem Mörder seines Bruders. Beide sitzen in einem belagerten Stützpunkt fest, können sich somit nicht aus dem Wege gehen und leben in ständiger Spannung. Gelöst wird der Konflikt in diesem eher oberflächlichen Kriegsfilm durch den „ehrenhaften" Tod beider Soldaten, als sie sich bei einem Angriff auf die Festung gegenseitig zu retten versuchen. dk

Bis wir uns wiedersehen

Bis wir uns wiedersehen. BRD 1952 **R** Gustav Ucicky **B** Johanna Sibelius, Eberhard Keindorff **K** Günther Anders, Hannes Staudinger **M** Lothar Brühne, Paul Burkhard **P** Luggi Waldleitner/Roxy **L** 84 Min., s/w **D** Maria Schell, O. W. Fischer, Karl Ludwig Diehl, Kurt Meisel, Margarete Haagen

„Maria Schells rührendes Gesicht, ihr ausdauerndes Madonnenlächeln und ihr fragiles Figürchen, zum zweitenmal im deutschen Film schon der Schwindsucht ausgesetzt, ist reizvoll zu betrachten", schrieb ein Kritiker nach der Premiere des Films. In der Tat lief Maria Schell Gefahr, im deutschen Kino auf die Rolle der Todkranken getrimmt zu werden, wie dies schon in DR. HOLL der Fall gewesen war.
In *Bis wir uns wiedersehen* spielt sie eine an einer Lungenkrankheit leidende Ballett-Elevin, die sich in einen windigen Abenteurer verliebt und sich nach erfolgloser Kur dazu entschließt, mit ihm ein neues Leben zu beginnen. Dazu kommt es jedoch nicht mehr, denn vorher wird ihr Liebster von der Polizei erschossen.
Gustav Ucicky, der während des Dritten Reichs zu denjenigen Regisseuren gehörte, die am unverhohlensten der braunen Ideologie huldigten, drehte ein flaches, geschmackloses Melodrama, das selbst mit seiner großartigen Besetzung an den Kinokassen ein Flop wurde. Das Autorenpaar Johanna Sibelius und Eberhard Keindorff distanzierte sich von dem Endprodukt und ließ vor der Premiere sein Original-Drehbuch an die Presse verteilen, um zu zeigen, wie wenig Ucicky von dem eigentlichen Skript in die Endfassung des Filmes übernommen hatte. jg

Bis zum letzten Atemzug

Only the Valiant. USA 1951 **R** Gordon Douglas **B** Edmund H. North, Harry Brown, nach einer Erzählung von Charles Marquis Warren **K** Lionel Lindon **M** Franz Waxman **P** William Cagney für Warner Bros. **L** 105 Min., s/w **D** Gregory Peck, Barbara Payton, Ward Bond, Gig Young, Lon Chaney, Neville Brand

Gegen seinen Willen bekam Gregory Peck die Rolle des überdisziplinierten Kavallerieoffiziers zugeschoben, und auch nach Beendigung der Dreharbeiten konnte sich Peck mit der durchschnittlichen Geschichte nicht anfreunden und fürchtete um seinen schauspielerischen Ruf. Da Peck jedoch bei David O. Selznick, Hollywoods damaligem Groß-Produzenten, unter Vertrag stand, konnte er gegen seine kurzzeitige „Vermietung" nichts ausrichten. Selznick, durch zwei Flops finanziell schwer angeschlagen, verlieh seinen Top-Star für diese Produktion kurzerhand an die Konkurrenz der Gebrüder Warner und kassierte dafür 150.000 Dollar. Mit seiner Abneigung gegen das Script sollte Peck recht behalten, die Kritik fand diesen Western eher enttäuschend, erkannte aber gleichzeitig die ordentliche Leistung des Hauptdarstellers an, der den Film damit vor dem absoluten Untergang bewahrte.
Captain Richard Lance (Peck) soll einen strategisch wichtigen Pass gegen die Apachen verteidigen. Der Pass führt direkt zum schwach besetzten Fort, und Lance soll ihn solange verteidigen, bis die angekündigte Verstärkung eingetroffen ist. Für diese Mission wählt der Captain eine Handvoll Männer aus, wobei es neben der ohnehin angespannten Situation zusätzlich noch zwischen ihm und einem Untergebenen zu Rivalitäten um die Gunst einer Frau kommt. dk

Bis zum letzten Atemzug

The Deadly Trackers. USA 1973 **R** Barry Shear **B** Lukas Heller **K** Gabriel Torres **M** Fred Steiner **P** Fouad Said **L** 105 Min., Farbe **D** Richard Harris, Rod Taylor, Al Lettieri, Neville Brand, William Smith

Sheriff Sean Kilpatrick (Harris) sorgt in der texanischen Grenzstadt Santa Rosa ganz ohne Waffengewalt für Recht und Ordnung. Als eine Bande skrupelloser Outlaws die Bank des kleinen Städtchens plündert, scheint es zuerst so, als ob der friedliebende Ordnungshüter auch diesmal die Gangster in eine Falle lockt, ohne dabei eine Patrone abzufeuern. Als Frank Brand (Taylor), der Boß der Bankräuber, auf seiner Flucht allerdings Kilpatricks Frau und Sohn umbringt, gibt der Sheriff seine pazifistische Gesinnung auf und betätigt sich fortan als gnadenloser Rächer.
Das ursprüngliche Drehbuch zu diesem Film stammte von Altmeister Samuel Fuller, der auch 1972 unter dem Titel „Riata" mit den Dreharbeiten begann. Spannungen zwischen Fuller und seinem Hauptdarsteller Richard Harris führten dazu, daß die Dreharbeiten nach einigen Wochen abgebrochen wurden, obwohl man schon mehr als 1 Million Dollar ausgegeben hatte. Daraufhin wurde der gesamte Film völlig überarbeitet, Lukas Heller lieferte ein neues Script, die gesamte Produktion wurde nach Mexiko verlagert und Barry Shear drehte *The Deadly Trackers* ab, ohne eine einzige Szene von Fullers Material zu verwenden. dk

Bis zum letzten Mann

Fort Apache. USA 1948 **R** John Ford **B** Frank S. Nugent, nach der Erzählung *Massacre* von James Warner Bellah **K** Archie Stout **M** Richard Hageman **P** John Ford, Merian C. Cooper / Argosy **L** 127 Min., s/w **D** John Wayne, Henry Fonda, Shirley Temple, Pedro Armendariz, John Agar, Ward Bond, Irene Rich, George O'Brien, Anna Lee, Victor McLaglen

Bis zum letzten Mann war der erste Film in John Fords sogenannter Kavallerietrilogie, dem sich in den folgenden Jahren RIO GRANDE und DER TEUFELSHAUPTMANN anschlossen.
In der Figur des verbitterten Colonels Owen Thursday ist Henry Fonda zu sehen. Er erhält die undankbare Aufgabe in Arizona die Leitung eines Wüstenforts zu übernehmen. Dort hat er gegen die alteingesessene Besatzung - allesamt Veteranen aus den Indianerkriegen - einen schweren Stand. Thursday provoziert eine Auseinandersetzung mit den Indianern, die ihn und den meisten seiner Männer das Leben kostet.
Fords Film ist eine gewagte zynische Abrechnung mit falschen Heldenbegriffen und mythischer Legendenbildung, die nur deshalb aufrecht erhalten wird, um das Bild des standhaften US-Colonels keiner kritischen Befragung unterwerfen zu müssen.
Ganz in diesem Sinne antwortet auch John Wayne als Captain York auf die Fragen von Journalisten: „Nie ist ein Mann tapferer gestorben. Und nie hat ein Mann seinem Regiment mehr Ehre getan." *Bis zum letzten Mann* ist Fords frühe Auseinandersetzung mit dem Motiv von Wahrheit, Legende und dem Nutzen von Mythos, das er 1962 mit DER MANN, DER LIBERTY VALANCE ER-SCHOSS noch wesentlich konkretisierte.
jg

Bis zur bitteren Neige

Bis zur bitteren Neige. BRD 1975 **R** Gerd Oswald **B** Manfred Purzer, nach dem Roman von Johannes Mario Simmel **K** Charley Steinberger **M** Klaus Doldinger **P** Luggi Waldleitner - Roxy / GGB 1. KG / Wien Film **L** 105 Min., Farbe **D** Maurice Ronet, Suzy Kendall, Susanne Uhlen, Christine Wodetzky, Karl Renar, Ferdy Mayne, Rudolf Fernau

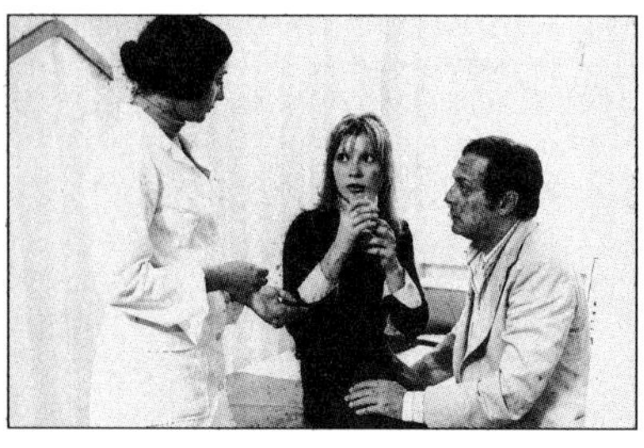

Mitte der 70er Jahre ebbte die erfolgreiche Welle der Simmel-Verfilmungen abrupt ab. In Bezug auf den Stab wurde diese Entwicklung vor allem durch das Ausscheiden von Alfred Vohrer deutlich, der bis auf zwei Ausnahmen die Serie durch seine Regie mitgestaltet hatte.
Die Simmel-Reihe fand 1976 mit LIEB´ VATERLAND MAGST RUHIG SEIN in der Inszenierung von Roland Klick ein vorläufiges Ende. Für *Bis zur bitteren Neige* war Gerd Oswald eingesprungen, nachdem es Vohrer vorgezogen hatte, lieber für die neu anbrechende Welle der Heimatfilme tätig zu sein. Oswald hatte in den 50er und 60er Jahren bereits als Regisseur in Hollywood gearbeitet und war für seine routinierte Herangehensweise bekannt. Formal konnte jedoch auch er diesem Simmel-Film kein eigenes künstlerisches Markenzeichen aufdrücken.
In der Handlung treten diesmal die Thriller-Effekte zugunsten der melodramatischen Aspekte zurück. Maurice Ronet spielt einen ehemaligen Hollywood-Schauspieler, der durch die Heirat mit einer schönen, aber kühlen und berechnenden Frau zum Trinker herabgesunken ist. Durch seine Stieftochter faßt er neuen Mut und den Wunsch, in seinen Beruf zurückzukehren, was seine Ehefrau mit allen ihr zur Verfügung stehenden Mitteln zu verhindern versucht.
jg

Bismarck

Bismarck. Deutschland 1940 **R** Wolfgang Liebeneiner **B** Rolf Lauckner, Wolfgang Liebeneiner **K** Bruno Mondi **M** Norbert Schultze **P** Heinrich Jonen, Willi Wiesner / Tobis **L** 112 Min., s/w **D** Paul Hartmann, Friedrich Kayssler, Maria Koppenhöfer, Werner Hinz, Ruth Hellberg, Lil Dagover

Bismarck vermittelte den Anschein, eine historische Aufarbeitung des legendären deutschen Politikers zu sein, war jedoch nicht viel mehr als eines der typischen Werke aus Goebbels Propagandaschmiede.
Der Film schildert die Ereignisse der Jahre 1862 bis 1871. Otto von Bismarck (Hartmann) wird von König Wilhelm I. (Kayssler) ins Parlament gerufen. Trotz der Einwände des Landtags unter der Führung des pazifistischen Dr. Virchow (Haubenreißer) gelingt es ihm, mit einer Reihe geschickter politischer und militärischer Schachzüge die Expansion des Deutschen Reiches weiter voranzutreiben. Der Film gipfelt symbolhaft in der Proklamation des Deutschen Kaiserreiches im Schloß von Versaille.
Die Gestalt des Kanzlers Bismarck diente keinem anderen Zweck, als in diesem Film eine heroische Figur der Zeitgeschichte wiederzubeleben, deren Konzeption sich jedoch weniger an den historischen Gegebenheiten orientierte, sondern viel mehr darauf bedacht war, die Führer-Apotheose eines Adolf Hitler auszuschmücken. Interessant dabei auch die subtile Einflechtung einiger pazifistischer, „linker Elemente", die eindeutig als Juden dargestellt werden.
Bismarck wurde am 6. Dezember 1940 in Anwesenheit von Propagandaminister Goebbels in Berlin uraufgeführt. 1942 drehte Liebeneiner die Fortsetzung DIE ENTLASSUNG, die auf ebenso unverfrorene Weise die historischen Ereignisse in Kontext zur NS-Politik setzte.
jg

Bis zur letzten Stunde

Kiss the Blood Off My Hands. USA 1948 **R** Norman Foster **B** Leonardo Bercovici, Walter Bernstein, Hugh Gray, Ben Maddow, nach einem Roman von Gerald Butler **K** Russell Metty **M** Miklos Rozsa **P** Richard Vernon für Norma-Hecht Company/Universal **L** 78 Min., s/w **D** Joan Fontaine, Burt Lancaster, Robert Newton, Lewis L. Russell

Das erste Projekt von Burt Lancasters und Harold Hechts gemeinsamer Produktionsfirma stand unter keinem guten Stern. Neben ständigen Änderungen des Arbeitstitels mußte sich Lancaster als Produzent mit so unliebsamen Zwischenfällen wie Fontaines Erkrankung oder Wetterkapriolen herumschlagen. Herausgekommen ist ein etwas düsterer und verworrener film noir um einen Seemann (Lancaster), der nach einem tödlich endenden Streit zwischen ihm und einem Barmann Zuflucht in einem Appartement sucht, das von einer Krankenschwester (Fontaine) bewohnt wird. Die herzensgute Frau glaubt seine Geschichte, daß es sich bei der Tat um einen Unfall gehandelt habe, und beide entdecken ihre tiefe Zuneigung füreinander. Leider wurde der Seemann bei der Schlägerei von einem Profi-Verbrecher beobachtet, der nun mit Erpressung droht und ihn bei einem Coup einsetzen will. Am Ende wird der Plagegeist von Fontaine in Notwehr getötet.
Für diese schwache, unglaubwürdige Story entschädigen teilweise die kontrastreiche Photographie Russell Mettys, ein prägnanter Score und die solide Romanze der beiden Hauptdarsteller. Dominiert wird der Film allerdings von dem Briten Robert Newton, der sich auf die Darstellung unangenehmer Charaktere spezialisiert hatte. Hier gibt er ein besonders eindrucksvolles Porträt eines schmierigen, abgefeimten Schurken. al

Der Biß der Schlangenfrau

The Lair of the White Worm. Großbritannien 1988 **R** Ken Russell **B** Ken Russell, nach dem Roman von Bram Stoker **K** Dick Bush **M** Stanislas Syrewicz **P** Ken Russell für White Lair Prod./ Vestron Pictures **L** 93 Min., Farbe **D** Amanda Donohoe, Hugh Grant, Catherine Oxenberg, Peter Capaldi, Sammi Davis

Auf dem Gelände der Mercy-Farm in England entdeckt der Archäologe Angus Flint (Capaldi) bei seinen Ausgrabungen den Schädel eines bisher unbekannten prähistorischen Tieres. Danach häufen sich merkwürdige Vorfälle: Der Schädel verschwindet, die Farmbewohner werden von furchtbaren Alpträumen und Halluzinationen heimgesucht, und die Nachbarin Lady Sylvia

Marsh (Donohoe) taucht auf. Diese ebenso attraktive wie energische Dame ist der Schlüssel zu einem schrecklichen Geheimnis...
Ein skurriler, witziger und ungemein spannender Horrorfilm, der leider vom deutschen Verleih in die Nähe von Hector Babencos DER KUSS DER SPINNENFRAU gerückt wurde, mit dem er rein gar nichts zu tun hat. Der Originaltitel des Films lautet übersetzt *Die Mär vom weißen Wurm*, der deutsche Buchtitel des zugrundeliegenden Romans von Bram Stoker ist *Das Schloß der Schlange*. Stoker (1847-1912), ein britischer Schriftsteller von Gruselromanen, wurde durch seine Figur des Grafen Dracula weltberühmt, hat aber auch mit seinen sonstigen Werken immer wieder Vorlagen für Filme geliefert, meist umgesetzt von der legendären Gruselschmiede Hammer-Films. Das *Schloß der Schlange* war sein letzter und seltsamster Roman, der auf einer alten englischen Volkssage basiert.
Russells Film, nach DER HÖLLENTRIP und GOTHIC sein dritter Ausflug ins gruselige Genre, ist eine Hommage an die Horrorfilme dieser Firma, die der Regisseur mit offensichtlichem Vergnügen in Szene gesetzt hat. Die Idealbesetzung der Sylvia fand er in Amanda Donohoe, einer jungen Engländerin, die u.a. in CASTAWAY auf sich aufmerksam gemacht hatte. Ihre bösartige und ungemein erotische Darstellung ist der Dreh- und Angelpunkt des Films, und Russell setzte sie, wie auch Sammi Davis, in seinem nächsten Streifen, DER REGENBOGEN, ebenfalls wieder ein. nn

Bitte nicht heute Nacht

Unfaithfully Yours. USA 1983 **R** Howard Zieff **B** Barry Levinson, Valerie Curtain **K** David Walsh **M** Bill Conti **P** Marvin Worth, Joe Wizan **L** 93 Min., Farbe **D** Dudley Moore, Nastassja Kinski, Armand Assante, Albert Brooks, Richard Libertini

In diesem Remake des Komödien-Klassikers *Unfaithfully Yours*, den Hollywood-Regisseur Preston Sturges 1948 drehte, sollte die männliche Hauptrolle ursprünglich mit Peter Sellers besetzt werden. Da der britische Komiker jedoch unerwartet verstarb, kam für den Komödien-Routinier Zieff (SCHÜTZE BENJAMIN; WAS, DU WILLST NICHT?) als Ersatz nur Sellers' Landsmann Dudley Moore in Frage.
Als Claude Eastman, ein international gefeierter Dirigent, spielt Moore einen Mann, an dem die Eifersucht nagt. Die angeblichen Beweise der Untreue seiner jungen Gattin lassen ihn die finstersten Mordpläne schmieden. Ein raffinierter Plan soll dafür sorgen, daß die Ehefrau das Zeitliche segnet, um ihrem vermeintlichen Geliebten dann die Tat in die Schuhe zu schieben. Doch dem tapsigen Dirigenten gelingt es immer wieder, sein eigenes Konzept völlig durcheinanderzubringen.
Eine Komödie im Stil der alten Screwball-Comedies, der die Kritiker nicht unbedingt applaudierten, aber doch wohlwollend gegenüberstanden. So wurde auch die darstellerische Leistung von Nastassja Kinski in ihrer ersten Komödie bis auf wenige Ausnahmen positiv beurteilt. dk

Bitte nicht stören

Do Not Disturb. USA 1965 **R** Ralph Levy **B** Milt Rosen, Richard Breen, nach einem Bühnenstück von William Fairchild **K** Leon Shamroy **M** Lionel Newman **P** Arcola / Martin Melcher **L** 102 Min., Farbe **D** Doris Day, Rod Taylor, Sergio Fantoni, Hermione Baddely, Reginald Gardiner

Eine weitere typische Doris-Day-Komödie der 60er Jahre. Die blonde Schauspielerin verkörpert diesmal die Gattin des Geschäftsführers einer Wollfirma, der von den USA nach England versetzt wird. Der Aufenthalt in Europa bringt jedoch erhebliche Komplikationen mit sich, als sich die Ehefrau mit einem Antiquitätenhändler anfreundet, mit ihm nach Paris fliegt und dort infolge übermäßigen Champagnergenusses über Nacht hängenbleibt, was dem Gatten daheim zu eifersüchtigen Gedanken Anlaß gibt.
Die Konfrontation einer Amerikanerin mit europäischen Lebensweisen ermöglicht es Doris Day, sich des öfteren in slapstickartigen Klamaukszenen zu präsentieren. So vergißt sie ständig, auf welcher Straßenseite man fährt, sabotiert eine Fuchsjagd, indem sie den Fuchs versteckt oder kommt mit der englischen Währung durcheinander. In den Paris-Szenen gibt man ihr sogar Gelegenheit, sich in ihrer gängigen Rolle selbst zu parodieren, als eine Gruppe von Kindern sie fragt, ob sie denn auch Rock Hudson kennen würde.
Die etwas schwache Handlung wird durch einige pittoreske Außenaufnahmen von London und Paris sowie diverse elegante Kostüme zum Teil wettgemacht. Doris Day singt den Titelsong *Do Not Disturb* und das französische Liedchen *Au Revoir Is Goodbye with a Smile*. Dem Publikum gefiel Rod Taylor an Doris Days Seite so gut, daß er auch in deren nächsten Film, SPION IN SPITZENHÖSCHEN, als ihr Partner eingesetzt wurde. jg

Bitter war der Sieg

Amère victoire. Frankreich 1957 **R** Nicholas Ray **B** Nicholas Ray, René Hardy, Gavin Lambert, nach dem Roman von Hardy **K** Michel Kelber **M** Maurice LeRoux **P** Paul Graetz, Robert Laffont für Transcontinental Films **L** 99 Min., s/w **D** Curd Jürgens, Richard Burton, Ruth Roman, Raymond Pellegrin, Anthony Bushell, Christopher Lee

Kriegsdrama um die tödliche Feindschaft zweier britischer Offiziere während des Nordafrika-Feldzuges 1942. Burton weiß, daß Jürgens ein Feigling ist, Jürgens weiß, daß Burton mit seiner Frau (Roman) geschlafen hat. Mehrere Versuche, Burton umzubringen (durch einen Skorpionbiß etc.) schlagen fehl, doch schließlich kommt der Rivale zu Tode. Zurück in England, bekommt Jürgens eine Tapferkeitsmedaille, doch sein Privatleben ist zerrüttet, da ihn seine Frau als das sieht, war er ist.
Nicholas Rays „Antikriegsfilm“, der unter großen Schwierigkeiten an Originalschauplätzen in Libyen gedreht wurde, beschäftigt sich mit der Veränderung moralischer und ethischer Werte durch den Krieg. Doch weder das Talent des Regisseurs noch das der Darsteller können diesen faden Brei, an dem zuviele Köche aus zuvielen Ländern herumrührten, schmackhaft machen. Ein Hauptfehler des Films liegt darin, daß Burton, der Held, sterben muß, während die verächtliche Jürgens-Figur weiterlebt. Dieser Versuch einer bitteren Ironie funktioniert hier einfach nicht. al

Bittere Ernte

Bittere Ernte. BRD 1984 **R** Agnieszka Holland **B** Paul Hengge, Agnieszka Holland, nach dem Roman von Hermann H. Field und Stanislaw Mierzenski **K** Josef Ort-Snep **M** Jörg Straßburger **P** CCC Filmkunst / Admiral Film **L** 102 Min., Farbe **D** Armin Mueller-Stahl, Elisabeth Trissenaar, Käthe Jaenicke, Hans Beerhenke, Isa Haller

Kurz nach Ende des Zweites Weltkrieges trafen unter der Ära Stalin der amerikanische Architekt Hermann H. Field und der polnische Widerstandskämpfer Stanislaw Mierzenski in einem polnischen Gefängnis zusammen und schrieben, um sich die Zeit zu vertreiben, die Romanvorlage, auf der dieser Film basiert.
Eine intellektuelle Jüdin entkommt einem Transport in die Todeslager der Nazis und findet ausgerechnet bei einem frauenscheuen, katholischen Bauern Unterschlupf. Zwischen den beiden völlig unterschiedlichen Menschen entwickelt sich vor der schrecklichen Kulisse des Krieges und auf Grund einer gegenseitigen Abhängigkeit eine merkwürdige Beziehung.
Agnieszka Holland, die mehrere Jahre als Regieassistentin bei Andrzej Wajda tätig war, drehte mit *Bittere Ernte* ihren ersten abendfüllenden Spielfilm. „Ich habe fast alle Szenen herausgenommen, die deutsche Offiziere zeigen. Nach Abschluß der Dreharbeiten habe ich begriffen, daß es für den Film nicht wichtig ist, den Krieg und die Deutschen als Nazis zu zeigen. Wichtig ist vielmehr, daß der Krieg in den Gedanken der Figuren präsent ist“, sagte sie nach der Pre-

miere. Im Original-Drehbuch war eigentlich ein Schluß vorgesehen, der eine ironische politische Szene im Nachkriegs-Polen zeigen sollte, wegen der Nüchternheit und Schwermut des Films aber deplaziert gewirkt hätte. *Bittere Ernte* wurde von Film-Veteran Arthur Brauner, der in seiner Karriere den Themen Nationalsozialismus und Holocaust stets aufgeschlossen gegenüberstand, zu einem Teil produziert. jg

Bittere Liebe

Lo sceicco bianco. Italien 1950 **R** Federico Fellini **B** Federico Fellini, Tullio Pinelli, Ennio Flaiano **K** Arturo Gallea, Antonio Belviso **M** Nino Rota **P** Luigi Rovere für P.D.C./O.F.I. **L** 85 Min., s/w **D** Alberto Sordi, Brunella Bovo, Leopoldo Trieste, Giulietta Masina

Hatte Federico Fellini bei LICHTER DES VARIETÉ noch mit Alberto Lattuada gemeinsam Regie geführt, so war er jetzt erstmals auf sich allein gestellt. Der Produzent hatte ihm diese Aufgabe angetragen, nachdem Michelangelo Antonioni, von dem die Idee einer Satire auf die in Italien sehr beliebten Photoromane stammte, aus dem Projekt ausgestiegen war. Es ist die Geschichte eines frisch vermählten Ehepaares, das sich auf einer Besichtigungstour durch Rom befindet. Die Braut (Bovo) nutzt die erste Möglichkeit auszurücken, als sie erfährt, daß der Held der von ihr bevorzugten Bildromanserie, der „weiße Scheich" (Sordi), in der Nähe dreht. Während der verzweifelte Gatte seine Frau in der ganzen Stadt sucht, begleitet sie die Filmcrew zum Drehort, muß jedoch schnell erkennen, daß die Scheinwelt der bunten Bilder nur auf dem Papier existiert.
Der weiße Scheich ist eine amüsante Attacke auf die Klischees der Photoromane, doch der Film kam beim Publikum nicht an, angeblich auch wegen Alberto Sordi. Mit vielen der Mitarbeiter hat Fellini noch jahrelang gearbeitet, u.a. mit Ennio Flaiano, der bis JULIA UND DIE GEISTER an allen Drehbüchern beteiligt war, und Nino Rota, der bis ORCHESTERPROBE die Musik lieferte. In einer kleinen, improvisierten Rolle ist Giulietta Masina als Cabiria zu sehen, eine Figur, die einem Einfall Fellinis entsprang und der später noch größerer Raum gegeben wurde: DIE NÄCHTE DER CABIRIA. al

Die bitteren Tränen der Petra von Kant

Die bitteren Tränen der Petra von Kant. BRD 1971 **R** Rainer Werner Fassbinder **B** Rainer Werner Fassbinder **K** Michael Ballhaus **P** Tango **L** 124 Min., Farbe **D** Irm Hermann, Margit Carstensen, Hanna Schygulla, Eva Mattes, Katrin Schaake

Die Modeschöpferin Petra von Kant lebt mit ihrer Assistentin und Hausangestellten Marlene in einer luxuriösen Wohnung. Nach zwei Ehen erkennt Petra, daß sie ihr Liebesglück wohl eher an der Seite einer Frau finden kann, doch sie scheitert in ihren Bemühungen um das etwas unkonventionelle Mädchen Karin. Auch Marlene verläßt das Haus. Am Ende bleibt Petra von Kant verlassen und allein in ihrem Domizil zurück.
Margit Carstensen und Eva Mattes erhielten 1973 für ihre Leistungen als Beste Darstellerinnen den Bundesfilmpreis. Michael Ballhaus, mittlerweile Kameramann von Weltformat, bekam ebenfalls für seine Arbeit eine Auszeichnung. Fassbinder machte nie ein Hehl daraus, daß er mit Frauen lieber zusammenarbeitete als mit Männern. „Frauen können ihre Emotionen besser zeigen, bei Männern wird das leicht langweilig", sagte er einmal.
Die bitteren Tränen der Petra von Kant ist so auch ein reiner Frauenfilm, in dem keine männlichen Darsteller auftreten. Ausstattung und Kostüme sind im Stil der zu Ende gehenden 20er Jahre angesiedelt und werden mit der Musik der beginnenden 70er sowie Verdi-Arien kontrastiert. Der künstlich wirkende Inszenierungsstil dieses kammerspielartigen Films gerät dabei bewußt an den Rand des Kitsches. „Ein Sog entsteht, ein Schwindelgefühl, bis der Ernst und die Lächerlichkeit dieser Passionsgeschichte, bis der Kitsch und die Kunst daran sich nicht mehr klar unterscheiden lassen. Wieder einmal hat Fassbinder den sogenannten guten Geschmack kunstvoll aufs Kreuz gelegt." (*Süddeutsche Zeitung*) jg

Bitterer Honig

A Taste of Honey. Großbritannien 1961 **R** Tony Richardson **B** Tony Richardson, nach dem gleichnamigen Bühnenstück von Shelagh Delaney **K** Walter Lassally **M** John Addison **P** Woodfall / Bryanston **L** 100 Min., s/w **D** Dora Bryan, Rita Tushingham, Murray Melvin, Robert Stephens, Paul Danquah

Die britische Industriestadt Manchester in den sechziger Jahren: Die siebzehnjährige Jo (Tushingham) teilt sich mit ihrer Mutter Helen (Bryan), einer Gelegenheitsprostituierten, ein trostloses Appartement ohne jeden Komfort. Diese jedoch kümmert sich wenig um ihre Tochter, gibt das bißchen Geld lieber auf ihren nächtlichen Streifzügen durch die Clubs aus und zieht, nach ihrer Heirat mit einem jüngeren Mann, aus der gemeinsamen Wohnung aus. Jo erwartet ein Kind von einem farbigen Matrosen, der sie längst wieder sitzengelassen hat. Sie begegnet Geoffrey, einem schwulen Kunststudenten, und zwischen den beiden entwickelt sich eine liebevolle Freundschaft. Sie wohnen zusammen, bis eines Tages Helen wieder vor der Tür steht und ihren alten Platz beansprucht.
Rita Tushingham gab in *Bitterer Honig* ihr vielgelobtes Film-Debüt, ihr Auftreten galt als beispielhaft im damaligen neuen britischen Kino. „Eines der wichtigsten Werke des britischen „Free Cinema", beeindruckend in seiner realistischen Milieuzeichnung, bewegend in seinem glaubhaften Engagement für Menschen am Rand der Gesellschaft." (*film-dienst*) dh

Bitterer Reis

Riso amaro. Italien 1949 **R** Giuseppe de Santis **B** Carlo Lizzani, Carlo Musso, Gianni Puccini, Corrado Alvaro, Ivo Perillo, Giuseppe de Santis **K** Otello Martelli **M** Goffredo Petrassi **P** Lux **L** 101 Min., s/w **D** Silvana Mangano, Vittorio Gassman, Doris Dowling, Raf Vallone

„Für Jugendliche ganz ungeeignet", urteilte der *Evangelische Filmbeobachter* im Jahre 1950 anläßlich der deutschen Premiere von *Riso amaro*. Diese zur damaligen Zeit durchaus verständliche Empfehlung gründete sich vor allem auf eine Reihe äußerst freizügig und lasziv empfundener Szenen, die in bisher ungewohnter Art und Weise den Aspekt triebhafter Sexualität zur Schau stellten.
Giuseppe de Santis Film erzählt vor dem Hintergrund des entbehrungsreichen Lebens italienischer Saisonarbeiterinnen, die sich bei den Erntearbeiten auf den Reisfeldern der Poebene ihr Geld verdienen, eine dreieckartige Liebesgeschichte zwischen einem flüchtigen Dieb und zwei Frauen.
Bitterer Reis war Silvana Manganos bisher vierter Film und sicherte ihr den Aufstieg in die Riege der hochrangigen Filmstars des italienischen Kinos. Giuseppe de Santis verstand es, die Erotik der Mangano sowie ihre Schauspielkunst gleichermaßen fesselnd zu inszenieren. Auf Grund der mitunter sehr drastisch gezeichneten Milieubilder (den Erntearbeiten der Frauen wird viel Platz eingeräumt) zählt der Film zu einem der wichtigsten Werke des italienischen Neorealismus. „Der Betrachter kann sich für keine Sekunde von dem Geschehen lösen, das vor ihm abrollt. Auch die kolportagehaften Elemente der Handlung vermögen ihn dabei nicht zu stören, da sie als völlig wesenlos zurücktreten." (*Evangelischer Filmbeobachter*) jg

Bizarre Morde

No Way to Treat a Lady. USA 1968 **R** Jack Smight **B** John Gay, nach einem Roman von William Goldman **K** Jack Priestley **M** Stanley Myers **P** Sol C. Siegel für Paramount **L** 108 Min., Farbe **D** Rod Steiger, Lee Remick, George Segal, Eileen Heckart, Murray Hamilton, Michael Dunn

Mr. Gill (Steiger), Theaterbesitzer und verhinderter Schauspielstar, bringt in immer neuen Verkleidungen Damen mittleren Alters um, die er dann mit Lippenstift „signiert". Er leidet unter der Übermacht seiner verstorbenen Mutter, einem gefeierten Bühnenstar. Detektiv Morris Blümel (Segal) soll den Fall klären und entwickelt eine seltsame Beziehung zu dem Täter, der ihn oft noch vor dem Mord telephonisch Bescheid gibt. Als Blümel sich in Kate (Remick), die einzige Zeugin des ersten Mordes, verliebt, lebt auch sie gefährlich.
Jack Smight macht aus William Goldmans Roman (er schrieb u.a. das Drehbuch für ZWEI BANDITEN) eine gelungene Mischung aus Romanze und Thriller - eine schwarze Komödie im wahrsten Sinn des Wortes. Sein Film ist witzig, schnell und erschreckend, brillant photographiert und hervorragend gespielt vom Duo Steiger/Segal, die sich ein faszinierendes schauspielerisches Duell liefern. Besonders Steiger ist in seinem Element als psychopathischer Killer, dessen verschiedene Kostümierungen (insgesamt sieben!) ihm reichlich Gelegenheit zum Ausspielen seiner umfangreichen Mimik lassen. Lee Remick sieht umwerfend aus und macht aus einer untergeordneten Rolle das beste.
Zu einer erneuten, allerdings weniger erfolgreichen (zumindest kommerziell) Zusammenarbeit von Steiger und Smight kam es direkt im Anschluß bei DER TÄTOWIERTE. al

Black Mic Mac

Black Mic Mac. Frankreich 1986 **R** Thomas Gilou **B** Monique Annaud, Patrick Braoude, Cheik Doukoure, Thomas Gilou, **K** Claude Agostini **M** Ray Lema **P** Monique Annaud für Chrysalide/Fechner/FR 3/Ministère de la Cultur **L** 90 Min., Farbe **D** Jacques Villeret, Isaach de Bankole, Felicite Wouassi, Khoudia Seye

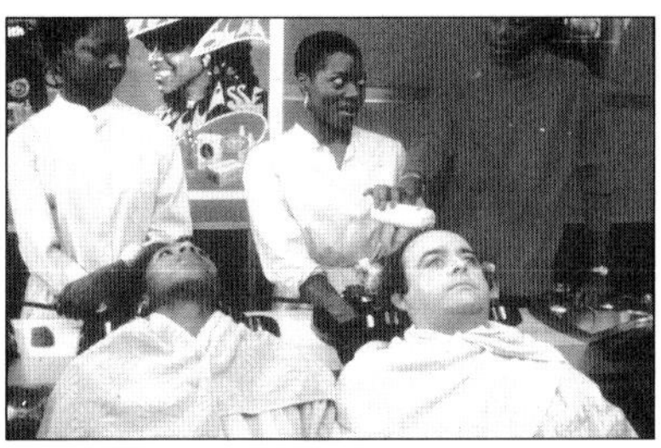

Rassenprobleme in Filmen anzugehen, die gekonnt unterhalten und trotzdem ein Plädoyer gegen Diskriminierung und Intoleranz sind, dieser Verdienst bleibt immer noch den französischen Produktionen vorbehalten. Ähnlich wie in DIE BEDUINEN VON PARIS geht es auch in Thomas Gilous Regiedebüt um die Probleme zwischen Schwarzen und Weißen in Paris.
Michel Le Gorgues, Beamter in der Abteilung für Gesundheitswesen, will ein afrikanisches Arbeiterviertel wegsanieren. Der Ältestenrat der Afrikaner beschließt daraufhin, zur Abwendung des Unheils einen Zauberer aus der Heimat einfliegen zu lassen. Der kommt allerdings an seinem Ziel nicht an, denn der Lebenskünstler Lemmy versucht in der Maske des Zauberers ein schnelles Geschäft zu machen. Das gelingt ihm zwar nicht, aber ganz nebenbei vermitteln er und die Bewohner des „Quartier Africain" dem Bürokraten Le Gorgues Stück für Stück afrikanische Kultur und Lebensweisheit.
Für ein bei allem Humor authentisches Lebensgefühl bürgen neben der Erfahrung von Co-Autorin und Produzentin Monique Annaud, die im Senegal und in Kamerun aufwuchs, auch viele afrikanische Mitarbeiter des Stabes und berühmte westafrikanische Musiker wie z. B. Mory Kante und Youssou N´Our. *Black Mic Mac* avancierte zum Überraschungs- und Kassenerfolg 1986 in Frankreich, der darüber hinaus Jacques Villeret für die Darstellung des kleinbürgerlichen Beamten einen César bescherte. dk

Black Moon

Black Moon. Frankreich/BRD 1975 **R** Louis Malle **B** Louis Malle, Ghislain Uhry, Joyce Buñuel **K** Sven Nykvist **M** Diego Masson **P** Claude Nedjar für NEF/UPF (Paris), Bioskop-Film (München) **L** 100 Min., Farbe **D** Cathryn Harrison, Joe Dallessandro, Therese Giehse, Alexandra Stewart

Louis Malles letzter französischer Film vor einer langen Schaffensphase in den USA ist sein bis dato ungewöhnlichster und unzugänglichster. Erzählt wird von einem jungen Mädchen (Grayson), die sich in ein einsames Bauernhaus flüchtet, nachdem sie mit ihrem Auto auf der Landstraße in bürgerkriegsartige Kämpfe geraten war - es handelt sich um einen Krieg zwischen Männern und Frauen. Das Haus wird bewohnt von einer bettlägerigen alten Dame (Giehse) und einem Geschwisterpaar (Dallessandro, Stewart) sowie einer Kinderschar und unzähligen Tieren.
Der Film - er entstand in und um Malles eigenem Haus in Südfrankreich- ist eine vieldeutige, oft verwirrende Fabel über das Erwachsenwerden. Grayson alias Lily stolpert wie Alice im Wunderland durch eine Welt voller Fabelwesen und wundersamer Begebenheiten. Es wimmelt nur so von akustischer und optischer Symbolik, die sich nicht immer aufschlüsseln läßt. Malle widmete dieses Märchen seiner Hauptdarstellerin Therese Giehse, mit der er bereits bei LACOMBE LUCIEN zusammengearbeitet hatte und die kurz nach Beendigung der Dreharbeiten starb. Bei der Kritik kam *Black Moon* gut an, außerdem erhielt er mehrere Preise, darunter zwei Césars: für die Beste Kamera und den Besten Ton (Nara Kollery, Luc Perini).
Le Monde schrieb: „Man kann diesen ambitionierten, verstörenden, mitreißenden Film nur lieben. Man sollte sich ihm wie ein Kind hingeben können, und ganz seine Hintergedanken, seinen Wahnsinn, seine Poesie, seinen Humor, seine Sensibilität mitempfinden können." al

Black out - Anatomie einer Leidenschaft

Bad Timing. Großbritannien 1979 **R** Nicholas Roeg **B** Yale Udoff **K** Tony Richmond **M** Richard Hartley **P** Jeremy Thomas für Recorded Picture **L** 122 Min., Farbe **D** Art Garfunkel, Theresa Russell, Harvey Keitel, Denholm Elliott

Die Besetzung der männlichen Hauptrolle mit Art Garfunkel, dem mittlerweile dritten Pop-Sänger nach Mick Jagger und David Bowie in Roegs fünftem Film, bezeichnete der Regisseur als „reinen Zufall". „Die Besetzung mit diesen Leuten erwies sich als ideal, deshalb nahm ich sie."
Ähnlich wie bei seinem Film WENN DIE GONDELN TRAUER TRAGEN inszenierte Roeg auch diesmal ein psychologisches Verwirrspiel um Eros und Tod, nur diesmal ist der Schauplatz nicht Venedig, sondern Wien. In einer komplexen, sehr verwobenen Struktur erzählt Roeg die Beziehungsgeschichte von Milena und Alex. Obwohl er als Psychoanalytiker und Verstandesmensch das genaue Gegenteil zu Milenas spontaner, fast animalischer Art darstellt, entwickelt sich zwischen den beiden eine obsessive Beziehung. Die Geschichte dieses „verheerenden Krieges der Persönlichkeiten", wie es *Die Zeit* in einer Kritik nannte, ist eingebettet in eine zweite Handlungsebene, die mit einem Selbstmordversuch Milenas beginnt.
Regisseur Roeg, der zu Beginn seiner Karriere u.a. auch als Kameramann bei Truffauts FAHRENHEIT 451 arbeitete, lieferte auch mit Black out einen in Form und Erzähl-

s/w **D** Alan Ladd, Veronica Lake, William Bendix, Howard da Silva, Will Wright, Doris Dowling

Der Kriegsheimkehrer Johnny muß erfahren, daß seine Frau (Dowling) zu einer saufenden Schlampe geworden ist und ihn mit dem Nachtclubbesitzer Harwood (Da Silva) betrügt. Als sie wenig später ermordet aufgefunden wird, gerät Johnny sofort in Verdacht und macht sich, unterstützt von Harwoods Frau Joyce (Lake), daran, den wahren Täter selbst zu stellen.
Einer der besten und erfolgreichsten Kriminalfilme der 40er Jahre. Raymond Chandler, der mit seinen Romanen Vorlagen für solche Klassiker wie TOTE SCHLAFEN FEST lieferte, wollte *Die blaue Dahlie* (der Name von Harwoods Nachtclub) zunächst als Roman herausbringen, kam jedoch mit der Arbeit nicht recht weiter und entschloß sich, die Geschichte als Alan-Ladd-Vehikel an Paramount zu verkaufen. Der Film enthält die für Chandler und die Gattung der Schwarzen Serie gleichermaßen typischen Ingredienzien wie schwarzen Humor, bissige Dialoge und geheimnisvoll ausgeleuchtete Schauplätze wie schäbige Hotels, Raststätten und Bars.
Veronica Lakes Figur ist im Drehbuch kaum erwähnt und wurde von den Produzenten für sie erweitert, um die obligatorische Romanze einzubauen - Ladd/Lake waren eines der populärsten Leinwandpaare der Zeit. Chandler allerdings hielt sie für eine schreckliche Schauspielerin und nannte sie nur „Moronica" („moron" bedeutet soviel wie schwachsinnig). al

Der blaue Engel

Der blaue Engel. Deutschland 1930 **R** Josef von Sternberg **B** Robert Liebmann, Carl Zuckmayer, Karl Vollmöller, nach dem Roman *Professor Unrat* von Heinrich Mann **K** Günther Rittau, Hans Schneeberger **M** Friedrich Holländer **P** Erich Pommer / UFA **L** 108 Min., s/w **D** Emil Jannings, Marlene Dietrich, Kurt Gerron, Rosa Valetti, Hans Albers, Reinhold Bernt, Eduard von Winterstein

„Ich bin von Kopf bis Fuß auf Liebe eingestellt." So sang Marlene Dietrich in diesem frühen Klassiker aus der großen Ära des deutschen Tonfilms, der ihr den Weg nach Hollywood ebnen und ihren Mythos begründen sollte. Auf den Vorschlag von Emil Jannings wurde der amerikanische Regisseur Josef von Sternberg nach Berlin geholt. Sternberg hatte mit Jannings in Hollywood *Der letzte Befehl* (1928) gedreht und galt allgemein unter Schauspielern und Drehbuchautoren als recht schwieriger Kollege. Die UFA befand sich zur damaligen Zeit im Besitz des Medienmagnaten Hugenberg, mit dessen erzkonservativer Haltung sich die Filmhandlung recht schlecht vereinbaren ließ. Basierend auf dem Roman Heinrich Manns wird die Geschichte eines Studienrats erzählt, der sich in einem drittklassigen Theater in eine Tingel-Tangel-Sängerin verliebt und an seiner Leidenschaft zugrunde geht.
Für die Rolle der feschen Lola waren anfangs Brigitte Helm und Trude Hesterberg im Gespräch, doch dann sah Sternberg eines Abends die Dietrich in einer Revue und lud sie zu Probeaufnahmen ein. „Nicht diese Hure!" soll UFA-Chef Erich Pommer angeblich entsetzt nach der Sichtung des Materials gesagt haben. Er und Jannings empfanden die Dietrich als zu ordinär, konnten aber nichts an der Tatsache ändern, daß sie die Rolle erhielt. Jannings, stets auf anerkennende Wort aus, mußte sich nach der Premiere von Heinrich Mann sagen lassen: „Herr Jannings, den Erfolg dieses Films werden in erster Linie die nackten Oberschenkel der Frau Dietrich machen." jg

Die blaue Eskadron

A Distant Trumpet. USA 1963 **R** Raoul Walsh **B** John Twist, nach einem Roman von Paul Horgan **K** William H. Clothier **M** Max Steiner **P** Warner Brothers **L** 108 Min., Farbe **D** Troy Donahue, Suzanne Pleshette, James Gregory, Diane McBain, William Reynolds

Ein junger Lieutenant der US-Army wird im Jahre 1883 in ein entlegenes Fort nach Arizona versetzt. Dort hat er sich nicht nur in dem tobenden Indianerkrieg zu bewähren, sondern muß sich auch noch zwischen zwei schönen jungen Frauen entscheiden.
Die blaue Eskadron wurde Raoul Walshs Abschiedsfilm. Seit den Tagen des großen Stummfilms war sein Name ein Inbegriff für spannende Unterhaltung, sei es im Genre des Western, des Krimis oder des Abenteuerfilms. Selten jedoch kamen Walshs Werke über die B-Kategorie heraus. So stand ihm zwar zur Realisierung dieses Spätwestern eine stattliche Summe zur Verfügung, doch wurde diese überwiegend in Ausstattung und Statisterie investiert. Die Außenaufnahmen entstanden in zum Teil bestechenden Einstellungen in den Red Rocks/New Mexico und der Farbigen Wüste/Arizona. Für die Indianerszenen verzichtete man auf eine Synchronisation der Darsteller und übersetzte die Sprache der Apachen mit Untertiteln. „Raoul Walshs Regie ist durchweg kompetent; die als Höhepunkt angelegte Schlacht wirkt jedoch etwas aufgeblasen und die Indianer werden in diesem Kampf auf ganz unglaubwürdige Art als völlig ungeschickt dargestellt. Kaum ein weißer Mann beißt ins Gras, während die Rothäute hingegen reihenweise wie die Enten niedergeknallt werden." (*Variet*) jg

Die blaue Lagune

The Blue Lagoon. USA 1980 **R** Randal Kleiser **B** Douglas Day Stewart, nach einem Roman von Henry DeVere Stacpool **K** Nestor Almendros **M** Badil Poledouris **P** Randal Kleiser für Columbia Pictures **L** 105 Min., Farbe **D** Brooke Shields, Christopher Atkins, Leo McKern, William Daniels, Elva Josephson

Schon 1948 wurde die Romanvorlage von Henry DeVere Stacpool verfilmt, damals mit der jungen Jean Simmons in der Hauptrolle. Doch was im Großbritannien der späten 40er verpönt war, das wollte GREASE-Regisseur Kleiser in seinem Film umso deutlicher darstellen - die erotische Beziehung zweier Heranwachsender auf einer einsamen Insel. „Damals konnte man den sexuellen Reifeprozeß der beiden Kinder natürlich noch nicht auf der Leinwand zeigen", so Kleiser, „also erfand man eine Nebenhandlung mit Gangstern, die auf die Insel kommen. Darum betrachte ich meinen Film auch nicht als Remake." Der aufklärerische Anspruch Kleisers beschränkt sich allerdings auf eine harmlose Weichzeichner-Erotik, und die Altersfreigabe ab 12 Jahren zeigt, daß er seinem puritanischen Vorgänger ziemlich treu bleibt.
Die Geschichte selbst spielt auf einer einsamen Südseeinsel. Dorthin verschlägt es nach einem Schiffbruch den achtjährigen Richard und seine gleichaltrige Cousine Emmeline. Inmitten der unberührten Natur wachsen die zwei heran, entdecken ihre Liebe zueinander und bekommen ein Kind.
Die professionelle Photographie des Südseeparadieses von Kameramann Nestor Almendros (Oscar-Preisträger für IN DER GLUT DES SÜDENS) und die Story vom pubertären Liebesspiel in den Tropen ließen den Film gerade beim jüngeren Publikum zu einem Kassenschlager werden und machte Brooke Shields Anfang er 80er zum absoluten Teenager-Idol. dk

Das blaue Licht

Das blaue Licht. Deutschland 1932 **R** Leni Riefenstahl **B** Bela Balacz, nach einer Idee von Leni Riefenstahl **K** Hans Schneeberger **M** Giuseppe Becce **P** Leni Riefenstahl / Studio der H. R. Sokal-Film **L** 72 Min., s/w **D** Leni Riefenstahl, Matthias Wieman, Beni Führer, Max Holzboer, Franz Maldacea, Martha Mair

Neben Luis Trenker und Arnold Fanck, dessen Schülerin sie einige Zeit war, versuchte

sich zu Beginn der 30er Jahre auch Leni Riefenstahl im Genre des Bergfilms. Machten Trenker und Fanck jedoch mehr die Landschaft zum Leitthema ihrer Handlung, so war für die Riefenstahl der Mythos vom Bergmenschen ausschlaggebendes Kriterium. Die Geschichte ihres ersten Films funktioniert genau nach dieser Methode. Das Mädchen Junta ist in der Bevölkerung eines kleinen Dolomiten-Dorfes als Hexe verschrieen, weil sie durch ein blaues Licht die jungen Männer anlockt und diese in den Bergen zu Tode stürzen. Ein junger deutscher Dichter stößt auf das Geheimnis des blauen Lichts, das von einer Kristallgrotte herrührt, die im Mondenschein blaue Strahlen reflektiert. Die Dorfbewohner plündern die Höhle aus und Junta stürzt im Dunkeln selbst zu Tode.
Produziert wurde der Film von dem jüdischen Bankier H. R. Sokal, einem engen Freund Leni Riefenstahls, von dem sich die Regis-seurin jedoch sehr schnell distanzierte, nachdem sie 1932 kurz nach der Fertigstellung des Films Hitlers *Mein Kampf* gelesen hatte. Den Verrissen überwiegend jüdischer Kritiker antwortete sie voller Haß: „Wie komme ich dazu, mir von diesen Fremdlingen, die unsere Mentalität, unser Seelenleben nicht verstehen können, mein Werk zerstören zu lassen?" Drei Jahre später wagte es niemand mehr in Nazi-Deutschland, gegen ihren glorifizierenden Reichsparteitag-Film *Triumph des Willens* zu protestieren. jg

Der blaue Max

The Blue Max. Großbritannien 1965 **R** John Guillermin **B** David Pursall, Jack Seddon, Gerald Handley, nach einem Roman von Jack Hunter **K** Douglas Slocombe **M** Jerry Goldsmith **P** 20th Century-Fox **L** 115 Min., Farbe **D** George Peppard, James Mason, Ursula Andress, Loni von Friedl, Karl-Michael Vogler

Blauer Max - so nannten die Engländer die höchste deutsche Tapferkeitsauszeichnung „Pour le Merite", die während des Ersten Weltkrieges nur 89 Flieger erhielten. Um diesen Orden zu bekommen, mußte jeder Pilot mindestens 20 bestätigte Luftsiege nachweisen können. Vor diesem fragwürdigen Hintergrund spielt John Guillermins Kriegsfilm, der das Schicksal eines talentierten Piloten schildert, der nur noch für das fanatische Ziel lebt, diesen besagten Orden verliehen zu bekommen. Dies gelingt ihm auch tatsächlich, doch treiben ihn der Taumel des Sieges und die Begeisterung der Massen in eine maßlose Selbstüberschätzung.
Das aufwendige Kriegsspektakel fasziniert einerseits durch ein wahres Feuerwerk an halsbrecherischen Flugaufnahmen, stellt den Ersten Weltkrieg andererseits damit aber teilweise wie ein aufregendes Abenteuer dar, in dem noch echter Heldenmut und der Kampf Mann gegen Mann zählte. Selbst die Massenszenen der Somme-Schlacht bleiben trotz ihres realistischen Ansatzes im Plakativen stecken.
Unter Beteiligung von Armee und Luftwaffe wurde der Film in Irland gedreht. Der originalgetreue Nachbau der alten Flugzeugmodelle, dem englischen Doppeldecker SE5a und den deutschen Pfalz D III und Fokker D VII verschlang 2 Millionen DM. jg

Blaue Nächte

Mardi Gras. USA 1958 **R** Edmund Goulding **B** Winston Miller, Hal Kanter, nach einer Story von Curtis Harrington **K** Wilfried M. Cline **M** Sammy Frain, Paul Francis Webster (Songs); Lionel Newman (Score) **P** Jerry Wald für 20th Century-Fox **L** 94 Min. (Originalfassung 107 Min.), Farbe **D** Pat Boone, Christine Carere, Tommy Sands, Sheree North, Gary Crosby

Harmloses kleines Musical um den Kadetten einer Militärakademie in New Orleans (Boone), der bei einer von seinen Kameraden gestarteten Verlosung ein Treffen mit dem französischen Filmstar Michelle Marton (Carere) gewinnt. Der Clou an der Sache: Er hat die Schauspielerin, die der Star des Vergnügungsviertels Mardi Gras ist, bereits kennengelernt und sich in sie verliebt - ohne zu wissen, wer sie ist. Als ihr Studio Wind von der Romanze bekommt, bauscht man sie aus kommerziellen Gründen gewaltig auf.
Diese dünne Geschichte, zum großen Teil aus MGMs 1943er *Best Foot Forward* mit Lucille Ball übernommen, gibt den Rahmen ab für einige gelungene Tanz-und Gesangsnummern, darunter *That Man, Bigger Than Texas* und *Mardi Gras March.* Regisseur Goulding, der geschickt Erzählung, Musik und Original-Aufnahmen aus New Orleans miteinander verbindet, und die energievolle Besetzung bringen den Film über die Runden. Lionel Newmans Score wurde für einen Oscar nominiert. al

Der blaue Vogel

The Blue Bird. USA/UdSSR 1976 **R** George Cukor **B** Hugh Whitemore, Alfred Hayes, Alexi Kapler, nach einem Bühnenstück von Maurice Maeterlinck **K** Freddie Young, Jonas Gritsus **M** Irwin Kostal, Lionel Newman, Andrej Petrov **P** Paul Maslansky, Alexander Archansky für 20th Century-Fox, Lenfilm (Leningrad) **L** 99 Min., Farbe **D** Elizabeth Taylor, Jane Fonda, Ava Gardner, Cicely Tyson, Robert Morley, Harry Andrews, Patsy Kensit, Todd Lookinland, Will Geer, Mona Washbourne, Nazezda Pavlova, Margareta Terechova

Schon 1918 und 1940 (mit Shirley Temple) war Maurice Maeterlincks berühmtes Märchen für die Leinwand adaptiert worden - beide Male erfolglos. Die dritte Version war als Musical geplant und stellte zudem die erste amerikanisch-sowjetische Koproduktion der Filmgeschichte dar.
Zwei Holzfällerkinder (Kensit, Lookinland) begeben sich in ihren Träumen auf die Suche nach dem blauen Vogel der Glückseligkeit, treffen auf verschiedene Elemente menschlichen Zusammenlebens und sehen am Ende ihre Umgebung mit anderen Augen.
Diese simple Story wurde zu einem gigantischen Ausstattungsspektakel aufgeblasen, dessen Dreharbeiten sich in jedem Fall aufregender gestalteten als das Ergebnis. Eine internationale Star-Besetzung kämpfte in Leningrad gegen Magenverstimmungen verursachendes russisches Essen, Sprachschwierigkeiten und veraltete technische Geräte. All diese Probleme verlangsamten das Produktionstempo und schraubten die Kosten dramatisch in die Höhe. Zwischendurch kündigte das Kirov-Ballett seine Mitarbeit auf, und der russische Kameramann Jonas Gritsus mußte gehen, weil auf seinen Aufnahmen kaum etwas zu erkennen war - er hatte bis dato nur auf Schwarzweiß-Material gedreht. Für ihn kam Oscar-Gewinner Freddie Young. Veteran George Cukor gelang es trotzdem, aus diesem Chaos ein Ganzes zu machen, doch das Endprodukt rechtfertigt in keiner Weise den Aufwand und ist in jeder Hinsicht unbedeutend. *Der blaue Vogel* wurde ein Flop. al

Das Blaue vom Himmel

Das Blaue vom Himmel. Deutschland 1932 **R** Viktor Janson **B** Billy Wilder, Max Kolpe **K** Heinrich Gärtner **M** Paul Abraham **P** Rudolf Walther-Fin / Aafa Film **L** 82 Min., s/w **D** Martha Eggerth, Hermann Thimig, Ernst Verebes, Fritz Kampers, Margarete Schlegel, Jacob Tiedtke, Hans Richter

Anni arbeitet tagsüber als Kassiererin bei der Berliner U-Bahn, ihr Freund ist nachts als Postflieger unterwegs. Die divergierenden Beschäftigungszeiten haben zur Folge, daß sich die beiden Liebenden nur zweimal am Tag für je 10 Minuten sehen können, was natürlich zu Problemen in ihrer Beziehung führt. Schließlich gelingt es Anni, ihrem Freund bei einer Zigarettenfirma einen Job als Reklameflieger zu besorgen.
Neben DER BLONDE TRAUM und DIE DREI VON DER TANKSTELLE spiegelte

auch dieser Film die Stimmung in den letzten Monaten der Weimarer Republik wider. Präsentiert sich die Handlung äußerlich zwar als beschwingte musikalische Komödie, so dominiert jedoch bei genauer Betrachtung wiederum die Thematik der Existenzsicherung durch einen Arbeitsplatz. Der Film beginnt mit Dokumentaraufnahmen des pulsierenden Berliner U-Bahnverkehrs und dem freudestrahlenden Gesicht Martha Eggerths, die glücklich ist, endlich einen Job gefunden zu haben. Zwanzig Jahre später griff Billy Wilder für sein Melodrama BOULEVARD DER DÄMMERUNG den Aspekt der Unvereinbarkeit zweier unterschiedlicher Arbeitsplätze noch einmal auf. In einer Szene schreiben Betty Schaefer und Joe Gillis in einem verlassenen Büro der Paramount ein Drehbuch, daß genau die Geschichte von *Das Blaue vom Himmel* zum Inhalt hat. jg

Blaues Hawaii

Blue Hawaii. USA 1961 **R** Norman Taurog **B** Hal Kanter **K** Charles Lang **M** Joseph J. Lilley **P** Hall Wallis **L** 101 Min., Farbe **D** Elvis Presley, Joan Blackman, Angela Lansbury, Nancy Walters, Roland Winters

Neunter von insgesamt 31 Filmen, die der „King" innerhalb von nur 13 Jahren drehte. Dabei verläßt sich auch *Blaues Hawaii* wieder auf ein altbewährtes (und kassenträchtiges) Muster: wenig Handlung, viel Musik und der gnadenlose Mut zu absoluten Klischees.

Diesmal bietet das sonnige Hawaii eine bunte Kulisse für diesen Musikfilm. Nachdem Elvis nach seiner Militärzeit ins heimatliche Hawaii zurückgekehrt ist, versucht er sich als Fremdenführer, um von seinen Eltern unabhängig zu sein. Bei der Inselführung ergeben sich natürlich zahlreiche Gelegenheiten, diverse Musiknummern zum besten zu geben und das Südseeparadies wie im Reiseprospekt vorzustellen. Nach rund einem Dutzend Songs wird schließlich noch geheiratet, und fertig sind über eineinhalb Stunden fröhlicher Kitsch. dk

Der Blaufuchs

Der Blaufuchs. Deutschland 1938 **R** Victor Tourjansky **B** Karl Georg Külb, nach einem Bühnenstück von F. Herczeg **K** Franz Weihmayr **M** Franz R. Friedl, Lothar Brühne **P** Bruno Duday/UFA **L** 101 Min., s/w **D** Zarah Leander, Willy Birgel, Paul Hörbiger, Jane Tilden, Karl Schönböck, Rudolf Platte, Eduard Wenck, Edith Meinhard

Die vernachlässigte Frau eines ehrgeizigen Wissenschaftlers verliebt sich in einen attraktiven Flieger, trennt sich jedoch erst von ihrem Mann, als dieser in der Verbindung zu einer Assistentin sein wahres Liebesglück findet.

Das handlungsarme Lustspiel diente in erster Linie dazu, der rauchigen Stimme Zarah Leanders Gelegenheit zu geben, sich mit zwei Liedern zu präsentieren. Während einer Ausfahrt über die ungarische Steppe macht die Diva in einem Landgasthof Halt und singt dort - begleitet von einem hüpfenden und hüftschwingenden Chor - schmachtend das bekannte Stück *Von der Puszta will ich träumen*. Die zweite Gesangsdarbietung, der überaus frivole Song *Kann die Liebe Sünde sein,* wurde zu einem der populärsten Schlager des deutschen Tonfilms.

Die Emigration von Detlef Sierck, der sich später in Hollywood Douglas Sirk nannte, blieb auch für Zarah Leander nicht ohne Folgen. Das Niveau der vorherigen Filme ZU NEUEN UFERN und LA HABANERA konnte sie mit ihren folgenden Auftritten nicht mehr erreichen. *Der Blaufuchs* bildete den Auftakt zu einer Reihe von Streifen, die nur allein davon profitierten, die schwedische Diva als Hauptdarstellerin anpreisen zu können, ansonsten jedoch Kitsch in Vollendung waren. jg

Die Blechtrommel

Die Blechtrommel / Le tambour. BRD/Frankreich 1979 **R** Volker Schlöndorff **B** Jean-Claude Carrière, Volker Schlöndorff, Franz Seitz, Günter Grass, nach dem Roman von Grass **K** Igor Luther **M** Maurice Jarre **P** Franz Seitz Film/ Eberhard Junkersdorf, Bioskop / Halleluja / Artemis / Argos, Paris **L** 144 Min., Farbe **D** David Bennent, Mario Adorf, Angela Winkler, Daniel Olbrychski, Katharina Thalbach, Berta Drews, Charles Aznavour, Heinz Bennent, Andrea Ferréol

Günter Grass´ 1959 erschienener Roman galt lange Zeit als unverfilmbar. 1975 hatte der Münchener Produzent Franz Seitz die Rechte des Buches erworben und ein Treatment erarbeitet, das er Regisseur Volker Schlöndorff vorlegte, da er der Meinung war, dieser betont deutsche Stoff sei auch in der Hand eines deutschen Regisseurs am besten aufgehoben. Ursprünglich sollte die Rolle des Oskar Matzerath mit einem Zwerg besetzt werden, doch im September 1977 verwarf man diesen Gedanken und engagierte David Bennent, den Sohn des Schauspielers Heinz Bennent.

Angesiedelt ist die Geschichte im Danzig der Jahre 1924 bis 1945. Als Dreijähriger erhält der aus kleinbürgerlichen Verhältnissen stammende Oskar Matzerath eine Blechtrommel. Der Junge wird zum scharfen Beobachter seiner Umwelt und deren politscher Veränderung. Er verweigert sich dieser Welt, indem er sich absichtlich die Kellertreppe herunterstürzt und damit aufhört zu wachsen. In der Zeit des heraufziehenden Nationalsozialismus trommelt Oskar gegen den fre-velhaften Übermut dieser Ideologie und ihrer Anhänger an.

Mit einem Budget von 7 Millionen DM drehte Schlöndorff seinen Film in Frankreich, Jugoslawien, Berlin und in der restaurierten Altstadt Danzigs. Kurz nach der Premiere erlebte *Die Blechtrommel* enthusiastische Aufnahme bei Kritik und Publikum. Während der Filmfestspiele von Cannes wurde der Film zusammen mit Coppolas APOCALYPSE NOW mit der Goldenen Palme ausgezeichnet. Im Juni erhielt er vom Bundesinnenministerium die Goldene Schale. Den Höhepunkt in dieser Kette von Auszeichnungen bildete die Verleihung des Oscars in der Kategorie „Bester ausländischer Film", die damit erstmalig an einen deutschen Spielfilm ging. jg

Bleib mir ja vom Leib

That Lucky Touch. Großbritannien 1975 **R** Christopher Miles **B** John Briley, Monja Daninschewsky **K** Douglas Slocombe **M** John Scott **P** De Grunwald **L** 91 Min., Farbe **D** Roger Moore, Susannah York, Shelley Winters, Lee J. Cobb, Jean-Pierre Cassel

Mit der zweifachen Oscar-Preisträgerin Shelley Winters, Superstar Roger Moore, der neben seinen Bond-Rollen immer wieder Ausflüge ins Komödien-Genre machte, Susannah York (NUR PFERDEN GIBT MAN DEN GNADENSCHUß) und Lee J. Cobb (DIE FAUST IM NACKEN) standen Regisseur Miles nicht weniger als vier bekannte und erfahrene Schauspieler zur Verfügung, dazu gesellte sich noch Jean-Pierre Cassel als „Vorzeigefranzose". Doch ein gutes Schauspielerpotential garantiert noch keinen guten Film, auch wenn diese Komödie mit ihren Anspielungen auf die große Politik einen Anspruch auf satirische Einfärbung erhebt.

Grundgerüst dieses Filmes ist die Beziehung zwischen einem Waffenhändler und einer Journalistin. Während er versucht, mit der NATO ins Geschäft zu kommen, entpuppt sie sich als Pazifistin. Ihre unterschiedliche Gesinnung führt natürlich zu Reibereien, zumal beide gerade dabei sind, sich ineinander zu verlieben. Die verbalen Auseinandersetzungen verlaufen dann in lustspieltypischen Bahnen, ohne sich durch besonderen Einfallsreichtum auszuzeichnen. dk

Bleib wie du bist

Così come sei. Italien/Spanien 1978 **R** Alberto Lattuada **B** Enrico Oldoini, Alberto Lattuada **K** José Luis Alcaine **M** Ennio Morricone **P** Giovanni Bertolucci für San Francisco Film (Rom), Prod. Cinematograficas Ales (Madrid) **L** 105 Min., Farbe **D** Marcello Mastroianni, Nastassja Kinski, Francisco Rabal, Monica Randal, Barbara de Rossi, Anja Pieroni

Romantischer Liebesfilm um einen Architekten in mittleren Jahren (Mastroianni), der sich nach einem Schäferstündchen mit der achtzehnjährigen Studentin Francesca (Kinski) mit der Möglichkeit konfrontiert sieht, daß die junge Dame seine Tochter sein könnte. Während er versucht, den Kontakt mit ihr abzubrechen, stellt er Nachforschungen an, die zu keinem Ergebnis führen. Francesca läßt nicht locker, und die beiden setzen ihre Affäre fort, trotz des Zweifels, Vater und Tochter sein zu können. Am Ende verläßt Francesa ihn, da sie ein banales Ende der Beziehung nicht ertragen könnte.
Mehr als das Tabu-Thema Inzest beschäftigten Publikum und Presse die erotischen und freizügigen Eskapaden von Nastassja Kinski, die hier in ihrer ersten ernstzunehmenden internationalen Rolle zu sehen ist. Sie und Mastroianni spielen gut zusammen, obwohl die vielen Nacktszenen aufgesetzt und spekulativ wirken. Photographie und Musik sind ebenfalls Pluspunkte. al

Bleichgesicht junior

Son of Paleface. USA 1952 **R** Frank Tashlin **B** Frank Tashlin, Robert L. Welch, Joseph Quillan **K** Harry J. Wild **M** Lyn Murray **P** Robert L. Welch für Paramount **L** 90 Min. (Originalfassung 95 Min.), Farbe **D** Bob Hope, Jane Russell, Roy Rogers, Bill Williams

Diese äußerst witzige Fortsetzung von SEIN ENGEL MIT DEN ZWEI PISTOLEN brauchte über vier Jahre, um die Leinwände zu erreichen. Es ist die erste Regie-Arbeit des ehemaligen Cartoonisten Frank Tashlin, der schon für den früheren Film das Drehbuch schrieb und später durch seine Zusammenarbeit mit Jerry Lewis bekannt wurde.
Bob Hope spielt diesmal seinen eigenen Sohn, einen Harvard-Studenten, der sich auf den Weg nach Westen macht, um das Erbe seines verstorbenen Vaters, des Zahnarztes aus dem ersten Film, anzutreten. Jane Russell ist eine Saloon-Sängerin, die von Hope und seinen Kumpanen als Bandenchefin verdächtigt wird. Bei seinen Abenteuern wird Hope von Roy Rogers und dessen treuem Pferd Trigger unterstützt. Die Szene, in der er mit Trigger das Bett teilen muß, gehört zu den komischen Glanzpunkten.
Tashlins respektlose Farce nimmt so ziemlich jedes Western-Klischee auf die Schippe, und viele Sequenzen ähneln von ihrem Aufbau her Zeichentrickfilmen. Eine besondere parodistische Note ergab sich durch die Mitarbeit von Roy Rogers, der in den 40er Jahren in zahlreichen billig gemachten Western-Serien zum „König der Cowboys" avanciert war und einige Popularität erlangte. Der Oscar-preisgekrönte Song des ersten Films, *Buttons and Bows*, taucht auch hier wieder auf, allerdings mit neuem Text.
Bing Crosby, Hopes Partner aus den DER WEG NACH...-Filmen, und Regisseur Cecil B. De Mille sind in Gastauftritten zu sehen. al

Die bleierne Zeit

Die bleierne Zeit. BRD 1981 **R** Margarethe von Trotta **B** Margarethe von Trotta **K** Franz Rath **M** Nikolas Ecounomou **P** Eberhard Junkersdorf / Bioskop-Film **L** 107 Min., Farbe **D** Jutta Lampe, Barbara Sukowa, Rüdiger Vogler, Luc Bondy, Verenice Rudolph, Carola Hembus, Ingeborg Weber

Margarethe von Trottas Film ist die Geschichte zweier Schwestern, deren Kindheit im Krieg beginnt und sich in der Adenauer-Ära fortsetzt. Die 68er Bewegung wird zum Markstein und Trennpunkt ihrer Beziehung. Die eine wählt den Weg der Frauenemanzipation, die andere verschwindet im terroristischen Untergrund.
Die Regisseurin zieht deutliche Parallelen zu den Schwestern Ensslin. Gudrun Ensslin starb 1977 in der Strafanstalt Stammheim, ihre Schwester Christiane war einige Zeit als Redakteurin der Frauenzeitschrift *Emma* tätig. „Bei Aufnahmen von der Beerdigung der drei Stammheimer Toten für den Film DEUTSCHLAND IM HERBST bin ich Christiane Ensslin zum ersten Mal begegnet...Diese Frau, der ich mich freundschaftlich verbunden fühle, ist das Phänomen, das meinen Film inspiriert hat." Margarethe von Trotta drehte einen Film um den Tod, ein Werk, in dem es um Trauerarbeit geht, um die Verarbeitung einer nie bewältigten Zeit, um die Auseinandersetzung mit dem Phänomen des Terrorismus, das hier nicht aus der Sicht der Opfer, sondern sehr verständnisvoll und bemüht aus der Perspektive der Täter und ihrer Angehörigen dargestellt wird. „Von allen Versuchen, die deutsche Terroristenszene tiefgründiger zu erfassen, ist dies der menschlichste und der tauglichste - ein Meisterwerk." (*Kurier*, Wien)
Die bleierne Zeit wurde bei den Filmfestspielen von Venedig mit dem Goldenen Löwen ausgezeichnet; Jutta Lampe und Barbara Sukowa erhielten für ihre darstellerischen Leistungen den Goldenen Phoenix. jg

Blick von der Brücke

Vu du pont. Frankreich/Italien 1961 **R** Sidney Lumet **B** Jean Aurenche, nach dem Bühnenstück *View from a Bridge* von Arthur Miller **K** Michel Kelber **M** Maurice le Roux **P** Transcontinental Films (Paris), Intercontinentali (Rom) **L** 115 Min., s/w **D** Raf Vallone, Carol Lawrence, Jean Sorel, Maureen Stapleton, Raymond Pellegrin

Die mittlerweile dritte Verfilmung eines Arthur-Miller-Dramas nach *Hexenjagd* und TOD EINES HANDLUNGSREISENDEN ist eine von Sidney Lumets zahlreichen Literaturadaptionen. Mit einigen der damals bekanntesten italienischen und französischen Schauspielern in den Hauptrollen gelang Lumet eine allseits anerkannte und beachtete Verfilmung des Bühnenstückes und profilierte den Regisseur als „feinnervigen Psychologen." *(Evangelischer Filmbeobachter)*
Ein sizilianischer Hafenarbeiter in New York zieht seine Nichte groß und entwickelt dabei eine starke erotische Bindung. Als das Mädchen erwachsen ist, steigert sich die Liebe des Stiefvaters ins Neurotische. Dabei schreckt er auch nicht vor der Denunziation seiner eigenen Verwandten zurück, isoliert sich dadurch immer mehr von seiner Umwelt und begeht letztendlich Selbstmord. dk

Blick zurück im Zorn

Look Back in Anger. Großbritannien 1959 **R** Tony Richardson **B** Nigel Kneale, John Osborne, nach dem Bühnenstück von Osborne **K** Oswald Morris **M** Chris Barber **P** Harry Saltzman für Woodfall/ Warner Bros. **L** 100 Min. (Originalfassung 115 Min.), s/w **D** Richard Burton, Claire Bloom, Mary Ure, Gary Raymond, Edith Evans, Donald Pleasence

John Osbornes Theaterstück um einen „zornigen jungen Mann", der sich nach seinem Scheitern im Beruf den Konventionen der britischen Gesellschaft widersetzt, war bei seiner Erstaufführung 1956 ein großer Erfolg gewesen und hatte die britische Bühnenlandschaft nachhaltig in Richtung auf mehr Sozialkritik beeinflußt. Zusammen mit dem jungen Regisseur Tony Richardson, der bis dato nur einen Kurzfilm, *Momma Don't Allow* (1956), realisiert hatte, gründete Osborne 1958 die Produktionsgesellschaft Woodfall Films, die mehrere seiner Arbeiten für die Leinwand adaptieren sollte.Für die Hauptrolle wählte man Richard Burton aus, mit 33 Jahren eigentlich schon zu alt, aber dafür ein renommierter Name. Er spielt Jimmy Porter, einen Trompete-spielenden Arbeitersohn, der auf dem Markt einen Süßigkeitenstand betreibt. Seine Frau Alison (Ure) scheint er zu lieben, doch kann er es nicht lassen, sie verbal zu attackieren und ihr ihre vornehme Herkunft vorzuwerfen. Sein Verhalten wird so unerträglich, daß ihre Freundin Helena (Bloom) Alison überredet, Jimmy zu verlassen. Doch nun hat es Jimmy auf Helena abgesehen...
Richardson löst geschickt die räumliche Enge der Bühnenvorlage auf, und vermeidet so die

Fixierung auf die verbalen Tiraden Burtons, deren Botschaften (die diejenigen des Autors sind) manchmal etwas zu penetrant und überdeutlich dem Zuschauer vorgesetzt werden. Dennoch ist der Waliser mit seiner fesselnden Darstellung absoluter Mittelpunkt des Films, obwohl Claire Bloom, seine Partnerin in ALEXANDER DER GROSSE, und besonders Mary Ure, zu jener Zeit Osbornes Frau, sich hervorragend behaupten. Ein weiterer Pluspunkt ist Chris Barbers klagende Jazz-Musik.
Beim Publikum kam der Film jedoch nicht an, genausowenig wie beim amerikanischen Co-Produzenten Jack Warner, der nach zehn Minuten einer privaten Vorführung fragte, welche Sprache denn dort gesprochen würde.
Osborne und Richardson arbeiteten ein Jahr später erneut zusammen bei DER ENTERTAINER, und abermals bei TOM JONES. al

Blind Date - Verabredung mit einer Unbekannten

Blind Date. USA 1987 **R** Blake Edwards **B** Dale Launer **K** Harry Stradling **M** Henry Mancini **P** Tony Adams für Tri-Star **L** 95 Min., Farbe **D** Kim Basinger, Bruce Willis, John Larroquette, William Daniels, George Coe

In seinem 45. Film arbeitete Komödienspezialist Blake Edwards (FRÜHSTÜCK BEI TIFFANY, DER ROSAROTE PANTHER) wieder mit vertrauten Leuten zusammen. Kameramann Harry Stradling drehte schon viermal unter Edwards´ Leitung, für Henry Mancini, den Komponisten und Gewinner unzähliger Musik-Preise bedeutete diese Produktion die mittlerweile 24. Zusammenarbeit mit Hollywoods Star-Regisseur.
Auch nach mehr als einem Vierteljahrhundert Arbeit in der Traumfabrik bietet Edwards immer noch perfektes Unterhaltungskino. Diesmal gerät Bruce Willis in der Rolle des aufstrebenden Yuppies Walter Davis in die Slapstick-Mühle des Meisters. Davis soll zu einem Geschäftsessen in weiblicher Begleitung erscheinen. Sein Bruder vermittelt ihm die attraktive Blondine Nadia (Basinger), die den Jung-Manager zu seinem wichtigen Dinner begleitet. Alles scheint soweit in Ordnung, wenn es da nicht ein winziges Problem gäbe: Nadia verträgt nämlich absolut keinen Alkohol, und trotz eingehender Warnungen genehmigt sich das Paar zur Entspannung eine Flasche Champagner. Als Folge von Nadias unkontrollierter Ausnüchterung verliert Walter seinen Job, sein gesamtes Geld und muß sich auch noch mit Nadias Ex-Freund herumschlagen.
Routiniert in Szene gesetzt und mit seinen zwei Hauptdarstellern, Ex-Model Kim Basinger und Nebenbei-Musiker Bruce Willis (der in den Vereinigten Staaten durch die Serie *Das Model und der Schnüffler* bekannt wurde), als Zugpferde, spielte der Film in den USA allein in den ersten 4 Wochen über 26 Millionen Dollar ein. dk

Der Blob

The Blob. USA 1988 **R** Chuck Russell **B** Chuck Russell, Frank Darabont **K** Mark Irwin **M** Michael Hoenig **SpE** Lyle Conway **P** Jack H. Harris, Elliott Kastner / Tri-Star **L** 95 Min., Farbe **D** Shawnee Smith, Kevin Dillon, Donovan Leitch, Jeffrey Demunn, Joe Seneca, Judy McCullough, Daryl Marsh

Die 88er-Version von BLOB reiht sich ein in eine Kette von tricktechnisch aufwendigen Remakes, deren Vorlage diverse, überaus erfolgreiche B-Produktionen der 50er Jahre waren. Dazu gehören u.a. die Science-fiction-Filme DAS DING AUS EINER ANDEREN WELT oder INVASION VOM MARS, die beide in den 80er Jahren eine Neubearbeitung erfuhren.
Gegenüber der recht liebenswert-naiven und bisweilen unfreiwillig komischen Erstverfilmung protzt Chuck Russells *Blob* mit tricktechnischen Schlachthaus-Meisterleistungen. Ein konsequenter Spannungsaufbau geht zugunsten breit ausgespielter Ekelszenen verloren. Wo die Imagination des Zuschauers Grusel hätte erzeugen können, spritzt detailfreudig das Blut an die Decke oder werden Extremitäten abgetrennt. Um es nur kurz zu erwähnen: Der Blob ist ein schleimiges Etwas aus dem Weltraum, das sich bevorzugt von Menschenfleisch ernährt.
Mit einem riesigen Werbeaufwand wurde diese zweite, recht überflüssige Verfilmung gestartet; 3-D-Transparent-Poster, Rundfunkspots und DinA-0-Plakatierungen für rund DM 135.000 DM allein in der Bundesrepublik sollten ein breites Publikum ansprechen, das allerdings nicht so zahlreich wie erhofft in den Kinos erschien. jg

Blob - Schrecken ohne Namen

The Blob. USA 1958 **R** Irvin S. Yeaworth jr. **B** Theodore Simson, Kate Philips **K** Thomas Spalding **M** Ralph Carmichael, Burt Bacharach **SpE** Barton Sloane **P** Tonylyn **L** 82 Min., Farbe **D** Steve McQueen, Aneta Corseaut, Earl Rowe, Olin Howlin, Steven Chase, John Benson, Vince Barbi, Andrey Metcalf

Die Erstverfilmung dieses abstrusen Science-fiction-Stoffes wird zwar mit dem Attribut des Golden-Turkey-Anspruches (Prädikat für einen der schlechtesten Filme, die je gedreht wurden) gehandelt, war aber damals an den Kinokassen überaus erfolgreich. Mit der mickrigen Summe von 240.000 Dollar produziert, spielte die utopische Schauermär bislang weltweit 20 Millionen Dollar ein.
Eine schleimige Masse aus dem Weltall quillt in eine amerikanische Kleinstadt und sorgt dort für handfestes Grauen. Erst ein beherztes Teenie-Pärchen kann den Vernichtungsfeldzug des roten Matsches (es wurde dafür tatsächlich Pudding verwendet) beenden, als es entdeckt, daß der Blob extrem niedrige Temperaturen nicht verträgt.
Interessant an diesem mittlerweile zum Kultfilm avancierten Streifen ist die Mitwirkung des jungen Steve McQueen, der hier seine dritte Filmrolle spielte. Daß sich dabei dieses Werk selbst nicht so ganz ernst nimmt, beweist schon der originelle Rock´n´ Roll-Soundtrack mit dem von Burt Bacharach komponierten Song *Beware of the Blob* , der von der Band *Five Blobs* (!) interpretiert wird. 1971 entstand mit Larry Hagman in der Hauptrolle eine Fortsetzung unter dem Titel *Son of the Blob*, die jedoch selbst von Freunden des Genres nicht akzeptiert wurde. jg

Blockade in London

Passport to Pimlico. Großbritannien 1949 **R** Henry Cornelius **B** Henry Cornelius, T.E.B. Clarke **K** Lionel Banes, Cecil Cooney **M** Georges Auric **P** Michael Balcon für Ealing Studios **L** 84 Min., s/w **D** Stanley Holloway, Margaret Rutherford, Basil Radford, Naunton Wayne, Hermione Baddeley

Pimlico, ein Londoner Stadtteil, gehört rechtlich zum Großherzogtum Burgund! Das zumindest besagen Dokumente, die durch die versehentlich ausgelöste Explosion einer vergessenen Bombe aus dem II.Weltkrieg zutage gefördert wurden. Die betroffene Bevölkerung reagiert schnell: Im rationierungsgeplagten England der Nachkriegsjahre proklamiert man sich zum selbständigen Staat, schafft die Sperrstunde ab, etc. Die englische Regierung sinnt auf Abhilfe und errichtet Zollhäuschen, später werden zudem die Wasser-und Stromversorgung unterbrochen: es herrscht Belagerungszustand. Eine köstliche satirische Komödie der englischen Art, gespielt von der britischen Charakterdarsteller-Garde und produziert von den Ealing Studios. Diese Gesellschaft, gegründet 1931, erwarb sich in den Nachkriegsjahren einigen Ruhm mit hausgemachten Lustspielen, die sich durch gekonntes Nachempfinden des täglichen Lebens und die Erschaffung absurder Situationen vor realistischem Hintergrund auszeichneten. al

Die blonde Sünderin

La baie des anges. Frankreich 1962 **R** Jacques Demy **B** Jacques Demy **K** Jean Rabier **M** Michel Legrand **P** Paul-Edmond Decharme für Sud Pacifique Films **L** 83 Min., s/w **D** Jeanne Moreau, Claude Mann, Paul Guers, Henri Nassiet

Jeanne Moreau und Claude Mann spielen in Jacques Demys amüsanter Romanze ein absolut gegensätzliches Pärchen: Sie ist eine von der Spielleidenschaft besessene Träumerin, er ein kleiner Bankangestellter, ein Realist. Sie bittet ihn, ihr bei der Überwindung der Sucht zu helfen, doch ob sie das jemals schaffen, ist auch am Ende des Films nicht klar. Bis dahin haben sich die beiden in den eleganten Kasinos von Monte Carlo und Nizza herumgetrieben und mal verloren, mal gewonnen.
Jacques Demy ordnete jeder der beiden Figuren eine Farbe zu: Jeanne Moreau, mit blonder Mähne, ist weiß, Claude Mann ist schwarz. Genau wie sich die Farben im Verlauf des Films in einer ausgeklügelten Farbdramaturgie ergänzen, tun das auch Moreau und Mann. Wirkt ihr Charakter zu Beginn überkandidelt und weltfremd und seiner realitätsbewußt und vernünftig, ergeben sich mit der Zeit Ambivalenzen, die keine Einordnung ihrer Verhaltensweisen in falsch oder richtig mehr zulassen. al

Blonde Venus

The Blonde Venus. USA 1932 **R** Josef von Sternberg **B** Jules Furhtman, S. K. Lauren **K** Bert Glennon **M** Oscar Poteker **P** Paramount **L** 97 Min., s/w **D** Marlene Dietrich, Herbert Marshall, Cary Grant, Dickie Moore, Gene Morgan

Der vierte Hollywood-Film von Marlene Dietrich - wieder unter der Regie Josef von Sternbergs - war ein völlig überladenes Melodrama, das kein Element außer acht ließ, um Rührung zu erzeugen. Die Dietrich spielt eine fürsorgliche Mutter, die jedoch gezwungen wird, wieder als Tänzerin und Sängerin zu arbeiten, um ihrem schwerkranken Mann einen Kuraufenthalt zu ermöglichen. Im Zuge dieser Bemühungen sinkt sie zur Prostituierten ab, wird jedoch wieder großherzig von ihrem Gatten aufgenommen.
Kurz nach Beginn der Dreharbeiten kam es zu einer Meinungsverschiedenheit zwischen Sternberg und der Paramount, die der Ansicht war, das US-Publikum würde niemals einen Ehemann akzeptieren, der seiner Frau nach derartigen Erniedrigungen verzeihen würde. Sternberg ließ mit sich jedoch nicht diskutieren und Marlene Dietrich bestand ihrerseits darauf, nur unter seiner Regie diesen Film zu drehen. Daraufhin wurden die Gagenzahlungen an die Dietrich eingestellt, die dennoch hart blieb. Schließlich nahm Sternberg doch einige geringfügige Änderungen vor, was den Film allerdings nicht vor einem Mißerfolg rettete. Die Kritik zeigte sich unbeeindruckt von der eleganten Fotografie und den phantasievoll gestylten Dekors. „Sein jüngster Film ist möglicherweise sein schlechtester. Hier hat Sternberg samt seinen Talenten seinen Tiefpunkt erreicht.“ (*Variety*) jg

Ein blonder Traum

Ein blonder Traum. Deutschland 1932 **R** Paul Martin **B** Walter Reisch, Billy Wilder **K** Günther Rittau, Otto Baecker, Konstantin Irmen-Tschet **M** Werner Richard Heymann **P** Erich Pommer / UFA **L** 101 Min., s/w **D** Lilian Harvey, Willy Fritsch, Willi Forst, Paul Hörbiger, Trude Hesterberg, C. Hooper Trask, Hans Deppe

Nach dem erfolgreichen Lustspiel DIE DREI VON DER TANKSTELLE folgte ein weiteres, sogenanntes Depressions-Musical. Die wirtschaftliche Situation hatte sich bis dahin in Deutschland rapide verschlechtert, die Arbeitslosenzahlen waren auf annähernd 6 Millionen angestiegen; das Publikum verlangte nach belangloser, aufheiternder Unterhaltung.
Ganz in diesem Sinne hatten Werner R. Heymann und Walter Reisch auch ihre Lieder komponiert und getextet. Solch aufbauende Titel wie *Irgendwo auf der Welt gibt´s ein kleines bißchen Glück*, *Einmal schafft´s jeder* oder *Wir zahlen keine Miete mehr* zeugen von einem beinahe verzweifelten Fatalismus, der in der zusammenbrechenden Weimarer Republik herrschte.
Ein blonder Traum ist die Geschichte einer kleinen, unbedeutenden Artistin, in die sich zwei mittellose Fensterputzer verlieben. Das Mädchen entscheidet sich am Ende für denjenigen, der ihr die bürgerlichere Lebensperspektive bietet.
Billy Wilder hatte sein Drehbuch ursprünglich ganz anders konzipiert. Nach seinen Vorstellungen sollten beide Männer auf das Mädchen verzichten und ihrer Wege gehen. Lilian Harvey war empört, als sie das Skript zu lesen bekam; für sie war es schon undenkbar, von *einem* Mann verlassen zu werden. Also wurde auch auf Anraten des UFA-Chefs Erich Pommer der Film mit dem üblichen Happy-End (natürlich für das Traumpaar Fritsch/Harvey) abgeschlossen. jg

Blondinen bevorzugt

Gentlemen Prefer Blondes. USA 1953 **R** Howard Hawks **B** Charles Lederer, nach dem gleichnamigen Roman von Anita Loos **K** Harry J. Wild **M** Hoagy Carmichael, Harold Adamson **P** Sal C. Siegel für 20th Century-Fox **L** 90 Min., Farbe **D** Jane Russell, Marilyn Monroe, Charles Coburn, Elliott Reid, Tommy Noonan

Ein Musical-Klassiker der fünfziger Jahre: Lorelei Lee (Monroe) und ihre Freundin Dorothy (Russell) begeben sich im wildesten Lebenshunger auf eine Nobelkreuzfahrt nach Europa. Beide mit der festen Absicht, den Mann (oder auch die Männer) des Lebens zu finden; jedoch aus recht unterschiedlichen Gründen: Monroe setzt die von ihr so verhaßte Rolle des blonden Dummchens zunächst recht erfolgreich bei ihrer Suche nach dem ganz großen Geld ein, die für ein Hollywood-Happy-End nicht in Frage kommenden Millionäre (zu alt, zu dick, verheiratet oder auch minderjährig) liegen ihr zu Füßen. Jane Russell, ihr brünetter Gegenpart, verkörpert eher die intelligente Nymphomanin, die sich besonders gerne in der Umkleidekabine der ebenfalls mitreisenden amerikanischen Olympiamannschaft aufhält. Nach dem üblichen verwechslungs-komödiantischen Hin und Her landen die beiden Überfrauen in Paris, müssen zum Brötchenverdienst in Nachtclubs auftreten und stehen schließlich beide vor dem Traualtar - der eine Gatte reich, der andere einfühlsam.
Der sorgfältig inszenierte Film sprengt durch seine beißende Satire den Rahmen der damals so biederen amerikanischen Komödie. Glanzvoller Höhepunkt ist Monroes Auftritt mit *Diamonds Are a Girl´s Best Friend*, das Lied in dem die Männer nicht mehr einfach nur in Frage gestellt, sondern gänzlich auf ihr Bankkonto reduziert werden. „Das ist alles andere als zynische und liebenswürdige Unterhaltung: es ist ein böses, intelligentes und unerbittliches Werk.“ (François Truffaut) dh

Bloody Mama

Bloody Mama. USA 1969 **R** Roger Corman **B** Robert Thom **K** John A. Alonzo **M** Don Randi **P** Roger Corman für American International Pictures **L** 90 Min., Farbe **D** Shelley Winters, Pat Hingle, Don Stroud, Diane Varsi, Bruce Dern, Robert De Niro

Eindeutig durch den Erfolg von BONNIE UND CLYDE inspirierte Gangster-Saga aus der Filmschmiede des Grusel-und Billigproduzenten Roger Corman. Wie sein Kollege Warren Beatty nimmt es Corman mit historisch belegten Tatsachen nicht so genau, wenn er Kate „Ma“ Barker (Winters) und ihre vier schießwütigen Söhne auferstehen läßt, die in den 30er Jahren die meistgesuchte Bande der Vereinigten Staaten waren. Kate Barker, schon als Kind vergewaltigt, verließ ihren schwächlichen Mann und führte mit ihren Nachkommen einen brutalen Privatkrieg gegen die bessergestellte Gesellschaft - die Palette ihrer Aktivitäten reichte über Entführung, Raub und Erpressung bis hin zu Mord. Wo sie auftauchten, ratterten die Maschinengewehre und spritzte das Blut. Das alles wird von Corman in gewohnt temporeicher Inszenierung, die mit unzähligen Schießereien und Brutalitäten gespickt ist, schnörkellos erzählt, während Original-Aufnahmen wie vom Börsenkrach 1929 und vom Lindbergh-Flug für den gewissen authentischen Touch und die Hintergrundinformationen sorgen. Shelley Winters zelebriert die Vulgarität und Verkommenheit ihrer Rolle mit sichtlichem Spaß. al

Bloomfield

Bloomfield. Großbritannien/Israel 1970 **R** Richard Harris **B** Wolf Mankowitz, nach einer Novelle von Joseph Gross **K** Otto Heller **M** John Harris **P** John Heyman, Wolf Mankowitz für World Film/ Limbridge (London), Cenfilco (Tel-Aviv) **L** 99 Min., Farbe **D** Richard Harris, Romy Schneider, Kim Burfield, Maurice Kaufman

Die erste und einzige Regie-Arbeit des britischen Schauspielers Richard Harris ist ein Kuriosum: Der Star inszenierte sich in dieser englisch-israelischen Co-Produktion als alternden Fußballer Eitan, der trotz der mahnenden Worte seiner bildhauernden Freundin Nira (Schneider) nicht vom runden Leder lassen mag. Er hat Angst, nach Beendigung seiner Karriere nutzlos zu sein. Da tritt eine zwielichtige Spielertype an ihn heran: Eitan soll dafür sorgen, daß seine Mannschaft im nächsten Spiel verliert und würde dafür reichlich entlohnt werden. Seine Freundin und ein kleiner Steppke, dessen Idol er ist, bringen den Kicker noch rechtzeitig zur Besinnung.
Bloomfield ist der Name des israelischen Stadions, in dem es zum Finale dieses merkwürdigen Sportler-Melodrams kommt, das 1971 bei der Berlinale vorgestellt wurde. Die Kritiker ließen kein gutes Haar an Harris´ Debüt. *Der Abend*: „Ein Rührstück...Harris tut als Darsteller wie als Regisseur viel zu viel." Die *Abendzeitung*: „Der Film verschenkt die Tragödie, die Satire, die Psycho-Komödie - er kommt um in seiner Ambition. Romy Schneider wirkt wie ein fremdes Dekorationsstück in diesem israelischen Party- und Sportmilieu." al

Blow Out - Der Tod löscht alle Spuren

Blow Out. USA 1981 **R** Brian de Palma **B** Brian de Palma **K** Vilmos Zsigmond **M** Pino Donaggio **P** Brighton **L** 107 Min., Farbe **D** John Travolta, Nancy Allen, John Lithgow, Dennis Franz, Peter Boyden, Curt May

Ein für den Film arbeitender Toningenieur (Travolta) wird beim „Sammeln" von Geräuschen Zeuge eines Autounfalls, bei dem ein Politiker ums Leben kommt. Er rettet eine Prostituierte (Allen) aus dem Wrack und wird mit ihr in ein Komplott verwickelt, da es sich bei dem Unfall um ein Attentat handelte.
Blow Out steht ganz im Schatten seines ungleich populäreren Vorgängers DRESSED TO KILL, mit dem er einige Gemeinsamkeiten hat. Auch er beginnt mit einer Duschszene (es ist ein Film im Film, wie man später erfährt), auch er macht eifrig Anleihen bei Alfred Hitchcock, auch er hat für De Palmas Ehefrau Nancy Allen eine Rolle als „Prostituierte mit dem Herz am rechten Fleck" parat. Die Titelähnlichkeit zu Michelangelo Antonionis BLOW UP ist natürlich kein Zufall - auch dort ging es ja um einen durch Zufall aufgezeichneten Mord. De Palma nutzt die Geschichte zu einem spannenden und wie bei ihm üblich, elegant gefilmten Thriller, der ganz nebenbei auch noch einen Blick hinter die Kulissen einer Filmproduktion, genauer gesagt, ins Tonstudio, wirft. Diese Thematiken wiederholen sich dann in seinem nächsten Film DER TOD KOMMT ZWEIMAL.
Die Handlung mag nicht ganz glaubwürdig und logisch erscheinen, doch De Palma wäre sicher der letzte, der es den „Wahrscheinlichkeitskrämern" (Hitchcock) recht machen wollte. nn

Blow up

Blow up. Großbritannien 1966 **R** Michelangelo Antonioni **B** Michelangelo Antonioni, Tonino Guerra, nach einer Kurzgeschichte von Julio Cortazar **K** Carlo di Palma **M** Herbert Hancock **P** Carlo Ponti **L** 111 Min., Farbe **D** Vanessa Redgrave, David Hemmings, Sarah Miles, Veruschka Gräfin Lehndorff

In seinem zehnten Spielfilm, der 1966 in Großbritannien entstand und 1967 in Cannes die Goldene Palme erhielt, schildert Michelangelo Antonioni 24 Stunden aus dem Leben eines Modefotografen in London. David Hemmings spielt die legendäre Rolle des Thomas, für den das Ablichten von Menschen, Gesichtern und Posen zum totalen Lebensinhalt geworden ist. Doch die Verunsicherung, die zunächst in den Rissen seiner persönlichen Beziehungen sichtbar wird, setzt sich auf unheimliche Weise auch in seinem Beruf fort: Beim Vergrößern heimlich geschossener Fotos von einem Liebespaar im Park entdeckt Thomas eine Leiche auf den Aufnahmen. Er überprüft seine Fotos mit der Realität und findet im Gebüsch tatsächlich einen Toten. Nach seiner Rückkehr von einer Party (im schönsten sechziger-Jahre-Kolorit) sind nicht nur all seine Fotos und Negative, sondern auch die Leiche aus dem Park verschwunden.
Dieser Handlungsfaden wird häufig zur Nebensache, Antonioni läßt sich lieber auf Stimmungen ein: Die Ungewißheit, ob Thomas tatsächlich einen Mord fotografiert hat, das Desinteresse seiner Umwelt - all das zielt auf grundsätzliche Fragen über Realität und Phantasie ab. Was die Augen sehen, ist nicht identisch mit dem, was die Kamera sieht. „In Inszenierung, Fotografie und Darstellung hervorragender Film, der die Faszination des Bildes als Abbild tatsächlicher oder vermeintlicher Wirklichkeit und die Möglichkeit der Manipulation aufzuzeigen versucht und zugleich ein Portrait der Beat-Generation zeichnet." *(film-dienst)* dh

Blue Collar

Blue Collar. USA 1978 **R** Paul Schrader **B** Paul und Leonard Schrader, nach Material von Sidney A. Glass **K** Bobby Byrne **M** Jack Nitzsche **P** T.A.T. Communications **L** 110 Min., Farbe **D** Richard Pryor, Harvey Keitel, Yaphet Kotto, Ed Begley jr.

In seinem Regie-Debüt greift Paul Schrader, der durch seine Drehbücher zu YAKUZA und TAXI DRIVER bekannt wurde, ein heißes soziales Thema auf. Drei Industriearbeiter, ein Weißer und zwei Schwarze, kommen vorn und hinten mit ihrem Lohn nicht aus. Sie beschließen, sich aus der Kasse ihrer korrupten Gewerkschaft zu bedienen, doch statt Dollars finden sie nur einige Geschäftspapiere. Die decken allerdings die dunklen Machenschaften der Gewerkschaftsbosse auf, doch als die drei aus ihrem Wissen Kapital schlagen wollen, merken sie schnell, daß diese Geschichte eine Nummer zu groß für sie ist.
Die geradlinige Story, spannend und nicht ohne Action erzählt, sehr gute Schauspieler und die detaillierte Milieubeschreibung brachten *Blue Collar* den Großen Preis bei den Pariser Filmfestspielen. dk

Blue Iguana oder Der Sarg ist himmelblau

The Blue Iguana. USA 1988 **R** John Lafia **B** John Lafia **K** Rodolfo Sanchez **M** Ethan James **P** Steven Golin, Sigurjon Sighvatsson **L** 90 Min., Farbe **D** Dylan McDermott, Jessica Harper, James Russo, Pamela Gidley, Yano Anaya

Die auffallende Ähnlichkeit der Hauptdarstellerin und ehemaligen Miß World, Pamela Gidley, mit Veronica Lake ist durchaus beabsichtigt. Schließlich gehört der Film-Vamp der 40er Jahre zu Regisseur Lafias Vorbildern, und gerade die werden in seinem Regie-Erstling *Blue Iguana* gern und oft zitiert. Als Genre-Mix zwischen Western, Krimi und film noir angelegt, sollen diverse Anspielungen auf große Film-Vorgänger für die entsprechende Unterhaltung sorgen. Ob dies gelang, ist umstritten, in den Vereinigten Staaten war der Film ein Mega-Flop, hierzulande wurde er teilweise als absoluter Langeweiler, teilweise als Geheimtip gehandelt. Die Geschichte ist einfach: Steuerfahnder Vince Halloway (McDermott) soll in einem mexikanischen Kaff eine illegale Bank ausheben. Eine Idee, auf die auch diverse andere Personen gekommen sind, und so trifft Vince neben der schon erwähnten femme fatale auch noch zahlreiche Desperados und andere seltsame Gestalten, die alle hinter dem Geld herjagen. dk

Blue Steel

Blue Steel. USA 1989 **R** Kathryn Bigelow **B** Kathryn Bigelow, Eric Red **K** Amir Mokri **M** Brad Fiedel **P** Edward R. Pressman, Oliver Stone **L** 103 Min., Farbe **D** Jamie Lee Curtis, Ron Silver, Clancy Brown, Elisabeth Pena

Nur wenigen Frauen gelingt es, sich im von Männern dominierten Regie-Fach einen Namen zu machen. Eine der wenigen, die es geschafft haben und der so große Kollegen wie Oliver Stone Respekt zollen, ist Kathryn Bigelow. Der dritte Film der ehemaligen Malerin ist ein ungemein spannender Cop-Thriller, der sich von anderen Filmen des Genres allein schon durch seine Hauptdarstellerin unterscheidet. Jamee Lee Curtis war jahrelang auf Rollen im Horrorgenre festgelegt, ehe sie in DIE GLÜCKSRITTER ins Komödienfach wechselte. Nach ihrem phänomenalen Erfolg in EIN FISCH NAMENS WANDA drehte sie sich erneut um hundertachtzig Grad und zeigte sich in *Blue Steel* als weiblicher Action-Star.
„Ich erschieße gern Menschen" ist Megan Turners (Curtis) sarkastische Antwort auf die Frage, warum sie ausgerechnet Polizistin geworden ist. Sie ist stolz auf ihren Job, doch gleich ihr erster Einsatz endet folgenschwer: Bei einem Raubüberfall erschießt sie den Täter, der sie mit der Waffe bedroht. Doch diese Waffe wird nicht gefunden, und Megan wird vom Dienst suspendiert. In dieser Situation lernt sie den Börsenmakler Eugene Hunt (Silver) kennen, mit dem sie eine Affäre beginnt. Die Ereignisse überschlagen sich, als eine Mordserie New York erschüttert und sich Eugene als psychopathischer Serienkiller zu erkennen gibt. dk

Blue Velvet

Blue Velvet. USA 1986 **R** David Lynch **B** David Lynch **K** Frederick Elmes, Joe Dunton **M** Angelo Bandalamenti **P** Richard Roth / De Laurentiis Entertainment Group **L** 120 Min., Farbe **D** Kyle MacLachlan, Isabella Rossellini, Dennis Hopper, Laura Dern, Hope Lang

David Lynchs vierter Film beginnt mit den Bildern einer Postkartenidylle - eine amerikanische Vorstadt mit roten Rosen, weißen Gartenzäunen und einem azurblauen Himmel. Doch mitten in dieser heilen Welt entdeckt der junge Jeffrey ein abgeschnittenes Menschenohr und gerät nach und nach in einen Teufelskreis von Gewalt, Sex und Sadomasochismus.
Der Filmtitel *Blue Velvet* beruft sich auf den gleichnamigen Song von Bobby Vinston, der wie ein roter Faden die Handlung durchzieht und sogar auch einmal in einer Kurzversion von Isabella Rossellini gesungen wird.
Lynch bezeichnete seinen äußerst provozierenden Thriller als ein „Eindringen ins Unterbewußtsein". Tatsächlich widerfährt dem pubertierenden Jeffrey (ausgezeichnet gespielt von Kyle MacLachlan) eine Reihe von Begegnungen, die einem sexuellen Alptraum gleichkommen - die eindeutigen Knabenphantasien werden durch Kastrationsängste gestört, den noch unbekannten Geschlechtsakt muß der Junge in der Situation eines Voyeurs als Mischung von Vergewaltigung und Sadismus miterleben. Der allmählichen Verstrickung des Helden in eine Welt pervertierter Sehnsüchte entspricht Lynch bezüglich der Kameraführung durch langsam tastende, kreisende Bewegungen.
Ein unbequemer und nicht immer schlüssiger Psycho-Thriller, in dem der Regisseur ein entlarvendes Amerika-Bild zeichnet, welches in Lynchs nächstem Film WILD AT HEART eine noch krassere Fortsetzung fand. jg

Blues Brothers

The Blues Brothers. USA 1979 **R** John Landis **B** Dan Aykroyd, John Landis **K** Stephen M. Katz **M** Ira Newborn **P** Robert K. Weiss für Universal **L** 130 Min., Farbe **D** John Belushi, Dan Aykroyd, Carrie Fisher, James Brown, Cab Calloway

Sie sind einfach sehr, sehr cool, und diese Coolness färbt natürlich auch auf das Publikum ab. So ist es kein Wunder, daß immer noch in schöner Regelmäßigkeit die *Blues Brothers* in den Kinos auftauchen und Massen von Fans in schwarzen Anzügen, Hüten und Sonnenbrillen anziehen.
Das sind nämlich die Markenzeichen der Gebrüder Jake (Belushi) und Elwood (Aykroyd) Blues. Genauso treu wie ihrem Outfit sind die Geschwister auch dem Waisenhaus verbunden, in dem sie aufwuchsen. Als sie erfahren, daß das Heim aufgrund einer Steuerschuld geschlossen werden soll, haben sie eine wahrhaftige Erleuchtung, wie sie ihr altes Zuhause vor der Schließung bewahren können: die Wiedervereinigung ihrer alten Band mit einem entsprechend erfolgreichen Comeback soll das nötige Geld zusammenbringen. Doch die Suche nach den ehemaligen Band-Mitgliedern gestaltet sich sehr schwierig, zumal Jake und Elwood noch mit der gesamten Polizei Chikagos, einer Horde Neo-Nazis, der mordwütigen Ex-Freundin von Jake und einer Hillbilly-Band zu kämpfen haben.
Allein 78 Stuntmen sorgten dafür, daß das Budget von knapp 33 Millionen Dollar auch ordentlich ausgeschöpft wurde. Doch den Status eines Kultfilmes verdiente sich *Blues Brothers* nicht nur durch die spektakulären Verfolgungsjagden, bei der unzählige Fahrzeuge zu Schrott gefahren und ganze Einkaufszentren zerlegt wurden. Die sehenswerten Mini-Auftritte diverser weltbekannter Soul-Größen wie Aretha Franklin, Ray Charles, Cab Calloway und James Brown machten aus der anarchistischen Komödie zusätzlich noch einen exzellenten Musikfilm, dessen Soundtrack sich millionenfach verkaufte. Der Erfolg von John Landi dritter Produktion nach KENTUCKY FRIED MOVIE und ICH GLAUB, MICH TRITT EIN PFERD war so groß, daß der Film, entgegen der üblichen Praxis, erst knapp 10 Jahre (!) nach der Uraufführung auf Video erschien. dk

Bluff

Il grande bluff. Italien 1975 **R** Sergio Corbucci **B** Arduino Maiuri, Massimo de Rita, Sergio Corbucci **K** Marcello Gatti **M** Lelio Luttazzi **P** Mario Cecchi Gori für Capital Film **L** 109 Min., Farbe **D** Anthony Quinn, Adriano Celentano, Capucine, Corine Clery

Nach dem Muster seiner Italo-Western wie MERCENARIO-DER GEFÜRCHTETE läßt Sergio Corbucci auch in dieser, in den 20er Jahren angesiedelten, Komödie wieder zwei mit allen Wassern gewaschene Gauner aufeinander los, die sich zunächst gegenseitig hereinlegen, am Schluß jedoch gemeinsame Sache machen.
Gangsterchefin Belle (Capucine) muß feststellen, daß ihre Leute den falschen Mann aus dem Gefängnis befreit haben, nämlich Felix. Der muß jetzt nochmal zurück hinter Gitter, um den richtigen, Belles Ex-Liebhaber Philippe (Quinn), herauszuholen. Mit ihm hat die Dame noch ein Hühnchen zu rupfen. Nach anfänglichen Schwierigkeiten finden die beiden Ganoven geschäftlich zueinander, und man beschließt, Belle mit einem Coup zu überlisten. Zudem hat sich Felix in Philippes Tochter Charlotte (Clery) verguckt...
Corbuccis Film ist eine turbulente Parodie auf Gangster-Streifen wie DER CLOU, die weniger auf bewaffnete Auseinandersetzungen setzt, sondern vielmehr ein bemerkenswertes Gag-Feuerwerk abbrennt. Quinns ruhige Überlegenheit ist der ideale Kontrast zu Celentanos enervierender Quirligkeit, die er in manchen seiner späteren Vehikel allzu penetrant einsetzte. al

Bluff Poker

Hopscotch. USA 1980 **R** Ronald Neame **B** Brian Garfield, Bryan Forbes, nach einem Roman von Garfield **K** Arthur Ibbetson **M** Ian Fraser **P** Edie und Ely Landay **L** 102 Min., Farbe **D** Walter Matthau, Glenda Jackson, Ned Beatty, Sam Waterston

Miles Kendig (Matthau), ein leicht angegrauter, aber absolut professioneller CIA-Agent, soll in den Innendienst versetzt werden. Um sich für seine Abschiebung zu rächen, taucht Kendig unter, schreibt seine Memoiren mit sämtlichen Geheimdienst-Details und droht sie zu veröffentlichen. Ein Vorhaben, das wie eine Bombe einschlägt und fast alle Agentenzentralen der Welt auf den Plan ruft. Während die einen Kendig am liebsten tot sehen würden, wollen die anderen diesen wertvollen Informanten unbedingt lebend in die Finger bekommen. Doch dank seiner langjährigen Praxis und der Hilfe der Ex-Agentin Isobel von Schmidt (Jackson) gelingt es dem schlitzohrigen Geheimdienstler immer wieder, seinen Kollegen aus Ost und West zu entkommen.
Eine absolute Paraderolle für Walter Matthau, der mit Knittergesicht und bärbeißigem Charme den Agenten vom alten Schlage perfekt verkörpert. Ursprünglich sollte das Projekt mit Michael Caine und Jane Fonda realisiert werden, doch letzten Endes übernahm Glenda Jackson die weibliche Hauptrolle in dieser Komödie und spielte damit zum wiederholten Male an der Seite Matthaus. Neben Walter konnte noch ein weiterer Sproß der Matthau-Familie die Dreharbeiten rund um die Welt (u. a. in Salzburg, Marseille, London und auf den Bermudas) genießen: Sohn David aus Matthaus erster Ehe ist in einer kleinen Nebenrolle zu sehen. dk

Blumen der Nacht

Flowers in the Attic. USA 1987 **R** Jeffrey Bloom **B** Jeffrey Bloom, nach einer Erzählung von V. C. Andrews **K** Frank Byers, Gil Hubbs **M** Christopher Young **P** Sy Levin, Thomas Fries für New World Pictures **L** 95 Min., Farbe **D** Victoria Tennant, Kristy Swanson, Jeb Stuart Adams, Ben Ganger

Als die Amerikanerin Virgina Cleo Andrews 1979 ihren Roman-Erstling *Flowers in the Attic* veröffentlichte, hatte sie damit einen so überwältigenden Erfolg, daß bis heute vier Fortsetzungen des Bestsellers erschienen und die New York Times sie als „erfolgreichste Autorin der 80er Jahre“ bezeichnete. Jeffrey Bloom adaptierte die Geschichte einer Witwe mit vier Kindern und erzählt ein „modernes Märchen“.
Als ihr Vater bei einem Autounfall ums Leben kommt, ziehen die Geschwister Cathy, Chris, Carry und Cory mit ihrer Mutter zu ihren Großeltern. Die hartherzige Großmutter ist keineswegs erfreut über die „Bastarde“, und so werden die Geschwister kurzerhand in einen riesigen Speicherraum gesteckt, wo sie sich häuslich einrichten. Doch als eines der Kinder vergiftet wird und die Besuche der Mutter immer spärlicher werden, entdecken die unfreiwilligen Gefangenen, das sie die Opfer eines fatalen Komplotts geworden sind. dk

Blumen ohne Duft

Beyond the Valley of the Dolls. USA 1970 **R** Russ Meyer **B** Russ Meyer, Roger Ebert, nach einer Geschichte von Ebert **K** Fred J. Koenekamp **M** Stu Phillips **P** Russ Meyer Prod. für 20th Century-Fox **L** 109 Min., Farbe **D** Dolly Read, Cynthia Myers, Marcia McBroom, John LaZar, Michael Blodgett, David Gurian

Kelly MacNamara (Read), Casey Anderson (Myers) und Petronella Danforth (McBroom), drei amerikanische Pop-Sternchen, kommen mit ihrem Manager Harris Allsworth (Gurian) in die Metropole des Kapitalismus - nach Hollywood. Kelly hat beschlossen, sich dem dortigen Luxus hemmungslos hinzugeben. Zu diesem Zwecke erpreßt sie einen gewaltigen Vorschuß von ihrer Erbtante, die zusammen mit Ronnie Barzell (LaZar), einem schwächlichen Shakespeare-Interpreten, eine ausgesprochen angesagte („supergroovy“) Sippschaft anführt, zu der ein gescheiterter Filmheld, eine ehemalige Sexgöttin, die obligatorische Lesbe und ein skrupelloser Rechtsanwalt gehören. Der Rest des Films besteht aus detailliert dargestellten, orgienhaften Parties - inklusive der peniblen Dokumentation der sexuellen Vorlieben der Mitwirkenden - dem Untergang Petronellas sowie der Enthauptung eines gewissen Lance Rocke (Blodgett).
Russ Meyer hatte für *Blumen ohne Duft*, seiner ersten Studioproduktion, ein zwanzig- bis dreißigfach höheres Budget als für seine frühen Sexfilme zur Verfügung, was sich jedoch keinesfalls auf die Qualität dieses Films ausgewirkt hat. Sein schon legendäres Manko, eine auch nur halbwegs interessante Story schreiben zu können, wurde selbst durch das Geld der Fox nicht ausgeglichen. *Variety* erklärte die Geschichte für ungefähr so komisch wie ein „brennendes Waisenhaus“. Die Darsteller und Darstellerinnen kommen gegen das unglaublich schlechte Drehbuch einfach nicht an - ob sie allerdings dazu in der Lage gewesen wären, sei dahingestellt. Selbst die zahlreich vorhandenen Kopulations-Szenen lohnen kaum das Anschauen, sind die Paare doch oftmals gänzlich bekleidet. dh

Das Blut eines Dichters

Le sang d´un poete. Frankreich 1930 **R** Jean Cocteau **B** Jean Cocteau **K** Georges Perinal **M** Georges Muric **P** Vicomte de Noailles **L** 52 Min., s/w **D** Lee Miller, Enrique Rivero, Pauline Carton, Odette Talazac

Regie-Erstling des filmischen Autodidakten Cocteau, der nebenher noch als Dichter, Bühnenbildner, Choreograph und Maler arbeitete. Der Kritiker Georg Schmidt bezeichnete im *Berliner tip* von 1984 *Das Blut eines Dichters* als „Kino als berauschendes Ergebnis einer ungezügelten Fantasie, die ihre Reize aus dem Alltäglichen bezieht, der

Film als visuelles Zaubermittel...". Eine surrealistische Geschichte, bei auch mit Hilfe erster tricktechnischer Mittel verschiedene Bewußtseins- und Wirklichkeitswelten des Protagonisten dargestellt werden. Cocteau gehörte zur filmischen Avantgarde der späten 20er Jahre. Seine stets unkommerziellen Arbeiten fanden auch in späteren Jahren u. a. bei François Truffaut, Pablo Picasso oder Yul Brynner immer wieder prominente Unterstützer, sein gesamtes filmisches Schaffen blieb nicht ohne Einfluß auf die nachfolgende Regisseur-Generation in Frankreich. nn

Blut für Dracula

Dracula, Prince of Darkness. Großbritannien 1965 **R** Terence Fisher **B** Jimmy Sangster, nach Motiven von Bram Stoker **K** Michael Reed **M** James Bernard **P** Anthony Nelson Keys / Hammer, Seven Arts **L** 90 Min., Farbe **D** Christopher Lee, Barbara Shelley, Andrew Keir, Francis Matthews, Suzan Farmer, Charles Tingwell, Thorley Walters

Für eine Fortsetzung des erfolgreichen Erstlings DRACULA, den die Hammer-Studios neben zahlreichen anderen Horrorgestalten 1958 in der Person von Christopher Lee auferstehen ließ, benötigte dieser Film wirklich sehr viel Zeit. Nach siebenjähriger Pause sollte mit ihm auf einmal ein neuer Schwall von *Dracula*-Filmen in die Kinos schwappen.
Erinnern wir uns: In DRACULA hatte Professor Van Helsing (Cushing) den berüchtigten Vampir (Lee) zu Staub zerfallen lassen. *Blut für Dracula* beschert dem Publikum nun seine schreckenerregende Rückkehr. Zwei englische Ehepaare werden auf ihrer Fahrt durch Böhmen gezwungen, in Draculas Schloß eine Rast einzulegen. Dort fällt einer der Reisenden dem Mordanschlag des heimtückischen Schloßverwalters zum Opfer, der das Blut des Toten benutzt, um Dracula zum Leben zur erwecken. Bald schon treibt der durstige Vampir wieder sein Unwesen, wird aber von einem beherzten Abt in einem See versenkt.
Blut für Dracula war der einzige Film, in dem Christopher Lee in der Rolle des Vampirs kein einziges Wort zu sprechen brauchte. Man hatte für ihn zwar einige Dialogsätze geschrieben, doch empfand Lee diese als so albern, daß er sich schlichtweg weigerte, sie auszusprechen. Der Streifen ist dadurch jedoch nicht besser geworden und wirkt wie ein fader Aufguß altbekannter Motive. jg

Blüten, Gauner und die Nacht von Nizza

Le jardinier d´argenteuil/Blüten, Gauner und die Nacht von Nizza. Frankreich/BRD 1966 **R** Jean-Paul Le Chanois **B** Jean-Paul Le Chanois, François Boyer, nach dem Roman von René Jouglet **K** Walter Wottitz **M** Serge Gainsbourg **P** Les Films Copernic/Gafer (Paris), Corona/Roxy Film (München) **L** 89 Min., Farbe **D** Jean Gabin, Liselotte Pulver, Curd Jürgens, Pierre Vernier

Gaunerkomödie um einen Gärtner (Gabin), der für den eigenen Bedarf Falschgeld produziert. Als sein Neffe die hübsche Hilda (Pulver) ehelicht, wird Onkel zur Kasse gebeten. Mit seinen „Blüten" soll er die ersten Wünsche des jungen Paares finanzieren: Villa und Sportwagen. Pech nur, daß Hilda gleich mit dem ersten falschen Schein ein Strafmandat bei der Polizei bezahlt! Doch da ist ja auch noch Baron Eduard (Jürgens), der Onkel Martin ins Spielcasino von Nizza mitnimmt...
Mit dieser amüsanten Ausgangssituation wußte Regisseur Le Chanois offenbar nicht viel anzufangen - alle Beteiligten liefern nur Routine. Jean Gabin hat als kauziger Falschmünzer wieder einmal eine seiner maßgeschneiderten Altersrollen, die ein wenig an seinen Auftritt in IM KITTCHEN IST KEIN ZIMMER FREI erinnert. al

Blüten im Staub

Blossoms in the Dust. USA 1941 **R** Mervyn Le Roy **B** Anita Loos, nach einer Erzählung von Ralph Weelwright **K** Karl Freund, W. Howard Green **M** Herbert Stothart **P** Metro-Goldwyn-Mayer **L** 96 Min., Farbe **D** Greer Garson, Walter Pidgeon, Felix Bressart, Marsha Hunt, Fay Holden

Mervyn Le Roy machte die authentische Geschichte der Edna Gladney zum Gegenstand seines Films. Vor dem Ersten Weltkrieg engagierte sich diese Frau - selbst durch eine Reihe von Schicksalsschlägen hart getroffen - für sogenannte „illegitime", also uneheliche Kinder, die durch ein texanisches Gesetz in der Gesellschaft entsprechend benachteiligt wurden und, von ihren Eltern abgeschoben, der Verwahrlosung ausgesetzt waren. Edna Gladney nahm diese Kinder in einer Art Waisenhaus auf und sorgte durch ihr aufopferndes Engagement dafür, daß der diskriminierende Gesetzestext abgeschafft wurde.
Mit diesem Film wurde auch erstmals die breite amerikanische Öffentlichkeit mit der Figur der Edna Gladney vertraut gemacht, die bis dahin außerhalb Texas kaum bekannt war. Mervyn Le Roy legte sein Werk als tränenreiches Melodrama an. Dem erhofften kommerziellen Gewinn konnte der Film nur zu einem Teil nachkommen; der große Box-Office-Erfolg blieb ihm trotz ansehnlicher Zuschauerzahlen versagt. „Es gibt in diesem Film einfach zu viele Kinder, denen man zu viel Beachtung schenken muß. Das Resulat ist ein permanent sentimentaler und zuckersüßer Beigeschmack, der sich auch auf die romantischen Szenen erstreckt und fast die Hälfte des Films einnimmt. Eine Abwechslung im Bereich des Komödiantischen wird nicht geboten." (*Variety)* jg

Blutgericht in Texas

The Texas Chain Saw Massacre. USA 1974 **R** Tobe Hooper **B** Kim Henkel, Tobe Hooper **K** Daniel Pearl **M** Arkey Blue, Roger Bartlett, Friends Timberline Rose, Los Cyclones **P** Swadevale **L** 81 Min., Farbe **D** Marilyn Burns, Paul A. Partain, Edwin Neal, Jim Sidow

Der so idyllisch begonnene Sommernachmittags-Ausflug von fünf jungen Leuten endet in einem blutigen Gemetzel, als die Gruppe einer menschenmordenen Clique in die Hände fällt, die mit Vorliebe ihre Opfer mit einer Kettensäge malträtiert.
Für diesen Horror-"Klassiker" soll angeblich wieder einmal eine wahre Begebenheit Pate gestanden haben. Hooper berief sich seinen Aussagen zufolge auf einen Fall, der sich in den 50er Jahren im US-Bundesstaat Wisconsin abgespielt hatte, wo eine Kleinfamilie in einer stillgelegten Fabrik neugierige Touristen und Kleintiere zu Wurst verarbeitet haben soll.
„In meinem Film habe ich nicht mit den üblichen vordergründigen Stilmitteln gearbeitet, die normalerweise den Horror-Schock erzeugen...Ich habe eine Szenerie geschaffen, die unausweichlich Grauen verbreitet und den Zuschauer erbarmungslos nah an das Schreckliche heranführt" (Tobe Hooper).
Was nun wirkungsvoller ist - der subtile Horror oder die krasse Konfrontation mit dem Entsetzen - mag dahingestellt bleiben. Hoopers Blut- und Gewaltorgie disqualifiziert sich selbst durch das verkrampfte Bemühen, den bedingungslosen Schock auslösen zu müssen. Dazu ist jedes Mittel und jede Unappetitlichkeit recht. Ein höchst fragwürdiger und zudem wenig progressiver Beitrag zum Genre des Horrorfilms, der jedoch immerhin bei einer geraumen Anzahl von Splatter-Fetischisten auf einhellige Begeisterung stieß. jg

Bluthochzeit

Bodas de sangre. Spanien 1981 **R** Carlos Saura **B** Carlos Saura, Antonio Gades, Alfredo Mañas, nach einem Bühnenstück von Federico Garcia Lorca **K** Teo Escamilla **M** Emilio de Diego **P** Emiliano Piedra für Emiliano Piedra Prod. **L** 72 Min., Farbe **D** Antonio Gades, Cristina Hoyos, Juan Antonio, Pilar Cardenas, Carmen Villena

Carlos Sauras Adaption eines Theaterstücks von Federico Garcia Lorca aus dem Jahre 1933 bildete den Auftakt zu einer Trilogie von Tanzfilmen, die mit CARMEN ihren Höhepunkt fand und mit LIEBESZAUBER endete. Zugleich ist es seine erste Zusammenarbeit mit dem Choreographen und Tänzer Antonio Gades. Zu Beginn des Films

sich die Situation durch eine drohende Überschwemmung. Die verbalen Kämpfe zwischen Jeb und Chicken um das rechtmäßige Erbe und der Flirt zwischen Myrtle und ihrem Schwager enden dramatisch: als das Haus überschwemmt wird, erreichen nur Myrtle und Chicken den rettenden Dachboden.
Vanessa Redgraves Schwester Lynn in einer überzeugenden Darstellung. Hin- und hergerissen zwischen ihrem an den Rollstuhl gefesselten Mann und seinem vitalen Halbbruder steht sie auch symbolisch in der Mitte zwischen den zwei Männern: während Jeb nur im Obergeschoß bleibt, stellt Myrtle das Verbindungsglied zwischen ihm und Chicken im Untergeschoß her. Angelehnt an die Vorlage von Tennessee Williams *The Seven Descents of Myrtle* bewegt sich Myrtle siebenmal zwischen den Stockwerken hin und her, ehe Chicken sich gegen den Haß seines Bruders durchsetzt. dk

Blutsverwandte

Blood Relatives / Les liens de sang. Kanada/Frankreich 1977 **R** Claude Chabrol **B** Claude Chabrol, Sydney Banks, nach einem Roman von Ed McBain **K** Jean Rabier **M** Pierre Jansen **P** Classic / Filmel / Cinévideo **L** 105 Min., Farbe **D** Donald Sutherland, Stéphane Audran, Laurent Malet, Aude Landry, David Hemmings

Ein 15jähriges Mädchen stürmt blutverschmiert nachts in Montreal in ein Polizeirevier und behauptet, ein Unbekannter hätte ihre Cousine ermordet. Kommissar Carella (Sutherland) schaltet sich in die Ermittlungen ein und stößt neben seinen kriminalistischen Erkenntnissen bald auf die Spuren eines menschlichen Dramas.
Wie in den meisten seiner Psycho-Thriller hält auch hier der französische Regisseur einer Gesellschaftsschicht den Spiegel vor. War in vielen anderen Werken das Kleinstadt-Milieu erklärtes Opfer von Chabrols Zelluloid-Attacken, so ist es diesmal die kanadische Mittelschicht. „Was ich an dem Plot des Films mochte, ist, daß es in dieser Mittelschichtsfamilie eigentlich keinerlei Grund für ein Drama gibt, und doch kommt es zur Tragödie", meinte Chabrol zu seinem Werk. *Blutsverwandte* ist der 32. Film im Gesamtoevre dieses so produktiven Regisseurs und sein erster Film, der in englischer Sprache gedreht wurde. Ed McBains Geschichte ist ursprünglich in New York angesiedelt, aber Chabrol war der Meinung, diese Stadt würde schon allein wegen ihrer Größe den Film „verschlucken", und so fand er in Montreal, einer französisch sprechenden Stadt mit nordamerikanischem Flair, einen glücklichen Kompromiß. jg

Bob & Caroline & Ted & Alice

Bob & Carol & Ted & Alice. USA 1968 **R** Paul Mazursky **B** Paul Mazursky, Larry Tucker **K** Charles E. Land **M** Quincy Jones **P** Larry Tucker für Columbia **L** 104 Min., Farbe **D** Natalie Wood, Robert Culp, Elliott Gould, Dyan Cannon, Horst Ebersberg, Lee Bergere

Carol (Wood) und Bob (Culp) halten sich für ein modernes, fortschrittliches Ehepaar und versuchen, nach einem gemeinsamen Aufenthalt in einem „Liebesinstitut", Freiheit und Toleranz zu praktizieren, was in außerehelichen Affären resultiert, die vom jeweiligen Partner großzügig gebilligt werden. Das befreundete Paar Ted und Alice (Gould und Cannon) kann sich erst nach einigem Zögern für diese Form der Partnerschaft begeistern, und ein Versuch, zu viert Gruppensex zu praktizieren, endet anders als erwartet...
Paul Mazurskys erster Spielfilm (nach einer Drehbuchmitarbeit an LASS MICH KÜSSEN DEINEN SCHMETTERLING) ist eine witzige Satire auf die sexuelle Freiheit, die Ende der 60er Jahre allerorten gepredigt wurde und schließlich auch in freizügigeren Filmen ihren Niederschlag fand. Da der Film die Stimmung der damaligen Zeit sehr treffend einfängt und gerade hierin seine Stärke liegt, wirkt er heute etwas veraltet, überzeugt jedoch immer noch durch die pointierten Dialoge und die Ensemble-Leistung der vier Hauptdarsteller. al

Bobby Deerfield

Bobby Deerfield. USA 1977 **R** Sydney Pollack **B** Alvin Sargent, nach dem Roman *Der Himmel kennt keine Günstlinge* von Erich Maria Remarque **K** Henri Decae **M** Dave Grusin **P** Sydney Pollack **L** 123 Min., Farbe **D** Al Pacino, Marthe Keller, Anny Duperey, Walter McGinn, Romolo Valli

„Rennfahrer liebt sterbendes Mädchen" - das wäre die einfachste Zusammenfassung dieses Filmes, würde ihm allerdings nicht gerecht werden. Dank eines ausgezeichneten Al Pacino rutscht die Geschichte um einen Formel-1-Piloten, der sich in eine unheilbar kranke Frau verliebt, nicht ins Peinliche ab, sondern besticht durch eine sehr differenzierte Dramaturgie.
Rennfahrer Bobby Deerfield (Pacino) lebt nur für seinen Beruf. Gefühle sind gleichbedeutend mit Fehlern, und die kann er sich nicht leisten. Umso mehr trifft es ihn, als ein Teamkollege schwer verunglückt. Auf der Suche nach der Ursache des Unfalls besucht Bobby den Fahrer des Unglückswagens in einem Sanatorium und begegnet dabei der todkranken Lillian (Keller). Die Beziehung, die sich aus diesem Zusammentreffen entwickelt, zwingt Bobby dazu, über sein eigenes Leben mit all seinen Versäumnissen nachzudenken.
Um möglichst hautnahe Aufnahmen aus dem Formel-1-Zirkus zu bekommen, wurde ein Großteil der Rennszenen während der echten Weltmeisterschaftsläufe gedreht. Im Dress mit der Aufschrift „Bobby Deerfield" steckte während dieser Zeit der brasilianische Berufsfahrer Carlos Pace, der für Regisseur Pollack quasi „nebenbei" arbeitete. An der Seite von Al Pacino spielt die gebürtige Schweizerin Marthe Keller, die ein Jahr zuvor noch neben Dustin Hoffman in DER MARATHON MANN zu sehen war und während der Dreharbeiten zu *Bobby Deerfield* auch privat mit Al Pacino liiert war. dk

Boccaccio ´70

Boccaccio 70. Italien/Frankreich 1962 **R** Federico Fellini, Luchino Visconti, Vittorio De Sica **B** Federico Fellini, Tullio Pinelli, Ennio Flaiano (Episode 1), Suso Cecchi D´Amico, Luchino Visconti (2), Cesare Zavattini (1, 2, 3) **K** Otello Martelli (1, 3), Giuseppe Rotunno (2) **M** Nino Rota (1, 2), Armando Trovaioli (3) **P** Antonio Cervi, Carlo Ponti für Concordia Compagnia Cinematografica/Cineriz (Rom), Francinex/Gray Films (Paris) **L** 156 Min., Farbe **D** 1. Episode *La tentazione del Dottor Antonio/Die Versuchung des Dr. Antonio* Anita Ekberg, Peppino de Filippo; 2. *Il lavoro/Der Job* Romy Schneider, Tomas Milian; 3. *La riffa/Der Hauptgewinn* Sophia Loren, Luigi Giuliani

Dreiteiliger Episodenfilm, den sich Produzent Carlo Ponti als ein an Boccaccio angelehntes, modernes *Decamerone* vorstellte.
In Fellinis *Die Versuchung des Dr. Antonio* geht es um einen ständig moralisierenden Arzt (De Filippo), der sich gegen die aufdringliche Milchreklame mit Anita Ekberg vor seinem Fenster ereifert. Eines Nachts steigt die Überfrau leibhaftig von der Plakatwand und treibt den Doktor mit ihren Reizen in den Wahnsinn.
In Viscontis *Der Job* sieht sich ein junger Graf (Milian), der in eine Callgirl-Affäre verwickelt ist, mit der subtilen Rache seiner Frau (Schneider) konfrontiert, die ihre ehelichen Pflichten von nun an nur gegen Bezahlung erfüllt.
De Sicas *Der Hauptgewinn* zeigt Sophia Loren als üppige Gewehrladerin einer Schießbude, die sonnabendlich auf dem Jahrmarkt als Hauptgewinn der Lotterie fungiert - für eine Nacht. Natürlich zieht diesmal der Küster das große Los.
Alle drei Episoden zeigen ihre Regisseure in ihrer typischen Umgebung. Fellinis Film ist eine phantastisch angehauchte Abrechnung mit bürgerlicher Heuchelei - sicherlich auch eine Antwort auf vehemente Reaktionen auf seinen LA DOLCE VITA. Visconti liefert erneut ein satirisches Sittenbild der Oberschicht, und De Sica eine derbe, erdverbundene neapolitanische Komödie. Alle drei suchten sich ihre Lieblingsdarstellerinnen aus, mit denen sie mehrfach zusammenar-

beiteten, und Romy Schneider machte neben den Sex-Bomben Ekberg und Loren eine gute Figur, die ihr Image entscheidend verändern sollte. Bei der Kritik war der Film umstritten, besonders De Sica wurde trotz der Unterhaltsamkeit seiner Episode angegriffen, da er im Gegensatz zu seinen Kollegen keinerlei Entwicklung erkennen lasse, sondern sich immer noch auf dem Stand von DAS GOLD VON NEAPEL befände.
Eine vierte Episode von Mario Monicelli unter dem Titel *Renzo e Lucia* war übrigens aus Zeitgründen von den Produzenten entfernt worden. al

Bodycheck

Youngblood. USA 1985 **R** Peter Markle **B** Peter Markle **K** Mark Irwin **M** William Orbit **P** Peter Bart, Patrick Wells für MGM/United Artists **L** 110 Min., Farbe **D** Rob Lowe, Cynthia Gibb, Patrick Swayze, Ed Lauter

Regisseur Peter Markle erfüllte sich mit diesem Film einen langgehegten Traum. Der frühere Eishockey-Profi und Auswahlspieler der USA drehte seinen Debütfilm über „seine" Sportart. Neben zwei der bekanntesten Vertreter des jungen Hollywood, Rob Lowe und Patrick Swayze, die schon bei Coppolas OUTSIDERS gemeinsam vor der Kamera standen, setzte Markle zur überzeugenden Darstellung der Eishockey-Sequenzen auch fast ein komplettes Profi-Team ein.
Den Weg eines Eishockey-Profis möchte auch der 17jährige Dean Youngblood (Lowe) gehen. Gegen den Willen seines Vaters schließt er sich einem Team an und muß sich bald gegen brutale Gegner zur Wehr setzen. Als kurz vor einem entscheidenden Spiel sein bester Freund schwer verletzt wird, ist Dean drauf und dran, seine Schlittschuhe an den Nagel zu hängen. Doch mit Hilfe seiner Familie findet er den Weg zu seiner Mannschaft zurück und steht damit vor dem Beginn einer großen Karriere.
Der amerikanische Traum auf dem Eis, der wieder einmal beweist, daß man alles schafft, wenn man nur an sich glaubt. Routinierter Teenager-Film mit entsprechendem Soundtrack (Diana Ross, Mr. Mister, Starship) und eindeutiger Botschaft. dk

Boeing-Boeing

Boeing Boeing. USA 1965 **R** John Rich **B** Edward Anhalt, nach einem Bühnenstück von Marc Camoletti **K** Lucien Ballard **M** Neal Hefti **P** Hal B. Wallis für Paramount **L** 102 Min., Farbe **D** Tony Curtis, Jerry Lewis, Dany Saval, Christiane Schmidtmer, Suzanna Leigh, Thelma Ritter

Turbulente Boulevard-Komödie um einen amerikanischen Journalisten (Curtis) in Paris, der mit drei Stewardessen Verhältnisse pflegt. Da sich die Damen niemals gleichzeitig in Paris aufhalten, kommen sie sich auch nicht in die Quere. Dieses bequeme Arrangement ist bedroht, als sich der etwas verschüchterte Freund in eine der Grazien verliebt, und zusätzlich die Firma Boeing schnellere Jets einführt, die den Zeitplan gehörig durcheinander wirbeln.
Diese haarsträubende Ausgangsposition wurde gekonnt auf die Leinwand übertragen, wobei man darauf achtete, den begrenzten örtlichen Rahmen der Vorlage (alles spielt sich in einem Zimmer mit zahlreichen Türen ab) etwas aufzulockern, mit Verfolgungsjagden, Verabredungen am Flughafen, etc. Herausgekommen ist eine federleichte , frivole Komödie, die vor keiner Anzüglichkeit und keinem Klischee - die Damen kommen aus Deutschland, Frankreich und England! - zurückschreckt. Curtis und Lewis ergänzen sich wie einst Lewis und sein langjähriger Partner Dean Martin, und der Komiker gibt eine seiner zurückhaltendsten Darstellungen überhaupt. al

Bolwieser

Bolwieser. BRD 1976/77 **R** Rainer Werner Fassbinder **B** Rainer Werner Fassbinder, nach dem Roman von Oskar Maria Graf **K** Michael Ballhaus **M** Peer Raben **P** Bavaria / ZDF **L** 115 Min., Farbe **D** Kurt Raab, Elisabeth Trissenaar, Bernhard Helfrich, Udo Kier, Volker Spengler

Seine Kinoaufführung erlebte dieser Fassbinder-Film erst im Juni 1983, genau ein Jahr nach dem Tod des Regisseurs. 1977 hatte *Bolwieser* im ZDF seine Premiere, wurde dort aber in einer zweiteiligen Fernsehfassung mit einer Spieldauer von insgesamt 201 Minuten ausgestrahlt. Der Film sollte allerdings nicht als nachträgliche Hommage in die Lichtspielhäuser geschickt werden, sondern war von Fassbinder bereits während der Dreharbeiten sowohl als TV- als auch als Kinofilm konzipiert worden.
Eine bayerische Kleinstadt in den 20er Jahren: Der Bahnhofsvorstand Bolwieser lebt in dem Irrglauben, an der Seite seiner Frau die lang ersehnte Idylle gefunden zu haben. Doch Hanni betrügt ihn mit dem Gastwirt Merkel. Verzweifelt versucht Bolwieser seine Traumwelt aufrecht zu erhalten, was fatale Folgen für ihn hat.
Die Vorlage des Films geht auf eine wahre Begebenheit zurück. Autor Oskar Maria Graf schrieb seinen Roman 1931 unter dem Eindruck einer Begegnung in Wasserburg am Inn, in deren Verlauf ihm ein Fährmann sein Schicksal erzählte. „Ich fühle mich mit Graf verbunden, und ich hätte ähnlich gearbeitet wie er...Eifersucht ist innerhalb der Gesellschaft sehr praktisch, denn Menschen, die sich mit Eifersucht beschäftigen, können sich nicht mit etwas anderem befassen. Das ist die extrem politische Aussage, die in diesem scheinbar privaten Stück steckt." (Rainer Werner Fassbinder) jg

Bomben auf Monte Carlo

Bomben auf Monte Carlo. Deutschland 1931 **R** Hanns Schwarz **B** Hans Müller, Franz Schulz, nach Heltai und dem Roman von Reck-Malleczewen **K** Günther Rittau, Konstantin Irmen-Tschet **M** Werner R. Heymann **P** Erich Pommer / UFA **L** 98 Min., s/w **D** Hans Albers, Heinz Rühmann, Anna Sten, Ida Wüst, Karl Etlinger, Kurt Gerron, Rachel Devirys, Peter Lorre, Otto Wallburg

Hans Albers wollte Anfang der 30er Jahre eigentlich im Filmgeschäft etwas kürzer treten und sich mehr auf das Theaterspielen konzentrieren. Er hatte gerade im Admiralspalast in der Friedrichstraße eine Rolle in *Liliom* übernommen, als er das Angebot für *Bomben auf Monte Carlo* erhielt.
Hans Müller und Franz Schulz schrieben das Drehbuch nach einer wahren Begebenheit. Gegen Ende des letzten Jahrhunderts verspielt der Kommandant eines russischen Kriegsschiffes im Casino von Monte Carlo die Schiffskasse. Um sich nicht den Groll seiner Mannschaft zuzuziehen, droht er der Spielbank mit der Bombardierung, falls diese sich weigern sollte, ihm sein Geld zurückzugeben.
Bomben auf Monte Carlo wurde zu einem der beliebtesten Filme der Kinosaison 1931, wobei nicht nur die Starbesetzung mit Hans Albers und Heinz Rühmann ihren Teil zum Erfolg beisteuerte, sondern vor allem der schmissige Schlager *Das ist die Liebe der Matrosen* (komponiert von Werner Richard Heymann) für eine große Popularität sorgte. Kurz nach der Uraufführung im UFA-Palast am Zoo wurde der Schlager bereits in ganz Deutschland gesungen. 1959 entstand unter dem gleichen Titel mit Eddie Constantine und Marion Michael ein eher farbloses Remake. jg

Bonjour Tristesse

Bonjour Tristesse. USA 1958 **R** Otto Preminger **B** Arthur Laurents, nach dem Roman von Françoise Sagan **K** Georges Périnal **M** Georges Auric **P** Otto Preminger für Columbia **L** 94 Min., Farbe **D** Deborah Kerr, David Niven, Jean Seberg, Mylène Demongeot, Geoffrey Horne, Juliette Greco, Walter Chiari

Ein Jahr nach ihrer gemeinsamen Bauchlandung mit DIE HEILIGE JOHANNA kam es zwischen Otto Preminger und Jean Seberg (er hatte das junge Mädchen nach landesweiter Suche für die Hauptrolle entdeckt) zu einer erneuten Zusammenarbeit, diesmal allerdings mit wesentlich besseren Resultaten. Wieder spielt Seberg eine Französin, die siebzehnjährige Cécile, die mit ihrem wohlhabenden Playboy-Vater Raymond (Niven) ein sorgenfreies Lotterleben führt. Während eines Urlaubs an der Côte d´Azur, erhalten sie Besuch von Anne (Kerr), der verwitweten Patin von Cécile. Natürlich versucht Raymond, sie zu verführen, doch Anne besteht auf einem Heiratsantrag - den sie erhält. Doch die Beziehung der beiden wird von Cécile nach einem Streit mit Anne torpediert: Sie versucht mit Erfolg, ihren Vater wieder mit seiner Ex-Geliebten (Demongeot) zusammenzubringen. Verstört und verletzt verläßt Anne daraufhin das Haus und verunglückt mit ihrem Auto tödlich. Cécile und ihr Vater kehren im Bewußtsein, ihren Tod verschuldet zu haben, nach Paris zurück. Die Parties gehen weiter, doch das unbeschwerte Leben ist für immer vorbei.
Françoise Sagans 1955 erschienenen Roman um die Leere des Müßiggangs der Reichen war seinerzeit in Europa sehr populär, ebenso wie der Film. Preminger: „In Frankreich war er sehr erfolgreich, doch in Amerika sagten die Kritiker, er wäre nicht französisch genug."
In der Tat bleibt Niven jederzeit der britische Gentleman, den er so oft gespielt hat, und Sebergs Vorstellung ist eher charmant als sicher. Doch Deborah Kerr, eingekleidet von Givenchy, ist herausragend als einsame, vom Leben enttäuschte Frau. Dies war ihr erster Auftritt an der Seite von Niven - vier sollten noch folgen. al

Bonne Chance

Le hasard et la violence. Frankreich/Italien 1973 **R** Philippe Labro **B** Philippe Labro, Jacques Lanzmann **K** André Domage **M** Michel Colombier **P** Jacques-Eric Strauss für President Films (Paris), Euro International (Rom) **L** 83 Min., Farbe **D** Yves Montand, Katharine Ross, Ricardo Cucciolla, Jean-Claude Dauphin

Der Schriftsteller Laurent (Montand) zieht sich in eine kleine Küstenstadt zurück, um die Antwort auf ein Buch zu schreiben, das er vor Jahren veröffentlichte: *Der Zufall und die Gewalt.* In einer öffentlichen Toilette wird er grundlos von einem fremden Mann angegriffen, den er wenig später ermordet im Leichenschauhaus besichtigt. Er verliebt sich in die junge Ärztin Constance (Ross), doch beider Romanze wird jäh unterbrochen, als Laurent am Strand von zwei Unbekannten so schwer verletzt wird, daß er wenig später stirbt.
Dieser vierte Film des ehemaligen Journalisten Philippe Labro ist eine ambitionierte, mit viel Symbolik ausgestattete Untersuchung der Gewalt im täglichen Leben. Zwischen drei Elementen - Liebe, Zufall und Gewalt - pendelt der Film, diese drei Elemente motivieren seine Handlung. So ist auch Laurents plötzlicher Tod nicht etwa logische Folge des zuvor Gezeigten, sondern reiner, durch nichts zu erklärender Zufall.
Die Kritik war nicht sonderlich angetan und bezeichnete den Film als manieriert und mit klischeehafter Symbolik überfrachtet. *Le Monde*: „Er hat etwas Schematisches, Artifizielles und irgendwie vordergründig Lautes an sich, was seine Glaubwürdigkeit sehr erschwert..."
Montand schien sich in seiner Rolle nicht sehr wohl zu fühlen und bemerkte später, er habe den Film nur gemacht, da er noch einen Vertrag mit Produzent Strauss zu erfüllen gehabt habe (ursprünglich für einen Film von Melville). al

Bonnie und Clyde

Bonnie and Clyde. USA 1967 **R** Arthur Penn **B** David Newman, Robert Benton **K** Burnett Guffey **M** Charles Strouse **P** Warren Beatty für Tatira-Hiller/Warner Bros. **L** 111 Min., Farbe **D** Warren Beatty, Faye Dunaway, Michael J. Pollard, Gene Hackman, Estelle Parsons, Gene Wilder

Das Leben des Outlaw-Pärchens Clyde Barrow und Bonnie Parker, die in den Jahren 1933 und 1934 durch mit Komplizen begangene Banküberfälle und Polizistenmorde den Südwesten der USA in Aufregung versetzten und nach ihrem gewaltsamen Tod zu Volkshelden wurden, hat bereits mehrfach als Grundlage für Kriminalfilme gedient: 1937 bei Fritz Langs GEHETZT, 1949 bei GEFÄHRLICHE LEIDENSCHAFT und 1957 bei DIE HÖLLENKATZE.
Wie diese Filme geht auch Arthur Penns Version sehr großzügig mit den Fakten um. Die Figuren werden mit Humor und Sympathie gezeichnet und zu freigiebigen Robin Hoods hochstilisiert, obwohl sie in Wirklichkeit alles andere als freundliche Zeitgenossen waren - im Gegenteil: Einmal erschoß Bonnie z.B. einen Verkehrspolizisten aus dem Auto heraus nur „zum Spaß". In der Tat verquickten die Autoren beider Aktivitäten sogar mit denen anderer Gangs jener Zeit. Das tut jedoch der Qualität des Films keinen Abbruch, vielmehr erzählen Beatty und Penn, in ihrer zweiten Zusammenarbeit nach MICKEY ONE, eine fiktive Geschichte über Menschen, die sich im Amerika der Depressionszeit nicht mit Armut und Elend abfanden, sondern auf ihre Weise Anteil am American Way of Life forderten.
Warren Beatty (der auch produzierte) und die bis dato kaum bekannte Faye Dunaway spielen Clyde und Bonnie, Gene Hackman ist Clydes Bruder Buck und Estelle Parsons dessen ängstliche Frau Blanche. Michael J. Pollard spielt ihren Komplizen C.W. Moss (in Wirklichkeit W.D. Jones), durch dessen Vater das Pärchen am Ende in eine Falle gelockt wird und im Kugelhagel der Polizei stirbt. Dieser Schluß gehört zu den eindrucksvollsten Szenen des ganzen Films, denn Penn machte aus einem Geschehen, das die bei realistischer Behandlung höchstens zwölf Sekunden gedauert hätte, ein zweiminütiges „Blut-Ballett", in dem er den mörderischen Tanz der Sterbenden im Kugelhagel aus mehreren Perspektiven und in Zeitlupe aufnahm. Über-haupt setzten die technische und stilistische Qualität (u.a. Einsatz von Zeitraffer und Zeitlupe), durch die französische Nouvelle Vague inspiriert, neue Maßstäbe im amerikanischen Kino.
Nach seiner Uraufführung löste *Bonnie und Clyde* eine heftige Debatte unter Filmkritikern aus, doch heute gilt er als einer der besten der 60er Jahre, doch damals hatte man offenbar Schwierigkeiten mit der Neuartigkeit seines Stils. So bezeichnete die *The New York Times* ihn als „altmodische, sentimentale Effekthascherei...eine ebenso sinnwie geschmacklose Mischung aus Farce und Brutalität, da sie keinen Kommentar zur bereits travestierten Wirklichkeit enthält". Nichtsdestotrotz kassierte er nicht nur an den Kinokassen ab, sondern ergatterte auch zehn Oscar-Nominierungen, darunter für Bester Film, Regie, Drehbuch und alle fünf „Gang-Mitglieder" (Parsons gewann als einzige). Weitere Siege gab es in den Kategorien Kamera und Kostüme (Theodora van Runkle). *Bonnie und Clyde* fand nicht nur zahlreiche Nachahmer, sondern löste mit Dunaways Kleidungsstil (Barrett, etc.) auch eine Modewelle aus.
Gene Wilder gibt in einer kleinen, aber komischen Rolle sein Filmdebüt. al

Das Boot

Das Boot. BRD 1981 **R** Wolfgang Petersen **B** Wolfgang Petersen, nach dem Roman von Lothar Günther Buchheim **K** Jost Vacano **M** Klaus Doldinger **P** Günter Rohrbach / Bavaria / WDR **L** 149 Min., Farbe **D** Jürgen Prochnow, Herbert Grönemeyer, Klaus Wennemann, Hubertus

Bengsch, Martin Semmelrogge, Bernd Tauber, Martin May, Uwe Ochenknecht, Erwin Leder

Wolfgang Petersens inzwischen berühmt gewordener Anti-Kriegsfilm war mit über 30 Millionen DM eine der teuersten Produktionen des deutschen Films. Die Vorbereitungen dazu hatten bereits im Jahre 1976 begonnen und sich soweit konkretisiert, daß aus dem Buchheim-Stoff ursprünglich ein Streifen mit internationaler Starbesetzung werden sollte. Als jedoch Günther Rohrbach 1979 die Leitung der Bavaria-Studios übernahm, änderte sich auch das Produktionskonzept. Mit überwiegend unbekannten Schauspielern entstand *Das Boot* in den Filmstudios von München-Geiselgasteig, in La Rochelle, in der Nordsee und im Atlantik. Drei unterschiedlich große U-Boot-Modelle wurden entworfen; das größte davon im Originalmaßstab war jedoch nicht mehr als eine schwimmende Plattform, die nicht tauchen konnte. Die atmosphärisch und kameratechnisch äußerst beklemmend inszenierten Innenaufnahmen entstanden in einer Metallröhre, die im Studio auf einer Rampe hin- und hergedreht werden konnte.
Petersen zeigt in harten und realistischen Bildern die Feindfahrt eines deutschen U-Bootes im Zweiten Weltkrieg, wobei die Schilderung miltärischer Operationen eindeutig hinter den menschlichen Problemen und Ängsten der Besatzung zurücksteht. Ihm war es wichtig, deutlich zu machen, wie der Faschismus eine Jugend für verlogene Ideale begeistern und zur Ausführung eines verbrecherischen Krieges mißbrauchen konnte. Mit dem Schriftsteller Lothar Günther Buchheim gab es während der Drehzeit bereits Streit, da dieser sein Buch in der Verfilmung nicht wiedererkennen konnte. Parallel zu der sehr gerafften Kinoversion entstand eine 6-stündige, wesentlich ausführlichere TV-Fassung. *Das Boot* wurde zu einem gewaltigen internationalen Erfolg und war 1982 bei den Feierlichkeiten anläßlich der Oscar-Verleihung für sechs Kategorien nominiert.
jg

Boris Godunow

Boris Godunow. UdSSR 1954 **R** Vera Strojewa **B** N. Golowanow, V. Strojewa, nach der gleichnamigen Oper von Moussorgsky und Puschkin **K** V. Nikilajew **P** Mosfilm Prod. **L** 105 Min., Farbe **D** Alexander Pirogow, Nikolai Chanajew, G. Nellep, M. Michailow, I. Koslowskij, A. Kriwtschenija

Die Handlung basiert auf Puschkins Komödie vom Zaren Boris und Grischa Otrepiew und geht zurück in die russische Geschichte des Jahres 1598. Fürst Boris Godunow (Pirogow) hat den Zarewitsch als den rechtmäßigen Thronfolger heimlich umbringen lassen, um selbst im Moskauer Zarenpalast als Herrscher einziehen zu können. Als nun ein junger Klosterbruder (Nellep) seine Ähnlichkeit mit dem getöteten Zarewitsch mißbraucht und, unterstützt von einem Heer, den Thron beansprucht, weiß Boris zwar, daß hier ein Schwindel mit im Spiel ist; dennoch fühlt er immer mehr das Unrecht seiner grausamen Tat und bricht schließlich darüber zusammen.
Die musikalische Vorlage war wie geschaffen für eine bunt-opulente Inszenierung wie Strojewas Leinwandspektakel. Massive Bauten, große Massenszenen, edle Kostüme, sehr farbenfrohes Material - all dies erinnert in seinem verschwenderischen Aufwand an amerikanische Mammutproduktionen. Die unzähligen Darsteller und Statisten werden von Kamera und Regie sehr geschickt eingefangen. Die sowohl schauspielerisch wie auch stimmlich hervorragenden Hauptdarsteller tun ihr übriges, *Boris Godunow* zu einem musikalischen Meisterwerk werden zu lassen.
dh

Borsalino

Borsalino. Frankreich/Italien 1970 **R** Jacques Deray **B** Jean-Claude Carrière, Claude Sautet, Jacques Deray, Jean Cau, nach *Bandits à Marseille* von Eugene Saccomano **K** Jean Jacques Tarbès **M** Claude Bolling **P** Alain Delon für Adel Prod./ Marianne Prod. (Paris), Mars Film (Rom) **L** 126 Min., Farbe **D** Jean-Paul Belmondo, Alain Delon, Michel Bouquet, Cathérine Rouvel, Françoise Christoph

Schon bei René Clements Kriegsspektakel BRENNT PARIS? tauchten Jean-Paul Belmondo und Alain Delon, Frankreichs größte Kassenmagneten der 60er und 70er Jahre, zusammen in der Besetzungsliste auf - allerdings nicht auf der Leinwand. Als Vehikel für die beiden Stars fand sich Eugene Saccomanos Buch *Bandits à Marseille*, das sich mit dem Gangstertum in der südfranzösischen Hafenstadt beschäftigt.
Aus diesem Material strickten Regisseur Jacques Deray und drei Autoren ein nostalgisches Gangsterepos um eine „Männerfreundschaft".
Nachdem sich Capella (Belmondo) und Siffredi (Delon), zwei kleine Gangster aus Marseille, einen unentschieden ausgegangenen Box-Kampf um eine Frau (Rouvel) geliefert haben, ist ihre Freundschaft besiegelt und sie machen ab jetzt gemeinsame Sache. Lehnen sie zunächst Waffengewalt bei ihren Aktionen ab, rattern schon bald immer öfter die Maschinengewehre - das Duo hat sich seinen Platz an der Spitze der Unterwelt blutig erkämpft. Bevor Capella mit seiner Freundin nach Italien abreisen kann, wird er auf einem von Siffredi gegebenen Empfang hinterrücks erschossen.
Derays Film ist ein nostalgisches, tragikomisches Gangster-Epos, ganz auf seine Hauptdarsteller zugeschnitten, deren Images sich in ihren Figuren wiederfinden. Belmondos Capella ist ein Tunichtgut, der das schöne Leben liebt, während Delons Siffredi den kühlen, rücksichtslosen Kopf des Unternehmens darstellt. Vom Kontrast in dieser Männerfreundschaft lebt *Borsalino* (eigentlich der Name eines Hutmodells), ebenso wie von der sorgfältigen Ausstattung, der temporeichen Regie und der eingängigen Themen von Komponist Claude Bolling.
Alain Delon gab hier sein Debüt als Produzent; seine Firma Adel Prod. war ab da an fast allen seiner folgenden Filme beteiligt. Um diese Funktion entstand wie erwartet Streit mit Belmondo, der zwar die erste Nennung im Titelvorspann zugesichert bekommen hatte, sich jedoch darüber beschwerte, daß Delons Name zweimal auftaucht: als Hauptdarsteller *und* Produzent.
Borsalino wurde plangemäß ein Riesenerfolg und zog eine Fortsetzung nach sich: BORSALINO & CO.
al

Borsalino & Co

Borsalino et Co. Frankreich/Italien/BRD 1975 **R** Jacques Deray **B** Pascal Jardin, Jacques Deray **K** Jean Jacques Tarbès **M** Claude Bolling **P** Alain Delon für Adel Prod./Comacio (Paris), Medusa Distribuzione (Rom), T.I.T. Film (München) **L** 106 Min., Farbe **D** Alain Delon, Riccardo Cucciolla, Reinhard Koldehoff, Daniel Ivernel, Cathérine Rouvel

Obwohl es Hauptdarsteller/Produzent Alain Delon gelungen war, fast alle Beteiligten des Kassenschlagers BORSALINO für diese Fortsetzung zusammenzubringen, reicht der Film nicht an die Qualität seines Vorgängers heran. Das liegt vor allem an der Abwesenheit von Belmondo, der ja im ersten Teil unglücklicherweise ums Leben gekommen war. Diesmal geht es um die Rache Siffredis für seinen Freund, an dessen Beerdigung er zu Beginn des Films teilnimmt. Er beseitigt, auf dem Höhepunkt seiner Macht, den von seinem erbittertsten Gegner Volpone (Cucciolla) gedungenen Mörder. Doch Volpone schlägt zurück: Er zerstört nicht nur Siffredis Reich, sondern läßt ihn auch im Keller seiner Villa einkerkern und zahlreichen Demütigungen aussetzen. Als Siffredi, inzwischen Alkoholiker, nach einigen Monaten endlich nach Genua fliehen kann, bereitet er von dort aus eine triumphale Rückkehr vor...
Es ist alles da: ratternde Maschinengewehre, fiese Bösewichte, ein gebrochener Held, der wie der Graf von Monte Christo in seine Heimat zurückkehrt, etc. Doch diesmal ging die Rechnung nicht auf. *Borsalino & Co.* fehlt der Charme und die Leichtigkeit des Originals sowie der Kontrast Belmondo/ Delon.
al

Die böse Saat

The Bad Seed. USA 1956 **R** Mervyn Le Roy **B** John Lee Mahin, nach einem Bühnenstück von Maxwell Anderson und einem Roman von William March **K** Hal Rosson **M** Alex North **P** Mervyn Le Roy / Warner Brothers **L** 117 Min., s/w **D** Nancy Kelly, Patty McCormack, Henry Jones, Eileen Heckart, Evelyn Varden

Mervyn Le Roys Film ist eine schwer einzuordnende Mischung aus Thriller, Drama und Horror. Zu einem Teil diente das Theaterstück von Maxwell Anderson als Vorlage, und Mervyn Le Roy kam der Tradition der Bühneninszenierung insofern nach, daß er allein an den Emotionen und Entwicklungen der Schauspieler interessiert war und auf die grobe Zurschaustellung von Schockeffekten (und davon gibt es reichlich) verzichtete.
In einer fürsorglichen Mutter (Kelly) keimt allmählich der schreckliche Verdacht auf, daß ihre liebenswürdige kleine Tochter Rhoda (McCormack) einen Schulkameraden getötet haben könnte. Dies ist tatsächlich der Fall, und Rhoda unternimmt alles, um etwaige Mitwisser ihrer Tat zum Schweigen zu bringen. Am Ende sieht die verzweifelte Mutter keinen anderen Weg, als sich und ihre Tochter umzubringen.
Der Film präsentiert dem Zuschauer zwar einige abstruse Thesen von der Vererbung krimineller Eigenschaften (im Verlauf der Handlung zeigt sich, daß Rhodas Großvater ebenfalls ein Mörder war), fasziniert jedoch vor allem durch das eiskalte Spiel der jungen Patty McCormack, die zusammen mit Eileen Heckart als Beste weibliche Nebendarstellerin für den Oscar nominiert wurde. Weitere Anwärter auf eine Auszeichnung waren in der Sparte „Beste weibliche Hauptrolle" Nancy Kelly sowie Hal Rosson für seine Kamerakünste. jg

Das Böse unter der Sonne

Evil under the Sun. Großbritannien 1981 **R** Guy Hamilton **B** Anthony Schaffer, nach dem Roman von Agatha Christie **K** Chris Challis **M** Cole Porter **P** John Brabourne, Richard Goodwin / Mersham **L** 116 Min., Farbe **D** Peter Ustinov, Diana Rigg, Jane Birkin, James Mason, Nicholas Clay, Roddy McDowall, Maggie Smith, Sylvia Miles

Auf einer Mittelmeer-Insel hat Meisterdetektiv Hercule Poirot vor der pittoresken Kulisse eines eleganten Luxus-Hotels ein Verbrechen aufzudecken. Eine ebenso schöne wie fiese Broadway-Schauspielerin ist am Strand erdrosselt aufgefunden worden. Unter der Schar der illustren Hotelgäste hätte eigentlich jeder einen Grund gehabt, den Mord zu begehen. Den äußerst kniffligen Fall löst Poirot mit der üblichen Raffinesse. MORD IM ORIENT-EXPRESS und TOD AUF DEM NIL waren die Vorbilder für diese weitere Agatha-Christie-Verfilmung, die wiederum durch die Ansammlung hochkarätiger Stars aufhorchen läßt und in der Peter Ustinov die Rolle des belgischen Meisterdetektivs zum zweiten Mal verkörperte. Guy Hamilton, Spannungsroutinier des britischen Kinos, gelang es in vortrefflicher Weise, eine Atmosphäre einzufangen, die er gekonnt zwischen Behaglichkeit und böser Intrige ansiedelte. Für das perfekte Ambiente sorgten neben Cole Porters flotter Musik die Kostüme von Anthony Powell. Nach 63 Drehtagen wurden die Aufnahmen für den Film am 24. Juli 1981 beendet. Bis dahin hatte das Team im regendurchweichten Moorgebiet in der Nähe von Richmond/North Yorkshire und auf der sonnenumfluteten Insel Mallorca gedreht, bevor es zu den Innenaufnahmen in die Lee-International-Studios nach London ging. jg

Der Boß

Comptes à rebours. Frankreich/Italien 1970 **R** Roger Pigaut **B** André Georges Brunelin, Roger Pigaut **K** Jean Tournier **M** Georges Delerue **P** Filmel/Ciné Azimut **L** 98 Min., Farbe **D** Serge Reggiani, Simone Signoret, Jeanne Moreau, Charles Vanel, Marcel Bozzuffi

Viele große Namen des französischen Films versammelten sich, um ihrem Schauspielerkollegen Roger Pigaut bei seinem zweiten Werk unter die Arme zu greifen. Heraus kam ein klassischer film policier, dem allgemein eine gepflegte Inszenierung und detaillierte Studie des Gangstermilieus bescheinigt wurde.
Als der Anführer einer Gangsterbande (Reggiani) nach zehnjähriger Haft entlassen wird, will er sich an demjenigen seiner ehemaligen Komplizen rächen, der ihn seinerzeit denunzierte. Bis er jedoch den vermeintlichen Verräter gestellt hat, hat er schon die gesamte Bande umgebracht, nur um am Ende selbst das Opfer einer blutigen Intrige zu werden. dk

Der Boß

Hold-Up. Frankreich/Kanada 1985 **R** Alexandre Arcady **B** Francis Veber, Daniel Saint-Harmont, Alexandre Arcady, nach dem Roman *Quick Change* von Jay Cronley **K** Richard Ciupka **M** Serge Franklin **P** Alain Belmondo, Alexandre Mnouchkine, Denis Heroux für Cerito Films/Les Films Ariane (Paris), Ciné Video (Monreal) **L** 102 Min., Farbe **D** Jean-Paul Belmondo, Guy Marchand, Kim Cattrall, Jean-Pierre Marielle, Jacques Villeret

„Der neue Belmondo-endlich wieder ganz der Alte!" versprachen die Plakate dieser Krimi-Komödie - und genau das hält sie auch. Der Franzose spielt den ausgekochten Gauner Grimm, der die größte Bank von Montreal ins Visier genomen hat. Mit Hilfe eines raffinierten Planes und zweier Komplizen zieht er, als Clown verkleidet, seine Show ab - und mit der Beute von dannen. Man ist schon auf dem Weg zum Flughafen, da stellt sich der Gang ein unerwartetes Hindernis in den Weg...
Von der Dutzend-Ware der Belmondo-Produkte der 80er Jahre hebt sich Alexandre Arcadys Film wohltuend ab. Zwar gibt es auch hier reichlich dumme Sprüche (Synchronisation: Rainer Brandt), einige selbstausgeführte Stunts und jede Menge Action, doch der Film ist sorgfältig gemacht und wartet mit einigen überraschenden Einfällen auf, nicht zuletzt in der Bankraub-Sequenz. Als erfahrener Gauner, der seine Coups wie Einlagen in der Zirkusarena inszeniert, ist Belmondo wesentlich erträglicher denn als hartgesottener Bulle. Und er läßt seinen Mitspielern Marchand und Cattrall durchaus Chancen zur Profilierung. Ein routiniertes Belmondo-Produkt, doch eines mit Charme. al

Der Boß hat sich was ausgedacht

Echappement libre. Frankreich/Spanien/Italien/BRD 1964 **R** Jean Becker **B** Daniel Boulanger, Claude Sautet, Didier Goulard, Maurice Fabre, Jean Becker ,nach einem Roman von Clet Coroner **K** Edmond Séchan **M** Martial Solal **P** Sud Pacifique Films/ Capitol Films (Paris), Prod. Benito Perojo (Madrid), Transmonde Film (Rom), Eichberg Film (München) **L** 103 Min., s/w **D** Jean-Paul Belmondo, Jean Seberg, Gert Fröbe, Michel Beaune, Wolfgang Preiss, Enrico Maria Salerno

Nachdem der Journalist David (Belmondo) mit einem Kumpan erfolgreich eine mit Diamanten bestückte Kamera von Paris nach Genf geschmuggelt hat, erhält er einen weiteren Auftrag dieser Art: Diesmal geht es um Gold, das mit einem Sportwagen in den Vorderen Orient zu transportieren ist. Davids Begleiterin ist die attraktive Olga (Seberg), und da sie als einzige weiß, wo das Gold versteckt ist, versucht David sie zu verführen und auszuhorchen. Schließlich verrät sie ihm, daß der gesamte Wagen aus Gold ist...
Diese Krimikomödie ist Jean Beckers zweiter Film. Schon bei seinem Debüt SIE NANNTEN IHN ROCCA hatte der Sohn des berühmten Jacques Becker mit Jean-Paul Belmondo zusammengearbeitet, der hier erneut als mit allen Wassern gewaschener Charmeur zu sehen ist. Interessanter als die

routinierten Abenteuer auf der Leinwand ist allerdings die Tatsache, daß Belmondo hier erneut mit Jean Seberg zusammengespannt wurde, seiner Partnerin aus AUSSER ATEM. In einer amüsanten Anspielung auf diesen Klassiker verpfeift Seberg auch hier Belmondo am Schluß, doch diesmal mit positivem Ausgang. al

Botschaft für Lady Franklin

The Hireling. Großbritannien 1973 **R** Alan Bridges **B** Wolf Mankowitz, nach einem Roman von L. P. Hartley **K** Michael Reed **M** Marc Wilkinson **P** Ben Arbeid für World Film Services/ Champion **L** 108 Min., Farbe **D** Sarah Miles, Robert Shaw, Peter Egan, Elizabeth Sellars, Caroline Mortimer

Ausgezeichnete Bearbeitung eines Romans von L.P. Hartley, der schon die Vorlage zu Joseph Loseys DER MITTLER lieferte. Erzählt wird von der engen Beziehung zwischen der reichen, jungen Witwe Lady Franklin (Miles) und ihrem Chauffeur Leadbetter (Shaw). Er hatte sie eigentlich von einer Klinik nach Hause fahren sollen, wo sie sich von einem Nervenzusammenbruch erholt hatte. Zwischen beiden entspinnt sich ein immer enger werdendes Verhältnis, und für einen Moment existieren keine Klassenschranken. Doch als sich Lady Franklins psychischer Zustand zu bessern beginnt und sie mehr und mehr am gesellschaftlichen Leben teilnimmt, richten sich die Barrieren wieder auf. Als Leadbetter ihr schließlich seine Liebe gesteht, weist sie ihn brüsk zurück.
Alan Bridges´ Film ist eine detaillierte und atmosphärisch genaue Beschreibung der Klassenunterschiede im England des Jahres 1923, die einige Ähnlichkeiten mit D. H. Lawrences *Lady Chatterleys Liebhaber* aufweist. Die Schauspieler liefern eine vorzügliche Ensemble-Leistung, die in Wolf Mankowitz´ zurückhaltendem, sorgfältig gestalteten Drehbuch ihre Entsprechung findet. Optisch ist der Film ein Genuß in allen Bereichen. al

Botschafter der Angst

The Manchurian Candidate. USA 1962 **R** John Frankenheimer **B** George Axelrod, John Frankenheimer, nach einem Roman von Richard Condon **K** Lionel Lindon **M** David Amram **P** George Axelrod, John Frankenheimer **L** 126 Min., s/w **D** Frank Sinatra, Laurence Harvey, Janet Leigh, Angela Lansbury, Henry Silva, James Gregory, Leslie Parrish

Dieser Polit-Thriller spiegelt wie kein anderer Film des Genres die politische Weltsituation zu Beginn der 60er Jahre wider und steht dementsprechend ganz im Kontext des Kalten Krieges.
Ein in Korea in Gefangenschaft geratener Offizier (Sinatra) wird per Hypnose in eine willenlose Marionette umfunktioniert und darauf abgerichtet, in den USA für einen kommunistischen Umsturz zu sorgen. Nach DER GEFANGENE VON ALCATRAZ war *Botschafter der Angst* für John Frankenheimer der ausschlaggebende Film seiner Karriere, der ihn endgültig in der Garde der großen Hollywood-Filmemacher etablierte. „Die wohl raffinierteste Polit-Satire, die Hollywood je hervorbrachte", meinte die Kritikerin Pauline Kael begeistert. In Deutschland reagierte die Presse vergleichsweise zurückhaltend und unterstellte dem Film antikommunistische Absichten. Frank Sinatra, der mit einer großen Geldsumme selbst an den Produktionskosten beteiligt war, setzte 1963 nach der Ermordung John F. Kennedys aus Gründen der Moral durch, den bis dahin sehr erfolgreich angelaufenen Film aus dem Kinoprogramm zu nehmen. 1987 wurde *Botschafter der Angst* nach fast 25jähriger Leinwand- und Fernsehverbannung erneut mit großem Erfolg bei den New Yorker Filmfestspielen wiederaufgeführt. jg

Boudu - aus den Wassern gerettet

Boudu - Sauve des eaux. Frankreich 1932 **R** Jean Renoir **B** Jean Renoir, Robert Valentin, nach einer Komödie von René Fauchois **K** Marcel Lucien **P** Michel Simon, Jean Gehret für Societé Sirius **L** 83 Min., s/w **D** Michel Simon, Charles Granval, Marcelle Hainia, Severin Lerczinska, Jean Daste, Max Dalban

Gleich zu Anfang des Films wird *Boudu* (Simon)*aus den Wassern gerettet*, in die er sich in größter Verzweiflung nach dem Tod seines Hundes gestürzt hat. Der etwas versponnene Buchhändler Edouard Lestingois (Granval) nimmt sich des lebensmüden Clochards an und versucht ihn in seine bürgerliche Welt zu integrieren. Der Gerettete weiß sich bald in der Umgebung seines neu gewonnenen Freundes zurechtzufinden. Er lernt, es sich auf Kosten anderer wohlgehen zu lassen, und kommt schließlich auch - ohne sich selbst besonders anzustrengen - zu Geld. Die bürgerliche Laufbahn wird nicht vollendet, Boudu rettet sich vor der Ehe mit einem erneuten Sprung in die Seine.
Geboren 1894 als Sohn des Malers Auguste Renoir, drehte Jean Renoir von 1924 bis 1961 etwa 35 Filme. In den Jahren 1931 bis 1939 war er der Hauptvertreter des französischen Realismus mit Werken wie *Die Hündin*(1931) oder BESTIE MENSCH (1938). Anfang der 30er Jahre entdeckte Renoir in einem damals vielgespielten Theaterstück über einen Clochard die Paraderolle für seinen Freund, den großen schweizer Schauspieler Michel Simon, der auch in der Dürrenmatt-Verfilmung ES GESCHAH AM HELLICHTEN TAG die Rolle eines Landstreichers spielte. *Boudu* ist Renoirs vierter und zugleich bester Film mit Simon. dh

Boulevard der Dämmerung

Sunset Boulevard. USA 1950 **R** Billy Wilder **B** Charles Brackett, Billy Wilder, D.M. Marsham jr. **K** John F. Seitz **M** Franz Waxman **P** Charles Brackett / Paramount **L** 111 Min., s/w **D** William Holden, Gloria Swanson, Erich von Stroheim, Nancy Olson, Fred Clark, Lloyd Gough, Jack Webb, Cecil B. DeMille, Buster Keaton, Hedda Hopper

„Das Verdienst, die Mythenfabrik erstmals selbst als sterbenden Mythos geschildert zu haben, macht diesen Film zu einem historischen Dokument." (*Frankfurter Rundschau*)
Der Auftakt beginnt makaber. Aus Sicht einer im Swimmingpool treibenden Leiche wird die Geschichte einer menschlichen Tragödie erzählt. Der junge Drehbuchautor Gills (Holden) macht die zufällige Bekanntschaft mit dem vergessenen Stummfilmstar Norma Desmond (Swanson), die vergeblich auf ein neues Filmangebot wartet. Als Gills ihr nach einem Anruf der Paramount gesteht, die Gesellschaft sei nicht an ihr als Schauspielerin, sondern lediglich an ihrem Oldtimer interessiert, schießt sie ihn nieder.
Billy Wilder und Charles Brackett arbeiteten unter größter Geheimhaltung an dem Skript; noch nicht einmal die Paramount verfügte über eine genaue Kenntnis darüber. Bei der Suche nach der passenden Hauptdarstellerin erlebte das Duo eine Reihe von unangenehmen Zwischenfällen. Mae West und Pola Negri zeigten sich empört über Wilders Unverfrorenheit, ihnen die Rolle einer alternden Hollywood-Diva anzubieten. Ebenso erfolglos blieben die beiden bei ihrem Versuch, Montgomery Clift anzuheuern, der zur damaligen Zeit unglücklicherweise mit einer bedeutend älteren Frau zusammenlebte, die ihm sogleich die bittersten Vorwürfe machte, als die von dem Projekt hörte. Trotz seiner elf Oscar-Nominierungen hatte *Sunset Boulevard* vor allem in den Sparten der schauspielerischen Leistungen gegenüber ALLES ÜBER EVA das Nachsehen, konnte aber immerhin drei Oscars für das Beste Drehbuch, die Beste Ausstattung (Hans Dreier, John Meehan, Sam Comer und Ray Moyer) sowie die Beste Filmmusik entgegennehmen. jg

Boulevard der Mörder

Boulevard des assassins. Frankreich 1982 **R** Boramy Tioulong **B** André G. Brunelin, Boramy Tioulong, nach dem Roman *Une affaire intime* von Max Gallo **K** William Lubtchansky **M** Jacques Loussier **P** Martial Berthot für Les Films de la Drouette/UGC/Top 1/FR 3 Films **L** 98 Min. (Originalfassung 105 Min.), Farbe **D** Victor

Lanoux, Jean-Louis Trintignant, Marie-France Pisier, Stéphane Audran, Jacques Richard

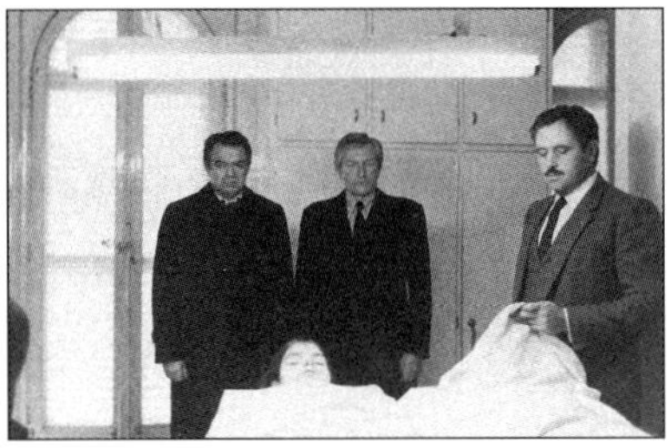

Der Schriftsteller Daniel Salmon (Trintignant) will sich in Südfrankreich über seine private wie berufliche Zukunft klarwerden. Als er vom Mord an einer alten Frau erfährt, die im selben Haus wie er lebte, und kurz darauf einen mysteriösen Anruf erhält, wittert der Autor Stoff für einen neuen Roman.
Boramy Tioulongs Polit-Thriller um die finsteren Machenschaften einer Art Kleinstadt-Mafia konnten trotz des hervorragenden Hauptdarsteller-Quartetts und guter Kritiken in Frankreich (*Le Figaro*: „Packend und realistisch!") keinen deutschen Verleiher begeistern: Der Film erlebte seine deutsche Premiere 1985 im ZDF. al

La Boum - Die Fete - Eltern unerwünscht

La Boum. Frankreich 1980 **R** Claude Pinoteau **B** Danièle Thompson, Claude Pinoteau **K** Edmond Séchan **M** Vladimir Cosma **P** Gaumonts/Films Marcel Dassault **L** 110 Min., Farbe **D** Sophie Marceau, Claude Brasseur, Brigitte Fossey, Denise Grey

In *La Boum* gab die damals 14jährige Sophie Marceau ihr Leinwanddebüt und galt fortan neben Isabelle Adjani als zweite große Entdeckung des Regisseurs Claude Pinoteau. Unter 500 Kandidatinnen wurde sie für die Rolle der Vic, die ihre erste große Liebe erlebt, ausgewählt und startete damit ihre internationale Karriere.
Pinoteaus Teenager-Komödie behandelt die Irrungen und Wirrungen des Erwachsenwerdens und die damit verbundene erste große Liebe. Die 13jährige Vic (Marceau) bereitet sich auf eines der wichtigsten Ereignisse eines jeden Jugendlichen vor: die erste große Fete. Doch bevor es soweit ist, müssen noch diverse Hindernisse aus dem Weg geräumt werden. Zum einen sind da die Eltern (Brasseur, Fossey), die noch nicht so recht daran glauben wollen, daß ihre Kleine gar nicht mehr so klein ist, zum anderen muß Vic auch mit ihrem ersten Liebeskummer fertigwerden. Die Eltern haben ihre eigenen Probleme mit der Ehe, doch dank der Hilfe der lebens- und liebeserfahrenen Urgroßmutter (Grey) renkt sich alles wieder ein.
Der große Erfolg, gerade bei dem jüngeren Kinopublikum, gab Regisseur Pinoteau mit seiner feinsinnigen, ohne Effekthascherei aufgebauten Inszenierung recht. Ein typisch französischer Film, bei dem die Frauen wesentlich gewitzter und emanzipierter erscheinen als ihre männlichen Mitspieler. Neben dem absoluten Filmneuling Sophie Marceau überzeugen Claude Brasseur, eigentlich der „harte Einzelgänger" des französischen Kinos in der Rolle des Vaters und der ehemalige Kinderstar Brigitte Fossey als Vics Mutter. dk

La Boum II - Die Fete geht weiter

La Boum II. Frankreich 1982 **R** Claude Pinoteau **B** Danièle Thompson, Claude Pinoteau **K** Edmond Séchan **M** Vladimir Cosma **P** Gaumont Intern./Films Marcel Dassault **L** 108 Min., Farbe **D** Sophie Marceau, Claude Brasseur, Brigitte Fossey, Denise Grey

15 Millionen Zuschauer in ganz Europa, eine hervorragende Kritik und unzählige Briefe von Verehrern machten die Fortsetzung der romantischen Liebeskomödie zu einem absoluten Muß. Genau wie bei der Produktion liegt auch in der Handlung zwischen den beiden Filmen ein Zeitraum von zwei Jahren. Vic (Marceau) ist etwas älter und reifer geworden, die Probleme gerade mit dem anderen Geschlecht sind aber immer noch dieselben. Vic steht kurz vor dem Abitur und hat sich neu verliebt. Ihr Schwarm ist der 17jährige Philippe, der jedoch schon bald einen Nebenbuhler bekommt. In all die Komplikationen von Gefühlen und Beziehungen sind auch Vics Eltern (in alter Besetzung: Claude Brasseur und Brigitte Fossey) verwickelt, die mehr Zeit für ihre jeweiligen Berufe als für sich selbst aufbringen, und sogar Vics Urgroßmutter (Grey) läßt sich vom allgemeinen Sturm der Gefühle mitreißen.
Anders als bei vergleichbaren Komödien wie z. B. EIS AM STIEL legte Regisseur Pinoteau auch zwei Jahre nach der ersten großen Fete Wert auf eine amüsante, aber realistische Darstellung der Teenagerprobleme. Das eingespielte Team macht auch die Fortsetzung sehenswert, allen voran Sophie Marceau, die 1983 für ihre Darstellung der Vic den César als Beste Nachwuchsschauspielerin erhielt. dk

Die Bounty

Bounty. Großbritannien 1983 **R** Roger Donaldson **B** Robert Bolt, nach dem Buch *Captain Bligh and Mr. Christian* von Richard Hough **K** Arthur Ibbetson **M** Vangelis **P** Dino de Laurentiis **L** 107 Min., Farbe **D** Mel Gibson, Anthony Hopkins, Laurence Olivier, Edward Fox, Daniel Day-Lewis, Philip Davis, Bernard Hill, Liam Neeson

Nach den drei *Bounty* -Verfilmungen von 1933, 1935 und 1962 nun die vierte Version über die berühmte Meuterei, die sich im Jahre 1789 wirklich ereignete und in die Geschichte der Seeschiffahrt einging.
Als Regisseur war ursprünglich David Lean vorgesehen. Mit diesem Namen als Erfolgsgarantie wurde der Bau der *Bounty* in Auftrag gegeben. Von Lean war allerdings bald nicht mehr die Rede und auch das Geld ging rasch aus, so daß Produzent Dino de Laurentiis helfend einsprang und die weitere Finanzierung übernahm. 25 Millionen Dollar verschlangen die Dreharbeiten; der unter der Beratung von drei Museen angefertigte originalgetreue Nachbau der *Bounty* kostete allein 4 Millionen Dollar. Die Außenaufnahmen fanden unter teils risikoreichen Bedingungen in Tahiti und Neuseeland statt. In den Londoner Lee-Studios wurden die Innenräume des Schiffes rekonstruiert und an schwankenden Stahlschaukeln aufgebaut, um die schlingernden Bewegungen des Schiffsrumpfes nachzuvollziehen.
Donaldson sah in seiner Version der *Bounty*-Meuterei die Gründe für die Rebellion unter Leitung des Offiziers Fletcher Christian in falschem Ehrgeiz, einer Reihe von Fehleinschätzungen - und (das ist eine neue gewagte Interpretation) in latent anklingender Homoerotik und sexueller Frustration. Trotz aller technischen Bemühungen und des imposanten Staraufgebots wurde *Die Bounty* zu einem der größten Kinoflops des Jahres 1984/85. jg

Boyfriend

The Boy Friend. Großbritannien 1971 **R** Ken Russell **B** Ken Russell, nach dem Musical von Sandy Wilson **K** David Watkin **M** Sandy Wilson (Songs), Peter Maxwell-Davies (Score) **P** Ken Russell für Russfix/MGM **L** 109 Min. (Originalfassung 135 Min.), Farbe **D** Twiggy, Christopher Gable, Moyra Fraser, Max Adrian, Bryan Pringle, Glenda Jackson

Sandy Wilsons Stück war ursprünglich für Londoner Clubs konzipiert, lief dann fünf Jahre am Westend und brachte es sogar bis zum Broadway. Der britische Regie-Exzentriker Ken Russell machte aus der Satire auf 20er-Jahre-Musicals eine extravagante Hommage an die amerikanischen Musicals der frühen 30er und den Choreographen Busby Berkeley.

Die Geschichte dreht sich um die Mitglieder einer Repertoire-Truppe, die in der englischen Provinz die Aufführung von *The Boy Friend* vorbereiten. Der größte Teil des Films besteht aus dieser Aufführung, in die sporadisch Backstage-Szenen eingelassen sind. Twiggy (oder richtiger: Leslie Hornsby) spielt die Bühnenassistentin Polly, die sich nach dem Ausscheiden des Stars (Glenda Jackson amüsiert sich in einem unangekündigten Gastauftritt) mit der Hauptrolle des Stückes betraut sieht. Ein Hollywood-Regisseur beobachtet das Ganze aus dem Zuschauerraum, und vor seinem geistigen Auge entstehen wesentlich großartigere Bühnenbilder und Kulissen, in denen vollendet getanzt und gesungen wird.
Mit diesen zwei Ebenen spielt der Film, obwohl zwischen der Phantasie des Amerikaners und der tatsächlichen Aufführung kein allzu großer Unterschied besteht. Das ehemalige Model Twiggy, bekannt für ihre schlanke Figur, gibt hier ein überzeugendes Filmdebüt als naives Mädchen, das wider Willen zum Star wird. Ihr Partner Christopher Gable, ein früherer Tänzer des Royal Ballett, zeichnet auch für die hervorragende Choreographie der Musiknummern verantwortlich, die Berkeleys Arbeit erstaunlich nahe kommt. Die einzigen nicht von Sandy Wilson geschriebenen Songs sind *All I Do Is Dream Of You* und *You Are My Lucky Star* von Nacio Herb Brown und Arthur Freed sowie *Any Old Iron* von Charles Collins, E.A. Sheperd und Fred Terry. al

The Boys from Brazil

The Boys from Brazil. USA 1977 **R** Franklin J. Schaffner **B** Kenneth Ross, Heywood Gould, nach einem Roman von Ira Levin **K** Henri Decae **M** Jerry Goldsmith **P** Stanley O´Toole, Martin Richards / Producer Circle **L** 100 Min., Farbe **D** Gregory Peck, Laurence Olivier, Lilli Palmer, James Mason, Bruno Ganz, Uta Hagen, Wolfgang Preiss, Joachim Hansen

Der berüchtigte KZ-Arzt Dr. Mengele, verantwortlich für den Tod von mindestens 300.000 Juden, lebt gesund und munter in Paraguay und schickt sich an, einen teuflischen Plan in die Realität umzusetzen. Durch das Klonen von Genen hat er 94 junge Hitlers über den Erdball verstreut, um mit dieser Elite ein neues Viertes Reich aufzubauen.
Für die wissenschaftliche Seite des Films wurde extra der Oxford-Biologe Dr. Bromhall zu Rate gezogen, um dafür zu bürgen, daß das besagte Klonen aus den Blutzellen des „Führers" auch wirklich möglich sein könnte. Leider wirkt der Film dadurch keineswegs glaubhafter. Daß für die Attraktivität des Handlungsrahmens ausgerechnet die schäbige Figur des bestialischen KZ-Arztes Mengele (1979 in Brasilien ertrunken) aus dem Giftschrank geholt wurde, zeugt nicht gerade von gutem Geschmack. „Ich habe die Rolle des Dr. Mengele akzeptiert, weil sie so anders ist, als alles, was ich bisher gemacht habe", meinte Gregory Peck, der mit dieser Filmfigur die erste völlig unsympathische Rolle seiner Karriere spielte. Eine im ganzen gesehen teils spannend-utopistische Unterhaltung, die die brisante Thematik jedoch als schockierenden Thriller-Hintergrund mißbraucht. *The Boys from Brazil* fand erst mit neunjähriger Verspätung seinen Weg in die deutschen Kinos. jg

Branca Leone

L´armata Brancaleone. Italien/Frankreich 1965 **R** Mario Monicelli **B** Age & Scarpelli, Mario Monicelli **K** Carlo di Palma **M** Carlo Rustichelli **P** Mario Cecchi Gori für Fair Film (Rom), Les Films Marceau (Paris) **L** 113 Min. (Originalfassung 130 Min.), Farbe **D** Vittorio Gassman, Catherine Spaak, Gian Maria Volonté, Folco Lulli, Barbara Steele, Maria Grazia Buccella

Italiens Komödienmeister Mario Monicelli bedient sich hier erneut eines Rezeptes, das schon bei seinem berühmten DIEBE HABEN´S SCHWER hervorragend funktionierte: Eine Gruppe von Männern scheitert auf einer heldenhaften Mission an ihrer eigenen Unzulänglichkeit und den Umständen. Hier ist es Ritter Brancaleone (Gassman), der mit seiner Gefolgschaft allerlei Abenteuer besteht, die alle ins Auge gehen würden, käme nicht in letzter Sekunde noch die ersehnte Rettung.
Monicellis Film ist eine temporeiche, umwerfend komische Farce, deren derber Humor bisweilen an Monty Pythons DIE RITTER DER KOKOSNUSS erinnert. Im Prinzip besteht er aus vielen kleinen Episoden, die in den Handlungsrahmen (Brancaleone und seine Mannen haben es auf die Inbesitznahme einer Burg abgesehen) eingebaut sind. Ein Gag jagt den anderen, und Vittorio Gassman gibt mit seiner klappernden Rüstung und störrischem Gaul eine italienische Version von Don Quichotte. Opulent in Szene gesetzt und im Stil der Commedia dell´arte gespielt, war *Branca Leone* ein Riesenerfolg, der eine ganze Welle von Filmen auslöste, die sich auf humorige Weise mit dem Mittelalter beschäftigten.
1970 entstand unter dem Titel *Brancaleone auf Kreuzzug ins Heilige Land* eine Fortsetzung. al

Brandung

Boom. Großbritannien 1967 **R** Joseph Losey **B** Tennessee Williams, nach seinem Bühnenstück *The Milk Train Doesn´t Stop Here Anymore* und seiner Story *Man, Bring This Up Road* **K** Douglas Slocombe **M** John Barry **P** John Heyman, Norman Priggen für World Film Services/Moon Lake Prod./ Universal **L** 113 Min., Farbe **D** Elizabeth Taylor, Richard Burton, Noël Coward, Joanna Shimkus, Michael Dunn

Tennessee Williams´ symbolisch überfrachtetes Stück um eine alternde Millionärin, die an der Schwelle des Todes von einem jungen, mystischen Mann umworben und „gerettet" wird, war schon bei seinen zwei Broadway-Aufführungen ein Mißerfolg. Der Dichter hatte die Rolle der Flora Goforth eigentlich für Tallulah Bankhead geschrieben, die sie auch in der zweiten Inszenierung gespielt hatte. Ihr Gegenspieler war Tab Hunter gewesen.
Die Leinwandversion geriet zum spektakulären, extravaganten Vehikel für die Burtons, zu jener Zeit das höchstbezahlte Darsteller-Team der Welt. Die Taylor hatte bereits zweimal erfolgreich mit Williams-Stoffen gearbeitet - in DIE KATZE AUF DEM HEISSEN BLECHDACH und PLÖTZLICH IM LETZTEN SOMMER - und wollte die Rolle. Natürlich mußte nun auch Burton dabei sein, und damit waren bedeutende Drehbuchänderungen vorprogrammiert, denn die Hauptfigur ist im Stück eine alte Frau, ihr Gegenspieler eine Art Adonis. Williams nannte das Paar „eine schreckliche Fehlbesetzung" und stimmte dabei mit zahlreichen Kritikern überein, die jedoch nicht nur die Burtons, sondern den gesamten Film verrissen.
Optisch hat *Brandung* dennoch einiges zu bieten. Auf Sardinien baute man das Goforth-Anwesen, eine aufs Mittelmeer blickende pinkfarbene Villa, detailgetreu nach, und Taylors Kostüme und ihre Diamanten entsprachen ihrem tatsächlichen üppigen Lebensstil. Insgesamt wird man den Eindruck nicht los, daß Losey, der schon immer eine Vorliebe für Häuser hatte, sich hier mehr für Hintergrund als Vordergrund interessiert. Die Taylor zumindest scheint sich in ihrer Rolle sehr zu amüsieren, wenn sie mit der „Hexe von Capri" (Coward) die Klingen kreuzt oder ihre Angestellten beschimpft. Dabei sollte dieses Werk, ein kostspieliger Flop, den Anfang ihres Karriere-Niedergangs markieren: Auch mit ihrem Mann zusammen drehte sie keinen erfolgreichen Film mehr. al

Brannigan - Ein Mann aus Stahl

Brannigan. USA 1974 **R** Douglas Hickox **B** Christopher Trumbo, Michael Butler, W. P.

McGivern, William Norton **K** Gerry Fisher **M** Dominic Frontiere **P** Michael Wayne **L** 111 Min., Farbe **D** John Wayne, Richard Attenborough, Judy Geeson, Mel Ferrer, John Vernon

John Wayne und Richard Attenborough in einem Film - das bedeutete amerikanische Hau-drauf-Mentalität gegen gepflegtes britisches Understatement. Und genau von diesem Gegensatz lebt *Brannigan.*

Obwohl die (durchaus spannende) Geschichte als echter Krimi ausgewiesen ist, zeichnet sich der Film durch eben diese ungewöhnliche Gegenüberstellung aus, bei dem der „Duke" in einem seiner letzten Filme auch Mut zur Selbstironie beweist und sein Image als unverwüstlicher Haudegen ein wenig parodiert.

Lieutenant Jim Brannigan (Wayne) soll den aus Chikago geflüchteten und in London verhafteten Gangster Larkin (Vernon) in die USA überführen. In England angekommen muß Brannigan allerdings erfahren, daß Larkin entführt wurde. Als die Kidnapper ihre Lösegeldforderung stellen, sieht Commander Swan (Attenborough), Brannigans englischer Kontaktmann, die Chance gekommen, den Gangstern eine Falle zu stellen. Währenddessen ermittelt Brannigan auf eigene Faust - allerdings nicht immer auf die feine englische Art.

Der zweite Wayne in dieser Produktion neben Altmeister John ist sein Sohn Michael, Manager der familieneigenen Produktionsfirma Batjac. dk

Die Braut des Prinzen

The Princess Bride. USA 1987 **R** Rob Reiner **B** William Goldman, nach seinem Roman **K** Adrian Biddle **M** Mark Knopfler **P** Andrew Scheinman, Rob Reiner **L** 98 Min., Farbe **D** Peter Falk, Fred Savage, Robin Wright, Cary Elwes, Chris Sarandon

Regisseur Rob Reiner, Sohn von Komödienspezialist Carl Reiner (TOTE TRAGEN KEINE KAROS) wandte sich mit *Die Braut des Prinzen* einem Genre zu, das bis zu diesem Zeitpunkt eigentlich totgesagt war. Neben den Elementen des Fantasy-Films baute Reiner auf die optische Brillanz der guten alten Mantel-und-Degen-Filme, eine Entscheidung, die der Story zugute kommt und nicht wie bei so vielen anderen Produktionen durch eine einzige Orgie von Spezialeffekten in den Hintergrund gedrängt wird.

William Goldman, Oscar-Preisträger für seine Drehbücher zu DIE UNBESTECHLICHEN und ZWEI BANDITEN schrieb das Skript nach seinem eigenen, schon 1973 erschienenen Roman. Die Geschichte beginnt mit einem Großvater (Falk), der seinem erkrankten Enkel ein Märchen vorlesen möchte. Der Kleine (Savage) ist zwar eher an einem ordentlichen Videospiel interessiert, willigt aber Opa zuliebe in die ungewohnte Rolle des Zuhörers ein. Schon nach wenigen Worten eröffnet sich eine phantastische Welt. Im Königreich Florin verliebt sich die schöne Buttercup in den Stallburschen Westley. Um das nötige Geld für die Hochzeit aufzutreiben, zieht Westley in die weite Welt hinaus. Eine Trennung, die sehr lange andauern soll, denn erst nach wilden Abenteuern mit Piraten, Riesen, finsteren Bösewichten und diversen Gefechten gelingt es Westley, seine Geliebte wiederzusehen. Was allerdings nicht bedeutet, daß damit die Abenteuer zu Ende sind. Der junge Held hat noch eine ganze Reihe im wahrsten Sinne des Wortes phantastischer Gefahren zu überwinden, ehe er mit Buttercup ins Happy-End reiten kann.

13 Jahre lang lag das Drehbuch in den Schubladen von Hollywoods Major-Studios, namhafte Regisseure wie Ridley Scott und Robert Redford ließen eine geplante Verfilmung nach anfänglicher Begeisterung wieder fallen, ehe sich Rob Reiner an diese Mischung aus Romantik, Abenteuer, Komödie und Action wagte. Das Ergebnis kann sich sehen lassen, auch wenn die deutsche Kritik nicht ganz so begeistert war wie die amerikanischen Kollegen. Die sehr gute Besetzung, allen voran Ex-Columbo Peter Falk, und eine flüssige Story sorgen für erstklassiges Amusement. dk

Die Braut des Satans

Die Braut des Satans / To the Devil a Daughter. BRD/Großbritannien 1975 **R** Peter Sykes **B** Chris Wicking, John Peacock, nach einem Roman von Dennis Wheatley **K** David Watkin **M** Philip Martell **P** Roy Skeggs / Terra Filmkunst, Hammer Productions **L** 91 Min., Farbe **D** Richard Widmark, Christopher Lee, Nastassja Kinski, Eva-Maria Meineke, Honor Blackman

Christopher Lee ist hier zwar diesmal nicht als Dracula zu bewundern, doch steht seine Rolle der Horrorfigur in nichts nach. Er verkörpert einen falschen Priester, der mit dem Satan paktiert und mit Hilfe der ahnungslosen Novizin Catherine (Kinski) den Teufel auf die Welt holen möchte. Dazu muß sich die junge Nonne mit dem Dämonengott Astaroth paaren. Catherines Vater, der seine Tochter selbst in diese Situation manövriert hat, versucht verzweifelt das Mädchen zu retten.

Ein schnell und billig heruntergekurbelter Horrorfilm, der lediglich durch die hochkarätige Besetzung verblüfft, die jedoch leider auch keine weiterreichenden Eindrükke hinterläßt.

„Dieser Streifen ist ein Quickie wie die meisten seiner Art. Die Kameraführung ist einfallslos, ebenso die Regieleistung. Höhepunkte gibt es kaum..." (*Lexikon des Horrorfilms*). Der deutsch-britische Versuch auf der populären Welle von DER EXORZIST oder DAS OMEN mitzuschwimmen, ist bei dieser Produktion ziemlich mißlungen. Freunde des Grusel-Genres werden jedoch ihre ganz besondere Freude haben, wenn Christopher Lee in einer Orgienszene tatsächlich das erste Mal in seiner an Schrecken reichen Filmkarriere die Hosen fallen läßt. jg

Eine Braut für sieben Brüder

Seven Brides For Seven Brothers. USA 1954 **R** Stanley Donen **B** Albert Hackett, Frances Goodrich, Dorothy Kingsley, nach der Erzählung *The Snobbin´ Women* von Stephen Vincent Benet **K** George Folsey **M** Adolph Deutsch, Saul Chaplin **P** Jack Cummings / Metro-Goldwyn-Mayer **L** 102 Min., Farbe **D** Jane Powell, Howard Keel, Jeff Richards, Russ Tamblyn, Tommy Rall, Howard Petrie, Virginia Gibson, Ian Wolfe

In der Abgeschiedenheit einer wilden Berglandschaft leben sieben Brüder, die ihren Lebensunterhalt als Pelztierjäger verdienen. Um ihrem eintönigen und frauenlosen Da sein ein Ende zu setzen, rauben sie in der Stadt sechs junge Damen. Eine Rettung durch deren Familienangehörige ist nicht möglich, da eine Berglawine im richtigen Moment die Hütte der Brüder von der Außenwelt abschneidet. Wohl oder übel müssen sich die anfangs recht kratzbürstigen Mädchen darauf einstellen, den Winter in den Bergen zu verbringen.

Produzent und Regisseur Joshua Logan plante den Stoff als Musical an den Broadway zu bringen und besaß mehrere Jahre lang sämtliche Rechte, bis er sein Vorhaben aufgab und die Vorlage den Filmgesellschaften zum Kauf anbot. Metro-Goldwyn-Mayer, Spezialist in Sachen Musical, schuf mit *Eine Braut für sieben Brüder* eine der typischsten amerikanischen Musik-Komödien, voller beschwingter Melodien und mitreißender Tanzszenen (am eindrucksvollsten die akrobatischen Darbietungen eines Holzfällerballetts!). Der Film wurde an der Kinokasse zu einem enormen Erfolg. Bei den Oscar-Feierlichkeiten 1954 wies das Musical gleich vier Nominierungen auf (Bester Film, Beste Drehbuch-Adaption, Beste Kamera und Bester Schnitt), konnte aber nur einen Oscar für die Beste Musik in der Kategorie „Soundtrack Musical" erringen. jg

Die Braut kam per Nachnahme

The Bride Came C.O.D.. USA 1943 **R** William Keighley **B** Julius J. Epstein, Philip G. Epstein **K** Ernest Haller **M** Max Steiner **P** Hal. B. Wallis, William Cagney für Warner Bros. **L** 90 Min., s/w **D** James Cagney, Bette Davis, Stuart Erwin, Eugene Pallette, Jack Carson

Bette Davis erinnert sich in ihrer Autobiographie *This Lonely Life*: „Jimmy Cagney, mit dem ich immer in etwas Gutem zusammenarbeiten wollte, verbrachte die meiste Zeit des Films damit, mir Kaktus-Stacheln aus dem Hintern zu entfernen. Das sollte komisch sein." Sie spielt eine reiche Erbin, die drauf und dran ist, mit einem Bandleader (Carson) durchzubrennen. Ihr Vater (Pallette) heuert den hartgesottenen Piloten Steve (Cagney) an, der die Davis entführen und unverheiratet zurückbringen soll. Als die beiden mit dem Flugzeug in der Wüste von Nevada notlanden müssen, beginnt eine entbehrungsreiche Zeit, und bald schon stellt sich auch die Liebe ein.

Bette Davis´ Arbeitgeber Warner Bros. hielt nach ihren zahlreichen hochdramatischen Auftritten eine Abwechslung für nötig und brachte die Schauspielerin zusammen mit Cagney, ihrem Co-Star in *Jimmy the Gent* von 1934, in dieser Screwball-Comedy unter. Das Resultat ist wesentlich amüsanter, als die Davis es anscheinend in Erinnerung hatte. Die genretypischen ausgefeilten Dialoge und der Kampf der Geschlechter (und der Klassen) werden von beiden Stars mit Temperament abgeliefert und Drehbuchschwächen Kraft ihrer Persönlichkeiten gut überspielt. *Die Braut kam per Nachnahme* erwies sich als Kassenknüller. al

Die Braut trug schwarz

La mariée était en noir / La sposa in nero. Frankreich/Italien 1967 **R** François Truffaut **B** François Truffaut, Jean-Louis Richard, nach einem Roman von William Irish **K** Raoul Coutard **M** Bernard Herrmann **P** Carosse / Artistes Associés / Dino de Laurentiis **L** 107 Min., Farbe **D** Jeanne Moreau, Jean-Claude Brialy, Michel Bouquet, Charles Denner, Claude Rich

François Truffaut galt als ein Bewunderer Alfred Hitchcocks. Er führte mit dem Altmeister sogar ein mehrere Tage andauerndes Interview, das er später unter dem Titel *Mr. Hitchcock, wie haben Sie das gemacht?* veröffentlichte. Sämtliche Kritiker wollten demnach auch in *Die Braut trug schwarz* eine Hommage an den König des Suspense sehen, was Truffaut jedoch nur bedingt zuließ. Seiner Meinung nach fanden sich in seinen Werken DIE SÜSSE HAUT und FAHRENHEIT 451 viel mehr Anspielungen und Zitate auf das Hitchcocksche Oevre. Truffauts Interesse galt in diesem Film primär der Kontrastierung von Mann und Frau und der Frage nach Schuld oder Unschuld. Von der musikalischen Seite her betrachtet griff er natürlich überdeutlich nach Hitchcock, da er für die Gestaltung des Soundtracks den versierten Filmkomponisten Bernard Herrmann gewinnen konnte, der von 1956 bis 1966 sämtliche Hitchcock-Filme mit seinen genialen Scores unterlegte.

In Truffauts Psycho-Thriller verkörpert Jeanne Moreau eine Braut, deren Ehemann kurz nach der Trauung auf der Freitreppe vor der Kirche ohne ersichtlichen Grund von Unbekannten erschossen wird. Die so früh zur Witwe gewordene Frau zieht sich keineswegs in ihr Trauergemach zurück, sondern rückt zu einem gnadenlosen Rachefeldzug gegen die Mörder ihres Mannes aus. Für die Liquidierung ihrer Opfer legt sie dabei eine außerordentliche Ideenvielfalt an den Tag. jg

Die Braut war viel zu schön

La mariée est trop belle. Frankreich 1956 **R** Pierre Gaspard-Huit **B** Philippe Agostini, Juliette Saint-Giniez, Odette Joyeux, nach dem Roman von Joyeux **K** Louis Page **M** Norbert Glanzberg **P** Christine Rouze-Renal für Production Générale des Films/SN Pathé-Cinéma **L** 92 Min., Farbe **D** Brigitte Bardot, Micheline Presle, Louis Jourdan, Jean-François Calvé, Marcel Aumont, Roger Dumas

Nach dem Wirbel, den ...UND IMMER LOCKT DAS WEIB hervorgerufen hatte, begab sich Brigitte Bardot hier ins seichte Fahrwasser einer leichten Komödie, die sich ihrer Sexualität nicht ganz so direkt und ungehemmt bediente. Als Dorfschönheit Catherine wird sie von den Magazin-Herausgebern Judith (Presle) und Michel (Jourdan) in ein berühmtes Photomodell mit dem Spitznamen Chouchou verwandelt, dessen Stil überall in Frankreich nachgeahmt wird. Aus Publicitygründen wird sogar eine Hochzeit gestellt. Prompt verliebt sich Schein-Ehemann Patrice (Calvé) in seine Partnerin, doch die ist eher Michel zugeneigt...

Pierre Gaspard-Huits Film ist eine harmlose, vergnügliche Satire auf den Personen- und Schönheitskult der Modemagazine, die einige Ähnlichkeiten mit Stanley Donens später gedrehtem EIN SÜSSER FRATZ mit Audrey Hepburn in der Hauptrolle aufweist. Außerdem wird geschickt Bardots Karriereverlauf mit dem Schicksal der Heldin parallelisiert, die eine wie die andere zu Idolen der Nation werden.

Die Braut war viel zu schön stellt die erste Zusammenarbeit zwischen BB und der Produzentin Christine Gouze-Renal dar, die mit ihr nicht nur EIN WEIB WIE DER SATAN und PRIVATLEBEN produzieren, sondern auch eine der engsten Vertrauten des Stars werden sollte. al

Bravados

The Bravados. USA 1958 **R** Henry King **B** Philip Yordan, nach einem Roman von Frank O´Rourke **K** Leon Shamroy **M** Lionel Newman **P** Herbert B. Swope für 20th Century-Fox **L** 97 Min., Farbe **D** Gregory Peck, Joan Collins, Stephen Boyd, Albert Salmi, Henry Silva

Gregory Pecks fünfte Zusammenarbeit mit Henry King, den er einmal als seinen Lieblingsregisseur bezeichnet hat, ist ein grimmiger, ungewöhnlicher Western. Peck spielt Jim Douglas, der am Tage vor der Exekution von vier Outlaws in ein kleines Städtchen einreitet. Als die Männer aus dem Gefängnis entkommen, verfolgt er sie beharrlich, da sie, wie er glaubt, für die Vergewaltigung und Ermordung seiner Frau verantwortlich sind. Drei Männer tötet er nacheinander, obwohl sie ihre Unschuld beteuern - erst der vierte (Silva) kann ihn davon überzeugen, daß die Gang nichts mit dem Verbrechen zu tun hatte.

Der Film erzählt eine Rachegeschichte, doch hier ist der Held eine zwiespältige Figur, die voller Haß das Gesetz in die eigenen Hände nimmt und unabsichtlich zum Mörder von drei Unschuldigen wird. Der Moment, in dem Douglas seinen Irrtum erkennt, ist einer der stärksten Szenen des Films. Joan Collins bemüht sich in einer undankbaren Rolle, die offensichtlich nur geschrieben wurde, um der düsteren Story etwas Romantik und Hoffnung zu verleihen. Der Star ist jedoch die Kamera von Kings Hauskameramann Leon Shamroy (beider zwölfte Zusammenarbeit), die eindrucksvoll öde mexikanische Berglandschaften und das Innere einer kleinen Kirche einfängt. al

Der brave Soldat Schweijk

Der brave Soldat Schweijk. BRD 1960 **R** Axel von Ambesser **B** Hans Jacoby, nach dem Roman von Jarsolav Hasek **K** Richard Angst **M** Bernhard Eichhorn **P** Arthur Brauner / CCC-Film **L** 96 Min., s/w **D** Heinz Rühmann, Ernst Stankowski, Ursula Borsody, Senta Berger, Erika von Thellmann, Franz Muxeneder

Jaroslav Haseks berühmte Roman-Satire wurde bereits 1956 in der CSSR wesentlich

werkgetreuer und ausführlicher verfilmt. Die Synchronisation dieser ersten Version übernahm die DEFA, so daß der Film vor allem in der DDR einen größeren Bekanntheitsgrad erreichte. Axel von Ambessers Fassung steht der tschechischen Version in vielen Dingen nach, war aber für das Publikum in der Bundesrepublik einfach die populärere Variante. Heinz Rühmann, Starkomiker des deutschen Films, verkörpert den Soldaten und ehemaligen Hundehändler Schweijk, der wie tausende anderer Soldaten in die Wirren des Ersten Weltkriegs verwickelt wird. Schweijk jedoch zeichnet sich darin aus, durch den bewußten Einsatz von Tolpatschigkeit und Naivität den gefährlichen Situationen des Frontkampfes zu entgehen. Unbeschadet kehrt er nach dem Krieg nach Prag zurück. Ambessers Film bietet einige rührselige Momente (besonders dann, wenn Schweijk seinen tödlich verletzten Oberst vom Schlachtfeld hievt), bleibt jedoch immer im Sentimentalen stecken. Die bissige Darstellung der k.u.k.-Monarchie, auf die Hasek in seinem Roman noch so viel Wert legt, wird leider zugunsten platter Klamaukunterhaltung weitgehend unterschlagen. jg

Brazil

Brazil. Großbritannien 1984 **R** Terry Gilliam **B** Terry Gilliam, Tom Stoppard, Charles McKeown **K** Roger Pratt **M** Michael Kamen **P** Arnon Milchan für Brazil Prod./Universal **L** 142 Min., Farbe **D** Jonathan Pryce, Robert De Niro, Michael Palin, Kim Greist, Katherine Helmond, Ian Holm, Ian Richardson, Peter Vaughan, Bob Hoskins

Tom Lowry (Pryce), ein kleiner Buchhalter in einem bürokratischen Staat in nicht allzuferner Zukunft, befindet sich auf der Suche nach seiner Traumfrau (Greist) und gerät dabei in eine politische Affaire größten Ausmaßes. Ohne es zu wollen, hilft er einigen Rebellen, gerät in die Mühlen der Bürokratie und wird schließlich in einer gigantischen Folterkammer getötet.

Eine Inhaltsangabe dieses chaotischen, von Einfällen nur so überberstenden Films ist kaum möglich. *Brazil* ist eine wundervolle, absolut respektlose Satire, die sich nicht nur mit einem Orwellschen Überwachungsstaat, sondern mit fast allen Bereichen des öffentlichen modernen Lebens beschäftigt und vor keinem noch so absurden Gag haltmacht. Terry Gilliam, der auch die meisten Filme der Komikertruppe Monty Python inszenierte, ließ hier seiner blühenden Phantasie freien Lauf, was zu einem nicht nur inhaltlich, sondern auch visuell brillanten Film führte. Das Team von Special-Effects-Experten, Ausstattern und Produktionsdesignern schuf faszinierende Sets und Dekorationen, besonders erwähnenswert sind die aus dem Urwald hervorschießenden Wolkenkratzer und die überdimensionale Folterkammer am Schluß. Gilliam hatte seinen Film eigentlich *1984 einhalb* nennen wollen, doch es gab rechtliche Probleme wegen des geschützten Orwell-Titels. Statt dessen wählte man den alten Xavier-Cugat-Schlager *Brazil*, dessen Melodie sich als ironisches Leitmotiv durch den gesamten Film zieht.

Obwohl *Brazil* als einer der besten Filme der 80er Jahre gilt und in Europa grandiose Kritiken erhielt, gab es Probleme mit der amerikanischen Verleihfirma Universal, die nicht nur ein geändertes Ende, sondern auch Kürzungen um 17 Minuten verlangte. Da Gilliam sich weigerte, wurde der Verleih hinausgeschoben. Der frustrierte Regisseur versuchte daraufhin, *Brazil* in Mexiko in die Kinos zu bringen und nordamerikanische Besucher mit Bussen über die Grenze zu schaffen. Als nächstes plazierte er eine ganzseitige Anzeige in *Variety*, die an den Universal-Chef Sid Sheinberg gerichtet war: „Wann werden Sie meinen Film *Brazil* in den Verleih bringen?"

Nachdem schließlich 11 Minuten geschnitten worden waren, kam der Film heraus, doch konnte er seine bei 15 Mio.$ liegenden Kosten nicht einspielen. nn

Break-Up

L'uomo dai palloni. Italien 1965/68 **R** Marco Ferreri **B** Marco Ferreri, Rafael Azcona **K** Aldo Tonti **M** Teo Usuelli **P** Carlo Ponti für Compagnia Cinematografica Champion (Rom), Les Films Concordia (Paris) **L** 81 Min., s/w/Farbe **D** Marcello Mastroianni, Catherine Spaak, Ugo Tognazzi, William Berger, Marco Ferreri

Die Luftballons, die ein junger Mailänder Fabrikant (Mastroianni) am Weihnachtsabend geschenkt bekommt, werden schnell zu einer fixen Idee. Wie lange kann man einen Luftballon aufblasen, ohne das er platzt? Diese Frage nimmt in Marios Leben immer mehr Raum ein. Schließlich kommt es darüber sogar zum Streit mit seiner Freundin (Spaak), und er stürzt sich aus dem Fenster, nachdem der letzte Ballon geplatzt ist. Diese Geschichte, als *L'uomo dai cinque palloncini* von Marco Ferreri bereits 1965 abendfüllend gedreht, wurde von Produzent Carlo Ponti zusammengeschnitten und als Beitrag für den dreiteiligen Episodenfilm *Oggi, Domani e Dopodomani* (1965) verwendet. Mastroianni spielte auch in den beiden anderen Episoden, unter der Regie von Luciano Salce bzw. Eduardo de Filippo, die Hauptrolle. Erst drei Jahre später restaurierte Ferreri sein Werk unter dem Titel *L'uomo dai palloni*, doch in Italien kam der Film erst 1979 in die Kinos. In Frankreich und in der BRD wurde er unter dem spekulativen Titel *Break-Up* (in überdeutlicher Anlehnung an den ebenfalls von Carlo Ponti produzierten BLOW UP) gezeigt.

Alberto Moravia schrieb 1979 in *L'Espresso*: „Sicher, zusammen mit EL COCHECITO und DILLINGER IST TOT Ferreris bester Film...zart und herzzerreißend in seiner Mischung aus Gefühl und schwarzem Humor - ein stets aktuelles Gemälde von der Einsamkeit eines moderenen Menschen." al

Breakfast Club - Der Frühstücksclub

The Breakfast Club. USA 1984 **R** John Hughes **B** John Hughes **K** Thomas Del Ruth **M** Keith Forsey **P** Ned Tanen, John Hughes für A&M Films/ Channel Prod. **L** 93 Min., Farbe **D** Emilio Estevez, Paul Gleason, Anthony Michael Hall, Judd Nelson, Molly Ringwald, Ally Sheedy

Filme über amerikanische Teenager an der High School laufen fast alle aufs selbe hinaus: wilde Partys, der erste Sex und viel Musik, die sich als Soundtrack immer noch hervorragend vermarkten läßt. Die Ehrenrettung für ein ganzes Genre gelang Regisseur, Autor und Co-Produzent John Hughes, der mit seinem *Breakfast Club* nicht nur ein einfühlsames Psychogramm schuf, sondern seine Hauptdarsteller fast allesamt mit diesem Film in Hollywoods Traumfabrik etablierte.

Fünf Schüler müsssen an einem Samstag gemeinsam nachsitzen. Genauso unterschiedlich wie die Gründe für ihre Strafe sind auch ihre Charaktere: der stille Streber Brian (Hall) muß sich gegen die Sportskanone Andy (Estevez) und den aus der Unterschicht stammenden Außenseiter John (Nelson) wehren, die in sich zurückgezogene Allison (Sheedy) entspricht dem genauen Gegenteil von Claire (Ringwald), der allgemein bewunderten Upper-Class-Prinzessin. In der Enge des Raumes und unter Aufsicht eines Lehrers können sie einander nicht ausweichen, und so entsteht eine Situation, die von Streitgesprächen, Offenbarungen und neuen Erkenntnissen geprägt ist. Aus der gegenseitigen Antipathie entwickelt sich langsam so etwas wie Verständnis, bei der die fünf entdecken, daß sie viele gemeinsame Probleme verbinden.

Ganze sieben Schauspieler (zu den fünf Hauptdarstellern kommen noch ein Lehrer und der Hausmeister hinzu), die Beschränkung auf nur einen Spielort und das Fehlen fast jeglicher Action machen Hughes Film zu einem fast klassischen Beispiel der Einheit von Ort, Zeit und Handlung. Bis auf das Ende, das Zugeständnisse an die konventionelle Erzählweise inklusive Happy-End macht, ist der *Breakfast Club* ein überraschend spannender und unkonventioneller Film, der durch sehr gute Schauspieler und Dialoge überzeugt. dk

Brenda Starr

Brenda Starr, Reporter. USA 1986 **R** Robert Ellis

Miller **B** Jenny Wolkind, Noreen Stone, James David Buchanan, nach dem gleichnamigen Comic-Strip von Dale Messick **K** Freddie Francis **M** Johnny Mandel **P** Myron A. Hyman für New World Pictures **L** 92 Min., Farbe **D** Brooke Shields, Timothy Dalton, Anthony Jay Peck, Diana Scarwid, Charles Durning, Eddie Albert, Ed Nelson

Brenda Starr (Shields), Starreporterin und Heldin eines biederen 40er Jahre Comic-Strips, hat genug von den ewig gleichen Cliffhanger-Stories, in denen sie sich mit Handtasche und Puderquaste gegen Bösewichte jedweder Art durchsetzen muß. Vor den erstaunten Augen ihres ständig fluchenden Zeichners Mike Randall (Peck) entsteigt sie dem Papier in die Dreidimensionalität, um fortan ihre eigenen Abenteuer zu entwerfen. Sogleich macht sie einen wild um sich schießenden Gangster unschädlich und wird daraufhin von ihrem Herausgeber Livwight (Durning) in den südamerikanischen Dschungel geschickt, um einen finsteren Nazi ausfindig zu machen, der die Formel, Wasser in Benzin zu verwandeln, für üble Zwecke mißbrauchen will. Brenda bekommt den schmucken Basil St. John (Dalton) zur Seite gestellt. Verfolgt von ihrer härtesten Konkurrentin Libby Lipps (Scarwid), diversen russischen Agenten und dem mittlerweile Hals über Kopf verliebten Randall, geht es auf in das Abenteuer.
1940 hatte Dale Messick ihren Comic-Strip an die *Chicago Tribune* verkauft. *Brenda Starr* erfreute sich seitdem steigender Beliebtheit. Im Film allerdings wirken die althergebrachten Feindbilder (böse, doofe und häßliche Russen...) reichlich antiquiert, leidet die Story unter den fortwährenden Comichaften Übertreibungen. Verglichen mit anderen Comic-Heldinnen im Film (wie Brigitte Nielsen als RED SONJA, Jane Fonda als BARBARELLA oder gar das unsägliche Machwerk GWENDOLINE), wirkt *Brenda Starr* zwar geradezu sympatisch, aber aus dem Stoff hätte mehr werden können. dh

Brennende Betten

Brennende Betten. BRD 1988 **R** Pia Frankenberg **B** Pia Frankenberg **K** Raoul Coutard **M** Horst Mühlbradt **P** Pia Frankenberg **L** 83 Min., Farbe **D** Ian Dury, Pia Frankenberg, Gerhard Garbers, Frances Tomelty, Jennifer Hibbert, Steven Reinke, Susanne Schäfer, Christiane Carstens

Eine wirklich feuerige Komödie, inszeniert von Pia Frankenberg, die hier als Produzentin, Drehbuchautorin, Song-Komponistin und Schauspielerin ihr Allround-Talent unter Beweis stellt.
Zwei völlig unterschiedliche Menschen, die sexuell recht aktive KFZ-Prüferin Gina und der feuerwerkelnde Engländer Harry finden zwangsweise in einer schäbigen Mietswohnung zusammen. Schon nach kurzer Zeit möchte Gina ihren ungebetenen Mitbewohner loswerden, doch sie hat nicht mit Harrys äußerst zähem Widerstand gerechnet.
„Danke an Pia Frankenberg, die uns daran erinnert hat, daß man auch in Deutschland noch den lockeren leichten Humor pflegt", sage Guy-Olivier Chappuis anläßlich des Festivals der Filmkomödie in Vevey/ Schweiz, wo *Brennende Betten* mit dem Spezialpreis der Jury und dem Großen Publikumspreis ausgezeichnet wurde. Ursprünglich wollte Pia Frankenberg Thomas Mauch als Kameramann haben. Als dieser absagte, rief sie in Paris an und fragte bei Raoul Coutard nach, der prompt seine Einwilligung gab. Coutard hatte vor allem für Godard und Truffaut gearbeitet. „Ich mochte diese ganz besondere Art, wie Coutard in Innenräumen mit der Kamera umgeht..." (Pia Frankenberg). In der Tat wirken viele Bilder wie aus dem Leben gegriffen; Coutard gelang es, die schmuddelig-liebenswerte Atmosphäre des Hamburger Schanzenviertels in gekonnten Bildern einzufangen. jg

Brennendes Geheimnis

Burning Secret/Brennendes Geheimnis. Großbritannien/BRD 1988 **R** Andrew Birkin **B** Andrew Birkin, nach der Novelle von Stefan Zweig **K** Ernest Day **M** Hans Zimmer **P** Norma Heyman, Eberhard Junkersdorf, Carol Lynne Greene für N.F.H./C.L.G. (London), B.A. Prod./Bayerischer Rundfunk (München) **L** 106 Min., Farbe **D** Faye Dunaway, Klaus Maria Brandauer, David Eberts, Ian Richardson

Andrew Birkin (Bruder von Jane) hatte sich als Drehbuchautor (u.a. DER NAME DER ROSE) hervorgetan, bevor er sich für sein Regie-Debüt Stefan Zweigs 1911 erschienene Novelle *Brennendes Geheimnis* aussuchte, die bereits 1933 einmal in Deutschland verfilmt wurde - von Robert Siodmak.
Bei einem Kuraufenthalt in den Bergen lernen Sonya Tuchman (Dunaway) und ihr Sohn Edmund (Eberts) den Baron von Hauenstein (Brandauer) kennen, mit dem sich Edmund sofort anfreundet. Glücklich, von ihm nicht wie ein Kind behandelt und ernstgenommen zu werden, wächst Edmunds Bewunderung für den faszinierenden Mann - bis er bemerkt, daß dessen eigentliches Interesse seiner Mutter gilt. Als er die beiden bei einem nächtlichen Techtelmechtel überrascht, kommt es zu einer Kurzschlußreaktion, und er läuft davon...
Andrew Birkins Film, der von der Schmerzlichkeit des Erwachsenwerdens und dem Verlust kindlicher Unschuld erzählt, hält sich nicht ganz genau an Zweigs Vorlage - so verlegte er das Geschehen (zu seinem Vorteil) vom Frühling in den Winter und ließ den jüdischen Hintergrund der Tuchmanns beiseite (ein Verlust). Die Atmosphäre im verschneiten Kurhotel - gedreht wurde ausschließlich im tschechischen Marienbad und Prag - erinnert oftmals an Thomas Manns *Der Zauberberg*. Ausstattung und Kostüme wurden auf der Biennale in Venedig ausgezeichnet, ebenso wie David Eberts, der für sein Schauspieldebüt eine lobende Erwähnung der Jury erhielt.
L'Humanite: „Ein sensibler und raffinierter Erstlingsfilm, der die Schönheit des Zweigschen Textes großartig vor uns erstehen läßt. Wunderbare schauspielerische Leistungen." al

Brennendes Indien

North West Frontier / Flame over India. Großbritannien 1959 **R** J. Lee Thompson **B** Robin Estridge **K** Geoffrey Unsworth **M** Mischa Spoliansky **P** Marcel Hellman / Rank **L** 110 Min., Farbe **D** Kenneth More, Lauren Bacall, Herbert Lom, Wilfrid Hyde White, I.S. Johar, Ursula Jeans

Indien im Jahre 1900. Im Land toben Religionskämpfe, die das Leben eines 5jährigen Maharadschasohnes gefährden. Die britische Schutzmacht wird daher gebeten, das Kind mit seiner englischen Gouvernante (Bacall) zu evakuieren. Es gelingt dem Kommando einen Eisenbahn-Sondertransport zusammenzustellen und den Belagerungsring zu durchbrechen, doch bis der Zug an seinem 500 Kilometer entfernten Zielort eintrifft, gilt es eine Reihe aufregender Abenteuer zu bestehen.
„Der Film besitzt einige Mängel, besonders die schwankenden Charaktere der Hauptpersonen und eine gewisse Überlänge." (*Variety*). Letzteren Schwachpunkt glich das deutsche Fernsehen bei seiner Ausstrahlung aus, indem es die ursprüngliche Länge von 110 Minuten auf 90 Minuten zusammenschnitt.
Brennendes Indien war eine der teuersten britischen Produktionen der 50er Jahre. Die Außenaufnahmen fanden vollständig in Nordindien statt. Für die beeindruckend arrangierten Massenszenen stellte die indische Armee rund 5.000 ihrer Soldaten zur Verfügung. „Geoffrey Unsworths Kameraarbeit hält vor Ort die Weite und schwungvollen Bewegungen fest. Keine Studioaufnahme könnte da heranreichen." (*Variety*) jg

Brennpunkt Brooklyn

The French Connection. USA 1971 **R** William

zweiten, enttäuschenden Begegnung ein und wird in der Form eines Briefes dem Zuschauer vorgeführt. Louis Jourdan liest die Zeilen des Mädchens, das ihn liebt, und kurze Zeit später an Typhus stirbt.
„Die Geschichte verläuft nach vertrautem Muster, aber das Geschick, mit dem alle Teile unter der Aufsicht von John Housemans Produktion zusammengesetzt wurden, macht aus ihr ein stichhaltiges und interessantes Drama. Die Dramaturgie besitzt einen künstlerischen Charme, die Atmosphäre des frühen Wien wurde gut getroffen und in wunderschönen Bildern festgehalten.“ (*Variety*)
Brief einer Unbekannten war der erste Film der unabhängigen Rampart Productions, die von Joan Fontaine und William Dozier gegründet wurde. jg

Briefe eines Toten

Pisma mjotwogo tschelowjeka. UdSSR 1986 **R** Konstantin Lopuschanskji **B** Konstantin Lopuschanskji, Wjatscheslaw Rybakow, Boris Strugazki **K** Nikolai Pokopzew **M** Alexander Zhurbin, Gabriel Faure **P** Lenfilm Studios **L** 87 Min., Farbe **D** Rolan Bykow, Alexander Sabinin, Nora Griakalowa, Jossif Riklin, Viktor Michailkow, Vera Majorowa, Swetlana Smirnowa

Durch einen Computerfehler haben sich die Supermächte gegenseitig mit Atomraketen vernichtet. Das Unvorstellbare ist eingetreten: Die Erdoberfläche ist verbrannt und radioaktiv verseucht, eine Trümmerlandschaft, übersät mit Leichen und Kadavern. In den Kellerräumen eines Museums hat sich eine Gruppe von Überlebenden zusammengefunden, unter ihnen der Kybernetikprofessor und Nobelpreisträger Dr. Larsen (Bykow) und seine an der tödlichen Strahlenkrankheit leidende Frau Anna (Majorowa). In Briefen an seinen verschollenen und vermutlich längst verstorbenen Sohn versucht der Wissenschaftler, das Unbeschreibliche in Worte zu fassen. Er fühlt sich mitschuldig, schließlich haben sich die Militärs seiner Forschungsergebnisse bedient. In dem anonym bleibenden Land haben Armee und Polizei die Macht übernommen, für die Belegung des Zentralbunkers, der für 30 bis 50 Jahre geschlossen werden soll, werden geeignet erscheinende Überlebende ausgesucht, Menschenmaterial für eine Zivilisation nach dem Weltuntergang. Die Bewohner des Museumskellers lassen sich freiwillig evakuieren, in der Hoffnung, daß eines Tages alles wieder so sein wird wie zuvor. Larsen bleibt zurück und nachdem er seine Frau beerdigt hat, verschanzt er sich mit einer Gruppe Waisenkinder, die er vor den Todesschwadronen der Polizei retten konnte. Doch bald liegt auch Larsen im Sterben, und er schickt seine Schützlinge hinaus in die zerstörte Welt. „Solange der Mensch unterwegs ist, hofft er.“
Briefe eines Toten ist das Erstlingswerk des Tarkowskji-Schülers Konstantin Lopuschanskji. Ein eindringlicher Film, der in dieser Form sicherlich erst durch die neue sowjetische Kulturpolitik nach Glasnost möglich war. Anders als Nicholas Meyer in THE DAY AFTER, verzichtet Lopuschanskji auf drastische Darstellungen der Apokalypse. Statt mit den Spezialeffekten eines Katastrophenfilmschemas, argumentiert *Briefe eines Toten* mit bedrückenden Bildern, mit den inneren Konflikten einzelner Menschen, die auf ihre Schuldgefühle, ihre Ängste und Hoffnungen zurückgeworfen sind. dh

Brigadoon

Brigadoon. USA 1954 **R** Vincente Minnelli **B** Alan Jay Lerner, nach dem Bühnenmusical von Lerner und Frederick Loewe **K** Joseph Ruttenberg **M** Frederick Loewe **P** Arthur Freed / Metro-Goldwyn-Mayer **L** 108 Min., Farbe **D** Gene Kelly, Cyd Charisse, Van Johnson, Elaine Stewart, Barry Jones, Hugh Laing, Albert Sharpe, Virginia Bosier

Ein weiteres großes Musical aus den Studios der MGM, die sich in den 50er Jahren ganz auf dieses Genre konzentriert hatten. Als Regisseur wurde Vincente Minnelli verpflichtet, der mit seinen Werken DER PIRAT und EIN AMERIKANER IN PARIS die entsprechenden Erfahrungen aufweisen konnte. Das Bühnenstück des Autoren- und Komponistengespanns Lerner/Loewe (beide schrieben auch den Welterfolg MY FAIR LADY) erzählt von zwei gestreßten New Yorker Geschäftsmännern, die in den schottischen Highlands Urlaub machen und in einem versteckten Tal ein merkwürdiges Dorf entdecken. In Brigadoon scheint die Zeit stehengeblieben zu sein. Tatsächlich taucht das Dorf nur alle 100 Jahre für einen Tag aus den Nebeln der Zeit auf. Obwohl sich einer der Amerikaner in das Mädchen Fiona verliebt hat, kehrt er wieder in die Staaten zurück, kommt dort aber mit dem Leben nicht mehr zurecht. Seine leidenschaftliche Liebe öffnet ihm noch einmal den Weg nach Brigadoon. Dieses Musical-Märchen wurde vollständig im Studio gedreht. Die schottische Landschaft bestand aus synthetischem Heidekraut und gemalten Rückprospekten, was dem ganzen Film eine gewisse Künstlichkeit gibt. Für Vincente Minnelli war *Brigadoon* der erste CinemaScope-Film seiner Karriere. Die Schwierigkeit, den sehr begrenzten Raum eines Filmstudios für das Breitwand-Format mit einer logischen Plazierung von Tänzern und Sängern auszufüllen, meisterte er jedoch mit großem Geschick. jg

Brille mit Goldrand

Gli occhiali d´oro/Les lunettes d´or. Italien/Frankreich 1987 **R** Giuliano Montaldo **B** Nicola Badalucco, Antonella Grassi, Giuliano Montaldo, nach der Erzählung von Giorgio Bassani **K** Armando Nannuzzi **M** Ennio Morricone **P** Leo Pescarolo, Eric Heumann, Stéphane Sorlat für L.P. Film/D.M.V. Distribuzione/Reteitalia (Rom), Paradis Films/FR 3 Film Prod. (Paris) **L** 92 Min., Farbe **D** Philippe Noiret, Rupert Everett, Valeria Golino, Nicola Farron, Stefania Sandrelli

In seinen *Geschichten aus Ferrara* schildert der italienische Schriftsteller Giorgio Bassani unbestechlich, aber mit Sympathie das bürgerliche Leben in seiner Heimatstadt. Seine Helden sind alltägliche Figuren, wie Doktor Fadigati (Noiret), der angesehene Arzt. Über seine Homosexualität macht man sich keine Gedanken, solange er sie nach den ungeschriebenen moralischen Gesetzen der Stadt im Verborgenen hält. Als Fadigati sich in einen Studenten (Farron) verliebt und sich in aller Öffentlichkeit mit ihm zeigt, beginnt seine allmähliche Isolierung. Parallel dazu verläuft die Liebesgeschichte zwischen David (Everett) und Nora (Golino), zwei jüdischen Studenten, deren Beziehung am Aufkommen des Faschismus zerbricht, da Nora versucht, ihre Herkunft zu verleugnen. Wie Fadigati wird David immer mehr zum Außenseiter, und zwischen beiden entwickelt sich eine enge Freundschaft.
Giuliano Montaldos Film beginnt mit Fadigatis Leiche, die ans Ufer des Po geschwemmt wird, und erzählt seine Geschichte in Rückblenden. Der Arzt hatte Selbstmord begangen, da er Einsamkeit und gesellschaftliche Ächtung nicht ertragen konnte. Angefangen von den Darstellern, über die Ausstattung, Kamera, bis hin zur Musik von Ennio Morricone - alles an diesem melancholischen Kammerspiel ist erstklassig. In Deutschland erhielt *Brille mit Goldrand* überwiegend schlechte Kritiken, doch im Ausland wurde er gefeiert. *L´Express*: „Ein wunderschöner, unaufdringlicher Film, beherrscht von einer majestätischen Traurigkeit wie die Straßen von Ferrara im Herbst, der sein Aufbegehren gegen die menschliche Intoleranz und Bosheit dabei nicht übertreibt. Ein Drama, das man nicht vergißt.“ al

Brillanten und Kakerlaken

11 Harrow House. Großbritannien 1974 **R** Aram Avakian **B** Jeffrey Bloom, Charles Grodin, nach dem Roman *Das Diamantensyndikat* von Gerald

A. Browne **K** Arthur Ibbetson **M** Michael J. Lewis **P** Elliot Kastner für Harrow House Prod./20th Century-Fox London **L** 95 Min., Farbe **D** Charles Grodin, Candice Bergen, John Gielgud, James Mason, Trevor Howard

Der schrullige Millionär Massey (Howard) überredet den Diamantenhändler Chesser (Grodin) und seine Freundin (Bergen) zu einem Überfall auf die mit einem komplizierten Alarmsystem ausgestattete Londoner Diamantenbörse. Nachdem der Coup geglückt ist, will er das Gaunerpärchen aufs Kreuz legen - ohne Erfolg.
Aram Avakians zweiter Film ist ein nur zeitweilig amüsantes, sehr routiniertes Caper Movie, dessen einzig innovatives Handlungselement in der Art und Weise besteht, wie die Diamanten gestohlen werden - mit einem Staubsauger. Die erstklassige Riege britischer Darsteller in Nebenrollen wirkte nach Meinung von *Variety* eher „peinlich berührt". Die Hauptschuld am Scheitern des Films gab das Blatt Charles Grodin, der auch am Drehbuch beteiligt war. Mit seiner alles andere als effektiven Darstellung und den unwitzigen Off-Kommentaren habe er den Film „ruiniert". al

Bring mir den Kopf von Alfredo Garcia

Bring Me the Head of Alfredo Garcia. USA 1974 **R** Sam Peckinpah **B** Gordon Dawson, nach einer Story von Frank Kowalski und Sam Peckinpah **K** Alex Phillips **M** Jerry Fielding **P** Martin Baum **L** 108 Min., Farbe **D** Warren Oates, Isela Vega, Kris Kristofferson, Gig Young, Emilio Fernandez

Die einen halten ihn für den legitimen Nachfolger von John Ford, andere lehnen seine gewalttätigen Filme, die mit allen Mythen des klassischen Westerns brutal und konsequent aufräumen, rundheraus ab. Ähnlich wie bei GETAWAY oder PAT GARRETT JAGT BILLY THE KID ist Peckinpahs Filmwelt auch diesmal wieder so dreckig, brutal und amoralisch, daß die Altersfreigabe für das Kino erst bei 18 Jahren lag.
Ein mexikanischer Großgrundbesitzer bietet für den Kopf von Alfredo Garcia, der seine Tochter geschwängert hat, eine Million Pesos. Da Garcia allerdings schon tot ist, nimmt der notorische Verlierer Benny (Oates) seine Chance wahr, schaufelt das Grab des Toten frei und enthauptet ihn. Doch die Aussicht auf das leichtverdiente „Kopfgeld" währt nicht lange, denn plötzlich wird der Beutel mit Garcias Haupt zum allgemeinen Jagdobjekt. Peckinpahs ständiger Kalter Krieg mit Hollywood setzte sich auch in diesem Film fort. War es bisher der Ärger mit Produzenten und anderen Größen der Major-Studios, die seine Filme teilweise gegen seinen Willen völlig umschnitten, so geriet er diesmal mit den mächtigen Film-Gewerkschaften aneinander. Da Peckinpah ausschließlich in Mexiko mit einer einheimischen Crew drehte, wurde ihm mit einem USA-weiten Boykott seines Filmes gedroht. Erst die Zusicherung, alle nachträglichen Arbeiten wie Schnitt, Kopieren, Mischen etc. in den Vereinigten Staaten machen zu lassen, bewahrten den Film vor seinem vorzeitigen Ende. dk

Britannia Hospital

Britannia Hospital. Großbritannien 1982 **R** Lindsay Anderson **B** David Sherwin **K** Mike Fash **M** Alan Price **P** Davina Belling, Clive Parsons für EMI Prod. **L** 103 Min. (Originalfassung 115 Min.), Farbe **D** Malcolm McDowell, Leonard Rossiter, Graham Crowden, Jill Bennett, Marsha Hunt, Mark Hamill, Joan Plowright

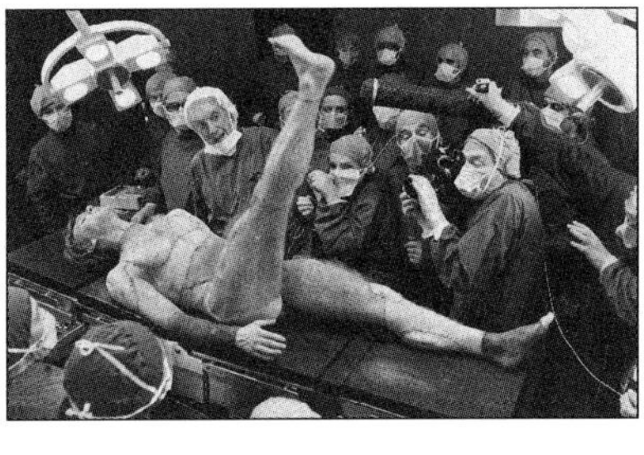

Bereits in Lindsay Andersons IF und O LUCKY MAN! war Malcolm McDowell als Reporter Mike Travis zu sehen gewesen, und nach zehnjähriger Schaffenspause (zumindest auf der großen Leinwand) machte der Regisseur diese Figur hier erneut zum Mittelpunkt einer respektlosen Satire. Professor Millar (Crowden), dem Travis in O LUCKY MAN! glücklich entkommen war, treibt jetzt sein Unwesen am Londoner „Britannia Hospital". Zum 500jährigen Jubiläum dieser ehrwürdigen Institution wird königlicher Besuch erwartet, doch schon die Vorbereitungen werden durch allerlei unliebsame Zwischenfälle behindert: Streiks, Demonstrationen gegen die Behandlung eines afrikanischen Diktators, etc. Als Höhepunkt der Zeremonie plant Millar die Vorstellung eines neuen Menschen, den er in seinen Laboratorien zusammengebastelt hat. Travis bleibt in dieser Sache nicht untätig sowie begibt sich damit in große Gefahr...
Das Krankenhaus in Andersons Film steht für die britische Gesellschaft, die zu Beginn der 80er Jahre von Krisen und Unruhen geschüttelt wurde. Denn nicht nur der wahrlich erschreckende Hospital-Betrieb bekommt sein Fett weg, auch die Engländer und ihr marodes Staatsgebilde und der Mensch an sich, in seiner Borniertheit und seinem Egoismus, sind Ziel dieser anarchischen Groteske. al

Broadway Danny Rose

Broadway Danny Rose. USA 1984 **R** Woody Allen **B** Woody Allen **K** Gordon Willis **M** Dick Hyman **P** Robert Greenhut **L** 84 Min., s/w **D** Woody Allen, Mia Farrow, Nick Apollo Forte, Sandy Baron, Corbett Monica, Jackie Gayle

Woody Allens Reminiszenz an das Varieté, seine „Verbeugung vor den wunderbaren Varietékünstlern, mit denen ich angefangen habe", wie der Regisseur, Autor und Hauptdarsteller über seinen Film selbst sagte, ist zugleich auch ein Stück Vergangenheitsbewältigung. Mit 17 Jahren begann Allen als Gag-Lieferant für Zeitungen und Radio-Shows und kennt daher die Szene aus eigener Erfahrung. Diese Mischung aus Enttäuschungen, ständiger Hoffnung und seltenen Durchbrüchen schien der ideale Nährboden für einen Film, in dem Allen seine Vorliebe für etwas angeknackste, verträumte und doch liebenswerte Verlierer voll ausspielen konnte. Genau so ein Typ ist Danny Rose (Allen), seines Zeichens Agent für Künstler aller Couleur. Sein persönlicher Einsatz gilt Tag und Nacht „seinen" Schützlingen, auch wenn deren erfolglose Nummern schwer an den Mann zu bringen sind. Doch eines Tages scheint auch Danny Glück zu haben. Er verschafft Lou Canova (Forte), einem Schnulzensänger aus den 50ern, die Chance zu einem Comeback. Um Lou bei Laune zu halten, muß sich Danny zusätzlich noch um dessen Frau Tina (Farrow) kümmern, was ungeahnte Folgen hat.
Ein Woody-Allen-Film, der nach Meinung vieler Filmkritiker zwar nicht an so große Vorgänger wie DER STADTNEUROTIKER oder MANHATTAN heranreicht, aber durch seine liebevolle Charakterstudie überzeugt. Philosophie gepaart mit Slapstick, eine Mischung, wie sie nur Woody Allen gelingt. dk

Broadway Melodie 1940

Broadway Melody of 1940. USA 1940 **R** Norman Taurog **B** Leon Gordon, George Oppenheimer **K** Oliver T. Marsh, Joseph Ruttenberg **M** Cole Porter **P** Jack Cummings für MGM **L** 102 Min., s/w **D** Fred Astaire, Eleanor Powell, George Murphy, Frank Morgan

Erste und einzige Zusammenarbeit von Eleanor Powell, die schon Mitte der 30er Jahre als beste Steptänzerin der Welt gefeiert wurde und es sogar zur Weltmeisterin brachte, und dem legendären Fred Astaire.
Der berühmteste aller Film-Tänzer spielt zu-

sammen mit George Murphy ein Tanz-Duo am Broadway, das sich auf dem Weg zum großen Erfolg befindet. Bevor es soweit kommt, müssen allerdings noch einige Hindernisse überwunden werden, zumal eine attraktive und gefeierte Tänzerin für reichlich Verwirrung im männlichen Tanz-Team sorgt.
Ein klassischer Tanzfilm, absolut auf Fred Astaire zugeschnitten und mit den berühmten Melodien von Cole Porter perfekt abgerundet. dk

Broadway Melodie 1950

Ziegfeld Follies. USA 1946 **R** Vincente Minnelli **B** E. Y. Harburg, Jack McGowan, Guy Bolton, Frank Sullivan, John Murray Anderson **K** George Folsey, Charles Roshner **Musikalische Leitung** Lennie Hayton **P** Arthur Freed für MGM **L** 85 Min., (Originalfassung 110 Min.), Farbe **D** Fred Astaire, Lucille Ball, Judy Garland, Gene Kelly, Esther Williams, Red Skelton

Die Besetzungsliste spricht für sich. Hollywood feiert sich selbst, den Rahmen dafür liefert der verstorbene Revue-Arrangeur Florenz Ziegfeld, der laut Drehbuch im Himmel noch einmal von einer Show im großen Stil träumt. Dabei sollen alle wichtigen Showelemente vereinigt werden, Tanz und Gesang ebenso vorkommen wie diverse Sketche. Und so beginnt eine der großen MGM-Revues, die in einer Retrospektive fast alle damaligen Top-Stars vereint: Fred Astaire und Gene Kelly sorgen zusammen mit Judy Garland (ihr zweiter Mann Vincente Minnelli löste schon nach kurzer Zeit den ursprünglichen Regisseur George Sidney ab) für die opulenten Revuepassagen, Red Skelton kümmert sich um die angesprochenen Sketche und sogar Hollywoods „badende Venus" Esther Williams darf sich noch einmal als Meerjungfrau zeigen. Neben den verschiedenen musikalischen Eigenproduktionen der Stars steuerte u. a. auch George Gershwin einige Songs zu diesem Film bei und reihte sich damit nahtlos in die Liste der großen Namen ein. Überhaupt strotze die dritte und letzte MGM-Produktion über Florenz Ziegfeld vor Superlativen. Da es unmöglich war, alle einzelnen Stars zeitgleich für so ein Projekt vor die Kamera zu bekommen, wurde der Film Stück für Stück abgedreht, je nachdem, wann sich einer der Darsteller von seinen anderen Verpflichtungen lösen konnte. Nach Abschluß der Dreharbeiten betrug die ursprüngliche Filmlänge 273 Minuten (!), die dann auf akzeptable 110 Minuten zusammengeschnitten wurden. Für den europäischen Markt wurde noch einmal ein Schnitt vorgenommen, der dazu führte, daß in der europäischen Version Szenen enthalten sind, die in Übersee rausgeschnitten wurden. Der Etat von 3 Millionen Dollar und der Einsatz unzähliger Drehbuchautoren rentierte sich, *Ziegfeld Follies* wurde als einer der besten Musical-Verfilmungen überhaupt gefeiert. dk

Bronco Billy

Bronco Billy. USA 1980 **R** Clint Eastwood **B** Dennis Hackin **K** David Worth **M** Snuff Garret **P** Dennis Hackin, Neal Dobrofsky **L** 116 Min., Farbe **D** Clint Eastwood, Sondra Locke, Geoffrey Lewis, Scatman Crothers, Bill McKinney, Sam Bottoms

Die sechste Regiearbeit, bei der Clint Eastwood gleichzeitig die Hauptrolle spielte, glich einem Treffen mit vielen guten alten Bekannten. Sondra Locke, Geoffrey Lewis, Bill McKinney und Sam Bottoms waren schon des öfteren in Eastwood-Filmen zu sehen, die restlichen Schauspieler suchte der Meister selbst peinlich genau aus. „Ich muß mit meinen Schauspielern auch menschlich harmonieren, sonst ist eine gute Zusammenarbeit nicht möglich", erklärte Eastwood auf die Frage, warum er denn immer mit einem festen Team arbeite und nach welchen Aspekten er sonst seine Schauspieler aussuche.
Bronco Billy McCoy (Eastwood) hat seine Traum verwirklicht. Als Besitzer einer kleinen Wildwest-Show reist er durch die USA und führt mit seiner Truppe allerhand Kunststücke vor. Durch einen Zufall gewinnt Billy eine neue Assistentin namens Antoinette Lily (Locke). Trotz allerhand beruflicher Mißerfolge und einer komplizierten Erbschaftsgeschichte, in die Antoinette verwickelt ist, verlieben sich die egozentrische New Yorkerin und der Zirkuschef ineinander, werden aber durch eine Intrige, bei der Antoinette um ihr Vermögen gebracht werden soll, getrennt.
Ein ungewöhnlicher Western gelang Clint Eastwood mit *Bronco Billy*, der für seine humorvolle Sicht auf den guten alten Western viel Lob erfuhr. Kein harter Einzelgänger, sondern ein ehemaliger Schuhverkäufer ist diesmal der Westernheld, doch bei aller Ironie spürt man Eastwoods Verbundenheit zu diesem Genre. Die Titelfigur Bronco Billy ritt schon Anfang des Jahrhunderts durch die Kinolandschaft. 1903 spielte G. M. Anderson die Titelrolle in *Bronco Billy und das Baby,* ein Film, der sich zu einer ganzen Serie mit über 300 Folgen entwickeln sollte. Eastwoods Vorläufer galt als der erste Kino-Westernheld überhaupt und konnte seine Popularität bis zu Beginn des 1. Weltkrieges bewahren. dk

Bronsteins Kinder

Bronsteins Kinder. BRD 1990 **R** Jerzy Kawalerowicz **B** Jerzy Kawalerowicz, Jurek Becker, nach dem gleichnamigen Roman von Becker K Witold Sobocinski **M P** Otto Meissner **L D** Armin Mueller-Stahl, Matthias Paul, Angela Winkler, Katharina Abt, Rolf Hoppe

Arno Bronstein (Mueller-Stahl) wird von seiner Vergangenheit eingeholt. Der ehemalige KZ-Insasse und zwei seiner damaligen Leidensgenossen begegnen ihrem früheren Lageraufseher und setzen ihn gefangen. Als Bronsteins Sohn Hans (Paul) beobachtet, wie sein Vater und seine Freunde auf ihren ehemaligen Peiniger einschlagen, gerät er in einen Gewissenskonflikt. Hans drängt seinen Vater, den Mann einem ordentlichen Gericht zu übergeben, doch zu tief sind der Hass und die Verbitterung bei Arno Bronstein. So kommt es zu einem Vater-Sohn-Konflikt, bei dem sich die zwei so unterschiedlichen Bronstein-Generationen immer mehr entfremden.
Die ursprünglich für 1991 angekündigte Kinopremiere wurde kurzfristig wieder zurückgezogen, so daß Bronsteins Kinder in den Archiven lagert, ohne daß über einen neuen Termin oder das weitere Schicksal des Filmes entschieden wurde. dk

The Bronx

Fort Apache - The Bronx. USA 1980 **R** Daniel Petrie **B** Heywood Gould **K** John Alcott **M** Jonathan Tunick **P** David Susskind **L** 116 Min., Farbe **D** Paul Newman, Edward Asner, Ken Wahl, Danny Aiello, Rachel Ticotin, Pam Grier, Kathleen Beller, Tito Goya

Polizist Murphy (Newman) arbeitet in New Yorks gefürchtetstem Stadtteil - der Bronx. Mord, Raubüberfall, Vergewaltigung und Prostitution sind an der Tagesordnung. Als das Revier einen neuen Chef bekommt und dieser mit Methoden der härteren Gangart Herr der Lage werden will, eskaliert die Gewalt.
Der amerikanische Originaltitel *Fort Apache* ist zugleich auch der makabre Spitzname, den die New Yorker dem 41. Revier gegeben haben. Es gilt als der einzig sichere Ort in der Bronx und ist umgeben von 40 Blocks mit ausgebrannten Gebäuden und demolierten Mietshäusern. Die Grundlage für das Drehbuch bildeten die Erlebnisberichte der beiden Polizisten Tom „Red" Mulhearn und Pette Tessitore, die von 1964 bis 1968 dort ihren Dienst versahen.
Schon während der Dreharbeiten, die vor Ort in der South Bronx stattfanden, gab es die ersten Proteste. Ein Bürgerforum demon-

strierte gegen die Machart des Films und verlangte eine Abänderung der Drehbuches, blieb aber in diesen Forderungen erfolglos. Als der fertige Streifen dann in den Kinos zur Aufführung freigegeben wurde, kam es zu weiteren Protestzügen und Boykottaufrufen, in denen die Bewohner ihren Unmut gegen die Diskriminierung ihres Stadtteils ausdrückten.

„Der Film, wenngleich er die Realität widerspiegelt, ist weitgehend ein Phantasieprodukt und darüber hinaus ein aufregend gemachter, knallharter Thriller..." (*Süddeutsche Zeitung*) jg

Brot, Liebe und Phantasie

Pane, amore e fantasia. Italien 1953 **R** Luigi Comencini **B** Ettore **M** Margadonna, Luigi Comencini **K** Arturo Gallea M Alessandro Cicagnini **P** Marcello Girosi für Titanus **L** 95 Min., s/w **D** Vittorio De Sica, Gina Lollobrigida, Marisa Merlini, Roberto Risso

Die Ankunft eines schneidigen Sergeanten (De Sica) in einem kleinen italienischen Bergstädtchen sorgt für reichlich Gesprächsstoff unter den Einwohnern, zumal sich der Offizier sogleich um die örtliche Hebamme bemüht. Bei ihr abgeblitzt, wendet er seine Aufmerksamkeit der hitzköpfigen Maria (Lollobrigida) zu , die wiederum nur Augen für seinen Assistenten (Risso) hat. Diesen munteren Liebesreigen setzte Luigi Comencini mit viel Tempo und Schwung in Szene, wobei er von seinen Darstellern nach Kräften unterstützt wird. Gina Lollobrigida stiehlt mit Temperament und Schönheit so manche Szene. *Brot, Liebe und Phantasie* entwickelte sich vom Start weg zum bis dato erfolgreichsten Film in Italien überhaupt. Zwei Jahre später entstand eine Fortsetzung unter dem Titel LIEBE, BROT UND EIFERSUCHT. al

Brot und Schokolade

Pane e cioccolata. Italien 1973 **R** Franco Brusati **B** Franco Brusati, Nino Manfredi, Iaia Fiastri **K** Luciano Tovoli **M** Daniele Patucchi **P** Maurizio Lodi-Fé für Verona Prod. **L** 115 Min., Farbe **D** Nino Manfredi, Anna Karina, Johnny Dorelli, Paolo Turco

Giovanni (Manfredi) hat als italienischer Gastarbeiter in der Schweiz gegen Bürokratie, Vorurteile und Diskriminierung zu kämpfen. Er versucht sich in den verschieden-sten Jobs, so als Kellner, Diener eines reichen Landsmannes oder auf einer Hühner-farm. Doch immer wieder wird ihm seine fehlende Arbeitserlaubnis zum Verhängnis. Auch seine Bekanntschaft mit einer jungen Griechin (Karina), die beste Beziehungen zu einem Mitarbeiter der Ausländerbehörde unterhält, kann ihm nicht helfen. Franco Brusatis Film ist eine bitter-ironische Komödie, die sich mit der rigiden Ausländerpolitik der Schweiz, wo Anfang der 70er Jahre eine „Überfremdungs-Initiative" ihr Unwesen trieb, auseinandersetzt. Der Film klagt an, doch tut er das auf humorvolle Art und Weise, die ganz auf die Talente des Komikers Nino Manfredi zugeschnitten ist. Bei der Berlinale 1974 wurde Brot und Schokolade sehr positiv aufgenommen, kam jedoch erst im Zuge des Erfolges von DIE SCHWEIZERMACHER in bundesdeutsche Kinos. al

Brubaker

Brubaker. USA 1980 **R** Stuart Rosenberg **B** W. D. Richter, Arthur Ross, nach dem autobiographischen Roman von Thomas O. Murton **K** Bruno Nuytten **M** Lalo Schifrin **P** Ron Silverman für 20th Century-Fox **L** 126 Min., Farbe **D** Robert Redford, Yaphet Kotto, Jane Alexander, Murray Hamilton, David Keith, Morgan Freeman

Hinter den Mauern des Wakefield-Gefängnisses herrschen schreckliche Zustände. Die ganze Anstalt ist von Korruption verseucht: wer den Friseur nicht angemessen bezahlt, wird kahlrasiert, der morphiumsüchtige Arzt verdient an den Drogen, die er an die Gefangenen verkauft, die sogenannten Vertrauensleute mißhandeln ihre Untergebenen mit unvorstellbarer Brutalität. Veruntreuungen, Unterschlagungen und Schiebungen sind an der Tagesordnung. Gebäude und Zellen starren vor Schmutz, überall laufen Ratten herum. Brubaker (Redford), Professor der Kriminologie, wird als Strafgefangener in Wakefield eingeschleust, um so dem neu gewählten Gouverneur des betreffenden Bundesstaates einen wahrheitsgetreuen Bericht über die dortige Situation erstatten zu können. Brubaker kann eine Gefängnisrevolte gerade noch verhindern, er enthebt schließlich den bisherigen Anstaltsdirektor seines Amtes und übernimmt dessen Posten. Er leitet grundlegende Reformen ein und erregt damit schon bald das Mißfallen der Politiker, die seine Berichte aus dem Knast am liebsten verheimlichen würden. Als er auch noch die furchtbar verstümmelten Leichen ehemaliger Strafgefangener entdeckt, wird er vom Gouverneur kurzerhand gefeuert.

Der Film basiert auf den Erlebnissen des Menschenrechtlers ehemaligen Gefängnisdirektors Thomas O. Murton, der sich 1971 in das damals als vorbildlich geltende Fayerweather-Gefängnis einschleusen ließ, um die von ihm dort vermuteten Mißstände an die Öffentlichkeit zu bringen. *Brubaker* steht somit in der Tradition amerikanischer Filme, die versuchen, soziale oder politische Probleme der Vereinigten Staaten zu thematisieren. Besonders Robert Redford, der zuvor in DIE UNBESTECHLICHEN seinen Beitrag zur Watergate-Affäre geleistet hatte, mimt in solchen Produktionen immer wieder gerne das schlechte Gewissen Amerikas. Acht Jahre später entstand mit *Ghosts of the Civil Dead* des Australiers John Hillcoat ein noch um einiges drastischerer Film zum Thema Strafvollzug, basierend auf den Erlebnissen eines Insassen, gespielt von ehemaligen Gefangenen. dh

Der Bruch

Der Bruch. DDR 1989 **R** Frank Beyer **B** Wolfgang Kohlhaase **K** Peter Ziesche **M** Günther Fischer **P** Gerrit List / DEFA **L** 119 Min., Farbe **D** Götz George, Rolf Hoppe, Otto Sander, Hermann Beyer, Jens-Uwe Bogatzke, Ulrike Krumbiegel, Angelika Waller

Nachdem die Dreharbeiten zu *Der Bruch* recht harmonisch verlaufen waren, gab es am letzten Tag doch noch Ärger. Regisseur Frank Beyer kam freudestrahlend auf Götz George zu und verkündete ihm, daß der Film auch einen westdeutschen Verleih gefunden hätte. George konnte die Freude nicht teilen, denn in seinem Vertrag stand, daß der Film nur für eine DDR-Auswertung im Kino und Fernsehen bestimmt sei und sich danach auch die Gage richte. „Für mich war das ein abgekartetes Spiel von Anfang an, mit der Absicht, meine und Otto Sanders´ Gage zu drücken." (George)

Allemal erstaunlich ist die Tatsache, daß zwei führende Schauspieler der BRD in dieser DEFA-Produktion mitwirken. Frank Beyers Kriminalkomödie spielt im Nachkriegs-Berlin des Jahres 1946. Ein Gaunertrio plündert den Tresor der Reichsbahn aus, scheitert jedoch nach der Durchführung des Millionen-Coups am Verrat einer eifersüchtigen Frau. Zu einem Teil war auch der WDR an dieser DDR-Produktion beteiligt. Die Dreharbeiten fanden in den traditionsreichen Studios von Neubabelsberg statt. Für die Schlußsequenz (eine kurze Verfolgung über ein Trümmergrundstück) diente ein Abrißgelände im Ostberliner Bezirk Mitte. „Die direkten, die dokumentarähnlichen Filme über diese Zeit lassen sich nicht übertreffen", meinte Frank Beyer zur Authentizität von *Der Bruch*. Den Nachteil des zeitlichen Abstandes gleicht der Film durch seine große Detailgenauigkeit in Ausstattung und Kostümen aus. jg

Bruder Sonne, Schwester Mond

Brother Sun, Sister Moon. Großbritannien/Italien 1973 **R** Franco Zeffirelli **B** Suso Cecchi d´Amico, Kenneth Ross, Lina Wertmüller, Franco Zeffirelli **K** Ennio Guarniere **M** Donovan **P** Luciano Perugia / Vic, Euro International, Paramount **L** 115 Min., Farbe **D** Graham Faulkner, Judi Bowker, Alec Guinness, Leigh Lawson, Kenneth Cranham, Michael Feast, Nicholas Willatt, Valentina Cortese, Lee Montague, Adolfo Celi

Franz von Assisi (1182-1226), der populärste Heilige der Katholischen Kirche, wird in diesem ungewöhnlich feinfühligen Film vor dem schon nicht mehr ganz aktuellen Hintergrund der Hippie-Bewegung präsentiert. Nach dem Kreuzzug in Gefangenschaft geraten, beschließt der reiche Kaufmannssohn, auf all sein Vermögen zu verzichten und sein Leben den Armen zu widmen. Seine Philosophie von einer materiell schwachen und in ihrem Auftreten eher demütigen Kirche stößt in Rom auf große Bedenken.
Religiöse Themen haben es (außer in der Verpackung aufwendiger Monumentalfilme) meist nicht leicht, auf die Begeisterung eines großen Publikums zu treffen. *Bruder Sonne, Schwester Mond*, durchaus mit einem beachtlichen Aufwand an Statisterie und Material gedreht, konnte seine Kosten jedenfalls nicht einspielen und kam in Deutschland erst gar nicht in das Verleihprogramm der Kinos. 1981 wurde der Film schließlich vom ZDF ausgestrahlt. Zeffirellis Franziskus-Film betont die romantische Seite der Fabel, verschließt sich auch nicht dem Thema der platonischen Liebe zwischen Franz und Clara, die hervorragend von der jungen Judi Bowker (bekannt geworden durch die TV-Serie *Black Beauty*) dargestellt wird. Im Kontext zu den herrlichen Landschaftsaufnahmen der Toskana und Umbriens bleibt vor allem die Musik des irischen Folk-Sängers Donovan in bester Erinnerung. Problemlos lassen sich die poppig-fröhlichen Klänge in die Zeit des 12./13. Jahrhunderts integrieren. jg

Brüll den Teufel an

Shout at the Devil. Großbritannien 1976 **R** Peter Hunt **B** Wilber Smith, Stanley Price, Alastair Reid, nach einem Roman von Smith **K** Mike Reed **M** Maurice Jarre **P** Michael Klinger **L** 148 Min., Farbe **D** Roger Moore, Lee Marvin, René Kolldehoff, Barbara Parkins, Ian Holm, Horst Janson

Böse Deutsche, dumme Afrikaner und schlitzohrige Briten - zu viele Klischees auf einmal, die allgemein bemängelt wurden und die Amerikaner dazu brachte, diesen überlangen Film in den USA nur in einer um 20 Minuten gekürzten Fassung zu zeigen.
Ostafrika kurz vor dem Ersten Weltkrieg: Der irische Elefantenjäger und Hobbytrinker Flynn (Marvin) und sein britischer Partner Sebastian (Moore) führen einen Privatkrieg gegen den deutschen Kommissar Fleischer (Kolldehoff). Als kurz nach Ausbruch des Krieges das Schlachtschiff „Blücher“ zu Reparaturarbeiten in den nächsten Hafen einläuft, sehen Flynn und Sebastian ihre Chance gekommen, sich für die Greueltaten der deutschen Soldaten zu rächen.
Die Teammitglieder von *Brüll den Teufel an* kannten sich untereinander gut: Moore hatte mit demselben Dreigestirn von Produzent/ Autor/Regisseur schon in GOLD zusammengearbeitet, einige Mitarbeiter kannte der Brite noch aus seinem ersten Bond LEBEN UND STERBEN LASSEN. So sind dann auch die Spezialeffekte in diesem Film durchaus sehenswert, können aber nicht über die offensichtlichen Längen im Handlungsablauf hinwegtäuschen. dk

Brust oder Keule

L´aile ou la cuisse. Frankreich 1976 **R** Claude Zidi **B** Claude Zidi, Michel Fabre **K** Claude Renoir **M** Vladimir Cosma **P** Bernard Artigues für Les Films Christian Fechner **L** 105 Min., Farbe **D** Louis de Funès, Michel Coluche, Julien Guiomar, Vittorio Caprioli, Marcel Dalio, Claude Gensac, Raymond Bussières

Charles Duchemin (De Funès) ist eine Art „König der Küchenchefs“ und Herausgeber eines berühmten Restaurantführers. Als die Korrekturabzüge des jährlich erscheinenden „Guide Duchemin“ gestohlen werden, führt die Spur zu Tricatel (Guiomar), der eine Fastfood-Restaurantkette besitzt, die er mit synthetisch hergestelltem Essen versorgt. Er will die von Duchemin ausgezeichneten Lokale aufkaufen. Doch gemeinsam mit seinem Sohn dringt der findige Herausgeber in die Fabrik seines Widersachers ein und sorgt während eines Fernsehduells mit seinen Entdeckungen für einen Skandal. Nach dreijähriger Leinwandabstinenz landete De Funès hier wieder einen Volltreffer. Etwas abgespeckt (nach einem Herzinfarkt im Jahre 1975) spielt er seine Paraderolle des cholerischen Vorgesetzten und Familienoberhaupts. Entsprechend seiner in den 70er Jahren entwickelten Gewohnheit, sich bekannte Co-Stars zu holen, ist hier Komiker Coluche an seiner Seite zu sehen. *Brust oder Keule* enthält auch starke satirische Elemente, besonders was die Lebensmittelproduktion und Imagewerbung via Fernsehen betrifft. Ein gelungener Film, obwohl die Überprüfung von Restaurants in verschiedenen Verkleidungen, aus seinem 1966er-Streifen SCHARFE KURVEN FÜR MADAME übernommen wurde, wo er als Restaurantbesitzer auf diese Art seine Angestellten testet. Claude Gensac, häufige Partnerin des Komikers während der 60er, hat hier einen kurzen, aber köstlichen Slap-stick-Auftritt als Duchemins Sekretärin.
Brust oder Keule erwies sich an den Kinokassen (besonders in Frankreich) als überwältigender Erfolg und festigte De Funès' Status als führender Komiker des Landes. al

Die Brut

The Brood. Kanada 1979 **R** David Cronenberg **B** David Cronenberg **K** Mark Irwin **M** Howard Shore **P** Claude Heroux / New World Pictures **L** 92 Min., Farbe **D** Oliver Reed, Samantha Eggar, Art Hindle, Cindy Hinds, Nuala Fitzgerald, Henry Beckman, Susan Hogan

Ähnlich wie in Cronenbergs anderen Horrorfilmen PARASITEN-MÖRDER und VIDEODROME ist auch in *Die Brut* ein mysteriöser Konzern der Auslöser allen Übels. Das Böse bricht nicht mehr aus dem Übersinnlichen hervor, sondern wird erst durch die teuflische Apparatur des Menschen in die Realität entlassen.
Das Ehepaar Carveth steht kurz vor der Scheidung. Nola begibt sich in das Institut des unheimlichen Dr. Raglan, um sich dort einer Behandlung zu unterziehen. Bald entdeckt ihr Mann Frank, daß sich dort grauenvolle Dinge zutragen müssen. In der Tat ist Nora das Instrument für einen teuflischen Versuch. In einer Art äußerer Gebärmutter züchtet sie die „Brut“ heran - widerliche, zwergenhafte Kreaturen, die jeden umbringen, gegen den Nola haßerfüllte Gedanken hegt.
Die durchaus raffinierte Handlung tritt leider an vielen Stellen des Films zugunsten der wirklich widerlichen Splatter-Effekte (alienhafte Geburten, zermatschte Schädel) zurück.
„Aus technischer Sicht ist der Film hervorragend. Mark Irwin, ein junger kanadischer Kameramann, der erst wenige Filme fotografiert hat, hantiert routiniert in diesem schreckenerregenden Job und braucht einen Vergleich mit dem Level anderer Werke aus Kanada oder den Vereinigten Staaten nicht zu scheuen.“ (*Variety*) jg

Die Brut des Adlers

A Breed Apart. USA 1984 **R** Philippe Mora **B** Paul Wheeler **K** Geoffrey Stephenson **M** Maurice Gibb **P** John Daly, Derek Gibson für Hemdale/Sagittarius **L** 91 Min. (Originalfassung 101 Min.), Farbe **D** Rutger Hauer, Kathleen Turner, Powers Boothe, Donald Pleasence

Philippe Mora drehte *Die Brut des Adlers* zwar schon 1984, zu sehen gab es den Film des gebürtigen Australiers in den deutschen Kinos aber erst Ende 1985. Zu diesem Zeitpunkt war Kathleen Turner durch DIE EHRE DER PRIZZIS und AUF DER JAGD NACH DEM JUWEL VOM NIL in die Reihen von Hollywoods Topstars vorgestoßen, so daß eines ihrer Frühwerke erst nach ihren großen Kassenerfolgen zu sehen war.
Ähnliches gilt für Hollands Schauspieler-Export Rutger Hauer. Er spielt den Einsied-

ler Jim Malden, der als selbsternannter Beschützer der Wildnis auf einer kleinen Insel ein brütendes Adlerpärchen bewacht. Unterstützung erfährt er dabei von Stella Clayton (Turner), mit der ihn mehr als nur Freundschaft verbindet. Die idyllische Ruhe des Paares wird jedoch durch einen Eindringling gestört, der im Auftrag eines Millionärs das Gelege der Adler stehlen soll. Ein Vorhaben, das Malden notfalls mit Gewalt verhindern will.
Relativ glücklos blieb Regisseur Mora, eigentlich mehr auf Horrorfilme spezialisiert, mit seiner Mischung aus Abenteuer, Natur und Romanze. Auf dem internationalen Kinomarkt und in den Augen der Kritiker konnte der Film nicht bestehen, nur die prächtigen Landschaftsaufnahmen (gedreht wurde in den Bergen von North Carolina) fanden allgemeine Anerkennung. dk

Brutale Schatten

Un homme est mort/Funerale a Los Angeles. Frankreich/Italien 1972 **R** Jacques Deray **B** Jacques Deray, Jean-Claude Carrière, Ian McLelian Hunter **K** Terry K. Meade, Silvano Ippolti **M** Michel Legrand **P** Jacques Bar für Cité Film (Paris), Te-Fi Mondial (Rom) **L** 104 Min., Farbe **D** Jean-Louis Trintignant, Ann-Margret, Roy Scheider, Angie Dickinson, Michel Constantine

Lucien (Trintignant), ein französischer Killer, bringt in Los Angeles auftragsgemäß einen Unterweltboß um, und sieht sich nun seinerseits von einem amerikanischen Killer (Scheider) verfolgt. Eine attraktive Kellnerin (Ann-Margret), mit der er einen gemeinsamen Freund hat, ist ihm bei der Flucht behilflich.
Das seltene Beispiel eines europäischen Films, der komplett in den USA entstand (der dortige Verleihtitel lautete *The Outside Man*), in englischer Sprache gedreht und erst später französisch nachsynchronisiert wurde. Derays Krimi ist ein ungewöhnlicher Beitrag zum Genre, der leider durch eine mangelnde Strukturierung etwas beeinträchtigt wird. Die hervorragende Nutzung von Schauplätzen in Los Angeles, und die interessante Besetzung - allen voran Trintignant, der seine Rolle als eine Art Bogart-Hommage gestaltet - machen jedoch einiges wett. al

Brutale Stadt

Città violenta. Italien/Frankreich 1970 **R** Sergio Sollima **B** Sauro Scavolini, Lina Wertmüller, Gianfranco Calligarich, Sergio Sollima, nach einer Story von Dino Maiuri, Massimo de Rita **K** Aldo Tonti **M** Ennio Morricone **P** Arrigo Colombo, Giorgio Papi für Fono Roma/Unidis (Rom), Universal Prod. France (Paris) **L** 108 Min., Farbe **D** Charles Bronson, Jill Ireland, Telly Savalas, Umberto Orsini, Michel Constantin

Die Ferien des Berufskillers Jeff (Bronson) und seiner Geliebten Vanessa (Ireland) auf den Bahamas werden durch den von einem früheren Auftraggeber inszenierten Anschlag jäh unterbrochen. Zwar überlebt Jeff schwerverletzt, doch muß er wegen Totschlags für zwei Jahre hinter Gitter. Nach seiner Entlassung steht nicht nur der Drahtzieher der Aktion auf seiner Abschußliste, sondern auch Vanessa: Sie hat sich inzwischen mit dem Gangsterboß eingelassen...
Anfang der 70er Jahre war Charles Bronson in Europa bereits ein großer Star, während sein Durchbruch in den Staaten noch auf sich warten ließ. Hier wie dort spielte er hauptsächlich den wortkargen, stoischen Helden, der brutal seine Ziele verfolgt (meistens Rache), dabei aber immer die Sympathie des Publikums auf seiner Seite weiß. Sergio Sollimas harter, in Rom und New Orleans gedrehter Thriller versucht, dem Einzelgängertum seiner Hauptfigur die verkrusteten Strukturen der Unterwelt-Hierarchie gegenüberzustellen - ein Kontrast, der sich wohl auch auf andere Bereiche gesellschaftlichen Lebens anwenden ließe. Im Vordergrund stehen jedoch die unterhaltenden Werte der Story, die temporeich und gekonnt inszeniert ist. Jill Ireland ist hier zum ersten Mal an Bronsons Seite zu sehen - es folgten noch 15 weitere Filme des Ehepaares. al

Die Büchse der Pandora

Die Büchse der Pandora. Deutschland 1929 **R** Georg Wilhelm Pabst **B** Ladislaus Vajda, nach den Bühnenstücken *Erdgeist* und *Die Büchse Pandora* von Frank Wedekind **K** Günther Krampf **P** Seymour Nebenzahl / Nero-Film AG **L** 131 Min., s/w **D** Louise Brooks, Fritz Kortner, Daisy d´Ora, Franz Lederer, Gustav Diessl

Da in der Ära des Stummfilms noch keine Sprachbarrieren bestanden, herrschte zwischen den Babelsberger UFA-Studios und Hollywood ein reger Austausch an Filmstars. G. W. Pabst hatte Louise Brooks in Howard Hawks´ Film *Blaue Jungen - blonde Mädchen* gesehen und sie aufgrund dieser Rolle für seine Wedekind-Verfilmung nach Berlin geholt.
Louise Brooks übernahm in *Die Büchse der Pandora* den Part der männermordenden Lulu, der aber im Vergleich zu der Bühnenvorlage, in der Wedekind diese Figur der bürgerlichen Welt als verhängnisvolle Provokation entgegengesetzt hatte, eher etwas harmlos angelegt ist. Lulu begnügt sich damit, nur drei Männer ins Unglück zu stürzen, ehe sie selbst dem Massenmörder Jack the Ripper zum Opfer fällt.
Dennoch paßte der Stoff bezüglich seiner Handlung vortrefflich in die dekadenten zu Ende gehenden 20er Jahre. War Louise Brooks´ ungehemmte Erotik schon provakativ genug, so wurde die Geschichte um weitere verruchte Effekte angereichert - etwa das Erscheinen der lesbischen Gräfin Geschwitz, die Lulu hoffnungslos verfallen ist. „Pabst liefert zwar einen Blick in die morbide Gesellschaft mit, nimmt sie aber nicht so ins Visier wie in DIE FREUDLOSE GASSE. Soziale Anklage ist hier nicht sein Hauptthema, obgleich er die Doppelbödigkeit bügerlicher Moral betont..." (*Deutsche Spielfilme von den Anfängen bis 1933*) jg

Buckaroo Banzai - Die 8. Dimension

Buckaroo Banzai. USA 1983 **R** W. D. Richter **B** Earl Mac Rauch **K** Fred J. Koenekamp **M** Michael Boddicker **P** Neil Canton, W. D. Richter für 20th Century-Fox **L** 102 Min., Farbe **D** Peter Weller, John Lithgow, Ellen Barkin, Jeff Goldblum, Christopher Lloyd, Lewis Smith, Rosalind Cash

Buckaroo Banzai (Weller), ein berühmter Hirnchirurg und Atomphysiker, Berater des Präsidenten und Rockmusiker, wird mit seiner Band, den „Hong Kong Cavaliers" in einen Konflikt zwischen den unglaublich bösen Roten Aliens und den gutmütigen Schwarzen Aliens vom fernen Planeten 10 hineingezogen. Einigen der Böse-wichter ist es gelungen, aus dem Gefängnis der Achten Dimension (?) zu entkommen. Als Menschen getarnt, landen sie auf der Erde, um von hier aus die Eroberung ihres Heimatplaneten vorzubereiten. Anführer der Roten Aliens ist der dämonische Diktator John Whorfin (Lithgow), der sich heimtückischerweise als italienischer Wissenschaftler Dr. Lizardo ausgibt. Zur Ausführung ihres teuflischen Plans benötigen sie Buckaroo Banzais „Alpha-Laser", denn wer diese Waffe besitzt, ist unschlagbar. Das wissen natürlich auch die Schwarzen Aliens, und sie sind wild entschlossen, mit allen Mitteln zu verhindern, daß der Laser in die Hände ihrer Feinde gerät. Sie sind sogar dafür bereit, den Planeten Erde zu zerstören, und Buckaroo Banzai bekommt vierundzwanzig Stunden Zeit, um genau das zu verhindern.
Die schrille Science-fiction-Komödie unter der Regie des sonst eher als Drehbuchautoren tätigen W. D. Richter (BRUBAKER) versucht, die gängigen Klischees des Genres und die Vorstellungen von einem Superhelden auf den Kopf zu stellen. dh

Die Buddenbrooks

Die Buddenbrooks. BRD 1959 **R** Alfred Weidenmann **B** Erika Mann, Harald Braun, Jacob Geis, nach dem Roman von Thomas Mann **K** Friedl Behn-Grund **M** Werner Eisbrenner **P** Eberhard Krause / Filmaufbau **L** 99 Min. (Teil 1), 107 Min. (Teil 2), Farbe **D** Liselotte Pulver, Nadja Tiller, Hansjörg Felmy, Hanns Lothar, Lil Dagover, Werner Hinz, Rudolf Platte, Gustav Knuth, Hans Paetsch

„Ich verachte den Film, aber ich liebe ihn", hatte Thomas Mann gegen Ende der 20er Jahre in einem Essay geäußert. Zu seinem berühmtesten, mit dem Nobelpreis ausgezeichneten Roman *Die Buddenbrooks* gab es schon einmal eine wenig geglückte Stummfilm-Fassung. Das laut Pressetexten „ambitionierteste Projekt des deutschen Nachkriegsfilms" sollte der große Dichter nicht mehr erleben. Eigentlich hatten die Produzenten geplant - die literarische Bedeutung des Romans vor Augen - die DEFA-Studios mit ihrer Schauspielergarde an den Dreharbeiten zu beteiligen, um der Vorlage in Form einer gesamtdeutschen Herangehensweise gerecht zu werden, doch mußten solche Überlegungen nach entsprechenden politischen Weisungen aus Bonn aufgegeben werden.
So entstand an Originalschauplätzen in Lübeck und Travemünde (die Innenaufnahmen fanden in den Filmstudios von Hamburg-Wandsbek statt) mit einem Etat von 3 Millionen DM die Geschichte über den Aufstieg und Verfall der reichen hanseatischen Kaufmannsfamilie Buddenbrook.
Erika Mann, die Tochter des Dichters, war neben zwei weiteren Autoren selbst an der Ausarbeitung des Drehbuchs beteiligt. Für optische Reize sorgten eine detailgerechte und üppige Ausstattung mit recht sehenswerten Kostümen und eine hervorragende Schauspielerbesetzung bis in die kleinsten Nebenrollen. Doch schon gleich nach der festlichen Premiere in Lübeck zeigte sich Erika Mann darüber verärgert, wie wenig der fertige Film mit ihrem Drehbuch und dem Roman ihres Vaters zu tun hatte. „Sehen wir auf der Leinwand den Verfall der Familie Buddenbrook? Nein, aber statt dessen das Privatleben einer gleichnamigen Familie...ein entkeimtes, normiertes und unsorgfältiges Produkt." (*Filmkritik*, 1960) jg

Buddy Buddy

Buddy Buddy. USA 1981 **R** Billy Wilder **B** Billy Wilder, I. A. L. Diamond, nach einem Bühnenstück von Francis Veber **K** Harry Stradling jr. **M** Lalo Schifrin **P** Jay Weston / Metro-Goldwyn-Mayer **L** 96 Min., Farbe **D** Jack Lemmon, Walter Matthau, Paula Prentiss, Klaus Kinski, Dana Elcar, Miles Chapin, Joan Shawlee, Fil Formicola

Bei diesem vorerst letzten Film des großen Regisseurs Billy Wilder handelt es sich um eine amerikanische Neuauflage des französischen Lacherfolgs DIE FILZLAUS mit Lino Ventura aus dem Jahre 1973.
Ein todunglücklicher Ehemann (Lemmon) möchte sich aus Liebeskummer umbringen, stellt sich dabei aber so tolpatschig an, daß ihm dies nicht gelingt. Durch seine Ungeschicklichkeit kommt er obendrein einem Berufskiller (Matthau) in die Quere. Auslöser einer ganzen Kette von chaotischen Zwischenfällen ist die untreue Ehefrau (Prentiss), die sich in den Arzt einer Sex-Klinik (Kinski) verliebt hat.
Die Dreharbeiten zu *Buddy Buddy* begannen am 4. Februar 1981 in den MG- Studios von Culver City. Zu den Außenaufnahmen siedelte das Team kurzzeitig nach Santa Monica, ins Stadtzentrum von Los Angeles und nach Hawaii um. Dort kam es zu einer sehr skurillen Begegnung. Aus einem Gag heraus wurde ein Medizinmann engagiert, der durch seinen Zauber die dunklen Wolkengebilde über dem Set vertreiben sollte. Am nächsten Tag schien tatsächlich die Sonne, und der Zauberer stellte 3.000 Dollar in Rechnung. Paula Prentiss erinnerte sich nach Abschluß der Dreharbeiten: „Die Arbeit mit Wilder, Lemmon und Matthau war natürlich etwas außerordentliches. Ich mußte zwischen den Szenen oft so sehr lachen, daß mir tagelang die Bauchmuskeln weh taten." jg

Buffalo Bill, der weiße Indianer

Buffalo Bill. USA 1944 R **R** William A. Wellman **B** Aeneas MacKenzie, Clements Ripley, Cecile Kramer, nach einer Geschichte von Frank Winch **K** Leon Shamroy **M** David Buttolph **P** Harry A. Sherman / 20th Century-Fox **L** 90 Min., Farbe **D** Joel McCrea, Maureen O´Hara, Linda Darnell, Thomas Mitchell, Edgar Buchanan, Anthony Quinn, Moroni Olsen

Mit diesem Film wurde William A. Wellman der authentischen Figur des Western-Helden Buffalo Bill zwar nicht gerecht, doch schuf er einen großen epischen Western, bei dem man gern etwaige Ungenauigkeiten in der Gestaltung der Protagonisten in Kauf nimmt. In groben Zügen und mit actionreichen Hintergründen wird Bill Cody dem Publikum als Vermittler zwischen der weißen und der roten Rasse dargestellt. Bei kämpferischen Aueinandersetzungen reitet er jedoch stets im Troß der Regierungstruppen mit, auch nachdem bei einer Schlacht seine einstige indianische Geliebte getötet wird.
Erstaunlich für diesen doch sehr konservativ zugeschnittenen Film sind die eindrucksvoll gestalteten Sequenzen, in denen das sinnlose Büffelabschlachten durch schießwütige Touristen thematisiert wird und der Film einen kleinen Einblick in die Tragik der Indianer zuläßt. Eine weitere ungewöhnliche Haltung wird vertreten, als Buffalo Bill den Politikern eine Münze mit einem Indianerkopf zuwirft und meint: „Das ist der einzige Indianer, den sie schätzen."
Anthony Quinn, der hier mit der Rolle des Indianerhäuptlings Gelbe Hand zu seinen Filmanfängen zurückkehrte, legte mit dieser Darstellung den Grundstein zu einer Karriere, die ihm fortan auch Hauptrollen in großen Produktionen einbrachte.
„Die farbige Biographie des legendären Western-Helden hätte besser ausfallen können. Doch Handlung und Darsteller überzeugen." (*TV-Movies*) jg

Buffalo Bill und die Indianer

Buffalo Bill and the Indians. USA 1976 **R** Robert Altman **B** Alan Rudolph, Robert Altman, nach dem Bühnenstück *Indians* von Arthur Kopit **K** Paul Lohmann **M** Richard Baskin **P** Robert Altman / Dino de Laurentiis / Lion´s Gate / Talent Associates Norton Simon **L** 123 Min., Farbe **D** Paul Newman, Geraldine Chaplin, Joel Grey, Kevin McCarthy, Harvey Keitel, Burt Lancaster, Shelley Duvall

Im Gegensatz zu Europa, wo der Film bei den Berliner Filmfestspielen mit dem Goldenen Bären ausgezeichnet wurde, konnte sich die Kritik in den USA gar nicht mit Robert Altmans sarkastischem Werk anfreunden.
In der Tat wird die Apotheose Buffalo Bill rücksichtslos demaskiert und auseinandergenommen. Was von ihm übrig bleibt, ist nicht gerade schmeichelhaft. Bill Codys große Zeit im Wilden Westen ist vorbei. Er ist jetzt der Inhaber und Organisator der größten Zirkusshow der Welt, in der er selbst auch auftritt. Die angebliche Freundschaft zu Sitting Bull erweist als verlogene Heuchelei, in der der einst so stolze Indianer lediglich für Codys kommerzielle Interessen mißbraucht wird.
Paul Newman in der Titelrolle war für Altman die Idealbesetzung, hatte doch gerade dieser Schauspieler die wichtigsten Western-Helden der letzten Jahre verkörpert. Newman in der Rolle des Bill Cody ist der personifizierte Verfall der alten Wertvorstellungen aus der romantischen Zeit des Wilden Westens. „Ich glaube, es ist ein sehr unterhaltsamer Film, der viele Leute sehr zornig machen wird. Es ist ein sehr politischer Film. Er handelt von Amerika und wie es sich Helden schafft. Über dieses Aufbauen von Idolen, egal, ob es

Filmstars oder die Kennedys sind." (Geraldine Chaplin).
Die Außenaufnahmen wurden mit Unterstützung der Indianer im Reservat Stoney Indian/Kanada gedreht. jg

Bugsy Malone

Bugsy Malone. Großbritannien 1975 **R** Alan Parker **B** Alan Parker **K** Michael Seresin, Peter Biziou **M** Paul Williams **P** Alan Marshall **L** 94 Min., Farbe **D** Scott Baio, Florence Dugger, Jodie Foster, John Cassisi

New York, 1929. Rivalisierende Gangsterbanden liefern sich Schlachten auf offener Straße. Mitten hinein in diesen erbarmungslosen Bandenkrieg gerät der clevere Einzelgänger Bugsy Malone. Er möchte seiner Angebeteten Blousey, einer attraktiven Nachtclubsängerin, den Start für eine Karriere in Hollywood ermöglichen, braucht dafür aber das nötige Kleingeld. So läßt er sich auf einen gewagten Job ein, der ihm und Blousey den Start in ein neues Leben ermöglichen soll.
Was sich wie ein klassischer Krimi der Schwarzen Serie anhört, ist in Wirklichkeit eine gelungene Parodie auf die frühen amerikanischen Gangsterfilme. Denn anstelle so harter Burschen wie Humphrey Bogart oder James Cagney sind sämtliche Rollen mit Kindern im Alter zwischen 10 und 14 Jahren besetzt, geschossen wird nicht mit blauen Bohnen, sondern mit Schlagsahne und die rasanten Verfolgungsjagden erfolgen kindgerecht per Tretauto.
Neben der darstellerischen Leistung der Jungmimen überzeugt der Film auch durch zahlreiche Musik- und Tanznummern, quasi eine Vorschau auf Alan Parkers fünf Jahre später folgende Regiearbeit zu FAME. Neben einer Oscar-Nominierung in der Sparte Musik (Paul Williams dritte Nominierung, im gleichen Jahr erhielt er den Oscar zusammen mit Barbra Streisand für A STAR IS BORN) wurde auch Jodie Foster ausgezeichnet. Im gleichen Jahr, in dem sie mit TAXI DRIVER berühmt wurde, bekam sie für ihre Rolle in *Bugsy Malone* den British Film Academy Award. dk

Bühneneingang

Stage Door. USA 1937 **R** Gregory La Cava **B** Morrie Ryskind, Anthony Veiller, nach dem Bühnenstück von Edna Ferber und George S. Kaufman **K** Robert De Grasse **M** Roy Webb **P** Pandro S. Berman für RKO Radio **L** 95 Min., Farbe **D** Katharine Hepburn, Ginger Rogers, Adolphe Menjou, Andrea Leeds, Gail Patrick, Constance Collier, Lucille Ball, Eve Arden, Ann Miller

Nachdem Katharine Hepburn in einer Reihe von Kostüm-Schinken zu sehen gewesen war, die sie festzulegen drohten, bot RKO seinem führenden weiblichen Star hier endlich die Möglichkeit, sowohl komödiantisches als auch dramatisches Talent in moderner Umgebung zu zeigen. Sie spielt Terry, Schauspielaspirantin und Tochter aus gutem Hause, die sich in New York eine Karriere erhofft. Mit zahlreichen anderen Mädchen logiert sie in einer Theaterpension und klappert die Besetzungsbüros der Produzenten ab. Schließlich erhält sie die Hauptrolle in einem neuen Stück, ohne zu wissen, daß ihr Vater dabei seine Hand im Spiel hat. Bei den Proben benimmt sie sich jedoch alles andere als professionell. Als die Premiere herangerückt ist, ereignet sich ein tragisches Unglück...
Die Drehbuchautoren nahmen bei der Adaption der Vorlage so viele Änderungen vor, daß George S. Kaufman bissig bemerkte, sie hätten das Ganze gleich *Screen Door* nennen sollen, doch in diesem Falle stellten sie sich als Verbesserung des Originals heraus: Das Ergebnis war, wie die *New York Times* feststellte, „logischer und lebendiger". Ebenso begrüßt wurde die Leistung des Schauspieler-Ensembles, aus der besonders Andrea Leeds als Selbstmörderin hervorsticht. Ginger Rogers zeigt, daß sie nicht nur tanzen kann, obwohl sie - gemeinsam mit Ann Miller - eine kurze Einlage mit *Put Your Heart Into Your Feet and Dance* gibt, und Kate Hepburn erinnert sehr an ihre eigene Darstellung in MORGENROT DES RUHMS.
Der Film lief sehr erfolgreich und erhielt vier Oscar-Nominierungen: Bester Film, Regie, Drehbuch und Nebendarstellerin (Andrea Leeds). al

Der Bulle

Le pacha. Frankreich/Italien 1967 **R** Georges Lautner **B** Georges Lautner, Albert Simonin, Michel Audiard, nach dem Roman *Pouce* von Jean Laborde **K** Maurice Fellous **M** Serge Gainsbourg **P** Gaumont International (Paris), Rizzoli Films (Rom) **L** 84 Min., Farbe **D** Jean Gabin, Dany Carrel, Felix Marten

Der Pariser Kommissar Joss (Gabin) arbeitet an zwei Fällen gleichzeitig: Zum einen verfolgt er die Drahtzieher eines Überfalls auf einen Goldtransport, zum anderen sucht er den Mörder eines befreundeten Kollegen. Dabei ist dem bärbeißigen Polizisten von körperlicher Gewalt bis hin zu Erpressung jedes Mittel recht. Als er den Täter, der zugleich Kopf der Gangsterbande ist, endlich gefunden hat, muß er erfahren, daß sein Kollege mit den Verbrechern unter einer Decke steckte.
Ein harter Krimi, der wie ein Melville-Film beginnt, sich dann jedoch zusehends in eine simple Rachegeschichte verwandelt. Gabin marschiert als Polizist, dessen Methoden sich durch nichts von denen seiner Gegener unterscheiden, stoisch und ausdruckslos durch die Unterwelt von Paris und verläßt sich allzu sehr auf seine berühmte Präsenz. al

Der Bulle und das Mädchen

Der Bulle und das Mädchen. BRD/Österreich 1985 **R** Peter Keglevic **B** Peter Märtesheimer, Pea Fröhlich **K** Edward Klosinski **M** Brynmor Jones **P** Hanns Eckelkamp für Atlas Saskia Filmproduktion/Peter Pochlatko für Neue Studio Film/ZDF **L** 92 Min., Farbe **D** Jürgen Prochnow, Annette von Klier, Franz Buchrieser, Stefan Meinke, Krystyna Janda, Daniel Olbrychinski, Eduard Erne, Klaus Göschl

Das Mädchen (von Klier) hat Ärger mit ihrer Clique, sie schuldet ihnen Geld. Im Pissoir einer heruntergekommenen Spelunke wird sie deshalb von den finsteren Zeitgenossen (Meinke, Erne, Göschl) unangenehm bedrängt. Zufällig taucht der Bulle (Prochnow) auf, ein verhärmter Zivilpolizist aus der Strich- und Drogenszene. Entgegen seiner ansonsten recht unfreundlichen Gepflogenheiten hilft er der Bedrängten aus der Patsche. Diese jedoch, fern jeder Dankbarkeit, macht sich mit Wagen und Dienstwaffe ihres Retters auf und davon. Der Bulle nimmt die Verfolgung auf, kann jedoch nicht verhindern, daß das Mädchen an der holländischen Grenze mitsamt seiner Habseligkeiten festgenommen wird. In übertriebener Sehnsucht nach seiner Dienstwaffe stürmt er die Zollstation und begibt sich mit dem nicht schlecht beeindruckten Mädchen auf die Flucht vor seinen Kollegen von der Polizei. Den beiden bleibt kaum Zeit sich füreinander zu erwärmen, da sterben sie schon im Kugelhagel der sie verfolgenden Spezialeinheiten.
Keglevic, der sich vor seinem Kinodebüt für einige *Tatort*-Folgen verantwortlich zeigte, unternimmt in *Der Bulle und das Mädchen* den sicherlich lobenswerten Versuch, einen deutschen Polizeifilm jenseits der langweiligen Altherrenclique von *Derrick* oder *Der Alte* zu inszenieren. Leider geht sein Film nicht über die wahrlich schon oft genug durchgekauten Klischees seiner amerikanischen Vorbilder hinaus - das reicht vom Verzicht auf Eigennamen für die Protagonisten, über die zwiespältige Rolle des Cops zwischen Recht und Unrecht bis hin zu den schmuddeligen Rotlicht-Settings. dh

Der Bulle von Paris

Police. Frankreich 1985 **R** Maurice Pialat **B** Catherine Breillat, Sylvie Danton, Jacques Fieschi, Maurice Pialat **K** Luciano Tovoli **M** Henrik Mikolaj Gorecki P Emmanuel Schlumberger für T.F.1 Films/Gaumont **L** 113 Min., Farbe **D** Gérard Depardieu, Sophie Marceau, Richard Anconina, Pascale Rocard, Sandrine Bonnaire

Ein ungewöhnlicher Polizeifilm von Maurice Pialat, der bereits in DER LOULOU mit

Gérard Depardieu gearbeitet hatte. Obwohl von der Kritik meist hochgeschätzt, erreichen die Filme des Franzosen kein großes Publikum - *Der Bulle von Paris*, der auch unter dem Titel *Police* zu sehen war, kam erst mit dreijähriger Verspätung in die deutschen Kinos und verschwand schnell wieder in der Versenkung. Depardieu mimt einen Pariser Polizisten, der sich auf der Fährte eines Drogenringes befindet. Als er Noira (Marceau), die Freundin eines arabischen Dealers, festnimmt und verhört, verliebt er sich in das Mädchen. Um sie zu gewinnen, bringt er sogar das Rauschgift zurück, das sie den Dealern gestohlen hat. Trotzdem verliert er sie am Ende.

Pialat beschränkt sich in diesem düsteren film noir auf wenige Schauplätze, verzichtet auf Action und Spannungsbogen und arbeitet ständig gegen die Klischees des Genres. Die Story ist zweitrangig, statt dessen konzentriert sich der Regisseur auf eine ungemein dichte Studie über menschliche Einsamkeit und die Unfähigkeit zur Kommunikation. Zwar reden seine Figuren ständig, doch treffen sie sich dabei nirgends wirklich. Gérard Depardieu ist wie immer überzeugend, diesmal als Macho-Polizist, der jeder Frau in seiner Nähe nachsteigt, und Sophie Marceau hat endlich mal eine unsympathische Rolle als notorisch lügende, berechnende Noira. Bei der Biennale in Venedig wurde Depardieu 1985 mit dem Darstellerpreis ausgezeichnet. al

Bullitt

Bullitt. USA 1968 **R** Peter Yates **B** Alan R. Trustman, Harry Kleiner, nach dem Roman *Mute Witness* von Robert L. Pike **K** William A. Fraker **M** Lalo Schifrin **P** Philip D´Antoni für Solar Prod./ Warner Bros.-Seven Arts **L** 114 Min., Farbe **D** Steve McQueen, Robert Vaughn, Jacqueline Bisset, Don Gordon, Robert Duvall

Der San Franciscoer Polizist Frank Bullitt (McQueen) erhält den Auftrag, einen wichtigen Zeugen zu beschützen, der im Prozeß gegen eine verbrecherische Oraganisation aussagen und so einem ehrgeizigen Politiker (Vaughn) zum Wahlsieg verhelfen soll. Als der Mann trotzdem bei einem Anschlag lebensgefährlich verletzt wird und stirbt, hält Bullitt seinen Tod zunächst geheim, um Zeit für weitere Untersuchungen zu gewinnen.

Dieser Film etablierte Steve McQueen endgültig als einen der führenden amerikanischen Kassenstars. Der Schauspieler war mit seiner Firma Solar Prod. selbst an der Produktion beteiligt, die eine Art modernen film noir darstellt. Die Story ist konventionell und eher nebensächlich - berühmt ist *Bullitt* durch seine zwölfminütige, atemberaubend gefilmte Auto-Verfolgungsjagd, bei der McQueen höchstpersönlich am Steuer saß. In dieser Rasanz war eine solche Sequenz bis dato noch nicht auf der Leinwand zu sehen gewesen, erst die stark verbesserte Filmtechnik ab Mitte der 60er Jahre (u.a. die leichteren Arriflex-Kameras) machte derartige Aufnahmen möglich. Die Auto-Jagden wurden schnell zum Bestandteil amerikanischer Polizeifilme: Produzent Philip D´Antoni brachte sie u.a. in BRENNPUNKT BROOKLYN sowie in seinem Regie-Debüt DIE SEVEN-UPS unter. Der Brite Peter Yates war im Prinzip nur wegen dieser Sequenz engagiert worden, hatte er doch bereits ein Jahr zuvor in ÜBERFALL eine explosive Verfolgungsjagd abgeliefert.

Bullitt wurde nicht nur ein gewaltiger Kassenerfolg, sondern erhielt zudem einen Oscar für den Besten Schnitt (Frank P. Keller) und eine Nominierung für den Besten Ton. al

Bumerang

Boomerang. USA 1946 **R** Elia Kazan **B** Richard Murphy, nach einer Erzählung von Anthony Abbott **K** Norbert Brodine **M** David Buttolph **P** Louis de Rochemont **L** 88 Min., s/w **D** Dana Andrews, Jane Wyatt, Lee J. Cobb, Cara Williams, Arthur Kennedy

Dieser halbdokumentarische Film beruht auf einen wahren Mordfall aus dem Jahre 1924 und wurde von Regisseur Kazan an Originalschauplätzen gedreht. Basierend auf einem *Reader´s-Digest* Artikel erzählt Kazan die Geschichte eines Geistlichen, der in einer Kleinstadt in Connecticut auf offener Straße erschossen wird. Kurze Zeit später wird ein Verdächtiger verhaftet. Der arbeitslose Vagabund wird von Augenzeugen erkannt und gesteht die Tat, der Fall scheint gelöst. Den Staatsanwalt plagen jedoch Zweifel. Als er erneut Nachforschungen anstellt, trifft er bei den Verantwortlichen auf offene Ablehnung, er wird angefeindet und seine politische Karriere ist in Gefahr. Doch trotz aller Hindernisse gelingt es dem Staatsanwalt, die Unschuld des vermeintlichen Täters zu beweisen.

Anfang der 40er Jahre begann die regelmäßige Zusammenarbeit von Regisseur Kazan und Lee J. Cobb, die acht Jahre nach *Bumerang* ihren Höhepunkt in DIE FAUST IM NACKEN haben sollte. In diesem Film überzeugen sowohl der Regisseur als auch die Hauptdarsteller, die realistische Darstellung der Verquickung von Politik und Justiz mit Mitteln der Dokumentation wurde hochgelobt. dk

Bunny Lake ist verschwunden

Bunny Lake Is Missing. USA 1965 **R** Otto Preminger **B** John und Penelope Mortimer, nach dem Roman von Evelyn Piper **K** Denys Coop **M** Paul Glass **P** Otto Preminger für Columbia **L** 107 Min., s/w **D** Carol Lynley, Keir Dullea, Laurence Olivier, Noël Coward, Martita Hunt, Anna Massey, Clive Revill

Ann Lake (Lynley), eine junge, etwas neurotische Kanadierin, meldet der Londoner Polizei ihre kleine Tochter als vermißt. Sie war nicht in der Schule erschienen. Die Rektorin behauptet sogar, die kleine Bunny niemals in der Schule gesehen zu haben. Inspektor Newhouse (Olivier) von Scotland Yard übernimmt den Fall und beginnt allmählich daran zu zweifeln, daß es Bunny überhaupt gibt, denn auch Anns Bruder Steven (Dullea) kann keinen Beweis für die Existenz des Mädchens erbringen.

Nach einer Reihe spektakulärer Großproduktionen wie EXODUS und ERSTER SIEG kehrte Otto Preminger mit diesem psychologischen Kriminalfilm in einen etwas intimeren Rahmen zurück. Der in England gedrehte Film basiert auf einem Roman Evelyn Pipers, der offenläßt, ob Bunny tatsächlich existiert oder nur ein Hirngespinst ihrer Mutter ist - die Filmversion dagegen schafft am Ende klare Verhältnisse. Laurence Olivier als Kommissar gibt erwartungsgemäß eine überragende Darstellung: zurückhaltend, eindringlich und ohne jegliche Theatralik. Er heimste denn auch das meiste Kritikerlob ein. nn

Bunny und Bill

Bunny O´Hare. USA 1971 **R** Gerd Oswald **B** Stanley Z. Cherry, Coslough Johnson **K** Loyal Griggs, John Stephens **M** Billy Strange **P** Gerd Oswald für American International **L** 81 Min. (Originalfassung 91 Min.), Farbe **D** Bette Davis, Ernest Borgnine, Jack Cassidy, Joan Delaney

Nach einem Streit mit dem Chef der örtlichen Bank beschließt die Seniorin Bunny O´Hare (Davis), sich mit Klempner Bill (Borgnine), einem ehemaligen Dieb, zusammenzutun. Als Hippies verkleidet, rauben die beiden eine stattliche Anzahl von Geldinstituten aus und brausen nach getaner Arbeit auf einem Motorrad davon. Das Geld verschenken sie in Robin-Hood-Manier an Bedürftige, doch schon bald heftet sich ihnen ein cleverer Polizei-Inspektor (Cassidy) an die Fersen...

Gerd Oswalds anarchische Komödie wurde von der Kritik verrissen, so nannte ihn *The New York Times* „einen dummen, albernen Unterhaltungsfilm, der lieber wieder von der

Leinwand verschwinden sollte, bevor ihn irgend jemand zu sehen bekommt". Bette Davis und Ernest Borgnine, bereits 1956 Co-Stars in MÄDCHEN OHNE MITGIFT, kamen jedoch gut weg. Die Davis distanzierte sich nachträglich von dem Film und verklagte American International auf fünf Millionen Dollar, mit dem Hinweis, sie habe für einen „sozialen Kommentar mit humorvollem Unterton" unterschrieben. Durch nachträgliche Schnitte und Umstrukturierungen sei daraus eine „geschmacklose und undeutlich gegliederte Slapstick-Produktion" geworden. Regisseur/Produzent Oswald schloß sich diesem Protest an. al

Buona Sera, Mrs. Campbell

Buona Sera, Mrs. Campbell. Großbritannien 1967 **R** Melvin Frank **B** Melvin Frank, Denis Norden, Sheldon Keller **K** Gabor Poagany **M** Riz Ortolani **P** Melvin Frank für Connaught Films **L** 113 Min., Farbe **D** Gina Lollobrigida, Peter Lawford, Phil Silvers, Shelley Winters, Janet Margolin, Lee Grant

Zwanzig Jahre nach Ende des II. Weltkrieges kommt die Italienerin Carla (Lollobrigida), Mutter einer 18jährigen Tochter (Margolin), ganz schön ins Schwitzen, als drei ihrer damaligen amerikanischen Liebhaber dem Stiefelstaat aus Anlaß eines Veteranentreffens einen Besuch abstatten. Denn alle drei glauben, unabhängig voneinander, seinerzeit der raffinierten Carla zu Nachwuchs verholfen zu haben, und schickten ihr jahrelang dicke Schecks für den Unterhalt. Nun will natürlich jeder bei seiner vermeintlichen Tochter, und fast ebenso gerne bei ihrer attraktiven Mutter vorbeischauen. Alle drei haben ihre Ehefrauen mitgebracht - so sind Mißverständnisse vorprogrammiert.
Aus diesem amüsanten Ausgangsmaterial machte Altmeister Melvin Frank, der im Team mit Norman Panama für einige der besten Lustspiele der 40er und 50er Jahre verantwortlich zeichnet, eine turbulente Situations-und Verwechslungs-Farce: Ein Großteil des Humors beruht auf dem Hinaus-und Hereinstürmen der Ex-Soldaten aus diversen Zimmern, um nicht mit der Lollo gesichtet zu werden. Die Besetzung, allen voran Shelley Winters, ist glänzend aufgelegt, und „Gina Nazionale" hat hier ihre letzte wirklich gute Starrolle. al

Der Bürotrottel

The Errand Boy. USA 1961 **R** Jerry Lewis **B** Jerry Lewis, Bill Richmond **K** W. Wallace Kelley **M** Walter Scharf **P** Ernest D. Glucksman für Paramount **L** 93 Min., Farbe **D** Jerry Lewis, Brian Donlevy, Dick Wesson, Howard McNear, Isabel Elsom, Sig Ruman

In seinem zweiten Film als Regisseur (nach HALLO, PAGE!) inszenierte sich Jerry Lewis hier erneut als liebenswürdigen Hanswurst, der diesmal sein Unwesen in einem Filmstudio treibt und unfreiwillig vom Bürogehilfen zum Komiker-Star avanciert. Eine der besten Lewis-Komödien, die nicht nur die rührige Betriebsamkeit Hollywoodscher Produktionsmechanismen, sondern auch den Mythos des American Dream satirisch aufs Korn nimmt. Wie schon HALLO, PAGE! besteht *Der Bürotrottel* im Prinzip aus vielen miteinander verbundenen komischen Situationen, die meisten davon humoristische Perlen, während andere nach hinten losgehen. Die zahlreichen Auftritte von Schauspielveteranen sorgen für weitere Glanzlichter. *Variety* urteilte: „Lewis´ Filme sind besser denn je. Ein Erfolg auf der ganzen Linie!" al

Bus Stop

Bus Stop. USA 1956 **R** Joshua Logan **B** George Axelrod, nach einer Komödie von William Inge **K** Milton Krasner **M** Alfred Newman, Cyril J. Mockridge **P** Buddy Adler / 20th Century-Fox **L** 95 Min., Farbe **D** Marilyn Monroe, Don Murray, Arthur O´Connell, Betty Field, Eileen Heckart, Robert Bray, Hope Lang, Hans Conried

Der ungestüme und jugendliche Cowboy Bo (Murray) kommt das erste Mal in seinem Leben in die Stadt und ist darauf versessen, ein Mädchen kennenzulernen. In einer drittklassigen Nachtbar begegnet ihm die Sängerin Chérie (Monroe). Bo ist so von ihr angetan, daß er sie sofort heiraten möchte. Chérie wird von dem Naturburschen völlig überrumpelt und es dauert eine Weile, bis sie ihm klarmachen kann, daß Frauen kein Freiwild sind, über das die Männer jederzeit verfügen können.
Marilyn Monroe hatte bis 1955 in 23 Filmen mitgewirkt, in denen sie meist auf die Rolle des blonden Dummchens festgelegt worden war. Für zwei Jahre machte sie vom Filmgeschäft eine Pause und nahm noch einmal bei Lee Strasberg in New York Schauspielunterricht. Mit einem neuen gestärkten Selbstbewußtsein kehrte sie nach Kalifornien zurück, um unter Joshua Logans Regie wieder auf der Leinwand zu erscheinen. *Bus Stop* zählt zu Marilyn Monroes wichtigsten Filmen. Zwar wurde auch hier von ihr gefordert, die übliche naive Blondine zu spielen, doch widersetzt sie sich dieser Macho-Klassifizierung mit Erfolg. Eine der schwierigsten Leistungen bestand in der dilettantischen Darbietung eines Songs, was für die Monroe durchaus problematisch war, da sie eben wirklich gut singen konnte.
Bus Stop ist kein wirklich großer Film, doch der überzeugende Charme und die Schauspielkunst seiner Hauptdarstellerin machen ihn zu einer kleinen cineastischen Kostbarkeit. jg

Der Buschpilot

L´africain. Frankreich 1983 **R** Philippe de Broca **B** Gérard Brach, Philippe de Broca **K** Jean Penzer **M** Georges Delerue **P** Claude Berri für Renn Prod. **L** 100 Min., Farbe **D** Catherine Deneuve, Philippe Noiret, Jean-François Balmer, Joseph Momo, Vivian Reed

Romantische Abenteuerkomödien vor exotischem Hintergrund waren schon immer Philippe de Brocas Spezialität, aber an seine eigenen Klassiker in diesem Genre, wie den 1963er ABENTEUER IN RIO, reicht *Der Buschpilot* nicht heran. Catherine Deneuve alias Charlotte soll im Auftrag des Club Mediteranée in Ostafrika die Örtlichkeiten für ein geplantes Feriendorf erkunden. Überraschend trifft sie dort auf ihren Ehemann Victor (Noiret), von dem sie seit längerem getrennt lebt. Er hat sich als Buschpilot und Händler in dieser Ecke der Welt niedergelassen und führt einen erbitterten Kampf gegen Elfenbeinschmuggler. Victor versucht Charlotte von ihren Plänen abzubringen, doch es dauert eine Weile, bis sich die ständig zankenden Eheleute gegen die Gangster verbünden.
Der Film wurde an Originalschauplätzen in Kenia gedreht und dementsprechend gehört Jean Penzers Photographie zu seinen offensichtlicheren Vorzügen. Der Rest ist saubere Routine, wenn auch Deneuve/Noiret dieser konventionellen Geschichte durch ihre Persönlichkeiten mehr Gewicht verleihen, als sie eigentlich hat. al

Buster

Buster. Großbritannien 1988 **R** David Green **B** David Shindler **K** Tony Imi **M** Anne Dudley **P** Norma Heyman für NFH Prod. **L** 103 Min., Farbe **D** Phil Collins, Julie Walters, Larry Lamb, Stephanie Lawrence, Anthony Quayle

Popstar Phil Collins, vormals Lead-Sänger der Gruppe *Genesis*, gab mit dieser augenzwinkernden Gaunerkomödie sein Schauspieldebüt. Die Geschichte des Films beruht auf einem wahren Vorfall aus dem Jahre 1963, als bei einem Überfall auf den Postzug zwischen Glasgow und London 120 Postsäcke im Werte von 2,6 Mio. Pfund erbeutet wurden. Da die Aktion ohne Waffen ausgeführt wurde und niemand körperlich zu Schaden kam, wurden die Täter schnell zu Volkshelden. Dieser spektakuläre Coup hat schon mehrfach als Filmstoff gedient, u.a. für Peter Yates´ ÜBERFALL von 1967. David Greens Film konzentriert sich weniger auf die Tat an sich, als vielmehr auf die Zeit danach. Wie alle anderen Räuber taucht auch Buster Edwards (Collins) nach dem Raub mit seiner Frau June (Walters) unter, und begibt sich über Umwege nach Acapulco, Mexiko. Hier fehlt es dem Paar und ihrem gemeinsamen Baby an nichts, doch June bekommt schnell Heimweh und macht sich

eines Tages auf den Weg zurück nach England. Nicht lange danach begibt sich auch Buster, von Sehnsucht nach seiner Familie geplagt, nach Hause - wo 15 Jahre Gefängnis auf ihn warten.
Diese authentische kleine Liebesgeschichte wird von Collins und der wunderbaren Julie Walters (die leider wenig zu tun hat) mit viel Charme und Wärme gespielt und von den Machern mit einem schwungvollen 60er-Jahre-Hitsoundtrack unterlegt, zu dem Collins drei neue Stücke beitrug: *Groovy Kind of Love*, *Big Noise* und *Two Hearts*. Das langsame Tempo und die Vorhersagbarkeit der Story mindern jedoch das Vergnügen.
Bis heute sind übrigens alle an der Aktion beteiligten Männer gefaßt worden - bis auf einen: Ronnie Biggs genießt im brasilianischen Exil sein Rentendasein. Buster Edwards wurde nach sieben Jahren Haft entlassen und betreibt heute einen kleinen Blumenladen am Waterloo-Bahnhof. al

Buster Keaton: Der General

The General. USA 1926 **R** Buster Keaton, Clyde Bruckman **B** Al Boasberg und Charles Smith, nach einem Entwurf von Buster Keaton und Clyde Bruckman und der Erzählung *The Great Locomotive Chase* von William Pittinger **K** Devereux Jennings, Bert Haines **P** Buster Keaton Prod. Inc. **L** 78 Min., s/w **D** Buster Keaton, Marion Mack, Charles Smith, Frank Barnes, Glen Cavender, Jim Farley

Der durch einen Zeitzeugen historisch belegte Vorfall aus dem amerikanischen Bürgerkrieg animierte Keaton zu diesem Film, der einmal mehr Keatons Liebe zur Detailgenauigkeit erkennen läßt. Nach der Erzählung *The Great Locomotive Chase* von William Pittinger stahlen im April 1862 eine Handvoll Soldaten aus den Nordstaaten hinter den feindlichen Linien eine Lokomotive, um den Nachschub des Gegners zu sabotieren. Die Besatzung der Lok machte sich unverzüglich an die Verfolgung und konnte ihre Widersacher auch bald stellen. Keaton befand diesen Stoff als ideal für eine Verfilmung, gab diese Geschichte ihm doch die Möglichkeit, sein Lieblingsrequisit, die Lokomotive, einzusetzen. Eine einzige Veränderung nahm Keaton allerdings gegenüber der Originalerzählung vor: bei ihm ist es ein Südstaatler, der die feindlichen Linien durchbricht und fast allein eine ganze Schlacht entscheidet.
Johnnie (Keaton) will unbedingt Soldat werden und für die Südstaaten im Bürgerkrieg kämpfen. Da er aber als Führer der Lok „Der General" nützlicher ist, wird er bei der Musterung abgelehnt. Johnnies Verlobte Annabelle (Mack) will aber nur einen Soldaten zum Mann, doch Johnnie ist zu stolz, ihr die Gründe für seine Ablehnung zu erzählen. Ein Jahr später hat Johnnie dann die Möglichkeit, seine Heimat und seine Verlobte zu retten. Als Yankees seinen Zug mitsamt Annabelle entführen, macht sich Johnnie sofort an die Verfolgung, dringt dabei in das Hauptquartier des Gegners ein, befreit Annabelle und flieht mit seinem Zug. Während Johnnie von den Nordstaatlern verfolgt wird, kann er die Truppen des Südens alarmieren. Bei der anschließenden Schlacht setzt Johnnie den feindlichen Oberkommandierenden gefangen, und als Belohnung für seine Taten darf er doch noch Soldat werden.
Ein Höchstmaß an Authentizität forderte Keaton bei all seinen Produktionen, in *Der General* ging Keatons Perfektionismus sogar so weit, daß er nicht einfache Statisten, sondern echte Soldaten engagierte. Die Lokomotiven, die im Film zum Einsatz kommen, stammen alle aus der Zeit des Sezessionskrieges, wobei eins dieser Unikate in der Szene, wo eine brennende Holzbrücke unter dem Gewicht der Lokomotive zusammenbricht, geopfert werden mußte. dk

Buster Keaton: Der Killer von Alabama

Battling Butler. USA 1926 **R** Buster Keaton **B** Paul Gerard Smith, Al Boasberg, Charles Smith, Lex Neal, nach der gleichnamigen Komödie von Stanley Brightman und Austin Melford, bearbeitet von Ballard McDonald **K** J. Devereux Jennings, Bert Haines **P** Buster Keaton Prod. Inc. **L** 59 Min., s/w **D** Buster Keaton, Snitz Edwards, Francis McDonald, Mary O´Brien, Tom Wilson

Diese deutliche Abrechnung Keatons mit dem Boxsport und seinem Männlichkeitsideal fällt zwar in die fruchtbarste Arbeitsphase des Regisseurs und zählt zu seinen großen Werken, läßt aber Mängel in der Dramaturgie erkennen und ist nicht so virtuos erzählt wie z. B. DER NAVIGATOR.
Buster Keaton spielt einmal mehr den Sohn eines Millionärs, der nur mit Hilfe seines Butlers überleben kann. Alfred, so heißt der verwöhnte Jüngling, verliebt sich in die Tochter eines boxbegeisterten Farmers und hält mit Hilfe einer Lüge um ihre Hand an: Alfred nutzt die Namensgleichheit mit dem amtierenden Boxweltmeister, um seinen zukünftigen Schwiegervater zu beindrucken. Der wahre Champion spielt dieses Spiel zuerst mit, aber nach einem Mißverständnis kommt es zum Kampf zwischen ihm und dem verliebten Boxer wider Willen. dk

Buster Keaton: Der Navigator

The Navigator. USA 1924 **R** Buster Keaton, Donald Crisp **B** Clyde Bruckman, Jean Havez, Joseph Mitchell **K** Elgin Lessley, Byron Houck **P** Buster Keaton Prod. Inc. **L** 61 Min., s/w **D** Buster Keaton, Kathryn McGuire, Frederick Vroom, Noble Johnson, Clarence Burton

Keatons finanziell erfolgreichster Film spielte in sehr kurzer Zeit über zwei Millionen Dollar ein und deckte damit die Produktionskosten von etwas über 200.000 Dollar spielend ab. Ein Triumph für Keaton, zumal er mit 25% an den Einspielergebnissen beteiligt war. Auch künstlerisch überzeugte der Film und gilt heute als Meisterwerk der Stummfilmkomödie.
Millionärssohn Rollo Treadway (Keaton) ist zwar völlig lebensuntüchtig, dennoch aber wild entschlossen zu heiraten. Durch einen Zufall geraten er und seine Braut in spe auf einen Ozeandampfer, der ohne Besatzung und nur mit den beiden als Passagieren an Bord in See sticht. Auf dem riesigen Schiff verfehlen sich Rollo und das Mädchen pausenlos, und als sie sich endlich gefunden haben, befinden sie sich mutterseelenallein auf hoher See. Doch nicht zuletzt dank Rollos bastlerischem Geschick überstehen die zwei sogar einen Angriff durch Kannibalen und werden zum Schluß von einem U-Boot gerettet. dk

Buster Keaton: Verflixte Gastfreundschaft

Our Hospitality. USA 1923 **R** Buster Keaton, Jack G. Blystone **B** Clyde Bruckman, Jean Havez, Joseph Mitchell **K** Elgin Lessley, Gordon Jennings **P** Joseph M. Schenck/Buster Keaton Prod. Inc. **L** 71 Min., s/w **D** Buster Keaton, Joe Roberts, Natalie Talmadge, Leonard Clapham, Joe Keaton

Keatons zweiter Langfilm zählt nach einhelliger Meinung von Kritikern und Filmhistorikern zu seinen besten. Das erzählerische Talent Keatons und sein handwerkliches Können waren schon voll entwickelt, obwohl der Komiker gerade erst 28 Jahre alt war.
Der junge Dandy Willie McKay (Keaton) verläßt New York, um im kleinen Städtchen Rockville eine Erbschaft anzutreten. Auf der Zugfahrt lernt er die attraktive Virginia Canfield (Talmadge) kennen, deren Einladung zum Essen er gern annimmt. Im Haus seiner Reisebekannten angekommen, muß Willie bald feststellen, daß er höchst unerwünscht ist: die Familie Canfield liegt seit Generationen mit den McKays in einer tödlichen Fehde, und nur das Gastrecht schützt Willie vor einem unnatürlichen Tod. Das Gesetz der Gastfreundschaft gilt allerdings nur solange, wie sich der letzte Sproß der McKays unter dem Dach seiner Feinde befindet, die unbedingt ihre Blutrache auskosten wollen.
Verflixte Gastfreundschaft ist fast ein reiner Familienfilm, soviele Keatons sind vor und hinter der Kamera vertreten. Buster Keatons´ Vater spielt den Lokomotivführer des Zuges, in dem Willie seine Angebetete kennenlernt. Diese wird von Natalie Talmadge-Keaton gespielt, Buster Keatons´ erster Ehe-

frau, ihr gemeinsamer Sohn Joseph ist als Klein-Willie im Film seines Vaters untergebracht und zu guter Letzt war sein Schwager, Joseph M. Schenck, als Produzent an diesem Film beteiligt.

Butch & Sundance - Die frühen Jahre

Butch & Sundance - The Early Years. USA 1979 **R** Richard Lester **B** Allan Burns **K** Laszlo Kovacs **M** Patrick Williams **P** Gabriel Katzka, Steve Bach/ 20th Century-Fox **L** 111 Min., Farbe **D** William Katt, Tom Berenger, Jeff Corey, John Schluck, Michael C. Gwynne, Peter Weller, Brian Dennehy, Chris Lloyd, Jill Eikenberry

Regisseur Richard Lester hatte zum Genre des Western eigentlich gar keinen Bezug - weder als Filmemacher noch als Zuschauer. Seinen Einstieg in dieses Metier bezeichnete der Brite dementsprechend auch als „ein viktorianisches Abenteuer". Der Film entstand zu einer Zeit, als man eigentlich noch nicht einmal mehr von einer Existenz des Western sprechen konnte, denn seit Mitte der 70er Jahre war die Produktion fast zum Erliegen gekommen.
Zehn Jahre vor Lester hatte George Roy Hill das erste Mal die Geschichte um die beiden sympathischen Gauner Butch Cassidy und Sundance Kid unter dem Titel ZWEI BANDITEN verfilmt und damit einen der erfolgreichsten Spätwestern der Filmgeschichte geschaffen. Die Version aus dem Jahr 1979 greift nun die Jugendjahre der beiden Gesetzesbrecher auf, in denen die zwei mit Raffinesse und Tollkühnheit bereits Züge überfallen, Banksafes plündern und mit diebischer Freude sogar ein ganzes Heer, das sich auf ihre Fersen geheftet hat, zum Narren halten.
„Mit *Butch & Sundance - Die frühen Jahre* hat Richard Lester einen Western inszeniert, der endlich einmal wieder Spaß macht. Da ist eine gute Geschichte mit parodistischen Elementen und ironischen Glanzlichtern, da sind zwei Hauptdarsteller, die Paul Newman und Robert Redford verblüffend ähneln und sich zudem mit ihrer schauspielerischen Leistung sehen lassen können." (Wolfgang J. Fuchs) jg

Ein Butler in Amerika

Ruggles of Red Gap. USA 1935 **R** Leo McCarey **B** Walter Deleon, Harlan Thompson, nach einer Vorlage von Harry Leon Wilson **K** Alfred Gilks **M** Ralph Tainger **P** Arthur Hornblow jr. / Paramount **L** 86 Min., s/w **D** Charles Laughton, Mary Boland, Charlie Ruggles, Ronald Young

1915 hatte es bereits mit dem frühen Tonfilmstar Taylor Holmes eine Kinoversion dieses Stoffes gegeben. Durch die sich laufend verbessernde technische Qualität erschien 1923 eine erneute Verfilmung mit Edward Everett Horton in der Hauptrolle angebracht.
Im Jahr 1935 konnte Charles Laughton nicht über mangelnde Beschäftigung klagen. Neben seinen dramatischen Rollen in MEUTEREI AUF DER BOUNTY und DIE ELENDEN bewies er in diesem Film auch sein Talent für Rollen, die im Rahmen der Komödie angesiedelt waren.
Laughton spielt einen typisch britischen Butler, der aufgrund der Wettniederlage seines Herren an einen reichen Amerikaner verschachert wird. Anfangs entsetzt über die haarsträubenden Verstöße gegen die Etikette, die seinen neuen Arbeitgebern permanent widerfahren, freundet er sich rasch mit dem Unabhängigkeits- und Freiheitsbegriff der USA an.
Der Film endet mit einer symbolträchtig aufgebauten Szenenfolge, in deren Ablauf Charles Laughton meisterhaft aus Abraham Lincolns *Gettysburg Address* (geschrieben im amerikanischen Bürgerkrieg) rezitiert.
Unter dem Titel *Herz in der Hose* entstand 1950 mit Bob Hope ein weiteres Remake, das allerdings sehr stark auf eine Aneinanderreihung von Slapstick-Effekten angelegt war. jg

Butterfly - Der blonde Schmetterling

Butterfly. USA 1981 **R** Matt Cimber **B** Matt Cimber, John Goff, nach dem Roman von James M. Cain **K** Eddy van den Enden **M** Ennio Morricone **P** Matt Cimber **L** 109 Min., Farbe **D** Stacy Keach, Pia Zadora, Orson Welles, Lois Nettleton, Edward Albert

Ein sehr dick aufgetragenes Gefühls- und Beziehungsdrama voller schwülstiger Untertöne. Ein Mann, Mitte Vierzig, lebt zurückgezogen als Wärter einer stillgelegten Mine in der ländlichen Einsamkeit. Eines Tages taucht seine verführerische junge Tochter auf, die einst mit der Mutter und deren Liebhaber den Vater verlassen hat. Schon nach kurzer Zeit munkelt man in der Stadt vom „blutschänderischen Treiben" zwischen den beiden. Eine Gerichtsverhandlung wird einberufen, um den Vorfall zu klären. Wie schon in Cains anderem Roman WENN DER POSTMANN ZWEIMAL KLINGELT wird auch diesmal das Motiv einer allesbeherrschenden Leidenschaft aufgegriffen, an der die Handelnden schließlich zerbrechen müssen. Matt Cimbers Film allerdings gibt sich alle Mühe, das Thema des Inzests spektakulär mit der Person der nymphenhaften Pia Zadora publikumswirksam zu vermarkten. Daran krankt dieser Film hauptsächlich.
Den wilden Wellen aufwühlender Leidenschaften konnte laut Regisseur Cimber selbst die perfekteste Studioausstattung nicht gerecht werden. So entstand der Film komplett in der Wüstengegend rund um Las Vegas. Ca. 50 Kilometer entfernt vom Paradies des Glücksspiels entdeckte die Crew tatsächlich ein verlassenes Minen-Bergwerk mit einem alten Walzwerk und einer morschen Grube, die für die Dreharbeiten die geeignete Kulisse darstellten.
Nach einem miserablen Kinostart dümpelte der Streifen zunächst einige Monate im Archiv, um dann erneut unter dem Titel *Der Richter von Nevada* aufgeführt zu werden. Auch dieser zweite Anlauf ging gründlich daneben. jg

Bye Bye Birdie

Bye Bye Birdie. USA 1963 **R** George Sidney **B** Irving Brecher, nach dem musikalischen Bühnenstück von Michael Stewart **K** Joseph Biroc **M** Charles Strouse, Lee Adams (Songs), Johnny Green (Score) **P** Fred Kohlmar für Columbia **L** 120 Min., Farbe **D** Janet Leigh, Dick Van Dyke, Ann-Margret, Maureen Stapleton, Bobby Rydell, Jesse Pearson

Das dem Film zugrundeliegende, äußerst erfolgreiche Broadway-Musical bezog seine Idee aus der Hysterie um Rock ´n´ Roll-Star Elvis Presley, die Anfang der 60erJahre die Staaten heimsuchte, und erzählt die Geschichte von Conrad Birdie (Pearson), einem Pop-Idol, der zur großen Verzweiflung seiner Fans kurz vor seiner Einberufung zur Armee steht. Song-Schreiber Albert (Van Dyke) möchte das verhindern, hat er doch gerade den Titelsong für einen in Vorbereitung befindlichen Film Birdies geschrieben, der ihm ermöglichen würde, dem Dunstkreis seiner dominanten Mutter entfliehen und endlich seine Verlobte Rosie (Leigh) heiraten zu können.
Die Geschichte, die darüber hinaus ein witziges Bild des Kleinstadtlebens in Iowa entwirft, erfuhr in George Sidneys Inszenierung eine schwungvolle Leinwand-adaption, aus der besonders die von Onna White choreographierten Musik-Nummern *The Telephone Hour* und *Sultan´s Ballet* herausragen. Ann-Margret legte mit dieser (ihrer dritten) Rolle einen weiteren Grundstein für ihre zunächst vielversprechende, später äußerst wechselhaft verlaufende Karriere als Entertainerin und Schauspielerin. nn

C

C.C. und Company

C.C. and Company. USA 1971 **R** Seymour Robbie **B** Roger Smith **K** Charles Wheeler **M** Lenny Stack **P** Allan Carr, Roger Smith für Avco Embassy Pictures **L** 94 Min., Farbe **D** Joe Namath, Ann-Margret, William Smith, Wayne Cochran

Die attraktive Ann (Ann-Margret) läuft auf einer Landstraße einer Motorrad-Gang über den Weg, wird jedoch von C.C. (Namath), dem Sensibelchen unter den Bikern, vor einer Gruppenvergewaltigung bewahrt. Aus lauter Dankbarkeit läßt sie sich mit ihm ein. Weitere Dramatik ergibt sich aus der Rivalität zwischen C.C. und dem rüden Moon (Smith) um die Führung der Gang.
Ein fürchterlicher Motorrad-Film aus dem Gefolge von DIE HÖLLENENGEL und EASY RIDER, der das verunglückte Schauspieldebüt von dem Football-Star Joe Namath (Spieler der New York Jets) darstellt. Von allen Beteiligten hat William Smith immer noch am meisten Leinwandpräsenz, und Ann-Margret trat hier wohl nur aus Liebe zu ihrem Ehemann Roger Smith auf, dem Co-Produzenten und Autor dieses lausigen Streifens. al

C.R.A.S.H.

Mother, Jugs and Speed. USA 1975 **R** Peter Yates **B** Tom Mankiewicz **K** Ralph Woolsey **M** Joel Sill **P** Peter Yates, Tom Mankiewicz **L** 98 Min., Farbe **D** Bill Cosby, Raquel Welch, Harvey Keitel, Allen Garfield, Larry Hagman

Der bedrohliche Existenzkampf des Krankentransport-Unternehmens „F&B-Ambulance" in Los Angeles spitzt sich zu. Zu wenig Aufträge bedeutet gleichzeitig zu wenig Subventionen von der Stadt und damit kein Geld für die Angestellten. So machen sich Mother (Cosby), Spritze (Keitel) und Co. auf, um mit allerlei Tricks an die Krankenfahrten und damit ans Geld zu gelangen. Daß dabei auch mal in fremden Revieren gewildert werden muß, macht den Job nicht gerade leichter, doch zu guter Letzt beseitigt eine Fusion mit der Konkurrenz sämtliche Schwierigkeiten.
„Nicht wert, ein einziges Mal gesehen zu werden" war noch das beste Urteil der Kritiker. Auch die eigentlich ansehnliche Besetzungsliste konnte am absoluten Verriß nichts ändern, zu lustlos agierten die Schauspieler vor der Kamera. Bill Cosby konnte seine TV-Beliebtheit nicht umsetzen, Raquel Welch glänzt einzig und allein durch ihren Pin-up-Status und Harvey Keitels Rolle im zuvor abgedrehten TAXI DRIVER war allemal dankbarer und beeindruckender als die Darstellung eines unfreiwilligen Krankenwagen-Fahrers. dk

Cabal - Die Brut der Nacht

Nightbreed. USA 1990 **R** Clive Barker **B** Clive Barker, nach seinem Roman *Cabal* **K** Robin Vidgeon **SpE** Bob Keen **M** Danny Elfman **P** Gabrielle Martinelli für Morgan Creek Prod. **L** 103 Min., Farbe **D** Craig Sheffer, Anne Bobby, David Cronenberg, Charles Haid, Hugh Quarshie

Nach den wenig appetitlichen Streifen HELLRAISER und *Hellbound - Hellraiser II* schlug Clive Barker, Spezialist für magenumdrehende Splatter- und Gore-Streifen, mit *Cabal* ein drittes Mal in diese Kerbe und versorgte Fans dieses Genres mit einer Flut von neuen Abstrusitäten.
Der junge Boone (Sheffer) träumt permanent von „Midian" - einem wahren Ort des Grauens, in dem schleimige Kreaturen über den Boden glitschen und sich Monster aller Art verstümmelt, entstellt und mißgestaltet ein Stelldichein geben. Ein Psychiater (dargestellt von Horror-Regisseur David Cronenberg persönlich), der mit diesen Wahnvorstellungen gar nichts anfangen kann, verabreicht Boone ein Beruhigungsmittel, dem dieser es zu verdanken hat, daß er prompt von einem Auto angefahren wird. Im Krankenhaus trifft Boone einen Unbekannten, der ihm den Weg nach „Midian" zeigt. Dort angekommen, stirbt er, um sich gleich darauf in eines der dort hausenden Monstren zu verwandeln und mit den übrigen Deformierten jeden menschlichen Eindringling (in diesem Fall eine Horde Polizisten) zu bekämpfen.
Barker maß dem Kinoeinsatz von HELLRAISER und *Cabal* eher eine sekundäre Bedeutung bei und gab ohnehin Video den Vorzug, das er in Hinsicht auf den Verbreitungsgrad seiner Werke für das richtige Medium hielt. „Ein Film wie ein Rummelplatz, laut, voller greller Effekte, Farben und Schocks, aber auch mit stillen Winkeln, mit Orten voller Wärme und Poesie." (*tip, Berlin*) jg

Cabaret

Cabaret. USA 1971 **R** Bob Fosse **B** Jay Presson Allen, nach dem Bühnenstück *I Was a Camera* von John van Druten, den *Berlin Stories* von Christopher Isherwood und dem Musical *Cabaret* von John Masteroff **K** Geoffrey Unsworth **M** John Kander, Ralph Burns **P** Cy Feuer / Allied Artists, ABC Pictures **L** 117 Min., Farbe **D** Liza Minnelli, Michael York, Helmut Griem, Marisa Berenson, Fritz Wepper, Elisabeth Neumann-Viertel, Helen Vita, Ralf Wolter, Sigrid von Richthofen, Joel Grey

Die Filmfassung von *Cabaret* weicht in vielen Punkten vom Musical ab. Wo die Bühnenfassung noch mit naiver Harmlosigkeit unterhält, ist die Katastrophe des heraufziehenden Nationalsozialismus ein wesentlicher Bestandteil der Filmversion.
Zu Beginn der 30er Jahre kommt ein englischer Student (York) nach Berlin. In einer Pension lernt er das amerikanische Mädchen Sally (Minnelli) kennen, die allabendlich als Sängerin und Tänzerin in einer zwielichtigen Nachtbar auftritt. Beide verlieben sich ineinander, erleben den Vormarsch der Nazis, haben eine Liaison mit einem deutschen Adligen (Griem) und kehren Berlin den Rücken, als Hitlers Machtübernahme bevorsteht.
Das deutsche Publikum sollte ursprünglich eine Szene nicht zu sehen bekommen. Während einer Fahrt ins Grüne kommen Liza Minnelli, Michael York und Helmut Griem in einen Landgasthof, wo ein Hitlerjunge gerade ein deutsches Volkslied zum besten gibt, das sich im Laufe seines Vortrages in einen Marschgesang verwandelt und sämtliche Gäste dazu veranlaßt, die Hand zum Hitler-Gruß zu heben. Auf Protest zahlreicher Kritiker wurde die Szene wieder in den Film aufgenommen. Die Innenaufnahmen zu *Cabaret* entstanden in den Münchener Bavaria-Studios. Da Berlin infolge seiner Kriegszerstörungen nur noch wenige urtypische Straßenzüge zu bieten hatte, wurden die Außenaufnahmen in Wien abgedreht.
Bei den Oscar-Feierlichkeiten überhäufte man den Film mit Auszeichnungen. „And the winner is..." hieß es gleich achtmal für *Cabaret*, und zwar in den Sparten „Beste Regie", „Beste weibliche Hauptrolle" (Minnelli), „Beste männliche Nebenrollen (Grey), „Beste Kamera", „Beste Ausstattung" (Rudolf Zehetbauer), „Bester Ton" (Robert Knudson, David Hildyard), „Bester Schnitt" (David Bretherton) und „Beste Musik." jg

Cabiria

Cabiria. Italien 1914 **R** Giovanni Pastrone **B** Giovanni Pastrone, nach dem Roman *Karthago in Flammen* von Emilio Salgari, Zwischentitel von Gabriele d´Annunzio **K** Segundo de Chomón,

Giovanni Tomatis, Augusto Batagliotti, Natale Chiusano **M** Roland Zag, Jiri Berdych **P** Giovanni Pastrone für Itala Film **L** 125/150 Min., s/w **D** Italia Almairante Manzini, Lidia Quaranta, Umberto Mozzato, Bartolomeo Pagano

Hinter *Cabiria*, der den Höhepunkt einer Reihe von Monumentalfilmen und das wichtigste Werk der italienischen Stummfilmära darstellt, stand Giovanni Pastrone, eine der schillerndsten Persönlichkeiten des italienischen Stummfilms. Der Regisseur und Chef des Studios Itala Film konnte für sein Projekt den berühmten Dichter Gabriele d´Annunzio gewinnen, der vereinbarungsgemäß als Autor genannt wurde (in Wirklichkeit zeichnet er nur für die Zwischentitel verantwortlich), um mit seinem Namen für die Finanzierung des Films zu garantieren. Pastrone inszenierte unter dem Pseudonym Piero Fosco, um D´Annunzios Namen noch mehr Gewicht zu verleihen.
Die Geschichte spielt zur Zeit des Dritten Punischen Krieges (149-146 v. Chr.), als nach dem Ausbruch des Ätna auf Sizilien die junge Cabiria (Quaranta) in die Gewalt von Seeräubern gerät und als Sklavin nach Karthago verschleppt wird. Der Hohepriester will sie den Göttern opfern, doch der Römer Fulvio (Mozzato) und sein getreuer Sklave Maciste (Pagano) befreien sie in letzter Sekunde...
Der Aufwand, der für dieses monumentale Epos getrieben wurde, sucht in der Geschichte des Stummfilms seinesgleichen. Die sechsmonatigen Dreharbeiten schlossen Außenaufnahmen in Tunis, Sizilien und den Alpen ein, und statt gemalter Kulissen benutzte man originalgetreu rekonstruierte Bauten. Neben der denkwürdigen Ausstattung waren es auch einige technische Neuerungen, die *Cabiria* zu einem Meilenstein der Filmgeschichte werden ließen. So setzte Pastrone erstmalig einen Kamerawagen ein, den er sich kurz zuvor hatte patentieren lassen, und konnte so ohne Schnitt Großaufnahmen filmen, in dem sich die Kamera an die Person heran oder von ihr weg bewegte. Die Beleuchtungstechnik wurde ebenfalls stark verbessert.
Cabiria wurde - auch international - ein Riesenerfolg, der Regisseure wie D. W. Griffith und Cecil B. DeMille beeinflußte. Die Figur des Maciste wurde dank ihrer Popularität häufiger Gast in italienischen Historienschinken bis in die Zeit der Sandalenfilme der 60er Jahre hinein. al

Cabo Blanco

Caboblanco. USA 1980 **R** J. Lee Thompson **B** Mort Fine, Milton Gelman **K** Alex Philips jr. **M** Jerry Goldsmith **P** Lance Hool, Paul A. Joseph für Cabo Prod. **L** 91 Min., Farbe **D** Charles Bronson, Dominique Sanda, Jason Robards, Fernando Rey, Simon MacCorkindale, Camilla Sparv, Gilbert Roland

Der britische Routinier J. Lee Thompson, seit TAG DER ABRECHNUNG bevorzugter Regisseur Charles Bronsons, inszenierte den Action-Star hier in einem etwas lahmen Abenteuerfilm, der kaum verhüllt das Erfolgsrezept von CASABLANCA kopiert.
In einem kleinen peruanischen Küstenstädtchen macht sich 1949 eine Reihe zwielichtiger Individuen auf die Suche nach einem Schiff, das kurz nach Kriegsende mit Gold im Werte von 22 Mio. $ vor der Küste gesunken war: Der ehemalige Ober-Nazi Beckhoff (Robards), der korrupte Polizeichef des Ortes (Rey) und die mysteriöse Französin Marie (Sanda). Der zynische Kneipenwirt Giff (Bronson) sieht sich durch seine Gefühle für letztere in diese undurchsichtige Aktion hineingezogen, an deren Ende der Oberschurke im Angesicht der Niederlage in bester Nazi-Tradition zur Zyankali-Kapsel greift.
Zwar beteuerten die Produzenten, sie hätten trotz der Titel-Ähnlichkeiten kein Remake von CASABLANCA im Sinn gehabt, doch in *Cabo Blanco* ist mehr als ein Handlungselement aus dem unnachahmlichen Klassiker von 1942 geklaut. In diesem Falle rührte man die Zutaten zu einer unausgegorenen Mischung aus Romanze, Politik und Abenteuer zusammen. Bronson liefert seine übliche wortkarge Routine, während Rey und Sanda in diesem anspruchslosen Kommerzvehikel gänzlich fehl am Platz scheinen. Die negativen Reaktionen auf den Film hielten das Erfolgs-Duo Sydney Pollack und Robert Redford jedoch nicht davon ab, zehn Jahre später mit HAVANNA ein weiteres verdecktes Remake zu versuchen und damit gehörig auf die Nase zu fallen. al

Cadillac Man

Cadillac Man. USA 1989 **R** Roger Donaldson **B** Ken Friedman **K** David Gribble **M** J. Peter Robinson **P** Charles Roven, Roger Donaldson **L** 95 Min., Farbe **D** Robin Williams, Tim Robbins, Pamela Reed, Fran Drescher, Zack Norman

DER CLUB DER TOTEN DICHTER brachte ihm 1989 eine Oscar-Nominierung ein, mit seinem nachfolgenden Film kehrte Robin Williams zur Komödie zurück, dem Genre, in dem er seine ersten Erfolge gefeiert hatte.
Der überzeugte Komödiant galt schon in der Schule als großer Spaßmacher und wurde zum „witzigsten Mitschüler" gewählt. Sein Talent wurde dann erstmals im amerikanischen Fernsehen auf die Probe gestellt, mit dem Ergebnis, daß Williams 1978 mit „Mork vom Ork" eine eigene Serie bekam. Neben den zahlreichen Fernsehauftritten überzeugte Williams in seiner One-Man-Show am Theater vor allem durch sein Improvisationstalent, eine Eigenschaft, die ihm auch in *Cadillac Man* zugute kommt.
Dort spielt er den Autoverkäufer Joey O´Brien, dem sowohl sein Job als auch sein Privatleben keine Ruhe läßt. Um sein mörderisches Verkaufssoll zu erreichen, dreht Joey auch schon mal einer Witwe einen neuen Wagen an oder versucht die Mafia von der Notwendigkeit eines neuen fahrbaren Untersatzes zu überzeugen. Sein Privatleben füllt der quirlige Verkäufer mit zahlreichen amourösen Abenteuern mit seinen Kundinnen aus, und um seine leicht chaotische Lebensweise zu komplettieren sitzen ihm noch eine Ex-Frau (Reed) und eine Menge Schulden im Nacken. Dies alles steuert natürlich auf einen unvermeidlichen Höhepunkt zu. Gerade, als sein Büro voller Kunden ist, diverse Freundinnen auf ein Zeichen warten und der Chef im Hintergrund tobt, platzt ein Mann (Robbins) mit durchgeladener Maschinenpistole in die Szenerie. Er will die Treue seiner Verlobten, einer Angestellten des Autohauses, untersuchen und nimmt zu diesem Zweck alle Anwesenden kurzerhand als Geiseln. Eine Situation, die Joey scheinbar nur mittels seiner Verkaufstricks und professionellen Redseligkeit retten kann, zumal sich der Kidnapper als absolut überfordert erweist.
Regisseur Roger Donaldson (COCKTAIL) und sein Hauptdarsteller entdeckten während der Dreharbeiten zu *Cadillac Man* sogar autobiographische Gemeinsamkeiten. Beider Väter waren echte Autoverkäufer, eine Tatsache, die gerade Donaldson, nach eigener Aussage, beim Studium seiner Charaktere half. dk

Caesar und Cleopatra

Caesar and Cleopatra. Großbritannien 1946 **R** Gabriel Pascal **B** George Bernard Shaw, Marjorie Deans, nach dem Schauspiel von Shaw **K** Frederick A. Young, Robert Krasker, Jack Hildyard, Jack Cardiff **M** Georges Auric **P** Gabriel Pascal / Arthur Rank **L** 138 Min., Farbe **D** Vivien Leigh, Claude Rains, Stewart Granger, Flora Robson, Francis L. Sullivan, Cecil Parker, Raymond Lovell, Ernest Thesiger, Michael Rennie, Jean Simmons

Die Liebesgeschichte zwischen dem alternden Cäsar und der blutjungen ägyptischen Königin Cleopatra bot zwar für die filmische Umsetzung gewisse Reize, doch sollte das Resultat an der Kinokasse sowohl 1946 als auch beim Remake 1962 gleichermaßen katastrophal sein.
Die Dreharbeiten zu der englischen Variante begannen bereits noch in den Kriegsjahren, kamen aber nur äußerst schleppend voran. Aus der Luft setzten die deutschen Bomben über London dem Team zu und innerhalb der Crew sorgte die zartbesaitete Vivien Leigh mit ihren zahlreichen Krankheiten sowie einer Fehlgeburt für permanente Aufregung. *Caesar und Cleopatra* sollte ein Prestigeobjekt des britischen Films werden, und so scheuten die Produzenten keine Geldmittel, um mit einem riesigen Aufwand an Menschen und Material die Größe ihres Filmschaffens eindrucksvoll zu demonstrieren. 5,2 Millionen Dollar wurden während der überlangen Drehzeit ausgegeben, 2.000 Kostüme mußten geschneidert werden. Gabriel Pascal, der eigentlich den Ruf eines recht

Cannabis - Engel der Gewalt

Cannabis. Frankreich/Italien/BRD 1970 **R** Pierre Koralnik **B** Franz-André Burguet, Pierre Koralnik, nach dem Roman *Et puis s'en vont...* von F.S. Gilbert **K** Willy Kurant **M** Serge Gainsbourg **P** Euro-France Capitole Film (Paris), P.E.C. (Rom), Roxy Film (München) **L** 93 Min., Farbe **D** Jane Birkin, Serge Gainsbourg, Paul Nicholas, Gabriele Ferzetti, Curd Jürgens

Der Schweizer Pierre Koralnik hatte bereits mit einigen Fernseh-Arbeiten auf sich aufmerksam gemacht, als er mit diesem starbesetzten Thriller sein Leinwanddebüt als Regisseur gab.
Die Geschichte dreht sich um Serge (Gainsbourg), einen Mafia-Killer, der sich in Frankreich um unliebsame Konkurrenz der New Yorker Drogenbosse kümmern soll. Während des Fluges lernt er die Botschaftertochter Jane (Birkin) kennen, die ihm beim gewalttätigen Empfang auf dem Pariser Flughafen behilflich ist und dem Verwundeten Unterschlupf gewährt. Man verliebt sich ineinander und möchte zusammen ein neues Leben beginnen. Doch da ist auch noch Serges Mafia-Kollege Paul (Nicholas)...
Diese geschickt und spannend gemachte Krimi-Story verwurstet so ziemlich alles, was Anfang der 70er Jahre als modern und sensationell galt. Jane Birkin und ihr langjähriger Lebensgefährte Gainsbourg führen etwas Sexual-Akrobatik vor, man sieht Drogenparties junger Leute, und das Blut spritzt reichlich. Die Cannabis-Pflanze des Titels steht trotzdem eher im Hintergrund und dient nur als spekulativer Aufhänger für eine konventionelle Gangster-will-aussteigen-Geschichte. al

Cap und Capper - Zwei Freunde auf acht Pfoten

The Fox and the Hound. USA 1981 **R** Art Stevens, Ted Berman, Richard Rich **B** L. Clemmons, Ted Berman, Peter Young, Steve Hulet, nach dem Roman von Daniel P. Mannix **A** Randy Cartwright, Cliff Nordberg, Frank Thomas, Glen Keane **M** Buddy Baker **P** Wolfgang Reitherman, Art Stevens für Walt Disney Prod. **L** 78 Min., Farbe **D** Deutsche Stimmen: Claus Wilke, Brigitte Mira, Benno Hoffmann, Wolfgang Völz

Der 20. Walt-Disney-Langfilm ist gleichzeitig auch der letzte von Wolfgang Reitherman, einer der letzten „großen, alten Männer" aus Disneys Zeichnergarde. Mit der Beendigung seiner Laufbahn kündigte sich auch gleichzeitig ein Generationswechsel bei den traditionsreichen Studios an. Ende der Sechziger stand man vor dem Problem, auf Disney-Veteranen verzichten zu müssen, ohne dadurch Qualitätseinbußen zu erleiden. Hatte man bis dahin die Nachwuchsarbeit versäumt, so wurde nun ein Ausbildungsprogramm zur Förderung junger Talente ins Leben gerufen. In den zehn Jahren,die von der Einführung des Programmes bis zur Veröffentlichung von *Cap und Capper* vergingen, wurden aus 20.000 Bewerbern rund 150 Kandidaten ausgewählt, von denen die Hälfte in den Disney-Studios verblieb. Dabei ist man nach Abschluß der zahlreichen Prüfungen noch keineswegs ein fertiger Trickfilm-Zeichner. Als erste Stufe auf der Karriereleiter werden die neuen Mitarbeiter als „In-Betweeners" eingesetzt, d. h. sie dürfen die Figuren ausmalen. Um die zeitraubende Arbeit an den Trickfilmen zu verkürzen, wurde dann Anfang der 80er die „Disney-School of Animation" mit dem Ziel gegründet, zwei komplette Zeichner-Teams auszubilden.
Cap und Capper gilt als erste Bewährungsprobe dieser neuen Zeichner-Generation, die das Kunststück fertigbrachte, neue Ideen mit der alten Disney-Tradition zu verbinden. Die Geschichte handelt von einem jungen Jagdhund, der mit einem gleichaltrigen Fuchs Freundschaft schließt. Das gefällt weder dem ortsansässigen Jäger noch dem Chef der Hundemeute, die Jagd auf das Fuchswelpen machen. Allerlei Mißverständnisse führen dazu, daß sich Cap und Capper entzweien, ehe sie durch ein dramatisches Finale und die Unterstützung durch allerlei Tiere wieder ihre alte Freundschaft entdecken.
Angesichts der turbulenten und vergnüglichen Bilder ist es nur schwer vorstellbar, was für ein gigantischer Arbeitsaufwand hinter solch einer Produktion steckt. In den vier Jahren von der Idee bis zum fertigen Film (allein ein Jahr wurde für die Erstellung des Story-Boards benötigt) entstanden rund 393.000 Einzelzeichnungen, 180 Zeichner schufen in über zwei Jahren 748 verschiedene Schattierungen und verbrauchten in 705.600 Arbeitsstunden 1.705 Liter Farbe. Superlative, die die Liebe zum Detail und die Faszination der Disney-Welt verdeutlichen. dk

Capone

Capone. USA 1975 **R** Steve Carver **B** Howard Browne **K** Vilis Lapenieks **M** David Grisman **P** Roger Corman für Santa Fe **L** 91 Min., Farbe **D** Ben Gazzara, Susan Blakely, Harry Guardino, John Cassavetes, Sylvester Stallone, Peter Maloney, Frank Campanella, Royal Dano, Dick Miller

In einer Mischung aus Fiktion und Wirklichkeit versuchte Steve Carver in seinem Film, der Figur des legendären Bandenbosses Al Capone gerecht zu werden. Capone (Gazzara) kommt 1920 völlig mittellos nach Chicago; neun Jahre später hat er durch eine Kette von „krummen Dingern" ein Millionenvermögen gehortet. Capone gehört zu denjenigen Großverbrechern der Vereinigten Staaten, die den Begriff der organisierten Kriminalität erst richtig geprägt haben. Auf sein Konto gingen allein 70 Morde und unzählige Raubüberfälle sowie Alkoholschmuggel, Prostitution und das Betreiben verbotener Spielhöllen. Capone starb 1947 bezeichnenderweise so wie er lebte - an Syphilis.
Als bekanntestes Filmwerk, das sich mit der Gestalt Capones auseinandersetzte, gilt der 1932 entstandene Howard-Hawks-Streifen SCARFACE. Steve Carver entwarf zwar nach ausgiebigen Recherchen ein neues, aktualisiertes Bild des Superverbrechers, doch uferte sein Film leider allzu oft in eine bloße Aneinanderreihung von blutrünstigen Szenen aus, die zwar den Action-Liebhaber ansprechen mögen, dafür jedoch zu wenig Licht in die damaligen gesellschaftlichen Zustände bringen.
Bemerkenswert sind John Cassavetes als Frankie Yale und der junge Sylvester Stallone, der nach FAHR ZUR HÖLLE, LIEBLING zum zweiten Mal in einem Jahr die Rolle eines tumben Leibwächters übernahm. jg

Capriccio

Capriccio. Deutschland 1938 **R** Karl Ritter **B** Felix Lützkendorf, Rudo Ritter **K** Günther Anders **M** Alois Melichar **P** UFA **L** 99 Min., s/w **D** Lilian Harvey, Anton Imkamp, Paul Dahlke, Aribert Wäscher, Victor Stahl, Paul Kemp, Kate Kühl, Margot Höpfner, Hedi Höpfner

Regisseur Karl Ritter war eigentlich bis 1919 Berufsoffizier. Nach dem für Deutschland so „schmählichen" Abschluß des Versailler Vertrages zog er es vor, als Kunstmaler und Grafiker zu arbeiten. Während des Dritten Reiches meldete er sich wieder eifrig zu Wort, arbeitete als Propagandachef bei der Emelka und avancierte schließlich zum Produktionsleiter der UFA. Zu seinem Gesamtwerk gehören einige üble politische Propagandastreifen, die ganz im Sinne des Nationalsozialismus angefertigt wurden.
Mit *Capriccio* erhielt er zur Abwechslung einmal die Möglichkeit, sich im Komödienfach zu betätigen.
Lilian Harvey spielt das Mädchen Madelone, das von ihrem Großvater wie ein Junge erzogen wird. Nach dessen Tod will sie ihr Vormund sogleich verheiraten, doch sie entkommt dem drohenden Ehehafen durch ihre Flucht in Männerkleidern. Unterwegs lernt sie den Abenteurer Fernand (Stahl) kennen, in dessen Armen sie schließlich ihr Glück findet, nachdem ihr die Rolle des Bräutigams bei einer erneuten Hochzeit fast zum Verhängnis geworden wäre.
Ritter mußte am 13. Januar 1938 bei Goebbels im Propagandaministerium erscheinen, da dieser das Drehbuch in seiner Endfassung so nicht akzeptieren wollte. Es gelang ihm aber, den Klumpfuß davon zu überzeugen, daß man aus *Capriccio* wirklich keinen politischen Film machen konnte, wie es Goebbels eigentlich gewollt hatte. jg

Caprice

Caprice. USA 1966 **R** Frank Tashlin **B** Jay Jayson, Frank Tashlin **K** Leon Shamroy **M** Frank DeVol **P** Melcher / Arcola **L** 97 Min., Farbe **D** Doris Day, Richard Harris, Ray Walston, Edward Mulhare, Jack Kruschen

Ein umwerfend komischer Doris-Day-Film, der im Kielwasser der damals topaktuellen Spionagethriller schwimmt, die Thematik aber entsprechend auf seine Hauptdarstellerin abstimmt und auf diese Weise herrlich persifliert. In *Caprice* liefern sich nicht Agenten unterschiedlicher Militärblöcke eine aufreibende Schlacht, sondern eine Gruppe skrupelloser Industriespione tobt sich im Kampf um ein neuartiges Produkt hemmungslos aus. Es geht um ein Haarspray. Auch Doris Day wird in das Ringen um dieses Kosmetikprodukt verwickelt, was ihr die Gelegenheit zu einigen spektakulären Auftritten gibt.
In keinem anderen Film muß sie einen derart hohen körperlichen Einsatz zeigen, wie in *Caprice*. Sie kullert einen Abhang herunter, stürzt in einem Kino (in dem prompt der Film *Caprice* mit ihr in der Hauptrolle gezeigt wird) von der Balustrade ins Parkett oder muß sich auf wankenden Skiern einer Verfolgungsjagd durch die Berge aussetzen. Dabei spielt Regisseur Tashlin geschickt mit den Randerscheinungen der modernen Gesellschaft, deren Verlogenheit und Künstlichkeit er durch eine maßlose Übersteigerung von Effekten entlarvt. Doris Day wird in diesem Zusammenhang weniger als Schauspielerin eingesetzt, sondern fungiert als grotesk übertriebenes Spiegelbild ihres eigenen Images. jg

Caprona - Das vergessene Land

The Land That Time Forgot. Großbritannien 1975 **R** Kevin Connor **B** Michael Moorcock, James Cawthorne, nach einer Vorlage von Edgar Rice Burroughs **K** Alan Hume **M** Douglas Gamley **SpE** Derek Meddings, Roger Dicken **P** John Dark / Max J. Rosenberg Prod. **L** 84 Min., Farbe **D** Doug McClure, John McEnery, Susan Penhaligon, Keith Barron, Anthony Ainley, Godfrey James, Bobby Parr

Edgar Rice Burroughs hat nicht nur den Dschungel-Helden Tarzan erfunden, sondern in den 20er Jahren auch eine Anzahl von Fantasy-Romanen geschrieben, die vom englischen Regisseur Kevin Connor für eine Folge von bunt-naiven Abenteuerfilmen adaptiert wurden. Die erste Umsetzung für die Leinwand war *Caprona* - ein perfekt gemachtes, kurzweiliges Spektakel, das es vor allem auf die jüngeren Zuschauer abgesehen hatte.
Im Ersten Weltkrieg gelingt es einer Gruppe beherzter Engländer, ein U-Boot mit bösen Deutschen zu entern, doch kurz darauf gerät man in eine mächtige Strömung und wird in eine Unterwasserhöhle gezogen. Als man wieder auftaucht, befindet man sich in einem Sumpfsee, umgeben von hohen Bergketten. In Caprona, so heißt das merkwürdige Land, stößt die Besatzung auf Steinzeitmenschen und gefährliche Dinosaurier. Der Ausbruch eines Vulkans verschont nur die Biologin Lisa (Penhaligon) und ihren Freund Tyler. Dieser schreibt eine Flaschenpost, um die Welt über Caprona in Kenntnis zu setzen.
Nennenswert an diesem Film sind vor allem die liebevoll gestalteten Szenen der urweltlichen (trügerischen) Idylle, in denen auf die Animation der Dinosaurier der größte Wert gelegt wurde. „Wer auch als Erwachsener die Lust am Märchenhaften, am wohligen Gruseln ohne Reue nicht verloren hat, kommt in *Caprona* voll auf seine Kosten.“ (*Evangelischer Filmbeobachter*) jg

Caprona, 2. Teil

The People That Time Forgot. Großbritannien 1977 **R** Kevin Conner **B** Patrick Tilley, nach einer Vorlage von Edgar Rice Burroughs **K** Alan Hume, Paul Beeson, Peter Allwork, John Harris **M** John Scott **SpE** John Richardson, Ian Wingrove **P** John Dark / Max J. Rosenberg Prod. **L** 90 Min., Farbe **D** Patrick Wayne, Doug McClure, Sarah Douglas, Dana Gillespie, Thorley Walters, Shane Rimmer

Zwar ergeben sich in den Anschlüssen des zweiten Teils zu dem Kinovorgänger CAPRONA - DAS VERGESSENE LAND einige Unstimmigkeiten, trotzdem kommt die Handlung mit dem Auftauchen des ersten prähistorischen Ungetüms in Schwung.
Tylers Flaschenpost ist nach drei Jahren in Schottland gefunden worden. Auf Drängen seines Freundes McBride (dargestellt vom John-Wayne-Sohn Patrick) bricht eine Expeditionscrew nach Caprona auf, um Tyler zu suchen. Man entdeckt tatsächlich die geheimnisvolle Insel und den Vermißten. Auf die detektivische Frage, was aus der wackeren Biologin Lisa geworden ist, wird der aufmerksame Zuschauer, der auch schon den ersten Teil gesehen hat, allerdings keine Antwort erhalten. Nehmen wir eben an, daß auch sie das Opfer von Sauriern geworden ist. Tyler immerhin lebt noch, doch kommt Doug McClure über eine Gastrolle während des gesamten Films nicht hinaus. Nachdem erneut aufregende Abenteuer mit Steinzeitmenschen und Riesenechsen bestanden sind, bricht wieder einmal Capronas berüchtigter Vulkan aus und dezimiert die Expeditionstruppe (darunter auch McClure). „Überwiegend sind die Spezialeffekte für den Kassenerfolg des Films verantwortlich. Sie dominieren über die Handlung, sobald Wayne und seine Gruppe ihr Schiff verlassen haben...“ (*Variety*). Die pittoresken Außenaufnahmen fanden in Schottland und auf den Kanarischen Inseln statt. jg

Captain Newman

Captain Newman, M. D. USA 1963 **R** David Miller **B** Richard L. Breen, Phoebe und Henry Ephron, nach dem Roman von Leo Rosten **K** Russell Metty **M** Frank Skinner **P** Robert Arthur für Brentwood-Reynard Prod./Universal **L** 108 Min. (Originalfassung 126 Min.), Farbe **D** Gregory Peck, Tony Curtis, Angie Dickinson, Eddie Albert, Bobby Darin, Robert Duvall

Captain Newman (Peck) ist Psychiater eines amerikanischen Armee-Hospitals im Kriegsjahr 1944. Unter seinen Patienten sind ein Korporal (Darin), der fürchtet, im Grunde ein Feigling zu sein, und ein Pilot (Duvall), der sich nach seinem Abschuß über feindlichem Gebiet ein Jahr lang in einem deutschen Keller versteckt gehalten hatte. Außerdem hat der Arzt ständig mit seinen Vorgesetzten zu tun, die keinerlei Verständnis für psychisch Kranke aufbringen.
Nach einem Bestseller von Leo Rosten entstanden, an den sich längere Zeit kein Produzent gewagt hatte, bewegt sich *Captain Newman* etwas unkomfortabel zwischen Drama und Komödie. Zwar tut die amüsante Darstellung von Tony Curtis als spitzbübische Ordonnanz dem schweren Material durchaus gut, ebenso wie die obligatorische Romanze des Doktors mit einer kurvigen Krankenschwester (Dickinson), doch die Regelmäßigkeit, mit der sich komische und ernste Szenen abwechseln, wirkt schnell monoton. Gregory Peck ist mit seiner üblichen Ausstrahlung von Ruhe und Zuverlässigkeit ideal besetzt, die schauspielerische Glanzleistung des Films liefert jedoch Bobby Darin, der dafür eine Oscar-Nominierung als Bester Nebendarsteller erhielt. al

Caracas

Caracas. Österreich 1989 **R** Michael Schottenberg **B** Michael Horotwitz, Michael Schottenberg **K** Walter Kindler **M** Erich Kleinschuster **P** Peter Pochlatko / Neue Studio Film GmbH Wien **L** 91 Min., Farbe **D** Regula Bill, Gerhard Zemann, Franz Blauensteiner, Herta Böhm, Robert Dietl, Karl Kratzl, Christoph Künzler, Paolo Loew, Leo Mazakarini

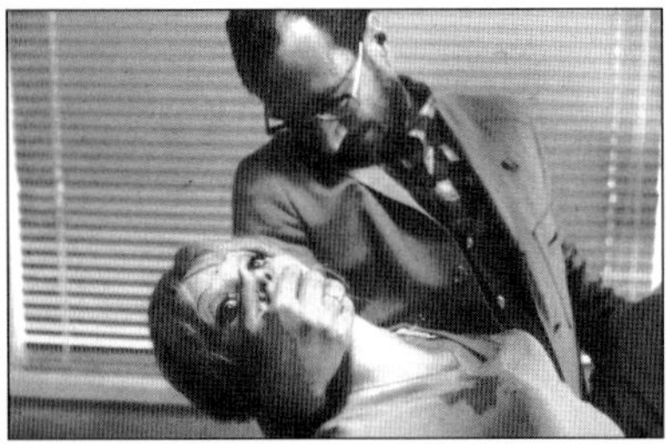

Michael Schottenbergs schwarzhumoriger Erstlingsstreifen ist eine respektlose Variante des bewährten Thrillers OSSESSIONE bzw. WENN DER POSTMANN ZWEIMAL KLINGELT, nur haben sich in seiner Version die Verhältnisse etwas umgekehrt.
Ein Ehepaar bewirtschaftet am Rande einer Einfallstraße eine mittelmäßig laufende Tankstelle. Während sich der Mann in der Freizeit seinem Terrarium widmet, vergnügt sich die Frau mit den vorüberziehenden Fernfahrern. Auf lange Sicht hin kann dieser Zustand nicht anhalten. Mit einem raffiniert ausgeklügelten Giftattentat befördert der betrogene Ehemann seine Angetraute ins Jenseits, doch damit sind noch längst nicht alle Probleme beseitigt.
Caracas erhielt bei den Filmfestspielen von Cannes 1989 den Prix de la Jeunesse und wurde ein Jahr später noch einmal in Saarbrücken mit dem Max-Ophüls-Preis ausgezeichnet. Seine besondere Originalität bezieht dieser Film aus der Nachahmung von Motiven des US-Road-Movies und deren Umsetzung auf österreichische Verhältnisse. Das Ergebnis ist eine miefige Spießbürgerlichkeit voll abstoßender Figuren und Peinlichkeiten (köstlich hierbei die Szenen eines Wettbewerbs für Amateurtänzer), die in ihrer filmischen Umsetzung stark an die derben Zeichnungen des Wiener Karikaturisten Deix erinnern. jg

Caravaggio

Caravaggio. Großbritannien 1986 **R** Derek Jarman **B** Derek Jarman **K** Gabriel Beristain **M** Simon Fisher Turner **P** Sarah Radclyffe / British Film Institute, Channel Four **L** 93 Min., Farbe **D** Nigel Terry, Sean Bean, Garry Cooper, Dexter Fletcher, Spencer Leigh, Tilda Swinton, Nigel Davenport

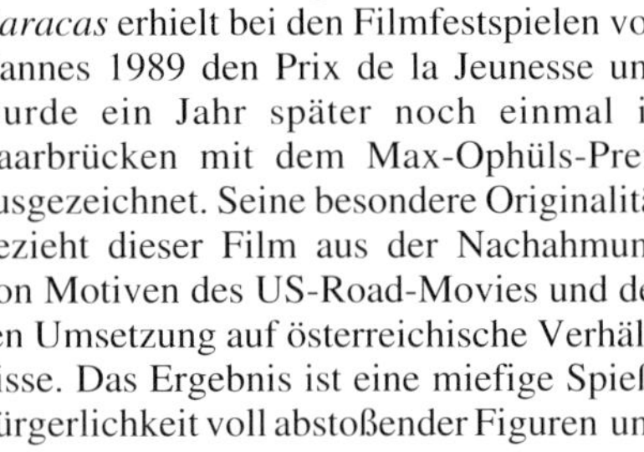

In stilisierten, gemäldehaften Bildern hat Englands Außenseiter-Regisseur Derek Jarman seinen Film über Leben und Werk des italienischen Renaissance-Malers Caravaggio (1571-1610) inszeniert. Er folgt dabei nicht den historischen Wahrheiten, sondern versucht die Werke des Künstlers mit einer entsprechenden Dramaturgie in Einklang zu bringen. Caravaggio wird in diesem sehr wortkarg gehaltenen Film als Opfer seiner Leidenschaften präsentiert, und die sind eindeutig von gleichgeschlechtlicher Art - handelt es sich doch bei den anvisierten Sexualpartnern um einen Strichjungen und einen Macho-Messerstecher. Die Außenseiter der Gesellschaft sind es, die er in seine Bilder integriert, und die ihn selbst zum künstlerischen Sonderling werden lassen.
Jarman drehte *Caravaggio* mit einem Minimal-Budget von 475.000 Pfund, wobei der britische Privatsender Channel Four einen Teil der Finanzierung übernahm. Als Studio für die Innenaufnahmen, aus denen der Film ausschließlich besteht, diente eine leerstehende Lagerhalle in den Londoner Docklands (bevor dort der Bauboom einsetzte). Jarman verzichtete auf ein historisch perfektes Ambiente; seine Geschichte der Gefühle ist zeitlos. Und so hört man gelegentlich im Hintergrund das Dröhnen von Motoren oder sieht an den Körpern der Akteure Jeans und Armbanduhren.
Caravaggio wurde 1986 auf den Berliner Filmfestspielen mit dem Silbernen Bären ausgezeichnet und kam erst mit einjähriger Verspätung in die deutschen Programmkinos. jg

Carmen

Carmen. Spanien 1983 **R** Carlos Saura **B** Carlos Saura, Antonio Gades, nach Motiven der Novelle von Prosper Mérimée **K** Teo Escamilla **M** Paco de Lucia **P** Emiliano Piedra für Emiliano Piedra Prod. **L** 101 Min., Farbe **D** Antonio Gades, Laura del Sol, Paco de Lucia, Cristina Hoyos, Juan Antonio Jimenez

Der zweite Beitrag aus Carlos Sauras Trilogie von Tanzfilmen, die mit BLUTHOCHZEIT begann, wurde zu einem überwältigenden internationalen Erfolg. Saura orientiert sich dabei mehr an Prosper Mérimées Novelle von 1845 als an der Opern-Bearbeitung von Georges Bizet, deren Musik zwar vorhanden ist (in einer Aufnahme mit Joan Sutherland und Mario del Monaco), jedoch hinter Paco de Lucias Flamenco-Klängen zurücktritt.
Der Film beginnt mit der Suche des Choreographen Antonio (Gades) nach einer geeigneten Hauptdarstellerin für seine Tanz-Version der Geschichte. Nachdem er sie in der jungen Carmen (Del Sol) gefunden hat und die Proben beginnen, verwischen sich für ihn (und den Zuschauer) allmählich Realität und Phantasie, denn er hat sich in seine Partnerin verliebt. So läuft die Handlung auf zwei Ebenen ab, wird quasi verdoppelt. Am Schluß bringt Antonio seine Carmen in der Garderobe um - mit einem Theatermesser.
Konnte Saura bei BLUTHOCHZEIT im Prinzip auf eine fertige Inszenierung von Gades zurückgreifen, entstand *Carmen* praktisch aus dem Nichts. Dem Regisseur schwebte eine Rückführung des Stoffes zu seinen spanischen Wurzeln vor, weg von der für den (französischen) bürgerlichen Geschmack komponierten Bizet-Oper. Dafür benötigt er keine aufwendigen Kulissen und Kostüme, es reichen eine fast leere Theaterbühne und die Ausdruckskraft der Tänzer.
Sauras Synthese aus Tanz, Musik und Film wurde von Kritik und Publikum gleichermaßen begeistert aufgenommen und erhielt in Cannes den Preis für den Besten künstlerischen Beitrag sowie eine Oscar-Nominierung als Bester fremdsprachiger Film.
Im gleichen Jahr versuchten sich noch weitere Regisseure am Carmen-Mythos: Francesco Rosi mit CARMEN und Jean-Luc Godard mit VORNAME: CARMEN. al

Carmen

Carmen. Frankreich/Italien 1983 **R** Francesco Rosi **B** Francesco Rosi, Tonino Guerra, nach der Oper von Georges Bizet (b.a. der Novelle von Prosper Mérimée) **K** Pasqualino de Santis **P** Patrice Ledoux für Gaumont/Prod. Marcel Dassault (Paris), Opera Film Prod. (Rom) **L** 152 Min., Farbe **D** Julia Migenes-Johnson (Sopran), Placido Domingo (Tenor), Ruggero Raimondi (Bariton), Faith Esham (Sopran), Julien Guiomar

Im Gegensatz zu seinen Kollegen Carlos Saura (CARMEN) und Jean-Luc Godard (VORNAME: CARMEN) bedient sich Francesco Rosis Version nicht des Handlungsstranges der Novelle von Prosper Mérimée aus dem Jahre 1845, die der Oper von Bizet zugrunde liegt, sondern hält sich ausschließlich an die Struktur von Bizets Vertonung. Seine *Carmen* ist gefilmte Oper, vorgetragen von namhaften Solisten und dirigiert von Lorin Maazel (Orchestre National de France). Der italienische Regisseur hat schon öfter sein Faible für Spanien und seine Mythen zum Ausdruck gebracht und bereits einmal auf der Leinwand umgesetzt (im Stierkampf-Film DER AUGENBLICK DER WAHRHEIT).
Dementsprechend entstand seine *Carmen* an andalusischen Original-Schauplätzen, fast jede Szene spielt sich unter freiem Himmel ab. Doch genau hier liegt das Problem dieses Liebes-und Eifersuchtsdramas. Wie die künstliche Opernwelt mit ihren großen Gesten mit dem „Realisimus" der Umgebung verschmelzen soll, bleibt ein Rätsel. Wer von Rosi, seit jeher auf sozialkritische Themen abonniert, eine Neu-Interpretation des Stoffes erwartet, wird enttäuscht. Für einige Szenen sind ihm und seinem Kamera-Virtuosen Psqualino de Santis schöne filmische Metaphern geglückt (etwa beim Stierkampf am Anfang), doch der Rest bewegt sich in konventionellem Rahmen.
Der ist allerdings überwältigend ausgestattet und in Szene gesetzt. Alle Darsteller/Sänger sind in Topform, besonders Migenes-Johnson als Carmen und Ruggero Raimondi (schon in Joseph Loseys DON GIOVANNI dabei) als Escamillo. Für die Choreographie der Tanzszenen zeichnet übrigens Antonio Gades verantwortlich, der schon in Sauras Version

zu sehen war. Ein Kritiker schrieb: „Der *Indiana Jones* der Opernfilme...eine südländische Seifenoper, wenn es jemals eine gegeben hat!" al

Carmen Jones

Carmen Jones. USA 1954 **R** Otto Preminger **B** Harry Kleiner, nach dem Stück von Oskar Hammerstein **K** Sam Leavitt **M** Georges Bizet, Oskar Hammerstein **P** Otto Preminger / 20th Century-Fox **L** 106 Min., Farbe **D** Dorothy Dandridge, Harry Belafonte, Olga James, Pearl Bailey, Diahann Carroll, Roy Glenn, Nick Stewart, Joe Adams, Broe Peters

Während des Krieges hatte sich die moderne Variante der Oper *Carmen* am Broadway als wahrer Kassenknüller entpuppt. Der ungewöhnliche Erfolg lag vor allem an der gelungenen Ansiedlung des Stoffes in einem völlig anderen Metier. So spielt die Handlung nicht mehr in Spanien, sondern im Amerika der 50er Jahre. Es ist die Geschichte eines Ehedramas. Ein farbiger Pilot heiratet eine ebenfalls farbige Fabrikarbeiterin und tötet sie, als sie ihm untreu wird.
Die Tatsache, daß ausschließlich Schwarze als Akteure das Leinwandgeschehen beherrschen, veranlaßte die *Variety* bei der Uraufführung zu der absonderlichen Bemerkung : „...hat gute Aussichten ein Kassenerfolg zu werden, obwohl nur Neger in diesem Film mitwirken. In manchen Situationen wird man damit sicherlich seine Schwierigkeiten haben..."
Preminger übernahm die Broadway-Bühnenvorlage fast unverändert, reduzierte jedoch die sexuellen Momente etwas in ihrer Eindeutigkeit. Entstanden ist dabei ein mitreißender Musikfilm voll ausdrucksstarker Tanzszenen und darstellerischer Einzelleistungen. Diese Intensität findet auf der Leinwand ihren entsprechenden Ausdruck in der erstmals kombinierten Verwendung der beiden Filmformate CinemaScope und Sensuoscope.
Dorothy Dandridge wurde in ihrer Hauptrolle für den Oscar nominiert. Eine weitere Nominierung erhielt *Carmen Jones* in der Sparte „Bester Musical Soundtrack". jg

Carrasco, der Schänder

The Outrage. USA 1964 **R** Martin Ritt **B** Michael Kanin, nach einer Geschichte von Ryunosuke Akutagawa und dem Film RASHOMON von Akira Kurosawa **K** James Wong Howe **M** Alex North **P** A. Ronald Lubin, Metro-Goldwyn-Mayer **L** 95 Min., s/w **D** Paul Newman, Laurence Harvey, Claire Bloom, Edward G. Robinson, William Shatner, Howard Da Silva, Albert Salmi, Thomas Chalmers, Paul Fix

Bevor es zu einer Realisierung des Films kam, hatten Michael Kanin und seine Frau bereits am Broadway das Stück mit Rod Steiger, Claire Bloom und Noel Willman aufgeführt. Das Drehbuch griff in seiner Dramaturgie dabei recht deutlich auf den 1951 entstandenen Klassiker RASHOMON des japanischen Meisterregisseurs Akira Kurosawa zurück.
Auf einer entlegenen Bahnstation treffen sich drei Männer, die als Zeugen aus ihren jeweilig unterschiedlichen Perspektiven die Geschichte eines Verbrechens erzählen. Der zum Tode Verurteilte (Newman) hat eine Frau (Bloom) vergewaltigt und deren Mann (Harvey) umgebracht.
Die schauspielerischen Leistungen der Beteiligten sind in diesem Film ganz ansehnlich, lediglich Laurence Harvey hat das Nachsehen, sehr reduziert agieren zu müssen. Man sieht ihn die meiste Zeit angebunden an einem Baum stehen. Paul Newman, der im Gegensatz zu den Kritikern diesen Film mochte, bleibt trotz Bart und Akzent immer noch in seiner Person erkennbar, was dazu beiträgt, daß es mit der Glaubwürdigkeit der Geschichte etwas hapert. Sein mexikanisch angehauchter Akzent in der Originalfassung war dermaßen schlecht, daß man ihn angeblich gebeten haben soll, nach Mexiko City zu fliegen, um sich dort im führenden Fernsehkanal beim ganzen Land zu entschuldigen. jg

Carrie

Carrie. USA 1952 **R** William Wyler **B** Ruth und Augustus Goetz, nach dem Roman *Sister Carrie* von Theodore Dreiser **K** Victor Milner **M** David Raksin **P** William Wyler für Paramount **L** 116 Min., s/w **D** Laurence Olivier, Jennifer Jones, Miriam Hopkins, Eddie Albert

Der erste Roman des Amerikaners Theodore Dreiser, dessen bekanntestes Werk *Eine amerikanische Tragödie* werden sollte, wurde, obwohl bereits 1900 gedruckt, vom Verlagshaus zwölf Jahre lang zurückgehalten, da man seinen Inhalt als zu unmoralisch ansah.
Es geht um eine Farmerstochter, Carrie (Jones), die ihre kleine Heimatstadt verläßt, um in Chicago ihr Glück zu machen. Da sie keine Arbeit findet, wird sie die Geliebte eines Handlungsreisenden (Albert). Alles ist in bester Ordnung, bis sich Carrie mit dem verheirateten Restaurantmanager Hurstwood (Olivier) einläßt. Der veruntreut die Gelder seines Chefs und flieht mit ihr nach New York. Nachdem der Schwindel aufgeflogen und das Geld zurückgegeben ist, verläßt Carrie Hurstwood, um eine Karriere beim Theater anzustreben...
Obwohl Carrie aufgrund ihrer Unabhängigkeit eine der interessantesten Frauenfiguren der amerikanischen Literatur darstellt, waren sich die Kritiker darüber einig, daß die Geschichte 1952 wohl kaum noch die Gemüter erregen würde. Der Film ist ein gepflegtes Melodram mit guten Schauspielern, obwohl gerade Jennifer Jones in der Titelrolle Feuer vermissen läßt. Olivier arbeitete hartnäckig an einem amerikanischen Akzent für eine Rolle, die zuvor von Cary Grant abgelehnt worden war. al

Carrie - Des Satans jüngste Tochter

Carrie. USA 1976 **R** Brian de Palma **B** Lawrence D. Cohen, nach dem Roman von Stephen King **K** Mario Tosi **M** Pino Donaggio **P** Paul Monash für Red Bank Films/United Artists **L** 97 Min., Farbe **D** Sissy Spacek, Piper Laurie, Amy Irving, William Katt, John Travolta, Nancy Allen, Betty Buckley, Priscilla Pointer

Die fünfzehnjährige Carrie White (Spacek) ist das häßliche Entlein ihrer Klasse und leidet unter den Hänseleien ihrer Mitschülerinnen. Sie lebt mit ihrer Mutter (Laurie), einer religiösen Fanatikerin, zusammen. Eines Tages entdeckt Carrie telekinetische Kräfte an sich: Sie kann Gegenstände allein durch ihre Willenskraft bewegen. Als sie auf dem Schulball erneut Opfer eines hinterhältigen Streiches der Mädchen wird, entfesselt sie ein blutiges Chaos...
Nachdem Carrie und ihre Mutter am Ende mitsamt ihrem Haus in Schutt und Asche gesunken sind, kann der Zuschauer eigentlich aufatmen, doch der Regisseur hält noch eine Überraschung parat, die zu den wirkungsvollsten Schocksequenzen zählt, die jemals zu sehen waren.
Brian de Palmas erster großer kommerzieller Erfolg als Regisseur ist zugleich die erste Verfilmung eines Romans des rührigen Horror-Schriftstellers Stephen King, der seither zahlreiche Filmvorlagen geliefert und bisweilen selbst hinter der Kamera gestanden hat. Mit großer Sorgfalt baut De Palma die Spannung auf, um dann in den letzten zwanzig Minuten ein wahres Inferno heraufzubeschwören: Carrie, von ihren Mitschülerinnen mit Schweineblut übergossen, rächt sich an allen, unter deren Verachtung und Gemeinheit sie bisher zu leiden hatte. De Palmas Einsatz von Musik (Pino Donaggio), Kameraperspektiven und Stilmitteln wie Zeitlupe in *Carrie* ist meisterlich - nur der Einsatz des Split-Screen-Verfahrens bei der Schulball-Szene stört. Die ausgedehnte Zeitlupensequenz wurde später zu einer Art Markenzeichen des Regisseurs. Den technischen Leistungen ebenbürtig sind die Darsteller: Die 27jährige Sissy Spacek ist als 15jähriger Teenager ebenso überzeugend wie Piper Laurie (in ihrer ersten Filmrolle seit 15 Jahren) als von religiösem Wahn beseelte Mutter. Beide wurden mit einer Oscar-Nominierung bedacht.
Betty Buckley und Amy Irving gaben hier ihr Filmdebüt. al

Cartouche, der Bandit

Cartouche. Frankreich/Italien 1961 **R** Philippe de Broca **B** Charles Spaak, Daniel Boulanger, Philippe de Broca **K** Christian Matras **M** Georges Delerue **P** Georges Danciger für Les Films Ariane/Filmsonor (Paris), Vides Cinematografica (Rom) **L** 100 Min. (Originalfassung 115 Min.), Farbe **D** Jean-Paul Belmondo, Claudia Cardinale, Odile Versois, Marcel Dalio, Jean Rochefort, Jess Hahn

Ein hinreißender Mantel-und Degenfilm, der zu den besten des Genres gehört. Belmondo spielt den draufgängerischen Banditen Cartouche, der im vorrevolutionären Frankreich schnell zu einer Art Robin Hood wird, da er das mit seiner Bande den Reichen abgenommene Diebesgut unter die Bedürftigen verteilt. Er entbrennt in heftiger Liebe zu der schönen Diebin Venus (Cardinale) und zur kühlen Isabelle (Versois), der Gattin des Polizeipräfekten. Als er wegen letzterer in eine Falle gerät, können ihn nur seine Kumpane, angeführt von Venus, wieder befreien. Beim darauffolgenden Kampf stirbt das Mädchen.
De Brocas Film ist ein farbenprächtiges, mit leichter Hand und viel Charme inszeniertes Abenteuerspektakel mit unerwartet tragisch-ernstem Ausgang, das auf tatsächlichen Begebenheiten beruht. Die französischen Kritiker waren einigermaßen irritiert ob dieser vergnüglichen Räuberpistole, hatte De Broca doch bislang als Vertreter der Nouvelle Vague gegolten.
Cartouche markiert seine zweite Zusammenarbeit mit Belmondo, der hier seine sportlichen Fähigkeiten ausgiebig zur Schau stellen konnte und noch in vier weiteren Filmen des Regisseurs die Hauptrolle spielen sollte. Mit Claudia Cardinale, seiner Partnerin aus SIE NANNTEN IHN ROCCA, ergänzte „Bebel" sich hervorragend - schade, daß sie seitdem nur noch einmal, in DER MANN AUS MARSEILLE, gemeinsam auf der Leinwand zu sehen waren. al

Casablanca

Casablanca. USA 1943 **R** Michael Curtiz **B** Howard Koch, Julius J. Epstein, Philip G. Epstein, nach dem Bühnenstück *Everybody Comes to Rick´s* von Murray Burnett und Joan Alison **K** Arhur Edeson **M** Max Steiner **P** Hal. B. Wallis / Warner Bros., First National **L** 102 Min., s/w **D** Humphrey Bogart, Ingrid Bergman, Paul Henreid, Claude Rains, Conrad Veidt, Sydney Greenstreet, Peter Lorre, W. Z. Sakall

Casablanca wird nicht nur heute mit dem Status eines Kultfilms gehandelt. In der bewegten Zeit der 40er Jahre galt er schon kurz nach der Aufführung als Meisterwerk, obwohl es sich im strengen Sinne ja eigentlich „nur" um einen melodramatisch eingefärbten Propagandafilm gegen die Nazis handelte. Bei der Oscar-Verleihung wurde *Casablanca* zum Besten Film des Jahres 1943 gekürt; weitere Auszeichnungen gingen an Regisseur Michael Curtiz und das Drehbuch-Team Der nicht sehr kostenintensive und ausschließlich im Studio gedrehte Film erzählt die Geschichte einer Handvoll Flüchtlinge, die sich nach der Okkupation Frankreichs durch die Nazis in Casablanca versammelt haben und von dort aus nach Amerika emigrieren wollen. Der sarkastische Besitzer einer Nachtbar (Bogart), die als Anlaufstelle für die Flüchtlinge fungiert, hat dabei eine kurze Liaison mit der Frau eines ungarischen Widerstandskämpfers (Bergman), entsagt aber dieser Verbindung und verhilft der Geliebten und ihrem Mann zur Flucht.
Die Dreharbeiten zu *Casablanca* begannen noch bevor das fertige Skript existierte. Als Vorlage diente das Theaterstück zweier unbekannter Autoren, das nie seine Aufführung erlebt hatte und von den Warner Bros. zu einem Spottpreis von 20.000 Dollar gekauft wurde. Die Uraufführung des Films wurde von der rasanten Veränderung der militärischen Lage eingeholt. Am 8. November 1942 landeten die Truppen der Alliierten in Nordafrika und besetzten Casablanca und Algier.
Die erst 1952 angelaufene deutsche Fassung war drastisch gekürzt und inhaltlich völlig verfremdet worden. Der Film wurde als Spionageabenteuer präsentiert; sämtliche Andeutungen auf das Nazi-Regimes und die Vichy-Regierung waren verschwunden. 1975 strahlte die ARD eine neusynchronisierte Fassung aus, die den Gehalt des Originals berücksichtigte. jg

Casanova ´70

Casanova ´70. Italien/Frankreich 1965 **R** Mario Monicelli **B** Age & Scarpelli, Mario Monicelli, Suso Cecchi D´Amico **K** Aldo Tonti **M** Armando Trovaioli **P** Carlo Ponti für Compagnia Cinematografica Champion (Rom), Les Films Concordia (Paris) **L** 116 Min., Farbe **D** Marcello Mastroianni, Virna Lisi, Michèle Mercier, Marisa Mell, Margaret Lee, Enrico Maria Salerno, Liana Orfei, Marco Ferreri

Marcello Mastroianni ist ideal besetzt als Nato-Offizier Andrea, ein moderner Casanova, der eines Tages um seine Männlichkeit fürchten muß, als auch der gewagteste Striptease seiner Freundin (Mercier) bei ihm keinerlei Reaktionen hervorruft. Ein Psychiater rät zu platonischen Beziehungen, doch Andrea weiß es bald besser: Er braucht die Gefahr als Stimulanz!
Wie schon in SCHEIDUNG AUF ITALIENISCH und GESTERN, HEUTE, MORGEN verkörpert Mastroianni perfekt das Bild des (italienischen) Mannes, der sich in seiner althergebrachten Rolle als unermüdlicher Liebhaber sieht und seinen Platz in einer Welt des Fortschritts und der weiblichen Emanzipation sucht. Mit Impotenz hatte der Schauspieler bereits in BEL ANTONIO zu kämpfen, allerdings mit weit ernsterem Unterton. Mario Monicellis Film ist eine amüsante Sex-Farce, die mit viel Charme und Tempo serviert wird und neben zahlreichen photogenen Schauplätzen in Europa mit einer attraktiven Damenriege aufwarten kann. Regisseur Marco Ferreri hat einen witzigen Auftritt als übelwollender Graf. Die Autoren erhielten eine Oscar-Nominierung für das Beste Original-Drehbuch.
La Stampa: „Die Sittensatire wird zwar angepeilt, aber nie richtig in Angriff genommen - der Mythos des Verführers, der schon bis zum Überdruß in so vielen Filmen aufs Korn genommen wurde, wird hier ohne Bosheit verrissen, obwohl die komisch-grotesken Einfälle nicht immer erstklassig sind." al

Casino Royale

Casino Royale. Großbritannien 1967 **R** John Huston, Ken Hughes, Val Guest, Robert Parrish, Joseph MacGrath **B** Wolf Mankowitz, John Law, Michael Sayers, Billy Wilder, Val Guest, Joseph Heller, Ben Hecht, Terry Southern, nach dem Roman von Ian Fleming **K** John Wilcox, Jack Hildyard, Nicholas Roeg **M** Burt Bacharach **P** Charles K. Feldman, Jerry Bresler für Famous Artists **L** 129 Min., Farbe **D** David Niven, Peter Sellers, Ursula Andress, Orson Welles, Joana Pettet, Daliah Lavi, Woody Allen, Terence Cooper, Deborah Kerr, William Holden, Charles Boyer, John Huston, Kurt Kasznar, George Raft, Jean-Paul Belmondo, Peter O´Toole, Jacqueline Bisset, Stirling Moss, Barbara Bouchet

Von allen Bond-Romanen des Briten Ian Fleming besaß das Produzententeam Broccoli/Saltzman nur an zweien nicht die Filmrechte: Auf *Casino Royale* hatte Charles K. Feldman die Option und auf *Feuerball* Kevin McClory. Während sich McClory mit dem Duo einigte und man gemeinsam das vierte „reguläre" Bond-Abenteuer FEUERBALL produzierte, wagte Feldman einen Alleingang.
Heraus kam dabei ein wahres Monstrum von Film, das von fünf Regisseuren und zwölf Drehbuchautoren (von denen nur drei im Vorspann genannt werden) zusammen-gestoppelt wurde. Mit Flemings Roman (übrigens der erste der Bond-Serie) hat die schon nach kurzer Zeit völlig außer Kontrolle geratene und kaum nachzuverfolgende Hand-

lung kaum noch etwas zu tun. Der Film beginnt in Schottland, wo Sir James Bond (Niven) im Ruhestand lebt. Die Aktivitäten der Verbrecherorganisation SMERSH unter Führung des Ober-Gangsters Le Chiffre (Welles) nehmen jedoch ein so bedrohliches Ausmaß an, daß Vertreter internationaler Geheimdienste den amtsmüden Agenten zur Rückkehr drängen. Das ist der Auftakt zu einer Story, die insgesamt mit nicht weniger als sechs Bonds aufwartet, darunter James´ Neffe Jimmy Bond (Allen), Ergebnis einer Affäre mit Mata Hari (!). Der Film bietet viele witzige und bissige Episoden, die jedoch niemals zu einem Ganzen verschmelzen. Es gibt keinen einheitlichen Erzählerstandpunkt, sondern nur ein wirres Durcheinander von Gags und Gastauftritten. Die gelungensten Sequenzen sind die mit Woody Allen sowie eine in Berlin spielende Episode, die umwerfend die Klischees und Stimmung expressionistischer Filme wie METROPOLIS und DR. MABUSE aufs Korn nimmt. Der Film hatte an den Kinokassen einigen Erfolg, war jedoch so teuer, daß sich kaum Gewinne einstellten. Am denkwürdigsten sind noch das von Herb Alpert gespielte Titelthema und der Song *The Look of Love*, der von Dusty Springfield intoniert und für einen Oscar nominiert wurde. al

Cassandra Crossing

The Cassandra Crossing. Großbritannien/Italien 1977 **R** George Pan Cosmatos **B** Tom Mankiewicz, Katy Cosmatos, nach einer Geschichte von Robert Katz **K** Ennio Guarnieri **M** Jerry Goldsmith **P** Lew Grade, Carlo Ponti / Avco Embassy **L** 126 Min., Farbe **D** Sophia Loren, Richard Harris, Burt Lancaster, Ava Gardner, Martin Sheen, Ingrid Thulin

Ein später Katastrophenfilm von aufwendiger Machart (diesmal aus europäischem Haus) mit einem imposanten Staraufgebot. Ein junger Terrorist setzt die Passagiere im Genf-Stockholm-Expreß einer tödlichen Gefahr aus, indem er sie mit einem Killervirus bedroht. Der Zug wird von den Behörden unter Quarantäne gestellt. Eine nervenaufreibende Odyssee beginnt, da kein Land bereit ist, die gefährdeten Passagiere aufzunehmen. Der Expreß wird auf die stillgelegte Cassandra-Brücke umgeleitet, wo es zu einem furiosen Showdown kommt.
Regisseur und Autor hatten die Idee, die besagte Todesbrücke nicht in Schweden zusammenbrechen zu lassen, sondern sie nach Polen zu verlegen. Für sämtliche beteiligten hochrangigen Schauspieler wurden die Dreharbeiten zu einer Farce, die sich am Rande der Lächerlichkeit bewegte. Burt Lancaster entwickelte Eigeninitiative und schrieb persönlich mit dem wenig fähigen Regisseur Cosmatos die Szenen für Richard Harris und Sophia Loren um. „*Cassandra* war Kitsch in Vollendung. Nicht nur, daß ich weder Polen noch die Cassandra-Brücke zu sehen bekommen habe, ich habe auch den Film niemals gesehen", meinte Lancaster Jahre später.
Am Rande der Dreharbeiten gab es noch einen wunderschönen Skandal. Sophia Loren, ihr Mann Carlo Ponti, Richard Harris und Ava Gardner wurden von den italienischen Behörden angeklagt, sich antike Kunstschätze unter den Nagel gerissen zu haben. Aus Mangel an Beweisen nahm man die Verdächtigungen jedoch wieder zurück. jg

Cassidy, der Rebell

Young Cassidy. Großbritannien 1964 **R** Jack Cardiff, John Ford **B** John Whitig, nach der Autobiographie *Mirror in My House* von Sean O´Casey **K** Ted Scaife **M** Sean O´Riada **P** Robert O. Graff, Robert Emmett Ginna / Sextant **L** 108 Min., Farbe **D** Rod Taylor, Flora Robson, Jack MacGowran, Sian Phillips, T. P. McKenna, Philip O´Flynn, Maggie Smith, Michael Redgrave, Edith Evans

Auch wenn die Credits John Fords Namen in der Regie angeben, so sind im Endschnitt gerade noch 10 Minuten vorhanden, die unter seiner Verantwortung und Leitung entstanden.
Rod Taylor verkörpert den irischen Bühnenautor und Rebellen Sean O´Casey, nach dessen autobiographischen Aufzeichnungen sich dieser Film richtet. Tagsüber buddelt O´Casey als einfacher Arbeiter Gräben aus, am Abend jedoch nimmt er an politischen Versammlungen teil und eignet sich durch umfangreiche Lektüre Wissen an. Bald reicht es ihm nicht mehr, Pamphlete gegen die britischen Besatzer zu schreiben, er will auch gegen sie kämpfen.
Die beiden Produzenten Graff und Ginna hatten Ford ein Honorar von 50.000 Dollar angeboten, das dieser vorerst akzeptierte. Ford arbeitete zur selben Zeit noch an den letzten Änderungen zu CHEYENNE, machte sich aber trotz dieser beruflichen Anspannung und seiner angeschlagenen Gesundheit auf den Weg nach Irland. Graff und Ginna waren von seinem ersten Auftritt in Dublin mehr als entsetzt. Volltrunken und unrasiert wankte ihnen Ford aus dem Flugzeug entgegen. Der Star-Regisseur aus den USA eröffnete den beiden, er habe ohnehin nur eine Woche Zeit, denn er müsse rechtzeitig zur Premiere von CHEYENNE wieder zurück in Hollywood sein, worüber die Produzenten sehr ungehalten waren. Ihrer Meinung nach war das viel zu wenig Zeit. „Was erwartet ihr eigentlich für die lausigen 50 Riesen?" soll Fords Antwort darauf gewesen sein. jg

Castaway - Die Insel

Castaway. Großbritannien 1987 **R** Nicholas Roeg **B** Allan Scott, nach dem Buch von Lucy Irvine **K** Harvey Harrison **M** Stanley Myers **P** Rick Mc Callum / Cannon Screen Entertainment, United British Artists **L** 117 Min., Farbe **D** Oliver Reed, Amanda Donohoe, Tony Richards, Todd Rippon, Georgina Hale, Francis Barber, John Sessions

Der inzwischen sehr korpulent gewordene Oliver Reed spielt einen Mann Mitte Vierzig, der sich den Traum vom Leben auf einer einsamen Insel realisieren möchte. Per Zeitungsannonce sucht er eine Frau fürs Leben. Seine Wahl fällt auf eine junge Angestellte (Donohoe), mit der er nach überhasteter Heirat zu der Insel aufbricht. Der Traum von paradiesischen Tagen voller Glück, Sex und Harmonie zerplatzt jedoch wie eine Seifenblase und wird von erbitterten Streitereien, Hunger und Krankheit verdrängt.
Nicholas Roeg ließ für die Rolle der Lucy 160 junge Engländerinnen vorsprechen, von denen lediglich zehn danach fragten, wer denn nun eigentlich ihr Filmpartner sein sollte. Seine Wahl fiel auf Amanda Donohoe, die in *Castaway* ihre erste Rolle in einem Spielfilm übernahm.
Die Geschichte dieses Streifens geht dabei auf eine wahre Begebenheit zurück. Anfang der 80er Jahre hatte sich tatsächlich ein jungverheiratetes Pärchen auf einer Insel absetzen lassen und dort die Hölle auf Erden erlebt. Nicholas Roeg drehte mit seinem Team die Außenaufnahmen auf den Seychellen. Da die Filmhandlung einen Hurricane vorsah, sich das Wetter aber die ganze Zeit von seiner schönsten Seite zeigte und die Anschaffung einer Windmaschine zu teuer gewesen wäre, wurden die Propeller des creweigenen Flugzeuges angeworfen, um für den nötigen Wind zu sorgen.
Die Aufführung von *Castaway* anläßlich der Filmfestspiele in Cannes war von Buhrufen begleitet. „Virtuoser Kamerazauber gibt dem flachen Psychospiel eine bunte Hülle, aber leider unterliegt der Tropentraum dem visuellen Abnutzungseffekt durch die Werbeästhetik." (*zitty*) jg

Cat Ballou - Hängen sollst du in Wyoming

Cat Ballou. USA 1965 **R** Elliot Silverstein **B** Walter Newman, Frank Pierson, nach dem Roman *The Ballad of Cat Ballou* von Ray Chanslor **K** Jack Marta **M** Frank De Vol **P** Harold Hecht **L** 95 Min., Farbe **D** Jane Fonda, Lee Marvin, Michael Callan,

Dwayne Hickman, Nat King Cole, Stubby Kaye, Jay C. Flippen, Bruce Cabot

Musikalisch begleitet von den als Bänkelsänger auftretenden Jazz-Spezialisten Nat King Cole und Stubby Kayes (deren Liedern in der deutschen Fassung mit Bill Ramsey und Eddie Arent eine unsägliche Synchronisation widerfahren ist) wird die Western-Ballade des weiblichen Banditen Cat Ballou (Fonda) erzählt. Als junges Mädchen gerät sie nach dem gewaltsamen Tod ihres Vates auf die falsche Seite des Gesetzes. Zusammen mit drei verwegenen Helfershelfern plündert sie einen Zug aus, um sich an dem Mörder ihres Vaters zu rächen. Bald schon wird aus Cat Ballou eine steckbrieflich gesuchte Kriminelle, auf die ganz Wyoming Jagd macht.
Cat Ballou galt zur Zeit seiner Aufführung als die erste wirklich gelungene Western-Parodie, wobei zu diesem Prädikat vor allem die Darstellung Lee Marvins als permanent besoffener und abgewrackter Revolverheld ihren Beitrag geleistet hat. Marvin wurde in dieser Rolle mit einem Oscar für die Beste männliche Hauptrolle ausgezeichnet. Zu Nominierungen brachten es Drehbuch, der Filmsong von Jerry Livingston und DeVols Score sowie William Reynolds Schnitt.
Nur wenige Wochen nach Beendigung der Dreharbeiten verstarb überraschend Nat King Cole kurz vor seinem 48. Geburtstag. jg

Catch 22

Catch 22. USA 1970 **R** Mike Nichols **B** Buck Henry, nach dem Roman von Joseph Heller **K** David Watkin **P** Martin Ransohoff, John Calley für Filmways/Paramount **L** 121 Min., Farbe **D** Alan Arkin, Martin Balsam, Richard Benjamin, Art Garfunkel, Jack Gilford, Bob Newhart, Anthony Perkins, Paula Prentiss, Martin Sheen, Jon Voight, Orson Welles

Joseph Hellers Roman um eine auf der kleinen Mittelmeerinsel Pianosa stationierte Bomberstaffel während des II. Weltkrieges entwickelte sich nach seinem Erscheinen im Jahre 1961 zum Bestseller. Die literarischen Qualitäten dieser grotesk-komischen (Anti) Kriegssatire sind unbestritten, Mike Nichols Leinwand-Adaption erfuhr jedoch eine alles andere als einhellige Beurteilung. Wie im Buch steht im Mittelpunkt des Films Captain Yossarian (Arkin), ein Pilot, der all seinen Erfindungsreichtum einsetzt, um sich vor gefährlichen Einsätzen zu drücken. Schwierigkeiten bereitet dabei eine Klausel der Dienstordnungsvorschrift: „Catch 22" besagt, daß nur für fluguntauglich erklärt werden kann, wer verrückt ist und den Antrag selbst stellt. Doch wer ihn selber stellt, kann logischerweise nicht verrückt sein...
Catch 22 wimmelt nur so von komischen, absurden und tragischen Situationen und einer Vielzahl von Charakteren, die in ihrer Gesamtheit den Wahnwitz des Krieges repräsentieren. In der besten Tradition von WIE ICH DEN KRIEG GEWANN und M.A.S.H. geraten bei Nichols der Militarismus und dessen Auswüchse selbst ins Kreuzfeuer beißenden Spotts und werden der Lächerlichkeit preisgegeben.
Angeblich gab es nach der Fertigstellung des Films Probleme mit Paramount, die auf starken Schnitten und Veränderungen bestand und diese teilweise ohne Nichols´ Zustimmung ausführte. Die Reaktionen nach der Uraufführung waren gemischt, und bis heute sind die Kritiker sich nicht einig, ob es sich bei *Catch 22* um einen großartigen Antikriegsfilm oder um die stümperhafte Bearbeitung einer brillanten Vorlage handelt. Die *New York Times* zumindest schrieb: „Der bewegendste, intelligenteste, menschlichste - es ist der beste amerikanische Film dieses Jahres." Und *Time* ergänzte: „*Catch 22* ist hart wie ein Diamant, fühlt sich kalt an und ist brillant fürs Auge!" al

Cathérine - ein Leben für die Liebe

Cathérine. Frankreich/ Italien/BRD 1968 **R** Bernard Borderie **B** Bernard Borderie, Antoine Tudal, nach dem Roman von Juliette Benzoni **K** Henri Persin, Gilles Donneau **M** Michel Magne **P** Raymond Danon für Lira Film (Paris), Ascot Cineraid (Rom), Divina Film (München) **L** 86 Min., Farbe **D** Olga Georges-Picot, Francine Bergé, Horst Frank, Fred Williams, Roger van Hool, Claude Brasseur

Nach der Einstellung der ANGÉLIQUE-Serie mochte Regisseur Bernard Borderie offenbar von den erotisch-historischen Liebesabenteuern nicht mehr lassen und sah sich nach einer neuen Heldin um. Und siehe da - er ward fündig in dem Roman-Zyklus von Juliette Benzoni, die sich zur Schaffung ihrer Heldin *Cathérine* durch den Erfolg von Anne Golons *Angélique* berufen fühlte. War also schon die Vorlage nur der Abklatsch eines besseren Originals, so gilt dies doppelt für die Verfilmung. Zwar muß auch Cathérine (Georges-Picot), attraktive Pariser Goldschmiedetochter, in den Wirren des französischen Bürgerkrieges von 1422 viel lieben und noch mehr leiden, doch tut sie das nicht so aufwendig, nicht so spannend und vor allem nicht so hübsch wie ihre Kollegin. Der *Evangelische Filmbeobachter* unkte: „Es wird weitergehen - leider. Wir haben den Beginn einer neuen Kostümserie vor uns...", doch glücklicherweise war dem nicht so. Nach dem wohlverdienten Mißerfolg seiner Möchtegern-Angélique ließ Borderie die Finger von der Historie. al

Catlow - Leben ums Verrecken

Catlow. USA 1971 **R** Sam Wanamaker **B** Scott Finch, J. J. Griffith, nach dem Roman *Zwei Freunde* von Louis L´Amour **K** Ted Scaife **M** Roy Budd **P** Euan Lloyd / Frontier **L** 101 Min., Farbe **D** Yul Brynner, Daliah Lavi, Richard Crenna, Jo Ann Pflug, Jeff Corey, Michael Delano, Julian Mateos, David Ladd, Leonard Nimoy

Die literarische Vorlage zu diesem Spätwestern lieferte der versierte Schriftsteller Louis L´Amour, dessen Romane bereits für die Welterfolge DAS WAR DER WILDE WESTEN und SHALAKO adaptiert worden waren. *Catlow* bewegt sich bezüglich seines Budgets auf einem etwas niedrigeren Niveau. Der gerade zu Ende gegangene amerikanische Bürgerkrieg macht den Desperado Catlow erst einmal arbeitslos. Ein mit zwei Millionen Dollar beladener Zug bringt ihm die erhoffte Abwechslung. Doch zieht dieser Raub einige Schwierigkeiten nach sich, denn fortan bleibt ihm ein bezahlter Kopfgeldjäger hartnäckig auf den Fersen. Die Ereignisse nehmen eine völlig andere Wendung an, als Jäger und Gejagter plötzlich von einem wilden Indianerstamm belagert werden.
Im Gegensatz zu den vorherigen Western DIE GLORREICHEN SIEBEN und TREFFPUNKT FÜR ZWEI PISTOLEN, in denen Brynner jedesmal den stoischen, wortkargen und ewig ernsten Scharfschützen mimen mußte, gestattete ihm diesmal das Drehbuch sich als fröhlicher, wild schießender Gangster von einer anderen Seite zu zeigen.
Catlow war ein weiterer Versuch des US-Kinos, sich den europäischen Strömungen des Italo-Western anzupassen, ohne jedoch ganz auf amerikanische Attribute, wie etwa die Einbeziehung typischer Landschaften, zu verzichten. jg

Cattle Annie

Cattle Annie & Little Britches. USA 1980 **R** Lamont Johnson **B** Robert Ward, David Eyre, nach einem Roman von Ward **K** Larry Pizer **M** Shan Berti, Tom Slocum **P** Rupert Hitzig, Alan King /

Monday Films **L** 100 Min., Farbe **D** Burt Lancaster, John Savage, Rod Steiger, Amanda Plummer, Diane Lane, Scott Glenn, Steven Ford, Kenny Call, Redmond Gleeson, William Russ

Die Zeit des Wilden Westens ist endgültig vorüber. Das muß zu ihrem Leidwesen auch die ehemals berüchtigte Doolin-Bande erfahren. Bei einem Zugüberfall besteht ihre Beute lediglich aus einem Dutzend quiekender Schweine und zwei jungen Mädchen, die sich der Gang anschließen und schon nach kurzer Zeit für frischen Wind sorgen. Es gelingt den beiden sogar, noch einmal die müden Gangster zu mobilisieren, um Bill Doolin (Lancaster), den ergrauten Anführer der Bande, aus dem Gefängnis zu befreien. Nach dem finanziellen Debakel von Michael Ciminos HEAVEN´S GATE im selben Jahr waren die Produzenten in Hollywood im Umgang mit dem Genre des Western übervorsichtig geworden. *Cattle Annie* lag fast ein Jahr lang auf Eis, ehe der Film klammheimlich, ohne große Reklame in die Kinos gebracht wurde. Es war offensichtlich, daß es von Seiten des Studios überhaupt nicht erwünscht war, irgendwelche Anstrengungen zu machen, um diesem Film zu einer größeren Popularität zu verhelfen, so daß er nur wenige Wochen in überwiegend kleineren Häusern zu sehen war.
Dabei ist *Cattle Annie* durchaus ein gelungener Versuch, die Epoche des zu Ende gehenden Wilden Westens in einer teils romantisch-melancholischen Sichtweise zu verfilmen. Nur kurze Zeit nach der Kinopremiere wurde der Film im deutschen Fernsehen unter dem Titel *Zwei Mädchen und die Doolin-Bande* aufgeführt. jg

Caveman - Der aus der Höhle kam

Caveman. USA 1980 **R** Carl Gottlieb **B** Carl Gottlieb **K** Alan Hume **M** Lalo Schifrin **P** Lawrence Turman, David Foster / United Artists **L** 91 Min., Farbe **D** Ringo Starr, Barbara Bach, Dennis Quaid, Shelley Long, John Matuszak, Avery Schreiber, Jack Gilford

Ein Jahr vor Jean-Jacques Annauds bahnbrechendem Steinzeit-Film AM ANFANG WAR DAS FEUER griff auch schon diese US-Produktion auf die bewährte Methode zurück, ihre Schauspieler ohne die üblichen Dialoge agieren zu lassen. Es dominieren Grunz-, Stöhn- und Seufzlaute, die eigentlich keiner Übersetzung bedürfen, da die meisten Szenenfolgen in ihrer Eindeutigkeit keinen Zweifel lassen.
Ganz im Zuge der älteren prähistorischen Klamotte ALS DIE FRAUEN NOCH SCHWÄNZE HATTEN, wird auch hier der Liebe Lust und Leid in steinzeitlich angesiedeltem Milieu geschildert. Der Höhlenmensch Atouk (Ex-Beatle Ringo Starr) hat es auf die Sippen-Sexbombe Lana (Bach) abgesehen, die jedoch schon dem Muskelprotz Tonda (Matuszek) gehört. An diesem Punkt entzündet sich bald ein erbitterter Streit, der den ganzen Stamm zu entzweien droht. Am Ende merkt Atouk, daß Lana wohl doch nicht die Richtige für ihn ist und wirft sie kurzerhand auf einen Exkrementenhaufen, den ein Saurier gerade vorher abgeführt hat. Völlig ungeachtet der Tatsache, daß sich Menschen und Saurier in der Evolutionsgeschichte niemals begegnet sind, hat diese Komödie jedoch ein paar nette Gags auf Lager, über die man herzlich lachen kann. Ein kurzweiliges Filmvergnügen. jg

Céleste

Céleste. BRD 1981 **R** Percy Adlon **B** Percy Adlon, nach dem Buch *Monsieur Proust* von Céleste Albaret **K** Jürgen Martin **M** César Franck **P** Eleonore Adlon / pelemele Film GmbH / Bayerischer Rundfunk **L** 106 Min., Farbe **D** Eva Mattes, Jürgen Arndt, Norbert Wartha, Wolf Euba, Joseph Manoth, Leo Bardischewski, Horst Raspe, Jürgen-Wolfgang Jahn, Annemarie Dengler

„Stille, Zuhörenkönnen, Lachlust, Zärtlichkeit, Reagieren wie wenn der Blitz einschlägt, Genauigkeit, Selbstverständnis, Herzlichkeit, Eigenart." Mit diesen Worten beschrieb Percy Adlon seinen Film und das Verhältnis, das zwischen den beiden Hauptträgern der Handlung besteht.
Im Jahre 1913 heiratet das Mädchen Céleste Albaret den Chauffeur des Schriftstellers Marcel Proust und zieht mit ihm nach Paris. Dort wird sie Prousts Haushälterin. Neun Jahre lebt sie in der Wohnung des Schriftstellers und bleibt als treusorgende Seele bis zu Prousts Tod im Jahre 1922 an seiner Seite. In diesen Jahren erfüllt sie nicht nur die Funktion einer Pflegerin, sondern auch die einer Gesprächspartnerin. Erst im hohen Alter von 80 Jahren schrieb Céleste Albaret ein Buch über diese Zeit, die ihr ganzes Leben veränderte.
Percy Adlon ist mit diesem einfühlsamen Spielfilm ein detailliertes Zeitporträt und zugleich eine sensible Dokumentation zwischenmenschlicher Beziehungen gelungen. Die Kamera verläßt selten das Wohnhaus Prousts, sie macht den Zuschauer mit dem Mikrokosmos der Räume vertraut, verharrt auf Gegenständen, bewegt sich durch Korridore und Zimmer. In langen Passagen führt sie den Zuschauer in Célestes Arbeitsalltag ein, der von Eva Mattes´ Stimme aus dem Off kommentiert wird.
Céleste wurde auf der Internationalen Filmwoche von Barcelona mit dem Preis der Jury und des Publikums ausgezeichnet. Eva Mattes erhielt 1982 für ihre Darstellung den Bayerischen Filmpreis. jg

Celine und Julie fahren Boot

Celine et Julie vont en bateau. Frankreich 1974 **R** Jacques Rivette **B** Juliet Berto, Dominique Labourier, Bulle Ogier, Marie-France Pisier, Jacques Rivette, Eduardo de Gregorio **K** Jacques Renard **M** Jean-Marie Senia **P** Les Films du Losange **L** 190 Min., Farbe **D** Juliet Berto, Dominique Labourier, Bulle Ogier, Marie-France Pisier, Barbet Schroeder, Philippe Clevenot

Das über drei Stunden lange Epos von Jacques Rivette, eine „Mischung aus Alice im Wunderland und einer zeitgenössischen Erzählung von Henry James", wie es der *Motion Picture Guide* nannte, fand nicht die gleiche Beachtung und Akzeptanz wie die Filme anderer Kollegen, die ähnlich wie Rivette über den Umweg des Kritikers und Filmtheoretikers zum Filmemachen gekommen waren.
Julie (Labourier) ist Bibliothekarin. Sie führt ein geordnetes Leben ohne besondere Ereignisse oder Überraschungen. Bis sie Celine (Berto) trifft, eine Zauberkünstlerin, die sie mit ihren Tricks und ihrer Erzählkunst in die Tage ihrer Kindheit zurückversetzt. In diesem Puzzle aus Vergangenheit, Gegenwart und Fiktion versuchen sie, den Tod eines Kindes und das Geheimnis einer mysteriösen Familie zu lösen.
Ob es nun an Rivettes Arbeitsweise liegt, die den Schauspielern maximale Freiheit läßt und bei der auch schon mal das Drehbuch beiseite gelegt wird, oder der Film einfach zu europäisch ist: trotz einiger positiv bescheinigter Ansätze mochte man den Film in den Vereinigten Staaten nur intellektuellen Zirkeln empfehlen. dk

César

César. Frankreich 1936 **R** Marcel Pagnol **B** Marcel Pagnol **K** Willy Grischa, Roger Ledru **M** Vincent Scotto **P** Marcel Pagnol für La Société des Films Marcel Pagnol **L** 138 Min. (Originalfassung 170 Min.), s/w **D** Raimu, Pierre Fresnay, Orane Demazis, Fernand Charpin, André Fouché

Dritter Teil von Marcel Pagnols Marseille-Trilogie, die 1931 mit MARIUS begann und ein Jahr später mit FANNY ihre Fortsetzung fand. Der Erfolg des letzteren Films ermöglichte Pagnol die Gründung einer eigenen Produktionsgesellschaft und ließ ihm bei seiner Arbeit freie Hand. Waren die ersten beiden Filme noch von Alexander Korda bzw. Marc Allégret inszeniert worden, nahm Pagnol jetzt selbst auf dem Regiestuhl Platz. Auch entstand *César* nicht, wie seine beiden

Vorgänger, nach Bühnenstücken, sondern wurde direkt für die Leinwand entwickelt, und erst später als Theaterstück umgeschrieben (1945 in Paris uraufgeführt).
Der Film schildert die Suche von Fannys Sohn Césariot (Fouché), mittlerweile achtzehn Jahre alt, nach seinem wirklichen Vater Marius (Fresnay). Am Ende steht die Wiedervereinigung der Liebenden Fanny (Demazis) und Marius nach über zwanzig Jahren.
César war, auch international, ebenso populär wie die vorangegangenen Teile der Trilogie, die sich insgesamt durch großes Einfühlungsvermögen bei der detaillierten Schilderung des Lebens in der südfranzösischen Hafenstadt sowie durch hervorragende Darstellerleistungen auszeichnet. Raimu gelingt es fast, den Film als weiser Großvater César zu stehlen.
Die komplette Trilogie diente später als Vorlage eines Broadway-Musicals (1954), das 1960 als FANNY von Joshua Logan verfilmt wurde. al

César und Rosalie

César et Rosalie. Frankreich/Italien/BRD 1972 **R** Claude Sautet **B** Jean-Loup Dabadie, Claude Sautet, Claude Néron **K** Jean Boffety **M** Philippe Sarde **P** Michelle de Broca für Fildebroc/U.P.F. (Paris), Mega Film (Rom), Paramount-Orion Prod. (München) **L** 109 Min., Farbe **D** Yves Montand, Romy Schneider, Sami Frey, Umberto Orsini, Isabelle Huppert, Eva-Maria Meineke

Nach ihren gemeinsamen Erfolgen mit DIE DINGE DES LEBENS und DAS MÄDCHEN UND DER KOMMISSAR kam es erneut zu einer Zusammenarbeit zwischen Claude Sautet und Romy Schneider, und wie zuvor hatte auch Sautets bevorzugter Co-Autor Jean-Loup Dabadie wieder seine Finger im Spiel.
Rosalie (Schneider) lebt seit einiger Zeit mit dem wohlhabenden Schrotthändler César (Montand) zusammen. Als sie auf einer Familienfeier ihren früheren Geliebten David (Frey) wiedertrifft, entspinnt sich zwischen beiden eine Romanze, die César zunächst nicht ernstnimmt. Im Gegensatz zu David eifersüchtig und besitzergreifend, kann er jedoch sein wachsendes Unbehagen nicht lange zurückhalten...
César und Rosalie ist ein rundum geglückter Liebesfilm um eine ménage à trois, der sich mit Sautets Lieblingsthema beschäftigt: In der Mitte ihres Lebens müssen seine bürgerlichen Figuren ihre bisherigen Werte und Lebensmuster einer Überprüfung unterziehen. Dem Regisseur gelang auch hier wieder das Kunststück, Publikum und Kritik gleichermaßen zu begeistern. Montand und Schneider, die mit weniger Erfolg in Costa-Gavras DIE LIEBE EINER FRAU noch einmal gemeinsam auftraten, wurden gefeiert - so schrieb *France Soir*: „Romy ist eine begnadete Rosalie, schön, bewegend, fröhlich. Die Rolle ist ihr auf den Leib geschrieben. Ein Leckerbissen...Montand schwingt sich zu Höhen empor, die zu erreichen nur wenigen gegeben ist.“ al

Der Champ

The Champ. USA 1979 **R** Franco Zeffirelli **B** Walter Newman, nach dem Drehbuch für *The Champ* (1931) von Leonard Praskins (b. a. einer Story von Frances Marion) **K** Fred J. Koenekamp **M** Dave Grusin **P** Dysson Lovell für MGM **L** 123 Min., Farbe **D** Jon Voight, Faye Dunaway, Ricky Schroeder, Jack Warden, Arthur Hill, Joan Blondell

Ein rührseliges Melodram nach einer Idee von Frances Marion, das unter gleichem Titel schon 1931 - als Vehikel für Wallace Beery und den jungen Jackie Cooper - sowie 1951 als Remake *The Clown* Leinwände zum Schmelzen brachte. Der Film dreht sich um den Ex-Boxer Billy (Voight), der mit seinem kleinen Sohn (Schroeder) in Florida lebt und sich als Pferdehändler verdingt. Der Kleine paßt auf seinen Vater auf, der trinkt, spielt und von einem Comeback im Ring träumt. Beider inniges Verhältnis wird durch das Aufkreuzen von Billys Ex-Frau Annie (Dunaway) bedroht, die reich verheiratet ist und nun das Sorgerecht für den gemeinsamen Sohn beansprucht...
Diese Geschichte ist so hoffnungslos altmodisch und kitschig, daß man sich fragt, was Zeffirelli an einer Wiederverfilmung reizte. Der erste amerikanische Film des Italieners ist ein überproduzierter, fast unerträglich sentimentaler Anschlag auf die Tränendrüsen, in dem von der Meisterschaft des Regisseurs nichts zu spüren ist. Voight erscheint als Boxer einigermaßen glaubhaft (er spielte alle Szenen im Ring selbst), und seine Ähnlichkeit mit dem jungen Ricky Schroeder trägt zur Glaubwürdigkeit nicht unwesentlich bei, doch Faye Dunaways Talent wird geradezu schändlich vergeudet in einer Rolle, die nicht nur eindimensional, sondern auch den beiden anderen gegenüber zweitrangig ist. *Time* fühlte sich an ihre Darstellung in CHINATOWN erinnert, was „einen bizarren inzestuösen Unterton“ in den Film brächte. Das Blatt resümierte: „Tränen überfluten die Leinwand, doch in den Kinos werden die Augen trocken bleiben.“
War *Der Champ* schon ein schlechter Einstand in den USA, unterbot Zeffirelli sich sogar noch in seinem nächsten Film - ENDLOSE LIEBE. al

Champagner-Mörder

Le scandale/The Champagne Murders. Frankreich 1966 **R** Claude Chabrol **B** Claude Brûlé, Derek Prouse, Paul Gégauff **K** Jean Rabier **M** Pierre Jansen **P** Raymond Eger für Universal Prod. **L** 99 Min. (Originalfassung 111 Min.), Farbe **D** Anthony Perkins, Maurice Ronet, Yvonne Fourneaux, Stéphane Audran, Suzanne Lloyd

Paul Wagner (Ronet) ist ein reicher Müßiggänger, der von seinem Namensrecht an der Champagner-Firma seiner Kusine Christine (Fourneaux) lebt. Sie und ihr Mann Christopher (Perkins) versuchen bereits seit Jahren erfolglos, ihn zum Verkauf dieser Rechte zu bewegen. Als eine Reihe mysteriöser Frauenmorde die Gegend beunruhigt, muß Paul, der seit einem Unfall an einer Gehirnverletzung leidet, annehmen, er selbst sei der Mörder. Und die Verwandtschaft tut alles, um ihn in diesem Verdacht zu bestärken...
Claude Chabrols ebenso eleganter wie verwickelter Psycho-Krimi war erklärtermaßen für den internationalen Markt bestimmt und wurde in einer englischen und einer französischen Fassung gedreht. Auch hier frönt Chabrol schon seiner späteren Lieblingsbeschäftigung, der genußvollen Sezierung großbürgerlicher Verworfenheit. Die Handlung ist raffiniert konstruiert, und der gesamte Film verrät den Einfluß Alfred Hitchcocks, zu dessen Bewunderern Chabrol zählt. Doch trotz dieser Elemente war *Champagner-Mörder* kein Erfolg beschieden.
Zwischen Chabrol und Anthony Perkins kam es 1970 zu einer nochmaligen Zusammenarbeit in DER ZEHNTE TAG. al

Der Champion

Casey´s Shadow. USA 1977 **R** Martin Ritt **B** Carol Sobieski **K** John A. Alonzo **P** Ray Stark, Martin Ritt **L** 96 Min., Farbe **D** Walter Matthau, Alexis Smith, Robert Webber, Murray Hamilton, Andrew A. Rubin, Stephen Burns, Susan Myers, Michael Hershewe, Harry Caesar

Spektakulärer Hintergrund dieser unterhaltsamen, bisweilen jedoch etwas konventionell gedrehten Familiengeschichte ist das

All American Futurity, ein großes Pferderennen, das einst die reichen texanischen Ölbarone und Viehzüchter gegründet hatten und das zum ersten Millionen-Dollar-Rennen der Welt wurde.
Auf einer heruntergekommenen Farm in Louisiana lebt ein Rancher (Matthau) mit seinen drei Söhnen. Seine große Liebe gilt der Aufzucht von Pferden. Ein junges Fohlen entpuppt sich bald als Hoffnungsträger der ganzen Familie, doch bis das Tier am großen Rennen von Ruidoso teilnehmen kann, sind noch viele Aufregungen und Momente voller Enttäuschungen zu überstehen.
Carol Sobieski wurde beauftragt, das Drehbuch für diesen Film zu schreiben. So reiste sie nach Ruidoso/New Mexico, um in wochenlanger Recherche bei Gesprächen mit Jockeys, Stallburschen und Trainern genügend authentische Informationen zu sammeln. Für ihre Filmfiguren griff sie auf die Begegnung mit der Familie Cajun zurück, deren Charaktere bisweilen unverändert in das Skript übernommen wurden. Die Dreharbeiten zu *Der Champion* fanden in Louisiana und New Mexico statt. jg

Champions

That Championship Season. USA 1982 **R** Jason Miller **B** Jason Miller, nach seinem Bühnstück **K** John Bailey **M** Bill Conti **P** Menahem Golan, Yoram Globus für Hollywood European Prod. Inc./Cannon Group **L** 119 Min., Farbe **D** Bruce Dern, Stacy Keach, Robert Mitchum, Martin Sheen, Paul Sorvino

Jason Millers Bühnenstück avancierte zehn Jahre vor seiner Verfilmung am Broadway zu einem wahren Publikumsrenner und wurde damals mit vielen Preisen ausgezeichnet.
Die Geschichte erzählt von fünf Männern, die vor einem Vierteljahrhundert Basketball-Meister des Staates Pennsylvania wurden und jetzt alles andere als siegesbewußt in die Zukunft blicken. Drei der Spieler sind auch heute noch miteinander verbunden. Während der eine gerne wieder zum Bürgermeister seiner Stadt gewählt werden möchte, unterstützen ihn die beiden anderen bei der Finanzierung und der Werbekampagne. Trotz Streitereien und Disputen gelingt es einem altbewährten Trainer, die fünf noch einmal zum Zusammenhalt zu bewegen.
Champions ist ein Film, der sich auch mit dem Schicksal des Bundesstaates Pennsylvania beschäftigt, dessen ungebremster Aufschwung in der Stahlindustrie zu Beginn der 70er Jahre einer wirtschaftlichen Depression Platz machte. Genau dort, in Scranton, einer einst blühenden Industriestadt, wurden auch die Außenaufnahmen gedreht, die ein recht ungeschminktes Bild eines gar nicht mehr so intakten Amerikas zeigen. Dankbare Unterstützung während der Dreharbeiten erhielt das Team von der hilfsbereiten Bevölkerung Scrantons.
Champions fand trotz seiner Starbesetzung keinen deutschen Verleih und wurde lediglich auf Video angeboten. jg

The Changeling

The Changeling. USA 1980 **R** Peter Medak **B** William Gray, Diana Maddox **K** John Coquillon **M** Rick Wilkins **P** Joel B. Michael, Garth H. Drabisky **L** 113 Min., Farbe **D** George C. Scott, Trish van Devere, Melvyn Douglas, John Colicos, Jean March

Auf dem Festival des Fantastischen Films 1986 gewann *The Changeling* noch vor der einschlägigen Tobe-Hooper-Schreckensvision LIFEFORCE den ersten Preis. Dabei bietet die Geschichte des Films eigentlich wenig Neues. Nach dem Unfalltod seiner Frau und seines Kindes zieht sich ein Komponist verbittert in ein einsames Landhaus nach Seattle zurück. Bald schon stößt er dort auf unheimliche Dinge. Visionen und mysteriöse Geräusche lassen ihn zusammenschrecken. Eines Tages kommt er hinter die Ursachen dieser Erscheinungen. In dem Haus wurde ein Kind ermordet, dessen Seele nun keine Ruhe mehr finden kann.
„Ein durchweg spannender Horrorfilm in konventioneller Machart, der zum Ende allerdings etwas konstruiert erscheint.“ (*Evangelischer Filmbeobachter*)
Als Vorlage für die unheimliche Kulisse des riesigen Landhauses fungierte das Gebäude des Royal Road Military College in Victoria. Mit Kosten von über einer Million Dollar wurde das schloßähnliche Anwesen vom Filmarchitekten Trevor Williams nachgebaut. Für die Innenaufnahmen konstruierte man in den Panorama-Studios ein 18-Zimmer-Set, um bei den langen, faszinierenden Kamerafahrten auch über mehrere Etagen hinweg eine komplette Kulisse zu haben.
Die Dreharbeiten zu *The Changeling* begannen im Herbst 1979 in New York und führten das Team im weiteren Verlauf der Außenaufnahmen nach Seattle und Vancouver. jg

Der Chaos-Express

Finders Keepers. USA 1984 **R** Richard Lester **B** Ronny Graham, Terence Marsh, Charles Dennis, nach dem Roman von Dennis **K** Brian West **M** Ken Thorne **P** Sandra Marsh, Terence Marsh für CBS Theatrical Films **L** 91 Min., Farbe **D** Michael O´Keefe, Louis Gossett jr., Brian Dennehy, Ed Lauter, Beverly D´Angelo, Pamela Stephenson

Schon 1977 bekam Regisseur Richard Lester das Drehbuch zu Gesicht, das Projekt wurde jedoch vorerst auf Eis gelegt. Erst 1981, mit dem Auftauchen von Ronny Graham, einem Drehbuchautor aus dem Umfeld von Gene Wilder und Mel Brooks, wurden die Arbeiten am Script wieder aufgenommen, ehe zwei Jahre später die Dreharbeiten begannen. Für die Produzentin kam als Regisseur nur Richard Lester in Frage, der sich in den 60er Jahren mit seinen Beatles-Filmen und zuletzt mit dem zweiten und dritten Teil der SUPERMAN-Saga einen Namen gemacht hatte.
Die Slapstick-Komödie mit namhafter Besetzung handelt von der reichen Erbin Georgina (Stephenson), die mit ihrem Kumpanen Sirola (Lauter) fünf Millionen Dollar aus ihrem Elternhaus klaut und in einem Sarg versteckt. Auf der Flucht vor der Polizei kommt der bankrotte Rollschuhclub-Besitzer Michael (O´Keefe) den beiden in die Quere. Michael gibt sich als Soldat aus, der seinen gefallenen Kameraden nach Hause begleitet. Als er entdeckt, was der Sarg in Wirklichkeit enthält, beginnt ein Tauziehen um das Geld, hinter dem nicht nur Georgina und ihr Komplize, sondern auch noch die Polizei, die Armee und zahlreiche andere „Trauergäste“ her sind.
Wem die Story vielleicht aus dem Fernsehen bekannt vorkommt, sollte sich nicht durch den Titel irritieren lassen. *Finders Keepers* hatte seine Premiere in Deutschland unter dem Titel *Der Chaos-Express* nur auf Video, im Fernsehen lief die Komödie unter *Wer hat, der hat.* dk

Der Chapman-Report

The Chapman Report. USA 1962 **R** George Cukor **B** Wyatt Cooper, Don M. Mankiewicz, nach dem Roman von Irving Wallace **K** Harold Lipstein **M** Leonard Rosenman **P** Richard D. Zanuck für Warner Bros. **L** 125 Min., Farbe **D** Efrem Zimbalist jr., Shelley Winters, Jane Fonda, Claire Bloom, Glynis Johns, Ray Danton

Irving Wallaces Roman, der sich an den aufsehenerregenden Untersuchungen von Kinsey über die Sexualität amerikanischer Durchschnittsbürger orientiert, war ein Bestseller gewesen. Dieses spekulative Material diente als Vorlage für einen Film, der sich episodenhaft mit den vier Hausfrauen aus Los Angeles befaßt, die allesamt ein sexuelles Phänomen repräsentieren sollen. Shelley Winters ist eine Ehebrecherin, Jane Fonda ist frigid, Glynis Johns eine unbefriedigte Intellektuelle und Claire Bloom eine alkoholabhängige Nymphomanin. Alle werden von Efrem Zimbalist jr. „interviewt“.
Die Typisierungen des Films sprechen für sich, und dementsprechend banal und unbefriedigend sind die Erklärungsmodelle für die Verhaltensweisen der Fall-Beispiele. Mit „Frauenregisseur“ George Cukor glaubte man den richtigen Mann für die Bearbeitung der als gewagt geltenden Thematik engagiert zu haben, doch das einzige, was die Kritik an diesem pseudo-wissenschaftlichen, voyeuristischen Abnormitäten-Reigen *nicht* scheuß-

lich fand, waren die schauspielerischen Leistungen des Damen-Quartetts. Besonders Jane Fonda machte einen guten Eindruck - Henrys Tochter wurde von nicht wenigen eine große Karriere prophezeit. al

Charade

Charade. USA 1963 **R** Stanley Donen **B** Peter Stone, Marc Behm, nach ihrer Geschichte *The Unsuspecting Wife* **K** Charles Lang jr. **M** Henry Mancini **P** Stanley Donen **L** 113 Min., Farbe **D** Cary Grant, Audrey Hepburn, George Kennedy, Walter Matthau, James Coburn

Ursprünglich hatte der Plan bestanden, daß Cary Grant in den Filmen SABRINA und ARIANE - LIEBE AM NACHMITTAG bereits Audrey Hepburns Partner sein sollte, doch mußten beide bis 1963 warten. Mittlerweile rangierte Audrey Hepburn gleichbedeutend neben den kassenträchtigen Zugpferden Liz Taylor, Marilyn Monroe und Doris Day auf der Hitliste der weiblichen Hollywood-Stars und wollte sich diese Popularität auch finanziell zunutze machen. Zum ersten Mal in ihrer Karriere stand ihr ein Prozentanteil der Netto-Einnahmen des Films zu.
Die Dreharbeiten fanden in Paris statt, das Audrey Hepburn schon durch ihre Rolle in EIN SÜSSER FRATZ (ebenfalls unter Donens Regie gedreht) liebgewonnen hatte. Allerdings bildet die Kulisse der französischen Metropole diesmal nicht den Hintergrund für eine romantische Love-Story. Was Donen dem Publikum präsentiert, ist eine raffiniert abgeschmeckte Mischung aus Thriller und Komödie.
Eine Gruppe von Killern macht Jagd auf die attraktive Reggie (Hepburn), um in den Besitz einer wertvollen Briefmarke zu gelangen. Als Retter in der Not taucht der mysteriöse Peter Joshua (Grant) auf, bei dem sich Reggie bis zuletzt im Unklaren ist, ob sie ihm trauen kann oder nicht, obgleich sich zwischen beiden schon längst eine Liebelei entwickelt hat.
Charade wurde zu einem großen finanziellen Erfolg und erlebte zahlreiche Imitationen, zu deren gelungensten auch Donens nächster Film ARABESKE gehörte. jg

Charleys Tante

Charleys Tante. BRD 1955 **R** Hans Quest **B** Gustav Kampendonk, nach dem Bühnenstück von Brandon Thomas **K** Kurt Schulz **M** Friedrich Schröder **P** Kurt Ulrich / Berolina **L** 90 Min., Farbe **D** Heinz Rühmann, Hertha Feiler, Claus Biederstaedt, Walter Giller, Hans Olden

Die nicht totzukriegende Klamotte in der damals überaus populären Eastmancolor-Version mit Heinz Rühmann. *Charleys Tante* flimmerte bereits in den Tagen des Stummfilms über die Leinwand. Friedrich Schröder schrieb eine wirtschaftswundergerechte Filmmusik voller schmissiger Songs und Instrumental-Tanzeinlagen. Mit der Besetzung von Heinz Rühmann in der Hauptrolle war der Kassenerfolg bereits vorprogrammiert.
Der beliebte deutsche Komiker verkörpert den Geschäftsmann Otto Dernburg. Um zwei Freunden einen Gefallen tun (die beiden haben sich in zwei Schwedinnen verliebt, die jedoch nur unter Anwesenheit einer älteren Dame bei den Männern bleiben dürfen), verkleidet er sich als Tante Carlotta Ramirez aus Südamerika, die die Einladung zu dem Abend hatte absagen müssen. Chaotische und turbulente Zwischenfälle nehmen ihren Anfang. Als die richtige Tante (Feiler) dann doch auftaucht, ist es höchste Zeit, das Durcheinander zu klären.
Hertha Feiler und Heinz Rühmann, zur Zeit der Dreharbeiten glücklich verheiratet, wurden auch in der Filmhandlung ein Ehepaar. Vom *Evangelischen Filmbeobachter* wurde *Charleys Tante* mit den Beurteilungen „nicht jugendfördernd" und „nicht jugendgeeignet" bewertet. Die negative Kritik gründete sich besonders auf einige „frivole Zweideutigkeiten". 1963 verfilmte Geza von Cziffra mit Peter Alexander in der Titelrolle ein unzumutbares Remake. jg

Charlie Chan und der Fluch der Drachenkönigin

Charlie Chan and the Curse of the Dragon Queen. USA 1980 **R** Clive Donner **B** Stan Burns, David Axlerod, nach einer Originalstory von Jerry Sherlock **K** Paul Lohmann **M** Patrick Williams **P** Jerry Sherlock für American Cinema **L** 95 Min., Farbe **D** Peter Ustinov, Lee Grant, Angie Dickinson, Brian Keith, Roddy McDowall, Rachel Roberts, Michelle Pfeiffer

Der chinesische Meisterdetektiv Charlie Chan wurde in den 30er und 40er Jahren einer der beliebtesten Krimihelden des amerikanischen Kinos. In schneller Folge produzierte man damals mit Warner Oland und, nach dessen frühem Tod, mit Sidney Toler in der Titelrolle mehrere Dutzend einstündiger Serials, die als Vorprogramm der großen A-Filme in den Kinos liefen.
34 Jahre nach dem letzten Charlie-Chan-Film versuchte nun Peter Ustinov (ein alter Hase in der Darstellung von Meisterdetektiven, wie er in zwei Filmen als Hercule Poirot bewies) der etwas verblichenen Figur neues Leben einzuhauchen.
Vor Jahren hatte Chan die gefährliche Drachenkönigin (Dickinson) des Mordes an ihren Verwandten überführt. Nun ist die Verurteilte aus der Haft entlassen worden und schon ereignet sich in San Francisco eine Reihe von schauerlichen Morden. Nach aufregenden Zwischenfällen (u.a. mehrere Mordanschläge) gelingt es Charlie Chan, den unheimlichen Fall zu klären.
Gegenüber den alten Schwarz-Weiß-Filmen, die noch auf eine richtige Krimi-Atmosphäre Wert legten, hat sich diese Neuauflage grundsätzlich verändert und betont eindeutig die Slapstick- und Klamaukelemente, in die sich die Figur Charlie Chans nur sehr bedingt einfügen läßt. Alles in allem - ein mißlungener Versuch, an einen lange zurückliegenden Erfolg anzuknüpfen. Vielleicht hätte man die Palette der Vorgänger-Filme etwas gründlicher studieren sollen. jg

Charlie staubt Millionen ab

The Italian Job. Großbritannien 1969 **R** Peter Collinson **B** Troy Kennedy Martin **K** Douglas Slocombe **M** Quincy Jones **P** Michael Deeley für Oakhurst/Paramount **L** 100 Min., Farbe **D** Michael Caine, Noël Coward, Benny Hill, Raf Vallone, Tony Beckley, Rossano Brazzi, Maggie Blye, Irene Handl, John Le Mesurier, Fred Emney

Charlie staubt Millionen ab ist ein Film, den heute kaum noch jemand kennt, dessen einschlägiger Titelsong sich aber zu einem Ohrwurm mauserte. Matt Munro sang damals das von Quincy Jones komponierte und von Don Black getextete *On Days Like These* in einem englisch-italienischen Mischmasch.
Die an Schaueffekten reiche Kriminal-Satire erzählt die Geschichte eines Goldraubs. Dem Engländer Charlie Croker fallen die Einbruchspläne eines von der Mafia ermordeten Spezialisten in die Hände. Zusammen mit seinem Kumpanen Bridger (Coward) und dem etwas sonderlichen Computer-Fetischisten Peach (Hill) beschließt er, den Coup selbst auszuführen, muß aber zu diesem Zweck ein gewagtes Unternehmen in Angriff nehmen, das die Lahmlegung des gesamtes Verkehrs der Turiner Innenstadt vorsieht.

Der Plan gelingt, doch anschließend kommt es in den Schweizer Alpen zu einer haarsträubenden Verfolgungsjagd.
Eine unterhaltsame, gelungene Gaunerkomödie voll spannender und zugleich komischer Momente, die sich zwar an bekannten Vorbildern orientiert, dieses Manko jedoch durch die detaillierten italienischen Milieuzeichnungen auszugleichen weiß. jg

Charlotte

Charlotte. BRD/Niederlande 1980 **R** Frans Weisz **B** Frans Weisz, Judith Herzberg **K** Jerzy Lipman, Theo von de Sande **M** Egisto Macchi **P** Arthur Brauner / CCC-Filmkunst, Cineteam Features, Concorde **L** 95 Min., Farbe **D** Birgit Doll, Derek Jacobi, Elisabeth Trissenaar, Brigitte Horney, Max Croiset, Buddy Elias, Maria Machado

Der Film versucht in Rückblenden das Leben der jüdischen Malerin Charlotte Salomon (1917-1943) zu beschreiben. Erst nach dem Krieg fand ein Verwandter eine Art retrospektives Tagebuch, das aus mehr als tausend Zeichnungen bestand. Anhand dieser Dokumente wird das damalige Geschehen rekonstruiert.
Charlottes Mutter begeht Selbstmord, als das Kind gerade 9 Jahre alt ist. Der Vater, ein bekannter Chirurg, heiratet eine Opernsängerin, die das Mädchen in ihren Bann zieht. Charlotte besucht die Kunsthochschule, muß diese aber wegen des zunehmenden Antisemitismus verlassen. Sie flieht zu ihrer Großmutter nach Südfrankreich. 1943 gerät sie in die Todesmaschinerie der Nazis und wird in das Vernichtungslager Auschwitz deportiert. Der genaue Tag ihrer Ermordung ist unbekannt.
Charlotte ist einer jener vielen, qualitativ hochstehenden deutschen Filme, die ihren weiteren Bekanntheitsgrad eher im Fernsehen als durch das Kino erlebten, für das sie eigentlich konzipiert waren. Der Holländer Franz Weisz inszenierte die traurige Geschichte ohne falsches Pathos mit dramaturgischem Feingefühl. *Charlotte* wurde als offizieller Beitrag der BRD zu den Filmfestspielen nach Venedig geschickt, erhielt dort jedoch keine Auszeichnung. jg

Charly

Charly. USA 1968 **R** Ralph Nelson **B** Stirling Silliphant, nach der Kurzgeschichte und dem Roman *Flowers for Algernon* von Daniel Keyes **K** Arthur Ornitz **M** Ravi Shankar **P** Ralph Nelson für Selmur Pictures/Robertson Associates **L** 103 Min., Farbe **D** Cliff Robertson, Claire Bloom, Leon Janney, Lilia Skala

Charly (Robertson) ist ein geistig zurückgebliebener Bäcker, der an einem psychologischen Institut einer Gehirnoperation unterzogen wird, die vorher erfolgreich an Mäusen erprobt wurde. Nach dem Eingriff verfügt er über sein volles geistiges Potential, lernt wie ein Besessener und verliebt sich sogar in seine Lehrerin (Bloom), doch weiß er (noch) nicht, daß die Wirkung der Operation nicht von Dauer sein wird.
Die Vorliebe Ralph Nelsons für engagiert sozialkritische Themen ist bekannt, ein herausragendes Beispiel dafür war LILIEN AUF DEM FELDE, der sich mit der Rassenproblematik auseinandersetzte. Später sollte er mit dem Indianer-Western DAS WIEGENLIED VOM TOTSCHLAG die Gemüter erhitzen, weil er die Behandlung der amerikanischen Ureinwohner mit dem US-Engagement in Vietnam gleichsetzte und verurteilte. Wie diese Filme ist auch *Charly* ganz entschieden kommerziell und sentimental, was Nelson oft vorgeworfen wurde, doch immerhin beschäftigt er sich ernsthaft mit einer Thematik, die nicht nur im Kino allzu gern verdrängt wird. Der 20 Jahre später entstandene ZEIT DES ERWACHENS weist hierzu übrigens einige interessante Parallelen auf.
Cliff Robertson, der stark an der Entstehung (u.a. am Schnitt) des Films beteiligt war, erhielt für seine bewegende Darstellung einen Oscar. Zur Zeit der Preisverleihung hielt sich der Schauspieler zu Dreharbeiten von ZU SPÄT FÜR HELDEN - ANTRETEN ZUM VERRECKEN auf den Philippinen auf, bekam von Regisseur Robert Aldrich jedoch keine Erlaubnis, nach L.A. zu fliegen. al

Ein charmanter Hochstapler

The Great Impostor. USA 1961 **R** Robert Mulligan **B** Liam O´Brien, nach einem Buch von Robert Chrichton **K** Robert Burks **M** Henry Mancini **P** Robert Arthur für Universal **L** 110 Min., s/w **D** Tony Curtis, Karl Malden, Edmond O´Brien, Arthur O´Connell, Gary Merrill, Raymond Massey

Trotz seiner Intelligenz hat es Ferdinand Demara (Curtis) nicht leicht, denn ihm fehlt ein Schulabschluß. Er macht aus der Not eine Tugend und erschwindelt sich fortan in Verkleidungen Zugang zu den unterschiedlichsten Jobs - vom Mönch, über den stellvertretenden Gefängnisdirektor bis zum Wunderarzt probiert er alles aus. Obwohl er sich in jeder Profession bewährt, endet seine jeweilige Laufbahn immer dann, wenn herauskommt, daß er ein Hochstapler ist.
Tony Curtis ist in seinem Element als gewitzter Schwindler in dieser biographischen Komödie mit ernsten Untertönen, die auf dem Leben des echten Ferdinand Demara beruht. Trotz einiger Überzeichnungen beinhaltet der Film eine gehörige Portion bissiger Kritik an einer verbürokratisierten Welt, in der nicht erbrachte, sondern bescheinigte Leistungen zählen. In einer gelungenen Schlußpointe findet Curtis/Demara schließlich einen Job mit geringen Erfolgsaussichten: Er wird Beauftragter des FBI zur Suche nach dem verschwundenen Demara. al

Charro

Charro. USA 1969 **R** Charles Marquis Warren **B** Charles Marquis Warren, nach einer Geschichte von Fredric Louis Fox **K** Ellsworth Fredericks **M** Hugo Montenegro **P** Harry Caplan, Charles Marquis Warren / National General **L** 98 Min., Farbe **D** Elvis Presley, Ina Balin, Victor French, Lynn Kellogg, Barbara Werle, Paul Brinegar, James Sikking

Da die Italo-Western und die daraus resultierenden Ulk-Versionen à la Spencer & Hill sich auch im US-Kino einer großen Beliebtheit erfreuten, versuchte die amerikanische Produktion die Machart dieser Filme in einer gewissen Weise zu imitieren. Ganz in diesem Sinne wurde auch der Presley-Streifen *Charro* gedreht. Die Produktionsfirma National General war eine Tochter der TV-Gesellschaft NBC, bei der Presley unter Vertrag stand. Am 22. Juli 1968 begannen die Dreharbeiten mit den Aufnahmen in Apache Junction, ca. 30 Meilen von Phoenix/ Arizona entfernt. Im September wurde der Film dann in den Samuel-Goldwyn-Studios fertiggestellt. Elvis erhielt lediglich für den Vorspann die Gelegenheit, sich gesangsmäßig einzubringen; ähnlich karg war diesbezüglich auch schon seine Rolle in dem Western FLAMMENDER STERN gewesen.
Amerikas populärster Sänger mußte in *Charro* durchweg mit Vollbart agieren. Er verkörpert einen ehemaligen Gangster, der in geordnete Lebensverhältnisse zurückfinden will, daran jedoch von seinen alten Kumpanen gehindert wird. Insofern bleibt der Griff zur Waffe unvermeidlich.
„Elvis schlendert durch eine langweilige Rolle, die jeden Schauspieler die Wände hätte hochklettern lassen", bemerkte *Variety* verärgert nach der Premiere. Was die Einspielergebnisse anbelangte, konnte *Charro* ebenfalls nicht besonders glänzen. Bis zum Ende des Jahres 1969 hatte er nur 1,5 Millionen Dollar erwirtschaftet. jg

Chatos Land

Chato´s Land. Großbritannien 1972 **R** Michael Winner **B** Gerald Wilson **K** Robert Paynter **M** Jerry Fielding **P** Michael Winner für Scimitar Films/

United Artists **L** 100 Min. (Originalfassung 110 Min.), Farbe **D** Charles Bronson, Jack Palance, Richard Basehart, James Whitmore, Simon Oakland

Charles Bronsons erste Zusammenarbeit mit dem britischen Regisseur Michael Winner, unter dem er (nach einigen weiteren gemeinsamen Filmen) in EIN MANN SIEHT ROT seinen größten kommerziellen Triumph feierte, ist ein harter, ziemlich blutiger Western. Das Drehbuch von Gerald Wilson, der schon Winners ersten Western LAWMAN schrieb, erzählt vom Apachen-Halbblut Chato (Bronson), der von einer Bürgerwehr durch halb Arizona verfolgt wird, nachdem er in Notwehr einen Hilfssheriff erschossen hat. Als die Männer Chatos Frau brutal vergewaltigen, dreht der Indianer den Spieß um: Aus den Verfolgern werden Verfolgte, die einer nach dem anderen dran glauben müssen.
Diese Bronson-typische Rachegeschichte bot dem Schauspieler eine maßgeschneiderte Rolle, die vor allem Ansprüche an seine physische Präsenz stellte - während des gesamten Films hat er nicht mehr als 15 Zeilen zu sprechen, davon 13 auf Apache! Der zahlreichen Brutalitäten wegen wurde *Chatos Land* von der Kritik nicht gerade freundlich aufgenommen. Für diese britische Produktion stellten erneut spanische Landschaften den Ersatz für den amerikanischen Südwesten dar, die Nebenrollen sind fast durchweg mit bekannten Hollywood-Gesichtern der zweiten Reihe besetzt.
Während der Film in Europa dank Bronsons Starstatus gut ankam, wurde er vom amerikanischen Verleih - wie so viele andere europäische Filme des Schauspielers - stiefmütterlich behandelt und stieß auf wenig Resonanz. al

Che!

Che. USA 1969 **R** Richard Fleischer **B** Michael Wilson, Sy Bartlett **K** Charles Wheeler **M** Lalo Schifrin **P** Sy Bartlett / 20th Century-Fox **L** 95 Min., Farbe **D** Omar Sharif, Jack Palance, Cesare Danova, Robert Loggia, Woody Strode, Richard Angarola

Als gegen Ende der 60er Jahre mit dem Aufkommen der Hippie-Bewegung in vielen amerikanischen und westeuropäischen Jugendzimmern die Poster von Che Guevara (1928-1967) hingen, witterte Hollywood sogleich die große Chance und schickte sich an, ein Revolutionsepos über diesen so schnell zur Legende gewordenen Mann auf die Leinwand zu bringen. Das Ergebnis war eine hastig heruntergekurbelte Schnulze, die keineswegs der Geschichte und schon gar nicht der Persönlichkeit Guevaras gerecht wurde. Fleischer unterteilte seinen Film in drei Episoden. Im ersten Teil werden die Erlebnisse Ches an der Seite Fidel Castros bei der Revolution in Kuba geschildert. Der zweite Abschnitt geht auf einige Terror-Maßnahmen kommunistischer Politik ein. Im letzten Drittel des Films schließlich sieht man Guevaras weitere Revolutionstätigkeit im umkämpften Bolivien, die ihm 1967 bei Guerillakämpfen im Dschungel das Leben kostet.
Die einzig wirklich spannenden Momente sind die Dokumentaraufnahmen einer Rede Kennedys zur Kuba-Krise im Jahr 1962, die zu einem Teil die weltpolitische Brisanz jener Tage wiedergeben. „Nichts von dem, was in Südamerika wirklich vorgeht, nichts von den feudalistischen Traditionen, die der jahrhundertealte Nährboden sind für Erscheinungen wie Che. Der Film ist ohne jeden Hintergrund.“ (*Abendzeitung, München*) jg

Der Chef

Un flic. Frankreich/Italien 1972 **R** Jean-Pierre Melville **B** Jean-Pierre Melville **K** Walter Wottitz **M** Michel Colombier **P** Robert Dorfman für Les Films Corona (Paris), Oceania Prod. (Rom) **L** 99 Min., Farbe **D** Alain Delon, Catherine Deneuve, Richard Crenna, Ricardo Cucciolla, Michael Conrad

Während Kommissar Coleman (Delon) in Paris einen Routinefall erledigt, raubt sein Freund Simon (Crenna) mit seinen Komplizen die Bank eines Küstenstädtchens aus und vergräbt die Beute. Coleman weiß um die illegalen Aktivitäten Simons, doch fehlen ihm Beweise. Beide lieben dieselbe Frau, Cathy (Deneuve), die den Gangstern hilft, einen beim Überfall verwundeten und dann ins Krankenhaus transportierten Komplizen zu töten, als dieser entdeckt zu werden droht. Durch die Identifizierung des Toten gerät Coleman schließlich auf Simons Spur...
Jean-Pierre Melvilles letzte Regie-Arbeit (er starb 1973 an einem Herzanfall) ist ein düsterer, melancholischer Gangster-Film, der wie seine Vorgänger (ARMEE IM SCHATTEN einmal ausgenommen) die Tradition des film noir weiterführt. Die Rollen von Gut und Böse sind hier noch weniger klar verteilt als in seinen früheren Werken, was sich nicht zuletzt in der Besetzung des Ordnungshüters mit Alain Delon manifestiert, der hier zum erstenmal (nicht nur bei Melville, sondern überhaupt in seiner Karriere) auf der Seite des Gesetzes steht. Wie immer wird die Geschichte kühl und mit wenig Dialog in Szene gesetzt, doch diesmal tat Melville des Guten etwas zuviel: Allzu glatt und perfekt ist die Inszenierung, allzu starr und unbeweglich die Figuren, und Catherine Deneuve hat als Cathy kaum etwas zu tun. Ärgerlich auch die Verwendung von Trickaufnahmen beim Überfall auf den Zug: Selbst bei Nacht ist das Mini-Modell sehr gut von seinem realen Kollegen zu unterscheiden. *Die Zeit* bemerkte: „Melville vernachlässigt die Charakterisierung der Figuren zugunsten einer formal vollendeten Inszenierung.“ al

Chefinspektor Gideon

Gideon of Scotland Yard. Großbritannien 1958 **R** John Ford **B** T. E. B. Clarke, nach dem Roman *Gideons's Day* von J. J. Marric **K** Frederick A. Young **M** Douglas Gamley **P** John Ford, Michael Killanin für Columbia **L** 89 Min., Farbe **D** Jack Hawkins, Anne Lee, Anna Massey, Andrew Ray, Howard Marion Crawford

Ein Film aus John Fords Spätwerk, der sicher nicht zu seinen besten gehört, aber trotzdem durch das Können des Meisterregisseurs überzeugt.
Er beschreibt einen Tag im Leben des überarbeiteten Chefinspektors Gideon (Hawkins) von Scotland Yard. Neben einigen Schwierigkeiten mit seinen Untergebenen muß sich Gideon noch auf die Jagd nach einem Mörder machen, wird von einer Kugel verwundet und erntet am Ende eines langen Arbeitstages noch diverse Vorwürfe von seiner Familie, weil er den Beginn eines Konzertes seiner Tochter versäumt hat.
Obwohl der Film die typische Handschrift von John Ford trägt und so, durch ein gutes Drehbuch unterstützt, eine gute Kriminalkomödie entstand, wurde der gesamte Film vom Verleih als minderwertig betrachtet. Als Folge daraus kürzte man die gesamte Geschichte auf 54 Minuten zusammen, übertrug aus Kostengründen die farbige europäische Version in eine Schwarz-Weiß-Fassung für das amerikanische Publikum und zeigte den Film nur im Rahmen eines Doppelprogrammes. Erst in späteren Jahren, als *Chefinspektor Gideon* im amerikanischen Fernsehen zu sehen war, besann man sich wieder auf die ursprüngliche Fassung. dk

Cherie Bitter

The Way We Were. USA 1973 **R** Sydney Pollack **B** Arthur Laurents, Alvin Sargent, David Rayfiel, nach dem Roman von Laurents **K** Harry Stradling jr. **M** Marvin Hamlisch **P** Ray Stark Rastar **L** 118 Min., Farbe **D** Barbra Streisand, Robert Redford, Bradford Dillmann, Lois Chiles, Patrick O'Neal, Viveca Lindfors, Murray Hamilton, Allyn Ann McLerie

„Es war, als würde man in Dachau Überstunden machen.“ Mit diesem geschmacklosen Vergleich beschrieb Robert Redford das Klima, das sich im Laufe der Dreharbeiten bis zur Unerträglichkeit entwickelt hatte. Den größten Ärger bereitete vor allem Produzent Ray Stark, der permanent seinen Einfluß auf das Drehbuch geltend machen wollte und zuweilen kurz vor den Aufnah-

men im Skript herumschrieb und Szenen und Dialoge veränderte.
Wahrscheinlich war ihm das Thema des Films etwas zu brisant, ging es doch um ein düsteres Stück unbewältigter amerikanischer Geschichte.
1937 verteilt die Studentin Katie (Streisand) unermüdlich als überzeugte Kommunistin an ihrer Universität Flugblätter. Dabei lernt sie den attraktiven Hubbell (Redford) kennen. Sie verlieren sich für eine Weile aus den Augen, doch bei Kriegsbeginn treffen sie sich in New York wieder und heiraten kurzentschlossen. Als eines von Hubbells vielen Drehbüchern erfolgreich verfilmt wird, siedelt das Paar nach Hollywood über, wo es in die Überwachungsmaschinerie des berüchtigten Kommunistenjägers McCarthy gerät. Dank der Besetzung Redford/Streisand wurde *Cherie Bitter* zu einem der überragendsten Filmerfolge des Jahres 1973. Neben den vier Nominierungen (u.a. für die Beste Ausstattung und die Besten Kostüme) konnte Marvin Hamlisch gleich zwei Oscars für seinen Soundtrack und den romantischen Filmsong *The Way We Were* (von Barbra Streisand interpretiert) entgegennehmen. jg

Cherry 2000

Cherry 2000. USA 1987 **R** Steve de Jarnatt **B** Michael Almereyda, nach einer Geschichte von Lloyd Fonvielle **K** Jacques Haitkin **M** Basil Poledouris **P** Edward R. Pressman, Caldecot Chubb für Orion Pictures **L** 95 Min., Farbe **D** Melanie Griffith, David Andrews, Jennifer Balgobin, Pamela Gidley, Ben Johnson, Tim Thomerson, Jennifer Mayo, Harry Carey jr., Marshall Bell

Cherry 2000 dümpelte zwei Jahre nach dem letzten *Mad-Max*-Film MAD MAX JENSEITS DER DONNERKUPPEL immer noch im Kielwasser des Endzeitfilms, nimmt sich jedoch dabei nicht ganz so ernst wie sein rüder Vorgänger aus Australien.
Die Geschichte spielt im Jahr 2017. Die Männer sind endgültig der Frauen überdrüssig geworden und befriedigen ihre animalischen Gelüste auf den biegsamen Körpern menschenähnlicher (femininer) Roboter. Eines Tages jedoch zerplatzt für Sam Treadwell diese unkomplizierte Beziehung wie eine Seifenblase, denn sein Modell Cherry 2000 gibt den Geist auf. Sam weiß jedoch, daß es vor der Stadt in der sogenannten Todeszone Ersatzteile gibt, mit denen er sein Lustobjekt wieder auf Vordermann bringen könnte. Ausgerechnet die verwegene E. Johnson (Griffith) soll ihm bei der Beschaffung der nötigen Utensilien helfen. Natürlich verlieben sich die beiden ineinander und Sam muß feststellen, daß die traute Zweisamkeit eines Liebespaares niemals durch einen Roboter ersetzt werden kann.
Cherry 2000 entstand in 10wöchiger Drehzeit inmitten der Wüstengegenden von Nevada; einen besonders eindrucksvollen Hintergrund geben dabei die surrealistisch anmutenden Gesteinsformationen des Valley of Fire ab. Zu den Innenaufnahmen siedelte das Team anschließend nach Las Vegas um. Melanie Griffith und David Andrews bemühten sich zwar, so viele Action-Szenen wie möglich ungedoubelt zu spielen. In den wirklich gefährlichen Autocrash-Sequenzen sprangen jedoch dann Tracy Keehn und Bret Smurz als Stuntmänner ein, die hier der Gerechtigkeit halber ruhig auch einmal erwähnt werden sollten. jg

Cheyenne

Cheyenne Autumn. USA 1963 **R** John Ford **B** James R. Webb, nach einem Roman von Mari Sandoz **K** William H. Clothier **M** Alex North **P** Bernard Smith, John Ford **L** 136 Min., Farbe **D** Richard Widmark, Carroll Baker, Karl Malden, James Stewart, Edward G. Robinson, Sal Mineo, Dolores Del Rio, Ricardo Montalban, Gilbert Roland, Arthur Kennedy

„Ich habe mehr Indianer umgebracht als Custer, Beecher und Chivington zusammen. Jede Geschichte hat ihre zwei Seiten, aber ich wollte einmal *ihre* Perspektive zeigen. Seien wir ehrlich, wir haben sie schlecht behandelt. Es ist ein Schandfleck unserer Geschichte." Kein anderer als Regisseur John Ford kam zu dieser späten Einsicht. *Cheyenne* sollte sein Abschiedswerk im Western-Genre werden.
Im Jahr 1887 warten die Cheyenne-Indianer in ihrem Reservat in Oklahoma vergeblich auf eine Verbesserung ihrer Lebensbedingungen. Es fehlt an Nahrungsmitteln und Unterkünften. In einem Akt der Verzweiflung bricht der Stamm, erbittert verfolgt von der US-Kavallerie, zu einem tragischen Todesmarsch in seine Heimat nach Wyoming auf.
Gedreht in Super Panavision 70mm-Format, Technicolor und entstanden an Original-Schauplätzen in Monument Valley und Utah, verwendet Ford noch einmal alle Attribute des epischen Western. Keinem der zahlreichen Stars wird eine Sonderposition eingeräumt. Das Hauptaugenmerk ist der Geschichte gewidmet, die Ford mit dem Anspruch des Allumfassenden in mehreren parallel zueinanderstehenden Handlungsräumen angesiedelt hat. Diese Kombination verdeutlicht die bestehenden Mißstände. Auf der einen Seite flüchtet eine Gruppe hungernder Indianer, auf der anderen schickt sich eine sensationsgeile Stadtbevölkerung an, die Schlacht gegen die Cheyenne live mitzuerleben. Eine zur damaligen Zeit gewagte Anklage gegen die Indianerpolitik der Vereinigten Staaten, an der die Kritiker jedoch kein gutes Haar ließen und die erst in späteren Jahren die verdiente Anerkennung fand. jg

Chicago Joe und das Showgirl

Chicago Joe and the Showgirl. Großbritannien 1990 **R** Bernard Rose **B** David Yallop **K** Mike Southon **M** Hans Zimmer, Shirley Walker **P** Tim Bevan für Polygram/Working Title Prod. **L** 103 Min., Farbe **D** Emily Lloyd, Kiefer Sutherland, Patsy Kensit, Keith Allen, Liz Fraser

Ein bizarrer Kriminalfall im London des Kriegsjahres 1944 erregte seinerzeit weltweit Aufsehen unter dem Namen „Cleft Chin Murder Case" („Mordfall Klaffendes Kinn"). Ein Liebespärchen, der amerikanische Soldat Karl Hulten und das britische Showgirl Elizabeth Maud Jones, hatte nach einer einwöchigen Gewaltorgie, in der es mit einem gestohlenen Armee-Laster durchs Westend brauste, Passanten attackierte und bestahl, grundlos einen Taxifahrer ermordet. Hulten wurde als erster und einziger Amerikaner in Großbritannien zum Tode verurteilt, Jones verschwand nach ihrer Entlassung aus dem Gefängnis spurlos.
Aus dieser spektakulären Geschichte, die an BONNIE UND CLYDE erinnert, hätte Regisseur Bernard Rose unter der Ägide von Working Title (die so hervorragende Filme wie MEIN WUNDERBARER WASCHSALON und SAMMY UND ROSIE TUN ES produzierten) einen faszinierenden, kraftvollen Film machen sollen. Leider läßt das Ergebnis in beinahe jeder Hinsicht zu wünschen übrig.
Obwohl bereits im Vorspann versprochen wird, daß „zwar Namen, jedoch keine Ereignisse verändert" wurden, gibt der Film sich keine Mühe, ein realistisches Bild vom kriegsgeplagten London zu vermitteln, sondern zieht sich auf die künstliche Studio-Atmosphäre der 40er Jahre zurück. Die *Sunday Times* bemerkte dazu: „Die im romantischen Mondlicht badenden malerischen Dächer sehen eher nach ´Mary Poppins zieht in den Krieg´ aus als nach einer realistischen Verbrecherstudie." Ein weiterer Kritikpunkt ist die ungenügende Motivation der Charaktere, die den Darstellern keine Entfaltungsmöglichkeiten bietet. Zwar machen zahlreiche Phantasie-Sequenzen deutlich, daß Hulten (Sutherland) und Jones (Lloyd) sich als Figuren einer Traumwelt begriffen, doch die werden „wie mit dem Bulldozer präsentiert" (*Observer*) und sehen aus „wie Kindertheater." (*Variety*) al

Chikago

Angels with Dirty Faces. USA 1938 **R** Michael Curtiz **B** John Wexley, Warren Duff, nach einer Erzählung von Rowland Brown **K** Sol Polito **M** Max Steiner **P** Warner Bros. **L** 98 Min., s/w **D** James Cagney, Pat O´Brien, Humphrey Bogart, Ann Sheridan, George Bancroft

Einer der besten und richtungsweisenden Gangsterfilme, inszeniert vom CASABLANCA-Regisseur Michael Curtiz, zeigt James Cagney und Humphrey Bogart in den Rollen des klassischen Kontrahenten-Paares. Der Film, der ursprünglich unter dem Titel *Battle of City Hall* erscheinen sollte, bescherte James Cagney überschwengliche Kritiken und eine Menge Nachahmer, die seine typische, in diesem Film geradezu exemplarische Körpersprache zu imitieren versuchten.
Chikago 1938. Der Gangster Rocky Sullivan (Cagney) ist das bewunderte Idol der Slumjugend. Mit Hilfe seines Anwalts Frazier (Bogart) gerade aus dem Gefängnis entlassen, besucht Rocky seinen Jugendfreund Jerry (O´Brien), der inzwischen Pater geworden ist. Doch es zeigt sich bald, daß aus den Freunden von einst zwei völlig verschiedene Menschen geworden sind. Obwohl Rocky dem Pater überlegen scheint, ist sein Untergang vorprogrammiert. Jerrys Anti-Gangster-Kampagne und der tödliche Konflikt Rockys mit seinem Anwalt besiegeln das Schicksal des Gangsters auf dem elektrischen Stuhl.
Cagneys Darstellung als harter Gangster mit einer Schwäche für Frauen und Kinder brachte ihm 1938 eine Oscar-Nominierung ein. Daß der Schauspieler Cagney eigentlich fast noch mutiger und härter war als die Figuren, die er darstellte, belegen diverse Anekdoten über die Dreharbeiten zu *Chikago*.
Am Ende des Filmes wird Cagney von der Polizei verfolgt, und auf der Flucht versteckt er sich in einem Warenhaus, wo er in ein Feuergefecht verwickelt wird. Überall rattern Maschinengewehre, und Regisseur Curtiz, auf größtmögliche Authentizität bedacht, ließ anstelle von Platzpatronen echte Kugeln verwenden. Cagney, der sieben Jahre zuvor schon einmal von einem sogenannten Experten bei einer ähnlichen Szenen niedergeschossen wurde, weigerte sich diesmal, sich auf dem ihm laut Script zugewiesenen Platz von einem neuen professionellen Schützen beschießen zu lassen. Eine Entscheidung, die ihm das Leben rettete, denn ein wahrer Kugelhagel zerstörte das Fenster, hinter dem Cagney eigentlich seinen Kopf plazieren sollte. dk

Chikago-Massaker

The St. Valentine´s Day Massacre. USA 1967 **R** Roger Corman **B** Howard Browne **K** Milton Krasner **M** Fred Steiner **P** Roger Corman für 20th Century-Fox **L** 100 Min., Farbe **D** Jason Robards, George Segal, Ralph Meeker, Jean Hale, Clint Ritchie, Frank Silvera, Joseph Campanella, Richard Bakalyan, David Canary, Bruce Dern, Harold J. Stone

Roger Corman hatte anscheinend eine Vorliebe für die Figur des berüchtigten Gangsterbosses Al Capone. Neben *Chikago-Massaker* übernahm er noch einmal 1975 für den biographisch angelegten Film CAPONE die Produktionsleitung.
In diesem Werk steht jedoch nicht das Leben Capones im Mittelpunkt; die Betonung liegt vielmehr auf einzelnen Episoden seines gewalttätigen Lebens. Corman konzentriert sich dabei auf die Schilderung des blutigen Kampfes zwischen der Capone-Gang und der Bande von George „Bugs" Moran (Meeker), der am 14. Februar 1929 in dem sogenannten St. Valentins Massaker gipfelte und auf den der Zuschauer als filmischen Höhepunkt in einem reportagehaften Inszenierungsstil vorbereitet wird.
Chikago-Massaker bietet die für Corman üblichen Gewaltexzesse - durchaus ein Markenzeichen seiner B-Filme - und sieht in seiner Gestaltung und Ausstattung kostspieliger aus, als er in Wirklichkeit war, denn der Streifen wurde mit dem niedrigen Etat von gerade 1,5 Millionen Dollar produziert.
Jack Nicholson tritt nur in einer kleinen Nebenrolle auf, sollte aber ursprünglichen Plänen zufolge einen größeren Part übernehmen, doch dafür war ihm die Gage einfach zu niedrig, so daß er ablehnte und sich mit seiner kurzen Erscheinung in diesem Film zufriedengab.
Für seine Darstellung als Capone wurde Jason Robards zwar von allen Seiten gelobt, doch viele Kritiker meinten, daß seine Person für diese Rolle falsch gewesen sei. „Natürlich stimmt nichts an diesem Capone; er ist zu dünn, zu alt und sicherlich auch zu intelligent." (*Motion Picture Guide*) jg

China Blue bei Tag und Nacht

Crimes of Passion. USA 1984 **R** Ken Russell **B** Barry Sendler **K** Dick Bush **M** Rick Wakeman **P** Barry Sandler, Donald P. Borchers für New World Pictures **L** 106 Min., Farbe **D** Kathleen Turner, Anthony Perkins, John Laughlin, Annie Potts, Bruce Davison

Die Mode-Designerin Joanna (Turner) führt ein Doppelleben. Tagsüber geht sie ihrem Job als Mode-Designerin nach, nachts ist sie als Prostituierte unter dem Namen China Blue für die perversen Gelüste amerikanischer Mittelständler zuständig. Der ehe-frustrierte Bobby (Laughlin) kommt durch einen Überwachungsjob (Joanna wird verdächtigt, Modezeichnungen entwendet zu haben) hinter ihr Geheimnis und verliebt sich in sie. Doch da ist auch noch ein psychopathischer Priester (Perkins), der gefallene Frauen durch den Tod von ihrem Schicksal erlösen will...
Diese obskure Geschichte einer BELLE DE JOUR der 80er Jahre hat Ken Russell, das enfant terrible des englischen Films, mit seiner üblichen Lust am Sensationellen und Schockierenden in einer Mischung aus Kitsch und Vulgarität in Szene gesetzt. Wie üblich erhitzte das Ergebnis, eine Art „erotischer Thriller", die Gemüter, besonders in den USA, wo der Film nur nach starken Schnitten das geschäftsschädigende „X-Rating" vermeiden konnte. Kathleen Turner ist beängstigend professionell als vielbeschäftigte Nutte, die mal als Stewardess der China Blue Airlines, mal als Nonne ihre Kunden abfertigt. Das drohende Happy-End mit Laughlin wird gerade noch rechtzeitig von Anthony Perkins verhindert, der mit sichtlichem Spaß sein PSYCHO-Image zelebriert.
Rheinische Post: „Ein böser Film über Amerika, über Gefühle hinter Masken, über Menschen, die sich unverhohlen und ganz kitschig nach Empfindungen sehnen, nach Emotionen inmitten einer kalten Welt des Glitters und Flitters." al

Das China Syndrom

The China Syndrome. USA 1979 **R** James Bridges **B** Mike Gray, T.S. Cook, James Bridges **K** James Crabe **P** Michael Douglas für IPC Films/ Columbia **L** 122 Min., Farbe **D** Jane Fonda, Jack Lemmon, Michael Douglas, Scott Brady, James Hampton, Peter Donat

Die TV-Reporterin Kimberley (Fonda) und ihr Kameramann Richard (Douglas) werden Zeugen eines Unfalls in einem Atomkraftwerk, in dem sie sich zu Dreharbeiten über eine Energie-Dokumentation aufhielten. Die Geistesgegenwart des leitenden Ingenieurs (Lemmon) verhindert Schlimmeres, und die Kraftwerksleitung spielt den Vorfall herunter, doch Richard hat heimlich gefilmt, läßt das Material von Experten analysieren und erfährt, daß es sich um eine äußerst gefährliche Situation gehandelt hat. Doch die Fernsehstation will den Beitrag aus Rücksicht auf die Industrie nicht senden, und von Betreiberseite tut man alles, um den Vorfall zu vertuschen...
Das China Syndrom (der Titel spielt auf die Möglichkeit an, daß sich schmelzende Brenn-

stäbe quer durch die Erde bis nach China fressen könnten) war als spannender Thriller geplant und dementsprechend angekündigt worden: In einer beispiellosen Werbe-Kampagne, für die Verleiher Columbia 3 Mio. $ ausgab, wurde der Film in einer Reihe ausgeklügelter TV-Spots angekündigt („Bis heute wissen nur wenige, was es bedeutet...Und es erschreckt sie!"). Die Macher wollten den Eindruck vermeiden, einen Anti-Atomkraft-Film gedreht zu haben, doch wurde die Kernkraftlobby schnell aktiv und bezog gegen das Unternehmen Stellung. Der Film war bereits mit großem Erfolg angelaufen, als drei Wochen später, im April 1979, im Atomkraftwerk Three Mile Island in Harrisburg, Penn., das Kühlsystem versagte und radioaktive Dämpfe austraten, die Hunderttausende von Menschen gefährdeten. Wie hier die Wirklichkeit die Fiktion bestätigt und sogar noch übertroffen hatte, sorgte für hitzige Diskussionen, die auch den Kasseneinnahmen nicht abträglich waren. Die Börsenwerte von Columbia Pictures schnellten in Rekordhöhe, und die Kritik war des Lobes voll.
Time: „Ungewöhnlich spannendes, fesselndes, handwerklich meisterliches Entertainment. Schwierig, einen anderen Film der letzten Jahre zu nennen, der ähnlich packend ist."
Das China Syndrom erhielt vier Oscar-Nominierungen für Lemmon, Fonda, Drehbuch und Ausstattung (George Jenkins, Arthur Jeph Parker). Lemmon bekam, neben weiteren Auszeichnungen, die Goldene Palme von Cannes. al

Chinatown

Chinatown. USA 1974 **R** Roman Polanski **B** Robert Towne **K** John A. Alonzo **M** Jerry Goldsmith **P** Robert Evans / Paramount **L** 131 Min., Farbe **D** Jack Nicholson, Faye Dunaway, John Huston, Perry Lopez, John Hillerman, Darrell Zwerling, Diane Ladd, Roy Jenson, Roman Polanski, Burt Young

Nach der Ermordung seiner Frau Sharon Tate im Jahre 1969 hatte sich Polanski von Hollywood abgewandt und in Europa die beiden wenig erfolgreichen Filme MACBETH und WAS? gedreht. *Chinatown* wurde für ihn zu einer glänzenden Rückkehr nach Amerika.
Die ganz im Stil der Kriminalromane Raymond Chandlers erzählte Geschichte ist in den 30er Jahren ansiedelt und beginnt mit einem Mord. Der Chef der Wasserwerke von Los Angeles wird tot aus einem Kanalsystem gefischt. Für den Privatdetektiv J. J. Gittes (Nicholson) ist dies der Auftakt für seine Nachforschungen, die ihm bald die Bekanntschaft der Witwe (Dunaway) des Opfers einbringen. Durch sie gerät er nach und nach in ein kaum entwirrbares Netz von Intrigen, Gewalt und Perversion.
Zum ersten Male inszenierte Polanski einen Film, für den er nicht das Drehbuch geschrieben hatte. Paramount-Produzent Evans hatte ihm das Skript vorgeschlagen und Polanski erklärte sich zu einer Verfilmung bereit. Damit allerdings gab er auch einen Teil seiner Eigenständigkeit auf und unterwarf sich an manchen Stellen dem Diktat der Studios. Trotzdem ist *Chinatown* ein cineastischer Leckerbissen; betörend in der Perfektion seiner Ausstattung, atmosphärisch dicht in seinen gleißend hellen Außenaufnahmen und in der düsteren Innenfotografie sowie durch den hervorragenden Soundtrack von Jerry Goldsmith. Der Film beginnt als Thriller mit einem politisch-ökonomischen Hintergrund und endet als menschliche Tragödie. *Chinatown* mußte 1974 bei der Oscar-Verleihung gegen die Konkurrenzproduktion DER PATE II antreten und verlor (ungerechterweise) haushoch. Es gab nur einen Oscar für das Drehbuch. 1990 inszenierte Jack Nicholson unter dem Titel DIE SPUR FÜHRT ZURÜCK eine verworrene Fortsetzung zu Polanskis Klassiker, die weit hinter dem Vorbild zurückblieb. jg

Die Chinesin

La chinoise. Frankreich 1967 **R** Jean-Luc Godard **B** Jean-Luc Godard **K** Raoul Coutard **P** Anouchka Films/Prod. de la Gueville/Parc Films/Athos Films/Simar Films **L** 100 Min., Farbe **D** Anne Wiazemsky, Jean-Pierre Léaud, Michel Semeniako, Lex de Brujin, Juliet Berto

Ein fast schon prophetischer Film des Papstes der Nouvelle Vague, Jean-Luc Godard. Mit seinem Film nimmt er die ein Jahr später in Frankreich stattfindenden Studentenunruhen quasi vorweg. *Die Chinesin* wird hochgelobt und vielerorts als „Godards Versuch eines Beitrages zur Kulturrevolution in Form eines filmischen Lehrstücks" (*Evangelischer Filmbeobachter*) gewertet.
Thema ist die chinesische Kulturrevolution, deren Theorien sich fünf französische Studenten annehmen. Während der Ferien bilden sie eine prochinesische Kommune in Paris und studieren die sozialistischen Ideologien und Revolutionstheorien Mao Tse Tungs. Dabei kommt es zu Auseinandersetzungen innerhalb der Gruppe, die die Verwirklichung ihrer Theorien auf unterschiedliche Weise angehen wollen. Einer läuft zu den moskautreuen Kommunisten über, ein anderer bringt sich um und die überzeugteste Verfechterin von Maos Lehren sieht ihre aktive Rolle in der Ausführung eines Terrorattentates.
Wann immer der Film in der zeitgenössischen Kritik besprochen wurde, fiel der Vergleich zu Brecht bzw. des Brechtschen Charakters von Godards Arbeit. „Für politisch interessierte erwachsene Filmkunstfreunde eine Pflichtübung" schrieb 1967 der *Evangelische Filmbeobachter*, ein Urteil, dem sich die Jury der Biennale in Venedig im gleichen Jahr anschloß und dem Film einen Sonderpreis zuerkannte. dk

Chinesisches Roulette

Chinesisches Roulette / La roulette chinoise. BRD/Frankreich 1976 **R** Rainer Werner Fassbinder **B** Rainer Werner Fassbinder **K** Michael Ballhaus **M** Peer Raben **P** Michael Fengler / Albatros, Les films du Losange **L** 85 Min., Farbe **D** Margit Carstensen, Anna Karina, Alexander Allerson, Ulli Lommel, Andrea Schober, Macha Méril, Brigitte Mira, Volker Spengler

Durch die raffinierte Einfädelung ihrer behinderten Tochter überraschen sich in einem einsam gelegenen Schloß zwei Eheleute mit ihren jeweiligen Geliebten. Peinlichkeit beherrscht fortan die Szenerie, der sich die Betroffenen durch permanentes Schweigen und Mißachtung der vorgefallenen Dinge zu entziehen versuchen. Als die Tochter mit ihrer Erzieherin erscheint, schlägt das Mädchen vor, das „Chinesische Roulette" zu spielen - eine Art Wahrheitsspiel, bei dem in verschlüsselter Form jeder sagen soll, was er vom anderen denkt. Im Verlauf des Abends brechen die lange unterdrückt gehaltenen Aggressionen und Mißstimmungen offen aus. Fassbinder war der Meinung, daß die Schauspieler möglichst intensiv die Filmhandlung nachvollziehen müßten. Die Dreharbeiten fanden demnach auch nicht im Studio statt, sondern fernab von allem großstädtischen Treiben im Schloß des unterfränkischen Dorfes Stöckach. Im Frühjahr 1976 lebte das Drehteam dort sieben Wochen zusammen mit den Schauspielern; abends saß man gemeinsam in der Schloßküche und brachte die allmählich entstehenden Beziehungen in den Film mit ein.
Bemerkenswert an *Chinesisches Roulette* ist vor allem die bestechende Kameraarbeit von Michael Ballhaus. „Ich bin sicher, es gibt in der Filmgeschichte keinen einzigen Film, in dem es so viele Kamerabewegungen, Fahrten und Gegenbewegungen gibt, wie in diesem." (R. W. Fassbinder) jg

Chisum

Chisum. USA 1970 **R** Andrew V. McLaglen **B** Andrew J. Fenady **K** William H. Clothier **M**

scher Boshaftigkeit und beseitigt alle, die sich zwischen Arnie und ihn drängen. Zwei von Arnies Schulfreunden merken als erste, daß etwas mit dem Wagen nicht stimmt. Gemeinsam versuchen sie, Christine zu vernichten.
Im April 1983 erschien Stephen Kings gleichnamiger Roman; bis zu diesem Zeitpunkt hatte der Meister des Horrors bereits weltweit über 40 Millionen Bücher verkauft. Gegenüber dem mehr als 700 Seiten umfassenden Roman fällt die Verfilmung wesentlich kürzer aus. Fast die gesamte erste Hälfte der Vorlage, in der King die allmähliche Entwicklung des Straßenkreuzers zum Horror-Vehikel schildert, blieb unberücksichtigt. Mehr Wert wurde dafür auf die ausgefeilten Spezialeffekte gelegt, die Roy Arbogast kreierte. 12 verschiedene Plymouth Fury gingen während der Dreharbeiten zu Bruch. Da Christine ihre Verbeulungen, die ihr im Lauf der Handlung widerfahren, selbst regenerieren kann, wurde ein Wagen zerlegt und einzelne Blechteile durch eine 2mm dicke Latexfolie ersetzt. An diese Kunsthaut befestigte man von innen Drähte, mit denen man Dellen und Ausbeulungen entstehen lassen konnte. Die Sequenzen wurden später im Rückwärtsverfahren umkopiert, so daß der Zuschauer auf der Leinwand wirklich den Eindruck erhält, Christine würde aus einem Schrotthaufen wieder auferstehen. jg

Christus kam nur bis Eboli

Cristo si è fermato a Eboli/Le christ s´est arreté à Eboli. Italien/Frankreich 1979 **R** Francesco Rosi **B** Francesco Rosi, Tonino Guerra, Raffaele La Capria, nach dem Roman von Carlo Levi **K** Pasqualino de Santis **M** Piero Piccioni **P** Franco Cristaldi, Nicola Carraro für Vides Cinematografica/RAI-Rete 2 (Rom), Action Films/ Gaumont (Paris) **L** 151 Min., Farbe **D** Gian Maria Volonté, Paolo Boancelli, Alain Cuny, Léa Massari, Irene Papas, François Simon

1935 wurde der Maler und Schriftsteller Carlo Levi, aktiver Antifaschist, von Mussolinis Regime nach Lukanien verbannt, einem ärmlichen und unwirtlichen Landstrich Süditaliens. Er ließ sich in dem abgelegenen Bergdorf Gagliano nieder, in dem die Zeit stehengeglieben zu sein schien. Von der bäuerlichen Bevölkerung wurde er, nicht zuletzt dank seiner medizinischen Kenntnisse, langsam akzeptiert. Nach dem italienischen Erfolg im Äthiopien-Feldzug beendete eine Amnestie Levis Verbannung, und er ging nach Frankreich ins Exil. 1945 erschien sein Buch *Christus kam nur bis Eboli*, das von seinem einjährigen Aufenthalt in Gagliano erzählt und ein Welterfolg wurde. Diesen Bericht hat Francesco Rosi, mit seinem Lieblingsschauspieler Gian Maria Volonté als Levi, mit der gewohnten Nüchternheit und Zurückhaltung verfilmt. Der Film macht sich ganz den subjektiven Standpunkt des Buches zu eigen, alles wird aus Levis Perspektive geschildert. Mit Sorgfalt und Sympathie zeichnet der Regisseur das Porträt eines Volkes, das seit Jahrhunderten in den gleichen Strukturen lebt, das von der Geschichte immer wieder übergangen wurde (oder verschont blieb) und zu dem die „Segnungen" der Zivilisation noch nicht vorgedrungen sind. Eine große Rolle spielt dabei der traditionelle Nord-Süd-Konflikt Italiens, denn Levi kommt aus Turin. Auf vier Charaktere konzentriert sich der Film besonders (sie sind mit Profis besetzt, während alle anderen Darsteller Laien sind): den faschistischen Bürgermeister (Bonacelli), den frommen Feudalherrn (Cuny), die Bäuerin Giulia (Papas) und den Priester Trajella (Simon). Jede dieser Figuren steht für eine Klasse der Gesellschaft.
Christus kam nur bis Eboli wurde mit Unterstützung des staatlichen italienischen Fernsehens RAI sowie dem deutschen ZDF gleichzeitig als TV-Zweiteiler gedreht, die italiensche Version ist 210 Min. lang, die deutsche 195 Min. Der Film erhielt den Goldpreis des Moskauer Filmfestivals 1979. „Ein bedeutendes, stellenweise bewegendes Stück kultureller, sozialer, politischer Selbstvergewisserung." (*Frankfurter Allgemeine*) al

Chronik einer Liebe

Cronica di un amore. Italien 1953 **R** Michelangelo Antonioni **B** Michelangelo Antonioni, Suso Cecchi D´Amico, Francesco Maselli, P. M. Pasinetti **K** Enzo Serafin **M** Giovanni Fusco **P** ENIC **L** 100 Min., s/w **D** Lucia Bosé, Andrea Cecchi, Gino Cervi, Massimo Girotti, G. Rossi

Mit *Chronik einer Liebe* drehte Michelangelo Antonioni seinen ersten Spielfilm und bereits hier stellte er eine Thematik in den Mittelpunkt seiner Geschichte, die auch für seine weiteren Filme zu einem Markenzeichen werden sollte. In einer beinahe analytischen Vorgehensweise untersucht Antonioni das Scheitern und Zusammenbrechen von zwischenmenschlichen Beziehungen.
In *Chronik einer Liebe* beginnt diese allmähliche Zerstörung einer Verbindung mit einem Anfall von Mißtrauen und Eifersucht. Ein reicher Mailänder Industrieller engagiert einen Privatdetektiven, der seine schöne Frau überwachen soll. Bei seinen Nachforschungen muß der Mann entdecken, daß die Gattin tatsächlich mit ihrem Jugendgeliebten ein Verhältnis hat; in zeitlich unterschiedlich angeordneten Rückblenden arrangiert, werden weitere Indizien zwischenmenschlicher Defekte geschildert. So trägt die Ehefrau nicht nur die Schuld am Tod einer Freundin, sondern stiftet ihren Liebhaber auch noch zum Mord an ihrem Ehegatten an.
Antonionis Film wurde in Deutschland erst 1966 im ZDF ausgestrahlt, nachdem sich der italienische Meisterregisseur bereits mit Werken wie DER SCHREI und DIE ROTE WÜSTE endgültig einen Namen gemacht hatte. jg

Chronik eines angkündigten Todes

Cronaca di una morte annunciata. Italien/ Frankreich 1987 **R** Francesco Rosi **B** Francesco Rosi, Tonino Guerra, nach dem Roman von Gabriel García Márquez **K** Pasqualino de Santis **M** Piero Piccioni **P** Yves Gasser, Francis von Büren für Italmedia Film/RAI-Rete 2 (Rom), Soprofilms/ Les Films Ariane/FR 3 Films Prod. (Paris) **L** 110 Min., Farbe **D** Rupert Everett, Ornella Muti, Gian Maria Volonté, Irene Papas, Lucia Bosé, Anthony Delon, Alain Cuny

Literarische Meisterwerke, wie der Roman des kolumbianischen Literatur-Nobelpreisträgers Gabriel García Márquez, sind als Filmstoffe ebenso beliebt wie die Verfilmungen dann umstritten sind. Rosis Leinwand-Version von *Chronik eines angekündigten Todes*, auf Wunsch des Autors an Originalschauplätzen in Kolumbien gedreht, geriet bei seiner Uraufführung in Cannes besonders heftig unter Beschuß.
Der Film erzählt in Rückblenden die Geschichte von der geplanten Heirat zwischen Angela (Muti) und dem reichen Fremdling Bayardo (Everett), der sich seine Braut bei deren Familie quasi erkauft. Als er in der Hochzeitsnacht entdecken muß, daß Angela keine Jungfrau mehr ist, schickt er sie, lateinamerikanischen Ehr-und Moralvorstellungen entsprechend, zu ihrer Familie zurück, die nun ihrerseits dem angeblichen Verführer Santiago (Delon) an den Kragen will.
Obwohl der ganze Ort von dem geplanten Mord weiß, tut niemand etwas zu dessen Verhinderung, auch nicht Santiagos bester Freund Cristo (Volonté), zur Tatzeit auf Krankenbesuch. Diese Figur hat die Funktion des Erzählers, der das Geschehen fast 30 Jahre später noch einmal Revue passieren läßt.
Die Kritik nahm Rosi vor allem übel, von seiner sozialkritischen Thematik abgegangen zu sein (obwohl auch diese Geschichte von kollektiver Schuld, einem häufigen Rosi-Motiv, handelt), und konnte oder wollte nicht verstehen, warum der Regisseur sich nicht

weiter auf der gleichen Schiene bewegen wollte - so, wie Woody Allen dazu verdammt ist, immer die gleiche Art von Komödien zu drehen. Besonders die schwelgerischen und opulenten Bilder kreidete man dem Regisseur an. Natürlich erreicht der Film nicht die Meisterschaft der Vorlage, doch er funktioniert - auf seine Art und mit allen seinen Schwächen - hervorragend. *Chronik eines angekündigten Todes* wurde jedoch als „Betrug am Roman" und „italienisches Melodram" abgetan und war auch finanziell nicht sehr erfolgreich. al

Chuka

Chuka. USA 1967 **R** Gordon Douglas **B** Richard Jessup, nach seinem Roman **K** Harold Stine **M** Leith Stevens **P** Rod Taylor, Jack Jeason / Rodlor **L** 105 Min., Farbe **D** Rod Taylor, Ernest Borgnine, John Mills, Luciana Paluzzi, James Whitmore, Angela Dorian, Louis Hayward, Michael Cole, Hugh Reilly

Rod Taylor, durch Hitchcocks DIE VÖGEL zu Beginn der 60er Jahre zum Superstar geworden, wirkte in diesem Film nicht nur als Schauspieler mit, sondern war auch an der Produktion beteiligt.
Chuka gehört nicht zu jenen großbudgierten Western, die von den Studios damals gern in Auftrag gegeben wurden, bietet aber auch in seiner etwas bescheideneren Inszenierung eine packende Unterhaltung.
Spielraum und Handlungsort beschränken sich auf die Schilderung eines Tages in einem enklavenhaft gelegenen Fort. Beschrieben werden die Probleme und Beziehungskonstellationen einer Handvoll Charaktere. Da gibt es den englischen Kommandanten des Forts (Mills), der blind seinen militärischen Befehlen gehorcht, anstatt diplomatische Umsicht anzuwenden; da ist ein herumziehender Revolverheld (Taylor), der im Fort noch einmal seine große Liebe (Paluzzi) trifft. Für alle Beteiligten wird es die letzte Nacht ihres Lebens sein. Im Schutze der Dunkelheit überfallen Indianer das Fort und richten ein Massaker an.
„Nicht eine einzige Szene wiederholt sich oder ist langweilig. Nur der Rückblenden-Prolog nimmt das niederschmetternde Finale leider vorweg. Wenn er herausgeschnitten worden wäre, hätte sich sowohl die Überraschung der Zuschauer über das traurige Ende der Geschichte als auch die Qualität des Film, sicherlich steigern lassen." (*Variety*) jg

Cimarron

Cimarron. USA 1960 **R** Anthony Mann **B** Arnold Schulman, nach dem Roman von Edna Ferber **K** Robert L. Surtess **M** Franz Waxman **P** Edward Granger / Metro-Goldwyn-Mayer **L** 140 Min., Farbe **D** Glenn Ford, Maria Schell, Anne Baxter, Arthur O´Connell, Russ Tamblyn, Mercedes McCambridge, Vic Morrow, Robert Keith, Charles McGraw, Edgar Buchanan

Die RKO hatte unter der Regie von Wesley Ruggles schon einmal im Jahr 1931 Edna Ferbers epischen Roman über den Oklahoma Land-Run effektvoll und mit großem Aufwand verfilmt. Das dreißig Jahre später entstandene Remake diente in erster Linie dazu, die Geschichte in neuer technischer Perfektion durch die Verwendung von Farbe und CinemaScope-Format einem breiten Publikum schmackhaft zu machen.
Yancey Cravet (Ford), ein ewig vagabundierender Abenteurer, heiratet die aus einem wohlbehüteten Elternhaus stammende Sobra (Schell), um mit ihr am großen Oklahoma Land-Rush teilzunehmen. Am 22. April 1889 war dieser Bundesstaat zur Besiedelung freigegeben worden. In einem wahnwitzigen Kopf-an-Kopf-Rennen stürzten sich damals Zehntausende von Siedlern mit ihren Planwagen auf das Land.
Der erste Teil des Films beschreibt in atemberaubenden und meisterhaft fotografierten Szenen dieses historische Ereignis. Der Western-Touch verflüchtigt sich jedoch in der zweiten Hälfte und macht einer eher konventionell inszenierten Familiengeschichte Platz.
Maria Schell wurde als Import-Schlager aus Deutschland geholt und bietet neben ihrem Filmpartner Glenn Ford, der sich damals während der Dreharbeiten unsterblich in sie verliebte, eine beachtliche schauspielerische Leistung. *Cimarron* war Anthony Manns letzter Western und wurde von den US-Kritikern eher ungnädig aufgenommen, weil sie das Remake des Ruggles-Western als ein Werk betrachteten, das es ihrer Meinung nach lediglich auf reine Effekthascherei abgesehen hatte. Bei der Oscar-Verleihung 1960 kam *Cimarron* über zwei Nominierungen (Ausstattung und Ton) nicht hinaus. jg

Cincinnati Kid

The Cincinnati Kid. USA 1965 **R** Norman Jewison **B** Ring Lardner jr., Terry Southern, nach dem Roman von Richard Jessup **K** Philip Lathrop **M** Lalo Schifrin **P** Martin Ransohoff für Filmways/ MGM **L** 104 Min., Farbe **D** Steve McQueen, Edward G. Robinson, Ann-Margret, Karl Malden, Tuesday Weld, Joan Blondell, Rip Torn

New Orleans 1936. Der junge Pokerspieler Eric (McQueen), genannt „Cincinnati Kid", hat sich in Pokerkreisen einen Namen gemacht und wird wegen seines Könnens und seiner Ehrlichkeit geschätzt. Als der ungekrönte Poker-König Lancey Howard (Robinson) in die Stadt kommt, ist ein Duell zwischen ihm und Kid am Spieltisch unvermeidlich...
Sam Peckinpah war für diese Spielergeschichte als Regisseur vorgesehen gewesen, doch schon nach kurzer Zeit kam es zwischen ihm und Produzent „Marty" Ransohoff zu Unstimmigkeiten um eine Nacktszene, die der Regisseur unbedingt für die europäische Verleihfassung eingebaut haben wollte (das Nacktmodell war übrigens Roman Polanskis spätere Ehefrau Sharon Tate). Doch Ransohoff gab nicht nach, und Peckinpah wurde von dem als zuverlässig geltenden Norman Jewison ersetzt, der bis dato nur durch leichte Komödien von sich reden gemacht hatte. Auch Edward G. Robinson kam erst ins Spiel, nachdem sich Spencer Tracy nicht mit der Balance zwischen seiner Figur und der McQueens anfreunden konnte.
Cincinnati Kid lebt von der Atmosphäre des French Quarter in New Orleans, in das die Handlung wohlweislich von St. Louis verlegt wurde. Jewison zeichnet einen faszinierenden, stimmungsvollen Mikrokosmos der schäbigen Halbwelt mit ihren eigenen Gesetzen. Nicht zuletzt die Darsteller tragen die Handlung, allen voran Robinson als ausgebuffter Poker-Altmeister, der am Ende noch einmal über die ungestüme Jugend McQueens triumphiert.
Die Kritik zog immer wieder Vergleiche zu Robert Rossens Billard-Streifen HAIE DER GROSSSTADT von 1961, die für Jewisons Film nicht unbedingt positiv ausfielen. al

Cinderella

Cinderella. USA 1950 **R** Wilfred Jackson, Hamilton Luske, Clyde Geronimi **B** William Peet, Ted Sears, Erdman Penner, Winston Hibler, nach dem Märchen von Charles Perrault **A** Eric Larson, Milt Kahl, Frank Thomas, Ward Kimball, Ollie Johnston **M** Oliver Wallace, Paul Smith **P** Walt Disney Prod. **L** 74 Min., Farbe

Achenbrödel, Aschenputtel, Cinderella - all diese Namen stehen für ein und denselben Märchenstoff, der in Deutschland vor allem durch die Gebrüder Grimm bekannt wurde. Acht Jahre nach BAMBI stellten die berühmten Trickfilmstudios erstmals nach dem Zweiten Weltkrieg, als Disney für die US Armed Force tätig war, wieder einen längeren Zeichentrick-Spielfilm her.
Als Vorlage diente dabei die rund 300 Jahre alte Märchensammlung des Franzosen Charles Perrault, die 1697 unter dem Titel „Märchen des Gänsemütterchens" erschienen war. Perraults Geschichte (der Ursprung

des Märchens liegt im Dunkeln) prägte spätere Märchendichter, wobei ein Übersetzungsfehler dem französischen Original im wahrsten Sinne des Wortes zu mehr Glanz verhalf. Während Perraults Titelheldin einen „Pantoffel aus Fell“ (pantouffle en vair) trägt, schmückt sich ihr Pendant in den übrigen europäischen Ländern mit einen Glasschuh (pantouffle en verre) - und behielt ihn über die Jahrhunderte auch an. Disney wäre allerdings nicht Disney, wenn er die Geschichte des von seiner Stiefmutter geknechteten Mädchens nicht noch mit ein paar Tieren bereichern würde. Natürlich sind wieder Mäuse mit von der Partie, die aktiv in die Haupthandlung eingreifen. Als eine Fee Cinderella zu neuen Kleidern verhilft, damit sie den Ball des Königs besuchen kann, verwandelt sie auch kurzerhand einen Kürbis in eine Kutsche und die Nager in feurige Rosse. Auf dem Ball verliebt sich der Prinz in das Mädchen, doch da der Zauber nur bis Mitternacht anhält, muß Cinderella den Ball vorzeitig verlassen. Sie verliert auf ihrer Flucht den besagten Schuh, mit dessen Hilfe der Prinz versucht, seine Angebetete wiederzufinden. Doch bevor er Cinderella als neue Prinzessin in den Palast führen kann, muß sich das Mädchen noch gegen ihre böse Stiefmutter und die Mäuse gegen einen fetten Kater wehren.
An der filmischen Umsetzung des Stoffes versuchten sich rund 50 Jahre vor Disney schon andere. 1903 entstand die erste Aschenbrödel-Version des französischen Stummfilmregisseurs George Melliès. Davon inspiriert nahm sich Mary Pickford, Mitbegründerin der United Artists, des Themas an, und 1947 wurde in Rußland ein Aschenbrödel-Film gedreht. Disney selbst brauchte nach der durch den Krieg bedingten Durststrecke einen Erfolg, da seine finanzielle Situation den Fortbestand der Studios nicht weiter garantieren konnte. Er entschloß sich, anstelle einiger Kurz-Cartoons nach SCHNEEWITTCHEN seinen zweiten Märchenfilm in voller Länge zu drehen und scheute dabei auch nicht vor Experimenten zurück. Um Kosten zu sparen, wurden die Sequenzen, an denen Menschen beteiligt waren, von echten Schauspielern vorgespielt, was die Animation der Bewegungsabläufe verkürzte. Mit den Gesamtkosten von 2 Millionen Dollar produzierte Disney einen seiner bis dahin billigsten Langfilme und erntete damit den erhofften Erfolg. Heute gilt *Cinderella* als Klassiker und erfreut sich regelmäßiger Wiederholungen im Kino. dk

Cinderellas silberner Schuh

The Slipper and the Rose. Großbritannien 1977 **R** Bryan Forbes **B** Bryan Forbes, nach dem Märchen der Gebrüder Grimm **K** Tony Imi **M** Richard M. Sherman, Robert B. Sherman **P** Stuart Lyons, David Frost / Paradine Co. **L** 127 Min., Farbe **D** Richard Chamberlain, Gemma Craven, Annette Crosbie, Edith Evans, Christopher Gable, Michael Horden, Margaret Lockwood, Kenneth More

Schon die Aschenputtel-Version DER GLÄSERNE PANTOFFEL aus dem Jahr 1955 arbeitete mit den Elementen des Musik- und Tanzfilms. *Cinderellas silberner Schuh* wurde in diesem Stil ebenfalls als Musical vor märchenhafter Kulisse konzipiert. Die Lieder und Instrumentalstücke für diese Verfilmung komponierten und texteten die Gebrüder Sherman, die schon bei einem halben Dutzend Walt-Disney-Filmen (u.a. auch MARY POPPINS) für die richtigen Töne gesorgt hatten. Auch diesmal lieferten sie die gewohnte Qualitätsarbeit ab und wurden bei den Oscar-Feierlichkeiten 1977 mit zwei Nominierungen in den Kategorien „Bester Original-Song“ und „Bester Original-Song-Score“ gewürdigt.
Die Burgen Englands erschienen dem Produktionsteam doch etwas zu düster und unheimlich. So siedelte die ganze Crew nach Österreich um, wo man in dem romantischen kleinen Wasserschloß Anif im Salzkammergut, umrahmt von den schneebedeckten Alpen, eine einzigartige Kulisse fand. Graf Moy, Inhaber des Schlosses, stellte dem Filmteam seinen Besitz mit freundlicher Genehmigung einige Wochen lang für die Außenaufnahmen zur Verfügung.
Unter über 200 Anwärterinnen wurde die gebürtige Dublinerin Gemma Craven ausgewählt, die in *Cinderellas silberner Schuh* als Aschenputtel ihre erste Filmrolle übernahm und von der Regisseur Forbes voller Bewunderung schwärmte: „Es war die aufregendste Probeaufnahme meiner 30jährigen Arbeit im Filmbusiness.“ jg

Cinema Paradiso

Nuovo Cinema Paradiso. Italien/Frankreich 1988 **R** Giuseppe Tornatore **B** Giuseppe Tornatore **K** Blasco Giurato **M** Ennio Morricone **P** Franco Cristaldi für Cristaldi Film (Rom), Les Films Ariane (Paris) **L** 120 Min., Farbe **D** Philippe Noiret, Jacques Perrin, Salvatore Cascio, Marco Leonardi, Agnese Nano, Antonella Attili, Brigitte Fossey

Das „Cinema Paradiso“ ist die Attraktion eines kleinen sizilianischen Örtchens. Vorführer ist Alfred (Noiret), der sich mit dem kleinen Salvatore (Cascio) anfreundet, einem vorlauten Knirps, der schon früh Alfredos Begeisterung für die Welt des Kinos teilt. In einer Dose sammelt er die Filmausschnitte, die der gestrenge Herr Pfarrer aus moralischen Gründen entfernen ließ - es handelt sich dabei zumeist um Filmküsse, die von Salvatore, nach Alfredos Erblindung durch einen Unfall nun selbst Vorführer, zu einer zauberhaften Kußmontage zusammengefügt werden. Salvatore geht schließlich auf Alfredos Drängen hin nach Rom und wird Filmregisseur, das „Cinema Paradiso“ aber muß einem Parkplatz weichen.
Giuseppe Tornatore erzählt die Geschichte seines zweiten Spielfilms in einer großen Rückblende, als der Regisseur Salvatore (Perrin) wegen Alfredos Tod in seine Heimat zurückkehrt und sich an seine Kindheit erinnert. Der jugendliche Salvatore wird von Marco Leonardi dargestellt, der auch in Rosis PALERMO VERGESSEN eine kleine Rolle hatte.
Cinema Paradiso ist eine wunderschöne Liebeserklärung an das Kino, doch es ist auch ein trauriger Abgesang auf eine für immer verlorene Zeit, in der das Fernsehen noch nicht den Alltag bestimmte. Zur gleichen Zeit drehte übrigens Ettore Scola seinen Film SPLENDOR, der eine ganz ähnliche Geschichte erzählt - bezeichnend für die verzweifelte Situation des italienischen Kinos.
Tornatores Film enthält bezaubernde Szenen, die vielleicht manchmal sentimental, aber niemals kitschig sind. So projiziert Alfredo eines Nachts einen Film auf eine gegenüberliegende Hauswand, und das ganze Dorf versammelt sich zu einem Kino-Happening.
Einen großen Anteil am Erfolg von *Cinema Paradiso* haben der wunderbar spielende Philippe Noiret und der kleine Salvatore „Toto“ Cascio, der auch in Tornatores nächstem Film ALLEN GEHT´S GUT dabei war.
Die internationale Kritik war begeistert, stellvertretend für die Lobeshymnen hier die Meinung von Tornatores Regie-Kollegen Luigi Comencini: „Lieber Tornatore, Dein Film hat mich mit dem Kino versöhnt... man ist von der ersten bis zur letzten Minute gefesselt...danke, daß Du uns einen so schönen Film geschenkt hast.“
Cinema Paradiso erhielt den Großen Spezialpreis der Jury in Cannes und den Oscar als Bester fremdsprachiger Film. al

Der Circus

The Circus. USA 1927 **R** Charles Chaplin **B** Charles Chaplin **K** Roland H. Totheroh, Jack Wilson, Mark Marlatt **M** Charles Chaplin **P** Charles Chaplin **L** 72 Min., s/w **D** Charles Chaplin, Merna Kennedy, Allan Garcia, Henry Bergman, Harry Crocker, Stanley Sandford, John Rand, Steve Murphy

Chaplins Film *Der Circus* entstand zwischen seinen zwei gefeierten Meisterwerken GOLDRAUSCH und LICHTER DER GROSSSTADT und wurde zum Zeitpunkt seiner Uraufführung von der Kritik als eher unbedeutend und enttäuschend eingestuft. Die Dreharbeiten begannen 1926, zogen sich jedoch aber wegen Finanzierungsschwierigkeiten und künstlerischer Einmischungen von Seiten der Studios bis in den Herbst des nächsten Jahres hin. Am 7. Januar 1928 erlebte der Film seine Uraufführung. Charlie Chaplin verkörpert in *Der Circus* einen

mittellosen Tramp, der in einem kleinen Zirkus als Clown unterzukommen sucht, bei seinem ersten Auftritt jedoch kläglich versagt. Also degradiert man ihn zum Tierpfleger. Charlie erlebt noch einmal den großen Erfolg seines Lebens, indem er unfreiwillig die Show eines Zauberkünstlers stört. In einer Kunstreiterin begegnet er seiner großen Liebe, doch verzichtet er auf sie und arrangiert zwischen dem Mädchen und einem Trapezkünstler, den sie liebt, eine Verbindung.
Der Circus kostete die für damalige Verhältnisse ungeheuer hohe Summe von 900.000 Dollar (das waren 400.000 Dollar mehr als bei GOLDRAUSCH), wobei sich diese Mehrausgaben durch die lange Drehzeit erklären ließen.
Bei der Oscar-Verleihung der Kinosaison 1927/28 wurde Chaplin für seine Regie und Schauspielerleistung nominiert.
Die europäische Uraufführung erlebte *Der Circus* im Rahmen einer glanzvollen Premiere im Großen Schauspielhaus von Berlin, für die die geladenen Gäste einen Eintrittspreis von 75 Mark berappen mußten. Chaplin richtete daraufhin an den Pressechef der United Artists in Berlin ein Telegramm. „Ich höre von der beabsichtigten Veranstaltung in Berlin und bitte, daß sie unterbleibt, da ich keinen Gesellschaftsball mit meinem kleinen Film verknüpft haben möchte, und auch nicht will, daß Menschen zwanzig Dollar bezahlen müssen, um mich zu sehen. Chaplin." nn

Circus-Welt

Circus World. USA 1964 **R** Henry Hathaway **B** Ben Hecht, Julian Halevy, J.E. Grant, nach einer Story von Philip Yordan und Nicholas Ray **K** Jack Hildyard **M** Dimitri Tiomkin **P** Samuel Bronston für Midway/Paramount **L** 143 Min., Farbe **D** John Wayne, Rita Hayworth, Claudia Cardinale, Lloyd Nolan, Richard Conte, John Smith

Die erfolgreiche Wiederaufführung von DIE GRÖSSTE SCHAU DER WELT überzeugte die Paramount, daß mit Zirkus-Filmen immer noch gutes Geld zu verdienen sei, und man interessierte Frank Capra für das Projekt. Als Produzent fungierte Joseph Sistrom, doch das Vorhaben geriet vom Start weg in Schwierigkeiten. John Wayne, unzufrieden mit Capras Drehbuch, schickte seinen favorisierten Schreiber J.E. Grant ins Rennen, der sich mit dem Regisseur nicht einig werden konnte. Nach Capras Absprung übernahm Henry Hathaway die Regie, feuerte Grant und schrieb mit Ben Hecht innerhalb von zwei Wochen ein neues Drehbuch. Rita Hayworth hatte inzwischen die ursprünglich verpflichtete Lilli Palmer ersetzt, und neuer Produzent war Samuel Bronston, in dessen Madrider Studios die Innenaufnahmen entstanden.
Die Handlung dreht sich um einen amerikanischen Zirkusmanager (Wayne), der 1910 mit seiner Wildwest-Show auf Europa-Tournee geht, und dort Lili (Hayworth) wiederzutreffen hofft, die den Zirkus vor Jahren verließ. Ihre Tochter Toni (Cardinale) ist eine der Attraktionen von Matts Show. Noch vor dem Landgang in Barcelona ereilt das Unternehmen ein furchtbares Unglück...
Circus-Welt wurde entsprechend dem erhöhten Etat einige spektakuläre Szenen in Cinerama verliehen, Paramounts aufwendigem Breitwand-Verfahren. Die Zuschauer strömten in die Kinos, doch insgesamt ist es ein schwacher Film, den Regisseur Hathaway selbst im nachhinein als „Fehler" bezeichnet hat. Der dramatische Konflikt ist minimal, und selbst die Zirkusnummern wirken schlapp. Die einzig wirklich packende Szene ist die Feuersbrunst gegen Ende des Films.
Films in Review: „Kaum vorstellbar, daß jemand einen langweiligen, drögen Film aus Zirkusnummern, John Wayne und Claudia Cardinale machen könnte. Samuel Bronston ist es gelungen. Der Film hat soviele Schwächen, daß es sinnlos wäre, ins Detail zu gehen..." al

Ciske - Ein Kind braucht Liebe

Ciske - de Rat / Ciske - Ein Kind braucht Liebe. Niederlande/BRD 1955 **R** Wolfgang Staudte **B** Wolfgang Staudte, nach dem Roman *Ciske de Rat* von Piet Bakker **K** Prosper Deheukelaire, Otto Baecker **M** Steyne von Brandenburg, Herbert Windt **P** Film Maatschappij Amsterdam/Omega München **L** 96 Min., s/w **D** Dick van der Felde, Heli Finkenzeller, Berta Drews, Alexander Kerst, Günther Lüders, Hermann Speelmans, Henrik K. Brusse

Staudtes hervorragende Heinrich-Mann-Verfilmung DER UNTERTAN erregte in den Niederlanden so viel Aufsehen, daß das Kultusministerium eine Retrospektive mit Staudtes bisherigen Werken veranstalten ließ. Darüber hinaus bot man dem Regisseur an, den Roman *Ciske* von Piet Bakker zu verfilmen, der zur damaligen Zeit in Holland sehr populär war. Staudte willigte dankbar ein, denn nach langer Zeit hatte er so wieder einmal Gelegenheit, im Westen zu filmen.
Ciske entstand in zwei verschiedenen Fassungen, wobei Staudte lediglich bei der holländischen Version als Regisseur seinen ganzen Einfluß geltend machen konnte; die deutsche Adaption stand überwiegend unter der Fuchtel der Münchener Produzenten.
Der Film erzählt die Geschichte eines Kindes, das permanent von seiner Mutter (einer Frau aus dem Amsterdamer Dirnenmilieu), den Behörden und den Lehrern herumgestoßen wird, so daß es sich in der von Erwachsenen dominierten Welt nicht mehr zurechtfinden kann. Der Weg in eine Jugendbesserungsanstalt scheint vorprogrammiert zu sein, als es aus Versehen seine Mutter tötet. Dank eines einfühlsamen Pädagogen, kann der Junge jedoch wieder in die Gesellschaft eingegliedert werden.
„In Bildaufbau und Montage, in geschickten Überblendungen und in der Steigerung der optischen Ausdruckskraft durch akustische Mittel, auch in guter Darstellerführung, verrät sich der Könner Staudte. Leider aber läßt das Drehbuch zu wünschen übrig. Es zeigt Typen in konstruierten Situationen." (*Evangelischer Filmbeobachter*)
Auf den Filmfestspielen von Venedig gewann *Ciske* (bezeichnenderweise natürlich in der holländischen Fassung) den Silbernen Bären. jg

Cisco Pike

Cisco Pike. USA 1971 **R** Bill L. Norton **B** Bill L. Norton **K** Vilis Lapenieks **M** Kris Kristofferson **P** Gerald Ayres für Columbia **L** 94 Min., Farbe **D** Kris Kristofferson, Karen Black, Gene Hackman, Harry Dean Stanton, Joy Bang, Roscoe Lee Browne, Chuy Franco, Severn Darden, Herb Weil, Antonio Fargas, Douglas Sahm, Don Sturdy, Allan Arbus

Ein Kriminalfilm aus dem Drogenmilieu, mit dem Sänger und Schauspieler Kris Kristofferson sein Filmdebüt gab. Auch für Karen Blacks Karriere wirkte sich die Teilnahme an diesem Film positiv aus, wenngleich der Streifen damals an der Kinokasse alles andere als erfolgreich lief.
Kris Kristofferson spielt den Rockstar Cisco Pike, der sich schwört, nach seinem Gefängnisaufenthalt (er saß wegen Drogenhandels ein) für immer die Hände von solchen Geschäften zu lassen. Doch der ebenso durchtriebene wie korrupte Polizist Holland (Hackman) erpreßt ihn, da er damit sein mickriges Gehalt aufbessern möchte.
Cisco Pike ist heute in erster Linie aufgrund seiner exzellenten Besetzung interessant. Der Film wurde erst drei Jahre nach seiner Entstehung im Programm der ARD ausgestrahlt, da sich in Deutschland nach den schlechten amerikanischen Einspielergebnissen kein Verleih für ihn interessierte.
Einer der Gründe für den finanziellen Mißerfolg an der Kinokasse bestand in der Tatsache, daß zu Beginn der 70er Jahre eine wahre Flut von „Drogenfilmen" produziert wurde, unter denen es nur einige wenige Höhepunkte, wie z.B. den preisgekrönten BRENNPUNKT BROOKLYN (ebenfalls mit Hackman) gab, die aber wenigstens ihr Publikum fanden. jg

Citizen Kane

Citizen Kane. USA 1940 **R** Orson Welles **B** Herman J. Mankiewicz, Orson Welles **K** Gregg Toland **M** Bernard Herrmann **P** The Mercury Actors / RKO Radio **L** 117 Min., s/w **D** Orson Welles, Agnes Moorehead, Harry Shannon, Ruth Warrick, Dorothy Comingore, Joseph Cotton, Everett Sloane, Erskine Sanford

François Truffaut nannte *Citizen Kane* „den Film aller Zeiten - wahrscheinlich derjenige, der die meisten Filmemacher zu ihrem Beruf inspiriert hat." Wie kein anderer US-Film beschäftigte Orson Welles´ Werk die Filmjournalisten und sogar die Literaturwissenschaftler, die ihn gelegentlich ihren Analysen unterwarfen.
Citizen Kane beginnt mit dem Tod des Pressezaren James Foster Kane. „Rosebud" - das ist das letzte Wort, das Kane ausspricht, bevor er stirbt. Ein Reporter versucht hinter die Bedeutung dieses Wortes zu gelangen und stellt Nachforschungen an, in deren Verlauf sich in mehreren verschachtelten Rückblenden aus unterschiedlichen Perspektiven die Persönlichkeit und menschliche Entwicklung Kanes erschließen, die jedoch immer wieder neue Rätsel aufgeben.
„*Citizen Kane* ist in vieler Hinsicht, in seiner assoziativen und anekdotischen Erzähltechnik, in seiner ausgefeilten Bildsprache, in seiner glänzenden Montage, in seiner neuartigen Tonmischung, in seiner dichten Dramaturgie und in seiner politisch-menschlichen Aussage ein Meilenstein der Filmgeschichte." (*Süddeutsche Zeitung*)
Welles zog in seinem Werk deutliche Parallelen zum Leben des amerikanischen Verlegers William Randolph Hearst. Als der Film in den Kinos zur Aufführung gelangte, wurde er von dessen Zeitungen und Magazinen einfach übersehen und mit keinem Wort erwähnt. Zwar brachen die Kritiker einstimmig in Jubel aus, an der Kinokasse jedoch wurde *Citizen Kane* ein gewaltiger Flop. Die RKO hatten Welles bis dahin praktisch die uneingeschränkte Aufsicht über die Gestaltung seines Films zugebilligt. Nach dem unbefriedigendem Einspielergebnis wurde der Vertrag nachträglich rasch abgeändert. Demnach war es Welles untersagt, seinen nächsten Film DER GLANZ DES HAUSES AMBERSON selber zu montieren. Die künstlerische Freiheit Welles´endete spätestens bei den Resultaten an der Kinokasse.
Während der Oscar-Verleihung war von den insgesamt neun Nominierungen lediglich das Original-Drehbuch von Welles und Mankiewicz der einzige Gewinner; die Bewerbungen in den Sparten Bester Film, Regie, männliche Hauptrolle, Kamera, Ausstattung, Ton, Musik und Schnitt gingen leer aus. jg

Die City-Cobra

Cobra. USA 1985 **R** George P. Cosmatos **B** Sylvester Stallone, nach dem Roman *Fair Game* von Paula Gosling **K** Rick Waite **M** Sylvester Levay **P** Menahem Golan, Yoram Globus **L** 87 Min., Farbe **D** Sylvester Stallone, Brigitte Nielsen, Reni Santoni, Andrew Robinson, Lee Garlington

„Eisenharter Einzelkämpfer gegen den bösen Rest der Welt" – so lautete die Parole, unter der Sylvester Stallone und Regisseur Cosmatos schon in RAMBO II zusammengearbeitet hatten. Den Typ des wortkargen Ein-Mann-Kommandos schrieb sich Stallone auch diesmal wieder auf den muskulösen Leib und wandelte damit seine Rocky- und Rambo-Figuren nur leicht ab. Anstatt im Boxring oder im vietnamesischen Dschungel gegen die Übermacht des Bösen anzutreten, tobt sich Stallone in der Rolle des Marion „Cobra" Cobretti im Untergrund von Los Angeles aus. Als Angehöriger einer Spezialeinheit wird er immer dann gerufen, wenn alle anderen Polizeimethoden versagt haben. Seine eigene Arbeitsweise ist dabei ebenso simpel wie brutal: Gleich zu Beginn tötet er mit ein paar wohlgezielten Schüssen einen irren Geiselnehmer. Seine Qualitäten als professioneller Killer mit Polizeimarke darf er dann im weiteren Verlauf des Filmes unter Beweis stellen, als es gilt, eine im Morden nicht minder begabte Bande den Garaus zu machen und nebenbei noch eine attraktive Augenzeugin (Nielsen) zu beschützen.
Der eindeutige Bezug zu den DIRTY HARRY-Filmen spiegelt sich nicht nur in der Handlung wider, sie zeigt sich auch in der Besetzungsliste. Cobrettis Partner wird gespielt von Reni Santoni, der auch Clint Eastwoods Mitstreiter in DIRTY HARRY war, ihr gemeinsamer Vorgesetzter (Robinson) mimte im selben Film noch den psychopathischen Mörder.
Während die amerikanischen Kritiker auf die Selbstjustiz-Orgie entsetzt reagierten, hatte Stallone schon vor dem Kinostart seine Schäfchen im Trockenen. Ein Vertrag mit MGM/United Artists sicherte ihm für die nächsten 10 Filme als Regisseur oder Hauptdarsteller eine Mindestgage von jeweils 15 Millionen Dollar zu.
Einen weiteren Beweis seiner Geschäftstüchtigkeit lieferte „Sly" dann mit der genauestens geplanten *Cobra*-Kampagne. Der Film lief gleichzeitig in 2131 Kinos in den Vereinigten Staaten an, was nicht nur einen neuen Weltrekord bedeutete, sondern auch die Konkurrenten dieser Kinosaison wie TOP GUN oder POLTERGEIST II auf die Plätze verweisen sollte. Ein Einspielergebnis von 12,5 Millionen Dollar am Premieren-Wochenende gab dieser Strategie recht, das exzessive Product-Placement (der geschickte Einbau von Markennamen zu Werbezwecken) im Film selbst dürfte noch einiges an Zusatzeinnahmen gebracht haben. Bei soviel finanziellem Erfolg ließ dann auch das Glück in der Liebe nicht lange auf sich warten, Stallone heiratete seine Filmpartnerin Brigitte Nielsen trotz Proteste aus den Reihen seines Clans, noch während der Dreharbeiten. dk

Der City-Hai

Raw Deal. USA 1986 **R** John Irvin **B** Gary M. DeVore, Norman Wexler **K** Alex Thomson **M** Cinemascore **P** Martha Schumacher für Dino de Laurentiis Corp. **L** 97 Min., Farbe **D** Arnold Schwarzenegger, Kathryn Harrold, Sam Wanamaker, Blanche Baker, Darren McGavin

„Ich liebe dieses ganze Spielzeug, das in einem Action-Film zur Verfügung steht. Du kannst Autos demolieren, Öl-Raffinerien sprengen oder ganze Nachtclubs in Stücke schießen. Sie müssen wissen, als Kind hatte ich nie so viele Spielsachen wie die anderen. Jetzt habe ich sogar viele mehr und größere. Ich nehme an, daß Filmen meine Art ist, mit anderen gleichzuziehen." Mit dieser Aussage von Regisseur John Irvin war die Zielrichtung seines neuesten Projekts von vornherein klar abgesteckt.
Nach *Turtle Diary,* einem Film, der eher Irvins „sanfte Seite" zeigte, kehrte der Brite zurück ins Action-Fach und konnte seinen Spieltrieb nicht nur dank der drehbuchgemäßen Gewaltszenen voll ausleben, mit Muskelmann Arnold Schwarzenegger stand ihm quasi eine männliche Barbie-Puppe zur Verfügung, die er ganz nach Belieben eine fast unbegrenzte Anzahl von Opfern niedermetzeln lassen konnte.
Das ist es nämlich, was der ehemalige FBI-Agent Kaminski mehr oder weniger tut. Nachdem das FBI ihn entlassen hat, fristet er zusammen mit seiner Frau (Baker) sein Dasein als Dorfpolizist in einem kleinen Kaff. Erst als sein ehemaliger Boss Shannon (McGavin) ihm die Chance zur Rehabilitation gibt, scheint sich das Blatt zu wenden. Kaminski soll die Organisation des Mafia-Bosses Patrovita (Wanamaker) unterwandern. Das geschieht natürlich ohne das Wissen und die Zustimmung irgendwelcher offizieller Stellen und gibt dem Drehbuch damit Gelegenheit, Kaminskis Stellung als Einzelkämpfer zu betonen. Mit Hilfe der Spielerin Monique (Harrold) erschleicht sich der Undercover-Agent das Vertrauen des Paten, wird jedoch bald darauf entlarvt.
Etliche Leichen später hat Kaminski nicht nur seinen Ruf wiederhergestellt, sondern auch einen Verräter entfarnt, die Patrovita-Organisation im wahrsten Sinne des Wortes gesprengt und seine Frau wieder zu sich zurückgeholt.
Der fast zeitgleiche Start von Schwarzeneggers *City-Hai* und Stallones CITY-COBRA warf bei aller Kritik an Story („Das Drehbuch hat mehr Löcher als die Körper von Arnolds Opfern.") und schauspielerischer Leistung erneut die Frage auf, wer von beiden denn nun besser sei.
Die Kritiker entschieden sich nicht zuletzt aufgrund der handwerklichen Qualitäten des Regisseurs sowie des Kameramanns Alex Thompson (EXCALIBUR) für den *City-Hai.* dk

City Heat - Der Bulle und der Schnüffler

City Heat. USA 1984 **R** Richard Benjamin **B** Sam O. Brown, Joseph C. Stinson **K** Nick McLean **M** Lennie Niehaus **P** Malpaso/Deliverance für Warner Bros. **L** 97 Min., Farbe **D** Clint Eastwood, Burt Reynolds, Irene Cara, Richard Roundtree, Jane Alexander, Madeline Kahn

Zwei altgediente Haudegen, Superstars und Kassenmagneten Hollywoods in einem gemeinsamen Film - ein Traum, den Clint Eastwood und Burt Reynolds schon lange gehegt hatten. Bis es dann aber endlich soweit war, galt es, eine Menge Hindernisse aus dem Weg zu räumen. Klar war von vornherein, daß man die Produktion bei diesem Projekt nicht aus den Händen geben wollte. Brauchte man auch nicht, schließlich besaßen sowohl Eastwood (Malpaso Prod.) als auch Reynolds (Deliverance Prod.) als clevere Geschäftsleute ihre eigenen Produktionsfirmen. Nachdem man sich schließlich noch über die restlichen Modalitäten geeinigt hatte, konnten die Dreharbeiten beginnen, doch schon nach einer Woche stellten sich die ersten Schwierigkeiten ein. Drehbuchautor Blake Edwards (er wurde später nur unter seinem Pseudonym Sam O. Brown genannt), dem auch die Regiearbeit übertragen wurde und der den Film unter dem Arbeitstitel *Big City Blues* begann, warf vorzeitig das Handtuch. So blieb zwar das Drehbuch erhalten, der Verlust von Blake Edwards konnte allerdings durch Richard Benjamin als neuen Mann auf dem Regiestuhl nicht kompensiert werden, und der Film heimste bei der Kritik bestenfalls das Prädikat „Ganz unterhaltsam" ein.

Dabei lassen es die beiden Stars nicht an Mut mangeln, sich selbst zu persiflieren, wenn Reynolds als schwatzhafter Schönling und Eastwood als hartgesichtiger Einzelgänger sich selbst auf den Arm nehmen. Im Kansas City der 30er Jahre, das von der Prohibition und der Mafia beherrscht wird, will der wortkarge Lieutenant Speer (Eastwood) der ehrenwerten Gesellschaft das Handwerk legen. Ein Vorhaben, bei dem ihm der Privatdetektiv Mike Murphy (Reynolds) in die Quere kommt. Das durchgestylte „private eye" mit dem losen Mundwerk will den Tod seines Partners Swift (Roundtree) rächen und muß bei der Aufklärung des Mordes zwangsläufig mit Speer gemeinsame Sache machen. Um die diversen Anspielungen auf Bogart, Chandler und die Schwarze Serie komplett zu machen, sind in den Fall noch eine Nachtclub-Sängerin (FLASHDANCE-Sängerin Irene Cara zeichnet auch als Co-Autorin für den Titelsong verantwortlich), die High-Society-Schönheit Caroline (Kahn) sowie Murphys Sekretärin Addy (Alexander) verwickelt.

In seinem mittlerweile 40. Film (für Partner Reynolds war es Nr. 41) läßt Eastwood ein klein wenig aus seinem sonst sehr verschlossenen Privatleben durchblicken. Seiner sorgsam gehüteten Leidenschaft für das Jazz-Piano konnte der Star auf professionelle Weise frönen: Zusammen mit zwei Kollegen spielte er das Stück *Montage Blues* für den Soundtrack ein. dk

Claires Knie

Le genoud de Claire. Frankreich 1970 **R** Eric Rohmer **B** Eric Rohmer **K** Nestor Almendros **P** Pierre Cottrell für Les Films des Losange/Columbia **L** 107 Min., Farbe **D** Jean-Claude Brialy, Aurora Cornu, Béatrice Roman, Laurence De Monaghan, Fabrice Luchini, Gérard Falconetti, Michèle Montel

Claires Knie war der insgesamt fünfte Film, mit dem Eric Rohmer seine Sammlung von „moralischen Geschichten" fortsetzte. Wie in seinen anderen Werken erwies er sich auch hier wieder als scharfer Beobachter und Kommentator menschlicher Beziehungen, die ausgiebig analysiert und diskutiert werden.

Jean-Claude Brialy spielt Jerome, einen französischen Diplomaten und Schriftsteller Mitte 30, der seinen Urlaub an der Küste Südfrankreichs verbringt und dort die Bekanntschaft zweier junger Halbschwestern macht, in die er sich flüchtig verliebt. Die sich aus diesem Beziehungsgeflecht ergebenden Komplikationen werden zusätzlich durch kleine Eifersüchteleien erschwert. Am Ende der Ferien waren die Begegnungen mit den beiden Mädchen für Jerome eben nur Flirts und nichts weiter.

Ein Film, so leicht und beschwingt inszeniert wie die sommerlichen Farben des südlichen Frankreichs.

„Es ist ein sehr persönlicher, privater Film, und doch besitzt er jenen witzigen und munteren Aphorismus, der genau richtig ist und niemals abgedroschen wirkt." (*Variety*) dk

Der Clan

The Betsy. USA 1977 **R** Daniel Petrie **B** Walter Bernstein, William Bast, nach dem Roman von Harold Robbins **K** Mario Tosi **M** John Barry **P** Robert R. Weston für Harold Robbins Intern./ Allied Artists Prod. **L** 125 Min., Farbe **D** Laurence Olivier, Robert Duvall, Katharine Ross, Leslie-Ann Down

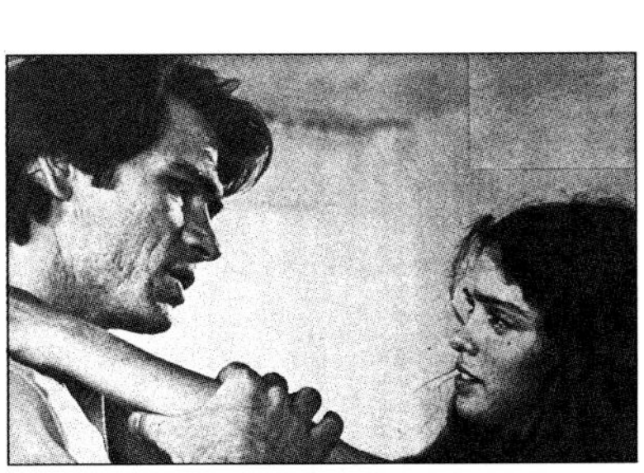

Bestseller-Autor Harold Robbins lieferte mit seinem 1971 erschienenen Roman *The Betsy* die Vorlage für diesen Film mit Starbesetzung. Robbins, der bis 1956 selbst im Filmgeschäft tätig war und es zuletzt bei Universal bis zum Executive Director gebracht hatte, gründete nach dem Ausstieg aus der Branche seine eigene Produktionsfirma und bewies durch die erfolgreiche Vermarktung seiner Filme einen außergewöhnlichen Geschäftssinn.

Laurence Olivier, Produzent, Regisseur, Schauspieler und von der Queen zum Ritter geschlagen, spielt den millionenschweren Auto-Industriemagnaten Loren Hardeman sr., Gründer der riesigen Bethlehem Motor Corporation. In Rückblenden wird der Aufstieg des Autonarren zum führenden Industriellen seiner Branche nachgezeichnet, bevor das Oberhaupt im Alter von 90 Jahren einen neuen, kühnen Plan verfolgt: Er will seinem Clan ein Denkmal setzen und zu diesem Zweck einen revolutionären Wagen bauen. Dagegen wehrt sich Loren Hardeman III (Duvall), Enkel des Firmengründers und jetziger Präsident der Company. Aus der Feindschaft innerhalb der Familie entwikkelt sich eine Geschichte in bester Robbins-Manier um viel Geld, schnelle Autos und schöne Frauen.

45 Millionen Dollar hatte Robbins bis zu diesem Zeitpunkt mit seinen Büchern verdient, *Der Clan* konnte an diese Erfolgszahlen allerdings nicht heranreichen. Trotz eines hervorragenden Schauspielerpotentials (die mehrfache Emmy-Preisträgerin und zweimal für den Oscar nominierte Jane Alexander spielt die Frau von Robert Duvall, Katharine Ross brillierte in DIE REIFEPRÜFUNG und erhielt dafür den Golden Globe) blieb die Story eher durchschnittlich und verbreitete gepflegte Langeweile. Einzig die Liebhaber historischer Automobile kommen voll und ganz auf ihre Kosten. Für die authentische Nachstellung der Szenen aus den 20er und 30er Jahren in der Autobranche wurden über 50 Oldtimer aus Museen und von Sammlern aus ganz Amerika vor die Kamera geholt. dk

Der Clan, der seine Feinde lebendig einmauert

Confessione di un commissario di polizia al procuratore della repubblica. Italien 1971 **R** Damiano Damiani **B** Damiano Damiani, Salvatore Laurani **K** Claudio Ragona **M** Riz Ortolani **P** Mario Montanari, Bruno Tarchetto für Euro International/Explorer Film ´58 **L** 107 Min., Farbe **D** Franco Nero, Martin Balsam, Marilû Tolo, Claudio Gora

Der sizilianische Kommissar Bonavia (Balsam) führt seit Jahren einen von wenig Erfolg gekrönten Kleinkrieg gegen die Mafia und die von ihr korrumpierten Staatsdiener. Als er bei seinen Ermittlungen immer ruppigere Methoden anwendet und schließlich sogar die Ermordung eines Mafia-Bosses organisiert, gerät er mit dem jungen Staatsanwalt Traini (Nero) aneinander, der den Kampf unter allen Umständen mit legalen Mitteln führen will.

Regisseur Damiano Damiani hat sich im Verlauf seiner Karriere immer wieder mit dem Einfluß der Mafia auf die italienische

Gesellschaft beschäftigt, erstmalig 1968 in DER TAG DER EULE. Die erfolgreiche TV-Serie *Allein gegen die Mafia* stammt ebenfalls aus seiner Feder. Auch hier geht es um die Machtlosigkeit von Polizei und Justiz, die gegen das Gestrüpp aus Korruption und Verbrechen kein Mittel finden. Mit den beiden Hauptfiguren stehen sich zwei Männer gegenüber, die das gleiche Ziel haben, doch unterschiedlicher Auffassung über die Methoden sind. Während der Kommissar die Aussichtslosigkeit seiner Arbeit auf legalem Wege erkannt hat, ist Traini - zumindest am Anfang - idealistisch von der Funktionstüchtigkeit des Rechtsstaates überzeugt.
Der Film ist eine ebenso spannende wie engagierte Kampfansage an das organisierte Verbrechen - auch wenn er eher eine deprimierende Zustandsbeschreibung liefert als ein Rezept zur Bewältigung des Problems. Franco Nero wiederholte seine Rolle drei Jahre später in Damianis WARUM MUSSTE STAATSANWALT TRAINI STERBEN?
al

Der Clan der Sizilianer

Le clan des siciliens. Frankreich 1969 **R** Henri Verneuil **B** Henri Verneuil, José Giovanni, Pierre Pelégri, nach dem Roman von Auguste Le Breton **K** Henri Decae **M** Ennio Morricone **P** Jacques E. Strauss für Fox Europa/Les Films du Siècle **L** 125 Min., Farbe **D** Jean Gabin, Alain Delon, Lino Ventura, Irina Demick, Amadeo Nazzari, Sidney Chaplin

Dem wegen Polizistenmordes verurteilten Roger Sartet (Delon) glückt die Flucht aus einem Gefangenentransport. Nicht unbeteiligt daran ist Vittorio Manalese (Gabin), Patriarch einer Sippe italienischer Einwanderer, der einen großangelegten Juwelenraub plant und Sartets Hilfe benötigt. Während sich Kommissar Le Goff (Ventura) noch auf dessen Fährte befindet, läuft die generalstabsmäßig geplante Aktion, die Entführung eines mit Juwelen beladenen Jumbo-Jets, reibungslos ab.
Krimi-und Actionmeister Henri Verneuil lieferte hier, mit drei Kino-Institutionen in den Hauptrollen, einen der besten und erfolgreichsten französischen Gangsterfilme aller Zeiten ab. Die Geschichte um einen perfekt ausgeführten Coup, dessen Erfolg durch eine nur allzu menschliche Schwäche (Sartet hat mit Manaleses Schwiegertochter geschlafen) in Frage gestellt wird, basiert auf einem Roman von Auguste Le Breton, der schon für RIFIFI die Vorlage lieferte. Spannend und spektakulär inszeniert sowie hervorragend besetzt und gespielt, läßt *Der Clan der Sizilianer* keine Wünsche offen - perfekt gemachte Unterhaltung. Ein besonderer Genuß ist die ebenso stimmungsvolle wie originelle Musik von Ennio Morricone. al

Claras Geheimnis

Clara´s Heart. USA 1988 **R** Robert Mulligan **B** Mark Medoff, nach dem Roman von Joseph Olshan **K** Freddie Francis **M** Dave Grusin **P** Martin Elfand für MTM Enterprises **L** 103 Min., Farbe **D** Whoopi Goldberg, Michael Ontkean, Kathleen Quinlan, Neil Patrick Harris, Spalding Gray, Beverly Todd, Hattie Winston, Jason Downs, Caitlin Thompson

Ein etwas zu dick aufgetragenes Seelendrama, das wohl ein Versuch sein sollte, dem Spielberg-Film DIE FARBE LILA Konkurrenz zu machen.
In *Claras Geheimnis* spielt so auch wieder Whoopi Goldberg die Hauptrolle. In der Person der Jamaikanerin Clara wird sie von der Familie Hart angeheuert, um dort den Haushalt zu führen. Sehr schnell erkennt Clara, daß in ihrem neuen Heim vieles im argen liegt. Mutter Leona (Quinlan) hat noch immer nicht den Tod ihrer Tochter überwunden und vergißt in ihrer grenzenlosen Trauer den Sohn David (Harris). Vater Bill seinerseits führt das Leben eines geschäftigen Yuppies und hat ohnehin keine Zeit für die Familie. Clara fungiert bald als guter Geist in der Familie und zwingt alle Mitglieder, ihre jeweilige Bedeutung füreinander neu zu überdenken. Doch auch sie hat ein schweres Schicksal zu verkraften.
Trotz des routinierten Regisseurs Mulligan (WER DIE NACHTIGALL STÖRT) und Drehbuchschreibers Medoff (GOTTES VERGESSENE KINDER) rief der Streifen bei Kritik und Publikum seinerzeit überwiegend Enttäuschung hervor. „Am Ende steht ein Film, der absolut professionell und handwerklich perfekt ist, und der doch merkwürdig blaß bleibt.“ (*tip*, Berlin). Skriptautor Mark Medoff, der früher selbst in vielen Bühneninszenierungen Hauptrollen übernommen hatte, tritt hier in einer kurzen Nebenrolle als Psychiater auf. jg

Class

Class. USA 1982 **R** Lewis John Carlino **B** Jim Kouf, David Greenwalt **K** Ric Waite **M** Elmer Bernstein **P** Martin Ransohoff für Orion Pictures **L** 98 Min., Farbe **D** Jacqueline Bisset, Andrew McCarthy, Rob Lowe, Cliff Robertson, Stuart Margolin

College-Neuling Jonathan (McCarthy) wird von seinem Zimmergenossen Skip (Lowe) unter die Fittiche genommen und zwecks erster Liebeserfahrungen eines Nachts nach Chicago geschickt, wo er in einer Bar von der attraktiven Vierzigerin Ellen (Bisset) aufgerissen und noch im - gläsernen - Fahrstuhl vernascht wird. Die beiden setzen ihre Affäre fort, bis sich herausstellt, daß Ellen Skips Mutter ist...
„Klasse“ hat in dieser Billig-Imitation von DIE REIFEPRÜFUNG allein Jacqueline Bisset, deren Figur von einem hoffnungslos löchrigen Drehbuch mehr als stiefmütterlich behandelt wird. Warum sich die Schauspielerin in dieser unglückseligen Mischung aus Pubertätsklamotte und Teenie-Drama verheizen ließ, bleibt ein Rätsel. Die Charaktere sind eindimensional und ihre Motivationen bleiben vage, von den zahlreichen Zufälligkeiten und Unglaubwürdigkeiten der Handlung ganz zu schweigen. Ein weiteres Problem von *Class* ist, daß praktisch die gesamte Story schon auf den Plakaten und in Anzeigen verraten wird - der Überraschungseffekt bei Halbzeit bleibt aus. Die Kritik feuerte aus allen Rohren, doch erfolgreich war der Streifen trotzdem. al

Claudine

Claudine. USA 1974 **R** John Berry **B** Tina Pine, Lester Pine **K** Gayne Rescher **M** Curtis Mayfield **P** Hannah Weinstein für Third World Cinema **L** 92 Min., Farbe **D** Diahann Carroll, James Earl Jones, Lawrence Hilton-Jacobs, Tamu, David Kruger, Yvette Curtis

„Eine sehr charmante und glaubwürdige Romanze“ (*TV Movies and Video Guide*), „Die exzellente Darstellung von Carroll und Jones sind die Glanzpunkte des Filmes“ (*Motion Picture Guide*), „Ein eindrucksvoller, atmosphärisch dichter und exzellent gespielter Film“ (*Lexikon des internationalen Films*) - eine Vielzahl sehr guter Kritiken für einen Film, dem leider zu wenig Beachtung geschenkt wurde. Zwar erhielt Diahann Carroll 1974 eine Oscar-Nominierung in der Sparte „Beste weibliche Hauptrolle“, ansonsten blieb *Claudine* die breite Aufmerksamkeit versagt.
Regisseur John Berry, eines der vielen Opfer der McCarthy-Ära, inszenierte die Geschichte der 36jährigen Claudine (Carroll). Nach

zwei gescheiterten Ehen lebt sie mit ihren Kindern im Ghetto von Harlem und schlägt sich mehr schlecht als recht durchs Leben. Eines Tages lernt sie den Müllmann Roop (Jones) kennen und lieben. Doch Roop ist selbst Vater von drei Kindern, und die Aussicht auf eine längerfristige Beziehung schreckt ihn ab.
Trotz des ernsten Themas gelang Berry eine witzige Komödie, die gleichzeitig Kritik an den sozialen Praktiken des Staates übt, ohne dabei mit dem erhobenen Zeigefinger zu drohen. Abgerundet wird der Film durch einen bemerkenswerten Soundtrack, für den Curtis Mayfield die Songs schrieb, die von Showgrößen wie Gladys Knight gesungen werden. dk

Cleopatra

Cleopatra. USA 1934 **R** Cecil B. DeMille **B** Waldemar Young, Vincent Lawrence **K** Victor Milner **M** Rudoph Kopp **P** Cecil B. DeMille für Paramount **L** 92 Min. (Orignalfassung 102 Min.), s/w **D** Claudette Colbert, Warren William, Henry Wilcoxon, Gertrude Michael, Joseph Schildkraut

Schon zu Stummfilmzeiten witterte man in Hollywood Stoff für spektakuläre Unterhaltung in der Person von Ägyptens sagenumwobener Königin Cleopatra (69-30 v. Chr.), die schon Shakespeare und G.B. Shaw inspirierte, und stellte 1917 mit Theda Bara in der Hauptrolle ein recht freizügiges Kolossalgemälde auf die Beine.
Cecil B. DeMille, Experte in Sachen Historienspektakel, machte sich 1934 im Auftrag der Paramount an eine Neubearbeitung des Stoffes, wobei er es mit den geschichtlich belegten Tatsachen weniger genau nahm als mit der Ausstattung, die nicht nur verschwenderisch, sondern auch authentisch auszusehen hatte. Die Titelrolle spielte Claudette Colbert, die zwei Jahre zuvor in DeMilles IM ZEICHEN DES KREUZES bereits Erfahrungen in diesem Genre gesammelt hatte.Die Handlung dreht sich um Cleopatras Beziehung zu Julius Caesar (William), dessen Ermordung im Jahre 44 v.Chr. und die anschließende Affäre Cleopatras mit Caesars Getreuem Marc Anton (Wilcoxon). DeMille nutzte alle seine Möglichkeiten, um aus dieser Grundkonstellation ein spektakuläres Epos zu machen, das er auf seine Art mit zahlreichen schlüpfrigen und freizügigen Szenen anreicherte. Die Ausstattung ist überwältigend.
Cleopatra wurde ein Riesenerfolg an den Kinokassen und erhielt einen Oscar für Victor Milners Kameraarbeit.
In Großbritannien entstand 1945 CAESAR UND CLEOPATRA (nach Shaw) mit Vivien Leigh, und 1963 brachte Hollywood, auf dem Höhepunkt der Monumentalfilmwelle eine weitere, nicht weniger aufwendige Version mit Elizabeth Taylor heraus. al

Cleopatra

Cleopatra. USA 1963 **R** Joseph L. Mankiewicz **B** Joseph L. Mankiewicz, Ronald MacDougall, Sidney Buchman, nach Werken von Plutarch, Appian und Suetonius sowie dem Roman *The Life and Times of Cleopatra* von Carlo Mario Fanzero **K** Leon Shamroy **M** Alex North **P** Walter Wanger für 20th Century-Fox **L** 228 Min. (Originalfassung 243 Min.), Farbe **D** Elizabeth Taylor, Rex Harrison, Richard Burton, Roddy MacDowall, Hume Cronyn, Pamela Brown, Martin Landau, Francesca Annis, George Cole

Ursprünglich als durchschnittlich budgetierte Routine-Produktion von Fox mit einer Vertragsschauspielerin in der Hauptrolle geplant (u.a. wurde Joan Collins für die Rolle getestet), wuchs sich die abermalige filmische Bearbeitung der Lebensgeschichte von Ägyptens legendärer Königin, bereits seit 1958 in Vorbereitung, schnell zu einem gewaltigen Unternehmen aus, nicht zuletzt durch die Verpflichtung von Elizabeth Taylor, deren Name hohe Gewinne garantieren sollte. Die Schauspielerin soll auf das Rollenangebot erwidert haben: „Ich mache es - für eine Million $.“ Zu ihrer Überraschung akzeptierte das Studio und bescherte ihr die zu diesem Zeitpunkt höchste Gage, die je gezahlt wurde.
Drehbeginn war Ende 1960 in England, unter der Regie von Rouben Mamoulian und mit Peter Finch als Caesar und Stephen Boyd als Marcus Antonius. Schlechtes Wetter, ständige Drehbuchänderungen sowie Gesundheits-und Gewichtsprobleme der Taylor hielten die Produktion immer wieder auf, so daß Mamoulian schließlich resignierte und durch Joseph L. Mankiewicz ersetzt wurde. Finch und Boyd mußten anderen Verpflichtungen nachkommen, für sie holte man Rex Harrison bzw. Richard Burton. Zu diesem Zeitpunkt waren für 11 Minuten brauchbares Filmmaterial bereits 6 Mio-$ ausgegeben worden. Nach einer weiteren Verzögerung durch eine fast tödlich verlaufende Lungenentzündung der Taylor und den Umzug des Drehteams in die römischen Cinecittà-Studios konnte im September ´61 ein zweiter Anlauf genommen werden. Die Drehbuchseiten wurden tageweise ausgegeben, und die Verantwortlichen rangen die Hände. Die Nachrichten über die explodierenden Kosten wurden jedoch von der Romanze Taylor/ Burton überschattet, die monatelang Schlagzeilen in aller Welt machte. Beide waren verheiratet und riefen mit ihrem skandalösen Verhalten sogar den Papst auf den Plan.
Schließlich hatte man Material von sechs Stunden belichtet, das dann auf vier Stunden zusammengeschnitten wurde. Der fertige Film hat seine Schwächen, ist als monumentales Epos jedoch weit besser und intelligenter als die meisten seines Genres. Als Spektakel ist er konkurrenzlos, besonders der Einzug Cleopatras in Rom ist ein überwältigendes Stück Ausstattungskino. Rex Harrison gibt einen vollendeten Caesar ab, während Burtons Darstellung uneinheitlich wirkt, angeblich fiel einiges davon der Schere zum Opfer. Aus Elizabeth machten die Kritiker förmlich Kleinholz. So schrieb *New Rebublic*: „Sie braucht nichts weiter zu tun, als durch den Thronsaal zu wandern, um Alexandria in Beverly Hills zu verwandeln.“ Und *Time* rügte: „Wenn sie Cleopatra als Politikerin spielt, kreischt sie wie ein Marktweib.“ *The New Statesman*: „Miß Taylor ist die Langeweile in aufreißerischem Kleid.“
Cleopatra wurde ein Kassenknüller und kassierte neun Oscar-Nominierungen, darunter für Bester Film und Hauptdarsteller (Harrison). Er gewann für Kamera, Ausstattung, Kostüme und Visuelle Effekte. Trotzdem war Fox nur knapp an der Pleite vorbeigeschlittert - Studio-Chef Spyros Skouras mußte gehen. *Cleopatra* bleibt, gemessen am Geldwert, der teuerste Film aller Zeiten und hat bis heute seine enormen Kosten (ca. 40 Mio.$) nicht wieder eingespielt. al

Die cleveren Zwei

Il bestione. Italien/Frankreich 1974 **R** Sergio Corbucci **B** Luciano Vicenzoni, Sergio Donati **K** Giuseppe Rotunno **M** Guido und Maurizio de Angelis **P** Carlo Ponti für Compagnia Cinematografica Champion (Rom), P.E.C.F. (Paris) **L** 100 Min., Farbe **D** Giancarlo Giannini, Michel Constantin, Giuseppe Maffioli

Sergio Corbucci variiert in diesem „Straßen-Western“ ein weiteres Mal sein beliebtes Motiv von zwei auf den ersten Blick unterschiedlichen Typen, die, zunächst wider Willen, eine Allianz eingehen, sich jedoch im Laufe der Zeit zusammenraufen. Hier sind es zwei Lastwagenfahrer, der erfahrene Sandro (Constantin) und sein neuer Beifahrer, der großmäulige Nino (Giannini). Zwar plant Sandro, seinen aufsässigen Schützling auf der ersten gemeinsamen Tour ein paar Lektionen zu erteilen, doch bald haben die beiden ganz andere Probleme...
Die cleveren Zwei ist eine amüsante Action-Komödie, die auf dieser Ebene perfekt unterhält, doch der Film hat noch mehr zu bieten: Seine Figuren sind runde, realistische Charaktere, deren Fernfahrer-Job einige Probleme mit sich bringt. Corbucci zeigt auch die Schattenseiten des Berufs auf. Sandro ist von seiner Frau geschieden, und sein früherer Beifahrer hatte sich umgebracht, als er zum Fahren zu alt war. Die beiden betätigen sich als Streikbrecher gegen ihre Kollegen, wickeln schmutzige Mafia-Geschäfte ab, usw. Der Regisseur: „Indem ich die Leute amüsiere, bringe ich sie vielleicht dazu, Dinge zu verstehen, die alles andere als komisch sind.“ al

Die Clique

The Group. USA 1965 **R** Sidney Lumet **B** Sidney Buchman, nach einem Roman von Mary McCarthy **K** Boris Kaufman **M** Charles Gross **P** Sidney Buchman / Famous **L** 152 Min., Farbe **D** Candice Bergen, Shirley Knight, Jessica Walter, Joan Hackett, Elizabeth Hartman, Joanna Pettet, James Broderick, Larry Hagman, Richard Mulligan

Als im Jahre 1933 acht junge Amerikanerinnen das College verlassen, versprechen sie sich, weiterhin in Kontakt zu bleiben und sich so oft es geht, zu treffen oder Briefe auszutauschen.
Mary McCarthys Roman, der kurz nach seinem Erscheinen zu einem Bestseller wurde, griff ganz offen die sexuellen Nöte und Erfahrungen einer Mädchengeneration auf, die in einer völlig prüden Erwachsenenwelt großgeworden war. Nennt das Buch einige Dinge sehr genau beim Namen, so verharrt die Verfilmung im Gegensatz dazu in gezierter Verklemmtheit. Sidney Lumets Unterfangen, den populären Roman ebenso publikumswirksam auf die Leinwand zu bringen, scheiterte in vielen Punkten. Besonders anstrengend wird es für den Zuschauer, den zahlreichen Handlungssträngen zu folgen. Bald schon nimmt die Zahl der Mitwirkenden unübersehbare Dimensionen an und das Verzetteln und Rätselraten beginnt.
Einzig die Besetzung bietet im Rückblick einige interessante Aspekte. Lumet engagierte ausschließlich New Yorker Bühnenschauspielerinnen für die Rollen seiner acht Damen. Die meisten hatten noch nie zuvor vor einer Kamera gestanden, so auch Candice Bergen, die mit *Die Clique* ihre Filmkarriere startete. In einer kleinen Nebenrolle ist auch Sidney Lumets Vater Baruch in der Rolle des Mr. Schneider zu sehen. jg

Der Clou

The Sting. USA 1973 **R** George Roy Hill **B** David S. Ward **K** Robert Surtees **M** Marvin Hamlisch **P** Tony Bill, Michael Phillips, Julia Phillips / Universal **L** 129 Min., Farbe **D** Paul Newman, Robert Redford, Robert Shaw, Charles Durning, Ray Walston, Harold Gould, Eileen Brennan

Nach drei Filmen, in denen er als Regisseur hinter der Kamera gestanden hatte, trat Paul Newman neben seinem Partner Robert Redford unter der bewährten Leitung von George Roy Hill (die drei hatten bereits den Western-Erfolg ZWEI BANDITEN zusammen gedreht) wieder als Schauspieler auf.
Kulisse dieser ebenso spannenden wie witzigen Gangsterballade ist das unsichere Pflaster der Verbrechensmetropole Chicago zur Zeit der Prohibition. Der kleine Betrüger Hooker (Redford) bekommt auf unangenehme Weise die Macht des New Yorker Spekulanten Lonnegan (Shaw) zu spüren. Gemeinsam mit seinem Kumpel Gondorff (Newman) plant er, dem reichen Betrüger durch ein fingiertes Pferderennen eine enorme Summe abzujagen. Dummerweise mischt sich die Polizei in die Aktivitäten der beiden ein. Aus dem geplanten Coup wird ein Rennen um die Zeit.
„Einer der besten Filme seit Jahren...Ein Beispiel für eine Art von Können und Kunst, wie sie nur Hollywood hervorgebracht hat, und die Hollywood zum Synonym für Filme machte." (*Show Magazine*)
Der Clou bietet brillante Kino-Unterhaltung, in der, angefangen beim Regisseur, über die Schauspieler bis hin zum Kostümbildner und Ausstatter, gleichermaßen überzeugend gute Leistungen geboten werden. Die authentisch wirkenden Straßenszenen der 30er Jahre bestehen übrigens zu einem Großteil aus Realfilmszenen, die geschickt in ein Matte-Painting-Bild einkopiert wurden.
Ein Renner wurde der Film nicht nur an der Kinokasse, sondern auch bei der Oscar-Verleihung des Jahres 1973. Bester Film, Beste Regie, Bestes Original-Drehbuch, Beste Ausstattung (Henry Bumstead, James Payne), Bester Song-Score, Bester Schnitt und Beste Kostüme (Edith Head) - das waren insgesamt sieben Preise für *Der Clou*. jg

Der Club der toten Dichter

Dead Poets Society. USA 1989 **R** Peter Weir **B** Tom Schulman **K** John Seale **M** Maurice Jarre **P** Steven Haft, Paul Junger Witt, Tony Thomas für Touchstone Pict./Silverscreen Partners IV **L** 128 Min., Farbe **D** Robin Williams, Robert Sean Leonard, Ethan Hawke, Josh Charles, Gale Hansen, Dylan Kussman, Allelon Ruggiero, James Waterston, Norman Lloyd

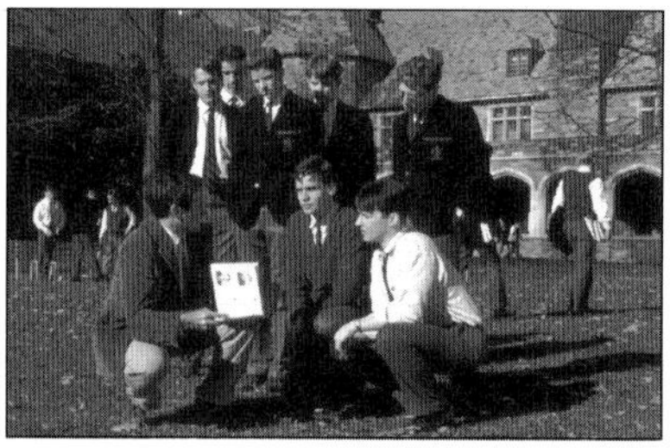

„*Club der toten Dichter* ist ein intelligenter, gut geschriebener Film, und es ist eine Freude, ihn anzusehen....Die Handlung ist oft bewegend und das auf verschiedenen Ebenen....Alle Darstellungen sind großartig", lobte die *Toronto Sun*.
Die gesamte nordamerikanische Presse reagierte nach Sichtung des Films gleichermaßen enthusiastisch und bezeichnete Peter Weirs rührend-melancholischen Streifen als einen der besten US-Filme seit langem.
Inspiriert von seinen eigenen Erlebnissen auf einer Privatschule, schrieb Schulman sein Drehbuch und siedelte die Handlung in der konservativen Zeit der zu Ende gehenden 50er Jahre an. Auf der traditionsbewußten Welton-Academy herrscht strenge Disziplin - nicht umsonst schicken die Väter (alles wohlhabende Bürger, die es in Wirtschaft und Politik zu etwas gebracht haben) ihre Söhne als Zöglinge auf das Internat. Mit dem weltoffenen und unkonventionellen neuen Lehrer Keating (Williams) kommt im neuen Schuljahr jedoch ein Pädagoge nach Welton, der gänzlich neuen Wind in die miefige Anstalt bringt und dabei ungewollt eine Kette dramatischer Ereignisse auslöst.
Als Kulisse des Internats diente die altehrwürdige St. Andrew´s School in Middletown; die herbstlich-winterlichen Landschaftsaufnahmen entstanden im US-Bundesstaat Delaware, in dem zum ersten Mal überhaupt ein Kinofilm entstand.
Eine besonders glückliche Hand bewies Regisseur Weir bei der Auswahl der jugendlichen Hauptdarsteller (allen voran Robert Sean Leonard in der Rolle eines schauspielbegeisterten Schülers), die zwar allesamt schon diverse Bühnenerfahrungen gesammelt hatten, mit *Club der toten Dichter* jedoch bis auf einige Ausnahmen das erste Mal vor einer Filmkamera standen.
Peter Weirs Werk setzte seinen Erfolgszug auf dem europäischen Kontinent fort und lief dort ebenfalls wochenlang in den ausverkauften Kinos. jg

Cluny Brown auf Freiersfüßen

Cluny Brown. USA 1946 **R** Ernst Lubitsch **B** Samuel Hoffenstein, Elizsabeth Reinhardt, nach einem Roman von Margery Sharp **K** Joseph La Shelle **M** Cyril Mockridge **P** Ernst Lubitsch **L** 100 Min., s/w **D** Charles Boyer, Jennifer Jones, Peter Lawford, Helen Walker, Reginald Gardiner, Reginald Owen

Der letzte Film des großen deutschen Regisseurs zeigt noch einmal das ganze Können des Komödienspezialisten, dessen Filme für ihren unnachahmlichen „Lubitsch-Touch" berühmt geworden sind.
Charles Boyer spielt den tschechischen Exil-Schriftsteller Adam Belinski, der sich vor dem sich abzeichnenden Krieg auf einen englischen Landsitz geflüchtet hat. Dort begegnet er Cluny (Jones), einem jungen Mädchen mit einer außergewöhnlichen handwerklichen Begabung. Als Cluny anstelle ihres Onkels ein defektes Rohr reparieren soll, verliebt sie sich auf Anhieb in Adam.
Eigentlich eine sehr einfache Geschichte, die Lubitsch mit einer exzellenten Persiflage auf die englische „Upper-Class" verfeinert. Die treffende Satire auf den snobistischen Adel, der seinen Gartenparties mehr Beachtung schenkt als den bedrohlichen Anzeichen, die den Zweiten Weltkrieg ankündigen, gilt noch heute als eine gelungene und hervorragend in Szene gesetzte Charakterstudie
Die geniale Regiearbeit von Lubitsch und die hervorragenden darstellerischen Leistungen wurden nicht nur von der Kritik anerkannt; Jennifer Jones in der Rolle der Cluny Brown erhielt für ihre Leistung den Darstellerpreis von Locarno. Sofort nach Beendigung der Dreharbeiten begann Lubitsch die Arbeiten für einen neuen Film unter dem Titel DIE FRAU IM HERMELIN. Doch nach nur acht Tagen mußte Lubitsch, der bis zu diesem Zeitpunkt schon fünf

Herzattacken hinter sich hatte und unter keinen Umständen auf seine geliebten Zigarren verzichten wollte, Otto Preminger den Regiestuhl überlassen. Ein Rückfall zwang ihn zur vorzeitigen Aufgabe, und wenig später, nachdem sich Lubitsch noch über seine Krankheit lustig gemacht hatte, erlag er am 20.11.1947 seinem sechsten Herzanfall. dk

Cobra Verde

Cobra Verde. BRD 1987 **R** Werner Herzog **B** Werner Herzog, nach Motiven aus dem Roman *Der Vizekönig von Ouidah* von Bruce Chatwin **K** Viktor Ruzicka **M** Popol Vuh **P** Lucki Stipetic, Werner Herzog Film, ZDF **L** 111 Min., Farbe **D** Klaus Kinski, King Ampaw, José Lewgoy, Salvatore Basile, Peter Berlin, Guillermo Coronel, Marcela Ampudia, León Bolaños

Liefen schon die Dreharbeiten zu FITZCARRALDO hart an der Grenze des Erträglichen ab, so gab sich Werner Herzog in *Cobra Verde* eine beinahe masochistisch anmutende Mühe, die Hysterie und grenzenlose Selbstüberschätzung des enfant terrible Klaus Kinski zu verkraften.
Das insgesamt fünfte Mal agierte Kinski unter Herzogs Regie, obgleich Beobachter der Presse während der Dreharbeiten über die Verteilung der Machtpositionen ganz andere Eindrücke gewannen.
Wie bereits in AGUIRRE und FITZCARRALDO wird auch hier das Schicksal einer menschlichen Odyssee beschrieben. Hatten die Handlungsträger der beiden vorher genannten Filme für die Umsetzung ihrer irrealen Phantasien wenigstens immer noch ein Ziel vor Augen, so fehlt dieses in *Cobra Verde* vollkommen. Die insgesamt 5,7 Millionen DM teuere Produktion beschreibt das Leben des Taugenichts Francisco Manoel, der sich in Südamerika als Sklavenaufseher verdingt. Von seinem Herrn nach Afrika geschickt, baut er dort selbst einen florierenden Sklavenhandel auf, wird jedoch von seinen weißen und schwarzen Helfershelfern im Stich gelassen.
Kinski forderte als Star der Produktion die entsprechende Behandlung. Und so mußte für täglich DM 900,- das Feriendomizil des chilenischen Botschafters in Cartagena/Bahia angemietet und ein Mercedes zu Verfügung gestellt werden. Die Chauffeursfahrten von der Villa zum Drehort übernahm der Sohn des Botschafters. *Cobra Verde* - schon nach wenigen Tagen aus den Kinos entfernt - wurde für Herzog ein finanzielles Fiasko ohnegleichen. „Vielleicht hat einer der Filmfiguren das Scheitern des Films und seines Regisseurs am besten umrissen: er sagt, er fürchte nur den Tag, an dem er nichts mehr zu erobern hätte. Für Werner Herzog ist dieser Tag gekommen.“ (*Kölner Stadtanzeiger*) jg

Coca Cola Kid

The Coca Cola Kid. Australien 1985 **R** Dusan Makavejev **B** Frank Moorhouse, nach seinen Kurzgeschichten *The American's Baby* und *The Electrical Experience* **K** Dean Semler **M** William Motzing **P** David Roe für Grand Bay Films International/Cinema Enterprises **L** 95 Min., Farbe **D** Eric Roberts, Greta Scacchi, Bill Kerr, Chris Haywod, Kris McQuade, Max Gillies, Tony Barry, Paul Chubb, David Slingsby, Tim Finn, Colleen Clifford

Nicht nur in der ehemaligen DDR hatte man keine Ahnung von Coca-Cola, wie 1961 schon Billy Wilder mit seiner verspäteten Erfolgskomödie EINS, ZWEI, DREI bewiesen hatte, auch in Australien gibt es Regionen, die noch nicht dem US-amerikanischen Konsumimperialismus zum Opfer gefallen sind. Das muß auf drastische Weise der junge Manager Becker (Roberts) erfahren, der von seinem Chef auf den entlegenen Kontinent geschickt wird, da dort der Absatz seit geraumer Zeit stagniert. Dort stößt Becker auf den kauzigen McDowell (Kerr), der in einem weitläufigen Tal seine eigene Getränkeproduktion in Betrieb hat und importierte Erfrischungen kategorisch ablehnt. Becker macht es sich zur Lebensaufgabe, die Coca-Cola-Flasche nach Anderson-Valley zu bringen.
1975 hatten sich der jugoslawische Regisseur Makavejev und Drehbuchautor Moorhouse während der Filmfestspiele von Sydney kennengelernt und beschlossen, eines Tages einen gemeinsamen Film zu machen. Die Vorbereitungen zogen sich jedoch bis zum Mai 1983 hin; drei Monate später reiste Makavejev mit seiner Frau (die gleichzeitig den Job der Regie-Assistentin übernahm) nach Australien, um sich in New South Wales nach passenden Drehorten umzusehen.
„Makavejev hat so viel zu erzählen, daß es für drei Filme reichen würde: Die Geschichten geraten durcheinander, die Erzählstränge verheddern sich, die Zuschauer sind verwirrt. Es geht um Märkte und Macht in *Coca Cola Kid*, um Folklore, Liebe und Gewalt. Alles ist drin: Ein Film, inszeniert wie im Afri-Cola-Rausch.“ (*Die Zeit*) jg

Cocktail

Cocktail. USA 1988 **R** Roger Donaldson **B** Heywood Gould, nach seinem Buch **K** Dean Semler **M** J. Peter Robinson **P** Ted Field, Robert W. Cort für Touchstone/Silver Screen Partners III/ Interscope Communications **L** 104 Min., Farbe **D** Tom Cruise, Bryan Brown, Elisabeth Shue, Lisa Banes, Kelly Lynch

Cocktail, einer der 1988 in Amerika erfolgreichsten Filme, zeigt Tom Cruise einmal mehr in der Rolle des aufstrebenden jungen Mannes, der es mit Charme und Talent zu etwas bringen möchte. In der Rolle des Brian Flanagan zieht er aus der Provinz nach New York, um dort sein Glück zu machen. Die ersten Anläufe an der Wall Street schlagen fehl, und so muß sich Brian als Barkeeper durchs Leben mixen. Sein Job erweist sich allerdings als Berufung. Dank seines blendenden Aussehens und akrobatischer Schüttel-Einlagen entwickelt er sich unter der Aufsicht des väterlichen Obermixers Doug (Brown) zum Liebling der Szene. Als es zwischen den beiden Kollegen zum Streit kommt, setzt das Jungtalent seine Karriere kurzerhand in Jamaica fort. Nach diversen amourösen Zwischenspielen findet man sich zum Finale in New York wieder. Doug hat zwar sein Ziel erreicht und reich geheiratet, erträgt aber sein neues Dasein nicht und begeht Selbstmord. Brian dagegen findet die wahre Liebe, setzt sich gegen seinen zukünftigen Schwiegervater durch und eröffnet seine eigene Bar.
Gab die Geschichte in den Vereinigten Staaten noch Anlaß zu wohlwollenden Kommentaren, so ging die Kritik in Deutschland mit Donaldsons Film hart ins Gericht. Der amerikanische Traum in der „Vom-Barkeeper-zum-Millionär“-Variante wurde als „klebrig-süße Hollywood-Schnulze“ verrissen, daran konnte auch die handwerklich saubere Arbeit des Regisseurs nichts ändern. Ein Urteil allerdings, dem sich 1,5 Millionen Kinobesucher in Deutschland nicht anschließen wollten. So verzeichneten die bekannten Bars in Hamburg, München und Düsseldorf enorme Zuwachsraten, nachdem der Film angelaufen war und sprachen vom Cocktail als neuem Trend-Getränk. dk

Cocktail für eine Leiche

Rope. USA 1948 **R** Alfred Hitchcock **B** Arthur Laurents, nach dem Stück von Patrick Hamilton **K** Joseph Valentine, William V. Skall **M** Leo F. Forbstein **P** Sidney Bernstein, Alfred Hitchcock, Transatlantic Pictures **L** 81 Min., Farbe **D** James Stewart, Farley Granger, John Dall, Joan Chandler, Cedric Hardwicke, Constance Collier, Edith Evanson, Douglas Dick

1948 war ein entscheidendes Jahr für Hitchcock. Zum ersten Mal drehte er einen Farbfilm und war auch sein eigener Produzent. In dem kammerspielartig inszenierten Thriller geht es um zwei latent homosexuelle Studenten (Granger und Dall), die aus Spaß an der Freud einen Kommilitonen umbringen und dessen Leiche in einem Schrankkoffer verstecken. Am Abend erwarten die beiden eine Anzahl Gäste zu einer Cocktailparty. Durch verdeckte Hinweise machen sie ihren ebenfalls eingeladenen Universitätsprofessor (Stewart) auf die Tat aufmerksam, in der Hoffnung, auch er könne sich dafür begeistern. Doch am Ende der Feier muß der fassungslose Dozent seine beiden Schüler der Polizei ausliefern.

schamlos zur Selbstdarstellung aus. „Er spielte mit großer Freude den großen Filmstar, zu dem er erschaffen und sich über die Jahre hinweg entwickelt hatte.“ (*Motion Picture Guide*)
Für das Western-Genre war *Die Comancheros* leider nicht mehr als ein routiniert inszeniertes Durchschnittsprodukt, woran weder die Besetzung noch Elmer Bernsteins synkopische Musik etwas ändern konnten. jg

Coming Home - Sie kehren heim

Coming Home. USA 1978 **R** Hal Ashby **B** Waldo Salt, Robert C. Jones, nach einer Story von Nancy Dowd **K** Haskell Wexler **P** Jerome Hellman für United Artists **L** 128 Min., Farbe **D** Jane Fonda, Jon Voight, Bruce Dern, Robert Carradine, Penelope Milford

Einer der ersten Filme, die sich mit dem Vietnam-Krieg beschäftigten und bis heute einer der besten seiner Art ist.
Die Initiative zu dieser Produktion ging u.a. von Jane Fonda aus, die sich bereits während des Krieges gegen das amerikanische Engagement stark gemacht und auch vor Ort Eindrücke gesammelt hatte. Sie spielt Sally, die mit einem Marineoffizier verheiratet ist, der sich in Südost-Aasien im Einsatz befindet. Um ihren Teil zu den Kriegsanstrengungen beizutragen, arbeitet sie freiwillig in einem Veteranen-Hospital, wo sie den halbgelähmten Invaliden Luke (Voight) kennenlernt. Sein Zorn, seine Trauer und Frustration beeindrucken Sally tief, und langsam beginnt sich eine Beziehung zu entwickeln. Trotz Lukes Handicap lieben sie sich schließlich - in einer Szene von großer Zärtlichkeit und Erotik. Doch beide wissen, daß die Beziehung zu Ende ist, wenn Sallys Ehemann heimkehrt.
Coming Home ist ein Film mit vielen Thematiken, doch hauptsächlich geht es um die Wandlung, die Sally durchmacht. Am Anfang ist sie eine von ihrer Umgebung und ihrem Mann abhängige, aber trotzdem glückliche Frau, am Ende ist sie reifer, selbstbewußter, nicht unbedingt politisch, aber sehr viel aufmerksamer und kritischer. Ihre Liebe gibt auch Luke neuen Lebensmut. Der Krieg selbst ist ständig präsent, obwohl es keine einzige Kampfszene gibt oder auch nur eine, die in Vietnam spielen würde. Die Grausamkeit des Krieges spiegelt sich in den entwurzelten und zutiefst verstörten Heimkehrern eindrucksvoll wider.
Für ihre bewegenden Darstellungen wurden Fonda und Voight mit Oscars geehrt, Voight erhielt außerdem den Darstellerpreis der Filmfestspiele in Cannes. Ein weiterer Oscar ging an die Drehbuchautoren.
Interessanterweise hatte *Coming Home* bei der Oscar-Verleihung mit einem anderen „Vietnam-Film“ zu konkurrieren, Michael Ciminos Epos DIE DURCH DIE HÖLLE GEHEN, der u.a. in den Kategorien „Bester Film“ und„ Beste Regie“ siegte. Nach der Zeremonie kam es zu einem Eklat, als Jane Fonda Cimino vorwarf, eine „rassistische Pentagon-Version“ des Krieges gedreht zu haben. al

Coming out

Coming out. DDR 1989 **R** Heiner Carow **B** Wolfram Witt **K** Martin Schlesinger **M** Stefan Carow **P** DEFA/Gruppe Babelsberg **L** 112 Min., Farbe **D** Mathias Freihof, Dagmar Manzel, Dirk Kummer, Michael Gwisdek, Werner Dissel, Gudrun Ritter

„Wir haben versucht, einen Film für ein breites Publikum zu machen, nicht für die Schwulen und nicht gegen sie. Wir haben von Menschen erzählt...“, beschreibt Heiner Carow den ersten - und infolge des bekannten Verlaufs der Weltgeschichte einzigen - DDR-Spielfilm, der sich an das Tabu-Thema Homosexualität heranwagte. Wie schon in DIE LEGENDE VON PAUL UND PAULA und *Bis daß der Tod euch scheidet* scheut sich Carow auch in *Coming out* nicht, das Publikum frontal mit Liebe und Leidenschaft zu konfrontieren.
Philipp (Freihof) ist Lehrer in Ost-Berlin und lebt allein; Kollegin Tanja (Manzel) ebenfalls. Sie verliebt sich in ihn; er versucht, ihre Liebe zu erwidern, allerdings ohne bleibenden Erfolg. Philipp erkennt schließlich, daß er schwul ist und bahnt sich mit Matthias (Kummer), in den er sich verliebt, seinen Weg zum coming out - seinem eigenen Bekenntnis zur Homosexualität. Tanja, ohne jede Chance, bleibt im Innersten verletzt auf der Strecke.
Der Film wirkt authentisch, ist er doch an Originalschauplätzen der Ost-Berliner Schwulenszene gedreht worden, zudem sind die beiden männlichen Hauptdarsteller selbst schwul. Die für einen DDR-Film typische politische Lehrstunde in Form eines schwulen Kommunisten, der im KZ gesessen hat, wirkt etwas bemüht; gleichwohl kommt sein Anliegen, für Toleranz und Akzeptanz zu werben (Carow: „Eine Herausforderung an die Gesellschaft.“), beim Zuschauer an. Sofern dieser die Möglichkeit hatte, den Film auf der Leinwand zu sehen, denn in der alten Bundesrepublik wurde *Coming out* lediglich in wenigen Programmkinos gezeigt, während er in der DDR in den Tagen des Mauerfalls anlief - zu einer Zeit, in der die Ostdeutschen Besseres zu tun hatten als ausgerechnet ins Kino zu gehen.
1990 wurde *Coming out* auf der Berlinale mit dem Silbernen Bären ausgezeichnet. sk

Computer morden leise

L´ordinateur des pompes funebres. Frankreich/ Italien 1976 **R** Gérard Pires **B** Jean-Patrick Manchette, Gérard Pires, nach einem Roman von Walter Kempley **K** Michael Serrezin **M** Claude Bolling **P** Lira Films-Prod./Atlas Cinematografica Prod., **L** 85 Min., Farbe **D** Jean-Louis Trintignant, Mireille Darc, Bernadette Lafont, Léa Massari, Claude Piéplu

Wieder eine jener, sich durch eine Starbesetzung sondergleichen auszeichnenden französischen Komödien, die nie die bundesdeutschen Leinwände erblickte, sondern erst 1981 im Abendprogramm der ARD gesendet wurde.
Der Versicherungsangestellte Fred (Trintignant) ist seiner üppig-ordinären Ehegattin überdrüssig. Mit Hilfe eines Computers entwirft er den perfekten Mordplan. Er lokkert an der Badewanne den Haltegriff und lockt später seine Frau, nachdem die es sich gerade im warmen Wasser gemütlich gemacht hat, ans Telefon. Der Plan gelingt aufs beste, doch Fred kommt bald vom Regen in die Traufe, denn schon sind zwei bezaubernde Damen auf einmal zur Stelle, die sich rührend um ihn kümmern - zu rührend, wie Fred nach einer Weile meint.
„Ein etwas säuerlich geratener Versuch einer schwarzen Komödie um einen geplanten Mord, der sowohl vor als auch hinter der Kamera das gebührende Gefühl vermissen läßt“, urteilte *Variety* nicht gerade begeistert. jg

Conan der Barbar

Conan the Barbarian. USA 1982 **R** John Milius **B** John Milius, Oliver Stone, nach Motiven von Robert E. Howard **K** Duke Callaghan **M** Basil Poledouris **P** Edward R. Pressman/Dino de Laurentiis **L** 126 Min., Farbe **D** Arnold Schwarzenegger, James Earl Jones, Sandahl Bergman, Gerry Lopez, Max von Sydow, Valerie Quennessen

Der amerikanische Groschenheft-Autor Robert E. Howard (1906-1936) erfand die Figur des wilden cimmerischen Barbaren Conan, die ab den 30er Jahren seine Kurzgeschichten belebte und später auch in einer langen Serie von Comic-Strips ihr bluttriefendes Schwert schwingen durfte. Die Verfilmung allerdings ließ erstaunlich lange auf sich warten.
Mit einem Aufwand von über 100 Millionen DM setzte John Milius die *Conan*-Saga leinwandgerecht um. Angesiedelt im zeitli-

chen Irgendwo zwischen dem Untergang von Atlantis und dem Beginn der Geschichtsschreibung, wird die Geschichte des jugendlichen Conan (Schwarzenegger) erzählt, der nach dem brutalen Massaker an seinem Stamm als Sklave Frondienste leisten muß. Nach seiner Flucht und vielen unterwegs durchlebten Abenteuern gelangt er auf die Spur eines unheimlichen Schlangenordens, in dessen Hintermännern er die Mörder seiner Eltern wiedererkennt. Unterstützt von seiner Geliebten Valeria (Bergman) und dem Dieb Subotai (Lopez) startet er zu einem gnadenlosen Rachefeldzug.
Ein halbes Jahr lang nahm Schwarzenegger Unterricht in Schwertkampf und Kendo, um letztendlich 90 Prozent aller Szenen des Films ungedoubelt zu spielen. Aus versicherungstechnischen und gewerkschaftlichen Gründen wäre so etwas in Hollywood niemals möglich gewesen, so daß die Außenaufnahmen in Spanien diese rechtlichen Freiräume anboten. Die imposante, riesige Fronttreppe des Schlangentempels wurde tatsächlich in der einsamen Berggegend von Agua Dulce errichtet. Für die Stadt Shadizar griff man auf die Kulissen zurück, die 1970 schon für den Western EL CONDOR aufgebaut worden waren.
Conan der Barbar wurde zu einem großen Kassenerfolg, so daß schon kurz nach der Uraufführung die Pläne zu der Fortsetzung CONAN DER ZERSTÖRER in Angriff genommen wurden. Trotz farbenprächtiger Kulissen, herrlicher Landschaftsaufnahmen und der archaisch-wuchtigen Musik von Basil Poledouris, hinterläßt der Film einen zwiespältigen Eindruck. In vielen Szenen weist er eine entlarvende menschenverachtende und faschistoide Grundhaltung auf, die zu verbergen er sich noch nicht einmal bemüht. jg

Conan der Zerstörer

Conan the Destroyer. USA 1984 **R** Richard Fleischer **B** Stanley Mann, nach einer Geschichte von Ray Thomas und Cary Conway und den Motiven von Robert E. Howard **K** Jack Cardiff **M** Basil Poledouris **P** Raffaela de Laurentiis **L** 101 Min., Farbe **D** Arnold Schwarzenegger, Grace Jones, Wilt Chamberlain, Mako, Tracey Walter, Olivia D´Abo, Sarah Douglas

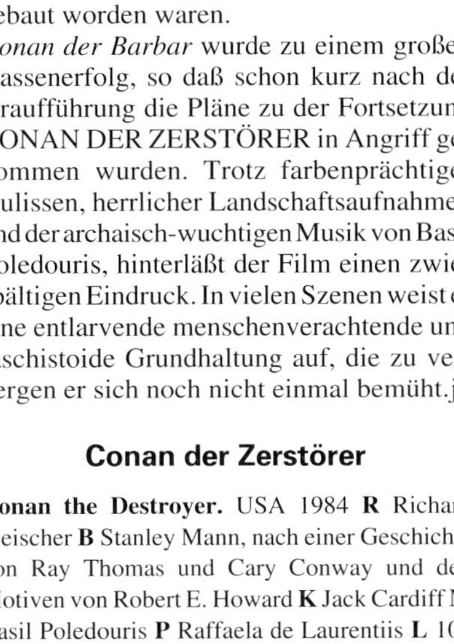

Nach dem vorangegangenen Spektakel CONAN DER BARBAR war besonders bei den *Conan*-Fans (die Kritiker hatten samt und sonders das rüde Fantasy-Opus verrissen) Mißstimmung darüber aufgekommen, mit welchem Todernst John Milius die prähistorischen Abenteuer des Kraftprotzes auf die Leinwand gebracht hatte.
Richard Fleischer sorgte dafür, daß seine Fortsetzung, ausgestattet mit einer gehörigen Portion Selbstironie und einer Übersteigerung der phantastischen Elemente, wesentlich besser zu ertragen war, als der Milius-Vorgänger von 1982.
Auch diesmal verkörpert wieder Ex-Mister-Universum Arnold Schwarzenegger den muskelbepackten Barbaren aus dem nördlichen Grenzland Cimmerien. Conan wird von Königin Tamaris (Douglas) beauftragt, dem Magier Toth-A-Mon ein wertvolles Juwel zu entreißen, mit dem diese die Steinstatue des Gottes Dagoth wiederbeleben möchte, in der Hoffnung, fortan unumschränkte Macht zu erlangen. Auf seinem gefahrvollen Weg begegnet Conan der jungfräulichen Prinzessin Jehnna (D´Abo), der kampferprobten Flachbrust-Amazone Zula (Jones) und dem Dieb Malak (Mako).
Conan der Zerstörer kostete rund die Hälfte seines Vorgängers, bot aber noch mehr phantastische Szenerien. Zur Senkung der Ausgaben zog das Team in die wesentlich billigeren Churubusco Studios nach Mexiko-City um. Die aufwendige Erbauung ganzer Städte und Bauwerke fiel diesmal weg. Bei den gezeigten Palästen, turmhohen Statuen und Felsenschlössern handelt es sich um sorgsam gemalte Matte-Paintings, die in den Film einkopiert wurden. Das Ende des Films legte man so an, daß ein dritter Teil in Aussicht hätte stehen können, doch die dementsprechenden Pläne verschwanden nach dem schlechten finanziellen Einspielergebnis rasch in der Versenkung. jg

Condottieri

Condottieri. Deutschland/Italien 1937 **R** Luis Trenker, Werner Klinger **B** Luis Trenker, Kurt Heuser, Mirko Jelusich **K** Albert Benitz, Klaus von Rautenfeld, Walter Hege, Carlo Montuori **M** Giuseppe Becce **P** Tobis (Berlin)/ENIC (Rom) **L** 97 Min., s/w **D** Luis Trenker, Ethe Maggi, Carla Sveva, August Eichhorn, Herbert Hübner, Hans Zesch-Ballot, Aribert Wäscher

Mit einer ungewöhnlich langen Drehzeit von 200 Tagen und rund 10 Millionen Lire Produktionskosten war *Condottieri* ein Film, der sich ganz eindeutig zu der „Achse Berlin-Rom" bekannte und zu einem Großteil auch vom Geld der Faschisten finanziert wurde. Bereits während der Dreharbeiten erhielt Trenker des öfteren Besuch von Mitgliedern der italienischen Regierung und auch Donna Rachele, die Angetraute des Duce, sah ab und zu am Set vorbei.
Condottieri bleibt Luis Trenkers umstrittenstes Werk, denn mit ihm beschritt er plötzlich Wege, die ihn eindeutig auf eine politische Aussage festlegten, auch wenn die damals Mächtigen mit dem Ergebnis seiner Arbeit alles andere als zufrieden waren. Trenker spielt - wie in den meisten seiner Filme - auch hier die Hauptrolle des Söldneranführers Lombardo, der mit dem Herzog von Malatesta (Eichhorn) im Clinch liegt. Er flieht nach Frankreich und kehrt Jahre später nach Florenz zurück, wo er Malatesta in einem Duell besiegt, diesen aber verschont, um gleich darauf mit einem riesigen Heer den Vatikan zu stürmen. Nach einigen Jahren des Friedens wird Lombardo noch einmal von Malatesta attackiert. Er kann zwar die Schlacht gewinnen, erliegt jedoch seinen schweren Verwundungen.
Für die Szenen des Vatikansturms wurden tatsächlich 60 hochgewachsene Männer aus der Leibstandarte „Adolf Hitler" als Komparsen in die Berliner Studios geholt. Allerdings sollten diese in der Szenenfolge keineswegs das päpstliche Palais zu Kleinholz zertrümmern, wie es Hitler wohl gern gesehen hätte, sondern mußten laut Drehbuch beim Anblick des Heiligen Vaters gerührt in die Knie sinken. Hitler verließ später mitten während einer festlichen Vorstellung zornbebend den Saal, als er sah, wie man seine Männer in diesem Film durch den Kniefall vor dem Katholizismus zweckentfremdet hatte. Nachdem sich Trenker geweigert hatte, den Film noch einmal abzuändern, ließ der ebenfalls wütende Goebbels alle Kopien, die zu diesem Zeitpunkt schon in den Kinos angelaufen waren, zurückholen, um diese nach seinen Vorstellungen umzuschneiden. jg

Convoy

Convoy. USA 1978 **R** Sam Peckinpah **B** B. W. L. Norton **K** Harry Stradling **M** Chip Davis **P** Robert M. Sherman / EMI **L** 111 Min., Farbe **D** Kris Kristofferson, Ali McGraw, Burt Young, Ernest Borgnine, Madge Sinclair, Franklyn Ajaye, Brian Davis

Ein allzu dienstbeflissener Sheriff (Borgnine) sorgt dafür, daß in seinem Destrikt den durch das Land brausenden Fernkraftfahrern stets hinterhältige Radarfallen gelegt werden. Als auch noch ein Fahrer zu Unrecht ins Gefängnis geworfen wird, bricht der Aufstand der Trucker los. Ein riesiger Convoy macht sich auf den Weg nach New Mexico, um nach Fernfahrer-Recht aufzuräumen.
Peckinpah sah in *Convoy* einen Film, der sich nicht viel von einem typischen Western unterschied, nur daß er eben nicht mehr im ausgehenden 19. Jahrhundert spielt, sondern in der Jetzt-Zeit angesiedelt ist. Grundlage für die filmische Umsetzung war der gleichnamige Song von C. W. McCall, der von der Protestaktion der Truck Driver unter Führung der legendären Figur Rubber Duck erzählt.
Peckinpah verpflichtete für die ausufernden Dreharbeiten als zusätzlichen „Second-Unit"-Regisseur den Schauspieler James Coburn, der zuvor unter seiner Regie in dem Kriegsfilm STEINER - DAS EISERNE KREUZ gespielt hatte. Die Aufnahmen mit den über 100 Trucks fanden in einem Zeitraum von drei Monaten in der Gegend von Albaquerque / New Mexico statt.

„Natürlich führt bei Regisseur Peckinpah der Weg zur Freiheit über die Gewalt, auch wenn sie hier fast choreographiert und ironisch übertrieben ist." (*Abendzeitung*) jg

Coogans großer Bluff

Coogan's Bluff. USA 1968 **R** Don Siegel **B** Herman Miller, Dean Reisner, Howard Rodman, nach einer Geschichte von Miller **K** Bud Thackery **M** Lalo Schifrin **P** Don Siegel für Universal **L** 93 Min., Farbe **D** Clint Eastwood, Lee J. Cobb, Susan Clark, Tisha Sterling, Don Stroud, Betty Field, Tom Tully, Melodie Johnson, James Edwards, Rudy Diaz, David F. Doyle, Louis Zorich

Clint Eastwood hatte sich durch seine Italo-Western wie FÜR EIN PAAR DOLLAR MEHR oder ZWEI GLORREICHE HALUNKEN sowohl in Europa als auch in den USA einen Namen gemacht. Zurück in Amerika, suchte er nun Rollen, die nicht wieder unbedingt im Westerngenre liegen sollten. *Coogans großer Bluff* war der Auftakt zu seiner erfolgreichen und künstlerisch effektiven Zusammenarbeit mit dem Action-Spezialisten Don Siegel, die in den späteren Jahren mit den Reißern DIRTY HARRY und CALAHAN einen Triumph nach dem anderen an der Kinokasse feiern konnte.
Eastwood verkörpert in diesem Film den rauhbeinigen und unkonventionellen Hilfssheriff Coogan, der aus der Provinz nach New York kommt, um dort einen Sträfling nach Arizona zu überführen. Diesem gelingt jedoch kurz vor dem gemeinsamen Aufbruch die Flucht. Coogan entwickelt bei der Verfolgung des Ausbrechers seine eigenen Methoden, über die seine New Yorker Kollegen mehr oder weniger entsetzt sind, denn Coogan hetzt sein Opfer wie ein wildes Tier.
Kurz nach seiner Aufführung wurde dem Film von Seiten einer Gruppe Moralapostel „unnötige Gewalt" und „zu viel Sex" vorgeworfen. Aus der Sicht der 90er Jahre nehmen sich diese Zutaten jedoch äußerst harmlos aus. jg

Copkiller

Order of Death. Italien 1983 **R** Roberto Faenza **B** Ennio de Concini, Hugh Fleetwood, Roberto Faenza, nach dem Roman *The Order of Death* von Fleetwood **K** Giuseppe Pinori **M** Ennio Morricone **P** Elda Ferri für Coop Jean Vigo/RAI **L** 107 Min. (Originalfassung 113 Min.), Farbe **D** Harvey Keitel, John Lydon, Nicole Garcia, Leonard Mann, Sylvia Sidney

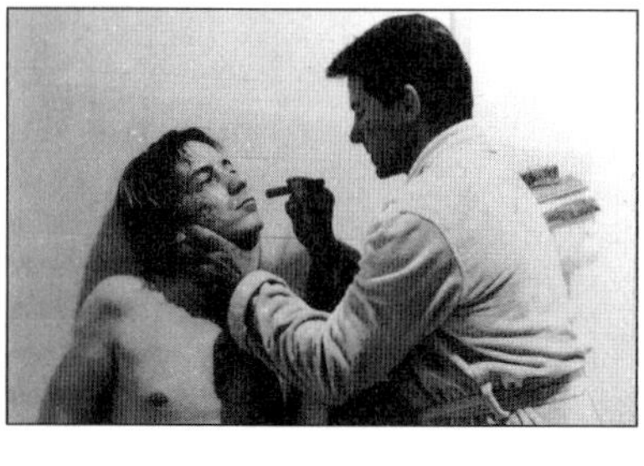

Ein italienischer Polizei-Thriller, der in englischer Sprache in New York entstand. Harvey Keitel spielt den fanatischen Ordnungshüter O'Connor, der auf eine Serie von Polizistenmorden angesetzt wurde. Eines Tages steht der junge Freak Leo (Lydon) vor seiner Tür und behauptet, der gesuchte Copkiller zu sein. O'Conner glaubt ihm nicht, zumal er herausfindet, daß der Junge Sprößling reicher Eltern ist und sadomasochistische Veranlagungen hat. Trotzdem versucht er mit Gewalt, seine Absichten herauszubekommen und hält ihn fest. Doch nun kehrt sich beider Verhältnis ins Gegenteil. O'Connor wird zum Spielball des raffiniert mit seinen Schuldkomplexen arbeitenden Leo... *Copkiller* ist kein gewöhnlicher Cop-Film à la DIRTY HARRY, sondern ein spannnender Thriller, der sich mit seiner komplexen Untersuchung über religiös bedingten Ordnungswahn und Schuldgefühle allerdings etwas übernommen hat. Wenn Faenzas Film dennoch überzeugt, so liegt das am schauspielerischen Duell zwischen Harvey Keitel und John Lydon, besser bekannt als „Sex-Pistol"-Sänger Johnny Rotten, der hier sein Filmdebüt gibt. Sylvia Sidney, Star der 30er Jahre, hat einen kleinen Auftritt als Leos wohlhabende Großmutter, und Ennio Morricones Musik ist effektvoll wie immer. al

Cordoba

Llanto por un bandido/I cavallieri della vendetta/La charge des rebelles. Spanien/Italien/Frankreich 1964 **R** Carlos Saura **B** Carlos Saura, Mario Camús **K** Juan Julio Baena **M** Carlo Rustichelli **P** José Luis Dibildos für Agata Films (Madrid), Atlantico Cinematografica (Rom), Mediteranée Cinéma (Paris) **L** 84 Min. (Originalfassung 95 Min.) Farbe **D** Francisco Rabal, Léa Massari, Philippe Leroy, Lino Ventura, Manuel Zarzo, Silvia Solar

Während der Regierungszeit des spanischen Königs Ferdinand VII. (1784-1833) kommt es zu Aufständen liberaler Gruppierungen. Einer der Rebellenführer ist José Rodriguez (Rabal), genannt „El Tempranillo", der jedoch schon bald seine revolutionären Ideen zugunsten materiellen Sicherheitsdenkens vernachlässigt. Das führt zu einem tödlich verlaufenden Konflikt mit seinem idealistischen Kollegen Sanchez (Leroy).
Mit seinem zweiten Film, der den Versuch darstellt, das traditionelle Genre des historischen Abenteuerfilms als Vehikel für sehr gegenwartsbezogene Themen wie politische Macht und Unterdrückung zu gebrauchen, setzte sich Carlos Saura zwischen alle Stühle. Die spanische Zensur verfügte noch vor der Uraufführung auf den Berliner Filmfestspielen 1964 starke Schnitte, darunter die Eingangssequenz, in der Sauras Kollege Luis Buñuel in einer kleinen Gastrolle als Henker sein blutiges Handwerk verrichtet. Sogar die Herausgabe des Negativs der Szene wurde verlangt. Die deutsche Fassung des Films ist um einige weitere Minuten verkürzt.
Optisch läßt *Cordoba* einiges zu wünschen übrig, was Produzent José Luis Dibildos angelastet werden muß, der zwar eine Drei-Länder-Koproduktion zustande brachte, sich dann jedoch mehr um seinen gleichzeitig gedrehten Mantel-und Degen-Streifen DIE SCHWARZE TULPE kümmerte: Saura mußte sich mit dem überschüssigen Produktionsetat dieses Films begnügen.
Sowohl beim Publikum (in Frankreich wurde er gar nicht erst gezeigt) wie bei der Presse war *Cordoba* ein Reinfall. al

Corleone

siehe: DER AUFSTIEG DES PATEN

Cotton Club

The Cotton Club. USA 1984 **R** Francis Ford Coppola **B** William Kennedy, Francis Ford Coppola, Mario Puzo, nach Motiven des Buchs *The Cotton Club* von Jim Haskins **K** Stephen Goldblatt **M** John Barry **P** Robert Evans für Zoetrope Studio Prod. **L** 127 Min., Farbe **D** Richard Gere, Gregory Hines, Diane Lane, Lonette McKee, Bob Hoskins

Robert Evans, Produzent mit goldenem Händchen (DER PATE, CHINATOWN), gedachte mit der Geschichte des „Cotton Club", eines der berühmtesten New Yorker Jazzclubs der 30er Jahre, seinen mittlerweile etwas verblaßten Ruhm aufzupolieren. Er heuerte *Pate*-Autor Mario Puzo für ein Drehbuch an und wollte selbst Regie führen. „Gangster, Musik und Miezen - was kann da schon schiefgehen?"
So einiges - die Entstehungsgeschichte von *Cotton Club* sucht in der an problembeladenen Produktion nicht gerade armen jüngeren Filmgeschichte ihresgleichen. Die Schwierigkeiten begannen, als sich Hauptdarsteller Richard Gere und die Hauptfinanziers, ein libanesisches Bruderpaar aus der Casino-Branche von Las Vegas, unzufrieden mit Puzos Drehbuch zeigten und auf Änderungen bestanden. In dieser Situation verfiel Evans auf seinen alten Freund Francis Ford Coppola, der nach diversen Fehlschlägen (u.a. EINER MIT HERZ) dringend Geld brauchte und für 500.000 $ eine neue Fassung versprach. Unterdessen liefen bereits kostspielige Dekorations- und Kostümarbeiten auf Hochtouren. Nach weiteren Script-Änderungen (am Ende existierten über 30 Versionen) mit Hilfe von Pulitzer-Preisträger William Kennedy, übernahm Coppola schließlich selbst die Regie - unter Zusicherung totaler Kontrolle. Doch das Geld zerrann Evans jetzt unter den Fingern. Was er als „sichere 20 Mio. $-Sache" angekündigt hatte, entwickelte sich zum gigantischen Mammut-projekt, dessen Kosten sich auf circa 50 Mio. $ beliefen. Am Ende hatte Evans nicht mal mehr seine Kreditkarte, und *Cotton Club* hätte 150 Mio. $ einspielen müssen, um in die schwarzen Zahlen zu gelangen.
Der Film selbst stellt eine Mischung aus Gangster-Saga und Musical dar (Coppola:

„Ich will etwas machen, was noch niemand jemals zuvor gesehen hat.") und erinnert in nicht wenigen Szenen an DER PATE. Die Handlung dreht sich vor dem Hintergrund des Clubs um ein weißes (Gere/Lane) und ein schwarzes (Hines/McKee) Liebespärchen sowie um die verbrecherischen Aktivitäten des Gangsters Dutch Schultz (Remar). Die stärksten Momente liegen allerdings eindeutig auf musikalischem Gebiet, obwohl der Genuß an den aufwendig produzierten Bühnen-Nummern durch häufige Zwischenschnitte gemindert wird. Die Kritiken waren alles andere als euphorisch. *Variety* schrieb: „Zwar kein komplettes Desaster, aber auch kein reines Vergnügen."
Wie andere publicity-trächtige Produktionen wurde auch *Cotton Club* an der Aufregung gemessen, die seine Entstehung verursacht hatte. Und die war nun wirklich größer als der Film selbst. al

Countdown - Start zum Mond

Countdown. USA 1966 **R** Robert Altman **B** Loring Mandel, nach einem Roman von Hank Searls **K** William Spencer **M** Leonard Rosenman **P** William Conrad für Warner Bros. **L** 101 Min., Farbe **D** James Caan, Joanna Moore, Robert Duvall, Barbara Baxley, Charles Aidman

Die Nachricht, daß die Russen in Kürze ihren ersten bemannten Flug zum Mond starten wollen, versetzt die NASA in Panik. Fieberhaft wird ein Projekt ausgearbeitet, um den Ruhm des ersten Menschen auf dem Mond den USA zu sichern. Der amerikanische Astronaut Lee Stegler (Caan) soll fünf Tage, nachdem die Amerikaner ein Versorgungsdepot auf dem Erdtrabanten gelandet haben, das kühne Projekt zum Erfolg führen. Er verdrängt dabei den Astronauten Chuck (Duvall), der ursprünglich für diesen Flug als Pilot vorgesehen war. Die internen Streitigkeiten, die daraus entstehen, technisches Versagen und Lees Ehrgeiz machen das gesamte Unternehmen zu einem tödlichen Wettlauf mit den Russen, bei dem die Sicherheit der Astronauten hinter dem Prestigedenken der Verantwortlichen zurückstehen muß.
Altmans Frühwerk unterscheidet sich deutlich von den späteren, von technischen und darstellerischen Experimenten geprägten Werken. Der Film entstand zu einer Zeit, als die wirklichen Anstrengungen der Amerikaner und Russen um den ersten Menschen auf dem Mond in vollem Gange waren, und so enthält der Film zahlreiche Dokumentaraufnahmen der damaligen Raumfahrtbasen. *Countdown* wurde noch vor der Mondlandung der Amerikaner in die Kinos gebracht, allerdings ohne die Zustimmung des Regisseurs. Diese ablehnende Haltung erschien den Kritikern unnötig, wurde der Film doch allgemein als handwerklich gute und darstellerisch teilweise glänzende Mischung aus Science-fiction- und Abenteuerfilm gehandelt. dk

Country

Country. USA 1984 **R** Richard Pearce **B** William D. Wittliff **K** David M. Walsh **M** Charles Gross **P** William D. Witliff, Jessica Lange für Far West Prod./Pangaea Corporation **L** 109 Min., Farbe **D** Jessica Lange, Sam Shepard, Wilford Brimley, Matt Clark

Einer von drei amerikanischen Filmen, die sich 1984 mit der schlechten Situation der Farmer im Mittelwesten der USA auseinandersetzten und sogleich den Begriff eines neuen amerikanischen „Heimatfilms" prägten. Nachdem die US-Regierung die Bauern in den 70ern zu Investitionen und Kreditaufnahmen ermuntert hatte, führten sinkende Preise Anfang der 80er zu einer Bankrottwelle in der Landwirtschaft, da viele Farmer die Zinsen für ihre Darlehen nicht mehr aufbringen konnten. Dieser Situation sieht sich auch Gil Ivy (Shepard) mit seiner Familie gegenüber. Während er zusehends resigniert und dem Alkohol verfällt, nimmt seine Frau Jewell (Lange) den Kampf um die Existenz auf und versucht eine Solidaritätsfront unter den Farmleuten zu organisieren.
Jessica Lange, die selbst aus dem Mittelwesten stammt, war die treibende Kraft hinter diesem Projekt, das sehr engagiert gegen die Politik der Regierung Stellung bezieht und ein ebenso detailliertes wie bedrückendes Stimmungsbild unter den Farmern entwirft. Besonders interessant ist die Figur der Jewell, die im Gegensatz zu ihrem Mann nicht verzagt, sondern kämpferisch die Konfrontation sucht. Auch in den beiden anderen „Heimatfilmen" des Jahres, EIN PLATZ IM HERZEN von Robert Benton und MENSCHEN AM FLUSS von Mark Rydell, gibt es starke Frauenfiguren. Während Rydells Film ebenfalls in der Gegenwart angesiedelt ist, beschäftigt sich Benton mit der Depressionszeit der 30er Jahre, in der jedoch eine ganz ähnliche Situation herrschte. Von allen drei Filmen ist *Country* der am realistischsten wirkende, am wenigsten kommerziellen Gesichtspunkten unterworfene. Bei der Oscar-Verleihung hatte Jessica Lange, deren Romanze mit Co-Star Sam Shepard für Schlagzeilen sorgte, gegen ihre Farmer-Kolleginnen Sissy Spacek und Sally Field anzutreten - Field machte das Rennen. al

Der Coup

La casse/Gli scassinatori. Frankreich/Italien 1971 **R** Henri Verneuil **B** Henri Verneuil, Vahé Katcha, nach einem Roman von David Goodis **K** Claude Renoir **M** Ennio Morricone **P** Henri Verneuil für Columbia (Paris), Vides Cinematografica (Rom) **L** 125 Min., Farbe **D** Jean-Paul Belmondo, Omar Sharif, Dyan Cannon, Robert Hossein, Renato Salvatori

Bei diesem routinierten Action-Reißer handelt es sich um ein loses Remake des amerikanischen Films *Ein Toter lügt nicht* von 1956, für den David Goodis, der Autor der Vorlage, selbst das Drehbuch verfaßt hatte. Krimi-Spezialist Henri Verneuil verlagerte das Geschehen nach Europa und machte daraus das perfekte Vehikel für seinen bevorzugten Star Jean-Paul Belmondo. Der spielt Azad, den Kopf eines Gangster-Quartetts, das in einer Athener Villa reiche Beute in Form von Diamanten macht. Auf der Flucht trennen sich die Verbrecher, und Azad sieht sich hartnäckig verfolgt von Polizist Zacharia (Sharif), der jedoch nicht dem Recht zum Sieg verhelfen will, sondern es vielmehr auf die Beute abgesehen hat.
Von Goodis´ Vorlage blieb hier nicht allzu viel übrig, statt dessen sorgen, wie bei Belmondo/Verneuil üblich, für einen Großteil der Spannung halsbrecherische Verfolgungsjagden, in denen „Bebel" das eine ums andere Mal seine sportlichen Fähigkeiten unter Beweis stellen kann. Spannend und temporeich inszeniert, ist *Der Coup* ein gelungener Thriller, der sich allerdings nur in der Musik (Ennio Morricone) als überdurchschnittlich präsentiert. al

Cousin, Cousine

Cousin, cousine. Frankreich 1975 **R** Jean-Charles Tachella **B** Jean-Charles Tachella, Danièle Thompson **K** Georges Lendi **M** Gérard Anfosso **P** Bertrand Javal für Les Films Pomereu/Gaumont **L** 94 Min., Farbe **D** Marie-Christine Barrault, Victor Lanoux, Marie-France Pisier, Guy Marchand

Auf einer Familienhochzeit lernen sich Marthe (Barrault) und Ludovic (Lanoux) kennen. Beide sind verheiratet. Aus dieser kurzen Begegnung wird mit der Zeit eine innige und tiefe Freundschaft, während beider Ehepartner, Karine (Pisier) und Pascal (Marchand), eine handfeste Affäre miteinander haben, die jedoch nicht von Dauer ist. Schließlich entdecken auch Marthe und Ludovic tiefere Gefühle füreinander...
Diesen munteren Beziehungsreigen hat Jean-Charles Tachella in seinem zweiten Spielfilm mit einer Leichtigkeit in Szene gesetzt, die viel Bewunderung hervorrief, besonders

in den Staaten, wo der Film zu einem Überraschungserfolg wurde und drei Oscar-Nominierungen erhielt: Beste Darstellerin (Barrault), Bestes Drehbuch und Bester fremdsprachiger Film. In Frankreich erhielt er den Prix Louis Delluc.
1986 entstand ein amerikanisches Remake unter dem Titel SEITENSPRÜNGE. al

Cousine Angélica

La prima Angélica. Spanien 1973 **R** Carlos Saura **B** Rafael Azcona, Carlos Saura **K** Luis Cuadrado **M** Luis de Pablo **P** Elías Querejeta für Elías Querejeta P.C. **L** 107 Min., Farbe **D** José Luis López Vásquez, Lina Calanejas, Fernando Delgado, Lola Cardona

Als Luis (López Vásquez) die sterblichen Überreste seiner vor 20 Jahren verstorbenen Mutter nach Segovia überführt, erinnert er sich während der Autofahrt an seine Kindheit, in der er von seinen republikanischen Eltern kurz vor Ausbruch des spanischen Bürgerkrieges zu Verwandten nach Segovia gebracht wude. Dort wuchs er, in Gesellschaft seiner Cousine Angélica, auf. Die ist mittlerweile verheiratet, doch Luis läßt noch einmal jene Zeit auferstehen, die ihn so unauslöschlich prägte.
Von allen seinen Filmen gilt *Cousine Angélica* als Sauras politischster. Zwar beschäftigten sich fast alle seine bisherigen Werke mit der spanischen Gesellschaft und Geschichte, doch aus Zensurgründen meist in Allegorie- oder Parabelform. Erstmals geht Saura hier offen das Tabu-Thema Bürgerkrieg an, der in der spanischen Gesellschaftsstruktur zahlreiche, zum großen Teil unbewältigte Spuren hinterlassen hat. Die faschistische Diktatur unter Franco profitierte lange Zeit von der ideologischen Spaltung der Bevölkerung und verstand diesen geistigen Zustand aufrecht zu erhalten.
Schon das Drehbuch hatte Schwierigkeiten, von der Zensurbehörde angenommen zu werden, der fertige Film löste heftige Kontroversen und sogar Attacken faschistischer Gruppen auf Kinos aus. al

Cowboy

Cowboy. USA 1958 **R** Delmer Daves **B** Edmund H. North, nach dem Roman *My Reminiscences As a Cowboy* von Frank Harris **K** Charles Lawton **M** George Duning **P** Julian Blaustein / Columbia **L** 92 Min., Farbe **D** Glenn Ford, Jack Lemmon, Anna Kashfi, Brian Donlevy, Dick York, Richard Jaeckel

Dieser ungewöhnliche Western kommt ganz ohne kriegsbeilschwingende Indianer, rauchgeschwängerte Saloons oder schießende Desperados aus. Vielmehr beschreibt er den Einstieg eines neugierigen Städters in die Welt der Cowboys. Doch allzu bald muß dieser seine Illusionen von Kameradschaft und Lagerfeuerromantik aufgeben, denn das Leben in der Prärie ist viel härter und unangenehmer als er es sich vorgestellt hat.
Jack Lemmon war bis zu diesem Film in erster Linie als geeignete Besetzung für Komödienstoffe von Seiten der Studios gehandelt worden. Nach *Cowboy* hatte sich sein Image geändert, stellte er in diesem Film doch auch seine dramatischen Darstellungsfähigkeiten unter Beweis.
Regisseur Daves entschied sich, den Film *in sequence* entstehen zu lassen, was bedeutete, daß die Handlung chronologisch in Orientierung an das Skript abgedreht werden sollte.
Jack Lemmon mußte zu diesem Zweck sowohl vor als auch hinter der Kamera erst einmal reiten lernen. Über eine Woche lang saß er jeden Tag auf dem Rücken eines Pferdes. In Erinnerung an seine Kindertage, in denen er sich schon mit Ponys hatte abkämpfen müssen, stopfte er sich mehrere Damenbinden in die Hose, um sich vor dem Wundreiten zu schützen. jg

Die Cowboys

The Cowboys. USA 1972 **R** Mark Rydell **B** Irving Ravetch, Harriett Frank jr., William Dale Jennings, nach einem Roman von Jennings **K** Robert Surtees **M** John Williams **P** Mark Rydell für Warner Bros. **L** 128 Min., Farbe **D** John Wayne, Roscoe Lee Browne, Bruce Dern, Charles Tyner, Colleen Dewhurst, Slim Pickens, Lonny Chapman, Nicolas Beauvy, Steve Benedict

Ausgerechnet vor dem jährlichen Viehtrieb zum 400 Meilen entfernten Markt von Belle Fourche muß der alte Will Andersen (Wayne) feststellen, daß ihm all seine Cowboys wegen des plötzlich losbrechenden Goldfiebers davongelaufen sind. In seiner Not heuert er elf Jungen für den Treck an. Das Unternehmen wird zu einer mühsamen, strapaziösen Tortur, in der Andersen rücksichtslos seine „Cowboys" antreibt. Bald setzen ihnen nicht nur die Widrigkeiten der Natur zu - auch eine Bande von Gesetzlosen hat es auf das Vieh abgesehen. Bei einem Überfall wird Andersen getötet; die Jungens aber führen wie zur Erfüllung eines Vermächtnisses den Treck bis an seinen Zielort.
Ähnlich wie in John Fords SPUREN IM SAND werden hier religiöse Motive mit den Versatzstücken des Western-Genres kombiniert. So zieht John Wayne wie ein gealterter Jesus mit seinen elf jugendlichen Jüngern durch die Prärie, um am Ende fast märtyrerhaft zu sterben. Nach der langen Kette von Erfolgen markierte *Die Cowboys* den Beginn der allmählich schwindenden Popularität John Waynes. Der Film lief äußerst schleppend in den Kinos an und erwies sich in der Endauswertung als Minusgeschäft. Kritiker gaben vor allem dem Drehbuch und der etwas zu ausufernd geratenen Länge die Schuld am Mißerfolg. jg

Crackers

Crackers. USA 1984 **R** Louis Malle **B** Jeffrey Fiskin, nach dem Drehbuch zu *Diebe haben's schwer* von Suso Cecchi D'Amico, Mario Monicelli, Age & Scarpelli **K** Laszlo Kovacs **M** Paul Chihara **P** Edward Lewis, Paul Cortes für Universal **L** 92 Min., Farbe **D** Donald Sutherland, Jack Warden, Sean Penn, Wallace Shawn, Larry Riley

Louis Malles dritter amerikanischer Film ist ein schwaches Remake der umwerfenden Gauner-Komödie DIEBE HABEN'S SCHWER von Mario Monicelli aus dem Jahre 1957. Aufgrund von Copyright-Bestimmungen mußten erst 20 Jahre vergangen sein, bevor an eine Neuverfilmung gedacht werden konnte.
Die von Italien nach San Francisco verlegte Handlung dreht sich um eine Gruppe von kleinen Gaunern, die unter Führung von Westlake (Sutherland) den Pfandleiher Garvey (Warden) bestehlen wollen, der im gesamten Viertel als Geizkragen verschrieen und verhaßt ist. Als es soweit ist, stehen sich die Möchtegern-Gangster selbst im Weg und eine Panne jagt die nächste.
War Monicelli in seinem Film noch sichtbar dem Neorealismus verhaftet, versuchte auch Malle seine Version des Stoffes in einem zeitgemäßen Rahmen unterzubringen. Schon in PRETTY BABY und ATLANTIC CITY, USA hatte er sich nicht nur für Figuren, sondern auch für Schauplätze interessiert, die für ihn amerikanische Geschichte repräsentieren. Hier ist es San Francisco, genauer gesagt, das ehemalige Stadtzentrum Mission District, das von jeher ein Schmelztiegel von Einwanderern gewesen ist. Der Regisseur zeigt das Viertel als heruntergekommenen, ärmlichen und dennoch sehr lebhaften Mikrokosmos. Abgesehen von diesem interessanten Aspekt ist *Crackers* eine Enttäuschung, die sich mit dem Original an Witz und Leichtigkeit nicht messen kann. al

Crazy for You

Vision Quest. USA 1984 **R** Harold Becker **B** Darryl Ponicsan, nach einem Roman von Terry Davis **K** Owen Roizman **M** Tangerine Dream **P** Guber-Peters Prod. **L** 107 Min., Farbe **D** Matthew Modine, Linda Fiorentino, Michael Schoeffling, Ronny Cox, Harold Sylvester, Charles Hallahan

Einen ungewöhlichen Weg der Veröffentlichung hat *Crazy for You* hinter sich, denn der Streifen hatte erst seine Video-Premiere, bevor er in den bundesdeutschen Kinos zu sehen war. Genauso verwirrend wie diese Vermarktungspolitik ist auch die Werbung, die für diesen Film betrieben wurde: die groß herausgestellte Madonna ist ganze drei Minuten mit dem Titelsong *Crazy for You* live zu sehen, was offensichtlich Grund genug war, dem Film seinen Titel zu geben. Einge-

fleischte Fans seien also vor einer Enttäuschung gewarnt. Ansonsten gibt es von Foreigner, Style Council und Journey eine Menge aktueller Popsongs zu hören, eine Tatsache, die für die FLASHDANCE-Produzenten Jon Peters und Peter Guber fast schon eine Selbstverständlichkeit war.
Der Originaltitel, der übersetzt etwa „unbeirrt ein Ziel verfolgen" heißt, deutet das Thema des Filmes schon an. Louden Swain (Modine) ist gerade mal 18 Jahre jung und von dem Ehrgeiz besessen, beim Ringen den bisher ungeschlagenen Favoriten zu besiegen. Dafür muß er aber einige Pfund abnehmen, und so trainiert Louden bis zum Umfallen. Die einzige Abwechslung in seinem Alltag bietet Carla (Fiorentino), eine Kunststudentin, die mit ihrem Wagen auf der Durchreise liegengeblieben ist und während der Reparatur bei den Swaines wohnt. Louden verliebt sich in Carla und benimmt sich entsprechend: Eifersuchtsanfälle wechseln sich mit Entschlußlosigkeit ab, und obwohl Carla nur drei Jahre älter ist, erweist sie sich doch als wesentlich reifer. So muß Louden nicht nur beim Ringkampf, sondern auch bei der ersten großen Liebe einen neuen Weg gehen.
Die relativ unpopuläre Sportart Ringen als Aufhänger für einen Film zu benutzen, ist nicht unbedingt neu. Schon im HOTEL NEW HAMPSHIRE wurde dieser Sport filmfähig. Allerdings hat die Romanvorlage mehr zu bieten als Highschool-Ringen, Davis´ *Vision Quest* wurde für den amerikanischen Buchpreis als „Bester Erstlingsroman" nominiert und von so berühmten Kollegen wie John Irving (Autor des besagten *Hotel New Hampshire)* als „ehrlichster Entwicklungsroman seit Salingers *Fänger im Roggen* bezeichnet. Nicht ganz so gut wie der Roman schnitt der Film bei der Kritik ab. Zwar wurde den beiden Hauptdarstellern eine ordentliche Leistung bescheinigt, doch nicht zuletzt das obligatorische Happy-End und der auf einen guten Plattenverkauf zielende Mainstream-Soundtrack rücken die ansonsten ruhige und genaue Erzählweise von Regisseur Becker (DIE KADETTEN VON BUNKER HILL) gefährlich in die Nähe herkömmlicher Teenie-Filme. dk

Critters - Sie sind da!

Critters. USA 1986 **R** Stephen Herek **B** Stephen Herek, Dominic Muir **K** Tom Suhrstedt **SpE** Chiodo Brothers Prod. **M** David Newman **P** Rupert Harvey für New Line Cinema/Sweet Egg/Sho Film **L** 86 Min., Farbe **D** Dee Wallace Stone, M. Emmet Walsh, Billy Green Bush, Scott Grimes, Nadine van der Felde

Nach Joe Dantes GREMLINS und den auch nicht wesentlich sympathischeren *Ghoulies* nun als dritte Horror-Invasion die *Critters* .
Mitten in einer Kleinstadt des amerikanischen Mittelwestens landen die gefräßigen Monster aus dem All, um alsbald nicht nur Schafe und Kühe, sondern auch Menschen zu verschlingen. In höchste Bedrängnis gerät auch die Familie Brown, die sich in den oberen Stockwerken ihres Farmhauses verbarrikadiert hat, während sich die ungebetenen Eindringlinge durch Sofas und Teppiche einen Weg zu ihren eingeschlossenen Opfern knabbern. Bald naht jedoch in der Form zweier extra-terrestrischer Kopfgeldjäger Unterstützung aus dem All.
Im Herbst 1983 hatten sich Regisseur Herek und Autor Muir das erste Mal getroffen und über ihr gemeinsames Filmprojekt nachgedacht. Herek überarbeitete Muirs Drehbuch, um nach der Premiere von GREMLINS ärgerlich festzustellen, daß zwischen beiden Stoffen viel zu viel Ähnlichkeit bestand, so daß das Skript noch einmal umgeschrieben werden mußte. Das Ergebnis ist ein Film, der seine Gruselgeschichte von den kleinen Weltraummonstern mit „Schwung, Witz und einem guten Schuß Ironie" (*Süddeutsche Zeitung*) zu erzählen weiß.
Am Ende scheint zwar alles in Ordnung zu sein, doch unbemerkt haben drei der Critters die Verteidigungsaktionen überlebt, um noch einmal in der Fortsetzung *Critters II* zu einem Rachefeldzug zu starten, der jedoch wenig vom schwarzen Humor seiner Vorlage besitzt und überwiegend aus einer Aneinanderreihung von Ekelszenen besteht. jg

Crocodile Dundee - Ein Krokodil zum Küssen

Crocodile Dundee. Australien 1986 **R** Peter Fairman **B** Paul Hogan, Ken Shadie, John Cornell **K** Russell Boyd **M** Peter Best **P** John Cornell für Rimfire **L** 97 Min., Farbe **D** Paul Hogan, Linda Kozlowski, John Meillon, Mark Blum, Michael Lombard, Irving Metzman

Ein etwas ungehobelter Freund der Wildnis wird mit den Errungenschaften der Zivilisation konfrontiert - das ist zwar nichts Neues (schon 1942 hangelte sich Johnny Weissmüller als Tarzan durch den New Yorker Großstadtdschungel), wird aber von Peter Fairman auf erfrischende Weise variiert.
Die erfolgreiche Journalistin Sue Charlton ist auf der Jagd nach neuen Sensationen. In Australien hört sie von dem legendären Mike Dundee, der angeblich mit bloßen Händen gegen ein Krokodil gekämpft haben soll. Sie stattet diesem Mann mitten im australischen Busch ihren Besuch ab und tapert mit ihm eine Weile durch die Wildnis, wobei die zwei sich natürlich näherkommen und ineinander verlieben. Sue präsentiert ihre neue Entdeckung sogleich in New York, wo Dundee recht schnell zum Schrecken der feinen Gesellschaft und der Straßenräuber wird. Nach einigem Hin und Her steht einer gemeinsamen Verbindung nichts mehr im Wege.
Ein unterhaltsamer Abenteuerstreifen, der seinen besonderen Reiz aus der Kontrastierung zwischen der unberührten australischen Landschaft und dem hektischen Treiben New Yorks zieht. Der Film wurde besonders in den Staaten zu einem Renner. In den ersten 10 Tagen seiner Aufführung stürmten gleich 6,5 Millionen Zuschauer die Kinos (weltweit kam *Crocodile Dundee* auf ein Einspielergebnis von 300 Millionen Dollar).
„Einen so leichtfüßigen Unterhaltungsfilm würde in Deutschland zwar niemand zustande bringen, aber wenn man den australischen Cowboy einmal gesehen hat, vergißt man ihn auch schnell wieder." (*Kölner Rundschau*). Scheinbar nicht, denn ein knappes Jahr später startete bereits der unvermeidliche zweite Teil in den Lichtspielhäusern. jg

Crocodile Dundee II

Crocodile Dundee II. USA/Australien 1988 **R** John Cornell **B** Paul Hogan, Brett Hogan **K** Russell Boyd **M** Peter Best **P** John Cornell, Jane Scott für Paramount **L** 112 Min., Farbe **D** Paul Hogan, Linda Kozlowski, Charles Dutton, Hechter Ubarry, Juan Fernandez, John Meillon

Das erfolgssichere Konzept der Fortsetzungen ging mit *Crocodile Dundee II* voll und ganz auf und übertraf sogar die Publikumsresonanz des ersten Teiles. Binnen 20 Tagen waren die Einspielergebnisse in den USA schon auf über 61 Millionen Dollar hochgeklettert.
Dabei kann John Cornell, was die Handlung anbelangt, nicht viel mehr bieten als in seinem ersten Abenteuer. Mike Dundee (Hogan) wird zwar in New York permanent mit aufregenden Zwischenfällen konfrontiert, beginnt sich aber allmählich zu langweilen. Wie gut, daß just in diesem Moment seine Freundin Sue (Kozlowski) von einer hinterhältigen Drogen-Mafia entführt wird und er wieder einmal beweisen kann, was in ihm steckt. Nach etlichen Handgemengen in New York kann er die Bande in die vertraute Umgebung der australischen Wildnis locken, um dort einen nach dem anderen unschädlich zu machen.
Neben den bekannten Hauptdarstellern aus der ersten Folge wurde eine Reihe von New Yorker Bühnenschauspielern verpflichtet. Die Außenaufnahmen fanden in New York und im Arnheim-Land, dem Aborigines-Territorium im nördlichen Teil Australiens, statt. Zur Sicherheit des Drehteams engagierte man dafür eine Crew von Krokodiljägern, Büffel- und Schlangentreibern.
„*Crocodile Dundee II* ist insgesamt wohlbekömmliches Unterhaltungskino, ohne falsche Ambitionen und messerscharf auf ein großes Publikum zugeschnitten. Die Fans

D

D.O.A. - Bei Ankunft Mord

D.O.A. USA 1988 **R** Rocky Morton, Annabel Jankel **B** Charles Edward Pogue, nach dem Drehbuch für *D.O.A.* (1950) von Russell Rouse und Clarence Greene **K** Yuri Neyman **M** Chaz Jankel **P** Ian Sander, Laura Ziskin für Touchstone Pictures/ Silver Screen Partners III **L** 97 Min., Farbe, s/w **D** Dennis Quaid, Meg Ryan, Daniel Stern, Charlotte Rampling, Jane Kazmarek

Ein Mann kommt in eine Polizeiwache gestolpert und meldet einen Mord. Das Opfer ist er selbst - ein langsam wirkendes Gift arbeitet in seinem Körper, und die letzten 48 Stunden hat er damit zugebracht, den Mörder zu finden. Mit dieser ungewöhnlichen Szene beginnt ein film noir von 1949, OPFER DER UNTERWELT, der zwanzig Jahre später als *Color Me Dead* in Australien neu verfilmt wurde. Auch das Regie-Team Morton/Jankel greift auf diese Geschichte zurück, doch schon kurz nach der besagten, in Schwarzweiß gedrehten Eingangssequenz, die der Auftakt zu einer in Rückblende erzählten Story ist, entfernt sich der Film immer mehr vom Original. Aus dem Allerweltshelden wurde ein brillanter Schriftsteller/ Professor, komplett mit geschiedener Frau (Kazmarek) und schnuckeliger Freundin (Ryan). Die Geschichte, die sich Drehbuchautor Pogue, im Aufbereiten alter Stoffe erfahren (er schrieb auch DIE FLIEGE und PSYCHO III), um den bekannten Handlungsfaden ausdachte, ist verworren und steckt voller Unglaubwürdigkeiten. Doch das Regie-Duo, bekannt geworden als Erfinder des Computer-Moderators *Max Headroom* und Inszenator von Pop-Videos, interessiert sich in seinem Leinwanddebüt ohnehin mehr für Stil denn für Inhalt. Nur verbinden sich die visuellen Mätzchen, so gelungen sie für sich genommen auch sein mögen, nicht zu einem einheitlichen Stil und machen aus *D.O.A.* das „aufgeblasene High-Tech-Remake" (*USA Today*) eines unspektakulären, aber wirkungsvollen B-Films der Schwarzen Serie. Die amerikanische Kritik hielt sich nicht zurück, und der Film verschwand nach kurzer Zeit aus den Kinos. al

Da steht der ganze Freeway Kopf

Honky Tonk Freeway. USA 1982 **R** John Schlesinger **B** Edward Clinton **K** John Bailey **M** George Martin, Elmer Bernstein **P** Don Boyd, Howard Koch jr. **L** 92 Min., Farbe **D** Beau Bridges, Beverly D´Angelo, Geraldine Page, Jessica Tandy, Hume Cronyn, William Devane

Regisseur John Schlesingers neunter Film in fünfundzwanzig Jahren ist gleichzeitig auch seine erste Komödie. Obwohl der Titel vermuten läßt, daß es sich hierbei wieder um eine Hauruck-Komödie à la Burt Reynolds wie AUF DEM HIGHWAY IST DIE HÖLLE LOS handelt, gelingt es Schlesinger doch, seine satirische Beobachtung des „American Way of Life" und den damit verbundenen Kult-Status des Autos wesentlich bissiger und boshafter ausfallen zu lassen.
Die Bewohner der kleinen Stadt Ticlaw, Florida, sind entsetzt. Der neue Highway, der direkt an ihrer Haustür vorbeiführt, hat keine Ausfahrt für das Touristenstädtchen und bringt damit auch nicht den so dringend benötigten Fremdenverkehr in die Stadt. Kurzerhand wird man unter der Führung des Bürgermeisters (Devane) aktiv, hängt Plakate auf, ändert Verkehrsschilder und streicht die ganze Stadt rosa. Als all diese Maßnahmen nicht fruchten, greift man zum Äußersten: Ein Stück der Autobahn wird gesprengt und der Verkehr automatisch nach Ticlaw umgeleitet. In der Zwischenzeit machen sich eine Reihe unterschiedlichster Gestalten (vom bekifften Anhalter über zwei Bankräuber bis zu guterzogenen Autodieben) auf den Weg nach Florida, nur um zu einem spektakulären (Blech-) Showdown in Ticlaw zusammenzutreffen.
Bei der amerikanischen Kritik kam die böse Persiflage des Engländers Schlesinger (ASPHALT COWBOY, DER MARATHON-MANN) nicht so gut an. Allgemeines Lob fand aber die Leistung der Darsteller, bei deren Auswahl Schlesinger eine gute Hand bewies. So ist nach siebenjähriger Leinwandabstinenz wieder Jessica Tandy an der Seite ihres Ehemannes Hume Cronyn zu sehen. *Honky Tonk Freeway* verschaffte der Tandy ein kleines Comeback in den 80er Jahren, das sie 1989 im Alter von 80 Jahren mit dem Gewinn eines Oscars für ihre Rolle in MISS DAISY UND IHR CHAUFFEUR krönte. dk

Dabbel Trabbel

Dabbel Trabbel. BRD 1982 **R** Dorothea Neukirchen **B** Dorothea Neukirchen **K** Jacques Steyn **M** Jürgen Knieper **P** Multimedia **L** 90 Min., Farbe **D** Gudrun Landgrebe, Jochen Schroeder, Marie-Charlott Schüler, Sabine Andreas, Ilse Bahrs, Eberhard Feik

Anke (Landgrebe) und ihr Mann Philip (Schroeder) sind Leute von heute: jung, dynamisch, erfolgreich. Sie haben allerdings, wie der Filmtitel vorgibt, Probleme: Sie will ein Kind, er nicht. Obendrein steht Ärger mit der Mietwohnung, die verkauft werden soll, ins Haus. Die Vorstellung, zur Lösung seiner Probleme selbst Wohnungsbesitzer und Vater werden zu müssen, treibt Philip in die Flucht; er setzt sogar ihre Beziehung aufs Spiel. Am Schluß steht ein Happy-End - beide finden wieder zueinander, Anke ist schwanger und Philip der Vater.
Dorothea Neukirchen hat zwar von der Filmbewertungsstelle für *Dabbel Trabbel* das Prädikat „besonders wertvoll" erhalten, ihr Film ist gleichwohl nichts weiter als eine fade Aneinanderreihung altbekannter Klischees - Beziehungskisten, Wohngemeinschaften, Beamtenparodien - die dieser oberflächlichen neudeutschen Filmkomödie erwartungsgemäß nicht zu einem nachhaltigen Erfolg verholfen haben. sk

Das Dach

Il tetto. Italien 1956 **R** Vittorio de Sica **B** Cesare Zavattini **K** Carlo Montuori **M** Alessandro Cicognini **P** Vittorio de Sica für Titanus Film **L** 97 Min., s/w **D** Gabriella Pallotta, Giorgio Listuzzi, Gastone Renzelli, Angelo Bigioni

Das frischverheiratete Paar Luisa und Natale sucht verzweifelt nach einer Bleibe für das gemeinsame Eheglück. Doch die Wohnungsknappheit und ihre bescheidenen finanziellen Verhältnisse setzen den beiden gehörig zu. Letzte Hoffnung ist eine neue gesetzliche Bestimmung, nach der ein Haus, das auf öffentlichem Grund (und praktisch über Nacht) gebaut wurde, nicht abgerissen werden darf, wenn es bei Tagesanbruch schon ein Dach hat. Mit Unterstützung von Freunden machen sich die beiden an die Arbeit, doch als der Morgen graut, fehlt noch ein Stück des Daches...
Das Dach ist Vittorio De Sicas letzte Arbeit im neorealistischen Stil, die wie ihre Vorgänger nur unter Schwierigkeiten finanziert werden konnte, da die Produzenten mittlerweile vor allzu sozialkritischen Themen zurückschreckten. Der Film ist optimistischer und lebensbejahender als De Sicas frühere Arbeiten, doch nicht weniger treffend in der Zeichnung gesellschaftlicher Zustände. Als Darsteller setzte der Regisseur erneut Laien ein. al

Dad

Dad. USA 1989 **R** Gary David Goldberg **B** Gary David Goldberg, nach einem Roman von William

Wharton **K** Jan Kiesser **M** James Horner **P** Joseph Stern, Gary David Goldberg **L** 117 Min., Farbe **D** Jack Lemmon, Ted Danson, Olympia Dukakis, Kathy Baker, Kevin Spacey

Geburt eines Filmes: 1981 bewarb sich David Goldberg um die Filmrechte zu William Whartons Roman, die er 1983 erhielt, um dann in jahrelanger Arbeit das Drehbuch für seinen Film-Erstling zu schreiben. Goldberg über seine Motivation: „Dies ist eine Story über die Verpflichtung der Generationen, füreinander da zu sein. Beim Schreiben empfand ich eine große Verpflichtung, nicht nur meinem Vater gegenüber, sondern gegenüber allen Männern seiner Generation.“ Vom Script begeistert zeigte sich auch Hauptdarsteller Jack Lemmon: „Diese Geschichte berührt uns alle, denn es geht um Leben und um Liebe.“

Dieser Liebe wird sich John Trenton (Danson) plötzlich wieder bewußt. Als Johns Mutter Bette (Dukakis) aus heiterem Himmel einen Herzanfall erleidet, muß er sich um seinen Vater Jake (Lemmon) kümmern. Der einst so agile Mann ist völlig unselbständig, doch dank der Hilfe und Liebe seines Sohnes findet er wieder zu seiner früheren Persönlichkeit zurück. Die Freude an der neuen Lebenslust währt allerdings nicht lange, Jake erkrankt an Krebs und verfällt in ein Koma. Als er daraus wieder erwacht, lebt er in einer Scheinwelt, die die Beziehung zu seiner Familie belastet.

Ein Familienfilm, der für Lemmon auch eine ganz private Note hatte, denn sein Sohn Chris (er spielt den jungen Jake Trenton) und seine Schwiegertochter vervollständigten das Team. Dem Regie-Neuling und Emmy-Preisträger Goldberg, in den Vereinigten Staaten durch seine zahlreichen Fernsehserien bekannt geworden, stand bei seinem Debüt ein Vollprofi zur Seite. Steven Spielberg war an diesem Film als ausführender Produzent mit seiner Firma Amblin Entertainment beteiligt, allerdings konnte auch er *Dad* nicht vor der herben Kritik der deutschen Presse bewahren. dk

Daddy! Daddy! Fünf Nervensägen und ein Vater

Author! Author! USA 1982 **R** Arthur Hiller **B** Israel Horovitz **K** Victor J. Kemper **M** Dave Grusin **P** Irwin Winkler für 20th Century-Fox **L** 105 Min., Farbe **D** Al Pacino, Dyan Cannon, Tuesday Weld, Bob Dishy, Alan King

Superstar Al Pacino (DER PATE) in einer Komödie, die dank seines Könnens etwas an Farbe gewinnt, ansonsten aber eher zu Hollywoods Durchschnittsware zu rechnen ist.

Der Broadway-Autor Ivan Travalian (Pacino) wird just in dem Augenblick von seiner Frau (Weld) verlassen, als er an einem wichtigen neuen Stück arbeitet. Vergebens beteuert Ivan seine Liebe, von einem Tag auf den anderen sitzt er mit fünf Kindern (vier davon aus den früheren Ehen seiner Frau) allein da. Das bringt etliche Probleme mit sich. Die Kinder wollen versorgt werden, darunter leidet natürlich seine Arbeit, und die Liaison mit einem Broadway-Star verschafft dem geplagten Vater zusätzliches Kopfzerbrechen.

KRAMER GEGEN KRAMER hatte zwei Jahre zuvor mit einer ähnlichen Thematik einen überragenden Erfolg gehabt. Auf dieser Erfolgswelle reitet auch dieser Film mit, ohne bei aller Originalität an sein Vorbild heranzureichen. Die Story um Scheidung und Sorgerecht bekam während der Dreharbeiten sogar einen realen Hintergrund. Tuesday Weld war während der Produktion mit Al Pacino liiert, nachdem sie sich vorher von ihrem Ehemann und Schauspielerkollegen Dudley Moore getrennt hatte, mit dem sie einen gemeinsamen Sohn hat. dk

Daddy Langbein

Daddy Long Legs. USA 1955 **R** Jean Negulesco **B** Phoebe und Henry Ephron, nach dem Roman von Jean Webster **K** Leon Shamroy **M** Johnny Mercer (Songs), Alfred Newman, Alex North (Score) **P** Samuel G. Engel für 20th Century-Fox **L** 122 Min., Farbe **D** Fred Astaire, Leslie Caron, Terry Moore, Thelma Ritter, Fred Clark

Jean Websters Roman um eine Waise, deren Erziehung von einem Playboy-Geschäftsmann gefördert wird, in den sie sich dann unweigerlich verliebt, war bereits zweimal verfilmt worden, 1919 mit Mary Pickford und 1931 mit Janet Gaynor.

Dieses bekannte, nicht gerade ergiebige Material wurde von Fox auf die Talente der Französin Leslie Caron zugeschnitten und ein Teil der Handlung nach Paris verlegt. Das Hauptaugenmerk richtete man auf die Musik, für die Johnny Mercer als Song-Schreiber verantwortlich zeichnete. Sein wunderbares *Something's Gotta Give*, das den immensen Altersunterschied zwischen Caron und ihrem Partner Fred Astaire thematisierte, erhielt eine Oscar-Nominierung. Weitere Songs sind u.a. *Dream, C-A-T Spells Cat, History of the Beat* und *Sluefoot*. Die große Enttäuschung dieses etwas zu lang geratenen Musicals bilden zwei von Roland Petit maniriert choreographierte Ballett-Sequenzen, zu denen Alex North die Musik geschrieben hat. al

Daheim sterben die Leut´

Daheim sterben die Leut´. BRD 1984 **R** Klaus Gietinger **B** Klaus Gietinger, Leo Hiemer **K** Marian Czura **M** Klaus Roggors **P** Klaus Gietinger für Westallgäuer Filmproduktion **L** 109 Min., Farbe **D** Walter Neuber, Luise Zobel, Norbert Hauber, Annie Rapps, Constanze Maier, Jockel Tschiersch

„Der Heimatfilm ist wirklich das traurigste Kapitel der deutschen Filmgeschichte.“ Das war die Anmerkung des Regisseurs Gietinger zu diesem so populären, doch stets verlachten Unterhaltungszweig. Mit *Daheim sterben die Leut´* bewies Gietinger seinerseits, daß der Heimatfilm nicht immer nur aus Alpenglühen, Wildererjagd und braven Mädeln im Dirndl bestehen muß.

In einem kleinen Dorf im Allgäu kommt es zu tumultartigen Szenen, als man den alteingesessenen Bürgern verkündet, daß der Bau einer neuen Wasserleitung geplant sei. In Zukunft sollen also die Bauern nicht mehr das Wasser aus dem Brunnen ihrer Gehöfte schöpfen, sondern die Zentrale der Wasserwerke anzapfen. Ganz besonders heftig sträubt sich der Landwirt Allgeier (Neuber) gegen das Projekt. Eine Serie turbulenter Ereignisse nimmt ihren Anfang.

Der Film war als Insider-Projekt geplant und durchgeführt worden. Realisiert mit einem extrem niedrigen Budget und ausschließlich besetzt mit Laien, gab es im Herbst 1985 nur eine vorführtaugliche Kopie. Dennoch hatten bis zum Frühjahr 1986 rund 125.000 Zuschauer (für deutsche Verhältnisse eine erstaunlich hohe Zahl) *Daheim sterben die Leut´* gesehen. Gietinger verzichtet in seinem Film auf jegliches Pathos und setzt diesem stattdessen Spott und finsteren Witz entgegen, ohne das Genre des Heimatfilms dabei parodieren zu wollen. jg

Daisy Miller

Daisy Miller. USA 1974 **R** Peter Bogdanovich **B** Frederic Raphael, nach einer Erzählung von Henry James **K** Alberto Spagnoli **M** Angelo Francesco Lavagnino **P** Peter Bogdanovich für Copa de Oro **L** 92 Min., Farbe **D** Cybill Shepherd, Barry Brown, Mildred Natwick, James McMurty, Cloris Leachman, Eileen Brennan, Duilio del Prete

Peter Bogdanovich hatte Cybill Shepherd auf dem Titelbild einer Zeitung entdeckt und sie daraufhin sofort für seinen Film DIE LETZTE VORSTELLUNG engagiert. Auch *Daisy Miller* schnitt er ganz auf diese Schauspielerin zu.

In der Rolle der jungen Amerikanerin Daisy Miller bereist Cybill Shepherd im ausgehenden 19. Jahrhundert zusammen mit ihrer Mutter den europäischen Kontinent. Daisy

ist jung und attraktiv, und weiß ihre Reize gegenüber den Männern einzusetzen. Diese Art von Frivolität ist jedoch nicht überall gern gesehen. Besonders die Mitglieder der kleinen USA-Kolonie in Rom, bei denen die Millers zu Besuch weilen, sind schockiert. Ein junger Amerikaner (Brown) beobachtet teils fasziniert, teils erschreckt Daisys Liebeskapriolen, kommt von ihrem Leben, ihrer Naivität und Offenherzigkeit nicht mehr los, selbst dann nicht, als das Mädchen überraschend an Malaria stirbt.
Die Dreharbeiten begannen im August 1973 in Rom und wurden während der Herbstmonate in Vevey am Genfer See fortgesetzt. Zwar legte Bogdanovich großen Wert auf die Detailgenauigkeit der Kostüme (John Furness stand für seine Arbeit auf der Anwärterliste für den Oscar), doch konzentriert sich seine Inszenierung nicht auf äußere Effekte, sondern auf den Entwicklungsweg seiner Protagonistin.
Bogdanovich zog es vor, eine feste Schauspieler-Crew um sich zu scharen. So sieht man aus DIE LETZTE VORSTELLUNG neben Cybill Shepherd auch Cloris Leachman und Eileen Brennan wieder. Für *Daisy Miller* stießen Mildred Natwick und Duilio del Prete hinzu; alle fünf wurden von Bogdanovich wiederum für seinen nächsten Film *At Long Last Love* verpflichtet. jg

Damals

Damals. Deutschland 1943 **R** Rolf Hansen **B** Peter Groll, Rolf Hansen, nach einem Entwurf von Bert Roth **K** Franz Weihmayr **M** Lothar Brühne **P** UFA **L** 95 Min., s/w **D** Zarah Leander, Hans Stüwe, Rossano Brazzi, Kurt Martell, Hilde Körber, Jutta von Alpen, Erich Ziegler, Herbert Hübner, Emil Heß

Damals sollte für geraume Zeit Zarah Leanders letzter deutscher Film werden. Erst acht Jahre später, nachdem das Hitler-Regime schon längst zerschlagen worden war, kehrte sie wieder nach Deutschland vor die Kameras zurück.
Entgegen der vertraglichen Abmachung weigerte sich die UFA gegen Ende des Jahres 1942, den festgesetzten Gagenanteil von 53 Prozent in schwedischen Kronen auf das Konto ihres Stars nach Stockholm zu überweisen. Zarah Leander boykottierte daraufhin ihrerseits die Dreharbeiten, wußte sie doch, daß sie alle Trümpfe in der Hand hatte, denn die Aufnahmen standen kurz vor der Beendigung; ohne sie hätte der Film nicht zu Ende gedreht werden können. Sie erhielt zwar dann die geforderte Summe, wurde jedoch kurze Zeit später zu Propagandaminister Goebbels zitiert, der ihr die deutsche Staatsbürgerschaft, einen Herrensitz in den Ostprovinzen und den Titel „Staatsschauspielerin" anbot, was im Grunde genommen eher einer Drohung gleichkam. Allmählich dämmerte es ihr, wie gefährlich weit sie schon in die Machenschaften des Dritten Reiches verstrickt war. Durch die Mithilfe von Wirtschaftsminister Funk, den sie während eines Gelages buchstäblich unter den Tisch gesoffen hatte, verfügte die Leander über die nötigen Stempel und Unterschriften zur Ausreise nach Schweden. Als Anfang 1943 auch noch ihre Villa im schicken Dahlem ausgebombt wurde, bestand erst recht kein Grund mehr, noch länger in Deutschland zu bleiben. Zur Premiere von *Damals* kehrte sie allerdings noch einmal kurz nach Berlin zurück.
Der Film, in dem Zarah Leander eine englische (!) Ärztin spielt, die unter Mordverdacht gerät, gibt der Diva ein weiteres Mal Gelegenheit dazu, mehrere Chansons darzubieten. So singt sie im Laufe der Handlung die drei Lieder *Jede Nacht ein neues Glück, Einen wie dich könnt´ ich lieben* und *Bitte an die Nacht.* jg

Damals in Paris

The Last Time I Saw Paris. USA 1954 **R** Richard Brooks **B** Julius J. und Philip G. Epstein, nach der Kurzgeschichte *Babylon Revisited* von F. Scott Fitzgerald **K** Joseph Ruttenberg **M** Conrad Salinger **P** Jack Cummings für MGM **L** 115 Min., Farbe **D** Elizabeth Taylor, Van Johnson, Walter Pidgeon, Donna Reed, Eva Gabor, Roger Moore

F. Scott Fitzgeralds Kurzgeschichte *Babylon Revisited* erreichte die Leinwand in dieser glamourösen MGM-Produktion als *The Last Time I Saw Paris*, Titel eines alten Jerome Kern/Oscar Hammerstein II-Schlagers.
Elizabeth Taylor spielt das reiche Party-Girl Helen, das sich in Paris in Charles (Johnson) verliebt, einen amerikanischen Soldaten mit literarischen Ambitionen. Nach der Heirat läuft zunächst alles glatt, bis Charles, von seiner andauernden Erfolglosigkeit als Autor frustriert, sich der Flasche zuwendet...
Diese tragisch endende Liebesgeschichte wurde unter der Hand des im Umgang mit Literatur-Adaptionen erfahrenen Richard Brooks (er arbeitete später bei Tennessee Williams´ DIE KATZE AUF DEM HEISSEN BLECHDACH erneut mit der Taylor) zu einem ertsklassig gespielten Melodram, das allerdings die Vorlage stark verwässert. Die Tatsache, daß man die Handlung vom Paris der 20er Jahre in die Zeit nach dem II. Weltkrieg verlegte, kostete den Film einen entscheidenden atmosphärischen Aspekt und wurde stark kritisiert, ebenso wie das sentimentale Happy-End, das Johnson nach Taylors Tod mit deren Schwester (Reed) vereinigt. Die *New York Times* schrieb: „Die weiche Seife wird glatt aufgeschmiert, und diese alte Melodie von Jerome Kern wird so beharrlich gespielt, daß sie das Herz des Publikums in Zahnpasta verwandeln könnte."
Die Taylor bemerkte später, dieser Film habe sie überzeugt, wirklich Schauspielerin sein zu wollen, anstatt sich nur durch ihre Rollen „zu gähnen". al

Die Dame des Königs

That Lady. Großbritannien 1955 **R** Terence Young **B** Anthony Veiller und Sy Bartlett, nach einem Roman von Kate O´Brien **K** Robert Krasker **M** John Addison **P** Sy Bartlett für Atalanta Films **L** 100 Min., Farbe **D** Olivia de Havilland, Gilbert Roland, Paul Scofield, Francoise Rosay, Dennis Price

Nach dreijähriger Leinwandabstinenz kehrte Olivia de Havilland wieder vor die Kameras zurück, nur um an einem Film mitzuwirken, der allgemein als langweilig und überflüssig bewertet wurde. An ihrer Seite gibt Paul Scofield (EIN MANN ZU JEDER JAHRESZEIT) sein Filmdebüt, und so sind es denn auch diese beiden versierten Schauspieler, die Lob von den Kritikern erhielten und den Film damit vor dem absoluten Untergang bewahrten.
1949 als Bühnenstück am Broadway erstmals aufgeführt, erzählt *Die Dame des Königs* die Geschichte der Donna Anna de Mendoza, Prinzessin von Eboli, ohne dabei allzu großen Wert auf historische Genauigkeit zu legen. Donna Anna, die von König Phillipp II. leidenschaftlich geliebt wird, kehrt nach dem Tod ihres Mannes an den spanischen Hof zurück. Anna soll sich auf Wunsch des Königs (Scofield) für seinen angefeindeten Minister Perez (Roland) einsetzen. Sie erfüllt den Wunsch des Königs, geht aber zu weit, als sie sich in Perez verliebt. Beide werden in den Kerker gesteckt, doch Perez kann entfliehen, und Anna, als sie die Nachricht von der gelungenen Flucht ihres Geliebten erfährt, stirbt in ihrem Gefängnis.
Die Originalschauplätze in Spanien, an denen gedreht wurde, wurden noch als die sehenswertesten Szenen des Filmes betrachtet. Ansonsten fehlt es der Geschichte trotz zahlreicher Intrigen und Tragödien an einer überzeugenden und vor allem spannenden Dramaturgie. dk

Die Dame im Auto mit Brille und Gewehr

La dame dans l´auto avec des lunettes et un fusil/The Lady in the Car with Glasses and a Gun. Frankreich/USA 1969 **R** Anatole Litvak **B** Richard Harris, Eleanor Perry, nach dem Roman von Sébastien Japrisot **K** Claude Renoir **M** Michel Legrand **P** Raymond Danon, Anatole Litvak für Lira Films/Columbia Films (Paris), Columbia (Hollywood) **L** 102 Min., Farbe **D** Samantha Eggar, Oliver Reed, John McEnery, Stéphane Audran

Der letzte Film des aus Rußland stammenden Hollywood-Veteranen Anatole Litvak (1902-1974) ist ein komplizierter psycholo-

gischer Thriller, der als französisch-amerikanische Co-Produktion entstand, mit englischen Schauspielern besetzt war und in zwei Sprachversionen gedreht wurde.
Samantha Eggar spielt die Angestellte einer Pariser Werbeagentur, die sich eines Tages unvermittelt auf den Weg an die Riviera macht - im Auto ihres Chefs (Reed). Auf ihrer Fahrt häufen sich mysteriöse Vorfälle: Sie wird von wildfremden Personen erkannt, angegriffen und entdeckt schließlich sogar eine Leiche in ihrem Kofferraum! Im Haus des Ermordeten findet sie nicht nur Kleidungsstücke von sich, sondern auch unzählige Aktphotos mit ihr als Modell...
Sébastien Japrisots Roman ist äußerst kompliziert und verschachtelt aufgebaut, und offensichtlich übernahmen sich hier die Drehbuchautoren, indem sie diese Struktur mit der Hilfe von Rückblenden auf die Leinwand zu übertragen versuchten. Der Film ist interessant, aber der Zuschauer verliert ziemlich schnell den Überblick. Für alle Vorgänge gibt es schließlich eine „logische" Erklärung, da Eggar ein Mord untergeschoben werden sollte, den die Frau ihres Chefs (Audran) begangen hatte.
Den Titelsong *On the Road* von Michel Legrand interpretiert Petula Clark. al

Die Dame im See

Lady in the Lake. USA 1947 **R** Robert Montgomery **B** Steve Fisher, Raymond Chandler, nach einem Roman von Chandler **K** Paul C. Vogel **M** David Snell **P** George Haight für Metro-Goldwyn-Mayer **L** 100 Min., s/w **D** Robert Montgomery, Lloyd Nolan, Audrey Totter, Tom Tully, Leon Ames, Jayne Meadows, Morris Ankrum, Lila Leeds, Richard Simmons

Eigentlich stand MGM den Regieplänen des jungen Robert Montgomery überaus reserviert gegenüber. Als sich jedoch John Ford während der Dreharbeiten zu SCHNELLBOOTE VOR BATAAN das Bein brach, übernahm Montgomery vorübergehend die Führung am Set und erntete später sowohl von Ford als auch vom Studio große Anerkennung, so daß man sich doch entschloß, ihm die Regie zu *Die Dame im See* anzuvertrauen. Daran war allerdings die Bedingung geknüpft, daß sich die Studiobosse das Privileg herausnehmen konnten, die Besetzung der Hauptrolle zu bestimmen. Dem schlug Montgomery ein Schnippchen, indem er statt eines Schaupielers einfach das Kameraauge die Person des Hauptdarstellers Philip Marlow spielen ließ. Dieser Marlow, Detektiv und populärer Serienheld des Schriftstellers Raymond Chandler, muß sich bei der Klärung eines Mordfalles sowohl mit Verbrechern als auch korrupten Polizisten herumärgern.
Die Dame im See gehört zu den interessantesten Werken in der Schwarzen Serie Hollywoods und ist - formal gesehen - ein cineastisches Kuriosum ersten Ranges. Montgomery versuchte, die gesamte Handlung aus der subjektiven Perspektive eines Ich-Erzählers zu gestalten. Das bedeutet, daß er aus seiner Sicht an der Geschichte teilnimmt und somit nur dann im Bild zu sehen ist, wenn sich seine Gestalt in Gläsern oder Spiegeln reflektiert. Im Film ist nur das zu sehen, was er auch wahrnimmt; so z. B. zieht der Rauch einer Zigarette am Kameraauge vorbei, oder nähert sich Audrey Totter mit ihrem Mund der Linse, weil sie Montgomery küssen möchte. Dem Zuschauer wird mit dieser Inszenierungsweise freilich nur ein begrenzter Einblick in den Ablauf der Dinge geboten.
Die Dame im See wies mit vier Millionen Dollar zwar kein schlechtes Einspielergebnis auf, doch war Studio-Chef Louis B. Mayer damit keineswegs zufrieden. Schon vorher hatte er sich über den unkonventionellen Inszenierungsstil geärgert, und so wurde dieser Film Montgomerys letzte Arbeit für die Studios der MGM. jg

Die Dame mit dem Hündchen

Dama o sobatschkoj. UdSSR 1960 **R** Jossif Chejfiz **B** Jossif Chejfiz, nach der Novelle von Anton Tschechow **K** A. Moskwin, D. Meszchijew **M** Nadeshda Simonjan **P** Mosfilm **L** 88 Min., s/w **D** Ija Sawina, Alexej Batalow, N. Allissowa, D. Sebrow, P. Krymow, J. Medwedew

Eine Literaturverfilmung der besonderen Art. Zum 100. Geburtstag des russischen Dichters Anton Tschechow nahm sich Regisseur Chejfiz („Ich liebe Tschechow seit meiner Kindheit") seiner Novelle an und machte daraus einen sehr melancholischen, künstlerisch sehr beeindruckenden Film.
Rußland um die Jahrhundertwende. Noch wird das Riesenreich von einem Zaren regiert, das Bürgertum beherrscht die Szenerie. Anna Sergejwna und Dmitrij Dmitrijewitsch Gurow verbringen beide ihren Urlaub im Seebad Jalta. Obwohl beide verheiratet sind, entspinnt sich bald eine leidenschaftliche Beziehung zwischen ihnen, die jedoch mit Annas Abreise aus Jalta ihr vorläufiges Ende findet. Wieder zurück in Moskau, des Ehe- und Berufsalltages überdrüssig, beschließt Gurow, seine Ferienliebe zu besuchen. Er trifft sie in dem kleinen Provinzstädtchen, in dem sie lebt. Beide gestehen sich ihre immer noch andauernde Liebe, und so verläßt Anna von nun an von Zeit zu Zeit ihren Mann, um Gurow in Moskau heimlich zu treffen.
Prädikat des *Evangelischen Filmbeobachters*: „Ein filmisches Kunstwerk von verhaltener Schönheit, das vor allem durch seinen melancholischen Zauber beeindruckt. Ab 16 nachdrücklich zu empfehlen." dk

Die Dame und der Killer

Heller in Pink Tights. USA 1960 **R** George Cukor **B** Dudley Nichols, Walter Bernstein, nach dem Roman *Heller with a Gun* von Louis L´Amour **K** Harold Lipstein **M** Daniele Amfitheatrof **P** Carlo Ponti, Marcello Girosi für Paramount **L** 100 Min., Farbe **D** Sophia Loren, Anthony Quinn, Margaret O´Brien, Steve Forrest, Eileen Heckart, Ramon Novarro

Eine Schauspieltruppe unter Leitung von Manager Tom Healy (Quinn) schlägt sich mehr schlecht als recht durch die rauhen Grenzstädte des Wilden Westens. Man will Kunst bieten, doch die harten Westerner verlangt es nach deftigerer Kost, die von der üppigen Angela (Loren), dem weiblichen Star der Truppe, widerwillig serviert wird. Die amourösen Eskapaden und das Spielproblem der Dame bringen Healy so manches Mal ins Schwitzen...
George Cukors einziger Western ist ein eher satirischer Beitrag zum Genre, der gleichzeitig mit der Präsentation einer fahrenden Theatertruppe ein weithin vernachlässigtes Kapitel der Zivilisation des Westens aufschlägt. Obwohl sehr viel Sorgfalt auf die Gestaltung des Films verwendet wurde und die schauspielerischen Leistungen nichts zu wünschen übrig lassen, hatte man bei Paramount offenbar kein rechtes Vertauen in das Endprodukt, das mehrfach umgeschnitten und ohne großen Werbeaufwand gestartet wurde. Die Publikumsreaktion war dementsprechend.
Sophia Loren, hier ausnahmsweise mit blonder Perücke, beendete nach diesem Mißerfolg die für sie unbefriedigend verlaufene Hollywood-Phase ihrer Karriere und ging mit ihrem Produzenten-Gatten Carlo Ponti nach Italien zurück. al

Eine Dame verschwindet

The Lady Vanishes. Großbritannien 1938 **R** Alfred Hitchcock **B** Sidney Gilliat, Frank Launder, nach einem Roman von Ethel Lina White **K** Jack Cox **M** Louis Levy **P** Edward Black für Gainsborough Pictures **L** 97 Min., s/w **D** Margaret Lockwood, Michael Redgrave, Paul Lukas, Dame May Whitty, Googie Withers, Cecil Parker, Linden Travers, Mary Clare

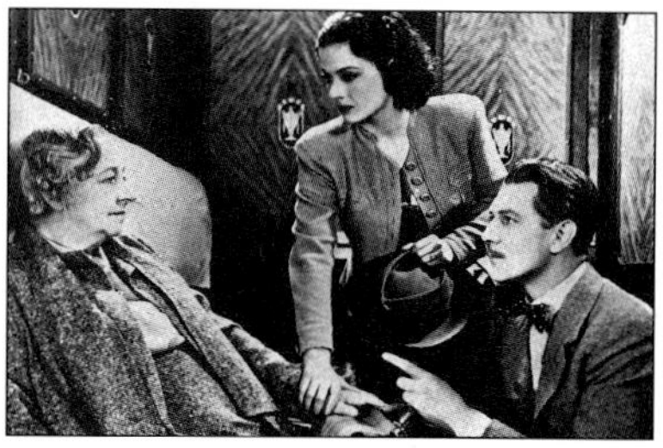

Hitchcock befand sich gerade mitten in den Dreharbeiten zu *Eine Dame verschwindet*, als ein konkretes Angebot von David O´Selznick in das Studio flatterte, das ihm in Aussicht stellte, drüben in Amerika einen Film über den Untergang der *Titanic* zu machen. Doch der übervorsichtige Hitchcock drehte erst seinen Film zu Ende, ehe er sich genauer bei einem Erkundungsbesuch in Hollywood umsah.
Eine Dame verschwindet ist eine raffiniert erzählte und (gemessen an den dürftigen

Mitteln) virtuos gestaltete Spionagegeschichte. Während einer Fahrt mit dem europäischen Interkontinentalexpreß lernt eine junge Engländerin (Lockwood) eine sympathische ältere Dame (Whitty) kennen, muß aber kurze Zeit später erstaunt feststellen, daß die Frau plötzlich spurlos verschwunden ist. Nach und nach wird ihr und einem jungen Mitreisenden (Redgrave) klar, daß die Passagiere in einem Zug voller Spione sitzen - Grund genug für die beherzten Briten, zur Gegenwehr zu greifen.
Die Dreharbeiten fanden unter überaus bescheidenen Bedingungen in einem knapp 30 Meter langen Atelier statt, so daß unzählige Rückprojektionen und Modellaufnahmen von Landschaften (besonders offensichtlich bei der Eingangssequenz) unumgänglich waren.
Hitchcock selbst zeigte sich am Set als Regisseur von seiner schlimmsten Seite - allerdings nur, um das Beste aus seinen Schauspielern herauszuholen. Die hochgelobte Charakterdarstellerin Dame May Whitty schrie er nach einer Szene an: „Halt! Das ist ja furchtbar! Schämen Sie sich eigentlich nicht?" Die Schauspielerin war daraufhin völlig niedergeschlagen, spielte von da ab jedoch genauso, wie Hitchcock es von ihr verlangte.
Als *Eine Dame verschwindet* im Herbst 1938 in die Kinos kam, entwickelte er sich rasch zu einem Kassenrenner. Neben vielen anderen Lobeshymnen konnte der Film auch den New Yorker Kritikerpreis entgegennehmen. jg

Die Dame vom Palast-Hotel

Die Dame vom Palast-Hotel / Palace. BRD/ Frankreich 1984 **R** Edouard Molinaro **B** Alan Godard, Edouard Molinaro **K** Michael Epp **M** Michel Legrand **P** Patrick Millet für Wonderland Productions/Third Wave/Rapid Films **L** 87 Min., Farbe **D** Claude Brasseur, Gudrun Landgrebe, Daniel Auteuil, Joachim Hansen, Reinhard Koldehoff, Almut Eggert

Im Zweiten Weltkrieg wird ein französischer Kriegsgefangener in einem deutschen Hotel als Pianist (Brasseur) angestellt, wo er sich schon nach kurzer Zeit in die attraktive Besitzerin (Landgrebe) verliebt. Als sein ebenfalls in Gefangenschaft geratener Bruder im gleichen Hotel zur Arbeit herangezogen wird, treten plötzlich Probleme auf, denn im Gegensatz zu ihm, der sich permanent mit Fluchtgedanken beschäftigt, möchte der Pianist sein leichtes Leben möglichst bis Kriegsende genießen.
Gudrun Landgrebe, die zuvor äußerst chaotische Drehtage in Spanien zu dem Film YERMA hinter sich hatte, war froh, unter Edouard Molinaros sicherer Regie wieder zu einer routinierteren Arbeitsweise zurückkehren zu können. Allerdings haperte es bei ihr mit den Dialogen, denn der Film (eine Produktion im Rahmen des deutsch-französischen Kulturabkommens) wurde in französischer Sprache gedreht, die Gudrun Landgrebe nur ungenügend beherrschte. Gleich nach den ersten Pressevorführungen hagelte es böse Kritiken. „Unerträglich ist es, wie dieser Regisseur das Kriegsgeschehen als wohlfeile Kulisse für seine niveaulose Schnulze mißbraucht..." (*Frankfurter Rundschau*). Auch das Publikum konnte dem Molinaro-Film wenig abgewinnen und mied die Kinos. jg

Die Damen aus Boston

The Bostonians. Großbritannien 1984 **R** James Ivory **B** Ruth Prawer Jhabvala, nach einem Roman von Henry James **K** Walter Lasally **M** Richard Robbins **P** Ismail Merchant, James Ivory **L** 121 Min., Farbe **D** Vanessa Redgrave, Madeleine Potter, Christopher Reeve, Jessica Tandy, Nancy Marchand, Linda Hunt, Wesley Addy, Barbara Bryne

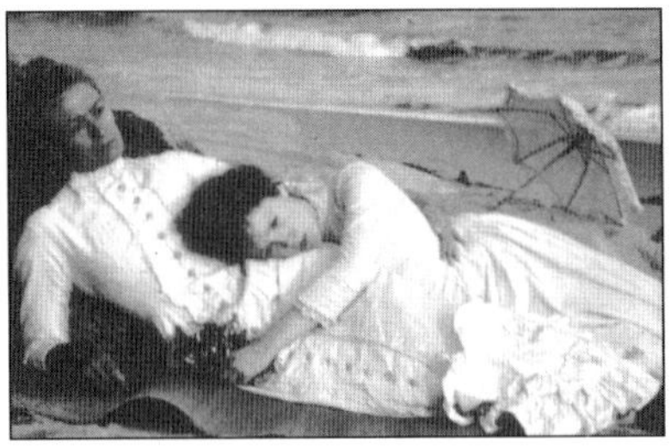

„Superman" Christopher Reeve legte für diesen Film zwar sein Cape ab, auf das maskuline Image jedoch verzichtete er nicht. James Ivorys Film führt uns in das Boston des Jahres 1875, wo sich erstmals eine Gruppe engagierter Frauen sammelt, um für ihre Rechte zu kämpfen. Mittelpunkt der sich langsam emanzipierenden Damenwelt ist das junge, etwas naiv anmutende Medium Verena (Potter), die von der wohlhabenden Frauenrechtlerin Olive (Redgrave) beinahe abgöttisch verehrt, ja geliebt wird. Leider sind die Tage femininer Solidarität und Harmonie bald gezählt, denn der reaktionäre Basil (Reeve) verliebt sich in Verena, und es gelingt ihm tatsächlich, das Mädchen durch seine Verführungskünste der Bewegung zu entreißen.
Die Damen aus Boston ist noch weit entfernt vom Witz und der Eleganz des späteren Films ZIMMER MIT AUSSICHT. James Ivory langweilt hier schlichtweg in vielen Szenen die Zuschauer mit der hausbackenen Frage: Kriegt es sie oder kriegt er sie nicht? Natürlich steht am Ende das konventionelle Eheglück, so unbegreiflich es auch scheinen mag, denn der poltrige Christopher Reeve (auch noch mit Schnauzbart!) schneidet im Vergleich zu der grazienhaften Vanessa Redgrave äußerst schlecht ab. Die sehenswerten Auftritte der grandiosen Schauspielerinnen Jessica Tandy und Linda Hunt sowie einige erlesene Dekors und hübsch fotografierte sommerlich-romantische Landschaftsaufnahmen von grünen Wiesen und weißen Sandstränden mögen über die zuweilen zähfließende Geschichte hinweghelfen. jg

Die Damen lassen bitten

Les bons vivants. Frankreich/Italien 1965 **R** Gilles Grangier (Episoden 1, 2), Georges Lautner (3) **B** Albert Simonin, Albert Kantoff, Michel Audiard **K** Robert Lefebvre **M** Michel Magne **P** Transinter Films/Les Films Corona (Paris), Sancro Films (Rom) **L** 105 Min., s/w **D** Louis de Funès, Mireille Darc, Bernard Blier, Jean Lefebvre, Andrea Parisi, Bernadette Lafont, Jean Richard

Ein dreiteiliger Episodenfilm um das Thema Prostitution. Als roter Faden taucht in jeder der Geschichten eine rote Laterne, als Symbol des ältesten Gewerbes, auf.
1. *Ladenschluß*: Nach 1946 müssen in Frankreich alle Bordelle schließen, was der Belegschaft eines der Häuser fast das Herz bricht. Das Schmuckstück des Unternehmens, die Hure Lucette (Parisi), erhält die rote Laterne, die über dem Eingang zu hängen pflegte, als Souvenir.
2. *Der Prozeß*: Lucette, inzwischen durch Heirat zur Baronin aufgestiegen und bereits verwitwet, zieht vor Gericht, um die geliebte rote Laterne wiederzuerhalten, die von Einbrechern entwendet wurde.
3. *Der Lebemann*: Versicherungsdirektor Leon (De Funès) nimmt die ehemalige Prostituierte Eloise (Darc) bei sich auf, ahnt jedoch nicht, daß diese sein Haus bald in ein Bordell umfunktioniert, in dem auch die Stadtväter zur Kundschaft zählen. Als Weihnachtspräsent ersteht er ausgerechnet jene rote Laterne und hängt sie über seinen Hauseingang...
Alle drei Episoden sind auf ihre Art unterhaltsam, wenn auch völlig unterschiedlich im Tonfall, mit Schwung inszeniert und gut gespielt. Die schlüpfrige Thematik wird hier wesentlich zurückhaltender behandelt als etwa in dem vergleichbaren DAS ÄLTESTE GEWERBE DER WELT. Der letzte und längste Teil des Films profitiert zusätzlich noch von der Anwesenheit von Louis de Funès in seiner Paraderolle als cholerischer Spießbürger. al

Damien - Omen II

Damien - Omen II. USA 1978 **R** Don Taylor **B** Stanley Mann, Michael Hodges **K** Bill Butler **M** Jerry Goldsmith **P** Harvey Bernhard für 20th Century-Fox **L** 109 Min., Farbe **D** William Holden, Lee Grant, Jonathan Scott-Taylor, Robert Foxworth, Nicholas Pryor, Lew Ayres, Sylvia Sidney

„Dieser Blick wird sie verfolgen...und sie erleben eine neue Dimension der Angst!"

versprachen die Werbeanzeigen zu dieser Fortsetzung des sensationell erfolgreichen DAS OMEN, in dem der kleine Damien, der leibhaftige Sohn des Teufels, seine Adoptiveltern Gregory Peck und Lee Remick, nebst anderen, auf grausame Weise getötet hat.
Damien (Scott-Taylor) ist mittlerweile 13 Jahre alt und lebt bei seinem Onkel Richard Thorn (Holden), einem mächtigen Industriemagnaten, und dessen Frau Ann (Grant). War er sich bisher seiner teuflischen Bestimmung, der Erringung der Weltherrschaft, nicht bewußt, so wird ihm nun allmählich klar, was ihn von anderen unterscheidet. Er ist nicht nur außergewöhnlich intelligent, sondern hat auch die Macht, Menschen allein durch seinen Blick zu töten. Alle Personen, die sein Geheimnis aufzudecken drohen, kommen auf schreckliche Weise um...
Damien - Omen II wiederholt genau das Schema seines Vorgängers. Wie Peck braucht Holden (der die Hauptrolle im ersten Teil abgelehnt hatte) fast die ganze Zeit des Films, um sich über seinen Schützling klarzuwerden - doch dann ist es zu spät. Mit schöner Regelmäßigkeit müssen Damiens Feinde auf spektakuläre und phantasievolle Weise dran glauben, ob sie nun von einem Raben zerhackt oder im abstürzenden Fahrstuhl zweigeteilt werden. In diesen Zusammenhang fällt auch die beste Szene des Films: Lew Ayres ertrinkt während eines Eishockey-Spiels unter der Decke eines zugefrorenen Sees. Jerry Goldsmiths Musik ist erneut sehr effektiv, obwohl sie hauptsächlich die Themen des ersten Teils variiert.
Regisseur Don Taylor sprang übrigens nach Produktionsbeginn für Michael Hodges ein, der nach Differenzen mit Produzent Harvey Bernhard ausschied und nur eine Nennung als Drehbuchautor erhielt.
Damien - Omen II war immerhin so erfolgreich, daß ein weiterer, noch schlechterer Teil in Produktion ging: OMEN III - BARBARAS BABY. al

Damit ist die Sache für mich erledigt

Le Coup de tête. Frankreich 1978 **R** Jean-Jacques Annaud **B** Francis Veber, Jean-Jacques Annaud, nach einer Idee von Alain Godard **K** Claude Agostini **M** Pierre Bachelet **P** Alain Poiré für Gaumont International/S.F.P. **L** 89 Min., Farbe **D** Patrick Dewaere, Jean Bouise, Michel Aumont, France Dougnac

François (Dewaere), Ersatzspieler im Fußballclub des Provinzstädtchens Trincamp, ist ein Pechvogel. Beim Training verletzt er unabsichtlich den Star des Vereins und gefährdet so den langersehnten Aufstieg in die Oberliga. Da der Präsident des Clubs zugleich Besitzer der größten Fabrik am Ort und somit der Arbeitgeber von François ist, verliert dieser auch seinen Job. Schließlich wird er auch noch Opfer eines Komplottes, als ihm eine Vergewaltigung untergeschoben werden soll, die der besagte Starspieler begangen hat. François landet im Gefängnis, doch dann braucht der Verein für ein entscheidendes Spiel dringend einen versierten Fußballer...
Der zweite Film von Jean-Jacques Annaud ist eine umwerfend komische und bissige Satire auf Vereinsmeierei, Kleinstadtmief und bürgerliche Spießigkeit. Dewaere ist wieder einmal als liebenswerter Tunichtgut und Außenseiter zu sehen, der sich in diesem Fall raffiniert an seiner heuchlerischen Umgebung rächt. Das Städtchen Trincamp und seine Bürger sind mit derartiger Schärfe gezeichnet und von einer Garde französischer Charakterdarsteller so glaubhaft gespielt, daß sie schon fast bedrohlich wirken. Ein Volltreffer! al

Dämon der Frauen

Cast a Dark Shadow. Großbritannien 1955 **R** Lewis Gilbert **B** John Cresswell, nach dem Bühnenstück *Murder Mistakes* von Janet Green **K** Jack Asher **M** Anthony Hopkins **P** Daniel M. Angel für Eros Films **L** 85 Min., s/w **D** Dirk Bogarde, Monica Washbourne, Margaret Lockwood, Kay Walsh, Kathleen Harrison, Robert Flemyng, Walter Hudd, Philip Stainton

Die Verfilmung von bekannten Bühnenstücken fällt in den meisten Fällen enttäuschend aus. Hier jedoch kam es zu einer erfreulichen Ausnahme, gelang es doch dem Kameraauge gegenüber dem Theaterbesucher weitaus besser, die Emotionen der Schauspieler einzufangen. Dies ist einer der großen Vorteile von *Dämon der Frauen*.
Dirk Bogarde, der im gleichen Jahr durch den zweiten Teil der *Doktor*-Serie DOKTOR AHOI! seiner Popularität einen erneuten Aufschwung verpaßt hatte, machte es besonders Spaß, diesmal nicht den sympathischen Sunny-Boy zu spielen, sondern stattdessen in die Rolle eines - immerhin noch sehr charmanten - Frauenmörders zu schlüpfen.
Der gutaussehende Edward hat es auf betuchte ältere Damen abgesehen, die er mit der Absicht ehelicht, kurz nach der Heirat als Universalerbe eingesetzt zu werden und dann die angetraute Gattin durch einen Unglücksfall aus dem Verkehr zu ziehen. Eine neuerliche Verbindung mit der gewieften Freda Jeffries (Lockwood) allerdings wird ihm zum Verhängnis.
Garant für die kurzweilige und geschmackvolle Kinounterhaltung ist Regisseur Lewis Gilbert, der in späteren Jahren auch zwei Filme der *James-Bond* Reihe drehte. jg

Dämon Weib

The Gypsy and the Gentleman. Großbritannien 1957 **R** Joseph Losey **B** Janet Green, nach dem Roman *Darkness I Leave You* von Nina Warner Hooke **K** Jack Hildyard **M** Hans May **P** Maurice Cowan für Rank **L** 108 Min., Farbe **D** Melina Mercouri, Keith Mitchell, Patrick McGoohan, June Laverick, Lyndon Brook, Flora Robson

Losey hatte die Romanvorlage von Nina Warner Hooke ausgewählt, weil er der Meinung war, sie ließe sich formal besonders gut umsetzen. „Ich suche immer nach dem visuellen Stil in einem Film, und einer der Gründe, derenthalber ich *Gypsy* gemacht habe, war, daß ich meinte, eine Gelegenheit für eine Stilübung gefunden zu haben" (Joseph Losey).
Dämon Weib weist in dieser Hinsicht wirklich einige erstaunliche Kameraeinstellungen und -fahrten auf, wobei die fotografische Darstellung von Räumen symbolhaft mit den jeweiligen Situationen der Protagonisten in Verbindung gesetzt wird.
Die Geschichte des Films präsentiert sich allerdings wie ein wild-romantisches Schauermärchen. Ein verarmter englischer Landadliger verfälscht unter dem unheilvollen Einfluß einer Zigeunerin das Testament seiner Tante zu seinen Gunsten. Als seine Schwester davon erfährt, entführt er sie kurzerhand und hält sie auf einer Insel inmitten eines Sees gefangen. Am Ende jedoch siegt die Gerechtigkeit und der betrügerische Aristokrat geht zusammen mit der Zigeunerin an seiner Gier nach Geld und Macht zugrunde.
Dämon Weib war ein weiteres Beispiel für das Diktat der Produzenten gegenüber einem Regisseur. Losey bekam während der Endmontage genaue Anweisungen von Seiten der Studiobosse und mußte seine Bilder mit der schwülstigen Musik des Komponisten Hans May unterlegen lassen, wogegen er sich entschieden aber vergeblich sträubte. jg

Dämonen im Garten

Demonios en el jardín. Spanien 1982 **R** Manuel Gutiérrez Aragón **B** Manuel Gutiérrez Aragón, Luis Megino **K** José Luis Alcaine **M** Javier Iturralde **P** Luis Megino für Luis Megino P.C. **L** 100 Min., Farbe **D** Angela Molina, Ana Belén, Encarna Paso, Imanol Arias, Eusebio Lazaro, Alvaro Sanchez-Prieto

Diese tragikomische Familienchronik, angesiedelt in den Jahren von 1942 bis 1952, ist der erste Film des spanischen Regisseurs Manuel Gutiérrez Aragón, der in deutsche

Kinos gelangte - dank des überwältigenden Publikumserfolges in seinem Heimatland. Mittelpunkt der Erzählung ist ein Kaufmannsladen, „Der Garten", dem Besitzerin und Familienoberhaupt Gloria (Paso) mit Energie und Geschick vorsteht. Liebe und Leid, Geburt und Tod in der Familie werden durch die unbestechlichen Augen des kleinen Juanito (Sanchez-Prieto) beobachtet, dessen Mutter (Molina) von Glorias Sohn einst verlassen wurde.
Zwar hat Aragón, wie so viele seiner spanischen Kollegen, durchaus auch die politische Atmosphäre der Nachkriegszeit und die faschistische Diktatur unter Franco im Blickfeld, doch gewinnt dieser Aspekt nie die Oberhand über die ebenso liebevolle wie entlarvende Zeichnung einer sehr spanischen Sippschaft und der Widersprüchlichkeit menschlichen Zusammenlebens. In der Figur des Juanito, wie der Regisseur 1942 geboren, steckt ein Stückchen Selbstporträt sowie das Bild einer Generation, die „heute in Spanien Entscheidungen trifft, sei es in der Regierung, der Literatur, im Film oder im Journalismus" (Aragón).
Die Welt: „Hier fahren die Gefühle Achterbahn...ein selten gewordenes Vergnügen: Reines Kino, dem gemächliche Abschweifungen, ein subtiles Balancieren zwischen Trauer und Komik sowie pralle Sinnlichkeit wichtiger sind als des (zeitkritischen) Gedankens Blässe." al

Die Dämonischen

Invasion of the Body Snatchers. USA 1956 **R** Don Siegel **B** Daniel Mainwaring, Sam Peckinpah, nach dem Roman *The Body Snatchers* von Jack Finney **K** Ellsworth Fredericks **M** Carmen Dragon **P** Walter Wanger für Allied Artists **L** 80 Min., s/w **D** Kevin McCarthy, Dana Wynter, Larry Gates, King Donovan, Carolyn Jones, Jean Willes, Ralph Dumke, Virginia Christine

Don Siegels Film besaß ursprünglich alle Kriterien eines B-Pictures; er wurde innerhalb von zwei Wochen heruntergekurbelt und kostete nur wenig Geld. In Europa wurde man erst Jahre später auf ihn aufmerksam, bejubelte ihn aber sogleich als Kultfilm.
In beklemmenden Bildern beschreibt dieser typische Science-fiction-Film der 50er Jahre das Vordringen außerirdischer Organismen auf der Erde. Über Nacht gehen auf eine amerikanische Kleinstadt extraterrestrische Samenkörner nieder, denen seelenlose Replikanten entschlüpfen, die die Bewohner umbringen, um dann in deren Gestalt als gefühllose Roboter die Invasion voranzutreiben. Ein Arzt (McCarthy) wird Zeuge dieser unheimlichen Vorgänge. Als nach einer alptraumhaften Flucht seinen Schilderungen endlich Glauben geschenkt wird, ist es schon fast zu spät.
Entgegen dem Willen des Regisseurs wurde der Film mit einer Rahmenhandlung eingeleitet und beendet, so daß die Geschichte mit der halbwegs optimistisch stimmenden Andeutung endet, man würde etwas gegen die Invasoren unternehmen können.
Die Dämonischen erfuhr in den vergangenen Jahren eine Vielzahl von Interpretationen. Die einen sahen in ihm ein Werk, das in verschlüsselter Form eindeutig die Politik der McCarthy-Ära anprangerte, die anderen wiederum bezeichneten ihn als utopisch eingekleidete Anklage gegen Faschismus und Kommunismus. Für Don Siegel selbst bestand zu keiner Zeit die Absicht, dem Film eine politische Sichtweise aufzudrücken: „Für einen politischen Hintergrund habe ich mich nicht interessiert...In Wirklichkeit hat der Film mehr mit den Erfahrungen von Leuten zu tun, mit denen ich ständig Kontakt hatte."
1977 realisierte Philip Kaufman unter dem Titel DIE KÖRPERFRESSER KOMMEN ein Remake. jg

Danach

The Bed Sitting Room. Großbritannien 1969 **R** Richard Lester **B** John Antrobus, Charles Wood, nach einem Bühnenstück von Antrobus und Spike Milligan **K** David Watkin **M** Ken Home **P** Richard Lester/Oscar Lewenstein **L** 90 Min., Farbe **D** Rita Tushingham, Ralph Richardson, Peter Cook, Dudley Moore, Spike Milligan, Michael Hordern

Absurd, grotesk, bizarr - Vokabeln, mit denen vielfach versucht wurde, Richard Lesters Film zu beschreiben. Lester zeigt die Situation Londons nach einem nur wenige Minuten andauernden Atomkrieg in einer, wie er sagt, „gesprochenen Oper". Drei Jahre nach dem Fall der Bombe wird die einstige Hauptstadt zwar immer noch von Menschen bevölkert, allerdings verzerrt Lester ihr Dasein ins surrealistische, versucht durch einen irrealen, teils schauerlichen Humor ihre ausweglose Situation darzustellen. Ein Mann (Richardson) verwandelt sich in ein Wohnschlafzimmer (Bed Sitting Room), eine Frau (Tushingham), seit siebzehn Monaten schwanger, lebt mit ihren Eltern in einem U-Bahn-Zug, ein weiterer Mann verwandelt sich in einen Papagei.
Das absurde Theater, vertreten durch die beiden Drehbuchautoren Antrobus und Milligan, stand Pate für diesen Film, der trotz einiger bekannter Namen das Publikum nicht überzeugen konnte. Vier Jahre zuvor hatte das Bühnenstück seine Uraufführung, und Lester, der von der Übertragung des Werkes auf die Leinwand überzeugt war, überredete den Produzenten Oscar Lewenstein nach DER GEWISSE KNIFF zu einer weiteren Zusammenarbeit. Nachdem der Co-Autor und Hauptdarsteller des Bühnenstückes, Spike Milligan, zu einer Mitarbeit überredet werden konnte (Lester inszenierte in seiner Fernsehzeit einige „Goon"-Programme mit Peter Sellers, Harry Secombe und Spike Milligan für das englische TV), begannen die Dreharbeiten zu Lesters bis dahin zehntem Film.
Der von ihm beabsichtigte Schockeffekt blieb jedoch aus, nicht zuletzt aufgrund der Abkehr von jeder realen Norm oder, wie es der *Evangelische Filmbeobachter* seinerzeit formulierte: „Im totalen Unsinn sucht Lester Sinn....Dem Film droht das schlimmste Schicksal, das ihm widerfahren kann: der Zuschauer sucht Abstand." Neben Dudley Moore, der 1969 noch am Anfang seiner Karriere stand, sowie Rita Tushingham und Ralph Richardson, zwei in England schon damals sehr bekannte Schauspieler, ist in *Danach* ein weiterer Engländer zum ersten Mal auf der Leinwand zu sehen: Marty Feldman gibt sein Debüt als glubschäugiger Kommunist. dk

Dance with a Stranger

Dance with a Stranger. Großbritannien 1985 **R** Mike Newell **B** Sehlagh Delaney **K** Peter Hannan **M** Richard Hartley **P** Roger Randall-Cutler für Goldcrest/National Film Finance Corp./Film Four Int./First Film Company **L** 101 Min., Farbe **D** Miranda Richardson, Rupert Everett, Ian Holm, Matthew Carroll, Tom Chadbon

Ostern 1955 wurde Ruth Ellis als letzte Frau in Großbritannien hingerichtet. Sie hatte ihren Liebhaber erschossen und war dafür in einem aufsehenerregenden Prozeß zum Tode verurteilt worden. Erst zwei Jahre nach Vollstreckung des Todesurteils wurde im britischen Strafrecht eine Klausel eingeführt, die wie im Falle der Ruth Ellis bei verminderter Zurechnungsfähigkeit die Todesstrafe verbot.
Was den Fall seinerzeit zu einem Justizskandal werden ließ war die Tatsache, daß die Frau vor dem Hintergrund der damals herrschenden gesellschaftlichen Verhältnisse einer gnadenlosen Vorverurteilung ausgeliefert war. Dieses Klima ist es auch, das der Regisseur Mike Newell (der bis 1976 für das britische Fernsehen arbeitete) in seinem fünften Spielfilm nachzeichnet, wobei er den authentischen Fall der Ruth Ellis als Grundgerüst benutzt.

Ruth Ellis (Richardson), geschieden und Mutter eines Sohnes, schlägt sich als Managerin eines Nachtclubs durchs Leben. Ausgerechnet dort lernt sie David Blakely (Everett) kennen, einen gutaussehenden Jüngling aus der englischen Oberschicht, der in ständiger Geldnot steckt. Beide verlieben sich ineinander, doch die Problematik ihrer unterschiedlichen Herkunft fördert nur eine leidenschaftliche und gewalttätige Beziehung. Obwohl David sie schlägt und mit Verachtung behandelt, ist Ruth ihm verfallen. Deutlich wird der Niedergang der einst so stolzen Frau, sie verliert ihren Job, ihre Wohnung, ihre gesamte soziale Absicherung. Die Sehnsucht nach Davids Liebe auf der einen und seine entwürdigende Art, sie zu behandeln, auf der anderen Seite führen zum tödlichen Ausgang dieser Liaison.
Ganze 23 Minuten brauchten die Geschworenen 1955 für ihren Schuldspruch. Dabei ließen sie sowohl die pshychische wie physische Verfassung der Täterin, die kurz zuvor eine Fehlgeburt erlitten hatte, außer acht. Auch ein Aufruf Raymond Chandlers konnte nichts dagegen ausrichten, daß Ruth Ellis gehängt wurde - erst acht Jahre später wurde die Todesstrafe in Großbritannien generell abgeschafft. Regisseur Newell sucht keine Sündenböcke für das, was damals geschehen ist, er klagt vielleicht nicht einmal an. *Dance with a Stranger* ist ein detailgetreuer Film, der beobachtet und aus der Distanz von 30 Jahren ein Psychogramm des Englands in den 50er Jahren erstellt. dk

Daniel

Daniel. USA 1983 **R** Sidney Lumet **B** E.L. Doctorow, nach seinem Roman *The Book of Daniel* **K** Andrej Bartkowiak **P** Burt Harris für World Film Services Prod./Paramount **L** 129 Min., Farbe **D** Timothy Hutton, Edward Asner, Mandy Patinkin, Lindsay Crouse, Amanda Plummer, Ellen Barkin

Am 19. Juni 1953 fand das wegen angeblicher Atomspionage verurteilte Ehepaar Julius und Ethel Rosenberg auf dem elektrischen Stuhl den Tod, nachdem der amerikanische Präsident ein letztes Gnadengesuch abgelehnt hatte. Der Fall hatte weltweit für Aufsehen gesorgt und eine internationale Protestwelle ausgelöst, da die beiden erklärten Kommunisten bis zuletzt ihre Unschuld beteuert hatten und die Verurteilung nur aufgrund einer umstrittenen Kronzeugenregelung zustande kam. Dieser Prozeß dokumentiert auf erschreckende Art das Ausmaß der Panikmache und Hysterie in den Staaten auf dem Höhepunkt des Kalten Krieges, die in der Kommunistenhatz des Senators McCarthy gipfelte.
Die Rosenbergs hinterließen zwei Kinder, Michael und Robert, zum Zeitpunkt des Todes ihrere Eltern 10 bzw. 6 Jahre alt. Der 1971 erschienene Roman von E.L. Doctorow beschäftigt sich eindeutig mit dem Fall Rosenberg, obwohl der Autor allen Figuren andere Namen gab (die Kinder heißen Daniel und Susan, die Eltern Paul und Rochelle Isaacson). Der Roman, wie auch der Film, versucht jedoch keine Rekonstruktion der historischen Vorgänge, sondern konzentriet sich auf die Tragödie der Kinder, die aus der Sicht von Daniel (Hutton) erzählt wird.
Dementsprechend nannte Lumet sein Werk „kein politisches oder historisches Werk, sondern vor allem die Geschichte einer Selbstfindung". Daniel und seine Schwester (Plummer) versuchen durch die Konfrontation mit der Vergangenheit (die in Rückblenden präsent ist), ihren Platz im Leben zu finden.
Trotzdem stieß *Daniel* auf heftige Reaktionen, u.a. wurde Lumet und Doctorow vorgeworfen, sie würden den Fall neu aufrollen und die Unschuld der Rosenbergs implizieren - in der Tat kommen die Machenschaften des FBI und rechter politischer Kreise im Film nicht allzugut weg. Daß in den Staaten dieses düstere Kapitel jüngerer Geschichte gern mit dem Mantel des Vergessens zugedeckt wird, zeigen schon die Schwierigkeiten, die die Finanzierung des Films mit sich brachten. Über zehn Jahre benötigte der Regisseur für die Realisierung des Projektes. al

...dann kam der Orkan

The Hurricane. USA 1937 **R** John Ford **B** Dudley Nichols, Oliver H. P. Garrett, nach dem Roman von Charles Nordhoff und James Norman Hall **K** Bert Glennon, Archie Stout **M** Alfred Newman **P** Samuel Goldwyn für United Artists **L** 100 Min., s/w **D** Dorothy Lamour, Jon Hall, Mary Astor, Cecil Aubrey Smith, Thomas Mitchell, Ramond Massey, John Carradine

The Hurricane stellte Produzenten und Drehteam vor scheinbar unlösbare Probleme, galt es doch, fast ein Drittel der Spiellänge mit Spezialeffekten auszustatten. Als eine Art Co-Regisseur wurde James Basevi angeheuert, der den Auftrag bekam, die mehr als 20minütige Sturmsequenz zu konzipieren, wofür ihm Goldwyn ein Budget von 400.000 Dollar bewilligte. Auf einem 200 Meter langen Set wurde eine Insel mit Kirche, Hütten, Gouverneurspalast und Strand aufgebaut und dann durch das Fluten von mehreren tausend Litern Wasser und dem Einsatz von Windmaschinen nach und nach derangiert.
John Fords romantisches Südsee-Abenteuer mit Katastropheneinlage beginnt in Form eines Liebesdramas. Der Eingeborene Tarangi (Hall) begehrt das Mädchen Marama (Lamour). Als er sich gegen die Beleidigung eines Weißen zur Wehr setzt, wird er ins Gefängnis geworfen, kann aber entkommen und flüchtet sich zu seiner Geliebten. Der Justiz gelingt es nicht, sich ein zweites Mal seiner zu bemächtigen, denn ein allesvernichtender Hurricane sucht überraschend die Idylle der Südseeinsel heim.
Regie sollte laut Plan des Studios ursprünglich Howard Hawks führen, doch war dieser bereits mit den Dreharbeiten zu NIMM, WAS DU KRIEGEN KANNST vollauf beschäftigt. Auch für die Rolle des Tarangi schwebte den Produktionschefs ein anderer Schauspieler vor. Joel McCrea hatte aber selbst persönliche Bedenken, ob er für die Darstellung eines eingeborenen Insulaners der Richtige sei. Also spielte Jon Hall, der Cousin des Co-Autoren der Vorlage, den Part.
Der Film wurde, neben zwei Nominierungen (Musik sowie Thomas Mitchell als Bester männlicher Nebendarsteller), mit dem Oscar für den Besten Ton ausgezeichnet. 1978 entstand unter dem Titel HURRICANE ein Remake. jg

Danton

Danton. Deutschland 1931 **R** Hans Behrendt **B** Heinz Goldberg, unter Benutzung der Originaltexte von Hans J. Rehfisch **K** Nikolaus Farkas **M** Arthur Guttmann **P** Emmerich Preßburger für Allianz-Tonfilm **L** 86 Min., s/w **D** Fritz Kortner, Gustaf Gründgens, Lucie Mannheim, Alexander Granach, Gustav von Wangenheim, Werner Schott, Herrman Speelmans

Siegfried Kracauer, der bekannteste Filmkritiker der Weimarer Republik, sah in Behrendts *Danton* ein Werk, das sich bereits auf die kommende Hitler-Ära einstimmte: „Danton, der Filmrebell, war ein widerspruchsvolles Gemisch aus werdendem Nationalsozialismus und demokratischem Kämpfer. Diese Mischung schien damals eine gewisse Anziehung auszuüben."
Die Handlung setzt ein im Jahre 1792, als Danton (Kortner) gerade das Todesurteil gegen Ludwig XVI. vor dem Konvent durchsetzt. Kurze Zeit später verliebt er sich in die inhaftierte Royalistin Louise (Mannheim) - eine Verbindung, die seinem Gegner Robespierre wie gerufen kommt. Nach einer Unterredung mit dem Herzog von Coburg (Schnell), in deren Verlauf er sich für das Leben Marie Antoinettes verbürgt, muß Danton erfahren, daß man die Königin bereits während seiner Abwesenheit hat hinrichten lassen. Es kommt zum offenen Bruch zwischen ihm und Robespierre. Danton wird in die Rolle des Angeklagten gedrängt und stirbt auf der Guillotine.
Star dieses historischen Spielfilms ist mit Abstand Gustaf Gründgens in der Rolle des Robespierre, dessen kalkulierte Verschlagenheit er wirkungsvoll interpretiert. Trotz streng choreographierter Massenszenen rückt *Danton* in die Nähe eines abgefilmten Theaterstückes. Schnitt und Rhythmus der Handlung sind sehr bedächtig angelegt.
Der Person des Revolutionärs Danton versuchte 1982 noch einmal Andrzej Wajda mit einem Film gleichen Titels gerecht zu werden. jg

Danton

Danton. Frankreich 1982 **R** Andrzej Wajda **B** Jean-Claude Carrière, nach dem Bühnenstück *L'affaire Danton* von Stanislawa Przybyszewska **K** Igor Luther **M** Jean Peodromides **P** Margaret Menegoz und Barbara Pec-Slesicka für Gaumont/TF1 Films Prod./Film Polski **L** 136 Min., Farbe **D** Gérard Depardieu, Wojciech Pszoniak, Patrice Chéreau, Angela Winkler, Boguslaw Linda, Serge Merlin, Anne Alvaro

„Das Interessanteste für mich ist, daß diese Revolution den ersten wirklich politischen Prozeß der Geschichte gebracht hat, ... schließlich ist Danton nicht für ein Verbrechen, sondern für einen politischen Irrtum geköpft worden", beschreibt Andrzej Wajda seine Motivation, als Pole einen Film über die Französische Revolution zu drehen. *Danton*, basierend auf einem Robespierre verherrlichenden Drama der in Frankreich völlig unbekannten polnischen Schriftstellerin Przybyszewska, wurde von Wajda - indem er die Rolle Dantons bewußt überinterpretierte - umfrisiert, um die Abgründe des Machtkampfes der beiden führenden Revolutionäre aufzuzeigen. Im Mutterland der Revolution sorgte der Film in der politischen Kaste für Stürme der Entrüstung, sozialistische Politiker zeigten sich reihenweise verstört." Alles hatte man erwartet, nur kein antirevolutionäres Pamphlet." (*L'Express*) Gezeigt wird Frankreich im Jahre 1793; auf Betreiben Robespierres (Pszoniak) rollen im ganzen Land die Köpfe, um mit den wirklichen und vermeintlichen Feinden der Revolution aufzuräumen. Von Freiheit, Gleichheit, Brüderlichkeit keine Spur. Für den beim Volk sehr beliebten, impulsiven Anführer Danton (Depardieu) ist die Revolution festgefahren. Im Streit um den richtigen weiteren Weg mit dem berechnenden, eiskalten Robespierre zieht er den kürzeren und büßt seinen Kopf unter der Guillotine ein. Doch Robespierre hat sich zu früh gefreut: Zwei Monate später muß auch er auf das Schafott. Das aufwendig an Originalschauplätzen gedrehte Revolutionsepos stand beim Publikum in höherer Gunst als bei den Politikern: Es wurde in Frankreich mit dem Prix Louis Delluc und einem César ausgezeichnet. sk

Dark Man

Darkman. USA 1990 **R** Sam Raimi **B** Chuck Pfarrer, Sam Raimi, Ivan Raimi, Daniel Goldin, Joshua Goldin, nach einer Erzählung von Sam Raimi **K** Bill Pope **M** Danny Elfman **P** Robert Tapert für Darkman Prod. **L** 95 Min., Farbe **D** Liam Neeson, Frances McDormand, Colin Friels, Larry Drake, Nelson Mashita

Sam Raimi ist bekannt für Filme, in denen die Maskenbildner und Verantwortlichen für die Spezialeffekte alle Hände voll zu tun haben. Der erste Teil seines Horror-Schockers TANZ DER TEUFEL ist in Deutschland verboten, und auch *Dark Man*, Raimis drittes Werk nach den beiden erwähnten *Evil Dead*-Filmen, spart nicht an drastischen Bildern mit viel Blut und noch mehr abgezogener Haut.

Eine künstliche Haut für Verbrennungsopfer zu entwickeln, das ist das Forschungsziel von Dr. Peyton Westlake (Neeson). Bei seinen Experimenten ist es ihm zwar schon gelungen, eine Kunsthaut zu züchten, allerdings hält diese nur rund eineinhalb Stunden. Durch Zufall gelangt er in den Besitz eines Papieres, das den Baulöwen Strack (Friels) schwer belastet. Der schickt kurzerhand ein paar Gangster los, die ihm die Unterlagen wiederbeschaffen und dabei Westlakes Assistenten töten, das gesamte Labor in die Luft jagen und den Wissenschaftler selbst grausam entstellen. Aus den Trümmern seiner Forschungsstätte heraus startet der Mann ohne eigenes Gesicht einen Rachefeldzug, wobei seine synthetischen Masken für einige Überraschungen sorgen. Das amerikanische Publikum war von Raimis neuestem Horror-Schocker begeistert und verhalf dem Regisseur zu einem beachtlichem Kassenerfolg, in Deutschland blieb *Dark Man* nur ein Tip für Fans des Genres. Dabei gab Raimi unumwunden zu, einen absolut kommerziellen Film gemacht zu haben, der Unterhaltung für ein möglichst breites Publikum bieten sollte. In der Hauptrolle ist der in Deutschland noch relativ unbekannte Ire Liam Neeson (DER PREIS DER GEFÜHLE) zu sehen, in kleinen Nebenrollen spielen noch Raimi-Freund und Regisseur-Kollege John Landis sowie TANZ DER TEUFEL-Hauptdarsteller Bruce Campbell mit. dk

Dark Star - Finsterer Stern

Dark Star. USA 1974 **R** John Carpenter **B** Dan O'Bannon, John Carpenter **K** Douglas Knapp **M** John Carpenter **P** John Carpenter für JAD Film International **L** 83 Min., Farbe **D** Brian Narelle, Dre Pahich, Carl Kuniholm, Dan O'Bannon, Joe Saunders

„Wir hatten nicht das Geld, um mit Kubricks Film zu konkurrieren. Aber die religiösen Tendenzen in *2001* ärgerten mich so, daß ich mir vornahm, einen sehr realistischen Film zu machen, der mit beiden Beinen auf dem Boden der Wirklichkeit steht und so triviale Fragen anspricht, wie z. B.: Wie wäscht man seine Unterhosen in einem Raumschiff?" (John Carpenter).

In der Tat ist *Dark Star* Lichtjahre vom Weltraum-Pathos eines Kubrick oder der romantischen Galaxien-Oper KRIEG DER STERNE entfernt. In seinem Film beschreibt Carpenter das eintönige Alltagsleben von vier Astronauten, die seit 20 Jahren mit ihrem Raumschiff unterwegs sind, um diejenigen Planeten zu zerstören, die den Menschen im Wege sind. Mit Tagebuchaufzeichnungen per Videoband, Flirten mit dem Bordcomputer oder sehnsüchtigen Gedanken an die Erde vertreiben sich die Männer ihre Zeit.

John Carpenter wollte mit *Dark Star* seinen Abschlußfilm im Rahmen seines Studiums an der Universität von Süd-Kalifornien drehen, doch mitten in den Vorbereitungen ging ihm das Geld aus. Schließlich fand sich ein unabhängiger Produzent, mit dessen Hilfe der Film im 35mm-Format und einem Budget von nur 60.000 Dollar realisiert werden konnte. Erst 1977 wurde *Dark Star* anläßlich des Filmfestivals von Edinburgh das erste Mal öffentlich aufgeführt. Die BBC kaufte den Streifen, strahlte ihn im gleichen Jahr im Weihnachtsprogramm aus und löste damit eine große Nachfrage aus, so daß der Film noch einmal in die Kinos kam. 1978 begann sich schließlich auch das Publikum in den USA für *Dark Star* zu interessieren. jg

Darling

Darling. Großbritannien 1965 **R** John Schlesinger **B** Frederic Raphael **K** Ken Higgins **M** John Dankworth **P** Joseph Janni für Appia Films **L** 128 Min., s/w **D** Laurence Harvey, Dirk Bogarde, Julie Christie, Roland Curram, José Luis De Villalonga

Darling machte Julie Christie zum Star und konnte sich eines wahren Hagels an Auszeichnungen erfreuen wie selten ein Film zuvor. Drehbuchautor Raphael gewann sowohl den Oscar als auch den British Film Academy Award, genau wie Julie Christie, die zusätzlich noch den New York Film Critics Award erhielt, der auch Regisseur Schlesinger zuteil wurde. Daneben gab es noch diverse Auszeichnungen für die Kostüme und den Art Director, so daß *Darling* in seinem Erfolg so große Konkurrenten wie DR. SCHIWAGO, CAT BALLOU oder DAS NARRENSCHIFF weit überragte.

Den größten Anteil an diesem Erfolg hatte wohl Julie Christie, die durch ihre ausdrucksstarke Vorstellung und außerge-

wöhnliche Schönheit besonders auffiel. Regisseur Schlesinger hatte ihr zwei Jahre zuvor in GELIEBTER SPINNER die erste wichtige Filmrolle gegeben, mit der Rolle des englischen Models machte er sie zum Weltstar. Diesen Status konnte die damals 24jährige noch im selben Jahr untermauern. An der Seite von Omar Sharif wurde sie durch den gigantischen Erfolg von DR. SCHIWAGO unsterblich.
Das junge Fotomodell Diana Scott (Christie), genauso lebenshungrig wie unerfahren, trifft den Reporter und Schriftsteller Robert Gold (Bogarde). Beide verlassen ihre Ehepartner, um eine leidenschaftliche Affäre zu beginnen. Doch dadurch läßt sich Dianas Karrieresucht nicht befriedigen. Auf dem Weg nach oben soll ihr Miles Brand (Harvey) behilflich sein. Der clevere Werbemanager verschafft Diana eine kleine Filmrolle, die ihr Selbstbewußtsein erheblich steigert. Sie überwirft sich mit Robert und stürzt sich mit Miles in die High-Society-Orgien. Ihr weiterer Aufstieg scheint nach einer Italien-Reise gesichert. Als Diana dem höflichem Werben eines echten Prinzen nachgibt, wird sie zu einer internationalen Berühmtheit, ohne durch ihre Ehe echte Zuneigung zu erlangen. Bei einem letzten Treffen mit Robert muß sie erkennen, daß ihr Egoismus diese wohl einzig aufrichtige Liebe zerstört hat und kehrt in den goldenen Käfig ihres Prinzen zurück. dk

Darling, laß dich scheiden

The April Fools. USA 1969 **R** Stuart Rosenberg **B** Hal Dresner **K** Michel Hugo **M** Marvin Hamlisch **P** Gordon Carroll für Jalem Prod./Cinema Center Films **L** 93 Min., Farbe **D** Jack Lemmon, Catherine Deneuve, Peter Lawford, Sally Kellerman, Jack Weston, Myrna Loy, Charles Boyer

Howard Brubaker (Lemmon), ein unglücklich verheirateter und frustrierter Börsenmakler, lernt auf der Silvesterparty seines Chefs (Lawford) die bezaubernde, von Heimweh geplagte Französin Catherine (Deneuve) kennen. Nachdem sie das Fest verlassen und zusammen die Nacht durchfeiert haben, bittet Catherine den bis über beide Ohren verliebten Howard, mit ihr nach Paris zu gehen und neues Leben zu beginnen. Mittlerweile hat er herausgefunden, daß sie die Frau seines Chefs ist...
Eigentlich war die Story als Vehikel für Lemmon und seine zweimalige Partnerin Shirley MacLaine konzipiert gewesen, doch dann schnitt man die weibliche Rolle auf Catherine Deneuve zu, die dem US-Publikum bis dato hauptsächlich durch ihre TV-Spots für Chanel-Parfum bekannt war. Der Film ist ein ebenso sympathischer wie altmodischer Versuch, die Gesellschaftskomödien der 30 und 40er Jahre wiederzubeleben, auf ganz entzückende Weise repräsentiert von Myrna Loy und Charles Boyer als älteres Ehepaar, das die frisch Verliebten durch seine Unkonventionalität beeindruckt. Obwohl kein komödiantisches Meisterwerk, überzeugt *Darling, laß dich scheiden* als optimistische Romanze durch pointierte Dialoge und den geballten Charme seines Ensembles.
Die Kritik reagierte freundlich, aber nicht überschwenglich, was seine Entsprechung an den Kinokassen fand. Die Deneuve konnte sich mit diesem Film in den USA nicht als Star etablieren, ebensowenig wie mit ihrem zweiten Versuch in dieser Richtung, STRASSEN DER NACHT. al

Darling Lili

Darling Lili. USA 1969 **R** Blake Edwards **B** Blake Edwards, William Peter Blatty **K** Russell Harlan **M** Henry Mancini **P** Blake Edwards für Paramount/ Geoffrey **L** 119 Min., Farbe **D** Julie Andrews, Rock Hudson, Jeremy Kemp, Lance Percival, Jacques Marin, André Maranne, Gloria Paul, Bernard Key

Julie Andrews wagte mit ihrer Rolle in *Darling Lili* einige kleine beherzte Vorstöße, um ihr jungfräuliches Image etwas verblassen zu lassen; so sieht man sie halbnackt in einer Kußszene mit Rock Hudson unter der Dusche, in einer anderen Sequenz legt sie vor begeisterten Soldaten einen kessen Strip (bei dem man natürlich nichts sieht) aufs Parkett.
Blake Edwards' farbenfrohes Spionage-Abenteuer spielt zur Zeit des I. Weltkrieges. Die englische Sängerin Lili (Andrews) kundschaftet für Deutschland die in Frankreich stationierten englischen Truppen aus und verliebt sich dabei in den feschen Major Larrabee (Hudson) - eine unvorhergesehene Entwicklung, die bald zu Mißverständnissen und Eifersüchteleien führt und am Schluß in einer Entführung mündet.
Gedreht in den Studios von Paris und Brüssel (die herrlichen Außenaufnahmen entstanden ebenfalls in Frankreich und Belgien), verschlang die Produktion annähernd 25 Millionen Dollar. Der größte Teil dieser Summe wurde für die aufwendigen Flugzeug-Rekonstruktionen ausgegeben, mit denen man die rasanten Schlachtsequenzen in der Luft gestaltete. Auch die vielen luxuriösen Sets und geschmackvollen Dekorationen dürften nicht billig gewesen sein.
Darling Lili wurde ein schrecklicher Mißerfolg, was zur Folge hatte, daß Blake Edwards dem Betrieb in Hollywood erst einmal für einige Zeit Lebewohl sagen mußte (1971 drehte er lediglich noch den Western MISSOURI). Immerhin hatte *Darling Lili* für ihn auch einen angenehmen Aspekt. Während der Dreharbeiten waren sich Edwards und Julie Andrews näher gekommen und heirateten kurze Zeit später. jg

Das passiert immer nur den anderen

Ca n´arrive qu´aux autres. Frankreich/Italien 1971 **R** Nadine Trintignant **B** Nadine Trintignant **K** William Lubtchansky **M** Michel Polnareff **P** Films 13/Marianne Prod. (Paris), Mars Film (Rom) **L** 90 Min., Farbe **D** Marcello Mastroianni, Catherine Deneuve, Serge Marquand, Dominique Labourier

Ein glücklich verheiratetes, wohlhabendes Paar (Mastroianni, Deneuve) wird durch den plötzlichen Tod des gemeinsamen Babys in eine tiefe Krise gestürzt. Sie isolieren sich von ihrer Umwelt, schließen sich ein und denken sogar an Selbstmord. Erst nach Wochen gehen sie wieder unter Menschen, versuchen, das Leben neu zu entdecken...
Für Regisseurin Nadine Trintignant war dieser Film eine Art persönlicher Exorzismus, denn er erzählt ihre eigene Geschichte: Sie und ihr Mann, der Schauspieler Jean-Louis Trintignant, hatten die gemeinsame Tochter im Alter von neun Monaten verloren. Nadines Bruder Serge Marquand spielt sich selbst, und die Baby-Poster, die Catherine Deneuve im Film aufhängt, zeigen Nadines Baby Pauline. Natürlich wurde der Vorwurf der Geschmacklosigkeit laut, doch im großen und ganzen zeigte man sich bewegt von dieser Art Schmerzbewältigung. *Ecran*: „Dieser Film des Leids und der Verzweiflung ist von herzzerreißender Schönheit - jeder Aufschrei, jedes Aufbegehren ist ein Sieg über Leid und Verzweiflung (der schmerzlich schönen Catherine Deneuve und dem in seiner Natürlichkeit erschütternden Marcello Mastroianni ist es gelungen, jede Star-Attitüde, jede Berufsmäßigkeit und Routine zu vermeiden).“
Der Film ist der erste des Paares Mastroianni/ Deneuve, die zur damaligen Zeit auch privat liiert waren - drei weitere sollten noch folgen. al

Das war der Wilde Westen

How the West Was Won. USA 1962 **R** Henry Hathaway, John Ford, George Marshall **B** James R. Webb, nach einer Serie der Illustrierten *Life* **K** Joseph LaShelle, Charles Lang jr., William Daniels, Milton Krasner, Harold Wellman **M** Alfred Newman **P** Bernard Smith für Metro-Goldwyn-

Mayer **L** 160 Min., Farbe **D** Carroll Baker, Lee J. Cobb, James Stewart, Henry Fonda, Carolyn Jones, Debbie Reynolds, Gregory Peck, Thelma Ritter, Karl Malden, John Wayne, George Peppard, Robert Preston, Richard Widmark, Walter Brennan

Unterteilt in fünf Episoden beschreibt dieses gewaltige Western-Epos den Weg einer Familie im Nordamerika der Jahre 1839 bis 1889. Die verschiedenen Handlungsstränge bieten Gelegenheit, fast sämtliche genretypischen Versatzstücke in den Film einzuflechten - Überquerung eines reißenden Flusses, Indianerangriffe, die großen Planwagentrecks nach Westen, die Entstehung der ersten Städte, die Schaufelraddampfer auf dem Mississippi, der Bürgerkrieg, losbrechende Büffelherden, der Bau der Eisenbahn usw...
Eine Produktion mit dem Anspruch, wirklich nichts von dem auszulassen, was den Wilden Westen zu dem machte, was er einst einmal war, nahm natürlich bei der Entstehung fast universelle Ausmaße an. 15 Millionen Dollar verschlangen die Dreharbeiten, die mit beeindruckenden Zahlen aufwarten konnten. Insgesamt waren 12.617 Menschen mit der Entstehung dieses Films beschäftigt. Für die Treck-Szenen wurden 630 Pferde, 150 Maultiere und 50 Ochsen vor die Planwagen gespannt, deren Zahl sich auf 107 belief, wobei viele extra von anderen Studios angemietet werden mußten. *Das war der Wilde Westen* wurde im komplizierten Cinerama-Verfahren (eine Art Steigerung des CinemaScope-Formats) gedreht. Drei Kameras nahmen gleichzeitig aus jeweilig voneinander kurz versetzter Perspektive das Geschehen auf. Drei Projektoren waren bei der Vorführung notwendig, damit aus den drei Filmen zusammen das beeindruckende Panoramabild entstehen konnte.
Neben all dem technischen Aufwand wies der Film ferner eine hochkarätige Starbesetzung auf. Sämtliche US-Schauspieler von Rang und Namen schienen sich unter der Regie der drei bewährten Western-Filmemacher Hathaway, Ford und Marshall vor den Kameras versammelt zu haben.
Bei den Oscar-Feierlichkeiten gewann *Das war der Wilde Westen* für das Drehbuch, den Ton (Franklin E. Milton) und den Schnitt (Harold F. Kress) die begehrte Auszeichnung. Anders als die zur damaligen Zeit als Konkurrenz angesehene 20th-Century-Fox-Produktion CLEOPATRA erwies sich das pompöse Westernepos durchaus als Kassenmagnet und spielte die enorme Summe von 50 Millionen Dollar ein. jg

Das war Roy Bean

The Life and Times of Judge Roy Bean. USA 1972 **R** John Huston **B** John Milius **K** Richard Moore **M** Maurice Jarre **P** John Foreman für First Artists **L** 105 Min. (Originalfassung 120 Min.), Farbe **D** Paul Newman, Jacqueline Bisset, Ava Gardner, Tab Hunter, John Huston, Stacy Keach, Anthony Perkins, Ned Beatty

Hustons zweiter und letzter Western nach DENEN MAN NICHT VERGIBT ist nach den Aussagen des Regisseurs ein „barbarischer“ Film. Grundlage für Hustons Werk war der Film IN DIE FALLE GELOCKT seines alten Freundes William Wyler, der auch vom legendären Roy Bean handelt, damals mit Walter Brennan und Gary Cooper in den Hauptrollen. Zu der Zeit, als Huston mit seinem Projekt begann, war in Hollywood ein Remake des Wyler-Filmes in Planung. Don Siegel sollte dabei Regie führen, für die Rolle des Richters war Jack Lemmon vorgesehen, in einer weiteren Hauptrolle wollte man Bill Cosby engagieren. Allerdings wurde dieser Plan aufgegeben, als man erfuhr, daß sich Huston schon der Roy-Bean-Thematik angenommen hatte.
Besagter Roy Bean war eigentlich ein berüchtigter Bandit, der um die Jahrhundertwende gelebt hat. Zu seinem Ruhm kam Bean allerdings erst, als er sich kurzerhand zum Friedensrichter von Pecos County, Texas, ernannte und mit seiner eigenwilligen Rechtssprechung für Aufsehen sorgte. Zwar zeigt Huston nicht die authentische Geschichte des Richters, der Film basiert aber auf einigen überlieferten Erzählungen.
Neben einem beeindruckenden Staraufgebot konnte Huston als Drehbuchautor John Milius gewinnen, der später mit Filmen wie JAGD AUF DILLINGER, DER WIND UND DER LÖWE und nicht zuletzt CONAN DER BARBAR als Regisseur für Aufsehen sorgte. Huston selbst, von seinem neuesten Projekt begeistert, ließ es sich nicht nehmen, auch selbst in seinem Film aufzutreten. Die Begeisterung des Regisseurs wurde nicht uneingeschränkt geteilt, die abstruse, manchmal etwas verworrene Handlung fand nicht nur Anerkennung. Trotzdem wurden die 4 Millionen Dollar Produktionskosten wieder eingespielt, wofür nicht zuletzt Paul Newman als Zugpferd des Filmes verantwortlich war. Hustons gute Laune während der Dreharbeiten übertrug sich auch auf sein Privatleben. Er heiratete noch am Set zum fünften Mal. dk

Dauernd Ferien

Permanent Vacation. USA 1982 **R** Jim Jarmusch **B** Jim Jarmusch **K** James A. Lebovitz, Thomas Dicillo **M** Jim Jarmusch, John Lurie, Earl Bostic **P** Jim Jarmusch für Cinesthesia Prod. **L** 75 Min., Farbe **D** Chris Parker, Leila Gastil, John Lurie, Richard Boes, Sara Driver

Ein Road-Movie, bei dem der Hauptdarsteller die meiste Zeit zu Fuß geht. Jim Jarmuschs Film-Debüt, mit einem Mini-Budget auf 16 mm gedreht, ließ in den Augen der Kritiker „schon einiges an Talent und kinemato-graphischem Auge erkennen“, beschränkt sich aber noch zu sehr auf „die Ansprüche der Filmhochschule“.
Jarmusch, der an der Uni von New York studiert hatte, sollte schon bald darauf die Kritiker vollends überzeugen. Zwei Jahre später drehte er mit STRANGER THAN PARADISE einen Film, der John Lurie als einen der interessantesten Schauspieler der letzten Jahre vorstellte (in *Dauernd Ferien* beschränkt sich der Auftritt des Multi-Talents aufs Saxophon spielen).
Aloysious Parker (Chris Parker) lebt in Lower Manhattan, besser gesagt er durchstreift es. Ohne Zukunft oder konkretes Ziel bewegt er sich immer weiter vorwärts, besucht seine Freundin und seine Mutter und wächst in einem eigenen Kulturkreis auf. Am Ende seiner rastlosen Wanderung kehrt er den dreckigen Straßen den Rücken, um sich nach Europa aufzumachen. dk

Dave - Zuhaus in allen Betten

Sinful Davey. Großbritannien 1969 **R** John Huston **B** James R. Webb, nach dem Buch *The Life of David Haggart* von David Haggart **K** Freddie Young, Edward Scaife **M** Ken Thorne **P** William N. Graf für United Artists **L** 95 Min., Farbe **D** John Hurt, Pamela Franklin, Nigel Davenport, Ronald Fraser, Robert Morley, Fidelma Murphy, Maxine Audley, Fionnuala Flanagan

Dave - Zuhaus in allen Betten ist ein Film, der sich in seinen Grundzügen stark an der erfolgreichen Banditenballade TOM JONES orientierte, die 1963 mit großem Erfolg in den Kinos angelaufen war.
Die Kritiker konnten sich nach den ersten Pressevorführungen zwar mit der guten Besetzung und der intelligenten Geschichte, nicht aber mit John Hustons Regie anfreunden, die sie als „lethargisch“ bezeichneten. Noch während der Dreharbeiten war Hustons Frau bei einem Autounfall getötet worden, worauf sich sicherlich zum Teil das Desinteresse und die mangelnde Inszenierungskraft des Regisseurs zurückführen lassen.
Die Geschichte spielt im Schottland des Jahres 1820 und schildert in farbenfrohen Bildern die Diebeszüge des jungen Dave (dargestellt von John Hurt in seiner ersten Hauptrolle). Dieser hat es vor allem auf das Geld des Duke of Argyll (Morley) abgesehen, den er während eines prunkvollen Festes beraubt. Dank seiner zahlreichen Freunde gelingt es Dave, stets dem Galgen zu entkommen.
Trotz des köstlichen, sehr britisch agierenden Robert Morley und der herrlichen Landschaftsaufnahmen (gedreht wurde nicht in Schottland, sondern in Irland) wurde der Film an der Kinokasse zu einem finanziellen Debakel. Mag *Sinful Davey* zwar nicht gerade zu John Hustons großen Werken gehören, so würde man dem Film und seinen Beteiligten jedoch Unrecht tun, ihn unter den Tisch fallen zu lassen. Unterhaltungswert besitzt er allemal. jg

David

David. BRD 1979 **R** Peter Lilienthal **B** Peter Lilienthal, Jurek Becker, Ulla Ziemann, nach Motiven des Buches *Den Netzen entronnen* von Joel

König **K** Al Ruban **M** Wojciech Kilar **P** Peter Lilienthal, Joachim von Vietinghoff für Project/FFFAT/ZDF **L** 125 Min., Farbe **D** Mario Fischel, Walter Taub, Irena Vrkljan, Eva Mattes, Dominique Horwitz, Torsten Henties, Rudolf Sellner

David war der erste deutsche Spielfilm seit dem Jahr 1956, der im Rahmen der Berliner Filmfestspiele mit den Goldenen Bären ausgezeichnet wurde. Außerdem erhielt er zwei Bundesfilmpreise für den Besten Film und Besten männlicher Darsteller (Walter Traub). Der *Motion Picture Guide* bezeichnete ihn als „deutsche Antwort" auf die US-Fernsehserie *Holocaust*. Das jedoch will *David* mit Sicherheit nicht sein.
Wo *Holocaust* sich bemüht, die unfaßbaren Greueltaten der Nazis und deren Auswirkungen auf eine einzelne Familie in ihrer Gesamtheit darzustellen, beschränkt sich Lilienthals Film auf die Geschichte eines einzelnen. Das Drehbuch orientierte sich dabei eng an den Tagebuchaufzeichnungen von Joel König, so daß sich die sehr persönlich gehaltene Dramaturgie dementsprechend auf die Inszenierung des Filmes auswirkt. Viele Kritiker warfen Lilienthal wegen dieser eingeschränkten Sichtweise auch eine Verharmlosung des Themas vor. Der Zuschauer erfährt nicht viel mehr über die Vorgänge als der Protagonist selbst. David (Fischel) beobachtet als Sohn eines Rabbiners das Aufziehen des Nationalsozialismus; er erlebt die ersten anitsemitischen Demonstrationen, die Reichskristallnacht und die Deportation seiner Eltern. Mit einem gefälschten Ausweis gelingt es ihm, in einer Fabrik zu arbeiten und 1943 aus Deutschland zu entkommen.
David benötigt nicht die ausführliche Darstellung von Massenmorden und Vergasungsaktionen, um der Thematik der Judenvernichtung gerecht zu werden und die beabsichtigte Betroffenheit beim Publikum auszulösen. Der Film bleibt erfreulich unaufdringlich, ohne jedoch kalt zu lassen. jg

David Copperfield

David Copperfield. USA 1935 **R** George Cukor **B** Howard Estabrook, Hugh Walpole, nach dem Roman von Charles Dickens **K** Oliver T. Marsh **M** Herbert Stothart **P** David O´Selznick für Metro-Goldwyn-Mayer **L** 132 Min., s/w **D** Freddie Bartholomew, W. C. Fields, Lionel Barrymore, Maureen O´Sullivan, Magde Evans, Edna May Oliver, Lewis Stone, Frank Lawton, Elizabeth Allan, Basil Rathbone, Roland Young

Wieder einmal entpuppte sich MGM-Chef Louis B. Mayer als großer Skeptiker, nachdem ihm O´Selznick seine Pläne zur Verfilmung des berühmten Dickens-Romans *David Copperfield* mitgeteilt hatte. Seiner Meinung nach konnte die Leinwand-Adaption dieses populären Buches nur unbefriedigend ausfallen.
Vor allem dem Autorenteam Estabrook und Walpole war es zu verdanken, daß die breit angelegte Lebensgeschichte logisch und bruchlos in einen 132minütigen Spielfilm umgesetzt werden konnte. Regisseur Cukor, der sich mit der *Copperfield*-Verfilmung endgültig den Namen eines Spezialisten für literarische Stoffe machte, lieferte seinen Teil, die atmosphärische Dichte des Romans in angemessener Weise auf die Leinwand zu übertragen. Schon vier Jahre vor VOM WINDE VERWEHT sollte O´Selznick die nervenaufreibende Suche nach einem passenden Hauptdarsteller erleben. In England wurde Cukor schließlich auf den jungen Freddie Bartholomew aufmerksam. Um Selznick von der Richtigkeit seiner Wahl zu überzeugen, ließ er den Jungen im Filmkostüm in dessen Büro führen und ihn sagen: „Mr. Selznick, ich bin David Copperfield, Sir", worauf Selznick antwortete: „Du bist der Richtige."
Bei anderen Schauspielern kam es während der Vorbereitungen zu regelrechten Identitätskrisen. Charles Laughton, der eigentlich für die Rolle des Micawber vorgesehen war (den Part spielte dann in unvergeßlicher Weise W. C. Fields), hatte solche Probleme mit der Darstellung dieser Figur, daß er fast zusammenbrach und schließlich entnervt aufgab. Zu kleinen Tragödien entwickelten sich die Szenen zwischen Bartholomew und Basil Rathbone, der David Copperfields abgrundtief bösen Stiefvater verkörperte. Die beiden verstanden sich so gut, daß die Inszenierung der Prügelszenen für sie zu einer Qual wurde. Nach dem Ende jeder Aufnahme lagen sich beide einander tröstend in den Armen.
David Copperfield wurde bei Kritik und Publikum gleichermaßen zu einem überragenden Erfolg, kam aber aufgrund der Präsenz anderer hochrangiger Filme der Saison 1935 wie MEUTEREI AUF DER BOUNTY oder EIN SOMMERNACHTSTRAUM nicht über seine drei Oscar-Nominierungen in den Sparten „Bester Film", „Beste Regie-Assistenz" (Joseph Newman) und „Bester Schnitt" (Robert J. Kern) hinaus. jg

David und Bathseba

David and Bathseba. USA 1951 **R** Henry King **B** Philip Dunne, nach dem 2. Buch Samuel des Alten Testaments **K** Leon Shamroy **M** Alfred Newman **P** Darryl F. Zanuck für 20th Century-Fox **L** 115 Min., Farbe **D** Gregory Peck, Susan Hayward, Raymond Massey, Kieron Moore, James Robertson Justice

Eines der besseren von zahlreichen Bibel-Epen, die nach dem Erfolg von SAMSON UND DELILAH die Leinwände überfluteten und durch das neue CinemaScope-Breitwandverfahren (ab 1953) den passenden Rahmen für ihren kolossalen Aufwand an Menschen und Material geboten bekamen. Fox legte sehr viel Wert darauf, kein weiteres Spektakel, sondern eine bibelgetreue Geschichtsrekonstruktion zu filmen und sparte nicht an authentischen Details. Doch die Geschichte vom König David (Peck) und seiner unmöglichen Liebe zur Frau eines seiner Offiziere (Hayward) ist natürlich alles andere als trockener Geschichtsunterricht, obwohl die großangekündigte Badeszene der Hayward als Enttäuschung bezeichnet werden muß.
Das Drehbuch von Philip Dunne verarbeitet Episoden aus dem 11. Kapitel des 2. Buches Samuel und konzentriert sich dabei auf die tragische Romanze der beiden Titelfiguren, die am Ende für ihre Sünden büßen müssen. Am besten gelungen ist der Schlußteil: David betet vor der Bundeslade um Vergebung und erinnert sich an seine Jugend und an seinem Kampf mit Goliath, durch den er einst die Juden rettete.
Von der Kritik wurde *David und Bathseba* zwiespältig beurteilt, das Publikum jedoch war begeistert. Der Film erhielt fünf Oscar-Nominierungen für Drehbuch, Kamera, Kostüme (Edward Stevenson), Ausstattung (Lyle Wheeler, George Davis, Thomas Little, Paul S. Fox) und Musik. al

David und Goliath

David e Golia. Italien 1959 **R** Richard Pottier, Ferdinando Baldi **B** V. Scarpelli, G. Mangini, A. Molteni **K** Adalberto Albertini **M** Carlo Innocenzi **P** Nando Pisani für Cineriz **L** 96 Min., Farbe **D** Ivo Prayer, Kronos, Orson Welles, Giulia Rubini, Eleonora Rossi-Drago, Pierre Cressoy, Massimo Serato

Ein ziemlich abstrus konstruierter Monumentalfilm aus Italien, der als Konkurrenz zu Hollywood entstand, jedoch in keiner einzigen Szene an die Qualität der amerikanischen Vorbilder heranreicht.
Basierend auf der biblischen Vorlage wird der Kampf des jungen David (Prayer) gegen den übermächtigen Goliath (Kronos) beschrieben, der bekanntlich mit dem Sieg des Schwächeren endete und David zum König machte. Die Verleihfirma pries *David und Goliath* sogar als „zweistündigen Geschichtsunterricht" an, doch diese Bezeichnung ist maßlos übertrieben. Der biblische Stoff dient

sey wird zunächst als Mörder beschuldigt, dann jedoch von einem gewissenlosen Polizeibeamten (Lauter) unter der Bedingung entlassen, auf den Straßen „aufzuräumen". Der in jeder Hinsicht miserabel gemachte Film reitet so schamlos auf den Erfolgen seiner Vorgänger, daß er sich nicht einmal die Mühe gibt, die Brutalitäten seines „Helden" zu motivieren. War Bronsons Charakter im ersten Film noch halbwegs glaubhaft, so wird der mittlerweile 65jährige hier beinah zur Parodie seiner selbst, wenn er schwerbewaffnet duch die Straßen streift und scharenweise Gang-Mitglieder von den Dächern schießt. Die New Yorker East Side sieht aus wie die Kulisse zu einem Endzeit-Thriller à la MAD MAX. Die rücksichtslose Propagierung von Selbstjustiz erhielt noch Nahrung durch den Subway-Schützen Bernhard Goetz, der 1984 vier schwarze Jugendliche anschoß, die ihn angeblich ausrauben wollten. Ein großer Teil der amerikanischen Öffentlichkeit zollte diesem Akt der „Selbstverteidigung", der nach Auskunft der Produzenten das Drehbuch „durchaus beeinflußte", lauthals Beifall.
Die Kritik verdammte *Death Wish III* in Grund und Boden (*L.A.Times*: „Ein niedriges, zynisches Stück Mist"), doch es half nichts. Paul Kersey kehrte zurück in DAS WEISSE IM AUGE. al

Decameron

Il decameron/Le decameron/Decameron. Italien/Frankreich/BRD 1970 **R** Pier Paolo Pasolini **B** Pier Paolo Pasolini, nach acht Novellen von Giovanni Boccaccio **K** Tonino Delli Colli **M** Pier Paolo Pasolini, Ennio Morricone **P** Alberto Grimaldi für P.E.A. (Rom), Artistes Associés (Paris), Artemis (Berlin) **L** 111 Min., Farbe **D** Franco Citti, Ninetto Davoli, Angela Luce, Patrizia Caparelli, Jovan Jovanovic, Pier Paolo Pasolini

Dieser nach der Novellensammlung des florentinischen Dichters Giovanni Boccaccio (1313-1375) entstandene Episodenfilm ist der erste Teil einer „Trilogie des Lebens", in der Pasolini erotische Motive klassischer Autoren in Szene setzte, und die ihre Fortsetzung mit PASOLINIS TOLLDREISTEN GESCHICHTEN und EROTISCHE GESCHICHTEN AUS 1001 NACHT fand. *Decameron* besteht aus acht der insgesamt hundert Novellen, die sich allesamt um Liebe und Sexualität drehen. Die Übergänge zwischen den einzelnen Episoden sind fließend, und ab und zu tritt Pasolini selbst, als eine Art Bindeglied, in der Rolle des Malers Giotto auf, von dessen Werk er sich beim Bildaufbau inspirieren ließ.
Die Kritik reagierte auf dieses erotische Panoptikum überrascht bis ablehnend, man warf dem Regisseur vor, sich mit der freizügigen Darstellung mittelalterlichen Sinnesfreuden an die Sexfilmwelle der frühen 70er Jahre anhängen zu wollen. Auf den Berlinale erhielt *Decameron* 1971 den Silbernen Bären. al

Dein Schicksal in meiner Hand

The Sweet Smell of Success. USA 1957 **R** Alexander Mackendrick **B** Clifford Odets, Ernest Lehman, nach der Kurzgeschichte *Tell Me About It Tomorrow* von Lehman **K** James Wong Howe **M** Elmer Bernstein **P** James Hill für Hecht-Hill-Lancaster Prod. **L** 96 Min., s/w **D** Burt Lancaster, Tony Curtis, Susan Harrison, Martin Milner, Sam Levene, Barbara Nichols, Jeff Donnell, Joseph Leon, Edith Atwater

Während Burt Lancaster freudestrahlend und selbstzufrieden zur Premiere des Films anrückte, machte Harold Hecht, Teilhaber der Produktionsfirma, keinen Hehl aus seinem Mißfallen über das Projekt. Er gab zu, den Film zu hassen und wünschte sich, er sei niemals gedreht worden.
Das erste Mal in seiner Karriere spielte Lancaster einen abgefeimten und niederträchtigen Charakter, vor dem man im Laufe der Handlung jeden Respekt verliert. In der Figur des Pressezaren J. J. Hunsecker sorgt er dafür, das Leben mißliebiger Personen zu zerstören. Despotisch wacht er über seine Schwester (Harrison), die er abgöttisch liebt und vor der Ehe mit einem Jazzmusiker bewahren möchte. Um dies zu erreichen, bedient er sich der hinterhältigen Handgriffe seines ihm hündisch ergebenen Handlangers Falco (Curtis).
Dein Schicksal in meiner Hand ist in jeder Hinsicht ein höchst unbequemer Film. Das schillernde Flair des New Yorker Broadway, sonst Gegenstand glamourhafter Glorifizierungen, entpuppt sich hier als verlogene Scheinwelt, bevölkert mit zwielichten Figuren ohne Anstand und Wertvorstellungen. Alexander Mackendrick (u.a. Regisseur der schwarzen Komödie LADYKILLERS) drehte zum ersten Mal außerhalb Englands und setzte mit diesem eiskalten und düsteren Film dem US-Publikum etwas vor, das so gar nicht in das lupenrein saubere Bild der großen amerikanischen Nation paßte. Dementsprechend zurückhaltend reagierten die Zuschauer. jg

Deine, meine, unsere

Yours, Mine and Ours. USA 1968 **R** Melville Shavelson **B** Melville Shavelson, Mort Lachman, nach einer Story von Madelyn Davis, Bob Carroll jr. **K** Charles F. Wheeler M Fred Karlin **P** Robert Blumofe für Desilu- Walden/United Artists **L** 111 Min., Farbe **D** Lucille Ball, Henry Fonda, Van Johnson, Louise Troy

Die Idee, eine Komödie um einen Witwer und Vater von zehn Kindern zu drehen, der eine Witwe mit acht Kindern heiratet und mit ihr zusammen weiteren Nachwuchs zeugt, wirkt reichlich an den Haaren herbeigezogen, basiert jedoch auf Tatsachen. Henry Fonda spielt diesen Frank Beardsley, einen Offizier der U.S. Navy, der seinem weiblichen Pendant, der Krankenschwester Helen North (Ball), im Supermarkt über den Weg läuft. Franks Kollege (Johnson) leiert zwischen den beiden eine Romanze an, die vor dem Traualtar endet, doch die Gestaltung eines gemeinsamen Haushaltes erweist sich als schwierig...
Lucille Ball, beliebte Komödiantin und Star ihrer eigenen TV-Show *I Love Lucy*, war die treibende Kraft hinter diesem Projekt, das von ihrer Produktionsgesellschaft Desilu mitfinanziert wurde. Sie hatte Fred Mac Murray als ihren Partner vorgesehen, der jedoch aus Termingründen absagen mußte. Komödien-Spezialist Melville Shavelson hütete sich wohlweislich davor, sein authentisches Material überzustrapazieren und führte mit sicherer Hand Regie, wenn auch der patriotische Schluß einen faden Nachgeschmack hinterläßt. Den Film tragen jedoch hauptsächlich die beiden Alt-Stars Ball und Fonda, über die *Life* meinte: „Die beiden müssen nicht im Bett gezeigt werden, um uns zu überzeugen, daß sie wissen, was sie dort zu tun haben. Diese Profis können in einem Blick oder einer Geste mehr über Liebe aussagen, als eine Menge Newcomer mit zehn Seiten Dialog oder fünf Minuten atemloser Sexual-Akrobatik." al

Deine Zeit ist um

Behold a Pale Horse. USA1964 **R** Fred Zinnemann **B** J.P. Miller, nach dem Roman *Killing a Mouse on Sunday* von Emeric Pressburger **K** Jean Badal **M** Maurice Jarre **P** Fred Zinnemann für Highland-Brentwood Prod./Columbia **L** 118 Min., Farbe **D** Gregory Peck, Anthony Quinn, Omar Sharif, Mildred Dunnock, Raymond Pellegrin, Paolo Stoppa, Daniela Rocca, Christian Marquand

Fred Zinnemanns düsteres Drama um ideologische Gegensätze im spanischen Bürgerkrieg basiert auf einem Roman des aus Ungarn stammenden Produzenten und Regisseurs Emeric Pressburger, der lange Jahre sehr erfolgreich in England mit Michael Powell zusammenarbeitete.
Die Handlung dreht sich um Manuel Artiguez (Peck), einen ehemaligen Widerstandskämpfer im spanischen Bürgerkrieg, der zwanzig Jahre nach dessen Beendigung im südfranzösischen Exil lebt. Als er Nachricht von seiner Mutter erhält, die in Pamplona im Sterben liegt, ahnt er, daß sein alter Gegner Vinolas (Quinn) ihm eine Falle stellen will, begibt sich aber trotzdem in seine Heimatstadt.
Der Film beginnt mit Dokumentaraufnahmen über das Ende dės Bürgerkrieges, in die sehr geschickt Gregory Peck einmontiert wurde, der wie alle anderen seine Waffen abgeben muß. Seine Figur ist ein Relikt aus vergangener Zeit, die sich mit den neuen Realitäten nicht abfinden kann und schließlich den Märtyrertod wählt. Gregory Peck ist als Spanier nicht ganz glaubhaft, doch Anthony Quinn ist hervorragend als brutal-öliger Polizeichef. Omar Sharif, der einen Priester spielt, nimmt zwischen diesen beiden Kontrahenten eine Art Vermittlerrolle ein. Die spanische Regierung versagte der Produkti-

on übrigens jegliche Unterstützung, nachdem sich Zinnemann geweigert hatte, eine bestimmte Zeile aus dem Script zu entfernen, so daß die Außenaufnahmen nördlich der Pyrenäen geschossen werden mußten. *Deine Zeit ist um* ist visuell und technisch brillant gemacht, doch die dramatische Substanz wurde von vielen Kritikern als etwas dürftig und die Geschichte als altmodisch bezeichnet. Auch beim Publikum kam der Film nicht an. al

Delinquents

The Delinquents. Australien 1989 **R** Chris Thomson **B** Clayton Frohman, Mac Gudgeon, nach einer Novelle von Criena Rohan **K** Andrew Lesnie **M** Miles Goodman **P** Alex Cutler, Michael Wilcox für Village Roadshoow Pictures / Warner Bros. **L** 107 Min., Farbe **D** Kylie Minogue, Charlie Schlatter, Bruno Lawrence, Todd Boyce, Desiree Smith, Angela Punch-McGregor

1957 in einem australischen Provinznest: Wie so ziemlich überall auf der Welt machen die ansässigen Jugendlichen, in Anlehnung an die zeitgenössischen Helden aus Musik und Film, eine rebellische Feststellung: *Wir sind jung und wollen frei sein* - so auch der sinnige Untertitel der deutschen Synchronfassung.
Zwei besonders hübsche Teenies (aus diesem Grunde wohl auch die Protagonisten) entdecken in diesem Klima ihre Gemeinsamkeiten: beide interessieren sich für Bücher und Rock'n'Roll, beide haben fürchterlich spießige Monster-Eltern und beide lieben es, ihre Unterwäsche in aller Öffentlichkeit zur Schau zu tragen.
Natürlich haben die schrecklichen Erwachsenen keinerlei Verständnis für ihre gegenseitige Zuneigung und so macht sich die australische Romeo- und- Julia- Entsprechung auf den Weg in die nächstgelegene Großstadt. Eine Abfolge von tragischen Trennungen und fröhlichen Wiedersehen bringt den Film handlungsmäßig über die Runden. Gegen Ende haben beide die langersehnte Volljährigkeit erreicht und so steht einer - natürlich total rebellischen - Hochzeit nichts mehr im Wege...
Chris Thomsons *Delinquents* schließt nahtlos an die massenhafte Produktion von Teenagerfilmen in den 50er Jahren an. Ohne jegliche ironische Brechung wird Klischee an Klischee gereiht, so daß der Eindruck entsteht, der Regisseur habe die letzten dreißig Jahre schlichtweg verschlafen. dh

Delta Force

Delta Force. USA 1985 **R** Menahem Golan **B** James Bruner, Menahem Golan **K** David Gurfinkel **M** Alan Silvestri **P** Menahem Golan, Yoram Globus **L** 129 Min., Farbe **D** Chuck Norris, Lee Marvin, Martin Balsam, Robert Forster, Hanna Schygulla, George Kennedy, Susan Strasberg, Robert Vaughn, Shelley Winters, Bo Svenson

Als die Amerikaner im Jahr 1981 ihre im Iran gefangengehaltenen Botschaftsangehörigen befreien wollten, endete diese militärische Aktion mit einem furchtbaren Desaster. Um ähnliche Blamagen bei späteren Einsätzen zu vermeiden, wurde die Spezialeinheit Delta Force ins Leben gerufen, deren Hauptaufgabe seitdem in der Bekämpfung des internationalen Terrorismus liegt.
Mit einem pyrotechnischen Auftakt sondergleichen (280 Techniker wurden mit Scheinwerfern, Kameras und brennenden Hubschraubern im israelischen Palmahim auf Trab gehalten) greift der Film auf dieses authentische Ereignis zurück, um dann die Spezialeinheit Delta Force beim Einsatz gegen eine Bande von Flugzeugentführern zu zeigen.
Die Dreharbeiten begannen Mitte September 1985 und beschränkten sich trotz der im Skript vorgesehenen internationalen Schauplätze allein auf Israel. Zu diesem Zweck mußten zwei Flugplätze abwechselnd mit verschiedenen Kulissen umgeben werden, um die Odyssee der entführten Maschine von Beirut, über Athen nach Algier glaubhaft darzustellen. Die Szenen, die in der Trümmerwüste Beiruts spielen sollen, entstanden in der Altstadt von Jaffa.
Ein zwar hochkarätig besetzter Action-Reißer, der jedoch durch seine einseitigen politischen Ansichten und genüßlich ausgespielten Gewaltdarstellungen verärgert. jg

Eine demanzipierte Frau

Plenty. USA 1985 **R** Fred Schepisi **B** David Hare, nach seinem Bühnenstück **K** Ian Baker **M** Bruce Smeaton **P** Edward R. Pressman und Josepf Papp für RKO Pictures **L** 124 Min., Farbe **D** Meryl Streep, Sam Neill, John Gielgud, Tracy Ullman, Sting, Charles Dance

Die Bedeutung des katastrophalen deutschen Titels sucht man vergeblich im Duden. Der Zuschauer tappt im Dunkeln, was den deutschen Verleih zu einer derart mißlungenen Wortkonstruktion getrieben haben kann. Der Originaltitel, der soviel wie „reichlich, im Überfluß" bedeutet, läßt sich da schon eher aus der Handlung ableiten.
Erzählt wird die Geschichte der lebenshungrigen britischen Ex-Agentin Suzan Traherne (Streep), die in der Résistance gegen die Deutschen gekämpft hat und, zwanzigjährig, nach Ende des Zweiten Weltkrieges nach Großbritannien zurückkehrt. Sie hat, beruflich wie sexuell, reichlich Erfahrungen gesammelt, so daß sie jetzt in der paradoxen Situation steckt, das Leben zwar noch vor sich, die Höhepunkte aber schon hinter sich zu haben. Im miefigen Nachkriegs-England ist ihr Abstieg - kühn mit „Demanzipation" übersetzbar - vorgezeichnet; ihre Umgebung kann mit ihr und ihren Erfahrungen nicht umgehen. Egozentrisch und leidenschaftlich macht sie sich, allerdings vergeblich, auf die Suche nach Liebe und Geborgenheit. So ruiniert sie schließlich durch hysterische Eskapaden auch ihre Ehe mit dem langweiligen und typisch britischen Diplomaten Brock (Dance), der seine Frau zu keiner Zeit begriffen oder durchschaut hat. Am Ende driftet Suzan - unfähig, ihre Ideale zu verwirklichen oder zumindest ihrer Gefühle Herr zu werden - in den Wahnsinn ab.
Meryl Streep, international gefeiert seit ihrer Erfolgsrolle der Tania Blixen in JENSEITS VON AFRIKA, verkörpert die Hauptperson und ihren Niedergang, der eine 20jährige Spanne umfaßt, mit Brillanz und Bravour; auch der übrige Stab - beispielsweise Rock-Star Sting in einer Nebenrolle - spielt vortrefflich. *Eine demanzipierte Frau* ist nach WETHERBY die zweite Verfilmung einer literarischen Vorlage von Erfolgsautor Hare, kommt an deren Erfolg und Qualität allerdings nicht heran: Zu melodramatisch gerät manche Sequenz, zu chaotisch sind die kaum nachvollziehbaren zeitlichen Sprünge. Von der sarkastischen Raffinesse der Theatervorlage geht dadurch einiges verloren. „Was als ein um Lebenssinn ringendes Frauenportrait angelegt ist, erscheint nur noch als vorgeschobenes Argument, um eine historisch motivierte, farbenfrohe Bildergeschichte zu feiern." *(epd Film)* sk

Dementia 13

Dementia 13. USA 1963 **R** Francis Ford Coppola **B** Francis Ford Coppola **K** Charles Hannawalt **M** Ronald Stein **P** Roger Corman für Filmgroup Inc. **L** 81 Min., s/w **D** William Campbell, Luana Anders, Bart Patton, Mary Mitchel, Patrick Magee

Francis Ford Coppolas erste Regie-Arbeit für das Mainstream-Kino, sieht man einmal

von dem Nackedei-Western *Das gibt es nur im Wilden Westen* ab, ist ein brutaler Horror-Film aus der Filmschmiede von Roger Corman. Der hatte sich mit seinem Produktionsteam gerade in Irland befunden, um die Aufnahmen zu seinem *The Young Racers* zu beenden, und erlaubte Coppola, der bei diesem Film als Tonmann gearbeitet hatte, für 22.000 $ ein Drehbuch zu verfilmen, das in den Drehpausen entstanden war.
Die Handlung dreht sich um eine verrückte irische Familie, die ihr leibliches Wohl durch einen mysteriösen Axt-Mörder bedroht sieht, der offensichtlich auf die nicht unbeträchtliche Erbschaft aus ist.
Obwohl handwerklich teilweise unbeholfen, weist *Dementia 13*, besonders in der Komposition der Schwarzweiß-Aufnahmen und im Schnitt, Andeutungen von Coppolas späterer Meisterschaft auf. Der damalige Filmstudent orientierte sich an Filmen wie PSYCHO und baute zahlreiche Zitate der Filmgeschichte in die Handlung ein, was, zusammen mit der ironischen, augenzwinkernden Distanz zu seinem Material, die zahlreichen, mitunter recht grobschlächtigen Schockelemente erträglich macht. al

Denen ist nichts heilig

Nothing Sacred. USA 1937 **R** William Wellman **B** Ben Hecht, Ring Lardner jr., Budd Schulberg, nach der Geschichte *Letter to the Editor* von William Street **K** W. Howard Greene **M** Oscar Levant **P** David. O. Selznick für Selznick International Pictures/United Artists **L** 75 Min., Farbe **D** Carole Lombard, Fredric March, Charles Winninger, Walter Connolly, Sig Ruman

Eine herrlich schwarze Komödie aus der Feder von Ben Hecht, der schon in seinem oft verfilmten Bühnenstück *The Front Page* die Machenschaften der Sensationspresse und die Leichtgläubigkeit ihrer Leserschaft aufs Korn genommen hatte. Carole Lombard spielt die Kleinstädterin Hazel Flagg, der von einem unter Alkoholeinfluß stehenden Arzt fälschlicherweise eine tödliche Radium-vergiftung diagnostiziert wird. Den nahen Tod vor Augen, äußert sie den Wunsch, noch einmal in ihrem Leben New York zu sehen, der von einer großen Zeitung mit entsprechendem Rummel erfüllt wird. Als Hazel und ihre Vermarkter den Irrtum entdecken, fahren sie mit ihrer Ausschlachtungskampagne unbekümmert fort...
Denen ist nichts heilig wurde von Regisseur Wellmann in atemberaubendem Tempo inszeniert und zeichnet sich vor allem durch pointierte Dialoge und absolut bissigen Humor aus. Carole Lombard liefert eine umwerfend komische Darstellung in dieser für sie maßgeschneiderten Rolle, und Fredric March ist als findiger Reporter erstaunlich entspannt. Der ständige Schlagabtausch zwischen den beiden erreicht einen Höhepunkt in der berühmt gewordenen Szene, als er seine Partnerin mit einem rechten Haken für die Untersuchung mißtrauischer Mediziner „präpariert".
Der Film diente als Vorlage für ein Bühnen-Musical (*Hazel Flagg*) und 1954 für ein Jerry Lewis/Dean Martin-Vehikel mit dem Titel DER SYMPATHISCHE HOCHSTAPLER. al

Denen man nicht vergibt

The Unforgiven. USA 1960 **R** John Huston **B** Ben Maddow, nach einem Roman von Alan LeMay **K** Franz Planer **M** Dimitri Tiomkin **P** James Hill für Hecht-Hill-Lancaster Prod. **L** 121 Min., Farbe **D** Burt Lancaster, Audrey Hepburn, Audie Murphy, Lillian Gish, John Saxon, Doug McClure, Charles Bickford, Albert Salmi, Joseph Wiseman

„Einige meiner Filme lassen mich kalt, aber *The Unforgiven* ist der einzige, den ich nicht mag." Das war John Hustons Meinung zu dem ersten (lediglich ein weiterer sollte folgen) Western seiner Regie-Laufbahn. Die amerikanischen Zuschauer, gewöhnt an die konventionellen Western jener Zeit, bekamen einen Film vorgesetzt, der für sie den Grad an zumutbarer Gewalt deutlich überschritt und in diesem Zusammenhang zusätzlich durch eine Besetzung wie Audrey Hepburn und Lillian Gish verunsicherte. Als „rassistisch" stuften seinerzeit viele Kritiker diesen Film ein.
Das Kiowa-Mädchen Rachel (Hepburn) wurde nach einem Massaker von der Farmersfamilie Zachary als Findelkind aufgenommen, doch nur Mutter Matilda (Gish) weiß um Rachels wahre Identität - und ein wahnsinniger alter Trapper, der das Gerücht um Rachels Herkunft bei den benachbarten Siedlern und den Indianern verbreitet. Die Folgen sind katastrophal, denn fortan wird die Familie von den weißen Farmern mit Abscheu und Mißbilligung behandelt. Als die Indianer das Mädchen zurückfordern, kommt es zum Kampf.
Schon die Dreharbeiten standen unter keinem guten Stern. Begonnen im Januar 1959 in der nordmexikanischen Provinzstadt Durango, verzögerten sich die Aufnahmen durch Staubstürme und Unglücksfälle. Bei einer Bootstour wäre Audie Murphy fast ertrunken, da es ihm infolge einer Kriegsverletzung nicht möglich war, ans Ufer zu schwimmen. Audrey Hepburn wurde in einer Szene von einem wildgewordenen Pferd abgeworfen und brach sich vier Wirbel. Drei Wochen lang lag sie in Los Angeles in einem Krankenhaus und konnte die restlichen Drehtage nur mit Hilfe eines Stützkorsetts bewältigen. Dank der erlesenen Schauspieler bleibt *Denen man nicht vergibt* ein faszinierend gestalteter Western voller Dramatik und Spannung. Erwähnenswert ist besonders die Sequenz, in der sich Lillian Gish auf einem alten Piano akustisch mit den Kriegstrommeln der Kiowas duelliert. Der Film wurde damals ein finanzieller Mißerfolg und führte zum Ende der Hecht-Hill-Lancaster-Produktionsgesellschaft. jg

Denn der Wind kann nicht lesen

The Wind Cannot Read. Großbritannien 1958 **R** Ralph Thomas **B** Richard Mason, nach seinem Roman **K** Ernest Steward **M** Angelo Lavagnino **P** Betty E. Box, Ralph Thomas für Rank **L** 112 Min., Farbe **D** Dirk Bogarde, Yoko Tani, Ronald Lewis, Anthony Bushell, John Fraser, Henry Okawa, Marne Maitland, Michael Medwin, Richard Leech

Eine herzzerreißende, bittersüße Liebesgeschichte mit tragischem Ausgang, bei deren Betrachtung man sich seiner Tränen nicht zu schämen braucht.
Dirk Bogarde, zur damaligen Zeit *der* Star des englischen Kinos, spielt einen jungen britischen Offizier, der sich während des Zweiten Weltkrieges in Burma in seine Japanisch-Lehrerin Suzuki San (Tani) verliebt und diese heimlich heiratet. Als er bei einem Fronteinsatz in japanische Gefangenschaft gerät, bleibt er mit seiner geliebten Frau verbunden, denn Suzuki San verliest über einen Propagandasender der Briten die Nachrichten. Eines Tages jedoch ist ein anderer Sprecher zu hören. Bogarde gelingt die Flucht nach Indien, doch als er in Neu-Delhi ankommt, muß er erfahren, daß Suzuki San an einem Gehirntumor leidet, an dem sie schließlich stirbt.
Selten ist eine Liebesgeschichte mit solcher Sensibilität und Melancholie inszeniert worden wie Richard Masons Roman *Denn der Wind kann nicht lesen*. Umrahmt von den märchenhaften indischen Schauplätzen - gedreht wurde auch im berühmten, symbolträchtigen Grabmal Taj Mahal - gibt der Film vor allem Dirk Bogarde Gelegenheit, endgültig vom Image seiner *Doktor*-Filme loszukommen und sich als Schauspieler in einem Drama zu präsentieren. „Eine erlesene und überaus geschmackvoll inszenierte Love Story." (*Variety*) jg

..denn keiner ist ohne Schuld

The Oscar. USA 1965 **R** Russell Rouse **B** Harlan Ellison, Russell Rouse, Clarence Greene, nach einem Roman von Richard Sale **K** Joseph Ruttenberg **M** Percy Faith **P** Clarence Greene für Paramount Pictures **L** 119 Min., Farbe **D** Stephen Boyd, Elke Sommer, Milton Berle, Eleanor Parker, Joseph Cotten, Jill St. John, Tony Bennett, Eddie Adams

Frank Fane (Boyd) ist für den Oscar als Besten Hauptdarsteller nominiert worden; während er auf die Verlesung der Gewinner wartet, erzählt sein Freund Hymie Kelly (Bennett) in Rückblenden die nicht gerade

ruhmreiche Vergangenheit des Hollywood-Stars. Wenig erstaunlich, daß diese Karriere nur durch konsequente Rücksichtslosigkeit zu bestreiten war. Angefangen hat er damals als Ansager in einem miesen Striptease-Schuppen, er wird entdeckt und von dem Agenten Kappy Kapstetter (Berle) filmgerecht vermarktet. Fane lernt, über Leichen zu gehen, und Kelly versteht es, als sein Public Relations Manager, seine Geschichte als den entbehrungsreichen Aufstieg eines Underdogs in die Traumfabrik zu verkaufen. Fane läßt seine Hauptrolle in einer drittklassigen Fernsehserie sofort fallen, als er von seiner Nominierung erfährt. Familie und Freunde haben dem geltungssüchtigen Fiesling schon längst den Rücken zugekehrt und so sitzt er alleine bei der Verleihung und erwartet, aufgerufen zu werden. Sobald er seinen Vornamen hört, springt er auf und rennt zur Bühne, muß jedoch zu seinem großen Schrecken feststellen, daß nicht Frank Fane, sondern Frank Sinatra (in einem kurzen Auftritt mit Nancy spielt Franky-Boy sich selbst) gemeint war.
Die ziemlich dürftige Handlung basiert auf einer alten Hollywoodgeschichte von der Academy-Awards-Zeremonie 1933. Damals verlas Will Rogers den Besten Regisseur mit dem üblichen Geplänkel: „...und der beste Regisseur in diesem Jahr ist... Ja, ja, ja, was wißt ihr schon! Ich habe diesen jungen Mann seit Jahren beobachtet... Sah ihn von unten heraufkommen, und ich meine von ganz unten. Keiner hat den Preis mehr verdient. Komm nach vorne und hol ihn dir, Frank!". Frank Capra, damals für *Lady for a Day* nominiert, stand bereits auf der Bühne, als er feststellen mußte, daß nicht er, sondern Frank Lloyd (für *Cavalcade*) den Oscar gewonnen hatte. Aus dieser Story hätte bestimmt mehr werden können als der melodramatische und vollkommen realitätsferne Film *...denn keiner ist ohne Schuld.* dh

...denn sie wissen nicht, was sie tun

Rebel Without a Cause. USA 1955 **R** Nicholas Ray **B** Stewart Stern, nach der Geschichte *The Blind Run* von Dr. Robert M. Lindner **K** Ernest Haller **M** Leonard Rosenman **P** David Weisbart für Warner Bros. **L** 106 Min., Farbe **D** James Dean, Natalie Wood, Sal Mineo, Jim Backus, Ann Doran, Corey Allen, William Hopper, Rochelle Hudson, Virigina Brissac

...denn sie wissen nicht, was sie tun wurde für die rastlose Jugend der 50er Jahre zu einem Kultfilm und ließ den so früh verunglückten Schauspieler James Dean in die Kategorie der Unsterblichen Hollywoods aufsteigen. Als Nicholas Ray Warner Bros. vorschlug, diesen Film zu realisieren, stieß er auf die begeisterte Zustimmung der Produzenten, mußte jedoch um seine Besetzungsvorstellungen kämpfen, denn das Studio liebäugelte eigentlich mit Jayne Mansfield und Tab Hunter für die Hauptrollen. Mehrere Tage hatte Ray bereits mit Schwarz-Weiß-Material gedreht, als er versuchsweise ein paar Probeaufnahmen in Farbe machte und sich dann schließlich entschied, den Film in Warner Color fertigzustellen.
Erzählt wird die Geschichte einer Handvoll rebellischer Jugendlicher, die sich ihre Zeit mit Sex (natürlich nur andeutungsweise), Prügeleien und gefährlichen Mutproben vertreiben. Als Neuling kommt der Außenseiter Jim (Dean) in die Gruppe und verliebt sich in das Mädchen Judy (Wood). Die Ereignisse spitzen sich dramatisch zu, als der aus reichem Hause stammende, doch stets vernachlässigte Junge Plato (Mineo) versucht, auf seine seelische Not aufmerksam zu machen.
...denn sie wissen nicht, was sie tun machte auch Sal Mineo über Nacht zu einem Star - eine Entwicklung, die der junge Schauspieler nie hatte verkraften können. Mineo zählte schon nach kurzer Zeit zur schicken Szene homosexueller Filmschauspieler und war bekannt für seine teuren, ausschweifenden Feste. Am Abend der Oscar-Verleihung gab er eine riesige Party in der festen Überzeugung, er würde den Preis für seine Darstellung als Plato gewinnen. Quer über die Fassade seines Hauses in Beverly Hills spannte sich ein Transparent mit der Aufschrift „Congratulations, Sal!". Den Oscar erhielt damals jedoch Jack Lemmon für seine Nebenrolle in KEINE ZEIT FÜR HELDENTUM.
Von den großen Darstellern des Films ist heute keiner mehr am Leben. Dean verunglückte schon in den 50er Jahren tödlich mit seinem Porsche, Natalie Wood ertrank 1981 auf mysteriöse Weise und Sal Mineo wurde 1976 in einem Park in Los Angeles ermordet aufgefunden. jg

Der aus dem Regen kam

La passager de la pluie/L´uomo venuto dalla pioggia. Frankreich/Italien 1969 **R** René Clement **B** Sébastien Japrisot, Lorenzo Ventavoli, nach dem Roman von Japrisot **K** Andreas Winding **M** Francis Lai **P** Serge Silberman für Greenwich Prod. (Paris), Medusa Distribuzione (Rom) **L** 121 Min. (Originalfassung 147 Min.), Farbe **D** Marlène Jobert, Charles Bronson, Annie Cordy, Gabriele Tinti, Jill Ireland, Jean Caven

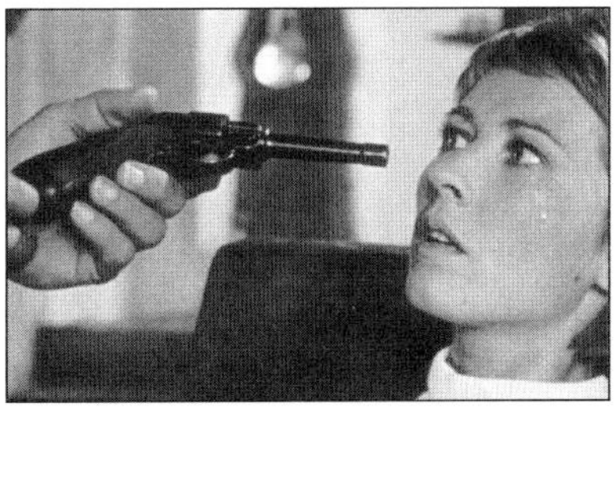

Nachdem ihr Mann das Haus verlassen hat, wird die junge Mellie (Jobert) von einem Unbekannten überfallen und vergewaltigt, den sie schließlich mit einem Gewehr tötet. Aus Angst vor der Polizei wirft sie die Leiche ins Meer, doch bereits am nächsten Tag taucht ein weiterer Fremder (Bronson) mit namen Harry Dobbs auf und fragt nach dem Verschwundenen...
Wie üblich geht es Sébastien Japrisot in diesem Krimi, dessen Drehbuch er selbst schrieb, nicht nur um äußerliche Spannung, sondern auch um den Seelenzustand seiner Helden, der sich fast ebenso verzwickt darstellt wie die Handlung. René Clement hat *Der aus dem Regen kam* als kühlen, brillant photographierten Thriller in Szene gesetzt, in dem sich die junge Marlène Jobert und Charles Bronson, hier etwas lebhafter als üblich, ein spannendes Psycho-Duell liefern. Zudem wird ausgezeichneter Gebrauch von Originalschauplätzen an der Côte d´Azur und in Paris gemacht.
Für Bronson, dessen Frau Jill Ireland in einer Nebenrolle zu sehen ist, stellte der Film einen weiteren Hit in Frankreich dar, der, wie auch seine Streifen BEI BULLEN SINGEN FREUNDE NICHT und SPIEL MIR DAS LIED VOM TOD, Kassenrekorde brach und ihn in Europa zum Superstar machte. Im Gegensatz zu seinen anderen europäischen Filmen war dieser, als *Rider on the Rain*, auch in den Staaten erfolgreich, wohl auch aufgrund der ausgezeichneten Synchronisation. al

Der aus der Hölle kam

The Squeeze. Großbritannien 1976 **R** Michael Apted **B** Leon Griffith, nach dem gleichnamigen Roman von David Craig **K** Dennis Lewiston **M** David Hentschel **P** Stanley O'Toole für Warner Bros. **L** 103 Min., Farbe **D** Stacy Keach, David Hemmings, Edward Fox, Stephen Boyd, Carol White, Freddy Starr

Jim Naboth (Keach), ehemals Kriminalbeamter bei Scotland Yard, ist ein gebrochener Mann. Wegen Trunkenheit vom Dienst suspendiert, von seiner Frau geschieden, lebt er, nach einer abgebrochenen Entziehungskur, in seiner heruntergekommenen Wohnung im tristen London der siebziger Jahre.

Jims kriminalistischer Ehrgeiz erwacht jedoch recht schnell, als Foreman (Fox), der Ehemann seiner Ex-Frau Jill (White), bei ihm eindringt und ihn beschuldigt, Gattin und Tochter entführt zu haben. Das Mißverständnis klärt sich schon bald auf - Foreman wird von dem finsteren Geiselnehmer Vic (Boyd) zur Zahlung eines hohen Lösegeldes erpreßt. Naboth macht sich, aus seiner Lethargie erwacht, eigenhändig auf die Suche nach den Tätern. Die Gangster lassen natürlich nichts unversucht, um den hartnäkkigen Schnüffler aus dem Weg zu schaffen. Doch nach einigen Rückschlägen kann der mittlerweile überzeugte Antialkoholiker die Entführung durch einen aus-geklügelten Trick mehr oder weniger unblutig beenden. Leider hat der britische Filmregisseur Michael Apted nicht aus den Fehlern gelernt, die er bereits in *Triple Echo* begangen hat; ließ er damals eine gut beobachtete, sensible Liebesgeschichte in eine peinliche Kitsch-Story abgleiten, so nimmt er eine ähnlich unselige Vermischung auch in *Der aus der Hölle kam* vor. Die ausgezeichnet inszenierte und gespielte Geschichte eines Alkoholikers, der es schafft, sich von seiner Sucht loszureißen, wird völlig unmotiviert mit einem leidlich spannenden Action-Salat vermischt. Sehenswert jedoch ist der amerikanische Abenteuerheld Stephen Boyd in der Rolle eines typisch britischen Gangsters. dh

Der mit dem Wolf tanzt

Dance with Wolves. USA 1990 **R** Kevin Costner **B** Michael Blake **K** Dean Semler **M** John Barry **P** Jim Wilson, Kevin Costner **L** 183 Min., Farbe **D** Kevin Costner, Mary McDonnell, Graham Greene, Rodney A. Grant, Floyd Red Crow Westerman

Daß ausgerechnet das totgeglaubte Westerngenre bei der Oscar-Verleihung 1991 gleich sieben Auszeichnungen einheimsen würde, hatte wohl niemand für möglich gehalten. Zehn Jahre zuvor schien Michael Ciminos finanzielles Desaster HEAVEN'S GATE dem Western endgültig den Todesstoß verpaßt zu haben.
Kevin Costners dreistündiger Film ist Hollywoods viel zu späte und längst fällig gewesene Aufarbeitung des Vernichtungsfeldzuges gegen die indianischen Ureinwohner. Ähnliches hatte zwar schon John Ford 1963 in CHEYENNE versucht, doch solch einen Western wollte damals niemand sehen. Costner, der bei *Der mit dem Wolf tanzt* auch das erste Mal Regie führte, beschreibt die sich allmählich entwickelnde Freundschaft eines weißen Soldaten mit einem Indianerstamm. Seine fesselnden Momente gewinnt der Film vor allem in der Gegenüberstellung von indianischer und weißer Lebensweise, wobei Costner diesmal den Spieß umdreht und dem Zuschauer die weißen Eindringlinge als rüpelhafte Barbaren präsentiert.
Bei aller Dramatik und Action bemüht sich der Film, eine gewisse Authentizität zu bewahren. So verpflichtete Costner für seine 16-Millionen-Dollar-Produktion 150 Statisten indianischer Herkunft und verwendete für die Dialoge die fast ausgestorbene Dakota-Indianersprache, die im Film mit Untertiteln übersetzt wird. Vielzitierte und wohl auch optisch imposanteste Szenenfolge ist die Büffeljagd, in der insgesamt über 2.500 Tiere über eine weite Ebene stürmen.
Der mit dem Wolf tanzt wurde bei den Oscar-Feierlichkeiten zum Besten Film gekürt. Weitere Preisträger waren Kevin Costner für seine Regieleistung, Michael Blake (Drehbuch), Dean Semler (Kamera), Neil Travis (Schnitt), R. William, J. Perkins, B. W. Benton, G. Watkins (Ton) und John Barry für seine Musik, die allerdings auch zu jedem James-Bond-Film hätte passen können. jg

Derek Flint - Hart wie Feuerstein

In Like Flint. USA 1967 **R** Gordon Douglas **B** Hal Fimberg **K** William H. Daniels **M** Jerry Goldsmith **P** Saul David für 20th Century-Fox **L** 115 Min., Farbe **D** James Coburn, Lee J. Cobb, Jean Hale, Andrew Duggan, Anna Lee

Schwache Fortsetzung von DEREK FLINT SCHICKT SEINE LEICHE, in der es der Titelheld mit einer Geheimorganisation weiblicher Finsterlinge zu tun bekommt, die die Jungfern-Inseln (!) zum Ausgangspunkt ihrer verbrecherischen Aktivitäten gemacht haben. Sie kidnappen amerikanische Astronauten und ersetzen sie durch Mitglieder ihrer Truppe, um letzten Endes - na, was wohl? - die Weltherrschaft zu erringen.
Mit dieser trotz allen Aufwandes schlecht gemachten, langweiligen und dummen Spionagefilm-Parodie hauchte Superagent Derek Flint endgültig sein Leinwand-Leben aus. al

Derek Flint schickt seine Leiche

Our Man Flint. USA 1966 **R** Daniel Mann **B** Hal Fimberg, Ben Starr **K** Daniel L. Fapp **M** Jerry Goldsmith **P** Saul David für 20th Century-Fox **L** 107 Min., Farbe **D** James Coburn, Lee J. Cobb, Gila Golan, Edward Mulhare

Eine der unzähligen Bond-Parodien, die in den 60er Jahren versuchten, sich an den sensationellen Erfolg der Spionage-Serie anzuhängen. James Coburn ist, in seiner ersten Starrolle, Superagent Derek Flint, der den Auftrag hat, der Verbrecherorganisation GALAXY das schmutzige Handwerk zu legen. Unter Führung dreier Wissenschaftler will dieses finstere Unternehmen mittels Wetterkontrolle die Weltherrschaft an sich reißen. Zahlreiche schöne (und willige) Damen sowie ein Sortiment origineller Waffen (u.a. ein geniales Feuerzeug) begleiten Flint auf seinem Weg zum Hauptquartier der Bösewichte, das er noch rechtzeitig zum Wohle der Menschheit in die Luft sprengt.
Der Film beginnt vielversprechend und ist aufwendig gemacht, doch schon nach kurzer Zeit wirkt die Handlung bemüht und das parodistische Element abgenutzt. Wie alle Versuche, dem Bond-Phänomen satirisch beizukommen, leidet auch dieser darunter, daß sich die Originale bis zu einem gewissen Grad bereits selbst parodieren. Trotzdem gehört *Derek Flint...* zu den besseren Werken seiner Art, nicht zuletzt durch die lebendige und originelle Musik von Jerry Goldsmith. Ein Jahr später folgte unter dem Titel DEREK FLINT - HART WIE FEUERSTEIN eine Fortsetzung. al

Desirée

Desirée. USA 1954 **R** Henry Koster **B** Daniel Taradash, nach dem Roman von Annemarie Selinko **K** Milton Krasner **M** Alex North **P** Julian Blaustein für 20th Century-Fox **L** 110 Min., Farbe **D** Marlon Brando, Jean Simmons, Merle Oberon, Michael Rennie, Cameron Mitchell, Elizabeth Sellars

In Marseille trifft Desirée (Simmons), Tochter eines Seidenhändlers, den jungen aufstrebenden General Napoleon Bonaparte (Brando) und verliebt sich in ihn. Man verlobt sich, doch nach seinem berühmten Italienfeldzug scheint er sie vergessen zu haben. Desirée begibt sich nach Paris, nur um dort festzustellen, daß Napoleon kurz vor der Heirat mit der Adligen Josephine de Beauharnais (Oberon) steht.
Annemarie Selinkos in Form eines Tagebuches geschriebener Roman um das bewegte Leben der Titelheldin, die schließlich Graf Bernadotte heiratet und Königin von Schweden wird, wurde ein Bestseller, der es allerdings mit der historischen Wahrheit nicht so genau nimmt. Brando war moralisch gezwungen gewesen, die Rolle des Napoleon anzunehmen, da er aus dem Fox-Projekt SINUHE, DER ÄGYPTER kurz vor Drehbeginn ausgestiegen war und so die Firma in erhebliche Schwierigkeiten gebracht hatte.
Die Kritik bezeichnete *Desirée* als historische Seifenoper und fand nur Brandos Darstellung (mit falscher Nase) herausragend. Dennoch ist es ein sehr sorgfältig und aufwendig gemachter Film, den Jean Simmons, die in fast jeder Szene zu sehen ist, mit dem ihr eigenen Charme bereichert. Merle Oberon hat als Josephine eine ihrer letzten guten Rollen. al

Desperado City

Desperado City. BRD 1980/81 **R** Vadim Glowna **B** Noemi Ivich **K** Thomas Mauch **M** Stanley Walden **P** Peter Wohlgemuth für Atossa **L** 97 Min., Farbe **D** Siemen Rühaak, Beate Finckh, Vera

Tschechowa, Karin Baal, Vadim Glowna, Witta Pohl, Harry Kuznia, Domenica Niehoff, Stanley Walden

Desperado City ist nicht die Bezeichnung für irgendein verkommenes Nest im Wilden Westen; in Vadim Glownas Debütfilm ist damit Hamburg, die Metropole im Norden Deutschlands, gemeint.
„Hamburg ist eine harte und vitale Stadt. Das zeigt sich nicht in städtebaulicher Schönheit, das spürt man im Klima, in den Beziehungen der Menschen zueinander" (Glowna).
Wir begegnen dem Jungen Skoda (Rühaak), Ex-Student, aus reichem Elternhause stammend, jetzt Taxifahrer, und dem Mädchen Liane (Finckh), die gerade ihre Friseurausbildung hingeschmissen hat. Beide lernen sich in einer schäbigen Kneipe auf St. Pauli kennen, beide haben keine Illusionen mehr. Mit Anfang 20 erscheint ihnen ihr Leben wie ein Trümmerhaufen voller enttäuschter Hoffnungen, Angst und Kälte.
Der Film erhielt in seiner Entstehungsphase von der Filmförderungsanstalt einen Ablehnungsbescheid mit der Begründung, das Projekt würde „mit seinen kaputten Typen, Gewalt, Sex und Nihilismus" nicht versprechen, über ein nur „oberflächliches Milieu- und Zeitbild" hinauszugehen.
Einzig das Kuratorium Junger Deutscher Film investierte 125.000 DM in das Projekt, das Glowna nach zähem Ringen endlich 1981 in die Kinos bringen konnte.
Desperado City wurde bei den Filmfestspielen von Cannes als Debütfilm eines Regisseurs mit der Goldenen Kamera ausgezeichnet. jg

Detektive

Détective. Frankreich 1985 **R** Jean-Luc Godard, **B** Philippe Setbon, Alain Sarde **K** Bruno Nuytten **P** Sara Films, JLG Films **L** 95 Min., Farbe **D** Nathalie Baye, Claude Brasseur, Johnny Hallyday, Stéphane Ferrara, Jean-Pierre Léaud

„Man muß so schnell wie möglich laufen, um auf der Stelle zu treten", gibt Godard seinen Zuschauern mit auf den Weg durch seine Filme, damit diese gar nicht erst anfangen, nach einer logischen Handlung zu suchen. So ist denn auch *Detektive* eine raffinierte Mélange aus Musik und Bildern, aus Gesprächen und Geräuschen, in der die Handlung zweitrangig wird.
In einem Luxushotel gehen verschiedene Menschen verschiedenen Dingen nach: Zwei Detektive suchen nach einem mysteriösen Mörder, eine Mafia-Sippe macht krumme Geschäfte, ein Ehepaar müht sich, wieder zueinander zu finden und ein Box-Manager träumt vom großen Geld. Sie kennen einander nicht und haben nichts miteinander zu tun. Godard gelingt es, die Akteure durch absurde Zufälle so zusammenzuführen, daß sie am Ende an einem gemeinsamen massakrösen Blutbad teilnehmen können. Hintersinn oder gar eine logische Handlung sind, ganz im Sinne des Regisseurs, nicht vorhanden.
Regie-Radikalinski Godard ist sich auch bei diesem Film treu geblieben, *Detektive* fällt deshalb aus dem Genre des klassischen Kriminalfilms deutlich heraus - und wird zu einer erfrischenden Spielerei, die sich von der industriellen Filmdosenkost angenehm abhebt. Godard hält seinen hohen Qualitätsstandard (u.a. durch seine gewohnt phantasievollen Bilder), obwohl der Film ursprünglich nur als „Lückenbüßer" in der erzwungenen Drehpause zu MARIA UND JOSEPH vorgesehen war.
Unumstrittenen Zuspruchs konnte sich das geistreiche Werk - erwartungsgemäß - nicht erfreuen: „Eine manieristische Farce, deren Vorspann weit in die Geschichte hineinreicht, über „eine Frau, zwei Männer, eine Liebesgeschichte, einen Mord, einen Boxkampf und die Mafia" (Godard): alles gleichzeitig, ineinandergewürfelt; allerdings diesmal mit zuviel klassischer Musik als aufdringliche Mehlschwitze angerichtet." (*Frankfurter Rundschau*) sk

Der Detektiv

The Detective. USA 1968 **R** Gordon Douglas **B** Abby Mann, nach einem Roman von Roderick Thorp **K** Joe Biroc **M** Jerry Goldsmith **P** Aaron Rosenberg für 20th Century-Fox **L** 114 Min., Farbe **D** Frank Sinatra, Lee Remick, Ralph Meeker, Jack Klugman, Horace McMahon, Lloyd Bochner, Jacqueline Bisset, Tony Musante

Produziert von Aaron Rosenberg und inszeniert von Gordon Douglas, verkörperte Frank Sinatra in den Filmen DER SCHNÜFFLER, *Der Detektiv* und DIE LADY IN ZEMENT dreimal einen harten New Yorker Polizisten, der mit ungewöhnlichen Mordfällen konfrontiert wird.
In *Der Detektiv* betraut man ihn mit der Aufklärung eines Falles, der sich in der Homosexuellenszene ereignete. Ein reicher Schwuler wurde in seiner Wohnung umgebracht. Der schnell dingfest gemachte, angebliche Mörder stellt sich als unschuldig heraus. Sinatra schlittert zudem in eine schwere Krise, als er bemerkt, daß seine nymphomane Ehefrau (Remick) ihn betrügt. Zum Schluß kann er zwar den wahren Mörder finden, doch seine Ehe ist endgültig zerbrochen.
Gegen Mitte der 60er Jahre schienen sich auch in Hollywood die Sitten soweit gelokkert zu haben, daß man es für möglich hielt, das Thema Homosexualität in diverse Filmhandlungen einfließen zu lassen - meistens in Verbindung mit einem kriminellen Hintergrund. Ähnlich wie Friedkins CRUISING benutzt auch dieser Film die New Yorker Schwulenszene lediglich als spekulativen Aufhänger, um sich mit seiner Handlung von der Routine anderer Streifen abzuheben.
Jacqueline Bissets Rolle (sie spielt die Frau des wirklichen Mörders) sollte ursprünglich Sinatras damalige Ehefrau Mia Farrow übernehmen, die jedoch zur selben Zeit ROSEMARIES BABY drehte. Als sich die Aufnahmen zu diesem Film verzögerten, befahl ihr Sinatra, die Rolle sausen zu lassen, was Mia jedoch strikt ablehnte. Sinatra kündigte daraufhin im Rahmen einer Presseerklärung das Ende der gemeinsamen Ehe an. jg

Das deutsche Kettensägenmassaker

Das deutsche Kettensägenmassaker. BRD 1990 **R** Christoph Schlingensief **B** Christoph Schlingensief **K** Christoph Schlingensief, Voxi Bärenklau, Ariane Traub **M** Jacques Arr **P** Christian Fürst für Der Film/Rhewes Filmprod. GmbH **L** 63 Min., Farbe **D** Karina Fallenstein, Susanne Bredehöft, Artur Albrecht, Volker Spengler, Alfred Edel, Dietrich Kuhlbrodt, Brigitte Kausch, Udo Kier

In Anlehung an den fragwürdigen US-Horrorfilm BLUTGERICHT IN TEXAS wandte Allround-Talent Christoph Schlingensief die amerikanischen Verhältnisse auf das jüngst wiedervereinte Deutschland an.
Clara (Fallenstein), eine der tapferen Bürgerinnen Leipzigs, setzt sich in den Westen ab, nachdem sie ihren Ehegatten in der Neubauwohnung umgebracht hat. Doch statt der erwarteten freundschaftlichen Aufnahme geraten sie und noch andere ehemalige DDR-Bürger in die Fänge einer blutrünstigen Familie, die mit Vorliebe die ostdeutschen Brüder und Schwestern abschlachtet und zu Wurst verarbeitet.
Gedreht in Mülheim/Ruhr und unterstützt mit den Mitteln der kulturellen Filmförderung des Landes Nordrhein-Westfalen, sollte dieser Streifen die erste Stellungnahme des deutschen Films auf die neu eingetretene politische Situation in dem einstmals geteilten Vaterland sein. Schlingensiefs *Kettensägenmassaker* ist ein bewußt aggressiv und geschmacklos inszenierter Film, bei dem sich logische Handlungsstränge überaus schwer erkennen lassen. Jagd- und Schlachtszenen mit viel Filmblut reihen sich geist- und humorlos aneinander; der Film wirkt trotz seiner 63 Minuten Laufzeit unerträglich lang

und einschläfernd, auch wenn Kettensäge und Opfer noch so laut kreischen. Dem sicherlich ergiebigen Thema der Wiedervereinigung hätte man eine witzigere Interpretation mit mehr Niveau gewünscht. jg

Deutschland bleiche Mutter

Deutschland bleiche Mutter. BRD 1980 **R** Helma Sanders-Brahms **B** Helma Sanders-Brahms **K** Jürgen Jürges **M** Jürgen Knieper **P** Helma Sanders-Brahms für Literarisches Colloquium Berlin/WDR Köln **L** 145 Min., Farbe **D** Eva Mattes, Ernst Jacobi, Elisabeth Stepanek, Angelika Thomas, Rainer Friedrichsen, Gisela Stein, Fritz Lichtenhahn, Anna Sanders

„O Deutschland, bleiche Mutter! Wie sitzest du besudelt unter den Völkern. Unter den Befleckten fällst du auf....“ Das Gedicht, das Bertold Brecht angesichts der Machtergreifung durch die Nazis schrieb, gab dem Film seinen Titel.
Helma Sanders-Brahms´ sehr persönlich gestaltetes Frauenporträt erzählt die Geschichte von Helene (Mattes), die sich 1939 in Hans (Jacobi) verliebt und ihn heiratet. Der Ausbruch des Zweiten Weltkrieges reißt die beiden auseinander. Hans muß als Soldat an die Front, Helene bringt in einer Bombennacht ihre Tochter zur Welt. Für sie und das Kind beginnen die schweren Kriegs- und Nachkriegsjahre, in denen Helene Vergewaltigung, Hunger, Not und Entbehrungen durchzustehen hat. Als Hans aus der Gefangenschaft wiederkommt, reduziert sich ihre Tätigkeit wieder auf das Hausfrauendasein. Helene verkümmert in dieser Rolle und unternimmt einen Selbstmordversuch.
Lange Zeit verbrachte die Regisseurin in Berlin mit der Suche nach passenden Motiven. Gedreht wurde der Film in alten Bunkern und noch existenten Trümmerfeldern sowie einem stillgelegten Bahnhof in Lichterfelde-Ost, dessen Abriß man extra für die Filmaufnahmen verschob, um dort einen Schwarzmarkt nachzuinszenieren. Helma Sanders-Brahms wollte mit ihrem Film nicht nur ihrer Mutter ein Denkmal setzen, sondern ihr Werk allen Frauen des Zweiten Weltkrieges widmen, die „das Leben in Gang hielten, während die Männer zum Töten eingesetzt wurden.“
Deutschland bleiche Mutter wurde auf dem Frauenfilm-Festival in Sceaux bei Paris mit dem ersten Preis ausgezeichnet. jg

Deutschland im Herbst

Deutschland im Herbst. BRD 1978 **R** Alexander Kluge, Volker Schlöndorff, Rainer Werner Fassbinder, Alf Brustellin, Bernhard Sinkel, Katja Rupé, Hans Peter Cloos, Edgar Reitz, Maximiliane Mainka, Peter Schubert **B** Alexander Kluge, Volker Schlöndorff, Rainer Werner Fassbinder, Alf Brustellin, Bernhard Sinkel, Katja Rupé, Hans Peter Cloos, Maximiliane Mainka, Peter Schubert, Heinrich Böll, Peter Steinbach **K** Jörg Schmidt-Reitwein, Michael Ballhaus, Werner Lüring, Jürgen Jürges, Bodo Kessler, Dietrich Lohmann, Colin Mounier **P** Theo Hinz, Volker Schlöndorff, Alexander Kluge für Project Filmprod./Hallelujah-Film/Kairos-Film **L** 134 Min. (später gekürzt auf 124 Min.) Farbe - s/w **D** Rainer Werner Fassbinder, Armin Meier, Liselotte Eder, Hannelore Hoger, Angela Winkler, Helmut Griem, Wolf Biermann, Horst Mahler, Katja Rupé, Vadim Glowna

Unter dem Eindruck der Ereignisse im Herbst 1977 schlossen sich neun Regisseure des Neuen Deutschen Films zusammen, um in episodenhafter Form ihre Empfindungen und Gedanken zu den Vorgängen jener Tage in einem gemeinschaftlich gestalteten Film festzuhalten. Es werden dabei dokumentarische Versatzstücke mit einzelnen Spielhandlungen kombiniert. Eingeleitet mit einem Brief des von der RAF gefangengehaltenen und später ermordeten Hanns-Martin Schleyer, geht der Film zu einem Statement Fassbinders über, läßt Alexander Kluges ehemalige Geschichtslehrerin zu den Geschehnissen zu Worte kommen, schildert Eindrücke vom SPD-Parteitag und endet mit bisher noch nicht gezeigten Bildern von der Beerdigung der Stammheimer Toten.
Der Titel *Deutschland im Herbst* ist dabei eine Anspielung an das bekannte Gedicht *Deutschland, ein Wintermärchen*, das Heinrich Heine 1843 im Anschluß an seine Reise von Paris nach Hamburg in Form eines Zeitgemäldes schrieb. Das Kollektiv der Regisseure und Autoren nahm die Vorgänge des Terror-Herbstes 1977 zum Anlaß, um über das politische und geistige Klima in der Bundesrepublik nach den Oktober-Ereignissen zu reflektieren.
„Unter dem Eindruck einer weit verbreiteten Terroristen-Hysterie, einer undifferenzierten Sympathisanten-Verfolgung, einer drohenden Kriminalisierung jeglicher Kritik an den bestehenden Verhältnissen, einer allgemeinen Furcht vor der unheiligen Allianz von Terrorismus und Faschismus, begannen die Filmemacher mit einem gemeinsamen Film, der sich an die Demokratie unseres Landes wendet.“ (Pressetext zu *Deutschland im Herbst*) jg

Deutschland im Jahre Null

Germania, anno zero. Italien 1947 **R** Roberto Rossellini **B** Roberto Rossellini, Carlo Lizzani, Max Kolpet, nach einer Geschichte von Rossellini **K** Robert Suillard **M** Renzo Rossellini **P** Roberto Rossellini für Union Générale Cinématographique **L** 72 Min., s/w **D** Edmund Meschke, Ernst Pittschau, Ingetraud Hinze, Franz Krüger, Eric Gühne

Deutschland im Jahre Null bildete neben den vorangegangenen Werken ROM, OFFENE STADT und PAISA den Abschluß einer Trilogie, in der Rossellini die Kriegs- und Nachkriegszeit thematisierte.
Der italienische Regisseur reiste mit seinem Drehteam in das völlig zertrümmerte Berlin, um dort mit deutschen Laiendarstellern in deutscher Sprache seinen Film zu inszenieren.
Erzählt wird die Geschichte des kleinen Edmund (Meschke), der unter unerträglichen Verhältnissen mit seinen zwei erwachsenen Schwestern, seinem desertierten Bruder und dem schwerkranken Vater in einer beengten Wohnung lebt. Eines Tages gerät der Junge in die Fänge seines ehemaligen Lehrers (Gühne), einem immer noch überzeugten Nationalsozialisten, der ihn nicht nur in Schwarzmarktgeschäfte verwickelt und mit Homosexuellen bekannt macht, sondern Edmund auch noch davon überzeugt, daß sein kranker Vater besser sterben sollte, als weiterhin ein „unnützes“ Dasein zu fristen. Der Junge vergiftet daraufhin seinen eigenen Vater und tötet sich selbst, als ihn sein Lehrer, erschrocken über die Konsequenz seiner Indoktrination, wegschickt.
Mag die Handlung dieses Films auch etwas unausgegoren sein, so besticht Rossellinis Werk vor allem durch die Authentizität seiner Schauplätze und das unverkrampfte Spiel seiner Darsteller und bleibt als Zeitdokument von Interesse. *Deutschland im Jahre Null* erfuhr zur Zeit seiner Premiere wenig Resonanz und lagerte jahrzehntelang in den Archiven, ehe er wieder vom Fernsehen ausgestrahlt wurde. jg

Die Deutschmeister

Die Deutschmeister. Österreich 1955 **R** Ernst Marischka **B** Ernst Marischka, nach dem Buch *Frühjahrsparade* von Marischka und Gustav Holm **K** Bruno Mondi **M** Robert Stolz **P** Ernst Marischka für Erma-Film Wien **L** 90 Min., Farbe **D** Romy Schneider, Siegfried Breuer, Hans Moser, Paul Hörbiger, Magda Schneider, Gretl Schörg, Wolfgang Lukschy, Susi Nicoletti

Ganz im Stile von MÄDCHENJAHRE EINER KÖNIGIN, den Romy Schneider ein Jahr zuvor ebenfalls mit ihrer Mutter und unter der Regie von Ernst Marischka gedreht hatte, ging es mit *Die Deutschmeister* weiter. Die Serie leichter, sentimentaler Rührstücke sollte im selben Jahr mit dem ersten Teil der SISSI-Trilogie den nächsten Höhepunkt erfahren und damit die arme Romy auf ein Image festlegen, von dem sie nicht mehr so schnell loskommen sollte.
In diesem harmlosen Filmchen aus der österreichischen k.u.k.-Monarchie spielt sie ein junges, naives Ding, das aus der unschuldigen Bergwelt ins kaiserliche Wien zu seiner Tante kommt und sich dort prompt in einen schneidigen Gefreiten verliebt. Glückliche Schicksalswendungen verhelfen den jungen Leuten nicht nur zum Liebesglück, sondern sorgen auch dafür, daß die Bäckerei

der Tante fortan den Titel „Kaiserlicher Hoflieferant“ führen darf und die Marschkomposition von Romys Freund den deutschen Kaiser begeistert.
Zünftige Marschmusik, wunderschöne Außenaufnahmen vom Salzkammergut und eine nette Besetzung reichten aus, um diesen Film in Deutschland und Österreich zu einem ungeahnten Dauererfolg werden zu lassen. Zum ersten Mal erhielt Romy Schneider auch die Gelegenheit, sich gesanglich zu betätigen. Unter der Leitung des berühmten Dirigenten Robert Stolz gibt sie das Lied *Wenn die Vöglein musizieren* zum besten. jg

Der Dialog

The Conversation. USA 1974 **R** Francis Ford Coppola **B** Francis Ford Coppola **K** Bill Butler **M** David Shire **P** Francis Ford Coppola für Coppola Company/Paramount **L** 113 Min., Farbe **D** Gene Hackman, John Cazale, Allen Garfield, Frederic Forrest, Cindy Williams, Teri Garr, Harrison Ford, Robert Duvall

Harry Caul (Hackman) ist Abhörspezialist und als einer der Besten seines Faches bekannt. Er lebt nur für seinen Beruf, hat praktisch kein Privatleben und verdrängt erfolgreich jegliche Zweifel an der Rechtschaffenheit seines Tuns. Das ändert sich erst, als er ein zu observierendes Pärchen bedroht glaubt - schon vor Jahren waren nach einer seiner Aktionen mehrere Menschen umgebracht worden.
Der Riesenerfolg von DER PATE ermöglichte Coppola die Realisierung dieses Projektes, das ihn schon seit 1966 beschäftigt hatte. Es handelt sich um einen verhaltenen Krimi mit wenig Action oder Gewalt, der deshalb jedoch nicht weniger spannend ist. Einen „modernen Horrorfilm“ habe er machen wollen, erklärte Coppola, und in der Tat sind die zwielichtigen Aktivitäten von Harry und seinen Kollegen furchterregender als irgendwelche Monster, denn sie sind Wirklichkeit. Seine Attacke gegen Überwachung und die Verletzung von Privatsphäre wurde von der Realität eindrucksvoll unterstrichen, als kurz nach der Uraufführung des Films der Watergate-Skandal in seinem vollen Umfang aufgedeckt wurde - auch hier spielten ja Abhörgerätschaften eine besondere Rolle. Trotz Lobeshymnen der Kritiker und der Auszeichnung mit der Goldenen Palme von Cannes kam *Der Dialog* beim Publikum nicht so recht an. Bei der Oscar-Verleihung mußte er übigens mit Coppolas DER PATE TEIL II konkurrieren und war in den Sparten „Bester Film“ und „Bestes Drehbuch“ chancenlos. al

Diamantenfieber

Diamonds Are Forever. Großbritannien 1971 **R** Guy Hamilton **B** Richard Maibaum, Tom Mankiewicz, nach dem Roman von Ian Fleming **K** Ted Moore **M** John Barry **P** Harry Saltzman, Albert R. Broccoli für Eon Prod./United Artists **L** 118 Min., Farbe **D** Sean Connery, Jill St. John, Charles Gray, Lana Wood

Nach dem einmaligen Gastspiel von George Lazenby als 007 in IM GEHEIMDIENST IHRER MAJESTÄT, der nach Bond-Maßstäben unterdurchschnittlich erfolgreich war, gelang es dem Produzenten-Duo Saltzman/Broccoli erneut, Sean Connery für die Hauptrolle zu ködern. Neben einer Millionengage plus prozentualer Gewinnbeteiligung sicherte man ihm zu, zwei Projekte seiner Wahl zu finanzieren und ihm bei deren Produktion freie Hand zu lassen.
Bond bekommt es hier erneut mit Erzbösewicht Blofeld zu tun, diesmal gespielt von Charles Gray, der einen im All zu stationierenden Laser mit Diamanten bestücken und schließlich die Großmächte erpressen will, um nichts geringeres als die Weltherrschaft zu erringen. Der Showdown findet auf Blofelds futuristischer Ölbohr-Station statt. Hauptschauplatz des Films sind die Spielerstadt Las Vegas und Umgebung, Bonds Gespielin trägt den originellen Namen Tiffany Case (St. John) und zur Truppe feindlicher Individuen gehören zwei Karate-Kämpferinnen und ein (äußerst stereotyp dargestelltes) homosexuelles Killerpärchen. Den Titelsong singt Shirley Bassey.
Diamantenfieber war ein Bombenerfolg, doch nun ging die Suche nach einem neuen Bond erst richtig los, denn Connery hatte sich endgültig von der Serie zurückgezogen - zumindest bis 1983, als er in einem FEUERBALL-Remake unter dem vielsagenden Titel SAG NIEMALS NIE auftrat. 007 kehrte 1973 „regulär“ zurück in LEBEN UND STERBEN LASSEN. al

Diane - Kurtisane von Frankreich

Diane. USA 1955 **R** David Miller **B** Christopher Isherwood, nach dem Roman *Diane de Poitiers* von John Erskine **K** Robert Planck **M** Miklos Rozsa **P** Edwin H. Knopf für MGM **L** 110 Min., Farbe **D** Lana Turner, Pedro Armendariz, Roger Moore, Marisa Pavan, Sir Cedric Hardwicke

Ein aufwendiger Kostüm-Schinken, der sich mit Leben und Lieben der Diane von Poitiers (1499-1566) auseinandersetzt, einer französischen Adligen, die im 16. Jahrhundert zur Geliebten des jungen Königs Franz I. (Moore) wurde und ständig mit dessen Frau Katharina von Medici (Pavan) um Einfluß rivalisierte.
Wie üblich nahm man sich bei der Porträtierung dieser historischen Frauengestalt einige Freiheiten, besonders was die Altersverhältnisse anging. Denn Roger Moores Figur war bei der Thronbesteigung in Wirklichkeit erst Vierzehn und seine Geliebte zwanzig Jahre älter als er. Abgesehen von diesen Feinheiten ist *Diane*, obwohl recht vorhersehbar, ein unterhaltsames, gut gespieltes Spektakel, für das MGMs Kostüm- und Ausstattungsabteilungen alle Register zogen. Die Bildführung allerdings ist ziemlich steif, was sich durch die Unbeweglichkeit der CinemaScope-Kameras erklärt (damals war das Breitwandverfahren erst zwei Jahre alt). Trotz allen Aufwandes brachte *Diane* nicht den erwarteten finanziellen Erfolg - die Zeit der Kostümfilme war vorbei. al

Dick Tracy

Dick Tracy. USA 1990 **R** Warren Beatty **B** Jim Cash, Jack Epps, nach dem Comic-Strip von Chester Gould **K** Vittorio Storaro **M** Danny Elfman **P** Warren Beatty für Touchstone Pictures / Silver Screen Partners IV **L** 103 Min., Farbe **D** Warren Beatty, Madonna, Al Pacino, Dustin Hoffman, James Caan, Neil Summers, William Forsythe

Zur Handlung gibt es herzlich wenig zu sagen: Dick Tracy (Beatty), Detektiv in irgendeiner amerikanischen Großstadt, kämpft gegen die Machenschaften von Big Boy Capriccio (Pacino), dem ansässigen Gangsterboß, und gegen die Annäherungsversuche von Heiserchen Mahoney (Madonna), einer recht reizvollen Schnulzensängerin.
Weitaus wichtiger als die Story ist das Produktionsdesign in diesem Film, den der Disney-Konzern mit über 40 Millionen Dollar finanzierte. *Dick Tracy* ist eine Comicverfilmung, wie sie bis zu diesem Zeitpunkt nicht zu sehen war, nichts wird unversucht gelassen, dem Comic-Strip von 1931 ein würdiges Leinwanddenkmal zu setzen. So sind die Bilder, jenseits aller Realität, absolut synthetisch - eine graphische, zweidimensionale Welt in knallbunten Primärfarben; eine unglaubliche Fleißarbeit von Requisite und Kamera, die es tatsächlich geschafft haben, jedes Rot gleich rot und jedes Blau gleich blau erscheinen zu lassen.
Auch die engagierten Stars wie Al Pacino, Dustin Hoffman, James Caan oder William Forythe verschwinden völlig hinter den Bildern, hinter den in stundenlangen Prozeduren aufgetragenen Schaumgummimasken. Schauspielerische Leistungen sind nicht gefragt, geht es doch nur darum, den stereotypen Vorlagen gerecht zu werden, zumal be-

reits ihre Namen, „Dörrpflaume“, „Murmler“, „Flachbirne“, diese rein visuellen Charaktere ausreichend beschreiben. *Dick Tracy* ist ein Kunstprodukt im wahrsten Sinne des Wortes und übertrifft in seiner Konsequenz den im Vorjahr entstandenen Konkurrenzfilm BATMAN um Längen. dh

Der dicke König Dagobert

Le bon roi Dagobert/Dagobert. Frankreich/Italien 1984 **R** Dino Risi **B** Gérard Brach, Age, Dino Risi **K** Armando Nannuzzi **M** Guido und Maurizio de Angelis **P** Bruno Frasca für Gaumont/Stand´Art/FR 3/Filmedis (Paris), Opera Film (Rom) **L** 110 Min., Farbe **D** Coluche, Michel Serrault, Ugo Tognazzi, Carole Bouquet, Michel Lonsdale, Isabella Ferrari

Der Frankenkönig Dagobert (Coluche), ein französischer Monarch des 10. Jahrhunderts, ist den Sinnesfreuden mehr zugetan als dem mühseligen Geschäft der Politik. Nachdem er und sein Beichtvater (Serrault) sowie seine Lieblingsmätresse (Ferrari) den Angriff blutrünstiger Barbaren heil überstanden haben, beschließt der König aus lauter Dankbarkeit, samt Gefolge zum Papst nach Rom zu pilgern, wo er zum Spielball mörderischer Intrigen wird.

Die historische Figur Dagoberts I. (610-639), von der kaum etwas überliefert ist, nahmen Regisseur Dino Risi und sein Autorenteam zum Ausgangspunkt für eine hemmungslose satirische Phantasie à la DIE RITTER DER KOKOSNUSS. Doch außer dem Mittelalter als Hintergrund der Handlung haben beide Filme nicht viel gemeinsam, denn *Dagobert* fehlt das Entscheidende: Komik. *Die Welt*: „Nur selten verirrt sich ein gelungener Gag in die Einöde des Drehbuchs.“

Das hervorragende Darstellerteam bemüht sich nach Leibeskräften, und auch die Kameraarbeit und die mittelalterliche Ausstattung Dante Ferrettis sind erste Wahl, doch die Geschichte ist einfach zu dünn, als daß sie durch die lustvolle Aneinanderreihung von optischen Schweinereien gerettet werden könnte. al

...die alles begehren

The Sandpiper. USA 1965 **R** Vincente Minnelli **B** Dalton Trumbo, Michael Wilson, Irene Kamp, Louis Kamp **K** Milton Krasner **M** Johnny Mandel **P** Martin Ransohoff für Filmways/MGM **L** 116 Min., Farbe **D** Elizabeth Taylor, Richard Burton, Eva Marie Saint, Charles Bronson, Robert Webber

Diese teure Edelschnulze demonstriert sehr deutlich den Status des Ehepaares Taylor/Burton in den 60er Jahren. Produzent „Marty“ Ransohoff hoffte aus ihrer Popularität Kapital zu schlagen und verkaufte der MGM ein Paket komplett mit Stars und Drehbuch. Die Taylor erhielt für ihre Dienste die übliche Million, ihr Mann bekam ein Viertel weniger. Um Steuern zu sparen, setzte das Duo durch, daß nur vier Wochen in den Staaten gedreht wurde (Außenaufnahmen im kalifornischen Big Sur), während alle Innenaufnahmen in einem Pariser Studio entstanden.

Bei der Geschichte handelt es sich um „ein nettes, straffes kleines Drama über eine arme junge Frau, die an der Küste mit einem vierjährigen unehelichen Sohn lebt und sich mit einem Geistlichen einläßt“ (Drehbuchautor Dalton Trumbo). Den Kirchenmann verkörpert Richard Burton, seine reine und langweilige Frau ist die hervorragende Eva Marie Saint, deren Talente hier sträflich vergeudet werden. Die Taylor ist eine Art Hippie-Künstlerin, deren luxuriöses Waldhaus jeder Realitätsnähe Hohn spricht.

Die Story um Leidenschaft und Ehebruch weist interessante Parallelen zur Taylor/Burton-Affäre auf, was von vielen Kritikern als geschmacklos bezeichnet wurde. Der Film selbst nimmt zu diesen Fragen einen ambivalente Haltung ein - einerseits bewundert er die Selbständigkeit der Taylor-Figur, andererseits läßt er den Priester für seine Sünden büßen.

Die Presse zerriß *...die alles begehren* förmlich, doch das Publikum strömte in die Kinos. Der Song *The Shadow of Your Smile* von Johnny Mandel und Paul Francis Webster erhielt einen Oscar. al

Die alles zur Sau machen

Villain. Großbritannien 1971 **R** Michael Tuchner **B** Dick Clement, Ian La Frenais, Al Lettieri, nach dem Roman *The Burden of Proof* von James Barlow **K** Christopher Challis **M** Jonathan Hodge **P** Alan Ladd jr., Jay Kanter für Anglo-EMI **L** 97 Min., Farbe **D** Richard Burton, Ian McShane, Nigel Davenport, Donald Sinden, Fiona Lewis, Joss Ackland, Cathleen Nesbitt

Richard Burton spielt in diesem britischen Kriminalreißer zum zweiten Mal - nach UNTER DER TREPPE - die Rolle eines Homosexuellen, diesmal jedoch nicht mit weiblichen Akzenten, sondern mit deutlich sadomasochistischen Untertönen. Er ist der brutale Kopf einer Londoner Verbrechergang, die gerade den Überfall auf einen Lohntransport hinter sich hat. Da ein Gang-Mitglied ungeschickterweise Fingerabdrükke hinterlassen hat, kommt die Polizei den Gangstern schnell auf die Spur, die sich in einer Mischung aus Mißtrauen und Verzweiflung fast alle gegenseitig umbringen, bis Burton und sein Lover (McShane) einer unfreien, aber gemeinsamen Zukunft im Gefängnis entgegensehen.

Unverständlich, warum Richard Burton sich für dieses zweitklassige Machwerk hergab, doch seit Ende der 60er Jahre verlief seine Karriere alles andere als erfreulich. Der Film steckt voller Brutalitäten und sadistischer Grausamkeiten, die einem den Magen umdrehen können. Burtons Figur ist nicht weniger eine homosexuelle Stereotype als die in UNTER DER TREPPE und daher mindestens genauso unerfreulich. Interessanterweise konstruierte man in beiden Fällen eine starke Mutterbindung (was sonst?), die durch ein und dieselbe Schauspielerin verkörpert wird: Cathleen Nesbitt. al

Die den Hals riskieren

The Gypsy Moths. USA 1969 **R** John Frankenheimer **B** William Hanley, nach dem Roman von James Drought **K** Philip Lathrop **M** Elmer Bernstein **P** Hal Landers, Bobby Roberts für MGM **L** 109 Min., Farbe **D** Burt Lancaster, Deborah Kerr, Gene Hackman, Scott Wilson, William Windom, Bonnie Bedelia, Sheree North

John Frankenheimers Zusammenarbeit mit Burt Lancaster hatte in den 60er Jahren zu einigen herausragenden Filmen geführt, darunter DER GEFANGENE VON ALCATRAZ und DER ZUG. Im Vergleich mit diesen muß *Die den Hals riskieren* zwangsläufig verblassen, doch für sich genommen ist es ein kraftvolles, spannendes Drama.

Erzählt wird von einer dreiköpfigen Fallschirmspringer-Truppe, die im amerikanischen Mittelwesten ihre Künste vor zahlendem Publikum darbietet. Als sie bei Verwandten des Jüngsten (Wilson) Station machen, verliebt sich Mike (Lancaster), der Kopf der Truppe, in die unglücklich verheiratete Tante (Kerr) des Jungen. Nach einer gemeinsamen Liebesnacht weigert sie sich jedoch aus Angst vor einer ungewissen Zukunft, mit ihm zu gehen, und Mike begeht bei einem besonders gefährlichen Sprung Selbstmord.

Neben dem dramatischen, auf dem Boden angesiedelten Konflikt, liegt das Hauptaugenmerk dieses Films auf den atemberaubenden Luftaufnahmen, die die Springer bei ihrer gefährlichen Arbeit zeigen. Kameramann Carl Boenisch sprang mit Profis ab, um möglichst eindrucksvoll das Geschehen in der Luft einzufangen. Die Szenen sind von großer Schönheit und wurden von Frankenheimer so geschickt geschnitten und mit Rückprojektions-Aufnahmen der Schauspieler kombiniert, daß sie an Spannung ihresgleichen suchen.

Lancasters Szenen mit Deborah Kerr sind

stark von Nostalgie überlagert, hatten die beiden doch in VERDAMMT IN ALLE EWIGKEIT mit heftigen Umarmungen am Strand für Zensurprobleme gesorgt und eine der erotischsten Liebesszenen überhaupt auf die Leinwand gebracht. Hier ist ihre Beziehung ebenso ehebrecherisch und leidenschaftlich, doch wirkt sie in ihrer Ausweglosigkeit noch tragischer und verzweifelter. Das fortgeschrittene Alter der Stars trägt das Seinige dazu bei. al

Die den Tod nicht fürchten

The Wreck of the Mary Deare. USA 1959 **R** Michael Anderson **B** Eric Ambler, nach einem Roman von Hammond Innes **K** Joseph Ruttenberg **M** George Duning **P** Julian Blaustein für Metro-Goldwyn-Mayer **L** 105 Min., Farbe **D** Gary Cooper, Charlton Heston, Michael Redgrave, Emlyn Williams, Cecil Parker, Alexander Knox, Virginia McKenna, Richard Harris, Ben Wright

Nach VERTIGO befand sich Hitchcock, was seine Versorgung mit adäquaten Drehbüchern anbelangte, anfangs in einer desolaten Situation. Ehe er sich jedoch an die Realisierung zu *The Wreck of the Mary Deare* heranwagte, entschied er sich doch dafür, lieber DER UNSICHTBARE DRITTE zu drehen.
Michael Andersons Film ist ein ungewöhnlich aufgemachtes Seeabenteuer mit dramatischem Einschlag. Auf sturmgepeitschtem Meer wird die Besatzung eines Kutters auf ein steuerlos treibendes Schiff aufmerksam. Als der Matrose Sands (Heston) an Bord geht, trifft er dort auf Kapitän Patch (Cooper), der als einziges Mitglied der Besatzung die *Mary Deare* nicht verlassen hat. Patch soll wegen Fehlverhaltens vor das Seegericht gestellt werden, doch gelingt es ihm mit Sands' Hilfe, seine Unschuld zu beweisen und ein Verbrechen aufzudecken.
Anfangs konnte sich Charlton Heston überhaupt nicht mit dem Gedanken anfreunden, neben Gary Cooper zu spielen, da er befürchtete, daß dieser ihm die Schau stehlen würde (dabei hatte Heston ja im selben Jahr durch den Mammutfilm BEN HUR genug Lorbeeren geerntet!). Später jedoch gab er zu, daß *Die den Tod nicht fürchten* natürlich Coopers Film gewesen sei. „Ich war glücklich, in diesem Film mitgewirkt zu haben. Die Erfahrung, mit Cooper zu arbeiten und die Freundschaft, die daraus erwuchs, war das Wertvollste, was ich je beim Film erlebt habe." (Heston) jg

Die durch die Hölle gehen

The Deer Hunter. USA 1978 **R** Michael Cimino **B** Michael Cimino, Derek Washburn, nach einer Story von Cimino, Washburn, Louis Garfinkle, Quinn K. Redeker **K** Vilmos Zsigmond **M** Stanley Myers **P** John Peverall für EMI Films **L** 183 Min., Farbe **D** Robert De Niro, Christopher Walken, John Savage, John Cazale, Chuck Aspegren, George Dzundza, Meryl Streep

In seinem dreistündigen Epos skizziert Michael Cimino den Weg dreier junger Männer aus einer schäbigen Industriestadt in Pennsylvania. Allesamt sind sie Söhne slawischer Einwanderer, die für ihre Träume und Ideale leben, die arbeiten, heiraten - und 1968 plötzlich in die Hölle des Vietnam-Krieges abkommandiert werden. Nur zwei kehren wieder nach Amerika zurück; der eine ohne Beine im Rollstuhl, der andere mit schwersten psychischen Schäden.
Während der Filmfestspiele von Berlin 1979 gab es einen handfesten Skandal um Michael Ciminos Werk, das als offizieller Beitrag der USA im Wettbewerb lief. Nach der Vorführung packten die Delegationen aus der UdSSR und den übrigen sozialistischen Ländern demonstrativ ihre Koffer und reisten ab. Stein des Anstoßes war eine etwa 10minütige Sequenz, in deren Verlauf in krasser Deutlichkeit die sadistischen Grausamkeiten von Nordvietnamesen und Vietkongs gegenüber der südvietnamesischen Bevölkerung und US-Soldaten gezeigt werden. Als eine „Beleidigung für das heroische Volk von Vietnam" bezeichneten die Protestierenden den Film. Cimino meinte zu dieser Szenenfolge: „Dies ist kein politischer und im eigentlichen Sinne auch kein Kriegsfilm. Es geht hier um nicht mehr und nicht weniger als um die Rolle des Proletariats beider Seiten im Krieg."
Hollywood setzte der konträren europäischen Aufnahme bei der Oscar-Verleihung einen Goldregen entgegen. Fünf Auszeichnungen gab es für *Die durch die Hölle gehen* und zwar in den Kategorien „Bester Film", „Beste Regie", „Beste männliche Nebenrolle" (Christopher Walken), „Bester Ton" (R. Portman, W. McCaughey, A. Rochin und D. Knight) und „Bester Schnitt" (Peter Zinner).
Auf diese Weise gestärkt, konnte Cimino genügend Geld für sein nächstes Projekt, den Western HEAVEN´S GATE, locker machen, mit dem er jedoch ein künstlerisches und finanzielles Desaster von bis dahin noch nicht gekannten Ausmaßen erlebte. jg

Die im Dreck krepieren

Gott mit uns. Italien/Jugoslawien 1970 **R** Giuliano Montaldo **B** Ottavio Jemma, Lucio Battistrada, Giuliano Montaldo **K** Silvano Ippoliti **M** Ennio Morricone **P** Clesi Cinematografica (Rom), Jadran Film (Belgrad) **L** 113 Min., Farbe **D** Franco Nero, Richard Johnson, Helmut Schneider, Bud Spencer

Kurz vor der Kapitulation Deutschlands im II. Weltkrieg dient ein ehemaliges KZ als Kriegsgefangenenlager für deutsche Soldaten. Obwohl Gefangene, halten sie immer noch eine strenge Ordnung aufrecht und verlangen vom kanadischen Lagerkommandanten (Johnson) die Überstellung von zwei deutschen Deserteuren (Nero, Schneider), zwecks Verurteilung vor einem improvisierten „Kriegsgericht". Im Interesse der Ordnung im Lager willigt der Kommandant ein - beide werden zum Tode verurteilt und hingerichtet.
Ein gelungener Antikriegsfilm von Giuliano Montaldo, einem der unterschätztesten Regisseure des italienischen Kinos. Von ihm stammen solche Kostbarkeiten wie das Caper Movie TOP JOB-DIAMANTENRAUB IN RIO und der auf einem authentischen Fall beruhende SACCHO UND VANZETTI. Auch hier stand eine tatsächliche Begebenheit Pate - die Erschießung der beiden Deserteure wurde am 13. 5. 1946 vollstreckt, obwohl Deutschland bereits kapituliert hatte. Der Film stellt eine kraftvolle Anklage gegen den Militarismus dar und ist keineswegs so reißerisch, wie der scheußliche deutsche Verleihtitel glauben machen will. al

Die ins Gras beißen

Hell Is for Heroes. USA 1961 **R** Don Siegel **B** Robert Pirosh, Richard Carr, nach einer Geschichte von Pirosh **K** Harold Lipstein **M** Leonard Rosenman **P** Henry Blanke für Paramount Pictures (New York) **L** 90 Min., Farbe **D** Steve McQueen, Bobby Darin, Fess Parker, Harry Guardino, James Coburn, Mike Kellin, Nick Adams

Herbst 1944. Eine ausgebrannte amerikanische Kompanie wird wider Erwarten noch einmal an die Front in der Nähe des Westwalls beordert; es geht darum, einen deutschen Bunker an der Siegfriedlinie in Schach zu halten. Reese (McQueen), der ehemalige, wegen Trunkenheit degradierte Kompaniechef, entdeckt erneut seine Führungsqualitäten und bespricht mit seinem Vorgesetzten Sergeant Larkin (Guardino) die besten Taktiken. Letztlich kommt es doch zu einem befehlswidrigen Einzelkämpfereinsatz; mit einer kleinen Gruppe greift der Kriegsheld den Bunker an. Seine beiden Begleiter kommen dabei ums Leben. Reese befindet sich zwischen den kämpfenden Fronten und sieht sich genötigt, allein gegen die deutsche Übermacht anzugehen, um seine wehrlose Kompanie zu retten. In einem dramatischen Showdown opfert er sich als lebende Bombe und kann die Gegner somit zurückschlagen.
Der *Evangelische Filmbeobachter* schrieb: "Schwache, vieldeutige Studie eines Außenseiters im Zweiten Weltkrieg, die uns nichts sagt, was wir nicht schon aus unzähligen früheren Filmen über Sinn und Unsinn des Krieges erfahren haben." dh

Die ist nicht von gestern

Born Yesterday. USA 1950 **R** George Cukor **B** Albert Mannheimer, Garson Kanin, nach dem

Bühnenstück von Kanin **K** Joseph Walker **M** Friedrich Holländer, Morris Stoloff **P** Columbia Pictures **L** 102 Min., s/w **D** Judy Holliday, William Holden, Broderick Crawford, Howard St. John, Frank Otto

Harry Brock (Crawford), vierschrötig, brutal und in geschäftlichen Dingen nur selten korrekt, hat mit Schrott Millionen gemacht. Mit seiner Freundin Billie (Holliday), einem früheren Chorgirl, superblond, strohdumm, ständig betrunken, und einem Onkel als Leibwächter kreuzt er im elegantesten Hotel Washingtons auf, um endlich auch in der Politik Karriere zu machen. In ihrem Luxusappartement leisten ein smarter Anwalt und ein korrupter Senator kostspielige Hilfestellung. In der neuen Umgebung wirkt Billies von Fettnäpfchen gekennzeichnetes Verhalten reichlich störend, und so wird der junge Journalist Paul Verrall (Holden) engagiert, um Brocks Freundin den nötigen gesellschaftlichen Schliff beizubringen. In der Schule dieses intellektuellen Mustermannes muß Billie langsam aber sicher feststellen, daß ihr Harry ein waschechter Gangster ist. Selbstverständlich verliebt sie sich in ihren Lehrer und hilft schließlich mit, den millionenschweren Schrotthändler mitsamt seinen korrupten Politikerfreunden aus der Wiege der amerikanischen Demokratie zu entfernen.
Wie auch schon in DIE FRAUEN entlarvt George Cukor mit seinem Film die gängigen Weiblichkeits-Klischees des Hollywoodkinos. Judy Holliday geht weit über das gewöhnliche blonde Dummchen hinaus; ordinär kaugummikauend macht sie es den Zuschauern durchaus nicht leicht, sie zu lieben oder mitleidig zu belächeln. Sie erhielt für ihre Darstellung einen Oskar. Ein bitterer Nachgeschmack verbleibt jedoch von dem hier gesungenen Hohelied auf die amerikanische Verfassung. dh

...die keine Gnade kennen

Raid on Entebbe. USA 1977 **R** Irvin Kershner **B** Barry Beckerman **K** Bill Butler **M** David Shire **P** Edgar J. Scherick für 20th Century-Fox / NBC Television Network **L** 124 Min., Farbe **D** Charles Bronson, Peter Finch, Horst Buchholz, Jack Warden, Martin Balsam, John Saxon

Eine Woche lang, vom 27. Juni 1976 bis 4. Juli 1976, bestimmte ein Ereignis die Schlagzeilen der Weltpresse: Eine Gruppe von pro-palästinensischen Freischärlern brachte eine französische Verkehrsmaschine auf dem Flug von Tel Aviv nach Paris nach einer Zwischenlandung in Athen in ihre Gewalt und leitete diese nach Entebbe in Uganda um. Nach Freilassung der nichtjüdischen Passagiere verblieben 100 Geiseln an Bord. Zähe Verhandlungen mit dem ugandischen Diktator Idi Amin setzten ein, und schließlich wurden die Entführten von dem israelischen Kommandounternehmen Thunderbolt befreit.
...die keine Gnade kennen versucht, fast dokumentarisch das Drama von Entebbe zu rekonstruieren. Aus Interviews mit Beteiligten wurde das Drehbuch entwickelt und auf dem Flughafen von Stockton, Kalifornien, entstand eine Nachbildung des Originalschauplatzes. Der Film macht noch einmal die strategischen Überlegungen und Argumente deutlich, die dem damals nicht unumstrittenen Befreiungsschlag vorausgingen. Vor Kershners Film entstanden bereits zwei amerikanische Fernsehproduktionen, eine israelische Bühnenfassung und eine CBS Dokumentation zu diesem Entführungsfall. *Victory at Entebbe*, der ABC- Fernsehfilm, war, obwohl mit Burt Lancaster, Kirk Douglas, Elizabeth Taylor und Anthony Hopkins erstklassig besetzt, ein viel zu schnell produziertes, einseitiges Action-Drama. *...die keine Gnade kennen* geht wesentlich objektiver mit dem Stoff um und versucht, auch die Entführer als Charaktere erkennbar werden zu lassen. dh

Die mit den Wölfen heulen

The Hell with Heroes. USA 1968 **R** Joseph Sargent **B** Hallsted Welles, Harold Livingston, nach einer Geschichte von Livingston **K** Bud Thackery **M** Quincy Jones **P** Stanley Chase für Universal Pictures **L** 102 Min., Farbe **D** Rod Taylor, Claudia Cardinale, Harry Guardino, Kevin McCarthy, Peter Duel, William Marshall

Major Brynie MacKay (Taylor), ehemals Pilot bei der Air Force, betreibt nach dem Zweiten Weltkrieg mit seinem ehemaligen Kriegskameraden Mike Brewer (Deuel) einen kleinen Luftfrachtdienst in Algerien. Der Verdienst ist nicht sonderlich gut, und so ist er natürlich froh, als er eines Tages ein gut bezahltes Angebot des international berüchtigten Schwarzmarktkönigs Lee Harris (Guardino) bekommt, ein angeblich völlig legaler Transport. Fast zwangsläufig wird bei der Landung die im Flugzeug versteckte Schmuggelware entdeckt, Byrnie wird nicht nur seinen gerade erst erstandenen Lohn, sondern auch seine geliebte Chessna los. In Paris, auf der Suche nach dem Schurken Lee, macht Brynie die reizende Bekanntschaft der bildschönen Elena (Cardinale), Tochter einer durch die Kriegswirren verarmten aristokratischen Familie, die zufälligerweise auf Lees französischem Landsitz lebt und sich dort von ihm aushalten läßt. Flugs wird der Held wieder in die Verbrecherkreise hineingezogen und nimmt mit seinem Freund Mike die zwielichtigen Aufträge gleich dutzendweise an. Bei dem Versuch, Lee an die Polizei auszuliefern wird Mike vom Gangsterboß erschossen. In Algerien kommt es zum Showdown, den die *Illustrierte Filmbühne* 1967 wie folgt beschrieb: „Brynie bezwingt seinen Gegner und schmettert dessen Kopf gegen eine Stahlplatte. Wieder und immer wieder. Mit dieser schmerzhaften Prozedur rächt er den Tod seines besten Freundes Mike." dh

Die mit der Liebe spielen

L'avventura. Italien/Frankreich 1960 **R** Michelangelo Antonioni **B** Michelangelo Antonioni, Elio Bartolini, Tonino Guerra **K** Aldo Scavarda **M** Giovanni Fusco **P** Amato Penasilico für Cino del Duca/P.C.E. (Rom), S.C.L. (Paris) **L** 102 Min. (Originalfassung 145 Min.), s/w **D** Gabriele Ferzetti, Monica Vitti, Léa Massari, Dominique Blanchar, Renzo Ricci, James Addams

Während eines Wochenend-Ausfluges mit einer Yacht verschwindet die junge Anna (Massari) bei einem Landgang spurlos. Ihr Verlobter Sandro (Ferzetti) und ihre Freundin Claudia (Vitti) machen sich, gemeinsam mit anderen, auf die Suche, die sie schließlich ergebnislos abbrechen. Inzwischen ist es zwischen Sandro und Claudia zu einer Romanze gekommen, die jedoch durch die Ungewißheit von Annas Schicksal überschattet wird.
Schon die Entstehungsgeschichte von *Die mit der Liebe spielen* ließ auf einen besonderen Film schließen. Da fast alle Szenen im Freien spielen, war man auf Außenaufnahmen angewiesen, die sich so lange hinzogen, daß die ursprüngliche Produktionsfirma Imeria pleite ging. Cino del Duca sprang ein, und die Arbeiten gingen weiter, obwohl durch die zeitliche Verzögerung einige im Sommer angesiedelte Szenen im Winter gedreht werden mußten.
Bei seiner Uraufführung in Cannes stieß *Die mit der Liebe spielen* auf teilweise heftige Ablehnung des Publikums, was wiederum zu einer Solidaritätserklärung mehrerer Re-

gisseure, darunter Roberto Rossellini, mit Antonioni führte. Man warf ihm vor, bewußt gegen konventionelle Erzählmuster zu verstoßen, sie sogar überflüssig zu machen, wenn z.B. Annas Verschwinden weder erklärt noch aufgeklärt wird. Nach und nach, insbesondere durch den großen kommerziellen Erfolg (in Frankreich brach er Kassenrekorde), wurde die Qualität des Films anerkannt und als Antonionis bis dato gelungenstes Werk gewürdigt. Weil der Regisseur seine hier angeschnittenen Thematiken wie Gängelung von Gefühlen durch gesellschaftliche Normen und männliche Schwäche in seinen beiden nächsten Filmen, DIE NACHT und LIEBE 1962, weiterführte, werden diese drei oft als Trilogie bezeichnet. *Die mit der Liebe spielen* markierte auch die erste Zusammenarbeit Antonionis mit Monica Vitti, die in seinen folgenden drei Filmen sowie in DAS GEHEIMNIS VON OBERWALD Hauptrollen spielte. al

Die sich selbst betrügen

Les tricheurs. Frankreich/Italien 1958 **R** Marcel Carne **B** Marcel Carne, Jacques Sigurd **K** Claude Renoir **M** Norman Granz, Maxim Saury **P** Silver-Films, Cinetel (Paris), Zebra-Film (Rom) **L** 121 Min., s/w **D** Andrea Parisy, Pascal Petit, Jacques Charrier, Laurent Terzieff, Roland Lesaffre, Dany Saval, Jean-Paul Belmondo

Paris, Mitte der 50er Jahre: Die französische Nachkriegsjugend sieht sich mit einer düsteren Zukunft konfrontiert, die „Halbstarken" ergeben sich dem Nihilismus, dem Existentialismus; Langeweile, Alkohol und Sex scheinen die einzigen Lebensinhalte zu sein, der Tod von James Dean, das „live fast, die young" wird zur Maxime. Bob (Charrier), Sohn reicher Eltern und somit Vertreter der Bourgeoisie, lernt auf einer Party Michele (Petit) kennen. Die beiden verlieben sich ineinander, doch das Mädchen versucht, aus Angst, von ihren Freunden ausgelacht zu werden, ihre Gefühle zu bagatellisieren und als ein rein sexuelles Verlangen darzustellen. Michele spürt, daß Bob sie aus ihrer Welt herausholen möchte in sein vor Konvention und Tradition starrendes Leben. Angewidert wendet sie sich Alain (Terzieff) zu, einem überzeugten Nihilisten, der sich mit kleinen Gaunereien über Wasser hält. Michele zerbricht an ihren Gefühlen, an der Liebe, die so gar nicht in ihr Weltbild passen will. Mit ihrem durch eine Erpressung erworbenen Sportwagen rast sie in den Tod.
Der seinerzeit von Kritik und Publikum als äußerst schockierend empfundene Film wirkt heute durch das streckenweise sehr angestrengte Bemühen um Schonungslosigkeit etwas angestaubt. dh

Die vor die Hunde gehen

Les honneurs de la guerre. Frankreich 1960 **R** Jean Dewever **B** Jean-Charles Tacchella **K** Ghislain Cloquet **P** Ako Films **L** 89 Min., s/w **D** Albert Hehn, Erwin Strahl, Willi Harlander, Pierre Collet, Paul Mercey, Henri Maik

August 1944: Das französische Dorf Nanteuil erwartet jeden Moment das Eintreffen der Alliierten, als noch ein versprengter Trupp der deutschen Besatzer auftaucht. Die Résistance versucht noch einmal, die Bevölkerung zum Widerstand aufzurufen, der deutsche Leutnant wird von den Kämpfern erschossen, der Schütze von der Gegenseite hingerichtet, doch die Gegner merken sich bald an, daß die Feindbilder nicht mehr greifen, beide Seiten wollen diesen schrecklichen Krieg endlich beendet wissen. Zwischen den Partisanen und den Militärs wird ein Waffenstillstand bis zum Eintreffen der Amerikaner verabredet. Ein unverbesserlicher Hauptmann, der die Führung der deutschen Rest-Kompanie übernommen hat, will jedoch die Waffen nur vor den „rechtmäßigen" Siegern strecken und zieht mit seinem Trupp den herannahenden Alliierten entgegen. Zwei mitfahrende Geschützlastwagen machen die Partisanen stutzig, wissen sie doch nicht, daß diese statt Munition nur Wein und Bier geladen haben. Die französischen Unterhändler werden auf ihre Nachfrage hin barsch zurückgewiesen, die Mißverständnisse häufen sich und so endet der Film mit einem total sinnlosen Blutvergießen, hervorgerufen durch Mißtrauen und einen überholten militärischen Ehrenkodex.
Das frühe Werk des jungen Regisseurs Dewever bedient sich nicht der sonst in Anti-Kriegsfilmen üblichen Gewaltdarstellungen, vielmehr geht es um die tiefe Friedenssehnsucht auf beiden Seiten. Der Wahnsinn des Krieges wird deutlich durch die Idiotie der Situation, und der Verzicht auf die üblichen Klischeebilder von Besetzten und Besatzern macht den Film zu einem glaubwürdigen Zeugnis gegen die Gewalt. dh

Der Dieb von Bagdad

The Thief of Baghdad. USA 1924 **R** Raoul Walsh **B** Lotta Wood, nach einer Geschichte von Elton Thomas (=Douglas Fairbanks) **K** Arthur Edeson **M** Mortimer Wilson **P** Douglas Fairbanks für United Artists **L** 135 Min., s/w - coloriert **D** Douglas Fairbanks, Snitz Edward, Charles Belcher, Julanne Johnston, Anna May Wong, Winter Blossom, Etta Lee, Brandon Hurst, Tote Du Crow

Inspiriert zu diesem Klassiker des Märchenfilms wurde Douglas Fairbanks durch die Orient-Sequenz aus Fritz Langs düster-romantischem Werk DER MÜDE TOD. Fairbanks kaufte damals sogar die Auslandsrechte für diesen Film, um die dort angewandten Trickaufnahmen auch in seiner geplanten Produktion zu verwenden.
Sich bewußt an den Bauten des deutschen Expressionismus orientierend, besticht der Film durch seine einfallsreiche Ausstattung und verspielte Architektur, in der sich Kuppeln, Türme und Brücken in kunstvoll gefliesten Kacheln und Wasserbassins widerspiegeln. Die Kosten für die Filmbauten übertrafen alles bisher dagewesene. Hatte Fairbanks für seine Robin-Hood-Verfilmung schon eine ganze Burg maßstabsgetreu nachbauen lassen, so legte er in *Der Dieb von Bagdad* größten Wert auf die verschwenderische Ausstaffierung einer orientalischen Welt im Hollywood-Stil. Als erste Produktion überschritt sein Werk den Etat von 2 Millionen Dollar - eine zur damaligen Zeit gigantische Summe. Aber nicht nur die Bauten waren phänomenal. Auch die Ansammlung von Komparsen nahm überdimensionale Ausmaße an. Für die Schlußszene, in der Bagdad von den Horden der Mongolen bedrängt wird, wurden 100.000 Menschen zusammengetrommelt. Raoul Walsh erinnerte sich, daß Fairbanks für diese Sequenz extra Lastwagen und Busse in das mexikanische Viertel von Los Angeles fahren ließ, die mit der Aufschrift „Kostenlose Fahrt! Seht Euch Douglas Fairbanks persönlich an, wie er *Der Dieb von Bagdad* dreht" Tausende von Menschen anlocken sollten.
Fairbanks selbst übernahm (wie in all seinen vorhergehenden Filmen) auch hier die Hauptrolle. Er verkörpert den Dieb von Bagdad, der sich in eine schöne Prinzessin verliebt und diverse phantastische Abenteuer bestehen muß, um seine Angebetete in die Arme schließen zu können.
Ein farbiges, tricktechnisch weitaus überzeugenderes Remake entstand 1940 unter dem gleichen Titel mit Sabu in der Hauptrolle. jg

Der Dieb von Bagdad

The Thief of Baghdad. Großbritannien 1940 **R** Ludwig Berger, Michael Powell, Tim Whelan, Zoltan Korda, William Cameron Menzies, Alexander Korda **B** Lajos Biro, Miles Malleson **K** George Perinal, Osmond Borrodaile **M** Miklos Rozsa **P** Alexander Korda für London Film **L** 108 Min., Farbe **D** Conrad Veidt, Sabu, JuneDuprez, John Justin, Rex Ingram, Miles Malleson, Morton Selten, Mary Morris, Bruce Winston, Hay Petrie, Roy Emerton

SÜSSE WELT so gut zusammengearbeitet hatten. Mittlerweile hatten zwölf Autoren am Drehbuch herumgewerkelt, und als endlich Sydney Pollack für die Regie gefunden war, sah er sich mit einem unbrauchbaren Durcheinander konfrontiert. Die endgültige Fassung hielt wiederum Tennessee Williams für so schlecht, daß er seinen Namen aus dem Projekt zurückzog.
Die Story spielt sich in einem kleinen Südstaatenkaff ab, wo die junge Alva (Wood) der Schwarm aller Männer ist. Doch ihre Mutter (Reid) hat bereits den passenden Gatten gefunden, und ist entsetzt, als Alva sich in den Fremden namens Owen Legate (Redford) verliebt. Sie tut alles, um die Beziehung der beiden zu zerstören, doch erreicht sie nur, daß Alva aus Trotz einen Arbeiter (Bronson) heiratet...
Die ständigen Script-Änderungen und Probleme noch während der Dreharbeiten finden ihren Niederschlag in diesem unausgegorenen Melodram, das mit Williams´ Stück nur noch das Handlungsgerüst gemein hat. Letzten Endes bleiben von *Dieses Mädchen ist für alle* hauptsächlich James Wong Howes ganz vorzügliche Kameraarbeit und die Darstellungen, die allesamt erstklassig sind, im Gedächtnis.
Die Bewohner des Drehortes Bay St. Louis, Mississippi, waren übrigens alles andere als erfreut über die Produktion eines „unmoralischen" Films in ihrem Städtchen und starteten sogar eine Unterschriftenaktion gegen die Arbeiten!
Dies war die erste Zusammenarbeit Sydney Pollacks mit Robert Redford (zumindest als Regisseur, beide hatten in *Hinter feindlichen Linien* gemeinsam gespielt), deren weitere Partnerschaft in Filmen wie DIE DREI TAGE DES CONDOR und JENSEITS VON AFRIKA resultieren sollte. al

Dieses obskure Objekt der Begierde

Cet obscur objet du désir. Frankreich/Spanien 1977 **R** Luis Buñuel **B** Luis Buñuel, Jean-Claude Carrière, nach dem Roman *La femme et le pantin* von Pierre Louys **K** Edmond Richard **P** Serge Silberman für Greenwich Film/Les Films Galaxie (Paris), In Cine (Madrid) **L** 104 Min., Farbe **D** Fernando Rey, Carole Bouquet, Angela Molina, Julien Bertheau, André Weber

Mathieu (Rey), ein verwitweter Geschäftsmann mittleren Alters, verblüfft seine Mitreisenden, als er einer jungen Frau aus dem Zug heraus einen Eimer Wasser über den Kopf schüttet. Nachfolgend erklärt er sein Verhalten: Das Mädchen ist Conchita (Bouquet/Molina), eine Spanierin, der Mathieu seit einiger Zeit hoffnungslos verfallen ist. Sie aber spielt ein grausames Spiel mit ihm, da sie seinen Begehrlichkeiten immer wieder Nahrung gibt, ihn letzten Endes jedoch stets abweist.
Schon mehrfach hatte Luis Buñuel, Jahrgang 1900, angekündigt, sein nächster Film werde sein letzter sein - und hatte doch wieder gedreht. Diesmal traf seine Prophezeiung ein, denn der fast taube Regisseur konnte die Dreharbeiten nur unter viel Mühe mit Videomonitoren und Hörgeräten beenden. Er starb 1983.
Die Vorlage des Films, ein 1898 erschienener Roman von Pierre Louys, ist bereits mehrfach verfilmt worden - die bekanntesten Versionen drehten Josef von Sternberg (als DIE SPANISCHE TÄNZERIN mit Marlene Dietrich) und Julien Duvivier (als EIN WEIB WIE DER SATAN mit Brigitte Bardot). Eigentlich war Maria Schneider für die Rolle der Conchita vorgesehen gewesen, und nach ihrer Absage besetzte Buñuel die Rolle zweimal. Das läßt sich kaum rational begründen, außer vielleicht mit der Lust des Regisseurs, mit den Erwartungen seiner Zuschauer zu spielen und sich einer klaren Logik zu entziehen. Carole Bouquet gibt hier ihr Filmdebüt - und lehnte dafür die weibliche Hauptrolle im James-Bond-Abenteuer DER SPION, DER MICH LIEBTE ab.
Dieses obskure Objekt der Begierde wurde von der Kritik begeistert aufgenommen und stellt einen würdigen Abschluß von Buñuels langer Karriere dar. *Le Quotidien de Paris*: „Ein provozierender Film, wenn nicht polemisch, der den ewigen sado-masochistischen Kampf in jeder Partnerbeziehung auseinandernimmt." al

Diesmal muß es Kaviar sein

Diesmal muß es Kaviar sein / Top Secret - C´est pas toujours du caviar. BRD/Frankreich 1961 **R** Geza von Radvanyi **B** Henri Jeanson, nach dem Roman von Johannes Mario Simmel **K** Friedel Behn-Grund **M** Rolf Wilhelm **P** Artur Brauner für CCC-Film (Berlin)/C.E.C (Paris) **L** 98 Min., s/w **D** O. W. Fischer, Eva Bartok, Senta Berger, Jean Richard, Geneviève Cluny, Victor de Kowa, Geneviève Kervine, Werner Peters, Fritz Tillmann, Peter Carsten, Karl Schönböck

Nach dem erfolgreichen ersten Teil des spannend-heiteren Simmel-Bestsellers ES MUSS NICHT IMMER KAVIAR SEIN lag es natürlich auf der Hand, daß noch im selben Jahr die entsprechende Fortsetzung in die Kinos kam. Die beiden Filme waren ohnehin sofort hintereinander produziert worden, ohne erst das Ergebnis an der Kasse abzuwarten. O. W. Fischer verkörpert wiederum den charmant-naiven Meisterspion Thomas Lieven, der von verschiedenen Geheimdienstkreisen benutzt wird, um mit seiner Hilfe den Ausgang des Zweiten Weltkriegs für das jeweilige Land zu entscheiden.
Die Fortsetzung, mit gleichem Stab und gleicher Besetzung gedreht wie Teil 1, verbindet die etwas undurchsichtige Handlung mit der glücklichen Gelegenheit, die pittoresken Schauplätze der Geschichte (Gibraltar, Lissabon und Paris) wirkungsvoll in Szene zu setzen. Allerdings haperte es mit der Authentizität der Ausstattung, in der sich peinlicherweise schwedische Kühlschränke aus dem Jahr 1960 sowie zeitlich topaktuelle Modestücke und Frisuren wiederfinden. „Da in diesem zweiten Teil häufig auf den ersten Bezug genommen wird, ist der Film nicht in sich geschlossen. Solche Zuschauer, die den ersten Teil nicht gesehen haben, mutet er recht zusammenhanglos und verworren an...Der Film ist weder gehaltvoll, noch geschmackvoll, noch in gutem Sinne unterhaltend..." (*Evangelischer Filmbeobachter*). jg

Dillinger ist tot

Dillinger é morto. Italien 1968 **R** Marco Ferreri **B** Marco Ferreri, Sergio Bazzini **K** Mario Vulpiani **M** Teo Usuelli **P** Alfred Levy für Pegaso Film **L** 95 Min., Farbe **D** Michel Piccoli, Anita Pallenberg, Annie Girardot, Gigi Lavagetto, Carla Petrillo

Glauco (Piccoli) trifft abends seine Frau (Pallenberg) mit Kopfschmerzen im Bett an. Er beschließt, sich das Abendessen selbst zu richten und stößt in der Küche auf eine alte Pistole, eingewickelt in eine Zeitung, die vom Tode Dillingers berichtet. Neben seiner Kocherei schaut er fern, sichtet alte Ferienfilme und hört Radio. Im Bett beschäftigt er sich mit einem Tonband und verführt, weil er nicht schlafen kann, das Hausmädchen (Girardot). Schließlich erschießt er mit der Pistole seine schlafende Frau, fährt zur Küste und geht schwimmen. Er wird von einem Schiff aufgenommen, das sich auf dem Weg nach Tahiti befindet und heuert als Koch an.
Marco Ferreris verblüffender Film ist eine weitere seiner ätzenden Satiren auf die Bedeutungslosigkeit des modernen Lebens und den Verfall der bürgerlichen Gesellschaft und wird oft als sein Meisterwerk bezeichnet, das die erste Phase seiner Karriere zusammenfaßt. Es wird nicht klar, ob Glauco wirklich seine Frau umbringt, oder ob sich der ganze Abend nur in seiner Phantasie abspielt, wärend er auf dem Nachhauseweg ist. Piccoli, der für volle 90 Minuten ununterbrochen auf der Leinwand zu sehen ist, gibt eine hervorragende, völlig realistische Darstellung, die das Absurde seines Verhaltens effektvoll unterstreicht. al

Das Ding aus einer anderen Welt

The Thing. USA 1951 **R** Christian Nyby, Howard Hawks **B** Charles Lederer, nach der Geschichte *Who Goes There* von John Wood Campbell jr. **K** Russell Harlan **M** Dimitri Tiomkin **P** Howard Hawks für Winchester/RKO Radio **L** 87 Min., s/w **D** Kenneth Tobey, James Arness, Margaret Sheridan, Robert Cornthwaite, Douglas Spencer, James Young, Dewey Martin, Robert Nichols

Die Dekade der 50er Jahre bescherte den Kinos ein neues Genre. Mit fliegenden Untertassen und außerirdischen Invasoren eroberte der Science-fiction-Film ein Millionenpublikum. Populärstes Beispiel für diesen neuen Unterhaltungszweig wurde Howard Hawks´ mittlerweile zum Klassiker gewordene Horror-Utopie *Das Ding aus einer anderen Welt*.
In der Eiswüste des Nordpols entdeckt eine Gruppe von Wissenschaftlern nicht nur die Reste eines abgestürzten extraterrestrischen Raumschiffes, sondern auch ein unbekanntes Lebewesen, das in einem Eisblock eingeschlossen ist. Kaum mit dem Fund in der Forschungsstation angelangt, bricht die Kreatur aus und zieht mordend durch das weitverzweigte Korridorsystem des Labors, um am Ende des Films mit ungelenken Schritten seiner Vernichtung entgegenzumarschieren.
Um mit der Imagination des Publikums zu spielen, verzichteten Hawks und Nyby darauf, in den Spannungsmomenten das Ungetüm deutlich zu zeigen. Meist wankt das Monster (gespielt von James Arness, der später als Sheriff Matt Dillon in der TV-Serie *Rauchende Colts* Berühmtheit erlangte) frankensteinähnlich als schemenhafte Figur in Gegenlichtaufnahmen durch das Set. Sieht man es in der Schlußszene dann genauer, ist schnell jeglicher Grusel verflogen und macht einer unfreiwilligen Komik Platz. Trotzdem: Für Freunde des Genres ist dieser Film ein nostalgisches Kleinod. 1982 entstand unter John Carpenters Regie ein Remake gleichen Titels. jg

Das Ding aus einer anderen Welt

The Thing. USA 1982 **R** John Carpenter **B** Bill Lancaster, nach der Geschichte *Who Goes There* von John W. Campbell jr. **K** Dean Cundey **M** Ennio Morricone **P** David Foster, Lawrence Turman für Universal **L** 108 Min., Farbe **D** Kurt Russell, A. Wilford Brimley, T. K. Carter, David Clennon, Keith David, Richard Dysart, Charles Hallahan, Peter Maloney, Richard Masur

Anders als Hawks' und Nybys Adaption hält sich John Carpenters Film enger an die literarische Vorlage, in der Autor Campbell das Wesen nicht als personifiziertes Monster, sondern als eine Art Parasit erscheinen läßt, der sich in den menschlichen Körper einnistet, so daß schließlich niemand mehr in der Arktisstation weiß, ob er nun Freund oder Feind gegenübersteht.
Carpenter und sein Team wollten mit ihrem Remake der ihrer Meinung nach doch recht harmlosen Vorlage aus dem Jahr 1951 eine enorme Schreckenssteigerung entgegensetzen. Ganz in diesem Sinne wurde größter Wert auf die Ausarbeitung der maskenbildnerischen Spezialeffekte gelegt. Vertraglich mußten sich die Mitglieder des Produktionsstabes verpflichten, nichts über die Dreharbeiten zu verraten. Die Entwürfe für die unheimliche Titelfigur blieben bis zur Uraufführung des Filmes geheim; während der Produktionsvorbereitungen durfte kein einziges Standphoto davon aufgenommen werden.
Nach 12wöchigen Aufnahmen in den Universal-Studios von Hollywood und überaus anstrengenden Dreharbeiten in Kanada (das Team ließ sich in dem 1.500-Seelen-Nest Steward nieder) wurde der Film schließlich zu Beginn des Jahres 1982 Publikum und Presse vorgestellt.
Was viele Kritiker befürchtet hatten, trat dann auch tatsächlich ein. Die geballte Wucht der (äußerst widerlichen) Spezialeffekte war so gewaltig, daß jegliche Atmosphäre subtiler Bedrohung darin untergehen mußte.
Ein im Verlauf der Handlung zunehmend langweiliger werdendes Remake mit dem Charme einer blutig-schleimigen Schlachtplatte. jg

Die Dinge des Lebens

Les choses de la vie / L´amante. Frankreich/Italien 1969 **R** Claude Sautet **B** Jean-Loup Dabadie, Claude Sautet, nach einem Roman von Paul Guifety **K** Jean Boffety **M** Philippe Sarde **P** Lira Films, Suconam Prod. **L** 90 Min., Farbe **D** Michel Piccoli, Romy Schneider, Léa Massari, Jean Bouise, Boby Lapointe

Die Dinge des Lebens, den Romy Schneider stets als ihren Lieblingsfilm bezeichnete, bildete den grandiosen Auftakt für die weitere Zusammenarbeit des Trios Sautet/Schneider/Piccoli, die sich bis weit in die 70er Jahre erstrecken sollte. Claude Sautet galt gegen Ende der 60er Jahre noch als weitgehend unbekannter Filmemacher. Er hatte seit 1955 drei Streifen gedreht, von denen allerdings nur DER PANTHER WIRD GEHETZT (mit Ventura und Belmondo) bei Publikum und Kritik in Erinnerung geblieben war. Sautet, der Romy Schneider noch nie vorher begegnet war, beobachtete die Schauspielerin eine Zeitlang in den Ateliers von Billancourt, wo sie mit der deutschen und englischen Synchronisation zu DER SWIMMINGPOOL beschäftigt war. Er rief sie in ihrem Hotel an und schickte ihr das Drehbuch. Romy sagte sogleich zu. Im Sommer 1969 konnten die Dreharbeiten in La Rochelle, Paris und Umgebung beginnen.
Pierre (Piccoli), ein Mann Anfang Vierzig, verheiratet, Vater eines Sohnes, lebt mit der jüngeren Helene (Schneider) zusammen, gedenkt jedoch, sich von ihr zu trennen. Einen erklärenden Brief hat er bereits geschrieben. Während einer Autofahrt zu einem Geschäftstermin verwirft er jedoch wieder dieses Vorhaben und bittet Helene telefonisch, auf ihn in Reims zu warten. Pierre kommt dort nie an. Unterwegs verunglückt er mit seinem Wagen und stirbt kurze Zeit später im Krankenhaus. Seine Frau vernichtet den Brief, der an Helene gerichtet war.
Ein überaus kunstvoll und ästhetisch gestaltetes Drama, das durch seine eigentümliche, mosaikähnlich konstruierte Rückblenden-Technik und symbolhaft eingesetzten Metaphern fasziniert - eine der schönsten und bewegendsten Filme der so früh verstorbenen Romy Schneider. Die Filmmusik von Philippe Sarde, in der sie und Michel Piccoli das ergreifende *Chanson d´Helene* singen, ergänzt die Filmbilder in vortrefflicher Weise. jg

Dinner um acht

Dinner at Eight. USA 1933 **R** George Cukor **B** Frances Marion, Herman J. Mankiewicz, Donald Odgen Stewart, nach einem Bühnenstück von George S. Kaufman und Edna Ferber **K** William Daniels **P** David O. Selznick für MGM **L** 113 Min., s/w **D** Marie Dressler, John Barrymore, Wallace Beery, Jean Harlow, Lionel Barrymore, Lee Tracy, Billie Burke

Mr. und Mrs. Jordan (Barrymore, Burke) wollen in ihrer luxuriösen Residenz ein Dinner für einen erlesenen Kreis des Hoch- und Geldadels geben. Während Mrs. Jordan die Vorbereitungen für den Abend trifft, befaßt sich der Film mit den Gästen und ihrem Leben vor dem Eintreffen.
Die illustre Gesellschaft, die an diesem Abend zusammenkommen soll, setzt sich aus sehr unterschiedlichen Leuten zusammen. Neben einer alternden Schauspielerin (Dressler) ist auch das Ehepaar Dan und Kitty Packard (Harlow, Beery) zum Dinner eingeladen. Während Kitty, die aus einfachen Verhältnissen stammt, durch diesen Abend ihre gesellschaftliche Stellung verbessern will, begleitet sie ihr Mann nur widerwillig. Aufgrund seiner Intrigen steht sein Gastgeber als Besitzer einer Reederei nämlich kurz vor dem Bankrott. Zu weiteren Verwicklungen kommt es, als die Affäre der Tochter des Hausherren zu einem Selbstmord führt, doch am Ende des Filmes, als es zum eigentlichen Dinner kommt, scheint sich ein Großteil der Konflikte gelöst zu haben.
Der Wechsel des Top-Produzenten David O. Selznick von RKO zu MGM sollte sich für den Film-Mogul Louis B. Mayer lohnen. Nicht nur, daß Selznick sein Schwiegersohn

wurde, er brachte mit George Cukor auch gleichzeitig einen gefragten Regisseur mit. Ihre gemeinsame Produktion *Dinner um acht* sollte sich als großer Erfolg erweisen. Obwohl der ganze Film nur mit einem Budget gedreht wurde, das unter 400.000 Dollar lag (von denen 110.000 Dollar an die Bühnenautoren gingen), konnte man doch die Top-Stars der damaligen Zeit verpflichten. Mit diesem Film, der auf einem sehr erfolgreichen Broadway-Stück von 1932 basiert, gab die Harlow ihre bis dahin anspruchsvollste Vorstellung und sicherte sich ihren Aufstieg zum Weltstar.
Die Gebrüder Barrymore galten als amerikanische Theater- und Filminstitution, obwohl John Barrymore´s Alkoholismus seiner Karriere schwer schadete. Marie Dresslers Karriere war eigentlich schon Mitte der 20er Jahre am Ende, als ihr MGM in den frühen 30ern ein Comeback verschaffte. Der Part der Carlotta Vance, den sie spielt, ist angelehnt an die britische Schauspielerin Campbell, die um die Jahrhundertwende ein Bühnenstar war, in den frühen 30ern nach Hollywood ging und dort wegen ihrer exzentrischen Gepflogenheiten überall auf Ablehnung stieß. Trotz aller Erfolgsmeldungen gab es handfesten Krach hinter den Kulissen. Jean Harlow und Wallace Beery, auf der Leinwand ein streitendes Ehepaar, konnten auch nach Drehschluß ihre Rollen nicht abschütteln. Die gegenseitigen Denunzierungen, Beschimpfungen und Demütigungen hatten einen einfachen Grund - sie haßten sich. dk

Der Dirigent

Dyrygent. Polen 1979 **R** Andrzej Wajda **B** Andrzej Kijowski **K** Slawomir Idziak **P** Film Polski/ Filmgruppe X **L** 102 Min., Farbe **D** Krystyna Janda, John Gielgud, Andrzej Seweryn, Jan Ciecierski

Andrzej Wajda gilt als eine Vaterfigur des polnischen Filmes, der mit seinem Schaffen internationale Anerkennung erlangte. So wurde z. B. sein 1981 entstandener Film DER MANN AUS EISEN in Cannes preisgekrönt, und für *Der Dirigent* erhielt Wajda 1980 den Preis der OCIC in San Sebastian, Hauptdarsteller Andrzej Seweryn wurde im selben Jahr auf der Berlinale mit einem silbernen Bären ausgezeichnet.
Marta (Janda), Geigerin in einem polnischen Provinzorchester, das von ihrem Mann Adam Pietryk (Sweryn) geleitet wird, macht in New York die Bekanntschaft des berühmten polnischen Dirigenten Jan Lasocki (Gielgud). Überwältigt von der Ähnlichkeit Martas mit ihrer Mutter, in die Lasocki verliebt war, folgt ihr der Dirigent nach 50 Jahren Exil in die Heimat. Dort feiert man den verlorenen Sohn, der mit Martas Orchester Beethovens Fünfte Sinfonie aufführen möchte. Das behagt natürlich ihrem Ehemann Adam gar nicht. Der ehrgeizige, sarkastische Musiker ist nicht nur eifersüchtig, er fürchtet auch um seine Karriere. Der qualitative Unterschied der beiden Dirigenten wird dann auch nur allzu schnell deutlich, als es Lasocki mit seiner Liebe zur Musik gelingt, auch dem Orchester mehr Begeisterung für ihr Metier zu vermitteln.
Wajdas Ausnahmestellung wird allein schon durch seinen Arbeitseifer belegt. Neben TV- und Theaterinszenierungen brachte er in der Zeit von 1955 bis 1979 nicht weniger als 25 Filme auf die Leinwand. 1979 wurde Wajda zum Präsidenten des Verbandes polnischer Filmemacher gewählt. dk

Dirnentragödie

Dirnentragödie. Deutschland 1927 **R** Bruno Rahn **B** Ruth Goetz, Leo Heller, nach dem Bühnenstück von Wilhelm Braun **K** Guido Seeber **M** Felix Bartsch **P** Pantomim-Film AG Berlin **L** 87 Min., s/w **D** Asta Nielsen, Hilde Jennings, Oskar Homolka, Werner Pittschau, Herrmann Picha, Eva Speyer, Otto Kronburger, Hedwig Pauly-Winterstein

Einer jener typischen Kammerspielfilme, die damals gern im Straßen- oder Prostituiertenmilieu angesiedelt waren, nachdem G. W. Pabsts DIE FREUDLOSE GASSE vorher die entsprechenden Maßstäbe gesetzt hatte. Dem reichen Elternhaus entflohen, steigt ein junger Student bei der alternden Dirne Auguste (Nielsen) ab, die sich durch seine Bekanntschaft einen gesellschaftlichen Aufstieg erhofft. Der junge Mann verliebt sich jedoch in die jüngere Prostituierte Clarissa (Jen-nings), was Augustes Eifersucht weckt. Sie stachelt einen Zuhälter auf, das Mädchen zu ermorden; dadurch verliert sie den Studenten, der reumütig zu seinen Eltern zurückkehrt. Auguste begeht Selbstmord.
Nach einer längeren Leinwand-Abstinenz gelang es Regisseur Rahn, den Stummfilm-Star Asta Nielsen wieder zu einer Rückkehr zum Film zu bewegen. *Dirnentragödie*, als Sozialfilm gedacht, doch nicht frei von melodramatischen Klischees, gab der Schauspielerin Gelegenheit, ihr ganzes Können einzubringen. In vielen Szenen wirkt sie durch ihr lebendiges Spiel weitaus jünger und farbiger als die Hure Clarissa.
Interessant ist die filmische Charakterisierung des Prostituierten- und Zuhältermilieus. Minutenlang schwenkt die Kamera über die schiefgelaufenen hohen Absätze der Nutten und die platten Stiefel der Zuhälter. „Es scheint, als werde den Füßen nicht weniger Ausdruck als den Gesichtern zugesprochen." (Siegfried Kracauer) jg

Dirty Harry

Dirty Harry. USA 1971 **R** Don Siegel **B** Harry Julian Fink, R. M. Fink, Dean Riesner, nach einer unveröffentlichten Geschichte von Fink und Fink **K** Bruce Surtees **M** Lalo Schifrin **P** Don Siegel für Malpaso/Warner Bros. **L** 102 Min., Farbe **D** Clint Eastwood, Reni Santoni, Harry Guardino, Andy Robinson, John Mitchum, John Larch, John Vernon, Mae Mercer, Lyn Edgington, Ruth Kobart

Dirty Harry war der Film, der Clint Eastwood auch in den Staaten endgültig zum Superstar machte, nachdem er bereits durch Sergio Leones Italo-Western in Europa zu einem Begriff geworden war.
Die Rolle des eiskalten Polizisten aus San Francisco war vorher bereits Frank Sinatra angeboten worden, der gegen Ende der 60er Jahre in drei ziemlich brutalen Streifen einen New Yorker Detektiven gemimt hatte. Sinatra wollte den Film gern mit Regisseur Irvin Kershner drehen, sagte dann aber wegen einer Handverletzung das ganze Projekt ab. Danach wurde die Rolle noch John Wayne angeboten, der darauf jedoch keine Lust hatte.
Mit Clint Eastwood in der Titelrolle ist *Dirty Harry* wohl auch am besten besetzt.
In San Francisco treibt ein wahnsinniger Killer (Andy Robinson, Sohn des Schauspielers E. G. Robinson) sein Unwesen. Mit einem Präzisionsgewehr schießt er unschuldige Menschen kaltblütig aus dem Hinterhalt ab, wobei er vorher immer noch seine Morde ankündigt. Als es Polizist Harry Calahan endlich gelingt, den Mann dingfest zu machen, wird dieser nach einer Gerichtsverhandlung wegen mangelnder Beweise freigelassen und begeht natürlich weitere Straftaten. Nachdem er einen mit Schulkindern vollbesetzten Bus gekidnappt hat, beschließt Harry, im Alleingang den Psychopathen zur Strecke zu bringen.
Ein reißerisch und überaus brutal inszenierter Thriller, perfekt in Schnitt und Kameratechnik, atmosphärisch dicht in seiner Milieuzeichnung, doch andererseits auch äußerst fragwürdig, was die Methoden der Verbrechensbekämpfung und den Aspekt der Selbstjustiz anbelangt. Siegels Film wurde zu einem Riesenerfolg und zog die drei Fortsetzungen CALAHAN, DER UNERBITTLICHE und DIRTY HARRY KOMMT ZURÜCK nach sich, die jedoch nicht an den Erstlingsfilm heranreichen konnten. jg

Dirty Harry kommt zurück

Sudden Impact. USA 1983 **R** Clint Eastwood **B** Joseph C. Stinson **K** Bruce Surtees **M** Lalo Schifrin **P** Clint Eastwood für Warner Bros. **L** 117 Min., Farbe **D** Clint Eastwood, Sondra Locke, Pat Hingle, Bradford Dillman, Paul Drake

Eine Serie von unheimlichen Morden läßt das kleine kalifornische Küstenstädtchen San Paulo zusammenschrecken und ruft Inspektor Calahan (Eastwood) auf den Plan. Seine

Recherchen ergeben, daß die drei bisher getöteten Männer alle einem Freundeskreis zuzurechnen sind, der aus ursprünglich sechs Leuten bestand. Bald entdeckt er das Motiv der Verbrechen. Eine Frau, die mit ihrer Schwester von den sechs Männern am Strand brutal vergewaltigt worden war, kommt zurück, um an den Beteiligten blutige Rache zu nehmen.
Sechs Jahre nach dem letzten *Dirty Harry* - Film übernahm Clint Eastwood selbst die Regie, um noch einmal den populären Kinohelden auf die Leinwand zu bringen. Die etwas aufgesetzt wirkende Rückkehr begründete er damit: „Ich denke, Harry steht für das, was er auch repräsentiert, gerade jetzt zu einer Zeit, in der das Pendel wieder mehr in die konservative Richtung schwingt... Ich denke, das Publikum will Gerechtigkeit, und genau das ist es, was Harry verkörpert."
Im Unterschied zu den vorhergehenden Folgen, die allesamt im Stadtgebiet von San Francisco spielten, entstanden diesmal die Außenaufnahmen in Santa Cruz, das in der Filmhandlung das fiktive Städtchen San Paulo darstellt.
„Clint Eastwood schöpft aus dem Fundus seiner Vorgänger und stilisiert Dirty Harry zu einer statuarischen Kampfmaschine ohne menschliche Regungen und Gefühle, was einen sehr schnell das Interesse an dieser Figur verlieren läßt. Die Schlußsequenz hat er bei Hitchcocks DER FREMDE IM ZUG geklaut." (*Frankfurter Rundschau*) jg

Der diskrete Charme der Bourgeoisie

Le charme discret de la bourgeoisie. Frankreich/ Spanien/Italien 1972 **R** Luis Buñuel **B** Luis Buñuel, Jean-Claude Carrière **K** Edmond Richard **P** Serge Silberman für Greenwich Film (Paris), Jet Film (Barcelona), Dear Film (Rom) **L** 101 Min., Farbe **D** Fernando Rey, Delphine Seyrig, Stéphane Audran, Jean-Pierre Cassel, Paul Frankeur, Claude Piéplu, Bulle Ogier, Michel Piccoli, Julien Bertheau

Wie schon in DIE MILCHSTRASSE kehrt Buñuel hier zum anekdotenhaften Stil seiner frühen Arbeiten zurück. Machte er in *Die Milchstraße* die Kirche zum Opfer seines Gespötts, so ist jetzt das Großbürgertum an der Reihe. Im Mittelpunkt stehen die Bemühungen einer Reihe bürgerlicher Individuen, sich zum Essen zu treffen. Das sind der lateinamerikanische Botschafter Don Rafael (Rey), der nebenbei Rauschgift schmuggelt, sowie die Ehepaare Sénéchal (Cassel, Audran) und Thévenot (Frankeur, Seyrig). Komplettiert wird diese illustre Gesellschaft schließlich durch einen Offizier (Piéplu), einen korrupten Minister (Piccoli) und einen Bischof (Bertheau). Leider wird man durch unliebsame Zwischenfälle immer wieder vom gemeinsamen Dinieren abgehalten: Mal liegt der Restaurantbesitzer tot in der Ecke, dann platzt ein Trupp Soldaten herein. Die einzelnen Episoden mißglückter Mahlzeiten werden mitunter durch Traumsequenzen unterbrochen, deren Anfang und Ende nicht immer deutlich werden.
Mit Aggressivität und Humor fällt Buñuel über seine Figuren her und läßt seiner Abneigung gegenüber der Bourgeoisie freien Lauf, deren Mitglieder er als rücksichts-und gewissenlose, machtgierige und dekadente Geldgeier entlarvt. Doch trotz der Thematik und des brutalen Schlusses handelt es sich bei *Der diskrete Charme der Bourgeoisie* nicht um ein moralisierendes, gewichtiges Drama, sondern um eine Komödie - respektlos, hinterhältig und umwerfend komisch. Gewinner des Oscars als Bester fremdsprachiger Film sowie einer Nominierung für das Original-Script. al

Diva

Diva. Frankreich 1981 **R** Jean-Jacques Beineix **B** Jean-Jacques Beineix, Jean van Hamme, nach einem Roman von Delacorta **K** Philippe Rousselot **M** Vladimir Cosma **P** Irene Silberman für Les Films Galaxie, Greenwich Film Prod. **L** 123 Min., Farbe **D** Wilhelmina Wiggins Fernandez, Frederic Andrei, Richard Bohringer, Thuy An Luu, Jacques Fabbri, Gérard Darmon, Dominique Pinon

Diva ist die verwickelte Geschichte um zwei Tonbänder: ein unerlaubter Live-Mitschnitt eines Konzertes der Operndiva Cynthia Hawkins (Wiggins Fernandez) und das Geständnis eines mittlerweile verstorbenen Callgirls, das den Chef eines Zuhälterrings entlarvt. Das eine Tonband hat der junge Postbote Jules (Andrei) selbst aufgenommen, das andere trägt er, ohne es zu wissen, bei sich. Jules hat sich in die Stimme seines großen Idols Hawkins verliebt und ihr letztes Konzert in Paris heimlich aufgenommen, da diese Schallplattenaufnahmen kategorisch ablehnt. Die beiden Tonbänder sind für verschiedene Leute von unschätzbarem Wert und werden damit für Jules zur tödlichen Bedrohung. Ohne genau zu wissen warum, beginnt nun seine Flucht vor der Polizei, den Zuhältern, einem wahnsinnigen Killer und den mysteriösen Chinesen. Die ruhelose Jagd findet in einem kaum wiederzuerkennenden Paris statt, ein New-Wave-Bilderbogen mit effektvoll eingestreuten Konzertsequenzen. Zum glücklichen Ende lernt der Postbote die Sopranistin persönlich kennen.
Als der Film 1981 in Frankreich anlief, wurde er zum Flop, das Erstlingswerk des damals noch völlig unbekannten Regisseurs Beineix interessierte das Publikum überhaupt nicht. Erst zwei Jahre später feierte *Diva* in New York riesige Erfolge, wurde zum Kultfilm der Konsumgeneration erklärt und lief (läuft) daraufhin in allen Großstädten der Welt zum Teil jahrelang ohne Unterbrechung. *Diva* wurde als Synthetik-Kino verschrieen und geliebt, als eine Aneinandereihung von Zitaten und Plagiaten aus der Filmgeschichte, bunter Bilder, visueller Reize ohne Sinn und Verstand. Beineix' Werk ist einer der ersten in einer langen Reihe von Filmen, die sich ganz bewußt auf die Kraft der Bilder verlassen, vielleicht sogar den Inhalt auf reine Äußerlichkeit reduzieren. „Man sage nicht, das sei ein Thriller, Ästhetik ist Mode: *Diva* ist im Gegenteil die Suche nach einer neuen Sprache, das Nachforschen nach neuen Ausdrucksmitteln." (*Arts Spectacles*) dh

Django

Django. Italien/Spanien 1966 **R** Sergio Corbucci **B** Sergio Corbucci, Bruno Corbucci, Franco Rosetti, José G. Maesso, Piero Vivarelli **K** Enzo Barboni **M** Luis Enrique Bacalov **P** Manolo Bolognini, Sergio Corbucci für B.R.C. Prod. (Rom), Tecisa (Madrid) **L** 88 Min., Farbe **D** Franco Nero, Loredana Nusciak, José Bodalo, Angel Alvarez

In ein mexikanisches Grenzstädtchen kommen ein Fremder (Nero) und ein Mädchen (Nusciak). Der Fremde heißt Django und zieht einen Sarg hinter sich her. Der Ort wird von zwei rivalisierenden Banden terrorisiert, auf der einen Seite die mexikanischen Rebellen unter General Rodriguez, auf der anderen Seite die Kapuzenmänner von Major Jackson. Django verbündet sich mit dem General und beide nehmen Jackson eine Menge Gold ab, doch als er sich mit der Beute davonmachen will, werden ihm zur Strafe die Hände gebrochen und, Maria muß ihr Leben lassen...
Wie schon Sergio Leones wegweisender FÜR EINE HANDVOLL DOLLAR, der eine wahre Flut von Italo-Western auslöste, machte sich auch *Django* die Grundkonstruktion von Akira Kurosawas Samurai-Epos YOJIMBO-DER LEIBWÄCHTER zu eigen. Wie Leone zeigt auch Corbucci einen dreckigen, unappetitlichen Westen der Gewalt, Grausamkeit und Habgier. Doch stärker als sein Vorbild legt der Regisseur den Akzent auf äußerste Brutalität und rabenschwarzen Humor, zwei Elemente, die in etwas abgemilderter Form auch seine späteren Filme (Western oder nicht) prägten. Doch *Django* setzte nicht nur in punkto Gewalt neue Maßstäbe, er wies auch den Weg zu den „politischen" Western, wie Sergio Sollima (VON ANGESICHT ZU ANGESICHT), Damiano Damiani (TÖTE, AMIGO) und Corbucci selbst sie später drehten. Der böse Major Jackson ist ein rechter Südstaatler, der die Mexikaner als minderwertig betrachtet, während der General und seine Mannen eine Gegenregierung etablieren wollen - oder sind sie nur hinter dem Gold her? Die mexikanische Revolution sollte Corbucci noch

reichlich Gelegenheit zu Exkursen in politischer Moral und Verantwortung bieten.
Django war ein gewaltiger Kassenerfolg und zog nahezu dreißig Fortsetzungen nach sich, von denen allerdings viele vom deutschen Verleih (durch Umtitelung und Umsynchronisierung) mutwillig in Zusammenhang mit diesem Charakter gebracht wurden. Franco Nero tauchte noch zweimal in der Titelrolle auf - als DJANGO, DER RÄCHER und in dem verspäteten *Djangos Rückkehr* von 1985. al

Django, der Rächer

Texas, addio. Italien/Spanien 1966 **R** Ferdinando Baldi **B** Franco Rossetti, Ferdinando Baldi **K** Enzo Barboni **M** Anton Abril **P** B.R.C. Prod. (Rom)/Estela Films (Madrid) **L** 90 Min., Farbe **D** Franco Nero, Cole Kitosch, José Suarez, Livio Lorenzon

Dieser Italo-Western stellt die einzige „echte" DJANGO-Fortsetzung mit Franco Nero in der Hauptrolle dar. Außer dem Schauspieler, in der Rolle des schießfreudigen Helden zum Star geworden, wartet diese Produktion auch mit zwei weiteren Mitarbeitern des ersten Films auf: Drehbuchautor Franco Rossetti und Kameramann Enzo Barboni, der später unter dem Pseudonym E.B. Clucher für zahlreiche *Hallelujah*-Western des Duos Spencer/Hill verantwortlich war.
Diesmal ist Django Sheriff eines texanischen Fleckens und macht sich gemeinsam mit Bruder Jimmy (Kitosch) auf, um den Mord am Vater zu rächen, der vor Jahren von dem mexikanischen Bandenführer Delgado (Suarez) umgebracht wurde. Diese Story dient als Aufhänger für eine stereotype Rachegeschichte, die von Brutalitäten nur so strotzt und insgesamt nicht mehr als ein müder Abklatsch des Originals ist.
Nero ließ sich wohlweislich auf keine weitere Fortsetzung ein und arbeitete statt dessen wieder mit Corbucci in dessen „Revolutionswestern" - bis 1985, als er in dem völlig bedeutungslosen Spätremake *Djangos Rückkehr* noch einmal zum Maschinengewehr griff. al

Django und die Bande der Gehenkten

Preparati la bara. Italien 1967 **R** Ferdinando Baldi **B** Franco Rossetti, Ferdinando Baldi **K** Enzo Barboni **M** Gianfranco Reverberi **P** B.R.C. Prod. **L** 93 Min., Farbe **D** Terence Hill, Horst Frank, George Eastman, Pinuccio Ardia

Dieser routinierte Italo-Western hebt sich anderen Vertretern seiner Gattung zumindest dadurch ab, daß er vom Team des ersten und zweiten *Django*-Films produziert wurde, alledings mit Ausnahme von Regisseur Sergio Corbucci und Franco Nero. Dafür saß, wie schon bei DJANGO, DER RÄCHER, wieder Ferdinando Baldi auf dem Regie-Stuhl, und Terence Hill, ebenfalls gutaussehend und blauäugig, mimt den Django.
Diesmal ist es Djangos Frau, deren Tod sein bester Freund verschuldet hat, die der schweigsame Held rächen will. Als Henker zieht er von Ort zu Ort, doch statt sie hinzurichten, rettet er die Delinquenten, um aus ihnen eine schlagkräftige Bande zu rekrutieren.
Schießereien, Brutalitäten und schwarzer Humor sind die Zutaten, aus denen ein echter *Django* ist. Allerdings verfügt Terence Hill als gnadenloser Rächer über nicht ganz so viel Charisma wie sein Vorgänger Franco Nero, und da ist es gut, wenn gegen Schluß aus einem Grab das bestens bekannte Maschinengewehr auftaucht... al

Do the right thing

Do the Right Thing. USA 1989 **R** Spike Lee **B** Spike Lee **K** Ernest Dickerson **M** Bill Lee **P** Spike Lee, Monty Ross für 40 Acres And A Mule Filmworks Prod./Universal **L** 119 Min., Farbe **D** Danny Aiello, Spike Lee, Bill Nunn, Ossie Davis, John Turturro, Giancarlo Esposito

Sal (Aiello), seit zwanzig Jahren Inhaber einer Pizzeria in der Stuyvesant Avenue in Brooklyn, ist fast der letzte Weiße im Viertel. Sein Laden ist hier eine Institution, ein Wahrzeichen für die friedliche Koexistenz der Rassen, die auch nicht von Sals Sohn Pino (Turturro) gestört wird, der sich aus Unzufriedenheit gelegentlich als Rassist gebärdet. Mookie (Lee) arbeitet für Sal und ist einer der wenigen aus der Gegend, der nicht arbeitslos ist wie Radio Raheem (Nunn) mit seinem überdimensionalen Ghettoblaster, der Aktivist Buggin Out (Esposito) oder der alte selbsternannte Bürgermeister Da Mayor (Davis). *Do the Right Thing* ist die Geschichte eines heißen Tages, an dem die Ruhe in dieser Nachbarschaft empfindlich gestört wird. Eine der üblichen kleinen Streitereien wird zu einer Konfliktsituation, in der jegliche Vernunft oder gesunder Menschenverstand ausgeschaltet zu sein scheint. Ein harmloses Geplänkel eskaliert nach einer Verkettung unglücklicher Umstände zu einer Straßenschlacht, die nach dem Mord an Raheem mit der Brandschatzung der Pizzeria endet. Am nächsten Morgen stehen die Beteiligten fassungslos vor den Trümmern, ein Zeugnis des allgegenwärtigen Rassismus, der Unfähigkeit miteinander umgehen zu können.
Do the Right Thing war nach SHE'S GOTTA HAVE IT und *School Daze* Spike Lees dritter Film, der ein größeres Publikum erreicht hat. Er hat ihn geschrieben, produziert und inszeniert, dazu spielt er die Rolle des Mookie. Man darf also annehmen, daß es ihm auch um persönliche Überzeugungen geht, um Probleme, die ihn wirklich interessieren. Über die Qualität seiner schnell und locker produzierten Hype-Filme läßt sich sicherlich streiten; Lees großer Verdienst ist es jedoch, mit der realitätsfernen, und deshalb gefährlichen Vision vom vorurteilsfreien Amerika gründlich aufgeräumt zu haben. Bei ihm werden die Rassenkonflikte nicht, wie in so vielen anderen Produktionen zum Thema, durch besonders vernunftbegabte Charaktere in Luft aufgelöst und somit bagatellisiert.
Spike Lee: „Daß die schönen Worte vom freien Amerika, das Platz für jede Hautfarbe hat, nie mehr als verlogene Phrasen waren, müßte jedem klar sein. Am Ende meines Films reichen sich die Leute nicht die Hände, um diesen *We are the World*-Mist zu singen." dh

Doc

Doc. USA 1970 **R** Frank Perry **B** Pete Hamill **K** Gerald Hirschfeld **M** Jimmy Webb **P** Frank Perry für United Artists **L** 96 Min., Farbe **D** Stacy Keach, Faye Dunaway, Harris Yulin, Mike Witney, Denver John Collins, Dan Greenberg, Penelope Allen, Hedy Sontag, Bruce M. Fischer, James Greene

Gegenüber den beiden sehr beschönigend gezeichneten John-Sturges-Western ZWEI RECHNEN AB und DIE FÜNF GEÄCHTETEN bemühte sich Regisseur John Perry, ein etwas realistischeres Bild der zwei Revolverhelden Doc Holliday und Wyatt Earp zu zeichnen.
Handlungsort ist die Stadt Tombstone in Arizona, wo Wyatt Earp (Yulin) das Amt des Sheriffs vertritt und sich mit der gefährlichen Clanton-Gang herumschlagen muß. Der Glücksspieler und Scharfschütze Doc Holliday kommt in Begleitung der Prostituierten Kate Elder (Dunaway) in die Stadt und läßt sich dort - zum Ärger vieler gesitteter Einwohner - nieder. Am Ende steht der unausweichliche Kampf der Gesetzeshüter gegen die Bande der Clantons, der im legendären O.K.-Corrall stattfindet.
Doc ist weit von der Westernidylle der 50er Jahre entfernt. Der Wilde Westen wird weniger als romantischer Schauplatz geschildert, sondern eher als ein El Dorado für verkrachte Existenzen, zu denen auch Doc Holliday und seine Freundin gehören. „Die Zeiten, in der unser junges Land Leitbilder und idea-

lisierte Helden brauchte, sind endgültig vorbei" (Frank Perry). In der Tat geben die Protagonisten ein denkbar schlechtes Beispiel ab. Wo früher noch die Frau dem Helden ein sanft flehendes „Halt mich ganz fest!" zugeflüstert hatte, raunt Kate Elder mit verruchter Stimme „Nimm mich jetzt!". Und der Kampf im O.K.-Corrall wird nicht als minutenlanges Showdown präsentiert, sondern ist bereits nach 23 Sekunden vorüber - solange, wie er auch in Wirklichkeit gedauert hatte.
Doc ist ein interessanter Beitrag zum Western-Genre, der eine bekannte Vorlage auf einfallsreiche Weise variiert. jg

Doctor Dolittle

Doctor Dolittle. USA 1967 **R** Richard Fleischer **B** Leslie Bricusse, nach den Büchern von Hugh Lofting **K** Robert Surtees **SpE** L. B. Abbott, Art Cruikshank, Emil Kosa jr., Howard Lydecker **M** Leslie Bricusse **P** Arthur P. Jacobs für 20th Century-Fox **L** 150 Min., Farbe **D** Rex Harrison, Samantha Eggar, Anthony Newley, Richard Attenborough, Peter Bull, Muriel Landers, Geoffrey Holder, William Dix, Portia Nelson

In farbenprächtigen Bildern beschreibt dieses aufwendig inszenierte Märchen-Musical die Abenteuer von Doctor Dolittle (Harrison), der sich auf das Erlernen von Tiersprachen spezialisiert hat und zusammen mit seinen menschlichen und tierischen Freunden aufbricht, um die sagenumwobene rosa Riesenseeschnecke zu finden. Aufregende Erlebnisse stehen der kleinen Reisegesellschaft bevor.
Die bekannten Kinderbücher des Anglo-Iren Hugh Lofting skizzierten den Titelhelden Dr. Dolittle eher als dickliches, weißhaariges Männchen, dessen Erscheinungsbild der smarte Rex Harrison so ganz und gar nicht entsprach. Dennoch ist das Experiment, den tierliebenden Arzt auf eine ganz andere Weise darzustellen, überaus gut gelungen. Hauptkriterium zur Wahl Harrisons war dessen weitreichende Erfahrung im Genre des Musical-Films, was er 1964 am eindrucksvollsten in MY FAIR LADY als Professor Higgins unter Beweis gestellt hatte, wofür er auch mit dem Oscar ausgezeichnet worden war.
Mit *Doctor Dolittle* wollte man diesen Erfolg wiederholen, doch schon kurz nach den ersten Pressevorführungen war klar, daß man diese hochfliegenden Pläne aufgeben mußte, denn die Kritiker ließen allesamt kein gutes Haar an dem Film. Entsprechend unbefriedigend lief *Doctor Dolittle* dann auch in den Kinos an, obwohl noch einmal Millionenbeträge in eine aufwendige Publicity-Kampagne investiert wurden.
Um sich wenigstens bei der Oscar-Verleihung einige Preise zu sichern, lud die 20th Century-Fox die Academy-Mitglieder zu einer Reihe von Sondervorführungen ein, für die riesige kalte Buffets mit Kaviar und Champagner herangekarrt wurden, um das Komitee gnädig zu stimmen. Der Film wurde daraufhin zwar für sechs Kategorien nominiert (u.a. „Bester Film" und „Beste Kamera"), gewann dann aber nur zwei Auszeichnungen für seine Spezialeffekte und den Filmsong *Talk to the Animals*. jg

Dodeskaden - Menschen im Abseits

Dodes'ka-den. Japan 1970 **R** Akira Kurosawa **B** Akira Kurosawa, Hideo Orguni, Shinobu Hashimoto, nach einem Roman von Shugoro Yamamoto **K** Yasumichi Fukuzawa, Takao Saito **M** Tooru Takemitsu **P** Yonkino-Kai-Toho **L** 139 Min., Farbe **D** Yoshitaka Zushi, Iunzaburo Ban, Kiyoko Tange, Shinusuke Minami, Hisashi Igawa

In seiner Biographie weigert sich Kurosawa, über *Dodeskaden* zu schreiben: „Der Film spricht für sich selbst."
Tatsächlich ist Kurosawas erster Farbfilm trotz (oder gerade) wegen des Fehlens einer durchgängigen Handlung von erstaunlicher Aussagekraft. Vor dem Hintergrund eines Slumviertels, einer abgeschlossenen Welt der Armut am Rande Tokios, porträitiert Kurosawa einzelne Menschen, ihre Schicksale, Leiden und Hoffnungen.
Da gibt es einen Mann, der davon träumt, eines Tages für sich und seinen Sohn einen Palast zu bauen. Wenn aber eben dieser Sohn nicht Tag für Tag in den Hinterhöfen der Restaurants um Essen betteln würde, wären Vater und Sohn schon längst verhungert. Ein geistig behindertes Kind gibt mit einer Lautmalerei für ein Auto dem Film seinen Titel, betrogene Ehemänner, Betrunkene und Einbrecher bevölkern das Ghetto und erscheinen, obwohl sie im wahrsten Sinne des Wortes in den leuchtendsten Farben beschrieben werden, einsam und verängstigt.
Der eigenwillige, expressionistische Stil und vielleicht auch Kurosawas Entscheidung, mit einer unabhängigen Produktionsgesellschaft zusammenzuarbeiten, ließen den Film zu einem Flop werden. Durch diesen Mißerfolg in seinem künstlerischen Schaffen tief getroffen, ließ Kurosawa ganze fünf Jahre vergehen, ehe er sich wieder mit einem Film in den Kreis der Regisseure zurückmeldete.
dk

Dog Day - Ein Mann rennt um sein Leben

Canicule. Frankreich 1983 **R** Yves Boisset **B** Jean Herman, Michel Audiard, Dominique Roulet, Serge Korber, Yves Boisset, nach dem Roman von

Jean Vautrin **K** Jean Boffety **M** Francis Lai **P** Norbert Saada für Swanie Prod./TF1 Films **L** 97 Min., Farbe **D** Lee Marvin, Miou-Miou, Jean Carmet, Victor Lanoux, David Bennent, Bernadette Lafont, Tina Louise

Nach dem Überfall auf einen Geldtransport in Frankreich kann der alternde amerikanische Gangster Cobb (Marvin) mit einer Million Dollar Beute entkommen. Während eine Armee von Gendarmen die Umgebung durchkämmt, findet der Verbrecher Zuflucht auf einem einsamen Bauernhof, dessen Bewohner sich durchweg als degeneriert und raffgierig erweisen. Da gibt es den schlauen, aber brutalen Bauern Horace (Lanoux), seine nicht nur sexuell frustrierte Frau Jessica (Miou-Miou), Horaces senilen Bruder Socrates (Carmet) und beider Schwester Segolene (Lafont), eine verkrüppelte Nymphomanin. Das jüngste Familienmitglied ist der zwölfjährige Chim (Bennent), ein fernsehgeschädigter Lausbub, der von einer Gangsterkarriere träumt. Er hat beobachtet, wie Cobb seine Beute vergrub...
Yves Boisset, bekannt als Spezialist für Polit-Thriller, legte hier einen knallharten Gangsterfilm vor, dessen Brutalität scharf angegriffen wurde. Lee Mavins Figur, deren Auftauchen auf dem Gehöft eine Katalysator-Wirkung hat, deckt sich haargenau mit dem Image des Schauspielers als brutaler Verbrecher und wird vom Regisseur zu einer Art Hommage an den amerikanischen Gangster-Mythos benutzt. *Dog Day* entwirft ein desillusionierendes Bild von der menschlichen Gier, doch dieser kritische thematische Ansatz kommt angesichts der sehr vordergründigen Gewalttätigkeit kaum zum Tragen. Der Film wurde entsprechend zwiespältig aufgenommen und entweder als spekulative Gewaltorgie à la EIN MANN SIEHT ROT oder als verunglückte Gangsterballade mit sozialkritischen Untertönen verstanden.
Lee Marvin war hiernach nur noch einmal auf der Leinwand zu sehen: 1986 in DELTA FORCE. al

Doktor Ahoi!

Doctor at Sea. Großbritannien 1955 **R** Ralph Thomas **B** Nicholas Phipps, Jack Davies, Richard Gordon, nach einem Roman von Gordon **K** Ernest Steward **M** Muir Mathieson **P** Betty E. Box für Group Film Productions/J. Arthur Rank **L** 93 Min., Farbe **D** Dirk Bogarde, Brigitte Bardot, Brenda de Banzie, James Robertson Justice, Maurice Denham, Michael Medwin

Zweiter Teil der erfolgreichen *Doktor*-Serie, die Dirk Bogarde zum seinerzeit beliebtesten englischen Filmschauspieler machte. In dieser Folge muß er sich als Schiffsarzt auf einem Kreuzfahrtdampfer bewähren und erlebt bei der Ausübung seiner Tätigkeit eine Kette schrulliger Episoden.
Produzentin Betty E. Box landete ihren großen Coup, als es ihr gelang, den französischen Busenstar Brigitte Bardot für den Film zu verpflichten, auf den sie während der

Filmfestspiele von Cannes aufmerksam geworden war. Da sich Brigittes Englischkenntnisse lediglich auf die beiden Floskeln „Good evening" und „I´d like a whiskey, please" beschränkten, führte Roger Vadim, zur damaligen Zeit Bardots Ehegatte, die Verhandlungen mit der Produktionsfirma und schlug dabei für seine Frau die beachtliche Gage von 2.500 Dollar für deren Mitwirkung in dem geplanten Film heraus.
Brigitte Bardot brachte damals frischen Wind in die zugeknöpften britischen Studios, da sie es als erste Schauspielerin wagte, völlig nackt vor einer Kamera zu agieren. In einer Szene sollte sie im Hintergrund, verdeckt von einem Vorhang, duschen, wobei man vorher ihre Brustwarzen mit Heftpflastern und den Genitalbereich mit Gaze verhüllt hatte. Unglücklicherweise konnte man die Scheinwerfer drehen und wenden wie man wollte - stets sah man die aufgezwungenen Verdeckungen, bis der Bardot endgültig der Kragen platzte und sie mit dem wütenden Ausspruch „Scheiße" die albernen Verhüllungen entfernte. jg

Dr. Detroit

Doctor Detroit. USA 1983 **R** Michael Pressman **B** Carl Gottlieb, Robert Boris, Bruce Jay Friedman, nach dem Roman *Detroit Abe* von Bruce Jay Friedman **K** King Baggot **M** Lalo Schifrin **P** Robert K. Weiss für Black Rhino/Brillstein Company Prod. (Universal City, CA) **L** 89 Min., Farbe **D** Dan Aykroyd, Howard Hesseman, Donna Dixon, Lydia Lei, T.K. Carter, Lynn Whitfield, Edward Meekin, James Brown, Kate Murtagh

Smooth Walker (Hesseman), ein ausgesprochen sanfter und sensibler Zuhälter, hat Ärger mit Mom (Murtagh), der furchteinflößenden Unterweltchefin von Chicago; kurzerhand flüchtet er sich in den Schutz eines fiktiven Supergangsters und begibt sich auf die Suche nach einem Dummen, der diesen Part übernehmen soll. Der junge Assistenzprofessor Clifford Skridlow (Aykroyd) ist ein hoffnungsvoller Mensch, Fachmann für Rittertum, Literatur, Systemanalyse und Gehen. Bei der Ausübung dieses leichtathletischen Sparprogramms trifft er auf den bedrängten Unterweltler, der ihn mit seinen reizenden Angestellten und anderen Drogen von seiner neuen Aufgabe überzeugt: Skridlow wird Dr. Detroit. Die beiden Existenzen sind sogleich mit den unterschiedlichsten Problemen beschäftigt. Immer schneller dreht sich das Identitätenkarussell, bis Skridlow/Detroit eines Tages gleichzeitig an zwei verschiedenen Festen teilnehmen muß: dem ehrwürdigen, geldgierigen Ehemaligen-Bankett der Universität und dem Zocker-Ball der Unterwelt. Neben der erfolgreichen, fast gleichzeitigen Präsenz auf beiden Veranstaltungen kann der Berufsschizo auch noch die gefürchtete Mom unschädlich machen.
Leider fehlen dieser zweifellos recht komischen Aykroyd-Komödie die gewohnten gesellschaftskritischen Untertöne, die bitterbös-anarchischen der BLUES BROTHERS etwa oder die subtil-hinterlistigen der GLÜCKSRITTER. Der ziemlich farblos bleibende Aykroyd wurde auch nach *Dr. Detroit* nicht zu dem Komikerstar, zu dem die zuständigen Produzenten ihn gerne gemacht hätten, dafür wurde leider etwas zu viel in der Geschichte des komischen Films geklaut. dh

Doktor Faustus

Doctor Faustus. Großbritannien 1967 **R** Richard Burton, Nevill Coghill **B** Nevill Coghill, Wolf Mankowitz, nach dem Bühnenstück *The Tragical History of Dr. Faustus* von Christopher Marlowe **K** Gabor Pogany **M** Mario Nascimbene **P** Richard Burton, Richard McWorther für Oxford University Screen Prod./Nassau Films/Venfilms/Columbia **L** 92 Min., Farbe **D** Richard Burton, Elizabeth Taylor, Andreas Teuber, Ian Marter, Elizabeth O´Donovan

Schon 1966 war Richard Burton gemeinsam mit Ehefrau Liz Taylor an seine ehemalige Ausbildungsstätte nach Oxford zurückgekehrt, wo beide für eine Woche in einer Bühnenproduktion der Tragödie von Christopher Marlowe mitwirkten. Die Nebenrollen waren ausschließlich mit Studenten besetzt, und die Taylor hatte nur einen stummen Auftritt als Helena von Troja. Nach dem Erfolg der Shakespeare-Verfilmung DER WIDERSPENSTIGEN ZÄHMUNG fiel es dann etwas leichter, Geld für die Leinwand-Version des nicht gerade kommerziellen Stoffes aufzutreiben, bei der sich Burton und Nevill Coghill letztendlich die Regie teilten. Trotzdem war ein Kassenerfolg wohl kaum zu erwarten, und so bleibt *Doktor Faustus* ein seltenes Beispiel für einen Film, dessen finanzielles Scheitern schon miteingeplant war.
Auch hier spielten bis auf die Burtons nur Oxforder Studenten, und Andreas Teuber wurde sehr gelobt für seine Darstellung des Mephistopheles. Die Geschichte eines Mannes, der seine Seele dem Teufel verkauft, stieß ansonsten auf einhellige Ablehnung, obwohl der Film nach Ansicht einiger Kritiker das Talent Burtons für klassische Rollen unterstrich. *The New York Times*: *„Doktor Faustus* ist so schrecklich, daß es den normalen Verstand übersteigt. Die Burtons scheinen sich immerhin köstlich zu amüsieren; mitunter hat es den Anschein, als wäre der Film nur für ihr Heimkino gemacht worden."
Die Produktion erwies sich als teurer Reinfall und brachte erstmals den Ruf der Burtons als unfehlbare Kassenmagneten ins Wanken. al

Doktor Faustus

Doktor Faustus. BRD 1982 **R** Franz Seitz **B** Franz Seitz, nach dem Roman von Thomas Mann **K** Rudolf Blahacek **M** Rolf Wilhelm, Benjamin Britten **P** Franz Seitz für Iduna/Bayerischer Rundfunk **L** 137 Min., Farbe **D** Jon Finch, André Heller, Hanns Zischler, Gaby Dohm, Elma Karlowa, Margot Hielscher, Siemen Rühaak, Alice Treff, Otto Mächtlinger, Ulrich Günther

Nachdem Franz Seitz bereits die Thomas-Mann-Verfilmungen WÄLSUNGENBLUT und DER ZAUBERBERG produziert hatte, wollte er sich einmal selbst an die filmische Umsetzung einer Vorlage des berühmten deutschen Dichters wagen. Als Stoff suchte er sich ausgerechnet den Roman *Doktor Faustus* aus, der zu den schwierigsten und verschlüsselsten Werken Thomas Manns gezählt wird.
Das Buch, in der Emigration begonnen und unter den Eindrücken der faschistischen Gewaltherrschaft 1947 beendet, erzählt die Geschichte des Komponisten Adrian Leverkühn, der seine Seele dem Satan verkauft, um zu einer höheren künstlerischen Genialität zu gelangen. „Verkleidet in die Geschichte eines hochprekären Kunsterlebens wird nichts Geringeres als der Roman meiner Epoche erzählt," sagte Thomas Mann selbst über *Doktor Faustus*.
In Seitz´ Film blieb von der Vorlage nicht viel mehr übrig als ein grobes, dramaturgisches Skelett, an dem sich die notdürftig nacherzählte Handlung verkrampft entlanghangelt. Der hintergründige Aspekt einer Gedankenverknüpfung zwischen Teufelspakt und dem aufstrebenden Unheil des Nationalsozialismus reduziert sich auf eine platte und oberflächliche Darstellung. „Gewiß hat sich Seitz viele ernste Gedanken gemacht. Auch mag er die Aufgabe mit Mut und Demut angegangen sein, wie er dem Dichtersohn Golo Mann versprochen hat und uns jetzt mitteilt. Seinem Film hätten aber auch eine etwas bessere Schauspielerei und Schauspiel-Regie ganz gutgetan." (*Der Spiegel*) jg

Dr. Holl

Dr. Holl. BRD 1951 **R** Rolf Hansen **B** Thea von Harbou, nach einer Idee von H. O. Meißner **K** Franz Weihmayr **M** Mark Lothar **P** Fama-Film/F. A.

Mainz-Prod. **L** 100 Min., s/w **D** Maria Schell, Dieter Borsche, Carl Wery, Heidemarie Hatheyer, Otto Gebühr, Lina Carstens, Adrian Hoven, Marianne Koch

Dr. Holl ist eine jener Nachkriegsproduktionen, die bruchlos den Stil der zur Nazi-Zeit entstandenen UFA-Filme weiterführte. Regisseur Rolf Hansen hatte 1942 mit Zarah Leander DIE GROSSE LIEBE, einen der größten Kassenerfolge der UFA, gedreht; Drehbuchautorin Thea von Harbou, einst Ehegattin des emigrierten Filmemachers Fritz Lang, galt schon vor der Machtergreifung als überzeugte Hitler-Sympathisantin. Mit dieser Crew konnte *Dr. Holl* folglich wenig neue Strömungen in den deutschen Film einbringen.
Die tränenreiche Story ist angesiedelt in einer Villa am Golf von Neapel. Heidemarie Hatheyer spielt eine Krankenschwester, die die dahinsiechende Tochter (Schell) eines reichen Industriellen pflegt und ihren Verlobten Dr. Holl (Borsche) nach Italien ruft, damit sich dieser der Patientin annehmen soll. Prompt verliebt sich das Töchterchen in den Gott in Weiß. Holl stimmt einer Scheinehe zu, um ihr das Sterben zu erleichtern, erfindet aber dummerweise auch noch ein Serum, das das Mädchen (in das er sich unterdessen natürlich ebenfalls verschossen hat) rettet. Heidemarie entsagt in Keuschheit und Demut, um dem neuen Glück nicht im Wege zu stehen und findet ihre Erfüllung im Studium der Medizin.
Dr. Holl wurde 1951 bei den Berliner Filmfestspielen präsentiert und von dem kritischen Publikum gehörig ausgebuht, was jedoch den Streifen nicht daran hinderte, einen Siegeszug ohnegleichen anzutreten. In seiner Spielzeit verfolgten über 6 Millionen Menschen schmachtend das Leinwandgeschehen und verhalfen Maria Schell als Publikumsliebling Nummer Eins zu ihrem ersten „Bambi". jg

Dr. Jekyll und Mr. Hyde

Dr. Jekyll and Mr. Hyde. USA 1932 **R** Rouben Mamoulian **B** Samuel Hoffenstein, Percy Heath, nach einem Roman von Robert Louis Stevenson **K** Karl Struss **P** Paramount **L** 80 Min., s/w **D** Fredric March, Miriam Hopkins, Rose Hobart, Holmes Herbert, Halliwell Hobbes, Edgar Norton, Tempe Bigott, Arnold Lucy, Colonel McDonnell

Trotz vieler Neuverfilmungen wie Victor Flemings ARZT UND DÄMON oder die Hammer-Produktion SCHLAG 12 IN LONDON gilt nach wie vor Rouben Mamoulians *Dr. Jekyll und Mr. Hyde* aus dem Jahre 1932 als die gelungenste Version der bekannten Vorlage des Romanciers Robert Louis Stevenson.
Der Film zeichnet sich durch eine grandiose Kameraarbeit aus. Die ersten fünf Minuten wurden ausschließlich aus subjektiver Sichtweise mit langen Fahrten durch weitläufige Räume gestaltet. Auch in maskenbildnerischer Hinsicht setzte Mamoulians Film Maßstäbe, die später nie wieder erreicht wurden.
Die Academy-Mitglieder nominierten *Dr. Jekyll und Mr. Hyde* für die Kinosaison 1931/32 in den Sparten „Bestes Drehbuch" und „Beste Kamera"; für seine exzellente Verkörperung der beiden völlig konträren, in einer Doppelrolle vereinten Charaktere, wurde Fredric March mit dem Oscar ausgezeichnet.
Mamoulians Film war nach seiner Absetzung aus dem Kinoprogramm über 20 Jahre lang nicht zu sehen. Metro-Goldwyn-Mayer hatte die Rechte von der Paramount erworben und den Film einfach aus dem Verleih genommen, um die eigene Fassung mit Spencer Tracy und Ingrid Bergman zu schützen, die 1941 entstand. Erst Anfang der 70er Jahre erinnerte man sich wieder an den Film und brachte ihn erneut in die Kinos - interessanterweise mit denselben Schnitten, die auch die Zensur im Jahr 1932 vorgenommen hatte. jg

Dr. Johnsons Heimkehr

Homecoming. USA 1948 **R** Mervyn LeRoy **B** Paul Osborn, nach einer Originalstory von Sidney Kingsley **K** Harold Rosson **M** Bronislau Kaper **P** Sidney Franklin für MGM **L** 113 Min., s/w **D** Clark Gable, Lana Turner, Anne Baxter, John Hodiak, Gladys Cooper, Cameron Mitchell

Der erfolgreiche und glücklich verheiratete Arzt Ulysses Johnson (Gable) ist so sehr mit seinen reichen Patienten und seinem Country-Club-Leben beschäftigt, daß er die Bitte eines alten Freundes ablehnt, ihm bei der Bekämpfung einer Seuche in einer Kleinstadt zu helfen. Als die USA in den II. Weltkrieg eintreten, meldet er sich an die Front - weil es zum guten Ton gehört. Dort lernt er erst durch die Bekanntschaft der Krankenschwester Jane (Turner) Selbstlosigkeit und wahre Menschlichkeit kennen. Nach anfänglicher Antipathie verliebt man sich ineinander, doch natürlich ist das Glück nicht von Dauer...
MGM machte viel Wirbel um die erneute Begegnung seiner Stars Gable und Turner, die sich in ihren vorangegangenen Filmen als eines der „heißesten" Leinwandpaare jener Jahre erwiesen hatten. Das Kriegsmelodram wurde mit einer ausgeklügelten Werbekampagne („Gable and Turner - the team that generates steam!") angepriesen, und das Publikum strömte in die Kinos. Die Kritik zeigte sich weniger angetan. Die New Yorker Filmkritiker erkoren *Dr. Johnsons Heimkehr* sogar zu einem der zehn schlechtesten Filme des Jahres 1948. Unter anderem warf man Regisseur Mervyn LeRoy, der als Lanas Entdecker gilt, vor, die schrecklichen Geschehnisse zu trivialisieren. Tatsächlich entsteht hier manchmal der Eindruck, der Krieg habe nur stattgefunden, um den Stars einen neuen romantischen Hintergrund zu verschaffen. al

Dr. M

Dr. M. Frankreich/BRD/Italien 1990 **R** Claude Chabrol **B** Sollace Mitchell, Claude Chabrol, nach Motiven des Romans *Mabuse, der Spieler* von Norbert Jacques und einer Story von Thomas Bauermeister **K** Jean Rabier **M** Mekong Delta **P** François Duplat, Hans Brockmann für **L** 116 Min., Farbe **D** Alan Bates, Jennifer Beals, Jan Niklas, Hanns Zischler, Benoit Regent, William Berger

In nicht allzu ferner Zukunft wird das geteilte Berlin durch eine Serie von Selbstmorden erschüttert, die Kommissar Hartmann (Niklas) stutzig werden läßt. Seine Ermittlungen führen ihn zum Model Sonja (Beals), die von großen Leinwandflächen für einen Ferienclub namens Theratos wirbt. Dahinter steckt der finstere Mediengigant Marsfeld (Bates), der durch Manipulation und Gehirnwäsche der Urlauber die Weltherrschaft an sich reißen will...
Eine Hommage an den von ihm sehr verehrten Fritz Lang sollte es werden, Claude Chabrols sehr freie Bearbeitung des Romans *Mabuse, der Spieler* von Norbert Jacques. Doch was der französische Regie-Altmeister, bekannt für seine witzig-boshaften Entlarvungen bourgeoiser Perversionen, sich hier erlaubte, hat weder etwas mit DR. MABUSE, DER SPIELER noch mit Lang zu tun. Eine dürftige, vorhersagbare Krimi-Story - ein Sammelsurium bekannter Versatzstücke - schleppt sich nach einem furiosen Auftakt (den Selbstmorden) mühsam dahin, dargeboten von einer bunt und alles andere als homogen zusammengewürfelten Besetzung. Bis auf Bates, der seine Schurkenrolle hemmungslos, aber wenigstens amüsant überzieht, und einige Nebendarsteller, wird hier nur unter Niveau agiert. Jan Niklas rinnt der Schweiß über das dick aufgetragene Make-Up, während er in Schimanski-Manier seinen Dienst verrichtet und dabei auch gleich noch die immerhin attraktive Jennifer Beals in einer unbeholfenen und absolut unerotischen Liebesszene beschläft. Ein Cameo-Auftritt von Andrew McCarthy, den Chabrol aus unverständlichen Gründen zum Hauptdar-

steller seines nächsten, nicht minder mißratenen Films STILLE TAGE IN CLICHY machte, ist ebenso irritierend wie sinnlos - wie der gesamte *Dr. M.* al

Dr. Mabuse, der Spieler

Dr. Mabuse, der Spieler. Deutschland 1922; Teil 1: Der große Spieler - Ein Bild der Zeit; Teil 2: Inferno - Ein Spiel von Menschen unserer Zeit; **R** Fritz Lang **B** Fritz Lang, Thea von Harbou, nach einem Roman von Norbert Jacques **K** Carl Hoffmann **M** Klaus Elfers **P** Uco **L** Teil 1: 102 Min., s/w; Teil 2: 92 Min., s/w **D** Rudolf Klein-Rogge, Aud Egedy Nissen, Paul Richter, Gertrud Welcker, Alfred Abel

Nach langen Gesprächen mit Norbert Jacques, dem Autor der Vorlage, mußte Fritz Lang feststellen, daß der Roman für eine werkgetreue filmische Umsetzung viel zu harmlos und unspektakulär war, um damit die breiten Massen im Kino begeistern zu können. Die Machenschaften des Dr. Mabuse, der seine Opfer während des Kartenspiels gefügig macht und sie dann ausraubt, mußten im Film wesentlich teuflischere Dimensionen annehmen.
So erschuf Lang für seinen zweiteiligen Thriller einen Superverbrecher, der mit Hilfe hypnotischer Fähigkeiten Millionencoups tätigt und Regierungskrisen auslöst, um die Weltherrschaft zu erlangen.
Vor dem aktuellen Hintergrund der Inflation, einer Zeit also, in der die Welt völlig aus den Fugen zu geraten schien, war es für Lang besonders wichtig, diese akuten Erscheinungen in seinen Film einfließen zu lassen. Neben seinem Anspruch, der erste Gangsterfilm der Geschichte zu sein, spiegelt *Dr. Mabuse* vor allem die Atmosphäre des legendären Berlin der wilden 20er Jahre mit seiner Dekadenz, seinen Spielsalons, Rauschgifthöhlen und Homosexuellen wider. Sich eng an den aktuellen künstlerischen Strömungen orientierend, fasziniert dieser Stummfilm durch eindrucksvolle, expressionistische Bauten und die im gleichen Stil gehandhabte Ausleuchtung der Schauspieler und Studioarchitektur. Viele dieser Lichteffekte hatte Fritz Lang zuvor in seiner eigenen Luxuswohnung am Kurfürstendamm getestet.
Dr. Mabuse kam in zwei kurz aufeinander folgenden Teilen in die deutschen Kinos. Die Amerikaner konnten sich mit dieser Vorführungsform nicht so recht anfreunden und schnitten die beiden Folgen auf einen zweistündigen Film zusammen. jg

Dr. med. Hiob Prätorius

Dr. med. Hiob Prätorius. BRD 1964 **R** Kurt Hoffmann **B** Heinz Pauck, Istvan Bekefi, Curt Goetz, nach dem Bühnenstück von Curt Goetz **K** Richard Angst **M** Franz Grothe **P** Hans Domnick für Independent Film GmbH **L** 92 Min., Farbe **D** Heinz Rühmann, Liselotte Pulver, Fritz Rasp, Fritz Tillmann, Werner Hinz, Peter Lühr, Klaus Schwarzkopf, Robert Klupp, Lisa Helwig

War Kurt Hoffmanns Unterfangen, sich mit seinem vorangegangenen Film SCHLOSS GRIPSHOLM an einem Tucholsky-Roman zu versuchen, reichlich mißlungen, wollte er für sein nächstes Projekt verständlicherweise einen Stoff als Vorlage nehmen, bei dem nicht allzuviel schiefgehen konnte.
Mit Curt Goetz´ heiterem Bühnenstück *Dr. med. Hiob Prätorius*, das bereits schon einmal 1949 unter des Regie des Autoren verfilmt worden war, glaubte er die richtige Wahl getroffen zu haben.
Der liebenswerte Dr. Prätorius (Rühmann) lernt die junge Violetta (Pulver) kennen, die befürchtet, schwanger zu sein. Der Arzt nimmt dem Mädchen nicht nur diese Befürchtung, sondern heiratet es auch kurze Zeit später, was ihm den Neid eines humorlosen Kollegen einbringt. Allerlei obskure Gestalten beginnen plötzlich in Prätorius´ Vergangenheit herumzuschnüffeln, mit der Hoffnung, irgendeinen dunklen Punkt zu finden.
Hoffmanns Komödie zeichnet sich nicht gerade durch eine besonders genaue Authentizität gegenüber der Vorlage aus. Viele Dialogsätze sind verschwunden, aus der Pastorentochter Violetta wurde das Kind eines Gutsbesitzers, und auch die Rahmenhandlung (in der Sherlock Holmes und Dr. Watson Informationen über den Doktor geben) wird man in diesem Film vergeblich suchen.
„Die etwas langatmig wirkende Geschichte plätschert mehr dahin, als daß sie sich entwickelt, alles ist recht zeitlos bunt und schön, und nur selten durchstoßen ein paar Goetz-Dialoge diesen romantischen Schleier." (*Evangelischer Filmbeobachter*) jg

Dr. Petiot

Docteur Petiot. Frankreich 1990 **R** Christian de Chalonge **B** Dominique Garnier, Christian de Chalonge **K** Patrick Blossier **M** Michel Portal **P** Alain Sarde, Philippe Chapelier-Dehesdin für M.S. Prod./Sara Films/Ciné 5/Canal Plus/Sofica Investimage **L** 101 Min., Farbe **D** Michel Serrault, Pierre Romans, Zbigniew Horoks, Berangère Bonvoisin, Aurore Prieto

Am 31. Oktober 1946 wird in Paris Dr. Petiot hingerichtet, auch genannt „der Vampir des 20. Jahrhunderts". Der angesehene Mediziner hatte während des Krieges zahllose Menschen unter dem Vorwand, ihnen die Flucht nach Argentinien ermöglichen zu wollen, in sein Haus gelockt, mit Gift getötet und die Leichen im Keller verbrannt. Tagsüber gab er sich als sorgender Familienvater und patenter Arzt, der seine Patienten schon mal umsonst behandelte, während er nachts unter dem Decknamen „Dr. Eugène" sein Unwesen trieb. Selbst nachdem man seinen Leichenkeller entdeckt hatte, war Petiot noch unerkannt der Pariser Miliz beigetreten, als deren Chef er u.a. den Auftrag zu seiner eigenen Verhaftung erhielt!
Dieser faszinierenden und vieldiskutierten Figur nähern sich Regisseur Christian de Chalonge und sein Hauptdarsteller Michel Serrault nicht mit einer realistischen Charakterstudie, sondern eher wie einer Gestalt aus einem Gruselmärchen oder Horrorfilm: Zu Beginn sieht man Petiot in einem Kino sitzen, in dem ein schwarz-weißer Vampir-Streifen gezeigt wird. Unzufrieden mit dem Gezeigten, begibt sich der Arzt durch die Leinwand in den Film. Zwar wird *Dr. Petiot* dann farbig, doch wirken die Bilder fast monochrom, es gibt (außer in den Szenen der Befreiung von Paris) kaum Farbakzente. Ohnehin spielt sich der Großteil der Handlung in der Nacht ab, die der fahrradfahrende Petiot, begleitet von der stimmungsvollen Akkordeon-Musik Michel Portals, mit wehendem Mantel wie ein Todesengel durchquert.
Figaroscopie: „Michel Serrault als ein französischer Dr. Mabuse. Mit irrem Blick, tiefen Schatten unter den Augen, einer erschreckenden Energie. Er verkörpert meisterhaft diesen fürchterlichen Raubvogel, der in der Fäulnis einer verdammten Gesellschaft seine Nahrung findet. Ein grandioser Film, der einem ständig gewaltige Schauer über den Rücken jagt."
In Frankreich wurde dieses Juwel, auch dank der Popularität Serraults, ein großer Erfolg, doch in der Bundesrepublik war es aufgrund verfehlter Verleihpolitik nur in einigen Programmkinos zu sehen. al

Doktor Popaul

siehe: DER HALUNKE

Doktor Schiwago

Doctor Zhivago. USA 1965 **R** David Lean **B** Robert Bolt, nach dem Roman von Boris Pasternak **K** Freddie Young **M** Maurice Jarre **P** Carlo Ponti für Metro-Goldwyn-Mayer **L** 197 Min., Farbe **D** Omar Sharif, Geraldine Chaplin, Julie Christie, Alec Guinness, Rod Steiger, Tom Courtenay, Siobban McKenna, Ralph Richardson, Rita Tushingham, Klaus Kinski

Eine der größten und schönsten Kinoepen der 60er Jahre, das seinerzeit zu einem phänomenalen Publikumserfolg wurde und auch heute noch in vielen Szenenfolgen zu fesseln vermag.
Von Boris Pasternaks Roman, der mit dem Nobelpreis ausgezeichnet und lange Jahre in der Sowjetunion verboten war, ist freilich nicht mehr allzuviel übriggeblieben. Drehbuchschreiber Robert Bolt betonte natürlich die emotionale Seite des Buches und vernachlässigte den historischen Hintergrund zugunsten eines breit ausgespielten Liebesdramas. Der Erste Weltkrieg sowie die russischen Revolutions- und Bürgerkriegswirren kommen folglich während des ganzen Films nie über die Funktion einer spektakulären Kulisse heraus und die streckenweise doch sehr aufdringliche Musik des französischen Komponisten Maurice Jarre gibt ihr bestes, um dem Auf und Ab der wogenden Gefühle akustisch zu entsprechen.
Vor dem Hintergrund der Oktober-Revolution erzählt Leans Film in überaus detailfreudigen und prächtigen Bildern die bewegte Lebensgeschichte des russischen Arztes Schiwago (Sharif). Das mehr als drei Stunden dauernde Spektakel verschlang damals den enormen Etat von über 100 Millionen Dollar. Da die Dreharbeiten nicht in der UdSSR stattfinden konnten, wich man nach Spanien und Finnland aus. Das alte Moskau wurde von über 700 Arbeitern im Madrider Vorort Canillas nachgebaut. Größte Kulisse war dabei eine zwei Kilometer lange gepflasterte Straße mit Hunderten von kleinen Geschäften, Straßenbahnzügen und alten Laternen. Die Dreharbeiten fanden bei überwiegend heißen Temperaturen statt, so daß die blütenweiße Pracht des Moskauer Winters folglich aus meterhoch aufgetürmtem Kunstschnee bestehen mußte.
Als der Film in die Kinos kam, setzte ein wahres *Schiwago*-Fieber ein. Autoverleihfirmen, Schuh- und Kleidergeschäfte schmückten ihre Schaufenster mit Aushangphotos und Filmutensilien, um auf der Erfolgswelle mitzuschwimmen.
Die Oscar-Verleihung im Jahr 1965 bescherte David Leans Werk fünf Auszeichnungen für Drehbuch, Kamera, Ausstattung (John Box, Terry Marsh, Dario Simoni), Musik und Kostüme (Phyllis Dalton). jg

Dr. Seltsam oder Wie ich lernte, die Bombe zu lieben

Dr. Strangelove Or How I Learned To Stop Worrying and Love the Bomb. Großbritannien

1964 **R** Stanley Kubrick **B** Stanley Kubrick, Terry Southern, Peter George, nach dem Roman *Red Alert* von George **K** Melvin Pike **M** Laurie Johnson **P** Stanley Kubrick für Columbia **L** 102 Min., s/w **D** Peter Sellers, George C. Scott, Sterling Hayden, Keenan Wynn, Slim Pickens, Peter Bull, Tracy Reed, James Earl Jones

Als die Kuba-Krise im Jahre 1962 die Welt beinahe an den Rand eines erneuten Weltkrieges manövrierte, begann Stanley Kubrick, geprägt von den Gefühlen und Erlebnissen dieser düsteren Tage, seine respektlose Anti-Kriegs-Satire *Dr. Seltsam* zu drehen. Sterling Hayden verkörpert den verrückten General Jack D. Ripper, der von dem Gedanken besessen ist, die Russen würden zum allesentscheidenden Vernichtungsschlag gegen die Amerikaner ausholen. Um dem zuvorzukommen, bricht der fanatische Militarist mit seinen Piloten in Richtung Osten auf, um die Sowjetunion mit Atomwaffen zu Klump zu bomben. Da das Funkgerät ausgefallen ist, kann ihn niemand zurückpfeifen und so nimmt die Katastrophe ungehindert ihren Lauf.
„Wir mußten uns auf Bruchstücke von Realität beschränken und unsere Phantasie spielen lassen", erinnerte sich Art Director Ken Adam, nachdem man erst gar nicht den Versuch gewagt hatte, eine Drehgenehmigung für das Pentagon zu bekommen. Immerhin gelang es jedoch, in einem echten B-52-Bomber die Luftaufnahmen über der Antarktis zu drehen.
Kurz nach der Uraufführung gab es aus Militärkreisen barsche Proteste und Beschimpfungen, schließlich hatte Kubricks Film treffenderweise die gesamte Clique als freundlich-korrekte Massenmörder ohne Verantwortungsgeist dargestellt.
Dr. Seltsam wurde von den Academy-Mitgliedern in den Kategorien „Bester Film", „Beste Regie", „Beste männliche Hauptrolle" (der hinreißende Peter Sellers in einem dreifachen Auftritt) und das „Beste Drehbuch" für den Oscar nominiert.
Eine glänzend inszenierte und gespielte schwarze Komödie von - leider immer noch - akuter Brisanz. jg

Doktor X

Doctor X. USA 1932 **R** Michael Curtiz **B** Earl Baldwin, Robert Tasker, nach einem Bühnenstück von Howard Comstock und Allen C. Miller **K** Ray Rennahan, Richard Tower **P** Warner Bros. / First International Prod. **L** 77 Min., s/w, bzw. Farbe **D** Lionel Atwill, Fay Wray, Lee Tracy, Preston Foster, George Rosener, Leila Bennett

Der unheimliche Dr. Xavier (Atwill) betreibt in seinem gespenstischen alten Haus auf den Klippen von Blackstone Shoals (Long Island) ein Versuchslabor. Dr. Wells (Foster), sein einarmiger Assistent, hat das Geheimnis des ewigen Lebens enträtselt und schmiert sich seitdem von Kopf bis Fuß mit einer Art Kunstfleisch ein, das ihm abnorme Kräfte verleiht, außerdem neigt er dazu, regelmäßig in Vollmondnächten zu verschwinden. Lee (Tracy), ein engagierter Journalist, ist seit einiger Zeit auf der Suche nach dem mysteriösen „Mond-Mörder." Bei seinen Recherchen hat er erfahren, daß Dr. X mit seinen makabren Experimenten der Polizei bei der Suche nach eben diesem Frauenschänder behilflich ist. Joan (Wray), attraktive Tochter des merkwürdigen Wissenschaftlers, kann den Schnüffler dingfest machen und setzt ihn kurzerhand unter Hausarrest, zumal er bei dem unmittelbar bevorstehenden Experiment nicht unwesentlich stören würde: Mit Joan in der Rolle des Opfers wird die Mordszene rekonstruiert, und da kann sich der - nur einem total begriffsstutzigen Zuschauer noch unbekannte - Mörder nicht mehr zurückhalten; im Blutrausch stürzt er sich auf die hysterisch kreischende Blondine. Grausiger Höhepunkt ist das Abfackeln des Missetäters mit allen damals verfügbaren Special-Effects.
Der in „Glorious Technicolor" produzierte Horror-Klassiker wurde aufgrund einer rigiden Sparpolitik des Warner-Konzerns überwiegend in Schwarz/Weiß-Kopien verliehen. Leider gehen dadurch einige, durchaus beeindruckende, visuelle Spielereien dieses frühen Farbfilms verloren. Fay Wray, die in *Doktor X* ihr Horrorfilmdebüt gab, setzte mit ihren busenerschütternden, durchdringenden Schreien wegweisende Maßstäbe für dieses Genre. dh

Dr. Zyklop

Dr. Cyclops. USA 1940 **R** Ernest B. Schoedsack **B** Tom Kilpatrick **K** Henry Sharp, Winton Hoch **M** Ernst Toch, Gerard Carbonara **P** Dale van Every für Warner Bros. **L** 71 Min., Farbe **D** Albert Dekker, Janice Logan, Thomas Coley, Charles Halton, Victor Killian, Frank Yaconelli, Frank Reicher, Paul Fix

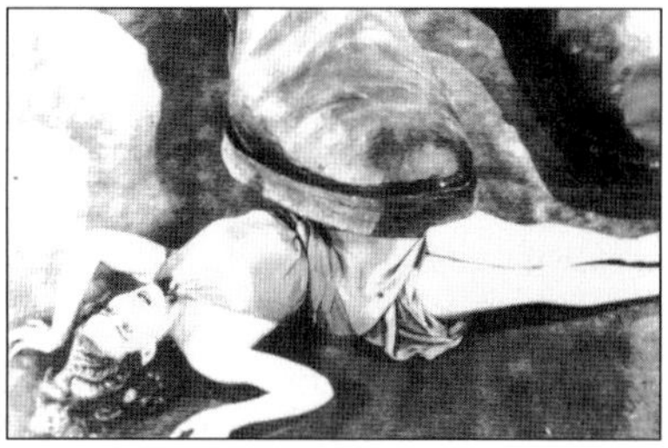

Dr. Thorkel (Dekker mit einem effektvoll unheimlichen Make-Up), ein Biologe im tiefsten peruanischen Urwald, lädt einige Forscherkollegen in sein Camp, angeblich um über wichtige Forschungsergebnisse zu diskutieren. Dummerweise entdecken sie das schreckliche Geheimnis seiner wissenschaftlichen Experimente und so sieht sich der „mad scientist" gezwungen, seine Gäste auf das Fünftel ihrer ursprünglichen Körpergröße zusammenschrumpfen zu lassen; flugs erscheint ihnen der Bösewicht als besagter Dr. Zyklop. Normale Gebrauchsgegenstände werden zu unüberwindlichen Hindernis-

sen, ein Windstoß zu einer mittleren Katastrophe und die Tiere des Dschungels (eine merkwürdige Zusammenstellung von Hund, Katze und Alligator) zu unberechenbaren Monstren. Eine Flucht vor dem wahnsinnigen Thorkel scheint unmöglich, doch können die Zwergenmenschen die Kurzsichtigkeit ihres Peinigers geschickt ausnutzen, um doch noch mit dem Leben davonzukommen.
Der Film hat einige ganz reizvolle Special-Effects zu bieten, doch die Idee mit den kleinen Leuten wurde zum Beispiel von Tod Browning in *Die Teufelspuppe* (1936) um einiges interessanter inszeniert; in *Dr. Zyklop* fehlt merkwürdigerweise die naheliegende, und erfahrungsgemäß auch angsterzeugende Kameraeinstellung aus dem Blickwinkel der Lilliputaner. Auch wirkt die Farbgebung etwas ungeschickt, versucht Schoedsack doch mit Grün - im Allgemeinen als Angstfarbe empfunden - in seinem Dschungelszenario vergeblich Schrecken zu erzeugen. Vom Regisseur des Horror-Meisterwerks KING KONG UND DIE WEISSE FRAU hätte man, auch damals, mehr erwarten können.
dh

Dolche in der Kasbah

Where the Spies Are. Großbritannien 1965 **R** Val Guest **B** Wolf Mankowitz, James Leasor, Val Guest, nach dem Roman *Passport to Oblivion* von Leasor **K** Arthur Grant **M** Mario Nascimbene **P** Val Guest, Steven Pallos für MGM-British **L** 113 Min., Farbe **D** David Niven, Françoise Dorléac, Cyril Cusack, John Le Mesurier, Nigel Davenport

Der britische Landarzt Dr. Love (Niven), der im II. Weltkrieg für den Secret Service arbeitete, wird nun erneut im Namen des Vaterlandes „einberufen", um mysteriösen Vorgängen in Beirut auf den Grund zu gehen. In der libanesischen Hauptstadt wurde ein britischer Agent ermordet, der finstere Pläne der Sowjets aufgedeckt hatte. Schon kurz nach seiner Ankunft ist Love tausenderlei Gefahren ausgetzt, aus denen ihn ein ums andere mal die undurchsichtige, aber sehr attraktive Vikki (Dorléac) rettet.
Im Zuge der durch die James Bond-Filme ausgelösten Spionagewelle entstand diese nicht ganz ernstzunehmende Parodie, die David Niven einmal mehr Gelegenheit zu einer Darstellung der Marke „britischer Gentleman" bot. Der Film hat Startschwierigkeiten, unterhält jedoch, erst einmal in Schwung gekommen, auf seine Weise ganz hervorragend. Besonders ausgiebigen Gebrauch machte man von dem Schauplatz Beirut, zu jener Zeit noch eine wunderschöne Stadt mit europäischen wie arabischen Einflüssen. Françoise Dorléac war zwei Jahre später in DAS MILLIARDEN DOLLAR GEHIRN mit Michael Caine noch einmal in einer Agenten-Parodie zu sehen.
al

Dominique - Die singende Nonne

The Singing Nun. USA 1966 **R** Henry Koster **B** Sally Benson, John Furia jr. **K** Milton Krasner **M** Harry Sukman **P** John Beck, Hayes Goetz für MGM **L** 96 Min., Farbe **D** Debbie Reynolds, Ricardo Montalban, Greer Garson, Agnes Moorehead, Chad Everett, Katharine Ross, Juanita Moore, Ricky Cordell

Schwester Ann (Reynolds) ist eine gitarrespielende belgische Nonne, die sich besonders des elternlosen Dominic (Cordell) annimmt. Für ihn schreibt sie das Lied „Dominique", das durch geschickte Promotion von Pater Clementi (Montalban) an einen Plattenproduzenten gerät und zum Hit wird. Sogar Ed Sullivan reist mit einer TV-Crew nach Brüssel, um Schwester Ann in seiner Show zu haben. Die jedoch sieht sich zwischen ihrer religiösen Berufung und ihrem musikalischen Talent hin- und hergerissen, hängt schließlich die Gitarre an den Nagel und geht nach Afrika.
Diese haarsträubende Geschichte wurde sorgfältig nach tatsächlichen Ereignissen gestaltet, in deren Mittelpunkt Schwester Sourie stand. Namensänderungen in der Filmversion waren erforderlich, da die Katholische Kirche Biographien über Mitglieder ihres Klerus mehr als ablehnend gegenüberstand. Der Film wurde von Veteran Henry Koster im Stile der MGM-Familien-Musicals der 40er Jahre mit viel Sentimentalität erzählt und durch zwölf Gesangseinlagen aufgelockert, von denen neun aus der Feder von Schwester Sourie stammen. Debbie Reynolds verleiht der Titelfigur Stimme und Temperament, und Greer Garson hat einen gelungenen Cameo-Auftritt als gütige Mutter Oberin. Ed Sullivan spielt sich selbst. *Dominique - Die singende Nonne* wurde zwar von der Kritik nicht allzu ernst genommen, doch spielte er beträchtliches Geld ein.
al

Domino

Domino. BRD 1982 **R** Thomas Brasch **B** Thomas Brasch **K** Konrad Kotowski **M** Christian Kunert, Thilo von Westernhagen **P** Raphael Büger für Argos-Film/ZDF/Studio Hamburg **L** 115 Min., s/w **D** Katharina Tahlbach, Bernhard Wicki, Anne Bennent, Hans Zischler, Klaus Pohl, Manfred Karge, Verena Peter, Ilse Pagé, Andrea Plany

Ein in kühlen Schwarzweiß-Bildern gedrehter Film, der mosaikartig anhand einer einzelnen Frau die Verunsicherung und Perspektivlosigkeit einer modernen Gesellschaft demonstriert.
Die Schauspielerin Lisa (Thalbach) steht als gefeierte Darstellerin in der Rolle der Lady Macbeth auf der Bühne; sie geht ganz in ihrem Beruf auf, muß jedoch innerhalb der letzten zwölf Wochen des alten Jahres erkennen, wie groß der Kontrast zwischen Theatermilieu und grauem Alltag ist. Die beunruhigenden Anzeichen häufen sich. Ein Mann erzählt von einem Sammellager für Arbeitslose, der Postbote warnt vor einem bevorstehenden Krieg und ein Kohlenhändler verirrt sich im Straßengewirr. Mitten in einer Vorstellung verläßt Lisa ratlos die Bühne.
„Es ist ein Film über zunächst fast unmerkliche Veränderungen im Leben eines Menschen, über irritierende Begegnungen und Erfahrungen, über zunehmende Verunsicherungen, aber auch das Aufgeben scheinbar sicherer Gewohnheiten, über ein zunehmendes Gefühl der Sinnlosigkeit und der Zerstückelung des Bewußtseins, das sich zu einer Identitätskrise erweitert." (*Kölner Stadt-Anzeiger*)
Die in den Film integrierten Dokumentaraufnahmen aus dem Zweiten Weltkrieg stammen von dem Wochenschaufilmer Hans Bastanier, der 1945 vor Berlin fiel.
jg

Das Domino-Komplott

The Domino Principle. USA 1977 **R** Stanley Kramer **B** Adam Kennedy, nach seinem Roman **K** Fred Koenekamp, Ernest Laszlo **M** Billy Goldenberg **P** Stanley Kramer für Sir Lew Grade-ITC Prod./Associated General **L** 84 Min. (Originalfassung 97 Min.), Farbe **D** Gene Hackman, Candice Bergen, Richard Widmark, Mickey Rooney, Edward Albert, Eli Wallach

Der unschuldig eine langjährige Haftstrafe verbüßende Roy Tucker (Hackman) bekommt von einem mysteriösen Besucher (Widmark) die Freiheit verspochen - im Gegenzug für eine nicht näher bekannte Gefälligkeit. Tucker ist unter der Bedingung einverstanden, daß sein Zellenkumpan Spivane (Rooney) mit von der Partie ist. Die Flucht gelingt, doch Spivane wird von Killern der „Organisation" umgebracht. Man will Tucker bei einem Attentat auf einen Staatsmann einsetzen. Als er sich weigert, wird seine Frau (Bergen) gekidnappt...
Stanley Kramer, für engagierte Thematiken bekannt, beschwört hier ein finsteres Bild von den Aktivitäten internationaler Geheimdienste herauf, und obwohl die „Organisation" nicht genauer definiert wird, liegt der Gedanke an das amerikanische CIA nahe. Dieses bereits unzählige Male variierte Thema wird hier zu einem routinierten, ziemlich angestrengt wirkenden Action-Krimi verwur-

stet, der von Kramers besseren Arbeiten meilenweit entfernt ist. Die zugegebenermaßen hochrangige Besetzung bekommt kaum Gelegenheit, ihr Talent zu demonstrieren, und Candice Bergens Auftritt als Hausfrauchen mit brauner Perücke ist nicht nur viel zu kurz für ihre Starnennung über dem Titel, sondern vor allem völlig unglaubwürdig. Die Kritik machte mit *Das Domino-Komplott* kurzen Prozeß. al

Don Camillo und Peppone

Le petit monde de Don Camillo. Frankreich/Italien 1952 **R** Julien Duvivier **B** Julien Duvivier und René Barjavel, nach dem Roman *Mondo piccolo di Don Camillo* von Giovanni Guareschi **K** Nicolaus Hayer **M** Alessandro Cicognini **P** Francinex/Rizzoli/Amato **L** 102 Min., s/w **D** Fernandel, Gino Cervi, Sylvie, Vera Talqui, Franco Interlenghi, Charles Vissières

„Unser Film ist keineswegs Herausforderung zu neuem Widerspruch, sondern Aufruf zur Brüderlichkeit!", verteidigte Regisseur Duvivier seine Verfilmung des Schelmenromans von Giovanni Guareschi. Dieser Interpretation wollte sich die Kommunistische Partei Italiens, obwohl selbst Vorreiter der Brüderlichkeit, nicht anschließen - fühlte sie sich doch von dem Streifen, der katholische Kirche und rote Partei gleichermaßen auf die Schippe nahm, reichlich veräppelt. Schon während der Dreharbeiten ging sie mit Protesten und massiven Drohungen gegen das „Machwerk" vor. Allerdings vergeblich: Sämtliche *Don Camillo*-Filme, bis 1965 insgesamt fünf, wurden weltweit zu Publikumsrennern - auf der Leinwand wie im Fernsehen.
Hintergrund des Films ist der ewige Machtkampf zwischen dem Dorfpriester Don Camillo (brillant gemimt von Fernandel) und seinem Widersacher Peppone (Cervi), roter und hitzköpfiger Bürgermeister einer italienischen Kleinstadt an den Ufern des Pos. Beide haben ein gemeinsames Ziel: Sie wollen ihre Schäfchen glücklich machen und dem Einfluß des jeweils anderen entziehen; der eine mit Hilfe des Allmächtigen, der andere unter Berufung auf Lenin und Konsorten. Wenn notwendig, bedienen sich beide auch mal des Faustrechts. Dies wird Don Camillo schließlich zum Verhängnis: Auf Weisung des Bischofs wird er nach einer Schlägerei, an der er kräftig mitgewirkt hat, in eine andere Gemeinde strafversetzt. Das ganze Dorf, an der Spitze Peppone, steht bei seiner Abreise am Bahnhof Spalier und wünscht sich seine baldige Rückkehr.
In turbulenten Szenen voll derben Humors zeichnet Duvivier eine formidable Satire auf italienische Eigenarten: Trotz ideologischer Gegensätze legen die Kontrahenten dank Herzenswärme und gesundem Menschenverstand jeden Konflikt gütlich bei, so daß von dem hinreißenden Film letztlich sogar eine politische Botschaft ausgeht. „Duviviers erste und beste Guareschi-Verfilmung ist vordergründig eine Komödie, gleichzeitig aber auch eine existentielle und soziale Studie über die Armut und den Glauben im besten Stil des italienischen Neorealismus." (*tip*) sk

Don Camillos Rückkehr

Le retour de Don Camillo. Frankreich/Italien 1953 **R** Julien Duvivier **B** Julien Duvivier und René Barjavel, nach dem Roman *Mondo piccolo di Don Camillo* von Giovanni Guareschi **K** Anchise Brizzi **M** Alessandro Cicognini **P** Francinex/Rizzoli **L** 112 Min., s/w **D** Fernandel, Gino Cervi, Paolo Stoppa, Leda Gloria, Charles Vissières, Alexandre Rignault

Nach DON CAMILLO UND PEPPONE drehte Julien Duvivier mit *Don Camillos Rückkehr* den zweiten von insgesamt fünf Don-Camillo-Filmen mit dem französischen Vollblutkomiker Fernandel in der Titelrolle. Fernandel (bürgerlich: Fernand-Joseph Désiré Contandin), der seinen eigenwilligen Künstlernamen zu Ehren seiner Ehefrau trug („Fernand d'elle" heißt zu deutsch „ihr Ferdinand"), brachte seine Fortsetzungsrolle als streitbarer Priester die bis dato in Europa einmalige Gage von 28 Millionen alter französischer Francs ein; der erste Don-Camillo-Film hatte ihn weltbekannt und die Produzenten um einige Millionen reicher gemacht. Im vorangegangenen Film war Don Camillo vom Bischof persönlich in ein gottverlassenes Bergnest strafversetzt worden, weil er seine christliche Mission auch mal mit der Faust durchzusetzen versuchte. Während er sich an seinem neuen Wirkungskreis mit den Spielchen seiner Gemeinde 'rumschlagen muß - sie hält den Pfaffen nur für einen lästigen Mehr-Esser und boykottiert seine Gottesdienste -, langweilt sich der kommunistische Bürgermeister Peppone (Cervi), der seinerzeit zur Vertreibung seines Kontrahenten maßgeblich beigetragen hatte, in Ermangelung ebenbürtiger Gegner aufs äußerste und bekniet den Bischof so lange, bis dieser die Rückversetzung Don Camillos in seine alte Gemeinde anordnet. Die Wiederkehr des Gottesmannes bringt Leben in das Städtchen, denn die beiden Kampfhähne setzen ihren Kleinkrieg von Kirche gegen Kommunistische Partei in altbekannter Weise fort. Erst als der Po über die Ufer tritt und die ganze Stadt überflutet, verbrüdern sich die beiden Gegenspieler, um Christen und Kommunisten in edler Verbundenheit gegen den Ansturm des nassen Elementes gemeinsam antreten zu lassen. Für sein gelungenes Fortsetzungswerk, das das hohe Niveau des vorangegangenen Films in jeder Hinsicht gehalten hat, legte sich Regisseur Duvivier sogar mit dem Vatikan an: Der Heilige Stuhl wollte der Szene, in der der betende Don Camillo in seiner Kirche von den Fluten des Pos überspült wird, partout keine komische Seite abgewinnen. Duvivier weigerte sich jedoch erfolgreich - der literarischen Vorlage folgend - die Wassersequenz aus dem Film herauszustreichen. sk

Don Giovanni

Don Giovanni. Frankreich/Italien 1979 **R** Joseph Losey **B** Patricia und Joseph Losey, Lorenzo Da Ponte, Frantz Salieri, Alexandre Trauner **K** Gerry Fischer **P** Gaumont/Caméra One/Opera Film Prod./Janus Film/Antenne 2 **L** 175 Min., Farbe **D** Ruggero Raimondi, John Macurdy, Edda Moser, Kenneth Riegel, Kiri Te Kanawa, José van Dam, Malcolm King

Ingmar Bergman war der erste, der den Versuch wagte, die traditionelle Oper filmisch umzusetzen. Er produzierte DIE ZAUBERFLÖTE, ein Vorhaben, zu dem allgemein nur der Kopf geschüttelt wurde. Ein finanzielles Desaster wurde dem Schweden prophezeit, ein phänomenaler Erfolg wurde daraus. Allein in Paris besuchten mehr als 350.000 Film- bzw. Opernfans die Vorführung, und nicht zuletzt durch diesen Film gelang Bergman etwas, was Kulturschaffenden vor ihm verwehrt blieb: zahlreiche Menschen erstmals mit der Oper zu konfrontieren.
Daß sich hierbei das Medium Film als ein neues, sehr taugliches Mittel erwies, um ein breites Publikum in ungewohnter Weise an die Oper heranzuführen, erkannte auch Rolf Liebermann. Er trat an Regisseur Losey heran und konnte ihn für die Realisation der Mozart-Oper gewinnen. Losey zu seinen Zielen: „Die Aufgabe des Filmes ist in erster Linie das Erzählen der Geschichte mit filmischen Mitteln...Eines der großen Anliegen dieses Unternehmens ist es, diese Musik einem möglichst großen, weit gestreuten Publikum nahezubringen, all jenen, die Oper lieben, es aber nicht wissen, weil sie bisher keine Gelegenheit hatten, sie zu sehen und zu hören."
Die 1787 in Prag uraufgeführte Oper erlebte mit dem Beginn der Dreharbeiten 1978 quasi eine zweite Premiere. Loseys Werk beeindruckte, vor allem der Einbau der Dekoration (gedreht wurde in den monumentalen Palladio-Villen nahe dem italienischen

Vicenza) in die Handlung und die Interpretation von Don Giovanni als alternden Helden, der die Niederlage sucht, überzeugte viele Kritiker.
Für den reichen Edelmann Don Giovanni (Raimondi) zählt nur das eigene Amusement. Über seine zahlreichen Liebesaffären hat er sorgfältig Buch geführt, was Donna Anna (Moser) erzürnt. Darüber kann Don Giovanni nur lachen, woraufhin er von ihrem Vater (Macurdy) zum Duell gefordert wird. Don Giovanni tötet den Mann und flieht mit seinem Diener. Donna Anna schwört Rache, kann den jungen Taugenichts aber nicht von neuen Abenteuern zurückhalten, für die er allerdings am Ende grausam bestraft wird. dk

Der Don ist tot

The Don Is Dead. USA 1973 **R** Richard Fleischer **B** Marvin H. Albert, nach einer Vorlage von Michael Philip Butler, Christopher Trumbo und dem Roman von Marvin H. Butler **K** Richard H. Kline **M** Jerry Goldsmith **P** Hal B. Wallis für Universal **L** 115 Min., Farbe **D** Anthony Quinn, Frederic Forrest, Robert Forster, Al Lettieri, Angel Tompkins, Charles Cioffi, Jo Anne Meredith, J. Duke Russo, Louis Zorich

Richard Fleischers temporeich und routiniert inszenierter Gangsterfilm schildert die etwas unüblichen Machtkämpfe zweier bis aufs Blut verfeindeter Banden. Zankapfel ist diesmal jedoch nicht ein etwaiger Machtanspruch über ein bestimmtes Stadtgebiet, sondern die Gestalt einer schönen jungen Frau. Angestachelt von einer hinterhältigen Intrigantin, geraten Don Angelo (Quinn) und Syndikatsaufsteiger Frank (Forster) in einen erbitterten Streit, der schließlich in einem erbarmungslosen Bandenkrieg mündet.
Der sensationelle Erfolg von DER PATE zog zu Beginn der 70er Jahre eine Reihe von Mafia-Filmen nach sich, in denen nach dem Vorbild Marlon Brandos bekannte Hollywood-Stars die ergrauten Familienoberhäupter spielten, wie beispielsweise auch Kirk Douglas in EIN ACHTBARER MANN. Anthony Quinn agiert in gewohnt guter Weise und macht den Zuschauer vor allem am Schluß des Films betroffen, wenn aus dem einst mächtigen Don Angelo ein an den Rollstuhl gefesselter alter Mann geworden ist, der auf Gedeih und Verderb einem eiskalten jungen Killer ausgeliefert ist. jg

Don Juan '73

Don Juan 1973 ou Et si Don Juan était une femme/Una donna come me. Frankreich/Italien 1973 **R** Roger Vadim **B** Jean Cau, Roger Vadim, Jean-Pierre Petrolacci **K** Henri Decae **M** Michel Magne **P** Filmsonor/Les Films Marceau/Paradoxe Film (Paris), Filmel (Rom) **L** 90 Min., Farbe **D** Brigitte Bardot, Maurice Ronet, Robert Hossein, Mathieu Carrière, Jane Birkin, Robert Walker jr.

Zehn Jahre nach ihrem letzten gemeinsamen Film DAS RUHEKISSEN taten sich Brigitte Bardot und ihr Entdecker und Ex-Ehemann Roger Vadim erneut zusammen, um einen Film über einen weiblichen Don Juan zu drehen.
Jeanne (Bardot) beichtet eines Tages ihrem Cousin Paul (Carrière) einen Mord und ihren unmoralischen Lebenswandel. Sie hat das Leben zahlloser Männer zerstört, darunter das des Politikers Pierre (Ronet) und des Millionärs Prévost (Hossein). Von einem spanischen Musiker (Walker jr.) verlangte sie gar den Tod als Gegenleistung für ihre sexuellen Bemühungen. Doch auch Paul kann ihren Reizen nicht lange widerstehen...
Trotz der schlüpfrigen Thematik gelang es dem Duo Bardot/Vadim nicht, an ihren Skandalerfolg ... UND IMMER LOCKT DAS WEIB heranzukommen, denn der Markt für derartig präsentierte Erotik war angesichts der Pornowelle und allgemeinen Freizügigkeit auf der Leinwand nahezu verschwunden. Die Suche des Regisseurs nach spektakulären Szenen läßt ihn BB unter anderem mit Jane Birkin ins Bett steigen und ihre erste frontale Nacktszene hinlegen, doch all das macht aus *Don Juan '73* weder ein skandalöses noch ein besonders erotisches Werk. Dafür machte der Film umso deutlicher, daß Brigitte Bardots Zeit vorüber war: Nach diesem und einem weiteren Mißerfolg (der in der BRD nicht gezeigte *L'histoire très bonne et très joyeuse de Colinot Trousse-Chemise*) zog sie sich unwiderruflich aus dem Filmgeschäft zurück. al

Der Doppeladler

L'Aigle à deux têtes. Frankreich 1948 **R** Jean Cocteau **B** Jean Cocteau **K** Christian Matras, Alain Douraniou **M** Georges Auric **P** Ariane-Sirius-Prod. **L** 92 Min., s/w **D** Jean Marais, Edwige Feuillère, Jean Debucourt, Sylvia Monfort, Jacques Varennes, Gilles Quéant, Maurice Nazil

„Ich bin kein Filmemacher. Ich bin ein Dichter, der die Kamera als ein Vehikel benutzt, das es allen ermöglicht, gemeinsam ein und denselben Traum zu träumen..." Jean Cocteau, kongenialer Maler, Poet und Filmemacher, schuf zahlreiche Filme, denen die Kritiker in schöner Regelmäßigkeit entweder huldigten oder sie völlig verdammten.
Cocteau, der mit fast allen großen Persönlichkeiten seiner Zeit bekannt war und einen großen Einfluß auf viele verschiedene Kunstbereiche ausübte, hatte auch ein unfehlbares Auge für exzellente Darsteller. Jean Marais, den Cocteau 1937 entdeckte, sollte den Meister zu einigen seiner besten Filme inspirieren. Edwige Feuillère hatte schon in Cocteaus eigenem Bühnenstück, der diesem Film als Vorlage diente, große Erfolge gefeiert. Die Rolle der Königin, die von Cocteau speziell für sie geschrieben wurde, brachte ihr auch auf der Leinwand viel Lob und Anerkennung.
Der Anarchist Stanislas (Marais) soll im Auftrag seiner fanatischen Freunde die Königin (Feuillère) töten. Als er jedoch in ihr Zimmer eindringt, verlaufen die Dinge ganz anders als geplant. Durch das Gesicht ihres gedungenen Mörders an ihren Mann erinnert, verliebt sich die Königin in Stanislas, und er erwidert diese Liebe. Das Glück des ungleichen Paares währt nur kurz, am Ende vergiftet sich Stanislas, nicht ohne vorher seine geliebte Königin doch noch zu töten.
Glücklicherweise ist es Cocteau gelungen, die ernste Theatralik des Theaterspiels auch auf die Leinwand hinüberzuretten, ohne dabei ins Peinliche abzurutschen. Neben den beiden Hauptdarstellern hob die Kritik seinerzeit besonders die exzellente Kameraarbeit hervor. dk

Die Doppelgänger von Sacramento

Our Relations. USA 1936 **R** Harry Lachman **B** Richard Connel, Felix Adler, Charles Rogers, Jack Jevne, nach der Erzählung *The Money Box* von W. W. Jacobs **K** Rudolph Maté **P** Stan Laurel Prod. für Hal Roach/MGM **L** 65 Min., s/w **D** Stan Laurel, Oliver Hardy, Sidney Toler, James Finlayson, Daphne Pollard, Iris Adrian, Noel Madison

Stan Laurels erster Film, für den er auch als Produzent verantwortlich zeichnete, war zugleich die erste und einzige Zusammenarbeit des Komiker-Duos mit Regisseur Harry Lachman. Lachman, der sich durch verschiedene *Charlie Chan* - Inszenierungen einen Namen gemacht hatte, überließ den beiden Starkomikern das Feld, die mit ihren ausgeklügelten Gags und deren besonderen Timing quasi ihre eigenen Regisseure waren.
Die beiden Matrosen Stan und Ollie gehen nach einer längeren Seereise endlich wieder an Land. Da sie sich und ihre Schwächen gut kennen, geben sie ihrem Kapitän ihr Geld mit der Auflage, es ihnen unter keinen Umständen zurückzugeben, bevor das Schiff den Hafen wieder verlassen hat. Was sie nicht wissen: in der Stadt, in der die zwei vor Anker gegangen sind, leben ihre Zwillingsbrüder. Eine Situation, die natürlich zu allerlei Verwechslungen führt, zumal ein Diamantring noch einige Gangster auf den Plan ruft.
Der Film basiert auf einer im Jahre 1903 veröffentlichten Kurzgeschichte, wurde auch mehrfach in gekürzter Fassung gezeigt und stellte so etwas wie eine kleine Wachablösung in der Schauspielertruppe um Stan & Ollie dar. Stanley Sandford, der bis zu diesem Zeitpunkt nicht weniger als 23mal an der Seite von Laurel & Hardy mitgewirkt hatte, gab in *Our Relations* seine letzte Vorstellung. Dafür ist Iris Adrian in einer ihrer ersten Rollen zu sehen; sie sollte noch Jahrzehnte in den *Dick & Doof*-Filmen die laute Blondine mit dem Herz aus Gold verkörpern. dk

Ein Doppelleben

A Double Life. USA 1947 **R** George Cukor **B** Ruth Gordon, Garson Kanin **K** Milton Krasner **M** Miklos Rozsa **P** Michael Kanin für Universal **L** 103 Min., s/w **D** Ronald Colman, Signe Hasso, Edmond O'Brien, Millard Mitchell, Joe Sawyer, Charles La Torre, Shelly Winters

Doppelter Oscar-Erfolg für *Ein Doppelleben* bei der Preisverleihung 1947: Hauptdarsteller Ronald Colman bekam die begehrte Trophäe für seine exzellente schauspielerische Leistung, der Komponist Miklos Rozsa für den Soundtrack. Dabei sah es zunächst gar nicht danach aus, als ob der Film jemals produziert und gedreht werden würde. Harry Cohn, Chef der Columbia Studios, kaufte das Drehbuch schon Jahre vorher, weigerte sich aber, es zu verfilmen. Kanin produzierte das Werk selbst, und der Erfolg gab ihm Recht. Neben der Zustimmung des Publikums und der Kritiker konnte es sich Kanin auch zugute halten, mit Shelley Winters in der Rolle des Mordopfers der attraktiven Schauspielerin einen entscheidenden Karriereschub ermöglicht zu haben.
Anthony John (Colman) ist ein bekannter Schauspieler, der sich auf klassische Dramen spezialisiert hat. Zur Zeit spielt er den Othello, und sein Publikum ahnt nicht, daß sich hinter des Maske des charmanten und höflichen Schauspielers ein Psychopath verbirgt. John verliert den Bezug zur Realität, er kann seine Bühnenrollen und sein Privatleben nicht mehr auseinanderhalten. Als er einer Frau (Winters) begegnet, in der er Desdemona zu erkennen glaubt, bringt er sie um. Doch die Polizei ist ihm bald auf den Fersen, und die Verstrickung von Theater und Realität fordert beinahe noch weitere Opfer. dk

Das Doppelleben der Sister George

The Killing of Sister George. USA 1968 **R** Robert Aldrich **B** Lukas Heller, nach dem Bühnenstück von Frank Marcus **K** Joseph Biroc **M** Gerald Fried **P** Robert Aldrich für Associates & Aldrich/ Palomar Pictures/ABC Pictures **L** 139 Min., Farbe **D** Beryl Reid, Susannah York, Coral Browne, Ronald Fraser, Patricia Medina

„Sister George" ist die Figur, mit der June Beckridge (Reid) schon jahrelang in einer britischen TV-Seifenoper großen Erfolg hat. June lebt mit der jungen und naiven Alice (York) zusammen - eine Beziehung nicht ohne Probleme, auch dank ihres starken Alkoholkonsums. Als „Sister George" wegen sinkender Einschaltquoten aus der Serie verschwinden soll, gerät Junes Leben aus der Bahn, und auch die Liebesbeziehung zu Alice scheitert. Die wird mittlerweile heftig von Mercie Croft (Browne) umgarnt, als TV-Beauftragte nicht ganz unschuldig an Junes Bildschirm-Tod.
Es ist kaum verwunderlich, daß Aldrichs Adaption eines Bühnenstückes von Frank Marcus allein wegen ihrer Darstellung einer lesbischen Beziehung für Aufregung sorgte. Wie immer beim Thema Homosexualität wurden die lesbischen Charaktere als stellvertretend für Lesbiertum überhaupt genommen, obwohl das Stück und auch der Film sich nicht hauptsächlich darum drehen. Wenn June oft laut und vulgär ist, dann nicht, weil sie lesbisch ist, sondern weil es zu ihrem Charakter gehört. Sie macht allerdings aus ihrer Veranlagung auch keinen Hehl. Ihre Tragödie ist ihre Weigerung, sich den Zwängen der Gesellschaft anzupassen und zu heucheln wie alle anderen Figuren des Films.
Das Doppelleben der Sister George hat aber auch komische Momente, denn June verfügt über einen sehr sarkastischen Humor, den sie besonders als Waffe gegen ihre Konkurrentin Mercy Croft einsetzt. In einer zugleich amüsanten und anrührenden Szene verkleiden sich Reid und York für eine Party als Oliver Hardy bzw. Stan Laurel und legen eine köstliche Parodie des Komiker-Duos aufs Parkett. Diese Party-Szene wurde im Londoner Gateways Club, einer lesbischen Bar, gedreht, mit regelmäßigen Gästen als Statisten, und angeblich verlor eine Arzthelferin ihren Job, da ihr Chef sie auf einem Zeitungsphoto wiedererkannt hatte.
Besonders die ausführliche Sex-Szene zwischen Susannah York und Coral Browne gegen Ende geriet ins Kreuzfeuer der Kritik, und der Film erhielt erwartungsgemäß ein „X-Rating" der amerikanischen Zensurbehörde MPPA, was ihn praktisch vom normalen Verleihgeschäft ausschloß. Obwohl Aldrich daraufhin anbot, die Szene zu schneiden, blieben die Zensoren bei ihrem Urteil.
Ein unterhaltsamer, tragikomischer Film mit ausgezeichneten Darstellungen, der auch einen wichtigen Schritt hin zu mehr Ehrlichkeit im Umgang mit „heiklen" Themen darstellt. al

Das Doppelleben des Dr. Clitterhouse

The Amazing Dr. Clitterhouse. USA 1938 **R** Anatole Litvak **B** John Wesley, John Huston, nach einem Bühnenstück von Barre Lyndon **K** Tony Gaudio **M** Max Steiner **P** Anatole Litvak, Robert Lord für Warner Bros. **L** 87 Min., s/w **D** Edward G. Robinson, Claire Trevor, Humphrey Bogart, Gale Page, Donald Crisp, Allen Jenkins, Thurston Hall, John Litel

Eine der frühesten Satiren auf den typischen Hollywood-Gangsterfilm der Schwarzen Serie, mit vortrefflichen Schauspielern besetzt und einfallsreich inszeniert.
Edward G. Robinson spielt den Psychologen Dr. Clitterhouse, der sich in seinen Forschungen mit den Auswirkungen krimineller Handlungen auf die menschliche Psyche beschäftigt. Zu diesem Zweck unternimmt er bald einige Selbstversuche und wird ein gefürchteter Juwelendieb. Durch das Mädchen Jo (Trevor) kommt Clitterhouse mit dem Gangsterboß Rock Valentine (Bogart) in Kontakt und macht bald darauf mit der Gang gemeinsame Sache. Als er jedoch aussteigen will, stellt sich ihm der Bandenchef in die Quere. Clitterhouse ist gezwungen, ein noch neues, aber für ihn durchaus prickelndes Verbrechen auszuüben - den Mord.
Barre Lyndons Stück war damals in England, wo es zuerst aufgeführt wurde, und später auch am Broadway ein großer Erfolg. Die Rolle des Dr. Clitterhouse wurde auf der Bühne von Cedric Hartwicke gespielt. Aller Unkenrufe zum Trotz (eine befriedigende Verfilmung des Stückes wurde von Experten als unmöglich eingeschätzt) machten sich John Huston und John Wesley mit der Ausarbeitung ihres Skripts ans Werk und fanden in Regisseur Anatole Litvak einen Mann, der viel von der großen Tradition des deutschen Stummfilms in den Film miteinbringen konnte. Das Ergebnis überzeugte die skeptischen Kritiker, die den Streifen als „unterhaltende Satire" und „wunderbaren Film" bezeichneten. jg

Das Doppelleben des Herrn Mitty

The Secret Life of Walter Mitty. USA 1947 **R** Norman Z. McLeod **B** Ken Englund, Everett Freeman, nach einer Geschichte von James Thurber **K** Lee Garmes **M** David Raksin **P** Samuel Goldwyn für RKO Radio **L** 105 Min., Farbe **D** Danny Kaye, Virginia Mayo, Boris Karloff, Fay Bainter, Ann Rutherford, Thurston Hall, Konstantin Shayne, Florence Bates, Gordon Jones, Reginald Denny

Danny Kaye in einer seiner frühen Glanzrollen. Ein ausgesprochen witzig gestalteter Film, der sich in geschickter Weise der Gestaltungsmechanismen des Trivialkinos bedient und diese genußvoll persifliert.
Walter Mitty (Kaye), ein New Yorker Büroangestellter, ist ein hoffnungsloser Träumer. Schon die Plakatierung einer neuen Seife gibt ihm Anlaß, sich als Kapitän eines sturmumtosten Segelclippers zu fühlen. In seinen weiteren Phantasien übernimmt er die Rolle eines Chefarztes, Westernhelden und Modeschöpfers, bis er plötzlich durch die Bekanntschaft einer mysteriösen jungen Frau (Mayo) in einen richtigen Mordfall verwickelt wird.
James Thurber schrieb seine Kurzgeschichte im Jahre 1939 und war alles andere als begeistert, als Samuel Goldwyn ihn von seinen Verfilmungsplänen in Kenntnis setzte. Er bot Goldwyn sogar eine Summe von 10.000 Dollar an, damit der Film nicht gedreht werden sollte, blieb jedoch in seinen Bemühungen erfolglos. Nachdem er die Kinoadaption nicht hatte verhindern können, wollte Thurber wenigstens seinen Einfluß auf die Zusammenstellung der Schauspieler

Mit ca. 500.000 DM Produktionskosten durchaus ein Low-Budget-Film, wurde *Drachenfutter* 1987 auf den Filmfestspielen in Venedig mit dem Unesco-Preis der italienischen Filmkritik ausgezeichnet; Newcomer Schütte erhielt 1988 den Filmpreis des Verbandes der Deutschen Filmkritiker. sk

Der Drachentöter

Dragonslayer. USA 1981 **R** Matthew Robbins **B** Hal Barwood, Matthew Robbins **K** Derek Vanlint **SpE** Brian Johnson **M** Alex North **P** Hal Barwood für Walt Disney/Paramount **L** 110 Min., Farbe **D** Peter MacNicol, Caitlin Clarke, Ralph Richardson, John Hallam, Peter Eyre, Albert Salmi, Sydney Bromley, Chloe Salaman, Emrys James, Roger Kemp

Trotz seiner zurückhaltenden Gewaltszenen war *Der Drachentöter* eine ungewöhnliche Disney-Produktion, die mit ihren realistischen Szenen (das Mittelalter wird hier mindestens ebenso düster und ungemütlich gezeichnet wie in DER NAME DER ROSE) wohl eher ein älteres Publikum ansprechen sollte.

Die Bewohner des Urlandes wollen es sich nicht länger bieten lassen, daß jedes Jahr per Losverfahren entschieden wird, welche schöne Jungfrau dem schrecklichen Drachen Vermithrax geopfert werden soll, der die gesamte Region unterjocht. Unterstützt von seinem Gehilfen Galen (MacNicol) gelingt es dem alten Zauberer Ulrich (Richardson), nach einer Reihe gefahrvoller Abenteuer die Urweltbestie in einem furiosen Endkampf zu besiegen.

Mit einem Produktionsetat von über 17 Millionen Dollar war natürlich vorgesehen, die Tricksequenzen entsprechend sorgfältig zu gestalten. Für die tragende Figur des Drachen standen mehrere Ausführungen zur Verfügung; „Star" am Set war die maßstabsgetreue Konstruktion eines 12 Meter hohen Monstrums mit einer 30-Meter-Flügelspannweite und einem Gewicht von zwei Tonnen. Insgesamt 16 Körperteile ließen sich daran gleichzeitig bewegen, wobei diese Veränderungen auf einem Computer-Programm festgehalten und die jeweiligen Einstellungen dann nach dem Stop-Motion-Verfahren gedreht wurden. Da sich das große Original als viel zu sperrig und unhandlich erwies, stellte man für die Nah- und Flugaufnahmen einen zweiten Drachen her.

Der Film wurde in den Sparten Soundtrack-Score und Spezialeffekte für den Oscar nominiert, ging damals aber unverdienterweise in einer wahren Flut von Fantasy-Filmen unter, ohne die ihm gebührende Aufmerksamkeit gefunden zu haben. „Oft erinnert dieser schöne Fantasy-Film in seinen Bildkompositionen an die Illustrationen alter Märchenbücher." (*Die Zeit*) jg

Dracula

Dracula. USA 1931 **R** Tod Browning **B** Garrett Fort, nach dem Bühnenstück von Hamilton Deane und John Balderston und dem Roman von Bram Stoker **K** Karl Freund **P** Carl Laemmle für Universal **L** 84 Min., s/w **D** Bela Lugosi, Helen Chandler, David Manners, Dwight Frye, Edward Van Sloan, Herbert Bunston, Francis Dade, Charles Gerrard, Joan Standing, Moon Carroll

Mit dieser ersten Tonfilm-Version des berühmten Gruselstoffes sicherte sich die Universal-Filmgesellschaft die Domäne im Genre des Horrorfilms. Gleich nach der Sichtung des Rohschnitts war den Produzenten klar, mit *Dracula* den ganz großen Wurf gemacht zu haben. Unmittelbar nach Abschluß der englischsprachigen Fassung wurde unter der Regie von George Melford sofort eine spanische Version (mit entsprechenden Schauspielern) gedreht, um den Film auch gleich im benachbarten Mexiko groß herausbringen zu können.

Die Handlung greift nur im ersten Teil des Films (Ankunft auf dem düsteren Schloß des Blutsaugers) auf den Roman von Bram Stoker zurück und bezieht sich im weiteren Verlauf auf das nicht gerade anspruchsvolle, aber damals überaus populäre Bühnenstück des Autorengespanns Dean und Balderston. Bram Stokers Erben verlangten eine Summe von 200.000 Dollar für die Verfilmungsrechte, die Universal jedoch nicht zahlen wollte. Produzent Laemmle bombardierte die Stoker-Witwe mit einer Flut von Bettelbriefen, bis diese sich schließlich mit 40.000 Dollar zufriedengab.

Anstelle von Bela Lugosi, der schon in der New Yorker Bühnenfassung den Vampir gespielt hatte, war ursprünglich Lon Chaney sr. für die Rolle des Dracula vorgesehen, doch segnete der Schauspieler kurz vor Drehbeginn das Zeitliche.

Dracula, für das Genre des Horrorfilms ein wichtiger Markstein, erzeugt zwar nach heutigen Gesichtspunkten nur wenig Grusel, kann jedoch immer noch durch die einzigartige Kameraarbeit von Karl Freund begeistern, der zur Blütezeit des deutschen Stummfilms einige der wichtigsten expressionistischen Filmwerke fotografiert hatte. jg

Dracula

Horror of Dracula. Großbritannien 1958 **R** Terence Fisher **B** Jimmy Sangster, nach dem Roman von Bram Stoker **K** Jack Asher **M** James Bernard **P** Hammer Films **L** 81 Min., Farbe **D** Christopher Lee, Peter Cushing, Michael Gough, Melissa Stribling, Carol Marsh, John van Eyssen, Miles Malleson, Valerie Gaunt

Obwohl diese Hammer-Produktion sehr frei mit der literarischen Vorlage umging, war sie doch der erste Film, der den Begriff des Vampirismus näher fixierte und ihm mit den bewährten Mitteln Knoblauch, Kruzifix und zugespitzten Holzpfählen zu Leibe rückte. Alle vorherigen Streifen hatten diese Aspekte stets vernachlässigt und sich wenig eindeutig dazu geäußert. Fishers *Dracula*-Version wird von Kennern des Genres diesbezüglich als bahnbrechende Bereicherung angesehen, auch wenn diese 50er Jahre-Farbversion beim Zuschauer angesichts der damals als schockierend empfundenen Szenen heute nur ein Lächeln hervorrufen kann. Ähnlich wie bei Bela Lugosi wurde auch für Christopher Lee die Verkörperung des aristokratischen, transsylvanischen Blutsaugers zur Rolle seines Lebens. Seine Darstellung vereinbarte in logischer Weise Elemente des Horrors mit sexuellen Motiven, wenngleich der Palette des schauspielerischen Könnens durch die Dramaturgie strikte Grenzen gesetzt wurden. „Das einzige, was ich stets bedauert habe, war, daß ich den Grafen nie so darstellen konnte,wie ihn Bram Stoker beschrieben hat. Das lag an den dürftigen Drehbüchern und dem fehlenden Einfallsreichtum von Leuten, die nie das ganze Potential der Geschichte begriffen haben." (Christopher Lee)

Dracula war der erfolgreiche Auftakt der berühmt gewordenen Serie der Hammer-Gruselfilme. Erst 1965 wurde die Schrekkensgestalt mit der Fortsetzung BLUT FÜR DRACULA wiederbelebt, um dann in einer Reihe von rasch hintereinanderfolgenden Sequels allmählich ihre Faszination zu verlieren. jg

Dracula

Dracula. USA 1979 **R** John Badham **B** W. D. Richter, nach dem Bühnenstück von Hamilton Deare und John Balderston und dem Roman von Bram Stoker **K** Gilbert Taylor **M** John Williams **P** Walter Mirisch für Universal **L** 109 Min., Farbe **D** Frank Langella, Laurence Olivier, Donald Pleasence, Kate Nelligan, Trevor Eve, Jan Francis, Janine Duvitski, Tony Haygarth, Teddy Turner

Die bislang jüngste Version des Dracula-Stoffes bietet zwar auch einige Horrorelemente, konzentriert sich jedoch vornehmlich auf die romantische Seite der Story. Frank Langella, der wie Bela Lugosi bereits auf der Bühne den Vampirfürsten eindrucksvoll gespielt hatte, bekam nun auch im Kino die Gelegenheit, sich ganz als Gentleman zu präsentieren. Seine Dracula-Interpretation ist

wie eine Mischung aus Graf-von-Monte-Christo und Zorro. Richtig unheimlich wird es selten, das Publikum (besonders der weibliche Anteil) schwelgt vielmehr wollüstig in morbider Dekadenz. Die Bisse des Blutsaugers - sonst schauriger Höhepunkt des Gruseldramas - sind eher als erotische Höhepunkte konzipiert worden.
Ein gestalterisches Glanzlicht ist sicherlich die opulente Ausstattung in John Badhams Film. Die Kamera ergötzt sich mit Wonne an den liebevoll zusammengestellten Dekors und Ausstattungen des Fin de siècle. Besonders Draculas Schloß, eine völlig überladene Kulisse mit spinnenverhangenen Kandelabern, weiten Hallen und einer pompösen Freitreppe (alles festgehalten in gedämpften Grüntönen) gefällt durch ihre unkonventionelle Wucht, der man gern die Neigung zum Kitsch verzeiht.
Drehbuchautor Richter hat die Geschichte stark gekürzt. Es fehlt der gesamte erste Teil des Romans. Die Handlung setzt gleich in England ein, wo sich auch Draculas Schloß befindet. Genauere Inhaltsangabe zu den *Dracula*-Filmen siehe unter NOSFERATU - EINE SYMPHONIE DES GRAUENS. jg

Dracula und seine Bräute

The Brides of Dracula. Großbritannien 1960 **R** Terence Fisher **B** Jimmy Sangster, Peter Bryan, Edward Percy **K** Jack Asher **M** Malcolm Williamson **P** Anthony Hinds für Hammer Films **L** 85 Min., Farbe **D** Peter Cushing, Martita Hunt, Yvonne Monlaur, Freda Jackson, David Peel, Miles Malleson, Henry Oscar, Mona Washbourne, Audrey Melly, Victor Brooks, Fred Johnson

Eine junge Lehrerin kutschiert durch Böhmen, um zu ihrer neuen Arbeitsstelle zu reisen. Unterwegs macht sie Halt auf Schloß Meinhard, was sie lieber hätte bleiben lassen sollen, denn durch ihre Unkenntnis verhilft sie dem dort an einer Silberkette gefangen gehaltenen Vampir-Sprößling zur Freiheit und beschwört damit allerlei Unheil herauf. Nur gut, daß sich Dr. Van Helsing (Cushing) am Ort des Grauens einfindet, um gegen den Blutsauger anzutreten.
Drei Jahre ließen sich die Hammer-Studios Zeit, um nach DRACULA ihren zweiten Vampir-Film in die Kinos zu bringen. Dabei umschiffte man geschickt die unglaubwürdige Klippe, Christopher Lee als Dracula wiederaufstehen zu lassen (das geschah dann erst 1965 in BLUT FÜR DRACULA), sondern übernahm lediglich die Figur des Vampirjägers Dr. Van Helsing. Bei der Ausarbeitung des Drehbuches gab es diverse Meinungsverschiedenheiten, so daß schließlich gleich drei Autoren am Skript herumschrieben, was Produzent Anthony Hinds dazu verlaßte, selbst das Ruder in die Hand zu nehmen und zu den weiteren Horrorfilmen der Hammer-Studios persönlich das Drehbuch zu entwerfen.
Ein stimmungsvoll inszenierter Horrorfilm, der das Vampir-Thema einfallsreich variiert und sich wohltuend von den Fließband-Produktionen der späteren Jahre abhebt. jg

Drama im Spiegel

Crack in the Mirror. USA 1960 **R** Richard Fleischer **B** Mark Canfield, nach dem Roman *Drama in the Mirror* von Marcel Haedrich **K** William C. Mellor **M** Maurice Jarre **P** Darryl F. Zanuck für 20th Century-Fox **L** 97 Min., s/w **D** Orson Welles, Juliette Greco, Bradford Dillman, Alexander Knox, Catherine Lacy, William Lucas

Nach ihrer erfolgreichen Zusammenarbeit in DER ZWANG ZUM BÖSEN begaben sich Orson Welles und Regisseur Richard Fleischer hier erneut auf das Gebiet des Gerichts-Thrillers. Der Film erzählt parallel die Geschichte zweier Morde: In beiden Fällen bringen eine Frau (Greco) und deren Liebhaber (Dillman) den ungeliebten Ehemann (Welles) um. Das erste Trio kommt aus der Arbeiterschicht, das zweite aus der Oberklasse. Die Geschichten überschneiden sich, wenn es zur Gerichtsverhandlung gegen das arme Liebespaar kommt, denn deren Verteidiger *ist* der reiche Liebhaber! Natürlich werden beide Pärchen von denselben Schauspielern dargestellt, was nicht nur den Mimen hervorragende Möglichkeiten zur Demonstration ihrer Wandlungsfähigkeit gibt, sondern auch die Kontrastierung der aus unterschiedlichen Schichten kommenden Paare und ihre Behandlung vor Gericht noch deutlicher werden läßt. Insofern geht der Film über die Romanvorlage noch hinaus, die von Fox-Chef Darryl F. Zanuck höchstpersönlich für die Leinwand adaptiert wurde - unter Pseudonym. Natürlich war durch die Figuren-Konstellation einiger Trickaufwand erforderlich, dessen Meisterung mitunter im Vordergrund des Interesses zu stehen scheint. Trotzdem ist diese in Paris entstandene Untersuchung über Gleichheit vor dem Gesetz ein gut gespieltes, originelles und gekonnt inszeniertes Gerichtsdrama. Das arme Pärchen muß übrigens am Schluß büßen, während das reiche ungeschoren davonkommt. al

Der Draufgänger

Boom Town. USA 1940 **R** Jack Conway **B** John Lee Mahin, nach einer Erzählung von James Edward Grant **K** Harold Rosson **M** Franz Waxman **P** Sam Zimbalist für MGM **L** 116 Min., s/w **D** Clark Gable, Spencer Tracy, Claudette Colbert, Hedy Lamarr, Frank Morgan

Ein Abenteuerfilm über Ölsucher in Texas, für den MGM vier seiner größten Stars ins Rennen schickte. Gable und Tracy, in ihrem letzten gemeinsamen Film, sind als eine Art modernes Don Quichotte/Sancho Pansa-Team zu sehen, das sich zusammenrauft, streitet, wieder zusammenrauft und sogar die Rivalität um eine Frau (Colbert) übersteht.
Gable fühlte sich bei den Dreharbeiten sichtlich wohl, hatte er doch bereits als Teenager selbst auf Ölfeldern gearbeitet, doch Tracy hatte die Nase voll von den zweitrangigen Rollen, die er gegen Gable spielen mußte - stets war er der gutmütige Trottel, der das Mädchen nicht bekommt. Doch von diesen Unstimmigkeiten ist auf der Leinwand nichts zu spüren, im Gegenteil: Das Star-Quartett ergänzt sich hervorragend, wenn auch die weiblichen Hauptrollen eher dekorativen Charakter haben. Besonders Hedy Lamarr, nicht gerade als Schauspiel-As bekannt, erhielt viel Lob für ihre sympathische und warmherzige Darstellung. Jack Conways dynamische Regie tat ein übriges, um *Der Draufgänger* zu einem der erfolgreichsten Filme des Jahres 1940 zu machen. Harold Rossons photographische Bemühungen sowie die Special Effects wurden für den Oscar nominiert. al

Der Draufgänger

siehe: DER ERBE

Draußen wartet der Tod

The Last Frontier / Savage Wilderness. USA 1955 **R** Anthony Mann **B** Philip Yordan, Russell S. Hughes, nach dem Roman *The Gilded Rooster* von Richard Emery Roberts **K** William Mellor **M** Leigh Harline **P** William Fadiman für Columbia **L** 97 Min., Farbe **D** Victor Mature, Guy Madison, Robert Preston, James Whitmore, Anne Bancroft, Russell Collins, Peter Whitney, Pat Hogan, Manuel Donde, Guy Williams

Einer der Western von Anthony Mann, dessen Schwachpunkte vor allem in der etwas absurd konstruierten Handlung liegen. Drei Trapper lassen sich in einem enklavenhaft gelegenen Fort als Scouts anheuern, nachdem ihnen die Indianer ihre mühselig zusammengehortete Beute weggeschnappt haben. Vor dem Hintergrund permanenter äußerer Bedrohung und innerer Krisenentwicklung gibt der Film einen detaillierten Einblick in das Seelenleben und die Beziehungskonstellationen der Protagonisten. Trapper Jed (Mature) verliebt sich in Corinna (Bancroft), die Frau des fanatischen Indianerhassers und Fortkommandanten Marston (Preston). Als dieser bei einem Angriff der Indianer ums Leben kommt, ist für Jed der Weg zu Corinna endlich frei.
„Die Action-Aufnahmen der Kavallerie- und Indianerszenen, die einem in *The Last Frontier* geboten werden, kommen niemals über den Stand einer routinemäßigen Unterhaltung heraus" (*Variety*). Die Effekte von CinemaScope-Format und Farbe gehen zudem in den vielen Nachtaufnahmen (der Drehort Mexiko läßt sich nur noch erahnen) verloren.
Jeweils am Anfang und Schluß des Films erklingt das Lied *The Last Frontier*, das von Rusty Draper gesungen wird. jg

Dream Lover

Dream Lover. USA 1986 **R** Alan J. Pakula **B** Jon Boorstin **K** Sven Nykvist **M** Michael Small **P**

Alan J. Pakula und Jon Boorstin für MGM/UA **L** 104 Min., Farbe **D** Kristy McNichol, Ben Masters, Paul Shenar, Justin Deas, John McMartin, Gayle Hunnicutt, Joseph Culp

Kathy (McNichol) lebt allein in ihrem Appartement in New York. Für sie wird ein Alptraum schreckliche Wirklichkeit: Ein Mann steht nachts in ihrer Wohnung mit einem Messer und will sie vergewaltigen. Getrieben von Todesangst, gelingt es ihr, den Eindringling abzustechen. Vor Gericht wird sie freigesprochen, weil sie in Notwehr gehandelt hat - doch der Mann, das Messer und das viele Blut verfolgen sie bis in den Traum. Nacht für Nacht wacht sie schweißgebadet auf. Michael (Masters), ein junger Arzt und Traumforscher, dem sie sich anvertraut, behandelt sie auf unkonventionelle Weise: Er verkabelt sie zu Forschungszwecken und spritzt ihr ein Serum, das ihre Muskeln im Schlaf aktiviert. Mit fatalen Folgen: Sie beginnt, von Todesängsten getrieben, schlafzuwandeln und bringt sich und andere damit in tödliche Gefahr.
Pakula drehte mit *Dream Lover* einen wenig überzeugenden Psycho-Thriller, der zur Hälfte aus kaum nachvollziehbaren, nebulösen Traumsequenzen besteht, in denen Kristy McNichol mit dumpfem Ausdruck über die Leinwand taumelt. Die rätselhafte und faszinierende Welt des Unterbewußtseins wird hierdurch, ebenso wie durch die klischeehafte, pseudowissenschaftliche Darstellung der Traumforschung, lächerlich gemacht. Die sich wiederholenden Traumwandeleien befördern den Zuschauer, ähnlich der Hauptdarstellerin, alsbald in einen Dämmerzustand - bedingt durch die sich einstellenden unausweichlichen Ermüdungserscheinungen. „*Dream Lover* besitzt die Emphase einer Tante Emma, die gerade ein paar Valiumtabletten geschluckt hat." (*Los Angeles Times*) sk

Das dreckige Dutzend

The Dirty Dozen. USA 1967 **R** Robert Aldrich **B** Lukas Heller, Nunnally Johnson, nach dem Roman von E. M. Nathanson **K** Edward Scaife **M** Frank DeVol **P** Kenneth Hyman für Metro-Goldwyn-Mayer **L** 144 Min., Farbe **D** Lee Marvin, Ernest Borgnine, John Cassavetes, Charles Bronson, Telly Savalas, Richard Jaeckel, George Kennedy, Robert Ryan, Donald Sutherland

Einer jener überlangen Action-Streifen, für die eine Garde illustrer Stars zusammengetrommelt wurde, um diese dann im umkämpften Feindesland einer Extremsituation auszusetzen. Was in DIE KANONEN VON NAVARONE bereits bestens geklappt hatte, funktionierte auch bei *Das dreckige Dutzend*. Mit einem Einspielergebnis von über 20 Millionen Dollar gehörte Aldrichs rüdes Werk zu den erfolgreichsten Streifen der Kinosaison 1967.
In einem englischen Ausbildungscamp werden während des Zweiten Weltkrieges zwölf zum Tode verurteilte Häftlinge (ihre Straftaten reichen von Vergewaltigung bis hin zum Raubmord) vor die Wahl gestellt, entweder am Galgen zu enden oder sich als „Freiwillige" für ein Himmelfahrtskommando zur Verfügung zu stellen. Den Großteil der Handlung bestimmen die Vorbereitungen auf den geplanten Einsatz - die Zerstörung eines Schlosses, in dem einige wichtige Nazi-Größen regelmäßig verkehren. Die letzte halbe Stunde des Films besteht folglich aus einem einzigen blutigen Gemetzel, das nur zwei unserer schmutzigen Helden mit zerschossenen Extremitäten überleben.
„Ein gefühlskalt inszenierter Film, der gerade noch genug Humor besitzt, um nicht völlig ins Peinliche abzugleiten" (*Motion Picture Guide*). Einige Gewaltdarstellungen (besonders wenn Savalas aus Spaß an der Freud einen Deutschen abmurkst oder die versammelte Schloßgemeinschaft in einem Keller durch entsprechende Deckenöffnungen von oben herab mit Dynamit zerfetzt wird) scheinen mit fast sadistischer Lust inszeniert worden zu sein. jg

Dreckige Hunde

Who'll Stop the Rain. USA 1978 **R** Karel Reisz **B** Judith Rascoe, Robert Stone, nach dem Roman *Dog Soldiers* von Stone **K** Richard H. Kline **M** Laurence Rosenthal **P** Herb Jaffe, Gabriel Katzka für United Artists **L** 125 Min., Farbe **D** Nick Nolte, Tuesday Weld, Michael Moriarty, Anthony Zerbe, Richard Masur

Kriegsberichterstatter John Converse (Moriarty) hält 1971 die Zeit für gekommen, sich aus dem Vietnam-Krieg zu verabschieden und dabei gleich noch ein Rauschgift-Geschäft abzuwickeln. Sein alter Freund Ray (Nolte), bei der Handelsmarine tätig, schmuggelt den Stoff für ihn in die USA, wo er ihn Johns Frau Marge (Weld) übergeben soll. Doch die weiß von nichts, und außerdem schalten sich zwei zwielichtige FBI-Agenten ein, die im Auftrag des korrupten Beamten Antheil (Zerbe) selbst an das Heroin wollen. Ray und Marge fliehen zusammen von San Francisco in die Berge, während John von den drei Finsterlingen in Empfang genommen wird...
Der aus der Tschechoslowakei stammende britische Regisseur Karel Reisz inszenierte mit der Verfilmung von Robert Stones Bestseller seinen zweiten amerikanischen Film nach SPIELER OHNE SKRUPEL. Obwohl der Film in Handlungsablauf und Spannungsaufbau wie ein Action-Thriller angelegt ist, geht es Reisz und Stone um etwas ganz anderes. Sie wollten eine Film über Amerikas „verlorene Generation" machen, über die Hippie-Bewegung der 60er Jahre, deren Ideale und Kraft der Droge zum Opfer gefallen sind, und die nun orientierungslos nach ihrem Platz in einer kaputten Welt sucht.
Eigentlich sollte der Film im Original *Dog Soldiers* heißen, wie das Buch, doch schließlich entschloß man sich für den Titel eines Creedence Clearwater Revival-Songs, der im Soundtrack auftaucht. Sowohl der Film selbst als auch die hervorragenden Darsteller erhielten viel Lob, doch an den Kinokassen wollte sich kein Erfolg einstellen, wohl auch aufgrund der heiklen Thematik und des alles andere als optimistischen Endes. al

Das dreckige Spiel

True Believer. USA 1989 **R** Joseph Ruben **B** Wesley Strick **K** John W. Lindley **M** Brad Fiedel **P** Walter F. Parkes, Lawrence Lasker für Lasker-Parkes Prod./Columbia **L** 103 Min., Farbe **D** James Woods, Robert Downey jr., Yuji Okumoto, Margaret Collin, Kurtwood Smith

Eddie Dodd (Woods) ist ein desillusionierter Anwalt, der seine Ideale seit den 60er Jahren im Nebel seiner vielen Hasch-Zigaretten verloren hat und jetzt mit Vorliebe Drogendealer verteidigt. Das ändert sich erst, als der smarte Roger Baron (Downey jr.), frisch von der Universität kommend, sein Partner wird. Er überredet Woods, den Fall eines Koreaners (Okumoto) anzunehmen, der unschuldig für einen Mord einsitzt. Im Zuge der Ermittlungen stechen die beiden in ein Wespennest aus Betrug und Korruption, und Woods setzt längst verloren geglaubte Kräfte frei.
Dieser typische Gerichts-Krimi („Einspruch, Euer Ehren!"-„Abgelehnt!") funktioniert auf die gleiche Art wie viele Cop-Filme: Man nehme zwei möglichst unterschiedliche Figuren, lasse sie aufeinander los und sich im Verlaufe der Handlung zusammenraufen. In die aufzudeckende Affäre ist natürlich auch Eddies alter Erzfeind, der Bezirksstaatsanwalt (Smith) verwickelt. So bekannt derartige Handlungselemente sein mögen, und so albern die Versuche sind, Woods mit (unechtem) Pferdeschwanz und Haschkonsum auf Anti-Establishment zu trimmen - *Das dreckige Spiel* unterhält spannend, und läuft besonders in den humorvoll-bissigen Geplänkeln zwischen den ungleichen Partnern zu

guter Form auf. Saubere Routine, aber nicht mehr. al

Ein dreckiger Haufen

Play Dirty. Großbritannien 1969 **R** André de Toth **B** Lotte Colin und Melvin Bragg, nach einer Erzählung von George Marton **K** Edward Scaife **M** Michel Legrand **P** Lowndes **L** 117 Min., Farbe **D** Michael Caine, Nigel Davenport, Nigel Green, Harry Andrews, Bernard Archerd, Daniel Pilon

1942, mitten im Zweiten Weltkrieg: In der Wüste Nordafrikas steht ein obskures englisches Söldnerheer, bestehend aus Rohlingen und Kriminellen - bereit, die deutsche Wehrmacht noch tiefer in die Wüste zu schicken. Dazu erklingen die zarten Töne von „Lilli Marleen" auf deutsch. Vom Regisseur wegen seiner angeblich abschreckenden Wirkung als Anti-Kriegsfilm bezeichnet, schockiert der Streifen durch eine Aneinanderreihung von Gewalttätigkeiten und sinnlosem Blutvergießen: Eingeborene werden umgelegt, Engländer von Deutschen abgeknallt, deutsche Krankenschwestern vergewaltigt und erwürgt. Obendrein wird eine unsägliche Heldenverehrung und Obrigkeitshörigkeit propagiert, Härte als notwendige männliche Tugend beklatscht.
Die Blut-Orgie, bei der am Ende alle Mitglieder der Söldnertruppe draufgehen und dadurch auch noch zu Märtyrern aufsteigen, klingt mit dem zweifelhaften Versuch aus, völkerverbindende Anti-Kriegs-Solidarität zu erzeugen, indem „Lilli Marlen", diesmal auf englisch, über den Wüstensand säuselt. *Ein dreckiger Haufen*, in der spanischen Steppe bei Almeria gedreht, ist - entgegen den guten Absichten des Regisseurs - eine krude Mischung aus Blut und Action, die nicht an das Gewissen appelliert, sondern allenfalls an den Nerven kitzelt. sk

Dreckiges Gold

The Train Robbers. USA 1973 **R** Burt Kennedy **B** Burt Kennedy **K** William H. Clothier **M** Dominic Frontiere **P** Michael Wayne für Batjac/Warner Brothers **L** 92 Min., Farbe **D** John Wayne, Ann-Margret, Rod Taylor, Ben Johnson, Christopher George, Bobby Vinton, Jerry Gatlin, Ricardo Montalban

Ein inzwischen verstorbener Bandit hat die Beute seines letzten Überfalls in einem Eisenbahnwrack mitten in der Wüste versteckt. Nur Mrs. Lowe, seine Witwe (Ann-Margret), weiß genau, wo sich das Geld befindet. Sie heuert den alten Westener Lane (Wayne) und seine Männer an, um sich mit ihnen gemeinsam auf die Suche zu machen. Die Geschichte wäre an sich nicht sehr aufregend, würde nicht eine Bande auf der Bildfläche erscheinen, die ihrerseits hinter dem Geld her ist.
Der *Motion Picture Guide* vermißte in Kennedys Western „Substanz" und „Stil", während die *Süddeutsche Zeitung* die weniger aufdringliche Gestaltung des Films lobte: „Nach den reißerischen Eskapaden der letzten Jahre ein deskriptiver, nüchterner Western-Neubeginn."
Zu Anfang der 70er Jahre trat John Wayne verstärkt in einer Reihe von Western auf, die nicht unbedingt zu seinen besten gehörten, ihm aber die Gelegenheit gaben, sich und den um ihn entstandenen Mythos eifrig zu zelebrieren. *Dreckiges Gold* bildet in dieser Hinsicht keine Ausnahme, bleibt jedoch immerhin durch seine stilvoll eingefangenen Landschaftsaufnahmen (gedreht wurde in Durango/Mexiko) und silhouettenhaften Personenarrangements bemerkenswert. jg

Der Dreckspatz und die Königin

The Mudlark. USA 1950 **R** Jean Negulesco **B** Nunnally Johnson, nach dem Roman von Theodore Bonnet **K** Georges Perinal **M** William Alwyn **P** Nunnally Johnson für 20th Century-Fox **L** 99 Min., s/w **D** Irene Dunne, Alec Guinness, Andrew Ray, Beatrice Campbell, Finlay Currie, Raymond Lovell, Marjorie Fielding, Constance Smith, Ronan O´Casey, Edward Rigby

Die königliche Familie, welche geschlossen zur feierlichen Uraufführung des Filmes in London angerückt war, zeigte sich entzückt und bewegt von Jean Negulescos besinnlichem Rührstück, das geflissentlich den sich anbietenden Aspekt der sozialen Verelendung im England des 19. Jahrhunderts unterschlug.
Gefilmt an Originalschauplätzen auf dem königlichen Herrensitz Windsor Castle, im Tower von London und dem Parlamentsgebäude, wird die Geschichte eines kleinen Gassenjungen aus den Londoner Arbeiterslums erzählt, der per Zufall ein Amulett mit dem Antlitz der großen Queen Victoria findet und daraufhin beschließt, die Monarchin persönlich kennenzulernen. Es gelingt ihm, durch ein Fenster in Windsor Castle einzusteigen und auch tatsächlich der Königin zu begegnen, die von dem Charme des Jungen so tief angetan ist, daß sie sich wieder ihrer Repräsentationspflichten erinnert und den Gedanken an ein zurückgezogenes Leben aufgibt.
Irene Dunne gibt als alte Königin eine passable Leistung ab, wird jedoch von dem jungen Andrew Ray glatt an die Wand gespielt. Erwähnenswert bleibt auch der Kurzauftritt der Hitchcock-Tochter Patricia, die zur selben Zeit in dem ebenfalls in London angesiedelten Thriller ihres Vaters DIE ROTE LOLA eine Nebenrolle spielte. jg

Drei Amigos!

Three Amigos! USA 1986 **R** John Landis **B** Steve Martin, Lorne Michaels, Randy Newman **K** Ronald W. Browne **M** Elmer Bernstein **P** Lorne Michaels, George Folsey für Orion Pictures **L** 103 Min., Farbe **D** Chevy Chase, Steve Martin, Martin Short, Joe Mantegna, Alfonso Arau, Patrice Martinez

Hollywood 1916. Das Heldentrio zahlreicher Billig-Western (Chase, Martin, Short) erhält aus Mexiko die Einladung, für 10.000 Dollar ihre Nummer abzuziehen. Jedenfalls ist es das, was sie aus dem Brief der schönen Carmen (Martinez) entziffern. Kurzentschlossen begibt man sich auf die Reise, nicht ahnend, daß eine Konfrontation mit echten Banditen bevorsteht, die eine kleine Ortschaft tyrannisieren, und daß der Brief ein ernst gemeinter Hilferuf war.
Aus dieser witzigen Ausgangssituation hat Regisseur John Landis, mit Filmen wie BLUES BROTHERS und AMERICAN WEREWOLF bereits erfolgreich beim Jonglieren mit Zitaten aus der Filmgeschichte, eine nur mäßig komische Western-Parodie gemacht. Besonders hatten es ihm offenbar die Serienwestern der singenden Cowboys Gene Autry und Roy Rogers angetan. So sind auch hier drei Songs zu hören, geschrieben von Pop-Musiker Randy Newman, der auch für zahlreiche Filmmusiken und in diesem Falle als Co-Autor verantwortlich zeichnet. Sein Drehbuch-Kollege Lorne Michaels war lange Zeit Produzent der Comedy-Show *Saturday Night Live* gewesen, in der auch die drei Stars ihren Einstand hatten. Mit einigen sehr gelungenen Szenen, viel Slapstick und nochmehr nach hinten losgehenden Gags ist *Drei Amigos!* angesichts seines Potentials eine Enttäuschung. al

Drei auf einer Couch

Three on a Couch. USA 1966 **R** Jerry Lewis **B** Bob Ross, Samuel A. Taylor, nach einer Originalstory von Arne Sultan, Marvin Worth **K** W. Wallace Kelley **M** Louis Y. Brown **P** Jerry Lewis für Columbia **L** 108 Min., Farbe **D** Jerry Lewis, Janet Leigh, Mary Ann Mobley, Gila Golan, Leslie Parrish

Der Maler Christopher Pride (Lewis) möchte in Paris nicht nur einen Auftrag für Wandmalereien erledigen, sondern auch endlich seine Verlobte Elizabeth (Leigh), eine Psychologin, heiraten und in Frankreich mit ihr die Flitterwochen verbringen. Doch die hat drei weibliche, männerhassende Patientinnen, die nicht ohne sie sein können, worauf Pride auf Anraten eines Freundes beschließt, sich in Verkleidungen an jede der drei heranzumachen und sie von ihrem Leiden zu heilen. Natürlich darf seine Verlobte nichts davon wissen; es kommt zu Verwechslungen, Mißverständnissen usw.
Wie schon in seinem brillanten DER VERRÜCKTE PROFESSOR erscheint Lewis hier in mehreren Rollen, genauer gesagt: fünf,

doch diesmal geht der Schuß nach hinten los. Seit er ab 1961 seine Filme selbst inszenierte, hatte die Kontinuität seiner Arbeiten erheblich nachgelassen, und diese verkrampfte Komödie ist eine seiner schwächsten. Janet Leigh ist wie immer entzückend, doch die drei Grazien auf der Couch waren eine ehemalige „Miss America" (Mobley), eine ehemalige „Miss Israel" (Golan) und ein ehemaliges „Color Girl" von NBC, mit dem der TV-Sender die Vorzüge farbiger Fernsehunterhaltung zur Geltung bringen wollte. Lewis hatte die drei selbst ausgesucht und dabei offensichtlich auf darstellerische Qualitäten weniger Wert gelegt als auf äußerliche.
Die Kritik schlachtete *Drei auf einer Couch* förmlich, doch immerhin spielte der Film einen Gewinn ein. al

Drei Bruchpiloten in Paris

La grande vadrouille. Frankreich/Großbritannien 1966 **R** Gérard Oury **B** Gérard Oury, Danièle Thompson, Marcel Jullian **K** Claude Renoir **M** Georges Auric **P** Robert Dorfman für Les Films Corona (Paris), Lowndes Prod. (London) **L** 101 Min. (Originalfassung 130 Min.), Farbe **D** Bourvil, Louis de Funès, Terry Thomas, Marie Dubois, Claudio Brook, Andrea Parisy, Benno Sterzenbach

Regisseur Gérard Oury und Frankreichs populärste Komiker, Louis de Funès und (André) Bourvil, sorgten 1965 mit SCHARFE SACHEN FÜR MONSIEUR für Lachstürme und volle Kassen. Für die erneute Zusammenarbeit dieses erfolgreichen Trios sicherte man sich zusätzlich die Unterstützung Großbritanniens, hauptsächlich in Gestalt von Terry Thomas. Er ist einer der drei britischen Bruchpiloten, die zur Zeit der deutschen Besatzung Frankreichs über Paris mit dem Fallschirm abspringen müssen und sich im Zoo, auf dem Dach der Oper bzw. auf einem Malergerüst wiederfinden. Operndirigent Stanislas Lefort (De Funès) und Anstreicher Buvet (Bourvil) unternehmen jedoch verzweifelte Anstrengungen, um die drei ungebetenen Gäste heil über die Demarkationslinie zu befördern.
Drei Bruchpiloten in Paris, der für eine spätere Wiederaufführung in *Die große Sause* umgetitelt wurde, strotzt nur so von Gags und Einfällen, ist spannend und actionreich. Er wurde in Frankreich zu einem beispiellosen Kassenschlager, und Louis de Funès war jetzt an der Spitze angekommen, an der er sich noch Jahre halten sollte.
Von nun an reichte sein Name alleine, um einen Film zum Erfolg zu machen. Er und Bourvil ergänzen sich hervorragend, doch sollte dies unglücklicherweise seine letzte Zusammenarbeit mit dem 1970 verstorbenen Komiker bleiben. Auch die folgenden Filme von De Funès/Oury, DIE DUMMEN STREICHE DER REICHEN und DIE ABENTEUER DES RABBI JACOB, stellen Sternstunden komischer Kinounterhaltung dar. al

Drei Brüder

Tre fratelli/Trois fréres. Italien/Frankreich 1981 **R** Francesco Rosi **B** Tonino Guerra, Francesco Rosi **K** Pasqualino de Santis **M** Piero Piccioni **P** Giorgio Nocella, Antonio Macri für Iter Film (Rom), Gaumont (Paris) **L** 111 Min., Farbe **D** Charles Vanel, Philippe Noiret, Vittorio Mezzogiorno, Michele Placido, Andera Ferréol

Nach dem Tod seiner Frau schickt der alte Bauer Donato (Vanel) drei gleichlautende Telegramme an seine Söhne und ruft sie zur Beerdigung in ihre süditalienische Heimat zurück. Raffaele (Noiret) ist Richter und kommt in Begleitung seiner Frau (Ferréol) aus Rom, Rocco (Mezzogiorno) leitet ein Heim für kriminelle Jugendliche in Neapel und Nicola (Placido), der Jüngste, ist ein Turiner Arbeiter, der von seiner Frau getrennt lebt und mit seiner kleinen Tochter anreist.
In Gesprächen und Traumsequenzen stellt sich das Leben der drei Brüder dar, ihre Sorgen und Ängste, ihre Hoffnungen und Utopien. Raffaele sieht sich in seiner Stellung als Staatsbeamter von Terroristen bedroht, mit denen Nicola sympathisiert. Rocco wiederum gerät durch seine Arbeit in der Besserungsanstalt wiederholt in Konflikt mit der Obrigkeit.
Die Probleme der Söhne sind die Probleme des modernen Italien, und, so unterschiedlich sie auch sein mögen, sie stehen alle im Kontrast zur bäuerlichen Welt des Vaters, die seit Jahrhunderten keine Veränderung zu kennen scheint. Eine innigere Beziehung als zu seinen mit sich selbst beschäftigten Söhnen kann der alte Vater nur zu seiner kleinen Enkelin aufbauen. Wie schon in seinem vorangegangenen Film CHRISTUS KAM NUR BIS EBOLI thematisiert Rosi hier erneut den italienischen Nord-Süd-Konflikt, der ein wesentlicher Grund für die soziale und politische Zerrissenheit des Landes ist. Dieser poetische Film, der auf gewisse Weise Rosis Werk zusammenfaßt, ist sein letzter mit sozialkritischer Thematik - zwei Jahre später begab er sich sehr zum Unwillen der Kritiker mit CARMEN auf neues Terrain.
Interessanterweise sind in *Drei Brüder* die beiden Schauspieler Vittorio Mezzogiorno und Michele Placido gemeinsam zu sehen - beide lösten einander als Hauptdarsteller in der äußerst populären TV-Serie *Allein gegen die Mafia* ab. al

Drei Frauen

Three Women. USA 1976 **R** Robert Altman **B** Robert Altman **K** Chuck Rosher **M** Gerald Busby **P** Robert Altman für Lion's Gate **L** 122 Min., Farbe **D** Shelley Duvall, Sissy Spacek, Janice Rule, Robert Fortier, Ruth Nelson, John Chromwell

Robert Altman, Spezialist für depressive gesellschaftskritische Filme (NASHVILLE), zeichnet mit *Drei Frauen* ein ebenso erschütterndes wie realistisches Seelenporträit dreier verkrachter Existenzen und damit ein markantes Bild des Krankheitszustandes der amerikanischen Gesellschaft von heute.
Millie (Duvall) arbeitet als Pflegerin in einem Kurzentrum für Alte und Debile in der kalifornischen Wüste. Sie versucht, ihre Einsamkeit mit Mode-Allüren und dem Organisieren von Parties zu kompensieren, zu denen allerdings niemand kommt. Pinky (Spacek), eine Landpomeranze aus Texas, fängt ebenfalls als Pflegerin in dem Heim an; sie bewundert Millie abgöttisch. Willie (Rule), die Dritte im Bunde, redet kaum ein Wort und malt ständig alptraumhafte Frauenbilder. Willie erwartet ein Kind von dem Stuntman Edgar (Fortier), der sie jedoch mit Millie betrügt. Pinky, eifersüchtig, unternimmt daraufhin einen Selbstmordversuch, Willie erleidet eine Totgeburt. Erst jetzt merken die Frauen, wie einseitig männerorientiert und leer ihr Leben bisher war - doch statt sich von den Zwängen zu befreien, verstricken sie sich, hilflos wie sie sind, auf der Suche nach Halt untereinander in neue Abhängigkeitsverhältnisse.
Shelley Duvall erhielt 1977 für ihre Rolle den Darstellerpreis auf den Filmfestspielen von Cannes. sk

Drei Fremdenlegionäre

Beau Geste. USA 1939 **R** William Wellmann **B** Robert Garson, nach dem Roman von Percival Christopher Wren **K** Theodor Sparkuhl, Archie Stout **M** Alfred Newman **P** William A. Wellmann für Paramount **L** 112 Min., s/w **D** Gary Cooper, Ray Milland, Robert Preston, Brian Donlevy, Susan Hayward, J. Carroll Naish, Albert Dekker, Broderick Crawford

Percival Christopher Wrens Roman *Beau Geste* war bei seinem Erscheinen 1924 ein Bestseller gewesen und erblickte bereits zu Stummfilmzeiten das Licht der Leinwand: 1926, mit Ronald Colman in der Hauptrolle. Gary Cooper spielt hier die Titelrolle des Beau, der den Familiendiamanten stiehlt und der Fremdenlegion beitritt. Er will verhindern, daß seine Ziehmutter gestehen muß, das Juwel seinerzeit verkauft und mit einer

Fälschung ersetzt zu haben, um seine und die Erziehung seiner Brüder zu finanzieren. Doch John (Milland) und Digby (Preston) folgen ihrem Bruder nach Nordafrika, wo sie unter das Kommando des sadistischen Markoff (Donlevy) geraten, der unglücklicherweise von der Diamantensache Wind bekommt.
Wellmann folgte in diesem Remake Szene für Szene der Originalversion und benutzte auch die gleichen Schauplätze, nämlich das wüstenartige Dünengebiet um Yuma/Arizona, für Außenaufnahmen. Das Rezept, gleich drei männliche Hauptdarsteller ins Rennen zu werfen, erwies sich hier ein weiteresmal als erfolgreich, wie schon in BENGALI und AUFSTAND DER SIDI HAKIM - ebenfalls Abenteuerfilme vor exotischer Kulisse. Neben der Gunst des Publikums gewann *Drei Fremdenlegionäre* auch das Wohlwollen der Kritik, die besonders Brian Donlevy für seine herausragende Darstellung des schurkischen Markoff lobte. Der Schauspieler erhielt eine Oscar-Nominierung (Nebenrolle), wie auch Hans Dreier und Robert Odell für die Ausstattung.
1966 und 1977 entstanden bei Universal zwei weitere Remakes des Stoffes unter dem gleichen Titel. al

Drei Fremdenlegionäre

Beau Geste. USA 1966 **R** Douglas Heyes **B** Douglas Heyes, nach dem Roman von Percival Christopher Wren **K** Bud Thackery **M** Hans J. Salter **P** Walter Seltzer für Universal **L** 103 Min., Farbe **D** Guy Stockwell, Doug McClure, Leslie Nielsen, Telly Savalas

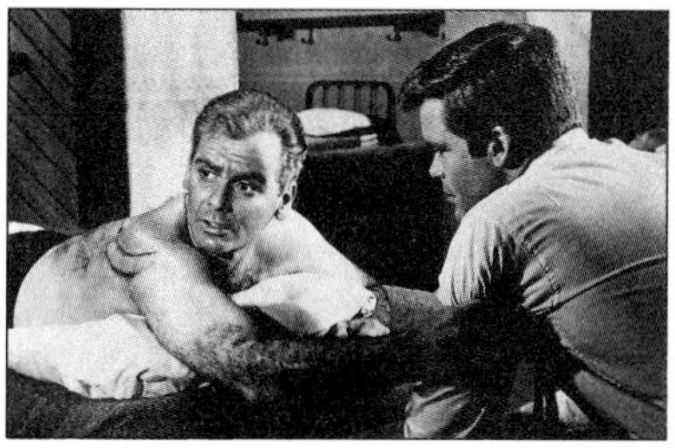

Universal hielt mittlerweile die Rechte an Percival Christopher Wrens berühmtem Roman und plante ein Remake als zugkräftiges Vehikel für eine Mannschaft populärer Fernseh-Stars. Glücklicherweise versuchte man gar nicht erst, an den Klassiker von 1939 heranzukommen, sondern setzte andere Prioritäten. Regisseur/Autor Douglas Heyes nahm einige Änderungen gegenüber der Vorlage vor; so machte er aus den Geste-Brüdern Amerikaner, und außerdem gibt es hier nur ihrer zwei - Guy Stockwell als Beau und Doug McClure als John. Telly Savalas ist als sadistischer Kommandant Markoff zur Stelle. Ansonsten blieb alles beim alten. Hatte die zweite Version gegenüber der ersten den Ton als Vorteil, konnte man hier mit Farbe und Breitwandformat aufwarten - angesichts des Wüstenschauplatzes ein nicht unwesentliches Plus. Sonst stellt Heyes´Fassung in keiner Hinsicht eine Verbesserung dar, im Gegenteil: Im direkten Vergleich ist sie unterlegen. Trotzdem erfüllt der Film seinen Anspruch und bietet spannende Abenteuerunterhaltung im klassischen Stil. Die Höhepunkte sind zwei aufregend gestaltete Kampfszenen.
1977 folgte ein weiteres Remake - das letzte, wie der Originaltitel ankündigte. al

Drei Fremdenlegionäre

The Last Remake of Beau Geste. USA 1977 **R** Marty Feldman **B** Marty Feldman, Chris Allen **K** Gerry Fisher **M** John Morris **P** William S. Gilmore für Universal **L** 85 Min., Farbe **D** Marty Feldman, Ann-Margret, Michael York, Peter Ustinov, James Earl Jones, Trevor Howard, Terry Thomas, Roy Kinnear, Hugh Griffith

Das Regiedebüt des Komikers Marty Feldman geht in die gleiche Richtung, in die sich bereits die Werke seiner Kollegen und Freunde Mel Brooks und Gene Wilder bewegten: Mit einer Unzahl nicht immer geschmackssicherer Gags und Filmzitate wird klassischen Genres wie dem Western, dem Horrorfilm à la Boris Karloff oder dem Sherlock-Holmes-Mythos auf den Leib gerückt. Diesmal sind es Fremdenlegion-Filme, im besonderen die drei *Beau Geste*-Versionen nach dem Roman von Christopher Percival Wren, an dessen Handlungsstruktur sich auch Feldman lose orientiert.
Der Verlauf des Films ist kaum nachzuerzählen, auf alle Fälle findet sich Digby Geste (Feldman) mit seinem Zwillingsbruder Beau (York) in der nordafrikanischen Wüste wieder, begleitet von ihrer attraktiven Stiefmutter Flavia (Ann-Margret). Auch der einbeinige Bösewicht Markoff (Ustinov) ist dabei und trachtet danach, den wertvollen Familiendiamanten, Auslöser der ganzen Geschichte, in seinen Besitz zu bringen.
Feldmans Film beginnt vielversprechend, verliert sich nach einer turbulenten ersten Hälfte jedoch in zu vielen mißlungenen Gags und wird schwach aufgelöst. Am gelungensten sind noch die Szenen, in denen der Film sich direkt und respektlos auf seine Vorgänger bezieht und ganz dreist Szenen der 1939er Version in die Handlung einschneidet. Da sitzen dann beispielsweise Gary Cooper und Feldman bei einem Joint zusammen. al

Die drei Gesichter der Furcht

I tre volti della paura. Italien/Frankreich 1963 **R** Mario Bava **B** Marcello Fondato, Alberto Bevilacqua, Mario Bava, nach Erzählungen von Tschechow, Tolstoi und Maupassant **K** Ubaldo Terzano **M** Roberto Nicolosi **P** Emmepi Cinematografica/Galatea (Rom) Société Cinematographique Lyre (Paris) **L** 90 Min., Farbe **D** Michèle Mercier, Susy Andersen, Jacqueline Pierrieux, Boris Karloff, Lydia Alfonsi, Mark Ramon

Mario Bava, versierter Regisseur des italienischen Horrorfilms, griff für sein Episodenwerk auf die literarischen Vorlagen der drei berühmten Autoren Tschechow, Tolstoi und Maupassant zurück. Der erste Teil (*Wurdalak*) beschreibt die grauenvollen Erlebnisse eines jungen Mannes, der in ein russisches Dorf gerät, dessen Einwohner allesamt zu Vampiren mutiert sind und ihn am Schluß ebenfalls in ihren Kreis aufnehmen. Die folgende Episode (*Das Telefon*) ist in moderner Zeit angesiedelt. Ein Callgirl wird von einem mysteriösen, geisteskranken Mörder per Telefon drangsaliert. Im Schlußteil *'Der Wassertropfen'* stiehlt eine Totenpflegerin der Leiche einen wertvollen Ring. Diese frevelhafte Tat bleibt natürlich nicht ohne Folgen.
Als besonderes Besetzungsglanzlicht konnte Bava den ergrauten Horror-Filmstar Boris Karloff verpflichten, der vor Beginn jeder Episode einen einleitenden Satz spricht und in der Geschichte *Wurdalek* auch die Hauptrolle spielt.
Während viele Freunde des Genres diesen Bava-Film als eines der gelungensten Werke des italienischen B-Regisseurs bezeichneten, zeigte sich der *Evangelische Filmbeobachter* empört über die angebliche literarische Adaption und die primitive Melodramatik (Ruinen, Skelette, Blitz und Donner, heulender Wind), obwohl gerade in diesen gestalterischen Mitteln der besondere Reiz dieses Horrorfilms liegt. jg

Drei Gesichter einer Frau

I tre volti. Italien 1965 **R** Michelangelo Antonioni, Mauro Bolognini, Franco Indovina **B** Michelangelo Antonioni (1), Tullio Pinelli, Clive Exton (2), Alberto Sordi, Rodolfo Sonego, Franco Indovina (3) **K** Carlo di Palma (1), Otello Martelli (2, 3) **M** Piero Piccioni **P** Alfredo de Laurentiis für Dino de Laurentiis Cinematografica **L** 90 Min. (Originalfassung 117 Min.), Farbe **D** Soraya; 1. Episode: *Il provino/Die Probeaufnahme*: Ivano Davoli, Giorgio Sartarelli; 2. *Gli amanti celebri/Das Ende einer großen Liebe*: Richard Harris, Esmeralda Ruspoli; 3. *Latin Lover/Der perfekte Liebhaber*: Alberto Sordi, Goffredo Alessandrini

Dieser dreiteilige Episodenfilm wurde von den Brüdern De Laurentiis einzig und allein produziert zur Demonstration der Starqualitäten von Soraya Esfandjari Bachtjari, von 1951-1958 verheiratet mit dem Schah von Persien und seit Scheidung der kinderlosen Ehe hauptsächlich als Jet-Setterin tätig. Wie üblich sind Qualität und Tonfall der einzelnen Beiträge so unterschiedlich wie ihre Regisseure.
Einen interessanten, teilweise satirischen Einblick in die Produktionsgeschichte des

Filmes gibt die erste Episode, Michelangelo Antonionis *Die Probeaufnahme*, die im halbdokumentarischen Stil erzählt, wie ein Journalist (Ivano Davoli) von geheimen Probeaufnahmen der Ex-Kaiserin Wind bekommt und ein Katz-und -Maus-Spiel mit den Produzenten beginnt. Die Produzenten waren mit dieser Hintergrund-Beleuchtung gar nicht einverstanden und schnitten Antonionis Beitrag auf 25 Minuten zu einer Art *Prefazione/ Prolog* zusammen, wie er in der anderthalbstündigen Fassung zu sehen ist. In der BRD wurde dieser Prolog vom Verleih teilweise entfernt.
2. *Das Ende einer großen Liebe* Eine verheiratete Dame der oberen Gesellschaft und ihr Liebhaber (Harris), ein erfolgreicher Schriftsteller, haben sich nach zwei Jahren ihrer in den Schlagzeilen breitgetretenen Affäre auseinandergelebt. Ausgerechnet jetzt willigt der betrogene Ehemann in eine Scheidung ein...
Die dritte Episode *Der perfekte Liebhaber* von Franco Indovina ist, dank der Drehbuchmitarbeit und Darstellung Alberto Sordis, die amüsanteste. Soraya ist eine amerikanische Managerin, auf deren Programm während einer Rom-Reise auch die Begegnung mit einem professionellen Damenbegleiter (Sordi) steht. Da sie dessen Dienste nicht in Anspruch zu nehmen gedenkt, gefährdet sie seinen Ruf als „Liebhaber" und sein Ansehen unter Kollegen. Sie löst elegant dieses Problem, indem sie ihm bei der Abreise auf dem Flughafen einen Kuß gibt, der von versammelter Photographenmannschaft eifrig dokumentiert wird.
Der Ex-Kaiserin werden in diesem auf sie zugeschnittenen Vehikel nicht gerade schauspielerische Höhenflüge abverlangt, und es wurde sorgfältig darauf geachtet, sie im besten Licht zu präsentieren, doch sie schlägt sich wacker und veranlaßte *Variety* zu der Bemerkung: „*Drei Gesichter einer Frau* wird den Appetit des Publikums auf einen weiteren, sie etwas mehr fordernden Film dieser neuen Leinwand-Persönlichkeit wecken." Diese Prophezeiung trat nicht ein: Soraya konnte sich auf Dauer nicht als Kino-Star etablieren. al

Drei kleine Worte

Three Little Words. USA 1950 **R** Richard Thorpe **B** George Wells **K** Harry Jackson **M** Bert Kalmar, Harry Ruby (Songs), André Previn (Score) **P** Jack Cummings für MGM **L** 102 Min., Farbe **D** Fred Astaire, Red Skelton, Vera-Ellen, Arlene Dahl, Keenan Wynn, Gloria De Haven, Debbie Reynolds

Im Laufe der Jahre hat Hollywood fast allen Komponisten und Komponisten-Duos musikalische Denkmäler gesetzt, da sich diese „Biographien" hervorragend als Aufhänger für die Inszenierung von Musical-Nummern eigneten, wie sie besonders MGM bis zur Perfektion beherrschte. Hier sind es Bert Kalmar (Astaire) und Harry Ruby (Skelton), deren Laufbahn den Rahmen für die Präsentation ihrer bekanntesten Songs abgibt. Kalmar war als Vaudeville-Künstler tätig gewesen, bevor eine Beinverletzung diese Laufbahn beendete und ihn zum Songschreiber werden ließ. Ruby fing als Pianist an, obwohl er immer von einer Karriere als Baseballer geträumt hatte. Nach ihrem Zusammenschluß eroberten sie den Broadway und Hollywood im Sturm, trennten sich jedoch nach wiederholten Meinungsverschiedenheiten, bevor sie von ihren verständnisvollen Frauen (Vera-Ellen, Dahl) wieder versöhnt wurden.
Musikalische Höhepunkte dieses von sympathischen Darstellungen profitierenden Films sind *Mr. and Mrs. Hoofer At Home*, *Thinking of You* (beide gesungen und getanzt von Astaire und Vera-Ellen), *Three Little Words* (Astaire, Skelton) und *I Wanna Be Loved by You*, das von Debbie Reynolds in ihrer dritten Filmrolle „lippensynchron" interpretiert wird (Originalstimme von Helen Kane). al

Drei Männer im Schnee

Drei Männer im Schnee. Österreich 1955 **R** Kurt Hoffmann **B** Erich Kästner, nach seinem Roman **K** Richard Angst **M** Alexander von Slatinay **P** Karl E. Sommer für Ring Film Wien **L** 94 Min., s/w **D** Paul Dahlke, Günther Lüders, Claus Biederstaedt, Margarethe Haagen, Nicole Heesters, Hans Olden, Fritz Imhoff, Alma Seidler, Franz Muxeneder, Elfi Pertramer

Konventionell und etwas gesetzt wirkende Verfilmung des 1934 erschienenen Romans von Erich Kästner, der zu diesem Streifen auch das Drehbuch schrieb. Obwohl mit überwiegend deutschem Stab gedreht, handelt es sich bei *Drei Männer im Schnee* um eine österreichische Produktion.
Ein junger arbeitsloser Werbefachmann (Biederstaedt) verbringt als Gewinner eines Preisausschreibens seinen Winterurlaub in einem Luxushotel, wo man ihn als vermeintlichen Millionär hofiert und den richtigen Geldadligen (Dahlke) hingegen in eine rumpelige Dachkammer verbannt und nach allen Regeln der Kunst schikaniert. Der peinliche Irrtum bleibt nicht ohne Folgen.
Eine durchaus unterhaltsame Verwechslungskomödie, die zwar wenig Neues bietet, deren Stärke aber in der hervorragenden Besetzung (besonders köstlich Paul Dahlke als miesepetriger Millionär) liegt.
1973 entstand unter der Regie von Alfred Vohrer ein Remake mit Klaus Schwarzkopf, Roberto Blanco und Thomas Fritsch in den Hauptrollen, das jedoch überwiegend die klamaukartige Seite der Geschichte betonte. jg

Drei Männer und ein Baby

Trois hommes et un couffin. Frankreich 1985 **R** Coline Serreau **B** Coline Serreau **K** Jean-Yves Escoffier **P** Jean-Francois Lepetit für Flach Film/ Soprofilms/TF1 Films Prod. **L** 100 Min., Farbe **D** Roland Giraud, Michel Boujenah, André Dussollier, Philippine Leroy Beaulieu, Gwendoline Mourlet, Jennifer Moret

Pierre (Giraud), Michel (Boujenah) und Jacques (Dussollier) sind eingefleischte Junggesellen, leben zusammen in ihrer Luxus-Wohngemeinschaft in Paris und befolgen eisern ihren Grundsatz: Keine Frau darf länger als eine Nacht in ihrer Wohnung bleiben. Bis zu dem Tag, an dem vor ihrer Tür ein Körbchen steht - mit einem fidelen Baby darin. Da der Absender unbekannt ist, nehmen sich die Drei des Winzlings an - und bringen damit ihr Leben völlig durcheinander. Statt Wein, Weib und Gesang ist von nun an Fläschchen geben, Schlaflied singen und Windeln wechseln angesagt. Marie, so heißt das schreiende Wesen, hält die Drei in deren neuer Mutterrolle rund um die Uhr auf Trab. Durch ein Mißverständnis geraten sie auch noch in eine Drogen-Affäre, das Baby gerät in die Fänge der Rauschgift-Gangster. Die drei Junggesellen jagen den Schurken hinterher, die wieder aufgetauchte Mutter ihrem Baby - und die Polizei verfolgt alle. Das Happy-End zeigt schließlich Mutter, Kind und drei Väter glücklich unter einem Dach.
Unter dem tosenden Gelächter des Publikums persifliert Coline Serreau das überkommene Rollenverhalten und beweist, daß Männer durchaus zur Mutterrolle taugen. Die ebenso geistreiche wie turbulente Komödie lockte in Frankreich über 9 Millionen Zuschauer in die Kinos - angesichts des Verzichts auf bekannte Stars und des geringen Budgets eine absolute Überraschung - und wurde mit drei Césars überschüttet. „Was ist so umwerfend komisch in *Drei Männer und ein Baby*? Es ist die einfache Verlegenheit, plötzlich in den Ruf mütterlicher Eigenschaften zu kommen. Was für die Mutter im Zuschauerraum eine simple tägliche Aufgabe ist, wird für unsere drei Helden zur puren Tortur. Und das Lachen der betroffenen Zuschauerinnen steckt natürlich den ganzen Saal an." (*Libération*) sk

Drei Münzen im Brunnen

Three Coins in a Fountain. USA 1954 **R** Jean Negulesco **B** John Patrick, nach einem Roman von John H. Secondari **K** Milton Krasner **M** Victor Young **P** Sol C. Siegel für 20th Century-Fox **L** 101 Min., Farbe **D** Clifton Webb, Dorothy McGuire, Jean Peters, Louis Jourdan, Maggie McNamara, Rossano Brazzi, Howard St. John, Kathryn Givney, Cathleen Nesbitt, Vincent Padula

Liebe, Lust und Leid dreier unterschiedlicher Frauen hatte Regisseur Jean Negulesco bereits in der erfolgreichen Komödie WIE ANGELT MAN SICH EINEN MILLIONÄR? thematisiert. Mit *Drei Münzen im Brunnen* schlug er in dieselbe Kerbe.
Angesiedelt vor dem Hintergrund der mit der Idylle einer Ansichtskarte eingefangenen Städte Rom und Venedig schildert dieser Film die amourösen Abenteuer von drei amerikanischen Sekretärinnen. Am sagenumwobenen Brunnen von Trevi, zu dem man angeblich immer wieder zurückkehren wird, sobald man eine Münze hineingeworfen hat, finden die drei Damen ihr Liebesglück.
Eine romantische Komödie, die freilich ein recht einseitiges Italien-Bild aus Hollywood-Perspektive auf die Leinwand bannt und damit leicht klischeehaft wirkt. Trotzdem gab es eine Nominierung in der Sparte „Bester Film".
Three Coins in a Fountain war der erste US-Film, der außerhalb der Hollywood-Studios vor Ort an Originalschauplätzen im CinemaScope-Format gedreht wurde. Kameramann Milton Krasner erhielt für seine herrliche Fotografie einen Oscar. Zu einem Ohrwurm entwickelte sich der gleichnamige Titelsong des Films, den Frank Sinatra sang und für den Komponist Jules Styne und Texter Sammy Cahn ebenfalls einen Oscar entgegennehmen konnten.
Ein mißlungenes Remake - diesmal vor spanischem Hintergrund - drehte Negulesco 10 Jahre später unter dem Titel *Drei Mädchen in Madrid.* jg

Die drei Musketiere

Three Musketeers. USA 1948 **R** George Sidney **B** Robert Ardrey, nach dem Roman von Alexandre Dumas d. Ä. **K** Robert Planck **M** Herbert Stothart **P** Pandro S. Berman für MGM **L** 126 Min., Farbe **D** Lana Turner, Gene Kelly, June Allyson, Van Heflin, Angela Lansbury, Frank Morgan, Vincent Price, Keenan Wynn, Gig Young, Robert Coote

Der Roman-Klassiker von Alexandre Dumas d. Ä. ist wohl eines der am häufigsten verfilmten Bücher der Weltliteratur. Das 1844 veröffentlichte Werk war allein in den USA bereits dreimal für die Leinwand adaptiert worden, bevor MGM sich 1948 an eine spektakuläre Neuverfilmung machte. Douglas Fairbanks spielte den D´Artagnan 1921 in einer stummen Fassung, zwei weniger gelungene Ton-Versionen sind von 1935 und 1939.
Die bekannte, im Frankreich des 17. Jahrhunderts angesiedelte Handlung dreht sich um den jungen D´Artagnan (Kelly), einen liebenswerten Landburschen mit Fechtqualitäten, der Mitglied der berühmten Musketier-Truppe werden möchte, der Garde des Königs Ludwig XIII.. Schon auf seinem Weg nach Paris gerät er in die Intrigen des Kardinals Richilieu (Price), der zusammen mit der durchtriebenen Milady de Winter (Turner) am Stuhl des Königs sägt.
MGM bot eine eindrucksvolle Riege bekannter Stars auf und sparte nicht an Aufwand, um dieses farbenprächtige Mantel- und -Degen-Spektakel zum Ereignis zu machen. Gene Kelly ist in seinem Element als D´Artagnan, eine Rolle, die ihm trotz fehlender tänzerischer Einlagen genügend Raum zur Demonstration seiner akrobatischen Talente gab. Als seine Gegenspielerin ist Lana Turner die überwältigend schöne, eiskalte Inkarnation des Bösen. Sie hatte die Rolle zunächst ablehnen wollen, da sie sie für zweitrangig hielt, entschied sich jedoch glücklicherweise anders, als man eine Erweiterung des Parts versprach. MGMs Werbeabteilung machte dann viel Wirbel um die Tatsache, daß es sich um Lanas ersten Farbfilm handelte. Trotz einiger schwächerer Leistungen in den Nebenrollen (besonders die Musketiere Van Heflin, Gig Young und Robert Coote überzeugten nicht), stellt diese Version die bis dato überzeugendste Adaption dar, mit genau der richtigen Mischung aus Humor, Romanze und Abenteuer. al

Die drei Musketiere - 1. Teil: Haudegen der Königin

Les trois mousquetaires - Les ferrets de la Reine. Frankreich/Italien 1961 **R** Bernard Borderie **B** Jean-Bernard Luc, Bernard Borderie, nach dem Roman von Alexandre Dumas d. Ä. **K** Armand Thirard **M** Paul Misraki **P** C.I.C.C./Les Films Borderie/Les Films Modernes/Film d´Art (Paris), Fono Roma (Rom) **L** 104 Min., Farbe **D** Gérard Barray, Georges Descrières, Bernard Woringer, Mylène Demongeot, Jacques Toja, Jean Carmet

Um Alexandre Dumas´ abenteuerlichen Roman in voller Länge auf die Leinwand übertragen zu können, wurde das Material dieser französischen Version zu zwei Filmen montiert, die dann kurz nacheinander in die Kinos kamen. Eine Spieldauer von über drei Stunden mochte man den Zuschauern nicht zumuten. Diese Politik erwies sich als erfolgreich - nicht zuletzt durch die verdoppelten Einnahmen - und wurde von Regisseur Bernard Borderie bei den ersten beiden Teilen seiner ANGÉLIQUE-Serie und auch von Richard Lester in seinen 1974er Dumas-Bearbeitungen wiederholt.
Ansonsten bot diese x-te Verfilmung des Stoffes, mit Gérard Barray als D´Artagnan und Mylène Demongeot als Milady de Winter, keine Überraschungen. Die Handlung rankt sich um die Intrigen Miladys und Kardinal Richilieus zur Bloßstellung der Königin, die ein Verhältnis mit dem englischen Herzog von Buckingham hat. D´Artagnan und seine drei Kumpane durchkreuzen die Ränke noch im rechten Augenblick, können sich jedoch der Rache Miladys sicher sein.
Der Film lebt von seiner üppigen Ausstattung, die den Hintergrund für geschickt und schwungvoll inszenierte Fechtduelle in bester Mantel-und -Degenmanier abgibt. Demongeot ist hübsch und boshaft, läßt aber die Kraft und Kälte einer Lana Turner oder, später, Faye Dunaway vermissen.
Die Fortsetzung lief unter dem Titel DIE DREI MUSKETIERE - 2.TEIL: OHNE FURCHT UND TADEL. al

Die drei Musketiere - 2. Teil: Ohne Furcht und Tadel

Les trois mousquetaires - La vengeance de Milady. Frankreich/Italien 1961 **R** Bernard Borderie **B** Jean-Berbard Luc, Bernard Borderie, nach dem Roman von Alexandre Dumas d. Ä. **K** Armand Thirard **M** Paul Misraki **P** C.I.C.C./Les Films Borderie/Les Films Modernes/Film d´Art (Paris), Fono Roma (Rom) **L** 98 Min., Farbe **D** Gérard Barray, Georges Descrières, Bernard Woringer, Mylène Demongeot, Jacques Toja

Der zweite Teil der französisch-italienischen Gemeinschaftsproduktion entstand mit gleicher Besetzung und Crew zeitgleich mit dem ersten, wurde jedoch aus verleihpolitischen Gründen etwas später in die Kinos gebracht.
Wie der Titel schon sagt, plant Milady (Demongeot) Böses, um die im ersten Teil erlittene Schmach auszugleichen. Diesmal geht es um einen politisch brisanten Brief des Herzogs von Buckingham, der D´Artagnan (Darray) und seiner Geliebten Constanze entrissen werden soll. Das Mädchen läßt dabei ihr Leben, doch schließlich müssen Milady, Richilieu und Bundesgenossen der Niederlage ins Auge sehen.
Wie im ersten Teil stehen auch hier Verfolgungsjagden, Kämpfe und Fechtduelle im Vordergrund, doch hat der Film, dem zweiten Teil des Romans entsprechend, einen ernsteren Unterton, nicht zuletzt durch den Tod von Constanze. Insgesamt kann diese zweiteilige Verfilmung weder an die US-Fassung von 1948 noch an Richard Lesters Doppel von 1974 heranreichen. al

Die drei Musketiere

The Tree Musketeers. Panama 1974 **R** Richard Lester **B** George MacDonald Fraser, nach dem Roman von Alexandre Dumas d. Ä. **K** David

Watkin **M** Michel Legrand **P** Michael, Alexander und Ilya Salkind für Filmtrust S.A. **L** 108 Min., Farbe **D** Oliver Reed, Raquel Welch, Richard Chamberlain, Michael York, Frank Finlay, Faye Dunaway, Charlton Heston, Christopher Lee, Geraldine Chaplin, Jean-Pierre Cassel, Spike Milligan, Sybil Danning

Obwohl rechtlich eine panamesische Produktion, wurde diese erneute Verfilmung des berühmten Romans von Alexandre Dumas in England mit internationaler Besetzung gedreht. Im Gegensatz zu den meisten Remakes, die ihren Vorläufern außer technischen Neuerungen wie Ton, Farbe oder Breitwand nichts hinzuzufügen haben, ist Lesters Version allen Vorläufern überlegen. Der Film hält sich eng an den Roman und erzählt die Geschichte von D´Artagnan (York), der gemeinsam mit den drei Musketieren des Königs (Reed, Chamberlain und Finlay) die Königin (Chaplin) vor einer kompromittierenden Situation bewahrt, in die sie Kardinal Richilieu (Heston) und die boshafte Milady de Winter (Dunaway) bringen wollten. In Constanze (Welch), einer Hofdame der Königin, findet D´Artagnan die Liebe.
Lesters Film ist eine wunderbare Mischung aus Abenteuer, Romanze und Slapstick, die Kritiker und Zuschauer überraschte und begeisterte. Die Ausstattung und die Schauplätze sind eine wahre Augenweide, doch nicht sie, sondern das umwerfend komische Drehbuch von George MacDonald Fraser sowie die originelle Gestaltung der einzelnen Szenen sind die Pluspunkte dieses rundum gelungenen Films. Ein Beispiel dafür ist eine Kampfszene im Wald, wenn D´Artagnan samt Diener gegen den bösen Rochefort (Lee) ficht und in der Dunkelheit nur die drei Laternen zu sehen sind. Den Rest besorgen die Dialoge.
Die Starbesetzung ist in Topform - Raquel Welch ist sexy und naiv in der eigentlich langweiligen Rolle der Constanze, und Faye Dunaway setzte mit ihrer Verkörperung der durch und durch rücksichtslosen Milady Maßstäbe für ihre zahlreichen Negativ-Rollen späterer Jahre.
Wie die französisch-italienische Produktion von 1961 brachte man auch hier zwei Teile heraus, die allerdings zur selben Zeit gedreht wurden. Produzent Ilya Salkind ließ die Schauspieler dabei gerissenerweise im Glauben, nur *einen* Film zu machen, um nur einmal Gage zahlen zu müssen. Natürlich flog der Betrug nach Fertigstellung auf, und die Besetzung verklagte ihren Produzenten, der sich daraufhin zur Nachzahlung gezwungen sah, aber trotzdem Geld gespart hatte. (Den gleichen Trick versuchte er dann bei den ersten beiden Teilen von SUPERMAN noch einmal.)
Der zweite Teil kam etwas später unter dem Titel DIE VIER MUSKETIERE - DIE RACHE DER MILADY in die Kinos. al

Drei Rivalen

The Tall Men. USA 1955 **R** Raoul Walsh **B** Sydney Boehm, Frank Nugent, nach einem Roman von Clay Fisher **K** Leo Tover **M** Victor Young **P** William A. Bacher für 20th Century-Fox **L** 122 Min., Farbe **D** Clark Gable, Jane Russell, Robert Ryan, Cameron Mitchell, Juan Garcia, Harry Shannon, Emile Meyer, Steven Darrell, Will Wright, Robert Adler, Russell Simpson, Tom Wilson

Ein passabel inszenierter Western mit der Starbesetzung Gable, Russell und Ryan, gedreht von Action-Spezialist Raoul Walsh. Zwei nach dem amerikanischen Bürgerkrieg arbeitslos gewordene Soldaten übernehmen den risikoreichen Auftrag, eine Viehherde durch gefährliches Gebiet zu führen. Die ohnehin schon schwierige Mission kompliziert sich, als sich die beiden Männer in dieselbe Frau verlieben und dadurch untereinander und für ihren Vorgesetzten zu Rivalen werden.
Das Konzept des Drehbuches sah vor, daß es sich bei der Viehherde um Langhornrinder handeln sollte, die sich aber beim besten Willen weder in Montana noch in Texas, den Handlungsorten der Geschichte, auftreiben ließen, so daß das Drehteam gezwungen war, in die mexikanische Stadt Durango auszuweichen. Dort waren die Künstler aus Hollywood nicht gerade gerngesehene Gäste. Erst verlangte der Rancher, der seine Rinder für die Aufnahmen zur Verfügung gestellt hatte, entgegen aller Abmachungen mehr Geld. Als man ihm dies verweigerte, bedrohte er die Crew mit einer Pistole und konnte erst von einer zehnköpfigen Polizeitruppe zur Räson gebracht werden. Dann schmuggelten eines Tages zwei Jugendliche ein Stinktier in das Zimmer, das sich Clark Gable und Regisseur Walsh teilten, wobei es jedoch dem beherzten Regisseur gelang, sich ohne Zwischenfall des ungebetenen Eindringlings zu entledigen. jg

Drei Schwestern aus Montana

The Sisters. USA 1938 **R** Anatole Litvak **B** Milton Krims, nach einem Roman von Myron Brinig **K** Tony Gaudio **M** Max Steiner **P** Hal B. Wallis, David Lewis für Warner Bros. **L** 98 Min., s/w **D** Bette Davis, Errol Flynn, Anita Louise, Jane Bryan, Ian Hunter, Henry Travers, Beulah Bondi, Donald Crisp

Der Film beginnt mit einer Festveranstaltung anläßlich des Amtsantritts von Präsident Theodore Roosevelt und verfolgt das Schicksal der drei Elliott-Schwestern. Helen (Louise) heiratet aus Geldgründen einen Millionär, den sie nicht liebt; die Ehe der jüngsten Schwester Grace (Bryan) scheint bilderbuchmäßig abzulaufen, bis der Ehegatte in die Midlife-Krise gerät und ein Techtelmechtel mit einer Hutmacherin anfängt. Louise (Davis), die Älteste des Gespanns, angelt sich einen windigen Sportreporter (Flynn), wird von ihm verlassen und erleidet infolge von Schockeinwirkungen, ausgelöst durch das Erdbeben von San Francisco, eine Fehlgeburt. Nach Jahren kehrt ihr Ehemann zu ihr zurück und wird von ihr wieder warmherzig aufgenommen.
Trotz seiner auf drei Personen angelegten Dramaturgie konzentriert sich die Handlung natürlich vornehmlich auf Bette Davis. Für die Erdbebensequenzen, die zu keiner Zeit die Faszination des zwei Jahre vorher gedrehten Abenteuerstreifens SAN FRANCISCO erreichen, wurden aus dem Film *In Old San Francisco* einige Szenen übernommen und einkopiert.
Ein gefällig inszeniertes Melodrama mit routinierten schaupielerischen Leistungen. „Es gibt keinen Zweifel an der Tatsache, daß sie die führende Leinwanddarstellerin ist. Ihr Spiel ist ein wahrer Genuß", schrieb der *Hollywood Reporter* über Bette Davis. jg

Die drei Tage des Condor

Three Days of the Condor. USA 1975 **R** Sydney Pollack **B** Lorenzo Semple jr. und David Rayfiel, nach dem Roman *Six Days of the Condor* von James Grady **K** Owen Roizman **M** Dave Grusin **P** Stanley Schneider für Dino de Laurentiis **L** 117 Min., Farbe **D** Robert Redford, Faye Dunaway, Cliff Robertson, Max von Sydow, Michael Kayne, Michael Miller

1975, der Watergate-Schock steckte der amerikanischen Nation noch in den Knochen, drehte Sydney Pollack seinen Thriller über dunkle Machenschaften und mißbrauchte Machtfülle des US-Geheimdienstes CIA.
Turner (Redford), Deckname Condor, ist ein kleines Rad im Getriebe seines Arbeitgebers, des CIA. Eines Tages, er kommt gerade von der Mittagspause an seinen als „Literaturhistorisches Institut" getarnten Geheimdienst-Arbeitsplatz zurück, sind alle seine Kollegen erschossen. Turner, der nur durch Zufall dem Anschlag entgangen ist, wird von ominösen Gegnern verfolgt. Erst am Ende des Films geben sie sich als eine verselbständigte CIA-Clique zu erkennen, die mit allen Mitteln versuchen, Macht an sich zu reißen und den demokratischen Staat zu unterwandern. Über diverse Schießereien und Verfolgungsjagden und die - recht konventionelle - Episode von Turner mit einer Frau (Dunaway) hinweg, treibt der Streifen seinem wenig überraschenden Ende entgegen: Turner besiegt die bösen Kräfte, indem er seine Informationen dem wahren Verfechter von Freiheit und Demokratie zuspielt: der Presse.
Der Film, der auf der mittelmäßigen Romanvorlage James Gradys *Die sechs Tage des Kondors* basiert und aus unerfindlichen Grün-

den auf drei Tage zusammengestutzt wurde, bezieht den Hauptteil seiner Spannung vor allem daraus, daß er den Zuschauer bis zum Schluß im Ungewissen beläßt, ihm Informationen regelrecht vorenthält. Gleichwohl ist Pollacks Film, der hierzulande auch unter dem Titel *Treffpunkt Mitternacht: CIA* angekündigt wurde, ein anerkennenswerter Versuch darzustellen, daß Macht und Moral auch und gerade in einer sich demokratisch nennenden Gesellschaft wenig gemein haben. „Er schildert, wie ein einzelner vom Handlanger zum Gejagten wird - und dies nur, weil er seine Pflicht erfüllt, seine Aufgabe gewissenhaft erledigt". (*Frankfurter Rundschau*) sk

Die Drei von der Tankstelle

Die Drei von der Tankstelle. Deutschland 1930 **R** Wilhelm Thiele **B** Franz Schulz, Paul Frank **K** Franz Planer **M** Werner Richard Heymann **P** Eberhard Klagemann für UFA **L** 99 Min., s/w **D** Willy Fritsch, Oskar Karlweis, Heinz Rühmann, Fritz Kampers, Lilian Harvey, Olga Tschechowa, Kurt Gerron, Gertrud Wolle, Felix Bressart

Eine der erfolgreichsten musikalischen Komödien des frühen deutschen Tonfilms, deren Melodien (*Ein Freund, ein guter Freund; Liebling, mein Herz läßt Dich grüßen*) zu Evergreens wurden, die auch heute noch gern gespielt werden. Beschwingt und heiter inszeniert, steht dieser Film mit seinem bewußt eingesetzten Euphemismus im krassen Gegensatz zu der wirtschaftlich und politisch besorgniserregenden Situation seiner Entstehungszeit.
Die Geschichte beginnt mit einer Anspielung auf die akute ökonomische Misere der zu Ende gehenden Weimarer Republik. Als die drei Freunde Willy (Fritsch), Kurt (Karlweis) und Hans (Rühmann) von einer Reise zurückkehren, hat man infolge einer Bankpleite ihre Wohnung gepfändet. Sie verkaufen ihr Auto und eröffnen mit dem Erlös eine Tankstelle. Dort treffen sie die hübsche Gaby (Harvey), in die sich bald alle drei verlieben. Das Mädchen entscheidet sich für Willy und sorgt dafür, daß die geschäftliche und private Zukunft des Trios gesichert bleibt.
Neben den einprägsamen Filmsongs ist vor allem die Kameraarbeit des talentierten Franz Planer bemerkenswert, der damals auch schon zeitweilig in den Studios von Hollywood arbeitete. *Die Drei von der Tankstelle* wurde der finanziell erfolgreichste deutsche Film der Kinosaison 1930/31. Nach der Machtergreifung verboten ihn die Nazis wegen angeblich frivoler, „undeutscher" Szenen.
Unter der Regie von Hans Wolff entstand 1955 mit Adrian Hoven, Walter Müller und Walter Giller ein blasses Farb-Remake. jg

Drei Zimmer in Manhattan

Trois chambres à Manhattan. Frankreich 1965 **R** Marcel Carné **B** Marcel Carné, Jacques Sigurd, nach dem Roman von Georges Simenon **K** Eugen Schüfftan **M** Mal Waldron **P** Charles Lumbroso für Les Productions Montaigne **L** 111 Min., s/w **D** Annie Girardot, Maurice Ronet, O.E. Hasse, Roland Lesaffre, Gabriele Ferzetti, Geneviève Page

Der französische Schauspieler François (Ronet), der von seiner Frau geschieden ist und nach einem erfolglosen Abstecher nach Hollywood die Rückkehr in die Heimat scheut, trifft in New York Kay (Girardot), ebenfalls Französin, die sich nach einer gescheiterten Beziehung dem Alkohol hingibt und genauso einsam und verlassen ist wie er. Nach einer gemeinsamen Nacht in einem Apartment-Hotel entwickelt sich eine Beziehung, deren Verlauf jedoch durch den Einfluß der Umwelt immer wieder gefährdet wird.
Die drei Zimmer im Titel dieses von Regie-Altmeister Marcel Carné mit sicherer Hand inszenierten Beziehungs-Dramas sind auch die drei Stationen der Liebe, die François und Kay durchleben, bis sie sich zu einem gemeinsamen Neuanfang entschließen. Der Film entstand nach einem Roman des Franzosen Georges Simenon, der wohl zu den produktivsten Schriftstellern überhaupt gehört. Mit seinen Büchern lieferte er bereits unzählige Filmvorlagen, von denen die bekanntesten Krimis sind, die jedoch, wie auch seine übrigen Romane, sehr stark die Psyche ihrer Helden erforschen. Carné begab sich mit seiner kleinen Crew, der auch O.E. Hasse als zynischer Fernseh-Produzent angehörte, nach New York, um mit Außenaufnahmen der Riesen-Metropole den richtigen Hintergrund für das Gefühl der Vereinsamung und Entwurzelung zu schaffen.
Annie Girardot erhielt für ihre überzeugende Leistung den Preis als Beste Darstellerin der Filmfestspiele in Venedig. al

Die Dreigroschenoper

Die Dreigroschenoper. Deutschland/USA 1931 **R** G. W. Pabst **B** Leo Lania, Ladislaus Vajda, Bela Balazs, nach dem Bühnenstück von Bertolt Brecht **K** Fritz Arno Wagner **M** Kurt Weill **P** Seymour Nebenzal für Tobis/Warner Bros. **L** 110 Min., s/w **D** Rudolf Forster, Carola Neher, Reinhold Schünzel, Fritz Rasp, Valeska Gert, Lotte Lenya, Hermann Thimig, Ernst Busch, Paul Kemp

Die Leinwand-Adaption von Brechts berühmtem Bühnenstück ging parallel einher mit einem der spektakulärsten Prozesse der Filmgeschichte. 1930 hatte Brecht mit der Nero-Film, die den Streifen für die Tobis und Warner Bros. produzierte, die Verhandlungen für eine Verfilmung aufgenommen. In einem vertraglichen Abschluß gestand der Dichter eine freiere Auslegung seines Werkes zu, bei der allerdings die gesellschaftliche Funktion erhalten bleiben sollte. Weiterhin bestand er auf ein Mitbestimmungsrecht am Manuskript. Noch während die Dreharbeiten auf Hochtouren liefen, stellte Brecht fest, daß das Projekt mehr und mehr seinem Einfluß entglitt. Mit dem von ihm initiierten Prozeß wollte er die Notbremse ziehen. Die Gerichtsverhandlungen gestalteten sich zu einer mühsamen Interpretation der komplizierten vertraglich festgesetzten künstlerischen Richtlinien und blieben irgendwann in der Unmöglichkeit einer klaren Auslegung stecken. Die Produktionsfirma wußte sich nicht mehr anders zu helfen und bot dem verbitterten Brecht eine Abfindungssumme von 25.000 Mark an, „um den Streit aus der Welt zu schaffen". Dieser sah sich in seiner Meinung bestätigt, daß man sein Werk nach geschäftlichen Gesichtspunkten zertrümmerte. Brecht verlor den Prozeß, obgleich sich die Nero-Film GmbH kurz darauf auf einen Vergleich einließ und die Kosten der Verhandlung übernahm. Die Kritik stimmte dem Autor in ihren Besprechungen zu und vermißte ebenfalls jegliche klassenkämpferische Tendenz und sprach lediglich von einem „märchenhaften Operettenfilm". jg

Die Dreigroschenoper

Die Dreigroschenoper / L´opera de quat sous. BRD/Frankreich 1963 **R** Wolfgang Staudte **B** Wolfgang Staudte, Günter Weisenborn, nach dem Bühnenstück von Bertolt Brecht **K** Roger Fellous **M** Kurt Weill **P** Kurt Ulrich für C.E.C. Berlin-Paris **L** 124 Min., Farbe **D** Curd Jürgens, June Ritchie, Lino Ventura, Gert Fröbe, Hilde Hildebrand, Hildegard Knef, Henning Schlüter, Sammy Davis jr., Hans W. Hamacher, Walter Giller

War schon die Pabst-Verfilmung des Jahres 1931 nicht auf die Gunst der Kritiker gestossen, so tat sich das Staudte-Remake, mit großem Aufwand in Farbe und CinemaScope inszeniert, noch viel schwerer und wurde bei seiner Uraufführung nach allen Regeln der Kunst erbarmungslos verrissen.
Brechts sozialkritisches musikalisches Theaterstück vom Bandenchef Mackie Messer, seiner Kumpanei mit dem Polizeichef Brown und dem verruchten Etablissement der Huren und Zuhälter der Londoner Slums paßte wohl eher in die Dekade der 20er Jahre, in denen das Stück ja auch entstanden war, als

in den Beginn der 60er. Wolfgang Staudte polierte die *Dreigroschenoper* zum gefälligen Kintopp mit grellen Farben, üppigen Dekors und einer Handvoll namhafter Stars auf, doch traten schnell Verschleißerscheinungen auf; das Amüsement machte der Langeweile Platz. Von allen Darstellern kam lediglich Hildegard Knef, die hier in mehreren Großaufnahmen fasziniert, in ihrer Rolle als Jenny bei den Kritikern mit einigermassen heiler Haut davon, während Curd Jürgens und sogar der angesehene Gert Fröbe schlichtweg als Debakel bezeichnet wurden. „Die satirischen Bezüge des Stücks erweisen sich als gegenstandslos. Für Literaturfreunde ein interessanter Fehlschlag", bemerkte der *Evangelische Filmbeobachter*. jg

3x nach Mexiko

Marriage on the Rocks. USA 1965 **R** Jack Donahue **B** Cy Howard **K** William H. Daniels **M** Nelson Riddle **P** William H. Daniels für A-C Prod./ Warner Bros. **L** 109 Min., Farbe **D** Frank Sinatra, Deborah Kerr, Dean Martin, Cesar Romero, Hermione Baddeley, Nancy Sinatra

Werbe-Tycoon Dan Edwards (Sinatra) glaubt sich seit 19 Jahren glücklich verheiratet mit Valerie (Kerr). Doch die ist längst gelangweilt und denkt an Scheidung. Der Anwalt der Familie schlägt ihr daraufhin den Kauf eines neuen Negligées und zweite Flitterwochen mit Dan in Mexiko vor, was prompt in die Tat umgesetzt wird. Von einem übereifrigen Rechtsanwalt (Romero) werden sie jedoch versehentlich geschieden, und das ist der Anfang einer Kette von Verwicklungen. Diese nicht allzu komische und furchtbar altmodische Komödie (bedenkt man den Zeitpunkt ihrer Entstehung!) vereinigt ein weiteres Mal die alten Kumpel Frank Sinatra und Dean Martin, deren erster und bester gemeinsamer Film VERDAMMT SIND SIE ALLE war. Außerdem feiert Sinatra ein Wiedersehen mit Deborah Kerr, mit der er allerdings in VERDAMMT IN ALLE EWIGKEIT keine gemeinsame Szene hatte. Die Kerr ist schön wie immer, doch ihr britisches Understatement und ihr Image passen nicht zu der krampfhaften Lustigkeit und Schnelligkeit dieser Farce. Sie fühlt sich in Doris Days Revier sichtlich unwohl, wozu *Time* bemerkte: „Sie schliddert von Gag zu Gag mit der leicht erschreckten Miene einer sehr anständigen Dame, die sich plötzlich auf einer verworfenen Party Tee ausschenken sieht."
Insgesamt eine Enttäuschung angesichts der vielversprechenden Besetzung, doch als Mißverständnis-und Verwechslungsreigen im Boulevardkomödien-Stil braucht es schon ein paar Lacher und Einfälle mehr. al

Dreiundzwanzig Schritte zum Abgrund

Twentythree Paces to Baker Street. USA 1956 **R** Henry Hathaway **B** Nigel Balchin, nach dem Roman *A Warrant for X* von Philip McDonald **K** Milton Krasner **M** Leigh Harline **P** Henry Ephron für 20th Century-Fox **L** 103 Min., Farbe **D** Van Johnson, Vera Miles, Cecil Parker, Patricia Laffan, Maurice Denham, Estelle Winwood

Van Johnson mimt den blinden Schriftsteller Philip Hannon, der durch Zufall Ohrenzeuge eines Entführungs - und Mordkomplottes wird. Weder Polizei noch seine Freunde schenken seiner Geschichte Glauben. Allein seine Ex-Verlobte Jean (Miles) und sein Sekretär (Parker) helfen ihm bei seinen Ermittlungen, die er nun auf eigene Faust und Verantwortung startet. Trotz seines Handicaps bringt er Licht in das Dunkel des Verbrechens - und sich in Lebensgefahr.
Regisseur Hathaway inszenierte *Dreiundzwanzig Schritte zum Abgrund* ausgesprochen einfühlsam; er versteht es, den Zuschauer in die dunkle Welt eines Blinden zu versetzen. Diese ungewöhnliche Perspektive, verbunden mit brillanten, in CinemaScope gedrehten Aufnahmen im nebeligen London der 50er Jahre, verhilft dem Kriminalfilm mit psychologischem Hintergrund zu bemerkenswerter Spannung. sk

Dressed to Kill

Dressed to Kill. USA 1980 **R** Brian de Palma **B** Brian de Palma **K** Ralf Bode **M** Pino Donaggio **P** George Litto für Samuel Z. Arkoff/Filmways **L** 106 Min., Farbe **D** Michael Caine, Angie Dickinson, Nancy Allen, Keith Gordon

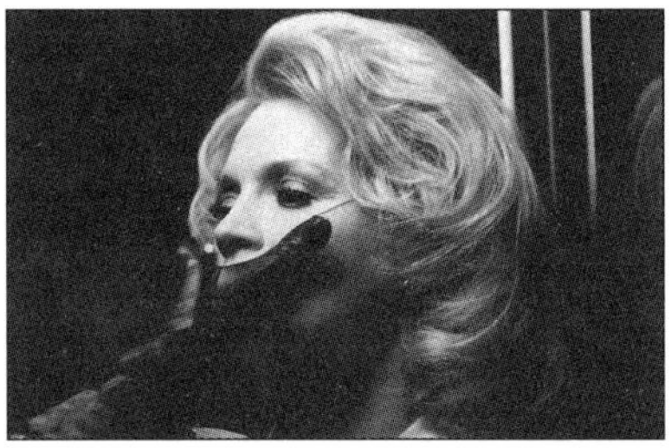

Kate Miller (Dickinson) ist eine unbefriedigte Hausfrau, die ihre sexuelle Frustration in erotischen Phantasien auslebt, und Patientin des renommierten Psychiaters Dr. Elliott (Caine) ist. Als sie eines Tages im Museum die Bekanntschaft eines attraktiven Mannes macht, folgt sie ihm in sein Appartement, wird jedoch nach der Liebesnacht im Aufzug von einem als Frau verkleideten Killer brutal mit einem Rasiermesser ermordet. Die Prostituierte Liz (Allen) wird Zeugin dieses Vorgangs, gerät unter Mordverdacht und macht sich schließlich mit Kates minderjährigem Sohn (Gordon) selbst auf die Suche nach dem Täter...
Dressed to Kill war einer der größten Kassenerfolge des Jahres 1980 und stellte für De Palma nach dem weniger gelungenen TEUFELSKREIS ALPHA wieder einen Hit dar. Stärker noch als bei seinen früheren Filmen bedient sich der Regisseur hier bei seinem großen Vorbild Alfred Hitchcock - doch es gelingt ihm, aus bekannten Versatzstücken ein eigenständiges Werk und keinen billigen Abklatsch zu schaffen. Besonders stark sind Zitate aus PSYCHO vertreten, angefangen mit der Duschszene, dem Transvestiten-Killer und Dickinsons Ermordung nach der Hälfte des Films. Die Museums-Szene ist an AUS DEM REICH DER TOTEN angelehnt.
De Palmas damalige Frau Nancy Allen spielt die zweite weibliche Hauptrolle der Liz, doch der eigentliche Star ist die Kamera, die von De Palma virtuos eingesetzt wird und teilweise den Dialog überflüssig macht. Zwar trug dieser Stil dem Film Prädikate wie „gekünstelt" und „manieriert" ein, doch ist er nicht unwesentlich für die Wirkungskraft dieses oft ironischen und atemberaubend spannenden Thrillers verantwortlich.
Angie Dickinsons vieldiskutierte, sehr erotische Nacktszene unter der Dusche zu Beginn des Films wurde übrigens von einem unbekannten Double gestellt.
New York Magazine: „De Palma ist sensationell, er steuert ohne Umwege auf ein perfektes, sinnenerregendes Grauen zu." al

The Dresser - Ein ungleiches Paar

The Dresser. Großbritannien 1983 **R** Peter Yates **B** Ronald Harwood, nach seinem Bühnenstück **K** Keivin Pike **M** James Horner **P** Peter Yates für Goldcrest Films/World Film Services Prod. **L** 116 Min., Farbe **D** Albert Finney, Tom Courtenay, Edward Fox, Zena Walker, Eileen Atkins, Michael Gough, Lockwood West

„Es ist eine Geschichte über das Theater als Leben und das Leben als Theater" beschreibt Regisseur Yates seine Verfilmung des Theaterstücks *The Dresser* von Ronald Harwood.
Norman (brillant gespielt von Tom Courtenay) ist als Dresser - als Garderobier, Blitzableiter und Mädchen für alles - für „Sir" (souverän dargestellt von Albert Finney), alternder Star und Leiter eines Tournee-Theaters, tätig. Beide verbindet eine innige (auch homosexuelle) Beziehung, in der die Rollen klar verteilt sind: „Sir" ist der Herr, sein Dresser der Diener. Der Film spielt in England zur Zeit des Zweiten Weltkriegs; die Theater-Truppe, spezialisiert auf Shakespeare, tingelt im Bombenhagel durch das Land, um dem geplagten Volk in diesen dunklen Tagen einen kleinen Happen Kultur näherzubringen. Kriegsbedingt besteht das Ensemble aus dem letzten Aufgebot derer, die nicht fronttauglich sind: Gehbehinderte,

Debile und Gebrechliche. Auch „Sir" ist mit seinen Kräften am Ende, nur dem unermüdlichen Zuspruch Normans ist es zu danken, daß er die heutige 227. *King Lear*-Aufführung durchhält. Norman treibt ihn voran, weil er sich bewußt ist, daß er ohne seinen Meister ein Nichts wäre. Nach der Vorstellung bricht „Sir" in seiner Garderobe zusammen und stirbt. Sein Dresser taucht in seinem Testament mit keiner Silbe auf - noch im Tod besteht „Sir" auf der totalen Unterordnung seines Dieners.
Das Drama über die Abgründe menschlicher Unzulänglichkeit ist von Yates hinreißend, mit pointierten Dialogen in Szene gesetzt worden. Hauptdarsteller Finney erhielt für seine Charakter-Rolle auf der Berlinale 1984 den Silbernen Bären. sk

Drillinge an Bord

Drillinge an Bord. BRD 1959 **R** Hans Müller **B** Gustav Kampendonk, nach einer Idee von Lothar Koch **K** Erich Claunigk **M** Heino Gaze **P** Fritz Hoppe für Deutsche Film Hansa **L** 82 Min., s/w **D** Heinz Erhardt, Peter Carsten, Ann Smyrner, Trude Herr, Paul Dahlke, Günther Pfitzmann, Billy Mo, Ingrid van Bergen, Ralf Wolter, Paul Westermeier, Günther Jerschke

Heinz Erhardts Domäne war nicht das Kino, sondern das Kabarett. Der biedere Unterhaltungsfilm der 50er Jahre konnte nur sehr begrenzt seinem typischen Kalauer-Humor entgegenkommen. Meist wurde der populäre Komiker dankbar als Vehikel für Unterhaltungsfilme ohne hohes Niveau eingespannt.
Drillinge an Bord bietet da leider keine Ausnahme, obwohl Erhardt in diesem Film die Gelegenheit erhält, seine voluminöse Gestalt gleich in Form einer dreifachen Rolle in das Geschehen einzubringen. Die Geschichte ist denkbar simpel gestrickt. Die Drillinge Eduard, Otto und Heinz Bollmann haben in einem Preisausschreiben eine Seereise gewonnen, die jedoch nur einer von ihnen antreten kann. Da sie sich nun aber alle drei ähnlich sehen, gehen die Brüder geschlossen an Bord des Dampfers und sorgen alsbald für ein heilloses Durcheinander. Tricktechnisch durchaus gelungen sind die Szenen, in denen Erhardt in dreifacher Ausführung auf der Leinwand agiert. Ansonsten fiel dem *Evangelischen Filmbeobachter* ein deutlicher künstlerischer Abstieg gegenüber den vorhergehenden Erhardt-Filmen auf. „Man kann sich nicht des Eindrucks erwehren, daß diese Filme zu wenig vorbereitet, zu schnell gedreht und zu eilig auf den immer weniger besuchten Markt geworfen werden." jg

Die dritte Dimension

Le couteau dans la plaie. Frankreich/Italien 1962 **R** Anatole Litvak **B** Peter Viertel, Hugh Wheeler, nach einer Idee von André Versini **K** Henri Alekan **M** Mikis Theodorakis **P** Anatole Litvak für Filmsonor (Paris), Dear Film (Rom) **L** 109 Min., s/w **D** Sophia Loren, Anthony Perkins, Gig Young, Jean-Pierre Aumont, Yolande Turner

Die erste Leinwand-Verbindung von Sophia Loren und Anthony Perkins in BEGIERDE UNTER ULMEN war alles andere als erfolgreich, und so war es erstaunlich, daß Regisseur Anatole Litvak seinen Drehbuchautor Peter Viertel eine Idee von André Versini nicht eher entwickeln ließ, bevor er sich genau dieser beiden Stars für seinen Thriller sicher war.
Die beiden spielen ein in Paris lebendes italienisch-amerikanisches Ehepaar, Lisa und Robert. Sie ist lebenslustig und aufgeschlossen, er unreif und rasend eifersüchtig. Als sie in einem Nachtclub einen sexy Twist aufs Parkett legt, schlägt er sie und verläßt das Lokal. Vor dem Antritt einer Geschäftsreise am nächsten Tag stellt Lisa ihn vor das Ende der Beziehung, ist aber entsetzt und verzweifelt, als sie hört, daß sein Flugzeug abgestürzt sei und alle Paasagiere tot wären. Nach der Beerdigung findet sie Robert in ihrer Wohnung - lebend! Er will jetzt die Versicherungssumme kassieren, die Lisa für ihn in Empfang nehmen soll. Danach würde sie ihn für immer los sein...
Dieser mit vielen Überraschungsmomenten aufwartende Krimi hat zwei große Schwächen. Zum einen die Unglaubwürdigkeit der Handlung (Perkins ist der einzige Überlebende des Absturzes und noch nicht einmal verletzt), zum anderen das fehlende Knistern zwischen Loren und ihrem zwei Jahre älteren Co-Star. Perkins wirkt eher wie ihr jüngerer Bruder oder sogar ihr Sohn, aber niemals wie ein gleichberechtigter Ehepartner. Diese jungenhafte Qualität des Schauspielers hatte Litvak in seinem vorangegangenen LIEBEN SIE BRAHMS? (als Partner von Ingrid Bergman) hervorragend eingesetzt, hier jedoch ignorierte er sie, was sie jedoch für den Zuschauer nicht weniger sichtbar und irritierend macht. al

Der Dritte

Der Dritte. DDR 1971 **R** Egon Günther **B** Egon Günther, nach der Erzählung *Unter den Bäumen regnet es zweimal* von Eberhard Panitz **K** Erich Gusko **M** Karl-Ernst Sasse **P** DEFA **D** Jutta Hoffmann, Barbara Dittus, Peter Köhncke, Armin Mueller-Stahl, Rulf Ludwig, Erica Pelikowsky, Christine Schorn

Einer der besten und lebendigsten DDR-Gesellschaftsfilme der frühen 70er Jahre, der in seiner unverkrampften und spontanen Machart das erstarkte Selbstbewußtsein einer neuen Generation widerspiegelte. Jutta Hoffmann spielt das Mädchen Margit. Nach dem Tod ihrer Mutter als Kind in ein Kloster abgeschoben, findet sie gerade noch rechtzeitig den Ausstieg aus der Enge des religiösen Lebens und stürzt sich in zwei Beziehungen, die beide unglücklich enden und ihr zwei Kinder einbringen. In ihrem Betrieb wird sie auf den Ingenieur Hrdlitschka (Ludwig) aufmerksam. Ihre anfangs zaghaften Annäherungsversuche münden in einer weiteren Heirat.
Dem Drehbuch von Egon Günther lagen zwei Szenarien zugrunde, die Autor Günther Rücker geschrieben hatte. Der erste Entwurf skizzierte lediglich die groben Handlungsstränge, während bereits bei der zweiten Fassung ganz konkrete Besetzungsvorstellungen erwogen wurden. *Der Dritte* wird ganz getragen von der jungen Jutta Hoffmann, einer der profiliertesten Schauspielerinnen des DDR-Films, die man heute leider viel zu selten sieht. Interessante Perspektiven wirft in diesem Film die Darstellung des Liebesbegriffes auf. Margit heiratet Hrdlitschka nicht aufgrund ihres Verliebtseins, sie braucht Geborgenheit und einen Vater für ihre Kinder und ergreift so auch mutig die Initiative. Die weiteren Perspektiven der Ehe werden aus einer sehr verhaltenen Sichtweise vorweggenommen. „Na, da muß man mal sehen....", sagt Margit zu ihrer Freundin Lucie, während Hrdlitschka in ihren Armen sanft entschlummert ist. jg

Die dritte Generation

Die dritte Generation. BRD 1978 **R** Rainer Werner Fassbinder, **B** Rainer Werner Fassbinder **K** Rainer Werner Fassbinder **M** Peer Raben **P** Harry Zöttl für Tango Film Berlin/Pro-ject Filmprod. **L** 110 Min., Farbe **D** Harry Baer, Hark Bohm, Margit Carstensen, Eddie Constantine, Claus Holm, Günther Kaufmann, Udo Kier, Hanna Schygulla, Bulle Ogier, Volker Spengler

Die dritte Generation entstand im Anschluß an die Gemeinschaftsproduktion DEUTSCHLAND IM HERBST, in der mehrere führende Regisseure des Neuen Deutschen Films versucht hatten, zu den Ereignissen des Herbstes 1977 Stellung zu nehmen. Auch in diesem Film greift Fassbinder das Phämomen des Terrorismus auf.
Eine Gruppe von Terroristen verübt in West-Berlin eine Reihe von Anschlägen, deren vorläufiger Höhepunkt die Entführung eines amerikanischen Computer-Managers ist.
„Ich werfe keine Bomben - ich mache Filme." So bezeichnete Fassbinder seine Umtriebe, mit denen er die Gesellschaft auf sich und seine Werke aufmerksam machen wollte. *Die dritte Generation* ist eine bitterböse und grell inszenierte Komödie über den Terrorismus und seinen Rückhalt in der Gesellschaft. Fassbinder vertritt darin die These, daß der Terrorismus einem Staatsgefüge gar nicht so unrecht sein kann, werden durch ihn doch erst Eingriffe und Einschränkungen in

bürgerliche Freiheiten möglich. Solch eine Stellungnahme war so kurz nach den umwälzenden Ereignissen des Jahres 1977 natürlich besonders gewagt, so daß viele Geldgeber vor der Finanzierung eines Filmes mit solcher Tendenz zurückschreckten. Schauspieler Volker Spengler wertete dies als eine Art subtile Zensur.
„Eine wirkungsvolle, kinematographische Stilübung und einer der erschreckendsten politischen Filme, die wir je von jenseits des Rheins zu sehen bekommen haben." (*Le Figaro Magazine*) jg

Der dritte Mann

The Third Man. Großbritannien 1949 **R** Carol Reed **B** Graham Greene **K** Robert Krasker **M** Anton Karas **P** Carol Reed für London Films Prod. **L** 99 Min., s/w **D** Joseph Cotton, Alida Valli, Trevor Howard, Orson Welles, Ernst Deutsch, Erich Ponto, Siegfried Breuer, Paul Hörbiger, Hedwig Bleibtreu

Ausgezeichnet mit dem Oscar für die Beste Schwarz-Weiß-Kamera und prämiiert mit dem Preis der Britischen Filmakademie und dem Großen Preis von Cannes, wurde *Der dritte Mann* bereits zu seiner Aufführungszeit im Jahr 1949 als unumstrittenes Meisterwerk gefeiert.
Angesiedelt ist die Handlung vor dem Hintergrund der düsteren Ruinenkulisse Wiens. Der junge US-Schriftsteller Martins (Cotton) kommt in die Drei-Mächte-Stadt, um seinen Freund Harry Lime (Welles) zu besuchen, von dem er seit geraumer Zeit nichts mehr gehört hat und der angeblich bei einem Straßenbahnunglück ums Leben gekommen sein soll. Im Zuge seiner Recherchen muß Martin erfahren, daß Lime in Wirklichkeit noch sehr lebendig und in unsaubere Geschäfte verwickelt ist. Die Suche nach ihm löst dramatische Entwicklungen aus.
Der dritte Mann war einer der ersten Filme, die in geschickter Weise die einmalige Atmosphäre der zerstörten europäischen Städte nutzte, um mit dieser Kulisse die ohnehin schon genügend bedrohliche und düstere Stimmung der Handlung zu untermalen. Das morbide Fluidum des zerbombten Wiens mit dem Schwarzmarkt und den leeren Gondeln des Prater-Riesenrads findet ihr musikalisches Pendant in der berühmt gewordenen Zithermusik von Anton Karas. Vielzitierte und wohl auch bekannteste Szenenfolge ist die glänzend fotografierte Verfolgungsjagd durch das unterirdische Kanalsystem der Stadt.
Die im Fernsehen und den Programmkinos gezeigte deutsche Fassung hat die Besonderheit, daß selbst die deutschsprachigen Schauspieler Hedwig Bleibtreu, Erich Ponto und Ernst Deutsch von Eva Eras, Wilhelm Borchert und Erich Musil synchronisiert wurden. Als 1963 die ARD die Senderechte für den Film erstanden hatte, stellte man an der Tonspur dermaßen starke Verschleißerscheinungen fest, daß man dem TV-Publikum diese Fassung nicht zumuten wollte. Die Neusynchronisation mußte dann mit anderen Sprechern erfolgen, weil unterdessen die richtigen Schauspieler verstorben waren. Lediglich Paul Hörbiger konnte als einziger der eigenen Person seine Stimme leihen. jg

Driver

The Driver. USA 1978 **R** Walter Hill **B** Walter Hill **K** Philip Lathrop **M** Michael Small **P** Lawrence Gordon für EMI/20th Century-Fox **L** 91 Min., Farbe **D** Ryan O´Neal, Bruce Dern, Isabelle Adjani, Rooney Blakley

Walter Hills zweite Regie-Arbeit nach dem Charles-Bronson-Streifen EIN STAHLHARTER MANN ist ein „Rückfall" in die Zeiten des film noir, der einen Fluchtautofahrer (O´Neal) einem schmierigen Polizisten (Dern) gegenüberstellt. Über einen neuen Auftrag des Fahrers ist der Cop informiert und legt sich auf die Lauer, doch sein Opfer hat sich mit Hilfe einer Spielerin (Adjani) bereits ein Alibi gesichert. Für seine nächste Falle zieht der Polizist daraufhin alle Register: Er inszeniert selbst einen Raubüberfall und heuert den Driver dafür an.
Der deutsche Verleih brachte den Inhalt dieses Thrillers auf die einfache Formel „Action+Action=Driver!", doch er hat mehr zu bieten. Die Konfrontation der beiden Protagonisten (keine Figur im Film hat einen wirklichen Namen) wird sorgfältig entwikkelt, und die nächtlichen Aufnahmen von Los Angeles als undurchsichtiges Gewirr von Garagen und Highways schaffen eine dichte, fast irreal wirkende Atmosphäre. Natürlich können sich auch die Action-Sequenzen sehen lassen, die hauptsächlich aus atemberaubenden Auto-Verfolgungsjagden bestehen. Nicht umsonst hatte Hill bei BULLITT als Regie-Assistent von Peter Yates gearbeitet. Nur Isabelle Adjani scheint in ihrem ersten amerikanischen Film fehl am Platze zu sein. Zwar entspricht ihre Darstellung der mysteriösen Spielerin durchaus ihrem späteren Image, doch die Rolle ist zweitrangig und hat kaum Konturen. Dementsprechend unbeachtet blieb sie in den Staaten und auch ihr zweiter US-Streifen, der Millionenflop ISHTAR, war kaum dazu angetan, ihren Marktwert jenseits des Atlantiks zu erhöhen. al

Drugstore Cowboy

Drugstore Cowboy. USA 1989 **R** Gus van Sant **B** Gus van Sant und Daniel Yost, nach dem Roman von James Fogle **K** Robert Yeoman **M** Elliot Goldenthal **P** Nick Wechsler und Karen Murphy für Avenue Picture Prod. **L** 100 Min., Farbe **D** Matt Dillon, Kelly Lynch, James Le Gros, Heather Graham, James Remar, Max Perlich, William S. Burroughs

Am Anfang des Films steht die letzte Szene, in der Bob (glänzend dargestellt von Matt Dillon) sagt: „Von Anfang an hatten wir keine Chance." Bob und seine drei Freunde sind Junkies. Auf der ständigen Suche nach Stoff tingeln sie durch den Westen der USA und berauben hier und da eine Apotheke oder ein Krankenhaus. Das ganze - der Film spielt zu Beginn der 70er Jahre - vor dem unschuldig anmutenden Hintergrund von Bewußtseinserweiterung, Selbsterfahrung und der Suche nach dem kleinen Glück. Trotz ihrer Sucht körperlich bemerkenswert fit, kiffen sich die Freunde von Trip zu Trip. Bis Nadine (Graham) plötzlich an einer Überdosis stirbt. Dies ist für Bob das Signal zur Umkehr - er versucht den Ausstieg. Doch seine Vergangenheit holt ihn am Ende ein, genausowenig gelingt es Dianne (Lynch) und Rick (Le Gros), aus dem Teufelskreis der Sucht zu entkommen.
Der nach dem autobiographischen Roman von James Fogle glaubhaft inszenierte Film hatte Schwierigkeiten, einen Produzenten zu finden: Den großen Hollywood-Studios war der Stoff zu heiß („*Drugstore Cowboy* tabuisiert nicht die Tatsache, daß Menschen Drogen nehmen, weil sie Genuß aus ihnen beziehen." - *Variety*), zudem haftet Regisseur van Gus seit seinem erfolgreichen Erstlingswerk *Mala Noche* der im kommerziellen Kino nicht gerade zuträgliche Ruf an, sich vorwiegend mit Randgruppen wie Fixern und Homosexuellen zu beschäftigen.
Hollywood-Jungstar Dillon bewies mit seiner Rolle überzeugend, daß er das Zeug zum etablierten Charakterdarsteller hat. sk

Dschingis Khan

Genghis Khan. Großbritannien/Jugoslawien/BRD 1965 **R** Henry E. Levin **B** Clark Reynolds, Beverly Cross **K** Geoffrey Unsworth **M** Dusan Radic **P** Irving Allen Ltd. London/Avala Film Belgrad/Artur Brauner für CCC-Film Berlin **L** 128 Min., Farbe **D** Omar Sharif, Stephen Boyd, James Mason, Françoise Dorléac, Robert Morley, Telly Savalas, Eli Wallach, Yvonne Mitchell

Gegen Mitte des 12. Jahrhunderts metzelt Yamuga (Boyd), der grausame Anführer des Mongolenstammes der Merkits, eine Kara-

wane nieder, die unerlaubterweise sein Gebiet durchquert hat. Als einziges Kind überlebt Temudschin den Angriff. Jahre später gelingt es dem inzwischen zum Mann herangewachsenen Knaben (jetzt auch dargestellt von Omar Sharif), aus der Sklaverei zu entkommen. Als Berater des chinesischen Kaisers erlangt Temudschin unumschränkte Macht. Unter dem legendären Namen Dschingis Khan rückt er gegen die aufständischen Mongolenstämme und seinen Todfeind Yamuga an.
Ein pompös inszenierter Monumentalfilm aus europäischem Hause, der mit seiner enormen Produktionssumme von 26 Millionen DM zu einem der kostspieligsten Unternehmen des deutschen Nachkriegsfilms wurde.
Mit einem Statistenheer von bis zu 2.500 Mitwirkenden entstanden in einem Zeitraum von 17 Wochen in Jugoslawien die Massenszenen mit Mongolenkämpfen, Tartarenaufstand und Reiterschlachten. Um eine möglichst perfekte optische Wirkung zu erzielen, wurde das Geschehen von fünf Kameras gleichzeitig (u.a. auch von einem Hubschrauber aus) aufgenommen. Die Innenaufnahmen fanden in den Ateliers der CCC-Studios in Berlin-Spandau statt. 600.000 DM kostete allein die Errichtung des kaiserlichen Thronsaales, der nach historischen Entwürfen nachgebildet wurde.
Freunden des Genres wird eine bunte Palette illustrer Schaukämpfe, viel Mord und Totschlag, Liebe und Leidenschaft sowie eine beachtliche Ansammlung von Stars geboten. Dennoch - als historischer Monumentalfilm steht *Dschingis Khan* weit hinter anderen vergleichbaren Produktionen zurück. Vielleicht liegt es daran, daß die amerikanisch-europäische Schauspielercrew trotz des aufwendigen Einsatzes der Maskenbildner in ihrer asiatischen Präsentierung partout nicht glaubhaft erscheint. jg

Dschungel im Sturm

Red Dust. USA 1932 **R** Victor Fleming **B** John Mahin, nach dem Bühnenstück von Wilson Collison **K** Harold G. Rosson **P** Victor Fleming für Metro-Goldwyn-Mayer **L** 83 Min., s/w **D** Clark Gable, Jean Harlow, Gene Raymond, Mary Astor, Donald Crisp, Tully Marshall, Forrester Harvey, Willie Fung

Angesiedelt in der subtropischen Schwüle des fernöstlichen Urwalds erzählt dieser Film von den leidenschaftlichen Affären eines Plantagenpächters (Gable), der eine reizende Blondine (Harlow) auf seiner Farm aufnimmt, die gerade auf der Flucht vor den Behörden ist. Durch das Auftauchen eines Ingenieurs-Ehepaars geraten die erotischen Beziehungskonstellationen gehörig aus den Fugen, denn auch die sexuell ungenügend ausgelastete Gattin (Astor) hat es auf den attraktiven Pflanzer abgesehen.
Dschungel im Sturm wird von den Kritikern als einer der gelungensten erotischen Filme der 30er Jahre angesehen. Regisseur Fleming gestaltete die Darstellung der Liebesszenen dermaßen freizügig, daß es mehrere Male Ärger mit den prüden US-Zensurbehörden gab. Besonders die Szene, in der Clark Gable und Mary Astor mit glänzenden, schweißverklebten Körpern in einer aufwühlenden Kußszene zueinanderfinden, übertraf damals alles, was bis dahin an eindeutiger Erotik auf der Leinwand gezeigt worden war.
Ein tragischer Zwischenfall, von Hollywoods Klatschblättern zum Skandal aufgebläht, überschattete die Dreharbeiten. Jean Harlows Ehemann beging Selbstmord, woraufhin MGM-Chef Louis B. Mayer sofort Konsequenzen ziehen und aus moralischen Gründen die so früh zur Witwe gewordene Schauspielerin aus dem Film werfen wollte. Tallulah Bankhead war bereits als Nachfolgerin vorgesehen, doch konnte diese den hysterischen Filmmogul davon überzeugen, daß man ja schlecht Jean Harlow die Schuld am Freitod ihres Gatten zuschanzen konnte.
Ein Remake von *Red Dust* entstand 1953 - diesmal vor afrikanischer Kulisse - unter dem Titel MOGAMBO. Wiederum spielte Clark Gable die Hauptrolle. jg

Das Dschungelbuch

Jungle Book. Großbritannien 1942 **R** Zoltan Korda **B** Laurence Stalling, nach den Büchern von Rudyard Kipling **K** Lee Garmes **M** Miklos Rozsa **P** Alexander Korda für United Artists **L** 108 Min., Farbe **D** Sabu, Joseph Calleia, John Qualen, Frank Puglia, Rosemary De Camp, Patricia O'Rourke, Ralph Byrd, John Mather, Faith Brook, Noble Johnson

Nach DER DIEB VON BAGDAD ein weiteres zauberhaftes Filmabenteuer mit dem indischen Jungstar Sabu in der Hauptrolle. Basierend auf den populären Büchern des Romanciers Rudyard Kipling, wird die Geschichte des Jungen Mowgli erzählt, dessen Vater dem berüchtigten Tiger Shir Khan zum Opfer fällt. Mowgli wird von einer Wölfin aufgezogen und lebt fortan im Dschungel, wo er die Sprache der Tiere lernt und mit den Urwaldbewohnern viele Abenteuer erlebt, bis er in das Dorf zu seiner Mutter zurückkehrt.
Wegen der nach wie vor unsicheren Kriegslage entschlossen sich die nach Hollywood geflüchteten Korda-Brüder, ihren Film doch lieber in den sicheren kalifornischen Studios abzudrehen, als sich in London dem Bombardement der deutschen Flugzeuge auszusetzen. Obwohl offiziell als britische Produktion deklariert, entstand *Das Dschungelbuch* vollständig in Lake Sherwood nahe Los Angeles und den General Service Ateliers.
Neben den bestechenden Farbaufnahmen bleibt vor allem Miklos Rozsas sensibler Soundtrack (Oscar-Nominierung!) erwähnenswert, der als erste Filmmusik überhaupt auf Schallplatte vertrieben wurde, wobei die einzelnen Musiksequenzen von Sabu als Erzähler eingeleitet wurden, so daß die Aufnahme eine ähnliche Funktion wie das musikalische Lehrstück *Peter und der Wolf* ausübte.
1967 entstand in den Disney-Studios ein Zeichentrick-Remake, das mittlerweile den Bekanntheitsgrad der Korda-Version weit übertroffen hat. jg

Das Dschungelbuch

The Jungle Book. USA 1967 **R** Wolfgang Reitherman **B** Larry Clemons, Ralph Wright, Ken Anderson, Vance Gerry, nach den *Mowgli* -Geschichten aus Rudyard Kiplings *Jungle Books* **A** Milt Kahl, Frank Thomas, Hal King, Eric Larson **M** George Bruns **P** Walt Disney **L** 78 Min., Farbe **D** Stimmen von Phil Harris (Edgar Ott), Sebastian Cabot (Joachim Cadenbach), Bruce Reitherman (Stefan Sczodrok), Louis Prima (Klaus Havenstein)

Das Dschungelbuch war der letzte Zeichentrickfilm, bei dem Walt Disney persönlich die Supervision übernommen hatte. 1967 fertiggestellt, zählt der Streifen, ausgezeichnet mit einem Oscar für die glänzende Filmmusik, schon heute zu den Klassikern seines Genres.
Das Dschungelbuch, bereits 1942 mit Kinderstar Sabu in der Rolle des Mowgli verfilmt, erzählt die Geschichte des Knaben Mowgli, der die Sprache der Tiere versteht und, von Wölfen aufgezogen, im Urwald groß wird. Tiger Shir Khan hat es auf ihn abgesehen, deshalb versuchen seine Freunde, Bär Baloo und Panther Baghira, ihn zu den Menschen in Sicherheit zu bringen. Hierbei hat der Dschungel-Held so manches Abenteuer zu überstehen. Am etwas kitschig geratenen Ende steht eine alte Geschichte: Junge trifft Mädchen. Mowgli, frisch verliebt, folgt seiner Flamme in ihr Dorf und lebt fortan glücklich dort, wo er hingehört: unter Menschen.
Der Streifen, an dessen Realisierung etwa 250 Menschen über drei Jahre arbeiteten, besteht aus ca. 320.000 Einzelzeichnungen. In Deutschland flimmerte der hervorragend übersetzte Film mit großem Werbeaufwand 1968 und 1987 über die Leinwand - und mit großem Erfolg: Hierzulande wurde *Das Dschungelbuch* von über 5,3 Millionen Zuschauern gesehen. sk

Du lebst noch 105 Minuten

Sorry, Wrong Number. USA 1948 **R** Anatole Litvak **B** Lucille Fletcher, nach ihrem Hörspiel **K** Sol Polito **M** Franz Waxman **P** Paramount **L** 89

Min., s/w **D** Barbara Stanwyck, Burt Lancaster, Ann Richards, Ed Begley, Wendell Corey, Dorothy Neumann, William Conrad

Bei der Vorlage zu Anatole Litvaks reißerischem Thriller handelt es sich um ein Hörspiel, das gerade 22 Minuten lang ist und aus dem Monolog besteht, den eine schwerkranke Frau (in diesem Fall auch das Opfer des Verbrechens) spricht. Zwischen 1943 und 1947 wurde die Geschichte wegen ihres großen Erfolges allein achtmal im Radio gesendet. Agnes Moorehead lieh der Figur der Leona Stevenson damals ihre Stimme.
Als man sich um die Verfilmungsrechte bemühte, stand sie für die Besetzung der Hauptrolle nicht zur Debatte. Die Produzenten entschieden sich für Barbara Stanwyck, die für ihre bewegende Darstellung 1948 für den Oscar nominiert wurde.
Eine reiche Erbin, die aufgrund eines psychosomatischen Leidens ans Bett gefesselt ist, gerät per Zufall in ein fremdes Telefongespräch. Entsetzt muß sie mit anhören, wie zwei Männer über den in Kürze geplanten Mord an einer schwerkranken Frau sprechen. Aufgeregt verständigt sie die Polizei, die ihrer Entdeckung jedoch keinen Glauben schenkt. Durch eine Reihe von Telefonaten, deren Informationsgehalt von Litvak geschickt als dreifach gestaffelte Rückblende dargestellt wird, gelangt die Frau zu der schockierenden Erkenntnis, daß niemand anderes als sie getötet werden soll.
Ein beklemmender und nervenaufreibender Kriminalfilm, der auch über die Jahre hinweg nichts an seiner Attraktivität verloren hat. jg

Du oder beide

Shoot the Moon. USA 1982 **R** Alan Parker **B** Bo Goldman **K** Michael Seresin **P** Alan Marshall für MGM **L** 124 Min., Farbe **D** Albert Finney, Diane Keaton, Karen Allen, Peter Weller, Dana Hill

Das in Kalifornien lebende Yuppie-Pärchen George (Finney) und Faith (Keaton) hat Eheprobleme, die mit Georges Umzug zu seiner Geliebten Sandy (Allen) enden. Doch man streitet sich munter weiter: um die Kinder, um den jungen Mann (Weller), der für Faith einen Tennisplatz baut, um die Vergangenheit. Schließlich kommt es zwischen den beiden Männern sogar zu einer handgreiflichen Auseinandersetzung...
Immer auf der Höhe der Zeit, hatte Hollywood spätestens seit KRAMER GEGEN KRAMER scheiternde Ehen als ein modernes und ergiebiges Thema für gefühlsbeladene Dramen entdeckt. Regisseur Alan Parker, bekannt für schnelles, effektvolles Spannungskino, war dafür sicher einer der ungewöhnlicheren Kandidaten, doch dem bekannten Thema tat seine eigenwillige Bearbeitung gut. Auch hier läßt Parker den Zuschauern und seinen Stars kaum eine Atempause zwischen lautstarken Schreiwettkämpfen und Versöhnungsangeboten. Finney und Keaton, eigentlich eher ein Gespann für eine intelligente Komödie, legen sich mächtig ins Zeug, doch der Film hat zuviele Schwächen, besonders logischer Art (z.B. Finneys dubiose Einkünfte als Schriftsteller, die ein solches Luxusleben mit vier (!) Kindern im noblen Marin County, Kalifornien, ermöglichen). Dieses war Bo Goldmans erstes Drehbuch, das aber keinen Käufer fand, bis sich der Autor mit EINER FLOG ÜBER DAS KUCKUCKSNEST und MELVIN UND HOWARD einen Namen machte. al

Du sollst mein Glücksstern sein

Singin´ in the Rain. USA 1952 **R** Gene Kelly, Stanley Donen **B** Adolph Green, Betty Comden **K** Harold Rosson **M** Arthur Freed, Nacio Herb Brown (Songs), Lennie Hayton (Score) **P** Arthur Freed für MGM **L** 100 Min., Farbe **D** Gene Kelly, Debbie Reynolds, Donald O´Connor, Jean Hagen, Millard Mitchell, Rita Moreno, Cyd Charisse

Dieses glanzvolle Musical ist vielleicht nicht das beste, sicher aber das populärste und bekannteste, das MGM oder irgendein anderes Studio je produziert hat. Eine perfekte Kombination aus herausragenden Tanz-und Gesangsnummern, gut aufgelegten Schauspielern und einer originellen, wunderbar nostalgischen Story, die sich an der Karriere Arthur Freeds orientiert, der als Pianist anfing und später an die vierzig MGM-Musicals produzierte. *Du sollst mein Glücksstern sein* enthält bis auf zwei Ausnahmen ausschließlich Songs, die Freed und sein langjähriger Partner Nacio Herb Brown für verschiedene Hollywood-Filme geschrieben hatten.
Erzählt wird die Geschichte von Don Lockwood (Kelly) und Cosmo Brown (O´Connor), zwei Vaudeville-Talenten, die im Hollywood der späten 20er ihr Glück versuchen. Besonders Don hat schnell großen Erfolg - im Team mit Diva Lina Lamont (Hagen). Privat gehört sein Herz dem Starlet Kathy (Reynolds). Als der Tonfilm sich durchzusetzen beginnt, müssen Lina und die Studiogewaltigen erkennen, daß ihre Piepsstimme für Sprechrollen ungeeignet ist, doch im letzten Moment hat Don die rettende Idee, aus dem gerade produzierten Kostümschinken ein Musical zu machen und Linas Stimme von Kathy nachsynchronisieren zu lassen...
Einer der Trümpfe von *Du sollst mein Glücksstern sein* ist, daß er, im Gegensatz zu den meisten Musicals, seine Story ebenso wichtig nimmt wie die Musik. Der Film zeichnet ein sehr amüsantes, oft parodistisches, aber immer liebevolles Porträt von der Traumfabrik zu Beginn der Tonfilm-Ära, und besonders Jean Hagen, die keine Gesangsparts hat, liefert eine bravouröse und absolut köstliche Darstellung als hysterische Lina Lamont.
Natürlich steht auch hier die Musik im Vordergrund, wobei besonders bemerkenswert Kellys Interpretation des Titelsongs *Singin´ in the Rain* und sein an Debbie Reynolds gerichtetes *You Were Meant for Me* ist ebenso wie die etwas aus dem Rahmen fallende Tanznummer *Broadway Ballet*, in der Cyd Charisse einen Gastauftritt als Kellys Partnerin hat. Donald O´Connor glänzt im temperamentvollen *Make ´Em Laugh* und gibt hier die beste Vorstellung seiner Karriere.
Umso verwunderlicher ist es, daß *Du sollst mein Glücksstern sein* 1952 mit nur zwei Oscar-Nominierungen bedacht wurde: Beste Nebendarstellerin (Jean Hagen) und Bester Musical Score (Lennie Hayton). al

Du und ich

Du und ich. Deutschland 1938 **R** Wolfgang Liebeneiner **B** Eberhard Frowein, Curt I. Braun, nach dem Roman *Du selber bist das Rad* von Frowein **K** Bruno Mondi **M** Wolfgang Zeller **P** Minerva für Terra **L** 100 Min., s/w **D** Brigitte Horney, Joachim Gottschalk, Fritz Eugens, Heinz Welzel, André St. Germain, Werner Schott, Elsa Wagner, Paul Bildt, Just Scheu

Episch angelegte Lebensgeschichte eines sächsischen Strumpfwirkers, der mit den Höhen und Tiefen des Lebens zu kämpfen hat.
Dank seines Fleißes und der Unterstützung seiner Frau Anna (Horney) steigt der aus ärmlichen Verhältnissen stammende Johann Uhlig (Gottschalk) zum Fabrikbesitzer auf. Erster Weltkrieg und die Inflation der Nachkriegszeit führen das Unternehmen zwar in ernste Krisen, doch können alle Schwierigkeiten überwunden werden. Am Ende seiner Tage übergibt Johann seinem Sohn Otz (Welzel) die Fabrik, um beseelt zu sterben.
„Das Hohe Lied des arbeitsreichen Lebens und des Werkes, das sich forterbt von Hand zu Hand, aber auch von Herz zu Herz", schrieb 1938 die gleichgeschaltete Filmzeitschrift *Der deutsche Film* in der gewohnt schwülstig-pathetischen Sprache des Dritten Reiches.
Der Film ist eine einzige Glorifizierung von deutscher Sauberkeit, Durchhaltekraft und Ordnungssinn - Eigenschaften, die erst die Nation zu dem gemacht haben, was sie ist.
Die schauspielerischen Leistungen, allen voran Brigitte Horney und der 1941 durch Selbstmord aus dem Leben geschiedene Joachim Gottschalk bieten Hervorragendes.
Für *Du und ich* erntete Wolfgang Liebeneiner allerorts großes Lob und ebnete sich mit diesem Film den Weg zum Produktionschef der UFA. jg

Du und ich

You and Me. USA 1938 **R** Fritz Lang **B** Virginia van Upp, nach einer Geschichte von Norman

Krasna **K** Charles Lang jr. **M** Kurt Weill, Boris Morros **P** Fritz Lang für Paramount **L** 90 Min., s/w **D** George Raft, Sylvia Sidney, Robert Cummings, Roscoe Karns, Barton McLane, Harry Carey

Ein Kaufhausbesitzer hat ein offenes Herz und gibt entlassenen Sträflingen eine Chance, indem er sie einstellt. Die Kaufhaus-Belegschaft, allesamt ehemalige Arrestanten, weiß allerdings nichts von der dunklen Vergangenheit der Kollegen. So auch Joe, der sich in Helen verliebt und sie heiratet. Da Helens Bewährungszeit noch nicht abgelaufen ist, wird die Ehe - der damaligen Rechtslage gemäß - für ungültig erklärt. Joe, erregt, will daraufhin mit einigen Kumpanen aus alten Zeiten in das Kaufhaus einbrechen, weil er dem Besitzer die Schuld an seinem verhinderten Eheglück gibt. Helen gelingt es jedoch, die Eindringlinge von ihrem Vorhaben abzubringen und von der schiefen Bahn herunterzuholen, denn: Kriminalität lohnt sich nicht! Joe, beeindruckt von Helens Güte, tritt gleich nach Ablauf ihrer Bewährungszeit mit ihr vor den Altar.

Du und ich, nach FURY und GEHETZT der dritte Teil von Langs Trilogie sozialer Dramen, war 1938 ein absoluter Reinfall. Daran konnten weder die komödiantischen Einsprengsel noch die ansprechende Musik des aus Deutschland emigrierten Kurt Weill etwas ändern. „Das Ensemble ist nicht nur konfus, sondern langweilig, weich, fade.... Lang hat sich hier und da an Gesangseinlagen versucht, die originell sein wollen, an Stilübungen über die Kontrapunktik Bild - Ton, wie die Eröffnungsmontage, wo sich kalifornische Pfirsiche, Schmuck, Parfum, Flugzeuge und „bathing beauties" mischen.... Sie verflachen bald und sind im Zusammenhang mit dem übrigen auch fehl am Platze" (*New York Times*). Hierzulande wurde der Film allein im Regionalprogramm des WDR ausgestrahlt. sk

Du warst nie berückender

You Were Never Lovelier. USA 1942 **R** William A. Seiter **B** Michael Fessier, Ernest Pagano, Delmer Daves **K** Ted Tetzlaff **M** Jerome Kern, Johny Mercer (Songs), Leigh Harline (Score) **P** Louis F. Edelman für Columbia **L** 97 Min., s/w **D** Fred Astaire, Rita Hayworth, Adolphe Menjou, Leslie Brooks, Adele Mara

Rita Hayworth hatte sich in WER WIRD SCHON REICH BEIM MILITÄR? als ebenbürtige Tanzpartnerin von Fred Astaire erwiesen, und Columbia spannte das Duo in diesem Musical ein weiteres (und letztes) Mal zusammen.

Die banale, in Buenos Aires angesiedelte Handlung dreht sich um einen abgebrannten amerikanischen Tänzer (Astaire), der einen Job von Hotelbesitzer Acuna (Menjou) annimmt, der unbedingt seine vier Töchter unter die Haube bringen will, und zwar in der richtigen Reihenfolge. Astaire soll den geheimnisvollen Bewunderer der widerspenstigen Zweitältesten (Hayworth) mimen, denn Papa Acuna hat bisher selbst heimlich Blumen geschickt, um das Töchterchen auf den richtigen Weg zu lenken.

Obwohl Ritas Gesangsparts von Nan Wynn nachsynchronisiert wurde, zeigte die Aktrice bei ihren Tanzszenen mit Astaire Temperament und Eleganz, besonders beim Höhepunkt des Films, dem langen Duett *I´m Old Fashioned*, auf einer mondbeschienenen Terrasse. Weitere Songs waren *You Were Never Lovelier*, *Shorty George* und *Dearly Beloved*.

Der Film erhielt drei Oscar-Nominierungen für Ton, Song (*Dearly Beloved*) und Musical-Score. al

Du wirst noch an mich denken

Remember My Name. USA 1978 **R** Alan Rudolph **B** Alan Rudolph **K** Tak Fujimoto **M** Alberta Hunter **P** Robert Altman für Lion´s Gate Films **L** 94 Min., Farbe **D** Géraldine Chaplin, Anthony Perkins, Moses Gunn, Berry Berenson, Jeff Goldblum, Timothy Thomerson

Emily Curry (Chaplin) hat noch eine Rechnung zu begleichen: 12 Jahre saß sie hinter Gittern, weil sie die Geliebte ihres Ehemannes Neil (Perkins) aus Eifersucht umgebracht hatte. Dieser hatte sich daraufhin von ihr scheiden lassen, seine neue Frau Barbara (Berenson) geehelicht - und Emily schlichtweg vergessen. Bis zu dem Tag, an dem Emily sich massiv in das beschauliche Eheglück einmischt: Sie verstört ihre Nachfolgerin mit anonymen Anrufen, spioniert Neil hinterher, umgarnt ihn charmant, schmeißt Steine durch das eheliche Schlafzimmerfenster und bedroht Barbara mit einem Messer. Mit zunehmendem Erfolg: Entnervt verläßt Barbara Neil, als dieser auch noch versucht, Emilys absonderliches Verhalten in Schutz zu nehmen. Nach einem versöhnlichen Besäufnis verbringen sie eine leidenschaftliche gemeinsame Nacht - allerdings ein letztes Mal, denn Emily ist am nächsten Tag spurlos verschwunden.

In seinem zweiten Spielfilm zeichnet Alan Rudolph, Schüler von NASHVILLE-Regisseur Robert Altman, der ihm als Produzent zur Seite stand, ein Bild von den Abgründen menschlicher Gefühle und der Zerbrechlichkeit von Beziehungen. Der Film besticht durch die darstellerischen Fähigkeiten der beiden Protagonisten, die wunderbar präzis, intensiv und wenn nötig auch eiskalt spielen. „In diesem neuartigen Melodram spielt Géraldine Chaplin, erstaunlich gut, ein nervliches Wrack, triumphierend - die das Leben, wie es ihr gefällt, wiederentdeckt und auch über den Wolken schwebt." (*Le Monde*) sk

Duell

Duel. USA 1971 **R** Steven Spielberg **B** Richard Matheson, nach seiner Kurzgeschichte **K** Jack A. Marta **M** Billy Goldenberg **P** George Eckstein für Universal **L** 90 Min., Farbe **D** Dennis Weaver, Jacqueline Scott, Lou Frizzelli, Shirley O´Hara, Lucille Benson

Seinen ersten richtigen Kinofilm lieferte Steven Spielberg erst 1974 mit der Tragikomödie SUGARLAND EXPRESS ab. Bei *Duell* handelt es sich um eine Produktion des amerikanischen Fernsehens, die in Deutschland aber zuerst in den Lichtspielhäusern anlief.

Der Entschluß eines Handlungsreisenden (Weaver) auf dem Nachhauseweg die Strecke abzukürzen, erweist sich als verhängnisvolle Fehlentscheidung. Auf einer einsamen Landstraße taucht plötzlich ein 40-Tonnen-LKW auf, der ihn in immer dreisterer Weise beim Fahren behindert und schließlich mit offensichtlichen Mordabsichten bedrängt. Ein tödliches Duell zwischen den beiden ungleichen Verkehrsteilnehmern bahnt sich an.

„Es ist kaum möglich, sich der Faszination dieses Filmes zu entziehen; das Tempo ist wild...die Aufnahmen der sich jagenden Autos außergewöhnlich fesselnd. Eine Fahrt, die zu sehen sich lohnt." (*Times*)

Ähnlich wie Hitchcock, der seinen erklärten Lieblingsdarsteller Cary Grant in dem Thriller DER UNSICHTBARE DRITTE bei hellichtem Tag der Bedrohung durch ein Flugzeug aussetzte, arbeitete auch Steven Spielberg in seinem Film. Die Gefahr schleicht sich nicht während der Nacht an, sondern schlägt in der in gleißendes Sonnenlicht getauchten Einöde plötzlich und unvermittelt zu. Der unheimliche Gegner bleibt dabei völlig konturlos. Wer hinter dem Steuer des Trucks sitzt und welche Motive den Amokfahrer lenken, erfährt der Zuschauer nicht. jg

Duell am Missouri

Missouri Breaks. USA 1975 **R** Arthur Penn **B** Thomas McGuane **K** Michael Butler **M** John Williams **P** Elliott Kastner, Robert M. Sherman für United Artists **L** 126 Min., Farbe **D** Marlon Brando, Jack Nicholson, Randy Quaid, Kathleen Lloyd, Frederic Forrest, Harry Dean Stanton, John McLiam

Diesem Spätwestern sieht man seine enormen Produktionskosten von über 20 Millionen DM wahrhaft nicht an. Am teuersten waren ohnehin die Stars des Films, denn niemand anderes als die beiden Oscar-Preisträger Marlon Brando und Jack Nicholson sollten in Konkurrenz zueinander antreten. Die Gagen stiegen in schwindelerregende Höhen: Umgerechnet drei Millionen DM kassierte Brando, Nicholson gab sich mit 2,5 Millionen zufrieden; dazu kam noch die prozentuale Beteiligung der beiden Stars am Einspielergebnis. Dabei schnitten die zwei allerdings schlecht ab, denn nur allein eine exzellente Besetzung reichte für das Publikum der 70er Jahre bei weitem nicht mehr aus, um es massenhaft in die Kinos zu locken. Der Revolverheld Clayton (Brando) verfolgt mit seinen Männern (und in unterschiedlichen Verkleidungen) den gerissenen Pferdedieb Logan (Nicholson), der seinen Häschern jedoch immer wieder entkommen kann und es sogar schafft, nach und nach Claytons Bande zu dezimieren. Am Ende stehen sich die beiden Männer in einem allesentscheidenden Duell gegenüber.
Die Dreharbeiten zu *Duell am Missouri* begannen, ohne daß ein fertiges Drehbuch vorlag. Während der Aufnahmen wurde das Skript parallel entwickelt, wobei besonders Brando an vielen Szenen herumkritisierte und eigenmächtig improvisierte. jg

Duell im Atlantik

The Enemy Below. USA 1957 **R** Dick Powell **B** Wendell Mayes, nach dem Roman von D.A. Rayner **K** Harold Rosson **M** Leigh Harline **P** Dick Powell für 20th Century-Fox **L** 97 Min., Farbe **D** Robert Mitchum, Curd Jürgens, Theodore Bikel, Al Hedison, Russell Collins, Kurt Kreuger

Duell im Atlantik beschreibt die Begegnung eines US-Zerstörers und eines deutschen U-Bootes im Nordatlantik Anfang der 40er Jahre. Die Kommandanten beider Schiffe, Captain Murrell (Mitchum) auf amerikanischer und Kapitän von Stolberg (Jürgens) auf deutscher Seite, haben befehlsbedingt nur ein Ziel: den jeweils anderen zu versenken. Der Film zeigt die verschiedenen Stationen dieser Wasserschlacht, an deren Ende beide Schiffe zerstört werden. In einem Anflug von Menschlichkeit und Heldenmut rettet der Kommandant des amerikanischen Dampfers von Stolberg und einen verwundeten deutschen Offizier aus dem sinkenden U-Boot. Das Kriegsdrama, das die Grausamkeit und Sinnlosigkeit des Krieges durch Edelmut und Kameradschaft der Protagonisten verantwortungslos herunterspielt, wurde in der amerikanischen Presse teilweise als Versuch verharmlost, dem ehemaligen Feind - schließlich auch nur ein Mensch - mit mehr Einfühlungsvermögen zu begegnen. Der Film machte den blonden Hünen Curd Jürgens, der seine Rolle blendend spielte, in Amerika schlagartig populär; er legte sich dort daraufhin den besser auszusprechenden Namen „Curt Jurgens" zu. In einigen Wasser-Sequenzen des insgesamt mit hohem technischen Aufwand in CinemaScope gedrehten Streifens ist allerdings deutlich zu erkennen, daß die Monumentalszenen, beispielsweise der Zusammenstoß der beiden Schiffe, nur mit primitiven Plastikmodellen nachgestellt worden sind.
sk

Duell in den Wolken

The Tarnished Angel. USA 1957 **R** Douglas Sirk **B** George Zuckerman, nach dem Roman *Pylon* von William Faulkner **K** Irving Glassberg **M** Joseph Gershenson **P** Albert Zugsmith für Universal **L** 91 Min., s/w **D** Rock Hudson, Robert Stack, Dorothy Malone, Jack Carson, Robert Middleton, Alan Reed, Alexander Lockwood, Chris Olsen, Robert J. Wilke, Troy Donahue

Fasziniert von den Figuren des Romans, beschäftigte sich Douglas Sirk bereits während seiner Theaterzeit in Leipzig mit William Faulkners Geschichte und konzipierte eine Bühnenfassung. Als er in den 30er Jahren dann der UFA ein Filmskript vorlegte, wurde dieses kategorisch abgelehnt. Erst 30 Jahre später konnte sich Sirk, inzwischen zu einem etablierten Hollywood-Regisseur geworden, an die Realisierung seines Projekts heranwagen. Die Dreharbeiten begannen im Dezember 1956 an der Küste von San Diego und zogen sich bis zum Februar des darauffolgenden Jahres hin.
Rock Hudson spielt den Reporter eines Revolverblattes, der ständig auf der Suche nach neuen Sensationen ist. Eine Artistentruppe, die am Lagunensandstrand von New Orleans eine waghalsige Flugshow darbietet, scheint ihm die richtige Quelle für seine Recherchen zu sein. Im Laufe seiner Begegnung wird es für ihn immer schwerer, die Menschen, über die er schreiben will, als Außenstehender zu betrachten. Die tragischen Entwicklungen innerhalb der Künstlergruppe ziehen auch ihn in ihren Bann.
Ein formal glänzend inszeniertes Melodrama (eindrucksvoll vor allem die virtuose Kameraarbeit mit ihren gewagten Kranbewegungen und Schwenks), das in seinen kargen Schwarzweiß-Aufnahmen den düsteren Hintergrund der amerikanischen Wirtschaftsdepression treffend widerspiegelt. jg

Duell in der Sonne

Duel in the Sun. USA 1946 **R** King Vidor **B** David O´Selznick, nach einem Roman von Niven Busch **K** Lee Garmes, Harold Rosson, Ray Rennahan **M** Dimitri Tiomkin **P** David O.Selznick für Selznick International **L** 130 Min., Farbe **D** Jennifer Jones, Gregory Peck, Joseph Cotton, Lionel Barrymore, Lillian Gish, Charles Bickford, Herbert Marshall

Bei der literarischen Vorlage zu *Duell in der Sonne* handelte es sich im Grunde genommen um nicht viel mehr als einen drittklassigen Western-Roman, doch das störte Produzent David O. Selznick recht wenig, bot ihm doch das Handlungsgerüst von Niven Buschs Geschichte genügend Möglichkeiten, prickelnde Erotik und bombastische Massenszenen einzubringen. Busch hatte beim Schreiben seines Buches selbst an eine Verfilmung mit seiner Frau Teresa Wright gedacht, die jedoch Mutterfreuden entgegensah, als die Dreharbeiten beginnen sollten. Auch die ebenfalls vorgesehene Hedy Lamarr erlitt dieses Schicksal, so daß O. Selznick die Hauptrolle an Jennifer Jones vergab, in er sich inzwischen Hals über Kopf verliebt hatte. Das verwaiste Halbblut-Mädchen Pearl Chavez (Jones) kommt zu einer Verwandten (Gish) auf eine riesige Farm und lernt dort deren Söhne Lewt (Peck) und Jesse (Cotton) kennen, die sich beide in sie verlieben, wobei der besonnene Jesse stets Zurückhaltung übt, während Pearl bald dem hemmungslosen Lewt verfallen ist. Diese Leidenschaft wird ihr zum Verhängnis. Lewt denkt gar nicht daran, ein Indianer-Halbblut zur Frau zu nehmen. In einem dramatischen Duell töten sich beide.
Selznicks Größenwahn zeigte sich vor allem in den rasch explodierenden Kosten. Mit umgerechnet über 30 Millionen DM war *Duell in der Sonne* einer der teuersten Western, die je gedreht wurden und damit kostspieliger als Selznicks bis dahin ambitionierteste Produktion VOM WINDE VERWEHT. Neben einer echten Dampflok aus dem Jahr 1880, für die extra über eine Meile Schienen verlegt wurden, baute das Architektenteam in der Nähe von Tucson/Arizona die McCanless-Ranch auf einem hügeligen Terrain im Originalmaßstab nach. 6.000 Statisten wurden engagiert, ganze Schaf- und Rinderherden herangekarrt, um das Drehgelände zu bevölkern, tonnenweise lagerten Requisiten in den errichteten Gebäuden; die herumstehenden Kakteen strich man allesamt mit einem grellen Grün an, damit diese auf dem Filmmaterial besser zur Geltung kommen sollten.
Die ohnehin von Pannen überschatteten Dreharbeiten wurden durch das Gerangel einander abwechselnder Regisseure nicht gerade erleichtert. Zwar nennen die Credits

lediglich King Vidor, doch waren darüber hinaus auch William Dieterle und Selznick selbst an der Inszenierung beteiligt.
Duell in der Sonne wurde ein überwältigender Kassenerfolg, stand jedoch weit hinter VOM WINDE VERWEHT zurück. Kirchliche Kreise wetterten besonders verhement gegen die für die damalige Zeit ungewohnt offenen sexuellen Motive, in denen bisweilen sogar sado-masochistische Elemente auftauchten. jg

Duell in Diablo

Duel at Diablo. USA 1966 **R** Ralph Nelson **B** Marvin H. Albert, Michael M. Grilikhes, nach dem Roman *Apache Uprising* von Marvin H. Albert **K** Charles F. Wheeler **M** Neal Hefti **P** Fred Engel, Ralph Nelson für United Artists **L** 105 Min., Farbe **D** James Garner, Sidney Poitier, Bibi Andersson, Dennis Weaver, Bill Travers, William Redfield, John Hoyt, John Crawford, John Hubbard

Ralph Nelson, durch dessen Western sich die Thematik des Rassismus wie ein roter Faden zieht, greift seinem bekanntesten Werk DAS WIEGENLIED VOM TOTSCHLAG voraus, finden sich bereits hier einige deutliche Ansätze von übermäßiger Grausamkeit und Brutalität.
Der Film schildert den entbehrungsreichen Ritt einer Handvoll Menschen zu einem einsam gelegenen Fort. Auf dem Weg dorthin wird die Reisegesellschaft von blutrünstigen Indianern verfolgt. Der besondere Reiz der ansonsten nicht sehr aufregenden Story ergibt sich vor allem durch die Personenkonstellation der Gruppe und ihre jeweilige Geschichte. Der Aspekt der rassistischen Vorurteile steht dabei stets im Mittelpunkt. James Garner verkörpert einen zivilen Treckanführer, dessen indianische Frau von Weißen umgebracht und skalpiert wurde, Bibi Andersson (in ihrem ersten US-Film) spielt das Mädchen Ellen, das einst von Indianern geraubt wurde und längere Zeit bei ihnen gelebt, ja sogar ein Kind von einem Indianer zur Welt gebracht hat, was sie gänzlich zur Außenseiterin werden läßt. Sidney Poitier schließlich ist der schwarze Scout Toller, der allein aufgrund seiner Hautfarbe auf Vorurteile stößt.
Freunden des Genres bietet dieser Film dank seiner hervorragenden Besetzung, vorzüglichen Landschaftsfotografien und mitunter etwas eigenwilligen aber originellen Filmmusik von Neal Hefti eine spannende Unterhaltung. jg

Duell in Vaccares

Caravan to Vaccares/Le passager. Großbritannien/Frankreich 1973 **R** Geoffrey Reeve **B** Paul Wheeler, nach dem Roman Alistair MacLean **K** John Cabrera, Davis Bevan, Ted Deason **M** Stanley Myers **P** Geoffrey Reeve, Richard Morris-Adams für Geoff Reeve Prod. (London), Societé Nouvelle Prodis (Paris) **L** 98 Min., Farbe **D** Charlotte Rampling, David Birney, Michel Lonsdale, Marcel Bouzuffi, Serge Marquand

Die Abenteuerromane des Briten Alistair MacLean landeten regelmäßig auf den Bestsellerlisten und waren immer wieder ein gefundenes Fressen für Filmproduzenten auf der Suche nach spannungsgeladenen, spektakulären Stoffen. Herausragende Beispiele dafür sind DIE KANONEN VON NAVARONE und EISSTATION ZEBRA. In *Duell in Vaccares*, dessen deutscher Buchtitel *Tödliche Fiesta* lautet, geht es einmal nicht um Sabotage-Unternehmen oder halsbrecherische Expeditionen, sondern schlicht und ergreifend um Spionage.
Ein osteuropäischer Wissenschaftler wird mittels einer Zigeunerkarawane aus Ungarn heraus bis nach Frankreich geschmuggelt, wo ihn Bowman (Birney), ein Abenteurer mit ständigen Geldsorgen, in Empfang nehmen und bis in die USA bringen soll. Verschiedene Interessengruppen wollen das verhindern, und nachdem die Karawane von Gangstern um Ferenc (Marquand) attackiert worden ist, befindet sich Bowman mit seinem Schützling auf der Flucht. Um ihr Versteck herauszubekommen, entführen die Finsterlinge Lila (Rampling), eine junge britische Photographin, die Bowman per Anhalter mitgenommen hatte...
Ein billiges Verfahren zur Nutzung von Solarenergie ist hier der Aufhänger für eine actiongeladene Story um Verfolgung, Mord, Erpressung und - im Falle Bowman/Lila - sogar Liebe. Die englisch-französische Co-Produktion setzt das alles spannend und unterhaltsam um, ohne auf irgendeine Weise innovativ zu sein. Sehr schön die malerische Landschaft der Camargue mit ihren berühmten Wildpferden, die vom dreiköpfigen Kamerateam nicht besser hätte eingefangen werden können. al

Duell ohne Gnade

La diagonale du fou. Schweiz 1983 **R** Richard Dembo **B** Richard Dembo **K** Raoul Coutard **M** Gabriel Yared **P** Arthur Cohn für Arthur Cohn Prod. **L** 110 Min., Farbe **D** Michel Piccoli, Leslie Caron, Alexandre Arbatt, Liv Ullmann, Bernhard Wicki, Jean-Hughes Anglade, Daniel Olbrychski

Der sowjetische Schachgroßmeister Akiva Liebskind (Piccoli) muß seinen Titel gegen den jungen Herausforderer Pavius Fromm (Arbatt), einen Exil-Russen, verteidigen. Das entscheidende Match wird in der Schweiz stattfinden, und schon bei den Vorbereitungen wird klar, daß es hier um wesentlich mehr geht als um ein Brettspiel.
Richard Dembo, der früher Opern inszeniert hat, liefert in seinem Filmdebüt einen interessanten Blick hinter die Kulissen eines grossen Schachturniers und zieht eine Parallele zu den sich gegenüberstehenden Weltmächten, in dem er seine beiden Protagonisten zu Repräsentanten der verfeindeten Systeme macht. Sein Film ist zugleich Liebeserklärung an das Schachspiel, politische Allegorie und spannender Thriller.
Duell ohne Gnade nahm auf seinem Weg in die Kinos einen ungewöhnlichen Weg: Am 15.4.1984 hatte er, in einer um zehn Minuten gekürzten Fassung, Weltpremiere bei der ARD. Erst später gelangte er in Frankreich und den USA in die Kinos, wo er zu aller Überraschung mit ausgezeichneten Kritiken („Ein intelligentes Vergnügen!" *Village Voice*) und zahlreichen Preisen bedacht wurde, unter anderen mit einem César als Bester Erstlingsfilm, dem Prix Louis Delluc und dem Oscar als Bester fremdsprachiger (in diesem Falle Französisch) Film. Damit kassierte Arthur Cohn als erster Produzent der Filmgeschichte seinen vierten Oscar, die anderen hatte er in der gleichen Kategorie für DER GARTEN DER FINZI CONTINI und SEHNSUCHT NACH AFRIKA sowie 1961 für den Dokumentarfilm *Nur Himmel und Dreck* erhalten. al

Die Duellisten

The Duellists. Großbritannien 1976 **R** Ridley Scott **B** Gerald Vaughan-Hughes, nach der Kurzgeschichte *The Duel* von Joseph Conrad **K** Frank Tidy **M** Howard Blake **P** David Puttnam für Paramount / Enigma Prod. **L** 101 Min., Farbe **D** Harvey Keitel, Keith Carradine, Christina Raines, Edward Fox, Robert Stephens, John McEnery

„Die Einfachheit dieser Conrad-Geschichte hat mich fasziniert", erklärt Regisseur Ridley Scott. „Ich fand mit ihm eine Story, die nicht nur Aktion und menschliche Dramatik enthält, sondern zudem auch Humor und Charakter hat." Conrad (1857-1924), gebürtiger Pole, dessen historische Romane schon verschiedentlich als literarische Vorlage von Abenteuerfilmen dienten (u.a. DIE SCHATTENLINIE von Andrzej Wajda), legte mit seiner Erzählung über ein Husarenregiment im napoleonischen Feldzug gegen Rußland die Grundlage für Scotts Spielfilmdebüt.
Die Duellisten beschreibt die Geschichte zweier Husarenoffiziere der französischen Armee, die aus nichtigem Anlaß zu Feinden werden. Feraud (Keitel) ist gefangen in seinem unversöhnlichen Haß und fordert d'Hubert (Carradine) mehrmals zum Duell heraus, kann diesen aber nicht bezwingen. Der Ehrenkodex verlangt von d'Hubert, sich jeder Herausforderung aufs Neue zu stellen. Nach Beendigung des Krieges setzt d'Hubert seine Militärkarriere fort und heiratet glücklich, Feraud hingegen verstrickt sich immer tiefer in verbitterten Rachegedanken. Es kommt zu einem letzten gnadenlosen Duell... Scott orientierte sich neben der historischen Vorlage auch an der zeitgenössischen Malerei des 19. Jahrhunderts, was dem Film zu

großartigen Bildkompositionen verholfen hat; später wechselte er in das Genre des phantastischen Films über und wurde mit ALIEN und BLADE RUNNER weltbekannt. sk

Duett zu dritt

Paroles et musique. Frankreich/Kanada 1984 **R** Elie Chouraqui **B** Elie Chouraqui **K** Robert Alazraki **M** Michel Legrand **P** Marie-Christien Chouraqui, Murray Shostak für Sept Films Cinéma/ FR 3 Films (Paris), Canadian International (Montreal) **L** 107 Min., Farbe **D** Catherine Deneuve, Christopher Lambert, Richard Anconina, Nick Mancuso, Jacques Perrin, Dayle Haddon, Charlotte Gainsbourg, Dominique Lavanant

Die attraktive Künstleragentin Margaux (Deneuve), Mutter von zwei Kindern und gerade von ihrem Mann verlassen, lernt über ihren Beruf das hoffnungsvolle Musikerpaar Michel (Anconina) und Jeremy (Lambert) kennen. Obwohl deutlich jünger als sie, verliebt sich Margaux in Letzteren, was zu allerhand Verwicklungen führt.
Diese federleichte Liebeskomödie (Originaltitel: *Worte und Musik*) des ehemaligen Lelouch-Assistenten Chouraqui ist nur durch die Mitarbeit Catherine Deneuves erwähnenswert, die Kraft ihrer Persönlichkeit und ihres Talents hier noch einiges herausreißt. Die Story ist banal und unglaubwürdig, doch das alles wäre erträglich, wenn die Songs, um die man sie drapierte, nicht so uninteressant wären. Michel Legrand (Texte: Gene McDaniels) ist als Filmkomponist weltberühmt, doch die Rockmusik liegt ihm ganz einfach nicht. Damit versagt der Film in einem seiner wichtigsten Element, zumal die nachsynchronsierten, gitarre-schwenkenden Bühnenauftritte von Lambert und Anconina unfreiwillig komisch wirken.
Viel Charme und Talent fallen hier den Anforderungen und Kompromissen kommerziellen Unterhaltungskinos zum Opfer. al

Duffy, der Fuchs von Tanger

Duffy. Großbritannien 1968 **R** Robert Parrish **B** Donald Cammell, Harry Joe Brown jr. **K** Otto Heller **M** Ernie Freeman **P** Martin Manulis für Columbia **L** 101 Min., Farbe **D** James Coburn, James Mason, James Fox, Susannah York, John Alderton

Stefane (Fox) und Antony (Alderton) sind Söhne des skrupellosen Millionärs Calvert (Mason) - allerdings mit verschiedenen Müttern. Mit Hilfe von Stefanes Geliebter (York) ködern sie den im marokkanischen Tanger lebenden Abenteurer und „Pop-Künstler" Duffy (Coburn) für einen Überfall auf den Geldtransport, der in Calverts Auftrag eine Millionensumme von Nordafrika nach Marseille bringen soll.
Duffy hätte ein ganz unterhaltsames Caper Movie werden können, würde der Film nicht so krampfhaft versuchen, auf der Höhe seiner Zeit zu sein, was Umgangssprache, Klamotten und Jugendkultur der 60er Jahre betrifft. James Coburn müht sich redlich, doch er entspricht wohl kaum irgendjemandes Vorstellung von einem Hippie! Von der übrigen Besetzung ist nur James Mason bemerkenswert, dessen Darstellung als eleganter Schurke zwar nicht neu, doch, von diesem brillanten Schauspieler dargeboten, immer wieder ein Genuß ist. In den letzten Minuten kommt durch eine plötzliche Wendung im Plot noch einmal Spannung auf, doch bis dahin gibt es, bis auf die wunderschönen, in Spanien entstandenen Außenaufnahmen, nicht viel zu sehen.
„So belebend wie ein Glas warme Milch zur Schlafenszeit!." (*Daily Express*) al

Der Duft deiner Haut

Gli amanti/Le temps des amants. Italien/ Frankreich 1969 **R** Vittorio De Sica **B** Julian Halevy, Peter Baldwyn, Ennio de Concini, Tonino Guerra, Cesare Zavattini, Vittorio De Sica, nach dem Bühnenstück *Gli amanti* von Brunello Rondi und Renato Cabieri **K** Pasqualino de Santis **M** Manuel de Sica **P** Carlo Ponti, Arthur Cohn für Compagnia Cinematografica Champion (Rom), Les Films Concordia (Paris) **L** 88 Min., Farbe **D** Faye Dunaway, Marcello Mastroianni, Caroline Mortimer, Karin Engh

Vittorio De Sicas Karriere als Regisseur war in den 60er Jahren zunehmend ins seichte Fahrwasser der kommerziellen Unterhaltung geraten, trotzdem lieferte er mit GESTERN, HEUTE, MORGEN und HOCHZEIT AUF ITALIENISCH einige herausragende Arbeiten auf diesem Gebiet ab. Daher sprach nichts dagegen, ihn mit seinem Lieblingsschauspieler Marcello Mastroianni und seinem langjährigen Autor Cesare Zavattini einen modernen Liebesfilm drehen zu lassen. Was konnte da schon schiefgehen? So einiges, wie das italienisch-amerikanische Produzenten-Duo Carlo Ponti und Arthur Cohn bald feststellen sollte.
Brunello Rondis und Renato Cabieris Theaterstück *Gli amanti* lieferte das Ausgangsmaterial für die Story um eine junge, todkranke Amerikanerin (Dunaway), die zum Sterben nach Italien kommt und sich in einen Automechaniker (Mastroianni) verliebt.
Beider Glück ist nicht von Dauer, denn als er von ihrer Krankheit erfährt, will sie sich umbringen, da sie sein Mitleid nicht ertragen kann. Nachdem er sie von ihrem Selbstmordversuch bewahrt und von der Echtheit seiner Gefühle überzeugt hat, gibt es für die Liebenden schließlich doch noch Hoffnung, denn ihre Krankheit scheint nicht ganz so unheilbar wie zunächst angenommen... Schon während der Dreharbeiten drangen Gerüchte über das „fürchterliche" Script an die Öffentlichkeit, an dem letzten Endes nicht weniger als fünf Autoren sowie De Sica selbst herumgewerkelt hatten. Mastroiannis Probleme mit der englischen Aussprache (man produzierte für den internationalen Markt) waren unüberhörbar, und als man auch noch fünf Cutter benötigte, um das Werk zusammenzuschnippeln, wurde den Verantwortlichen langsam mulmig zumute.
Die Reaktionen nach der Premiere bestätigten denn auch die schlimmsten Befürchtungen: „unbeschreiblich...betäubend schlecht", „klebriger Kitsch", „unfreiwillig komisch" und „Katastrophe für alle beteiligten" waren nur einige der Formulierungen, mit denen die Kritiker das Werk förmlich in der Luft zerfetzten. Öffentlichkeitsarbeit im positiven Sinne wurde damals - wenn auch unfreiwillig - nur von den Hauptdarstellern selbst geleistet: Faye Dunaways Romanze mit ihrem verheirateten Co-Star Mastroianni war ein gefundenes Fressen für die internationale Klatschpresse. al

Die dummen Streiche der Reichen

La folie des grandeurs. Frankreich/Italien/Spanien/BRD 1971 **R** Gérard Oury **B** Gérard Oury, Marcel Jullian, Danièle Thompson, Allessandro Continenza **K** Henri Decae, Wladimir Ivanov **M** Michel Polnareff **P** Gaumont International (Paris), Mars Film (Rom), Coreal Prod. Cinematografica (Madrid), Paramount-Orion Film (München) **L** 109 Min., Farbe **D** Louis de Funès, Yves Montand, Alberto de Mendoza, Karin Schubert, Leopoldo Trieste, Gabriele Tinti, Alice Sapritch

Nach ihren enormen Erfolgen in SCHARFE SACHEN FÜR MONSIEUR und DREI BRUCHPILOTEN IN PARIS plante Regisseur Gérard Oury mit seinem Star-Duo Louis de Funès und Bourvil einen Film nach *Ruy Blas* von Victor Hugo, der als *Les sombres héros* angekündigt wurde. Für die Produktion standen Mittel im (zumindest für Komödien) bisher nicht gekannten Ausmaß bereit. Doch dann starb Bourvil am 23. 9. 1970, und nach kurzer Suche fand man in Yves Montand Ersatz, für den alle Kostüme geändert werden mußten.
Die Geschichte ist im Spanien des 17. Jahrhunderts angesiedelt und dreht sich um Don Salluste (De Funès), den Steuereintreiber des Königs, und seinen Diener Blaze (Montand). Als der alte Geizkragen im Auftrag der Königin (Schubert) entmachtet wird, sinnt

er auf Rache. Er gibt Blaze als seinen Cousin Don César (Tinti) aus, den er auf einen Galeere verschachern läßt. Als Blaze in seiner neuen Rolle zufällig einen Mordanschschlag auf das Königspaar vereitelt, kann er sich des Vertrauens der Monarchen sicher sein und bringt so auch Salluste, der inzwischen Blazes Diener mimt, in die Nähe der Königin...
Obwohl das Duo De Funès/Montand sich nicht so gut ergänzt wie seinerzeit De Funès/Bourvil, funktioniert diese turbulente und verschwenderisch ausgestattete Komödie ganz ausgezeichnet. Montand fühlt sich sichtlich wohl in einer seiner seltenen komödiantischen Rollen, und De Funès ist wie immer in seinem Element als reiches und rücksichtsloses Ekel. Das Aufnahme-Team machte reichlichen Gebrauch von den eindrucksvollen spanischen Landschaften um Almería, wo damals auch zahlreiche Italo-Western entstanden. An dieses Genre erinnert auch nicht selten die Musik des Pop-Sängers Michel Polnareff, die, besonders bei zwei Verfolgungsjagden, eine ebenso rasante wie originelle Untermalung liefert. Der Film wimmelt nur so von akustischen wie optischen Gags, etwa in der Szene, in der De Funès beinahe seine Stimme verliert. Die Einstellungen sind oft ironisch nach Gemälden des Spaniers Velazquez arrangiert.
Die dummen Streiche der Reichen, der für eine Wiederaufführung in *Don Louis, der Größenwahnsinnige* umgetitelt wurde, war ein Bombenerfolg, der sich aus der Massenproduktion von De Funès gegen Ende der 60er Jahre angenehm heraushebt. al

Das Dunkel am Ende der Treppe

The Dark at the Top of the Stairs. USA 1960 **R** Delbert Mann **B** Irving Ravetch, Harriet Frank jr., nach einem Bühnenstück von William Inge **K** Harry Stradling **M** Max Steiner **P** Michael Garrisson für Warner Bros. **L** 123 Min., Farbe **D** Robert Preston, Dorothy McGuire, Eve Arden, Angela Lansbury, Shirley Knight, Lee Kinsolving, Frank Overton, Robert Eyer

William Inges Bühnenstück war sogar mit dem Pulitzerpreis ausgezeichnet worden, doch hielt sich der Bekanntheitsgrad sehr in Grenzen. Mit diesem ungünstigen Ausgangspunkt wagten es die Warner Bros. dennoch, das Drama in einer kinogerechten Fassung auf die Leinwand zu bringen.
Die Geschichte führt uns zu einer Familie in das Oklahoma der 20er Jahre und stellt uns deren Probleme und kleine Tragödien vor. Vater Rubin (Preston) verläßt zeitweise seine Gattin Cora (McGuire), um sich mit seiner Geliebten (Lansbury) zu vergnügen; Töchterchen Reenie (dargestellt von Shirley Knight, die für den Oscar nominiert wurde) verliebt sich in einen jüdischen Jungen, der allerdings Selbstmord begeht, weil er den latenten Antisemitismus nicht länger ertragen kann; der kleine Sonny schließlich, Nesthäkchen der Familie, fürchtet sich vor dem Dunkel am Ende der Treppe - eine bildhafte Metapher, die nichts anderes symbolisieren soll als die Ungewißheit über die weitere Schicksalshaftigkeit des Lebens.
Das alles wird mit großer Behutsamkeit und viel Feingefühl von einer Garde exquisiter Schauspieler dargeboten, doch leider ging der Film mit seinen dargestellten Problemen am Geschmack des Kinopublikums der frühen 60er Jahre vorbei, auch wenn *Variety* sich noch so mit Lobeshymnen überschlug. Einige Zeit später entstanden, hätte *Das Dunkel am Ende der Treppe* vielleicht durchaus das Zeug zu einem Kassenerfolg gehabt. jg

Dünkirchen, 2. Juni 1940

Weekend à Zuydcoote. Frankreich/Italien 1964 **R** Henri Verneuil **B** François Boyer, nach dem Roman von Robert Merle **K** Henri Decae **M** Maurice Jarre **P** Raymond und Robert Hakim für Paris Films (Paris), Interopa Film (Rom) **L** 124 Min., Farbe **D** Jean-Paul Belmondo, Catherine Spaak, Georges Géret, Jean-Pierre Marielle, Pierre Mondy, François Perrier, Marie Dubois

Am Wochenende des 1. und 2. Juni 1940 warteten tausende britischer und französischer Soldaten am Strand von Zuydcoote bei Dünkirchen auf ihre Einschiffung nach Enland, während deutsche Truppen sich auf dem Vormarsch befanden und deutsche Flugzeuge den Rückzug mit ständigen Angriffen begleiteten. Vor diesem historischen Hintergrund spielt Henri Verneuils mit großem Aufwand in Szene gesetzter Film, der sich auf ein kleines Häufchen französischer Soldaten konzentriert, unter denen auch Julien (Belmondo) ist.
Wie fast jeder Kriegsfilm, so hat auch dieser mit dem Verdacht, bzw. dem Vorwurf zu kämpfen, er würde den Krieg nur für oberflächliche, abenteuerliche Unterhaltung ausbeuten und so die Schrecklichkeit der Geschehnisse verharmlosen. Gerade Verneuil ist ja als versierter Action-Spezialist bekannt. In der Tat erzählt *Dünkirchen, 2. Juni 1940* eine spannende Geschichte, die keine historische Rekonstruktion und kein Geschichtsunterricht sein will, wie der deutsche Titel vermuten lassen könnte. Der Originaltitel (übersetzt *Wochenende in Zuydcoote*) verweist jedoch auf den satirisch-kritischen Ansatz dieses Films, der von jeder Heldenmythologie meilenweit entfernt ist, sondern stattdessen den Krieg als grausame Hölle schidert. al

Der dunkle Kristall

The Dark Crystal. USA 1982 **R** Jim Henson, Frank Oz **B** David Odell **K** Oswald Morris **M** Trevor Jones **P** ITC Entertainment/Henson Organisation **L** 93 Min., Farbe **Puppenspieler** Jim Henson, Frank Oz, Kathryn Mullen, David Goelz, Steve Whitmine, Brian Muehl, Hugh Spight, Robby Barnett

Ein üppig ausgestatteter Fantasy-Puppenfilm (das Budget verschlang 26 Millionen Dollar!), bevölkert von den phantasievollen Gestalten des *Muppets*-Erfinders Jim Henson, der mit seinen aufwendigen Bildkompositionen fasziniert.
Auf einem Planeten fernab unserer Erde wird der letzte überlebende Gelfling Jen von seinem Lehrmeister auf die Suche nach einer Scherbe des dunklen Kristalls geschickt. Vor langer Zeit ist der Kristall zerbrochen, was zur Folge hatte, daß sich die friedliche Rasse der Ur-Skekse in die militaristischen Skekse und die philosophischen UrRu aufspaltete. Nur einem Gelfling kann es gelingen, die beiden Rassen wieder zusammen zu bringen. Jen begegnet dem Gelfling-Mädchen Kira. Mit ihr gelingt es ihm nach vielen Abenteuern, die gefährliche Mission erfolgreich zu beenden.
Den beiden Machern Henson und Oz schienen bei dieser Produktion scheinbar keine Grenzen in ihrer Phantasie gesetzt zu sein. Die Zottelfiguren aus den KRIEG DER STERNE-Filmen sind im Vergleich zu *Der Dunkle Kristall* einfallslos gemachte Gestalten.
Mögen die Puppenkreationen und Trickaufnahmen noch so genial geraten sein, so sieht es mit der Handlung weniger berauschend aus. „Ein derart kurioses Sammelsurium abgeschmackter Fantasy-Klischees hat man selten auf kurze 92 Minuten zusammengedrängt", urteilte *Science-Fiction-Times*. jg

Durst

Törst. Schweden 1949 **R** Ingmar Bergman **B** Herbert Grevenius, Ingmar Bergman, nach dem Novellenband *Törst* von Brigit Tengroth **K** Gunnar Fischer **M** Erik Nordgren **P** Svensk **D** Eva Henning, Birger Malmsten, Birgit Tengroth, Mimi Nelson, Hasse Ekman, Bengt Eklund, Gaby Stenberg, Naima Wifstrand, Sven-Erik Gamble, Gunnar Nielsen, Estrid Hesse, Helge Hagerman

Die Zugreise durch das kriegszerstörte Mitteleuropa von Basel nach Stockholm wird für ein schwedisches Ehepaar zur Belastungsprobe. Durch zwei Rückblenden erfährt der Zuschauer mehr über die Vergangenheit der Protagonisten und vollzieht die Entwicklung der Krise zwischen den beiden Eheleuten nach. Eingeschlossen in der beklemmenden Enge von Hotelzimmern und Zugabteilen, eskaliert die Auseinandersetzung in den Mordgedanken des Gatten.
Sein vorhergehendes Werk DAS GEFÄNGNIS hatte Ingmar Bergman noch mit der Terrafilm-GmbH produziert, die sich jedoch

aufgrund des finanziellen Mißerfolges aus der Zusammenarbeit zurückzog. Bergman machte *Durst* dann mit Svensk-Film-Industrie. Birgit Tengroth hatte ihre Novelle mit dem Hintergedanken geschrieben, den literarisches Beweis dafür zu liefern, daß jede Frau von einem Mann zerstört werden kann. Bergman nutzte die Erfahrungen seines vorhergehenden Filmes und setzte diese in einer anderen Variante um, so daß *Durst* von der Kritik als „kommerzielle Version von DAS GEFÄNGNIS" gewertet wurde.
Schon lange vor seinem schockierenden Werk DAS SCHWEIGEN galt der schwedische Regisseur bereits als Skandalfilmemacher vom Dienst. Mit den vernichtenden Prädikaten „moralisch angekränkelt" und „destruktiv" wurde *Durst* vom deutschen Prüfungsausschuß zunächst verboten, wegen seiner „hohen ethischen Werte" dann aber doch in letzter Instanz für den Verleih freigegeben. jg

Düsenjäger

Jet Pilot. USA 1957 **R** Josef von Sternberg **B** Jules Furthman **K** Winton C. Hoch **M** Bronislau Kaper **P** Howard Hughes für RKO-Film **L** 112 Min., Farbe **D** John Wayne, Janet Leigh, Jay C. Flippen, Paul Fix, John Bishop, Roland Winters

Die Kalte-Kriegs-Klamotte hatte das Pech, vom exzentrischen Milliardär Howard Hughes produziert zu werden: Wegen dessen zahlloser nachträglicher Änderungswünsche, für deren Umsetzung ganze Spezialistenteams verpflichtetet wurden, kam der 1949 gedrehte Film erst 8 Jahre später in die Kinos.
Auf einem US-Airforce-Stützpunkt in Alaska landet ein sowjetischer Düsenjäger, dem die attraktive blutjunge Anna (Leigh) entsteigt, die Leutnant der sowjetischen Luftwaffe ist und vorgibt, geflohen zu sein. Rauhbein John Wayne mimt Colonel Shannon, der den Wahrheitsgehalt der Fluchtstory ergründen soll. Erwartungsgemäß verlieben sich beide ineinander und entpuppt Anna sich als KGB-Spion. Vorgeblich, um ihre Liebe zu retten, in Wahrheit aber mit einem Gegenspionage-Auftrag, setzt sich Shannon mit Anna nach Rußland ab. Erst jetzt merkt Anna, daß sie den Colonel und ein Leben im Kapitalismus mehr liebt als Klassenkampf und Sozialismus. Gemeinsam düsen sie mit einem geklauten Jet in die Freiheit zurück.
Der Streifen überrascht mit der Person der zarten Janet Leigh zwar mit der Erkenntnis, daß nicht alle Russenfrauen fette Mamuschkas sind, gleichwohl ist dieser konventionellen Feindbild-Verfilmung vom bösen Russen und guten Amerikaner - trotz der mit Hilfe der US-Airforce gedrehten brillanten Flugszenen - nicht viel abzugewinnen. *Düsenjäger*, der hierzulande lediglich im ARD-Fernsehen gesendet wurde, verschwand in den USA 1957 mangels Publikumsinteresse bereits nach einer Woche wieder aus den Kinos. sk

Dust

Dust. Belgien/Frankreich 1985 **R** Marion Hänsel **B** Marion Hänsel, nach dem Roman *In the Heart of the Country* von Jean-Marie Coetzee **K** Walter van den Ende **M** Martin St.Pierre **P** Marion Hänsel für Man´s Films, Jacques Dubrulle für Daska Film, Jean-Francois Lepetit für Flach-Film **L** 87 Min., Farbe **D** Jane Birkin, Trevor Howard, John Matshikiza, Nadine Uwampa, Lourdes Christina Sayo, René Diaz

„Es hat mich nicht vorrangig interessiert, eine nervöse und kranke Frau zu beschreiben... Die Geschichte spielt im Verderben, im Perversen und Schmerzlichen." Regisseurin Hänsel zeichnet ein drastisches Bild ihres Films über vier Menschen, die in der Abgeschiedenheit einer Farm in der südafrikanischen Steppe ihr Dasein fristen. Obgleich sie nie in Südafrika und nie mit Menschen anderer Rasse zusammengelebt gelebt hat, gelang ihr mit *Dust* ein eindrucksvolles und authentisches Porträit des widersprüchlichen Lebens am Kap - geprägt von Apartheid, aber auch Faszination gegenüber diesem eigenartigen Land -, das letzlich auch Coetzee, weißer Südafrikaner und Autor der Romanvorlage, überzeugte. Gedreht wurde der Film im Süden Spaniens.
Magda (Birkin), eine ältliche Jungfer, und ihr Vater (Howard) leben mit zwei schwarzen Dienern, Hendrik und seiner Frau Anna, auf ihrem Gehöft in der Wüste. Ihr Leben ist geprägt von Staub, Kargheit und Hitze, aus der es kein Entrinnen gibt - ebensowenig wie aus der gegenseitigen Abhängigkeit. Magda ist ihrem Vater hörig, sehnt sich nach Liebe und sexueller Erfüllung und wird von ihrem Vater bei jeder Gelegenheit zurückgestoßen, ignoriert. Die Diener wiederum sind von ihren weißen Herren abhängig, müssen demütig Drecksarbeit verrichten. Als Magdas Vater mit seinem lang anhaltenden Werben um die schöne Anna am Ende Erfolg hat, explodiert Magda und bringt ihren Vater um. Vom Despoten befreit, nimmt Hendrik Rache für die jahrelangen Demütigungen und vergewaltigt Magda. Aus Angst, verraten zu werden, flüchten die beiden Diener. Magda bleibt zurück, allein mit sich und ihrer kaputten Gefühlswelt; wirr und verrückt phantasiert sie sich in ihrer unerfüllten Sehnsucht nach Zärtlichkeit und Sexualität schließlich ihren Vater zurück.
Jane Birkin, bisher eher bekannt aus verschiedenen Sex-Sternchen-Rollen, spielt die Charakterrolle der introvertierten Magda überzeugend und aufwühlend. Ebenso bemerkenswert ist die konsequente Kameraführung: Stimmungsvolle Bildeinstellungen lassen die lähmende Wirklichkeit hautnah erahnen; Außenaufnahmen werden beispielsweise stets ohne Himmel gezeigt, um die Enge der dargestellten Welt auch optisch zu untermauern.
Marion Hänsel erhielt für ihr eindrucksvolles Psychodrama 1985 in Venedig den Silbernen Löwen. sk

Das düstere Haus

Fanatic. Großbritannien 1964 **R** Silvio Narizzano **B** Richard Matheson, nach dem Roman *Nightmare* von Anne Blaisdell **K** Arthur Ibbetson **M** Wilfred Josephs **P** Anthony Hinds für Hammer Films **L** 96 Min., s/w **D** Tallulah Bankhead, Stefanie Powers, Peter Vaughan, Maurice Kaufman, Yootha Joyce, Donald Sutherland

Nach dem sensationellen Erfolg von Robert Aldrichs WAS GESCHAH WIRKLICH MIT BABY JANE?, in dem die beiden alternden Diven Bette Davis und Joan Crawford spektakuläre Comebacks feierten, standen ehemalige Hollywood-Größen in „gotischen" Thrillern hoch im Kurs. Davis und Crawford selbst hatten noch einige ähnlich gelagerte Auftritte, und auch Tallulah Bankhead, exzentrischer Bühnen-und Filmstar, fand nach über zwölfjähriger Leinwandabstinenz noch einmal eine dankbare Aufgabe in dieser nervenzerrenden Hammer-Produktion, die zugleich ihr letzter Film sein sollte.
Sie spielt Mrs. Trefoile, eine etwas absonderliche alte Dame, die auf einem düsteren Landsitz lebt, umgeben von einer Schar obskurer Bediensteter. Sie erhält eines Tages Besuch von der jungen Pat (Powers), die einst mit Mrs. Trefoiles Sohn verlobt war - bevor dieser bei einem Autounfall ums Leben kam. Obwohl sich Pat sofort unbehaglich in dem alten Gemäuer fühlt, bleibt sie für einen Tag lang, wird jedoch am nächsten Morgen gewaltsam an der Abreise gehindert und findet sich schließlich in einem Kellerverließ wieder. Wie sich herausstellt, will Mrs. Trefoile, die einem religiösen Wahn verfallen ist, die Seele des jungen Mädchens „reinigen", um eine unproblematische Wiedervereinigeung mit ihrem Sohn zu ermöglichen - im Jenseits.
Diese haarsträubende Geschichte wurde von Silvio Narizzano effektvoll und spannend in Szene gesetzt, doch den größten Anteil an der Wirkung dieses gelungenen Gruselstreifens haben die beiden Hauptdarstellerinnen. Die junge Stefanie Powers meistert überzeugend die schwierige Rolle des terrorisierten Opfers, das immer nur reagieren kann, und die Bankhead macht aus ihrer finsteren Figur eine überlebensgroße, monströse Schurkin, die ihr alle Register schauspielerischen Könnens abverlangt.
Donald Sutherland hat einen kleinen Auftritt als Schwachsinniger, der die Bibel falschherum liest. In den Staaten wurde der Film übrigens unter dem vielversprechenden Titel *Die, Die, My Darling* gezeigt. al

E

E.T. - Der Außerirdische

E.T. - The Extraterrestrial. USA 1982 **R** Steven Spielberg **B** Melissa Mathison **K** Allen Daviau, John Fleckenstein, John Connor **SpE** Industrial Light & Magic **M** John Williams **P** Steven Spielberg, Kathleen Kennedy für Universal **L** 114 Min., Farbe **D** Dee Wallace, Henry Thomas, Peter Coyote, Robert MacNaughton, Drew Barrymore, K. C. Martel, Sean Frye, Tom Howell

Mit der Figur des schrumpeligen E.T. schuf Erfolgsregisseur Steven Spielberg eine der populärsten Gestalten des Phantastischen Films. Schon kurz nach seinem Start entwikkelte sich dieser sanfte Science-fiction-Streifen in den USA zu einem Kassenerfolg von ungeahnten Ausmaßen. Der Siegeszug setzte sich in gleicher Weise rund um den Globus fort. In Deutschland, wo *E. T.* in den Weihnachtsfeiertagen 1982 anlief, kletterten die Einnahmen nach einer Woche bereits auf 7 Millionen DM. Zehn Jahre nach seiner Uraufführung hat sich *E.T.* längst als publikumswirksamstes und damit auch erfolgreichstes Werk der Filmgeschichte erwiesen (bisherige Einspielsumme 228,6 - Millionen $), das gemessen an seinem Bekanntheitsgrad immer noch seinesgleichen sucht.
Die Geschichte des Films ist dabei denkbar simpel gestrickt. Nach einem Erkundungsflug zur Erde wird der Außeriridische E.T. von seiner Bordbesatzung schlichtweg vergessen. Zunächst fällt es dem runzligen Etwas schwer, sich in der neuen, ungewohnten Welt zurechtzufinden, doch die sympathischen amerikanischen Kinder erweisen sich als treue Freunde in der Not. E.T.´s Existenz ist bald nicht mehr geheimzuhalten und schon macht die Erwachsenenwelt Jagd auf ihn. Zudem erkrankt das arme außerirdische Wesen auch noch vor lauter Heimweh, kann aber mit Hilfe einer selbstgebastelten Antenne seine Artgenossen verständigen. Am Ende des Films entschwindet E.T. mit seinem Raumschiff zu den fernen Sternen.
Für die Figur E.T.´s standen gleich drei verschiedene Ausführungen zur Verfügung. Bei der ersten handelte es sich um eine 70 cm hohe, aus Gummi, Stahl und Fiberglas bestehende Roboter-Animation, die von einem Schaltpult aus bedient werden mußte. Die zweite Figur, in ähnlicher Weise gebaut, war vor allem für die Nahaufnahmen konstruiert worden und konnte allein 85 verschiedene Bewegungen (vor allem im mimischen Bereich) vollziehen. E.T. Nummer drei war schließlich eine ein Meter hohe Hülle, in die abwechselnd der Liliputaner Pat Bilon und die Statistin Tamara de Treaux schlüpften, um darin durch das Set zu watscheln.
Bei den Oscar-Feierlichkeiten des Jahres 1982 wurde *E. T.* in den Sparten Filmmusik-Score, Visuelle Effekte, Ton und Toneffekte (Charles L. Campbell und Ben Burt) mit der begehrten Trophäe ausgezeichnet. jg

Easy Rider

Easy Rider. USA 1969 **R** Dennis Hopper **B** Peter Fonda, Dennis Hopper, Terry Southern **K** Laszlo Kovacs **P** Peter Fonda für Pando-Raybert/ Columbia **L** 94 Min., Farbe **D** Peter Fonda, Dennis Hopper, Jack Nicholson, Antonio Mendoza, Phil Spector, Luana Anders, Robert Walker jr., Karen Black

Peter Fonda und Dennis Hopper hatten einige Schwierigkeiten, Geld für einen weiteren Motorradfilm à la DIE WILDEN ENGEL aufzutreiben, da die Zeit dieses Genres nach Meinung der Produzenten vorbei war. Durch Jack Nicholsons Vermittlung übernahm Bob Rafelsons Produktionsgesellschaft Raybert schließlich einen Teil der Kosten, der Rest kam von Columbia. Insgesamt lag das Budget bei weniger als 400.000 $.
Wyatt (Fonda) und sein Kumpel Billy (Hopper) finanzieren sich einen Motorrad-Trip nach New Orleans durch ein Rauschgiftgeschäft. Auf der Fahrt quer durch Amerika machen sie einige Erfahrungen mit der Spießigkeit von Motelbesitzern, besuchen Hippie-Kommunen und landen wegen einer Lappalie sogar im Gefängnis, aus dem sie mit Hilfe des ständig alkoholisierten Anwalts George Hanson (Nicholson) entlassen werden. Die Reise geht jetzt zu dritt weiter, doch Hanson wird eines Nachts von fanatischen Texanern erschlagen. Auch Wyatt und Billy lassen ihr Leben: Auf einer Landstraße werden sie von einem Arbeiter ohne Grund erschossen.
Easy Rider gilt als der Film, der am besten das Lebensgefühl der Hippie-und Rockgeneration Ende der 60er Jahre formuliert. Der Traum eines Amerikas der Freiheit und des Individualismus wird hier als Trugbild vorgeführt, das schon lange einer brutalen Borniertheit und Law-and-Order-Mentalität Platz gemacht hat. Eine der amüsantesten Szenen des Films ist Nicholsons erste Begegnung mit Marihuana, und obwohl hier Drogenkonsum als selbstverständlich betrachtet wird, erweist sich die Flucht in ihn letztendlich als Illusion.
Easy Rider wurde ein überwältigender Kassenerfolg und gilt als Vorreiter des unabhängigen Hollywood der 70er. Weder Peter Fonda noch Dennis Hopper konnten jemals wieder einen ähnlichen Erfolg verbuchen, wohingegen Jack Nicholson und Karen Black einen wichtigen Karriereschub erhielten. Nicholson und das Drehbuch wurden für Oscars nominiert.
Einen Teil des Erfolgs ist auch auf den Soundtrack zurückzuführen, auf dem sich Rockgrößen wie u.a. Steppenwolf (*Born To Be Wild, The Pusher*), The Byrds (*I Wasn´t Born To Follow*) und The Band (*The Weight*) tummeln. al

Eating Raoul

Eating Raoul. USA 1982 **R** Paul Bartel **B** Paul Bartel, Richard Blackburn **K** Gary Thieltges **M** Arlon Ober **P** Anne Kimmel für Bartel Film **L** 83 Min., Farbe **D** Paul Bartel, Mary Woronov, Robert Beltran, Susan Saiger, Buck Henry, Richard Blackburn

Paul (Bartel) und Gattin Mary (Woronov) gehen miesen Jobs nach, betreiben schon seit Jahren keinerlei Geschlechtsverkehr mehr und haben kein Geld, um sich ihren kleinen Traum vom eigenen Restaurant auf dem Lande zu erfüllen. Angewidert ertragen sie Glitzer, Gier und Geilheit um sich herum. Bis eines Tages ein sexbesessener Nachbar in ihr Appartement eindringt und Mary vergewaltigen will. Paul brät ihm kurzerhand mit einer Bratpfanne den Schädel platt. Das ursprüngliche Entsetzen geht schnell in Entzücken über: Die beiden finden in den Taschen der Leiche bündelweise Dollarnoten. Sie beschließen, zur Erfüllung ihres Lebenstraums zukünftig regelmäßig derartige Geldquellen anzuzapfen. Per Annonce locken sie reihenweise perverse Lüstlinge in ihre Wohnung, befördern sie mit der Pfanne ins Jenseits und entsorgen die Überreste nach Taschenleerung durch den Müllschlucker. Als der Mexikaner Raoul (Beltran) ihnen auf die Schliche kommt, müssen sie ihn beteiligen, doch der Mitwisser geht zu weit: Er will nicht nur Geld, sondern auch Mary. Paul erledigt ihn auf bewährte Weise. Die makabre Schlußsequenz zeigt die Eheleute glücklich beim gemeinsamen Abendmahl: Mary hat, dem Titel des Films folgend, „mexikanische Pfanne" zubereitet.
Bartel, Zögling von Regie-Talent Roger Corman, inszenierte mit *Eating Raoul* seinen vierten Spielfilm und seine gelungenste rabenschwarze Komödie, in der er die

männliche Hauptrolle selbst übernahm. Mit beißendem Witz parodiert er in einer raffinierten Mischung aus verklemmtem Sex und unblutigem Crime den verrotteten Zustand innerer Verrohung des bigotten amerikanischen Spießbürgers, der auf seinem Weg nach oben wahllos Moral und Menschenleben plattwalzt. *„Eating Raoul* hat alle Chancen, zu einem Kultfilm zu werden." (*Kölner Stadt-Anzeiger*) sk

Echo Park

Echo Park. Österreich/USA 1985 **R** Robert Dornhelm **B** Robert Dornhelm, Michael Ventura **K** Karl Kofler **M** David Rickets **P** Walter Shenson für Sascha/Wien Film/Saltair Prod. **L** 90 Min., Farbe **D** Susan Dey, Tom Hulce, Michael Bowen, Christopher Walker, Shirley Jo Feeney

„Das Publikum freut sich überall, die Presse hat sich auf den Nenner geeinigt: ein netter, freundlicher Film. Ich habe nichts gegen dieses Etikett. *Echo Park* sollte nicht mehr sein als eine Skizze, leicht und lebendig", charakterisiert Dornhelm seine seichte Gesellschaftskomödie über drei junge Leute in Echo Park, einem heruntergekommenen Viertel im Großstadtmoloch Los Angeles. May (Dey), blond und adrett, hat einen 8-jährigen Sohn und einen Wunsch: Sie will Schauspielerin werden, muß sich aber mangels Engagement mit Strip-Nummern über Wasser halten. Ihr Nachbar, der Österreicher August (Bowen), traktiert seinen Körper mit pausenlosem Body-Building und träumt davon, eines Tages Landsmann und Kraftmaschine Arnold Schwarzenegger Konkurrenz zu machen. Jonathan (Hulce) schließlich hat keine Ambitionen, fährt Pizza aus und lebt in den Tag. Zu dritt bewältigen sie in sympathischer Verrücktheit alle Katastrophen, die auf sie zukommen. Am Ende hat keiner den Sprung nach oben geschafft, aber alle sind um einige Erfahrungen reicher.
Echo Park war mit knapp 1 Million Dollar Produktionskosten für amerikanische Verhältnisse ein Low-Budget-Film. Trotz der entsprechend niedrigen Gagen gelang es Dornhelm, den als Ex-AMADEUS international bekannten und hoch gehandelten Tom Hulce zu verpflichten; Susan Dey und Michael Bowen standen diesem von ihren schauspielerischen Leistungen her in nichts nach. sk

Eddie and the Cruisers

Eddie and the Cruisers. USA 1983 **R** Martin Davidson **B** Martin Davidson, Arlene Davidson, nach einem Roman von P.F. Kluge **K** Fred Murphy **M** John Cafferty **L** 95 Min., Farbe **P** Lorimar **D** Tom Berenger, Michael Paré, Helen Schneider, Matthew Laurance, David Wilson

Anfang der 80er Jahre feiert die fiktive Rock´n´Roll-Band „Eddie and the Cruisers" ein Comeback, weil eine TV-Station deren letzten Auftritt, der bereits 20 Jahre zurückliegt, ausstrahlt. Die Band war gerade auf bestem Weg, eine Kult-Gruppe zu werden, als ihr Sänger Eddie (Paré) unter mysteriösen Umständen mitsamt Auto im Meer absoff; seine Leiche und die Tonbänder für die zweite LP verschwanden spurlos. Zwei Jahrzehnte später verbreitet ein anonymer Anrufer Neuigkeiten zu diesem Thema; eine hartnäkkige Reporterin macht sich daran, in der Vergangenheit zu stochern. Und sie wird fündig. Nicht nur die verschollenen Bänder tauchen wieder auf...
Diese fade Geschichte von der Unsterblichkeit verblichener Idole wird letztlich weder durch die schauspielerischen Leistungen von Berenger, Paré und Helen Schneider (für letztere war *Eddie and the Cruisers* ihr Leinwand-Debüt) noch durch Rückblenden in die Musik der 60er aufgewertet, die sich zudem bis in einzelne Textpassagen hinein als plumpe Kopie von Bruce Springsteen erweist. Springsteen lehnte es deshalb ab, die ihm angebotene Rolle des Eddie zu übernehmen. „Davidsons Film präsentiert vornehmlich Standardsituationen, im spielerischen Teil ist er einfallslos wie das Mittelfeld der deutschen Fußballnationalmannschaft." (*Tip*) sk

Edipo Re - Bett der Gewalt

Edipo Re. Italien 1967 **R** Pier Paolo Pasolini **B** Pier Paolo Pasolini, nach der Tragödie von Sophokles **K** Giuseppe Ruzzolini **P** Arco Film, Somafis **L** 110 Min., Farbe **D** Franco Citti, Silvana Mangano, Alida Valli, Julian Beck, Carmelo Bene, Luciano Bartoli, Francesco Leonetti, Ahmed Belachmi, Ninetto Davoli

Eine sehr eigenwillige Interpretation der bekannten griechischen Tragödie, von Pasolini in stimmungsvollen und symbolträchtigen Bildfolgen inszeniert.
Eingebettet in einen Prolog und einen Epilog, die beide vor dem Hintergrund aktueller Zeitgeschichte spielen (Lombardei nach dem Ersten Weltkrieg und das Bologna der Gegenwart), ist der Hauptteil des Films in der Frühzeit angesiedelt. Der Königssohn Ödipus (Citti), von seinem Vater Laius von Theben in der Wüste ausgesetzt, wird von König Polybos gerettet und adoptiert. Als Ödipus das Delphische Orakel befragt, sagt dies ihm voraus, er werde seinen leiblichen Vater töten und seine eigene Mutter Iokaste (Mangano) heiraten. Kurze Zeit später erfüllt sich die schreckliche Weissagung. Iokaste erträgt die Schande nicht und begeht Selbstmord; Ödipus sticht sich die Augen aus.
„Als ich den Film machte, hatte ich zwei Ziele: erstens eine vollständige metaphorische und deshalb mythisierte Autobiographie; und zweitens wollte ich sowohl dem Problem der Psychoanalyse als auch dem Problem des Mythos entgegentreten" (Pasolini).
Edipo Re war Pasolinis erster Farbfilm. Der italienische Regisseur fand in Marokko die ideale Kulisse für seine Mythenlandschaft, deren Farben sich lediglich auf Ocker, Rosa, Braun, Grün und das Blau des Himmels reduzierten, was Pasolinis ausgefeilter Farbdramaturgie sehr entgegenkam. Als Filmmusik wurden die archaischen Klänge afrikanischer, rumänischer und japanischer Volksmusik sowie einige Kompositionen von Mozart ausgewählt. jg

Edith Piaf - Chanson der Liebe

Étoile sans lumiere. Frankreich 1946 **R** Marcel Blistène **B** Marcel Blistène **K** Paul Coteret **M** Guy Luypaerts, Marguerite Monnot **P** BUP **L** 85 Min., s/w **D** Edith Piaf, Yves Montand, Serge Reggiani, Mila Parély, Jules Berry

„Mit diesem Film wurde Edith Piaf neu entdeckt. Als Sängerin ist sie berühmt. Blistènes Film hingegen zeigt sie uns als wunderbare Schauspielerin" (*Le Figaro*, 13. April 1946). Der deutsche Kino-Zuschauer mußte 44 Jahre warten, ehe er sich selbst ein Urteil über den Film und die Piaf als Schauspielerin erlauben konnte - hierzulande lief das Melodram, ausgegraben von Wiener Piaf-Enthusiasten, erst 1990 an.
Das *Chanson der Liebe* beschreibt Aufstieg und Fall des Zimmermädchens Madeleine (Piaf), die ihrer Arbeitgeberin, dem Stummfilmstar Stella Dora (Parély), im Playback-Verfahren ihre Stimme leiht - die Diva kommt mit dem neumodischen Tonfilm nicht zurecht. Madeleine fühlt sich um ihre Anerkennung betrogen, weil Stella ihren triumphalen Erfolg allein auskostet. So tritt sie - entgegen der Vereinbarung - unter eigenem Namen auf, wird selbst zum Star. Obendrein verläßt sie ihren Geliebten Pierre (Montand), um mit

dem aufregenderen Gaston (Reggiani) anzubändeln. Doch die Vergangenheit, ihr gebrochenes Ehrenwort, holt sie schließlich ein: Ihre Stimme versagt, sie entsagt der Welt des Films und kehrt reumütig zu Pierre zurück.
Die Handlung auf Groschenroman-Niveau ist vergleichsweise schlicht. Gleichwohl war der Film mit autobiographischen Zügen - wie Madeleine kämpfte sich auch die Piaf, Tochter eines Jahrmarktakrobaten, selbst aus der Gosse nach oben - es wert, aufgrund der Unbefangenheit, des komischen Talents und der unvergleichlichen Stimme der Protagonistin, wiederentdeckt zu werden. sk

Ediths Tagebuch

Ediths Tagebuch. BRD 1983 **R** Hans W. Geissendörfer **B** Hans W. Geissendörfer, nach dem Roman von Patricia Highsmith **K** Michael Ballhaus **M** Jürgen Knieper **P** Hans W. Geissendörfer, Luggi Waldleitner für Roxy-Film/Filmverlag der Autoren/ZDF **L** 108 Min., Farbe **D** Angela Winkler, Vadim Glowna, Leopold von Verschuer, Hans Madin, Irm Herrmann, Wolfgang Condrus, F. G. Beckhaus, Werner Eichhorn

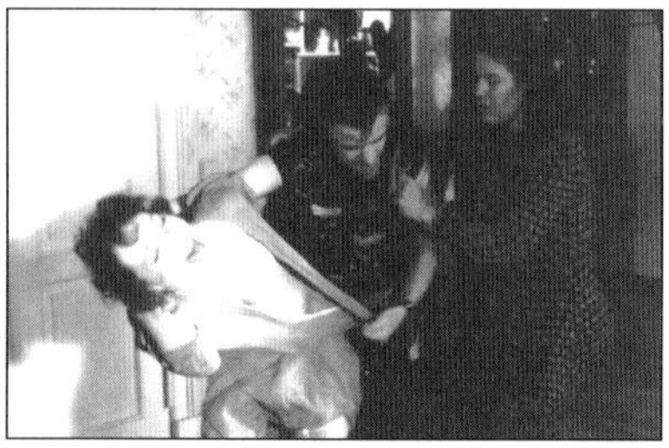

Hans W. Geissendörfer hat den amerikanischen Schauplatz des Highsmith-Romans ganz auf deutsche Verhältnisse zugeschnitten. *Ediths Tagebuch* spielt im Berlin der 70er Jahre und ist eher ein Psycho-Drama als ein Krimi. Edith (Winkler) hat nur eine einzige Möglichkeit, der Ernüchterung ihres Alltags zu entkommen - durch ihr Tagebuch. Dort träumt sie ihre Tagträume, um dann umso brutaler in die Realität zurückgerissen zu werden. Ehemann Paul (Glowna) haut zu seiner Freundin ab und läßt in Ediths Haus den pflegebedürftigen Schwiegervater zurück; Sohn Chris (von Verschuer) entpuppt sich als wahres Monster, es gelingt ihm weder das Abitur zu bestehen noch eine nette Freundin an Land zu ziehen. Mit der Zeit fällt es Edith immer schwerer, zwischen Wunschvorstellung und der Tristesse des realen Lebens zu unterscheiden. Die Konsequenzen sind verheerend.
Trotz der hervorragenden Kameraarbeit und der sensibel eingesetzten Filmmusik ist die Verfilmung des Highsmith-Romans zu verwaschen und uneinheitlich geworden. Lediglich Leopold von Verschuer sorgt als enfant terrible der Familie (er fetzt vor den Augen der entsetzten Eltern der Geliebten des Vaters das Kleid vom Leib und ballert mit einer Schrotflinte in den Weihnachtsbaum) für einige spektakuläre Szenen.
„Ein Film, der weder präzise noch sonderlich inspiriert ist: eher rätsellos, flach, bieder und vor allem sauber. Selbst das Schmutzigste, das er vorzeigt, wirkt so steril, so klinisch rein, als finde es in einer Vitrine statt.“ (*Die Zeit*) jg

Edouard, der Herzensbrecher

Le cavaleur. Frankreich 1978 **R** Philippe de Broca **B** Alexandre Mnouchkine, Michel Audiard, Philippe de Broca **K** Jean-Paul Schwartz **P** Georges Dancigers für Les Films Ariane/Mondex Film/FR 3 Films **L** 104 Min., Farbe **D** Jean Rochefort, Nicole Garcia, Catherine Alric, Catherine Leprince, Annie Girardot, Lila Kedrova, Danielle Darrieux

Pianist Edouard (Rochefort) ist der Schwarm aller Frauen. Da er weiblichen Reizen nur schwer widerstehen kann, hat der Casanova alle Hände voll zu tun, um sein Liebesleben in Ordnung zu halten. Glücklicherweise bringt seine zweite Ehefrau Marie-France (Garcia) viel Verständnis für seine Nöte auf, doch auch ihre Geduld währt nicht ewig...
In dieser melancholischen, typisch französischen Komödie spielt Jean Rochefort nach fast 50 mehr oder weniger prägnanten Nebenrollen und zahllosen Erfolgen am Theater seine erste Hauptrolle auf der Leinwand - mit 48 Jahren. *Edouard der Herzensbrecher* ist von Philippe de Broca, der mit Rochefort bereits dreimal zusammenarbeitete, ganz auf die Talente und den Charme seines Hauptdarstellers zugeschnitten worden. Unterstützt wird er von einer imposanten Riege französischer Charakterdarstellerinnen, allen voran Annie Girardot als seine Ex-Frau und Danielle Darrieux.
Süddeutsche Zeitung: „Auf den ersten Blick eine eher konventionelle Komödie, an der man freilich die wunderbare Leichtigkeit, den harmonischen Rhythmus, das ausgewogene Zeitgefühl im Wechsel von fröhlicher Hektik und trauernder Besinnlichkeit bewundern muß.“ al

Edward, mein Sohn

Edward, My Son. Großbritannien 1949 **R** George Cukor **B** Donald Odgen Stewart, nach dem Bühnenstück von Robert Morley und Noel Langley **K** F.A. Young **M** John Woolridge **P** Erwin C. Knopf für MGM **L** 112 Min., s/w **D** Spencer Tracy, Deborah Kerr, Ian Hunter

Arnold Boult (Tracy), ein erfolgreicher Geschäftsmann, liebt seinen einzigen Sohn Edward abgöttisch und ist entschlossen, ihm jeden nur denkbaren Vorteil zukommen zu lassen. Dafür begeht er sogar Brandstiftung und treibt zwei Menschen in den Selbstmord. Seine Frau Evelyn (Kerr) versucht erfolglos, ihn zu ändern und wird zur Trinkerin, als er sich eine Geliebte nimmt.
Mit diesem Drama hatte der britische Schauspieler Robert Morley, am besten bekannt für seine Rollen als schnöseliger Gentleman, in London als Hauptdarsteller und Co-Autor großen Erfolg gehabt, den er auch auf dem Broadway wiederholen konnte. Wie im Stück wird auch im Film die Figur des Edward nie gezeigt. Dieser Kunstgriff sowie die Entscheidung, Tracy auch zum Publikum sprechen zu lassen, wirken auf der Leinwand jedoch gezwungen und verfehlen eine größere Wirkung. Auch waren viele Kritiker der Ansicht, Tracy wäre als rücksichtsloser Industrieller fehlbesetzt, doch Morley war wegen mangelnder Kassenträchtigkeit vom Studio abgelehnt worden. Deborah Kerr hingegen, in der ersten nennenswerten Rolle ihres MGM-Vertrages, zeigte eine erschütternde und vielbeachtete Leistung, die ihr die erste von insgesamt sechs Oscar-Nominierungen einbrachte. al

Edward mit den Scherenhänden

Edward Scissorhands. USA 1990 **R** Tim Burton **B** Caroline Thompson **K** Stefan Czapsky **M** Danny Elfman **P** Denise de Novi für 20th Century-Fox **L** 98 Min., Farbe **D** Johnny Depp, Winona Ryder, Dianne Wiest, Anthony Michael Hall, Vincent Price

Nach dem bombastischen BATMAN-Film kehrte Tim Burton mit *Edward Scissorhands* wieder zu einem etwas niedrigeren Budget zurück und schuf mit seiner Geschichte einen der schönsten, kitschigsten und skurrilsten Filmmärchenstoffe der letzten Jahre. Avon-Beraterin Peg (Wiest) lebt mit Ehemann und zwei Kindern in einem sterilen amerikanischen Vorort, über dem eine alte verwinkelte Burg thront. Eines Tages wagt sie sich dorthin und entdeckt Edward (Depp) - einen künstlich erschaffenen Menschen, der seit dem Tod seines Erfinders (Price) allein in dem düsteren Schloß haust und mit einer Besonderheit aufwarten kann: Anstelle von Händen besitzt er messerscharfe Scheren, die er bald als Gärtner und Hairstylist zum Wohle der begeisterten Anwohner einsetzt. Mit der Freundschaft ist es allerdings schnell vorbei, als skrupellose Jugendliche die Fähigkeiten des naiven Edward für kriminelle Umtriebe einsetzen wollen.
Neben den märchenhaften Elementen amüsiert *Edward mit den Scherenhänden* vor allem durch die rücksichtslose Persiflage amerikanischer Lebensgewohnheiten. Die in Pastelltönen angestrichene Vorortsiedlung (Burton fand tatsächlich in Florida eine solche Häuserkolonie), in der die daheim gebliebenen Hausfrauen nichts anderes zu tun haben, als zu schwatzen und auf die arbeitenden Ehegatten zu warten, ist eines der witzigsten Beispiele. Gelungene Darstellerleistungen (allen voran Dianne Wiest als tragisch-trutschige Avon-Beraterin) und die überkandidelte Filmmusik von Danny Elfman runden den positiven Gesamteindruck ab. jg

Effi Briest

Effi Briest. BRD 1974 **R** Rainer Werner Fassbinder **B** Rainer Werner Fassbinder, nach dem Roman von Theodor Fontane **K** Jürgen Jürges, Dietrich

Lohmann **P** Rainer Werner Fassbinder für Tango-Film **L** 140 Min., s/w **D** Hanna Schygulla, Wolfgang Schenck, Ulli Lommel, Lilo Pempeit, Herbert Steinmetz, Hark Bohm, Karlheinz Böhm, Irm Herrmann, Ursula Strätz

Von Kritikern wird Fassbinders Adaption des berühmten Fontane-Romans als die gelungenste und der Vorlage am nahestehendste Version angesehen. 1939 hatte Gustaf Gründgens mit Marianne Hoppe in der Hauptrolle die Geschichte unter dem Titel DER SCHRITT VOM WEGE verfilmt. 1955 entstand unter der Regie von Rudolf Jugert mit Ruth Leuwerik das Remake ROSEN IM HERBST. Als dritte Version ist noch der DDR-Fernsehfilm mit Angelica Domröse aus dem Jahr 1968 zu erwähnen.
Die junge Effi (Schygulla) heiratet den wesentlich älteren Regierungsinspektor Gert von Instetten (Schenck), der seine Frau schon kurz nach der Heirat vernachlässigt, um seine politische Karriere voranzutreiben. Effi hat eine kurze Liasion mit dem attraktiven Major Crampas, doch mit der Versetzung ihres Mannes nach Berlin endet diese Verbindung. Jahre später entdeckt Instetten Crampas´ Liebesbriefe und zieht sofort seine Konsequenzen. Die Ehe wird geschieden; Effi zieht wieder nach Pommern auf das Gut ihrer Eltern, wo sie nach kurzer Zeit, gebrochen durch Gram und Einsamkeit, stirbt.
Für *Effi Briest* ließ sich der für sein Arbeitstempo bekannte Fassbinder diesmal Zeit. Der Film wurde bereits im Sommer 1972 begonnen; die Dreharbeiten zogen sich aber bis weit in den Herbst des nächsten Jahres hin und nahmen insgesamt fast 60 reine Drehtage in Anspruch, für die das Team vorher auf der Suche nach idealen Schauplätzen die dänische Küste, Schleswig-Holstein, den Schwarzwald und Wien bereiste. Eine perfekte und überaus sorgfältig ausgeführte Literaturverfilmung, die zu keiner Zeit ins Sentimentale abdriftet und durch das hervorragende Spiel ihrer Hauptdarstellerin erfreut. jg

Egon Schiele - Exzesse

Egon Schiele - Exzesse / Egon Schiele, enfer et passion. BRD/Österreich/Frankreich 1980 **R** Herbert Vesely **B** Herbert Vesely, Leo Tichat **K** Rudolf Blahacek **M** Brian Eno **P** Dieter Geissler Filmprod., Gamma Film GmbH Salzburg, Herbert Vesely für V-Film Wien, Cine Prod. Paris **L** 92 Min., Farbe **D** Mathieu Carrière, Jane Birkin, Christine Kaufmann, Kristina van Eyck, Marcel Ophüls

Versuch einer Biographie des umstrittenen österreichischen Malers Egon Schiele (1890-1918), die jedoch im Lauf der Handlung nach und nach am Künstler und Menschen das Interesse verliert und sich mehr den fleischlichen Reizen diverser nackt agierender Stars und Modelle zuwendet.
Der aus einem vom Unheil heimgesuchten Elternhause (vier seiner Geschwister starben im Kindesalter, der Vater erlag einer Geisteskrankheit) stammende Egon Schiele (Carrière) beschließt bereits in jungen Jahren, Maler zu werden. Statt des erwarteten finanziellen Erfolges provoziert er jedoch durch seine exhibitionistischen Selbstporträts und schonungslos offenen Aktgemälde einen gesellschaftlichen Skandal, der schließlich sogar in einer Gerichtsverhandlung gipfelt, in deren Verlauf der Künstler der Verführung eines minderjährigen Mädchens angeklagt wird. Der Ausbruch der spanischen Grippe im Jahre 1918 kostet nicht nur seiner Frau, sondern auch ihm das Leben.
Auf den Filmfestspielen von Venedig warf man Veselys Film vor, er sei zu schön und zu harmlos geraten, was den Regisseur dazu veranlaßte, in München einige erotische Szenen nachzudrehen, die den schlechten Gesamteindruck des Films aber auch nicht mehr verbessern konnten. jg

Eine Ehe

Mariage. Frankreich 1974 **R** Claude Lelouch **B** Claude Lelouch, Pierre Uytterhoeven **K** Jean Colomb, Jacques Lefrançois **M** Francis Lai **P** Films 13 **L** 95 Min. (Originalfassung 100 Min.), Farbe **D** Bulle Ogier, Rufus, Marie Déa, Caroline Cellier

Vielfilmer Claude Lelouch, oft wegen seines oberflächlich-schicken Inzenierungsstils gescholten, beschäftigt sich hier erneut mit seinem Lieblingsthema: einem Mann, Henri (Rufus), und seiner Frau Janine (Ogier). Die beiden sind ein frisch verheiratetes Paar, das während der deutschen Besatzung Frankreichs ein Heim fürs gemeinsame Leben sucht. Sie erstehen günstig ein an der Kanalküste gelegenes Haus, da es neben einem deutschen Bunker liegt. Daß sie Résistance-Mitgliedern Einlaß gewährten, wird dem Pärchen später als Teilnahme an der Widerstandsbewegung ausgelegt, und jährlich kommt es zu kleinen Gedenkfeiern.
In drei Abschnitten verfolgt Lelouch die Ehe der beiden Hauptfiguren, die sich im Laufe der Jahre immer weiter voneinander entfernen. Nach dem Coup mit dem Haus gibt es einen zehnjährigen Sprung: Henri ist ein Held, doch um seine Beziehung zu Janine steht es bereits schlecht. Nach weiteren zehn Jahren machen sich die beiden täglich die Hölle heiß - bis ein junges Pärchen das Haus kaufen möchte...
Nur diese letzte Episode, in der sich die Anfangsszene wiederholt, hat eine normale Farbgebung, alle in der Vergangenheit spielenden Szenen sind gelblich getönt. Der Film wurde in nur zwei Wochen heruntergedreht, und karikiert neben seiner Untersuchung einer Beziehung die übertriebene Verehrung der Franzosen für ihre angeblichen Helden, die in diesem Falle gar keine sind. Trotz technischer und darstellerischer Qualitäten befand *Variety*, daß das besagte Haus mit all seinen Macken „menschlicher wirkt als das Paar". al

Die Ehe der Maria Braun

Die Ehe der Maria Braun. BRD 1979 **R** Rainer Werner Fassbinder **B** Peter Märthesheimer, Pea Fröhlich, Rainer Werner Fassbinder, nach einer Idee von Fassbinder **K** Michael Ballhaus **M** Peer Raben **P** Michael Fengler für Albatros, Hans Eckelkamp für Trio-Film, WDR **L** 120 Min., Farbe **D** Hanna Schygulla, Klaus Löwitsch, Ivan Desny, Gottfried John, Gisela Uhlen, Günther Lamprecht, George Byrd, Elisabeth Trissenaar, Isolde Barth, Hark Bohm, Günther Kaufmann, Bruce Low, Claus Holm, Rainer Werner Fassbinder

Die *Ehe der Maria Braun* bildete den Auftakt für eine Trilogie, in der sich Fassbinder mit der jüngsten deutschen Geschichte auseinandersetzte. War es hier bereits das Nachkriegsdeutschland, so wandte er sich in seinem nächsten Werk LILI MARLEEN noch einmal dem Dritten Reich zu. Mit LOLA lieferte er abschließend einen Beitrag zur Beschreibung der Adenauer-Ära.
In herb fotografierten Bildern beschreibt Deutschlands bislang produktivster Regisseur die Lebensgeschichte der Maria Braun (Schygulla), die mitten im Krieg den Soldaten Hermann (Löwitsch) heiratet, der kurz darauf an die Front geschickt wird. Maria schlägt sich nach dem Krieg als Bardame in einem Club für amerikanische GIs durch und läßt sich auf eine Affäre mit dem Schwarzen Bill ein, nachdem sie erfährt, daß Hermann angeblich ums Leben gekommen sei. Der als vermißt Geltende kommt jedoch nach Jahren der Kriegsgefangenschaft nach Deutschland zurück. Dramatische Ereignisse nehmen ihren Lauf.

„Das ist ein richtig charmanter und sogar witziger Kinofilm und zugleich ungemein kunstvoll, künstlich und mit Falltüren noch und noch für die, die unruhig leidend auf ihrem Sessel rutschen, können sie nicht in eine Tiefe, möglichst in mehrere stürzen." (*Süddeutsche Zeitung*)
Die Ehe der Maria Braun - der zweite Film, zu dem Fassbinder nicht selbst das Drehbuch geschrieben hatte - zählt zu den ganz großen Erfolgen des Neuen Deutschen Films und entwickelte sich sogar in den USA zu einem Kassenrenner. Hanna Schygulla erhielt für ihre überragende Darstellung auf den Berliner Filmfestspielen, wo Fassbinders Werk auch seine Uraufführung erlebte, den Silbernen Bären als Beste Hauptdarstellerin. jg

Die Ehe des Herrn Mississippi

Die Ehe des Herrn Mississippi. BRD/Schweiz 1961 **R** Kurt Hoffmann **B** Friedrich Dürrenmatt, nach seinem Bühnenstück **K** Sven Nykvist **M** Hans-Martin Majewski **P** Artur Brauner für CCC-Filmprod. Berlin, Max Dora für Praesens Film Zürich **L** 93 Min., s/w **D** O. E. Hasse, Johanna von Koczian, Martin Held, Hansjörg Felmy, Charles Regnier, Karl Lieffen, Max Hauffler, Edith Hancke, Siegmar Schneider

Mit der Verfilmung des Thomas-Mann-Romans DIE BEKENNTNISSE DES HOCHSTAPLERS FELIX KRULL setzte sich Erfolgsregisseur Kurt Hoffmann von seinen bisherigen Komödienstoffen ab, um sich auf die Leinwand-Umsetzung gehobener Literatur und Bühnenstücke zu konzentrieren - eine Entscheidung, mit der er seine eigenen Fähigkeiten überschätzen sollte.
Die Ehe des Herrn Mississippi, eine bitterböse schwarze Komödie von Friedrich Dürrenmatt, rutschte unter seiner Regie auch schnell in eine Aneinanderreihung grober Effekte ab, ohne die Doppelbödigkeit der Vorlage in irgendeiner Weise entsprechend einfangen zu können. „Wo Dürrenmatt auf der Bühne erschreckt und herausfordert, wo er ein dämonisches Ränkespiel und Widersprüche entfesselt, macht sich im Film nur der kabarettistische Scherz mit dem Negativen breit." (*Evangelischer Filmbeobachter*)
Generalstaatsanwalt Mississippi (Hasse) heiratet Anastasia (von Koczian). Beide haben sich vorher per Mord ihrer jeweiligen Ehepartner entledigt. In dem fiktiven Staatsgefüge stoßen die Vertreter zweier völlig verschiedener Gesellschaftstheorien aufeinander. Mississippi will die alttestamentarische Gesetzgebung wiedereinführen, sein Widersacher Saint-Claude (Held) tritt für die kommunistische Weltrevolution ein. Beide scheitern kläglich: Mississippi landet im Irrenhaus, Saint-Claude wird von seinen eigenen Getreuen liquidiert, während Anastasia ihr Glück an der Seite des Ministerpräsidenten findet. jg

Ehe im Schatten

Ehe im Schatten. Deutschland 1947 **R** Kurt Maetzig **B** Kurt Maetzig, nach der Novelle *Es wird schon nicht so schlimm* von Hans Schweikart **K** Friedel Behn-Grund, Eugen Klagemann **M** Wolfgang Zeller **P** DEFA **L** 105 Min., s/w **D** Paul Klinger, Ilse Steppat, Alfred Balthoff, Claus Holm, Willy Prager

Hans Schweikart, in der Zeit des Dritten Reiches selbst erfolgreicher Regisseur im Genre des Melodramas und Kriminalfilms, schrieb seine Novelle in Erinnerung an das Schicksal seines Freundes Joachim Gottschalk, der damals zu den vielsprechendsten Nachwuchsschauspielern des deutschen Films zählte. Gottschalk war mit einer jüdischen Frau verheiratet, mit der er zusammen zwei Kinder hatte. Sein zunehmender künstlerischer Erfolg setzte ihn dem Druck der Nazis aus, die von ihm verlangten, sich von seiner Frau und den Kindern zu trennen. Gottschalk weigerte sich und wählte 1941 mit seiner Familie den Freitod.
Diese authentische Geschichte ist zugleich auch die Handlung des Films, obwohl sich das Drehbuch nur auf den Schauspieler selbst und seine Frau konzentriert und die Existenz der beiden Kinder außer acht läßt.
Unter dem noch frischen Eindruck der Nazi-Greuel entstanden, ist Kurt Maetzigs Tragödie ein beeindruckendes Zeitdokument und ein wertvoller Beitrag des Kinos, die jüngere deutsche Vergangenheit in Form eines menschlichen Dramas aufzuarbeiten.
Bei der Uraufführung von *Ehe im Schatten* kam es zu einem handfesten Skandal. Unter die Premierengäste hatte sich tatsächlich auch Veit Harlan, Regisseur des berüchtigten antisemitischen Propagandafilms JUD SÜSS, gemischt. Zahlreiche, immer bestimmender werdende Aufforderungen waren nötig, um Harlan zum Verlassen des Zuschauersaales zu bewegen. Erst nach seinem unrühmlichen Abgang konnte der Film vorgeführt werden. jg

Ehe in Fesseln

Queen Bee. USA 1955 **R** Ranald MacDougall **B** Ranald MacDougall, nach dem Roman von Edna Lee **K** Charles Lang **M** George Dunning **P** Jerry Wald für Columbia **L** 85 Min. (Originalfassung 95 Min.), s/w **D** Joan Crawford, Barry Sullivan, Betsy Palmer, John Ireland, Lucy Marlow

Eva Philips (Crawford), Ehefrau eines reichen Mühlenbesitzers, gibt sich äußerlich den Anschein einer liebenswürdigen, charmanten Person, doch innerlich ist sie eine herrschsüchtige Psychopathin, die alle um sich herum zu dominieren und manipulieren versucht. Ihr Mann, der sie durchschaut, ist über ihre Härte und Rücksichtslosigkeit zum Trinker geworden. Auch Kusine Jennifer läßt sich zunächst täuschen, muß dann jedoch beobachten, wie Eva die Beziehung ihrer Schwägerin (Palmer) zum Geschäftsführer des Besitzes (Ireland) torpediert, mit dem sie früher einmal liiert war.
Obwohl *Ehe in Fesseln* vom gleichen Team gemacht wurde, das auch für Crawfords Triumph in SOLANGE EIN HERZ SCHLÄGT verantwortlich zeichnete, läßt dieses Melodram doch einiges zu wünschen übrig. Im Prinzip handelt sich um eine modernisierte und stark vergröberte Fassung von DIE KLEINEN FÜCHSE, einem Bette-Davis-Vehikel von 1941. Crawfords Figur ist derartig monströs, daß es „ein wirkliches Vergnügen und eine Erleichterung ist, wenn sie am Ende getötet wird" (*The New York Times*).
Die Rolle ist typisch für die Spätphase ihrer Karriere, wie auch ihre Kolleginnen Davis und Barbara Stanwyck mußte sie in dieser Zeit meist rücksichtslose Geschäftsfrauen mimen. Dementsprechend ist die Darstellung der Crawford auch der interessanteste Aspekt des Films, und es macht Spaß, die Schauspielerin - auch mit 48 Jahren noch eine Schönheit - bei ihren Intrigen und Komplotten zu beobachten.
Der amerikanische Originaltitel *Queen Bee / Die Bienenkönigin* weist auf die Gewohnheit dieser Tiere hin, alle Konkurrentinnen mit einem Stich zu töten, um alleinige Herrscherin über das Bienenvolk zu werden und zieht so eine Parallele zu Crawfords Verhalten im Film.
Charles Lang erhielt für seine Schwarzweiß-Photographie eine Oscar-Nominierung. al

Ehe ohne Liebe

Rachel and the Stranger. USA 1948 **R** Norman Foster **B** Waldo Salt, nach den Erzählungen *Rachel* und *Neighbour Sam* von Howard Fast **K** Maury Gertsman **M** Roy Webb **P** Richard H. Berger für RKO Radio **L** 93 Min., s/w **D** Loretta Young, Robert Mitchum, William Holden, Tom Tully

Der verwitwete Farmer Davey Harvey (Holden) ersteht im Ohio des Jahres 1800 für 22 Dollar eine Leibeigene, die für ihn und seinen kleinen Sohn den Haushalt besorgen soll. Zunächst behandelt er Rachel (Young) wie eine Dienerin, und der Junge weigert sich, sie als Mutter zu akzeptieren, doch als Harveys alter Freund Jim Fairways (Mitchum) sich für sie interessiert, regt sich so etwas wie Eifersucht in dem Westerner. Nach

einem gemeinsam überstandenen Indianerangriff steht einem glücklichen Familienleben nichts mehr im Wege.
Obwohl es sich hier um ein Drama aus den amerikanischen Pioniertagen handelt, rükken fünf Songs, geschrieben von Drehbuchautor Waldo Salt mit Komponist Roy Webb, das Ganze in Richtung Musical - besonders augenfällig sind die Parallelen zu WESTWÄRTS ZIEHT DER WIND. Robert Mitchum gibt mit Gitarrenbegleitung drei Lieder zum besten, darunter *Just Like Me* und *Foolish Pride*.
Weil der Schauspieler zur damaligen Zeit in eine aufsehenerregende Marihuana-Affäre verwickelt war, trieb RKO Radio die Produktion energisch voran, um aus der unverhofften Publicity Kapital zu schlagen. In der Tat wurde *Ehe ohne Liebe* einer der erfolgreichsten Filme des Jahres, obwohl Kritiker die langsame Gangart in der ersten Hälfte bemängelten. al

Der Ehekäfig

La cage. Frankreich 1975 **R** Pierre Granier-Deferre **B** Pierre Granier-Deferre, Pascal Jardin, nach dem Bühnenstück *La mort d'un baleine* von Jack Jacquine **K** Walter Wottitz **M** Philippe Sarde **P** Lira Films/U.G.C./Parma Films **L** 90 Min. (Originalfassung 100 Min.), Farbe **D** Lino Ventura, Ingrid Thulin, Dominique Zardier, William Sabatier

Bei einem Besuch bei seiner Ex-Frau Hélène (Thulin) tappt Julien (Ventura) in eine raffinierte Falle: Nach dem Sturz durch eine Falltür findet er sich in einem vergitterten Kellerraum wieder, der an einen Käfig erinnert. Hélène hat ihn gefangengesetzt, um ihm Zeit für nicht stattgefundene Gespräche abzuringen.
Der Ehekäfig bietet zwei Überraschungen: Die Falle am Anfang und den Schluß, als das ganze Haus in die Luft fliegt, und man die Streithähne unter den Trümmern lachen hört. In der Zwischenzeit liefern sich Ventura, der sich - derart unbeweglich - sichtlich unwohl fühlt, und Thulin, eine von Ingmar Bergmans Lieblingsdarstellerinnen, dialogreiche Auseinandersetzungen, die jedoch zu wenig Dramatik beinhalten, um das Interesse des Zuschauers über die gesamte Zeit wachzuhalten. Obwohl sich beide alle Mühe geben, „klickt“ es zwischen ihnen einfach nicht. Schon der begrenzte örtliche Rahmen weist auf die Bühnenherkunft des Stoffes hin, und gerade diese Immobilität bringt ihn auf der Leinwand zu Fall.
Venturas Produktionsfirma Parma Films zeichnete als Co-Produzent verantwortlich. al

Ehekomödie

That Uncertain Feeling. USA 1941 **R** Ernst Lubitsch **B** Donald Odgen Stewart, nach dem Bühnenstück *Divorcons* von Victorien Sardou und Emile de Najac **K** George Barnes **M** Werner R. Heymann **P** Ernst Lubitsch für Phoebus International/United Artists **L** 83 Min., s/w **D** Merle Oberon, Melvyn Douglas, Burgess Meredith, Alan Mowbray, Eve Arden

Nach einem Besuch bei ihrem Psychiater wegen eines Schluckauf ist die reich verheiratete Jill (Oberon) davon überzeugt, daß in ihrer Ehe mit dem Börsenmakler Larry (Douglas) etwas nicht stimmt. Zudem hat sie in der Praxis den exzentrischen Pianisten Alex (Meredith) kennengelernt und ihn zu sich nach Hause eingeladen. Da kann natürlich Larry nicht ganz gleichgültig bleiben... Ernst Lubitsch inszenierte diese muntere Komödie als Remake seines eigenen *Kiss Me Again* von 1925. Auch hier geht es um eine Dreiecksbeziehung, eine Konstellation, wie sie in fast allen seinen Lustspielen auftritt. Die Ausgangssituation ist dieselbe wie bei ENGEL: Die gelangweilte Ehefrau sucht nach einem Weg, ihren Mann aus seiner Lethargie zu reißen. Der Film hat seine Momente, ist jedoch insgesamt eine Enttäuschung. Ab und zu macht sich der berühmte „Lubitsch Touch“ bemerkbar, aber das Tempo des Regisseurs ist zu langsam für seinen Humor. al

Ehekrieg

Adam's Rib. USA 1949 **R** George Cukor **B** Garson Kanin, Ruth Gordon **K** George J. Folsey **M** Miklos Rozsa **P** Lawrence Weingarten für MGM **L** 101 Min., s/w **D** Spencer Tracy, Katharine Hepburn, Judy Holliday, Tom Ewell, David Wayne, Jean Hagen

Das Ehepaar Adam und Amanda Bonner (Tracy/Hepburn) ist glücklich verheiratet. Beide sind Anwälte, und einziger Streitpunkt ihrer Beziehung ist die Gleichberechtigung der Frau. In einem Prozeß um eine solche (Holliday), die ihren Mann in flagranti beim Seitensprung ertappte und ihn mit einem Revolver verletzte, stehen sich die beiden Juristen auch im Gerichtssaal gegenüber. Klar, daß Adam den Ehemann und Amanda dessen schießwütige Frau vertritt. *Ehekrieg* ist sicher eine der besten Komödien um den Kampf der Geschlechter, die je gedreht wurden. Das Autoren-Ehepaar Garson Kanin und Ruth Gordon (die später auch als Schauspielerin Furore machte) war für das intelligente und witzige Drehbuch verantwortlich, das sie für ihre Freunde Tracy und Hepburn maßschneiderten. Regisseur Cukor und Tracy waren im gleichen Jahr nicht so glänzend mit EDWARD, MEIN SOHN gefahren, und auch die letzten Filme des Erfolgs-Duos (und heimlichen Liebespaares) Tracy/Hepburn waren hinter den Erwartungen zurückgeblieben. Der Erfolg von *Ehekrieg* kam damit für alle zu einem wichtigen Zeitpunkt ihrer Karrieren und etablierte nebenbei noch eine ganze Schar weiterer Darsteller, allen voran Judy Holliday, deren Leistung als naive Blonde gefeiert wurde und ihr den Weg zu ihrer Oscar-Rolle in DIE IST NICHT VON GESTERN ebnete (inszeniert und geschrieben vom *Ehekrieg*-Team). Das Autoren-Duo Kanin/Gordon wurde mit einer Oscar-Nominierung für das Beste Original-Drehbuch geehrt. Die einzige Enttäuschung des Films stellt Cole Porters Song *Farewell, Amanda* dar, der von David Wayne zu Gehör gebracht wird. al

Die Ehre der Prizzis

Prizzi's Honor. USA 1985 **R** John Huston **B** Richard Condon, Janet Roach **K** Andrzej Bartkowiak **M** Alex North **P** John Foreman für ABC Motion Pictures **L** 129 Min., Farbe **D** Jack Nicholson, Kathleen Turner, John Randolph, Robert Loggia, Anjelica Huston, William Hickey, Lee Richardson

Gelungener Versuch des Altmeisters John Huston, ein weniger pathetisches Pendant zu den *Pate*-Filmen zu entwerfen. *Die Ehre der Prizzis* schwelgt nicht im Mythos der Mafia, sondern bemüht sich mit Erfolg, diese Verbrecherorganisation lächerlich zu machen.
Jack Nicholson spielt den Prizzi-Patensohn Charley Partanna, der die etwas undankbare, jedoch äußerst lukrative Aufgabe innehat, unangenehme Familienmitglieder zu eliminieren. Während einer pompösen Hochzeitsfeier lernt er die attraktive Blondine Irene Walker (Turner) kennen. In beiden entflammt die Leidenschaft füreinander. Allerdings muß Partanna bald erkennen, daß seine neue Freundin keineswegs einem biederen Sekretärinnenjob nachgeht, sondern ihr Geld ebenfalls als Killer verdient. Eine Kette komplizierter Ereignisse führt schließlich zu der mißlichen Situation, daß beide Partner aufeinander angesetzt werden.
Kritiker, die voreilig den vorangegangenen Film UNTER DEM VULKAN als Hustons letztes Meisterwerk bezeichnet hatten, wurden eines Besseren belehrt. Der große alte Regisseur zog mit *Die Ehre der Prizzis* noch einmal alle Register seines Könnens.
Bei den Oscar-Feierlichkeiten 1985 erhielt der Streifen insgesamt acht Nominierungen (Bester Film, Regie, männliche Haupt- und Nebenrolle, weibliche Nebenrolle, Drehbuch, Schnitt und Kostüme), unterlag aber Sydney Pollacks romantischem JENSEITS VON AFRIKA. Lediglich Anjelica Huston, Tochter des Regisseurs, bekam für ihre Nebenrolle die Auszeichnung. jg

Die Ehrgeizige

Payment on Demand. USA 1951 **R** Curtis Bernhardt **B** Bruce Manning, Curtis Bernhardt **K**

Dieses machtvolle und bewegende Drama gehört zu den besten amerikanischen Produktionen überhaupt. Es ist eine bittere Anklage gegen ein unmenschliches, verknöchertes Pflegesystem, das aus den Patienten Gefangene macht, anstatt auf Besserung hinzuarbeiten. Nicholson, der hier die Vorstellung seines Lebens gibt, ist erneut der Rebell par excellence, der sich bei jeder Gelegenheit gegen die bestehende Ordnung auflehnt, obwohl er weiß, daß er nichts verändern kann. Der Schauspieler verbrachte einige Wochen in Nervenheilanstalten, wo er mit Patienten lebte und die umstrittene Elektroschockbehandlung beobachtete. Er war auch im Oregon State Hospital in Salem, nach dessen Vorbild man im Studio die äußerst realistischen Kulissen errichtet hatte, und dessen Direktor Dean R. Brooks die entsprechende Rolle in der Film-Anstalt übernahm. Bei seinem Start erhielt *Einer flog über das Kuckucksnest* überwiegend gemischte Kritiken, deren negative Elemente sich vor allem auf die unvermeidlichen Veränderungen gegenüber der Vorlage bezogen. Unumstritten waren jedoch Nicholsons meisterliche Darstellung und Formans sichere, sensible Regie. Der Film entwickelte sich zu einem achtbaren Kassenerfolg und heimste zudem, neben zahlreichen anderen Preisen, Oscars in den fünf wichtigsten Kategorien Bester Film, Regie, Hauptdarsteller, Hauptdarstellerin und Drehbuch ein - das hatte zuvor nur Frank Capras 1934er-Komödie ES GESCHAH IN EINER NACHT geschafft.
Der Film stellt darüber hinaus das Leinwanddebüt von Will Sampson, Brad Dourif und Christopher Lloyd dar. al

Einer gibt nicht auf

Comanche Station. USA 1960 **R** Budd Boetticher **B** Burt Kennedy **K** Charles Lawton **M** Mischa Bakaleinikoff **P** Harry Joe Brown, Budd Boetticher, Randolph Scott für Renown, Columbia **L** 74 Min., Farbe **D** Randolph Scott, Nancy Gates, Claude Akins, Skip Homeier, Richard Rust, Rand Brooks, Dyke Johnson, Foster Hood, Joe Molina, Vince St. Cyr

Einer gibt nicht auf war der siebte und letzte Western, der in der Zusammenarbeit von Filmemacher Budd Boetticher und seinem bevorzugten Star Randolph Scott entstand.
Der Westmann Cody (Scott) befindet sich seit zehn Jahren auf der Suche nach seiner von den Indianern geraubten Frau. Zwar wird er diesbezüglich nicht fündig, stößt dafür aber auf Mrs. Lowe (Gates), der ein ähnliches Schicksal widerfuhr und der Cody verspricht, sie nach Hause zu ihrem Mann zurückzubringen. Auf ihrem beschwerlichen Heimweg haben die beiden allerlei gefährliche Begegnungen mit Komantschen und Banditen. Mrs. Lowe wird heil bei ihrem blinden Ehemann abgesetzt und Cody schwingt sich in stoischer Schicksalsergebenheit wieder in den Sattel, um seine ewige Suche fortzusetzen.
Ein erfreulicher, abwechslungsreicher Western, der nicht mit der üblichen Pärchenbildung endet, indem die unliebigen Nebenbuhler durch Unglücksfälle oder Pistolenduelle aus dem Verkehr gezogen werden, sondern sich auf die traditionelle Darstellung des übermenschlichen, stets korrekt handelnden Westerners beruft. Randolph Scott bereichert in seiner Rolle diese zu Beginn der 60er Jahre fast schon überholten Eigenschaften mit einem gehörigen Schuß Tragik und Traurigkeit. jg

Einer mit Herz

One from the Heart. USA 1981 **R** Francis Ford Coppola **B** Armyan Bernstein, Francis Ford Coppola **K** Vittorio Storaro **M** Tom Waits **P** Gray Fredrickson, Fred Roos für Zoetrope Studio Prod. **L** 108 Min., Farbe **D** Frederic Forrest, Teri Garr, Raul Julia, Nastassja Kinski, Harry Dean Stanton

Las Vegas, an einem Unabhängigkeitstag. Das Pärchen Hank (Forrest) und Frannie (Garr) lebt seit genau fünf Jahren zusammen, doch die geplante Jubiläumsfeier endet im Streit, nach dem beide getrennt ihrer Wege gehen und in der Glitzerstadt auf ihre jeweiligen Traumpartner treffen, den Nachtclubkellner Ray (Julia) bzw. die Zirkusartistin Leila (Kinski). Doch die alte Liebe ist stärker, und am Schluß sind sie wieder glücklich vereint.
Diese sympathische, vor allem aber sehr altmodische Liebesgeschichte, die aus dem Hollywood der 50er stammen könnte, steht in keinem Verhältnis zum finanziellen und technischen Aufwand sowie zu dem Medienrummel, der die Produktion des Films begleitete.
1980 hatte Francis Ford Coppola, mit dem Erfolg seines APOCALYPSE NOW im Rücken, die altehrwürdigen Hollywood General Studios gekauft und sich so den Traum von einem eigenen Studio erfüllt, das er Zoetrope nannte. Er wollte ein neues Zeitalter des Filmemachens einläuten und ließ die veralteten Anlagen durch modernste Videotechnik und elektronisches Equipment ersetzen, das eine zügigere und im Endeffekt auch billigere Produktion von Filmen ermöglichen sollte. Zu diesen immens teuren Umbauarbeiten gesellten sich die astronomischen Kosten der Produktion selbst, bei der allein die komplette Errichtung einer Las-Vegas-Kulisse im Studio mit 6 Mio.$ zu Buche schlug. Am Ende war das Budget um 11 Millionen überschritten worden und auf 26 Mio. $ geklettert. Zu diesem Zeitpunkt hatte sich der ursprüngliche Verleiher und Finanzier MGM schon längst fluchtartig zurückgezogen und Coppola bezahlte einen Großteil der Kosten aus eigener Tasche. Ohne Verleiher und ständig vom Bankrott bedroht, suchte er schließlich sein Heil in einem spektakulären Publicity-Stunt, als er die 6000 Besucher fassende Radio City Music Hall für eine Preview mietete. Doch die Kritiken waren vernichtend und der Film wurde ein Reinfall - Coppola mußte Zoetrope verkaufen und sich mit Teenie-Filmen wie DIE OUTSIDER sanieren.
Die Hauptschuld an diesem Desaster trägt Coppola selbst, nicht nur wegen der schwindelerregenden Kosten seines Perfektionismus', sondern vor allem durch das gezielte Schüren von Erwartungen, die durch die simple Story niemals erfüllt werden konnten. Was ein kleines, liebenswertes Musical im klassischen Studiostil hätte werden können, geriet zu einem stilisierten, mit technischem Hokuspokus überfrachteten Monstrum, in dem man vor lauter Staunen über Kamerafahrten und Lichteffekte die Story kaum findet. *Der Spiegel* bemerkte dazu: „Der Film wirkt, als würde jemand auf einem gigantischen Synthesizer ´Hänschen klein´ dudeln."
Den richtigen Ton treffen allerdings die sehr lakonischen Songs von Tom Waits (einige im Duett gesungen mit Crystal Gayle), die zum Teil den Bildern unterlegt sind und die Aktionen der Figuren ironisch kommentieren. al

Einer trage des anderen Last

Einer trage des anderen Last. DDR 1988 **R** Lothar Warneke **B** Wolfgang Held **K** Peter Ziesche **M** Günther Fischer **P** Horst Hartwig für DEFA **L** 118 Min., Farbe **D** Jörg Pose, Manfred Möck, Susanne Lüning, Karin Gregorek, Heinz Dieter Knaup, Johanna Clas, Doris Thalmer

Die DDR zu Beginn der 50er Jahre: Ausgerechnet ein Volkspolizist (Pose), der auch noch ironischerweise den Namen Heiliger trägt, und ein junger Vikar (Möck) müssen sich in einem Sanatorium für Lungenkranke ein Zweibettzimmer teilen. Nach den weltanschaulich bedingten Verständigungsproblemen und Auseinandersetzungen finden die beiden jedoch auf dem Weg gegenseitiger Akzeptanz und Toleranz zueinander.
Drehbuchautor und Regisseur weisen bezüglich der Filmhandlung interessante Hintergründe auf. Wolfgang Held war in den

50er Jahren selbst als Volkspolizist tätig und schrieb in Erinnerung an ähnliche Erlebnisse das Szenarium; Lothar Warneke hatte sich zur selben Zeit für eine Laufbahn als Geistlicher entschieden.
Ergebnis ihrer gemeinsamen Zusammenarbeit ist ein besinnlich und mit einfachen Mitteln inszenierter Film, der vor allem in der Dialogführung seine Stärken besitzt, auch wenn die beiden Hauptfiguren stellenweise als Musterexemplare ihrer jeweiligen Anschauung vorgeführt werden.
Für ihre Darstellung erhielten die beiden Schauspieler Jörg Pose und Manfred Möck 1988 bei den Berliner Filmfestspielen den Silbernen Bären. jg

Einer von uns beiden

Einer von uns beiden. BRD 1973 **R** Wolfgang Petersen **B** Manfred Purzer, nach dem Roman von -ky **K** Charly Steinberger **M** Klaus Doldinger **P** Luggi Waldleitner für Roxy-Film, Divina **L** 105 Min., Farbe **D** Klaus Schwarzkopf, Jürgen Prochnow, Elke Sommer, Ulla Jacobsson, Kristina Nel, Walter Gross, Otto Sander, Berta Drews, Ortrud Beginnen, Fritz Tillmann

Nach seinem Abschlußfilm an der Berliner Filmakademie *Ich werde dich töten, Wolf* war Wolfgang Petersen vor allem beim Fernsehen durch mehrere erfrischend flott inszenierte Folgen der Krimiserie *Tatort* populär geworden.
Einer von uns beiden ist sein erster Spielfilm. In ihm erzählt Petersen die Geschichte einer verhängnisvollen Erpressung. Der erfolglose Student Ziegenhals (Prochnow) entdeckt per Zufall, daß der Dozent Kolcyk (Schwarzkopf) seine Dissertation wortwörtlich aus einer in den USA veröffentlichten Arbeit abgeschrieben hat. Er verlangt von dem in Bedrängnis gekommenen Wissenschaftler enorme Summen, die dieser anfangs auch zahlt, um nicht seine gehobene großbürgerliche Stellung zu verlieren. Dann aber geht Kolcyk seinerseits zum Gegenangriff über. Es kommt zu einer tödlichen Auseinandersetzung.
„Hier war ein Profi am Werk, der sein Handwerk perfekt versteht; kein Neuerer, der ästhetische Maßstäbe zu setzen sucht, sondern einfach jemand, der spannende Geschichten spannend erzählen kann, ohne in provinzielle Biederkeit zu verfallen", äußerte sich Hans C. Blumenberg wohlwollend in der *Zeit*.
Ein virtuos gestaltetes Kriminaldrama, das vor allem von seiner ausgefeilten Besetzung und den Außenaufnahmen des schäbigen und tristen Berlin profitiert. jg

Eines Tages öffnet sich die Tür

Stage Struck. USA 1958 **R** Sidney Lumet **B** Ruth Goetz, August Goetz, nach dem Bühnenstück *Morning Glory* von Zoe Akins **K** Franz F. Planer, Maurice Hartzband **M** Alex North **P** Stuart Millar für RKO Radio/Buena Vista **L** 95 Min., Farbe **D** Henry Fonda, Susan Strasberg, Joan Greenwood, Herbert Marshall, Christopher Plummer, Daniel Ocko, Pat Harrington, Frank Campanella

Eines Tages öffnet sich die Tür war Sidney Lumets zweiter Film und bot ihm nach dem packenden Gerichtsdrama DIE ZWÖLF GESCHWORENEN lediglich einen etwas abgedroschenen Stoff über eine Theatercrew am Broadway. Immerhin gelang es Lumet, aus der scheinbar spröden Geschichte dank der erstklassigen Besetzung (wiederum Henry Fonda in der Hauptrolle) und mit Kameramann Planer sowie Komponisten Alex North einen charmanten Spielfilm zu machen. Gedreht wurde ausschließlich in Manhattan; die Innenaufnahmen entstanden in den Studios des Production Center in der 26. Straße.
Die Hauptrolle der Eva Lovelance fiel der damals 20jährigen Susan Strasberg zu, die zuvor auf der Bühne in dem Stück *Das Tagebuch der Anne Frank* eine außerordentliche Leistung gezeigt hatte und dann noch einmal kurz in dem Melodrama PICKNICK zu sehen war. Ihr wahres Können offenbarte Susan Strasberg aber erst in späteren Streifen; hier spielte sie regelrecht verhalten, was daran lag, daß ihre Mutter - sehr zu ihrem Ärger - permanent am Set anwesend war und sie sich in ihrer Nähe während der Dreharbeiten eher überwacht als beschützt fühlte.
Die junge, bezaubernde Eva Lovelance ist der Star einer Broadway-Produktion. Ihre Kollegen lieben und bewundern sie, die Männerwelt liegt ihr zu Füßen, doch Eva kommt zu der überaus vernünftigen Einsicht, daß es noch nicht die richtige Zeit für eine Romanze sei. Sie verzichtet auf ihre zahlreichen Verehrer, um sich mit noch größerem Enthusiasmus auf ihre Bühnenkarriere zu konzentrieren.
Zoe Akins Bühnenstück *Morning Glory* wurde unter dem gleichen Titel übrigens schon einmal 1933 mit Katharine Hepburn in der Hauptrolle verfilmt, die dafür einen Oscar erhielt. jg

Eine einfache Geschichte

Une histoire simple. Frankreich/BRD 1978 **R** Claude Sautet **B** Claude Sautet, Jean-Loup Dabadie **K** Jean Boffety **M** Philippe Sarde **P** Horst Wendtland, Claude Berri für Rialto/Renn **L** 112 Min., Farbe **D** Romy Schneider, Bruno Cremer, Claude Brasseur, Vera Schroeder, Peter Semler, Francine Berge, Barbara Rix, Eva Darlan, Roger Pigaut, Sophie Daumier

Nach den durchweg positiven Erfahrungen, die Romy Schneider unter Claude Sautets Regie in DIE DINGE DES LEBENS gemacht hatte, war dies bereits der fünfte Film, für den sie mit dem französischen Filmemacher zusammenarbeitete.
In *Eine einfache Geschichte* entwirft Sautet das stimmungsvolle Porträt einer Gruppe von Frauen, in deren Mittelpunkt die Figur von Marie (Schneider) steht. Sie ist geschieden, hat einen Sohn und einen Liebhaber, von dem sie sich jedoch wieder trennt. Rat und Trost in ihren jeweiligen Beziehungskonflikten findet Marie bei ihren Feundinnen, die ihrerseits mit den Männern ihre Probleme haben. Am Ende läßt sich Marie wieder auf eine Liaison mit ihrem Ex-Gatten Georges (Cremer) ein, deren Ende jedoch offenbleibt.
„Es ist die Geschichte unserer heutigen Gesellschaft, erzählt in einem Film, der unsere Lebenswelt mit ihren Zweifeln offenlegt und mit ihren Mühen, eingebettet in die Zeit und ihre Widersprüche; dargestellt von einem hervorragenden Schauspielerensemble, das weiß, wie man Gefühle offenbaren kann." (*Le Nouvel Observateur*)
Eine einfache Geschichte - 1979 als Bester fremdsprachiger Film für den Oscar nominiert - war eine Art französischer Beitrag zum gegen Ende der 70er Jahre sich manifestierenden Frauenfilm, auch wenn er - im Gegensatz zu vergleichbaren Projekten in der BRD - von einem männlichen Regisseur gedreht wurde. Claude Sautet betonte, er habe sich mit seinem Werk eindeutig auf die Seite der Frauen gestellt und die Männer nur als zweitrangige Figuren in die Handlung eingebracht. jg

Die Eingeschlossenen

I sequestri di Altona/Les séquestres d´Altona. Italien/Frankreich 1962 **R** Vittorio De Sica **B** Abby Mann, Cesare Zavattini, nach dem Bühnenstück von Jean-Paul Sartre **K** Roberto Gerardi **M** Dimitrij Schostakowitsch **P** Carlo Ponti für Titanus Film (Rom), S.G.C. (Paris) **L** 114 Min., s/w **D** Sophia Loren, Maximilian Schell, Fredric March, Robert Wagner, Françoise Prévost

Bei einem Familientreffen wird dem jungen Anwalt Werner (Wagner) von seinem Vater Gerlach (March) die Leitung des Imperiums angeboten. Doch Werner lehnt ab, da er weiß, was sich der Betrieb im Krieg hat zuschulden kommen lassen. Unterdessen macht Werners Frau, die Schauspielerin Johanna (Loren) im Haus eine Entdeckung: Der zweite Sohn Gerlachs, Franz (Schell), der wegen Kriegsverbrechen gesucht wird, lebt noch und wird im Haus versteckt!
Jean-Paul Sartres komplexes Theaterstück um Schuld, Gewissen und Wahrheit am Beispiel einer deutschen Unternehmerfamilie war wohl kaum das geeignete Material für das Gespann De Sica/Loren, das bis dato mit bodenständigen neapolitanischen Komödien sowie einem kraftvollen Drama um die Erlebnisse einer italienischen „Mamma" im II. Weltkrieg (...UND DENNOCH LEBEN SIE) aufgewartet hatte. Die Loren ist nunmal

keine deutsche Ehefrau, ebensowenig wie Wagner in dieser Nationalität glaubwürdig ist. Die internationale Besetzung war im Hinblick auf bessere Vermarktungschancen engagiert worden, doch diese Politik geht hier nach hinten los, abgesehen von der übrigen Bearbeitung des Stoffes. Die Kritik hatte nach der Uraufführung des in Hamburg gedrehten, verwirrenden Dramas ihren großen Tag. *Time* schrieb: „Szene um Szene richtet De Sica seine Kamera auf ein berühmtes Gesicht und hofft das Beste. Er bekommt es selten...", während *Monthly Film Bulletin* schäumte: „Dieser Film ist so hoffnungslos schlecht, daß es schwer ist zu wissen, wo man mit der Kritik anfangen soll." al

Einige Tage mit mir

Quelques jours avec moi. Frankreich 1988 **R** Claude Sautet **B** Claude Sautet, Jerome Tonnere, Jacques Fieschi, nach dem Roman von Jean-François Josselin **K** Jean-François Robin **M** Philippe Sarde **P** Philippe Carcassonne für Sara Films **L** 131 Min., Farbe **D** Daniel Auteuil, Sandrine Bonnaire, Jean-Pierre Marielle, Dominique Lavanant, Vincent Lindon, Thérèse Liotard, Gérard Ismael

„*Einige Tage mit mir* ist ein Liebesfilm, in dem niemand diese drei Worte sagt" (*Le Monde*). Und ein weiterer Glanzpunkt im Werk des seit DIE DINGE DES LEBENS für seine feinsinnigen, detailverliebten Filme bekannten französischen Altmeisters Claude Sautet. In *Einige Tage mit mir* bedient er sich erstmals nicht seines bewährten Mitarbeiter- und Darstellerstamms, trotzdem wirkt seine neueste Variation des satten Bourgeois in der Lebenskrise, voll von zärtlichen Szenen und messerscharfen Dialogen, wiederum altvertraut.
Martial Pasquier (Auteuil), Anfang 40, interessiert sich weder für seine Familie noch für die Supermarktkette, die er eines Tages erben wird. Seine Depressionen hat er gerade in einem Sanatorium zu beheben versucht, allerdings erfolglos. Auf einer Inspektionsreise in die Provinz lernt er die jugendliche Francine (Bonnaire) kennen und verliebt sich in sie, ist aber nicht in der Lage, sich zu seinen Gefühlen zu bekennen. Er kehrt nach Paris zurück, die Liaison scheint beendet. Erst jetzt, umgeben von vertrauter Öde, wird er sich bewußt, was er will: Francine. Er kommt zurück - doch nichts ist mehr wie vorher, denn inzwischen ist ein Mord geschehen. Er nimmt die Tat auf sich, in der Hoffnung, Francine dadurch zurückzugewinnen. Das Spiel endet in einer Tragödie...
Leider verliert der in Frankreich hochgelobte Film zum Ende hin durch mäßige Liebes- und Eifersuchtsszenen und das Abrutschen in Klischees etwas von seinem anfänglichen Witz und Esprit; die schauspielerischen Leistungen der Darsteller sind hingegen durchweg hochkarätig. sk

Einmal Hölle und zurück

Purple Hearts. USA 1983 **R** Sidney J. Furie **B** Rick Natkin, Sidney J. Furie **K** Jan Kiesser **M** Robert Folk **P** Sidney J. Furie für Ladd Company **L** 115 Min., Farbe **D** Ken Wahl, Cheryl Ladd, Stephen Lee, Annie McEnroe, Paul McCrane, Cyril O'Reilly

Einer jener vielen Filme, der den Vietnam-Krieg als attraktive Kulisse für eine aufwühlende Liebestragödie benutzt. Auf eine genauere Klärung der politischen Hintergründe dieses Krieges wird natürlich verzichtet, um dem melodramatischen Handlungsfluß nicht das Wasser abzugraben.
Die Geschichte hätte sich auch in der *Schwarzwaldklinik* zutragen können, doch entschied sich Regisseur Furie lieber für den dampfenden südostasiatischen Dschungel, in dessen gestörter Idylle sich der Militärarzt Dr. Jardian (Wahl) in die Krankenschwester Deborah (Ladd) verliebt. In einem Bombenhagel flammt die gemeinsame Leidenschaft das erste Mal glühend auf, um gleich darauf durch Jardians Fronteinsatz abrupt abgekühlt zu werden. Viel Leid haben unsere beiden Liebenden durchzustehen, bis sie sich am Ende des Films nach tapfer bestandenen Bewährungsproben endlich für immer in die Arme schließen können.
Sidney J. Furie berechnete die Produktionskosten seines Werkes auf mickrige 2,8 Millionen Dollar, die er nur dank einer billigen Crew (der Film wurde komplett auf den Philippinen hergestellt) in diesem Rahmen einhalten konnte. Die sonst übliche Stellung der Produktionssekretärin strich er kurzum, denn - so Furie - „für ihr Gehalt konnte ich schon die Hälfte der Miete für die Hubschrauber der philippinischen Luftwaffe bezahlen". jg

Einmal ist nicht genug

Once Is Not Enough. USA 1974 **R** Guy Green **B** Julius J. Epstein, nach dem Roman von Jacqueline Susann **K** John A. Alonzo **M** Henry Mancini **P** Howard W. Koch für Paramount **L** 117 Min., Farbe **D** Kirk Douglas, Deborah Raffin, Alexis Smith, David Janssen, George Hamilton, Melina Mercouri

Guy Green, der seine Filmlaufbahn als Kameramann begann und lange Jahre mit Star-Regisseur David Lean zusammengearbeitet hatte, inszenierte den letzten großen Roman der 1974 verstorbenen Bestseller-Autorin Jacqueline Susann mit internationalem Aufgebot: Kirk Douglas, George Hamilton und Melina Mercouri, für die der Film nach jahrelanger Abstinenz ein Comeback bedeutete, spielen die Hauptrollen in dem Familiendrama.
Mike Wayne (Douglas) ist Filmproduzent. January (Raffin) liebt ihren Vater abgöttisch, doch der steckt in Geldnöten und heiratet deshalb die reiche Dee Granger (Smith), die nebenher eine lesbische Beziehung zu der Schauspielerin Karla (Mercouri) unterhält. Januarys moralische Standpunkte geraten durcheinander; enttäuscht wendet sie sich von der bisher so vertrauten Welt ihres Vaters ab. Gegen seinen Willen beginnt sie eine Affäre mit dem alternden Schriftsteller Colt (Janssen), in dem sie vergeblich sucht, was sie an ihrem Vater verloren hat. Am Tag, als dieser bei einem Flugzeugabsturz ums Leben kommt, läßt Colt ihre Beziehung zerbrechen. Erst jetzt wird ihr schmerzhaft bewußt, daß sie bisher in einer pseudoglücklichen Scheinwelt gelebt hat; resigniert steht sie vor dem Trümmerhaufen enttäuschter Gefühle und Hoffnungen.
Nicht zuletzt aufgrund der Schwerfälligkeit seiner Geschichte ist dem Streifen - trotz der guten Besetzung - keine hohe Publikumsgunst zuteil geworden. Wegen der nur dreiminütigen Darstellung des Tabu-Themas lesbischer Liebe wurde der Film erst ab 18 Jahren freigegeben.
„Ein seifiges Jet-Set-Epos, das die Erwartungen nicht erfüllt." (*Variety*) sk

Einmal Ku'damm und zurück

Einmal Ku'damm und zurück. BRD 1984 **R** Herbert Ballmann **B** Jürgen Engert **K** Ingo Hamer **M** Jürgen Knieper **P** Franz Thies für Cinecom GmbH Prod./SFB **L** 96 Min., Farbe **D** Ursela Monn, Christian Kohlund, Evelyn Meyka, Peter Schiff, Peter Seum, Brigitte Mira

Eine romantisch-tragische Liebesgeschichte vor dem Hintergrund des geteilten Berlin, die freilich mittlerweile durch die politischen Umwälzungen des Jahres 1989 längst

jeden aktuellen Bezug verloren hat. Im strömenden Regen lernt Thomas (Kohlund), Koch der Schweizer Botschaft in Ost-Berlin, das Mädchen Ulla (Monn) kennen. Beide verlieben sich unsterblich ineinander. Ulla überredet ihren neuen Freund, sie im Kofferraum seines Wagens für ein paar Stunden in den Westteil der Stadt mitzunehmen, denn die Fahrzeuge des Diplomatischen Korps unterliegen keiner Kontrollpflicht. Die Ausflüge in den verbotenen Westen werden für Ulla mit der Zeit zu einer willkommenen Abwechslung, bis sich eines Tages an der Grenze ein Unfall ereignet, der für die beiden Liebenden bittere Konsequenzen nach sich zieht.
„Deutsch-deutsche Wirklichkeit - hier lassen die 50er Jahre vor dem Mauerbau grüßen - wie sie auf jeder sogenannten Volksbühne vorstellbar wäre", urteilte die *taz* vernichtend und bezog sich dabei wohl auf die Szenen, in denen Ursela Monn als Ulla das erste Mal in ihrem Leben mit staunenden Augen die Konsum-Wunderwelt des Kurfürstendamms begutachtet. Überhaupt scheint sich der Reiz des Westens lediglich über gute Einkaufsmöglichkeiten, teure Straßencafés und Diskotheken zu definieren.
Trotz der sympathischen Darsteller (Ursela Monn erhielt für ihre Rolle den „Ernst-Lubitsch-Preis") ist *Einmal Ku'damm und zurück* ein eher seichter Film auf Fernsehspielniveau. jg

Einmal Millionär sein

The Lavender Hill Mob. Großbritannien 1951 **R** Charles Crichton **B** T.E.B. Clarke **K** Douglas Slocombe **M** Georges Auric **P** Michael Balcon für Ealing/ Universal **L** 82 Min., s/w **D** Alec Guinness, Stanely Hollway, Sidney James, Alfie Bass, Marjorie Fielding, John Gregson, Eddie Martin, Clive Morton, Ronald Adams, Sydney Tafler, Jacques Brunius, Meredith Edwards

Eingebettet in die Szenerie einer extravaganten Party, erzählt dieser Film die Geschichte eines Bankraubs. Alec Guinness spielt den korrekten, unauffälligen, stets pflichtbewußten Angestellten Henry Holland, der sich jedoch in seinen gar nicht so unschuldigen Gedanken ausmalt, die Bank von England zu berauben. Nach dem jahrelangen Aushecken eines Plans ist es dann auch eines Tages soweit. Holland und zwei Helfershelfern gelingt es, eine Ladung Gold zu stehlen, doch steht der Coup unter keinem guten Stern. Zwar entkommt Holland als einziger mit seinem Anteil nach Südamerika, doch dort ist das Geld schnell zerronnen.
Eine überaus gut gespielte Kriminalkomödie, die in gekonnter Weise die Eigenarten der britischen Mentalität aufs Korn nimmt und - wie in den anderen Produktionen der Ealing BLOCKADE IN LONDON oder TITFIELD-EXPRESS - stets den englischen Durchschnittsbürger in den Mittelpunkt des Interesses rückt.
Drehbuchautor Clarke erhielt 1952 für sein Skript den Oscar; auch Alec Guinness war als Bester männlicher Hauptdarsteller nominiert, doch ging die Auszeichnung an Gary Cooper für seinen Part in ZWÖLF UHR MITTAGS. In einer kurzen Szene ist auch die junge Audrey Hepburn (sie spricht gerade einen Satz) in ihrem bis dahin fünften Film zu sehen. jg

Eins, zwei, drei

One, Two, Three. USA 1961 **R** Billy Wilder **B** Billy Wilder, I.A.L. Diamond, nach dem Bühnenstück *Egy, kettő, három* von Ferenc Molnár **K** Daniel L. Fapp **M** André Previn **P** Billy Wilder für The Mirisch Company/Pyramid Prod. **L** 108 Min., s/w **D** James Cagney, Horst Buchholz, Liselotte Pulver, Pamela Tiffin, Arlene Francis, Hanns Lothar, Karl Lieffen, Howard St. John, Ralf Wolter, Hubert von Meyerinck, Rose René Roth, Friedrich Hollaender

Eine der turbulentesten, witzigsten und schnellsten Komödien, die Billy Wilder je gedreht hat, und die erst bei ihrer Wiederaufführung im Jahre 1985 die verdiente Anerkennung fand.
West-Berlin im August 1961: Mr. McNamara (Cagney), Leiter der Coca-Cola-Filiale, steht kurz vor einem Nervenzusammenbruch. Die junge Scarlett (Tiffin), Tochter seines allgewaltigen Chefs und zu Gast bei den McNamaras, hat sich tatsächlich in den jungen ostdeutschen Proletarier Otto Piffl (Buchholz) verliebt und ihn in einer Nacht-und Nebel-Aktion geheiratet. Ein furchtbarer Skandal bahnt sich an, zumal Scarletts Eltern sich ebenfalls auf den Weg in die Viermächtestadt gemacht haben, um ihr Töchterchen abzuholen.
Die Dreharbeiten fanden im Sommer 1961 in Berlin und den Münchener Bavaria-Studios statt. Da die humorlosen Behörden der DDR dem US-Team die Drehgenehmigung auf ostdeutscher Seite erwartungsgemäß nicht erteilt hatten, bauten die Filmarchitekten kurzum für 350.000 DM das Brandenburger Tor in Geiselgasteig aus Gips nach. Die respektlose Handlung wurde bald von den politischen Ereignissen überrollt, denn mitten in die angespannte Lage jenes Sommers platzte der Bau der Berliner Mauer. *Eins, zwei, drei* wurde im Dezember 1961 in den bundesdeutschen Kinos gestartet, um einen kommerziellen Reinfall sondergleichen zu erleben. Als „scheußlichsten Film über diese Stadt" bezeichnete die *Berliner Zeitung* damals Billy Wilders Komödie, die angesichts der neu eingetretenen Situation niemand mehr komisch finden konnte. Doch nicht nur der Mauerbau machte es dem Film schwer, auch die vielen bissigen Anspielungen auf den deutschen Militarismus und die braune Vergangenheit waren für einen Großteil der Zuschauer eher unangenehm als erheiternd.
24 Jahre später sah eine neue Generation *Eins, zwei, drei* mit anderen Augen und zeigte sich besonders über die Schauspieler Lilo Pulver (als Sexy-Sekretärin Ingeborg im Pünktchenkostüm), Hanns Lothar und Horst Buchholz begeistert, die mit dieser Hollywood-Produktion wesentlich dankbarere Rollen angeboten bekamen, als in den biederen Filmen des angestaubten deutschen Nachkriegskinos. jg

Einsam sind die Tapferen

Lonely Are the Brave. USA 1962 **R** David Miller **B** Dalton Trumbo, nach dem Roman *Brave Cowboy* von Edward Abbey **K** Philip Lathrop **M** Jerry Goldsmith **P** Edward Lewis für Universal **L** 107 Min., s/w **D** Kirk Douglas, Gena Rowlands, Walter Matthau, Michael Kane, Carroll O'Connor, William Schallert, Karl Swenson, George Kennedy, Dan Sheridan, Bill Raisch

Einsam sind die Tapferen gehört zu jener Gattung von Filmen, die in Verkleidung eines modernen Western den Verlust der freiheitlichen Traditionen und des *American Way of Life* betrauerten.
Der Cowboy Jack Burns (Douglas) wird zum wurzellosen Wanderer in einer Welt, in deren technische Gesetzmäßigkeiten er sich nicht eingliedern kann. Um einen Freund aus dem Gefängnis zu holen, läßt er sich ebenfalls verhaften, muß aber alleine ausbrechen, denn für seine illegitimen Alleingänge findet er bei seinem Kumpanen kein Verständnis. Burns kann sich nur noch auf sein Pferd verlassen, auf dessen Rücken er den Zugriffen der Behörden entkommt, die ihn alsbald mit Geländewagen und Helikoptern jagen. Am Ende des Films verliert der alternde Cowboy jedoch den ungleichen Kampf gegen die überlegene Technik. Auf einem starkbefahrenen Highway werden er und sein Pferd von einem Lastzug erfaßt und getötet.
David Miller, der sich laut Aussage des Drehbuchautors Dalton Trumbo viel zu eng an die Vorlage seines Skripts klammerte, führte zwar offiziell Regie, doch im Laufe der Aufnahmen riß des öfteren auch Kirk Douglas die Leitung am Set an sich, um einige Sequenzen nach seinen Vorstellungen zu inszenieren. *Einsam sind die Tapferen*, ein tragischer Abgesang auf die glorreiche Zeit des Wilden Westens, beeindruckt durch Philip Lathrops vortreffliche Schwarz-Weiß-Fotografie und den bemerkenswerten Soundtrack von Jerry Goldsmith. jg

Der einsame Job

Report to the Commissioner. USA 1975 **R** Milton Katselas **B** Abby Mann, Ernest Tidyman, nach dem Roman von James Mills **K** Mario Tosi **M**

Elmer Bernstein **P** M.J. Frankovich für Frankovich Prod./United Artists **L** 112 Min., Farbe **D** Michael Moriarty, Yaphet Kotto, Susan Blakely, Hector Elizondo, Tony King

Der idealistische junge Polizist Bo (Moriarty) soll die Drogenabhängige Patty (Blakely) überwachen, die mit einem Großdealer (King) zusammenlebt. Gegen den Befehl seiner Vorgesetzten folgt er dem Mädchen in die Wohnung des Dealers, wo sie bei einem Schußwechsel tödlich verletzt wird. Es stellt sich heraus, daß sie eine Polizeiagentin war, die ihren Kollegen beim Schnappen eines großen Fisches im Rauschgifthandel helfen sollte. Bo wird wegen Mordes angeklagt.
Ein harter Polizei-Thriller in der Tradition von SERPICO, der sich für die Arbeit der Cops ebenso interessiert wie für die nicht immer ganz sauberen Machenschaften ihrer Vorgesetzten und das Räderwerk der Bürokratie. Der Film stellt auch die Methoden in Frage, mit denen das Verbrechen bekämpft werden soll. Zwei aufregend in Szene gesetzte Action-Sequenzen sind die Höhepunkte dieses nüchtern und sorgfältig gemachten Films, in dem Richard Gere als schmieriger kleiner Zuhälter sein Filmdebüt gab. al

Ein einsamer Ort

In a Lonely Place. USA 1952 **R** Nicholas Ray **B** Andrew Salt, Edmund H. North, nach dem Roman von Dorothy B. Hughes **K** Burnett Guffey **M** George Antheil **P** Robert Lord, Henry S. Kesler für Santana Prod./Columbia **L** 94 Min., s/w **D** Humphrey Bogart, Gloria Grahame, Frank Lovejoy, Carl Benton Reid

Drehbuchautor Dixon Steele (Bogart) gerät durch Zufall in eine Mordaffäre, bis ihn seine Nachbarin Laurel (Grahame) durch eine Falschaussage befreit. Die beiden werden schnell ein Paar, und Laurel inspiriert Dixon bei seiner Arbeit, doch ist die Beziehung von dem ungeklärten Mordfall überschattet: Ehemalige Freunde Dixons warnen Laurel vor seiner Gewalttätigkeit, so daß ihr schließlich selbst Zweifel an seiner Unschuld kommen.
1947 hatte Humphrey Bogart seine eigene Produktionsgesellschaft Santana gegründet, die unter der Ägide von Columbia vier Filme des Stars realisieren sollte. Der erste war VOR VERSCHLOSSENEN TÜREN, ebenfalls unter der Regie von Nicholas Ray, gewesen. *Ein einsamer Ort* stellt zweifellos die beste Produktion dieses Paketes dar: Ein brillant gemachter film noir, der hervorragend die Stimmung in Hollywood zur Zeit des Kommunistenjägers McCarthy reflektiert. Bogart und seine Frau Lauren Bacall hatten sich privat bereits gegen die Gesinnungsschnüffelei des „Komitees für unamerikanische Umtriebe" engagiert. Doch der Film enthält auch eine wunderschöne Liebesgeschichte, die von Bogart ebenso wie von Nicholas Rays damaliger Ehefrau Gloria Grahame getragen wird. Der Schauspielerin war durch ihre unkonventionelle Schönheit eine ganz große Karriere versagt geblieben, obwohl ihre Darstellungen in diesem und anderen Filmen von ihrem beachtlichen Talent zeugen. al

Einst ein Held

Tunes of Glory. Großbritannien 1960 **R** Ronald Neame **B** James Kennaway, nach seinem Roman **K** Arthur Ibbetson **M** Malcolm Arnold **P** Colin Leslie für HM/Lopert **L** 106 Min., Farbe **D** Alec Guinness, John Mills, Dennis Price, Susannah York, John Fraser, Allan Cuthbertson, Kay Walsh, John MacKenzie, Gordon Jackson, Duncan MacRae, Keith Faulkner, Peter McEnery

Ein schauspielerisch ergreifendes Militärdrama, das ohne pyrotechnische Knalleffekte auskommt und sich ganz auf das Duell seiner beiden Protagonisten konzentriert.
Lieutenant Sinclair (Guinness) kommt als neuer Kompaniechef zu einer Truppe des traditionsbewußten schottischen Hochland-Regiments. Er gilt als harter Vorgesetzter, der durch seine Erlebnisse in der Schlacht um El Alamein weiß, was Krieg bedeutet. Dennoch läßt er bei seinen Soldaten manchmal die Zügel etwas locker - eine Tatsache, die den Gepflogenheiten des hochdekorierten Lieutenants Barrow (Mills) auf das heftigste widerspricht. Zwischen den beiden Militärs bahnen sich nach kurzer Zeit ernste Rivalitäten an. Als Barrow sich nach einer Krisensituation sein Fehlverhalten eingestehen muß, gibt es für ihn keinen anderen Ausweg als den Selbstmord.
Guinness, der bereits in dem Kriegsfilm DIE BRÜCKE AM KWAI einen Colonel dargestellt hatte, lieferte hier eine der beeindruckendsten Leistungen seiner Karriere, die jedoch ungewürdigt blieb. Statt dessen konnte John Mills auf den Filmfestspielen von Venedig als Bester Schauspieler eine Auszeichnung entgegennehmen. James Kennaway wurde für seine Drehbuch-Adaption nominiert; der Oscar ging jedoch damals an Richard Brooks für ELMER GANTRY. jg

Einst kommt der Tag...

On a Clear Day You Can See Forever. USA 1970 **R** Vincente Minnelli **B** Alan Jay Lerner, nach dem Bühnenstück von Lerner und Burton Lane **K** Harry Stradling **M** Burton Lane **P** Howard W. Koch für Paramount **L** 125 Min. (Originalfassung 129 Min.), Farbe **D** Barbra Streisand, Yves Montand, Bob Newhart, Jack Nicholson, Simon Oakland

Die exzentrische Daisy Gamble (Streisand) versucht mit Hilfe des Psychiaters Dr. Chabot (Montand) ihre Kettenraucherei aufzugeben, doch während er sie in Hypnose versetzt, beginnt sie aus einem früheren Leben zu erzählen, das sie im England des 19. Jahrhunderts führte...
Barbra Streisands dritter Film ist gleichzeitig auch ihr drittes Musical, doch wie bereits HELLO DOLLY erlitt auch dieses Werk an den Kinokassen Schiffbruch. Schon der Bühnenversion war kein sonderlicher Erfolg beschieden gewesen, doch Paramount wollte es noch einmal wissen und produzierte das letzte einer Kette von spektakulären Musicals, die Ende der 60er Jahre das Genre wiederbeleben sollten, statt dessen aber ihre Produktionsgesellschaften an den Rand des Ruins trieben.
Zwar beschäftigt sich *Einst kommt der Tag...* mit so modernen Themen wie Reinkarnation und versucht, auf der Höhe seiner Zeit zu sein, doch Minnelli kommt mit den altmodischen Rückblendenszenen, die im englischen Brighton gedreht wurden, weit besser zurecht. Hier handelt es sich dann um gutes, altes Hollywood-Entertainment, das die Kurve zur zeitgenössischen Rahmenhandlung nicht kriegt. Zudem leidet der Film unter den nachträglich vorgenommenen starken Schnitten, denen auch der einzige von Jack Nicholson interpretierte Song zum Opfer fiel.
Die Kritiken waren gemischt; während *Time* behauptete: „...als Amerikanerin sieht sie aus wie Jerry Lewis im Fummel... Streisand sollte besser wieder nur Streisand spielen. Es ist jetzt klar, daß sie niemand anderer sein kann", lobte *Saturday Review*: „Ein persönlicher Triumph für Barbra... sie ist wunderbar darin".
Wie auch immer, es sollte fünf Jahre dauern, bis sich die Streisand an ein neues Musical wagte: FUNNY LADY. al

Einstein Junior

Young Einstein. Australien 1988 **R** Yahoo Serious **B** Yahoo Serious, David Roach **K** Jeff Darling **M** William Motzing, Martin Armiger, Tommy Tycho **P** Graham Burke und Ray Beattie für Serious Film **L** 91 Min., Farbe **D** Yahoo Serious, Odile Le Clezio, John Howard, Pee Wee Wilson, Su Cruickshank

„I am serious - ich bin seriös", beteuert Australiens Shooting-Star Yahoo Serious (zu deutsch: Scheusal Seriös) - zugleich Regisseur, Autor und Hauptdarsteller seiner burlesken Klamotte. In einem turbulent insze-

nierten Eintopf aus Personen und Ereignissen, die in der Weltgeschichte noch nie etwas miteinander zu tun hatten, schreibt Serious die Biographie des Physik-Genies um.
Einstein (Serious) mutiert zum Sohn tasmanischer Apfelbauern, entdeckt im Jahre 1905 bei dem Versuch, prickelnde Kohlensäure ins selbstgebraute Bier zu bringen, die Relativitätstheorie - durch Aufspaltung des Bier-Atoms mit einem Hammer. Der gewiefte Patentamtschef Preston klaut Einsteins Formel, befördert ihn ins Irrenhaus und setzt sich nach Europa ab. Dort plant er ein großes Abschlußfeuerwerk in Form einer Atombierfaß-Apokalypse. Einstein kann der Anstalt knapp entkommen und macht an der Seite von Freundin Marie Curie Jagd auf Preston. Dabei macht er die Bekanntschaft berühmter Zeitgenossen (Darwin, Edison, Freud) und schafft es gerade noch, mit seiner Elektrogitarre, die er an das brodelnde Faß anstöpselt, das Ende der Welt zu verhindern. „Und so geschah es, daß der junge Einstein seine Relativitätstheorie mittels Rock´n´Roll bewiesen hat", freut sich die *Warner Bros.-Presseinformation.*
Obwohl absoluter Debütant, schoß Serious mit seinem Film in Australien und Amerika in kürzester Zeit an die Spitze der Publikumsgunst. In den USA spielte *Einstein Junior* seine Herstellungskosten von ca. 5 Mio. Dollar bereits nach einer Woche wieder ein. Die Slapstick-Komödie ist durchweg witzig, gleitet aber phasenweise in alberne Flachheit ab und leidet darunter, daß sich die Art der Gags - bei dem rasanten Tempo des Streifens kein Wunder - zum Ende hin wiederholt. Zu einem Kultfilm avancierte *Einstein Junior* hierzulande (im Gegensatz zu den angelsächsischen Ländern) nicht; die Schwelle zwischen historischem Hintergrund und der Bierfaß-Farce war dem deutschen Kinopublikum dann doch zu groß. sk

Der Einzelgänger

Violent Streets. USA 1980 **R** Michael Mann **B** Michael Mann, nach dem Roman *The Home Invaders* von Frank Hohimer **K** Donald Thorin **M** Tangerine Dream **P** Jerry Bruckheimer, Ronnie Caan für United Artists **L** 122 Min., Farbe **D** James Caan, Tuesday Weld, Willie Nelson, James Belushi, Robert Prosky, Tom Signorelli

Ein spannender Kriminalfilm, dessen eiskalte Atmosphäre (es wurde überwiegend nachts bei Mond- und Neonlicht gedreht) durch die Wolkenkratzer-Kulisse Chicagos und die Synthesizer-Klänge der Berliner Gruppe Tangerine Dream bereichert wird.
Frank (Caan) ist ein Profi auf dem Gebiet des Juwelenraubs und bekannt für seine saubere und schnelle Arbeit, wenn es darum geht, die Geldschränke der großen Diamantengesellschaft auszurauben. Seine Komplizenschaft mit dem Syndikatschef Leo (Prosky) verläuft allerdings weniger zufriedenstellend, denn dieser weigert sich, ihm den abgemachten Anteil der erbeuteten Summe auszuzahlen. Frank wird gezwungen, sich mit Gewalt das zu nehmen, was Leo ihm vorenthält.
Während die *FAZ* Manns Film als „ästhetisch sehenswert" einstufte, meinte *Die Zeit*: „*Der Einzelgänger* wirkt wie eine Parodie des *film noir,* eine unfreiwillige allerdings."
Die USA schickten Michael Manns Regiedebüt gleich als offiziellen US-Beitrag nach Cannes, wo der Film jedoch nur wenig Resonanz erhielt. Das meiste Aufsehen erntete er lediglich durch die Tatsache, daß die Produktionsfirma echte ehemalige Safeknacker angeheuert hatte, um für die Authentizität der Einbruchsszenen zu garantieren. jg

Das einzige Spiel in der Stadt

The Only Game in Town. USA 1970 **R** George Stevens **B** Frank D. Gilroy, nach seinem Bühnenstück **K** Henri Decae **M** Maurice Jarre **P** Fred Kohlmar für 20th Century-Fox **L** 113 Min., Farbe **D** Elizabeth Taylor, Warren Beatty, Charles Braswell, Hank Henry

George Stevens kehrte fünf Jahre nach seiner Riesenpleite mit DIE GRÖSSTE GESCHICHTE ALLER ZEITEN auf den Regiestuhl zurück, um, wie sich später herausstellen sollte, seinen letzten Film zu drehen. Warum er sich dafür ausgerechnet Frank D. Gilroys sentimentales Bühnenstück aussuchte, das es am Broadway nur auf vierzehn Vorstellungen gebracht hatte, bleibt ein Rätsel. Es handelt sich um ein Drei-Personenstück, das für den Film nur um eine einzige Figur erweitert wurde. Die Hauptcharaktere sind Fran (Taylor), ein in die Jahre gekommenes Showgirl in Las Vegas, das schon ewig auf die Scheidung ihres Geliebten wartet, und Joe (Beatty), ein spielsüchtiger Charmebolzen. Man verliebt sich, geht wieder auseinander, trifft sich erneut etc.
Stevens und Taylor hatten in EIN PLATZ AN DER SONNE und GIGANTEN äußerst erfolgreich zusammengearbeitet, doch bei dieser altmodischen romantischen Komödie waren beide von ihren Bestleistungen meilenweit entfernt. Die Taylor ist als Tanzmädchen eine schlichte Fehlbesetzung und der Kontrast mit Beatty macht sie älter als sie ist. Eigentlich hatte Frank Sinatra die Hauptrolle spielen sollen, doch Gesundheitsprobleme der Taylor verzögerten wieder einmal die Produktion, und der Schauspieler mußte anderen Verpflichtungen nachkommen. Liz hatte außerdem durchgesetzt, daß man in Paris drehte, da sie ihrem Ehemann Richard Burton so nah wie möglich sein wollte, der dort gerade UNTER DER TREPPE mit Rex Harrison drehte. So mußten die Las-Vegas-Sets in Pariser Studios nachgebaut und Möbel und ähnliches aus den Staaten eingeflogen werden, um eine authentische Atmosphäre zu schaffen. Da außerdem die beiden Stars zusammen zwei Millionen Dollar Gage kassierten (sie 1, 25 Mio., er 0.75 Mio.), war man bei der Fox relativ entsetzt, als sich *Das einzige Spiel in der Stadt* nach überwiegend negativen Kritiken als katastrophaler Flop entpuppte. Nach sechs Pleiten in Folge hatte Liz Taylor ihren Ruf als Kassenmagnet endgültig verloren. Sie war out. al

Der einzige Zeuge

Witness. USA 1985 **R** Peter Weir **B** Earl W. Wallace, William Kelley **K** John Seale **M** Maurice Jarre **P** Edward S. Feldman für Paramount **L** 112 Min., Farbe **D** Harrison Ford, Kelly McGillis, Josef Sommer, Lukas Haas, Alexander Godunow

Ein, was seine Handlung anbelangt, noch nicht einmal sonderlich aufregender Kriminalfilm, dessen Attraktionen jedoch in dem außergewöhnlichen Milieu liegen, in dem er angesiedelt ist.
Harrison Ford verkörpert den harten Inspektor John Book, der von seinen eigenen Kollegen gejagt wird, als er dahinter kommt, daß diese in Mord und Drogenhandel verwickelt sind. Durch eine schwere Schußverletzung vorübergehend außer Gefecht gesetzt, wird er von der Amisch-Witwe Rachel (McGillis) gesund gepflegt. Die Amisch-Sekte ist eine Glaubensgemeinschaft, die aus der Schweiz in den Nordosten der Vereinigten Staaten auswanderte und vor allem dadurch auffällt, jegliche technische Errungenschaft des 20. Jahrhunderts, wie Elektrizität, Autos oder Radios abzulehnen, um statt dessen ein bescheidenes, friedliches und zurückgezogenes Leben in Einheit mit Gott und der Natur zu führen. Mitten in diese Idylle platzt die Brutalität der abtrünnigen Gesetzeshüter.

Der einzige Zeuge bleibt dem Zuschauer weniger wegen seiner Gewaltdarstellungen (davon gibt es erfreulicherweise recht wenig) in Erinnerung, sondern fesselt vielmehr in den Sequenzen, in denen das Leben in der Amisch-Gemeinde gezeigt wird. Besonders ergreifend ist in diesem Zusammenhang der gemeinsame Bau einer Scheune, stimmungsvoll untermalt von Maurice Jarres Synthesizer-Musik.
Neben den Nominierungen in den Kategorien männliche Hauptrolle, Kamera, Ausstattung und Musik, gewann *Der einzige Zeuge* für das Drehbuch und den Schnitt (Tom Noble) einen Oscar. jg

Eis

Eis. BRD 1989 **R** Berthold Mittermayr **B** Berthold Mittermayr **K** Ingo Hamer **M** Georg Mittermayr **P** Stefan Reiss Filmprod. **L** 105 Min., Farbe **D** Erwin Leder, Michele Sterr, Ulf Dieter Kusdas, Dagmar Cassens, Holde Naumann

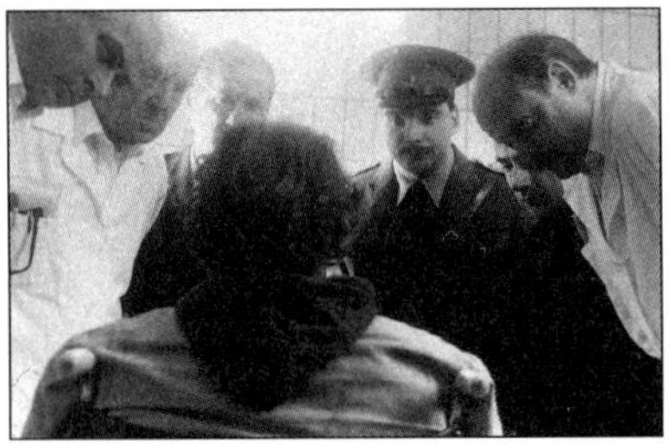

Silvesternacht im Burgenland, die österreichisch-ungarische Grenze vor der Öffnung. Dorfbub Sandor (Leder) wird von ungarischen Grenzern angeheitert aufgegriffen und an die österreichische Gendarmerie überstellt. Dort will man sich beim Feiern nicht stören lassen; der Gast wird zum Ausnüchtern weggesperrt, unglücklicherweise aber vergessen. Erst nach 18 Tagen wird er, halb verendet, zufällig gefunden. Er kommt wieder auf die Beine, die Zeit seit Silvester ist aus seiner Erinnerung verschwunden. Um sein Gedächtnis wiederzuerlangen, unterzieht er sich einer Hypnose-Therapie. Plötzlich interessiert sich auch der Geheimdienst für seine Gedächtnislücke - und er muß um sein Leben fürchten.
Mittermayr inszeniert spannend eine auf einer wahren Begebenheit beruhende Geschichte, die den Zuschauer bis kurz vor Schluß im Ungewissen beläßt; Leders Darstellung der dem Wahnsinn nahen Hauptfigur wirkt überaus authentisch. Für die Realisierung von *Eis* mußten, symptomatisch für den deutschsprachigen Film, diverse Filmförderungsinstitutionen in Anspruch genommen werden - trotz des geringen Budgets. 1989 wurde *Eis* mit dem Bayerischen Filmpreis und dem Max-Ophüls-Preis ausgezeichnet. Begründung der Jury: „...Was als rüde burgenländische Dörflergeschichte beginnt, weitet sich aus zum phantastischen Geheimdienst-Thriller. Ein Film von visueller Wucht und Eigenständigkeit." In die deutschen Kinos gelangte *Eis* erst 1990, nachdem endlich ein Verleih gefunden war. sk

Eis am Stiel I

Eskimo Limon / Lemon Popsicle. Israel 1977 **R** Boaz Davidson **B** Boaz Davidson, Eli Tabor **K** Adam Greenberg **P** Golan-Globus-Prod. für Noah Films **L** 100 Min., Farbe **D** Yiftach Katzur, Anat Atzmon, Jonathan Segal, Zachi Noy, Deborah Kaydar, Pauline Fein

Tel Aviv, Anfang der 60er Jahre. Drei pubertierende Freunde, der scheue Benz (Katzur), der mopsige Yudaleh (Noy) und Draufgänger Momo (Segal), entdecken die Freuden des Heranwachsens und den Reiz des anderen Geschlechts: Zu den Klängen altbekannter Rock´n´Roll-Schnulzen jagt das Trio der attraktiven Nili (Atzmon) hinterher; auf Teenager-Parties und in der Eisdiele wechseln Romanzen und Liebeskummer, Träumereien und Eifersucht einander ab - Höhepunkte bleiben aus.
Diese abgedroschenen Klischees und die banale Handlung haben dem offiziellen Beitrag Israels auf den Berliner Filmfestspielen 1978 zwar keinen Preis, dafür aber anhaltenden Publikumszuspruch beschert. Den Vorwurf, sein Machwerk sei ein tumber Abklatsch des erfolgreichen Teenager-Epos AMERICAN GRAFFITI von George Lucas, wies Regisseur Davidson von sich: „Beide Filme kreisen nur zufällig um das gleiche Thema."
Die publikumswirksame Mischung aus guter alter Zeit, Sex-Spielchen und Flachwitz erwies sich als glänzendes Erfolgsrezept: Bis 1988 sind in deutsch-israelischer Koproduktion 7 weitere *Eis am Stiel* - Folgen gedreht worden. Die Lutscher-Serie („schmuddeldumme Pubertätsplotte", *Kölner Stadt-Anzeiger*) mit dem immer gleichen Strickmuster - das triebbesessene Trio auf der Jagd nach barbusigen „heißen Hasen"- avancierte damit zu einer der ertrag- und erfolgreichsten europäischen Produktionen. sk

Der eiserne Gustav

Der eiserne Gustav. BRD 1958 **R** Georg Hurdalek **B** Georg Hurdalek **K** Georg Bruckbauer **M** Bernhard Eichhorn **P** Kurt Ulrich für Berolina **L** 102 Min., Farbe **D** Heinz Rühmann, Lucie Mannheim, Ernst Schröder, Karin Baal, Ingrid van Bergen, Ludwig Linkmann

Der alte Droschkenfahrer Gustav Hartmann (Rühmann) hat die Zeichen der neuen Zeit noch nicht erkannt. Seine Kutsche am Bahnhof Wannsee bleibt unbeachtet stehen, während sich die knatternden Automobil-Taxis statt dessen größter Beliebtheit erfreuen. Im Eigenheim bei seiner Familie sieht es nicht besser aus. Niemand nimmt Gustav ernst, am wenigsten seine Frau und die beiden Töchter - es kommt sogar soweit, daß man ihn am liebsten entmündigen möchte. Gustav will ein Zeichen setzen und bricht mit seiner Kutsche nach Paris auf. Seine verzweifelte Fahrt macht ihn zum Nationalhelden, zu einem Symbol für unbrechbaren Optimismus und Völkerverständigung.
Die Geschichte hätte ein paar nette sozialkritische Ansatzpunkte ergeben, doch die Tragik des authentischen Gustav bleibt unter Hurdaleks Regie leider auf der Strecke, um vielmehr der behaglichen Idylle des 20er-Jahre-Kleinbürgertums einen gebührenden Platz einzuräumen. Was in Erinnerung bleibt, sind einige nette Aufnahmen von Heinz Rühmanns Droschkenfahrt durch schöne Landschaften und dazu Bernhard Eichhorns stimmungsvolle Musikuntermalung.
„Die Handlung hat kein Thema bekommen, die Konflikte, die sie zahlreich zu bieten hätte, werden als beiläufige Episoden ausgespielt. Sie geben dem Ablauf keine Spannung und keine Form." (*Evangelischer Filmbeobachter*)
Die Geschichte wurde noch einmal mit Gustav Knuth in der Titelrolle als wesentlich sorgfältigerer TV-Mehrteiler inszeniert. jg

Die eiserne Maske

Le masque de fer/L´uomo dalla maschera di ferro. Frankreich/Italien 1962 **R** Henri Decoin **B** Cecil Saint-Laurent, Gerald de Vries, nach dem Roman von Saint-Laurent **K** Pierre Petit **M** Georges van Parys **P** Cérès Films/Gaumont/Les Films Marly (Paris), Prod. Fuchs (Rom) **L** 109 Min., Farbe **D** Jean Marais, Jean-François Poron, Germaine Montero, Sylva Koscina, Claudine Auger

König Ludwig XIV. hat einen Zwillingsbruder! Er wurde lange Jahre auf einer Mittelmeerinsel festgehalten und erst jetzt, da der König erkrankte, nach Paris geholt, um ihn notfalls mit seinem Bruder vertauschen zu können. Doch er kann entfliehen und wird nun als Staatsfeind gesucht. Zum Glück findet er die Unterstützung des altgewordenen D´Artagnan (Marais), der in der Vergangenheit schon so manche Schlacht gewonnen hat...
Ein farbenprächtiger Abenteuerfilm im Stile der Musketier-Verfilmungen nach Alexandre Dumas d. Ä.; Degengefechte auf offener Straße, Galanterien im Boudoir, Intrigen bei Hofe: Daran ist nichts Neues, doch Regisseur Henri Decoin hat es mit leichter Hand und Lust an Überzeichnung und Ironie in Szene gesetzt. Doch das Hauptattribut dieses Streifens ist Jean Marais, der hier mit fast fünfzig Jahren noch einmal in die Rolle des romantischen Abenteurers schlüpft und sein Image auf sympathische Weise parodiert. al

Der eiserne Präfekt

Il prefetto di ferro. Italien 1977 **R** Pasquale Squittieri **B** Paquale Squittieri, Ugo Pirro, Arrigo Petacco, nach dem Roman von Petacco **K** Silvano Ippoliti **M** Ennio Morricone **P** Gianni Hecht Lucari für Rizzoli Film **L** 121 Min., Farbe **D** Giuliano Gemma, Claudia Cardinale, Francisco Rabal, Stefano Satta Flores

Die Mafia war lange Zeit beherrschendes Thema in den Arbeiten des Italieners Pasquale Squittieri, der immer wieder nach den Wurzeln dieses italienischen Phänomens suchte. Hier nimmt er sich einer weniger bekannten Periode der sizilianischen bzw. italienischen Geschichte an, den 20er Jahren.
Der vom Mussolini-Regime eingesetzte Präfekt Mori (Gemma) ist für seine Staatstreue und seine Unerbittlichkeit bekannt. Im Kampf gegen die Mafia kann er schnell Erfolge verbuchen, doch als seine Aktionen sich in höheren gesellschaftlichen Schichten vorwagen, wird er von der Regierung in Rom durch Beförderung zum Senator kaltgestellt.
Der eiserne Präfekt steht in engem Zusammenhang zu Squittieris im gleichen Jahr entstandenen DER AUFSTIEG DES PATEN, der sich, ebenfalls mit Giuliano Gemma in der Hauptrolle, mit der Entwicklung der Verbrecherorganisation zu einer weltweiten Macht befaßt. Squittieri-Ehefrau Claudia Cardinale hat in beiden Filmen nicht viel zu tun, obwohl sie an zweiter Stelle der Besetzungsliste genannt wird, beherrscht aber ihre wenigen Szenen mit der ihr eigenen natürlichen Sinnlichkeit und Ausstrahlung.
Squittieri zeichnet seinen Helden, der einige Züge eines Westerners trägt, als zwiespältige Figur, die zwar für die richtige Sache kämpft, dabei jedoch im Sold der falschen Leute steht. Der auf tatsächlichen Begebenheiten beruhende Film entwirft ein detailliertes Bild vom Italien der frühen 20er Jahre, als Mussolini am Beginn seiner „Karriere" als Staatsoberhaupt und Diktator stand. Ein unterhaltsamer, spannender und „lehrreicher" (im besten Sinne des Wortes) Film, ein gutes Beispiel für die gelungene Transportierung einer politischen Thematik in einem nach traditionellen Mustern aufgezogenen Vehikel. al

Der eiserne Unterrock

The Iron Petticoat. USA 1956 **R** Ralph Thomas **B** Ben Hecht, nach einer Idee von Harry Saltzman **K** Ernest Steward **M** Benjamin Frankel **P** Betty E. Box für Benhar Prod./MGM **L** 90 Min., Farbe **D** Bob Hope, Katharine Hepburn, James Robertson Justice, Robert Helpman, David Kossof

Die russische Militärpilotin Vinka Kovelenko (Hepburn) landet aus Ärger über ihre Vorgesetzten auf einem amerikanischen Luftwaffenstützpunkt in Westdeutschland. Sie macht schnell die Bekanntschaft des amerikanischen Offiziers Lockwood (Hope), der sie in höherem Auftrag zum Kapitalismus bekehren soll. Sie versucht ihrerseits, ihm den Kommunismus schmackhaft zu machen, doch natürlich dauert es nicht lange, bis sie ihre unweibliche Uniform gegen einen modischen Fummel eintauscht und Champagner schlürft. Da ist dann auch die Liebe nicht weit.
Ben Hechts Originalstory trug zunächst den Titel *Not for Money* und erinnert wohl kaum zufällig an NINOTSCHKA, Ernst Lubitschs Komödienklassiker von 1939, mit dem sie allerdings nur die Grundidee gemeinsam hat - Witz und Charme des Originals fehlen. Um das Drehbuch aufzupolieren, setzte Bob Hope seine Gag-Schreiber auf den Film an, was eindeutig auf Kosten der Hepburn ging, von deren Darstellung einiges der Schere zum Opfer fiel. Hecht zog daraufhin seinen Namen aus dem Projekt zurück und veröffentlichte in mehreren Fachpublikationen einen offenen Brief, in dem u. a. zu lesen stand: „Obwohl ihre herrlich komische Darstellung aus dem Film hinweggefegt wurde, ist immer noch genügend übriggeblieben, um die Hepburn erkennen zu können!"
Wie auch immer, ihr Versuch eines russischen Akzentes fand nicht den Beifall der Kritik, ebensowenig wie der Rest des Films. *New York Herald Tribune*: „Wenn Miss Hepburn, eingepackt in eine Militäruniform, die nichts für ihre geschmeidige Figur tut, zu Hope sagt: 'Ich habe mir Sorgen gemacht', dann hat sie dazu auch allen Grund!" al

Eiskalt wie das Schweigen

Les seins de glace. Frankreich/Italien 1974 **R** Georges Lautner **B** Georges Lautner, nach dem Roman *Someone Is Bleeding* von Richard Matheson **K** Maurice Fellous **M** Philippe Sarde **P** Raymond Danon für Lira Films/Belstar Prod. (Paris), Capitolina (Rom) **L** 105 Min., Farbe **D** Alain Delon, Mireille Darc, Claude Brasseur, Nicoletta Machiavelli

Der lebenslustige TV-Autor François (Brasseur) macht die Bekanntschaft der mysteriösen Peggy (Darc), einer jungen Frau, in deren Leben es ein Geheimnis zu geben scheint. Prompt wird François von einem Marc Wilson (Delon) vor weiteren Kontakten gewarnt: Peggy ist drogensüchtig und hat im Rausch ihren Mann getötet, Wilson war ihr Verteidiger im Prozeß und liebt sie. Nach einem Aufenthalt in der Nervenheilanstalt scheint sie geheilt...François nimmt diese Horrorgeschichte nicht allzu ernst, bis Peggy es auch auf ihn abgesehen hat.
Ein Thriller von einem Regie-Routinier, der auf einem Roman der Schwarzen Serie beruht. Lautner verlegte die Handlung aus dem Chicagoer Gangster-Milieu an die zeitgenössische Côte d'Azur und versuchte der Geschichte einen realen, für den gewöhnlichen Zuschauer bedrohlichen Charakter zu geben. Schwachpunkt dieses ohnehin abstrusen und unglaubwürdigen Krimis ist Mireille Darc, ihres Zeichens Lebensgefährtin von Alain Delon und beliebte Komödiantin auch in zahlreichen Lustspielen von Lautner. Auf ihren schmalen Schultern ruht die Hauptlast des Films, und sie hat offensichtlich nicht genug dramatische Erfahrung, um eine solche Figur mit der nötigen Tiefe zu versehen. Alain Delons Darstellung ist von Stoizismus und Ausdruckslosigkeit geprägt, die in DER EISKALTE ENGEL so wirkungsvoll waren, in seinen späteren Vehikeln jedoch immer mehr zum Selbstzweck gerieten. al

Der eiskalte Engel

Le samourai. Frankreich/Italien 1967 **R** Jean-Pierre Melville **B** Jean-Pierre Melville, nach dem Roman *The Ronin* von Gowan McLeod **K** Henri Decae **M** François de Roubaix **P** Eugène Lépicier für Filmel/C.I.C.C./Les Films Borderie (Paris), Fida Cinematografica (Rom) **L** 98 Min. (Originalfassung 103 Min.), Farbe **D** Alain Delon, Nathalie Delon, François Perrier, Cathie Rosier, Michel Boisrond

Der Killer Jeff (Delon) hat sich vor der Ausführung seines Auftrages, der Ermordung eines Nachtclubbesitzers, ein hieb-und stichfestes Alibi verschafft. Daher muß ihn der Kommissar (Perrier) wieder freilassen, obwohl er von Jeffs Schuld überzeugt ist. Als der Killer seinen Lohn kassieren will, versucht man ihn umzubringen. Er hat nun die Polizei und seine Auftraggeber gegen sich.
Der eiskalte Engel ist der bekannteste Film von Melville und erst recht der bekannteste seines Stars Alain Delon. Ihm ist der Satz „Es gibt keine größere Einsamkeit als die des Samourai, es sei denn die des Tigers im Dschungel!" vorangestellt, der das zentrale Motiv des Films benennt. Angeblich stammt er aus dem *Bushido*, dem Ehrenkodex der Samurai, in Wahrheit jedoch von Melville selber. Wie immer in seinen Gangsterfilmen interessiert sich der Regisseur nicht für die Vergangenheit oder das soziale Umfeld seines Helden, sondern nur für dessen Tätigkeit als solche. Er will nichts erklären, sondern

nur beschreiben. Diese ruhige, extrem stilisierte Art des Beschreibens, für die nicht viel Dialog nötig ist, macht auch die Kraft des Films aus, durch den Alain Delon sich ausdruckslos wie ein Roboter bewegt und nur mit seinen Augen spielt. Melville hatte das Drehbuch dem Schauspieler bereits 1963 angeboten, doch damals war Delon wegen Hollywood-Verpflichtungen unabkömmlich. Kein anderer Film hat sein Image so entscheidend geprägt wie *Der eiskalte Engel*, allerdings im negativen Sinne, denn Delon hielt sich in fast all seinen folgenden Arbeiten etwas zu übertrieben an die Faustregel, daß weniger oft mehr ist. Hier war es gerade genug. al

Eisstation Zebra

Ice Station Zebra. USA 1967 **R** John Sturges **B** Douglas Heyes, Harry Julian Fink, nach dem Roman von Alistair MacLean **K** Daniel L. Fapp **SpE** J. MacMillan Johnson, Carrol L. Shepphird, Clarence Slifer **M** Michel Legrand **P** Martin Ransohoff für Filmways **L** 152 Min., Farbe **D** Rock Hudson, Ernest Borgnine, Patrick McGoohan, Jim Brown, Tony Bill, Lloyd Nolan, Alf Kjellin

Aufwendige und überlange Verfilmung des Erfolgsromans von Alistair MacLean. Regisseur John Sturges, sonst eine Koryphäe im Western-Genre, wechselte vorübergehend sein Spezialgebiet und drehte mit einem imposanten Staraufgebot (ohne eine einzige weibliche Rolle) diesen etwas zu pompös und unglaubwürdig geratenen Action-Thriller.
Als auf dem Nordpol eine britische Forschungsstation ausbrennt, machen sich ein amerikanisches und russisches Bergungsteam auf den Weg, um nicht nur die überlebenden Engländer zu retten, sondern auch in den Besitz von Filmaufnahmen zu gelangen, die aus einem niedergegangenen sowjetischen Spionagesatelliten stammen. Es entbrennt ein mörderischer Kampf, in dessen Verlauf die eigentliche Rettungsmission immer mehr zur Nebensache wird.
Schon zu Beginn der Dreharbeiten schminkten es sich Produzent und Regisseur ab, die Aufnahmen vor Ort am Nordpol stattfinden zu lassen, obwohl immerhin ein Kame-rateam mit einem Spezial-Aufklärer der US-Navy in die Arktis geschickt wurde.
Die Eiswüste des nördlichen Polarkreises entstand auf einem mehrere tausend Quadratmeter großen Gelände in den MGM-Studios. Als Schnee und Eis fungierten Kaolin und gemahlener Marmor, die tonnenweise über die Dekoration verstreut wurden. Als dann die Schauspieler unter den gleißenden Strahlen der kalifornischen Sonne agieren sollten, wurden nach kurzer Zeit die ersten „schneeblind", so daß sich alle Schneebrillen aufsetzen mußten.
Ganzer Stolz der Produktion war der detailgetreue Nachbau des Atom-U-Bootes *Tigerfish* (u.a. versehen mit einer kompletten Kommandozentrale), das zu den größten Schiffsmodellen gehörte, die je für einen Hollywood-Film gebaut wurden.
„Entgegen der Befürchtung, eine peinliche Stellungnahme vermittelt zu bekommen, verhält sich der Film - auch wenn die russisch-amerikanische Begegnung etwas zu pathetisch geriet - erstaunlich neutral." (*Filmdienst*) jg

Ekel

Repulsion. Großbritannien 1964 **R** Roman Polanski **B** Roman Polanski, Gérard Brach **K** Gilbert Taylor **M** Chico Hamilton **P** Michael Klinger, Tony Tenser für Compton Tekli Films **L** 105 Min., s/w **D** Catherine Deneuve, Ian Hendry, John Fraser, Yvonne Furneaux, Patrick Wymark, Renée Houston, Valerie Taylor, James Villiers, Helen Fraser, Hugh Futcher, Mike Pratt

Erst drei Jahre nach seinem international vielbeachteten Film DAS MESSER IM WASSER erhielt Polanski, der inzwischen Polen den Rücken gekehrt hatte, die Gelegenheit, wieder als Regisseur tätig zu sein.
Ekel wurde von Michael Klinger und Tony Tenser für die Compton-Tekli produziert, einem Unternehmen, das sich hauptsächlich auf die Herstellung von Softpornos spezialisiert hatte. Polanski war als billiger Regisseur eingekauft worden und sollte einen ebenso preiswerten Horrorfilm drehen.
„Als Gérard Brach und ich *Ekel* schrieben, leitete uns eine dominierende Absicht: Wir wollten sichergehen, daß Klinger und Tenser den Film finanzierten. Zu diesem Zweck brauchten wir eine eindeutige Horrorstory - etwas anderes interessierte sie nicht." (Polanski)
Catherine Deneuve spielt das Mädchen Carol, das bei ihrer Schwester und deren verheirateten Geliebten in London lebt. Entgegen Carols Willen fahren die beiden in den Urlaub und lassen die äußerst labile und zu Wahnvorstellungen neigende junge Frau allein zurück. Carol wird von sexuellen Alpträumen gequält, in denen sie permanent den Zudringlichkeiten einer brutalen Männerwelt ausgesetzt ist. Als sich dann eines Tages wirklich ein Mann für sie interessiert, hat dies fatale Folgen.
Ein düsterer, vor allem in den Traumsequenzen erschreckend bedrohlich gestalteter Psycho-Thriller, mit dem sich Polanski seinen Weg ins westeuropäische und amerikanische Kino ebnete.
Ekel wurde 1965 auf den Filmfestspielen in Berlin mit dem Silbernen Bären ausgezeichnet. jg

El Cid

El Cid. USA/Spanien 1961 **R** Anthony Mann **B** Philip Yordan, Frederic M. Frank **K** Robert Krasker **M** Miklos Rozsa **P** Samuel Bronston, Anthony Mann für Bronston-Rank/Allied Artists **L** 180 Min., Farbe **D** Charlton Heston, Sophia Loren, John Fraser, Raf Vallone, Geneviève Page, Gary Raymond, Herbert Lom, Massimo Serata, Douglas Wilmer, Hurd Hatfield, Ralph Truman

Einer der letzten Filme des großen Hollywood-Routiniers Anthony Mann, der in seinem Alterswerk endgültig von seiner Domäne, dem Western, Abschied nahm und sich mit den beiden üppigen Ausstattungsfilmen *El Cid* und DER UNTERGANG DES RÖMISCHEN REICHES (wiederum mit Sophia Loren) ein pompöses Denkmal setzte.
Mann wollte sein Spektakel um den spanischen Nationalhelden lediglich mit zwei großen Stars besetzen. Charlton Heston war durch seine Hauptrollen in Monumentalfilmen wie BEN HUR oder DIE ZEHN GEBOTE für den Part des El Cid geradezu prädestiniert. An Sophia Loren, die Mann vor allem wegen ihrer Körpergröße an Hestons Seite sehen wollte, kam man allerdings etwas schwieriger heran. Zweimal lehnte die italienische Diva kategorisch ihre Teilnahme an dem Projekt ab, da sie sich mit der Rolle der Chimene nicht anfreunden und außerdem - das kam als erschwerendes Übel hinzu - Charlton Heston nicht sonderlich leiden konnte. Die Aussicht auf die zu erwartenden lukrativen Einkünfte stimmten sie aber doch noch um.
Zeitlich im 11. Jahrhundert angesiedelt, erweckt Anthony Manns Epos die Legende um den spanischen Nationalhelden mit farbenprächtigen Kostümen, Ritterturnieren und gewaltigen Schlachtszenen zum Leben. Die Gigantomanie der Produktion schien dabei keine Grenzen zu kennen. Für diverse Kunstgegenstände und Juwelen wurden bereits 40.000 Dollar ausgegeben. Da den Produzenten die Kathedrale von Burgos durch Renovierungsarbeiten zu modern aussah,

bauten die Filmarchitekten das gewaltige Gebäude noch einmal nach. Der gestalterische Höhepunkt des Films gipfelte in der Schlacht um Valencia, bei der El Cid den Tod findet, und für die 50.000 Soldaten der spanischen Armee zusammengetrommelt sowie 35 Segelschiffe originalgetreu nachkonstruiert wurden. Extra für die Dreharbeiten nahm Charlton Heston bei einem Trainer Unterricht im Schwertkampf, um die Duell-Szenen ungedoubelt spielen zu können.
Trotz aller Schauwerte kränkelt der Film an der uneinheitlichen Regie und dem krampfhaften Versuch, mehr als nur ein aufwendiger Abenteuerfilm sein zu wollen. Die Academy-Mitglieder reagierten dementsprechend. *El Cid* konnte noch nicht einmal in den Sparten Ausstattung und Kostüme über die Nominierung hinauskommen. jg

El Condor

El Condor. USA 1970 **R** John Guillermin **B** Larry Cohen, Steven Carabatsos **K** Henri Persin **M** Maurice Jarre **P** André de Toth für National General Pictures **L** 100 Min., Farbe **D** Jim Brown, Lee van Cleef, Patrick O´Neal, Mariana Hill

Ein entflohener Sträfling (Brown) und ein Revolverheld (Van Cleef) schließen sich zusammen, um mit der Hilfe von Apachen die mexikanische Festung „El Condor" zu stürmen, in der ein riesiger Goldschatz versteckt sein soll.
Dieser actionreiche und blutrünstige Western orientiert sich paradoxerweise an italienischen Vorbildern, die ihrerseits natürlich den amerikanischen Western nacheiferten. Doch die Welle europäischer Produktionen, die nach dem sensationellen Erfolg von FÜR EINE HANDVOLL DOLLAR auch den amerikanischen Markt überfluteten und Lee van Cleef (unter anderen) erst zum Star machte, brachte auch amerikanische Produzenten dazu, im spanischen Almería ihre Streifen billiger zu produzieren. *El Condor* bietet die im Genre mittlerweile üblichen Brutalitäten (gewürzt mit schwarzem Humor) und Zynismen inklusive einer Massenvergewaltigung und beeindruckt nur durch die aufwendige Festung, die Ausstatter Juan Molina de Juanes in die spanische Wüstenlandschaft setzte. Auch Maurice Jarres Soundtrack enttäuscht. al

El Dorado

El Dorado. USA 1966 **R** Howard Hawks **B** Leigh Brackett, nach dem Roman *The Stars in Their Courses* von Harry Brown **K** Harold Rosson **M**

Nelson Riddle **P** Howard Hawks für Paramount **L** 126 Min., Farbe **D** John Wayne, Robert Mitchum, James Caan, Charlene Holt, Michele Carey, Arthur Hunnicutt, R. G. Armstrong, Edward Asner, Paul Fix

Acht Jahre nach seinem Western-Klassiker RIO BRAVO hielt Regisseur Howard Hawks die Zeit für gekommen, dem Genre eine andere Wendung zu geben und mit dem bisweilen etwas stoischen Ernst seiner vorhergehenden Filme zu brechen.
In das verschlafene Westernnest El Dorado kommt - zum Ärger der Bewohner - der alternde Revolverheld Thornton (Wayne). Er ist von einem Rancher angeheuert worden, um diesen bei seinem Plan zu unterstützen, illegal das Wasser einer benachbarten Farm abzuleiten. Thornton läßt sich darauf jedoch nicht ein. Nach einigem Hin und Her erscheint plötzlich die berüchtigte McLeod-Bande als sein Nachfolger in der Stadt. Gemeinsam mit Sheriff Harrah (Mitchum) und dem jungen Cowboy Mississippi (Caan) tritt Thornton gegen die Gang an.
Was *El Dorado* eigentlich genau sein sollte, wußte Regisseur Hawks zur Zeit der Dreharbeiten wohl selbst nicht. Von Westernkennern wird der Film inzwischen als eine Parodie auf den Hawks-Vorgänger RIO BRAVO angesehen, doch verläuft die Handlung anfangs zu konzeptionslos und schafft es erst in der Mitte des Films, die Kurve zum humorvoll angelegten Western zu kriegen. Dabei bildet nicht die eigentliche Geschichte die Basis für eine Persiflage, sondern die Gestaltung der beiden Protagonisten, die gnadenlos mit der heroischen Skizzierung abrechnet, wie sie noch in den 50er Jahren für den Western üblich war. Wayne ist herzkrank und leidet durch die Folgen eines Pistolenschusses unter vorübergehenden Lähmungserscheinungen, Mitchum ist zum Alkoholiker abgesunken. Trotz dieser Defekte raffen sie sich zum Kampf gegen das Böse auf, um letztendlich nur die Undankbarkeit der Bürger zu ernten, die ihre Ruhe haben wollen und den selbstlosen Einsatz der Gesetzeshüter (beide humpeln am Schluß des Films an Krücken durch die Stadt) nicht zu würdigen wissen.
„Ein Film über die Hinfälligkeit von Helden... Hawks hat das so souverän inszeniert, daß der gute alte Western in pure Don Quichotterie ausartet." (*Süddeutsche Zeitung*) jg

El Greco

El Greco. Italien/Frankreich 1966 **R** Luciano Salce **B** Guy Elmes, Massimo Franciosa, Luigi Magni, Luciano Salce **K** Leonida Barboni **M** Ennio Morricone **P** Mel Ferrer, Alfredo Bini für Prod. Artistiche Internazionale/Arco Film (Rom), Les Films du Siècle (Paris) **L** 94 Min., Farbe **D** Mel Ferrer, Rosanna Schiaffino, Franco Giacobini, Renzo Giovampietro, Adolfo Celi

Der aus Griechenland stammende Maler Dominikos Theotokopulos (1541-1614), genannt „El Greco", arbeitete seit 1577 in der ehemaligen spanischen Residenzstadt Toledo und erhielt u.a. auch Aufträge von König Philipp II.. Die italienisch-französische Biographie mit Mel Ferrer in der Titelrolle schildert seine Ankunft und sein Leben in Toledo, seine Liebe zu einer Adligen (Schiaffino) und seine kurze Bekanntschaft mit der Inquisition.
Dabei interessiert sich der Film offensichtlich mehr für den Künstler als Privatmann denn für seine Kunst, von der man nur wenig erfährt. Zwar wurden einige seiner Meisterwerke aus Museen herangeschafft, doch was die Besonderheit und Neuheit seines Malstils ausmachte, bleibt im Dunkeln. Mel Ferrer als El Greco bewegt sich gemessenen Schrittes durchs Bild und steht, den Pinsel in der Hand, prüfend das eine ums andere Mal vor seinen Schöpfungen, kann aber nur in den Schlußszenen, als alter Mann, richtige Emotion vermitteln. Rosanna Schiaffino als die obligatorische „Frau in seinem Leben" ist steif und hölzern wie immer.
So wenig Schauspieler und Drehbuch auch Gebrauch von durchaus vorhandenen Möglichkeiten machen, so sehr sprechen die Bilder El Grecos für sich selbst. Weitere Pluspunkte sind die hervorragende Kameraarbeit, die den Originalschauplatz Toledo in imposanter Größe einfängt, sowie die unaufdringlich eingesetzte, sehr stimmungsvolle Musik Ennio Morricones. al

El Perdido

The Last Sunset. USA 1961 **R** Robert Aldrich **B** Dalton Trumbo, nach dem Roman *Sundown at Crazy Horse* von Howard Rigsby **K** Ernest Laszlo **M** Ernest Gold **P** Eugene Frenke für Byrna Prod./ Universal **L** 112 Min., Farbe **D** Rock Hudson, Kirk Douglas, Dorothy Malone, Joseph Cotten, Carol Lynley, Neville Brand, Regis Toomey, Rad Fulton, Adam Williams, Jack Elam

Die positiven Erfahrungen mit Dalton Trumbo als Drehbuchautor bei SPARTACUS waren für Schauspieler und Co-Produzenten Kirk Douglas der Anlaß, auch für seinen nächsten Film mit ihm zusammenzuarbeiten. *El Perdido* allerdings sollte sich als ein reichlich unausgegorenes Projekt erweisen, das zu den schwächeren Werken im Oeuvre des Regisseurs Robert Aldrich gezählt wird. Da SPARTACUS gerade erst in den Kinos anlief, war es noch nicht möglich vorauszusehen, ob sich ein finanzieller Erfolg einstellen würde, so daß Douglas gezwungen war, seine folgende Produktion etatmäßig äußerst niedrig zu halten. Dieses Manko versuchte er mit dem Engagement der Kassenstars Rock Hudson und Joseph Cotten auszugleichen.
Erbarmungslos verfolgt Gesetzeshüter Stribling (Hudson) den Revolverhelden O´Malley (Douglas), da dieser seinen Schwager umgebracht hat. Es gelingt ihm, den Banditen zu stellen, doch bevor es zur Abrechnung kommt, geleiten die beiden noch einen Viehtreck über die mexikanische Grenze nach Nordamerika. Erst dann kommt es zum

Showdown. Dalton Trumbo hatte bei der Skizzierung der Protagonisten erhebliche Schwierigkeiten. Machte es ihm keine Mühe, die Figur O´Malleys glaubwürdig anzulegen, so wußte er dafür nicht so recht, was er mit Rock Hudson anfangen sollte. Noch schlimmer erging es Joseph Cotten, dessen Part, so Trumbo, „überhaupt nie richtig entwickelt wurde", so daß man sich entschloß, Cotten schnell aus dem Verkehr zu ziehen. Er stirbt im Verlauf einer Saloon-Schlägerei.
Das Publikum verpaßte diesem etwas lieblos zusammengebretterten Western einen Denkzettel und blieb den Kinos fern. *El Perdido* war zugleich auch der letzte Film, an dem Kirk Douglas´ Produktionsfirma Bryna die Mehrheitsbeteiligung besaß. jg

El Sur - Der Süden

El Sur/Le Sud. Spanien/Frankreich 1983 **R** Victor Erice **B** Victor Erice, nach einer Erzählung von Adelaide Garcia Morales **K** José Luis Alacaine **P** Elias Querejeta, Jean-Pierre Fuega für Elias Querejeta Prod. (Madrid), Chloé Prod. (Paris) **L** 94 Min., Farbe **D** Omero Antonutti, Sonsoles Aranguren, Iciar Bollan, Lola Cardona, Rafaela Aparicio, Maria Caro, Aurore Clément

Spanien in den 50er Jahren. Im Norden des Landes lebt Agustin (Antonutti) mit seiner Frau (Cardona) und seiner kleinen Tochter Estrella (Sonsoles). Sie bewundert ihren Vater, einen fürsorglichen und liebevollen Mann aus dem Süden. Der Süden - das ist für das kleine Mädchen ein Land ohne Schnee und Kälte, doch es birgt auch ein Geheimnis. Erst langsam begreift Estrella, daß ihr Vater noch ein eigenes Leben hat, daß er nach der Niederlage der Linken im spanischen Bürgerkrieg den Süden verlassen mußte und sich darüber mit seiner Familie entzweit hat. Und sie erfährt außerdem, daß Agustin eine andere Frau liebt...
Die Kindheit hatte schon in Victor Erices erstem Film, *Der Geist des Bienenstocks* (1973), eine große Rolle gespielt, in dem Ana Torrent ihr Debüt gab. Auch in *El Sur* wird die Welt durch die Augen eines Kindes betrachtet: Estrella ist die Erzählerin der Geschichte, die in einer Rückblende aufgeblättert wird. Am Anfang erinnert sich die mittlerweile Fünfzehnjährige (Bollan) an die Zeit, in der ihr Vater noch alles für sie verkörperte. Was sie entdeckt, ist die Sehnsucht Agustins nach seiner Heimat, in der er Familie und sogar seine große Liebe zurückgelassen hat, die er vergessen wollte und nicht kann. Er erschießt sich. Jetzt übernimmt Estrella sein Vermächtnis und fährt in den Süden - doch genau hier hört der Film auf. Wenn das Ende abrupt erscheint, dann auch, weil Erice sein Werk eine Stunde länger geplant hatte - Finanzierungsprobleme verhinderten das leider.
Frankfurter Allgemeine: „Eine stille Faszination geht von *El Sur* aus, die Magie eines gedämpften, fast traumwandlerischen Erzählens, das wohl auch deshalb altmodisch erscheinen mag, weil es in den Bildern eine Symbolkraft erweckt, die im gegenwärtigen Kino selten geworden ist." al

Ein Elefant irrt sich gewaltig

Un éléphant ça trompe énormément. Frankreich 1976 **R** Yves Robert **B** Jean-Loup Dabadie, Yves Robert **K** René Mathelin **M** Vladimir Cosma **P** Alain Poiré, Yves Robert für Gaumont International/La Guéville **L** 102 Min., Farbe **D** Jean Rochefort, Claude Brasseur, Guy Bedos, Victor Lanoux, Danièle Delorme, Anny Duperey

Vier Freunde mittleren Alters schlagen noch einmal über die Stränge, sehen sich jedoch letztendlich in den Fallstricken gesellschaftlicher Konventionen gefangen. Da ist Etienne (Rochefort), ein verheirateter, von seinen Sekretärinnen umschwärmter Ministerialdirektor, dem eines Tages ein attraktives Mannequin (Duperey) über den Weg läuft. Dem Playboy Daniel (Brasseur) passiert ein Mißgeschick nach dem anderen, der erfolgreiche Arzt Simon (Bedos) sieht sich mit seiner dominanten Mutter konfrontiert und Bouly (Lanoux) ist gerade die Frau weggelaufen.
Mit dieser umwerfend komischen Farce gelang Komödien-Spezialist Yves Robert nach DER GROSSE BLONDE MIT DEM SCHWARZEN SCHUH noch einmal ein großer Wurf, der, genau wie der frühere Film, gewaltig an den Kinokassen aufräumte und eine Fortsetzung nach sich zog: WIR KOMMEN ALLE IN DEN HIMMEL. Besonders denkwürdig ist jene Szene in einer Bar, in der Brasseur als angeblich Blinder das halbe Mobiliar mit seinem Blindenstock zerdeppert - unter den Augen der hilflosen Besitzer.
Gene Wilder führte 1984 bei einem amerikanischen Remake unter dem Titel DIE FRAU IN ROT Regie. al

Elefanten-Boy

Elephant Boy. Großbritannien 1936 **R** Robert Flaherty, Zoltan Korda **B** John Collier, Akos Tolnay, Marcia de Silva, nach dem Roman *Toomai of the Elephants* von Rudyard Kipling **K** Osmond Borradaile **M** John Greenwood **P** Alexander Korda für London-Film **L** 91 Min., s/w **D** Sabu, Walter Hudd, Allan Jeayes, W. E. Holloway, Bruce Gordon, D. J. Williams, Wilfrid Hyde-White

Robert Flaherty, der 1931 mit dem berühmten deutschen Regisseur F. W. Murnau das Südsee-Drama TABU gedreht hatte, galt als talentierter Dokumentarfilmer, der vor allem an ethnologisch angehauchten Projekten interessiert war. Bei Recherchen für die Kipling-Verfilmung entdeckte er den Jungen Sabu, der zur damaligen Zeit als Stallbursche im Hause eines wohlhabenden Inders arbeitete. Für Flaherty stellte Sabu die ideale Besetzung des Elefantenboys dar.
In rührenden, bisweilen etwas zu sentimental geratenen Sequenzen beschreibt der Film die Geschichte des Jungen Toomai (Sabu), der eine Expedition von Engländern durch den indischen Dschungel begleitet, in deren Verlauf sein Vater von einem Tiger getötet wird. Toomai, plötzlich zum Waisen geworden, wird von den anderen Elefantentreibern schlecht behandelt, so daß er sich mit seinem Tier in den Dschungel flüchtet und dort einige Zeit glücklich lebt, bis er eine Herde wilder Elefanten entdeckt, nach der die Engländer so lange gesucht haben.
Ein in seinen dokumentarhaft angelegten Szenen (die Außenaufnahmen fanden alle in Indien statt) noch immer fesselnder Jugendfilm, der den kurzen Starruhm des jungen Sabu begründete und ihm weitere einschlägige Rollen in Filmen wie DER DIEB VON BAGDAD und DAS DSCHUNGELBUCH einbrachte. jg

Der Elefantenmensch

The Elephant Man. Großbritannien 1980 **R** David Lynch **B** David Lynch **K** Freddie Francis **M** John Morris, Samuel Barber **P** Jonathan Sanger für Brooksfilms/Paramount **L** 123 Min., s/w **D** Anthony Hopkins, John Hurt, Anne Bancroft, John Gielgud, Wendy Hiller, Freddie Jones

Der im Jahre 1862 in Leicester geborene John Merrick litt an einer damals noch nahezu unbekannten Krebserkrankung, der Neurofibromatose, die für Deformierungen von Knochen und Hautveränderungen verantwortlich ist. Im Alter von 18 Jahren trat er, inzwischen durch sein Leiden monströs entstellt, als gruselige Attraktion einer Jahrmarktsshow unter dem Namen „Elefantenmensch" auf und war dem Spott sensations-

gieriger Zuschauer ausgesetzt. Aus diesem menschenunwürdigen Dasein befreite ihn der junge Arzt Frederick Treves (Hopkins), unter dessen Obhut er sich als intelligenter, empfindsamer Mann erweist. Die bürgerliche Gesellschaft des viktorianischen England ermöglichte Merrick durch finanzielle Großzügigkeit ein Leben in Würde bis zu seinem frühen Tod 1890.
Auf diesen wahren Begebenheiten beruht der von der Firma des Komikers Mel Brooks produzierte Film von David Lynch, der nichts mit der Theaterversion oder anderen literarischen Vorlagen zu tun hat. Lynch hatte bis dato erst einen Film gemacht - den kultisch gefeierten, ziemlich blutrünstigen Horrorstreifen ERASERHEAD. Entgegen allen Befürchtungen wird das abstoßende Äußerliche der Hauptfigur jedoch nicht sensationell ausgebeutet und für billige Schockeffekte verwendet, sondern behutsam eingeführt - was auch der Grund war, den Film im selten gewordenen Schwarzweiß zu inszenieren, da es erstens die Monströsität Merricks dämpfte und zweitens eine stimmungsvollere Heraufbeschwörung der viktorianischen Epoche ermöglichte. Trotzdem stellt die Arbeit von Maskenbildner Dick Tucker eine Meisterleistung auf dem Gebiet des Spezial-Make-Up dar. Als Kameramann wählte man den Schwarzweiß-Experten Freddie Francis, der für seine Arbeit bei SÖHNE UND LIEBHABER einen Oscar erhalten hatte.
Der Elefantenmensch wurde von der Kritik fast einstimmig gefeiert - wie Hauptdarsteller John Hurt, der zwar unter seinem Make-Up kaum zu erkennen ist, mit Augen und durch Gestik jedoch bravourös die Wandlung Merricks vom verspotteten „Ding“ zu einer liebenswerten Persönlichkeit glaubhaft macht. *Kölnische Rundschau*: „Ein bewegendes, unvergeßliches Werk, eine Meditation über Martyrium und Gnade sowie die bislang wohl glaubwürdigste Filmstudie von Menschlichkeit hinter der Maske des Monströsen.“
Der Film erhielt acht Oscar-Nominierungen, u.a. für Bester Film, Regie, Hauptdarsteller (Hurt), Drehbuch und Ausstattung. al

Der elektrische Reiter

The Electric Horseman. USA 1979 **R** Sydney Pollack **B** Robert Garland, nach einer Story von Shelly Burton **K** Owen Roizman **M** Dave Grusin **P** Ray Stark für Wilwood Prod./Columbia/Universal **L** 120 Min., Farbe **D** Robert Redford, Jane Fonda, John Saxon, Valerie Perrine, Willie Nelson

Sonny Steele (Redford), einstiger Rodeo-Star, ist inzwischen zum Werbe-Cowboy für ein „Rancher-Frühstück“ heruntergekommen. In Las Vegas soll er für seine Firma in einem mit winzigen Glühlampen besetzten Anzug auf die Bühne reiten - auf einem 12 Mio. $-Pferd. Als er entdeckt, daß das Tier gedopt ist, platzt ihm der Kragen und er entschwindet hoch zu Roß in die Wüste, verfolgt von der Reporterin Hallie (Fonda), die eine sensationelle Story wittert.
Die dritte Leinwand-Begegnung der Superstars Redford und Fonda nach EIN MANN WIRD GEJAGT und BARFUSS IM PARK ist ein modernes Western-Märchen mit einigen Seitenhieben auf Konsumterror und Sensationsjournalismus, das seine Story jedoch offensichtlich bei EINSAM SIND DIE TAPFEREN abgeschaut hat, in dem es ebenfalls um einen Cowboy als wandelnden Anachronismus geht. Trotz dieser kritischen Ansätze und einer Beschwörung des anderen, des ursprünglichen Amerika ist *Der elektrische Reiter* in erster Linie ein brillant gemachter Unterhaltungsfilm und Vehikel für zwei Stars, die sich gern engagiert geben. Auf dieser Ebene funktioniert er allerdings hervorragend.
Country-Sänger Willie Nelson gibt in der Rolle von Redfords Manager sein Debüt als Schauspieler. al

Eleonore

Leonor. Frankreich/Spanien/Italien 1974 **R** Juan Buñuel **B** Juan Buñuel, Michel Nuridzani, Pierre Maintigneux, nach einer Novelle von Ludwig Tieck **K** Luciano Tovoli **M** Ennio Morricone **P** Charlotte Fraise, Manuel Sanchez für Arcadie Prod./Films 66/Uranus Prod./Goya Films/Transeuropa Films **L** 98 Min., Farbe **D** Michel Piccoli, Liv Ullmann, Ornella Muti, Antonio Ferrandis, Carlos Coque, José Luis Romera

Basierend auf der Novelle von Ludwig Tieck, einem Dichter der deutschen Romantik, drehte Juan Buñuel, Sohn des berühmten Regisseurs Luis Buñuel, diesen mysteriösen, überaus ästhetischen Gruselfilm.
Frankreich im 13. Jahrhundert. Der Schloßherr Richard (Piccoli) verliert durch einen Unfall seine schöne Frau Eleonore (Ullmann). Um sich über seinen grenzenlosen Schmerz hinwegzutrösten, heiratet er noch am Tag der Beerdigung die junge Cathérine (Muti). Eleonore jedoch kann er nicht vergessen. Die Sehnsucht nach der toten Gemahlin wächst von Tag zu Tag - bis Eleonore tatsächlich eines Tages ihrer Gruft entsteigt. Doch dieses Wunder gibt leider wenig Anlaß zur Freude, denn die Verstorbene ist mittlerweile zum Vampir mutiert und dürstet nach Blut.
Gewalt- und Gruselszenen werden in diesem Horror-Drama nur angedeutet, die Gewichtung liegt eindeutig auf der romantischen und symbolhaften Seite der Geschichte. Buñuel setzte die Dialoge äußerst spärlich ein, um vielmehr die zerklüftete Berglandschaft (gedreht wurde in Spanien) im Kontext zu der Handlung in den Vordergrund zu stellen. Die seltsam blassen, beinahe kränkelnden Farben erzielte er durch das Vorsetzen eines Filters über das Kameraauge. jg

Elf Uhr nachts

Pierrot le fou/Il bandito delle 11. Frankreich/Italien 1965 **R** Jean-Luc Godard **B** Jean-Luc Godard, nach dem Roman *Obsession* von Lionel White **K** Raoul Coutard **M** Antoine Duhamel **P** Georges de Beauregard für Rome-Paris Films/S.N.C. (Paris), Dino de Laurentiis (Rom) **L** 110 Min., Farbe **D** Jean-Paul Belmondo, Anna Karina, Dirk Sanders, Raymond Devos, Graziella Galvani, Jean-Pierre Léaud, Samuel Fuller

Ferdinand (Belmondo) verläßt frustriert seine Frau und sein früheres Leben, und beginnt mit der jungen Marianne (Karina) eine Beziehung. Die beiden brechen nach Südfrankreich auf und versuchen, ihre Spuren zu verwischen, werden jedoch immer wieder von Mariannes Vergangenheit als Freundin von Kriminellen eingeholt.
Die Grundlage dieses Films, der nach AUSSER ATEM und LEBE DAS LEBEN die dritte Zusammenarbeit Godards mit Jean-Paul Belmondo darstellt, lieferte ein amerikanischer Kriminalroman der Schwarzen Serie, den der Regisseur wieder einmal nur als Plattform für seine eigenen Ideen benutzte. *Elf Uhr nachts*, der bei Publikum und Presse sehr gut ankam, ist nicht nur ein Thriller, sondern auch eine Untersuchung von Kino und Sprache, ein autobiographisches Tagebuch, eine Liebesgeschichte und die Analyse einer aus den Fugen geratenen Welt. Der Film erhielt bei den Filmfestspielen in Venedig den „Preis der jungen Kritiker“. al

Elisa, mein Leben

Elisa, vida mía. Spanien 1977 **R** Carlos Saura **B** Carlos Saura **K** Teo Escamilla **M** Eric Satie **P** Elias Querejeta für Elias Querejeta P.C. **L** 128 Min.,

Farbe **D** Fernando Rey, Geraldine Chaplin, Norman Brinski, Isabel Mestres, Ana Torrent

Luis (Rey), ein alternder Schriftsteller, wird in seinem abgelegenen Haus von seinen Töchtern Elisa (Chaplin) und Isabel (Mestres) besucht. Elisa hat sich gerade zum Verlassen ihres Mannes durchgerungen und bleibt. Eine sehr enge Beziehung zwischen Vater und Tochter entsteht, und allmählich werden beide in einen Strudel von Träumen und Erinnerungen gerissen.
Elisa, mein Leben ist Sauras erster Film nach dem Tod Francos und dem Ende der Diktatur, und als wäre damit auch eine Angriffsfläche für politische Attacken weggefallen, beschäftigt sich der Regisseur hier mit sehr viel intimeren Beziehungen, die nicht mehr als Allegorie für die Politik stehen - es sei denn, für die Politik menschlichen Zusammenlebens. Der Film gilt daher als Sauras persönlichster. Traumsequenzen, Erinnerungen und Phantasien werden nicht immer aufgelöst; wie bei Sauras Kollegen Buñuel ist oftmals nicht klar, wo die Wirklichkeit aufhört und die Phantasie beginnt. Elisa wird als Kind von Ana Torrent gespielt, die schon in ZÜCHTE RABEN Geraldine Chaplins kindliches alter ego verkörperte.
Für *Elisa, mein Leben* erhielt Fernando Rey den Preis als Bester Darsteller der Filmfestspiele in Cannes. *Stuttgarter Zeitung*: „Mühelos getragen von wunderbarer schauspielerischer Intensität und von der Suggestion seiner Bilder.“ al

Elmer Gantry

Elmer Gantry. USA 1960 **R** Richard Brooks **B** Richard Brooks, nach dem Roman von Sinclair Lewis **K** John Alton **M** André Previn **P** Bernard Smith für United Artists **L** 146 Min., Farbe **D** Burt Lancaster, Jean Simmons, Arthur Kennedy, Shirley Jones, Dean Jagger, Patti Page, Edward Andrews, John McIntire, Joe Maross, Everett Glass, Michael Whalen, Hugh Marlowe

Obwohl Sinclair Lewis´ Roman in den Vereinigten Staaten sehr populär war, wagte es doch mehrere Jahre lang kein einziges Hollywood-Studio, das Buch zu verfilmen, schließlich hatte man es ja mit einem Stoff zu tun, der die Religion attackierte, und das war für Hollywood schon von jeher ein Grund, die Finger von solchen Sachen zu lassen.
Richard Brooks kaufte schließlich selbst als Privatmann die Rechte am Buch auf. Burt Lancaster hatte er 1947 als Drehbuchautor bei dem Film ZELLE R 17 kennengelernt. Genau diesen Schauspieler wollte er auch in der Rolle des Elmer Gantry sehen. Lancaster selbst meinte im nachhinein zu seiner Darstellung: „Einige Rollen passen wie alte Handschuhe. Elmer war für mich keine Schauspielerei. Das war ich selbst.“
Als falscher Wanderprediger tingelt Elmer Gantry durch die Lande, redet fromm von Gott und Liebe daher und lockt seinen Zuhörern mit seinen rhetorischen Fähigkeiten das Geld aus der Tasche. Eines Tages lernt er die Predigerin Sharon (Simmons) kennen, die er ebenfalls mit seinen Redekünsten beeindruckt. Er schließt sich ihrer Glaubensgemeinschaft an und avanciert zu einer Bekanntheit auf seinem Gebiet, bis sich das Glück eines Tages wendet, denn Sharon kommt bei einem Brand in den Flammen des Predigerzeltes um. Gantry versucht seinen Schmerz hinter großen Gesten zu verbergen und nimmt - von allen Zweifeln an der göttlichen Existenz befreit - Sharons Platz in der Gemeinschaft ein.
Für seine Rolle erhielt Lancaster den Oscar und später auch den New Yorker Kritikerpreis; weitere Oscars gingen an Shirley Jones für die Beste weibliche Nebenrolle und an das Drehbuch von Richard Brooks. jg

Emanuela

Emmanuelle. Frankreich 1974 **R** Just Jaeckin **B** Jean-Louis Richard, nach dem Roman von Emmanuelle Arsan **K** Richard Suzuki **M** Pierre Bachelet **P** Trinacra Films/Orphée Prod. **L** 93 Min., Farbe **D** Sylvia Kristel, Alain Cuny, Marika Green, Daniel Sarky, Christine Boisson

Der Bombenerfolg von Emmanuelle Arsans Erotik-Roman *Emmanuelle oder Die Schule der Lust* rief sogleich clevere Produzenten auf den Plan, die dem Stoff den passenden filmischen Rahmen verpaßten. Als Hauptdarstellerin holte man sich die Holländerin Sylvia Kristel, die bereits in einigen unwichtigen Streifen nackte Haut gezeigt hatte, und die Regie übernahm der ehemalige Photograph Just Jaeckin.
Die zwanzigjährige Emanuela ist mit einem französischen Diplomaten verheiratet, der in die Botschaft seines Landes nach Thailand berufen wird. Er hat Besonderes mit seiner Frau vor: Sie soll lernen, das Leben, die Liebe und ihren Körper zu entdecken und zu genießen. Das junge Ding durchlebt in feuchtem Tropenklima eine „Schule der Lust“ und treibt es munter mit Männlein und Weiblein - zum eigenen und zum Ergötzen der Zuschauer. Davon hatte dieser auf edel getrimmte Soft-Porno so reichlich, daß Sylvia Kristel zum Star des Genres avancierte und in nicht weniger als drei Fortsetzungen mitspielte: *Emanuela - Garten der Liebe* (1975), *Goodbye Emmanuelle* (1977) und *Emmanuelle 4* (1983). Leider war sie dadurch so festgelegt, daß sich niemand mehr für ihre eventuellen schauspielerischen Qualitäten interessierte. Auch Regisseur Just Jaeckin blieb dem Sex-Film treu und landete mit DIE GESCHICHTE DER O. noch einmal einen Volltreffer an der Kasse. al

Embryo

Embryo. USA 1976 **R** Ralph Nelson **B** Jack W. Thomas, nach seiner Kurzgeschichte **K** Fred Koenekamp **M** Gil Melle **P** Arnold H. Orgolini, Anita Doohan für Cine Artists **L** 108 Min., Farbe **D** Rock Hudson, Diane Ladd, Barbara Carrera, Roddy McDowall, Ann Schedeen, John Elerick, Jack Colvin, Vincent Bagetta, Joyce Spitz, Dick Winslowe, Lila Raymond, Joyce Borthers

Nach DIE GEIER WARTEN SCHON war Rock Hudson erst einmal über mehrere Jahre vollauf mit Aufträgen für das US-Fernsehen ausgelastet - eine Tatsache, die ihm in zunehmenden Maße mißfiel, zog er doch die Arbeit an einem Kinofilm dem routinierten, fließbandmäßigen Produktionsbetrieb der TV-Teams vor.
Embryo war ein schnell heruntergekurbeltes B-Horror-Filmchen, welches überdeutlich darauf hinwies, daß Rock Hudsons Starruhm schon längst verloschen war, sonst hätte dieser sich wohl kaum auf ein solches Unterfangen eingelassen. Die Geschichte beruft sich ganz eindeutig auf die altbekannten *Frankenstein*-Motive. Hudson spielt den Wissenschaftler Dr. Hollister, dem es gelingt, einen künstlichen menschlichen Embryo genetisch zu beeinflussen. Das hat fatale Folgen, denn der Fötus wächst rasend schnell zu einer jungen hübschen Frau (Carrera) heran, die jedoch ebenso rasch altert und bald darauf über Leichen geht, um am Leben zu bleiben. Um die Sache noch weiter zu komplizieren, verliebt sich Dr. Hollister prompt in sein Geschöpf.
Bevor sich Rock Hudson vor die Kameras wagte, unterzog er sich erst einmal einer Schönheitsoperation und ließ sich seine Tränensäcke entfernen, obwohl dieser Eingriff recht wenig mit seinem spektakulären Auftritt in *Embryo* zu tun hatte. Das erste Mal in seiner Karriere war er splitternackt (allerdings nur von hinten) in einer Szene zu sehen.
„Ein durchaus origineller Science-fiction-Thriller, der solange o.k. ist, bis er nach einem unbegründet gräßlichen Höhepunkt zum Schluß vollkommen aus den Angeln gerät.“ (*Los Angeles Times*) jg

Die Emigranten

Utvandrarna. Schweden 1970 **R** Jan Troell **B** Jan Troell, Bengt Forslund, nach dem Roman von

Vilhelm Moberg **K** Jan Troell **M** Erik Nordgren **P** Bengt Forslund für Svenks Filmindustri Prod. **L** 150 Min., Farbe **D** Max von Sydow, Liv Ullmann, Eddie Axberg, Svenolof Bern, Aina Alfredson, Allan Edwall, Monica Zetterlund, Pierre Lindstedt, Hans Alfredsen, Halvar Björk

Ein breit angelegtes Familienepos, das gegenüber anderen Werken die Thematik der Amerika-Auswanderung nicht in ein romantisch-verklärtes Licht rückt, sondern mit großem Hang zum Realismus die menschlichen Tragödien schildert, die sich während der großen Emigrationswelle in die USA abspielten.

Max von Sydow und Liv Ullmann sind das schwedische Ehepaar Kristina und Karl Oskar Nilsson, das gegen Mitte des 19. Jahrhunderts längst alle Illusionen aufgegeben hat, je den permanenten Zustand bitterer Armut hinter sich lassen zu können. So entschließen sie sich, nach Amerika auszuwandern. Doch der Weg dahin ist weit und beschwerlich. Die Nilssons treten auf einem heruntergekommenen Seelenverkäufer die strapaziöse Reise an. Sie müssen Krankheiten, Seuchen und miserable Ernährung überstehen, kommen aber - wenn auch geschwächt - in New York an. Der Start in ein neues Leben kann beginnen.

Liv Ullmann äußerte sich sechs Jahre nach den Dreharbeiten in einem Interview zu Troells Werk: „Ich mag diesen Film besonders, vielleicht weil er meinen Träumen entspricht...Es liegt in diesem Film ein großer Frieden, den ich in meinem verrückten Leben kaum finden kann."

Die Emigranten war einer der teuersten und auch erfolgreichsten Streifen in Schwedens jüngerer Filmgeschichte. Die epische Anlegung des Stoffes (er wurde dem Publikum in zwei Teilen präsentiert) wirkte sich entsprechend auf die Vorführlänge des Films aus. Die deutsche Kinoversion weist diesbezüglich starke Kürzungen auf. Unter dem Titel *Die Auswanderer* und *Die Neubürger* strahlte das ZDF den Film in einer vierteiligen, neusynchronisierten TV-Fassung in vollständiger Länge aus.

1971 wurde *Die Emigranten* als Bester ausländischer Film für den Oscar nominiert. Fortsetzung siehe unter DAS NEUE LAND.

jg

Emil und die Detektive

Emil und die Detektive. Deutschland 1931 **R** Gerhard Lamprecht **B** Billy Wilder, nach dem Roman von Erich Kästner **K** Werner Brandes **M** Allan Gray **P** Günther Stapenhorst für UFA **L** 75 Min., s/w **D** Fritz Rasp, Käthe Haack, Rolf Wenkhaus, Rudolf Biebrach, Olga Engl, Inge Landgut, Hans Joachim Schaufuss, Hubert Schmitz, Hans Richter, Hans Albrecht Löhr

Emil Tischbein (Wenkhaus) darf während der großen Ferien seine Oma im fernen Berlin besuchen. Allerdings verläuft die Zugfahrt anders, als es sich der Junge vorgestellt hat, denn während der Reise gelingt es dem gefährlichen Dieb Grundeis (Rasp), Emils Geld zu stehlen. Allein im riesigen Moloch Berlin, traut sich der Junge nicht, die Polizei zu verständigen, findet jedoch in einer organisierten Kinderbande wertvolle Freunde, die ihm auf der Jagd nach dem Täter behilflich ist und am Ende den skrupellosen Verbrecher stellen kann.

Ein überaus sympathisch gemachter Film, an dem Kinder und Erwachsene gleichermaßen ihre Freude haben können. Neben den vielen, überaus professionell agierenden kleinen Protagonisten, spielen vor allem die Straßen Berlins, die Kameramann Werner Brandes in gekonnter Weise fotografiert hat, eine tragende Rolle. Filmkritiker Siegfried Kracauer meinte sogar festzustellen, die „sauberen, unprätentiösen Dokumentaraufnahmen von Berliner Straßenszenen" würden „die deutsche Hauptstadt als eine Stadt, in der demokratische Grundrechte blühen und gedeihen" porträtieren.

jg

Emil und die Detektive

Emil und die Detektive. BRD 1954 **R** Robert A. Stemmle **B** Robert A. Stemmle, nach dem Drehbuch von Billy Wilder und dem Roman von Erich Kästner **K** Kurt Schulz **M** Georg Haentzschel **P** Heinz Willeg, Karl Mitschke für Berolina **L** 90 Min., Farbe **D** Kurt Meisel, Heli Finkenzeller, Peter Finkbeier, Wolfgang Lukschy, Margarethe Haagen, Claudia Schäfer, Wolfgang Condrus, Camilla Spira

Die Geschichte ist dieselbe geblieben, nur Berlin hat sich inzwischen gewaltig verändert. Welten scheinen das Städtebild von 1931 von dem des Jahres 1954 zu trennen. Die Spuren vom Bombardement des Zweiten Weltkrieges sind bei den Szenen der Verfolgungsjagd quer durch die alte Reichshauptstadt nicht zu übersehen.

Das Farb-Remake von Robert A. Stemmle orientiert sich eng an der ersten Version und greift dabei auch auf das Drehbuch von Billy Wilder zurück. Trotz seiner damaligen überaus positiven Aufnahme in der Presse steht die Zweitverfilmung doch weit hinter dem Original zurück. Sie ist im Grunde genommen nur eine Neuauflage nach bekanntem Muster, die jedoch immerhin Charme und Esprit genug besitzt, um jüngeren und älteren Zuschauern anderthalb nette, unterhaltsame Stunden zu bieten.

„Wer mit diesem Film nicht wieder jung wird, hat vergeblich gelebt" (*Hamburger Abendblatt*), „Es war nicht der erste Film nach dem Kästner-Roman, aber es war der beste." (*Der Mittag*)

Die Uraufführung des Remakes fand merkwürdigerweise nicht in Berlin, sondern am 14. Oktober 1954 im Hamburger Waterloo-Kino statt.

jg

Empfindliches Gleichgewicht

A Delicate Balance. USA 1973 **R** Tony Richardson **B** Edward Albee, nach seinem Bühnenstück **K** David Watkin **P** Ely Landau für Ely Landau/ American Theatre Prod. **L** 132 Min., Farbe **D** Katharine Hepburn, Paul Scofield, Lee Remick, Kate Reid, Joseph Cotten, Betsy Blair

In einem wohlhabenden Neuengland-Haushalt lebt das Ehepaar Agnes (Hepburn) und Tobias (Scofield) unter der Bürde von Tobias alkoholabhängiger Schwester (Reid) und deren zynischen Tochter (Remick), deren vierte Ehe gerade gescheitert ist. Das „empfindliche Gleichgewicht" der Familie wird gestört, als ein befreundetes Ehepaar (Cotten, Blair) sich im Haus einnistet.

Edward Albee, dessen bekanntestes Werk *Wer hat Angst vor Virginia Woolf?* ist, erhielt für dieses Drama den Pulitzerpreis, doch wie bei fast allen seinen Stücken wird dem Publikum eine gehörige Portion Aufmerksamkeit und Intelligenz abverlangt, um die oft in den Worten verschlüsselten Bedeutungen aufzuspüren. Das macht seine Arbeiten nicht gerade zu idealen Stoffen für kommerzielle Unterhaltung, und genau das ist Ely Landaus Produktion nicht. Der Produzent hatte bereits bei Eugene O'Neills *Eines langen Tages Reise in die Nacht* gute Erfahrungen bei der Adaption eines Bühnenstückes für die Leinwand gemacht, nicht zuletzt dank Katharine Hepburns überzeugender Darstellung in einer der Hauptrollen. Die Besetzung ist auch bei *Empfindliches Gleichgewicht* überragend, doch kann der Stoff niemals seine Bühnenherkunft verleugnen. Es bleibt abgefilmtes Theater, das zudem seinen Zuschauern nicht einen einzigen Moment komischer Entspannung gönnt.

al

Endlich sind wir reich

Rich and Strange. Großbritannien 1932 **R** Alfred Hitchcock **B** Alma Reville, Val Valentine, nach einem Thema von Dale Collins **K** Jack Cox, Charles Martin **M** Hal Dolphe **P** John Maxwell für British International Pict. **L** 83 Min., s/w **D** Henry Kendall, Joan Barry, Betty Amann, Percy Marmont, Elsie Randolph

Endlich sind wir reich ist wohl einer der untypischsten Hitchcock-Filme, handelt es sich hier nicht um eine Spionage- oder Kriminalgeschichte, sondern um eine bissige Gesellschaftssatire.

Ein junges Ehepaar kommt durch einen hohen Geldgewinn in den Genuß einer Kreuzfahrt. Die durch den finanziellen Aufstieg bewirkte Veränderung der beiden harmlosen Landpomeranzen zieht jedoch eher negative

Aspekte nach sich, deren Auswüchse sich bald in Eifersucht und Größenwahn verfestigen. Auch die anheimelnde Beschaulichkeit der Reise erweist sich als trügerische Idylle. Erst die plötzliche Havarie des Dampfers schmiedet die beiden Ehegatten wieder zusammen und läßt sie die wahren Werte des Lebens erkennen.
Bevor sie sich an die Realisierung des Filmprojekts heranwagten, nahmen Hitchcock und seine Frau Alma selbst an einer Kreuzfahrt teil, in deren Verlauf sich eine Kette von peinlichen Zwischenfällen ereignete, die den Regisseur teilweise zu seinem Film inspirierte. Besonders interessant fand er den Aspekt, inwieweit sich die Stimmungslage einer Gruppe biederer Reisender verändert, wenn diese wochenlang auf einem Schiff zusammengepfercht ist.
Infolge seiner teuren Außenaufnahmen (Marseille, Suezkanal, Rotes Meer und Indischer Ozean) konnte sich Hitchcock für die Besetzung keine großen Stars mehr leisten. *Endlich sind wir reich* wurde an den Kinokassen ein schrecklicher Mißerfolg und beendete die Zusammenarbeit zwischen Hitchcock und dem Produzenten John Maxwell. jg

Endlos ist die Prärie

The Sea of Grass. USA 1947 **R** Elia Kazan **B** Marguerite Roberts, Vincent Lawrence, nach dem Roman von Conrad Richter **K** Harry Stradling **M** Herbert Stothart **P** Pandro S. Berman für MGM **L** 123 Min. (Originalfassung 131 Min.), s/w **D** Spencer Tracy, Katharine Hepburn, Melvyn Douglas, Robert Walker, Phyllis Thaxter

Dieses überlange Western-Epos war erst Elia Kazans zweite große Produktion und sicher nicht das richtige Material für den hoffnungsvollen Regisseur aus New York.
Die in New Mexico angesiedelte Story dreht sich um einen rücksichtslosen Rinderbaron (Tracy), der verbissen versucht, die ins Land strömenden Siedler fernzuhalten, die sich nach dem neuen Siedlungsgesetz überall breitmachen und die Weideplätze seiner Herden bedrohen. Seine empfindsame Frau (Hepburn) leidet unter der Besessenheit ihres Mannes und geht nach Denver, wo sie eine Affäre mit seinem größten Feind, dem Anwalt der Siedler (Douglas) beginnt, aus der ein Kind (Walker) hervorgeht.
Der Hauptgrund für den Fehlschlag dieses aufwendigen Unternehmens war das lahme Drehbuch von Marguerite Roberts und Vincent Lawrence, das zwar an Action, nicht aber an Dialog sparte und trotzdem den Schauspielern kaum Möglichkeiten zur Entwicklung ihrer Charaktere bot. Die Arbeiten an dem Film zogen sich über 75 Tage hin und wurden durch das schlechte Verhältnis zwischen Kazan und Spencer Tracy erschwert, der mit dem ungewöhnlichen, Actor´s-Studio-geprägten Stil des Regisseurs nicht zurecht kam. Von allen Tracy/Hepburn-Filmen wird dieser allgemein als der schwächste angesehen, denn ihm fehlen Witz und Schwung, der das Paar normalerweise auszeichnet. Die Kameraarbeit von Harry Stradling ist allerdings sehenswert - Außenaufnahmen entstanden in Nebraska. al

Der endlose Horizont

The Sundowners. USA 1960 **R** Fred Zinnemann **B** Isobel Lennart, nach dem Roman von John Cleary **K** Jack Hildyard **M** Dimitri Tiomkin **P** Fred Zinnemann, Gerry Blattner für Warner Bros. **L** 130 Min., Farbe **D** Deborah Kerr, Robert Mitchum, Peter Ustinov, Glynis Johns, Dina Merril, Michael Anderson jr.

Australien in den 20er Jahren. Die Carmodys sind Schaftreiber, die mit ihrem Planwagen durchs Land ziehen und sich niederlassen, wo es Arbeit gibt. Familienoberhaupt Paddy (Mitchum) genießt diese Ungebundenheit, doch seine Frau Ida (Kerr) und sein Sohn Sean (Anderson jr.) träumen von einem eigenen Heim. Um diese Frage kommt es immer wieder zu Konflikten, die jedoch nie lange die Familienharmonie stören.
Fred Zinnemanns episch angelegte Familiensaga führte Deborah Kerr und Robert Mitchum, Co-Stars in DER SEEMANN UND DIE NONNE, erneut zusammen - zum Wohle des Films, denn die beiden harmonieren wunderbar zusammen, und Mitchum hat die Kerr immer wieder als seine Lieblingspartnerin bezeichnet. Im gleichen Jahr standen sie dann in VOR HAUSFREUNDEN WIRD GEWARNT noch einmal gemeinsam vor der Kamera.
Obwohl Isobel Lennart die einzige Nennung als Drehbuchautorin erhielt, wurde die meiste Arbeit von John Cleary selbst geleistet, der die Zusammenarbeit mit Zinnemann genoß und mit dem Endprodukt höchst zufrieden war - selten genug bei Literaturverfilmungen. Doch Zinnemann hatte seine übliche Sorgfalt walten lassen und sich persönlich auf Schauplatzsuche in Australien gemacht, wo alle Außenaufnahmen entstanden. Er und Deborah Kerr kannten sich schon von VERDAMMT IN ALLE EWIGKEIT, und die Schauspielerin gab hier eine ihrer besten Darstellungen als träumende, aber absolut loyale Ehefrau und wurde zum sechsten Male für einen Oscar nominiert. Weitere Nominierungen gab es für Bester Film, Regie, Drehbuch und Nebendarstellerin (Johns). Die Hauptthemen des Films, Zusammenhalt einer Familie und die Kameradschaft in der Ehe, werden von Zinnemann und Cleary mit Intelligenz, Wärme und Humor behandelt, die aus *Der endlose Horizont* einen wunderschönen und im besten Sinne unterhaltenden Film machen. al

Endlose Liebe

Endless Love. USA 1981 **R** Franco Zeffirelli **B** Judith Rascoe, nach dem Roman von Scott Spencer **K** David Watkin **M** Jonathan Tunick **P** Dyson Lovell für Keith Barish Prod./Polygram Pictures **L** 111 Min. (Originalfassung 115 Min.), Farbe **D** Brooke Shields, Martin Hewitt, Shirley Knight, Don Murray, Richard Kiley, Penelope Milford, Beatrice Straight, James Spader

Franco Zeffirelli, Shakespeare-erfahrenes Regie-Talent aus Italien, lief mit seinem ersten amerikanischen Film auf Grund: *Der Champ* wurde von der Kritik zerfetzt und war nicht sonderlich erfolgreich. Da waren die Aussichten für eine gelungene Adaption von Scott Spencers kraftvollem Roman um eine obsessive Liebe zweier Jugendlicher schon besser - hatte Zeffirelli doch bereits bei ROMEO UND JULIA mit Liebestragik unter Minderjährigen zu tun gehabt.
Jade (Shields) und David (Hewitt) lieben sich. Sie ist fünfzehn, er siebzehn. Sie verbringen soviel Zeit wie möglich miteinander, und David ist im Bohème-Haushalt von Jades toleranten Eltern (Knight, Murray) ein gerngesehener Gast. Doch als Papa feststellt, daß Töchterlein Sex mit ihrem Freund macht und obendrein auch noch schlechte Noten mit nach Hause bringt, platzt ihm der Kragen. Schluß mit Liebe! In einer Kurzschlußreaktion legt David daraufhin Feuer auf dem Familiensitz, um als Retter auftreten zu können....
Schnell war klar, daß Zeffirelli und seine Drehbuchautorin Judith Rascoe nicht an einer buchgetreuen Adaption interessiert waren. Sie vereinfachten nicht nur die komplexe Struktur der Vorlage und verlegten die Handlung aus den 50ern in die Gegenwart, sondern machten aus der obsessiven Sexualität des Romans stinknormalen Teenie-Sex, der nach Meinung von *Variety* „die Leidenschaft und den Schweiß einer Parfum-Werbung besitzt". Allein die Besetzung der weiblichen Hauptrolle mit Teen-Wunder Brooke Shields, die in DIE BLAUE LAGUNE eine erste Einführung in die Geheimnisse pubertären Pettings lieferte, wies schon die Richtung, die dieses gnadenlose Kommerzvehikel nehmen sollte. Eine starke Besetzung der Nebenrollen, allen voran Shirley Knight als Jades Mutter, gibt ihr Bestes, ist jedoch mit einem hoffnungslos kitschigen und himmel-

schreiend trivialen Drehbuch gestraft - und mit dem „Star", der schönen, aber leblosen Barbie-Puppe Brooke.
Trotz vernichtender Kritiken lief *Endlose Liebe* mit einigem Erfolg, nicht zuletzt durch die geschickte Promotion mit dem Titelsong, der sich, interpretiert von Diana Ross und Lionel Ritchie, monatelang in den Charts hielt. Tom Cruise gibt sein Filmdebüt als einer von Hewitts Schulkameraden. al

Endstation Freiheit

Endstation Freiheit. BRD 1980 **R** Reinhard Hauff **B** Burkhard Driest **K** Frank Bühne **M** Irmin Schmidt **P** Eberhard Junkersdorf für Bioskop-Film/ Planet/ZDF **L** 112 Min., Farbe **D** Burkhard Driest, Rolf Zacher, Katja Rupé, Carla Egerer, Kurt Raab, Eckehard Ahrens, Veit Relin, Werner Eichhorn, Hark Bohm, Irm Herrmann, Marquard Bohm, Peter Genée

Nik Dellmann (Driest) wird nach acht Jahren Gefängnisaufenthalt aus der Haft entlassen. Zunächst sucht er bei seiner Ex-Beziehung Eva (Rupé) Unterschlupf, zieht jedoch dann bei seiner Brieffreundin Leila (Egerer) ein. Die Erfahrungen während seiner Inhaftierung will Nik in einem Roman verarbeiten. Eines Tages taucht plötzlich sein ehemaliger Mithäftling Henry (Zacher) auf, der versucht, ihn zu einem neuen Coup zu überreden. Mitten in den Vorbereitungen erfährt Nik, daß sich ein Verlag für sein Manuskript interessiert. Während aus dem Ex-Kriminellen ein gefeierter Autor wird, stirbt Henry im Kugelhagel der Polizeigeschütze.
Schon in seinem Film DIE VERROHUNG DES FRANZ BLUM hatte sich Reinhard Hauff auf ein Drehbuch von Burkhard Driest gestützt, welches Driest eindeutig mit autobiographischen Zügen versehen hatte, saß er doch wegen diverser krimineller Delikte selbst für ein paar Jahre im Knast. Auch für *Endstation Freiheit* griff Driest („Der Film ist von meinem Leben nicht zu trennen") auf die eigene Vergangenheit zurück.
Eindeutig an US-Vorbildern orientiert, ist der Streifen für deutsche Verhältnisse zwar ungewöhnlich schnell geschnitten und gut fotografiert, die Geschichte jedoch läßt den Zuschauer weitgehend unbeteiligt.
„*Endstation Freiheit*, vollgestopft mit sogenannter Realität aus Unterwelt und Oberwelt, garniert mit pseudophilosophischem Tiefsinn und bedeutungsschwangerem Seelenschwulst, ist ein Film, der nicht einmal die hausbackenste Form von Realismus erreicht." (*Kölner Stadt-Anzeiger*) jg

Endstation Hölle

Skyjacked. USA 1972 **R** John Guillermin **B** Stanley R. Greenberg, nach einem Roman von David Harper **K** Harry Stradling **M** Perry Botkin jr. **P** Walter Seltzer für Metro-Goldwyn-Mayer **L** 101 Min., Farbe **D** Charlton Heston, Yvette Mimieux, James Brolin, Claude Akins, Jeanne Crain, Susan Dey, Roosevelt Grier, Mariette Hartley, Walter Pidgeon, Ken Swofford

Eine Boeing 707, ein Haufen kreischender Passagiere und eine Bombendrohung - und doch ist *Endstation Hölle* kein richtiger Katastrophenfilm, sondern eher eine Mischung aus Thriller und Psycho-Drama. Trotzdem bemüht sich John Guillermin, keines der typischen Desasterfilm-Klischees auszulassen. Sogar eine hochschwangere Frau befindet sich an Bord, an der die gebeutelten Stewardessen zu allem Überfluß auch noch ihre Fähigkeiten als Geburtshelferinnen unter Beweis stellen müssen.
Ein wahnsinniger Luftpirat bringt auf dem Flug von Kalifornien zur Ostküste eine Maschine in seine Gewalt und zwingt den Kapitän, nach Alaska auszuweichen. Für Besatzung und Passagiere beginnt eine nervenaufreibende Zerreißprobe, zumal der Fanatiker weder vor Brutalität noch vor Mord zurückschreckt. Die Odyssee führt das gekaperte Flugzeug schließlich nach Moskau, wo dem verrückten Entführer allerdings ein ganz anderer Empfang bereitet wird, als dieser es sich vorgestellt hat.
Technisch zwar perfekt inszeniert (erwähnenswert sind die packenden Luftaufnahmen), leidet *Endstation Hölle* jedoch unter dem etwas zu aufgeblähten und letztendlich nichtssagenden Inszenierungsstil John Guillermins - eine Tendenz, die sich mit dessen beiden nächsten Werken FLAMMENDES INFERNO und KING KONG fortsetzen sollte. jg

Endstation Liebe

Endstation Liebe. BRD 1957 **R** Georg Tressler **B** Will Tremper, nach einem Stoff von Tremper und Axel von Hahn **K** Helmut Ashley **M** Martin Böttcher **P** Wenzel Lüdecke für Interwest **L** 85 Min., s/w **D** Horst Buchholz, Barbara Frey, Karin Hardt, Benno Hoffmann, Horst Gentzen, Franz Nicklisch

Nicholas Rays DENN SIE WISSEN NICHT, WAS SIE TUN hatte den jungen Regisseur Will Tremper ganz eindeutig zu seinem Film DIE HALBSTARKEN inspiriert. Ein Jahr später entstand - ebenfalls in Berlin angesiedelt und wiederum mit Horst Buchholz in der Hauptrolle - ein Streifen, der sich mit dem Liebesleben der jungen Generation auseinandersetzte.
Buchholz verkörpert den 21jährigen Mecky, der zusammen mit anderen jungen Leuten in einer Glühlampenfabrik arbeitet. Unter seinen Freunden gilt er als eine Art Casanova, und so wird auch darüber eine Wette abgeschlossen, ob es ihm gelingt, das Mädchen Christa (!) - im Pressetext als „blühendes Geschöpf mit bezaubernder, mädchenhafter Reinheit" beschrieben - herumzukriegen. Bald muß Mecky erkennen, daß Christa nach etwas Höherem strebt, als einmal kurz mit dem knackigen Jungen ins Bett zu hopsen. Zum ersten Mal in seinem Leben kommt Mecky mit dem Wunder der Liebe in Berührung.
Ein beachtenswerter Versuch, der verlogenen Scheinwelt von Schicksalsschnulzen und Heimatfilmen eine nüchterne Bestandsaufnahme vom ungeschminkten Alltagsleben einer Gruppe junger Leute entgegenzusetzen, wobei weder die Aspekte Sexualität, stumpfsinnige Fließbandarbeit noch der kleinbürgerliche Mief des Elternhauses ausgespart bleiben. *Endstation Liebe* konnte allerdings nicht mehr an den Erfolg von DIE HALBSTARKEN anknüpfen, was zu einem raschen Ende des so hoffnungsvoll begonnenen Trends der bundesdeutschen Jugendfilme führte. jg

Endstation Schafott

Deux hommes dans la ville/Contro la legge. Frankreich/Italien 1973 **R** José Giovanni **B** José Giovanni, Daniel Boulanger **K** Jean-Jacques Tarbes **M** Philippe Sarde **P** Adel Prod. (Paris), Medusa Distribuzione (Rom) **L** 96 Min. (Originalfassung 110 Min.), Farbe **D** Jean Gabin, Alain Delon, Mimsy Farmer, Michel Bouquet, Ilaria Occhini, Victor Lanoux, Bernard Giraudeau, Gérard Depardieu

Der wegen eines Banküberfalls einsitzende Gino (Delon) wird dank der Fürsprache seines Bewährungshelfers Germain (Gabin) vorzeitig aus der Haft entlassen, findet sich jedoch nur schwer in der Gesellschaft zurecht. Immerhin kann er eine Stelle in einer Druckerei antreten, doch Inspektor Goitreau (Bouquet), der die These vertritt, daß Kriminelle sich niemals ändern können, tut alles, um ihm Steine in den Weg zu legen.
Regisseur José Giovanni weiß, wovon er spricht: Er verbüßte selbst Haftstrafen und schaffte die Wiedereingliederung in die Gesellschaft mit seinen erfolgreichen Gangsterromanen, die er teilweise selbst verfilmte. Mit Jean Gabin und Alain Delon verfügte er hier über zwei Legenden des französischen Kriminalfilms, die vorher bereits zweimal, nämlich in Henri Verneuils LAUTLOS WIE DIE NACHT und DER CLAN DER SIZILIANER, gemeinsam auf der Leinwand zu sehen waren. Giovanni: „Ich wollte zeigen, daß einer, der im Gefängnis war, niemals

wirklich seine Vergangenheit loswerden kann.“ Folgerichtig tötet Gino am Schluß den Inspektor, der gegen ihn intrigiert und seine Frau erpreßt, und wird dafür zum Tode verurteilt. Probleme der Resozialisierung und Unzulänglichkeiten eines überheblichen Justizsystems sind ebenso Thema des Films wie die Unmenschlichkeit der Todesstrafe, gegen die *Endstation Schafott* ein leidenschaftliches, in jeder Hinsicht hervorragend umgesetztes Plädoyer darstellt. al

Endstation Sehnsucht

A Streetcar Named Desire. USA 1951 **R** Elia Kazan **B** Tennessee Williams, Oscar Saul, nach dem Bühnenstück von Williams **K** Harry Stradling **M** Alex North **P** Charles K. Feldman für Warner Bros. **L** 125 Min., s/w **D** Vivien Leigh, Marlon Brando, Kim Hunter, Karl Malden, Rudy Bond

Tennessee Williams' berühmtes Bühnenstück wurde 1947 mit Marlon Brando, Jessica Tandy (als Blanche) sowie Kim Hunter und Karl Malden uraufgeführt und entwickelte sich zu einem überragenden Erfolg, der den erst 23jährigen Brando auch für die Filmbranche interessant machte. 1950 gab er in Fred Zinnemanns DIE MÄNNER ein beeindruckendes Leinwanddebüt, und für die Filmversion von *Endstation Sehnsucht* war er natürlich ebenfalls erste Wahl. Außer ihm und Regisseur Elia Kazan heuerte man die gesamte Originalbesetzung plus Williams als Drehbuchschreiber an - mit einer Ausnahme: Jessica Tandy war den Produzenten zu unbekannt, und sie holten sich Vivien Leigh, die in der Londoner Inszenierung unter der Regie ihres Mannes Laurence Olivier die Hauptrolle gespielt hatte.
Im Mittelpunkt der Handlung steht Blanche Dubois (Leigh), eine schon etwas verblühte Südstaaten-Schönheit, die ihrer in New Orleans verheirateten Schwester Stella (Hunter) einen Besuch abstattet und sich quasi in deren schäbigen Zuhause einnistet. Blanche, die sich sehr bemüht, althergebrachte Traditionen zu wahren und den glorreichen Zeiten der Familienplantage nachtrauert, ist zugleich abgestoßen und fasziniert von Stellas ungehobeltem Ehemann Stanley (Brando), der schließlich nicht nur ihre zarten Bande zu einem Verehrer (Malden) zerstört, sondern seine Schwägerin auch noch vergewaltigt. Blanche hat danach jeden Bezug zur Realität verloren und wird in eine Nervenklinik eingeliefert.
Für die Leinwand mußten im Namen der Zensur an diesem Inhalt natürlich einige Änderungen vorgenommen werden, so machte man u.a. aus der Homosexualität von Blanches erstem Ehemann eine „geistige Instabilität“, und am Schluß bleibt Stella nicht bei ihrem Mann, wie im Stück, sondern verläßt ihn. Diese Kompromisse taten der Wirkung und Qualität des Films jedoch keinen Abbruch, der als eine der besten Literaturverfilmungen überhaupt gilt. Die gesamte Besetzung ist erstklassig, allen voran Leigh und Brando. Dabei war es während der Dreharbeiten wiederholt zu Auseinandersetzungen gekommen, da Vivien Leigh sich mit ihrer klassischen Technik erheblich vom „Method Acting“ der anderen unterschied.
Endstation Sehnsucht war nicht nur ein Publikumserfolg, sondern kassierte auch zahlreiche Preise, darunter Oscars für Leigh (ihr zweiter nach VOM WINDE VERWEHT), Hunter und Malden sowie die Ausstattung und Nominierungen für Bester Film, Regie, Kamera und Drehbuch-Adaption. Vivien Leigh gewann außerdem den Darsteller-Preis der New Yorker Filmkritiker und der Filmfestspiele in Venedig.
1984 entstand für das amerikanische Fernsehen eine ausgezeichnete Neuverfilmung des Stückes mit Ann-Margret in der Hauptrolle. al

Enemy Mine - Geliebter Feind

Enemy Mine. USA 1985 **R** Wolfgang Petersen **B** Ed Khmara **K** Tony Imi **SpE** Karl Baumgartner **M** Maurice Jarre **P** Stanley O'Toole, Stephen Friedman für Kings Road Entertainment **L** 109 Min., Farbe **D** Dennis Quaid, Louis Gossett jr., Brian James, Richard Marcus, Carolyn McCormick, Bumper Robinson

„Mich reizte speziell diese Situation der menschlich-außerirdischen Auseinandersetzung, die kombiniert ist mit einem großen, populären Genre, das viel Abenteuer und Action ermöglicht. Ein normaler Science-fiction- oder Fantasy-Film hätte mich nicht interessiert.“ (Wolfgang Petersen)
Ein Jahr nach der erfolgreichen Ende-Verfilmung DIE UNENDLICHE GESCHICHTE nahm sich Petersen erneut eines phantastischen Stoffes an und versuchte mit *Enemy Mine*, eine Symbiose zwischen dem Trick-Kino Hollywoods und dem europäischen Anspruchsfilm zu kreieren. Der Film sollte ursprünglich von Richard Loncraine inszeniert werden, doch nachdem es zwischen ihm und der Produktionsgesellschaft zu Streitereien gekommen war, bot man Petersen das Skript an. Der sagte zu, knüpfte jedoch als Bedingung an seinen Regie-Auftrag, daß der 25 Millionen Dollar teuere Film fernab von Hollywood in den Münchener Bavaria-Studios entstehen sollte.
Zeitlich hundert Jahre in der Zukunft angesiedelt, beschreibt dieses Science-fiction-Opus die merkwürdige Freundschaft zwischen einem Menschen und einem Außerirdischen, die beide auf einem unwirtlichen Planeten notlanden müssen und nach anfänglichen Schwierigkeiten ihre gegenseitige Feindschaft überwinden.
Die Spezialeffekte wurden natürlich nicht von deutschen Spezialisten konzipiert, sondern von den Technikern der „Industrial Light and Magic“-Crew realisiert. Chris Walas, der schon für die Grusel-Satire GREMLINS die kleinen Monster entworfen hatte, schuf die aufwendigen Masken für die außerirdischen Dracs - eine Mischung aus Reptil und Insekt. Louis Gossett jr. mußte sich beim Anlegen der Maske vor Beginn eines jeden Drehtages einer dreistündigen Tortur aussetzen.
Die nüchternen Innendekorationen der terrestrischen Raumschiffe, die nur kurz zu Beginn des Films auftauchen, stattete Oscar-Preisträger Rolf Zehetbauer aus. Als pittoreske Kulisse für die Außenaufnahmen fungierte die Vulkaninsel Lanzarote.
Ein technisch perfektes und unterhaltsames Science-fiction-Abenteuer, das jedoch hinter den hohen Erwartungen von Presse und Publikum zurückblieb. jg

Engel

Angel. USA 1937 **R** Ernst Lubitsch **B** Samson Raphaelson, Guy Bolton, Russell Medcraft, nach dem Bühnenstück von Melchior Lengyel **K** Charles Lang **M** Friedrich Holländer **P** Ernst Lubitsch für Paramount **L** 91 Min. (Originalfassung 98 Min.), s/w **D** Marlene Dietrich, Herbert Marshall, Melvyn Douglas, Edward Everett Horton

Bereits der wunderbare SEHNSUCHT, Marlene Dietrichs erste „echte“ Begegnung mit komischem Material, war von Ernst Lubitsch produziert worden (Regie führte Frank Borzage), und so waren die Erwartungen hoch, als sich der Regisseur entschloß, nach drei Jahren Pause auf den Regiestuhl zurückzukehren - wieder mit Marlene als Star.
Sie spielt die Diplomatenfrau Maria Barker, die sich von ihrem Ehemann Frederick (Marshall) vernachlässigt fühlt. Spontan reist sie nach Paris, wo sie den Amerikaner Anthony (Douglas) kennenlernt und mit ihm

unbeschwerte Tage verbringt. Als sie Gefühle für ihn entdeckt, kehrt sie nach England zurück, doch auch Anthony begibt sich auf die Insel...
Engel war ein totaler Mißerfolg, der Marlene endgültig das Prädikat „Kassengift“ eintrug. Vom berühmten Lubitsch-Touch war hier nichts zu spüren, allenfalls die Dienerschaft hatte ein paar komische Szenen. Niemand hatte ein auf Hochglanz poliertes romantisches Drama erwartet, sondern eine Komödie im Stile von SERENADE ZU DRITT. Visuell ist der Film beeindruckend, doch sonst überzeugt er nicht. Nach dieser Pleite brauchte die Dietrich jetzt dringend einen erfolgreichen Film, in dem sie zur Abwechslung als „Wesen aus Fleisch und Blut“ auftreten konnte: Zwei Jahre später erhielt sie in DER GROSSE BLUFF diese Chance. al

Ein Engel auf Erden

Ein Engel auf Erden / Mademoiselle Ange. BRD/Frankreich 1959 **R** Geza von Radvanyi **B** René Barjavel, Geza von Radvanyi **K** Roger Hubert **M** Jean Wiener **P** Artur Brauner für CCC-Film Berlin/Criterion/Regina **L** 89 Min., Farbe **D** Romy Schneider, Henri Vidal, Jean-Paul Belmondo, Michèle Mercier, Margarete Haagen, Erika von Thellmann, Ernst Waldow

Eine jener harmlosen Komödien, die Romy Schneider etwas orientierungslos zwischen ihren *Sissi*-Filmen und dem kurzen Hollywood-Intermezzo drehte.
Sie spielt eine junge Stewardeß, die sich unsterblich in den Rennfahrer Pierre (Vidal) verliebt, der sie allerdings auf seinen vielen Flügen noch kein einziges Mal beachtet hat. Als seine geplante Hochzeit mit einer leichtlebigen Adligen platzt, will Pierre sich umbringen, wird jedoch von dem Schutzengel der Stewardeß (wiederum Romy Schneider) davon abgehalten. Im Laufe ihrer Begegnung versucht das himmlische Wesen alles, damit sich Pierre in sie (und dadurch auch in die Stewardeß) verliebt. Nach vielen Komplikationen kommen der Rennfahrer und seine fliegende Bewunderin endlich zusammen.
Gedreht in den malerisch gelegenen Filmstudios von La Victorine bei Nizza kann diese märchenhafte Liebesromanze zwar mit der reizend agierenden jungen Romy Schneider und einigen äußerst hübsch fotografierten Außenaufnahmen von Cap d´Ail und Monte Carlo erfeuen, doch findet das phantastische Element der Vorlage zu keiner Zeit sein Pendant in der filmischen Umsetzung. „Merklichen Witz hat Radvanyis Regie allerdings nicht vorzuweisen; weder in Wort noch im Bild wird die Phantasie des Stoffes bestätigt.“ (*Filmdienst*)
Die von ihrer *Sissi*-Rolle abtrünnig gewordene Romy Schneider wurde anläßlich eines Premierenabends in einem Düsseldorfer Kino von aufgebrachten Zuschauern ausgepfiffen. jg

Engel aus Staub

Poussière d´ange. Frankreich 1987 **R** Edouard Niermans **B** Jacques Audiard, Alain Le Henry, Edouard Niermans **K** Bernard Lutic **M** Léon Senza, Vincent-Marie Bouvot **P** Jacques-Eric Strauss für President Films/U.G.C./Tpo No.1/Film de la Saga/FR 3 Films/La Sofica **L** 94 Min., Farbe **D** Bernard Giraudeau, Fanny Bastien, Fanny Cottençon, Michel Aumont, Jean-Pierre Senter, Gérard Blain

Der Bulle Simon (Giraudeau) ist am Ende: Seine Frau hat ihn und die gemeinsame kleine Tochter gerade wegen eines anderen Mannes verlassen und er spricht dem Alkohol mehr zu, als ihm guttut. Daher kann er für seinen neuen Fall, die Ermordung eines Zuhälters, kaum Interesse aufbringen - bis er die junge Violetta (Bastien) kennenlernt, eine mysteriöse Diebin, die den Schlüssel zu sämtlichen Verwicklungen zu besitzen scheint.
Die Franzosen, mit ihrer besonderen Vorliebe für die amerikanische Schwarze Serie der 40er Jahre, haben längst ihre eigene Tradition in diesem Genre entwickelt. Auch in diesem düsteren Krimi fehlt keine der üblichen Zutaten: ein ausgebrannter Cop, eine geheimnisvolle Schönheit, naßglänzender Asphalt der nächtlichen Straßen etc. Wie clever und lakonisch Regisseur Edouard Niermans in seinem zweiten Kinofilm diese bekannten Versatzstücke handhabt, belegt die Anfangsszene, in der der Held eingeführt wird: Simon wird wegen betrunkenen Randalierens eingebuchtet und verbringt eine Nacht in der Zelle. Am Morgen raucht er mit seinem Mitgefangenen eine Zigarette, um dann seelenruhig die Zelle aufzuschließen und an seinen Schreibtisch zu gehen!
Engel aus Staub erhielt überall hervorragende Kritiken, die sich aber, zumindest in Deutschland, leider nicht positiv auf die Besucherzahlen auswirkten. In Frankreich war er ein Riesenerfolg. al

Engel der Gejagten

Rancho Notorious. USA 1952 **R** Fritz Lang **B** Daniel Taradash, nach einer Erzählung von Silvia Richards **K** Hal Mohr **M** Emil Newman **P** Howard Welsh für Fidelity Pictures - RKO Radio **L** 89 Min., Farbe **D** Marlene Dietrich, Arthur Kennedy, Mel Ferrer, Gloria Henry, William Frawley, Lisa Ferraday, John Raven, Lloyd George, Jack Elam, George Reeves, Frank Ferguson

Engel der Gejagten war der erste und zugleich letzte Film, den Marlene Dietrich unter der Regie von Fritz Lang drehte, und den sie als einzigen Streifen in ihrem Gesamtoeuvre überhaupt nicht ausstehen konnte. Die Dreharbeiten verliefen nicht ohne Auseinandersetzungen. „Ich hasse es, etwas gegen Marlene zu sagen. Sie hat - und damit ähnelt sie der exaltierten Lilli Palmer - viele böse Dinge über mich geschrieben und gesagt, und sie ist schuld an vielen unerfreulichen Dingen in meinem Leben“, stellte Fritz Lang Jahre danach als ernüchterndes Resümee ihrer gemeinsamen Tätigkeit fest. Das Hauptproblem in der Zusammenarbeit der beiden Stars lag darin, daß die Dietrich noch immer unter dem Einfluß ihres Entdeckers und bevorzugten Regisseurs Josef von Sternberg stand und daher meinte, sie müßte Fritz Lang davon überzeugen, daß Sternberg diese und jene Szene ganz anders konzipiert hätte. Lang, der im Regiefach ja nun wirklich als anerkannte Koryphäe galt, wollte sich verständlicherweise nicht von einer Schauspielerin in seinen Inszenierungsstil pfuschen lassen.
Marlene Dietrich spielt einen weiblichen Gangsterboß, der verfolgten Banditen auf einer Ranch Zuflucht gewährt und dafür entsprechende Summen abkassiert. Die Liebe zu einem jungen Outlaw (Ferrer) wird ihr zum Verhängnis.
Ein routiniert inszenierter Western, dessen bewußt eingesetzte künstliche Ästhetik der Studiokulissen für die damalige Zeit typisch war. jg

Der Engel mit dem Saitenspiel

Der Engel mit dem Saitenspiel. Deutschland 1944 **R** Heinz Rühmann **B** Kurt J. Braun, Helmut Weiss, nach der Komödie von Alois Johann Lippl **K** Ewald Daub **M** Werner Bochmann **P** Heinz Rühmann für Terra **L** 101 Min., s/w **D** Hertha Feiler, Hans Söhnker, Hans Nielsen, Susanne von Almassy, Otto Graf, Lina Carstens, Erich Ponto, Emil Hess, Walter Werner

Zum insgesamt vierten Mal in seiner Karriere stellte sich Starkomiker Heinz Rühmann hinter die Kamera, um mit *Der Engel mit dem Saitenspiel* eine bittersüße, geschmackssichere Liebeskomödie zu inszenieren.

Entstanden in Deutschlands dunkelster Zeit, nimmt der Film natürlich keinerlei Bezug auf den immer aussichtsloser werdenden Kriegsverlauf.
In einer Silvesternacht verliebt sich der Klavierfabrikant Gustav Strengholt (Söhnker) in die junge Münchener Kunststudentin Susanne Henrici (Feiler). Beide wollen sich am nächsten Tag auf dem Bahnhof treffen, verfehlen sich jedoch dort durch unglückliche Umstände. Sie kennen weder den vollständigen Namen noch den Wohnort des anderen. Susanne besitzt lediglich einen holzgeschnitzten Engel, den Gustav ihr geschenkt hat. Am Ende wird diese Skulptur die beiden Liebenden nach vielen Verwirrungen endlich zusammenbringen.
Der Engel mit dem Saitenspiel wird mit Recht zu den gelungensten Werken im kurzen Regieschaffen von Heinz Rühmann gezählt. Mit einer für deutsche Filme seltenen Leichtigkeit inszeniert, erinnert diese Komödie an die großen Filmerfolge der frühen 30er Jahre und macht fast vergessen, daß die Produktion mitten im Krieg gedreht wurde. jg

Der Engel mit den blutigen Flügeln

Battle Hymn. USA 1956 **R** Douglas Sirk **B** Charles Grayson **K** Russell Metty **M** Frank Skinner, Joseph Gershenson **P** Ross Hunter für Universal **L** 108 Min., Farbe **D** Rock Hudson, Anna Kashfi, Dan Duryea, Don De Force, Marthy Hyer, Jock Mahoney, Alan Hale, James Edwards, Philip Ahn, Carl Benton Reid

Douglas Sirk hatte von Anfang an Einwände gegen den merkwürdigen US-Titel *Battle Hymn*, den der Zuschauer leicht als Glorifizierung des Krieges interpretieren konnte. Dieser Eindruck mag sich auch gleich zu Beginn einstellen, wenn Luftwaffengeneral Earl C. Patridge als eine Art Epilog einführende Worte spricht. Ohne Sirk vorher verständigt zu haben, - dieser hätte sich sicherlich entrüstet gezeigt - ließ Produzent Hunter die überaus peinlich geratene Eröffnungsrede in den fertigen Film einfügen.
Rock Hudson spielt den deutschstämmigen Bomberpiloten Dean Hess, der während des Zweiten Weltkrieges infolge eines tragischen Irrtums über einem Waisenhaus in Deutschland seine tödliche Fracht ausklinkte und damit 37 Kinder tötete. Während des Korea-Krieges versucht er nun, diesen Fehler wiedergutzumachen, indem er Hunderte von koreanischen Kindern mit seiner Maschine in Sicherheit bringt und für die elternlosen Kleinen ein Waisenhaus errichten läßt.
Ursprünglich sollte der Film - der sich auf authentische Begebenheiten beruft - mit Robert Mitchum in der Titelrolle gedreht werden, doch der wirkliche Dean Hess lehnte diese Besetzung kategorisch ab. Von einem Schauspieler, der wegen Drogenbesitzes im Gefängnis gesessen hatte, wollte es sich nicht dargestellt sehen, und schlug statt dessen Rock Hudson vor.
Die Dreharbeiten fanden vor Ort im noch kriegszerstörten Südkorea statt - nur drei Jahre nach dem Waffenstillstand. Für die Aufnahmen wurden 35 Waisenkinder vom Drehteam ausgewählt, von denen Douglas Sirk und seine Frau Hilde so angetan waren, daß sie sich entschlossen, einen kleinen koreanischen Jungen zu adoptieren. jg

Der Engel mit der Mörderhand

Pretty Poison. USA 1968 **R** Noel Black **B** Lorenzo Semple jr., nach dem Roman *She Let Him Continue* von Stephen Geller **K** David Quaid **M** Johnny Mandel **P** Marshal Backlar, Noel Black für Lawrence Turman **L** 89 Min., Farbe **D** Anthony Perkins, Tuesday Weld, Beverly Garland, John Randolph

Der auf Bewährung entlassene Sträfling Dennis (Perkins) macht in einer Kleinstadt die Bekanntschaft eines jungen Mädchens (Weld), dem er etwas von einer angeblichen Geheimdienststätigkeit vorspinnt. Als er wegen seiner Vorstrafe seinen Job verliert, führt das zu einer Kette unglücklicher Umstände, in deren Verlauf zwei Morde passieren.
Noel Black hatte erst einen Kurzfilm, *Skater-Dater*, gemacht, als ihm die Regie für diesen psychologischen Thriller übertragen wurde. Mit Anthony Perkins und Tuesday Weld standen ihm dabei zwei hervorragende Darsteller zur Verfügung. Perkins' Rolle als sympathischer Neurotiker ist ja nicht seine erste dieser Art, doch er spult kein bekanntes Programm ab, sondern gibt der Figur mit seinem speziellen Talent Tiefe und Glaubwürdigkeit. Tuesday Weld, eine der verkanntesten Schauspielerinnen des US-Kinos, steht ihm in nichts nach. Der einstige Kinderstar hatte trotz mehrerer guter Leistungen nie so ganz ihr Lolita-Image abstreifen können und ihre Karriere verlief äußerst wechselhaft. Ihrem Talent ist es zu danken, daß ihre Figur trotz der beiden Morde immer noch glaubhaft bleibt. Der in Great Barrington, Massachussetts, gedrehte Film ist ein ungewöhnlicher, im Handlungsverlauf immer wieder überraschender Krimi, der jedoch an den Kinokassen nicht allzu gut abschnitt. al

Engelsgesicht

Angel Face. USA 1952 **R** Otto Preminger **B** Frank Nugent, Oscar Millard, nach einer Story von Chester Erskine **K** Harry Stradling **M** Dimitri Tiomkin **P** Otto Preminger für RKO Radio **L** 90 Min., s/w **D** Robert Mitchum, Jean Simmons, Mona Freeman, Herbert Marshall, Leon Ames, Barbara O´Neill

Krankenwagenfahrer Frank (Mitchum) kommt dienstlich ins Haus der Tremaynes, da die Hausherrin fast einer mysteriösen Gasvergiftung erlegen wäre. Er verliebt sich in Diane (Simmons), die Tochter des Hauses, die ihre Stiefmutter (O´Neill) haßt und ihren Vater (Marshall) abgöttisch liebt. Die Familie stellt Frank als Chauffeur ein, doch langsam wird klar, daß Diane ihre Stiefmutter töten will. Der erste Versuch ging daneben, doch nun ist sie erfolgreich. Aber auch ihr Vater sitzt in dem Auto, das über die Klippen stürzt...
Angesichts der Qualität dieses funkelnden Schwarze-Serie-Juwels ist seine Entstehungsgeschichte noch erstaunlicher: Weil sie mit RKO-Chef und Millionär Howard Hughes zerstritten war, hatte sich die Britin Jean Simmons die Haare abschneiden lassen - um ihren Arbeitgeber zu ärgern. Doch der gab Preminger den Auftrag, mit ihr eine Krimistory zu verfilmen, Bedingung: Simmons muß mit schwarzer Langhaar-Perücke auftreten. Der Regisseur akzeptierte ohne große Begeisterung, und nach drastischen Drehbuchänderungen und einem äußerst knappen Zeitplan (Simmons war nur noch 18 Tage bei Hughes unter Vertrag) hatte er einen hervorragenden kleinen Krimi im Kasten, der die Schauspielerin einmal anders nutzt als die vielen Kostüm-Epen, zu denen sie als Engländerin in Hollywood verdammt war. al

Entehrt

Dishonored. USA 1931 **R** Josef von Sternberg **B** Daniel N. Rubin, Josef von Sternberg **K** Lee Garmes **M** Karl Hajos **P** Paramount **L** 85 Min. (Originalfassung 91 Min.), s/w **D** Marlene Dietrich, Victor McLaglen, Lew Cody, Gustav von Seyfferitz, Warner Oland

Wie Greta Garbo ein Jahr später in MATA HARI, stellt die Dietrich in ihrem dritten Film für Josef von Sternberg eine Spionin dar, deren Eskapaden in der Tat auf dem Leben der berühmt-berüchtigten Agentin beruhen. Die echte Mata Hari hatte die Codenummer H.21, Dietrich ist X-27 (ihren wirklichen Namen erfährt man nicht). Sie spielt eine Wiener Prostituierte, die vom österreichischen Geheimdienstchef (von Seyfferitz) während des I. Weltkrieges für delikate Missionen angeworben wird. Nachdem sie zunächst einen General (Oland) des Verrats überführt hat, bekommt sie es mit einem russischen Spion (McLaglen) zu tun, der sich als österreichischer Offizier tarnt und in den sie sich verliebt. Da sie ihn entkommen läßt, wird sie zum Tode durch ein Erschießungskommando verurteilt.
Dieser Schluß ist die berühmteste und spektakulärste Szene des Films: X-27 sieht dem Tod gelassen ins Auge, und als der kommandierende Offizier ausgetauscht wer den muß, da er den Schießbefehl nicht zu

geben vermag, erneuert sie prüfend ihren Lippenstift! Die Handlung dieses Melodrams ist absolut unglaubwürdig, doch von Sternbergs Sinn fürs Visuelle und seine offensichtliche Verehrung seines Stars geben *Entehrt* ein faszinierendes Aussehen, das über so manche Ungereimtheit hinweghilft. Die Dietrich durchbricht hier zum ersten (und vorerst letzten) Mal in ihrer Arbeit mit dem Regisseur die Fassade des Glamour-Girls, des Vamps, in einer Szene, wo sie sich als russisches Bauernmädchen verkleidet. Verglichen mit den fünf übrigen Werken dieses berühmten Gespanns fallen *Entehrt* und sein Nachfolger DIE BLONDE VENUS etwas schwächer aus, sind aber trotzdem Beispiele für die virtuose technische Meisterschaft ihres Schöpfers. al

Entfesselte Jugend

Crime in the Streets. USA 1956 **R** Don Siegel **B** Reginald Rose, nach seinem Fernsehspiel **K** Sam Leavitt **M** Franz Waxman **P** Vincent M. Fennelly für Allied Artists **L** 91 Min., s/w **D** James Whitmore, John Cassavetes, Sal Mineo, Denise Alexander, Malcolm Atterbury, Peter Votrian, Virigina Gregg

Einer jener Jugendfilme, der im Kielwasser des großen Erfolges DENN SIE WISSEN NICHT, WAS SIE TUN schwamm und dem Aspekt der Jugendbanden in den amerikanischen Großstädten durch eine authentische Milieuschilderung gerecht wurde.

Siegel hatte gerade seinen Science-fiction-Streifen DIE DÄMONISCHEN beendet, als ihm Produzent Fennelly das Skript anbot, welches auf einem zuvor im US-Fernsehen aufgeführten Stück basierte. Um trotz des geringeren Budgets an den Nicholas-Ray-Film heranreichen zu können, versuchte man immerhin, einen Teil der Besetzung zu übernehmen und konnte Sal Mineo gewinnen, der für seine Rolle als Plato in DENN SIE WISSEN NICHT,WAS SIE TUN für den Oscar nominiert worden war.

Action-Spezialist Siegel schildert die kriminellen Aktivitäten einer New Yorker Jugendgang, die durch einen geplanten Mord die Gesellschaft brüskieren will, von diesem Vorhaben jedoch durch den engagierten Einsatz eines Sozialarbeiters abgehalten werden kann.

Ein harter, dokumentarhaft getrimmter Problemfilm mit dem beeindruckenden John Cassavetes in seiner dritten Filmrolle. jg

Die Entfesselten

L´agression. Frankreich/Italien 1974 **R** Gérard Pirès **B** Jean-Patrick Manchette, Gérard Pirès, nach dem Roman *The Shrewsdal Exit* von John Buell **K** Silvano Ippoliti **M** Robert Charlebois **P** Alain Poiré für Gaumont/Les Films du Jeudi/Les Films de la Seine (Paris), Promex Italia (Rom) **L** 101 Min., Farbe **D** Jean-Louis Trintignant, Catherine Deneuve, Claude Brasseur, Philippe Brigaud, Michelle Grellier

Während ihrer Fahrt in den Urlaub wird eine französische Familie auf der Straße von einer Rockerbande überfallen. Als der bewußtlos geschlagene Varlin (Trintignant) wieder zu sich kommt, entdeckt er, daß seine Frau und seine Tochter vergewaltigt und ermordet wurden. Auf eigene Faust verfolgt er nun die vermeintlichen Täter, obwohl die Schwägerin seiner Frau, Sarah (Deneuve), ihn davon abzuhalten versucht.

Mit seiner Geschichte eines Mannes, der, von blindem Schmerz und Haß getrieben, selbst zum Verbrecher wird, da er die Falschen verdächtigt, erinnert DIE ENTFESSELTEN etwas an den Western BRAVADOS von Henry King. Von dem Roman der Schwarzen Serie, der seinem Film zugrunde liegt, übernahm Gérard Pirès nur die Grundidee und inszenierte einen äußerst brutalen Film, der in seiner Kritik an sinnloser Aggressivität nicht ganz überzeugt, da die dargestellte Gewalt oft reichlich selbstzweckhaft wirkt. Catherine Deneuves Rolle ist unmotiviert und unwichtig für den Film, und bietet der Schauspielerin wenig Möglichkeiten zur Entfaltung ihres Talents, während Trintignant als Racheengel und Claude Brasseur als sadistischer Kellner (der wahre Täter) überzeugen. al

Die Entführer lassen grüßen

L´aventure, c´est l´aventure. Frankreich/Italien 1972 **R** Claude Lelouch **B** Claude Lelouch, Pierre Uytterhoeven **K** Jean Collomb **M** Francis Lai **P** Georges Dancigers, Alexandre Mnouchkine, Claude Lelouch für Films 13/Les Films Ariane/ Artistes Associés (Paris), P.E.A. (Rom) **L** 120 Min., Farbe **D** Lino Ventura, Jacques Brel, Charles Denner, Charles Gérard, Johnny Halliday, Aldo Maccione, Nicole Courcel, Yves Robert, Luis Buñuel

Ein glückloses Ganovenquartett unter Führung von Lino (Ventura) entdeckt die Politik als neue Einnahmequelle, nachdem sich Banküberfälle, Morde und Prostitution als zu gefährlich oder nicht mehr gefragt erwiesen haben. Nach der Entführung eines Schlagersängers (Johnny Halliday spielt sich selbst), der sich über die unerwartete Publicity freut, arbeitet man in Südamerika für eine Guerilla-Bewegung, zettelt in Afrika einen Umsturz an und nimmt schließlich das größte Tier aufs Korn: den Papst.

Claude Lelouch stellte seinem Film die Aufforderung an das Publikum „Genieße das Leben - es ist schon später, als Du denkst!" voran, und offensichtlich haben alle seine Darsteller diesen Ratschlag befolgt. Die Harmonie und Ausgelassenheit am Drehort ist förmlich zu spüren - Lelouch ist ja bekannt für seine Improvisationsfreude. Trotzdem stieß *Die Entführer lassen grüßen* nicht auf einhellige Begeisterung, denn es handelt sich nicht nur um eine unbeschwerte Abenteuer- und Gaunerkomödie, sondern auch um eine ziemlich aggressive Satire, die fast alle Facetten nationaler und internationaler Politik (oder was sich dafür hält) durch den Kakao zieht. Daß hier so mancher Gag abgegriffen erscheint und so manche Pointe nach hinten losgeht, mag man bei dem Tempo und der Eleganz von Regie und Kamera allerdings gern in Kauf nehmen.

Zu einer erneuten und weitaus erfolgreicheren Zusammenarbeit Lelouchs mit Lino Ventura kam es ein Jahr später in DAS GLÜCKLICHE JAHR, während Ventura und Brel zur gleichen Zeit mit DIE FILZLAUS für volle Häuser sorgten. al

Entführt - Die Abenteuer des David Balfour

Kidnapped. USA 1960 **R** Robert Stevenson **B** Robert Stevenson, nach dem Roman von Robert Louis Stevenson **K** Paul Beeson **M** Cedric Thorpe Davie **P** Walt Disney für Buena Vista **L** 97 Min., Farbe **D** Peter Finch, James MacArthur, Bernard Lee, Niall MacGinnis, John Laurie, Finlay Currie, Peter O´Toole, Miles Malleson, Oliver Johnston, Duncan McRae

Das Studio warb damit, bei Regisseur Robert Stevenson würde es sich um einen direkten Nachfahren des berühmten Schriftstellers Robert Louis Stevenson (*Die Schatzinsel*) handeln. Stevenson distanzierte sich später jedoch von dieser Kampagne. Nach *Eine Prinzessin verliebt sich* war dies die zweite Disney-Produktion, die überwiegend mit englischer Besetzung und an englischen bzw. schottischen Schauplätzen entstand.

Der junge David Balfour (MacArthur) wird nach dem Tod seines Vaters von einem hinterhältigen Onkel in die Hände eines Piratenkapitäns ausgeliefert, der ihn in Übersee auf dem Sklavenmarkt verkaufen soll. An Bord macht David jedoch die Bekanntschaft von Alan Breck Stewart (Finch), einem schottischen Patrioten. Gemeinsam gelingt den beiden die Flucht. Nach zahlreichen aufregenden Erlebnissen hilft Stewart seinem jungen Freund, den fiesen Onkel zur Rede zu stellen.

Nette und gepflegte Familienunterhaltung, dargeboten von einer Crew exzellenter

Schauspieler und versehen mit schönen Landschaftsaufnahmen, aber auch leider etwas zu künstlich geratenen Studiokulissen. *Entführt* lief an den Kinokassen ohne großen Erfolg und wurde schließlich von Disney unter großem Gezeter einige Zeit später zur Ausstrahlung für das Fernsehen freigegeben. jg

Eine entheiratete Frau

An Unmarried Woman. USA 1978 **R** Paul Mazursky **B** Paul Mazursky **K** Arthur Ornitz **M** Bill Conti **P** Paul Mazursky, Tony Ray für 20th Century-Fox **L** 124 Min., Farbe **D** Jill Clayburgh, Alan Bates, Michael Murphy, Cliff Gorman, Pat Quinn

Ein „Frauenfilm", der allerdings meilenweit entfernt ist von den ebenso genannten Produkten, die Hollywood in den 40er und 50er Jahren produzierte und in denen Schauspielerinnen wie Joan Crawford und Barbara Stanwyck die Hauptrollen spielten.
Erica (Clayburgh) ist schockiert, als ihr Mann (Murphy) ihr eröffnet, sich in eine Jüngere verliebt zu haben und die Scheidung verlangt. Nachdem sie sich sieben Wochen von der Außenwelt abgeschottet hat, versucht sie, auf Anraten ihrer Psychologin, wieder am normalen Leben teilzuhaben und macht zahlreiche Männerbekanntschaften, von denen jedoch nur die mit dem britischen Maler Saul (Bates) vielversprechend ist...
Mazurskys Film ist eine erfrischend unsentimentale Mischung aus Komödie und Drama, die in ihren Mittelpunkt einen völlig durchschnittlichen Frauencharakter stellt, der weder eine rabiate Emanze noch schüchternes Mäuschen ist, sondern einfach eine moderne Frau, die sich mit ihrer neu gewonnenen Freiheit und Selbständigkeit allerdings erst noch arrangieren muß.
Eine entheiratete Frau wurde ein riesiger kommerzieller Erfolg und überzeugte die Filmbranche endgültig davon, daß die Zeit für Filme mit „erwachsenen" Themen reif war. Oscar-Nominierungen gab es für Bester Film, Original-Drehbuch und Jill Clayburgh als Beste Hauptdarstellerin. al

Die Entlassung

Die Entlassung. Deutschland 1942 **R** Wolfgang Liebeneiner **B** Curt J. Braun, Felix von Eckardt **K** Fritz Arno Wagner **M** Herbert Windt **P** Emil Jannings für Tobis **L** 100 Min., s/w **D** Emil Jannings, Theodor Loos, Carl Ludwig Diehl, Werner Hinz, Werner Krauss, Otto Graf, Paul Bildt, Margarete Schön, Paul Hoffmann, Franz Schafheitlin, O. E. Hasse

Der Erfolg von BISMARCK hatte Liebeneiner in seinen Plänen bestärkt, eine Fortsetzung zu drehen. Diesmal wird der weitere Lebensweg Bismarcks in den Jahren 1888 bis 1890 abgehandelt.
Als Wilhelm I. stirbt, wendet sich durch den Regierungsantritt Kaiser Wilhelm II. (Diehl) auch bald das Blatt für Bismarck. Der junge ungestüme Monarch sorgt auf seinen Auslandsreisen durch etwas zu unbedachte Tischreden und forsche Äußerungen für mehrere Eklats, die er jedoch Bismarck in die Schuhe zu schieben versucht. Die Intriganten, die es auf Bismarcks Stellung abgesehen haben, rotten sich zusammen, reden dem Kaiser ein, Bismarck würde ihn nicht über die wichtigsten politischen Vorkommnisse unterrichten. Wilhelm II. zieht seine Konsequenzen und entläßt den Kanzler.
Konzipiert von anderen Autoren und diesmal besetzt mit Emil Jannings, nutzte Liebeneiner seinen Film, um während einer Reichstags-Szene durch das Einflechten von Nebenfiguren abermals die Juden und darüber hinaus auch die Sozialdemokratie zu diffamieren.
Goebbels zeigte sich etwas skeptisch über die Wirkung des Films und ließ *Die Entlassung* im September 1942 probeweise in Stettin vorführen. Im Oktober schließlich wurde der Film im Rahmen einer Festveranstaltung, zu der auch zahlreiche verwundete Soldaten aus den Lazaretten in das Kino gekarrt wurden, in Berlin gezeigt. Die erwartete Propagandawirkung blieb allerdings aus, wie Goebbels Tagebucheintrag Mitte Dezember zu entnehmen ist: „Ich bekomme Nachrichten aus verschiedenen Städten, daß der Film *Die Entlassung* doch in gewissen Volkskreisen nicht den Erfolg erringt, den man sich davon erwartet hatte." jg

Entre nous

Coup de foudre. Frankreich 1983 **R** Diane Kurys **B** Diane Kurys **K** Bernard Lutic **M** Luis Enrique Bacalov **P** Ariel Zeitoun für Partner´s Prod./ Alexandre Films/Hachette Première/Films A 2/ S.F.P.C. **L** 110 Min., Farbe **D** Miou-Miou, Isabelle Huppert, Guy Marchand, Jean-Pierre Bacri

Frankreich in den 50er Jahren. Zwei Frauen mit ähnlichem Schicksal, Lena (Huppert) und Madeleine (Miou-Miou), lernen sich in Lyon kennen. Beide sind verheiratet und haben Kinder, doch beide sind mit ihrem Leben unzufrieden, sehnen sich danach, die bürgerliche Enge hinter sich zu lassen. Sie verlieben sich ineinander...
Diane Kurys dritter Spielfilm beruht auf eigenen Erlebnissen, wie die Schlußtitel offenbaren: Die von Miou-Miou und Guy Marchand gespielten Figuren sind ihre Eltern. *Entre nous* ist nicht nur das sensible Porträt einer Beziehung zwischen zwei Frauen, sondern auch die detailgenaue Auseinandersetzung mit einer Epoche (den 50ern) mit all ihren vom Krieg geprägten Unsicherheiten, mit ihrem konservativen Restaurationsdenken und ihrer Spießigkeit. Soviel Mühe sich die Filmemacher bei der authentischen Ausstattung gegeben haben, soviel Wert wurde auch auf die Darstellungen gelegt, die allesamt hervorragend sind.
Entre nous war besonders in Frankreich und den USA ein großer Erfolg bei Kritik und an der Kasse, und erhielt 1983 eine Oscar-Nominierung als Bester fremdsprachiger Film. al

Entscheidung in der Sierra

High Sierra. USA 1941 **R** Raoul Walsh **B** John Huston, W. R. Burnett, nach einem Roman von Burnett **K** Tony Gaudio **M** Adolph Deutsch **P** Mark Hellinger für Warner Bros. **L** 100 Min., s/w **D** Humphrey Bogart, Ida Lupino, Alan Curtis, Arthur Kennedy, Joan Leslie, Henry Hull, Barton McLane, Henry Travers, Cornel Wilde, Minna Gombell, Paul Harvey, Donald MacBride

Entscheidung in der Sierra wurde sowohl für Humphrey Bogart als auch für John Huston zu einem entscheidenden Werk in ihren Karrieren. Bogart stand zwar seit den frühen 30er Jahren vor der Kamera, sein Bekanntheitsgrad hielt sich jedoch immer noch in Grenzen. Nach *High Sierra* war er über Nacht zu einem der Superstars Hollywoods geworden und mußte fortan nicht mehr ausschließlich finstere Gangstergestalten mimen. Seine Darstellung des Gesetzesbrechers Roy Earle weist ohnehin bereits deutlich sympathische Züge auf. Nach seinem überzeugenden Drehbuch erhielt John Huston die Gelegenheit, noch im selben Jahr seinen ersten Film, DIE SPUR DES FALKEN, zu drehen, den er ebenfalls mit Bogart in der Hauptrolle besetzte.
Raoul Walsh, Garant für hart geschnittene und routiniert inszenierte Spannungs- und Abenteuerstreifen (während des Zweiten Weltkrieges drehte er eine ganze Reihe actiongeladener Propagandafilme) schildert in diesem Film der Schwarzen Serie das Schicksal des Gangsters Roy Earle (Bogart), der einen fast liebevollen Umgang mit der Waffe pflegt, in seinem Herzen jedoch ein guter, hilfsbereiter Mensch ist, der nur durch widrige Umstände zu einem Leben als Desperado gezwungen wurde. In der Geschichte fehlt weder die gutaussehende Frau (Lupino), die sich in ihn verliebt, noch die abschließende Schießerei, der unser Held selbstverständlich zum Opfer fällt.

Für die Rolle des Roy Earle hatte die Studioleitung eigentlich James Cagney, George Raft oder Paul Muni vorgesehen, doch die drei sagten einer nach dem anderen ab. Raft gab Produktionschef Warner sogar zu verstehen, er sei es endgültig leid, ewig Gangster zu spielen und am Schluß der Handlung dann erschossen zu werden. Einen Teil seiner düsteren Atmosphäre verdankt dieser Film den beeindruckend fotografierten Aussenaufnahmen, die in der Gegend des kalifornischen Lone Pine und auf dem Mount Whitney entstanden. Die Szene, in der Bogart von der Polizei durch die Wüste in die Berge gehetzt wird, war einer der längsten Verfolgungsjagden, die Walsh je gedreht hatte. jg

Entscheidung vor Morgengrauen

Decision before Dawn. USA 1950 **R** Anatole Litvak **B** Peter Viertel, nach dem Roman *Call It Treason* von George Howe **K** Franz Planer **M** Franz Waxman **P** Anatole Litvak, Frank McCarthy für 20th Century-Fox **L** 119 Min., s/w **D** Richard Basehart, Gary Merrill, Oskar Werner, Hildegard Knef, Dominique Blanchard, O. E. Hasse, Wilfried Seyfert, Hans-Christian Blech, Helene Thimig, Robert Freytag, Loni Heuser, Klaus Kinski

Entscheidung vor Morgengrauen, von Anatole Litvak bewußt mit vielen unbekannten Schauspielern besetzt, wurde für Hildegard Knef und Oskar Werner der Auftakt zu einer internationalen Karriere; auch Hans-Christian Blech und Klaus Kinski (hier nur in einer kurzen Nebenrolle) profitierten später von ihrer Mitwirkung an diesem Film.
In bedrückend dokumentarisch wirkenden Bildern beschreibt Litvak in diesem, vor dem Hintergrund des Zweiten Weltkrieges angesiedelten Spionage-Thriller, den Weg eines deutschen Soldaten (Werner), der sich während seiner Gefangenschaft entschließt, für die Amerikaner zu arbeiten und hinter den feindlichen Linien zu operieren, um den schrecklichen Krieg zu verkürzen. Seinen gefährlichen Einsatz muß er am Ende mit dem Leben bezahlen.
Ein rundum gelungener, spannungsreicher Beitrag des Genres, der seine Faszination freilich zu einem Großteil der Kulisse des untergehenden Dritten Reiches zu verdanken hat. Litvak bereiste mit seinem Team die kriegszerstörten Städte Süddeutschlands, deren düstere Ruinen von Kameramann Franz Planer in stimmungsvollen Schwarz-Weiß-Bildern festgehalten wurden. Die Aufnahmen entstanden der Reihenfolge nach in den Trümmerwüsten von München, Nürnberg und Würzburg.
Entscheidung vor Morgengrauen wurde 1951 in den Kategorien „Bester Film" und „Bester Schnitt" (Dorothy Spencer) für den Oscar nominiert. jg

Die Enttäuschten

Le beau serge. Frankreich 1958 **R** Claude Chabrol **B** Claude Chabrol **K** Henri Decae **M** Emile Delpierre **P** Claude Chabrol für AJYM Films **L** 95 Min., s/w **D** Gérard Blain, Jean-Claude Brialy, Bernadette Lafont, Michèle Meritz

Claude Chabrols erste Regiearbeit gilt gleichzeitig als erster Spielfilm der sogenannten Nouvelle Vague, einer Gruppe junger Regisseure, die vom Journalismus kamen und sich gegen den gesichtslosen Stil des französischen Kommerzkinos wandten. Auch Chabrol war wie seine Kollegen Godard, Truffaut und Rivette bei der Filmzeitschrift *Cahiers du Cinema* tätig gewesen und hatte zusammen mit Eric Rohmer ein Buch über Alfred Hitchcock veröffentlicht.
François (Brialy) kehrt aus Paris in sein Heimatdorf zurück, um sich von einer Erkrankung zu erholen. Bei der Wiederbegegnung mit seinem Jugendfreund Serge (Blain) klagt dieser ihm sein Leid: Er ist Lastwagenfahrer geworden und mußte wegen einer Schwangerschaft heiraten. Als das Kind mongoloid auf die Welt kam, ertränkte er seinen Kummer im Alkohol. Mittlerweile hat er eine Affäre mit der 17jährigen Marie (Lafont), der Schwester seiner Frau. François versucht zu helfen, verschlimmert zunächst jedoch nur die Situation.
Die Enttäuschten konnte durch eine Erbschaft von Chabrols erster Frau finanziert werden, was dem Regisseur künstlerische Freiheit garantierte. In acht Wochen war der Film in Sardent abgedreht, dem Heimatdorf Chabrols, was auch auf den autobiographischen Anteil dieses Werkes hinweist, abgesehen von den praktischen Vorteilen einer solchen Ortswahl. Der Erfolg von *Die Enttäuschten* ermöglichte Chabrol das nächste Projekt: SCHREI, WENN DU KANNST. al

Epilog - Das Geheimnis der „Orplid"

Epilog - Das Geheimnis der „Orplid". BRD 1950 **R** Helmut Käutner **B** Robert A. Stemmle, Helmut Käutner **K** Werner Krien **M** Bernhard Eichhorn **P** Artur Brauner für CCC-Film Berlin **L** 91 Min., s/w **D** Horst Caspar, O. E. Hasse, Fritz Kortner, Hilde Hildebrand, Irene von Meyerndorff, Hans-Christian Blech, Paul Hörbiger, Carl Raddatz, Arno Assmann

Ein in den illustren Kreisen der oberen Zehntausend angesiedelter Kriminalfilm, mit dem der talentierte Helmut Käutner jedoch gemessen an seinen vorhergehenden Meisterwerken ROMANZE IN MOLL, UNTER DEN BRÜCKEN oder IN JENEN TAGEN Kritik und Publikum enttäuschte.
Ein ehrgeiziger Reporter versucht Licht in das mysteriöse Dunkel um den Untergang der Luxusyacht *Orplid* zu bringen, bei dem 15 Menschen ums Leben kamen. Es gelingt ihm, die Hintergründe des Unglücks aufzudecken und als Drahtzieher der Katastrophe eine Organisation dunkler, politischer Mächte zu entlarven.
Trotz eines ausgefeilten Drehbuches und einer überragenden Darstellercrew, in der besonders O. E. Hasse und der junge Hans-Christian Blech brillieren, wurde der für deutsche Verhältnisse recht kostspielige Film (eine der ersten Produktionen von Artur Brauner) an den Kinokassen ein niederschmetternder Flop.
„Menschen im Angesicht des Todes...Hier hätte der Film interessant, hier hätte er als Ganzes ein Kunstwerk werden können. Er blieb in (nicht einmal immer geistvoller) Aphoristik stecken." (*Evangelischer Filmbeobachter*) jg

Equus - Blinde Pferde

Equus. USA 1977 **R** Sidney Lumet **B** Peter Shaffer, nach seinem Bühnenstück **K** Oswald Morris **M** Richard Rodney Bennett **P** Lester Persky, Elliott Kastner für The Winkast Company/United Artists **L** 137 Min., Farbe **D** Richard Burton, Peter Firth, Colin Blakely, Joan Plowright, Harry Andrews, Eileen Atkins, Jenny Agutter

In einem verschlafenen englischen Dorf begeht der junge Alan (Firth), der als Stallbursche arbeitet, ein furchtbares Verbrechen: er blendet Pferde. Der Psychiater Dr. Martin Dysart (Burton) entdeckt, daß der offensichtlich geistesgestörte Junge Probleme mit seiner Sexualität hat und sein erster Kontakt mit einem Mädchen der Auslöser für die Tat war.
Der britische Dramatiker Peter Shaffer, aus dessen Feder auch *Amadeus* stammt, wurde durch einen Freund zu *Equus* inspiriert, der ihm während einer Autofahrt durch ein kleines englisches Dorf von jenem grausigen Verbrechen erzählte, das sich hier ereignet hatte. Diesen Anhaltspunkt verarbeitete der Autor zu einem Bühnenstück, das bei seiner Uraufführung 1973 am Broadway eine Sensation war. Drei Schauspieler, darunter Anthony Perkins, hatten bereits den Dr. Dysart gespielt, als Richard Burton die Rolle übernahm und damit ein glänzendes Thea-

ter-Comeback nach über zwölf Jahren Abwesenheit feierte. Sein letzter Bühnenauftritt überhaupt war 1964 *Hamlet* gewesen (abgesehen von einer Woche *Dr. Faustus* in Oxford). Für die Filmversion war Burton nicht erste Wahl gewesen, da er nach einer Reihe minderwertiger Produktionen sein Potential an den Kassen verloren hatte, doch glücklicherweise kam es anders, und *Equus* stellt in der späten Karriere des Schauspielers einen Höhepunkt dar.
Equus ist unübersehbar verfilmtes Theater, doch Lumet tat sein Bestes, um für den Stoff eine neue filmische Auflösung zu finden, so etwa die Blendungen der Pferde, deren angebliche Grausamkeit sogar Tierschützer auf den Plan rief. Der Film und besonders die Schauspieler erhielten hervorragende Kritiken und kassierten Oscar-Nominierungen für Burton (seine siebte!), Firth und Shaffer (Drehbuch-Adaption). al

Er

El. Mexiko 1953 **R** Luis Buñuel **B** Luis Buñuel, Luis Alcoriza, nach dem Roman *Pensiamentos* von Mercedes Pinto **K** Gabriel Figueroa **M** Luis Hernández Bretón **P** Oscar Dancigers für Ultramar Films **L** 90 Min., s/w **D** Arturo de Córdova, Delia Garcés, Luis Beristáin, Aurora Walker, Carlos Martínez Baena

Der wohlhabende Bürger Francisco (De Córdova) spannt ein junges Mädchen, Gloria (Garcés), ihrem Geliebten Raul (Beristáin) aus und gewinnt sie zur Frau. Doch er erweist sich als von grundloser Eifersucht besessen, die sich im Verlauf der Jahre immer mehr steigert. Schließlich verläßt ihn Gloria, und Francisco zieht sich in ein Kloster zurück.
Wie auch sein nächster Film, ABGRÜNDE DER LEIDENSCHAFT, weist *El* stark auf die surrealistischen Anfänge Luis Buñuels zurück, da sich beide Werke mit dem Motiv der amour fou beschäftigen. Diese Verwandtschaft besteht aber nur in der Thematik, da *El* stilistisch gesehen ein Beispiel für das klassische Melodram ist. Die Geschichte der Ehe wird in einer großen Rückblende von Gloria erzählt, die mit ihrem jetzigen Mann Raul Francisco in seinem Kloster besucht. al

Er kam nur nachts

The Night Walker. USA 1964 **R** William Castle **B** Robert Bloch **K** Harold Stine **M** Vic Mizzy **P** William Castle für Universal **L** 84 Min., s/w **D** Robert Taylor, Barbara Stanwyck, Judith Meredith, Hayden Rorke, Rochelle Hudson, Marjorie Bennett, Jess Barker, Tetsu Komai, Lloyd Bochner

Ein für ein B-Picture außergewöhnlich gut besetzter Film, dessen Drehbuch von Spannungsautor Robert Bloch geschrieben wurde, der auch schon für den Hitchcock-Klassiker PSYCHO die literarische Vorlage geliefert hatte.
Barbara Stanwyck (hier in ihrem letzten Leinwand-Auftritt) ist Irene, die leidgeprüfte Gattin des erblindeten Wissenschaftlers Trent (Rorke), die permanent der krankhaften Eifersucht ihres Mannes ausgesetzt ist. Trent scheint ums Leben gekommen zu sein, als sein Labor eines Tages von einer Explosion verwüstet wird; allerdings ist seine Leiche nirgendwo zu finden. Kurze Zeit später ereignen sich grauenvolle Dinge: Nacht für Nacht taucht der entsetzlich entstellte Ehegatte immer wieder auf und treibt Irene allmählich in den Wahnsinn, obgleich diese noch nicht einmal weiß, ob sie die Schrecken eines Alptraumes oder die Realität durchlebt.
Auch wenn Regisseur William Castle den Produktionsnotizen zufolge vor Drehbeginn angeblich ein Traumforschungsinstitut in Miami aufgesucht haben soll, um sich dort Informationen zu holen, so ist dieser Film trotz wissenschaftlicher Recherchen auch nicht glaubhafter geraten. Schockeffekte und Musik prasseln viel zu aufdringlich auf den Zuschauer nieder, um auf Dauer wohligen Schauer zu erzeugen, und Barbara Stanwycks ständiges Gekreische fängt bereits nach kurzer Zeit an, entsetzlich zu nerven. Ein mißlungener Versuch, in Hitchcocks Fußstapfen zu treten. jg

Er kann's nicht lassen

Er kann's nicht lassen. BRD 1962 **R** Axel von Ambesser **B** Carl Merz, Egon Eis, nach einer Erzählung von Gilbert K. Chesterton **K** Erich Claunigk **M** Martin Böttcher **P** Utermann, Hardt für Bavaria **L** 94 Min., s/w **D** Heinz Rühmann, Rudolf Forster, Grit Böttcher, Ruth Maria Kubitschek, Siegfried Wischnewski, Lina Carstens, Peter Ehrlich, Horst Tappert, Rainer Penkert

Der große Erfolg der ersten Pater-Brown-Verfilmung DAS SCHWARZE SCHAF war Anlaß, zwei Jahre später gleich ein weiteres Abenteuer hinterherzuschieben.
Wiederum verkörpert Heinz Rühmann den sehr weltlichen Geistlichen, der das detektivische Herumschnüffeln nicht lassen kann und deshalb in eine scheinbar biedere und hochanständige Millionärsgemeinde versetzt wird. Doch Pater Brown scheint das Verbrechen förmlich anzuziehen, denn es dauert nicht lange und schon gibt es zwei mysteriöse Morde. Die Spur führt zu einem hochherrschaftlichen Schloß, wo unser Kriminalheld nach einiger Zeit auch fündig wird.
Ein netter, konventionell inszenierter Kriminalfilm, der trotz seiner komödiantischen Effekte und dem augenzwinkernden Spiel Heinz Rühmanns deutliche Anleihen aus der damals parallel auf Erfolgskurs laufenden Edgar-Wallace-Reihe zieht, was besonders durch die Wahl der Schauplätze (einsames Wasserschloß, illustrer Kreis von Verdächtigen), die Schwarz-Weiß-Kamera und Martin Böttchers Musik deutlich wird.
Die Pater-Brown-Serie endete fünf Jahre später mit dem enttäuschenden dritten Teil DIE ABENTEUER DES KARDINAL BRAUN. jg

Eraserhead

Eraserhead. USA 1977 **R** David Lynch **B** David Lynch **K** Frederick Elmes, Herbert Cardwell **SpE** David Lynch **P** David Lynch für The American Film Institute Center for Advanced Film Studies **L** 90 Min., s/w **D** John Nance, Charlotte Stewart, Allen Joseph, Jeanne Bates, Judith Anna Roberts, Laurel Near

„Wenn jemand durch den Besuch eines Films nachweisbaren Schaden nehmen könnte, stünden die Chancen nicht schlecht, daß es sich bei diesem Film um *Eraserhead* handelte", warnte *Movietone News*.
Das Debüt des exzentrischen Regisseurs David Lynch war ein provozierender, unbequemer Auftakt, dem gegenüber seine weiteren großbudgierten Filme richtig harmlos ausfielen.
Sichtlich geprägt von Luis Buñuels surrealistischem cineastischen Experiment DER ANDALUSISCHE HUND, entwirft Lynch hier eine alptraumhafte Welt, die nur so vor Symbolen der Vergänglichkeit strotzt, wobei dies nicht etwa in melancholischen Bildmeditationen, sondern in Todes- und Verwesungsmetaphern zelebriert wird.
Henry Spencer (Nance) lebt in der Nähe einer Fabrik in einer ärmlichen Einzimmerwohnung. Er hat eine Freundin, die er auf Verlangen ihrer Eltern heiraten soll, weil Mary angeblich ein Kind erwartet. Das Wesen, das sie zur Welt bringt, ist eine entsetzlich entstellte Mißgeburt mit einem plumpen, reptilähnlichen Schädel, das permanent schreit und sich von Würmern ernährt. Die weitere Geschichte des Films präsentiert sich in einer Anreihung von Symbolen (der oft unappetitlichsten Art), bis sich Spencer seinen skurrilen Imaginationen unterwirft und mit einem Mädchen, das in seinem Heizkörper tanzt und dabei Würmer zertritt, verschmilzt.
„Die erschreckenden und oft auch ekelerregenden Visionen stehen in diesem Sinne als Ausdrucksformen für eine neurotische Beziehung zu einer Umwelt, die ausschließlich unter dem Blickwinkel lähmender Lebens-

und Zukunftsangst wahrgenommen wird.“ (*Neue Züricher Zeitung*) jg

Die Erbarmungslosen

Les fanatiques. Frankreich 1957 **R** Alex Joffé **B** Alex Joffé, Jean Levitte **K** Léon-Henri Burel **M** Paul Misraki **P** C.C.G.C./Les Films Régent **L** 90 Min., s/w **D** Pierre Fresnay, Michel Auclair, Grégoire Aslan, Françoise Fabian

Luis (Fresnay) und Diego (Auclair) sollen im Auftrag südamerikanischer Rebellen den Diktator Ribeira (Aslan) töten, indem sie eine Zeitbombe in das Regierungsflugzeug schmuggeln. Als ihr Opfer jedoch in eine vollbesetzte Linienmaschine umsteigt, entbrennt zwischen den beiden Attentätern Streit um die Frage, ob unschuldige Menschen im Namen der Freiheit geopfert werden dürfen. Nachdem Luis seinen zaudernden Kollegen niedergeschossen hat, besteigt er mit der Bombe das Flugzeug. Doch unterwegs stirbt Ribeira an einem Herzinfarkt...
Dieser aufregende Thriller bietet nicht nur nervenzerrende, spannende Unterhaltung, sondern beschäftigt sich darüber hinaus mit der wichtigen Frage, ob politische Ziele mit Gewalt durchgesetzt werden dürfen und, wenn ja, wie weit man dabei gehen darf. Zwar entzieht sich Regisseur/Drehbuchautor Joffé einer endgültigen Beantwortung dieser Frage, indem er das Opfer auf natürliche Weise sterben läßt und so Luis von einer Entscheidung befreit, doch wird dem Zuschauer sehr geschickt die Rolle des Geschworenen zugespielt, der sein Urteil im Verlaufe der Handlung immer wieder überprüfen muß und so zu einer ernsthaften Beschäftigung mit der Thematik gezwungen wird. Daß das nicht ganz einfach ist, liegt an den hervorragenden Darstellern, die keine eindimensionalen Schablonen von Gut und Böse zeichnen, sondern zutiefst menschliche Charaktere mit allen Schwächen und Stärken zeigen. al

Der Erbe

L'heritier. Frankreich/Italien 1972 **R** Philippe Labro **B** Philippe Labro, Jacques Lanzman **K** Jean Penzer **M** Michel Colombier **P** Jacques E. Srauss für Presidency Films/Cinetel (Paris), Euro International (Rom) **L** 112 Min., Farbe **D** Jean-Paul Belmondo, Carla Gravina, Jean Rochefort, Charles Denner, Maureen Kerwin

Bart Cordell (Belmondo), bis dato ein verantwortungsloser Plaboy, übernimmt nach dem Tode seines Vaters die Führung von dessen Riesenkonzern und verblüfft Aufsichtsratsvorsitzende und ähnlich hohe Tiere mit seinem Sachverstand und Durchsetzungsvermögen. Schon bald stößt er auf Ungereimtheiten beim Tod des Vaters - der Flugzeugabsturz war kein Unfall, sondern Sabotage! Barts Gegner sind die Mitglieder eines internationalen Kartells, das unbedingt in den Besitz des Unternehmens kommen will. Und Barts Schwiegervater, ein italienischer Neofaschist, ist der Kopf dieser Organisation.
Aus der Verwicklung von Wirtschaftswelt und Politik hätte sich sicher ein interessanter Film machen lassen, doch Philippe Labro beläßt es bei einem mäßig spannenden Thriller, der in Frankreich allerdings ein Riesenerfolg wurde. Der ehemalige Journalist Labro ist nach eigenen Aussagen stark von Amerika und seinen Mythen geprägt und verarbeitete dementsprechend zahlreiche Zitate von US-Filmen in *Der Erbe*, der bei einer späteren Wiederaufführung in der BRD in *Der Draufgänger* umgetitelt wurde. al

Das Erbe der Ferramonti

L'eredita Ferramonti. Italien 1976 **R** Mauro Bolognini **B** Ugo Pirro, Sergio Bazzini, nach dem Roman von Gaetano Carlo Chelli **K** Ennio Guarnieri **M** Ennio Morricone **P** Gianni Hecht Lucari für FLAG Film **L** 114 Min. (Originalfassung 121 Min.), Farbe **D** Anthony Quinn, Fabio Testi, Dominique Sanda, Luigi Proietti, Adriana Asti

Rom 1880. Gregorio Ferramonti (Quinn), Oberhaupt einer im Bäckereigeschäft reichgewordenen gewordenen Familie, gibt seinen drei Kindern zu verstehen, daß er sie aus seinem Testament ausgeschlossen hat und mit ihnen nichts mehr zu tun haben will. Auch untereinander sind die Geschwister zerstritten. Durch ihre Heirat mit dem ältesten Ferramonti-Sohn Pippo (Proietti) kommt Irene (Sanda) in die Familie und betreibt energisch die Versöhnung der Streithähne: Bald wird klar, daß sie nur ein Ziel kennt: das Erbe!
Ein weiterer von Mauro Bologninis epischen Bilderbögen aus dem 19. Jahrhundert, der sich in Stil und Eleganz bei der Beschreibung einer zum Untergang verurteilten Epoche am ehesten mit den Werken Luchino Viscontis vergleichen läßt. Allerdings hat Bolognini sich hier mehr auf die zwischenmenschlichen Probleme konzentriert als auf soziale oder politische Hintergründe. Trotzdem ist sein opulent ausgestattetes und brillant photographiertes Werk eine faszinierende Studie der Dekadenz, Habgier und Bosheit. Die Kamera schwelgt in Kostümen und Dekors und feiert geradezu die Schönheit von Dominique Sanda, der die Rolle der durchtriebenen Irene den Preis als Beste Darstellerin der Festspiele von Cannes einbrachte. al

Das Erbe des Blutes

Home from the Hill. USA 1959 **R** Vincente Minnelli **B** Harriet Frank, nach dem Roman von William Humphrey **K** Milton Krasner **M** Bronislau Kaper **P** Edmund Grainger für MGM **L** 149 Min., Farbe **D** Robert Mitchum, Eleanor Parker, George Peppard, George Hamilton, Everett Sloane, Luana Patten

Wade Hunnicutt (Mitchum), ein reicher texanischer Landbesitzer, hat seine Familie weniger im Griff als seine Geschäfte. So gelingt es ihm nicht, zu seinem Sohn Theron (Hamilton) eine Beziehung aufzubauen, und seine Frau (Parker) hat sich ihm seit 18 Jahren verweigert, da er seinerzeit ein uneheliches Kind in die Welt setzte, den jetzt ebenfalls erwachsenen Rafe (Peppard).
Ein komplexes Familiendrama, das blutig und tragisch endet, jedoch geschickt Klischees und Stereotypen vermeidet und die fesselnde Geschichte eines Mannes erzählt, der das Leben für eine einzige Jagd hält. Seine Söhne müssen angesichts der Dominanz ihres Vaters ihren Platz im Leben erst finden und sich aus seinem übermächtigen Schatten lösen. Der gesamte Film, obwohl etwas zu lang, ist ausgezeichnet gespielt und photographiert; viele Kritiker halten Mitchums Darstellung sogar für die beste seiner Karriere. al

Das Erbe von Björndal

Das Erbe von Björndal. Österreich 1960 **R** Gustav Ucicky **B** Per Schwenzen, nach dem Roman von Trygve Gulbranssen **K** Elio Carniel **M** Rolf Wilhelm **P** Dr. A. Stöger für Wiener Mundus Film **L** 96 Min., Farbe **D** Joachim Hansen, Maj-Britt Nilsson, Brigitte Horney, Ellen Schwiers, Hans Nielsen, Carl Lange, Hans-Christian Blech, Franz Messer, Gertraud Jesserer

Zweiter Teil der norwegischen Familiensaga, deren erste Folge UND EWIG SINGEN DIE WÄLDER ein Jahr zuvor zu einem sensationellen Publikumserfolg geworden war. Überhaupt schien der österreichische Film der frühen 60er Jahre die Schauplätze für seine Heimatschnulzen nicht mehr in den Alpen, sondern im fernen Skandinavien oder im noch weiteren Kanada (RUF DER WILDGÄNSE) zu suchen. Das Ergebnis waren dabei ganz ansehnliche Filme, die sich geschickt den Stimmungen der jeweiligen Schauplätze anpaßten und zu den eher peinlichen Almentragödien ein abwechslungsreiches Pendant darstellten.

Die Besetzung des ersten Filmes wurde übernommen; als neue Hauptperson tritt lediglich Brigitte Horney in der Rolle der gutmütigen Tante Elo in Erscheinung. Reich an dramatischen Konflikten beschreibt die Fortsetzung das weitere Leben auf Gut Björndal, dessen beschauliche Idylle bald durch die durchtriebene Magd Gunvor (Schwiers) gestört wird. Auch wenn der junge Dag (Hansen) am Ende des Films durch einen Unfall ums Leben kommt, so scheint die Zukunft von Björndal gesichert, denn sein inzwischen herangewachsener Sohn weiß die Geschicke des Gutes verantwortungsbewußt zu lenken.
Konventionelles aber recht unterhaltsames Familienepos mit vorzüglichen Schauspielern und wunderschönen Außenaufnahmen (gedreht in den Fjorden und Landstrichen Norwegens), das jedoch manchmal unter der Regie des vorbelasteten Gustav Ucicky dem Blut-und-Boden-Mythos verfällt. jg

Erbschaft um Mitternacht

The Cat and the Canary. USA 1939 **R** Elliott Nugent **B** Walter De Leon, Lynn Starling, nach einem Bühnenstück von John Willard **K** Charles Lang **M** Ernest Toch **P** Arthur Hornblow jr. für Paramount **L** 72 Min., s/w **D** Bob Hope, Paulette Goddard, John Beal, Douglas Montgomery, Gale Sondergaard, Elizabeth Patterson, Nydia Westman, George Zucco, John Wray

Eine atmosphärisch dichte und überaus komische Grusel-Komödie, in der sich Bob Hope von seiner besten Seite zeigte. John Willards Stück war bereits schon 1927 als Stummfilm in die Kinos gekommen und 1930 mit einer nachträglich hinzugefügten Tonspur versehen worden. Neun Jahre später entschloß sich die Paramount noch einmal zu einem Remake.
Paulette Goddard verkörpert die junge Joyce Norman, die zusammen mit den anderen Verwandten ihres Clans in das unheimliche, in einem Sumpfgebiet gelegene Landhaus ihres verstorbenen Onkels reist, um dort der Testamentseröffnung beizuwohnen. Joyce wird dem Willen ihres Onkels gemäß zur Alleinerbin gekürt, darf aber das Erbe nur antreten, wenn erwiesen ist, daß sie nicht unter einer Geisteskrankheit leidet. Im Laufe der Nacht wird das arme Mädchen jedoch durch schauerliche Ereignisse beinahe an den Rand des Wahnsinns getrieben.
Eine sicher inszenierte Horror-Parodie, die in der raschen Abwechslung von Gags und Gruselmomenten ein erstaunliches Tempo vorlegt.
Erbschaft um Mitternacht kam beim Publikum so gut an, daß die Paramount noch einmal mit Bob Hope und Paulette Goddard in den Hauptrollen ein Sequel unter dem Titel *The Ghost Breakers* drehen ließ. Dieser Streifen erreichte allerdings bislang in Deutschland weder die Kinos noch das Fernsehen. jg

Erdbeben

Earthquake. USA 1974 **R** Mark Robson **B** George Fox, Mario Puzo **K** Philip Lathrop **SpE** Frank Brendel, Albert Whitlock **M** John Williams **P** Mark Robson für Universal **L** 122 Min., Farbe **D** Charlton Heston, Ava Gardner, George Kennedy, Lorne Greene, Geneviève Bujold, Richard Roundtree, Lloyd Nolan, Victoria Principal, Barry Sullivan

Einer der populärsten Beiträge zum Genre des Katastrophenfilms, dessen Erfolgswelle im Jahr 1974 ihren Höhepunkt erreichte. Parallel konkurrierte *Erdbeben* mit John Guillermins FLAMMENDES INFERNO; Charlton Heston spielte im gleichen Jahr noch in dem *Airport*-Streifen GIGANTEN AM HIMMEL die Hauptrolle.
Versehen mit dem attraktiven Schauplatz der Millionenmetropole Los Angeles und ausstaffiert mit den wenig aufregenden Eheproblemen einer Schar von Protagonisten, läßt Mark Robson als unheilvolle Ankündigung gleich nach fünf Minuten den ersten Erdstoß los, um dann in der Mitte des Films nach zahllosen ermüdenden Dialogen das große Desaster vom Stapel zu lassen, welches Hollywoods Trickspezialisten - das muß man ihnen lassen - mit deutlicher Zerstörungsfreude recht aufwendig und eindrucksvoll gestaltet haben.
Die Dreharbeiten verschlangen ein Budget von 8 Millionen Dollar, wobei das meiste Geld für den Bau der großen Ruinenkulissen ausgegeben wurde, durch deren Trümmer sich die Starriege kämpfen mußte. Für die Katastrophensequenzen engagierte man allein 141 Stuntmänner und -frauen, obgleich in vielen Szenen auch der Schauspieler-Crew einiges an physischer Belastung abverlangt wurde (besonders in der Sequenz, in der Ava Gardner und Charlton Heston von der Flutwelle in die stinkende Kanalisation geschwemmt werden). Bei den zusammenkrachenden Gebäuden, einstürzenden Brükken und berstenden Staudämmen handelt es sich allerdings durchweg um Modellaufnahmen; die anschließende Trümmerwüste bestand aus diversen Matte-Painting-Gemälden, bei deren Entwurf sich Albert Whitlock ruhig etwas mehr hätte anstrengen können. Erstmals für *Erdbeben* wurde auch das Sensurround-Tonverfahren eingeführt, das durch das geschickte Anbringen von Hochleistungs-Lautsprechern ein Vibrieren erzeugen und beim Publikum die Illusion hervorrufen sollte, es säße inmitten des hereinbrechenden Chaos. Aber da war wohl mehr der Wunsch Vater des Gedankens; der *Motion Picture Guide* bezeichnete die Effekte als schlichtweg „lächerlich".
Bei den Oscar-Festivitäten lieferten sich FLAMMENDES INFERNO und *Erdbeben* ein Duell darum, welcher der beiden Streifen denn nun der bessere Katastrophenfilm sei. *Erdbeben* erhielt immerhin das goldene Männchen für den Besten Ton (Ronald Pierce, Melvin Metcalfe sr.), während FLAMMENDES INFERNO mit deutlich mehr Nominierungen aufwarten und gleich zwei Oscars absahnen konnte. jg

Die Erde bebt

La terra trema. Italien 1947 **R** Luchino Visconti **B** Lucino Visconti, nach einem Roman von Giovanni Verga **K** Gianni di Venanzo **M** Luchino Visconti, Willy Ferrero **P** Universalia **L** 160 Min./95 Min., s/w **D** Laiendarsteller des sizilianischen Fischerdorfes Aci Trezza

Mit *Die Erde bebt* lieferte Luchino Visconti eine der bedeutendsten Arbeiten zur Epoche des italienischen Neorealismus ab. Der Film beinhaltet - ganz den Gesetzen des Genres folgend - ein sozialkritisches Thema und verzichtet völlig auf professionelle Schauspieler. Sämtliche Rollen wurden von den Einwohnern des sizilianischen Fischerdorfes Aci Trezza übernommen, wobei vor allem in der italienischen Fassung der Realismus-Anspruch verstärkt vertreten ist, denn die agierenden Laien sprechen ausschließlich eine Mundart, die selbst die Bewohner von Syrakus und Palermo teilweise nicht mehr verstehen.
Visconti hatte ursprünglich eine Trilogie über das entbehrungsreiche Leben der Bauern, der Arbeiter in den Schwefelgruben und der Fischer geplant, von der allerdings nur der letzte Teil realisiert werden konnte.
Die Erde bebt beschreibt den erfolglosen Versuch einer Fischerfamilie, dem ausbeuterischen Diktat der Großhändler eine eigene Organisation entgegenzusetzen.
Die Originallänge des Films beläuft sich ursprünglich auf 160 Minuten und wurde auch in dieser Fassung das erste Mal im Jahre 1959 im deutschen Fernsehen ausgestrahlt. Daneben existiert jedoch auch eine zweite, ziemlich krass zusammengeschnittene Version, die leider mittlerweile bei Wiederaufführungen im Kino oder Fernsehen die Originalfassung verdrängt hat. jg

Erik, der Wikinger

The Saga of Erik the Viking. Großbritannien 1988 **R** Terry Jones **B** Terry Jones **K** Ian Wilson **SpE** Richard Conway, Peter Hutchinson **M** Neil Innes **P** John Goldstone für Prominent Features **L** 94 Min., Farbe **D** Tim Robbins, Terry Jones, Eartha Kitt, Mickey Rooney, Tsutomu Sekine, John Cleese, Anthony Sher, Imogen Stubbs, Samantha Bond, Gary Cady

Seinem Kollegen Terry Gilliam wollte es Terry Jones nachmachen und stellte sich

gleichfalls hinter die Kamera, um einen farbenfreudigen und ziemlich teuren Fantasy-Streifen zu drehen. Anders aber als Gilliams Debakel-Werk DIE ABENTEUER DES BARON MÜNCHHAUSEN lief dieser Film wenigstens einige Wochen länger in den Kinos und wurde von der Kritik nicht gleich in Grund und Boden verdammt.
Der Wikinger Erik (Robbins) kann einfach nicht glauben, daß sein Dasein nur aus Morden, Brennen, Sengen und Vergewaltigen (mit letzterem tut er sich besonders schwer) zu bestehen hat. Zu dieser Eingebung kommt er, als er sich in ein Mädchen verliebt, das er gerade zuvor getötet hat. Nach einer alten Legende bleibt den Nordmännern jedoch nichts anderes übrig, als sich wie Vandalen zu gebärden, denn man schreibt das Zeitalter des Ragnorok, und in diesem dominieren Mord und Totschlag. Die Sagen wissen jedoch noch von einer anderen Zeit zu berichten, die erst dann anbrechen soll, wenn es den Menschen gelingt, die Götter zu wecken und die Sonne wieder zum Scheinen zu bringen. Mit einer Schar von Getreuen bricht Erik auf, um Asgaard, die geheimnisvolle Stadt der Götter, zu suchen.
In Norwegen, der eigentlichen Heimat der Wikinger, entstand lediglich im Grot-Fjord eine kurze Szene. Für weitere Aufnahmen (Drehzeit war der Winter 1987/88) reichten die Lichtverhältnisse nicht. Die beeindruckenden Bauten des sagenumwobenen Kontinents Atlantis, auf den die Wikinger im Laufe ihrer Queste stoßen, ließ Produktionsdesigner John Beard auf der George-Cross-Insel bei Malta errichten. Die technisch aufwendigste Sequenz des Films war die Stelle, an dem das Wikingerschiff über die Abbruchkante der Erdscheibe rutscht und ins All abdriftet. Zu diesem Zweck wurde ein riesiges Bassin mit einem über eine Rampe fließenden Wasserfall konstruiert, auf dem das originalgetreu nachgebaute Schiff befestigt wurde.
„...am Ende siegt die dröge Fantasy endgültig über den schwarzen Humor...Ende gut - alles gut, wenn man die gröbsten, also besten Scherze nicht schon längst in JABBERWOCKY, DAS LEBEN DES BRIAN und vor allem DER SINN DES LEBENS gesehen hätte." (*zitty*) jg

Erinnerungen aus Frankreich

Souvenirs d´en France. Frankreich 1974 **R** André Techiné **B** André Techiné, Marilyn Goldin **K** Bruno Nuytten **M** Philippe Sarde **P** Stephane Films/Buffalo Films/Renn Pod./Belstar/Simar **L** 90 Min., Farbe **D** Jeanne Moreau, Michel Auclair, Marie-France Pisier, Claude Mann, Julien Guiomar

Zu Beginn dieses Jahrhunderts wandert eine spanische Familie nach Frankreich aus. Bereits in der zweiten Generation sind die ehemaligen Landarbeiter zu Fabrikbesitzern aufgestiegen, die sich über die Liaison des Sohnes Hector (Auclair) mit der Wäscherin Berthe (Moreau) mokiert - weil sie nicht standesgemäß ist. Trotzdem findet die Hochzeit statt und Berthe entwickelt sich im Laufe der Jahre zur gewieften Unternehmerin.
André Techinés zweiter Spielfilm nach *Pauline s´en va* ist eine breitangelegte Geschichte der französischen Bourgeoisie zwischen 1910-1960. Der Film, der keine fertige Stellungnahme beinhaltet, sondern dem Zuschauer ein Urteil überläßt, spaltete die Kritik in zwei Lager: Die einen sprachen von einer intelligenten Analyse des Großbürgertums, während die anderen Techiné Verbrüderung mit dieser Schicht vorwarfen. Einig war man sich jedoch über die technische Qualität des Films sowie über die Leistungen der Darsteller, allen voran Jeanne Moreau, die die Entwicklung der Berthe von der unbedarften Proletarierin bis zur kühlen Geschäftsfrau bis ins letzte glaubhaft macht. al

Ermittlungen gegen einen über jeden Verdacht erhabenen Bürger

Ingagine su un cittadino al di sopra di ogni sospetto. Italien 1970 **R** Elio Petri **B** Ugo Pirro, Elio Petri **K** Luigi Kuveiller **M** Ennio Morricone **P** Daniele Senatore für Vera Film **L** 115 Min., Farbe **D** Gian Maria Volonté, Florinda Bolkan, Salvo Randone, Gianni Santuccio, Orazio Orlando

In Rom sorgt die Ermordung eines Callgirls (Bolkan) für Aufregung. Dabei hat sich der Täter nicht besonders vorgesehen, im Gegenteil, er hat sogar noch Spuren gelegt. Doch da es sich um den „Dottore" (Volonté), den Chef des Morddezernats handelt, kommen die ermittelnden Beamten auf alle möglichen Gedanken - nur nicht auf die Spur des Täters. Der verfolgt das Ganze mit perverser Lust an Manipulation und Macht. Wird man es wagen, ihn, einen Vertreter des Staates, zu beschuldigen? Nachdem verschiedene Personen verdächtigt wurden, bleibt dem „Dottore" nichts anderes ürig, als sich selbst zu bezichtigen.
Ob es zu einer Verurteilung des „Dottore" kommt, läßt der Film offen. Statt dessen erscheint auf der Leinwand ein Zitat aus Kafkas *Der Prozeß*: „Wie er uns auch erscheinen mag, er ist doch ein Diener des Gesetzes, also zum Gesetz gehörig, also dem menschlichen Urteil entrückt."
Elio Petris Film ist eine knallharte Attacke auf die Verfilzung des Machtapparates in Demokratien, auf die Korrumpierbarkeit seiner Beamten, aber auch auf den Obrigkeitsdünkel des „kleinen" Bürgers. *Ermittlungen...* liefert darüber hinaus eine Krimistory und ein faszinierendes Porträt eines Machtbesessenen, brillant gespielt von Gian Maria Volonté, der in seiner Karriere sowohl rechts- als auch linksradikale Charaktere mit großer Überzeugungskraft dargestellt hat. Ein Kritiker schrieb: „Volonté widert einen an - so gut ist er!"
Auf den Filmfestspielen von Cannes war der Film die Sensation, er wurde mit dem Großen Spezialpreis der Jury sowie mit dem Kritikerpreis ausgezeichnet. Neben weiteren Auszeichnungen erhielt er außerdem den Oscar als Bester fremdsprachiger Film.
Stuttgarter Zeitung: „Gesellschaftskritische Bewußtseinserhellung in Form eines Polit-Thrillers erster Klasse. Klüger kann man sein Publikum nicht zum Nachdenken bewegen." al

Die Ermordung eines chinesischen Buchmachers

The Killing of a Chinese Bookie. USA 1976 **R** John Cassavetes **B** John Cassavetes **K** Mike Ferris, Michael Stringer **M** Bo Harwood **P** Al Ruban für Faces Prod. **L** 130 Min. (Originalfassung 135 Min.), Farbe **D** Ben Gazzara, Timothy Agoglia, Zizi Johari, Meade Roberts, Seymour Cassel

Cosmo Vitelli (Gazzara) ist seit Jahren Leiter eines schäbigen Nachtclubs mit dem Namen „Crazy Horse West". Er ist hoch verschuldet, und da kaum Aussicht besteht, das Geld in absehbarer Zeit zusammenzukratzen, willigt er ein, im Auftrag seiner Schuldner einen chinesischen Buchmacher zu töten. Nachdem er diesen Job mit viel Getöse erledigt hat, wird er seinerseits von Killern gehetzt, da es sich beim Opfer um ein hohes Unterwelttier handelte...
John Cassavetes, stets auf Unabhängigkeit bedachter Regisseur, Autor und Schauspieler, der seine Filme meist mit Freunden und Verwandten realisierte, wandte sich hier erstmals dem Gangsterfilm zu, ohne freilich dessen Regeln zu akzeptieren. Im Gegensatz zu seinen vorangegangenen Filmen stieß sein sehr auf die Schauspieler ausgerichteter Inszenierungsstil diesmal auf völlige Ablehnung - in den Staaten wurde *Die Ermordung...* fast ausnahmslos verrissen. Die europäische Kritik jedoch war begeistert. So schrieb die *Frankfurter Rundschau*: „Gerade dieser Film vereint auf faszinierende Weise alle unverwechselbaren Qualitäten eines immens persönlichen Kinos, das aus Stimmungen, Sizzen, sensiblen Reportageelementen und psychologischen Miniaturen zusammengesetzt ist.
Indem sich Cassavetes zum ersten Mal dem Gangsterfilm nähert, wird in der Spannung zwischen der Erwartungshaltung gegenüber dem Genre und der Art, wie Cassavetes gegen sie inszeniert, der Reichtum einer Beobachtungsgenauigkeit deutlich, die im konventionellen Kino ihresgleichen sucht." Trotz derartiger Lobeshymnen war der Film in der BRD nur im Rahmen einer Cassavetes-Reihe im Fernsehen zu sehen. al

STE GESCHICHTEN ihre Fortsetzung fand. Die Rahmenhandlung bildet die Geschichte von Nur-el-ir (Citti) und der Sklavin Zummurrud (Bouché), die nach ihrer Trennung durch einen Europäer verschiedene Wege gehen, bis sie sich am Schluß wiederfinden. Die Erlebnisse Nur-el-irs werden in episodenhafter Form erzählt, wobei sich eine Geschichte aus der anderen heraus entwikkelt, also jede mit ihrem Vorgänger in Zusammenhang steht.
Erotische Geschichten... gilt als der gelungenste, weil entspannteste Teil der Trilogie, da ihm die oftmals spekulativ anmutende Fixierung auf Sexualität fehlt, obwohl Pasolini auch hier nicht gerade mit Fleischeslüsten und nackter Haut geizt. Der Film entwirft darüber hinaus jedoch ein detailliertes Bild des arabischen Mittelalters, wozu die sorgfältige Auswahl der Schauplätze nicht unwesentlich beitrug: gedreht wurde u.a. in Äthiopien, Jemen, Persien und Nepal.
Wie seine Vorgänger war auch dieses Pasolini-Werk bei der Kritik heiß umstritten und wurde wiederholt in verschiedenen Staaten verboten. al

Erpressung

Blackmail. Großbritannien 1929 **R** Alfred Hitchcock **B** Alfred Hitchcock, Benn W. Levy, Charles Bennett, nach einem Stück von Bennett **K** Jack Cox **M** Campell & Connely **P** John Maxwell für British International Pict. **L** 75 Min., s/w **D** Anny Ondra, Sara Allgood, John Longden, Charles Paton, Donald Calthrop, Cyril Ritchard

Blackmail war nicht nur Hitchcocks erster Tonfilm, sondern auch der erste in der Geschichte des britischen Films. Ursprünglich hatte Produzent Maxwell geplant, aus Rücksicht auf die vielen Kinos, die im Jahre 1929 noch nicht alle über die entsprechende Vorführtechnik verfügten, nur in die letzte Filmrolle ein paar Dialogsätze einfließen zu lassen, doch dagegen wehrte sich Hitchcock. Also wurde der Streifen in einer kompletten Tonfassung gedreht.
Anny Ondra (später verheiratet mit dem deutschen Boxer Max Schmeling) spielt das Mädchen Alice, das in Notwehr einen allzu aufdringlichen Maler ersticht. Allerdings wurde sie bei ihrer Tat beobachtet und sieht sich nun plötzlich einem infamen Erpresser ausgesetzt. Ihr Verlobter Frank (Longden), ein junger Polizist, ist jedoch kühn genug, den skrupellosen Mann quer durch London zu hetzen.
Erpressung war seit seinem genialen Stummfilm *The Lodger* (1926) wieder der erste Thriller, den Hitchcock nach einer Reihe eher unbedeutender Werke in Angriff nahm, und bei dessen Arbeit er sich sichtlich wohlfühlte. Zu den ganz großen Szenen des Films gehört die abschließende Verfolgungsjagd durch das Britische Museum. Da im Original-Gebäude die Lichtverhältnisse viel zu schlecht waren, mußten alle Aufnahmen im Studio entstehen. Um die Produktionskosten gering zu halten, griff Hitchcock auf das Schüfftan-Verfahren zurück, das Fritz Lang schon 1927 für METROPOLIS angewandt hatte. Es handelte sich dabei um eine Kombination von Standphoto, Dekoration und agierenden Schauspielern, die mit Hilfe einer Spiegeltechnik vermischt wurden, so daß man den Eindruck erhielt, die Szenen bestünden aus einem einheitlichen Bild. Produzent Maxwell, der sich bei Hitchcock permanent über die lange Drehzeit beschwerte, war von dem Ergebnis begeistert und wollte unbedingt wissen, wo um alles in der Welt sein Regisseur denn noch die Zeit für die aufwendige Verfolgungssequenz im Britischen Museum hergenommen hatte. jg

Das Erste Evangelium - Matthäus

Il vangelo secondo Matteo. Italien 1964 **R** Pier Paolo Pasolini **B** Pier Paolo Pasolini, nach dem Matthäus-Evangelium **K** Tonino Delli Colli **M** Luis E. Bacalov **P** Alfredo Bini für Arco Film **L** 136 Min., s/w **D** Enrique Irazoqui, Susanna Pasolini, Margherita Caruso, Marcello Morante, Mario Socrate, Alessandro Clerici, Settimio di Porto, Otello Sestili, Paola Tedesco

Pasolinis gewagte Verfilmung war der erste Versuch, die Lebensgeschichte Jesu in einer realistischeren Form zu verfilmen und damit ein Gegengewicht zu den pompösen Hollywood-Epen KÖNIG DER KÖNIGE und DIE GRÖSSTE GESCHICHTE ALLER ZEITEN zu schaffen, die an den religiösmenschlichen Aspekten des Neuen Testaments herzlich wenig interessiert waren, sondern die biblische Vorlage als Geschichte für eine farbenfrohe Show mißbrauchten.
Pasolini wählte als Kulisse seines Filmes die karge Landschaft Süditaliens mit ihren ärmlichen Feldern und halbverfallenen Dörfern. Auch einen Großteil der dort ansässigen Bevölkerung bezog er in die Aufnahmen mit ein. Für die Rolle der Maria verpflichtete Pasolini seine eigene Mutter Susanna.
Die Uraufführung des Films kam einem Skandal gleich. Von Seiten der Katholischen Kirche, deren Papst Johannes XXIII. Pasolini mit seiner Jesus-Interpretation ein „geliebtes Andenken“ widmen wollte, wurde das Werk überwiegend wohlwollend aufgenommen. Im Gegensatz dazu regte sich sowohl die bürgerliche wie auch die linksorientierte Presse darüber auf, daß sich ausgerechnet ein erklärter Marxist wie Pasolini an die Verfilmung des Neuen Testaments herangewagt hatte. „Dieses *Evangelium* ist ein Mischsalat, ein Produkt der Unklarheit und der Unverantwortlichkeit, ein Betrug“, schrieb damals unter anderem die französische Zeitung *Nouvel Observateur*.
Bei der italienischen Premiere kam es zu tumultartigen Szenen, als eine Gruppe von Jungfaschisten im Zuschauersaal Randale machte und den Film als „Beschmutzung der reinen Quelle des christlichen Abendlandes“ beschimpfte. jg

Der erste große Eisenbahnraub

The First Great Train Robbery. Großbritannien 1979 **R** Michael Crichton **B** Michael Crichton nach seinem Roman **K** Geoffrey Unsworth **M** Jerry Goldsmith **P** John Foreman für Starling Prod./ United Artists **L** 110 Min., Farbe **D** Sean Connery, Donald Sutherland, Lesley-Anne Down, Alan Webb, Malcolm Terris

Im viktorianischen England des Jahres 1855 gelang es dem Gentleman-Dieb Edward Pierce und seinen Komplizen, den ersten spektakulären Eisenbahnraub der Geschichte durchzuführen und die für damalige Verhältnisse riesige Summe von 12.000 Pfund zu erbeuten. Aus dieser wahren Begebenheit machte der Brite Michael Crichton einen sehr erfolgreichen Roman, dessen Leinwandadaption nicht lange auf sich warten ließ - besorgt vom Autor selbst, dessen Regiearbeiten sich bis dato auf ebenso düstere wie intelligente Zukunftsvisionen wie WESTWORLD und COMA beschränkt hatten.
Sean Connery spielt Pierce, Donald Sutherland mimt den geschickten Safeknacker Agar und Lesley-Anne Down ist die schöne und raffinierte Miriam, der bei der Ausführung des Verbrechens eine besondere Rolle zukommt. Der Film ist ein (im besten Sinne) sehr altmodisches und charmantes Caper Movie, mit einem liebevollen und ansatzweise kritischen Blick auf die Epoche Königin Viktorias. Im Vergleich zum Roman läßt er jedoch den Biß vermissen, mit dem Crichton die moralische Heuchelei und die sozialen Ungerechtigkeiten jener Zeit attakkierte und konzentriert sich fast ausschließlich auf die Durchführung der Tat. Der Höhepunkt des Films ist Connerys Jagd über die Dächer des fahrenden Zuges. Er ließ es sich nicht nehmen, diese gewagte Szene selbst zu spielen.
Die schönen Bilder stammen von Kamera-Veteran Geoffrey Unsworth, dem Crichton diesen Film widmete. Es sollte sein letzter werden - Unsworth starb kurz nach Beendigung der Dreharbeiten.

Der erste große Eisenbahnraub erhielt wohlwollende Kritiken, wobei die meisten Kritiker Lesley-Anne Down besonderes Lob zollten, die hier ihre erste gute Leinwandrolle hat. *Time*: „Der erste große Eisenbahnraub mag ja das Verbrechen des letzten Jahrhunderts gewesen sein, doch im Vergleich zu Downs Fähigkeit, eine Szene zu stehlen, nimmt er sich ziemlich harmlos aus.“ al

Die erste Polka

Die erste Polka. BRD 1978 **R** Klaus Emmerich **B** Helmut Krapp, nach einem Roman von Horst Bieneck **K** Michael Ballhaus **M** Edward Aniol **P** Helmut Krapp für NDF/Bavaria **L** 96 Min., Farbe **D** Maria Schell, Erland Josephson, Guido Wieland, Ernst Stankovski, Claus Theo Gärtner, René Schell, Marco Kröger, Miriam Geissler, Regine Lamster, Eva Maria Bauer, Ursula Strätz

Der 31. August 1939 ist im oberschlesischen Gleiwitz kein Tag wie jeder andere. Auf vollen Touren laufen im großbürgerlichen Haushalt der Pionteks die Vorbereitungen zur Hochzeitsfeier von Tochter Irma (Lamster). Für Mutter Valeska (M. Schell) ist dieser Tag noch einmal ein verzweifelter Versuch, das scheinbar heile, idyllische Provinzleben aufrechtzuerhalten, auch wenn ihr Ehemann Leo (Josephson) schwer asthmakrank niederliegt, die eigene Tochter ihr mit Abweisung und Kälte begegnet und sich auch Sohn Josel (R. Schell) ihr in seiner versteckten Liebe für den sterbenden Vater immer mehr entzieht. Vor den politischen Entwicklungen verschließt Valeska die Augen. Schon längst wimmelt die Stadt von Soldaten. Während der Familienfeier eskalieren die Ereignisse; die deutschen Truppen überfallen Polen.
Die erste Polka, entstanden nach dem autobiographisch angehauchten Roman Horst Bienecks, ist unter Emmerichs Regie zu einem Film geraten, der sich vornehmlich auf perfekte Ausstattung und glaubwürdige Milieuskizzierung konzentriert. Dekors und Kostüme sind perfekt geraten, Michael Ballhaus erfreut durch seine gewohnt exzellente Kameraführung. Das alles jedoch reicht leider nicht aus, um die Protagonisten des Films auch richtig lebendig wirken zu lassen. Lediglich Maria Schell als Valeska und René Schell als pubertierende Sohn Josel reichen in ihrer Gestaltung über das Oberflächliche hinaus.
„Der Film mag im Zuschauer Interesse für die Menschen herstellen. Aber damit hat es sich auch schon. Denn viele andere in diesem Film sind nicht als Menschen gezeigt, sondern als kuriose Randfiguren, die angerissen werden und wieder in der Versenkung verschwinden.“ (*Der Gildendienst*) jg

Der erste Tag der Freiheit

Pierwszy dzien wolnosci. Polen 1964 **R** Aleksander Ford **B** Bohdan Czesko, nach dem Bühnenstück von Leon Kruczkowski **K** Tadeusz Wiezan **M** Kazimierz Serocki **P** PRF Zespoly Filmowe „Studio“ / Film Polski **L** 90 Min., s/w **D** Tadeusz Lomnicki, Beata Tyszkiewicz, Mieczyslaw Kalenik, Mieczyslaw Stoor, Elzbieta Czyzewska, Tadeusz Fijewski

1945. Die Rote Armee hat auf ihrem Marsch nach Berlin eine kleine Stadt irgendwo in Ostdeutschland eingenommen. Wehrmacht und Bewohner sind gen Westen geflüchtet, allein der Arzt Dr. Rhode (Fijewski) und seine drei Töchter sind im Osten zurückgeblieben. Zur gleichen Zeit erlangen Tausende bisher in Konzentrations- und Arbeitslagern Eingekerkerte plötzlich und unvorbereitet die Freiheit wieder. Darunter sind auch fünf polnische Offiziere, die in die fast verlassene Stadt gelangen und auf die Arztfamilie treffen. Die Gruppe, die durch die jahrelange gemeinsame Gefangenschaft zusammengeschweißt schien, zerreißt bereits am ersten Tag in Freiheit durch den unüberwindbaren Zwiespalt der unterschiedlichen Charaktere, die zwischen Rachsucht und menschlichen Gefühlen den Deutschen gegenüber hin- und hergerissen sind.
Ford inszeniert schonungslos die Schwierigkeiten, die die Befreiten wie die Besiegten mit ihrer neuen Rolle als Herrscher und Beherrschte haben; bemerkenswert unparteiisch werden dabei - untypisch für den polnischen Nachkriegsfilm - nicht nur die Greueltaten der Deutschen, sondern auch die der Polen dargestellt. Die Intention des Films, Krieg und Gewalt als Mittel des Machtmißbrauchs zu verurteilen, überzeugt. *Der erste Tag der Freiheit* wurde, kennzeichnend für den osteuropäischen Film der 60er Jahre, in Schwarz-Weiß und CinemaScope gedreht; 1964 kürte die Zeitschrift *Kurier Polski* den Film zum besten des Jahres. Hierzulande gelangte er nicht in die Kinos, 1983 wurde er allerdings im ARD-Fernsehprogramm ausgestrahlt. sk

Die erste Vorstellung

Opening Night. USA 1977 **R** John Cassavetes **B** John Cassavetes **K** Al Ruban **M** Bo Harwood **P** Al Ruban für Faces Distribution Corp. **L** 144 Min., Farbe **D** Gena Rowlands, John Cassavetes, Ben Gazzara, Joan Blondell, Paul Stewart, Zohra Lampert, Laura Johnson, John Tuell, Ray Powers, John Finnegan, Louise Fitch, Fred Draper, Katherine Cassavetes

Die Schauspielerin Myrtle (Rowlands) spielt in einem Theaterstück eine Frau, die eines Tages schockiert erkennen muß, alt geworden zu sein und keine längere tragfähige Beziehung aufgebaut zu haben. Während der Proben gerät Myrtle immer tiefer in eine Identifikationskrise und legt sich dabei mit dem Regisseur und der Drehbuchautorin an, indem sie die Leblosigkeit des Stückes beklagt und sich vor allem ihrer Rolle widersetzt. Myrtles ohnehin labiler Zustand gerät noch mehr ins Wanken, als nach einer Aufführung ein junges Mädchen, das sich in ihrer Begeisterung für sie an den Wagen gehängt hat, vor ihren Augen überfahren wird. Am Abend der Broadway-Premiere kommt sie sturzbetrunken auf die Bühne, ändert am Ende des Stückes den Text ab und zwingt ihren Partner dazu, in einer Improvisation die eigenen Probleme vor dem Publikum zu reflektieren.
Für die Endsequenz griff Cassavetes auf beinahe dokumentarische Methoden zurück. Er engagierte über 2.000 Statisten, die sich als Zuschauer in den Theaterraum setzen und - ganz so wie sie wollten - auf die Bühnendarbietung reagieren sollten. Auf diese Weise entstand ein einzigartiger Austausch zwischen Publikum und Schauspielern, den Cassavetes dadurch betonte, daß er das Spiel der Bühnendarsteller teilweise durch die Köpfe der Zuschauer verdecken ließ.
Die erste Vorstellung war gewissermaßen ein privates Anliegen von John Cassavetes und wurde auch ganz auf diese Weise vertrieben - still und ohne auffallende Ankündigungen in der Presse. Die anderthalb Millionen Dollar Produktionskosten hatte sich Cassavetes von Freunden und Bekannten zusammengepumpt. In den USA wurde der Film mit nur einer einzigen Kopie gestartet, die nie seine Herstellungskosten eingespielt haben dürfte. jg

Erster Sieg

In Harm´s Way. USA 1965 **R** Otto Preminger **B** Wendell Mayes, nach dem Roman von James Bassett **K** Loyal Griggs **M** Jerry Goldsmith **P** Otto Preminger für Sigma Prod./Paramount **L** 153 Min. (Originalfassung 165 Min.), s/w **D** John Wayne, Kirk Douglas, Patricia Neal, Tom Tyron, Paula Prentiss, Brandon de Wilde, Jill Haworth, Dana Andrews, Stanley Holloway, Burgess Meredith, Franchot Tone, Patrick O´Neal, George Kennedy, Larry Hagman, Henry Fonda

Der japanische Überraschungsangriff auf Pearl Harbour, den amerikanischen Flottenstützpunkt auf Hawaii, am 7.Dezember 1941 war eines der spektakulärsten und - für die Amerikaner - niederschmetterndsten Ereignisse im pazifischen Kriegsraum. Otto Premingers episch angelegter Film versucht eine Zustands-und Stimmungsbeschreibung unter den Amerikanern nach dem verheerenden Angriff, der nicht nur materielle Verluste, sondern auch zahlreiche Tote forderte. Im Mittelpunkt der zahlreichen Episoden stehen Kapitän Torrey (Wayne), der mit dem Gegenschlag beauftragt wird, sich in eine Krankenschwester (Neal) verliebt und Probleme mit seinem heranwachsenden Sohn

(De Wilde) hat, und sein erster Offizier Eddington (Douglas), dem es schwerfällt, den Tod seiner Frau zu verwinden.
Erster Sieg beschäftigt eine Vielzahl von Figuren, um ein detailliertes Porträt des Lebens auf der Militärbasis zu liefern, doch einige Handlungsstränge wirken reichlich konstruiert. Wenn Kirk Douglas als verbitterter Offizier eine jungfräuliche Krankenschwester (Haworth) am Strand vergewaltigt und sich dann später, sozusagen als Buße, bei einem Himmelfahrtskommando opfert, schlingert der Film bedenklich zwischen Seifenoper und Heldenepos. Überhaupt ist der Schauspieler hier mit einer profillosen Figur gestraft, die weder glaubhaft noch sympathisch ist. Statt dessen erweist sich *Erster Sieg* als perfektes Vehikel für die Talente von John Wayne, der sich in militaristischer Umgebung schon immer am wohlsten fühlte und einmal mehr das Rauhbein mimt. Einige gelungene Episoden, die hervorragene Besetzung bis in die kleinsten Rollen sowie Premingers eigenwilliger Regie-und Kamerastil heben den Film jedoch über die Masse undifferenzierter Kriegsschinken heraus, die Ereignisse aus dem II. Weltkrieg vorwiegend als abenteuerlichen Hintergrund für Cowboy- und -Indianer-Spiele benutzten.
Eine Oscar-Nominierung für Beste Kamera.
al

Ertrinken verboten

Noyage interdite. Frankreich/Italien 1987 **R** Pierre Granier-Deferre **B** Pierre Granier-Deferre, Dominique Roulet, nach dem Roman *Widow's Walk* von Andrew Cordon **K** Charles van Damme **M** Philippe Sarde **P** Eric Heumann, Stéphane Sorlat für Paradis Films, FR 3 Films/Compagnie Générale d'Images (Paris), LP Films (Rom) **L** 102 Min., Farbe **D** Philippe Noiret, Guy Marchand, Elizabeth Bourgine, Anne Roussel, Gabrielle Lazure, Marie Trintignant, Suzanne Flon, Stefania Sandrelli, Andrea Ferréol, Laura Betti

In einem kleinen französischen Badeort erschreckt die an den blitzsauberen Strand gespülte Leiche eines Mannes Bevölkerung und Honoratioren. Oberinspektor Molinat (Noiret) aus Bordeaux soll den Mord in seinem Heimatstädchen aufklären. Er läßt sich Zeit, scheint sich mehr für die Spuren seiner Vergangenheit als für die Tätersuche zu interessieren - bis man ihm einen jungen, ehrgeizigen Kollegen (Marchand) vom Typ Wadenbeißer zur Seite stellt. Unterdessen spuckt das Meer drei weitere Leichen, aus und der Kreis der Verdächtigen wird größer...
Pierre Granier-Deferres Film ist ein eher vergnüglicher als spannender Krimi, der sich für Milieuschilderung und Schaffung von Atmosphäre genauso viel Zeit läßt wie Molinat bei seinen Ermittlungen. Gemächlich zieht die Schar der Verdächtigen, fast ausnahmslos Frauen, vorbei und wird mit Ironie und Sorgfalt charakterisiert. Molinat und sein Kollege beharken sich nach Herzenslust, bis letzterer beim Schnüffeln in der Vergangenheit seines Kollegen einen Schritt zu weit geht...
Ertrinken verboten steht mit seiner Schilderung einer äußerlich polierten, in Wirklichkeit aber korrupten Gesellschaft, deren Fassade durch eine Gewalttat Risse bekommt, in der Tradition der Filme Claude Chabrols, ohne jedoch die entscheidende Frage aus dem Auge zu verlieren: Wer hat's getan? Doch gerade bei der Antwort enttäuscht der Film.
al

Das Erwachen der Sphinx

The Awakening. Großbritannien/USA 1979 **R** Mike Newell **B** Allan Scott, Chris Bryant, nach dem Roman *Die sieben Finger des Todes* von Bram Stoker **K** Jack Cardiff **M** Claude Bolling **P** Robert Solo für EMI/Orion Pictures **L** 104 Min., Farbe **D** Charlton Heston, Susannah York, Jill Townsend, Stephanie Zimbalist, Patrick Dury, Ian McDiarmid, Leonard Maguire

Der Roman von *Dracula*-Erfinder Bram Stoker erschien im Jahre 1903 und wurde das erste Mal 1971 von den Hammer-Studios unter dem Titel *Blood from the Mummy's Tomb* verfilmt, erreichte aber niemals die deutschen Kinos.
Die zweite Version des Horrorstoffes kam im Gegensatz zu den vielen parallel anlaufenden Grusel-Schockern des Jahres 1979 mit relativ guten Kritiken davon. „Dieser Horrorfilm ist äußerst engmaschig, dicht und atmosphärisch inszeniert. Musik und Geräuscheffekte tragen neben der Kameraführung wesentlich dazu bei, daß der Film konsequent Spannung aufbauen kann." (*Evangelischer Filmbeobachter*)
Im Jahre 1952 stößt der Archäologe Corbeck (Heston) auf die Spur der ägyptischen Königin Kara, die eine solch bestialische Herrschaft ausgeübt haben muß, daß man nach ihrem Tod aus allen Inschriften ihren Namen getilgt hat. Während Corbeck mit seiner Assistentin den Sarkophag öffnet, erleidet seine im Hotel gebliebene Ehefrau eine Frühgeburt. Das Kind stirbt, doch durch die Berührung der Mumie hat Corbeck unwissentlich Karas Geist erweckt, der in das tote Baby fährt, um ein erneutes Schreckensregime antreten zu können.
Gedreht an alten Ausgrabungsstätten in Nordafrika, bezieht dieser Horrorfilm seine Spannung überwiegend aus dem Mythos der ägyptischen Frühzeit und verzichtet erfreulicherweise auf übertrieben eingesetzte Splattereffekte.
jg

Es

Es. BRD 1966 **R** Ulrich Schamoni **B** Ulrich Schamoni **K** Gerard Vandenberg **M** Heinz Posegga **P** Horst Manfred Adloff **L** 86 Min., s/w **D** Sabine Sinjen, Bruno Dietrich, Ulrike Ullrich, Harry Gillmann, Inge Herbrecht, Horst Manfred Adloff, Tilla Durieux, Rolf Zacher, Werner Schwier, Marcel Marceau, Bernhard Minetti, Robert Müller, Will Tremper

„Dieser Film ist sympathisch, jung und mutig. Er ist nicht zimperlich, sich mit dem deutschen Wirtschaftswunder anzulegen...", schrieb die französische Zeitschrift *Imgage et son* voll des Lobes.
Ulrich Schamonis *Es* gehörte zu den Werken, die Mitte der 60er Jahre die Geburtsstunde des Neuen Deutschen Films einläuteten. Zusammen mit Volker Schlöndorffs DER JUNGE TÖRLESS und Alexander Kluges ABSCHIED VON GESTERN lief *Es* bei den Filmfestspielen von Cannes, wo die erstaunte Filmwelt nach Sichtung dieser drei Streifen feststellen mußte, daß in der Bundesrepublik nach Jahren dumpfer Heimatschnulzenromantik fast unbemerkt eine neue Generation von Filmemachern herangewachsen war, die unabhängig voneinander unter teils abenteuerlichen Bedingungen ein Kino auf hohem Niveau geschaffen hatte.
Ohne Fördergelder und nur mit Hilfe des Fabrikanten und Bildhauers Horst Manfred Adloff finanziert, entwarf Schamoni in seinem Film das authentisch geformte Bild der jungen deutschen Nachkriegsgeneration. Hilke (Sinjen), Zeichnerin bei einem Architekten, lebt mit Manfred (Dietrich), einem Grundstücksmakler-Assistenten, zusammen in Berlin. Eines Tages entdeckt Hilke, daß sie schwanger ist, verheimlicht jedoch Manfred ihren Zustand, da dieser ein Kind für seine berufliche Karriere nur als störend empfinden würde. Hilke läßt eine Abtreibung vornehmen - eine Tat, die weder sie noch Manfred glücklich stimmt und sich

entfremdend auf das Zusammenleben der beiden Partner auswirkt.
Kameramann Gerard Vandenberg erhielt 1966 für *Es* den Bundesfilmpreis, der ebenfalls an Schamoni für dessen Regie, an Produzent Adloff sowie an Bruno Dietrich und Sabine Sinjen als Beste Nachwuchsschauspieler vergeben wurde. jg

Es begann in Neapel

It Started in Naples. USA 1960 **R** Melville Shavelson **B** Melville Shavelson, Jack Rose, Suso Cecchi d'Amico **K** Robert L. Surtees **M** Allessandro Cicognini **P** Jack Rose für Capri Prod./ Paramount **L** 99 Min., Farbe **D** Clark Gable, Sophia Loren, Marietto, Vittorio De Sica

Nach ihrem enttäuschend verlaufenden Aufenthalt in Hollywood befand sich Sophia Loren in dieser liebenswerten Komödie wieder in heimischen Gefilden, obwohl auch dies eine amerikanische Produktion war, zustande gebracht vom den Machern ihres besten US-Filmes, HAUSBOOT.
Clark Gable spielt den typischen „häßlichen" Amerikaner Mike, der nach Capri reist, um die Angelegenheiten seines bei einem Autounfall verstorbenen Bruders zu regeln. Dazu gehört auch der zehnjährige Knirps Nando (Marietto), Resultat einer Affäre seines Bruders mit einer ebenfalls ums Leben gekommenen Italienerin. Der Kleine wird jetzt von seiner Tante (Loren) versorgt, einer attraktiven Nachtclub-Tänzerin, und Mike ist alles andere als erbaut über die Erziehung, die sie ihm angedeihen läßt. Er will ihn in die Staaten mitnehmen...
Eine mit einem großen Schuß Sentimentalität ausgestattete kleine Komödie, die mit Gable und Loren ein Liebespaar mit rund 30 Jahren Altersunterschied zusammenspannt. Der Schauspieler wirkt in seinem zweitletzten Film müde und etwas behäbig, und seine Romanze mit der feurigen Loren ist nie so ganz glaubwürdig, doch *Es begann in Neapel* ist ein mit so viel Humor, Wärme und Lokalkolorit gemachter Film, daß dieses Manko kaum ins Gewicht fällt. Sophia fühlt sich als singende, tanzende, kochende und schimpfende Lucia offensichtlich wohl, nicht zuletzt durch die Anwesenheit ihres Leib- und Magenregisseurs Vittorio De Sica als cleverer Rechtsanwalt. al

Es begann in Rom

The Pigeon That Took Rome. USA 1962 **R** Melville Shavelson **B** Melville Shavelson, nach dem Roman *The Easter Dinner* von Donald Downes **K** Daniel L. Fapp **M** Allessandro Cicognini **P** Melville Shavelson für Paramount **L** 100 Min., s/w **D** Charlton Heston, Elsa Martinelli, Harry Guardino, Baccaloni, Marietto, Brian Donlevy

Eine während des II. Weltkrieges angesiedelte Komödie, bei der es allerdings kaum etwas zu lachen gibt. Die Handlung dreht sich um zwei alliierte Agenten (Heston und Guardino), die sich hinter die deutschen Linien nach Rom stehlen, und dort von einem patriotischen Vater-Sohn-Team (Baccalino und Marietto) aufgelesen und zu Hause untergebracht werden. Die beiden Töchter des Hauses sind davon gar nicht begeistert, zumal eine von ihnen auch noch schwanger ist. Mit Hilfe von Brieftauben versuchen die beiden Amerikaner, Botschaften an ihr Hauptquartier zu senden, doch versehentlich wird von Antonella (Martinelli) einer der Vögel gebraten und serviert...
Die Anzeigen für dieses schwache Lustspiel verkündeten „Endlich! Ein Film, der Spaß macht!", doch er tut es nicht. Regisseur Melville Shavelson, erstmals ohne seinen langjährigen Partner Jack Rose am Werk, hatte mit ES BEGANN IN NEAPEL bereits positive Erfahrungen gesammelt, was das Thema „Ein Amerikaner in Italien" anging, doch hier ist von der Frische und Liebenswürdigkeit des früheren Films nicht zu spüren. Darüber hinaus stand mit Charlton Heston auch nicht gerade ein Erzkomödiant an der Spitze der Besetzungsliste. al

Es begann mit einem Kuß

The Big Lift. USA 1950 **R** George Seaton **B** George Seaton **K** Charles G. Clark **M** Alfred Newman **P** William Perlberg für 20th Century-Fox **L** 120 Min., s/w **D** Montgomery Clift, Paul Douglas, Cornell Borchers, Bruni Löbel, O. E. Hasse, Danny Davenport

Einer von Montgomery Clifts weniger bedeutenden Filmen, der jedoch aus deutscher Sicht ganz interessant ist. *Es begann mit einem Kuß* wurde vollständig in Berlin, u. a. auch auf dem Flughafengelände von Tempelhof gedreht und konnte neben den beiden einzigen US-Stars Clift und Douglas auch mit einer Handvoll deutscher Schauspieler (unter ihnen O. E. Hasse und Bruni Löbel) aufwarten. Der Reiz des Films liegt vor allem in seiner heutigen Betrachtung als Zeitdokument. Seaton läßt des öfteren die Kamera über die Trümmerwüsten der Stadt schwenken, erinnert an die Tage des Zweiten Weltkrieges und die Berliner Blockade, die ja erst zwei Jahre vor Beginn der Dreharbeiten abgebrochen worden war.
In erster Linie zielt dieser Streifen natürlich darauf ab, die militärische sowie ideologische Vorherrschaft der Amerikaner zu betonen. Diese Absicht wird geschickt mit einer Liebesgeschichte und diversen politischen Schwafeleien bereichert. Der Film konzentrierte sich auf die Erlebnisse eines Piloten und eines Funkers, die beide als Angehörige der amerikanischen Luftstreitkräfte die Berliner Blockade mitgemacht haben und sich nun darüber Gedanken machen, wie sich das Schicksal der Stadt weiterentwickeln soll. Da dies allein für den an Europa ohnehin nicht sonderlich interessierten US-Zuschauer zu langweilig geworden wäre, taucht in ihrer ersten Filmrolle die junge und weiterhin auch unbekannt gebliebene Cornell Borchers auf, um etwas Herz in die Handlung zu bringen. jg

Es geschah am hellichten Tag

Es geschah am hellichten Tag. Schweiz/BRD 1958 **R** Ladislao Vajda **B** Friedrich Dürrenmatt, Hans Jacoby, Ladislao Vajda, nach dem Roman *Das Versprechen* von Dürrenmatt **K** Heinrich Gaertner **M** Bruno Canford **P** Lazarus Wechsler für Praesens Film; Artur Brauner für CCC-Film Berlin **L** 100 Min., s/w **D** Heinz Rühmann, Gert Fröbe, Michel Simon, Ewald Balser, Berta Drews, Siegfried Lowitz, Maria Rosa Salgado, Anita von Ow

Deutschlands Star-Komiker Heinz Rühmann in einer für ihn ungewohnt ernsten Rolle. Mit einer vortrefflichen (überwiegend deutschen) Besetzung verfilmte Ladislao Vajda 1958 den Roman des Schweizer Schriftstellers Dürrenmatt in den Studios der CCC in Berlin-Spandau, in Zürich und dem Kanton Graubünden.
Der Mord an einem kleinen Mädchen ist für Kommissar Matthäi (Rühmann) Anlaß genug, seine geplante Versetzung nach Jordanien platzen zu lassen und sich auf die Jagd nach dem „bösen Onkel" zu machen. Zu diesem Zweck mietet er sich an einer stark befahrenen Straße eine Tankstelle und nimmt nach kurzer Zeit die junge Frau Heller mit ihrem unehelichen Kind Annemarie auf. Ohne die Mutter davon in Kenntnis zu setzen, soll das Mädchen als Lockvogel für den Mörder herhalten. Es dauert nicht lange, bis der Psychopath auf das Kind aufmerksam geworden ist.
Ein rundum gelungener, intelligenter Thriller, der vor allem durch die diabolische Schauspielkunst Gert Fröbes zum Erlebnis wird. Die Szenen, in denen er sich als „Zauberer" mitten im Wald im schwarzen Mantel an das Kind heranschleicht, besitzen eine wahrhaft schauerliche Atmosphäre. Anita von Ow, die als 8jährige damals das Mädchen Annemarie spielte, erinnerte sich, wie gut ihr Verhältnis zu Rühmann und Fröbe während der Dreharbeiten war. Bezeichnenderweise wurde dem Kind allerdings damals die wahre Geschichte des Films verschwiegen. Man wollte es einem achtjährigen Mädchen nicht zumuten, wissentlich den Köder für einen Sexualtäter zu spielen. jg

Es geschah am 20. Juli

Es geschah am 20. Juli. BRD 1955 **R** G. W. Pabst **B** Werner P. Zibaso, Gustav Machaty **K** Kurt Hasse

M Johannes Weissenbach **P** Arca, Ariston **L** 107 Min., s/w **D** Bernhard Wicki, Karl Ludwig Diehl, Carl Wery, Kurt Meisel, Erik Frey, Albert Hehn, Til Kiwe, Jochen Hauer, Ann Marie Sauerwein

Zehn Jahre nach der Zerschlagung der Hitler-Diktatur hielten gleich zwei Regisseure auf einmal die Zeit für gekommen, dem leider etwas zu spät aktiv gewordenen Vorzeigeobjekt des deutschen Widerstands ein filmisches Denkmal zu setzen. Neben G. W. Pabst drehte parallel auch Falk Harnack unter dem Titel DER 20. JULI einen Streifen um die Widerstandsgruppe des Grafen von Stauffenberg. Beide Filme erlebten nur wenige Tage hintereinander im Juni 1955 ihre Uraufführung, wobei die Kritiker eindeutig der Harnack-Version den Vorzug gaben.
G. W. Pabst hatte mit seiner Verfilmung nicht das Ziel, ein politisch unterrichtendes Werk abzuliefern. Der Zuschauer erfährt wenig von der Vorgeschichte der Widerstandsbewegung; im Grunde genommen wird vom Publikum eine gewisse Vorkenntnis der Dinge erwartet. Die eigentliche Gewichtung des Films liegt auf der präzisen Schilderung der Vorgänge des 20. Juli 1944, was in fast minutiöser Detailgenauigkeit von der ersten konkreten Umsetzung des Plans in die Realität bis hin zum tragischen Scheitern nachverfolgt und dabei fast „in der Manier Hitchcocks“ (*The Times*) dargeboten wird.
„Der Film zeigt nicht, warum der 20. Juli sein mußte, sondern warum er mißlungen ist. Das aber ist nicht das Hauptproblem, das uns heute und in Zukunft beschäftigen muß.“ (*Evangelischer Filmbeobachter*) jg

Es geschah in einer Nacht

It Happened One Night. USA 1934 **R** Frank Capra **B** Robert Riskin, nach der Kurzgeschichte *Night Bus* von Samuel Hopkins Adams **K** Joseph Walker **P** Harry Cohn für Columbia **L** 65 Min. (Originalfassung 105 Min.), s/w **D** Clark Gable, Claudette Colbert, Walter Connolly

Ellie Andrews (Colbert), eine verwöhnte Millionärstochter, stiehlt sich von der Yacht ihres Vaters aus Protest gegen die arrangierte Heirat mit einem reichen Langweiler. Auf eigene Faust macht sie sich auf die Reise von Miami nach New York, begleitet von Journalist Peter Warne (Gable), der sie erkannt hat und eine gute Story wittert. Während ihres abenteuerlichen Trips regen sich bei beiden natürlich Gefühle, die jedoch keiner zugeben möchte.
Capras umwerfend komischer Film ist *die* Screwball Comedy schlechthin. Die typischen Merkmale wie schnippische Dialoge, der Kampf der Geschlechter, Klassenunterschiede und die „Probleme“ der Reichen, alles mit respektlosem Homor behandelt, sind hier vollendet zusammengefügt und wiesen die Richtung für die weitere Entwicklung des Komödiengenres in den 30er Jahren.
Angesichts des enormen Erfolges von *Es geschah in einer Nacht* ist seine Enstehungsgeschichte erstaunlich. MGM-Boß Louis B. Mayer hatte die Vorlage, eine in *Cosmopolitan* erschienene Kurzgeschichte, als Filmstoff abgelehnt, und sie war bei dem kleineren Studio Columbia gelandet. Doch die weibliche Hauptrolle wurde nacheinander von Stars wie Miriam Hopkins, Myrna Loy, Margaret Sullavan und Constance Bennett abgelehnt. Dem männlichen Part ging es nicht besser: Gable wurde von seinem Boß Mayer dazu verdonnert, weil er ihn mit überhöhten Gagenforderungen geärgert hatte. Als der Film dann endlich, mit der ebenfalls widerspenstigen Claudette Colbert als Gable Gegenspielerin, im Kasten war, wurde er von der Kritik kaum beachtet und erregte auch an den Kassen kein besonderes Aufsehen. Doch erst beim Zweitstart erwies er sich als überwältigender finanzieller Erfolg und kassierte als erster und (bis 1975) einziger Film alle fünf wichtigsten Oscars: Bester Film, beide Hauptdarsteller, Regie und Drehbuch.
Bisher entstanden zwei - schwächere - Remakes: 1945 *Eve Knew Her Apples* mit Ann Miller und 1956 OHNE LIEBE GEHT ES NICHT. al

Es geschah morgen

It Happened Tomorrow. USA 1944 **R** René Clair **B** Dudley Nichols, Helene Fraenkel **K** Archie Stout **M** Robert Stolz **P** Arnold Pressburger für United Artists **L** 83 Min., s/w **D** Dick Powell, Linda Darnell, Jack Oakie, Edgar Kennedy

Ein Reporter (Powell) kann um die Jahrhundertwende mysteriöserweise die Nachrichten vom nächsten Tag voraussagen. Seine Tips für Pferderennen schlagen verständlicherweise ein wie eine Bombe, doch als er zum dritten Mal das Nachrichtenblatt vom kommenden Tag erhält (vom kürzlich verstorbenen Bibliothekar seiner Zeitung), liest er von seinem eigenen Tod!
Der aus Frankreich emigrierte René Clair inszenierte diese charmante kleine Fantasy-Komödie, die etwas mehr verspricht, als sie halten kann. Clair hatte schon in seinem vorangegangenen Film, MEINE FRAU, DIE HEXE, sehr erfolgreich ein phantastisches Thema behandelt, doch an dieses Juwel reicht *Es geschah morgen* nicht heran. al

Es geschah um 8 Uhr 30

I Saw What You Did. USA 1965 **R** William Castle **B** William P. McGivern, nach dem Roman *Out of the Dark* von Ursula Curtiss **K** Joseph Biroc **M** Van Alexander **P** William Castle **L** 82 Min., s/w **D** Joan Crawford, John Ireland, Leif Erickson, Sarah Lane, Andi Garrett

Nach ihrem Sensations-Erfolg in Robert Aldrichs WAS GESCHAH WIRKLICH MIT BABY JANE? begannen für Bette Davis und Joan Crawford zweite Karrieren als überlebensgroße Stars von grotesken Horror- und Gruselstreifen. Auch William Castle, Billig-und Trashfilmer vom Dienst, hängte sich an diese Welle an. 1963 drehte er mit der Crawford DIE ZWANGSJACKE, ein Jahr später holte er Barabara Stanwyck für ER KAM NUR NACHTS.
Zwei Teenager (Lane, Garrett) vertreiben sich die Zeit während des Babysittings mit Telephonstreichen. Jedes ihrer Opfer bekommt zu hören:"Ich habe gesehen, was sie getan haben, Ich weiß, wer sie sind!“. Unglücklicherweise hat Steve (Ireland) gerade wirklich seine Frau umgebracht, als er einen solchen Anruf erhält. In Panik ermordet er auch seine in ihn verliebte Nachbarin (Crawford), die bei einer Stippvisite die blutverschmierten Kleidungsstücke seiner Frau findet. Die beiden Mächen sind nun in Lebensgefahr!
Diese originelle Ausgangssituation nutzt William Castle für einen spannenden Thriller, der allerdings etwas zu vordergründig mit Elementen wie Nebelschwaden, zuschlagenden Türen etc. umgeht. Das niedrige Budget des Films ist unübersehbar, doch Crawfords Schönheit und Professionalität werten die Produktion deutlich auf. Leider verläßt sie, „mit den Füßen zuerst“, viel zu früh die Leinwand. al

Es gibt immer ein Morgen

There´s Always Tomorrow. USA 1954 **R** Douglas Sirk **B** Bernard C. Schoenfeld, nach einer Erzählung von Ursula Parrott **K** Russell Metty **M** Herman Stein, Heinz Roemheld, Joseph Gershenson **P** Ross Hunter für Universal **L** 84 Min., s/w **D** Barbara Stanwyck, Fred Mac Murray, Joan Bennett, Pat Crowley, Jane Darwell, William Reynolds, Gigi Perreau

Fred MacMurray ist der erfolgreiche Spielzeugfabrikant Cliff Groves, der zugunsten seiner Karriere Ehefrau Marion (Bennett) und seine Kinder vernachlässigt hat. Seine Position innerhalb der Familie ist in die Isolation abgerutscht. Längst schon führt Marion mit Söhnen und Töchtern ein Leben, aus dem er ausgegrenzt bleibt. Überraschend taucht Norma (Stanwyck), Cliffs alte Jugendfreundin auf, die ihn damals verlassen hatte, um seiner Karriere nicht im Wege zu stehen. Durch die unerwartete Begegnung spielt Cliff mit dem Gedanken, seiner Familie den Rücken zu kehren. Die beiden Töchter Ellen und Vinnie kämpfen um den Vater und überreden Norma abzureisen. Die alte, verlogene Idylle der heilen, intakten Familie scheint am Schluß wiederhergestellt.
Es gibt immer ein Morgen war bereits schon 1934 unter der Regie von Edward Sloman verfilmt worden. Als das Remake am 20. Januar 1956 in New York seine Uraufführung erlebte, bezeichneten die Kritiker Douglas Sirks Melodrama ungnädig als langweilige Seifenoper.
Erst viele Jahre später hat man die vielschichtige Anlegung der Charaktere erkannt. Sirk experimentierte nicht nur mit der Gefühlswelt seiner Protagonisten, sondern versuchte auch die verhängnisvolle Entwick-

lung eines nicht hinterfragten Rollenverhaltens zu verdeutlichen - ein nur halbwegs geglücktes Bemühen, für das der Film mit seinen 84 Minuten einfach etwas zu kurz geraten ist. jg

Es ist nicht leicht, ein Gott zu sein

Es ist nicht leicht, ein Gott zu sein. BRD/UdSSR/Frankreich 1989 **R** Peter Fleischmann **B** Peter Fleischmann, Jean Claude Carrière, nach dem Roman von Arkadij und Boris Strugatzki **K** Pawel Lebeschew **M** Jürgen Fritz **P** Rudi Koch, Sorij Afrin für Hallelujah Film/ZDF/Studio Dowschenko Kiew/Sovinfilm Moskau/Mediactuel Neuchâtel/BA-Produktion München **L** 119 Min., Farbe **D** Edward Zentara, Alexander Filipenko, Anne Gautier, Christine Kaufmann, Andrej Boltnew, Pierre Clementi, Hugues Quester, Michail Gluskij, El Gudscha Burduli, Birgit Doll, Werner Herzog

Der Realisierung dieser ersten bundesdeutsch-sowjetischen Coproduktion ging eine über sechsjährige Vorbereitungsphase voraus, die 1983 unter der Regierung Andropows begann, als man noch gar nicht an Glasnost und Perestroika zu denken wagte. Peter Fleischmann war es nach langen Bemühungen in diesem Jahr endlich gelungen, die Verfilmungsrechte für den bekannten Science-fiction-Roman zu ergattern. Kurze Zeit später besuchte bereits eine russische Filmdelegation die Bundesrepublik, wo man im kleinen Rahmen in der Privatwohnung von Volker Schlöndorff zusammentraf und sich unter Beteiligung von Alexander Kluge und Werner Herzog auf eine gemeinsame Vorgehensweise bei dem geplanten Projekt einigte. Die eigentlichen Dreharbeiten verschleppten sich jedoch durch Andropows Tod. Erst mit Gorbatschows Machtantritt kam endgültig Bewegung in das Projekt, um noch einmal durch die Nuklear-Katastrophe von Tschernobyl einen Dämpfer verpaßt zu bekommen.
In Fleischmanns Science-fiction-Film entdeckt eine hochentwickelte, friedfertige Zivilisation einen anderen Planeten, auf dem mittelalterlich anmutende Zustände wie Mord und Folterungen existieren. Die schockierende Begegnung mit der fremden, archaischen Welt konfrontiert die Raumfahrer jedoch auch mit ihrer eigenen Vergangenheit.
Es ist nicht leicht, ein Gott zu sein wurde als 44 Millionen DM teure Produktion innerhalb von fünf Monaten in Aserbeidschan, in der Ukraine, Armenien und Georgien abgedreht. Auf der Krim baute man an einem Berghang in einem Labyrinth aus Häusern, Stegen, Höhlen und Brücken als gigantische Filmkulisse die Stadt Arkanar. Hoffnungsvoll gestartet, erwies sich Fleischmanns Science-fiction-Abenteuer an den Kinokassen als ein entsetzlicher Reinfall. Auch die Kritiker ließen kein gutes Haar an dem Werk. „Der Verfilmung...versinkt in den vordergründigen Reizen der ehrgeizigen Ausstattung, von Kostüm und Kulisse, in der Häufung von Gewalteffekten....sie bringt nichts anderes hervor als eine flache, geheimnislose Comic-Bilderwelt, die...sich ästhetisch auf dem Niveau der Conan-, Star-Wars- und Indiana-Jones-Serie bewegt. Der Regisseur mag ein europäisches Gegenbild zu jenen Filmen beabsichtigt haben. Es ist ihm bestenfalls eine schwächere Kopie gelungen.“ (*epd film*) jg

Es lebe die Freiheit

A nous la liberté. Frankreich 1931 **R** René Clair **B** René Clair **K** Georges Périnal **M** Georges Auric **P** Société des Films Sonores Tobis **L** 82 Min. (Originalfassung 104 Min.), s/w **D** Henri Marchand, Raymond Cordy, Rolla France, Paul Olivier

Nach dem großen Erfolg seines *Le million* konnte René Clair über ein beachtliches Budget verfügen, um sein Projekt einer Satire auf die moderne Industriegesellschaft zu realisieren. Im Mittelpunkt der Handlung stehen zwei Gefängnisinsassen, Emile (Marchand) und Louis (Cordy). Bei einem gemeinsam unternommenen Ausbruchversuch ist nur Louis erfolgreich, der sich in Windeseile zum Chef einer Grammophon-Fabrik mausert. Auch Emile kommt frei, und beginnt als Louis´ Angestellter zu arbeiten...
Es lebe die Freiheit wurde seinerzeit von den einen als amüsante Satire geschätzt, von den anderen jedoch als subversive Attacke auf den Kapitalismus verstanden. Als Charlie Chaplins MODERNE ZEITEN herauskam, dessen Parallelen zu Clairs Film unübersehbar waren, wollte die von Nazis beherrschte Tobis Film schon klagen, um dem jüdischstämmigen Chaplin eins auszuwischen, doch Clair weigerte sich mit den Worten: „Die gesamte Filmwelt hat von Chaplin gelernt... wenn er von mir inspiriert wurde, ist das eine Ehre für mich!“
Der Film wurde ein großer Erfolg und erhielt sogar einen Oscar für die Beste Ausstattung, eine bis dato einmalige Auszeichnung für einen ausländischen Film in den Staaten. al

Es leuchten die Sterne

Es leuchten die Sterne. Deutschland 1938 **R** Hans Zerlett **B** Hans Zerlett **K** Georg Krause **M** Leo Leux, Paul Lincke, Mathias Perl, Ernst Krisch, Franz R. Friedl **P** Tobis **L** 83 Min., s/w **D** Ernst Fritz Fürbringer, Vera Bergmann, Fridtjof Mjoen, Carla Rust, Karl Stepanek, Rudi Godden, Paul Verhoeven, La Jana, Rudolf Schündler

Einer jener großen deutschen Tonfilme, der es tatsächlich schaffte, die Garde der damaligen Kino-Stars (also diejenigen, die auch nach Hitlers Machtübernahme im braunen Deutschland geblieben waren) fast vollzählig vor die Kamera zu zerren. In losen, doch imposanten Kurzauftritten und Gastrollen tauchen u.a. Hans Söhnker, Luis Trenker, Hans Moser, Willi Forst, Theo Lingen, Heinrich George, La Jana, Lil Dagover, Grethe Weiser und sogar Box-Champion Max Schmeling und seine Frau Anny Ondra auf der Leinwand auf.
Es leuchten die Sterne präsentiert sich wie die deutsche Version zu dem Selznick-Farbfilm EIN STERN GEHT AUF, doch ist natürlich der Schluß weitaus konservativer und vernichtender geraten. Carla (Bergmann) arbeitet im Engagementbüro einer Berliner Produktionsfirma. Als sie eines Tages ihrer Freundin ein Liedchen vorträllert, ist ein Regisseur so angetan von ihr, daß er Carla doch tatsächlich die Hauptrolle in dem rauschenden Revuefilm *Es leuchten die Sterne* anvertraut. Doch der über Nacht eingetretene Starruhm zieht nur Negatives nach sich: Freunde und Bekannte wenden sich voller Neid und Mißgunst ab und auch Carlas Beziehung geht in die Brüche. Es dauert eine Zeitlang, bis sie endlich begreift, daß sie ihr wahres Glück nur an der Seite eines Mannes hinter dem Küchenherd finden kann.
Es leuchten die Sterne endete mit einer Botschaft, die so recht in das Konzept des Dritten Reiches paßte. Nichts wurde unversucht gelassen, um das Großstadtleben und den Großstadtmenschen als dekadent und verworfen zu diffamieren. Am Ende ist Carla ganz in den bürgerlichen Mief abgesunken und steht unter der Fuchtel ihres Ehegatten, entspricht damit aber in idealer Weise dem Frauenbild des Dritten Reiches. jg

Es muß nicht immer Kaviar sein

Es muß nicht immer Kaviar sein. BRD/Frankreich 1961 **R** Geza von Radvanyi **B** Henri Jeanson, nach dem Roman von Johannes Mario Simmel **K** Friedel Behn-Grund **M** Rolf Wilhelm **P** Artur Brauner für CCC-Film Berlin/ CEC Paris **L** 106 Min., s/w **D** O. W. Fischer, Eva Bartok, Senta Berger, Jean Richard, Geneviève Cluny, Viktor de Kowa, Werner Peters, Fritz Tillmann

Kurz vor Ausbruch des Zweiten Weltkrieges wird der kleine Londoner Bankangestellte Albert Lieven (Fischer) auf eine Geschäftsreise nach Berlin geschickt. Dort angekommen, sieht er sich jedoch keineswegs mit den

erwarteten Bankabrechnungen konfrontiert, sondern wird in das Amt von General Canaris geführt, wo man ihn auffordert, Mikrofilme mit geheimen Informationsmaterial zu transportieren. Lieven wird gegen seinen Willen in die Umtriebe einander verfeindeter Spionagekreise verwickelt.
Eine der ersten Simmel-Verfilmungen, die von Regisseur Radvanyi als zweiteilige Persiflage auf das Genre des Agentenfilms angelegt wurde und die in dem exzentrischen O. W. Fischer als spionierender Meisterkoch und Frauenheld die ideale Besetzung fand.
„Flott, und nicht ohne optischen Pfiff inszeniert. Da läßt man sich dieses zeitkritische Allerlei gerne gefallen", urteilte die *Süddeutsche Zeitung*.
Es muß nicht immer Kaviar sein entwickelte sich rasch zu einem großen Kinoerfolg und ließ die Popularität O. W. Fischers noch einmal sprunghaft ansteigen. Die parallel entstandene Fortsetzung trug den Titel DIESMAL MUSS ES KAVIAR SEIN und wurde mit gleichem Stab und Besetzung gedreht.
In die Rolle des Albert Lieven schlüpfte 1970 noch einmal Siegfried Rauch für eine TV-Adaption des Simmelstoffes, die jedoch nicht an den Charme ihres Vorgängers heranreichen konnte. jg

Es tanzt die Göttin

Cover Girl. USA 1944 **R** Charles Vidor **B** Virginia Van Upp, Morris Parsonnet, Paul Gangelin, nach einer Idde von Erwin Gelsey **K** Rudolph Maté, Allen M. Davey **M** Jerome Kern, Ira Gershwin (Songs), Carmen Dragon, Morris Stroloff (Score) **P** Arthur Schwartz für Columbia **L** 105 Min., Farbe **D** Rita Hayworth, Gene Kelly, Lee Bowman, Phil Silvers, Eve Arden

Rusty Parker (Hayworth) arbeitet in einem kleinen Nachtclub von Danny McGuire (Kelly), der zufällig auch unsterblich in sie verliebt ist. Als sie auf dem Cover einer bekannten Zeitschrift erscheint, verschafft er ihr eine Rolle in der Broadway-Show des Produzenten Wheaton (Bowman), der ihr ebenfalls verfällt. Mit Danny kommt es darüber zu Auseinandersetzungen, doch am Ende sind die beiden glücklich vereinigt.
Diese mit Klischees beladene Story stellt den Aufhänger für eines der erfolgreichsten Musicals der 40er Jahre dar. Columbia rührte kräftig die Werbetrommel für den neuen Film seines Superstars Rita Hayworth, die damals als Pin-Up-Girl in Soldaten-Spinden in aller Welt vertreten war. So wurden mit großen Magazinen Cover Girl-Wettbewerbe unter Hayworths Schirmherrschaft veranstaltet etc. Die Rechnung ging auf - die Zuschauer strömten nur so in die Kinos und *Es tanzt die Göttin* erhielt fünf Oscar-Nominierungen, gewann jedoch nur für den Besten Musical Score. Musikalische Höhepunkte sind das berühmte *Long Ago and Far Away*, das witzige *Make Way for Tomorrow*, das von Hayworth, Kelly und Silvers am frühen Morgen auf der Straße getanzt wird, sowie einige Solonummern von Kelly, namentlich der Tanz mit seinem Spiegelbild. Der Schaupieler und Tänzer war relativ unbekannt gewesen und brachte mit diesem Erfolg seine unvergleichliche Karriere bei MGM in Schwung. al

Es war eine rauschende Ballnacht

Es war eine rauschende Ballnacht. Deutschland 1939 **R** Carl Fröhlich **B** Geza von Cziffra, Georg Wittuhn, Jean Victor **K** Franz Weihmayr **M** Theo Mackeben **P** Carl Fröhlich für UFA **L** 95 Min., s/w **D** Zarah Leander, Marika Rökk, Hans Stüwe, Aribert Wäscher, Leo Slezak, Fritz Rasp, Paul Dahlke

„Carl Fröhlich wird den verschiedensten Aufgaben des Films mit der ihm eigenen Verbindung von Gründlichkeit und Großzügigkeit gerecht. Weihmayrs Aufnahmetechnik steigert sich allmählich zu Rekordwirkungen von Weichheit und Jugendlichkeit", schrieb 1939 die Illustrierte *Der deutsche Film*. Wenn dieser Streifen überhaupt in irgendeiner Weise Beachtung finden sollte, dann bestimmt nicht durch „Weichheit" und „Jugendlichkeit", sondern nur aufgrund der Tatsache, daß Zarah Leander in ihm mitwirkte und Theo Mackeben mit *Nur nicht aus Liebe weinen* einen der populärsten Filmsongs des Jahres 1939 geschrieben hatte. Diese beiden Aspekte reichten damals schon aus, um diesen Film zu einem riesigen Kassenerfolg werden zu lassen.
Die schwedische Diva verkörpert die reiche Aristokratin Katharina (Leander), mit der der geniale Komponist Peter Tschaikowsky (Stüwe) einst glücklich liiert war, bis sich Katharina entschloß, Michael Murakin (Wäscher) zu heiraten, an dessen Seite sie fortan unglücklich lebt. Ebenfalls in Tschaikowsky ist die temperamentvolle Tänzerin Nastassja (natürlich niemand anderes als Paprika-Marika) verliebt, der jedoch seinerseits von ihr nichts wissen will. Katharina hilft ihrem einstigen Freund durch das Geld des Gatten, während Tschaikowsky sich in seiner unerfüllten Liebe ganz der Musik widmet und seine sechste und letzte Symphonie *Pathetique* schreibt. Noch während der Uraufführung rafft ihn die Cholera dahin und er stirbt in den Armen seiner Gönnerin. Eine zum bombastischen Kitsch aufgeblasene und völlig verfälschte Künstlerbiographie (Tschaikowsky war an der Damenwelt herzlich wenig interessiert), die durch die unpassenden Gesangseinlagen und Marika Rökks wildes Herumgehopse zusätzlich befremdet. jg

Es war einmal

La belle et la bête. Frankreich 1946 **R** Jean Cocteau **B** Jean Cocteau **K** Henri Alekan **M** Georges Auric **P** André Paulvé für Discina Internatinal Films **L** 90 Min. (Originalfassung 96 Min.), s/w **D** Jean Marais, Josette Day, Marcel André, Mila Parély, Nane Germon

Dieser französische Leinwand-Klassiker ist der einzige nicht nach eigener Vorlage entstandene Film Jean Cocteaus. Es handelt sich um die Bearbeitung eines von Madame Leprince de Beaumont im Jahre 1757 geschriebenen Märchens, in dem sich ein Kaufmann und Vater dreier Töchter (André) des Nachts zu einem Schloß verirrt, wo er von einem seltsamen Wesen, halb Mensch, halb Tier (Marais) bedroht wird. Das Biest verlangt eine der Töchter gegen das Leben des Vaters. Bella (Day) ist bereit, dem Untier aufs Schloß zu folgen...
Es war einmal gilt als ein Meisterwerk des französischen Films und gewann den begehrten Prix Louis Delluc. Zu seiner, auch heute noch anhaltenden Wirkung trugen nicht nur die Darstellungen von Josette Day als Bella und Jean Marais (in der Doppelrolle des „Tiers"/Avenant), sondern vor allem die originelle und phantasievolle optische Gestaltung bei, so der fließende Übergang von surrealistischen zu realistischen Szenen. Beredtes Zeugnis darüber und von den Schwierigkeiten der Filmproduktion im Nachkriegs-Frankreich legt Cocteaus Buch *La Belle et la Bête: Journal d'un film* ab, in dem er die Entstehungsgeschichte des Films beschreibt. al

Es war einmal in Amerika

Once Upon a Time in America. USA 1984 **R** Sergio Leone **B** Leonardo Benvenuti, Piero de Bernardi, Enrico Medioli, Franco Arcalli, Franco Ferrini, Sergio Leone, nach dem Roman *The Hoods* von Harry Grey **K** Tonino Dello Colli **M** Ennio Morricone **P** Arnon Milchan für The Ladd Company **L** 218 Min., Farbe **D** Robert De Niro, James Woods, Elizabeth MacGovern, Treat Williams, Tuesday Weld, Burt Young, Joe Pesci, Danny Aiello, William Forsythe, James Hayden, Darlanne Fluegel, Jennifer Connelly

Sergio Leones drei Western mit Clint Eastwood werden oft als „Dollar-Trilogie" bezeichnet. Daran schloß sich die „Amerika-Trilogie" an, die sich mit verschiedenen Phasen amerikanischer Geschichte (und deren Mythologisierung) beschäftigt. SPIEL MIR DAS LIED VOM TOD handelte von der Eroberung des Westens und dem Aussterben des"klassischen" Westerners, in TODESMELODIE ging es um die mexikanische Revolution, und *Es war einmal in Amerika*

nimmt sich die berühmt-berüchtigte Prohibitionszeit der 20er Jahre mit ihren Gangsterbanden vor.
Im Mittelpunkt der über 40 Jahre umspannenden Handlung stehen die Freunde Noodles (De Niro) und Max (Woods), die schon als Kinder mit einer Gang die Nachbarschaft unsicher machen und sich während der Prohibitionszeit durch Alkoholschmuggel und andere Verbrechen zu erfolgreichen Unterweltbossen entwickeln. Als mit dem Ende des Alkoholverbotes ihre größte Einnahmequelle versiegt, kommt es zwischen den beiden zum Streit über das zukünftige Vorgehen, der mit dem vermeintlichen Tod von Max endet.
Eine Inhaltsangabe dieses monumentalen, visuell überwältigenden Werkes ist kaum möglich, denn zusätzlich zu seiner enormen Länge ist der Film extrem verschachtelt aufgebaut und springt zwischen den Zeitperioden 1922, 1932/33 und 1968 ständig hin und her. Es geht um Freundschaft, Gewalt, Liebe, Verrat, Tod, Loyalität und den American Dream.
Leone hatte die Vorlage, einen im Gefängnis geschriebenen Gangsterroman, bereits 1968 entdeckt, doch sowohl finanzielle als auch rechtliche Probleme hatten eine Leinwandadaption lange Zeit verhindert. 1975 konnte dann mit den Vorbereitungen begonnen werden, 1981 fiel die erste Klappe zu dem drei Jahre in Produktion befindlichen Epos, das schon nach kurzer Zeit sein Budget in schwindelerregende Höhen trieb (fast 40 Mio. $). Schließlich hatte Leone einen Film von über zehn Stunden Länge zusammen, die er auf sechs und später dreieinhalb zusammenschnitt. Zu den Szenen, die auf dem Boden des Schneideraumes landeten, gehört der komplette Auftritt von Oscar-Gewinnerin Louise Fletcher sowie einige Episoden mit Treat Williams als Gewerkschaftsboß. Doch auch Leones 218 Minuten-Version, die in Cannes und in ganz Westeuropa gezeigt wurde, paßte dem amerikanischen Verleih nicht, und ohne Leones Genehmigung erstellte man eine 147 Minuten-Fassung, die ihre Geschichte in chronologischer Reihenfolge erzählt. Sie wurde verrissen und floppte. Später kam dann doch noch die Originalfassung in den Verleih, die als das anerkannt wurde, was sie ist: ein Meisterwerk. al

Es wird immer wieder Tag

The High and the Mighty. USA 1954 **R** William A. Wellman **B** Ernest G. Kann, nach seinem Roman **K** Archie Stout, William H. Clothier **M** Dimitri Tiomkin **P** Robert Fellows für Wayne-Fellows/ Warner Bros. **L** 147 Min., Farbe **D** John Wayne, Claire Trevor, Laraine Day, Robert Stack, Jan Sterling, Phil Harris, Robert Newton, David Brian, Paul Kelly, Sidney Blackmer

William A. Wellmans Beinahe-Katastrophenfilm nahm rund 15 Jahre vor AIRPORT das Erfolgsrezept vorweg, nach dessen Strickmuster die Desasterstreifen der 70er Jahre konzipiert wurden, und dazu gehörte u. a. ein defektes Flugzeug, eine Handvoll hysterischer Passagiere und natürlich ein kühler Kopf, der schlußendlich Herr über die Lage wird.
In *Es wird immer wieder Tag* ist dies niemand anderes als John Wayne, der hier den mutigen Flugzeugpiloten Dan Roman verkörpert, der seine Maschine trotz einer Motor-Havarie und des desolaten Zustands von Co-Pilot Sullivan (Stack) sicher von Honolulu nach San Francisco bringt.
Bevor die eigentliche Katastrophe eintritt, wird dem Publikum genügend Möglichkeit gegeben, sich mit den Personenkonfigurationen der versammelten Passagiere vertraut zu machen. Auffallend ist, daß bereits in den 50er Jahren die überwiegende Problematik der Flugreisenden aus Ehestreitereien, Eifersüchteleien und übertriebener Geltungssucht zu bestehen scheint.
Wellmans Werk, im damals noch neuartigen CinemaScope gedreht, bietet zwar eine Reihe passabel fotografierter Luftaufnahmen und gute schauspielerische Leistungen, ist jedoch mit seinen fast 2 1/2 Stunden Laufzeit deutlich zu lang geraten. Trotzdem erwies sich der Film zur Zeit seiner Aufführung als überragender Kassenknüller und spielte allein in den USA über 6 Millionen Dollar ein. jg

Esther Costello

The Story of Esther Costello. Großbritannien 1957 **R** David Miller **B** Charles Kaufman, nach dem Roman von Nicholas Montserrat **K** Robert Krasker **M** Georges Auric **P** Jack Clayton, David Miller für Romulus Prod./Valiant Films/Columbia **L** 103 Min., s/w **D** Joan Crawford, Rossano Brazzi, Heather Sears, Lee Patterson

Margaret Landi (Crawford), eine reiche, von ihrem Ehemann Carlo (Brazzi) getrennt lebende Amerikanerin, lernt bei einem Besuch ihres irischen Heimatdorfes das seit einem Unfall taubstumme Mädchen Esther (Sears) kennen. Da für das Mädchen nur unzureichend gesorgt ist, entdeckt Margaret ihre mütterlichen Gefühle und nimmt sie mit in die Staaten, wo nach erstaunlichen Fortschritten der Fall bald an die Öffentlichkeit gerät. Das ruft auch Carlo wieder auf den Plan, der an der finanziellen Ausbeutung von Esthers Geschichte interessiert ist...
Esther Costello ist eine kraftvolle Studie über Taubstummheit und die Reaktion der Umwelt auf dieses Leiden, obwohl die gleiche Thematik im 1962 gedrehten LICHT IM DUNKEL mit wesentlich mehr Tiefe, Ernst und mit deutlich weniger Melodramatik behandelt wird. Millers Film interessiert sich nicht nur für Esther, sondern auch für alle anderen Figuren, und verlagert dadurch den Schwerpunkt des Films von ihrem Leiden auf wesentlich trivialere Probleme. Die Episoden zwischen Crawford und Brazzi beispielsweise sind konventionelle Seifenopern-Kost, und sowohl die Vergewaltigung von Esther durch Carlo sowie der dramatische Tod des Ehepaares im Auto am Ende (übrigens eine interessante Parallele zum Schluß von EHE IN FESSELN) wirken konstruiert und effekthascherisch.
Trotzdem bleibt der Film ein sauber inszeniertes, teilweise sehr gut geschriebenes Drama, dem besonders die beiden weiblichen Hauptdarsteller Schliff geben. Brazzi ist leider steif wie immer.
Esther Costello brachte Joan Crawford einiges Kritikerlob und einen British Academy Award als Beste Darstellerin ein. Der Film markiert außerdem den Abschluß ihrer ungewöhnlich langen Karriere als romantischer Star, fortan war sie nur noch in Nebenrollen oder kuriosen Horrorstreifen à la WAS GESCHAH WIRKLICH MIT BABY JANE? zu sehen. al

Die Eule und das Kätzchen

The Owl and the Pussycat. USA 1970 **R** Herbert Ross **B** Buck Henry, nach dem Bühnenstück von Bill Manhoff **K** Harry Stradling, Andrew Laszlo **M** Richard Halligan **P** Ray Stark für Rastar/ Columbia **L** 97 Min., Farbe **D** Barbra Streisand, George Segal, Robert Klein, Allen Garfield

Nach drei Musicals (einem Hit und zwei Nieten) begab sich Barbra Streisand hier erstmals auf das Feld, das sie die folgenden Jahre dominieren sollte: die Komödie. Sie spielt Doris, eine angehende Schauspielerin und „Modell“, die sich mit Prostitution über Wasser hält, sehr zum Ärger ihres Wohnungsnachbarn Felix (Segal), ein Möchtegern-Schriftsteller und Intellektueller, der sich durch ihre nächtlichen Aktivitäten gestört fühlt und den Hauswirt informiert. Doris landet auf der Starße, doch schon kurz darauf steht sie mit Sack und Pack bei Felix in der Wohnnung, da er für ihre Unbill verantwortlich ist.
Bill Manhoffs Theaterstück war eigentlich für einen Weißen und eine Schwarze geschrieben worden und so auch zur Aufführung gelangt (mit Alan Alda und Diana Sands), nahm jedoch durch die erforderlichen Änderungen keinen Schaden. Die Streisand beweist, daß sie auch ohne Gesang einen Film tragen kann und brennt ein mimisches Feuerwerk ab, bei dem ihr Partner George Segal nur noch staunen kann. Regisseur Herbert Ross lieferte mit *Die Eule und das Kätzchen* seine zweite Regiearbeit ab und sollte sich auf dem Gebiet der Boulevardkomödie noch häufiger betätigen. al

Eureka

Eureka. Großbritannien 1983 **R** Nicholas Roeg **B** Paul Mayersberg, nach dem Buch *Who Killed Sir Harry Oakes?* von Marshall Houts **K** Alex Thomson **M** Stanley Myers **P** Jeremy Thomas für United Artists **L** 129 Min., Farbe **D** Gene Hackman, Theresa Russell, Rutger Hauer, Jane Lapotaire, Ed Lauter, Mickey Rourke, Joe Pesci

Jack MacGann (Hackman) hat ein Goldfund in Alaska 1925 zu einem der reichsten Männer der Welt gemacht. 30 Jahre später lebt er zurückgezogen auf einer Karibikinsel und läßt nur seine Tochter Tracy (Russell) an sich heran. Trotzdem läßt sich Jack gegenüber Tracys Mann Claude (Hauer) zu Handgreiflichkeiten hinreißen und überwirft sich mit ihr. Zur gleichen Zeit nimmt ein Mafiaboß (Pesci) Kontakt mit ihm auf - er will auf der Insel ein Spielcasino errichten. Jacks ablehnende Haltung auf dieses Angebot hat fatale Folgen...

Dieses Drama um einen reichen Mann, den sein Reichtum unglücklich gemacht hat und der nun sein Imperium zusammenbrechen sieht, ist sogar für Nicholas Roegs Verhältnisse sehr merkwürdig. Der immerhin ausgezeichnet besetzte Film findet seinen Höhepunkt in ausgedehnten Gerichtssequenzen, in denen sich Claude angeschuldigt sieht, Jacks Tod verursacht zu haben (in Wirklichkeit wurde er von Killern der Mafia umgebracht). Theresa Russell ist hier zum zweiten Mal unter der Regie ihres Mannes Roeg zu sehen. United Artists hatte wohl selbst nicht viel Vertrauen in das Werk, das bis 1985 auf seinen Verleihstart in den USA warten mußte. In der BRD kam *Eureka* (das Wort ist griechisch und bedeutet „Ich habe es gefunden") nur auf Video heraus. al

Europa

Europa. Deutschland/Dänemark/Frankreich/Schweden 1990 **R** Lars von Trier **B** Lars von Trier, Niels Vorsel **K** Nenning Bendstein, Jean-Paul Meurisse, Edward Klosinsky **M** Joakim Holbek **P** Peter Aalbaek Jensen, Bo Christensen **L** 114 Min., Farbe- s/w **D** Barbara Sukowa, Jean-Marc Barr, Udo Kier, Ernst-Hugo Järegard, Lars von Trier, Eddie Constantine, Dietrich Kuhlbrodt

Auf den 44. Internationalen Filmfestspielen von Cannes erhielt *Europa* den Spezialpreis der Jury sowie den großen Technikerpreis und wurde als einer der Favoriten für die Goldene Palme gehandelt. Als der Film im Juli in Deutschland anlief, hatte der Vertrieb sich wohl einen größeren Erfolg versprochen. Nach bereits einer Woche wurde die Kopienanzahl reduziert, *Europa* wanderte in die kleinen Programmkinos ab und war bald darauf ganz verschwunden.

Der Amerikaner Leopold Kessler (Barr) kommt 1945 in das kriegszerstörte Europa, um dort als Schlafwagenschaffner zu arbeiten. Im Zug lernt er die geheimnisvolle Katharina Hartmann (Sukowa) kennen, hinter der sich in Wirklichkeit die Anführerin einer Gruppe versprengter Nazis verbirgt. Kesslers Liebe zu Katharina wird ihm zum Verhängnis.

Von Trier greift in seinem Werk mit Vorliebe auf die Kinoästhetik der 40er Jahre zurück, indem er seine Protagonisten vor deutlich künstlich einkopierten Rückprojektionen agieren läßt. Am eindrucksvollsten gerieten dabei die Effekte, in denen das ansonsten überwiegend in Schwarz-Weiß gedrehte Filmmaterial plötzlich durch diverse Farbkleckse bereichert wird, so z. B. in der Selbstmordsequenz Udo Kiers, bei der in eine Schwarz-Weiß-Unterwasseraufnahme von oben herab rote Blutstropfen ins Bild fallen und sich verteilen. All diese Spielereien sind natürlich auch ein Indiz dafür, daß von Trier mehr an der Kraft der Bilder als an einer logisch durchdachten Story interessiert war. Dennoch - *Europa* ist ein besonderes, visuelles Erlebnis, ein Film, der beweist, was Kino sein kann, auch wenn er - ganz in der Manier der 40er Jahre - dabei manchmal in den Kitsch abgleitet. jg

Europa ´51

Europa ´51. Italien 1952 **R** Roberto Rossellini **B** Roberto Rossellini, Sandro de Leo, Mario Pannunzio, Ivo Perilli, Brunello Rondi **K** Aldo Tonti **M** Renzo Rossellini **P** Carlo Ponti, Dino de Laurentiis für Lux **L** 118 Min., s/w **D** Ingrid Bergman, Alexander Knox, Giulietta Masina, Teresa Pellati, Ettore Giannini, Sandro Franchina, William Tubbs, Alfred Browne

Als der halbwüchsige Sohn des in Rom lebenden amerikanischen Ehepaars George und Irene Girard (Knox, Bergman) Selbstmord begeht, bricht vor allem für die Mutter eine Welt zusammen. Gequält von Reue und Schuldgefühlen, versucht sie, ihr Versäumnis in selbstloser Aufopferung an notleidenden Menschen gutzumachen. Sie kümmert sich rührend um verlassene Mütter und Prostituierte und verhilft schließlich sogar einem jungen Kriminellen zur Flucht. Dies ist für den Ehemann Anlaß genug, seine eigene Frau in eine Psychiatrie einweisen zu lassen.

Zwei Jahre zuvor hatte Rossellini seinen religiösen Film FRANZISKUS, DER GAUKLER GOTTES gedreht. Ingrid Bergmans Darstellung der Irene wirkte beinahe wie ein weibliches Pendant zu der Gestalt des Heiligen. Genau wie Franziskus wird auch Irene in ihrer Barmherzigkeit und Teilnahme für die Leiden anderer Menschen von einer ignoranten Welt mißverstanden und abgelehnt.

„Die Einsamkeit der Bergman steht im Zentrum von STROMBOLI wie von *Europa ´51*: vergeblich geht sie umher, ohne daß irgendetwas vorankäme; sie kommt jedoch weiter...durch den bloßen Verschleiß der Langeweile und der Zeit." (*Cahiers du Cinema*) jg

Die Europäer

The Europeans. Großbritannien 1979 **R** James Ivory **B** Ruth Prawer Jhabvala, nach einem Roman von Henry James **K** Larry Pizer **M** Richard Robbins **P** Ismail Merchant für Levitt-Pickman **L** 90 Min., Farbe **D** Lee Remick, Robert Ellis, Wesley Addy, Tim Choate, Lisa Eichhorn, Nancy New, Kristin Griffith, Helen Stenborg, Norman Scnow, Tim Woodward

Bevor James Ivory mit seinem Film DIE DAMEN AUS BOSTON ein weiteres Mal die Gesellschaftsstrukturen im Neu-England des 19. Jahrhunderts beschrieb, drehte er 1979 ein Werk, das sich mit den unterschiedlichen Lebensauffassungen von Europäern und Amerikanern befaßte.

Die beiden Geschwister Felix (Woodward) und Eugenia (Remick), beide in Europa aufgewachsen, kommen im Jahre 1850 nach Boston, um dort ihre Verwandten zu besuchen, die sie allerdings noch nie gesehen haben. Die Wentworths erweisen sich als steife, jedoch gastfreundliche Puritaner, die teils verunsichert, teils interessiert das lockere Auftreten ihres europäischen Besuches verfolgen. Eugenia hofft, sich in Amerika neu zu verheiraten, nachdem ihre Ehe mit einem deutschen Aristokraten in die Brüche gegangen ist, doch scheitert sie an ihrer permanenten Unaufrichtigkeit. Felix hingegen bemüht sich erfolgreich um die Hand seiner Cousine Gertrude (Eichhorn).

Unterstützt durch das inzwischen bewährte Team von Drehbuchautorin Ruth P. Jhabvala und dem Filmkomponisten Richard Robbins, glückte James Ivory die stilvolle Verfilmung des 1878 erschienenen Romans, die in ihrer Farbgebung und Motivwahl zuweilen an die frühe amerikanische Landschaftsmalerei erinnert. jg

Eva

Eva. Frankreich/Italien 1962 **R** Joseph Losey **B** Hugo Butler, Evan Jones, nach dem Roman von James Hadley Chase **K** Gianni di Venazo **M** Michel Legrand **P** Robert und Raymond Hakim für Paris Film (Paris), Interopa Film (Rom) **L** 107 Min. (Originalfassung 155 bzw. 135 Min.), s/w **D** Jeanne Moreau, Stanley Baker, Virna Lisi, Giorgio Albertazzi, James Villiers

Tyvian Jones (Baker) feiert in Venedig seinen ersten großen Erfolg als Schriftsteller und genießt es, Mittelpunkt der High Society zu sein. Obwohl er mit der attraktiven Francesca (Lisi) verlobt ist, gerät er durch die Bekanntschaft mit Eva (Moreau) völlig aus der Bahn. Tyvian beginnt ein Doppelleben zu führen und verliert sich in seiner obsessiven Liebe zu der jungen Frau, die ein teuflisches Spiel mit ihm treibt. Immer wieder lockt sie ihn, um ihn dann zurückzuweisen. Auch Francescas Selbstmord kann Tyvian nicht zur Besinnung bringen.
Die Handlung des Romans verlegte Joseph Losey aus Kalifornien ins sehr viel geheimnisvollere Venedig, dessen alte Gemäuer, Kunstschätze und trostlose Atmosphäre (gedreht wurde im Winter) die Entwicklung der Geschichte begleiten und unterstreichen, und das von Antonionis Hauskameramann Gianni di Venanzo wunderschön eingefangen wird. Gerade diese Überfrachtung des Films mit unzweideutiger Symbolik wurde von vielen Kritikern moniert, obwohl die 155 minütige Urfassung von *Eva* niemals zu sehen war, da Losey auf den Druck seiner Produzenten eine 20 Minuten kürzere Fassung schneiden mußte. Und auch die wurde (ohne Loseys Einverständnis) für die Kinoauswertung weiter gekürzt - je nach Aufführungsland variiert die Länge zwischen 100 (Frankreich) und 115 Minuten (USA). Ob das ablehnende Urteil von Kritik und Publikum ohne derartige Schnitte besser ausgefallen wäre, ist fraglich, unumstritten allerdings sind die darstellerischen Leistungen von Jeanne Moreau und Stanley Baker sowie der jungen Virna Lisi, die hier erstmals internationale Aufmerksamkeit erregte. al

Eva mit den drei Gesichtern

The Three Faces of Eve. USA 1957 **R** Nunnally Johnson **B** Nunnally Johnson, nach einem Buch von Corbett H. Thipgen und Hervey M. Checkley **K** Stanley Cortez **M** Robert Emmett Dolan **P** Nunnally Johnson für 20th Century-Fox **L** 91 Min., s/w **D** Joanne Woodward, David Wayne, Lee J. Cobb, Edwin Jerome, Alena Murray

Eve (Woodward), verheiratet und Mutter einer Tochter, sucht bei einem Psychiater Hilfe für ihre mentale Instabilität. Zunächst wird sie von Dr. Luther (Cobb) nur mit den üblichen Ratschlägen beruhigt („Gönnen Sie sich Ruhe!"), doch als Eve nach kurzer Zeit wieder bei ihm in der Praxis auftaucht, scheint sie eine völlig andere Person zu sein. Aus der unsicheren Hausfrau ist eine sexuell aggressive Schlampe ohne jedes Verantwortungsgefühl geworden, die sogar ihr Kind verleugnet. Schließlich gesellt sich noch eine dritte Persönlichkeit hinzu, die eine Mischung aus den ersten beiden darstellt. Der höchst interessierte Arzt probiert Hypnose-Techniken an ihr aus und kommt schließlich auch dem Grund für Eves Schizophrenie auf die Spur.
Ein Fall von Schizophrenie, wie Hollywood sich ihn vorstellt. Doch der Film beruht auf Tatsachen, die von zwei Psychiatern in einem Buch niedergeschrieben wurden. Wenn auch einige Vorgänge etwas vereinfacht dargestellt werden und am Ende alles wieder im Lot ist, kann *Eva mit den drei Gesichtern* doch als ernsthafte Auseinandersetzung mit dem Phänomen Persönlichkeitsspaltung betrachtet werden. In ihrer dritten Filmrolle lieferte Joanne Woodward eine schauspielerische Tour de force, die ihr einen wohlverdienten Oscar einbrachte. Im Grunde handelt es sich bei dem Film um ein Zwei-Personen-Drama (Woodward und Cobb), das sicher auf der Bühne auch gut funktioniert hätte. Unglücklicherweise war David Wayne offenbar dazu angehalten worden, auf Lacher hinzuspielen, um Woodwards intensiver Dramatik etwas Entspannung entgegenzusetzen, doch diese Stilmischung erweist sich als dem Gesamteindruck abträglich. al

Eva und der Priester

Léon Morin, prêtre. Frankreich/Italien 1961 **R** Jean-Pierre Melville **B** Jean-Pierre Melville, nach dem Roman von Béatrix Beck **K** Henri Decae **M** Martial Solal, Albert Raisner **P** Georges de Beauregard, Carlo Ponti für Rome-Paris Films (Paris), Compagnia Cinematografica Champion (Rom) **L** 91 Min. (Originalfassung 128 bzw. 114 Min.), s/w **D** Jean-Paul Belmondo, Emmanuelle Riva, Irène Tunc

Während des Besatzung Frankreichs durch deutsche Truppen entwickelt sich zwischen dem Priester Morin (Belmondo) und der jungen Barny (Riva) eine besondere Beziehung. Sie, eine Atheistin, war zur Beichte gekommen, um den Priester und die Kirche zu verhöhnen, und war zu ihrer Überraschung auf Verständnis und Selbstkritik gestoßen. In langen Gesprächen mit Morin findet Barny zum Glauben zurück, doch hat sie sich darüber hinaus in ihren Diskussionspartner verliebt...
Mit diesem ruhigen Film kehrt Jean-Pierre Melville zur Thematik zurück, die in schon in *Le silence de la mer* und später in ARMEE IM SCHATTEN ihren Niederschlag fand - die Okkupation Frankreichs im II. Weltkrieg. Diese für viele Franzosen schmerzliche und unbewältigte Zeit, die die Bevölkerung spaltete, bildet den Hintergrund von Béatrix Becks Roman, der 1952 mit dem begehrten Prix Goncourt ausgezeichnet wurde. Melville, selbst Atheist, ließ die Dialogpassagen fast unberührt und drückte dem Film hauptsächlich visuell seinen Stempel auf. Belmondos Priester, eine der besten Rollen des Schauspielers, ist kein frömmelnder Gottesmann, sondern ein unkonventioneller, für seinen Glauben kämpfender Christ, der z.B. gegen den Rat seiner Vorgesetzten jüdischen Flüchtlingen hilft. Trotzdem bleibt er natürlich den Avancen Branys gegenüber standhaft.
Von der Kritik hochgelobt, erhielt *Eva und der Priester* den Goldenen Löwen als Bester Film der Bienneale in Venedig. **al**

Everybody Wins

Everybody Wins. USA 1989 **R** Karel Reisz **B** Arthur Miller **K** Ian Baker **M** Mark Isham, Leon Redbone **P** Jeremy Thomas für Orion Pictures/ Recorded Pictures **L** 97 Min., Farbe **D** Debra Winger, Nick Nolte, Will Patton, Judith Ivey, Jack Warden, Kathleen Wilhoite, Frank Converse, Frank Military

Der Privatdetektiv Tom O'Toole wird von der attraktiven Angela Crispini (Winger) gebeten, einen juristischen Skandal aufzudecken. Ein junger Mann wurde vor Jahren des Mordes an einem einflußreichen Politiker angeklagt und zu Unrecht ins Gefängnis geworfen, obwohl die gesamte Stadt von seiner Unschuld wußte. Die Polizei des kleinen Ortes in Neu-England tut diese Behauptung zwar als das Hirngespinst einer Nutte (als solche bezeichnen die Beamten die hübsche Angela) ab, doch nach und nach kommt O'Toole bei seinen Recherchen einer Korruptionsaffäre auf die Spur.
Nach MISFITS - NICHT GESELLSCHAFTSFÄHIG war dies der zweite Film, zu dem der berühmte Dramatiker Arthur Miller das Skript schrieb. „Es ist eine wunderbare Freiheit, die wir heute im Kino ha-

ben, verglichen mit den 50er und 60er Jahren. Ich habe es als gewisse Befreiung empfunden, daß ich die Liebesgeschichte von Tom und Angela so erzählen konnte, wie ich wollte", bemerkte Miller nach den Dreharbeiten.
Nach zweiwöchigen Probeaufnahmen in New York konnte das Projekt in Angriff genommen werden. Die Innenaufnahmen entstanden in Wilmington/North Carolina. Für die Außenszenen wählte Reisz die Kulisse des Städtchens Norwich/Connecticut - eine ehemals florierende Industrieansiedlung, in der heute vornehmlich leerstehende Fabriken das Stadtbild prägen, die die ideale Szenerie für die Geschichte des Films abgaben.
„Regisseur Reisz vermeidet die Licht- und Schatten-Malerei des film noir... Wer jedoch auf eine große Liebesgeschichte oder eine aufregende kriminalistische Enthüllung setzt, wird enttäuscht sein. Dem Zuschauer ergeht es zuletzt wie dem Detektiv; er weiß manches, aber vieles bleibt im Dunkeln." (*Filmecho*) jg

Excalibur

Excalibur. USA 1981 **R** John Boorman **B** Rospo Pallenberg, John Boorman, nach dem Roman *Der Tod Arthurs* von Thomas Malory **K** Alex Thomson **M** Trevor Jones **P** Edgar F. Gross, Robert A. Eisenstein für Orion Pictures **L** 140 Min., Farbe **D** Nigel Terry, Nicol Williamson, Nicholas Clay, Helen Mirren, Cheri Lunghi, Paul Geoffrey, Robert Addie, Gabriel Byrne, Keith Bugley, Katherine Boorman

John Boormans bildgewaltige Umsetzung der Arthus-Sage gilt als eines der gelungensten Fantasy-Werke der 80er Jahre. Anders als der sich ebenfalls an diesem Stoff orientierende, recht konventionell geratene Abenteuerfilm DIE RITTER DER TAFELRUNDE, beschwört Boorman mit *Excalibur* eine Welt, in der die Menschen mit der Natur noch eins und die Grenzen zum Übernatürlichen fließend sind. Erst seelische Verarmung (in diesem Fall bedingt durch die Christianisierung der angeblich heidnischen Welt) zerstört diese Einheit und sät Haß und Zwietracht unter den Menschen.
Unter der Regierung von König Arthus (Terry) werden dem Land friedliche Jahre beschert. Auf der Burg Camelot versammeln sich die tapfersten Ritter zu der legendären Tafelrunde. Das Unheil naht in Arthurs Halbschwester Morgana (Mirren), die ihren Bruder verführt und ohne sein Wissen den gemeinsamen Sohn Mordred (Boorman/Addie) zur Welt bringt und aufzieht. Düstere Zeiten brechen auf Camelot an. Arthur entdeckt, daß sein bester Freund Lancelot (Clay) ihn mit seiner Frau Guenevere (Lunghi) betrügt; die Suche nach dem Heiligen Gral endet für die Ritter in einer Katastrophe. Am Schluß tritt Arthus gegen seinen eigenen Sohn Mordred in einem tödlichen Duell an.
Excalibur entstand in den herben, düsteren Landschaften Irlands, die ihren Teil dazu beitragen, die mystische Aura des Stoffes in entsprechender Weise in den Film einfließen zu lassen. Trevor Jones´ Beitrag zur Filmmusik hielt sich in Grenzen. Boorman verwendete überwiegend Motive aus Wagners *Tristan und Isolde*, *Parzival* und *Rheingold.* Gestalterisch besonders gelungen ist die Szenenfolge, in der eine Ansammlung von Rittern unter den wuchtigen Klängen von Carl Orffs *Carmina Burana* durch eine Allee von blühenden Apfelbäumen prescht.
„Insgesamt rundet sich der Film zu einem mythischen Gesamtkosmos, der zwar weitgehend trivial und oberflächenbetont, aber doch ziemlich einzigartig in Spannung, Effekt und atmosphärischer Kraft ist." (*Filmdienst*) jg

Exodus

Exodus. USA 1960 **R** Otto Preminger **B** Dalton Trumbo, nach dem Roman von Leon Uris **K** Sam Leavitt **M** Ernest Gold **P** Otto Preminger für United Artists **L** 212 Min., Farbe **D** Paul Newman, Eva Marie Saint, Ralph Richardson, Peter Lawford, Lee J. Cobb, Sal Mineo, John Derek, Hugh Griffith, Gregory Ratoff, Felix Aylmer, David Opatoshu, Jill Haworth, Marius Goring, Alexandra Stewart, Michael Wagner, Martin Benson, Paul Stevens, Betty Walker

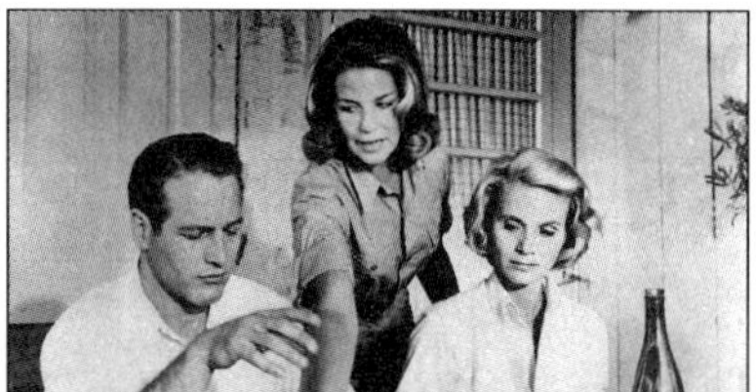

Basierend auf dem ausufernden Roman-Epos von Leon Uris, drehte Otto Preminger diesen gewaltigen historischen Spielfilm über die Gründung des Staates Israel im Jahre 1947. Preminger gelang es, das ca. 800 Seiten umfassende Buch in ein über dreistündiges Filmwerk zu packen, ohne daß die wichtigsten Hauptpersonen etwas von ihrer Glaubwürdigkeit verloren. Im Gegensatz zur literarischen Vorlage verzichtete er jedoch auf die zeitlichen Sprünge in Form von Rückblenden und erzählte die Geschichte in der chronologischen Reihenfolge der eintretenden Ereignisse.
Die junge amerikanische Krankenschwester Kitty Fremont (Saint) kommt 1947 in das von den Briten verwaltete Palästina und wird dort Zeugin, wie sich die aus aller Welt herbeigeströmten Juden (die meisten davon Überlebende des Nazi-Terrors) versammeln, um auf die Gründung eines unabhängigen Staates zu drängen. Mit dem Entern des Frachters *Exodus* versuchen die Flüchtlinge, auf ihr Anliegen aufmerksam zu machen. Kitty verliebt sich in den attraktiven Ari Ben Gannan (Newman) und erlebt an seiner Seite die Gründung des Staates Israel.
Preminger hatte anfangs Autor Leon Uris angeboten, sich selbst an der Ausarbeitung des Drehbuches zu beteiligen, mußte diesen aber wieder aus dem Projekt nehmen, da er in Uris´ Dialogen jegliches Gefühl für Sensibilität vermißte. Uris distanzierte sich nach diesem Vorfall prompt von der Verfilmung.
Exodus entstand unter dem Einsatz Tausender Komparsen zum Teil an Originalschauplätzen in Haifai und Jerusalem. Trotz der imposanten Massenszenen liegt die Attraktivität des Films vor allem in seinen stillen, feinfühlig gestalteten Momenten, aus denen sich besonders die tragisch endende Liebesgeschichte zwischen dem Mädchen Karen (sehr ergreifend von Jill Haworth gespielt) und dem polnischen Juden Dov (Sal Mineo erhielt dafür seine zweite Oscar-Nominierung) hervorhebt. Zu einem Klassiker der symphonischen Filmmusik entwickelte sich das elegisch-tragische Leitthema des Films, für das Komponist Ernest Gold mit dem Oscar ausgezeichnet wurde. jg

Der Exorzist

The Exorcist. USA 1973 **R** William Friedkin **B** William Peter Blatty, nach seinem Roman **K** Owen Roizman **SpE** Marcel Vercoutere **P** William Peter Blatty, Noel Marshall für Warner Bors./Hoya **L** 132 Min., Farbe **D** Ellen Burstyn, Max von Sydow, Lee J. Cobb, Kitty Winn, Jack MacGowran, Linda Blair, Jason Miller, Rudolf Schündler, Barton Heyman, Peter Masterson

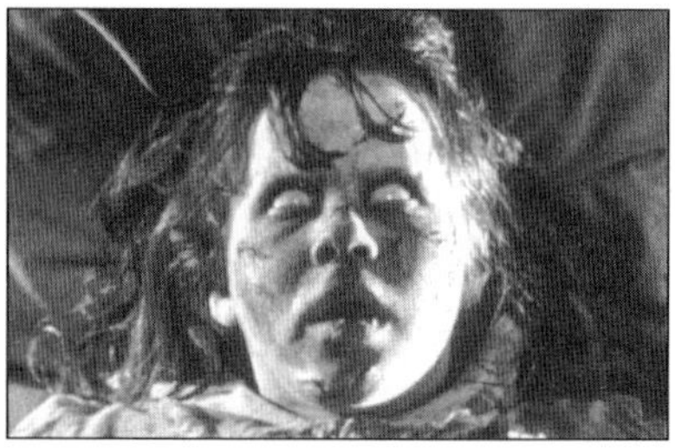

William Peter Blattys okkulte Schreckensgeschichte einer Teufelsaustreibung etablierte sich zum ungeahnten Bestseller, der in 18 Sprachen übersetzt und allein in den Vereinigten Staaten über 6 Millionen Mal verkauft wurde. Blatty hatte sich schon 1957 mit dem Stoff beschäftigt und schlug ihn Mitte der 60er Jahre Regisseur Blake Edwards zur Verfilmung vor, der Blatty damals für das Skript 50.000 Dollar bieten wollte. Der Autor ließ aber geraume Zeit vergehen, bis aus dem unfertigen Entwurf zu Beginn der 70er Jahre ein Roman entstanden war.

Der Exorzist war einer der ersten Horrorfilme, der mit der bis dahin noch sehr zurückhaltenden Darstellung von Ekelszenen gründlich aufräumte und das Publikum mit einer Palette von Schocksequenzen drangsalierte, so daß viele Zuschauer laut Augenzeugenberichten ohnmächtig auf ihren Klappstühlen zusammenbrachen oder sich übergebend den Kinosaal verließen.
Das 12jährige Mädchen Regan (Blair) leidet plötzlich unter merkwürdigen Schüttelkrämpfen. Nachdem ärztlicher Beistand völlig wirkungslos geblieben ist, sucht die besorgte Mutter (Burstyn) den Rat der Kirche. Zwei Priester stellen fest, daß ein Dämon in den Körper des Mädchens gefahren ist. Durch einen Teufelsexorzismus versuchen die beiden Geistlichen, die Bestie zu vertreiben. Regan hat sich unterdessen in ein wahres Monstrum verwandelt, spuckt grünen Schleim, brüllt Obszönitäten und masturbiert mit dem Kruzifix. Erst durch den Opfertod eines Priesters kann das Mädchen gerettet werden.
Gegenüber den 10 Millionen Dollar Herstellungskosten nahmen sich die Ausgaben von 641.000 Dollar für das Drehbuch und die Rechte noch verhältnismäßig gering aus. Das meiste Geld verschlangen die scheußlichen Masken und Spezialeffekte.
Der Exorzist erhielt die für einen Horrorfilm ungewöhnlich hohe Anzahl von acht Nominierungen sowie zwei Oscars für das beste Drehbuch und den Besten Ton (Robert Knudson, Chris Newman). jg

Der Exorzist II - Der Ketzer

The Exorcist II - The Heretic. USA 1977 **R** John Boorman **B** William Goodhart **K** William A. Fraker **M** Ennio Morricone **P** John Boorman, Richard Lederer für Warner Bros. **L** 118 Min., Farbe **D** Linda Blair, Richard Burton, Louise Fletcher, Max von Sydow, Kitty Winn, Paul Henreid, James Earl Jones, Ned Beatty

Der riesige Erfolg des ersten Teils war noch nicht ganz verebbt, als bei den gewinnsüchtigen Verantwortlichen der Warner Bros. bereits die Forderungen nach der unvermeidlichen Fortsetzung laut wurden. Regisseur John Boorman, der durch seine bildgewaltigen Filme BEIM STERBEN IST JEDER DER ERSTE und ZARDOZ großen Eindruck hinterlassen hatte, wurde für den zweiten Teil der Exorzisten-Geschichte angeheuert.
Regan (Blair) ist inzwischen nicht mehr das niedliche Mädchen aus dem ersten Teil, sondern ein pummeliger Teenager, der abermals von schrecklichen Visionen gepiesackt wird. Pater Lamont (Burton) findet auf einer Reise durch Afrika heraus, daß der Heuschreckendämon Pazuzu ein zweites Mal plant, von dem Mädchen Besitz zu ergreifen. Er weiß dies zu verhindern, muß aber, genau wie Jason Miller im ersten Teil, seinen Einsatz mit dem Leben bezahlen.
Der Exorzist II hat ein paar nette, gestylte Aufnahmen von New York zu bieten, besitzt in den Afrika-Sequenzen auch noch eine gewisse Attraktivität, aber das war´s dann auch schon. Hübsche optische Effekte sowie der alberne Schnickschnack einer laut Pressetext „außergewöhnlichen farblichen Gestaltung", bei der alle Blau- und Grüntöne aus den Dekorationen und Kostümen der Schauspieler genommen wurden, konnten beim besten Willen nicht über das miserable Drehbuch hinweghelfen. Die künstlerische Katastrophe zeigte sich in aller Deutlichkeit an den Reaktionen des Publikums, das zu diversen Testvorführungen eingeladen wurde. Um das finanzielle Desaster der 14 Millionen Dollar teuren Produktion wenigstens noch halbwegs in Grenzen zu halten, wurde der Film vollkommen neu umgeschnitten, wobei Boorman per Telefon aus Irland seine Anweisungen gab. Inzwischen waren jedoch bereits 700 Kopien der ursprünglichen Fassung auf den Markt geworfen worden, und da die Produktionsfirma sich weigerte, diese Filme zurückzunehmen, um nicht noch mehr Geld zu verlieren, trat die kuriose Erscheinung auf, daß nunmehr zwei unterschiedliche Versionen existieren. In Europa lief die um 15 Minuten gekürzte, zweite Fassung in den Kinos. jg

Der Exorzist III

The Exorcist III. USA 1990 **R** William Peter Blatty **B** William Peter Blatty, nach seinem Roman *Legion* **K** Gerry Fisher **M** Barry Devorzon **P** Carter DeHaven für Morgan Creek Prod. **L** 109 Min., Farbe **D** George C. Scott, Ed Flanders, Brad Dourif, Nicol Williamson, Scott Wilson, Nancy Fish, George DiCenzo, Don Gordon, Lee Richardson, Grand L. Bush, Mary Jackson

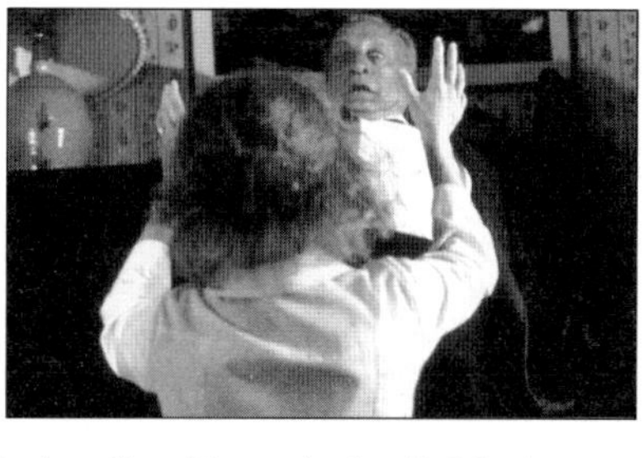

Nochmaliger Versuch, den Erfolg des ersten *Exorzisten*-Films zu wiederholen, nachdem 1977 der zweite so eklatant danebengegangen war. Damit nicht wieder unter einer fremden Regie der Stoff völlig entglitt, stellte sich diesmal Autor William Peter Blatty persönlich hinter die Kamera. Leider kann man nicht behaupten, daß dadurch dieser dritte Aufguß besser gelungen ist.
Der Film beginnt dort, wo die erste Folge von William Friedkin endete. In Georgetown kommt es zu einer Serie unheimlicher Ritualmorde, denen Lieutenant Kinderman (Scott) zunächst ratlos gegenübersteht, bis seine Recherchen ergeben, daß zwischen einem vor 15 Jahren hingerichteten Massenmörder und der ebenfalls zur gleichen Zeit stattgefundenen Teufelsaustreibung an der kleinen Regan Zusammenhänge bestehen müssen. Als bei einem Besuch in einer Psychiatrie ein Patient behauptet, der einst mordende Psychopath zu sein, muß Kinderman feststellen, daß er niemand anderen vor sich hat, als Pater Karras, der damals während des Exorzismus ums Leben kam.
Der Exorzist III entstand, wie Teil 1, in Georgetown, wo u.a. die dortigen Universität, die Bibliothek und der Speisesaal im Jesuitenkloster als Drehorte fungierten. Für die Krankenhausaufnahmen (die einzig wirklich gruseligen Momente dieses Films) siedelte das Team nach Wilmington/North Carolina um. Dort wurde eine originalgetreue Szenerie mit Krankenzimmern, Stationsräumen und weiten Korridoren entworfen.
Trotz ambitionierter Pläne ist aus *Der Exorzist III* nicht viel mehr als ein durchschnittlicher Horrorfilm geworden, dessen Schwachpunkte vor allem in seiner verworrenen Handlung liegen. jg

Explosion in Cuba

Cuba. USA 1979 **R** Richard Lester **B** Charles Wood **K** David Watkin **M** Patrick Williams **P** Arlene Sellers, Aex Winitsky für United Artists **L** 117 Min. (Originalfassung 122 Min.), Farbe **D** Sean Connery, Brooke Adams, Jack Weston, Hector Elizondo, Denholm Elliott, Martin Balsam

Die kubanische Revolution Fidel Castros von 1959, die zum Sturz des korrupten, von den USA unterstützten Batista-Regimes führte, wurde über zwanzig Jahre von Filmemachern übergangen, obwohl sie ein reichhaltiges Potential an daramatischem Filmstoff bietet. Doch da Castros kommunistische Regierung den Amerikanern immer ein Dorn im Auge war, konnten er und seine Mannen schlecht zu Sympathieträgern einer Filmhandlung gemacht werden.
Sean Connery zeigte sich von der Idee, vor diesem Hintergrund einen Thriller zu drehen, äußerst angetan, zumal er mit Regisseur Richard Lester bereits in ROBIN UND MARIAN sehr harmonisch, wenn auch (zumindest finanziell) nicht sehr erfolgreich zusammengearbeitet hatte. Er spielt den britischen Söldner Dapes, der sich nach Cuba anwerben läßt, um die regierungstreuen Truppen auszubilden. Er trifft Alexandra (Adams) wieder, mit er er vor 15 Jahren eine Liebesaffäre hatte. Beide geraten in den Strudel der sich zusammenbrauenden Revolution.
Die Produktion von *Explosion in Cuba* war von Anfang an von Problemen überschattet, die mit der Unfertigkeit des Drehbuches begannen, die Connery dazu veranlaßte, den Drehbeginn immer wieder zu verschieben, obwohl das gute Wetter in Südspanien eine Bedingung für den erfolgreichen Ablauf der Arbeiten war. Ein ungeheurer Zeitdruck entstand, da schließlich in zehn Wochen an 78 (!) verschiedenen Schauplätzen gedreht werden mußte, um nicht in die Schlechtwetterphase zu gelangen. Daß Lester es trotzdem schaffte, neben der etwas vordergründigen Liebesaffäre einen satirisch-kritischen Blick

auf die politischen Vorgänge zu werfen, spricht für die Qualität dieses oft unterschätzten Regisseurs, doch Connery war mit dem Ergebnis ganz und gar nicht zufrieden und bezeichnete den Film im nachhinein als „Fehler" und „Zeitverschwendung".
Explosion in Cuba ist sicher kein Meisterwerk, doch es ist eine intelligente, oft beißend komische Satire auf Revolutionsmythen und politische Unfähigkeit. Im Vergleich mit dem thematisch sehr verwandten, aber kitschig-unrealistischen HAVANNA von Sydney Pollack treten diese Qualitäten noch besser zu Tage. Unglücklicherweise hatte United Artists kaum Vertrauen in das Projekt, und nach schlechten Kritiken steckte man kaum Geld in die Werbung, was zu Connerys drittem Mißerfolg in Serie führte (nach METEOR und DER ERSTE GROSSE EISENBAHNRAUB). al

Extrablatt

The Front Page. USA 1974 **R** Billy Wilder **B** Billy Wilder, I.A.L. Diamond, nach dem Bühnenstück von Charles MacArthur und Ben Hecht **K** Jordan S. Cronenweth **M** Billy May **P** Paul Monash für Universal **L** 105 Min., Farbe **D** Jack Lemmon, Walter Matthau, Carol Burnett, Susan Sarandon, Vincent Gardenia, David Wayne, Charles Durning

Nach zwei kommerziellen Fehlschlägen, DAS PRIVATLEBEN DES SHERLOCK HOLMES und AVANTI, AVANTI!, gelang Billy Wilder hier noch einmal ein Publikumserfolg - sein letzter, denn auch seine beiden nachfolgenden Filme, FEDORA und BUDDY, BUDDY, erwiesen sich als Flops. Es handelt sich dabei um die dritte Verfilmung eines Theaterstücks von Ben Hecht und Charles MacArthur, das zunächst 1933 als *The Front Page* und dann 1941 als SEIN MÄDCHEN FÜR ALLE FÄLLE die Leinwand erblickt hatte.
Die Handlung ist im Chicago von 1929 angesiedelt und dreht sich um die Redaktion einer Zeitung, in der alles gespannt auf die Hinrichtung eines zum Tode Verurteilten wartet. Starreporter Hilly Johnson (Lemmon) zeigt für das Ereignis jedoch wenig Interesse, er möchte seinen aufreibenden Job an den Nagel hängen, um mit seiner zukünftigen Frau (Sarandon) ein ruhiges Landleben zu führen. Doch sein Verleger Walter Burns (Matthau) versucht mit allen Mitteln, sein bestes Pferd im Stall zu halten.
Trotz der Leistung seines perfekt aufeinander eingespielten Hauptdarstellerteams Lemmon/Matthau enttäuschte diese Version der Geschichte - sogar Billy Wilder meinte nachträglich, mit der Wiederverfilmung des populären Stoffes einen Fehler begangen zu haben (er wiederholte ihn mit BUDDY, BUDDY). Die Kritiker zogen natürlich eifrig Vergleiche und meinten ein gerüttelt Maß zusätzlicher Vulgarität zu entdecken, das offenbar den veränderten Geschmack des Publikums der 70er treffen sollte. Die Nebendarsteller bekamen ebenfalls ihr Fett weg, allen voran Carol Burnett.
1988 entstand ein weiteres Remake unter dem Titel EINE FRAU STEHT IHREN MANN. al

Extremities

Extremities. USA 1986 **R** Robert M. Young **B** William Mastrosimone, nach seinem Bühnenstück **K** Curtis Clark **M** J.A.C. Redford **P** Burt Sugarman für **L** 89 Min., Farbe **D** Farrah Fawcett, James Russo, Diana Scarwid, Alfred Woodard

Eines Abends wird Marjorie (Fawcett) auf dem Nachhauseweg von einem Mann (Russo) bedrängt, der sie zu vergewaltigen versucht. Sie setzt sich zur Wehr und flieht, doch der Täter hat ihre Handtasche und kennt somit ihre Adresse. Trotz diverser Vorsichtsmaßnahmen dringt er einige Tage später in ihre Wohnung ein und bedroht sie erneut. Er zwingt ihr ein perverses „Ehespiel" auf, bis sie, zum äußersten provoziert, den Spieß umdreht. Der Täter wird zum Opfer...
William Mastrosimones Bühnenstück, das er für die Leinwand etwas veränderte (und verbesserte) war bereits bei seiner Erstaufführung 1982 heiß umstritten, aber erfolgreich. Nicht anders erging es dem Film, dessen überragende Hauptdarsteller Fawcett und Russo bereits auf der Bühne gestanden hatten (Fawcett war nach Susan Sarandon und Karen Allen die dritte Besetzung der Rolle). Während ein Teil der Kritiker den Film als wichtigen Beitrag zum schwierigen und selten (im Film) behandelten Thema Vergewaltigung sahen, geißelte ihn der andere Teil als primitive Rachegeschichte à la Charles Bronson und als Ausschlachtung eines heiklen Themas zu sensationalistischen Zwecken. Selten wurde über einen Film so hitzig (und auch polemisch) diskutiert, was allein schon eine Existenzberechtigung darstellt, denn bisher wurde das Thema Vergewaltigung und Gewalt gegen Frauen auf der Leinwand selten aufgegriffen, und wenn, diente es meist als Auslöser für einen „Wer hat's getan?"-Krimi. Eine Ausnahme ist EINE FRAU SIEHT ROT, der ebenfalls stark umstritten war.
Rheinischer Merkur: „Daß er sich über Action verkaufen muß, daß aus amerikanischen Studios keine lupenreine feministische Propaganda kommen kann, daß eine halbwegs tragbare Auflösung für die Filmhandlung gefunden werden muß, daß dies alles auch richtige Beobachtungen relativiert und verwässert - das versteht sich bei einem Film made in Hollywood von selbst. Sein Verdienst wird dadurch aber keineswegs geschmälert. Gewalt gegen Frauen wird eben nicht im Kino abgeschafft." al

F

80ern (u.a. in ANGEL HEART und D.O.A. - BEI ANKUNFT MORD). Sylvia Miles als Alkoholikerin wurde für einen Oscar nominiert. Die positive Resonanz auf *Fahr zur Hölle, Liebling* veranlaßte Mitchum, 1978 ein weiteres Mal in die Rolle des Marlowe zu schlüpfen: TOTE SCHLAFEN BESSER. al

Fähre nach Hongkong

Ferry to Hong Kong. Großbritannien 1959 **R** Lewis Gilbert **B** Lewis Gilbert, Vernon Harris **K** Otto Heller **M** Ken Jones **P** George Maynard für Rank **L** 113 Min., Farbe **D** Curd Jürgens, Orson Welles, Sylvia Syms, Jeremy Spenser, Noel Purcell, Margaret Withers, John Wallace, Roy Chiao Hung, Shelley Shen, Louis Seto, Milton Reid

Dieser Film bot Drehteam und Schauspielern die angenehme Gelegenheit, die pittoresken Schauplätze der Handlung selbst vor Ort kennenzulernen. Also buchte die Rank Film GmbH im Fernen Osten ein halbes Dutzend Hotels und schickte ihre Crew in die britische Kronkolonie Hongkong.
Curd Jürgens spielt den Österreicher Mark Conrad, der als unliebsamer Ausländer von den Behörden aus Hongkong ausgewiesen und zwangsweise auf das Schiff des stets schlechtgelaunten Kapitäns Hart (Welles) verfrachtet wird, der seinerseits alles versucht, den ungebetenen Passagier loszuwerden. Als jedoch der heruntergekommene Frachter nach einem Taifun in die Hände von Strandpiraten fällt, ist der mißmutige Seemann ganz dankbar, daß er den tatkräftigen blonden Hünen an seiner Seite weiß.
Fähre nach Hongkong ist sicherlich kein bedeutender Abenteuerfilm, bietet aber mit seiner interessant angelegten Personenkonfiguration und den exotischen Schauplätzen kurzweilige Kinounterhaltung.
Curd Jürgens nutzte die Dreharbeiten, um allabendlich im Casino von Macao seiner Spielleidenschaft zu frönen. Einmal gewann er tatsächlich eine Summe von 18.000 Dollar, für die er sich sogleich eine Yacht kaufte, um damit nach jedem Drehtag durch das Chinesische Meer zu kurven und am Morgen rechtzeitig zum Frühstück am Set zurück zu sein. jg

Fahrenheit 451

Fahrenheit 451. Großbritannien 1966 **R** François Truffaut **B** François Truffaut, Jean-Louis Richard, David Rudkin, Helen Scott, nach dem Roman von Ray Bradbury **K** Nicholas Roeg **M** Bernard Herrmann **P** Lewis Allen für Anglo-Enterprise/ Vineyard **L** 112 Min., Farbe **D** Oskar Werner, Julie Christie, Cyril Cusack, Anton Diffring, Jeremy Spenser

François Truffaut hatte fünf Jahre an einem Drehbuch für die Leinwand-Adaption dieses Romans von Science-fiction-Autor Ray Bradbury gesessen, doch da sich für sein Lieblingsprojekt in Frankreich kein Geldgeber fand, mußte der Regisseur nach England ausweichen.
Die in einem totalitären Staat der Zukunft angesiedelte Geschichte dreht sich um einen Feuerwehrmann (Werner), dessen einzige Aufgabe es ist, die von der Regierung verbotenen Bücher und Bibliotheken aufzuspüren und zu verbrennen. Seine Frau Linda (Christie) sitzt ständig apathisch vor einer riesigen Glotze, wenn sie nicht gerade mit ihrem Äußeren beschäftigt ist. Durch seine Bekanntschaft mit der Lehrerin Clarisse (ebenfalls Christie), die zu den sogenannten „Büchermenschen" gehört, kommen ihm allmählich Zweifel an der Richtigkeit seines Tuns...
Für einen Science-fiction-Film kommt *Fahrenheit 451* (der Titel bezieht sich auf die Temperatur, bei der Papier zu brennen anfängt) mit erstaunlich wenig Aufwand aus. Einige Riesenbildschirme, futuristisch anmutende Feuerwehrautos und eine im Hintergrund vorbeirauschende Schwebebahn - mehr braucht Truffaut nicht, um eine beklemmende Zukunftsvision zu entwerfen, in der die Lektüre von Büchern als Verbrechen gilt. Die Dreharbeiten zu diesem rundum geglückten Werk waren mit einigen Schwierigkeiten verbunden, besonders durch den gesundheitlichen Zustand Julie Christies, deretwegen der Drehbeginn immer wieder verschoben wurde. Da sie eine Doppelrolle spielt, ist sie in fast jeder Szene zu sehen und wurde dementsprechend gefordert. Truffaut photographierte die Figur der Linda ausschließlich in Innenräumen und betont so ihre Künstlichkeit und ihren mangelnden Bezug zur Wirklichkeit, der „Freigeist" Clarisse dagegen ist meist unter freiem Himmel zu sehen, wie auch die „Büchermenschen" ihre Zuflucht im Wald gefunden haben.
Fahrenheit 451 war nicht nur Truffauts erster Film in englischer Sprache, sondern auch sein erster Farbfilm und sein einziger Ausflug ins Science-fiction-Genre - sieht man von einem Auftritt in Spielbergs UNHEIMLICHE BEGEGNUNG DER DRITTEN ART ab. al

Fahrkarte ins Jenseits

Decision at Sundown. USA 1957 **R** Budd Boetticher **B** Charles Lang jr., nach einer Erzählung von Vernon L. Fluharty **K** Burnett Guffey **M** Heinz Roemheld **P** Harry Joe Brown für Columbia **L** 78 Min., Farbe **D** Randolph Scott, John Caroll, Karen Steele, Valerie French, Noah Beery, John Archer, Andrew Duggan, James Westerfield, John Litel, Ray Teal

Ein weiterer jener billig produzierten, und doch so wirkungsvollen und urtypischen Western des Regisseurs Budd Boetticher mit seinem erklärten Lieblingsdarsteller Randolph Scott in der Hauptrolle.
Der Scharfschütze Allison (Scott) kommt in eine Kleinstadt, um dort Tim Kimbrough (Caroll) aufzuspüren - einen Mann, der sich einst mit seiner Frau aus dem Staub gemacht und diese später angeblich in den Selbstmord getrieben hat. Allison stößt in der Stadt auf breite Ablehnung; am liebsten möchte man ihn verjagen, um weiteren Ärger zu vermeiden. Im Laufe der Handlung zeigt sich deutlich, daß Allisons gnadenloser Haß immer sinnlosere Züge annimmt, denn seine Frau ging damals freiwillig mit Kimbrough. Trotzdem läßt er von einem Duell nicht ab. Allison gewinnt sogar - jedoch nur aufgrund der Tatsache, daß Kimbrough vorher von seiner Freundin verletzt worden ist.
Eine gewohnt routinierte Regiearbeit mit treffend besetzten Schauspielern und einer schlüssigen, logisch aufgebauten Dramaturgie, die die Entwicklung eines Tages umfaßt und Randolph Scott ein weiteres Mal Gelegenheit gibt, sich als tragischer Westernheld (diesmal mit verbohrtem Fanatismus) zu präsentieren. jg

Fahrraddiebe

Ladri di biciclette. Italien 1948 **R** Vittorio De Sica **B** Cesare Zavattini, Oreste Biancoli, Suso Cecchi d´Amico, Adolfo Franci, Vittorio De Sica, nach dem Roman von Luigi Bartolini **K** Carlo Montuori **M** Alessandro Cicognini **P** Vittorio De Sica für P.D.S. **L** 88 Min., s/w **D** Lamberto Maggiorani, Lianella Carell, Enzo Stoiola, Elena Altieri

Antonio (Maggiorani) ist dringend auf sein Fahrrad angewiesen, um seine Arbeit ausführen zu können - um so größer ist seine Verzweiflung, als es gestohlen wird. Gemeinsam mit seinem kleinen Sohn (Stoiola) macht er sich auf die Suche und durchforstet dabei erfolglos halb Rom.
Fahrraddiebe ist vielleicht der bekannteste neorealistische Film überhaupt. Der Neorealismus entstand in Italien mit Ende des II. Weltkrieges, als Filmemacher wie Roberto Rossellini (ROM, OFFENE STADT) und Luchino Visconti (DIE ERDE BEBT) offen sozialkritische Themen aufgriffen und sie in schnörkellosem, realistischem Stil, meistens mit Laienschauspielern, umsetzten. Auch Vittorio De Sica hatte mit SCHUSCHIA bereits ein hochgelobtes Werk in dieser Richtung abgeliefert. Obwohl der Neorealismus bei der Kritik auf Begeisterung stieß, war es für seine Regisseure nicht leicht, ihre von den Produzenten als unkommerziell und deprimierend eingestuften Werke zu finanzieren. De Sica verdiente sich das nötige Geld in seinen zahlreichen Leinwandauftritten als beliebter Schauspieler in leichten Komödien.
Fahrraddiebe wurde in den ärmlichsten Vierteln Roms gemacht und ist ausschließlich

mit Laien besetzt, aus denen der Regisseur erstaunliche Darstellungen herausholt. Indem er das verschwundene Fahrrad als Aufhänger benutzt, übt De Sica Kritik an den Behörden, der Kirche und der Gleichgültigkeit der Großstadtbewohner. Manchmal wirkt *Fahrraddiebe* fast wie ein Dokumentarfilm, doch dieser Effekt ist nicht auf mangelnde finanzielle Ausstattung, sondern auf die Absicht De Sicas zurückzuführen, möglichst genau die Wirklichkeit abzubilden. Der Film wurde begeistert aufgenommen und erhielt zahlreiche internationale Preise. al

Fahrstuhl zum Schafott

L´ascenseur pour l´echafaud. Frankreich 1957 **R** Louis Malle **B** Roger Nimier, Louis Malle, nach dem Roman von Noël Calef **K** Henri Decae **M** Miles Davis **P** Jean Thuillier für N.E.F. **L** 90 Min., s/w **D** Maurice Ronet, Jeanne Moreau, Georges Poujouly, Lino Ventura

Louis Malle war bereits für Robert Bresson und Jean-Jacques Cousteau als Regie-Assistent tätig gewesen, als er sich an die Verfilmung des Romans von Noël Calef machte. Erzählt wird der Versuch des Liebespaares Julien (Ronet) und Florence (Moreau), Florences Ehemann umzubringen. Der raffiniert eingefädelte Plan funktioniert bis auf ein winziges Detail, das Julien an den Tatort zurückeilen läßt. Dabei bleibt er im Fahrstuhl stecken, als der Portier das Haus verläßt und den Strom abschaltet. Florence irrt unterdessen, verzweifelt wartend, durch das nächtliche Paris.
Neben dieser Haupthandlung, zu der Malle durch kurze Schnitte immer wieder zurückkehrt, gibt es eine Nebenhandlung um ein weiteres Pärchen, das Juliens Auto stiehlt und später mit seiner Pistole einen Mord begeht, der schließlich auch zur Aufdeckung des ersten Verbrechens führt.
Was diesen Krimi, der sich am amerikanischen B-Film und an den Traditionen des film noir orientiert, zu einer Besonderheit macht, sind vor allem die unruhige Kamera Henri Decaes sowie die klagende Jazzmusik von Miles Davis. Beide Elemente unterstreichen sehr wirkungsvoll die zunehmende Verwirrung und Verzweiflung der Figuren, die sich mit einem Verbrechen aus einer unglücklichen Situation befreien wollen, dadurch jedoch nur noch tiefer ins Unglück schliddern.
Publikum und Presse waren sehr angetan von diesem gelungenen Debütwerk, das sogar mit dem renommierten Prix Louis Delluc ausgezeichnet wurde. al

Die Fahrten des Odysseus

Ulisse. Italien 1954 **R** Mario Camerini **B** Franco Brusati, Mario Camerini, Ennio de Concini, Hugh Gray, Ben Hecht, Ivo Perilli, Irwin Shaw, nach den Erzählungen des Homer **K** Harold Rosson **M** Alessandro Cigognini **P** Carlo Ponti, Dino de Laurentiis für Lux **L** 113 Min., Farbe **D** Kirk Douglas, Silvana Mangano, Jacques Dumesnil, Rosanna Podesta, Anthony Quinn, Sylvie, Daniel Ivernel, Franco Interlenghi, Elena Zareschi

Mit ihren 10 Millionen Dollar Herstellungskosten war diese Produktion aus den römischen Cinecittà-Studios einer der teuersten europäischen Farbfilme der Nachkriegszeit, der sich durchaus mit den Monumentalfilmen Hollywoods messen konnte. Mit einem Blick auf den US-Markt engagierte Produzent Dino de Laurentiis die beiden amerikanischen Stars Anthony Quinn und Kirk Douglas. Gleich sieben Autoren bastelten an der Story herum, um in sehr vereinfachter Form das berühmte Epos Homers auf die Leinwand zu bannen. In bonbonfarbenen Bildern beschreibt dieser aufwendige Kolossalstreifen die Irrfahrt des Griechen Odysseus (Douglas), der nach der Eroberung Trojas mit seinen Gefährten eine Reihe gefährlicher Abenteuer zu bestehen hat, in deren Verlauf er dem Zyklopen Poly-phem, der Zauberin Circe und anderen Fabel-wesen begegnet, ja sogar in den Hades hinabsteigen muß, bis er endlich zu seiner Frau Penelope nach Ithaka zurückgelangt.
„Eine beachtliche Nachgestaltung der griechischen Heldensage", schrieb damals der *Evangelische Filmbeobachter*.
Der farbenprächtige Mythen-Bilderbogen besitzt den naiven Charme eines frühen Sandalenfilms und überzeugt durch seine perfekte Ausstattung (u.a. wurde Odysseus´ Schiff nach antikem Vorbild rekonstruiert) und großartigen Massenszenen. Silvana Mangano ist in einer Doppelrolle als Zauberin Circe und Odysseus´ Gemahlin Penelope zu sehen. jg

Der Falke und der Schneemann

The Falcon and the Snowman. USA 1985 **R** John Schlesinger **B** Steven Zaillian, nach dem Roman von Robert Lindsay **K** Allen Daviau **M** Pat Metheny, Lyle Mays **P** Gabriel Katzka, John Schlesinger für Orion Pictures **L** 131 Min., Farbe **D** Timothy Hutton, Sean Penn, Pat Hingle, Joyce van Patten, Richard Dysart, Rob Reed, Rob Newell, Priscilla Pointer, Chris Makepeace

John Schlesinger verfilmte mit *Der Falke und der Schneemann* einen Spionagefall, dem eine authentische Begebenheit zugrunde liegt. Im Juni 1977 wurde gegen Christopher John Boyce, damals 24 Jahre alt, und seinen Freund Andrew Dalton Lee das Urteil gesprochen. Wegen schweren Landesverrats verhängte man über Boyce eine vierzigjährige Haftstrafe, Lee wanderte lebenslänglich hinter Gitter.
Dieser Spionagefilm benutzt weniger die Methoden eines Thrillers, sondern präsentiert sich vielmehr in der Gestalt eines sozialkritischen Dramas. Christopher, dargestellt von Timothy Hutton, und Lee (Penn) stammen beide aus einem erzkonservativen Elternhaus. In der Mitte der 70er Jahre - mit dem Debakel des Vietnam-Krieges und der Watergate-Affäre nicht gerade eine der glücklichsten Dekaden der USA - verkaufen die beiden streng geheime Dokumente und Mikrofilme an die Sowjetunion. Ihre Motive sind dabei unterschiedlicher Art; während für Christopher diese Aktionen eine Art politischen Widerstand bedeuten, braucht der drogenabhängige Lee das Geld zur Finanzierung seiner Sucht. Am Ende wird aus dem jugendlichen Leichtsinn tödlicher Ernst. Die Jungens geraten zwischen die Mühlen von KGB und CIA.
Da ein Großteil der Handlung in Mexiko angesiedelt ist, entstanden auch dort vor Ort und in den Churubusco-Studios in Mexiko-City die Aufnahmen. Natürlich war es nicht möglich, im Gebäude der russischen Botschaft zu drehen, man fand jedoch in einer eleganten Rokoko-Villa den passenden Ersatz. Das Gebäude hatte schon einmal für Costa-Gavras VERMISST als Filmkulisse fungiert.
„Spannender, tiefgreifender Action-Film, der sich nirgends mit der Oberfläche zufrieden gibt." (*Rheinische Post*)
Das Titellied *This Is Not America* wird von David Bowie gesungen. jg

Der Fall Bachmeier - Keine Zeit für Tränen

Der Fall Bachmeier - Keine Zeit für Tränen. BRD 1984 **R** Hark Bohm **B** Hark Bohm **K** Slawomir Idziak **M** Jens Peter Ostendorf **P** Hamburger Kino-Kompanie Hark Bohm Filmprod./Maran Film **L** 97 Min., Farbe **D** Marie Colbin, Michael Gwisdek, Christine Limbach, Eugeniusz Priwieziencew, Werner Rehm, Angela Schmidt

Halbdokumentarisch, basierend auf dem Justizspektakel um Marianne Bachmeier, die den Mörder ihrer Tochter während seines Prozesses im Gerichtssaal niederschoß, drehte Regisseur Bohm die Geschichte dieser Frau nach. Obwohl der Titel eine authentische Verfilmung erwarten läßt, ist „die Filmfigur entschieden kein Abziehbild der Bachmeier... Ich bewundere, daß Marianne Bachmeier meinen Film unterstützt - denn er ist durchaus keine Verherrlichung seiner Heldin." (Bohm)

Marie Colbin, die der Bachmeier erstaunlich ähnlich sieht, mimt diese Heldin, die im Film Marie Sellbach heißt, aufmerksam und gefühlvoll. „Die Tat der Bachmeier ist mir zwar fremd, aber ich fühle mich außerstande, sie zu verurteilen", sagt sie über ihre Rolle. *Keine Zeit für Tränen* weidet nicht das Sensationelle dieses einmaligen Falles von Selbstjustiz aus, sondern erzählt behutsam die Geschichte, das Vorleben und die Verzweiflung einer Mutter, die mit der Ermordung ihres einzigen Kindes durch einen Sexualverbrecher zugleich den einzigen Halt ihres Lebens verlor. Dem Zuschauer wird es möglich, Gefühle und Beweggründe dieser Frau nachzuvollziehen; der Film ergreift Partei für seine Heldin. Allerdings ohne zu einem platten Plädoyer für die Hinrichtung von „Sittenstrolchen" und anderen „Abartigen" abzusteigen - zu dem die Medienkampagne im realen Fall Bachmeier seinerzeit abgeglitten war.
Dieser spektakulärste Kriminalfall in der Geschichte der Bundesrepublik diente denn auch einem zweiten deutschen Regisseur als Vorlage: Burkhard Driest drehte mit ANNAS MUTTER zeitgleich einen flachen Abklatsch der realen Geschichte, der allein auf die Sensationsgeilheit des Publikums setzt und die inhaltliche Dichte der Bohm-Verfilmung noch nicht einmal ansatzweise erreicht. sk

Der Fall Cicero

Five Fingers. USA 1952 **R** Joseph L. Mankiewicz **B** Michael Wilson, nach dem Roman *Operation Cicero* von L.C. Moyzisch **K** Norbert Brodine **M** Bernard Herrmann **P** Otto Lang für 20th Century-Fox **L** 108 Min., s/w **D** James Mason, Danielle Darrieux, Michael Rennie, Walter Hampden, Oscar Karlweis

Joseph L. Mankiewicz, Meister der bissigen Salonkomödie, lieferte hier einen gut gemachten, durchweg spannenden Agenten-Film ab, der dazu noch ausgezeichnet besetzt ist.
James Mason spielt den Diener des britischen Botschafters in Ankara, der sich als Spion unter dem Decknamen „Cicero" für die Deutschen zu betätigen beginnt, als er entdeckt, daß alliierte Papiere von großer Wichtigkeit das Haus durchlaufen. Er wird gut bezahlt und versichert sich zudem der Hilfe einer ausgebrannten Adligen (Darrieux), seiner ehemaligen Arbeitgeberin. Doch schon nach kurzer Zeit beginnen die Briten mit der Suche nach der „undichten Stelle" in ihrer Botschaft...
Obwohl Michael Wilson als einziger eine Drehbuchnennung erhielt, geht nicht wenig vom zynischen Witz des Films auf Mankiewicz zurück. Der Regisseur brachte es fertig, dem abgegriffenen und oft mißbrauchten Thema „Spionage im II Weltkrieg" einen intelligenten, amüsanten und rundum geglückten Film abzuringen. So sah es jedenfalls ein Großteil der Kritiker, die auch mit Lob für Mason nicht sparten. *Daily Sketch*: „Ein fesselnder und wunderbar unterhaltender Film, der stark von James Masons kluger, witziger und talentierter Darstellung profitiert!" al

Ein Fall für Cleopatra Jones

Cleopatra Jones. USA 1973 **R** Jack Starrett **B** Max Julien, Sheldon Keller **K** David Walsh **M** Carl Brandt, J.J. Johnson, Brad Shapiro **P** William Tennant für Warner Bros. **L** 89 Min., Farbe **D** Tamara Dobson, Bernie Casey, Brenda Sykes, Shelley Winters

Cleopatra Jones (Dobson), unverschämt attraktive Agentin der US-Regierung, ist mit der undankbaren Aufgabe betraut, Mohnfelder aufzuspüren, bevor sich deren Bewachsung in Drogen verwandeln kann. Im Zuge ihrer in einem schwerbewaffneten Sportwagen durchgeführten Ermittlungen besucht sie das Schwarzenghetto Watts, einem verrufenen Stadtteil von Los Angeles, wo ihr von ihrer Erzfeindin, einer „Mommy" genannten Drogenchefin (Winters) eine Falle gestellt wird.
Anfang der 70er Jahre hatte Hollywood die Einträglichkeit von mit schwarzen Stars besetzten Filme erkannt und warf eine Reihe von Action-Vehikeln auf den Markt, zu deren bekannteren die Serie um den Detektiv SHAFT gehört. Bei der von dem schwarzen ehemaligen Model Tamara Dobson verkörperten Figur handelt es sich um eine Art weiblichen James Bond, komplett mit ultramodernen Waffen und Ausbildung in Karate. Der aus heutiger Sicht auf schrille Art unterhaltende Film weist mit seinen ungewöhnlichen, realistischen Schauplätzen und seiner im Grunde ernsten Thematik (der besonders häufige Drogenmißbrauch unter der schwarzen Bevölkerung) interessante Aspekte auf, die jedoch durch den pausenlosen Einsatz von Action und Gewalt kaum Bedeutung erlangen. Die langbeinige Dobson schlägt sich in ihrem Filmdebüt wacker, und Shelley Winters überzieht wieder einmal hemmungslos ihre Paraderolle als vulgäre Schurkin.
Da der Film einiges Geld einspielte, blieb eine Fortsetzung nicht aus, die 1975 als *Cleopatra Jones and the Casino of Gold* entstand. al

Ein Fall für Harper

Harper. USA 1966 **R** Jack Smight **B** William Goldman, nach dem Roman *The Moving Target* von Ross MacDonald **K** Conrad Hall **M** Johnny Mandel **P** Elliot Kastner, Jerry Gershwin für Warner Bros. **L** 121 Min., Farbe **D** Paul Newman, Lauren Bacall, Julie Harris, Arthur Hill, Janet Leigh, Pamela Tiffin, Robert Wagner, Robert Webber, Shelley Winters, Harold Gould, Strother Martin

Ein mit vielen Hollywood-Größen besetzter Kriminalfilm, dessen Schwächen in seiner Personenskizzierung durch geschickt dosierte Spannungs- und Actionsequenzen kaschiert werden.
Ein Fall für Harper gab der in den 50er Jahren durch überwiegend recht biedere Rollen bekannt gewordenen Shelley Winters ein weiteres Mal Gelegenheit, sich in einer bewußt ordinär gezeichneten Rolle auszuleben. Sie spielt einen ehemaligen Hollywood-Star, der zu einer aufgeschwemmten Alkoholikerin abgestiegen ist.
Der Privatdetektiv Harper (Newman) wird von der Millionärsgattin Mrs. Sampson engagiert, um deren Ehemann zu finden, der einer Entführung zum Opfer gefallen ist. Wie es in reichen Familien so üblich ist, stößt er auf allerlei finstere Subjekte, die allesamt etwas zu verbergen haben. Bei seinen Recherchen wandelt Harper bald nicht nur auf den noblen Marmorfliesen weißer Luxusvillen, sondern muß sich auch in die Katakomben des Rotlichtgewerbes hinabwagen. Als er auf das Versteck der Entführer (einen ausgedienten Öltanker) stößt, ist Sampson bereits tot. Der Fall nimmt eine völlig neue Wendung an.
Ein Fall für Harper erwies sich an der Kinokasse als leidlich erfolgreich, so daß man neun Jahre später noch einmal mit Paul Newman in der Rolle des Detektiven ein Sequel unter dem Titel UNTER WASSER STIRBT MAN NICHT drehte.
„In Smights Verfilmung spürt man schon einen Vorgeschmack auf die James-Bond-Serie, in der die Psychologie des Thrillers schließlich ganz zu leerer Effekthascherei verkommt." (*FAZ*) jg

Der Fall Mattei

Il caso Mattei. Italien 1972 **R** Francesco Rosi **B** Francesco Rosi, Tonino Guerra, Nerio Minuzzi, Tito Di Stefano **K** Pasqualino de Santis **M** Piero Piccioni **P** Franco Cristaldi für Vides Cinematografica/Verona Cinematografica **L** 112 Min., Farbe **D** Gian Maria Volonté, Luigi Squarzina, Peter Baldwin, Renato Romano, Franco Graziosi

27. Oktober 1962. Der italienische Wirtschaftsmanager Enrico Mattei kommt bei dem Absturz seiner Privatmaschine ums Leben. Sein Tod erregt internationales Aufsehen. War es Sabotage? Feinde hatte der ehemalige Partisanenführer, der nach dem Krieg zum Chef der staatlichen Erdölgesellschaft AGIP aufstieg, viele. Sein Angriff auf das Marktmonopol der internationalen Erdölgesellschaften, der sogenannten Sieben Schwestern, seine direkten Verhand-

lungen mit Förderländern der Dritten Welt, aber auch seine offene Unterstützung der Befreiungsbewegung FLN im Algerien-Krieg machten ihn zu einer der schillerndsten Figuren italienischer Nachkriegspolitik, die mit ihren progressiven Ideen nicht nur konservativen Politikern und den Öl-Kartellen, sondern auch der Mafia ein Dorn im Auge war.
Wie schon in seinem berühmten WER ERSCHOSS SALVATOREG? beschäftigt sich Francesco Rosi hier erneut mit einer historischen Gestalt, deren gewaltsamer Tod ihr mythische Züge verlieh. Der Film weist deutlich auf Ungereimtheiten im Zusammenhang mit dem Flugzeugabsturz hin, doch eine Aufklärung des Falles bringt auch er nicht - der immer wieder laut gewordene Vorwurf der Sabotage ist nicht zu beweisen. Statt dessen zeigt Rosi in fast dokumentarischem Stil seinen „Helden" als einen Kämpfer für das Wohl des Volkes, der sich gegen private Kontrolle von Resourcen ebenso wendet wie gegen die kolonialistische Ausbeutung der Dritten Welt. Daß er zur Verwirklichung seiner Ziele auf die Erringung von Macht angewiesen ist, macht ihn zu einer zwiespältigen Figur, obwohl ein direkter Machtmißbrauch nicht gezeigt wird.
Der Fall Mattei erhielt ausgezeichnete Kritiken und wurde bei den Filmfestspielen in Cannes mit der Goldenen Palme ausgezeichnet. al

Der Fall Paradin

The Paradine Case. USA 1947 **R** Alfred Hitchcock **B** David O. Selznick, nach einem Roman von Robert Hichens **K** Lee Garmes **M** Franz Waxman **P** David O. Selznick für Selznick International **L** 110 Min., s/w **D** Gregory Peck, Ann Todd, Charles Laughton, Alida Valli, Louis Jourdan, Ethel Barrymore, Charles Coburn, Leo G. Carroll

Nach dem raffinierten Thriller BERÜCHTIGT sah sich Hitchcock in der mißlichen Situation, für seinen nächsten Film wieder unter der Fuchtel von Produzent David O. Selznick arbeiten zu müssen, bei dem er vertragsgemäß noch einen Streifen abzuliefern hatte. Robert Hichens Roman war bereits seit mehreren Jahren durch die Hollywood-Studios gewandert, aber niemand hatte die Geschichte in eine zufriedenstellende dramaturgische Fassung umarbeiten können. Mit Hitchcock als Regisseur sollte die Sache nun endlich Hand und Fuß bekommen. Selznick selbst übernahm die Ausarbeitung des Drehbuches. Das sah dann so aus, daß jeden Tag kurz vor Drehbeginn die gerade fertiggeschriebenen Seiten am Set eintrafen, was für Hitchcock eine geradezu unerträgliche Arbeitsweise darstellte.
Erzählt wird die Geschichte eines Mordfalles, dessen Klärung sich ausschließlich vor den Schranken des Gerichts abspielt. Die schöne Maddelena Paradin (Valli) ist des Mordes an ihrem Ehemann angeklagt. Star-Anwalt Keane (Peck) übernimmt ihre Verteidigung und wird rasch von der geheimnisvollen Aura seiner Mandantin betört. Während des aufsehenerregenden Prozesses erweist es sich, daß Maddelena tatsächlich ihren Mann umgebracht hat, da dieser ihr bei ihrer Liaison mit einem attraktiven Stallburschen (Jourdan) im Wege stand.
Hitchcock hätte sich gern Laurence Olivier für die Rolle des Anwalts Keane gewünscht, mußte aber mit Gregory Peck vorlieb nehmen, der ebenfalls bei Selznick unter Vertrag stand. Mit der Italienerin Alida Valli, die sich bei diesem Film noch ganz gut aus der Affäre zog, hoffte Selznick, eine neue Ingrid Bergman nach Hollywood zu holen.
Der Fall Paradin verschlang über vier Millionen Dollar; ein Großteil dieser Summe wurde für die aufwendigen Gerichtsszenen ausgegeben. Um die Dramatik der raschen Folge von Rede und Gegenrede besser einfangen zu können, benutzte Hitchcock gleichzeitig vier Kameras, mit denen er die Schauspieler an ihren unterschiedlichen Positionen filmte, was den Akteuren das Durchhalten von überdurchschnittlich langen Dialogszenen abverlangte.
Am 31. Dezember 1947 wurde *The Paradine Case* mit einer pompösen Festveranstaltung in zwei Hollywood-Kinos parallel uraufgeführt, mußte aber gleich nach seinem Start vernichtende Einspielergebnisse hinnehmen, die letztendlich dazu führten, daß Selznick endgültig gezwungen war, seine unabhängige Verleih-Organisation einzustellen, mit der er sich gegen die anderen Hollywood-Studios behaupten wollte. jg

Der Fall Serrano

Mort d´un pourri. Frankreich 1977 **R** Georges Lautner **B** Georges Lautner, nach dem Roman von Raf Vallet **K** Henri Decae **M** Philippe Sarde **P** Norbert Saada für Adel Prod. **L** 123 Min., Farbe **D** Alain Delon, Ornella Muti, Stéphane Audran, Mireille Darc, Maurice Ronet, Michel Aumont, Jean Boise, Daniel Ceccaldi, Julien Guiomar, Klaus Kinski, François Chaumette

Ein gekonnt inszenierter Polit-Krimi, in dem nicht nur Alain Delon und eine Garde weiterer bekannter Stars in den Hauptrollen brillieren, sondern vor allem die Kulisse der französischen Hauptstadt eine wichtige, gestalterische Funktion einnimmt.
Der Abgeordnete Dubaye (Ronet) gesteht seinem Freund Xavier (Delon) den Mord an dem Politiker und Immobilien-Magnaten Serrano, da dieser über Jahre hinweg aus erpresserischen Motiven über diverse Politiker lückenlose Dossiers angelegt hat. Als es Xavier gelingt, in den Besitz der brisanten Papiere zu gelangen, löst er damit eine Kette von blutigen Morden aus, denen all diejenigen zum Opfer fallen, bei denen die Dossiers vermutet werden. Xavier zieht im Alleingang gegen eine skrupellose Bande einflußreicher Industrieller und konservativer Politiker zu Felde.
Bei der Ausarbeitung seines Drehbuches griff Georges Lautner nicht nur auf den Roman von Raf Vallet zurück, sondern auch auf die authentischen Ereignisse des Falles Jean de Briglie. Der Politiker De Briglie wurde am Heiligabend 1976 von einem Berufskiller erschossen. Zwar konnte der Mörder damals verhaftet werden, die mysteriösen Hintergründe der Tat blieben jedoch ungeklärt.
„Der Film kann zwar mit den Klassikern des Genres nicht mithalten, bietet aber annehmbare Unterhaltung für alle, die das mit Mord und Totschlag können" (*Frankfurter Rundschau*). Der ohnehin schon recht unterkühlte Gesamteindruck des Films wird durch die Wahl der Pariser Schauplätze (etwa dem futuristisch anmutenden Stadtteil La Defense) noch verstärkt. jg

Falsche Bewegung

Falsche Bewegung. BRD 1974 **R** Wim Wenders **B** Peter Handke, frei nach dem Roman *Wilhelm Meisters Lehrjahre* von Johann Wolfgang von Goethe **K** Robby Müller **M** Jürgen Knieper **P** Peter Genée für Solaris Film/WDR **L** 103 Min., Farbe **D** Rüdiger Vogler, Hanna Schygulla, Hans-Christian Blech, Peter Kern, Nastassja Kinski, Ivan Desny, Marianne Hoppe, Elisabeth Kreuzer

Einer von Wim Wenders' frühen Road-Movies, der sich allerdings noch mit der etwas bescheidenen Reiseroute von Glücksburg an der Ostsee bis hin zur Zugspitze quer durch die Bundesrepublik begnügt. Bei IM LAUF DER ZEIT ging es dann an der innerdeutschen Grenze entlang, für DER AMERIKANISCHE FREUND wurde schon

der Sprung nach Frankreich und New York gewagt.
In Anlehnung an den Goethe-Roman gab Wenders seiner Hauptperson den Namen Wilhelm Meister. Dieser Wilhelm Meister (Vogler) hat den unbändigen Wunsch, Schriftsteller zu werden. Vom nördlichsten Punkt Deutschlands bricht er zu einer ungerichteten Queste auf, während der er die unterschiedlichsten Menschen kennenlernt und wieder verliert, mit der unheilvollen Vergangenheit seines Landes konfrontiert wird, um am Ende - mittlerweile auf der Zugspitze angekommen - den Entschluß zu wagen, trotz allem ein Dichter in Deutschland zu werden.
Falsche Bewegung wurde 1975 bei der Verleihung des Bundesfilmpreises nur so mit Auszeichnungen überhäuft. Sowohl Regie und Drehbuch als auch Darstellerensemble, Kamera, Schnitt und Musik erhielten das Filmband in Gold. Das erste Mal war die damals erst 13jährige Nastassja Kinski auf der Leinwand zu sehen, der Wenders mit diesem Film den Grundstein für ihre Karriere legte.
„Inhalt und Dialoge dieses Films gehören uneingeschränkt Handke; in Form und Bildsprache äußert sich allein Wenders. Daß dabei ein Film herausgekommen ist, der vernunftsmäßig ebenso überzeugt, wie er sinnlich zu reizen vermag, macht ihn zu einem fast einzigartigen Beispiel für eine gelungene Verbindung zwischen literarischem und filmischem Anspruch.“ (*Der Neue Deutsche Film*) jg

Das falsche Gewicht

Das falsche Gewicht. BRD 1971 **R** Bernhard Wicki **B** Fritz Hochwälder, Bernhard Wicki, nach dem Roman von Joseph Roth **K** Jerzy Lipman **M** George Gruntz **P** Internel **L** 146 Min., Farbe **D** Helmut Qualtinger, Agnes Fink, Evelyne Opela, Johannes Schaaf, Istvan Iglody

Bernhard Wickis Film *Das falsche Gewicht* wurde ursprünglich als Fernsehproduktion gedreht und auch zuerst im Fernsehen gezeigt, doch fand sich 1973 ein Verleih, der den Film in die Kinos brachte, wo seine optische Kraft auch viel besser zur Geltung kommen konnte als auf den kleinen Mattscheiben der Televisionsgeräte.
Seiner Frau zuliebe quittiert Anselm Eibenschütz (Qualtinger), Unteroffizier der österreichischen k.u.k.-Armee, den Dienst, um fortan als Eichmeister in einem kleinen galizischen Dorf seine Existenz zu bestreiten. Mit unerbittlicher Strenge kontrolliert er auf den Märkten die Gewichte und verhängt über all diejenigen drakonische Strafmaßnahmen, die sich in seinen Augen als Betrüger erweisen. Doch die neue Stellung macht Eibenschütz nicht glücklich; zudem betrügt ihn die Ehefrau mit seinem Assistenten. Angewidert von seinem Leben, sucht er bei einer rassigen Zigeunerin Liebe und Verständnis.
Eine faszinierend umgesetzte, äußerst pessimistische Literaturverfilmung, mit den beeindruckenden Bildern einer kargen, unwirtlichen Umgebung, die nur aus Schmutz, Schlamm und bitterer Armut zu bestehen scheint.
„Es geschieht etwas, was im anspruchsvollen Film selten geworden ist: Ohne Abstraktion und vordergründige Modernität wird dem Zuschauer einfach eine Geschichte erzählt.“ (*Filmspiegel*)
Das falsche Gewicht wurde 1972 mit vier Bundesfilmpreisen ausgezeichnet. Mit DAS SPINNENNETZ verfilmte Wicki 1989 einen weiteren Roman des österreichischen Schriftstellers Joseph Roth. jg

Der falsche Mann

The Wrong Man. USA 1957 **R** Alfred Hitchcock **B** Maxwell Anderson, Angus McPail, nach der Vorlage *The True Story of Christopher Emmanuel Balestrero* von Anderson **K** Robert Burks **M** Bernard Herrmann **P** Alfred Hitchcock für Warner Bros. **L** 107 Min., s/w **D** Henry Fonda, Vera Miles, Anthony Quayle, Harold J. Stone, Charles Cooper, John Heldabrand, Richard Robbins

In der zweiten Hälfte der 50er Jahre verdeutlichte sich die Misere der Filmgesellschaften, die sich einen immer gnadenloseren Kampf mit dem Fernsehen liefern mußten. Auch die Studios der Warner Bros. sahen sich gezwungen, zu drastischen Sparmaßnahmen zu greifen. Da Hitchcock ohnehin für die Thematik des unschuldig Verfolgten seit seinen frühen Stummfilmen ein Faible hatte, entschloß er sich, ohne ein Honorar sein nächstes Projekt *The Wrong Man* zu realisieren. Fünf Jahre zuvor war er durch einen Artikel in der Illustrierten *Life* auf den Fall des Musikers Manny Balestrero (im Film dargestellt von Henry Fonda) aufmerksam geworden. Der Mann war verdächtigt worden, mehrere schwere Raubüberfälle begangen zu haben, geriet jedoch als Unschuldiger in die Mühlen der Justiz, da er kein glaubwürdiges Alibi nachweisen konnte. Erst durch einen Zufall gelang es der Polizei, den richtigen Täter festzunehmen, der Balestrero fast aufs Haar glich.
Für Hitchcock stand fest, daß bei diesem Projekt die Fiktion eindeutig in den Hintergrund treten und das Dokumentarische im Gegensatz dazu betont werden mußte. Entstanden ist dabei ein quälend beunruhigender Film voller bedrückender Momente; ein Film ohne Knalleffekte und kalkulierte Schocksequenzen, sondern eher ein bedächtig inszeniertes, menschliches Drama vor kriminellem Hintergrund. *Der falsche Mann*, zu dem Hitchcock selbst am Anfang als silhouettenhaft ausgeleuchtete Gestalt den Prolog spricht, geriet zwischen den sich farbenfroh präsentierenden Werken DER MANN, DER ZUVIEL WUSSTE und AUS DEM REICH DER TOTEN zu einem sachlich-kargen Schwarz-Weiß-Intermezzo, das in erster Linie aus Hitchcocks Interesse am Thema entstand und seiner Entdeckung Vera Miles die Gelegenheit zu einem Leinwand-Auftritt unter seiner Regie geben sollte. jg

Falsches Spiel mit Roger Rabbit

Who Framed Roger Rabbit? USA 1988 **R** Robert Zemeckis, Richard William (Zeichentrick-Regie) **B** Jeffrey Price, Peter S. Seaman, nach einem Roman von Gary K. Wolf **K** Dean Cundey **M** Alan Silvestri **P** Robert Watts, Frank Marshall für Touchstone Pict./Silver Screen/Steven Spielberg **L** 103 Min., Farbe **D** Bob Hoskins, Christopher Lloyd, Joanna Cassidy, Stubby Kaye, Richard Le Parmentier, Joel Silver

Eine atemberaubende Mischung aus Real- und Trickfilm von bisher noch nie erreichter tricktechnischer Qualität, die ein wahres Feuerwerk von Effekten abbrennt und den Zuschauer angesichts des vorgelegten Tempos stellenweise schwindelig macht.
In der stark an das Chicago der Prohibition erinnernden Stadt Toontown, in der sich Menschen und Zeichentrickfiguren ein Stelldichein geben, wird der reiche Fabrikant Marvin Acme (seine Domäne ist die Produktion von Gags) ermordet. Ausgerechnet der schusselige Zeichentrickhase Roger Rabbit gerät unter Verdacht, die Tat begangen zu haben. Um seine Unschuld zu beweisen, zieht Roger auf eigene Faust los; unterstützt wird er dabei von dem drittklassigen Privatdetektiv Eddie Valiant (Hoskins).
Falsches Spiel mit Roger Rabbit war der erste Film, in dem Steven Spielberg als Co-Produzent mit der Disney-Tochterfirma Touchstone Pictures zusammenarbeitete. Dem Streifen sieht man seine 45 Millionen Dollar Herstellungskosten und die ungewöhnlich lange Vorbereitungsphase von vier Jahren in jeder Szene an. Die Disney-Studios verließen sich auch hier nicht allein auf ihre Techniker, sondern kooperierten eng mit George Lucas´ „Industrial Light & Magic Company“. In perfekter Weise gelang es dabei den Zeichentrickkünstlern, in die

Realszenen ihre Trickfiguren einzukopieren; vor allem dem kanadischen Animateur Richard Williams (bisher mit ca. 240 Preisen, mehreren British Academy Awards und einem Oscar ausgezeichnet) ist die Perfektion dieses Films zu verdanken. Den (menschlichen) Schauspielern freilich wurde bei ihrem Darstellungsvermögen mehr als in anderen Filmen abverlangt, da sie während der ganzen Handlung ins Leere agieren mußten und ihr Gegenüber lediglich imaginär existierte.
„Obwohl der Ton bisweilen rüde ist, liegt über der brodelnden Szenerie ein Flair des Märchenhaften, einer kratzbürstigen Naivität, gewiß eher für die Kinder der Star-Wars- als der Schneewittchen-Generation." (*Frankfurter Rundschau*)
Falsches Spiel mit Roger Rabbit erhielt bei den Oscar-Feierlichkeiten des Jahres 1989 eine Auszeichnung für den Besten Schnitt.
jg

Die Falschspielerin

The Lady Eve. USA 1941 **R** Preston Sturges **B** Preston Sturges, nach der Original-Story *The Faithful Heart* von Mockton Hoffe **K** Victor Milner **M** Sigmund Krumgold **P** Paul Jones für Paramount **L** 97 Min., s/w **D** Barbara Stanwyck, Henry Fonda, Charles Coburn, Eugène Pallette, William Demarest

Auf einem Luxusdampfer lernt der etwas dröge Millionär und Amateur-Schlangenforscher Charles Pike (Fonda) die attraktive Jean Harrington (Stanwyck) kennen, die sich sogleich an ihn heranmacht. Charles ist entzückt, ahnt er doch nicht, daß Jean und ihr Vater (Coburn) ein Betrügerpärchen auf der Suche nach neuen Opfern sind.
Preston Sturges (1898-1959) zeichnet für einige der besten Screwball-Komödien der 40er Jahre verantwortlich, von denen *Die Falschspielerin* von vielen als die brillanteste bezeichnet wird. Wie immer geht es um den ewigen Kampf der Geschlechter, der von den beiden Stars ungemein komisch und pointiert gespielt wird. Weder Stanwyck noch Fonda konnten zuvor mit komischen Material glänzen und erweiterten ihr Repertoire beachtlich. Sturges hatte die Stanwyck als weibliche Hauptdarstellerin durchgesetzt, da ihm Paramount dank der überraschenden Erfolge seiner vorangegangenen Filme DER GROSSE MCGINTY und WEIHNACHTEN IM JULI ziemlich freie Hand gelassen hatte. Die Rechnung ging auf: Das Publikum strömte in Massen in die Kinos, und die Kritik zeigte sich angetan. *Die Falschspielerin* wurde zudem mit einer Oscar-Nominierung für die Beste Original-Story, eine heute abgeschaffte Kategorie, belohnt.
al

Die Fälschung

Die Fälschung / Le faussaire. BRD/Frankreich 1981 **R** Volker Schlöndorff **B** Volker Schlöndorff, Jean-Claude Carrière, Margarethe von Trotta, Kai Hermann, nach dem Roman von Nicolas Born **K** Igor Luther **M** Maurice Jarre **P** Eberhard Junkersdorf für Bioskop/Artemis/Argos **L** 110 Min., Farbe **D** Bruno Ganz, Hanna Schygulla, Jerzy Skolimowski, Gila von Weitershausen, Jean Carmet, Martin Urtel, John Munro, Fouad Naim

Nicolas Borns Roman *Die Fälschung* war 1979 *das* Ereignis auf der Frankfurter Buchmesse. Als Wink mit dem Zaunpfahl schenkte Margarethe von Trotta ihrem Mann Volker Schlöndorff im selben Jahr zu Weihnachten das Buch, obgleich dieser sich mit ganz anderen Verfilmungsplänen beschäftigte und eigentlich Günther Grass´ *Kopfgeburten* in Angriff nehmen wollte, nachdem er zuvor mit DIE BLECHTROMMEL so erfolgreich gewesen war.
Nach der Lektüre des Buches begann Schlöndorff jedoch noch im Juni 1980 zusammen mit seiner Frau und Kai Hermann das Drehbuch zu schreiben. Einen Monat später flog er bereits nach Beirut, um sich dort vor Ort auf Motivsuche zu begeben.
Bruno Ganz spielt den Hamburger Journalisten Georg Laschen, der von seiner Redaktion nach Beirut geschickt wird, um dort eine Reportage über den Bürgerkrieg zu schreiben. Begleitet von dem Fotografen Hoffmann (Skolimowski) erlebt Laschen bald am eigenen Leib die Schrecken des Libanon-Konflikts. Angesichts der Leiden und Entbehrungen der Zivilbevölkerung gerät er in eine schwere persönliche Krise, die ihn zwingt, die Intention seiner beruflichen Aktivitäten neu zu überdenken. Die Begegnung mit der Deutschen Greta (Schygulla) verleiht ihm neuen Mut zum Schreiben.
Schlöndorff verzichtete darauf, die Ruinenkulisse Beiruts auf irgendeinem europäischen Studiogelände rekonstruieren zu lassen, sondern reiste im Dezember 1980 mit dem kompletten Drehteam in den Libanon. Die bedrückenden Kriegssequenzen entstanden in der Trümmerwüste Beiruts, die zu diesem Zweck noch einmal mit MG-Salven belegt und in Brand gesteckt wurde. Mit 5.000 Litern Benzin entzündete man so z.B. die ohnehin bereits verkohlten Überreste des „Holiday-Inn"-Hotels. Zu einem gefährlichen Zwischenfall während der Dreharbeiten kam es, als sich in einer Szene eine Gruppe von Statisten mit Platzpatronen ein fingiertes Feuergefecht lieferte, was von den in den benachbarten Gebäuden liegenden Heckenschützen völlig mißverstanden wurde, so daß diese ihrerseits mit scharfer Munition die Filmcrew beschossen.
„Eine wahrhaft werkgetreue Literaturverfilmung. Ein Handwerk, das hier goldenen Boden hat." (*Der Spiegel*)
jg

Falstaff

Campanadas a medianoche/Chimes at Midnight/Falstaff. Spanien/Schweiz 1966 **R** Orson Welles **B** Orson Welles, nach Motiven aus den Bühnenstücken *Richard II* , *Henry IV* , *Henry V* (I+II), *The Merry Wives of Windsor* von William Shakespeare **K** Edmond Richard **M** Angelo Francesco Lavagnino **P** Emiliano Piedra, Angel Escolano für Internacional Films (Madrid), Alpine Prod. (Basel) **L** 116 Min., s/w **D** Orson Welles, Keith Baxter, John Gielgud, Jeanne Moreau, Margaret Rutherford, Norman Rodway, Marina Vlady, Alan Webb, Tony Beckley, Walter Chiari, Fernando Rey

Schon mit MACBETH und OTHELLO hatte sich Orson Welles Skakespeare-Stoffen angenommen. Für *Falstaff* dienten gleich fünf Stücke des britischen Poeten als Vorlage, da die Titelfigur in allen vorkommt.
Falstaff (Welles) ist ein alter, liebenswerter Taugenichts und Prahlhans. Mit Vorliebe zieht er mit dem Sohn von König Henry IV. (Gielgud), dem Prinzen Hal (Baxter), vagabundierend umher. Inzwischen hat Henry Percy (Rodway) ein Heer gegen den König versammelt und eine bewaffnete Auseinandersetzung steht bevor. Jetzt endlich übernimmt auch Hal Verantwortung und besiegt die feindlichen Truppen bei Shrewsbury. Falstaff hat sich während der Schlacht feige verkrochen, prahlt jeoch im nachhinein mit seinen angeblichen Heldentaten. Als nach dem Tode des Königs Hal als Henry V. den Thron besteigt, erhofft sich Falstaff großzügige Entlohnung. Statt dessen wird er vom neuen Herrscher verstoßen und stirbt einsam und verbittert.
Von Welles´ Shakespeare-Adaptionen ist *Falstaff* sicher die brillanteste. Die Struktur und der Inhalt der fünf Vorlagen gehen natürlich weitgehend verloren, doch Welles schaffte es, aus den einzelnen Episoden um seine tragikomische Hauptfigur eine kompakte Einheit zu machen, die die Geschehnisse aus neuer Sicht betrachtet. Während der Produktion kam es zu den üblichen Finanzproblemen, und es mußte viel improvisiert werden. So weist der Film zwar unübersehbare technische Mängel auf (schlampiger Schnitt, Ton), doch enthält er auch einige der überwältigendsten visuellen Tableaus in Welles´ Werk, darunter die atemberaubende Gestaltung der großen Schlacht von Shrewsbury, von den hervorragenden Darstellungen ganz zu schweigen.

Als *Falstaff* in Cannes mit dem Spezialpreis der Jury ausgezeichnet wurde, feierte das Festivalpublikum Welles mit minutenlangen stehenen Ovationen. In Europa kam der Film recht gut an, in den USA wurde er aufgrund der zögerlichen Verleihpolitik kaum gezeigt. Er ist Orson Welles´ letzter vollendeter Spielfilm, sieht man einmal von dem halbdokumentarischen *F... wie Fälschung* (1973) ab. al

Fame - Der Weg zum Ruhm

Fame. USA 1980 **R** Alan Parker **B** Christopher Gore **K** Michael Serresin **M** Michael Gore **P** David DeSilva, Alan Marshall für MGM/UA **L** 134 Min., Farbe **D** Eddie Barth, Irene Cara, Lee Curreri, Laura Dean, Antonia Franchesi, Boyd Gaines, Paul McCrane, Gene Anthony Ray

Nach dem aufregenden Thriller MIDNIGHT EXPRESS wandte sich der britische Regisseur Alan Parker hier einem ganz anderen Thema zu: *Fame* beschreibt den Werdegang einer Gruppe von Schülern der New Yorker Hochschule für darstellende Künste anhand von zwölf in den Vordergrund gerückten Charakteren. Darunter sind Coco (Cara), eine talentierte Sängerin, Montgomery (McCrane), ein verwirrter homosexueller Schauspieler, Leroy (Ray), ein ungebildeter Tänzer. In fünf Episoden - Aufnahmeprüfungen und vier Semester - schildert der Film die Sorgen, Nöte und Träume der aufstrebenden Talente. Die einzelnen Elemente werden lose miteinander verknüpft und durch Songs zusammen gehalten, darunter *Red Light, I Sing the Body Electric, Out Here on My Own* und der Titelsong *Fame*.
Der Film war ein Riesenerfolg und zog mehrere Werke mit ähnlicher Thematik, so FLASHDANCE und FOOTLOOSE, die aber ausnahmslos schwächer waren, sowie eine Fernsehserie nach sich. Von den agierenden Schauspielern kam allerdings nur Irene Cara zu bescheidenem Ruhm (als Sängerin). Der Titelsong von Michael Gore (Musik) und Dean Pitchford (Text) bekam einen Oscar als Bester Song, Michael Gore wurde für seinen Soundtrack ausgezeichnet. Außerdem gab es Nominierungen für Ton und Schnitt. al

Die Familie

La famiglia. Italien/Frankreich 1987 **R** Ettore Scola **B** Ruggero Maccari, Furio Scarpelli, Ettore Scola **K** Ricardo Aronovitch **M** Armando Trovaioli **P** Franco Committeri für Massfilm/Cinecittà/RAI Uno (Rom), Cinemax/Les Films Ariane/FR 3 Films (Paris) **L** 127 Min., Farbe **D** Vittorio Gassman, Fanny Ardant, Stefania Sandrelli, Andrea Occhipinti, Ricky Tognazzi, Philippe Noiret, Jo Champa, Cecilia Dazzi

Nachdem Ettore Scola mit LE BAL-DER TANZPALAST seine Fähigkeit, einen Film an einem einzigen Schauplatz zu drehen, demonstriert hatte, wiederholte er das Experiment bei dieser wunderschönen, nostalgisch getönten Familienchronik, die zwischen 1906 und 1986 angesiedelt ist. Der Film beginnt mit einem Familienphoto anläßlich der Geburt Carlos, und er endet mit einem ähnlichen Photo an Carlos 80. Geburtstag. Zwischen diesen beiden Aufnahmen liegt die wechselvolle Geschichte einer römischen Mittelstandsfamilie, zu deren Oberhaupt Carlo (Occhipinti/Gassman) heranwächst. Er heiratet Beatrice (Dazzi/Sandrelli), obwohl er deren kapriziöse Schwester Adriana (Champa/Ardant) mehr liebt. Liebe, Leidenschaft, Verzweiflung, Tod, persönliche Tragödien, all das spielt sich in den Wänden der Wohnug ab, die Ricardo Aronovitchs Kamera kein einziges Mal verläßt. Das Porträt eines ganzen Jahrhunderts mit politischen Krisen und Kriegen wird durch diese Familie reflektiert.
Die Abdeckung eines Zeitraumes von achtzig Jahren stellte natürlich ein großes Problem dar, besonders was den Alterungsprozeß der Darsteller anging. Die Figur des Carlo wird insgesamt von drei Schauspielern verkörpert, während die anderen Hauptfiguren mit zwei auskommen müssen. Trotzdem mußten die Maskenbildner noch einige Male Hand anlegen, um die verschiedenen Altersstufen glaubwürdig werden zu lassen.
Ettore Scolas *Familie* wurde besonders in Europa sehr positiv aufgenommen und erhielt fast durchweg gute Kritiken, für die stellvertretend *Der Spiegel* lobte: „Scolas Bekenntnis zur Unverwüstlichkeit der Institution Familie ist sentimental, aber so schlau und gut gelaunt, daß es nie klebrig wird." al

Familiengrab

Family Plot. USA 1976 **R** Alfred Hitchcock **B** Ernest Lehman, nach dem Roman *The Rainbird Pattern* von Victor Canning **K** Leonard J. South **M** John Williams **P** Alfred Hitchcock für Universal **L** 120 Min., Farbe **D** Bruce Dern, Barbara Harris, William Devane, Karen Black, Cathleen Nesbitt, Ed Lauter, Katherine Helmond, William Prince, Nicholas Colasanton, John Lehne

Familiengrab sollte Alfred Hitchcocks letzter Film werden. Ähnlich wie bei seinem Spionage-Thriller DER UNSICHTBARE DRITTE muß sich der Zuschauer in einem anfangs etwas verwirrenden Handlungsaufbau zurechtfinden, um dann aber das weitere Geschehen mit um so größerem Vergnügen zu verfolgen.
Barbara Harris spielt die Wahrsagerin Blanche, die zwar über keinerlei hellseherische Fähigkeiten verfügt, dafür jedoch von ihrem taxifahrenden Freund George unterstützt wird. Eines Tages übernimmt Blanche den Auftrag, den verloren geglaubten Sohn der Familie Rainbird ausfindig zu machen, da dieser ein großes Erbe antreten soll. Der gesuchte Sprößling hat allerdings seinen Namen geändert und führt ein äußerst zwielichtiges Leben, da er seine Juwelentransaktionen durch erpresserische Entführungen bereichert. Blanches und Georges hartnäckige Suche nimmt gefährliche Dimensionen an, denn der Rainbird-Erbe möchte unter keinen Umständen entdeckt werden.
Die Empfehlungen des Studios, die Rolle der Blanche doch lieber mit Liza Minnelli zu besetzen, schlug Hitchcock in den Wind. Diese Schauspielerin konnte er sich beim besten Willen nicht dafür vorstellen. Einer der gestalterischen Höhepunkte des Films ist sicherlich die Entführung des Bischofs während des Gottesdienstes. Um Kosten zu sparen, drehte man nicht im Studio, sondern in der Kathedrale von San Francisco, die Hitchcock zu diesem Zweck mit einigen Hundert Statisten bevölkern ließ.
Familiengrab wurde am 18. März im Rahmen einer Preview der University of Southern California vor den versammelten Filmstudenten aufgeführt. Hitchcock selbst sprach zu Beginn einige einleitende Worte. Drei Tage später erfuhr sein Abschiedswerk während der Filmfestspiele von Los Angeles eine zweite, etwas offiziellere Präsentation, in deren Verlauf James Stewart dem Altmeister des Spannungskinos den neugeschaffenen Filmex-Preis verlieh. jg

Family Business

Family Business. USA 1989 **R** Sidney Lumet **B** Vincent Patrick, nach seinem Roman **K** Andrzej Bartkowiak **M** Cy Coleman **P** Lawrence Gordon für Gordon Company/Regency International Pictures/Tri-Star Pictures **L** 115 Min., Farbe **D** Sean Connery, Dustin Hoffman, Matthew Broderick, Rosana DeSoto, Janet Carroll, Victoria Jackson

Die McMullens sind eine Familie mit verbrecherischer Tradition: Großvater Jessie (Connery) war zeitlebens ein ausgekochter Gauner, Sohn Vito (Hoffman) zieht nach einigen kriminellen Fehlschlägen jetzt den ehrlichen Broterwerb vor und Enkel Adam (Broderick), der gerade sein Sudium geschmissen hat. Als Adam seinem Großvater einen „todsicheren" Coup vorschlägt, bei dem eine Million Dollar zu holen sind, geht

Vito die Wände hoch. Um seinen Sohn zu schützen, läßt er sich schließlich doch noch auf das Familienunternehmen ein...
Obwohl natürlich die drei Stars als Familie nie so ganz glaubwürdig sind (besonders nicht Connery als Hoffmans Vater!), ist *Family Business* in seiner ersten Hälfte eine ganz amüsante Untersuchung von Sidney Lumets Lieblingsthemen, der Familie und der Großstadt (wieder einmal: New York). Wirkungsvoll kontrastiert der Regisseur die unterschiedlichen Weltanschauungen der Protagonisten sowie die verdoppelten Vater-Sohn-Beziehungen (Jessie/Vito und Vito/Adam). Einen Bruch gibt es nach dem spannend und rasant inszenierten Einbruch in die Fabrik: Adam wird verhaftet, und zwischen Jessie und Vito und Vito und seiner Frau kommt es zu erbitterten Auseinandersetzungen über die Verantwortung gegenüber dem Jungen. Der locker-ironische Tonfall der ersten Hälfte weicht in der zweiten einem rührseligen und schwerfälligen Moralisieren. Diese Zweiteilung bekommt dem Film nicht, und obwohl die drei Stars reichlich Charisma mitbringen, können auch sie diese unglückliche Wende nicht annehmbarer machen. Eine Enttäuschung auf der ganzen Linie! al

Der Fanatiker

The Fan. USA 1981 **R** Edward Bianchi **B** Priscilla Chapman, John Hartwell, nach einem Roman von Bob Randall **K** Dick Bush **M** Pino Donaggio **P** Robert Stigwood für Paramount **L** 95 Min., Farbe **D** Lauren Bacall, James Garner, Maureen Stapleton, Hector Elizondo, Michael Biehn

Die gefeierte Schauspielerin Sally Ross (Bacall) erhält seit einiger Zeit von einem Verehrer glühende Liebesbriefe, die ihr jedoch mit einer zunehmenden Häufung unerfüllbarer (auch sexueller) Forderungen immer unangenehmer werden. Hinter dem Briefeschreiber steckt der junge Schallplattenverkäufer Douglas Breen (Biehn), ein introvertierter Einzelgänger, der in einer Traumwelt lebt. Er fühlt sich mißverstanden; seine Gefühle schlagen in Haß und Eifersucht um. Zwei Menschen aus Sallys Umfeld attackiert er auf hinterhältige Weise, um sich dann eines Abends, als Sally allein nach einer Vorstellung im Theater zurückgeblieben ist, persönlich seinem angebeteten Star zu widmen.
Man merkt, daß Edward Bianchi aus der Werbefilmbranche kommt. *Der Fanatiker* ist erlesen fotografiert, wirkt stellenweise dadurch fast etwas zu künstlich und geleckt, weist aber andererseits auch Sequenzen auf, die gestalterisch durchaus an Hitchcock oder De Palma heranreichen. Erwähnenswert ist in dieser Hinsicht vor allem die Szenenfolge im Schwimmbad, in dem Breen Sallys Kollegen David mit einem Messer verletzt. Die Kamera verfolgt aus der Vogelperspektive über dem Becken schwebend, wie die Schwimmer ihre Bahnen ziehen und sich plötzlich im klaren Wasser eine Blutwolke verteilt.
Der Fanatiker wurde in New York gedreht; für die Außenaufnahmen von Breens Wohnung fungierten einige heruntergekommene Häuser in der 49. Straße. Sallys schickes Appartement fand man in einer noblen Wohngegend in der Nähe des Central Parks.
„Spätestens seit der Ermordung John Lennons durch einen seiner größten Fans weiß man, daß der Übergang zwischen einem harmlosen Fan und einem gefährlichen Fanatiker fließend sein kann. Sicher ist auch, daß diese Thematik durch diesen Film lange nicht erschöpft ist; denn Bianchis Film funktioniert trotz allem in erster Linie als Thriller, als solcher ist er aber ein starkes Stück." (*Zoom*) jg

Fanfan, der Husar

Fanfan la tulipe. Frankreich/Italien 1952 **R** Christian-Jaque **B** Christian-Jaque, Henri Jeanson, René Wheeler, René Fallet **K** Christian Matras **M** Georges van Parys **P** Filmsonor/Les Films Ariane (Paris), Amato Prod. (Rom) **L** 100 Min., s/w **D** Gérard Philipe, Gina Lollobrigida, Noël Roquevert, Olivier Hussenot, Nerio Bernardi, Geneviève Page, Sylvie Pelayo

Christian-Jaques klassisches Mantel- und Degen-Märchen ist sicher Gérard Philipes berühmtester Film. Obwohl der bereits im Alter von 37 Jahren verstorbene Schauspieler in zahlreichen weiteren hochkarätigen Leinwandwerken zu sehen war, identifiziert man ihn heute hauptsächlich mit jenem verwegenen Draufgänger, der im Frankreich des 17. Jahrhunderts den Beinamen „die Tulpe" bekommt, da ihm Madame Pompadour (Page) aus Dankbarkeit eine solche schenkt, nachdem er sie vor Wegelagerern gerettet hat. Dabei lernt Fanfan auch Henriette (Pelayo), die Tochter Ludwigs XIV., kennen...
Fanfan, der Husar, dessen (erdachte) Hauptfigur eine charmante Kreuzung aus Volkshelden wie Robin Hood, Zorro und Cartouche darstellt, bietet nicht nur schwungvolle Abenteuerunterhaltung vor dem Hintergrund des Rokoko, sondern karikiert auch auf amüsante Weise den säbelrasselnden Militarismus und das feudalistische Machtgefüge der damaligen Zeit. Als Fanfan, dessen Zunge mindestens ebenso scharf ist wie sein Degen, erobert Gérard Philipe sämtliche Damenherzen, einschließlich das von Gina Lollobrigida, die mit dieser Rolle ihren internationalen Durchbruch schaffte.
Regisseur Christian-Jaque, der für seine Arbeit in Cannes mit dem Regiepreis ausgezeichnet wurde, drehte 1961 eine Art Remake des Films mit Alain Delon in der Hauptrolle: DIE SCHWARZE TULPE. al

Fanfaren der Liebe

Fanfaren der Liebe. BRD 1951 **R** Kurt Hoffmann **B** Heinz Pauck, nach einem Manuskript von Robert Thoeren und Michael Logan **K** Richard Angst **M** Franz Grothe **P** Jacob Geis für Neue Deutsche Filmgesellschaft **L** 88 Min., s/w **D** Dieter Borsche, Inge Egger, Grethe Weiser, Georg Thomalla, Oskar Sima, Ilse Petri, Beppo Brem, Hans Fitz, Herbert Kroll, Ursula Traun

Daß ausgerechnet für Billy Wilders rasante Komödie MANCHE MÖGEN'S HEISS Kurt Hoffmanns Lacherfolg *Fanfaren der Liebe* aus den frühen 50er Jahren Pate gestanden hatte, ist heute weitgehend in Vergessenheit geraten. In Scharen strömten damals die Zuschauer in die Kinos, um die beiden Publikumslieblinge Dieter Borsche und Georg Thomalla in ihren Travestie-Rollen zu sehen.
Die beiden Schauspieler verkörpern die Musiker Hans und Peter, die im gebeutelten Nachkriegsdeutschland aufgrund der miserablen Wirtschaftslage keinen Job finden können. Lediglich die Damenkapelle „Alpenveilchen" sucht dringend Verstärkung. Also sind unsere beiden Helden gezwungen, ihre Identität zu ändern; aus Hans wird Hansi, aus Peter Petra. Die raffiniert eingefädelte Täuschungsaktion bleibt nicht ohne turbulente Konsequenzen.
Für die biederen 50er Jahre wurde Kurt Hoffmanns Komödie gemessen am Geist der Adenauer-Ära laut eines Kritikers als „sensationell und etwas anstößig" empfunden. Die größte Überraschung bot wohl Dieter Borsche, dem man in Erinnerung an seine recht steifen und ernsten Rollen kaum einen solch gewagten Ausflug ins Komödienfach zugetraut hatte.
1935 war die Geschichte bereits das erste Mal in Frankreich verfilmt worden. Die deutsche Produktion erwies sich an den Kinokassen so erfolgreich, daß 1953 unter dem Titel *Fanfaren der Ehe* (wiederum mit Borsche und Thomalla) eine Fortsetzung entstand, die jedoch nichts anderes als ein geschmacklos geratener Aufguß des Hoffmann-Vorläufers war. jg

Der Fänger

The Collector. USA 1965 **R** William Wyler **B** Stanley Mann, John Kohn, nach dem Roman von

Fantomas gegen Interpol

Fantomas contre Interpol. Frankreich/Italien 1965 **R** André Hunebelle **B** Jean Halain, Pierre Foucaud, nach den Romanen von Pierre Souvestre und Marcel Allain **K** Raymond Lemoigne **M** Michel Magne **P** Alain Poiré, Paul Cadéac für P.A.C./Gaumont (Paris), Victory Film (Rom) **L** 99 Min., Farbe **D** Jean Marais, Louis de Funès, Mylène Demongeot, Olivier de Funès

In der nach dem Riesenerfolg von FANTOMAS mit demselben Team entstandenen Fortsetzung geht es wiederum um die verbrecherischen Pläne von Fantomas, der diesmal eine Gruppe von Wissenschaftlern entführt, um sich deren Entdeckung einer Strahlenwaffe zunutze zu machen. Kommissar Juve (De Funès), mittlerweile mit einem Orden für seinen heldenhaften Einsatz im früheren Film ausgezeichnet, macht sich mit Reporter Fandor wieder auf die Jagd, doch auch diesmal kann der Super-Verbrecher entkommen - mit einem Auto, das sich am Ende des Films in die Lüfte erhebt.
Jean Marais spielt in dieser rasanten und urkomischen Neuauflage sogar drei Rollen: Neben Fandor, dessen Maske Fantomas ebenfalls trägt, ist er als Professor Lefèvre ebenfalls mit Fandors Gesicht zu sehen.
Eine weitere Fortsetzung entstand 1966: FANTOMAS BEDROHT DIE WELT. al

Die Fantome des Hutmachers

Les fantômes du chapelier. Frankreich 1982 **R** Claude Chabrol **B** Claude Chabrol, nach dem Roman von Georges Simenon **K** Jean Rabier **M** Mathieu Chabrol **P** Philippe Grumbach für Horizon Prod./S.F.P.C./Films Antenne 2 **L** 122 Min., Farbe **D** Michel Serrault, Charles Aznavour, Aurore Clément, Fabrice Ploquin

In einer französischen Provinzstadt geschehen mehrere Morde an älteren Frauen. Der armenische Schneider Kachoudas (Aznavour) glaubt den Täter zu kennen: sein Nachbar von gegenüber, der angesehene Bürger und Hutmacher Monsieur Labbé (Serrault). In der Tat hat Labbé bereits vor 15 Jahren seine ewig nörgelnde Frau umgebracht und räumt jetzt nacheinander alle ihre Freundinnen aus dem Weg, da er deren Geburtstagsbesuch fürchtet. Kachoudas´ Verdacht stört ihn nicht, im Gegenteil, er amüsiert ihn. Denn wer würde einem armseligen Schneider schon glauben, noch dazu, wo es sich um einen Ausländer handelt?
Nach zahlreichen Arbeiten für das Fernsehen kehrte Claude Chabrol mit dieser gelungenen Verfilmung eines Romans von Georges Simenon auf die Leinwand zurück. Wie schon so häufig, dient dem Regisseur das Ausgangsmaterial zur Untersuchung kleinstädtischer und kleinbürgerlicher Zwänge und Verhaltensweisen, die er mit schwarzem Humor vorführt und entlarvt. Zugleich ist der Film auch das spannende Psycho-Duell zweier Charaktere unterschiedlicher Herkunft und unterschiedlichen Standes und ihrer Schauspieler, den großartig aufgelegten Michel Serrault und Charles Aznavour. Serrault spielte in DR. PETIOT dann noch einmal eine derartige Rolle, eine zwischen Vernunft und Wahnsinn schwankende bürgerliche Existenz. al

Die Farbe des Geldes

The Color of Money. USA 1986 **R** Martin Scorsese **B** Richard Price, nach dem Roman von Walter Tevis **K** Michael Ballhaus **M** Robbie Robertson **P** Irving Axelrad, Barbara De Fina für Touchstone Pictures/Silver Screen Partners II **L** 119 Min., Farbe **D** Paul Newman, Tom Cruise, Mary Elizabeth Mastrantonio, Helen Shaver, John Turturro

In Robert Rossens HAIE DER GROSSSTADT von 1961 war Paul Newman bereits als „Fast Eddie" Felson zu sehen gewesen, ein ehrgeiziger Pool-Billard-Spieler, der am Ende von seinem skrupellosen Manager, gespielt von George C. Scott, hereingelegt wird. Wie schon der frühere Film basiert Martin Scorseses Fortsetzung der Geschichte auf einem Roman von Walter Tevis, der jedoch von Drehbuchautor Richard Price (er schrieb den Roman *The Wanderers*) verändert und um die Figur des Vincent (Cruise) erweitert wurde.
Vincent ist ein junges Billard-As, das von Eddie (Newman), der sich jetzt mit Alkoholverkauf über Wasser hält, unter die Fittiche genommen wird. Mit dem Ziel, ein Turnier in Atlantic City zu gewinnen, tingelt Eddie mit seinem Schützling und dessen Freundin (Mastrantonio) durch kleine Städte und zeigt ihm, wie aus Talent Geld zu machen ist. Dabei wird der Wunsch immer stärker, selbst wieder zum Queue zu greifen, und es kommt, wie es kommen muß: Lehrer und Schüler stehen sich in Atlantic City als Gegner gegenüber.
Aus dieser vorhersagbaren Handlung hat Martin Scorsese trotzdem einen interessanten Film gemacht, was zum einen an den hervorragenden Charakterisierungen der Hauptfiguren liegt, zum anderen an der gelungenen filmischen Umsetzung der Spiel-Atmosphäre, besonders durch die wie immer elegante Kameraführung von Michael Ballhaus. Gerade die visuelle Brillanz des Films wurde jedoch von vielen Kritikern moniert. So schrieb die *Rheinische Post*: „Wäre die Kluft zwischen der Verpackung dieser Kinoware und ihrem Inhalt weniger tief, Scorseses jüngster Film wäre nicht nur respektabel, sondern außerordentlich, nicht nur spannend, sondern geradezu atemberaubend."
Besonders Paul Newman heimste viel Lob für die Darstellung einer Figur ein, die ihm 25 Jahre früher bereits eine Oscar-Nominierung beschert hatte. Für *Die Farbe des Geldes* gewann er die begehrte Trophäe endlich. Weitere Nominierungen gab es für Beste Nebendarstellerin (Mastrantonio), Drehbuchadaption und Ausstattung. al

Die Farbe Lila

The Color Purple. USA 1986 **R** Steven Spielberg **B** Menno Meyjes, nach dem Roman von Alice Walker **K** Allen Daviau **M** Quincy Jones **P** Steven Spielberg, Kathleen Kennedy, Frank Marshall, Quincy Jones für Amblin **L** 160 Min., Farbe **D** Whoopi Goldberg, Margaret Avery, Danny Glover, Oprah Winfrey, Willard Pugh

Nach seinen Publikumsrennern DER WEISSE HAI, JÄGER DES VERLORENEN SCHATZES und E.T. - DER AUSSERIRDISCHE wollte Hollywoods Wunderkind Steven Spielberg endlich einen ambitionierten Film hervorbringen, der auch in Bezug auf den künstlerischen Aspekt ein ernstzunehmender Anwärter auf den Oscar werden sollte. Dieses Ziel erreichte er jedoch nicht, denn bei den Verleihungsfeierlichkeiten 1985 wurde sein Werk mit Mißachtung gestraft und konnte - trotz seiner 10 Nominierungen - nicht eine einzige Auszeichnung erringen. *Die Farbe Lila* wurde dennoch ein erstaunlicher Kinoerfolg und machte aus der bis dahin noch weitgehend unbekannten Schwarzen Whoopi Goldberg über Nacht einen neuen Star. Sie spielt in diesem Film das Negermädchen Celia, das bereits als Teenager an einen älteren, brutalen Mann verheiratet wird, der kurze Zeit später ihre Schwester, den einzigen Trost, den Celia in ihrem traurigen Leben hatte, von der Farm jagt. Nach jahrelanger Erniedrigung und Demütigung gelangt Celia durch eine selbstbewußte Bluessängerin zu neuer Kraft. Am Ende verläßt sie nicht nur den tyrannischen Ehemann, son-

dern findet auch wieder mit ihrer Schwester und ihren Söhnen zusammen, die man ihr nach der Geburt weggenommen hatte.
Über annähernd drei Stunden hinweg erlebt der Zuschauer in diesem fast ausschließlich mit Schwarzen besetzten Drama ein Panoptikum außergewöhnlicher schauspielerischer Leistungen, das jedoch in seiner Ansammlung an allzu rührenden und herzergreifenden Szenen die Grenzen zum Kitsch und zur Gefühlsduselei nicht mehr einzuhalten weiß. „Spielbergs Regie ist...von sichtbarer Sympathie für seine Figuren und von enormen künstlerischen Ambitionen geprüft, als wolle er mit einem schwarzen Gegenstück zu VOM WINDE VERWEHT in die Filmgeschichte eingehen. Genau daran scheitert der Film, denn er wird mehr und mehr zum kunstgewerblichen Rührstück, das den Zuschauer zielstrebig weichklopft..." (*Süddeutsche Zeitung*) jg

Farewell Moskau

Mosca addio. Italien 1986 **R** Mauro Bolognini **B** Enrico Roseo, Marcello Andrei **K** Ennio Guarnieri **M** Ennio Morricone **P** Roseo Film/RAI Uno/ Instituto Luce-Italneggio **L** 129 Min., Farbe **D** Liv Ullmann, Daniel Olbrychski, Aurore Clément, Anna Galiena

Moskau, 1970. Die russische Jüdin Ida Nudel (Ullmann), die sich seit Jahren um eine Ausreisegenehmigung aus der UdSSR bemüht, verliert ihren Arbeitsplatz und wird schließlich sogar, wegen ihres hartnäckigen Eintretens für Glaubensfreiheit, in eine psychiatrische Anstalt eingewiesen. Nach ihrer Entlassung protestiert sie weiter und landet in einem sibirischen Arbeitslager, aus dem sie erst 1978 wieder entlassen wird. In Moskau unerwünscht, lebt sie jahrelang in einem Provinzkaff, wo sie ein britischer Journalist entdeckt.
Aus diesem fast unglaublichen Schicksal einer mutigen und kämpferischen Frau machte Mauro Bolognini einen erschütternden, herzzerreißenden Film, der sich vehement gegen die repressiven Machenschaften eines totalitären Regimes wendet. Liv Ullmann hatte sich lange Jahre selbst für Idas Ausreise eingesetzt, doch erst 1987, ein Jahr nach Entstehung von *Farewell Moskau*, konnte sie im Zuge der Öffnung unter Gorbatschow das Land verlassen. Ida Nudel lebt heute in Israel.
Bolognini erzählt den Film im guten, altmodischen Stil des kritischen italienischen Unterhaltungskinos, worunter jedoch weder die Schärfe seiner Anklage noch die Glaubwürdigkeit der Schilderung leiden. Liv Ullmann verkörpert Ida mit Leidenschaft und Hingabe, während Ennio Morricones wunderschöne, klagende Musik fast schon des Guten ein bißchen zuviel tut.
Farewell Moskau kam in der BRD trotz seiner Qualität leider nur auf Video heraus. al

Farewell to the King

Farewell to the King. USA 1988 **R** John Milius **B** John Milius, nach dem Roman *L'adieu au roi* von Pierre Schoendorffer **K** Dean Semler **M** Basil Poledouris **P** Al Ruddy, André Morgan für Vestron Pictures/Orion Pictures **L** 117 Min., Farbe **D** Nick Nolte, Nigel Havers, James Fox, Marilyn Tokuda, Frank McRae

Offenbar hatte Regisseur John Milius so große Vorbilder wie LORD JIM oder APOCALYPSE NOW (an dessen Drehbuch er selbst mitschrieb) vor Augen, als er sich daran machte, die Romanvorlage des Autors Pierre Schoendorffer in einen romantischen Abenteurfilm zu verwandeln. Auch hier geht es um einen Weißen, der inmitten ursprünglicher Natur zum Herrscher eines Eingeborenenstammes aufsteigt, und dessen heile Welt dann von Landsleuten zerstört wird.
Learoyd (Nolte), ein desertierter amerikanischer Soldat, ist auf der südostasiatischen Insel Borneo zum „König" eines Stammes von Kopfjägern aufgestiegen. Zwei britische Offiziere, die für die Mobilmachung der Eingeborenen gegen den drohenden Einfall der Japaner sorgen sollen, entdecken den weißen Herrscher bei ihrer Dschungel-Mission. Doch auch eine (nicht ernst gemeinte) Garantie-Erklärung der Alliierten zum Schutze des Stammes, kann nicht verhindern, daß die Japaner mit unvorstellbarer Grausamkeit über das Dorf herfallen. Learoyd, bis dato friedliebend, macht zum Rachefeldzug mobil...
Der gesamte Film wurde an Original-Schauplätzen in Malaysia gedreht und beeindruckt durch atemberaubende Dschungel-Aufnahmen. Doch dann hört die Faszination auch schon auf, denn Milius hat es nicht verstanden, für sein bekanntes Material die passende Sprache zu finden. Die Handlung ist klischeebeladen und vorhersagbar, zudem baut sich die Spannung so langsam auf, daß, wenn es endlich zum dramaturgischen Höhepunkt kommt, der dem Film zumindest eine Existenzberechtigung als gute Action-Ware geben könnte, der Zuschauer schon längst das Interesse verloren hat. Bemerkenswert ist immerhin die Zurückhaltung des Regisseurs bei den Kampf-und Gewaltszenen, die nichts Spekulatives an sich haben. *Farewell to the King* erhielt überwiegend schlechte Kritiken und floppte an der Kasse. al

Farm der Besessenen

The Furies. USA 1950 **R** Anthony Mann **B** Charles Schnee, nach dem Roman von Niven Busch **K** Victor Milner **M** Franz Waxman **P** Hal B. Wallis für Paramount **L** 109 Min., s/w **D** Barbara Stanwyck, Wendell Corey, Walter Huston, Judith Anderson, Gilbert Roland

Der verwitwete Rinderbaron T.C. Jeffords (Huston) hat Probleme mit seiner energischen Tochter Vance (Stanwyck), die in seinem Namen die Geschäfte leitet und gar nicht gut auf ihres Vaters neue Flamme (Anderson) zu sprechen ist. Nachdem sie ihre Stiefmutter sogar körperlich angegriffen hat - mit einer Schere - verschlechtert sich das Verhältnis zum alten T.C. zusehends, und der Haß eskaliert.
Anthony Manns dunkles, angesichts seiner Entstehungszeit ziemlich gewalttätiges Psycho-Drama hat zwar einen Western-Hintergrund, interessiert sich jedoch mehr für das Innenleben seiner Figuren als für die Umgebung. Besonderes Augenmerk wird auf die Haßliebe zwischen Vater und Tochter gelegt, die in Charles Schnees Drehbuch fast einen erotischen Charakter bekommt. Barbara Stanwyck, an der Spitze einer ausgezeichneten Besetzung, trat wieder mit blonder Perücke auf, die seit FRAU OHNE GEWISSEN fast zu einem Markenzeichen ihrer Negativ-Rollen geworden war. Für Walter Huston, den Vater von John, sollte es der letzte Film werden - er starb zwei Monate vor dem Kinostart. al

Eine Farm in Montana

Comes a Horseman. USA 1978 **R** Alan J. Pakula **B** Dennis Lynton Clark **K** Gordon Willis **M** Michael Small **P** Gene Kirkwood, Dan Paulson für United Artists **L** 118 Min., Farbe **D** James Caan, Jason Robards, Jane Fonda, George Grizzard, Richard Farnsworth, Jim Davis, Mark Harmon, Macon McCalman, Basil Hoffman, James Kline, James Keach

Einer jener Spätwestern, der mit altbekannter Geschichte im 20. Jahrhundert kurz nach dem Zweiten Weltkrieg angesiedelt ist. Jane Fonda spielt die junge Frau Ella Connors, die allein eine Farm bewirtschaftet und sich gegen den reichen, expansionslüsternen Rancher Ewing (Robards) durchsetzen muß. Unterstützung findet sie bei ihrem Nachbarn Athearn (Caan), der als Invalide aus dem Krieg zurückgekehrt ist. Den beiden Außenseitern gelingt es, trotz der zahlenmäßigen Überlegenheit der gegnerischen Seite in einem blutigen Kampf ihr Land wacker und erfolgreich zu verteidigen.
Neben dem Aufgebot an bekannten Stars (Richard Farnsworth stand 1978 bei den

Oscar-Feierlichkeiten für seine Rolle als Dodger auf der Nominierungsliste) bleibt vor allem die exzellente Kameraarbeit von Gordon Willis mit ihren erlesenen Landschafts- und Naturaufnahmen, die den Gehalt der ziemlich brutalen Story etwas abschwächen, in Erinnerung.
Trotz optischer Schauwerte und guter Besetzung fand sich in Deutschland kein Verleih für den Film. Der Western galt zu diesem Zeitpunkt ohnehin bereits als totes Genre. Im Oktober 1981 wurde *Eine Farm in Montana* das erste Mal im ZDF dem deutschen Publikum präsentiert. jg

Die Fastnachtsbeichte

Die Fastnachtsbeichte. BRD 1960 **R** William Dieterle **B** Kurt Heuser, nach der Erzählung von Carl Zuckmayer **K** Heinz Pehlke **M** Siegfried Franz **P** Dietrich von Theobald für UFA **L** 99 Min., Farbe **D** Hans Söhnker, Gitty Daruga, Götz George, Friedrich Domin, Berta Drews, Rainer Brandt, Christian Wolff, Grit Böttcher, Hilde Hildebrand

Die Erzählung von Carl Zuckmayer erschien erst ein Jahr zuvor in Deutschland und wurde mit Zeitungsvorabdrucken und Besprechungen im Rundfunk mit großer Aufmerksamkeit bedacht. William Dieterle, in der Weimarer Republik selbst am Mainzer Theater und beim Film tätig, inszenierte nach seiner Rückkehr aus Hollywood, wo er u. a. solche Meisterwerke wie EIN SOMMERNACHTSTRAUM oder DER GLÖCKNER VON NOTRE DAME gedreht hatte, *Die Fastnachtsbeichte* als seinen letzten Film.
Am Fastnachtssamstag wird im Mainzer Dom der junge Ferdinand Dörffler (Brandt) erstochen in einem Beichtstuhl aufgefunden. Ferdinands Mutter (Drews) bezichtigt ihren Sohn Clemens (George) des Brudermordes, doch da kommt die Italienerin Viola (Daruga) nach Mainz und legt ein Geständnis ab. Ferdinand war mit ihr befreundet gewesen, hatte sie jedoch verlassen und war schließlich von einem eifersüchtigen Nebenbuhler umgebracht worden.
Die Außenaufnahmen zu *Fastnachtsbeichte* entstanden in Mainz und im Rheingau unter der Mitwirkung einiger Mainzer Karnevalsvereine. Götz George und seine Mutter Berta Drews waren in diesem Film ebenfalls in einer Mutter-Sohn-Konfiguration zu sehen.
„Es ist sehr schwer, eine Erzählung in äußerem Ablauf und zugleich innerem Gehalt auf die Leinwand zu bringen. Hier ist gerade eine Mitte erreicht worden. Man kann dem Geschehen mitunter schlecht folgen, hat aber nie das Gefühl, das sei eine Aufforderung zu tieferem Durchdenken." (*Evangelischer Filmbeobachter*) jg

Fat City

Fat City. USA 1972 **R** John Huston **B** Leonard Gardner, nach seiner Novelle **K** Conrad Hall **M** Marvin Hamlisch, Kris Kristofferson **P** Ray Stark, John Huston für Rastar/Columbia **L** 96 Min., Farbe **D** Stacy Keach, Jeff Bridges, Candy Clark, Susan Tyrell, Nicholas Colosanto, Art Aragon, Curtis Cokes, Sixto Rodriguez, Billy Walker, Wayne Mahan, Ruben Navarra

Als John Huston mit den Dreharbeiten zu *Fat City* begann, war seine Karriere auf ihrem Tiefpunkt angekommen. Seine vorhergehenden Werke hatten sich bis auf BRIEF AN DEN KREML samt und sonders als finanzielle Pleiten und künstlerische Mißerfolge erwiesen. Andere Projekte, für die er als Regisseur bereits vorgesehen war, wurden ihm wieder aus der Hand genommen, weil er inzwischen den Ruf eines Kassenschrecks hatte. Mit 64 Jahren sah sich Huston mit einer wenig rosigen Zukunft konfrontiert. Seiner damals wohl nicht gerade positiven Lebenseinstellung entsprang schließlich ein Film, der zum Sinnbild seiner Resignation und Frustration werden sollte.
Fat City ist ein Boxerfilm, ein illusionsloser Streifen, in dem dem Publikum in der Gestalt des heruntergekommenen Boxers Tully (Keach) ein typischer Verlierer der amerikanischen Gesellschaft vorgeführt wird. Bill Tully ist zum Trinker geworden, nachdem seine Frau ihn verlassen hat. Eines Tages lernt er den jungen Ernie (Bridges) kennen und bemüht sich, diesen zu einem Boxprofi aufzubauen, was jedoch kläglich mißlingt. Er selbst bekommt jedoch unverhofft die Möglichkeit zu einem Comeback. Tully gewinnt den Kampf, doch dieser Sieg erweist sich letztendlich als hohler, kurzlebiger Triumph. Den wirklichen Erfolg wird er nie erleben.
Ursprünglich wollte Huston die Rolle des Tully mit Marlon Brando besetzen, doch dieser konnte sich nicht so recht dazu entschließen. Huston entschied sich schließlich für Stacy Keach, der ihm in *The Travelling Executioner* sehr gut gefallen hatte.
Fat City wurde von den US-Kritikern hochgelobt und spielte auch an den Kinokassen endlich wieder einmal seine Kosten ein. In Deutschland war der Film 1973 lediglich im Rahmen einer John-Huston-Retrospektive im Programm der ARD zu sehen. jg

Fatal Beauty

Fatal Beauty. USA 1987 **R** Tom Holland **B** Hilary Henkin, Dean Riesner, nach einer Story von Bill Svanoe **K** David M. Walsh **M** Harold Faltermeyer **P** Leonard Kroll für MGM **L** 104 Min., Farbe **D** Whoopi Goldberg, Sam Elliott, Ruben Blades, Harris Yulin, John P. Ryan

Nach ihrem glänzenden Einstand auf der Leinwand in DIE FARBE LILA, der sie zum Star machte, war Whoopi Goldberg nicht gerade mit einer glücklichen Hand bei der Auswahl ihrer Filmprojekte gesegnet - oder sie bekam nichts Besseres angeboten. Ihr Talent wurde in einer Reihe niveauloser Krimikomödien vergeudet, von denen JUMPIN´ JACK FLASH noch die beste, *Fatal Beauty* jedoch eindeutig die schlechteste ist. Goldberg spielt die Drogenfahnderin Rita Rizzoli (!), die es mit einer besonders tückischen Form des weißen Gifts Kokain zu tun bekommt - genannt „Fatal Beauty". Hinter dem Geschäft mit dieser tödlichen Droge steckt der scheinbar seriöse Unternehmer Kroll (Yulin), der sich zu seiner Bewachung eine Spezialtruppe hält. Chef dieser Leibwächtergarde ist Mike Marshak (Elliott), dessen Begegnung mit Rita nicht nur sein Leben, sondern auch den Verlauf der Ermittlungen entscheidend verändert...
Fatal Beauty ist im Prinzip ein Abklatsch von BEVERLY HILLS COP, nur diesmal mit vertauschten Geschlechterrollen. Trotz Whoopis Anwesenheit und einiger „flotter" Sprüche wird schnell klar, daß es sich hierbei um keine Komödie handelt - vielmehr um einen ultra-brutalen Polizeifilm, dessen ungenierte Ausbeutung von Gewalt seine mit dem Holzhammer präsentierte Anti-Drogen-Botschaft nicht gerade glaubwürdiger macht. Whoopi ist komisch, wann immer sich ihr eine Chance dazu bietet, doch den Rest dieses üblen Machwerks kann man getrost vergessen.
Die amerikanischen Kritiker wetzten die Messer, als *Fatal Beauty* anlief, so schrieb *USA Today*: „Ein Rätsel, warum dieser nichtswürdige Streifen je gemacht wurde, es sei denn, die Macher hatten selbst etwas ´Fatal Beauty` geschnupft." al

Faust

Faust. BRD 1960 **R** Peter Gorski **B** Peter Gorski, Gustaf Gründgens, nach dem Bühnenstück von Johann Wolfgang von Goethe **K** Günther Anders **M** Mark Lothar **P** Walter Traut für Divina **L** 128 Min., Farbe **D** Will Quadflieg, Gustaf Gründgens, Ella Büchi, Elisabeth Flickenschildt, Hermann Schomberg, Eduard Marks, Max Eckard, Uwe Friedrichsen, Heinz Reincke, Hans Irle

1932 spielte Gustaf Gründgens zum ersten Mal den Mephisto, der über die Jahrzehnte hinweg zu einer seiner Lieblingsrollen auf der Bühne wurde. Insgesamt 600 Mal verkörperte er diese Figur aus Goethes *Faust*.

Zu einem international vielbeachteten und gefeierten Ereignis wurde die Inszenierung am Deutschen Schauspielhaus in Hamburg, die am 21. April 1957 Premiere hatte und mit der Gründgens neue Maßstäbe in der deutschen Theatergeschichte setzte.
Bald schon erschienen die ersten Tonmitschnitte der Aufführung auf Schallplatte, doch vermißte man neben aller sprachlichen Brillanz natürlich die optischen Eindrücke. Pläne, das Stück für das Fernsehen aufzeichnen zu lassen, scheiterten damals an den Widerständen der Anstalts-Bürokratie. Peter Gorski, der Adoptivsohn von Gustaf Gründgens, und Dr. Barthels, Chef der Gloria-Film, kamen beide fast zur selben Zeit auf die Idee, die einmalige Inszenierung in einem Kinofilm festzuhalten.
Wer also dem Theater nicht viel abgewinnen kann, dem sei diese filmische Umsetzung des *Faust*-Stoffes empfohlen. Der Film reduziert sich dabei nicht auf ein bloßes Abfilmen der Bühnenaufführung, sondern schöpft mit den gestalterischen Mitteln des Mediums (Schnitt, Kamerafahrt, Zoom) die hervorragende Darstellung der Akteure besser und perfekter aus, als sie vom menschlichen Auge aus dem Zuschauerraum wahrgenommen werden kann.
1988 brachte Dieter Forst in einer weiteren Theater-Adaption (diesmal dargeboten vom Ensemble der Münchener Kammerspiele) das Goethe-Stück auf die Leinwand, blieb jedoch, was Gestaltung und Schauspielkunst anbelangt, weit hinter der Gründgens-Inszenierung von 1960 zurück. jg

Faust - Eine deutsche Volkssage

Faust - Eine deutsche Volkssage. Deutschland 1926 **R** Friedrich Wilhelm Murnau **B** Hans Kyser, nach dem Bühnenstück von Johann Wolfgang von Goethe **K** Carl Hoffmann **M** Werner Richard Heymann **P** UFA **L** 115 Min., s/w **D** Gösta Ekman, Emil Jannings, Camilla Horn, Frida Richard, Wilhelm Dieterle, Yvette Guilbert, Eric Barclay, Hanna Ralph, Werner Fuetterer

Faust sollte Murnaus letzter deutscher Film werden, ehe der geniale Regisseur den Werbungen Hollywoods nachgab und ein Jahr später seinen Film SUNRISE bereits in den kalifornischen Studios drehte.
Die UFA plante *Faust* damals als 2 Millionen Mark teures Mammutprojekt, das die Größe des deutschen Filmschaffens repräsentieren und zugleich ein Werk mit internationalen Marktchancen werden sollte. Als Regisseur war ursprünglich Ludwig Berger vorgesehen; in der Rolle des Mephisto wollten die Produzenten gerne Conrad Veidt sehen.
Der sensationelle Welterfolg von DER LETZTE MANN brachte schließlich Emil Jannings diesen Part ein. Jannings wiederum bestand darauf, unter Murnaus Regie zu arbeiten. Die UFA machte diesem zur Auflage, daß der Film mit einer internationalen Besetzung entstehen sollte; so wurde als Faust der Schwede Gösta Ekman engagiert, die Rolle der Marthe Schwertlein übernahm die französische Chansonsängerin Yvette Guilbert. Wunschbesetzung des Gretchens stellte für die UFA die amerikanische Schauspielerin Lillian Gish dar, die jedoch den Film nur mit ihrem bevorzugten Kameramann Charles Rosher drehen wollte. Nach etlichem Hin und Her zerschlugen sich diese Pläne und die bis dahin völlig unbekannte Camilla Horn erhielt die Rolle.
Murnaus *Faust* ist zu keiner Zeit mit dem Goethe-Stück in engere Verbindung zu setzen. In dieser Verfilmung dominieren in erster Linie die gestalterischen Effekte von Licht und Schatten, Weite und Raum sowie eine Reihe außerordentlicher Trickeffekte (erwähnenswert Fausts Flug mit Mephisto oder die Pestwolke, die sich über die Stadt schiebt), die auch heute noch sehenswert sind und von der großen Kunst im deutschen Stummfilmschaffen zeugen. jg

Die Faust der Rebellen

Boxcar Bertha. USA 1972 **R** Martin Scorsese **B** Joyce H. Carrington, John W. Carrington, nach *Sister of the Road* von Boxcar Bertha, überliefert von Bel L. Reitman **K** John Stephens **M** Gib Guilbeau, Thad Maxwell **P** Roger Corman für American International Prod./Orion Pictures **L** 93 Min., Farbe **D** David Carradine, Barbara Hershey, John Carradine, Barry Primus, Bernie Casey, Victor Argo, David Osterhout, Marianne Dole

Eine moderne Robin-Hood-Geschichte, die ein wenig im Kielwasser von BONNIE UND CLYDE schwimmt und deren sozialkritisches Anliegen leider durch eine Anhäufung von Blut- und Gewaltszenen auf der Strecke bleibt.
Das Amerika der 20er Jahre wird beherrscht von Korruption, Arbeitslosigkeit, Hunger und Brutalität. Ein reicher Unternehmer macht sich die Not seiner Arbeiter zunutze und kürzt deren Löhne um die Hälfte. Big Bill (D. Carrdine), Sprecher der Arbeiter, lehnt sich mit seinen Männern dagegen auf, doch die Revolte wird niedergeschlagen, Bill wandert ins Gefängnis. Seiner Geliebten Bertha (Hershey) und drei Freunden gelingt es, ihn zu befreien. Fortan ziehen sie raubend durch die Lande, um durch Überfälle auf Banken und Lohnbüros die Armen zu unterstützen. Am Ende wird Bill von der Polizei gestellt; Bertha bleibt allein zurück.
Die überaus krassen Gewaltdarstellungen machten es dem Film seinerzeit bei der Zensurbehörde nicht leicht. Die Proteste gründeten sich vor allem auf das blutige Showdown des Films, in dem Bill von den Killern des Unternehmers an einem Güterwagon gekreuzigt wird. Als der Film im Dezember 1973 in den deutschen Kinos anlief, hatte man ihn auf eine Länge von nur 73 Minuten zusammengeschnitten. Auf den 15. Hofer Filmtagen wurde die einzig erhalten gebliebene Kopie mit der Originallänge von 93 Minuten gezeigt, die im Sommer 1982 dann auch ihren Weg in die Programmkinos fand. jg

Die Faust im Gesicht

Requiem for a Heavyweight. USA 1962 **R** Ralph Nelson **B** Rod Serling, nach seinem Fernsehspiel **K** Arthur J. Ornitz **M** Laurence Rosenthal **P** David Susskind für Paman Prod./Columbia **L** 85 Min., s/w **D** Anthony Quinn, Jackie Gleason, Mickey Rooney, Julie Harris, Jack Dempsey, Cassius Clay

Nach über 17 Jahren im Ring und 111 gewonnenen Kämpfen wird der Boxer Mountain Rivera (Quinn) von einem Newcomer (Cassius Clay, später bekannt als Muhammad Ali) k.o. geschlagen, und kann seinen Beruf wegen einer Augenverletzung nicht mehr ausüben. Er versucht, sich anderweitig Arbeit zu verschaffen, doch sein windiger Manager (Gleason), der sich mit einer Wette gegen Rivera hoch verschuldet hat, torpediert seine Bemühungen erfolgreich. Um seinem alten Freund zu helfen, ist Rivera schließlich sogar bereit, sich in einem lächerlichen Indianer-Kostüm als Catcher zu verdingen.
Rod Serlings grimmiger Blick hinter die Kulissen des Boxsports erreichte sein Publikum erstmals 1956 via TV, und Jack Palance beeindruckte in der Rolle des Rivera. Ralph Nelson, der auch das Fernsehspiel inszenierte, gab mit der Leinwandadaption sein vielversprechendes Filmdebüt, das von der amerikanischen Kritik stürmisch gefeiert wurde. Besonders Anthony Quinn heimste viel Lob ein und wurde von *The New Yorker* sogar als „größter Schauspieler auf Erden" bezeichnet. Obwohl nicht wenige Kritiker ähnlicher Meinung waren, erhielt der Schauspieler noch nicht einmal eine Nominierung für den Oscar. Der Rest der Besetzung ist ebenfalls erstklassig, und obgleich es während der Dreharbeiten besonders zwischen Quinn und Gleason immer wieder zu Auseinandersetzungen gekommen sein soll, ist auf der Leinwand davon nichts zu spüren. al

Die Faust im Nacken

On the Waterfront. USA 1954 **R** Elia Kazan **B** Budd Schulberg **K** Boris Kaufman **M** Leonard Bernstein **P** Sam Spiegel für Columbia **L** 105 Min., s/w **D** Marlon Brando, Karl Malden, Lee J. Cobb, Rod Steiger, Pat Henning, Eva Marie Saint, Leif Erickson

Schon 1952 hatte Elia Kazan einen Film über Hafenarbeiter machen wollen - nach einer

Geschichte von Arthur Miller. Doch die bereitwilligen Zeugenaussagen des Regisseurs vor dem „Untersuchungssauschuß für unamerikanische Umtriebe" hatten die Freundschaft der beiden Männer beendet. Kazan griff daher auf ein Drehbuch zurück, das Budd Schulberg nach einer 24teiligen Artikelserie des Journalisten Malcolm Johnson geschrieben hatte (erschienen in der New Yorker *Sun*). Diese Serie, die schonungslos die Korruption und die Verbrechen in den Docks aufdeckte, erregte viel Aufsehen und gewann den Pulitzer-Preis. Hauptfigur war Pater Corridan, ein unkonventioneller, kämpferischer Priester, der im Film von Karl Malden gespielt wird (als Pater Barry).
Schulbergs Drehbuch stellt in den Mittelpunkt des Geschehens den jungen Ex-Boxer Terry Malloy (Brando), der nach dem frühzeitigen Ende seiner Karriere Gelegenheitsarbeiten für den mächtigen Gewerkschaftsboß Friendly (Cobb) erledigt. Auf diese Weise wird er mitschuldig am Tod eines aufrührerischen Arbeiters, den Friendly kurzerhand beseitigen läßt. Durch diesen Vorgang sowie durch seine Bekanntschaft mit der Schwester des Toten (Saint) und Pater Barry aufgerüttelt, engagiert sich Terry mehr und mehr gegen die verbrecherischen Machenschaften von Friendly und gerät damit auch in Konflikt mit seinem Bruder (Steiger), der als Anwalt für den Gewerkschaftsboß arbeitet.
Obwohl *Die Faust im Nacken* von mancher Seite als „anti-gewerkschaftlich" beschimpft und in faschistische Nähe gerückt wurde, widerfuhr dem Film schnell die Anerkennung als ein Meisterwerk. Kazan und Schulberg hatten nicht nur Tabu-Themen aufgegriffen, als sie sich mit Korruption und Machtmißbrauch bei den großen Gewerkschaften beschäftigten, sondern vor diesem Rahmen auch ein realistisches, packendes Drama glaubwürdiger Individuen angesiedelt. Nahezu alle Beteiligten stehen mit ihrem Schau-spielstil in der Tradition des „Actor´s Studio", dem sich auch Kazan als Regisseur sehr verbunden fühlte. Dementsprechend differenziert und ausgewogen sind die Darstellungen, angefangen von Brandos kraftvollem Porträt des Verlierers, der seine Ideale wiederfindet, über Karl Maldens mutigen Priester bis zu Eva Marie Saint, die als Brandos Liebe einen sensationellen Einstieg in ihre Filmkarriere hatte.
Das realistische Aussehen des Films wurde durch die fast ausschließliche Verwendung von Originalschauplätzen in Hoboken, New Jersey, erreicht (sehr zum Unwillen von Columbia-Boß Harry Cohn, der auf dem Studiogelände drehen wollte), die Boris Kaufmans Kamera in dramatischer Häßlichkeit einfängt.
Neben enthusiastischen Kritiken ergatterte *Die Faust im Nacken* zahlreiche Preise, darunter auch acht Oscsars (u.a. für Bester Film, Regie, Drehbuch sowie die Darstellungen von Brando und Saint). al

Die Faust in der Tasche

Die Faust in der Tasche. BRD 1978 **R** Max Willutzki **B** Martin Buchholz, Max Willutzki **K** Mario Masini **M** Satin Whale **P** Max Willutzki für Basis Filmprod. GmbH/Project Filmprod. **L** 106 Min., Farbe **D** Ernst Hannawald, Ursela Monn, Manfred Krug, Jako Benz, Tommi Piper, Inge Wolffberg, Gerd Holtenau, Albert Venohr, Friedhelm Lehmann

Ernst Hannawald hatte Publikum und Kritik in der Rolle eines homosexuellen Jugendlichen in Wolfgang Petersens umstrittener Ziegler-Verfilmung DIE KONSEQUENZ beeindruckt. Max Willutzki holte den jungen Laiendarsteller ein Jahr später nach Berlin, um ihn in seiner Aussteiger-Ballade die Hauptrolle spielen zu lassen.
Die Faust in der Tasche ist einer jener Filme, die zur Zeit der sozial-liberalen Koalition entstanden sind und verstärkt die Probleme von heranwachsenden Jugendlichen zum Thema hatten - ein Trend, den auch Regisseure wie Hark Bohm (NORDSEE IST MORDSEE), Adolf Winkelmann (DIE ABFAHRER) oder Rüdiger Nüchtern (*Schluchtenflitzer*) aufgriffen.
Geschildert wird das Leben einer Gruppe von Jugendlichen aus dem Berliner Stadtteil Kreuzberg, das zum Großteil aus Rockmusik und Motorrädern besteht, aber bisweilen auch in Kriminalität und Drogenkonsum abrutscht. Ein etwas unkonventioneller Pastor (Krug) versucht, die Jugendlichen von der Straße wegzubringen und ihnen mit einem Clubhaus eine Alternative zu bieten. Mit seiner revolutionären Vorgehensweise handelt sich der aufgeschlossene Geistliche jedoch den Ärger seiner Vorgesetzten ein. „Willutzki will unterhalten, und das sollte man ihm wirklich nicht zum Vorwurf machen - noch wo es ihm gelingt, die Geschichte flott und durchsichtig zu erzählen. Aber im Bemühen, sein Publikum nicht zu überfordern, scheint er einer anderen Gefahr erlegen zu sein: Er bleibt häufig in simplen Schwarz-Weiß-Klischees stecken." (*Jugend Film Fernsehen*) jg

Faustrecht der Freiheit

Faustrecht der Freiheit. BRD 1975 **R** Rainer Werner Fassbinder **B** Rainer Werner Fassbinder **B** Michael Ballhaus **M** Peer Raben **P** Tango/City **L** 123 Min., Farbe **D** Rainer Werner Fassbinder, Peter Chatel, Karlheinz Böhm, Rudolf Lenz, Karl Scheydt, Hans Zander, Kurt Raab, Adrian Hoven, Ulla Jacobssen, Irm Herrmann, Elma Karlowa, Bruce Low, Walter Sedlmayr

In Anlehnung an Alfred Döblins berühmten Roman *Berlin Alexanderplatz*, den er später selbst als TV-Serie verfilmte, nannte Fassbinder die Hauptfigur in seinem Werk *Faustrecht der Freiheit* Franz Biberkopf. Dieser Franz Biberkopf, von Fassbinder selbst dargestellt, hat im Lotto eine halbe Million gewonnen und erhofft sich nun, mit diesem Geld eine gewisse Akzeptanz in gehobeneren Schwulenkreisen zu erlangen, denn schmerzlich mußte er erfahren, daß die verbindende gesellschaftliche Außenseiterrolle der Homosexuellen keineswegs die inneren sozialen Schranken überwindet. Biberkopf wird nach Strich und Faden ausgenutzt, betrogen und verraten, bis er für sich am Ende keinen anderen Ausweg als den Selbstmord sieht.
In *Faustrecht der Freiheit* ist besonders auffallend, daß Fassbinder seinen Film wieder einmal mit einer erstaunlich großen Anzahl von Stars der 50er Jahre wie Karlheinz Böhm (SISSI), Rudolf Lenz (DER FÖRSTER VOM SILBERWALD) sowie Adrian Hoven und Elma Karlowa besetzte. Mit der Zeit hatte er ein Faible dafür entwickelt, diesen scheinbar vergessenen Schauspielern in seinen Filmen neue, anspruchsvollere Aufgaben zu geben. Von den Kritikern wurde *Faustrecht der Freiheit* als eine männliche Variante zu Fassbinders früherem Werk DIE BITTEREN TRÄNEN DER PETRA VON KANT betrachtet. „Der Film ist in einem direkten, plakativen Stil gedreht. Aus seinen überzeichneten Kontrasten entsteht eine neue Wirklichkeit, die verblüfft." (*Frankfurter Allgemeine Zeitung*) jg

Faustrecht der Großstadt

Where the Sidewalk Ends. USA 1950 **R** Otto Preminger **B** Ben Hecht, Frank Rosenberg, Victor Trivas, Robert E. Kent, nach dem Roman *Night Cry* von William L. Stuart **K** Joseph LaShelle **M** Cyril J. Mockridge **P** Otto Preminger für 20th Century-Fox **L** 95 Min., s/w **D** Dana Andrews, Gene Tierney, Gary Merrill, Bert Freed, Tom Tully, Karl Malden

Mark Dixon (Andrews), ein als brutal bekannter Polizei-Detektiv, bringt bei einer Untersuchung aus Versehen einen Mann um, vertuscht jedoch die Tat. Er hofft einem Unterweltboß (Merrill) die Sache anhängen zu können, nachdem er die Aussage des Toten gegen ihn verwendet hat. Unglücklicherweise lernt er die Witwe des Opfers (Tierney) kennen und verliebt sich in sie. Ihr Vater wird unterdessen des Mordes verdächtigt, und Dixon tut alles, um ihm zu helfen...
Nach *Whirlpool* (1949) ist *Faustrecht der Großstadt* der zweite Film Premingers in Folge, der nach einem Drehbuch von Ben Hecht entstand. Der Autor untersucht hier erneut die schmale Genze zwischen ungesetzlicher, also verbrecherischer Gewalt und „legaler Gewalt", die von Staatsbeamten ausgeübt wird. Die Hauptfigur ist ein Mann, der unter der Kriminalität seines Vaters leidet und aus diesem Grund einen regelrechten

Haß auf Verbrecher entwickelt hat. Daß er sich in seiner Handlungsweise kaum von seinen „Gegnern“ unterscheidet, ist ihm zunächst überhaupt nicht bewußt.
Faustrecht der Großstadt ist ein düsterer film noir, der sein Thema spannend und intelligent behandelt, jedoch durch den kitschigen Schluß (er kommt ins Gefängnis, doch die Witwe wird auf ihn warten) die Glaubwürdigkeit arg strapaziert.
Der Film stellt Premingers dritte Zusammenarbeit mit Gene Tierney dar, die unter seiner Regie einige ihrer besten Leistungen brachte, so in *Whirlpool* und vor allem in LAURA. Ihr damaliger Mann und Kostümbildner von *Faustrecht der Großstadt*, Oleg Cassini, ist in einem Kurzauftritt zu sehen. al

Faustrecht der Prärie

My Darling Clementine. USA 1946 **R** John Ford **B** Samuel G. Engel, Winston Miller, basierend auf einer Geschichte von Sam Hellman, nach dem Roman *Wyatt Earp, Frontier Marshall* von Stuart N. Lake **K** Joseph P. MacDonald **M** Cyril J. Mockridge, David Buttolph **P** Samuel G. Engel für 20th Century-Fox **L** 97 Min., s/w **D** Henry Fonda, Linda Darnell, Victor Mature, Walter Brennan, Tim Holt, Cathy Downs, Ward Bond, Alan Mowbray, John Ireland, Don Garner

„Ich kannte Wyatt Earp, und er hat mir alles über den Kampf im O.K. Corral erzählt. In *My Darling Clementine* haben wir alles genauso verfilmt, wie es in Wirklichkeit gewesen war.“ (John Ford)
Was der große alte Meister des Western auf die Leinwand gebracht hatte, war zwar sehr spannend und unvergleichlich mitreißend inszeniert, doch mit dem Realitätsanspruch haperte es etwas, denn Doc Holliday überlebte die Schießerei und starb nicht etwa dabei, wie es die Filmhandlung dem Zuschauer suggerieren möchte.
John Fords *Faustrecht der Prärie* war der mittlerweile fünfte Western, der das legendäre Duell zwischen den Earp-Brüdern, Doc Holliday und der Clanton-Gang thematisierte. Weitere Nachzügler, wie die beiden John-Sturges-Streifen ZWEI RECHNEN AB und DIE FÜNF GEÄCHTETEN oder der Spätwestern DOC, nahmen sich zwar ebenfalls recht gekonnt dieser Geschichte an, doch Fords Version gilt nach wie vor als die beste und stimmungsvollste.
Innerhalb von 45 Tagen wurde der gesamte Film in Monument Valley, Fords erklärtem Lieblingsdrehort für Außenaufnahmen, hergestellt. Als einer der ersten bekam Darryl Zanuck, Chef der 20th Century-Fox, den fertigen Film zu sehen. Dieser war von dem Ergebnis zwar sehr angetan, empfand Fords Werk allerdings als etwas zu lang geraten. Aus Rücksicht auf das Publikum wurden aus der ursprünglichen Fassung 30 Minuten herausgeschnitten. Dieser Entschluß war Zanuck jedoch alles andere als leicht gefallen, denn er wußte, daß sein Regisseur mit *Faustrecht der Prärie* einen wahren Meilenstein im Western-Genre geschaffen hatte. jg

Fedora

Fedora. USA/Frankreich/BRD 1977 **R** Billy Wilder **B** Billy Wilder, I. A. L. Diamond, nach der Novelle *Crowned Heads* **K** Gerry Fisher **M** Miklos Rozsa **P** Billy Wilder, Helmut Jedele für NF Geria II Film/SFP/Bavaria **L** 124 Min., Farbe **D** William Holden, Marthe Keller, José Ferrer, Hildegard Knef, Frances Sternhagen, Mario Adorf, Hans Jaray, Gottfried John, Henry Fonda, Michael York, Ellen Schwiers

Ein zweites Mal versuchte Billy Wilder in diesem etwas mystisch verbrämten Spielfilm, dem Glamourkult Hollywoods nachzuspüren. Mit seinem Drama BOULEVARD DER DÄMMERUNG hatte er bereits den tragischen Abstieg eines ehemaligen Stummfilmstars geschildert. Auch in *Fedora* dreht sich alles um die Symbole ewiger Jugend, Attraktivität und Schönheit, die jedoch einen bitteren Preis fordern.
Der Filmproduzent Barry Detweiler (Holden) möchte noch einmal den Filmstar Fedora (Keller) dazu bewegen, auf die Leinwand zurückzukehren, doch Fedora wird hermetisch durch ihre angeblichen Vertrauten von der Öffentlichkeit abgeschirmt. Ein Fluchtversuch des Filmstars scheitert; Fedora wird in eine Privatklinik in die Nähe von Paris gebracht. Kurze Zeit später begeht sie Selbstmord. Bei der Beerdigung erfährt Detweiler die ganze Wahrheit über Fedoras Tragödie. Wilder inszenierte sein überladenes Melodrama bewußt wie einen antiquiert wirkenden, kitschigen Abgesang auf Hollywoods Glanzzeit. Die Kamera schwelgt in teuren Dekors und prachtvoll ausgestatteten Räumlichkeiten und findet in der pathetischen, für die 70er Jahre etwas außer Mode gekommenen Musik von Miklos Rozsa ihr akustisches Pendant. Interessant sind die Auftritte von Henry Fonda und Michael York, die sich in diesem Film selbst darstellen.
Mit seinem bisher vorletzten Werk erlebte Wilder ein schreckliches künstlerisches und finanzielles Debakel; niemand konnte sich zur Zeit der Erstaufführung mit dem Film anfreunden. Die meisten Kritiker bezeichneten *Fedora* schlichtweg als „altmodisch“ - daran konnte auch der herzige Auftritt von Hilde Knef als alte, randalierende Rollstuhlfahrerin nichts ändern. jg

Fegefeuer

Miss Sadie Thompson. USA 1953 **R** Curtis Bernhardt **B** Harry Kleiner, nach der Kurzgeschichte *Miss Thompson* von Somerset Maugham **K** Charles Lawton jr. **M** George Dunning **P** Jerry Wald für Columbia **L** 91 Min., Farbe **D** Rita Hayworth, José Ferrer, Aldo Ray, Russell Collins

Sadie Thompson, die Prostituierte aus Somerset Maughams berühmter Kurzgeschichte, gehört zu den populärsten Bühnen- und Filmrollen überhaupt. 1922 gelangte die erste fürs Theater dramatisierte Fassung unter dem Titel *Rain* mit Jeanne Eagles in der Hauptrolle zur Aufführung. Auf der Leinwand wurde die Figur von Gloria Swanson (*Sadie Thompson*, 1928) und Joan Crawford (*Rain*, 1932) dargestellt und diente darüber hinaus als Vorbild für zahlreiche weitere gefallene Film-Heroinen.
Sadies Ankunft auf einer Pazifikinsel löst unter den anwesenden Marinesoldaten einige Unruhe aus, besonders bei Sergeant Phil O´Hara (Ray), der sogar um ihre Hand anhält. Doch ein fanatischer Missionsdirektor (Ferrer) redet ihr ein, zunächst für ihr sündiges Leben büßen zu müssen und bedrängt sie mit seinem religiösen Geschwafel so lange, bis sie sich zur Beichte entschließt. Im Augenblick des Triumphes überkommt den Eiferer jedoch die Lust, und er vergeht sich an Sadie. Am nächsten Morgen bringt er sich aus Reue um.
Dieses schwüle Drama um die Last mit der Lust unter tropischer Sonne (gedreht wurde auf Hawaii) profitiert enorm von Rita Hayworths energievoller, entspannter Darstellung. Mit zehn Pfund Übergewicht und weniger Make-Up als üblich haucht sie der Figur neues, frisches Leben ein, und darf sogar noch ein paar von Lester Lee und Ned Washington komponierte Songs zum besten geben (wie immer nachsynchronisiert). In einer der besten Szenen des Films tanzt sich die schwitzende Rita vor einer johlenden Menge von Soldaten die Seele aus dem Leib, während sie passenderweise *The Heat Is on* intoniert. Die Kritik war sich einig, daß die Schauspielerin hiermit ihre bislang beste Leistung auf der Leinwand gezeigt hatte, ging jedoch mit ihren beiden Co-Stars um so härter ins Gericht. Ferrer war allerdings auch behindert durch zensurbedingte Änderungen seiner Figur, die u.a. den Priester der Vorlage zu einem Mitglied der Missionsbehörde degradierte. Doch diese Schwächen konnten den Erfolg von *Fegefeuer* nicht verhindern, der im neuen 3D-Verfahren gedreht worden war und bei seiner New Yorker Premiere auch so gezeigt wurde. Für die reguläre

Kinoauswertung verzichtete man allerdings auf diesen technischen Effekt. Der Song *Blue Pacific Blues (Sadie Thompson´s Song)* bekam eine Oscar-Nominierung. al

Fegefeuer der Eitelkeiten

The Bonfire of the Vanities. USA 1990 **R** Brian De Palma **B** Michael Christofer, nach dem Roman von Tom Wolfe **K** Vilmos Zsigmond **M** Dave Grusin **P** Brian De Palma für Warner Bros. **L** 125 Min., Farbe **D** Tom Hanks, Bruce Willis, Melanie Griffith, Kim Cattrall, Saul Rubinek, Morgan Freeman, John Hancock

Sherman McCoy (Hanks), als „Meister des Universums" bekannter, sensationell erfolgreicher Börsenmakler an der New Yorker Wall Street, begeht einen kleinen, aber verhängnisvollen Fehler: Als er seine Geliebte Maria (Griffith) vom Flughafen abgeholt hat, verpaßt er die richtige Autobahnabfahrt nach Manhattan und landet mitten in der Bronx. Als sich ihnen zwei Gestalten in den Weg stellen, ergreift Maria die Panik und sie fährt einen der schwarzen Jugendlichen über den Haufen. Fahrerflucht! Damit beginnt McCoys unaufhaltsamer Abstieg, denn der Vorfall wird von den verschiedensten Interessengruppen für ihre Zwecke ausgeschlachtet. Tom Wolfes Bestseller hielt der amerikanischen Gesellschaft der 80er Jahre einen Spiegel vor, in den sie nicht allzugern blickte. Das Buch wird als die definitive Gesellschaftschronik des Yuppie-Zeitalters betrachtet, und dementsprechend gespannt war man auf die Leinwandadaption. Daß ausgerechnet Brian De Palma, bekannt für seine exzessiven, extrem stilisierten Thriller, der Regisseur sein sollte, rief bereits einiges Erstaunen hervor, das sich noch steigerte, als er seine ungewöhnlichen Rollenbesetzungen bekanntgab. Willis und Griffith akzeptierte man noch, doch der freundliche Komiker Tom Hanks als rücksichtsloser Aufsteiger? Darüber hinaus machte De Palma aus der Figur des jüdischen Richters einen Schwarzen, der von Morgan Freeman gespielt wurde und Rassismusvorwürfen gegen den Film vorbeugen sollte. Die junge Kim Cattrall ist McCoys im Buch bereits vierzigjährige Ehefrau.
Da Wolfes epischer Wälzer eine detailbesessene Studie ist, war eine getreue Übertragung auf die Leinwand kaum möglich, und De Palma beschloß, das Material als bittere, grelle Satire zu bearbeiten. Die Figuren werden aus extremen Kamerawinkeln beobachtet, Linsen verzerren ihre Gesichter zu Fratzen und alle wirken noch widerlicher als in der Vorlage. Jeder bekommt sein Fett weg: die sogenannte „bessere" Gesellschaft, publicitygeile schwarze Aktivisten, die Sensationspresse. Das alles ist umwerfend komisch, bitterböse und brillant gefilmt.
Doch das 45-Mio.$-Werk wurde von der Kritik förmlich auseinandergenommen (u.a. mit dem bei Literaturverfilmungen üblichen Vorwurf der Vergröberung) und erlitt auch an den Kinokassen Schiffbruch. Offenbar mochten die Amerikaner sich so nicht wiedererkennen. Lob gab es nur für die spektakuläre, fast fünfminütige Kamerafahrt am Anfang (typisch De Palma), die Bruce Willis als Journalisten Fallow aus der Tiefgarage, durch Fahrstühle und Korridore bis vors Mikrofon einer Pressekonferenz begleitet, während er mal eben den Anzug wechselt. al

Der Fehltritt

Two Loves. USA 1961 **R** Charles Walters **B** Ben Maddow, nach dem Roman *Spinster* von Sylvia Ashton-Warner **K** Joseph Ruttenberg **M** Bronislau Kaper **P** Julian Blaustein für MGM **L** 100 Min., Farbe **D** Shirley MacLaine, Laurence Harvey, Jack Hawkins, Nobu McCarthy

Shirley MacLaine spielt in diesem verunglückten Melodram die amerikanische Lehrerin Anna, die es nach Neuseeland (gedreht wurde in Süd-Kalifornien) verschlagen hat, wo sie sich mit ihren fortschrittlichen Unterrichtsmethoden die Anerkennung von Schülern und Eltern des Stammes der Maori erworben hat. Ihrem neuen Kollegen, dem neurotischen Paul (Harvey), bringt sie Sympathie entgegen, da sie spürt, daß er Hilfe braucht, doch seine sexuellen Avancen weist sie brüsk zurück. Überhaupt ist ihre Einstellung zur Sexualität alles andere als progressiv - so schockiert es sie, als eine Eingeborene ein uneheliches Kind zur Welt bringen will...
Als „Fehltritt" kann man wohl den gesamten Film bezeichnen, dessen Vorlage Shirley MacLaine immerhin selbst ausgesucht hatte, um ihren vertraglichen Verpflichtungen gegenüber MGM nachzukommen. Er ist unglaubwürdig und wirkt konstruiert, und auch das kompetente Hauptdarsteller-Trio schafft es nicht, die Motivation der Charaktere ausreichend zu begründen. Die *FAZ* spottete: „Das schönste am Film ist der brüllende MGM-Löwe." al

Der Feind in meinem Bett

Sleeping with the Enemy. USA 1990 **R** Joseph Ruben **B** Ronald Bass, nach dem Roman von Nancy Price **K** John W. Lindley **M** Jerry Goldsmith **P** Leonard Goldberg für 20th Century-Fox **L** 99 Min., Farbe **D** Julia Roberts, Patrick Bergin, Kevin Anderson, Elizabeth Lawrence, Kyle Secor, Claudette Nevins, Tony Abatemarco, Marita Geraghty, Harley Venton

Nach der romantischen Komödie PRETTY WOMAN folgte ein knallhartes Schauerdrama, das wiederum die zweifellos reizende Julia Roberts in der Hauptrolle präsentierte. Mehr Glanzpunkte hat dieser Film (sieht man einmal von Jerry Goldsmiths nettem Score ab) leider auch nicht zu bieten.
Julia Roberts spielt das Mädchen Sara, das an ein wahres Ekel von Ehemann (Bergin) geraten ist - ein pedantisches Monster, das seine Frau wegen kleinster Lappalien verprügelt und sie mit Vorliebe zu Berlioz´ *Symphonie fantastique* bespringt. Eines Tages hat Sara die Nase voll. Während einer nächtlichen Bootspartie täuscht sie den Ertrinkungstod vor, rettet sich ans Ufer und flieht in eine andere Stadt, um dort fern ihres Mannes ein neues Leben anzufangen. Doch als Martin ihren Ehering entdeckt (er fischt ihn tatsächlich aus dem blitzblanken Klo!), weiß er, daß Sara noch lebt. Getrieben von grausamen Rachegedanken macht er sich auf die Suche nach der abtrünnigen Lebensgefährtin.
Die Dreharbeiten begannen im April 1990 in North Carolina. Da sich kein passendes Strandhaus finden ließ, das als Martins Bungalow hätte fungieren können, ließ Produktionsdesigner Kraner innerhalb von neun Wochen einen futuristischen, ultramodernen Bau aus dem Boden stampfen.
Der Feind in meinem Bett wartet mit einer Reihe von Klischees auf, die in ihrer massiven Anhäufung sehr schnell langweilen und ärgerlich stimmen. Der gestylten Designerwelt Martins wird in allzu platter Absicht die neugeschaffene Puppenhausidylle Saras gegenübergestellt; es fehlt weder die blinde, herzensgute Mutter noch der sympathische Junge von nebenan, der beweist, daß es da noch einen anderen Schlag von Männern gibt. Unnötig lange zieht sich auch das Ende mit seinen abgedroschenen Schockeffekten hin. Die amerikanischen Frauen von heute schießen bei weitem nicht mehr so gut wie ihre Kolleginnen der 50er Jahre. Bei den Internationalen Filmfestspielen von Berlin erlebte der *Feind in meinem Bett* seine Premiere und wurde vom Publikum mit vernichtender Häme aufgenommen. jg

Feinde - Die Geschichte einer Liebe

Enemies - A Love Story. USA 1989 **R** Paul Mazursky **B** Roger L. Simon, Paul Mazursky, nach einem Roman von Isaac B. Singer **K** Fred Murphy **M** Maurice Jarre **P** Paul Mazursky für Morgan Creek Prod. **L** 120 Min., Farbe **D** Ron Silver, Anjelica Huston, Lena Olin, Margaret Sophie Stein, Alan King, Rita Karin, Judith Malina, Phil Leeds, Paul Mazursky

Die erfrischende Komödie um Eifersüchteleien, Beziehungskrisen und -kriege basiert auf einem Roman des Nobelpreisträgers Isaac B. Singer und galt 1990 bei der Oscar-Preisverleihung als großer Favorit. Der Film brachte es letztendlich aber doch nur auf drei Nominierungen (Anjelica Huston und Lena Olin für die Beste weibliche Nebenrolle sowie Mazursky und Simon für das Beste Drehbuch), die New Yorker Filmkritiker zeichneten Mazursky jedoch im selben Jahr noch für seine Regie und Lena Olin für ihre Nebenrolle mit ihrem wichtigen Preis aus.
Mazurksys rührend-komische Geschichte erzählt von Herman (Silver), einem der vielen jüdischen Einwanderer, die vor und nach der Hitler-Diktatur in die USA strömten. Herman arbeitet als Ghostwriter für einen Rabbi, was ihm neben einem gewissen Lebensstandard auch die Möglichkeit bietet, zahlreiche Affären mit gutaussehenden Frauen anzuzetteln. Sehr bald jedoch gerät er mit seinen amourösen Abenteuern in heftige Konflikte. Zum einen darf seine Ehefrau Yadwiga (Stein) nichts von diesen Eskapaden erfahren, zum anderen steigen die Ansprüche seiner Geliebten Marsha (Olin), die mehr Zeit als nur ein paar wilde Stunden im Bett mit ihm verbringen will. Um das Chaos perfekt zu machen, taucht auch noch Hermans totgeglaubte erste Frau Tamara (Huston) überraschend in New York auf.
„Paul Mazursky meistert diese Gratwanderung zwischen melodramtischem Mief und nostalgischer Romantik mit frappierenden Volten und sarkastischem Witz." (*Tempo*) jg

Feine Gesellschaft - Beschränkte Haftung

Feine Gesellschaft - Beschränkte Haftung. BRD 1982 **R** Ottokar Runze **B** Richard Hey **K** Michael Epp **M** Hans-Martin Majewski **P** Ottokar Runze für Ottokar Runze Filmprod./ZDF **L** 104 Min., Farbe **D** Elisabeth Bergner, Lilli Palmer, Heinz Schubert, Hardy Krüger, Vadim Glowna, Gerhard Olschewski, Wolf Roth, Hans Cainenberg, Marianne Klein-Benrath

Die imposante Besetzungsliste in Ottokar Runzes Film kann leider nicht die Schwachstellen der Story überdecken; zu flau, zu seicht, zu harmlos ist sein Werk geraten, und dabei hätte es wirklich eine herrlich bissige Satire auf die bundesrepublikanische Wohlstandsgesellschaft werden können.
Else (Bergner) lebt als Stadtstreicherin in einem Hamburger Abrißhaus. Von ihrer Familie hat sie sich getrennt; ihr Vermögen soll Waisenkindern in Indien zugute kommen. Ganz das Gegenteil ihrer Schwester ist Hilde (Palmer), die an der vornehmen Elbchaussee ein mondänes Leben führt, dessen Tage jedoch bald gezählt sind, als ihr einst florierender Konzern wegen korrupter Geschäftsführung wie ein Kartenhaus zusammenbricht. Nebenbei kreuzen auch noch zwei tolpatschige Bankräuber auf, die Else als Geisel nehmen. Am Ende finden die beiden ungleichen Schwestern nach allerlei chaotischen Situationen ohne einen Pfennig vor dem Abbruchhaus zusammen, welches als Rest von Hildes Besitz übriggeblieben ist.
Die Dreharbeiten (Budget: 2,5 Millionen DM) fanden von Oktober bis Dezember 1981 in Hamburg statt. Drehorte waren u.a. eine 100 Jahre alte, leerstehende Villa an der Elbchaussee, ein Sanierungshaus im Karolinenviertel (Marktstraße), dessen Bewohner freudig die Statistenrollen der Hausbesetzer übernahmen, sowie die Filiale der Vereins- und Westbank am schicken Mittelweg, deren Mitarbeiter ebenfalls für die Bankraub-Szenen als Komparsen angeheuert wurden.
„Zu erklären, wie alles zusammenhängt, ist eine schwierige Sache. Oft versickert das, was vielleicht an erklärenden Worten in die Dialoge floß, in aufdringlichen Geräuschen und überlauter Musik." (*Filmecho*) jg

Ein „feines" Pärchen

Ruba al prossimo tuo. Italien 1968 **R** Francesco Maselli **B** Francesco Maselli, Luisa Montagnana, Larry Gelbart, Virgil C. Leone **K** Alfio Contini **M** Ennio Morricone **P** Leo L. Fuchs für Vides Cinematografica **L** 96 Min., Farbe **D** Rock Hudson, Claudia Cardinale, Tomas Milian, Leon Askin, Ellen Corby, Walter Giller

Nachdem Rock Hudson und Claudia Cardinale mit NEW YORK EXPRESS sehr erfolgreich waren, spannte man das amerikanisch-italienische Duo in dieser Krimikomödie erneut zusammen, diesmal allerdings mit wesentlich dürftigeren Resultaten.
Die Story dreht sich um einen New Yorker Polizisten (Hudson), der eines Tages charmanten Besuch aus Italien erhält. Die Tochter eines früheren Kollegen (Cardinale) trägt ihm eine höchst ungewöhnliche Bitte an: Er soll ihr helfen, gestohlenen Schmuck in eine österreichische Villa zurückzubringen, ehe das Verbrechen bemerkt wird. Er geht auf den Vorschlag ein, war doch ein von ihm lang gesuchter Einbrecher an dem Coup beteiligt.
Aus diesem originellen Ausgangsmaterial machte Francesco Maselli eine verwirrende und nicht sonderlich komische Kriminalkomödie, die Elemente des Caper Movies, der Sex-Komödie à la Doris Day und der anarchistischen Farce verarbeitet - mit dem Ergebnis, daß der Film kein geschlossenes Ganzes ergibt, sondern eine lose Folge stilistisch sehr unterschiedlicher Szenen darstellt. Die beiden Stars sind angesichts dieser Schwächen ziemlich hilflos, obwohl beide in den gelungeneren Phasen ihr komödiantisches Talent aufblitzen lassen. besonders in den USA erhielt *Ein „feines" Pärchen* (in einer um sieben Minuten geschnittenen Fassung) vernichtende Kritiken, u.a. hieß es über Claudia Cardinale: „Ihre Körpersprache ist wesentlich leichter zu verstehen als ihr Dialog." al

Das Feld

The Field. Irland 1990 **R** Jim Sheridan **B** Jim Sheridan, nach dem Bühnenstück von John B. Keane **K** Des Whelan **M** Elmer Bernstein **P** Noel Pearson für Sovereign Pictures/20th Century-Fox **L** 110 Min., Farbe **D** Richard Harris, John Hurt, Tom Berenger, Sean Bean, Frances Tomelty, Brenda Fricker, Sean McGinley, John Cowley

Der irische Schauspieler Ray McAnally hatte zuvor schon drei Versuche gewagt, das Bühnenstück von John B. Keane zu verfilmen, doch erst durch die Zusammenarbeit mit Regisseur Jim Sheridan, dessen Film MEIN LINKER FUSS gerade mit einer Flut von guten Kritiken überhäuft worden war, nahmen die Pläne konkrete Vorstellungen an. McAnally erlebte allerdings nicht mehr die Umsetzung seines Wunsches; noch vor Beginn der eigentlichen Dreharbeiten verstarb er, und Richard Harris, der sich anfangs noch geweigert hatte, nur eine kleine Rolle zu übernehmen, wollte jetzt unbedingt die Figur des kauzigen Bull McCabe verkörpern.
Das Feld ist eine Art irischer Heimatfilm, doch wird man hier ländliche Idylle und Behaglichkeit vergebens suchen.
Ganzer Stolz des Pächters Bull McCabe ist ein Stück saftigen Graslandes inmitten unfruchtbarer Steinfelder, das, seinem Wunsch nach, einmal der etwas schwerfällige Sohn Tadgh (Bean) übernehmen soll. Doch als das Grundstück versteigert wird, schnappt es ein reicher Amerikaner (Berenger) McCabe vor der Nase weg. Dies ist der Auftakt für eine Reihe dramatischer Entwicklungen, an deren Ende Mord und Selbstvernichtung stehen.
Das Feld entstand vollständig mit irischer Besetzung in Irland - einzige Ausnahme bildete dabei (gemäß der Handlung) Tom Berenger. Oft zwölf Stunden am Tag wurde gedreht, manchmal unter widrigsten Bedingungen wie naßkaltem Regen oder Temperaturen um den Gefrierpunkt. „Bei einem solchen Film ist es sehr wichtig, die Stimmung zu halten. Und es kam meiner Rolle

sehr zustatten, durch Schlamm zu waten, die meiste Zeit naß zu sein und zu frieren und im tobenden Meer zu gehen" (Richard Harris). „Ein majestätisch, großartiger Film." (*Evening Press*, Irland) jg

Feld der Träume

Field of Dreams. USA 1988 **R** Phil Alden Robinson **B** Phil Alden Robinson, nach dem Buch *Shoeless Joe* von W. P. Kinsella **K** John Lindley **M** James Horner **P** Lawrence Gordon, Charles Gordon für Gordon Company/Carolco Pictures **L** 106 Min., Farbe **D** Kevin Costner, Amy Madigan, James Earl Jones, Timothy Busfield, Ray Liotta, Burt Lancaster

Iowa-Farmer Ray Kinsella (Costner) hört eines Tages eine Stimme aus seinem Maisfeld: „Wenn du es baust, wird er kommen." Nach kurzer Überlegung begreift er, was gemeint ist - ein Baseball-Feld muß her! Gegen die Skepsis von Familie und Nachbarn verwirklicht er das Unternehmen. Mit dem Ergebnis, daß „Shoeless" Joe Jackson, ein vor Jahren verstorbenes Baseball-Idol der Amerikaner, erscheint und seine ganze Mannschaft mitbringt. Doch das ist erst der Anfang einer ganzen Reihe von Visionen... *Feld der Träume* ist ein modernes amerikanisches Märchen, das an die Werke Frank Capras erinnert. Es handelt sich auch nicht um einen Sportfilm, sondern vielmehr um einen Film, der die Sehnsucht nach einem vergangenen Amerika formuliert.
Regisseur Phil Alden Robinson mußte lange hausieren gehen, bis die Finanzierung seines Drehbuches gesichert war - einen nicht unerheblichen Teil dazu trug Kevin Costners Vertrauen in den Stoff bei. Der Schauspieler, nach THE UNTOUCHABLES zum Star avanciert, bewies damit nach ANNIES MÄNNER erneut eine glückliche Hand - wie auch dieser Film entwickelte sich *Feld der Träume* zu einem Überraschungshit in den Staaten. Die meisten Kritiker waren begeistert, und zusätzlich gab es Oscar-Nominierungen für Bester Film, Drehbuch-Adaption und Musik. al

Fellinis Casanova

Il Casanova di Federico Fellini. Italien 1976 **R** Federico Fellini **B** Federico Fellini, Bernardino Zapponi **K** Giuseppe Rotunno **M** Nino Rota **P** Alberto Grimaldi für P.E.A. **L** 154 Min. (Originalfassung 170 Min.), Farbe **D** Donald Sutherland, Tina Aumont, Cicely Brown, Carmen Scarpitta, Diane Kourys, Marie Marquet, Margaret Clementi

Giacomo Girolamo Casanova (1725-1798), italienischer Schriftsteller und Abenteurer, ist für sein Liebesleben, das er in seinen Lebenserinnerungen beschrieb, weitaus bekannter als für seine literarischen Verdienste, die ihn zu einem Vorläufer von Jules Verne werden ließen. Um seine Liebeskraft ranken sich zahlreiche Legenden und „Casanova" ging als Begriff für einen Frauenhelden in den allgemeinen Sprachschatz über. Federico Fellini interessierte sich herzlich wenig für historische Wahrheiten, sondern nutzte die erotischen Eskapaden seines Helden für ein skurriles Panoptikum der Dekadenz und Verkommenheit. Auf Donald Sutherland fiel nach langer Suche die Wahl für die Hauptrolle, nachdem so bekannte Namen wie Alberto Sordi, Michael Caine und Jack Nicholson im Gespräch waren. Der Film zeichnet ein pralles, farbenprächtiges Bild vom turbulenten, ereignisreichen Leben Casanovas, der seine letzten Jahre auf dem Schloß des Grafen Waldenstein in Böhmen verbrachte. Hier schrieb er auch seine Memoiren.
Die Entstehungsgeschichte ist mindestens so spektakulär wie der Film selbst: Nachdem während der Vorbereitungsphase dreimal der Produzent gewechselt hatte (Dino de Laurentiis bzw. Andrea Rizzoli verabschiedeten sich aus Gelgmangel), konnte Mitte 1975 endlich mit den Dreharbeiten begonnen werden. Wie üblich hatte Fellini sämtliche Kulissen in Cinecittà erstellen lassen, was, zusammen mit einem Heer von Statisten und Crew-Mitgliedern, die Kosten enorm anschwellen ließ. Im August ´75 wurden zudem mehrere Negativrollen mit belichtetem Material aus einer Kopieranstalt gestohlen, die sich jedoch nach einigen Monaten unversehrt wieder anfanden. Trotzdem ließ Produzent Alberto Grimaldi die Arbeiten im Dezember stoppen und beschimpfte Fellini als „Geldverschwender". Nach heftigen, mit Anwälten geführten Auseinandersetzungen gingen die Arbeiten im Januar 1976 weiter - bis *Casanova* Ende des Jahres Weltpremiere hatte. Die Reaktionen von Kritik und Publikum waren jedoch geteilt und der Film konnte seine enormen Kosten nicht wieder einspielen. Danilo Donati erhielt für seine phantasievollen Kostüme einen Oscar, Fellini und Zapponi wurden für ihre Drehbuch-Adaption nominiert. al

Fellinis Intervista

Intervista. Italien 1986 **R** Federico Fellini **B** Federico Fellini **K** Tonino Delli Colli **M** Nicola Piovani **P** Ibrahim Moussa für Aljosha Prod./ Fernlyn/RAI Uno/Cinecittà **L** 107 Min., Farbe **D** Federico Fellini, Danilo Donati, Tonino Delli Colli, Maurizio Mein, Pietro Notarianni, Lara Wendel, Paola Liguori, Nadia Ottaviani, Anita Ekberg, Marcello Mastroianni

Federico Fellinis liebevoll-ironische Hommage an das Kino und an die römische Filmstadt Cinecittà, in der er fast alle seine Filme drehte, hat keine Handlung im eigentlichen Sinne. Der Regisseur nimmt den Zuschauer mit auf eine Reise durch das Studio-Gelände, läßt sie bei den Arbeiten zu seinem neuen (imaginären) Film dabeisein und stellt ganz nebenbei seine treuen Mitarbeiter aus nahezu 40 Jahren Filmschaffen vor. Sein Kameramann Tonino Delli Colli, Ausstatter Danilo Donati und Regieassistent Maurizio Mein - alle spielen sich hier selbst, während ein japanisches Fernsehteam versucht, mit dem Maestro ein Interview, eben ein *Intervista*, zustande zu bringen. Höhepunkt und Überraschungsmoment dieser nostalgischen Revue ist der Besuch Fellinis und Marcello Mastroiannis bei Anita Ekberg in ihrer Villa vor den Toren Roms. Die Wiederbegegnung der beiden Stars, die 27 Jahre früher mit ihrem gemeinsamen Bad im Trevi-Brunnen in Fellinis Welterfolg DAS SÜSSE LEBEN Filmgeschichte schrieben, findet vor einer Leinwand statt, über die eben jene Szene flimmert. Anita hat (echte) Tränen der Rührung in den Augen.
France Soir: „Magie und Zauberstab - Fellinis unglaubliche Welt. Brillant!" al

Fellinis Roma

Roma / Fellini - Roma. Italien/Frankreich 1971 **R** Federico Fellini **B** Federico Fellini, Bernardino Zapponi **K** Giuseppe Rotunno **M** Nino Rota **P** Lamberto Pippia für Ultra Film (Rom)/Les Productions Artistes Associés (Paris) **L** 119 Min., Farbe **D** Peter Gonzalez, Britta Barnes, Pia de Doses, Fiona Florence, Alberto Sordi, Marcello Mastroianni, Anna Magnani, Gore Vidal, Marne Maitland, Renato Giavannoli

„Ich will in *Fellinis Roma* die Geschichte einer Stadt erzählen und dabei zu zeigen versuchen, was Rom seinen Bewohnern und Besuchern bedeutet - unabhängig von seinem Rang als antiker und moderner Metropole oder als Eldorado der Kunst" (Federico Fellini).
Fellini hat seinen Film fragmentarisch angelegt; sein Werk beginnt als eine persönliche Rückschau auf die Eindrücke, die auf ihn

einstürzten, als er das erste Mal als 20jähriger nach Rom kam. Private Erinnerungen und Erlebnisse bestimmen den Fortgang des Films, bis der letzte Teil des Werks sich schließlich dem Rom der heutigen Zeit widmet.
Entstanden ist dabei kein Dokumentarfilm, sondern eine Mischung aus Real- und Phantasiesequenzen, die sowohl fiktive Szenen als auch authentische Interviews und Weltanschauungen enthält.
Fellini macht es dem Zuschauer nicht immer leicht, mit bleibendem Interesse seine Bilder zu verfolgen. Was in der Erinnerung haftet, sind einzelne gestalterische Höhepunkte wie z.B. die deftig-prallen Bordell-Szenen, die Entdeckung alter Fresken in den tiefen, unterirdischen Schichten der Stadt während eines U-Bahn-Baus, und vor allem das Erscheinen der Schauspieler Alberto Sordi und Marcello Mastroianni, die sich hier selber spielen - ebenso wie die berühmte Anna Magnani, der Fellini in seinem Film als „Mutter Roms" ein Symbol setzte. jg

Fellinis Satyricon

Satyricon. Italien 1969 **R** Federico Fellini **B** Federico Fellini, Bernardino Zapponi, nach dem Roman von Titus Petronius Arbiter **K** Giuseppe Rotunno **M** Nino Rota **P** Alberto Grimaldi für PEA-Prod. **L** 129 Min., Farbe **D** Martin Potter, Hiram Keller, Salvo Randone, Max Born, Fanfulla, Mario Romagnoli, Capucine, Alain Cuny, Giuseppe Sanvitale, Hylette Adolphe, Magali Noel

Fellini sah nur zwei Möglichkeiten, wie er die wilden Geschichten der antiken Vorlage des Petronius für die Leinwand umsetzen konnte: die erste bestand darin, eine teure, hochkarätige Besetzung zu engagieren; dabei dachte er zunächst an Richard Burton, Liz Taylor oder Peter O'Toole. Die Alternative war, völlig unbekannte Schauspieler zu verpflichten. Um einen eventuellen Vergleich mit den großen amerikanischen Monumentalfilmen zu vermeiden (Burton und Taylor standen ja gemeinsam in CLEOPATRA vor der Kamera), entschied sich Fellini für die zweite Lösung und engagierte als absolute Filmneulinge den Engländer Martin Potter für die Rolle des Encolpius und den Amerikaner Hiram Keller für den Part des Ascyltus.
In schillernden Farben, ausschweifenden Dekorationen, Ausstattungen und Kostümen beschreibt *Satyricon* die erotische Odyssee des jungen Römers Encolpius, der zusammen mit seinem Freund Ascyltus um die Gunst des schönen Knaben Giton (Born) wirbt; Giton entscheidet sich für Ascyltus. Enttäuscht und verletzt wandert Encolpius durch das Land, nimmt teil an orgiastischen Gelagen, trifft schöne Frauen, Männer und einen Hermaphroditen und wird dazu auch noch impotent. Nach vielen verzweifelten Versuchen kann ihm die schwarze Hexe Oenothea seine Liebesfähigkeit zurückgeben.
„Fellini inszenierte den Film als ein gigantisches und zugleich absurdes Spektakel inmitten von Dekors, die ihre Pappnatur keineswegs verleugneten. Eine Flut von Monstrositäten ergoß sich über die Leinwand, bei deren Häufung Fellini das Gefühl für die Proportionen verlorenging. Der Film degenerierte zu einem theatralisch dargebotenen Abnormitätenzirkus." (*Geschichte des Films*) jg

Fellinis Schiff der Träume

E la nave va. Italien/Frankreich 1983 **R** Federico Fellini **B** Federico Fellini, Tonino Guerra **K** Giuseppe Rotunno **M** Gianfranco Plenizio **P** Franco Cristaldi, Aldo Nemni für RAI Televisione/Vides Prod. (Rom), Gaumont (Paris) **L** 128 Min. (Originalfassung 132 Min.), Farbe **D** Freddie Jones, Barbara Jefford, Victor Poletti, Peter Cellier, Norma West, Elisa Mainardi

Im Juli 1914 begeben sich zahlreiche prominente Passagiere an Bord des Kreuzfahrtschiffes „Gloria N.". Ziel ist der Heimatort einer gerade verstorbenen „göttlichen Operndiva, deren sterbliche Überreste dort dem Meer übergeben werden sollen. Unter den Gästen befinden sich Sängerkollegen, Musiker, Dirigenten, Lehrer und Verehrer der Künstlerin. Es wird eine Reise ins Verderben...
Die Figur des Journalisten Orlando, gespielt von Freddie Jones, fungiert als Erzähler, der sich direkt an den Zuschauer wendet und die Mitreisenden und ihre merkwürdigen Ticks und Manien vorstellt. Fellini versammelte wieder sein schon berühmtes Panoptikum grotesker und lächerlicher Gestalten, die diesmal auf dem offenen Ozean zusammengepfercht sind. Fellini versucht natürlich gar nicht erst, die Illusion von Meer zu erzeugen, sondern gibt den Zauberern der Studios von Cinecittà Gelegenheit, ihr Talent zu demonstrieren. Eine besonders schöne Szene findet im Maschinenraum statt, als mehrere OpernsängerInnen sich einen Wettstreit gegeneinander und vor allem gegen den Maschinenlärm liefern.
Zwar wurde *Fellinis Schiff der Träume* vom Festivalpublikum in Venedig positiv aufgenommen, doch an den Kassen erwies er sich als nicht gerade zugkräftig (wie fast alle späteren Werke des Regisseurs). al

Fenster ohne Vorhang

No Down Payment. USA 1957 **R** Martin Ritt **B** Philip Yordan, nach dem Roman von John McPartland **K** Joseph LaShelle **M** Leigh Harline **P** Jerry Wald für 20th Century-Fox **L** 105 Min., s/w **D** Joanne Woodward, Sheree North, Tony Randall, Jeffrey Hunter, Cameron Mitchell, Patricia Owens, Barbara Rush, Pat Hingle, Robert H. Harris, Aki Aleong

Die 20th Century-Fox hatte mit acht Schauspielern einen Vertrag abgeschlossen und sah sich nun vor die Schwierigkeit gestellt, alle noch vor Ablauf der Vertragsfrist in einem Spielfilm unterzubringen - ansonsten hätte sie die Künstler fürs Nichtstun bezahlen müssen. Der Roman von John McPartland kam da gerade recht, denn seine Handlung bot die treffliche Möglichkeit, gleich alle acht Personen auf einmal in einen Film hineinzupacken.
Ritts zweiter Regieauftrag ist eine Art sozialpädagogische Studie über das Leben unterschiedlicher Menschen in der monotonen Architektur einer amerikanischen Vorstadt. Gegen Mitte der 50er Jahre hatte eine wahre Aussiedlungswelle begonnen. Zu Zehntausenden zogen damals die amerikanischen Familien aus ihren Appartements in den großen Städten aus, um sich auf dem Land den Traum von einem eigenen Haus zu erfüllen. Als Folge entwickelten sich bald rund um die Metropolen des Landes riesige, eintönige Vorortsiedlungen, die allesamt als Schlafstädte fungierten.
In einer Erzählweise, die der einer Seifenoper relativ nahekommt, klappert Ritt in seinem Film eine Reihe von Haushalten ab, um in teils etwas krassen Beispielen (wie Vergewaltigung und Mord) die Probleme vornehmlich junger Eheleute in solchen sogenannten *suburbs* zu verdeutlichen. Das Ergebnis ist ein Streifen, der sich mit der steigenden Anzahl seiner Protagonisten verzettelt und die jeweiligen Schicksale folglich nur oberflächlich anzureißen vermag, so daß der Zuschauer schnell das Interesse an den Akteuren verliert. jg

Das Fenster zum Hof

Rear Window. USA 1954 **R** Alfred Hitchcock **B** John Michael Hayes, nach eine Novelle von Cornell Woolrich **K** Robert Burks **M** Franz Waxman **P** Alfred Hitchcock für Paramount **L** 112 Min., Farbe **D** James Stewart, Grace Kelly, Thelma Ritter, Raymond Burr, Wendell Corey, Judith Evelyn, Ross Bagdasarian, Georgine Darcy

Das Fenster zum Hof gehörte neben IM SCHATTEN DES ZWEIFELS zu denjenigen Filmen, die Hitchcock zu den Lieblingswerken in seinem Gesamtoeuvre zählte. Allerdings bekam das Publikum diesen Strei-

fen nur äußerst selten zu sehen. Nach dem Tod von Cornell Woolrich, der mit seiner Novelle die literarische Vorlage zu dem Film geschrieben hatte, klagte das Anwaltsbüro, das die Tantiemen-Rechte seiner Werke aufgekauft hatte, gegen Paramount und Hitchcock und verbot einstweilen bis zur engültigen Klärung der rechtlichen Verhältnisse weitere Aufführungen des Films. Später war es Hitchcock, der sich in seinem Testament dafür einsetzte, daß *Das Fenster zum Hof* neben weiteren Filmen wie IMMER ÄRGER MIT HARRY oder AUS DEM REICH DER TOTEN erst nach seinem Tod wieder dem Publikum zugänglich gemacht werden sollte. Nachdem er 1980, und kurz darauf auch seine Frau Alma gestorben war, veranlaßte Hitchcock-Tochter Patricia die Wiederaufführung dieser bedeutenden Werke.
James Stewart verkörpert den Sensationsfotografen Jeffries, der mit einem Gipsbein tatenlos in seiner Wohnung herumsitzen muß. Um sich die Zeit zu vertreiben, beobachtet er mit Hilfe eines Teleobjektivs seine Nachbarn. Bald meint er, entdeckt zu haben, daß ein gewisser Mr. Thorwald (Burr) seine Frau umgebracht hat. Ein befreundeter Polizist schenkt seinem Verdacht zwar keinen Glauben, dafür erweisen sich seine Verlobte Lisa (Kelly) und die resolute Krankenschwester Stella (Ritter) als tatkräftige Detektivinnen.
Ein trotz seiner einfachen Mittel perfekt gestalteter und aufregend erzählter Thriller, der bis auf zwei Ausnahmen stets aus der Perspektive James Stewarts gedreht wurde. Für ein besonderes Amüsement sorgen die geistreichen Dialoge von John Michael Hayes, der vorher überwiegend als Hörspielautor für den Rundfunk gearbeitet hatte.
Hitchcock, der sich während der Dreharbeiten als rundherum zufrieden erwies, war lediglich über die Musik von Franz Waxman etwas unglücklich. „Auf der anderen Seite des Hofs gab es den Musiker...Ich wollte, daß man hörte, wie er sein Lied komponiert, es sich entwickelt, und den ganzen Film hindurch sollte man die Entwicklung des Liedes verfolgen können, bis es schließlich mit Orchester von der Platte kommt. Das hat nicht geklappt. Ich hätte dafür einen Schlagerkomponisten nehmen sollen. Ich war sehr enttäuscht.“ (Hitchcock) jg

Ferien wie noch nie

Last Holiday. Großbritannien 1950 **R** Henry Cass **B** J. B. Priestley **K** Ray Elton **M** Francis Chagrin **P** Stephen Mitchell, A. D. Peters, J. B. Priestley für Associated British Picture Corp./Watergate/Stratford **L** 89 Min., s/w **D** Alec Guinness, Beatrice Campbell, Kay Walsh, Bernard Lee, Wilfrid Hyde-White, Muriel George, Helen Cherry, Jean Colin, Ernest Thesiger

Ironischerweise spielte Alec Guinness in diesem Film unter der Regie von Henry Cass, der ihn 1934 beim Vorsprechen im Old Vic Theatre mit den Worten „Sie sind kein Schauspieler, verschwinden Sie von der Bühne“ hatte abblitzen lassen. Im Jahre 1950 war aus Guinness inzwischen durchaus ein gefragter Schauspieler geworden.
George Bird (Guinness), ein Bürger aus der englischen Mittelschicht, erfährt, daß er unheilbar krank ist und nur noch wenige Monate zu leben hat. Um den verbleibenden Wochen noch so etwas wie Lebensfreude abzugewinnen, quartiert sich Bird im Seebad Pinebourne in einem Luxushotel ein und macht sich durch seine nette, zuvorkommende Art bald viele Freunde. Bei einem neuerlichen Arztbesuch muß ihm der behandelnde Mediziner einen peinlichen Irrtum eingestehen. Bird ist in Wirklichkeit kerngesund. Freudestrahlend fährt er zurück nach Pinebourne, kommt jedoch unterwegs bei einem Autounfall ums Leben.
Ein trotz seines symbolüberfrachteten und schicksalsschwangeren Endes amüsanter und kurzweiliger Film, der in England bei weitem nicht dieselbe enthusiastische Resonanz erfuhr, die dem Streifen in den USA entgegengebracht wurde. Dort war der Film so erfolgreich, daß die 20th Century-Fox auf Guinness aufmerksam wurde und ihm die Rolle des Disraeli in Jean Negulescos DER DRECKSPATZ UND DIE KÖNIGIN anbot. jg

Fesseln der Macht

True Confessions. USA 1981 **R** Ulu Grosbard **B** John Gregory Dunne, Joan Didion, nach dem Roman von Dunne **K** Owen Roizman **M** Georges Delerue **P** Robert Chartoff, Irwin Winkler für United Artists **L** 104 Min., Farbe **D** Robert De Niro, Robert Duvall, Charles Durning, Kenneth MacMillan, Cyril Cusack, Burgess Meredith

1947 erschütterte ein grausamer Mord die Filmkolonie: Die Leiche eines Starlets war zweigeteilt aufgefunden worden. Dieses unter dem Begriff „Schwarze Dahlie“ bekanntgewordene Verbrechen ist der reale Ausgangspunkt von John Gregory Dunnes Roman, den er gemeinsam mit seiner Fau Joan Didion für die Leinwand adaptierte.
Als Beamter der Sittenpolizei wird Tom Spellacy (Duvall) zum Tatort gerufen, kommt jedoch bei seinen Ermittlungen zunächst nicht weiter. Sein Bruder Des (De Niro) ist katholischer Monsignor und als solcher mit den Baugeschäften der Kirche betraut. Besonders mit dem Unternehmer Jack Amsterdam (Durning) herrscht ein reges Geschäftsaufkommen: Die Kirche schanzt ihm Bauaufträge zu, wofür er sich mit großzügigen Schenkungen revanchiert. Tom, der Amsterdam noch aus dessen Zeit als Zuhälter kennt, warnt Des vor dieser zwielichtigen Type und entdeckt auch prompt eine Verbindung Amsterdams zum „Schwarze Dahlie“-Mord...
Das Ganze wird in einer großen Rückblende erzählt: Am Anfang sieht man Tom seinen Bruder besuchen, der jetzt Priester in einem armseligen Wüstenkaff ist, und sich für sein damaliges Vorgehen, das zu dieser „Strafversetzung“ geführt hat, entschuldigen. Am Ende bedankt sich Des, daß Tom ihm auf diese Weise zu seiner ursprünglichen Berufung zurückgeführt hat.
Fesseln der Macht ist ein hervorragendes Kriminal-Drama, das zur Zeit seiner Uraufführung leider kaum Beachtung fand. Die Geschichte zweier unterschiedlicher Brüder, von denen der eine (De Niro) in seiner Eigenschaft als hochgestellter kirchlicher Würdenträger den Kontakt zur Wirklichkeit verloren hat, beinhaltet nicht nur kriminalistische Spannung, sondern auch eine gehörige Portion Kritik an der Kirche, die sich wie ein Großkonzern aufführt. De Niro und Duvall liefern sich ein großartiges schauspielerisches Duell (mit seinem üblichen Perfektionismus hatte sich De Niro auf seine Priesterrolle vorbereitet), unterstützt von einer erstklassigen Riege von Nebendarstellern. Georges Delerues Musik gehört wohl zum Besten, was in den 80er Jahren auf diesem Gebiet zu hören war. al

Fessle mich!

Atame! Spanien 1989 **R** Pedro Almodóvar **B** Pedro Almodóvar **K** José Luis Alcaine **M** Ennio Morricone **P** Agustín Almodóvar für El Deseo S.A. **L** 101 Min., Farbe **D** Victoria Abril, Antonio Banderas, Loles León, Francisco Rabal, Julieta Serrano, Maria Barranco, Rossy de Palma

Der gerade aus einer psychiatrischen Anstalt entlassene Ricky (Banderas) möchte nur eines: eine Frau finden und eine Familie gründen. In Marina (Abril), einer Softporno-Darstellerin, glaubt er die richtige Partnerin gefunden zu haben. Da sie auf seine Annäherungsversuche nicht eingeht und ihn kaum beachtet, dringt er in ihre Wohnung ein, fesselt sie ans Bett und wartet darauf, daß sie sich in ihn verliebt...
Nach dem weltweiten Erfolg von FRAUEN AM RANDE DES NERVENZUSAMMENBRUCHS, infolgedessen auch Almodóvars ältere Filme wieder in die Kinos kamen, wurde gespannt auf den nächsten Streich des Regisseurs gewartet. Angesichts der für seine Verhältnisse zurückhaltenden Inszenierung von *Fessle mich!* wurde viel Enttäuschung laut, doch der Film ist eine absolut originelle Liebesgeschichte, in der es von Absurditäten und optischen Gags am Rande nur so wimmelt. Almodóvar scheut sich nicht, eine im Grunde kitschige Story, die sich allerdings unter etwas ungewöhnlichen Umständen abspielt, zu erzählen, wurde jedoch von vielen mißverstanden. Am häufigsten wurde der Vorwurf einer „Macho-Phantasie“ laut, da

Marina sich in ihren Entführer verliebt und in einer Szene des Films zu ihm sagt „Fessle mich!". Dabei geht es Ricky gar nicht darum, Macht auszuüben, sondern er will Marina Zeit geben, ihn besser kennenzulernen. Obwohl sie ihn bereits liebt, bittet sie ihn in jener Szene um die Stricke, als er das Haus verläßt - sie weiß, daß sie sonst fortlaufen würde. Diese umstrittene Thematik und eine lautstarke, aber keinesfalls pornographische Sexszene sorgten dafür, daß die amerikanische Kontrollbehörde dem Film ein „X-Rating" verpaßte, das einen Film vom normalen Verleihgeschäft nahezu ausschließt. *Fessle mich!* wurde dann ohne Rating verliehen, doch der kommerzielle Schaden blieb nicht aus. al

Die Festung fällt, die Liebe lebt

Les fêtes galantes. Frankreich/Rumänien 1965 **R** René Clair **B** René Clair **K** Christian Matras **M** Georges van Parys **P** S.N.E. Gaumont (Paris)/ Studio Bucaresti (Bukarest) **L** 93 Min., Farbe **D** Jean-Pierre Cassel, Philippe Avron, Marie Dubois, Gyrogy Kovacs, Geneviève Casile

Als „eine mehr oder weniger heroische Komödie" bezeichnete der französische Meisterregisseur René Clair seinen historischen Spielfilm, der die zeitlosen Themen Krieg, Liebe und militärisch-politischen Ruhm gründlich aufs Korn nimmt und entlarvt.
Die Handlung spielt in einem nicht näher bestimmten europäischen Land im 18. Jahrhundert. Die Truppen des Marschalls von Allenberg sind von der Armee des Prinzen von Beaulieu geschlagen worden und haben sich in eine Festung zurückgezogen. Da alle Attacken gegen das Bollwerk ohne befriedigende Resultate verlaufen, entschließt man sich, die Burg langsam auszuhungern. Prinzessin Helene (Dubois), die Nichte von Marschall Allenberg, hält mittlerweile durch die beiden Abenteurer Joli-Coer (Cassel) und Thomas (Avron) mit dem Sohn des Prinzen, den sie innig liebt, den Kontakt aufrecht. Im Laufe ihrer zahlreichen Botengänge geraten die beiden Glücksritter mal in Feindes- mal in Freundeshand, bis es ihnen und der Prinzessin endlich gelingt, die verfeindeten Aristokraten miteinander zu versöhnen.
Eine überaus schwungvoll inszenierte historische Ballade, die nicht unter der Wucht ihrer Ausstattung zusammenbricht, sondern sich mehr auf ihre feinsinnigen, satirischen Momente konzentriert und in ihnen die Großen und Mächtigen lächerlich macht, da diese es sind, die stets aus den von ihnen angezettelten Krisen profitieren. „Clairs besondere Liebe gilt...den kleinen Leuten, die auch leben und leiden, für die aber in der großen Geschichte kein Platz reserviert ist." (*Evangelischer Filmbeobachter*) jg

Feuer und Flamme

Tout feu, tout flamme. Frankreich 1981 **R** Jean-Paul Rappeneau **B** Jean-Paul Rappeneau, Joyce Buñuel, Elisabeth Rappeneau **K** Pierre Lhomme **M** Michel Berger **P** Philippe Dussart für FR 3 Films/Filmedis **L** 108 Min., Farbe **D** Yves Montand, Isabelle Adjani, Lauren Hutton, Alain Sopuchon, Jean-Luc Bideau, Pinkas Braun

Mehr als fünf Jahre liegen meistens zwischen den Filmen des Franzosen Jean-Paul Rappeneau, der sich zwischen seinen Regie-Arbeiten als Werbefilmer und Drehbuch-Schuster betätigt. Außerdem, behauptet er, würde ihn nur selten ein Thema so fesseln, daß er gezwungen wäre, den Film auch zu machen. Warum er sich jedoch gerade an dieser polierten Starkomödie derart festgebissen hat, bleibt ein Rätsel.
Im Mittelpunkt der turbulenten Handlung steht Pauline (Adjani), die sich als Familienoberhaupt um ihre Großmutter und ihre beiden jüngeren Schwestern kümmert, da Vater Victor (Montand) sich irgendwo auf der Welt herumtreibt. Als er eines Tages überraschend heimkehrt, sind alle bis auf Pauline begeistert, sie kann ihm seine lange Abwesenheit nicht verzeihen. Zumal Victor etwas im Schilde führt: Er will durch den Verkauf des Hauses seiner Mutter zu Geld kommen und es in ein Spielcasino am Genfer See stecken...
Feuer und Flamme ist eine hübsche kleine Komödie, die unter ihren Starnamen und ihrem Anspruch, etwas Besonderes zu sein, zusammenbricht. Hier wurde offenbar an nichts gespart: Teure Ausstattung, ständig wechselnde Schauplätze bieten allerhand fürs Auge, doch die Geschichte wäre in bescheidenerem Rahmen besser untergebracht, da sie selbst bescheiden ist. Der Film hat Tempo, wenn man darunter die Geschwindigkeit versteht, mit der sich Montand und Anhang von Ort zu Ort bewegen, doch die Dialoge und Situationen sind alles andere als spritzig. Dafür gibt es einen konventionellen Vater-Tochter-Konflikt zu sehen, der für ein wohldosiertes Portiönchen Tiefgang sorgen soll. Das alles wird von den gut aufgelegten Schauspielern mit Enthusiasmus und viel Charme serviert, doch der rechte Funke mag bei *Feuer und Flamme* trotzdem nicht überspringen. al

Feuerball

Thunderball. Großbritannien 1965 **R** Terence Young **B** Richard Maibaum, John Hopkins, nach einer Originalstory von Kevin McClory, Jack Whittigham und Ian Fleming **K** Ted Moore **M** John Barry **P** Harry Saltzman, Albert R. Broccoli, Kevin McClory für Eon Prod./United Artists **L** 134 Min., Farbe **D** Sean Connery, Claudine Auger, Adolfo Celi, Luciana Paluzzi, Molly Peters, Bernard Lee, Lois Maxwell

Der Geheimorganisation SPECTRE unter ihrem Chef Largo (Celi) gelingt es, durch die Entführung einer US-Militärmaschine in den Besitz von Atombomben zu kommen. Man will die amerikanische Regierung um 300 Milliarden Dollar erpressen. Doch inzwischen hat sich bereits James Bond (Connery) in die Sache eingeschaltet...
Der vierte Teil der mittlerweile weltweit außerordentlich erfolgreichen Bond-Serie nimmt, rechtlich gesehen, eine Sonderstellung ein, denn 007-Erfinder Ian Fleming hatte die Story zu diesem Abenteuer mit Kevin McClory entwickelt, der nach einem dreijährigen Rechtsstreit die Filmrechte zugesprochen bekam. Er arrangierte sich mit den Produzenten Saltzman und Broccoli - für dieses Mal. 1983 landete er einen Coup, als er Sean Connery zu einer Rückkehr aus dem Bond-Ruhestand bewegen konnte und mit ihm das *Feuerball* -Remake SAG NIEMALS NIE produzierte.
Ansonsten blieb alles beim alten: Spektakuläre Tricks, rasante Verfolgungsjagden, schöne Frauen und zweideutige Dialoge. Ein großer Teil der wunderschönen Unterwasser-Aufnahmen entstand auf den Bahamas, doch sie stellen gleichzeitig den Schwachpunkt des Films dar. Besonders wenn sich am Schluß das Kampfgetümmel nur noch im nassen Element abspielt, verliert der Zuschauer den Überblick und das Interesse.
Wie immer hing ein Großteil der Wirkung auch von der Präsenz der Bösewichte ab, die im italienischen Duo Adolfo Celi und Luciana Paluzzi würdige Vertreter fanden. Die zunächst erotischen und später sarkastisch-aggressiven Geplänkel zwischen Connery und der rothaarigen Paluzzi gehören zu den besten Szenen in *Feuerball*, dessen Spezial-Effekte mit einem Oscar ausgezeichnet wurden. Den Titelsong bringt Tom Jones zu Gehör.
James Bond kehrte zurück in MAN LEBT NUR ZWEIMAL. al

Feuerkäfer

The Bug. USA 1975 **R** Jeannot Szwarc **B** William Castle, Thomas Page, nach dem Roman von Page **K** Michael Hugo **SpE** Ken Middleham, Phil Cory, Walter Dion **M** Charles Fox **P** William Castle für Paramount **L** 99 Min., Farbe **D** Bradford Dillman, Joanna Miles, Richard Gilliland, Patty McCormack, Jamie Smith Jackson, Alan Fudge

Mit *Feuerkäfer* gab TV-Regisseur Jeannot Szwarc, der sich später mit solch pompösen Filmen wie DER WEISSE HAI II oder SANTA CLAUS einen Namen machte, sein Kinodebüt. Dieser Horror-Streifen der B-Kategorie fiel budgetmäßig allerdings noch etwas bescheidener aus, bot aber genügend Möglichkeiten für die massenhafte Unterbringung von Spezialeffekten.
In einer kalifornischen Kleinstadt befördert ein Erdbeben eine merkwürdige Spezies von Käfern ans Tageslicht. Die unliebsamen Insekten ernähren sich von Asche und setzen alles in Brand, wo immer sie sich auch niederlassen. Einem Wissenschaftler gelingt es, die krabbelnden Feuerwerkskörper zu vernichten, doch behält er einige Exemplare zu Forschungszwecken zurück, was er (der Zuschauer ahnt zu Recht Schreckliches) lieber nicht hätte tun sollen. Durch die Kreuzung mit einer Kakerlakenart sind die Biester nur noch gefährlicher geworden. Ein erneutes Erdbeben, bei dem der Forscher gefolgt von seiner Satansbrut in eine Erdspalte plumpst, verhindert jedoch die weitere Ausbreitung der Schädlinge.
Ein trotz seiner völlig abstrusen Geschichte spannender und wirkungsvoll erzählter Horrorfilm, dessen starke Seiten vor allem in den beängstigend echt gelungenen Insektenaufnahmen liegen, die Ken Middleham gestaltete, der schon zu dem aufsehenerregenden Dokumentarfilm *Die Hellstrom Chronik* und dem Science-fiction-Reißer PHASE IV die Spezialeffekte kreiert hatte. jg

Das Feuerschiff

The Lightship. USA 1985 **R** Jerzy Skolimowski **B** William Mai, David Taylor und Michael Monroe, nach dem Roman von Siegfried Lenz **K** Charly Steinberger **M** Stanley Myers **P** Moritz Borman und Bill Benenson für CBS **L** 89 Min., Farbe **D** Robert Duvall, Klaus Maria Brandauer, Tom Bower, Robert Costanzo, Badja Djola, William Forsythe, Michael Lyndon

Das Feuerschiff wurde bereits 1962 als mittelmäßige deutsche Produktion von Ladislao Vajda inszeniert. Mit großem Star-Aufgebot drehte Skolimowski 1985 seine nicht minder mittelklassige Version der gleichnamigen Parabel von Siegfried Lenz über Moral, Gewalt und Widerstand als 20 Millionen Mark teure Hollywood-Produktion. Der Schauplatz der literarischen Vorlage wurde kurzerhand von Deutschland an die amerikanische Ostküste verlegt - gleichwohl wurde vor der Küste Sylts gefilmt, weil nur hier das einzige noch intakte Feuerschiff der Welt gemietet werden konnte.
Captain Miller (gespielt von Brandauer, der sich für diese Rolle einen Vollbart stehen lassen mußte) schiebt Dienst auf einem Feuerschiff, mit an Bord ist sein halbwüchsiger Sohn (Lyndon), der sich auf dem Kahn entsetzlich langweilt. Miller nimmt drei Schiffbrüchige auf, die sich alsbald als drei gesuchte Mörder entpuppen. Sie versuchen, das Schiff in ihre Gewalt zu bringen, um damit flüchten zu können. Dies will Miller mit passivem Widerstand verhindern, da ein Positionswechsel seines schwimmenden Leuchtturms in dem Seegebiet fatale Folgen für die dann orientierungslosen Seeschiffe hätte. Mit seiner Taktik, die ihm von seinem Sohn wie von seiner Besatzung als Feigheit ausgelegt wird, beschwört Miller eine Konfliktsituation herauf, die am Ende tödlich für ihn endet.
Die achtwöchigen Dreharbeiten zu dem Hochsee-Drama, die fast ausschließlich in der drückenden Enge des Leucht-Kutters aufgenommen wurden, sind am Drehteam nicht spurlos vorübergegangen. Regisseur Skolimowski bezeichnete Brandauer, für seine Allüren bekannter Star des Ensembles, auf der Biennale in Venedig - noch Wochen nach Beendigung der Dreharbeiten - als „authentischen Irren; von sich besessen, daß er nur eine Sorge hat, nämlich die Leinwand auszufüllen und die anderen zu verdrängen.“ sk

Die Feuerspringer von Montana

Red Skies of Montana. USA 1952 **R** Joseph M. Newman **B** Harry Kleiner, nach einer Geschichte von Art Cohn **K** Charles G. Clarke **M** Sol Kaplan **P** Samuel G. Engel für 20th Century-Fox **L** 89 Min., Farbe **D** Richard Widmark, Constance Smith, Jeffrey Hunter, Richard Boone, Warren Stevens, James Griffith, Joe Sawyer, Gregory Wolcott, Richard Crenna

Der amerikanische Verleihtitel *Red Skies of Montana* wurde kurz nach der Fertigstellung des Films regional (wie z.B. in New York) in *Smoke Jumpers* umgeändert, um den Zuschauern deutlich zu machen, daß es sich entgegen aller Annahme bei diesem Streifen nicht um einen Western handelte. Im US-Fernsehen wurde der Film dann unter seinem ursprünglichen Titel ausgestrahlt.
Richard Widmark spielt den Feuerwehrmann Cliff Mason, der stets mit seinen Männern auf der Bildfläche erscheint, wenn ein Waldbrand in Montana wütet. Ein zunächst routinemäßig ablaufender Einsatz endet mit einer furchtbaren Katastrophe; alle Mitglieder der Löschtruppe kommen bis auf Widmark ums Leben. Ed Miller (Hunter), der Sohn eines der getöteten Männer, wirft Mason vor, seine Leute im Stich gelassen zu haben. Die beiden werden zu erklärten Feinden, bis sie sich bei einem erneuten Einsatz gegenüberstehen und im Zeichen höchster Gefahr ihre Rivalität überwinden können.
Spannend inszenierter Abenteuerfilm vor außergewöhnlichem Hintergrund, dessen packendste Momente in den dokumentarhaft geschilderten Waldbrandsequenzen liegen. Die Luftaufnahmen der Brandstellen wirken allerdings recht willkürlich dazwischengeschnitten. jg

Der Feuerteufel

Der Feuerteufel. Deutschland 1940 **R** Luis Trenker **B** Luis Trenker, Hanns Saßmann **K** Albert Benitz, Klaus von Rautenfels, Albert Höcht **M** Giuseppe Becce **P** Arco-Film **L** 92 Min., s/w **D** Luis Trenker, Judith Maria Holzmeister, Fritz Kampers, Hilde von Stolz, Claus Clausen, Erich Ponto, Bertl Schultes, Ernst Fritz Fürbringer, Elise Aulinger, Kurt Meisel

Ob *Der Feuerteufel* nun wirklich gegen die nationalsozialistische Gewaltherrschaft gerichtet war, wie Trenker danach immer behauptete, oder ob dieser Film in einem Atemzug mit eindeutigen Propagandawerken wie Harlans DER GROSSE KÖNIG oder KOLBERG zu nennen ist, kann heute schwer entschieden werden. Tatsache ist, daß er damals der Reichsfilmkammer alles andere als willkommen war. Die Dialoge, die angeblich eine latent-leidenschaftliche Anklage gegen Hitler sein sollten, wurden als solche jedenfalls nicht erkannt oder schlichtweg ignoriert.
Die Handlung setzt ein zu Beginn des 19. Jahrhunderts. Kärnten wird von den napoleonischen Truppen unterjocht; der Holzfällerbursche Sturmegger (Trenker) kämpft mit einer Schar von Patrioten gegen die Okkupanten, wird zum Tode verurteilt, überlebt jedoch wie durch ein Wunder die Exekution. Auf eigene Faust zieht er weiterhin gegen die Invasoren zu Felde, muß wegen des Verrats eines Landsmannes fliehen. Erst Jahre später, nachdem Napoleon das Land verlassen hat, sieht er seine Heimat wieder.
Trenker wollte mit seinem Film eigentlich dem Südtiroler Freiheitskämpfer Speckbacher ein Denkmal setzen, doch in der End-

fassung wurde das Wort Südtirol kein einziges Mal erwähnt, um nicht allzu klare Parallelen zu den aktuellen Ereignissen deutlich werden zu lassen, denn Hitler hatte Südtirol zuvor an Mussolini verschachert. Die Handlung wurde demnach gezwungener-maßen in Kärnten angesiedelt. jg

Feuerwerk

Feuerwerk. BRD 1954 **R** Kurt Hoffmann **B** Herbert Witt, Felix Lützkendorf, Günter Neumann, nach der Komödie von Erik Charell und Jürgen Amstein **K** Günther Anders **M** Paul Burkhardt, Franz Grothe **P** Neue Deutsche Filmhansa **L** 90 Min., Farbe **D** Lilli Palmer, Karl Schönböck, Romy Schneider, Claus Biederstaedt, Werner Hinz

Erik Charell, Spezialist für beschwingte musikalische Lustspiele (wie z.B. DER KONGRESS TANZT) hatte mit *Feuerwerk* ein Bühnenstück entworfen, das geradezu danach verlangte, für die Leinwand umgesetzt zu werden. Unter der sicheren Hand von Kurt Hoffmann plätschert dieser Film munter und unterhaltsam seine anderthalb Stunden vor sich hin - ohne große Tiefgänge, dafür mit umso mehr schauspielerischen Höhepunkten, für die die versammelte Galaparade des deutschen Films garantiert.
Ein ehemals im Zorn aus dem Elternhaus geschiedener, inzwischen zum Zirkusdirektor emporgestiegener Sohn, kehrt nach Jahren in sein Zuhause zurück, um den 50. Geburtstag seines Bruders zu feiern. Mit einigen Umwegen (es gibt da noch ein junges Mädchen, das aus Liebeskummer zum Zirkus will, und drei ältere Herren, die sich ebenfalls brennend für das Leben in der Manege und noch mehr für die geheimnisvolle Direktorengattin Iduna interessieren) münden alle Handlungsstränge in einem zufriedenstellenden Happy-End.
„Man weiß nicht, was zuerst hervorgehoben werden sollte - die an impressionistische Gemälde erinnernde...Farbe des Films, dieser in Atmosphäre und Stimmung immer richtig getroffene, niemals grelle Ton, die rasanten Bildeinstellungen, der Schnitt oder das charmante Spiel der ersten Darstellergarnitur" (*Evangelischer Filmbeobachter*).
In *Feuerwerk* ist übrigens das erste Mal in einem Film der bekannte Evergreen *Oh, mein Papa* zu hören. Romy Schneider und Lilli Palmer standen noch einmal 1958 in dem Remake von MÄDCHEN IN UNIFORM gemeinsam vor der Kamera. jg

Die Feuerzangenbowle

Die Feuerzangenbowle. Deutschland 1944 **R** Helmut Weiß **B** Heinrich Spoerl, nach seinem Roman **K** Ewald Daub **M** Werner Bochmann **P** Robert Leistenschneider für Terra **L** 97 Min., s/w **D** Heinz Rühmann, Karin Himboldt, Hilde Sessak, Erich Ponto, Paul Henckels, Hans Leibelt, Lutz Götz, Max Gülstorff, Margarete Schön, Hans Richter, Rudi Schippel, Albert Florath

Heinrich Spoerls humorvoller Roman erschien 1933 und ist nur halb so witzig wie die drei Leinwand-Umsetzungen, die untereinander jedoch auch ihre verschiedenen Qualitäten aufweisen.
Gleich nach dem Erscheinen des Buches war klar, daß die Darstellung der kuriosen Lehrergestalten („nor einön wänzigen Schlock") im Kino vor großem Publikum wesentlich besser zur Geltung kommen konnte, als bei der Lektüre im stillen Kämmerlein. Bereits ein Jahr nach der Veröffentlichung entstand in der Regie von Robert A. Stemmle unter dem Titel *So ein Flegel* die adäquate Verfilmung, in der Heinz Rühmann die Hauptrolle übernahm. Die zweite Version von 1944, entstanden unter Rühmanns künstlerischer Oberaufsicht, gilt jedoch als die gelungenste und komischste.
Während einer Herrenrunde, in der eifrig Anekdoten über die längst vergangenen Schuljahre ausgetauscht werden, muß Dr. Johannes Pfeiffer (Rühmann) erkennen, daß er wohl doch eine ganze Menge verpaßt hat, denn er kam damals nur in den zweifelhaften Genuß eines Privatlehrers. Also entschließt er sich, das Versäumte noch einmal nachzuholen und drückt in Verkleidung eines Gymnasiasten in einem kleinen Städtchen noch einmal die Schulbank. Den streßgeplagten Paukern steht damit eine Kette haarsträubender Schulstreiche ins Haus.
Als letzten Film seiner Regie-Karriere wagte sich 1970 der einst so große Regisseur Helmut Käutner an den Spoerl-Roman heran, doch seine Version mit dem wenig witzigen Walter Giller in der Hauptrolle war im Vergleich zu den beiden Vorgängern nur ein trauriger Abklatsch. jg

Die feurige Isabella

Genevieve. Großbritannien 1953 **R** Henry Cornelius **B** William Rose **K** Christopher Challis **M** Larry Adler P Henry Cornelius für Sirius Prod. **L** 86 Min., Farbe **D** John Gregson, Dinah Sheridan, Kenneth More, Kay Kendall, Geoffrey Keen

Eine wunderbare britische Komödie um zwei Autonarren, die ihre vor dem I. Weltkrieg datierten Vehikel hegen und pflegen und alljährlich an der Oldtimer-Ralley von London nach Brighton und zurück teilnehmen. Wäh-rend Alan (Gregson) mit seiner die kostspieliege Leidenschaft tolerierenden Ehefrau antritt, erscheint sein Freund Ambrose (More) jedes Jahr mit einer neuen Eroberung - diesmal ist es die ebenso attraktive wie schlagfertige Rosalind (Kendall).
Der Film konzentriert sich fast ausschließlich auf die beiden Paare und ihre zahlreichen Begegnungen und Erlebnisse während der Fahrt durch die äußerst malerisch ins Bild gerückte englische Landschaft. Das Darsteller-Quartett ist in Höchstform und liefert die pointierten, treffsicheren Dialoge mit sichtlichem Vergnügen und gespitzten Zungen ab. Der Titel bezieht sich auf das aus dem Jahre 1904 stammende Gefährt von Alan (im Original Genevieve, im deutschen Isabella - wahrscheinlich wegen eklatanter Ausspracheprobleme).
Inhaltlich stellt der Film einen Vorläufer der Ralley-Filme der 60er Jahre wie DAS GROSSE RENNEN RUND UM DIE WELT und MONTE CARLO RALLEY dar. al

Fieber im Blut

Splendor in the Grass. USA 1961 **R** Elia Kazan **B** William Inge **K** Boris Kaufman **M** David Amram **P** Elia Kazan für NBI Pictures/Warner Bros. **L** 123 Min., Farbe **D** Natalie Wood, Warren Beatty, Pat Hingle, Audrey Christie, Barbara Loden

Nachdem der junge Warren Beatty, Bruder von Shirley MacLaine, in William Inges kurzlebigem Stück *A Loss of Roses* am Broadway aufgetreten und von Inge und Joshua Logan entdeckt worden war, konnte der Vierundzwanzigjährige das Privileg für sich in Anspruch nehmen, daß der bekannte Autor ein Drehbuch ausdrücklich für ihn geschrieben hatte: *Fieber im Blut.*
Der Inhalt geht auf ein Jugenderlebnis Inges zurück, der in den 20er Jahren in Kansas aufwuchs. Beatty spielt den jungen Bud, der sich in seine Mitschülerin Wilma (Wood) verliebt. Die zarten Bande dieser Beziehung werden durch das Verhalten der Eltern ebenso belastet wie durch den Entschluß der beiden, auf die sexuelle Seite der Liebe zu verzichten. Wilmas frigide Mutter (Christie) warnt ihre Tochter ständig vor Männern, während Buds Vater (Hingle) erst die Zukunft seines Sohnes gesichert wissen möchte.
Filme, die sich mit den Problemen und Problemchen von Jugendlichen beschäftigten, waren Ende der 50er Jahre sehr populär, und im Prinzip reitet auch *Fieber im Blut* auf dieser Welle, wenn auch Elia Kazan und William Inge (der eine kleine Rolle als Geistlicher des Ortes hat) dem Material eine Qualität verliehen, die es weit über den Durchschnitt heraushebt. Nicht zuletzt der gesellschaftliche Hintergrund, der Börsenkrach im Jahre 1929 und der Beginn der Depressionszeit, macht den Film zu einem interessanten Zeitdokument.
Für Warren Beatty stellte *Fieber im Blut* nicht nur den umgehenden Aufstieg zum vielversprechenden Nachwuchs-Star dar, sondern auch den Beginn seiner berühmt-berüchtigten Karriere als unermüdlicher Liebhaber seiner weiblichen Co-Stars, eine Gewohnheit, die in diesem Falle zur Scheidung Natalie Woods von ihrem Mann Robert Wagner führte.
Der Film, der auch das Leinwand-Debüt von Sandy Dennis darstellt, kam zwar bei der Kritik und besonders beim Publikum gut an, nimmt aber in Kazans Werk nur eine untergeordnete Position ein. Immerhin erhielt er einen Oscar für das Beste Drehbuch sowie eine Nominierung für Natalie Wood. al

52 Pick-Up

52 Pick-up. USA 1986 **R** John Frankenheimer **B** Elmore Leonard, John Steppling, nach dem Roman von Leonard **K** Jost Vacano **M** Gary Chang **P** Menahem Golan, Yoram Globus für Cannon Films **L** 114 Min., Farbe **D** Roy Scheider, Ann-Margret, Vanity, John Glover, Robert Trebor, Kelly Preston, Clarence Williams III

Mit Schrecken sieht sich der erfolgreiche Unternehmer Harry Mitchell (Scheider) mit dem Verschwinden seiner hübschen Geliebten (Preston) konfrontiert. Und nicht nur das: In deren Appartement warten drei maskierte Finsterlinge mit einem Video auf Harry, das ihn und seine Gespielin beim Sexualakt zeigt. Sie verlangen eine Riesensumme, andernfalls würde das Material an die Öffentlichkeit gelangen. Angesichts der politischen Ambitionen von Harrys Frau Barbara (Ann-Margret) keine angenehme Vorstellung, und so sieht er sich gezwungen, zumindest zum Schein auf den Erpressungsversuch einzugehen.
John Frankenheimer, der in den 60er Jahren eine Reihe hervorragender Polit-Thriller vorlegte (BOTSCHAFTER DER ANGST, SIEBEN TAGE IM MAI) verband viel Hoffnung mit diesem ultra-brutalen Action-Reißer, der sein nach mehreren Pleiten gesunkenes Ansehen reparieren sollte. Die Vorlage des Films, Elmore Leonards Roman *52 Pick-Up*, war von Cannon Films bereits zwei Jahre zuvor als *Der Ambassador* verfilmt worden, für den man die in Detroit spielende Handlung nach Israel verlegt und dem Ganzen eine politische Dimension gegeben hatte. Frankenheimers Fassung spielt in Los Angeles, wo sehr wirkungsvoll die gepflegte Nachbarschaft von Harrys und Barbaras Heim mit dem zwielichtigen Porno- und Sex-Show-Milieu kontrastiert wurde. Der Film ist rasant und spannend inszeniert, die Harry vorgeführten Video-Bänder - das zweite zeigt die Folterung und Ermordung seiner Geliebten - können einem allerdings den Magen umdrehen.
Die Kritik war sich, auch angesichts derartiger Brutalitäten, nicht einig über die Qualität des Streifens; so schrieb die *L.A. Times*: „Mit zwei Stunden Laufzeit ist der Film ein aufgeblasener Wirrwarr, der einem reichlich Zeit läßt, die Unglaubwürdigkeiten der Handlung herauszupicken." *The Hollywood Reporter* hielt dagegen: „Endlich wurde jemand einer Thriller-Vorlage von Elmore Leonard gerecht... eine geschickte Leinwandadaption."
Einigkeit bestand immerhin bei der Beurteilung der drei Bösewichter, die von John Glover (er spielte später den Schurken in STIRB LANGSAM 2), Clarence Williams III und Robert Trevor mit denkwürdiger Hingabe verkörpert werden. al

Film ohne Titel

Film ohne Titel. Deutschland 1947 **R** Rudolf Jugert **B** Helmut Käutner, Ellen Fechner, Rudolf Jugert **K** Igor Oberberg **M** Bernhard Eichhorn **P** Camera-Film **L** 90 Min., s/w **D** Hans Söhnker, Hildegard Knef, Irene von Meyendorff, Willy Fritsch, Fritz Odemar, Peter Hamel, Erich Ponto, Carsta Löck, Margarete Haagen, Fritz Wagner, Annemarie Holtz

Film ohne Titel ist zweifellos eines der interessantesten Werke, die kurz nach dem Zusammenbruch des Dritten Reiches entstanden, und gab damals noch Grund zur Hoffnung, aus den Trümmern des Faschismus könnte ein neuartiges, innovatives Kino entstehen, das sich auf die Wurzeln seiner großen Vergangenheit berufen würde. Wie jedoch die Geschichte des deutschen Films zeigte, sollte *Film ohne Titel* leider nur eine Ausnahmeerscheinung sein.
Besetzt mit Publikumsliebling Hans Söhnker und Hildegard Knef, der Neuentdeckung aus DIE MÖRDER SIND UNTER UNS, wird eine Liebesgeschichte erzählt. Das Mädchen Christine (Knef) und der ehemalige Antiquitätenhändler Delius (Söhnker) berichten einem interessierten Regisseur und seiner Filmcrew von ihrer Beziehung, die sich - den Wirren der Kriegsjahre gemäß - ziemlich bewegt gestaltet hat. Das Team überlegt zusammen mit dem Liebespaar, ob es möglich wäre, aus dieser Geschichte einen Spielfilm zu drehen, der die Erlebnisse, Gefühle und Vorgänge jener Zeit wirklichkeitsgetreu widerzuspiegeln vermag. Alle kommen schließlich zu dem Resultat, das dies realisiert werden könne.
„In einer seiner seltenen, selbstironischen Launen porträtiert der deutsche Film in *Film ohne Titel* sich selbst in seiner ebenso befreiten wie orientierungslosen Nachkriegs-Situation." (*Klassiker des deutschen Tonfilms*)
Entgegen dem Trend der damaligen „Trümmerfilme" entstand *Film ohne Titel* weitab der zerstörten Städte in der herben Landschaft Niedersachsens. jg

Der Filmamateur

Amator. Polen 1979 **R** Krzysztof Kieslowski **B** Krzystof Kieslowski und Jerzy Stuhr **K** Jacek Petrycki **M** Krzystof Knittel **P** Film Polski/Zespol Tor **L** 112 Min., Farbe **D** Jerzy Stuhr, Malgorzata Zabkowska, Ewa Pokas, Stefan Czyzewski, Jerzy Nowak, Tadeusz Bladecki

In einem seiner frühen Spielfilme malt Kieslowski, Absolvent der Filmhochschule in Lodz und Schüler von Meisterregisseur Andrzej Wajda, mit fast dokumentarischer Akribie ein pessimistisches und sozialkritisches Bild des polnischen Alltags am Ende der 70er Jahre.
Filip (Stuhr) hat eine Frau, ein Kind und eine Arbeit, die ihm gefällt. Nichts deutet darauf hin, daß er dieses unbeschwerte Leben nicht bis an das Ende seiner Tage weiterleben wird. Bis er sich eines Tages eine Filmkamera zulegt: Erst zaghaft, dann immer intensiver, verbringt er seine Zeit mit Filmen. Besessen von seiner Passion, für die er seine gesamte Zeit und Kraft opfert, zerstört er schließlich alle menschlichen Bindungen und Beziehungen; seine Frau verläßt ihn. Erst jetzt wird ihm sein Verlust bewußt - und daß der Preis, den er selbst für seine Leidenschaft gezahlt hat, zu hoch war.
Kieslowski, „enfant terrible" der polnischen Film-Szene, hat sich stets, auch nach der politischen Wende in Osteuropa, erfolgreich in kritischer Distanz zu den Mächtigen - Partei, Kirche, Opposition - gehalten. In den Jahren des Kriegsrechts in Polen wurde er von der staatlichen Zensur kaltgestellt, aber nicht kleingekriegt. International bekannt und preisgekrönt ist Kieslowski vor allem seit seiner Filmreihe „Dekalog" über die zehn Gebote, von denen nur die Verfilmungen des fünften und sechsten Gebots (EIN KURZER FILM ÜBER DAS TÖTEN und EIN KURZER FILM ÜBER DIE LIEBE) in den Kinos gezeigt wurden; die übrigen acht Gebote wurden als Fernsehfilme produziert. sk

Die Filzlaus

L´emmerdeur/Il rompiballe. Frankreich/Italien 1974 **R** Edouard Molinaro **B** Francis Veber, nach seinem Bühnenstück *Le contract* **K** Raoul Coutard **M** Jacques Brel **P** Alexandre Mnouchkine, Georges Dancigers für Les Films Ariane/Mondex Films (Paris), Rizzoli Film/Oceania Prod. (Rom) **L** 80 Min., Farbe **D** Lino Ventura, Jacques Brel, Caroline Cellier, Nino Castelnuovo

Killer Ralph Malin (Ventura) quartiert sich in einem Hotelzimmer ein, von dessen Fenster aus er einen seiner tödlichen Aufträge erledigen kann. Doch zuvor muß er sich um seinen vertrottelten Zimmernachbarn Pignon (Brel) kümmern, der mit seinen stümperhaft ausgeführten Selbstmordversuchen die Polizei auf den Plan zu rufen droht...
Edouard Molinaros Komödie ist ein Volltreffer in Sachen schwarzen Humors und geistreicher Dialoge. Das auf einem Theaterstück von Francis Veber (der später selbst Filme inszenierte) basierende Lustspiel kontrastiert sehr wirkungsvoll zwei völlig gegensätzliche Welten: auf der einen den sich selbst bemitleidenden Hemdenvertreter, auf der anderen den abgebrühten, zynischen Gangster. Obwohl weder Ventura noch Brel, die bereits ein Jahr zuvor in Lelouchs DIE ENTFÜHRER LASSEN GRÜSSEN gemeinsam spielten, Komiker sind, tragen ihre köstlichen Darstellungen den Film, ebenso wie sich Billy Wilder bei seinem schwachen US-Remake BUDDY, BUDDY ganz auf Jack Lemmon und Walter Matthau verließ.
Frankfurter Allgemeine: „Keine Komödie von der billigen Art, in der ein vermeintlich

überlegener Zuschauer über die Torheit der Figuren bequem sich belustigen kann. Man lacht über die Protagonisten, aber man hat auch Mitleid mit ihnen; die Komik bleibt immer im Schwebezustand, in dem die Tragödie nicht allzu fern ist.“ al

Finale in Berlin

Funeral in Berlin. Großbritannien 1966 **R** Guy Hamilton **B** Evan Jones, nach dem Roman von Len Deighton **K** Otto Heller **M** Conrad Elfers **P** Harry Saltzman, Charles Kasher für Paramount **L** 102 Min., Farbe **D** Michael Caine, Paul Hubschmid, Oscar Homolka, Eva Renzi, Guy Doleman, Hugh Burden, Thomas Holtzmann, Gunter Meisner, Heinz Schubert, Wolfgang Völz, Klaus Jepsen, Rainer Brandt, Ira Hagen, Marthe Keller

Finale in Berlin war einer jener Filme der 60er Jahre, die den Mythos dieser Frontstadt inmitten des kommunistischen Machtbereiches als Tummelplatz internationaler Spionageorganisationen verstärkt schürte. Inszeniert von Guy Hamilton, dem Regisseur des James-Bond-Reißers GOLDFINGER, setzte dieser Streifen die Reihe um den englischen Agenten Harry Palmer (eine Art parodistisches Pendant zu Bond) nach dessen erstem Abenteuer IPCRESS - STRENG GEHEIM fort, um ein weiteres Jahr darauf mit DAS MILLIONEN-DOLLAR-GEHIRN auszuklingen.
Gedreht an Ort und Stelle in West-Berlin und beginnend mit einer furiosen Fluchtsequenz über die Berliner Mauer, zeigt diese Folge die Versuche des englischen Agenten Palmer (Caine), dem überlaufwilligen Sowjetarmee-Oberst Stok (lebensnah dargestellt von dem bulligen Oscar Homolka) den Weg in den Westen zu ebnen. Die Dinge entwickeln sich jedoch ganz anders; Stok denkt plötzlich gar nicht mehr daran, Ost-Berlin zu verlassen und Palmer gerät mit Hilfe der hübschen israelischen Agentin Samantha (Renzi) auf die Spur ehemaliger, hochrangiger Nazi-Schergen, die nach wie vor in den Trümmern der einstigen Reichshauptstadt ihr Unwesen treiben.
Finale in Berlin strotzt zwar wie die zur gleichen Zeit entstandenen Filme DER ZERRISSENE VORHANG und DAS QUILLER MEMORANDUM nur so vor typisch britischen bzw. US-amerikanischen Berlin-Klischees, ist aber gerade aus heutiger Sicht ein interessanter Beitrag des westeuropäischen Unterhaltungskinos zur Ära des Kalten Krieges. jg

Finger weg von meiner Frau

Not with My Wife, You Don't! USA 1966 **R** Norman Panama **B** Norman Panama, Larry Gelbart, Peter Barnes, nach einer Original-Story von Panama und Melvin Frank **K** Charles Lang, Paul Beeson **M** Johnny Williams **P** Norman Panama für Warner Bros. **L** 118 Min., Farbe **D** Tony Curtis, Virna Lisi, George C. Scott, Carroll O'Connor, Richard Eastham

Während des Korea-Krieges rivalisierten die beiden Fliegeroffiziere Tom (Curtis) und Tank (Scott) um dieselbe Frau, die aufregende Julie (Lisi), eine Krankenschwester italienischer Abstammung. Nachdem Tom seinen Konkurrenten trickreich aus dem Rennen geworfen hatte - er hatte Julie von Tanks Tod vorgeschwindelt - konnte er seine Angebetete ehelichen, die sich nach einigen Jahen als Ehefrau zusehends vernachlässigt fühlt. Da schlägt Toms Stunde, der nun seinerseits zu einer List greift...
Eine mitunter recht amüsante Verwechslungskomödie im Boulevard-Stil, die George C. Scott in einer seiner seltenen komischen Rollen zeigt. Verantwortlich für diese Ehefarce ist Norman Panama, der in den 50er Jahren, gemeinsam mit seinem langjährigen Partner Melvin Frank, einige der gelungensten Lustspiele der Dekade fabrizierte (darunter DER HOFNARR mit Danny Kaye). Beider selbständige Arbeiten konnten dieses hohe Niveau allerdings nur selten halten. Bob Hope, für den Panama schon als Gagschreiber beim Rundfunk und später als Regisseur zahlreicher Filme arbeitete, hat einen kurzen Gastauftritt. al

Firefox

Firefox. USA 1981 **R** Clint Eastwood **B** Alex Lasker, Wendell Wellman, nach dem Roman von Craig Thomas **K** Bruce Surtees **M** Maurice Jarre **P** Clint Eastwood für Warner Bros. **L** 124 Min., Farbe **D** Clint Eastwood, Freddie Jones, David Huffman, Warren Clarke, Ronald Lacey, Kenneth Colley, Klaus Löwitsch, Nigel Hawthorne

Ein technisch perfekt gemachter Thriller aus der guten alten Zeit des Kalten Krieges, der allerdings einen starken Hang zum Utopischen aufweist. Die Amerikaner erfahren, daß die Russen ein neues, einzigartiges Kampfflugzeug konstruiert haben, das selbst den modernsten NATO-Maschinen weit überlegen ist. Vietnam-Veteran Gant (Eastwood) wird in die UdSSR eingeschleust, um die Wundermaschine in einem tollkühnen Himmelfahrtskommando den Händen der Kommunisten zu entreißen. In erster Linie ein Film für Clint-Eastwood-Fans und Special-Effects-Liebhaber, denn die Handlung verläuft allzu hanebüchen, so daß sie eher einer Agenten-Persiflage als einem Spannungsfilm entsprungen zu sein scheint. Während Clint Eastwood mit fast tapsiger Unbeholfenheit durch Rußland (über dem permanent die Dunkelheit des Abends oder die Schwärze der Nacht liegt) stolpert und rings um ihn herum diverse Störenfriede abgemurkst werden, scheinen die sowjetischen Militärs nur darauf zu warten, daß man ihnen das Flugzeug klaut.
Mag zwar der Film an seiner unglaubwürdigen Handlung kranken, so stimmen wenigstens die Tricksequenzen von John Dykstra versöhnlich. Das fliegende Wunderwerk MIG 31 wurde in der Originalgröße mit einer Länge von 20 Metern aus Sperrholz und Glaswolle konstruiert. Für die rasant fotografierten Flugsequenzen verwendete Dykstra, der auch schon die Spezialeffekte zu KRIEG DER STERNE und KAMPFSTERN GALACTICA entworfen hatte, identische Modelle, die dann in die waghalsigen Flugaufnahmen (das erste Mal in dieser Art über der Eiswüste Grönlands entstanden) einkopiert wurden. jg

Firepower

Firepower. Großbritannien 1979 **R** Michael Winner **B** Gerald Wilson, Bill Kerby **K** Robert Paynter, Dick Kratina, Richard Kline **M** Gato Barbieri **P** Michael Winner für ITC/Lew Grade **L** 104 Min., Farbe **D** Sophia Loren, James Coburn, O.J. Simpson, Eli Wallach, Anthony Franciosa, Vincent Gardenia, Victor Mature

Der Wissenschaftler Dr. Fasca fällt einem Mordanschlag zum Opfer, hinter dem vermutlich der mysteriöse Unterweltboß Carl Stegner steckt. Der Chemiker sollte im Auftrag der US-Regierung Beweise für die schmutzigen Drogengeschäfte des Multimillionärs liefern. Fascas attraktive Witwe Adele (Loren) überredet die Regierung zur Anheuerung des berüchtigten Agenten und Kopfgeldjägers Jerry Fanon (Coburn) und begibt sich zusammen mit ihm und seinem zwielichtigen Kumpan Catlett (Simpson) in die Karibik, wo Stegner sein luxuriöses Domizil hat...
„Der Film, in dem wirklich etwas los ist!“ prahlte die Werbung für Michael Winners Action-Reißer. In der Tat, an Explosionen, Auto-Stunts, Schießereien und ähnlich ge-

lagerten Elementen moderner Freizeitgestaltung herrscht in diesem Film kein Mangel. Doch damit hat sich´s dann auch. Ein Action-Vehikel wie dieses, in dem es auf die Zurschaustellung pyrotechnischer und anderer Effekte ankommt und das nichts anderes will, als spektakulär unterhalten, sollte man nicht mit einer verwirrenden Geschichte behindern. *Firepower* macht jedoch genau diesen Fehler, und das Interesse des Zuschauers gilt schon nach kurzer Zeit ausschließlich den malerischen karibischen Schauplätzen (u.a. St. Lucia und Antigua). Der Film gehört zu der Reihe von Thrillern wie DIE SEEWÖLFE KOMMEN, die Ende der 70er Jahre mit viel Erfolg das große Reservoir unbeschäftigter Altstars ausschöpften und die Mimen in belanglosen Kriegs-und Spionagegeschichten verheizten. In diesem Falle erwischte es die noch recht „saftige" Sophia Loren, die Ende der 70er derartige Schwierigkeiten hatte, gute Rollen zu finden, daß sie sich nach diesem alles andere als glorreichen Ausflug in die Niederungen des Genre-Kinos wohlweislich von der Leinwand zurückzog. al

First Love

First Love/Erste Liebe. Schweiz/BRD 1970 **R** Maximilian Schell **B** Maximilian Schell, John Gould, nach einem Roman von Iwan Turgenjew **K** Sven Nykvist **M** Mark London **P** Maximilian Schell, Barry Levinson für Alfa Filmprod. (Glarus), Seitz Film (München) **L** 89 Min., Farbe **D** John Moulder-Brown, Dominique Sanda, Maximilian Schell, Valentina Cortese, Johannes Schaaf, John Osborne

Nachdem seine Schauspielerkarriere in den 60er Jahren einen eher unbefriedigenden Verlauf genommen hatte, wandte sich Maximilian Schell zunehmend auch der Regie zu. *First Love* ist seine erste Arbeit auf diesem Gebiet für die Leinwand, eine zarte Geschichte über das Erwachsenwerden, basierend auf einer Erzählung des russischen Dichters Iwan Turgenjew (1818-1883), der den Realisten zugerechnet wird.
Der 16jährige Baron Alexander (Moulder-Brown) verliebt sich unsterblich in die fünf Jahre ältere Sinaida (Sanda), die seine Schwärmerei nicht allzu ernst nimmt und ständig von einem Schwarm Verehrer umgeben ist. Eine schmerzliche Enttäuschung erlebt Alexander, als er erfährt, daß Sinaida die Geliebte seines eigenen Vaters (Schell) ist.
Der schwierige, oft mit Enttäuschung und Ernüchterung verbundene Vorgang der Reife „vom Kinde zum Mann" (bzw. vom Mädchen zur Frau) ist eines der beliebtesten Literatur-und Filmthemen. Schell versuchte der Geschichte zusätzlich eine politische Bedeutung zu verleihen, indem er die Handlung aus der Mitte des 19. Jahrhunderts (geschrieben wurde die Erzählung 1860) in die ersten Jahre des 20. Jahrhunderts verlegte, genauer gesagt, zum Beginn der russischen Revolution von 1905. Der wunderschön photographierte (von Ingmar Bergmans Kameramann Sven Nykvist) kleine Film wurde von der Presse wohlwollend aufgenommen und etablierte Schell auch als versierten Regisseur. Als Schweizer Produktion erhielt *First Love* darüber hinaus eine Oscar-Nominierung als Bester fremdsprachiger Film. al

FIST - Ein Mann geht seinen Weg

F.I.S.T. USA 1978 **R** Norman Jewison **B** Joe Eszterhas, Sylvester Stallone **K** Laszlo Kovacs **M** Bill Conti **P** Norman Jewison für United Artists **L** 130 Min. (Originalfassung 145 Min.), Farbe **D** Sylvester Stallone, Rod Steiger, Peter Boyle, Melinda Dillon, David Huffman

Seit DIE FAUST IM NACKEN, Elia Kazans Meisterwerk von 1954, haben sich nur wenige Filme mit der amerikanischen Gewerkschaftsbewegung beschäftigt. Die Geschichte von *F.I.S.T.* setzt Ende der 30er Jahre ein, als Johnny Kovak (Stallone), Sohn ungarischer Einwanderer, sich erstmals für bessere Arbeitsbedingungen der Transportarbeiter engagiert. Im Laufe der Zeit steigt er vom Handlanger zum mächtigen Boß der Transportarbeiter-Gewerkschaft auf und läßt sich, zum Wohle der Organisation, auch mit der Mafia ein. Das bringt ihn in die Schußlinie von Senator Madison, der einem Ausschuß gegen das organisierte Verbrechen vorsitzt. Jewisons Film ist ein packendes Drama um einen idealistischen Kämpfer, der glaubt, immer nur im Interesse der Sache zu arbeiten und der übersieht, daß er sich und die Organisation in fatale Abhängigkeit zu kriminellen Elementen begibt. Die Hauptfigur des Johnny Kovak ist Jimmy Hoffa nachempfunden, einem berühmten Gewerkschaftsboß, der 1959 spurlos verschwand und vermutlich von der Mafia ermordet wurde. Der Titel des Films ist übrigens die Abkürzung für „Federation of Inner-State Truckers", *F.I.S.T.* steht aber auch für die geballte Faust, das kämpferische Symbol der Gewerkschaft.
Hinter den Kulissen der Produktion gab es zahlreiche Unstimmigkeiten, besonders das Drehbuch betreffend. Joe Eszterhas hatte eine erste Fassung abgeliefert, die von den Produzenten als zu lang befunden wurde. Unter der Aufsicht von Regisseur Jewison nahm Sylvester Stallone, der sich ja schon bei ROCKY derart betätigt hatte, einige Kürzungen und Straffungen vor - ohne Wissen von Eszterhas, mit dem es daraufhin zu langwierigen Auseinandersetzungen um die Urheberschaft des Skripts kam. Ironischerweise wurde der Film von vielen Kritikern immer noch als zu lang empfunden. Ansonsten überwogen positive Einschätzungen, doch niemand wollte das Gewerkschaftsdrama sehen - *F.I.S.T.* floppte an den Kassen. al

Ein Fisch namens Wanda

A Fish Called Wanda. Großbritannien 1988 **R** Charles Crichton **B** John Cleese **K** Alan Hume **M** John du Prez **P** Michael Shamberg für MGM/ Prominent Features Prod. **L** 108 Min., Farbe **D** John Cleese, Jamie Lee Curtis, Kevin Kline, Michael Palin, Maria Aitken

„*Ein Fisch namens Wanda* ist ein Film über die Haßliebe zwischen Engländern und Amerikanern; ...ich bin Englands führende Authorität über amerikanische Frauen, schließlich war ich zweimal mit Amerikanerinnen verheiratet", scherzte Regisseur Crichton über seine lose Burleske, die die unterschiedlichen Eigenarten und Macken der beiden angelsächsischen Völker mit schwarzem Humor untermalt. Dabei bedient sich der Streifen ohne Skrupel auch flacher Witze, sexistischer Anspielungen und geschmackloser Veräppelungen, die den überwiegenden Teil des Publikums zu wahren Lachorgien animierten - beispielsweise dann, wenn ein Akteur minutenlang hilflos herumstottert oder ein fetter Schoßhund vor den Augen seines nicht minder fetten Frauchens plattgefahren wird. Von dem im Original enthaltenen Sprachwitz, der besonders vom Kontrast des britischen Englisch zum amerikanischen Slang lebt, geht in der deutschen Synchronisation einiges verloren.
Die Geschichte: Ein von einem Gangsterquartett durchgezogener Juwelenraub endet ohne Happy-End, weil der Bandenboß von seinen Kumpanen verpfiffen worden ist. Dummerweise hat er die Beute zuvor heimlich versteckt - und den Schlüssel zum Versteck in seinem Aquarium versenkt, das von einem fleischfressenden Fisch namens Wanda bewohnt wird. Auf der Suche nach dem verschwundenen Schatz entspinnt sich ein turbulentes Verwirr- und Verfolgungsspiel, bei dem die Vier am Ende wieder auf den rechten Weg zurückgeholt werden.
Die 8-Millionen-Dollar-Produktion hielt sich in Amerika und Europa wochenlang in den Kinos und spielte über 60 Millionen Dollar ein. sk

Fitzcarraldo

Fitzcarraldo. BRD 1981 **R** Werner Herzog **B** Werner Herzog **K** Thomas Mauch **M** Popol Vuh **P** Werner Herzog, Lucki Stipetic für Pro-ject Film/ ZDF **L** 158 Min., Farbe **D** Klaus Kinski, José Lewgoy, Miguel Angel Fuentes, Paul Hittscher, Claudia Cardinale, Huerequeque Enrique Bohorquez, Grande Qthelo, Peter Berling, David Perez Espinosa, Milton Nascimento

Nach seinem Film AGUIRRE - DER ZORN GOTTES wagte sich der exzentrische Re-

gisseur Werner Herzog mit dem gleichermaßen abgedrehten Schauspieler Klaus Kinski ein zweites Mal in die dampfende Schwüle der südamerikanischen Regenwälder. Die Dreharbeiten begannen am 5. Januar 1981 in Peru; als Hauptdarsteller hatten sich Jason Robards, Mick Jagger und Mario Adorf am Set eingefunden, doch keiner der drei sollte bis zum Ende der Aufnahmen durchhalten. Robards erkrankte nach zwei Wochen so schwer, daß er seine Teilnahme am Film absagen mußte, Jagger reiste kurzum wegen anderweitiger Verpflichtungen ab und Adorfs Vertrauen in das mörderische Projekt war auf den Nullpunkt gesunken, so daß er aus dem Vertrag entlassen werden wollte.
Die Rolle des Fitzcarraldo übernahm schließlich Klaus Kinski, mit dem die Dreharbeiten nach einer dreimonatigen Zwangspause schließlich im Mai fortgesetzt werden konnten. In beeindruckenden Bildern beschreibt Herzog die Realisierung einer abstrusen Vision. Fitzgerald, genannt Fitzcarraldo, träumt davon, die große abendländische Kultur in der Person von Sarah Bernhardt und Enrico Caruso in den Amazonas-Dschungel zu holen. Dazu benötigt er Geld, das er durch die Erschließung eines riesigen Kautschuk-Gebietes zu verdienen hofft. Zu diesem Zweck läßt Fitzcarraldo mit Hilfe Hunderter von Indios ein komplettes Schiff über einen Berg ziehen, um die unpassierbaren Stromschnellen des Flusses zu umgehen.
Herzog setzte das Phantastische in die Tat um und ließ einen 80 Jahre alten Flußdampfer von eigens dazu angeheuerten Indianern über eine Hügelkette schleppen. Dazu wurde extra eine breite Schneise in den Urwald gehauen und ein entsprechender Roll- und Zugmechanismus installiert. Für diese Szenen mußte sich Herzog später von Amnesty International die „Ausbeutung und Unterdrückung der Ureinwohner“ vorwerfen lassen. Die Menschenrechtsorganisation nahm diese Anschuldigungen allerdings später wieder zurück. Tatsache ist jedoch, daß die Dreharbeiten von einer Kette tödlicher Unfälle, Unwetterkatastrophen, menschlicher und technischer Pannen begleitet wurde. „In einem absonderlichen Gegensatz zum Desaster der Dreharbeiten zeigte sich der fertige Film: Ruhig, gelassen, ja heiter erzählt er vom Schicksal jenes Phantasten, der die große italienische Oper in den Urwald holen will...“ (*Frankfurter Rundschau*) jg

Die flambierte Frau

Die flambierte Frau. BRD 1983 **R** Robert van Ackeren **B** Robert van Ackeren, Catharina Zwerenz **K** Jürgen Jürges **M** Peer Raben **P** Robert van Ackeren für Dieter Geissler Filmproduktion Berlin **L** 107 Min., Farbe **D** Gudrun Landgrebe, Mathieu Carrière, Hanns Zischler, Gabriele LaFari, Matthias Fuchs, Christiane B. Horn, Magdalena Montezuma, Charles Regnier

Die flambierte Frau wurde zu einem der größten kommerziellen Erfolge des deutschen Films der 80er Jahre und bescherte in der Person der Nachwuchsschauspielerin Gudrun Landgrebe dem deutschen Kino einen neuen Star.
Eva (Landgrebe) verfolgt halbherzig ihr Studium, um schließlich ganz ihre bürgerlichen Konventionen fallen zu lassen; sie beginnt - anfangs wegen einer finanziellen Notlage - als Edel-Callgirl zu arbeiten. Eines Tages lernt sie Chris (Carrière) kennen, der ebenfalls als Dressman der Männerwelt zur Verfügung steht. Beide verlieben sich ineinander und beschließen, als Team zusammenzuarbeiten. Doch sehr schnell geraten sie mit ihren beruflichen Ambitionen und persönlichen obsessiven Leidenschaften in Konflikt.
Die flambierte Frau war ursprünglich als deutscher Wettbewerbsbeitrag für die Filmfestspiele von Cannes vorgesehen gewesen, doch die dortigen Programm-Macher wollten den überaus freizügig gestalteten Film künstlerisch nicht allzu hoch einstufen lassen und schoben van Ackerens Werk in die außerhalb des Wettbewerbs laufende Veranstaltung „Experimentier-Ecke für junge Talente“ ab - und da hatte der Film weiß Gott nichts zu suchen.
„...ein Film, der Staunen hervorruft. Van Ackeren, ein Chabrol - der bessere Chabrol - von jenseits des Rheins...“ (*Liberation*) jg

Flammen am Horizont

Wrong Is Right. USA 1982 **R** Richard Brooks **B** Richard Brooks, nach dem Roman *The Better Angels* von Charles McCarry **K** Fred J. Koenekamp **M** Artie Kane **P** Richard Brooks für Rastar/Columbia **L** 117 Min., Farbe **D** Sean Connery, George Grizzard, Robert Conrad, Katharine Ross, John Saxon, Henry Silva, Leslie Nielsen, Robert Webber, Hardy Krüger, Dean Stockwell, Ron Moody

Obwohl Sean Connery sich 1971 mit DIAMANTENFIEBER „endgültig“ von der Rolle des James Bond verabschiedet hatte (1983 kehrte er in SAG NIEMALS NIE zurück), ist die Figur des rasenden Reporters Patrick Hale dem 007 gar nicht so unähnlich, und auch das Filmplakat zu Richard Brooks' Film weist in die entsprechende Richtung.
Als populärer TV-Reporter ist Hale an allen Krisenschauplätzen der Welt live dabei, kein Krieg, kein internationaler Skandal, keine Katastrophe, die er nicht in die Wohnzimmer seiner riesigen Fan-Gemeinde bringen würde. Auch jetzt, wo in einem kleinen arabischen Ölstaat merkwürdige Dinge vor sich gehen, ist Hale vor Ort. Es scheint, als wäre ein fanatischer arabischer Terrorist (Silva) in den Besitz zweier Atom-Bomben gelangt, die Israel bzw. die USA bedrohen...
Flammen am Horizont ist eine wilde, hemmungslose Satire, die so ungefähr alles aufs Korn nimmt, was so täglich unter dem Stichwort „Nachrichten“ über die Mattscheibe flimmert. Der amerikanische Präsidentenwahlkampf, Geheimdienste, politische Erpressung, nukleare Katastrophen, kriegslüsterne Militärs - die Welt am Rande des Zusammenbruchs. Obwohl der Film seine Figuren und Situationen stark überzeichnet, ist das entworfene politische Szenario nicht allzu weit von der Wirklichkeit entfernt. Eine wichtige Rolle spielt bei all diesen Vorgängen die Rolle der USA, mit deren politischer Moral es nach Brooks´ Meinung nicht weit her ist. Ähnlichkeiten mit Kubricks Militär-Satire DR. STRANGELOVE (was die Entscheidungsfindung auf höchster Ebene angeht) und Sidney Lumets NETWORK, der die Allmacht und Sensationslust des Fernsehens anprangerte, sind unvermeidlich, doch Brooks hat derartig viele Themen in seinen mit atemberaubendem Tempo inszenierten Film hineingepackt, daß weder sie noch die stilistischen Unebenheiten und die mehrmalige Änderung des Tonfalles sich nicht nur am Rande bemerkbar machen.
Sean Connery ist in seinem Element und parodiert genüßlich sein Bond-Image als Retter der Welt - ein Verdienst, das er sich auch hier erwirbt. Ein schönes Beispiel für seine Selbstironie ist die Szene, in der Hale/Connery sein sorgfältig gepflegtes Toupet verliert! al

Flammen über Afrika

Something of Value. USA 1957 **R** Richard Brooks **B** Richard Brooks, nach einem Roman von Robert C. Ruark **K** Russell Harlan **M** Miklos Rozsa **P** Pandro S. Berman für Metro-Goldwyn-Mayer **L** 113 Min., Farbe **D** Rock Hudson, Dana Wynter, Wendy Hiller, Sidney Poitier, Juano Hernandez, William Marshall, Robert Beatty, Walter Fitzgerald, Michael Pate, Ivan Dixon

Vor dem Hintergund der Mau-Mau-Aufstände gegen Mitte der 50er Jahre ist dieses farbenprächtige Rassendrama in Kenia angesiedelt. Der Eingeborene Kimani (Poitier) ist zwar zusammen mit dem Weißen Peter McKenzie aufgewachsen, doch weiß er, daß er als Schwarzer niemals über den

Rang eines Dienstboten hinauskommen wird. Als man seinen Vater ins Gefängnis wirft, läuft Kimani zu den Aufständischen über, die der Kolonialregierung ein Ende bereiten wollen. Er führt auch den Angriff gegen die Farm von Peters Schwager Jeff (Beatty), den als einzige Peters Schwester Elizabeth (Hiller) überlebt. McKenzie will in einer persönlichen Unterredung seinen schwarzen Freund zur Vernunft bringen, doch scheitern alle Gespräche an einem Hinterhalt der Siedler, bei dem Kimanis Frau und später auch er selbst umkommt. Peter nimmt den verwaisten kleinen Sohn als Adoptivkind in seine Familie auf, um damit ein Zeichen der Versöhnung zwischen den Rassen zu setzen. Die vielen humanistischen Ambitionen, mit denen sich dieser Film zu schmücken versucht, bleiben leider zum Großteil im Ansatz stecken und werden von den etwas effekthascherischen Actionszenen und Postkarten-Landschaftsaufnahmen in den Schatten gestellt.
Rock Hudson, der eigentlich einen festen Vertrag mit Universal abgeschlossen hatte, wurde von den Studios der MGM für eine Summe von 400.000 Dollar ausgeliehen, um in diesem Film die Hauptrolle zu übernehmen. jg

Flammen über Fernost

The Purple Plain. Großbritannien 1954 **R** Robert Parrish **B** Eric Ambler, nach dem Roman von H.E. Bates **K** Geoffrey Unsworth **M** John Veale **P** John Bryan für Two Cities **L** 102 Min., Farbe **D** Gregory Peck, Win Min Than, Bernard Lee, Maurice Denham, Brenda de Bazie, Lyndon Brook

Dieser Kriegsfilm stellt Gregory Pecks zweite Zusammenarbeit mit dem britischen Produzenten John Bryan dar, der auch schon für SEIN GRÖSSTER BLUFF verantwortlich zeichnete. Es handelt sich um eine durchaus packende Abhandlung über die psychologischen Auswirkungen des Krieges auf die kämpfenden Soldaten, in diesem Falle Flieger. Peck spielt Forrester, einen kanadischen Piloten in Burma gegen Ende des II. Weltkrieges. In Rückblenden erfährt man, daß seine Frau während eines Bombenangriffes in London getötet wurde, woher seine neurotischen Angstzustände rühren. Als er bei einem Routineflug mit zwei Begleitern im Dschungel notlanden muß, bewahrt er wider Erwarten einen klaren Kopf und bringt seinen verletzten Kameraden (Brook) in Sicherheit, nachdem der andere (Denham) sich das Leben genommen hat.
Der von Krimiautor Eric Ambler (*Topkapi*) geschriebene Film profitiert enorm von der realistischen Dschungel-Atmosphäre, von der Kameramann Geoffrey Unsworth reichlich in der ehemaligen britischen Kolonie Ceylon (heute Sri Lanka) einfing, und stellt eine gelungene Mischung aus Abenteuerfilm und Kriegsmelodram dar. Spannung entsteht nicht nur durch die gefahrvolle Situation der drei Bruchpiloten, sondern vor allem auch durch das Verhältnis zwischen den von Denham und Peck gespielten Figuren, deren Unterschiedlichkeit zu Konflikten führt. Für den romantischen Aspekt ist die burmesische Schauspielerin Win Min Than zuständig, die seinerzeit bei US-Kritikern helles Entzücken auslöste. *Flammen über Fernost* wurde von der Fachwelt wohlwollend aufgenommen, war jedoch nur in Europa erfolgreich. al

Flammender Stern

Flaming Star. USA 1960 **R** Don Siegel **B** Clair Huffaker, Nunnally Johnson, nach dem Roman *Flaming Lance* von Huffaker **K** Charles G. Clarke **M** Cyril Mockridge **P** David Weisbart für 20th Century-Fox **L** 91 Min., Farbe **D** Elvis Presley, Barbara Eden, Steve Forrest, Dolores Del Rio, John McIntire, Rudolph Acosta, Karl Swenson, Ford Rainey, Richard Jaeckel, Anne Benton

Flammender Stern war endlich einmal ein Film, in dem Elvis Presley nicht als singendes Vehikel für eine dümmliche Handlung verbraten wurde, sondern der ihm die Gelegenheit gab, zu zeigen, daß er durchaus schauspielerische Qualitäten aufweisen konnte.
Ähnlich wie John Hustons DENEN MAN NICHT VERGIBT beschreibt Action-Regisseur Don Siegel in seinem Western einen Rassenkonflikt, der eine ganze Familie zerstört. Presley verkörpert das junge Halbblut Pacer, das zwischen seinem weißen Vater und seiner indianischen Mutter zu wählen hat. Obwohl sich seine Eltern neutral zu den jeweiligen Parteien verhalten, wird Mutter Neddy (Del Rio) von einem Weißen angeschossen und schwer verletzt. Später schleppt sie sich - in einer sehr ergreifenden Szene - im weißen, wehenden Nachthemd in die Wüste, um dort zu sterben. In dem sich ausdehnenden Rassenkonflikt bleibt sie nicht das einzige Opfer in der Familie.
Das Drehbuch war ursprünglich von Nunnally Johnson für Marlon Brando in der Hauptrolle geschrieben worden und wurde später von Clair Huffaker auf die Person von Elvis Presley zurechtgetrimmt. Presley bekommt - ohne daß es zu aufdringlich wäre - auch in diesem Film, die Gelegenheit zu gesanglichen Darbietungen. Es sind die Lieder *Flaming Star* (zugleich Titelsong) und *A Cane and a High Starched Collar* zu hören. jg

Flammendes Inferno

The Towering Inferno. USA 1974 **R** John Guillermin, Irwin Allen (Action-Szenen) **B** Stirling Silliphant, nach den Romanen *Der Turm* von Richard Martin Stern und *The Glass Inferno* von Thomas N. Scortia und Frank M. Robinson **K** Fred Koenekamp, Joseph Biroc **M** John Williams **P** Irwin Allen für Warner Bros./20th Century-Fox **L** 165 Min., Farbe **D** Paul Newman, Steve McQueen, Faye Dunaway, William Holden, Fred Astaire, Susan Blakely, Richard Chamberlain, Jennifer Jones, Robert Vaughn, Robert Wagner

Unter all den Katastrophenschockern der 70er Jahre war *Flammendes Inferno* der Film, der am erfolgreichsten in den Kinos lief und zum Inbegriff des kurzlebigen, aber äußerst populären Genres wurde. Ganze 20 Millionen Dollar kostete die Feuersbrunst, für deren Produktion sich erstmalig die beiden großen Hollywood-Studios Warner Bros. und 20th Century-Fox zusammengefunden hatten. John Guillermins Spektakel sollte alle bisher entstandenen Großfilme in den Schatten stellen. Über mehrere Monate hinweg konstruierten die Filmtechniker in 56 Studios der Fox die Etagen des Super-Wolkenkratzers, bauten Büroräume, Appartements, eine riesige Empfangshalle, Fahrstühle und - als Höhepunkt der gesamten Studioarchitektur - den pompösen Ballsaal im 135. Stockwerk. Drei Meter über dem Erdboden mußte diese Konstruktion errichtet werden, damit das Wasser, das sich bei der Endsequenz über die Dekoration ergoß, auch ablaufen konnte. Der eigentliche Wolkenkratzer wurde natürlich nicht originalgetreu errichtet, bestand aber immerhin aus einem 30 Meter hohen Modell.
Die Geschichte ist denkbar einfach gestrickt. Ausgerechnet zur Eröffnungsfeier des höchsten Wolkenkratzers der Welt bricht infolge eines Kurzschlusses in der 87. Etage ein Feuer aus. Während im 135. Stock eine 300-köpfige Gesellschaft mit Prominenten aus Politik, Wirtschaft und Kultur eine rauschende Galaparty feiert, fressen sich die Flammen nach oben und schneiden den Gästen den Fluchtweg nach unten ab. Für die Eingeschlossenen beginnt ein dramatischer Überlebenskampf.
Über mehr als zweieinhalb Stunden hinweg fiebert der Zuschauer, welcher der zahlreich versammelten Stars denn nun überlebt oder geröstet wird. Besonders die rührende Jennifer Jones in ihrem weißen Flatterkleid kann sich der Gunst des Publikums sicher sein - so tapfer wie sie sich durch qualmende Korridore tastet, über abgebrochene Treppen klettert oder vor einer Helikopter-Explosion in

Deckung geht, um dann doch noch in einem bravourös inszenierten Todessturz das Zeitliche zu segnen.
Flammendes Inferno ist Sensationskino par excellence; während sich der Held in Todesgefahr windet, kreischt der Zuschauer wollüstig auf. Das Drehbuch bleibt dabei sehr konventionell, und einen persönlich geprägten Regiestil wird man unter den rauchenden Trümmern schwerlich finden. Dennoch - ein unterhaltsamer Film für kalte Winterabende.
Flammendes Inferno erhielt drei Oscars für die Beste Kamera, den Besten Schnitt (Harold F. Kress, Carl Kress) und den Besten Filmsong (*We May Never Love Like This Again*; Musik und Text: Al Kasha und Joel Hirschhorn; Interpretin: Maureen McGovern). jg

Flash Gordon

Flash Gordon. USA 1980 **R** Michael Hodges **B** Lorenzo Semple jr., nach dem Comic-Strip von Alex Raymond **K** Gil Taylor **SpE** Glen Robinson, George Gibbs **M** Queen **P** Dino de Laurentiis für Dino de Laurentiis Corp./Sterling Film/Famous Film **L** 112 Min., Farbe **D** Sam Jones, Melody Anderson, Max von Sydow, Ornella Muti, Chaim Topol, Timothy Dalton, Brian Blessed, Peter Wyngarde, Mariangela Melato

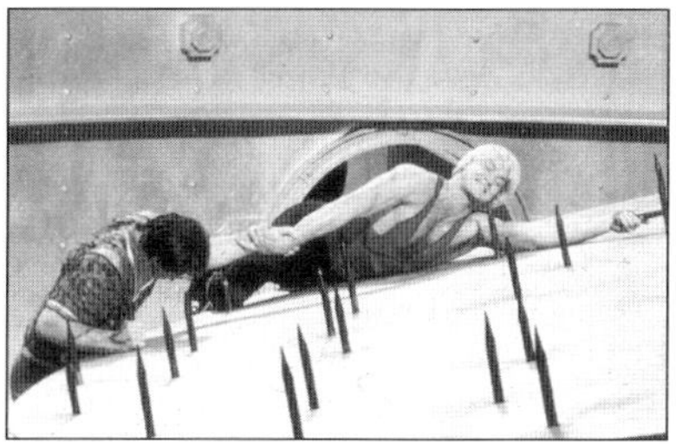

In den meisten Regionalprogrammen des bundesdeutschen Fernsehens wurde der filmische Vorgänger der Laurentiis-Produktion als Serial gezeigt. Mitte der 30er Jahre hatte man den populären Comic-Strip von Alex Raymond als eine Staffel von 15-minütigen Kurzfolgen verfilmt, die damals zu Beginn des Hauptprogramms als eine Art „Anheizer" in den US-Kinos gezeigt wurden.
Dino de Laurentiis, selbstgekrönter König pompöser Filmprojekte, wagte es nach dem entsetzlichen Remake KING KONG ein weiteres Mal, einen bereits verfilmten Stoff in aktualisierter Form auf den neuesten Stand der Technik zu trimmen. *Flash Gordon* ist ein Beispiel für seicht-harmloses Unterhaltungskino, knallig-bunt, süß wie ein Bonbon und genauso schnell ausgelutscht.
Eines Tages nähert sich der Erde der Planet Mongo, dessen hinterhältiger Kaiser Ming (von Sydow) sich mit finsteren Vernichtungsgedanken trägt. Doch da kommt ihm der irdische Wissenschaftler Dr. Zarkov (Topol) mit dem Baseball-Spieler Flash Gordon (Jones) und dessen Braut Dale Arden (Anderson) in die Quere. Nach einer Reihe gefahrvoller Abenteuer auf dem fremden Planeten, gelingt es dem blonden Hünen Flash nicht nur die Erde zu retten, sondern auch den unterjochten Völkern von Mongo wieder ihre Freiheit zurückzugeben.
Flash Gordon entstand unter erheblichem Aufwand vollständig in englischen Filmstudios. Für die phantasievollen Kulissen des Planeten Mongo wurden 35 verschiedene Dekorationen erbaut sowie 24 Modelle von Raumschiffen und sonstigen fliegenden Untersätzen konstruiert. Für die einjährige Drehzeit zog die Crew in einen ehemaligen Flugzeughangar, der zum Filmstudio umgebaut wurde und für die Zeit der Aufnahmen zum größten Atelier Europas avancierte.
Das zum Teil vorzügliche Ensemble der Akteure verblaßt erwartungsgemäß unter der geballten Wucht der tricktechnischen Effekte, was immerhin Sam Jones, dem Darsteller des Flash Gordon, zugute kommt, denn dessen schauspielerische Leistungen (vorher bolzte er als Profi-Footballer) sind wirklich indiskutabel. jg

Flashdance

Flashdance. USA 1983 **R** Adrian Lyne **B** Tom Hedley, Joe Eszterhas **K** Don Peterman **M** Giorgio Moroder **P** Don Simpson, Jerry Bruckheimer für Polygram Pictures/Paramount **L** 96 Min., Farbe **D** Jennifer Beals, Michael Nouri, Lilia Skala, Sunny Johnson

Diese Mischung aus Werbespot und Rock-Video war einer der erfolgreichsten Filme des Jahres 1983. Es handelt sich um eine Art modernes Märchen, das so ungefähr jedes Klischee aufweist, das auf der Leinwand schon mal zu sehen war.
Alex (Beals), die tagsüber als Schweißerin in einem Stahlwerk der Industriestadt Pittsburgh und nachts als Tänzerin in einem schmierigen Nachtclub arbeitet, hat einen großen Traum: Sie möchte eine richtige Ballerina sein. In ihrem großzügig ausgestatteten Loft trainiert sie hart, um die Aufnahmeprüfung der örtlichen Tanzschule zu schaffen. Was für ein Glück, daß ihr Fabrik-Boß nicht nur unverschämt gut aussieht und sich in sie verliebt, nein, er läßt auch noch seine Beziehungen spielen und verschafft Alex einen Vortanztermin.
Flashdance ist die übliche Aschenputtel-Story mit der originellen Botschaft „Du kannst es schaffen, wenn du nur willst!". Regisseur Adrian Lyne läßt einem glücklicherweise nicht viel Zeit, über die Löcher in der Story nachzudenken, sondern zieht mit seiner Kamera eine Show ab, die dem Film von einem Kritiker das Prädikat eines „amoklaufenden Commercials" einbrachte. Die Tanzszenen sind atemberaubend inszeniert, choreographiert und getanzt - allerdings nicht von Jennifer Beals, sondern von Marine Jahan. Dazu ein Soundtrack voller Pop-Hits, eine Prise Sex - fertig ist der Kassenknüller. Der Titelsong *Flashdance-What a Feeling* bekam sogar noch einen Oscar als Bester Song. al

Ein Fleck in der Sonne

A Raisin in the Sun. USA 1961 **R** Daniel Petrie **B** Lorraine Hansberry, nach ihrem Bühnenstück **K** Charles Lawton jr. **M** Laurence Rosenthal **P** David Susskind, Philip Rose für Paman-Doris Pod./Columbia **L** 126 Min., s/w **D** Sidney Poitier, Claudia McNeil, Ruby Dee, Diana Sands

Lorraine Hansberrys Theaterstück um eine schwarze Unterklasse-Familie war bei seiner Erstaufführung 1959 ein großer kommerzieller und künstlerischer Erfolg gewesen. Für die von Hansberry selbst adaptierte Filmversion konnten immerhin sieben Mitglieder der Original-Besetzung gewonnen werden, darunter auch die vier Hauptdarsteller.
Im Mittelpunkt des Geschehens steht eine in ghettoähnlicher Umgebung lebende schwarze Familie im Süden Chicagos. Nach dem Tode des Vaters steht die von der Lebensversicherung ausgezahlte Summe von 10.000 $ zur Verfügung, doch um die Verwendung des Geldes kommt es schnell zu Konflikten. Während Familienoberhaupt Lena (McNeil) ein bescheidenes Häuschen in besserer Umgebung kaufen sowie die Ausbildung ihrer Tochter (Sands) finanzieren will, träumt der ungestüme Sohn Walter Lee (Poitier) von der Investition in einen eigenen Laden.
Ein Fleck in der Sonne kann seine Bühnenherkunft nicht ganz verleugnen, spielt sich doch ein Großteil der Handlung im Appartement der Familie ab, doch Regisseur Petrie und Kameramann Charles Lawton jr. ist es trotzdem gelungen, für viele Szenen filmische Auflösungen zu finden. Im Jahre 1960 war ein fast ausschließlich mit Schwarzen besetzter Film nicht unbedingt an der Tagesordnung, doch handelt es sich bei der Thematik nicht um ein spezifisch schwarzes Problem, sondern um eines, das alle ärmeren Bevölkerungsschichten haben, ungeachtet ihrer Hautfarbe. Der Film gilt als gelungene Übertragung der Vorlage auf die Leinwand und erhielt dickes Kritikerlob, besonders für die Schauspieler. *The New York Herald Tribune*: „Wenn Sie dieses Jahr auch keinen anderen Film sehen, den hier sollten Sie sich anschauen. Wenige Filme verstehen es, derartig erfolgreich Humor und Drama zu kombinieren."
Vierzehn Jahre später entstand eine Musical-Fassung des Stoffes unter dem Titel *Raisin*. al

Fleisch

Flesh. USA 1932 **R** John Ford **B** Moss Hart, Leonard Praskins, Edgar Allen Woolf, nach einer Geschichte von Edmund Goulding **K** Arthur Edeson **P** Metro-Goldwyn-Mayer **L** 95 Min., s/w **D** Wallace Beery, Karen Morley, Ricardo Cortez, Jean Hersholt, John Miljan, Vince Barnett, Herman Bing, Greta Meyer, Ed Brophy, Ward Bond, Nat Pendleton

Fleisch war der erste Film, den John Ford für Metro-Goldwyn-Mayer drehte, nachdem er vorher ausschließlich für die Studios der 20th Century-Fox gearbeitet hatte. Mit ihm

schuf der große Regisseur ein packendes Melodrama, das besonders durch die schauspielerischen Leistungen von Wallace Beery einige herzergreifende Momente aufweist.
Beery spielt den gutmütigen und rechtschaffenen deutschen Ringkämpfer Polikai, der sich in das Mädchen Lora (Morley) verliebt, die allerdings nicht mit ähnlichen Charakterzügen aufwarten kann, sondern eher ein Lotterleben führt. Durch eine Kautionszahlung holt Polikai nicht nur sie, sondern auch ihren Geliebten Nicky (Cortez) aus dem Gefängnis, den Lora als ihren Bruder ausgibt. Gemeinsam wandert das Trio nach Amerika aus, wo Polikai Lora heiratet, nicht ahnend, daß sie bereits ein Kind von Nicky erwartet. Als dieser eines Tages gegenüber seiner Frau gewalttätig wird, bringt Polikai ihn im Affekt um, um seinerseits ins Gefängnis abzuwandern. Erst jetzt erkennt Lora, wie sehr er sie liebt.
Wallace Beery schien für die Darstellung eines Deutschen prädestiniert zu sein. Schon im selben Jahr hatte er in seiner Rolle in MENSCHEN IM HOTEL mit einem für amerikanische Verhältnisse recht glaubhaften germanisch-harten Akzent gesprochen, so daß man ihm gern den Part des deutschen Ringers anvertraute.
Fleisch erwies sich an der Kinokasse als großer finanzieller Erfolg und erlebte eine Kette von Imitationen (Liebesgeschichten, die sich vor dem Hintergrund von Ring- oder Boxkampfarenen abspielten), die jedoch alle nicht den Grad an perfekter Schauspielerführung erreichten, wie ihn der Ford-Film vorzeigen konnte. jg

Fleisch

Fleisch. BRD 1979 **R** Rainer Erler **B** Rainer Erler **K** Wolfgang Grasshoff **M** Eugen Thomass, Donald Arthur **P** Rainer Erler für Pentagramma/ZDF **L** 113 Min., Farbe **D** Jutta Speidel, Herbert Herrmann, Wolf Roth, Charlotte Kerr, Bob Cunningham, Ben Zeller, Tedi Altice, Christoph Lindert

Fleisch gehört zu denjenigen Produktionen des deutschen Films, die einen ungewöhnlichen Weg nahmen und zuerst im Fernsehen und danach im Kino zu sehen waren. Das mag ja nun nicht gleich ein Nachteil sein, dennoch zeigt sich gerade an diesem Streifen die verhängnisvolle Entwicklung des deutschen Films hin zum Unterhaltungskino auf Fernsehspielniveau. Von der technischen Virtuosität, die den Kinofilm weit über die Möglichkeiten einer TV-Produktion hebt, ist in Rainer Erlers Werk nur wenig zu spüren.
Die Deutsche Monika (Speidel) heiratet den amerikanischen Medizinstudenten Mike (Herrmann); beide reisen in die Wüste von New Mexiko, um dort ihre Flitterwochen zu verbringen. Doch die romantische Reise ins junge Eheglück verläuft ganz anders, als es sich die beiden vorgestellt haben. In einem abseits gelegenen Motel wird Mike von einem mysteriösen Krankenwagen entführt; Monika kann mit knapper Not entkommen und überredet auf ihrer Flucht einen Truckfahrer, ihr auf der Suche nach dem Ehemann behilflich zu sein. Sie verschaffen sich in einer tollkühnen Aktion Einlaß in eine unheimliche Klinik, wo sie bald auf die Hintergründe der Entführung stoßen. Ein verbrecherisches Syndikat treibt einen schwunghaften Handel mit menschlichen Organen, die von reichen Patienten dringend für lebensnotwendige Transplantationen benötigt werden.
Fleisch wurde beim 20. Fernsehwettbewerb von Monte Carlo mit der „Goldenen Nymphe“ für die beste Inszenierung ausgezeichnet.
Ein Jahr zuvor hatte sich Michael Crichton in seiner Schreckensvision COMA schon einmal der Thematik der (unfreiwilligen) Organspende angenommen. jg

Das Fleisch der Orchidee

La chair de l´orchidée. Frankreich/Italien/BRD 1974 **R** Patrice Chéreau **B** Jean-Claude Carrière, Patrice Chéreau, nach dem Roman von James Hadley Chase **K** Pierre Lhomme **M** Fiorenzo Capri **P** Vincent Malle für VM Prod./Paris-Cannes Prod. (Paris), Oceania Prod. (Rom), TIT Film (München) **L** 115 Min., Farbe **D** Charlotte Rampling, Bruno Cremer, Edwige Feuillère, Simone Signoret, Hugues Quester, Alida Valli, Hans-Christian Blech, François Simon

Die Millionenerbin Claire Wegener (Rampling) wird seit Jahren in einer Nervenheilanstalt festgehalten, weil ihre habgierige Tante (Feuillère) sie für verrückt erklären ließ. Während eines Fluchtversuches lernt sie Louis Delage (Cremer) kennen, der ebenfalls verfolgt wird - er hat ein messerwerfendes Bruderpaar (Blech und Simon) bei seinen mörderischen Aktivitäten beobachtet. Die beiden versuchen sich gegenseitig zu helfen, bis es in einer alten Villa zwischen allen Beteiligten zu einem blutigen Showdown kommt...
Mit diesem bizarren Thriller, der auf einem Roman des amerikanischen Krimi-Autors James Hadley Chase beruht, gab der damals erst 29jährige Patrice Chéreau sein Debüt als Filmregisseur. Zuvor war er an Pariser Bühnen als „Wunderkind“ für seine Inszenierungen gefeiert worden und kehrte auch später immer wieder ans Theater zurück. Diesem blieb er auch in der Inszenierung von *Das Fleisch der Orchidee* verhaftet. Kunstvoll arrangierte Bilder, knallige Schockeffekte, atmosphärische Schauplätze - all das wurde von vielen als manirierte Unsicherheit eines Anfängers, von anderen als ironische Überzeichnung einer im Grunde simplen Krimigeschichte gedeutet. Während in Deutschland die Kritiker dieser alptraumhaften Odyssee hauptsächlich ablehnend gegenüberstanden, hagelte es in Frankreich Lob. So schrieb *Télérama*: „Eine Folge von verzaubert-eigenartigen Bildern, durchwebt von fiebriger Schönheit...“ al

Flesh and Blood

Flesh and Blood. USA/Niederlande 1985 **R** Paul Verhoeven **B** Gerard Soeteman, Paul Verhoeven **K** Jan De Bont **M** Basil Poledouris **P** Gys Versluys für Orion Pictures **L** 128 Min., Farbe **D** Rutger Hauer, Jennifer Jason Leigh, Tom Burlinson, Jack Thompson, Fernando Hillbeck, Susan Tyrrell, Ronald Lacey, Brion James, John Dennis Johnston, Simon Andreu, Bruno Kirby

Flesh and Blood war Paul Verhoevens erster Film, der größtenteils mit amerikanischem Geld finanziert wurde. An der Kinokasse entpuppte er sich zwar nicht als großer Renner, wies aber wohl doch handwerklich einige Qualitäten auf, so daß Verhoeven für weitere Hollywood-Produktionen wie ROBOCOP und DIE TOTALE ERINNERUNG mit Regieaufträgen bedacht wurde.
Angesiedelt in Italien zu Beginn des 16. Jahrhunderts, entwirft dieses krude Werk ein wenig behagliches Bild des zu Ende gehenden Mittelalters, das für Verhoeven als perfekte Kulisse für genußvoll dargestellte Metzeleien, Vergewaltigungsexzesse und andere Ekelhaftigkeiten (wie beispielsweise platzende Pestbeulen) fungiert.
Erzählt wird die bluttriefende Geschichte einer Gruppe von Söldnern, die von einem korrupten Fürsten um ihren Anteil gebracht wird. Aus Rache entführen sie die Tochter (Leigh) ihres Auftraggebers, die prompt dem unwiderstehlichen Sex-Appeal des Anführers (Hauer) erliegt und mit ihm bald durch Betten und Badezuber tobt. Am Ende fällt die gesamte Bande der Rache des Fürsten zum Opfer.
Nach ausgiebiger Motivsuche in Rumänien, Deutschland, Ungarn und Italien wurde das Drehteam schließlich im spanischen Belmonte fündig, dessen wunderbar erhaltene Burg bereits für Anthony Manns Monumentalepos EL CID als Filmkulisse hergehalten hatte. In der Stadt Caceras wurde der mittelalterliche Marktplatz aufgebaut, und vor den Stadtmauern von Avila inszenierte Verhoeven die aufwendigen Schlachtszenen, die zu Beginn des Films zu sehen sind.

Ein trotz seiner exzellenten Massenchoreographie und Actionszenen äußerst zwiespältiges Werk, das sich nicht zur Aufgabe gesetzt hat, historische Wirklichkeit zu dokumentieren, sondern vielmehr den Wünschen eines sensationslüsternen Publikums entgegenkommen möchte. jg

Flic-Story

Flic-Story. Frankreich/Italien 1975 **R** Jacques Deray **B** Alphonse Boudard, Jacques Deray, nach dem Buch von Roger Borniche **K** Jean-Jacques Tarbes **M** Claude Bolling **P** Adel Prod./Lira Films (Paris), Mondial Te-Fi (Rom) **L** 108 Min., Farbe **D** Alain Delon, Jean-Louis Trintignant, Renato Salvatori, Maurice Barrier, Claudine Auger

Das Besondere an diesem harten Krimi ist, daß er auf einem Tatsachenbericht eines wirklichen Polizisten beruht. Roger Borniche, seines Zeichens Inspektor der Kriminalpolizei, wollte zeigen „wie dieser Polizei-Apparat funktioniert, wer diese vielkritisierten Männer sind und wie sie leben."
Der Film schildert die dreijährige Jagd Borniches, der vom Ober-Flic Alain Delon verkörpert wird, auf den extrem gewalttätigen Unterwelt-Boß Emile Buisson (Trintignant), auf dessen Konto zahlreiche Verbrechen gehen. Der mit 256 Verhaftungen auch nicht gerade erfolglose Borniche wird im Jahre 1947 auf den Schurken angesetzt. Sein Markenzeichen: Er trägt nie eine Waffe bei sich...
Seit Alain Delon in Melvilles DER CHEF (Originaltitel: *Un flic*) erstmals einen Polizisten spielte, tauchte der französische Ausdruck für „Bulle" mehrfach in Filmtiteln des Stars auf. So häufig, wie er in den 60ern hauptsächlich als Gangster (eiskalt, bitte!) zu sehen war, so regelmäßig stand er nun auf der richtigen Seite des Gesetzes. Einen großen Unterschied gibt es dabei nicht festzustellen: Stoisch und ausdruckslos bewegt sich Delon durch die Szenerie und läßt sich, in diesem Falle, von einem großartigen Jean-Louis Trintignant die Schau stehlen. Ansonsten liefert *Flic-Story*, bis auf das ungewöhnliche Ausgangsmaterial, routinierte Krimiunterhaltung, die auch nicht „wahrer" ist als alles, was in dieser Richtung sonst auf der Leinwand zu sehen ist. al

Die Fliege

The Fly. USA 1958 **R** Kurt Neumann **B** James Clavell,l nach einer Erzählung von George Langelaan **K** Karl Struss **M** Paul Satell **P** 20th Century-Fox **L** 94 Min., Farbe **D** Al Hedison, Patricia Owens, Vincent Price, Herbert Marshall, Kathleen Freeman, Betty Lou Gerson

François Delombre (Price) wird spät nachts von seiner aufgeregten Schwägerin Hélène (Owens) aus dem Schlaf geklingelt: Sie behauptet, ihren Mann André (Hedison) umgebracht zu haben. Tatsächlich findet François seinen Bruder, von einer riesigen hydraulischen Presse zerquetscht, in dessen Forschungsinstitut. François macht sich daran, das Motiv für die Tat zu ergründen. Philippe, Hélènes Sohn, erzählt von einer merkwürdigen Fliege mit weißem Kopf und einem weißen Bein, die er zusammen mit seiner Mutter vergeblich einzufangen versucht hat. Peu à peu entlockt François seiner Schwägerin nun die grausame Wahrheit: Sein Bruder war mittels elektronischer Experimente in der Lage, Materie von einem Ort zum anderen zu übertragen, zu „integrieren". Bei dem Versuch, sich selbst zu „teleportieren", geriet eine Fliege in die komplizierte Apparatur und bewirkte eine Vermischung ihrer Atome mit denen Hedisons. Im Ergebnis waren dem Forscher nach dem Experiment ein Fliegenkopf und -bein gewachsen, während das Insekt, mit Menschenkopf und -arm bestückt, türmen konnte. Andrés einzige Chance, das Tier zu fangen und zu „des-integrieren", war damit zerstört. Er zwang seine Frau deshalb, ihn mit der hydraulischen Presse zu zerquetschen.
Der in CinemaScope gedrehte Farbfilm stieß in den USA auf lebhaftes Zuschauerinteresse; in Deutschland erntete die Mischung aus Science-fiction- und Tierfilm überwiegend Spott und Ablehnung. Die Fortsetzungen *Return of the Fly* (1959) und *Curse of the Fly* (1965) kamen hierzulande gar nicht mehr in die Kinos. 1985 allerdings surrte DIE FLIEGE als technisch perfektes Remake von Cronenberg nochmals über die Leinwand. sk

Die Fliege

The Fly. USA 1985 **R** David Cronenberg **B** Charles Edward Pogue und David Cronenberg **K** Mark Irwin **M** Howard Shore **P** Stuart Cornfeld für Brooksfilm **L** 95 Min., Farbe **D** Jeff Goldblum, Geena Davis, John Getz, Joy Boushel, Les Carlson

„Ich hätte nie geglaubt, daß ich jemals ein Remake drehen würde, aber ich erkannte, daß *Die Fliege* ein wunderbarer, lohnenswerter Stoff mit großem Potential ist... Ich wußte schon immer, daß ich einen großen Insektenfilm in mir herumtrage", beschreibt Regisseur Cronenberg seine Motivation, den bereits 1958 von Neumann inszenierten Film DIE FLIEGE in überarbeiteter Form auf den Markt zu bringen. Heraus kam ein brillanter Horror-Streifen, der den Ekel und die Abscheu der menschlichen Spezies vor Insekten geschickt ausnutzt und in technisch perfekten, dramaturgisch durchdachten und musikalisch spannend untermalten Sequenzen die Verwandlung eines Menschen in eine Fliege begleitet.
Der Wissenschaftler Seth (Goldblum) erforscht die „Teleportation", die Übertragung von Materie von einem Ort zum anderen. Eines Tages, im angeheiterten Zustand, erprobt er erstmals die Teleportation an einem Menschen - an sich selbst. Im Rausch übersieht er bei seinem Versuch jedoch die Anwesenheit einer Fliege in seiner Übertragungsmaschine. Mit fatalen Folgen: Seine Erbmasse vermischt sich mit der der Fliege. Allmählich verändert sich sein Körper, sein Gesicht wird von suspekten Flecken entstellt und auf seinem Rücken sprießen undefinierbare Borsten. Veronica (Davis), seine Freundin, die von ihm in das furchtbare Experiment eingeweiht wird, muß mitansehen, wie sich der Mensch, den sie liebt, allmählich in ein widerliches und gefährliches Insekt verwandelt. Nur sie hat es in der Hand, dem Grauen ein Ende zu bereiten.
Im Gegensatz zur Fliegen-Version von 1958, die nichts als die unrealistische Verfilmung des Lebenslaufs eines zu ehrgeizigen Wissenschaftlers war, spielt Cronenberg in seinem schauderhaften Schocker bewußt mit den tiefen Ängsten des Zuschauers, um dessen Hilflosigkeit gegenüber unheilbaren Krankheiten und Genmanipulationen aufzuzeigen. Sein Film erhält dadurch, obwohl nach wie vor phantastischen Ursprungs, einen durchaus realen Bezug.
Chris Walas erhielt für seine Spezial-Effekte den Oscar; er knüpfte an das Erfolgsrezept des ersten Teils an und drehte 1988 eine Fortsetzungsversion (DIE FLIEGE II). sk

Die Fliege II

The Fly II. USA 1988 **R** Chris Walas **B** Mick Garris, Jim Wheat, Ken Wheat, Frank Darabont **K** Robin Vidgeon **M** Christopher Young **P** Steven-Charles Jaffe für Brooksfilm **L** 90 Min., Farbe **D** Eric Stoltz, Daphne Zuniga, Lee Richardson, John Getz, Frank Turner, Ann Marie Lee

Regisseur Walas, der in Teil I des Insektenfilms für die Spezial-Effekte zuständig war,

knüpft an die Geschichte nahtlos an, indem Veronica, die im ersten Teil vom Fliegenmenschen Seth Brundle geschwängert worden war, ein Kind gebiert. Das Neugeborene ist äußerlich normal, besitzt aber die Gene seines mutierten Vaters und weist einige Anomalien auf: Martin, so heißt das Wesen, schläft nie und reift innerhalb von 5 Jahren zu einem 20-jährigen Jüngling (Stoltz) mit den üblichen menschlichen Gefühlen heran. Er verbringt seine Tage allerdings, von Ärzten und Wissenschaftlern überwacht, als Versuchskaninchen in einem abgeschlossenen Raum der Bartok-Industries. Mr. Bartoks (Richardson) ganzes Interesse ist darauf gerichtet, Martin und seine bevorstehende Verwandlung zu lenken und auszubeuten. Erwartungsgemäß mutiert Martin zu einem sechsfüßigen ekelerregenden Monsterinsekt mit menschlichem Denkvermögen und macht - in der Hoffnung, in Bartoks Labor den Schlüssel zu seiner Rückverwandlung zu finden - Jagd auf seinen ärgsten Feind.
Walas' Film ist mit kruden Tricks und schleimigen Effekten vollgestopft: Hauptdarsteller Stoltz mußte sich allein für sein Mutations-Endstadium einer fünfstündigen Maske unterziehen; für die Umsetzung der zahllosen Spezialsequenzen waren fünf Stuntmen notwendig. Obwohl ein Fortsetzungsfilm, handelt es sich nicht um einen schnelleren und teureren Aufguß des ersten Teils, sondern um eine in sich schlüssige, dichtere und technisch perfektionierte Weiterentwicklung, die phasenweise sogar besser als das Original ist. sk

Das fliegende Auge

Blue Thunder. USA 1983 **R** John Badham **B** Dan O'Bannon, Don Jakoby **K** John A. Alonzo **M** Arthur B. Rubinstein **P** Gordon Carroll für Rastar/Columbia **L** 108 Min., Farbe **D** Roy Scheider, Malcolm McDowell, Warren Oates, Candy Clark, Daniel Stern

Nach so unterschiedlichen Filmen wie NUR SAMSTAG NACHT und DRACULA fand Regisseur John Badham mit WAR GAMES sein Spezialgebiet: der Mensch und die hochentwickelte Elektronik. Hatte er jedoch in *War Games* noch durchaus glaubwürdig auf die Gefahren eines durch Computerfehler ausgelösten Atomkrieges hingewiesen, war spätestens bei *Das fliegende Auge* klar, wohin die Reise gehen würde: Die Technik gewinnt die Oberhand über die Story, und ihre Zurschaustellung gerät zum Selbstzweck.
Roy Scheider spielt den Polizisten Murphy, der als erfahrener Vietnam-Pilot den Steuerknüppel des supermodernen Wunder-Hubschraubers „Blue Thunder" in der Hand hält. Dieses erstaunliche Gerät kann lautlos fliegen, durch Wände sehen und auch noch das kleinste Geräusch aufnehmen. Zudem ist es bis an die Zähne bewaffnet - kurz, das perfekte Instrument für einen Überwachungsstaat. Murphy wird schnell klar, daß sein Kollege und Erzfeind Colonel Cochran (McDowell) dieses Wunderwerk der Technik nicht nur zu friedlichen Zwecken einzusetzen gedenkt, entführt es deshalb kurzerhand und eröffnet gegen den Feind einen Privatkrieg...
Wer hier Böses plant und warum, wird eigentlich nie so recht beantwortet (es handelt sich um eine Art Verschwörung militärischer Finsterlinge), doch bietet dieses verschwommene Handlungselement Badham Grund genug, ein dröhnendes Action-Feuerwerk zu entfesseln, wie man es selten gesehen hat. Das Tempo ist mörderisch, die Hubschrauberverfolgungsjagden rasant und spannend inszeniert, die Bösewichter böse (und wie: McDowell!) und der Held gebrochen (Vietnam-Trauma!).
Das fliegende Auge ist ein guter Action-Film, doch er sollte nicht so tun, als hätte er etwas Wichtiges zu sagen. al

Das fliegende Klassenzimmer

Das fliegende Klassenzimmer. BRD 1954 **R** Kurt Hoffmann **B** Erich Kästner, nach seinem Roman **K** Friedl Behn-Grund **M** Hans-Martin Majewski **P** Günther Stapenhorst für Carlton-Film **L** 90 Min., s/w **D** Paul Dahlke, Heliane Bei, Paul Klinger, Erich Ponto, Bruno Hübner, Peter Tost, Peter Kraus, Michael Verhoeven, Bernhard von der Planitz, Peter Vogel

Erich Kästner schrieb sein Kinderbuch, an dem sich aber durchaus auch Erwachsene erfreuen können, im Jahre 1933 - zu einer Zeit, in der die Werke des verfemten Schriftstellers von den Nazis auf die Bücherscheiterhaufen geworfen wurden. Seine große Popularität erlebte *Das fliegende Klassenzimmer* folglich erst in den 50er Jahren. Unter der feinfühligen Regie des Komödienspezialisten Kurt Hoffmann und versehen mit dem Drehbuch des Autors (Kästner tritt zu Beginn und am Ende des Films persönlich auf), erzählt dieser anrührende Schwarz-Weiß-Film die Geschichte einer Gruppe von Gymnasiasten, die mit den benachbarten Realschülern permanent im Clinch liegt. Neben den sympathischen Schuljungens spielen des weiteren der Internatsleiter Justus (Dahlke) und der in einem Eisenbahnwagon hausende „Nichtraucher" (Klinger) tragende Rollen. Im Zeichen des bevorstehenden Weihnachtsfestes werden alte Fehden begraben, treffen sich lang entzweite Freunde wieder, triumphieren Milde, Güte und Verständnis.
Das fliegende Klassenzimmer wurde 1988 in vielen Großstadt-Programmkinos wiederaufgeführt, konnte jedoch nicht mehr solche Begeisterungsstürme wie in den 50er Jahren entfachen - die Kinder der 80/90er Jahre werden diesen Film wohl als zu brav empfinden und können sich erst recht nicht vorstellen, wie man nur mit einem Paar Schuhen als Weihnachtsgeschenk glücklich und zufrieden sein kann.
Unter der Regie von Werner Jacobs entstand mit Joachim Fuchsberger und Heinz Reincke 1973 ein etwas modernisiertes Remake, das jedoch deutlich hinter seinem Vorläufer zurückblieb. jg

Der Fluch der Sphinx

Sphinx. USA 1980 **R** Franklin J. Schaffner **B** John Byrum, nach dem Roman *Sphinx* von Robin Cook **K** Ernest Day **M** Michael J. Lewis **P** Stanley O'Toole für Orion Pictures **L** 119 Min., Farbe **D** Lesley-Anne Down, Maurice Ronet, Vic Tablian, John Rhys-Davies, Frank Langella, Sir John Gielgud

Die junge Ägyptologin Erica Baron (Down) reist in das Land am Nil, um hier Forschungen über Menephta, einen geheimnisvollen Architekten der verblichenen Seti-Dynastie, zu betreiben. Dieser hat vor Jahrtausenden das bis heute nicht entdeckte Grab von Pharao Seti angelegt, das sogar das Grab Tutanchamuns an Pracht noch übertreffen soll. Gerade als sie im Kairoer Basar eine goldene Statue von Seti aufspürt, wird der Antiquitätenhändler von einer Bande überfallen und geköpft, die Statue geraubt. Erica gelingt zwar die Flucht, doch von nun an wird sie von dem Schwarzhändler-Ring, den sie aufgespürt hat, verfolgt. Um zu überleben und den Schmuggler-Ring auffliegen lassen zu können, muß sie das Grab auf eigene Faust finden, was ihr am Ende auch gelingt. Die Außenaufnahmen zu dem Thriller fanden durchweg an den ägyptischen Originalschauplätzen in Kairo, Luxor, auf dem Nil und im Tal der Könige statt, während die aufwendige Innendekoration der Grabpyramide Setis (einschließlich eines 300 Meter langen Tunnels) in einem Studio in Budapest nachkonstruiert wurde. Lesley-Anne Down mußte während der dreimonatigen Dreharbeiten neben der permanenten Gluthitze einiges über sich ergehen lassen: So hatte sie einen Sprint durch den zusammenkrachenden Styropor-Tunnel zu bewältigen, wurde herdenweise von glitschigen Fledermäusen angegriffen und schließlich in eine mit modrigen Mumien und Leichenteilen gefüllte Gruft geworfen.

Das ägyptische Nationalmuseum stellte erstmals für eine Filmproduktion Original-Grabreliquien aus verschiedenen Pharaonen-Gräbern zur Verfügung. sk

Fluch des Blutes

Devil's Doorway. USA 1950 **R** Anthony Mann **B** Guy Trosper **K** John Alton **M** Daniele Amfitheatrof **P** Nicholas Nayfack für Metro-Goldwyn-Mayer **L** 84 Min., s/w **D** Robert Taylor, Louis Calhern, Paul Raymond, Marshall Thompson, James Mitchell, Edgar Buchanan, Rhys Williams

In seinen Western widmete Anthony Mann sein Hauptinteresse stets den gesellschaftlichen Außenseitern, die er mal mit der Rolle eines geächteten Kopfgeldjägers, eines Ex-Sträflings oder - wie in *Fluch des Blutes* - als Indianer in das Handlungsgeschehen einbrachte.
Robert Taylor spielt den zivilisierten Indianer Lance Poole, der hochdekoriert aus dem amerikanischen Bürgerkrieg nach Wyoming zurückkehrt, um dort ein friedliches Leben als einfacher Farmer zu führen. Ein als Indianerhasser bekannter Richter macht ihm jedoch das Leben zur Hölle. Poole wird in einen erbittert ausgefochtenen Rassenkampf verwickelt, in dessen Verlauf er sich auf die Seite seiner Stammesgenossen schlägt. Seinen Versuch, ein Massaker zu verhindern, muß er mit dem Leben bezahlen.
Fluch des Blutes war damals an der Kinokasse alles andere als erfolgreich, und dafür gab es gleich mehrere Gründe. Manns positive Grundeinstellung gebenüber der Indianerfrage war zwar überaus fortschrittlich, entsprach aber zur damaligen Zeit bei weitem nicht den Ansichten des großen Publikums. In seinem Film entwirft Mann eine sich behutsam entwickelnde Liebesgeschichte zwischen dem Indianer Lance und der weißen Lehrerin Verne (Calhern). Natürlich durfte eine solche Verbindung nie zustande kommen, also muß Lance sterben. Doch damit wurde auch gleichzeitig ein Happy-End verhindert. Ein großes Manko des Films liegt in der Besetzung von Robert Taylor, dem man trotz Stirnband und langer Haare eine indianische Abstammung partout nicht abkaufen will. jg

Der Fluch des Dämonen

Curse of the Demon. USA 1958 **R** Jacques Tourneur **B** Charles Bennett, Hal E. Chester, nach der Geschichte *Casting the Runes* von M. R. James **K** Ted Scaife **M** Clifton Parker **P** Hal E. Chester

für Columbia **L** 95 Min., s/w **D** Dana Andrews, Peggy Cummings, Niall McGinnis, Maurice Denham, Reginald Beckwith, Athene Seyler, Liam Redmond, Ewan Roberts, John Salew

Der britische Wissenschaftler Professor Harrington (Denham) kommt dahinter, daß ein gewisser Dr. Karswell (McGinnis) mit Hilfe einer geheimnisvollen Runenschrift einen grauenhaften Dämon aus den Abgründen der Unterwelt herbeirufen kann. Noch bevor er seinem amerikanischen Kollegen Holden näheres über die mysteriösen Erkenntnisse mitteilen kann, hetzt Karswell die Ausgeburt der Hölle auf ihn, die Harrington in den Tod treibt. Als Holden auftaucht, will der Dämonenbeschwörer ihn auf die gleiche Weise aus dem Verkehr ziehen, fällt jedoch seinem eigenen Teufelsspuk zum Opfer.
Ein brillant und atmosphärisch überaus dicht inszenierter Horrorstreifen, den das europäische Publikum in seiner Originallänge genießen durfte, während sich die amerikanischen Zuschauer mit einer 15 Minuten kürzeren Version begnügen mußten. Tourneur gelang es, ohne die übliche Flut von Spezialeffekten auszukommen und eine Stimmung permanenter Bedrohung zu beschreiben. Gestalterisch besonders gut gelungen ist die Szene, in der Karswell zur Demonstration seiner teuflischen Mächte inmitten eines Sommertages ein Unwetter heraufbeschwört.
Wieder einmal mischten sich die Produzenten in die künstlerische Gestaltung des Films ein. Tourneur wollte eigentlich den schrecklichen Dämon nur andeutungsweise oder überhaupt nicht zeigen, doch die Studiobosse waren der Meinung, bei einem Horrorfilm müßte schließlich auch das Monster zu sehen sein. Entgegen Tourneurs Willen wurden zwei kurze Sequenzen nachträglich in den Film einkopiert, in denen der Dämon als wenig furchteinflößende, qualmende Teufelsfratze in Erscheinung tritt. jg

Der Fluch des rosaroten Panthers

The Curse of the Pink Panther. USA 1983 **R** Blake Edwards **B** Blake Edwards, Geoffrey Edwards **K** Dick Bush **M** Henry Mancini **P** Blake Edwards, Tony Adams für MGM/UA **L** 110 Min., Farbe **D** Ted Waas, Herbert Lom, Robert Loggia, Burt Kwouk, David Niven

Nach dem Tod von Peter Sellers im Jahre 1980 machte sich Regisseur Blake Edwards zwei Jahre später doch tatsächlich daran, eine weitere der bereits fünf Folgen starken „Rosaroten Panther"-Serie zu drehen. In Ermangelung neuer Szenen mit Sellers in der Rolle des Inspektor Clouseau griff er dabei auf herausgeschnittenes Material der früheren Filme zurück und umgab sie mit einer konstruierten Story um eine Reporterin (Lumley) die auf der Suche nach Zeitgenossen des berühmten Kriminalisten ist. Zahlreiche Co-Stars von Sellers aus den vorangegangenen Folgen (u.a. Capucine, Robert Wagner und David Niven) sorgen mit Cameo-Auftritten für den entsprechenden Schuß Nostalgie.
Das Ergebnis, DER ROSAROTE PANTHER WIRD GEJAGT, hat seine Momente, doch insgesamt hinterläßt er einen faden Nachgeschmack. Doch Edwards ging noch weiter: In seinem Eifer stellte er mit *Der Fluch des rosaroten Panthers* zur gleichen Zeit (und mit den gleichen Gaststars) einen weiteren derartig konstruierten Film zusammen, der ein Jahr später in die Kinos kam und einen neuen trotteligen Detektiv (Waas) vorstellt. Weil auch David Niven während der Dreharbeiten starb, mußte seine Stimme in einigen Szenen von einem anderen Schauspieler (Rich Little) imitiert werden. Für die meisten Kritiker war damit endgültig die Grenze des guten Geschmacks erreicht, und der Film wurde in Grund und Boden verdammt. al

Fluch des Südens

The Sound and the Fury. USA 1958 **R** Martin Ritt **B** Irving Ravetch, Harriet Frank jr., nach dem Roman von William Faulkner **K** Charles G. Clarke **M** Alex North **P** Jerry Wald für 20th Century-Fox **L** 115 Min. Farbe **D** Yul Brynner, Joanne Woodward, Margaret Leighton, Stuart Whitman, Ethel Waters, Jack Warden, Françoise Rosay, Albert Dekker

Im amerikanischen Süden, wo die Mangrovensümpfe dampfen, wo die Uhren langsamer gehen und jedermann von der Zeit träumt, als die Neger noch Neger waren und keine freien Menschen, war auch Martin Ritts vorangegangener Film DER LANGE HEISSE SOMMER angesiedelt, ebenfalls nach William Faulkner, genauer gesagt, nach mehreren Kurzgeschichten, und ebenfalls mit Joanne Woodward in der Hauptrolle. Der auch von seinem Kollegen Tennessee Williams so häufig beschriebenen Dekadenz und der Verfall der alten Oberschicht gilt auch Faulkners besondere Aufmerksamkeit. Er zeichnet das Porträt der Familie Compson, einer verarmten Dynastie von Plantagenbesitzern. Adoptivsohn Jason (Brynner) führt als Familienoberhaupt ein strenges Regiment, um das ramponierte Ansehen wiederherzustellen. Besonders die halbwüchsige Quentin (Woodward) leidet darunter. Als, sehr zum Unwillen Jasons, unverhofft ihre Mutter Caddy (Leighton) wieder auftaucht, spitzt sich die Atmosphäre im Haus dramatisch zu. Dieses schwüle Drama um die allesamt recht merkwürdigen Mitglieder einer lebensuntüchtigen Familie profitiert enorm vom Können der gut besetzten Akteure. Yul Brynner, zur Abwechslung mal nicht mit Glatze, ist erstklassig als zunächst unsympathischer Jason, dessen vermeintliche Härte sich als verborgene Zuneigung zu Quentin herausstellt. Die Inzestkomponente wird im Buch stärker herausgestellt als im vorsichtigeren Film, doch Hollywood war noch nicht ganz bereit für derartige Ausschweifungen. Obwohl Joanne Woodward einen Teenager spielt, war sie zum Zeitpunkt der Entstehung

bereits 29, und Margaret Leighton, die extra ihren britischen Akzent durch einen Dixie-Slang ersetzen mußte, erinnert in ihrer Darstellung sehr an Vivien Leigh als Blanche in ENDSTATION SEHNSUCHT.
Insgesamt ein achtbarer Versuch, die schwierige, komplexe Vorlage Faulkners mit den üblichen Abstrichen auf der Leinwand umzusetzen. al

Die Flucht

Die Flucht. BRD/Jugoslawien 1960 **R** Edwin Zbonek **B** Sigmund Bendkower, Al Brunsowy, nach einer Idee von Robert Azderball **K** Nenad Jovici **P** Artur Brauner für CCC-Filmkunst Berlin/ Avala Film Belgrad **L** 92 Min., s/w **D** Günther Ungeheuer, Götz George, Katinka Hoffmann, Helmut Oeser, Alexander Allerson, Helmut Sobotka, Herbert Kersten

Einer der wenigen beachtenswerten Versuche des bundesdeutschen Kinos, zu den Vorgängen in der Zeit des Dritten Reiches Stellung zu nehmen, wenngleich dies auch unter dem Deckmantel einer zurechtgeschnittenen Kain-und-Abel-Geschichte geschieht.
Edwin Zbonek beschreibt die erbitterte Feindschaft zweier Brüder, die von Beginn an auf verschiedenen Seiten stehen und sich durch das NS-System noch weiter voneinander entfernt haben. Der eine (Ungeheuer) ist überzeugter Hitler-Anhänger und Mitglied der SS, der andere (George) arbeitet als Widerstandskämpfer gegen die Nazis, wird verhaftet und in ein Konzentrationslager deportiert, aus dem er nach wochenlangen Folterungen entkommen kann. Gnadenlos gehetzt vom eigenen Bruder und seinen SS-Schergen, scheitert seine Flucht kurz vor der rettenden Grenze.
Selten wurde ein Schauspieler während der Dreharbeiten zu einem Film solchen Belastungsproben ausgesetzt wie Götz George, der hier mitten im Winter ungedoubelt durch eiskalte Flüsse schwamm und sich völlig unzureichend bekleidet durch Schnee- und Eismassen kämpfen mußte. *Die Flucht* ist ein überaus realistisch und spannend geratenes Drama voller erschütternder Sequenzen, das jedoch niemals den historischen Hintergrund zugunsten seiner Schaueffekte vernachlässigt.
Der Film wurde über zwei Jahre lang zurückgehalten, weil es zwischen der Berliner und der jugoslawischen Produktionsfirma juristische Differenzen gab. Erst nach deren Klärung konnte er aufgeführt werden, erhielt jedoch damals von Seiten des Publikums nicht die Anerkennung, die er verdient hätte. jg

Flucht aus der Taiga

Beyound the Mountains. USA/Spanien 1968 **R** Alexander Ramati **B** Alexander Ramati, nach seinem Roman *Beyond the Mountains* **K** Christian Matras **M** Cristobal Halffter **P** Alexander Ramati für David Films (New York), Pro-Artis Ibérica (Madrid) **L** 95 Min. (Originalfassung 104 Min.), Farbe **D** Maximilian Schell, Raf Vallone, Irene Papas, Maria Perschy, Theodore Bikel, Fernando Rey

Marek (Schell) und Victor (Vallone) sind ein Bruderpaar, das zu den zahlreichen polnischen Zwangsarbeitern gehört, die während des II. Weltkrieges nach Sibirien verschleppt wurden. Den beiden gelingt die Flucht aus dem Lager, doch sie schaffen es nur bis in ein usbekisches Dorf im Süden des Landes. Von dort soll es über die Grenze nach Afghanistan gehen, doch verschiedene Zwischenfälle verzögern die Flucht immer weiter.
Flucht aus der Taiga hat alle Voraussetzungen für einen spannenden Abenteuerfilm: Eine ungewöhnliche Geschichte, die ein weithin unbekanntes Kapitel des Krieges aufschlägt, einen noch ungewöhnlicheren Schauplatz sowie eine Gruppe renommierter Akteure aus mindestens fünf verschiedenen Nationen. Doch was Alexander Ramati, verantwortlich auch für Produktion und die Adaption seiner eigenen Vorlage, daraus gemacht hat, ist ein Film der verpassten Chancen. Das langsame Tempo mindert die Spannung und die Anhäufung von Klischees, wie etwa die Liebesszene zwischen Schell und Papas während eines Sandsturmes, untergräbt die Glaubwürdigkeit. Victors/ Vallones Affäre mit der blonden Schönheit Perschy wirkt angesichts der Umstände ähnlich konstruiert.
Um so mehr Mühe gab man sich, dem Film einen authentischen Hintergrund zu geben. Die in Spanien gedrehten Außenaufnahmen, komplett mit Bauten und Kostümen, suggerieren überzeugend den mittelasiatischen Schauplatz. al

Flucht aus Zahrain

Escape from Zahrain. USA 1962 **R** Ronald Neame **B** Robin Estridge, nach dem Roman von Michael Barrett **K** Ellsworth Fredericks **M** Lynn Murray **P** Ronald Neame für Paramount **L** 92 Min., Farbe **D** Yul Brynner, Sal Mineo, Jack Warden, Madlyn Rhue, James Mason

In einem nahöstlichen Ölstaat wird der Revolutionsführer Sharif (Brynner) von einer Gruppe Studenten aus einem Gefangenentransport befreit, und zusammen mit deren Anführer (Mineo) und einem amerikanischen Mithäftling (Warden) entführt er einen mit einer arabischen Krankenschwester (Rhue) besetzten Ambulanzwagen und macht sich, immer verfolgt von der Polizei und Regierungstruppen, auf eine lange Flucht durch die Wüste.
Nach einem vielversprechenden Auftakt verliert sich dieser unspektakuläre Abenteuerfilm während der endlosen Flucht im Sand der Wüste, und weder Brynners charismatische Präsenz noch ein unangekündigter und sinnloser Gastauftritt von James Mason vermögen das Interesse des Zuschauers bis ans Ende zu halten. Einer der wenigen Pluspunkte dieses routinierten Streifens ist die schöne Photographie von Ellsworth Fredericks, die einige sehr sehenswerte Schauplätze vorteilhaft ins Bild rückt.
Daily Telegraph: „Ein schöner Zug von James Mason, seinen Freund Ronald Neame zu untestützen, doch nicht einmal die Garbo hätte mit ihrem Auftauchen dieses uninspirierte Drehbuch retten können." al

Flucht in den Norden

Flucht in den Norden. BRD/Finnland 1986 **R** Ingemo Engström **B** Ingemo Engström, nach dem Roman von Klaus Mann **K** Axel Block **P** Ulrich Möller, Carl von Willebrand, Helmi-Paula Pulkkinen, Tuula Söderberg für Theurig-Engström Filmprod. München-Versaille/Jörn Donner für Prod. Helsinki **L** 126 Min., Farbe **D** Katharina Thalbach, Jukka-Pekka Palo, Lena Olin, Käbi Laretei, Tom Pöysti, Britta Pohland

Klaus Mann schrieb seinen gleichnamigen Roman während des ersten Exiljahres in Paris und veröffentlichte ihn 1934 in Amsterdam. In *Flucht in den Norden* stellt er zwar eine Frau als Protagonistin in den Mittelpunkt der Handlung, doch trägt diese Person viele autobiographische Züge, denn auch Mann unternahm (allerdings noch vor Hitlers Machtergreifung) im Juli 1932 zusammen mit seiner Schwester Erika eine ausgedehnte Reise durch Skandinavien, in deren Verlauf er sich auch mit seiner großen Liebe Hans, einem jungen Gutsbesitzer traf, den er in Berlin kennengelernt hatte.
Buch und Film beschreiben das Schicksal der jungen kommunistischen Widerstandskämpferin Johanna, die nach Hitlers Machtübernahme im Jahre 1933 zu der Familie einer Freundin nach Finnland flieht. Die Stille und Abgeschiedenheit der Landschaft verunsichern Johanna in dem Plan, ihre politischen Ziele weiter zu verfolgen. In der leidenschaftlichen Verbindung mit dem Gutsbesitzersohn Ragnar sucht Johanna Vergessen und Zuflucht. Während einer Reise durch Finnland durchleben beide sowohl Stunden

exzessiver Sexualität als auch ernüchternde Momente gegenseitiger Entfremdung.
„Ingemo Engström...inszenierte eine Folge von hochglänzenden Landschaftsprospekten, die durch einen Reigen von Liebesakten verbunden werden: ein sowohl eigenwillig als auch eigentümlich aseptisch wirkendes Fotoalbum von einer Nordlandreise, auf der...der Konflikt von individuellem Glück und politischer Askese lehrstückhaft hervortritt" (*Frankfurter Rundschau*). *Flucht in den Norden* wurde am 17. Februar 1987 im Rahmen der Berliner Filmfestspiele uraufgeführt und vom Publikum mit sehr gemischten Reaktionen aufgenommen. jg

Flucht in Ketten

The Defiant Ones. USA 1958 **R** Stanley Kramer **B** Nathan E. Douglas, Harold Jacob Smith **K** Sam Leavitt **M** Ernest Gold **P** Stanley Kramer für United Artists **L** 97 Min., s/w **D** Tony Curtis, Sidney Poitier, Theodore Bikel, Charles McGraw, Lon Chaney jr., King Donovan, Claude Akins, Lawrence Dobkin, Whit Bissell, Carl Switzer, Kevin Coughlin, Cara Williams

Der Weiße John Jackson (Curtis) und der Schwarze Noah Cullen (Poitier), beide mit Handschellen aneinander gekettet, werden mit einem Polizeiwagen in ein anderes Gefängnis verlegt. Während der Fahrt passiert ein Unfall, den die beiden Sträflinge zur Flucht nutzen. Auf Gedeih und Verderb zusammengeschweißt, kommt es bald zu heftigen Streitereien, denn die gemeinsame kriminelle Vergangenheit erweist sich als wenig verbindendes Element. Jeder hegt Mißtrauen und Vorurteile gegenüber dem anderen. Während ihrer strapaziösen Flucht lernen sie jedoch, sich mit mehr Achtung und Toleranz zu behandeln, um schließlich Freunde zu werden.
Flucht in Ketten war der erste Film, der einem farbigen Hauptdarsteller denselben Lohn wie seinem weißen Kollegen zubilligte. Diese Regelung hatte Stanley Kramer bei der Produktionsleitung durchgesetzt. Sidney Poitier und Tony Curtis überzeugen nicht nur durch hervorragende schauspielerische Leistungen, sondern auch durch ihren hohen physischen Einsatz. Man sieht sie fast permanent durch die Landschaft rennen, in Schlammgruben stürzen oder von fahrenden Zügen springen. *Flucht in Ketten* fand bei weiten Teilen des US-Publikums wohlwollende Anerkennung, lediglich im Süden der Staaten blieben wie erwartet die positiven Zuschauerresonanzen aus.
Die beiden Hauptdarsteller Curtis und Poitier standen auf der Anwärterliste für den Oscar; das Autorengespann Nathan E. Douglas und Harold Jacob Smith wurde für sein hervorragendes Skript mit einer Auszeichnung belohnt, ebenso Kameramann Sam Leavitt. jg

Flucht ins 23. Jahrhundert

Logan´s Run. USA 1976 **R** Michael Anderson **B** David Zelag Goodman, nach dem Roman von William F. Nolan und George Clayton Johnson **K** Ernest Laszlo **SpE** Glen Robinson **M** Jerry Goldsmith **P** Saul David für Metro-Goldwyn-Mayer **L** 117 Min., Farbe **D** Michael York, Richard Jordan, Jenny Agutter, Roscoe Lee Brown, Peter Ustinov, Farrah Fawcett-Majors

Der völlig unpassende deutsche Verleihtitel dieses amerikanischen Science-fiction-Films läßt vermuten, die Handlung drehe sich um eine Zeitreise, was natürlich nicht der Fall ist, denn die Geschichte ist in ihrer Gesamtheit in der Zukunft angesiedelt.
Was sich da in ein paar Hundert Jahren auf der Erde tut, sieht auf den ersten Blick gar nicht so schlecht aus. In einer hypermodernen Stadt tummeln sich gesunde, gutaussehende Menschen, deren Leben nur aus Vergnügungen zu bestehen scheint. Die Sache hat allerdings einen Haken: Sobald sie das Alter von 30 Jahren erreicht haben, müssen alle Bewohner zur „Erneuerung" in das „Karussell". Hinter diesen schönen Worten verbirgt sich nichts anderes als ein perfekt getarnter Massentötungsmechanismus. Als auch für die beiden jungen Leute Logan (York) und Jessica (Agutter) die Lebensuhr abläuft, entschließen sich die beiden zur Flucht.
Flucht ins 23. Jahrhundert war mit seinen 9 Millionen Dollar Herstellungskosten fast ebenso teuer wie George Lucas´ zur gleichen Zeit produzierte Weltraum-Saga KRIEG DER STERNE. Dem Zuschauer wird in ungewöhnlicher Farbenpracht die Kulisse einer hypermodernen Glaskuppel-Metropole mit Magnetbahnen, Prachtstraßen und architektonisch interessanten Gebäuden geboten, wenngleich sich die Szenerie bei einigen Totalen mit dem Charme einer liebevoll gestalteten Eisenbahnanlage präsentiert. Am teuersten waren ohnehin nicht die Bauten, sondern die wirklich gelungenen Matte-Paintings von Matthew Yuricich, der die schwere Aufgabe zu bewältigen hatte, die markanten Gebäude der amerikanischen Hauptstadt Washington unter der grünen Flut einer wild wuchernden Vegetation verschwinden zu lassen.
Trotz einhelliger Begeisterung für Trickaufnahmen und Effekte zeigten sich Kritiker und SF-Spezialisten wenig zufrieden, auf welch harmlose Art das Thema einer utopischen Euthanasie filmisch bewältigt wurde. Spätestens in der zweiten Hälfte wird dieser Aspekt zugunsten einer effektvoll inszenierten Verfolgungsjagd durch Katakomben, Gänge und Höhlen vernachlässigt.
„Das Porträt einer tyrannischen Zukunftsgesellschaft sieht nicht viel bedrohlicher aus als eine ausgelassene Strandparty." (*Time*)
Flucht ins 23. Jahrhundert wurde 1976 für seine Spezialeffekte mit dem Oscar ausgezeichnet. jg

Die Flucht ins Ungewisse

Running on Empty. USA 1987 **R** Sidney Lumet **B** Naomi Foner **K** Cary Fisher **M** Tony Mottola **P** Amy Robinson, Griffin Dunne für Lorimar Film Entertainment/Double Play **L** 116 Min., Farbe **D** Christine Lahti, River Phoenix, Judd Hirsch, Jonas Abry, Martha Plimpton, Ed Crowley, L.M. Kit Carson, Steven Hill, Augusta Dabney, David Margulies

Nach DANIEL und THE VERDICT ein weiterer, sozialkritischer Streifen von Sidney Lumet, der jedoch ebenso stark den politischen Aspekt der Geschichte gewichtet.
Das Ehepaar Annie und Arthur Pope (Lahti, Hirsch) hatte sich in den 60er Jahren sehr stark in der Anti-Vietnam-Bewegung engagiert und war auch aktiv am Widerstand gegen die Rüstungsindustrie beteiligt. Sein Einsatz ging damals sogar so weit, daß es ein von der Regierung finanziertes Napalm-Labor in die Luft sprengte, wobei allerdings aus Versehen der Hausmeister der Fabrik verletzt wurde. Seit dieser Zeit befinden sich Annie und Arthur mit ihren zwei Kindern permanent auf der Flucht vor dem FBI. Die Jahre des rastlosen Umherziehens quer durch die Staaten bleibt nicht ohne Folgen für den inneren Zusammenhalt der Familie. Sohn Danny (Phoenix) kommt in ein Alter, in dem er nicht mehr bereit ist, laufend das Zuhause, die gewohnte Umgebung - und seine Freundin aufzugeben.
Unter der Hand eines anderen Regisseurs wäre die Geschichte vielleicht in eine actionreiche Verfolgungsjagd abgerutscht. Lumet stellt die tragische Auflösung einer Familie in den Mittelpunkt, deren Kinder indirekt für den einstigen jugendlichen (sicher nicht verkehrten) Idealismus ihrer Eltern bezahlen müssen.
„Es gibt in *Die Flucht ins Ungewisse* wohl emotionale Höhepunkte, die einem wirklich die Tränen in die Augen treiben, aber es gibt keine übertriebene Bedeutsamkeit, die das Gezeigte kommentieren wollte. Das wahrhaft brillant geschriebene Drehbuch...ließ Lumet jeden nur erdenklichen Raum - und der Regisseur tat das einzig richtige: Er hat seinem Film diesen Raum belassen." (*Süddeutsche Zeitung*)
Die Außenaufnahmen des Films entstanden in den pittoresken Kleinstädten Tenafly und

Um bei den Produktionskosten zu sparen, entstand auch dieser Film in einer ungewöhnlich kurzen Drehzeit unter Verwendung der alten Kulissen, die schon in den vorhergehenden Horrorwerken Cormans benutzt worden waren. In einem seiner letzten Leinwandauftritte ist hier Lon Chaney jr. zu sehen. jg

Fool for Love

Fool for Love. USA 1986 **R** Robert Altman **B** Sam Shepard, nach seinem Bühnenstück **K** Pierre Mignot **M** George Burt **P** Menahem Golan, Yoram Globus für The Cannon Group **L** 107 Min., Farbe **D** Sam Shepard, Kim Basinger, Harry Dean Stanton, Randy Quaid

Sam Shepard ist einer der bekanntesten und meistgespielten Dramatiker seiner Generation. Für seine Arbeiten erhielt er bereits 10 „Obies" (Off-Broadway-Preise) und einen Pulitzer-Preis. 1978 begann eine nicht weniger erfolgreiche Filmkarriere und nebenbei schrieb Shepard Drehbücher, u.a. für Wim Wenders' PARIS, TEXAS. Mit diesem Film weist sein Stück *Fool for Love*, das deutsche Bühnen unter dem Titel *Liebestoll* erreichte, einige Ähnlichkeiten auf. Ebenfalls im öden amerikanischen Südwesten angesiedelt, erzählt es von May (Basinger), die in einem einsamen Motel arbeitet. In einem Wohnwagen nebenan haust ein alter Trunkenbold (Stanton), und auch der Rest des Fleckens macht einen überholungsbedürftigen Eindruck. In diese trostlose Atmosphäre platzt der Rodeoreiter Eddie (Shepard), der mit May offensichtlich eine gemeinsame Vergangenheit hat. Sofort kommt es zwischen den beiden zu Streitereien, immer wieder unterbrochen von Zärtlichkeiten. Es stellt sich heraus, daß sie Halbgeschwister sind und sich aufgrund ihrer inzestuösen Beziehung tief in Schuldgefühle verstrickt haben. Der Trinker ist beider Vater.
Aus dieser explosiven Konstellation zimmerte Robert Altman, seit jeher ein lustvoller Kritiker des Mythos vom amerikanischen Traum, ein schwüles Drama, das dem Zuschauer angesichts der ständigen Gemütsschwankungen seiner Hauptfiguren einige Geduld abverlangt. In den Staaten war das immerhin ausgezeichnet photographierte und achtbar gespielte Werk kein Kassenerfolg, doch das hatte wohl auch niemand erwartet. Wie auch die Vorlage war der Film bei der Kritik umstritten. Während in den USA beide Werke in den Himmel gelobt wurden, konnte man hierzulande um so weniger damit anfangen. *Der Spiegel* nannte das Stück „hohl und pathetisch" und bescheinigte Altman, er habe „Shepards Traum vom mythengeschwängerten Amerika beim Wort genommen und mit wahrhaft ironischer Übertreibung ins Gegenteil, in Altmans Alptraum, verkehrt. Augenzwinkernd verfolgt er das unglaubliche Geschehen der drei Spinner in der Wüstenei." Nur Kim Basinger, bis dato hauptsächlich als Sex-Kätzchen im Einsatz, erhielt einhelliges Lob für ihre schauspielerischen Bemühungen. al

Footloose

Footloose. USA 1984 **R** Herbert Ross **B** Dean Pitchford **K** Ric Waite **M** Miles Goodman, Becky Shargo **P** Lewis J. Rachmil und Craig Zadan für Indie Prod. **L** 107 Min., Farbe **D** Kevin Bacon, Lori Singer, John Lithgow, Dianne Wiest, Christopher Penn, Jim Young

Nachdem sich bereits NUR SAMSTAG NACHT, GREASE und FLASHDANCE mit tanzenden Teens, heißen Rhythmen und sinnleeren Stories zu unglaublichen Kassenschlagern entwickelt hatten, koppelte sich Regisseur Ross, früher selbst Choreograph und Tänzer, mit seiner *Footloose*-Inszenierung an den in das Tal der Niveaulosigkeit rasenden Zug der seichten, aber Kasse machenden Musikfilme lautlos an.
So wenig neu wie die Machart des Streifens, so hausbacken ist dessen Geschichte: Großstadtjunge Ren (Bacon) kommt in ein Kleinstadtkaff, das unter der Fuchtel eines rigiden Pfarrers steht, der Tanzen, um dem Sittenverfall vorzubeugen, schlichtweg verboten hat. Zunächst wird Ren von allen schief angesehen - von Lehrern, Nachbarn, Altersgenossen. Doch - welch Zufall - er verliebt sich in die adrette Pfarrerstochter (Singer) und bringt der Dorfjugend nach und nach das Tanzen zu Rock´n´Roll-Klängen nahe, ohne daß es dabei zu irgendwelchen Unsittlichkeiten kommt. Und siehe da: Alle hopsen begeistert mit, Ren ist plötzlich beliebt bei jung und alt - und der gestrenge Pastor, eines Besseren belehrt, predigt persönlich Entwarnung von der Kanzel.
Um den kommerziellen Erfolg des flachen Tanzfilms von vornherein sicherzustellen, wurden einige der bekanntesten Komponisten und Interpreten Amerikas, darunter Kenny Loggins und Bonnie Tyler, angeheuert. Erwartungsgemäß stürmten die Kids überall, wo der Streifen anlief, in Heerscharen Kinos und Plattengeschäfte. sk

Die Formel

The Formula. USA 1980 **R** John G. Avildsen **B** Steve Shagan, nach seinem gleichnamigen Roman **K** James Crabe **M** Bill Conti **P** Steve Shagan für MGM **L** 117 Min., Farbe **D** George C. Scott, Marlon Brando, Marthe Keller, John Gielgud, G.D. Spradlin, Beatrice Straight, Richard Lynch

Kurz vor Ende des Zweiten Weltkrieges wird ein deutscher General von den Amerikanern verhaftet. Er war in Besitz einer ebenso brisanten wie geheimen chemischen Formel, mit der das Deutsche Reich aus Kohle synthetisches Benzin hergestellt hatte. Seither gilt die Formel als verschollen. Drei Jahrzehnte später: In Los Angeles stößt Polizei-Inspektor Caine (Scott) bei den Ermittlungen in einem Mordfall auf die alte Geschichte - und sticht in ein Wespennest: Mineralölkonzerne, arabische Ölstaaten, eine Clique alter Nazis und obendrein der böse Russe sind in ein weltweites tödliches Spiel ohne Moral und ideologische Grenzen verwickelt, um die Kontrolle über die ominöse Formel zu erlangen. Caine gelingt es zwar, die Morde aufzuklären und die skrupellosen Machenschaften der Reichen und Mächtigen aufzudecken; am Ende jedoch bleibt alles beim alten: Geld regiert die Welt.
Die Formel ist, trotz hochkarätiger Besetzung (neben Scott spielt Marlon Brando mit Gebiß, Hörgerät und Halbglatze einen feisten Ölmogul), der mißlungene Versuch eines Spionage- und Actionthrillers, weil politisch brisante Themen - Ölkrise, Alt-Nazis, Kalter Krieg - in zweitklassiger Weise zu einem peinlichen Potpourri zusammengekittet werden, bei dem „auch der geduldigste Zuschauer alsbald die Lust verliert, die verwirrt verknoteten Handlungsstränge zu entwirren" (*Die Zeit*). Insofern waren auch die Proteste amerikanischer Öl-Multis, die um ihr Image besorgt waren, überflüssig.
Der Streifen wurde aufwendig in Los Angeles, St. Moritz, Hamburg und - überwiegend - in Berlin gedreht. Hier baute man sogar, 500 Meter vom Original entfernt, den Ausländerübergang Checkpoint Charlie direkt an der mittlerweile schon Legende gewordenen Mauer nach, um eine wilde Agentenschießerei authentisch einfangen zu können. sk

Formicula

Them! USA 1954 **R** Gordon Douglas **B** Ted Sherdeman, nach einer Geschichte von George Worthing Yates **K** Sid Hickox **SpE** Ralph Ayres, William Mueller, Francis J. Scheid **M** Bronislaw Kaper **P** Warner Bros. **L** 93 Min., s/w **D** James Whitmore, Edmund Gwenn, Joan Weldon, James Arness, Onslow Stevens, Sean McClory, Chris Drake, Sandy Descher, Leonard Nimoy

Einer der ersten Science-fiction-Filme, der in indirekter Weise vor den Auswirkungen nuklearer Testversuche warnte, obgleich man diesen Aspekt angesichts der Handlung nicht überinterpretieren sollte.

In der Wüste von New-Mexico finden alarmierte Polizisten mehrere Leichen. Die herbeigeholten Wissenschaftler stehen vor einem Rätsel, werden aber sehr bald auf drastische Weise mit der Lösung konfrontiert. Ameisen sind aufgrund der radioaktiven Strahlung zu riesigen Monstren mutiert und walzen alles platt, was sich ihnen in den Weg stellt.
Formicula wurde zu einem frühen Klassiker des Genres und erlebte bald eine Kette von plumpen Imitationen, von denen lediglich Jack Arnolds B-Picture TARANTULA (über eine Riesenspinne) einigermaßen gelungen ist.
Ähnlich wie Hitchcocks DIE VÖGEL benötigt *Formicula* nicht die Schrecken der Nacht, um eine Atmosphäre der Bedrohung zu erzeugen. Die Szenen in der Einöde der Wüste - sonst harmlose Kulisse eines jeden Western - erfahren in diesem Film eine völlig neue, unheimliche Variante.
Beeindruckend sind ferner die überdimensionalen Ameisen-Applikationen, die als zum Teil bewegliche Modelle konstruiert wurden, und so täuschend echt gelungen waren, daß man *Formicula* in der Sparte Spezialeffekte für den Oscar nominierte. jg

Der Förster vom Silberwald

Der Förster vom Silberwald. Österreich 1954 **R** Alfons Stummer **B** Alfons Stummer, Alfred Solm, Günther Schwab, Friedrich Schreyvogel, Franz Mayr-Melnhof **K** Walter Tuch **M** Viktor Hruby **P** Karl Hitschfel für Rondo-Film Wien **L** 100 Min., Farbe **D** Anita Gutwell, Rudolf Lenz, Karl Ehmann, Erik Frey, Hermann Erhardt, Erni Mangold, Albert Rueprecht, Lotte Ledl

Einer jener unverwüstlichen Heimatfilme, der stets im selben Atemzug mit SCHWARZWALDMÄDEL und GRÜN IST DIE HEIDE genannt wird und trotz seiner sich jährlich wiederholenden Fernsehausstrahlungen scheinbar immer noch keine Abnutzungserscheinungen aufweist.
Damalige Kritiker waren besonders angetan von den wunderschönen Naturbildern (gedreht in der Steiermark) und den dokumentarischen Aufnahmen äsender Dammhirsche und balzender Auerhähne. Heute ist da jede Sielmann-Produktion spannender! Trotzdem - *Der Förster vom Silberwald* muß wohl jene Art teutonisch-rustikaler Atmosphäre, die scheinbar auch in anderen Kulturkreisen so beliebt ist, ganz besonders gut getroffen haben, denn der Film wurde nicht nur in den deutschsprachigen Ländern ein großer Erfolg, sondern lief auch wochenlang in den ausverkauften Pariser Kinos.
Erzählt wird die romantische Liebesgeschichte zwischen dem Förster Hubert (Lenz) und der Wiener Künstlerin Liesl (Gutwell), die - umrahmt von den besinnlich-romantischen Natureindrücken - idyllisch dahinplätschert, bis das traute Glück durch Neid und Eifersucht gestört und auf eine harte Belastungsprobe gestellt wird. Am Ende jedoch lösen sich alle Konflikte vor der gemütlich schunkelnden Runde eines Schützenfestes in Wohlgefallen auf. jg

The Fox

The Fox. USA 1967 **R** Mark Rydell **B** Lewis John Carlino, Howard Koch, nach einer Erzählung von D. H. Lawrence **K** William Fraker **M** Lalo Schifrin **P** Motion Pictures International **L** 110 Min., Farbe **D** Anne Heywood, Sandy Dennis, Keir Dullea

In dieser stilsicheren und ambitionierten Verfilmung eines Romans von D. H. Lawrence ist die leider nie besser bekannt gewordene Schauspielerin Anne Heywood als besonderes Glanzlicht in der Besetzung zu bewundern.
Die etwas hysterische Jill (Dennis) und die ruhige, herbe Ellen (Heywood) bewirtschaften inmitten der kanadischen Wälder eine heruntergekommene Farm und leben in einem latent lesbischen Verhältnis miteinander. Mitten in ihr Leben platzt Paul (Dullea), der Enkel des früheren Besitzers des Anwesens, der sich prompt in Ellen verliebt und ohne Rücksicht in das Leben der beiden Frauen eindringt. Jill kämpft anfangs gegen die sich anbahnende Dreiecksbeziehung an, um am Ende resigniert aufzugeben. Als Paul einen Baum fällt, wirft sie sich dem fallenden Stamm entgegen.
Die ohnehin etwas symbolüberfrachtete Gestaltung der Verfilmung (bevor Paul auftaucht, bricht vorher ein Fuchs in den Hühnerstall ein) wurde von den Kritikern noch weiter auf die Spitze getrieben, indem diese den gefällten Baum als Phallussymbol interpretierten, unter dem die unglückliche Sandy Dennis förmlich plattgedrückt wird. Trotz manch diffuser Auslegungen und des, vor allem für die emanzipierte Damenwelt, ärgerlichen Endes (Ellen verläßt - immerhin deutlich geknickt - mit Paul die Farm), weist *The Fox* mehrere gestalterische Höhepunkte auf, die zum einen in seiner exzellenten Besetzung zum anderen in Lalo Schifrins wunderschöner Filmmusik (orchestriert mit Flöte und Streichquartett) sowie den melancholischen Aufnahmen der kanadischen Winterlandschaft liegen.
Das Lied *Roll It over* wird von Anne Heywood selbst gesungen. jg

Fracasse, der freche Kavalier

Capitaine Fracasse. Frankreich/Italien 1961 **R** Pierre Gaspard-Huit **B** Pierre Gaspard-Huit, nach dem Roman von Théophile Gautier **K** Marcel Grignon **M** Georges van Parys **P** Plaza Films/ Unidex Prod./Metzger & Woog/Paris-Elysée Films (Paris), Documento Film (Rom) **L** 99 Min. (Originalfassung 105 Min.), Farbe **D** Jean Marais, Geneviève Grad, Gérard Barray, Louis de Funès, Philippe Noiret

Eine ganz auf Jean Marais zugeschnittene Verfilmung von Théophile Gautiers berühmtem Roman um einen mittellosen Baron, der sich einer Truppe von Wanderschauspielern anschließt, sich dort in ein hübsches Mädchen verliebt und sie gegen eine Handvoll Nebenbuhler verteidigen muß. Die im 17. Jahrhundert angesiedelte Handlung bietet zahlreiche Möglichkeiten zu ausgiebigen Fechtduellen und gibt Marais Gelegenheit, seine sportlichen Qualitäten zur Schau zu stellen. Ansonsten ist dieser liebenswerte Abenteuerfilm hauptsächlich zweier Nebendarsteller wegen erwähnenswert, die ihre großen Karrieren noch vor sich hatten: Louis de Funès und Philippe Noiret. 1990 verfilmte Ettore Scola die gleiche Vorlage unter dem Titel DIE REISEN DES KAPITÄN FRACASSA. al

Frances

Frances. USA 1982 **R** Graeme Clifford **B** Eric Bergren, Christopher DeVore, Nicholas Kazan **K** Laszlo Kovacs **M** John Barry **P** Jonathan Sanger für EMI/Brooksfilm **L** 140 Min., Farbe **D** Jessica Lange, Kim Stanley, Sam Shepard, Bart Burns

Mel Brooks´ rührige unabhängige Produktionsfirma Brooksfilm hatte mit DER ELEFANTENMENSCH bereits 1980 eine auf Tatsachen beruhende, erschütternde Biographie vorgelegt. Bei *Frances* nahm sich das Drehbuch-Team des ersten Films, verstärkt durch Elia Kazans Sohn Nicholas, des Lebens der Schauspielerin Frances Farmer (1914-1970) an. Die aufstrebende Actrice hatte bereits zu High-School-Zeiten durch ihr unangepaßtes, kritisches Auftreten für Unruhe gesorgt. Nicht anders verhielt sie sich

während ihres Aufenthalts in Hollywood, wo sie u.a. an der Seite von Cary Grant und Bing Crosby spielte. Ihre Karriere hatte noch gar nicht richtig begonnen, da hatte sie schon die halbe Filmkolonie gegen sich aufgebracht und war nach einer gescheiterten Liebesaffäre mit dem New Yorker Bühnenautor Clifford Odets alkoholabhängig. Ein Verkehrsdelikt brachte die tragischen Ereignisse ins Rollen, die schließlich zu ihrer Entmündigung durch ihre dominante Mutter, ihrem jahrelangen Aufenthalt in psychiatrischen Anstalten sowie letztendlich zu einer Gehirnoperation (Lobotomie) führten, durch die ihr rebellischer Geist gezügelt werden sollte. Ihre Biographie erschien 1972, zwei Jahre nach ihrem Tod, unter dem Titel *Will There Really Be a Morning?*
Dieses nahezu unglaubliche Schicksal einer ebenso intelligenten wie eigensinnigen Frau, die sich von Hollywood nicht vereinnahmen lassen wollte, brachte Regisseur Clifford als ein herzzerreißendes, anrührendes und schonungsloses Drama auf die Leinwand. Natürlich waren Straffungen der ca. 20 Jahre umspannenden Biographie unvermeidlich, und nicht alle Fragen werden beantwortet, etwa die nach dem Grund für Farmers selbstzerstörerische Tendenzen, doch insgesamt ist *Frances* ein erstklassiger und vor allem sehr ehrlicher Film, der seine deprimierende Thematik nicht beschönigt oder verwässert. Im Zentrum des Films stehen die grandios gespielten Porträts von Jessica Lange als Frances und Kim Stanley als ihre dominante Mutter, die sich für die „Undankbarkeit" ihrer Tochter grausam rächt. Beide Schauspielerinnen wurden für einen Oscar nominiert, doch Jessica Lange gewann in jenem Jahr nicht für *Frances*, sondern für ihre Nebenrolle in TOOTSIE. Mit diesen beiden Filmen war ihr der Durchbruch zum Star geglückt. al

Frankenstein

Frankenstein. USA 1931 **R** James Whale **B** Garrett Ford, Francis Edwards Faragoh, John L. Balderston, Robert Florey, nach dem Roman von Mary W. Shelley und dem Bühnenstück von Peggy Webling **K** Arthur Edeson **M** David Brockman **P** Carl Laemmle für Universal **L** 71 Min., s/w **D** Colin Clive, Mae Clarke, John Boles, Boris Karloff, Edward Van Sloan, Dwight Frye, Frederick Kerr, Lionel Belmore, Michael Mark, Marilyn Harris, Arletta Duncan

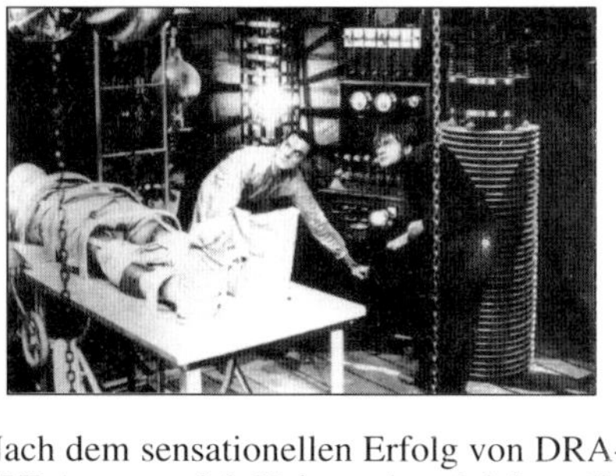

Nach dem sensationellen Erfolg von DRACULA wagte sich Universal sogleich an die Verfilmung eines weiteren Horrorstoffes heran. Mary Shelleys düsterer *Frankenstein*-Roman sollte ebenfalls mit Bela Lugosi in der Rolle des Monsters besetzt werden, doch lehnte dieser trotz zufriedenstellender Probeaufnahmen dann doch die Rolle ab, so daß sich das Studio für den wesentlich größeren und auch interessanteren Boris Karloff entschied, der jedoch hinter seiner abscheulichen Maske kaum noch zu erkennen war.
Die Geschichte dieses frühen Grusel-Klassikers (eine Mischung aus Schauermär und Utopie) erzählt von den frevlerischen Experimenten des Wissenschaftlers Dr. Frankenstein (Clive), dessen Traum es ist, einen neuen Menschen zu erschaffen. Aus Leichen-teilen formt er eine Kreatur und haucht ihr mit Hilfe von Elektrizität Leben ein. Das Monster jedoch wendet sich gegen seinen Erfinder und sucht die heimelige, von verwinkelten Fachwerkhäuschen umsäumte Umgebung (der Film soll wohl in Deutschland spielen) mit Mord und Schrecken heim, bis die aufgebrachten Dorfbewohner es in eine Mühle treiben und diese niederbrennen.
Für weniger als 250.000 Dollar wurde *Frankenstein* gedreht, um mit seinen 12 Millionen Dollar Einspielsumme (bis zum Jahr 1955) an der Kinokasse Furore zu machen. Der Film erlebte am 6. Dezember 1931 in Santa Barbara seine Premiere, zu der die Universal peinlicherweise vergessen hatte, Boris Karloff, die eigentliche Attraktion des Streifes, einzuladen. Die Zuschauerreaktionen übertrafen alles, was man für möglich gehalten hatte. Scharenweise schrieen Frauen und Kinder auf und stürmten fassungslos aus dem Kino. Karloff besuchte den Film zusammen mit seiner Frau Dorothy und ein paar Freunden einige Wochen später in San Francisco. Mitten während der Vorführung bekam eine Freundin von Mrs. Karloff einen hysterischen Anfall und kreischte, indem sie ihre Augen mit der Hand verdeckte: „Dorothy, wie kannst du nur mit einer solchen Kreatur zusammenleben!?"
Mag *Frankenstein* aus heutiger Sicht mehr nostalgische Liebenswürdigkeit als Schrekken verbreiten, so zählt dieser Film doch unbestritten zu den ganz großen Meisterwerken des gothischen Horrorkinos. Seine hervorragende Studioarchitektur, seine Kulissen und Bauten sowie die bewundernswerte Fotografie und Ausleuchtung lassen ihn nach wie vor zu einem optischen Erlebnis werden. Ganz eindeutig beruft sich *Frankenstein* in seiner expressionistischen Gestaltung auf die großen phantastischen Werke des deutschen Stummfilms, wie DAS KABINETT DES DR. CALIGARI oder DER GOLEM.
Zu einer der berühmtesten Masken der Filmgeschichte avancierte die Gestaltung des Monsters. Karloff mußte sich jedesmal einer vierstündigen Schminkprozedur aussetzen, um dann mit den jeweils 6 kg schweren Riesenschuhen durch das Set zu stapfen.
Der Erfolg von *Frankenstein* war Anlaß für die vier Jahr später folgende, qualitativ noch bessere Fortsetzung FRANKENSTEINS BRAUT. jg

Frankenstein Junior

Young Frankenstein. USA 1974 **R** Mel Brooks **B** Gene Wilder, Mel Brooks, nach den Charakteren des Romans von Mary W. Shelley **K** Gerald Hirschfield **M** John Morris **P** Michael Gruskoff für 20th Century-Fox **L** 108 Min., s/w **D** Gene Wilder, Peter Boyle, Marty Feldman, Madeline Kahn, Cloris Leachman, Teri Garr, Kenneth Mars, Gene Hackman, Richard Haydn, Liam Dunn

Mel Brooks' Gruselkomödie ist weniger eine Persiflage der berühmten Originale aus den 30er Jahren, sondern versteht sich vielmehr als Hommage an die großen Horrorfilme jener Zeit, die hier ausgiebig zitiert werden. Für einige Aufnahmen konnte sogar auf die alten Sets von 1931/35 zurückgegriffen werden. Um die Atmosphäre der Vorlagen besser zu treffen, entstand der Film ebenfalls in Schwarzweiß und imitierte in geschickter Weise die damalige Ausleuchtungstechnik.
Dr. Frederick Frankenstein (Wilder) reist in Begleitung seiner Assistentin und Verlobten Elizabeth (Kahn) nach Transsylvanien, um dort sein Erbe anzutreten. In sturmumtoster Gewitternacht kommt er auf seinem unheimlichen Schloß an, um dort von der grobschlächtigen Frau Blücher (Leachman) in Empfang genommen zu werden. In den Kellerräumen des düsteren Anwesens entdeckt Frederick prompt das berüchtigte, allerdings mittlerweile etwas angestaubte Laboratorium, das nach kurzer Zeit von neuen Umtrieben erfüllt wird, denn Frankenstein Junior erweist sich als würdiger Nachfolger seiner Vorfahren und setzt deren Tradition fort. Sein neugeschaffenes Monster allerdings entpuppt sich diesmal als sexbesessenes Ungetüm, das hinter allem her ist, was Beine hat.
Brooks hatte sein Projekt der Columbia vorgeschlagen, die jedoch das Budget von 2 Millionen Dollar als viel zu hoch angesetzt empfand und dankend ablehnte. Die 20th Century-Fox investierte schließlich sogar 2,8 Millionen Dollar in den Film und konnte sich danach über einen Kassenerfolg sondergleichen freuen. *Frankenstein Junior* wurde einer der größten Publikumsrenner des Jahres 1974 und konnte die sensationelle Summe von 38.825.000 Dollar erwirtschaften. jg

Frankensteins Braut

The Bride of Frankenstein. USA 1935 **R** James Whale **B** William Hurlbut, John L. Balderston, nach dem Roman von Mary W. Shelley **K** John Mescall **M** Franz Waxman **P** Carl Laemmle für

Universal **L** 80 Min., s/w **D** Boris Karloff, Colin Clive, Valerie Hobson, Elsa Lanchester, O. P. Heggie, Uno O´Connor, Ernest Thesiger, Gavin Gordon, Douglas Walton, E. E. Clive

Selten gelingt die mittlerweile bis zum Exzess strapazierte Angewohnheit, einem erfolgreichen Film eine ebenbürtige Fortsetzung folgen zu lassen. *Frankensteins Braut* bildet da eine angenehme Ausnahme. Wiederum mit Boris Karloff und Colin Clive in den Hauptrollen und ebenfalls inszeniert von James Whale, nimmt die schauerliche Geschichte ihren Fortgang. Beginnend mit einer Rahmenhandlung (Mary Shelley spinnt in Gegenwart von Lord Byron und ihrem Mann die Handlung weiter) setzt der Film dort ein, wo FRANKENSTEIN endete. Das Monster hat den Brand der Mühle überlebt, wankt weiterhin mordend durch die Botanik und kehrt schließlich zu seinem Schöpfer zurück, der inzwischen von dem ebenfalls etwas abgedrehten Dr. Pretorius zur Erschaffung eines weiblichen Pendants angehalten wurde. Aus einer effektreichen Erschaffungssequenz geht tatsächlich ein weibliches Kunstwesen hervor, das nun natürlich mit dem Monster verkuppelt werden soll. Dies geht jedoch auf eklatante Weise daneben, denn die hübsche Braut ist genauso abgestoßen vom Aussehen ihres zukünftigen Partners wie die Menschenwelt und stößt einen entsetzten Schrei aus. Baron Frankenstein kann gerade noch seinem Laboratorium entkommen, ehe sein unglückliches Geschöpf dieses samt Braut und Dr. Pretorius in die Luft jagt.
James Whale wollte die Rolle des Monsterliebchens gern mit einem Stummfilmstar besetzen und fragte so bei Louise Brooks und Brigitte Helm nach, die jedoch beide ablehnten. Elsa Lanchester spielte dann in unvergeßlicher Weise diesen Part und übernahm auch gleichzeitig die Rolle der Mary Shelley zu Beginn des Films.
Zu den gestalterisch gelungensten und berühmtesten Sequenzen gehört die trickreich und pyrotechnisch höchst aufwendige Laborszene, die sich ganz offensichtlich an Fritz Langs METROPOLIS orientierte. Whale übernahm lediglich die Charaktere aus Shelleys Roman und drehte ein völlig eigenständiges Werk ohne literarische Vorlage, mit dem er trotzdem lückenlos an die Atmosphäre des Vorgängers anknüpfen konnte. „,...Whale ließ alle Elemente, alle Motive des Horrorfilms Revue passieren, und zwar mit einem derartigen Augenzwinkern, daß zum Schluß ein Meisterwerk des schwarzen Humors herauskam.“ (*Lexikon des Phantastischen Films*) jg

Frankensteins Sohn

The Son of Frankenstein. USA 1939 **R** Rowland V. Lee **B** Willis Cooper, basierend auf den Charakteren des Romans von Mary W. Shelley **K** George Robinson **M** Frank Skinner **P** Rowland V. Lee für Universal **L** 95 Min., s/w **D** Basil Rathbone, Boris Karloff, Bela Lugosi, Lionel Atwill, Josephine Hutchinson, Donnie Dunagan, Emma Dunn, Edgar Norton, Perry Ivins

Für *Frankensteins Sohn* schlüpfte Boris Karloff ein letztes Mal unter seine Monstermaske. Alle weiteren *Frankenstein*-Filme der Universal (*Ghost of Frankenstein* und *Frankenstein Meets the Wolf Man*) mußten ohne ihn auskommen und waren auch nicht weiter bemerkenswert.
Nach den beiden genialen Filmen von 1931 und 1935 war eigentlich gar keine weitere Fortsetzung geplant, doch als 1938 DRACULA und FRANKENSTEIN in einem Doppelprogramm eine dermaßen erfolgreiche Wiederaufführung erlebten, holte man ein drittes Mal das Monster aus seinem Grab hervor.
25 Jahre nach dem Tod seines unseligen Vaters kehrt Baron Wolf von Frankenstein (Rathbone) mit seiner Familie auf das Schloß seiner Ahnen zurück. In der jüngsten Zeit wird die Bevölkerung wieder durch eine Reihe mysteriöser Morde beunruhigt. Frankenstein entdeckt in der Familiengruft nicht nur das schlummernde Monster, sondern auch den verrückten Schwerverbrecher Igor (Lugosi), der wie durch ein Wunder seine Hinrichtung überlebt hat. Wolf erweckt das Monster wieder zum Leben, doch durch den Tod Igors läuft die Kreatur auch diesmal Amok und entführt Frankensteins kleinen Sohn. Der Baron kann sein Kind jedoch retten und das Monster ein für allemal in einem Faß mit Schwefelsäure außer Gefecht setzen.
Ursprünglich sollte der Film in Farbe gedreht werden, doch als man das Material sichtete, stellte sich heraus, daß Karloff in seiner Maske viel zu künstlich aussah, und kehrte schleunigst wieder zum bewährten Schwarz-Weiß-Material zurück.
Frankensteins Sohn verfügt, wie seine Vorgänger, über ähnlich gelungene Bauten und Ausstattungen (besonders schön die Treppenkonstruktion im Schloß) und wartet mit der wohl besten Besetzungsliste auf, die ein Horrorfilm jener Jahre haben konnte.
Auffallend sind allerdings zwei sehr brutale Szenen (das Monster reißt einem Polizisten den Arm ab und versinkt, sich langsam auflösend, in der Schwefelbrühe), die sich doch etwas befremdend gegenüber den recht zurückhaltenden, aber dafür nicht weniger spannenden Vorgängern ausnehmen. jg

Frankie und seine Spießgesellen

Ocean´s Eleven. USA 1960 **R** Lewis Milestone **B** Harry Brown, Charles Lederer, nach einer Story von George Clayton Johnson und Jack Golden Russell **K** William H. Daniels **M** Nelson Riddle **P** Lewis Milestone für Dorchester Prod./Warner Bros. **L** 100 Min. (Originalfassung 127 Min.), Farbe **D** Frank Sinatra, Dean Martin, Sammy Davis jr., Peter Lawford, Angie Dickinson, Cesar Romero, Richard Conte, Akim Tamiroff, Henry Silva, Joey Bishop

Die fünf größten Spielcasinos von Las Vegas sollen von elf ehemaligen Fallschirmjägern unter Führung von Danny Ocean (Sinatra) gleichzeitig ausgeraubt werden - in einer Silvesternacht. Der raffinierte Plan sieht vor, das örtliche Elektrizitätswerk zu sprengen und so die Sicherungssysteme der Tresore außer Gefecht zu setzen. Doch wie bei jedem guten Plan gibt es auch hier eine Schwachstelle...
Frank Sinatra trommelte für diese Produktion seiner eigenen Firma Dorchester Freunde und Kollegen aus dem sogenannten „Rat Pack“ zusammen, allen voran Dean Martin und Sammy Davis jr., die wie Sinatra während der Dreharbeiten allabendlich auf den Bühnen der Spielerstadt auftraten und tagsüber vor der Kamera standen. Auch im Film geben sie zwei Songs zum besten, *Ain´t That a Kick in the Head* (Martin) und *Ee-O-leven* (Davis jr.), beide von Sammy Cahn und Jimmy Van Heusen. Der Spaß der Beteiligten, die im Grunde alle sich selbst spielen, ist unübersehbar, nur überträgt er sich nicht so recht auf den Zuschauer. Sicher, *Frankie und seine Spießgesellen* ist ein typisches Caper Movie mit Humor, das einfach nur spannend unterhalten will, doch bis zum überraschenden und ironischen Ende, (das allerdings von DIE RECHNUNG GING NICHT AUF bzw. DER SCHATZ DER SIERRA MADRE geklaut ist) tut sich nicht viel Aufregendes. Statt dessen kann man sich damit beschäftigen, zahlreiche Berühmtheiten wie Red Skelton, George Raft und Shirley MacLaine in ihren Kurzauftritten auszumachen. al

Frantic

Frantic. USA 1987 **R** Roman Polanski **B** Roman Polanski, Gérard Brach **K** Witold Sobocinski **M** Ennio Morricone **P** Tom Mount, Tim Hampton für Mount Company/Paramount **L** 124 Min., Farbe **D** Harrison Ford, Emmanuelle Seigner, Betty Buckley, John Mahoney, Alexandra Stewart

Nach dem spektakulären Untergang der PIRATEN an der Kinokasse begab sich Roman Polanski auf das „sichere“ Gebiet des Thrillers, auf dem gerade er ja reichlich

Erfahrung gesammelt hat. Angeblich entstand das Projekt während eines Telephongespräches von Polanski mit Beauftragten von Warner Bros., die sich nach neuen Projekten erkundigten. Um sich die Chance nicht entgehen zu lassen, erfand der Regisseur schnell das Sujet für einen Thriller - so sagt er.
Der etwas vertrottelte amerikanische Arzt Richard Walker (Ford) besucht mit seiner Frau Sondra (Buckley) Paris - aus beruflichen und privaten Gründen. Schon am ersten Tag verschwindet Sondra spurlos aus dem Hotelzimmer - während ihr Mann unter der Dusche steht! Ohne Sprachkenntnisse macht er sich auf die Suche und muß bald erkennen, daß es sich um eine Entführung handelt.
Die Geschichte vom biederen Durchschnittsbürger, der sich durch Zufall in eine undurchsichtige Affäre aus Mord, Spionage und anderen Verbrechen verstrickt, erinnert nicht zufällig an Alfred Hitchcock. Wie Cary Grant in DER UNSICHTBARE DRITTE oder James Stewart in DER MANN, DER ZUVIEL WUSSTE muß Harrison Ford in ihm bisher unbekannten Situationen über sich hinauswachsen, will er im gnadenlosen Kampf gegen die Finsterlinge nicht unterliegen. Üblicherweise spielt dabei auch ein von Hitchcock bezeichneter „McGuffin“ eine wichtige Rolle, ein kleines Handlungselement (meist ein Mikrofilm, ein Tonband, etc.), hinter dem alle her sind und das die ganze Sache ins Rollen bringt.
Polanski hat aus diesen Versatzstücken einen gepflegten, sehr eleganten Thriller gemacht, der sich Zeit nimmt und bei dem die Überraschungen in Nebensächlichkeiten liegen. Nebenbei ist *Frantic* auch eine eigenwillige Liebeserklärung des Regisseurs an seine Wahlheimat Paris: Selten ist die Seine-Metropole so widersprüchlich, geheimnisvoll und häßlich-schön auf Zelluloid gebannt worden. Zudem erweist sich Polanskis Besetzung der weiblichen Hauptrolle, Emmanuelle Seigner (als ein Pariser Twen, der ebenfalls in die Affäre verwickelt ist), als wirkliches Schauspieltalent. Zwar ist sie auch die Lebensgefährtin des Regisseurs, doch muß Liebe nicht zwangsläufig, wie schon das Duo Polanski/Kinski zeigte, das Urteilsvermögen trüben. al

Franz von Assisi

Francis of Assisi. USA 1961 **R** Michael Curtiz **B** Eugene Vale, James Forsyth, Jack Thomas, nach dem Roman *The Joyful Beggar* von Louis de Wohl **K** Piero Portalupi **M** Mario Nascimbene **P** Plato A. Skouras für 20th Century-Fox **L** 105 Min., Farbe **D** Bradford Dillman, Dolores Hart, Stuart Whitman, Pedro Armendariz, Cecil Kellaway, Eduard Franz, Athene Seyler, Finlay Currie, Mervyn Johns, Russell Napier, John Welsh

Kein anderer Heiliger konnte die Filmwelt so sehr begeistern wie Franz von Assisi. Nachdem sich bereits Roberto Rossellini in seinem kargen Werk *Franziskus, der Gaukler Gottes* dieses Asketen angenommen hatte, wollte Hollywood eine Antwort darauf nicht schuldig bleiben und schuf unter der Regie von Michael Curtiz (*Franz von Assisi* wurde seine vorletzte Arbeit) in CinemaScope und Farbe (Drehorte waren Spanien und Italien) ein reichlich naiv geratenes Porträt, das mit Sicherheit am wenigsten von allen Filmadaptionen der Persönlichkeit des Heiligen Franziskus nahekam.
Bradford Dillmann spielt den verwöhnten Kaufmannssohn Francesco Bernadone aus Assisi, dem es plötzlich in den Sinn kommt, das Leben müsse noch aus mehr Dingen als Wein, Weib und Gesang bestehen. Also zieht er mit einigen Gefährten aus, um sich an einem Kleinkrieg gegen die verfeindete Stadt Perugia zu beteiligen. Die leichtsinnige Strafexpedition endet allerdings im Kerker. Francesco kehrt völlig verändert und geläutert nach Assisi zurück und beschließt, sein weiteres Leben in den Dienst Gottes zu stellen. Er sammelt eine Schar Armer und Kranker um sich und baut eine verfallene Kirche wieder auf. Unterstützung findet er dabei in dem Mädchen Clara (Hart), das sich ebenfalls dazu entschließt, als Nonne ihr Leben Gott zu weihen.
Für Dolores Hart gestalteten sich die Dreharbeiten zu einem solch prägenden Erlebnis, daß sie es zwei Jahre später ihrer Filmfigur nachmachte und auch in ein Kloster eintrat, wo sie unter dem Namen Mutter Dolores fortan ein Leben in Keuschheit und Demut führte.
Einen weiteren, qualitativ jedoch äußerst hochstehenden Franziskus-Film drehte Franco Zeffirelli 1972 als britisch-italienische Co-Produktion unter dem Titel BRUDER SONNE, SCHWESTER MOND. jg

Die Französin und die Liebe

La francaise et l´amour. Frankreich/Italien 1960 **R** Henri Decoin, Jean Delannoy, Michel Boisrond, René Clair, Henri Verneuil, Christian-Jaque, Jean-Paul Le Chanois **B** Félicien Marceau (1), Louise de Vilmorin, Jacques Robert (2), Françoise Giroud, Florence Malraux (3), Paul Gégauff, Christiane Rochefort (4), Michel Audiard, France Roche (5), Charles Spaak (6), Marcel Amyé, Annette Wademant (7) **K** Robert Lefebrve **M** Norbert Glanzberg **P** Metzger & Woog/Paris-Elysée Films (Paris), Cino del Duca (Rom) **L** 135 Min., s/w **D** 1. *Die Kindheit*: Jean-Pierre Vaillard, Jacqueline Porel; 2. *Die Jugend*: Annie Sinigaglia, Roger Pierre; 3. *Die Jungfräulichkeit*: Valerie Lagrange, Pierre Michael; 4. *Die Hochzeit*: Claude Rich, Marie-José Nat; 5. *Der Ehebruch*: Dany Robin, Paul Meurisse, Jean-Paul Belmondo, Alice und Ellen Kessler; 6. *Die Scheidung*: Annie Girardot, François Perier; 7. *Die alleinstehende Frau*: Martine Carol, Silvia Monfori, Robert Lamoureux

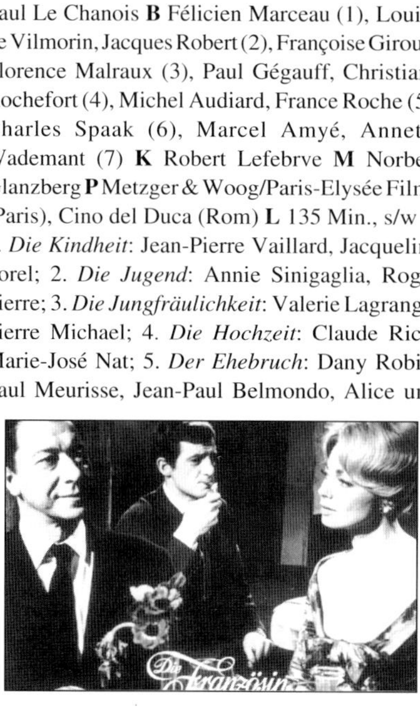

Ein französischer Episodenfilm mit Beiträgen von sieben Regisseuren der „alten Welle“, der Tradition, gegen die sich Truffaut, Godard und Kollegen wandten. Es handelt sich um kleine Sketche, die lose miteinander verknüpft sind durch die Thematik. Obwohl mit verschiedenen Schauspielern besetzt, verfolgt der Film den Durchschnitts-Lebensweg einer Französin und läßt sie in chronologischer Reihenfolge sieben Stationen der Liebe durchlaufen.
1. „Wo kommen die kleinen Kinder her?“ will ein neugieriges Geschwisterpaar von mehreren Erwachsenen wissen, stößt jedoch nur auf Verlegenheit und Ausflüchte.
2. Der erste Kuß verwirrt die 13jährige Bichette (Sinigaglia) so sehr, daß ihre Phantasie des öfteren mit ihr durchgeht und sie sich den Angebeteten als heldenhaften Märchenprinzen ausmalt.
3. Aus Angst, ihren Verlobten zu verlieren, läßt sich Ginette (Lagrange) von ihm zu einer gemeinsamen Nacht überreden, obwohl ihr Mutter und Freundinnen davon abgeraten haben.
4. Ein frisch verheiratetes Pärchen vom Lande ist auf dem Weg in die Flitterwochen. Doch schon im Zug kommt es zu ersten Streitereien.
5. Nicole (Robin), die sich von ihrem Mann (Meurisse) vernachlässigt fühlt, geht auf die Avancen des jungen Gil (Belmondo) ein und trifft sich heimlich mit ihm.
6. Ein Pärchen, das sich auseinandergelebt hat, versucht in aller Freundschaft, Material für den Scheidungsrichter zu konstruieren, gerät sich darüber jedoch so in die Haare, daß nach der Scheidung auch keine Freundschaft mehr möglich ist.
7. Die alleinstehende Eliane (Carol) fällt auf einen Don Juan (Lamoureux) herein und warnt eine andere Frau (Monfort) vor ihm, obwohl er diese wirklich liebt.
Wie üblich schwankt die Qualität der einzelnen Episoden mit dem Talent ihrer Regisseure, was hier dazu führt, daß die von Altmeister René Clair inszenierte Hochzeit den meisten Charme und Stil aufweist. Der Rest bewegt sich auf routiniert-gepflegtem Niveau. Immerhin ist der Film bemerkenswert als erste Zusammenarbeit zwischen Henri Verneuil und Jean-Paul Belmondo (*Der Ehebruch*), die gemeinsam für solche Kassenschlager wie ANGST ÜBER DER STADT und DER KÖRPER MEINES FEINDES sorgen sollten. al

Französische Betten

Count Your Blessings. USA 1959 **R** Jean Negulesco **B** Karl Tunberg, nach dem Roman *The Blessing* von Nancy Mitford **K** Milton Krasner, George J. Folsey **M** Franz Waxman **P** Karl Tunberg für MGM **L** 102 Min., Farbe **D** Deborah Kerr, Rossano Brazzi, Maurice Chevalier, Martin Stephens, Patricia Medina

Die binnen drei Tagen während des II. Weltkrieges geschlossene und mit einem neunjährigen Sohn gesegnete Ehe zwischen der Engländerin Grace (Kerr) und dem Franzosen Charles-Edouard (Brazzi) gerät in Schwierigkeiten, als Charles-Edouard, ein Offizier, von einem seiner zahlreichen Einsätze in aller Herren Länder heimkehrt. Die beiden haben sich die gesamte Zeit ihrer Beziehung über kaum gesehen, und nun kann Grace die zahlreichen Seitensprünge ihres Gatten nicht dulden...

Weder Deborah Kerr noch Maurice Chevalier als Charles-Edouards weiser Onkel können diese unwitzige, harmlose Komödie retten, die unter der schwerfälligen Regie Jean Negulescos, der schwachen Adaption von Nancy Mitfords Roman durch Produzent/Autor Karl Tunberg und nicht zuletzt durch Rossano Brazzis fehlendes komödiantisches Talent leidet. Was bleibt, ist ein biederes, spießiges Ehelustspiel, das die bis zum Überdruß bekannten Klischees über Engländer und Franzosen ungekonnt variiert und höchstens die in London und Paris entstandenen Außenaufnahmen auf der Habenseite verbuchen kann. al

Die französische Revolution fand nicht statt

Start the Revolution without Me. USA 1970 **R** Bud Yorkin **B** Fred Freeman, Lawrence J. Cohen **K** Jean Tournier **M** John Addison **P** Bud Yorkin für Warner Bros. **L** 90 Min., Farbe **D** Gene Wilder, Donald Sutherland, Hugh Griffith, Jack MacGowran, Billie Whitelaw, Orson Welles

Korsika im 18. Jahrhundert. Nach der Geburt von zwei Zwillingspaaren kann sich der Arzt nicht mehr erinnern, welches Pärchen zur Bauernfamilie und welches zur Herzogsfamilie gehört. Damit wenigstens jeweils ein Kind das richtige Los zieht, vertauscht er zwei von ihnen miteinander - mit dem Ergebnis, daß keines der Pärchen sich mehr ähnlich sieht. Während die Reichen (Wilder, Sutherland), inzwischen erwachsen, vom König (Griffith) nach Paris gerufen werden, wo eine Revolution droht, schließen die armen Brüder (ebenfalls Wilder und Sutherland) sich den Rebellen an. Als die Reichen sich als normale Bürger verkleiden, um unerkannt die Hauptstadt zu erreichen, kommt es zu einer folgenschweren Verwechslung...

Eine brillante Farce, die ihre Grundidee von Alexandre Dumas´ Geschichte *Die korsischen Brüder* übernimmt (eine ähnliche Konstellation gab es später auch in der 1988er Komödie ZWEI MAL ZWEI). Der Rest ist jedoch eine frei erfundene Tollerei durch die Kulissen des vorrevolutionären Frankreich, mit der Konsequenz, die Revolution sei überhaupt nur zustande gekommen, weil es seinerzeit eine Verwechslung gegeben habe. In dieser respektlosen Manier wird hier Geschichtsbetrachtung getrieben, ähnlich wie Mel Brooks es in MEL BROOKS' GESCHICHTE DER WELT (allerdings nicht so gelungen) tat. Die pointierten Dialoge und komischen Situationen finden ihre Entsprechung in der liebevollen Ausstattung und den in Frankreich entstandenen Außenaufnahmen. So drehte man u. a. in der Kathedrale Nôtre Dame und im wunderschönen Chateau de Rochefort. al

Die Fratze

Fright. Großbritannien 1971 **R** Peter Collinson **B** Tudor Gates **K** Ian Wilson **M** Harry Robinson **P** Harry Fine, Michael Style für Fantale Prod. **L** 87 Min., Farbe **D** Susan George, Honor Blackman, Ian Bannen, John Gregson, George Cole, Dennis Waterman, Tara Collinson, Maurice Kaufman, Michael Brennan

Ein eher zweitklassiger Psycho-Thriller von sehr einfacher Machart, der jedoch durch seine vordergründigen Effekte immerhin für anderthalb Stunden Spannung sorgt.

Das Mädchen Amanda kommt als Babysitterin in das einsam gelegene Haus von Helen (Blackman), die abends mit ihrem Freund zum Essen ausgeht. Was als harmloser und lukrativer Nebenjob beginnt, wird für Amanda zu einem furchtbaren Alptraum. Just am selben Tag ist nämlich Helens ehemaliger Gatte Brian (Bannen) aus der Irrenanstalt ausgebrochen und hat sich auf den Weg zu ihrem Haus gemacht. Bald schon gerät das junge Mädchen in tödliche Gefahr, da Brian sie und das Kind für seine Familie hält und die beiden mit einer riesigen Glasscherbe bedroht. Während die Polizei lauernd das Haus umstellt, versucht Amanda, den Wahnsinnigen auf eigene Faust zur Räson zu bringen.

Der Titelsong *Ladybird*, gesungen von Nanette und stark an das Leitmotiv aus ROSEMARIES BABY erinnernd, verheißt bereits zu Beginn des Films wenig Gutes. *Die Fratze* hantiert mit den Effekten des klassischen Horrorkinos, spielt durchweg nachts, konzentriert sich auf eine nervenaufreibende Geräuschkulisse (knarrende Türen, heulender Wind, das Gekreische eines Horrorfilms im Fernsehen), um dann in ein kammerspielartiges Psycho-Drama überzuwechseln, das sich gegen Ende des Films leider zu sehr in die Länge zieht. jg

Die Frau am Fenster

Die Frau am Fenster / Une femme à sa fenêtre/ Una donna alla finestra. BRD/Frankreich/Italien 1976 **R** Pierrre Granier-Deferre **B** Jorge Semorun, Pierre Granier-Deferre, nach einem Roman von Pierre Drieu La Rochelle **K** Aldo Tonti **M** Carlo Rustichelli **P** Albina du Boisrouvray, Hans Pflüger für Cinema 77 3 KG (Berlin), Albina Prod. (Paris), Rizzoli Film (Rom) **L** 110 Min., Farbe **D** Romy Schneider, Philippe Noiret, Victor Lanoux, Umberto Orsini, Gastone Moschin, Martine Brochard, Delia Boccardo, Carl Möhner, Joachim Hansen, Neli Riga

Die Geschichte dieses Films führt in das Griechenland des Jahres 1936. Gegen den Willen der Bevölkerung ernennt der erst im vor kurzem in seine Heimat zurückgekehrte König Georg II. den skrupellosen General Metaxas zum Regierungschef. Eine Kette von Verhaftungen und brutalen Oppressionen sind die Folgen dieser unpopulären Entscheidung; so wird zum Beispiel ein für den Mai geplanter Generalstreik in Saloniki mit Waffengewalt unterdrückt.

Vor diesem authentischen historischen Hintergrund erzählt Regisseur Granier-Deferre eine bewegende Liebesgeschichte. Romy Schneider spielt Margot, die Ehefrau des italienischen Diplomaten Rico Santorini (Orsini), deren Leben aus langweiligen Empfängen, Cocktailparties und ebenso dumpfen Tennisspielen besteht, bis sich eines Nachts der Widerstandskämpfer Michel Boutros in ihre Hotelsuite verirrt. Margot verliebt sich in den Mann und erkennt durch diese Begegnung, wie hohl und sinnentleert ihr bisheriges Leben gewesen ist. Nach und nach kann auch sie sich für Michels politische Ideen begeistern, entsagt ihrem früheren Luxus-Dasein und folgt dem Geliebten in den Untergrund.

Ein stilistisch sicheres, zuweilen jedoch recht wirres Melodrama, das manchmal etwas zu aufdringlich auf seine pittoresken griechischen Schauplätze, die netten Kostüme und geschmackvollen Dekors verweist. Für Romy-Schneider-Fans ist der Film jedoch ein Muß. jg

Frau am Steuer

Frau am Steuer. Deutschland 1939 **R** Paul Martin **B** Paul Hellbracht, Paul Martin, nach einem Lustspiel von Paul Barabas **K** Werner Bohne **M** Harald Böhmelt **P** UFA **L** 84 Min., s/w **D** Lilian Harvey, Willy Fritsch, Lotte Spira, Leo Slezak, Rudolf Platte, Grethe Weiser, Georg Alexander

Frau am Steuer wurde Lilian Harveys letzter Film in Nazi-Deutschland. Nach der deutsch-italienischen Gemeinschaftsproduktion INS BLAUE LEBEN war sie alles andere als begeistert in die Filmstudios von Neubabelsberg zurückgekehrt. Mit Regisseur Paul Martin konnte sie sich überhaupt nicht anfreunden (die beiden sprachen während der Aufnahmen kein einziges privates Wort miteinander), und lediglich die Anwesenheit ihres Filmpartners Willy Fritsch half ihr über die trübe Stimmung im Atelier hinweg. Der Zorn der Harvey machte sich vor allem am Drehbuch fest, das sie als Zumutung empfand.

Frau am Steuer ist in erster Linie ein Film über die unterschiedliche gesellschaftliche Rolle der Geschlechter, der natürlich den Mann als arbeitenden, verantwortlichen Part darstellte und die Frau hinter Küchenherd und Kinderwagen abstellte - eine Tatsache, die Lilian Harvey mißfiel. Sie spielt die Chefsekretärin einer Budapester Bank, die heimlich einen gleichfalls dort angestellten Mann heiratet, der allerdings entlassen wird, während sie ihre Stellung behält. Zuhause fühlt sich der Ehemann in der Rolle einer Putz- und Kochkraft bald unwohl und verschafft sich wieder eine Position bei der Bank, die ihm erlaubt, seiner eigenen Frau zu kündigen und diese dorthin abzuschieben, wo eben eine Frau auch hingehört.
Ende Februar 1939 waren die Dreharbeiten beendet und Lilian Harvey verließ überstürzt Berlin in Richtung Frankreich, ohne den Film jemals gesehen zu haben. Ihren gerade gekauften, nagelneuen Mercedes sowie ihr gesamtes in Deutschland verbliebenes Vermögen beschlagnahmte das Propagandaministerium. jg

Die Frau aus dem Nichts

Secret Ceremony. Großbritannien 1968 **R** Joseph Losey **B** George Tabori, nach der Kurzgeschichte *Ceremonia Secreta* von Marco Denevi **K** Gerald Fisher **M** Richard Rodney Bennett **P** John Heyman, Norman Priggen für World Film Services/Universal **L** 109 Min., Farbe **D** Elizabeth Taylor, Mia Farrow, Robert Mitchum, Peggy Ashcroft, Pamela Brown

Der katastrophale Mißerfolg von BRANDUNG hielt Joseph Losey und Elizabeth Taylor unglücklicherweise nicht davon ab, es ein weiteres Mal miteinander zu versuchen. Diesmal handelt es sich um eine Art gotischen Thriller, in dessen Mittelpunkt die Taylor als alternde Prostituierte Leonora steht. Sie wird eines Tages von der jungen Cenci (Farrow) auf der Straße angesprochen, die in ihr ihre Mutter wiederzuerkennen glaubt. Auch Leonora fühlt sich an ihre Tochter erinnert, die im Alter von zehn Jahren starb. Sie folgt Cenci in deren alte Villa und übernimmt schnell so etwas wie die Mutterrolle. Doch die Harmonie währt nicht lange, denn zwei habgierige Tanten Cencis und ihr lüsterner Stiefvater (Mitchum) machen den Frauen das Leben schwer...
Einige Kritiker versuchten, diesem verworrenen, bizarren Drama durch gründliche Analyse von Gegenstandssymbolik und den Hinweis auf die zahlreichen „Verdoppelungen" und „Wiederholungen" noch etwas abzugewinnen, doch im großen und ganzen fiel das Urteil über *Die Frau aus dem Nichts* ziemlich vernichtend aus. Robert Mitchum, dessen Rolle nicht viel mehr als ein Cameo-Auftritt war, spottete später: „Mit dem Drehbuch haben sie ein paar merkwürdige Dinge angestellt. Als ich ankam, hatten sie Probleme, und ich glaube nicht, daß ich zur Verbesserung der Situation beitragen konnte!"
Der Film, den *Time* ein „Meisterwerk der Verwirrung" nannte, floppte genauso erbärmlich an der Kasse wie sein Vorgänger - daran konnte auch der Status von Elizabeth Taylor nichts ändern, zu der *The New York Times* bemerkte: „Daß sie fast jede Zeile ihres Textes falsch liest, grenzt schon beinahe an Erhabenheit." al

Die Frau des anderen

A Walk in the Spring Rain. USA 1970 **R** Guy Green **B** Stirling Silliphant, nach dem Roman von Rachel Maddux **K** Charles Lang **M** Elmer Bernstein **P** Stirling Silliphant für Pingree Prod./Columbia **L** 98 Min., Farbe **D** Anthony Quinn, Ingrid Bergman, Fritz Weaver, Katherine Crawford

Mit DER BESUCH hatten Anthony Quinn und Ingrid Bergman bereits einmal Schiffbruch erlitten, und nicht viel besser erging es ihnen mit diesem altmodischen Melodram.
Die Bergman ist eine mit einem trockenen Professor (Weaver) verheiratete Frau, die während eines Aufenthaltes in Tennessee, der Heimat ihres Mannes, den ebenfalls ehelich gebundenen Will Cade (Quinn) kennenlernt. Zwischen dem naturverbundenen Gelegenheitsarbeiter und der High-Society-Lady entwickelt sich eine kurze und aussichtslose Affäre, die durch unglückliche Umstände zu einem schnellen und tragischen Ende kommt.
Zwar waren sich die Kritiker einig, daß nach all den jugendorientierten Filmen der 60er die Darstellung einer „mittelalterlichen" Liebesgeschichte durchaus legitim war, doch wurde das zugrundeliegende Material als zu substanzarm empfunden. Angesichts der Besetzung und der Tatsache, daß Stirling Silliphant, der für seine Arbeit an IN DER HITZE DER NACHT einen Oscar erhalten hatte, für Drehbuch und Produktion verantwortlich zeichnete, eine Enttäuschung. al

Die Frau des Fliegers

La femme de l'aviateur. Frankreich 1981 **R** Eric Rohmer **B** Eric Rohmer **K** Bernard Lutic, Romain Windig **M** Eric Rohmer **P** Margaret Menegoz für Les Films du Losange, Paris **L** 104 Min., Farbe **D** Philippe Marlaud, Marie Rivière, Anne-Laure Meury, Mathieu Carrière, Philippe Caroit, Coralie Clement, Lisa Heredia, Haydée Caillot, Mary Stephen, Neil Chan

Mit *Die Frau des Fliegers* eröffnete Eric Rohmer eine neue Staffel von Werken, der er die Bezeichnung „Komödien und Sprichwörter" gab. Der Film trug als weitere Ergänzung den zusätzlichen Titel *Man kann nicht an nichts denken*. Die Herstellungskosten beliefen sich auf die minimale Summe von 280.000 DM. Rohmer wollte sich mit diesem Etat, der nur bescheidene Produktionen zuließ, wieder mehr den Ursprüngen der Nouvelle Vague nähern, deren erste Filme unter vergleichbaren Umständen und technischen Methoden entstanden waren.
Der Student François (Marlaud) verdient sich sein Geld, indem er nachts Briefe auf dem Postamt sortiert. Als er eines Morgens seiner Freundin Anne (Rivière) eine Nachricht überbringen will, beobachtet er sie mit dem Flieger Christian (Carrière), mit dem sie früher einmal eine Affäre hatte. François ist fest davon überzeugt, daß Anne die Nacht mit ihm verbracht hat. Als er Christian mit detektivischem Eifer quer durch Paris verfolgt, begegnet er in einem Park der Gymnasiastin Lucie (Meury). Ebenso naiv wie sie sich an seiner eifersüchtigen Beobachtungstour beteiligt, flirtet sie auch mit ihm, doch François ist sich sicher, nur Anne zu lieben.
„Der Charme dieser scheinbar von der Straße aufgelesenen Figuren macht aus dem Hirnsausen der Gefühle einer humoristische Zaubernummer: die schönste romantische Komödie der Saison." (*Abendzeitung München*) jg

Die Frau des Priesters

La moglie del prete. Italien/Frankreich 1970 **R** Dino Risi **B** Ruggero Maccari, Bernadino Zapponi **K** Alfio Contini **M** Armando Trovaioli **P** Carlo Ponti für Compagnia Cinematografica Champion (Rom), P.E.C.F. (Paris) **L** 109 Min., Farbe **D** Sophia Loren, Marcello Mastroianni, Venantino Venantini, Jacques Stany

Die junge Valeria (Loren) hat Liebeskummer und lernt per Telephonseelsorge den Pfarrer Don Mario (Mastroianni) kennen, der sie erfolgreich vor einem Selbstmordversuch bewahren kann. Unglücklicherweise verliebt sich Valeria nach mehreren Treffen in ihn, folgt ihm auf Schritt und Tritt und schafft es schließlich, auch seine Gefühle zu wecken. Er ist schon bereit, die Soutane abzulegen, da erreicht ihn ein Ruf aus Rom...

Nach dem Mißerfolg von SONNENBLUMEN war *Die Frau des Priesters* eine weitere Enttäuschung vom erfolgsgewohnten Duo Loren/Mastroianni, die hier zum siebten Mal gemeinsam spielten. Die Attacke Dino Risis auf die heuchlerische Moral der Katholischen Kirche und den Vatikan haute niemanden vom Stuhl, schon gar nicht die Kritiker, zumal es der Film auch noch mit unerwarteter Konkurrenz zu tun bekam. In *Priester, du sollst nicht ohne Liebe leben*, der zur gleichen Zeit mit Rossana Podesta in der Hauptrolle entstand, wird das gleiche Thema behandelt, allerdings wesentlich freizügiger. *Corriere Mercantile*: „Mißglückter Versuch einer Gesellschaftssatire und völlig bedeutungslos." al

Die Frau, die alles weiß

Desk Set. USA 1957 **R** Walter Lang **B** Phoebe und Henry Ephron, nach dem Bühnenstück von William Marchant **K** Leon Shamroy **M** Cyril J. Mockridge **P** Henry Ephron für 20th Century-Fox **L** 100 Min., Farbe **D** Spencer Tracy, Katharine Hepburn, Joan Blondell, Gig Young, Dina Merrill

Werden normalerweise Literaturvorlagen durch ihre Filmversionen verwässert, so verhält es sich bei dieser charmanten kleinen Komödie einmal umgekehrt.

Katharine Hepburn ist Bunny Watson, Bibliotheks-Chefin bei einer TV-Station und in der Lage, mit ihrem kleinen Mitarbeiterstamm fast alle Fragen zu beantworten. Als der Computerexperte Richard Sumner (Tracy) auftaucht, der ein Elektronengehirn entwickelt hat, das er liebevoll „Emmy" nennt, fürchten die Mädchen verständlicherweise um ihren Job. Schnell kommt es zwischen Bunny und Richard zu Reibereien, die sich natürlich im Laufe der Zeit in Zuneigung verwandeln.

An dieser Geschichte war nicht viel dran, doch das Autoren-Duo Henry und Phoebe Ephron möbelte die Story gewaltig auf und baute Tracys Part zu einer romantischen Hauptrolle aus. Getragen wird der Film jedoch hauptsächlich von dem unvergleichlichen Gespann Tracy-Hepburn, deren Harmonie und Zuneigung in jeder gemeinsamen Szene spürbar sind. Nach *Die Frau, die alles weiß* waren die beiden nur noch einmal gemeinsam auf der Leinwand zu sehen: Zehn Jahre später in RAT MAL, WER ZUM ESSEN KOMMT. al

Die Frau gehört mir

Union Pacific. USA 1939 **R** Cecil B. DeMille **B** Walter DeLeon, C. Gardner Sullivan, Jesse Lasky jr., Jack Cunningham, nach dem Roman *Trouble Shooters* von Ernest Haycox **K** Victor Milner, Dewey Wrigley **M** George Antheil, Sigmund Krumgold, John Leipold **P** Cecil B. DeMille für Paramount **L** 135 Min., s/w **D** Barbara Stanwyck, Joel McCrea, Akim Tamiroff, Robert Preston, Lynne Overman, Brian Donlevy, Robert Barrat, Anthony Quinn, Stanley Ridges, Henry Kolker, Francis McDonald, Willard Robertson

Ein überaus aufwendiges Western-Epos, gespickt mit rasanten Action- und Massenszenen, die ein Markenzeichen für Cecil B. DeMilles Inszenierungsstil waren. *Union Pacific* läßt nichts aus, was für einen Film über den Eisenbahnbau durch die Vereinigten Staaten typisch wäre: korrupte Geschäftemacher, Zugräuber und Indianerüberfälle. Dazwischen begegnen uns Barbara Stanwyck als Tochter eines einflußreichen Ingenieurs und Joel McCrea als Aufseher. Beide verlieben sich natürlich alsbald ineinander und rattern, nachdem das furiose Showdown (die US-Kavallerie rettet den Zug gerade noch rechtzeitig vor einer metzelnden Indianerhorde) überstanden ist, ihrem Happy-End entgegen.

Die Außenaufnahmen zu *Union Pacific* wurden in Utah, Oklahoma und im Canoga Nationalpark gedreht. Da Cecil B. DeMille wegen einer Operation für ein paar Wochen das Krankenbett hüten mußte, übernahmen kurzzeitig die Regisseure Arthur Rosson und James Hogan die Leitung am Set.

Waren die Dreharbeiten des Films schon spektakulär genug, so wurde dieser Aufwand durch eine mehrere Tage andauernde Premierenfeier noch weit übertroffen. DeMille hatte eigens einen alten Zug der Union Pacific angemietet und reiste mit der gesamten Schauspieler-Crew innerhalb von fünf Tagen von Los Angeles nach Omaha/Nebraska, wo der Film seine Uraufführung erlebte, denn Omaha war die Stadt, von der aus die legendäre Bahn das erste Mal in Richtung Westen aufgebrochen war. Die Stadt erlebte ein dreitägiges Fest, zu dem sich die Bevölkerung mit Kostümen aus der Zeit des Wilden Westens verkleidet hatte.

Union Pacific erwies sich an den Kinokassen so gewinnträchtig, daß die Paramount in ihren Regisseur DeMille volles Vertrauen setzte und ihm für all seine weiteren Projekte grünes Licht gab. jg

Die Frau im Hermelin

That Lady in Hermine. USA 1948 **R** Ernst Lubitsch, Otto Preminger **B** Samson Raphaelson, nach einer Operette von Rudolph Schanzer und Ernest Welisch **K** Leon Shamroy **M** Alfred Newman, Frederick Hollander **P** Ernst Lubitsch für 20th Century-Fox **L** 89 Min., Farbe **D** Betty Grable, Douglas Fairbanks jr., Cesar Romero, Walter Abel, Reginald Gardiner, Harry Davenport, Virginia Campbell, Edmund MacDonald, David Bond

Ernst Lubitsch hatte gerade acht Tage an dem Film gearbeitet, als er am 30. November 1947 einem Herzanfall erlag. Otto Preminger setzte die Dreharbeiten fort, verzichtete aber darauf, daß sein Name im Vorspann des Films genannt wurde. Trotzdem ist *Die Frau im Hermelin* eher sein Werk als das von Lubitsch.

In Anlehnung an eine wenig bekannte Operette erzählt die Geschichte von einem Leutnant, der im Ungarn des 19. Jahrhunderts ein Schloß belagert, in dem eine zauberhafte Gräfin wohnt, in die sich der stramme Eroberer natürlich verliebt. In einer Traumrückblende erfährt der Zuschauer, daß sich 200 Jahre zuvor vor den Mauern der Burg ein ähnlicher Zwischenfall abgespielt hatte. Auch damals verliebte sich der Belagerer in die Schloßherrin, wurde jedoch von ihr nach der gemeinsam verbrachten Liebesnacht umgebracht. Die Geschichte verläuft diesmal jedoch anders und mündet in einem Happy-End zwischen Douglas Fairbanks jr. und Betty Grable.

Trotz sprühender Technicolor-Farben und einiger netter Songeinlagen (getextet von Leo Robin, komponiert von Frederick Hollander) bleibt der Film leblos und ohne Witz und ist vom Charme und Esprit der früheren Lubitsch-Komödien meilenweit entfernt. jg

Die Frau im Mond

Die Frau im Mond. Deutschland 1929 **R** Fritz Lang **B** Fritz Lang, Thea von Harbou, nach ihrem Roman **K** Curt Courant, Otto Kanturek, Oskar Fischinger **SpE** Konstantin Tschetwerikoff **M** Willy Schmidt-Gentner **P** UFA **L** 150 Min., s/w **D** Willy Fritsch, Gerda Maurus, Klaus Pohl, Gustav von Wangenheim, Fritz Rasp

Die Frau im Mond war nach METROPOLIS Fritz Langs zweiter Ausflug ins Sciencefiction-Genre und wurde, trotz der gerade hereinbrechenden Tonfilmära, die sich jedoch nicht mehr auf die Gestaltung des Films niederschlug, ein großer Kassenerfolg.

Spätestens seit der ersten Mondlandung im Jahr 1969 weiß man aus erster Quelle, daß es auf dem Erdtrabanten ganz anders aussieht, als es uns dieser inzwischen reichlich antiquiert wirkende Film vorgaukeln möchte. Als der Wissenschaftler Dr. Manfeldt be-

hauptet, auf dem Mond gäbe es große Goldvorkommen, erntet er beißenden Spott, was ihn jedoch nicht daran hindert, zusammen mit einer bewährten Crew in einem Raumschiff zum Mond zu starten. Dort wohlbehalten angekommen, findet man tatsächlich den erhofften Bodenschatz, der natürlich zum Auslöser verbissener Habgier wird. Bei einem Schußwechsel wird der Sauerstofftank des Schiffes in Mitleidenschaft gezogen. Es kann nur noch einer zur Erde zurückfliegen; zwei Astronauten bleiben auf dem Mond zurück, um auf Hilfe zu warten. Wie gut, daß es im Jahr 1929 dort oben sowohl Luft als auch Wasser gibt.
Die Frau im Mond war nicht nur für den Science-fiction-Film, sondern auch für die spätere Raumfahrt ein wichtiger Beitrag. Fritz Lang kreierte als erster den Countdown und der Raketenprofessor Hermann Oberth und sein Assistent Willy Ley sorgten mit ihren wissenschaftlichen Erkenntnissen bei der über 30minütigen Startsequenz der Rakete für eine erstaunliche Glaubwürdigkeit. Die beeindruckende Mondlandschaft wurde in einer 123 Meter langen und 56 Meter breiten Halle in den Studios von Neubabelsberg aus Ostseesand errichtet, der allerdings vorher jedesmal einem komplizierten Reinigungsvorgang unterzogen wurde, damit er die gewünschte Farbe erhielt. jg

Die Frau in Rot

The Woman in Red. USA 1984 **R** Gene Wilder **B** Gene Wilder **K** Fred Schuler **M** John Morris **P** Victor Drai für Orion Pictures **L** 86 Min., Farbe **D** Gene Wilder, Charles Grodin, Joseph Bologna, Judith Ivey, Michael Huddleston, Kelly Le Brock, Gilda Radner

Die amerikanische Unart, erfolgreiche französische Filmstoffe für den eigenen Markt zu recyceln, machte auch vor Yves Roberts amüsanter Komödie um vier Männer in der Midlife-Crisis, EIN ELEFANT IRRT SICH GEWALTIG, nicht halt. Die Hauptfigur des Remakes ist Teddy Pierce (Wilder), seines Zeichens glücklich verheirateter Familienvater und Werbemanager, dem eines Abends in der Tiefgarage ein wundersames Wesen über den Weg läuft: Model Charlotte (Le Brock) läßt sich über dem Lichtschacht, wie schon Marilyn Monroe, den Rock hochwehen, genießt die kühle Brise und stürzt den armen Teddy in tiefe Verwirrung. Von nun an läßt er Heim und Herd links liegen und jagt nur noch seiner Traumfrau nach...
Die Frau in Rot ist, für sich genommen, ganz lustig. Eine nette kleine Komödie um einen liebenswerten Trottel, der nach einiger geistiger Verwirrung doch noch seine Bestimmung erkennt und zu Frau und Kinderchen zurückkehrt. Doch im Vergleich mit dem Original ist der Film ärgerlich. Wilder, der sich seine ersten komischen Sporen in Filmen von Mel Brooks verdiente, mit seinen eigenen Regiearbeiten jedoch weniger überzeugen konnte, stellt seine Figur ins Zentrum der Geschichte und degradiert seine Mitspieler zu Stichwortgebern, wo Robert noch *vier* Hauptdarsteller hatte. Die einzig wirklich gelungenen Szenen des Films sind die, die originalgetreu übernommen wurden, etwa die Restaurantsequenz, in der Wilder als angeblich Blinder die gesamte Einrichtung demoliert. Und wie immer bei den Amerikanern kommt der Humor nicht subtil und auf leisen Sohlen, sondern mit der Holzhammermethode.
Die meiste Aufregung um das Lustspiel verursachte jedoch Kelly Le Brock, ein ehemaliges Fotomodell, die mit ihren langen Beinen und ihrem Schmollmund nicht nur Wilder den Kopf verdrehte. Ihre Filmkarriere nahm seit diesem vielversprechenden Start jedoch einen enttäuschenden Verlauf. Weitere Publicity brachte der Soundtrack von Stevie Wonder, dessen Gassenhauer *I Just Called To Say I Love You* sogar einen Oscar als Bester Song erhielt. al

Eine Frau ist eine Frau

Une femme est une femme. Frankreich/Italien 1960 **R** Jean-Luc Godard **B** Jean-Luc Godard, nach einem Sujet von Geneviève Cluny **K** Raoul Coutard **M** Michel Legrand **P** Georges de Beauregard, Carlo Ponti für Rome-Paris-Films/Unidex/Euro International **L** 83 Min., Farbe **D** Anna Karina, Jean-Claude Brialy, Jean-Paul Belmondo, Nicole Paquin, Marie Dubois, Marion Sarrault, Jeanne Moreau, Catherine Demongeot, Ernest Menzer

Mit seinem dritten Spielfilm experimentierte Jean-Luc Godard das erste Mal mit Farbe und CinemaScope. Seinen Film bezeichnete er als „neorealistisches Musical". Im Szenenentwurf und dem Gebrauch knalliger Farben schuf Godard ein etwas eigenwilliges Pendant zum gängigen US-Musical, doch führte er einige typische Merkmale des Genres ad absurdum. Wenn Anna Karina als Sängerin in einem Nachtclub auftritt, bleibt es nicht nur bei einer Gesangsdarbietung; die aufgemotzte Tanzshow wird nach und nach zum Striptease.
Im Handlungsaufbau orientiert sich der Streifen an den Komödien-Vorbildern eines Ernst Lubitsch. *Eine Frau ist eine Frau* besteht aus einer ménage à trois. Emil (Brialy) und Alfred (Belmondo, der im Film als noch deutlicheren Verweis den Nachnamen Lubitsch trägt) lieben beide Angéla. Diese möchte unbedingt innerhalb von 24 Stunden ein Kind haben, doch Emil lehnt dies ab. Was sie von ihm nicht bekommen kann, holt sie sich eben von Alfred.
„Kein Anti-Kino à la Bresson, Resnais oder Straub ist das hier. Godards filmische Einfälle sind stets gewonnen aus der Kennerschaft des enthusiastischen Kritikers. Er setzt an bei denjenigen filmischen Techniken...., die immer schon auf der Kippe zur Selbst-parodie standen." (*epd Film*) jg

Die Frau meiner Träume

Die Frau meiner Träume. Deutschland 1944 **R** Georg Jacoby **B** Johann Vaszary, Georg Jacoby **K** Konstantin Irmen-Tschet **M** Franz Grothe **P** UFA **L** 99 Min., Farbe **D** Marika Rökk, Wolfgang Lukschy, Walter Müller, Georg Alexander, Grethe Weiser, Inge Drexel

Während eine deutsche Stadt nach der anderen in Trümmer ging, trampelte Marika Rökk unverwüstlich über die Bühnenbretter der Ateliers und feierte mit *Die Frau meiner Träume* (ihr zweiter Farbfilm) den Höhepunkt ihrer Karriere bei der UFA.
In diesem kunterbunten und überaus teuren Revuefilm spielt sie einen Bühnenstar, der sich in einen Ingenieur verliebt und ihm zuliebe einstweilen dem Theaterleben den Rücken kehrt, um sich als brave Hausfrau zu betätigen. Der frischgebackene Ehegatte muß allerdings erkennen, daß auch die künstlerische Existenz seiner Frau Vorteile hat.
Die Außenaufnahmen zu *Die Frau meiner Träume* wurden im Gebirge der Obertauern gedreht, wo sich das Drehteam von den pausenlosen Bombenangriffen endlich einmal erholen konnte. Zu den Innenszenen ging es dann wieder nach Berlin-Babelsberg.
Neben der erfrischenden Grethe Weise (über Marika Rökks Gesangs- und Tanzdarbietungen läßt sich wie immer streiten), trug besonders Franz Grothes beschwingte Musik zum Erfolg dieses Filmes bei. Das Lied *In der Nacht ist der Mensch nicht gern alleine* avancierte über Nacht zum Schlager der Nation.
Marika Rökk wurde während der Dreharbeiten von ihrer Schwangerschaft überrascht, die sich für sie zu einer neun Monate andauernden Phase permanenter Übelkeit entwickelte. Mitten in einer Tanzszene mit Partner Frumann verspürte sie einen solch heftigen Brechreiz, daß sie drohte, sich gleich in hohem Bogen auf dessen Frack übergeben zu müssen. Frumann packte sie daraufhin und rannte mit ihr eilends auf das Herrenklo, wo die in Bedrängnis geratene Diva sich im letzten Moment Erleichterung verschaffen konnte.
Während der Uraufführung des Films beanstandete Propagandaminister Goebbels Marika Rökks spanischen Tanz (in einem überaus gewagten Kostüm) mit den Worten: „Das ist frivol. So tanzt eine deutsche Frau nicht."
jg

Die Frau mit den roten Stiefeln

La femme aux bottes rouges. Frankreich/Italien/Spanien 1974 **R** Juan Buñuel **B** Jean-Pierre

Mantignieux, Jean-Claude Carrière, Clem Wood, Juan Buñuel **K** Leopold Villasenor **M** César Franck, Michael Ionesco **P** Claude Jaeger für Procinex/O.R.T.F. (Paris), P.C. Logar (Madrid), Gerico Sound (Rom) **L** 100 Min., Farbe **D** Catherine Deneuve, Fernando Rey, Alberto Maria Merli, Jacques Weber, José Sacristan, Laura Betti

Luis Buñuels Sohn Juan nahm sich in seinem zweiten Film (der erste war RENDEZVOUS ZUM FRÖHLICHEN TOD) nicht nur ähnlicher Thematiken an wie sein Vater, er beschäftigte mit Catherine Deneuve und Fernando Rey auch gleich zwei von dessen Lieblingsakteuren.
Ein reicher Mann (Rey), der aus Angst vor allem Sinnlichen, Intuitiven und Kreativen Bilder und Kunstwerke sammelt und zerstört, findet seine Meisterin in der übersinnlich begabten Schriftstellerin Françoise (Deneuve), die er zusammen mit ihrem Geliebten (Merli) und einem malenden Freund in sein Landhaus eingeladen hat. Hier kommt es zwischen den beiden zum Kräftemessen bei einem seltsamen Schachspiel.
Eine verwirrende Phantasie um Kunst und Leben, Liebe und Tod. Buñuel gelingen faszinierende Bilder, wenn er die Grenzen zwischen Wirklichkeit und Imagination mit leichter Hand überschreitet. Die Präsenz der beiden Hauptdarsteller hilft zudem über so manche Unverständlichkeit der Handlung hinweg. An der Kasse war *Die Frau mit den roten Stiefeln* allerdings kein Erfolg, ebensowenig bei der Kritik. al

Die Frau mit den zwei Gesichtern

Two-Faced Woman. USA 1941 **R** George Cukor **B** S. H. Behrman, Salka Viertel, George Oppenheimer, nach dem Bühnenstück *Die Zwillingsschwester* von Ludwig Fulda **K** Joseph Ruttenberg **M** Bronislau Kaper **P** Gottfried Reinhardt für MGM **L** 90 Min., s/w **D** Greta Garbo, Melvyn Douglas, Constance Bennett, Roland Young, Robert Sterling, Ruth Gordon

Nachdem Greta Garbo bereits in ihrem vorangegangenen Film NINOTSCHKA positive Erfahrungen mit der Komödie gemacht hatte („Die Garbo lacht!"), schien ihrem Arbeitgeber MGM die Zeit für einen Imagewechsel reif zu sein, zumal der europäische Markt, auf dem ihre Dramen stets reißenden Absatz gefunden hatten, durch den Krieg verlorenzugehen drohte. Man versuchte, die Schauspielerin zu amerikanisieren und steckte sie in eine frivole Komödie.
Als Skilehrerin Karin Borg kann sie zwar den New Yorker Playboy Larry (Douglas) schnell für sich gewinnen, ist sich nach einer überstürzten Heirat seiner jedoch alles andere als sicher - zumal seine Ex-Flamme, die Bühnenautorin Griselda (Bennett) erneut ihre Fühler nach ihm ausstreckt. Karin gibt sich daraufhin als ihre eigene vampartige Zwillingsschwester aus, um Larry auf die Probe zu stellen...
Als Lustspiel um Liebe und Eifersucht ist *Die Frau mit den zwei Gesichtern* ganz amüsant, doch der Film gelangte nicht aufgrund derartiger Qualitäten zu (zweifelhaftem) Ruhm. Denn MGMs scheinbar cleverer Schachzug, die Garbo als moderne Amerikanerin zu präsentieren, die nicht nur Ski fährt, sondern auch noch schwimmt, Rumba tanzt und die allerneuste Frisur trägt (was von der Werbung marktschreierisch angepriesen wurde), schlug fehl. Das Publikum war von der „Göttlichen" anderes gewohnt und war enttäuscht, wenn nicht sogar abgestoßen. Ein Kritiker verglich die unangenehme Erfahrung, Garbo derart verändert erleben zu müssen, mit dem Gefühl „als ob man seine eigene Mutter betrunken erlebt". Nach diesem bedauerlichen Mißerfolg zog sich Greta Garbo unwiderruflich vom Filmgeschäft zurück.
Doch nicht nur der Schauspielerin bereitete *Die Frau mit den zwei Gesichtern* Kopfschmerzen. Die „Catholic Legion of Decency" erhob Einspruch gegen die Tatsache, daß Larry mit der Schwester seiner Frau praktisch bereitwillig Ehebruch begeht und bestand auf Änderungen. So mußten (von Andrew Marton und Charles Dorian) Szenen nachgedreht werden, die belegen, daß Larry die ganze Zeit weiß, daß die angebliche Schwester nur eine Erfindung von Karin ist. al

Die Frau, nach der man sich sehnt

Die Frau, nach der man sich sehnt. Deutschland 1929 **R** Kurt Bernhardt **B** Ladislaus Vajda, nach dem Roman von Max Brod **K** Curt Courant, Hans Scheib **P** Hermann Grund für Terra **L** 75 Min., s/w **D** Marlene Dietrich, Fritz Kortner, Frida Richard, Oskar Sima, Udo Henning, Karl Ettlinger, Bruno Ziener, Edith Edwards

Zwischen den Jahren 1923 und 1930 drehte Marlene Dietrich nicht weniger als siebzehn Filme, in denen sie ihre Rollen jedoch persönlich als „ein Nichts" betrachtete. *Die Frau, nach der man sich sehnt* entstand noch vor dem großen Umbruch zum Tonfilm und wurde sowohl in Deutschland als auch in den USA ein großartiger Erfolg. Der Film lief unter dem Titel *Three Loves* noch zu Beginn der 30er Jahre sechs Wochen lang ausverkauft im New Yorker Playhouse.
Unter der Regie von Kurt Bernhardt, der nach Hitlers Machtergreifung ebenfalls Deutschland verließ und zuerst in Frankreich und dann in den USA weiterhin unter dem Namen Curtis Bernhardt als Regisseur arbeitete, spielt Marlene Dietrich die Lebensgefährtin eines Arztes, die jedoch in dieser Beziehung alles andere als glücklich ist. Der Mediziner selbst ist in undurchsichtige, verbrecherische Machenschaften verstrickt und weiß es zu verhindern, daß seine Freundin ihn verläßt, um an der Seite eines anderen Mannes ihr Glück zu suchen. In einem dramatischen Finale wird sie von ihm erschossen.
Bernhardt wurde 1959 noch einmal von der UFA zu einem Festessen nach Berlin eingeladen, bei dem auch Marlene Dietrich anwesend war. Beide waren als einzige vom damaligen Drehteam übriggeblieben. Marlene zeigte sich gerührt über das gemeinsame Wiedersehen und flüsterte Bernhardt - in Anspielung auf den kühlen Empfang, den Deutschland ihr bereitet hatte - zu: „Die Frau, nach der man sich *nicht* sehnt." jg

Frau nach Maß

Frau nach Maß. Deutschland 1940 **R** Helmut Käutner **B** Helmut Käutner, nach dem Bühnenstück von Eberhard Förster **K** Walter Pindter **M** Norbert Schultze **P** Terra-Film **L** 94 Min., s/w **D** Hans Söhnker, Leny Marenbach, Dorit Kreysler, Fritz Odemar, Hilde Hildebrand

Nach KITTY UND DIE WELTKONFERENZ der zweite, frühe Film von Helmut Käutner, dem es glücklicherweise gelang, sich von den Propagandaaufträgen der Nazis fernzuhalten und statt dessen zu Beginn seiner Laufbahn eine Reihe heiterer Komödien und später feinfühlig inszenierte Melodramen zu drehen. Bevor er mit den Aufnahmen zu *Frau nach Maß* beginnen konnte, mußte das Drehbuch erst pflichtgemäß in der Berliner Wilhelmstraße den Beamten des Propagandaministeriums vorgelegt werden, die daran jedoch nichts auszusetzen hatten.
Leny Marenbach stellt eine junge, begabte Schauspielerin dar, die sich in ihren Regisseur (Söhnker) verliebt. Da der Filmemacher aufgrund vieler schlechter Erfahrungen überhaupt nichts mit Künstlertypen, erst recht nicht mit Schauspielerinnen, anzufangen weiß und sein Idealbild eher die fürsorgende Hausfrau hinter dem Herd ist, versucht sich die verliebte Darstellerin, mit mehr oder weniger Erfolg seinem Geschmack anzupassen.
„Ein Film, der nicht zu lautem Lachen reizt, aber aus Herzenslust schmunzeln macht. Die Leichtigkeit der Handlung hat titelgetreu Maß und Stil" (*Hamburger Fremdenblatt*). Käutner selbst sah seinen Film als „Fingerübung" an, mit der er zum erstenmal Parodie und Ironie ausprobieren konnte. jg

Die Frau nebenan

La femme d´à côte. Frankreich 1981 **R** François Truffaut **B** François Truffaut, Suzanne Schiffman, Jean Aurel **K** William Lubtchansky **M** Georges Delerue **P** TF 1 Films Productions **L** 106 Min., Farbe **D** Gérard Depardieu, Fanny Ardant, Henri Garcin, Michèle Baumgartner, Véronique Silver, Roger van Hool, Philippe Morier-Genoud, Olivier Becquaert

Die Frau nebenan ist die Geschichte einer amour fou, der einige Kritiker einen gewissen Hang zur Oberflächlichkeit vorwarfen. Schicksalsschwanger und unheilverkündend erzählt Véronique Silver als Madame Jouve die Geschichte zweier Liebender, die an ihrer Beziehung zerbrechen. Sie selbst ist verkrüppelt - die Konsequenz eines Selbstmordversuches, den sie aus Liebeskummer in jungen Jahren unternommen hat; ein Schicksal, das auch das verhängnisvolle Ende der beiden Protagonisten vorwegnimmt.
Der Ingenieur Bernard Coutray (Depardieu) lebt mit seiner Familie in einem kleinen Dorf nahe Grenoble. Als eines Tages in das Nachbarhaus neue Mieter einziehen, muß er zu seinem Entsetzen feststellen, daß es sich dabei um seine ehemalige Geliebte handelt, mit der er vor acht Jahren eine leidenschaftliche Affäre hatte. Als sich die beiden wiedersehen, flammt die nie erloschene Liebe um so heftiger auf und reißt die beiden mit tödlicher Konsequenz in einen Strudel obsessiver Leidenschaften.
„*Die Frau nebenan* erzählt aus Desinteresse an den liebenden Figuren eine Geschichte über die Idee der Liebe. Diese Idee ist keine fixe, diese Liebe keine verrückte. Beiden fehlt Besessenheit...Für den Markt ist dieser Film gedreht. Ein erstklassiger Euro-Film der Durchlässigkeit, der an die Stelle der individuellen Schuld das universale Verhängnis stellt." (*Die Zeit*)
Trotz seiner zahlreichen vorherigen Leinwandauftritte verdankte Frankreichs Superstar Gérard Depardieu vor allem diesem Film seine spätere Popularität. jg

Frau ohne Gewissen

Double Indemnity. USA 1943 **R** Billy Wilder **B** Billy Wilder, Raymond Chandler, nach der Kurzgeschichte von James M. Cain **K** John F. Seitz **M** Miklos Rozsa **P** Joseph Sistrom für Paramount **L** 106 Min., s/w **D** Barbara Stanwyck, Fred MacMurray, Edward G. Robinson, Tom Powers

Dieser Klassiker der amerikanischen Schwarzen Serie war erst Billy Wilders dritte Arbeit als Regisseur, nach einer leichten Komödie (DER MAJOR UND DAS MÄDCHEN) und einem Kriegsfilm (FÜNF GRÄBER BIS KAIRO). Das Drehbuch, von Wilder in Zusammenarbeit mit Krimi-Autor Raymond Chandler geschrieben, beruht auf einer Kurzgeschichte von James M. Cain, der sich seinerseits an einem berüchtigten Mordfall aus dem Jahre 1927 orientiert hatte, in dem eine Frau und deren Liebhaber ihren Mann umbrachten, um die Versicherungssumme zu kassieren.
Im Film ist diese Frau Phyllis Dietrichson (Stanwyck), eine kalte, gefühllose Schönheit, die den Versicherungsvertreter Walter Neff (MacMurray) als ihren Geliebten und ihren Komplizen gewinnt. Der teuflische Plan geht schief und endet für beide tödlich.
Ein schonungsloser, düsterer Krimi, in dem es keine einzige sympathische Figur zu sehen gibt - alle Personen sind ausgebrannt, geldgierig und berechnend oder zumindest zynisch. Erzählt wird die Geschichte als große Rückblende, eine Tatsache, die man aufgrund der Spannung und des Interesses am Verlauf der Handlung immer wieder vergißt. Walter schleppt sich, offenbar verwundet, ins Büro seines Chefs (Robinson), und nimmt sein Geständnis mit einem Diktiergerät auf. Eigentlich sollte der Film mit Walters Hinrichtung auf dem elektrischen Stuhl enden, doch nach der Premiere wurde dieser Schluß entfernt, da man ihn für zu deprimierend hielt. Alle Beteiligten erhielten großes Lob, besonders Fred MacMurray, der entscheidend sein bisher auf leichte Komödien beschränktes Repertoire erweiterte, und natürlich Barbara Stanwyck, deren fesselnde Darstellung (mit blonder, schulterlanger Perücke) als reptilähnliche femme fatale der Mittelpunkt des Films ist. Die Schauspielerin wurde zum dritten Mal für einen Oscar nominiert, verlor jedoch gegen Ingrid Bergman (DAS HAUS DER LADY ALQUIST). Weitere Nominierungen gab es für Regie, Kamera und Musik. Zweimal wurde der Stoff für das amerikanische Fernsehen wieder verfilmt, und Lawrence Kasdans EINE HEISSKALTE FRAU ist unübersehbar von *Frau ohne Gewissen* inspiriert. al

Eine Frau sieht rot

Lipstick. USA 1975 **R** Lamont Johnson **B** David Rayfiel **K** Bill Butler, William A. Fraker **M** Michel Polnareff **P** Freddie Fields für Dino de Laurentiis/Paramount **L** 89 Min., Farbe **D** Margaux Hemingway, Chris Sarandon, Perry King, Anne Bancroft, Mariel Hemingway

Chris (Margaux Hemingway), ein bildhübsches, erfolgreiches Model, das für die Lippenstiftkampagne einer Kosmetikfirma posiert, wird von dem harmlos wirkenden Musiklehrer (Sarandon) ihrer jüngeren Schwester Kathy (Mariel Hemnigway) brutal vergewaltigt. Sie alarmiert die Polizei, sieht sich jedoch unverschämten und ungläubigen Fragen ausgesetzt, die sich in einer Gerichtsverhandlung fortsetzen, die mit dem Freispruch des Täters endet. Als der Lehrer sich an Kathy vergehen will, greift die frustrierte Chris zur Selbsthilfe und erschießt ihn...
Das heikle Thema Vergewaltigung wurde in amerikanischen Filmen meistens nur als Randerscheinung in Krimis behandelt (z. B. in ANATOMIE EINES MORDES) und ansonsten totgeschwiegen. Um so schlimmer ist es, daß der erste kommerzielle, „große" Spielfilm, der sich mit diesem Verbrechen beschäftigt, auf so niedrigem Niveau angesiedelt ist. Zwar zeigt er das Spießrutenlaufen des Opfers und demonstriert sehr anschaulich das weitverbreitete Vorurteil, daß Vergewaltigungsopfer eine Mitschuld an der Tat tragen (durch provokative Kleidung etc.), doch leidet die Glaubwürdigkeit des Films unter spekulativer Ausbeutung der Selbstjustiz am Schluß. Ganz zufällig hat Chris ein Gewehr im Kofferraum ihres Autos liegen, als sie ihrer Schwester zu Hilfe kommt! Insgesamt wird man den Eindruck nicht los, daß hier in erster Linie ein aufsehenerregendes Thema in klingende Münze verwandelt werden sollte (der deutsche Titel stützt diese These unfreiwillig). Margaux Hemingways begrenztes Darstellungsvermögen (ihr Filmdebüt) macht die Sache auch nicht besser. Wesentlich vielversprechenderen Eindruck hinterließ ihre ebenfalls debütierende Schwe-ster Mariel, die das wenige Lob, das über *Eine Frau sieht rot* ausgeschüttet wurde, auf sich vereinigte.
Seriösere Behandlung erfuhr das Thema Vergewaltigung in EXTREMITIES und vor allem in ANGEKLAGT. al

Eine Frau steht ihren Mann

Switching Channels. USA 1988 **R** Ted Kotcheff **B** Jonathan Reynolds, nach dem Bühnenstück *The Front Page* von Ben Hecht und Charles MacArthur **K** François Protat **M** Michel Legrand **P** Martin Ransohoff für Rank **L** 105 Min., Farbe **D** Burt Reynolds, Kathleen Turner, Christopher Reeve, Ned Beatty, Henry Gibson, George Newbern, Al Waxman, Ken James

Warum nach den hervorragenden Verfilmungen *The Front Page* (1931), dem Howard-Hawks-Klassiker SEIN MÄDCHEN FÜR BESONDERE FÄLLE und der bissigen Billy-Wilder-Komödie EXTRABLATT noch eine vierte Version dieses beliebten Stoffes folgen mußte, ist schwerlich zu begreifen, zumal diese krampfhaft auf die Medienverhältnisse der 80er Jahre zurecht-

getrimmte Neuauflage beinahe verzweifelt dem Witz und Charme ihrer Vorgänger hinterherhinkt.
Die Starreporterin Christy Colleran (Turner) will ihrer Karriere Lebewohl sagen, um an der Seite eines reichen Geschäftsmannes (Reeve) ihr Glück zu finden. Ex-Ehegatte John (Reynolds), der zugleich ihr Chef ist, hat allerdings wenig Lust, eine seiner fähigsten Journalistinnen zu verlieren und setzt mit einem Aufgebot raffinierter Tricks alles daran, seine ehemalige Frau zum Bleiben zu bewegen und den unliebsamen Rivalen auszustechen.
Unter anderem gedreht im Illinois-Center von Chicago, wollte Produzent Ransohoff die bekannte Geschichte auf die elektronischen Medien übertragen, dabei jedoch ein Remake im üblichen Sinne vermeiden, was ihm nicht ganz gelang. Die Besetzung ist alles in allem jedoch hervorragend gewählt, lediglich Burt Reynolds wirkt als skrupelloser Chefredakteur wenig überzeugend. Für seine Rolle war eigentlich auch Michael Caine vorgesehen. jg

Eine Frau unter Einfluß

A Woman under Influence. USA 1974 **R** John Cassavetes **B** John Cassavetes **K** Mitch Breit **M** Bo Harwood **P** Sam Shaw für Los Angeles Faces International Films **L** 155 Min., Farbe **D** Peter Falk, Gena Rowlands, Matthew Cassel, Matthew Laborteaux, Cristina Grisanti, Katherine Cassavetes, Lady Rowlands, Fred Draper, O. G. Dunn, Mario Gallo

„*Eine Frau unter Einfluß* war der erste Film, mit dem ich irgendwie zu tun hatte, der nicht einfach aus vollem Gefühl gemacht wurde, sondern aus dem Wunsch, etwas in meinem Beruf zu machen" (John Cassavetes).
Cassavetes hatte die Geschichte eigentlich zuerst als Theaterfassung geschrieben, doch Gena Rowlands äußerte Bedenken, die Rolle der sich emotional verzehrenden Mabel ohne Scheu auf der Bühne spielen zu können, und so entschloß sich Cassavetes für die filmische Umsetzung. Das Projekt wurde von ihm unter Aufbietung aller zur Verfügung stehenden finanziellen Ressourcen realisiert. Er nahm sogar eine Hypothek auf sein Haus auf, um den Film zu Ende drehen zu können. Erzählt wird die zermürbende und unbequeme Geschichte einer Ehe, die am Ende einer Sackgasse angekommen ist. Mabel (Rowlands) hat es satt, ständig die treusorgende Mutter und Ehegattin zu spielen. Sie schickt die Kinder mit der Großmutter für ein paar Tage weg, um in dieser Zeit mit ihrem Mann Nick (Falk) allein zu sein. Dieser ist jedoch durch seine Arbeit anderweitig verpflichtet. Mabel holt sich über Nacht einen fremden Mann nach Hause. Dies ist der Beginn einer langsamen aber sich unaufhaltsam entwikkelnden psychischen Zerrüttung. Als Mabel nach einem sechmonatigen Aufenthalt in der Psychiatrie nach Hause zurückkehrt, ist nichts besser geworden. Vor den Augen ihrer Kinder schneidet sie sich die Pulsadern auf. Nick kann auf seine Frau nur noch mit Hilflosigkeit und Ignoranz reagieren.
„Dieser Film ist kompromißloser als selbst Ingmar Bergmans SZENEN EINER EHE es sind" (*Frankfurter Rundschau*). 1974 wurden John Cassavetes als Bester Regisseur und Gena Rowlands als Beste weibliche Hauptdarstellerin für den Oscar vorgeschlagen. jg

Die Frau, von der man spricht

Woman of the Year. USA 1942 **R** George Stevens **B** Ring Lardner jr., Michael Kanin **K** Joseph Ruttenberg **M** Franz Waxman **P** Joseph L. Mankiewicz für MGM **L** 112 Min., s/w **D** Spencer Tracy, Katharine Hepburn, Fay Bainter, Reginald Owen, Minor Watson, William Bendix

Nach dem Erfolg in DIE NACHT VOR DER HOCHZEIT war Katharine Hepburn ein Comeback nach mehrjähriger Abwesenheit von der Leinwand geglückt. Auf der Suche nach einem neuen Stoff stieß sie auf die Geschichte ihres Freundes Garson Kanin um eine Kolumnistin und einen Sportreporter. Weil Kanin selbst verhindert war, übernahmen sein Bruder Michael und Ring Lardner jr. die Ausarbeitung eines Drehbuches; Katharine Hepburn sollte dann MGM-Boß Louis B. Mayer zur Finanzierung überreden. Sie forderte nicht nur 100.000$ Gage für sich, sondern auch noch 11.000$ Provision als Drehbuch-Agentin sowie freie Hand bei der Wahl von Regisseur und Co-Star. Zu ihrer Überraschung stimmte Mayer allem zu, und als die Produktion von Spencer Tracys seinerzeitigem Projekt *The Yearling* wegen diverser Schwierigkeiten abgebrochen wurde, hatte sie auch ihren Wunschpartner. Über die erste Begegnung der beiden ist viel geschrieben worden, angeblich soll die Hepburn gesagt haben: „Ich fürchte, ich bin etwas zu groß für Sie, Mr. Tracy", worauf Tracy erwiderte: „Keine Sorge, ich werde Sie schon auf meine Größe zurechtstutzen!". Das tat er dann auch, und so begann eine der ungewöhnlichsten Verbindungen in der Geschichte Hollywoods, sowohl künstlerisch als auch privat, die bis zu Tracys Tod im Jahre 1967 andauerte und in insgesamt neun Filmen resultierte.
In dieser amüsanten Komödie spielen sie Kollegen bei einer großen Zeitung: Sie ist eine selbstbewußte Kolumnistin, er ein hartgesottener Sportreporter. Obwohl sie scheinbar überhaupt nicht zueinander passen, verlieben sich die beiden ineinander und heiraten sogar, ohne jedoch ihre ständigen Auseinandersetzungen einzustellen.
Die Frau, von der man spricht ist auch ohne seine Hintergründe ein bemerkenswerter Beitrag zum Komödiengenre - intelligent, charmant und kultiviert. Sowohl Kritiker als auch Zuschauer registrierten sofort die gewisse Tracy/Hepburn-Chemie auf der Leinwand, und der Film wurde ein großer Erfolg. Die Hepburn wurde erneut für einen Oscar nominiert, verlor jedoch gegen Greer Garson (MRS. MINIVER). Dafür konnten die Drehbuchautoren die Trophäe mit nach Hause nehmen. al

Die Frau vom Fluß

La donna del fiume. Italien/Frankreich 1954 **R** Mario Soldati **B** Basilio Franchina, Pier Paolo Pasolini, Antonio Altoviti, Florestano Vancini, Giorgio Bassani, Mario Soldati **K** Otello Martelli **M** Angelo Lavagnino, Armando Trovaioli **P** Basilio Franchina für Excelsa Film (Rom), Les Films de Centaur (Paris) **L** 98 Min., Farbe **D** Sophia Loren, Gérard Oury, Lise Bourdin, Rik Battaglia

Um seiner Entdeckung Sophia Loren den passenden Rahmen zur Zurschaustellung ihrer Talente zu geben, machte sich Carlo Ponti, seines Zeichens rühriger Filmproduzent, daran, eine Art Imitation des Films auf die Beine zu stellen, mit dem sein Kollege Dino de Laurentiis fünf Jahre zuvor seine Frau Silvana Mangano weltberühmt gemacht hatte: BITTERER REIS.
Zwar ist Sophia keine Reisarbeiterin, doch dafür schuftet sie in einer Fischkonservenfabrik. Als feurige Nives lehnt sie den Heiratsantrag des Polizisten Enzo (Oury) ab, um sich statt dessen dem Fischer (Battaglia) hinzugeben. Doch der verläßt sie und zieht in eine andere Stadt. Nives, inzwischen schwanger, folgt ihm, um ihn vor der Polizei zu warnen, die von seinen Schmuggelgeschäften weiß. Doch er glaubt ihr nicht und verdächtigt sie, ihn zur Heirat erpressen zu wollen...
Carlo Pontis Rechnung ging auf. Allerorten war man über diese üppige Sophia, die in Gummistiefeln und Hot Pants ihr bewegtes Schicksal meistert, ganz aus dem Häuschen. Die *Evening News* beschrieb den Film als „typisch italienisches Gericht, dessen Zutaten Sex, malerische Landschaften und Tragödie sind - sehr heiß serviert". Und *News of the World* schmachtete: „Hitzig und verführerisch...die unvergleichliche Loren. Noch anziehender und faszinierender als die Lollo und Anna Magnani..."
Der Startschuß für eine internationale Karriere war gefallen. al

Frau zu verschenken

Preparez vos mouchoirs. Frankreich/Belgien 1977 **R** Bertrand Blier **B** Bertrand Blier **K** Jean Penzer **M** Georges Delerue **P** Georges Dancigers, Alexandre Mnouchkine für Les Films Ariane/ C.A.P.A.C. (Paris), Belga Films/S.O.D.E.P.

(Brüssel) **L** 105 Min., Farbe **D** Gérard Depardieu, Patrick Dewaere, Carole Laure, Riton, Michel Serrault, Eleonore Hirt

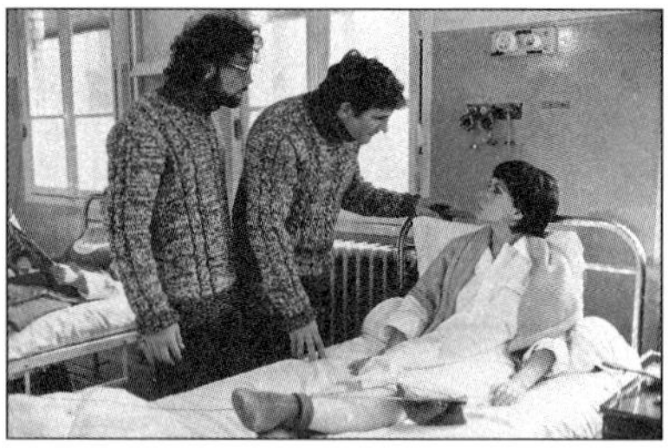

Eine von Bertrand Bliers anarchischen Komödien, die der Regisseur bevorzugt mit den Schauspielern Gérard Depardieu und Patrick Dewaere (zumindest bis zu dessen Selbstmord im Jahre 1981) in Szene setzte. Mit DIE AUSGEBUFFTEN hatte das Trio einen internationalen Hit gelandet.

Im Mittelpunkt der ungewöhnlichen und sich allen Klischees entziehenden Handlung stehen Raoul (Depardieu) und seine Frau Solange (Laure), die schon seit Monaten eine seltsame Apathie zeigt, offensichtlich keinen Spaß mehr am Leben hat, nur noch strickt und nicht mehr lächelt. Der verzweifelte Raoul ist überzeugt, daß ein anderer Mann die Lösung des Problems ist, und spricht in einem Restaurant den Lehrer Stéphane (Dewaere) an. Der hat zwar auch keinen Erfolg, doch die beiden werden dicke Freunde, die sich mit Vorliebe über Mozart unterhalten. Nur Solange ist noch nicht geholfen. Da taucht der 14jährige, frühreife Christian (Riton) auf...

Der Originaltitel von Bliers subversivem, poetischen und zärtlichen Film lautet übersetzt ungefähr „Halten Sie ihre Taschentücher bereit" - dennoch halten sich die sentimentalen bzw. melodramatischen Aspekte der Story stark im Hintergrund. Dafür gibt es um so mehr zu lachen, und man erlebt immer neue Überraschungen, da die Handlung in keiner Weise vorhersehbar ist. Der Berliner *tip* bezeichnete den Film als „märchenhafte Beziehungsfarce, die pointenreich und hintergründig erzählt wird".

Kommerziell ein großer Erfolg, wurde *Frau zu verschenken* darüber hinaus als Bester fremdsprachiger Film mit einem Oscar ausgezeichnet. Georges Delerues Filmmusik bekam einen César. al

Die Frauen

The Women. USA 1939 **R** George Cukor **B** Anita Loos und Jane Murfin, nach dem Bühnenstück *Women in New York* von Clare Boothe Luce **K** Oliver T. Marsh, Joseph Ruttenberg **M** Edward Ward, David Snell **P** Hunt Stromberg für MGM **L** 135 Min., s/w mit Farbteil **D** Norma Shearer, Joan Crawford, Rosalind Russell, Joan Fontaine, Paulette Goddard, Mary Boland, Lucile Watson, Phyllis Povah

„*Frauen* zu drehen war, wie der Zirkusdirektor von einem Zirkus mit drei Manegen zu sein", umschreibt Regisseur Cukor die Dreharbeiten zu seinem Meisterwerk, in dem 135 hysterische Frauenzimmer und kein einziger Mann in einem ständigen Hin und Her über die Leinwand toben, übereinander tratschen, sich die Haare ondulieren lassen, groteske Hüte ausführen und das traute Glück der anderen - und sei es das der besten Freundin - durch Intrigen und Indiskretionen zu ruinieren trachten.

Mary Haines (souverän gespielt von Norma Shearer), glücklich verheiratet, ist so ein Opfer ihrer „guten" Freundinnen. Allesamt sind sie Angehörige der New Yorker Upper-Class; entsprechend kultiviert und gut gekleidet vertreiben sie sich die Langeweile ihres Ehefrauen-Daseins. Alle wissen durch gemeinsames Konsultieren derselben plappermäuligen Kosmetikerin, daß Mary von ihrem Gatten betrogen wird - nur Mary selbst weiß von nichts. Bis sie bei einem Maniküretermin mit der grauenhaften Wahrheit konfrontiert wird: Crystal Allen (brillant boshaft gemimt von Joan Crawford), Duftwasser-Verkäuferin, ist ihre Nebenbuhlerin. Doch Mary gibt sich nicht geschlagen - statt dessen nimmt sie bittersüße Rache. Über spitzzüngige Wortgefechte, gesellschaftliche Demütigungen, zahlreiche Tränen, Affären und Scheidungen hinweg gelingt es ihr schließlich in einem furiosen Finale, den reumütigen Gatten zurückzugewinnen und die emporgekommene Crystal wieder an ihren Ladentresen zurückzukomplimen-tieren.

Das rasante Lustspiel bestich allein schon durch die erstklassige Besetzung mit der damaligen Crème Hollywoods, wobei der Ausdrucksstärke im Damenduell der beiden Hauptkontrahentinnen Crawford und Shearer besonders zupaß kam, daß diese sich auch privat nicht ausstehen konnten. Die messerscharfe verbale Kriegsführung tut ein übriges; erfreulicherweise sind die spitzen Dialoge von der deutschen Synchronisation ohne Qualitätsverlust authentisch übersetzt worden. Der Arbeit des MGM-Textildesigners Adrian, der für den Streifen ein Sammelsurium schrillster Roben und Röcke komponierte, zollten die Produzenten auf ungewöhnliche Weise Respekt, indem sie seine extravaganten Kreationen im Rahmen einer Modeschau als mehrminütigen Farbfilm-Einschub mitten in die Handlung einbauten.

Der in Amerika gefeierte Film gab Regisseur Cukor einen speziellen Grund zur Genugtuung: War er von Produzent David O. Selznick gerade aus der Regie zu VOM WINDE VERWEHT hinauskatapultiert worden, sprach der Erfolg der *Frauen* für sich - und reihte ihn endgültig in die Riege der erstklassigen Filmemacher Hollywoods ein.

In Deutschland kam der „Frauenfilm" erst 1991 in die Kinos. sk

Frauen am Rande des Nervenzusammenbruchs

Mujeres al borde de un ataque de nervios. Spanien 1987 **R** Pedro Almodóvar **B** Pedro Almodóvar **K** José Luis Alcaine **M** Bernardo Bonezzi **P** Agustin Almodóvar für El Deseo, S.A./ Laurenfilm **L** 88 Min., Farbe **D** Carmen Maura, Antonio Banderas, Julieta Serrano, María Barranco, Rossy de Palma, Guillermo Montesinos, Loles Léon, Fernando Guillén

Im Vergleich zu Pedro Almodóvars vorangegangenen Filmen wirkt sein *Frauen...* geradezu zahm, zumindest was seine sexuelle Komponente anbetrifft. Es handelt sich um eine Art amoklaufende Boulevardkomödie, die sich fast ausschließlich im Appartement der Hauptfigur abspielt, der Schauspielerin Pepa (Maura). Sie verdient ihren Lebensunterhalt mit der Synchronisation von alten Hollywood-Filmen, genau wie ihr Liebhaber Iván (Guillén). Eines Tages jedoch bedeutet ihr dessen Stimme auf dem Anrufbeantworter, seine Sachen zu packen und bei der Concierge abzugeben. Die Beziehung ist zu Ende. Pepa steht kurz vor einem Nervenzusammenbruch - dem ersten von vielen in diesem Film, dessen weitere Handlung sich schwer zusammenfassen läßt. Im Nu ist Pepas Wohnung von den merkwürdigsten Figuren, hauptsächlich Frauen, bevölkert, die alle mit unüberwindlichen Problemen zu kämpfen haben.

Almodóvar entfesselt in diesem Appartement hoch über Madrid, wo auf der Terrasse die Hühner picken, eine temporeiche, grelle Farce, die geschickt die ärgsten Klischees einsetzt, um sie entweder genüßlich zu zelebrieren oder aber satirisch zu Fall zu bringen. Die Leidenschaft des Regisseurs für die Ästhetik und die Filme der 50er Jahre kommen nicht nur in der wie Magazin-Cover gestalteten Titelsequenz zum Ausdruck, sondern auch in Pepas und Iváns Profession. Der Streifen, an dem sie gerade arbeiten, ist kein anderer als Nicholas Rays Frauen-Western JOHNNY GUITAR mit Joan Crawford! Das Ganze ist ein Riesenspaß, doch am erstaunlichsten ist der ungeheure Erfolg des Films. In Spanien brach er Kassenrekorde, und trat danach einen Siegeszug um die halbe Welt an. Besonders in den USA wurde Almodóvar gefeiert und Retrospektiven seiner Filme organisiert. Neben beträchtlichen Einspielergebnissen kann der Film mit zahlreichen internationalen Preisen aufwarten, so dem Europäischen Filmpreis als Bester junger Film und einer Oscar-Nominierung als Bester fremdsprachiger Film. al

Frauen, die nicht lieben dürfen

The Caretakers. USA 1963 **R** Hal Bartlett **B** Henry F. Greenberg, nach dem Roman von Dariel Telfer **K** Lucien Ballard **M** Elmer Bernstein **P** Hal Bartlett für United Artists **L** 97 Min., s/w **D** Robert Stack, Polly Bergen, Joan Crawford, Janis Paige, Diane McBain

Dieses uneinheitliche Melodram beschäftigt sich mit den Zuständen in einer Nervenheilanstalt, ein Thema, das zuvor bereits sehr erfolgreich in DIE SCHLANGENGRUBE behandelt worden war. Polly Bergen spielt

eine junge Hausfrau, die sich die Schuld am Unfalltod ihres Kindes gibt, und nach einem Nervenzusammenbruch in eine psychiatrische Klinik eingewiesen wird. Dort versucht der junge Dr. MacLeod (Stack) neue, humanere Formen der Therapie durchzusetzen, so u.a. Gruppensitzungen. Eine erbitterte Gegnerin findet er in der konservativen Oberschwester Lucretia (Crawford), die von progressiven Heilmethoden nichts hören will, weiterhin an die Wirkungskraft von Zwangsjacken und Gummizellen glaubt und den Krankenschwestern sogar Unterricht in Karate erteilt.
Ein wichtiges Thema geriet hier offensichtlich in die falschen Hände, denn Hal Bartlett liefert nicht mehr als ein hohles, klischeebeladenes Abziehbild der wirklichen Zustände in einer derartigen Klinik (siehe DIE SCHLANGENGRUBE oder auch EINER FLOG ÜBER DAS KUCKUCKSNEST). Wie üblich bleibt es den Darstellern überlassen, das Beste aus der Sache herauszuholen; in diesem Falle kommt die überzeugendste Arbeit von Janis Paige und der anscheinend unzerstörbaren Joan Crawford, die silberhaarig und mit tadelloser Figur ihr Zepter schwingt. *Variety* amüsierte sich über ihre Auftritte und meinte: „Miss Crawford spielt ihre Handvoll Szenen nicht, sondern macht sich vielmehr dafür zurecht, mit dem Eregebnis, daß sie aussieht wie auf dem Weg zur Aufsichtsratssitzung von Pepsi-Cola.“
al

Frauen sind doch bessere Diplomaten

Frauen sind doch bessere Diplomaten. Deutschland 1941 **R** Georg Jacoby **B** K. G. Külb, Gustav Kampendonk **K** Konstantin Irmen-Tschet, Alexander von Lagorio **M** Franz Grothe **P** UFA **L** 93 Min., Farbe **D** Marika Rökk, Willy Fritsch, Aribert Wäscher, Hans Leibelt, Ursula Herking

Frauen sind doch bessere Diplomaten war der erste große deutsche Farbfilm und sollte die Crew der Kameramänner und Farbberater mit einer Lawine von unvorhergesehenen technischen Problemen überrollen. Die Farben erwiesen sich bei der Materialsichtung als wahre Katastrophe. Saftige grüne Wiesen sahen im Film aus wie verdorrte Steppen; an den Schauspielern (vornehmlich Marika Rökk) wurden die grellsten Schminktöne von Mausgrau bis Chinesengelb ausprobiert, um wenigstens als Ergebnis ein paar bunte Kleckse auf das Zelluloid zu bannen. Für die Farbaufnahmen benötigte das Drehteam vor allem Licht. Behängt mit den schweren Biedermeierkostümen und bedeckt von Schminkschichten schwitzten die Schauspieler unter dem gleißenden Licht Dutzender von Scheinwerfern, solange bis sich alle wegen der unerträglichen Helligkeit eine Bindehautentzündung eingefangen hatten. Zum Schutz stülpten sich die Mitwirkenden Sonnenbrillen über und nahmen diese immer erst kurz vor Drehbeginn ab.
Die Handlung dieses Films ist nebensächlich; in der Biedermeier-Residenz Homburg soll das Spielcasino geschlossen werden, doch weiß der raffinierte Direktor durch den Einsatz seiner liebreizenden (?) Nichte (Rökk) dies zu verhindern. Am Ende hat sich ein Liebespaar gefunden, ist das Casino gerettet und sind u.a. begleitet von einem Reigen munter hopsender, weißberöckter Tänzerinnen die beiden Lieder *Wenn ein junger Mann kommt* und *Einen Walzer für dich und mich* gesungen worden.
Nachdem bereits sämtliche Aufnahmen im Kasten waren und sich die Crew auf ihren wohlverdienten Urlaub freute, mußten alle noch einmal zurückgepfiffen werden. Mittlerweile hatte sich nämlich der Schauspieler Stephanek - als Darsteller eines Adjutanten in sehr vielen Szenen ständig hinter Willy Fritsch stehend - nach London abgesetzt und dort im englischen Radio lautstark gegen Hitler gewettert, so daß man all seine Szenen aus dem fertigen Film herausschneiden und mit Erich Fiedler neu besetzen mußte.
Als Goebbels das endgültige Werk zum ersten Mal sah, bekam er einen hysterischen Anfall und ließ dem versammelten Stab eine erbeutete Kopie des amerikanischen Renommierprojekts VOM WINDE VERWEHT vorführen, um zu zeigen, wie er sich die Farben in einem deutschen Film gerne gewünscht hätte.
jg

Frauen sind keine Engel

Frauen sind keine Engel. Deutschland 1943 **R** Willi Forst **B** Geza von Cziffra **K** Jan Stallich, Hans Staudinger **M** Theo Mackeben **P** Willi Forst für Wien-Film/Deutsche Forst-Film GmbH **L** 83 Min., s/w **D** Marthe Harell, Axel von Ambesser, Richard Romanowsky, Hedwig Bleibtreu, Margot Hielscher, Curd Jürgens, Alfred Neugebauer, Petra Trautmann, Gretl Heinz, Willi Stech

Wiederum eine jener typisch beschwingt harmlosen Komödien, wie sie für die immer verhängnisvoller verlaufenden Kriegsjahre üblich waren.
An Bord eines Luxusdampfers befinden sich u.a. der bekannte Filmregisseur Richard Anden (von Ambesser) und die attraktive Blondine Helga Norden, die dem Filmemacher zuvor ihr Drehbuch hatte zukommen lassen, das dieser jedoch überheblich abwies. Nun möchte Helga den arroganten Regisseur von der Wirklichkeitsnähe ihres Skripts überzeugen und inszeniert mit Hilfe einiger Freunde einen Kriminalfall an Bord des Schiffes, der alsbald für furchtbare Verwirrungen sorgt, Helga aber am Ende des Films den Weg zum Glück ebnet.
Willi Forst übernahm diesmal nicht gewohnheitsgemäß die männliche Hauptrolle in seinem Film, sondern übertrug diesen Part seinem Regiekollegen Axel von Ambesser. Theo Mackeben komponierte die beiden Lieder *Schon der alte Sokrates* und *Frauen sind keine Engel*, die von Margot Hielscher vorgetragen werden.
Im Gegensatz zu vielen anderen, eher seicht geratenen Unterhaltungsstreifen jener Zeit bewahrt Forsts Komödie durchgehend ihre unbeschwerte Leichtigkeit und ist auch heute noch eine bestens unterhaltende Gesellschaftskomödie.
jg

Die Frauen von Stepford

The Stepford Wives. USA 1975 **R** Bryan Forbes **B** William Goldman, nach dem Roman von Ira Levin **K** Owen Roizman **M** Michael Small **P** Edgar J. Scherick für Palomar-Fadsin/Columbia **L** 111 Min., Farbe **D** Katharine Ross, Paula Prentiss, Peter Masterson, Nenette Newman, Patrick O'Neal, Tina Louise, Carol Rosson, William Prince, Paula Trueman, Remak Ramsay

Joanna (Ross) hat endgültig genug vom Großstadtdschungel Manhattan und zieht mit ihrem Ehemann nach Connecticut in das liebenswürdige Städtchen Stepford, das sich allerdings bei genauerem Hinsehen gar nicht mehr als so idyllisch erweist. Zu ihrem Leidwesen muß Joanna feststellen, daß sich die meisten Frauen in Stepford anscheinend nur für Kochrezepte und Klamotten interessieren. Lediglich in Bobby (Prentiss), ebenfalls eine Neubürgerin, findet sie eine Freundin, mit der sie sich richtig austauschen kann. Aber auch aus Bobby ist bald ein Heimchen am Herd geworden. Zu gern möchte Joanna wissen, was sich im sogenannten Club abspielt, in dem sich die Ehemänner von Stepford regelmäßig treffen. Was sie jedoch entdeckt, kommt einem Alptraum gleich. Sämtliche Ehefrauen wurden von ihren Männern in perfekt funktionierende Roboter umgebaut, um diesen als stets gehorsame Dienerinnen sowohl in der Küche als auch im Schlafzimmer zur Verfügung zu stehen. Wie in ROSEMARIES BABY beschreibt Autor Ira Levin auch hier eine Welt, in die langsam aber unaufhaltsam das Unfaßbare Einzug hält; in *Die Frauen von Stepford* geht ebenfalls das Unheil von den Männern aus. Der Film faßt den Zuschauer mit Samthandschuhen an. Gruselelemente werden unaufdringlich und eher verhalten eingesetzt und mit einer köstlich makabren Komik angereichert, die durchaus das Leben in der stockkonservativen amerikanischen Provinz aufs Korn nehmen will. Am Ende schiebt auch Joanna als willenlose Marionette zu den Klängen besinnlich dudelnder Schlagermusik in Begleitung ihrer trutschigen Nachbarinnen den vollen Einkaufswagen durch den Supermarkt. jg

Frauen waren sein Hobby

The Man Who Loved Women. USA 1984 **R** Blake Edwards **B** Blake Edwards, Milton Wexler, Geoffrey Edwards **K** Haskell Wexler **M** Henry Mancini **P** Blake Edwards, Tony Adams für Blake Edwards Entertainment **L** 111 Min., Farbe **D** Burt Reynolds, Julie Andrews, Kim Basinger, Marilu Henner, Cynthia Sikes, Jennifer Edwards, Sela Ward, Ellen Bauer, Denis Crosby, Tracy Vaccaro, Barry Corbin, Ben Powers

Für einen solch kreativen Regisseur wie Blake Edwards ist es sicherlich kein Aushängeschild, wenn er auf einen Stoff zurückgreifen muß, der bereits verfilmt wurde. Gerade was Komödien anbelangt, schielen die Amerikaner gern nach Frankreich, wo François Truffaut 1977 sein Werk DER MANN, DER DIE FRAUEN LIEBTE drehte, und das hier auf US-Niveau zurechtgestutzt wurde.
Beginnend mit dem Begräbnis der Hauptperson, beschreibt diese Komödie in Rückblenden das Leben des Bildhauers David Fowler (völlig fehlbesetzt mit Burt Reynolds), dessen Leben im Grunde genommen nur aus seiner Kunst und der unersättlichen Gier nach Frauen besteht. Erzählt wird die Geschichte von der Psychologin Marianna (Andrews), die ebenfalls dem Casanova-Charme des Künstlers zum Opfer fiel. Fowlers Heterophilie wird ihm eines Tages zum Verhängnis. Statt seine Augen auf die Fahrbahn zu richten, glotzt er einem Paar wohlgeformter Damenbeine hinterher, läuft auf diese Weise abgelenkt in ein Auto und stirbt schließlich im Krankenhaus.
„Selten wurde eine fadere Zweitausgabe präsentiert als mit diesem Streifen, der witzig zu sein vorgibt und doch nur ein paar armselige Gags bietet, die die Langeweile beim Anschauen durchaus nicht vertreiben, sondern die Sache nur ärgerlicher machen. Burt Reynolds rettet auch nichts, weil der Regisseur - einfallslos bis zum Exzeß - Abklatsch und damit Abfall produziert hat." (*Die Welt*) jg

Frauenarzt Dr. Prätorius

Frauenarzt Dr. Prätorius. BRD 1950 **R** Curt Goetz, Karl Peter Gillmann **B** Curt Goetz, Peter Gillmann, nach dem Bühnstück von Goetz **K** Fritz Arno Wagner **M** Franz Grothe **P** Hans Domnick für Hans-Domnick-Film **L** 90 Min., s/w **D** Curt Goetz, Valerie von Martens, Albert Florath, Erich Ponto, Rudolf Reiff, Bruno Hübner

„Dies ist alles sehr spritzig in Szene gesetzt, nur wohl etwas zu sehr auf Curt Götz, den Hauptdarsteller zugeschnitten", bemerkte der *Evangelische Filmbeobachter* zu diesem Film und stellte des weiteren etwas verärgert fest: „Der kritische evangelische Betrachter muß hier allerdings die Figur des Vaters, des Pastors, beanstanden, der in Anlage und Handlung zu sehr Karikatur wurde und nicht als wahrheitsgetreu aus dem Leben gegriffen wirkt."
Curt Götz beschreibt in der Verfilmung seines Bühnenstückes *Dr. med Hiob Prätorius* die Erlebnisse eines Arztes, der sich in seiner Klinik gegen die verbohrte Spießbürgerlichkeit seiner Kollegen durchsetzen muß, die gerade dann besonders hohe Wellen treibt, als er eine Patientin heiratet.
Der Streifen gehörte zu einem der ersten großen Publikumserfolge des deutschen Kinos nach dem Krieg und bietet eine konventionelle Kinounterhaltung auf leidlich hohem Niveau.
1963 verfilmte Kurt Hoffmann mit Liselotte Pulver und Heinz Rühmann die Geschichte noch einmal unter dem Titel des Bühnenstücks. jg

Ein Frauenleben

Une vie. Frankreich 1958 **R** Alexandre Astruc **B** Alexandre Astruc, Carl Zuckmayer, nach dem Roman von Guy de Maupassant **K** Claude Renoir **M** Roman Vlad **P** Agnés Delahaie für Wipf/Corona **L** 82 Min., Farbe **D** Maria Schell, Christian Marquand, Ivan Desny, Antonella Lualdi, Pascale Petit

Ein Frauenleben war nach GERVAISE der zweite Film, den Maria Schell für die französische Produzentin Agnés Delahaie drehte. Das Skript beruht auf einem Buch des französischen Romanciers Guy de Maupassant und wurde von Alexandre Astruc inszeniert, der eher nebenbei als Regisseur tätig war und sich vorwiegend als angesehener Filmkritiker einen Namen gemacht hatte.
Die Handlung ist angesiedelt in der Normandie des 19. Jahrhunderts. Jeanne (Schell), Tochter eines Aristokraten, heiratet ihre große Liebe Julien (Marquand), einen verarmten Landjunker. Die sich anfangs recht glücklich anlassende Ehe sinkt bald zu einer sinnentleerten, entfremdeten Koexistenz ab, denn Julien vernachlässigt seine Frau und betrügt sie mit dem Dienstpersonal. Während Jeanne sich in melancholischer Fassungslosigkeit ergibt, kann ein benachbarter Ehemann die Schmach nicht länger ertragen, als er entdeckt, daß sich Julien mit seiner Frau vergnügt. Er schiebt den Wagen, in dem die beiden ein Schäferstündchen haben über, die Klippen hinab ins Meer.
Astruc inszenierte dieses emotionsgeladene Eifersuchtsdrama mit erstaunlicher Kühle und Distanz. „Die epische Erzählweise Maupassants, die stets die Dekors, die Vergangenheit der Personen und ihre Motive miteinbezog, hat Astruc durch den Bericht in der ersten Person ersetzt, den er der Heldin in den Mund legt." (*Filmkritik*) al

Der Frauenmörder von Boston

The Boston Strangler. USA 1968 **R** Richard Fleischer **B** Edward Anhalt, nach dem Buch von Gerold Frank **K** Richard H. Kline **M** Lionel Newman **P** Robert Fryer für 20th Century-Fox **L** 116 Min., Farbe **D** Tony Curtis, Henry Fonda, George Kennedy, Mike Kellin, Hurd Hatfield, Murray Hamilton

Eine bemerkenswert zurückhaltende Schilderung der Verbrechen, Verhaftung und Überführung eines berüchtigten Mörders, der zwischen 1962 und 1964 in Boston dreizehn Frauen tötete. Der von Regisseur Richard Fleischer in halb-dokumentarischem Stil inszenierte Film basiert auf einem Buch von Gerold Frank, das sich detailliert mit dem Fall auseinandersetzte.
Am Anfang wird die Bostoner Polizei durch sieben Morde an älteren Frauen aufgeschreckt, die offensichtlich miteinander in Zusammenhang stehen. Zunehmende Unruhe unter der Bevölkerung verbreitet die Einrichtung eines speziellen Untersuchungsbüros, für dessen Leitung man den Professor John. S. Bottomly (Fonda) gewinnen kann. Trotzdem geschehen weitere Morde. Wenn der Film unvermittelt in das Appartement des verheirateten Arbeiters Albert DeSalvo (Curtis) schwenkt, weiß man, daß er der Mörder ist. Indem er sich als Klempner ausgibt, verschafft er sich Zutritt zu den Wohnungen seiner Opfer, doch sein Glück verläßt ihn, als er von einer Frau (Kellerman) in die Hand gebissen wird und fliehen muß. Die hinterlassene Narbe führt später zu seiner Überführung. Da er nicht verhandlungsfähig ist und offenbar unter Persönlichkeitsspaltung leidet, muß Bottomly ihn im Krankenhaus vernehmen...
DeSalvo legte nie ein Geständnis ab, aber die Tatsache, daß er seine Frau bei einem Besuch in der Anstalt angriff, überzeugte viele von seiner Schuld. Er starb 1973 in einem Gefängnis, ermordet von Mithäftlingen.
Richard Fleischer vermeidet wohlweislich alles Spekulative, und beschreibt den Fall nüchtern und genau. Die einzige filmische Finesse ist der clevere Einsatz des Multi-Image-Verfahrens, bei dem die Leinwand in mehrere Felder unterteilt wird,das Ende der 60er Jahre vorübergehend modern war. Vielleicht hätte der Film an den Kinokassen besser abgeschnitten, wenn man etwas mehr Wert auf das sensationalistische Element

gelegt hätte, doch so wurde daraus eine faszinierende, seriöse Studie eines geistesgestörten Verbrechers und der mühsamen Aufklärungsarbeit der Polizei. Besonders Tony Curtis liefert eine ausgezeichnete, oft erschreckende Darstellung, die erfolgreich gegen sein Charmeur-Image angeht. al

Der Frauenmörder von Paris

Landru. Frankreich/Italien 1962 **R** Claude Chabrol **B** Françoise Sagan, Claude Chabrol **K** Jean Rabier **M** Pierre Jansen **P** Georges de Beauregard, Carlo Ponti für Rom-Paris Films (Paris), Compagnia Cinematografica (Rom) **L** 93 Min. (Originalfassung 120 Min.), Farbe **D** Charles Denner, Danielle Darrieux, Michèle Morgan, Juliette Maynel, Mary Marquet, Hildegard Knef, Stéphane Audran

Im Jahre 1919 wird in Paris der Antiquitätenhändler Désiré Landru verhaftet. Nach dreijähriger Untersuchungshaft kommt es zum Prozeß, in dem ihm Morde an zehn Frauen sowie einem Jungen vorgeworfen werden. Obwohl Landru bis zuletzt alles abstreitet, wird er zum Tode verurteilt und 1922 hingerichtet.
Auf diesem authentischen Fall beruht Claude Chabrols Film, in dem Charles Denner, der durch die Künste des Maskenbildners eine frappierende Ähnlichkeit mit dem echten Vorbild aufweist, die Hauptrolle spielt. Der Unhold sucht über Zeitungsannoncen die Bekanntschaft reicher Damen, die er ihres Geldes wegen ermordet, da er selbst eine Ehefrau und vier Kinder zu ernähren hat. Chabrol nähert sich dem Thema nicht in dokumentarischer Form, obwohl Originalaufnahmen aus der Zeit des I. Weltkrieges diesen Eindruck vermitteln sollen, sondern eher in Form einer überzeichneten Satire, die an Charlie Chaplins verkannten MONSIEUR VERDOUX erinnert. Auch hier werden die „wenigen" Morde eines einzelnen in Relation zum Massensterben eines Weltkrieges gesetzt.
Dieser Film eröffnete eine Phase in Chabrols Schaffen, in der er sich, zum Entsetzen der Kritik, mehr kommerziellen Stoffen zuwandte. Eine ähnliche Figur wie Landru wurde von ihm übrigens noch einmal porträtiert: 1982 in DIE FANTOME DES HUTMACHERS. al

Eine Frauensache

Un affaire de femmes. Frankreich 1988 **R** Claude Chabrol **B** Colo Tavernier O'Hagan, Claude Chabrol, nach dem Buch von Francis Szipner **K** Jean Rabier **M** Mathieu Chabrol **P** Martin Karmitz für MK 2 Prod./Films A 2/Le Films du Camelia/La Sept **L** 110 Min., Farbe **D** Isabelle Huppert, François Cluzet, Marie Trintignant, Nils Tavernier, Lolita Chammah

Wie schon in VIOLETTE NOZIERE nahm sich Claude Chabrol hier eines historischen Falles an, erneut mit der phantastischen Isabelle Huppert in der Hauptrolle. Sie spielt Marie, Mutter von zwei Kindern, die in Frankreich zu Beginn des II. Weltkrieges einer Nachbarin hilft, die sich ein Kind hat anhängen lassen. Aus dieser solidarischen Hilfeleistung wird schnell eine einträgliche Nebeneinkunft, Marie wird zur professionellen „Engelmacherin", die schließlich sogar Zimmer an Prostituierte vermietet. Eine Denunziation führt zu ihrer Verhaftung, und obwohl sie vor Gericht Reue zeigt, wird sie zum Tode durch das Fallbeil verurteilt.
Eine Frauensache beruht auf dem Leben der Marie-Louise Giraud (im Film Marie Latour), die am 30. Juli 1943 als eine der letzten Frauen in der französischen Justizgeschichte öffentlich hingerichtet wurde. Die Vichy-Regierung arbeitete hart an der „moralischen Erneuerung" der Nation und wollte an ihr ein Exempel statuieren. Chabrol erzählt die Geschichte betont nüchtern und kühl, ohne für Marie Partei zu ergreifen, prangert aber gleichzeitig, wie schon so oft, die provinzielle Amoralität und Heuchelei an. In Frankreich verursachte *Eine Frauensache* einen mittleren Skandal, besonders wegen Maries angeblich blasphemischer Äußerungen kurz vor ihrem gewaltsamen Tod, doch die Kritik zeigte sich über Chabrols Rückkehr zu seiner alten Form und über Hupperts sensationelle Darstellung, die bei den Filmfestspielen in Venedig ausgezeichnet wurde (zusammen mit Shirley MacLaines MADAME SOUSATZKA), begeistert.
Paris Match: „Ein Film ohne Fehl und Tadel, ein Chabrol in Bestform, ein Chabrol, der mit kleinen, exakten Pinselstrichen Frankreich am Ende der Besatzungszeit ins Bild setzt." al

Frauenträume

Kvinnodröm. Schweden 1954 **R** Ingmar Bergman **B** Ingmar Bergman **K** Hilding Bladh **P** Anders Sandrew für Sandrew-Film **L** 80 Min., s/w **D** Eva Dahlbeck, Harriet Andersson, Gunnar Björnstrand, Ulf Palme, Inga Landgré, Kerstin Hedeby, Sven Lindberg, Naima Wifstrand, Bengt-Ake Benktsson, Git Gay

Ingmar Bergman hatte im selben Jahr mit seinem Film LEKTION IN LIEBE bewiesen, daß er auch Komödien drehen konnte. Durch den - wenn auch nicht gerade übermäßigen - Erfolg dieses Streifens wurde die Produktionsgesellschaft Sandrew wieder auf ihn aufmerksam, die schon 1953 den kommerziellen Mißerfolg ABEND DER GAUKLER finanziert hatte. Als dieser Film später im Ausland jedoch eine Reihe von Preisen erhielt, erkannte man, daß Bergman nicht einfach der Konkurrenzfirma Svensk überlassen werden konnte und gab ihm so die Möglichkeit, eine Reihe leichter Komödienstoffe zu realisieren.
Frauenträume erzählt von den jeweils scheiternden Liebesbeziehungen zweier Frauen zu deutlich älteren Herren. Susanne (Dahlbeck), eine Fotografin, und ihr Modell Doris (Andersson) reisen gemeinsam zwecks eines Auftrags nach Göteborg. Susanne hofft, ihren ehemaligen, verheirateten Liebhaber Lobelius (Palme) dort zu treffen. Das Rendezvous zwischen den beiden erweist sich als gründlicher Fehlschlag, denn Lobelius' Frau erscheint und weist triumphierend darauf hin, ihr Mann denke gar nicht daran, untreu zu werden. Doris läßt sich auf ein Techtelmechtel mit einem Konsul ein, der sie mit Schmuck und teuren Kleidern ausstattet, in ihr jedoch nur eine Art Tochterersatz sieht. Am Ende des Films kehren die beiden Frauen desillusioniert, aber an einigen Erfahrungen reicher nach Stockholm zurück. jg

Fräulein Julie

Fröken Julie. Schweden 1951 **R** Alf Sjöberg **B** Alf Sjöberg, nach dem Bühnenstück von August Strindberg **K** Göran Stirndberg **M** Dag Wirén **P** Sandrew-Baumann-Film **L** 99 Min., s/w **D** Anita Björk, Ulf Palme, Märta Dorff, Inger Nordgren, Jan Hagermann

Auf seiner beinahe krankhaften Suche nach irgendeinem christlichen Gehalt in diesem schwedischen Meisterwerk mußte der *Evangelische Filmbeobachter* im Jahre 1951 resigniert feststellen: „Nicht eine noch so bescheidene Geste... geschweige denn ein Gebet, eine Fürbitte, kommen der vom Schicksal Gezeichneten zu Hilfe. Der Film ist deshalb, trotz seiner überragenden künstlerischen Qualität, gewollt oder ungewollt, in seiner Wirkung atheistisch und daher nicht nur für Jugendliche, sondern auch für viele Erwachsene ungeeignet."
Bei den Filmfestspielen von Cannes hatte die Jury das Besinnen auf göttlichen Beistand wohl weniger vermißt und dem Sjöberg-Werk den Großen Preis verliehen.
Der Film ist die virtuose Umsetzung eines Dramas von August Strindberg. Im hemmungslosen Treiben eines dörflichen Mittsommernachtsfestes, gibt sich Fräulein Julie, die einzige Tochter eines angesehenen Grafen, im Taumel der schwül-hitzigen Nacht einem Diener ihres Vaters hin. Am nächsten Morgen wird sie sich ihres Fauxpas bewußt und begeht Selbstmord.
Sjöberg hatte das Strindberg-Stück zuvor am Dramatischen Theater von Stockholm inszeniert, übernahm für die Verfilmung seine Bühnenbesetzung, und gab lediglich Anita Björk als neuer Schauspielerin die Hauptrolle. *Fräulein Julie* wurde Alf Sjöbergs größter künstlerischer Erfolg, an den er mit seinen späteren Werken nie wieder heranreichen konnte. jg

Das Fräulein von Barnhelm

Das Fräulein von Barnhelm. Deutschland 1940 **R** Hans Schweikart **B** Ernst Hasselbach, Peter Francke, nach dem Bühnenstück *Minna von Barnhelm* von Gottfried Ephraim Lessing **K** Carl Hoffmann **M** Alois Melichar **P** Curt Prickler für Bavaria-Filmkunst **L** 98 Min., s/w **D** Käthe Gold, Ewald Balser, Fita Benkhoff, Paul Dahlke, Fritz Kampers, Erich Ponto, Theo Lingen

Das Fräulein von Barnhelm, basierend auf dem Bühnenstück Gottfried Ephraim Lessings, entstand im Zuge der vielen Preußen-Filme, die während des Dritten Reichs so beliebt waren und die Glanz und Glorie preußischen Kampfgeistes demonstrieren sollten, und im Grunde genommen nichts anderes waren als Propagandastreifen in historischer Verkleidung.
Hans Schweikarts Film bildet in dieser Gattung allerdings eine angenehme Ausnahme. Zwar ist auch Lessings Ränkespiel in der Zeit des Siebenjährigen Krieges angesiedelt, doch gibt das Schauspiel recht wenig her, um hier Kriegsszenen und Soldatenmut auszuschmücken, sondern ist vielmehr eine kompliziert arrangierte Liebesgeschichte, in der sich die unterschiedlichen Auffassungen des Liebesbegriffes innerhalb der gesellschaftlichen Stände widerspiegeln.
In das Schloß des sächsischen Grafen Bruchsall (Liebelt) quartieren sich die preußischen Truppen ein, deren Major von Thellheim (Balser) sich in des Grafen Nichte Minna (Gold) verliebt und dieser durch die Zahlung von 10.000 Talern zur Verhinderung der Brandschatzung der Dörfer gehörig imponiert. Im weiteren Verlauf des Krieges verlieren sich die beiden Liebenden zunächst aus den Augen, doch kann Minna später in einer ähnlichen Situation dem Geliebten ihrerseits helfen. Nach vielen Irrungen und Wirrungen finden beide endlich zusammen.
Ein hervorragend besetzter und gespielter Film, der sich als erfreuliche Einzelleistung unter den wenig rühmlichen Streifen, die zur Zeit des Nationalsozialismus entstanden, hervorhebt. jg

Das freche Mädchen

L´effrontée. Frankreich 1985 **R** Claude Miller **B** Claude Miller, Luc Beraud, Bernard Stora, Annie Miller **K** Dominique Chapuis **M** Alain Jomy **P** Marie-Laure Reyre für Orliane Prod./Films A2/ Téléma/Monthyon Films/CNC **L** 96 Min., Farbe **D** Charlotte Gainsbourg, Bernadette Lafont, Jean-Claude Brialy, Raoul Billerey, Clothilde Baudon

„Ich wär´ so gerne irgendwer, nur nicht ich.“ Dieser trotzige Satz stammt von der dreizehnjährigen Charlotte (Gainsbourg), die alles satt hat: die Schule, ihre Lehrer, das Leben mit Papa und der Haushälterin Leone (Lafont). Auch die kleine Nachbarstochter Lulu geht ihr mit ihrer dauernden Fragerei auf die Nerven. Viel lieber wäre sie wie Clara (Baudon), die gleichaltrige Konzertpianistin, ein Wunderkind, das doch eine Kindheit wie Charlotte nie gehabt hat.
Das freche Mädchen ist ein Teenie-Film, weil ein Teenager darin vorkommt, ansonsten hat er mit der Gattung, die sich meist auf die pubertäre erotische Neugier ihrer Helden und Heldinnen konzentriert, wenig gemein. Charlotte ist kein Kind mehr und auch noch keine Jugendliche. Diesen Schwebezustand, der ihr Angst macht und sie verwirrt, hat Claude Miller in schönen, poetischen Bildern einzufangen vermocht. Ganz ruhig erzählt er seine Geschichte und verzichtet, wie auch schon in seinen vier vorangegangenen Filmen, wohltuend auf Sensationen.
Seine kleine Hauptdarstellerin, zum Zeitpunkt der Dreharbeiten erst vierzehn, hat mit ihrer erstaunlichen Präsenz einen ebenso großen Anteil am Gelingen dieses Films. Die Tochter von Serge Gainsbourg und Jane Birkin gab als *Das freche Mädchen* ihr vielbeachtetes Filmdebüt und ließ sich von Kritikern eine große Zukunft prophezeien. Zunächst erhielt sie jedenfalls den César als beste Nachwuchsschauspielerin. Der Film selbst wurde mit dem Prix Louis Delluc ausgezeichnet.
„Eine Offenbarung!“ (*France Soir*) al

Freibeuter des Todes

The Island. USA 1980 **R** Michael Ritchie **B** Peter Benchley, nach seinem Roman **K** Henri Decae **M** Ennio Morricone **P** Richard D. Zanuck, David Brown für Universal **L** 114 Min., Farbe **D** Michael Caine, David Warner, Angela Punch McGregor, Frank Middlemass, Don Henderson, Dudley Sutton, Colin Jeavons, Zakes Mokae, Brad Sullivan, Jeffrey Frank

Es dauert nicht lange, und zu den Tönen einer beängstigenden Gruselmusik spaltet eine Axt einen menschlichen Schädel, fliegt ein abgetrennter Arm fröhlich spritzend durch die Luft. Ein kruder und unnötig blutiger Auftakt für einen dümmlich-peinlichen Actionstreifen, der sich nicht entscheiden kann, ob er nun Horror- oder Abenteuerkino sein soll. Auch wenn Autor Peter Benchley mit seinen Romanvorlagen zu DER WEISSE HAI und DIE TIEFE ein gewisses Gespür für kassenträchtige Stoffe bewiesen hatte, so ließ sich weder das Kinopublikum noch seine Leserschaft mit dem Skript zu diesem Film auf den Arm nehmen.
Spektakulärer Aufhänger der Geschichte ist das Verschwinden von mehreren hundert Booten im berüchtigten Bermuda-Dreieck. Diese Tatsache bildet den Ausgangspunkt der Geschichte; dann wird es alsbald recht abstrus, denn Benchley läßt nicht etwa eine Meute extraterrestrischer Entführer über dem in Verruf gekommenen Seegebiet auftauchen, sondern eine Bande sengender, plündernder und mordender Seeräuber, die seit Hunderten von Jahren nichts anderes tun, als in altbewährter Tradition die vorüberfahrenden Schiffe zu überfallen und die Mannschaften umzulegen. Auch Maynard (Caine) und sein kleiner Sohn geraten in die Hände der unheimlichen Piraten, werden von ihnen jedoch verschont und können in einem tollkühnen Handstreich die gesamte Bande ins Jenseits befördern.
Mit ein paar netten Außenaufnahmen (entstanden auf der Koralleninsel Antigua im Nordteil der Kleinen Antillen) und Actionszenen haben sich die Attraktionen, die dieser Film zu bieten hat, auch schon erschöpft. Der hanebüchenen Handlung mit ihren noch dämlicheren Dialogen kann man nicht einmal unfreiwillige Heiterkeit abgewinnen - sie ist einfach nur ärgerlich. jg

Der Freibeuter von Louisiana

The Buccaneer. USA 1938 **R** Cecil B. DeMille **B** Edwin Justus Mayer, Harold Lamb, C. Gardner Sullivan, nach Jeanie Macphersons Adaption des Romans *Lafitte the Pirate* von Lyle Saxon **K** Victor Milner **M** George Antheil **P** Cecil B. DeMille für Paramount **L** 124 Min., s/w **D** Fredric March, Franciska Gaal, Akim Tamiroff, Margot Grahame, Walter Brennan, Ian Keith, Spring Byington, Douglas Dumbrille, Robert Barrat, Hugh Sothern

Wieder einmal konnte Cecil B. DeMille ganz seiner Domäne, dem aufwendig inszenierten Historienfilm, huldigen. Hinter *Der Freibeuter von Louisiana* verbirgt sich nicht ein einfacher Abenteuerstreifen mit den üblichen Enterszenen und Seeschlachten, sondern vielmehr ein spannendes episches Werk, das versucht, historisch belegte Fakten in seine fiktive Handlung zu integrieren.
Fredric March spielt den berüchtigten Piraten Jean Lafitte, der mit seinen Seeräubern versteckt in den Sümpfen Louisianas lebt und sich aus Patriotismus heraus entschließt, in Zukunft nicht mehr amerikanische Schiffe zu entern. Sein Einsatz geht sogar so weit, daß er dem Süden zu Hilfe kommt, als er erfährt, daß die Briten sein geliebtes New Orleans angreifen wollen. Vermengt wird diese ansonsten recht spröde Handlung mit einer Liebesgeschichte, in deren Verlauf sich gleich zwei Frauen um die Gunst des verwegenen Piraten streiten. Lafitte entscheidet sich für das deutsche Mädchen Gretchen, das

ihm bei dem Überfall eines Schiffes in die Hände fiel.
Ein mit viel Elan und Freude am Detail gestalteter Abenteuerfilm, dessen patriotische Untertöne allerdings manchmal etwas zu aufdringlich werden. 1958 entstand unter der künstlerischen Gesamtaufsicht Cecil B. DeMilles mit Yul Brynner und Charlton Heston ein farbiges Remake, bei dem Anthony Quinn die Regie führte(KÖNIG DER FREIBEUTER). jg

Die Freibeuterin

The Spoilers. USA 1942 **R** Ray Enright **B** Lawrence Hazard, Tom Reed, nach dem Roman von Rex Beach **K** Milton Krasner **M** Hans J. Salter **P** Frank Lloyd für Universal **L** 87 Min., s/w **D** Marlene Dietrich, Randolph Scott, John Wayne, Margaret Lindsay

Der in Alaska angesiedelte Abenteuerroman von Rex Beach war bereits 1914, 1923 und 1930 verfilmt worden. Die simple, um die Jahrhundertwende angesiedelte Handlung dreht sich um zwei Goldsucher, einen guten (Wyne) und einen bösen (Scott), die miteinander nicht nur um eine Goldmine, sondern auch um eine schöne Frau (Dietrich) rivalisieren. Den besonderen Höhepunkt aller Verfilmungen (die bislang letzte entstand 1955 unter dem Titel *Mit roher Gewalt*) bildet die abschließende Schlägerei zwischen den beiden Konkurrenten im Saloon, bei der so einiges an Möbeln zu Bruch geht. In der Tat sind diese Faustkampfszenen aufregend inszeniert und ziemlich brutal. Man verwendete Großaufnahmen von den Stars, die geschickt mit Totalen kombiniert wurden, in denen Doubles zu sehen waren. Obwohl sie als Saloonbesitzerin reichlich Gelegenheit dazu gehabt hätte, durfte die wie immer umwerfend aussehende Dietrich leider kein Lied zum besten geben, dafür läuft als Hintergrundmusik im Saloon der Song *Little Joe the Wrangler* aus ihrem vorangegangenen Hit DER GROSSE BLUFF.
Die sorgfältige Ausstattung von *Die Freibeuterin* erhielt eine Oscar-Nominierung. al

Freitag, der 13.

Friday the 13th. USA 1979 **R** Sean S. Cunningham **B** Victor Miller **K** Barry Abrams **M** Henry Manfredi **P** Sean S. Cunningham für Warner Bros. **L** 95 Min., Farbe **D** Betsy Palmer, Adrienne King, Harry Crosby, Laurie Bartram, Mark Nelson, Jeannine Taylor, Robbi Morgan, Kevin Bacon

Da waren die Leichen aus den alten deutschen Edgar-Wallace-Filmen der 60er Jahre wesentlich origineller, denn auch sie fielen in ähnlichen Situationen einem Wahnsinnigen zum Opfer, doch wurde das Ganze wenigstens noch mit einem Schuß schwarzem Humor präsentiert. *Freitag, der 13.* hingegen ist einer jener unsäglichen Horror-Schundfilme, der mit verbiestertem Ernst und dilettantischer Story nach dem überstrapazierten Zehn-Kleine-Negerlein-Prinzip funktioniert.
Ein paar junge Leute wollen ein am Ufer eines malerischen Sees gelegenes Feriencamp, in dem sich 20 Jahre zuvor (man horche schaudernd auf!) ein grauenhafter Massenmord ereignete, wieder auf Vordermann bringen. Trotz eindringlicher Warnungen, die selbstverständlich von den uneinsichtigen Teenagern in den Wind geschlagen werden, bezieht man in den verlotterten Räumlichkeiten Quartier - und das fröhliche Metzeln kann beginnen. In einem fast pervers anmutenden Abwechslungsreichtum wird einer nach dem anderen massakriert, stecken bald Äxte in gespaltenen Schädeln und Pfeile in zermatschten Augen. Zwischen den einzelnen Morden muß sich der Zuschauer von dümmlichen Dialogen langweilen lassen - und das tat er offenbar ganz gern, denn *Freitag, der 13.* wurde in den Vereinigten Staaten und leider auch hier in Deutschland ein großer Kassenerfolg und provozierte eine nicht enden wollende Fortsetzung weiterer menschenverachtender Schlitzer-Schocker, die allesamt die Handlung ihres unrühmlichen Vorgängers übernahmen. jg

Freitag und Robinson

Man Friday. Großbritannien 1975 **R** Jack Gold **B** Adrian Mitchell, nach seinem Bühnenstück, basierend auf dem Roman *Robinson Crusoe* von Daniel Defoe **K** Alex Philips **M** Carl Davis **P** David Korda für ITC **L** 115 Min., Farbe **D** Peter O'Toole, Richard Roundtree, Peter Cellier, Christopher Cabot, Sam Seabrook

Daniel Defoes 1720 erschienener, dreiteiliger Roman um das einsame Inselleben eines Schiffbrüchigen ist schon viele Dutzend Male verfilmt worden, doch Jack Gold und sein Drehbuchautor Adrian Mitchell verstanden es, der Thematik eine ganz neue Sichtweise zu geben. Nach Mitchells Theaterstück entstand die Geschichte von eben jenem Robinson Crusoe (O'Toole), der nun schon seit geraumer Zeit auf seinem Eiland haust. Als ihm von einer Nachbarinsel vier Eingeborene einen Besuch abstatten, tötet er drei von ihnen und macht den Vierten (Roundtree) zu seinem Sklaven, den er Freitag nennt. Doch der ist cleverer als erwartet, und es dauert nicht lange, da haben sich die Herrschaftsverhältnisse umgekehrt. Am Ende bettelt Robinson geradezu darum, in Freitags Stamm aufgenommen zu werden...
Diese ironische Umkehrung einer klassischen Geschichte versucht, dem veränderten Bewußtsein der Schwarzen in den 70er Jahren gerecht zu werden und zieht eine Parallele zum arroganten und grausamen Verhalten der weißen Kolonialisten, denen die naturverbundenen Ureinwohner der unterworfenen Länder im Grunde überlegen sind. Eigentlich war eine Schlußeinstellung gefilmt worden, in der Crusoe sich nach der Ablehnung durch Freitags Stamm eine Kugel in den Kopf jagt, doch auf Einspruch der Produzenten beließ man es dabei, Crusoe einsam am Strand seiner Insel zurückzulassen. al

Der Fremde

Lo straniero / L'étranger. Italien/Frankreich 1967 **R** Luchino Visconti **B** Suso Cecchi D'Amico, Georges Conchon, Emmanuel Robles, nach einem Roman von Albert Camus **K** Giuseppe Rotunno **M** Piero Piccioni **P** Dino de Laurentiis (Rom), Marianne Production (Paris) **L** 104 Min., Farbe **D** Marcello Mastroianni, Anna Karina, Georges Wilson, Bernard Blier, Bruno Cremer

Im nachhinein empfand Visconti seinen Film im Vergleich zu der Vorlage nicht mehr kühl und distanziert genug, obwohl er das Buch richtig interpretiert und auch das Drehbuch dementsprechend angelegt hatte. „Ich hatte das Drehbuch zusammen mit Georges Conchon geschrieben. Aber es war ganz anders als dann der Film, denn in ihm war noch viel von Camus' Roman zu finden“ (Visconti). Albert Camus schrieb seinen Roman 1942 mitten in den Wirren des Zweiten Weltkrieges. Der Algerien-Franzose Mersault (Mastroianni) lebt sein Leben ohne Engagement, ohne Anteilnahme und Antriebskraft. Der Tod seiner Mutter läßt ihn ebenso kalt wie sein Mord an einem Araber. Auch dem anschließend über ihn verhängten Todesurteil setzt er nur Gleichgültigkeit entgegen. *Der Fremde* war in den 50er Jahren der Roman, der einer Gruppe von Jungintellektuellen zur Zuflucht wurde. Nach Auschwitz und der Katastrophe zweier Weltkriege schien ihnen das Ausweichen in den Nihilismus eines Camus oder Sartre die beste

Antwort auf die vielen unbewältigten Fragen dieser Zeit zu sein.
Visconti hatte sich eigentlich Alain Delon für die Rolle des Mersault gewünscht, doch als dieser eine zu hohe Gage forderte, lehnte ihn Dino de Laurentiis ab. Also wurde Marcello Mastroianni engagiert, dem Visconti zum Teil die Schuld am Scheitern seines Filmes gab. Mastroianni blieb zu sehr dem südländischen Temperament seiner italienischen Herkunft verbunden und ließ die geforderte Distanz und Gefühlskälte vermissen. jg

Fremde Bettgesellen

Strange Bedfellows. USA 1964 **R** Melvin Frank **B** Melvin Frank, Michael Pertwee, nach einer Story von Frank und Norman Panama **K** Leo Tover **M** Leigh Harline **P** Melvin Frank für Fernwood Prod./Universal **L** 99 Min., Farbe **D** Rock Hudson, Gina Lollobrigida, Gig Young, Edward Judd, Terry Thomas

Rock Hudsons erfolgreiche Sexkomödien mit Doris Day lösten eine wahre Welle derartiger Filme aus, an der die beiden Stars auch mit anderen Partnern beteiligt waren. Während Doris Day mit James Garner und Rod Taylor zusammengespannt wurde, stellte man Hudson u.a. zweimal die Italienerin Gina Lollobrigida an die Seite. Beider erster gemeinsamer Film, HAPPY-END IM SEPTEMBER, ist davon der wesentlich bessere. Hier spielt Hudson den Angestellten einer amerikanischen Ölfirma, der vor sieben Jahren in London die italienische Malerin Toni (Lollobrigida) heiratete, sich jedoch nach temperamentvollen Ehekrächen schnell wieder von ihr trennte. Nun muß er, um einen gutdotierten Direktorenposten zu erhalten, ein einwandfreies Privatleben vorweisen. Vor dem Scheidungsrichter sehen er und Toni sich zum ersten Mal nach langer Zeit wieder, und, wer hätte das gedacht, es funkt zwischen ihnen erneut...
Fremde Bettgesellen weist einige amüsante Momente auf, doch insgesamt bleibt der Film hinter den Erwartungen zurück. Zu bekannt sind mittlerweile die üblichen Verwicklungen und Mißverständnisse, zu abgegriffen ist auch das Klischee, Gina „Nazionale" als tellerwerfenden Temperamentsbolzen(so sind sie nun mal, die Italiener!) zu präsentieren. Wesentlich mehr Mühe als mit dem Drehbuch gab man sich dafür mit der Ausstattung, die sehr gekonnt den Eindruck vermittelt, der Film wäre an seinem Originalschauplatz in London gemacht worden - in Wahrheit entstand er auf dem Studiogelände von Universal. al

Der Fremde im Zug

Strangers on a Train. USA 1951 **R** Alfred Hitchcock **B** Raymond Chandler, Czenzi Ormonde, nach einem Roman von Patricia Highsmith **K** Robert Burks **M** Dimitri Tiomkin **P** Alfred Hitchcock für Warner Bros. **L** 101 Min., s/w **D** Farley Granger, Ruth Roman, Robert Walker, Leo G. Carroll, Patricia Hitchcock, Laura Elliott, Marion Lorne, Jonathan Hale

Strangers on a Train war Patricia Highsmiths erster Roman. Zu diesem Zeitpunkt war sie noch eine völlig unbekannte Schriftstellerin und bekam für die Verfilmungsrechte ihres Buches lediglich mickrige 2.000 Dollar angeboten. Als sie sich gegenüber Hitchcock darüber beklagte, meinte dieser, sie hätte für die Verfilmung ihres Buches eigentlich noch bezahlen müssen, denn schließlich würde das Projekt zu ihrem künftigen Ruhm beitragen, was sich ja später auch bewahrheitete.
Farley Granger spielt den Tennischampion Guy Haines, der während einer Zugfahrt von einem Mann namens Bruno Anthony (Walker) ein merkwürdiges Angebot erhält. Guy soll Brunos Vater ermorden, während dieser im Gegenzug Guys Frau beseitigen möchte, die nicht in eine Scheidung einwilligt und seiner Verbindung mit der Senatorentochter Anne Morten (Roman) im Wege steht. Haines mißt der makabren Unterhaltung keine weitere Bedeutung bei, bis Bruno tatsächlich seine Frau tötet und von ihm die Erfüllung der gegenseitig getroffenen Abmachung fordert.
Hitchcock war anfangs recht glücklich, den bekannten Schriftsteller Raymond Chandler für die Ausarbeitung des Drehbuches gewonnen zu haben, doch legte dieser nach kurzer Zeit ein äußerst rüdes Verhalten an den Tag und lästerte des öfteren lautstark über Hitchcocks Körperfülle, so daß sich der beleidigte Regisseur schließlich von ihm trennte und für die weitere Konzeption Czenzi Ormonde zu Rate zog.
Nach einer Kette von sowohl finanziell als auch künstlerisch enttäuschenden Werken wurde *Der Fremde im Zug* eine fulminante Rückkehr zum intelligent gemachten Spannungskino und setzte durch die Kameraarbeit von Robert Burks (er fotografierte außer PSYCHO bis zu seinem Tod 1964 alle Filme des Altmeisters) formal neue Akzente im Oeuvre Hitchcocks. Eine besondere Anerkennung verdient die schauspielerische Leistung von Hitchcock-Tochter Patricia, die in unvergleichlicher Weise die etwas naiv-drollige Film-Schwester von Ruth Roman verkörperte und dabei ihr Talent in der Interpretation leicht schrullig-geschwätziger Jungfrauentypen unter Beweis stellte. jg

Fremde Schatten

Pacific Heights. USA 1990 **R** John Schlesinger **B** Daniel Pyne **K** Amir Mokri **M** Hans Zimmer **P** Scott Rudin, William Sackheim für Morgan Creek **L** Farbe **D** Melanie Griffith, Matthew Modine, Michael Keaton, Mako, Nobu McCarthy, Laurie Metcalf, Carl Lumbly, Luca Bercovici, Tippi Hedren, Sheila McCarthy, Guy Boyd, Jerry Hardin

Ein alptraumhafter Thriller, der zwar nicht besonders glaubhaft ist, vom britischen Regisseur John Schlesinger jedoch routiniert inszeniert wurde und über einen großen Unterhaltungswert verfügt.
Patty (Griffith) und ihr Freund Drake (Modine) kaufen in San Francisco in der vornehmen Wohngegend von Pacific Heights ein etwas heruntergekommenes Wohnhaus und richten es liebevoll wieder her. Um die aufgenommenen Kredite bezahlen zu können, wollen die beiden einen Teil des Hauses vermieten. Damit beginnt das Unheil, denn ohne einen ordentlichen Mietvertrag zieht der gefährliche Psychopath Carter Hayes in eine der zwei Wohnungen ein und macht Patty und Drake fortan das Leben zur Hölle. Nach zermürbenden Wochen des Terrors verschwindet Hayes zwar wieder, läßt aber sein Appartement als Trümmerfeld zurück. Patty gibt nicht auf und verfolgt eigenmächtig die Spur des Rabauken.
Fremde Schatten entstand vor Ort am Potrero-Hügel in San Francisco und Los Angeles. Das im Film gezeigte Wohnhaus existiert tatsächlich, mußte aber extra in einen etwas derangierten Zustand gebracht werden. Also wurde das gesamte Gebäude mit einer dünnen Schicht verkleidet und diese mit entsprechenden Farben angepinselt. Zwei Tage später nahm man die Kulisse wieder ab. Die Innenaufnahmen, für die man das Interieur des Hauses originalgetreu nachbaute, wurden in den Studios von Culver City gedreht.
In einer kurzen Nebenrolle ist Melanie Griffiths Mutter Tippi Hedren (DIE VÖGEL, MARNIE) zu sehen, die eigentlich ihrer Tochter am Set nur einen Besuch abstatten wollte und von John Schlesinger gleich vom Fleck weg für den Part der Florence Peters engagiert wurde. jg

Fremde, wenn wir uns begegnen

Strangers When We Meet. USA 1960 **R** Richard Quine **B** Evan Hunter, nach seinem Roman **K** Charles Lang **M** George Dunning **P** Richard Quine für Bryna-Quine Prod./Columbia **L** 115 Min., Farbe **D** Kirk Douglas, Kim Novak, Barbara Rush, Ernie Kovacs, Walter Matthau

In einem noblen Vorort laufen sich der Architekt Larry (Douglas), verheiratet, zwei

Söhne, und die attraktive Hausfrau Maggie (Novak), ebenfalls verheiratet, ein Sohn, über den Weg. Zwischen den beiden entwickelt sich eine Romanze, doch keiner von beiden weiß so recht, was sie nun aus ihren Gefühlen für Konsequenzen ziehen sollen. Am Ende beschließen sie, auseinanderzugehen, und sich bei einer eventuellen Begegnung wie Fremde zu benehmen.
Evan Hunters Roman, den er selbst für die Leinwand adaptierte, galt zu seiner Zeit als gewagt, weil er die außerehelichen Eskapaden der gehobenen Mittelklasse untersuchte. Als unübersehbares Symbol für die Entwicklung der heimlichen Romanze steht der Bau eines Hauses, das Architekt Larry im Auftrage des Schriftstellers und Schürzenjägers Roger (Kovacs), einer der sympathischen Charaktere des Films, baut. Als es fertig ist, nimmt Larry einen Auftrag auf Hawaii an, und die Beziehung ist zu Ende. Regisseur Richard Quine nahm das fertiggestellte Bauwerk übrigens als Teil seiner Gage nach den Dreharbeiten in Besitz. *Fremde, wenn wir uns begegnen* profitiert nicht nur von den guten Darstellungen seiner Besetzung, sondern auch von der sorgfältigen teuren Ausstattung und der schönen Farbphotographie Walter Langs - all diese Elemente lassen das Material nach mehr Substanz aussehen als es eigentlich hat. An den Kassen erlitt der Film jedoch Schiffbruch. al

Ein Fremder kam an

Five Finger Exercise. USA 1962 **R** Daniel Mann **B** Frances Goodrich, Albert Hackett, nach dem Bühnenstück von Peter Shaffer **K** Harry Stradling **M** Jerome Moross **P** Fredrick Brisson für Columbia **L** 108 Min., s/w **D** Rosalind Russell, Jack Hawkins, Maximillian Schell, Richard Beymer, Annette Gorman

Die oberflächliche Harmonie einer kalifornischen Familie gerät ins Wanken, als sie einen deutschen Flüchtling (Schell) als Privatlehrer für die Tochter Pamela (Gorman) aufnimmt. Denn Louise Harrington (Russell), dominante Dame des Hauses, verliebt sich in den jungen Mann und kann sich nicht damit abfinden, daß er sie als eine Art Mutterersatz ansieht. Seine Aufmerksamkeit gegenüber seiner Schülerin wird ebenfalls mißverstanden, und so enden seine verzweifelten Bemühungen, in die Familie aufgenommen zu werden, in einer Katastrophe...
Peter Shaffers sehr erfolgreiches Bühnenstück (Jessica Tandy spielte am Broadway die Hauptrolle) erfuhr einige Änderungen bei seiner Übertragung auf die Leinwand, die nicht zu seinem Vorteil waren. Zunächst wurde die Handlung von England nach Kalifornien verlegt, und außerdem änderte man die Andeutungen von Homosexualität aus Zensurgründen in weniger spektakulären Ehebruch um. Aus einem kraftvollen Drama wurde so eine stinknormale Seifenoper, die zudem auch unter dem exaltierten, gekünstelten Spiel der Darsteller (mit Ausnahme von Schell) leidet. al

Ein fremder Klang

Cadence. USA 1990 **R** Martin Sheen **B** Dennis Shyrack, Martin Sheen, nach dem Roman *To Count a Lonely Cadence* von Gordon Weaver **K** Richard Leiterman **M** Georges Delerue **P** Richard Davis für International Movie Group/Northern Lights Entertainment **L** 94 Min., Farbe **D** Charlie Sheen, Martin Sheen, F. Murray Abraham, Larry Fishburne, Blu Mankuma, Michael Beach, Harry Stewart, John Toles-Bey, James Marshall

Einer jener seltenen amerikanischen Soldatenfilme, der die US-Army nicht bedingungslos glorifiziert, sondern eine kritische Haltung gegenüber deren Hierarchie und Machtprinzipien einnimmt. Der Film ist hervorragend besetzt, Georges Delerues symphonischer Score bringt etwas Gefühl in die harte Männerwelt, und Vater und Sohn Sheen bieten als erbitterte Kontrahenten eine interessante schauspielerische Studie.
Westdeutschland 1965. Der etwas zu individualistische US-Gefreite Bean (C. Sheen) wird nach einer Schlägerei in das Gefängnis einer Militärbasis eingeliefert, wo er sich in eine überwiegend aus Schwarzen bestehende Strafkompanie einfügen muß. Das sinnlose Dasein der Männer bekommt durch die Renovierung einer Windmühle eine neue Wendung. Doch wird gerade diese Beschäftigung zu einem Symbol des Machtkampfes zwischen der Truppe und dem verbissenen Altmilitaristen McKinney (M. Sheen), der in einem Anfall von ohnmächtiger Wut einen Rekruten erschießt. Als Bean vor Gericht den wahren Hergang der Tat schildert, richtet er damit McKinneys militärische Karriere zugrunde. Er selbst wird am Ende des Films nach Vietnam versetzt.
Ein fremder Klang ist auf einer Militärbasis in der Nähe von Würzburg angesiedelt, wurde aber in der waldreichen Region von Vancouver in British Columbia gedreht, und dort sieht es eben ganz anders als in Deutschland aus. Auch die marode Windmühle wird man in der Bauweise, wie sie im Film gezeigt wird, im nördlichen Bayern vergeblich suchen. jg

Ein Fremder ohne Namen

High Plains Drifter. USA 1973 **R** Clint Eastwood **B** Ernest Tidyman **K** Bruce Surtees **M** Dee Barton **P** Robert Daley für Malpaso/Universal **L** 105 Min., Farbe **D** Clint Eastwood, Verna Bloom, Mariana Hill, Mitchell Ryan

Wie schon der deutsche, ausnahmsweise mal passende Titel verrät, handelt es sich bei diesem Western um eine weitere Auseinandersetzung Eastwoods mit dem von ihm selbst und Sergio Leone geschaffenen Mythos des „Mannes ohne Namen". Als ein solcher reitet er in eine kleine, schmutzige Wüstenstadt ein, dessen Bewohner ihn zunächst als Bedrohung empfinden. Nachdem er drei angriffslustige Revolverhelden getötet und sich so Respekt verschafft hat, bitten sie ihn schließlich um Hilfe gegen drei weitere Unholde, deren Entlassung aus dem Gefängnis kurz bevorsteht. Der Fremde nimmt an, macht es sich im Hotel bequem und entwirft einige Verteidigungspläne - allerdings nur zum Schein, denn in Wahrheit hat er mit den Bewohnern des Städtchens etwas ganz anderes vor...
Eastwood, der hier erstmals bei einem Western Regie führte, hat offensichtlich von Sergio Leone und Don Siegel gelernt. Sein Film erzählt, ähnlich wie Leones SPIEL MIR DAS LIED VOM TOD, eine Rachegeschichte, was sich dem Zuschauer, wie auch der Stadtbevölkerung jedoch erst nachträglich offenbart - durch kurze, manchmal verschwommene Rückblenden, die sich am Schluß wie ein Puzzlespiel zusammensetzen lassen. Geradlinig und mit trockenem Humor erzählt Eastwood seine moralische Geschichte (mit dem kleinwüchsigen Billy Curtis als „Hofnarren"), die ihn endgültig auch als versierten Regisseur etablierte. al

French Can Can

French Can-Can. Frankreich/Italien 1955 **R** Jean Renoir **B** Jean Renoir, nach einer Idee von André-Paul Antoine **K** Michel Kelber **M** Georges van Parys **P** Louis Wipf für Franco-London Films (Paris), Jolly Film (Rom) **L** 87 Min. (Originalfassung 93 Min.), Farbe **D** Jean Gabin, Françoise Arnoul, Maria Félix, Jean-Roger Caussimon, Gianni Esposito, Philippe Clay, Michel Piccoli

Nachdem er fünfzehn Jahre lang in Frankreich keinen Film mehr gemacht hatte, kehrte Jean Renoir mit *French Can Can*, einer nostalgischen Heraufbeschwörung der „Belle Epoque" triumphal in sein Heimatland zurück. Sein bevorzugter Star Jean Gabin spielt den alternden Impresario Danglard, dessen Gespür für Talente und Verführungskünste gleichermaßen berühmt sind. Er möchte am Monmartre ein neues Nachtlokal eröffnen, das „Moulin Rouge", in dem er dem alten Can Can zu neuem Glanz verhelfen möchte. Als Zugpferd hat er sich die attraktive Tänzerin Nini (Arnoul) ausgeguckt. Das ruft allerdings „Belle Abbesse" (Félix) auf den Plan, die mit ihren orientalischen Tänzen die Hauptattraktion von Danglards „Chinesischem Wandschirm" ist. Sie fürchtet die neue Konkurrenz...
French Can Can ist ein farbenprächtiges Spektakel, das sich bei der originalgetreuen Ausstattung und den Revue-Nummern genauso viel Mühe gibt wie bei der Zeichnung seiner liebenswürdigen Charaktere. Nicht selten fühlt man sich an die Bilder des Malers

Toulouse-Lautrec erinnert, dessen bevorzugte Motive ja die Halbwelt des Pariser Amüsier-Milieus war. Seinerzeit konnte sich die Kritik nicht über das Werk einig werden, doch heute gilt *French Can Can* als einer von Renoirs schönsten Filmen. al

French Connection II

French Connection II. USA 1974 **R** John Frankenheimer **B** Alexander Jacobs, Robert Dillon, Laurie Dillon **K** Claude Renoir **M** Don Ellis **P** Robert L. Rosen für 20th Century-Fox **L** 112 Min., Farbe **D** Gene Hackman, Fernando Rey, Bernard Fresson, Jean-Pierre Castaldi, Charles Millot, Cathleen Nesbitt, Pierre Collet, Alexandre Fabre, Philippe Léotard, Jacques Dynam

Der große Erfolg von *French Connection*, der in den deutschen Kinos unter dem Titel BRENNPUNKT BROOKLYN lief, war Anlaß zu dieser drei Jahre später folgenden Fortsetzung, in der wieder Gene Hackman die Rolle des eigenwilligen New Yorker Polizisten „Popeye" Doyle übernahm. Der Film wurde an Originalschauplätzen in New York, Marseille und Südfrankreich gedreht und bietet wiederum eine Reihe knallharter Action-Szenen - von Schlägereien bis hin zur Autoverfolgungsjagd. Gleich in der ersten Woche spielte *French Connection II* annähernd 6 Millionen Dollar ein.
Polizeidetektiv Doyle reist diesmal nach Marseille, um die dortigen Gesetzeshüter bei ihrer Suche nach dem gefährlichen Heroinhändler Alan Charnier (Rey) zu unterstützen. In Wirklichkeit jedoch wurde er nichtsahnend nach Frankreich geschickt, um Charnier aus seinem Versteck hervorzulocken. Doyle versieht seinen Dienst mit verbissenem Eifer, gerät jedoch bei seinen Recherchen in einen Hinterhalt und wird von Charniers Leuten gekidnappt und gewaltsam mit Heroin süchtig gemacht. Nachdem ihn seine Kollegen gefunden haben und er sich wieder auf dem Wege der Erholung befindet, kann ihn nichts an einem blutigen Rachefeldzug hindern. jg

Frenzy

Frenzy. Großbritannien 1972 **R** Alfred Hitchcock **B** Anthony Shaffer, nach dem Roman *Goodbye Piccadilly, Farewell Leicester Square* von Arthur La Bern **K** Gil Taylor **M** Ron Goodwyn **P** Alfred Hitchcock für Universal **L** 116 Min., Farbe **D** Jon Finch, Barry Foster, Alec McCowaen, Barbara Leigh-Hunt, Anna Massey, Vivien Merchant, Bernard Cribbins, Jean Marsh, Michael Bates

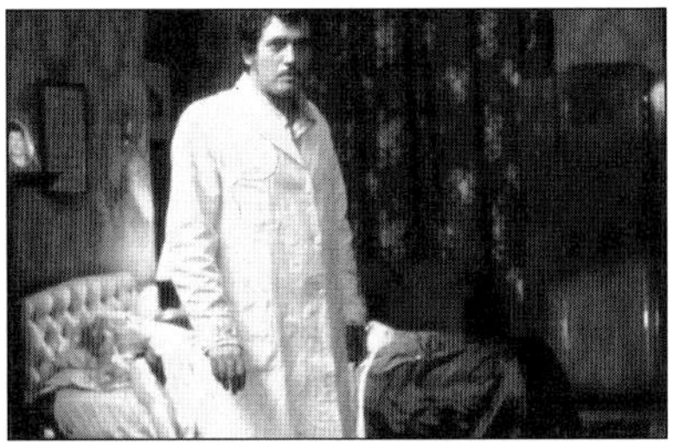

Die 60er Jahre hatten sich von Hitchcock bis auf die beiden Ausnahmen PSYCHO und DIE VÖGEL als eine nicht gerade erfolgreiche Dekade verabschiedet, und die Kritik stellte schon Mutmaßungen an, der Meister des Schreckens hätte wohl endgültig seine Schlagkraft verloren. Mit *Frenzy* jedoch sollte Hitchcock noch einmal alle Register seines Könnens ziehen. Nach über 20 Jahren kehrte er erstmals wieder in seine englische Heimat zurück, um dort einen abgrundtief schwarzen Thriller der Spitzenklasse zu drehen.
Der ehemalige Militärpilot Richard Blaney (Finch) ist zum Bierzapfer eines schäbigen Londoner Pubs abgesunken und beobachtet - teils bewundernd, teils verärgert - wie sich seine Ex-Frau Brenda (Leigh-Hunt) mit ihrem Heiratsvermittlungsbüro eine gesicherte Existenz aufgebaut hat. Eines Tages wird Brenda das Opfer eines brutalen Frauenmörders, auf dessen Konto bereits mehrere Gewaltverbrechen gegangen sind. Durch eine Verkettung unglücklicher Zufälle verdächtigt man Blaney, diese Morde begangen zu haben. In Kenntnis über den wahren Täter, bricht Blaney nach seiner Verhaftung aus dem Gefängnishospital aus, um den gefährlichen Triebtäter selbst zu stellen.
Interessant an *Frenzy* ist Hitchcocks Anpassung an den Trend der 70er Jahre, der eine verstärkte Enttabuisierung von sexuellen Darstellungen aufwies und den Verzicht auf großes Starkino beinhaltete. *Frenzy* ist der erste Hitchcock-Film, der in den USA mit dem Prädikat „nur bedingt jugendfrei" anlief. Die Besetzungsliste wies zwar einige Größen aus der Londoner Theaterwelt auf, doch waren diese außerhalb Englands so gut wie unbekannt.
Die Dreharbeiten in London wurden von einem unglaublichen Publicity-Rummel um Hitchcocks Person begleitet, der das große Interesse sichtlich genoß und sich u.a. in Madame Tussauds Wachsfigurenkabinett mit dem Kopf seines Ebenbildes unter dem Arm fotografieren oder als Gag eine Imitation von sich als Wasserleiche in der Themse dümpeln ließ. Dies führte zu der Annahme, es würde sich dabei um den schon beinahe legendären Kurzauftritt des Regisseurs handeln. Hitchcock ist in *Frenzy* jedoch zu Beginn unter einer Gruppe von Zuhörern am Themseufer zu sehen, an das kurz darauf die erste Frauenleiche geschwemmt wird. jg

Frequenz Mord

Frequence meurtre. Frankreich 1988 **R** Elisabeth Rappeneau **B** Elisabeth Rappeneau, Jacques Audiard, nach dem Roman *When the Dark Man Calls* von Stuart Kaminsky **K** William Lubtchansky **M** Philippe Gall **P** Danièle Delorme, Yves Robert für Les Films de la Guéville/Capac/AAA Prod. **L** 110 Min., Farbe **D** Catherine Deneuve, André Dussolier, Martin Lamotte, Etienne Chicot

Für Catherine Deneuve wird es mit zunehmendem Alter offenbar immer schwerer, noch geeignete Rollen zu finden. Zwar ist sie schön und jugendlich wie eh und je, doch seit DIE LETZTE METRO aus dem Jahre 1980 haben alle Filme enttäuscht. Wenn sie überhaupt einmal den Sprung in deutsche Kinos schafften, wurden sie vom Verleih meist stiefmütterlich behandelt und erhielten kaum Werbung (u.a. so geschehen bei NÄCHTLICHE SEHNSUCHT-HEMMUNGSLOS). Auch *Frequenz Mord* kann diesen Eindruck nicht vertreiben.
Die Deneuve spielt die Psychologin Jeanne, die nebenbei sehr erfolgreich eine Art Telephonseelsorge im Nachtprogramm eines Radiosenders betreibt. Ihr geordnetes Leben wird durch einen anonymen Anrufer gestört, der Jeanne an ein entsetzliches Ereignis aus ihrer Kindheit erinnert: Sie mußte seinerzeit die Ermordung ihrer Eltern mitansehen...
Die Vorliebe der Franzosen für amerikanische Kriminalstoffe ist ja bekannt; auch Elisabeth Rappeneaus Psycho-Thriller beruht auf einer solchen Vorlage. Doch was die versierte Drehbuchautorin und Schwester von Jean-Paul Rappeneau in ihrem Regie-Debüt daraus machte, ist ein fader Krimi, bar jeder Spannung. Denn obwohl immer wieder verwirrende Spuren ausgelegt werden, um diesen oder jenen zu verdächtigen, weiß der aufmerksame Zuschauer schon nach kurzer Zeit, wer der geheimnisvolle Anrufer und Mörder ist. Da wirkt dann der Rest des Films um so konstruierter und klischeebeladener. Es bleibt also wieder einmal nichts anderes übrig, als sich auf Catherine Deneuve und ihr Spiel zu konzentrieren, das *Frequenz Mord* wenigstens etwas von der so dringend benötigten Klasse verleiht. al

Freshman

The Freshman. USA 1990 **R** Andrew Bergman **B** Andrew Bergman **K** William A. Fraker **M** David Newman **P** Mike Lobell, Andrew Bergman für Tri-Star Pictures **L** 102 Min., Farbe **D** Marlon Brando, Matthew Broderick, Bruno Kirby, Penelope Ann Miller, Frank Whaley, Jon Polito, Paul Benedict, Richard Gant, Pamela Peyton-Wright, Maximilian Schell

Der etwas unbeholfene Student Clark Kellogg (Broderick) kommt aus der amerikanischen Provinz frisch nach New York, um dort auch gleich das Opfer eines gemeinen Diebstahls zu werden. Als er dem Ganoven Victor (Kirby) begegnet, bietet dieser ihm zur Wiedergutmachung die Bekanntschaft mit seinem Onkel Carmine (Brando) an. Clark gerät völlig aus dem Häuschen, als er sieht, daß er dem leibhaftigen Mafia-Boß aus Coppolas DER PATE gegenüber steht. Er erliegt ganz der Faszination dieses Mannes, der ihn wiederum für seine Zwecke einspannt. Da er sich in Carmines bildschöne Tochter Tina (Miller) verliebt hat, macht Clark notgedrungen alles mit.
Seinen letzten durchgehenden Filmauftritt hatte Brando in dem Thriller DIE FORMEL gehabt; alles andere danach waren Nebenrollen. Andrew Bergman und Produzent Mike Lobell pirschten sich erst sehr langsam und vorsichtig an Brando heran. Zwei Tage waren sie auf seiner Insel Tetiaroa zu Gast und redeten über alles mögliche, nur nicht über den Film, bis Brando schließlich selbst sein Interesse am Drehbuch zugab und kurze Zeit später einwilligte, die Rolle zu übernehmen. Nach Beendigung der Aufnahmen gab es allerdings einigen Ärger. Zunächst meckerte Brando nachträglich über den Regisseur und seine Schauspieler-Kollegen, die solche Reaktionen überhaupt nicht verstehen konnte, da sich Brando am Set von einer höchst angenehmen Seite gezeigt hatte. Dann drohte die Paramount mit juristischen Konsequenzen, weil Brando ihrer Meinung nach genau seine Rolle aus DER PATE kopierte, und das Team nicht die Rechte daran besaß. Im Nachspann wurde schließlich darauf hingewiesen, daß die Paramount die alleinigen Exklusiveigentümer der Filmrechte zu DER PATE und der Figur des Vito Corleone seien.
Freshman erfuhr in den USA nur in einigen Großstädten reges Interesse und erwies sich lediglich als durchschnittlicher Kassenerfolg. „*Freshman* ist so sympathisch, intelligent, originell und witzig wie schon lange keine amerikanische Komödie mehr." (*epd Film*) jg

Ein Fressen für die Geier

Two Mules for Sister Sara. USA 1970 **R** Don Siegel **B** Albert Matz, nach einer Story von Budd Boetticher **K** Gabriel Figueroa **M** Ennio Morricone **P** Martin Rackin, Carroll Case für Malpaso/Universal **L** 119 Min., Farbe **D** Clint Eastwood, Shirley MacLaine, Albert Morin

Ganz in der Tradition von Sergio Leones „Dollar-Trilogie" bewegt sich dieser amüsante Western von Don Siegel, der mit Clint Eastwood bereits in COOGANS GROSSER BLUFF zusammengearbeitet hatte. Der Schauspieler heißt hier zwar Hogan, seine Figur ist jedoch, vom Verhalten wie von den Äußerlichkeiten her, nur eine Variation des „Mannes ohne Namen".
Dieser befreit in der mexikanischen Wüste eine Nonne (MacLaine) aus der Gewalt von Banditen und nimmt sie in die nächste Stadt mit, wo er im Auftrage von mexikanischen Rebellen die französische Garnison in die Luft sprengen soll. Für eine Nonne hat seine Begleiterin allerdings recht ungewöhnliche Angewohnheiten...
Eigentlich hätte Elizabeth Taylor die Rolle der Schwester Sara spielen sollen (sie hatte Eastwood auf das Drehbuch aufmerksam gemacht), doch die Produzenten mochten ihre umfangreichen Bedingungen nicht erfüllen. Kurzerhand engagierte man Shirley MacLaine, die die Taylor schon bei DAS MÄDCHEN IRMA LA DOUCE ersetzt hatte. Unglücklicherweise kam sie weder mit Regisseur Siegel noch mit der mexikanischen Sonne zurecht, so daß extra ein Einheimischer angeheuert wurde, der sie ständig mit einem Sonnenschirm schützte. Unstimmigkeiten gab es auch zwischen Siegel und Produzent Martin Rackin, der schließlich die Kontrolle über den Schnitt an sich riß.
Angesichts dieser Umstände ist es um so verwunderlicher, daß die Beteiligten einen so gelungenen Film zustande brachten. *Ein Fressen für die Geier* ist ein abenteuerlicher, spannender und mit viel Humor gewürzter Western, der ansatzweise den Italo-Western parodiert, ihn teilweise jedoch auch imitiert (Musik: Ennio Morricone!). Eastwood und MacLaine ergänzen sich hervorragend - die Taylor ist in dieser Rolle kaum vorstellbar. Besonders gelungen ist die Szene, in der Eastwood sich betrinkt, damit ihm MacLaine einen Indianerpfeil aus der Schulter „operieren" kann. Von der Kritik wurde zwar der außerordentlich brutale Schluß gerügt, doch der Film fand schnell sein Publikum. al

Freud

Freud. USA 1962 **R** John Huston **B** Charles Kaufman, Wolfgang Reinhardt, nach einer Geschiche von Kaufman und einem Entwurf von Jean-Paul Sartre **K** Douglas Slocombe **M** Jerry Goldsmith **P** Wolfgang Reinhardt für Universal **L** 140 Min., s/w **D** Montgomery Clift, Susannah York, Larry Parks, Susan Kohner, Eric Portman, Eileen Herlie, Fernand Ledoux, David McCallum, Rosalie Crutchley, Maria Perschy, David Kosoff

Nach MISFITS - NICHT GESELLSCHAFTSFÄHIG besetzte Huston seinen nächsten Film wieder mit Montgomery Clift in der Hauptrolle. *Freud*, eine etwas zu lang geratene Biographie, erzählt in einzelnen Episoden aus dem Leben des berühmten Psychoanalytikers, ohne dabei den Anspruch auf Authentizität zu verfolgen. Vorfälle, Erkenntnisse und Begebenheiten beziehen sich nicht auf einen durchweg reellen Hintergrund, sondern werden als ein Gemisch aus verschiedenen Patienten und Ergebnissen dem Publikum serviert.
Freud entstand an Originalschauplätzen in Wien, München (Schloß Nymphenburg) und Paris; die Innenaufnahmen wurden in den Münchener Bavaria-Studios gedreht. Hatte Huston bereits bei MISFITS mit seinen Schauspielern (allen voran Marilyn Monroe) viel Ärger durchzustehen, so wiederholte sich auch hier diese Misere. Montgomery Clift war krank und konnte nur unter großen Schmerzen seine Rolle spielen. Durch seinen Autounfall hatte er sich eine Verletzung zugezogen, die die Entwicklung des grauen Stars an beiden Augen vorantrieb, so daß sich die Dreharbeiten für ihn zu einer Qual entwickelten. Eigentümlicherweise paßte dieser physische Schmerz, den er durchzustehen hatte, ausgezeichnet zu der Verkörperung seiner Titelrolle.
Aufsehenerregend war ferner die Tatsache, daß Huston in einer Hypnoseszene tatsächlich zwei geistesgestörte Patienten vor die Kamera brachte, die von den behandelnden Ärzten extra für diese Sequenz hypnotisiert und beruhigt worden waren.
Freud erntete zwar durchweg positive Kritiken, tat sich aber an der Kinokasse überaus schwer. Der Film war seiner Entstehungszeit mit den unbequemen und offenen Themen von infantiler Sexualität und Inzest weit voraus; das große Publikum wußte nichts mit ihm anzufangen und blieb den Kinos fern. Huston hatte sein Werk auf eine ursprüngliche Länge von 165 Minuten angelegt, doch die Universal empfand dies als viel zu lang und dem Zuschauer nicht zumutbar. Also wurde aus der Endfassung eine halbe Stunde Filmmaterial herausgenommen, wobei dieser Schnitt natürlich zu Lasten des Films ging, und die Kontinuität auf einmal brüchig wurde und in ihrem Aufbau nicht mehr logisch nachzuvollziehen war. jg

Die freudlose Gasse

Die freudlose Gasse. Deutschland 1925 **R** Georg Wilhelm Pabst **B** Willi Haas, nach dem Roman von Hugo Bettauer **K** Guido Seeber, Curt Oertel, Robert Lach **P** Sofar-Film **L** 125 Min., s/w **D** Werner Krauss, Jaro Fürth, Asta Nielsen, Greta Garbo, Valeska Gert, Einar Hanson, Agnes Esterhazy, Loni Nest, Henry Stuart, Robert Garrison, Tamara Tolstoi

Die freudlose Gasse war G. W. Pabsts zweiter Film und wurde vor allem für Greta Garbo zu einem Markstein ihrer Karriere, da er ihr den Weg in die Hollywood-Studios öffnete, obgleich dieser deutsche Film wegen seiner ungeschminkten Zurschaustellung sozialer Verelendung gerade in Großbritannien und den USA nicht besonders gut ankam. Hugo Bettauers gleichnamiger Roman war zuvor in mehreren Fortsetzungen in der Wiener Zeitung *Neue Freie Presse* erschienen. Der Film beließ die Handlung zwar ebenfalls in Wien, wurde jedoch vollständig auf dem UFA-Gelände in Neubabelsberg gedreht. Pabst hatte eigentlich geplant, die Dreharbeiten innerhalb von vier Wochen hinter sich zu bringen. Zum Schluß benötigte er jedoch 34 Tage, an denen Schauspieler und Drehteam manchmal bis zu 16 Stunden vor und hinter der Kamera standen.
Die freudlose Gasse beschreibt in erschütternden Bildern die Verarmung des Kleinbürgertums, welches bedingt durch die Inflationskrise am Rande des Existenzminimums dahinvegetiert. Sämtliche soziale und moralische Strukturen beginnen sich allmählich aufzulösen. Auch Greta Garbo sinkt als Tochter eines einst wohlsituierten Beamten in die Gosse ab und muß sich als Prostituierte ihren Lebensunterhalt verdienen, kann jedoch durch die Bekanntschaft mit einem Amerikaner dem Milieu entkommen.
Mit *Die freudlose Gasse* schlug Pabst als einer der ersten den Weg in Richtung Neue Sachlichkeit ein, auch wenn die Lichtgebung und Schauspielerführung noch eindeutig der Epoche des Expressionimus zuzuordnen sind. jg

Der Freund meiner Freundin

L´ami de mon amie. Frankreich 1987 **R** Eric Rohmer **B** Eric Rohmer **K** Bernard Lutic **M** Jean-Louis Valero **P** Margaret Menegoz für Les Films du Losange **L** 102 Min., Farbe **D** Emmanuelle Chaulet, Sophie Renoir, Anne-Laure Meury, Eric Viellard, François-Eric Gendron

Der Freund meiner Freundin war der sechste und auch letzte Film in Eric Rohmers Zyklus „Komödien und Sprichwörter". Die Sentenz, dem die Handlung dieses Streifens zugrunde liegt, lautet diesmal: „Die Freunde meiner Freunde sind auch meine Freunde". Daß dies nicht allzu wörtlich zu nehmen ist, erfährt die junge Blanche (Chaulet), die noch neu in der Stadt ist und bei ihrer Suche nach Anschluß das Mädchen Lea (Renoir) kennenlernt. Bei einem Schwimmbad-Besuch treffen die beiden Alexandre (Gendron), einen Bekannten von Leas Freund Fabien (Viellard). Die arme Blanche gerät in einen Strudel einander widerstreitender Gefühle, denn während Lea allein in den Urlaub fährt, freundet sie sich mit Fabien an, macht sich gleichzeitig aber auch noch Hoffnungen auf Alexandre, der allgemein als Schürzenjäger gilt. Als Lea zurückkehrt muß sie ein Chaos von durcheinandergeratenen Gefühlen ordnen.
Dem Vierecksverhältnis seiner Geschichte versuchte Rohmer durch die Wahl eines geeigneten Schauplatzes zu entsprechen. Er entschied sich schließlich für die Trabantenstadt Cergy-Pontoise bei Paris, deren geometrisch-symmetrische Anordnung eine Ergänzung zu der Personenkonstellation seiner Handlung darstellte. jg

Die Freunde von Eddie Coyle

The Friends of Eddie Coyle. USA 1973 **R** Peter Yates **B** Paul Monash, nach dem Roman von George V. Higgens **K** Victor J. Kemper **M** Dave Grusin **P** Paul Monash für Paramount **L** 102 Min., Farbe **D** Robert Mitchum, Peter Boyle, Richard Jordan, Steven Keats, Alex Rocco

Robert Mitchum spielt Eddie Coyle, einen alternden Gangster, der in der Bostoner Unterwelt zwischen alle Fronten gerät. Die Polizei erpreßt ihn, Informationen über einen geplanten Banküberfall zu besorgen; andernfalls würde er lebenslänglich ins Gefängnis wandern. Widerwillig läßt er sich auf den Deal ein, und nachdem er an die Bande einige Waffen verscherbelt hat, verrät er sie an die Bullen. Damit hat er praktisch sein Todesurteil unterzeichnet...
Peter Yates´ Film ist ein ultra-realistischer, grimmiger Blick hinter die Kulissen der amerikanischen Unterwelt, in der jeder jeden verkauft und es eben keine „Freunde" gibt. Mitchum ist perfekt als müder, desillusionierter Held, der wie ein Relikt aus vergangenen Zeiten wirkt und am Ende sein Leben lassen muß. Der Schauspieler schob jedoch alle positiven Aspekte seiner Darstellung in seiner typisch lakonischen Art auf den neuen Haarschnitt, den er sich angeblich für die Rolle verpassen ließ. Die hervorragenden Außenaufnahmen entstanden am Originalschauplatz in Boston. al

Die Freundinnen

Le amiche. Italien 1955 **R** Michelangelo Antonioni **B** Suso Cecchi d´Amico, Michelangelo Antonioni, Alba de Cespédès, nach dem Roman *Tra donne sole* von Cesare Pavese **K** Gianni di Venanzo **M** Giovanni Fusco **P** Giovanni Adessi für Trionfalcine **L** 104 Min., s/w **D** Eleonora Rossi-Drago, Gabriele Ferzetti, Franco Fabrizi, Valentina Cortese, Yvonne Fourneaux, Madeleine Fischer, Anna Maria Pancini

Clelia (Rossi-Drago) kehrt aus beruflichen Gründen in ihre Heimatstadt zurück, da sie für ein römisches Modehaus eine Filiale eröffnen soll. Sie gerät in eine Clique mondäner Frauen. Rosetta (Fischer) hat gerade einen Selbstmordversuch hinter sich, der von den anderen mit Gelassenheit oder Zynismus aufgenommen wird. Die Romanze zwischen Clelia und dem Architekten Cesare (Fabrizi), ebenfalls ein Mitglied der Clique, scheitert, als sie sich am Ende angewidert von der Gruppe abwendet.
Die Freundinnen, der den Silbernen Löwen der Filmfestspiele Venedig erhielt, ist eine genaue Untersuchung des Müßiggangs und der Daseinsleere seiner Hauptfiguren, die sich ein unbeschwertes Leben leisten können, aber trotzdem unzufrieden und unglücklich sind.
„Der Film ist kein aufgeregtes Hangeln von Desaster zu Desaster, kein Wechselbad der Gefühle, sondern eine wunderbar unaufdringliche Komposition von belanglosen und tödlichen Niederlagen, eine kunstvoll verknüpfte Kette unwiderlegbarer Symptome für die existenzielle Not in einer bewußtlosen Zeit." (*tip*) al

Freundinnen

Beaches. USA 1988 **R** Gary Marshall **B** Mary Agnes Donoghue, nach dem Roman von Iris Rainer Dart **K** Dante Spinotti **M** Georges Delerue **P** Bonnie Bruckheimer-Martell, Bette Midler, Margaret Jennings South für All Girl Prod./ Touchstone Pictures/Silver Screen Partners IV **L** 123 Min., Farbe **D** Bette Midler, Barbara Hershey, John Heard, Spalding Grey, Lainie Kazan

Nach ihren Erfolgen im Komödiengenre wandte sich Bette Midler erstmals seit ihrem Filmdebüt in THE ROSE wieder dramatischem Material zu, obwohl auch in *Freundinnen* der Humor nicht zu kurz kommt. Der Film erzählt die lebenslange Freundschaft zwischen C.C. Bloom (Midler) und Hillary Whitney (Hershey), die Ende der 50er Jahre unter einer Strandpromenade in Atlantic City beginnt. Durch Briefverkehr bleiben die beiden in Kontakt, und als die wohlbehütete Hillary acht Jahre später einen Ausbruchsversuch unternimmt, landet sie als Mitbewohnerin in C.C.´s New Yorker Appartement!
Trotz der Unterschiedlichkeit (C.C. ist extrovertiert und vulgär, Hillary schüchtern und wohlerzogen) geht das gemeinsame Leben so lange gut, bis sich beide in denselben Mann verlieben...
Bis hierher handelt es sich bei dem Film um eine sentimentale Komödie, bei der Midler mit ihrer wie üblich überlebensgroßen und

lauten Art die meisten Lacher auf ihrer Seite hat. Die dramatische Wendung kommt mit der tödlichen Krankheit, die Hershey nach etwa zwei Dritteln der Handlung ereilt. Jetzt wird kräftig auf die Tränendrüse gedrückt, doch zum Glück sind die Figuren so sympathisch vorgestellt worden, daß man wirklich mit ihnen mitfühlt und sich gerne manpulieren läßt. Das Ende (Midler nimmt Hersheys Kind bei sich auf) ist allerdings arg dick aufgetragen.
Parallel zur Freundschaft der beiden Frauen erzählt der Film auch von C.C.'s Aufstieg zum Gesangsstar - Ähnlichkeiten mit Midlers eigener Karriere sind wohl kaum zufällig. Dementsprechend wurde eine Reihe von ihr interpretierter Songs auf dem Soundtrack untergebracht, darunter das zum Hit avancierte *Did You Ever Know That You're My Hero?*. al

Friedhof der Kuscheltiere

Pet Sematary. USA 1989 **R** Mary Lambert **B** Stephen King, nach seinem Roman **K** Peter Stein **M** Elliot Goldenthal **P** Richard P. Rubinstein für Paramount **L** 103 Min., Farbe **D** Dale Midkiff, Fred Gwynne, Denise Crosby, Brad Greenquist, Michael Lombard, Blaze Berdahl, Miko Hughes, Susan J. Blommaert, Stephen King

Auch wenn Schreckensschriftsteller Stephen King aus seinem Roman selbst ein Drehbuch machte, die ganze Zeit über am Set die Aufnahmen kritisch überwachte und sogar in einer kurzen Nebenrolle als Pastor in Erscheinung trat, so ist *Friedhof der Kuscheltiere* ein weiterer Beweis dafür, daß die Verfilmungen der King-Romane immer ein ganzes Stück der Qualität des literarischen Originals hinterherhinken.
Dem Zuschauer wird kaum die Möglichkeit gegeben, sich mit den vorgeführten Hauptfiguren näher anzufreunden. Mary Lambert hastet, das komplexe Buch vor Augen, von einem schauerlichen Höhepunkt zum nächsten und verzichtet bedauerlicherweise auf jegliche Deskription von Schauplätzen und Personen, auf die King in seinem Roman noch so viel Wert legt und die auch dessen brillante Atmosphäre ausmacht. Nach einer Stunde wenig gruseliger Vorarbeit läßt die Regisseurin die Katze aus dem Sack und rutscht zu allem Ärger in die unvermeidbare Zurschaustellung blutiger Effekthascherei ab.
Die Familie Creed bezieht ihr neues Eigenheim, das an einem stark befahrenen Highway liegt. Als nach wenigen Wochen der Kater Church dem LKW-Verkehr zum Opfer fällt, weiht der alte Nachbar Jud (Gwynne) Vater Louis (Midkiff) in ein Geheimnis ein. Auf einem Hochplateau mitten im Wald liegt hinter einem Tierfriedhof eine alte Begräbnisstätte. Verscharrt man in dieser verfluchten Erde seine Toten, so kehren diese wieder zu den Lebenden zurück. Jud warnt Louis allerdings davor, jemals einen Menschen dort oben beizusetzen. Als jedoch der kleine Sohn Gage ebenfalls von einem LKW getötet wird, schlägt der verzweifelte Vater die Warnung in den Wind und beschwört damit eine grauenhafte Entwicklung der Dinge herauf. Dem dreijährigen Miko Hughes, der den kleinen Gage verkörpert, konnte man natürlich nicht zumuten, im zweiten Teil des Films ein mordendes Monsterbalg zu spielen, das seine eigene Mutter tötet. Zu diesem Zweck wurde eine elektronisch animierte Puppe konstruiert, die von bis zu sieben Mitarbeiters ferngesteuert werden konnte. jg

Friedhof ohne Kreuze

Une corde, un colt/Cimitero senza croci. Frankreich/Italien 1968 **R** Robert Hossein **B** Robert Hossein, Claude Desailly, Dario Argento **K** Henri Persin **M** André Hossein **P** Loisirs du Monde/Les Films Copernic (Paris), Fono Roma (Rom) **L** 84 Min. (Originalfassung 90 Min.), Farbe **D** Michèle Mercier, Robert Hossein, Anne-Marie Balin, Lee Burton, Serge Marquand

Angesichts der Welle von Italo-Western, die in den 60ern in die europäischen (seltener bis in die amerikanischen) Kinos schwappte, ist es erstaunlich, daß nur zwei Beiträge zu diesem Genre unter französischer Ägide entstanden: *Friedhof ohne Kreuze* und SAN SEBASTIAN von Henri Verneuil.
Nachdem Maria (Mercier) mitansehen mußte, wie ihr Mann von Mitgliedern der Familie Rogers gehängt wurde, bittet sie ihren ehemaligen Liebhaber Manuel (Hossein), die Tat zu rächen, und er entführt Rogers Tochter Johanna (Balin), um so die Teilnahme der Verbrecher an der Trauerprozession zu erpressen...
Ein bißchen wie eine griechische Tragödie wirkt dieser Western um Rache und Vergeltung, in dem zur Abwechslung mal eine Frau an der Spitze der Besetzungsliste steht. Michèle Mercier, bekannt geworden als Romanheldin ANGÉLIQUE, spielt ihre Rolle als schwarz gekleideter Todesengel, der dem blutigen Treiben des von ihr gerufenen Rächers schließlich selbst ein Ende setzt - mit dem Colt. Mercier und Hossein galten nach den Erfolgen der *Angélique* - Serie als Traumpaar des französischen Unterhaltungsfilms. al

Frogs - Frösche

Frogs. USA 1972 **R** George McCowan **B** Robert Hutchinson **K** Mario Tosi **M** Les Baxter **P** Samuel Z. Arkoff, James H. Nicholson für American International Pictures **L** 78 Min., Farbe **D** Ray Milland, Sam Elliott, Adam Roarke, Joan Van Ark, Judy Pace

Ein etwas dreistes Plagiat des berühmten Hitchcock-Vorgängers DIE VÖGEL, in dem jedoch nicht nur - wie vielleicht der Titel glauben machen möchte - dicke, schleimige Frösche gegen die Menschenwelt rebellieren, sondern alles Amok läuft, was kreucht und fleucht - angefangen von Schlangen, über Spinnen und Blutegel, bis hin zu Wasserschildkröten.
Der despotische Jason Crockett (Milland) lädt zu einer Geburtstagsfeier seinen Familienclan auf seine Insel in Florida ein. Die ohnehin nicht sehr harmonische Festivität wird just von einer Anzahl beunruhigender Todesfälle überschattet. Sehr bald müssen die bedrängten Gäste erkennen, daß Flora und Fauna der Insel verrückt spielen und sich rüsten, den menschlichen Eindringlingen den Garaus zu machen.
In einigen, etwas hilflos geratenen Bildern versucht der Film die unverantwortliche Umweltverschmutzung als Auslöser der Katastrophe zum Aufhänger seiner Handlung zu machen, doch ist dies letztendlich nur ein Vorwand, um dem Kinopublikum eine Reihe ekelerregender Scheußlichkeiten zu bieten, die sich allesamt auf recht billige Weise die menschliche Aversion gegen Spinnen und Reptilien zunutze machen. Die durchaus ergiebige Thematik der Umweltverschmutzung wurde ein weiteres Mal von John Frankenheimer für dessen Horrorfilm DIE PROPHEZEIUNG mißbraucht. jg

Fröhliche Ostern

Joyeuses paques. Frankreich 1984 **R** Georges Lautner **B** Jean Poiret, Georges Lautner, nach dem Bühnenstück von Poiret **K** Edmond Sechan **M** Philippe Sarde **P** Alain Sarde, Alain Belmondo für Cerito Films/Sara Films **L** 98 Min., Farbe **D** Jean-Paul Belmondo, Sophie Marceau, Marie Laforêt, Michel Beaune

Eine Boulevard-Komödie mit Jean-Paul Belmondo, nun ja. Immerhin eine Abwechslung

von all den formelhaften Action-Filmen, die sich mitterweile wie ein Haar dem anderen glichen.
Auch hier spielt der Star mal wieder den Schwerenöter, einen, der unwahrscheinlich viel Erfolg bei Frauen hat. Als Stéphane Margelle, seines Zeichens Bauunternehmer und verheiratet, hat er seine zahlreichen außerehelichen Aktivitäten gut im Griff, bis eines Tages seine Frau (Laforêt) überraschend auftaucht, die er doch eben noch zum Flughafen begleitet hat! Und das, wo er gerade der 18jährigen Julie (Marceau) menschlich näherkommen will. Der Schlauberger hat natürlich eine Ausrede parat: Das Mädchen sei seine Tochter aus erster Ehe... Diese haarsträubende Lüge ist tatsächlich die einzige Überraschung im ganzen Film. Denn nun muß sich Stéphane natürlich mit der Situation arrangieren, muß den liebenden Vater spielen, die Frauen freunden sich an etc. Obwohl Jean Poiret (der auch schon *Ein Käfig voller Narren* schrieb) die erfolgreiche Vorlage verfaßte, ist das Ganze bar jeden Witzes und jeder Komik, ist einfach nur billig und abgeschmackt. Es wäre ja erträglich, wenn Belmondo und sein Haus- und Hofregisseur Georges Lautner (die gemeinsam immerhin DER PROFI zustande brachten) einfach mal daneben gegriffen und das falsche Material erwischt hätten. Schwamm drüber! Aber nein, dies soll ein richtiger Belmondo sein, und so müssen die üblichen Verfolgungsjagden zu Wasser und zu Lande her, ausgeführt vom großen Zampano höchstpersönlich. Das paßt natürlich überhaupt nicht zum Rest des Films, kann allerdings auch keinen großen Schaden mehr anrichten. Der Film wurde mit einer Rekordauflage von 400 Kopien in die französischen Kinos gebracht, doch angesichts eines derart faulen Ostereis schmolz diese stattliche Zahl schnell dahin. al

Ein Frosch in Manhattan

siehe: DARLING, LASS DICH SCHEIDEN

Der Frosch mit der Maske

Der Frosch mit der Maske / Froen med masken. BRD/Dänemark 1959 **R** Harald Reinl **B** Trygve Larsen, J. Joachim Bartsch, nach dem Roman *The Fellowship* von Edgar Wallace **K** Willy Mattes **P** Preben Philipsen für Rialto-Film **L** 89 Min., s/w **D** Siegfried Lowitz, Joachim Fuchsberger, Jochen Brockmann, Carl Lange, Eva Anthes, Walter Wilz, Dieter Eppler

Nach den zwei englischsprachigen Verfilmungen aus den Jahren 1928 und 1937 machte sich nun die Rialto-Filmgesellschaft daran, diesen populären Roman von Edgar Wallace im aktualisierten Zeit Kolorit der zu Ende gehenden 50er Jahre auf die Leinwand zu bringen. *Der Frosch mit der Maske* war der Auftakt zu der überaus erfolgreichen und langlebigen Edgar-Wallace-Serie, die bis zu Beginn der 70er Jahre fortbestand. Allerdings hatten die deutschen Geldgeber zu Beginn keine großen Erwartungen in das Projekt gesetzt, so daß zur Finanzierung des Films ein zweiter Geldgeber nötig war und der Streifen als deutsch/dänische Koproduktion in die Kinos kam.
Eine perfekt organisierte Verbrecherbande, die sich „Frösche" nennt, treibt in London ihr Unwesen, begeht schwere Raubüberfälle und Einbrüche und schreckt selbst vor Mord nicht zurück. Neben Scotland Yard macht sich auch bald der attraktive Millionenerbe Richard Gordon (Fuchsberger) auf die Jagd nach dem Kopf der Bande. Seine Wege kreuzen sich mit dem Mädchen Ella Bennett (Eva Anthes, heute bekannter als ZDF-Ansagerin Elfie von Kalckreuth), die bald - ohne es zu wissen - auf der Abschußliste der „Frösche" steht.
Der Frosch mit der Maske wurde zu einem riesigen Kassenerfolg und brachte die Wallace-Serie erst richtig ins Rollen. Dieser Film weist bereits ganz klar das Strickmuster dieser Krimireihe auf, nach dessen Regeln dann ein Streifen nach dem anderen abgedreht wurde: Schauplatz ist das möglichst nebelumwaberte London (oder ein einsamer Herrensitz), ein unschuldiges Mädchen in Gefahr, die komische Einlage in Form eines Dieners oder Polizeigehilfen (fast immer Eddie Arent) - und das alles garniert mit einem ausgiebigen Schuß von bis dahin noch nicht gesehener Brutalität. Die deutschen Wallace-Filme fanden den Weg zwar nicht in die amerikanischen Kinos, liefen jedoch sehr erfolgreich im US-Fernsehen. jg

Die Frucht des Tropenbaums

The Tamarind Seed. Großbritannien 1974 **R** Blake Edwards **B** Blake Edwards, nach dem Roman von Evelyn Anthony **K** Freddie Young **M** John Barry **P** Ken Wales für ITC Jewel/Lorimar/Pimlico **L** 123 Min., Farbe **D** Julie Andrews, Omar Sharif, Anthony Quayle, Daniel „Dan" O'Herlihy, Sylvia Syms, Oscar Homolka, Brian Marshall, David Baron, Celia Bannerman, Roger Dann

Leider bewies Blake Edward mit diesem etwas zu ernst geratenen Film, daß sein großes Talent doch mehr in der Inszenierung leichter, anspruchsvoller Komödien liegt. Die zähfließende Geschichte wird auch durch seine Gattin Julie Andrews und „Doktor Schiwago" Omar Sharif nicht aufgelockert, sondern schleppt sich quälende zwei Stunden dahin. Julie Andrews ist die Engländerin Judith Farrow, eine hohe Beamtin des britischen Außenministeriums, die sich während eines Urlaubs auf Barbados in den sowjetischen Agenten Feodor Sverdlov (Sharif) verliebt. Beide erleben - eingelullt von Meeresrauschen und Palmenwedeln - noch einmal die große Liebe, nicht ahnend, daß bereits die jeweiligen Geheimdienstorganisationen auf ihr Treiben aufmerksam geworden sind. Eine laute Explosion zerstört die Idylle. Aus den Trümmern ihres Ferienbungalows wird Judith nach London gebracht. Sie weiß weder was aus Feodor geworden ist noch ob ihre Liebe überhaupt eine Chance hat.
Der Zuschauer kann beruhigt sein, denn am Ende bekommen sich beide natürlich doch, auch wenn der bösartige General Golitsyn (Oscar Homolka, der seit seiner Darstellung als General Kutusow in KRIEG UND FRIEDEN scheinbar stets für die Rollenbesetzung eines bulligen Russen herhalten mußte) dies verhindern möchte.
Abgesehen von seinen sonstigen Schwächen sollte wenigstens die hervorragende Filmmusik von John Barry erwähnt werden. Das Lied *Play It Again* wird von Don Black gesungen. jg

Früchte des Zorns

Grapes of Wrath. USA 1940 **R** John Ford **B** Nunnally Johnson, nach dem Roman von John Steinbeck **K** Gregg Toland **M** Alfred Newman **P** Darryl F. Zanuck für 20th Century-Fox **L** 129 Min., s/w **D** Henry Fonda, Jane Darwell, John Carradine, Charley Grapewin, Dorris Bowdon, Russell Simpson, O. Z. Whitehead, John Qualen, Eddie Quillan, Zeffie Tilbury, Frank Sully

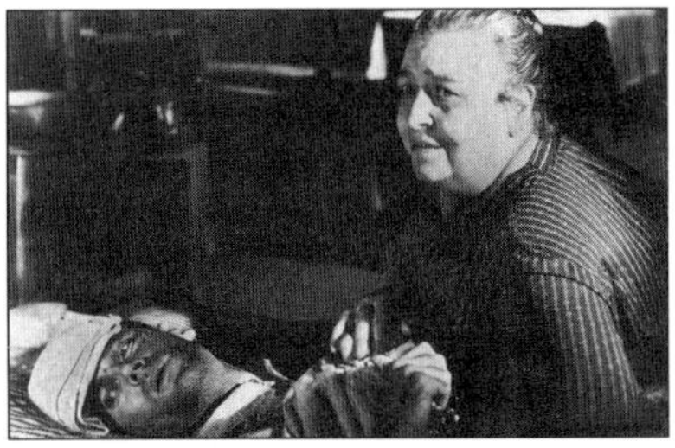

Einer der bedeutendsten Filme in der langen Karriere von Henry Fonda und das wohl beste Werk John Fords, das dieser außerhalb des Western-Genres drehte. *Früchte des Zorns*, basierend auf dem über 600 Seiten langen berühmten Roman von John Steinbeck, erzählt die Geschichte der Farmersfamilie Joad, die ihr Leben lang das Land bewirtschaftet hat und zu Beginn der Weltwirtschaftskrise in bittere Not gerät, da sie der Konkurrenz der mechanisierten Großfarmen hoffnungslos unterlegen ist. Gemeinsam mit anderen Familien, die ebenfalls dieses Schicksal erlitten haben, verlassen auch die Joads Heim und Hof, um sich in dem Millionenheer umherziehender Tagelöhner ihre Lebensexistenz zu suchen.
Produzent Darryl F. Zanuck hatte John Steinbeck für die enorme Summe von 100.000 Dollar die Rechte an dem Roman abgekauft. Gegenüber den vielen Filmen,

die den Mythos vom „Land der unbegrenzten Möglichkeiten" in fast verantwortungsloser Weise glorifizierten, bildete Fords Epos eine erfreuliche Ausnahme. Schonungslos attackierte er - so wie schon Steinbeck in seinem Buch - die gesellschaftlichen Mißstände und die gefährliche Rückentwicklung in den Vereinigten Staaten, deren Verursacher er in einer nur auf Profit bedachten Kapitalistenclique sah. Um die soziale Misere im Film möglichst authentisch zu dokumentieren, verzichtete Ford auf eine künstlich arrangierte Studioatmosphäreund drehte sein Werk fast ausschließlich in der kalifornischen Landschaft, zu einem Teil sogar vor Ort in den armseligen Arbeiterlagern von Pomona. *Früchte des Zorns* stand zwar in der Kategorie „Bester Film" auf der Anwärterliste für den Oscar, unterlag jedoch dem Hitchcock-Thriller REBECCA. Ein ähnliches Schicksal erlitt auch Henry Fonda, der seine Auszeichnung an James Stewart für dessen Leistung in DIE NACHT VOR DER HOCHZEIT verlor. Der begehrte Preis fiel jedoch immerhin John Ford für die Beste Regie und der brillanten Jane Darwell für ihre Rolle als rührende Ma Joad zu.
Die deutsche Kinofassung von 1953 wies gegenüber dem Original starke Kürzungen auf. 1982 zeigte das ZDF eine neusynchronisierte Fassung in der vollständigen Länge. jg

Frühling für Hitler

The Producers. USA 1967 **R** Mel Brooks **B** Mel Brooks **K** Joseph Coffey **M** John Morris **P** Sidney Glazier, Jack Grossberg für Springtime/Crossbow/MGM **L** 88 Min., Farbe **D** Zero Mostel, Gene Wilder, Kenneth Mars, Estelle Winwood, Renee Taylor

Mel Brooks' erster Film als Regisseur war bei seiner Erstaufführung nicht sonderlich erfolgreich, hat heute jedoch Kultstatus erlangt. Die Handlung dreht sich um einen abgebrannten Broadway-Produzenten (Mostel), der sich auf Vorschlag seines Buchhalters (Wilder) durch einen todsicheren Flop finanziell sanieren will. Von einem fanatischen Neo-Nazi (Mars) lassen sie ein Musical um Adolf Hitler und Eva Braun mit dem Titel „Frühling für Hitler" schreiben, engagieren absolut talentlose Darsteller, einen unfähigen Regisseur und brüskieren einen wichtigen Kritiker mit einem plumpen Bestechungsversuch. Doch das Unglück geschieht: Die Produktion hat Erfolg!
Frühling für Hitler ist eine absolut hemmungslose, groteske Satire auf gehobene Theaterunterhaltung am Broadway sowie auf das entsprechende Publikum, das sich alles vorsetzen läßt, solange es als „Kunst" verkauft wird. Einer der vielen komischen Höhepunkte dieser herrlichen Farce ist der auf der Bühne dargebotene Song *Springtime for Hitler*, den Mel Brooks, genau wie einen weiteren, *Prisoners of Love*, selbst geschrieben hat. In der Originalfassung kann man bei genauem Hinhören sogar seine Stimme entdecken. Der Film wurde bei seinem Erscheinen teilweise stark kritisiert, unter anderem wegen angeblicher „Geschmacklosigkeiten", und war kein finanzieller Erfolg, doch setzte er wichtige Maßstäbe im Komödiengenre. Brooks erhielt einen Oscar für sein Original-Drehbuch und Wilder wurde als Bester Nebendarsteller nominiert. al

Frühlingserzählung

Conte de printemps. Frankreich 1989 **R** Eric Rohmer **B** Eric Rohmer **K** Luc Pagès **P** Margaret Menegoz für Les Films du Solange/Sofica Investimage **L** 108 Min., Farbe **D** Anne Teyssèdre, Hugues Quester, Florence Darel, Eloise Bennett, Sophie Robin

Nach den beiden Zyklen „Sechs moralische Geschichten" und „Komödien und Sprichwörter" startete Eric Rohmer mit *Frühlingserzählung* eine weitere Folge von Filmen, die er unter das Thema „Vier Jahreszeiten" stellte.
Auf einer Party lernt die junge Philosophielehrerin Jeanne (Teyssèdre) die junge Pianistin Natascha (Darel) kennen, die ihr anbietet, eine Weile bei ihr und ihrem Vater Igor (Quester) zu wohnen. Sie tut das allerdings nicht ohne Hintergedanken, denn da gibt es noch Eva (Bennett), die Geliebte ihres Vaters, die Natascha überhaupt nicht ausstehen kann. Ihr Plan ist, Jeanne mit ihrem Papa zu verkuppeln. Die Sache geht jedoch daneben; Jeanne und Igor hegen zwar beide Interesse füreinander, doch mehr als harmloses Händchenhalten läuft zwischen beiden nicht ab.
Eingebettet ist die Geschichte in der Frühlingsidylle eines wunderschönen Gartens, musikalisch wird sie umrahmt durch die Musik von Beethoven und Schubert. Mit lockerer Anmut führen die Schauspieler philosophische Gespräche, meditieren mit der Natur oder lassen ihren - nicht immer harmonischen - Gefühlen ihren Lauf.
„Rohmers neuer Film ist wieder einmal eine kleine Kostbarkeit, schwebend zwischen Heiterkeit, Melancholie und Ironie - mit wunderbaren Schauspielern, die wie stets bei ihm frisch und unverbraucht wirken." (*Filmtips*) jg

Frühlingssinfonie

Frühlingssinfonie. BRD 1982 **R** Peter Schamoni **B** Peter Schamoni, Hans A. Neunzig **K** Gérard Vandenberg **P** Peter Schamoni für Allianz Filmprod. GmbH Berlin und Peter Schamoni Film München **L** 103 Min., Farbe **D** Nastassja Kinski, Rolf Hoppe, Herbert Grönemeyer, Anja-Christine Preussler, Edda Seippel, André Heller, Bernhard Wicki

Peter Schamonis *Frühlingssinfonie* war bereits der dritte Film, der sich der Romanze zwischen der begnadeten Pianistin Klara Wieck und dem Komponisten Robert Schumann annahm. Zu seinen Vorgängern gehören die 1944 entstandene deutsche Produktion TRÄUMEREI (mit Hilde Krahl und Mathias Wiemann) und die Hollywood-Version KLARA SCHUMANNS GROSSE LIEBE (mit Katharine Hepburn und Robert Walker in den Hauptrollen).
Im Jahre 1828 entschließt sich der 18jährige Robert Schumann (Grönemeyer) endgültig, sein Jurastudium in Leipzig abzubrechen und sich ganz der Musik zu widmen. Zu diesem Zeitpunkt lebt er als Untermieter im Haus der Familie Wieck und wird Zeuge des unaufhaltsamen Aufstiegs von Wiecks Tochter Klara (Kinski) zur gefragtesten Pianistin ihrer Zeit. Seine Bewunderung für Klara wandelt sich mit der Zeit in inbrünstige Liebe, die Klara zwar gern erwidern möchte, doch die drohende Gestalt des eifersüchtigen Vaters (brillant von Rolf Hoppe gespielt), der seine schöne Tochter abgöttisch liebt, weiß diese Verbindung über fünf Jahre hinweg zu verhindern. Die Heirat kann er letztendlich jedoch nicht unterbinden.
Frühlingssinfonie entstand mit einem Budget von 5 Millionen DM unter Mitarbeit der DEFA zum Teil an Originalschauplätzen in Leipzig und Weimar und wurde ohne Schnittauflagen für die Aufführung in der DDR und den anderen sozialistischen Ländern in den Verleih aufgenommen.
„Der Film überstrapaziert weder die Musik Schumanns noch die historische Treue. Er setzt kurze, leuchtende Bilder vor einen dunstigen Hintergrund und rafft die Zeit, ohne zur Episodenhäufung zu verkümmern." (*Kölnische Rundschau*) jg

Frühstück bei ihr

White Palace. USA 1990 **R** Luis Mandoki **B** Ted Tally, Alvin Sargent, nach dem Roman von Glenn Savan **K** Lajos Koltai **M** George Fenton **P** Mark Rosenberg, Amy Robinson, Griffin Dunne für Mirage/Double Play Prod./Universal **L** 103 Min., Farbe **D** Susan Sarandon, James Spader, Jason Alexander, Kathy Bates, Eileen Brennan

„White Palace" ist der Name des Fast-Food-Restaurants, in dem Nora (Sarandon), eine attraktive Mittvierzigerin, als Kellnerin arbeitet. Durch Zufall lernt sie Max (Spader) kennen, einen 17 Jahre jüngeren Werbefachmann, und landet mit ihm im Bett. Zunächst scheinen die Gegensätze unüberwindlich. Sie ist eine offenherzige Schlampe, die nie ihre Wohnung aufräumt, er ein verklemmter, ordnungsliebender Yuppie. Schließlich entdecken sie doch noch eine Gemeinsamkeit: Beide mußten den Tod eines geliebten Menschen verwinden...
Glenn Savans Roman um die Beziehung eines ungleichen Pärchens hatte wesentlich mehr Biß - sowohl Sexualität als auch Klassenunterschiede betreffend - als das, was Luis Mandoki hier auf die Leinwand brachte. Bis zum unvermeidlichen Happy-End müssen die beiden Hauptfiguren eigentlich nur Scheinprobleme lösen, und es bleibt unverständlich, warum Max sich geniert, Nora seinen Freunden vorzustellen. Im Roman wird Nora als „breithüftig" beschrieben, aber Susan Sarandon...?! Hier wird der Film einfach unglaubwürdig. Da fragt man sich schon eher, was *sie* eigentlich von *ihm* will - passiv und kindlich, wie er ist.
Newsweek: „Das Vergnügen dieses Films besteht darin, Sarandon zuzusehen, wie sie aus einem Klischee eine vor Geist und Sinnlichkeit sprühende Frau macht." al

Frühstück bei Tiffany

Breakfast at Tiffany's. USA 1961 **R** Blake Edwards **B** George Axelrod, nach der Novelle von Truman Capote **K** Franz E. Planer **M** Henry Mancini **P** Martin Jurow, Richard Shepherd für Paramount **L** 115 Min., Farbe **D** Audrey Hepburn, George Peppard, Patricia Neal, Buddy Ebsen, Martin Balsam, Mickey Rooney, John McGiver, Dorothy Whitney, Stanley Adams

Bereits mit dem Western DENEN MAN NICHT VERGIBT hatte Audrey Hepburn ungewohnte Pfade beschritten. Auch diesmal zweifelte sie daran, ob das Publikum ihr mit der Rolle der Holly Golightly die Treue halten würde. Den Part des naiv-unschuldigen New Yorker Playgirls sollte ursprünglich erst Marilyn Monroe spielen, doch die lehnte die Rolle schließlich ab, da sie sie als zu unseriös empfand. Dabei war Truman Capotes Novelle schon deutlich entschärft worden, denn im fertigen Film ist nichts mehr davon zu sehen, daß der Schriftsteller Paul Varjak schwul ist und sich Holly auf ihren Parties gern in der Gesellschaft lesbischer Frauen („weil das hübsche Menschen sind") aufhält.
Das New Yorker Playgirl Holly (Hepburn) und der erfolglose Schriftsteller Paul (Peppard) sind Nachbarn. Holly ist bekannt für ihre turbulenten, ausschweifenden Parties, hat zwar nie Geld, kennt dafür aber umso mehr Männer, die ihr welches leihen. Doch hinter ihrer glamourösen Fassade steckt in Wirklichkeit ein ganz anderer Mensch.
Frühstück bei Tiffany galt in den Sparten „Beste Hauptdarstellerin" (Audrey Hepburn mit ihrer vierten Nominierung), „Bestes Drehbuch" und „Beste Ausstattung" als Anwärter auf den Oscar und konnte schließlich für den berühmt gewordenen Filmsong *Moon River* die begehrte Auszeichnung entgegennehmen.
Blake Edwards erlebte mit *Frühstück bei Tiffany* seinen ersten großen kommerziellen Erfolg im amerikanischen Kino. jg

Frühstück in der Todeszelle

The Ceremony/La ceremonia. USA/Spanien 1963 **R** Laurence Harvey **B** Ben Barzman, Alun Falconer, Laurence Harvey, nach dem Roman von Frédéric Grendel **K** Brian West, Oswald Morris **M** Gérard Schurman **P** Laurence Harvey für United Artists **L** 106 Min., s/w **D** Laurence Harvey, Sarah Miles, Robert Walker jr., John Ireland, Ross Martin

Das Regie-Debüt des britischen Schauspielers Laurence Harvey ist ein düsterer Thriller, der den Star als Insassen eines Gefängnisses in Tanger zeigt - wartend auf die Exekutierung für ein Verbrechen, das er nicht begangen hat. Sein jüngerer Bruder (Walker jr.) schmiedet einen erfolgreichen Ausbruchsplan, doch der Befreite muß erkennen, daß das Interesse seines Bruders sich auch auf seine Freundin (Miles) bezog...
Die Kritik fand nicht viel Lobenswertes an diesem verworrenen Krimi und bemängelte besonders die Dunkelheit der Schwarzweiß-Bilder. Der Clou der Story (am Ende steigt durch eine Verwechslung der jüngere Bruder auf Schafott) kommt nur durch komplizierte Wendungen im Drehbuch zustande, die nicht ganz leicht nachzuverfolgen, vor allem aber nicht glaubwürdig sind. Die Verantwortung für diese Mängel muß hauptsächlich Laurence Harvey angelastet werden, der nicht nur die Hauptrolle spielte und Regie führte, sondern auch produzierte und am Drehbuch mitschrieb. Die amerikanisch-spanische Co-Produktion entstand komplett in Spanien. al

The Fruit Machine

The Fruit Machine. Großbritannien 1988 **R** Philip Saville **B** Frank Clarke **K** Dick Pope **M** Hans Zimmer **P** Steve Morrison für Granada Films/ Ideal Communications **L** 102 Min., Farbe **D** Emile Charles, Tony Forsyth, Robert Stephens, Clare Higgins, Bruce Payne, Robbie Coltrane

Zwei Liverpooler Teeanger, die den Mord an einem Discothekenbesitzer (Coltrane) beobachtet haben, befinden sich auf der Flucht vor dem mysteriösen Killer (Payne). Eddie (Charles) ist schüchtern und eher feminin und lebt ganz in seiner Traumwelt, während Michael (Forsyth) durch seine üble Vergangenheit als Heimkind und Stricher geprägt wurde. Obwohl beide schwul sind, ist ihre tiefe Freundschaft rein platonisch. Durch die Bekanntschaft mit einem Opernsänger (Stephens) gelangen sie nach Brighton, wo es im Delphinarium des „Wonderland" zur letzten Begegnung mit dem Killer kommt.
The Fruit Machine ist ein wunderbares modernes Märchen, eine seltsame Mischung aus schwuler Love-Story, Thriller und Sozialkritik. Die Produzenten hatten vor, der neuen, durch AIDS ausgelösten und von der Thatcher-Regierung forcierten Homosexuellen-Feindlichkeit etwas entgegenzusetzen, aber der Film stellt dieses Problem nicht in den Vordergrund.
Es geht ihm vielmehr um das Recht auf freie Entwicklung, ein Recht, das Eddie und Michael bislang verwehrt wurde. Die Delphine in Eddies Träumen stehen für die von ihm ersehnte Freiheit, die Disco „Fruit Machine" für das hemmungslose, ungehinderte Ausleben dieser Freiheit. Der Killer ist das Symbol ihrer Zerstörung durch finanzielle Interessen (der Tod des Disco-Besitzers) und den Haß auf Andersartige (die beiden Jungen).
Der Film wurde von der (liberalen) Presse sehr positiv aufgenommen - besonders aufgrund des ungezwungenen Spiels der beiden debütierenden Hauptdarsteller. al

Full Metal Jacket

Full Metal Jacket. Großbritannien 1987 **R** Stanley Kubrick **B** Stanley Kubrick, Michael Hert, Gustav Hasford, nach dem Roman *The Short-Timers* von Hasford **K** Douglas Milsome **M** Abigail Mead **P** Stanley Kubrick für Warner Bros. **L** 116 Min., Farbe **D** Matthew Modine, Adam Baldwin, Vincent D'Onofrio, Lee Ermey, Dorian Harewood, Arliss Howard, Kevin Major Howard

Acht Jahre nach seinem letzten Film SHINING lieferte Stanley Kubrick seine Filmversion über den Vietnam-Krieg ab. Fünf Jahre hatte der große Regisseur sich für seine Vorbereitungen Zeit gelassen, hatte mit ehemaligen Soldaten und Ausbildern gesprochen, um dann mit einem Budget von 17 Millionen Dollar sein Antikriegs-Projekt für das Kino umzusetzen. Als Drehbuchschreiber zog er den Autoren Gustav Hasford heran, der selbst als Soldat am Vietnam-Debakel teilgenommen hatte - ebenso wie Lee Ermey, der damals als Ausbilder bei den Marines tätig war und Kubrick vor Drehbeginn ein 150 Seiten dickes Buch mit gesammelten Beleidigungen, Flüchen und Demütigungen in die Hand drückte, aus dem viele Passagen für den Film entnommen wurden.

Kubrick beschreibt den Weg eines jungen Soldaten vom Ausbildungslager bis hin zu seinem Einsatz als Kriegsberichterstatter in Vietnam. Nach der ohnehin schon rüden und unmenschlichen Hölle des militärischen Drills wird der junge Mann mit dem noch schrecklicheren Inferno des Krieges konfrontiert, in dem Mitgefühl und Humanität sich auf erschreckende Weise in Mordgier und Grausamkeit verkehrt haben.

Full Metal Jacket beginnt vielversprechend mit der quälend-minutiösen Beschreibung einer menschenverachtenden militärischen Ausbildung, um dann leider bei den Vietnam-Szenen ins Konventionelle abzudriften. Es wird zu viel geschossen, geschrieen und getötet, um in dieser Fülle noch schockierend oder abschreckend zu wirken.

Kubrick drehte seinen Film vollständig in England. Auf einer Themseinsel fand er eine leerstehende Fabrik, die extra für die Aufnahmen in die Luft gesprengt wurde und in deren Trümmern er die vietnamesische Stadt Hue nachbauen ließ. 200 Palmen, die extra aus Spanien eingeflogen wurden, sorgten für das exotische Dekor.

„*Full Metal Jacket* ist ein Meisterwerk des antimilitärischen Films, aber auch der untaugliche Versuch, mit filmischem Realismus einen Antikriegsfilm zu schaffen." (*Zoom*) jg

Die fünf Geächteten

Hour of the Gun. USA 1967 **R** John Sturges **B** Edward Anhalt **K** Lucien Ballard **M** Jerry Goldsmith **P** John Sturges für Mirisch-Kappa/United Artists **L** 101 Min., Farbe **D** James Garner, Jason Robards, Robert Ryan, Albert Salmi, Charles Aidman, Steve Ihnat, Michael Tolan, Frank Converse, Sam Melville, Austin Willis, Richard Bull, Larry Gates, Karl Swenson

Zehn Jahre nach ZWEI RECHNEN AB drehte John Sturges einen zweiten Western, der sich mit Wyatt Earps und Doc Hollidays legendärem Gefecht gegen die Clanton-Gang im OK-Corral auseinandersetzte. *Die fünf Geächteten* ist mehr oder weniger eine Fortsetzung dieses Vorgängers, wurde von Sturges jedoch mit anderen Schauspielern besetzt.

Die Geschichte fährt dort fort, wo ZWEI RECHNEN AB endete. Der Schußwechsel im OK-Corral steht gleich zu Beginn des Films und ist nach kurzem Umhergeballere zu Ende. Dennoch treibt die Clanton-Bande weiterhin ihr Unwesen. Im Verlauf der Handlung fallen die beiden Earp-Brüder Virgil (Converse) und Morgan (Melville) den Helfershelfern der Gang zum Opfer. Der verbitterte Bruder Wyatt (Garner) zieht erneut aus, um eine blutige Verfolgungsjagd ohne jede Gnade zu starten.

Eine interessante Aufarbeitung der Legende aus ganz anderer Perspektive. Der in seinen vorherigen Filmen eher als „Softy" eingesetzte James Garner spielt hier weniger einen besonnen handelnden Sheriff, sondern mutiert im Laufe der Handlung zu einem blutdür-stigen Racheengel. Die Clanton-Gang, sonst meist als Inkarnation des Verbrechens dargestellt, erweist sich hier immer deutlicher als Opfer eines blinden Hasses.

Ein stimmungsvoller, hervorragend besetzter Western, der durch den schönen Score von Jerry Goldsmith und das gute Drehbuch angenehm auffällt. Autor Edward Anhalt tritt selbst in einer kurzen Szene als Doc Hollidays behandelnder Arzt auf. jg

Fünf Gräber bis Kairo

Five Graves to Cairo. USA 1943 **R** Billy Wilder **B** Charles Brackett, Billy Wilder, nach dem Bühnenstück *Hotel Imperial* von Lajos Biro **K** John F. Seitz **M** Miklos Rozsa **P** Charles Brackett für Paramount **L** 96 Min., s/w **D** Franchot Tone, Anne

Baxter, Akim Tamiroff, Erich von Stroheim, Peter van Eyck, Fortunio Bonanova, Konstantin Shayne, Fred Nurney, Miles Mander

Seit MENSCHEN AM SONNTAG vergingen annähernd 14 Jahre, bis sich Billy Wilder wieder an einen Regieauftrag heranwagte. Bis dahin hatte er sich als exzellenter Drehbuchautor sowohl in der zu Ende gehenden Weimarer Republik als auch in der amerikanischen Emigration einen Namen gemacht. *Fünf Gräber bis Kairo* ist nun nicht gerade dem Komödienfach zuzuordnen, für das Wilder später seine Meisterwerke drehen sollte, sondern es handelte sich dabei vielmehr um einen Propagandabeitrag des US-Kinos zum Verlauf des Zweites Weltkrieges.

Der Engländer John J. Bramble (Tone) kommt als Spion in das von den Deutschen besetzte Nordafrika. Unversehens rückt eines Tages Feldmarschall Rommel mit seinen Truppen in ein gottverlassenes Nest ein, dem die Briten nie eine strategische Bedeutung beigemessen haben. Jetzt stellt sich heraus, daß das Wüstendorf als Munitionsarsenal dient und für Rommels weitere Sandgefechte von größter Wichtigkeit ist. Überflüssig zu erwähnen, daß es den tapferen Alliierten gelingt, das Waffendepot zu zerstören und damit auch die Niederlage Rommels zu besiegeln.

Ein hintergründiger Kriegsfilm, der sich vor allem über den deutschen Militarismus lustig macht und sich durch eine sehr witzige Dialogführung auszeichnet. Besonders köstlich ist Erich von Stroheim in seiner Rolle als Rommel. Als sein Helfershelfer ist der junge Peter van Eyck zu sehen, der später im bundesdeutschen Nachkriegskino zu einem der vielbeschäftigsten und beliebtesten Darsteller wurde. jg

Fünf letzte Tage

Fünf letzte Tage. BRD 1982 **R** Percy Adlon **B** Percy Adlon **K** Horst Lermer **P** Eleonore Adlon für pelemele Film GmbH/Bayerischer Rundfunk **L** 112 Min., Farbe **D** Lena Stolze, Irm Herrmann, Will Spindler, Hans Hirschmüller, Philip Arp, Joachim Bernhard, Ossi Eckmüller, Hans Stadlbauer, Gert Burkard, Michael Cornelius

Fünf letzte Tage versteht sich nicht als eine Konkurrenzproduktion zu Michael Verhoevens DIE WEISSE ROSE (beide Filme beschäftigen sich mit der Widerstandsgruppe um die Geschwister Scholl), sondern bietet dort eine informative Bereicherung, wo Fragen noch offen geblieben sind. Gegen-

über Verhoevens 2,8 Millionen DM teurer Produktion nimmt sich Adlons auf 16mm gedrehter Film überaus bescheiden, doch nicht minder wirkungsvoll aus.
Am 18. Februar 1943 werden Sophie und Hans Scholl während einer Flugblattaktion in der Münchener Universität verhaftet und fünf Tage später wegen Hochverrats hingerichtet. Adlons Film beschreibt diese letzten fünf Tage im Leben der erst 21jährigen Sophie Scholl (Stolze). Als Zellengenossin erlebt die ebenfalls verhaftete Buchhalterin Else Gebel (Herrmann) die verbleibende Lebensspanne des Mädchens. Sophie nimmt ihr gegenüber erst eine skeptische, abwartende Haltung ein, doch zwischen den beiden völlig unterschiedlichen Menschen entwikkelt sich innerhalb der wenigen Tage eine tiefe Freundschaft.
Percy Adlon schrieb sein Drehbuch unter Berufung auf Dokumente und Interviews. Zu diesem Zweck suchte er den Neffen und die beste Freundin von Else Gebel auf und befragte sie nach ihren Erinnerungen. Else Gebel selbst hatte über den Ablauf ihrer fünf Tage mit Sophie Scholl einen kurzen Bericht geschrieben. Alles, was Sophie Scholl im Film sagt, wurde wörtlich oder sinngemäß ihren Tagebüchern und Briefen sowie den Aussagen ihrer Schwester Ilse entnommen. Gemäß einer Absprache mit Verhoeven konnte Adlon die Schauspielerin Lena Stolze übernehmen, die auch schon in DIE WEISSE ROSE Sophie Scholl gespielt hatte. *Fünf letzte Tage* wurde mit dem Internationalen Katholischen Filmpreis ausgezeichnet und erhielt von der Bundesfilmprüfstelle das Prädikat „Besonders wertvoll".
jg

Fünf Millionen suchen einen Erben

Fünf Millionen suchen einen Erben. Deutschland 1938 **R** Carl Boese **B** Georg Hurdalek, Jakob Geis, nach dem Roman von Harald Baumgarten **K** Ewald Daub **M** Lothar Brühne **P** Hans Tost für Terra/Majestic **L** 87 Min., s/w **D** Heinz Rühmann, Leny Marenbach, Oskar Sima, Albert Florath, Vera von Langen, Heinz Salfner

Eine der bekanntesten Komödien Heinz Rühmanns, in der der beliebte Komiker u. a. die beiden Lieder *Ich brech´ die Herzen der stolzesten Frauen* und *Ich tanz´ mit Fräulein Dolly Swing* zum besten gibt.
Rühmann singt in diesem Film nicht nur, er ist auch in einer Doppelrolle zu sehen, was die Handlung des Films um eine zusätzliche heitere Variante bereichert. Er spielt die Rolle des tolpatschigen Staubsaugervertreters Peter Patt, der nebenbei noch als Kunstpfeifer und Steptänzer in einer Nachtbar arbeitet. Eines Tages erhält Patt die Nachricht, daß er von einem reichen Verwandten in New York 5 Millionen Dollar geerbt hat. Das Geld wird ihm aber nur ausgehändigt, wenn er beweisen kann, daß er eine glückliche Ehe führt. Dies ist zwar der Fall, doch versucht sein Cousin Patrick, der Patt fast bis aufs Haar gleicht, unter allen Umständen die traute Ehegemeinschaft zu zerstören.
Ein für die deutschen Verhältnisse der damaligen Zeit sich etwas zu mondän und weltoffen gebendes Lustspiel (Schauplätze Berlin und New York), das dem teutonischen Ernst der Nazi-"Kultur" eine galante Heiterkeit entgegensetzte. Die Außenaufnahmen entstanden natürlich nicht in den USA; für die Szenen vor dem Hintergrund der Wolkenkratzerkulisse Manhattans mußte eine etwas überdeutlich erkennbare, aufgemalte Studio-Applikation herhalten. jg

Die fünf Vogelfreien

Firecreek. USA 1967 **R** Vincent McEveety **B** Calvin Clements **K** William Clothier **M** Alfred Newman **P** Philip Leacock, John Mentley für Warner Bros./Seven Arts **L** 104 Min., Farbe **D** James Stewart, Henry Fonda, Inger Stevens, Gary Lockwood, Dean Jagger, Ed Begley, Jay C. Flippen, Jack Elam, James Best, Barbara Luna, Jacqueline Scott, Brooke Bundy, John Qualen

Ein langsam sich zum Psychodrama entwikkelnder, atmosphärisch äußerst dichter Western, der den sonst sehr braven und rechtschaffenen Henry Fonda in eine Gangsterrolle drängt und ihn mit dem noch unschuldigeren James Stewart konfrontiert. Schon allein diese Personenkonfiguration macht den Film sehenswert.
In das schäbige, halbzerfallene Nest Firecreek kommen fünf Banditen, um dort eine Weile zu rasten. Sehr schnell lassen die Männer ihre Masken fallen und entpuppen sich als brutale Randalierer, die mit zunehmend eskalierender Gewalt die Einwohner der Siedlung terrorisieren. Johnny Cobb (Stewart), Farmer und gleichzeitig eine Art Not-Sheriff, kann dem wilden Treiben der Gangster zunächst wenig entgegensetzen. Zudem erwartet seine Frau gerade ein Kind, so daß er verständlicherweise lieber zu Hause auf der Farm als in der unsicheren Stadt bleiben möchte. Als jedoch die Bande einen geistig etwas zurückgebliebenen Jungen erhängt, besinnt er sich seiner Pflichten und zieht allein gegen die Desperados zu Felde.
Der Film variiert das Thema des alleingelassenen Gesetzeshüters (spätestens seit ZWÖLF UHR MITTAGS eines der beliebtesten Motive im Western) auf interessante Weise. Die Gesetzesbrecher quälen und zerstören nicht aus Rache, sondern aufgrund der Gewißheit, daß sie ohnehin nichts mehr zu verlieren haben. Ihnen wird die fast unerträglich passive Stadtbevölkerung gegenübergestellt, die ausschließlich aus Feiglingen zu bestehen scheint. Bezeichnenderweise ist es wieder einmal eine Frau, die dem in Bedrängnis geratenen Sheriff im letzten Moment zur Seite steht.
Die fünf Vogelfreien war mit der Absicht gedreht worden, eine Symbiose zwischen dem alten amerikanischen Traditionswestern und dem neuen europäischen Italo-Western herzustellen. Dieser Versuch ist - wenn auch nur ansatzweise - zufriedenstellend geglückt.
jg

55 Tage in Peking

55 Days at Peking. USA 1963 **R** Nicholas Ray, Andrew Marton, Noel Howard **B** Philip Yordan, Bernard Gordon, Robert Hamer **K** Jack Hildyard, Manuel Berenger **M** Dimitri Tiomkin **P** Samuel Bronston für Bronston Prod./Allied Artists **L** 150 Min., Farbe **D** Charlton Heston, Ava Gardner, David Niven, Flora Robson, John Ireland, Harry Andrews, Leo Genn, Robert Helpmann, Paul Lukas, Icchizo Itami, Kurt Kasznar

Gegen Ende der 50er Jahre wurde es zu teuer, in Hollywood die großen Monumentalschinken zu drehen, und so wanderten die Filmcrews nach Spanien ab, wo sich der Produktionsetat extrem niedrig halten ließ. *55 Tage in Peking* war allerdings der erste Film, bei dem diese Rechnung nicht mehr aufging, was bedeutete, daß es selbst mit verringerten Ausgaben nicht gelang, den Etat wieder einzuspielen. Ein ähnliches, finanzielles Debakel erlebten im gleichen Jahr die beiden ebenfalls in Spanien entstandenen Streifen CIRCUS-WELT und DER UNTERGANG DES RÖMISCHEN REICHES.
Besetzt mit den Kassenstars Charlton Heston, Ava Gardner und David Niven entführt uns dieses farbenprächtige Filmabenteuer in das Peking des Jahres 1900. In der Hauptstadt des Chinesischen Reiches rotten sich die Boxer, Mitglieder fremdenfeindlicher Geheimbünde, zusammen und töten den deutschen Gesandten auf offener Straße. Der hinterhältige Meuchelmord wird zum Auslöser eines blutigen Aufstandes, der sich gegen das Pekinger Diplomatenviertel richtet. Einige hundert Menschen aus 11 verschiedenen Ländern vergessen allen Nationalismus, um sich gemeinsam in einem verzweifelten Kampf gegen die chinesischen Vandalen zur Wehr zur setzen.
Nicholas Ray, sonst eher ein Regisseur für stille, wenig spektakuläre Werke, hatte nicht die geringste Lust, diesen Film zu inszenieren, benötigte jedoch dringend Geld. Allerdings waren ihm Massenszenen ein Greuel, so daß er sich jedesmal krank meldete, wenn die besagten Sequenzen auf dem Drehplan standen. Für ihn mußten dann Andrew Marton und Noel Howard einspringen.
55 Tage in Peking ist zwar ein etwas allzu aufgeblasenes Durchhalteepos, Liebhaber grandioser Schaueffekte kommen hier jedoch voll auf ihre Kosten. Für die Massen-

szenen wurden Tausende von Statisten aus Hongkong und vielen europäischen Schauplätzen zum Drehort eingeflogen. Ganzer Stolz des Produktionsteams war die seinerzeit größte Filmkulisse der Welt (in der Nähe von Madrid am Fuße der Guadarrama-Berge gelegen), für die auf über einem Kilometer Länge ganze Straßenzüge mit prunkvollen Palästen und Mauern, sowie ein künstlicher Fluß mit vier Brücken errichtet wurden. jg

Die 25. Stunde

La 25e heure. Frankreich/Italien/Jugoslawien 1966 **R** Henri Verneuil **B** Henri Verneuil, François Boyer, Wolf Mankowitz, nach dem Roman von Constantin Virgil Gheorghiu **K** Andreas Winding, Daniel Diot **M** Georges Delerue **P** Carlo Ponti für Les Films Concordia (Paris), Compagnia Cinematografica (Rom), Avala Films (Belgrad) **L** 129 Min. (Originalfassung 134 Min.), Farbe **D** Anthony Quinn, Virna Lisi, Michael Redgrave, Françoise Rosay, Grégoire Aslan, Serge Reggiani, Marcel Dalio

DOKTOR SCHIWAGO war offenbar Vorbild für dieses von Carlo Ponti produzierte Epos um die achtjährige tragikomische Odyssee eines rumänischen Bauern im II. Weltrieg. Johann Moritz (Quinn) wird vom örtlichen Faschistenchef Dobresco (Aslan) fälschlicherweise als Jude bezeichnet und in ein Arbeitslager gesteckt. Dobresco macht sich inzwischen an Johanns Frau (Lisi) heran und zwingt sie, sich scheiden zu lassen. Nach seiner waghalsigen Flucht aus dem Lager erreicht Johann Ungarn, wo er in die Gewalt der Deutschen gerät und als Wächter in einem Kriegsgefangenenlager arbeiten muß. Er erregt die Aufmerksamkeit eines deutschen Offiziers, der in ihm den perfekten Ur-Arier entdeckt zu haben glaubt. Sein Photo wird von nun an zu Propaganda-Zwecken eingesetzt, was ihn nach Beendigung des Krieges vor die alliierten Gerichte in Nürnberg bringt.
Das Ausgangsmaterial, der 1950 erschienene Roman des Rumänen Gherghiu, bietet durchaus Stoff für einen kraftvollen Film, doch war die episodische Struktur des Buches, das immerhin die Jahre zwischen 1939 und 1947 abdeckt, eindeutig zuviel für Verneuil und seine beiden Co-Autoren. Nicht nur, daß der Film zergliedert wird, mit den unterschiedlichen Episoden wechselt auch sein Tonfall und er schwankt unentschlossen zwischen Farce und Tragödie hin und her. Das Ergebnis ist dementsprechend verwirrend und unbefriedigend - trotz der eindringlichen Darstellungen von Quinn und seiner Partnerin Virna Lisi, die sich für diesen Part die Haare schwarz färbte. al

Funny Girl

Funny Girl. USA 1968 **R** William Wyler **B** Isobel Lennart, nach dem Bühnenmusical von Jule Styne, Bob Merrill und Lennart **K** Harry Stradling **M** Jule Styne, Bob Merrill (Songs), Walter Scharf (Score) **P** Ray Stark für Rastar/Columbia **L** 151 Min., Farbe **D** Barbra Streisand, Omar Sharif, Kay Medford, Walter Pidgeon, Anne Francis, Lee Allen

Zum Zeitpunkt ihres Leinwanddebüts war Barbra Streisand bereits ein Weltstar auf der Bühne, im Fernsehen und auf dem Plattenteller. Die Rolle der Fanny Brice in dem Bühnenmusical *Funny Girl* hatte sie über eintausend Mal gespielt und geradezu perfektioniert, als William Wyler sie für die Filmversion holte.
Fanny Brice, eine Art häßliches Entlein, ist davon besessen, es im Showgeschäft zu etwas zu bringen. Trotz zahlreicher anfänglicher Mißerfolge, bei denen sie ganze Aufführungen durcheinanderbringt, gelingt es ihr, den großen Florence Ziegfeld (Pidgeon) von ihren Qualitäten zu überzeugen, und sie mausert sich binnen weniger Jahre zum umjubelten Broadway-Star.
Funny Girl ist voll und ganz Barbras Film. Sie holt aus jeder Szenen auch noch das letzte heraus und überbrückt so die eine oder andere Schwäche im Drehbuch. Sie und die inspirierte Choreographie von Herbert Ross sind die Glanzpunkte dieser Produktion, wohingegen man die Regie von William Wyler höchstens als altmodisch-solide und die Darstellung von Omar Sharif (als Mann in Fannys Leben) als blaß bezeichnen muß. Natürlich hatte man auch alle Songs aus der Bühnenproduktion übernommen, - es sind derer dreizehn - von denen die bekanntesten sind *People*, *Don´t Rain on My Parade* und *I´m the Greatest Star*.
Der Film geriet zu Streisands persönlichem Triumph und wurde mit Oscar-Nominierungen überschüttet, u.a. für Bester Film, Regie, Nebenrolle (Medford), Kamera und Song (*Funny Girl*). Doch man hatte gegen zwei weitere Musicals anzukämpfen (STAR und OLIVER), und nur Barbra Streisand konnte die Trophäe mit nach Hause nehmen, allerdings mit einer Einschränkung: Wegen Stimmengleichheit erhielt auch Katharine Hepburn den Oscar für DER LÖWE IM WINTER. Das hatte es seit 1931/32 nicht mehr gegeben!
1975 entstand eine Fortsetzung mit dem Titel FUNNY LADY. al

Funny Lady

Funny Lady. USA 1975 **R** Herbert Ross **B** Jay Presson Allen, Arnold Schulman **K** James Wong Howe **M** Billy Rose, Fred Ebb, John Kander (Songs), Peter Matz (Score) **P** Ray Stark für Rastar/Columbia **L** 126 Min. (Originalfassung 136 Min.), Farbe **D** Barbra Streisand, James Caan, Omar Sharif, Roddy McDowall, Ben Vereen

Fortsetzungen sind selten so gut wie das Original, doch diese reicht fast an FUNNY GIRL heran. Herbert Ross, der im früheren Film für die Choreographie verantwortlich zeichnete, führte diesmal Regie.
Die Handlung beginnt 1930; Fanny (Streisand) hat ihren ersten Mann, den Spieler Nick Arnstein (Sharif) aus ihrem Leben gestrichen und trifft Billy Rose (Caan), Songschreiber und darüber hinaus Stenographie-Meister der USA. Beider stürmische Liebesgeschichte und Ehe steht im Zentrum des Films, den man wiederum mit zahlreichen Songs versah, die meisten von Billy Rose (u.a. *Great Day* und *It´s Only a Papermoon*) sowie Fred Ebb und John Kander, die extra für den Film Songs wie *Blind Date* und *Isn´t It Better?* schrieben. Ihr schönes *How Lucky Can You Get?* erhielt eine Oscar-Nominierung, ebenso wie Kamera, Ton, Kostüme und der Original-Song-Score. al

Für ein paar Dollar mehr

Per un qualche di dollari in più. Italien/Spanien/BRD 1965 **R** Sergio Leone **B** Sergio Leone, Luciano Vincenzoni **K** Massimo Dallamano **M** Ennio Morricone **P** Alberto Grimaldi für P.E.A. (Rom), Constantin Film (München), Arturo Gonzales (Madrid) **L** 121 Min. (Originalfassung 130 Min.), Farbe **D** Clint Eastwood, Lee van Cleef, Gian Maria Volonté, Klaus Kinski, Rosemarie Dexter

Der Titel dieser Fortsetzung von Leones Sensations-Erfolg FÜR EINE HANDVOLL DOLLAR kann getrost auf das ganze Projekt übertragen werden. Mit einem um 400.000$ gewachsenen Budget und einem weiteren amerikanischen Schauspieler, dem auf Schurkenrollen abonnierten Lee van Cleef, hatte der Regisseur weit bessere Produktionsbedingungen, die sich im Endprodukt auch niederschlugen.
Eastwood, wieder mit Poncho und Zigarillo, stellt einen Kopfgeldjäger dar, der hinter dem mexikanischen Erzschurken Indio (Volonté), einem sadistischen Psychopathen, her ist. Doch auch sein Berufskollege Colonel Mortimer (Van Cleef) hat es auf Indio abgesehen - allerdings aus ganz anderen Gründen, wie sich später herausstellt. Zunächst müssen die beiden Rivalen eine Allianz eingehen...
Alle Ingredienzien, die den ersten Film so erfolgreich gemacht hatten, sind auch hier enthalten, doch ist *Für ein paar Dollar mehr*

noch komplexer, sorgfältiger und natürlich aufwendiger gemacht. Lee van Cleef erlangte mit dieser Rolle (ausnahmsweise mal als Guter) Starstatus.
Wie sein Vorgänger kam der Film, nach äußerst erfolgreichem Einsatz in Europa, mit Verspätung in die amerikanischen Kinos und sorgte auch dort für Kassenrekorde und Verblüffung seitens der Filmbranche und der Presse. Der größte Streich lag allerdings noch vor Eastwood und Leone: ZWEI GLORREICHE HALUNKEN. al

Für eine Handvoll Dollar

Per un pugno di dollari. Italien/Spanien/BRD 1964 **R** Sergio Leone **B** Sergio Leone, Ducio Tessari, Victor A, Catena, G. Schock **K** Massimo Dallamano **M** Ennio Morricone **P** Arrigo Colombo, Giorgio Papi für Jolly Film (Rom), Ocean Prod. (Madrid), Constantin Film (München) **L** 88 Min., (Originalfassung 100 Min.) Farbe **D** Clint Eastwood, Gian Maria Volonté, Marianne Koch, Wolfgang Lukschy, Sieghardt Rupp, Antonio Prieto

Sergio Leones zweiter Spielfilm wird oft als erster Italo-Western bezeichnet. Wenn man diese Art Western als eigenes Genre mit eigenen Gesetzen und Erkennungsmerkmalen betrachtet, ist das richtig; italienische Western gab es jedoch bereits vor Leone (etwa 25, sie haben heute keine Bedeutung mehr). Meistens legte sich die Filmcrew englische Pseudonyme zu, um so das Publikum über die Herkunft des Films zu täuschen. Auch Leone bediente sich dieser Praxis (er war Bob Robertson), denn *Für eine Handvoll Dollar* war als kleine Routine-Produktion geplant, in die niemand besondere Hoffnungen setzte. Leone wußte es besser: Nachdem er den Produzenten 200.000$ abgeschwatzt hatte, machte er sich mit seiner Crew nach Spanien auf, um ein Western-Remake von Akira Kurosawas YOJIMBO-DER SCHWERTKÄMPFER zu drehen. Aus kommerziellen Erwägungen mußte ein Amerikaner die Hauptrolle übernehmen, und Leones Wahl fiel mangels Alternativen auf einen Fernsehschauspieler namens Clint Eastwood aus der populären Western-Serie *Rawhide*.
Die Story dreht sich um einen geheimnisvollen, etwas abgerissen wirkenden Fremden (Eastwood), der in ein kleines Städtchen an der mexikanischen Grenze einreitet, das von zwei rivalisierenden Banden beherrscht wird. Er spielt beide Gruppen gegeneinander aus, und schafft es sogar noch, am Ende als Held dazustehen.
Das Ganze wurde von Leone in dem Stil inszeniert, der ein ganzes Genre kreieren sollte. Der Held ist nicht mehr strahlend, sondern heruntergekommen und zynisch, er hat auch keine Ideale, sondern nur noch seine eigenen Interessen. Der Westen erscheint als hartes, grausames und schmutziges Land, das von ebensolchen Menschen bevölkert wird. Spürbar ist Leones Verehrung für den amerikanischen Western, aber auch sein ironisches Spiel mit dessen Klischees. Fast noch wichtiger als diese inhaltlichen Aspekte sind die stilistischen. Extreme Großaufnahmen, unvermittelte Schnitte und ein gedehnter Rhythmus bestimmen die Wirkung ebenso wie die ungewöhnliche Musik Ennio Morricones, der u.a. Peitschenknallen, Pfiffe und Amboßschläge verarbeitete. All diese Elemente wurden von Leone auch bei seinen nächsten Filmen wieder aufgegriffen und von unzähligen anderen Western kopiert.
Für eine Handvoll Dollar erwies sich als überwältigender Kassenschlager (später auch in den USA) und löste eine wahre Flut von Italo-Western aus. Die Kritiker waren sich angesichts der zahlreichen Brutalitäten und Zynismen nicht einig, doch heute gilt der Film als Klassiker, der die Karrieren von Leone, Eastwood und Morricone in Gang brachte.
Ein Jahr später kam dasselbe Team bei FÜR EIN PAAR DOLLAR MEHR noch einmal zusammen. al

Für ihn verkauf´ ich mich

La fièvre monte à El Pao/Los ambiciosos. Frankreich/Mexiko 1959 **R** Luis Buñuel **B** Luis Buñuel, Luis Alcoriza, Louis Sapin, Charles Dorat, José Luis Gonzales de Léon, nach dem Roman von Henri Castillou **K** Gabriel Figueroa **M** Paul Misraki **P** Raymond Borderie für Cité Films/Indus Films/ Terra Films/Cormoran Films (Paris), Cinematográfica Filmex (Mexiko Stadt) **L** 89 Min. (Originalfassung 100 Min.), s/w **D** Gérard Philipe, María Félix, Jan Servais, Miguel Angel Ferriz, Raúl Dantés, Domingo Soler

Auf einer kleinen Insel, die zu einem faschistischen südamerikanischen Staat gehört, wird der Gouverneur während eines öffentlichen Auftritts erschossen. Sein Sekretär, der idealistische Vasquez (Philipe), und seine Frau Inés (Félix), mittlerweile ein Liebespaar, drängen mittels einer Intrige den Nachfolger Gual (Servais) aus dem Amt und erreichen, daß Vasquez zum Gouverneur ernannt wird. Von Schuld geplagt, weigert er sich schließlich, mit Inés zu fliehen, als sein Leben in Gefahr gerät.
Für ihn verkauf´ ich mich, der auch unter dem Titel *Das Fieber steigt in El Pao* in deutschen Kinos zu sehen war, ist der letzte Film des französischen Stars Gérard Philipe, der 1959 im Alter von nur 36 Jahren verstarb.
Ansonsten gilt das Werk als eines von Buñuels schwächeren, obwohl sich der Regisseur nie wieder so direkt mit politischen Machtsystemen auseinandergesetzt hat. Der Film bestreitet die These, daß eine Diktatur von innen heraus reformiert werden kann, wie es Vasquez versucht. Beispiele für ein solches Staatsgefüge zur Enstehungszeit des Films waren u.a. das französische Kolonialregime in Algerien sowie natürlich die Franco-Diktatur in Spanien. Trotz dieser wichtigen Bezüge wurde der Film als unglückliche Mischung aus Abenteuerfilm und Melodram bezeichnet, da sowohl der Gefangenenaufstand als auch die Liebesgeschichte oftmals bedrohlich die Oberhand gewinnen. al

Für immer: Lulu

Forever, Lulu/Für immer: Lulu. USA/BRD 1987 **R** Amos Kollek **B** Amos Kollek **K** Lisa Rinzler **M** Paul Chiara **P** Amos Kollek für Lulu Co. (New York)/TV-80 California (Hollywood), Dieter Geissler Filmprod./TV 60/BR (München) **L** 86 Min., Farbe **D** Hanna Schygulla, Deborah Harry, Alec Baldwin, Annie Golden, Paul Gleason

Hanna Schygulla, deutsche Aktrice mit Weltruhm, war seit dem Tode Rainer Werner Fassbinders hauptsächlich im Ausland tätig, doch konnte keiner ihrer Filme nach LILI MARLEEN an die großen Erfolge in den 70ern anschließen. Neben „künstlerischen" Filmen von Regisseuren wie Ferreri, Godard oder von Trotta, die mehr oder weniger unter Ausschluß der Öffentlichkeit liefen, verirrte sie sich schon mal in einen brutalen Action-Film wie DELTA FORCE. Eine weitere dieser merkwürdigen Karriereentscheidungen ist *Für immer: Lulu*, eine amerikanisch-deutsche Independent-Produktion, die von Amos Kollek, Sohn des Jerusalemer Bürgermeisters, in Szene gesetzt wurde.
Die Schygulla spielt Elaine, eine in New York lebende deutschstämmige Möchtegern-Schriftstellerin, die augenblicklich vom Pech verfolgt ist: sie verliert ihren Job, wird ausgeraubt und von ihrem Geliebten verlassen. Verzweifelt will sie sich auf der Straße mit eine Damenpistole das Leben nehmen, doch derartig herumfuchtelnd, verschreckt sie nur ein Gaunerpärchen, das ihr widerstandslos seine Habseligkeiten überläßt. Darunter ist auch ein Photo samt Adresse und der Aufschrift „Für immer: Lulu". Damit beginnt eine abenteuerliche Odyssee in die Unterwelt New Yorks...
Für eine Komödie hat *Für immer: Lulu* ein großes Problem: Der Film ist nicht witzig. Er versucht es verzweifelt, doch die meisten Lacher sind nicht beabsichtigt. Regisseur Amos Kollek schielt deutlich nach so erfolgreichen Vorbildern wie SUSAN... VERZWEIFELT GESUCHT und DIE ZEIT NACH MITTERNACHT, und auch er selbst hat bereits eine passable Großstadtkomödie zustande gebracht (*Goodbye, New York*, 1985), doch scheint er weder das Schreiben witziger Dialoge zu beherrschen noch etwas

von Schauspielerei zu verstehen: Seine Gastrolle als Schygullas zynischer Agent gehört zu den schlechteren Leistungen des Films. Darüber hinaus hat Deborah Harry, besser bekannt als Lead-Sängerin der Pop-Gruppe „Blondie", trotz ihrer Starnennung nur einen kleinen Auftritt (als Lulu) am Schluß, der nicht vielmehr als ein Cameo ist. Es war eine schöne Idee, Hanna Schygulla nach all der Dramatik in einer Komödie einzusetzen, doch die allein trägt nun mal keinen Film.
Die US-Filmkritik war geradezu entgeistert und peinlich berührt, und *Lulu* floppte jenseits wie auch diesseits des Atlantik. Für eine Sache ist er immerhin bemerkenswert: Er stellt Alec Baldwins Filmdebüt dar. al

Fürchten und lieben

Paura e amore / Fürchten und lieben / Peure et amour. Italien/BRD/Frankreich 1988 **R** Margarethe von Trotta **B** Margarethe von Trotta, Dacia Marani **K** Giuseppe Lanci **M** Franco Piersanti **P** Eberhard Junkersdorf, Angelo Rizzoli, André Djaoui für Bioskop-Film (München)/Erre Produzioni S.r.l. (Rom)/Cinemax-Générale d'Images (Paris) **L** 112 Min., Farbe **D** Fanny Ardant, Greta Scacchi, Valerie Golino, Peter Simonischek, Jan Biczycki, Sergio Castellito, Gila von Weitershausen, Agnes Soral

Das Verwandtschaftsverhältnis von Schwestern durchzieht Margarethe von Trottas Oeuvre wie ein roter Faden. In SCHWESTERN ODER DIE BALANCE DES GLÜCKS treibt eine Frau durch ihre Dominanz ihre Schwester in den Selbstmord, DIE BLEIERNE ZEIT ist die Parabel über den unterschiedlichen Entwicklungsweg zweier Schwestern, die trotz ideologischer Entfremdung ihre enge Beziehung aufrecht erhalten. Mit *Fürchten und lieben* setzte Margarethe von Trotta diese Tradition fort. Das Stück *Drei Schwestern* von Anton Tschechow stand für diesen Film als Leitgedanke Pate, doch wurden auch dessen Grundthema und Hauptfiguren übernommen.
In einer italienischen Kleinstadt lebt Roberto (Castellito) mit seinen drei Schwestern Velia (Ardant), Maria (Scacchi) und Sandra (Golino). Sandras 18. Geburtstag wird wegbestimmend für das Leben der vier Geschwister. Roberto heiratet kurze Zeit später, ohne besonders glücklich darüber zu sein. Velia verliebt sich in einen Universitätsprofessor, auf den es jedoch auch ihre verheiratete Schwester Maria abgesehen hat. Sandra schließlich studiert Medizin und setzt sich für den Umweltschutz ein.
„Die Figuren der Margarethe von Trotta sind platt vor lauter Akzedenzien und Anekdoten, mit denen sie behängt sind. Sozialer Hintergrund wird mit Sprechblasendialogen ersetzt. Was fehlt, ist das, was sie atmen macht, Geschichte und Geheimnis" (*Kölner Stadt-Anzeiger*). Und *epd Film* bemerkte auch nicht gerade versöhnlicher: „Man erwartet von Margarethe von Trotta gewiß keine spektakulären Stunt-Szenen, aber wenn jemand, der bei einem Autounfall aus der rechten Tür geschleudert worden sein muß, dann links vom Wrack liegt, zeugt dies eben auch neben vielem anderen von einer gewissen Gleichgültigkeit gegenüber dem, was man gemeinhin Wirklichkeit nennt." jg

Die Fürsten der Dunkelheit

Prince of Darkness. USA 1987 **R** John Carpenter **B** Martin Quatermass **K** Gary B. Kibbe **M** John Carpenter **P** Larry Franco für Alive Film **L** 103 Min., Farbe **D** Donald Pleasence, Jameson Parker, Victor Wong, Lisa Blount, Dennis Dun, Susan Blanchard, Anne Howard, Ann Yen, Ken Wright, Dirk Blocker, Jessie Lawrence Ferguson, Peter Jason

1986 bekam John Carpenter von der Produktionsfirma Alive Films das Angebot, vier Filme zu drehen, die zwar allesamt ein niedriges Budget haben sollten, bei denen er jedoch über eine völlige künstlerische Freiheit verfügen durfte. *Die Fürsten der Dunkelheit* war der erste Beitrag im Rahmen dieses Vertrages.
Grauenerregende Mutationen in der Natur deuten darauf hin, daß sich die satanischen Mächte der Hölle wieder auf Erden ansässig machen wollen. Ursache des Übels ist ein Behälter mit einer ekligen grünen Brühe, in dem der leibhaftige Teufel persönlich planscht. Ein zur Untersuchung der mysteriösen Flüssigkeit zusammengetrommeltes Forscherteam wird der Reihe nach dezimiert. Die todbringende Soße entweicht unter völliger Mißachtung der Schwerkraftgesetze und verwandelt jeden, der damit in Berührung kommt, in einen gefährlichen Zombie.
Die Rückkehr zur Billigproduktion war für Carpenter nicht unbedingt mit einer Niveausteigerung verbunden, denn für diesen Streifen mißbrauchte er überaus plump den menschlichen Ekel vor allem, was sich kriechend und schlängelnd vorwärtsbewegt. Zu diesem Zweck erleben 3.000 schleimige Maden, 6.000 Käfer und 30.000 (genau abgezählte?) Ameisen ihren wirkungsvollen Einsatz.
„Nun ist Carpenter wieder zu Filmen des kleinen Budgets zurückgekehrt, aber der Witz und die Phantasie seiner früheren Arbeiten scheinen endgültig versiegt zu sein... Wie die zehn kleinen Negerlein wird einer nach dem anderen möglichst unappetitlich dahingemeuchelt. Der Spannungsbogen dieses Horrospektakels ist gleich Null." (*Kölner Rundschau*) jg

Fury

Fury. USA 1936 **R** Fritz Lang **B** Bartlett Cormack, Fritz Lang, nach der Geschichte *Mob Rule* von Norman Krasna **K** Joseph Ruttenberg **M** Franz Waxman **P** Joseph L. Mankiewicz für Metro-Goldwyn-Mayer **L** 90 Min., s/w **D** Spencer Tracy, Sylvia Sidney, Walter Abel, Edward Ellis, Walter Brennan, Bruce Cabot, George Walcott, Frank Albertson, Arthur Stone, Margan Wallace, George Chandler, Roger Gray

Kurz nach der Machtübernahme durch die Nazis setzte sich Fritz Lang nach Paris ab und realisierte dort seinen Film LILIOM. Produzent David O. Selznick, damals noch Mitarbeiter bei MGM, stattete ihm während der Dreharbeiten einen Besuch ab und bot Lang an, in Zukunft in Hollywood zu arbeiten, der diesen Vorschlag dankbar annahm. Sein erstes Filmprojekt war allerdings etwas ungewöhnlich für die Studios der MGM, die sich zu jener Zeit in ihrer Produktion überwiegend auf leichte Familienunterhaltung spezialisiert hatten.
Fury war eine ganz und gar unerfreuliche Geschichte über einen jungen Mann (Tracy), der infolge einer verhängnisvollen Verwechslung das Opfer einer, von hysterischen Menschenmassen angezettelten Lynchjustiz wird, vor der er im letzten Moment gerettet werden kann.
Lang stimmte sein Drehbuch auf einen ähnlichen Vorfall ab, der sich tatsächlich im November 1933 vor dem Gefängnis im kalifornischen San Jose zugetragen hatte. Beim Schreiben des Skripts machte das Englisch dem emigrierten Regisseur allerdings doch mehr zu schaffen, als er es sich vorgestellt hatte. Besessen von dem Wunsch, alsbald die sprachlichen Barrieren zu überwinden, tingelte Lang über einige Wochen quer durch das Land, um sich durch ausgiebige Kommunikation Umgangsformen, Lebensgewohnheiten und Ausdrucksweise der Amerikaner zu eigen zu machen. Während seiner Zeit in Hollywood weigerte er sich, Deutsch zu sprechen, solange die Nationalsozialisten in seiner Heimat an der Macht waren.
MGM zeigte sich völlig überrascht über den Erfolg des Films, war aber an einer weiteren Zusammenarbeit mit Lang nicht mehr interessiert. Seinen nächsten Film GEHETZT drehte er dann für die Studios der United Artists. jg

Furyo - Merry Christmas, Mr. Lawrence

Furyo/Merry Christmas, Mr. Lawrence. Großbritannien/Japan 1982 **R** Nagisa Oshima **B**

Nagisa Oshima, Paul Mayersberg, nach dem Roman *The Seed and the Sower* von Laurens van der Post **K** Toichiro Narushima **M** Ryuichi Sakamoto **P** Jeremy Thomas für Recorded Picture Company/ Cineventure (London), TV Asahi/Oshima Prod. (Tokio) **L** 113 Min. (Originalfassung 122 Min.), Farbe **D** David Bowie, Ryuichi Sakamoto, Tom Conti, Beat Takeshi

1942. In einem japanischen Gefangenenlager auf Java ist der britische Offizier Lawrence (Conti) die einzige Verbindung zwischen Wächtern und Häftlingen, da er die japanische Sprache beherrscht. Die ohnehin gespannte Atmosphäre verschärft sich noch, als Jack Celliers (Bowie), ein neuseeländischer Major, ins Lager kommt. Er ist für seine Selbstdisziplin und Unbeugsamkeit bekannt, und Lawrence weiß, daß die Japaner versuchen werden, ihn zu brechen. Besonders zwischen Lagerkommandant Yonoi (Sakamoto) und Celliers entwickelt sich ein Machtkampf, der nicht frei von homoerotischer Anziehung ist...
Der japanische Regisseur Nagisa Oshima, im Westen hauptsächlich bekannt geworden durch sein Erotikon IM REICH DER SINNE, begibt sich hier auf ein Terrain, das auch schon David Lean mit DIE BRÜCKE AM KWAI betreten hatte. Doch während Lean sich auf die Beziehungen unter den britischen Gefangenen konzentrierte und die Japaner nur Staffage waren, geht Oshima noch einen Schritt weiter: Sein Film zeigt das harte Aufeinanderprallen zweier Kulturen mit ihren unterschiedlichen Auffassungen von Ehre und Moral. Seine west-östlichen Protagonisten besetzte Oshima mit zwei Rockstars - David Bowie, der bis dato schon mehrere Filmauftritte absolviert hatte, und Ryuichi Sakamoto, der in Japan ähnlichen Status hat wie Bowie im Westen und der auch für die vorzügliche Filmmusik verantwortlich zeichnet. Er hat seither zu mehreren westlichen Produktionen die Musik geliefert, so für DER LETZTE KAISER, GESCHICHTE DER DIENERIN und HIMMEL ÜBER DER WÜSTE.
In der deutschen Fassung ist leider nicht nur eine wichtige Rückblende gekürzt worden; es geht auch die so entscheidende Zweisprachigkeit weitgehend verloren. al

Der Fußgänger

Der Fußgänger. BRD/Schweiz 1973 **R** Maximilian Schell **B** Maximilian Schell **K** Wolfgang Treu, Klaus König **M** Manos Hadjidakis **P** Maximilian Schell, Zev Braun für Seitz/Alfa/MFG **L** 98 Min., Farbe **D** Gustav Rudolf Sellner, Ruth Hausmeister, Maximilian Schell, Manuel Sellner, Elsa Wagner, Dagmar Hirtz, Michael Weinert, Peter Hall, Alexander May, Christian Kohlund, Gila von Weitershausen, Elisabeth Bergner, Käthe Haack

Die Schatten der unseligen Nazi-Vergangenheit holen einen reichen Industriellen nach den vielen verstrichenen Jahren doch noch ein. Eine sensationslüsterne Boulevardzeitung verbreitet die Meldung, der allgewaltige Wirtschaftsmagnat Heinz Alfred Giese (Sellner) hätte während des Zweiten Weltkrieges die Bewohner eines griechischen Dorfes liquidieren lassen. Die Konsequenzen sind für Giese katastrophal. Seine Familie begegnet ihm mit abweisender Kälte, der älteste Sohn begeht Selbstmord.
Maximilian Schell arbeitete über drei Jahre am Drehbuch, für das er schließlich vom Bundesinnenministerium eine Prämie zur Finanzierung seines Projekts zugebilligt bekam. *Der Fußgänger* wartet mit einer teils unbekannten, teils hochkarätigen Besetzung auf. Das erste Mal spielte Gustav Rudolf Sellner, sonst ausschließlich als Regisseur hinter der Bühne tätig, vor einer Kamera, ebenso sein Kollege Alexander May. Zu den Besetzungsglanzlichtern gehören mit Sicherheit die große Schauspielerin Elisabeth Bergner und der ehemalige UFA-Star Käthe Haack.
Der Fußgänger wurde vor allem in den Vereinigten Staaten stürmisch gefeiert und gewann als Bester Film 1974 den Golden Globe. Bei den Oscar-Feierlichkeiten reichte es allerdings leider nur für eine Nominierung in der Sparte „Bester ausländischer Film“. jg

Futureworld - Das Land von übermorgen

Futureworld. USA 1976 **R** Richard T. Heffron **B** Mayo Simon, George Schenck **K** Howard Schwartz, Gene Polito **M** Fred Karlin **P** Paul Lazarus III, James T. Aubrey jr. für American Inernational Pict. **L** 107 Min., Farbe **D** Peter Fonda, Blythe Danner, Arthur Hill, Yul Brynner, John Ryan, Stuart Margolin, Jim Antonio, Allen Ludden, Nancy Bell, Angela Green

Futureworld knüpft unmittelbar dort an, wo sein filmischer Vorgänger WESTWORLD endete. Nach dem Roboteraufstand im Freizeitzentrum Delos, der damals mehr als 50 Touristen das Leben kostete, garantieren die Verantwortlichen nun für die absolute Sicherheit der Besucher und laden zu diesem Zweck die Presse in das neue Wunderwerk der Freizeitunterhaltung ein, damit deren Berichte das Geschäft wieder ankurbeln. Mit dem Journalistenteam Chuck Browning (Fonda) und Tracy Ballard (Danner) haben die Konzernchefs jedoch kein leichtes Spiel. Beide entdecken nach kurzer Zeit, daß in Delos einflußreiche Besucher über Nacht narkotisiert und von ihren Körpern Duplikate hergestellt werden, die dann nach den kurz darauf erfolgenden Attentaten oder Unglücksfällen die jeweilige Person ersetzen. Bald wissen die Verantwortlichen von Delos um die Kenntnis der beiden Reporter und hetzen sie gnadenlos durch die Maschinenwelt ihres Freizeitparks.
Als Nachfolgeproduktion nimmt sich *Futureworld* noch nicht einmal so schlecht aus. Der Film ist rasant geschnitten und hat einige sehr schöne Kamerafahrten (besonders in der zweiten Hälfte, wenn die Verfolgungsjagd beginnt). Etwas unnötig allerdings der nochmalige Auftritt Yul Brynners als randalierender Revolverheld - das hatte sich schon in WESTWORLD ausgelutscht. „Der Kino-Ausflug nach *Futureworld* ist für den SF-Fan eine vergnügliche Sache. Für einen Fortsetzungsfilm hat man sich viel Neues einfallen lassen; das schönste Detail vielleicht: ein Schachspiel, dessen Figuren lebendige Projektionen sind...“ (*Andromeda*) jg

G

Gaby - Eine wahre Geschichte

Gaby - A True Story. USA 1987 **R** Luis Mandoki **B** Michael Salinas, Michael James Love, Luis Mandoki **K** Lajos Koltai **M** Maurice Jarre **P** Pinchas Perry, Luis Mandoki für G. Brimmer Prod./Tri-Star Pictures/Columbia **L** 114 Min., Farbe **D** Liv Ullmann, Norma Aleandro, Robert Loggia, Rachel Levin, Lawrence Monoson

Biographie Gabriela Brimmers, die seit Geburt an einer zerebralen Lähmung litt, und trotzdem zu einer der populärsten Schriftstellerinnen Mexikos wurde. Geboren 1938 als Tochter jüdischer Eltern (Ullmann und Loggia), die Österreich wegen der Nazis verließen und nach Mexiko auswanderten, kann sie durch ihre Krankheit nur den linken Fuß bewegen und ist stumm. Ihr Kindermädchen Florencia (Aleandro) verschreibt ihr Leben dem Mädchen, lehrt sie, mittels Kreidetafel und Schreibmaschine zu kommunizieren und ermutigt ihre geistige Entwicklung.
Gabriela Brimmer (im Film gespielt von Rachel Levin), die mit unglaublicher Energie sogar die Aufnahme und den Abschluß an einer normalen Hochschule schaffte, war für Regisseur Luis Mandoki eine unverzichtbare Mitarbeiterin bei diesem Projekt, das mehrere Jahre auf seine Verwirklichung warten mußte. Die Autorin, die bis heute weder sprechen noch sich bewegen kann, schrieb 1979 ihre Autobiographie, auf die sich der Film zum Teil stützt. Mandoki verzichtet glücklicherweise auf jegliche Dra-ma-tik und Sentimentalität, sondern läßt die in zurückhaltend dokumentarischem Stil gefilmte Geschichte für sich selbst sprechen.
Hauptdarstellerin Rachel Levin hatte übrigens selbst intensive Erfahrungen mit dem Rollstuhldasein gemacht; sie litt jahrelang unter dem sogenannten Guillan-Barre-Syndrom, einer Art Muskelschwund, der zur totalen Paralyse führen kann. Glücklicherweise bildet sich dieses Leiden oftmals von selbst wieder zurück, und bei Beginn der Dreharbeiten war Levin völlig genesen.
Norma Aleandro erhielt für ihre Darstellung des aufopfernden Kindermädchens eine Oscar-Nominierung. al

Gaily, Gaily

Gaily, Gaily. USA 1969 **R** Norman Jewison **B** Abram S. Ginnes, nach dem Roman von Ben Hecht **K** Richard H. Kline **M** Henry Mancini **P** Norman Jewison für The Mirisch Group/United Artists **L** 107 Min. (Originalfassung 117 Min.), Farbe **D** Beau Bridges, Melina Mercouri, Brian Keith, George Kennedy, Hume Cronyn, Margot Kidder, Wilfrid Hyde-White

Ben Hechts autobiographisch gefärbte Erinnerungen an seinen Einstieg ins Zeitungsgeschäft wurden von Norman Jewison, der mit IN DER HITZE DER NACHT und THOMAS CROWN IST NICHT ZU FASSEN zweimal das große Los gezogen hatte, zu einer uneinheitlichen Komödie verarbeitet.
Beau Bridges spielt Ben Harvey, einen unbedarften Jüngling vom Lande, der im Chicago des Jahres 1910 sein Glück machen will. Zunächst hat er allerdings nur Pech, als ihm kurz nach der Ankunft sein Geld gestohlen wird. Gott sei Dank erbarmt sich eine schöne Frau seiner und nimmt ihn mit nach Hause - wie sich später herausstellt, ist es Queen Lil (Mercouri), Puffmutter des vornehmsten Bordells der Stadt. Sie verschafft ihm einen Job beim Sensationsblatt *Journal*, wodurch er Hals über Kopf in die Jagd auf eine Skandal-Chronik gerät, an der sich die ganze Stadt beteiligt.
Gaily, Gaily beginnt vielversprechend und beschwört mit seiner sorgfältigen Ausstattung gekonnt die Atmosphäre einer Großstadt kurz nach der Jahrhundertwende herauf. Leider wechselt Jewison auf halber Strecke vom Witz einer geistreichen Satire zur Holzhammerkomik einer Slapstick-Farce, in der sich die meisten Akteure wie Karikaturen aufführen. Schade um das Ausgangsmaterial, das noch zusätzlich mit einigen Songs angereichert wurde, darunter *Gaily, Gaily*, *Sentimental Dream* und *There´s Enough To Go Around.*
Ausstattung und Kostüme erhielten Oscar-Nominierungen. al

Galante Liebesgeschichten

Les amours célèbres/Amori celebri. Frankreich/Italien 1961 **R** Michel Boisrond **B** France Roche **K** Robert Lefèbvre **M** Maurice Jarre **P** Gilbert Bokanovski für G.E.F./Unidix Prod. (Paris), Cosmos Film (Rom) **L** 109 Min. (Originalfassung 130 Min.), Farbe **D** 1. *Lauzun*: Jean-Paul Belmondo, Dany Robin, Philippe Noiret; 2. *Les comédiennes/Die Komödiantinnen*: Edwige Feuillère, Annie Girardot, Marie Laforêt; 3. *Agnes Bernauer*: Brigitte Bardot, Alain Delon, Pierre Brasseur, Jean-Claude Brialy; 4. *Jenny de Lacour*: Simone Signoret, Pierre Vaneck, Colette Castel

Nach dem Erfolg von DIE FRANZÖSIN UND DIE LIEBE waren französische Produzenten eifrig auf der Suche nach Stoff für weitere Episodenfilme und brachten eine Kompilation von vier Romanzen vor historischen Kulissen heraus.
1. Der Marquis de Lauzun (Belmondo) und König Ludwig XIV. (Noiret) rivalisieren um die Gunst einer Dame, der schönen Madame de Monaco (Robin). Um den Nebenbuhler loszuwerden, schickt ihn der König mit einer wichtigen Botschaft in die nächste Stadt, doch so leicht läßt sich der Marquis nicht ausbooten...
2. Aus Neid auf eine erfolgreiche Kollegin (Girardot), die ihr zudem den Geliebten ausgespannt hat, protegiert die alternde Bühnenschauspielerin Mademoiselle Raucourt (Feuillère) eine Nachwuchskünstlerin (Laforêt), die jedoch nicht nur den Beifall des Publikums einheimst, sondern sich auch den Mann schnappt.
3. Zum Ärger seines Vaters, des Großherzogs von Bayern (Brasseur), verliebt sich sein Sohn (Delon) in die Barbierstochter Agnes Bernauer (Bardot) und ehelicht sie. Von der Thronfolge enthoben, kommt es zur gewaltsamen Auseinandersetzung des Prinzen mit seinem Vater, die mit dem Tod der Liebenden endet.
4. Aus Angst, daß ihr Geliebter (Vaneck) sie altern sieht, läßt die Halbweltdame Jenny de Lacour (Signoret) ihn von einem Attentäter blenden. Doch ein gewitzter Kommissar kommt ihr auf die Schliche.
Von den vier Episoden, die allesamt sehr üppig ausgestattet und liebevoll photographiert wurden, kann die letzte am ehesten überzeugen, wenn auch Simone Signorets großem Talent nicht genügend Raum und Zeit zur Verfügung steht. Brigitte Bardot schlägt sich wacker und sieht umwerfend aus, doch stimmt gerade bei ihrer *Agnes-Bernauer*-Episode die Umgebung nicht, die künstlich und aufgesetzt wirkt. al

Der Galgenbaum

The Hanging Tree. USA 1958 **R** Delmer Daves **B** Wendell Mayers, Halsted Welles, nach dem Roman von Dorothy M. Johnson **K** Ted McCord **M** Max Steiner **P** Martin Jarow, Richard Shepherd für Baroda Prod. Inc./Warner Bros. **L** 106 Min., Farbe **D** Gary Cooper, Maria Schell, Karl Malden, Ben Piazza, George C. Scott

Ein packend inszenierter Western, der der jungen Maria Schell ein zweitesmal die Gelegenheit gab, sich in einem Hollywood-Film zu profilieren.
Gary Cooper verkörpert den verschlossenen und ebenso verbitterten Arzt Joe Frail, der die Treulosigkeit seiner Frau nicht überwinden kann. Eines Tages lernt er Elisabeth (Schell) kennen, eine hübsche, blonde Schweizerin, die bei einem brutalen Postkutschenüberfall erblindet ist. Das Mädchen zeigt Joe ihre Zuneigung, die dieser anfangs grob zurückweist, da sein Bedarf an Frauen vorerst gedeckt ist. Als Elisabeth (inzwischen durch Frails Behandlung wieder se-

hend) jedoch beinahe von einem schmierigen Quacksalber vergewaltigt wird, greift er schützend ein und gerät dadurch selbst in Lebensgefahr. Eine Gruppe lynchbesessener Goldgräber will ihn am nächsten Baum aufknüpfen, doch Elisabeth weiß dies zu verhindern.
Ein ungewöhnlich realistischer Western, der zuweilen in recht harten Bildern das Leben in einer verrohten und gewalttätigen Pioniergesellschaft zeigt, in den Mittelpunkt seines Interesses aber vor allem die Frauen rückt, die sich mit dieser Umgebung arrangieren müssen. Für die Außenaufnahmen, in denen von Maria Schell höchster physischer Einsatz verlangt wurde, bauten die Filmarchitekten in der Nähe von Yakima/Washington eine komplette Goldgräbersiedlung als Kulisse nach. Als Delmer Daves gegen Ende der Dreharbeiten erkrankte, beendete Schauspieler Karl Malden als sein Stellvertreter den noch abzudrehenden Teil des Films. Das von Jerry Livingston komponierte und Mack David getextete Titellied *The Hanging Tree* wurde 1959 für den Oscar nominiert. In den USA und Frankreich fand Daves´ Werk bei Publikum und Kritik großen Anklang, während der Streifen in Deutschland weitgehend unbeachtet in den Spätvorstellungen der Kinos lief. Der Western galt hierzulande ohnehin als wenig ernstzunehmendes Genre, insofern vertraten die meisten Kritiker auch die Meinung, Maria Schell würde bei ihrer Rollenauswahl vor gar nichts mehr zurückschrecken. jg

Der Galgenstrick

Goin´South. USA 1978 **R** Jack Nicholson **B** John Herman Shaner, Al Ramrus, Charles Shyer, Alan Mandel **K** Nestor Almendros **M** Van Dyke Parks, Perry Botkin jr. **P** Harry Gittes, Harold Schneider für Paramount **L** 109 Min., Farbe **D** Jack Nicholson, Mary Steenburgen, Christopher Lloyd, John Belushi, Veronica Cartwright, Richard Bradford, Jeff Morris, Danny DeVito

Mit *Der Galgenstrick* drehte Schauspieler Jack Nicholson nach dem weitgehend unbekannt gebliebenen Werk *Drive He Said* seinen zweiten Spielfilm und übernahm in dieser vergnüglichen Western-Komödie auch gleichzeitig die Hauptrolle.
Der Pferdedieb Henry Moon (Nicholson) soll eigentlich gehenkt werden, doch wird die Hinrichtung plötzlich durch ein Dekret verhindert. Da das Land im Bürgerkrieg so viele Männer verloren hat, soll Moon wieder in die Gesellschaft integriert werden und auf der Stelle eine alleinstehende Frau heiraten. Es meldet sich auch tatsächlich eine ältere Dame, die bereit ist, die Ehe mit dem Dieb einzugehen, doch noch bevor der Trausegen gesprochen werden kann, fällt die hoffnungsvolle Braut vor Aufregung tot um. Als zweite Anwärterin bietet sich die attraktive Julia Tate (Steenburgen) an, die ihren neuen Ehegatten aber lediglich dazu benutzt, möglichst schnell eine Goldmine auszubeuten, ehe die Great Southwestern Railroad ihre Schienen über das Land legt.
Die damals 23jährige Mary Steenburgen startete mit diesem Film ihre Leinwandkarriere und hatte sich das erste Auftreten vor der Kamera wohl sicherlich etwas angenehmer vorgestellt, denn hier mußte sie sich allerlei unangenehmen Prozeduren unterwerfen, deren Höhepunkt eine Schlammschlacht war, die sie sich mit ihrem Filmpartner Nicholson lieferte. Dieser zog sich während der Dreharbeiten ein gebrochenes Handgelenk und zwei angeknackste Rippen zu. jg

Gallipoli

Gallipoli. Australien 1981 **R** Peter Weir **B** David Williamson **K** Russell Boyd **M** Jean-Michel Jarre **P** Robert Stigwood, Patricia Lovell für Associated R&R Films **L** 110 Min., Farbe **D** Mark Lee, Mel Gibson, Bill Kerr, Ron Graham, Harold Hopkins

Mai 1915. Zwei junge australische Burschen, Archy (Lee) und Frank (Gibson), melden sich freiwillig zum australisch-neuseeländischen Hilfskorps, um in der Türkei an der Seite der Briten gegen die Deutschen zu kämpfen. Voller Naivität und Idealismus ziehen sie in den Krieg - und werden auf der Dardanellen-Halbinsel Gallipoli schließlich auf grausame Art und Weise mit dessen Realitäten vertraut gemacht. Denn auf einen Schachzug des britischen Kriegsministeriums hin, das seine eigenen Truppen möglichst aus Kampfhandlungen heraushalten will, kommt es zu einem Blutbad, als die Hilfstruppen vom anderen Ende der Welt vor die Geschütze der Deutschen und Türken geraten und als Kanonenfutter verheizt werden.
Peter Weir, der schon mit PICKNICK AM VALENTINSTAG internationale Beachtung fand, erzählt in diesem erschütternden Antikriegsfilm von einer tatsächlichen Begebenheit, um die er die fiktive Geschichte von der Freundschaft zweier junger Australier arrangiert. Die Tragödie von Gallipoli hat wirklich stattgefunden. Die strategisch wichtige Halbinsel war im I. Weltkrieg hart umkämpft, doch nützte den Briten das „Opfer" der australischen Freiwilligen nichts - auch sie wurden später geschlagen und Gallipoli blieb in türkischer Hand. Für die Australier stellte diese schmerzliche Erfahrung einen Wendepunkt in ihrer Geschichte und ihrem Selbstverständnis dar, an dem sie sich vom britischen „Mutterland" zu trennen begannen.
Gallipoli erhielt ausgezeichnete Kritiken und entwickelte sich zum ersten internationalen Kassenschlager des australischen Kinos. Weir und sein Star Mel Gibson setzten ihre erfolgreiche Zusammenarbeit mit EIN JAHR IN DER HÖLLE fort. al

Gandhi

Gandhi. Großbritannien/Indien 1982 **R** Sir Richard Attenborough **B** John Briley **K** Billy Williams **M** Ravi Shankar **P** Sir Richard Attenborough für Goldcrest Films/Indo-British Films/International Film Investors/National Film Development Corporation of India **L** 188 Min., Farbe **D** Ben Kingsley, Rohini Hattangady, Candice Bergen, Edward Fox, John Gielgud, Trevor Howard, John Mills, Geraldine James

„Gandhi war ein Träumer, der zu träumen aufgehört hatte. Er träumte nicht vom Frieden, sondern erzwang ihn - mit friedlichen Mitteln", charakterisiert Regisseur und Produzent Attenborough den großen Inder, von dem Albert Einstein sagte, daß spätere Generationen kaum glauben könnten, „daß so einer als ein Geschöpf aus Fleisch und Blut wirklich auf dieser Erde gewandelt ist". Politische Gegner hatten indes weniger Schmeichelhaftes für ihn übrig: Winston Churchill verhöhnte den weisen Mahatma in voller Verkennung seiner Person als einen „aufrührerischen halbnackten indischen Fakir". Daß Churchill danebenlag, beweist die Tatsache, daß dieser Halbnackte der britischen Kronkolonie die Unabhängigkeit brachte - auf friedlichem Wege.
Das Monumentalwerk Attenboroughs erzählt 56 der 79 Lebensjahre Mohandas Karamchad Gandhis, von seinem Volk liebevoll Mahatma („große Seele") genannt, episodenweise nach. Gandhi, überzeugend dargestellt von dem Halb-Inder Kingsley, geht nach seinem Studium in England 1893 mit 23 Jahren nach Südafrika. Dort praktiziert er, konfrontiert mit den Apartheid-Gesetzen, erstmals erfolgreich den gewaltlosen Widerstand, der später zum Leitmotiv seiner Lebensphilosophie wurde. 1915 kommt er in seine Heimat zurück, um dort sein eigentliches Ziel zu

verfolgen: Indiens Unabhängigkeit vom britischen Empire. Über 40 Jahre vergehen, gesäumt von zahllosen Rückschlägen, bis die Kolonie endlich frei wird, allerdings geteilt in einen Hindu- und einen moslemischen Staat (Indien und Pakistan). Die von Gandhi gefürchteten Unruhen brechen aus; der Mahatma fällt 1948 einem fanatischen Attentäter zum Opfer.
Der Kolossalfilm, an dessen Realisierung Attenborough 20 Jahre gearbeitet hatte, wurde mit einem 22-Millionen-$-Budget 6 Monate lang überwiegend an Originalschauplätzen in Indien und Britannien gedreht. Für die Begräbnisszene wurden 98.000 bezahlte Komparsen zum Drehort gebracht; dort gesellten sich noch einmal rund 200.000 Freiwillige hinzu. Diese Sequenz wurde damit zur größten Menschenansammlung in der Geschichte des Films.
Das Werk, in Neu-Delhi mit stehenden Ovationen uraufgeführt, wurde 1983 mit 8 Oscars ausgezeichnet. Gleichwohl erfreute sich der Historienstreifen nicht ungeteilter Beliebtheit: In zahlreichen islamischen Ländern durfte *Gandhi* nicht öffentlich gezeigt werden, weil die muselmanischen Staatsgründer Pakistans allzu schlecht wegkamen. In Indien selbst regte sich Kritik an der Vergötterung Gandhis zu einem „Zelluloid-Guru" (Salman Rushdie in der *Times*), die seine selbstherrliche Seite bewußt verschwiegen habe. Bemerkenswert ist auch, daß der Film von der großen Masse des indischen Volkes nicht im Kino gesehen werden konnte - der Verleih verlangte exorbitant hohe Eintrittspreise, die nur für Angehörige der Ober- und Mittelschicht erschwinglich waren. sk

Die Gang

Le gang. Frankreich/Italien 1975 **R** Jacques Deray **B** Alphonse Boudard, Jean-Claude Carrière, nach dem Roman von Roger Borniche **K** Silvano Ippoliti **M** Carlo Rustichelli **P** Alain Delon für Adel Prod. (Paris), Mondial Te-Fi (Rom) **L** 103 Min., Farbe **D** Alain Delon, Nicole Calfan, Roland Bertin, Adalberto Maria Merli, Maurice Barrier, Xavier Depraz

Schon 1975 hatten sich Alain Delon und sein Hausregisseur Jacques Deray eines Stoffes von Roger Borniche angenommen: FLIC STORY hieß der Krimi nach einem Bericht des ehemaligen Polizisten, der seine langjährige Erfahrung in Sachen Verbrechensbekämpfung auch in weiteren Romanen zu nutzen wußte.
Alain Delon steht diesmal auf der falschen Seite des Gesetzes. Als Robert führt er nach dem Ende des II. Weltkrieges mit vier Freunden zahlreiche Überfälle und Einbrüche aus, die zumeist schnell und unblutig über die Bühne gehen. Nebenbei hat Robert noch Zeit, sich in die hübsche Tänzerin Marinette (Calfan) zu verlieben. Eine Zeitlang hat die „Gang" Glück, doch als sich die Verhältnisse zu ändern beginnen und das Nachkriegschaos durch eine straffe, neue Ordnung ersetzt wird, werden die Coups immer gefährlicher...
Jacques Deray drehte einen konventionellen, aber spannenden und kurzweiligen Gangsterfilm, den sich Alain Delon als Produzent ganz auf sein bekanntes Image zuschneidern ließ. *Die Gang* profitiert zudem davon, daß mit den 40er Jahren ein sehr „malerischer", fast mythischer Hintergrund zur Verfügung stand, der dem Ganzen zusätzlich eine nostalgische Qualität verleiht. al

Gangster in Key Largo

Key Largo. USA 1948 **R** John Huston **B** Richard Brooks, John Huston, nach einem Bühnenstück von Maxwell Anderson **K** Karl Freund **M** Max Steiner **P** Jerry Wald für Warner Bros. **L** 101 Min., s/w **D** Humphrey Bogart, Edward G. Robinson, Lauren Bacall, Lionel Barrymore, Claire Trevor, Thomas Gomez, Harry Lewis, John Rodney, Marc Lawrence, Dan Seymour, Monte Blue

Ein erstklassiger Film der Schwarzen Serie, mit dem Regisseur John Huston unter Mitwirkung seines bevorzugten Hauptdarstellers Humphrey Bogart den Erfolg seiner düsteren Kriminalfilme fortsetzen konnte.
Edward G. Robinson spielt den Gangster Johnny Rocca, eine frühere Größe der Chicagoer Unterwelt, der sich mit seinen Leuten in einem kleinen Hotel in Key Largo/Florida einquartiert hat, um sich von dort aus nach Kuba abzusetzen. Bis es damit jedoch soweit ist, terrorisiert er mit sadistischer Freude den alten Hotelbesitzer James Temple (Barrymore) und dessen Schwiegertochter Nora (Bacall). Die ohnehin schon gereizte Situation spitzt sich zu, als Frank McCleod (Bogart), ein Kriegskamerad von Noras gefallenem Mann, überraschend auftaucht und von Rocco gezwungen wird, ihn und seine Kumpane nach Kuba zu bringen. Ein herannahender Hurricane treibt die Spannung auf die Spitze.
„Der Film ist außerordentlich gemacht, die psychologische Studie des Gangsters...eine außerordentliche Leistung. Ausgezeichnete Darsteller bieten einer gut geführten Kamera in Atmosphäre schaffender Beleuchtung ein dankbares Betätigungsfeld." (*Evangelischer Filmbeoabachter*)
Edward G. Robinson kehrte fast 20 Jahre nach DER KLEINE CÄSAR mit seiner Rolle als Johnny Rocca noch einmal in das klassische Gangster-Genre zurück. jg

Ganoven rechnen ab

La métamorphose des cloportes/Sotto il tallone. Frankreich/Italien 1965 **R** Pierre Granier-Deferre **B** Albert Simonin, Michel Audiard, nach dem Roman von Alphonse Boudard **K** Nicolas Hayer **M** Jimmy Smith **P** Bertrand Javal für Les Films du Siècle (Paris), Prod. Artistiche Internazionali (Rom) **L** 100 Min., s/w **D** Lino Ventura, Charles Aznavour, Irina Demick, Maurice Biraud, Georges Géret, Pierre Brasseur, Françoise Rosay

Alphonse (Ventura), ein Profi-Verbrecher, wird von drei kleinen Ganoven für einen Coup angeheuert. Doch der geht schief, und Alphonse landet als einziger im Gefängnis. Nach seiner vorzeitigen Entlassung macht er sich auf die Suche nach seinen ehemaligen Kollegen, die inzwischen alle den Beruf gewechselt haben. Er tötet einen nach dem anderen, nur um am Ende für einen Mord eingebuchtet zu werden, den er gar nicht begangen hat.
Lino Venturas souveränes Spiel ist das beste an diesem routinierten Gangster-Drama, das mit einem sehr überraschenden und ironischen Schluß aufwartet. Diese humorige Note verharmlost allerdings auch die Tötungen, die Alphonse im Namen seiner Rache begeht. Daß er dazu berechtigt ist, daran läßt Regisseur Granier-Deferre zumindest hier keinen Zweifel. al

Ganovenehre

Ganovenehre. BRD 1966 **R** Wolfgang Staudte **B** Curth Flatow, Hans Wilhelm, nach dem Bühnenstück von Charles Rudolph **K** Friedl Behn-Grund **M** Hans-Martin Majewski **P** Wenzel Lüdecke für Inter West-Film GmbH, Berlin **L** 94 Min., Farbe **D** Gert Fröbe, Mario Adorf, Karin Baal, Helen Vita, Gretl Schörg, Ilse Pagé, Robert Rober, Curt Bois, Jürgen Feindt, Martin Hirthe, Gert Haucke

Gegen Ende der 20er und zu Beginn der 30er Jahre lief Charles Rudolphs Theaterstück mit riesigem Erfolg an den Berliner Bühnen. Eine entsprechende Verfilmung im Jahre 1932, die seitdem aber nie wieder aufgeführt worden ist, ließ nicht lange auf sich warten. 1966 machte sich Wolfgang Staudte daran, in den Spandauer Studios der CCC-Film die Geschichte noch einmal zu verfilmen.
Nach drei Jahren Aufenthalt im Zuchthaus Neubrandenburg kehrt Artisten-Orje (Adorf), ein ehrlicher Geldschrankknacker, nach Berlin zurück, wo ihn seine Braut Nelly (Baal), eine Prostituierte, in den „Sparverein" einschleust - eine zwielichtige Organisation,

in der sich die weiblichen Mitglieder als Bordsteinschwalben und die männlichen Teilhaber als Zuhälter verdingen. Das permanente Nichtstun fällt Artisten-Orje allerdings äußerst schwer, so daß er bald auf dumme Gedanken kommt und sich eifrig aus der Vereinskasse bedient. Die ruchlose Tat fliegt jedoch auf. Orje wird aus dem Club ausgestoßen, hat fortan sein Leben verwirkt, kann jedoch dem geplanten Mordkomplott noch rechtzeitig entkommen.
Dargeboten in den schönsten Eastmancolor-Farben und untermalt von alten Berliner Gassenhauern, gelang Regisseur Wolfgang Staudte eine treffende Skizzierung des Berliner Unterwelt-Milieus der wilden 20er Jahre, in der besonders die beiden großen Schauspieler Gert Fröbe und Curt Bois köstliche Leistungen bieten. jg

Die Gans von Sedan

Die Gans von Sedan. BRD/Frankreich 1959 **R** Helmut Käutner **B** Jean L'Hote, Helmut Käutner, nach Motiven des Romans *Une dimanche au champ d'honneuer* von L'Hote **K** Jacques Letellier **M** Bernhard Eichhorn **P** Walter Ulbrich für UFA, Paul Claudon für Capac **L** 89 Min., Farbe **D** Hardy Krüger, Jean Richard, Dany Carrel, Françoise Rosay, Theo Lingen, Fritz Tillmann, Lucien Nat

„Die Franzosen sind nett, die Deutschen sind nett, die Weltgeschichte ist nett, die UFA ist nett, keiner will den Krieg, also warum da noch Kriegsfilme machen?" fragte sich *Cahiers du Cinéma*.
Gedreht an Originalschauplätzen in der Nähe von Paris, erzählt Helmut Käutner eine Militärburleske aus dem deutsch/französischen Krieg von 1870/71. Während der Franzose Léon (Richard) verbotenerweise während der Kampfhandlungen ein erfrischendes Bad nimmt, jagt der deutsche Soldat Fritz (Krüger), ebenfalls unerlaubt im Wasser, einer Gans hinterher. Unter diesen Voraussetzungen lernen sich die beiden Feinde kennen und müssen feststellen, daß sie eigentlich gar nichts gegeneinander haben. Nach ihrer herzlichen Verabschiedung bemerken sie zu spät, daß sie im Eifer des Gefechts ihre Uniformen verwechselt haben. Ein amüsantes Katz-und-Maus-Spiel nimmt seinen Beginn.
Die Gans von Sedan war eine der weniger rühmlichen Regiearbeiten Helmut Käutners, dessen Stern gegen Ende der 50er Jahre bereits deutlich zu verblassen begann. Als immerhin gelungen kann man jedoch den Versuch betrachten, die beiden unterschiedlichen Sprachen Deutsch und Französisch ohne Untertitelung gleichberechtigt in den Film einzubauen.
„Die Inszenierung ist eine tapfere Leistung gegen ein äußerst dürftiges Drehbuch. Sofern der Film mit dem wirklichen Leben überhaupt Berührungspunkte hat, fragt man sich mitunter, welche Berührungspunkte der Regisseur Helmut Käutner mit dem schlichten Volk hat, für dessen Glück einzustehen er hier vorgibt." (*Evangelischer Filmbeobachter*) jg

Das Gänseblümchen wird entblättert

En effeuillant la marguerite. Frankreich 1956 **R** Marc Allégret **B** Roger Vadim, Marc Allégret **K** Louis Page **M** Paul Misraki **P** Pierre Schwab für Les Films EGE/Hoche Prod. **L** 101 Min., s/w **D** Brigitte Bardot, Daniel Gélin, Robert Hirsch, Darry Cowl, Jacques Dumesnil, Nadine Tallier, Luciana Paluzzi, Mischa Auer

Theodora Goes Wild, eine amerikanische Komödie mit Irene Dunne von 1936, stand Pate bei Roger Vadims zweitem Drehbuch für seine Frau Brigitte Bardot. Regie führte erneut Bardots Entdecker Marc Allégret.
Die Handlung rankt sich um Agnès (Bardot), eine Generalstochter aus Vichy, deren unter Pseudonym geschriebenes Buch die Stadt in Aufregung versetzt. Als ihr Vater hinter die Urheberschaft dieser Skandalchronik kommt, will er seine Tochter in ein Mädchenpensionat stecken, doch sie reißt nach Paris aus - zu ihrem Bruder Hubert (Cowl). Aus finanzieller Not meldet sie sich als Kandidatin für einen Striptease-Wettbewerb an, natürlich mit einigem Erfolg...
Aus heutiger Sicht ist an *Das Gänseblümchen wird entblättert* nichts Skandalöses zu entdecken, doch seinerzeit waren die Tugendwächter auf den Plan gerufen, so z. B. in Italien, wo der Film als „schamlos und unmoralisch" verdammt wurde. Es handelt sich um eine kleine, harmlose Komödie, deren Geschichte allerdings mit einer gehörigen Portion Charme serviert wird. Der Film stellte für BB einen wichtigen Schritt zu noch größerer Popularität dar. Erst ihr nächster Film sollte jedoch den ganz großen Durchbruch bringen: ...UND IMMER LOCKT DAS WEIB. al

Ganz normal verrückt

Storia ordinaria follia. Italien/Frankreich 1980 **R** Marco Ferreri **B** Sergio Amidei, Marco Ferreri, Anthony Foutz, nach Geschichten von Charles Bukowski **K** Tonino Delli Colli **M** Philippe Sarde **P** Jacqueline Ferreri für Guigno 23 (Rom), Ginis Films (Paris) **L** 100 Min. (Originalfassung 107 Min.), Farbe **D** Ben Gazzara, Ornella Muti, Susan Tyrrell, Tanya Lopert

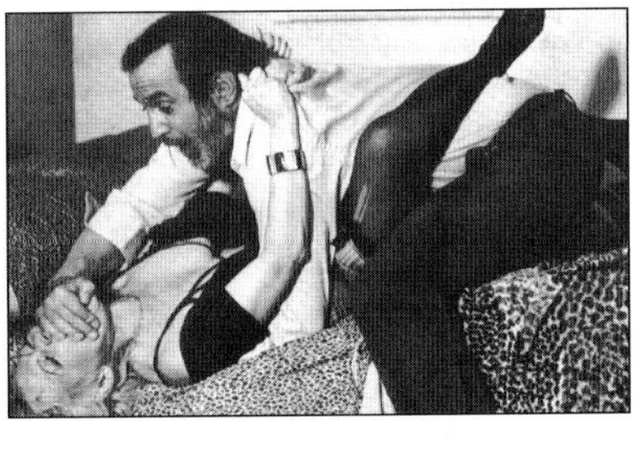

Marco Ferreri, der noch nie falsche Scheu vor den schmutzigen Seiten des Lebens hatte, nahm sich hier eines Dichters an, der in Europa weit bekannter und populärer ist als in seiner amerikanischen Heimat: Charles Bukowski, seines Zeichens Untergrund-Poet, Säufer und gnadenloser Chronist aller gesellschaftlichen Außenseiter und Randexistenzen. Fast alle seine Romane und Geschichten sind autobiographisch gefärbt (so u. a. *Der Mann mit der Ledertasche*), und Ferreri verarbeitete einige davon zu einem fiktiven Porträt des Dichters, der von Ben Gazzara gespielt wird und im Film Serking heißt.
Nach einer mißglückten Lesung an einer Universität ist Serking schnell wieder in seiner vertrauten Umgebung - den Kneipen und Absteigen von Los Angeles. Seine Bekanntschaft mit der sexuell aggressiven Vera (Tyrrell) endet ebenso unerfreulich wie ein Besuch bei Ex-Frau Vicky (Lopert), die wie er dem Suff verfallen ist. Erst die Prostituierte Cass (Muti) inspiriert ihn wieder zum Schreiben. Beider Hang zur Selbstzerstörung läßt der Beziehung jedoch keine Chance, und als Cass während Serkings Aufenthalt in New York Selbstmord begeht, läßt er sich nach seiner Rückkehr erst mal wieder volllaufen.
Die Reaktion auf Ferreris Film, der schonungslos das miese Leben seiner gescheiterten Existenzen vorführt, stieß auf gemischte Reaktionen. Besonders in Italien wurde er gefeiert, doch in den Staaten stieß er weitgehend auf Unverständnis und Ablehnung. Man warf dem Regisseur Spekulation mit dem Elend vor und stieß sich vor allem an der Anwesenheit Ornella Mutis, die für ein gefallenes Mädchen viel zu hübsch und glamourös sei. al

Eine ganz normale Familie

Ordinary People. USA 1980 **R** Robert Redford **B** Alvin Sargent, nach einem Roman von Judith Guest **K** John Bailey **M** Marvin Hamlisch **P** Ronald J. Schwary für Wildwood Enterprises **L** 124 Min., Farbe **D** Donald Sutherland, Mary Tyler Moore, Judd Hirsch, Timothy Hutton, M. Emmet Walsh, Elizabeth McGovern

Was ihm als Schauspieler versagt blieb, gelang Robert Redford auf Anhieb mit seinem Regiedebüt. 1980 gewann er mit *Eine ganz normale Familie* den Golden Globe und den Oscar für die Beste Regie. Damit erwies sich die Panik, die Redford an seinem ersten Tag als Regisseur ergriffen hatte, als unbegründet, zumal noch weitere Preise hinzukamen. Neben einem Oscar in der Sparte „Bester Film" erhielt Timothy Hutton als Bester Nebendarsteller die begehrte Trophäe; Autor Alvin Sargent konnte ebenfalls den Preis in Empfang nehmen.
Familie Jarret lebt in einer heilen Welt. Gesichertes Einkommen, Häuschen im Grünen und zwei Söhne signalisieren perfekte Harmonie. Diese wird allerdings jäh zerstört, als der älteste Sohn Buck bei einer Segelpartie mit seinem Bruder Conrad (Hutton) ertrinkt. Conrad fühlt sich für den Tod des Bruders

Im Mittelpunkt der Handlung steht die wohlhabende jüdische Familie der Finzi-Contini, deren Garten jahrelang als exklusiver Treffpunkt der Oberschicht galt. Vor dem herannahenden Faschismus schließen die Familienmitglieder jedoch eisern die Augen - bis auf Sohn Alberto (Berger) und seinen Schulfreund Giorgio (Capolicchio), der sich in Albertos kühle Schwester Micòl (Sanda) verliebt hat.
De Sicas wunderschön photographierter und ruhig erzählter Film ist nicht nur eine Auseinandersetzung mit dem Faschismus und den Judenverfolgungen in Italien, sondern auch die Geschichte einer unerfüllten Liebe, nach der Micòl, im Bewußtsein der Katastrophe, verzweifelt sucht. Der Garten der großen Familienvilla mit seinen hohen Mauern symbolisiert die Ignoranz der Finzi-Continis gegenüber den Realitäten.
Der Film, der das Filmdebüt von Fabio Testi darstellt und Dominique Sanda zum Star machte, wurde von der Kritik enthusiastisch begrüßt und mit Preisen überhäuft, darunter der Goldene Bär der Berliner Filmfestspiele und der Oscar als Bester fremdsprachiger Film, De Sicas zweite Auszeichnung in dieser Kategorie (nach GESTERN, HEUTE, MORGEN). al

Der Garten der Lüste

El jardin de las delicias. Spanien 1970 **R** Carlos Saura **B** Rafael Azcona, Carlos Saura **K** Luis Quadrado **M** Luzis de Pablo **P** Elías Querejeta für Elías Querejeta S. C. **L** 95 Min., Farbe **D** José Luis López Vázquez, Luchy Soto, Francisco Pierrá, Charo Soriano, Geraldine Chaplin

Der Industrielle Antonio Cano (Vázquez) ist nach einem Autounfall an den Rollstuhl gefesselt und kann weder sprechen noch schreiben. Um ihn aus seiner Amnesie zu befreien, spielen die Mitglieder seiner Familie ihm Szenen aus seinem Leben vor, die sein Erinnerungsvermögen aktivieren und ihn quasi wieder zum Leben erwecken sollen. Natürlich gibt es einen triftigen Grund für ihre emsigen Bemühungen: Antonio ist, ganz patriachalisches Familienoberhaupt, als einziger im Besitz der Nummer für das gut gefüllte Schweizer Bankkonto.
Wieder einmal ist das spanische Großbürgertum die Angriffsfläche für Carlos Saura, der sich hier erneut seiner schon bekannten Verschlüsselungstaktiken bediente, um die spanische Zensur zu umgehen. Doch ist beispielsweise das Schlußbild, in dem alle Familienmitglieder starr im Rollstuhl sitzen, leicht als Zustandsbeschreibung der spanischen Gesellschaft in ihrer Unbeweglichkeit und Starre zu deuten, so daß der Film noch nicht einmal für diverse Filmfestivals freigegeben wurde. Erst nach sieben Monaten konnte er in New York gezeigt werden - allerdings in einer geschnittenen Fassung. *Der Garten der Lüste* ist Sauras Frau Geraldine Chaplin gewidmet; sie hat nur eine kleine Nebenrolle in der Kirchenszene. al

Der Garten des Bösen

Garden of Evil. USA 1954 **R** Henry Hathaway **B** Frank Fenton, nach einer Geschichte von Fred Freiberger und William Tunberg **K** Milton Krasner, Jorge Stahl **M** Bernard Herrmann **P** Charles Brackett für 20th Century-Fox **L** 100 Min., Farbe **D** Gary Cooper, Susan Hayward, Richard Widmark, Hugh Marlow, Cameron Mitchell, Rita Moreno, Victor Manuel Mendoza, Fernando Wagner, Soto Bangel, Manuel Donde, Antonio Bribiesca, Salvado Terroba

Ein außergewöhnlicher Western, von Milton Krasner wunderschön in CinemaScope fotografiert und untermalt von der stimmungsvollen Musik Bernard Herrmanns.
Eine Handvoll Abenteurer wird in einem gottverlassenen mexikanischen Nest von der schönen Leah (Hayward) gebeten, mit ihr gemeinsam zum „Garten des Bösen", ein den Indianern heiliges Gebiet, aufzubrechen, wo Leahs Mann John (Marlowe) verschüttet in einer Goldmine liegt. Auf ihrem gefahrvollen Weg erkennen die Männer, daß sie die wagemutige Frau unterschätzt haben. An der Mine angekommen, gelingt es ihnen, John zu retten, doch schon kurz darauf geraten sie allesamt in tödliche Gefahr, denn die feindlichen Indianer rücken bedrohlich näher. John, der der Meinung ist, seine Frau würde ihn nicht mehr lieben, bietet sich freiwillig an, die Rothäute aufzuhalten und findet dabei den Tod. Am Ende der waghalsigen Exkursion kehren lediglich Leah und der gutgebaute Hooker (Cooper) in das Dorf zurück, um ihren Weg gemeinsam fortzusetzen.
Hinter den Kulissen dieses Westerns spielte sich mal wieder die Tragödie einer obsessiven Leidenschaft ab. Zum Zeitpunkt der Dreharbeiten konnte man die Ehe, die Susan Hayward mit dem Schauspieler Jess Barker führte, kaum noch als solche bezeichnen. Während der Aufnahmen war es Susan Hayward nicht entgangen, daß Kollege Cameron Mitchell ein Auge auf sie geworfen hatte. Nachdem sie über die Weihnachtsfeiertage zu ihren Söhnen gefahren war, kehrte sie am Silvesterabend wieder zu der Filmcrew nach Mexiko zurück, trank dort während der gemeinsamen Feier mehr als sie vertragen konnte, und zerkratzte schließlich in einem Anflug von Wahnsinn und Leidenschaft dem völlig überraschten Mitchell, der eigentlich mit einem zärtlichen Flirt gerechnet hatte, mit ihren langen Fingernägeln das Gesicht. Es bedurfte danach einer Reihe raffinierter Kameraschwenks und Beleuchtungseffekte, damit man die Schorfspuren auf Mitchells Gesicht nicht sehen konnte. jg

Das Gasthaus an der Themse

Das Gasthaus an der Themse. BRD 1962 **R** Alfred Vohrer **B** Trygve Larsen, Harald G. Petersson, nach dem Roman *The India Rubber* von Edgar Wallace **K** Karl Löb **M** Martin Böttcher **P** Horst Wendtland für Rialto-Film/Preben Philipsen **L** 90 Min., s/w **D** Joachim Fuchsberger, Brigitte Grothum, Elisabeth Flickenschildt, Richard Münch, Eddi Arent, Klaus Kinski, Jan Hendriks, Heinz Engelmann, Siegfried Schürenberg

Das Gasthaus an der Themse war Alfred Vohrers dritte Wallace-Verfilmung, und allmählich bekam dieser erfolgreiche B-Movie-Regisseur ein gutes Gespür für die publikumswirksame Gestaltung der düsteren Kriminalgeschichten.
Schauplatz ist wieder einmal mehr das naßkalte, ungemütliche London, vor allem die Stadtviertel in Themsenähe, die hier mit ganz besonderen Gefahren aufwarten, denn durch die stinkenden Kanäle platscht das Grauen in Gestalt eines Mörders in schwarzem Taucheranzug, dessen Vorliebe es ist, seine Gegner mit einer Harpune zu eliminieren. Der Mord an einem kleinen Whiskeyschmuggler führt Inspektor Wade (Fuchsberger) in die üble Hafenspelunke „Mekka". Dort trifft er auf das Mädchen Leila Smith (Grothum), die sich in dem Etablissement überhaupt nicht wohlfühlt. Weil sich das unschuldige Ding urplötzlich als Millionenerbin entpuppt, gerät auch sie in Gefahr, ein Opfer des unheimlichen Mörders zu werden. Wade jedoch kann dies verhindern und einen Kollegen als Täter überführen.
Reißerisch und mit starker Betonung auf oberflächliche Effekte inszeniert, erfreut der Film durch eine kuriose Ansammlung grosser deutscher Filmstars. Elisabeth Flickenschildt singt als abgetakelte, überaus ordinär wirkende Tresenschlampe mit rauchiger Stimme das Lied *Was in der Welt passiert, geschieht besonders in der Nacht.* jg

Der Gauner

The Reivers. USA 1969 **R** Mark Rydell **B** Irving Ravetch, Harriet Frank, nach dem Roman von William Faulkner **K** Richard Moore **M** John Williams **P** Irving Ravetch für Duo-Solar/NG **L** 111 Min., Farbe **D** Steve McQueen, Sharon Farrell,

Will Geer, Michael Constantine, Rupert Crosse, Mitch Vogel, Lonny Chapman, Juano Hernandez, Clifton James, Ruth White

Basierend auf dem autobiographisch angehauchten Roman des berühmten Schriftstellers und Nobelpreisträgers William Faulkner, erzählt Mark Rydells stimmungsvolle Komödie die im Jahre 1905 angesiedelte Geschichte eines folgenreichen Automobilausflugs.
Boss McCaslins (*Walton*-Opa Will Geer) ganzer Stolz ist ein gelber „Winton Flyer", den sich der Rennstallbesitzer als motorisierten Luxus geleistet hat. Als die Familie eines Tages verreist, starten sein 12jähriger Enkel Lucius (Chapman), der etwas leichtlebige Chauffeur Hogganbeck (McQueen) und der Schwarze Ned (Crosse) mit dem Gefährt zu einer Fahrt ins Abenteuer. Auf geht es in die Großstadt - nach Memphis, wo Lucius in die Erwachsenenwelt eingeführt werden soll. Während sich Hogganbeck in einem Bordell für ein paar Stunden bei seiner Feundin Corrie (Farrell) vergnügt, tauscht der leichtsinnige Ned das Auto in ein angeblich schnelles Rennpferd um. Eine Rückkehr nach Hause ist unter diesen Umständen ausgeschlossen. Das chaotische Trio muß den Wagen wieder zurückgewinnen.
Ein heiter dahinplätschernder Schmunzelfilm mit stimmigen und perfekten Dekors. Rupert Crosse wurde in der Kategorie „Bester männlicher Nebendarsteller" für den Oscar nominiert. Ebenfalls auf der Anwärterliste stand John Williams´ keck-ironischer Musik-Score. jg

Gauner gegen Gauner

Ripoux contre ripoux. Frankreich 1990 **R** Claude Zidi **B** Claude Zidi, Simon Michael, Didier Kaminka **K** Jean-Jacques Tarbes **M** Francis Lai **P** Films 7/Orly Films/Sedif/TF 1 Films **L** 107 Min., Farbe **D** Philippe Noiret, Thierry Lhermitte, Guy Marchand, Line Renaud, Grace de Capitani, Michel Aumont

Fortsetzung des Erfolgsfilms DIE BESTECHLICHEN von 1984. Um sich auch diesmal wieder einen Kassenschlager zu sichern, griff Regisseur Zidi auf die altbewährte Crew zurück. Neben den beiden Hauptdarstellern Noiret und Lhermitte fand sich ebenfalls dasselbe Autorengespann zusammen; die Kameraarbeit übernahm wieder Jean-Jacques Tarbes und sogar die Filmmusik wurde, genau wie im ersten Teil, von Francis Lai geschrieben.
Trotz alten Stabs gelang es Zidi allerdings nicht, den Charme und die Originalität des Vorgängers zu wiederholen. Philippe Noiret spielt zwar in gewohnt souveräner Manier und ist der unbestrittene Star dieses Filmes. Trotzdem ist die gesamte Handlung nicht mehr so spritzig und leichter durchschaubar. Alles in allem ein Film, der nett unterhält, ohne sich groß einzuprägen.
Immer noch sind die beiden Flics François (Lhermitte) und René (Noiret) in ihrem Kiez unterwegs und lassen sich mit kleinen Bestechungen aushalten. Allerdings hat René Sorgen, denn seine Schützlinge werden immer aufmüpfiger; der Respekt der kleinen Gauner vor dem Polizisten schwindet zusehends. Zudem hat sich sein Partner, jahrelanger Nutznießer der kleinen Arrangements, in den Kopf gesetzt, fortan seinen Job ehrlich zu machen und sogar Kommissar zu werden. Doch allen hochfliegenden Plänen wird ein Strich durch die Rechnung gemacht. Bei einer polizeiinternen Untersuchung fliegen die korrupten Beamten auf und werden suspendiert. Die bisherigen Geldgeber von René und François frohlocken, doch bald bleibt ihnen das Lachen im Halse stecken. Zwei neue Polizisten übernehmen das Revier und erweisen sich als noch korrupter. dk

Der Gauner und der liebe Gott

Der Gauner und der liebe Gott. BRD 1960 **R** Axel von Ambesser **B** Curth Flatow, Stefan Gommermann, nach einer Idee von Gommermann **K** Oskar Schnirch **M** Norbert Schultze **P** Ernst Steinlechner für Divina-Film **L** 98 Min., s/w **D** Gert Fröbe, Karlheinz Böhm, Ellen Schwiers, Manfred Kunst, Lucie Englisch, Barbara Gallauner, Hans J. Diedrich, Rudolf Vogel

Der gutmütige Panzerschrankknacker Paul Wittkowski (Fröbe) wird, obwohl er unschuldig ist, zu acht Jahren Haft verdonnert, kann jedoch im rechten Moment der Urteilsvollstreckung entkommen. Ein Junge händigt ihm in einer Kirche ein Paket und etwas Geld aus, das eigentlich für den Pastor bestimmt war. Als Wittowski das Päckchen öffnet, findet er darin eine Priestersoutane. In dieser Verkleidung besteigt er einen Zug, um wenig später dem attraktiven Pfarrer Stein (Böhm) in die Arme zu laufen, der den falschen Kollegen bei sich in der Gemeinde aufnimmt. Bald schon erhält der vermeintliche Geistliche Gelegenheit, seine alten beruflichen Qualifikationen zum Wohle des Dorfes einzusetzen.
Die Wiesbadener Filmprüfstelle verlieh dieser anrührenden Komödie das Prädikat „Besonders wertvoll" und begründete diese Entscheidung vor allem wegen des „dichten, geschlossenen Drehbuches" und der „Brillanz der Darstellung". Der Film ist recht bieder inszeniert und lebt im Grunde genommen nur von der schalkhaften Schauspielkunst Gert Fröbes, der hier als Geldschrankräuber und bolzender Kumpel im Priestergewand wirklich einige nette Darbietungen abgibt. jg

Geächtet

The Outlaw. USA 1940/43 **R** Howard Hawks, Jules Furthmann nach einer Geschichte von Ben Hecht **K** Gregg Toland **M** Victor Young **P** Howard Hughes für Hughes Prod./RKO Radio **L** 118 Min. (Originalfassung 126 Min.), s/w **D** Jack Beutel, Jane Russell, Thomas Mitchell, Walter Huston, Mimi Aguglia, Joe Sawyer, Gene Rizzi, Frank Darien, Pat West, Carl Stockdale

Geächtet war der reichlich mißlungene Versuch einer witzigen Western-Komödie. Regisseur Howard Hughes zeigte sich ohnehin völlig desinteressiert an der Geschichte und richtete sein Augenmerk vielmehr mit nahezu fanatischer Besessenheit auf Jane Russells 96 cm umfassenden Brustumfang, der hier das erste Mal in ihrer Karriere die Leinwand ausfüllte.
Als der Milliardär und Filmproduzent Howard Hughes sie kennenlernte, arbeitete die damals 19jährige Jane Russell noch als Fußpflege-Assistentin. Hughes überzeugte sie, daß sie hinter einer Filmkamera in Hollywood wesentlich besser aufgehoben sei, als in einem drittklassigen Schönheitssalon. Sehr bald jedoch sollte Jane Russell merken, daß Hughes weniger an ihrer Persönlichkeit interessiert war, sondern sich fast krankhaft auf ihren Busen konzentrierte, der in jeder Szene seines Films förmlich inszeniert werden sollte. Der als Regisseur angeheuerte Howard Hawks mokierte sich bald über diese Geschmacklosigkeit und wurde in hohem Bogen gefeuert. Hughes übernahm im Alleingang die Führung am Set.
Die Geschichte führt in einem kuriosen Konglomerat die drei Westernheroen Doc Holliday (Huston), Billy The Kid (Jack Beutel) und Pat Garrett (Mitchell) zusammen, die sich sowohl untereinander als auch um ein Pferd und die schöne Rio (Russell) streiten. Erst die äußere Bedrohung durch einen Indianerstamm schweißt die drei zusammen.
Geächtet war bereits 1940 gedreht worden, wurde aber wegen Sittenwidrigkeit (damit war die offenherzige Darstellung Jane Russells gemeint) zurückgehalten und erlebte erst drei Jahre später seine umstrittene Aufführung. jg

Geboren am 4. Juli

Born on the Fourth of July. USA 1989 **R** Oliver Stone **B** Oliver Stone und Ron Kovic, nach seinem Roman *Born on the Fourth of July* **K** Robert Richardson **M** John Williams **P** Oliver Stone und

A. Kitman Ho für Universal **L** 144 Min., Farbe **D** Tom Cruise, Raymond J. Barry, Caroline Kava, Willem Dafoe, Kyra Sedgwick, Frank Whaley, Tom Berenger

„Während meiner gesamten Jugend wurde mir beigebracht, daß die Kommunisten unsere Feinde sind. ...Es ist mir klar geworden, daß man besonders anfällig für die Lügen seiner Regierung ist, wenn man nie reist", sagte Drehbuchautor Ron Kovic, dessen Leben und Biografie Vorlage zu Oliver Stones zweitem Vietnam-Film nach PLATOON war, anläßlich der Vorstellung seines Films in Ost-Berlin.
Anders als in PLATOON wird in *Geboren am 4. Juli* nicht überwiegend das Kriegsgeschehen dargestellt, sondern ein Blick hinter die Kulissen geworfen: Kovic (Cruise) ist ein typischer amerikanischer Boy, sportversessen und respektvoll - gegenüber der gestrengen Mutter wie dem Vaterland. Er meldet sich freiwillig zu den Marines, doch sein Front-Einsatz ist nur von kurzer Dauer: Er wird verletzt, wacht querschnittsgelähmt in einem Lazarett auf und muß in Zukunft ein Dasein im Rollstuhl fristen. Zurück in Amerika ist er nicht mehr der alte: Ständig auf die Hilfe anderer angewiesen, obendrein impotent, hadert er verbittert und enttäuscht mit der Erkenntnis, die besten Jahre seines Lebens sinnlos verschenkt zu haben. Er, der anfangs ein starrsinnig stolzer Soldat war, schließt sich am Ende der Veteranen-Protest-Bewegung an.
Die subjektive Kameraführung aus der Perspektive von Kovic fängt ein erschütternd realistisches Bild von der Sinnleere und Grausamkeit des Krieges und der Zerstörung eines Menschen ein, der *Geboren am 4. Juli* zu einem fast dokumentarischen Anti-Kriegsfilm macht. Tom Cruise liefert in seiner Charakterrolle als desillusionierter Rollstuhlfahrer eine verblüffend überzeugende Leistung. Die Schlußsequenz des Films - Kovic als glücklicher Mensch und gefeierter Star der Friedensbewegung - entspricht indes nicht der Realität und suggeriert dem Zuschauer ein völlig überflüssiges Happy-End.
Die 18 Mio $ teure Produktion wurde mit 4 Golden Globes und einem Berlinale-Ehren-Bären ausgezeichnet. sk

Gebrandmarkt

The Mark. Großbritannien 1961 **R** Guy Green **B** Sidney Buchman, Stanley Mann, nach dem Roman von Charles Israel **K** Douglas Slocombe **M** Richard Rodney Bennett **P** Raymond Stross für 20th Century-Fox **L** 112 Min. (Originalfassung 127 Min.), s/w **D** Maria Schell, Stuart Whitman, Rod Steiger, Brenda De Banzie, Donald Houston

Dieses englische Melodram stand am Ende der „amerikanischen" Periode in Maria Schells Karriere, und es ist zwar nicht ihr letzter guter Film, doch immerhin der letzte gute, in dem sie eine Hauptrolle hatte. Danach kehrte sie nach Deutschland zurück, was sich als folgenschwerer Fehler herausstellen sollte, denn nach Belanglosigkeiten wie DAS RIESENRAD und *Ich bin auch nur eine Frau* (1962) gab es für sie jahrelang keine Rollen mehr, bis sie sich in den 70ern auf Fernseharbeiten konzentrierte.
Bei *Gebrandmarkt* handelt es sich um ein solides kleines Drama, daß sich eines Tabu-Themas annimmt (sexueller Mißbrauch von Kindern) und als englischer Beitrag der Filmfestspiele in Cannes gezeigt wurde. Maria Schell spielt Ruth Leighton, Witwe und Mutter einer zehnjährigen Tochter, die sich mit dem Haftentlassenen Jim Fuller (Whitman) anfreundet, der wegen eines Sexualdeliktes einsitzen mußte und einen neuen Anfang machen möchte. Doch seine Hoffnung auf Heirat und ein neues Leben werden durch den Zeitungsartikel eines herumschnüffelnden Reporters zerstört, der Fuller mit einem kürzlich verübten Sexualdelikt in Verbindung bringt.
Geradlinig und ohne falsche Sentimentalität erzählt der Film vom mühevollen Neubeginn eines „Gebrandmarkten", dem sein einstiges Vergehen anhängt wie eine Klette, und von den Schwierigkeiten, die seine Umgebung ihm dabei macht. In Rückblenden wird die Kindheit und Erziehung von Fuller geschildert, die zu seiner neurotischen Angst vor erwachsenen Frauen führte.
Gebrandmarkt erhielt ausgezeichnete Kritiken und Stuart Whitman eine Oscar-Nominierung für sein glaubwürdiges Porträt. al

Gebrochene Blüten

Broken Blossoms. USA 1919 **R** David Wark Griffith **B** David Wark Griffith, nach der Geschichte *The Chink and the Child* aus Thomas Burkes *Limehouse Nights* **K** G. W. Bitzer, Hendrik Sartov **M** Louis Moreau Gottschalk, D. W. Griffith **P** D. W. Griffith **L** 85 Min. (Originallfassung: 95 Min.), s/w **D** Lillian Gish, Richard Barthelmess, Donald Crisp, Arthur Howard, Edward Peil, George Beranger

David Wark Griffith, für seine Verdienste um die Filmindustrie mit einem Oscar ausgezeichnet, war nicht nur ein Erneuerer und Vorreiter des Filmbusiness, er gehörte im Entstehungsjahr von *Gebrochene Blüten* auch zu den Mitbegründern der United Artists. Der Niedergang seines künstlerischen Schaffens manifestierte sich dann auch Jahre später mit dem höflichen Rausschmiß aus der Firma durch Douglas Fairbanks.
Bevor es soweit kommen sollte, drehte Griffith mit *Broken Blossoms* allerdings einen Film, der sowohl künstlerisch als auch finanziell ein Erfolg war. Erzählt wird die Geschichte des jungen Mädchens Lucy (Gish), die in einem Londoner Elendsviertel lebt. Dort verliebt sich ein Chinese (Barthelmess) in sie und gibt ihr zum ersten Mal das Gefühl von Glück und Geborgenheit. Doch der Vater des Mädchens, ein tyrannischer Boxer (Crisp), versucht mit allen Mitteln, diese Romanze zu unterbinden und prügelt dabei seine Tochter zu Tode - eine grausamer Tot, die nicht ungesühnt bleibt.
Neben Griffiths künstlerischem Genius, der sich hier in einer beeindruckenden Fotografie offenbart, faszinieren vor allem die schauspielerischen Leistungen der Protagonisten. Vor allem Lillian Gish, die zehn Jahre lang zu Griffiths bevorzugten Hauptdarstellerinnen gehörte, spielt eine ihrer schönsten Rollen. Nach Abschluß der Dreharbeiten tat Griffith etwas, was man ihm in Hollywood übelnahm. Er zog mit seiner Truppe nach New York und drehte fortan nur noch in den Mamaroneck-Studios. Ob es die Mißgunst der Kollegen oder sein in filmtechnischer Hinsicht eigener Stillstand war - im Verlaufe der kommenden 20er Jahre sank der Stern dieses von Filmkritikern hochgeschätzten und für die ganze Filmindustrie so wichtigen Mannes. dk

Die gebrochene Lanze

Broken Lance. USA 1954 **R** Edward Dmytryk **B** Richard Murphy, nach einer Geschichte von Philip Yordan **K** Joe MacDonald **M** Leigh Harline **P** Sol C. Siegel für 20th Century-Fox **L** 96 Min., Farbe **D** Spencer Tracy, Robert Wagner, Jean Peters, Richard Widmark, Katy Jurado, Hugh O'Brian, Eduard Franz, Earl Holliman, E. G. Marshall, Carl Benton Reid

Spencer Tracy hatte mit MGM einen Vertrag abgeschlossen, der es ihm erlaubte, auch für andere Studios zu drehen. So kehrte er nach 15 Jahren wieder zu der 20th Century-Fox zurück, um in deren Western-Produktion *Die gebrochene Lanze* die Hauptrolle zu übernehmen.
Die dem Film zugrunde liegende Geschichte war 1949 bereits schon einmal für den E.-G.-Robinson-Streifen BLUTSFEINDSCHAFT, einem Beitrag zu Hollywoods Schwarzer Serie, verwendet worden. Mit Zustimmung des Drehbuchautoren Philip Yordan wurden dann sehr viele Motive dieses Films in das Western-Milieu übertragen.
Tracy verkörpert einen reichen, skrupellosen Rinderbaron, der in seiner zweiten Ehe mit einer schönen Mexikanerin (Jurado) verheiratet ist und von dem gemeinsamen Sohn Joe (Wagner) fast abgöttisch verehrt wird. Die Söhne aus erster Ehe hingegen hassen ihn. Joes Bewunderung für seinen Vater geht sogar soweit, daß er die Schuld an der Zerstörung einer Kupfermine auf sich nimmt und ins Gefängnis geht, obwohl sein Vater das Bergarbeiter-Camp angreifen ließ, um unliebsames Gesindel von seinem Land fernzuhalten. Kaum ist der verhaßte Halbbruder hinter Gittern, da lehnen sich sie anderen Söhne offen gegen ihren Vater auf, der dadurch einen schweren Schock erleidet und kurz darauf stirbt. Als Joe aus dem Gefängnis zurückkehrt, nimmt er blutige Rache.
Ein exzellent fotografiertes und bis in die kleinsten Nebenrollen überlegt besetztes Familiendrama, dessen ganze Wirkungskraft

sich jedoch nur im Kino auf einer großen Breitbildleinwand entfaltet, für die der Film bezüglich seiner Kameraführung und Effekte auch überdeutlich konzipiert wurde. jg

Der gebrochene Pfeil

Broken Arrow. USA 1950 **R** Delmer Daves **B** Michael Blankfort, nach dem Roman *Blutsbrüder* von Elliott Arnold **K** Ernest Palmer **M** Hugo Friedhofer **P** Julian Blaustein für 20th Century-Fox **L** 93 Min., Farbe **D** James Stewart, Jeff Chandler, Debra Paget, Basil Ruysdael, Will Geer, Joyce MacKenzie, Arthur Hunnicutt, Raymond Bramley, Jay Silverheels

Ungefähr zeitgleich mit Anthony Manns FLUCH DES BLUTES kam *Der gebrochene Pfeil* in die amerikanischen Kinos, erwies sich damals aber wesentlich publikumswirksamer als Manns Plädoyer für Toleranz zwischen den Rassen. So überschwenglich wie Kevin Costner im Jahre 1990 für sein Opus DER MIT DEM WOLF TANZT gelobt wurde, so still und unspektakulär nahm man in den 50er Jahren Delmer Daves' Film auf. Es gab keine Oscars oder sonstigen Auszeichnungen, und doch war dieser Western einer der mutigsten Vorläufer auf seinem Gebiet, denn zum ersten Mal überhaupt wurde im US-Western die Tragödie der indianischen Ureinwohner von einer anderen, weitaus ehrlicheren Perspektive geschildert.
James Stewart spielt den Postreiter Tom Jeffords, der mit einem Apachenstamm Freundschaft schließt, nachdem er einem Indianerjungen das Leben gerettet hat. In langen, ausdauernden Gesprächen versucht er, sich für eine friedliche Lösung in dem Rassenkonflikt einzusetzen, doch von Seiten der Weißen findet er wenig Verständnis. Weiße Siedler sind es auch, die Jeffords und seine indianische Frau (Paget) in einen Hinterhalt locken, bei dem Sonseeharay den Tod findet. Die Beerdigung der jungen Indianerin wird zu einem Manifest für Versöhnung und Frieden.
Delmer Daves sagte 15 Jahre später rückblickend zu seinem Film: „Da *Der gebrochene Pfeil* auf historischen Tatsachen beruht... glaube ich, daß ich nur sehr wenig am Drehbuch ändern würde, hätte ich den Film heute noch einmal zu drehen." jg

Geburt einer Nation

The Birth of a Nation. USA 1915 **R** David Wark Griffith **B** David Wark Griffith, Frank Woods, nach den Romanen *The Clansman* und *The Leopard's Spots* von Thomas Dixon **K** G. W. Bitzer, Karl Brown **M** Joseph Carl Breil, D. W. Griffith **P** Epoch Prod. Company **L** 120 Min. (Originalfassunge: 159 Min.), s/w **D** Lillian Gish, Mae Marsh, Violet Wilkey, Henry Walthall, Miriam Cooper, Mary Alden, Ralph Lewis

Er galt als der Filmpionier schlechthin, seine Werke ebneten den Weg für das Medium Film und sein handwerkliches Können wirkte bahnbrechend für zahlreiche Neuerungen in der Filmtechnik. David Wark Griffith, genialer Schöpfer zahlreicher Stummfilm-Epen, setzte sich mit *Birth of a Nation* selbst ein Denkmal, und das zu einer Zeit, als er mit INTOLERANCE einen weiteren Film schuf, der ebenfalls als „Höhepunkt in der Geschichte des amerikanischen Films" bewertet wurde.
Neben der revolutionären Technik war dieser Film auch in anderer Hinsicht außergewöhnlich. *Geburt einer Nation* verhalf der Kinematographie zu einem bis dahin nie gekannten Status. Schon die Werbekampagne, die eigens für diesen Film anlief, stellte alles bis dahin Dagewesene in den Schatten. Monate vor der Premiere kündigten riesige Plakate das Ereignis an, in der Tagespresse erschienen großformatige Anzeigen, und die Vorführungen selbst wurden so detailliert geplant und durchgeführt, daß der Film zum erstenmal eine echte Konkurrenz zum Theater darstellte.
Die Geschichte spielt im amerikanischen Bürgerkrieg und handelt vom Schicksal zweier Familien, die in die Kriegswirren verwickelt werden. Als „Gentleman aus den Südstaaten" drehte Griffith dieses Epos aus der Sicht der unterlegenen Konföderation und verhehlte dabei nicht seine Sympathie für die „weiße" Denkweise. Daraufhin kam es zu schweren Auseinandersetzungen zwischen den ehemaligen Bürgerkriegs-Parteien. Krawalle auf den Straßen und die Diskussion um die rassistischen Tendenzen des Films ließen vergessen geglaubte Emotionen wieder aufflackern. Zeitweilig überlegte man sogar, ob man den Film nicht beschlagnahmen sollte. Griffith selbst fühlte sich zutiefst mißverstanden und bewies damit eine gehörige Portion Naivität angesichts des politischen Zündstoffs, den sein Film enthielt. dk

Geburten verboten

Z.P.G. USA 1972 **R** Michael Campus **B** Max Ehrlich, Frank De Felitta **K** Michael Reed, Michael Salmon **M** Jonathan Hodge **P** Thomas F. Madigan für Sagittarius/Paramount **L** 95 Min., Farbe **D** Oliver Reed, Geraldine Chaplin, Don Gordon, Diane Cilento, David Markham, Sheila Reid, Aubrey Woods, Bill Nagy, Lotte Tholander, Wayne John Rhodda, Ditte Maria

Eine im Grunde genommen durchaus ergiebige Geschichte, die in diesem Science-fiction-Film allerdings ins unfreiwillig Komische abrutscht und damit jede ernstzunehmende Auseinandersetzung mit dem Thema Überbevölkerung verhindert.
Im 21. Jahrhundert haben sprunghafte Geburtenentwicklung und zunehmende Umweltverschmutzung zu solch verheerenden Zuständen geführt, daß es den Menschen unter Todesstrafe verboten ist, Kinder in die Welt zu setzen. Als Baby-Ersatz werden von der Regierung in Massenproduktion hergestellte Roboterpuppen ausgegeben, die jedoch schwerlich gegen ein richtiges Kind konkurrieren können - immerhin machen sie aber nicht die Windeln voll und lassen sich abstellen, wenn sie brüllen. Trotz aller Gefahren entschließt sich das Ehepaar McNeil (Reed/Chaplin), ein Kind in diese wenig gemütliche Welt zu setzen. Ein befreundetes Pärchen wird jedoch alsbald auf den sich einstellenden Nachwuchs neidisch und verrät die junge Familie an die Sicherheitspolizei, der die McNeils in einer atemberaubenden Flucht entkommen können, um auf einem heil gebliebenen Fleckchen Erde ein neues Leben zu beginnen.
Die Momente totalitärer Überwachung (in jedem Raum hängen Bildschirme) sind in dieser düsteren Zukunftsvision noch ganz eindrucksvoll gelungen. Bei der „Baby"-Ausgabe fängt es dann aber an, lächerlich zu werden, denn die verteilten Roboterbälger sehen nicht anders aus als die Puppen in einem gewöhnlichen Kaufhaus. Reichlich grobe Schnitzer leistet sich das Drehbuch gegen Ende des Films, wenn es die Familie mit Hilfe eines Meißels entkommen läßt, mit dem sich der Vater einen Weg in den Erdboden hämmert, nachdem man eine Art Käseglocke über die Verfolgten gestülpt hat, um sie darunter zu ersticken. jg

Gefahr im Verzug

Péril en la demeure. Frankreich 1984 **R** Michel Deville **B** Michel Deville, nach dem Roman *Sur la terre comme au ciel* von René Belletto **K** Martial Thury **P** Emmanuel Schlumberger für Gaumont/Elefilm/TF 1 Films Prod. **L** 100 Min., Farbe **D** Anemone, Richard Bohringer, Nicole Garcia, Christophe Malavoy, Michel Piccoli

Michel Deville gilt als Kind der Nouvelle Vague, doch sein Name stand immer im Schatten so berühmter Kollegen wie Chabrol, Truffaut und Godard. Viele seiner über zwanzig Filme waren in den deutschen Kinos gar nicht zu sehen; am ehesten blieb wohl noch DAS WILDE SCHAF mit Romy Schneider in Erinnerung.
Dabei hat Deville den Ruf eines handwerklich geschickten, in der Erzähl- und Sehweise sehr einfallsreichen Filmemachers. So wurde auch *Gefahr im Verzug* hochgelobt, teilweise sogar als Meisterwerk gehandelt, ohne daß sich der Status des Regisseurs entscheidend verbessern konnte.
David Aurphet (Malavoy) ist schön, jung und arm. Er schlägt sich als Gitarrenlehrer durchs Leben und erhält in dieser Funktion eine Anstellung im hochherrschaftlichen Haus der Thombsthays. Doch mehr noch als Tochter Viviane (Jeanneret) profitiert die

Dame des Hauses, Julia Thombsthay (Garcia), von der Anwesenheit Davids. Sie verführt den Adonis und setzt damit ein Intrigenspiel in Gang, bei dem David die seltsamsten Leute trifft. Ein professioneller Killer (Bohringer) begegnet David, verrät ihm seine Passion und gewinnt seine Freundschaft. Und schließlich ist da noch Graham Thombsthay (Piccoli), Industriemagnat mit einem leichten Hang zur Perversion. Sein gewaltsamer Tod bildet den Höhepunkt dieses Verwirrspiels, aber noch lange nicht die Lösung.
Eine virtuose Umsetzung des Romanes von René Belletto, dessen optische Brillanz vielfach mit Klassikern wie DER KONTRAKT DES ZEICHNERS oder DIVA verglichen wurde. Vom großen Lob der Kritiker blieben die Schauspieler natürlich nicht ausgenommen. Besonders Christophe Malavoy in der Rolle des etwas naiven Musiklehrers tat mit diesem Film (seine insgesamt fünfte Zusammenarbeit mit Deville) einen großen Schritt in Richtung internationale Karriere. dk

Gefährliche Begegnung

The Woman in the Window. USA 1945 **R** Fritz Lang **B** Nunnally Johnson, nach dem Roman *Once off Guard* von J. H. Wallis **K** Milton Krasner **M** Arthur Lange **P** Nunnally Johnson für Christie-International Pictures/RKO Radio **L** 99 Min., s/w **D** Edward G. Robinson, Joan Bennett, Raymond Massey, Edmond Breon, Dan Duryea, Thomas E. Jackson, Arthur Loft, Dorothy Peterson

Gefährliche Begegnung war zur Zeit seiner Aufführung ein überaus erfolgreicher Kassenerfolg und festigte Fritz Langs Ruf als Meister des film noir, der dazu schon 1931 mit M-EINE STADT SUCHT EINEN MÖRDER den Grundstein gelegt hatte.
Edward G. Robinson, ansonsten Gangster vom Dienst, spielt hier den etwas vertrottelten Professor Wanley, der in der Auslage einer Gemäldegalerie das Porträt einer ungewöhnlich schönen Frau betrachtet, die plötzlich persönlich neben ihm steht und ihn zu sich in ihr Appartement einlädt. Dort allerdings wird es nichts mit dem erhofften romantischen Intermezzo, denn der eifersüchtige Freund der jungen Dame taucht unversehens auf und macht den beiden eine Szene. Wanley dreht durch und ersticht den Nebenbuhler mit einer Schere. Doch damit beginnen die Schwierigkeiten erst, denn es ist gar nicht so einfach, die Leiche zu beseitigen. Da der Professor jedoch auch weiß, daß er den Recherchen der Polizei nicht entkommen kann, entschließt er sich, seinem Leben mit Gift ein Ende zu setzen.
An dieser Stelle kommt der Film zu einer überraschenden Auflösung, denn die Kamera fährt nach einer Naheinstellung des sterbenden Professors langsam zurück und zeigt, wie sich eine Hand auf dessen Schultern legt, die zu einem der Diener des Clubs gehört, in dem Wanley eingeschlafen ist und die haarsträubende Geschichte nur geträumt hat. Lang hatte es abgelehnt, die Traumsequenz durch einen verräterischen Schnitt zu entlarven und drehte ohne Unterbrechung. Während der Nahaufnahme zog man Robinson flugs um und wechselte die Kulissen aus. Autor Nunnally Johnson mochte Traumhandlungen in Filmen eigentlich nur, wenn diese auch als solche ersichtlich waren, änderte jedoch seine Ansicht darüber, als er Langs Film sah. jg

Gefährliche Freundin

Something Wild. USA 1986 **R** Jonathan Demme **B** E. Max Frye **K** Tak Fujimoto **M** John Cale, Laurie Anderson **P** Jonathan Demme, Kenneth Utt für Religioso Primitiva/Orion Pictures **L** 113 Min., Farbe **D** Jeff Daniels, Melanie Griffith, Ray Liotta, Margaret Colin, Tracey Walter

Charles Driggs (Daniels), ein braver New Yorker Bilderbuch-Yuppie, sieht sich eines Tages von der mysteriösen Lulu (Griffith) mehr oder weniger entführt und zu einem wilden Nachmittag in einem Hotelzimmer überredet. Noch bevor er Protest anmelden kann, sitzt er mit seiner Begleiterin im Auto Richtung Pennsylvania, auf dem Weg zu Lulus Mutter - genauer gesagt: Audreys Mutter, denn so heißt die junge Dame in Wirklichkeit. Charles beginnt sich zu lockern, und auf Audreys High-School-Treffen demonstriert das Pärchen glückliche Verliebtheit. Die wird jedoch von Ray (Liotta), Audreys eifersüchtigem und extrem gewalttätigen Ehemann gestört...
Gefährliche Freundin ist eine ausgelassene, vergnügliche Komödie, die sich auf halber Strecke (mit Rays Auftauchen) in einen spannenden Thriller verwandelt und mit einem etwas zu blutigen Finale aufwartet. Demmes Tempo ist schnell und atemlos, so daß einem keine Zeit bleibt, darüber nachzudenken, was an Lulus Handschellennummer oder an ihrem Alkoholkonsum im Straßenverkehr eigentlich so verwegen sein soll. Dieses aufgesetzt Schrille liegt allerdings durchaus in ihrem Charakter begründet. Lulu/Audrey sucht nach etwas, und aus Angst, sich anzupassen, normal zu sein, macht sie jeden Trend und jeden Quatsch mit - Hauptsache unkonventionell. Charles ist das genaue Gegenteil: Er hat sich mit seinem langweiligen Leben arrangiert, bis ihn Audrey auf andere Gedanken bringt. Erst zusammen ergeben sie eine emotionell komplette Persönlichkeit, was sich sehr schön in der überraschenden Schlußpointe zeigt.
Der Film erwies sich als großer kommerzieller Erfolg, der besonders für Griffith´ Karriere wichtig war, und war auch bei der Kritik recht wohlgelitten. Unter den sage und schreibe 49 Musiktiteln auf dem Soundtrack finden sich so bekannte Künstler wie David Byrne, Fine Young Cannibals, Neil Diamond und New Order. Die Regisseure John Waters und John Sayles sind mit Kurzauftritten dabei. al

Gefährliche Liebe

Rage in Heaven. USA 1941 **R** W. S. Van Dyke II **B** Christopher Isherwood, Robert Thoeren, nach dem Roman von James Hilton **K** Oliver Marsh **M** Bronislau Kaper **P** Gottfried Reinhardt für Metro-Goldwyn-Mayer **L** 82 Min., s/w **D** Robert Montgomery, Ingrid Bergman, George Sanders, Lucile Watson, Oscar Homolka, Philip Merivale, Matthew Boulton, Aubrey Mather

Ein etwas uneinheitlich geratener Film, der sich erst als Melodrama präsentiert, um im letzten Drittel der Handlung zum Kriminalstück zu mutieren.
Robert Montgomery ist Philip Morell, der psychisch etwas angeschlagene Sprößling und Erbe eines bedeutenden englischen Industrie-Unternehmens. Nach einem Sanatoriumaufenthalt nach Großbritannien zurückgekehrt, lernt er Stella Bergen (Bergman), die reizende Sekretärin und Gesellschafterin seiner Mutter, kennen und heiratet sie. Das junge Mädchen muß jedoch bald auf unangenehme Weise erfahren, wie drastisch sich der Geisteszustand ihres Mannes verschlechtert hat. Als Philips Freund Ward (Sanders) das Ehepaar besucht und sich mit Stella ganz gut versteht, löst er damit eine Kette peinlicher Eifersuchtsszenen aus, die in Philips Selbstmord gipfelt. Allerdings hat dieser seinen Freitod so perfekt arrangiert, daß Ward des Mordes verdächtigt wird. Ein Arzt jedoch kann seine Unschuld beweisen.
Der Film war anfangs unter der Regie von Robert Sinclair begonnen worden, der jedoch wegen seines langsamen Arbeitstempos durch W. S. Van Dyke II ersetzt wurde. Die Kritiker nörgelten über das unglaubhaft konstruierte Drehbuch, warfen Schauspieler Robert Montgomery Schludrigkeit bei seinen Bemühungen vor, den englischen Akzent zu imitieren und waren sich lediglich über Ingrid Bergmans gute Darstellung einig.
„Als die junge Frau, die mit einem Verrückten verheiratet ist, liefert Ingrid Bergman eine starke Leistung. Vom Drehbuch und der Regie kaum unterstützt, schafft sie fast im Alleingang eine Stimmung der Angst.“ (*New York Herald Tribune*)

Gefährliche Leidenschaft

Gun Crazy. USA 1949 **R** Joseph H. Lewis **B** McKinlay Kantor, Millard Kaufman **K** Russell Harlan **M** Victor Young **P** Frank und Maurice King für MGM **L** 85 Min., s/w **D** Peggy Cummins, John Dall, Berry Kroeger, Morris Carnovsky

Schon als Kind ist Bart Tare (Dall) von Schußwaffen fasziniert. Als er auf einem Rummelplatz die attraktive Kunstschützin Annie Laurie Starr (Cummins) kennenlernt, ist beider gemeinsames Schicksal besiegelt. Von nun an lassen sie einander nicht mehr aus den Augen und geraten in einen Strudel aus Leidenschaft und Verbrechen. Angestachelt von Annie Laurie, begeht Bart mit ihr zusammen zahlreiche Überfälle auf Supermärkte und Banken.

Dieser mit schmalen Budget inszenierte B-Film gehört zu den Klassikern des amerikanischen film noir und hat heute Kultstatus erreicht. Die Geschichte um ein raubendes und mordendes Liebespärchen orientiert sich an den legendären Outlaws Bonnie Parker und Clyde Barrow, die in den 30er Jahren den Mittelwesten der USA unsicher machten, und erschien zunächst als Story von MacKinlay Kantor in der *Saturday Evening Post*, bevor sie vom Autor selbst und Dalton Trumbo, der damals auf der Schwarzen Liste stand, für die Leinwand adaptiert wurde. Für Trumbo bekam Millard Kaufman eine Nennung in den Credits.

Die bekannteste und spektakulärste Szene des Films ist eine mehrminütige Einstellung, die den Zuschauer aus dem Innern eines Autos heraus einen Banküberfall miterleben läßt und so zu Komplizen der beiden macht. Noch nicht einmal die Passanten wußten von den Aufnahmen, da Kamera und Kameramann im völlig ausgeräumten Cadillac von Annie Laurie versteckt waren. al

Gefährliche Liebschaften

Les liaisons dangereuses. Frankreich 1959 **R** Roger Vadim **B** Roger Vailland, Roger Vadim, Claude Brulé, nach dem Roman von Choderlos de Laclos **K** Marcel Grignon **M** Thelonius Monk **P** Les Films Marceau/Cocinor **L** 102 Min. (Originalfassung 108 Min.), s/w **D** Gérard Philipe, Jeanne Moreau, Jeanne Valery, Annette Vadim, Simone Renant, Jean-Louis Trintignant

Der berühmte Briefroman von Choderlos de Laclos, anonym erschienen 1782, ist über die Jahrhunderte hinweg immer wieder verboten und zensiert worden. Er gilt als das genaue Abbild des dekadenten französischen Hochadels kurz vor dem Ausbruch der Revolution, die sich ihre Zeit mit dem Schmieden von Intrigen und Ränken vertrieb und für die heutige Moralbegriffe Fremdwörter waren.

Roger Vadim, Entdecker von Brigitte Bardot und Regisseur solch skandalöser Werke wie ...UND IMMER LOCKT DAS WEIB, verlegte die Handlung des Romans in die Gegenwart, in die französische Bourgeoisie. Valmont (Philipe) und seine Frau Juliette (Moreau) führen eine sehr liberale Ehe und genießen es, ihr Spiel mit der doppelbödigen Moral der besseren Gesellschaft zu treiben. Werte wie eheliche Treue haben für sie keine Bedeutung. Als Juliette erfährt, daß ihr Liebhaber sie verlassen hat, weil er die junge Cecile (Valery) heiraten will, sinnt sie auf Rache: Valmont soll das junge Ding verführen und ihr die Unschuld rauben. Dieser Aufgabe widmet er sich mit Vergnügen, doch lernt er dabei auch die schöne, verheiratete Mme. de Tourvel (Vadim) kennen, für die er erstmals echte Gefühle empfindet. Das kann Juliette nicht dulden...

Gefährliche Liebschaften wurde zum Zeitpunkt seiner Uraufführung als ungemein erotisch und gewagt empfunden und war in einigen Teilen Frankreichs sogar zeitweise verboten, wirkt aus heutiger Sicht jedoch recht zahm. Besonders Jeanne Moreau überzeugt in der Rolle der Marquise de Merteuil, aus der man die Ehefrau von Valmont machte. Ihr Partner Gérard Philipe ist einer der Schwachpunkte des Films: Sein Valmont ist überraschend blaß und ohne Biß. Die dritte Hauptrolle wird von der Dänin Annette Stroyberg (mitterweile bereits Mme. Vadim) gespielt, die Vadim nach der Scheidung von Brigitte Bardot als deren Nachfolgerin auserkoren hatte - im Leben wie auf der Leinwand. Ende der 80er Jahre kam der gleiche Stoff gleich zweimal auf die Leinwand: 1988 in Stephen Frears GEFÄHRLICHE LIEBSCHAFTEN und 1989 in Milos Formans VALMONT. al

Gefährliche Liebschaften

Dangerous Liaisons. USA 1988 **R** Stephen Frears **B** Christopher Hampton, nach seinem Bühnenstück, basierend auf dem Roman von Choderlos de Laclos **K** Philippe Rousselot **M** George Fenton **P** Norma Heyman, Frank Moonjean, Christopher Hampton für Lorimar/Warner Bros. **L** 120 Min., Farbe **D** Glenn Close, John Malkovich, Michelle Pfeiffer, Swoosie Kurtz, Keanu Reeves, Mildred Natwick, Uma Thurman

Roger Vadim hatte sich 1959 an die bis dato einzige Filmversion von Choderlos de Laclos' Briefroman von 1782 gewagt, der ein vernichtendes Porträt der Dekadenz des französischen Adels kurz vor der Revolution skizzierte. Während Vadim den Stoff in die Gegenwart verlagerte, machten sich 1987 gleich zwei Parteien an das mittlerweile unübliche Unterfangen, einen Kostümfilm zu drehen: Die amerikanische Produktionsfirma Lorimar, die die Rechte an Christopher Hamptons Bühnenstück erworben hatte, und Milos Forman, Regisseur solcher Welterfolge wie EINER FLOG ÜBER DAS KUCKUCKSNEST und AMADEUS. Lorimar bot sogar Forman die Regie bei ihrem Projekt an, doch der zog es vor, mit dem Originaltext zu arbeiten. Hampton interessierte den Briten Stephen Frears für das Projekt, und das Rennen war eröffnet. Für ein relativ geringes Budget (14 Mio.$) drehte Frears den Film in nur zehn Wochen herunter, so daß er noch rechtzeitig zur Qualifizierung für die Oscars im November ´88 in die Kinos gebracht werden konnte. Formans Version wurde dagegen erst im Sommer ´89 fertig - ein nicht unwichtiger Nachteil, zumal sich Frears' Film als überraschender Kassenschlager erwies.

Im Mittelpunkt der Handlung stehen die Marquise de Merteuil (Close) und der Vicomte de Valmont (Malkovich), zwei Virtuosen auf den Instrumenten der Verführung und Intrige, die sich die Zeit mit dekadenten kleinen Spielchen vertreiben, deren Opfer mit Vorliebe unschuldige junge Pflanzen wie Cecile de Volanges (Thurman) sind. Valmont soll das Mädchen im Auftrag der Marquise verführen, hat doch ihr ehemaliger Liebhaber vor, die Kleine zu heiraten. Für diesen Dienst ist Valmont eine Nacht mit der Marquise gewiß, doch erst, wenn er auch die tugendhafte Madame de Tourvel korrumpiert hat...

Ein in jeder Hinsicht brillanter Film, der vor Witz und Boshaftigkeit nur so funkelt. Wie Glenn Close und John Malkovich als Verbündete, die zu unerbittlichen Gegnern werden, verbal die Klingen kreuzen, das sucht im modernen Kino seinesgleichen. Hamptons Dialoge sind messerscharf, treffend und überaus trocken. Die beiden Hauptdarsteller werden hervorragend unterstützt durch Michelle Pfeiffer und die erstklassige Besetzung der Nebenrollen. Die Kritik jubelte, und die Oscar-Nominierungen ließen nicht auf sich warten, darunter Bester Film, Hauptdarstellerin (Close), Nebendarstellerin (Pfeiffer), Musik. Dreimal gab es Gold: Für Drehbuch-Adaption, Kostüme und Ausstattung.

„Ein böser, dekadenter Spaß! Die eigentliche Überraschung ist, wie viel peinigendes, quälendes Gefühl durch sein marmornes, kühles Herz sickert.“ (*Newsweek*) al

Gefährlicher Urlaub

The Man Between. Großbritannien 1953 **R** Carol Reed **B** Harry Kurnitz, Eric Linklater, nach dem

Roman *Susanne in Berlin* von Walter Ebert **K** Desmond Dickinson **M** John Addison **P** Carol Reed für London Films/B.L.P.A. **L** 100 Min., s/w **D** James Mason, Claire Bloom, Hildegard Knef, Geoffrey Toone, Aribert Wäscher, Ernst Schröder, Dieter Krause

Ein stimmungsvoller Spionage-Thriller, der Carol Reed auf das gleiche Terrain führte, wo sich schon sein erfolgreicher DER DRITTE MANN abgespielt hatte. Diesmal ist die Handlung im Nachkriegs-Berlin angesiedelt, wo die junge Britin Susanne (Bloom) ihrem Bruder (Toone) und seiner deutschen Frau Bettina (Knef) einen Besuch abstattet. Sie gerät schnell in ein undurchdringliches Netz aus Erpressung, Verrat und Mord.

Gefährlicher Urlaub ist gut gemacht und hervorragend gespielt, doch im Gegensatz zu DER DRITTE MANN hat es Carol Reed diesmal nicht verstanden, eine emotional packende Geschichte zu erzählen. Der Film strahlt eine kalte, unwirtliche Atmosphäre aus, die auch Mason und Bloom mit ihrer Romanze nicht erwärmen können. Erneut sehr gelungen ist dagegen der Einsatz von Originalschauplätzen, die das zerstörte Berlin als deprimierende, düstere Mondlandschaft zeigen, die anscheinend von ebensolchen Menschen bevölkert wird. al

Der gefährlichste Mann der Welt

The Chairman. USA 1969 **R** J. Lee Thompson **B** Ben Maddow, nach dem Roman von Jay Richard Kennedy **K** John Wilcox **M** Jerry Goldsmith **P** Mort Abrahams für Abjac Prod./20th Century-Fox **L** 99 Min. (Originalfassung 104 Min.), Farbe **D** Gregory Peck, Anne Heywood, Arthur Hill, Alan Dobie, Conrad Yama

Wie schon bei ARABESKE ist Gregory Peck in diesem Spionage-Thriller als amerikanischer Professor an einer Londoner Universität zu sehen, der in eine Geheimdienst-Affäre hineingezogen wird. War das bei Stanley Donen noch der Auftakt zu einer Komödie, nimmt sich *Der gefährlichste Mann der Welt* sehr ernst.

Der Biowissenschaftler John Hathaway soll im Auftrage westlicher Regierungen Rot-China einen Besuch abstatten, um etwas über ein wachstumsförderndes Enzym herauszufinden, das von den Chinesen entdeckt wurde und die Hungerprobleme der Welt lösen könnte. Ihm wird ein Minisender in den Kopf eingepflanzt, der alle Gespräche aufzeichnen kann. Was Hathaway jedoch nicht weiß: Es befindet sich auch eine Sprengladung darin...

J. Lee Thompsons Film hat ein interessantes Thema, das als Hintergrund für eine recht konventionelle Spionage-Story dient, die sich allerdings auf wesentlich realistischerem Niveau abspielt als beispielsweise die Bond-Filme und ihre zahlreichen Nachahmungen. Dabei hatte man natürlich keine Möglichkeit, in China selbst zu drehen, sondern mußte auf Nord-Wales ausweichen. Einige Außenaufnahmen wurden auch in Taiwan gemacht, obwohl die dortigen Behörden sich recht empfindlich zeigten, was die Darstellung ihrer verfeindeten Brüder anging.

Ein Beispiel für die platten Schematisierungen der Handlung ist die Tatsache, daß die Chinesen ihre Erfindung für sich selbst behalten wollen, während der Westen sie natürlich zum Wohle der Menschheit einsetzen würde. Ein interessanter Anblick ergibt sich am Schluß: Peck flieht, von chinesischen Soldaten verfolgt, über die Grenze in die Sowjetunion und wird freundlich empfangen. al

Gefährten des Todes

The Deadly Companions. USA 1961 **R** Sam Peckinpah **B** A. S. Fleischman, nach seinem Roman **K** William Clothier **M** Marlin Skiles **P** Charles Fitz Simons für Carousel/Pathe-American **L** 90 Min., Farbe **D** Maureen O´Hara, Brian Keith, Steve Cochran, Chill Wills, Strother Martin, Will Wright, Jim O´Hara, Peter O´Crotty, Billy Vaughan, Robert Sheldon

Der ehemalige Kavallerie-Sergeant Yellowleg (Keith) begegnet in einer kleinen Stadt eines Tages dem Mann wieder, der ihn, während er schwerverwundet auf einem Schlachtfeld des amerikanischen Bürgerkriegs lag, zu skalpieren versuchte. Bei einer erneuten Auseinandersetzung tötet Yellowleg aus Versehen den Sohn der Tänzerin Kit (O´Hara). Er fühlt sich für die Tat verantwortlich und begleitet die Frau mit dem Sarg ihres Sohnes auf dem gefahrvollen Weg in eine weit entfernt liegende Geisterstadt, wo bereits Kits Mann begraben liegt. Ein sich auf dem Kriegspfad befindender Indianerstamm und die sie verfolgenden Banditen machen die Reise zu einem gefahrvollen Unternehmen.

Gefährtes des Todes war der erste Spielfilm, den Sam Peckinpah inszenieren durfte, nachdem man durch mehrere TV-Beiträge, die unter seiner Regie entstanden, auf ihn aufmerksam geworden war.

Peckinpah erhielt allerdings die Anweisung, sich in jeder Beziehung an die Vorlage des Drehbuches zu halten - eine beinahe diktatorische Einschnürung seiner Entfaltungsmöglichkeiten, mit der der umstrittene Regisseur auch in seinen späteren Werken immer wieder zu kämpfen hatte.

„Ein guter Western mit überdurchschnittlichem Drehbuch, gekonnter Regie und gelungenen schauspielerischen Leistungen." *(Motion Picture Guide)* jg

Der Gefangene

The Prisoner. Großbritannien 1955 **R** Peter Glenville **B** Bridget Boland, nach ihrem Bühnenstück **K** Reginald Wyer **M** Benjamin Frankel **P** Vivian A. Cox für LIP-Facet/Columbia **L** 91 Min., s/w **D** Alec Guinness, Jack Hawkins, Raymond Huntley, Jeannette Sterke, Ronald Lewis, Kenneth Griffith, Gerard Heinz, Mark Dignam, Wilfred Lawson, Richard Leech

Obwohl Autorin Bridget Boland bei ihrem Stoff jeglichen Bezug zur Realität ablehnte, spiegelt sich in ihm doch deutlich das Schicksal des ungarischen Kardinals Mindszenty wider, der 1944 noch gegen die Nazis gekämpft hatte und später von der kommunistischen Führung verhaftet wurde.

Alec Guinness spielt einen inhaftierten Geistlichen, der in einem nicht näher genannten kommunistischen Land dem zermürbenden Verhör eines Anwalts ausgesetzt wird, mit dem der Priester sich einst Jahre zuvor gemeinsam im Widerstand gegen die Nazis engagiert hatte. Heute stehen die beiden Männer auf völlig unterschiedlichen Seiten und sind dessen verlustig geworden, was sie einst verbunden hat.

Die Personenkonfiguration fand in Alec Guinness und Jack Hawkins würdige Vertreter, denn die beiden Schauspieler waren selbst seit frühen Theatertagen miteinander befreundet und hatten bereits gemeinsam in den Filmen DIE BRÜCKE AM KWAI und LAWRENCE VON ARABIEN zusammen gespielt.

Der Gefangene, in düsteren Schwarz-Weiß-Bildern eingefangen, ist ein erschütterndes Drama über die bis zur Vernichtung ausgelebten Machtprinzipien, an deren Ende weder Sinn oder Unsinn des Glaubens noch eine politische Ideologie, sondern die Tragödie menschlicher Gefühlskälte und Entfremdung steht. Die Auswahlgremien der Filmfestivals von Cannes und Venedig taten sich mit Peter Glenvilles Werk damals sehr schwer und entschlossen sich, ihn nicht in das jeweilige Wettbewerbsprogramm aufzunehmen. In Frankreich warf man dem Streifen „Anti-Kommunismus" vor, die Italiener meinten „Anti-Katholizismus" zu entdekken und lehnten ihn aus diesem Grunde ab. jg

Der Gefangene der Haifischinsel

The Prisoner of Shark Island. USA 1936 **R** John Ford **B** Nunnally Johnson, nach dem Lebensbericht von Dr. Samuel A. Mudd **K** Bert Glennon **P** Darryl F. Zanuck für 20th Century-Fox **L** 95 Min., s/w **D** Warner Baxter, Gloria Stuart, Joyce Kay, Claude Gillingwater, Douglas Wood, Fred Kohler jr., Harry Carey, Paul Fix, John Carradine, Francis McDonald, Arthur Byron

Dr. Samuel Mudd leistet unwissend um dessen Tat dem Mörder Abraham Lincolns auf seiner Flucht ärztlichen Beistand und wird deshalb in das Gefängnis der berüchtigten Haifischinsel inmitten der Dry Tortugas eingeliefert, wo er sich als wohlsituierter Mediziner von rüpelhaften Schwerverbrechern manche Demütigung und Schikane bieten lassen muß. Als jedoch das Gelbe Fieber in der Strafkolonie grassiert und einen nach dem anderen dahinrafft, setzt der Arzt in selbstloser Weise sein Leben für die Mitgefangenen ein. Jahre später darf er wieder zu seiner Familie zurückkehren.
Der Film zählt nicht zu den Meisterwerken John Fords, erregte aber damals durch die realistischen und krassen Gefängnissequenzen einiges Aufsehen. Zwar weist er darin einige Parallelen zu den vorher gedrehten Werken JAGD AUF JAMES A. oder DIE ELENDEN auf, besitzt jedoch bereits die für Ford typische Zurückhaltung, mit der dieser spektakuläre Vorgänge ohne Effekthascherei wirkungsvoll darzustellen vermochte. Ein besonders gutes Beispiel dafür ist in diesem Film die Ermordung Abraham Lincolns (der amerikanische Präsident wird zum wiederholten Mal von Frank McGlynn dargestellt), bei der nur die herabfallende schlaffe Hand das Geschehen verdeutlicht, ehe Ford rasch eine Nahaufnahme mit dem Gesicht des toten Präsidenten anfügt, die sich schließlich in einem überlebensgroßen Porträtgemälde auflöst. jg

Gefangene des Stroms

The Bottom of the Bottle. USA 1956 **R** Henry Hathaway **B** Sidney Boehm, nach einem Roman von Georges Simenon **K** Lee Garmes **M** Leigh Harline **P** Buddy Adler für 20th Century-Fox **L** 88 Min., Farbe **D** Van Johnson, Joseph Cotten, Ruth Roman, Jack Carson, Margaret Hayes, Bruce Bennett, Brad Dexter, Peggy Knudsen, Jim Davis, Margaret Lindsay, Nancy Gates

Van Johnson verkörpert in diesem Drama einen entlaufenen Sträfling, der sich zu seinem Bruder, einem erfolgreichen Rechtsanwalt (Cotten) flüchtet, in der Hoffnung, dieser würde ihm helfen, über die Grenze nach Mexiko zu entkommen. Augenblicklich ist ein solcher Schritt jedoch wenig empfehlenswert, denn der Grenzfluß, den es zu überqueren gilt, hat Hochwasser, und so muß man sich noch eine Weile gedulden. In der Zwischenzeit verprügeln sich die beiden erst einmal, um sich im Laufe der handgreiflichen Auseinandersetzung über ihre gegenseitige Sympathie füreinander klarzuwerden. Von den Häschern dicht verfolgt, schwimmen sie über den Fluß. Die Freiheit dicht vor Augen, macht der gejagte Häftling jedoch einen Rückzieher und rettet seinen rechtschaffenen Bruder, der in den Fluten zu ertrinken droht. Damit liefert er sich gleichzeitig der Polizei aus.
Ein teilweise etwas geschwätziger, aber immerhin leidlich unterhaltsamer Streifen, der mit einigen, in CinemaScope gedrehten schönen Bildern aus der Wüste Arizonas aufwarten kann. „Die ansonsten geläufige Thematik wird durch die guten Darstellungen von Joseph Cotten und Van Johnson überragt, die sowohl die brüderliche Liebe als auch den Konflikt ziemlich wirklichkeitsnah gestalten.“ (*Motion Picture Guide*) jg

Der Gefangene von Alcatraz

The Birdman of Alcatraz. USA 1962 **R** John Frankenheimer **B** Guy Trosper, nach dem Roman *Sehet die Vögel unter dem Himmel* von Thomas E. Gaddis **K** Burnett Guffey **M** Elmer Bernstein **P** Ben Hecht für United Artists **L** 148 Min., s/w **D** Burt Lancaster, Karl Malden, Thelma Ritter, Betty Field, Edmond O´Brien, Telly Savalas, Neville Brand

John Frankenheimers beeindruckendes Häftlingsdrama basiert auf einer authentischen Geschichte. Im Jahre 1909 erschießt der Amerikaner Robert Stroud (Lancaster) aus Eifersucht einen Mann und wird daraufhin zu 12 Jahren Gefängnis verurteilt, die man in eine lebenslängliche Haft umwandelt, als Stroud im Gefängnis einen Wärter umbringt. Nach Jahren der Trostlosigkeit bekommt sein Leben neuen Sinn, als er die Erlaubnis erhält, in seiner Zelle Vögel zu züchten. Im Laufe der 43jährigen Haftzeit eignet sich Stroud ein erstaunliches Wissen auf dem Gebiet der Ornithologie an, doch dann wird ihm eines Tages jede Grundlage für seine Forschungen genommen, denn man verlegt ihn in das berüchtigte Felsengefängnis von Alcatraz.
Stroud schrieb ein Buch, in dem er den unmenschlichen Strafvollzug anprangerte, das natürlich zu seinen Lebzeiten nicht erscheinen durfte. 73-jährig starb er in einem Gefängnishospital in Ohio, nachdem sechs Monate zuvor sein Gesuch, die Strafe auf Bewährung auszusetzen, abgelehnt worden war.
Burt Lancaster, Thelma Ritter und Kameramann Burnett Guffey wurden aufgrund ihrer überragenden Leistungen für den Oscar nominiert. Lancaster erhielt 1962 auf den Internationalen Filmfestspielen von Venedig als bester Schauspieler den Darstellerpreis. Die Vogeldressur besorgte Hollywoods Tierspezialist Ray Berwick, der ein Jahr später auch die gefiederten Bestien in Hitchcocks DIE VÖGEL bändigte. jg

Der Gefangene von Zenda

The Prisoner of Zenda. USA 1937 **R** John Cromwell, W. S. Van Dyke, George Cukor **B** John Balderston, Wells Root, Donald Ogeden Stewart, nach dem Roman von Anthony J. Hope und dem Bühnenstück von Edward Rose **K** James Wong Howe **M** Alfred Newman **P** David O. Selznick für Selznick International/United Artists **L** 101 Min., s/w **D** Ronald Colman, Madeleine Carroll, Douglas Fairbanks jr., Mary Astor, Cecil Aubrey Smith, Raymond Massey, David Niven, Eleanor Wesselhoeft, Brian Foulger

Als David O. Selznick sich an die Produktion zu *Der Gefangene von Zenda* heranwagte, war der bekannte Stoff zuvor schon in drei verschiedenen Stummfilm-Versionen in den Jahren 1912, 1915 und 1923 für die Leinwand umgesetzt worden.
Die Handlung dieses munteren Mantel- und Degenfilms spielt in dem fiktiven Balkanstaat Ruritanien. Ausgerechnet am Vorabend seiner Krönung hat sich der zukünftige König Rudolf V. (Colman) in seinem Weinkeller vollaufen lassen und ist nun völlig unfähig, an der aufwendig vorbereiteten Zeremonie teilzunehmen. Für ihn springt auf Bitten der Regierung der englische Tourist Rudolph Rassendyll ein (ebenfalls Colman), der dem Monarchen zum Verwechseln ähnlich sieht. Er ahnt allerdings nicht, auf was er sich da eingelassen hat. Nicht nur, daß gegen ihn nach kurzer Zeit üble Intrigen gesponnen und Anschläge vorbereitet werden - zu allem Überfluß verliebt er sich auch noch in die bezaubernde Prinzessin Flavia (Carroll), die ihrerseits ganz überrascht ist, was für ein angenehmer Mensch aus dem sonst nicht gerade taktvollen Aristokraten geworden ist.
Selznick heuerte gleich drei Regisseure zur Realisierung seines Projekts an. John Cromwell galt als ein Filmemacher, der durch sein straffes Arbeitstempo stets Drehzeit und Budget einhielt. Sein Name tauchte allerdings nicht im Titelvorspann auf. W. S. Van Dyke wurde als Spezialist für die Action-Sequenzen engagiert, George Cukor schließlich zeichnete für die feinfühligen Dialog- und Liebesszenen verantwortlich.
Der Stoff wurde 1952 von Richard Thorpe mit Stewart Granger und Deborah Kerr als Farb-Remake verfilmt. Der Streifen lief in Deutschland unter dem Titel IM SCHATTEN DER KRONE. Die sechste und bisher letzte Fassung stammt aus dem Jahr 1979 und wurde unter der Regie von Richard Quine in Szene gesetzt. jg

Der Gefangene von Zenda

The Prisoner of Zenda. USA 1979 **R** Richard Quine **B** Dick Clement, Ian La Frenais, nach dem Roman von Anthony J. Hope **K** Arthur Ibbetson **M** Henry Mancini **P** Walter Mirisch für Universal

L 108 Min., Farbe **D** Peter Sellers, Lynne Frederick, Lionel Jeffries, Elke Sommer, Gregory Sierra, Jeremy Kemp, Catherine Schell, Simon Williams, Stuart Wilson, Norman Rossington

Richard Quines Version schmückt gegenüber den vorherigen Verfilmungen den Stoff mit einigen komischen Elementen aus und konzentriert sich hauptsächlich (die Besetzung mit Peter Sellers war da wohl ausschlaggebend) auf die klamaukartige Variante.
Sellers spielt zu Beginn des Films den greisen König Rudolf IV., der mit seinem Heißluftballon eine folgenschwere Bruchlandung erlebt, als dessen Hülle von einem Sektkorken zerfetzt wird. Rudolf fällt aus dem Korb direkt in einen Brunnen, in dem er ertrinkt.
Die Dreharbeiten begannen Mitte Juli 1978 in Österreich vor den Toren Wiens und bezogen viele pittoreske Schauplätze in die Handlung mit ein, so zum Beispiel Schloß Schönbrunn, Burg Kreuzstein, das romantische Wasserschloß Anif im Salzkammergut sowie viele Straßenzüge Wiens und Salzburgs. Die für den Film verwendeten Pferde ließ man allerdings aus Andalusien kommen.
Trotz erstklassiger Besetzung und farbenfroher Dekors gilt diese Version als die bisher schwächste filmische Umsetzung. jg

Gefängnis

Fängelse. Schweden 1949 **R** Ingmar Bergman **B** Ingmar Bergman **K** Göran Strindberg **M** Erland von Koch, Alice Tegnér, Oscar Ahnfeldt **P** Lorens Marmstedt für Terra-Produktion **L** 78 Min., s/w **D** Doris Svedlund, Birger Malmsten, Eva Henning, Hasse Ekman, Stig Olin, Irma Christensson, Curt Masreliez, Anders Henrikson, Marianne Löfgren, Carl-Henrik Fant

Gefängnis war der erste Film, den Ingmar Bergman in voller künstlerischer Freiheit gleichzeitig als Regisseur und Drehbuchautor gestalten konnte.
Die Idee beruhte auf einer mit autobiographischen Zügen versehenen Geschichte, die jedoch nie veröffentlicht worden war und lange Zeit vergessen in den Archiven der Svensk-Filmindustri in Stockholm lagerte.
Die Handlung wird als eine mehrfach ineinander gestaffelte Geschichte aus den Perspektiven unterschiedlicher Menschen erzählt, bis nach einer Reihe aneinander abwechselnder Umrahmungen der Blick endlich auf die Protagonisten der Geschichte freigegeben wird. Auf einer Polizeiwache begegnet der Schriftsteller Tomas (Malmsten) der Prostituierten Birgitta-Carolina (Svedlund). Beide verbringen eine sehr kurze, doch glückliche Zeit auf dem düsteren Dachboden eines Pensionats, wo sie verlorenen Kindheitsträumen nachhängen und so etwas wie Glück und Geborgenheit zu erleben glauben. Birgitta kehrt jedoch zu ihrem Freund Peter (Olin) zurück, der ihr gemeinsames Kind gleich nach der Geburt getötet hat und sie wieder zurück auf den Strich schickt. Birgitta bringt sich um, während Tomas zur selben Zeit geläutert seine Frau Sofi (Henning) aufsucht, die er zuvor töten wollte. Die Handlung kehrt zurück in das Ausgangsarrangement, in dem der Regisseur Martin (Ekman) versucht, die Geschichte in einem Film zu verarbeiten.
Bergman stand zur Zeit der Dreharbeiten unter enormem Druck, da er noch seinen vorhergehenden Film HAFENSTADT beenden mußte und zur selben Zeit bereits am Göteborger Stadttheater mit der Inszenierung von Tennessee Williams´ *Endstation Sehnsucht* beschäftigt war. Der wegen seiner quälend realistischen Szenen damals überaus umstrittene Film kam hierzulande erst 1961 in die Kinos. jg

Gefundenes Fressen

Gefundenes Fressen. BRD 1977 **R** Michael Verhoeven **B** Elke Heidenreich, Bernd Schröder, Michael Verhoeven **K** Heinz Hoelscher **M** Stefan Helbinger **P** Senta Berger, Michael Verhoeven für Sentana-Film/Bayerischer Rundfunk **L** 95 Min., Farbe **D** Heinz Rühmann, Mario Adorf, Elisabeth Volkmann, René Deltgen, Karin Baal, Spomenca Petrovic, Joachim Fuchsberger, Hans-Jürgen Bäumler, Barbara Valentin

Als *Gefundenes Fressen* im März 1977 in den bundesdeutschen Kinos anlief, entwikkelte er sich bald zu einem der publikumsstärksten „nicht-internationalen" deutschen Spielfilme der Sommersaison. Der Streifen wurde auch in andere europäische Länder verkauft, erreichte dort aber die Zuschauer vorwiegend über das Fernsehen.
Heinz Rühmann spielt den 70jährigen Ex-Eisenbahner Alfred, der nach dem Krieg nie wieder Fuß fassen konnte und jetzt als heruntergekommener Penner in den Tag hineinlebt. In einer Kneipe lernt er den Polizisten Erwin kennen (Adorf), der nicht nur in der Ehe, sondern auch im Beruf Schwierigkeiten hat, da er vor kurzem erst in die Schreibstube versetzt worden ist. Man hatte ihn ertappt, wie er mit Blaulicht durch die Stadt gerast war, um sich seine Brotzeit zu holen. Zwischen beiden Männern entwickelt sich eine außergewöhnliche Freundschaft. Als Alfred ins Krankenhaus eingeliefert wird, überredet Erwin den alten Mann, nach seiner Entlassung nach Mallorca zu fliegen, um sich dort zu erholen. Alfred löst das Ticket, um dann jedoch noch auf dem Rollfeld umzudrehen und in sein armseliges Leben zurückzukehren.
„Michael Verhoeven ist ...eine Komödie gelungen, ...in der wir über uns und unsresgleichen nicht blind hinweglachen, die vielmehr unserem Lachen Anerkennung beimengt, Selbstbehauptung und Trotz. Ein Lachen, das nicht einlullend die Schwäche bestärkt, sondern Mut machen will." (*Frankfurter Rundschau*) jg

Die gefürchteten Vier

The Professionals. USA 1966 **R** Richard Brooks **B** Richard Brooks, nach dem Roman *A Mule for the Marquesa* von Frank O´Rourke **K** Conrad Hall **M** Maurice Jarre **P** Richard Brooks für Pax Enterprises/Columbia **L** 117 Min., Farbe **D** Burt Lancaster, Lee Marvin, Robert Ryan, Jack Palance, Claudia Cardinale, Ralph Bellamy, Woody Strode

Ein ebenso aufwendiger wie aufregender Western, angesiedelt in Mexiko zur Revolutionszeit. Vier Glücksritter (Lancaster, Marvin, Ryan, Strode) werden von eimem texanischen Rinderbaron (Bellamy) angeheuert, um seine junge Frau aus der Gewalt eines mexikanischen Bandenführers (Palance) zu befreien. Nachdem das Unternehmen geglückt ist, müssen die Männer feststellen, daß Maria (Cardinale) die Geliebte ihres angeblichen Entführers ist und keineswegs wieder zu ihrem Mann zurück möchte.
Die gefürchteten Vier wurde von Richard Brooks als Action- und Abenteuerspektakel in atemberaubendem Tempo inszeniert und in den Rahmen eines sich ändernden Westens gestellt, in dem „altmodische" Helden wie die gefürchteten Vier bald nicht mehr gefragt sein würden. Das ganze Unternehmen war maßgeschneidert für die Talente Burt Lancasters, dessen frühere Zusammenarbeit mit Brooks bei ELMER GANTRY ihm einen Oscar eingebracht hatte. Auch mit 53 noch ein Bild von einem Mann, führte der Star alle seine Stunts selbst aus und sprengt mit seiner Präsenz förmlich die Leinwand. Obwohl Mexiko der Schauplatz des Films ist, fanden die von zahlreichen Schwierigkeiten begleiteten Dreharbeiten hauptsächlich in Kali-

fornien und im Fire State National Park in Nevada statt.
Brooks wurde für Regie und Drehbuch-Adaption für Oscars nominiert, ebenso wie Conrad Hall für seine Farbphotographie. al

Gegen alle Flaggen

Against All Flags. USA 1952 **R** George Sherman **B** Aeneas MacKenzie, Joseph Hoffman **K** Russell Metty **M** Hans Salter **P** Howard Christie für Universal **L** 80 Min., Farbe **D** Errol Flynn, Anthony Quinn, Maureen O'Hara, Alice Kelley, Mildred Natwick, Phil Tully, John Anderson

Ein farbenprächtiger Abenteuerstreifen bester Hollywood-Manier, angefüllt mit Ränkespielen, Seegefechten und atemberaubenden Kampfszenen - kurzum ein Film, in dem sich Errol Flynn ganz zuhause fühlen konnte.
Im Jahr 1700 verursacht eine Piratenbande auf Madagaskar den vorbeifahrenden Handelsschiffen allerhand Ärger. Der britische Seeoffizier Brian Hawke (Flynn) wird mit zwei Gefährten in den Schlupfwinkel der Seeräuber eingeschleust. Seine Aufgabe besteht darin, die Kanonen der uneinnehmbaren, über einer Bucht thronenden Piratenfestung außer Gefecht zu setzen. Trotz aller Bemühungen kann Hawke nicht das Mißtrauen des Freibeuterkapitäns Roc Brasiliano (Quinn) zerstreuen. Wie gut, daß es da die heißblütige Seeräuberbraut Stevens (O'Hara) gibt, die sich natürlich längst in Hawke verliebt hat und sich für ihn und seine Männer einsetzt. Für komödiantische Einlagen sorgt in diesem naiv-unbesorgten Filmmärchen die herrlich bieder dreinblickende Mildred Natwick in der entsprechenden Rolle einer Gouvernante.
Nach DER SEERÄUBER und DER SEETEUFEL VON CARTAGENA war *Gegen alle Flaggen* der dritte eindeutige Piratenfilm, in dem die temperamentvolle Irin Maureen O'Hara auf einem schwankenden Deck stehen mußte. Einige Szenen (insbesondere die Entersequenzen) amüsieren durch die krasse Künstlichkeit ihrer Studio-Dekorationen. jg

Geheimagent

The Secret Agent. Großbritannien 1936 **R** Alfred Hitchcock **B** Charles Bennett, nach einem Stück von Campbell Dixon und Somerset Maughams Sammelband *Ashenden* **K** Bernard Knowles **M** Lous Levy **P** Michael Balcon für Gaumont British **L** 83 Min., s/w **D** Madeleine Carroll, John Gielgud, Peter Lorre, Robert Young, Lilli Palmer, Michael Redgrave

Der ein Jahr zuvor entstandene Thriller DIE 39 STUFEN hatte Hitchcock ganz nach oben gebracht. Der Erfolg des Films war auch in Hollywood aufmerksam registriert worden. Um das Interesse für seine Arbeit in Amerika wachzuhalten, ließ Hitchcock die beiden Hollywood-Stars Madeleine Carroll und Robert Young nach England holen, und um die bunte Mischung von Nationalitäten komplett zu machen, engagierte er des weiteren die beiden deutschen Emigranten Lilli Palmer (hier noch etwas drall) und Peter Lorre, der schon eine tragende Rolle in Hitchcocks erster Version von DER MANN, DER ZUVIEL WUSSTE übernommen hatte.
Die etwas verworrene Geschichte erzählt von dem britischen Geheimagenten Ashenden (Gielgud), der den Auftrag erhält, in der Schweiz einen feindlichen Spion auszuschalten, von dem er allerdings noch nicht einmal weiß, wie dieser aussehen soll. Prompt bringt Ashenden irrtümlicherweise einen harmlosen Touristen um. Der wirkliche Agent stirbt am Ende des Films eher zufällig bei der Explosion eines Zuges.
Hitchcock hatte sich bei der Ausarbeitung seines Drehbuches gedacht, was eigentlich so typisch an der braven Schweiz war und assoziierte daraufhin die Alpenrepublik mit Kühen, Bergen, Volkstänzen - und Schokolade. Letzteres war für ihn dann auch der Grund, die Zentrale der Agenten als Schokoladenfabrik zu tarnen. Für die abschließende Crash-Sequenz ließ Hitchcock sich etwas ganz Besonderes einfallen. Er beauftragte Len Lye, einen Meister des abstrakten Films, eine kurze Farbfilmpassage einzuschneiden, die so gestaltet sein sollte, daß sie den Eindruck erweckte, der Film würde im Projektor Feuer fangen und zusammenschmoren. Die Begeisterung über diesen Einfall lag jedoch nur auf Hitchcocks Seite, denn alle Anwesenden glaubten, das Zelluloid-Material sei tatsächlich in Flammen aufgegangen. Die Verantwortlichen bei Gaumont British befürchteten, bei künftigen Vorführungen könne es deswegen zu einer Panik in den Kinos kommen und ließen den so liebevoll gestalteten Sekundenschnipsel aus der endgültigen Fassung entfernen. jg

Geheimagent Barrett greift ein

The Satan Bug. USA 1965 **R** John Sturges **B** James Clavell, Edward Anhalt, nach dem Roman von Ian Stuart **K** Robert Surtees **M** Jerry Goldsmith **P** John Sturges für The Mirisch Company **L** 114 Min.,

Farbe **D** George Maharis, Richard Basehart, Anne Francis, Dana Andrews, Edward Asner

Aus einem stark gesicherten Forschungszentrum wird ein ultra-gefährlicher Viren-Kampfstoff entwendet, der sich selbsttätig vermehrt und theoretisch die ganze Menschheit bedrohen könnte. Agent Barrett (Maharis) wird mit dem Fall betraut und hat auch schnell den Drahtzieher des Verbrechens entdeckt. Es ist der paranoide Millionär Dr. Hoffman (Basehart), der auf diese Weise gegen die Beteiligung der USA an der Produktion biologischer Kampfstoffe protestieren will. Um seine Entschlossenheit zu demonstrieren, läßt er durch den Virus eine kleine Ortschaft in Florida auslöschen und bedroht nun Los Angeles!
Ein futuristischer Thriller in der Tradition der James-Bond-Abenteuer, dessen Held sich jedoch etwas bodenständiger gibt und auf die Supermann-Allüren seines britischen Kollegen verzichtet. Wohl aufgrund mangelnder Starbeteiligung wurde John Sturges' spannender Streifen unverdientermaßen übersehen. Neben einigen aufregenden Action-Szenen, so der abschließende Hubschrauberkampf, und den brillanten CinemaScope-Aufnahmen von Robert Surtees stimmt der Streifen jedoch auch nachdenklich: Was wird wohl wirklich hinter den Türen militärischer und ziviler Forschungslabors zusammengebraut? Wie sicher sind gefährliche Waffen gelagert? al

Geheimaktion Carlotta

The Bribe. USA 1949 **R** Robert Z. Leonard **B** Marguerite Roberts, nach der Kurzgeschichte von Frederick Nebel **K** Joseph Ruttenberg **M** Miklos Rozsa **P** Pandro S. Berman für MGM **L** 97 Min., s/w **D** Robert Taylor, Ava Gardner, Charles Laughton, Vincent Price, John Hodiak

In einer karibischen Bananenrepublik soll ein Agent der amerikanischen Regierung (Taylor) einen Schmugglerring zerschlagen, der von zwei finsteren Charakteren (Price, Laughton) geführt wird. Er verliebt sich dabei in die Frau des Piloten, der das Schmuggelgut regelmäßig außer Landes schafft, eine Barsängerin mit Namen Elizabeth (Gardner). Am Ende hat er seine Aufgabe erfolgreich durchgeführt und kriegt auch das Mädchen.
Eine Mischung aus Melodram und Krimi, in der Ava Gardner ihre erste Starrolle bei MGM hatte. Sie wirkt noch unsicher, ist aber wunderschön anzusehen und darf sogar ein Lied zum besten geben - *Situation Wanted* von Nacio Herb Brown und William Katz. Bemerkenswert ist der Film jedoch wegen der überragenden Vorstellung Charles Laughtons, der als absolut erbärmlicher, feiger Charakter jede Szene stiehlt. Ansonsten zeigte sich die Kritik kaum beeindruckt; besonders die Verwendung einer Rahmenhandlung, in der die Story als Rückblende erzählt wird, empfand man als ungeschickt, da so der Ausgang der Geschichte vorweggenommen wurde. Die versierte Regie Ro-

bert Z. Leonards und die exotischen Schauplätze sorgen immerhin dafür, daß das Interesse nicht allzu schnell erlahmt. Höhepunkt des Films ist der spannend inszenierte Zweikampf zwischen Taylor und Price während eines Feuerwerks.
Geheimaktion Carlotta ist übrigens einer der Filme, die Steve Martin und Carl Reiner für ihren TOTE TRAGEN KEINE KAROS gründlich plünderten. al

Geheimaktion Crossbow

Operation Crossbow. Großbritannien 1965 **R** Michael Anderson **B** Richard Imrie, Derry Quinn, Ray Rigby, nach einer Story von Duilio Coletti, Vittoriano Petrilli **K** Erwin Hillier **M** Ron Goodwin **P** Carlo Ponti für MGM **L** 116 Min., Farbe **D** Sophia Loren, George Peppard, Trevor Howard, John Mills, Richard Johnson, Tom Courtenay, Jeremy Kemp, Anthony Quayle, Lilli Palmer, Paul Henreid, Barbara Rütting, Richard Todd, Sylvia Syms

Während des II. Weltkrieges erhält der britische Geheimdienst die alarmierende Nachricht, daß die Deutschen an einer Langstrecken-Rakete basteln, die ganze Städte in Schutt und Asche legen kann. So wird ein dreiköpfiges Team unter Führung des amerikanischen Offiziers Curtis (Peppard) per Fallschirm ins besetzte Holland geschleust, dem es nach allerhand Aufregungen auch gelingt, die unterirdischen Produktionsstätten zu zerstören.
Produzent Carlo Ponti versammelte ein internationales Staraufgebot für diesen Spionage-Reißer, der wie so viele Kriegsfilme der 60er Jahre dieses traurige Kapitel Weltgeschichte als Basis für eine Agenten-Story nutzte. Seine Frau Sophia Loren stellte er an die Spitze der Besetzungsliste, eine Tasache, die viel Verärgerung bei den Zuschauern auslöste, wird sie doch nach einem kurzen Auftritt von Lilli Palmer, die eine deutsche Agentin namens Frieda spielt, schon in der ersten Hälfte des Films in den Tod befördert. Der Rest ist routiniert und leidlich spannend in Szene gesetzt. al

Geheimbund „Schwarze Legion"

Black Legion. USA 1936 **R** Archie Mayo **B** Abem Finkel, William Wister Haines, nach einer Geschichte von Robert Lord **K** George Barnes **M** Bernard Kaun **P** Robert Lord für Warner Bros. **L** 80 Min., s/w **D** Humphrey Bogart, Dick Foran, Erin O´Brien-Moore, Ann Sheridan, Robert Barrat, Helen Flint, Joseph Sawyer, Addison Richards, Eddie Acuff, Clifford Soubier

Ein trotz seiner frühen Entstehungszeit hochaktueller Film der Schwarzen Serie, in dem sich der johlende Mob aus Hoyerswerda wiedererkennen kann.
In ungewohnt brutalen Bildern zeigt Archie Mayos Streifen die Umtriebe der faschistischen Geheimbundorganisation des Ku-Klux-Klans.
Humphrey Bogart ist der fleißige und strebsame Automechaniker Frank Taylor, der sich in seiner Firma eine steile Karriere erhofft, doch wird an seiner Stelle ein eingewanderter Pole befördert. In Taylor keimt ein zügelloser Fremdenhaß auf. Er schließt sich dem mysteriösen Geheimbund „Schwarze Legion" an, dessen Mitglieder alsbald den Polen und seine Familie in einem Akt von beispielloser Gewalt aus der Stadt jagen und sein Haus in Brand stecken. Zwar erhält Taylor jetzt den gewünschten Job, doch sein neues Engagement erfordert an immer mehr Abenden seine Anwesenheit, in denen er sich das schmutzige Handwerk der Organisation aneignet. Seine vernachlässigte Frau packt die Koffer und verläßt mit den Kindern das Haus, während Taylor sich weiterhin in einem Sumpf aus dumpfem Haß und Fanatismus verstrickt. Als er gezwungen wird, seinen besten Freund umzubringen, ist dies für ihn jedoch der endgültige Auslöser, die Polizei einzuschalten und über die Umtriebe der „Schwarzen Legion" auszupacken.
Der Film ist nichts anderes als ein geschickt konstruierter Gangsterstreifen, der jedoch statt eines gewöhnlichen Syndikats eine faschistische Gruppierung als negatives Element in die Handlung einbringt. *Geheimbund „Schwarze Legion"* war ein wichtiger Beitrag für das politische und gesellschaftliche Verständnis im amerikanischen Film und wurde zum Vorläufer einer Serie von Werken, die sich ab Kriegsbeginn in eindeutiger Stellungnahme mit dem deutschen Faschismus auseinandersetzte. jg

Das Geheimnis der Agatha Christie

Agatha. Großbritannien 1979 **R** Michael Apted **B** Kathleen Tynan, Arthur Hopcraft **K** Vittorio Storaro **M** Johnny Mandel **P** Jarvis Astaire, Garvik Losey für First Artists/Warner Bros. **L** 104 Min., Farbe **D** Vanessa Redgrave, Dustin Hoffman, Timothy Dalton, Helen Morse, Tony Britton, Celia Gregory

Am 4. Dezember 1926 verschwindet die bekannte englische Kriminalschriftstellerin Agatha Christie spurlos. Nur ihr verlassenes Auto wird gefunden. Über 15.000 Personen sind mit der Suche beschäftigt, bis sie schließlich nach elf Tagen in einem Kurort auftaucht und behauptet, sich an nichts erinnern zu können. In einer Pressekonferenz spricht ihr Mann Archie von „Gedächtnisverlust in Folge Überarbeitung".
Soweit die Fakten, aus denen Kathleen Tynan eine fiktive Story konstruierte, in der die von Vanessa Redgrave gespielte Autorin sich auf raffinierte Weise selbst töten will, um sich an ihrem Mann (Dalton) und dessen Geliebten (Gregory) zu rächen. Ein amerikanischer Journalist (Hoffman) kann sie im letzten Moment davon abbringen.
Das Geheimnis der Agatha Christie gibt nicht vor, die Realität zu zeigen, sondern bekennt sich freimütig zur Spekulation. Kathleen Tynan erzählt dabei nicht nur eine Geschichte über die Autorin Agatha Christie, sondern sie konstruiert parallel dazu auch eine Krimistory, wie sie die Autorin selbst zu erfinden pflegte.
Es ist ein interessantes Experiment, das auch von der Unterschiedlichkeit seiner beiden Stars lebt. Redgrave ist nicht nur ein beachtliches Stück größer als ihr Co-Star Hoffman, sie hat auch einen ganz anderen Schauspiel-Stil. Angesichts der Qualität des Films muten die Geschichten um die katastrophalen Produktionsbedingungen um so unglaublicher an. So soll das Drehbuch täglich umgeschrieben worden sein (u.a. von Hoffman selbst), da Hoffmans Figur eigentlich als Nebenrolle gedacht war und First Artists auf einer Erweiterung des Parts bestand.
Shirley Russell erhielt für ihre sorgfältig gestalteten Kostüme eine Oscar-Nominierung. al

Das Geheimnis der Dame in Schwarz

Portrait in Black. USA 1960 **R** Michael Gordon **B** Ivan Goff, Ben Roberts, nach ihrem Bühnenstück **K** Russell Metty **M** Frank Skiner **P** Ross Hunter für Universal **L** 110 Min., Farbe **D** Lana Turner, Anthony Quinn, Sandra Dee, John Saxon, Richard Basehart, Lloyd Nolan, Ray Walston, Virginia Grey, Anna May Wong

Das Bühnenstück von Ivan Goff und Ben Roberts stammt aus dem Jahre 1945, als es in New Haven mit Geraldine Fitzgerald in der Hauptrolle zur Aufführung gebracht wurde. Universal erwarb die Filmrechte und kündigte eine Leinwandadaption mit Joan Crawford an, mit Carol Reed als Regisseur. Erst dreizehn Jahre später erreichte das Material jedoch die Kinos, als Produzent Ross Hunter auf der Suche nach einem Vehikel für Lana Turner war, deren SOLANGE ES MENSCHEN GIBT ein enormer finanzieller Erfolg gewesen war.
Die Turner spielt die reich verheiratete Sheila Cabot, deren Mann (Nolan), ein invalides Ekel, von Dr. Rivera (Quinn) behandelt wird, der auch Sheilas Geliebter ist. Da eine Schei-

dung nicht zu erreichen ist, beschließt das Liebespaar, den alten Mann durch Luftzufuhr in die Venen zu töten. Doch nun erhält Sheila einen anonymen Brief, dessen Absender zur erfolgreichen Ausführung der Tat gratuliert...
Das Geheimnis der Dame in Schwarz ist ein konventionelles Krimi-Melodram, dessen Schwächen in der Handlung Ross Hunter durch elegante, teure Ausstattung und die prominente Besetzung zu überdecken versuchte. Anthony Quinn ist eine eklatante Fehlbesetzung, doch Lana fühlt sich als leidenschaftlich liebende und leidende Dame der besseren Gesellschaft offenbar pudelwohl. Ihre Fans machten den Film dann auch zu einem bemerkenswerten Kassenknüller. al

Das Geheimnis der falschen Braut

La sirène du Mississippi. Frankreich/Italien 1969 **R** François Truffaut **B** François Truffaut, nach dem Roman *Waltz into Darkness* von William Irish **K** Denys Clerval **M** Antoine Duhamel **P** Marcel Berbert für Les Films du Carosse/Artistes Associés (Paris), Prod. Associate Delphos (Rom) **L** 124 Min., Farbe **D** Jean-Paul Belmondo, Catherine Deneuve, Michel Bouquet

Louis Mahé (Belmondo), Plantagenbesitzer auf der Insel Réunion, sucht über Heiratsannoncen eine Frau. Als Julie (Deneuve) mit dem Passagierdampfer „Mississippi" eintrifft, hat sie zwar keine Ähnlichkeit mit dem Photo, doch Louis ist von ihrer Schönheit hingerissen. Schnell wird Hochzeit gefeiert, und ebenso schnell ist Julie mit dem Geld ihres neuen Ehemannes über alle Berge. Ein Privatdetektiv findet heraus, daß sie eine Betrügerin ist, in Wirklichkeit Marion heißt, und auf dem Schiff die echte Braut ermordet hat...
Nach DIE BRAUT TRUG SCHWARZ adaptierte Truffaut hier erneut einen Roman von William Irish und machte daraus eine komplizierte Krimi-Story im Stile seines Vorbildes Alfred Hitchcock, die sich nicht um Wahrscheinlichkeiten kümmert. Catherine Deneuve spielt die geheimnisvolle, blonde Schönheit, die gerade durch ihre Skrupellosigkeit den schwächeren Mann fasziniert. Er ist ihr verfallen, doch gerade das konnte und wollte das französische Publikum seinerzeit nicht akzeptieren. Belmondo, der Haudegen und Draufgänger, einer Frau unterlegen? So wurde einer von Truffauts schönsten Filmen zu einem unverdienten Reinfall an den Kinokassen. al

Das Geheimnis der Indianerin

The Big Sky. USA 1952 **R** Howard Hawks **B** Dudley Nichols, nach dem Roman von A. B. Guthrie **K** Russell Harlan **M** Dimitri Tiomkin **P** Howard Hawks für Winchester/RKO Radio **L** 95 Min. (Originalfassung 140 Min.), s/w **D** Kirk Douglas, Dewey Martin, Elizabeth Threatt, Arthur Hunnicutt, Baddy Baer, Steven Geray, Hank Warden, Jim Davis, Henri Letondal, Robert Hunter

Ein von Howard Hawks überaus eindringlich gestalteter, epischer Abenteuerfilm, den man in Deutschland unbegreiflicherweise auf eine verstümmelte 95minütige Fassung zusammenschnitt, bei der vieles vom Gehalt und der Atmosphäre des Originals auf der Strecke blieb.
Beschrieben wird der gefahrvolle Weg der beiden Trapper Deakins (Douglas) und Boone (Martin), die sich auf die Suche nach Boones Onkel Zeb (Hunnicutt) machen, den sie per Zufall in einem Gefängnis treffen. Gemeinsam setzt das Trio auf einem Flußdampfer seinen Weg in die noch unbekannten Gebiete der Schwarzfußindianer fort, um dort Handel zu treiben. Boone lernt auf dem Schiff das Indianermädchen Teal Eye (Threatt) kennen und verliebt sich in sie. Reise und Romanze werden zwar zwischenzeitlich von dem feindlichen Indianerstamm der Crowds und einer Horde weißer Banditen gestört, am Ende jedoch kommen alle heil an ihrem Ziel an. Boone fällt den Entschluß, sich bei den Indianern anzusiedeln und einen Handelsstützpunkt aufzubauen.
Das Geheimnis der Indianerin war einer der seltenen Versuche im Kino Hollywoods, einen Film zu gestalten, der nicht den ewigen Kampf zwischen Rot und Weiß zum Thema hatte, sondern die beiden Rassen in friedlicher Koexistenz zeigte.
Die trotz des Schwarz-Weiß-Materials überaus eindrucksvollen Außenaufnahmen entstanden im Grand Teton National Park (Missouri). Der Film wurde in den beiden Sparten „Bester männlicher Nebendarsteller" (Arthur Hunnicutt) und „Beste Kamera" für den Oscar nominiert. jg

Das Geheimnis des verborgenen Tempels

Young Sherlock Holmes / Pyramid of Fear. USA 1985 **R** Barry Levinson **B** Chris Columbus **K** Stephen Goldblatt **M** Bruce Broughton **P** Steven Spielberg, Mark Johnson für Amblin Entertainment/Paramount **L** 109 Min., Farbe **D** Nicholas Rowe, Alan Cox, Sophie Ward, Anthony Higgins, Susan Fleetwood

Ein Sherlock-Holmes-Film, der den berühmten Vorgängern mit Basil Rathbone und Nigel Bruce aus den 30er und 40er Jahren vorgreift und sich auf die Jugend- und Lehrjahre des berühmten Meisterdetektivs konzentriert, die mindestens ebenso aufregend sind wie die späteren Fälle, die Holmes als Erwachsener zu lösen hat.
Holmes (Rowe) und Watson (Cox) lernen sich in London in einem altehrwürdigen Internat kennen, wo Holmes die Gelegenheit erhält, seinen Ruf als findiger Stratege unter Beweis zu stellen. Zur selben Zeit beunruhigt eine Serie von mysteriösen Unglücksfällen, die allesamt so aussehen wie Selbstmorde, die Stadt. Auch der Onkel des Mädchens Elizabeth (Ward), die auf dem Gelände des Colleges wohnt, stirbt auf merkwürdige Weise. Holmes nimmt sich des Falles an und kommt auf die Spur einer unheimlichen ägyptischen Sekte, die in den Katakomben des düsteren viktorianischen Londons ihr Unwesen treibt.
Ein mit großer Liebe zum Detail inszeniertes Leinwand-Abenteuer mit wunderschönen Dekorationen und hervorragend ausgeleuchteten Sets (besonders schön sind die Kerzenlicht-Szenen im Speisesaal des Internats). Als Kulisse Londons fungierte die mit Kunstschnee besprühte Universitätsstadt Oxford. Die Crew von Dennis Muren, Ket West, John Ellis und David Allen stand 1985 wegen ihrer überragenden visuellen Effekte auf der Anwärterliste für den Oscar, der jedoch in dem Jahr an den Film COCOON ging. jg

Geheimnis einer Mutter

I Remember Mama. USA 1948 **R** George Stevens **B** DeWitt Bodeen, nach dem Bühnenstück von John Van Druten, basierend auf dem Roman *Mama's Bank Account* von Kathryn Forbes **K** Nicholas Musuraca **M** Roy Webb **P** George Stevens, Harriet Parsons für RKO Radio **L** 134 Min., s/w **D** Irene Dunne, Barbara Bel Geddes, Oscar Homolka, Philip Dorn, Cedric Hardwicke, Edgar Bergen

Kathryn Forbes´ Erinnerungen an ihre Kindheit in einer Auswandererfamilie waren von John Van Druten zu einem Theaterstück verarbeitet worden, das den Stoff populär machte. RKO hatte eine Großproduktion im Visier und sicherte sich mit Regisseur George Stevens und Irene Dunne zwei frühere „Angestellte" des Studios.
Erzählt wird die Geschichte einer norwegischen Großfamilie, die im San Francisco der Jahrhundertwende über die Runden zu kommen versucht. Im Zentrum steht Mama (Dunne), eine kluge und herzensgute Frau, die alles im Griff hat, und immer, wenn das Geld knapp wird, auf ein heiliges Konto verweist, einen Notgroschen für schlimme Zeiten. Sie hat vier Kinder und einen Mann (Dorn) zu versorgen, und muß sich um die zahlreichen Besucher in der großen Wohnung kümmern, darunter den weisen Onkel

Chris (Homolka) und drei ältliche Tanten. Die episodischen Erlebnisse dieser sympathischen Sippe werden von Katrin (Bel Geddes), der ältesten Tochter, aus ihrem Tagebuch in Rückblenden erzählt. Der liebenswerte, von George Stevens mit seiner üblichen Sorgfalt hergestellte Film erhielt positive Kritiken, und auch die Publikumsresonanz war erfreulich, doch insgesamt stellte der Film ein Verlustgeschäft dar, weil die Herstellungskosten mit mehr als drei Millionen $ ungewöhnlich hoch für damalige Verhältnisse waren. Die Figuren waren so populär, daß sich aus ihnen eine langlaufende TV-Serie mit dem Titel *Mama* entwickelte. Dunne, Bel Geddes und Homolka sowie Kameramann Nicholas Musuraca erhielten Oscar-Nominierungen. al

Geheimnis hinter der Tür

The Secret beyond the Door. USA 1948 **R** Fritz Lang **B** Silvia Richards, nach der Geschichte *Museum Piece No. 13* von Rufus King **K** Stanley Cortez **M** Miklos Rozsa **P** Fritz Lang für Diana/Universal **L** 98 Min., s/w **D** Joan Bennett, Michael Redgrave, Anne Revere, Barbara O´Neil, Natalie Schafer, Paul Cavanagh, Anabel Shaw, Rosa Rey, James Seay, Mark Dennis

Eines der weniger gelungenen Werke Fritz Langs, das in seiner kuriosen Mischung aus Thriller und Grusel etwas zu deutlich an Hitchcocks preisgekrönten Film REBECCA erinnert.
Joan Bennett, die hier nach MENSCHENJAGD, GEFÄHRLICHE BEGEGNUNG und SCARLET STREET ihren letzten Film unter Langs Regie drehte, spielt die junge Celia, die während eines Mexiko-Aufenthalts den attraktiven Mark Lamphere (Redgrave) kennenlernt und ihn überstürzt heiratet, obwohl sie mit einigem Unbehagen selbst erkennt, wie wenig sie eigentlich von ihm weiß.
Ihre Beunruhigung steigert sich, als sie mit Mark in dessen unheimliches Haus einzieht, in dem ferner sein Sohn aus erster Ehe und die Sekretärin Miss Robey (O´Neil) wohnen. In dem weitläufigen Anwesen entdeckt Celia auch bald ein Zimmer, das verschlossen ist. Sie zwingt Mark, es zu öffnen und nutzt diese Gelegenheit, ihn auch gleich per Holzhammer-Methode von einem schweren psychischen Trauma zu befreien. Inzwischen hat Miss Robey, von rasender Eifersucht gepackt, das Haus in Brand gesteckt. Die beiden Liebenden können jedoch der Flammenhölle entkommen und erleben - durch die schrecklichen Erlebnisse nun eng zusammengeschweißt - in Mexiko noch einmal ihre zweiten Flitterwochen.
Ein aufgrund seiner hervorragenden Kameraführung und phantasievollen Schwarz-Weiß-Anwendung immerhin sehenswerter Romantic-Thriller, in dem des weiteren der hervorragende Soundtrack von Miklos Rozsa erwähnenswert ist. jg

Das Geheimnis meines Erfolges

The Secret of My Success. USA 1987 **R** Herbert Ross **B** Jim Cash, Jack Epps jr., A. J. Carothers **K** Carlo di Palma **M** David Foster **P** Herbert Ross für Universal **L** 111 Min., Farbe **D** Michael J. Fox, Helen Slater, Richard Jordan, Margaret Whitton, John Pankow, Christopher Murney, Gerry Bamman

Die Verfilmung des amerikanischen Traumes in seiner x-ten Variante - das bietet Herbert Ross´ 20. Film. Und wer wäre für die Rolle des jugendlichen Aufsteigers besser geeignet als Michael J. Fox, der sich klein und quirlig vom Botenjungen zum Konzernchef hinaufwuselt.
Brantley Foster (Fox) ist jung, ehrgeizig und kommt aus der Provinz. In New York will er Karriere machen, doch bleiben seine krampfhaften Bemühungen zunächst noch erfolglos. Zu jung, zu alt, zu unerfahren, zu qualifiziert - was Brantley auch anstellt, nirgends bekommt er einen Job. Erst die weitläufige verwandtschaftliche Verbindung zu seinem Onkel Howard Prescott (Jordan) verschafft ihm einen Arbeitsplatz. Er darf als Botenjunge im Konzern des Finanzmagnaten anfangen. Doch Brantley will mehr. Mit Anzug und Schlips nistet er sich in einem leerstehenden Büro ein - und als Carlton Whitfield macht er sich bald einen Namen bei den Vorstandsmitgliedern. Sein aufreibendes Doppelleben als Botenjunge und Top-Manager wird allerdings noch verzwickter, als Onkel Prestons Frau den Neu-Yuppie verführt, dieser sich zu allem Überfluß aber ausgerechnet in Prestons Geliebte verguckt hat.
Michael J. Fox spielt sich selbst, denn der Weg des Mega-Stars aus ZURÜCK IN DIE ZUKUNFT führte aus der kanadischen Provinz direkt nach Hollywood. Ein bißchen Werbefilmästhetik sowie die Zugkraft des Hauptdarstellers ließen den Film zu einem finanziell achtbaren Erfolg werden, ohne allerdings die Kritiker künstlerisch überzeugen zu können. Darauf war der Film auch nicht ausgerichtet. Gutes Entertainment und kurzweilige Unterhaltung stehen vielmehr im Vordergrund. Bemängelt wurde die uramerikanische „Du kannst es schaffen, wenn du nur willst"-Mentalität, obwohl Michael J. Fox hoffte, „daß unter der freundlichen Maske des Brantley Foster auch die Selbstverachtung erkennbar wird, die hinter seinem karrieresüchtigen Yuppie Gehabe steckt". dk

Das Geheimnis von Malampur

The Letter. USA 1940 **R** William Wyler **B** Howard Koch, nach dem Bühnenstück von Somerset Maugham **K** Tony Gaudio **M** Max Steiner **P** Hal B. Wallis, Robert Lord für Warner Bros. **L** 95 Min., s/w **D** Bette Davis, Herbert Marshall, James Stephenson, Gale Sondergaard

Dieses vorzügliche Melodram basiert auf einem Bühnenstück von Somerset Maugham, das bereits 1929 von Paramount verfilmt worden war - mit Jeanne Eagles in der Hauptrolle. Herbert Marshall, in der damaligen Version als der Liebhaber zu sehen, gehörte erneut zur Besetzung, diesmal als Ehemann.
Leslie Crosbie (Davis), Ehefrau eines Plantagenbesitzers (Marshall) in Malaysia, erschießt eines Nachts einen guten Freund der Familie und behauptet, in Notwehr gehandelt zu haben. Ihr während der Tat abwesender Mann glaubt ihr, ihr Anwalt (Stephenson) tut es nicht. Von der Ehefrau des Toten wird sie jedoch erpreßt: Diese besitzt einen Brief, den Leslie in der Mordnacht an den inzwischen Verschiedenen abgeschickt hat...
Bette Davis liefert als Mörderin, die sich in ein Lügengewebe verstrickt, um ihre Tat zu verschleiern, eine der besten Darstellungen ihrer Karriere. Einen großen Verdienst daran schrieb sie Regisseur William Wyler zu, mit dem sie sich während der Dreharbeiten des öfteren in den Haaren gelegen hatte.
Besonders starke Auseinandersetzungen gab es um die Szene, in der Leslie ihrem Mann gesteht, daß sie den Toten immer noch liebt. Wyler wollte dieses Geständnis von Angesicht zu Angesicht filmen, während die Davis darauf bestand, sich abzuwenden. Nachdem die Schauspielerin im Zorn sogar den Set verlassen hatte, wurde die Einstellung nach den Wünschen des Regisseurs gedreht. Davis: „Ich verlor eine Schlacht, doch ich verlor sie gegen ein Genie!"
Beide Künstler wurden für Oscars nominiert, ebenso wie Stephenson als Bester Nebendarsteller. Weitere Nominierungen gab es für Bester Film, Kamera und Soundtrack. 1947 und 1982 entstanden Remakes des Stoffes mit Ann Sheridan (*The Unfaithful*) bzw. Lee Remick (*The Letter*, TV) in der Hauptrolle. al

Das Geheimnis von Oberwald

Il mistero di Oberwald / Das Geheimnis von Oberwald. Italien/BRD 1980 **R** Michelangelo Antonioni **B** Michelangelo Antonioni, Tonino

Guerra, nach dem Bühnenstück *L'Aigle à deux têtes* von Jean Cocteau **K** Luciano Tovoli **M** Guido Turchi **P** Sergio Benvenuti, Alessandro von Norman, Giancarlo Bernardoni für R.A.I. /Polytel **L** 125 Min., Farbe **D** Monica Vitti, Franco Branciaroli, Paolo Bonacelli, Luigi Diberti, Elisabetta Pozzi

Seit seinem Film DIE ROTE WÜSTE hatte Antonioni nicht mehr in Italien gedreht. Für *Das Geheimnis von Oberwald* kehrte er wieder in seine Heimat zurück und setzte mit diesem Werk auch gleichzeitig die Zusammenarbeit mit seiner ehemaligen Partnerin Monica Vitti fort.
Der Film ist eine schwer zu definierende Mischung aus Kitsch und satirischer Kunst und beschreibt in verklärenden Bildern die todessüchtige Liebesromanze zwischen der verwitweten Kaiserin Elisabeth von Österreich, kurz Sissi, mit ihrem späteren Attentäter. Nach dem Tod ihres Mannes hat die ehemalige bayerische Prinzessin keine rechte Lust mehr am Regieren, bis ihr zukünftiger Mörder ihr einige seiner von Anarchie geprägten, politischen Auffassungen schmackhaft macht. Doch bevor Sissi gänzlich Gefallen an den revolutionären Theorien findet, schaltet sich der Polizeiminister energisch ein. Beide sehen für sich und ihre Ideale keinen anderen Ausweg als den Tod. Ähnlich wie in DIE ROTE WÜSTE experimentierte Antonioni auch in diesem Film mit einer ausgefeilten Farbdramaturgie, für die er allerdings diesmal nicht die Kulissen mit entsprechenden Farben bemalen ließ, sondern die Möglichkeiten der Farb-Manipulation bei elektronischer Kamera und Videomaterial ausnutzte. *Das Geheimnis von Oberwald* sollte sowohl Fernseh- als auch Kinofilm sein, doch beim Umkopieren von Videomaterial auf Zelluloid ging ein großer Teil der Verfremdungseffekte verloren. Sein Werk erzielt die dementsprechend nachhaltigere Wirkung auf dem Bildschirm. jg

Das Geheimnis von Santa Vittoria

The Secret of Santa Vittoria. USA 1969 **R** Stanley Kramer **B** William Rose, Ben Maddow, nach dem Roman von Robert Crichton **K** Giuseppe Rotunno **M** Ernest Gold **P** Stanley Kramer für United Artists **L** 131 Min. (Originalfassung 140 Min.), Farbe **D** Anthony Quinn, Anna Magnani, Virna Lisi, Hardy Krüger, Sergio Franchi, Giancarlo Giannini, Valentina Cortese

In Santa Vittoria, einem kleinen, weinproduzierenden Städtchen in Italien, wird während des II. Weltkrieges der ständig betrunkene Weinhändler Italo Bombolini (Quinn) zum Bürgermeister gekürt, nachdem er einen faschistischen Slogan übermalt hat (den er einst selbst anschrieb). Als die Nachricht vom Anrücken der deutschen Wehrmacht den Ort erreicht, beschließt man, die umfangreichen Weinvorräte in Sicherheit zu bringen...
Stanley Kramer, sonst eher auf sozialkritische Themen abonniert, inszenierte eine ausgelassene Farce am Rande des II. Weltkriegs, die vom blonden deutschen Offizier (Krüger) bis zur tellerwerfenden italienischen Mamma (Magnani) kein Klischee ausläßt. Die internationale Besetzung hatte offenbar großen Spaß bei den Dreharbeiten, die im Sommer ´68 in der kleinen italienischen Gemeinde Anticoli Corrado stattfanden, und übertug ihre gute Laune auf den Zuschauer. Leider verzettelt sich der Film mehrmals in Nebenhandlungen, die ihn überlang werden lassen. Ernest Golds Musik und der Schnitt wurden für Oscars nominiert. al

Geheimnisvolle Erbschaft

Great Expectations. Großbritannien 1946 **R** David Lean **B** David Lean, Ronald Neame, Anthony Havelock-Allen, Cecil McGivern, Kay Walsh, nach dem Roman von Charles Dickens **K** Guy Green **M** Walter Goehr **P** Ronald Neame für Cineguild/Universal **L** 118 Min., s/w **D** John Mills, Valerie Hobson, Bernard Miles, Francis L. Sullivan, Martita Hunt, Finlay Currie, Anthony Wager, Jean Simmons, Alec Guinness, Ivor Barnard, Freda Jackson

Eine glänzend umgesetzte Charles-Dickens-Verfilmung, welche mit einigen neuen frischen Gesichtern aufwartete (Guinness, Simmons), die später im englischen und amerikanischen Film eine Weltkarriere erleben sollten. Die literarische Vorlage war bereits in der Stummfilmära mit Mary Pickford und dann noch einmal 1934 unter der Regie von Stuart Walker verfilmt worden, doch gilt die britische Version von David Lean als der weitaus gelungenste Versuch.
Der Film beschreibt die merkwürdige Lebensgeschichte eines ärmlichen Dorfjungen, der in seiner Kindheit einem entlaufenen Sträfling hilft und Jahre später unverhofft eine mysteriöse Erbschaft macht, die es ihm ermöglicht, in London das Leben eines jungen Gentleman zu führen, wo er sich jedoch zu einem etwas eingebildeten Snob entwikkelt. Die nochmalige Begegnung mit seinem geheimnisvollen Gönner (hinter dem vermachten Vermögen steckt niemand anderes als der alte Häftling) und die Liebe eines Mädchens lassen ihn die wahren, erstrebenswerten Dinge des Lebens erkennen.
Geheimnisvolle Erbschaft erhielt 1947 in den Sparten „Bester Film", „Beste Regie" und „Bestes Drehbuch" eine Nominierung und gewann für seine Kamera und Ausstattung den Oscar. Der große Erfolg des Films veranlaßte David Lean, sich ein Jahr später mit OLIVER TWIST einem weiteren Dickens-Roman anzunehmen. jg

Gehetzt

You Only Live Once. USA 1936 **R** Fritz Lang **B** Graham Baker und Gene Towne, nach einer Erzählung von Towne **K** Leon Shamroy **M** Alfred Newman **P** Walter Wanger für United Artist **L** 86 Min., s/w **D** Henry Fonda, Sylvia Sidney, Barton McLane, Jean Dixon, William Gargan

Nach FURY war *Gehetzt* die zweite Hollywood-Produktion Fritz Langs, in der Sylvia Sidney wiederum die weibliche Hauptrolle spielte.
In dem Melodrama gerät Eddie (Fonda), Bewohner einer amerikanischen Kleinstadt, mit der Justiz in Konflikt. Mehrfach vorbestraft, wird er von seiner engstirnigen Umgebung unschuldig verdächtigt, einen Bankraub begangen zu haben und zum Tode verurteilt. Eddie gelingt aber die Flucht aus dem Gefängnis. Als er von dem ihm wohlgesonnenen Anstaltsgeistlichen (Gargan) erfährt, daß das Gericht inzwischen von seiner Unschuld überzeugt ist, hält er dies für eine Falle und erschießt den Gottesmann. Gemeinsam mit seiner Frau (Sidney) flieht er in Richtung Grenze, doch wenige Meter vor der rettenden Linie werden die beiden gestellt und sinken, im Tod vereint, im Kugelhagel ihrer Verfolger zusammen. Im Off ertönt dazu die Stimme des getöteten Pfarres: „Du bist jetzt frei, Eddie."
Der Film wurde seinerzeit für seine differenzierte und kritische Auseinandersetzung mit den Abgründen einer hochkochenden Volksseele und dem Rachegedanken hochgelobt, für das theatralische Ende jedoch zurecht kritisiert. Die Detailliebe Langs und die bildhafte Kameraführung Shamroys, die eintönige Regenfäden und wabernden Nebel ebenso realistisch einfängt wie quakende Froschtümpel, machen *Gehetzt* zu einem atmosphärisch dichten visuellen Meisterstück. sk

Der Gehetzte der Sierra Madre

La resa dei conti. Italien/Spanien 1966 **R** Sergio Sollima **B** Sergio Danati, Sergio Sollima, nach einer Story von Franco Solinas und Fernando Morand **K** Carlo Carlini **M** Ennio Morricone **P** Alberto Grimaldi für P.E.A. (Rom), Tulio de Micheli Cinematografica (Madrid) **L** 110 Min., Farbe **D** Lee van Cleef, Tomas Milian, Luisa Rivelli, Fernando Sancho, Walter Barnes

Ein wichtiger italienischer Western, der Lee van Cleefs erste Hauptrolle nach seinen beiden Auftritten an der Seite von Clint Eastwood in Sergio Leones „Dollar"-Western darstellte. Es ist außerdem der erste dreier Western von Sergio Sollima, die alle eine politische Thematik enthalten.
Ein Scharfschütze und Revolverheld (Van Cleef) wird von einem reichen Eisenbahn-Tycoon (Barnes) auf einen mexikanischen Banditen (Milian) angesetzt, angeblich, um ihn für die Vergewaltigung eines weißen Mädchens zur Rechenschaft zu ziehen. In Wirklichkeit soll die revolutionäre Agitation des Verfolgten gestoppt werden, um den ungestörten Eisenbahnbau zu ermöglichen. Der Kopfgeldjäger sieht sich so auf eine falsche Fährte gesetzt und bringt schließlich den wahren Schuldigen zur Strecke.
Im Verlaufe der Handlung muß Van Cleefs Figur erkennen, daß Recht und Ordnung, die er zu vertreten glaubte, für finstere Zwecke

mißbraucht werden, und er ist gezwungen, sein blindes Vertrauen in die gesetzlichen Organe zu überprüfen. Diese interessante Komponente hebt den Film deutlich über das Gros der Italo-Western heraus, die meist nur eine primitive Rachegeschichte zum Anlaß für das Zelebrieren bekannter und gewalttätiger Rituale nahmen. Die Spannung kommt jedoch auch hier nicht zu kurz, hervorragend unterstützt von Carlo Carlinis Farbphotographie und einer von Ennio Morricones originellen Filmmusiken. al

Geier kennen kein Erbarmen

Cahill, United States Marshall. USA 1972 **R** Andrew V. McLaglen **B** Harry Julian Fink, Rita M. Fink, nach einer Story von Barney Slater **K** Joseph Biroc **M** Walter Simonds, Elmer Bernstein **P** Michael Wayne für Batjac/Warner Bros. **L** 103 Min., Farbe **D** John Wayne, George Kennedy, Gary Grimes, Neville Brand, Clay O´Brien, Marie Windsor, Morgan Paul, Dan Vadis, Royal Dano, Scott Walker

Marshall Cahill (Wayne) ist permanent in Dienstgeschäften unterwegs und hat daher wenig Zeit, sich um seine beiden Söhne Danny (Grimes) und Billy Joe (O´Brien) zu kümmern. Ohne sich über die Konsequenzen ihrer Tat bewußt zu sein, helfen die Halbwüchsigen dem Gangster Abe Fraser (Kennedy) und seiner Bande bei einem Banküberfall, bei dem zum Entsetzen der Jungens zwei Sheriffs umgebracht werden. Danny und Billy Joe versuchen, sich sowohl mit ihrem Vater als auch mit den Banditen zu arrangieren, doch beschwören sie damit nur neues Unheil herauf. Cahill und sein Halbblutsohn Lightfoot haben die Sprößlinge verfolgt und werden nun in eine Schießerei mit Frasers Gang verwickelt, bei der Lightfoot umkommt. Am Ende jedoch gelingt es dem alternden Gesetzeshüter, im Alleingang die Bande zu erledigen.
Ähnlich wie in DIE COWBOYS schien Wayne in seinen Western der 70er Jahre als vorbildhafter Opa für eine Gruppe von Kids zu fungieren. Auch in diesem Film zelebriert er seinen eigenen Mythos, was an manchen Stellen schon unfreiwillig komisch wirkt.
„Die *education sentimental* der Jungen wird ziemlich dick aufgetragen: Die Fordschen Anleihen, die man aus McLaglens früherer Arbeit schon kennt (das dankbar gepflegte Andenken an Cahills verstorbene Frau, das hausgemachte Philosophieren, die gelegentliche Sentimentalität) vereinigen sich mit Elementen, die eher aus der Disney-Schule zu kommen scheinen." (*Monthly Film Bulletin*) jg

Die Geier warten schon

Showdown. USA 1973 **R** George Seaton **B** Theodore Taylor, nach einer Story von Hank Fine **K** Ernest Laszlo **M** David Shire **P** George Seaton für Universal **L** 88 Min. (Originalfassung 99 Min.), Farbe **D** Rock Hudson, Dean Martin, Susan Clark, Donald Moffat

Nach einem Zugüberfall nimmt Sheriff Chuck Jarvis (Hudson) die Verfolgung der Banditen auf, unter denen auch sein einstiger Jugendfreund Billy Massey (Martin) ist. Dieser, nicht ahnend, daß Chuck inzwischen Sheriff ist, sucht auf der Ranch seines alten Freundes Zuflucht, wo er von Chucks Frau (Clark), die er selbst einst liebte, aufgeklärt wird. Nach Chucks Rückkehr kann das Ehepaar Billy überreden, sich dem Gesetz zu stellen, doch als Billy sieht, wie man vor seiner Zelle einen Galgen errichtet, flieht er erneut...
Der letzte Film des Hollywood-Veteranen George Seaton ist ein konventioneller Western, in dem sich Rock Hudson und Dean Martin, beide bevorzugte Stars der Sexkomödien in den 60ern, als alternde Westernhelden in den Sattel schwingen. Der Film ist solide gemacht, bietet aber nur Variationen altbekannter Themen und Situationen des Genres. Hudson und Martin hatten ihre großen Zeiten als Leinwandstars hinter sich und befanden sich auf dem absteigenden Ast, so daß ihre Zusammenkunft stark von Nostalgie überlagert wird. al

Die Geierwally

Die Geierwally. Deutschland 1940 **R** Hans Steinhoff **B** Jacob Geis, Alexander Lix, nach dem Roman von Wilhelmine von Hillern **K** Richard Angst **M** Nico Dostal **P** Tobis **L** 102 Min., s/w **D** Heidemarie Hatheyer, Eduard Köck, Sepp Rist, Winnie Markus, Leopold Esterle, Mimi Gstöttner-Auer, Ludwig Auer, Georg Vogelsang, Hans Adalbert von Schlettow

Der aus Sachsen stammende Regisseur E. A. Dupont hatte bereits 1921 mit Henny Porten, Wilhelm Dieterle und Eugen Klöpfer in den Hauptrollen das Bergdrama verfilmt. 1940 machte sich Hans Steinhoff, einer der berüchtigsten Regisseure des Nazifilms, daran, die Geschichte als zeitgemäßes Blut- und Bodenstück zu inszenieren, was dem Streifen im gleichen Jahr noch die beiden NS-Prädikate „künstlerisch" und „volkstümlich wertvoll" einbrachte.
Wally (Hatheyer), Tochter eines Bergbauern, widersetzt sich dem Befehl ihres Vaters, den ihr unsympathischen Vinzenz (Esterle) zu heiraten. Sie versteckt sich am Fuße eines Gletschers in einer Berghütte. Wallys Herz schlägt für den Bären-Joseph (Rist), der ihr einst beim Kampf gegen einen Bergadler das Leben gerettet hat, doch da gibt es noch die hübsche Afra (Markus), die anscheinend dessen neue Freundin ist. Als sich herausstellt, daß es sich bei diesem Mädchen jedoch nur um Josephs Tochter handelt, ist für die beiden der Weg zum Glück frei.
Die Geierwally entstand in der ungewöhnlich langen Drehzeit von acht Monaten in den Ötztaler Alpen. Ein Großteil der Filmfiguren wurde mit dort ansässigen Laiendarstellern besetzt. Steinhoff erwies sich am Set als Regisseur mit einem beinahe krankhaften Hang zum Realismus. Als sich Heidemarie Hatheyer für eine Szene Glycerin-Tränen auflegen lassen wollte, schrie er die Schauspielerin so zusammen, daß sie tatsächlich losheulte. Die damalige Filmillustrierte *Die Filmwelt* jubelte in peinlich-pathetischen Tönen: „So ist wirklich der Atem der Landschaft, die Atmospäre der bäuerlichen Welt, ja noch die Luft der Bauernstuben in diesem Film." Für Heidemarie Hatheyer wurde die Rolle der Geierwally zu einem großen künstlerischen Erfolg. Franz Cap verfilmte 1956 mit Barbara Rütting den populären Stoff ein drittes Mal. jg

Geierwally

Geierwally. BRD 1988 **R** Walter Bockmayer **B** Walter Bockmayer **K** Wolfgang Simon **M** Horst Hornung **P** Rolf Bührmann für Pro-jekt Filmproduktion im Filmverlag der Autoren/Entenproduktion/ZDF **L** 87 Min., Farbe **D** Sammy Orfgen, Christoph Eichhorn, Gottfried Lackmann, Ralph Morgenstern, Ortrud Beginnen, Brigitte Janner, Elisabeth Volkmann, Karl-Heinz von Hassel, Walter Bockmayer

„`Warum nennst Du das Mädchen dort oben die Geier-Wally?´, fragte der Fremde unten im dunklen, feuchtrauschenden Wald. `Herr, weil sie als Kind scho a Geiernest ausg´nommen und mit den alten Geiern g´hakelt hat´, sagte der Tiroler. `S´is das schönste und stärkste Mädel in ganz Tirol.´" So dröhnte Wilhelmine von Hillern 1873 in ihrem Bergbauern-Geschichterl *Die Geier-Wally,* das Regisseur Bockmayer Inspiration für seinen Film war und mit dem Original bis auf die Namen der Charaktere nichts gemein hat. Bockmayer: „Der Roman ist so beknackt und schreit einfach danach, daß man ihn auf den Arm nimmt."
Entsprechend ist das Ergebnis ausgefallen: Droben auf der Alm wartet Walburga, genannt Geier-Wally (Orfgen), auf ihren geliebten Bärenjosef (Lackmann). Ihr knorriger Vater hat sie vom heimatlichen Hof im Tale ins Hochgebirge verbannt, weil sie sich partout nicht vom reichen Vinzenz (Eichhorn) freien lassen wollte. Als sie in der Höh

jedoch erfährt, daß der Hof von Vinzenz und Konsorten in Beschlag genommen worden ist, steigt sie bergab und räumt - untermalt von bergerschütternden Jodlern („Hollarö, Digonorrö") und unterstützt von ihrer Tante Luckard (Morgenstern), der Christel von der Post (Bockmayer persönlich) sowie Geier Hanserl (gemimt von einem Truthahn) - kräftig auf.
Die schrille Parodie auf Heimatschinken und Bergromantik wurde komplett im Tiroler Lechtal gedreht. Die dortigen Bergbewohner hatten anfangs einige Schwierigkeiten, sich an Kühe mit Strapsen, Postboten im Ballettröckchen und Männer in Stöckelschuhen zu gewöhnen, am Ende wirkten die meisten von ihnen jedoch als Statisten begeistert mit.
Bereits dreimal, 1921, 1940 und 1956, wurde das Alpen-Drama in der klebrigen Tradition des pathetischen deutschen Heimatstreifens verfilmt. *Geierwally* die Vierte hebt sich, wenn auch streckenweise durch Unprofessionalität und abgedroschene Witzeleien etwas enervierend, von diesen verknöcherten Vorgängerinnen angenehm ab.
sk

Die Geister, die ich rief

Scrooged. USA 1988 **R** Richard Donner **B** Mitch Glazer, Michael O´Donoghue, nach der Geschichte von Charles Dickens **K** Michael Chapman **M** Danny Elfman **P** Paramount **L** 97 Min., Farbe **D** Bill Murray, Karen Allen, John Forsythe, John Clover, Robert Mitchum, Brian Doyle Murray

Starkomiker Bill Murray (GHOSTBUSTERS, DER KLEINE HORRORLADEN) in einer Verfilmung der Weihnachtsgeschichte von Charles Dickens? In dieser modernen und sehr freien Version funktioniert´s. Murray spielt nicht Dickens´ alten Geizhals Ebenezer Scrooge, sondern dessen Pendant im 20. Jahrhundert - Frank Cross, den Präsidenten einer US-Fernsehgesellschaft. Dessen wichtigstes Projekt ist die große Weihnachtsshow, doch eigentlich hat Cross mit Weihnachten überhaupt nichts im Sinn. Der Gedanke an Kerzenschein und Nächstenliebe ekelt ihn an, er schockiert das Publikum zum Fest mit Blut und Gewalt. Cross´ Treiben wird den guten Weihnachtsgeistern zu bunt. Sie entführen den Manager auf eine Reise in die Vergangenheit, zurück in seine triste Kindheit. Aus dem hartherzigen Fernsehboss wird rechtzeitig zum Fest ein echter Menschenfreund.
Richard Donner drehte mit erheblichem Aufwand an Tricks und Special-Effects kein sentimentales Märchen, sondern eher ein amüsantes Weihnachtsspektakel. Trotz seiner vierjährigen Abwesenheit vom Filmgeschäft konnte Bill Murray immer noch eine Gage von sechs Millionen Dollar verlangen, nachdem er diverse Drehbücher vorher abgelehnt hatte.
dk

Geisterkomödie

Blithe Spirit. Großbritannien 1945 **R** David Lean **B** Noël Coward, David Lean, Anthony Havelock-Allan, nach dem Bühnenstück von Coward **K** Ronald Neame **M** Richard Addinsell l **P** Noël Coward für Cineguild/Two Cities **L** 102 Min., Farbe **D** Rex Harrison, Constance Cummings, Kay Hammond, Margaret Rutherford, Hugk Wakefield

Diese amüsante Fantasy-Farce stellte die dritte Zusammenarbeit von Regisseur David Lean mit Noël Coward dar. Daß der Autor mit halbdokumentarischem Realismus und akkurater Beschreibung der englischen Mittelklasse ebenso erfolgreich war wie mit eleganter Salonkomödie, ist ein Beleg für seine enorme Vielseitigkeit.
Rex Harrison spielt den Schriftsteller Charles Condomine, der gerade ein Buch über Spiritismus vorbereitet. Das von ihm angeheuerte Medium Madame Arcati (Rutherford) sorgt bei einer Privat-Séance für eine unangenehme Überraschung: Charles vor längerer Zeit verstorbene erste Frau (Hammond) taucht auf, ist aber nur für ihn sichtbar. Darüber hinaus weigert sie sich, wieder zu verschwinden und stiftet allerhand Verwirrung. Schließlich sorgt sie sogar dafür, daß Charles´zweite Frau (Cummings), die das sonderbare Benehmen ihres Mannes schon etwas befremdlich fand, bei einem Autounfall ums Leben kommt und nun ebenfalls als Geist ihr Unwesen treibt...
Bei *Geisterkomödie* handelt es sich im Prinzip um abgefilmtes Theater, das Regisseur David Lean nicht allzuviel Inspiration abverlangte. Das mindert allerdings nicht das Vergnügen an diesem Juwel, das vor Witz und Ironie nur so funkelt. Nur einige Szenen wurden örtlich verlagert; so sieht man beispielsweise Margaret Rutherford, die als schrulliges Medium eine absolut unvergeßliche Vorstellung gibt, auf einem Fahrrad durch die englische Landschaft radeln. Von den Filmen des Duos Lean/Coward ist dies sicher der unbedeutendste, aber ganz entschieden auch der unterhaltsamste.
al

Der gelbe Rolls-Royce

The Yellow Rolls-Royce. Großbritannien 1965 **R** Anthony Asquith **B** Terence Rattigan **K** Jack Hildyard **M** Riz Ortolani **P** Anatole de Grunwald für MGM-British **L** 118 Min., Farbe **D** 1. *England*: Rex Harrison, Jeanne Moreau, Edmund Purdom; 2. *Italien*: Shirley MacLaine, George C. Scott, Alain Delon, Art Carney; 3. *Jugoslawien*: Ingrid Bergman, Omar Sharif, Joyce Grenfell

Schon bei HOTEL INTERNATIONAL hatte Produzent Anatole de Grunwald einen ganzen Haufen hochkarätiger Namen versammelt, sie alle zusammen in eine Hotellobby gesteckt und Regisseur Anthony Asquith und Bühnenautor Terence Rattigan beauftragt, daraus einen Film zu machen. Das elegante, wenn auch etwas altmodische Ergebnis hatte an den Kassen gut abgeschnitten, und nun heckte dasselbe Trio einen weiteren Coup aus. Ein gelber Rolls-Royce, ausgestattet mit allen Schikanen, als Verbindungsglied in einem dreiteiligen Episoden-Film!
1. Ein britischer Aristokrat (Harrison) verkauft das sündhaft teure Vehikel, nachdem er seine Frau (Moreau) bei einem Schäferstündchen auf dem Rücksitz ertappt hat - ausgerechnet, als sein Pferd das Ascot-Rennen gewann.
2. Auf einer Rolls-Fahrt durch Italien macht die dümmliche Braut (MacLaine) eines amerikanischen Mafia-Bosses (Scott) die Bekanntschaft eines gutaussehenden Paparazzo (Delon) und beginnt mit ihm eine Affäre, als der Ehemann zur Erledigung einiger verbrecherischer Geschäfte in die Staaten zurück muß.
3. Kurz vor Ausbruch des II. Weltkrieges wird eine schwerreiche amerikanische Witwe (Bergman) durch ihre Liebe zu einem jugoslawischen Freiheitskämpfer (Sharif) mitsamt ihrem Auto in die politischen Wirren des Landes hineingezogen.
Der gelbe Rolls-Royce ist ein altmodisches Star-Vehikel im besten Sinne: eine mit allen Mitteln auf Hochglanz polierte Oberfläche, doch wenig dahinter. Nichtsdestotrotz wurde der Film ein Kassenerfolg -hauptsächlich dank der wahrhaft erlesenen Besetzung. Vor allem Alain Delon hatte in diese Rolle große Hoffnungen gesetzt und sie für einen Bruchteil seiner üblichen Gage gespielt, da sie ihn auch in den Staaten bekanntmachen sollte. Außer dem Applaus der italienischen Filmcrew, die nach einer Liebesszene mit MacLaine in spontanen Beifall ausbrach, zeigte sein Auftritt jedoch wenig Wirkung. Für Regisseur Anthony Asquith, der das Ganze mit Eleganz und Stil inszenierte, wurde es der letzte Film, für Art Carney der erste - sein Leinwanddebüt.
al

Der gelbe Strom

Blood Alley. USA 1955 **R** William A. Wellman **B** A. S. Fleischman, nach seinem Roman **K** William H. Clothier **M** Roy Webb **P** Batjac/Warner Bros. **L** 115 Min., Farbe **D** John Wayne, Lauren Bacall, Paul Fix, Joy Kim, Barry Kroeger, Mike Mazurki, Anita Ekberg, Henry Nakamura, W. T. Chang, George Chan

John Wayne diesmal nicht als rechtschaffener Sheriff oder tapferer Cowboy, sondern als Kapitän eines heruntergekommenen Seelenverkäufers in einem jener farbenprächtigen Abenteuerfilme vor exotischem Hintergrund, wie sie für das Hollywood der 50er Jahre typisch waren.
Captain Wilder (Wayne) wird von Cathy (Bacall), der Tochter eines von den Soldaten

Rot-Chinas ermordeten Wissenschaftlers, gebeten, sie und die Bewohner eines chinesischen Dorfes mit seinem Frachter durch die gefährliche Straße von Formosa in die britische Kronkolonie Hongkong zu bringen - ein risikoreiches Unternehmen, bei dem alle Beteiligten ihr Leben aufs Spiel setzen. Natürlich verliebt sich Wilder in Cathy, was ihn dazu beflügelt, sich auf dieses Himmelfahrtskommando einzulassen. Bald schon wird das Schiff von einem chinesischen Kanonenboot verfolgt und von einem feindlichen Flugzeug attackiert. Mit einem Trick entkommen sie zwar den Verfolgern aus der Luft (Wilder läßt auf dem Deck Futter verteilen, so daß der Dampfer nach kurzer Zeit einem von Möwen bevölkerten Felsen gleicht), doch das sie verfolgende Marineboot landet einen schweren Treffer. Dennoch bringt der tapfere Amerikaner die ihm Anvertrauten in Sicherheit.
Dieser wenig bedeutende Abenteuerstreifen wirkt in vielen Szenen unfreiwillig grotesk und komisch. Busenstar Anita Ekberg tritt als asiatische Schönheit auf, und der Schauspielerin Joy Kim wird die Gelegenheit gegeben, in zwei völlig unpassenden Szenen ihre Qualitäten aus Sängerin unter Beweis zu stellen. jg

Das Geld liegt auf der Straße

Fun with Dick and Jane. USA 1975 **R** Ted Kotcheff **B** David Giler, Jerry Belson, Mordecai Richler **K** Fred J. Koenekamp **M** Ernest Gold **P** Peter Bart, Max Palevsky für Columbia **L** 95 Min., Farbe **D** George Segal, Jane Fonda, Ed McMahon, Dick Gautier, Alan Miller

Nach einigen Jahren intensiven politischen Engagements und Auftritten in mehreren obskuren Projekten kehrte Jane Fonda mit dieser Komödie zum Mainstream-Kino zurück. Der Film markiert den Beginn einer äußerst fruchtbaren Phase ihrer Karriere, die ihr zu größerer Popularität als je zuvor verhelfen sollte.
Dick (Segal) und Jane (Fonda) spielen ein amerikanisches Mittelklasse-Ehepaar, das seinen gehobenen Lebensstil gefährdet sieht, als Dick seinen Job verliert. Nach zahlreichen gescheiterten Versuchen, auf legalem Wege zu Geld zu kommen, verlegen sie sich auf das Ausrauben von Supermärkten und Tankstellen und können auf diesem Gebiet einige Erfolge feiern.
Daß Jane Fonda nicht in einem völlig belanglosen Vehikel ihr Comeback starten wollte, war zu erwarten, und so gibt sich *Das Geld liegt auf der Straße* sozialkritisch, hat jedoch nicht genug Biß, um auf dieser Ebene zu überzeugen. Der Beginn ist vielversprechend, doch der Film kann sich nicht zu einer schärferen Gangart entschließen und schwankt zwischen Slapstick-Farce und zynischer Satire. Ein Erfolg wurde er trotzdem, obwohl die Kritiken eher lauwarm waren. al

Geld oder Leben

Geld oder Leben / La bourse et la vie. BRD/ Frankreich/Italien 1966 **R** Jean-Pierre Mocky **B** Fernand Marzelle, Jean-Pierre Mocky, Alain Moury **K** Jean Tournier **M** André Domage **P** Columbia-Bavaria/Orsay-Films/Vides **L** 91 Min., Farbe **D** Fernandel, Heinz Rühmann, Marilu Tolo, Jean Poiret, Michel Galabru

Es dauerte bis weit in die 60er Jahre hinein, ehe es den Produzenten gelang, Heinz Rühmann, Deutschlands Komiker Nummer eins, mit dem nicht minder amüsanten französischen Schauspieler Fernandel gemeinsam in einem Film unterzubringen. Die Komödie, die dabei entstand, hielt jedoch nicht das, was sich viele Zuschauer von ihr versprochen hatten. Gags und Situationskomik waren zu willkürlich über die ziemlich konfuse Handlung hinweg verstreut und die beiden Schauspieler kamen kaum dazu, sich in ihren gewohnten komischen Darstellungen zu präsentieren.
Die Firma Sprieß & Co. hat ein neuartiges Haarwuchsmittel auf den Markt gebracht, das in seiner Anwendung aber genau das Gegenteil bewirkt und büschelweise die Haare ausfallen läßt. Damit die Firma keinen Prozeß zu riskieren braucht, müssen unbedingt innerhalb von 24 Stunden eine Millionen Francs als Sicherheit bei einem Notar in Paris hinterlegt werden.
Dem elsässischen Buchhalter Schmidt (Rühmann) und dem temperamentvollen, südfranzösischen Kassenboten Migue (Fernandel) fällt diese Aufgabe zu. Auf ihrem Weg in die Seine-Metropole stößt dem ungleichen Duo ein Mißgeschick nach dem anderen zu. Dort angekommen, sind die Verwirrungen um das Geld jedoch noch lange nicht ausgestanden.
Von Produzentenseite hatte man eigentlich vorgesehen, Rühmann und Fernandel als neues europäisches Komikerpaar aufzubauen, doch wurden diese Pläne durch Fernandels Tod im Jahre 1971 zunichte gemacht. jg

Geliebt in alle Ewigkeit

The Eddy Duchin Story. USA 1956 **R** George Sidney **B** Samuel Taylor, nach einer Story von Leo Katcher **K** Harry Stradling **M** George Dunning **P** Jerry Wald für Columbia **L** 123 Min., Farbe **D** Tyrone Power, Kim Novak, Victoria Shaw, James Whitmore

Eine der vielen Musiker-Biographien, die Hollywood während der 40er und 50er Jahre produzierte. Diese beschäftigt sich mit Eddy Duchin (Power) und beginnt mit dessen Ankunft im New York der 20er Jahre. Mit Hilfe einer Schönheit aus der Oberklasse (Novak), die er später heiratet, landet das junge Talent im renommierten Central Park Casino. Während sein Aufstieg als Musiker unaufhaltsam vorangeht, verläuft sein Privatleben weniger glücklich. Seine Frau stirbt im Kindbett, und er schiebt absurderweise die Schuld auf den kleinen Sohn, den er zu Verwandten in Pflege gibt. Nach einer Welttournee und dem Militärdienst versucht er eine Annäherung, die jedoch nur langsam gelingt. Da ereilt ihn ein weiterer Schicksalsschlag - er leidet an Leukämie und hat nur noch wenige Monate zu leben...
Taschentücher waren mitzubringen bei dieser tränenseligen Aufarbeitung eines kurzen, aber erfüllten Lebens, die beim Publikum sehr beliebt war. Dreißig Musikstücke und Songs gaben den musikalischen Rahmen ab, und Carmen Cavallaro griff anstelle Powers in die Tasten. Die Kritik zeigte sich von dem Rührstück weniger angetan, so schrieb die *New York Herold Tribune*: „Der Film schleppt sich über zwei Stunden von einem düsteren Höhepunkt zum nächsten...Power lächelt während der Piano-Sequenzen und runzelt in seelenvolleren Momenten die Stirn - dazwischen scheint es nichts zu geben." al

Geliebte Brigitte

Dear Brigitte. USA 1965 **R** Henry Koster **B** Hal Kanter, nach dem Roman *Erasmus with Freckles* von John Haase **K** Lucien Ballard **M** George Dunning **P** Henry Koster für Fred Kohlmar Prod./ 20th Century-Fox **L** 100 Min., Farbe **D** James Stewart, Fabian, Glynis Johns, Cindy Carol, Billy Mumy, Brigitte Bardot

Literatur-Professor Robert Leaf (Stewart), der mit Frau und zwei Kindern auf einem Hausboot lebt und dem alles Technische verhaßt ist, muß feststellen, daß sein Sohn (Mumy) keineswegs künstlerisch veranlagt, dafür aber ein Mathematikgenie ist. Außer-

dem hat der Bengel noch eine Leidenschaft: Brigitte Bardot, der er heimlich Briefe schreibt. So kommt es, daß Vater und Sohn zu einer Audienz nach Paris eingeladen werden...
Brigittes Gastauftritt in dieser sympathischen, aber belanglosen Familienkomödie ist zwar nur fünf Minuten lang, doch der Aufwand dafür kann sich sehen lassen. Da die Schauspielerin sich weigerte, in Hollywood zu arbeiten, mußte Fox in Paris ein Studio mieten, in dem Brigittes Haus in St. Tropez nachgebaut wurde. Darüber hinaus verlangte sie für jede Minute Arbeit eine Gage von immerhin 1000 $ und verbat sich Photographen auf dem Set. Ihre kurze Szene mit Stewart und dem kleinen Bill Mumy ist charmant und im Prinzip der Höhepunkt des Films, dessen Titel (und das Wissen um BBs Beteiligung) eigentlich eine größere Rolle hatten erwarten lassen. al

Die Geliebte des anderen

Qui? / Il cadavere degli artiglie d´acciaio. Frankreich/Italien 1970 **R** Léonard Keigel **B** Léonard Keigel, Paul Gégauff **K** Jean Bourgoin **M** Claude Bolling **P** Raymond Danon, Edmondo Amati für Lira Films (Paris)/Fida Cinematografica (Rom) **L** 78 Min., Farbe **D** Romy Schneider, Maurice Ronet, Gabriele Tinti, Simone Bach, Jean Jacques Bourgois

Die Beziehung zwischen Claude (Tinti) und Marina (Schneider) ist auf ihrem absoluten Tiefpunkt angelangt und eskaliert in gegenseitigen Bedrohungen. Während einer Autofahrt kommt es zu Handgreiflichkeiten, der Wagen gerät von der Küstenstraße und stürzt ins Meer. Marina gelingt es jedoch, gerade noch rechtzeitig die Tür zu öffnen. Am Unfallort taucht Claudes Bruder Serge (Ronet) auf, der Marina verdächtigt, das Unglück absichtlich provoziert zu haben, was diese entschieden bestreitet. Trotzdem freunden sich beide näher miteinander an. Als Serge eine aus dem Meer geborgene Leiche identifizieren soll, taucht Claude überraschend bei Marina in Paris auf. Er hat tatsächlich das Unglück überlebt, wird jedoch diesmal von Marina umgebracht, als er sie erneut bedroht. Serge kehrt zu Marina zurück, in der Gewißheit, daß sie am Tod seines Bruders unschuldig ist, obwohl diese jetzt plötzlich das Gegenteil behauptet. Beide wollen sich in Italien von den Vorfällen erholen. In Paris weicht zur selben Zeit ein Wolkenbruch die Gartenerde auf, in der Claude von Marina verscharrt wurde.
„Nichts stimmt in dieser kriminellen Anekdote...und man fragt sich, wie Romy Schneider in diesem unsäglichen Abenteuer noch ihre Schönheit bewahren kann" (*cinema 70*). *Die Geliebte des anderen* war das erste von drei Projekten, die Romy Schneider im Jahre 1970 etwas halbherzig und ohne große Überzeugung annahm, ehe sie ein Jahr später wieder unter die sichere Führung ihres bevorzugten Regisseurs Claude Sautet zurückkehrte. jg

Die Geliebte des französischen Leutnants

The French´s Lieutenants Woman. Großbritannien 1981 **R** Karel Reisz **B** Harold Pinter, nach dem Roman von John Fowles **K** Freddie Francis **M** Carl Davis **P** Leon Clore, Karel Reisz für Parlon Prod./United Artists **L** 124 Min., Farbe **D** Meryl Streep, Jeremy Irons, Leo McKern, Lynsey Baxter, Patience Collier, Hilton McRae, Gerard Falconetti, Penelope Wilton

Eine kunstvoll arrangierte Liebesgeschichte, die den Zuschauer aus der Sicht einer Filmcrew, die Fowles' Roman für die Leinwand umzusetzen versucht, an das Handlungsgeschehen heranführt.
Im 19. Jahrhundert lernt der junge Paläontologe Charles Smithson (Irons) in einer südenglischen Stadt die geheimnisvolle Sarah Woodruff (Streep) kennen, die die Ansässigen jedoch nur verächtlich als „Hure des französischen Leutnants" bezeichnen. In der Tat hatte Sarah ein leidenschaftliches Verhältnis mit einem französischen Soldaten, den sie nicht mehr vergessen kann. Selbst an sturmumtosten Tagen zieht es sie zu der Mole, wo sie sich mit ihm traf. Mit der Zeit gerät Smithson immer mehr in Sarahs Bann und löst ihretwegen sogar seine Verlobung. Nach einer quälenden Odyssee finden die beiden schließlich zueinander.
So wie sich zwischen den beiden Romanfiguren langsam eine immer leidenschaftlichere Liebesbeziehung entwickelt, kommen sich auch die Hauptdarsteller des Films einander näher. Allerdings bleibt es nicht nur bei der Gegenüberstellung des Liebesbegriffes der viktorianischen Epoche mit dem des fortschrittlichen 20. Jahrhunderts. Gekonnt zieht Karel Reisz Vergleiche zwischen den gesellschaftlichen Positionen von Mann und Frau im Rahmen der unterschiedlichen, zeitlichen Anordnung. Drehorte dieser melancholisch-romantischen Geschichte war das südenglische Küstenstädtchen Lyme, in dem Romanautor Fowles seit langem selbst lebt. Regisseur und Ausstattungschef vermieden es weitgehend, für die im 19. Jahrhundert spielenden Szenen entsprechende Kulissen nachzubauen. Alle benutzten Innenräume wurden mit Originalmobiliar aus der viktorianischen Epoche ausgestattet. Die Szenen im Club von Charles Smithson entstanden in den Räumlichkeiten des historischen Londoner Garrick-Clubs. „Der Regisseur erlaubt sich, in Nostalgie zu schwelgen...Ein bißchen mehr Kritik an der heuchlerischen Gesellschaft des vergangenen Jahrhunderts hätte man sich jedoch gewünscht" (*zitty*). Der Film wurde 1981 in den Kategorien Drehbuch, Ausstattung, Schnitt, Kostüme und weibliche Hauptrolle für den Oscar nominiert. jg

Geliebter Schuft

Tendre voyou. Frankreich/Italien 1966 **R** Jean Becker **B** Albert Simonin, Jean Becker, Michel Audiard **K** Edmond Séchan **M** Michel Legrand **P** Sud Pacifique Films (Paris) Fono Roma (Rom) **L** 89 Min., Farbe **D** Jean-Paul Belmondo, Jean-Pierre Marielle, Nadja Tiller, Mylène Demongeot, Robert Morley, Stefania Sandrelli, Maria Pacôme, Genviève Page, Philippe Noiret

Playboy Tony (Belmondo) gefällt den Frauen und läßt sich von ihnen aushalten. Gefühle sind dabei nicht im Spiel. Seine neueste Eroberung ist die Baronin Mina von Strasshofer (Tiller), die ihn auf eine Kreuzfahrt mitnimmt, deren sexueller Appetit den armen Tony jedoch bald überfordert. Statt dessen läßt er sich von einer attraktiven jungen Dame (Demongeot) und ihrem Vater eine wertlose Insel andrehen, auf der angeblich wertvolle Bodenmetalle zu holen sind....
Drei Filme hat Jean-Paul Belmondo mit Regisseur Jean Becker, dem Sohn des berühmten Jacques Becker, gedreht, und alle waren Mißerfolge. Bei SIE NANNTEN IHN ROCCA und DER BOSS HAT SICH WAS AUSGEDACHT handelte es sich um mehr oder weniger ernst gemeinte Krimis, die mit einer Reihe von Qualitäten aufwarten konnten, doch *Geliebter Schuft* ist nur eine langweilige und langatmige Salon-Komödie, in der Belmondo den Hallodri mimt, eine Rolle, die er später noch perfektionieren sollte. Das einzig Interessante an diesem Film sind die zahlreichen Auftritte bekannter französischer und deutscher Schauspieler, die ihre banalen Dialoge zumindest mit Stil abliefern. al

Geliebter Spinner

Billy Liar. Großbritannien 1962 **R** John Schlesinger **B** Keith Waterhouse, Willis Hall, nach ihrem Bühnenstück, basierend auf dem Roman von Waterhouse **K** Denys Coop **M** Richard Rodney Bennett **P** Joseph Janni für Vic Films **L** 98 Min., s/w **D** Tom Courtenay, Julie Christie, Wilfred Pickles, Mona Washbourne

Nach zwei Nebenrollen in Filmen von Ken Annakin erhielt Julie Christie in dieser bezaubernden Fantasy-Komödie von John Schlesinger ihre erste Hauptrolle. Es handelt sich um einen Stoff, der so ähnlich bereits in DAS DOPPELLEBEN DES HERRN MITTY auf die Leinwand gebracht worden war.
Tom Courtenay spielt Billy, den Angestellten eines Bestattungsunternehmens, der sich aus seiner tristen Welt in ein Traumland flüchtet, in dem Reichtum und Erfolg regieren. Billy ist zudem ein notorischer Lügner, der mit drei Frauen gleichzeitig ein Verhältnis

hat, zwei von ihnen tragen sogar einen Verlobungsring. Die junge Liz (Christie) stachelt ihn zu einem wirklichen Ausbruch aus seinem bisherigen Leben an, doch Billy kommt nicht weiter als bis zum Bahnhof...
John Schlesingers dritter Film wurde ein großer finanzieller Erfolg in Großbritannien - der erste des Regisseurs, der schon mit NUR EIN HAUCH GLÜCKSELIGKEIT die Kritik begeistert hatte. Nicht unwesentlich zum Gelingen dieses Unternehmens trugen die bis in die Nebenrollen wunderbar agierenden Schauspieler bei, allen voran Julie Christie, die von der sonst so zurückhaltenden britischen Presse mit Superlativen bedacht wurde. So schrieb *The Times*: „Sie hat die seltene Gabe, alles andere auf der Leinwand unwichtig zu machen, sobald sie auftaucht."
Ihre größten Erfolge standen dem Duo Schlesinger/Christie allerdings erst noch bevor: DARLING und DIE HERRIN VON THORNHILL. al

Das gelobte Land

Ziema obiecana. Polen 1974/75 **R** Andrzej Wajda **B** Andrzej Wajda, nach dem Roman von Wladyslaw Stanislaw Reymont **K** Witold Sobocinski, Edward Klosinski, Waclaw Dybowski **M** Wojciech Kilar **P** Boleslaw Michalek für PRF Zespóly Filmowe Zespól „X" Warszawa **L** 167 Min. (Originalfassung 179 Min.), Farbe **D** Daniel Olbrychski, Wojciech Pszoniak, Andrzej Seweryn, Anna Nehrebecka, Tadeusz Bialoszczynski, Franciszek Pieszka

„Der Roman von Reymont bot mir ein sehr konkretes Material an, das auf einer realistischen Beobachtung des Lebens gründete, und das auf eine überzeugende Weise die Maßlosigkeit enthält, das Brodeln, die Gewalt, ein gewisses Barock, kurz all das, was die industrielle Gesellschaft jener Epoche charakterisiert", sagte Andrzej Wajda über seine Motive, gerade diese Geschichte zu verfilmen.
Angesiedelt in der polnischen Industriestadt Lodz des Jahres 1880, beschreibt dieser Film den Weg dreier junger Männer, die an dem mit der industriellen Revolution einhergehenden Aufschwung teilhaben wollen. Es sind der polnische Adlige Karol (Olbrychski), der Deutsche Maks Baum (Seweryn) und der Jude Moryn Welt (Pszoniak). Es gelingt ihnen tatsächlich, durch eine erfolgreiche Spekulation an der Börse eine Fabrik zu gründen, doch wird das Gebäude noch am Tag seiner Einweihung von einem eifersüchtigen Ehegatten in Brand gesteckt, nachdem dieser erfahren mußte, daß der sich einstellende Familiennachwuchs nicht ihm, sondern Karol zu verdanken ist. Jahre später ist aus Karol durch seine Heirat mit der reichen Industriellentochter Magda Müller (Dykiel) selbst ein wohlhabender Mann geworden, der seine bescheidenen Anfangsjahre längst vergessen hat. Bei einem Streik läßt er auf die Arbeiter schießen.
Ein episch gestalteter, sozialkritischer Film, der sich jedoch nur in zweiter Linie als Anklage gegen kapitalistische Unterdrükkung und Ausbeutung versteht, und primär die Auflösungserscheinung in der polnischen Gesellschaft um die Jahrhundertwende beschreibt, die Unmoral und Unmenschlichkeit zu ihren neuen Umgangsformen machte. jg

Der Gendarm vom Broadway

Le gendarme à New York. Frankreich/Italien 1966 **R** Jean Girault **B** Jean Girault, Jacques Vilfrid **K** Edmond Séchan **M** Raymond Lefèvre **P** S.N.C. (Pairs), Compagnia Cinematografica Champion (Rom) **L** 106 Min., Farbe **D** Louis de Funès, Michel Galabru, Geneviève Grad, Christian Marin

Nach dem Erfolg von DER GENDARM VON ST. TROPEZ ließ eine Fortsetzung nicht lange auf sich warten, in der Cruchot (De Funès) und seine schlagkräftige Truppe Frankreich auf einem Polizei-Kongress in New York repräsentieren. Schon auf der Überfahrt kommt es zu Schwierigkeiten: Der Ozeandampfer erweist sich als Labyrinth, die Stadt später auch. Zudem ist Cruchots eigenwilliges Töchterchen (Grad) als blinder Passagier mit in See gestochen, und der Gendarm hat alle Hände voll zu tun, um sie vor den Gefahren der Millionenmetropole zu bewahren...
Komischer Höhepunkt dieser ganz auf Louis de Funès zugeschnittenen Klamotte ist eindeutig die Englisch-Stunde, in der Cruchot seine Mannen auf transatlantische Kommunikation vorbereiten will. Besonders das „th" bereitet den alles andere als sprachbegabten Ordnungshütern einige Probleme. Obwohl der Witz dieser Sequenz nicht immer erreicht wird, geben der Ortswechsel und der Zusammenprall mit einer anderen Kultur genügend Stoff für einen amüsanten Film ab, zumal Edmond Séchans Kamera New York von seiner besten Seite einfängt. Der nächste „Gendarm"-Film war BALDUIN, DER HEIRATSMUFFEL. al

Der Gendarm von St. Tropez

Le gendarme de Saint Tropez. Frankreich/Italien 1964 **R** Jean Girault **B** Richard Balducci, Jacques Vilfrid, Jean Girault **K** Marc Fossard **M** Raymond Lefèvre **P** S.N.C. (Paris), Franca Film (Rom) **L** 95 Min., Farbe **D** Louis de Funès, Michel Galabru, Geneviève Grad, Christian Marin, Jean Lefèbvre, Daniel Cauchy

Der Gendarm Ludovic Cruchot (De Funès) wird aufgrund seiner Verdienste um Recht und Ordnung in einem Bergdorf befördert und in das Sündenbabel St. Tropez versetzt - sehr zur Freude seiner halbwüchsigen Tochter Nicole (Grad). In dem lebenslustigen Badeort wird jetzt hart durchgegriffen, wie Cruchots Kollegen und Untergebene (er ist jetzt Hauptwachtmeister) bald feststellen müssen. Ein besonderer Dorn im Auge sind dem übereifrigen Polizisten die Nudisten an einem abgelegenen Strand, die sich immer wieder dem Zugriff der Ordnungshüter entziehen. Doch auch Töchterchen Nicole macht ihrem Papa Kummer....
Mit *Der Gendarm von St. Tropez* stieg Louis de Funès endgültig in die vorderste Riege der französischen Komiker auf. Zwar hatte er schon zuvor Hauptrollen gespielt, doch war keine davon so auf seine Talente zugeschnitten wie die Figur des Cruchot - ein wahres Ekel, katzbuckelnd gegenüber seinen Vorgesetzten und um so unerbittlicher gegenüber seinen Untergebenen. Jean Girault, der schon bei BALDUIN, DER GELDSCHRANKKNACKER und QUIETSCH, QUIETSCH, WER BOHRT DENN DA NACH ÖL? Regie geführt hatte, schuf eine der langlebigsten Filmfiguren, die in vier Fortsetzungen, verteilt auf einen Zeitraum von 18 Jahren, wieder auftauchte. Darüber hinaus arbeitete der Regisseur in fünf weiteren Produktionen mit De Funès zusammen. *Der Gendarm von St. Tropez* erwies sich als überwältigender Kassenerfolg, und zwei Jahre später brachte man bereits die erste Fortsetzung heraus: DER GENDARM VOM BROADWAY. al

Der General starb im Morgengrauen

The General Died at Dawn. USA 1936 **R** Lewis Milestone **B** Clifford Odets, nach einem Roman von Charles G. Booth **K** Victor Milner **M** Werner Janssen **P** William Le Baron für Paramount **L** 93 Min., s/w **D** Gary Cooper, Madeleine Carroll, Akim Tamiroff, Dudley Digges, Porter Hall

Die nördlichen Provinzen des chinesischen Riesenreiches werden von dem verbrecherischen General Yang (Tamiroff) und seinen Banditen terrorisiert, die hoffen, eines Tages das ganze Land zu beherrschen. Der amerikanische Abenteurer O´Hara (Cooper) schlägt sich auf die Seite der Unterdrückten und soll in ihrem Auftrag eine für den Kauf von Waffen bestimmte Summe Geldes nach Shanghai schmuggeln. Unterwegs werden Anschläge auf sein Leben verübt, und er gerät in die Fänge der schönen Judy (Carroll), die ihn auf einen Zug lockt, der von den Truppen des Generals abgefangen wird...
Der General starb im Morgengrauen ist ein breit angelegter, epischer Abenteuerfilm, der einige Ähnlichkeiten zu Josef von Sternbergs SHANGHAI-EXPRESS aufweist. Trotz der unglaubwürdigen Handlung, die mit historischer Rekonstruktion nichts zu tun hat, ist es ein faszinierendes Stück Kino, in dem Gary Cooper seine in den 30er Jahren fast schon

perfektionierte Rolle des lakonischen Abenteurers gibt. Madeleine Carroll sprang für Merle Oberon ein, die anderweitig Verpflichtungen hatte. Der New Yorker Stückeschreiber Clifford Odets lieferte mit der Bearbeitung von Charles G. Booth' Roman seine erste Arbeit für die Filmindustrie ab; er hat, ebenso wie Regisseur Lewis Milestone und Schriftstellerkollege John O´Hara, einen Cameo-Auftritt als Reporter im Zug.
Der Film erhielt Oscar-Nominierungen für Kamera, Musik und Akim Tamiroff in der neu geschaffenen Kategorie „Bester Nebendarsteller". al

Genosse Don Camillo

Il Compagno Don Camillo/Don Camillo en Russie. Italien/Frankreich 1965 **R** Luigi Comencini **B** Leo Benvenuti und Piero de Bernardi, nach den Charakteren aus dem Roman *Mondo piccolo di Don Camillo* von Giovanni Guarechi **K** Armando Narnnuzzi **M** Alessandro Cicognini **P** Cinematografica Federiz/Omnia-Francoriz-Films **L** 108 Min., s/w **D** Fernandel, Gino Cervi, Graziella Granata, Saro Urzi, Marco Tulli, Rosemarie Lindt

Genosse Don Camillo ist der fünfte und letzte Film aus der 1951 begonnenen *Don Camillo*-Serie. Zweimal führte Julien Duvivier Regie (bei DON CAMILLO UND PEPPONE und DON CAMILLOS RÜCKKEHR) und zweimal Carmine Gallone (bei DIE GROSSE SCHLACHT DES DON CAMILLO und HOCHWÜRDEN DON CAMILLO), bevor Luigi Comencini das Zepter übernahm.
Diesmal geht es weit über den Horizont des kleinen italienischen Städtchens Brescello, in dem die beiden freundschaftlich miteinander verfeindeten Protagonisten Don Camillo (Fernandel) und Peppone (Cervi) wirken, hinaus - mitten in die Weltgeschichte hinein: Peppone reist mit einer Delegation seines kommunistischen Stadtrates nach Moskau. Unter den Reiseteilnehmern befindet sich ein gewisser Genosse Camillo Tarocci, der sich bei näherem Hinsehen als der altbekannte streitsüchtige Pfarrer mit dem markanten Pferdegebiß entpuppt. Peppone hat ihn keineswegs freiwillig mitgenommen, doch Hochwürden wußte einiges über ihn, was seine Partei besser nicht erfahren sollte. So betreibt Don Camillo mit seinem im Füllfederhalter versteckten Kruzifix, einem Koffer voller Heiligenbildchen und der Kraft seiner schlagkräftigen Argumente im Mutterland des Kommunismus' seine Mission gegen die Ungläubigkeit. Zunächst bringt er einen vom christlichen Pfad abgekommenen orthodoxen Popen wieder auf Trab, dann schafft er es sogar, seine kommunistischen Reisegefährten erst zur christlichen Nächstenliebe und anschließend zum Wiedereintritt in die Kirche zu bewegen.
Der im Vergleich zu seinen Vorgängern etwas ungelenke Film knüpfte weltweit an die Riesenerfolge der ersten vier *Don Camillo*-Filme an. Nur in zwei Ländern durften die Werke seinerzeit nicht gezeigt werden: In der Sowjetunion, weil man dort den Kommunismus verunglimpft sah - und im Spanien der Franco-Ära, weil die dortigen Machthaber ihr Regime von dem liebevollen Bild des Kommunismus', das die Filme angeblich vermittelten, bedroht sahen. sk

Gentleman Jim, der freche Kavalier

Gentleman Jim. USA 1942 **R** Raoul Walsh **B** Vincent Lawrence, Horace McCoy, nach der Autobiographie *The Roar of the Crowd* von James J. Corbett **K** Sid Hickox **M** Heinz Roemheld **P** Robert Buckner für Warner Bros. **L** 104 Min., s/w **D** Errol Flynn, Alexis Smith, Jack Carson, Alan Hale, John Loder, William Frawley, Minor Watson, Ward Bond, Madeleine LeBeau, Rhys Williams, Arthur Shields, Dorothy Vaughn, James Flavin, Pat Flaherty

Nachdem sich Errol Flynn wegen eines Herzfehlers im Zweiten Weltkrieg nicht als Held erweisen konnte, mimte er immerhin in unzähligen Kriegs- und Abenteuerfilmen den tapferen Heroen. *Gentleman Jim* gehört zum Subgenre des Boxerfilms und sollte für Flynn zu einem seiner schönsten und ihm persönlich liebsten Filme werden.
In romantischen und spannenden Bildern wird das Sportlerdasein des amerikanischen Faustkämpfers Jim Corbett erzählt, der im Jahre 1890 den Weltmeistertitel im Leichtgewicht errang und den Boxsport salonfähig machte. Die zahlreichen Kämpfe werden durch eine obligatorische Liebesgeschichte miteinander verbunden.
Für die aufwendig gestalteten Boxszenen griff Regisseur Walsh auf schon einmal benutzte Sets zurück, die noch nicht abgebaut worden waren. So entstand die Sequenz von der Boxveranstaltung am Hafen von San Francisco in dem Atelier, in dem auch die Enterszenen zu Flynns Piratenfilm DER HERR DER SIEBEN MEERE gedreht worden war. In einem riesigen Wasserbassin wurde der Boxring aufgebaut; das dahinter liegende Schiff stammte aus dem Streifen DER SEEWOLF, der ein Jahr zuvor im selben Studio entstanden war. Um Kosten zu sparen, sollten beim großen Endkampf nur vereinzelte Statisten angeheuert und zwischen 500 „Dummys" (lebensecht nachgebaute Puppen) gesetzt werden. Die Gewerkschaften protestierten jedoch erfolgreich gegen diesen Plan und die Szenen wurden dann mit einem lebenden Komparsenheer gedreht. jg

Der Gentleman-Zinker

Kaleidoscope. Großbritannien 1966 **R** Jack Smight **B** Robert und Jane Howard-Carrington **K** Christopher Challis **M** Stanley Myers **P** Elliott Kastner für Winkast Prod. **L** 103 Min., Farbe **D** Warren Beatty, Susannah York, Clive Revill, Eric Porter, Murray Melvin, George Sewell, Stanley Meadows, John Junkin, Larry Taylor, George Murcell, Anthony Newlands

Warren Beatty spielt den raffinierten Trickbetrüger Barney Lincoln, vor dem keine Spielbank Europas sicher ist. Eines Tages verliebt er sich in die hübsche Angel (York). Die stürmische Romanze hat jedoch ein folgenschweres Nachspiel: Angels Papa arbeitet bei Scotland Yard und weiß über Barneys nicht ganz legitime Aktivitäten bescheid. Er stellt ihn vor die Wahl, entweder hinter die Gitter eines Gefängnisses zu wandern, oder der Polizei dabei behilflich zu sein, den Anführer einer Rauschgiftorganisation durch seine Spiel- und Kartenkünste zu ruinieren. Barney zieht natürlich die letztere Alternative vor und bringt damit sowohl sich als auch Angel in höchste Lebensgefahr.
„Regisseur Jack Smight spielt in der Öde der Agentenfilme und ihrer läppischen Parodien ein paar Karten aus, die man lange nicht mehr gesehen hat: eine intelligente Handlung, Schauspieler mit komödiantischem Talent, einen Dialog on the rocks, und dies alles ungezinkt in der feinen britischen Art, in der man sich die saftigsten Gemeinheiten mit erleser Höflichkeit sagt und zumutet." (*Darmstädter Echo*)
Zu den inhaltlichen Höhepunkten des Films gehört die Szenenfolge, in der Warren Beatty in das Spielkartendepot des Rauschgifthändlers einbricht, um anhand der Kartenrücken bei dem späteren Spiel seine Zinkerkünste anzuwenden. Eine unterhaltsame, kurzweilige Krimi-Komödie. jg

Georg Elser - Einer aus Deutschland

Georg Elser - Einer aus Deutschland / Seven Minutes. BRD/USA 1989 **R** Klaus Maria Brandauer **B** Stephen Sheppard, nach seinem Roman *The Artisan* **K** Lajos Koltai **M** Georges Delerue **P** Moritz Borman und Rainer Söhnlein für Mentoskop Film/ Saturn Movie **L** 100 Min., Farbe **D** Klaus Maria Brandauer, Brian Dennehy, Rebecca Miller, Elisabeth Orth, Nigel le Vaillant, Vadim Glowna, Marthe Keller

Am 8. November 1939 hätte die Weltgeschichte einen völlig anderen Verlauf nehmen können: Der Münchner Uhrmacher Georg Elser hatte für diesen Abend im mit alten Nazi-Kämpfern vollbesetzten Münchner Bürgerbräukeller ein Attentat auf Hitler vorbereitet, der dort seine jährliche Traditionsrede hielt. Dieser verließ allerdings den Ort des Anschlags sieben Minuten zu früh: Die Zeitbombe ging erst hoch, nachdem der Führer die braune Gaststätte wieder verlassen hatte. Der Attentäter wurde noch am selben Abend bei dem Versuch, in die Schweiz zu entkommen, verhaftet und in ein KZ gesteckt, wo er 1945 von der SS liquidiert wurde. Beim verdrängungserprobten deutschen Volk, geriet Elser schnell in Vergessenheit.

Niemand geringeres als Klaus Maria Brandauer, in Personalunion zugleich Regisseur, stellt diesen Georg Elser dar. Für den Film spricht, daß er auf Brandauer-typische Großaufnahmen und Selbstinszenierungen weitgehend verzichtet. Gleichwohl haftet ihm ein Hauch von Oberflächlichkeit an, was vor allem vom entsetzlich aus dem Englischen ins Deutsche übertragenen Synchron-Blabla herrührt. Zudem geht Brandauer nicht gerade sparsam mit vorurteilsträchtigen Klischeebildern von Deutschland um, die speziell auf das amerikanische Publikum ausgerichtet sind - bayerische Bierdunstgemütlichkeit und lederbemäntelte Gestapo-Herrenmenschen bestimmen die Szenerie.

Das 12,5 Mio $ teure Regie-Debüt Brandauers wurde in München und Budapest gedreht - der Bürgerbräukeller war allerdings nicht mehr im Original vorhanden: Der wurde bei dem Bombenattentat komplett in Schutt und Asche gelegt. sk

Geraubte Küsse

Baisers volés. Frankreich 1968 **R** François Truffaut **B** François Truffaut, Claude de Givray, Bernard Revon **K** Denys Clerval **M** Antoine Duhamel **P** Les Films du Carosse/Artistes Associés **L** 91 Min., Farbe **D** Jean-Pierre Léaud, Claude Jade, Delphine Seyrig, Michel Lonsdale

Schon in SIE KÜSSTEN UND SIE SCHLUGEN IHN und der Episode in LIEBE MIT ZWANZIG hatte sich François Truffaut mit der Figur des Antoine Doinel beschäftigt und damit eines der interessantesten Experimente der Filmgeschichte eingeleitet. Da Antoine immer von demselben Schauspieler, Jean-Pierre Léaud, gespielt wird, kann der Zuschauer nicht nur die Entwicklung einer Figur über viele Jahre mitverfolgen, sondern auch das Leben des Schauspielers und die Beziehung des Regisseurs zu beiden. Antoine Doinel ist sowohl mit Leben und Werk Truffauts als auch mit der Karriere von Jean-Pierre Léaud untrennbar verbunden.

Nach seiner Entlassung aus dem Militärdienst versucht sich Antoine zunächst als Nachtportier eines Stundenhotels, dann als Privatdetektiv und schließlich als Verkäufer im Schuhgeschäft von Monsieur Tabard (Lonsdale). Dessen schöne Frau Fabienne (Seyrig) ist seine heimliche Leidenschaft, das Symbol einer unerreichbar scheinenden, romantischen Liebe, nach der er sucht. Seine Freundin Christine (Jade) ergreift schließlich die Initiative und holt ihn zu sich ins Bett.

Dieser leichte, mit viel Charme und Spontanität inszenierte Film, den Truffaut Henri Langlois widmete, dem damaligen Leiter der Cinémateque Française, wurde von der Kritik mit Enthusiasmus begrüßt und fand in TISCH UND BETT seine Fortsetzung.

„Truffauts Film gibt sich nonchalant, oberflächlich und detailverliebt - wie sein Held Antoine. Der Zuschauer spürt bald, wie sich die Details zu einem Stück wirklichen Leben verdichten."(*Frankfurter Rundschau*) al

Ein Geschenk des Himmels

Father's Little Dividend. USA 1951 **R** Vincente Minnelli **B** Frances Goodrich, Albert Hackett **K** John Alton **M** Albert Sendrey **P** Pandro S. Berman für MGM **L** 80 Min., s/w **D** Spencer Tracy, Joan Bennett, Elizabeth Taylor, Don Taylor, Billie Burke

Eine der wenigen Fortsetzungen, die sich mit dem Original messen können. In diesem Falle wiederholten alle Beteiligten (bis auf den Komponisten) ihren Einsatz bei VATER DER BRAUT, einer Familienkomödie um die Aufregung, die die plötzliche Verlobung der Tochter des Hauses mit sich bringt.

Diesmal sieht sich Familienoberhaupt Stanley Banks (Tracy) mit einer weiteren Hiobsbotschaft seiner mittlerweile verheirateten Tochter Kay (Taylor) konfrontiert: Sie ist schwanger! Stanley tobt, da er nichts davon hält, in so jungen Jahren schon eine Familie zu gründen. Doch er kann das Unvermeidliche nicht mehr abwenden und sieht sich unversehens in die Großvaterrolle gedrängt, noch dazu mit einem Enkel, der jedesmal zu plärren anfängt, wenn Stanley in seine Nähe kommt. Und auch das junge Ehepaar hat seine Probleme...

Natürlich löst sich am Ende alles in Wohlgefallen auf in diesem sympathischen Lustspiel, das von der Kritik und vom Publikum gleichermaßen positiv aufgenommen wurde. Elizabeth Taylors Scheidung von ihrem ersten Ehemann Nicky Hilton (dem Hotelerben) sorgte für zusätzliche und gewinnträchtige Publicity, obwohl das unrühmliche Ende dieser Verbindung in scharfem Kontrast zu Elizabeths Rolle als fürsorgliche Mutter und Gattin stand. al

Geschenkt ist noch zu teuer

The Money Pit. USA 1985 **R** Richard Benjamin **B** David Giler **K** Gordon Willis **M** Michel Colombier **P** Steven Spielberg, Frank Marshall, Kathleen Kennedy, Art Levinson für Universal Pict. **L** 91 Min., Farbe **D** Tom Hanks, Shelley Long, Alexander Godunov, Maureen Stapleton, Joe Mantagna

Der Name Steven Spielberg, der hier als Executive-Producer auftrat, bürgt nicht zwangsläufig für Qualität: *Geschenkt ist noch zu teuer* ist eine flache Burleske, deren Handlungsrahmen schlicht darin besteht, daß Yuppie-Anwalt Walter (Hanks) und seine Freundin Anna (Long) sich eine schrottöse Villa zugelegt haben, die Stück für Stück zusammenfällt, je mehr die beiden an ihr herumreparieren. Es bleibt nicht aus, daß sich die (unoriginellen) Gags wiederholen. Die Dramaturgie beschränkt sich allein auf Übertreibungen; jede Katastrophe, die über dem Paar zusammenbricht, ist eine Spur schlimmer als die vorangegangene: Die Haustür fällt aus dem Rahmen, das Treppenhaus knickt ein, Wasser kommt nur bei Regen (durch das Dach), am Ende kracht die ganze Bude zusammen - haha. Bemerkenswert sind allein die zahlreichen Spezialeffekte aus der Trickkiste Spielbergs. Um von der Inhaltslosigkeit seines Machwerks abzulenken, hat Regisseur Benjamin zwar noch eine Dreiecksgeschichte mit Annas Ex-Freund Max (Godunov) eingebaut, diese bleibt jedoch ebenso konventionell wie langweilig. „Gesamthaft bleibt Richard Benjamins Komödie ein vordergründiges Unterhaltungsprodukt ohne Hintersinn..., in dem es vor allem auf die Stunts ankommt."(*Zoom*) sk

Die Geschichte der Adèle H.

L'histoire d'Adèle H. Frankreich 1975 **R** François Truffaut **B** François Truffaut, Jean Gruault, Suzanne Schiffman, nach dem Buch *Le Journal d'Adèle Hugo* von Frances Vernor Guille **K** Nestor Almendros **M** Maurice Jaubert **P** Marcel Berbert für Les Films du Carosse/Artistes Associés **L** 95 Min., Farbe **D** Isabelle Adjani, Bruce Robinson, Sylvia Marriott, Joseph Blatchley

Schon 1969 hatte sich François Truffaut für die Person der Adèle Hugo interessiert, Tochter des großen französischen Schriftstellers Victor Hugo (1802-1885), zu dessen bekanntesten Büchern *Die Elenden* und *Der Glöckner von Notre Dame* gehören. Er sicherte sich die Unterstützung von Frances V. Guille, Professorin an einer amerikanischen Universität, die eine Adèle-Hugo-Biographie zusammengestellt hatte, sowie die von Jean Hugo, dem Enkel des Schriftstellers.

Der Film beginnt im Jahre 1983, mit der Ankunft Adèles (Adjani) im kanadischen Halifax. Dorthin ist sie, ohne das Wissen der Eltern, Albert Pinson (Robinson) gefolgt, einem jungen englischen Leutnant, der sie verführt, ihr die Heirat versprochen, sich

dann jedoch aus dem Staube gemacht hat. Doch sie muß feststellen, daß er nichts mehr von ihr wissen will. Trotzdem verfolgt sie ihn überall und bringt ihn ständig in kompromittierende Situationen, während sie ihren Eltern von einer bevorstehenden Hochzeit schreibt. Obwohl Pinson sich immer abweisender zeigt, wächst ihre fanatische Liebe zu ihm, wovon sie in ihren Tagebüchern, die sie regelmäßig führt, Zeugnis ablegt. Sie folgt ihm schließlich sogar nach Barbados, wo sie, mittlerweile völlig verwahrlost, immer mehr dem Wahnsinn verfällt. Eine gütige Schwarze nimmt sich schließlich ihrer an und informiert die Familie. Adèle kommt nach neunjähriger Abwesenheit nach Frankreich zurück und verbringt die restlichen 43 Jahre ihres Lebens in geschlossenen Anstalten.
Für Truffaut und sein Team bestand die Schwierigkeit bei der Leinwandbearbeitung dieses Schicksals, daß es nur eine einzige Hauptfigur gibt, alle anderen sind nebensächlich. Sogar Pinson verschwindet irgendwann, denn Adèle braucht ihn nicht mehr. Längst ist sie nicht mehr von seiner Person besessen, sondern von ihren eigenen leidenschaftlichen Gefühlen. Diese Besessenheit wird von Isabelle Adjani mit geradezu erschreckender Glaubhaftigkeit verkörpert, und ihre stark vom Theater geprägte Gestik ist hier genau richtig am Platz. Nach nur drei Filmen (darunter DIE OHRFEIGE mit Lino Ventura) hatte sie sich mit dieser Rolle als vielversprechendster Nachwuchsstar Frankreichs etabliert. Sie erhielt eine Oscar-Nominierung, verlor jedoch gegen Louise Fletcher (EINER FLOG ÜBER DAS KUCKUCKSNEST). al

Die Geschichte der Dienerin

The Handmaid´s Tale / Die Geschichte der Dienerin. USA/BRD 1989 **R** Volker Schlöndorff **B** Harold Pinter, nach dem Roman *Der Report der Magd* von Margaret Atwood **K** Igor Luther **M** Ryuichi Sakamoto **P** Daniel Wilson, Eberhard Junkersdorf für Cinecom International/Odyssee/ Cinetudes Film Prod./Bioskop Film **L** 109 Min., Farbe **D** Natasha Richardson, Faye Dunaway, Robert Duvall, Aidan Quinn, Victoria Tennant, Elizabeth McGovern, Blanche Baker, Tracy Lind, Lucie Hartpeng, David Luke, Annemarie Fenske

Mit einem Etat von 13 Millionen Dollar inszenierte Volker Schlöndorff als amerikanisch-deutsche Gemeinschaftsproduktion Margaret Atwoods düstere Utopie. Gedreht in den Städten Neuenglands, im St. Mary´s College in Raleigh und der Landschaft Kanadas, beschreibt Schlöndorff in bunten und dennoch überaus kalten Farben die Geschichte der „Dienerin" Kate (Richardson). Aus Amerika ist das Land „Gilead" geworden, in dem sich nach Atomkriegen und Umweltkatastrophen eine neue, erschreckende Gesellschaft entwickelt hat, die in einer Art religiöser Diktatur nach den Gesetzen des alten Testaments lebt. Die noch wenigen fruchtbaren Frauen werden zu Gebärmaschinen herangezüchtet und den Familien der herrschenden Klasse zugeteilt. Kate kommt als Dienerin in das Haus von Serena Joy (Dunaway), deren Ehemann (Duvall) sie zu Willen sein muß, was allerdings den Neid ihrer Herrin erweckt. In einem geschickt eingeflochtenen und lebensgefährlichen Spiel gelingt es Kate, ihre Unterdrücker gegeneinander auszuspielen und der Hölle des totalitären Staates zu entkommen.
Die Kritiker billigten Schlöndorff zwar durchaus gestalterisches Geschick zu, betrachteten sein Werk jedoch überwiegend als eine mißlungene Literaturverfilmung. „Das hervorragende Darstellerensemble verleiht den durchweg zwiespältigen Charakteren beängstigende Realität. Dennoch scheitern Schlöndorff und sein Ausstatter Thomas Walsh gründlich mit ihrer Ausmalung des alltäglichen Wahns....Es gibt keinen Raum für subjektives Mitfühlen der beklemmenden Vorgänge auf der Leinwand. Mit dem Verlassen des Kinos läßt man auch den Film emotional zurück." (*Tips*)
Die Geschichte der Dienerin ist in der Konzeption seiner Massenszenen noch am beeindruckendsten. Um die jeweilige soziale Gruppenangehörigkeit deutlich zu machen, tragen die „Dienerinnen" rote Gewänder, während sich ihre Herrinnen in blaue Tücher hüllen. Etwas phantasielos sind die Dekorationen und die Gestaltung der Schauplätze geraten, die in jeder amerikanischen Vorortsiedlung liegen könnten. Wenn dann auch noch Faye Dunaway zu einer Zigarette aus ihrer Marlboro-Schachtel greift, ist jeder Hauch einer glaubwürdigen Utopie verweht. jg

Die Geschichte der Nana S.

Vivre sa vie. Frankreich 1962 **R** Jean-Luc Godard **B** Jean-Luc Godard **K** Raoul Coutard **M** Michel Legrand **P** Les Films de la Pléiade (Paris) **L** 78 Min., Farbe **D** Anna Karina, Sady Rebbot, Monique Messeue, Mario Botti, Gérard Hoffmann

Ein junges Mädchen gerät in Geldschwierigkeiten. Nach einer gescheiterten Beziehung wendet sie sich mehr und mehr der professionellen Prostitution zu und wird bei einem Streit unter Zuhältern erschossen.
So nüchtern und kurz diese Zusammenfassung des Filmes ist, so radikal bricht Godard hier mit den Formen des klassischen Erzählkinos. Der in zwölf Teile gegliederte Film ist sichtbar auf Distanz ausgerichtet, eine Identifikation des Zuschauers mit dem Darsteller wird bewußt ausgeklammert. Godards eigene Erzählmittel, die in diesem Film besonders deutlich werden, gaben Anlaß zu einer Vielzahl heftiger Kritiken und Diskussionen. Seine Stilmittel waren revolutionär, der Unterschied von Wort und Bild sowie die scheinbar unzusammenhängenden Bildkompositionen kamen fast einer Kriegserklärung an die althergebrachte Sehweise gleich.
In der Rolle der Nana ist Anna Karina zu sehen, die ein Jahr zuvor Godard geheiratet hatte und ihre wichtigsten Filme unter seiner Regie und der seiner Nouvelle-Vague-Kollegen drehte. dk

Die Geschichte der O.

Histoire d´O. BRD/Frankreich 1975 **R** Just Jaeckin **B** Sébastian Japrisot, nach dem gleichnamigen Roman von Pauline Réage **K** Robert Fraisse **M** Pierre Bachelet **P** Terra Filmkunst/S. N. Prodis/ Yang Films/AD Creation (Paris) **L** 105 Min., Farbe **D** Corinne Cléry, Udo Kier, Anthony Steel, Jean Gaven, Christiane Minazzoli, Martine Kelly, Alain Noury, Gabriel Cattand

Als die Buchvorlage zu diesem Film 1954 veröffentlicht wurde, wußte der Autor wohl, warum er seinen Roman unter einem Pseudonym geschrieben hatte. Die pornographischen Elemente der Geschichte veranlaßten die französischen Behörden, es anfangs zu verbieten, bevor das Buch dann doch erscheinen durfte. Kein Unbekannter dagegen ist Regisseur Just Jaeckin. Knapp zwei Jahre vor der *Geschichte der O.* hatte er sich mit dem Softporno EMANUELA einen Namen gemacht. Der Erfolg dieser Produktion prädestinierte ihn auch für die Verfilmung eines weiteren Erotik-Romans.
Ein junges Mädchen wird durch ihren Liebhaber in einem französischen Schloß in verschiedene Liebespraktiken eingeführt. Dabei muß sie ihre Hörigkeit unter Beweis stellen, indem sie nicht nur ihrem Geliebten, sondern auch jedem anderen von ihm ausgewählten Mann zur Verfügung steht. Zur Demonstration ihrer Selbstaufgabe verlangt der ältere Freund und Mentor des Geliebten weitere sadomasochistische Initiationsriten, die der jungen O. zu ihrem Status als Sexobjekt verhelfen sollen.
Ein sehr „dekorativ" und optisch sorgfältig konstruierter Softporno, dessen eindeutige Handlung sich auch auf Frankreichs Innenpolitik auswirkte. Noch im Jahr der Uraufführung wurde ein Gesetz erlassen, daß alle Erotik- und Gewaltfilme mit einer Sondersteuer belegte. dk

Die Geschichte der Piera

Storia di Piera/L´histoire de Piera. BRD/Italien/Frankreich 1982 **R** Marco Ferreri **B** Dacia Maraini, Piera Degli Esposti, Marco Ferreri **K** Ennio Guarnieri **M** Philippe Sarde **P** Erwin C. Dietrich und Peter Baumgartner für Ascot Film/

Faso-Film/Sara-Film **L** 106 Min., Farbe **D** Hanna Schygulla, Isabelle Huppert, Marcello Mastroianni, Bettina Grühn, Tanya Lopert

Italiens Skandal-Regisseur Marco Ferreri, bekannt u.a. durch DAS GROSSE FRESSEN und GANZ NORMAL VERRÜCKT, inszenierte mit der *Geschichte der Piera* einen weiteren seltsamen, ja ratlos machenden Film, frei nach seiner Lebensphilosophie: "Ich hoffe, daß die Menschen verrückt sind und nicht vernünftig. Vernunft bedeutet den Tod des Menschen."
Verrückt ist auch Eugenia (Schygulla), die sich bald nach der Geburt ihrer Tochter Piera (dargestellt von Bettina Grühn, später von Isabelle Huppert) wieder ihrem Hauptzeitvertreib widmet: Tagträumen und Männern, mit denen sie stets vor den Augen ihrer Tochter Sex praktiziert. Die gestörte Mutter-Tochter-Beziehung ist geprägt von gegenseitiger Abhängigkeit, einem dauernden Konkurrenzkampf, der für Eugenia schließlich in einer Anstalt endet, während Piera ihrer hemmungslosen Lebensgier, der „unbändigen Kraft der ewigen Weiblichkeit" (*Evangelischer Filmbeobachter*), endlich nachgeben kann.
Diese Geschichte verlorener, träumender Charaktere gibt dem Betrachter Rätsel auf: Die Darsteller agieren teilweise wie in einer Nebelwand; bruchstückhafte Sequenzen werden ohne Erklärung und Zusammenhang aneinandergereiht. Vielleicht hilft da die Erklärung Ferreris weiter: „Wir leben in einer Umgebung, die schon am Ende ist. Während wir darauf warten, daß da irgendetwas explodiert, hat die Explosion schon stattgefunden."
Hanna Schygulla wurde indes auf den Filmfestspielen in Cannes 1983 für ihre Mutter-Rolle mit dem Preis der Besten Darstellerin ausgezeichnet. sk

Geschichte einer Nonne

The Nun´s Story. USA 1959 **R** Fred Zinnemann **B** Robert Anderson, nach dem Roman von Kathryn Hulme **K** Franz Planer **M** Franz Waxman **P** Henry Blanke für Warner Bros. **L** 149 Min., Farbe **D** Audrey Hepburn, Peter Finch, Edith Evans, Peggy Ashcroft, Dean Jagger

Von künstlerischer Seite aus betrachtet war *Geschichte einer Nonne* der weitaus bessere Film, doch entschied sich das Komitee bei der Oscar-Verleihung von 1959 für den überlauten Monumentalstreifen BEN HUR, neben dem Fred Zinnemanns leiser und dennoch großer Film bescheiden verstummte. Immerhin wurde sein Werk insgesamt achtmal (u.a. für Bester Film, Regie, weibliche Hauptrolle, Kamera, Musik) für die begehrte Auszeichnung nominiert, doch schnappte BEN HUR dem Glaubensdrama sämtliche Preise vor der Nase weg.
Audrey Hepburn spielt in unvergleichlicher Weise die junge Gabriele van der Mal, die sich gegen den Willen ihres Vaters entschließt, als Nonne in einen strengen Orden einzutreten. Insgeheim erhofft sie sich, bald als Krankenschwester in den Kongo geschickt zu werden, doch zuvor muß Gabriele hinter den grauen Klostermauern eine harte Zeit der Lehre in völliger Demut und Hingabe zu Gott bestehen. Nach Jahren aufopferungsvoller Arbeit in der afrikanischen Mission kehrt sie nach Europa zurück, um unter dem Einfluß des losbrechenden Zweiten Weltkrieges und umgeben von den beengenden Klostermauern zu der erschütternden Erkenntnis zu gelangen, daß sie doch nicht für ein Leben als Nonne geschaffen ist.
Die Drehbarbeiten zogen sich über ein Jahr hin und entstanden an Originalschauplätzen in Brügge und Belgisch-Kongo. Für die Innenaufnahmen mieteten die Warner Bros. die römischen Cinecittà-Studios an, in denen parallel BEN HUR gedreht wurde. Es ging sogar das Gerücht um, Audrey Hepburn hätte in diesem Film bei einer der zahlreichen Massenszenen als Statistin mitgewirkt. *Geschichte einer Nonne* wurde bei Kritik und Publikum ein überwältigender Erfolg, obwohl die ungewöhnliche Länge des Films und die Schwierigkeit des Themas bei den Studiobossen erst einige Zweifel hervorgerufen hatten. Audrey Hepburn setzte mit ihrer Rolle einen Höhepunkt in ihrer Leinwand-Karriere und gleichzeitig den Schlußstrich unter die Darstellung asexuell wirkender Frauengestalten. In den 60er Jahren präsentierte sie sich (bis auf den Part in INFAM) dem Publikum dann von einer ganz anderen Seite. jg

Die Geschichte vom kleinen Muck

Die Geschichte vom kleinen Muck. DDR 1953 **R** Wolfgang Staudte **B** Peter Podehl, Wolfgang Staudte, nach dem Märchen von Wilhelm Hauff **K** Robert Baberske **M** Ernst Roters **P** DEFA **L** 100 Min., Farbe **D** Thomas Schmidt, Johannes Maus, Friedrich Richter, Trude Hesterberg, Alwin Lippisch, Silja Lesny, Heinz Kammer, Wilhelm Hinrich Holtz, Werner Peters

Die Geschichte vom kleinen Muck entstand eigentlich aus einer Verlegenheit heraus, in die Staudte nach einer Auseinandersetzung mit Bertolt Brecht geraten war. Er hatte gerade einige Probefarbaufnahmen mit Helene Weigel für die geplante Verfilmung von *Mutter Courage* gemacht, als die Dreharbeiten wegen nicht zu klärender Differenzen mit Brecht abgebrochen werden mußten. Um das plötzlich leerstehende, riesige Atelier zu nutzen, wurde schnell auf den bekannten Stoff von Wilhelm Hauff zurückgegriffen und damit einer der schönsten deutschen Märchenfilme realisiert.
Eingebettet in eine Rahmenhandlung (der wegen seiner Behinderung stets verhöhnte alte Muck erzählt einer Gruppe von Kindern seine Geschichte), beschreibt der Hauptteil des Films die Erlebnisse des kleinen Muck, der in die orientalische Zauberwelt von 1001 Nacht auszieht, um sein Glück zu suchen. Auf seiner einsamen Reise begegnet er einer Hexe, der er ein Zauberstöckchen und fliegende Pantoffeln stehlen kann, und gelangt schließlich an den Hof eines bösen Sultans, der von Muck seiner gerechten Strafe zugeführt wird.
Dem Film gelingt es in überzeugender Weise, durch ausgefeilte Dekors, Kostüme und Farben eine märchenhafte Atmosphäre zu entwickeln, die sich angenehm von den entsetzlich biederen westdeutschen Grimm-Verfilmungen abhebt. „*Die Geschichte vom kleinen Muck* ist an jenen, von Hauffs Vorlage abweichenden Stellen besonders geprägt von Staudtes gesellschaftlicher Einstellung: Abneigung gegen Haß und Benachteiligung, Deutlichmachen korrupter Zustände und Herrschaftsverhältnisse, Verhinderung von Krieg, Mitgefühl für den gesellschaftlich Benachteiligten." (*Medien und Erziehung*)
Hauffs Geschichte war das erste Mal 1944 in der Regie von Franz Fiedler unter dem Titel *Der kleine Muck* verfilmt worden. jg

Geschichten aus dem Wiener Wald

Geschichten aus dem Wiener Wald. BRD/Österreich 1978 **R** Maximilian Schell **B** Christopher Hampton, Maximilian Schell, nach dem Stück von Ödön von Horváth **K** Klaus König **M** Toni Stricker **P** Maximilian Schell für MFG-Film GmbH, Solaris-Film (München)/Arabella-Film (Wien)/Bayerischer Rundfunk **L** 95 Min., Farbe **D** Birgit Doll, Hanno Pöschl, Helmut Qualtinger, Jane Tilden, Adrienne Gessner, Götz Kauffmann, André Heller, Lil Dagover, Vadim Glowna

Eine mitunter bewußt etwas derb umgesetzte Verfilmung des Theaterstücks von Ödön von Horváth, in der die gemütlich schun-

kelnde Idylle der Heurigen-Seligkeit zu einem grausamen Reigen der Resignation und Selbstverachtung wird.
Das Mädchen Marianne (Doll) soll mit dem Fleischer Oskar (Kauffmann) verlobt werden, den sie jedoch nicht liebt. Sie flieht und rennt in die offenen Arme des Weiberhelden Alfred (Pöschl), der sie mit einem Kind sitzenläßt. Die Großmutter nimmt sich des unehelichen Säuglings an und sorgt dafür, daß das Kind bald darauf stirbt, während sich Marianne ihren Lebensunterhalt als Nackttänzerin verdienen muß, da der Vater sie nicht mehr daheim aufnimmt. Um ihrer Not zu entkommen, stiehlt sie einem Amerikaner die Brieftasche und wird ins Gefängnis geworfen. Als Marianne vom Tod ihres Kindes erfährt, bricht sie endgültig zusammen. Vollends sturmreif geschossen, kann nun auch Oskar über sie verfügen.
„Die bekannt gemütlich-sentimentalen *Geschichten aus dem Wiener Wald* werden hier ins Gegenteil verkehrt. Die rosa Glasur wird abgekratzt und es erscheint ein brutales, ungemütliches Gesicht der Wiener Stadt. Wenn das Geschehen am gemeinsten wird, ertönt von irgend woher ein Strauß-Walzer..." (*Zürcher Zeitung*) -Ödön von Horváth (1901-1938) war es von den Nazis verboten worden, Deutschland zu betreten. In seinen *Geschichten aus dem Wiener Wald* hatte er bereits 1930 sehr deutlich auf die enge Verwandtschaft zwischen kleinbürgerlicher Spießigkeit und der politischen Beschränktheit des Nationalsozialismus hingewiesen. jg

Geschossen wird ab Mitternacht

The Cheyenne Social Club. USA 1970 **R** Gene Kelly **B** James Lee Barrett **K** William Clothier **M** Walter Scharf **P** Gene Kelly für National General **L** 103 Min., Farbe **D** James Stewart, Henry Fonda, Shirley Jones, Sue Anne Langdon, Elaine Devry, Robert Middleton, Arch Johnson, Dabbs Greer, Jackie Russell, Jackie Joseph, Sharon DeBord, Richard Collier

Geschossen wird ab Mitternacht war der erste Western des schauspielernden Regisseurs Gene Kelly und sicherlich nicht einer der bemerkenswertesten.
Der aus Texas stammende Cowboy John (Stewart) erbt von seinem Bruder ein florierendes Unternehmen - den „Social Club" im Bundesstaat Cheyenne. Hinter dieser Institution verbirgt sich jedoch zu seinem Entsetzen keineswegs ein Wohltätigkeitsverein, sondern ein lasterhaftes Bordell. John weigert sich, ein solches Etablissement zu übernehmen und macht sich mit seinem Freund Harley (Fonda) daran, den Puff in ein Hotel umzuwandeln, was überall auf großen Protest stößt. Nachdem sich die beiden Texaner sowohl bei der Kundschaft als auch den Damen des Hauses unbeliebt gemacht haben, rückt in der Person des Raufbolds Bannister neuer Ärger an.
„In gemächlichem Rhythmus inszenierter Western mit humoristischen Absichten; wirklichkeitsfern und nicht immer geschmackssicher", urteilte das Fachblatt *Filmkritik*. *Geschossen wird ab Mitternacht* entstand in der Nähe von Santa Fe/New Mexico. James Stewart legte großen Wert darauf, diesen Streifen mit seinem Filmpferd „Pie" zu drehen, das ihn seit 1950 treu durch all seine Western getragen hatte. „Pie" sollte hier seinen letzten Auftritt erleben. Zehn Tage nach dem Ende der Dreharbeiten starb das Tier. jg

Das Gesetz bin ich

Mr. Majestyk. USA 1974 **R** Richard Fleisher **B** Elmore Leonard **K** Richard H. Kline **M** Charles Bernstein **P** Walter Mirisch für Mrisch Corp./ United Artists **L** 102 Min., Farbe **D** Charles Bronson, Al Lettieri, Linda Cristal, Lee Purcell

Einer von Charles Bronsons besseren Action-Filmen, obwohl der Star auch hier das Gesetz (sprich: das Gewehr) selbst in die Hand nimmt und am Ende zahlreiche Leichen beiseite zu räumen sind.
Diesmal spielt er einen Melonenfarmer, der sich einer Bande von Gangstern unter Führung von Frank Renda (Lettieri) gegenüber sieht. Dieser hat noch eine Rechnung mit ihm zu begleichen. Nachdem ein Arbeiter auf brutale Weise verstümmelt und die bis dato Ernte vernichtet wurde, kommt es zum offenen Showdown auf der Farm, bei dem unser Held nur die Unterstützung einer schönen Frau (Cristal) erhält.
Das Gesetz bin ich hat einen interessanten sozialkritischen Ansatz, der von Regisseur Richard Fleischer allerdings nicht weiterverfolgt wurde: Die Ausbeutung von mexikanischen Schwarzarbeitern durch skrupellose Gewerkschaften. Diese Thematik weicht einer formelhaften „Einer gegen alle"-Dramaturgie, die sich zahlreicher Schießereien und Autostunts bedient, um den Bron-son-Fans zu geben, was sie von ihrem Idol gewohnt sind. Diesem Anspruch wird der Film voll und ganz gerecht. *New York* kommentierte ironisch: „Die einzige emotionell berührende Szene ist die Vernichtung der Wassermelonen durch Maschinengewehrfeuer." al

Das Gesetz der Begierde

La ley del deseo. Spanien 1986 **R** Pedro Almodóvar **B** Pedro Almodóvar **K** Angel Luis Fernandez **P** Miguel A. Perez Campos für El Deseo **L** 100 Min., Farbe **D** Eusebio Poncela, Carmen Maura, Antonio Banderas, Miguel Molina, Manuela Velesco

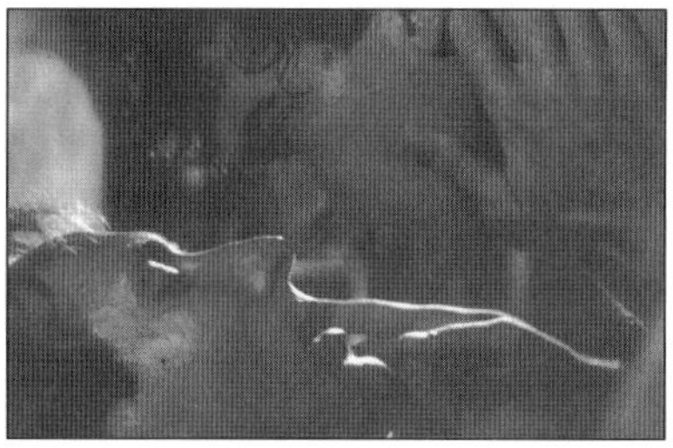

Pablo liebt Juan, Antonio liebt Pablo, und Tina - Pablos Schwester, die früher einmal Pablos Bruder war - liebt Antonio. Diese Vierer-Konstellation bildet die Grundlage zu Almodóvars melodramatischer Soap-Opera, die alle Perversionen, die das traditionelle Spanien zu bieten hat, furios in sich vereint: Homophilie, Transsexualität, Inzest. Der Film ist zugleich „eine Abrechnung mit dem Bild von Folklore-Gedudele mit Kastagnetten und heißbusigen Zigeunerinnen" (*Tageszeitung*). Voll subtilen Humors, gezeichnet in grell-bunten Bildern (typisch für Almodóvar regieren die Grundfarben blau, rot und gelb), treibt die Geschichte, angesiedelt in der avantgardistischen Künstlerszene Madrids, mittels eines schrägen Eifersuchtsdramas ihrem blutigen Ende entgegen: Antonio (Banderas) erschießt zuerst seinen Nebenbuhler Juan (Molina) und erzwingt, beherrscht von seiner zerstörerischen Begierde, von Pablo (Poncela) eine letzte gemeinsame Liebesnacht, bevor er sich selbst umbringt. Am Ende stehen Bruder und Schwester allein da - die Menschen, die sie geliebt hatten, sind ausgelöscht.
Die transsexuelle Sexbombe Tina wird von Carmen Maura aufrichtig und leidenschaftlich gespielt - das Publikum sucht in ihr vergeblich den verkappten Kerl. *Das Gesetz der Begierde* war 1986 bereits der sechste Spielfilm Almodóvars, jedoch der erste, der hierzulande gezeigt wurde; Filme wie MATADOR und LABYRINTH DER LEIDENSCHAFTEN kamen in Deutschland erst Jahre später auf die Leinwand. sk

Das Gesicht

Ansiktet. Schweden 1958 **R** Ingmar Bergman **B** Ingmar Bergman **K** Gunnar Fischer **M** Erik Nordgren **P** Svensk Film **L** 100 Min., s/w **D** Max von Sydow, Ingrid Thulin, Gunnar Björnstrand, Lars Ekborg, Bibi Andersson, Åke Fridell, Sif Ruud, Erland Josephson, Gertrud Fridh, Toivo Pawlo

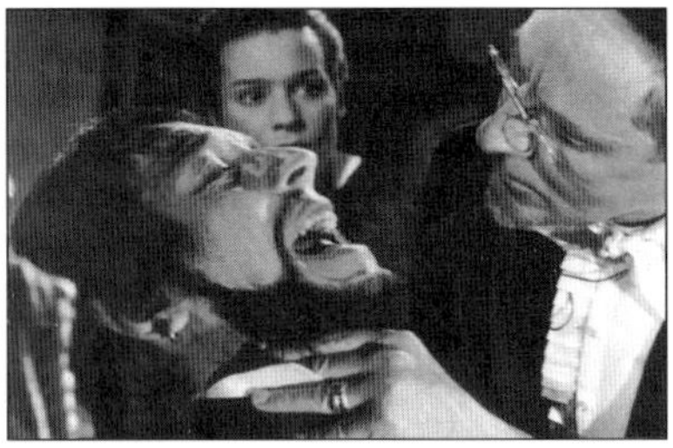

Ein Jahr nach dem künstlerischen Erfolg von WILDE ERDBEEREN drehte Bergman *Das Gesicht* - einen Film, der zwar in überschwenglichen Tönen als sein tiefstes, persönlichstes und eindringlichstes Werk gelobt wurde, der jedoch die Kritiker auch in einer gewissen Verwirrung und Ratlosigkeit zurückließ.
Im Stockholm des Jahres 1846 wettet der Konsul Abraham Egermann (Josephson) mit seinem Freund Dr. Vergérus (Björnstrand), daß es die Kräfte der Magie gibt, was dieser als realistischer Naturwissenschaftler jedoch entschieden bestreitet. Eine zufällig in die Stadt kommende Gauklertruppe wird in das Haus des Konsuls gebracht und soll dort ihre Kunststücke aufführen. Im Laufe seines kurzen Aufenthalts gelingt es dem Zauberer Dr. Vogler (von Sydow), die versammelten Zuschauer in tiefe Beunruhigung zu stürzen. Nach einem Hypnoseversuch zeigt sich ein Diener des Hauses so verstört, daß er sich noch in derselben Nacht erhängt. Vogler selbst bringt Vergérus als unsichtbarer Geist fast an den Rand des Wahnsinns. Der Film endet damit, daß die Schauspielertruppe in das königliche Schloß geführt wird, um dort ihre Künste zu präsentieren.
Als Vorlage zu diesem Film dienten Bergman eine alte frühchristliche Legende und das Chesterton-Stück *Magic*, das er selbst im Frühjahr 1947 in Göteborg inszeniert hatte. Bibi Andersson, die zu dieser Zeit mit Bergmann nicht nur künstlerisch sehr eng verbunden war, spielte nach DAS SIEBENTE SIEGEL und WILDE ERDBEEREN das dritte Mal eine Hauptrolle unter der Leitung des schwedischen Meisterregisseurs. jg

Das Gesicht in der Menge

A Face in the Crowd. USA 1957 **R** Elia Kazan **B** Budd Schulberg **K** Harry Stradling, Gayne Rescher **M** Tom Glazer **P** Elia Kazan für Warner Bros. **L** 104 Min. (Originalfassung 125 Min.), s/w **D** Andy Griffith, Patricia Neal, Anthony Franciosa, Walter Matthau, Lee Remick

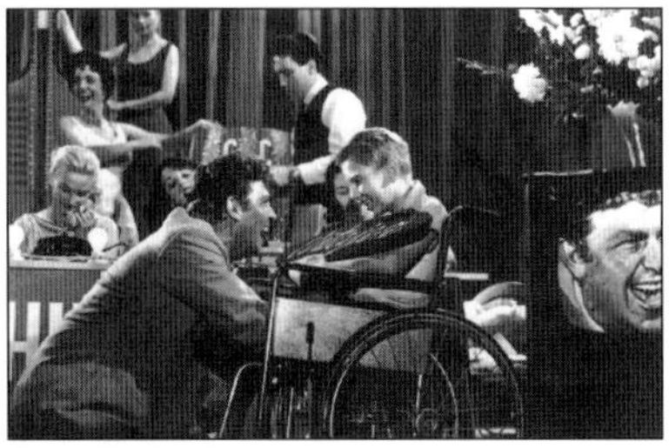

Immer auf der Suche nach unbekannten, neuen Gesichtern, entdeckt die TV-Reporterin Marcia (Neal) in einem kleinen Gefängnis den Gitarre spielenden „Lonesome“ Rhodes (Griffith), der sie mit seinem bodenständigen Humor beeindruckt. Ein kleiner Auftritt in der örtlichen TV-Station bleibt nicht ohne Folgen, und bald ist Rhodes Amerikas Fernseh-Liebling Nr. 1. Mit seinem kometenhaften Aufstieg wächst jedoch auch sein Machtbewußtsein, und er beginnt, bestimmte Firmen und Politiker gegen Geld- und Machtzusagen zu unterstützen. Marcia, mittlerweile seine Geliebte, kann seinen Zynismus und Egoismus nicht länger ertragen und dreht heimlich das Mikrophon auf, als Rhodes sich unbeobachtet glaubt und über sein Publikum schwadroniert, es beschimpft und verhöhnt.
Elia Kazan und sein Drehbuchautor Budd Schulberg, der auch schon DIE FAUST IM NACKEN schrieb, schufen eine intelligente, aggressive Attacke gegen die Macht des neuen Massenmediums Fernsehen. Lonesome Rhodes ist eine Art Frankenstein-Figur, die von ihren Schöpfern, in diesem Falle Marcia und Kollegen, nur durch Vernichtung wieder unter Kontrolle gebracht werden kann. Der Bühnenschauspieler Andy Griffith meistert diese schwierige Rolle (sein Filmdebüt) mit Bravour, war seither jedoch nur selten auf der Leinwand zu sehen. Die ausgezeichnete Besetzung schließt auch Lee Remick in der kleinen, aber wichtigen Rolle von Rhodes´ Frau ein; auch sie hat hier ihre erste Filmrolle. al

Gesicht ohne Namen

Mister Buddwing. USA 1966 **R** Delbert Mann **B** Dale Wasserman, nach dem Roman *Buddwing* von Evan Hunter **K** Ellsworth Fredricks **M** Kenyon Hokins **P** Delbert Mann, Douglas Lawrence, Dale Wasserman für MGM **L** 96 Min., Farbe **D** James Garner, Jean Simmons, Suzanne Pleshette, Katharine Ross, Angela Lansbury, Jack Gilford

Ein Mann (Garner) wacht eines Morgens auf einer Bank im New Yorker Central Park auf und kann sich an nichts mehr erinnern. Gedächtnisverlust! Kurzerhand gibt er sich den Namen „Buddwing“, basierend auf einer Bierreklame und einem Flugzeug, das er beim Aufwachen erblickte. Die Begegnungen mit drei verschiedenen Frauen, einer Studentin (Ross), einer Schauspielerin (Pleshette) und einer Dame der oberen Gesellschaft (Simmons) bringen ihm sein Erinnerungsvermögen langsam zurück, obwohl er in jeder der Frauen zunächst die eigene Gattin vermutete.
In Evan Hunters Roman, der dem Film zugrunde liegt, geht es um eine Ehe, die mit dem Selbstmordversuch der Frau endet. Der Mann erleidet daraufhin einen zunächst vollständigen Gedächtnisschwund. Jede der Frauen, denen Buddwing begegnet, scheint mit seinem früheren Leben verknüpft zu sein; in Rückblenden wird seine Gattin durch die jeweilige Schauspielerin verkörpert, deren Bekanntschaft er gerade gemacht hat. Trotz dieser geschickten filmischen Auflösung, die noch einen Schritt weitergeht als die Vorlage, kann *Gesicht ohne Namen* nicht überzeugen - zu abgenutzt ist die Amnesie-Erkrankung des Helden. Diese überaus beliebte Handlungsvariante wurde u.a. geschickter in zwei Gregory-Peck-Vehikeln verarbeitet: DIE 27. ETAGE und natürlich Hitchcocks ICH KÄMPFE UM DICH. Zudem bleibt Garner blaß; seine Partnerinnen spielen ihn glatt an die Wand. Nur die Kostüme von Helen Rose fanden Gefallen: Sie erhielt eine Oscar-Nominierung. al

Gesichter

Faces. USA 1968 **R** John Cassavetes **B** John Cassavetes, nach seinem Manuskript *The Marriage* **K** Al Ruban **M** Jack Ackerman **P** Maurice McEndree für McEndree Productions **L** 130 Min., Farbe **D** John Marley, Gena Rowlands, Lynn Carlin, Seymour Cassel, Fred Draper, Val Avery, Dorothy Gulliver, Joanna Moore Jordan, Darlene Conley, Gene Darfler, Elizabeth Deering

Die Dreharbeiten zu *Gesichter* hatten bereits 1965 begonnen, zogen sich aber wegen Uneinigkeiten und ökonomischer Probleme (Cassavetes finanzierte den Film wieder einmal aus eigener Tasche) über drei Jahre lang hin.
John Marley verkörpert Richard Forst, einen gutaussehenden Mann mittleren Alters, der als Angesteller in einer Versicherungsgesellschaft arbeitet und eines Tages während eines Geschäftsessens das attraktive Callgirl Jeannie (Rowlands) kennenlernt, das ihn so nachhaltig beeindruckt, daß er seiner Frau Maria (Carlin) die Scheidung ankündigt. Während er sich das erste Mal mit Jeannie verabredet und auch mit ihr schläft, bleibt seine Frau keineswegs untätig, sondern läßt sich - wenn auch etwas überstürzt - mit dem Hippie Chet (Cassel) ein, mit dem sie ebenfalls im Bett landet. Für die zwei Eheleute verlaufen jedoch die jeweiligen Seitensprünge unbefriedigend. Am Ende des Films sitzen beide auf der Treppe zwischen Wohn- und Schlafzimmer. Maria gesteht ihrem Mann, daß sie ihr Leben haßt und ihn nicht mehr liebt. Sie verlassen die Szene - zurück bleiben die leeren Stufen.
Von *Gesichter* existieren angeblich drei unterschiedlich lange Schnittfassungen, von denen eine die Laufzeit von mehr als sechs Stunden haben soll; die im Vorwort des Textbuches von Al Ruban erwähnte Version hat die Länge von 3 Stunden und 40 Minuten. Der Film wurde nicht in den deutschen Verleih aufgenommen, sondern nach seiner Premiere während der Hofer Filmtage von den Fernsehanstalten der dritten Programme aufgekauft und in der gängigen 130minütigen Fassung gezeigt.
In den Sparten Beste männliche Nebenrolle (Seymour Cassell), „Beste weibliche Nebenrolle“ (Lynn Carlin) und „Bestes Drehbuch“ wurde *Gesichter* für den Oscar nominiert. jg

Das Gespenst

Das Gespenst. BRD 1982 **R** Herbert Achternbusch **B** Herbert Achternbusch **K** Jörg Schmidt-Reitwein **P** Herbert Achternbusch **L** 88 Min., s/w **D** Herbert Achternbusch, Annamirl Bierbichler, Kurt Raab, Dietmar Schneider, Judith Achternbusch

1982, dem von Kanzler Kohl so lautstark propagierten, Jahr der „Wende", sorgte das bayerische „enfant terrible" Herbert Achternbusch mit seinem kleinen, in Schwarz-Weiß gedrehten Film für einen kulturellen Skandal in der ohnehin schon aufgewühlten Bundesrepublik. In seinem Werk, das nach Einschätzungen von Filmkritikern ohnehin nur eine verschwindend geringe Anzahl von Menschen gesehen hätte, attackiert Achternbusch alles, was dem guten gläubigen Deutschen, allen voran den Bayern, heilig ist. Als grotesk verzerrte Jesusfigur klettert er selbst von seinem Kreuz herunter, um sich in München mit Polizisten, der Kirche und braven Bürgern anzulegen.
Eigentlich war der Film noch unter SPD-Zeiten mit einem Betrag von 300.000 DM gefördert worden, doch als die CDU das Steuer an sich riß, ließ Bundesinnenminister Friedrich Zimmermann die restliche Zahlung von 75.000 DM an Achternbusch mit sofortiger Wirkung stoppen. Viele prominente Kritiker betrachteten diesen Schritt als nachträgliche Zensur und protestierten entschieden gegen die Methoden des Innenministeriums. Zu ihnen gehörten solch namhafte Filmemacher wie Volker Schlöndorff, Werner Herzog oder Wim Wenders. Während der Festveranstaltung zur Verleihung der Deutschen Filmpreise gab es einen weiteren Eklat, als mehrere Dutzend weiß-vermummte Gespenster-Gestalten die Rede von Zimmermann mit geisterhaftem Buhen störten. jg

Das Gespenst der Freiheit

Le fantôme de la liberté. Frankreich/Italien 1974 **R** Luis Buñuel **B** Luis Buñuel, Jean-Claude Carrière **K** Edmond Richard **P** Serge Silberman für

Greenwich Films (Paris), Euro International Film (Rom) **L** 103 Min., Farbe **D** Adriana Asti, Julien Bertheau, Jean-Claude Brialy, Adolfo Celi, Paul Frankeur, Michel Piccoli, Michel Lonsdale, Claude Piéplu, Jean Rochefort, Monica Vitti

Wie schon in DIE MILCHSTRASSE und DER DISKRETE CHARME DER BOURGEOISIE gibt es in *Das Gespenst der Freiheit* keine fortlaufende Handlung im klassischen Sinne, sondern eine Abfolge von Episoden, die jeweils durch ein Element miteinander verknüpft sind.
Der Film beginnt im Jahre 1808, als spanische Freiheitskämpfer angesichts eines napoleonischen Erschießungskommandos trotzig ausrufen: „Es leben die Ketten! Nieder mit der Freiheit!". Es geht weiter mit einem Mann, der zwei Mädchen im Park Postkarten zusteckt, über die deren Eltern in helle Aufregung geraten. Dabei sind es nur Ansichtskarten von Paris...Eine Abendgesellschaft, die auf Kloschüsseln Platz nimmt, um sich dann zum Essen auf ein stilles Örtchen zurückzuziehen, Mönche, die um ihre Devotionalien pokern, ein Panzer auf Fuchsjagd, ein angeblich vermißtes Mädchen, das bei der Protokollaufnahme behilflich ist - das sind nur einige der Bestandteile dieser verrückten Attacke auf bürgerliche Normen, die bei der Kritik auf Begeisterung stieß.
Die Zeit: „Ein surrealistischer Staffetten- und Amoklauf, so zufällig und unsinnig wie die sittlichen Normen der Bourgeoisie, die Buñuel durch Umkehrung der Lächerlichkeit preisgibt: In dieser verkehrten, im eigentlichen Sinne des Wortes perversen Welt der totalen Zwänge geht es nicht mehr um den Inhalt der Ordnungen, sondern nurmehr um ihr bloßes Vorhandensein." al

Ein Gespenst geht nach Amerika

The Ghost Goes West. Großbritannien 1936 **R** René Clair **B** Robert E. Sherwood, René Clair, Geoffrey Kerr, nach dem Roman *Sir Tristram Goes West* von Eric Keown **K** Hal Rosson **M** Misha Spoliansky **P** Alexander Korda für London Film Prod./United Artists **L** 85 Min., s/w **D** Robert Donat, Jean Parker, Elsa Lanchester, Eugene Pallette, Ralph Bunker, Patricia Hillard, Everley Gregg, Morton Selten, Chili Bouchier

Diese spaßige Geisterkomödie war René Clairs erster englischsprachiger Film und bescherte ihm, wie vielen anderen seiner Kollegen zuvor, die unangenehme Erfahrung, mit dem Londoner Filmproduzenten Alexander Korda zusammenzuarbeiten. Korda fühlte sich mindestens ebenso für die künstlerische Gestaltung des Films verantwortlich wie der Regisseur. Die Folge waren lautstarke Auseinandersetzungen am Set und rigorose Streichungen im Drehbuch, die Korda persönlich vornahm. Die Änderungen nahmen teilweise solche Ausmaße an, daß Clair mit dem Gedanken spielte, seinen Namen vollständig aus dem Projekt streichen zu lassen. In der Endfassung war aber doch noch genügend von seiner Handschrift zu erkennen, so daß er seinen Namen im Vorspann beließ.
Der schottische Adlige Donald Glourie (Donat) hat nichts als Ärger mit seinem Besitz. An allen Ecken und Enden fehlt das nötige Geld zur Erhaltung seines alten Schlosses. Wie gut, daß gerade in dieser Situation der amerikanische Konservenfabrikant Joe Martin (Pallette) mit seiner reizenden Tochter Peggy (Parker) auftaucht, das Schloß aufkauft und dies in seiner Bewunderung für europäische Errungenschaften („In Amerika haben wir ja nichts altes") nach Florida verfrachten läßt. Im Kaufpreis inbegriffen ist auch ein 300 Jahre altes Schloßgespenst, daß bald im sonnenverwöhnten Florida für heillose Verwirrung sorgt.
Die britische Komödie nimmt gekonnt europäische Traditionen und amerikanische Errungenschaften aufs Korn und wurde seinerzeit sowohl in England als auch in den USA ein großer Kassenerfolg. jg

Gesprengte Ketten

The Great Escape. USA 1963 **R** John Sturges **B** James Clavell, William R. Burnett, nach einem Roman von Paul Brickhill **K** Daniel Fapp **M** Elmer Bernstein **P** John Sturges für Mirisch Corp./Alpha **L** 173 Min., Farbe **D** Steve McQueen, James Garner, Richard Attenborough, Charles Bronson, Donald Pleasence, James Coburn

1944 versucht eine Gruppe alliierter Soldaten unter der Führung von fünf Offizieren aus einem Kriegsgefangenenlager in Süddeutschland auszubrechen. Durch einen Tunnel, den sie in mühevoller Arbeit ausheben, gelangen sie tatsächlich unter dem Lagerzaun hindurch in die Freiheit, doch damit sind die Gefahren noch nicht überstanden. Gehetzt von den Deutschen, versuchen die Männer so schnell wie möglich, die Schweizer Grenze zu erreichen.
Ein von Western-Regisseur John Sturges wirkungsvoll und spannend inszeniertes Ausbruchsdrama, das angeblich auf einer wahren Begebenheit beruht und mal wieder die Deutschen in der für US-Kriegsfilme typischen Tölpelrolle präsentiert. Das Geschehen des Zweiten Weltkrieges dient hier lediglich als Kulisse für eine Handlung, die weniger an der Situation in einem deutschen Kriegsgefangenenlager interessiert ist, sondern die Ereignisse als Vorwand für actionreiche Verfolgungsjagden benutzt.
Gesprengte Ketten entstand an Originalschauplätzen in Bayern und der Schweiz. Bei den Oscar-Feierlichkeiten wurde der Film für den Besten Schnitt (Ferris Webster) nominiert. jg

Das Geständnis

L´aveu. Frankreich/Italien 1970 **R** Costa-Gavras **B** Jorge Semprun, nach einem Bericht von Lise und Arthur London **K** Raoul Coutard **P** Les Films Pomeru/Les Films Corona (Paris), Fono Roma/

Selenia Cinematografica (Rom) **L** 139 Min. (Originalfassung 160 Min.), Farbe **D** Yves Montand, Simone Signoret, Gabriele Ferzetti, Michel Vitold, Laszlo Szabo

Nach dem Film Z, der ein internationaler Erfolg war, wandten sich Costa-Gavras und sein Lieblingsdarsteller Yves Montand in ihrer dritten Zusammenarbeit erneut einem äußerst politischen Thema zu, und zwar dem Bericht des ehemaligen tschechischen Außenministers Arthur London (im Film Anton Ludvik).
Der Politiker, dargestellt von Yves Montand, wird 1951 verhaftet und dreimonatiger Folter unterzogen, da man ihm Verrat und Zusammenarbeit mit dem Spion Noël Field vorwirft. Diese Beschuldigungen entbehren jeder Grundlage, doch die kommunistische Partei des Landes sieht sich zur damaligen Zeit gezwungen, ein paar Sündenböcke zum Beweis ihrer Loyalität gegenüber Stalins Sowjetunion zu verurteilen. Ludvik wird gezwungen, ein Geständnis zu unterschreiben und auswendig zu lernen, das er im folgenden Schauprozeß abzugeben hat. Auch seine Frau Lise (Signoret) ist daraufhin von seiner Schuld überzeugt. Fünf Jahre später, nach Stalins Tod, wird er freigelassen und rehabilitiert.
Das Geständnis, der die volle Unterstützung Londons erhielt, erregte erwartungsgemäß großes Aufsehen und entfachte hitzige politische Diskussionen. Yves Montand und seiner Frau Simone Signoret lag der Film besonders am Herzen, hatten sie doch in den 50ern, in Unkenntnis der teilweise verbrecherischen Innenpolitik der osteuropäischen Staaten, öffentlich für diese und ihre Systeme Stellung bezogen. Es geht dem Film auch nicht um eine Verurteilung eines politischen Systems oder einer Ideologie, wie Costa-Gavras betonte: „Es ist der Sache des Sozialismus nicht gedient, wenn man all die Prozesse, die Komplotte und die Irrtümer einfach unterschlägt, die sein Gesicht entstellen und ihm schaden. Ich bin mir darüber im klaren, daß der Film viel Unruhe stiften wird. Doch darf man wirklich im Namen der Disziplin und der Loyalität gegenüber einer Partei zulassen, daß Menschen ihre Würde verlieren?"
Das Geständnis hält sich eng an seine Vorlage und verzichtet auch auf technischer Seite auf Mätzchen jeglicher Art, was dem Film einen bedrückenden, realistischen Charakter verleiht. al

Geständnis einer Sünderin

Sanctuary. USA 1960 **R** Tony Richardson **B** James Poe, nach den Romanen *Sanctuary* und *Requiem for a Nun* von William Faulkner **K** Ellsworth Fredricks **M** Alex North **P** Richard D. Zanuck für 20th Century-Fox **L** 90 Min., s/w **D** Lee Remick, Yves Montand, Bradford Dillman, Harry Townes, Odetta

Der Abstecher des jungen britischen Regisseurs Tony Richardson, der gerade mit BLICK ZURÜCK IM ZORN eine bemerkenswerte Arbeit vorgelegt hatte, erwies sich als Fehlschlag größeren Ausmaßes. Darryl F. Zanuck hatte seinem Sohn Richard, damals noch in seinen Zwanzigern, erlaubt, die Filmversion zweier William-Faulkner-Romane zu produzieren.
Die Rahmenhandlung dieses schwülen Melodrams bildet der Pozeß gegen das schwarze Kindermädchen Nancy (Odetta), die beschuldigt wird, das Baby von Temple und Gowan Drake (Remick/Dillman) getötet zu haben. Temple, die Tochter des Gouverneurs, gesteht ihrem Vater ihr früheres Leben, um für Nancy eine Begnadigung zu erreichen. Diese in einer großen Rückblende erzählten Vorgänge, die letztendlich zu Nancys Tat führten, machen den Hauptteil des Films aus, schildern die von sexueller Faszination bestimmte Beziehung zwischen der losen Temple (Remick) und dem Gangster Candy Man (Montand), die mit einer Vergewaltigung begann.
Geständnis einer Sünderin war ein Mißerfolg auf der ganzen Linie. Die Vorlage wurde drastisch verändert (besonders die Figur des Candy Man) und zu einer bizarren Studie über die moralische Verkommenheit des amerikanischen Südens verwurstet. Lee Remick spielt hier nach ANATOMIE EINES MORDES erneut eine Opferrolle, zusätzlich angereichert durch eine weitere Typisierung, die ihre Karriere bestimmen sollte - die der promiskuitiven Frau. Yves Montand, der mit MACHEN WIR'S IN LIEBE gerade einen beachtlichen Erfolg in Amerika zu verzeichnen gehabt hatte, kehrte nach dieser unrühmlichen Pleite schnellstens wieder nach Hause zurück - genau wie Richardson, der seinen berühmten SAMSTAG NACHT UND SONNTAG MORGEN in England drehte.
France-Observateur: „Der Film ist das klassische Beispiel des absoluten Nichts, es ist Kino auf dem Nullpunkt." al

Gestern, heute und morgen

Ieri, oggi, domani. Italien/Frankreich 1963 **R** Vittorio De Sica **B** Edoardo de Filippo, Isabella Quarantotti (1), Cesare Zavattini (2, 3), Billa Zanuso (2) **K** Giuseppe Rotunno **M** Armando Trovaioli **P** Carlo Ponti für Compagnia Cinematografica Champon (Rom), Les Films Concordia (Paris) **L** 115 Min., Farbe **D** Sophia Loren, Marcello Mastroianni, Tina Pica, Giovanni Ridolfi

Ein ganz entzückender Episodenfilm, zugeschnitten auf die Talente von Sophia Loren und Marcello Mastroianni, die zwar schon dreimal gemeinsam auf der Leinwand zu sehen gewesen waren, jedoch erst mit diesem Film ihren weltweiten Ruf als *das* italienische Traumpaar begründeten.
1. *Adelina*: Die in Neapel illegal Zigaretten verkaufende Adelina entgeht ihrer Gefängnisstrafe regelmäßig dadurch, daß sie rechtzeitig schwanger wird, überfordert jedoch auf diese Weise ihren arbeitslosen Ehemann.
2. *Anna*: Eine reiche Mailänderin unternimmt mit ihrem Geliebten, der die Leere ihres Daseins ausfüllen soll, einen Ausflug im Rolls-Royce. Abgelenkt durch die Schönheit seiner Begleiterin rammt der junge Mann eine Leitplanke und sieht sich angesichts des Schadens von Anna beschimpft und stehengelassen.
3. *Mara*: Das römische Callgirl Mara verdreht ihrem Nachbarn, einem jungen angehenden Priester, gehörig den Kopf, hält ihn aber schließlich trotzdem davon ab, sein Studium aufzugeben. Währenddessen hat sie alle Hände voll zu tun, ihren leidenschaftlichsten Verehrer, einen Playboy aus Bologna, bei Laune zu halten.
Obwohl einige Kritiker meinten, De Sica hätte sich seit DAS GOLD VON NEAPEL nicht weiterentwickelt, wurde diese muntere Komödie größtenteils positiv, wenn nicht sogar mit Begeisterung aufgenommen. Besonders Sophias Strip in der dritten Episode, mit einem vor Vergnügen jaulenden Mastroianni als Zuschauer, erregte Aufsehen. Ein Publikumserfolg war *Gestern, heute und morgen* jedenfalls allemal, und Preise gab es auch, darunter den Oscar als Bester fremdsprachiger Film. al

Getaway

The Getaway. USA 1972 **R** Sam Peckinpah **B** Walter Hill, nach dem gleichnamigen Roman von Jim Thompson **K** Robert Wolfe **M** Quincy Jones **P** David Foster, Mitchell Brower für Solar / First Artists **L** 122 Min., Farbe **D** Steve McQueen, Ali MacGraw, Ben Johnson, Al Lettieri, Sally Struthers, Jack Dodson

Für Doc McCoy (McQueen) ist der Aufenthalt im Knast nur ein Fehltritt in seiner Gangsterlaufbahn. Er will sich hier nicht bessern und auch nicht resozialisieren lassen. Er will eigentlich nur raus zu seiner Frau Carol (MacGraw); ohne sie und ihre Nähe ist sein Leben ein Alptraum ohne Ende. Er beschließt, sich dem korrupten Politiker Jack Beynon (Johnson) anzuvertrauen - „Sag ihm, ich bin zu kaufen - zu jedem Preis." Doc weiß, daß er sich damit bedingungslos in die

Hand des organisierten Verbrechens begibt, aber ihm ist auch nur zu gut bekannt, daß der Clan der Berufsgangster Gefängnistore wie durch Zauberhand bei voller Legalität zu öffnen vermag. Wenige Tage später ist Doc frei. Das Pärchen hat jetzt für den Beynon-Clan einen perfekt ausgeklügelten Banküberfall auszuführen, bei dem es darum geht, die Spuren gefälschter Bilanzen zu beseitigen. Zwei der Profigangster vervollständigen die Crew zum großen Coup. Der Raub gelingt; nur beim Abtransport der Beute rastet einer der beiden Handlanger aus und erschießt den bereits kampfunfähigen Bankwächter. Doc und Carol geraten auf ihrer Flucht quer durch Texas bezeichnenderweise in einen Müllwagen. Ihr Weg ist gepflastert von Leichen, in wilder Panik erschossene Gegenspieler, jegliche Moral scheint ausgeschaltet. Schließlich gelangt das Paar über die rettende mexikanische Grenze.
Getaway nahm eine Reihe von Jim-Thompson-Verfilmungen vorweg (z.B. Dennis Hoppers HOT SPOT oder James Foleys AFTER DARK, MY SWEET), die allesamt den abgrundtiefen Zynismus dieser Romane zum zentralen Thema machen. „Peckinpah, der kein Apologe der Gewalt ist, sondern ein Chronist ihrer Allgegenwart und zugleich auch ihrer allgegenwärtigen Faszination, präsentiert in *Getaway* Grausamkeit und Gier mit stilistischen Mitteln, deren durch keinerlei symbolische Relativierung verstellte sinnliche Plastizität den Zuschauer physische Gewalt direkt erfahren läßt." (*Die Zeit*) dh

Der geteilte Himmel

Der geteilte Himmel. DDR 1964 **R** Konrad Wolf **B** Christa Wolf, Gerhard Wolf, Konrad Wolf, Willi Brückner, Kurt Barthel, nach dem Roman von Christa Wolf **K** Werner Bergmann **M** Hans-Dieter Hosalla **P** DEFA **L** 114 Min., s/w **D** Eberhard Esche, Renate Blume, Hilmar Thate, Hans Hardt-Hartloff

Der geteilte Himmel fiel zwar nicht unter das Verbotsdekret der SED, wie zur selben Zeit eine ganze Staffel anderer Filme, doch zeigte sich das Politbüro auch von Konrad Wolfs Werk nicht besonders begeistert. Gerade die Objektivität, mit der Wolf das Thema der deutschen Teilung anpackte, verstörte und verärgerte die Ideologen. Auf Befehl von oben wurde *Der geteilte Himmel* nach einer ungewöhnlich kurzen Laufzeit aus dem Programm der Kinos genommen und bis zum Niedergang der DDR unaufgeführt in den Archiven der DEFA gelagert. Für das ansonsten recht konventionell erzählende DDR-Kino war Konrad Wolfs Film eine revolutionär anmutende Neuerung, bestand sein Werk schließlich aus einer collagenartigen Zusammensetzung einzelner Eindrücke, Stellungnahmen oder sich wiederholender Bildabfolgen.
Auf den Gleisen eines Fabrikgeländes wankt eine Frau entlang und bricht schließlich zusammen. In Rückblenden wird die Geschichte einer Liebe erzählt, die an den politischen Bedingungen des geteilten Deutschlands scheitert. Der begabte Chemiker Manfred (Esche) und die Studentin Rita (Blume) verlieben sich ineinander. Als Manfred in der DDR keine Perspektive für ein berufliches Weiterkommen sieht, setzt er sich nach West-Berlin ab. Rita besucht ihn dort und muß mit schmerzhafter Gewißheit feststellen, wie sehr sie sich beide unter dem Einfluß der verschiedenen Gesellschaftssysteme entfremdet haben. Resigniert kehrt sie wieder in den Osten zurück.
Konrad Wolfs Film lebt von Kontrasten, die aus damaliger wie heutiger Perspektive sicherlich etwas zu aufgesetzt wirken. Der idyllisch, fast kleinstädtisch anmutenden Kulisse der Stadt Halle mit ihren verwinkelten Gassen, der rumpelnden Straßenbahn und dem romantischen Atelierappartement wird die sterile Welt West-Berlins entgegengesetzt, in der brave Hausfrauen wie Marionetten ihre Kinderwagen durch hygienische Parkanlagen schieben, in der der DDR-Flüchtling Manfred in einer düsteren Wohnung zur Untermiete haust und unser Paar bei ihrem ersten Treffen unter der aseptisch weißen Wandmalerei einer Persil-Reklame zu unscheinbaren Figuren in einem schwer zu begreifenden Spiel zusammenschrumpft. Rita wird am Scheitern ihrer Beziehung, an der Teilung Deutschlands fast zerbrechen, doch rafft sie sich wieder auf, ist sie sicher, mit ihrer Rückkehr den richtigen Schritt gemacht und in der sozialistischen Gesellschaft der DDR ihren Platz gefunden zu haben. Dieser Hauch von Optimismus in den letzten Minuten des Films wirkt gekünstelt, fast unpassend. *Der geteilte Himmel* ist in seiner Gesamtbetrachtung ein trauriges und sehr ehrliches Werk, dem man auf bundesdeutscher Seite ein ebenso aufrichtiges Pendant gewünscht hätte. jg

Getrennt von Tisch und Bett

Separate Tables. USA 1958 **R** Delbert Mann **B** Terence Rattigan, John Gay, nach dem Bühnenstück von Rattigan **K** Charles Lang **M** David Raksin **P** Harold Hecht für Hecht-Hill-Lancaster/United Artists **L** 101 Min., s/w **D** Burt Lancaster, Rita Hayworth, David Niven, Deborah Kerr, Wendy Hiller, Gladys Cooper, Cathleen Nesbitt, Rod Taylor

Terence Rattigans Stück war sehr erfolgreich in London und am Broadway gelaufen (mit Eric Portman und Margaret Leighton), doch seine Struktur erwies sich für die Leinwand ungeeignet: Zwei Einakter, die zwar in den gleichen Kulissen spielen, in denen jedoch die beiden Schauspieler in völlig verschiedenen Rollen zu sehen sind. Mit der Hilfe von John Gay erweiterte Rattigan den Stoff erheblich und setzte die einzelnen Elemente zu einem kompakten Ganzen zusammen.
In einem kleinen Hotel am Meer lebt eine Anzahl einzelner, unglücklicher Individuen. Da gibt es u.a. einen alternden Offizier (Niven), der ständig mit seinen Heldentaten prahlt, eine Aristokratin (Cooper) mit ihrer altjüngferlichen Tochter (Kerr) und einen dem Alkohol verfallenen Schriftsteller (Lancaster), der ein Verhältnis mit der spröden Hotelbesitzerin (Hiller) hat. Als seine Ex-Frau (Hayworth) eintrifft und ihn umgarnt, muß sich der abgetakelte Autor entscheiden...
Eine Gruppe von Menschen in einem Hotel anzusiedeln, wo sich binnen weniger Tage ganze Schicksale entscheiden, war seit MENSCHEN IM HOTEL nichts Neues mehr, doch selten wurde das Thema so intelligent behandelt wie hier. (Wie man es auch anders, nämlich oberflächlich, machen kann, zeigte Rattigan mit HOTEL INTERNATIONAL, 1963.) Daß *Getrennt von Tisch und Bett* ein so guter Film wurde, liegt freilich weder am Drehbuch oder gar an der trockenen, einfallslosen Regie von Delbert Mann, sondern ausschließlich an der fehlerlosen Ensemble-Leistung, in der auch Rita Hayworth und Burt Lancaster schauspielerisch überzeugen. Alle machen aus ihren Figuren, die im Prinzip ein Sammelsurium verschiedener psychologischer Krankheitsbilder darstellen, Menschen aus Fleisch und Blut, die den Film davor bewahren, in eine Art Gruppentherapie auszuarten.
David Niven und Wendy Hiller (Nebendarstellerin) wurden mit Oscars ausgezeichnet, und weitere Nominierungen gab es für Bester Film, Hauptdarstellerin (Kerr), Drehbuch-Adaption, Kamera (Schwarzweiß) und Musik. al

Gewagtes Alibi

Criss Cross. USA 1949 **R** Robert Siodmak **B** Daniel Fuchs, nach dem Roman von Don Tracy **K** Franz Planer **M** Miklos Rozsa **P** Michael Kraike für Universal **L** 87 Min., s/w **D** Burt Lancaster, Yvonne de Carlo, Dan Duryea, Stephen McNally, Richard Long, Esy Morales, Tom Pedi, Percy Helton, Alan Napier, Griff Barnett, Meg Randall, Joan Miller, Edna M. Holland

Ein reißerischer Kriminalfilm der Schwarzen Serie, von dem deutschen Regisseur

Robert Siodmak treffend und routiniert in Szene gesetzt, der mit *Gewagtes Alibi* an den Erfolg seiner 1946 entstandenen Hemingway-Adaption DIE KILLER anknüpfte, in der ebenfalls Burt Lancaster die Hauptrolle gespielt hatte. Die Rolle der femme fatale, die in DIE KILLER mit der überaus erotischen Ava Gardner besetzt worden war, übernahm hier die ihr nicht ganz ebenbürtige Yvonne de Carlo.

Der Geldtransportfahrer Steve Thompson (Lancaster) hat die Trennung von seiner Frau Anna (De Carlo) nicht überwunden und ist auf dem besten Wege, zum Alkoholiker abzusinken. In einer Bar trifft er Anna wieder, die Steve ihrerseits gesteht, daß sie ihn ebenfalls nicht vergessen kann. Allerdings macht sie einer erneuten Aufnahme ihrer Beziehung zur Bedingung, daß Steve erst einmal genügend Geld haben soll. Dieser weiß auch schon eine Möglichkeit, an eine große Summe heranzukommen. Er verbündet sich mit Slim Dundee (Duryea), einem Geliebten Annas, um einen Überfall auf seinen Geldtransport zu inszenieren. Im Endeffekt läuft alles aber wieder einmal ganz anders ab als geplant. Steves Kollege wird bei dem Coup erschossen, er selbst verletzt, und Anna verschwindet mit dem Geld.

Trotz seines überaus amerikanischen Themas weist der Film doch deutliche Einflüsse des europäischen Filmhandwerks auf - allen voran Franz Planers eindrucksvolle Schwarz-Weiß-Kameraführung sowie Miklos Rozsas glänzender Soundtrack. jg

Gewalt und Leidenschaft

Gruppo di famiglia in un interno. Italien/Frankreich 1974 **R** Luchino Visconti **B** Suso Cecchi D´Amico, Enrico Medioli, Luchino Visconti **K** Pasqualino de Santis **M** Franco Mannino **P** Giovanni Bertolucci für Rusconi Films (Rom)/Gaumont International (Paris) **L** 121 Min., Farbe **D** Burt Lancaster, Helmut Berger, Silvana Mangano, Claudio Marsani, Stefano Patrizi, Elvira Cortese, Romolo Valli, Enzo Fiermonte, Lorenzo Piani

Zwei Jahre vor seinem Tod drehte Visconti mit *Gewalt und Leidenschaft* (der deutsche Titel ist mal wieder unnötig reißerisch geraten) sein vorletztes Filmwerk, mit dem er eine interessante Studie über den Zusammenstoß zweier unterschiedlicher Generationen ablieferte.

Ein alter Professor (Lancaster) lebt zurückgezogen und sich nur seiner Kunst widmend in einem weitläufigen Palazzo in Rom. Eines Tages bricht mit fast plebejischem Chaos die etwas ordinäre Marchesa Bianca (Mangano) mit ihrer Sippe in diese isolierte Stille und nistet sich in den über der Wohnung des Professors leerstehenden Räumlichkeiten mit rücksichtslosem Gepolter ein. Alsbald wird der gestreßte Wissenschaftler mit einem Haufen unkonventioneller junger Leute konfrontiert, die langsam aber sicher auch seinen Lebensbereich in Beschlag nehmen, wie selbstverständlich Telefon und Dusche benutzen, ja sogar Orgien in seinen Räumen veranstalten. Vor allem in der Gestalt des deutschen Studenten Konrad (Berger) begegnet der Professor einem Menschen, dessen Dekadenz und Dreistigkeit ihn anzieht und gleichzeitig abstößt.

Gewalt und Leidenschaft bestand ausschließlich aus Innenaufnahmen, wurde dadurch jedoch nicht billiger, denn der Perfektionist Visconti ließ eine umfangreiche Crew von Handwerkern, Bildhauern und Malern auffahren, um die ausgefeilten Dekorationen nach seinen Wünschen errichten zu lassen. Die Dreharbeiten begannen am 8. April 1974 und wurden am 15. Juli 1974 ohne große Verzögerungen beendet. Bis dahin hatte es nur - wie erwartet - mit dem etwas exzentrischen Helmut Berger kleinere Auseinandersetzungen gegeben. „*Gewalt und Leidenschaft* zeigt die Sensibilität einer aristokratischen Kultur und die melancholische Ästhetik des Verfalls - eine von Viscontis schrecklich schönen Todes-Opern." (*Abendzeitung*, München) jg

Die Gewaltigen

The War Waggon. USA 1966 **R** Burt Kennedy **B** Clair Huffaker, nach seinem Roman *Badman* **K** William H. Clothier **M** Dimitri Tiomkin **P** Marvin Schwartz für Batjac/Universal **L** 101 Min., Farbe **D** John Wayne, Kirk Douglas, Howard Keel, Robert Walker, Keenyn Wynn, Bruce Cabot, Joanna Barnes, Valora Noland

1966 war das Jahr, in dem Batjac, John Waynes eigene Produktionsfirma, mit Universal einen Vertrag abschloß, in dem man sich auf die gemeinsame Herstellung von zwei Filmen einigte. Unter diesen Bedingungen entstanden zuerst der Western *Die Gewaltigen* und anschließend der revanchistische Vietnam-Kriegsfilm DIE GRÜNEN TEUFEL.

Der Gangster Frank Pierce (Cabot) hat den ehemaligen Rancher Taw Jackson (Wayne) um den Besitz des Goldes gebracht, das auf seinem Grund und Boden gefunden wurde, und ihn unschuldig ins Gefängnis werfen lassen. Wieder in Freiheit, ist Jackson nur noch getrieben von dem Gedanken, sein Vermögen zurückzugewinnen und Rache an seinem Erzfeind zu üben. Unterstützung findet er dabei in der Person des Revolverhelden Lomax (Douglas). Die Männer müssen jedoch sehr bald feststellen, daß ihr Unternehmen mit einigen Schwierigkeiten verbunden ist, denn Pierce läßt den Goldschatz in einer gepanzerten und schwer bewachten Kutsche durch die Lande karren.

Die Dreharbeiten zu dem Film begannen im September 1966 im mexikanischen Durango (traditionsbeladener Ort für viele Hollywood-Western), wo von 200 schlecht bezahlten Mexikanern unter einem Kostenaufwand von 100.000 Dollar die Kulisse einer Westernstadt aufgebaut wurde. Vier Tage Vorbereitungszeit waren nötig, damit die Keilerei im Saloon (dargeboten von 14 Stuntmännern) zur Zufriedenheit des Regisseurs ausfiel. Ein aufwendiges und recht spannend geratenes Spektakel, das ganz auf die beiden Hollywood-Heroen Wayne und Douglas zugeschnitten ist. jg

Das Gewand

The Robe. USA 1953 **R** Henry Koster **B** Philip Dunne, nach dem Roman *Das Gewand des Erlösers* von Lloyd C. Douglas **K** Leon Shamroy **M** Alfred Newman **P** Frank Ross für 20th Century-Fox **L** 127 Min., Farbe **D** Richard Burton, Jean Simmons, Victor Mature, Michael Rennie, Jay Robinson, Dean Jagger, Torin Thatcher, Richard Boone, Betta St. John, Jeff Morrow

Dieser stellenweise etwas zu kitschig geratene Bibelstreifen wäre wohl kaum in die Filmgeschichte eingegangen, wenn man nicht zufälligerweise gerade ihn als erstes Werk auserkoren hätte, an dem das neuartige CinemaScope-Verfahren ausprobiert wurde. Die Handhabung mit der vergrößerten Leinwanddimension fiel hier allerdings noch etwas ungeübt aus. Die Gestaltung der großen Massenszenen dieser 4,5 Millionen Dollar teuren Produktion hielt sich in Grenzen, und so reichte Leon Shamroys Kameraarbeit nur für eine Nominierung, während hingegen die Crew von Lyle Wheeler für ihre Ausstattung sowie Charles LeMaire und Emile Santiago für die Kostüme einen Oscar entgegennehmen konnten.

Die Handlung führt den Zuschauer ins römisch besetzte Jerusalem, wo man gerade Jesus gekreuzigt hat. Zu den Füßen des sterbenden Heilands haben sich die Soldaten versammelt und würfeln um das Gewand Jesu, das schließlich der Tribun Marcellus (Burton) gewinnt. Als er sich jedoch von seinem Sklaven Demetrius (Mature) während eines Wolkenbruchs das Tuch (dieses sieht aus wie ein weinrotes Badelaken) umhängen läßt, bricht er wie vom Blitz getroffen zusammen. Das Gewand ändert fortan

sein Leben; Marcellus hat schreckliche Visionen, die ihm selbst seine adrette Freundin Diana (Simmons) nicht nehmen kann. Mit ihr zusammen schließt er sich dem christlichen Glauben an und wird dafür von dem größenwahnsinnigen Kaiser Caligula (Rennie) zum Tode verurteilt.
Für Freunde aufwendig inszenierter Kolossalfilme ist *Das Gewand* sicherlich ein Muß, auch wenn die Inszenierung dieses Films aus heutiger Sicht reichlich naiv wirkt. Ein akustisches Erlebnis ist im übrigen Alfred Newmans elegisches Liebesthema, das an drei Stellen die Dialogszenen zwischen Marcellus und Diana schmachtend untermalt. Ein Jahr später entstand die Fortsetzung DIE GLADIATOREN. jg

Das gewisse Etwas der Frauen

Come imparai ad amare le donne. Italien/Frankreich/BRD 1965 **R** Luciano Salce **B** Willibald Eser **K** Erico Menczer **M** Ennio Morricone **P** Sancro Film (Rom), Les Films Marceau/Cocinor (Paris), Norddeutsche Filmproduktionsgemeinschaft (Hamburg) **L** 102 Min., Farbe **D** Robert Hoffmann, Michèle Mercier, Nadja Tiller, Anita Ekberg, Elsa Martinelli, Sandra Milo, Zarah Leander, Romina Power, Heinz Erhardt

Der junge Robert (Hoffmann) gerät schon im Internat in die Fänge attraktiver Weiblichkeit - vom Zimmermädchen bis hin zur Direktorin sind ihm die Damen verfallen. Auch im späteren Leben hat er reichlich Gelegenheit, das andere Geschlecht unter die Lupe zu nehmen, denn überall lauert eine von Evas Töchtern, um ihn in ihr Netz und dann ganz schnell ins Bett zu locken. Unter seinen zahlreichen Gespielinnen sind eine Rennfahrerin (Martinelli), eine Kernphysikerin (Mercier) und ein Sex-Star (Ekberg). Erst eine Baronin (Leander) lenkt seinen Trieb in die richtige Richtung und verkuppelt ihn mit ihrer Nichte: Hochzeit!
Regisseur Luciano Salce und sein Drehbuchautor Willibald Eser verstanden unter dem „gewissen Etwas der Frauen" anscheinend nur eines: Sex. Das wäre nicht weiter schlimm, denn der Film will kein Beitrag zur Gleichberechtigungsdiskussion sein, sondern nur eine frivole Komödie. Doch da hapert es auch schon - der Film ist nicht witzig, nicht spritzig genug, um seine einzige Idee (Robert liegen alle Frauen zu Füßen) auf abendfüllende Länge zu dehnen, und Robert Hoffmann sieht zwar gut aus, kann sich jedoch nicht bewegen und noch weniger spielen. Spätestens bei der dritten Begegnung der sinnlichen Art weiß der Zuschauer, wie der Rest des Films ablaufen wird und muß sich darauf beschränken, die zahlreichen Gastauftritte mehr oder minder berühmter europäischer Zelluloidschönheiten abzuwarten. Schade, dies war Zarah Leanders letzter Film. al

Der gewisse Kniff

The Knack, and How To Get It. Großbritannien 1965 **R** Richard Lester **B** Charles Wood, nach dem Bühnenstück von Ann Jellicoe **K** David Watkin **M** John Barry **P** Oscar Lewenstein für Woodfall Films/United Artists **L** 85 Min., s/w **D** Rita Tushingham, Ray Brooks, Michael Crawford, Donald Donnelly, William Dexter

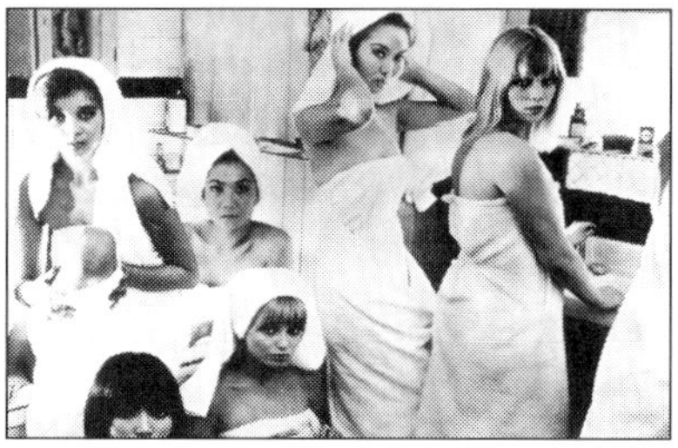

Tolen (Brooks) ist ein Frauenheld und Aufreißer, der ständig Damenbekanntschaften mit nach Hause bringt, sehr zum Neid seines Wohnungsgenossen Colin (Crawford). Denn Tolen hat den „gewissen Kniff", Colin hat ihn nicht. Um seinem Kumpel auf die Sprünge zu helfen, rät der geübte Liebhaber als erstes zu einem Doppelbett. Während sie das Möbelstück, billig auf einem Schrottplatz erstanden, durch die Stadt transportieren, läuft ihnen Nancy (Tushingham) über den Weg, eine Naive vom Lande, die den Christlichen Verein junger Mädchen sucht. Wenn das kein geeignetes Übungsmaterial für Colin ist...
Mit dieser atemlosen Komödie führte Richard Lester den Stil weiter, der schon seinen vorangegangenen Beatles-Streifen YEAH! YEAH! YEAH! ausgezeichnet hatte: Schnelles Tempo, Figuren, die dauernd in Bewegung sind und ständig reden, aber doch eigentlich nichts zu sagen haben, sowie technische Mätzchen, die bis dato nur in der Werbung üblich waren. *Der gewisse Kniff* ist nicht nur eine umwerfend komische Komödie, sondern auch ein Zeitbild aus dem Swinging London der 60er Jahre.
Obwohl die Kritiken und die Einspielergebnisse nichts zu wünschen übrig ließen, war man doch allgemein überrascht, als der Film bei den Festspielen in Cannes mit der Goldenen Palme ausgezeichnet wurde. al

Die Gezeichneten

Die Gezeichneten / The Search. Schweiz/USA 1948 **R** Fred Zinnemann **B** Richard Schweizer, David Wechsler, Paul Jarrico **K** Emil Berna **M** Robert Blum **P** Lazar Wechsler für Pralsens Film/Metro-Goldwyn-Mayer **L** 105 Min., s/w **D** Montgomery Clift, Aline MacMahon, Jarmila Novotna, Wendell Corey, Ivan Jandl, Mary Patton, Edward G. Morrison, William Rogers, Leopold Borkowski, Claude Gambier

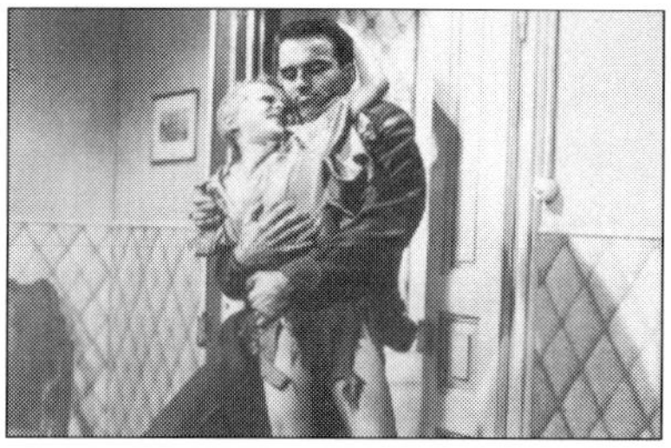

Montgomery Clift drehte gerade unter Howard Hawks Regie RED RIVER, als Fred Zinnemann ihm die Hauptrolle in dem Nachkriegs-Drama *Die Gezeichneten* anbot. Er las sich das Drehbuch durch und war sofort mit seiner Teilnahme an dem geplanten Projekt einverstanden, mit dem er schließlich seinen ersten Leinwandauftritt verbuchen konnte, denn der Film kam noch vor RED RIVER in die Kinos.
Umrahmt von den erschütternden Bildern des kriegszerstörten Deutschlands erzählt Zinnemanns Werk die Geschichte eines tschechischen Kindes (Jandl), das von den Nazis während des Krieges seinen Eltern entrissen und zur „Arisierung" in ein Lager verschleppt wurde. In den Trümmerwüsten einer deutschen Stadt der Verwahrlosung preisgegeben, entdeckt eines Tages der amerikanische Soldat Ralph Stevenson (Clift) den Jungen und nimmt das völlig verstörte Kind bei sich auf. Parallel wird die verzweifelte Suche der Mutter (Novotna) nach ihrem Sohn geschildert, den sie seit vier Jahren nicht mehr gesehen hat. In einer herzzerreißenden Schlußsequenz treffen sich die beiden durch den Krieg wurzellos gewordenen Menschen wieder.
Der Film ist wohl eines der eindringlichsten Werke, die sich mit der desolaten Situation im zerstörten Europa befassen, beschreibt es doch vor allem das weitgehend unbeachtet gebliebene Schicksal der verschleppten Kinder, die in ebenso schrecklicher Weise unter dem Wahn des deutschen Faschismus leiden mußten. Die Außenaufnahmen entstanden vollständig in den Ruinen der fränkischen Städte Würzburg und Nürnberg. Den kleinen Ivan Jandl hatte Fred Zinnemann in einem Prager Kinderchor entdeckt. Als Hollywood dem Jungen weitere Filmrollen in Aussicht stellte, lehnten jedoch die Eltern ab. *Die Gezeichneten* wurde für Regie und männliche Hauptrolle (Clift) nominiert. Der Oscar ging an das Drehbuch von Richard Schweizer und David Wechsler. jg

Ghost - Nachricht von Sam

Ghost. USA 1990 **R** Jerry Zucker **B** Bruce Joel Rubin **K** Adam Greenberg **M** Maurice Jarre **P** Howard W. Koch, Lisa Weinstein für Paramount **L** 122 Min., Farbe **D** Patrick Swayze, Demi Moore, Whoopi Goldberg, Toni Goldwyn, Rick Aviles

Eine bittersüße Hollywood-Liebesromanze mit unüblichem Ende, ansprechend besetzt mit den beiden Stars Demi Moore und Patrick Swayze. *Ghost* entwickelte sich ähnlich wie PRETTY WOMAN zu einem ungeahnten Kassenerfolg und lieferte den Beweis, daß ein Film nicht immer unbedingt mit astronomisch hohem Millionen-Dollar-Budget klotzen muß, um erfolgreich zu werden. Innerhalb von 24 Tagen spielte *Ghost* in den Staaten knapp 70 Millionen Dollar ein und übertraf mit seinen leisen Tönen das überlaute Action-Gedröhne des zeitgleich angelaufenen STIRB LANGSAM II.
Swayze spielt den erfolgreichen New Yorker Angestellten Sam Wheat, der in glücklicher Zweisamkeit mit seiner Freundin Molly zusammenlebt. Eines Tages entdeckt er, daß sein Kollege Carl (Goldwyn) in riesigen Mengen Firmengelder veruntreut hat. Um den lästigen Zeugen loszuwerden, setzt Carl einen Killer auf Sam an, der ihn nach einem Theaterbesuch abends auf offener Straße ermordet. Allerdings geht Sam nicht sofort in die himmlischen Sphären ein, sondern bleibt auf unerklärliche Weise als Geist zwischen den Welten hängen. Mit Hilfe der skurril-chaotischen Wahrsagerin Oda Mae Brown (Whoopi Goldberg, die für ihre Nebenrolle den Oscar erhielt), versucht er, Kontakt zu Molly aufzunehmen, auf die es Carl als nächstes Opfer abgesehen hat.
Ein weiterer Oscar fiel für das Drehbuch von Bruce J. Robin ab. *Ghost* strotzt zwar nur so vor tränenhervorrufenden Szenen, endet jedoch mit dem für Hollywood ungewöhnlichen Tod des Hauptdarstellers. Patrick Swayze darf nicht zu Demi Moore zurückkehren, sondern wird von den Engeln in das Reich des Lichts entführt, während über die bösen Gestalten des Films (und da wird es dann unbeabsichtigt komisch) eine jaulende, schwarze Höllenbrut herfällt. jg

Ghostbusters

Ghostbusters. USA 1984 **R** Ivan Reitman **B** Dan Aykroyd, Harold Ramis **K** Laszlo Kovacs **M** Elmer Bernstein **P** Columbia **L** 102 Min., Farbe **D** Dan Aykroyd, Bill Murray, Sigourney Weaver, Harold Ramis, Rick Moranis, Annie Potts

Sie sind so etwas wie Kammerjäger. Allerdings ruft man sie nicht zur Bekämpfung von Kakerlaken und anderem Ungeziefer. Die Ghostbusters, ehemals Dozenten der Parapsychologie an der New Yorker Uni, mittlerweile unehrenhaft entlassen und selbständige Unternehmer, bekämpfen Spuk und Gespenster aller Art, wie z. B. Zuul, den Schwarzen Engeln, der sich ein Hochhaus am Central Park für seine Rückkehr auf die Erde als Domizil ausgewählt hat.
Ursprünglich hatte Dan Aykroyd das Drehbuch zu der Geisterkomödie für sich und John Belushi konzipiert. Nach Belushis Drogentod schrieb er das Skript um und besetzte dessen Part mit Bill Murray. Regisseur Ivan Reitman nutzte die gesamte Palette der im Fantasyfilm gebräuchlichen Special-Effects, um jedoch nicht das Entsetzen des Zuschauers hervorzurufen. In seinen besten Momenten ist *Ghostbusters* eine äußerst komische, gelungene Parodie auf das Genre. Das Tempo stimmt und auch der Soundtrack - Ray Parkers Titelsong wurde ein Hit - hat einen nicht unwesentlichen Anteil am Erfolg des Films. Den konnte selbst die unsägliche deutsche Synchronisation nicht verhindern, die den Humor von Aykroyd & Co auf dumpfes *Police-Academy*-Niveau reduzierte. dk

Ghostbusters II

Ghostbusters II. USA 1989 **R** Ivan Reitman **B** Dan Aykroyd, Harold Ramis **K** Michael Chapman **M** Randy Edelman **P** Columbia **L** 108 Min., Farbe **D** Dan Aykroyd, Sigourney Weaver, Bill Murray, Harold Ramis, Rick Moranis

Ein Mega-Hit wie *Ghostbusters* konnte einfach nicht ohne Sequel bleiben; erstaunlich eigentlich, daß dieses fünf Jahre auf sich warten ließ.
Die Geisterjäger durchleben harte Zeiten. In verschiedenen Jobs müssen sie sich mehr schlecht als recht durchs Leben schlagen. Doch dann kehrt das Böse zurück, rufen die negativen Schwingungen des Molochs New York Dämonen und Geister auf den Plan. Die Ghostbusters nehmen ein zweitesmal ihre Arbeit auf.
Das erfolgreiche Team des ersten Teils war auch beim Sequel komplett vertreten. Die Story bot keinen simplen Aufguß und auch die Special-Effects waren wieder vom Feinsten. Es bestanden also alle Voraussetzungen für einen wiederholten Erfolg. Dieser stellte sich mit dem zweiten *Ghostbuster*-Film zwar auch ein, trotzdem machte sich bei den Zuschauern eine gewisse Enttäuschung breit. Irgendwie ging in den fünf Jahren, die die Geisterjäger pausierten, ein Großteil der Originalität verloren. Finanziell wurden die beiden Filme für Hauptdarsteller Bill Murray immerhin so lukrativ, daß er sich sogar in ambitionierten, ernsten Rollen (AUF MESSERS SCHNEIDE) Flops leisten konnte und nach der Fortsetzung der Geistergeschichte ins Regiefach wechselte. dk

Ghosts ...of the Civil Dead

Ghosts ...of the Civil Dead. Australien 1988 **R** John Hillcoat **B** Gene Conkie, Evan English, John Hillcoat **K** Paul Goldman, Graham Wood **M** Nick Cave, Blixa Bargeld, Mick Harvey **P** Evan English für Correctional Services Inc. / Outlaw Values Prod. **L** 92 Min., Farbe **D** Dave Field, Mike Bishop, Chris de Rose, Nick Cave, Vincent Gil, Kevin Mackey, Bogdan Koca, Ian Mortimer

Das Central Industrial Gefängnis, mitten in einer tödlichen Wüste gelegen, ist eine ultramoderne Hochsicherheitsanstalt, gelobt für ihren vorbildlichen, humanen Strafvollzug. Statt dunkler Mauern gibt es neonbeleuchtete Gänge, mit bunten Stahlplatten verkleidet, in denen sich die Gefangenen genauso aneinandergekettet bewegen wie Galeerensträflinge. Der Film untersucht, wie es zum „Lockdown" kam, einer Vollzugsmethode, bei der die Häftlinge ihre Zellen nicht mehr verlassen können. Ein neuer Häftling, Wenzil (Field) wird ein- und zugleich an ein perfekt funktionierendes Machtsystem ausgeliefert. Hier, in dieser isolierten Welt, muß jeder etwas zu verkaufen haben: Drogen, Radios, Tätowierungen oder sich selbst. Die Wärter regulieren das Zusammenleben, in welchem die einzig höflich klingenden Töne säuselnde Lautsprecheransagen sind, deren Inhalt den Klang zum Zynismus werden läßt, in erster Linie mit Gewalt und Rachegefühl. Die Schikanen beginnen als Antwort auf Gewalttätigkeit. Sondertrupps stürmen die Zellen, beschlagnahmen Drogen, persönliche Dinge der Häftlinge, verbieten das Fernsehen und provozieren immer mehr Aggressionen und Psychosen, bis es zum Ausnahmezustand kommt.
Hillcoats Film basiert auf Vorfällen in amerikanischen und australischen Gefängnissen und auf der Erzählung eines ehemaligen Wärters. Die semidokumentarische Inszenierung gibt dem Zuschauer kaum eine Chance, der beklemmenden Stimmung zu entfliehen; mal aus der Sicht der Bewacher und mal aus der der Bewachten entwickelt *Ghosts of the Civil Dead* eine düstere Analyse der Machtstrukturen sogenannter Demokratien. Bemerkenswert sind die eindringlichen schauspielerischen Leistungen der überwiegend aus Ex-Gefangenen bestehenden Besetzung und der hervorragende Soundtrack des australischen Rockmusikers Nick Cave. dh

Gier

Greed. USA 1924 **R** Erich v. Stroheim **B** Erich v. Stroheim, nach dem Roman *Mac Teague* von Frank Norris **K** Ben Reynolds, William Daniels **P** MGM **L** 110 Min., s/w **D** Gibson Gowland, ZaZu Pitts, Jean Hersholt, Chester Conklin, Cesare Gravina, Temple Piggott, Jack Curtis, Sylvia Ashton

In NÄRRISCHE WEIBER hatte es sich schon mehr als angedeutet, was in *Gier* Wahrheit werden sollte. Erich von Stroheims Detailbesessenheit fand in diesem Film seinen absoluten Höhepunkt. Ausdruck für diese alle Maßen sprengende Arbeitsweise war die Aufführungslänge des als Meisterwerk gerühmten Filmes: Ungekürzt hatte der Film

die fast unzumutbare Länge von knapp sieben Stunden.
Mit diesen auch in Hollywood-Kreisen als übertrieben empfundenen Exzessen tat sich von Stroheim selbst keinen Gefallen. Galt er bis dahin als Filmemacher mit einer sehr genauen Beobachtungsgabe, die die psychologischen Elemente seiner Filme hervorhob, so wurde sein Spielraum nach *Gier* erheblich eingeschränkt. Der Film kam nur in Fragmenten von unterschiedlicher Länge zur Aufführung. Um aus der Not eine Tugend zu machen, verwendete man das herausgeschnittene Material noch einmal. So wurden z. B. alle Szenen, in denen Fanny Midgeley und Frank Hayes zu sehen waren (beide tauchten in der verkürzten Fassung nicht mehr auf), zu einem eigenen Kurzfilm zusammengefaßt.
Der ungeschlachte Mac Teague (Gowland) gibt sich als Zahnarzt aus und eröffnet eine Praxis in San Francisco. Dort trifft er seinen Freund Marcus (Hersholt) und dessen Verlobte Trina (Pitts), für die Mac Teague sofort in Leidenschaft entbrennt. Bald darauf heiraten Trina und der falsche Zahnarzt. Als Trina kurz darauf bei der Lotterie gewinnt, zeigt Marcus seinen Freund aus Rache an. Trotz des beruflichen Ruins ihres Mannes weigert sich Trina, ihren Gewinn anzutasten. Daraufhin ermordet sie ihr Gatte und flüchtet anschließend in die Wüste. Auch Marcus beteiligt sich an der Suche nach dem Täter. Im Tal des Todes erfüllt sich das Schicksal der ehemaligen Freunde.
Neben Erich von Stroheim war noch ein weiterer Europa-Import an diesem Film beteiligt. Jean Hersholt kam aus Dänemark in die Filmmetropole und wurde später der Präsident der Academy of Motion Picture Arts and Science, jener Institution also, die den Oscar verleiht. dk

Giftiger Schnee

A Hatful of Rain. USA 1957 **R** Fred Zinnemann **B** Michael V. Gazzo, Alfred Hayes, nach dem Bühnenstück von Gazzo **K** Joe MacDonald **M** Bernard Herrmann **P** Buddy Adler für 20th Century-Fox **L** 109 Min., s/w **D** Eva Marie Saint, Don Murray, Anthony Franciosa, Lloyd Nolan, Henry Silva

Nach einem Ausflug in die Welt des Musicals mit OKLAHOMA! kehrte Fred Zinnemann mit einem düsteren Drama zum realistischen Stil seiner früheren Arbeiten zurück.
Im Korea-Krieg war Johnny Pope (Murray) verwundet worden und mußte ein Jahr im Lazarett verbringen. Aus dieser Zeit rührt seine Drogenabhängigkeit, die er verzweifelt vor seinen Angehörigen zu verbergen sucht, besonders vor seiner Frau Celia (Saint). Nur sein Bruder Polo (Franciosa) weiß von seinen Schwierigkeiten und hilft ihm schließlich, sich aus der Abhängigkeit von einer Rauschgiftbande zu befreien.
Ein bestechend realistischer Film, der einer der ersten überhaupt war, die das Thema Drogensucht thematisierten. Schon in DIE MÄNNER und TERESA hatte sich Zinnemann mit den Auswirkungen des Krieges auf das spätere Leben der Soldaten beschäftigt (in beiden Fällen handelte es sich allerdings um den II. Weltkrieg). Die wirklichkeitsnahe Atmosphäre wird hauptsächlich durch die hervorragende Kameraarbeit von Joe MacDonald sowie die ausgezeichneten Leistungen der Hauptdarsteller erreicht, die alle mehr für ihr Talent als für ihre Kassenträchtigkeit bekannt waren. Anthony Franciosa wurde für einen Oscar nominiert, verlor jedoch gegen Alec Guinness in (DIE BRÜKKE AM KWAI). al

Giganten

Giant. USA 1956 **R** George Stevens **B** Fred Guiol, Ivan Moffat, nach dem Roman von Edna Ferber **K** William C. Mellor **M** Dimitri Tiomkin **P** George Stevens, Henry Ginsberg für Warner Bros. **L** 186 Min. (Originalfassung 201 Min.), Farbe **D** Elizabeth Taylor, Rock Hudson, James Dean, Carroll Baker, Jane Withers, Chill Wills, Mercedes McCambridge, Sal Mineo, Dennis Hopper

Edna Ferbers texanische Familiensaga erreichte die Leinwand in ebensolchen Proportionen. Drei Stunden dauert das Mammutwerk, das George Stevens, bekannt für seine Detailbesessenheit und Sorgfalt sowie für sein langsames Arbeitstempo, mit drei aufstrebenden jungen Stars des amerikanischen Kinos drehte.
Die Handlung beginnt in Virginia, wo der texanische Rinderbaron Bick Benedict (Hudson) sich in Leslie (Taylor), die Tochter eines Geschäftspartners, verliebt. Nach einer schnellen Heirat nimmt er seine junge Frau mit nach Texas, auf die heimatliche Ranch Reata, wo sie sich jedoch nicht wohlfühlt - vor allem wegen Bicks unangenehmer Schwester Luz (McCambridge), die jedoch bei einem Reitunfall ums Leben kommt. Dafür freundet sie sich mit Jett (Dean), einem mittellosen Farmhelfer an, der zum Millionär wird, als auf dem Stück Land, das Luz ihm vermachte, Öl gefunden wird.
Giganten beschäftigt sich neben der ereignisreichen Familiengeschichte der Benedicts auch mit der Wandlung, die der einstige Farmerstaat Texas durch den Ölboom erlebte. Bick steht für die alteingesessenen, traditionellen Werte, Jett für das ungestüme Neue. Im Kontrast zu beiden steht Leslie, die die intellektuellere, fortschrittlichere Ostküste verkörpert. Ihre Ehe mit Bick ist von beider unterschiedlicher Herkunft geprägt.
Obwohl Stevens mit Elizabeth Taylor bereits in EIN PLATZ AN DER SONNE erfolgreich zusammengearbeitet hatte, wollte er für diesen Part unbedingt Grace Kelly haben, die jedoch anderweitig beschäftigt war. Sowohl für die Taylor als auch für Rock Hudson stellte der Film einen wichtigen Schritt in Richtung auf ein seriöses Leinwand-Image dar. Für James Dean war es sein letzter Auftritt; der Schauspieler starb noch während der Dreharbeiten, jedoch nach der Komplettierung seiner Szenen, bei einem Autounfall. Sein Tod war sicher einer der Gründe für den enormen Kassenerfolg des Werkes, das mit immerhin zehn Oscar-Nominierungen bedacht wurde, darunter auch für Dean und Hudson.
Nur George Stevens konnte die Trophäe jedoch mit nach Hause nehmen. al

Giganten am Himmel

Airport 1975. USA 1974 **R** Jack Smight **B** Don Ingalls, inspiriert durch den Film *Airport* nach dem gleichnamigen Roman von Arthur Hailey **K** Philip Lathrop **M** John Cavacas **P** William Frye für Universal **L** 107 Min., Farbe **D** Charlton Heston, Karen Black, George Kennedy, Efrem Zimbalist jr., Susan Clark, Linda Blair, Dana Andrews, Gloria Swanson, Myrna Loy

Wieder einmal besteigt eine Schar weltbekannter Hollywood-Schauspieler einen Jumbo-Jet, um alsbald (wir Zuschauer lechzen danach voller Ungeduld) in tödliche Gefahr zu geraten. Das Verhängnis torkelt diesmal in der Gestalt einer kleinen Privatmaschine durch die Luft, deren Pilot infolge eines Herzinfarkts die Kontrolle verloren hat. Prompt kollidiert das Flugzeug mit unserer vollbesetzten Maschine, wobei es genau auf das Cockpit aufschlägt und damit die beiden Piloten außer Gefecht setzt. Da hilft alles nichts - Stewardess Nancy (ergreifend gespielt von Karen Black) muß sich hinter den Auto-Pilot klemmen und die Außenwelt von der Katastrophe in Kenntnis setzen. Hilfe naht in Gestalt eines Hubschraubers, von dem sich ein Pilot abseilt, um durch das Loch im Rumpf des Flugzeuges zu schlüpfen. Um die Spannung zu erhalten, stürzt er dabei natürlich ab und macht Platz für Charlton Heston, dem es gelingt, die Maschine mit ihren kreischenden Passagieren heil auf die gute Erde zurückzubringen.
Ein hanebüchener Beitrag zum Genre des Katastrophenfilms, dem wirklich kein Klischee zu abgedroschen war. Vom todkran-

ken Mädchen (Blair), das so schnell wie möglich zur Organtransplantation in ein Hospital muß, bis hin zum angegrauten Hollywood-Star (Gloria Swanson spielt sich hier selbst) ist alles vertreten und wird gnadenlos verwurstet. Laut Pressetext hat *Giganten am Himmel* jedoch immerhin einen der gefährlichsten Stunts der Filmgeschichte zu bieten. Tatsächlich ließ sich ein Stuntman in einer Höhe von 2.500 Metern aus einem Düsenhubschrauber zu einer Boeing 747 herunter, die mit einer Geschwindigkeit von 125 Knoten unter ihm flog. Diese Aufnahmen entstanden über dem Heber Valley/Utah. *Giganten am Himmel* war so erfolgreich, daß man 1977 als dritten *Airport*-Streifen den Film VERSCHOLLEN IN BERMUDA-DREIECK starten ließ. jg

Gigi

Gigi. USA 1958 **R** Vincente Minnelli **B** Alan Jay Lerner, nach dem Bühnenstück von Anita Loos, basierend auf dem Roman von Colette **K** Joseph Ruttenberg **M** Frederick Loewe **P** Arthur Freed für MGM **L** 115 Min., Farbe **D** Leslie Caron, Maurice Chevalier, Louis Jourdan, Hermione Gingold, Eva Gabor, Isabel Jeans

Im Paris der Jahrhundertwende soll die bezaubernde Gigi (Caron) auf Wunsch ihrer Großmutter (Gingold) und ihrer Großtante (Jeans) zur Kurtisane heranwachsen, um die glorreiche Familientradition fortzuführen. Um so schockierter sind sie, als einer der begehrtesten (und reichsten) Junggesellen der Stadt (Jourdan) um Gigis Hand anhält. Frauen sind doch nicht zum Heiraten da!
Gigi markiert das würdige Ende einer Ära, denn es ist das letzte der großen MGM-Musicals, für das vom Studio weder Kosten noch Mühen gescheut wurden. Gigi, eine Art französische Kollegin von Eliza Doolittle (die in MY FAIR LADY ebenfalls von Lerner/Loewe verarbeitet wurde), hatte schon eine Vergangenheit als Heldin eines Romans (von Colette), eines nichtmusikalischen Stückes (von Anita Loos) und eines Filmes (von 1950) hinter sich, als Alan Jay Lerner und Frederick Loewe mit einer Musical-Fassung direkt für die Leinwand beauftragt wurden. Das Ergebnis zeigt nicht nur sie, sondern auch Regisseur Vincente Minnelli in Bestform, der hier mit seinen eigenen Meilensteinen MEET ME IN ST. LOUIS und EIN AMERIKANER IN PARIS rivalisiert. Die glanzvollen Aufnahmen entstanden in Paris, ließen keine Sehenswürdigkeit aus und schwelgten in den üppigen Dekors von Cecil Beaton, doch wird der optische Genuß noch übertroffen durch den musikalischen, der solche Kostbarkeiten enthält wie *I Remember It Well*, *Thank Heaven for Little Girls* und *I´m Glad I´m Not Young Anymore*. Daß sich Leslie Caron bei ihren Songs Betty Wands Singstimme leiht, fällt dabei kaum ins Gewicht.
Gigi war *der* Oscar-Gewinner des Jahres: Neun Auszeichnungen, darunter für Bester Film, Regie, Drehbuch-Adaption, Kamera, Ausstattung und Song (*Gigi*). al

Gilda

Gilda. USA 1946 **R** Charles Vidor **B** Marion Parsonnet, nach einer Originalstory von E.A. Ellington **K** Rudolph Maté **M** Morris Stoloff **P** Virginia Van Upp für Columbia **L** 110 Min., s/w **D** Rita Hayworth, Glenn Ford, George Macready, Joseph Calleia, Steven Geray

Gilda, ein bizarrer film noir, in dessen Mittelpunkt eine Dreiecksbeziehung steht, war nicht nur einer der kommerziell erfolgreichsten Filme des Jahres 1946, er markierte auch Rita Hayworths' Durchbruch zum Superstar, zur absoluten Sexgöttin der 40er Jahre. Die Handlung des Films ist fast so kompliziert wie die von TOTE SCHLAFEN FEST, doch Rita zieht ohnehin alle Aufmerksamkeit auf sich, wenn sie sich in aufregend geschneiderten Abendkleidern durch die Szenerie bewegt. Als Gilda wird sie die Ehefrau des impotenten Casino-Besitzers Ballin Mundson (Macready), der seinen Mangel an Männlichkeit durch ein phallisches Schwert kompensiert, das er überall mit sich herumträgt. Sein Sekretär und Freund Johnny Farrell (Ford) kennt diese Dame gut, hatte er doch einst eine stürmische Affäre mit ihr. Mundson ist kein Dummkopf, und um die beiden zu testen, beauftragt er Johnny, auf Gildas persönliche Sicherheit zu achten...
Besonders über eine Szene geriet das damalige Publikum aus dem Häuschen: Rita legt, während sie auf der Bühne des Casinos *Put The Blame on Mame* intoniert, einen improvisierten Strip hin, der einzig und allein darin besteht, daß sie sich einen ihrer langen, schwarzen Satin-Handschuhe vom Arm streift - danach wird sie von Johnny von der Bühne gezerrt und geohrfeigt. Die Szene stellt nicht nur den Höhepunkt des Films dar, sondern auch die Szene, mit der Rita Hayworth am meisten identifiziert wird. Später klagte sie darüber, daß auch im Privatleben alle Männer nur Gilda in ihr sehen würden. Columbia-Chef Harry Cohn, der Rita als sein persönliches Eigentum betrachtete, soll in ihrer Garderobe Wanzen installiert haben, um eventuelle Unterhaltungen zwischen ihr und Glenn Ford belauschen zu können. Als die Stars die Abhöranlage entdeckten, foppten sie Cohn mit gewagter Konversation. Mit Ford sollte die Hayworth noch in vier weiteren Filmen zu sehen sein. al

Ginger und Fred

Ginger e Fred / Ginger und Fred / Ginger et Fred. Italien/BRD/Frankreich 1985 **R** Federico Fellini **B** Federico Fellini, Tonino Guerra, Tullio Pinelli **K** Tonino Delli Colli, Ennio Guarnieri **M** Nicola Piovani **P** Alberto Grimaldi für Stella Film/ Bibo TV/Anthea (München)/Pea (Rom)/Revcom (Paris) **L** 126 Min., Farbe **D** Giulietta Masina, Marcello Mastroianni, Franco Fabrizi, Friedrich von Ledebur, Augusto Poderosi, Martin Maria Blau, Friedrich von Thun, Jacques Henri Lartigue

Es ist kein Revuefilm à la Hollywood, in den uns der italienische Meisterregisseur Federico Fellini hier entführt. Die 20 Millionen DM teure europäische Gemeinschaftsproduktion *Ginger und Fred* stellt sich dar als melancholischer Abgesang auf die verlorene Welt des Zirkus und Varietés und ist zugleich eine zynische Abrechnung mit der respektlosen und effekthascherischen Unart des (italienischen) Fernsehens.
Amelia (Masina) und Pippo (Mastroianni) tanzten und steppten in den 30er und 40er Jahren als eine Art italienische Ausgabe von Ginger Rogers und Fred Astaire über die Bühnen. Weitgehend in Vergessenheit geraten, erinnert sich eine Fernsehgesellschaft der zwei ergrauten Stars und lädt sie zu einer Live-Sendung ein, in der die beiden noch einmal auftreten sollen. Man verspricht sich von der Darbietung einige rührende Momente. Im Studio angekommen, erkennen Amelia und Pippo sehr schnell, daß man sie nur als skurrile Gestalten in eine Ansammlung primitivster Darbietungen eingereiht hat, in der weder der Erfinder des eßbaren Damenslips noch eine Kuh mit 18 Zitzen fehlt. Trotzdem versuchen sie sich, eingebettet zwischen Reklamespots für Spaghettis und Bockwürstchen, mit Würde aus der unerquicklichen Affäre zu ziehen.
Eine bissige, aber hinreißende Persiflage auf die Institution des Fernsehens, die dem Zuschauer die phrasenhafte Verdummungs-

maschinerie der neuen Medien als eine unglaubliche Anhäufung von Geschmacklosigkeiten auf niedrigstem Niveau präsentiert und damit mehr als einmal an das RTL-Titten-Theater *Tutti Frutti* erinnert. jg

The Girl Can´t Help it

The Girl Can´t Help it. USA 1956 **R** Frank Tashlin **B** Frank Tashlin, Herbert Baker, nach einer Geschichte von Garson Kanin **K** Leon Shamroy **M** Lionel Newman, Bobby Troup **P** Frank Tashlin für 20th Century-Fox **L** 99 Min., Farbe **D** Tom Ewell, Jayne Mansfield, Edmond O´Brien, Henry Jones, John Emery, Julie London, Ray Anthony, Barry Gordon

War sie nur eine mittelmäßige Marilyn-Monroe-Kopie oder eine Schauspielerin, deren versteckte Talente nie richtig gefördert wurden? Eine Frage, die man sich während der gesamten Karriere von Jayne Mansfield stellte und die das Dilemma ihres Aufstiegs und Falls bestimmte.
Die üppigen Formen des Pin-up-Girls und vor allem ihre Bereitschaft, sich hemmungslos aufgrund ihres Rufes als Sexgöttin vermarkten zu lassen, führten immer wieder zu entsprechenden Hollywood-Rollen, die ihrem Anspruch nach einer tragenden, auch im schauspielerischen Bereich überzeugenden Charakterrolle nie gerecht wurden. Dabei gehört *The Girl Can´t Help It* noch zu einem der größten Erfolge der Mansfield, der die spätere Verfilmung ihres Broadway-Erfolges *Will Success Spoil Rock Hunter* unter dem Titel SIRENE IN BLOND ermöglichte.
Jayne Mansfield spielt in Frank Tashlins Musikkomödie die Gangsterbraut Jerri Jordan, die von einer Karriere im Musikbusiness träumt. Ihr Agent Tom Miller (Ewell) kreiert ein Rock´n´Roll-Stück für sie, Jerri hat Erfolg und verliebt sich in ihren Agenten.
Neben dem gutgebauten Star ermöglichte der Film auch diversen Rock´n´Roll-Interpreten wie Fats Domino, Gene Vincent und Little Richard einige kurze Gastauftritte, während der sie einige Songs zum besten geben konnten und damit wohl einen nicht unerheblichen Anteil am Erfolg gehabt haben dürften. Der war allerdings auch nötig, denn die 20th Century-Fox hatte in dieses Projekt eine Menge Geld investiert. Allein 35.000 Dollar wurden für die Garderobe der weiblichen Hauptdarstellerin ausgegeben, die ihre Formen in 18 verschiedenen Hüllen präsentieren durfte. dk

Girls

Les Girls. USA 1957 **R** George Cukor **B** John Patrick, nach einer Geschichte von Vera Caspary **K** Robert Surtees **M** Cole Porter, Adolph Deutsch **P** Sol C. Siegel für Metro-Goldwyn-Mayer **L** 114 Min., Farbe **D** Gene Kelly, Mitzi Gaynor, Kay Kendall, Taina Elg, Jacques Bergerac, Leslie Phillips, Henry Daniell, Patrick MacNee, Stephen Vercoe, Philip Tonge

Girls war der letzte Film, für den Cole Porter die Musik schrieb und damit nicht gerade eine seiner besten Arbeiten ablieferte. Ohnehin äußerte er bei Sichtung des Drehbuches die Meinung, der Film würde eher vom Dialogwitz der Handlung als von seiner Musik leben - wahrscheinlich fielen seine Kompositionen schon deshalb etwas schwächer aus.
Regisseur Cukor erzählt von drei jungen, bezaubernden Damen, die einst als berühmtes Show-Trio für volle Häuser sorgten. Jetzt lebt jede ihr Leben, ist der Kontakt untereinander abgebrochen. Das ändert sich, als das Ensemble-Mitglied Lady Wren (Kendall) ihre Memoiren veröffentlicht, die ihre ehemaligen Kollegin Angèle Ducros (Elg) in Rage versetzen. Vor den Schranken eines Gerichts soll es nun zu einer Richtigstellung der geschilderten Dinge kommen. In verschiedenen Rückblenden wird aus den jeweiligen Perspektiven der Beteiligten das Geschehen geschildert. Zum Schluß kommt man zu dem Ergebnis, daß keine der Damen gelogen, sondern die Wahrheit nur aus ihrem eingeschränkten Blickwinkel beschrieben hat.
Der Streifen wurde im November 1957 in London von der königlichen Familie als traditioneller „Royal Command Film" ausgewählt, doch stellte sich deswegen noch lange kein Kassenerfolg ein. *Girls* war der mißlungene Versuch der MGM, an ihre großen Musicalfilme der 30er und 40er Jahre anzuknüpfen. Was in Erinnerung bleibt, sind die gelungenen Bauten, die - obwohl vollständig in Hollywood gedreht - dem Film einen gewissen europäischen Touch verleihen, und die erfrischende Darbietung der leider viel zu früh verstorbenen Kay Kendall. jg

Die Gladiatoren

Demetrius and the Gladiators. USA 1954 **R** Delmer Daves **B** Philip Dunne, basierend auf den Charakteren des Romans *Das Gewand des Erlösers* von Lloyd C. Douglas **K** Milton Krasner **M** Franz Waxman **P** Frank Ross für 20th Century-Fox **L** 101 Min., Farbe **D** Victor Mature, Susan Hayward, Michael Rennie, Anne Bancroft, Jay Robinson, Debra Paget, Barry Jones, William Marshall, Richard Egan, Ernest Borgnine, Charles Evans

Noch bevor Marcellus und Diana unter den Halleluja-Klängen eines Chores in den Himmel emporstiegen, konnten sie das Ge-wand des Heilands an den ehemaligen Sklaven Demetrius (Mature) übergeben. Hier setzt nun die Fortsetzung ein, die nach dem sensationellen Kassenerfolg von DAS GEWAND vorprogrammiert war. Im Laufe der Handlung entspinnt sich ein turbulentes Gerangel um den heiligen Lendenschurz und seinen Besitzer, denn Kaiser Caligula (Rennie) meint, mit den Zauberkräften des Tuches könne er seine Macht vergrößern, während es seine frivole Gespielin Messalina (Hayward) auf Demetrius´ gutgebauten Körper abgesehen hat. Es kommt zu einem bunten Reigen aufregend gestalteter Kampfszenen in der (allerdings etwas mickrig ausgefallenen) Arena Roms, bis schließlich die beherzte Garde der Prätorianer dem wahnsinnigen Imperator den Garaus macht und an seiner Stelle Claudius zum Kaiser ausruft, der verspricht, die Christen fortan in Ruhe zu lassen.
Auch *Die Gladiatoren* erwies sich an der Kinokasse als geschäftlicher Knüller. 1959 wurde der Film noch einmal mit DAS GEWAND als Doppelprogramm aufgeführt und konnte wiederum erhebliche Summen einspielen. Den Kritikern allerdings gefiel die Fortsetzung weniger gut; vor allem die „erotisch zu übertriebene" Darbietung Susan Haywards wurde dem Streifen als negatives Kriterium angekreidet, dabei hielt sich diese Lasterhaftigkeit gegenüber den belegten sexuellen Ausschweifungen der wirklichen Messalina sehr züchtig in Grenzen. jg

Der Glanz des Hauses Amberson

The Magnificent Ambersons. USA 1942 **R** Orson Welles, Freddie Fleck, Robert Wise **B** Orson Welles, nach dem Roman von Booth Tarkington **K** Stanley Cortez, Russell Metty, Harry J. Wild **M** Bernard Herrmann **P** Orson Welles für Mercury Theatre Prod./RKO Radio **L** 88 Min., s/w **D** Joseph Cotten, Dolores Costello, Anne Baxter, Tim Holt, Agnes Moorehead, Ray Collins, Richard Bennett, Erskine Sanford, J. Louis Johnson, Don Dillaway

Im Stil alter Fotografien (teilweise aufgenommen mit Weichzeichner) drehte Orson Welles dieses wunderschön ausgestattete Drama um den Aufstieg und Verfall einer reichen, großbürgerlichen Familie in Amerika zwischen den Jahren 1873 und 1912. Die Handlung konzentriert sich dabei auf George Amberson Minafer (Holt), die Hauptperson der Geschichte, der bereits als Kind die Kleinstadt, in der er wohnt, mit der rücksichtslosen Fahrweise seines Pferdegespanns unsicher macht und stets selbstbewußt verkündet, er habe nicht vor, jemals in seinem Leben einen Beruf auszuüben. Seine Mutter Isabel (Costello) heiratet nach dem Tod ihres Mannes den Erfinder Eugene Morgan, einen Mann, den George nicht ausstehen kann. So gibt er sich alle Mühe, das Glück des frischgebackenen Ehepaars zu zerstören. Schadenfroh registrieren am Ende dann auch viele Einwohner der kleinen Stadt das Unglück, das George eines Tages zustößt. Er wird auf der Straße von einem Auto - Symbol des unaufhaltsamen Fortschritts - überfahren.
Ein Jahr zuvor hatte sich CITIZEN KANE zwar als grandioser künstlerischer Einstieg Orson Welles´ in die Filmwelt erwiesen, war damals aber an den Kinokassen weniger erfolgreich gewesen. RKO hatte weit über eine Million Dollar in Welles' zweiten Film investiert und war natürlich darauf bedacht, diese Kosten wieder einzuspielen. Bei einer ersten Preview jedoch brach allgemeine Panik

angesichts des fertigen Werks aus, das man für das Publikum schwer zugänglich hielt. Also wurde Welles gezwungen, die ursprüngliche Länge von 148 Minuten auf 131 Minuten zu reduzieren. Robert Wise schnitt den Film kurze Zeit später noch einmal auf die verstümmelte Fassung von 88 Minuten zusammen, in der *Der Glanz des Hauses Amberson* dann endgültig in die Kinos kam. Trotzdem lief der Film schleppend an; RKO verlor über 600.000 Dollar, die erst nach vielen Jahren durch zahlreiche Wiederaufführungen eingespielt wurden. jg

Das Glas Wasser

Das Glas Wasser. BRD 1960 **R** Helmut Käutner **B** Helmut Käutner, nach dem Bühnenstück *Le verre d'eau* von Eugène Scribe **K** Günther Anders **M** Bernhard Eichhorn **P** Georg Richter für Deutsche Film Hansa **L** 83 Min., Farbe **D** Gustaf Gründgens, Liselotte Pulver, Hilde Krahl, Sabine Sinjen, Horst Janson

Gedreht in den Studios von Hamburg-Wandsbek, mit einem Aufgebot glänzender Schauspieler, berauschend schönen Farben (Eastman-Color) und teuren, wenngleich auch sehr gekünstelt wirkenden Kulissen, enttäuschte Helmut Käutner mit diesem Film ein weiteres Mal Kritik und Publikum.
„Es ist nicht recht einzusehen, warum Helmut Käutner es sich mit der Leichtigkeit des Stoffes so schwer gemacht hat. Er hat für Regie und Ausstattung so viel Mühe aufgewandt, daß das Geschehen die mühelose Schwerelosigkeit einbüßte, und er hat auch mit seinen dramaturgisch nicht nahtlos eingefügten zeitbezüglichen Chansons, nicht jenen munteren Pfiff hineingebracht, der aus dem Glas Wasser einen Kübel Sekt gemacht hätte." (*Evangelischer Filmbeobachter*)
Zeitlich angesiedelt im Jahr 1710, beschreibt *Das Glas Wasser* das durchtriebene Intrigenspiel eines oppositionellen, adligen Journalisten (Gründgens) und einer herrschsüchtigen Großherzogin (Krahl) im Kampf um die Gunst der Königin Anna (Pulver), in dem es dem Reporter schließlich gelingt, seine Kontrahentin auszustechen.
Nach seiner Hauptrolle in dem Musikerdrama *Friedemann Bach* kehrte Gustaf Gründgens nach 19 Jahren Abstinenz wieder auf die Leinwand zurück. *Das Glas Wasser* war unter der Regie von Ludwig Berger mit Lucie Höflich und Hans Brausewetter schon einmal 1923 verfilmt worden. jg

Der gläserne Pantoffel

The Glass Slipper. USA 1955 **R** Charles Walters **B** Helen Deutsch, nach dem Märchen *Aschenputtel* von den Gebrüdern Grimm **K** Arthur E. Arling **M** Bronislau Kaper **P** Edwin H. Knopf für Metro-Goldwyn-Mayer **L** 95 Min., Farbe **D** Leslie Caron, Michael Wilding, Keenan Wynn, Estelle Winwood, Elsa Lanchester, Barry Jones, Amanda Blake, Lisa Daniels, Lurene Tuttle

Das bekannte Aschenputtel-Märchen als beschwingte Tanzversion, in der Leslie Caron ihre ganze Eleganz unter Beweis stellen konnte. Die phantastischen Elementen sind bei diesem Film allerdings auf ein Minimum reduziert worden. Es gibt weder die sprechenden Tauben noch das Zauberbäumchen, sondern nur Estelle Winwood in der Rolle der etwas verschrobenen Madame Touquet, von der man nicht weiß, ob sie nun eine geschickte Trickdiebin oder eine Zauberin ist. Dieser merkwürdigen Frau begegnet eines Tages das von ihrer Stiefmutter und deren beiden Töchtern drangsalierte Mädchen Ella (Caron) an einer herrlich arrangierten (Studio-) Quelle im Wald. Madame Touquet besorgt dem Mädchen ein wunderschönes Ballkleid, mit dem sich Ella auf das Fest im Königsschloß wagt, wo sich der adrette Prinz (Wilding) in sie verliebt.
Ähnlich wie der drei Jahre vorher komponierte Song aus dem Film LILI, wurde auch der langsame Walzer in *Der gläserne Pantoffel* (ebenfalls komponiert von Bronislau Kaper) ein Ohrwurm. In der deutschen Fassung wird das Stück unter dem Titel *Wo wär ich ohne Dich?* gesungen.
Die berauschendsten (und für Kinder wohl auch langweiligsten Szenen) sind die Tanzsequenzen, in denen Leslie Caron vom Ensemble des Ballet de Paris unterstützt wird. jg

Der gläserne Turm

Der gläserne Turm. BRD 1957 **R** Harald Braun **B** Odo Krohmann, Wolfgang Koeppen **K** Friedl Behn-Grund **M** Werner Eisbrenner **P** Bavaria **L** 105 Min., s/w **D** Lilli Palmer, O. E. Hasse, Brigitte Horney, Peter van Eyck, Hans Messemer, Ludwig Linkmann

Ein ungewöhnlich gut besetztes Sittendrama aus der Zeit des bundesdeutschen Wirtschaftswunders.
Über den Trümmern Berlins erhebt sich geradezu als ein Manifest für Fleiß und Pflichtbewußtsein ein 20stöckiges Hochhaus aus Stahl und Glas, dessen obere Etage der Industriemagnat Robert Flemming (Hasse) zusammen mit seiner Frau Katja (Palmer) bewohnt. Katja erhält von einem amerikanischen Schriftsteller (van Eyck) das Angebot, wieder am Theater eine bedeutende Rolle zu übernehmen. Spätestens jetzt wird ihr allerdings klar, wie weit ihr Mann bereits über ihr Leben verfügt, denn Flemming würde in seiner krankhaften Eifersucht nie einer Rückkehr zur Bühne zustimmen. Katja ist in seinen Augen ein unentbehrliches Inventar seiner Luxus-Suite, das er unter keinen Umständen mit anderen Menschen teilen möchte. Um seiner Halsstarrigkeit Nachdruck zu verleihen, scheut er weder vor Mord noch Selbstmord zurück.
„Das Ganze hat Harald Braun mit sehr viel Sorgfalt, erstrangigen Schauspielern und einer teilweise blendenden Kamera in Szene gesetzt. Sind auch Bild und Wort von Symbolik oft überfrachtet, so sind doch gleichwohl Partien von bedeutender Eindringlichkeit gelungen. Hervorragend Lilli Palmer als Frau Katja, die hilflos von einer Nervenkrise zur anderen flattert" (*Evangelischer Filmbeobachter*). Sehr hübsch sind auch die einfallsreichen Dekorationen und Kulissen in dem für die 50er Jahre hypermodern eingerichteten Luxusappartement gelungen. jg

Die gläserne Zelle

Die gläserne Zelle. BRD 1978 **R** Hans W. Geissendörfer **B** Hans W. Geissendörfer, Klaus Bädekerl, nach Motiven des Romans *The Glass Cell* von Patricia Highsmith **K** Robby Müller **M** Niels Walen **P** Luggi Waldleitner, Bernd Eichinger für Roxy-Film/Solaris/Bayerischer Rundfunk **L** 93 Min., Farbe **D** Helmut Griem, Brigitte Fossey, Dieter Laser, Walter Kohut, Bernhard Wicki, Claudius Kracht, Günther Strack, Klaus Münster

Durch einen Baufehler kommt ein Schulkind ums Leben. Der Architekt Phillip Braun (Griem) wandert unschuldig hinter Gitter, obwohl für das Unglück der Bauunternehmer Lasky (Kohut) die Verantwortung trägt. Bei der Verhandlung gelingt es Phillips Anwalt und Freund David (Laser) nicht, das Gericht von der Unschuld seines Mandanten zu überzeugen. Fünf Jahre später kehrt Phillip zu seiner Frau Lisa (Fossey) und seinem kleinem Sohn zurück. Die Haftstrafe hat ihn verändert, er ist mißtrauisch geworden und vermutet selbst hinter Lisas Liebe und Fürsorge eine Täuschung, verdächtigt er sie doch insgeheim, ein Verhältnis mit David zu haben. Phillip steigert sich immer mehr in diese Vorstellung, bis er eines Tages David im Affekt tötet. Ausgerechnet sein Erzfeind Lasky wird dabei zum Zeugen dieser Tat und erpreßt den abermals in Bedrängnis geratenen Architekten.
Zu Beginn des Jahres 1976 befand sich Hans W. Geissendörfer zusammen mit Produzent Luggi Waldleitner auf der Suche nach einem neuen Stoff, als man ihnen überraschend die Rechte an Patricia Highsmith' Roman anbot.
„Der Film wird zur bedrückenden Vision von jenem sanften Horror, in den ganz leicht, ganz unbemerkbar unser Alltag umkippen kann..." (*Die Zeit*)
Als Bester fremdsprachiger Film wurde *Die gläserne Zelle* 1978 für den Oscar nominiert. Hans W. Geissendörfer drehte fünf Jahre später - allerdings deutlich weniger erfolgreich - mit EDITHS TAGEBUCH noch ein-

mal einen Film, der auf einer literarischen Vorlage von Patricia Highsmith basierte. jg

Die Glasmenagerie

The Glass Menagerie. USA 1950 **R** Irving Rapper **B** Tennessee Williams, Peter Berneis, nach dem Bühnenstück von Williams **K** Robert Burks **M** Max Steiner **P** Jerry Wald, Charles K. Feldman für Warner Bros. **L** 106 Min., s/w **D** Jane Wyman, Kirk Douglas, Gertrude Lawrence, Arthur Kennedy

Die erste Arbeit des amerikanischen Dramatikers Tennessee Williams (1911-1983) wurde mit dem New Yorker Kritikerpreis ausgezeichnet und machte ihn mit einem Schlag bekannt. Für die Leinwandversion griff er erneut zur Feder und schrieb mit Peter Berneis ein Szenario, das die starre Räumlichkeit der Bühnenvorlage etwas auflockert, ihr ansonsten jedoch treu bleibt.

Im Mittelpunkt der Handlung steht Amanda (Lawrence), eine stolze, ältliche Südstaatlerin, die mit ihrer verkrüppelten Tochter Laura (Wyman) und ihrem träumerischen Sohn Tom (Kennedy) in einer kleinen Wohnung in einem ärmlichen Viertel von New Orleans lebt. Wenn Amanda sich nicht an ihre glorreiche Jugend erinnert, in der sie von Verehrern umschwärmt war, liegt sie ihren Kindern mit guten Ratschlägen in den Ohren: Laura soll sich mehr den Männern zuwenden, und Tom sich eine anständige Arbeit suchen. Als Tom einen Kollegen aus dem Warenhaus mit nach Hause bringt, gerät Amanda in helle Aufregung: Alles muß perfekt sein, um Laura mit dem „netten jungen Mann“ zu verkuppeln...

Der Titel dieser ruhigen, subtilen Studie einsamer und suchender Charaktere bezieht sich auf die kleine Sammlung von Glastieren, zu der sich Laura, die unter ihrer Behinderung (einer ihrer Füße ist verkrüppelt) und ihrer besitzergreifenden Mutter leidet, aus der Wirklichkeit flüchtet. Der Film ist eine rundum gelungene Übertragung des Stoffes, der es sogar schafft, nicht wie abgefilmtes Theater zu wirken. Trotz dieser und anderer Qualitäten zeigte sich das Publikum kaum interessiert, und *Die Glasmenagerie* stand, zumindest in dieser Fassung, immer im Schatten des ein Jahr später gedrehten ENDSTATION SEHNSUCHT.

Das Stück wurde zweimal wiederverfilmt: 1973 in einer ausgezeichneten TV-Produktion mit Katharine Hepburn als Amanda, und 1987 mit Joanne Woodward. al

Die Glasmenagerie

The Glass Menagerie. USA 1987 **R** Paul Newman **B** Paul Newman, nach dem Bühnenstück von Tennessee Williams **K** Michael Ballhaus **M** Henry Mancini **P** Burtt Harris für Cineplex Odeon/ Columbia **L** 130 Min., Farbe **D** Joanne Woodward, John Malkovich, Karen Allen, James Naughton

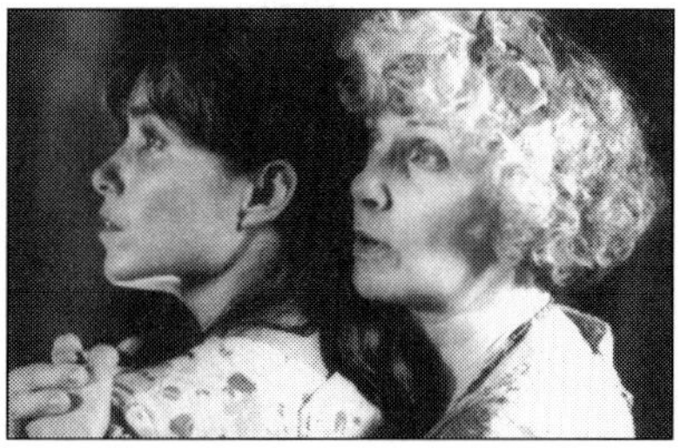

Tennessee Williams' berühmtes Drama, das ihm seinen Durchbruch als Autor brachte, erfuhr bei seiner dritten filmischen Adaption (nach einer Leinwand- und einer TV-Version von 1950 bzw. 1973) eine wortgetreue Umsetzung. Regisseur Paul Newman: „Ich brauchte keinen Drehbuchautor, denn ich wollte Williams treu bleiben.“ Der Schauspielstar, der gelegentlich auch hinter der Kamera steht, hatte selbst in zwei Williams-Verfilmungen mitgewirkt: 1958 in DIE KATZE AUF DEM HEISSEN BLECHDACH und 1962 in SÜSSER VOGEL JUGEND.

Newman hatte seine Frau Joanne Woodward und Karen Allen 1985 in einer Bühnenproduktion des Stückes gesehen und war entschlossen, ihren Interpretationen ein filmisches Denkmal zu setzen. Woodward ist Amanda, die dominante Mutter, Malkovich ihr ständig seinen Gedanken nachhängender Sohn Tom und Allen ihre verschüchterte, behinderte Tochter. Der angebliche „Verehrer“ wird von James Naughton gespielt.

Da sich Newman genau an das Stück hielt, ist seine Version im Prinzip abgefilmtes Theater, das auf das sonst übliche „Öffnen“ eines Stückes durch zusätzliche Schauplätze etc. verzichtet. Die Arbeit machen die ausgezeichneten Schauspieler und die Dialoge des Autors. Besonders Karen Allen überrascht als empfindsame Laura, denn ihre bisherigen Leinwandrollen verlangten ihr nicht allzu viel ab.

Dem 1950er Film weit überlegen, rangiert diese Fassung auf gleichem Niveau mit Anthony Harveys Adaption von 1973, in der Katharine Hepburn eine wunderbare Amanda gab. Die Kritiken waren wohlwollend bis enthusiastisch, doch an der Kasse schnitt *Die Glasmenagerie* erwartungsgemäß schlecht ab. al

Die Gleichgültigen

Gli indifferenti. Italien/Frankreich 1963 **R** Francesco Maselli **B** Suso Cecchi D´Amico, Francesco Maselli, nach dem Roman von Alberto Moravia **K** Gianni Di Venanzo **M** Giovanni Fusco **P** Franco Cristaldi für Ultra Film/Lux Film/Vides Cinematografica (Rom), Lux C.C.F. (Paris) **L** 90 Min. (Originalfassung 100 Min.), s/w **D** Claudia Cardinale, Rod Steiger, Paulette Goddard, Shelley Winters, Tomas Milian

Der erste Roman des bekannten italienischen Schriftstellers Alberto Moravia erschien 1929. Der Autor beschäftigte sich darin mit dem Verfall der bürgerlichen Gesellschaftsschicht, mit dem Leben in Überdruß und Langeweile.

Dieses Zeitgefühl wird am Beispiel einer ehemals wohlhabenden Familie aufgezeigt, deren Oberhaupt die verwitwete Mariagrazia (Goddard) ist. Zwietracht und Mißtrauen bestimmen das Zusammenleben, aus dem der Sohn Michele (Milian) auszubrechen versucht. Auch seine Schwester Carla (Cardinale) verweigert sich zunächst dem Trott, indem sie die Avancen des Geliebten ihrer Mutter (Steiger) zurückweist. Am Ende haben sich jedoch beide in den Ablauf der Ereignisse gefügt und resigniert.

Diese deprimierende Geschichte wurde von Regisseur Francesco Maselli und seiner hervorragenden internationalen Besetzung in ein atmosphärisches Drama verwandelt, das zwar keine kongeniale Umsetzung des komplexeren Romans darstellt, doch für sich genommen durchaus zahlreiche Qualitäten aufweist. Auf der technischen Seite stechen besonders die stimmungsvolle Kameraarbeit Gianni Di Venanzos und die Musik Giovanni Fuscos hervor, während schauspielerisch die Cardinale und Paulette Goddard überzeugen, letztere in ihrem ersten Leinwandauftritt nach neun Jahren, der gleichzeitig den Abschluß ihrer Filmkarriere markieren sollte. al

Die Glenn Miller Story

The Glenn Miller Story. USA 1954 **R** Anthony Mann **B** Valentine Davies, Oscar Brodney **K** William Daniels **M** Joseph Gershenson **P** Aaron Rosenberg für Universal **L** 115 Min., Farbe **D** James Stewart, June Allyson, Henry Morgan, Charles Drake, George Tobias, Barton MacLane, Sig Roman, Irving Bacon, James Bell, Kathleen Lockhart, Katharine Warren

Am 15. November 1944 kam der berühmte Musiker Glenn Miller bei einem Flugzeugabsturz ums Leben. Fast neun Jahre weigerte sich seine Witwe Helen, die seitdem in völliger Zurückgezogenheit im kalifornischen San Marino lebte, die Popularität ihres Mannes in einem Roman oder Spielfilm vermarkten zu lassen. Als aber Produzent Ro-

senberg zusammen mit Regisseur Mann und James Stewart sie aufsuchte und ihr schriftlich in einem entsprechenden Vertrag zusicherte, die Gestalt Glenn Millers mit der ihr würdigen Aufrichtigkeit und Zurückhaltung zu verfilmen, willigte sie in das Projekt ein. Die Handlung beginnt im Jahre 1925. Miller (Stewart, der dem Musiker zum Verwechseln ähnlich sieht) mußte gerade seine Posaune versetzen, doch mit einem Engagement bei Ben Pollack (der sich hier selbst spielt) beginnt der unaufhaltsame Aufstieg seiner Musiker-Karriere. Miller heiratet seine Jugendliebe Helen (Allyson) und schreibt einen Hit nach dem anderen. Als überzeugter Patriot meldet er sich im Zweiten Weltkrieg zur US-Army, wo man ihn als Leiter der Air-Corps-Militärkapelle einsetzt. Das geplante Weihnachtskonzert im befreiten Paris erlebt er nicht mehr. Dennoch wird die Veranstaltung in alle Teile der Welt übertragen.
Helen Miller hatte gegen die Besetzung nicht die geringsten Einwände; sie freundete sich sogar sehr eng mit June Allyson, ihrer Darstellerin, an. Als geradezu geniale Verkörperung stellte sich jedoch James Stewart heraus, der für diesen Film zwar extra von Joe Yukls Posaunenunterricht erhielt, jedoch keine einzige der im Film enthaltenen 23 Musiknummern selbst blies. Neben zwei Nominierungen (Drehbuch und Musik) gab es einen Oscar für den Besten Ton (Leslie I. Carey). jg

Die Glocken von St. Marien

The Bells of St. Mary´s. USA 1945 **R** Leo McCarey **B** Dudley Nichols, nach einer Geschichte von Leo McCarey **K** George Barnes, Vernon L. Walker **M** Robert Emmett Dolan **P** Leo McCarey für Rainbow/RKO Radio **L** 88 Min. (Originalfassung 126 Min.), s/w **D** Ingrid Bergman, Bing Crosby, Henry Travers, Ruth Donnelly, Joan Carroll, Martha Sleeper, William Gargan, Rhys Williams, Dickie Tyler

Der ein Jahr zuvor gedrehte Streifen DER WEG ZUM GLÜCK, in dem Bing Crosby den singenden Pastor Chuck O´Malley verkörperte, hatte sich an der Kinokasse als so erfolgreich erwiesen, daß sich Regisseur LeoMcCarey entschloß, einen Fortsetzungsfilm zu drehen.
Schauplatz dieses anrührenden Films, der gern immer wieder zu Weihnachten in den Fernsehprogrammen ausgestrahlt wird, ist St. Marien, eine von Nonnen geleitete Gemeinde, in der durch finanzielle Nöte vieles im argen liegt. Das ändert sich, als Pastor O´Malley auftaucht und mit seiner weltlichen Offenheit der Misere ein Ende setzen will. Dabei geht er allerdings etwas allzu weltlich vor, was der überaus religiösen Oberin Schwester Benedict (Bergman) gar nicht behagt. Während der Filmhandlung kommen sich die beiden jedoch auf halbem Wege entgegen.
Die Oscar-Feierlichkeiten der Saison 1944 fielen in die Phase der Dreharbeiten und bescherten sowohl Ingrid Bergman (für ihre Rolle in DAS HAUS DER LADY ALQUIST) als auch Bing Crosby (für seinen Part in DER WEG ZUM GLÜCK) eine Auszeichnung. Ein Jahr später standen die beiden aufgrund ihrer Leistungen in *Die Glocken von St. Marien* wiederum auf der Anwärterliste, gingen diesmal aber leer aus. „Als Schwester Benedict ist Ingrid Bergman von schönem Ernst...Daß ihre Heiligkeit sehr nach Hollywood schmeckt, ist des Drehbuchs Schuld, nicht die ihre. Auch ist sie als Oberin einer Gemeindeschule doch ein bißchen zu jung.“ (*New York Times*) jg

Der Glöckner von Nôtre-Dame

The Hunchback of Nôtre-Dame. USA 1939 **R** William Dieterle **B** Sonya Levien und Bruno Frank, nach dem Roman *Nôtre-Dame de Paris* von Victor Hugo **K** Joseph A. August **M** Alfred Newman **P** Pandro S. Berman für RKO Radio Pictures **L** 115 Min., s/w **D** Charles Laughton, Sir Cedrick Hartwicke, Maureen O´Hara, Thomas Mitchell, Edmond O´Brien

Victor Hugos Roman diente seit 1905 diversen Stummfilmen - u.a. amerikanischen, englischen und französischen Produktionen, selbst einer japanischen Version - als mehr oder minder schlechte Vorlage. Allein die US-Verfilmung von Wallace Worsley (1923) ging als Meisterwerk der Stummfilmzeit in die Filmge-schichte ein.
Die Hollywood-Produktion von 1939 war die erste Tonfilm-Adaption des *Glöckners von Nôtre-Dame*. Nicht zuletzt wegen der unvergleichlichen Leistung von Charles Laughton in der Rolle des Quasimodo avancierte der Film zu einem hochgelobten Klassiker, der seine enormen Produktionskosten von zwei Millionen Dollar seinerzeit innerhalb weniger Wochen wieder einspielte.
Die Geschichte spielt im mittelalterlichen Paris. Die schöne Zigeunerin Esmeralda (O´Hara) wird als Hexe verdächtigt und leidet unter den Nachstellungen des despotischen Gerichtsherrn Frollo (Hardwicke). Sie sucht Zuflucht in der Kirche Nôtre-Dame, wo sie dem Glöckner Quasimodo begegnet. Der Bucklige verliebt sich unsterblich in sie; die Zuneigung beruht jedoch nicht auf Gegenseitigkeit. Am Ende, nach zahlreichen Verwicklungen, wird Frollo von Quasimodo vom Kirchturm gestürzt, so daß Esmeralda, endlich frei, den Mann zu heiraten, den sie schon immer geliebt hat: den Dichter Gringoire (O´Brien). Der Glöckner bleibt mit seiner unerwiderten, unglücklichen Liebe allein zurück.
Das Happy-End für Esmeralda ist indes nicht originalgetreu: In Hugos Roman wird sie auf Befehl des Königs als Hexe gehenkt.
Die Charakterrolle des Quasimodo war die beeindruckendste Leistung in der schauspielerischen Karriere Laughtons, der täglich drei Stunden lang in der Maske bearbeitet werden mußte, um authentisch entstellt auszusehen. Ohne dessen überragende Spielkunst wäre der Film, von Regisseur Dieterle düster und expressiv in Szene gesetzt, nichts als ein aufwendiger, aber dennoch farbloser Kostümfilm gewesen. sk

Der Glöckner von Nôtre-Dame

Nôtre-Dame de Paris. Frankreich 1956 **R** Jean Delannoy **B** Jean Aurenche und Jacques Prévert, nach dem Roman *Nôtre-Dame de Paris* von Victor Hugo **K** Michel Kelber **M** Georges Auric **P** Robert und Raymond Hakim für Paris Film Prod. **L** 103 Min., Farbe **D** Gina Lollobrigida, Anthony Quinn, Jean Danet, Alain Cuny, Philippe Clay, Robert Hirsch, Maurice Sarfati

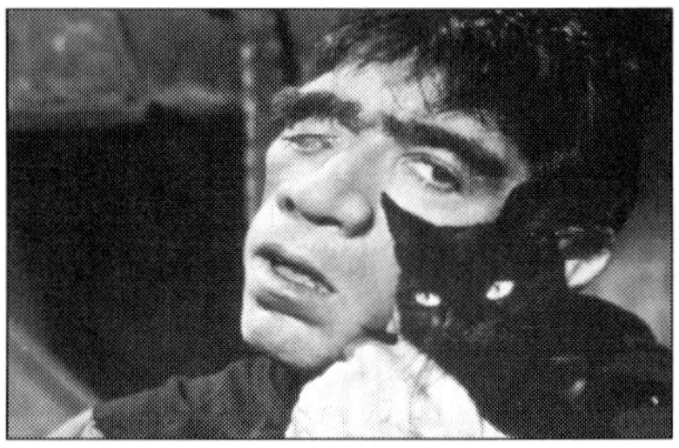

Die französische Verfilmung von *Der Glöckner von Nôtre-Dame* von 1956 stellt, entgegen den vorangegangenen Fassungen, die das Hauptgewicht auf die Darstellung des Glöckners gelegt hatten, das Schicksal der Zigeunerin Esmeralda (Lollobrigida) in den Vordergrund. Sie wird gleichzeitig das Ziel der unglücklichen Liebe Quasimodos (Quinn) und das Opfer der Nachstellungen des finsteren Frollo (Cuny). Das unglückliche Ende des Dramas - sowohl Esmeralda als auch Quasimodo finden den Tod - entspricht der Romanvorlage Hugos.
Die Inszenierung des in CinamaScope gedrehten Kostümschinkens geriet oberflächlicher und seichter als die Verfilmung von Dieterle, weil das Schwergewicht weniger auf der Darstellung der Charaktere, sondern auf Massenszenen und Spektakel lag.
Anthony Quinn indes stand in seiner Rolle als Glöckner seinem filmischen Vorgänger Charles Laughton kaum nach. Quinn kam es zugute, daß er kurz vor Beginn der Dreharbeiten infolge einer Fischvergiftung ein bis zur Unkenntlichkeit verschwollenes Gesicht hatte, so daß die Maskenbildner keine Mühe hatten, aus ihm einen glaubwürdig entstellten Buckligen zu machen. sk

Gloria

Gloria. USA 1980 **R** John Cassavetes **B** John Cassavetes **K** Fred Schuler **M** Bill Conti **P** John

Cassavetes für Columbia **L** 122 Min., Farbe **D** Gena Rowlands, John Adames, Buck Henry, Julie Carmen

Gloria Swenson (Rowlands) ist ein ehemaliges Gangsterliebchen, das es sich mit ihrem Ersparten und ihren Katzen in einem anonymen Appartementhaus in Manhattan bequem gemacht hat. Als die Nachbarsfamilie von der Mafia bedroht und später ermordet wird, nimmt sie widerwillig deren kleinen Sohn (Adames) unter ihre Fittiche, und befindet sich von nun an auf der Flucht. Denn der Vater des Kleinen hat als Buchmacher für die Gangster gearbeitet und dem Jungen seine wertvollen Aufzeichnungen zugesteckt...
John Cassavetes, der erklärte Außenseiter unter den amerikanischen Filmemachern, hat sich hier nun doch an einem typischen Hollywood-Genre versucht. *Gloria* ist ein rasanter Action-Thriller, ein Gangsterfilm, dessen Klischees allerdings vom Regisseur ins ironische Gegenteil verkehrt werden. Das bringt Gena Rowlands in einer Szene selbst zum Ausdruck, als sie die übertölpelten Finsterlinge anschreit: „Ihr Nieten laßt euch von einer Frau fertigmachen!" Die Schauspielerin (und Ehefrau von Cassavetes) gibt eine umwerfende Vorstellung als alternde Gangsterbraut, die ihr die zweite Oscar-Nominierung einbrachte, die erste bekam sie für EINE FRAU UNTER EINFLUSS. al

Die Glorreichen

Les morfalous. Frankreich/Tunesien 1983 **R** Henri Verneuil **B** Henri Verneuil, Michel Audiard, Pierre Siniac, nach dem Roman von Siniac **K** Edmond Séchan **M** Georges Delerue **P** Alain Belmondo für Cerito Films/Sopro Films (Paris), Carthago Films (Tunis) **L** 93 Min. (Originalfassung 105 Min.), Farbe **D** Jean-Paul Belmondo, Jacques Villeret, Michel Constantin, Marie Laforêt

Jean-Paul Belmondos achte und bis heute letzte Zusammenarbeit mit Henri Verneuil ist erneut ein auf Action und flotte Sprüche setzendes Kommerzvehikel, diesmal angesiedelt in Tunesien zur Zeit des II. Weltkrieges. Eine Gruppe französischer Legionäre, unter ihnen auch Sergeant Augagneur (Belmondo), hat es auf den sechs Milliarden schweren Goldschatz einer Bank abgesehen. Doch ein Trupp deutscher Soldaten gebietet den Abenteurern zunächst Einhalt und dezimiert ihre Zahl auf vier. Nachdem der Feind aus dem Weg geräumt ist, muß auch der Chef der Truppe, der diensteifrige Offizier Mahuzard (Constantin) kaltgestellt werden, versucht er doch, die Träume von Glück und Reichtum seiner Kumpane mit Hinweis auf den ursprünglichen Auftrag der Mission zu zerstören...
Ein mieser, schwachsinniger Kriegsfilm, der sich von seinen Vorgängern und Nachfolgern nur dadurch unterscheidet, daß Belmondo hier keine halsbrecherischen Autostunts ausführen darf. Ansonsten wird die übliche Action-Kost geboten, versetzt mit kalauernder Vulgarität aus dem Synchron-Hause Rainer Brandt, die mittlerweile an Penetranz ihresgleichen sucht. Dazu Belmondo in *Rambo*-Pose auf dem Plakat - das war sogar den Franzosen zuviel, und *Die Glorreichen* machte nur durchschnittliche Kasse. al

Die glorreichen Sieben

The Magnificent Seven. USA 1960 **R** John Sturges **B** William Roberts **K** Charles Lang jr. **M** Elmer Bernstein **P** John Sturges für Mirisch/Alpha **L** 127 Min., Farbe **D** Yul Brynner, Eli Wallach, Steve McQueen, Charles Bronson, Horst Buchholz, Robert Vaughn, Brad Dexter, James Coburn, Rosenda Monteros

Die Geschichte dieses Westerns war keineswegs neu. 1954 hatte der japanische Meisterregisseur Akira Kurosawa unter dem Titel DIE SIEBEN SAMURAI haargenau denselben Stoff (natürlich jedoch vor japanischer Kulisse) verfilmt und damit als bester Auslandsbeitrag auch einen Oscar gewonnen. Das US-Remake hatte dem nur eine Oscar-Nominierung für Elmer Bernsteins exquisiten Score entgegenzusetzen.
Jedes Jahr nach der Erntezeit wird ein kleines mexikanisches Dorf von einer brutalen Banditenbande heimgesucht und ausgeplündert. In ihrer Not begeben sich die verzweifelten Bauern zur Grenze, um einen Trupp von Söldnern anzuheuern, der ihnen beim nächsten Überfall zur Seite stehen soll. Mehr aus Idealismus als aus Interesse an der Prämie (die ist ohnehin dürftig) finden sich sieben tapfere Revolvermänner, die die Farmer im Umgang mit Waffen unterrichten und das Dorf zu einer Festung ausbauen. Den Plünderern wird diesmal ein gänzlich ungewohnter Empfang bereitet.
Den Dreharbeiten in Mexiko ging ein diplomatisches Gerangel um die Besetzung der sieben Hauptrollen voraus, denn die mexikanische Regierung konnte sich überhaupt nicht mit dem Drehbuch anfreunden, welches den Einsatz von gleich sieben Texanern vorsah, die den „dummen Mexikanern" unter die Arme greifen müssen. Man einigte sich schließlich darauf, wenigstens einen Alibi-Mexikaner unter die Gruppe der Amerikaner aufzunehmen - und das war der Deutsche Horst Buchholz, der ursprünglich nur eine winzige Nebenrolle spielen sollte und nun in seinem ersten US-Film ganz groß herauskam. jg

Das Glück in der Glaskugel

All This and Heaven Too. USA 1940 **R** Anatole Litvak **B** Casey Robinson, nach dem Roman von Rachel Lyman Field **K** Ernest Haller **M** Max Steiner **P** Hal B. Wallis, David Lewis für Warner Bros. **L** 90 Min. (Originalfassung 140 Min.), s/w **D** Bette Davis, Charles Boyer, Jeffrey Lynn, Barbara O´Neil, Viriginia Weidler, Walter Hampden, Harry Davenport, Fritz Leiber, Helen Westley

Rachel Lyman Fields Roman hatte zeitweise die Popularität von Margaret Mitchells *Vom Winde verweht* und wurde hier von Anatole Litvak in einer entsprechend stark gefühlsbetonten Version für die Leinwand umgesetzt. Bette Davis stand damals auf dem Höhepunkt ihrer Karriere und verfügte über das Privileg, sich als absoluter Superstar ihre Rollen aussuchen zu können. Casey Robinsons Skript gefiel ihr dabei auf Anhieb, und so konnten die Dreharbeiten mit ihr und dem französischen Charmeur Charles Boyer beginnen.
Bette Davis spielt die französische Lehrerin Henriette Deportes, in deren Vergangenheit ihre Schülerinnen einen dunklen Punkt vermuten. Tatsächlich war sie vor Jahren in einen großen gesellschaftlichen Skandal verwickelt. Als Erzieherin kam sie in das Haus des Duke de Praslin (Boyer), um sich dort dessen Kinder anzunehmen, denen die herrschsüchtige Ehefrau (O´Neil) wenig Beachtung schenkte. Henriettes liebevolle Umgangsweise machte sie bei den Kindern und dem Duke überaus beliebt, was jedoch bei der Duchesse eine rasende Eifersucht hervorrief. Als diese ihren Mann bezichtigte, sie mit der Erzieherin betrogen zu haben, brachte dieser sie im Affekt um. Henriette wurde angeklagt, zusammen mit dem Duke ein Mordkomplott gegen die Hausherrin geplant zu haben, doch konnte De Praslin sie auf dem Totenbett von jeder Schuld freisprechen und ihr seine Liebe gestehen. Die Geschichte wird als Rückblende erzählt. Nach dem Bericht ihrer Lehrerin müssen die Schüler erkennen, wie unrecht sie der Frau getan haben.
Der Film, der in Deutschland auch unter dem Titel *Hölle, wo ist dein Sieg?* in den Kinos lief, wurde 1940 als Bester Film mit der Besten Nebendarstellerin (O´Neil) und der Besten Kamera auf die Anwärterliste für den Oscar gesetzt. Dort konnte man auch Bette Davis finden, die jedoch nicht für ihre Leistung in *Das Glück in der Glaskugel*, sondern den gleich darauf entstandenen Streifen DAS GEHEIMNIS VON MALAMPUR nominiert wurde. jg

Eine glückliche Scheidung

Phffft! USA 1954 **R** Mark Robson **B** George Axelrod **K** Charles Lang **M** Friedrich Holländer **P** Fred Kohlmar für Columbia **L** 87 Min. (Originalfassung 91 Min.), s/w **D** Judy Holliday, Jack Lemmon, Jack Carson, Kim Novak

Die Komödie *It Should Happen to You* (1954), an der Seite von Judy Holliday, hatte Jack Lemmon auf einen Schlag bekannt gemacht - immerhin war es seine erste Filmrolle. Columbia spannte das Paar im gleichen Jahr noch einmal zusammen, wieder mit humorigen Absichten. George Axelrod, Autor von *Das verflixte 7. Jahr*, hatte ein nie veröffentlichtes Stück über eine scheiternde Ehe geschrieben, und das ganze für die Leinwand komplett überarbeitet.
Nina (Holliday) und Robert (Lemmon) sind ein vom Erfolg verwöhntes, kinderloses Ehepaar, das in einer guten Gegend von Los Angeles lebt. Sie schreibt fürs Fernsehen Seifenopern, er ist Anwalt. Nach acht Jahren Ehe haben die beiden einander nichts mehr zu sagen, und man entschließt sich zu einer schnellen, schmerzlosen Scheidung in Reno. Nach Genuß der neu gewonnenen Freiheit müssen sie freilich feststellen, daß das gemeinsame Leben doch nicht so schlecht war...
Obwohl nicht so brillant wie im vorangegangenen Film, bilden Holliday und Lemmon doch ein amüsantes Komödiengespann, das die geistvollen Dialoge und Bonmots von Axelrod treffsicher präsentiert. Kim Novak hat eine ihrer ersten Rollen, bevor sie von Columbia-Chef Harry Cohn mit einer Art Großangriff zum neuen Kassenstar des Studios aufgebaut wurde. *Eine glückliche Scheidung* war recht erfolgreich, wurde jedoch von der Kritik kaum beachtet. al

Ein glückliches Jahr

La bonne année. Frankreich/Italien 1973 **R** Claude Lelouch **B** Claude Lelouch **K** Jean Collomb **M** Francis Lai **P** Films 13 (Paris), Rizzoli Film (Rom) **L** 115 Min., Farbe **D** Lino Ventura, Françoise Fabian, Charles Gérard, André Falcon

Neujahr 1973. Der Gefängnisdirektor teilt Simon (Ventura) seine Begnadigung mit. Der Gauner hatte Jahre zuvor mit seinem Kollegen Charles (Gérard) den Einbruch in ein nobles Juwelier-Geschäft geplant. Alles war minutiös vorbereitet worden und wurde nur unterbrochen durch Simons Romanze mit der schönen Antiquitätenhändlerin Françoise (Fabian). Die Sache geht jedoch schief; Simon wird gefaßt und zu einer Haftstrafe verurteilt. Nun sieht er mit gemischten Gefühlen seiner Entlassung entgegen. Hat Françoise wie versprochen auf ihn gewartet?
Claude Lelouch hat diesen Film, der von der französischen Kritik mit Lobeshymnen bedacht wurde, seinen „ersten wirklichen Film" genannt. „Bisher habe ich Action-, Liebes- und Freundschaftsfilme gemacht. In ihm findet die Symbiose dieser drei Genres statt. Er resümiert das, was ich bis heute im Film gelernt habe."
Ein schönes Selbstzitat gibt es gleich am Anfang, als die Credits mit Bildern aus Lelouchs Welterfolg EIN MANN UND EINE FRAU unterlegt sind, der, wie man später sieht, den Häftlingen als Silvester-Bonbon vorgeführt wird. Ventura genoß die abermalige Zusammenarbeit mit Lelouch (nach DIE ENTFÜHRER LASSEN GRÜSSEN), der seinen Schauspielern viel Raum zum Improvisieren ihrer Szenen läßt. Diese lokkere Arbeitsweise überträgt sich in diesem Fall auf das Ergebnis, eine charmante Mischung aus Gangsterfilm und Liebesgeschichte.
Le Figaro: „Ein Film, so lebendig und unterhaltsam, wie nur Lelouch ihn zu machen versteht. Sein Charme überragt alles." al

Die Glücksjäger

See No Evil, Hear No Evil. USA 1989 **R** Arthur Hiller **B** Earl Barret, Arne Sultan, Eliot Wald, Andrew Kurtzman und Gene Wilder **K** Victor J. Kemper **M** Stewart Copeland **P** Marvin Worth für Tri-Star Pictures **L** 103 Min., Farbe **D** Gene Wilder, Richard Pryor, Joan Severance, Kevin Spacey, Alan North, Anthony Zerbe, Louis Giambalvo, Kirsten Childs, Hardy Rawls

Im Vorfeld des Films wurden die beiden Hauptdarsteller wieder als unschlagbares Komikerduo angepriesen. In dieser mittlerweile dritten Zusammenarbeit zwischen Gene Wilder und Richard Pryor nach TRANS-AMERIKA-EXPRESS und ZWEI WAHNSINNIG STARKE TYPEN kommt der Humor hier allerdings viel zu kurz. In Bezug auf die müden Gags titelte ein amerikanisches Fachblatt den Film in „See No Evil, hear few laughs" um und faßte damit die Meinung der meisten Kritiker zusammen.
Daß die witzigen Augenblicke in diesem Film rar gesät sind, daran konnte auch Regisseur Arthur Hiller nichts ändern. Einzig und allein die Vermeidung der Klischeedarstellung von Behinderten hielt man bei dem Skript für anerkennenswert. Die frühe Video-Freigabe des Filmes nur vier Monate nach dem Kinostart weist auf den finanziellen Mißerfolg dieses Projekts hin.
Als an dem Zeitungsstand von Dave (Wilder) und Wally (Pryor) ein Kunde erschossen wird, stört das die zwei wenig. Das liegt weniger an ihrer Kaltblütigkeit denn an ihrer Behinderung. Dave ist nämlich stocktaub und Wally blind, so daß beide nur bedingt Zeugen des Mordes geworden sind. Während die Polizei glaubt, zum ersten Mal behinderte Killer geschnappt zu haben und Dave und Wally ins Gefängnis steckt, zahlt ein Unbekannter für das Duo die Kaution. Das ist allerdings kein Grund zur Freude, denn die wahren Täter haben das behinderte Paar nur ausgelöst, um sie umzubringen. Wally hat nämlich das Parfüm der Täterin erkannt - ein Umstand, der den beiden das Leben rettet. Trotz ihres Handicaps machen sich Wally und Dave nun daran, die echten Mörder zu überführen.
Um ihre Rollen überzeugend spielen zu können, unterzogen sich sowohl Richard Pryor als auch Gene Wilder einem speziellen Training. Pryor verbrachte einige Zeit an einem Blindeninstitut, während Wilder sich mit einem tauben Schauspieler und einer auf Hörschädigungen spezialisierten Psychologin traf. dk

Glückskinder

Glückskinder. Deutschland 1936 **R** Paul Martin **B** Robert A. Stemmle, Paul Martin **K** Konstantin Irmen-Tschet **M** Peter Kreuder **P** Max Pfeiffer für UFA **L** 93 Min., s/w **D** Lilian Harvey, Willy Fritsch, Paul Kemp, Oskar Sima, Fred Goebel, Erich Kestin, Otto Stoeckel, Paul Bildt, Albert Florath, Max Hiller

„Ein heiterer Film, der nicht davor zurückscheut, die Dinge - auch im amerikanischen Presseleben - so zu sehen, wie der Lustspieldichter sie liebt. Paul Martin hat...die Voraussetzungen für gute Unterhaltung geschaffen...Der Film bewahrt sein gutes Tempo fast bis ans Ende", schrieb die *Filmwoche* am 1. Oktober 1936.
Wieder einmal stand also das Traumpaar des deutschen Films, Willy Fritsch und Lilian Harvey, gemeinsam vor der Kamera. Die Geschichte gestaltet sich - wie es bei Verwechslungskomödien nun einmal so üblich ist - etwas kompliziert und verworren. Die Harvey verkörpert das mittellose Mädchen Ann Garden, hinter dem der Zeitungsreporter Gil Taylor (Fritsch) her ist, glaubt er doch, die vermißte Tochter eines Millionärs vor sich zu haben. Ehe er es sich versieht, hat Ann ihn vor die Schranken eines Standesamtes gezerrt und im Schnellverfahren geheiratet. Zum einen ärgert sich Gil über seine Unbeholfenheit, zum anderen wurmt es ihn, daß er sich tatsächlich in Ann verliebt hat. Um Gil wieder neuen Lebensmut zu geben (er hat auch noch seinen Job verloren) bietet sich Ann dem Vater der vermißten Tochter als Ersatzkind an, um die etwaigen Entführer glauben zu machen, sie hätten die Falsche gekidnappt. Alle ineinander verknoteten Handlungsfäden entwirren sich am Ende. Gil ist glücklich, daß Ann ihn weder genarrt hat noch sich als Angehörige der Upper-Class entpuppt. Gemeinsam werden sie in ihrer Ehe glücklich werden.
Für Lilian Harvey standen die Dreharbeiten unter einem schlechten Stern. Zum einen verkrachte sie sich schrecklich mit ihrem

Bruder, mit dem sie sich bis zu ihrem Tod nicht wieder aussöhnte, zum anderen litt sie immer noch an den Folgen ihres Beinbruchs, den sie sich vor Beginn der Aufnahmen zugezogen hatte. Mit Hilfe einer geschickt verdeckten Eisenschiene konnte sie jedoch wenigstens einigermaßen tanzen und steppen. jg

Der Glückspilz

The Fortune Cookie. USA 1965 **R** Billy Wilder **B** Billy Wilder, I.A.L. Diamond **K** Joseph LaShelle **M** André Previn **P** United Artists **L** 125 Min., s/w **D** Jack Lemmon, Walter Matthau, Judi West, Ron Rich, Cliff Osmond, Lurene Tuttle, Harry Holcombe

Billy Wilders turbulente Komödie handelt von einem beliebten Volkssport: Versicherungsbetrug. Harry Hinkle (Lemmon) ist Kameramann. Bei einem Baseballspiel, das er gerade filmt, wird er von Star-Spieler Boom-Boom (Rich) plattgewalzt. Erst im Krankenhaus kommt er wieder zu sich. An seiner Seite wartet bereits sein Schwager Willie (Matthau), ein gerissener Advokat. Dieser überredet ihn, der eigentlich nur leicht verletzt ist, einen bewegungsunfähigen Schwerverletzten zu simulieren, um von der Versicherung ein millionenschweres Schmerzensgeld zu kassieren. Alles scheint zu funktionieren, trotz der gnadenlosen Überwachung durch einen Versicherungsagenten kann man ihm nichts nachweisen. Doch als die Versicherung schließlich zahlen will, gibt Harry auf: Boom-Boom, von Schuldgefühlen gepeinigt, ist kurz davor, sich ob Harrys grausamen Schicksals selbst aufzugeben. Dieser kann Boom-Booms Selbstzerstörung nicht länger tatenlos zusehen und gibt seinen Betrug zu. Am Ende hat er zwar kein Geld, dafür aber seine Selbstachtung und Boom-Boom als Freund gewonnen.
Der Streifen leidet trotz seines intelligenten hintergründigen Humors ein wenig unter der Eintönigkeit des überwiegend bewegungslos im Bett herumliegenden Harry. Das Wildernotorische Happy-End weckt durchaus zwiespältige Gefühle: Wie gern hätte man dem gequälten Harry das der stinkreichen Versicherung mühsam abgerungene Geld gegönnt. Immerhin bleibt als mahnende Botschaft zurück, daß Reichtum ohne Betrug nicht denkbar wäre und sich Ehrlichkeit nicht auszahlt. sk

Die Glücksritter

Trading Places. USA 1983 **R** John Landis **B** Timothy Harris, Herschel Weingrod **K** Robert Paynter **M** Elmer Bernstein **P** Aaron Russo **L** 116 Min., Farbe **D** Eddie Murphy, Dan Aykroyd, Jamie Lee Curtis, Ralph Bellamy, Don Ameche, Kristin Holby, Denholm Elliott, Paul Gleason, James Belushi

Eddie Murphys zweiter Film nach NUR 48 STUNDEN war gleichzeitig auch sein zweiter großer Kassenerfolg und sicherte ihm einen Platz als Top-Komödiant. Nicht weniger bekannt und erfolgreich war bis dahin Dan Aykroyd (BLUES BROTHERS), der hier zum ersten Mal gemeinsam mit Murphy im Kino zu sehen war. Als dritter Komödienspezialist gesellte sich Regisseur John Ladis zu dem Duo. Nach den BLUES BROTHERS, KENTUCKY FRIED MOVIE und AMERICAN WEREWOLF gelang ihm mit *Die Glücksritter* ein überwältigender Kassenerfolg. Allein in den Vereinigten Staaten spielte der Film in den ersten siebzehn Wochen 87 Millionen Dollar ein.
Die schwerreichen Brüder Randolph und Mortimer Duke (Bellamy, Ameche) gehen eine Wette ein, um ihrem Streit ein Ende zu setzen. Um zu beobachten, ob Erfolg eine Sache des ererbten Intellekts oder der Umwelteinflüsse ist, macht man die Probe aufs Exempel. Kurzerhand wird der Juniorpartner Louis Winthorpe III. (Aykroyd), ein Sprößling aus bestem Hause und hoffnungsvoller Zukunft, ausgetrickst und ohne Geld und Job auf die Straße gesetzt. An seine Stelle rückt Billy Ray Valentine (Murphy), ein Junge von der Straße mit einem ausgeprägten Überlebensinstinkt. Ehe er weiß, wie ihm geschieht, sitzt er im Chefsessel, mausert sich zum erfolgreichen Geschäftsmann und verdient Millionen, während Louis die soziale Leiter immer weiter herabsteigt. Doch bevor der Rollentausch endgültig vollzogen ist, kommt es zu einem Zusammentreffen der beiden. Man entschließt sich zu einem erneuten „Bäumchen-wechsel-dich" - diesmal allerdings mit den Dukes als Opfern.
Ein witziger, kurzweiliger und teilweise anarchischer Film, der blendend unterhält und an dem nur die hartgesottensten Kritiker etwas auszusetzen hatten. Trotz einiger Anleihen bei berühmten Vorgängern gelang Landis ein modernes Märchen mit Komik und Charme. Für letzteres sorgen zu einem großen Teil Don Ameche und Ralph Bellamy. Beide feierten mit knapp 80 Jahren in *Die Glücksritter* ein kleines Comeback und waren daraufhin noch in weiteren, sehr erfolgreichen Produktionen aktiv. dk

Glut

The Angel Wore Red/La sposa bella. USA/Italien 1960 **R** Nunnally Johnson **B** Nunnally Johnson, nach dem Roman von Bruce Marshall **K** Giuseppe Rotunno **M** Bronislau Kaper **P** Goffredo Lombardo für MGM (Hollywood), Titanus Film (Rom) **L** 99 Min., s/w **D** Ava Gardner, Dirk Bogarde, Joseph Cotten, Vittorio De Sica, Aldo Fabrizi

Auch gute Darstellungen konnten dieses Drama um eine Prostituierte (Gardner) und einen Priester (Bogarde), die sich inmitten des spanischen Bürgerkrieges kennen- und liebenlernen, nicht retten. Der Priester hat seinen Glauben verloren und sich den aufständischen Flangisten angeschlossen. Unterwegs trifft er eine gutherzige patriotische Hure, doch beide werden schnell von Regierungstruppen geschnappt und gefangengesetzt. Die sind auf eine religiöse Statue scharf, deren Versteck nur der Priester kennt. In der Gefangenschaft findet der Geistliche seinen Glauben wieder und damit auch den Weg zurück zu Gott, was von der Prostituierten akzeptiert wird, die heldenhaft für die Sache der Rebellen stirbt.
Dieses wirre Drama war ein kommerzieller Flop sowohl in Europa als auch in den USA, wozu nicht unwesentlich die Tatsache beitrug, daß Regisseur/Autor Johnson sich offenbar nicht für eine Seite der im Bürgerkrieg kämpfenden Parteien entscheiden mochte - bei einer derartig von Ideologien und Leidenschaftlichkeit bestimmten Auseinandersetzung ein unverzeihlicher Mangel. al

Glut

Glut. Schweiz/BRD 1983 **R** Thomas Koerfer **B** Thomas Koerfer, Dieter Felhausen **K** Frank Brühne, Pio Corradi **M** Peer Raben **P** Ebi Hubschmid für Cactus Film Zürich/Thomas Koerfer Film AG (Zürich)/Prokino Filmprod. GmbH (München)/SRG/ZDF **L** 111 Min., Farbe **D** Armin Mueller-Stahl, Katharina Thalbach, Matthias Habich, Siegfrit Steiner, Thomas Lücking, Agnes Zielinski, Krystyna Janda, Barbara Freier, Gudrun Geier, Jan Groth

Nach Markus Imhoofs aufwühlendem Drama *Das Boot ist voll*, in dem es um die Abschiebung von Juden aus der Schweiz ging, versuchte Thomas Koerfer, ironischerweise selbst Sohn eines Großindustriellen, in seinem Film *Glut* die unselige Verquickung zwischen der Schweizer Schwerindustrie und dem Dritten Reich darzustellen.
1944 herrscht in der Alpenrepublik seliger Friede. Diesen glücklichen Zustand sollen auch andere genießen, und so darf das polnische Flüchtlingsmädchen Anna (Zielinski) einige Wochen in der hochherrschaftlichen Villa des Waffenfabrikanten Korb (Mueller-Stahl) zubringen. Korb ist einer jener Schweizer Bürger, der vom Kriegsgeschehen profitiert und eifrig mit den Größen des Dritten Reiches Geschäfte abwickelt. Als Anna und Korbs Sohn Andres einem polnischen Soldaten zur Flucht aus einem Internierungslager verhelfen, muß das Mädchen die Gastfamilie verlassen. 40 Jahre später kehrt sie als Journalistin in die Schweiz zurück und begegnet dort dem einstigen Freund ihrer Kindheit, der zu ihrem Bedauern in die Fußstapfen seines Vaters gestiegen ist.
„Ein interessanter, weil informativer und nachdenklich stimmender Film, dessen Bil-

der, dessen Optik nicht so sehr betroffen machen, wie das, was gesagt und vermittelt wird." (*tip Berlin*) jg

Die Glut der Gewalt

The Liberation of L.B. Jones. USA 1970 **R** William Wyler **B** Stirling Silliphant, Jesse Hill Ford, nach dem Roman *The Liberation of Lord Byron Jones* von Ford **K** Robert Surtees **M** Elmer Bernstein **P** Ronald Lubin für The Liberation Company/Columbia **L** 101 Min., Farbe **D** Lee J. Cobb, Anthony Zerbe, Roscoe Lee Browne, Lola Falana, Lee Majors, Barbara Hershey, Yaphet Kotto

Spätestens seit Norman Jewisons IN DER HITZE DER NACHT, der 1967 einen Oscar als Bester Film erhielt, war Rassendiskriminierung im amerikanischen Kino salonfähig geworden. Stirling Silliphant, ebenfalls prämiierter Drehbuchautor von Jewison, zeichnete auch für das Skript zu *Glut der Gewalt* verantwortlich, der die letzte Regiearbeit des Hollywood-Veteranen William Wyler darstellt.
In einem kleinen Südstaaten-Städtchen hat ein Richter (Cobb) alle Hände voll zu tun, um die schwelenden Ressentiments der weissen Bevölkerung gegen ihre farbigen Landsleute im Zaum zu halten. Die Scheidungsklage eines schwarzen Bestattungsunternehmers (Browne), den seine Frau (Falana) mit einem weißen Polizisten (Zerbe) betrügt, führt zum Auflodern dieses latent vorhandenen Hasses und zu einer Kette von Gewalttaten.Obwohl der Film eine stattliche Anzahl hervorragender Darstellungen aufweist, wird man das Gefühl nicht los, das alles schon einmal in ähnlicher Form (und vor allem: besser) gesehen zu haben. Einige Figuren, wie der korrupte brutale Polizist, sind mittlerweile zu Stereotypen geworden. Wyler ist natürlich zu talentiert, um sich gröbere Schnitzer zu erlauben, doch insgesamt hinterläßt sein *Die Glut der Gewalt* trotz der engagierten Stellungnahme einen unbefriedigenden Eindruck. al

Glut unter der Asche

Peyton Place. USA 1957 **R** Mark Robson **B** John Michael Hayes, nach dem Roman von Grace Metalious **K** William Mellor **M** Franz Waxman **P** Jerry Wald für 20th Century-Fox **L** 157 Min. (Originalfassung 162 Min.), Farbe **D** Lana Turner, Hope Lange, Lee Philips, Lloyd Nolan, Diane Varsi, Arthur Kennedy, Russ Tamblyn, Terry Moore, Barry Coe, Betty Field, Mildred Dunnock, Leon Ames, Lorne Greene

Grace Metalious´ Roman um die Bewohner einer neuenglischen Kleinstadt ist bis heute eines der populärsten Bücher in Amerika überhaupt. Sein Erfolg als Bestseller war phänomenal, so daß sich die Frage nach einer Verfilmung des Stoffes geradezu aufdrängte. Doch den dicken Wälzer mit seinen zahlreichen Figuren und Handlungssträngen auf die Leinwand zu übertragen, warf gewisse Probleme auf, zumal einige Passagen berüchtigt für ihre „Freizügigkeit" waren. Als *Glut unter der Asche* dann Ende 1957 anlief, waren sich die Kritiker einig: Produzent Jerry Wald und Regisseur Mark Robson hatten es geschafft, einen Film zu machen, der seine Vorlage sogar noch übertraf. So geschickt und dezent war John Michael Hayes´ Drehbuch ausgefallen, daß nicht einmal die berüchtigte „Catholic Legion of Decency" dagegen Einspruch erhob.
Im Mittelpunkt des Films steht Constance McKenzie (Turner), eine attraktive Witwe und Mutter einer Tochter, Allison (Varsi), die sie von ihrer Umwelt abzuschirmen versucht. Allisons beste Freundin Selena (Lange) kommt aus dem ärmeren Viertel des Ortes, wo sie mit ihrer Mutter (Field) und ihrem brutalen Stiefvater (Kennedy) lebt. Nach und nach werden fast alle Figuren des Ortes vorgestellt, mitsamt ihren Sorgen und Nöten, ihren schmutzigen und weniger schmutzigen Geheimnissen sowie ihren Hoffnungen und Träumen.
Glut unter der Asche ist eine Seifenoper, doch eine von den besten. Die Besetzung ist in Topform, allen voran Lana Turner in einer deutlichen Abkehr von ihren Rollen als Sex-Göttin. Es wurde viel Aufhebens darum gemacht, daß sie im Alter von 36 die Mutter eines Teenagers spielte, doch sollte sich diese Entscheidung als äußerst klug erweisen und ihr ein neues Rollenfach erobern. Das zeigte sich auch überdeutlich im Karriereverlauf ihrer Kolleginnen Rita Hayworth und Ava Gardner, die diesen Schritt nicht machten und mit zunehmendem Alter kaum noch Rollen fanden.
Glut unter der Asche war erwartungsgemäß ein Riesenerfolg an der Kasse (er war sogar der erfolgreichste Film des Jahres ´57) und schnitt auch bei der Kritik nicht schlecht ab. Neun Oscar-Nominierungen folgten, darunter ein Rekord an Nebendarsteller-Nominierungen (vier), der erst 1974 von DER PATE II eingestellt wurde. Auch Turner erhielt eine Nominierung, die einzige ihrer Karriere.
1961 entstand unter dem Titel *Rückkehr nach Peyton Place* eine deutlich schwächere Fortsetzung (mit Eleanor Parker in Turners Rolle) und später eine langlaufende TV-Serie (mit Dorothy Malone). al

Gnadenlos

No Mercy. USA 1986 **R** Richard Pearce **B** Jim Carabatsos **K** Michael Brault **M** Alan Silvestri **P** D. Constantine Conte für Tri-Star/Delphi IV und V Prod. **L** 108 Min., Farbe **D** Richard Gere, Kim Basinger, Jeroen Krabbé, George Dzundza, Gary Basaraba, William Atherton, Terry Kinney, Bruce McGill

Die beiden Chicagoer Polizisten Eddie Jillette (Gere) und Joe Collins (Basaraba) erfahren von einem geplanten Mord. Als vermeintliche Killer getarnt, treffen sie sich mit dem Auftraggeber und bringen alles über das geplante Verbrechen in Erfahrung. Doch als plötzlich das Opfer in spe, der gefährliche Gangster Losado (Krabbé) auftaucht, wendet sich das Blatt. Losado tötet sowohl den Auftraggeber der beiden Polizisten als auch Joe. Von nun an ist Eddie nur von einem Gedanken besessen: Er will Rache für seinen ermordeten Freund. Die Spur führt ihn nach New Orleans, wo er Losados Freundin Michel (Basinger) aufspürt. Er nimmt sie kurzerhand fest, flieht mir ihr vor Losados Männern und bereitet sich auf ein tödliches Showdown mit seinem Feind vor.
Eigentlich ließ die Kombination Richard Gere/Kim Basinger ja eine Menge mehr oder weniger offener Erotik erwarten, doch weit gefehlt. Bis auf ein paar obligatorische Liebesszenen kommen sich die beiden Protagonisten sonst nicht zu nahe. Regisseur Pearce, eher bekannt für ruhig-besinnliche Filme wie *Land meines Herzens,* für den er 1980 auf den Berliner Filmfestspielen mit einem Goldenen Bären ausgezeichnet wurde, konzentrierte sich hier voll und ganz auf seinen ersten Action-Film. Die handwerklichen Fähigkeiten von Pearce sind dabei unbestritten, schließlich fungierte er zu Beginn seiner Laufbahn als Kameramann von diversen preisgekrönten Dokumentarfilmen, darunter auch *Woodstock.* Einige Filmkritiker bemängelten allerdings die gewöhnliche, unoriginelle Geschichte mit dem Badman-Syndrom. Während die eigentlichen Helden der Geschichte farblos bleiben, kann nur Jeroen Krabbé in der Rolle des Bösewichts überzeugen und damit sogar die meiste Sympathie einheimsen. Auch wenn Richard Gere an der letzten Drehfassung des Films beteiligt, mit einem echten Polizei-Team in Chicago unterwegs war und das gesamte Projekt von einem echten Drogenfahnder auf Detailgenauigkeit überprüft wurde, konnten diese Maßnahmen *Gnadenlos* doch nicht vor der Mittelmäßigkeit bewahren. dk

Die Gnadenlosen

Fool´s Parade. USA 1971 **R** Andrew V. McLaglen **B** James Lee Barrett, nach dem Roman von David Grubb **K** Harry Stradling jr. **M** Henry Vars **P** Andrew V. McLaglen für Columbia **L** 97 Min., Farbe **D** James Stewart, George Kennedy, Anne Baxter, Strother Martin, Kurt Russell, William Windom, Mike Kellin, Kathy Cannon, Morgan Paull, Robert Donner

Regisseur McLaglen hat hier auf ironische Weise die Rollenverhältnisse verkehrt. Nicht die ehemaligen Kriminellen werden rückfäl-

lig, sondern der brave Bürger von nebenan entpuppt sich als geldgieriges Monster.
Nach 40 Jahren trostloser Haft wird Mattie Appleyard mit drei Leidensgenossen aus dem Gefängnis entlassen. In dieser Zeit hat er 25.000 Dollar durch seine Tütenkleberei hinter Gittern angespart, mit denen er nun gern einen Laden eröffnen möchte. Allerdings hat Mattie nicht damit gerechnet, daß sowohl ein biederer Bankier als auch sein ehemaliger Aufseher hinter dem Geld her sind.
Die Gnadenlosen war James Stewarts insgesamt 75. Film, entpuppte sich aber nicht als würdiges Jubiläumswerk. Trotz guter, alter Hollywood-Schauspieler (in der Rolle der vulgären Cleo ist die geschmacklos gekleidete und grell geschminkte Anne Baxter zu sehen) und der originellen Romanvorlage von David Grubb (er schrieb auch den Stoff zu Charles Laughtons genialem Thriller DIE NACHT DES JÄGERS) leidet der Film unter der durchschnittlichen Regieleistung. Andrew V. McLaglen verließ sich hier zu sehr auf die Geschichte und trug wenig dazu bei, den hohen Gehalt des Romans auf ein entsprechendes gestalterisches Niveau zu bringen. In einer kleineren Rolle ist in diesem Film der spätere Superstar Kurt Russell zu sehen. jg

Gold

Gold. Deutschland 1934 **R** Karl Hartl **B** Rolf E. Vanloo **K** Günther Rittau, Otto Baecker, Werner Bohne **M** Hans-Otto Borgmann **P** Alfred Zeisler für UFA **L** 103 Min., s/w **D** Hans Albers, Friedrich Kayßler, Lien Deyers, Brigitte Helm, Michael Bohnen, Eberhard Leithoff, Rudolf Platte

Nach F. P. 1 ANTWORTET NICHT und DER TUNNEL war *Gold* der dritte und letzte Beitrag des deutschen Films der 30er Jahre zum Science-ficiton-Genre.
Professor Achenbach (Kayßler) und sein Assistent Holk (Albers) haben eine aufsehenerregende Erfindung gemacht. Durch die Spaltung der Atome ist es ihnen gelungen, aus Blei Gold zu machen. Ein hinterhältiger Sabotageakt zerstört kurze Zeit später jedoch ihr Labor, Achenbach kommt dabei ums Leben. Der schottische Fabrikant Wills (Bohnen), in Wirklichkeit auch Drahtzieher der Verschwörung, gibt Holk die Gelegenheit, in seinem Laboratorium weiterzuforschen. Dieser allerdings läßt die gesamte Anlage in die Luft fliegen, weil er weiß, daß die Menschheit seine Erfindung niemals zu ihrem Wohle einsetzen würde.
Als 1945 der Film noch einmal von der Alliierten Zensurbehörde gesichtet wurde, glaubte man angesichts der Filmhandlung befürchten zu müssen, den Nazis sei es noch vor den Amerikanern gelungen, einen Atom-Reaktor zu entwickeln. Sämtliche Kopien des Streifens wurden eingesammelt und unter Verschluß gehalten. Eine Kopie soll dabei auch amerikanischen Atom-Wissenschaftlern zur Begutachtung vorgelegt worden sein, die jedoch die gezeigten (von Otte Hunte überaus kühn entworfenen) Bauten und Apparaturen als Phantasieprodukte der Filmarchitekten entlarvten. jg

Gold

Gold. Großbritannien 1974 **R** Peter Hunt **B** Wilbur Smith, Stanley Price, nach dem Roman *Goldmine* von Smith **K** Ousama Rawi **M** Elmer Bernstein **P** Michael Klinger für Avton **L** 118 Min., Farbe **D** Roger Moore, Susannah York, Ray Milland, Bradford Dillman, John Gielgud

Ein skrupelloses Gangstersyndikat will eine südafrikanische Goldmine unter Wasser setzen, da es sich durch die Blockierung der Produktion einen Anstieg des Goldpreises auf dem Weltmarkt verspricht - selbstverständlich zu seinem Vorteil. Schicht-Führer Rod Slater (Moore) wird von ihnen unwissentlich manipuliert, und als er hinter die geplante Katastrophe kommt, ist es schon fast zu spät...
Ein aufregend in Szene gesetzter Action-Film, der Roger Moore in seiner ersten Starrolle nach seinem ersten Einsatz als James Bond in LEBEN UND STERBEN LASSEN zeigt. Ganz frei von den Allüren dieser Figur ist sein Minenarbeiter jedoch auch nicht, besonders nicht dessen Umgang mit Frauen - ganz zu schweigen von seinem schließlichen Sieg über die von den Verbrechern ausgelöste Katastrophe. Regie führte Peter Hunt, der ebenfalls in einem Bond-Abenteuer (IM GEHEIMDIENST IHRER MAJESTÄT) seine ersten Erfahrungen auf dem Regiestuhl gemacht hatte.
Besonders in den Szenen unter Tage kann *Gold* überzeugen; sie sind bedrückend realistisch und wahrhaft erschreckend gestaltet. Die ausgezeichnete Besetzung der Nebenrollen sowie Elmer Bernsteins Musik sind weitere Pluspunkte. al

Das Gold von Neapel

L´oro di Napoli. Italien 1954 **R** Vittorio De Sica **B** Cesare Zavattini, Giuseppe Marotta, Vittorio

De Sica, nach dem Roman von Marotta **K** Carlo Montuori **M** Alessandro Cicognini **P** Dino de Laurentiis, Carlo Ponti für Ponti-De Laurentiis **L** 111 Min., s/w **D** 1. *Der Erpresser*: Totò, Lianella Carrell, Pasquale Cennamo; 2. *Der Ring*: Sophia Loren, Giacomo Furia, Alberto Franese; 3. *Der Spieler*: Vittorio De Sica, Mario Passante, Irene Montalto; 4. *Teresa*: Silvana Mangano, Erno Crisa

Nach einer Reihe hochgelobter neorealistischer Werke wandte sich Vittorio De Sica mit diesem vierteiligen Episodenfilm einer etwas leichteren, kommerzielleren Thematik zu, die allerdings nicht weniger gelungen umgesetzt ist.
1. Ein Straßenmusiker (Totò) und seine Frau werden von einem „Freund", der sich in ihrer Wohnung eingenistet hat, so lange schikaniert, bis sie ihn schließlich hinauswerfen.
2. Die Frau eines Pizzabäckers (Loren) gerät in Schwierigkeiten, als sie ihren Ring bei ihrem Geliebten vergißt und ihrem Mann erzählt, er sei in den Pizzateig gefallen.
3. Ein der Spielleidenschaft verfallener Graf (De Sica), der bereits das gesamte Familienvermögen durchgebracht hat, verliert auch noch seinen Rock an das Söhnchen des Portiers.
4. Die Prostituierte Theresa (Mangano) heiratet einen reichen Mann, der sich auf diese Weise selbst strafen will - war er doch schuld am Tode eines jungen Mädchens.
Die ursprüngliche Fassung von *Das Gold von Neapel* enthielt sechs Episoden, die jedoch außerhalb Italiens nicht gezeigt wurden. Es handelt sich um *Funeralino* mit Teresa Di Vita und *Il professore* mit Eduardo de Filippo.
De Sica verbindet geschickt südländische Sinnlichkeit, Humor und Sozialkritik zu einem unterhaltsamen, aber keinesfalls banalen Werk. Es war seine erste Zusammenarbeit mit Sophia Loren, mit der er (als ihr Regisseur) noch sieben weitere Filme machen sollte. al

Die goldene Karosse

La carrozza d´oro/Le carrosse d´or. Italien/Frankreich 1953 **R** Jean Renoir **B** Jean Renoir, Jack Kirkland, Renzo Avanzo und Giulio Macchi **K** Claude Renoir **P** Delphinus-Film/ Panaria-Film/ Hoche-Production **L** 94 Min., Farbe **D** Anna Magnani, Duncan Lamont, Paul Campbell, Ricardo Riolo, William Tubbs

Der Vizekönig einer spanischen Kolonie in Südamerika läßt sich aus Italien eine goldene Kutsche kommen. Das aufsehenerregende Gefährt ist alsbald in aller Munde. Camilla (Magnani), Star einer italienischen Schauspieltruppe, gefällt dem Vizekönig; ihr wiederum gefällt vor allem seine goldene Karre. Die Liaison sorgt prompt für reichlich Ärger: Felipe, Camillas Freund, tobt vor Eifersucht, und der Monarch, der seiner Angebeteten die edle Karosse schenkt, bringt damit den gesamten Kronrat und das Volk gegen sich auf. Die erschrockene Camilla weiß die Wogen zu glätten, indem sie der Kirche das luxuriöse Gefährt überläßt und ihr weiteres Glück

nicht bei den Männern, sondern auf der Bühne sucht.
Hohe schauspielerische Leistungen (insbesondere der Magnani), brillante Kameraarbeit und anspruchsvolle Musik von Vivaldi machen den Film von Jean Renoir zu einem hübsch anzusehenden Werk im Stile der italienischen Commedia dell´arte, das allerdings nicht frei von Theatralik und einer in die Länge gezogenen Handlung ist. sk

Der goldene Regenbogen

Finian´s Rainbow. USA 1968 **R** Francis Ford Coppola **B** E. Y. Harburg, Fred Saidy, nach ihrem Bühnenstück **K** Philip Lathrop **M** Burton Lane **P** Joseph Landon für Warner Bros./Seven Arts **L** 144 Min., Farbe **D** Fred Astaire, Petula Clark, Tommy Steele, Don Francks, Keenan Wynn, Al Freeman jr., Barbara Hancock, Ronald Colby, Dolph Sweet

Das 1947 entstandene Musical *Finian´s Rainbow* hatte sich in den Staaten zu einem fast legendären Broadway-Triumph entwikkelt. In 600 ununterbrochen laufenden New Yorker Vorstellungen spielte das Stück bis zu seiner Leinwand-Umsetzung über 20 Millionen Dollar ein. Hollywood versuchte viele Jahre vergeblich, die Verfilmungsrechte zu erwerben, bis es Jack L. Warner schließlich gelang, sowohl die Komponisten als auch die Autoren des Stücks für seine Filmpläne zu gewinnen.
In der Gestalt eines modernen Märchens führt uns dieses Musical in das Phantasie-Land Missitucky im Regenbogental, in dem man jedoch auch nicht ohne Geld und Gold auskommen kann. Verpackt in ein ausgelassen buntes Singspiel geht es um Existenzsicherung, Lebensglück und Liebe. Nach den entsprechenden Verwirrungen finden die drei Hauptakteure all diese Dinge, die das Leben lebenswert machen. Bis dahin wird viel getanzt und gesungen; unter anderem sind die bekannten Evergreens *Old Devil Moon* und *How Are the Things in Glocca Morra* zu hören.
Der damals erst 28jährige Francis Ford Coppola kam zu der seltenen Ehre, trotz seiner Unerfahrenheit dieses Millionenprojekt zu inszenieren. Ein Jahr zuvor hatte er mit dem Film BIG BOY, JETZT WIRST DU EIN MANN für Aufsehen gesorgt, und so entschlossen sich die Warner-Produzenten, das Wagnis mit ihm einzugehen. Die zur damaligen Zeit ungeheuer populäre englische Schlagersängerin Petula Clark (*Downtown*) trat in *Der goldene Regenbogen* das erste Mal für einen Kinofilm vor die Kamera. jg

Die goldene Stadt

Die goldene Stadt. Deutschland 1942 **R** Veit Harlan **B** Alfred Braun, Veit Harlan, nach dem Bühnenstück *Der Gigant* von Richard Billinger **K** Bruno Mondi **M** Hans Otto Borgmann **P** UFA **L** 104 Min. (Originalfassung 109 Min.), Farbe **D** Kristina Söderbaum, Eugen Klöpfer, Rudolf Prack, Paul Klinger, Kurt Meisel, Liselotte Schreiner, Annie Rosar, Hans Hermann Schaufuss

Veit Harlans *Die goldene Stadt*, ein schicksalsschwangeres Melodrama, das ganz der Blut- und Bodenideolgie der Nazis entsprach, wurde zu einem der größten Kassenerfolge der UFA und spielte in Deutschland und den besetzten Ländern die ungeheure Summe von 43 Millionen Reichsmark ein.
Harlan wollte den Film unbedingt in Agfa-Color drehen, doch nachdem der erste deutsche Farbfilm FRAUEN SIND DOCH BESSERE DIPLOMATEN so katastrophal ausgefallen war, verweigerte Goebbels ihm lange Zeit seine Zustimmung dazu.
Entstanden an Originalschauplätzen in Prag und Umgebung, erzählt dieser Film die Geschichte der Bauerstochter Anna (Söderbaum), die sich nichts sehnlicher wünscht, als Prag, die „goldene Stadt", kennenzulernen. Heimlich verläßt sie Vater und Verlobten und macht sich mit ihrem tschechischen Cousin Toni (Meisel) auf die Reise in die Moldau-Metropole. Ihre Flucht erweist sich als kompletter Fehlschlag. Anna wird enterbt und in schwangerem Zustand von Toni, dem hinterhältigen Slawen, verlassen. Zu allem Überfluß stellt sie auch noch fest, daß ihr als Landpomeranze das Großstadtleben doch nicht so liegt. Reumütig kehrt Anna auf den elterlichen Hof zurück, wo ihr Vater gerade die Hochzeit mit seiner Haushälterin feiert. Gänzlich in Verwirrung gestürzt, ertränkt sie sich und ihre Nöte im Moor.
Nach Harlans Plänen sollte Anna eigentlich überleben, da sie ja immerhin schwanger war. Goebbels jedoch verwies auf das zu erwartende „Tschechenbalg", das schließlich als Erbe eines deutschen Hofes eingesetzt werden würde, was natürlich nie und nimmer der Fall sein durfte. Also wurde das Ende umgeändert, und mit dem schaurigen Schlußsatz „Vater, vergib mir, daß ich meine Heimat nicht so geliebt habe wie dich" war Kristina Söderbaum ein weiteres Mal dazu verdammt, in ihrer Filmkarriere den Freitod in feuchten Gefilden zu suchen. jg

Das goldene Tor

Hold Back the Dawn. USA 1940 **R** Mitchell Leisen **B** Charles Brackett, Billy Wilder **K** Leo Tover **M** Victor Young **P** Arthur Hornblow jr. für Paramount **L** 113 Min., s/w **D** Charles Boyer, Olivia de Havilland, Paulette Goddard, Victor Francen

Ein ganz vorzügliches Melodram von Komödien-Spezialist Mitchell Leisen, das sich mit den Bemühungen europäischer Emigranten beschäftigt, über die mexikanische Grenze in die Staaten zu gelangen. Charles Boyer spielt Georges Iscovescu, einen rumänischen Gigolo, der sich an die amerikanische Lehrerin Emmy (De Havilland) heranmacht, um durch eine Heirat die US-Staatsbürgerschaft zu erhalten. Die durchtriebene Anita Dixon (Goddard) hatte ihm dazu geraten. Sie ist es auch, die nach tatsächlich vollzogener Heirat und Flitterwochen der ahnungslosen Braut die Wahrheit erzählt. Tief getroffen rast Emmy mit dem Auto davon und hat einem schweren Unfall... Das clevere Drehbuch von Billy Wilder und Charles Brackett beginnt in den Studios der Paramount, wo Iscovescu Regisseur Mitchell Leisen die Geschichte seiner Beziehung zu Emmy als Filmstoff anbietet, denn er braucht dringend Geld für ihre medizinische Versorgung. Die Handlung wird dann in einer großen Rückblende erzählt. Dieser ungewöhnliche Rahmen ist nur ein Beispiel für die geschickte und sorgfältige Konstruktion dieses Films, der zu Paramounts größten Erfolgen des Jahres gehörte. Auf jeden Fall war er mit sechs Oscar-Nominierungen der am höchsten prämiierte (darunter Bester Film und Hauptdarstellerin). al

Goldenes Gift

siehe: OUT OF THE PAST - GOLDENES GIFT

Goldfieber

Mother Lood. USA 1982 **R** Charlton Heston **B** Fraser C. Heston **K** Richard Leiterman **M** Ken Wannberg **P** Fraser C. Heston für Agamemnon-Films **L** 103 Min., Farbe **D** Charlton Heston, Nick Mancuso, Kim Basinger, John Marley, Dale Wilson

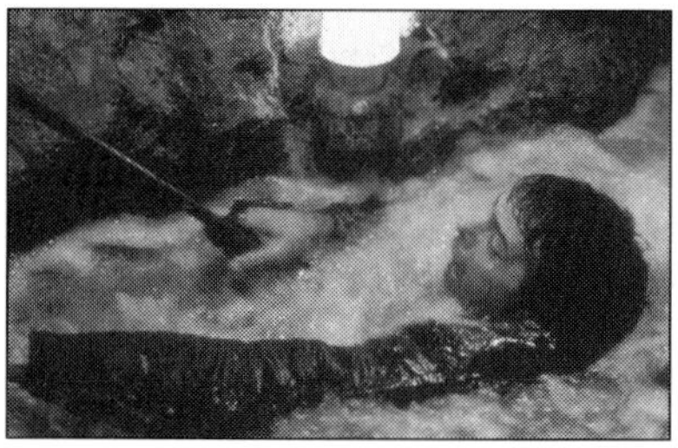

Nach seinen aufsehenerregenden Auftritten in den nicht minder spektakulären Streifen DIE ZEHN GEBOTE, BEN HUR oder EL CID, die ihm den Ruf „König des Monumentalfilms" einbrachten, wagte sich der 60jährige Charlton Heston das erste Mal in seiner Karriere an das Regiefach heran und erbrachte mit *Goldfieber* den Beweis, daß er nicht nur vor, sondern auch hinter der Kamera qualitätvolle Arbeit leisten konnte.
Goldfieber beginnt wie ein harmloser Abenteuerstreifen. Der junge Jean (Mancuso) überredet seine Freundin Andrea (Basinger), mit ihm in einen entlegenen Teil Kanadas zu fliegen, um dort nach seinem Freund George zu suchen, der vor geraumer Zeit ausgezo-

gen war, um Gold zu suchen. Aus dem mit naiver Freude am Abenteuer angetretenen Trip wird eine Reise ins Grauen. Eine Bruchlandung auf einem waldumsäumten See schneidet das Pärchen von der Umwelt ab. Bereits nach kurzer Zeit müssen sie voller Unbehagen feststellen, daß man sie beobachtet. Jean und Andrea sind in das heilige Revier des Einsiedlers McGee (Heston), einem fanatischen und psychisch leicht defekten Goldgräber, eingedrungen, der den ungebetenen Besuchern einen recht unfreundlichen Empfang bereitet.
Ein bis zur letzten Minute spannender Action-Thriller, der im Laufe der Handlung mit Vorliebe zahlreiche Register des Horror-Genres zieht. Es geht durch finstere Stollen, klamme Höhlen und überflutete Tunnel, in denen auch mal plötzlich eine Leiche auftaucht. Charlton Heston drehte sein Debütwerk nach dem Buch seines Sohnes Fraser. Die in CinemaScope von einem Flugzeug aus aufgenommenen Landschaftsaufnahmen mit ihrer berauschenden Fahrt über Schluchten und endlose Wälder wurden vor Ort in Kanada aufgenommen. jg

Goldfinger

Goldfinger. Großbritannien 1964 **R** Guy Hamilton **B** Richard Maibaum, Paul Dehn, nach dem Roman von Ian Fleming **K** Ted Moore **M** John Barry **P** Harry Saltzmann, Albert R. Broccoli für Eon Prod./United Artists **L** 112 Min., Farbe **D** Sean Connery, Gert Fröbe, Honor Blackman, Shirley Eaton, Tania Mallett, Harold Sakata, Bernard Lee

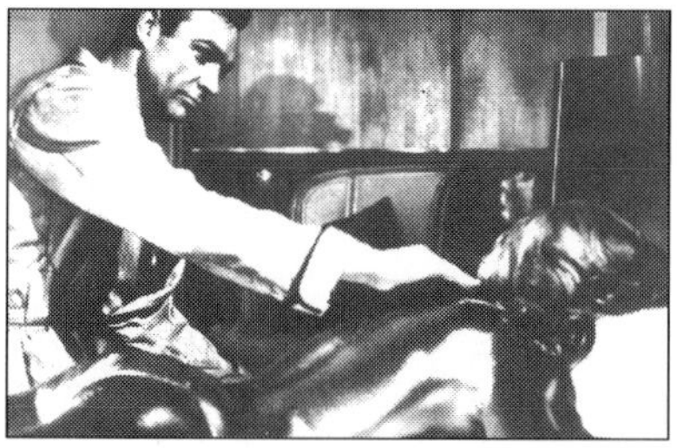

Der dritte Film der James-Bond-Serie und Nachfolger von LIEBESGRÜSSE AUS MOSKAU wird allgemein als der beste angesehen. Eine originelle, spannende Geschichte, ein denkwürdiger Bösewicht (gespielt von Gert Fröbe) und zahlreiche optische Einfälle verbanden sich hier zu einem äußerst unterhaltsamen, gut ausbalancierten Abenteuer, bei dem die Handlung noch nicht so stark von technischen Gags überlagert ist wie bei den späteren Bonds.
007 (Connery) bekommt es diesmal mit einem Schurken namens Goldfinger zu tun, der überall auf der Welt Gold aufgekauft hat. Sein Plan: Er will die riesigen, im amerikanischen Fort Knox lagernden Reserven radioaktiv verseuchen und damit wertlos machen - er selbst würde damit zum reichsten und mächtigsten Mann der Welt. Mit Goldfinger ist nicht zu spaßen; seine Sekretärin (Eaton) findet nach einem Schäferstündchen mit Bond den Tod durch eine goldene Ganzkörperbemalung, die die Atmung der Haut verhindert...Bei seinem finsteren Vorhaben wird der Fiesling von einer Anzahl skurriler Helfershelfer unterstützt, darunter der Koreaner Oddjob (Sakata), der mit seiner stahlkrempenbeschwerten Melone zu töten pflegt, und die fesche Pussy Galore (Blackman), eine Karate-Spezialistin, die es Bond besonders angetan hat; scheinen sie und die Mitglieder ihrer weiblichen Fliegerstaffel doch lesbisch zu sein.
Weitere Höhepunkte des Films waren der mit allerlei Schnickschnack ausgestattete Aston Martin, komplett mit Schleudersitz und Flammenwerfer sowie die Laserkanone, von der Bond fast in zwei Teile geschnitten wird.
Goldfinger entwickelte sich zum bis dahin größten Erfolg der Serie; der von Shirley Bassey gesungene Titelsong wurde ebenfalls ein Hit. Die Toneffekte wurden mit einem Oscar ausgezeichnet. al

Ein Goldfisch an der Leine

Man´s Favorite Sport. USA 1964 **R** Howard Hawks **B** John Fenton Murray, Steve McNeil, nach der Geschichte *The Girl Who Almost Got Away* von Pat Frank **K** Russell Harlan **M** Henry Mancini **P** Howard Hawks, Paul Helmick für Universal **L** 120 Min., Farbe **D** Rock Hudson, Paula Prentiss, Maria Perschy, Charlene Holt, John McGiver, Roscoe Karns, Forrest Lewis, Regis Toomey

Rock Hudson mußte in dieser Howard-Hawks-Komödie einen hoffnungslosen Tolpatsch spielen - vielleicht war das einer der Gründe, warum sich seine Fans mit diesem Film nie so recht anfreunden konnten. Sie fanden es für seine Persönlichkeit einfach unwürdig, durch das Schiebedach eines kleinen Autos zu fallen oder im Taucheranzug hinter einem Motorboot hergeschleift zu werden. Auch Regisseur Howard Hawks ließ im nachhinein kein gutes Haar an seinem Film, schob aber die Schuld an seiner Unzufriedenheit Rock Hudson zu, dessen komödiantisches Talent er als sehr begrenzt einschätzte.
Trotzdem kann man sich diese Komödie getrost ansehen, denn ganz so schlecht, wie Hawks sie empfand, ist sie wirklich nicht. Vielleicht liegt ihr besonderer Reiz gerade in der Tatsache, daß Hudson als gestandenes Mannsbild der enervierenden Bevormundung zweier junger Damen unterliegt.
Roger Willoughby (Hudson) arbeitet als erfolgreicher Verkäufer in einer Firma, die sich ganz auf den Angelsport spezialisiert hat. Theoretisch beherrscht er alle Kniffe dieses langweiligen Zeitvertreibs, hat er doch selbst einen Bestseller darüber geschrieben. In der Praxis hat Willoughby jedoch noch nie eine Angelrute in der Hand gehalten. Unter diesen nicht sehr verheißungsvollen Bedingungen wird er als Aushängeschild von seiner Firma zu einem Angelwettbewerb geschickt, nachdem zwei junge, energische Damen diesen verhängnisvollen Vorschlag gemacht haben.
Die österreichische Schauspielerin Maria Perschy gab mit *Ein Goldfisch an der Leine* ihr Filmdebüt in Hollywood. Verbunden mit den Dreharbeiten war ein achtwöchiger Anglerkurs, in dem sie auch gleich das Tauchen lernte. jg

Goldgräber-Molly

The Unsinkable Molly Brown. USA 1964 **R** Charles Walters **B** Helen Deutsch, nach dem Bühnenmusical von Meredith Willson und Richard Morris **K** Daniel L. Fapp **M** Meredith Willson (Songs), Robert Armbruster (Score) **P** Lawrence Weingarten für MGM **L** 115 Min. (Originalfassung 128 Min.), Farbe **D** Debbie Reynolds, Harve Presnell, Ed Begley, Jack Kruschen, Hermione Baddeley, Martita Hunt

Die Waise Molly Brown (Reynolds) hat endlich mal Glück, als ihr frischgebackener Ehemann (Presnell) das große Geld macht, und sie in die snobistische Oberschicht von Denver um die Jahrhundertwende aufsteigt. Um von den feinen Pinkeln akzeptiert zu werden, begibt sich Molly auf Europa-Reise, macht Bekanntschaft mit allerlei Blaublütern, und als sie dann auch noch heldenhaft den Untergang der „Titanic" überlebt, steht ihrer triumphalen Heimkehr nichts mehr im Wege.
Debbie Reynolds rettet mit ihrer energievollen und ausgelassenen Darstellung dieses auf einer wahren Geschichte basierende Musical vor dem Absturz in die Zweitklassigkeit, denn weder die Originalgeschichte noch Helen Deutschs Adaption sind literarische Glanzleistungen. Im großen und ganzen handelt es sich um eine solide Skript des 1960er Broadway-Hits, der sich trotz einiger unfreundlicher Kritiken an den Kinokassen als nicht weniger erfolgreich erwies. Die besten Musiknummern sind das ausgezeichnet (von Peter Gennaro) choreographierte *He´s My Friend*, das in der Bühnenversion

nicht vorkam, das turbulente *Belly Up to the Bar, Boys* und *I Ain´t Down Yet*.
Goldgräber-Molly erhielt fünf Oscar-Nominierungen, darunter eine für Debbie Reynolds - ihre einzige. al

Goldhelm

Casque d´or. Frankreich 1951 **R** Jacques Becker **B** Jacques Becker, Jacques Companéez **K** Robert LeFèbvre **M** Georges van Parys **P** Spéva Film/Paris Films **L** 85 Min. (Originalfassung 96 Min.), s/w **D** Simone Signoret, Serge Reggiani, Claude Dauphin, Raymond Bussières, William Sabatier, Gaston Modot

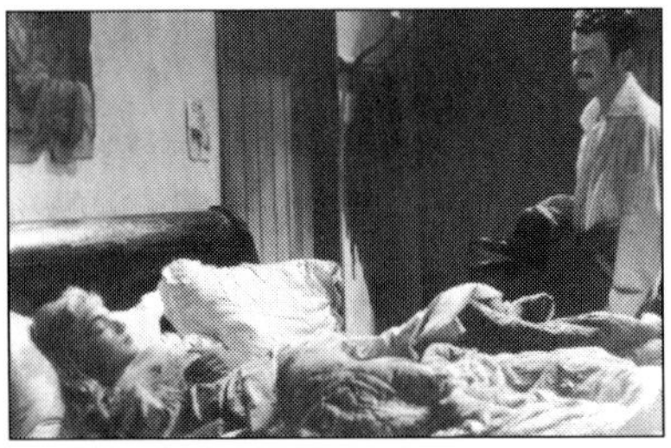

Die Kurtisane Marie (Signoret), wegen ihrer hochaufgetürmten blonden Haare auch „Goldhelm" genannt, findet Gefallen an dem Tischler Manda (Reggiani), einem Jugendfreund von Raymond (Bussières), der wie Marie ein Mitglied der Bande von Leca (Dauphin) ist. Für ihn verläßt sie ihren Zuhälter Roland (Sabatier). Leca, der selbst an Marie interessiert ist, versucht, die beiden Männer gegeneinander auszuspielen, und ist erfolgreich, als Manda Roland bei einer gewalttätigen Auseinandersetzung tötet. Während Marie und Manda für kurze Zeit auf dem Land Zuflucht suchen, sorgt Leca dafür, daß dem unschuldigen Raymond der Mord angelastet wird. So will er Manda wieder in die Stadt locken...
Um die Jahrhundertwende erregten diese Vorgänge, die mit dem Tod Mandas unter der Guillotine endeten, großes Aufsehen und beherrschten wochenlang die Schlagzeilen. Bereits mehrere Regisseure hatten mit einer Umsetzung des Stoffes für die Leinwand geliebäugelt, unter ihnen Julien Duvivier, Yves Allégret und Henri-Georges Clouzot. Als sich Jacques Becker der Sache annahm, verlagerte er sein Augenmerk von der Mythologie der Pariser Unterwelt auf die Charakterisierung der Figuren und versuchte eine möglichst realistische Heraufbeschwörung der Belle Époque. Die Sorgfalt seines Vorgehens und die ausgezeichneten Darstellungen machten *Goldhelm* zum schönsten Film über diese Zeit und zu einem unvergänglichen Klassiker des französischen Films, der allerdings bei seiner Uraufführung in Brüssel (und später auch in Paris) durchfiel. al

Goldrausch

The Gold Rush. USA 1925 **R** Charles Chaplin **B** Charles Chaplin **K** Roland H. Totheroh, Jack Wilson **P** United Artists **L** 78 Min., s/w **D** Charles Chaplin, Mack Swain, Henry Bergman, Tom Murray, Georgia Hale

Charles Chaplins unbestrittenes Meisterwerk gilt noch heute als einer der wenigen großen Kino-Klassiker und wurde 1958 im Rahmen der Brüsseler Weltausstellung von über 100 internationalen Filmwissenschaftlern zu den zwölf besten Filmen aller Zeiten gerechnet. Dabei erlebte der kleine Tramp, Chaplins unvergleichliches zweites Film-Ich, mit diesem Werk ein kleines Comeback. Nach seinem zuvor gedrehten Melodram *Die Nächte einer schönen Frau*, das nicht den von Chaplin erwarteten Erfolg verbuchen konnte, kehrte der Komiker wieder zu seiner Paraderolle zurück. Seiner perfektionistischen Arbeitsweise kam dabei zugute, daß er als Mitbegründer der United Artists (zusammen mit Regisseur David W. Griffith, Douglas Fairbanks und Mary Pickford) die absolute Kontrolle über seine Filme hatte.
Den kleinen Tramp verschlägt es diesmal samt Hut und Stock ins Alaska des Jahres 1898. Der Goldrausch zieht Millionen von Menschen an, darunter auch Charlie. In denkbar unpassender Kleidung, von den Gefahren der Natur bedroht, kann er sich in eine Goldgräberhütte retten. Dort lernt er die beiden Schürfer Black Larsen (Murray) und Big Jim (Swain) kennen, die Charlies Schicksal bei seiner weiteren Suche nach Reichtum und Glück bestimmen. Am Ende der entbehrungsreichen Odyssee macht Charlie nicht nur einen sagenhaften Goldfund, sein unbeirrbares, zielstrebiges Wesen wird auch mit der Liebe einer Saloon-Sängerin (Hale) belohnt.
Fünfzehn Monate Drehzeit bei einem Budget von 500.000 Dollar brauchte Chaplin, um einen Film zu drehen, dessen berühmtesten Szenen Filmgeschichte geschrieben haben. Die aus dem Hunger geborene Idee, seine eigenen Schuhe zu essen und der Tanz der Brötchen auf der Gabel waren schon kurz nach dem Anlaufen des Filmes beim Publikum so beliebt, daß sich einige Kinobesitzer entschlossen, sie am Ende der Vorführung noch einmal zu wiederholen. So schaffte es *Goldrausch* spielend, noch im ersten Jahr seiner Aufführung das vierfache der Produktionskosten einzuspielen. Chaplins Triumph wurde allerdings durch die gegen ihn wegen „privater Verfehlungen" vorgebrachten Anfeindungen überschattet. 1924 heiratete Chaplin in zweiter Ehe die 17jährige Lolita MacMurray alias Lita Grey. Sie sollte ursprünglich die weibliche Hauptrolle in *Goldrausch* spielen, wurde aber von Chaplin wegen mangelnden Talents durch Georgia Hale ersetzt. Lolitas Mutter drohte Chaplin daraufhin mit einer Anzeige wegen der Verführung einer Minderjährigen - eine Drohung, die Chaplins künstlerischen K. O. bedeutet hätte (Komikerkollege Roscoe „Fatty" Arbuckle war nur drei Jahre zuvor einer Rufmord-Kampagne zum Opfer gefallen). Ob Chaplin aufgrund dieser Drohung und den daraus resultierenden Folgen in die Heirat einwilligte, blieb allerdings unklar. Sicher ist nur, daß das Paar sich drei Jahre später wieder scheiden ließ - eine Tatsache, die das puritanische Amerika mit moralischer Entrüstung zur Kenntnis nahm und in der Presse weidlich ausgeschlachtet wurde.
dk

Der Golem, wie er in die Welt kam

Der Golem, wie er in die Welt kam. Deutschland 1922 **R** Paul Wegener, Carl Boese **B** Paul Wegener, Henrik Galeen **K** Karl Freund **M** Hans Landsberger **P** UFA **L** 84 Min., s/w **D** Paul Wegener, Albert Steinrück, Lyda Salmonova, Ernst Deutsch, Hanns Sturm, Otto Gebühr, Lothar Müthel

Henrik Galeen, der diesmal nur das Drehbuch schrieb, hatte den Stoff schon während des Ersten Weltkrieges unter dem Titel *Der Golem* verfilmt, damals jedoch nicht die Einheit von Ausstattung und Schauspiel erreicht, wie es sie z.B. Robert Wiene 1919 in seinem expressionistischen Meisterwerk DAS KABINETT DES DR. CALIGARI geglückt war. Die zweite Umsetzung des Stoffes gelang wesentlich besser, wobei dies vor allem dem genialen Filmarchitekten Hanns Poelzig zu verdanken war, der auf dem UFA-Freigelände in Berlin-Tempelhof die bis heute unübertroffene Golem-Stadt errichten ließ - eine labyrinthartige Anordnung verwinkelter Gassen, mit geduckten, windschiefen Häusern.
Basierend auf einer alten jüdischen Legende wird eine Fabel erzählt, die in ihren Grundzügen der *Frankenstein*-Geschichte von Mary W. Shelley sehr ähnlich ist. Um das Volk der Juden zu beschützen, erschafft der Rabbi Löw (Steinrück) aus Lehm den Golem (Wegener), eine plumpe, ungelenke Figur, die er mit einem magischen Amulett zum Leben erweckt. Die Kreatur läuft allerdings Amok und zieht mordend durch die Stadt, bis es einem kleinen Mädchen gelingt, ihr das Amulett zu entreißen, worauf sie sich wieder in eine leblose Lehmstatue verwandelt.
„*Der Golem* ist das erste wirkliche Beispiel des Kinos, in dem schauspielerische Leistung, Dekoration, Fotografie und Regie zu einer vollständigen Einheit werden." (*The Aurum Film Encyclopedia*) jg

Good Fellas - Drei Jahrzehnte in der Mafia

Good Fellas. USA 1990 **R** Martin Scorsese **B** Nicholas Pileggi, Martin Scorsese **K** Michael Ballhaus **P** Irwin Winkler für Warner Bros. **L** 135 Min., Farbe **D** Robert De Niro, Joe Pesci, Ray Liotta, Lorraine Bracco, Paul Sorvino

Schon als Jugendlicher übernimmt Henry Hill kleine Jobs für Gangster aus der Nachbarschaft. Er wird ein Mitglied der ehrenwerten Mafia-Familie, für die er 30 Jahre lang arbeitet. Sein größter Coup ist der Millionenraub im Depot der Lufthansa auf dem John F.-Kennedy-Flughafen. Als er bei einem Drogengeschäft erwischt wird und

mit lebenslanger Freiheitsstrafe rechnen muß, entschließt sich Hill, auszupacken.
Die Geschichte des Henry Hill, der heute mit einer anderen Identität, geschützt durch das Kronzeugenprogramm des FBI, irgendwo in den USA lebt, gibt wie keine andere Einblick in die Welt des organisierten Verbrechens. Der New Yorker Journalist Nicholas Pileggi (sein Spezialgebiet waren Gewaltverbrechen und Mafia) verbrachte vier Jahre mit Hill. Aus seinen Aufzeichnungen entstand der Bestseller *Der Mob von innen,* auf dessen Grundlage der Autor gemeinsam mit Regisseur Scorsese das Drehbuch zu *Good Fellas* schrieb.
Das Ergebnis ist sehr viel mehr als nur ein weiterer Film über die Mafia. „Ein Wahnsinnstrip...So viel wie in diese Geschichte hat Scorcese noch in keines seiner Werke hineingepackt; darum wirkt *Good Fellas* auch wie eine Summe seiner bisherigen Arbeit: Kulturen und Zivilisationen, Gesetze und Regeln, Unterwelt und Oberwelt, Katholizismus und Kapitalismus, Erfolgsstreben und Todesangst - alles prallt hier mit unglaublicher Wucht aufeinander“ (*Süddeutsche Zeitung*). Für seine Rolle als Tommy de Vito wurde Joe Pesci mit dem Oscar ausgezeichnet. dk

Good Morning Babylon

Good Morning Babilonia. USA/Italien/Frankreich 1986 **R** Paolo & Vittorio Taviani **B** Paolo & Vittorio Taviani, Tonino Guerra **K** Giuseppe Lanci **M** Nicola Piovani **P** Filmtre/RAI/Edward R. Pressman Film Corp. **L** 118 Min., Farbe **D** Vincent Spano, Joaquim de Almeida, Greta Scacchi, Desirée Becker, Omero Antonutti, Charles Dance, David Brandon

Die Brüder Paolo und Vittorio Taviani, geprägt vom italienischen Neorealismus der vierziger und fünfziger Jahre, wurden mit Filmen wie PADRE PADRONE und DIE NACHT VON SAN LORENZO international bekannt. *Good Morning Babylon*, teilweise mit amerikanischen Mitteln finanziert, war ihr erster englischsprachiger Film. Er erzählt die Geschichte zweier Brüder aus einer italienischen Familie mit langer Bildhauertradition, die 1914 nach Hollywood kommen, um dort ihr Glück zu machen. Nach einer langen Zeit der Entbehrungen werden sie von Regisseur David W. Griffith als Bühnenbildner für seinen Monumentalfilm INTOLERANCE engagiert. Der Ausbruch des Ersten Weltkriegs markiert das Ende einer kurzen Phase des Erfolgs und privaten Glücks. Die Brüder werden getrennt und treffen ein letztes Mal auf einem Schlachtfeld in Europa zusammen.
Der Hollywood-Ausflug der Tavianis wurde von der Kritik zwiespältig, häufig mit einiger Enttäuschung aufgenommen. Was die einen als großen poetischen Film und Hommage an Hollywood sahen, war für die anderen eine mit Pathos überfrachtete italienische Oper. *Good Morning Babylon* hat seinen eigenen Reiz, doch die früheren Filme der Brüder Taviani, in denen Beobachtungen aus dem Leben der kleinen Leute in Italien im Mittelpunkt standen, sind weitaus stärker. dk

Good Morning, Vietnam

Good Morning, Vietnam. USA 1987 **R** Barry Levinson **B** Mitch Markowitz **K** Peter Sova **M** Alex North **P** Mark Johnson und Larry Brezner für Touchstone Pict./Silver Screen Partners III **L** 121 Min., Farbe **D** Robin Williams, Forest Whitaker, Tung Thanh Tran, Chintara Sukapatana, Bruno Kirby, Robert Wuhl

Good Morning, Vietnam stellt nach M.A.S.H. ein weiteres Kapitel filmischer Geschichtsbewältigung für die amerikanische Nation dar, beschränkt sich der Streifen doch nicht auf die verherrlichende Darstellung des Busch-Krieges und des Heldentums à la DIE GRÜNEN TEUFEL, sondern setzt sich in Ansätzen durchaus kritisch mit Kriegsleiden und Feindbildern auseinander.
Good Morning, Vietnam ist die Grußformel, mit der Adrian Cronauer (Williams), abkommandiert nach Saigon als Sprecher eines US-Soldatensenders, den GIs jeden Morgen aus den Betten hilft. Mit seiner unkonventionellen Art bringt er frischen Wind in das „Armed Forces Radio“ - und seine Vorgesetzten gegen sich auf. Als er sich in die Vietnamesin Trinh (Sukapatana) verliebt, deren Bruder Tuan (Tran) sich obendrein als Vietcong-Kämpfer entpuppt und für ein Bombenattentat auf zwei US-Soldaten verantwortlich ist, wird Cronauer, menschlich enttäuscht, strafversetzt. Disziplin und Hierarchie haben - wieder einmal - gewonnen.
Mit der flüchtigen Kameraführung, die das Land und seine Bewohner förmlich ignoriert, und den oberflächlichen Witzen und Sprüchen der Soldaten über Vietnam zeigt Levinson deren Desinteresse und die Sinnlosigkeit ihres Einsatzes deutlich auf. Charakteristisch ist der Satz, den er den Vietcong-Krieger Tuan sagen läßt: „Ihr bringt ein Volk um, das so weit von eurer Heimat entfernt lebt. Nicht wir, ihr seid der Feind.“
Die Dreharbeiten wurden, da der Originalschauplatz nach wie vor nicht zur Verfügung steht, in den thailändischen Dschungel und nach Bangkok verlegt. sk

Goodbye, Mr. Chips

Goodbye, Mr. Chips. USA/Großbritannien 1969 **R** Herbert Ross **B** Terence Rattigan, nach dem Roman von James Hilton **K** Oswald Morris **M** Leslie Bricusse, John Williams **P** Arthur P. Jacobs für MGM (Hollywood), Apjac (London) **L** 140 Min. (Originalfassung 151 Min.), Farbe **D** Peter O'Toole, Petula Clark, Michael Redgrave, George Baker, Sian Philips, Michael Bryant

Ein weiterer Musical-Schiffbruch aus den pleitengeplagten 60er Jahren. Hier handelt es sich um eine Remake des gleichnamigen Robert Donat/Greer Garson-Filmes von 1939, dem MGM mit Peter O'Toole und einer Handvoll Songs zu neuem Glanz verhelfen wollte. Das ging gründlich daneben. O'Toole spielt die Titelrolle, einen britischen Schullehrer um 1924, der zunehmend Probleme hat, mit seinen Schülern zu kommunizieren, da der Altersunterschied beständig wächst. Bei einer Studienreise nach Pompeji lernt er die ungebildete Sängerin Katherine Bridges (Clark) kennen und lieben. Die folgende Heirat erweist sich für beide als ein Segen, bringt jedoch Probleme mit sich, als ein bedeutender Wohltäter der Schule (Baker) sich über Katherines zwielichtiges Vorleben mokiert...
Mit dem wunderbaren Original kann dieser Film, der das Regiedebüt von Herbert Ross darstellt, nicht konkurrieren, da helfen auch die eher mittelmäßigen Songs nichts. O'Toole gibt sich alle Mühe, doch die Rolle von Popsängerin Clark ist schwach geschrieben und unglaubwürdig.
Nichtdestotrotz gab es Oscar-Nominierungen für O'Toole und das Komponisten-Duo Bricusse/Williams (Musical-Soundtrack). al

Die Goonies

The Goonies. USA 1985 **R** Richard Donner **B** Chris Columbus, nach einer Vorlage von Steven Spielberg **K** Nick McLean **M** Dave Grusin **P** Richard Donner, Harvey Bernhard für Warner Bros. Prod. / Amblin Entertainment (Steven Spielberg) **L** 120 Min., Farbe **D** Sean Astin, Josh Brolin, Jeff Cohen, Corey Feldman, Kerri Green, Martha Plimpton, Ke Huy-Quan

„Goon“ ist eigentlich ein amerikanischer Slangausdruck für einen Kriminellen oder auch für einen weniger attraktiven Angehörigen des anderen Geschlechts. In einer Spielberg-Weihnachts-Kinderfilm-Produktion sind *Goonies* selbstverständlich etwas total anderes: Ein halbes Dutzend infantiler Idealisten, die sich heroisch für die Erhaltung der elterlichen Häuser an den Goon Docks, einem Küstenstreifen vor Oregon, einsetzen. Die Hollywood-übliche Ansammlung von vermeintlichen Loosern in Kinderform (einer ist dick, ein anderer trägt eine Brille, ein Mädchen hat rote Haare und einer ist Ausländer...) findet eine alte Piratenkarte und schon werden sie zu Jägern des verlorenen Schatzes. Ausgesprochen böse Verbrecher wollen den Blagen natürlich einen Strich durch die Rechnung machen, des weiteren machen sie noch die Bekanntschaft eines rosaroten, liebenswürdigen Monsters und einer weniger ansehnlichen Leiche. Schluß-

endlich finden sie in einem geisterbahnähnlichen unterirdischen Höhlensystem das gesuchte Piratenschiff mit dem sagenhaften Schatz, aus dessen Reinerlös die Elternhäuser vor den Fängen der Grundstücksspekulanten gerettet werden können. Die Verbrecher (nicht die Makler) werden standesgemäß eingelocht.
Eigentlich führte Richard Donner (DAS OMEN) Regie - genauso 'eigentlich' wie Robert Zemecki bei ZURÜCK IN DIE ZUKUNFT oder Tobe Hooper bei POLTERGEIST - aber die Federführung des sogenannten ausführenden Produzenten Spielberg ist nicht zu übersehen. Leider erschöpft sich dessen Kunst dieses Mal im erneuten Kramen in seiner altbekannten Trickkiste, die Spannung bleibt nach dem ersten Drittel des Films auf der Strecke. dh

Gorillas im Nebel

Gorillas in the Mist. USA 1988 **R** Michael Apted **B** Anna Hamilton Phelan, nach der Autobiographie von Dian Fossey **K** John Seale **M** Maurice Jarre **P** Arnold Glimcher und Terence Clegg für Guber-Peters Production **L** 129 Min., Farbe **D** Sigourney Weaver, Bryan Brown, Julie Harris, John Omirah Miluwi, Iain Cuthbertson, Constantin Alexandrov, Waigwa Wachira

„In meinem Film wollte ich aufzeigen, wie Dian Fosseys Art zu leben ihren Tod bedingte: Aus Interesse wurde bei ihr Leidenschaft, und diese Leidenschaft steigerte sich zur Besessenheit", beurteilt Regisseur Michael Apted die von ihm authentisch verfilmte, auf ihrer Biographie basierende Lebensgeschichte der Gorilla-Forscherin Diane Fossey.
Diane (Weaver), amerikanische Wissenschaftlerin, ging 1967 ohne einschlägige Ausbildung nach Afrika, um sich für die vom Aussterben bedrohten Berg-Gorillas einzusetzen. Sie lebte insgesamt 18 Jahre im Urwald unter den Tieren, deren Sprache, Gestik und Mimik sie im Laufe der Zeit erlernte. Sie wurde zu einer erbitterten Patronin ihrer Schützlinge, die sie mit aller Härte gegen Wilderer, Touristen und Trophäensammler verteidigte. 1985 wurde sie von Unbekannten ermordet.
Apted scheut sich nicht, auch die Kehrseite des kompromißlosen Einsatzes der Fossey für ihre Affen darzustellen: Sie, von den Eingeborenen respektvoll „mannlose Frau des Waldes" genannt, war durch die einsamen Jahre im Busch am Ende dem Wahnsinn nahe. Sigourney Weaver, die für ihre Rolle die Sprache der Gorillas erlernen mußte, füllt diese Figur in ihrer ganzen Bandbreite überzeugend aus. Die Außenaufnahmen wurden dort gedreht, wo Dian Fossey gelebt hatte: im Urwald von Ruanda und Zaire. Die Produktionsnotizen schweigen sich indes dazu aus, wieviele Szenen in Ermangelung echter Berg-Gorillas (die ausgesprochen scheu und selten sind) mit Menschen in Affenanzügen und -masken gedreht werden mußten. sk

Gorky Park

Gorky Park. USA 1983 **R** Michael Apted **B** Dennis Potter, nach dem Roman von Martin Cruz Smith **K** Ralf D. Bode **M** James Horner **P** Gene Kirkwood und Howard W. Koch jr. für Orion Pictures **L** 128 Min., Farbe **D** William Hurt, Lee Marvin, Brian Dennehy, Ian Bannen, Joanna Pacula, Michael Elphick, Richard Griffiths

Liz Taylor hat einen, die Königin von England hat einen - und auch die Loren: Die Rede ist von Zobel-Pelzen, deretwegen es in der seinerzeit noch kommunistischen Sowjetunion zu einigen Mordfällen kommt. Drei im Moskauer Gorky Park aufgefundene, übel zugerichtete Leichen setzen eine Ermittlungsmaschinerie in Gang, bei der Miliz-Kommissar Renko (Hurt) eine von einem skrupellosen amerikanischen Pelzhändler (Marvin) gelenkte internationale Zobel-Schmuggel-Mafia auffliegen läßt, in die sogar der KGB verwickelt ist.
Dieser Thriller zeichnet sich vor allem durch die authentische Darstellung des tristen sowjetischen Alltages in der Vor-Gorbatschow-Ära aus - dem Film ist durch die brillante Ausstattung nicht anzumerken, daß die Moskau-Szenen in Helsinki nachgestellt worden sind. Da für die Dreharbeiten keine lebenden Zobel zur Verfügung standen - die UdSSR besitzt ein weltweites Zobelzucht-Monopol - griff man auf die ähnlich aussehenden Baummarder zurück. Der Streifen verzichtet jedoch nicht auf flache Ost-West-Klischees in Form korrupter roter Staatsdiener und unterdrückter Regimekritiker; die Begegnung mit dem Osten gerät daher insgesamt zu spektakulär, zu unrealistisch, zu amerikanisch. sk

Gothic

Gothic. Großbritannien 1986 **R** Ken Russell **B** Stephen Volk **K** Mike Southon **M** Thomas Dolby **P** Penny Corke für Virgin Vision **L** 87 Min., Farbe **D** Gabriel Byrne, Julian Sands, Natasha Richardson, Myriam Cyr, Timothy Spall, Andreas Wisniewski, Alex Mango, Dexter Fletcher, Pascal King, Tom Hickey

Der 16. Juni 1816 wird später einmal als Markstein in die Geschichte der phantastischen Literatur eingehen. Die Geschehnisse dieser Nacht inspirierten Mary Shelley zu ihrem Roman *Frankenstein*. In *Gothic* vermischt der exzentrische Regisseur Ken Russell auf geschickte Weise Fikton und Tatsache, Realität und Alptraum zu einer aufwühlenden Melange aus sexuellen Begierden, Eifersüchteleien und schreckenerregenden Visionen.
Die geschilderten Personen und ihre jeweiligen Beziehungen untereinander entsprechen dabei weitgehend der historischen Wirklichkeit.
Der in die Zurückgezogenheit geflüchtete Schriftsteller Lord Byron (Byrne) erwartet am Abend dieses 16. Juni in seiner Villa Diodati in der Schweiz den Besuch des Dichters Shelley (Sands), seiner jungen Geliebten Mary (Richardson) und deren Halbschwester Claire (Cyr). Der Leibarzt Dr. Polidoris (Spall), mit dem Byron einst ein homosexuelles Verhältnis hatte, ist bereits anwesend. Während des Abendessens kommt ein Sturm auf, die hereinbrechende Dunkelheit beschwört eine fast geisterhafte Stimmung herauf. Nach dem Dinner beschließt die versammelte Gesellschaft, sich durch Drogen- und Alkoholkonsum dem Grauen der Nacht hinzugeben.
„Russell hat es verstanden, das romantische Bewußtsein als hysterischen Exzeß mit einer morbiden, geradezu narkotisierenden Psychologie ästhetisch auszuweiten. Dabei hat er sich streng an die überlieferten Zeugnisse gehalten." (*Frankfurter Allgemeine Zeitung*)
Gothic folgt keiner durchgehenden Handlungsstruktur, sondern setzt sich zusammen aus bruchstückhaften Eindrücken, die einer Geisterbahnfahrt entnommen sein könnten und stellenweise etwas zu aufdringlich oder gar lächerlich wirken (bespielsweise wenn Miriam Cyrs Busen anstelle von Brustwarzen mit einem Augenpaar ausgestattet ist). Der Film ist trotzdem ein interessanter Versuch, der bizarren und skandalumwitterten Figur des Lord Byron gerecht zu werden. jg

Götter der Pest

Götter der Pest. BRD 1969 **R** Rainer Werner Fassbinder **B** Rainer Werner Fassbinder **K** Dietrich Lohmann **M** Peer Raben **P** Rainer Werner Fassbinder für antitheater **L** 91 Min., s/w **D** Harry Baer, Hanna Schygulla, Margarethe von Trotta, Günther Kaufmann, Carla Aullaulu, Ingrid Caven, Irm Herrmann

Nach seinem vielbeachteten Debütwerk LIEBE IST KÄLTER ALS DER TOD griff Fassbinder in seinem dritten Spielfilm wiederum Versatzstücke aus dem amerikanischen und französischen Gangsterfilm auf, um sie hier auf eine sehr persönliche Sichtweise anzuwenden.
Franz Walsch (Baer) kommt aus der trostlosen Welt des Gefängnisses in die ebenso triste Freiheit zurück. Seine Freundin Joanna (Schygulla) singt in einem Nachtclub, sein Bruder Marian ist tot (Seidkowski). Erneut gerät Walsch auf die schiefe Bahn. Zusammen mit zwei Kumpanen plant er den Überfall auf einen Supermarkt, scheitert aber bei dem Coup mit tödlicher Konsequenz am Verrat zweier Frauen, die ihn lieben.
Die Figur des Franz Walsch übernahm Fassbinder aus dem vorhergehenden LIEBE IST KÄLTER ALS DER TOD, der ebenfalls 1969 entstanden war und in dem er selbst diese Figur verkörpert hatte. In *Götter der Pest* tritt Fassbinder lediglich in einer kleinen Rolle als Kunde in einem Pornoladen auf.
„Nachdem er sich das Publikum hergerichtet hat, verwirrt Fassbinder es wieder bei jeder Gelegenheit und parodiert die Hollywood-Konventionen der Vierziger mit einer Geschichte von Verrat und Inkompetenz, wie nur die 60er Jahre sie hervorbringen konnten" (*Sight and Sound*). Sowohl Kameramann Dietrich Lohmann als auch das Schauspielerensemble erhielten 1970 für ihre Leistungen den Bundesfilmpreis. jg

Die Götter müssen verrückt sein

The Gods Must Be Crazy. Südafrika 1980 **R** Jamie Uys **B** Jamie Uys **K** Jamie Uys **M** John Boshoff **P** Cat Film **L** 103 Min., Farbe **D** Marius Weyers, Sandra Prinsloo, Xao, Nic de Jager, Katinka Heyns, Michael Thys, Louw Verwey

Ein weißer Pilot schmeißt über der afrikanischen Steppe achtlos eine leere Coca-Cola-Flasche aus seinem Flieger, dem Buschmann Xi (Xao) direkt vor die Füße. Dessen Sippe hält das praktische Ding, das sich hervorragend zum Schlangenhautglätten und Wurzelstampfen eignet, für ein Geschenk der Götter; alle wollen es besitzen. Um Zwietracht zu vermeiden, beschließt Xi, den Göttern ihr Geschenk zurückzubringen. Dabei gerät er unversehens in den Affenzirkus der vermeintlichen Götterwelt der Weißen - und stellt fest, daß diese reichlich verrückt und ausgesprochen ungöttlich sind.
Filmemacher Uys, der seinen Streifen in der Steppe Botswanas drehte, über sein Motiv: „Diesen Zusammenprall zweier Welten wollte ich möglichst komisch schildern, weil die Menschen eher bereit sind, nachzudenken, wenn man sie zum Lachen bringt. Lächerlich sind dabei aber nicht die Buschmänner, sondern wir in unserem überzüchteten Kommerzdenken und Zivilisationsglauben." Der Film bezieht den Großteil seiner Komik indes aus abgegriffenen Slapstick-Einlagen in Form kaputter Bremsen und zahlreicher Sumpflöcher, in denen die Darsteller plötzlich verschwinden - „eine skurrile Zivilisations-Humoreske - entzückend doof". (*Abendzeitung*)
1988 drehte Uys nach demselben Rezept auf gleichem Niveau *Die Götter müssen verrückt sein II.* sk

Gottes vergessene Kinder

Children of a Lesser God. USA 1986 **R** Randa Haines **B** Hesper Anderson und Mark Medoff nach dem Bühnenstück *Children of a Lesser God* von Medoff **K** John Seale **M** Michael Convertino **P** Burt Sugarman und Patrick Palmer für Paramount **L** 114 Min., Farbe **D** William Hurt, Marlee Matlin, Piper Laurie, Philip Bosco, Allison Gompf, John F. Cleary

James Leeds (Hurt) ist der neue, idealistische Lehrer an einer Gehörlosenschule, der durch seine frische Art begeistert von seinen Schülern aufgenommen wird. Der Film beschreibt die Liaison zwischen James und der tauben Sarah (Matlin), einer ehemaligen Schülerin, die sich in die Isolation eines selbstgewählten Schneckenhauses zurückgezogen hat. James kann nicht begreifen, daß Sarah sich ihrer hörenden Umwelt nicht annähern, sondern sich weiterhin allein der Zeichensprache bedienen will. Erst nach einem heftigen Streit wird er sich bewußt, daß sich ihre Erlebniswelt ihm nur dann öffnet, wenn er sie mit ihrer Behinderung als gleichwertig akzeptiert - ohne ihr seinen Willen und seine Sprache aufzuzwingen.
Das stille rührselige Melodram, das die Zuschauer in Amerika scharenweise zum Taschentuch greifen ließ, weicht angenehm von der Sorte Hollywood-Produktionen ab, in denen die Liebe dem Stoff schließlich zum Happy-End verhilft und ist ein Beweis dafür, daß Kommunikation auch ohne Sprache möglich ist.
Marlee Matlin, selbst hör- und sprachbehindert, wurde für ihre Rolle 1986 mit dem Oscar ausgezeichnet. sk

Die Göttin

The Goddess. USA 1958 **R** John Cromwell **B** Paddy Chayevsky **K** Arthur J. Ornitz **M** Virgil Thompson **P** Milton Perlman für Columbia **L** 104 Min., s/w **D** Kim Stanley, Lloyd Bridges, Betty Lou Holland, Joan Copeland, Gerald Hiken

Die in trostloser Umgebung aufgewachsene Emily (Stanley) schafft den Sprung nach Hollywood und den langsamen Aufstieg zum gefeierten Filmstar, muß diese Position jedoch mit zwei gescheiterten Ehen, der gestörten Beziehung zu ihrer Tochter sowie mit Alkohol- und Rauschgiftabhängigkeit bezahlen.
Diese schonungslose Analyse über den Preis des Erfolges und die Gier nach Ruhm war die erste direkt für die Leinwand geschriebene Arbeit des ehemaligen Fernseh-Autors Paddy Chayevsky, die sich unübersehbar an der Karriere von Marilyn Monroe orientierte. Kim Stanley gibt in ihrem Filmdebüt eine fesselnde Darstellung der Hauptfigur, einer Frau, die am Ende ihres Lebens erkennen muß, daß sie niemals gelernt hat zu lieben und daß ihre Entbehrungen und Opfer umsonst waren. Die Schauspielerin erhielt großes Lob, war aber seither nur noch sporadisch beim Film tätig, u.a. in AN EINEM TRÜBEN NACHMITTAG. al

Eine Göttin auf Erden

Down to Earth. USA 1947 **R** Alexander Hall **B** Edwin Blum, Don Hartman **K** Rudolph Maté **M** George Dunning, Mario Castelnuovo-Tedesco, Heinz Roemheld **P** Don Hartman für Columbia **L** 101 Min., Farbe **D** Rita Hayworth, Larry Parks, Roland Culver, Marc Platt, James Gleason, Edward Everett Horton

Nach dem Riesenerfolg von GILDA heckte Columbia bereits das nächste Projekt für ihren Superstar Rita Hayworth aus. Doch mit dem Drehbuch zu *Eine Göttin auf Erden* mochte sich Rita nicht anfreunden und mußte schließlich durch Androhung rechtlicher Konsequenzen vor die Kamera gezwungen werden. Ihr Widerwillen war nicht ganz unberechtigt, wenn man die reichlich alberne Handlung bedenkt.
Rita ist Terpsichore, die Göttin des Tanzes, und beobachtet mit Entsetzen, wie unten auf der Erde ein Broadway-Produzent (Parks) neun griechische Musen in seinem Musical „Swinging the Muses" lächerlich macht. Sie steigt herab, um als Kitty Pendleton nicht nur zum Star der Show, sondern als Geliebte des Produzenten auch zu einer gewöhnlich Sterblichen zu werden.
Drei Charaktere des Musicals wurden aus der 1941er Fantasy-Komödie URLAUB

sich Poes Lieblingsthema, das zugleich der Alptraum seines Lebens werden sollte. In *Die schwarze Katze* entdeckt ein Ehemann, der seine Frau sträflich vernachlässigt, daß diese sich inzwischen einen Liebhaber genommen hat. In ohnmächtiger Wut betäubt er die beiden und mauert sie bei lebendigem Leib in einer Kellernische an. *Der Fall Valdemar* beschreibt schließlich das Schicksal eines wohlhabenden Bürgers (Price), der während einer Hypnose stirbt. Der Hypnotiseur Carmichael (Rathbone) allerdings behält Macht über die Seele des Verstorbenen, die er solange ruhelos umherirren lassen will, bis ihn die Tochter seines Opfers heiratet. Nachdem diese eingewilligt hat, erhebt sich Valdemar vom Totenbett und jagt seinem Peiniger einen solchen Schrecken ein, daß dieser tot umfällt.
Während die deutschen Kritiker allesamt diese Corman-Billigproduktion in völliger Mißachtung verrissen, lobte die *New York Herald Tribune*: „Anhänger des Makabren und Unheimlichen können ohne Bedenken losziehen, um sich den Film zu Gemüte zu führen.“ jg

Die Grausamen

I crudeli. Italien/Spanien 1966 **R** Sergio Corbucci **B** Ugo Liberatore, José G. Maesso, Alfredo Antonini **K** Enzo Barboni **M** Ennio Morricone **P** Alfredo Antonini für Alba Cinematografica (Rom), Tecisa (Madrid) **L** 92 Min., Farbe **D** Joseph Cotten, Norma Bengell, Julian Mateos, Gino Pernice

Der ehemalige Südstaatenoffizier Jonas Morrison (Cotten) überfällt mit Hilfe seiner drei Söhne einen Goldtransport der Unionstruppen und macht reiche Beute. Im Gegensatz zu seinen Nachkommen möchte er den plötzlichen Reichtum jedoch nicht für sich behalten, sondern eine neue Südstaatenarmee aufbauen. In einem Sarg versteckt, transportieren sie das Gold durch die Wüste, mißtrauisch beäugt von Militärstreifen und Banditen....
Ein weiterer gelungener Italo-Western von Sergio Corbucci, der mit seinem DJANGO Maßstäbe im Genre gesetzt hatte. Den parodistischen Ansatz seiner Regieführung hatte Produzent Alfredo Antonini jedoch gut im Griff, so daß *Die Grausamen* ein durchaus ernstgemeinter (und auch ernstzunehmender) Beitrag zum Genre ist. Joseph Cottens würdevolle Erscheinung eignete sich hervorragend für die Rolle des Jonas Morrison - in seinem verzweifelten Festhalten an verlorenen Idealen eine fast schon tragische Gestalt. al

Grease - Schmiere

Grease. USA 1978 **R** Randal Kleiser **B** Bronte Woodward, nach dem Musical von Jim Jacobs und Warren Casey **K** Bill Butler **M** Charles Fox und Paul Williams **P** Allan Carr und Robert Stigwood für Paramount **L** 111 Min., Farbe **D** John Travolta, Olivia Newton-John, Stockard Channing, Jeff Conaway, Barry Pearl, Michael Tucci

Auf der Basis des Broadway-Musicals *Grease* inszenierte Regisseur Kleiser eine simple Junge-trifft-Mädchen-Romanze im High-School-Milieu, in der die blondgelockte Sandy (Newton-John) und Macho Danny (Travolta) über diverse Mißverständnisse, Eifersüchteleien und Rock´n´Roll-Tänze endlich zueinander finden. Lebensgefühl und Stil der 50er Jahre werden insbesondere durch schmalzig-schmierige Songs dieser Ära rekonstruiert, obwohl einige der Leinwand-Titel, etwa der Titel-Song *Grease* oder das von den beiden Hauptdarstellern geschmachtete Lied *You´re the One That I Want*, nicht dem Musical entstammen, sondern extra für den Film neu komponiert worden sind.
Grease ist, wie auch NUR SAMSTAG NACHT, der Travolta zu einem gefeierten Star machte, ein anspruchsloser Disco-Film, der die Zeit des Rock´n´Roll mit seiner sinnentleerten Rahmenhandlung verklebt-verklärt darstellt.
1981 drehte Patricia Birch (mit anderen Darstellern) mit *Grease II* einen ebenso dilettantischen wie einfallslosen Aufguß des ersten Teils. sk

Great Balls of Fire

Great Balls of Fire. USA 1989 **R** Jim McBride **B** Jack Baran und Jim McBride, nach dem Buch von Myra Lewis und Murray Silver **K** Affonso Beato **P** Adam Fields für Orion Film **L** 104 Min., Farbe **D** Dennis Quaid, Winona Ryder, John Doe, Stephen Tobolowsky, Trey Wilson, Alec Baldwin, Steve Allen

„Man könnte mein Leben verfilmen und sich dabei auf die vielen Hochzeiten und Beerdigungen beschränken. Andererseits hat man zu Elvis´ Lebzeiten keinen Film über ihn gemacht. Ich schätze, das ist ein Beweis dafür, daß ich größer bin als Elvis, oder nicht?“,war der Kommentar von Jerry Lee Lewis, als er hörte, daß eine brisante Episode aus seinem Leben zu Beginn seiner Karriere verfilmt werden sollte. Nach acht Jahren Vorbereitungszeit, in der von den dargestellten Personen Einverständniserklärungen eingeholt, endlose Details geklärt, Wahrheit von Legende getrennt und Urheber-Rechte abgelöst werden mußte, konnte der Streifen endlich gedreht werden.
Der Film geht zu den Wurzeln Jerry Lee Lewis´ (dargestellt von Dennis Quaid) in die fünfziger Jahre zurück. Er zeigt in grellen, subjektiven Bildern dessen Aufstieg zum erfolgreichen Star und „Klavierkiller“, untermalt von zahlreichen Songs, die der Meister selbst zum besten gibt, - und seinen Abstieg zum geächteten „Kinderschänder“, als die schockierte Zivilisation erfuhr, daß er seine 13-jährige Cousine Myra (gemimt von Winona Ryder) heimlich geehelicht hatte. Damit wäre seine Karriere fast beendet gewesen, aber Jerry gab nicht auf und gilt heute als die letzte noch lebende Legende des Rock´n´ Roll. sk

Der Greifer

Der Greifer. BRD 1957 **R** Eugen York **B** Curt J. Braun **K** Ekkehard Kyrath **M** Hans-Martin Majewski **P** Kurt Ulrich für Deutsche Film Hansa **L** 96 Min., s/w **D** Hans Albers, Hansjörg Felmy, Susanne Cramer, Ernst Stankovski, Werner Peters, Horst Frank, Agnes Windeck, Mady Rahl, Siegfried Lowitz

Kriminal-Oberkommissar Dennert (Albers) steht kurz vor der Pensionierung und beobachtet mißtrauisch, wie sich sein Sohn Harry (Felmy) auf seine Nachfolge vorbereitet. Immer wieder mischt er sich in Sachen, die ihn eigentlich nichts mehr angehen, was zu einem Zerwürfnis zwischen Vater und Sohn führt. Als jedoch ein gefährlicher Frauenmörder, der es auf Blondinen abgesehen hat, für Unruhe im Revier sorgt, ist Harry froh, in seinem Vater eine dankbare Unterstützung bei seinen Recherchen zu haben.
Hans Albers spielte 27 Jahre zuvor schon einmal die Hauptrolle von Oberkommissar Dennert. Die 1930 entstandene Version war damals als deutsch-englische Koproduktion unter der Regie von Richard Eichberg gedreht worden.
Die nicht wesentlich neue Aspekte aufwerfende Fassung aus den 50er Jahren überzeugt durch die gute Auswahl und Zusammenstellung der Schauspieler. Besonders Horst Frank als psychopathischer Mörder liefert eine gute Darstellung ab. Mit der

herrlich komischen Agnes Windeck als Mutter des Mörders bekommt der Film sogar einige typisch englisch anmutende Züge schwarzen Humors. Die Dreharbeiten zu *Der Greifer* fanden an Originalschauplätzen in Hamburg und in den Studios von Hamburg-Wandsbek statt. jg

Der Greifer

L´alpagueur. Frankreich 1976 **R** Philippe Labro **B** Philippe Labro, Jacques Lanzmann **K** Jean Penzer **M** Michel Colombier **P** Alain Belmondo für Cerito Films **L** 100 Min., Farbe **D** Jean-Paul Belmondo, Bruno Cremer, Jean Negroni

Ein moderner Kopfgeldjäger (Belmondo), genannt „der Greifer", wird regelmäßig von zwei französischen Regierungsbeamten angeheuert, um Rauschgifthändler zur Strekke zu bringen. Als eine Serie brutaler Raubüberfälle Frankreich erschüttert, bei denen der unbekannte, „die Bestie" genannte Täter jeweils auch seine Komplizen umbringt, hat „der Greifer" einen neuen Auftrag in der Tasche...

Was Philippe Labros brutalen Thriller von der üblichen Belmondo-Kost der 80er Jahre unterscheidet, ist nicht nur die Unverbrauchtheit seiner Figur, eines geheimnisvollen Einzelgängess, der nur seiner eigenen Moral verpflichtet ist, sondern vor allem die Tatsache, daß der Star endlich mal einen ebenbürtigen Gegenspieler hat. Es ist der phantastische Bruno Cremer, der seiner „Bestie" durchaus Tiefe und Komplexität zu geben versteht. Leider ist der Schauspieler über Frankreichs Grenzen hinaus kaum bekannt. *Der Greifer* ist ein düsterer, ein grausamer Film, in dem darüber hinaus kaum Frauen vorkommen, bis dato noch immer ein Muß bei den Abenteuern des ewigen Schwerenöters. al

Die grellen Lichter der Großstadt

Bright Lights, Big City. USA 1988 **R** James Bridges **B** Jay McInerney, nach seinem Roman *Bright Lights, Big City* **K** Gordon Willis **M** Donald Fagen **P** Mark Rosenberg, Sydney Pollack für United Artists **L** 107 Min., Farbe **D** Michael J. Fox, Kiefer Sutherland, Frances Sternhagen, Phoebe Cates, Swoosie Kurtz, Tracy Pollan

Jamie Conway (Fox), seines Zeichens Yuppie, hat Probleme: Seine Frau hat ihn verlassen, um selbst Karriere zu machen, und seine Mutter - der Mensch, den er am meisten geliebt hat - ist plötzlich gestorben. Er versucht, seine Probleme im New Yorker Nachtleben zu bewältigen - mit Wein, Weib und Kokain. Erwartungsgemäß ist dies nicht der Schwierigkeiten Lösung, er rutscht immer weiter bergab, verliert auch noch seinen Job. Bis seine Ex-Kollegin Megan (Kurtz) ihm uneigennützig die Augen öffnet...

Die Verfilmung des Abstiegs einer aufstrebenden, aber verlorenen Generation verspielt ihre Chance, sich ernsthaft mit diesem ebenso aktuellen wie realistischen gesellschaftlichen Phänomen auseinanderzusetzen. Statt dessen muß der Zuschauer mitansehen, wie sich die Hauptfigur fast zwei Stunden lang im „Swinging Manhattan" herumtreibt, was zwar ganz hübsch, aber auf Dauer ziemlich langweilig und wenig erleuchtend ist. Fox, international bekannt aus ZURÜCK IN DIE ZUKUNFT, gelingt es nicht, seine Charakterrolle überzeugend auszufüllen. Enttäuschend, daß Regisseur Bridges mit seinem 15-Millionen-$-Budget nicht mehr gelungen ist. sk

Gremlins - Kleine Monster

Gremlins. USA 1984 **R** Joe Dante **B** Chris Columbus **K** John Hora **M** Jerry Goldsmith **P** Steven Spielberg, Frank Marshall, Kathleen Kennedy für Warner Bros. **L** 106 Min., Farbe **D** Zach Galligan, Phoebe Cates, Hoyt Axton, Francis Lee McCain, Keye Luke

Billy (Galligan) bekommt von seinem Vater (Axton) zu Weihnachten ein lebendiges kulleräugiges Wesen namens Gizmo geschenkt. Leider passiert, wovor Gizmos Verkäufer ausdrücklich gewarnt hatte: Das segelohrige Fellknäuel kommt mit Wasser in Berührung, wird nach Mitternacht gefüttert und gelangt auch noch ans Licht. Die Folgen sind fatal: Gizmo vervielfacht sich, heraus kommt eine Horde tollwütiger Viecher, die ihre Umgebung laut brüllend, schmatzend und rülpsend in Angst und Schrecken versetzt, sogar vor Morden nicht zurückschreckt. Billys Mutter versucht zwar, der Plage mit den Waffen einer Hausfrau Herr zu werden, indem sie einige der Monster mit dem Mixer püriert oder in der Mikrowelle zerplatzen läßt - vergeblich: Am Ende haben sie die halbe Stadt zerstört. Erst als Billy sie mitsamt dem Kino, in dem sie sich *Schneewittchen* reinziehen, in die Luft jagt, neigt sich der Spuk seinem Ende entgegen.

Der Streifen, der das Gruselige mit dem Originellen auf makabre Weise verbindet, ist mit seinen Splatterszenen sicher kein Kinderfilm, sondern eine bittere Parabel auf die Spießernatur des Menschen, der sich zuweilen auch in Horden zusammenfindet, um besoffen und brüllend Randale zu machen.

Insgesamt wurden von Trickspezialist Chris Walas für die Produktion etwa 90 Gremlins geschaffen, die bis zu 36 Bewegungen ausführen konnten und von 14 Technikern ferngesteuert wurden.

Da die *Gremlins* sich zu einem rasanten Kassenschlager entwickelten und als Kuscheltiere in Millionenauflage die Kinderzimmer stürmten, kam die Rückkehr der kleinen Monster 1990 als GREMLINS II - Aufguß in die Kinos. sk

Gremlins II

Gremlins II. USA 1990 **R** Joe Dante **B** Charlie Haas **K** John Hora **M** Jerry Goldsmith **P** Steven Spielberg, Frank Marshall, Kathleen Kennedy für Amblin Entertainment Film **L** 105 Min., Farbe **D** Zach Galligan, Phoebe Cates, John Glover, Robert Prosky, Robert Picardo, Christopher Lee, Haviland Morris

Nachdem die Gremlins im ersten Teil bereits einen saftigen Millionen-Gewinn eingefahren hatten, konnten die Produzenten nicht umhin, eine (fast 40 Mio $ teure) Fortsetzung der Kuschelmonster-Geschichte nachzuschieben. Bei diesem Monster-Etat verwundert es nicht, daß es in dem Streifen von technisch perfekten Trickszenen und Gags nur so wimmelt; alles ist größer, besser, gigantischer geworden. Die Story allerdings ist ausgesprochen simpel: Gizmo, der einzige Überlebende aus dem ersten Teil, wird von Billy (Zach), dem Hauptdarsteller aus dem ersten Teil, im „Clamp-Tower", einem Wolkenkratzer in New York, entdeckt. Zufällig arbeitet Billy hier, genauso wie Kate (Cates), Billys Freundin aus dem ersten Teil. Wieder gerät das Tierchen ungewollt mit Wasser in Berührung, und wieder vervielfacht sich Gizmo in eine Horde grausiger Fellmonster, die diesmal von dem Hochhaus Besitz ergreifen. Und wieder ist Chaos angesagt...

Der Fortsetzungsstreifen enthält zwar zahlreiche satirische Elemente - so ist beispielsweise der „Clamp-Tower" eine Anspielung auf das Hochhaus, das sich der in die roten Zahlen geratene Milliardär Donald Trump in New York als Denkmal gesetzt hat - und konnte den Film-Dracula Christopher Lee für die Rolle des wirren Tierarztes Dr. Catheter gewinnen. Gleichwohl bleibt der Handlungsrahmen schlicht; der Film lebt allein

von einer Eskalation der Gags und des Chaos', das die kleinen Monster anrichten.
Die Antwort von Regisseur Dante auf die Frage, ob mit einem Teil III der *Gremlins* gerechnet werden kann, läßt die Freunde von Fortsetzungsromanen aufhorchen: „Unter gar keinen Umständen, soviel kann mir ein Studio gar nicht anbieten. Andererseits hat Sean Connery das auch immer behauptet..." sk

Grenzpatrouille

The Border. USA 1981 **R** Tony Richardson **B** Deric Washburn, Walon Green, David Freeman **K** Ric Waite, Vilmos Zsigmond **M** Ry Cooder **P** Edgar Bronfman jr. für Universal/RKO Radio **L** 109 Min., Farbe **D** Jack Nicholson, Harvey Keitel, Valerie Perinne, Warren Oates, Elpidia Carrillo,

Ein hochaktuelles Thema, das aus amerikanischer Sicht das Thema des illegalen Grenzübertritts sogenannter Wirtschaftsflüchtlinge aufgreift, welches sich seit der offenen Grenzen in Richtung Osten auch auf europäische Verhältnisse anwenden läßt.
Sein Job an der texanisch-mexikanischen Grenze ist für Charlie eine Arbeit wie jede andere, auch wenn er vielen Menschen damit den letzten Rest Hoffnung auf eine lebenswertere Zukunft nimmt. Charlie gehört zur US-Border-Patrol, eine Art amerikanisches Pendant zum Bundesgrenzschutz, die hauptsächlich damit beschäftigt ist, mexikanische Flüchtlinge bei illegalen Grenzüberschreitungen einzufangen und abzutransportieren. Eines Tages jedoch lernt Charlie das Mädchen Maria (Carrillo) kennen und begreift auf einmal, welch tragische Schicksale oft hinter den jeweiligen „Grenzverletzern" stehen. Als man Marias Baby raubt, um es an adoptiv- und zahlungswillige Amerikaner zu verkaufen, schlägt sich Charlie auf die Seite der Schwachen und bekommt damit das Gefühl, das erste Mal in seinem Leben etwas wirklich Sinnvollens zu tun.
Für einen amerikanischen Film reichte es natürlich nicht aus, sich ganz auf den unterschiedlichen sozialen Status zwischen dem reichen Norden und dem armen Süden zu konzentrieren, obwohl diese gesellschaftskritische Studie eigentlich effektiv genug gewesen wäre. Insofern wirkt die eingebaute Entführungsgeschichte leider etwas zu aufgesetzt. Absolut glaubhaft ist dagegen Jack Nicholsons Darstellung als Grenzpolizist. jg

Der Grenzwolf

Borderline. USA 1980 **R** Jerrold Freedman **B** Jerrold Freedman, Steve Kline **K** Tak Fujimoto **M** Gil Melle **P** James Nelson für ITC/Lew Grade **L** 94 Min., Farbe **D** Charles Bronson, Bruno Kirby, Bert Remsen, Michael Lerner, Ed Harris

Die unkontrollierte Einwanderung arbeitssuchender Mexikaner und anderer Lateinamerikaner in die USA ist eines der brennendsten Probleme der Grenzstaaten Kalifornien, New Mexico und Texas, denn skrupellose Geschäftemacher versuchen immer wieder, die verzweifelten Menschen, die für solche Dienste nicht selten ihr letztes Hemd opfern, über die Grenzen zu schmuggeln.
Diese Situation ist in diesem Falle der Hintergrund für einen konventionellen Action-Film, der bei allen Klischees jedoch trotzdem nicht sein Thema aus den Augen verliert. Charles Bronson spielt in seiner üblichen Manier den hartgesottenen Grenzer Jeb Maynard, der den Doppelmord an einem Kollegen und einem kleinen Mexikaner aufklären will. Seine Ermittlungen führen ihn direkt zu Hotchkiss (Harris), einem brutalen Killer, der im Auftrag des wohlhabenden Gemüsehändlers Richards (Remsen) einen regen Schmuggel mit Menschen betreibt.
Zwar trägt Bronson auch hier Züge des rächenden Einzelgängers, der alle Hindernisse mit ein paar wohlgezielten Schüssen aus dem Weg räumt, doch macht der Film von dieser plumpen EIN MANN SIEHT ROT-Dramaturgie zum Glück recht wenig Gebrauch. Trotzdem hat die Thematik seriösere Behandlung verdient als in diesem formelhaften Star-Vehikel. Regisseur Tony Richardson versuchte sich zwei Jahre später mit GRENZPATROUILLE ebenfalls daran, konnte jedoch auch nicht voll überzeugen. al

Greystoke - Die Legende von Tarzan, Herr der Affen

Greystoke: The Legend of Tarzan, Lord of the Apes. USA/Großbritannien 1984 **R** Hugh Hudson **B** P.H. Vazak und Michael Austin, nach dem Roman *Tarzan of the Apes* von Edgar Rice Burroughs **K** John Alcott **M** John Scott **P** Hugh Hudson und Stanley S. Canter für Warner Bros. **L** 135 Min., Farbe **D** Christopher Lambert, Sir Ralph Richardson, Andie McDowell, Ian Holm, James Fox

Christopher Lambert ist der 17. Schauspieler, der sich als Herr der Affen von Liane zu Liane schwingt. Keinem seiner Vorgänger, selbst so berühmten Mimen wie Johnny Weissmuller oder Lex Barker, gelang es, die Figur, die im Urwald von Affen großgezogen wird und später mit der britischen Zivilisation der Kolonialzeit zusammenprallt, glaubhaft und feinfühlig auszufüllen - stets wirkten sie, die laut brüllend durch den Dschungel hopsten und das Abenteuer suchten, etwas lächerlich und unglaubwürdig. Die Brillanz dieser Tarzan-Verfilmung resultiert vor allem aber aus der Sensibilität, mit der Regisseur Hudson die literarische Vorlage wiederbelebt und auf abgedroschene Klischees verzichtet: So ist der legendäre Tarzan-Schrei hier nicht das sinnlose Gebrüll eines wilden Busch-Bewohners, sondern Ausdruck tiefster Trauer, als Tarzan seine Ziehmutter, von Eingeborenen getötet, entdeckt; auch wartet der Zuschauer vergeblich auf dessen naives Gestammel „Me Tarzan - you Jane", als er seiner späteren Gattin das erste Mal begegnet. Der Film verzichtet bewußt - im Gegensatz zu zahlreichen vorangegangenen B-Pictures - auf Studio-Aufnahmen; gedreht wurde im Regenwald von Kamerun. Dessen atemberaubende Atmosphäre wurde zudem nicht als gottgegebenes Idyll, sondern als Kampfplatz um das nackte Überleben realistisch von der Kamera eingefangen. Die Helden der Handlung, die Affenherde, die Tarzan aufzieht, bestand nur zum Teil aus echten Schimpansen; ein Großteil der Tiere waren Schauspieler in Affenanzügen, die über Monate den Gang, die Grimassen und das soziale Verhalten der Schimpansen eingeübt hatten. Die Mühe zeichnete sich aus: Die Affen akzeptierten ihre neuen Artgenossen, die sogar mit deren charakteristischen Duft eingesprüht worden waren, problemlos.
„Hudson zeigt sich fasziniert von den Widersprüchen der Zivilisation, ...ironisch zeichnet er Parallelen zwischen der Welt der Affen und der Briten, wobei die Affen besser wegkommen." (*Kölner Stadtanzeiger*) sk

Grifters

The Grifters. USA 1990 **R** Stephen Frears **B** Donald E. Westlake, nach dem Roman *Die Abzocker* von Jim Thompson **K** Oliver Stapleton **M** Elmer Bernstein **P** Martin Scorsese, Robert Harris, James Painten für Cineplex Odeon Films **L** 119 Min., Farbe **D** Anjelica Huston, John Cusack, Annette Bening, Pat Hingle, Henry Jones, Michael Laskin, Eddie Jones

Im zarten Alter von 14 hat Lilly (Huston) ihren Sohn Roy bekommen, danach beginnt sie eine lukrative Karriere, in Wettbüros setzt sie bei Pferderennen für die Baltimore-

Gang. Ihr Sohn (Cusack) hingegen spezialisiert sich darauf, in Bars ein Bier zu bestellen, wedelt mit einem 20-Dollar-Schein, zahlt mit einem 10-Dollar-Schein und hofft, auf 20 herauszubekommen. Eines Tages geht das schief. Der Barkeeper zieht ihm mit einem Baseball-Schläger eins über und Roy ist mit seinen inneren Blutungen erstmal außer Gefecht gesetzt. Seine Freundin Myra (Bening) kümmert sich um ihn, als Lilly plötzlich auftaucht und ihre verschütteten mütterlichen Gefühle wiederentdeckt. Während Roy im Krankenhaus liegt, intrigiert sie gegen Myra und nervt ihn mit ihren Versuchen, die Wahrheit über sein Leben herauszufinden. Inzwischen ist Lillys Chef Bobo Justus (Hingle) unterwegs, um ihr eine Lektion zu erteilen, weil aufgeflogen ist, daß sie Geld der Gang unterschlagen hat. Roy versucht, seine Mutter auf Distanz zu halten und intensiviert die Beziehung zu Myra. Bei einem kleinen Urlaub gesteht Myra Roy, daß sie Spezialistin für größere Deals ist. Roy will mit ihr ein dickes Ding drehen, sie streiten sich, Myra wirft ihm inzestuöse Beziehungen zu seiner Mutter vor; die Eifersucht zwischen den Frauen beruht auf absoluter Gegenseitigkeit. In einem blutigen Showdown vereitelt erst Lilly einen Mordversuch Myras, indem sie diese selbst erschießt. In den Kleidern ihrer jugendlichen Rivalin versucht Lilly daraufhin ihren Sohn zu berauben, wird aber überrascht und tötet bei einem Schlagabtausch auch ihn.
Grifters war, nach GEFÄHRLICHE LIEBSCHAFTEN, die zweite amerikanische Produktion des Engländers Stephen Frears. Die Verfilmung wird der zynisch-morbiden Romanvorlage absolut gerecht. „Bar jeglicher Moral stößt Frears den Zuschauer in einen Pfuhl von Neid, Haß und Gier: Überleben wird hier nur der Stärkste, und auch der ist ein Verlierer." (*Prinz*) dh

Die Grissom-Gang

The Grissom Gang. USA 1971 **R** Robert Aldrich **B** Leon Griffiths, nach dem Roman *No Orchids for Miss Blandish* von James Hadley Chase **K** Joseph Biroc **M** Gerald Fried **P** Robert Aldrich für Associates & Aldrich/ABC Pictures **L** 110 Min. (Originalfassung 127 Min.), Farbe **D** Kim Darby, Scott Wilson, Tony Musante, Robert Lansing, Irene Dailey

Die junge Millionenerbin Barbara Blandish (Darby) wird von drei Ganoven gekidnappt, die es auf ihren Schmuck abgesehen haben. Die Grissom-Bande, eine ganz entzückende, aus lauter grotesken Charakteren bestehende Familie, macht ihnen einen Strich durch die Rechnung: Sie tötet die Entführer und schnappt sich Barbara, um von ihrem Vater eine Million Dollar Lösegeld zu erpressen. Die wird auch prompt gezahlt, doch die finstere Sippe unter Führung von Ma (Dailey) denkt gar nicht daran, ihre Gefangene freizulassen. Inzwischen ist es zwischen Barbara und ihrem Bewacher, dem schwachsinnigen Slim (Wilson), zu einer Annäherung gekommen...
Dieser extrem gewalttätige und blutrünstige Gangsterfilm basiert auf einem Roman des Krimiautors James Hadley Chase, der unter seinem Originaltitel *No Orchids for Miss Blandish* bereits 1948 in England verfilmt wurde - nicht sehr erfolgreich. Er diente auch als Vorlage für den französischen Thriller DAS FLEISCH DER ORCHIDEE mit Charlotte Rampling. Regisseur Robert Aldrich hatte bereits mehrfach sein Talent bewiesen, Makabres mit Humor zu verbinden (u.a. in WAS GESCHAH WIRKLICH MIT BABY JANE?), doch in diesem Falle ging er einigen Rezensenten entschieden zu weit. Wie immer bei Aldrich gibt es eine Fülle hervorragender Einzelsequenzen und guter Schauspielerleistungen, die jedoch diesmal nicht so nahtlos zu einem einheitlichen Film zusammengefügt wurden. Trotzdem steht *Die Grissom Bande* weit über dem Durchschnitt amerikanischer Krimi-und Actionware al

Das große Abenteuer im Ballon

Olly, Olly, Oxen Free / The Great Balloon Adventure. USA 1978 **R** Richard A. Colla **B** Eugene Poinc, nach einer Geschichte von Maria L. de Ossio, Poinc und Richard A. Colla **K** Gayne Rescher **M** Bob Alcivar **P** Richard A. Colla für Rico Lion/Sanrico **L** 83 Min., Farbe **D** Katharine Hepburn, Kevin McKenzie, Dennis Dimster, Peter Kilman

Katharine Hepburn in einer ihrer bisher letzten Altersrollen. Ein Film, der seinerzeit nur ihren Fans ausdrücklich ans Herz gelegt wurde, immerhin aber als nett umgesetzte Geschichte Kindern einige vergnügliche Minuten bereiten kann.
Die beiden Jungens Alby (McKenzie) und Chris (Dimster) basteln an einem alten Heißluftballon herum, der einst Albys Großvater gehörte. Per Zufall lösen sie einen Mechanismus aus, durch den unaufhörlich Luft in die leere Hülle gepumpt wird, bis der Ballon plötzlich durch den glasüberdachten Schuppen kracht und mit den beiden Jungens und deren Hund in die Wolken entschwindet. Die schrullige Miss Pudd hat das alles beobachtet und verfolgt mit ihrem Oldtimer das Himmelsgefährt. In einer ebenso tollkühnen Aktion steigt sie als vierter Passagier auf und fliegt mit den beiden Kindern durch das nächtliche Sternenzelt. Die Reise findet ihr Ende über dem Hollywood Bowl, wo gerade Tschaikowksys Ouvertüre „1812" aufgeführt wird, unter deren Klängen der Ballon mit seiner Besatzung inmitten der Publikumsreihen niedergeht.
Harmlose Geschichte mit einigen überaus netten Szenen (besonders der unfreiwillige Ballonstart ist sehr komisch), an dem jedoch die US-Kritiker kein gutes Haar ließen und der in Deutschland auch nur 1980 im Neujahrsprogramm der ARD das erste Mal zu sehen war. jg

Der große Atlantik

The Cruel Sea. Großbritannien 1952 **R** Charles Frend **B** Eric Ambler, nach dem Roman von Nicholas Monsarrat **K** Gordon Dines **M** Alan Rawsthorne **P** Leslie Norman, Michael Balcon für Ealing Studios/General Film Department **L** 120 Min., s/w **D** Jack Hawkins, Donald Sinden, John Stratton, Denholm Elliott, Stanley Baker, John Warner, Bruce Seton, Liam Redmond, Virginia McKenna, Moira Lister

Ein harter und überaus realistisch gezeichneter britischer Kriegsfilm, der kein Star-Kino sein möchte, sondern seine Authentizität mit einer Schar weitgehend unbekannter Schauspieler untermalen will
Aus der Erinnerung eines britischen Marineoffiziers versucht der Film ein ehrliches Bild vom Seekrieg zu geben, ohne dabei in eine romantische Abenteuerstimmung abzugleiten, wie es ja so oft bei amerikanischen Streifen der Fall ist.
Ericson (Hawkins) befindet sich an Bord einer englischen Korvette, als der Verband von einem deutschen U-Boot angegriffen und versenkt wird. Zusammengepfercht mit einer Handvoll Männer kann er sich in einem kleinen Gummischlauchboot retten. Spätestens jetzt wechseln die vorher geschilderten Kriegseindrücke in ein quälendes Überlebensdrama um. In stellenweise unerträglicher Länge umkreist die Kamera das dümpelnde Schlauchboot, fängt das Gefühl der Verlorenheit und Ausweglosigkeit der Überlebenden auf der weiten Wasserfläche ein. Nach Tagen werden die Männer gerettet. Ericson fährt erneut zur See, getrieben von dem Gedanken, sich an den Deutschen zu rächen und ihre U-Boote zu versenken.
Die in der Besetzungsliste auftauchenden Frauenfiguren kommen nur in Rückblenden vor. Ansonsten werden die Kriegsszenen ganz von der männlichen Schauspielercrew getragen, die hier in fast dokumentarischer Distanz ohne Vorgeschichte und einzelne Persönlichkeitsskizzierung präsentiert wird. jg

Der große Blonde mit dem schwarzen Schuh

Le grand blond avec une chaussure noire. Frankreich 1972 **R** Yves Robert **B** Yves Robert, Francis Veber **K** René Mathelin **M** Vladimir Cosma **P** Les Films de la Guéville/Gaumont/Madeleine **L** 91 Min., Farbe **D** Pierre Richard, Mireille Darc, Bernard Blier, Jean Rochefort, Jean Carmet

Um seinen allzu ehrgeizigen Vertreter Milan (Blier) zu blamieren, setzt der Geheimdienstchef (Rochefort) seinen Kollegen auf einen angeblich gefährlichen Agenten an: Es ist der Geiger François (Richard), zwar etwas schusselig, aber im Grunde harmlos und vollkommen unschuldig. Von nun an sieht der sich auf Schritt und Tritt verfolgt und gerät in eine haarsträubende Situation nach der anderen...
Der phänomenale Erfolg dieser amüsanten Spionagefilm-Parodie war eher überraschend. Sicher, Regisseur Yves Robert hatte ein witzige Story, eine Schar talentierter Darsteller und als „Star" den aufstrebenden jungen Komiker Pierre Richard, der als *Der Zerstreute* (1970) einen ersten bescheidenen Erfolg feiern konnte. Doch das reicht nicht für mehr als eine turbulente Komödie, die auch nicht komischer ist als viele Vorgänger und Nachfolger des Genres. Trotzdem, *Der große Blonde mit dem schwarzen Schuh* war so erfolgreich, daß zwei Jahre später eine Fortsetzung unter dem Titel *Der große Blonde kehrt zurück* entstand und in spätere Richard-Filme, zumindest in Deutschland, durch entsprechende Betitelung immer wieder mit dem „großen Blonden" in Verbindung gebracht wurden. Zu den unvergeßlichen Szenen des Films gehört diejenige, in der das Liebesgeflüster von François und seiner Gespielin im Abhörwagen per Lautsprecher der verdutzten Umwelt zu Gehör gebracht wird („Mach´ mir den Hengst!"). al

Der große Bluff

Destry Rides Again. USA 1939 **R** George Marshall **B** Felix Jackson, Gertrude Purcell, Henry Meyers, nach dem Roman von Max Brand **K** Hal Mohr **M** Frank Skinner **P** Joe Pasternak für Universal **L** 94 Min., s/w **D** Marlene Dietrich, James Stewart, Brian Donlevy, Charles Winninger, Mischa Auer, Irene Hervey

Nachdem sich Marlene Dietrich 1935 von Josef von Sternberg getrennt hatte, war ihr Stern immer weiter gesunken, bis sie schließlich, nach den Mißerfolgen von TATJANA und ENGEL, als „Kassengift" gebrandmarkt wurde und überhaupt keine Rollen mehr erhielt. Sie kehrte vorerst nach Europa zurück, und war zunächst skeptisch, als Joe Pasternak sie aus den Staaten anrief und ihr die Hauptrolle in einem kleinen Western bei Universal anbot.
Es handelte sich um das Remake eines alten Tom-Mix-Streifens, den Regisseur George Marshall komplett umgemodelt und mit einer großen Frauenrolle versehen hatte. James Stewart spielt einen jungen Mann, der in seine Heimatstadt Bottle Neck, ein schmutziges, kleines Nest im Westen, gerufen wird, um dort Sheriff zu werden - wie einst sein Vater. Zur Überraschung aller trägt er keinen Colt und wird natürlich nicht für voll genommen, auch nicht von der temperamentvollen Saloondame Frenchy (Dietrich), die ihm Eimer und Wischlappen zum Säubern der Stadt überreicht...
Der große Bluff war ein Riesenerfolg und bescherte Marlene ein glanzvolles Comeback, das gleichzeitig ihr Image veränderte, war es ihr doch endlich erlaubt, sich als ein Wesen aus Fleisch und Blut zu präsentieren. Das fand seinen besonderen Ausdruck in der berühmten Saloon-Schlägerei zwischen ihr und Una Merkel, die von beiden Darstellerinnen ohne Doubles gedreht wurde. Sie wurden einfach aufeinander losgelassen und lieferten sich über fünf Drehtage (für eine zweiminütige Szene) den wohl spektakulärsten Nahkampf zweier Frauen in der Filmgeschichte, der dann von Stewarts Destry mit einem Kübel Wasser beendet wird. Zudem hatte Friedrich Holländer drei Songs für sie geschrieben (Texte von Frank Loesser): *Little Joe the Wrangler, You´ve Got That Look (That Leaves Me Weak)* und natürlich *See What the Boys in the Backroom Will Have*, das später auch zu ihrem Showprogramm gehörte. Von nun an gab sie in fast jedem ihrer Filme einen oder mehrere Songs zum besten, nicht selten als Bardame... al

Der große Coup

Charley Varrick. USA 1973 **R** Don Siegel **B** Howard Rodman, nach dem Roman *The Looters* von John Reese **K** Michael Butler **M** Lalo Schifrin **P** Don Siegel für Universal **L** 110 Min., Farbe **D** Walter Matthau, Andy Robinson, Joe Don Baker, Woodrow Parfrey, Benson Fong, Norman Fell, Felicia Farr

Der Ganove Charley Varrick (Matthau) und seine junge Frau Nadine sichern ihren Lebensunterhalt, indem sie in der amerikanischen Provinz kleinere Banken ausrauben. Eines Tages jedoch verläuft ihr Job nicht so routinemäßig wie gewohnt. Nadine kommt bei dem Überfall ums Leben und Charley muß mit Beunruhigung feststellen, daß es sich bei den gestohlenen 750.000 Dollar um „heißes" Geld handelt, das der Mafia gehört, die ihn bald darauf gnadenlos hetzt.
Der ansonsten gern in komischen Rollen eingesetzte Matthau hat in diesem Film wenig zu lachen. Mit bitterem Ernst inszenierte Siegel einen blutig-effektvollen Thriller voll atemberaubender Spannung. Höhepunkt ist gegen Ende eine Verfolgungsjagd, die sich Walter Matthau mit einem Killer des Gangstersyndikats per Auto und per Doppeldecker liefert. *Der große Coup* setzt die Tradition seines Vorgängers DIRTY HARRY fort, variiert die Thematik der Gewalt jedoch nicht als bloßes Mittel zum Zweck, wie es in diesem Film nocht der Fall war.
„Ein Gangsterfilm für Leute, die Spaß haben an planvoller Phantasie." *(Frankfurter Rundschau)* jg

Der große Diktator

The Great Dictator. USA 1940 **R** Charles Chaplin **B** Charles Chaplin **K** Roland H. Totheroh, Karl Struss **M** Meredith Wilson **P** Charles Chaplin **L** 126 Min., s/w **D** Charles Chaplin, Paulette Goddard, Jack Oackie, Henry Daniell, Billy Gilbert, Grace Hayle, Reginald Gardiner

Im September 1939, kurz nach dem Einfall der deutschen Wehrmacht in Polen, begann Chaplin endgültig mit den Dreharbeiten zu seinem Film über der Welt größten Diktator. Chaplin, im selben Jahr und Monat wie Hitler geboren, von ähnlicher Statur und mit demselben Bart ausgestattet, hatte sich bereits seit 1935 mit der Absicht getragen, einen Film über diesen Menschen zu machen, dem er mit Abscheu, zugleich aber auch mit Faszination begegnete: „Er ist der Wahnsinnige und ich bin der Komiker", sagte er über Hitler, „doch es hätte genausogut umgekehrt werden können."
Zum Inhalt des Films: Der tomanische Diktator Hynkel (Chaplin) marschiert mit seinen Truppen im Nachbarland Austerlich (Österreich) ein. Zur gleichen Zeit kann ein als Faschist verkleideter jüdischer Friseur (Chaplin) aus dem KZ entfliehen. Da dieser dem Despoten wie aus dem Gesicht geschnitten ist, wird er mit diesem verwechselt und auf ein Rednerpodest gehievt. Dort soll er eine

Ansprache an die Nation richten - und das tut er auch, allerdings ganz anders als erwartet: Er richtet statt einer Hetzrede mutig einen inbrünstigen Appell für Gerechtigkeit und Frieden an die Welt.
Der Film, der sich mit Slapstick-Einlagen bisweilen komisch, vor allem aber bissig karikierend mit Nazi-Deutschland und seinem Führer auseinandersetzte, war einer der wenigen, der im neutralen und isolationistischen Amerika eindeutig Stellung bezog. Entsprechend heftig war die Kampagne, die die Deutschland-freundliche Hearst-Presse und die deutsche Diplomatie nach der Uraufführung gegen Chaplin entfachten. Die Proteste verstummten erst mit der Kriegserklärung Deutschlands gegen die USA 1941. sk

Das große Dings bei Brinks

The Brink's Job. USA 1978 **R** William Friedkin **B** Walon Green, nach dem Roman *Big Stick up at Brink's* von Noel Behn **K** Norman Leigh **M** Richard Rodney Bennett **P** Ralph Serpe für Dino de Laurentiis Corporation / United Artists **L** 101 Min., Farbe **D** Peter Falk, Peter Boyle, Allen Coorwitz, Warren Oates, Gena Rowlands, Paul Sorvino,Gerard Murphy, Kevin O'Connor

Boston im Januar 1950: Die Stahlkammer des Hauptbüros der Geldtransportfirma Brinks gilt als absolut einbruchssicher und ist demzufolge eine ständige Herausforderung für die ansässigen Kapitalverbrecher. Eine Bande schlägt zu und erbeutet 2,7 Millionen Dollar. Dieses Gangsterstück wurde zu einem der berühmtesten und dramatischsten bewaffneten Raubüberfälle in der Kriminalgeschichte Amerikas. Unter der Regie von William Friedkin umspannt der Film mehr als dreißig Jahre - von den 40ern bis zu den 70ern - und konzentriert sich auf den wilden unglaublichen Aufstieg des Kopfes der Brinks-Bande Tony Pino (Falk), eines besessenen Diebes, des scharfsinnigen Planers und Organisators der sechs Mann starken Clique, die es fast geschafft hätte. Denn die erfolgreichen Gangster wurden nur fünf Tage vor Ablauf der Verjährungsfrist verraten, als das Bandenmitglied Specky O'Keefe (Oates) beim FBI ein Geständnis ablegte und dafür seine Haftstrafe für ein Verbrechen, das mit Brinks nichts zu tun hatte, erlassen bekam.
Die langatmige Inszenierung verliert sich zu oft in den vergilbten Bildern der atmosphärischen Braunstich-Dekors der 40er und 50er Jahre. Zu viele bezugslose Einstellungen können auch durch Peter Falk und die sicherlich spannende Idee, ein Original-Verbrechen zu verfilmen, nicht gerettet werden. dh

Der große Eisenbahnraub

siehe: DER ERSTE GROSSE EISENBAHNRAUB

Das große Finale

The Competition. USA 1979 **R** Joel Oliansky **B** Joel Oliansky, William Sackheim **K** Richard H. Kline **M** Lalo Schifrin **P** William Sackheim für Columbia Pictures Inc. **L** 126 Min., Farbe **D** Richard Dreyfuss, Amy Irving, Lee Remick, Sam Wanamaker, Joseph Cali, Ty Henderson, Vickie Kriegler, Adam Stern

Paul Dietrich (Dreyfuss) steht vor einem entscheidenden Schritt; nahezu dreißigjährig spürt er, daß, falls er diesen Klavierwettbewerb nicht gewinnt, er den Traum von einer Konzertkarriere aufgeben kann und seinen Beruf als Musiklehrer wieder aufnehmen muß; außerdem ist der erste Preis für die Pflege seines todkranken Vaters unverzichtbar. Für Heidi Schoonover (Irving) ist es die erste große Chance. Sollte sie mit ihren 21 Jahren gewinnen, wäre dies der Beginn eines kometenhaften Aufstiegs. Eine Niederlage wäre allerdings auch nicht sonderlich dramatisch. Einzig ihre krankhaft ehrgeizige Lehrerin Greta Vandemann (Remick) verursacht einigen Erfolgsdruck, ist sie doch der verblüffend einleuchtenden Ansicht, daß die Liebe zur Kunst weitaus verläßlicher sei, als es die Liebe zu einem Mann jemals sein könnte. Frei von psychischem Druck ergibt sich für Heidi die Rolle der Angreiferin, während Paul derjenige ist, der sich auf dem Weg zu seinem lang ersehnten Ziel gegen jegliche romantische Ablenkung sträubt - „Jeder Kratzer an meiner Konzentration kann mir nur schaden." Dennoch entwickelt sich eine hochkomplizierte Romanze zwischen den Pianisten, begleitet von nicht minder tragischen Schicksalsschlägen ihrer Künstlerkollegen, bis hin zum großen Finale.
Pressemitteilung:"Daneben müssen die Schauspieler mit den tragischen Stücken menschlicher Schicksale, familiären Schwierigkeiten und Liebesgeplänkel fertigwerden." Richard Dreyfuss, Amy Irving und allen voran Lee Remick retten Olianskys Film durch ihre schauspielerischen Leistungen vor dem Abgleiten ins Rührstück. dh

Große Freiheit Nr. 7

Große Freiheit Nr. 7. Deutschland 1943/44 **R** Helmut Käutner **B** Helmut Käutner, Richard Nicolas **K** Werner Krien **M** Werner Eisbrenner, Sebastian Yradier **P** Hans Tost für Terra **L** 111 Min., Farbe **D** Hans Albers, Ilse Werner, Hans Söhnker, Ethel Reschke, Helmut Käutner, Kurt Wieschala, Gustav Knuth, Hilde Hildebrand, Günther Lüders, Ilse Fürstenberg

Mit *Große Freiheit Nr. 7* hatte Helmut Käutner das erste Mal in seiner Karriere Pech. Das Reichspropagandaministerium verbot den Film für Deutschland und gab ihn nur im Ausland zur Truppenunterhaltung frei. Stein des Anstoßes waren die Szenen, in denen das Dirnenmilieu St. Paulis etwas zu offen gezeigt wurde. Außerdem empfand Goebbels den Streifen in seiner Gesamtwirkung als zu melancholisch und hielt ihn für die von den mittlerweile vier Kriegsjahren gebeutelte deutsche Bevölkerung wenig aufmunternd.
Käutner beschreibt in seinem ersten Farbfilm das Schicksal des Hamburger Seebären Hannes Kröger, der als singende Sensation des Stimmungslokals „Hippodrom" auf der Hamburger Reeperbahn gilt. Hannes nimmt sich des Mädchens Gisa (Werner) an, die durch die Schuld seines Bruders in Verruf gekommen ist. Bald verliebt er sich selbst unsterblich in das junge Ding, doch Gisa hat ihr Herz bereits dem Werftarbeiter Scholz (Söhnker) versprochen. Hannes kehrt zu seiner großen Liebe zurück - der See. Gemeinsam mit zwei befreundeten Matrosen mustert er auf dem Segelschiff *Padua* an.
1943 begannen die Dreharbeiten in Hamburg, die jedoch abgebrochen werden mußten, als die Stadt im Juli/August desselben Jahres zu 50 % durch die Bombenangriffe der Engländer in Schutt und Asche gelegt wurde. Unter schwierigen Umständen entstanden lediglich einige Aufnahmen in den wenigen unzerstört gebliebenen Bereichen des Hamburger Hafens. Als Ausweichort hatte man in einem Tempelhofer Studio der UFA die „Große Freiheit" nachbauen lassen, doch auch diese Dekoration fiel den Bomben zum Opfer. Der Film wurde schließlich in den Prager Barrandov-Filmstudios beendet und erlebte 1944 ebenfalls in Prag seine Uraufführung. jg

Das große Fressen

La grande bouffe/La grande abbuffata. Frankreich/Italien 1974 **R** Marco Ferreri **B** Marco Ferreri, Rafael Azcona **K** Mario Vulpiani **M** Philippe

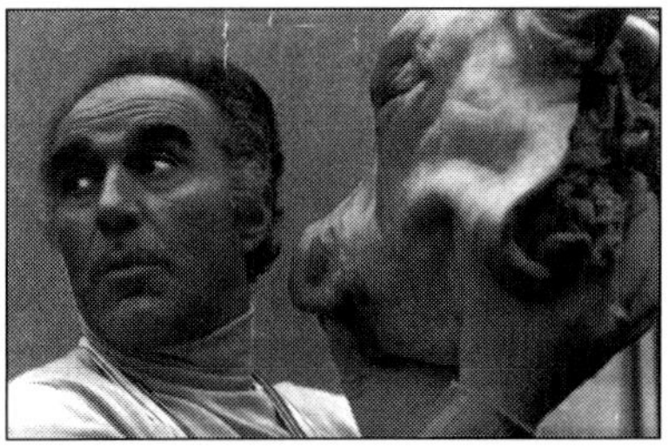

Sarde **P** Jean-Pierre Rousseau für Mara Film (Paris), Capitolina Prod. (Rom) **L** 129 Min., Farbe **D** Marcello Mastroianni, Ugo Tognazzi, Michel Piccoli, Philippe Noiret, Andrea Ferréol

Vier Freunde treffen sich in einer alten Pariser Villa zu einem gastronomischen Wochenende: der Pilot Marcello (Mastroianni), der Restaurantchef Ugo (Tognazzi), der Fernsehproduzent Michel (Piccoli) und der Richter Philippe (Noiret). Lastwagen karren ganze Wildschweine, Schweineköpfe, Rehe und Geflügel heran - offensichtlich will man sich zu Tode fressen. Auf Marcellos Initiative werden drei Prostituierte eingeladen, die jedoch schon bald von der unmäßigen Fresserei die Nase voll haben und wieder verschwinden. Dafür schließt sich den Vieren eine Lehrein Andrea (Ferréol) an, die mit ihrer Klasse das Nachbargrundstück besichtigte. Sie ist allen zu Willen, findet jedoch besonders an Philippe (Noiret) Gefallen, dem Schüchternen mit Mutterkomplex. Nach und nach ereilt die Männer ihr selbst gewähltes Schicksal: Marcello erfriert in der Garage, Michel furzt sich im wahrsten Sinne des Wortes zu Tode, Ugo erleidet mit Andreas Hilfe einen tödlichen Orgasmus auf dem Küchentisch, und Philippe stirbt an einem Pudding in Brustform.
Ferreris zügellose schwarze Satire, die in Cannes uraufgeführt wurde, erhitzte verständlicherweise die Gemüter. Der Vorwurf der Geschmacklosigkeit und Obszönität wurde mehr als einmal laut, doch gerade das ist *Das große Fressen* nicht, ebensowenig wie pornographisch. Im Gegenteil, Ferreris Kamera bleibt immer neutral und läßt die Bilder und Vorgänge für sich selbst spechen. Der Film ist, auch dank der selbstlosen und absolut uneitlen Darstellungen, vor allem umwerfend komisch und erwies sich allen Kontroversen zum Trotz als riesiger Kassenerfolg.
Alberto Moravia schrieb in *L'Espresso*: „Ein Film von bemerkenswerter Originalität. Manches an ihm ist geradezu genial zu nennen.“ al

Der große Frust

The Big Chill. USA 1983 **R** Lawrence Kasdan **B** Lawrence Kasdan und Barbara Benedek **K** John Bailey **P** Michael Shamberg für Carson Productions Group/Columbia Delphi Prod. **L** 103 Min., Farbe **D** Tom Berenger, Glenn Close, Jeff Goldblum, William Hurt, Kevin Kline, Mary Kay Place, Meg Tilly, Jo Beth Williams

Sieben Freunde, drei Frauen und vier Männer, die in den 60er Jahren gemeinsam studiert hatten, treffen sich nach langen Jahren wieder. Alex, der achte im Bunde, fehlt. Er hat sich die Pulsadern aufgeschnitten - aus Frust. Immerhin: Zu seiner Beerdigung sind seine alten Freunde, die sich vorher selten und schon gar nicht komplett haben sehen lassen, vollständig angereist. Während des gemeinsamen Wochenendes lassen die sieben Hinterbliebenen, die früher die Welt verändern wollten, ihre frustgeschwängerten Biographien Revue passieren: Zutage tritt ein Sammelsurium an Depressionen, Aggression und Enttäuschung, gemischt mit ein bißchen Nostalgie, die sich beim Abhören von Oldie-Schallplatten wehmütig einstellt. Dieser Kanon der Gefühle, mit wohldosierten humoristischen Einlagen angenehm aufgelockert und mit Klasse-Schauspielern wirkungsvoll realisiert, lieferte der auf gruppentherapeutische Eruptionen versessenen Erfolgsgeneration Amerikas zahlreiche Identifikationsangebote und verhalf dem Frust-Film dort zu einem großen Erfolg, der sich hierzulande - bedingt durch die gesellschaftlichen Unterschiede, vor allem aber durch den fehlenden psychologischen Tiefgang - nicht in gleichem Maße einstellte.
Regisseur und Autor Kasdan, renommiert und gefragt durch seine Drehbücher zu DAS IMPERIUM SCHLÄGT ZURÜCK, JÄGER DES VERLORENEN SCHATZES und RÜCKKEHR DER JEDI-RITTER, bekannte in einem Interview Unerhörtes: „Ich hasse das Schreiben. Aber ich werde weitermachen, weil es einfach Filme gibt, die ich sehen möchte, die aber noch niemand geschrieben hat.“ sk

Der große Gatsby

The Great Gatsby. USA 1973 **R** Jack Clayton **B** Francis Ford Coppola, nach einem Roman von F. Scott Fitzgerald **K** Douglas Slocombe **M** Nelson Riddle **P** David Merrick für Paramount **L** 130 Min., Farbe **D** Robert Redford, Mia Farrow, Bruce Dern, Karen Black, Scott Wilson, Sam Waterston, Lois Chiles, Robert Blossom

Etwas zu flach geratenes Remake (eine Verfilmung hatte es bereits 1949 gegeben) des differenzierten Romans von F. Scott Fitzgerald, der es allerdings gelingt, in schwelgerischen Arrangements, Dekorationen und Kostümen die „Roaring Twenties“ auferstehen zu lassen.
Mit einem Budget von 6, 5 Millionen Dollar drehte Jack Clayton an Originalschauplätzen auf Long Island dieses Sittengemälde, wobei es sich die dort ansässigen Mitglieder der Upper-Class nicht nehmen ließen, als hochbezahlte Statisten (165 Dollar pro Stunde) bei den Aufnahmen mitzuwirken.
Die Geschichte erzählt von dem zwielichtigen Jay Gatsby (Redford), der seine einstige Jugendliebe Daisy (Farrow) in der reichen Gesellschaft von Long Island wiedertrifft. Diese Begegnung ist für ihn Anlaß, endgültig seinem ärmlichen Dasein Lebewohl zu sagen und sich ebenfalls in der noblen Gegend anzusiedeln. Mit verbotenen Alkoholgeschäften kommt er zu großem Reichtum und kauft sich eine schloßähnliche Villa am Westufer der Halbinsel. Trotz rauschender Parties und festlicher Empfänge gelingt es ihm allerdings nicht, von dem snobistischen Geldadel als gleichwertiges Mitglied akzeptiert zu werden. Zum Schluß fällt er durch eine unglückliche Verwechslung einer Eifersuchtsgeschichte zum Opfer, mit der er noch nicht einmal etwas zu tun hatte.
Der große Gatsby wurde mit einem ungeheuren Publicity-Aufwand in die Kinos gebracht und konnte sich anfangs durchaus eines gewissen Interesses erfreuen, bis nach den ersten Vorstellungen die rasch eintretende schlechte Mundpropaganda für das Ausbleiben der Zuschauermassen sorgte. Was das Publikum angesichts dieses Films empfand, brachte wohl am besten die *Frankfurter Neue Presse* auf einen Nenner: „Ein ungeheurer Ausstattungs-Aufwand, vornehmlich in strahlend-sterilem Weiß, ist getrieben worden. Die Bilder sind schön. Und so unendlich leer. Diese Leere dauert 130 Minuten netto, dazu kommt eine halbstündige Reklameverpackung. So sollte man Literatur nicht verfilmen.“ Immerhin konnte *Der Große Gatsby* 1974 für seine Kostüme (Theonie V. Aldregde) und seinen Original-Song-Score je einen Oscar einheimsen. jg

Der große Grieche

The Greek Tycoon. USA 1977 **R** J. Lee Thompson **B** Mort Fine, nach einer Story von Nico Mastorakis und Win Wells **K** Tony Richmond **M** Stanley Myers **P** Allen Klein, Ely Landau für ABKCO-Films-Prod./Universal **L** 107 Min., Farbe **D** Anthony Quinn, Jacqueline Bisset, Raf Vallone, Edward Albert, James Franciscus, Camilla Sparv, Marilu Tolo, Charles Durning, Luciana Paluzzi

Ein nichtssagendes Kolportageprodukt aus der ebenso hohlen Welt der oberen Zehntausend, das sich in einer unglaublich plumpen Art und Weise an den authentischen Figuren des internationalen Jet-Sets orientiert, obwohl diese sich entschieden gegen eine solche filmische Darstellung zur Wehr gesetzt hatten. Pate für diese Geschichte stand überdeutlich die damals von der Regenbogenpresse effekthascheischend aufgemotzte Affäre zwischen der Kennedy-Witwe Jacqueline und dem griechischen Multimilliardär Onassis. Um nun nicht gleich zu offensichtliche Parallelen zu diesen wirkli-

chen Personen zu ziehen, hatte sich Drehbuchautor Fine eine äußerst raffinierte Namensänderung ausgedacht. Aus Jackie Kennedy wurde Liz Cassidy, Aristoteles Onassis wandelte man in Theo Tomasis um. Sowohl die Kennedys als auch der Clan der Onassis verloren den Prozeß, den sie gegen die Produktionsfirma angestrengt hatten, obgleich ein New Yorker Anwalt den Drehbuchautoren eine halbe Million Dollar für den Fall geboten hatte, daß der Film nicht gedreht werden würde. Zumindest diesmal nutzte den Reichen dieser Welt ihr Geld herzlich wenig, doch blieb damit auch dem Publikum dieses Machwerk nicht erspart.
Glaubt man den Informationen des Presseheftes, hatte sich die Produktionsfirma alle Mühe gegeben, die Verschwendungssucht der dargestellten Figuren am Set nachzuäffen, ja sie sogar noch zu übertreffen. So verwies man stolz darauf, daß die im Film gezeigte Luxusyacht *La Belle Simon* (Eigentum des US-Fertighausfabrikanten Levitt) einige Meter länger war, als der legendäre Onassis-Kahn *Christina*.
Alles ist so schick, teuer und erlesen - der Zuschauer könnte fast vergessen, daß auch die Mitglieder der Upper-Class vielleicht unter Verdauungsstörungen leiden könnten und schließlich ebenfalls den Weg allen Fleisches gehen müssen. jg

Die große Illusion

La grande illusion. Frankreich 1937 **R** Jean Renoir **B** Charles Spaak, Jean Renoir **K** Christian Matras **M** Joseph Kosma **P** Réalisations d´Art Cinématographique **L** 107 Min. (Originalfassung 117 Min.), s/w **D** Erich von Stroheim, Jean Gabin, Pierre Fresnay, Marcel Dalio, Dita Parlo

Während des I. Weltkrieges werden drei französische Offiziere in ein deutsches Kriegsgefangenenlager eingeliefert, das unter dem Befehl des Majors von Rauffenstein (von Stroheim) steht. Es sind der Adelige De Boïelieu (Fresnay), der aus einfachen Verhältnissen stammende Maréchal (Gabin) und der jüdische Bankier Rosenthal (Dalio). Zwischen De Boïelieu und von Rauffenstein entspinnt sich bald eine Freundschaft, die auf den Traditionen und Wertvorstellungen ihrer Klasse beruht, die in diesem Krieg, so fürchten beide, untergehen wird. Maréchal und Rosenthal gelingt die Flucht, während De Boïlieu vom Major erschossen wird. Die beiden verbergen sich zunächst auf einem deutschen Bauernhof, wo sich Maréchal in die verwitwete Bäuerin (Parlo) verliebt. Schließlich erreichen sie die Schweizer Grenze.
Die große Illusion war aufgrund seines pazifistischen Grundtones und der dargestellten Aussöhnung zwischen Franzosen und Deutschen in allen faschistischen Staaten entweder verboten oder nur in stark geschnittener Fassung zu sehen. In Deutschland etwa entfernte man die Szenen, in denen der Jude Rosenthal positiv dargestellt wird. Zwar gelten DIE BESTIE MENSCH und DIE SPIELREGEL als Renoirs Meisterwerke, doch ist *Die große Illusion* mit Abstand sein erfolgreichster und populärster Film. François Truffaut, der Renoir zu seinen Lehrmeistern zählte, schrieb darüber: „Die große Idee dieses Films besteht darin, daß die Welt sich horizontal und nicht vertikal gliedert. Er macht ganz klar, daß der Begriff der Klassen bestehen bleiben muß, um so mehr, als bestimmte Klassen von selbst verschwinden. Dagegen muß man den Begriff der Grenze abschaffen, der an so vielen Mißverständnissen Schuld ist."
Bei den Filmfestspielen in Venedig erhielt der Film einen Spezialpreis. Darüber hinaus wurde er mit dem Preis der New Yorker Filmkritiker und einer Oscar-Nominierung als Bester Film geehrt. al

Der große Irrtum

siehe: DER KONFORMIST

Die große Katharina

Great Catherine. Großbritannien 1968 **R** Gordon Flemyng **B** Hugh Leonar, nach dem Bühnenstück *Great Catherine Whom Glory Still Adores* von George Bernard Shaw **K** Oswald Morris **M** Dimitri Tiomkin **P** Jules Buch für Keep Films/Warner Bros. **L** 98 Min., Farbe **D** Peter O´Toole, Jeanne Moreau, Zero Mostel, Jack Hawkins, Marie Lohr, Akim Tamiroff, Marie Kean, Kate O´Mara

Die literarische Vorlage eines berühmten Autoren muß nicht immer gleich Garant für einen guten Film sein, zumal in diesem Fall George Bernard Shaw selbst das 1913 erschienene Stück, auf dem *Die große Katharina* basiert, nicht zu seinen besten zählte. Immerhin aber wies der Streifen mit Jeanne Moreau und Peter O´Toole ein höchst ungewöhnliches Filmpaar auf, auch wenn den beiden von Seiten des Regisseurs nicht die schauspielerischen Entfaltungsmöglichkeiten eingeräumt wurden, die sie sich vielleicht selbst erwünscht hätten.
Der britische Captain Charles Edstaston (O´Toole) kommt nach St. Petersburg an den Hof der Zarin Katharina (Moreau), um dort gleich von dem rüpelhaften Prinzen Patiomkin (Mostel) in das Bett der Monarchin befördert zu werden, da dieser glaubt, Katharina bräuchte mal dringend wieder einen Mann. Die Zarin ist durchaus angetan von dem feschen Engländer, doch Charles ist bereits in den festen Händen seiner Freundin Claire, der Tochter des englischen Botschafters. Zahlreiche Fluchtversuche gehen daneben, denn Katharina läßt ihn immer wieder von ihren Kosaken einfangen. Schließlich taucht Claire auf, um auf die Herausgabe ihres Geliebten zu bestehen.
Zu den schönsten Szenen des Films gehört eine Schlacht, die sich Katharina und Charles in einer Modellanlage liefern und in deren Verlauf sie sich aller Konventionen entledigen. Charles feuert mit einer Miniaturkanone der Zarin ins Hinterteil, während diese ihrerseits im Eifer des Gefechts in das Wasserbassin steigt, um Charles' Fregatte zu versenken. jg

Der große König

Der große König. Deutschland 1942 **R** Veit Harlan **B** Veit Harlan **K** Bruno Mondi **M** Hans Otto Borgmann **P** Tobis **L** 118 Min., s/w **D** Otto Gebühr, Kristina Söderbaum, Gustav Fröhlich, Hans Nielsen, Paul Wegener, Paul Henckels, Elisabeth Flickenschildt, Kurt Meisel, Harry Hardt, Hilde Körber, Claus Clausen, Claus Detlev Sierck, Herbert Hübner, Hilde von Stolz

Diese säbelrasselnde Glorifizierung preußischen Kampfgeistes wurde überhäuft mit einer Flut von Auszeichnungen, die dem Machwerk unter demokratischen Verhältnissen freilich niemals zuteil geworden wäre. So aber verlieh man dem Film das ranghöchste Prädikat „Film der Nation" und stufte ihn als staatspolitisch und künstlerisch besonders wertvoll, kulturell und volkstümlich wertvoll, als volksbildend und jugendwert ein. Die zehnte Filmkunstausstellung in Venedig bescherte dem Streifen ferner den Mussolini-Pokal als Besten ausländischen Film.
Nach einer ganzen Reihe von Preußen-Filmen wie *Der Choral von Leuthen* oder *Fridericus Rex* (allesamt mit Otto Gebühr) schuf Veit Harlan mit *Der große König* einen aufwendigen, zurechtgeklitterten Historienstreifen, der in seinem Grad an Aufwand und Geschichtsverfälschung nur noch durch das

ebenfalls von Harlan gedrehte Durchhalteepos KOLBERG übertroffen wurde.
Unter dem verlogenen Vorwand, dem Publikum hier wahre Geschichte vorzugaukeln, verquickt dieser Film das Schicksal des Preußenkönigs Friedrich II. (Gebühr) mit dem der Müllerstochter Luise (Harlan-Gattin Kristina Söderbaum), klappert die militärischen Erfolge und Mißerfolge des Königs ab und zeigt den großen Monarchen gegen Ende des Films in der Schloßkapelle von Charlottenburg nachdenklich einem Orgel-Tedeum lauschend, in das sich deutlich hörbar die Töne von „Deutschland über alles" hineindrängen.
Goebbels stellte Harlan alles zur Verfügung, was dieser für die teuren Dreharbeiten benötigte. Auf dem Truppenübungsplatz Jüterbog, wo sämtliche Schlachtszenen gedreht wurden, versammelten sich bald 5.000 Pferde und ca. 20.000 Soldaten, die zu einem Großteil aus der Berliner Polizei bestanden. Der Film mußte natürlich mehrmals überarbeitet werden, da die politische Wirklichkeit wieder einmal die Dreharbeiten einholte. So war es nicht mehr möglich, dem großen König ausgerechnet von einem russischen General zum Sieg im Siebenjährigen Krieg verhelfen zu lassen, denn mittlerweile war die Wehrwacht auch in der Sowjetunion eingefallen. Aus dem Russen wurde schnell ein Feigling, der sich weigerte, in die Schlacht einzugreifen. Um Friedrich II. als durch und durch deutschen Monarchen darzustellen, mußten auf Goebbles' Geheiß auch sämtliche französischen Redewendungen auf deutsch nachsynchronisiert werden. jg

Der große Leichtsinn

The Big Easy. USA 1987 **R** Jim McBride **B** Daniel Petrie jr., Jack Baran **K** Affonso Beato **M** Brad Fiedel **P** Stephen Friedman für Kings Road Entertainment **L** 101 Min., Farbe **D** Dennis Quaid, Ellen Barkin, Ned Beatty, John Goodman, Lisa Jane Persky, Ebbe Roe Smith, Thomas O'Brien

New Orleans, von den Einwohnern schlicht *The Big Easy* genannt, brodelnde Metropole in den stickigen Sümpfen des Mississippi-Deltas, ist die Kulisse dieser Geschichte von Lebenslust und Korruption (merkwürdigerweise fand Regisseur McBride 1986 für ein Drehbuch mit derselben Story in Chicago keine Geldgeber). Remy McSwain (Quaid) ist ein junger Beamter von der Mordkommission, der geschmeidig mit den Paragraphen des bürgerlichen Gesetzbuches umgeht und damit sich und allen das Leben viel leichter macht. Er läßt sich von Restaurantbesitzern schmieren, überfährt nach Laune Stoplichter, hält hier die Hand auf und drückt da ein Auge zu. Anne Osborn (Barkin) hingegen ist eine Staatsanwältin aus dem Norden, die verbissen auf Paragraphen beharrt und moralisierend unter dem südstaatlichen Lotterleben leidet. „Dies ist New Orleans, Darling", stellt sie resigniert fest, „da haben die Leute ihre eigene Art, sich gefällig und umgänglich zu zeigen." Annes Aufgabe ist es, die Tarnorganisation „Witwen-und Waisen-Fond" auffliegen zu lassen, zu zeigen, daß die Drogen- und Schmiergeldaktionen der leutseligen kleinen Gauner längst keine Kavaliersdelikte mehr sind. Remy, der mit Anne ein verunglücktes Techtelmechtel angefangen hat, tappt in eine vom FBI gestellte Falle, wird von Anne vor Gericht gebracht und kann sich durch Manipulation einen Freispruch zurechtdeichseln. Inzwischen hat er erkannt - nicht zuletzt weil sein Bruder lebensgefährlich verletzt wurde - welche Schweinereien seine Kollegen von der Polizei mit der ansässigen Drogen-Mafia betreiben; Remy erklärt der allgegenwärtigen Korruption den Krieg.
1983 gab der ehemalige New Yorker Underground-Filmer Jim McBride mit der recht dürftigen Godard-Adaption ATEMLOS sein Debüt im großen Publikumskino. *Der große Leichtsinn* kann als weitaus gelungener bezeichnet werden, schafft er es doch nicht nur die gängigen New-Orleans-Klischees (siehe ANGEL HEART oder KATZENMENSCHEN) zu durchbrechen, sondern vor allem auch durch die chamäleonhaften, durchtriebenen Protagonisten eine ungewöhnlich spannende Atmosphäre zu schaffen. Die Auszeichnung als „Bester Thriller des Jahres 1987" ist sicherlich wohlverdient. dh

Die große Liebe

Die große Liebe. Deutschland 1942 **R** Rolf Hansen **B** Alexander Lemet-Holonia, Peter Groll, Rolf Hansen **K** Franz Weihmayr **M** Michael Jary **P** Walter Bolz für UFA **L** 102 Min., s/w **D** Zarah Leander, Viktor Staal, Grethe Weiser, Paul Hörbiger, Wolfgang Preiss, Hans Schwarz jr., Julia Serda, Viktor Janson, Paul Bildt

Die große Liebe war einer der größten Publikumserfolge der UFA. Der Film wurde vom Tag seiner Premiere bis zum Kriegsende (danach verboten ihn die Alliierten) von insgesamt 27 Millionen Menschen gesehen. Man findet hier das überaus selten zu beobachtende Phänomen, daß dieser Unterhaltungsstreifen in seiner Handlung direkt auf das aktuelle Zeitgeschehen einging. 1942 erlaubte die militärische Lage dies gerade noch, ansonsten jedoch blieb das Thema Krieg weitgehend aus dem Bereich Kino ausgeklammert und wurde lediglich in der Verpackung von Historienschinken aufgegriffen.
Zarah Leander spielt die Varieté-Sängerin Hanna Holberg, die in leidenschaftlicher Liebe mit dem Flieger-Oberleutnant Paul Wendtland (Staal) verbunden ist. Bedingt durch Pauls Kriegseinsätze sieht sich das Paar nicht allzu oft, klappert aber während seiner Versuche, sich irgendwo einmal zwischen Front und Bühne zu treffen, halb Europa ab. Wie schön, daß Paul durch eine Verletzung gezwungen wird, eine Weile zu pausieren.
Eigentlich paßte es überhaupt nicht in die Ideologie der Nazis, daß sich ein markiger Kampfpilot mit der suspekten Gestalt einer Varieté-Sängerin einließ, doch konnte man ja Zarah Leander schlecht als treusorgende Hausfrau hinter einen Küchenherd stellen - das sah wohl sogar Propagandaminister Goebbels ein.
Die Leander singt in diesem Film die vier berühmt gewordenen Schlager *Ich weiß, es wird einmal ein Wunder gescheh´n*, *Davon geht die Welt nicht unter* (mit einem Chor einbandagierter Soldaten), *Mein Leben für die Liebe* und *Heut´ kommen die blauen Husaren*. Zumindest die beiden ersten Lieder überraschen durch einen fast unglaublichen Fatalismus. Daß die Zensurbehörde bei dem Text „Davon geht die Welt nicht unter, ist sie heute auch grau, einmal wird sie wieder bunter, einmal wird sie wieder himmelblau..." nicht entschieden einschritt, ist wirklich verwunderlich. jg

Die große Liebe meines Lebens

An Affair To Remember. USA 1957 **R** Leo McCarey **B** Delmer Daves, Leo McCarey **K** Milton Krasner **M** Hugo Friedhofer **P** Jerry Wald für 20th Century-Fox **L** 111 Min., Farbe **D** Cary Grant, Deborah Kerr, Richard Denning, Neva Patterson, Cathleen Nesbitt

An Bord eines Ozeandampfers lernen sich der wohlhabende Junggeselle Nickie Ferrante (Grant) und die attraktive Terry McKay (Kerr) kennen und fühlen sich sofort zueinander hingezogen. Da beide eine Beziehung haben, versprechen sie sich beim Abschied, sich in sechs Monaten auf dem Dach des Empire State Building zu treffen, falls sich ihre Gefühle bis dahin nicht geändert haben sollten. Nickie hält die Verabredung ein, doch Terry erleidet einen schweren Autounfall, der sie ans Bett fesselt...
Regisseur Leo McCarey hatte die gleiche Geschichte bereits 1939 verfilmt. Der Streifen unter dem Titel RUHELOSE LIEBE mit

Charles Boyer und Greer Garson in den Hauptrollen war seinerzeit ein voller Erfolg und ließ beim Publikum kein Auge trocken. Das Remake erreicht die Qualität seines Vorgängers nicht, ist aber, für sich betrachtet, ein ausgezeichnet gespieltes und vor allem sehr rührseliges Komödien-Drama, das beim Publikum nicht minder beliebt war. al

Das große Liebesspiel

Das große Liebesspiel. BRD/Österreich 1963 **R** Alfred Weidenmann **B** Herbert Reinecker **K** Georg Bruckbauer **M** Charly Niessen **P** Team Film (Berlin), Stadthallen Prod. (Wien) **L** 137 Min., s/w **D** Lilli Palmer, Peter van Eyck, Hildegard Knef, Paul Hubschmid, Daliah Lavi, Nadja Tiller, Alexandra Stewart, Martin Held, Thomas Fritsch, Charles Regnier, Walter Giller, Elisabeth Flickenschildt, Gisela Trowe

Nach dem Vorbild der Italiener und Franzosen versuchte sich auch die deutschsprachige Filmindustrie an einem der in den 60er Jahren so beliebten Episodenfilme. Es handelt sich um zwölf lose miteinander verbundene Geschichten um die Liebe, die nach Regisseur Alfred Weidenmann „alltäglich und Ausdruck unserer Zeit" sind. Als eine Art roter Faden, der sich durch den ganzen Film zieht, entwickelte man die Figur eines von Hildegard Knef gespielten Callgirls.
Das große Liebesspiel hat nichts zu sagen, kann jedoch mit einigen hübschen Einfällen und einer bemerkenswerten Starbesetzung aufwarten, die ihn zu einem kurzweiligen Vergnügen machen. Die Kritik war seinerzeit von Hochglanz-Vehikeln dieser Art jedoch alles andere als begeistert, was sich in gnadenlosen Verrissen niederschlug. So schrieb die *Süddeutsche Zeitung*: „*Das Liebesspiel* ist zwar nicht symptomatisch für die Zeit, in der wir leben, aber für den deutschsprachigen Film, mit dem wir (noch) zu leben haben." al

Die große Lüge

A Stolen Life. USA 1946 **R** Curtis Bernhardt **B** Catherine Turney, Margaret Buell Wilder, nach dem Roman von Karel J. Benes **K** Sol Polito, Ernest Haller **M** Max Steiner **P** Bette Davis für Warner Bros. **L** 105 Min., s/w **D** Bette Davis, Glenn Ford, Dane Clark, Walter Brennan, Charles Ruggles

Für ihre erste Arbeit als Produzentin suchte sich Bette Davis ein Elisabeth-Bergner-Vehikel von 1939 aus: TRÄUMENDE AUGEN. Der Grund ist leicht einzusehen. Eine Doppelrolle ermöglichte es der Schauspielerin, sowohl eine gute als auch eine schlechte Zwillingsschwester zu spielen!
Kate Bosworth ist eine zurückhaltende junge Malerin, die ihre Sommerferien am Meer verbringt, wo sie den attraktiven Leuchtturmwärter Bill (Ford) kennenlernt. Die beiden werden ein Paar, doch als Kates männermordende Schwester Pat auftaucht, ist es mit dem Glück vorbei. Sie schnappt sich Bill, und die beiden heiraten, während Kate sich in ihr Schicksal fügt. Bei einem Segelausflug wird Pat über Bord gerissen und Kate kann, als sie versucht ihrer Schwester zu helfen, nur noch deren Ehering retten. Sie hat jetzt die Chance, die Stelle ihrer Schwester einzunehmen...
Ein unglaubwürdiges, aber dennoch höchst unterhaltsames Melodram und das perfekte Material für die Davis, die hier alle Register ihre Könnens zieht, obwohl die *New York Times* meinte, die Illusion sei „mehr optischer als dramatischer Natur, wenn beide Schwestern auf der Leinwand sind". Überhaupt gingen die Kritiken mit dem Film hart ins Gericht, was allerdings seinen Kassenerfolg nicht beeinträchtigte. Im selben Jahr brillierte übrigens Davis´ alte Freundin Olivia de Havilland ebenfalls in einer Doppelrolle in DER SCHWARZE SPIEGEL.
Bette Davis, die später in DER SCHWARZE KREIS noch einmal eine ähnlich geartete Rolle spielte, meinte über ihre einmalige Produzententätigkeit: „Ich mischte mich einfach wie üblich in alles ein. Wenn man das ´produzieren` nennt, dann war ich schon seit Jahren ein großes Tier auf diesem Gebiet." al

Große Lüge Lylah Clare

The Legend of Lylah Clare. USA 1968 **R** Robert Aldrich **B** Hugo Butler, Jean Rouverol, nach dem Fernsehspiel von Robert Thom und Edward DeBlasio **K** Joseph Biroc **M** Frank DeVol **P** Robert Aldrich für Associates & Aldrich/MGM **L** 130 Min., Farbe **D** Kim Novak, Peter Finch, Ernest Borgnine, Milton Selzer, Rossella Falk, Gabriele Tinti, Valentina Cortese, Coral Browne

Kim Novaks Rückkehr auf die Leinwand nach über zweijähriger Abwesenheit bescherte ihre eine faszinierende Doppelrolle, die allerdings so schwierig und komplex war, daß auch „Sarah Bernhardt in ihrer besten Zeit überfordert gewesen wäre", wie die *Los Angeles Times* bemerkte.
Die Novak spielt Elsa Brinkmann, ein aufstrebendes Starlet, das dem alternden Regisseur Lewis Zarkan (Finch) vorgestellt wird. Der ist verblüfft und fasziniert von Elsas Ähnlichkeit mit Lylah Clare, der legendären Filmgöttin, die am Tage ihrer Hochzeit mit Zarkan auf seltsame Weise ums Leben gekommen war. Der Regisseur ist sofort bereit, mit Elsa einen neuen Film zu machen - über das Leben von Lylah Clare. Immer mehr nimmt daraufhin Elsa Verhalten und Aussehen der toten Lylah an und wird sogar Zarkans Geliebte...
Robert Aldrichs Film ist ein bizarrer, ungemein unterhaltender Blick hinter die Kulissen Hollywoods, und es wurde viel darüber spekuliert, wer die Vorbilder für die Filmfiguren gewesen seien. Die Rede war von Josef von Sternberg und Marlene Dietrich, von der Garbo, Marilyn Monroe etc. Auf jeden Fall bietet *Lylah Clare* reichlich Parallelen zu anderen Filmen, nicht zuletzt zu Hitchcocks VERTIGO (durch Novaks Doppelrolle und ihre Höhenangst) und BOULEVARD DER DÄMMERUNG (das alte Haus von Zarkan, der schon seit Jahren keinen Film mehr gemacht hat).
Die Kritiken und Publikumsreaktionen waren überwiegend negativ, man verstand den überlangen, kompliziert strukturierten Film offenbar nicht. Aldrich meinte später: „Wenn ein Regisseur es nicht schafft, das Publikum für sein Thema zu interessieren, dann hat er versagt. Dann hätte er den Film überhaupt nicht machen sollen." Immerhin hat *Große Lüge Lylah Clare* bis heute eine Art Kultstatus erreicht. al

Das große Manöver

Les grandes manoeuvres. Frankreich/Italien 1955 **R** René Clair **B** René Clair, Jérome Géromini, Jean Marsan **K** Robert LeFèbvre, Robert Juillard **M** Georges van Parys **P** René Clair für Filmsonor (Paris), Cinedes/Rizzoli Film (Rom) **L** 109 Min., Farbe **D** Michèle Morgan, Gérard Philipe, Brigitte Bardot, Jean Desailly, Pierre Dux

In einer kleinen französischen Garnisonsstadt um die Jahrhundertwende warten Offiziere und Mannschaften auf das große Herbstmanöver. Der junge Leutnant Armand de la Verne (Philipe), ein Draufgänger und Heißsporn, wettet, daß er es bis zum Manöverbeginn schafft, diejenige Frau zu verführen, die bei der Jahrmarktstombola das große Los zieht. Er gewinnt, hat sich jedoch im Verlaufe seiner Verführungsarbeit in sein Opfer, die junge Marie-Louise (Morgan), verliebt...
René Clairs erster Farbfilm besticht durch die Leichtigkeit und Eleganz, mit der die romantische Liebe seiner Protagonisten behandelt wird. Der Regisseur selbst hat gesagt, daß *Das große Manöver* sich ausschließlich um das „Abenteuer der Liebe" drehe. Ein wunderbar poetischer Film, der von den hervorragenden Darstellungen Michèle Morgans und Gérard Philipes lebt, nicht zu vergessen Brigitte Bardot, die in einer hochgeschlossenen Nebenrolle einige Aufmerksamkeit erregte. al

Der große Regen

The Rains of Ranchipur. USA 1955 **R** Jean Negulesco **B** Merle Miller, nach dem Roman von Louis Bromfield **K** Milton Krasner **M** Hugo Friedhofer **P** Frank Ross für 20th Century-Fox **L**

104 Min., Farbe **D** Lana Turner, Richard Burton, Michael Rennie, Fred MacMurray, Joan Caulfield, Eugenie Leontovich, Gladys Hurlbut, Magde Kennedy, Carlo Rizzo, Beatrice Kraft, King Calder

Louis Bromfields Erfolgsroman war bereits 1939 von Clarence Brown mit Tyrone Power und Myrna Loy in den Hauptrollen verfilmt worden. Der Film wurde zehn Jahre später in Deutschland unter dem Titel NACHT ÜBER INDIEN aufgeführt.
Das farbige Remake war wieder einmal Hollywood-Kino in Vollendung, schließlich bot der Stoff ja alles, was der Garant für einen Kassenerfolg war - eine bewegende Liebesgeschichte, exotische Schauplätze und Folkloreeinlagen sowie eine sensationell gestaltete Katastrophensequenz.
Die verwöhnte Edwina Esketh (Turner) kommt mit ihrem Mann in das Maharadschatum Ranchipur, wo sich Lord Esketh für die Pferdezucht der Maharani interessiert, während sich Edwina mehr zu dem indischen Arzt Dr. Safti (Burton) hingezogen fühlt. Ein verheerendes Erdbeben und eine nachfolgende Überschwemmung lösen dramatische Ereignisse aus.
Ähnlich wie der Erstlingsfilm konzentriert sich auch Jean Negulescos Version weniger auf die glaubhafte Gestaltung seiner Handlungsträger, sondern erliegt der Faszination seiner wirklich glänzend gestalteten Trickaufnahmen, für die die 20th Century-Fox allein 4 Millionen Dollar ausgab und - wie die Produktionsfirma stolz verkündete - mehrere Kilometer Rohrleitungen verlegen ließ. Lana Turners Rolle verlangte - im Gegensatz zu der literarischen Vorlage, wo es sich bei Lady Esketh noch um eine kühle Britin handelt, die übrigens am Ende stirbt - den Einsatz von Sex-Appeal und setzte sich damit deutlich von der vornehmen Zurückgezogenheit des indischen Arztes ab, in dessen Rolle der stets mit einem Turban bedeckte Richard Burton noch nicht einmal so unglaubhaft wirkt. *Der große Regen* wurde 1955 in der Sparte „Beste Spezialeffekte" für den Oscar nominiert. jg

Das große Rennen rund um die Welt

The Great Race. USA 1964 **R** Blake Edwards **B** Arthur Ross **K** Russell Harlan **M** Henry Mancini **P** Patricia/Jalem/Reynard **L** 160 Min., Farbe **D** Tony Curtis, Jack Lemmon, Natalie Wood, Peter Falk, Keenan Wynn, Arthur O´Connell, Vivian Vance, Dorothy Provine

Ein atemberaubender, in vielen Szenen überaus origineller und komischer Klamaukfilm, der allerdings mit seiner Laufzeit von 160 Minuten (im Fernsehen ist zumeist eine um eine Viertelstunde verkürzte Version zu sehen) etwas zu lang geraten ist.
Der „Große Leslie" (Curtis), Inhaber mehrerer Geschwindigkeitsrekorde, ruft im Jahre 1908 zu einem großen Autorennen auf, das von New York, über den Nordpol (!), bis nach Paris führen soll. Er selbst beteiligt sich natürlich auch an dem waghalsigen Marathon. Zu den weiteren Teilnehmern des Rennens zählen die attraktive Frauenrechtlerin Maggie DuBois (Wood) sowie der diabolische Professor Fate (Lemmon) mit seinem tolpatschigen Diener Max (Falk), der mit hinterhältigen Sabotageakten versucht, den „Großen Leslie" auszuschalten. Über Steppen, Berge und Täler preschend und auf Eisschollen treibend erreicht man schließlich nach vielerlei Abenteuern die französische Hauptstadt, wo es unter dem Eifelturm zum entscheidenden Finale kommt.
Das groteske Rennen wurde unter ungeheurem Aufwand zum Teil an Originalschauplätzen in Paris und Salzburg gedreht, wo der Dom und die Feste Hohensalzburg als Kulissen fungierten. Automobilfreunde können sich an den rekonstruierten Oldtimern erfreuen; für Liebhaber des Slapstick hingegen wird die ausschweifend inszenierte Tortenschlacht ein besonderes Vergnügen sein. jg

Die große Sause

siehe: DREI BRUCHPILOTEN IN PARIS

Die große Schlacht des Don Camillo

Don Camillo e l´onorevole Peppone. Italien 1955 **R** Carmine Gallone **B** Giovanni Guarechi, Leo Benvenuti und Age E. Scarpelli, nach dem Roman *Mondo piccollo di Don Camillo* von Guarechi **K** Anchise Brizzi **M** Alessandro Cigognini **P** Rizzoli **L** 98 Min., s/w **D** Fernandel, Gino Cervi, Leda Gloria, Claude Sylvain, Memmo Carotenuto, Saro Urzi

„Bekannt, beliebt, belacht: Zwei alte Rivalen in einem neuen Duell der Heiterkeit!" wieherte die Pressemitteilung zum dritten *Don Camillo*-Film seit 1952. Thema ist - wie immer - der unendliche Schlagabtausch zwischen dem rauflustigen Dorfpfarrer Don Camillo (Fernandel) und seinem querköpfigen Widersacher, dem roten Bürgermeister Peppone (Cervi). Julien Duvivier, der in DON CAMILLO UND PEPPONE und DON CAMILLOS RÜCKKEHR Regie geführt hatte, gab seinen Stab an Carmine Gallone weiter. Dieser dritte *Don Camillo*-Film enthält zwar wieder zahlreiche humoristische Höhepunkte, erreicht aber nicht den Esprit der vorangegangenen Produktionen.
Diesmal geht es um die Parlamentswahlen in Rom, für die Peppone als Kandidat der Kommunisten antritt. Das Dorf erstickt förmlich in einer Flut kommunistischer Wahlpropaganda. Don Camillo rettet nicht nur den ehelichen Frieden im Hause Peppone, den eine als Wahlhelferin delegierte äußerst attraktive Parteisekretärin mit ihren körperlichen Reizen bedroht, sondern besorgt dem Kandidaten sogar die Prüfungsaufgaben für den Volksschulabschluß, den dieser nachträglich nachweisen muß. Seine Mühen sind indes nicht ganz uneigennützig: Er ringt Peppone dafür die Zustimmung zum Bau eines neuen Kirchturms ab. Erwartungsgemäß gewinnt Peppone die Wahl. Die Abreise nach Rom wird pompös vorbereitet, doch je näher der Tag des Abschieds rückt, desto mulmiger wird Peppone zumute. Und tatsächlich: An der nächsten Bahnstation, wo Don Camillo wartet, um seinem geliebten Widersacher Adieu zu sagen, steigt dieser einfach aus dem Zug und radelt mit Hochwürden ins Dorf zurück. Alles bleibt beim alten, die Streithähne bleiben sich erhalten. Don Camillo hat allerdings die Nase vorn, bekommt er doch seinen neuen Kirchturm. sk

Der große Schweiger

The Stalking Moon. USA 1969 **R** Robert Mulligan **B** Alvin Sargent, Wendell Mayes, nach dem Roman von Theodore V. Olsen **K** Charles Lang **M** Fred Karlin **P** Alan J. Pakula für National General Pictures **L** 109 Min., Farbe **D** Gregory Peck, Eva Marie Saint, Robert Forster, Noland Clay

Wenn man den Erfolg von WER DIE NACHTIGALL STÖRT bedenkt, für den Gregory Peck seinen ersten Oscar erhielt, muß die Aussicht, wieder mit dem Team Alan J. Pakula/Robert Mulligan arbeiten zu können, dem Schauspieler recht verlockend vorgekommen sein. Unglücklicherweise war das Ergebnis alles andere als überzeugend - trotz einer vielversprechenden Story.
Der alternde Armee-Scout Sam Varner will sich auf seiner Farm in New Mexico zur Ruhe setzen. Aus Mitleid willigt er ein, Sarah Carver (Saint) und ihren Sohn (Clay), ein Halbblut, in Sicherheit zu bringen. Die Frau hat zehn Jahre bei Apachen gelebt und jetzt ist der Vater des Jungen hinter beiden her. Zwischen ihm und Varner entbrennt ein Kampf bis aufs Blut.
Der große Schweiger ist ein karger, grausamer Western, der keine üblichen Klischees enthält, es sei denn, man betrachtet die Bösartigkeit des Indianers als eines. Genau um diesen Punkt kam es auch zu einer kleinen Kritikerdebatte in den Staaten, wo dem

Film ansonsten nicht besonders viel Aufmerksamkeit geschenkt wurde. Von einigen Kritikern wurde er sogar als „rassistisch" bezeichnet. Ausgerechnet Mulligan kann man das sicher nicht vorwerfen. Den Indianer jedoch als gemeines, bösartiges Tier darzustellen, ist natürlich nicht gerade zum Abbau von Vorurteilen geeignet...wie dem auch sei, viel Schaden in dieser Hinsicht kann der Film nicht angerichtet haben, denn er fand kein großes Publikum. al

Große Vögel, kleine Vögel

Uccellacci e uccellini. Italien 1965 **R** Pier Paolo Pasolini **B** Pier Paolo Pasolini **K** Mario Bernardo, Tonino Delli Colli **M** Ennio Morricone **P** Arco Film **L** 88 Min., s/w **D** Totò, Nino Davoli, Femi Benussi, Umberto Bevilacqua, Reanto Capogna

„Ein Film, der in vieler Hinsicht nicht nur eine kritische Hommage an die kleinen Leute, sondern auch an deren Liebling Totò ist." (*Frankfurter Rundschau*)
Der zwei Jahre später verstorbene Komiker Totò spielt hier einen alten Mann, der sich mit seinem Sohn auf Wanderschaft befindet und den absonderlichsten Menschen begegnet. Ein sprechender Rabe kreuzt ihren Weg, der versucht, ihnen seine Thesen von Marxismus und Religion nahezubringen. Da die beiden jedoch seine Abhandlungen nicht verstehen, erzählt er ihnen die Legende vom Heiligen Franziskus, der seine Mönche aufgefordert hatte, den Vögeln zu predigen. In einer Rückblende eingebettet, verwandeln sich die beiden Wanderer zu Priestern im Mönchsgewand, die versuchen zu verhindern, daß die kleinen von den großen Vögeln gefressen werden. Als sie in die Gegenwart zurückkehren, fallen sie wieder in ihr altes Rollenspiel der Ausbeuter und zugleich Ausgebeuteten zurück.
Pasolini brachte in die Handlung sowohl die Lehren des Heiligen Franziskus ein als auch Reden des von ihm verehrten Papstes Paul VI. und des ein Jahr zuvor verstorbenen KP-Vorsitzenden Palmiro Togliatti. Sein Ziel war es, die Idee eines „religiösen Marxismus" in greifbare Bildfolgen umzusetzen.
Pasolini ließ Totò und Nino Davoli noch einmal 1966 in einer Episode des Films HEXEN VON HEUTE gemeinsam in denselben Rollen wie in *Große Vögel, kleine Vögel* auftreten. jg

Der große Wolf ruft

Father Goose. USA 1964 **R** Ralph Nelson **B** Peter Stone, Frank Tarloff, nach einer Story von S. H. Barbett **K** Charles Lang **M** Cy Coleman **P** Robert Arthur für Universal **L** 114 Min., Farbe **D** Cary Grant, Leslie Caron, Trevor Howard, Jack Good

Während des II. Weltkrieges hat es sich der Ex-Professor und Trunkenbold Walter Eckland (Grant) auf einer Pazifik-Insel bequem gemacht. Sein einziger Kontakt zur Außenwelt ist eine Funkstation, über die er einem befreundeten australischen Offizier ab und an Meldung über etwaige japanische Flugzeuge macht. Verständlicherweise ist er alles andere als begeistert, als die französische Lehrerin Catherine (Caron) mit einer siebenköpfigen Mädchenschar anrückt. Die Damen wurden von ihrem Piloten kurzerhand ausgesetzt, weil der zu einer plötzlichen Hilfsaktion aufbrechen mußte. Mit seiner neuen Gesellschaft kann sich Walter, ein rechter Weiberfeind, nur schwer anfreunden, und so dauert es etwas, bis sich zwischen ihm und Catherine die unvermeidliche Romanze anspinnt.
Diese amüsante Farce war eines von den Vehikeln, für die Cary Grant als ausführender Produzent verantwortlich zeichnete, eine Funktion, die er seit Mitte der 50er Jahre bei fast all seinen Filmen innehatte. Meistens handelte es sich dabei um leichte Komödien, in denen sein spezielles Talent auf diesem Gebiet bestens zur Geltung kam. Und fast immer erwies sich diese Masche als erfolgreich. *Der große Wolf ruft* macht da keine Ausnahme. Peter Stone und Frank Tarloff wurden für ihr Drehbuch sogar mit einem Oscar ausgezeichnet. al

Großstadtsklaven

Slaves of New York. USA 1988 **R** James Ivory **B** Tama Jamowitz, nach ihrer gleichnamigen Kurzgeschichtensammlung **K** Tony Pierce-Roberts **M** Richard Robbins **P** Ismail Merchant, Gary Hendler für Columbia Tri-Star Pictures **L** 130 Min., Farbe **D** Bernadette Peters, Mark Boone jr., Steve Buscemi, Adam Coleman, Nick Corri, Madeleine Potter, Charles McCaughan

„Was ich am meisten an dir hasse", wirft der mehr oder weniger erfolgreiche Künstler Stash (Coleman) seiner Freundin Eleanor (Peters) vor, „das ist deine Unsicherheit." Die Hutdesignerin mit dem ausgeprägten Minderwertigkeitskomplex hat es in Downtown-Manhattan sowieso schon schwer genug. Ohne eigene Wohnung und ohne berufliche Erfolge ist sie hauptsächlich dekorative Begleitung ihrer erfolgreicheren Partner. Die einzige Grundlage ihrer Beziehung zu Stash ist die Wohnungsknappheit und die horrenden Mieten in New York. Nicht Untermieterin oder Geliebte, sondern Wohnungssklavin scheint die richtige Bezeichnung für Eleanors Position zu sein. Stash behandelt sie nicht nur dementsprechend herablassend, sondern ist auch noch rasend eifersüchtig. Malerkollege Marley (Corri) sieht in Eleanor das ideale Modell für seine „Kapelle des Jesus Christus als Frau", ein Traum von einer eigenen Kirche direkt neben dem Vatikan. Sein bester Freund Sherman (McCaughan) liebt ebenso unbeirrt wie unglücklich die berechnende femme fatale Dari (Potter). Als in Stashs Loft eingebrochen wird und die Diebe ein paar seiner Bilder stehlen, bietet Dari ihm Hilfe an, die Exponate bis zur Vernissage neu zu malen. Eleanor ist fortan Luft für ihn, solange sie sich nicht mit anderen Männern unterhält. Schließlich zieht sie aus und kann ihre Hutkreationen endlich gewinnbringend verkaufen. Eine Partybekanntschaft wird zum neuen Liebhaber, mit ihm verläßt sie die Stadt.
Nachdem James Ivory in seinen Literaturverfilmungen von E.M. Foster (MAURICE) und Henry James (ZIMMER MIT AUSSICHT) bereits versucht hat, Geschichten weiblicher Emanzipation um die Jahrhundertwende zu erzählen, wendet er sich mit *Großstadtsklaven* einer Kultautorin der 80er Jahre zu. Tama Jamowitz' Erkenntnisse über neue Abhängigkeiten in den Zeiten des Mietwuchers verschwinden in dieser recht langatmigen Komödie leider hinter allzu bunten Bildern und flachen Charakteren. dh

Die größte Geschichte aller Zeiten

The Greatest Story Ever Told. USA 1965 **R** George Stevens **B** James Lee Barrett, George Stevens, nach dem Neuen Testament und dem Buch von Fulton Oursler **K** William C. Mellor, Loyal Griggs **M** Alfred Newman **P** George Stevens für United Artists **L** 196 Min., Farbe **D** Max von Sydow, Dorothy McGuire, Robert Loggia, Charlton Heston, Michael Anderson jr., Roddy McDowall, Sidney Poitier, Carroll Baker, Sal Mineo, Shelley Winters, John Wayne, Telly Savalas, Angela Lansbury, José Ferrer, Claude Rains

Eigentlich hätte George Stevens aus dem drei Jahre vorher gedrehten Jesus-Film KÖNIG DER KÖNIGE, der sich an den Kassen nicht gerade als Renner erwiesen hatte, für seine Produktion Schlußfolgerungen ziehen sollen, trotzdem wagte er es, sich ein zweites Mal innerhalb weniger Jahre der Figur des Heilands anzunehmen. *Die größte Geschichte aller Zeiten* sollte sich auch zu einem der größten Flops aller Zeiten entwikkeln und wurde nur noch im Jahre 1980 durch Michael Ciminos Western-Epos HEAVEN'S GATE übertroffen. Stevens heuerte für sein Werk eine Vielzahl weltbekannter Hollywood-Stars an, die sich teilweise schon vor Beginn der Dreharbeiten

förmlich darum gerissen hatten, in diesem Film mitzuwirken und hier in mehr oder weniger kurzen Nebenrollen verbraten wurden. John Wayne durfte sich beispielsweise als rüpelhafter römischer Legionär betätigen und mit dem inbrünstig gehauchten „Wahrlich, das war der Sohn Gottes!" den einzigen Satz aussprechen, den ihm das Drehbuch für seinen Part einräumte.
Die Dreharbeiten fanden in den Bundesstaaten Utah und Arizona statt, doch dort sah es nicht gerade aus wie in Palästina, so daß aufwendige Bauten (u.a. wurden ganze Stadtmauern und Straßenzüge als Kulissen für Jerusalem errichtet) nötig wurden. Mitten in die Dreharbeiten platzte zu allem Überfluß auch noch eine Schneekatastrophe und bedeckte alles mit ihrer weißen Pracht. Hunderte von Helfern waren tagelang damit beschäftigt, die störenden Massen mit Schaufelbaggern und Flammenwerfern zu beseitigen. Der unvorhergesehene Drehausfall ließ die Produktionskosten weiter nach oben klettern (schließlich mußte ein ganzes Heer von Statisten bezahlt und versorgt werden), so daß die astronomisch hohe Summe von 20 Millionen Dollar in den fertigen Film geflossen war. „Der Film sieht zwar so teuer aus, wie er gewesen ist, oder jedenfalls beinahe; aber auch wenn man ihn anpreist, wird es gar nicht so einfach sein, ihn zu verkaufen" (*Variety*). Rechnungen zufolge könnte der Streifen unter Berücksichtigung von Video- und TV-Einnahmen seine Kosten angeblich im Jahre 2000 eingespielt haben. Auch bei den Oscar-Feierlichkeiten hagelte es herbe Enttäuschungen. Weiter als über die drei Nominierungen für Kamera, Ausstattung und Visuelle Effekte kam *Die größte Geschichte aller Zeiten* nicht hinaus. jg

Die größten Gauner weit und breit

Loot. Großbritannien 1969 **R** Silvio Narizzano **B** Ray Galton, Alan Simpson, nach dem Bühnenstück von Joe Orton **K** Austin Dempster **M** Keith Mansfield, Richard Willing-Denton **P** Arthur Lewis **L** 88 Min. (Originalfassung 101 Min.), Farbe **D** Lee Remick, Richard Attenborough, Hywel Bennett, Roy Holder, Milo O´Shea

Von seinem Arbeitsplatz, einem Bestattungsunternehmen, bricht Dennis (Bennett) mit seinem Kumpel Hal (Holder) in die benachbarte Bank ein. Als sie das Geld im Sarg von Dennis´ erst kürzlich verstorbener Mutter deponieren wollen, müssen sie feststellen, daß beides zusammen nicht hineinpaßt. So kommt das Geld in den Sarg und Mom ins Badezimmer. Doch da kann sie nicht lange bleiben...
Diese rabenschwarze Komödie beruht auf einem Stück des britischen Dramatikers Joe Orton, den Stephen Frears in seinem PRICK UP YOUR EARS porträtierte. Der Großteil der späteren Handlung spielt sich in einem Hotel ab, wo nicht nur die Leiche, das Geld und die beiden Gauner auftauchen, sondern auch noch ein eifriger Polizist (Attenborough) und eine geldgierige femme fatale (Remick). Nicht unähnlich der Hotelszenen in WAS GIBT´S NEUES, PUSSY? stürzen die Hauptfiguren türenschlagend von einem Zimmer ins andere, und es kommt zu allerlei Mißverständnissen und Verwechslungen. Regisseur Silvio Narizzano hält ein schnelles Tempo durch, doch das Drehbuch läßt einiges von der Schärfe und dem Biß des Originals vermissen. al

Ground Zero

Ground Zero. Australien 1987 **R** Michael Pattinson, Bruce Myles **B** Jan Sardi, Mac Gudgeon **K** Steve Dobson **M** Tom Bahler, Chris Neal **P** Michael Pattinson für Ground Zero / The Burrowes Film Group **L** 105 Min., Farbe **D** Colin Friels, Jack Tompson, Donald Pleasence, Natalie Bate, Burnham Burnham, Simon Chilvers, Neil Fitzpatrick

Anfang der 50er Jahre unternahm Großbritannien eine Reihe von Atomwaffentests in den menschenleeren Weiten Australiens, auf den Monte Bello Inseln vor der Nordwestküste und in Maralinga, einem geheimen und heiligen Ort der Aboriginies, der kaum beachteten Ureinwohner des Kontinents. Die Folgen der Verseuchung ganzer Landstriche, bei der nicht nur die Militärbeobachter, sondern auch nomadisierende Aboriginies atomarer Strahlung und Fallout ausgesetzt wurden, sind bis zur Einsetzung einer Untersuchungskommission 1983 verschwiegen worden. Das wahre Ausmaß der Strahlenschäden konnte allerdings auch dort nicht geklärt werden. Die Geheimdienste gleich dreier Länder (Großbritannien, Australien und der USA), setzten alles daran, den Skandal zu vertuschen, durch Drohung, Erpressung und sogar Mord.
Das ist der Ausgangspunkt von Michael Pattinsons atmosphärisch dichtem Alptraum-Szenario. Unfreiwillig gerät der Werbefilmer Harvey Denton (Friels) in ein hochexplosives Minenfeld aus Geheimdienstmachenschaften und schonungsloser internationaler Politik. Aus dem Wüstensand bei Coober Pedy wird der Rumpf eines verstrahlten Militärflugzeuges geborgen. In der Kanzel wartet eine böse Überraschung - die Leiche eines ermordeten Mannes, der als Carl Denton identifiziert wird. Als Kameramann hatte er im Regierungsauftrag die geheimen Atomwaffentests Anfang der 50er Jahre gefilmt. Seit dreißig Jahren gilt er offiziell als verschollen, im Meer ertrunken. Unangenehme Tatsachen werden ans Tageslicht gezogen; sind damals tatsächlich Angehörige der Streitkräfte und Ureinwohner fahrlässig oder sogar bewußt radioaktiver Strahlung ausgesetzt worden? dh

Grün ist die Heide

Grün ist die Heide. BRD 1951 **R** Hans Deppe **B** Bobby E. Lüthge **K** Kurt Schulz **M** Alfred Strasser **P** Kurt Ulrich für Berolina **L** 89 Min., Farbe **D** Sonja Ziemann, Rudolf Prack, Hans Stüwe, Otto Gebühr, Margarete Haagen, Hans Richter, Kurt Reimann, Ludwig Schmitz, Willy Fritsch, Oskar Sima

Nachdem sich die Wogen der Begeisterung über den ersten deutschen Nachkriegsfarbfilm SCHWARZWALDMÄDEL geglättet hatten, machte sich gleich im folgenden Jahr Hans Deppe daran, wieder mit dem neuen Traumpaar Sonja Ziemann und Rudolf Prack einen weiteren Heimatfilm (diesmal vor dem idyllischen Hintergrund der Lüneburger Heide) zu drehen.
Die Geschichte war 1932 unter der Regie von Hans Behrendt schon einmal verfilmt worden, doch diente diese Version lediglich als Aufhänger für einige heruntergeträllerte Volkslieder. Dies ist zwar auch in der Fassung von 1951 der Fall, doch wird die Handlung durch Bezüge zum Zeitgeschehen auf einen aktuellen Stand gebracht.
Die Liebe des braven Mädels Helga (Ziemann) zu dem Förster Walter (Prack) wird auf eine schwere Probe gestellt, denn Helgas Vater, ein ehemaliger Gutsbesitzer, der sein gesamtes ostpreußisches Anwesen an die Russen verloren hat, kann das Jagen nicht lassen und gerät somit in den Verdacht des Wilderns. Als während eines Dorffestes weit entfernt in der Heide Schüsse knallen, macht sich Walter auf den Weg, um für Ruhe und Ordnung im Tann zu sorgen. Dabei kann er einen zweiten Verdächtigen stellen, der im Gegensatz zu dem wackeren ostpreußischen Landjunker nicht waidgerecht über das Wild hergefallen ist. Der Film klingt in der geselligen Runde eines schlesischen Vertriebenenverbandes aus, der voll Inbrunst und wehmütiger Sehnsucht nach der guten alten Zeit *Riesengebirglers Heimatlied* zum besten gibt, anstatt darüber nachzudenken, warum man als versammelte Festgesellschaft nicht auf der Schneekoppe, sondern dröge trauernd in der flachen Heide herumhängt. 1972 entstand unter der Regie von Harald Reinl mit Roy Black (!) und Heidi Kabel ein peinliches und höchst überflüssiges Remake. jg

Der grüne Bogenschütze

Der grüne Bogenschütze. BRD 1961 **R** Jürgen Roland **B** Wolfgang Menge, Wolfgang Schnitzler, nach dem Roman *The Green Archer* von Edgar Wallace **K** Heinz Hoelscher **M** Heinz Funk **P** Horst Wendtland für Rialto-Film **L** 95 Min., s/w **D** Gert Fröbe, Karin Dor, Klausjürgen Wussow, Eddi Arent, Harry Wüstenhagen, Wolfgang Völz, Edith Teichmann

Nach seinem Krimi *Der rote Kreis* war dies die zweite und zugleich letzte Edgar-Wallace-Verfilmung, der sich Jürgen Roland (mit bescheidenem Erfolg) annahm. Es gelang ihm einfach nicht, zu dem typischen Stil der Serie zu finden, wie ihn beispielsweise Alfred Vohrer und Harald Reinl kreiert hatten. So ist *Der grüne Bogenschütze* auch nicht mehr geworden als ein unterhaltsamer, doch nur durchschnittlicher Kriminalfilm.
Auf Garre Castle, einem düsteren Schloß in der Nähe von London, geht das Gerücht um, der „grüne Bogenschütze", eine Art Gespenst, würde dort wieder sein Unwesen treiben. Tatsächlich wird das Phantom aktiv, als der zwielichtige amerikanische Millionär Abel Bellamy (Fröbe) einzieht, der vorher in Chicagoer Unterweltkreisen kein unbeschriebenes Blatt war. Mehrere Leichen, in denen ein grüner Pfeil steckt, bringen Bellamy an den Rand der Hysterie. Mit in diese merkwürdigen Geschehnisse ist auch Valerie Howett (Dor) verstrickt, die sich als erklärte Feindin des Millionärs erweist. Am Ende kommt man hinter die Identität des geheimnisvollen Mörders. Es ist Valeries Bruder, der von Bellamy ins Gefängnis gebracht worden war und nach seiner Entlassung einen Rachefeldzug startete.
Der grüne Bogenschütze war bereits 1925 und 1940 in Amerika als Serial produziert worden. Die Dreharbeiten für die deutsche Verfilmung fanden u. a. im Ahrensburger Schloß in der Nähe von Hamburg statt. jg

Das grüne Leuchten

Le rayon vert. Frankreich 1986 **R** Eric Rohmer **B** Eric Rohmer **K** Sophie Maintigneux **M** Jean-Louis Valero **P** Margaret Manegoz für Les Films du Losange **L** 98 Min., Farbe **D** Marie Riviere, Amira Chemakhi, Sylvia Richez, Lisa Heredia, Basilen Gervaise, Rene Hernandez, Dominique Riviere

Das grüne Leuchten - der fünfte Teil aus Rohmers Zyklus „Komödien und Sprichwörter"- beginnt mit einer Enttäuschung, die den Verlauf der ganzen Geschichte prägen wird. Delphine, eine Pariser Sekretärin, hatte eigentlich vorgehabt, ihren Urlaub gemeinsam mit einer Freundin zu verbringen. Diese sagt aber kurzfristig ab, so daß Delphine alleine in die Sommerferien fährt. Sie versucht zwar, sich Bekannten anzuschließen, doch ihrer stets gegenwärtigen Einsamkeit kann sie so nicht entfliehen. Immer wieder finden Versuche statt, auf sie zuzugehen, doch Delphine läßt niemanden an sich herankommen. „Ich verweigere mich überhaupt nicht," sagt sie sich, während sie auf den erlösenden Märchenprinzen wartet, „es ist das Leben, das sich mir verweigert." Trotzdem wagt sie schließlich den Schritt nach vorn. Wenn der Prinz schon nicht zu ihr kommen will, dann geht sie eben zum Prinzen. Und ob der wirklich der Richtige ist, das wird sich während eines gemeinsam erlebten Sonnenunterganges erweisen, in dem kleinen Augenblick, da es aufgrund der Lichtbrechung durch die Atmosphäre zu dem Phänomen des grünen Leuchtens kommt.
„Der 67jährige Rohmer hat wie kaum ein anderer Regisseur unserer Tage die Fähigkeit, die Gefühlswelt der jungen Frauen von heute zu beschreiben, sensibel und liebevoll, wortreich wie immer, aber höchst sehenswert für alle, die im Kino ein Stückchen von sich und ihrer Umwelt sehen wollen." *(Blickpunkt: Film)* dh

Das grüne Zimmer

Le chambre verte. Frankreich 1978 **R** François Truffaut **B** François Truffaut, Jean Gruault, nach einer Idee von Henry James **K** Nestor Almendros **M** Maurice Jaubert **P** Marcel Berbert für Les Films du Carrosse / Les Productions Artistes Associés **L** 94 Min., Farbe **D** François Truffaut, Nathalie Baye, Jean Daste, Jean-Pierre Moulin, Antoine Vitez, Jane Lobre, Patrick Maleon

Das grüne Zimmer ist für Julien Davenne (Truffaut) der Ort der Erinnerung an seine Frau Julie, die kurz nachdem er aus dem I.Weltkrieg zurückkehrte, verstorben ist. Noch heute, schon 10 Jahre nach ihrem Tod, muß er ständig an seine tote Gefährtin denken. Julien ist Redakteur der Kulturzeitschrift „Le Globe". Sein Haus versorgt Madame Rambaud (Lobre), die auch den stummen Kriegswaisen Georges (Maleon) aufgenommen hat, dem sich Julien ebenfalls verpflichtet fühlt. Bei einer Versteigerung des Besitzes der Familie seiner verstorbenen Frau lernt Julien, der einen Ring von Julie ersteigern will, Cecilia Mandel (Baye) kennen. Die Klavierlehrerin mit dem Aushilfsjob in der Auktionshalle erweist sich als eine Frau, die ihm in seiner Lebenshaltung nahe steht. Ein Blitzschlag setzt das grüne Zimmer in Brand und vernichtet fast das ganze Interieur. Um seinem Erinnerungskult weiter zu frönen, läßt Davenne eine verfallene Friedhofskapelle renovieren und dort für alle seine Toten Kerzen anbringen und Fotos aufstellen. Mit Cecilia möchte er diesen Ort der Erinnerung teilen und ihr Kerzen für ihre Toten überlassen. Sie hat aber nur einen Menschen, der ihr Gedenken ausfüllt - ihr treuloser Geliebter Massigny. Als Julien davon erfährt, verweigert er seine Zustimmung, weil auch er Massigny kannte und ihm die Freundschaft aufkündigte, nachdem er feststellen mußte, daß Massigny ein Opportunist ist. Cecilia hat sich in Julien verliebt. Dieser aber zieht sich krank in sein Haus zurück und empfängt niemand.en Erst als ihn Cecilia brieflich um ein Treffen bittet, willigt er ein, sich mit ihr in der Kapelle auszusprechen. Dort bricht er in ihren Armen zusammen und stirbt.
Das grüne Zimmer kam erst nach Truffauts Tod (21.10.1984) in die deutschen Kinos. 1978, als dieser requiemhafte Film entstand, wurde Truffaut gefragt, warum er in der Mitte seines Lebens den Tod zum Thema wähle. „Weil der Tod mich jetzt so beschäftigt wie nie zuvor." dh

Die grünen Teufel

The Green Berets. USA 1968 **R** John Wayne, Ray Kellogg **B** James Lee Barrett, nach dem Roman von Robin Moore K Winton C. Hoch **M** Miklos Rozsa **P** Michael Wayne für Batjac/Warner Bros.-Seven Arts **L** 138 Min., Farbe **D** John Wayne, David Janssen, Jim Hutton, Aldo Ray, Raymond St. Jacques, Bruce Cabot

Schon seinen ersten selbstinszenierten Film ALAMO hatte John Wayne zu einem Hohelied auf Heldenmut und soldatische Tapferkeit gemacht. Seine reaktionären politischen Ansichten waren weithin bekannt, und so verwunderte es auch niemanden, als sich der „Duke" entschloß, seinen Beitrag zum Kriegsgeschehen in Vietnam zu leisten. Er hatte, wie viele andere Prominente auch, 1966 die Front besucht und den Soldaten versprochen, der Welt zu zeigen, „wie es in Vietnam zugeht". Nur finanzieren wollte das als heikel geltende Projekt niemand, bis sich endlich Warner/Seven Arts zur Bereitstellung von sieben Mio.$ entschlossen.
Die Handlung dreht sich um Colonel Mike Kirby (Wayne) und seine Spezialeinheit von „Green Berets", die im südostasiatischen Dschungel eine Art Landebahn errichten sollen. Bei ihrer Tätigkeit werden sie von dem zunächst kritischen Journalisten Beckworth (Janssen) beobachtet, der natürlich, nachdem er gesehen hat, „wie es zugeht", am Ende auch Feuer und Flamme für die gute Sache ist.
Eine vernünftige Handlung ist hier kaum zu erkennen, höchstens lächerlich plumpe

Schwarzweiß- Charakterisierungen von Gut (Amerikaner) und Böse (Vietnamesen). Den größten Teil des Films bestreiten Explosionen und Hubschrauber.
Von der liberalen Presse wurde der Film förmlich in der Luft zerfetzt, von den Kriegsbefürwortern jedoch gefeiert. Unruhe gab es wegen der tatkräftigen Unterstützung der Dreharbeiten durch das US-Verteidigungsministerium, die einen Abgeordneten die Vermutung äußern ließ, die Regierung betreibe mit Steuergeldern Werbung für ihre eigene Politik. Doch alle Angriffe konnten nicht verhindern, daß *Die grünen Teufel* ein beachtlicher Kassenerfolg wurde.
„Der Film ist so unaussprechlich dumm, niederträchtig und lügenhaft in jeder Einzelheit, auch in den Szenen, die Lustigkeit vortäuschen sollen, daß es dem Betrachter schlecht wird - nicht für das Leiden der Soldaten in Vietnam, denn der Film stellt sie so verlogen dar, daß er ihnen einen miesen Dienst erweist, - sondern es wird einem übel, wenn man an den Zustand der Filmindustrie in diesem Land denkt. Ob Vereinfachungen von rechts oder links: Dieser Film ist jenseits von allem guten Geschmack. Er ist ekelhaft und sinnlos, außerdem noch langweilig und fade." (*New York Times*) al

Grünes Feuer

Green Fire. USA 1955 **R** Andrew Marton **B** Ivan Goff, Ben Roberts **K** Paul Vogel **M** Miklos Rozsa **P** Louis H. Jackson für Metro-Goldwyn-Mayer **L** 100 Min., Farbe **D** Stewart Granger, Grace Kelly, Paul Douglas, John Ericson, Murvyn Vye, Jose Torvay, Robert Tafur, Joe Dominguez

Typischer Hollywood-Film, der in exotischer Kulisse ein gutaussehendes Leinwand-Paar vereinigt, das allerdings zuvor einer entsprechenden Bewährungsprobe ausgesetzt wird.
In diesem Fall sind es Stewart Granger als Diamantensucher Rian Mitchell und Grace Kelly, die die junge Kaffeeplantagenbesitzerin Catherine Knowland verkörpert. Als Schauplatz halten die Berge und weißgetünchten Straßenzeilen Kolumbiens her. Mitchell buddelt mit einer großen Anzahl von Arbeitern und Glückrittern in den Bergen nach Edelsteinen herum. Nebenbei muß er sich mit einer Gruppe zwielichtiger Südamerikaner herumschlagen, die in den Besitz der Mine gelangen wollen. Grace Kelly ist ebenfalls nicht gerade freundlich auf Mitchell zu sprechen, da dieser ihr ihren Bruder Donald abspenstig gemacht hat und sie jetzt alleine ihre Kaffeebohnen ernten muß. Zu dramatischen Konflikten kommt es, als Donald bei einer Sprengung von einem (deutlich erkennbaren Styropor-)Felsen zermalmt und als weitere Folge der Explosion Catherines Plantage überschwemmt wird. In einem grandiosen Finale fallen sich die beiden Kontrahenten aber dann abschließend während eines Wolkenbruchs in regennassen Klamotten um den Hals.
Knallige Farben, gute Trickaufnahmen und die schöne Filmmusik von Miklos Rozsa mit dem von einem Chor vorgetragenen Schlußsong *Green Fire* bieten eine konventionelle Unterhaltung, deren Reiz durch einen gehörigen Schuß Kitsch gesteigert wird. jg

Die Grünstein-Variante

Die Grünstein-Variante. BRD 1985 **R** Bernhard Wicki **B** Wolfgang Kohlhaase, Bernhard Wicki **K** Klaus Tolstorf **M** Günter Fischer **P** Lilo Pleimes, Giselher Venzke für Allianz Filmprod. GmbH/ WDR **L** 102 Min., Farbe **D** Fred Düren, Klaus Schwarzkopf, Jörg Gudzuhn, Rolf Ludwig, Rolf Hoppe, Arno Wyzniewski, Willi Schrade, Hubert Gleissner

Die Grünstein-Variante war ursprünglich ein Hörspiel, das 1976 das erste Mal im DDR-Rundfunk ausgestrahlt, danach von mehr als 20 Ländern übernommen und auch mit dem Internationalen Hörspiel-Preis Prix Italia ausgezeichnet worden war.
1939 werden kurz vor Kriegsausbruch drei Männer unterschiedlichster Herkunft in der Zelle eines französischen Gefängnisses inhaftiert. Es sind der deutsche Seemann Lodeck (Gudzuhn), ein griechischer Koch (Schwarzkopf) und der polnisch-jüdische Metzger Grünstein (Düren). Schon nach kurzer Zeit kommt es zu ersten Reibereien, doch der von Lodeck eingebrachte Vorschlag, sich die Zeit mit einem selbstgebastelten Schachspiel zu vertreiben, macht die drei zu Freunden. Unter primitiven Bedingungen formen sich die Gefangenen aus ihrer Brotration Schachfiguren. Grünstein, ein Laie auf dem Gebiet dieses Spiels, entwickelt sich binnen kurzer Zeit zu einem wahren Meister. Eines Tages werden die Figuren konfisziert, Lodeck muß zum Gefängnisdirektor. Nachdem er diesen bei einer Schachpartie gewinnen läßt, darf er das Gefängnis verlassen. Von seinen beiden Zellengenossen hört er nie wieder etwas, kann aber nicht einen genialen Schachzug Grünsteins vergessen, hinter dessen Geheimnis er jedoch nicht gekommen ist.
Die Grünstein-Variante entstand in den DEFA-Studios von Neubabelsberg, und wurde bis auf Klaus Schwarzkopf mit DDR-Schauspielern besetzt; auch für die Musik engagierte Wicki den ostdeutschen Komponisten Günter Fischer. Wicki erhielt für seine Regie-Arbeit 1985 den Bundesfilmpreis und den Kritikerpreis des Verbandes der Film- und Fernsehschaffenden der DDR. jg

Gruppenbild mit Dame

Gruppenbild mit Dame / Portrait de groupe avec dame. BRD/Frankreich 1977 **R** Aleksandar Petrovic **B** Aleksandar Petrovic, Jürgen Kolbe, nach einem Roman von Heinrich Böll **K** Pierre W. Glenn **P** Martin Hellstern für Stella-Film/Cinema 77/Les Artistes Associés Prod. **L** 103 Min., Farbe **D** Romy Schneider, Brad Dourf, Michael Galabru, Richard Münch, Irmgard Föst, Vitus Zeplichal, Rudolf Schündler, Dieter Schidor

Das erste Mal nach 10 Jahren drehte Romy Schneider wieder in Berlin einen Film, doch gestaltete sich ihre kurzzeitige Rückkehr nach Deutschland nicht gerade zu einem Triumph. *Gruppenbild mit Dame* ist eine seltsam unzugängliche, sich in ihren unterschiedlichen Handlungsebenen verheddernde Böll-Adaption, die beim Zuschauer eher Ratlosigkeit als Teilnahme hinterläßt. Dies machten denn auch viele Kritiker dem Film anläßlich seiner Premiere während der Filmfestspiele von Cannes zum Vorwurf.
Der jugoslawische Regisseur Petrovic beschreibt das Schicksal von Leni Gruyten (Schneider), die als Hilfsarbeiterin in einer Friedhofsgärtnerei angestellt ist und nicht daran denkt, sich an das Diktat der Nazis zu halten. So besucht sie verbotenerweise ihre jüdische Freundin und Lehrerin Rachel und fängt ein Verhältnis mit dem russischen Zwangsarbeiter Boris (Dourif) an, von dem sie ein Kind bekommt. Als der Krieg bereits zu Ende ist, verliert sie Boris. Trotz all ihrer bitteren Erfahrungen verlernt Leni es nie, nach ihren Gefühlen zu leben.
Heinrich Böll war anfangs erst sehr skeptisch, was die Besetzung mit Romy Schneider anbelangte, da er sie immer noch mit ihrer Sissi-Rolle assoziierte. Als ihm jedoch einige ihrer neueren Filme gezeigt wurden, hatten sich seine Bedenken zerstreut. *Gruppenbild mit Dame* wurde innerhalb von zehn Wochen in Berlin und Österreich abgedreht. Dank eines großzügig bemessenen Budgets war die spektakuläre filmische Umsetzung eines Bombenangriffs möglich. Diese Szenen entstanden in einem von den Behörden zum Abriß freigegebenen Viertel am Rande Berlins. jg

Grüße

Greetings. USA 1968 **R** Brian De Palma **B** Charles Hirsch, Brian De Palma **K** Robert Fiore **M** The Children of Paradise **P** Charles Hirsch für Westend Films **L** 85 Min., Farbe **D** Jonathan Warden, Robert De Niro, Gerritt Graham, Richard Hamilton

Auch seine zweite Filmrolle (die erste hatte er in *The Wedding Party,* 1964) spielte Robert De Niro bei Brian De Palma, einem jungen New Yorker Regie-Talent, der sich zusammen mit seinem Kumpel Charles Hirsch die geradezu lächerliche Summe von 50.000$ zusammengepumpt hatte, um eine verrückte Satire auf die Untergrundkultur zu machen. Im Mittelpunkt der episodischen Handlung stehen drei New Yorker Freunde, Paul (Warden), Lloyd (Graham) und Jon (De Niro). Eine Methode, sich vor der Einberufung nach Vietnam zu drücken, wird beratschlagt, hat Paul doch gerade seinen Musterungsbescheid bekommen. Später geht Lloyd Theorien über die Ermordung John F. Kennedys nach und Jon filmt sich entkleidende Frauen mit einer Videokamera.
Grüße ist ein witziger, lockerer kleiner Film, der ein liebevolles und gleichzeitig entlarvendes Bild der New Yorker Subkultur zeichnet, speziell im Greenwich Village. Er gewann den Silbernen Bären der Filmfestspiele Berlin und war für einen Untergrundfilm auch sonst recht erfolgreich. Für seinen nächsten Film *Hi, Mom* hatte De Palma dann schon mehr Geld zur Verfügung und setzte erneut Robert De Niro ein - wieder in der Rolle des Jon. al

Grüße aus Hollywood

Postcards from the Edge. USA 1990 **R** Mike Nichols **B** Carrie Fisher, nach ihrem gleichnamigen Roman **K** Michael Ballhaus **M** Carly Simon **P** Mike Nichols, John Calley für Columbia Pictures **L** 101 Min., Farbe **D** Meryl Streep, Shirley MacLaine, Dennis Quaid, Gene Hackman, Richard Dreyfuss, Rob Reiner, Mary Wickes, Conrad Bain

Suzanne Vale (Streep) ist eine ambitionierte Filmschauspielerin mit drei Problemen: Sie steht auf Beruhigungspillen, sie fühlt sich permanent von ihrer berühmten Mutter, dem alternden Musical-Star Doris Mann (MacLaine), eingeengt und bevormundet, und sie muß sich ihren Lebensunterhalt in der künstlichen Kulissenwelt von Hollywood verdienen, wo der Schein allemal mehr zählt als das Sein. Als Suzanne eines Tages ihren Problemen mit einer Überdosis an Schmerztabletten zu entfliehen trachtet und dabei im Krankenhaus landet, beginnt für sie notgedrungen ein neues Leben. Hollywood bietet der intelligenten Schauspielerin nur noch unter der Bedingung Rollen an, daß sie wieder zu ihrer Mutter zieht und sich von ihr während der Dreharbeiten überwachen läßt. Daß Mutter Doris neben all ihrem krankhaften Ehrgeiz auch noch ein ernsthaftes Alkoholproblem hat, macht das Zusammenleben mit ihr nicht gerade leichter. Ein Autounfall, den Doris Mann im betrunkenen Zustand verursacht hat, bringt Mutter und Tochter endlich einander näher.
„Die Krankenhaus-Versöhnungsszene zwischen Mutter und Tochter hebt den Film auf unerwartete Höhen. MacLaine erlaubt sich, ohne Perücke, Make-Up und Augenbrauen gefilmt zu werden. Sie sieht älter und zerbrechlicher aus, als das Publikum sie jemals gesehen hat, bis Streep ihr zärtlich wieder das öffentliche Gesicht aufschminkt. MacLaines desolater Zustand spiegelt die Leere, in der das Filmbiz viele Leute, selbst die erfolgreichsten, zurückläßt, wenn sie altern." *(Variety)* dh

Günstling einer Königin

The Private Lives of Elizabeth and Essex. USA 1939 **R** Michael Curtiz **B** Norman Reilly Raine, Aeneas MacKenzie, nach dem Bühnenstück *Elizabeth the Queen* von Maxwell Anderson **K** Sol Polito, W. Howard Green **M** Erich Wolfgang Korngold **P** Hal B. Wallis für Warner Bros. **L** 106 Min., Farbe **D** Bette Davis, Errol Flynn, Olivia de Havilland, Donald Crisp, Alan Hale, Vincent Price, Henry Stephenson, Henry Daniell, James Stephenson

Dieser Historienschinken hielt sich herzlich wenig an die historischen Wahrheiten. Zu dem Zeitpunkt, als der 34jährige Graf Essex seinen Kopf auf dem Richtblock verlor, ging Königin Elizabeth I. bereits hart auf die 70 zu - für eine heiße Liebesromanze stellte dieser immense Altersunterschied doch einige Probleme dar. Nichts davon bringt Michael Curtiz, der lieber bei seinen flott inszenierten Abenteuerfilmen hätte bleiben sollen, in sein Werk ein. Seine Elizabeth (grandios verkörpert von Bette Davis) ist zwar ebenfalls keine Schönheit, doch sind Graf Essex und sie in einer leidenschaftlichen Haßliebe miteinander verbunden - solange jedenfalls, bis Elizabeth zur Freude von Essex´ Kontrahenten Sir Walter Raleigh (Price) den Grafen hinrichten läßt.
Die Geschichte dieses Streifens ist nicht im mindesten so interessant wie die Geschehnisse, die sich während der Dreharbeiten hinter den Kulissen zutrugen. Vorab gab es bereits genügend Zündstoff durch die Tatsache, daß sich Bette Davis und Errol Flynn nicht ausstehen konnten. Unumwunden gab die Davis auch zu, sie hätte sich lieber Laurence Olivier in der Rolle des Essex gewünscht und meinte später, sie hätte die Dreharbeiten nur durchstehen können, indem sie sich permanent vorstellte, Olivier statt Flynn vor sich zu haben. Gleich in einer der ersten Szenen gab sie ihrem Filmpartner auf recht drastische Weise zu verstehen, wie wenig sie von ihm hielt, schwang laut Drehbuch ihren mit Reifen und Ringen behängten Arm nach hinten und knallte ihn mit voller Wucht in Flynns Gesicht, der daraufhin sein Gebiß verlor.
Die Figur der Königin Elizabeth schien Bette Davis immerhin so zu gefallen, daß sie 1955 in dem Film DER REBELL IHRER MAJESTÄT zum zweiten Mal in diese Rolle schlüpfte. jg

Gustav Adolfs Page

Gustav Adolfs Page. BRD/Österreich 1960 **R** Rolf Hansen **B** Juliane Kay, Tibor Yost, Peter Goldbaum, nach Motiven einer Novelle von Conrad Ferdinand Meyer **K** Günther Anders **M** Anton Profes **P** Heinz Pollak für Peter-Goldbaum-Prod./ Mundus-Film Wien **L** 93 Min., Farbe **D** Curd Jürgens, Liselotte Pulver, Walther Reyer, Ellen Schwiers, Helmut Schmid, Hans Nielsen, Gabriele Reismüller

Rolf Hansen, der während des Dritten Reichs solche Publikumsrenner wie die Zarah-Leander-Streifen DIE GROSSE LIEBE oder DAMALS inszeniert hatte, drehte mit diesem Film seinen letzten Kinobeitrag.
Der bunt ausgestattete Film beginnt als historische Komödie, wechselt dann gegen Schluß jedoch in ein handfestes Drama um. Zur Zeit des Siebenjährigen Krieges schließt sich die junge Gustl Leubelfing (Pulver) in Nürnberg voller Bewunderung dem Schwedenkönig Gustav Adolf (Jürgens) als Page an. Es gelingt ihr eine Zeit lang, ihre Identität als jungenhaft wirkender Mann aufrechtzuerhalten, bis sich die hübsche Magd Korinna (Schwiers) in sie verliebt. Das turbulente Verwechslungsspiel endet in einer Intrige gegen Gustav Adolf. Es kommt zur Schlacht gegen Wallenstein, in der der Schwedenkönig und Gustl fallen.
Gustav Adolfs Page war eine für deutsche Verhältnisse ungewöhnlich aufwendige Produktion. Wieder einmal mußten die filmerfahrenen mittelalterlichen Mauern des malerischen Fachwerk-Städtchens Rothenburg ob der Tauber als Kulisse herhalten. Weitere Aufnahmen entstanden auf der Nürnberger Burg. jg

Die gute Erde

The Good Earth. USA 1936 **R** Sidney Franklin **B** Talbot Jennings, Tess Schlesinger, Claudine West, Frances Marion, nach dem Roman von Pearl S. Buck **K** Karl Freund **M** Herbert Stothart **P** Irving Thalberg, Albert Lewin für MGM **L** 135 Min., s/w **D** Paul Muni, Luise Rainer, Walter Connolly, Tilly Losch, Charley Grapewin

Pearl S. Bucks 1931 veröffentlichter, epischer Roman um das Schicksal einer chinesischen Farmersfamilie hatte sich vom Start weg zu einem enormen Bestseller entwickelt, den Pulitzer-Preis gewonnen und 1933 in dramatisierter Form seine Broadway-Premiere erlebt (mit Alla Nazimova und Claude Rains). Irving Thalberg, MGMs rühriger Produktionschef, sah das Stück und erkannte in dem Stoff das geeignete Material für ein Leinwandepos, obwohl MGM-Boß Louis B. Mayer fragte: „Wer will schon einen Film über chinesische Farmer sehen?"